TRATADO DE DERECHO ADMINISTRATIVO

Tomo VI: La Jurisdicción Contencioso Administrativa

Allan R. Brewer-Carías

Profesor de la Universidad Central de Venezuela (desde 1963)
Simón Bolívar Professor, University of Cambridge (1985–1986)
Professeur Associé, Université de Paris II (1989–1990)
Adjunct Professor of Law, Columbia Law School, New York (2006–2008)

TRATADO DE DERECHO ADMINISTRATIVO

Derecho Público en Iberoamérica

TOMO VI

LA JURISDICCIÓN CONTENCIOSO ADMINISTRATIVA

FUNDACIÓN DE DERECHO PÚBLICO
EDITORIAL JURÍDICA VENEZOLANA

CARACAS 2013

Primera Edición Tapa dura, 2013

Editorial CivitasAranzadi S.A.
Camino de Galar, 15,
31190 Cizur Menor, Navarra, España
ISBN: 978-84-470-4410-8 (Obra Completa) (Tapa dura)
ISBN: 978-84-470-4392-7 (Tomo VI) (Tapa dura)
Depósito Legal NA 934/2013

Primera Edición Tapa rústica, 2013

http://www.allanbrewercarias.com
Email: allan@brewercarias.com

Fundación de Derecho Público
Editorial Jurídica Venezolana
Avda. Francisco Solano López, Torre Oasis, P.B., Local 4, Sabana Grande,
Apartado 17.598 – Caracas, 1015, Venezuela
Teléfono 762.25.53, 762.38.42. Fax. 763.5239
http://www.editorialjuridicavenezolana.com.ve
Email fejv@cantv.net

Hecho el Depósito de Ley
ISBN: 978-980-365-205-0 (Obra Completa) (Tapa rústica)
ISBN: 978-980-365-211-1 / (Tomo VI) (Tapa rústica)
Depósito Legal / lf54020133403076
Texto levantado por Francis Gil, Mirna Pinto, Arelis Torres
Time New Roman, Interlineado Exacto 11, Mancha 13x19,5

PLAN GENERAL
DE LA OBRA

TOMO I
EL DERECHO ADMINISTRATIVO Y
SUS PRINCIPIOS FUNDAMENTALES

Tomo II
LA ADMINISTRACIÓN PÚBLICA

TOMO III
LOS ACTOS ADMINISTRATIVOS Y
LOS CONTRATOS ADMINISTRATIVOS.

TOMO IV
EL PROCEDIMIENTO ADMINISTRATIVO

TOMO V
LA ACCIÓN DE LA ADMINISTRACIÓN:
PODERES, POTESTADES Y RELACIONES CON LOS ADMINISTRADOS

TOMO VI
LA JURISDICCIÓN CONTENCIOSO ADMINISTRATIVA

PLAN GENERAL
DEL TOMO VI

LIBRO PRIMERO:

PRIMERA APROXIMACIÓN AL CONTENCIOSO ADMINISTRATIVO 1964

Este Libro Primero está conformado por el Título V sobre "La Jurisdicción Contencioso Administrativa" del libro *Las Instituciones Fundamentales del Derecho Administrativo y la Jurisprudencia Venezolana*, Colección Tesis de Doctorado, Vol. IV, Facultad de Derecho, Universidad Central de Venezuela, Caracas 1964, pp. 235-348.

I. INTRODUCCIÓN

1. Noción previa

La consecuencia fundamental de la sumisión de la actividad administrativa al Principio de la Legalidad, al que hemos dedicado el Título Primero de este estudio, es principalmente la existencia en el Estado de Derecho de un contralor de la legalidad y de la legitimidad de esa actividad, aparte e independiente del propio control administrativo interno.

De ahí la existencia de la jurisdicción contencioso-administrativa, que no es más que el conjunto de órganos jurisdiccionales encargados de controlar la legalidad y legitimidad de los actos, hechos y relaciones jurídico-administrativas originados por la actividad administrativa.

Pero el estudio de la jurisdicción contencioso-administrativa en Venezuela requiere previamente la aclaración de algunos conceptos fundamentales sobre la misma. En efecto, es necesario dejar claramente sentado desde el inicio que en Venezuela, cuando se habla de jurisdicción contencioso-administrativa, no se Índica que se está en presencia de una jurisdicción autónoma, independiente y en cierta forma incompatible con otra jurisdicción que podría llamarse judicial, sino que se quiere señalar la competencia que en materia contencioso-administrativa tienen determinados Tribunales de la República.

Por ello es necesario, entonces, examinar someramente las nociones de jurisdicción y competencia y luego analizar, a la luz de estos conceptos, cuál es el significado y las consecuencias de la existencia en Venezuela de una jurisdicción contencioso-administrativa.

2. Jurisdicción y competencia

La función jurisdiccional en el Estado venezolano es una y sólo una, y es ejercida en base a una de las ramas del Poder Público por la Corte Suprema de Justicia y por los demás Tribunales que forman parte del Poder Judicial[1].

Sin embargo, si bien esto es cierto e incontestable en el sistema venezolano, la práctica doctrinal y legislativa habla corrientemente de clases de jurisdicción, señalándose entonces una jurisdicción ordinaria y otra especial[2]. En este sentido también se habla de una jurisdicción civil, mercantil, del trabajo, penal, de menores, etc., y también de jurisdicción contencioso-administrativa[3].

Sin embargo, cuando así se habla creemos que las distinciones que se quieren hacer consisten propiamente en distinciones de la competencia y no de la jurisdicción[4].

La competencia es la medida de la jurisdicción. La función jurisdiccional, hemos dicho, es una. Pero su ejercicio se realiza por diversos órganos con una competencia específica, diferenciada con arreglo a diversos criterios que pueden basarse, sea en la naturaleza de las relaciones jurídicas existentes entre las partes, sea por la magnitud económica, sea por la sede del órgano o sea por la conexión de la materia[5]. Todo ello responde a aquella fecunda idea de la división del trabajo que nos ofrece la mejor manera de realizar a cabalidad determinadas funciones o actividades, especializando en ellas a órganos diversos que puedan atenderlas en mejor forma.

Así vemos que la jurisdicción es una función pero que la competencia es una medida, un quantum de esa función. Si la primera corresponde a una de las tres grandes ramas del Poder Público Nacional, y a sólo una, con carácter de exclusividad o monopolio, la segunda no es otra cosa que la reglamentación y la delimitación de atribuciones de los órganos encargados de ejercer la función jurisdiccional en base a aquella rama del Poder Público.

Vemos, entonces, que no hay verdaderamente una diferencia en cuanto a la naturaleza o a la cualidad del Poder que ejercen los órganos jurisdiccionales, ordinarios y especiales. Tanto los unos como los otros están investidos del Poder Judicial o Jurisdiccional, del Poder de decir el derecho con fuerza de verdad legal, y que la diferencia entre ellos es apenas de extensión, de límites, de cantidad, en suma, de competencia. La diferencia

---

1 Artículo 204 de la Constitución y artículo 4 de la Ley Orgánica del Poder Judicial.

2 Título XIV del Libro Primero del Código Civil y artículo 2, ordinal 3° de la Ley Orgánica del Poder Judicial.

3 Artículo 206 de la Constitución.

4 Para el análisis de las implicaciones de estos conceptos, debemos apelar a criterios cultivados en el Derecho Procesal, ya que es en esta disciplina donde más y mejor han sido estudiados. En este sentido, nos guiaremos por la exposición que de las diversas doctrinas sobre la Jurisdicción hace en su magnífica Tesis de Grado sobre "La Jurisdicción en el Derecho Procesal Moderno", el actual profesor de la Universidad Central en la materia, Arístides Rengel Romberg. *V.* en *Anales de la Facultad de Derecho*, Caracas, 1951, p. 89 y ss.

5 Artículo 66 del Código de Procedimiento Civil.

no es cualitativa sino cuantitativa[6]: los tribunales ordinarios tienen una porción más larga, más extensa del Poder Jurisdiccional.

Según estas ideas, entonces la distinción entre jurisdicciones, como corrientemente se habla, se reduce en definitiva a una distinción entre jurisdicción y competencia. En efecto, los Jueces tienen el mismo Poder Jurisdiccional, están investidos por el Estado del Poder abstracto de sustituirse a la actividad de los particulares o de otras personas públicas para declarar las concretas voluntades de Ley, nacidas antes del proceso o para ejecutarías, no existiendo entre ellos otra diferenciación que aquella que deriva de la extensión, de la esfera de ejercicio de aquel Poder. Los Jueces son así órganos jurisdiccionales que sólo pueden ejercer el Poder Jurisdiccional dentro de los límites de su competencia. Son, pues, órganos que se distinguen por su competencia y no por la cualidad del Poder que ejercen.

De ahí se deduce que una sentencia pronunciada por un Tribunal Especial fuera de los límites de su competencia o por un Tribunal Ordinario en la misma forma, en manera alguna es nula por usurpación de funciones o falta absoluta de jurisdicción[7]. Habría falta absoluta de jurisdicción si el órgano que decidiere o juzgare no fuera un Tribunal en el estricto sentido de la palabra. Desde el momento en que tal decisión es pronunciada por un Juez, investido por el Estado del Poder Jurisdiccional, del Poder de juzgar, su decisión podrá estar afectada de un vicio de incompetencia, mas no de falta de jurisdicción. En el caso señalado sólo habría una incompetencia por razón de la materia[8].

Si todos estos conceptos se aplican a la distinción entre Tribunales Ordinarios y Tribunales Especiales, en la misma forma se aplican a la distinción entre los órganos de la jurisdicción contencioso-administrativa como Tribunales Especiales que son, y los demás Tribunales Ordinarios y Especiales de la República.

De todo lo expuesto concluimos que, si bien hablaremos de jurisdicción contencioso-administrativa al analizar el sistema venezolano, lo hacemos acogiendo la terminología usual, no para contraponerla a otra Jurisdicción, pues repetimos que la Jurisdicción, en el Estado venezolano, es sólo una, sino para indicar la competencia que en materia contencioso-administrativa poseen ciertos órganos jurisdiccionales determinados. Preferimos hablar de jurisdicción contencioso-administrativa y no de lo contencioso-administrativo, término neutro e incoloro que poco nos indica para la investigación del tema.

3. La jurisdicción contencioso-administrativa en Venezuela

A. Evolución constitucional

Hace trece años, en su magnífica tesis de grado, Tomás Polanco escribía que "suele hablarse con frecuencia de la imposibilidad en Venezuela del recurso contencioso-administrativo. Pero cllo no pasa de ser una de tantas afirmaciones gratuitas. Nada más

6 José Alberto Dos Reis. *Proceso ordinario e sumario,* 2ª ed., Coimbra, 1928, p. 564, Citado por Rengel Romberg, *La Jurisdicción, cit.*, p. 101.

7 Como sostiene J. Chiovenda, *Principios de Derecho Procesal Civil*, Madrid, p. 436, citado por Rengel Romberg, "*La Jurisdicción...*", *cit.* p. 100.

8 Artículo 67 del Código de Procedimiento Civil.

falso. Tenemos suficiente base constitucional y legal para elaborar un sistema de contencioso-administrativo. Lo que falta es su estudio analítico y una reordenación de la materia, que evite no sólo las confusiones actuales sino que imponga la vía más congruente con el progreso jurídico". Nosotros agregamos, nada más cierto[9].

---

9 *V.*, Tomas Polanco, "La Administración Pública", *Tesis de grado.* Andes de la Facultad de Derecho, Caracas, 1951, p. 289.

Sobre la Jurisdicción Contencioso-Administrativa en la doctrina y Derecho comparado, hay cuatro obras fundamentales: Auby y Drago, *Traité de Contentieux-Administratif*, 5 volúmenes, Librairie Générale de Droit et de Jurisprudence, Paris, 1962; R. Odent, *Contentieux Administratif*, Curso en el Instituto de Estudios Políticos de Paris, 3 fascículos, 1961-1902, *Les Cours de Droit*, Paris, 1962; Jesús González Pérez, *Derecho Procesal Administrativo,* 5 volúmenes. Instituto de Estudios Políticos, Madrid, 1955-1958; E. Giuicciardi, *Giustizia Amministrativa,* Padua, 1957.

V., igualmente respecto al *Derecho francés*; R. Casin, "Les grands principes de l'organisation et du fonctionnement de la Justice Administrative en France", en *La Justice.* Presses Universitaires de France, Paris, 1961; G, Peiser, "Jurisdiction Administrative", *Repertoire de Droit Public et Administratif*, Dalloz, Paris; J. Houbicq, "Les recents réformes concernant le contentieux administratif". *Départements et Communes,* 1959, p. 277; J. González Pérez. "Consideraciones sobre el contencioso francés", *RAP,* N° 15, 1954, p. 11; N. Combe Courtenache. "Reformas en el procedimiento contencioso-administrativo francés", *RAP,* N° 31, 1960, p. 361; J. A. García Trevijano Fos, "La reforma del contencioso francés", *Arbor,* Nos. 105-106, 1954, p. 113; y en general los trabajos publicados en el *Livre Jubilaire Du Conseil D'etat*, París.

Respecto al *Derecho español, V.*: Pi Suñer, "Le recours contentieux administratifs dans la législation espagnole". *Mélanges Maury, t.* II, p. 223; C. Martin-Retortillo, *Nuevas Notas sobre lo Contencioso-Administrativo,* Madrid, 1950; A. Negre Villavechia, *Ley reguladora de la jurisdicción contencioso-administrativa,* Madrid, 1957; Pera Verdaguer, *De lo contencioso-administrativo,* Barcelona, 1953; Pera Verdaguer, *Jurisdicción Contencioso-Administrativa,* Barcelona, 1951; S. Alvares Gendin, *Teoría* y *Práctica de lo contencioso-administrativo.* Barcelona. 1960; Ríos Sarmiento, *Legislación contencioso-administrativa,* Barcelona, 1957; E. García De Enterría, "Sobre un texto refundido en la legislación contencioso-administrativa", *RAP,* N° 6, 1951, p. 279; J. González Pérez, "La Justicia Administrativa en España", *RAP,* N° 6, 1951, p. 163; J. González Pérez. "La reforma de la jurisdicción contencioso-administrativa". *RAP,* N° 17, 1955, p. 295; J. González Pérez. "Ideas generales sobre lo contencioso-administrativo". *Revista Critica de Derecho Inmobiliario,* N° 293, 1952, p. 705; E. Serrano Guirado. "La Justicia Administrativa", *RAP,* N° 6, 1951, p. 143; M. Villar Romero, "Lo contencioso-administrativo", *Revista de impuestos de la Hacienda Pública,* N° 110-111, 1952, p. 437.

Respecto al *Derecho italiano, V.*: E. Ettori, "Le contrôle juridictionnel de l'Administration en Italie", *RDP,* 1951, p. 997; Cannada-Bartoli, *La tutela giudiziaria dei cittadino verso la pubblica amministrazione,* Milán. 1956; Rocco, "Exposé des principes sur l'organisation de la Justice Administrative en Italie et Ics caractéristiques qui la distinguent de l'organisation française", *Livre jubilaire du Conseil d'Etat,* Paris, p. 449; Salemi, *La giustizia amministrativa,* Padua, 1952; Raggi, *Atti amministrativi-Giustizia amministrativa,* Genova, 1950; Alessi, *La giustizia amministrativa,* Milán, 1950; Bodda, *Giustizia Amministrativa,* 5 ed., Turin, 1950; Bodda, *Diritto Processuale Amministrativo,* Turín, 1947; Lentini, *La giustizia amministrativa,* Milán, 1948; Zanobini, *La Giustizia Amministrativa,* Milán, 1946; Lessona, *La Giustizia Amministrativa,* Florencia, 1946.

Respecto a los países de *América Latina, V.* la obra fundamental de M. J. Argañaras, *Tratado de lo contencioso-administrativo,* Buenos Aires, 1955; también *V.* N. Alcala-Zamora, "Lo contencioso administrativo", Buenos Aires, *Jur. Arg.,* 1943; R. Bielsa, *Ideas sobre lo contencioso-administrativo,* Buenos Aires, 1936; R. Bielsa, *Sobre lo contencioso-administrativo,* Buenos Aires, 1954; R. Bielsa, *Jurisdicción contencioso-administrativa,* Rosario, 1948; J. T. Bosch, *¿Tribunales Judiciales o Tribunales Administrativos para juzgar la Administración Pública?,* Buenos Aires, 1951; F. Álvarez Tabio, *El proceso contencioso-administrativo,* La Habana 1954; Álvarez Tabio, Marques De La Cedra, y More Benítez, *Sobre lo contencioso-administrativo,* La Habana. 1956; N. Fadda y R. A. Novarria, "Lo contencioso-administrativo y la Jurisdicción Administrativa", Trabajos de Seminario de la Facultad de Ciencias Económicas, Comerciales y Políticas de la Universidad Nacional del Litoral, Rosario, 1950; E. Jiron Vargas, S. Mer y Bravo y A. Saric Paredes. "Lo contencioso-administrativo", Chile, 1959; Negrete Nava, *Derecho Procesal Administrativo,* México, 1959; Aragao, "Le problème actuel de la jurisdiction administrative au Brésil", *EDCE, fascículo 11,* 1957, p. 167; Manuel Andreozzi, "La materia contencioso-administrativa; bases para su codificación", *T.E.A.,* Buenos Aires, 1947; Francisco Cajao V., *El Consejo de Estado y lu competencia.* Bogotá. 1944; Aparicio Méndez, "Lo contencioso de anulación en el Derecho Uruguayo", *Biblioteca de Revista de Derecho Público y Privado,* Montevideo, 1952; Eloy G. Merino Brito, *Principios fundamentales del procedimiento conten-*

En efecto, a partir de la Constitución de 1925 puede decirse que comienza propiamente en Venezuela la elaboración de un sistema contencioso-administrativo separado del control jurisdiccional en materia de inconstitucionalidad. Por primera vez, en el artículo 120 de dicha Constitución se establece la posibilidad de que la Corte Federal y de Casación "declare la nulidad de los Decretos o Reglamentos que dictare el Poder Ejecutivo para la ejecución de las leyes cuando alteren su espíritu, razón o propósito de ellas", es decir, la posibilidad de un recurso contencioso-administrativo de anulación pero sólo contra actos administrativos generales o individuales dictados por el Presidente de la República. Esta atribución de la Corte va a ser ampliada respecto a todos los actos administrativos a partir de la Constitución de 1931[10], cuando estén viciados de ilegalidad o abuso de poder. Con la Constitución de 1961 la atribución de la Corte Suprema de Justicia en materia contencioso-administrativa de anulación es ampliada, para evitar equívocos, para declarar la nulidad de los actos administrativos generales o individuales contrarios a derecho e incluso por desviación de poder[11].

En materia contencioso-administrativa de plena jurisdicción desde la Constitución de 1830[12] la Corte Suprema tiene atribución para "conocer de las controversias que resulten de los contratos o negociaciones que celebre el Poder Ejecutivo por sí solo o por medio de agentes". Esta atribución, demasiado amplia para pretender circunscribirla a materia de contratos administrativos, fue restringida por la Constitución de 1864 cuando atribuyó a la Alta Corte Federal la competencia para "conocer de los juicios civiles cuando sea demandada la nación"[13], dejándole también atribución para "conocer de las

---

cioso-administrativo, Jesús Montero, editor, La Habana, 1945; Gustavo Ramírez Olivella, *Legislación contencioso-administrativa,* Jesús Montero, editor. La Habana. 1943; Enrique Sayagües Laso, El Tribunal de lo contencioso-administrativo, *Montevideo, 1952;* M. Seabra Fegundez, O contrôle dos atos administrativos pelo poder judiciairo, *Ediçao Revista Forense, Río de Janeiro, 1957;* Tulio E. Tascon, Derecho Contencioso-Administrativo, *Bogotá, 1946;* Tulio E. Tascon, *Derecho Contencioso-Adminis-trativo Colombiano,* Bogotá, 1954; José C. Vivanco Hernández, *El juicio contencioso-administrativo,* La Habana, 1944.

Respecto a *otros países, V.*: G, Tixier. *Le contrôle judiciaire de F Administration Anglaise,* Dalloz, París; P. Batatier, "Le contentieux administratif en Gran Bretagne", *RDP,* 1959, p. 67; O. Bachof, "La jurisdiction administrativa en la República Federal Alemana", *RAP,* N° 25, 1958, p. 289; Alejandro Nieto, "Nueva ordenación de la jurisdicción contencioso-administrativa en la República Federal Alemana", *RAP,* N° 31. 1960, p. 355; M. Martin, "Les jurisdictions administratives en Allemagne", *EDCE,* fascículo 6, 1952, p. 166; Cambier, *Principes du contentieux administratif,* Bruselas, 1961; CH. Chardahi, "La juridiction administrative au Liban et son évolution", *Livre Jubilaire du Conseil d'Etat;* Anis Saleh, "Liban: le contentieux administratif", *RDP,* 1950, p. 800; J. Theis, "Le contentieux administratif au Maroc", *RDP,* 1958; J. Theis, "Régimen contencioso-administrativo en Marruecos", *RAP,* N° 28, 1959, p. 303; G. Razi, "Le contentieux administratif roumain *RIDC,* 1950, p. 305; J. Pellier, "Le contentieux administratif en Suisse". R/DC, 1936; V. Silvera, "Le contentieux administratif en Tunise", *RDP,* 1959, p. 207; A. Holleaux, "L'organisation du contentieux administratif en Yougoslavie", *EDCE,* fascículo 8, 1954, p. 207; J. Gonzalez Pérez, "El contencioso administrativo en los pueblos árabes", *RAP,* N° 16, 1955, p. 287. En general sobre *Derecho Comparado, V.*: J. Rivero, *Cours de Droit Administratif Comparé,* París, 1956-1957; Les cours de droit, París, 1957; R. Bonnard, *Le contrôle juridictionnel de l'Administration,* Etude de Droit Administrative Comparé, Paris, 1934. *V.*, asimismo, los siguientes seminarios organizados por las Naciones Unidas: 1959, *Seminar on Judicial and other remedies against the illegal exercise or abuse of Administrative Authority,* Paradeniya (Kandy), Ceilán, 4-5 de mayo de 1959, Publicación de las Naciones Unidas ST/TAO/HR/4, Nueva York. 1959; *Seminario sobre los Recursos Judiciales o de otra índole contra el ejercicio ilegal o abusivo del Poder Administrativo,* Buenos Aires, 31 de agosto al 11 de septiembre de 1959, Publicación de las Naciones Unidas, ST/TAO/HR/6, Nueva York, 1960.

10 Artículo 120, ordinal 12.

11 Artículo 215, ordinal 7° y artículo 206.

12 Artículo 145, y posteriormente en la Constitución de 1858, artículo 113, ordinal 5°.

13 Artículo 89, ordinal 6.

controversias que resultaren de los contratos o negociaciones que celebrare el Presidente de la Unión"[14], de donde se deduce que esta segunda atribución estaba destinada a aquellos contratos no civiles, donde cabrían los contratos administrativos. En la Constitución de 1925, y a partir de ella, esta atribución fue restringida a los contratos administrativos propiamente dichos, cuando atribuyó a la Corte Federal y de Casación la facultad de "conocer en juicio contencioso de todas las cuestiones sobre nulidad, caducidad, resolución, alcance, interpretación, cumplimiento y cualesquiera otra que se susciten entre la nación y los contratistas o concesionarios a consecuencia de contratos celebrados por el Ejecutivo Federal"[15]. Incomprensiblemente, la Constitución de 1961 eliminó de su articulado esta tradicional disposición, quedando con la última redacción antes indicada en la vigente Ley Orgánica de la Corte Federal[16], pero atribuyendo, sin embargo, a los órganos de la jurisdicción contencioso-administrativa en su artículo 206 competencia para "condenar al pago de sumas de dinero y a la reparación de daños y perjuicios originados en responsabilidad de la administración", donde seguramente está incluida la responsabilidad contractual.

También en materia contencioso-administrativa de plena jurisdicción, a partir de la Constitución de 1925, la Corte Federal y de Casación tiene atribución para "conocer en juicio contencioso y en los casos que determine la Ley, de las reclamaciones por daños y perjuicios que se propusieren contra la nación, y de todas las demás acciones por sumas de dinero que se intenten contra ella"[17]. Esta disposición era, ciertamente, demasiado amplia, no pudiéndose, por tanto, circunscribirla a la materia de responsabilidad extracontractual de la nación.

Sin embargo, a pesar de que dicha disposición es mantenida exacta en las Constituciones posteriores, es sólo en la Constitución de 1947 cuando se declara como procedimiento contencioso-administrativo[18], y sólo en la Constitución de 1961 donde se da competencia específica a los órganos de la jurisdicción contencioso-administrativa para "condenar al pago de sumas de dinero y a la reparación de daños y perjuicios originados en responsabilidad de la Administración"[19].

En líneas generales, esta es la evolución constitucional que ha tenido la materia contencioso-administrativa en Venezuela. Es justo, sin embargo, destacar que la Constitución de 1947 es la primera en emplear la expresión "procedimiento contencioso-administrativo"[20].

Por último, el establecimiento definitivo de la jurisdicción contencioso-administrativa en Venezuela se hace en la vigente Constitución de 1961, cuyo artículo 206 dispone:

> "La jurisdicción contencioso-administrativa corresponde a la Corte Suprema de Justicia y a los demás Tribunales que determine la Ley".
>
> "Los órganos de la jurisdicción contencioso-administrativa son competentes para anular los actos administrativos generales o individuales contrarios a derecho, incluso por desviación de poder;

---

14 Artículo 89, ordinal 10.
15 Artículo 120, ordinal 13.
16 Artículo 7, ordinal 28 de la Ley Orgánica de la Corte Federal.
17 Artículo 120, ordinal 15.
18 Artículos 24 y 220, ordinal 12.
19 Artículos 47 y 206.
20 Artículo 220, ordinales 10 y 12.

condenar al pago de sumas de dinero y a la reparación de daños y perjuicios originados en responsabilidad de la administración y disponer lo necesario para el restablecimiento de las situaciones jurídicas subjetivas lesionadas por la actividad administrativa".

B. Evolución jurisprudencial

Es fundamentalmente a partir de 1950, cuando la Corte Federal afirma, con caracteres específicos, nuestro sistema contencioso-administrativo. La jurisprudencia anterior a esa fecha, si bien es cierto que tiene algunas decisiones de gran valor, ésas constituyen la excepción pues, en su mayoría, son una fuente de confusión. Hecho, por otra parte, perfectamente comprensible.

Tendremos oportunidad, en el desarrollo del tema, de analizar la jurisprudencia de la Corte en esta materia.

C. Evolución doctrinal

Lamentablemente pocos trabajos doctrinales de autores nacionales hay dedicados a la jurisdicción contencioso-administrativa en Venezuela. Sin embargo, no debemos olvidarlo, ha sido el tema más favorecido de la Teoría del Derecho Administrativo en materia de estudios doctrinales.

En esta oportunidad nos interesa destacar dos meritorias tesis de grado presentadas en la Universidad Central de Venezuela.

En 1950, Luis Torrealba Narváez presentó su "tesis de grado intitulada "Consideraciones acerca de la jurisdicción contencioso-administrativa, su procedimiento y algunas relaciones de éste con el de la jurisdicción judicial civil"[21]. Este estudio tiene el mérito, como bien lo señala el autor en su nota inicial que lo antecede, de ser el primer trabajo alusivo a la jurisdicción contencioso-administrativa en Venezuela.

Sin embargo, consideramos que dicha tesis peca de algunas fallas fundamentales respecto a nuestro sistema jurídico. En primer lugar, confunde los recursos administrativos que nosotros hemos estudiado en el Título precedente con los recursos contencioso-administrativos dentro del mismo concepto de jurisdicción administrativa[22]. Ya hemos aclarado suficientemente que, cuando la Administración decide un recurso administrativo, no realiza una función jurisdiccional, que es propia y exclusiva del Poder Judicial, sino pura y simplemente realiza una función administrativa. Este, además, es el criterio de la antigua Corte Federal y de Casación[23].

En segundo lugar Torrealba Narváez incurre, en nuestro concepto, en otra grave imperfección, al distinguir lo que él llama jurisdicción administrativa de la jurisdicción judicial[24], como dos tipos de jurisdicciones diferentes e incompatibles. Consideramos

---

21 *Anales de la Facultad de Derecho*, Caracas, 1951, p. 947 y ss. *V.*, también, del mismo autor: "Lo contencioso-administrativo y el Estado Venezolano", RCADF, año XXI, N° 106, 1958, pp. 19 a 24.

22 Ello lo hace en varias partes del texto, pero lo sienta como premisa fundamental en la Nota Inicial, Torrealba, Tesis de Grado, *cit.*, pp. 456, 474 y 492.

23 Sentencia de 7-12-37, Resumen CFC en SPA, 1936-1939, p. 173 (Memoria 1938, *t.* I, p. 377).

24 Ello también lo hace en varias partes del texto, pero lo sienta como premisa fundamental en la Nota Inicial, Torrealba, Tesis de Grado, *cit.*, pp. 456 y 467 y ss. Al respecto *V.*, en Venezuela: Luis I. Bastidas, "Relación

que la posición del autor al hacer estas afirmaciones está influenciada por los sistemas jurídicos, como el francés o el panameño, que sí poseen dos jurisdicciones diferenciadas. Sin embargo, la realidad en nuestro propio sistema jurídico es otra. En Venezuela el Poder Judicial tiene el "monopolio" de la Justicia, y solamente los órganos del Poder Judicial pueden desarrollar una actividad jurisdiccional, sea ésta civil, penal, del trabajo, administrativa, constitucional, etc. La distinción entre esas llamadas "jurisdicciones", hemos dicho es propiamente una distinción de competencias.

Por último, y como consecuencia de lo anterior, Torrealba Narváez considera la jurisdicción contencioso-administrativa "como una actividad estatal ejecutiva"[25], lo cual está en abierta contradicción con nuestro sistema jurídico y con nuestras bases constitucionales tradicionales.

En el mismo año de 1950 el profesor Tomás Polanco presentó su magnífica y concienzuda tesis de grado sobre "La Administración Pública", cuya Sección Cuarta está dedicada a lo que él denomina "La Administración Contenciosa"[26].

Tomás Polanco incurre en su tesis en las mismas imperfecciones anteriormente anotadas, al considerar la jurisdicción contencioso-administrativa como separada de la jurisdicción judicial e inmersa en la propia Administración, lo que es inaplicable en el sistema venezolano. En este sentido expuso[27]: "Debe plantearse esta pregunta en primer lugar: ¿Por qué no atribuir al Poder Judicial, que tiene facultad para juzgar, el conocer de los actos administrativos por vía contenciosa?. La respuesta es clara y sencilla: no puede atribuirse a un Poder el entrar en el ámbito de acción de otro. Dentro de la misma Administración Pública debe buscarse el control jurisdiccional de sus actos y no acudir fuera de ella a fin de evitar perjudiciales intromisiones que puedan perjudicar la independencia que tanto los jueces como la Administración han de tener en sus respectivas esferas de competencia". Aparte de que esta apología que Tomás Polanco hace de la Teoría de la Separación de Poderes, es criticada por él mismo en páginas anteriores de su tesis, a raíz de una correcta sentencia de la Corte Federal y de Casación[28], ella es inaplicable, tal como la define, en nuestro sistema jurídico. Sin embargo, así es especulada en Francia, madre patria del Derecho administrativo, y creemos que Polanco, al escribir lo transcrito, estaba hondamente influenciado por el famoso dogma de "la separación de las autoridades administrativas y las autoridades judiciales".

En efecto, el sistema francés nació de la interpretación del principio de la separación de poderes realizada a la luz de una peculiar tradición y evolución que tiene su origen en los días de la Revolución Francesa. Basta citar los textos legales fundamentales para comprender este inicio del sistema de Derecho administrativo francés, que gira en torno a ese principio de la separación de las autoridades administrativas de las judiciales, que prohíbe al Poder Judicial juzgar a la Administración.

---

entre la jurisdicción administrativa y la judicial"; Astrea, *Gaceta Jurídica*, 1937, N° 1, pp. 32 a 36, y en *Venezuela Jurídica* N° 2, 1936, p. 50, Caracas.

25 Torrealba, *Tesis de Grado*, *cit.*, p. 474, Este criterio, por otra parte, está en abierta contradicción con el artículo 4 de la Ley Orgánica del Poder Judicial, que establece que "corresponde al Poder Judicial conocer de las causas y asuntos... administrativos y fiscales, cualesquiera que sean las personas que intervengan; decidirlos definitivamente y ejecutar o hacer ejecutar las sentencias que dictare".

26 *Anales de la Facultad de Derecho*, Caracas, 1951, p. 289 y ss.

27 Polanco, *Tesis de Grado, cit.*, p. 305.

28 Polanco, *Tesis de Grado, cit.*, p. 291.

En primer lugar, la Ley de 16-24 de agosto de 1790, en su Título II, artículo 13, contiene una disposición siempre vigente que constituye la base jurídica y teórica de la competencia de la jurisdicción administrativa francesa. Dicho artículo dice: "Las funciones judiciales son y permanecerán siempre separadas de las funciones administrativas. Los jueces no podrán, bajo pena de prevaricación, perturbar de cualquier manera que sea las operaciones de los cuerpos administrativos, ni citar delante de ellos a los administradores en razón de sus funciones".

Posteriormente, la Ley de 16 fructidor del año III reiteraba el principio: "Prohibición reiteradas son hechas a los tribunales de conocer de los actos de Administración de cualquier especie que ellos sean".

Entonces los litigios en los cuales la Administración estaba interesada escapaban del conocimiento de los Tribunales. Pero era necesario, ciertamente, un Juez para conocer de esos litigios, so pena de denegación de justicia. Hasta el año VIII fue el Administrador Activo, el Rey, y luego los Ministros, quien juzgaba. Era la época del sistema llamado del Administrador-Juez, que no ofrecía ninguna seguridad a los particulares, ya que se trataba de un juez interesado, es decir, de un juez que era al mismo tiempo parte.

Es entonces en el año VIII, 22 *frimaire*, cuando son creados importantes órganos consultivos: el Consejo de Estado, cerca del Poder Central, y los Consejos de Prefectura, cerca del Prefecto. Estos órganos consultivos fueron asociados al ejercicio de la jurisdicción administrativa. De esta manera se abre, en el seno de la Administración, una nueva separación entre la función administrativa activa y la jurisdicción administrativa que es necesario distinguir bien de la separación de Poderes ya existente: La separación de poderes interesa a las relaciones entre el Poder Ejecutivo y el Poder Judicial; en cambio, la separación de funciones sólo concierne a una división del trabajo en el seno del Ejecutivo: algunos de sus agentes se especializan en juzgar los asuntos contenciosos en que la misma Administración es parte. De esta separación de funciones nace la jurisdicción administrativa en Francia.

La evolución posterior a 1800 se caracteriza por una paulatina separación entre la administración activa y la jurisdicción administrativa. Hasta 1872 continúa la concepción llamada de la "justicia retenida" en la que el Jefe del Estado retenía la justicia administrativa: el Consejo de Estado se limitaba a dar su opinión sobre la solución de los litigios administrativos pero él no los resolvía propiamente sino que esa función correspondía al Jefe de Estado. En la práctica, sin embargo, las opiniones del Consejo de Estado fueron siempre seguidas, pero siempre quedaba el riesgo de que el soberano no acogiera la opinión del cuerpo consultivo. La Ley de 24 de mayo de 1872 pondrá fin a esta riesgosa situación, concediendo al Consejo de Estado el poder de ejercer la jurisdicción administrativa, llamada desde entonces sistema de la "justicia delegada", es decir, decidiendo directamente, como todo Tribunal, "en nombre del pueblo francés".

El último paso importante que nos interesa destacar en esta rápida ojeada de la evolución se produce con la decisión del Consejo de Estado, Cadot, del 3 de diciembre de 1889[29]. La situación anterior a esta fecha era la siguiente: el Consejo de Estado actúa siempre como Juez de Apelación. El demandante debe dirigir siempre en primer lugar su petición al Ministro. El Ministro es entonces el juez ordinario en materia administra-

---

29 Long, Weil y Braibant, *Les Grands arrêts de la jurisprudence administrative*, Sirey, Paris, 1962, p. 24 y ss.

tiva, al cual deben acudir los demandantes, salvo texto legal expreso. El Consejo de Estado sólo conoce y decide en apelación de la decisión del Ministro. Con la sentencia Cadot, el mismo Consejo de Estado termina con esta situación y se proclama juez ordinario en materia administrativa, eliminando así al Ministro de la jurisdicción administrativa, como la Ley de 1872 ya había eliminado al Jefe de Estado. Ese fue el fin de la llamada Teoría del Ministro-Juez.

La evolución posterior a 1889 se destaca por una separación cada vez más profunda entre la jurisdicción administrativa y la administración activa, y por una paulatina analogía de los procedimientos de la primera respecto a los de los Tribunales judiciales.

El año 1953, por último, marca una importante reforma en la competencia interna de la jurisdicción administrativa, con la creación de los Tribunales administrativos en sustitución de los antiguos Consejos de Prefectura.

Con esta ligera vista sobre la evolución del sistema francés, podemos darnos cuenta de su particularismo. Y, si bien el Derecho administrativo francés ha dado materialmente origen al régimen administrativo de la mayoría de los países latinos del mundo occidental, su sistema jurisdiccional administrativo ha tenido menor influencia en cuanto a su forma, ya que es el producto de una larga evolución y tradición, difícilmente transportable en bloque a otro sistema jurídico.

Los mismos autores franceses han comprendido esto y han afirmado que la jurisdicción administrativa separada de la jurisdicción judicial, e integrada en el Poder Administrador, no es una necesidad, y que la existencia de un Derecho administrativo distinto de un Derecho privado no implica necesariamente esa separación entre un orden jurisdiccional administrativo y un orden jurisdiccional judicial[30].

Sin embargo, la ligera exposición que de la evolución del sistema francés hemos hecho nos lleva a comprender la gran influencia que tuvo en la mente de algunos de nuestros administrativistas. Pero, a pesar de las excelencias del sistema francés, es necesario observar la realidad venezolana y nuestra joven tradición para darse cuenta de los innumerables problemas que plantearía un sistema similar al francés en nuestro país, como en Francia mismo plantea, y para comprender la necesidad de que en Venezuela la jurisdicción contencioso-administrativa permanezca en manos del Poder Judicial, tal como lo establece la Constitución vigente y como lo han sostenido tímidamente las Constituciones anteriores.

Por último, otra observación que debemos hacer respecto a los conceptos que desarrolla Tomás Polanco en su tesis es la asimilación que hace, y que en nuestro concepto no es correcta, entre lo que nosotros hemos llamado recursos jerárquicos impropios, que son recursos administrativos, y el recurso contencioso-administrativo de plena jurisdicción. A este respecto Polanco afirma, a propósito de estos recursos jerárquicos impropios, que no se trata de una revisión judicial sino que "se trata de un recurso estrictamente administrativo en el cual la Corte actúa, no como órgano judicial, sino como órgano administrativo", para luego darles carácter de recurso contencioso-administrativo de plena jurisdicción[31], confundiendo así dos cosas diferentes. En el recurso

30 J. Rivero, *Droit Administratif*, Précis Dalloz, 1962, París, p. 118; R. Odent, *Contentieux Administratif*, Curso citado, fascículo I, p. 16.

31 Polanco, *Tesis de Grado, cit.*, pp. 298 y 299. Respecto a los Recursos Jerárquicos Impropios, véanse N° 242 y ss.

jerárquico impropio la Corte actúa como autoridad administrativa por poder que la Ley le concede al efecto; sin embargo, en el recurso de plena jurisdicción, que es otra cosa, la Corte actúa como órgano jurisdiccional, realizando su función jurisdiccional en materia contencioso-administrativa[32].

Aparte de estas dos tesis de grado, se ha hablado de la jurisdicción contencioso-administrativa en Venezuela, en diversas ponencias presentadas a reuniones internacionales.

En primer lugar, en el año 1950 el profesor Antonio Moles Caubet presentó en las Terceras Jornadas de Derecho Franco-Latino-Americano, celebradas en París bajo los auspicios de la *Société de Législation Comparée*, un Informe sobre "El Contencioso de la Legalidad de los Actos Administrativos" con especial referencia al Derecho venezolano. Lamentablemente, la época en que se escribía –sin tradición jurisprudencial– no permitió, seguramente, al autor darle la extensión debida al problema[33].

Para el Seminario de las Naciones Unidas sobre "Los recursos judiciales o de otra índole contra el ejercicio ilegal o abusivo del Poder Administrativo", celebrado en Buenos Aires del 31 de agosto al 11 de septiembre de 1959, el Decano José Guillermo Andueza, en colaboración con los profesores Luis Enrique Farías, Tomás Polanco y Enrique Pérez Olivares, preparó una ponencia intitulada "El Control en Venezuela de los Actos Ilegales de la Administración Pública". Lamentablemente sólo dedica tres páginas a la jurisdicción contencioso-administrativa[34].

Por último, y recientemente, el Colegio de Abogados del Distrito Federal ha publicado mimeografiada una ponencia sobre la "Revisión de las Decisiones Administrativas", preparada por los magistrados Eloy Lares Martínez y José Gabriel Sarmiento Núñez para la Conferencia Interamericana de Derecho Procesal reunida en San Juan de Puerto Rico del 21 al 26 de julio de 1962. Lamentablemente, este trabajo no analiza el sistema jurídico venezolano, sino que estudia solamente las principales disposiciones del Anteproyecto de la Ley de Procedimientos Administrativos que se elaboraba en aquella época en la Comisión de Administración Pública. Sin embargo, éstas son, fundamentalmente, las fuentes doctrinales de esta materia en el Derecho venezolano.

Analizados los conceptos generales de esta Introducción, que nos indican la existencia en Venezuela de una jurisdicción contencioso-administrativa integrada en los cuadros del Poder Judicial, para el desarrollo de la materia estudiaremos, utilizando principalmente la jurisprudencia de nuestro Tribunal Supremo, las características fundamentales de la jurisdicción contencioso-administrativa, su competencia, el procedimiento contencioso-administrativos los recursos contencioso-administrativos y la materia contencioso-fiscal.

---

32 Así lo ha declarado recientemente la Corte Suprema de Justicia: "Con efecto, no podría ser otra la acción a intentarse tratándose, como se trata, de la nulidad de las Resoluciones Ministeriales, nulidad que, por su naturaleza y según nuestro sistema jurídico, es contencioso-administrativa, y conoce de ella esta Sala (Político-Administrativa) como órgano jurisdiccional de revisión en esa materia conforme el citado ordinal de su Ley Orgánica y siguiendo el trámite procesal que pauta el artículo 25 *ejusdem* (Paréntesis y subrayado nuestro). *V.*, CSJ-PA-26-1, 15-3-62.

33 Antonio Moles Caubet, "Le contentieux de la Légalité des actes administratifs, *RIDC*, 1952, p. 611.

34 Publicación del Ministerio de justicia. República de Venezuela, Caracas, 1959, pp. 21, 23 y 25. Este trabajo también fue publicado en la *Revista del Ministerio de Justicia*, N° 30, 1959, p. 41; y en la *RCADF*, N° 109, 1959, p. 63 y ss.

II. LAS CARACTERÍSTICAS FUNDAMENTALES

1. Noción previa

Ya hemos definido la jurisdicción contencioso-administrativa en Venezuela como aquel conjunto de órganos jurisdiccionales encargados de controlar la legalidad y la legitimidad de los actos, hechos y relaciones jurídico-administrativas originadas por la actividad administrativa.

De esta noción podemos destacar las características fundamentales de la jurisdicción contencioso-administrativa en Venezuela, que enunciaremos en el presente Capítulo y cuyo análisis detallado resultará del desarrollo del Título.

2. Jurisdicción especial

La jurisdicción contencioso-administrativa es, ante todo, lo que se ha llamado por contraposición a la jurisdicción ordinaria, una jurisdicción especial. Es decir, es una parte del Poder Jurisdiccional del Estado cuyo ejercicio está encomendado a unos órganos jurisdiccionales determinados y especializados por razón de la materia. A los órganos de la jurisdicción contencioso-administrativa no están encomendados, entonces, la generalidad de los procesos ni sometidas la generalidad de las personas: Solamente están sometidas a ella determinadas categorías de personas y solamente juzga determinados actos, hechos y relaciones jurídicas.

En cuanto a las personas jurídicas sometidas a esta jurisdicción especial, una de las partes de la relación jurídico-procesal debe ser la Administración.

Respecto a las relaciones jurídicas, hechos y actos jurídicos, esta jurisdicción especial está llamada a juzgar los actos, hechos y relaciones jurídico-administrativos, es decir, actos, hechos y relaciones jurídicas de Derecho administrativo.

Los órganos de la jurisdicción contencioso-administrativa, como jurisdicción especial, son la Corte Suprema de Justicia y los demás Tribunales que determine la Ley[35]. Lamentablemente, después de algo más de dos años, la Ley no ha determinado aún los Tribunales competentes en materia contencioso-administrativa. Sin embargo, recientemente se ha dado a conocer el Proyecto de Ley de Procedimientos Administrativos, cuya segunda parte se refiere a los procedimientos contencioso-administrativos, y cuya sanción y promulgación se requiere urgentemente. Actualmente, en todo caso, solamente tienen competencia en materia contencioso-administrativa, la Corte Suprema de Justicia y el Tribunal de Apelaciones del Impuesto sobre la Renta. Este último solamente en materia contencioso-fiscal[36].

---

35 Artículos 206, 215 y Disposición Transitoria decimoquinta de la Constitución.

36 Respecto a los órganos de la jurisdicción administrativa, es interesante destacar las disposiciones pertinentes del Proyecto LPA 1963: "Artículo 114: La jurisdicción con endoso-administrativa se ejerce por la Corte Suprema de Justicia y por las Cortes o Tribunales Superiores en lo Civil y por los Tribunales Administrativos. La *Ley Orgánica de la Corte Suprema de Justicia* indicará la Sala competente para conocer de lo contencioso-administrativo. Artículo 115. La Corte Suprema de Justicia conocerá: a) En única instancia, de les recursos contencioso-administrativos que se formulen en relación con la actividad de los órganos de la Administración Pública

3. Jurisdicción especial para controlar la Administración

La existencia de la jurisdicción contencioso-administrativa radica en la necesidad de una jurisdicción especial para controlar la Administración y su actividad.

Por ello se habla de jurisdicción contencioso-administrativa: Es imposible obtener un pronunciamiento de esta jurisdicción especial cuando las partes en la relación jurídico-procesal son ambas particulares. Siempre, en la relación jurídico-procesal-administrativa, debe estar presente la Administración y su actividad.

De otra parte, por Administración debemos entender aquí toda autoridad pública actuando en función administrativa, es decir, actuando con finalidad de servicio público.

En esta forma, entre los entes de la Administración que están sometidos a esta jurisdicción especial se encuentran, además de las Administraciones Públicas territoriales, la Estatal, la Estadal y la Municipal, aquellas otras personas jurídicas de derecho público denominadas Establecimientos Públicos, entre los cuales se encuentran los Institutos Autónomos y ciertas Corporaciones Públicas como los Colegios Profesionales.

4. Actos, hechos y relaciones jurídicas de derecho administrativo

Pero no toda la actividad de los órganos administrativos está sometida a la jurisdicción contencioso-administrativa. Solamente los actos, hechos y relaciones jurídicas de Derecho administrativo tienen su control en esta jurisdicción especial. Y nos encontramos ante un acto, un hecho o una relación jurídico-administrativa cuando la Administración actúa en función administrativa, es decir, cuando la actividad de la Administración tiene una finalidad de Servicio Público[37].

Nacional y de la Municipalidad del Distrito Federal; En segunda instancia, de los recursos que se formulen en relación con las decisiones susceptibles de apelación pronunciadas por las Cortes o Tribunales Superiores en lo Civil; En segunda instancia, en su caso, de los recursos que se formulen en relación con las decisiones del Tribunal Superior de Hacienda, del Tribunal de Apelaciones del Impuesto sobre la Renta y de los Tribunales Administrativos a que se refiere el artículo siguiente. Artículo 116. Las Cortes o Tribunales Superiores en lo Civil conocerán: a) En única instancia de los recursos de plena jurisdicción, cuya cuantía no exceda la cantidad de diez mil bolívares, que se formulen en relación con les órganos de la Administración Pública estadal y municipal; b) En primera instancia, de los recursos contencioso-administrativos que se formulen contra los actos administrativos de los órganos de la Administración Pública estadal o municipal, salvo lo dispuesto en el aparte anterior. ÚNICO. El Ejecutivo Nacional podrá, cuando ello fuere necesario para el mejor funcionamiento de los Tribunales que ejercieren conforme a esta Ley la jurisdicción contencioso-administrativa, crear nuevos Tribunales unipersonales o colegiados y señalar a los mismos la zona territorial de competencia. Los tribunales a que se refiere este artículo ejercerán en la zona respectiva la competencia atribuida por esta Ley a los Tribunales o Cortes Superiores en lo Civil. El Ejecutivo Nacional, asimismo, podrá crear en la capital de la República uno o más Tribunales superiores administrativos, unipersonales o colegiados, para conocer en primera instancia de los recursos que, conforme a esta Ley, se intenten contra los actos administrativos de la Administración Nacional centralizada o autónoma y de la Municipalidad del Distrito Federal. La organización y funcionamiento de la Corte Suprema de Justicia y de las Cortes o Tribunales Superiores en lo Civil serán determinados por las leyes orgánicas respectivas". Sobre el problema, *V.*, en Venezuela: J. Giménez Anzola, "De la organización de lo Contencioso-Administrativo entre nosotros". *Revista del Colegio de Abogados del Estado Lara*, año II, 1939, N° 8, pp. 9 a 14.

37 A este respecto, el artículo 111 del Proyecto LPA 1963 señala que "la jurisdicción contencioso-administrativa conocerá de las pretensiones que se deduzcan con relación a los actos de la Administración Pública sujetos al Derecho Administrativo". Sin embargo, creemos que este artículo es incompleto, ya que la jurisdicción contencioso-administrativa, no sólo conoce de pretensiones que se deduzcan contra actos administrativos, sino

Por tanto, cuando la actividad que desarrolla la Administración no tiene por finalidad una finalidad de Servicio Público, las relaciones jurídicas que con esa actuación surjan corresponden a otras jurisdicciones ordinarias o especiales previstas por nuestra legislación: sea la civil, mercantil, del trabajo, etc.

Entonces, el signo característico de la jurisdicción contencioso-administrativa es que los procesos a ella encomendados son siempre originados por un acto administrativo, un hecho jurídico-administrativo o una relación jurídica de Derecho administrativo, es decir, por una actividad de la Administración regida por el Derecho administrativo.

5. El control de la legalidad y de la legitimidad

Por último, la jurisdicción contencioso-administrativa tiene por objeto el control de la legalidad y de la legitimidad de la actuación administrativa.

El control de la legalidad se manifiesta por la competencia que tienen los órganos de la jurisdicción contencioso-administrativa para "anular los actos administrativos generales o individuales contrarios a derecho, incluso por desviación de poder"[38]. Es decir, esta jurisdicción especial controla los actos administrativos en su sumisión al Principio de la Legalidad Administrativa.

Pero, por otra parte, el control de la legalidad de los actos administrativos no es el único objeto de la jurisdicción contencioso-administrativa. Esta también tiene por objeto el control de la legitimidad de la actuación administrativa, es decir, el control de la legitimidad, no sólo de los actos administrativos, sino también de los hechos y vclaciones jurídico-administrativas.

Antes de proseguir debemos aclarar, sin embargo, qué entendemos por legitimidad en esta expresión. Jurídicamente hablando, y no moral o políticamente, legitimidad es la conformidad con el ordenamiento jurídico[39]; o, dicho en otras palabras, una actividad es legítima cuando está fundada en un título jurídico regular según el orden jurídico[40]. Por tanto, la investigación de la legitimidad de la actividad administrativa se reduce a la búsqueda de un título jurídico regular y suficiente según el ordenamiento jurídico, en el cual esa actividad está fundada y según el cual es desarrollada. Para determinar esa legitimidad, bastará preguntarse si el ordenamiento jurídico permite la existencia y realización de esa actividad.

---

también contra hechos jurídico-administrativos de la Administración. Por ejemplo, en los casos de responsabilidad administrativa. Lo mismo puede decirse respecto al contencioso contractual, pues, si bien et contrato administrativo es un acto donde participa para su formación la Administración, no es un acto exclusivo de ella, sino un acto bilateral o más bien una relación jurídico-administrativa. Por ello creemos que ese artículo del Proyecto sería más completo si, en lugar de referirse a los "actos de la Administración Pública", hablara de los "actos, hechos y relaciones jurídicas de la Administración-Pública sujetos al Derecho Administrativo".

38 Artículo 206 de la Constitución.

39 Entendemos por ordenamiento jurídico, no solamente el conjunto de normas de carácter general e imperativo, sino también las normas de carácter particular como los contratos, sentencias, actos administrativos, etc., siguiendo la terminología y concepción nacida en Kelsen. *V.*, al respecto Charles Eisenmann, "Curso de Doctorado", *Droit Admmistratif Approfondi*, 1956-1957, Editorial Cujas, París, 1957, p. 33 y s.

40 Sobre el concepto de legitimidad en relación a las situaciones jurídicas, *V.*, Paul Roubier, *Droits Subjectifs et Situations juridiques*, Dalloz, París, 1963, p. 224 y ss., y concretamente p. 228. El mismo concepto de legitimidad que acogemos lo encontramos en M. S. Giannini, *Atto amministrativo*, Edizioni speciali per gli studenti dell'Università di Roma (Enciclopedia del Diritto), Milán. Giuffré, 1960, p. 80, donde habla de la legitimidad como "conformità dell'atto alla norma".

La ilegitimidad en la actividad administrativa surge, entonces, ante la ausencia de un título jurídico que autorice el desarrollo de esa actividad, que legitime esa actividad; y, por tanto, será ilegítima la actividad administrativa cuando atente contra el ordenamiento jurídico vigente.

La jurisdicción contencioso-administrativa, como contralora de la legitimidad de la actividad administrativa, hemos señalado, no sólo abarca los actos administrativos, sino los actos materiales, hechos jurídicos y relaciones jurídico-administrativas que atenten contra el ordenamiento jurídico, y que lesionen situaciones jurídicas objetivas que den lugar a un derecho positivo, o que lesionen derechos subjetivos preestablecidos.

En este sentido, los órganos de la jurisdicción contencioso-administrativa son competentes para condenar al pago de sumas de dinero y a la reparación de daños y perjuicios originados por la responsabilidad contractual o extracontractual de la Administración, y para disponer lo necesario para el restablecimiento de las situaciones jurídicas subjetivas lesionadas por la actividad administrativa[41]. Veremos más adelante que el control de la legalidad de los actos administrativos se obtiene por el recurso contencioso-administrativo de anulación y que el control de la legitimidad de la actuación de la Administración se obtiene por el recurso contencioso-administrativo de plena jurisdicción.

III. LA COMPETENCIA DE LA JURISDICCIÓN CONTENCIOSO-ADMINISTRATIVA

1. Noción previa

La competencia de la jurisdicción contencioso-administrativa no es más que el derecho y la obligación que ella tiene de conocer y resolver determinados litigios. Por tanto, el problema del examen de la competencia de la jurisdicción contencioso-administrativa se reduce, de una parte, a la determinación de la naturaleza de la materia que ella está obligada a conocer y, por otra parte, a la determinación de los poderes del Juez en la resolución de los litigios que debe conocer.

Pero antes de entrar al estudio de las cuestiones planteadas, debemos dejar claramente establecido que la competencia jurisdiccional por la materia es de orden público. Por tanto, las disposiciones legales y constitucionales que la establezcan no pueden renunciarse ni relajarse por convenios particulares.

Pero el carácter de orden público de la competencia jurisdiccional no sólo se refiere a los particulares y administrados, sino que también tiene especial referencia a los mismos órganos jurisdiccionales. En este sentido, los órganos de la jurisdicción contencioso-administrativa, como cualquier órgano jurisdiccional, no pueden desconocer su competencia, sea porque conozcan de litigios respecto a los cuales no tienen cualidad para conocer, sea porque rehúsen a conocer cuestiones que pertenecen a su competencia.

---

41 Artículo 206 de la Constitución.

Examinaremos entonces, en primer lugar, la delimitación de la competencia contencioso-administrativa, pasando revista a los problemas que surgen del conflicto de competencias, de la acumulación de acciones y de la cuestión perjudicial; y, en segundo lugar, examinaremos los poderes del Juez contencioso-administrativo.

2. La delimitación de la competencia

A. El principio

La competencia de la jurisdicción contencioso-administrativa es una competencia en razón de la materia, es decir, en razón de la naturaleza administrativa de los litigios que a ella deben ser sometidos.

La competencia por razón de la materia, indica el artículo 67 del Código de Procedimiento Civil, "se determina por las leyes relativas a la materia misma que se discute... y, en defecto de éstas, por las leyes orgánicas de los Tribunales". De esta forma, la competencia contencioso-administrativa, en ausencia de la Ley Reguladora de la Jurisdicción Contencioso-Administrativa, está determinada en nuestro Derecho positivo por la Constitución y por la Ley Orgánica de la Corte Federal.

Veamos el principio que consagra la Constitución vigente de 1961, el cual domina todo nuestro sistema contencioso-administrativo y que está determinado en el aparte segundo del artículo 206:

> "Los órganos de la jurisdicción contencioso-administrativa son competentes para anular los actos administrativos generales o individuales contrarios a derecho, incluso por desviación de poder; condenar al pago de sumas de dinero y a la reparación de daños y perjuicios originados por responsabilidad de la Administración, y disponer lo necesario para el restablecimiento de las situaciones jurídicas subjetivas lesionadas por la actividad administrativa".

De este artículo de la Constitución vigente, y de las expresiones "actos administrativos", "administración" y "actividad administrativa" se deduce claramente cuál es el ámbito y el dominio de la jurisdicción contencioso-administrativa.

En efecto, ésta es competente para conocer de los litigios en que la "administración" sea parte, originados ya sea por sus "actos administrativos" o por la "actividad administrativa"[42].

---

42 Sobre la competencia de la jurisdicción contencioso-administrativa, *V.*: J. A. De Gregorio Lavie, *La competencia contencioso-administrativa*, Abeledo-Perrot, Buenos Aires, 1961; Pera Verdaguer, *Jurisdicción y competencia*, Bosch, Barcelona, 1953; Boulois, "Compétence administrative", *Repertoire de Droit Public et Administratif*, Dalloz, París; C, Durand, *Les rapports entre les juridictions administrative et judiciaire*, Paris, 1956; Gazier y Long, "La compétence à l'intérieur de la juridiction administrative", *AJ*, 1954, N° 6; Desforger, *La compétence juridictionnel du Conseil d'Etat et des Tribunaux administratifs*, Paris, 1961. La competencia en general, *V.*, G. Jèze. "Essai de théorie générale de la compétence", *RDP*, 1923, p. 58. El Proyecto LPA 1963 define la competencia de la jurisdicción contencioso-administrativa en la forma siguiente: "Artículo 112. Corresponderán a la jurisdicción contencioso-administrativa: 1°) Las cuestiones relativas a la nulidad de los actos administrativos generales e individuales contrarios a derecho, incluso por desviación de poder; 2°) Las cuestiones referentes a cumplimiento, caducidad, resolución, alcance, interpretación y cualesquiera otros que se susciten a consecuencia de contratos administrativos o de concesiones otorgadas por la Administración Pública; 3°) Las cuestiones que se susciten sobre la respon-

Sin embargo, a pesar de que este concepto sea claro, requiere una somera explicación en lo referente al señalamiento de los límites del mismo. En este sentido, veremos cómo quedan excluidas de la jurisdicción contencioso-administrativa las actividades de otros entes jurídicos extraños al Estado venezolano, las actividades del Estado venezolano ejercidas en base a otra función estatal que no sea la administrativa y las actividades de la propia Administración, que no puedan calificarse propiamente de "actividad administrativa".

B. Límites del principio

a. *Exclusión de las actividades de otros entes jurídicos extraños al Estado venezolano*

En primer lugar, quedan excluidos de la jurisdicción contencioso-administrativa los litigios entre particulares de cualquier naturaleza que éstos sean. Es imposible recurrir ante la jurisdicción contencioso-administrativa cuando no se pone en causa la actividad del Estado venezolano, y concretamente la actividad de la Administración.

Por lo mismo, también quedan excluidos de la competencia de la jurisdicción contencioso-administrativa los litigios entre un particular y un Estado extranjero o cualquier organismo internacional no sometido a la soberanía del Estado venezolano.

Por tanto, para que la competencia de la jurisdicción contencioso-administrativa funcione, es necesario en primer lugar que se trate de una actividad del Estado venezolano.

b. *Exclusión de las actividades del Estado venezolano ejercidas en función legislativa, jurisdiccional y de gobierno*

a'. Noción previa

Pero no basta, para que la jurisdicción contencioso-administrativa sea competente, que se le someta un litigio concerniente a una actividad del Estado venezolano. Hemos señalado que la jurisdicción contencioso-administrativa es sólo competente para conocer de los litigios en que la Administración sea parte, originados por sus actos administrativos y por la actividad administrativa. Por tanto, sólo pueden ser sometidos a la jurisdicción contencioso-administrativa los litigios en que la Administración sea parte, es decir, en que sea parte cualquier autoridad pública actuando en función administrativa.

Así, quedan excluidos de la competencia de la jurisdicción contencioso-administrativa todos los litigios concernientes a otras actividades del Estado que no sean "actividad administrativa", es decir, que no sean realizadas por una autoridad pública en ejercicio de la función administrativa y, por tanto, también quedan excluidos de la competencia de esta jurisdicción las acciones en nulidad dirigidas contra otros actos del Estado venezolano que no sean actos administrativos.

Estos conceptos requieren un preciso análisis.

---

sabilidad patrimonial de la Administración Pública emanada de actos y hechos administrativos; 4°) Las cuestiones que una ley le atribuya especialmente".

b'. La actividad legislativa y los actos legislativos

La jurisdicción contencioso-administrativa es incompetente para conocer de litigios concernientes a la actividad legislativa y para conocer de acciones de nulidad de los actos legislativos.

El Principio de Legalidad, que domina toda la actividad del Estado venezolano exige, sin embargo, la existencia de un control jurisdiccional para la actividad de los cuerpos legislativos ejercida en función legislativa. Hemos dicho que el Principio de Legalidad aplicado a la función legislativa se traduce exclusivamente en constitucionalidad, pues la actividad legislativa es ejercida en ejecución directa de la Constitución. Entonces, el control que pueda ejercerse sobre los actos del Poder Legislativo es solamente un control de la constitucionalidad de dichos actos, que se ejerce en nuestro ordenamiento vigente por ante la jurisdicción constitucional que ejerce la Corte Suprema de Justicia en Pleno y por medio del recurso de inconstitucionalidad. Es necesario dejar claro esto: el control de la constitucionalidad de las leyes y demás actos de los cuerpos legislativos es ejercido por la Corte Suprema de Justicia en Corte Plena[43], es decir, por la Corte como jurisdicción constitucional y no como jurisdicción contencioso-administrativa.

Sin embargo, y ello es evidente, no toda la actividad que desarrollan los Cuerpos Legislativos es una "actividad legislativa". Las Cámaras también desarrollan, aunque excepcionalmente, una actividad administrativa. En la actividad de los Cuerpos Legislativos hay que distinguir, entonces, la actividad ejercida en función legislativa y la actividad ejercida en función administrativa. La primera tiene su control propio en la jurisdicción constitucional que hemos señalado. Sin embargo, la segunda, la actividad administrativa ejercida por los Cuerpos Legislativos sí está sometida al control de la jurisdicción contencioso-administrativa.

Vemos, por ejemplo, que la Constitución, en su artículo 158, ordinales 3° y 6°, señala que es atribución privativa de cada uno de los Cuerpos Legislativos organizar su servicio de policía y ejecutar y mandar ejecutar las resoluciones concernientes a su funcionamiento. Pues bien, en el ejercicio de esta atribución los Cuerpos Legislativos actúan en función administrativa propia del concepto de policía en Derecho administrativo; y los litigios resultantes del nombramiento o destitución de esos funcionarios de policía, o los litigios resultantes de la responsabilidad que pueda causar al Estado por el mal funcionamiento o por los daños que cause ese servicio de policía, entrarán bajo la competencia de la jurisdicción contencioso-administrativa.

El acto de nombramiento de un funcionario de policía por uno de los Cuerpos Legislativos es un acto administrativo susceptible de ser recurrido por ilegalidad por el recurso contencioso-administrativo de anulación. Esto es evidente. Esos actos no constituyen, en ningún momento, actos legislativos.

En este mismo sentido, la responsabilidad que pueda resultar para el Estado por el mal funcionamiento de esos servicios de policía o por los daños que causen en sus funciones, es una responsabilidad administrativa y, por tanto, susceptible de ser puesta en evidencia por la jurisdicción contencioso-administrativa.

---

43 *V.*, el artículo 215, ordinal 3° de la Constitución.

Por último, es conveniente señalar que el principio que venimos desarrollando es tajante cuando el artículo 206 de la Constitución habla de "responsabilidad administrativa", por lo tanto, la responsabilidad que pueda resultar de una ley u otro acto legislativo no es susceptible de ser demandada ante la jurisdicción contencioso-administrativa.

c'. La actividad judicial y los actos jurisdiccionales

Por los mismos razonamientos antes expuestos, la actividad de los órganos jurisdiccionales cuando es ejercida en función jurisdiccional, y los actos jurisdiccionales que de ella resulten, no son susceptibles de ser recurridos por ningún motivo ante los órganos de la jurisdicción contencioso-administrativa. Esta jurisdicción sólo puede conocer de los litigios que tienen su origen en la actividad administrativa y de la nulidad de actos administrativos, y nunca de la nulidad de actos jurisdiccionales o de sentencias de los Tribunales de la República.

La Corte, sistemáticamente, se ha declarado incompetente para conocer de las acciones que se han intentado contra actos jurisdiccionales y se ha invocado su competencia contencioso-administrativa[44]. Es más, nuestro Tribunal Supremo también se ha declarado incompetente para conocer de recursos que por inconstitucionalidad se han intentado contra actos jurisdiccionales[45].

Sin embargo, es necesario distinguir también en este caso la actividad jurisdiccional de los órganos del Poder Judicial, de la actividad administrativa que esos mismos órganos puedan realizar en ejercicio de la función administrativa.

A tal efecto, cuando los órganos jurisdiccionales dictan actos de nombramiento de determinados funcionarios, esos actos son administrativos y no jurisdiccionales y, por tanto, son susceptibles de ser recurridos por ilegalidad ante los órganos de la jurisdicción contencioso-administrativa. En el mismo caso se encuentran los actos reglamentarios que tienen facultad para dictar determinados órganos jurisdiccionales[46].

d'. La actividad de gobierno y los actos de gobierno

Ya hemos hablado de los actos de gobierno y hemos señalado que se trata de actos del Poder Ejecutivo dictados en ejecución directa de la Constitución y, por tanto, sometidos directamente a ella y con el mismo rango jurídico que la Ley.

---

44 *V.*, fundamentalmente una reciente sentencia de la antigua Corte Federal: CF-9-1, 26-1-60. *V.*, también CF-107-1, 15-10-59.

45 CFC-CP-28-1, 28-11-51; CFC-CP-15-1, 26-5-52; CFC-CP-27-1, 18-7-52; CF-37-1, 3-7-53; CF-46-1, 29-5-55; CF-37-1, 23-3-56; CF-107-1, 15-10-59; CSJ-PA-13-1, 17-4-61.

46 Tal es el caso de la atribución que el Estatuto Orgánico del Poder Judicial, reformado por Ley de 30 de junio de 1956 (*Gaceta Oficial* N° 493 de 1-8-56) en su artículo 80, letra A, ordinal 8 a las Cortes Superiores, para dictar su Reglamento interno y de Policía, y el de los demás Tribunales de la Circunscripción. Un Reglamento de este tipo fue dictado por las Cortes Superiores de la antigua Primera Circunscripción, actual Circunscripción Judicial del Distrito Federal y del Estado Miranda.

No compartimos el criterio de que los actos de gobierno son actos administrativos discrecionales, como sostiene el Decano José Guillermo Andueza[47]. El acto discrecional

---

47 J. Andueza, *El Control en Venezuela*..., *cit.*, pp. 23 y 24. Mucha controversia ha surgido en la doctrina y jurisprudencia francesas sobre los Actos de Gobierno, a los cuales no se aplica el Principio de Legalidad por excepción, pues no pueden ser objeto de ningún recurso jurisdiccional, ni judicial ni administrativo. *V.*, al respecto, R. Odent, Contentieux administratif, curso *cit.*, fascículo I, p. 149 y ss.; Mignon, "Une emprise nouvelle du principe de légalité: "*Les actes de gouvernements*", *Dalloz Crónicas*, 1951, p. 51; R. Chapus, "L'acte de gouvernement, monstre ou victime", *Crónicas Dalloz*, 1958, p. 2; P. Duez, *Les actes de gouvernement*, Sirey, Paris, 1953; Cirally, "L'introuvable acte de gouvernement", *RDP*, 1952, p. 317; Chapus, "Acte de Gouvernement", *Repertoire de Droit Public et Administratif*, Dalloz; Apelt, "L'acte de gouvernement dans la jurisprudence et la doctrine en France et en Allemagne", *Livre Jubilaire du Conseil d'Etat*, Sirey, Paris. La existencia de actos de gobierno en Francia, escapando a todo control jurisdiccional, no es compatible con el régimen y el principio de la legalidad, y deja subsistir una zona inaccesible a los jueces donde puede reinar la arbitrariedad de las autoridades ejecutivas. La existencia de esos actos en Francia tiene un origen histórico, como la gran mayoría de las instituciones jurídico-administrativas de ese gran país: Cuando la Justicia Delegada reemplazó a la llamada Justicia Retenida, en 1872, el legislador confirmó la existencia de un dominio de actos administrativos prohibido al juez, y que la doctrina llamó posteriormente actos de gobierno. Ese dominio, sin embargo, cada vez ha sido más estrecho, gracias a la creación pretoriana de la institución. Los fundamentos de la teoría de los actos de gobierno fueron diversos para la jurisprudencia francesa. En primer lugar se habló del móvil político. Eso fue hasta 1875; un acto administrativo cualquiera era un acto de gobierno y escapaba del control jurisdiccional del Consejo de Estado, cuando su realización estaba inspirada por un móvil político. Este fundamento fue abandonado desde los inicios de la III República por la decisión del Consejo de Estado, Príncipe Napoleón, de 19 de febrero de 1875 (*V.*, en Long, Weil y Braibant, *Les Grands arrêts de la jurisprudence administrative*, Sirey, París, 1962, p. 14). Es el inicio, entonces, de la teoría de la distinción entre Administración y Gobierno. Esta situación cambió, sin embargo, en el primer cuarto de este siglo, cuando el Consejo de Estado comprendió que no podía aplicar un criterio único para la calificación de esos actos de gobierno que la doctrina francesa consideraba actos administrativos que escapaban del control de la jurisdicción contencioso-administrativa. Desde esta época, el Consejo de Estado se ha limitado a hacer una lista empírica de los actos llamados de gobierno. Lista que, por otra parte, se ha ido reduciendo considerablemente en los últimos años. En definitiva, el acto de gobierno es indefinible en Francia. Sólo puede darse de él una noción parcial: El acto de gobierno es el que cumple el Poder Ejecutivo en sus relaciones con una autoridad pública que escapa a todo control jurisdiccional, principalmente, con el Legislador. La situación venezolana es completamente distinta al respecto: los actos de gobierno no son actos administrativos; y tanto los actos de gobierno como los actos legislativos están sometidos al control jurisdiccional de la Constitucionalidad por la Corte Suprema de Justicia, por ser ejecución directa de la Constitución. Los actos de gobierno, hemos dicho, no son, en nuestro sistema constitucional, actos administrativos. Entre ellos hay una radical diferencia estructural en cuanto a la norma a la cual deben directamente conformarse: el acto de gobierno debe estar conforme a la Constitución, pues es ejecución directa de ésta; los actos administrativos deben estar conformes a la legalidad, pues son ejecución directa de la ley e indirecta de la Constitución. Por ello los actos administrativos están sometidos al principio de la legalidad administrativa que hemos analizado en el Primer Título. Los actos de gobierno, en cambio, no lo están, no porque sean una excepción, sino porque tienen el mismo rango estructural que la Legalidad con relación a la Constitución. Por ello los actos de gobierno sólo están sometidos a la Constitucionalidad. En Francia hemos visto sostener una posición en el fondo similar a la que señalamos, a Chapus, en la Crónica citada al Dalloz de 1958, enfrentándose a la casi totalidad de la doctrina francesa actual y tradicional. De esta manera, no compartimos el criterio del Decano Andueza cuando considera a los actos de gobierno -que llama políticos- como una modalidad del acto administrativo discrecional. Encontramos esta misma opinión, además de en la fuente antes señalada, en sus intervenciones en el Seminario de las Naciones Unidas sobre los Recursos Judiciales o de otra índole contra el ejercicio ilegal o abusivo del Poder Administrativo celebrado en Buenos Aires en 1959, Publicación de las Naciones Unidas ST/TAO/HR/6, Nueva York, 1960, p. 49. Por tanto, cuando se habló de actos administrativos sometidos al Principio de la Legalidad Administrativa (*V.*, N° 4), no incluimos en ningún momento a los actos de gobierno, que constituyen otra cosa distinta, no sometidos a la Legalidad sino sólo a la Constitucionalidad (*V.*, N° 2). En el Proyecto LPA 1963 hemos visto acogido este criterio cuando no considera a tos actos de gobierno como actos administrativos. En efecto, en el artículo 113, letra b, señala que "no corresponderán a la jurisdicción contencioso-administrativa:... b. Las cuestiones relativas a los actos de gobierno, sin perjuicio de las indemnizaciones que fueren procedentes, cuyo conocimiento corresponde a la jurisdicción contencioso-administrativa". Según este Artículo del Proyecto, no corresponde a la jurisdicción contencioso-administrativa las cuestiones sobre actos de gobierno, donde se incluye su declaratoria de inconstitucionalidad, porque esta jurisdicción especial está reservada a las cuestiones sobre actos administrativos. Ahora bien, siguiendo

es un acto sometido a la ley y al Principio de la Legalidad Administrativa. La única característica especial que tiene es que la misma ley le da poderes a la Administración para dictarlo según su libre apreciación de la oportunidad y conveniencia. El acto de gobierno, en cambio, es un acto totalmente distinto, no administrativo. Tan distinto es, que no está sometido a la Ley –pues tiene su mismo rango–, sino directamente a la Constitución. Por ello es ejecución directa de la Constitución, con el mismo rango que la Ley.

Posiblemente la opinión del profesor Andueza tiene su fundamento en el deseo, justo por otra parte, de someter los actos de gobierno o políticos, como los llama, a un control jurisdiccional, creyendo que no lo tienen, como sucede en el Derecho francés, en que constituyen una excepción al Principio de la Legalidad.

Sin embargo, en Venezuela los actos de gobierno sí tienen un control jurisdiccional propio y ese control es de constitucionalidad. En efecto, el artículo 215, ordinal 6° de la Constitución señala que es de la competencia de la Corte Suprema de Justicia en Corte Plena[48] declarar la nulidad de los "reglamentos y demás actos del Ejecutivo Nacional cuando sean violatorios de la Constitución", entre los cuales se incluyen los actos de gobierno.

Esta atribución de la Corte en Pleno es distinta de aquella contenida en el ordinal 7 del mismo artículo, por la cual la Corte Suprema de Justicia en Sala Político-administrativa, y actuando como órgano de la jurisdicción contencioso-administrativa, es competente para declarar la nulidad de los actos administrativos del Ejecutivo Nacional cuando sea procedente, es decir, cuando sean contrarios a derecho e incluso por desviación de poder[49].

c. *Exclusión de las actividades de la Administración sometidas al Derecho privado*

Circunscrita, entonces, la competencia de la jurisdicción contencioso-administrativa a la actividad administrativa, es decir, a la actividad de aquellas autoridades públicas actuando en ejercicio de la función administrativa, sólo nos queda por señalar que no toda

---

un criterio lógico, la segunda parte de esa disposición es un contrasentido en lo que se refiere a indemnizaciones que puedan provenir de la Responsabilidad del Estado -y no de la Administración- por sus actos de gobierno, ya que, según la enumeración taxativa del artículo 206 de la Constitución, sólo las indemnizaciones originadas en la Responsabilidad Administrativa corresponden a esa jurisdicción. Sin embargo, ello no impide que pueda atribuirse por Ley esa atribución a la Corte Suprema de Justicia como Tribunal polivalente que es, y no como órgano específicamente de la jurisdicción contencioso-administrativa. Y ello, por otra parte, porque el artículo 47 de la misma Constitución reconoce la Responsabilidad del Estado por cualquiera de sus actos, sin excepción, sean legislativos, jurisdiccionales, de gobierno o administrativos. Por último, en relación a la teoría de los actos de gobierno, ver en la doctrina: Caruso Inguilleri, "Atto politico e giurisprudenza amministrativa", *Riv. Dir. Pub.*, 1915; A. Guaita Martorell, "Los actos políticos o de gobierno en el Derecho español", *Revista del Instituto de Derecho Comparado*, N° 4, 1955; Guaita, "Actos políticos y justicia administrativa". *Estudios en Homenaje al Profesor Legaz y Lacambra*, Santiago de Compostela, 1960; Sánchez Agesta, "Concepto jurídico del acto político". *Homenaje a Nicolás Pérez Serrano*, Madrid, 1959; A. Amorth, "Atti politici o di governo", *Novísimo Digesto Italiano*; Rodríguez Queiro, *Teoría dos actos de governo*, Coimbra, 1948; E. Guicciardi, "L'atto politico". *Archivio di Diritto Pubblico*, 1937; B. Liuzzi, "Sulla nozione degli atti di governo", *FA*, 1927; Roehrsen, "L'atto di potere politico a la sua sindicabilità in sede giudiziaria", *Riv. Dir. Pub.*, 1936, I, p. 557; Vitta, "Impugnabili degli atti politici", *FA*, 1951, I, p. 203. En materia de responsabilidad del Estado, originada por sus actos de gobierno, *V.*, en el *Derecho español*: Boquera Oliver, "La responsabilidad patrimonial del Estado por la adopción de medidas no fiscalizables en vía contenciosa", *Estudios en Homenaje a Jordana de Pozas, t.* I, vol I, Madrid 1961, p. 197.

48 Artículo 216 de la Constitución.

49 Artículo 206 de la Constitución.

actividad de la Administración puede calificarse de "actividad administrativa" y, por tanto, no toda la actividad de la Administración está sometida a esa jurisdicción especial.

La Administración, además de realizar la actividad administrativa que resulta del ejercicio de la función administrativa, regida por el Derecho Administrativo, y que origina actos, hechos y relaciones jurídico-administrativos, realiza múltiples actividades de interés público, que no están sometidas al Derecho Administrativo y que escapan del control de la jurisdicción contencioso-administrativa. Estas actividades están sometidas al Derecho Privado y entran bajo la competencia de la jurisdicción ordinaria.

Tal es el caso, por ejemplo, de los contratos de derecho privado que realiza la Administración y cuyo conocimiento pertenece a los Tribunales de la jurisdicción ordinaria, sea civil, mercantil o del trabajo[50].

En el mismo caso se encuentran todas las actividades sometidas al Derecho privado que realiza la Administración por intermedio de sus Empresas Públicas.

Concluimos, por tanto, que la competencia de la jurisdicción contencioso-administrativa se circunscribe a los litigios en que la Administración sea parte, originados por sus actos administrativos o por su actividad administrativa.

C. Regulación del principio

a. *Noción previa*

Ya hemos visto cómo la competencia de la jurisdicción contencioso-administrativa se circunscribe, de conformidad con el artículo 206 de la Constitución, a los litigios en que sea parte la "Administración" originados por sus "actos administrativos" y por su "Actividad administrativa".

Este principio de la competencia de la jurisdicción contencioso-administrativa que, como hemos visto, corresponde actualmente a la Corte Suprema de Justicia en Sala Político-Administrativa, está regulado por la Constitución vigente y por la Ley Orgánica de la Corte Federal, aún vigente por mandato de la Disposición Transitoria decimoquinta de la propia Constitución.

Veamos, en primer lugar, la regulación del principio y, en segundo lugar, las excepciones al principio.

---

50 CF-127-1, 5-12-59. En esta sentencia la Corte ha establecido: "Por consiguiente, si la Administración ha obrado en dicho contrato como persona jurídica privada, o sea, como sujeto de derechos y obligaciones de naturaleza civil, hay que considerar dicha convención también como de índole civil, y por ello, ajena a la vía contencioso-administrativa; ya que esta jurisdicción especial está reservada exclusivamente para los casos en que la administración actúa en régimen de prerrogativa, haciendo uso del derecho público de que está investida y con fines de utilidad pública que le son característicos". *V.*, también: CSJ-PA-97-1, 14-12-61; CSJ-PA-27-1, 15-3-62. *V.*, N° 122. A este respecto, el Proyecto LPA 1963 ha establecido, en su artículo 113, letra a, que "no corresponderán a la jurisdicción contencioso-administrativa... a. Las cuestiones civiles, mercantiles y del trabajo, aun cuando en ellas sea parte o haya de intervenir la Administración Pública".

b. *Cuestiones que corresponden al conocimiento de la jurisdicción contencioso-administrativa*

a'. Competencia de anulación

En su competencia de anulación, los órganos de la jurisdicción contencioso-administrativa tienen atribución de conformidad con los artículos 206 y 215, ordinal 7° de la Constitución para declarar la nulidad de los actos administrativos generales o individuales contrarios a Derecho, incluso por desviación de poder.

Estas disposiciones están complementadas por los ordinales 9° y 11° de la Ley Orgánica de la Corte Federal.

El medio para obtener el pronunciamiento de la Corte en su competencia de anulación es el recurso contencioso-administrativo de anulación.

b'. Competencia de plena jurisdicción

En su competencia de plena jurisdicción, donde la competencia no está limitada a la declaración de nulidad de un acto administrativo, sino donde los órganos de la jurisdicción contencioso-administrativa tienen plenitud de jurisdicción para decidir, éstos tienen atribución de conformidad con el artículo 206 de la Constitución para "condenar al pago de sumas de dinero y a la reparación de daños y perjuicios originados en responsabilidad de la Administración y disponer lo necesario para el restablecimiento de las situaciones jurídicas subjetivas lesionadas por la actividad administrativa".

En lo que se refiere a la responsabilidad contractual, esta disposición está complementada por el ordinal 28 del artículo 7 de la Ley Orgánica de la Corte Federal.

Respecto a la responsabilidad extracontractual, esta disposición está complementada por el ordinal 29 del artículo 7 de la misma Ley Orgánica de la Corte Federal.

También complementa la disposición el ordinal 30 del artículo 7 de la citada Ley Orgánica de la Corte Federal en lo referente a la reivindicación en materia administrativa.

El medio para obtener pronunciamiento de la Corte en su competencia de plena jurisdicción es el Recurso Contencioso-Administrativo de Plena Jurisdicción.

c. *Las excepciones al principio*

a'. Noción previa

Si bien es cierto que la jurisdicción contencioso-administrativa es competente para conocer de los litigios en que sea parte la Administración, originados por sus actos administrativos o por su actividad administrativa, ello no excluye que ciertos asuntos expresamente determinados por la Ley, y que tengan su origen en actos administrativos, sean atribuidos al conocimiento de otros órganos jurisdiccionales ordinarios. Tal es el caso del amparo y de la expropiación.

b'. El amparo a la libertad personal

El artículo 49 de la Constitución establece que "los Tribunales ampararán a todo habitante de la República en el goce y ejercicio de los derechos y garantías que la Constitución establece, en conformidad con la Ley".

Todavía no ha sido decretada la ley correspondiente, a pesar de la necesidad de ella en la vida venezolana. Sin embargo, la Disposición Transitoria Quinta de la Constitución reguló el procedimiento de amparo en lo relativo a la libertad personal, previendo el retardo de la ley.

A tal efecto, la referida Disposición Transitoria establece que "toda persona que sea objeto de privación o restricción de su libertad, con violación de las garantías constitucionales, tiene derecho a .que el juez de Primera Instancia en lo Penal, que tenga jurisdicción en el lugar donde se haya ejecutado el acto que motiva la solicitud o donde se encuentre la persona agraviada, expida un mandamiento de habeas corpus".

> "Recibida la solicitud, que podrá ser hecha por cualquier persona, el juez ordenará inmediatamente al funcionario bajo cuya custodia esté la persona agraviada que informe, dentro del plazo de veinticuatro horas, sobre los motivos de la privación o restricción de la libertad y abrirá una averiguación sumaria".
>
> "El juez decidirá, en un término no mayor de noventa y seis horas después de presentada la solicitud, la inmediata libertad del agraviado o el cese de las restricciones que se le hayan impuesto, si encontrare que para la privación o restricción de la libertad no se han llenado las formalidades legales. El juez podrá sujetar esta decisión al otorgamiento de caución o prohibición de salida del país de la persona agraviada por un término que no podrá exceder de treinta días, si lo considerare necesario".
>
> "La decisión dictada por el juez de Primera Instancia se consultará con el superior, al que deberán enviarse los recaudos en el mismo día o en el siguiente. La consulta no impedirá la ejecución inmediata de la decisión. El Tribunal Superior decidirá dentro de las sesenta y dos horas siguientes a la fecha de recibo de los autos".

Observamos de este procedimiento de amparo, cómo la jurisdicción penal tiene competencia para controlar la ilegalidad de un acto administrativo, declarando su nulidad. Observamos que eso es lo que realmente hace del acto administrativo por el cual se privó de la libertad o por el cual se restringió la libertad del solicitante, al comprobar que ese acto se hizo sin llenarse las formalidades legales, decidiendo a tal efecto la libertad o el cese de las restricciones a la libertad del solicitante.

Es de observar, sin embargo, que este fenómeno es, si se quiere, excepcional ya que las más de las veces no hay acto administrativo en la base de la privación de la libertad, produciéndose lo que en la teoría del Derecho administrativo se ha denominado la Vía de Hecho.

c'. La expropiación

Una de las causales de oposición a la solicitud de expropiación, cuando ésta no es introducida por la República y, por tanto, cuando se introduce ante los Tribunales de Primera Instancia en lo Civil, es la alegación de haberse violado la ley en alguna etapa del procedimiento expropiatorio[51]

Pues bien, cuando el juez de Primera Instancia en lo Civil se ve llamado a considerar una oposición de esta naturaleza, debe examinar, en muchos casos, la legalidad o ilegalidad del acto administrativo de declaratoria de utilidad pública o del acto administrati-

---

51 Artículo 26 de la Ley de Exportación por causa de utilidad pública o social. Al respecto, *V.*, Silvestre Tovar H. *La Expropiación por causa de utilidad pública*, Tesis de Grado, Caracas; T. Polanco, *Derecho Administrativo Especial*, Cursos de Derecho, Universidad Central de Venezuela, Caracas, 1959, p. 133 y ss.

vo que constituya el Decreto de Ejecución. Y cuando ello se hace, para declarar con lugar la oposición, debe declarar ilegal el acto administrativo que violó la Ley y, por tanto, debe declarar su ilegalidad.

Vemos así cómo, en materia de expropiación por causa de utilidad pública o social, el juez de Primera Instancia en lo Civil tiene, en ciertos casos, competencia para controlar la ilegalidad de los actos administrativos, lo que constituye también una excepción a la competencia de anulación de los órganos de la jurisdicción contencioso-administrativa.

D. Los problemas de la competencia

a. *Noción previa*

La delimitación de la competencia contencioso-administrativa presenta, como en cualquier jurisdicción ordinaria o especial, una serie de problemas procesales. Entre ellos se destacan en materia contencioso-administrativa los problemas de la acumulación de acciones, la cuestión prejudicial y los conflictos de competencia.

Veamos separadamente estos supuestos.

b. *La acumulación de acciones*

El artículo 7, ordinal 32 de la Ley Orgánica de la Corte Federal dispone que ésta es competente para "conocer de los juicios en que se acumulen varias acciones contra la nación, siempre que a la Corte esté atribuido el conocimiento de alguna de ellas".

Las razones de esta acumulación de acciones son, en general, las mismas que rigen el procedimiento ordinario[52]. La competencia de la Corte es, en este caso, una competencia por conexión o por continencia de la causa, y se admite por el interés que existe de evitar el riesgo de que se dicten sentencias contrarias o contradictoras en asuntos que tengan entre sí una conexión.

En todo caso debe tenerse presente el artículo 239 del Código de Procedimiento Civil, que dispone que "no podrán acumularse en una misma demanda acciones que se excluyan mutuamente, o que sean contrarias entre sí; ni las que por razón de la materia no correspondan al conocimiento del mismo Tribunal que ha de conocer de la principal; ni aquellas cuyos procedimientos legales sean incompatibles entre sí". Agrega la norma:

> "Sin embargo, podrán proponerse en una misma demanda dos o más acciones incompatibles para que sean resueltas una como subsidiaria de la otra, siempre que sus respectivos procedimientos no sean incompatibles entre sí."

En primer lugar, creemos que la acumulación de acciones podrá tener lugar en las demandas en plena jurisdicción que constituyen verdaderas "acciones contra la nación". Sin embargo, no la creemos posible en los recursos de anulación.

En segundo lugar, y ello es evidente, sólo podrán acumularse acciones cuyo conocimiento corresponda a la jurisdicción contencioso-administrativa.

---

52 Sobre el problema en el Derecho español, *V.*, J. González Pérez, "La acumulación de pretensiones en el proceso administrativo", *RAP*, N° 10, 1953, p. 89.

Sin embargo, aun cuando la Ley Orgánica de la Corte admite la posibilidad de una acumulación de acciones, no creemos posible en materia contencioso-administrativa la acumulación de autos tal como se rige en los artículos 222 y siguientes del Código de Procedimiento Civil. Y ello fundamentalmente por la prohibición que de ello hace el propio Código en su artículo 226 cuando establece que "tampoco son acumulables los autos que cursen en Tribunales civiles o mercantiles ordinarios a otros autos que cursen en Tribunales de organización especial". Entendemos por esto la imposibilidad de acumulación de autos entre Tribunales de jurisdicción ordinaria y Tribunales de jurisdicción especial, y más aún, cuando se está en presencia de procedimientos distintos.

Por tanto no es posible oponer ante la jurisdicción contencioso-administrativa la excepción dilatoria por declinatoria de jurisdicción de la Corte, porque el asunto deba acumularse a otro proceso de que esté conociendo un Tribunal distinto, contemplada en el artículo 248, ordinal 1° del Código de Procedimiento Civil. En esta misma forma tampoco es posible oponer esa excepción ante Tribunales civiles o mercantiles ordinarios porque el asunto deba acumularse a los autos que cursan en la jurisdicción contencioso-administrativa.

c. *La cuestión prejudicial*

La cuestión prejudicial se presenta en el Derecho procesal cuando un juez, para decidir un litigio para el cual es incontestablemente competente, debe tratar una cuestión que no es normalmente de su competencia.

Entonces, una cuestión es llamada prejudicial cuando su solución, que debe preceder al examen del fondo del asunto, debe ser resuelta por otra jurisdicción distinta de la que tiene competencia para la acción principal.

El problema de la cuestión prejudicial se plantea ante la jurisdicción contencioso-administrativa, en la misma forma que se plantea en la jurisdicción ordinaria[53]. Por tanto, es perfectamente oponible la excepción dilatoria por existencia de una cuestión prejudicial que debe resolverse en un proceso distinto, contemplada en el artículo 248, ordinal 6° del Código de Procedimiento Civil.

Entonces, al juez de lo contencioso-administrativo puede presentársele una cuestión prejudicial en el curso de un proceso del cual él es competente para conocer. Sin embargo, es necesario señalar que esta cuestión prejudicial debe ser realmente una cuestión prejudicial[54]. Es necesario, ante todo, que haya verdaderamente una cuestión, es decir, una dificultad real que haga surgir duda respecto al conflicto. En segundo lugar, es necesario que la respuesta a esta cuestión sea necesaria para la decisión del fondo del asunto. Una vez que el juez se encuentra ante esta situación debe retardar su decisión hasta que la decisión de la cuestión no se produzca por el juez competente[55].

---

53 Sobre el problema de la cuestión prejudicial en el Derecho italiano, *V.*: Forti U., "Competenza dei giudice amministrative sulle questioni pregiudiziali concernenti diritti civili", *FI*, 1935, III, p. 155; Granito, "Della competenza a decidete la questioni pregiudiziali o incidentali di diritto soggetivo sorte devanti l'autorità giurisdicionale amministrativa", *Riv. Dir. Pub.*, 1925; Romano, *La pregiudizialità nel processo amministrativo*, Milán, 1958.

54 R. Odent, *Contentieux-Administratif*, Curso citado, fascículo I, p. 68.

55 Por ejemplo, el Juez contencioso-administrativo no podría resolver sobre la solicitud de nulidad de un acto administrativo que debe ser introducida por un propietario de un bien, por ser él solo el titular de un interés legítimo o de un derecho subjetivo, cuando está cuestionado ante los Tribunales ordinarios la cualidad del solicitante de propietario del bien.

El mismo problema de la cuestión prejudicial puede plantearse ante la jurisdicción ordinaria respecto a una cuestión de la competencia de la jurisdicción contencioso-administrativa. En este caso también debe reunir las dos condiciones antes señaladas. De lo contrario, la excepción dilatoria sería declarada sin lugar[56]. Podría vislumbrarse en todo caso, aquí, un recurso contencioso-.administrativo de interpretación.

d. *Los conflictos de competencia*

La existencia de órganos jurisdiccionales con competencia distinta plantea, inevitablemente, problemas de conflictos de competencia[57].

Estando atribuida la competencia en materia contencioso-administrativa actualmente en Venezuela a la Corte Suprema de Justicia, y particularmente al Tribunal de Apelaciones del Impuesto sobre la Renta, corresponde a la misma Corte Suprema conocer de los conflictos de competencia que puedan presentarse entre órganos jurisdiccionales ordinarios y el Tribunal de Apelaciones del Impuesto o la Corte misma. Ello en virtud del artículo 7, ordinal 15 de la Ley Orgánica de la Corte Federal, que le da atribución para "dirimir las competencias que se susciten entre dos o más Tribunales de la República, siempre que la ley no indique para el caso otra autoridad", pues no hay ley alguna vigente que indique quién debe resolver los conflictos de competencia en que intervenga un órgano de la jurisdicción contencioso-administrativa. Esta misma atribución está consagrada en la Constitución vigente, artículo 215, ordinal 9°, cuando faculta a la Corte para "dirimir los conflictos de competencia entre Tribunales, sean ordinarios o especiales, cuando no exista otro Tribunal Superior y común a ellos en el orden jerárquico".

3. Los poderes del juez contencioso-administrativo

A. Noción previa

Hemos señalado que la determinación de la competencia de la jurisdicción contencioso-administrativa nos llevó a examinar la naturaleza de la materia que ella está llamada a conocer, a lo cual dedicamos la sección precedente, y ahora nos llevará a examinar los poderes del juez en la decisión de los litigios que debe conocer. Es decir, hemos visto qué debe conocer el juez, y ahora veremos qué puede hacer el juez respecto a lo que puede conocer.

---

56 *V.*, al respecto la sentencia de 23-6-54, del Juzgado Primero de Primera Instancia en lo Civil del Distrito Federal y del Estado Miranda, ICI-102-1, 23-6-54, en Jurisprudencia de los Tribunales de la República, Ministerio de de Justicia, vol. IV, *t.* I, Instituto de Codificación y Jurisprudencia. *V.*, asimismo, la sentencia 1IC1-100-1, 21-6-54.

57 Al respecto véase en el *Derecho Comparado*: I. M. Villar y Romero, "Conflictos jurisdiccionales", *Nueva Enciclopedia Jurídica, t.* IV, 1962, p. 648; Pera Verdaguer, Jurisdicción y Competencia, Barcelona, 1953; P. Bardonnet, *Le Tribunal des Conflicts, juge de fond*, París, 1959; F. Luchaire, "L'évolution du conflict positif d'attribution", *Dalloz Crónicas*, 1952; Laroque, "Les conflicts d'attribution". *RDP*, 1932; Lagarde, "Tribunal des Conflicts", *Répertoire de Droit Public et Administratif*, Dalloz; Theis, "Le Tribunal des conflicts, juge de fond", *RDP*, 1933; Weil, "Conflicts de décisions au fond et conflicts négatifs de compétence", *Dalloz Crónicas*, 1956, p. 81.

Los poderes del juez contencioso-administrativo son diferentes según se trate de la puesta en práctica de su competencia de anulación o de su competencia de plena jurisdicción. Y ello principalmente porque, en el primer caso, es competente para controlar la legalidad de los actos administrativos, y en el segundo caso, es competente para controlar la legitimidad, y a veces la legalidad, de la actividad administrativa.

Veremos entonces, sucesivamente, los poderes del juez en su competencia de anulación y en su competencia de plena jurisdicción.

B. Poderes del juez en su competencia de anulación

Hemos señalado que, en su competencia de anulación, el juez de lo contencioso-administrativo tiene facultad para declarar la nulidad de los actos administrativos contrarios a derecho. Y también hemos visto cómo los actos administrativos contrarios a derecho son aquellos dictados en contradicción con el Principio de la Legalidad Administrativa.

Por tanto el juez de lo contencioso-administrativo, en su competencia de anulación, sólo tiene poder para declarar la nulidad del acto administrativo impugnado, total o parcialmente, para declarar sin lugar el recurso intentado porque no existe la ilegalidad invocada, o para declarar, en su oportunidad, inadmisible el recurso por la ausencia de los requisitos procesales para intentarlo.

En este sentido, la antigua Corte Federal y de Casación señaló "que mandar a expedir los títulos a que se contrae el demandante no es, ciertamente, atribución de esta Corte, limitada como está su competencia en el presente caso a resolver si es nula o si es válida la Resolución del Ministerio de Fomento a que se refiere este juicio"[58].

Por tanto, y en ello no hay lugar a dudas, la Corte Suprema de Justicia en Sala Político-Administrativa, en su competencia de anulación sólo puede declarar o no la nulidad del acto administrativo impugnado. Sólo puede constatar la existencia o no de una ilegalidad en dicho acto y declarar su constatación. La Corte no puede, en su competencia de anulación, condenar a la Administración en ninguna forma ni obligarla a dar o a hacer. Por ello estamos en presencia, en el recurso contencioso-administrativo de anulación, de un proceso de impugnación en que la Corte no entra a resolver controversias de fondo ni entra, en principio, a conocer o censurar hechos, sino que se limita a verificar la legalidad del acto administrativo atacado.

Sobre esto volveremos al hablar del recurso contencioso-administrativo de anulación.

C. Poderes del juez en su competencia de plena jurisdicción

Los poderes del juez, en su competencia contencioso-administrativa de plena jurisdicción, son radicalmente distintos. En este caso el juez no debe limitarse a la declaración de nulidad de un acto sino que, al contrario, tiene plena jurisdicción, completa jurisdicción para juzgar y resolver los litigios que se le plantean, y de los cuales es competente para conocer. Por ello, en su decisión, el juez puede rendir toda resolución jurídicamen-

---

58 Sentencia de 11-8-45 en Resumen CFC en SPA, 1940-1951, p. 27 (Gaceta Forense, año I, N° 2, p. 131).

te útil. En este sentido, en su competencia de plena jurisdicción, el juez contencioso-administrativo se aproxima al juez de la jurisdicción ordinaria.

Pero veamos qué puede hacer el juez en su competencia de plena jurisdicción. El artículo 206 de la Constitución nos dice: "Los órganos de la jurisdicción contencioso-administrativa son competentes para... condenar al pago de sumas de dinero y a la reparación de daños y perjuicios originados en responsabilidad de la administración y disponer lo necesario para el restablecimiento de las situaciones jurídicas subjetivas lesionadas por la actividad administrativa".

Según esta disposición, y esto ya lo hemos indicado, los órganos de la jurisdicción contencioso-administrativa son contralores de la legitimidad de la actividad administrativa, sea que se manifieste por actos, hechos o relaciones jurídico-administrativos, tal como los Tribunales de la jurisdicción ordinaria están encargados de controlar la legitimidad de los actos, hechos y relaciones jurídicas de Derecho privado.

Es decir, la jurisdicción contencioso-administrativa controla la conformidad de la actividad administrativa con el ordenamiento jurídico vigente[59].

Entonces, como contralor de la legitimidad de la actividad administrativa, y en su competencia de plena jurisdicción, el juez de lo contencioso-administrativo tiene atribución:

a. Para condenar al pago de sumas de dinero a la Administración. Por ejemplo, la condena a la Administración a pagar una suma de dinero que debe, según un contrato administrativo, a su cocontratante.

b. También tiene atribución para condenar a la reparación de daños y perjuicios originados por responsabilidad contractual o extracontractual de la Administración.

c. Asimismo tiene atribución para disponer lo necesario para el restablecimiento de las situaciones jurídicas subjetivas lesionadas por la actividad administrativa. Por ejemplo: una situación jurídica subjetiva es la calidad de propietario. Cuando la Administración posee o detenta indebidamente la propiedad ajena, la declaración con lugar de la demanda en reivindicación que contra ella intenta el propietario, constituye un restablecimiento de la situación jurídica de propietario, subjetiva, lesionada por la actividad administrativa.

Por último, debemos observar que el juez contencioso-administrativo, en su competencia de plena jurisdicción, puede también "anular los actos administrativos contrarios a derecho", cuando ello sea necesario para satisfacer el derecho subjetivo invocado o para restablecer la situación jurídica lesionada. En efecto, si lo que ha causado la responsabilidad de la Administración es un acto administrativo ilegal, junto con la condena a la reparación por daños y perjuicios que el juez formula a la Administración, éste debe también declarar la nulidad del acto administrativo que origina la responsabilidad. En el mismo sentido, si lo que ha ocasionado el incumplimiento de un contrato es un acto administrativo, junto con la condena respectiva, debe formularse la declaración de nulidad del acto que origina el incumplimiento, si es ilegal. Y observamos que, en esta forma, el juez contencioso-administrativo, no solamente puede también declarar la nulidad

---

59 Ya hemos señalado qué entendemos por ordenamiento jurídico en este concepto, donde incluimos, no solamente las normas de carácter general, sino que también las normas de carácter particular como actos jurídicos, contratos, etc.

de un acto administrativo, sino que también puede reformarlo cuando ello es necesario para la satisfacción del derecho subjetivo invocado por el recurrente, o cuando ello es necesario para el restablecimiento de la situación jurídica lesionada por la actividad administrativa.

Sobre esto volveremos al hablar del recurso contencioso-administrativo de plena jurisdicción.

IV. EL PROCEDIMIENTO CONTENCIOSO-ADMINISTRATIVO

1. Introducción

Gran dificultad se nos presenta al querer estudiar, bajo el Título del presente Capítulo, de una parte los rasgos más característicos del procedimiento contencioso-administrativo, de otra parte los requisitos procesales del mismo y, en fin, el procedimiento aplicable. Y ello porque, como ya ha podido vislumbrarse, la jurisdicción contencioso-administrativa comprende dos tipos de competencias distintas, con caracteres propios: la competencia de anulación y la competencia de plena jurisdicción.

Sin embargo, el orden lógico y sistemático que nos hemos propuesto seguir en el estudio de la materia contencioso-administrativa en Venezuela nos conduce a intentar exponer algunos principios fundamentales que rigen el procedimiento contencioso-administrativo en ambas competencias, diferenciándolas cuando sea imprescindible. De esta manera podremos entrar en el Capítulo V al estudio de los recursos de anulación y de plena jurisdicción en particular, y en un VI y último Capítulo al análisis de la materia contencioso-fiscal.

Pero antes de entrar al estudio del procedimiento contencioso-administrativo en Venezuela, tal como actualmente existe y es regulado, debemos aclarar que las fuentes legales que lo disponen son: de una parte, y principalmente, la Ley Orgánica de la Corte Federal de 1953 aún vigente por mandato de la Disposición Transitoria decimoquinta de la Constitución, y de otra parte, con carácter supletorio, el Código de Procedimiento Civil[60].

En base a las disposiciones de estas leyes, y a la luz de las soluciones jurisprudenciales en materia administrativa, entraremos a estudiar la materia propuesta en la siguiente forma: en una primera parte, las características principales del procedimiento contencioso-administrativo; en una segunda parte, los requisitos procesales del mismo; y, en una última parte, las normas procedimentales básicas.

60 CF-54-1, 5-8-58. En este sentido el Proyecto LPA 1963 establece, en su artículo 126, el mismo carácter supletorio del Código de Procedimiento Civil, al disponer: "El recurso contencioso-administrativo se substanciará y decidirá en la forma prevista en esta Ley. En los casos no contemplados en ella se aplicarán las normas pertinentes del Código de Procedimiento Civil".

2. Características principales

A. Noción previa

Las características rectoras del procedimiento civil venezolano, entre las cuales podemos señalar la escritura, la publicidad, la mediación y la concentración[61] son también aplicables en principio al procedimiento contencioso-administrativo.

Sin embargo, al hablar del procedimiento en materia contencioso-administrativa, debemos señalar fundamentalmente tres características propias que lo distinguen y especializan: el carácter contencioso, el carácter inquisitorio y el carácter no suspensivo.

B. Carácter contencioso

Sobre el carácter contencioso del procedimiento contencioso-administrativo, la jurisprudencia administrativa de la Corte ha sufrido una lenta evolución, siguiendo la evolución constitucional. Sin embargo, es necesario advertir, esta evolución que parte de la afirmación de que los procedimientos contencioso-administrativos no son contenciosos, hasta la admisión de su carácter contencioso, se refiere fundamentalmente al procedimiento originado por el recurso contencioso-administrativo de anulación, del cual conoce la Corte en base a su competencia de anulación. Respecto al procedimiento originado por el recurso de plena jurisdicción, nunca, ciertamente, se ha puesto en duda su carácter contencioso.

El problema comienza a preocupar a la Corte cuando interpretaba la Constitución de 1931, que establecía en su artículo 120, ordinal 12, aparte 3°, un procedimiento contencioso sólo cuando el acto administrativo impugnado por el recurso de anulación era "una Resolución ministerial relativa a la ejecución, interpretación o caducidad de algún contrato celebrado por el Ejecutivo Federal", no señalando, respecto al recurso de anulación interpuesto contra otros actos administrativos que no tuvieran relación con contratos, procedimiento alguno.

Sin embargo, con la reforma constitucional de 1936, y por disposición del aparte segundo, ordinal 11 de su artículo 123, se estableció que todas las Resoluciones ministeriales sin excepción no podían ser tachadas de nulidad sino en juicio contencioso. Así también lo sostuvo la Corte en 1938[62].

Pero esta posición no era definitiva. En 1937 la Corte comenzó por afirmar que "el recurso por exceso de poder, que fue intentado... contra las resoluciones del Ministerio..., si bien puede decirse no contencioso en el sentido de constituir un recurso subjetivo, dirigido directamente a atacar el acto y no ejercido respecto a la persona del funcionario de quien emanó, no tiene el carácter de acto de la jurisdicción voluntaria, la cual se concreta a los actos de la autoridad judicial necesarios para validar o confirmar

---

61 Sobre una exposición de estos principios referidos al Derecho Procesal Hispanoamericano, *V.*: Couture, "Trayectoria y destino del *Derecho Procesal Civil* Hispanoamericano", *Estudios de Derecho Procesal Civil*, Buenos Aires, 1948, *t.* 1, p. 308 y ss.

62 Sentencia de la Corte Federal y de Casación de 14-6-38, en Resumen CFC en SPA, 1936-1939, p. 217 (Memoria 1939, *t.* I, p. 237).

un negocio jurídico, ya que el aludido recurso por exceso de poder provoca una decisión que favorece y perjudica los derechos de tercero en cuanto produce efectos *erga omnes*[63]

Pero la incertidumbre de la Corte se refleja todavía en 1939, cuando establecía que "aunque este género político de procesos en que se ventila la nulidad de actos unilaterales del Poder Público no tenga propiamente el carácter contencioso, es indiscutible el derecho que tiene aquel contra quien obra para contestar los hechos y promover al efecto las pruebas que juzgue conducentes, motivo por el cual la Corte ha dado a los interesados tiempo suficiente para esgrimir las armas de ataque y de defensa que respectivamente posean a fin de que pueda resultar el fallo verdaderamente justo. Corolario de no ser dichos procesos verdaderamente contenciosos lo es, sin duda alguna, que no obliguen a los jueces los trámites imprescindibles del procedimiento establecido para los juicios contenciosos sin que ello implique, en modo alguno, que no puedan aplicarlos en casos especiales o cuando circunstancias determinadas a ello lo induzcan"[64].

Esta posición dudosa de la Corte la vemos cambiada con las sucesivas reformas de la Constitución[65] afirmando, después de la reforma de 1961, que el procedimiento contencioso-administrativo establecido para los procesos de este género por el artículo 25 de la Ley Orgánica de la Corte Federal "es notoriamente de carácter contencioso, ya que se ordena el emplazamiento de todos los que se crean interesados para que se hagan parte en el recurso; dispone abrir lapsos de promoción y evacuación de pruebas que se estimen pertinentes; ordena la relación e informes de los interesados; autoriza auto para mejor proveer y, finalmente, prevé la oportunidad para sentenciar el caso"[66].

Por tanto el procedimiento contencioso-administrativo de anulación tiene carácter contencioso aunque no pueda decirse propiamente que existe un demandado, pues el recurso se dirige contra un acto y no contra la Administración u otra persona pública. Sin embargo, el hecho de que no exista demandado no excluye la posibilidad de un defensor del acto. Por ello no consideramos acertada una opinión de la antigua Corte Federal cuando señalaba, en 1957, que "en el juicio contencioso por recurso de ilegalidad el actor propone formal demanda contra la nación en la persona del Procurador, a quien necesariamente se le cita y se le emplaza como a cualquier demandado, para que comparezca en la oportunidad que se le señala, a contestar la demanda"[67]. Al contrario, en el Recurso de Anulación ni se demanda a la Administración ni se cita al Procurador, ni éste tiene que contestar una demanda. Solamente se impugna un acto, de lo cual se notifica al Procurador. La defensa del acto puede ser realizada por el Procurador o por cualquier interesado. Sin embargo, ello no es imprescindible. El acto hasta puede no tener defensor. Y es más, su nulidad puede ser solicitada por el propio representante jurídico de la Administración, es decir, por el Procurador General de la República.

Ahora bien, lo cierto es que a partir de la Constitución de 1961 no hay lugar a dudas de que se trata de un procedimiento de carácter contencioso.

---

63 Sentencia de la Corte Federal y de Casación de 27-1-37 en Resumen CFC en SPA, 1956-1939, p. 130 (Memoria 1938, *t.* 1, p. 145).

64 Sentencia de la CFC de 23-6-39, Resumen CFC en SPA, 1936-1939, p. 18 (Memoria 1940, *t.* I, p. 241).

65 CFC-CP-3-1, 4-4-51; CF-23-1, 14-3-60.

66 CSJ-CP-27-1, 15-3-62.

67 CF-172-1, 30-7-57.

C. Carácter inquisitorio

Tradicionalmente se distingue entre procedimiento acusatorio y procedimiento inquisitorio. En el primero, la producción de pruebas y la marcha del proceso resulta de la sola iniciativa de las partes, siendo el juez solamente un árbitro en el debate. En el procedimiento inquisitorio, al contrario, el juez juega un papel activo en la búsqueda de la prueba y en la dirección del proceso.

En materia de jurisdicción ordinaria, en mayor o menor grado, el procedimiento civil es de tipo acusatorio y el procedimiento penal del tipo inquisitorio. En el procedimiento civil, por ejemplo, ese carácter acusatorio se manifiesta por la disposición, impulso y dirección que tienen las partes en el proceso venezolano[68].

Sin embargo, en materia contencioso-administrativa la situación es distinta respecto al procedimiento civil, pudiendo decirse que tiene un carácter inquisitorio. Y este carácter inquisitorio se manifiesta, fundamentalmente, en la dirección del proceso y en la búsqueda de la prueba. Veamos separadamente estas dos manifestaciones.

a. *La dirección del procedimiento*

En la jurisdicción contencioso-administrativa el juez tiene la dirección del proceso, y en esto se opone al procedimiento civil, en que son las partes quienes dirigen el proceso.

Ciertamente, en materia contencioso-administrativa como en materia de jurisdicción ordinaria, no hay jurisdicción sin acción y, por tanto, es la parte actora y no el juez la que debe proponer su acción y pedir la tutela jurídica.

Sin embargo, una vez que la acción ha sido intentada por la parte y el proceso se encuentre pendiente, en la plenitud de sus efectos"[69] en materia civil, la dirección del proceso continúa en manos de las partes. No sucede lo mismo en el procedimiento contencioso-administrativo. En éste, una vez interpuesto el recurso respectivo o intentada la acción, es el juez quien toma la dirección del procedimiento: Es él mismo quien pide a la autoridad administrativa el envío de los autos respectivos cuando haya lugar; es el juez también quien notifica o cita al Procurador General de la República; por último, es sólo el juez quien emplaza a los que se crean interesados en el asunto que se ventila, para que comparezcan dentro de un plazo que él mismo fija[70].

---

68 Al respecto *V.*, A. Rengel Romberg, "El Rol del Juez en la dirección del Proceso Civil Venezolano", *RMJ*, N° 40, 1962, p. 70 y ss.

69 Rengel Romberg, "El rol del Juez...", *cit.*, p. 88. En este sentido, el Proyecto LPA 1963 establece, en su artículo 127, que "en materia contencioso-administrativa el Juez o Tribunal no podrán proceder sino a instancia de parte, salvo en aquellos casos en que la Ley lo autorice para actuar de oficio".

70 Ley Orgánica de la Corte Federal, artículo 25. Los principios esenciales de este artículo de la Ley vigente han sido recogidos por el Proyecto LPA 1963 en la forma siguiente: Respecto a la solicitud del expediente administrativo el Proyecto establece: "Artículo 133. El Juez o Tribunal, al recibir la solicitud que inicie el recurso dará por Secretaría recibo de ella y, dentro de las dos audiencias siguientes, procederá a dictar auto en el cual ordenará a la autoridad administrativa de la cual emanó el acto recurrido la remisión del expediente respectivo dentro del plazo que a tal efecto señalará y que no podrá exceder de quince días continuos, a contar de la fecha del auto respectivo". Respecto al emplazamiento de los interesados, el Proyecto establece: "Artículo 139. Cuando el Juez admita el recurso ordenará el emplazamiento de los interesados mediante cartel que deberá ser publicado en un periódico de circulación en la ciudad en la cual el recurso hubiere sido interpuesto y, de no haber tal, en un periódico de la ciudad de Caracas, y, de ser posible, en un Diario o *Gaceta Oficial*. ÚNICO: El Juez señalará plazo para la publicación

b. *Las pruebas*

El carácter inquisitorio del procedimiento contencioso-administrativo, no sólo se manifiesta por el rol del juez en la dirección del mismo, sino por su intervención en materia probatoria, que lo convierten en parte activa en la búsqueda de la verdad.

Es por ello que el artículo 28 de la Ley Orgánica de la Corte Federal señala que ésta "queda facultada para solicitar y hacer evacuar las informaciones y pruebas que considere pertinentes".

Observamos, entonces, que la situación del juez contencioso-administrativo es diferente de aquella del juez civil, que materialmente asiste, sin participar, a una discusión de la cual sólo da el resultado.

D. Carácter no suspensivo

En principio, los recursos contencioso-administrativos contra los actos administrativos, y concretamente el recurso de anulación, no tiene ni produce efecto suspensivo. Y ello porque "admitir lo contrario equivaldría a hacer posible paralizaciones de la acción administrativa por voluntad de los particulares"[71].

El carácter no suspensivo del procedimiento contencioso-administrativo es una consecuencia directa de la ejecutoriedad del acto administrativo que ya hemos estudiado.

Sin embargo, se exceptúan solamente los casos en que la ley, de modo expreso, permita suspender, previo el cumplimiento de determinadas formalidades legales, tales como la prestación de una caución, la ejecución del acto administrativo impugnado. Esto se producirá, por lo regular, cuando la ejecución del acto produzca gravamen irreparable al recurrente, no subsanable por la decisión definitiva[72].

En todo caso, creemos, esta suspensión posible de los efectos del acto administrativo sólo puede ser pronunciada por el juez cuando se ha solicitado por una parte interesada.

---

y, si ésta no fuere hecha en tal tiempo, se entenderá desistido el recurso". Respecto al emplazamiento de la Administración, el Proyecto establece: "Artículo 140. En el mismo acto en el cual el Juez ordene emplazar por cartel a los interesados ordenará emplazar también al representante legal de la Administración autora del acto recurrido, salvo que dicho representante hubiere iniciado el recurso. ÚNICO: Se entenderá como representante legal de la administración autora del acto al funcionario que como tal designe la respectiva ley u ordenanza y, en falta de tal, al mismo funcionario del cual emanó el acto". Por último, en materia de pruebas, el carácter inquisitorio del procedimiento ha sido recogido del principio establecido en el artículo 28 de la Ley Orgánica de la Corte Federal, por el Proyecto LPA 1963 en la forma siguiente: "Artículo 148. Terminado el lapso probatorio el Juez podrá, por auto, ordenar que sean evacuadas, sin intervención de las partes, determinadas pruebas que él estimare de interés para el proceso. En tal caso señalará lapso para tales diligencias, lapso que no podrá exceder de ocho audiencias".

71 C.F.-88-1, 29-7-59. En la doctrina francesa, *V.*: Lavau, "Du caractère non suspensif des recours devant les Tribunaux Administratifs", *RDP*, 1950, p. 777. El Principio ha sido recogido por el artículo 127, aparte ÚNICO del Proyecto LPA 1963, al establecer que "Los Tribunales que ejercieren la jurisdicción contencioso-administrativa podrán, en cualquier etapa del procedimiento, a petición de interesado, acordar la suspensión de la ejecución del acto administrativo recurrido, cuando tal ejecución pueda producir gravamen irreparable y se diere, si el Tribunal lo exige, caución suficiente".

72 C.F.-7-1, 25-1-60.

3. Los requisitos procesales

A. Noción previa

Los requisitos procesales del procedimiento contencioso-administrativo son aquellos necesarios para la admisibilidad de los recursos que a él dan lugar.

En el sistema jurídico venezolano, tres son principalmente los requisitos procesales del procedimiento contencioso-administrativo: la legitimación, el agotamiento de la vía administrativa y el lapso de caducidad.

Estudiaremos separadamente estos requisitos.

B. La legitimación

a. *Noción previa*

El primer requisito procesal para la admisibilidad del recurso contencioso-administrativo y, por tanto, para el inicio del procedimiento contencioso-administrativo, es el que se delimita con las nociones de legitimación activa y legitimación pasiva.

Además de la capacidad general para actuar en un proceso, la existencia de los requisitos de legitimación activa y pasiva dará lugar al nacimiento del concepto de parte en el procedimiento contencioso-administrativo. Sin embargo, este concepto de parte tiene diverso alcance según se trate de un procedimiento contencioso-administrativo de anulación o de plena jurisdicción. Por ello analizaremos la legitimación en relación con ambos tipos de procedimiento.

b. *Contencioso de anulación*

a'. Noción previa

En el procedimiento contencioso-administrativo de anulación debemos hablar solamente, en propiedad, de legitimación activa. Sin embargo analizaremos, bajo la denominación de legitimación pasiva, no el demandado pues no lo hay, sino los defensores del acto impugnado.

b'. Legitimación activa

a''. ***Noción previa***

Para poder delimitar correctamente la legitimación activa en el procedimiento contencioso-administrativo de anulación de los actos administrativos, debemos distinguir claramente la anulación de los actos administrativos generales de la anulación de los actos administrativos individuales.

b''. ***Anulación de actos administrativos generales: interés simple***

Entre las competencias de anulación de los órganos de la jurisdicción contencioso-administrativa, ya hemos señalado que tienen la atribución de declarar la nulidad de los actos administrativos generales contrarios a derecho e incluso por desviación de poder.

Ahora bien, es legitimado activo para impugnar un acto administrativo de carácter general por la vía contencioso-administrativa aquel a quien la decisión administrativa perjudica en su simple interés[73]; y entendemos por interés simple "ese interés vago e impreciso, no individualizado, perteneciente a cualquiera –no reconocido ni tutelado en modo directo por el ordenamiento jurídico–, relativo al buen funcionamiento de la Administración"[74].

En definitiva, cualquier persona hábil puede ser legitimado activo para impugnar los actos administrativos de carácter general en la vía contencioso-administrativa de anulación por el mismo carácter de éstos.

c". *Anulación de los actos administrativos individuales: interés legítimo*

Por otra parte, tiene legitimación activa en el recurso contencioso-administrativo de anulación de los actos administrativos individuales contrarios a derecho o viciados de desviación de poder aquel a quien dicho acto perjudica en su interés legítimo; y entendemos por interés legítimo "el que tienen ciertos habitantes, merced a la especial y particular situación de hecho en que se encuentran respecto a los demás, en la debida observancia, por parte de la Administración, de las normas establecidas en interés general, puesto que de tal observancia o inobservancia pueden resultar beneficiados o perjudicados en modo particular con relación a los demás habitantes"[75].

Es decir, para poder impugnar en la vía contencioso-administrativa un acto administrativo individual es necesario tener interés legítimo en la anulación.

En realidad, es justo y lógico exigir como fundamento del recurso contencioso-administrativo de anulación de los actos administrativos individuales, un interés legítimo, pues lo que se persigue es el restablecimiento del derecho objetivo violado por la Administración, o más propiamente, el restablecimiento de la situación jurídica objetiva violada. Por ello no sería justo exigir un derecho subjetivo como fundamento del recurso.

Pero ese interés, no sólo debe ser legítimo, sino que también debe ser personal y directo. Al respecto, en sentencia de 14 de marzo de 1960, la antigua Corte Federal estableció:

> "Los ordenamientos jurídicos que como el nuestro admiten el recurso contencioso de anulación de actos administrativos, exigen, como requisito procesal, que el demandante ostente un interés que, en todo caso, ha de ser personal, directo y legítimo, aunque, como lo dispone el artículo 14 de nuestro Código de Procedimiento Civil, puede ser eventual o futuro, salvo el caso en que la ley lo exija actual".
>
> "Este interés que han de ostentar en el recurso de anulación de un acto administrativo, las partes, entendiéndose por tales las que han establecido una relación jurídica con la Administración Pública, o aquel a quien la decisión administrativa perjudica en su derecho o en su interés legítimo, en

---

73 Este principio ha sido acogido por el Proyecto LPA 1963 cuando establece, en su artículo 118, que cualquier persona hábil tendrá cualidad para ser parte, cuando se solicite la nulidad de actos administrativos generales.

Al respecto, en el Derecho español *V.*: Garrido Falla, "La impugnación de resoluciones administrativas de carácter general y la jurisprudencia del Tribunal Supremo", *RAP*, N° 6, 1951, p. 223.

74 *V.*, en este sentido la sentencia del Juzgado Primero de Primera Instancia en lo Civil de la Circunscripción Judicial del Distrito Federal y del Estado Miranda de 21-11-60 en el Informe de la Fiscalía General de la República al Congreso de 1960, Caracas, 1961, p. 337.

75 Al respecto, véase la sentencia citada en la Nota 91 de este Título.

el caso de la acción popular basta que sea de carácter simple. De aquí que, en el primer supuesto, sólo puedan actuar los sujetos a quienes directamente afecta el acto administrativo; y en el segundo, cualquier ciudadano puede ejercer la acción para atacar un acto lesivo al interés general"[76].

d". *La legitimación activa del Procurador General de la República*

Ya en dos oportunidades hemos citado una sentencia de la antigua Corte Federal[77], donde se dice que en el recurso contencioso-administrativo de anulación de los actos administrativos, "el actor propone formal demanda contra la nación en la persona del Procurador de la Nación, a quien necesariamente se le cita, y se lo emplaza, como a cualquier demandado, para que comparezca en la oportunidad que se le señala, a contestar la demanda". En esas oportunidades también hemos dicho que esa jurisprudencia no es del todo exacta, y ello porque, como veremos más adelante, el recurso contencioso-administrativo de anulación es una acción dirigida contra un acto administrativo y no contra la Administración o cualquier otra persona pública, y si bien hay un demandante que es el recurrente legitimado activamente, no hay, propiamente hablando, un demandado. En este sentido ha dicho la misma Corte Federal en otra oportunidad[78], que "no puede decirse que se demanda a la nación, sino que lo que se busca es la declaratoria de nulidad de un acto administrativo".

Sin embargo, si bien no podemos decir que hay en términos jurídicos un demandado, sí podemos señalar que hay, en principio, un defensor nato del acto, a quien se notifica pero no se cita: es el Procurador General de la República[79].

Pero decimos que en principio el Procurador es defensor del acto impugnado, pues no siempre lo es ni necesariamente tiene que serlo. En efecto, el Procurador "como defensor de los principios de Derecho Público"[80], puede manifestar su opinión en favor de la nulidad del acto, ante la jurisdicción contencioso-administrativa, y es más, el Procurador General de la República puede ocurrir como legitimado activo a esta jurisdicción para solicitar la declaratoria de nulidad de un acto administrativo ilegal o contrario a derecho, piando la Administración se encuentra en la imposibilidad de revocarlo, por haber creado derechos a favor de terceros[81].

---

76 C.F.-23-1, 14-3-60. El principio ha sido acogido por el Proyecto LPA 1963 al establecer, en su artículo 118, que "Tendrá cualidad para actuar en la jurisdicción contencioso-administrativa toda persona que tenga interés legítimo, personal y directo en el asunto de que se trate...". Sobre la noción de interés legítimo para recurrir, *V.*: Bodda, "Interesse a ricorrere e interesse legittimo", *FA*, 1935, I. p. 48; A. D. Giannini, "L'inteesse che legittima il ricorso giuridizionale", *Il diritto dei betti pubblici*, 1940, p. 287; D'Alessio, *Le parti nel giudizio amministrativo*, Roma, 1915; Kornprobst, *La notion de partie en les recours pour excès de pouvoir*, Paris, 1959; P. Prete, "L'interesse a ricorrere nel processo amministrativo", *Rassegna di Diritto Pubblico*, 1951, p, 36 y ss.; Mignon, "La notion d'intérêt ouvrant le recours pour excès de pouvoir", *Dalloz Crónicas*, 1953, p. 22.

77 C.F.-172-1, 30-7-37.

78 C.F.-115-1, 11-11-55. Por ello consideramos que el artículo 120 del Proyecto LPA 1963 consagra una ficción al establecer que "se considerarán parte demandada: a. La Administración de que proviene el acto o disposición a que se contraiga el recurso, salvo en el caso previsto en el artículo anterior (es decir, cuando es la misma administración autora del acto la que solicita la nulidad del acto administrativo cuando ella no puede revocarlo); b. Las personas que deriven derechos del propio acto".

79 Artículo 25 de la Ley Orgánica de la Corte Federal.

80 C.F.-115-1, 11-11-55.

81 El artículo 27 de la Ley Orgánica de la Corte Federal señala que, al iniciarse el procedimiento, se notificará al Procurador General de la República "cuando no hubiese sido a instancia" de él. *V.*, también CFC-CP-18-1, 19-10-51. En este sentido el artículo 119 del Proyecto LPA 1963 establece que "La Administración autora de algún acto, que no pueda ser revocado o anulado por ella misma, tendrá cualidad para deducir cualquiera de las preten-

En este último caso tenemos la legitimación activa del Procurador General de la República, en representación de la Administración Pública nacional, en el procedimiento contencioso-administrativo de anulación.

c'. Legitimación pasiva

Venimos de señalar que no creemos que en el procedimiento contencioso-administrativo de anulación pueda hablarse propiamente de demandado en la legitimación pasiva, pues no hay, jurídicamente hablando, una parte demandada.

Sin embargo, el hecho de que no haya parte demandada, pues lo que se demanda es la nulidad de un acto y no a una persona moral de derecho público, no implica que el acto no pueda tener defensor. Sin embargo, ello no es imprescindible. En todo caso, el acto administrativo puede ser defendido por el Procurador General de la República o por cualquiera de las partes "interesadas" que hayan comparecido por el emplazamiento que debe hacer la Corte[82].

c. *Contencioso de plena jurisdicción*

a'. Noción previa

En el procedimiento contencioso-administrativo de plena jurisdicción, al contrario, sí nos encontramos propiamente ante dos partes con pretensiones contrarias: el particular demandante y la Administración demandada.

Veamos, entonces, la legitimación activa y la legitimación pasiva en el procedimiento contencioso-administrativo de plena jurisdicción.

b'. Legitimación activa: el derecho subjetivo

Hemos señalado[83] que el objeto de las pretensiones que pueden demandarse por el recurso de plena jurisdicción puede ser: la condena al pago de sumas de dinero por la Administración; la condena a la reparación de daños y perjuicios originados por responsabilidad contractual o extracontractual de la Administración; y el restablecimiento de las situaciones jurídicas subjetivas lesionadas por la actividad administrativa.

Claramente puede observarse de esta enumeración que las pretensiones que se dirijan contra la Administración por el recurso de plena jurisdicción, y que la Corte debe resolver en su carácter de contralor de la legitimidad de la actividad administrativa, han de ser pretensiones fundamentadas en un derecho subjetivo o en la lesión de una situación jurídica subjetiva del recurrente[84].

---

siones consagradas en esta Ley". Y agrega el aparte segundo del artículo 121 que "también podrán intervenir como coadyuvantes de la Administración que demandare la anulación de sus propios actos, quien tuviere interés directo en dicha pretensión".

82 Artículo 25 de la ley Orgánica de la Corte Federal: Al respecto ya hemos señalado en la Nota 96 de este Título lo que establece el artículo 120 del Proyecto LPA 1963. Sin embargo, es oportuno observar que, en relación a los "interesados" que pueden intervenir en la defensa del acto, el artículo 121 del citado Proyecto establece que "podrán intervenir en el proceso, como coadyuvantes de la parte demandada, las personas que tuvieren interés directo en el mantenimiento del acto o disposición que motivare el recurso contencioso-administrativo...".

83 Artículo 206 de la Constitución.

84 Sobre los conceptos de situación jurídica y derecho subjetivo que utilizamos, *V.*: Paul Roubier, *Droits subpectifs et situations juridiques*, Dalloz, París, 1963, p. 11 y ss. y p. 299. Sobre la situación jurídica en relación

Dicho en otras palabras, los órganos de la jurisdicción contencioso-administrativa son contralores de la legitimidad de la actividad administrativa, cuando ésta vulnere una situación jurídica subjetiva o cuando por la vulneración de una situación jurídica objetiva se dé origen a un derecho subjetivo de parte del recurrente. Examinemos esto de acuerdo con el artículo 206 de la Constitución.

En los casos de lesión de una situación jurídica subjetiva por la actividad administrativa, la Constitución concede tres casos de apertura del recurso contencioso-administrativo de plena jurisdicción:

En *primer lugar*, la demanda que para la condena a pagar sumas de dinero se intente contra la Administración. El caso típico de este supuesto es el originado por un derecho de crédito. Sólo el titular del derecho de crédito, es decir, el acreedor, puede demandar a la Administración deudora. Entonces, sólo el titular de un derecho subjetivo puede demandar a la Administración por el pago de sumas de dinero. Cuando la Administración ha incumplido su obligación lesiona la situación jurídica subjetiva de acreedor que posee el recurrente, y es en base al derecho subjetivo que origina esa situación jurídica subjetiva, que ese recurrente está legitimado activamente para iniciar el procedimiento contencioso-administrativo de plena jurisdicción.

En *segundo lugar*, la demanda que se intente contra la Administración para la condena a la reparación de daños y perjuicios originados por la responsabilidad contractual de la Administración. Este es el caso normal en los contratos administrativos: sólo el cocontratante de la Administración puede ser titular de un derecho subjetivo originado por la lesión de su situación jurídica subjetiva de cocontratante. Por tanto, sólo él puede, en base a ese derecho subjetivo, demandar a la Administración a la reparación de daños y perjuicios.

En *tercer lugar*, y fuera de toda relación contractual, puede demandarse a la Administración para lograr el restablecimiento de una situación jurídica subjetiva lesionada por la actividad administrativa. El caso típico de este supuesto es la demanda en reivindicación establecida en el artículo 7, ordinal 30 de la Ley Orgánica de la Corte Federal. En efecto, sólo el propietario de un bien determinado puede demandar en reivindicación a la Administración, cuando ésta, administrativamente, ha tomado posesión o detenta ese bien indebidamente. Por tanto, aquí también sólo el titular de un derecho subjetivo puede intentar la acción.

Pero puede verse que todos estos casos tienen su origen en la lesión de una situación jurídica subjetiva que puede tener su origen en un acto jurídico, como un contrato o en una ley. Son situaciones jurídicas preestablecidas, que son lesionadas por la actividad administrativa y que dan derecho a su titular a demandar en justicia.

Sin embargo, la redacción del artículo 206 de la Constitución que analizamos permite la apertura del recurso de plena jurisdicción, en los casos de responsabilidad extracontractual de la Administración. La responsabilidad, en sí misma, es una situación jurídica objetiva, producto del derecho objetivo. No constituye un derecho, pues no puede renunciarse, y más bien implica un deber de no hacer daño a otro.

---

con el objeto de la jurisdicción contencioso-administrativa, *V.*: Cessarino, *La situazioni giurìdiche e toggeto delta giustizia amministrativa*, Milán, 1956.

Sin embargo, una vez causado el daño por un hecho ilícito o por otra fuente de la responsabilidad administrativa, la víctima del daño adquiere un derecho subjetivo a la reparación del mismo, es decir, se encuentra en una situación jurídica de acreedor. Por tanto, sólo fundamentándose en ese derecho subjetivo a la reparación del daño que se le causó, es por lo que puede actuar en justicia ante la jurisdicción contencioso-administrativa en su competencia de plena jurisdicción.

En conclusión, podemos observar cómo para poder intentar un recurso de plena jurisdicción, el demandante debe ser titular de un derecho subjetivo, pudiendo nacer ese derecho subjetivo de la lesión de una situación jurídica subjetiva preexistente, o de la lesión de una situación jurídica objetiva. No podrá, entonces, intentarse el recurso de plena jurisdicción, con un interés simple, ni con un interés legítimo. La legitimación activa consiste en la titularidad de un derecho subjetivo.

A este respecto, la antigua Corte Federal ha exigido que se alegue un derecho subjetivo como requisito procesal para que se admita el recurso contencioso-administrativo de plena jurisdicción, y al efecto ha señalado que "es principio ya admitido unánimemente por la doctrina, la jurisprudencia y las leyes de todas las naciones donde existe, independiente o delegada, la jurisdicción contencioso-administrativa, que para que pueda interponerse el recurso de plena jurisdicción... es necesario que la resolución administrativa contra la cual se dirija concurran las tres condiciones siguientes: que cause estado, que emane de una autoridad administrativa en uso de sus facultades regladas y que la resolución desconozca o vulnere un derecho de carácter administrativo"[85].

c'. Legitimación pasiva

a". *Noción previa*

En el procedimiento contencioso-administrativo de plena jurisdicción, al contrario de lo que sucede en el procedimiento contencioso-administrativo de anulación, sí puede hablarse de demandante y demandado en el sentido propio y jurídico de las palabras.

En el recurso contencioso-administrativo de plena jurisdicción, el actor titular de su derecho subjetivo "propone formal demanda contra la Administración en la persona del Procurador General de la República, a quien necesariamente se le cita y se le emplaza, como a cualquier demandado, para que comparezca en la oportunidad que se le señale a contestar la demanda"[86].

Respecto a la legitimación pasiva nos interesa destacar lo relativo a la entidad demandada y a las prerrogativas procesales de ella.

b". *La entidad demandada*

Tratándose de un derecho subjetivo, lo que configura la legitimación activa, fácil es determinar la legitimación pasiva: el recurso será válidamente interpuesto y admisible cuando se interpone contra la persona jurídica o la entidad administrativa a quien sea oponible el derecho subjetivo, o quien lesionó la situación jurídica subjetiva.

---

85 CF-112-1, 28-10-59.

86 Hemos utilizado la expresión de la Corte que es perfectamente aplicable el recurso de plena jurisdicción y no al de anulación, como hemos visto en el número 310. *V.*, la sentencia CF-172-1, 30-7-57.

Pero debe tenerse muy presente que la acción debe intentarse específicamente contra la entidad administrativa que se demanda, sea la República, los Estados, las Municipalidades o aquellas Corporaciones o Institutos de carácter público como los Institutos autónomos y las demás personas jurídicas de derecho público sometidas a la jurisdicción contencioso-administrativa. En estos casos actuará como representante de la entidad demandada el Procurador General de la República para la primera, o la persona competente para las demás entidades administrativas territoriales o autónomas.

c''. *Las prerrogativas procesales*

Cuando la demanda en plena jurisdicción tenga consecuencias patrimoniales contra la República, la Ley Orgánica de la Hacienda Nacional establece una serie de prerrogativas procesales[87] aplicables en principio a la República. Sin embargo, dichas prerrogativas son aplicables a gran número de Institutos autónomos existentes en Venezuela, de conformidad con sus respectivos estatutos orgánicos[88]. También, de conformidad con el artículo 233 de la Constitución vigente, "las disposiciones que rigen la Hacienda Pública nacional regirán la Administración de la Hacienda Pública de los Estados y de los Municipios en cuanto sean aplicables", por lo cual estas prerrogativas pueden ser aplicadas a los Estados y a las Municipalidades.

Estas prerrogativas procesales de la entidad administrativa legitimada pasivamente se refieren principalmente a la contestación de la demanda y las excepciones dilatorias opuestas a la condenación en costas, a la exigencia de caución judicial y a la condición de que "las partes están a derecho".

En efecto, la Ley Orgánica de la Hacienda nacional establece, en su artículo 6, que "cuando los apoderados o mandatarios de la nación no asistan al acto de la contestación de demandas interpuestas contra ella, o de excepciones que hayan sido opuestas, se tendrán unas y otras como contradichas en todas sus partes, sin perjuicio de la responsabilidad que la omisión apareja al representante del Fisco'

El artículo 8 de la misma Ley Orgánica, por su parte, establece que "en ninguna instancia podrá ser condenada la nación en costas, aun cuando se declaren confirmadas las sentencias apeladas, se nieguen los recursos interpuestos, se declaren sin lugar, se dejen perecer o se desista de ellos".

Por otra parte, el artículo 15 de la Ley Orgánica citada dispone que "en ningún caso podrá exigírsele caución al Fisco nacional para una actuación judicial".

Por último, la Ley de la Procuraduría de la Nación y del Ministerio Público establece algunas prerrogativas procesales que modifican sensiblemente el principio de que "las partes están a derecho", que impera en nuestro sistema procesal ordinario[89].

---

87 Sobre las prerrogativas y privilegios del Fisco, *V.*: R. Lepervance Parparcen, "Privilegios del Fisco en el Derecho Venezolano", *Separata de la Revista de Hacienda*, N° 19, año X, 1945.

88 Al respecto, ver el Capítulo "La Administración Autónoma" en la *Tesis de Grado de Tomas Polanco*, "La Administración Pública", *cit.*, p. 327 y ss.

89 *V.*, al respecto Luis Loreto, "El principio de que Las partes están a derecho en el proceso civil venezolano". *Estudios de Derecho Procesal Civil*, Caracas, 1956, p. 23 y ss. Sobre el mismo principio en materia contencioso-fiscal, *V.*, N° 419. Sobre el conjunto de las prerrogativas de la República en cuanto a Hacienda Pública nacional, es conveniente destacar las disposiciones del Proyecto LOHPN 1963, algunas de las cuales modifican sensiblemente el régimen vigente. En materia de contestación de la demanda, el Proyecto LOHPN 1963 establece, en su artículo 17, que "cuando los representantes del Fisco Nacional no asistan al acto de la contestación de demandas inter-

En efecto, el artículo 54 de la referida Ley señala "que los jueces están obligados a dar noticia inmediata al Procurador de la Nación de toda actuación que se practique en los juicios en que la nación o el Fisco sean partes, así como también enviarle copia de tales actuaciones", agregando en el mismo sentido el artículo 55 que "los funcionarios judiciales están obligados a notificar al Procurador de la Nación, por la vía más rápida, de toda demanda, oposición, sentencia, providencia o solicitud de cualquier naturaleza que, directa o indirectamente, obre contra los intereses de la nación o del Fisco nacional, así como también de la apertura de todo término para el ejercicio de algún derecho o recurso por parte del Fisco. Las notificaciones a que se refiere este artículo deberán ordenarse y hacerse con otorgamiento de los mismos términos que la Ley señala a las partes en litigio, a fin de que los personeros de la nación o del Fisco puedan hacer valer oportunamente las defensas, excepciones o recursos que existan en favor de los intereses que representan".

De estas disposiciones observamos que la carga que implica el principio de que "las partes están a derecho" se aplica al litigante particular, pero no a la Administración.

C. El agotamiento de la vía administrativa

a. *Noción previa*

El segundo requisito procesal para la admisibilidad de un recurso administrativo y como consecuencia, para la apertura del procedimiento contencioso-administrativo, constituye el agotamiento previo, por parte del recurrente, de la vía administrativa.

Este agotamiento de la vía administrativa como paso previo a la vía contencioso-administrativa, no es más que la obligación impuesta legalmente al recurrente de agotar los medios administrativos útiles que tiene a su disposición ante la misma Administración.

---

puestas contra él, o de excepciones que le hayan sido opuestas, se tendrán unas y otras como contradichas en todas sus partes, sin perjuicio de la responsabilidad que la omisión apareja al representante del Fisco". Agrega el artículo 177 del mismo Proyecto que "toda persona que tenga a su cargo o cuidado la representación de la República, responderá de los daños y perjuicios que le ocasione por no haber interpuesto oportunamente los recursos o defensas a que haya lugar, salvo cuando hubiesen recibido orden escrita en tal sentido del Ejecutivo Nacional". Concretamente, en materia contencioso-administrativa, el Proyecto LPA 1963 establece a su vez, en el aparte Único del artículo 143, que "la no concurrencia del representante de la administración autora del acto recurrido se entenderá como desistimiento del procedimiento si ella fuere también la solicitante. En caso de ser demandada tal administración, la no comparecencia de su representante acarreará para éste multa de hasta quinientos bolívares que le impondrá el Tribunal". En materia de condenatoria en costas, el artículo 19 del Proyecto LOHPN 1963 señala que "para que proceda la condenatoria en costas contra la República, será necesario que ésta resulte totalmente vencida por sentencia definitivamente firme en juicio de contenido patrimonial. El monto de la condenación en costas no podrá exceder del 25 por ciento del valor de la demanda y en ningún caso excederá de quinientos mil bolívares sin perjuicio de la retasa que será siempre obligatoria. En todo caso el juez podrá eximir de costas a la nación cuando aparezca que ésta ha tenido motivos racionales para litigar". Es de observar que esta disposición se refiere únicamente a los juicios de contenido patrimonial, es decir en materia contencioso-administrativa, a los juicios en plena jurisdicción. Por tanto, en las solicitudes de anulación de setos administrativos puras y simples, no habrá condenatoria en costas cuando se declare con lugar el recurso de anulación. Al efecto, el Proyecto LPA 1963 establece, al hablar del contenido de la sentencia contencioso-administrativa de anulación en el artículo 154, ordinal 4, que ésta deberá expresar "decisión clara y precisa sobre el pago de las costas del proceso sí el recurso fuere declarado sin lugar". En materia de caución judicial, el Proyecto LOHPN 1963 conserva el mismo principio actualmente vigente, al indicar en su artículo 16 que "la República no está obligada a prestar caución para ninguna actuación judicial".

En su esencia, la necesidad de agotar la vía administrativa antes de intentarse el recurso contencioso-administrativo, constituye una prerrogativa de la Administración. En efecto, el agotamiento da la vía administrativa protege a la Administración en el sentido de que ella, o sus actos, no pueden ser demandados ni recurridos jurisdiccionalmente sin antes haber ella tomado posición respecto a la futura materia litigiosa.

Pero en otro sentido, la necesidad de agotar la vía administrativa protege también a los demandantes o recurrentes, en el sentido de que les impide introducir recursos vanamente sobre cuestiones sobre las cuales la Administración estaría dispuesta a dar amigablemente y administrativamente una satisfacción.

Por otra parte, la necesidad de agotar la vía administrativa facilita la actividad del juez contencioso-administrativo, pues éste se encuentra ante un litigio discutido y ante un expediente administrativo ya formado.

Sin embargo, este requisito procesal que constituye el agotamiento de la vía administrativa, es radicalmente distinto en el recurso contencioso-administrativo de anulación y en el recurso contencioso-administrativo de plena jurisdicción.

En el recurso contencioso-administrativo de anulación este requisito procesal ha sido una creación de la jurisprudencia de la Corte Suprema. En el recurso contencioso-administrativo de plena jurisdicción entra en juego el llamado "procedimiento administrativo previo en las demandas contra la República", contemplado en la Ley de la Procuraduría General de la Nación y del Ministerio Público.

Examinaremos separadamente ambos casos de agotamiento de la vía administrativa, según se trate del contencioso de anulación o del contencioso de plena jurisdicción.

b. *Contencioso de anulación*

La necesidad del agotamiento de la vía administrativa como requisito procesal previo para interponerse el recurso contencioso-administrativo de anulación, es materialmente una creación de la jurisprudencia administrativa de la antigua Corte Federal y de Casación. Esa doctrina ha sido tradicionalmente sostenida por la antigua Corte Federal y por la jurisprudencia de la actual Corte Suprema de Justicia.

El origen de esta doctrina jurisprudencial se encuentra, a nuestro entender, en la interpretación que la antigua Corte Federal y de Casación daba al artículo 123, ordinal 11 de la Constitución de 1936.

En efecto, en sentencia de 6 de abril de 1945[90], dicha Corte dispuso que "por cuanto el control de la constitucionalidad que ejerce la Corte Federal y de Casación en principio ha de recaer, no sobre los actos de los funcionarios que actúan con subordinación a otros dentro y aun fuera del territorio nacional, sino sobre los actos de las autoridades en quienes termine el orden jerárquico respectivo, motivo por el cual ya esos actos no son susceptibles de ulterior revisión dentro de ese orden; y por cuanto de lo expuesto se concluye que los actos de los Administradores de Aduanas, apelables o reclamables para ante el Ministerio de Hacienda, no son atacables por acción de inconstitucionalidad establecida en el artículo 123 de la Carta Fundamental de la República, siéndolo solamente en las materias del ramo, los actos del expresado Ministro, y ello teniendo en cuenta que la disposición final del número 11 del citado artículo 123 de dicha Carta

90 Resumen CFC en SPA, 1940-1951, p. 86 (Memoria 1946, *t*. I, p. 119).

Fundamental, según el cual una Resolución ministerial no puede ser atacada, aún por razón de inconstitucionalidad, sino en juicio contencioso, por tanto, la Corte Federal y de Casación, administrando justicia en nombre de los Estados Unidos de Venezuela y por autoridad de la Ley, se abstiene de dar curso a la expresada solicitud".

De esta sentencia observamos, a pesar de que se refiere propiamente a un recurso de inconstitucionalidad, pero que en esa época se encontraba regulado en la Constitución junto al recurso de anulación por ilegalidad, que la Corte señalaba que sólo cuando un acto administrativo no era susceptible de ulterior revisión en el orden jerárquico administrativo, era posible su revisión jurisdiccional. Es decir, exigía que se agotaran los recursos administrativos antes de ocurrirse a la vía judicial.

Y ello porque, como sostuvo la misma Corte en sentencia de 28 de mayo de 1951[91], el principio de la división de poderes impide que la autoridad judicial "intervenga en asuntos que aún están bajo la jurisdicción y competencia del Poder Ejecutivo".

Este criterio, aunque algunas veces confuso y otras veces impreciso, fue expresamente confirmado a partir de la sentencia de la antigua Corte Federal de 24 de noviembre de 1953[92]. En dicha sentencia, la Corte expresaba que "es de principio, y así está consagrado en aquellos países donde el procedimiento contencioso-administrativo ha sido organizado legislativamente –y aun en alguna Carta Fundamental como la nueva del Uruguay–, que el recurso extraordinario contra los actos ilegales de la Administración no puede ser llevado ante el órgano jurisdiccional competente, sino después de haberse agotado la vía administrativa. De suerte que el titular de un interés legítimo que haya sufrido lesión como consecuencia de un acto administrativo determinado, debe ante todo interponer el recurso legal de apelación en el término que para el caso ha establecido la ley reguladora de la materia. Si así no lo hiciera, la decisión queda firme. Y ello porque realmente conviene al orden social, la estabilidad de los actos de la Administración Pública, sin perjuicio, claro está, de la garantía debida a los administrados, quienes tienen a su alcance las vías adecuadas para hacer valer sus derechos".

A partir de esa fecha, los actos administrativos no podrán ser atacados de nulidad por el recurso contencioso-administrativo de anulación sino una vez agotada la vía administrativa por la interposición del recurso jerárquico o de apelación.

Ante esto surge la siguiente pregunta: ¿Qué agota la vía administrativa? La respuesta es fácil deducirla de la última sentencia transcrita, cuando establece la necesidad de agotarse la vía administrativa por el "recurso legal de apelación" administrativa, y esta apelación administrativa no es otro que el recurso jerárquico.

Esto ha sido expresamente señalado por la misma Corte Federal en 1958[93], cuando estableció que "es bien sabido que el recurso contencioso-administrativo contra decisio-

---

91 Resumen CFC en SPA 1940-1951, p. 13 (G. F., año II, N° 8, p. 110).

92 CF-94-1, 24-11-53.

93 CF-54-1, 5-8-58. En esta sentencia también se expresa que "esa decisión de la autoridad superior en la respectiva escala, que el estado es la que puede impugnarse por medio del recurso contencioso-administrativo y, por tanto, la que tiene que provocar el interesado, por medio de la apelación o el reclamo para ante esa autoridad superior". Sobre el mismo carácter del acto administrativo recurrible, en cuanto a que debe causar estado, la actual Corte Suprema de Justicia, en sentencia CSJ-PA-90-1, 4-12-61, ha expresado que "en ausencia, pues, de decisión Ministerial que agote la vía administrativa y cause estado dentro de la misma, resulta improcedente para la Corte dictar decisión alguna en el presente caso, y así se declara".

nes del Poder Administrativo no puede intentarse sino cuando el interesado ha agotado la vía administrativa por medio del recurso jerárquico".

Por tanto, en materia contencioso-administrativa de anulación, sólo el recurso jerárquico agota la vía administrativa.

Nunca ha exigido nuestra jurisprudencia el agotamiento de la vía administrativa por el recurso de reconsideración. Y si esto llegara a establecerse en una legislación de procedimientos administrativos[94], sólo debe exigirse respecto a los actos administrativos que no tengan posibilidad de ser revisados por el recurso jerárquico. Sea porque la ley no lo permite expresamente, sea porque el acto administrativo ha sido originalmente dictado por la autoridad superior en el orden administrativo. En estos casos es posible establecer que se interponga el recurso de reconsideración antes de ocurrir a la vía jurisdiccional.

Sin embargo, si el acto administrativo es dictado por una autoridad inferior debe seguirse el criterio impuesto por la Corte, es decir, debe establecerse que sólo se agota la vía administrativa por el recurso jerárquico. La exigencia también en estos casos de la interposición de un recurso de reconsideración haría interminable la vía administrativa en perjuicio de los administrados.

En conclusión, en el sistema actualmente vigente en Venezuela la Corte ha considerado agotada la vía administrativa con el solo recurso jerárquico, y por ello es que se dice que sólo pueden ser recurridos en la vía contencioso-administrativa de anulación los actos administrativos que causen estado[95].

c. *Contencioso de plena jurisdicción*

a'. Noción previa

En el procedimiento contencioso-administrativo de plena jurisdicción, la situación es completamente distinta de la señalada anteriormente.

Como en este caso sí hay, propiamente hablando, una demanda contra la Administración, y puede hablarse de un demandante y de una entidad administrativa demandada, el recurrente en plena jurisdicción debe agotar la vía administrativa, no ejerciendo un recurso jerárquico sino cumpliendo el procedimiento administrativo previo a las demandas contra la República prescrito en los artículos 58 al 62 de la Ley de la Procuraduría de la Nación y del Ministerio Público, actualmente vigente[96].

---

94 Esto se desprendía de la Ponencia elaborada por el Colegio de Abogados del Distrito Federal con la colaboración de José Gabriel Sarmiento Núñez y Eloy Lares Martínez sobre la Revisión de las Decisiones Administrativas según el Anteproyecto de Ley de Procedimientos Administrativos, presentada a la Conferencia Interamericana de Derecho Procesal reunida en San Juan, Puerto Rico, en julio de 1962, edición multigrafiada, p. 7. Sin embargo, en el Proyecto LPA 1963 se ha eliminado al recurso de reconsideración de su articulado, y se ha establecido un Recurso de Revisión como presupuesto procesal al recurso contencioso-administrativo de anulación. Véase lo señalado respecto a este Recurso de Revisión establecido en el Proyecto, en las Notas 113 y 116 del Título IV de este Estudio.

95 Al respecto, *V.*, en el *Derecho español* E. Serrano Guirado, "El recurso contencioso-administrativo y el requisito de que la resolución cause estado", *RAP*, N° 10, 1953, p. 109. En la jurisprudencia venezolana, véanse las sentencias citadas en la Nota 111 de este Título. Por otra parte, *V.*: J. M. Hernández Ron, "Las decisiones de la autoridad administrativa no causan estado y caen bajo la revisión de la Corte Federal y de Casación", *Revista de Derecho y Legislación*, año XLI, N° 488, 1952, pp. 3 a 8.

96 Ley de 9 de abril de 1955. *V.*, también la Disposición Transitoria decimosexta de la Constitución.

Este procedimiento administrativo previo está previsto como requisito procesal en las demandas que se intenten "en contra de la nación venezolana, de alguna dependencia del Gobierno nacional o de cualquier otro organismo o entidad en la defensa de cuyos intereses esté llamada a intervenir la Procuraduría de la Nación"[97]. Por tanto, cuando la acción pretenda interponerse contra una entidad administrativa cuyos intereses no deba defender el Procurador General de la República, el demandante no tiene la obligación de observar las disposiciones de la Ley de la Procuraduría de la Nación y del Ministerio Público.

Examinaremos el procedimiento administrativo previo en las demandas contra la Administración nacional y las consecuencias que produce su cumplimiento o incumplimiento.

b'. El procedimiento administrativo previo en las demandas contra la República

El artículo 58 de la Ley de la Procuraduría de la Nación y del Ministerio Público establece que "quienes pretendan instaurar judicialmente alguna acción contra la nación venezolana, de alguna dependencia del Gobierno nacional o de cualquier otro organismo o entidad en defensa de cuyos intereses esté llamado a intervenir la Procuraduría de la Nación, deberán dirigirse previamente y por escrito al Ministro u organismo al cual corresponda el asunto, para exponer concretamente sus pretensiones en el caso, las razones o fundamentos en que apoyan sus aspiraciones y presentar todos los elementos de juicio de que dispongan y que permita formar criterio al respecto".

De esta disposición observamos, en primer lugar, que abarca todas las acciones que se pretenda intentar por vía judicial contra la República. En este sentido, no sólo es aplicable a las demandas que se intenten ante la jurisdicción contencioso-administrativa invocando su competencia de plena jurisdicción, sino que también se aplica a todas las demandas que se quieran intentar contra la República ante cualquier órgano jurisdiccional sometidas a las regulaciones del Derecho privado.

Por otra parte, observa la antigua Corte Federal que la ley ha establecido "como forma única y esencial de iniciación del procedimiento administrativo previo, la elaboración y consignación, ante el Despacho respectivo, de un escrito que contenga los datos señalados en la indicada norma. No puede, pues, iniciarse ese procedimiento sin la existencia de tal escrito, que equivale, en esa vía administrativa, al libelo de los procedimientos judiciales. En efecto, sin la presentación de ese escrito y demás elementos de juicio que al mismo deben ser acompañados, no puede la Administración formarse criterio de las pretensiones de los reclamantes, ni apreciar las razones o fundamentos en que apoyen sus aspiraciones"[98].

Por otra parte, establece el último aparte del señalado artículo 58 que "de la presentación de este escrito se dará recibo al interesado, a menos que su remisión haya sido hecha por conducto de un juez o de un notario. De dicha presentación se dejará constancia también, al pie del mismo escrito".

---

97 Artículo 58 de la Ley. Este procedimiento ha sido recogido en el Proyecto LPA 1963, artículos 102 al 110, casi exactamente como está previsto en la vigente Ley de la Procuraduría.

98 CP-14-2, 11-2-60

Los artículos 59 y siguientes de la Ley citada de la Procuraduría establecen que, una vez presentado dicho escrito, el expediente con él formado y los demás recaudos pertinentes deberán ser remitidos dentro de los treinta días siguientes a la Procuraduría General de la República, "a fines de obtener la opinión que a este Despacho pueda merecerle el asunto".

La Procuraduría General de la República, dentro de los quince días siguientes al recibo del expediente, debe formular por escrito su dictamen y remitirlo al Ministerio u organismo respectivo, que a su vez debe llevarlo a conocimiento del interesado dentro de los quince días subsiguientes para que éste responda por escrito si acoge el criterio sustentado por el Ministerio, sea o no el mismo que ha sustentado la Procuraduría. Una vez notificado el interesado, concluye con su contestación el procedimiento administrativo, bien porque acepte el criterio que se le propone y llegue a un acuerdo con el Despacho respectivo, o bien porque conteste negativamente al Ministerio u organismo respectivo, en cuyo caso quedará abierta la vía judicial.

Sin embargo, la conclusión del procedimiento administrativo previo puede tener lugar por el silencio administrativo. En efecto, el artículo 63 de la mencionada Ley de la Procuraduría señala que, vencido el lapso de sesenta días hábiles dentro de los cuales debe ser notificado el interesado del criterio de la Procuraduría, contados desde la fecha de la presentación del escrito respectivo, sin habérsele notificado al reclamante el resultado de su representación, quedará éste facultado para ocurrir a la vía judicial.

A este respecto, la antigua Corte Federal ha establecido que "es indudable que, si la ley faculta al interesado para ocurrir a la vía judicial cuando, después de vencido el determinado lapso no se le ha notificado por el Poder Administrativo el resultado de su representación, es porque, de acuerdo con principio unánimemente aceptado por el Derecho Administrativo Moderno y consagrado legalmente por muchos países, considera que esa inacción o silencio de la Administración, guardado por la autoridad más alta en el orden jerárquico administrativo, equivale a un rechazo de la petición del reclamante. Tal decisión, negativa y tácita, es ejecutoria a menos que se recurra de ella; extingue la competencia del Poder administrador para continuar conociendo y en su contra sólo procede una acción civil ordinaria o un recurso contencioso, sea el extraordinario de anulación o el de plena jurisdicción, según la naturaleza de la cuestión suscitada"[99].

Debemos observar que esta afirmación de la Corte es justa y correcta en lo que se refiere a la apertura de la vía judicial por demandas ante los Tribunales ordinarios o ante la jurisdicción contencioso-administrativa en su competencia de plena jurisdicción. Sin embargo, es necesario señalar que el recurso contencioso-administrativo de anulación no es propiamente una "demanda contra la nación", por lo cual la misma Corte no ha exigido para su interposición el cumplimiento de este procedimiento administrativo previo que estamos estudiando[100]. Entonces, mal puede aplicarse la doctrina del silencio administrativo ahí señalada al recurso contencioso-administrativo de anulación, lo que no quiere decir que no pueda intentarse este recurso contra una inacción de la Adminis-

---

99 CF-34-1, 3-6-58. Véanse N° 5° y 115.

100 CF-115-1, 11-11-55. En esta sentencia la Corte señala que el procedimiento administrativo previo que establece la Ley de la Procuraduría no es aplicable al contencioso-administrativo de anulación, con lo que estamos completamente de acuerdo. Sin embargo, reduce dicho procedimiento a los "casos en los cuales se demanda a la nación en razón de sus actos como persona jurídica privada", ignorando por completo la existencia de demandas en el contencioso-administrativo de plena jurisdicción donde también es aplicable.

tración. En este último caso no se recurriría en virtud del silencio administrativo y la presunción de denegación tácita de la petición, sino que se atacaría de nulidad la inacción de la Administración por considerarse ilegal, ya que la Administración está obligada a responder las peticiones que se le dirijan.

Por último, debemos observar que, cuando la acción que se pretenda intentar tenga por objeto la reclamación de acreencias contra el Fisco nacional, cuyo pago no esté autorizado en el Presupuesto, el interesado, según lo dispone el artículo 58 de la Ley de la Procuraduría citada, antes de ocurrir al procedimiento administrativo previo que hemos descrito, agotará los recursos administrativos a que se refiere el Título III de la Ley Orgánica de la Hacienda Nacional.

c'. Las consecuencias

El artículo 65 de la referida Ley de la Procuraduría señala que "los funcionarios judiciales no darán curso a las demandas que se introduzcan en contra de la nación, del Fisco o de alguna de las entidades u organismos cuya defensa corresponda a la Procuraduría de la Nación, sin que se acredite previamente el cumplimiento de las gestiones establecidas por los artículos anteriores".

De acuerdo con esta norma, el procedimiento administrativo previo constituye un requisito procesal y, como tal, su falta de cumplimiento dará lugar necesariamente a la inadmisibilidad de la demanda[101]. Por tanto, ha establecido la Corte que "tal procedimiento no puede considerarse cumplido con vagas afirmaciones..., sino mediante la prueba auténtica y documentada de los actos que lo constituyen"[102].

Se deduce claramente de lo expuesto, como ha señalado la antigua Corte Federal, que "el procedimiento administrativo previo tiene por objeto salvaguardar los intereses de la nación y el buen orden administrativo, por lo cual las disposiciones que lo rigen asumen el carácter de orden público"[103].

Y, precisamente por este carácter de orden público, si la falta de tal requisito se observa y declara estando ya en curso el proceso, bien por instancia de parte o aun de oficio, la consecuencia no puede ser otra que la nulidad de lo actuado y la reposición del proceso al estado de que se cumpla dicho trámite administrativo, para que la demanda pueda ser nuevamente admitida y se le dé el curso de ley"[104].

D. El lapso de interposición

a. *Noción previa*

En principio, los recursos contencioso-administrativos tienen un lapso de interposición que, una vez vencido, sin que se hayan interpuesto aquellos recursos, impiden, por extemporáneos, que se puedan intentar.

---

101 CF-99-1, 12-7-55; CF-14-1, 11-2-60.
102 CF-14-2, 11-2-60.
103 CF-51-1, 25-5-59.
104 CF-14-3, 11-2-60.

Sin embargo, este lapso varía según se trate de un recurso para iniciar el procedimiento contencioso-administrativo de anulación o para iniciar el procedimiento contencioso-administrativo de plena jurisdicción.

En todo caso, la interposición del recurso en el lapso legal es uno de los requisitos procesales para la admisibilidad del mismo.

Examinaremos este requisito procesal en ambos recursos contencioso-administrativos.

b. *Contencioso de anulación*

El artículo 7, ordinal 9° de la Ley Orgánica de la Corte Federal establece que es atribución de la Corte "conocer en juicio contencioso de las acciones y recursos por abuso de poder y otras ilegalidades de las Resoluciones ministeriales y en general de los actos de la autoridad administrativa en cualquiera de sus ramas nacionales, estadales y municipales. Dichas acciones y recursos caducarán en todo caso a los seis meses contados a partir de la fecha de la publicación del acto en el órgano oficial respectivo, o de la fecha de notificación del acto al interesado, cuando ésta fuere procedente y si aquélla no se efectuare. La ilegalidad del mismo acto puede oponerse siempre como excepción, salvo que la ley disponga lo contrario".

El principio que esta norma establece es que los recursos contencioso-administrativos de anulación tienen un lapso de caducidad de seis meses contados a partir de la publicación o notificación del acto que se impugna.

Debemos señalar, por otra parte, que en la Ley Orgánica de la Corte Federal hay una evidente contradicción entre lo dispuesto en el ordinal 9° del artículo 7 antes transcrito y lo dispuesto en el artículo 25, que establece que "en los casos a que se refiere el ordinal 9° del artículo 7 de esta Ley, y en los no previstos, se seguirá el siguiente procedimiento: el recurso se interpondrá ante la Corte dentro de los tres meses siguientes a la decisión impugnada...".

Esta contradicción, sin embargo, ha sido subsanada por la jurisprudencia administrativa de la Corte, pues ha acogido siempre el lapso de seis meses en beneficio de los administrados[105].

Aparte de este problema, el lapso de caducidad de seis meses tiene, a nuestro entender, dos excepciones. En primer lugar, cuando se trata de un recurso de anulación por ilegalidad contra un acto administrativo de carácter general; en este caso, como hemos visto, la legitimación activa para recurrir consiste en el simple interés que tiene todo ciudadano[106], pues precisamente se trata de un acto administrativo que afecta a todos los habitantes.

---

105 CF-23-1, 14-3-60. CSJ-PA-26-1, 15-3-62. CSJ-PA-76-1, 20-6-62. El Proyecto LPA 1963 ha acogido el mismo lapso estableciendo, en su artículo 133, que "el recurso contencioso-administrativo contra los actos administrativos individuales deberá ser interpuesto dentro de los seis meses siguientes a la fecha de la notificación o publicación correspondiente". Sobre el lapso para recurrir en lo contencioso-administrativo en el Derecho Comparado, *V.*: Cooper Royer, "Le délais de recours", *AJ*, 1955, II, p. 63; J. González Pérez, "El cómputo del plazo para interponer el recurso contencioso-administrativo", *RAP*, N° 33, 1960, p. 112; Franchini, "Il termini per il ricorso al Consiglio di Stato e la teoria dell'atto amministrativo". *Riv. Dir. Pub.*, 1941, I, p. 378.

106 Al respecto, el Proyecto LPA 1963 señala, en su artículo 134, que "el recurso contencioso-administrativo contra los actos administrativos generales podrá ser interpuesto en cualquier momento".

Por ello no creemos que haya lapso de caducidad alguno para solicitar la anulación de actos administrativos generales y, más aún, cuando el recurso de inconstitucionalidad contra los actos reglamentarios del Presidente de la República es también imprescriptible.

Por otra parte, cuando se recurre por ilegalidad la inacción de la administración, tampoco hay, en nuestro concepto, lapso de caducidad ya que, generalmente, no hay oportunidad para que comience dicho lapso, pues no hay acto administrativo publicado o notificado, y es precisamente contra esa ausencia de acto que se reclama[107]. Aparte de estos dos casos, el recurso contencioso-administrativo de anulación debe ser interpuesto obligatoriamente en el lapso de seis meses de caducidad.

c. *Contencioso de plena jurisdicción*

No creemos que pueda pretenderse aplicar a los recursos contencioso-administrativos de plena jurisdicción un lapso de caducidad como el de tres meses que establece el artículo 25 de la Ley Orgánica de la Oírte Federal para los recursos que no tengan procedimiento previsto, entre los cuales están los de plena jurisdicción que esa misma Ley establece.

Sería insensato pretender que las acciones por responsabilidad extracontractual de la Administración establecidas en el ordinal 29 del artículo 7 de dicha Ley Orgánica deban intentarse en el lapso de tres meses en lugar del de diez años establecido en el Código Civil para la prescripción de las acciones personales.

Sería injusto pretender hacer lo mismo con las acciones que por responsabilidad contractual se intenten contra la Administración, establecidas en el ordinal 28 del artículo 7 de la misma Ley.

Por último, sería ilógico reducir el lapso de veinte años de prescripción de las acciones reales, en los casos de acciones en reivindicación que se intenten contra la Administración nacional previstas en el ordinal 20 del artículo 7 de la citada Ley, a un lapso de caducidad de tres meses.

Por tanto, las acciones o demandas que se intenten por la vía contencioso-administrativa de plena jurisdicción no tienen lapso de caducidad perentorio, sino que se rigen por las disposiciones del Código Civil o de las leyes respectivas sobre prescripción. Más aún, cuando la Ley Orgánica de la Hacienda nacional, en su artículo 18 prescribe que las deudas y acciones en favor del Fisco nacional o a cargo de éste, están sujetos a la prescripción, conforme a las reglas del Código Civil, a falta de disposiciones contrarias a esta ley o de las leyes fiscales especiales".

107 A este respecto, J. G. Andueza, en la varias veces citada Ponencia preparada en colaboración con T. Polanco, E. Pérez Olivares y L. E. Farías Mata, señala que "ante la negativa de la Administración Pública a proveer de acuerdo con instancia de parte o negativa a cumplir determinados actos a que está obligada por las leyes nacionales, puede recurrirse ante la Corte Federal para obligar al Funcionario Público para que provea o dicte el acto. Este recurso tiene su fundamento en el derecho de petición y a obtener oportuna respuesta. Por tanto, el acto administrativo negativo es recurrible ante la Corte Federal", *El Control en Venezuela..., cit.*, p. 25.

En la doctrina francesa, *V.*, J. LA Ferriere, "Le recours contre le silence de l'administration", Mélanges Negulesco, 1935.

4. El procedimiento

A. Noción previa

Si hay algo verdaderamente mal regulado en nuestro sistema contencioso-administrativo, eso es el procedimiento mismo. Quizás es aquí donde mayor se siente la necesidad de una ley reguladora del procedimiento contencioso-administrativo o, por lo menos, de una adecuada regulación que reforme la actual, establecida en la Ley Orgánica de la Corte Federal.

Sin embargo, de las confusas normas de procedimiento establecidas en la actual Ley Orgánica de la Corte y de las normas supletorias del Código de Procedimiento Civil, pueden extraerse los principios procedimentales básicos actualmente en vigor.

Pero, sin embargo, al hablar del procedimiento en materia contencioso-administrativa, debemos distinguir también entre el contencioso de anulación y el contencioso de plena jurisdicción, ya que los procedimientos en estos casos son, en nuestro concepto, esencialmente distintos.

B. Contencioso de anulación

a. *Noción previa*

El procedimiento contencioso-administrativo de anulación de los actos administrativos está fundamentalmente regulado por el artículo 25 de la Ley Orgánica de la Corte Federal, con el Código de Procedimiento Civil como ley supletoria.

Veamos someramente este procedimiento.

b. *Iniciación del procedimiento*

El procedimiento contencioso-administrativo de anulación se inicia por la interposición del recurso mediante escrito en el que se indicará el acto administrativo que se impugna "y las razones legales y de otra orden en que se apoye el recurso"[108].

A este respecto, ha señalado la Corte Suprema de Justicia que "cuando se demanda la nulidad de un acto por ser violatorio de la Ley, la violación denunciada constituye efectivamente el fundamento de la demanda, lo que implica la necesidad de que sea determinado con entera claridad en el libelo a fin de que el Tribunal... pueda hacer las apre-

---

108 Gaceta Forense-30-1,-59. Sobre una comparación entre el procedimiento contencioso-administrativo y el procedimiento ordinario, *V.*: Luis Torrealba Narváez, "Consideraciones acerca de la jurisdicción contencioso-administrativa, su procedimiento y algunas relaciones de éste con el de la jurisdicción judicial civil"; *Tesis de Grado. Anales de la Facultad de Derecho*, Caracas, 1951, p. 447 y ss. En la doctrina francesa, *V.*, CH. Debbasch, *Procédure administrative contentieuse et procédure civile*, Librairie Générale de Droit et de Jurisprudence, París, 1962. En materia de iniciación del procedimiento, el Proyecto LPA 1963 establece en su artículo 130, que "El recurso contencioso-administrativo se iniciará mediante escrito en el que deberá indicarse el Tribunal ante el cual se introduce, se indicará al solicitante, se determinará en la forma que fuere más precisa el acto que se recurre y se expresarán las razones que se estimen pertinentes para solicitar su anulación".

ciaciones consiguientes. Es por ello que el artículo 237 del Código de Procedimiento Civil ordena que se expresen en la demanda las razones en que se funda"[109].

Por otra parte, debe acompañarse al escrito del recurso el ejemplar del acto o disposición que se impugna, o su referencia, y los correspondientes instrumentos que acrediten los requisitos procesales de legitimación, agotamiento de la vía administrativa y fecha de notificación o publicación del acto administrativo que marcó el inicio del correspondiente lapso de caducidad. Además, y como hemos indicado, los recursos contencioso-administrativos, al igual que los recursos administrativos, no tienen efectos suspensivos, por lo que debe acompañarse también al escrito del recurso los recaudos que acrediten el cumplimiento del principio *solve et repete* cuando haya lugar[110].

La Ley Orgánica de la Corte Federal señala, al comienzo del artículo 25, que "introducido el recurso, la Corte pedirá a la autoridad administrativa que dictó la decisión el envío de los autos respectivos". Todos los recaudos acompañados por el recurrente, más los que consten del expediente administrativo, servirán para la formación del criterio de la Corte acerca de la admisibilidad del recurso interpuesto.

Por último, establece el artículo 27 de la misma Ley Orgánica citada que "al iniciarse el procedimiento..., cuando no hubiere sido a instancia del Procurador General de la República, se le notificará a éste". Observamos que la Ley prevé una notificación y no una citación, y ello porque, como hemos dicho, no se trata de la existencia de una persona demandada propiamente dicha, sino de un defensor si es el caso y que puede bien ser el mismo Procurador o cualquier persona interesada.

c. *El emplazamiento*

Una de las verdaderas fallas del procedimiento previsto en la Ley Orgánica de la Corte Federal en materia contencioso-administrativa de anulación es la ausencia absoluta de regulación sobre la admisión del recurso interpuesto.

Sin embargo, creemos que la declaratoria de admisión o de inadmisión del recurso interpuesto es imprescindible, ya que es lo que hace efectivos los requisitos procesales del recurso que antes hemos estudiado. Esta admisión del recurso debe hacerse, en nuestro concepto, antes del emplazamiento de los interesados y versará sobre la verificación que debe hacer el Tribunal en relación al cumplimiento o incumplimiento, por parte del recurrente, de los requisitos procesales de legitimación, de agotamiento de la vía adminis-

---

109 CSJ-PA-102-1, 19-12-61. CSJ-PA-103-1, 20-12-61. Sobre el escrito del recurso, *V.*, J. González Pérez, "El escrito de interposición del recurso contencioso-administrativo", *Estudios en homenaje a García Oviedo*, v. I, p. 377.

110 *V.*, al respecto E. Serrano Guirado, "El requisito del previo pago en el recurso contencioso-administrativo en materia fiscal", *Revista de Derecho Financiero y de Hacienda Pública*, v. II, N° 5, marzo 1952, p. 5. Sobre estos requisitos señalados, el Proyecto LPA 1963, en su artículo 131, señala: "A los fines de determinar el acto que se recurre, será necesario señalar su fecha y número, si lo tiene, la autoridad de la cual emanó y todo otro elemento que contribuya a su individualización. Sí hubiere sido publicado deberá acompañarse un ejemplar del Diario o *Gaceta Oficial* en la cual se hizo tal publicación y, en caso de haber sido solamente notificado a los interesados, se acompañará un ejemplar de la respectiva notificación o copia certificada de la misma". Por otra parte, el artículo 132 de dicho Proyecto indica que "el escrito deberá venir acompañado de los instrumentos que acrediten la representación que ostenta quien lo introdujere, si tal fuere el caso y las constancias de pago o afianzamiento de las cantidades que réquiem la Ley en los casos en que así lo exija".

trativa y de interposición del recurso en el lapso legal. Asimismo debe verificarse, cuando haya lugar, el cumplimiento del principio *solve et repete*[111].

Ahora bien, una vez recibido el expediente administrativo, hecha la notificación al Procurador General de la República y habiéndose admitido el recurso por la Corte, ésta emplazará por cartel que se publicará en la Gaceta Oficial de la República de Venezuela, a todos los que se crean interesados, a fin de que concurran dentro de un lapso prudencial –indicado en el cartel– a hacerse parte en el recurso.

Observamos que este emplazamiento es hecho a los que se crean interesados, para hacerse parte en el procedimiento, como coadyuvantes del recurrente o como coadyuvantes en la defensa del acto.

La ley no fija ninguna oportunidad para contestar ninguna demanda, porque no hay tal propiamente dicha, a pesar de lo afirmado por la Corte en alguna oportunidad[112]. Hay una demanda, sí, pero contra un acto administrativo y no contra la Administración. Por ello creemos, sin embargo, que en la oportunidad de comparecencia de los interesados puede contestarse la "solicitud de nulidad" por cualquiera que tenga interés legítimo en el sostenimiento del acto y no por un determinado "demandado" que no lo hay.

---

111 Respecto a la remisión del expediente administrativo, el Proyecto LPA 1963 establece: "Artículo 135. El Juez o Tribunal, al recibir la solicitud que inicie el recurso, dará por secretaria recibo de ella y dentro de las dos audiencias siguientes, procederá a dictar auto en el cual ordenará a la autoridad administrativa de la cual emanó el acto recurrido, la remisión del expediente respectivo dentro del plazo que a tal efecto señalará y que no podrá exceder de quince días continuos, a contar de la fecha del auto respectivo". "Artículo 136. Si la autoridad administrativa no remitiere el expediente en el plazo que el Juez o Tribunal determinaren, éste le requerirá por oficio con la advertencia que, de no acatar la orden judicial, serán impuestas al funcionario a cuyo cargo estuvieren, las sanciones de ley". "Artículo 137. Si a pesar del requerimiento judicial, la autoridad administrativa, dentro de las setenta y dos horas siguientes no entregare el expediente al Juez o Tribunal, éste se constituirá en la Oficina donde se encontrare el expediente, tomará posesión de él e impondrá multa de hasta un mil bolívares a quien considere responsable de los hechos. El Tribuna) podrá imponer arresto de hasta ocho días a quienes se opusieren o impidieren su actuación". En materia de admisión de la solicitud de declaratoria de nulidad de los actos administrativos, el artículo 138 del Proyecto LPA 1963 establece: "Recibido el expediente, el Juez o Tribunal, dentro de las ocho audiencias siguientes, decidirá si admite o no el recurso interpuesto: 1°. Sí el recurso fuere evidentemente temerario, el Juez, al rechazarlo, podrá imponer multa hasta de un mil bolívares al recurrente; 2°. Si al escrito faltaren alguno o algunos de los elementos requeridos por el artículo 130 de esta Ley (*V.*, Nota 129 del presente Titulo) o no estuvieren en el expediente los anexos a que se refiere el artículo 131 y 132 *ejusdem* (*V.*, Nota 131 del presente Título), el Juez o Tribunal señalarán plazo de no más de ocho audiencias para que el o los interesados complementen lo necesario. De no hacerlo en tal plazo, el Tribunal, a instancia del interesado podrá otorgar nuevo plazo de no más de cuatro audiencias. Si al cabo de tal no estuviere cumplida la orden del Juez se estimará desistido el recurso y no podrá volver a ser intentado por los mismos interesados; 3°. El auto del Juez por el cual ordene la no admisión del recurso será apelable cuando hubiere segunda instancia para ante el Juez o Tribunal a que ésta corresponda. Cuando hubiere una sola instancia y la decisión fuere dictada por el Tribunal en pleno, ella no será recurrible. Si la hubiere dictado un Juez sustanciados se podrí apelar ante el Tribunal pleno".

112 CF-172-1, 30-7-57. En este sentido, Andueza señala que "cuando se trata de un recurso de ilegalidad, la nación no es parte del proceso, ya que no se fe cita, sino que se le notifica del recurso...". El control en Venezuela..., *cit.*, p. 31. En materia de contestación a la solicitud de anulación, el Proyecto LPA 1963 establece: "Artículo 142. Al ordenar el emplazamiento de la Administración autora del acto y de los interesados el Tribunal señalará oportunidad para que tenga lugar el acto de contestación a la solicitud. Tal deberá ser cualquiera de las cuatro audiencias que sigan a la fecha en la cual se deje constancia en el expediente de haber sido publicado el cartel a que se refiere el artículo 139 de esta Ley". "Artículo 143. En la oportunidad fijada conforme al artículo anterior, deberán comparecer cuantos tengan interés en el recurso. Si no compareciere el o los solicitantes, se entenderá que desisten del procedimiento. Los interesados que no concurrieren no podrán posteriormente intervenir en el procedimiento en ninguna forma". "Artículo 144. Todos los asistentes al acto de contestación de la solicitud deberán presentar al Juez escrito que se agregará al expediente y en el cual expresarán si están o no conformes con la solicitud hecha y las razones en las cuales se fundamenten".

En este sentido hemos dicho que el acto administrativo puede ser defendido y por ello es que hay contención.

d. *Etapa probatoria*

Vencido el lapso de emplazamiento, comenzará la etapa probatoria. La Ley Orgánica de la Corte, en su artículo 25, señala que "los interesados promoverán, dentro de las cinco audiencias siguientes, las pruebas que estimen pertinentes, las cuales se evacuarán dentro de las diez audiencias posteriores al vencimiento de las cinco dichas, sin concederse término de distancia. Si no se hubieren promovido pruebas, o si promovidas, hubiese transcurrido el lapso de evacuación, comenzará la relación durante la cual podrán evacuarse las pruebas de confesión, experticia o inspección ocular que se hubieren promovido durante el primer lapso de cinco audiencias".

Nota resaltante del procedimiento en la etapa probatoria son los poderes del juez, pues "la Corte Federal queda facultada para solicitar y hacer evacuar de oficio las informaciones y pruebas que considere pertinentes", según establece el artículo 28 de la Ley. Este es uno de los caracteres inquisitorios del procedimiento contencioso-administrativo.

Por otra parte debemos señalar que, en los casos en que la Corte hubiere de dictar alguna providencia para lo cual no exista procedimiento previsto, observará lo establecido en el artículo 386 del Código de Procedimiento Civil, según consagra el artículo 27 de la Ley Orgánica. Es decir, "si por resistencia de una parte a alguna medida legal del juez, por abuso de algún funcionario, o por alguna necesidad del procedimiento, una de las partes reclamare alguna providencia, el juez ordenará en la misma audiencia que la otra parte conteste en la siguiente y, hágalo ésta o no, resolverá en la primera audiencia, o a lo más tarde dentro de la tercera, lo que considere justo; a menos de que haya necesidad de esclarecer algún hecho, caso en el cual abrirá una articulación por ocho días sin término de distancia. Si la resolución de la incidencia debiere influir en la decisión de la causa, el juez resolverá la articulación en la sentencia definitiva; en caso contrario decidirá al noveno día".

Aparte de esto es necesario observar que, en materia probatoria y en relación con el contencioso de anulación, en principio la carga de la prueba está en manos del recurrente[113].

113 CF-94-2, 24-11-53. En materia probatoria es de interés destacar el artículo 147 del Proyecto LPA 1963: "Las pruebas serán admitidas y evacuadas en la forma establecida en el Código de Procedimiento Civil para, el juicio ordinario, pero con arreglo las siguientes modalidades: a. El representante de la Administración autora del acto no podrí ser obligado a absolver posiciones juradas; b. Podrá deferirse el juramento a cualquier funcionario público de quien hubiere emanado el acto recurrido, pero sólo sobre cuestiones de hecho que no estuvieren relacionadas con materias reservadas de la actuación administrativa. A tal efecto, el Juez o Tribunal, oído al funcionario, decidirán sobre la fórmula del juramento que podrá ser utilizada; c. Si fuere pedida inspección ocular de algún archivo, expediente o documento y el Tribunal la admitiere, la diligencia judicial será cumplida salvo que el Ministro del cual dependa el respectivo archivo, o expediente, o registro disponga que el mismo fuera reservado, siempre bajo orden expresa del Presidente de la República. En tal caso, el Ministro informará al juez por oficio. El Juez podrá insistir en que se practique la diligencia judicial, en cuyo caso el Ministro deberá llevar el caso dentro de los quince días siguientes al Consejo de Ministros. Sí el Consejo de Ministros ratificare la decisión del Ministro, la decisión judicial será suspendida, pero la Administración demandada podrá ser condenada a reparar al solicitante los daños y perjuicios que tal decisión o suspensión le ocasione".

Por último, también es útil observar que en materia de exhibición de documentos, cuando es solicitada como prueba, la obligación de exhibir incumbe también a la República. Al respecto, la antigua Corte Federal y de Casación, en sentencia de 8 de febrero de 1949[114], ha señalado que "es cierto que la Ley de Ministerios, en sus artículos 24, 25 y 26, pauta las reglas conforme a las cuales pueden obtenerse copias en los archivos de los respectivos Departamentos Ejecutivos. Tales archivos son, por su naturaleza, reservados para el servicio oficial pero, mediante el procedimiento establecido en la referida Ley de Ministerios, es posible a los ciudadanos proveerse de copias certificadas de aquellos instrumentos que les sean útiles para su consulta, defensa u otros fines lícitos. Mas, aparte de que no aparece allí tampoco el privilegio para la nación de no exhibir este o aquel documento, cuando así se le pida conforme a la pauta legal respectiva, el derecho que se da para obtener determinadas copias certificadas no pone a quien en un juicio sea contraparte de la nación al abrigo de una negativa, puesto que es facultativo del Ministerio conceder o no la copia certificada que se le pida. Además, como la referida Ley de Ministerios no establece término alguno para la expedición de las copias certificadas, bien podría suceder que ellas se expidieran fuera de la oportunidad legal en que la parte interesada debiera presentarlas al Tribunal para la prueba de su derecho. Tales motivos inducen a esta Corte a considerar que sí está obligada la nación a exhibir cuando ello se le pida de conformidad con la Ley".

e. *La relación e informes*

Si no se hubieren promovido pruebas, o si promovidas hubiere transcurrido el lapso de evacuación, comenzará la relación de la causa.

Señala el artículo 47 de la Ley Orgánica de la Corte Federal que "la relación... consistirá en el estudio que individual o colectivamente harán los jueces del expediente respectivo. La relación no podrá tener una duración mayor de 45 días, excluidos los feriados y los de vacaciones, y se pondrá en el expediente una nota en que conste el día de comenzar la relación y otra en que conste, por lo menos con tres días de anticipación, aquel en que ha de terminar". No interrumpe la relación por otra parte el hecho de la separación de uno o más vocales de la Corte. En este caso el o los suplentes o conjueces harán la relación individual del expediente.

Durante la relación podrán evacuarse las pruebas de confesión, experticia o inspección ocular que se hubieren promovido en el lapso correspondiente.

Hecha la relación, la Corte fijará audiencia para oír informes de los interesados[115] y, oídos los informes, se procederá a dictar sentencia.

f. *Sentencia*

Por tratarse de un Tribunal Colegiado, las disposiciones de la Ley Orgánica del Poder Judicial suplen las de la Ley Orgánica de la Corte en lo que ésta no haya previsto especialmente[116].

---

114 Resumen CFC en SPA 1940-1951, p. 45 (G. F., año I, N° 1, p. 58)

115 Artículo 29 de la Ley Orgánica de la Corte Federal. El proyecto LPA 1963 en materia de relación establece, en su artículo 150, que "la relación del juicio comenzará con una primera etapa de quince días continuos, al cabo de los cuales, en el primer día hábil y a la hora que fije el Tribunal o Juez, tendrá tugar el acto de informes por las partes. Terminado dicho lapso correrá la segunda etapa de la relación, que tendrá una duración de veinte audiencias".

En todo caso, los artículos 48 y siguientes de esta última disponen que la ponencia corresponderá sucesivamente a los vocales, conforme al orden de entrada de los asuntos. El ponente debe pasar a los demás vocales una minuta de los puntos que han de discutirse y presentarles un proyecto de decisión la cual, una vez aprobada definitivamente, será redactada por él mismo. Si el ponente no estuviere de acuerdo con el criterio de la mayoría, el Presidente designará otro ponente.

Cuando un vocal disienta de la opinión mayoritaria puede salvar su voto, y en tal caso tendrá el término de tres días para presentarlo por escrito, lapso que se contará a partir de la fecha de la aprobación definitiva del Proyecto. Sin embargo, antes de dictarse sentencia, la Corte podrá dictar auto para mejor proveer.

En la resolución del recurso, la Corte podrá confirmar, revocar o reformar la decisión impugnada o reponer el procedimiento. En todo caso se aplicará, en cuanto a costas, las reglas del Código de Procedimiento Civil"[117].

Por último, dispone el artículo 30 de la Ley "la disposición que recaiga debe publicarse inmediatamente en la *Gaceta Oficial de la República de Venezuela*".

C. Contencioso de plena jurisdicción

a. *Noción previa*

En nuestra opinión, contrariamente a lo que sucede en el procedimiento contencioso-administrativo de anulación, el procedimiento de plena jurisdicción está regulado fundamentalmente por el Código de Procedimiento Civil y por las disposiciones de la Ley Orgánica de la Corte Federal en cuanto le fueren aplicables. Y ello por el objeto mismo de las demandas en plena jurisdicción, que asemejan el procedimiento, en gran medida, con el procedimiento ordinario.

Veamos, entonces, los rasgos esenciales del procedimiento, teniéndose muy en cuenta lo que hemos señalado al hablar de las prerrogativas procesales de la Administración.

---

116 Artículo 52 de la Ley Orgánica de la Corte Federal.

117 Artículo 25 de la Ley Orgánica de la Corte Federal. En materia de costas, véanse N° 316 y 338. En todo caso debe tenerse en cuenta el artículo 8 de la Ley Orgánica de la Hacienda Nacional. A este respecto ha señalado el Decano Andueza que "cuando se trata de un recurso de ilegalidad, la nación no es parte del proceso ya que no se le cita sino que se le notifica del recurso y, por tanto, no hay pronunciamiento sobre costas". Respecto al problema de las costas en la legislación española, *V.*: J. González Pérez, "Las costas en lo contencioso-administrativo", *RAP*, N° 9, p. 105. Sobre el contenido de la decisión en materia contencioso-administrativa de anulación, véanse N° 369 y ss. A este respecto, el Proyecto LPA 1963 establece, en su artículo 154, que "las sentencias en las cuales se decidan los recursos interpuestos conforme a esta ley deberán expresar: 1° El Tribunal que la dicta y la indicación de que actúa en el nombre de la República y por autoridad de la Ley; 2° Una exposición sucinta de la controversia planteada y del desarrollo del proceso; 3° Decisión clara y precisa sobre si admite o no la solicitud que se le ha formulado al Tribunal con todos los pronunciamientos del caso previstos en el Aparte Único del artículo 112 de esta Ley (los mismos que están contemplados en el artículo 206 de la vigente Constitución); 4° Decisión clara y precisa sobre el pago de las costas del proceso si el recurso fuere declarado sin lugar (al respecto, véase lo indicado en la Nota 107 de este Título V); 5° Indicación exacta del lugar y fecha en que dicte, constatado todo con las firmas del Juez o Jueces del Tribunal del Secretario respectivo y estampado el sello correspondiente".

b. *La demanda y el emplazamiento*

En principio rigen las disposiciones de los artículos 236 y siguientes del Código de Procedimiento Civil. A la República debe citársela por intermedio del Procurador General de la República ya que, según el artículo 202, ordinal 1° de la Constitución, corresponde al Procurador representar y defender judicialmente los intereses patrimoniales de la República.

Respecto a la citación del Procurador General de la República, el artículo 56 de la Ley de la Procuraduría de la Nación y del Ministerio Público establece que "las citaciones que hayan de hacerse al Procurador de la Nación para contestación de demandas se practicarán por medio de oficio, al cual deberá acompañarse copia de todo lo que sea conducente. El oficio será entregado personalmente al Procurador de la Nación y, desde la fecha de esa entrega, declarada por el alguacil en el expediente respectivo, comenzará a correr un lapso de quince días continuos, excluidos los feriados y los de vacaciones, a cuya terminación se considerará consumada la citación de dicho funcionario. El Procurador de la Nación puede darse por citado en cualquier momento dentro del referido lapso".

En todo caso, la demanda debe presentarse por escrito, con todos los requisitos exigidos por el artículo 237 del Código de Procedimiento Civil.

c. *Las excepciones y la contestación al fondo*

En principio rigen las disposiciones de los artículos 246 y siguientes del Código de Procedimiento Civil, salvo lo que establecen en materia de apelación respecto a las excepciones opuestas, por el hecho de la única instancia cuando conoce la Corte Suprema de Justicia.

El artículo 276 y sus consecuencias sobre la confesión ficta no es aplicable a la República. Al respecto rige el artículo 6 de la Ley Orgánica de la Hacienda Nacional que señala que "cuando los apoderados o mandatarios de la nación no asistan al acto de la contestación de demandas intentadas contra ella, o de excepciones que hayan sido opuestas, se tendrán unas y otras como contradichas en todas sus partes, sin perjuicio de la responsabilidad que la omisión apareja al representante del Fisco".

d. *Etapa probatoria*

En principio rigen las disposiciones del Código de Procedimiento Ovil establecidas en los artículos 278 y siguientes. Sin embargo, las normas sobre pruebas que hemos señalado respecto al contencioso de anulación contenidas en la Ley Orgánica de la Corte Federal", son perfectamente aplicables al contencioso de plena jurisdicción.

e. *Medidas preventivas*

Fundamentalmente rige la disposición del artículo 16 de la Ley Orgánica de la Hacienda Nacional cuyo encabezamiento señala que "los bienes, rentas y derechos o acciones, pertenecientes a la nación, no están sujetos a embargo, secuestro, hipoteca o a ninguna otra medida de ejecución preventiva o definitiva".

Sin embargo, respecto al particular en juicio, sí rigen las disposiciones del artículo 368 y siguientes del Código de Procedimiento Civil respecto a las medidas preventivas que solicite la Administración.

En todo caso debe tenerse en cuenta a este respecto que "no podrá exigírsele caución al Fisco nacional para una actuación judicial", tal como establece el artículo 15 de la Ley Orgánica de la Hacienda Nacional.

f. *Relación e informes*

En esta materia, además de las disposiciones de los artículos 404 y siguientes del Código de Procedimiento Civil, en lo que fueren aplicables rigen perfectamente las disposiciones de la Ley Orgánica de la Corte Federal que hemos señalado al hablar del procedimiento contencioso de anulación.

g. *Sentencia*

Además de las disposiciones de los artículos 160 y siguientes del Código de Procedimiento Civil, rigen las disposiciones que sobre esta materia señalamos en el procedimiento contencioso de anulación previstas en la Ley Orgánica de la Corte Federal.

Al respecto, además, debe tenerse presente el artículo 8 de la Ley Orgánica de la Hacienda Nacional que establece que "en ninguna instancia podrá ser condenada la nación en costas, aun cuando se declaren confirmadas las sentencias apeladas, se nieguen los recursos interpuestos, se declaren sin lugar, se dejen perecer o se desista de ellos".

h. *Ejecución*

En materia de ejecución rigen, en principio, las disposiciones de los artículos 446 y siguientes del Código de Procedimiento Civil.

Sin embargo, respecto a la República debe tenerse presente la disposición del artículo 16 de la Ley Orgánica de la Hacienda Nacional, que establece uno de los privilegios de la República: "Los bienes, rentas y derechos o acciones pertenecientes a la nación no están sujetos a embargo, secuestro, hipoteca o a ninguna otra medida de ejecución preventiva o definitiva. En consecuencia, los jueces que conozcan de ejecuciones contra el Fisco, luego que resuelvan definitivamente que deben llevarse adelante dichas ejecuciones, suspenderán en tal estado los juicios, sin decretar embargo, y notificarán al Ejecutivo Nacional, para que se fijen por quienes corresponda, los términos en que ha de cumplirse lo sentenciado".

Por otra parte, en esta materia rige el procedimiento establecido por los artículos 681 y siguientes del Código de Procedimiento Civil referentes a las "demandas en que tengan interés las rentas públicas".

D. La imposibilidad de la acumulación de los recursos contencioso-administrativos

Al constatar la distinción esencial entre los procedimientos contencioso-administrativos de anulación y de plena jurisdicción, podría pensarse en la imposibilidad de acumulación de los recursos que a ellos dan lugar. Y ello es cierto, pero no acarrea ninguna consecuencia procesal.

En efecto, creemos que ambos recursos no pueden acumularse por tener los procedimientos esencialmente distintos. Sin embargo, ello no quiere decir que sea imposible solicitar una anulación de un acto administrativo de un recurso de plena jurisdicción.

Hemos dicho que las acciones contencioso-administrativas de plena jurisdicción pueden ser originadas en hechos, actos y relaciones jurídicas administrativas. Pues bien, cuando estas acciones, por ejemplo las que contienen una demanda contra la Administración por responsabilidad contractual o extracontractual, son originadas por un acto administrativo, la misma demanda en responsabilidad conlleva una solicitud de declaratoria de nulidad del acto que originó y origina el daño al recurrente. La condenatoria pura y simplemente de pagar daños y perjuicios que se dictase contra la Administración no sería eficiente si se dejara produciendo sus efectos al acto que causa el daño. Por otra parte, también sería inútil la instancia jurisdiccional si sólo se pudiera anular el acto sin tener el juez poder para reformar ese acto y para condenar a la Administración pecuniariamente.

Por ello es que las pretensiones de plena jurisdicción conllevan en las oportunidades que sea necesario la solicitud de nulidad del acto, pero se diferencia del contencioso de anulación por el procedimiento que se sigue que, como hemos visto, es distinto, y por los poderes del juez.

Sin embargo, cuando se trata de un recurso contencioso-administrativo de anulación, sólo es posible solicitar la declaratoria de nulidad de un acto administrativo, y el juez, en su competencia de anulación, no puede pronunciar ninguna decisión condenatoria contra la Administración, de ninguna especie. Sólo puede anularse el acto, pues es el acto lo que se impugna, y no puede condenarse a la Administración porque no se la demanda.

Con el estudio que hemos hecho de la competencia de la jurisdicción contencioso-administrativa, y de los procedimientos que ante ella se desarrollan, podemos entrar ahora al estudio de los recursos contencioso-administrativos, donde veremos detalladamente sus delimitaciones propias.

V. LOS RECURSOS CONTENCIOSO ADMINISTRATIVOS

1. Noción previa

Hemos visto que desde el comienzo del estudio de la jurisdicción contencioso-administrativa en Venezuela que realizamos en el presente Título nos hemos visto obligados a hacer, en múltiples ocasiones, la distinción entre lo contencioso-administrativo de anulación y lo contencioso-administrativo de plena jurisdicción.

Y concretamente, al estudiar la competencia de la jurisdicción contencioso-administrativa en el sistema venezolano consagrado en la Constitución de 1961, hemos constatado la existencia de dos competencias delimitadas: la competencia de anulación y la competencia de plena jurisdicción[118].

---

118 Al respecto, en la doctrina véase: Waline, "Vers un reclassement des recours contentieux", *RDP*, 1935, p. 305; Lampue, "La distinction des contentieux", *Mélanges Scelle*, v. I, p. 285; Heilbronner, "Recours pour excès de pouvoir et recours de plein contentieux", *Dalloz Crónicas*, 1953, p. 183; Pi Suñer, "Les recours contentieux administratifs dans la législation espagnole", *Mélanges Maury*, vol. II, p. 223.

Constatadas estas dos competencias, se comprende que los recursos contencioso-administrativos son los medios jurídicos puestos a disposición de las pretensiones de los administrados para obtener una satisfacción por medio de un pronunciamiento jurisdiccional de los órganos de la jurisdicción contencioso-administrativa. En esta forma el recurso contencioso-administrativo de anulación obtendrá un pronunciamiento de la jurisdicción contencioso-administrativa en su competencia de anulación. El recurso contencioso-administrativo de plena jurisdicción obtendrá, en cambio, un pronunciamiento de la jurisdicción contencioso-administrativa en su competencia de plena jurisdicción.

Estos dos recursos son los únicos que admite expresamente nuestro sistema contencioso-administrativo.

Antes del análisis detallado de los recursos contencioso-administrativos es necesario establecer la diferencia fundamental de los mismos con respecto a los recursos administrativos, y asimismo los rasgos diferenciales más resaltantes entre ellos.

2. Distinción entre los recursos administrativos y los recursos contencioso-administrativos

A. Noción previa

Lo esencial de esta distinción ya lo hemos visto al estudiar en el Título Cuarto los recursos administrativos. Sin embargo, podemos sistematizar los rasgos fundamentales de la distinción en los siguientes aspectos: autoridad competente para conocer, motivos que pueden invocarse, poderes de la autoridad decisora y naturaleza de la decisión. Veamos.

B. Autoridad competente para conocer

En el recurso administrativo, la autoridad ante la cual se intenta y la cual es competente para conocer, es una autoridad pública actuando en función administrativa. En otras palabras, es la misma Administración.

El recurso contencioso-administrativo, al contrario, se intenta por y para ante una autoridad jurisdiccional, competente para conocer. Concretamente, ante un órgano de la jurisdicción contencioso-administrativa.

C. Motivos que pueden invocarse

La distinción en cuanto a los motivos que pueden invocarse en los recursos radica en que en los recursos administrativos pueden alegarse motivos de mérito, es decir, motivos de oportunidad y conveniencia y, en cambio, en los recursos contencioso-administrativos no es posible invocar motivos de oportunidad y conveniencia.

D. Poderes de la autoridad decisora

Frente a un recurso administrativo, la autoridad administrativa decisora tiene todos los poderes y puede conceder más de lo pedido. En el recurso contencioso-administrativo, en cambio, la autoridad jurisdiccional no puede decidir *ultra petita.*

E. Naturaleza de la decisión

La decisión del recurso administrativo es un acto administrativo. En cambio la decisión del recurso contencioso-administrativo es un acto jurisdiccional con todas sus características de cosa juzgada.

3. Distinción de los recursos contencioso-administrativos

A. Los tipos de recursos contencioso-administrativos

Hemos señalado que nuestro sistema jurídico conoce fundamentalmente dos tipos de recursos contencioso-administrativos: el recurso de anulación y el recurso de plena jurisdicción.

En Francia, el contrario, los recursos contencioso-administrativos pueden agruparse bajo cuatro rúbricas: recurso por exceso de poder, recurso de plena jurisdicción, recurso de interpretación y recurso de represión[119]. Cuando se demanda al juez de pronunciar la anulación de un acto administrativo una vez reconocida su ilegalidad, estamos en presencia de un recurso de anulación entre los cuales el más importante y característico del sistema francés es el recurso por exceso de poder[120].

Pero también puede demandarse al juez francés de lo contencioso-administrativo que utilice, al servicio del restablecimiento del derecho, el conjunto de sus poderes jurisdiccionales y no solamente su poder de anulación, pronunciando principalmente condenaciones pecuniarias. Se está en presencia, entonces, del recurso de plena jurisdicción o pleno contencioso. Su denominación, que tiene su origen en la jurisprudencia francesa y es aceptada por la casi unanimidad de la doctrina, viene del hecho de que este recurso pone en movimiento la plenitud, la totalidad de los poderes del juez contencioso-administrativo j no solamente sus poderes de anulación.

Pero, además de estos dos recursos, el sistema francés conoce un tercero llamado de interpretación y que está íntimamente ligado a las cuestiones prejudiciales. Opera cuando un Tribunal judicial está obligado a sobreseer porque una cuestión de la competencia contencioso-administrativa, y que es decisiva para su decisión final, aparece en el curso del proceso. El juez administrativo será, entonces, el llamado a decidir por un recurso

---

119 Para un estudio sobre el recurso de anulación y de plena jurisdicción en el sistema francés, *V.*, Heilbronner, "Recours pour excès de pouvoir et recours de plein contentieux", *Dalloz Crónicas*, 1953, p. 183.

120 Sobre el recurso por exceso de poder en el sistema francés, *v.* R. Alibert, *Le contrôle juridictionnel de l' Administration au moyen du recours pour excès de pouvoir*, Paris, 1926; Fournier y Braibant, "Recours pour excès de pouvoir", *Répertoire de Droit Public et Administratif*, Dalloz; Poussieres, "Recours pour excès de pouvoir", *Jurisclasseur Administratif*, Paris, fascículo 665.

distinto, que puede ser de interpretación, cuando se le pide la interpretación de un acto administrativo oscuro, o de apreciación de la legalidad, cuando se le pide decidir si el acto administrativo que alguna de las partes tacha de ilegal, es legal o no. En ambos casos, el juez judicial decidirá el litigio para el cual es competente, basándose en la interpretación o la apreciación de la legalidad hecha por el juez administrativo.[121]

En fin, el juez administrativo francés puede ejercer también una función represiva y es competente para condenar penalmente a las personas que hayan violado ciertas reglas relativas a la conservación de ciertos bienes inmuebles del dominio público. Ejerce esa función por medio del recurso de represión.

En todo caso los dos recursos más importantes, y que constituyen lo esencial de la actividad del juez administrativo en Francia, son los recursos de anulación, es decir, el recurso por exceso de poder y el recurso de plena jurisdicción.

El sistema venezolano relativo a estos últimos recursos, en su esencia, está inspirado en el sistema francés, que es materialmente el origen de la materia contencioso-administrativa en el Derecho contemporáneo.

Veamos someramente las distinciones, en Venezuela, entre el recurso contencioso-administrativo de anulación y el recurso contencioso-administrativo de plena jurisdicción, para luego estudiar las particularidades de cada uno.

B. La distinción entre el recurso contencioso-administrativo de anulación y el recurso contencioso-administrativo de plena jurisdicción

a. *Noción previa*

Las principales distinciones que entre ambos recursos podemos hacer en el sistema venezolano pueden resumirse en la distinción por la regulación, distinción por el objeto, distinción por el fundamento de la demanda y distinción por los poderes del juez.

b. *Distinción en base a la regulación de los recursos*

En primer lugar, puede decirse que el recurso contencioso-administrativo de anulación es el recurso normal puesto a disposición de los administrados contra todo acto administrativo unilateral, en base al Principio de la Legalidad Administrativa y su violación.

Forman, en cambio, el recurso de plena jurisdicción una serie de recursos con objetos distintos: recursos en materia contractual, recursos en materia de responsabilidad extracontractual, demandas para el restablecimiento de situaciones jurídicas subjetivas, etc.

En cuanto a su regulación, hemos visto las diferencias esenciales respecto a los requisitos procesales y a los procedimientos respectivos.

En este sentido podemos destacar que el recurso de plena jurisdicción es dado al titular de un derecho subjetivo lesionado. En cambio, el recurso contencioso-administrativo de anulación es más amplio: es dado a toda persona que tenga interés legítimo en la anulación de un acto administrativo ilegal.

---

121 *V.*, al respecto Fliniaux, "Le recours en appréciation de validité", *Mélanges Hauriou*, París, p. 297.

Podemos destacar también que el recurso de plena jurisdicción es propiamente una demanda contra una persona moral de derecho público para su condenación, por lo general pecuniaria. El recurso de anulación, en cambio, no busca la condenación de alguien, sino de algo; por tanto no hay propiamente un demandado, aunque puede haber un defensor del acto impugnado.

Por último, podemos destacar también que en un recurso de plena jurisdicción pueden formularse pretensiones de anulación. Tal es el caso de la demanda en reparación de un perjuicio que causa un acto administrativo ilegal, por lo cual puede demandarse también la anulación del acto. Al contrario, un recurso de anulación no puede contener sino pretensiones de anulación.

c. *Distinción por el objeto de la demanda*

En el recurso de anulación, el objeto del mismo sólo puede ser la anulación total o parcial de un acto administrativo contrario a derecho. En el recurso de plena jurisdicción, en cambio, el objeto de la demanda puede ser la condenación al pago de sumas de dinero, la condenación al pago de daños y perjuicios originados por responsabilidad administrativa y, por otra parte, la demanda en restablecimiento de situaciones jurídicas subjetivas lesionadas por la actividad administrativa.

Por tanto, en el recurso de anulación sólo pueden invocarse motivos de derecho o legalidad; en cambio, en el recurso de plena jurisdicción, puede invocarse cualquier motivo jurídicamente útil, de legalidad o de hecho.

d. *Distinción por la naturaleza de la situación jurídica en que se funda el recurso*

Esta distinción, que ya hemos anotado, ha dado origen en la doctrina a que se califique como recurso objetivo el recurso contencioso-administrativo de anulación, y como recurso subjetivo el recurso contencioso-administrativo de plena jurisdicción.

Se basa la distinción en que el recurso de anulación tiene por objeto principal el restablecimiento de la legalidad general u objetiva y, por tanto, el restablecimiento de situaciones jurídicas objetivas. En cambio, el recurso de plena jurisdicción, fundado en un derecho subjetivo, tiene por objeto el restablecimiento de una situación jurídica subjetiva lesionada por la actividad administrativa, o a satisfacer ese derecho subjetivo.

e. *Distinción por los poderes del juez*

Los poderes del juez en el recurso contencioso-administrativo de anulación se limitan a la declaración o no de la nulidad del acto administrativo por ilegalidad. En su competencia de plena jurisdicción el juez, en cambio, puede condenar a la Administración y restablecer las situaciones jurídicas lesionadas por la actividad administrativa, para lo cual puede también anular decisiones administrativas o reformarlas. En el primer caso su decisión tiene valor *erga omnes*, en cambio, en la decisión de plena jurisdicción, tiene valor inter partes

Además de estas distinciones esenciales, tendremos oportunidad de estudiar otras, en el desarrollo de las Secciones siguientes, dedicadas al estudio de cada recurso en particular.

4. El recurso contencioso-administrativo de anulación

A. Introducción

El recurso contencioso-administrativo de anulación es un medio de impugnación jurisdiccional de los actos administrativos; es un acto del administrado dirigido a obtener la anulación jurisdiccional de un acto administrativo por razones de ilegalidad.

Para el estudio de este recurso comenzaremos por analizar las características fundamentales del mismo para luego examinar su distinción con otros medios de impugnación jurisdiccional, su objeto, sus motivos y su decisión.

B. Caracteres fundamentales

a. *Es un medio de impugnación jurisdiccional*

El recurso contencioso-administrativo de anulación es un medio de impugnación de los actos administrativos por la vía jurisdiccional y ante los órganos de la jurisdicción contencioso-administrativa.

Como todo medio de impugnación jurisdiccional[122] es de orden público, y como consecuencia existe, sin necesidad de ley expresa que lo prevea, para una categoría cualquiera de actos administrativos. Es más, cuando en múltiples ocasiones las leyes especiales venezolanas han empleado respecto a determinados actos administrativos la fórmula "no habrá recurso alguno", la jurisprudencia ha entendido que esa fórmula no suprime la posibilidad del recurso contencioso-administrativo de anulación.

En efecto, en sentencia de 20 de octubre de 1960 la antigua Corte Federal expuso: "Pasa la Corte a considerar la afirmación del demandante de que el artículo 20 de la Ley (del Instituto Nacional de Cooperación Educativa), al declarar inapelables las decisiones del Consejo Nacional Administrativo del Instituto, priva a los afectados con esas decisiones del derecho de ser juzgados por sus jueces naturales. La Procuraduría de la Nación, en su informe, hace las siguientes reflexiones acerca de esta denuncia: 'En el caso contemplado en el artículo 20, considera esta Procuraduría que, al establecer la ley la inapelabilidad de la decisión de alzada, está diciendo que la vía gubernativa o administrativa se agota allí, es decir, que dicha decisión no puede ser apelada nuevamente para ante una autoridad superior al Consejo Nacional Administrativo, puesto que en orden a jerarquía es el órgano administrativo supremo dentro de su competencia. Sin embargo –agrega el informe– no es cierto, como dice el exponente, que dicha disposición col ida con el artículo 29 de la Constitución Nacional, por cuanto tratándose de actos administrativos, su revisión en alzada por otra autoridad administrativa superior es perfectamente constitucional; además, los interesados que consideren ilegal el acto de la segunda instancia pueden ejercer el recurso extraordinario de nulidad establecido por la Cons-

---

122 Por ejemplo de Recurso de Casación o el Recurso de Inconstitucionalidad. Sobre el carácter de orden público del recurso contencioso-administrativo de anulación, *V.*: J. De Soto, "Caractère d'ordre public du recours pour excès de pouvoir", *RDP*, 1953, p. 1.052.

titución. La Corte acoge esta conclusión porque, efectivamente, la Ley del Instituto crea como autoridad suprema el Consejo Nacional Administrativo al declarar que las decisiones de éste son inapelables, lo que hace es impedir que pueda recurrirse a otra autoridad ejecutiva, como el Ministro de Educación, a cuyo Despacho está adscrito el Instituto, según el artículo 1° de la Ley que lo crea. Ese es el efecto de la declaratoria de inapelabilidad del artículo 20, agotar la vía administrativa, no impedir que los afectados con las decisiones del Consejo Administrativo acudan por vía de nulidad ante la autoridad judicial competente, si consideran que tales decisiones son ilegales o inconstitucionales"[123].

De esta sentencia de la Corte, claramente se refleja su criterio al respecto: cuando la Ley emplea la fórmula "no habrá recurso alguno" se refiere a los recursos administrativos y no a los recursos contencioso-administrativos.

Esta interpretación la hemos visto acogida por el profesor Roberto Goldschmidt cuando, al comentar la Ley de Tránsito Terrestre de 1960, de la cual fue uno de los proyectistas, señala:

> "El artículo 35 admite la apelación ante la autoridad administrativa inmediatamente superior en el orden jerárquico, siempre que la sanción exceda de cien bolívares de multa o consista en suspensión de la licencia. Respecto a las modalidades del juicio de apelación, se pone de relieve que aquella autoridad superior resolverá desde el principio, incluso, acerca de la admisión de la apelación. En la Cámara de Diputados se ha agregado que contra la decisión en segunda instancia no procederá recurso alguno, lo que sólo se refiere a recursos administrativos, y no a los recursos eventualmente procedentes ante la Corte Federal, actualmente Corte Suprema de Justicia, de acuerdo con la Constitución y la Ley Orgánica de dicha Corte"[124].

Esta y no otra puede ser la interpretación que debe dársele a la fórmula "no habrá recurso alguno" que respecto a algunos actos administrativos encontramos con frecuencia en nuestra legislación administrativa[125].

Por otra parte, este carácter de orden público del recurso contencioso-administrativo de anulación impide que se pueda renunciar de antemano al derecho de recurrir en la vía contenciosa, por ejemplo, contractualmente. No sucede lo mismo respecto a los recursos administrativos, respecto a los cuales la Corte ha establecido que sí es posible su renuncia contractual[126], y ello porque no se trata de recursos jurisdiccionales sino administrativos.

b. *Es un medio de impugnación jurisdiccional dirigido contra los actos administrativos unilaterales*

Sólo los actos administrativos generales o individuales pueden ser objeto del recurso contencioso-administrativo de anulación. Quedan excluidos, entonces, de este recurso los actos legislativos, jurisdiccionales y de gobierno.

---

123 Gaceta Forense-75-2, 20-10-60.

124 *V.*, Roberto Goldschmidt, "La Ley de Tránsito Terrestre de 1960", *Revista de la Facultad de Derecho*, Caracas, 1961, N° 21, p. 44.

125 No podemos estar de acuerdo, entonces, con la interpretación que a esa fórmula da la antigua Corte Federal en sentencia CF-116-2, 15-10-54 siguiendo una decisión de la antigua Corte de Casación. Si esa fórmula se encuentra en procedimientos judiciales, es correcta la interpretación amplia. Pero no podemos hacer lo mismo respecto a procedimientos administrativos

126 CF-163-1, 19-7-57. En todo caso, consideramos que sí es posible el desistimiento de un recurso ya intentado.

Por otra parte, sólo los actos administrativos unilaterales pueden ser objeto del recurso contencioso-administrativo de anulación, por lo que quedan excluidos los actos administrativos bilaterales o contratos administrativos. Estos, sin embargo, tienen su recurso propio en el de plena jurisdicción,

c. *Por razones de ilegalidad*

Sólo por razones de legalidad, y alegando motivos de ilegalidad pueden impugnarse por el recurso contencioso-administrativo de anulación los actos administrativos unilaterales. Esta es la consecuencia fundamental de la sumisión de la Administración al Principio de la Legalidad Administrativa. Por ello, el recurso contencioso-administrativo de anulación tiene por objeto el control de la legalidad de los actos administrativos.

C. Distinción entre el recurso contencioso-administrativo de anulación y otros medios de impugnación jurisdiccional

a. *Noción previa*

Es conveniente distinguir el recurso contencioso-administrativo de anulación de otros medios jurisdiccionales de impugnación que buscan también el control de la legalidad de determinados actos jurídicos emanados de entidades públicas. Nos referimos, entonces, al recurso de casación y al recurso de inconstitucionalidad.

b. *Distinción con el recurso de casación*

En alguna oportunidad[127] definimos el recurso de casación como aquel medio de impugnación jurisdiccional, de carácter extraordinario, tendiente a anular toda decisión judicial ejecutoria que contenga una violación de ley, como consecuencia de la errónea interpretación o aplicación de la misma, con el propósito principal de conservar la integridad de la legislación y la uniformidad de la jurisprudencia.

De esta definición podemos observar la diferencia fundamental entre el recurso de casación y el recurso contencioso-administrativo de anulación: el primero es dirigido contra una decisión judicial, es decir, contra un acto jurisdiccional; en cambio, el segundo es dirigido contra un acto administrativo. Sin embargo, en ambos recursos el juez respectivo actúa como contralor de la legalidad.

Por otra parte, en cuanto a las condiciones de admisibilidad, tanto el acto administrativo recurrido por el contencioso de anulación, como el acto jurisdiccional recurrido en casación, deben ser actos que agoten las vías ordinarias respectivas. En el recurso contencioso-administrativo de anulación, este carácter se denomina "causar estado", y se produce por el agotamiento de la vía administrativa. Sin embargo, grandes diferencias hay entre ambos recursos, en lo que se refiere al procedimiento[128] y en cuanto a la legitimación activa. Respecto a esta última, el recurso de casación requiere ante todo que el recurrente haya sido parte en el proceso que originó la sentencia que se recurre.

---

127 *V.*, nuestro estudio "El Proceso de Impugnación en el Recurso de Casación", *Revista Rajas* (Órgano de divulgación jurídica de los estudiantes de la Universidad Católica Andrés Bello), N° 7-8, 1962, p. 38.

128 *V.*, nuestro estudio "El Proceso de Impugnación... *cit.*, p. 38 y ss. *V.*, asimismo, el artículo 413 del Código de Procedimiento Civil.

Respecto a los motivos por los cuales pueden intentarse ambos recursos, son los mismos de ilegalidad, a excepción del vicio de desviación de poder, exclusivo de los actos administrativos y del recurso contencioso-administrativo de anulación[129].

c. *Distinción con el recurso de inconstitucionalidad*

a'. Noción previa

Si bien es cierto que la distinción entre el recurso contencioso-administrativo de anulación y el recurso de casación no causa mayor problema o dificultad, no ha sucedido lo mismo en nuestro sistema jurídico respecto a la distinción entre el recurso de anulación y el recurso de inconstitucionalidad[130], que en muchas oportunidades ha sido confundido con el recurso contencioso-administrativo de anulación[131].

El origen de la confusión radica, en primer lugar, en la imprecisa redacción que existía respecto a estos dos recursos en las Constituciones anteriores a la actualmente vigente. En segundo lugar, a la interpretación de la Corte, no siempre afortunada.

Esta confusión se hacía verdaderamente asombrosa en la época anterior a 1953, cuando existía la Corte Federal y de Casación como órgano polivalente dividido en Salas. Es justo dejar constancia del intento que hizo el magistrado Rafael Ángel Camejo, miembro de la Sala Federal en aquella época, para aclarar la distinción entre "lo constitucional y lo administrativo". Intento que lamentablemente quedó en votos salvados, entre los cuales está el de la sentencia de la Corte Federal y de Casación en Sala Federal de 8 de agosto de 1951[132].

Sin embargo, a partir de la Constitución de 1961 el problema, a nuestro entender, ha quedado completamente resuelto y delimitado y, por tanto, sin lugar a dudas.

Veamos, entonces, las diferencias fundamentales entre ambos recursos, examinando sucesivamente el acto recurrido, el recurrente y el procedimiento.

b'. El acto recurrido

Por el recurso de inconstitucionalidad, según la Constitución vigente, pueden ser recurridos "los actos de los cuerpos legislativos" que colidan con la Constitución donde están incluidos las Leyes"[133], los Reglamentos y "los demás actos del Ejecutivo Nacional cuando sean violatorios de la Constitución", que son los actos de gobierno[134].

Es decir, que por el recurso de inconstitucionalidad sólo pueden recurrirse las leyes, los actos de los Cuerpos Legislativos, los Reglamentos y los actos de gobierno.

---

129 Véanse los artículos 420 y 421 del Código de Procedimiento Civil.

130 Sobre el Recurso de Inconstitucionalidad, *V.*, la *Tesis de Grado del Decano*, José Guillermo Andueza, *La jurisdicción Constitucional en el Derecho Venezolano*, Publicaciones de la Facultad de Derecho, N° 2, Caracas, 1955.

131 CFC-SF-64-1, 8-8-51.

132 CFC-SF-64-1, 8-8-51.

133 Artículo 215, ordinales 3 y 4 de la Constitución.

134 Artículo 215, ordinal 6 de la Constitución.

En la expresión "demás actos del Ejecutivo Nacional cuando sean violatorios de la Constitución", sólo pueden incluirse los actos de gobierno, ya que los actos administrativos del Ejecutivo Nacional cuando sean ilegales (inconstitucionales o ilegales propiamente dichos) tienen su recurso propio que es el contencioso-administrativo de anulación.

Observamos que el recurso de inconstitucionalidad está reservado a aquellos actos de una importancia general que afecte a los intereses públicos y generales. Los únicos actos administrativos que pueden recurrirse por este recurso de inconstitucionalidad, son los Reglamentos del Ejecutivo Nacional, ya que hemos señalado que los actos de gobierno no son actos administrativos.

Por tanto es inadmisible e improcedente solicitar la nulidad por la vía del recurso de inconstitucionalidad de un acto administrativo de efectos individuales. Esto lo ha declarado expresamente la Corte Suprema de Justicia al afirmar que "la situación particular y concreta que se deriva del acto administrativo no es susceptible de ser impugnada por vía de acción popular y directa de inconstitucionalidad, propia de los actos generales del Poder Público"[135].

No puede, en nuestro concepto, interpretarse el ordinal 6° del artículo 215 de la Constitución que atribuye a la Corte facultad para "declarar la nulidad de los reglamentos y demás actos del Ejecutivo Nacional cuando sean violatorios de la Constitución", en el sentido de incluir en esos "demás actos del Ejecutivo Nacional" los actos administrativos individuales. Esos otros actos del Ejecutivo Nacional sólo pueden ser los actos de gobierno, ya que los actos administrativos de carácter individual tienen su control nato, sea de ilegalidad propiamente dicha o de inconstitucionalidad, en la jurisdicción contencioso-administrativa.

En efecto, hemos expresado múltiples veces que esta competencia para declarar la nulidad de los actos administrativos generales o individuales "contrarios a derecho", donde se incluyen los vicios de ilegalidad e inconstitucionalidad y que constituyen todos violaciones al Principio de la Legalidad Administrativa, corresponde a los órganos de la jurisdicción contencioso-administrativa.

Por tanto, un acto reglamentario del Ejecutivo Nacional puede ser impugnado por la vía del recurso de inconstitucionalidad, si tiene un vicio de ese tipo. Sin embargo, si sólo tiene un vicio de ilegalidad, podrá ser impugnado por la vía del recurso contencioso-administrativo de anulación.

En cambio, un acto administrativo individual sólo puede ser impugnado por la vía del recurso contencioso-administrativo de anulación, dentro del lapso de caducidad determinado, alegándose vicios de inconstitucionalidad o ilegalidad, pues ambos vicios constituyen contrariedad al derecho, y ambos vicios entran en lo que nosotros hemos denominado genéricamente, ilegalidad.

Por ello la Corte Suprema de Justicia ha afirmado que "estando sometido el recurso contencioso-administrativo al lapso de caducidad de seis meses, pasado el cual no podrá ya ejercerse, mal podría entonces recurrir al medio de la acción de inconstitucionalidad para modificar el acto administrativo definitivamente firme"[136].

---

135 CSJ-PA-26-1, 15-3-62.
136 CSJ-PA-26-1, 15-3-62.

c'. El recurrente

En el recurso de inconstitucionalidad, ha señalado la antigua Corte Federal, "puede ser ejercido por vía de acción popular que corresponde a todos y cada uno de los individuos que componen un conglomerado social"[137]. Por tanto, el recurrente está legitimado activamente con un "simple interés"[138].

En cambio, en el recurso contencioso-administrativo de anulación contra los actos administrativos individuales se requiere que el recurrente sea titular de un interés legítimo. Sin embargo, si lo que se recurre por el contencioso de anulación es un acto administrativo general, el recurrente sólo necesitará alegar un simple interés.

d' El procedimiento

El recurso de inconstitucionalidad es, por esencia, imprescriptible[139]. El recurso contencioso-administrativo de anulación tiene, por el contrario, un lapso fijo de caducidad, excepción hecha cuando se recurre un acto administrativo de carácter general.

Por otra parte, el recurso de inconstitucionalidad debe intentarse ante la Corte Suprema de Justicia en Corte Plena[140], constituyendo la jurisdicción constitucional en el Derecho venezolano. En cambio, el recurso contencioso-administrativo de anulación corresponde a la Sala Político-Administrativa de la misma Corte Suprema de Justicia, como órgano de la jurisdicción contencioso-administrativa[141].

Por otra parte, la antigua Corte Federal ha señalado que el procedimiento del recurso de inconstitucionalidad no es contencioso[142]. En cambio, hemos visto que el procedimiento del recurso contencioso-administrativo de anulación sí es contencioso.

D. El objeto del recurso contencioso-administrativo de anulación: el acto administrativo

a. *Noción previa*

Hemos examinado tres de las condiciones de admisibilidad del recurso contencioso-administrativo de anulación, y que constituyen lo que hemos denominado los requisitos procesales, y que son: la legitimación activa, el agotamiento de la vía administrativa y el ejercicio del recurso en un determinado lapso de caducidad.

Nos corresponde ahora examinar, el cuarto requisito para la admisibilidad del recurso contencioso-administrativo de anulación, y que es la necesidad de que se impugne un acto administrativo.

---

137 CF-23-1, 14-3-60.
138 CF-23-1, 14-3-60.
139 CF-27-1, 13-3-56; CF-172-1, 30-7-57.
140 Artículo 216 de la Constitución, aunque Transitoriamente debe conocer la Sala Político-Administrativa.
141 Artículos 206, 215 y Disposición Transitoria decimoquinta.
142 CF-172-1, 30-7-57.

b. *El acto administrativo*

El recurso contencioso-administrativo de anulación sólo es posible ejercerlo contra un acto administrativo. Ello lo declara expresamente la Constitución en sus artículos 206 y 215, ordinal 7°. Sobre esto no hay lugar a dudas. Por tanto, quedan excluidos del recurso contencioso-administrativo de anulación los actos legislativos, los actos jurisdiccionales, los actos de gobierno y los actos de la Administración sometidos al Derecho privado.

Entonces, sólo los actos administrativos pueden ser objeto de un recurso contencioso-administrativo de anulación, y entendemos por acto administrativo aquella manifestación de voluntad realizada por una autoridad pública actuando en ejercicio de la función administrativa, con el objeto de producir efectos jurídicos determinados que pueden ser, o la creación de una situación jurídica individual o general, o la aplicación a un sujeto de derecho de una situación jurídica general.

Abunda decir que quedan incluidos, como objeto del recurso de anulación, los actos administrativos dictados en ejercicio de una facultad discrecional.

Quedan excluidos, por otra parte, los contratos administrativos. Estos pueden ser objeto de un recurso de plena jurisdicción, pero no de un recurso contencioso de anulación.

Por último, y en cumplimiento de los requisitos procesales estudiados, el acto administrativo que se impugna debe haber lesionado al recurrente en su interés legítimo, debe haber causado estado por el agotamiento de la vía administrativa y no debe tratarse de un acto administrativo firme, es decir, sin posibilidad de recurrirse jurisdiccionalmente, porque se haya vencido el lapso de caducidad para impugnarlo.

c. *La exclusión de los hechos jurídicos y actos materiales de la Administración*

La misma definición de acto administrativo excluye del recurso contencioso-administrativo de anulación, contra los hechos jurídicos y a los actos materiales de la Administración. Sin embargo, es necesario insistir en ello.

En efecto, respecto a los hechos jurídicos, la antigua Corte Federal en sentencia de 2 de junio de 1958 sostuvo: "Ahora bien, la anterior petición, en los términos en que está redactada, es inadmisible en cuanto a la pretensión de que esta Corte declare la nulidad de los hechos comprendidos en los particulares señalados, ya que, entre las funciones de la Corte que le señalan la Constitución en su artículo 133, y su Ley Orgánica en el 7° no figura, ni podría figurar la de declarar la nulidad de hechos materiales. Son las decisiones de la Administración Pública y no sus hechos los que pueden impugnarse por recurso jurisdiccional con el fin de lograr su revocación o anulación. Los hechos pueden ser causa de un interdicto, o de una acción por indemnización de daños y perjuicios, o de una denuncia o acusación penal; pero es imposible aceptar que puedan ser fundamento de tal recurso jurisdiccional administrativo"[143].

Por otra parte, los actos materiales de la Administración, es decir, aquellas declaraciones de voluntad que no constituyen una decisión y que, por tanto, no persiguen la producción de determinados efectos jurídicos, también quedan excluidos del recurso contencioso-administrativo de anulación. Al efecto, en sentencia de 9 de abril de

143 CF-33-1, 2-6-58.

1950[144], la antigua Corte Federal señaló: "La llamada decisión apelada comprende explícitamente la constatación de una diferencia de precio e implícitamente la afirmación de que, en concepto de la nación, la compañía constructora es deudora de aquélla por el monto de esa diferencia... Ahora bien, examinando detenidamente esta Corte las actas del expediente, encuentra que no existe en el caso de autos decisión o resolución alguna del Contralor al respecto, que constituya formalmente un acto administrativo que pueda ser objeto del recurso, pues lo que hace dicho funcionario es encontrar una diferencia de precio en el contrato celebrado y participarlo a los organismos del Ministerio de Obras Públicas 'para su debido conocimiento y a los fines del caso'. Esta frase, inserta al final de un oficio dirigido a la Dirección de Obras Públicas ya nombrada, no constituye una decisión o resolución capaz de producir per se determinados efectos jurídicos. Constituye, a lo más, la expresión de un criterio adverso de la Contraloría sobre el referido contrato de construcción, pero sin configurar ninguno de los actos de la Contraloría.

Por tanto, los actos materiales de la Administración, por no constituir actos administrativos, tampoco son susceptibles de recurso.

d. *El problema de la inacción de la Administración*

Ya hemos hablado sobre el efecto de la inacción de la Administración, y hemos señalado que es posible intentar el recurso contencioso-administrativo de anulación contra los llamados actos administrativos negativos.

No se trata de lo que en la doctrina se denomina silencio administrativo, y que está aceptado en Venezuela para casos particulares, principalmente en el procedimiento administrativo previo a las demandas contra la República que puede dar origen a un recurso de plena jurisdicción.

El silencio administrativo, como productor de un acto administrativo tácito denegatorio[145] de una petición, no está aceptado con carácter general en Venezuela y, por tanto, no consideramos que puede ser empleado como fundamento de un recurso contencioso-administrativo de anulación en nuestro sistema actual.

Sin embargo, ello no implica que no pueda recurrirse por ante la jurisdicción contencioso-administrativa, de la inacción de la Administración, por constituir esa inacción una abstención ilegal o inconstitucional. El Decano José Guillermo Andueza ha expuesto al respecto que "ante la negativa de la Administración Pública a proveer de acuerdo con instancia de parte, o la negativa a cumplir determinados actos a que está obligada por las leyes nacionales, puede recurrirse ante la Corte Federal para obligar al funcionario público para que provea o dicte el acto.

---

144 Sobre los actos materiales, *V.*, CF-30-1, 9-4-59.

145 Algunas disposiciones legales especiales como el Reglamento de la Ley de Regulación de Alquileres, en sus artículos 32 y siguientes, establecen el silencio administrativo pero sin ninguna consecuencia jurisdiccional y solamente hábil para dar lugar a un recurso administrativo de reconsideración. El Proyecto LPA 1963 acoge la doctrina del silencio administrativo para dar lugar a un recurso contencioso-administrativo de anulación. En efecto, el artículo 123 de dicho Proyecto establece: "Cuando cualquier interesado hubiere formulado una pretensión ante la autoridad administrativa, y ésta no le hubiere comunicado su decisión dentro del plazo de seis meses, se considerará denegada la pretensión formulada y en tal caso el interesado podrá interponer contra dicha negativa recurso contencioso-administrativo, sí no existiere *El Recurso Jerárquico* o de revisión. ÚNICO: Si la Ley estableciere un plazo distinto del determinado en este artículo para que la autoridad administrativa decida sobre las pretensiones formuladas ante ella, deberá el interesado atenerse a dicho plazo a los efectos determinados en este artículo".

Este recurso tiene su fundamento en el derecho de petición y a obtener oportuna respuesta. Por tanto, el acto administrativo negativo es recurrible ante la Corte Federal"[146].

Si una ley fija a la Administración oportunidad para actuar, la inacción corresponde a una ilegalidad. Sin embargo, en todo caso, la inacción equivale a una inconstitucionalidad, por violación del artículo 67 de la Constitución vigente.

Pero lo que debe quedar claro es que en nuestro sistema actual, cuando se recurre de un acto administrativo negativo producido por la inacción de la Administración, se hace precisamente para lograr que la Administración actúe, accediendo a la petición del interesado o negándosela, y no para impugnar una presunta denegación de la petición del interesado.

e. *El problema de los actos inexistentes*

Hemos señalado que el acto administrativo nulo, de nulidad absoluta, por violación de la Constitución es calificado por la jurisprudencia como inexistente, aunque para nosotros sólo representa una categoría del acto administrativo nulo.

Sin embargo, la palabra "inexistente" en Derecho administrativo, como en todas las ramas jurídicas, no ha cesado de plantear problemas, uno de los cuales sería la duda sobre sí un acto que no existe puede ser objeto de un recurso contencioso-administrativo de anulación.

Aparte de todos los problemas que puedan surgir, la necesidad de una vía jurisdiccional para constatar la nulidad absoluta o inexistencia, como la ha llamado la Corte, de un acto administrativo, cuando causa desórdenes, es incontestable. Por tanto, a nuestro entender, es perfectamente posible ejercer el recurso contencioso-administrativo de anulación contra los actos administrativos nulos por violación de la Constitución; y más aún cuando por esa vía la jurisdicción contencioso-administrativa es competente para declarar la nulidad de los actos administrativos "contrarios a derecho", y tan contrario a derecho es el acto ilegal propiamente dicho, como el inconstitucional.

En todo caso, los actos administrativos reglamentarios, o sea, de carácter general, pueden ser recurridos por la vía del recurso de inconstitucionalidad, que es imprescriptible. Sin embargo, el acto administrativo individual, así sea viciado de inconstitucionalidad, sólo puede ser recurrido por la vía del recurso contencioso-administrativo de anulación, que sí es prescriptible. Una vez transcurrido el lapso de caducidad correspondiente, el acto administrativo quedará firme y "mal se podrá entonces recurrir al medio de la acción de inconstitucionalidad para modificar el acto administrativo definitivamente firme"[147]. En todo caso, la vía de la excepción de ilegalidad quedará siempre abierta al administrado.

E. Los motivos del recurso contencioso-administrativo de anulación

La jurisdicción contencioso-administrativa, en su competencia de anulación, actúa como contralor de la legalidad de los actos administrativos, es decir, controla la conformidad con el derecho, con las reglas o normas preestablecidas de los actos adminis-

---

146 Andueza, *El control en Venezuela..., cit.*, p. 25.

147 Así lo ha señalado la Corte Suprema de Justicia en Sala Político-Administrativa: CSJ-PA-26-1, 15-3-62.

trativos. En definitiva la jurisdicción contencioso-administrativa, en su competencia de anulación, vela por el imperio del Principio de la Legalidad Administrativa.

Por tanto, sólo los actos administrativos ilegales, es decir, contrarios al Principio de la Legalidad Administrativa, pueden ser impugnados por el recurso contencioso-administrativo de anulación, y el recurrente sólo puede alegar motivos de derecho, de ilegalidad, como fundamento de su recurso.

Ya hemos estudiado la ilegalidad de los actos administrativos. Sin embargo, recordemos que son motivos de ilegalidad: la inconstitucionalidad de los actos administrativos, que puede consistir en la violación de un precepto constitucional, la usurpación de autoridad y la usurpación de funciones; y la ilegalidad propiamente dicha de los actos administrativos, que puede consistir en la extralimitación de atribuciones, el abuso o exceso de poder, la desviación de poder, el vicio de forma y, en general, en la contrariedad al derecho[148].

En principio, debemos señalar que la prueba de la ilegalidad del acto administrativo incumbe al recurrente[149]. Sin embargo, recordemos los poderes del juez en cuanto a la prueba por el carácter inquisitorio del procedimiento contencioso-administrativo, lo que hace que el juez coadyuve a la búsqueda de la verdad.

Por otra parte, respecto a la inconstitucionalidad de los actos administrativos, a diferencia de la ilegalidad propiamente dicha, ha señalado la Corte Federal y de Casación que "debe resultar siempre, sin necesidad de alegar ni probar hechos, del antagonismo directo entre el acto administrativo que se impugna y algún principio o garantía constitucional infringido"[150].

F. La decisión del recurso contencioso-administrativo de anulación

a. *Noción previa*

El estudio de la decisión del recurso contencioso-administrativo de anulación nos lleva a examinar separadamente, de una parte, el contenido de la decisión, íntimamente ligado con los poderes del juez contencioso-administrativo en su competencia de anulación, y por otra parte, los efectos de la decisión del recurso.

---

148 Respecto a la contrariedad del derecho alegable, el artículo 124 del Proyecto LPA 1963 establece que "El recurso contencioso-administrativo podrá intentarse contra un acto administrativo individual en base a que el acto administrativo general, en el cual se fundamenta la decisión recurrida, es contraria a derecho".

149 CF-94-2 ,24-11-53. En esta sentencia la Corte expuso: "Tratándose, como se trata, de un procedimiento contencioso, correspondía al actor probar los extremos de su imputación; y he aquí que en la articulación respectiva nada fue aprobado en relación con la sedicente usurpación o abuso de poder... Por tanto, elemental deber del interesado en demostrar la incompetencia de ese funcionario era probar en el proceso y por los medios legales que éste carecía de la investidura que ostenta en la Resolución impugnada, es decir, que no estaba encargado legalmente de la Comisión Nacional de Abastecimiento en la oportunidad del cumplimiento del acto atacado". Sobre la prueba en la jurisdicción contencioso-administrativa, *V.*: P. Pactet, *Essai d'une théorie de la préuve devant la juridiction administrative*, Pedone, París, 1952; Cadoux-Trial, "La Charge de la préuve devant le Conseil d'Etat", *EDCB*, 1933, p. 85; J. Lemasurier, "Le préuve dans le détournement de pouvoir", *Public Administration*, N° 1, 1959, p. 36; O. Tentolini, *La prova amministrativa*, Milán, 1950; Dallari, *Il sistema delle prove nel giudizio amministrativa*, Turín, 1920; J. González Pérez, "La prueba en el proceso administrativo", *Revista General de Legislación y Jurisprudencia*, N° 3, 1954, p. 253.

150 CFC-CP-5-1, 23-2-53.

b. *Contenido de la decisión*

a'. Noción previa

La decisión del recurso por el juez contencioso-administrativo en su competencia de anulación sólo puede ser de declaratoria de nulidad o no del acto atacado[151], y esto último, sea porque el recurso se declaró inadmisible o improcedente. Por tanto, el juez contencioso-administrativo en la decisión de un recurso contencioso-administrativo de anulación, no puede reformar el acto atacado ni condenar a la Administración, ni sustituir su decisión por la de aquélla. La labor del juez contencioso-administrativo como contralor de la legalidad de los actos administrativos sólo puede limitarse al restablecimiento de esa legalidad, y no al restablecimiento de situaciones jurídicas subjetivas.

Examinaremos, entonces, los tres posibles contenidos de la decisión del recurso contencioso-administrativo de anulación: la declaratoria de inadmisibilidad, la declaratoria de improcedencia y la declaratoria de nulidad.

b'. La inadmisibilidad del recurso

Debemos señalar, ante todo, que consideramos que esta declaratoria de inadmisibilidad debe hacerse al intentarse el recurso, y no en la decisión final. Ello es evidente. Sin embargo, y esta es una de las grandes fallas del procedimiento vigente en esta materia, esa declaratoria de inadmisibilidad se hace al decidirse el recurso.

En todo caso, veamos el contenido de esa declaratoria de inadmisibilidad, íntimamente ligada al cumplimiento de los requisitos procesales del recurso.

En primer lugar, el juez puede declarar inadmisible el recurso interpuesto, por la ausencia de alguno de los requisitos procesales del mismo, ya sea porque el recurrente carezca de interés legítimo para recurrir, ya sea porque el acto administrativo que se impugna no haya causado estado, es decir, porque no se haya agotado la vía administrativa, o ya sea porque el acto que se impugna no es un acto administrativo o, siendo un acto administrativo, está definitivamente firme porque no admite recurso, o porque el lapso para interponerlo se encuentra vencido.

En segundo lugar, debemos señalar que la declaratoria de inadmisibilidad del recurso hace que el acto administrativo subsista sin problemas de ilegalidad. Ciertamente, el acto administrativo puede ser objeto de un nuevo recurso contencioso-administrativo de anulación si la inadmisibilidad fue pronunciada por falta de agotamiento de la vía administrativa o por falta de legitimación activa en el recurrente. Sin embargo, la expiración del término del recurso administrativo que pueda agotar la vía administrativa, o la expiración del lapso del mismo recurso de anulación, hacen prácticamente ilusoria esa nueva impugnación. En todo caso, si la inadmisibilidad ha sido dictada por encontrarse agotado el lapso de caducidad del recurso, la interposición de un nuevo recurso es imposible.

151 Sentencia de la CFC de 11-4-49, Resumen CFC en SPA 1940-1951, p. 27 (Gaceta Forense, año I, N° 2, p. 131).

Queda a salvo siempre, sin embargo, la posibilidad de la excepción de ilegalidad por parte del administrado lesionado por el acto administrativo[152].

c'. La improcedencia de la impugnación

La decisión del juez contencioso-administrativo, al resolver el recurso de anulación, si los requisitos procesales están cabalmente cumplidos y ha sido admitido el recurso, puede ser también de declaratoria sin lugar del recurso, o más bien, de declaratoria de improcedencia de la anulación, porque el acto administrativo que se impugna no tiene los vicios de ilegalidad que fueron invocados por el recurrente, o porque estos vicios no pudieron ser probados por éste, ni constatados por el juez.

La declaratoria sin lugar del recurso por improcedencia de la impugnación tiene el carácter de cosa juzgada relativa. En efecto, el mismo recurrente, alegando los mismos vicios de ilegalidad, no podría intentar un nuevo recurso de anulación contra el mismo acto administrativo impugnado anteriormente.

Sin embargo, teóricamente un nuevo recurso puede ser intentado por el mismo recurrente contra el mismo acto, pero invocándose otros vicios de ilegalidad. También podría ser intentado un nuevo recurso por otro recurrente. Esto teóricamente, pero prácticamente la expiración del lapso de caducidad para intentar el recurso impide su nueva interposición. Queda a salvo, en todo caso, la posibilidad de la excepción de ilegalidad.

d'. La anulación

La decisión del recurso puede ser también, y principalmente, una declaratoria de nulidad del acto administrativo impugnado. Esta anulación, sin embargo, puede ser total o parcial, limitándose esta última a una parte individualizada del acto recurrido.

También debemos indicar que la decisión del recurso contencioso-administrativo de anulación equivale a una reposición del procedimiento, cuando el acto administrativo impugnado se anula por vicios de forma en su procedimiento constitutivo.

Veremos seguidamente los efectos de esta anulación jurisdiccional de los actos administrativos.

c. *Los efectos de la anulación*

a'. Noción previa

Los efectos de la anulación del acto administrativo por la decisión del recurso contencioso-administrativo de anulación pueden ser vistos desde tres ángulos diferentes: respecto al mismo acto administrativo impugnado, respecto a los administrados y respecto a la Administración.

b'. Respecto al acto impugnado

La nulidad del acto administrativo declarada jurisdiccionalmente lo hará desaparecer, y con él sus efectos. En cuanto a estos últimos efectos, las consecuencias de la anulación jurisdiccional del acto administrativo varían según se trate de un acto administrativo viciado de nulidad o de anulabilidad.

---

152 .Sobre la inadmisibilidad del recurso, *V.*, 328. Sobre los requisitos procesales, véanse N° 304 y ss. y especialmente N° 306 y ss., 318 y 323.

En efecto, si la decisión del recurso contencioso-administrativo ha sido de declaratoria de nulidad de un acto administrativo nulo, viciado de nulidad absoluta, los efectos de esa anulación se extienden hacia el pasado y hacia el futuro, es decir, la anulación del acto administrativo nulo hace desaparecer los efectos producidos y por producirse de ese acto administrativo.

En cambio, cuando lo que se declara anulado es un acto administrativo anulable, los efectos de la anulación jurisdiccional se extenderán sólo hacia el futuro y los efectos producidos por el acto anulado en el pasado permanecerán válidamente producidos[153].

c'. Respecto a los administrados

La decisión declaratoria de nulidad de un acto administrativo produce efectos *erga omnes*, absolutos, contrariamente a la regla habitual de la autoridad relativa de la cosa juzgada, que limita a las partes el efecto de la decisión jurisdiccional. Vemos, entonces, la diferencia radical entre los efectos de la decisión que declara sin lugar o improcedente el recurso, de la decisión que declara con lugar el recurso y, por tanto, la nulidad del acto impugnado. Mientras que la primera, como hemos visto, tiene valor de cosa juzgada relativa, la segunda tiene valor de cosa juzgada absoluta.

En este sentido la antigua Corte Federal y de Casación señaló que "el recurso por exceso de poder provoca una decisión que favorece y perjudica los derechos de tercero en cuanto produce efectos *erga omnes*"[154]. Así, la decisión del recurso contencioso-administrativo de anulación, cuando es declaratoria de nulidad del acto impugnado, tiene efectos contra todos los administrados, aunque no hayan sido parte en el recurso intentado y decidido.

d'. Respecto a la Administración

En principio, la decisión anulando un acto administrativo implica para la Administración la obligación de tomar todas las medidas necesarias para que la anulación pronunciada sea efectiva. En este sentido, si la anulación es de un acto administrativo nulo, de nulidad absoluta, la Administración está obligada a tomar todas las medidas necesarias para hacer desaparecer, en lo posible, los efectos jurídicos que aquel acto, a pesar de su nulidad, haya producido y, por tanto, está obligada a considerar aquel acto nulo como nunca dictado.

Si se trata de la anulación de un acto administrativo anulable, la Administración está obligada a corregir aquellos vicios y errores que viciaban el acto, sea rehaciendo el procedimiento, sea respetando las reglas de la competencia.

---

153 *V.*, además Braibant, "Remarques sur l'efficacité des annulations pour excès de pouvoir", *EDCE*, fascículo 1.961, p. 53.

154 Sentencia de 27-1-37, Resumen CFC en SPA 1936-1939, p. 130 (Memoria 1938, *t.* I, p. 145). Sobre la cosa juzgada en lo contencioso-administrativo, *V.*: J. González Pérez: "La cosa juzgada en lo contencioso-administrativo", RAP, N° 8, 1952, p. 67; R. A. Zvaniach, *La cosa juzgada en el Derecho Administrativo*, Perrot, Buenos Aires, 1952; Royo Villanoba, "Consideraciones sobre la fuerza de cosa juzgada de las sentencias de los historiales contencioso-administrativos", *Estudios en homenaje a Gascón y Maris*, p. 619; RAGGI, "Appunti sulla cosa giudicata derivante dalla decisioni giurisdizionali amministrative", *FI*, 1934, III, p. 221; Forti, "In tema di effeti del giudicato amministrativo", *FI*, 1931, III, p. 310; Benedicenti, *Contributo llo studio della cosa giudicata nelle giurisdizioni amministrative*, Génova, 1930; Giuicciardi, "I limiti soggetivi del giudicato amministrativo", *GI*, 1941, III, p. 17; Raggi, "1 limiti soggetivi dell'efficacia di cosa giudicata delle decisioni delle giuridizioni amministrative", *Giurisprudenza completa de la Corte Suprema di Cassazione*, 1948, I, p. 418.

En todo caso, la violación de la cosa juzgada con valor *erga omnes*, que implica la decisión de anulación del acto administrativo, acarrearía otro vicio de ilegalidad sobre el acto administrativo que la desconozca o no la acate[155].

5. El recurso contencioso-administrativo de plena jurisdicción

A. Introducción

Hemos señalado que el control de la legalidad de los actos administrativos corresponde a los órganos de la jurisdicción contencioso-administrativa en su competencia de anulación. Ese control se logra por la interposición y decisión del recurso contencioso-administrativo de anulación, anteriormente estudiado.

Sin embargo, la labor de la jurisdicción contencioso-administrativa no se limita a un control de la legalidad de los actos administrativos, sino que también se extiende al control de la legitimidad de la actividad administrativa que se manifiesta por los hechos, actos y relaciones jurídico-administrativos, y que se realiza por el recurso contencioso-administrativo de plena jurisdicción.

La diferencia entre ambos controles es una diferencia de género a especie, es decir, el control de la legalidad de los actos administrativos es una especie del control de la legitimidad de la actividad administrativa, y ello porque la legalidad es una forma de la legitimidad y los actos administrativos son una de las formas de manifestación de la actividad administrativa.

Nos corresponde estudiar en esta sección el control de la legitimidad de la actividad administrativa que se ejerce por el recurso de plena jurisdicción, o en otras palabras, nos corresponde estudiar los medios jurídicos puestos a disposición de los administrados para controlar la conformidad de la actividad administrativa con el ordenamiento jurídico por el análisis de la existencia de un título jurídico que autorice esa actividad.

Estudiaremos el recurso contencioso-administrativo de plena jurisdicción analizando las características fundamentales, el ámbito del recurso y la decisión del mismo.

B. Características fundamentales

a. *Noción*

El recurso contencioso-administrativo de plena jurisdicción es aquella acción intentada por un sujeto de derecho, fundamentada en un derecho subjetivo, contra la Administración por su actividad ilegítima, para la obtención de una satisfacción jurisdiccional de su pretensión.

---

155 Al respecto, *V.*, P. Weil, *Les conséquences de l'annulation a un acte administratif pour excès de pouvoir*, Paris, 1952.

Ya hemos señalado algunas de las características del recurso contencioso-administrativo de plena jurisdicción, al distinguir los tipos de recursos contencioso-administrativos. Sin embargo, por razones de claridad sistemática creemos necesario destacar aquí las características fundamentales. Estas serán el desarrollo de la noción dada anteriormente.

b. *Es una demanda*

En primer lugar debemos señalar que, a pesar de que la tradición doctrinal califique a esta acción como recurso, se trata en su esencia de una demanda contra la Administración. Aquí, contrariamente a lo que sucede en el recurso de anulación, se demanda a alguien, a la Administración, y no se impugna solamente un acto.

En definitiva, el recurso contencioso-administrativo de plena jurisdicción es una demanda en el sentido del derecho procesal venezolano[156].

c. *Fundamentada en un derecho subjetivo*

Ya hemos expresado, al hablar de la legitimación activa del recurrente en plena jurisdicción, que el demandado debe invocar un derecho subjetivo como fundamento de su acción. Este derecho subjetivo puede tener su origen en una situación jurídica subjetiva lesionada por la actividad administrativa, o en la violación de una situación jurídica objetiva o general que dé lugar a ese derecho subjetivo de reparación. Este último caso, hemos señalado, es el de la responsabilidad extracontractual.

d. *Derecho subjetivo originado por la actividad administrativa ilegítima*

El derecho subjetivo que se alega como fundamento jurídico de la demanda en plena jurisdicción debe ser originado o lesionado por la actividad administrativa ilegítima, es decir, contraria al ordenamiento jurídico, por ausencia de un título jurídico capaz de justificarla.

Debemos destacar dos cosas: en primer lugar, se trata de una actividad administrativa, es decir, de una actividad de una autoridad pública actuando en función administrativa. Esa actividad no sólo se manifiesta en actos administrativos, sino también en hechos jurídicos, actos materiales y relaciones jurídicas de derecho administrativo Por tanto, en una demanda por responsabilidad administrativa, por ejemplo, esa responsabilidad puede ser originada por un acto o un hecho imputable a la Administración y no necesariamente por un acto administrativo.

En segundo lugar, la actividad administrativa debe ser ilegítima, es decir, contraria al ordenamiento jurídico: así, tan ilegítima es una actividad administrativa violatoria de normas jurídicas de carácter general como la Constitución, las leyes o los reglamentos y, por tanto, ilegal; como ilegítima también es la actividad administrativa violatoria de normas jurídicas de carácter particular, como un contrato o un acto jurídico cualquiera.

156 Por otra parte, debemos expresar que es inadmisible, en nuestro ordenamiento jurídico, considerar a los recursos administrativos impropios originados por multas impuestas por la Administración (*v.* N° 242 y ss.), y de los cuales conoce la Corte actuando en Función Administrativa, como recursos de Plena Jurisdicción, tal como lo hace T. Polanco en su Tesis de Grado "La Administración Pública", *cit.*, pp. 296 y 297.

Por tanto, siempre que la actividad administrativa carezca de un título jurídico capaz y suficiente para justificarla, se estará en presencia de una actividad administrativa ilegítima y que puede ser objeto de una demanda en plena jurisdicción ante los órganos de la jurisdicción contencioso-administrativa.

e. *Para satisfacer el derecho subjetivo o para restablecer una situación jurídica subjetiva lesionada*

Por último, la demanda implícita en el recurso contencioso-administrativo de plena jurisdicción sólo puede tener por objeto, o la satisfacción del derecho subjetivo que se alega, o el restablecimiento de la situación jurídica subjetiva lesionada por la actividad administrativa.

En el primer caso, el juez condenará a la Administración al pago de la reparación correspondiente; en el segundo caso, el juez restablecerá la situación jurídica subjetiva lesionada, sea por una condenación, por una restitución o por una anulación.

Por último debemos observar que, para la satisfacción de la pretensión del demandante, éste debe alegar no solamente motivos de derecho sino también, puede invocar razones de hecho.

En todo caso, una de las características esenciales del recurso contencioso-administrativo de plena jurisdicción frente al recurso de anulación es que las pretensiones del demandante, no sólo pueden ser de condenación pecuniaria a la Administración, Sino que éstas pueden estar acompañadas de pretensiones de anulación. En efecto, si lo que se demanda es la responsabilidad de la Administración, por ejemplo, además de la condenación al pago de daños y perjuicios, el recurrente puede obtener del juez la nulidad del contrato o la nulidad del acto administrativo que origina el daño, si es el caso.

Lo mismo sucedería en una demanda por reivindicación, en que la condena a restituir la cosa puede estar acompañada de una declaratoria de nulidad del acto administrativo que lesionó la situación jurídica subjetiva del propietario reivindicante.

C. Ámbito del recurso contencioso-administrativo de plena jurisdicción

a. *Noción previa*

La disposición del artículo 206 de la Constitución vigente, al establecer que los órganos de la jurisdicción contencioso-administrativa son competentes para "condenar al pago de sumas de dinero y a la reparación de daños y perjuicios originados en responsabilidad de la Administración y disponer lo necesario para el restablecimiento de las situaciones jurídicas subjetivas lesionadas por la actividad administrativa", hace imposible, prácticamente, la delimitación exacta y precisa del ámbito de las pretensiones del recurso contencioso-administrativo de plena jurisdicción.

Por ello nos limitaremos a estudiar someramente, en esta Sección, tres posibles pretensiones, las más importantes en nuestro concepto, y que constituyen el contencioso contractual, el contencioso de la responsabilidad de la Administración y el contencioso del restablecimiento de las situaciones jurídicas subjetivas lesionadas por la actividad administrativa.

Sin embargo, antes de analizar estas posibles pretensiones del recurso de plena jurisdicción, debemos remitir, en lo que respecta a los requisitos procesales, para intentarlas, y al procedimiento del recurso a lo estudiado anteriormente.

b. *El contencioso contractual*

El recurso contencioso-administrativo de plena jurisdicción puede ser intentado por el cocontratante de la Administración para lograr la condena de ésta al pago de una suma de dinero o de daños y perjuicios, o para restablecer una situación jurídica subjetiva y contractual lesionada por la actividad ilegítima de la Administración, es decir, por una actividad administrativa contraria al título jurídico que origina la relación jurídico-administrativa: el contrato administrativo.

Por tanto, todo lo referente a los contratos administrativos es de la competencia de los órganos de la jurisdicción contencioso-administrativa y para lograr un pronunciamiento jurisdiccional al respecto está instituido el recurso de plena jurisdicción.

Por otra parte, en el recurso de plena jurisdicción en materia contractual, la legitimación activa la ostenta el cocontratante de la Administración y la legitimación pasiva está referida a la entidad administrativa contratante.

Actualmente la Corte Suprema de Justicia, en Sala Político-Administrativa, una vez requerida por el recurso contencioso-administrativo de plena jurisdicción, es competente para "conocer en juicio contencioso de todas las cuestiones por nulidad, caducidad, resolución, alcance, interpretación, cumplimiento y cualesquiera otras que se susciten entre la nación y los particulares, a consecuencia de los contratos celebrados por el Ejecutivo Nacional o de concesiones mineras, de hidrocarburos o de tierras baldías que hubiere otorgado, así como de las controversias que resulten por su negativa a expedir títulos de concesiones a que los demandantes aleguen tener derecho; salvo los puntos que la ley vigente, al tiempo de la celebración del contrato, del otorgamiento de la concesión o de la negativa a concederla, según el caso, dejaren a la decisión del Ejecutivo Nacional sin recurso judicial". Así lo dispone el artículo 7, ordinal 23' de la Ley Orgánica de la Corte Federal.

Sobre la noción de contrato administrativo, sus consecuencias y el contencioso contractual, debemos remitir al Título III de este estudio.

Por último, debemos señalar que el Parágrafo Único del artículo 7, ordinal 28 de la Ley Orgánica de la Corte Federal establece que "la Corte Federal conocerá también en juicio contencioso de la controversia entre particulares sobre nulidad de las concesiones mineras, de hidrocarburos y de tierras baldías por falta de formalidades o violación de la ley en su otorgamiento". Esta competencia de la Corte se justifica porque, en definitiva, en esas controversias entre particulares se discute la validez del acto administrativo de otorgamiento de la concesión, lo que atrae lógicamente la competencia de los órganos de la jurisdicción contencioso-administrativa y la necesaria intervención, por otra parte, de la Administración concedente para la defensa, si es el caso, del acto de concesión cuestionado.

c. *El contencioso de la responsabilidad administrativa*

a'. Noción previa

La Constitución vigente declara expresamente la responsabilidad del Estado venezolano. En efecto, el artículo 47 dispone que "en ningún caso podrán pretender los venezolanos ni los extranjeros que la República, los Estados o los Municipios los indemnicen por daños, perjuicios o expropiaciones que no hayan sido causados por autoridades legítimas en el ejercicio de su función pública".

Este reconocimiento de la responsabilidad del Estado, aunque en forma indirecta, tiene una importancia capital. En efecto, sin el reconocimiento de esta institución difícil sería calificar a nuestro sistema estatal como Estado de Derecho, y las garantías jurídicas de los administrados frente a la Administración quedarían incompletas.

Sin embargo, debemos observar que este artículo no solamente consagra la responsabilidad del Estado, sino que también contempla lo que se ha llamado la Teoría de la Indemnización. Y antes de seguir adelante creemos necesario distinguir estos dos conceptos[157].

En efecto, es necesario distinguir en Derecho administrativo el derecho a indemnización que pueden tener los particulares por daños y perjuicios que les hayan sido causados por la responsabilidad del Estado, es decir, por la actuación ilegítima del Estado, o concretamente de la Administración, de aquella otra indemnización a que puedan tener derecho los particulares, y que es "debida por la Administración Pública al titular de ciertos derechos que ceden ante el ejercicio legítimo de una potestad administrativa"[158], como es el caso de la indemnización debida en los supuestos de expropiación por causa de utilidad pública o social.

En el primer caso se trata de una actividad ilegítima de la Administración, es decir, contraria al ordenamiento jurídico y, por tanto, sin título jurídico suficiente que lo autorice; en el segundo caso, el daño que sufre el particular es causado por la Administración actuando legítimamente, de conformidad con la ley y con miras a satisfacer el interés colectivo.

Hecha esta distinción, debemos señalar que solamente nos concretaremos en esta oportunidad a examinar la responsabilidad del Estado, y concretamente de la Administración, producto de una actividad ilegítima, y no nos referiremos a la Teoría de la Indemnización que en nuestro concepto no puede considerarse como una de las formas de responsabilidad del Estado.

Por último, tenemos que señalar que la norma constitucional citada consagra la responsabilidad del Estado por daños causados por autoridades legítimas en el ejercicio de su función pública, es decir, en principio, por cualquier autoridad legítima en ejercicio de la función legislativa, jurisdiccional, administrativa o de gobierno. No hay ninguna norma constitucional que excluya la responsabilidad del Estado en alguno de estos últimos supuestos.

---

157 Al respecto *V.*: Garrido Falla, "La Teoría de la indemnización en Derecho Público", Estudios dedicados a Gascón y Marín, Madrid, 1952; Sandulli, "Spunti in tema di indemnizo per atti legittimo della pubblica amministrazione", *FI*, 1947, I, p. 938; Fòrti, "In tema di responsabilità per atti legìttimi della Pubblica amministrazione", *FI*, 1942, I, p. 835; Salemi, *La cosidetta responsabilità per atti legittimi della Pubblica amministrazione*, Milán, 1912. En general, sobre la responsabilidad del Estado en Venezuela, *V.*: Zolio Graterol, "La responsabilidad de la Nación en su concepto de Estado", *El Profesional*, *t.* IV, año 6, N° 93-94, 1924, pp. 91 a 93.

158 F. Garrido Falla, *Tratado de Derecho Administrativo*, Instituto de Estudios Políticos, vol. II, Madrid, 1962, p. 197.

Sin embargo, sólo nos interesa destacar aquí la responsabilidad que pueda surgir para el Estado por su actividad administrativa, es decir, por el ejercicio de la función administrativa[159].

Sobre el origen de esta norma, consagrada en el artículo 47 de la actual Constitución, el Decano José Guillermo Andueza nos señala[160] que la finalidad de ese artículo, incorporado por primera vez en la normativa constitucional en el año 1901, "fue exonerar de responsabilidad al Estado por los hechos ilícitos cometidos por los revolucionarios en las guerras civiles y evitar así las constantes reclamaciones de daños y perjuicios que provenían principalmente de los extranjeros. Por eso se exige, para empeñar la responsabilidad del Estado, que el daño sea causado por una autoridad competente (las anteriores Constituciones decían autoridad legítima)[161] en ejercicio de sus atribuciones legales".

Sin embargo, esas constantes reclamaciones de parte de los extranjeros al Estado, no solamente dieron origen a esa norma constitucional, sino que también dieron nacimiento a una legislación especial de extranjeros donde se establecen normas particulares reguladoras de esas reclamaciones y de la responsabilidad del Estado respecto a aquéllos.

Por eso el problema de la responsabilidad administrativa requiere en este estudio un ligero análisis en el ordenamiento jurídico venezolano, del fundamento de dicha responsabilidad y de la condición de los extranjeros en relación a ella.

Pero antes de analizar estos dos supuestos, debemos señalar que el artículo 206 de la Constitución ha completado la disposición del artículo 47 *ejusdem* en materia de responsabilidad administrativa, al atribuir competencia a los órganos de la jurisdicción contencioso-administrativa para condenar a la Administración "a la reparación de daños y perjuicios originados en responsabilidad de la Administración".

---

159 Sobre la Responsabilidad Administrativa, *V.*: Chapus, "Responsabilité publique et responsabilité privée", *Librairie Générale de Droit et de Jurisprudence*, Paris, 1957; Beniot, "Responsabilité de la puissance publique", *Ju*risclasseur administratif, París, fascículos 700 y sig.; Duez, *La Responsabilité de la Puissance Publique*, Paris, 1938; Berlia, "Essai sur les fondements de ta responsabilité en droit public français", *RDP*, 1951, p. 685; Beniot, "Le régime et le fondement de la responsabilité de la puissance publique", *JP*, 1954, I, p. 1.178; CH. Eisenmann, "Sur le degré d'originalité de la responsabilité extracontractuelle des personnes publiques", *JP*, 1949, I, p. 742; Levy, *La Responsabilité de la puissance publique et de ses agents en Anglaterre*, Paris, 1957; H. E. Koechlin, *La responsabilité de l'Etat en debors des contrats de l'an VIII à 1873*, Librairie Générale de Droit et de Jurisprudence, Paris, 1957; J. Moreau, *L'influence de la situation et du comportement de la victime sur la responsabilité administrative*, Librairie Générale de Droit et de Jurisprudence, Paris, 1957; S. Royo Villanoba, "La responsabilidad de la Administración Pública", *RAP*, N° 19, 1956, p. 11; Tena Ibarra, "Desarrollo y perspectivas del principio de la responsabilidad civil de la Administración", *RAP*, N° 6, 1951, p. 177; E. García De Enterría, *Los principios de la nueva Ley de Expropiación Forzosa*, Madrid, 1956; Alessi, *La responsabilità délia Pubblica Amministrazione*, Milán, 1951; Giaquinto, *La responsabilità degli enti pubblici*, 3 volúmenes, Nápoles, 1913-1914; Cioffi, "La responsabilità dello Stato fondata sulla colpa e la cosidetta responsabilità di diritto pubblico", *Riv. Dir. Pub.*, 1916 II, p. 10; Calamandrei-Lessona, "Sulla responsabilità degli Enti Pubblici per atti illeciti dei loro organi", *Riv. Dir. Pub.*, 1933, I, p. 449; H. I. Summers, "The Idea of Responsability in Government", *Public Administration*, vol. 28, 1950, pp. 97 y ss.

160 Andueza, *El control en Venezuela...*, *cit.*, p. 31. En este sentido *V.*: Carlos Grisanti, "Responsabilidad del Estado, particularmente por daños causados a extranjeros en los casos de guerra civil", *Revista Universitaria*, N° 3, Caracas 1906, pp. 1 a 5.

161 Observamos que la actual Constitución acogió la terminología tradicional de "autoridad legítima", que la Constitución de 1953 ignoró, y a la cual se refiere Andueza antes citado.

El medio jurídico puesto a disposición de los particulares para exigir esa responsabilidad de la Administración y para obtener reparación por decisión de la jurisdicción contencioso-administrativa, es el recurso de plena jurisdicción. Por otra parte, sólo a la jurisdicción contencioso-administrativa le corresponde pronunciar jurisdiccionalmente condenas a la Administración por su responsabilidad.

Veamos entonces, como antes indicamos, el fundamento de la responsabilidad de la Administración en el sistema venezolano y la condición de los extranjeros frente a esa responsabilidad.

b'. El fundamento de la responsabilidad administrativa

a''. *Noción previa*

Uno de los signos característicos de la teoría de la responsabilidad administrativa en Francia, donde por primera vez se admitió, es su total autonomía e independencia respecto a la responsabilidad civil. Es más, uno de los signos característicos de la autonomía del Derecho administrativo francés radica en su original construcción de la responsabilidad de la Administración que, aunque está fundamentada en la noción de culpa, se trata de una culpa distinta de la teoría civilista y es la Culpa del Servicio. Muchas causas están en el origen de esta construcción francesa. Sin embargo, para nosotros una de las causas principales de esta construcción original derogatoria del derecho común, radica en la insuficiente regulación que el Código Napoleón trae en sus artículos 1.382 y siguientes sobre la responsabilidad civil extracontractual.

En Venezuela, la situación es radicalmente distinta. Contamos con un Código Civil con una magnífica y moderna regulación de la responsabilidad extracontractual inspirada en el Proyecto de Código Franco-italiano de las Obligaciones. Por ello creemos que, en ausencia de una reglamentación legal de la responsabilidad administrativa, puede intentarse fundamentar la responsabilidad extracontractual de la Administración en los principios del Código Civil,

En todo caso, no conocemos jurisprudencia administrativa de la Corte que haya modificado el régimen de la responsabilidad regulada en el Código Civil, cuando se resuelve la responsabilidad de la Administración. Por tanto, y en principio, en Derecho administrativo como en Derecho privado, la responsabilidad de la Administración está fundamentada en las nociones de culpa y riesgo.

b''. *Responsabilidad por culpa*

a'''. *Noción previa*

Se ha discutido en la doctrina si la responsabilidad de la Administración es una responsabilidad por hecho propio y, por tanto, directa, o si es una responsabilidad indirecta por el acto de sus funcionarios.

En este sentido, el Decano Andueza ha señalado que la responsabilidad de la Administración es "una responsabilidad directa por hecho propio, ya que el acto ejecutado por una autoridad competente en ejercicio de sus atribuciones legales sólo puede ser imputado al Estado"[162]. Y ello es lógico, pues los funcionarios no son unos entes extraños a la Administración sino que, como órganos, forman parte de ella y se integran en ella. Y es precisamente la teoría del órgano[163], en Derecho público, la que ha dado, en nuestro concepto, el triunfo definitivo a esta concepción. Por ello la Constitución establece la responsabilidad de la Administración por los daños y perjuicios "causados por autoridades legítimas en el ejercicio de su función pública". No se trata, entonces, de una responsabilidad fundada en el artículo 1.191 del Código Civil, es decir, una responsabilidad fundada en culpa *in eligendo* o *in vigilando*, sino de una responsabilidad fundada en culpa *in comitendo* o *in omitendo* establecida en el artículo 1.185 del Código Civil.

Este artículo establece que "el que con intención, o por negligencia, o por imprudencia ha causado un daño a otro, está obligado a repararlo". Según este mismo artículo, la Administración debe igualmente reparación cuando "haya causado un daño a otro, excediendo, en el ejercicio de su derecho, los límites fijados por la buena fe o por el objeto en vista del cual le ha sido conferido ese derecho"[164].

Pero si bien es cierto que la responsabilidad de la Administración es una responsabilidad por hecho propio, no hay que perder de vista que es causada por la actuación de un funcionario que también es responsable personalmente, en principio, de los daños que cause.

Por tanto se hace necesario distinguir la actuación de ese funcionario, que es imputada a la Administración, de la actuación de ese funcionario que le es imputada únicamente a él mismo; y cuando se trata de responsabilidad, entre la responsabilidad de la Administración y la responsabilidad personal del funcionario[165] .

b'''. *Responsabilidad de la Administración*

La responsabilidad de la Administración se encuentra comprometida cuando por intención, negligencia o imprudencia, la actividad administrativa ha causado un daño al administrado. La actividad administrativa es aquella actividad realizada por una autoridad pública y legítima actuando en ejercicio de la función administrativa, y se manifiesta por medio de actos administrativos, hechos jurídico-administrativos y relaciones jurídico-administrativas. Por tanto hay responsabilidad de la Administración extracontractual cuando, por intención, negligencia o imprudencia los actos y hechos jurídico-administrativos han causado un daño al administrado.

Sin embargo, a pesar de que todo hecho o acto de la Administración tiene que ser realizado por sus órganos, no siempre, en nuestro concepto, la exigencia de la responsabilidad a la Administración requiere la individualización del agente. En efecto, fuera de

---

162 Andueza, *El Control en Venezuela..., cit.*, p. 32.

163 Moles Caubet, "La personalidad jurídica del Estado", *Revista de la Facultad de Derecho*, N° 8, Caracas, 1956, p. 21 y ss.

164 Debe tenerse aquí una especial referencia al abuso o exceso de poder y a la desviación de poder examinados en los N° 39 y 40.

165 El origen de esta distinción está en el Derecho francés cuando se hizo la diferenciación entre la "faute du service" y la "*faute personnelle*" por la decisión del Tribunal de Conflictos Pelletier de 30 de julio de 1873. *V.*, está sentencia en Long, Weil y Braibant, *Les grands arrêts de la Jurisprudence administrative*, Sirey, 1962, p. 9 y ss. Al respecto, en la Doctrina francesa *V.*: Doucrasy, *Les frontières de la faute personnelle et de la faute de service en Droit Administratif français*, Librairie Générale de Droit et de Jurisprudence, Paris, 1962.

los casos en que el daño es causado con intención por la actividad administrativa, en que sí es necesaria la individualización del funcionario que ha obrado con intención para comprometer la responsabilidad de la Administración, en los casos de negligencia o imprudencia no es siempre necesaria esa individualización.

Cuando, por ejemplo, y aquí utilizamos conceptos y nociones elaborados por la jurisprudencia francesa, un Servicio Público ha funcionado mal, no ha funcionado o ha funcionado tardíamente, la negligencia o la imprudencia en el actuar de los funcionarios encargados de hacer funcionar bien el Servicio no necesita ser individualizada e identificado el funcionario, sino que basta con que esos hechos se hayan producido para comprometer la responsabilidad de la Administración; probando, por supuesto, el daño que ese mal funcionamiento, o funcionamiento tardío, o esa ausencia de funcionario del Servicio Público, haya producido al administrado reclamante.

También debemos señalar que la actividad ilegal de la Administración, sea por actos administrativos inconstitucionales o por actos administrativos ilegales propiamente dichos, cuando han producido un daño al administrado, comprometen la responsabilidad de la Administración. Consideramos que en estos casos puede hablarse de presunción de culpa de la Administración, ya que la violación de la Constitución, la violación de ley y la desviación de poder –que, en términos de responsabilidad civil, equivale al abuso de derecho– por un acto administrativo, o en general por una actividad administrativa, hacen presumir la existencia de una negligencia o imprudencia en el actuar administrativo, cuando no se trate de una intencionalidad. En todo caso, la ilegalidad debe haber producido un daño que debe probarse. Así, un simple vicio de forma no esencial puede ser simple y rápidamente convalidado, por lo cual no producirá daño. Sin embargo, una violación de la Constitución o de las garantías constitucionales, una incompetencia manifiesta, una desviación de poder, sí son susceptibles de producir un daño capaz de comprometer la responsabilidad de la Administración.

Sin embargo, los daños causados por una usurpación de autoridad no son susceptibles de comprometer la responsabilidad de la Administración por no tratarse de una autoridad legítima en ejercicio de una función pública. El usurpador de autoridad, sin embargo, es responsable frente a la comunidad en los términos consagrados por el artículo 250 de la Constitución.

c'''. *Responsabilidad del funcionario*

En principio, la Administración es responsable por todos los daños que causen sus autoridades legítimas en ejercicio de la función administrativa, sean ocasionados intencionalmente o por dolo, o culposamente por negligencia o imprudencia. Sin embargo, ello no excluye la responsabilidad personal del funcionario también en todo caso. Esto es lo que constituye el cúmulo de responsabilidades que analizaremos en la sección siguiente. Ahora sólo nos interesa destacar los casos en que se compromete la responsabilidad personal del funcionario, sin que se comprometa la del Estado, y concretamente la de la Administración.

La responsabilidad del funcionario, cuando no origina responsabilidad de la Administración, puede presentarse en materia de responsabilidad extracontractual bajo dos formas: responsabilidad civil y responsabilidad administrativa[166].

La responsabilidad civil del funcionario público se presenta, sin originar su actuación responsabilidad de la Administración, cuando el hecho ilícito por él cometido no tiene relación alguna con el ejercicio de sus funciones públicas. Es decir, cuando los daños que cause su actuación personal no tienen relación con el Servicio Público que desarrolla, ni fueron producidos con ocasión del ejercicio de sus funciones públicas. En estos casos, el único responsable de esos daños es el funcionario público y la Administración es totalmente irresponsable respecto a ellos.

La responsabilidad personal del funcionario también se encuentra comprometida, no sólo respecto a los particulares, sino también respecto a la propia Administración. Estos son los casos de la responsabilidad administrativa del funcionario. En este sentido, el funcionario público responde personalmente de los daños causados a la Administración por su hecho ilícito. De ahí que, en ciertos casos y principalmente para funciones relacionadas con el patrimonio del Estado, la Administración exija de los funcionarios públicos la prestación de una caución legal.

Esta caución responderá de los daños que cause a la Administración el funcionario, por su actividad negligente, dolosa o imprudente, y servirá además de seguridad frente a la posible insolvencia del funcionario[167].

d'''. *El cúmulo de responsabilidades*

De conformidad con el artículo 47 de la Constitución, la Administración es responsable de los daños y perjuicios que causen sus autoridades legítimas en el ejercicio de sus funciones públicas y administrativas. Por tanto, la Administración es responsable así esa autoridad legítima haya actuado dolosamente, contrariamente a lo que sucede en el sistema francés.

Pero no solamente la Administración es responsable de los daños que causen sus autoridades legítimas en el ejercicio de la función administrativa, sino que en el sistema venezolano esas autoridades legítimas son también responsables de los daños que causen en ejercicio de sus funciones públicas. En efecto, el artículo 46 de la Constitución establece que "todo acto del Poder Público que viole o menoscabe los derechos garanti-

---

166 *V.*, al respecto J. C. Maestre, *La responsabilité civile des agents publics français*, París, 1962; J, M. Pi Suñer, "La responsabilidad de los órganos y funcionarios de la Administración Local", *Revista de Estudios de la Vida*, Local, año X, 1951, p. 38; P. Guaita, "El proceso de responsabilidad civil de los funcionarios administrativos", *Anuario de Derecho Civil, t.* VI, fascículo I, 1953, p. 94; J. M. Pi Suñer, *La responsabilidad personal de los agentes públicos en relación con los terceros*, Barcelona, 1955.

167 Artículos 128 y sig. de la Ley Orgánica de la Hacienda Nacional. En materia de Funcionarios de Hacienda, el Proyecto LOHPN 1963 establece, en su artículo 163, el principio sobre la caución de los funcionarios en los términos siguientes: "Los funcionarios de Hacienda... deberán prestar caución suficiente, a juicio de la Contraloría General de la República, para responder por los bienes que manejen y por los daños que puedan sobrevenir a la República, tanto por hecho intencional como por negligencia, imprudencia o impericia en el desempeño de sus funciones, y no podrán tomar posesión de su cargo sin estar constituida y admitida la caución". En materia de responsabilidad de los funcionarios de Hacienda frente a la República, el artículo 176 del Proyecto LOHPN 1963 establece que "los funcionarios de Hacienda que, con intención, o por negligencia, impericia, imprudencia, abuso de poder, o violación de leyes, reglamentos, resoluciones o instrucciones administrativas causaren algún daño o perjuicio a la República, están obligados a repararlo".

zados por esta Constitución es nulo, y los funcionarios y empleados públicos que lo ordenen o ejecuten incurren en responsabilidad penal, civil y administrativa, según los casos, sin que les sirvan de excusa órdenes superiores manifiestamente contrarias a la Constitución y a las leyes".

Y, es más, el artículo 121 de la propia Constitución declara expresamente que "el ejercicio del Poder Público acarrea responsabilidad individual por abuso de poder o por violación de la ley".

Por tanto, en materia de responsabilidad administrativa, cuando esta responsabilidad surge por violación de la Constitución y los derechos que ella garantiza, por violación de la Ley o por abuso de poder, se produce lo que se ha llamado el cúmulo de responsabilidades. En este cúmulo de responsabilidades, tanto el Estado o la Administración como el funcionario público, personalmente, responden de los daños causados. Por tanto hay una responsabilidad solidaría, de suerte que el particular lesionado puede dirigirse contra la Administración y contra el funcionario público. Entra en juego, entonces, el artículo 1.195 del Código Civil[168].

Ahora bien, creemos que por razones de equidad esta responsabilidad solidaria tiene un atenuante. En efecto, hemos dicho que la Administración debe responder de todos los daños causados por sus autoridades legítimas en ejercicio de sus funciones públicas, así sean causados esos daños por dolo o intención de parte del funcionario. Esto es lo que se desprende del artículo 47 de la Constitución. Sin embargo, creemos que el cúmulo de responsabilidades no se produce en forma absoluta y, por tanto, aunque la Administración responda pecuniariamente por los daños causados por dolo del funcionario, *éste* tendrá también una responsabilidad administrativa y, como consecuencia, la Administración podrá repetir de él lo pagado. Esto, por otra parte, es aplicación del artículo 1.195 del Código Civil cuando establece, en los casos de responsabilidad solidaria, que quien ha pagado íntegramente la totalidad del daño, tiene acción contra el coobligado por una parte que fijará el juez, según la gravedad de la falta. Por tanto, como la falta es completa del funcionario por su dolo, la Administración tendrá acción por la totalidad de lo pagado.

En esta misma forma, si ha sido el funcionario público el que ha pagado, no tendrá acción contra su coobligado que es la Administración, por ser de él la totalidad de la falta. Esto, sin embargo, está limitado a los casos de dolo del funcionario en el ejercicio de sus funciones, pero no se aplica, en nuestro concepto, a los otros casos.

e'''. *El cúmulo de culpas*

Dados los supuestos señalados, en el sistema venezolano creemos que no puede darse el supuesto de la acumulación de culpas, entre la culpa del funcionario imputada a la Administración *y* la culpa del funcionario imputada a él mismo, y ello, porque la segunda, hemos dicho, para que entre en juego tiene que haber sido realizada con independencia total del Servicio Público o del ejercicio de sus funciones públicas.

---

168 A este respecto, el Decano Andueza, *El control en Venezuela... cit.*, p. 35 expresa que "como el Estado y los funcionarios públicos están obligados a resarcir los daños y perjuicios ocasionados en el ejercicio de funciones públicas, creemos que su responsabilidad es solidaria. Sin embargo, la doctrina venezolana se inclina a hacer la distinción hecha en el Derecho francés entre "falta personal" y "falta o hecho del servicio". Sobre esto último no creemos que pueda aplicarse la distinción francesa al Derecho venezolano, y por otra parte no conocemos la doctrina venezolana a que se refiere el autor.

Este supuesto, en cambio, sí puede darse en sistemas como el francés, que distinguen netamente entre la "culpa del Servicio" y la "culpa del funcionario".

c". *Responsabilidad sin culpa*

La responsabilidad de la Administración no sólo está fundamentada en la noción de culpa, sino que se da en algunos supuestos con prescindencia absoluta de la noción de culpa y principalmente fundada en la noción de riesgo.

La idea de riesgo, creación de la jurisprudencia francesa civilista, se fundamenta en la idea correlativa al provecho; en efecto, puede decirse, en la relación provecho-carga. De esta manera, toda persona que con ocasión de una actividad de la cual saca provecho crea un riesgo de causar daños, debe, si ese riesgo se realiza, responder del daño causado, ya que no sería justo sacar provecho de su actividad sin asumir las cargas.

Esta idea de riesgo está acogida en el artículo 1.193 del Código Civil respecto a las cosas. En efecto, dicha disposición establece que "toda persona es responsable del daño causado por las cosas que tiene bajo su guarda, a menos que pruebe que el daño ha sido ocasionado por falta de la víctima, por el hedió de un tercero o por caso fortuito o fuerza mayor".

En materia de tránsito terrestre, la Ley vigente acoge la teoría del riesgo para establecer la responsabilidad del conductor. En efecto, el artículo 21 señala que "el conductor está obligado a reparar todo daño material que cause con motivo de la circulación del vehículo, a menos que pruebe que el daño proviene de un hecho de la víctima o de un tercero que haga inevitable el daño y sea normalmente imprevisible para el conductor".

Estos dos casos de responsabilidad objetiva, fundada en la noción de riesgo, y con prescindencia absoluta del concepto de culpa, son perfectamente aplicables a la responsabilidad administrativa.

Ambas disposiciones establecen, lógicamente, una presunción *juris et de jures*, permitiéndose, sin embargo, la exoneración de responsabilidad en los supuestos típicos de falta de la víctima, hecho de un tercero y caso fortuito o fuerza mayor. Observamos que la disposición de la Ley de Tránsito Terrestre no contempla como causal de exclusión de responsabilidad el caso fortuito o fuerza mayor. Ello es, ciertamente, incomprensible y estamos seguros, como afirma el profesor Goldschmidt, que "en un caso extremo, los tribunales admitirán su existencia y excluirán la causalidad"[169].

Ahora bien, en todo caso, el segundo fundamento de la responsabilidad de la Administración en el sistema venezolano radica en la idea de riesgo.

La doctrina refiere con frecuencia casos de "responsabilidad administrativa" no fundamentados en la idea de culpa o en la idea de riesgo, y que tienen su origen en daños causados por el ejercicio legal y legítimo del poder administrativo. Estos casos, hemos dicho, no los consideramos como casos de responsabilidad administrativa, sino que entran en los supuestos de lo que en Derecho administrativo se ha denominado la Teoría de la Indemnización.

---

169 Roberto Goldschmidt, "La Ley de Tránsito Terrestre de 1960", *Revista de la Facultad de Derecho*, N° 21. Caracas, 1961, p. 35. Sobre la responsabilidad por riesgo: Hildegard Rondón Sotillo, "El Riesgo Administrativo", *Revista de la Facultad de Derecho*, N° 10, 1957, p. 283 y ss.

c'. La condición de los extranjeros y la responsabilidad de la Administración

a''. *Noción previa*

Hemos visto que el origen de la norma constitucional que consagra la responsabilidad del Estado venezolano radica principalmente en el ánimo de excluir la responsabilidad del Estado por los daños causados por los revolucionarios de las guerras civiles de finales del siglo pasado a ciudadanos extranjeros, y que dieron motivo a constantes reclamaciones de parte de éstos.

Por ello creemos necesario, al hablar de la responsabilidad administrativa, analizar someramente algunas normas de interés para nuestro estudio, contenidas en la vigente Ley de Extranjeros.

Examinaremos entonces, rápidamente, las disposiciones relativas a la apertura de la vía diplomática, a la responsabilidad en tiempo de guerra, al procedimiento de la reclamación de responsabilidad, a los daños causados por la detención ilegítima y a la prescripción de la acción.

b''. *La vía diplomática: denegación de justicia*

El artículo 56 de la Ley de Extranjeros consagra un principio general del Derecho Internacional Público sobre la Responsabilidad Internacional del Estado. En efecto, dispone que ni los extranjeros domiciliados ni los transeúntes tienen derecho a recurrir a la vía diplomática en materia de reclamaciones contra la nación, "sino cuando habiendo agotado todos los recursos legales ante las autoridades competentes aparezca evidente que ha habido denegación de justicia, previa la debida comprobación que se haga al respecto".

Por tanto, en materia de reclamaciones por responsabilidad contra la República, sólo cuando ha habido denegación de justicia por los órganos jurisdiccionales internos es cuando los extranjeros pueden ocurrir a la vía diplomática para obtener la reparación demandada.

c''. *Responsabilidad en tiempo de guerra*

La Ley de Extranjeros, dispone su artículo 55, rige la materia de reclamaciones de extranjeros contra la República por los daños y perjuicios originados por los funcionarios nacionales o de los Estados, "en guerra civil o internacional, en disturbio del orden público o en tiempo de paz". Por tanto, se declara implícitamente en este artículo la responsabilidad del Estado y de la Administración, sin distingo alguno de las circunstancias sociales o políticas imperantes.

Es interesante destacar esta disposición, ya que contiene una consagración expresa de la responsabilidad del Estado y concretamente de la Administración, por los daños y perjuicios causados por sus funcionarios públicos o autoridades legítimas "en disturbio del orden público". Lamentablemente, muchos han sido los daños causados en estas circunstancias que han quedado en los últimos tiempos sin reparación. En todo caso debe observarse que, aunque la disposición está consagrada en una Ley destinada a una cierta categoría de habitantes de la República, el principio es de carácter general y, por tanto, susceptible de ser alegado por todo ciudadano.

La responsabilidad del Estado, y concretamente de la Administración, surge según esta disposición sin distingo de la calidad de la culpa del funcionario imputada a la Administración. Por tanto, la Administración debe responder de los daños causados en esas circunstancias, no sólo cuando su autoridad legítima ha actuado con negligencia o imprudencia, sino también cuando en el ejercicio de sus funciones públicas ha actuado con dolo.

Sin embargo, este principio sufre una modificación cuando se trata de responsabilidad en tiempo de guerra. En efecto, el artículo 58 de la misma Ley de Extranjeros reduce la responsabilidad del Estado, cuando el daño se produce en tiempo de guerra, a los casos en que el daño se realiza con propósito deliberado, es decir, cuando el funcionario, actuando en ejercicio de su función pública, causa un daño al administrado extranjero con dolo. El artículo señala textualmente que "los extranjeros tienen derecho a reclamar de la nación el resarcimiento de los daños y perjuicios que con propósito deliberado en tiempo de guerra les causen las autoridades legítimamente constituidas obrando en su carácter público".

Por tanto, y como consecuencia previa, el reclamante no puede exigir de la República el resarcimiento de "los daños y perjuicios que le causen agentes o grupos armados al servicio de alguna revolución"[170], por no ser autoridades legítimamente constituidas.

Ahora bien, respecto a la norma contenida en el artículo 58 de la Ley de Extranjeros, antes transcrita, debemos advertir que circunscribe la responsabilidad del Estado a los daños causados por dolo o propósito deliberado, solamente en tiempo de guerra y, por tanto, no puede exigirse la prueba de ese dolo en las reclamaciones por daños causados por autoridades legítimas en tiempo de paz o de disturbio del orden público, como ha pretendido en alguna oportunidad la Procuraduría General de la República[171].

En estos casos de daños causados en tiempo de paz o de disturbio del orden público, basta con probar la culpa del funcionario que causó el daño, o pura y simplemente, como hemos indicado, el deficiente o mal funcionamiento del Servicio Público que presume la culpa.

d". *El procedimiento de la reclamación*

a'". *Resolución en vía administrativa*

Dos vías son abiertas a disposición del extranjero para formular sus reclamaciones contra la Administración por los daños que ha sufrido y que comprometen la responsabilidad de la misma: una vía administrativa y una vía jurisdiccional. Veamos la primera de éstas.

En efecto, el artículo 60 de la Ley de Extranjeros dispone que "el extranjero que intente formular alguna reclamación contra la nación puede ocurrir directamente, en solicitud formal, al Ejecutivo Federal, por órgano del Ministerio de Relaciones Interiores, a efecto de que si el Gobierno Nacional considera que de modo administrativo puede resolver la reclamación, que de ésta sometida a su conocimiento y resolución en tal for-

170 Artículo 59 de la Ley de Extranjeros. Sobre las indemnizaciones por daños de guerra en el Derecho comparado, *V.*: S. Moro Serrano, "La compensación de los daños de guerra en el Derecho Alemán", *RAP*, N° 20, 1956, p. 223; M. Pérez Olea, "La compensación por daños de guerra en el Derecho Británico", *RAP*, N° 23, 1957, p. 291; Aliotta, "Risacrimento di danni di guerra e responsabilità dell'Amministrazione militare in tempo di guerra", *GI*, 1948, I, p. 269. En Venezuela, *V.*: Carlos Grisanti, citado en Nota 238 de este Título.

171 *V.*, el Oficio que contiene el criterio sustentado ante el Ministro de Relaciones Interiores de fecha 11 de abril de 1960, Informe al Congreso 1960, Caracas, 1961, p. 302.

ma"; y agrega el artículo 61 *ejusdem* que "el arreglo o convenio que recaiga en la resolución del asunto tendrá fuerza de cosa juzgada y no constituirá antecedentes que pueda en casos posteriores invocarse contra la nación".

El carácter de cosa juzgada que esta disposición da a esa resolución administrativa tiene por objeto, según lo que por ello se entiende, impedir que el asunto sea vuelto a presentar ante la autoridad administrativa por las mismas personas, con el mismo carácter, por la misma causa y con el mismo fin u objeto, según lo establecido en el artículo 1.395, ordinal 3° del Código Civil.

En todo caso consideramos que se trata de una cosa juzgada administrativa y no de una cosa juzgada suficiente para ser opuesta ante un órgano jurisdiccional.

b'". *La vía contencioso-administrativa de plena jurisdicción*

Puede también el extranjero, y esto queda a su libre elección, optar por la vía jurisdiccional formulando reclamación contra la Administración por medio del recurso contencioso-administrativo de plena jurisdicción, ante los órganos de la jurisdicción contencioso-administrativa.

Sin embargo, como paso previo a toda demanda judicial contra la Administración, el extranjero debe, antes de interponer su recurso de plena jurisdicción, agotar la vía administrativa por el procedimiento administrativo previo, además de cumplir todos los requisitos procesales ya examinados.

En cuanto al procedimiento que se desarrolla ante los órganos de la jurisdicción contencioso-administrativa, y actualmente ante la Corte Suprema, la Ley de Extranjeros establece algunos requisitos especiales sobre la publicación que debe hacer la Corte de un extracto de la demanda en la *Gaceta Oficial*[172], sobre la prueba de la nacionalidad por parte del extranjero[173] y sobre la evacuación de las pruebas promovidas[174].

Es necesario destacar, sin embargo, la reafirmación que hace la Ley del carácter inquisitorio del procedimiento contencioso-administrativo en esta materia, cuando en su artículo 66 faculta a la Corte "para ordenar que se instruyan todas las pruebas que crea conducentes al descubrimiento de la verdad, a petición de las partes, o de oficio".

c". *Los daños causados por detención ilegítima del extranjero*

Es interesante destacar la consideración que la Ley de Extranjeros hace sobre el daño emergente y el lucro cesante ocasionados por la detención ilegítima del extranjero. El artículo 68 de la ley establece al efecto que "si la demanda se intentare por indemnización de la detención de un extranjero, el Tribunal, para acordarla, considerará la estimación del daño emergente por consecuencia inmediata de la detención y el lucro cesante por igual causa, tomando en cuenta la condición del reclamante y la clase de trabajo que ejerce".

Por otra parte, es de sumo interés destacar el principio establecido en esta disposición. Es quizás la única norma de nuestro ordenamiento jurídico que consagra expresamente la responsabilidad de la Administración por los daños causados por la detención ilegí-

172 Artículo 64 de la Ley de Extranjeros.
173 Artículo 65 de la Ley de Extranjeros.
174 Artículo 67 de la Ley de Extranjeros.

tima del administrado. Creemos también que este es un principio general, válido para cualquier ciudadano lesionado y no sólo para los habitantes que ostentan la condición de extranjeros.

f'. *La prescripción*

El régimen de la prescripción que contempla la Ley de Extranjeros en su artículo 70, para las acciones en responsabilidad contra la Administración por los daños causados por sus autoridades legítimas a los extranjeros, no difiere del general establecido en el Código Civil. Es decir, la prescripción se produce en diez años.

d. *El contencioso del restablecimiento de las situaciones jurídicas subjetivas*

Pero el ámbito del recurso contencioso-administrativo de plena jurisdicción no se agota solamente en la materia de la responsabilidad contractual y de la responsabilidad extracontractual de la Administración, sino en la materia más amplia del restablecimiento de las situaciones jurídicas subjetivas lesionadas por la actividad administrativa[175].

El restablecimiento de las situaciones jurídicas subjetivas lesionadas por la actividad administrativa puede dar lugar a toda decisión jurídicamente útil de parte de los órganos de la jurisdicción contencioso-administrativa. Y no solamente puede tratarse de una decisión condenatoria de la Administración demandada, sino que ésta puede conllevar, si así es solicitado, la anulación de algún acto que lesiona la situación jurídica subjetiva y sin cuya anulación no sería efectivamente restablecida la situación jurídica lesionada.

Para nosotros, un típico caso de restablecimiento de una situación jurídica lesionada por la actividad administrativa, y que, de acuerdo con la terminología constitucional, no consiste en una condenación a pagar sumas de dinero o daños y perjuicios originados en responsabilidad administrativa, es el contemplado en el ordinal 30 del artículo 7 de la Ley Orgánica de la Corte Federal. Es el caso de las demandas en reivindicación contra la República.

Según este artículo, la actual Corte Suprema de Justicia, como órgano de la jurisdicción contencioso-administrativa, es competente para conocer, en juicio contencioso, de las acciones reivindicatorias que se propongan contra la Administración. La condena que pronuncie el juez contra la Administración a restituir el bien reivindicado constituye simplemente un restablecimiento de la situación jurídica de propietario lesionada por la actividad administrativa.

D. La decisión del recurso contencioso-administrativo de plena jurisdicción

a. *Noción previa*

El estudio de la decisión del recurso contencioso-administrativo de plena jurisdicción nos conduce a examinar separadamente, de una parte, el contenido de la decisión íntimamente ligado con los poderes del juez en su competencia de plena jurisdicción, y de otra parte, los efectos de la decisión.

---

175 Artículo 206 de la Constitución.

b. *Contenido de la decisión*

a'. Noción previa

El juez contencioso-administrativo, en su competencia de plena jurisdicción, es el contralor de la legitimidad de la actividad administrativa y de los actos, hechos y relaciones jurídico-administrativos por ella originados y, por tanto, su labor consiste en la satisfacción de los derechos subjetivos o en el restablecimiento de las situaciones jurídicas subjetivas lesionadas por la actividad administrativa.

Esta labor, hemos visto, puede dar lugar a toda decisión útil jurídicamente, sea de condena a la Administración, sea de anulación o reforma de un acto administrativo o de un contrato administrativo. Sin embargo, antes de analizar estos supuestos de fondo de la decisión, veamos los casos de inadmisibilidad del recurso y de improcedencia del mismo.

b'. Inadmisibilidad del recurso

Respecto a la admisibilidad o inadmisibilidad del recurso de plena jurisdicción, debemos señalar lo mismo que dijimos al hablar del recurso de anulación y su admisibilidad. En efecto, creemos que este pronunciamiento sobre la admisión del recurso debe hacerse al intentarse la demanda y no al decidirse el fondo de la cuestión que se debate.

En todo caso, el juez puede declarar inadmisible el recurso o la demanda intentada por ausencia de los requisitos procesales del mismo, ya sea porque el demandante no posea el derecho subjetivo que alega, ya sea porque no se ha cumplido el procedimiento administrativo previo en las demandas contra la nación, o ya sea porque la acción que se intenta se encuentra prescrita.

Por otra parte, la decisión del juez puede ser de inadmisibilidad por la presencia de cosa juzgada respecto al asunto que se debate. Sin embargo, para que se produzca la inadmisibilidad por cosa juzgada, "es necesario que la cosa demandada sea la misma; que la nueva demanda esté fundada sobre la misma causa; que sea entre las mismas partes, y que éstas vengan al juicio con el mismo carácter que en el anterior", según lo establece el artículo 1.395, ordinal y del Código Civil.

La declaratoria de inadmisibilidad no impide, ciertamente, la posibilidad de intentar nueva demanda una vez cumplidos los requisitos procesales no realizados, excepción hecha de la declaratoria de inadmisibilidad por prescripción de la acción o por existencia de cosa juzgada.

c'. Improcedencia del recurso

Una vez comprobados los requisitos procesales y admitido el recurso, la decisión del juez contencioso-administrativo, en su competencia de plena jurisdicción, puede ser de declaratoria sin lugar de la demanda, o más bien, de improcedencia del recurso, porque la pretensión reclamada no fue suficientemente probada en el proceso. Tal es el caso, por ejemplo, cuando en una demanda por responsabilidad extracontractual contra la Administración no se prueba satisfactoriamente el daño ocasionado, la imputabilidad o la relación de causalidad.

En todo caso, la demanda será declarada improcedente cuando la actividad administrativa no haya lesionado la situación jurídica subjetiva que se alega y cuando, por tanto, la actividad administrativa no sea una actividad ilegítima.

La declaratoria sin lugar del recurso de plena jurisdicción, como en toda demanda jurisdiccional, tiene efectos de cosa juzgada relativa, es decir, el mismo demandante alegando la misma causa, con el mismo carácter y con la misma cosa como objeto, no podría intentar de nuevo la demanda en plena jurisdicción.

d'. La condena y la anulación

La decisión del recurso de plena jurisdicción puede ser también, y principalmente, de condena a la Administración: condena a pagar una suma de dinero, a pagar daños y perjuicios originados en su responsabilidad, a restituir una cosa.

Hemos dicho que la decisión de condena a la Administración puede estar acompañada de una decisión de anulación de un acto administrativo o de un contrato. Y ello se producirá cuando la sola condena a la Administración no sea suficiente para restablecer por sí sola la situación jurídica subjetiva lesionada por la actividad administrativa.

c. *Efectos de la decisión*

La decisión del recurso contencioso-administrativo de plena jurisdicción produce siempre y solamente una cosa juzgada de valor relativo[176], es decir, inter partes. De aquí la gran diferencia que existe entre la decisión del recurso contencioso-administrativo de anulación y la decisión del recurso contencioso-administrativo de plena jurisdicción.

---

176 En ciertos casos, sin embargo, relativos a demandas contra la República que deba conocer la Corte Suprema y que no se tratan propiamente de procedimientos contencioso-administrativos de plena jurisdicción, la misma Corte ha Señalado que su decisión tiene efectos *erga omnes*. Esto sucede en las sentencias relativas a bienes del dominio público, y concretamente donde se declara con lugar una demanda de Expropiación. A este respecto, la Corte Suprema de Justicia en Sala Político-Administrativa, en sentencia de 10 de agosto de 1961, relativa al caso "Fundo José", señaló que "constituye un principio universalmente aceptado el de que la cosa juzgada sólo produce efecto entre las partes que han intervenido directamente en el litigio en el cual fue declarada procedente. Ahora bien, tal principio no puede ser aplicado irrestrictamente y debe ser analizado en cada caso concreto, considerando el objeto sobre el cual haya recaído la declaratoria. En el caso de autos, la excepción de cosa juzgada invocada por la nación venezolana se refirió a un bien, a una faja de terreno del fundo "José", o José, perfectamente determinada por sus linderos y medidas; estableciéndose en el fallo respectivo que ésta es la misma que aquella cuya reivindicación ha solicitado el actor de las Compañías Petroleras demandadas, y por haber sido comprobada dicha identidad, en la citada sentencia de fecha 16 de julio de 1958, se declaró procedente dicha excepción por cuanto la faja en referencia, ya expropiada por la nación venezolana, constituía un bien del dominio público sobre el cual, por mandato imperativo del artículo 8 de la Ley de Expropiación por causa de utilidad pública o social, no puede intentarse ninguna acción después de dictada la sentencia que acordó la expropiación. Es indudable, pues, que, reconocido por una sentencia emanada del más alto Tribunal de la República, el título que asiste a la nación venezolana, tal situación no puede ser desconocida por quien pretenda hacer valer derechos sobre la misma cosa, y los terceros, aun cuando no hubieren sido directamente partes en este juicio, en el sentido procesal de dicha acepción, pueden invocar y oponer, ante el reclamante, la autoridad emanada de la cosa juzgada". Edición multigrafiada del original de dicha sentencia, p. 16.

Hasta tal punto tiene efectos *erga omnes* la cosa juzgada emanada de una sentencia de juicio expropiatorio, que la antigua Corte Federal, en sentencia de 16 de julio de 1958, señaló que "existe, por efecto imperativo de la cosa juzgada, la imposibilidad de plantear o de continuar ninguna controversia judicial donde directa o indirectamente se desconozca o se discuta el dominio adquirido por la nación sobre la porción de terreno definitivamente expropiado". Cita de la sentencia de la Corte Suprema de Justicia en Sala Político-Administrativa de 10 de agosto de 1961 antes indicada, página 16. Ahora bien, estos mismos razonamientos son perfectamente aplicables a la sentencia de la Corte en su competencia de Plena Jurisdicción, cuando declara sin lugar un recurso que tiene por objeto la reivindicación de un bien del dominio público de la República. Esta sentencia tendrá, entonces, efectos *erga omnes y* no *inter partes,* porque por Su intermedio se declara jurisdiccionalmente, o mejor, se reafirma el carácter de bien del dominio público del bien que se pretendió reivindicar.

Esta cosa juzgada de efectos relativos se extiende a todas las decisiones del juez en su competencia de plena jurisdicción: en esta forma, cuando para restablecer íntegramente una situación jurídica subjetiva lesionada por la actividad administrativa, el juez debe anular un acto administrativo, por ejemplo, esa anulación tiene también, contrariamente a lo que sucede en el recurso de anulación, efectos inter partes, es decir, entre la Administración demandada y el particular demandante, y nunca tiene efectos absolutos o *erga omnes*.

d. *Las prerrogativas de la Administración en la ejecución de la decisión*

Una de las características esenciales de la Administración, como objeto de regulación del Derecho administrativo, consiste en los diversos privilegios y prerrogativas que posee en su campo de actividad frente a los administrados y particulares. Algunos de estos privilegios se manifiestan, y es lo que ahora destacamos, en la ejecución de la decisión jurisdiccional contencioso-administrativa de plena jurisdicción.

En efecto, el artículo 16 de la Ley Orgánica de la Hacienda Nacional señala que "los bienes, rentas y derechos o acciones pertenecientes a la nación no están sujetos a embargo, secuestro, hipoteca o a ninguna otra medida preventiva o definitiva. En consecuencia, los jueces que conozcan de ejecuciones contra el Fisco, luego que resuelvan definitivamente que deben llevarse a cabo dichas ejecuciones, suspenderán en tal estado los juicios sin decretar embargo, y notificarán al Ejecutivo Nacional para que se fijen, por quien corresponda, los términos en que ha de cumplirse lo sentenciado".

Por tanto, la nación tiene el privilegio de no poder ser ejecutada. El juez, en su competencia contencioso-administrativa de plena jurisdicción, debe limitarse a condenar pecuniariamente a la República, sin proceder a la ejecución de lo ordenado. De esta manera los administrados no poseen, frente a la República, ninguna vía de ejecución.

A este respecto, el Código de Procedimiento Civil de 1916, vigente, trae algunas disposiciones de interés respecto a las "demandas en que tengan interés las rentas públicas", y que es útil señalar.

En efecto, el artículo 687 de dicho Código establece que si "el Tesoro Nacional, del Estado o Municipal fueren condenados a pagar cantidades o cualquiera otra cosa indeterminada, se suspenderá la ejecución y ocurrirá el Tribunal, con copia de la sentencia que haya causado ejecutoria, al Cuerpo encargado de formar el presupuesto de los gastos nacionales, estadales o municipales, para que coloque en él la correspondiente partida o determine el modo cómo haya de verificarse el pago". Este procedimiento rige respecto a la condena a pagar sumas de dinero y a la condena a entregar una cosa indeterminada.

Cuando la condena se produce para la entrega de una cosa determinada el régimen que establece el Código de Procedimiento Civil es ligeramente distinto al anteriormente señalado. En efecto, el artículo 688 *ejusdem* señala que si "el Tesoro Nacional, del Estado o Municipal fueren condenados a entregar una cosa determinada, el Tribunal ejecutor procederá conforme a las reglas establecidas para el caso en el Título sobre ejecución de sentencias", y en este Título del Código, artículo 449, se señala que "sí en la sentencia se hubiere mandado entregar alguna cosa mueble, se llevará a efecto la entrega haciéndose uso de la fuerza pública si fuere necesario"[177]. En todo caso, creemos dudoso y difícil este empleo de la fuerza pública contra su misma detentadora que es la Administración, en caso de que sea condenada a entregar una cosa que ha sido reivindicada por su propietario, por ejemplo. Sin embargo, agrega el artículo 449 del Código de Procedimiento Civil, "si no pudiere ser habida la cosa mueble podrá estimarse su valor a petición del solicitante, procediéndose desde entonces como si se tratara del pago de cantidades de dinero". En estos últimos casos, sin embargo, creemos que deben tenerse presente las disposiciones de la Ley de Expropiación por Causa de Utilidad Pública o Social sobre el justiprecio ya que, en definitiva, cuando no puede ser habida la cosa a la cual ha sido obligada a entregar la Administración, por ejemplo, por estar afectada necesariamente a la prestación y al funcionamiento de un Servicio Público, se trata más bien de una expropiación que de una evaluación en dinero para hacer efectiva la ejecución.

VI. LA MATERIA CONTENCIOSO FISCAL

1. Introducción

La llamada materia contencioso-económica o contencioso-fiscal[178] puede considerarse como una parte de la materia contencioso-administrativa especializada en materia fiscal, según lo tiene declarado el Tribunal de Apelaciones del Impuesto sobre la Renta[179].

Sin embargo, esta consideración no es cierta y definitiva en la evolución de la legislación fiscal del Impuesto sobre la Renta sino a partir de 1954.

Antes de 1954, la Junta de Apelaciones del Impuesto sobre la Renta –organismo que a partir de la reforma legislativa de 1955 vino a denominarse Tribunal de Apelaciones del

---

177 *V.*, el artículo 449 del Código de Procedimiento Civil. A este respecto, el Proyecto LPA 1963 establece, en su artículo 168, que "cuando la sentencia ordenare el pago de cantidades de dinero o de entrega de bienes, se procederá en la forma prevista en el artículo 15 de la Ley Orgánica de la Hacienda Pública Nacional". Ahora bien, el artículo 15 del Proyecto LOHPN modifica notablemente el sistema vigente, regulando sanamente el problema. En efecto, dicho Proyecto señala que "cuando la República resultare condenada en juicio, el Tribunal encargado de ejecutar la sentencia la comunicará al Procurador General de la República para que éste, dentro del término que al efecto señale el Tribunal, proponga la forma y oportunidad de dar cumplimiento a lo ordenado en la sentencia. El Tribunal aprobará o rechazará la propuesta del Procurador General de la República y, en este último caso, le fijará término para prestar nueva propuesta. Si ésta fuere aprobada, el Tribunal determinará la forma y oportunidad de cumplir lo ordenado por la sentencia. El Tribunal deberá velar por el exacto cumplimiento de lo ordenado por este artículo". "Cuando la orden judicial no fuere cumplida, se procederá así: 1° Si se tratare de cantidades de dinero, el Tribunal podrá, a instancia de parte, ordenar que se incluyan las respectivas partidas en el próximo o próximos presupuestos, a cuyo efecto transmitirá copia certificada de lo actuado al Ministro de Hacienda y al Presidente del Congreso. 2° Si se tratare de entrega de bienes, el Tribunal pondrá en posesión de ellos a quien corresponda; pero, si tales bienes estuvieren afectados a un servicio público o al uso público, o a una actividad de utilidad pública, el Tribunal acordará la fijación del precio por peritos en la forma prevista por la Ley de Expropiación por causa de utilidad pública y social, y determinado el precio ordenará su entrega a quien corresponda".

178 El carácter contencioso-administrativo de esta materia ha sido confirmado por los proyectistas de la LPA 1963, al incluir en el Proyecto un Capítulo dedicado al tema "De lo contencioso-fiscal". Lamentablemente las normas del Proyecto sobre esta materia tienen un carácter enunciativo sobre le contencioso-fiscal y, por tanto, no contienen una regulación precisa que perfeccione o modifique el actual sistema.

179 Sentencia del Tribunal de Apelaciones del Impuesto sobre la Renta N° 118, de 25-2-61. Expediente N° 264.

Impuesto sobre la Renta–, era un organismo administrativo que decidía las apelaciones o recursos administrativos que se ejercían anteriormente ante el Ministro de Hacienda. Las decisiones de dicha Junta eran consideradas como actos administrativos[180] contra los cuales había la posibilidad de recurrir en gracia ante el Ministro de Hacienda o jurisdiccionalmente por medio del recurso contencioso-administrativo de anulación ante la Corte Federal[181].

Fue entonces, en 1954, cuando la misma Corte Federal después de un movimiento doctrinal favorable[182], definió, por sentencia de 15 de octubre cié 1954, la verdadera naturaleza jurisdiccional de la Junta de Apelaciones, convirtiéndose entonces el procedimiento contencioso-fiscal en un procedimiento con dos instancias jurisdiccionales en lugar de una, la primera de las cuales se desarrolla ante el Tribunal de Apelaciones del Impuesto sobre la Renta, y la segunda ante la Corte Suprema de Justicia.

Pero veamos los razonamientos de la Corte Federal en la sentencia señalada de octubre de 1954: "En 1944 fue reformada, por primera vez, la Ley de Impuesto sobre la Renta y desde entonces, y hasta ahora, se le dio a la Junta de Apelaciones categoría de Tribunal Federal, como resulta, tanto de las nuevas funciones que se le atribuyeron, como de la categórica explicación formulada en la Exposición de Motivos, a saber: 'Se ha creído conveniente atribuir a la Junta de Apelaciones del Impuesto sobre la Renta toda la competencia en esta materia, pues dicho organismo jurisdiccional administrativo, además de ser un cuerpo técnico especializado en el conocimiento de ese instrumento legal, es un Tribunal Federal propio, en tanto que los Juzgados de Primera Instancia en lo Civil sólo lo son mientras no se creen los Tribunales Federales' (V., Boletín del Impuesto sobre la Renta, N° 13, abril, mayo y junio 1951, p. 27; Archivo del Congreso Nacional, Legajo sobre reforma de la Ley de Impuesto sobre la Renta, año de 1944)".

"Las reformas de la Ley de Impuesto sobre la Renta de los años posteriores no alteraron estas disposiciones. Las atribuciones que por la Ley de 1942 tenía la Junta eran, según el artículo 50: 1") Resolver las cuestiones que se susciten con motivo de la calificación de la renta; 2°) Decidir en caso de inconformidad del contribuyente con la liquidación fiscal; 3°) Conocer en apelación de todas las multas impuestas por razones que no fueren de improcedencia del impuesto, y 4°) Las demás que se le señalen en los Reglamentos que dicte el Ejecutivo Federal".

"Por la Ley de 1944, en su artículo 52, conserva las mismas anteriores atribuciones y se le atribuye, además, por el ordinal 3°, artículo 52: 'Resolver las cuestiones sobre procedencia del impuesto'. Con sólo esta nueva atribución el antiguo organismo administrativo adquirió la categoría de Tribunal Federal, como lo explica la correspondiente Exposición de Motivos, preinserta. Y por aplicación de la Ley y en ejercicio de esa función tiene la Junta de Apelaciones del Impuesto todas las atribuciones correspondientes por la Ley de 1942, al Tribunal Superior de Hacienda en el Distrito Federal y a los Jueces de Primera Instancia que tuvieran funciones de Jueces Federales en los Estados y Territorios Federales. Por modo que, conforme a la reforma de 1944, y hasta la reforma de 1948 la competencia en materia de Impuesto sobre la Renta está atribuida exclusiva y expresamente a la Junta de Apelaciones del Impuesto y a la Corte Federal. Indudablemente que con esa reforma se quiso introducir un mejoramiento en la organización de nuestro incipiente procedimiento contencioso-administrativo, evitando inconvenientes injustificados que para los demás

180 Sentencia de la Corte Federal de 4-8-54, citada por Andueza, *El control en Venezuela...*, *cit.*, p. 18.

181 CF-116-2, 15-10-54.

182 *V.*, principalmente la magnífica *Tesis de Grado*, en la U.C.V., de Florencio Contreras Q., *Naturaleza Jurídica de la Junta de Apelaciones del Impuesto sobre la Renta*, 1954 (inédita). *V.*, también Luis Mauri, *Anotaciones acería de la justicia administrativa fiscal en Venezuela*, Caracas, 1946.

impuestos federales estorbaban el buen funcionamiento administrativo, por seguirse dos procedimientos consecutivos: el primero, para la comprobación de la procedencia del impuesto; y el segundo, para comprobar la infracción fiscal que originó la multa. Complicación innecesaria que quisieron evitar los proyectistas de la reforma de 1944, para la cual tuvieron presente, sin duda, la doctrina establecida por la antigua Corte Federal y de Casación en los fallos siguientes: 1°) 'El caso (apelación de multa fiscal) cuando ha quedado reducido a la discusión sobre la procedencia y pago del impuesto es extraño al procedimiento administrativo que se sigue primero ante los funcionarios fiscales y luego ante la Corte Federal y de Casación' (M. 1940, pp. 400 y 469). 2°) 'Impuesta una multa por los funcionarios fiscales dependientes del Ministerio de Hacienda, si surge discusión sobre la procedencia o improcedencia del impuesto, tal cuestión debe ser sometida al conocimiento de los Tribunales Federales, quedando en suspenso la resolución sobre la multa hasta que la aludida controversia sobre el impuesto haya quedado decidida por la justicia federal, pues entonces es cuando puede saberse si hubo o no infracción de la ley fiscal. Por lo cual, en tal caso, la multa no podría ser definitiva sino cuando quede firme el fallo que declare tal infracción' (M. 1940, pp. 405 y 411)".

"De consiguiente –continúa la sentencia de 1954–, desde la reforma de la Ley de 1944 y hasta hoy, por haber sido modificada en esa materia por las reformas de 1946 y de 1948, el procedimiento sobre toda la materia del Impuesto sobre la Renta, es el siguiente: La Junta de Apelaciones del Impuesto sobre la Renta conoce en apelación de todas las discrepancias, de cualquier especie, discutidas en materia de dicho impuesto; y de sus decisiones sólo se da el recurso de apelación para ante la Corte Federal sobre las cuestiones de procedencia del impuesto, o de multas, por razones de dicha procedencia. De las demás decisiones no se conoce recurso alguno, salvo el de gracia, para ante el ciudadano Ministro de Hacienda, por disposición expresa del artículo 53 de la Ley"[183].

"Y por cuanto la Junta de Apelaciones es un Tribunal Federal en materia del Impuesto sobre la Renta –concluye la sentencia–, dicha Junta es Tribunal ejecutor de las decisiones sobre la materia, y ante ella puede seguirse el procedimiento establecido por el Título XIII del Libro Tercero del Código de Procedimiento Civil cuando se trate del Impuesto sobre la Renta"[184].

De esta sentencia transcrita se deduce cuál fue el criterio que indujo a la antigua Corte Federal para definir la naturaleza de la antigua Junta de Apelaciones, declarando que "todas sus decisiones tienen el carácter de sentencias", por lo que se trata de un órgano jurisdiccional contencioso-administrativo[185].

Para el estudio de la materia contencioso-fiscal, analizaremos en primer lugar y someramente el procedimiento administrativo que se desarrolla ante la Administración del Impuesto. Examinaremos luego el procedimiento contencioso-administrativo fiscal en sus dos Instancias, ante el Tribunal de Apelaciones del Impuesto sobre la Renta y ante la Corte Suprema de Justicia en Sala Político-Administrativa.

---

183 Este Recurso de Gracia que se ejercía incongruentemente contra una decisión jurisdiccional fue eliminado de la legislación del Impuesto sobre la Renta, quedando solamente el Recurso Económico-Administrativo.

184 CF-116-2, 15-10-54. Esta sentencia puede verse también en JISR, 1961, p. 312 y ss. *V.*, asimismo, el comentario a dicho Fallo de Florencio Contreras Quintero, "Naturaleza Jurídica de la Junta de Apelaciones del Impuesto sobre la Renta", *Revista de la Facultad de Derecho*, N° 3, Caracas, 1955, p. 125 y ss.

185 CF-116-2, 15-10-54.

2. El procedimiento administrativo

A. Noción previa

Creemos imprescindible analizar a grandes rasgos el procedimiento administrativo-fiscal previo al contencioso-fiscal, pues algunas de sus instituciones nos permitirán estudiar mejor este último. De esta forma, además de analizar las fases del procedimiento y la cosa juzgada administrativa, estudiaremos principalmente la posibilidad de reconsideración administrativa de oficio.

B. Fases del procedimiento

Las fases del procedimiento administrativo han sido precisadas según la Ley por la jurisprudencia de la antigua Junta de Apelaciones. Aunque la Ley ha sufrido múltiples reformas, lo esencial del procedimiento no ha variado, por lo cual podemos transcribir parte de una sentencia de 1946[186] que resume muy bien ese procedimiento.

La Junta, en aquella oportunidad, señaló: "Para dictar fallo, esta Junta considera conveniente poner de manifiesto claramente las disposiciones de derecho que regulan las relaciones de un contribuyente cualquiera ante el Fisco nacional, a los fines de la fijación del imponible y percepción del Tributo. El proceso es el siguiente:

"1°) El contribuyente presenta su declaración de rentas ante la Administración Seccional de la Circunscripción a cuya jurisdicción esté sometido, la cual acepta provisionalmente como ciertos los datos que, bajo juramento, el contribuyente ha declarado y procede a expedir una planilla de liquidación basada en ellos, siempre que la declaración no adolezca de defectos de forma;

"2°) Cuando lo considere oportuno, tiene facultad para comprobar la exactitud de lo declarado a cuyo efecto puede destacar un funcionario fiscal, quien tiene amplio margen para revisar los libros y comprobantes en que constan los datos de la declaración. Esta revisión puede ser total o parcial, puede extenderse a todos los renglones determinantes de la renta neta, o sólo a uno de ellos;

"3°) Concluida la labor en cuestión, el funcionario en referencia concreta en acta que habrá de formar en unión del contribuyente, y uno de cuyos ejemplares dejará en su poder, las observaciones y reparos que sean la resultante de su labor;

"4°) Con base a este último documento, el funcionario Administrador Seccional expedirá, si es el caso, una planilla de liquidación que habrá de complementar a aquella otra que vimos debe expedir al recibir la declaración, y la cual deberá llevar el visto bueno del ciudadano Administrador General;

"5°) Dicha planilla contendrá las multas que se hagan lugar en el caso de que se trate, de conformidad con las disposiciones legales pertinentes, y tomando en consideración para aplicarlas, todas las circunstancias agravantes del hecho penado (letra c del artículo 26 del Reglamento Orgánico de la Administración del Impuesto sobre la Renta);

---

186 Sentencias de la Junta de Apelaciones del Impuesto sobre la Renta N° 137, de 5-11-46, y N° 241 de 5-8-48, JISR 1961, p. 119 y ss.

"6°) El contribuyente disfruta de un término perentorio –cinco días más el término de distancia– (diez días en la vigente ley), para hacer uso del derecho de apelación manifestando su inconformidad con la planilla de liquidación recibida".

Interpuesta la apelación, la Administración puede reconsiderar administrativamente su decisión y, por consiguiente, la planilla de liquidación apelada. Veamos esta reconsideración de oficio.

C. La reconsideración administrativa

Establece el artículo 85 de la Ley del Impuesto sobre la Renta que, cuando se ejerza el recurso de apelación –que debe intentarse por ante la Administración del Impuesto–, podrá ésta reconsiderar el acto sobre que versa el recurso antes de la remisión al Tribunal de Apelaciones del Impuesto sobre la Renta. Con este objeto, la Administración del Impuesto podrá solicitar del contribuyente las informaciones que juzgue convenientes.

"Como resultado de esta reconsideración –agrega el citado artículo– podrá ser modificado total o parcialmente el acto administrativo como también la planilla de liquidación recurrida. En caso de que el contribuyente apelante manifieste su inconformidad con alguna de las liquidaciones resultantes de la nueva actuación, será sobre ésta que versará el recurso ante el Tribunal".

En todo caso, el término para la reconsideración administrativa es de treinta días según la misma disposición.

Ahora bien, obsérvese que aquí no se trata de un recurso administrativo de reconsideración, pues no es el contribuyente quien la solicita, sino que se trata del ejercicio de un derecho o facultad discrecional por parte de la Administración.

Esta calidad de facultad discrecional que acompaña a la reconsideración administrativa de oficio se deduce claramente de la jurisprudencia del Tribunal de Apelaciones del Impuesto sobre la Renta. En efecto, dicho organismo, en sentencia de 24 de marzo de 1960[187], señaló lo siguiente: "La contribuyente, como antes se dijo, apeló de la Resolución de la Administración General del Impuesto sobre la Renta, mediante la cual negó la reconsideración administrativa de la precitada planilla de liquidación, en vista de que no consideró suficiente los argumentos aducidos al respecto, lo cual comunicó a la recurrente en Oficio N° 1.647 de 30-12-57. Toca, pues, al Tribunal examinar este aspecto de la apelación que temporal y lógicamente tiene prioridad sobre el fondo del asunto debatido en este proceso, y a tal efecto observa: De conformidad con el artículo 81 de la Ley de Impuesto sobre la Renta, derogada (igual al mismo artículo de la ley vigente) –y que corresponde al artículo 85 citado de la ley actual de 1961– que rigió para la fecha en que se operó la negativa en referencia, la Administración General del Impuesto sobre la Renta gozaba de la facultad discrecional de reconsiderar administrativamente, después de ejercido el recurso de alzada y dentro de un término de treinta días, el acto sobre que versara la apelación, a cuyo objeto podría solicitar del contribuyente las informaciones que juzgare necesarias... En el presente caso, la Administración General del Impuesto sobre la Renta, ajustando estrictamente su actuación a la precitada norma legal, negó la reconsideración administrativa solicitada, en ejercicio de una facultad discrecional no

187 Sentencia del Tribunal de Apelaciones del Impuesto sobre la Renta. N° 92, de 24-3-60, Expediente N° 159.

susceptible por su propia naturaleza de ser revisada en alzada; razones por las cuales el Tribunal considera, y así lo declara, que contra el acto mismo de reconsideración administrativa desfavorable no es admisible el recurso de apelación, sino que éste, en tal supuesto, sigue su curso normal pero sólo en relación con la respectiva planilla de liquidación del impuesto".

D. La cosa juzgada administrativa

Ha sostenido la antigua Junta de Apelaciones del Impuesto sobre la Renta que "en materia fiscal no existe disposición alguna que conceda el carácter de cosa juzgada a la actuación realizada por un organismo administrativo, por lo que, hasta tanto no se cumpla el lapso de prescripción establecido al efecto, tales organismos pueden realizar las investigaciones que crean convenientes a los contribuyentes, y de hacer constar nuevas infracciones aunque se hayan sucedido investigaciones anteriores"[188].

Por tanto, materialmente el acto administrativo fiscal carece de firmeza para la Administración, por lo que puede ser revisado por ella en cualquier momento. Esto constituye una importante derogación al principio ya estudiado de la cosa juzgada administrativa.

Por consiguiente, cuando un acto administrativo en materia fiscal queda firme respecto a los contribuyentes, sea porque no se ejerció el recurso de apelación ante el Tribunal de Apelaciones del Impuesto, sea porque ejercido el recurso, el contribuyente se conformó con la reconsideración de la Administración, según la doctrina de la Junta de Apelaciones, puede ser siempre revisado administrativamente hasta tanto no se cumpla la prescripción de las acciones fiscales que posee la Administración contra los contribuyentes[189].

Sin embargo, ha manifestado la misma Junta de Apelaciones que "si el contribuyente manifiesta su voluntad conforme con la liquidación efectuada, bien sea por el pago del impuesto o porque no haga uso de los recursos que la ley le concede, se considera que se ha consumado el proceso administrativo normal y, en términos generales, queda sólo entre el contribuyente y el Fisco una relación jurídica de deudor a acreedor"[190].

Esto es cierto respecto al procedimiento normal pero, sin embargo, queda abierta la posibilidad de una nueva revisión por parte de la Administración y de una nueva apertura del procedimiento.

3. El procedimiento contencioso-fiscal

A. Noción previa

El procedimiento contencioso-administrativo en materia fiscal o contencioso-fiscal, pura y simplemente, se inicia con el recurso de apelación que el contribuyente ejerce

188 Sentencia de la Junta de Apelaciones del Impuesto sobre la Renta N° 195, de 29-10-47, JISR 1961, p. 90.
189 Artículo 94, ordinal 1° de la Ley del Impuesto sobre la Renta.
190 Sentencia de la Junta de Apelaciones del Impuesto sobre la Renta, de 19-2-51, N° 309, JISR 1961, p. 152.

contra el acto administrativo de liquidación, de liquidación de la multa o de formulación de reparos. Actualmente es el único procedimiento contencioso-administrativo que tiene dos instancias: la primera ante el Tribunal de Apelaciones del Impuesto sobre la Renta, y la segunda ante la Corte Suprema de Justicia.

Examinaremos el procedimiento contencioso-fiscal separadamente respecto a estas dos instancias.

B. La primera instancia: el Tribunal de Apelaciones del Impuesto sobre la Renta

a. *La apelación*

a'. **Noción previa**

Nos interesa destacar, al hablar del recurso de apelación que se ejerce ante el Tribunal de Apelaciones del Impuesto sobre la Renta, en primer lugar, su naturaleza, para luego analizar los requisitos de la apelación y las modalidades de la interposición del recurso.

b'. **Naturaleza de la apelación**

A pesar de que la ley califica a este recurso como "apelación", y a pesar de que se ejerce por la sola inconformidad del contribuyente con la liquidación fiscal, se trata, en esencia, de un recurso contencioso-administrativo de anulación que se ejerce contra los actos administrativos fiscales de la Administración del Impuesto sobre la Renta.

La decisión del recurso por el Tribunal de Apelaciones del Impuesto se traduce siempre, cuando se declara con lugar la apelación, en una declaratoria de nulidad por ilegalidad del acto apelado. Cuando se declara sin lugar la apelación, la decisión constituye una confirmación del acto administrativo apelado. Por último, cuando se declara parcialmente con lugar la apelación, la decisión constituye una anulación parcial del acto administrativo recurrido.

El carácter de recurso contencioso-administrativo de anulación de esta apelación es, en nuestro concepto, evidente y quedará comprobado a lo largo del estudio del tema.

c'. **Requisitos del recurso**

a''. ***Elemento subjetivo***

El recurso de apelación debe ser interpuesto por el contribuyente inconforme con el acto

b''. ***Elemento objetivo***

Como en todo recurso de anulación, en el recurso intentado ante el Tribunal de Apelaciones del Impuesto el acto recurrido es un acto administrativo fiscal. Por ello la jurisprudencia del mismo Tribunal de Apelaciones habla de "acto administrativo apelado"[191].

---

191 Sentencia del Tribunal de Apelaciones del Impuesto sobre la Renta N° 92 de 24-3-60, Expediente N° 159. Sobre la noción de acto administrativo, *V.*, el Título II, N° 66 y ss.

Por ello no es acto apelable el escrito dirigido al contribuyente por la Administración, donde se le hacen observaciones sin fuerza coercitiva. Al efecto, la antigua Junta de Apelaciones del Impuesto ha señalado que "la comunicación del ciudadano Administrador General del Impuesto sobre la Renta a la firma C. C., contenida en oficio fechado el 6 de noviembre del año en curso y la cual se apela, no contiene decisión alguna dictada por vía de autoridad, sino simplemente observaciones que la Administración considera como irregularidades, a fin de evitarle posibles consecuencias perjudiciales. Pero esas observaciones carecen en absoluto de fuerza coercitiva y, como simples indicaciones o consejos, pueden o no seguirse libremente. Si la persona a quien han sido hechas opta por apartarse de ellas y la Administración, persistiendo en su criterio, dicta alguna decisión al respecto, es de esa decisión que puede apelarse. No existe, por tanto, acto jurídico susceptible de apelación ni, consecuencialmente, materia de la cual pueda conocerse"[192].

En el mismo sentido "la ley no concede apelación contra las actas levantadas por los fiscales del Impuesto sobre la Renta, las cuales, en tanto no sean aprobadas por los administradores seccional y general, constituyen en una gran medida opiniones de dichos fiscales sujetas a ser rectificadas o desechadas por los mencionados funcionarios superiores"[193].

Por tanto, sólo los actos administrativos fiscales son susceptibles de ser recurridos e impugnados por ante la jurisdicción contencioso-fiscal.

d'. La interposición del recurso

a". *Oportunidad*

El recurso para ante el Tribunal de Apelaciones del Impuesto sobre la Renta deberá interponerse ante la Administración del Impuesto dentro del término de diez días contados a partir del recibo de la planilla de liquidación[194]. El escrito de apelación, sin embargo, puede ser remitido por intermedio de un juez de la localidad.

Por la apelación, establece la ley, el recurrente queda a derecho, sin necesidad de citación o notificación, para todos los actos del proceso. Aquí también, como en el procedimiento contencioso-administrativo de anulación, el principio de que las partes están a derecho se aplica al recurrente pero no a la Administración defensora del acto, y ello es lógico, ya que la Administración no es parte propiamente hablando[195].

b". *El principio **solve et repete***

Establece el artículo 83 de la Ley de Impuesto sobre la Renta que "para interponer la apelación, el recurrente deberá afianzar o pagar previamente el monto de la planilla liquidada".

---

192 Sentencia N° 7 de la Junta de Apelaciones del Impuesto sobre la Renta, de 23-12-42, JISR 1961, p. 4.

193 Sentencia de la Junta de Apelaciones del Impuesto sobre la Renta N° 118, de 31-7-46, JISR 1961, p. 43.

194 Artículo 82 de la Ley de Impuesto sobre la Renta. En el mismo sentido, *V.*, la sentencia de la Junta de Apelaciones del Impuesto sobre la Renta N° 303, de 3-8-50, JISR 1961, p. 148.

195 Artículo 82 de la Ley de Impuesto sobre la Renta. Sobre el principio de que las partes están a derecho en el procedimiento contencioso-administrativo, *V.*, N° 316.

Para el caso de que el recurrente "hubiere de pagar las correspondientes planillas de liquidación, el pago se hará en una Oficina receptora de fondos nacionales con cargo a la contabilidad de la cartera del Tesoro"[196].

La necesidad de pagar o afianzar para recurrir, hemos visto, es una de las manifestaciones, en materia fiscal, del principio de la ejecutoriedad del acto administrativo.

A este respecto ha establecido la antigua Corte Federal que "esta ejecutoriedad de los actos administrativos permite darles cumplimiento incluso contra la voluntad de los propios interesados, por existir en ellos una presunción de legitimidad que no se destruye por la mera impugnación. De aquí que, en principio, los recursos contra los actos administrativos no tienen efectos suspensivos; ya que admitir lo contrario equivaldría a hacer posible paralizaciones de la acción administrativa por voluntad de los particulares. Tales principios derivan del conocido aforismo *solve et repete* (paga y después reclama), según el cual, y especialmente en materia fiscal, el reclamo contra los impuestos no exime de la obligación de pagar... La legislación venezolana ha consagrado en sus leyes fiscales los anteriores principios. Sin embargo, ha sido más tolerante el legislador patrio al permitir que, en determinados casos, el previo pago para recurrir pueda ser sustituido por afianzamiento. Pero también en este caso la constitución de la garantía viene a ser requisito de tan ineludible cumplimiento, como lo es el propio pago en aquellas situaciones en las que no se admite fianza. El incumplimiento de tales presupuestos crea una situación impeditiva que no tiene posibilidad de subsanación y, por tanto, constituye un supuesto típico de inadmisibilidad del recurso"[197].

Por tanto, además de todos los requisitos procesales de legitimación activa y de oportunidad para recurrir, el contribuyente debe cumplir el principio *solve et repete*, sin el cual el recurso será inadmisible.

b. *Recurso de hecho*

La Administración General del Impuesto sobre la Renta es la llamada a admitir o declarar inadmisible el recurso de apelación interpuesto ante ella por el contribuyente. Por tanto, éste debe probar ante la Administración el cumplimiento de los requisitos procesales del recurso.

Cuando la apelación es negada, sin embargo, puede el contribuyente recurrir de hecho ante el Tribunal de Apelaciones, dentro de los cinco días siguientes a la negativa. En todo caso, el Tribunal de Apelaciones decidirá sobre la procedencia o improcedencia de la apelación dentro de la quinta audiencia[198].

c. *Competencia del Tribunal de Apelaciones*

La competencia del Tribunal de Apelaciones del Impuesto sobre la Renta en materia contencioso-fiscal está definida por el artículo 78 de la Ley del Impuesto. Dicha disposición establece que son atribuciones del Tribunal:

a'. Conocer en apelación de las controversias entre la nación y los contribuyentes, con motivo de la aplicación de la ley y su Reglamento;

---

196 Artículo 153 del Reglamento de la Ley de Impuesto sobre la Renta.

197 CF-83-1, 29-7-59. CF-7-1, 25-1-60.

198 Artículo 84 de la Ley de Impuesto sobre la Renta.

b'. Conocer en apelación de los reparos que formule la Contraloría de la República a los contribuyentes en materia de esa Ley; y

c'. Conocer en apelación de las multas impuestas por incumplimiento de esa misma Ley.

De esta enumeración legislativa podemos observar que se trata de una competencia contencioso-administrativa de anulación de los actos administrativos individuales de la Administración en materia fiscal. La decisión del Tribunal de Apelaciones en cada una de las atribuciones antes indicadas se traduce siempre en un control de la legalidad del acto apelado, es decir, en un examen y comprobación de la conformidad de ese acto con la Ley fiscal y su reglamento. Sin embargo, y esto lo hace un órgano de la jurisdicción contencioso-administrativa de carácter especial, su control de la legalidad no puede extenderse sino a los solos actos administrativos fiscales relacionados con el Impuesto sobre la Renta y de carácter individual.

Por tanto, el Tribunal de Apelaciones del Impuesto no tiene competencia para controlar la legalidad de los actos administrativos generales en materia fiscal. A este efecto, la antigua Junta de Apelaciones señaló que "aunque a esta Junta no le compete declarar la inconstitucionalidad de los actos del Poder Reglamentario que hubieren podido alterar el espíritu, propósito y razón de la ley del Impuesto sobre la Renta, puesto que tal materia, en términos genéricos, es de la competencia de la Corte Suprema de Justicia, sí debe avocarse al conocimiento de casos como el de autos en que se alega una pretendida colisión entre la ley mencionada y una disposición de su reglamento, con el objeto de decidir acerca de la existencia e inexistencia de la antinomia planteada y, en caso afirmativo, aplicar la norma sustantiva con preferencia a la reglamentaria por razones elementales de sistemática jurídica. Esta aplicación preferente de la norma sustantiva no involucraría de manera alguna la nulidad *erga omnes* de la norma reglamentaria colidente, ya que sus efectos no irían más allá del caso juzgado y, cuando más, podría ser invocada en casos semejantes como un precedente jurisprudencial".

Es superfluo agregar, por otra parte, que el Tribunal tampoco, y mucho menos, tiene competencia para controlar la constitucionalidad de las leyes, como su misma jurisprudencia lo ha afirmado"[199].

d. *El procedimiento*

a'. Regulación

En principio, el procedimiento que se desarrolla ante el Tribunal de Apelaciones del Impuesto sobre la Renta está regulado por la Ley de Impuesto sobre la Renta y su reglamento. Sin embargo, para todo lo no previsto en dicha ley regirán las disposiciones del Código de Procedimiento Ovil en cuanto fueren aplicables[200].

Destacaremos en esta oportunidad las principales regulaciones del procedimiento, sobre todo en lo que se refiere a las pruebas, relación, informes y auto para mejor proveer.

---

199 Sentencias de la Junta de Apelaciones del Impuesto sobre la Renta N° 321, de 18-4-51, JISR 1961, p. 160; N° 336, de 11-7-51, JISR 1961, p. 173; y N° 373, de 28-1-52, JISR 1961, p. 191.

200 Artículo 93 de la Ley de Impuesto sobre la Renta.

b'. Pruebas

El Tribunal de Apelaciones, dentro de los tres días siguientes al recibo del expediente y del escrito de apelación, le dará entrada, designará ponente y declarará la causa abierta a pruebas[201]. El lapso de promoción de pruebas es de cinco audiencias, y el de evacuación de doce audiencias más el término de la distancia para las pruebas que no hayan de ser evacuadas en Caracas, el cual se calculará a razón de un día por cada doscientos kilómetros o fracción de esta cantidad[202].

En materia de pruebas es necesario observar que la carga de la misma está siempre en manos del contribuyente recurrente[203], y ello principalmente porque las actas fiscales están acompañadas de una presunción de veracidad y legitimidad"[204] que corresponde al contribuyente apelante desvirtuar.

Sin embargo, el principio que obliga a las partes a probar sus alegatos no cercena el derecho que tiene el Tribunal de realizar investigaciones para hallar la verdad del caso[205]. Ello es, a nuestro entender, la aplicación del principio inquisitorio que caracteriza el procedimiento contencioso-administrativo. Sin embargo, este principio no tiene aplicación extrema en esta materia, por lo cual el Tribunal de Apelaciones no puede suplir pruebas que no fueron evacuadas[206].

c'. Informes, relación, auto para mejor proveer

Vencido el lapso probatorio se fijará una de las cinco audiencias siguientes para el acto de Informes[207]. Celebrado el acto de informes, el ponente estudiará el expediente dentro del término de diez días continuos. Durante este lapso, el Tribunal podrá dictar auto para mejor proveer. El término para evacuar las diligencias ordenadas en dicho auto será fijado en cada caso por el Tribunal[208]. En todo caso, ha señalado la antigua Junta de Apelaciones, la facultad de dictar auto para mejor proveer la tiene únicamente el Tribunal para esclarecer puntos dudosos o complementar pruebas evacuadas, pero no para suplir pruebas que no fueron promovidas[209].

e. *Sentencia*

a'. Oportunidad

Dentro de los tres días siguientes al término acordado para el estudio del expediente, o de haberse cumplido el auto para mejor proveer, el ponente deberá presentar al Tribunal el Proyecto de Sentencia. Si éste fuere improbado por la mayoría, se nombrará nuevo ponente.

---

201 Artículo 87 de la Ley de Impuesto sobre la Renta.

202 Artículo 88 de la Ley de Impuesto sobre la Renta

203 Sentencias N° 41 de la Junta de Apelaciones del Impuesto sobre la Renta, JISR 1961, p. 12 (sentencia de 14-12-44); N° 45, de 22-12-44, JISR 1961, p. 15.

204 Sentencias del Tribunal de Apelaciones del Impuesto sobre la Renta N° 90, de 21-3-60, Expediente N° 210; N° 118, de 24-2-61, Expediente N° 264; y N° 92, de 24-3-60, Expediente N° 159.

205 Sentencia de la Junta de Apelaciones del Impuesto sobre la Renta N° 50, de 2-2-45, JISR 1961, p. 16.

206 Sentencia de la Junta de Apelaciones del Impuesto sobre la Renta N° 161, de 13-2-47, JISR 1961, p. 65.

207 Artículo 89 de la Ley de Impuesto sobre la Renta.

208 Artículo 90 de la Ley de Impuesto sobre la Renta.

209 Sentencia de la Junta de Apelaciones del Impuesto sobre la Renta N° 161, de 13-2-47, JISR 1961, p. 65.

En todo caso el Tribunal debe decidir, dentro del plazo que faltare para completar noventa días contados a partir de la fecha en que se dio entrada al expediente[210].

La sentencia puede ser confirmatoria del acto apelado, al declararse sin lugar el recurso; anulatoria del acto apelado, al declararse con lugar; y declaratoria de nulidad parcial, al declararse parcialmente con lugar la apelación intentada.

b'. Contenido

a". *Noción previa*

La sentencia del Tribunal de Apelaciones del Impuesto sobre la Renta, hemos dicho, puede ser confirmatoria, anulatoria o parcialmente anulatoria del acto administrativo fiscal recurrido. Veamos separadamente estos tres posibles contenidos de la sentencia de Primera Instancia del procedimiento contencioso-fiscal.

b". *Sentencia confirmatoria*

Declarada sin lugar la apelación, se produce la confirmación del acto apelado. El efecto principal de la confirmatoria del acto es la producción del ingreso definitivo al Tesoro Nacional, de las cantidades pagadas por el contribuyente para interponer su recurso, en base al principio *solve et repete*[211].

Además, declarada totalmente sin lugar la apelación, deberá imponerse al recurrente el pago del interés del 1 por ciento mensual sobre el total de la planilla objetada, computable a partir del último día de pago concedido administrativamente para cancelarla. El Tribunal sólo puede eximir de dichos intereses al apelante cuando, a su juicio, hubiere motivos racionales para interponerse el recurso, lo cual deberá hacer mediante exposición motivada en la misma sentencia[212].

c". *Sentencia anulatoria*

Declarada con lugar la apelación se produce la anulación del acto administrativo fiscal recurrido[213].

La sentencia anulatoria, en este caso, es título suficiente para que el recurrente obtenga la devolución total de la cantidad pagada para recurrir[214].

d". *Sentencia parcialmente anulatoria*

Declarada parcialmente con lugar la apelación interpuesta, se produce la anulación parcial del acto apelado. En este caso, también la sentencia es título suficiente para que el recurrente obtenga la devolución parcial de la cantidad pagada para recurrir[215].

---

210 Artículos 91 y 92 de la Ley de Impuesto sobre la Renta.

211 Artículo 153 del Reglamento de la Ley de Impuesto sobre la Renta.

212 Artículo 92 de la Ley de Impuesto sobre la Renta.

213 Declaraciones expresas de nulidad por ilegalidad de actos administrativos fiscales pueden verse en la sentencia de la Junta de Apelaciones del Impuesto sobre la Renta N° 491, de 6-5-55, JISR 1961, p. 241, y en las sentencias del Tribunal de Apelaciones del Impuesto sobre la Renta N° 49, de 26-4-60, Expediente N° 185, y N° 103, de 9-6-60, Expediente N° 181.

214 Artículo 153 del Reglamento de la Ley de Impuesto sobre la Renta.

215 Artículo 153 del Reglamento de la Ley de Impuesto sobre la Renta.

Respecto a esta anulación parcial, la antigua Junta de Apelaciones ha indicado que "la anulación parcial de la planilla conlleva el descargo de los derechos allí cobrados..., pero ese simple registro formal no hace desaparecer la primitiva relación entre el contribuyente y el Fisco, entre el deudor y el acreedor. En el caso concreto, en lugar de la planilla anulada se expide bajo un número nuevo, otra planilla, que exhibe características formales distintas de la anterior pero que, sustancialmente, son idénticas, sin que pueda inferirse que al contribuyente le sea dado valerse de esta segunda ocasión para intentar el recurso de apelación que permitió, al no impugnar las bases que sirvieron para la liquidación de la primera planilla, en la oportunidad en que ésta era un instrumento idóneo para intentarlo. El hecho generador del impuesto no ha variado a consecuencia de la emisión de la segunda planilla, único caso en que podría ejercerse válidamente el recurso de apelación en que estamos tratando; el acto constitutivo de la acreencia de impuesto es, pues, igual en ambas planillas, sin que la segunda planilla, emitida a consecuencia de la anulación ordenada por el Ministerio de Hacienda, traiga nuevos elementos entre las relaciones del binomio contribuyente-fisco"[216].

c'. La cosa juzgada jurisdiccional

En virtud del principio de la autoridad de la cosa juzgada, no puede volverse a discutir ante el Tribunal un asunto sentenciado ya con anterioridad.

A tal efecto, la antigua Junta de Apelaciones ha sostenido lo siguiente: "Basa su apelación el recurrente en la inconformidad con la liquidación complementaria y multa que la Administración General del Impuesto sobre la Renta expidió, con fecha 10-9-48, bajo el número 2.737, en cumplimiento de la sentencia dictada por esta Junta el día 10-12-47, reproduciendo íntegramente los alegatos que en anterior ocasión había formulado en apoyo de su primer recurso, declarado con lugar en parte por la susodicha sentencia número 201, y, comoquiera que en esta nueva apelación se discute el fondo de la cuestión en análogas circunstancias, sin que haya habido promoción de nuevos elementos que hagan susceptible de revisar el fallo dictado con anterioridad, esta Junta desestima el recurso en cuanto atañe a los alegatos que le sirven de fundamento, por considerar que la sentencia N° 201 ha pasado en autoridad de cosa juzgada y que, en el caso de autos, se cumplen los requisitos exigidos por la presunción *juris et de jures* que el artículo 1.395 del Código Civil tiene establecidos"[217].

En todo caso, los efectos de la cosa juzgada, como se trata de la anulación de actos administrativos, tiene efectos absolutos.

C. La segunda instancia: la Corte Suprema de Justicia en Sala Político-Administrativa

De las sentencias dictadas por el Tribunal de Apelaciones del Impuesto sobre la Renta puede apelarse para ante la Corte Suprema de Justicia en Sala Político-Administrativa[218] dentro del término de diez días. Sin embargo, solamente se oirá el recurso previo el pago de la planilla de liquidación[219].

---

216 Sentencia de la Junta de Apelaciones del Impuesto sobre la Renta N° 324, de 18-5-51, JISR 1961, p. 163.
217 Sentencia de la Junta de Apelaciones del Impuesto sobre la Renta N° 289, de 28-2-50, JISR 1961, p. 137.
218 Que viene a sustituir a la antigua Corte Federal.
219 Artículo 86 de la Ley de Impuesto sobre la Renta.

Entre los problemas que se presentan en la Segunda Instancia, el más discutido y de interés en destacar es el relacionado con la aplicación del principio *solve et repete*, cuando se ha obtenido una decisión parcialmente anulatoria, es decir, se ha declarado parcialmente con lugar la apelación.

La cuestión, aunque ha sido objeto de diversas interpretaciones, ha sido resuelta reiteradamente por el Tribunal de Apelaciones del Impuesto sobre la Renta. Veamos su jurisprudencia.

El Tribunal ha expresado: "La cuestión debatida en esta incidencia es la de si el contribuyente que haya obtenido una decisión parcialmente favorable en el Tribunal de Apelaciones del Impuesto sobre la Renta, como consecuencia del Recurso de Apelación interpuesto ante la Administración General del Impuesto sobre la Renta contra liquidación de impuesto sobre la renta y multa, o de ambos, debe pagar, para recurrir a su vez ante la Corte Suprema de Justicia, la totalidad del monto de la planilla originaria contra la cual ejerció la apelación y que fue objeto de la controversia jurisdiccional, conforme a lo decidido por el juez en el auto recurrido, o si, acorde con el criterio del apoderado de la contribuyente, debe librarse a los efectos de su pago una nueva planilla sólo por el monto de los reparos confirmados aunque el Fisco apele de los reparos revocados"[220].

La situación procesal que originó la disidencia de criterios sobre el punto controvertido aparece regulada por el artículo 86 de la Ley. Y agrega el Tribunal: "Del examen de esta norma legal, y también de la contenida en el artículo 83 *ejusdem*, según la cual, para interponer apelación para ante el Tribunal de Apelaciones del Impuesto sobre la Renta contra liquidaciones de impuesto expedidas por la Administración de dicho impuesto, se requiere el afianzamiento o pago del monto de la planilla liquidada, se infiere en forma indiscutible que nuestro Derecho fiscal en esta materia ha adoptado el clásico principio de *solve et repete*, que se aplica en razón de la necesidad que tiene el Estado de percibir sin dilación los recursos tributarios, pues la actividad administrativa es continua y necesaria, y ella presupone la percepción regular de los ingresos fiscales previstos para proveer al funcionamiento de los servicios públicos. El aludido principio conforme al cual el contribuyente debe pagar previamente el impuesto para poder discutir jurisdiccionalmente su legitimidad, sin perjuicio de que lo pagado se revierta a su patrimonio por efecto de sentencia favorable a su interés, no ha sido acogido en términos absolutos para recurrir a la primera instancia judicial, pues la ley admite alternativamente el pago o la caución, pero sí lo ha sido para poder impulsar el proceso a la revisión de la segunda y última instancia, pues el precepto en esta última situación no admite sino exclusivamente el pago previo de la planilla liquidada, como textualmente reza el texto".

> "De acuerdo, pues, con la fundamentación doctrinaria de la regla *solve et repete*, el pago previo no puede versar sino sobre la liquidación objetada por el contribuyente con el ejercicio de la apelación, o sea, la misma planilla liquidada cuya legitimidad fue objeto de la controversia procesal. El precepto legal es, por lo demás, tan claro en su redacción que tampoco admitiría una interpretación gramatical diferente, pues para el momento en que el juez sustanciador va u oír la apelación no existe en autos ninguna otra planilla liquidada diferente de la objetada por el contribuyente".

---

220 Sentencia del Tribunal de Apelaciones del Impuesto sobre la Renta Accidental N° 8, N° 303 de marzo de 1962.

Y el Tribunal de Apelaciones reafirma este criterio, "al observar lo preceptuado por el artículo 85 de la ley, en el sentido de que cuando, por efecto de reconsideración administrativa, se modifique total o parcialmente el acto fiscal, la apelación del contribuyente versará sobre la nueva actuación y no sobre la planilla primigenia que lógicamente deberá ser anulada. Pues bien, si la ley es tan previsiva al reglar expresamente esta situación, mal puede el intérprete pensar que la intención legislativa fue la misma pero se omitió su reglamentación en el caso del recurso de alzada para la Segunda Instancia".

El Tribunal de Apelaciones llega, en definitiva, a la conclusión "de que, para poder ejercer el recurso de apelación para ante la Corte Suprema de Justicia contra las decisiones del Tribunal, debe pagarse en todo caso, así haya habido revocación parcial del acto administrativo, la totalidad de la planilla liquidada que dio origen al proceso"[221]..

221 Sentencia del Tribunal Accidental N° 8 de Apelaciones del Impuesto sobre la Renta, N° 303 de marzo de 1962. Asimismo, *V.*, la sentencia del Tribunal Accidental N° 7 de Apelaciones del Impuesto sobre la Renta, de marzo de 1962, Expediente N° 239.

LIBRO SEGUNDO:

APROXIMACIÓN HISTÓRICA: SOBRE LA JUSTICIA CONSTITUCIONAL Y LA CONTENCIOSO ADMINISTRATIVA (1976-2011)

Este Libro Segundo está conformado por el estudio "Sobre la justicia constitucional y la justicia contencioso administrativo. A 35 años del inicio de la configuración de los procesos y procedimientos constitucionales y contencioso administrativos (1976-2011)," publicado en *El contencioso administrativo y los procesos constitucionales* (Directores Allan R. Brewer Carías y Víctor Rafael Hernández Mendible), Colección Estudios Jurídicos Nº 92, Editorial Jurídica Venezolana, Caracas, 2011, pp. 19-74.

La moderna configuración de la Justicia constitucional, y de la Justicia Constitucional, o de lo que, desde el punto de vista procesal, sería el derecho procesal constitucional y el derecho procesal administrativo con el objeto, respectivamente, de regular los procesos y procedimientos constitucionales y los procesos contencioso administrativos, puede decirse se inició en Venezuela con la sanción de la Ley Orgánica del la Corte Suprema de Justicia de 30 de julio de 1976.[1]

Con dicha Ley fue que efectivamente se comenzaron a desarrollar, mediante normas de asignación de competencias y de procedimiento, las previsiones de la Constitución de 1961 en materia de control judicial de los actos dictados en ejercicio del Poder Público; para lo cual la misma Ley precisó como una de las funciones primordiales de la Corte Suprema de Justicia, la de "controlar de acuerdo con la Constitución y las Leyes, la constitucionalidad y legalidad de los actos del Poder Público" (Art. 18).

Sin embargo, antes de la sanción de la Ley Orgánica de 1976, el desarrollo de las previsiones de la Constitución de 1961 comenzó a tener lugar mediante el trabajo de la

1 *V.*, en *Gaceta Oficial* N° 1.893, Extraordinaria del 30-07-76. *V.*, sobre los comentarios sobre dicha Ley en Josefina Calcaño de Temeltas y Allan R. Brewer-Carías, *Ley Orgánica de la Corte Suprema de Justicia*, Caracas 1989.

jurisprudencia de la Corte Suprema de Justicia,[2] con el sólo fundamento, como fuente legislativa, de las previsiones de la vieja Ley Orgánica de la Corte Federal de de 2 de agosto 1953.[3] En dicha Ley, que estuvo vigente hasta 1976, se establecieron algunas muy simples y escasas normas de orden procesal en adición a las atributivas de competencias al Supremo Tribunal en materia constitucional y contencioso administrativa, el cual, conforme a la Constitución de 1953, era la Corte Federal, que fue absorbida por la Corte Suprema de Justicia a partir de 1961.

El moderno derecho procesal constitucional y administrativo en Venezuela, por tanto, hasta 2010, siempre tuvo una fuente legislativa común: primero, en la Ley Orgánica de la Corte Federal de 1953; luego, a partir de 1976 hasta 2004 en la Ley Orgánica de la Corte Suprema de Justicia, y posteriormente, desde 2004 en la Ley Orgánica del Tribunal Supremo de Justicia.[4] Después de varias décadas del inicio de su configuración,[5] en 2010, la fuente del derecho procesal constitucional quedó en las disposiciones de la nueva reforma de la Ley Orgánica del Tribunal Supremo de Justicia de 2010;[6] y la fuente del derecho procesal administrativo encontró su desarrollo en la Ley Orgánica de la Jurisdicción Contencioso Administrativa del mismo año 2010.[7]

I. LAS BASES INICIALES DEL MODERNO SISTEMA PROCESAL CONSTITUCIONAL Y CONTENCIOSO ADMINISTRATIVO A PARTIR DE LA LEY ORGÁNICA DE LA CORTE FEDERAL DE 1953

En cuanto a la fuente legislativa primigenia que sirvió para el inicio de configuración de los procesos constitucionales y administrativos, que fue la Ley Orgánica de la Corte Federal de 1953, en el artículo 7 de la misma se atribuyeron a dicha Corte diversas competencias que, en definitiva, fueron las que dieron origen a los diversos procesos constitucionales y contencioso administrativos.

---

2 *V.*, sobre la jurisprudencia en materia administrativa y constitucional durante los años sesenta y setenta del siglo pasado, en Allan R. Brewer-Carías, *Jurisprudencia de la Corte Suprema 1930-74 y Estudios de Derecho Administrativo*, *T.* V, *La Jurisdicción Contencioso Administrativa*, *v.* 1 y 2, y *T.* VII, *La Jurisdicción Constitucional*, Instituto de Derecho Público, Facultad de Derecho, Universidad Central de Venezuela, Caracas, 1978.

3 *V.*, en Compilación Legislativa de Venezuela, *Anuario 1952*, Editorial Andrés Bello, Caracas 1953, pp. 331-343

4 *V.*, en *G.O.* N° 37.942 de 19-05-2004. Véanse los comentarios sobre esta ley, en Allan R. Brewer-Carías, *Ley Orgánica del Tribunal Supremo de Justicia. El Tribunal Supremo de Justicia y los procesos y procedimientos constitucionales y contenciosos administrativos*, Editorial Jurídica Venezolana, Caracas 2004.

5 *V.*, Allan R. Brewer-Carías, "Balance y perspectivas de los treinta años del Control Judicial de los Poderes Públicos en Venezuela", *Boletín de la Academia de Ciencias Políticas y Sociales*, N° 149, Caracas 2010, pp. 193-208.

6 *V.*, en *G.O.* N° 5.991 Extraordinaria de 29-07-2010, reimpresa en dos oportunidades: *G.O.* N° 39.483 de 9-8-2010 y *G.O.* N° 39.522, de 1°-10-2010. Véanse los comentarios sobre esta ley, en Allan R. Brewer-Carías y Víctor Hernández Mendible, *Ley Orgánica del Tribunal Supremo de Justicia. El Tribunal Supremo de Justicia y los procesos y procedimientos constitucionales y contencioso electorales*, Editorial Jurídica Venezolana, Caracas 2010.

7 *V.*, en *G.O.* N° 39.451 de 22-06-2010. Véanse los comentarios sobre esta ley, en Allan R. Brewer-Carías y Víctor Hernández Mendible, *Ley Orgánica de la Jurisdicción Contencioso Administrativa*, Editorial Jurídica Venezolana, Caracas 2010.

1. Los procesos constitucionales en la Ley Orgánica de la Corte Federal de 1953

En cuanto a los procesos constitucionales,[8] de acuerdo con las competencias previstas en la Ley de la Corte Federal, resultaron los siguientes:

En primer lugar, el proceso constitucional de nulidad por inconstitucionalidad de los actos estatales, a cuyo efecto se atribuyó a la Corte Federal la competencia para:

> 8. Declarar la nulidad de todos los actos del Poder Público que sean violatorios de la Constitución Nacional, así como la de aquéllos a que se refiere el artículo 41 de la misma, cuando ello no fuere atribuido por la Ley a otra Autoridad.

El artículo 41 de la Constitución de 1953 se refería al principio de legalidad y al de la competencia ("El Poder Público se ejercerá conforme a esta Constitución y a las leyes que definan sus atribuciones y facultades"), agregando que "todo acto que extralimite dicha definición constituye una usurpación de atribuciones."

La otra competencia en materia de control de constitucionalidad asignada a la Corte Federal fue:

> 10. Declarar la nulidad total o parcial de las Leyes Nacionales y Estatales y de las Ordenanzas o Acuerdos Municipales, cuando colidan con la Constitución de la República. La nulidad se limitará al párrafo, artículo o artículos en que aparezca la colisión, salvo que éstos sean de tal importancia, por su conexión con los demás, que, a juicio de la Corte, su nulidad acarreare la de todo el acto legislativo.

En segundo lugar, el otro proceso constitucional que derivó de la Ley Orgánica de 1953 fue el relativo a las controversias de orden constitucional entre los Estados, en particular, las relativas a límites, al atribuirse competencia a la Corte Federal, para:

> 13. Dirimir las controversias sobre límites entre las diversas Entidades Federales; y
>
> 14. Dirimir las controversias de cualquier naturaleza que se susciten entre la Nación y los Estados; entre dos o más Estados; entre éstos y el Distrito Federal o los Territorios Federales; entre los funcionarios del Orden Político o Administrativo de la Nación y los de los Estados, del Distrito Federal y de los Territorios Federales y de ellos entre sí...

2. Los procesos contencioso administrativos en la Ley Orgánica de la Corte Federal de 1953

En cuanto a los procesos contencioso administrativos,[9] derivados de las competencias atribuidas a la Corte Federal, resultaron los siguientes:

En primer lugar, el proceso contencioso administrativo de anulación de los actos administrativos, a cuyo efecto se atribuyó a la Corte Federal competencia para:

> 11. Declarar la nulidad de los Decretos o Reglamentos que dicte el Poder Ejecutivo para la ejecución de las Leyes, cuando alteren su espíritu, propósito o razón.

---

8 Sobre estos procesos constitucionales en el marco de la Ley Orgánica de la Corte Federal, *V.*, José Guillermo Andueza, *La Jurisdicción Constitucional en el derecho venezolano*, Caracas 1955.

9 Sobre estos procesos contencioso administrativos en el marco de las previsiones de la Ley Orgánica de la Corte Federal, *V.*, Allan R. Brewer-Carías, *Las Instituciones Fundamentales del Derecho Administrativo y la Jurisprudencia Venezolana*, Caracas, 1964, pp. 295-460.

> 9°. Conocer en juicio contencioso de las acciones y recursos por abusos de poder y otras ilegalidades de las Resoluciones Ministeriales y en general de los actos de la Autoridad Administrativa, en cualquiera de sus ramas Nacionales, Estatales y Municipales.

En relación a la segunda de las antes mencionadas competencias, se estableció un lapso de caducidad para intentar la acción de nulidad contra los actos administrativos al indicar, la misma norma, que "dichas acciones y recursos caducarán en todo caso a los seis meses contados a partir de la *fecha* de la publicación del acto en el órgano oficial respectivo, o de la fecha de notificación del acto al interesado, cuando ésta fuere procedente y si aquélla no se efectuare," agregándose el principio de que "la ilegalidad del mismo acto puede oponerse siempre como excepción, salvo que la Ley disponga lo contrario."

La Ley, además, en el artículo 25, reguló las normas básicas del procedimiento, previendo entre otros, aspectos, el necesario emplazamiento mediante cartel de los interesados para que pudieran concurrir a "hacerse parte en el recurso." En la decisión, se facultaba a la Corte no sólo para "confirmar" y "revocar" los actos impugnados, sino para "reformar la decisión impugnada."

En segundo lugar, el proceso contencioso administrativo de las demandas contra la República básicamente en materia de responsabilidad extracontractual, al atribuirse a la Corte Federal, en general, competencia para:

> 29. Conocer, en juicio contencioso, de las acciones que se propongan contra la Nación por daños y perjuicios, *y de* las demás acciones que por sumas de dinero se intenten contra ella.

Además, en el contencioso de las demandas y específicamente en materia de contratos públicos y responsabilidad contractual, se asignó a la Corte Federal competencia para:

> 28. Conocer en juicio contencioso de todas las cuestiones por nulidad, caducidad, resolución, alcance, interpretación, cumplimiento y cualesquiera otras que se susciten entre la Nación *y* los particulares, a consecuencia de los contratos celebrados por el Ejecutivo Nacional o de concesiones mineras, de hidrocarburos o de tierras baldías que hubiere otorgado...

En tercer lugar, el proceso contencioso administrativo contra las carencias administrativas, al atribuirse competencia a la Corte Federal, en general, para:

> 23. Conocer de la negativa de los funcionarios nacionales a cumplir determinados actos a que estén obligados por las Leyes Nacionales, cuyo conocimiento no esté atribuido a otro Tribunal.

En cuarto lugar, el proceso contencioso administrativo de las controversias administrativas, al atribuirse a la Corte Federal en la misma norma general relativa a las controversias ya mencionada, competencia para:

> 14. Dirimir las controversias de cualquier naturaleza que se susciten entre la Nación y los Estados; entre dos o más Estados; entre éstos y el Distrito Federal o los Territorios Federales; entre los funcionarios del Orden Político o Administrativo de la Nación y los de los Estados, del Distrito Federal y de los Territorios Federales y de ellos entre sí; y entre los Tribunales y los funcionarios administrativos nacionales.

Por último, la Ley de la Corte Federal también previó en el artículo 7.12, entre las competencias de la misma, la relativa a resolver las colisiones legislativa, asignándoles la competencia "para declarar cuál Ley debe prevalecer cuando se hallen en colisión las Nacionales entre sí, o éstas con las de los Estados o con las Ordenanzas Municipales; qué artículo o artículos de una Ley han de regir cuando exista colisión entre ellos; cuál Ley debe prevalecer cuando se hallen en colisión entre sí las Leyes de un mismo Estado o las de los Estados con las Ordenanzas Municipales o cuando éstas se hallen en colisión entre sí; y cuáles son el artículo o artículos de la Ley Estatal u Ordenanza Municipal que han de regir cuando existiere colisión entre las disposiciones de ellas, siempre que en las Constituciones o Leyes de los Estados no se señale la competencia de otro Tribunal."

II. EL RÉGIMEN DEL "CONTROL JUDICIAL DE LOS PODERES PÚBLICOS" EN LA CONSTITUCIÓN DE 1961 Y EN LA LEY ORGÁNICA DEL TRIBUNAL SUPREMO DE JUSTICIA DE 1976

1. Las competencias de la Corte Suprema en materias constitucionales y contencioso administrativas conforme a la Ley Orgánica de la Corte Suprema de Justicia de 1976

A pesar de las anteriores precarias normas procesales relativas a los procesos y procedimientos constitucionales y contencioso administrativos de la Ley Orgánica de la Corte Federal de 1953, sin embargo, ello no impidió su desarrollo por la jurisprudencia, como antes hemos dicho, sino también por parte de la doctrina nacional[10] particularmente después del inicio del régimen democrático en 1958 y después de la entrada en vigencia la Constitución de 1961, en un proceso que culminó con la importante Ley Orgánica de la Corte Suprema de Justicia de 1976. En esta se establecieron una serie de normas procesales nuevas, que aún cuando de carácter transitorio, permitieron a la propia Corte Suprema seguir con un nuevo aliento legislativo, en su labor de creación jurisprudencial,[11] sentando así las bases del moderno derecho procesal constitucional y contencioso administrativo.

En la Constitución de 1961, en efecto, partiendo de la orientación incorporada en la Constitución de 1947,[12] que tuvo muy corta duración, se regularon con precisión las competencias de la Corte Suprema de Justicia en materia de justicia constitucional y de justicia contencioso administrativa, en la siguiente forma:

En cuanto a la justicia constitucional, la Constitución de 1961, en unas normas de asignación de competencias a la Corte Suprema de Justicia, cuyo origen remoto se sitúa

---

10 Antes de la promulgación de la Ley de 1953, incluso, veáse en materia contencioso administrativa, Luis Torrealba Narváez, "Consideraciones acerca de la Jurisdicción Contencioso Administrativa, su Procedimiento y Algunas Relaciones de éste con el de la Jurisdicción Judicial Civil", en *Anales de la Facultad de Derecho*, Universidad Central de Venezuela, Caracas, 1951; y en materia constitucional, Pablo Ruggeri Parra, *La supremacía de la Constitución y su defensa*, Caracas 1941.

11 Por lo que se refiere a la jurisprudencia en materia constitucional y administrativa a partir de 1980, véase la recopilada trimestral efectuada por Mary Ramos Fernández, "Jurisprudencia Administrativa y Constitucional," en la Sección "Información Jurisprudencial," de la *Revista de Derecho Público*, desde que se inició, en 1980, Editorial Jurídica Venezolana, Caracas 1980.

12 Martín Pérez Guevara, quien fuera Presidente de la Corte Suprema de Justicia, con razón señaló que el punto de partida para el desarrollo del sistema de control de la constitucionalidad de las leyes y del control judicial de los actos administrativos, fue la Constitución de 1947; que orientó la atribución a la Corte Suprema de Justicia, creada en la Constitución de 1961, de la función de controlar la constitucionalidad y legalidad de los actos del Poder Público. *V.*, Martín Pérez Guerrero, en *El control jurisdiccional de los Poderes Públicos en Venezuela*, Instituto de Derecho Público, Caracas, 1979, pp. 18, 19 y 29.

en las disposiciones de la Constitución de 1858,[13] precisó en su artículo 215 las atribuciones de la Corte Suprema en Corte Plena para:

> 3. Declarar la nulidad total o parcial de las leyes nacionales y demás actos de los cuerpos legislativos que colindan con esta constitución;
>
> 4. Declarar la nulidad total o parcial de las leyes estadales, de las ordenanzas municipales y demás actos de los cuerpos deliberantes de los Estados o Municipios que colindan con esta Constitución;
>
> 5. Resolver las colisiones que existan entre las diversas disposiciones legales y declarar cuál de éstas debe prevalecer;
>
> 6. Declarar la nulidad de los reglamentos y demás actos del Ejecutivo Nacional cuando sean violatorios de esta Constitución.

Con base en estas normas, luego de promulgada la Constitución de 1961, en ausencia de desarrollo legislativo resultó concentrada en la propia Corte Suprema de Justicia, todas las competencias judiciales para conocer de las acciones y los subsiguientes procesos en materia de control de la constitucionalidad de las leyes y de los actos administrativos, lo que por lo demás, respondía a la tradición constitucional anterior.

Así, quedó asignada a la Corte Plena, la competencia para ejercer el control de constitucionalidad de las leyes, de los reglamentos (se entendía, que eran los reglamentos Ejecutivos) y de los demás actos del Ejecutivo Nacional (se entiende que no se trataba de los actos administrativos); y a la Sala Político Administrativa, la competencia para conocer de las acciones de nulidad y los subsiguientes procesos contencioso administrativo. Con base en esta concentración de competencias, y en ausencia de la legislación acorde con el texto constitucional de 1961, fue entonces la propia Corte Suprema la que en su jurisprudencia, fue sentando las bases para el futuro desarrollo del derecho procesal constitucional y del derecho procesal administrativo.

Así, en relación con los procesos contencioso administrativos, en una extraordinaria norma incorporada en la Constitución de 1961 (Art. 206)[14] y que fue el antecedente inmediato del actual artículo 259 de la Constitución de 1999, se "constitucionalizó" definitivamente tanto a la Jurisdicción contencioso administrativa como a los principios básicos de los procesos contencioso administrativos, los cuales tuvieron sus orígenes remotos en las previsiones de la Constitución de 1925.[15]

Ese artículo 206 de la Constitución de 1961, dispuso lo siguiente:

> *Artículo* 206. La jurisdicción contencioso-administrativa corresponde a la Corte Suprema de Justicia y a los demás Tribunales que determine la ley. Los órganos de la jurisdicción contencioso-administrativa son competentes para anular los actos administrativos generales o individuales contrarios a derecho, incluso por desviación de poder, condenar al pago de sumas de dinero y a la reparación de daños y perjuicios originados en responsabilidad de la administración y disponer lo necesario para el restablecimiento de las situaciones jurídicas subjetivas lesionadas por la actividad administrativa.

---

13 *V.*, en Allan R. Brewer-Carías, *La Justicia Constitucional. Procesos y procedimientos Constitucionales*, México 2007, pp. 49, 309; y en *Instituciones Políticas y Constitucionales*, *T.* VI, *Justicia Constitucional*, Universidad Católica del Táchira, Editorial Jurídica Venezolana, San Cristóbal-Caracas 1996, 131 y ss.

14 En cuya redacción colaboraron los Profesores Antonio Moles Caubet, Enrique Sayagués Laso y Tomás Polanco Alcántara.

15 *V.*, Allan R. Brewer-Carías, *Instituciones Políticas y Constitucionales*, *T.* VII: *La Justicia Contencioso-Administrativa*, Universidad Católica del Táchira-Editorial Jurídica Venezolana, Caracas-San Cristóbal 1997.

La competencia en la materia, en el texto de la Constitución, sin embargo, sólo se previó respecto de la Corte Suprema de Justicia en su Sala Político Administrativa, la cual asumió el monopolio de la materia, a cuyo efecto en el artículo 215 de la misma, se le asignaron las atribuciones para:

> 7. Declarar la nulidad de los actos administrativos del Ejecutivo Nacional, cuando sea procedente;
>
> 8. Dirimir las controversias en que una de las partes sea la República o algún Estado o Municipio, cuando la otra parte sea alguna de esas mismas entidades, a menos que se trate de controversias entre Municipios de un mismo Estado, caso en el cual la ley podrá atribuir su conocimiento a otro Tribunal.

Fue con base en estas normas que la antigua Corte Suprema de Justicia elaboró las bases de los procesos contencioso administrativos,[16] las cuales desarrolladas por la doctrina nacional,[17] condujeron a la sanción de la importante Ley Orgánica de la Corte Suprema de Justicia de 1976.

Por ello, una vez publicada, dicha Ley suscitó un inmediato interés académico, lo que provocó que se organizara al año siguiente de su publicación, en 1977, un Ciclo de Conferencias para el estudio sistemático de la Ley, a cargo del Instituto de Derecho Público de la Universidad Central de Venezuela, y más precisamente, de su Sección de Derecho Administrativo, entonces bajo mi dirección,[18] el cual se desarrolló físicamente en el auditorio de la Procuraduría General de la República, teniendo como título "El control jurisdiccional de los Poderes Públicos."

El resultado de dicha tarea académica fue la publicación, en 1979,[19] de las Ponencias respectivas en un libro editado por el Instituto.[20]

A partir de esa colección de estudios sobre los diversos temas que suscitaba la ley, se fueron delineando los siguientes sistemas de control judicial de constitucionalidad y legalidad:

En primer lugar, conforme se disponía en el artículo 49 de la Constitución de 1961, el control de la constitucionalidad y legalidad de los actos estatales violatorios de los derechos y garantías constitucionales, con lo que se configuró la acción y proceso constitucional de amparo constitucional, regulado originalmente en la Disposición Transitoria

---

16 *V.*, además de las fuentes de jurisprudencia antes citadas, en Allan R. Brewer-Carías y Luís Ortiz Álvarez, *Las grandes decisiones de la jurisprudencia Contencioso administrativa*, Editorial Jurídica Venezolana, Caracas, 1996.

17 *V.*, por ejemplo, antes de 1976, Hildegard Rondón de Sansó, *El sistema contencioso Administrativo de la carrera administrativa. Instituciones, Procedimiento y Jurisprudencia*, Ediciones Magón, Caracas, 1974.

18 *V.*, Informe del Instituto de Derecho Público de 1977 (mimeo), pp. 9, 11, 14, 16 y 18.

19 *V.*, *El control jurisdiccional de los Poderes Públicos en Venezuela*, Instituto de Derecho Público, Caracas, 1979.

20 Conforme se anunció en el Informe del Instituto de Derecho Público de 1978, p. 43. Incomprensiblemente, sin embargo, el libro no se publicó dentro de la publicación periódica que ya se había creado en el Instituto para tales fines, que fue el Archivo de Derecho Público y Ciencias de la Administración, donde posteriormente si se publicaron los resultados de otros eventos académicos organizados por el Instituto. En esta colección, en efecto, y posteriormente, luego que asumí la Dirección del Instituto precisamente ese año 1978, se publicaron los resultados de los otros Ciclos de Conferencias organizadas por el Instituto, por ejemplo, sobre la Ley Orgánica de Procedimientos Administrativos, la Ley Orgánica de Salvaguarda del Patrimonio Público y el proyecto de Ley de Ordenación Urbanística, y el régimen de las nacionalizaciones después de la Ley Orgánica que reservó al Estado la Industria y el Comercio de los Hidrocarburos (Ley de nacionalización petrolera) de 1975.

Cuarta de dicha Constitución respecto de los actos estatales violatorios de la libertad personal, y a partir de 1988, en la Ley Orgánica de Amparo sobre Derechos y Garantías Constitucionales.[21]

En segundo lugar, el procedimiento constitucional de control difuso de constitucionalidad de las leyes regulado en el artículo 20 del Código de Procedimiento Civil en el cual se prevé la potestad de todos los tribunales para ejercer el control (difuso) de la constitucionalidad de las leyes en cualquier proceso, al disponer que "cuando la Ley vigente, cuya aplicación se pida, colidiere con alguna disposición constitucional, los tribunales aplicarán ésta con preferencia."

Mediante este método de control, cualquiera de las partes en un proceso podía y puede solicitar para el caso concreto, que el juez decida la inaplicabilidad de una ley que se estimase inconstitucional, en cuyo caso, el juez podía aplicar con preferencia la Constitución e inaplicar la ley en la decisión, teniendo la misma por supuesto, efectos *inter partes.*

En tercer lugar, con base en el artículo 215, ordinales 3°, 4° y 6° de la Constitución de 1961 y en el artículo 42, ordinales 1° a 4° y 11 y 12 de la Ley Orgánica de 1976, el sistema de control concentrado de la constitucionalidad de las leyes y demás actos estatales de rango legal o de ejecución directa de la Constitución, así como de los Reglamentos Ejecutivos. Ello dio origen a los procesos constitucionales de anulación, cuyo conocimiento se atribuyó a la Corte Suprema de Justicia en Corte Plena, y que se iniciaban mediante el ejercicio de la acción popular de inconstitucionalidad. Mediante las mencionadas disposiciones se otorgó a la Corte Suprema de Justicia el monopolio de la declaratoria de nulidad por inconstitucionalidad, de las leyes y demás actos de ejecución directa de la Constitución y de los Reglamentos Ejecutivos, con efectos *erga omnes.*

En cuarto lugar, conforme al artículo 215.77 de la Constitución, y los artículos 42.9, 42.10, 181 y 185.3 de la Ley Orgánica de la Corte Suprema, se desarrolló el sistema judicial de control de la conformidad con el derecho (legalidad y constitucionalidad) de los actos administrativos "generales e individuales" (excepto los Reglamentos Ejecutivos), mediante el proceso y recurso contencioso-administrativo de anulación que se ejercía ante la Corte Suprema de Justicia en Sala Político-Administrativa. La ley estableció, además, transitoriamente, el ejercicio de estas competencias en determinados casos, ante los Tribunales Superiores con competencia en lo contencioso-administrativo o ante la Corte Primera de lo Contencioso-Administrativo; y, de acuerdo a lo establecido en diversas leyes especiales, ante otros tribunales como el Tribunal de la Carrera Administrativa, el Tribunal de Inquilinato, y los Tribunales Contencioso-Tributarios.

Esta acción contencioso administrativa de anulación se configuró como un medio de impugnación de los actos administrativos para controlar la conformidad con el derecho de los mismos, por lo que siempre sirvió como medio de control de la constitucionalidad y de la legalidad de los actos administrativos. La concepción del procedimiento, en este caso, era básicamente de carácter objetivo, contra un acto administrativo, en el cual la pretensión procesal del recurrente se limitaba a la anulación del acto administrativo impugnado, y la decisión del juez sólo tenía por objeto el control de la legalidad del

---

21 *V.*, en *G.O.* N° 33.891 de 22-01-1988. *V.*, en Allan R. Brewer-Carías, Carlos Ayala Corao y Rafael J. Chavero Gazdik, *Ley Orgánica de Amparo sobre Derechos y Garantías Constitucionales*, Editorial Jurídica Venezolana, 6ª edición corregida, aumentada y actualizada, Caracas 2007.

acto, pronunciando o no su anulación, y nada más. La legitimación activa para intentar el recurso de anulación correspondía a quien tuviera, al menos, un interés personal, legítimo y directo, pudiendo intentarlo también quien tuviera un derecho subjetivo lesionado por el acto recurrido. En cuanto al interés legítimo, personal y directo, como situación jurídica adjetiva, en principio, no era resarcible, siendo sólo jurídicamente resarcible la lesión al derecho subjetivo, a través de las demandas contra los entes públicos.

En quinto lugar, se desarrolló el proceso contencioso administrativo de las demandas contra los entes públicos, conforme al artículo 206 de la Constitución y artículo 42.14 de la Ley Orgánica, con particular regulación en materia de de demandas relativas a contratos públicos, y específicamente a los "contratos administrativos."

Se distinguía así, inicialmente, conforme al clásico esquema francés de la división entre un contencioso-administrativo de anulación y un contencioso-Administrativo de plena jurisdicción, un contencioso de las demandas contra la Administración, que conforme a la antes citada norma constitucional podía consistir en demandas por responsabilidad contractual y extra contractual, entre otras, que podían conducir a "condenar al pago de sumas de dinero y a la reparación de daños y perjuicios originados en responsabilidad de la administración y disponer lo necesario para el restablecimiento de las situaciones jurídicas subjetivas lesionadas por la actividad administrativa."

Este proceso contencioso-administrativo de plena jurisdicción se concebía como un proceso subjetivo en el cual se entablaba una verdadera litis contra una persona jurídica de derecho público, y en la cual la pretensión procesal del demandante era amplia en el sentido de que podía buscar la condena del ente demandado y, además, la anulación de actos administrativos.

Tratándose de demandas contra los entes públicos, la legitimación del demandante correspondía al titular de un derecho subjetivo cuyo restablecimiento conformaba el nódulo de su pretensión.

Este esquema de distinción entre el contencioso de anulación y el contencioso de plena jurisdicción, que la doctrina nacional[22] y nosotros mismos expusimos hace varias décadas,[23] por supuesto fue posteriormente superado.[24]

---

22 *V.*, por ejemplo, Eloy Lares Martínez, *Manual de Derecho Administrativo*, Caracas, 1970, pp. 570 y ss. A. Moles Caubet, "Rasgos generales de la jurisdicción contencioso-administrativa", en Instituto de Derecho Público, *El control jurisdiccional de los Poderes Públicos en Venezuela*, Caracas, 1979, pp. 67-77; Nelson Rodríguez García. *El sistema contencioso-administrativo venezolano y la jurisdicción contencioso-administrativa*, Valencia, 1982.

23 Allan R. Brewer-Carías, *Las Instituciones Fundamentales del Derecho Administrativo y la Jurisprudencia Venezolana*, Caracas, 1964, pp. 239-440.

24. *V.*, Allan R. Brewer-Carías, "Los diversos tipos de acciones y recursos contencioso-administrativos en Venezuela", en *Revista de Derecho Público*, N° 25, Editorial Jurídica Venezolana, Caracas, 1986, pp. 5-30, y *Estado de derecho y Control Judicial* (Justicia Constitucional, Contencioso-Administrativo y Amparo en Venezuela), Instituto Nacional de Administración Pública, Madrid 1987, p. 243 ss. *V.*, en defensa del recurso de plena jurisdicción, Henrique Iribarren M., "¿Existe en Venezuela un recurso autónomo de plena jurisdicción?" en *Revista de la Fundación Procuraduría General de la República*, N° 1, Caracas, 1986, pp. 113-153. Por ejemplo, H. Rondón de Sansó, señaló que en su lugar, por ejemplo, podrían distinguirse ahora tres tipos de acciones contencioso-administrativas: acciones de impugnación de actos administrativos unilaterales o bilaterales, que conducen a la anulación de los mismos como consecuencia del control de legalidad; acciones de condena, de prestación o declarativas de condena, particularmente en materia de responsabilidad contractual y extracontractual y de restablecimiento de situaciones jurídicas subjetivas lesionadas por la actividad administrativa, que conducen a decisiones del juez de dar, hacer o no hacer frente a la Administración; y acciones declarativas tendientes al reconocimiento o protección de un derecho subjetivo o a la interpretación de una situación jurídica o una norma; en "Medios de proceder

2. La fuente legal común del derecho procesal constitucional y administrativo y el principio de la universalidad del control judicial

Ahora bien, en relación con los procesos de nulidad por inconstitucionalidad e ilegalidad que constituyen el origen tanto del proceso constitucional de anulación como del proceso contencioso administrativo de anulación, después de la entrada en vigencia de la Ley Orgánica de la Corte Suprema de Justicia de 1976, los mismos continuaron teniendo legalmente una sola fuente común para su desarrollo, que fueron las previsiones procesales de los artículos 112 a 118 de la dicha Ley Orgánica relativos a la impugnación de los "actos de efectos generales," prevista independiente del tipo de acto impugnado o del motivo de impugnación; y las previsiones procesales de los artículos 121 a 129 de la misma Ley Orgánica, relativos a la impugnación de los "actos administrativos de efectos particulares."

De esa fuente legal común, en todo caso, quedó consolidado el principio más importante tanto del derecho procesal constitucional y contencioso administrativo, que es el carácter universal del control de constitucionalidad y de ilegalidad,[25] en el sentido de que no podía ni puede haber acto estatal alguno que escape al control judicial mediante los procesos constitucionales o mediante los procesos contencioso administrativos.

Al materializarse esta universalidad, sin embargo, las únicas distinciones fundamentales que se establecieron en relación con las acciones que iniciaban los procesos, se basaron en la legitimación y en el lapso de tiempo para accionar. En tal sentido, en el artículo 112 de la Ley Orgánica de 1976 se reguló la legitimación para ejercer tanto la acción de anulación por inconstitucionalidad contra las leyes, ordenanzas y reglamentos ejecutivos; como la acción contencioso administrativa de anulación por razones de inconstitucionalidad o de ilegalidad contra los demás actos administrativos de efectos generales (distintos al reglamento Ejecutivo), configurándose dichas acciones como acciones populares. En cambio, en materia de impugnación de los actos administrativos de efectos particulares, el artículo 121 restringió la legitimación para intentar la acción solo respecto de las personas que tuviesen "interés personal, legítimo y directo en impugnar el acto."

Otra de las distinciones básicas en los procesos se refirió a la oportunidad para intentar las acciones, distinguiéndose, de nuevo, entre las acciones (de inconstitucionalidad o contencioso administrativa) para la impugnación de las leyes, ordenanzas, reglamentos y demás actos estatales de efectos generales, incluidos los actos administrativos de efectos generales, por una parte; y por la otra, la acción contencioso administrativa para la impugnación de los actos administrativos de efectos particulares. Para ello, el artículo 134 de la Ley Orgánica de 1976 estableció que "Las acciones o recursos de nulidad contra los actos generales del Poder Público podrán intentarse en cualquier tiempo, pero

---

por la vía contencioso-administrativa" en A. Moles y otros, *Contencioso-administrativo en Venezuela*, Caracas 1980, pp. 110-123.

25 Lo que significa que no hay ni puede haber actos excluidos de control. *V.*, por ejemplo, Allan R. Brewer-Carías, "La universalidad del control contencioso administrativo" en *Libro de la Amistad en Homenaje a Enrique Pérez Olivares*, Caracas 1992, pp. 203-226, y en *Revista de Derecho Público*, N° 46, Editorial Jurídica Venezolana, Caracas, abril-junio 1991, pp. 5-22; "El proceso constitucional de amparo en Venezuela: su universalidad y su inefectividad en el régimen autoritario," en *Horizontes Contemporáneos del Derecho Procesal Constitucional. Liber Amicorum Néstor Pedro Sagüés*, Centro de Estudios Constitucionales del Tribunal Constitucional, Lima 2011.

los dirigidos a anular actos particulares de la Administración, caducarán en el término de seis meses contados a partir de su publicación en el respectivo órgano oficial, o de su notificación al interesado, si fuere procedente y aquélla no se efectuare. Sin embargo, aún en el segundo de los casos señalados, la ilegalidad del acto podrá oponerse siempre por vía de excepción, salvo disposiciones especiales."

Estas normas comunes condujeron, en la Ley Orgánica, a una distribución de competencias según el acto impugnado: las leyes, ordenanzas y demás actos de ejecución directa de la Constitución (y excepcionalmente los reglamentos Ejecutivos) se impugnaban por razones de inconstitucionalidad en un proceso constitucional que se desarrollaba ante la Corte Suprema de Justicia en Corte Plena (Art. 42.4); y los actos administrativos de efectos generales o de efectos particulares se impugnaban por razones de inconstitucionalidad o de ilegalidad, ante la Sala Político-Administrativa en un proceso contencioso administrativo (art 42, ords. 11 y 12).

3. Los procesos constitucionales conforme a la Ley Orgánica de la Corte Suprema de Justicia de 1976

Conforme a la Constitución de 161 y a la Ley Orgánica de la Corte Suprema de Justicia, antes de entrar en vigencia la Constitución de 1999, en materia de procesos constitucionales, se podían distinguir los siguientes:

Primero, el proceso constitucional de anulación de actos estatales por inconstitucionalidad, materializado en el llamado control concentrado de la constitucionalidad de las leyes y demás actos estatales (nacionales, estadales y municipales) de rango legal o de ejecución directa de la Constitución, regulado en los ordinales 1 a 4 del artículo 215 de la Constitución de 1961 y en el ordinales 1, 2 y 3 y 11 del artículo 42 de la Ley Orgánica de 1976.[26] Este proceso constitucional que se desarrollaba ante la Corte Plena de la Corte Suprema de Justicia, se extendía, además, hacia los Reglamentos Ejecutivos, los cuales a pesar de ser actos administrativos, sólo se podían impugnar por motivos de inconstitucionalidad ante la Jurisdicción Constitucional (Art. 42.4), y no ante la Jurisdicción contencioso administrativa que es donde lógicamente correspondía.

Estas competencias de anulación por inconstitucionalidad ante la Corte en Pleno, se ponían en movimiento mediante el ejercicio de la acción popular de inconstitucionalidad, produciendo la decisión respectiva, efectos *erga omnes*, y en principio *pro futuro, ex nunc*, aun cuando la Ley Orgánica dejó a la Corte Plena la determinación de los efectos de sus decisiones de anulación en el tiempo.

Segundo, el proceso constitucional de amparo a los derechos y garantía constitucionales, conforme a lo dispuesto en el artículo 49 de la Constitución de 1961, que se iniciaba mediante acción de amparo o mediante pretensión ejercida conjuntamente con otra acción, contra todo tipo de acto estatal o de actuaciones o vías de hecho de particulares, y para la protección de todos los derechos y garantías establecidos en la Constitución, o que fueran inherentes a la persona humana, habiéndose llegado a incluir los estableci-

---

26 *V.*, Allan R. Brewer-Carías, Allan R. Brewer-Carías, *El Control de la Constitucionalidad de los Actos Estatales*, Caracas 1977; e *Instituciones Políticas y Constitucionales*, *T.* VI, *Justicia Constitucional*, Universidad Católica del Táchira, Editorial Jurídica Venezolana, San Cristóbal-Caracas 1996.

dos en los tratados internacionales de derechos humanos. Este proceso constitucional, como dijimos, fue regulado en la Ley Orgánica de Amparo sobre Derechos y Garantías Constitucionales de 1988.

En tercer lugar, estaba el proceso constitucional para la solución de las controversias constitucionales, que podía derivarse del artículo 215.8 de la Constitución de 1961 y del artículo 42.13 de la Ley Orgánica de 1976 y cuyo conocimiento se atribuyó a la Sala Político Administrativa de la antigua Corte Suprema, para "dirimir las controversias en que una de las partes sea la República o algún Estado o Municipio, cuando la contraparte sea otra de esas mismas entidades."

En la Ley Orgánica de 1976 se podía identificar, además, un procedimiento constitucional desarrollado ante la Corte Plena, para decidir acerca de la inconstitucionalidad de las leyes que solicite el Presidente de la República antes de ponerle el ejecútese, conforme al artículo 173 de la Constitución de 1961 (Art. 42.2).

4. Los procesos contencioso administrativos conforme a la Ley Orgánica de la Corte Suprema de Justicia de 1976

Conforme a la Constitución de 161 y a la Ley Orgánica de la Corte Suprema de Justicia, antes de entrar en vigencia la Constitución de 1999, específicamente en materia de procesos contencioso administrativos, incluyendo otros distintos a los tendientes a declarar la nulidad de los actos administrativos, como se había venido delineando en la doctrina,[27] nosotros llegamos a distinguir cuatro tipos de acciones y recursos y por tanto de procesos contencioso-administrativos: en primer lugar, el proceso contencioso administrativo de los actos administrativos; en segundo lugar, el proceso contencioso administrativo de las demandas contra los entes públicos; en tercer lugar, el proceso contencioso administrativo de las conductas omisivas de la Administración; y en cuarto lugar el proceso contencioso administrativo de la interpretación.[28] Las pretensiones procesales variaban en cada uno de esos procesos, y por supuesto, también variaban las reglas de procedimiento aplicables, incluso las relativas a la legitimación activa; contribuyendo al desarrollo del proceso contencioso administrativo contra los actos administrativos, que de un proceso básicamente objetivo, contra un acto, comenzó a concebirse como un proceso subjetivo, susceptible de ser acompañado por pretensiones de condena. Al dictarse la Ley Orgánica en 1976, ello se advirtió rápidamente por la doctrina,[29] y luego comenzó a derivarse de la jurisprudencia.

---

27 *V.*, por ejemplo, para el período posterior a 1976 hasta la sanción de la Constitución de 1999, Allan R. Brewer-Carías, *Estado de derecho y Control Judicial*, Madrid, 1985, pp. 281 y ss; José Araujo Juárez, José, *Derecho Procesal Administrativo*, Vadell Hermanos editores, Caracas, 1996; Allan R. Brewer-Carías, "Contencioso Administrativo", *T.* VII, *Instituciones Políticas y Constitucionales*, Editorial Jurídica Venezolana, Caracas-San Cristóbal, 1997; Antonio Canova González, *Reflexiones para la reforma del sistema contencioso administrativo venezolano*, Editorial Sherwood, Caracas, 1998.

28 *V.*, Allan R. Brewer-Carías, "Los diversos tipos de acciones y recursos contencioso-administrativos en Venezuela", en *Revista de Derecho Público*, N° 25, Editorial Jurídica Venezolana, Caracas, 1986, pp. 5-30.

29 *V.*, Gonzalo Pérez Luciani "Los recurso contenciosa administrativos en la *Ley Orgánica de la Corte Suprema de Justicia*", en *Instituto de Derecho Público, El control jurisdiccional, cit.* pp. 135-148; Gonzalo Pérez Luciani, "El sistema contenciosos administrativo y el procedimiento administrativo", en A. Moles Caubet y otros, *Contencioso Administrativo en Venezuela*, Caracas 1981, pp. 60-61.

En efecto, en base al artículo 206 de la Constitución y al contenido de la Ley Orgánica de la Corte Suprema de Justicia de 1976 el esquema tradicional del contencioso-administrativo en su clásica división de contencioso de anulación y contencioso de plena jurisdicción puede decirse que quedó superado[30], y por ejemplo, en su lugar, como lo señaló hace años Hildegard Rondón de Sansó, podrían distinguirse tres tipos de acciones contencioso-administrativas: acciones de impugnación de actos administrativos unilaterales o bilaterales, que conducen a la anulación de los mismos como consecuencia del control de legalidad; acciones de condena, de prestación o declarativas de condena, particularmente en materia de responsabilidad contractual y extracontractual y de restablecimiento de situaciones jurídicas subjetivas lesionadas por la actividad administrativa, que conducen a decisiones del juez de dar, hacer o no hacer frente a la Administración; y acciones declarativas tendientes al reconocimiento o protección de un derecho subjetivo o a la interpretación de una situación jurídica o una norma.[31]

Pero en realidad, como hemos dicho, a la luz del artículo 206 de la Constitución de 1961 y de las regulaciones de la Ley Orgánica de la Corte Suprema de Justicia de 1976, moldeados por los criterios jurisprudenciales, los procesos contencioso administrativos, como instrumentos procesales de protección de los particulares frente a la autoridad pública, se ampliaron, pudiendo distinguir los cuatro antes mencionados,[32] y que son:

En primer lugar, el proceso contencioso-administrativo de los actos administrativos, conforme a los ordinales 9 al 12 del artículo 42 de la Ley Orgánica de 1976, cuyo objeto siempre es un acto administrativo, teniendo la acción respectiva siempre una pretensión de anulación de los mismos. Sin embargo, hablamos del "contencioso de los actos administrativos" y no del contencioso de anulación, pues si bien siempre debe haber una pretensión de anulación de los actos, el proceso no se agota en dicha anulación, y las acciones y recursos pueden contener otras pretensiones procesales de condena adicionales y anexas a la pretensión de anulación del acto administrativo, conforme se establece en el artículo 206 de la Constitución y en el artículo 131 de la Ley Orgánica de la Corte Suprema de Justicia.

En todo caso, y en virtud de que pueden formularse pretensiones de condena anexas a las pretensiones de anulación de un acto administrativo, el contencioso de los actos administrativos se concibe como un proceso subjetivo,[33] a pesar de que el objeto principal del mismo es un acto administrativo. Sin embargo, procesalmente, conforme a la Ley Orgánica de 1976, el proceso contencioso de los actos administrativos seguía concebido como un juicio contra un acto administrativo, en el cual se solicitaba del juez declarase su nulidad y, en su caso, pronunciar las decisiones de condena que se pretendieran co-

---

30 *V.*, Allan R. Brewer-Carías, *Instituciones Políticas y Constitucionales*, 2° edición, Caracas-San Cristóbal, 1985, *T.* 2, pp. 639 y ss. *V.*, lo que hemos expuesto en Allan R. Brewer-Carías, "Los diversos tipos de acciones y recursos contencioso-administrativos en Venezuela", *Revista de Derecho Público*, N° 25, Editorial Jurídica Venezolana, Caracas, 1986, pp. 5-30, y en *Estado de derecho y Control Judicial, cit.*, pp. 243 ss. *V.*, en defensa del recurso de plena jurisdicción, Enrique Iribarren M., "¿Existe en Venezuela un recurso autónomo de plena jurisdicción?", *Revista de la Fundación Procuraduría General de la República*, N° 1, 1986, pp. 113-153.

31 *V.*, H. Rondón de Sansó, "Medios de proceder por la vía contencioso-administrativa" en A. Moles y otros, *Contencioso-administrativo..., cit.*, pp. 110-123.

32 *V.*, Allan R. Brewer-Carías, "Algunos aspectos del proceso contencioso-administrativo" en Allan R. Brewer-Carías y Josefina Calcaño de Temeltas, *Ley Orgánica de la Corte Suprema de Justicia*, Editorial Jurídica Venezolana, 2ª edición actualizada, Caracas 1991, pp. 137-290.

33 Sentencia de la Corte Suprema de Justicia en Sala Política Administrativa de 3-10-85 en *Revista de Derecho Público* N° 24, Editorial Jurídica Venezolana, Caracas 1985, pp. 156-162.

mo consecuencia de la anulación. Por tanto, en el contencioso de los actos administrativos no se demandaba ni a las personas jurídicas de derecho público que dictaron el acto recurrido, ni a los posibles beneficiarios de dicho acto. Sólo se impugnaba el acto y como consecuencia, se podían solicitar pretensiones de condena contra dichas personas de derecho público u otros entes que hayan dictado el acto (Art. 137).

Con base en lo anterior, el proceso contencioso administrativo de los actos administrativos, además de pretensiones de anulación, podía contener pretensiones de condena, lo cual conllevaba a que el proceso podía clasificarse en tres clases: el proceso contencioso de sola anulación; el proceso contencioso de anulación y de condena, y el proceso contencioso de anulación y amparo constitucional.

En segundo, estaba el proceso contencioso administrativo de las demandas contra los entes públicos, conforme se establecía en los ordinales 14 a 16 del artículo 42 de la Ley Orgánica de 1976, en el cual no sólo se establecía una verdadera litis procesal entre demandante y demandado, que se desarrollaba a través de un proceso subjetivo, entre partes, sino que tenía la característica general de orden negativo, de que en el objeto de la demanda y de las pretensiones del demandante, no había actos administrativos envueltos. Por tanto, la relación jurídica procesal que se originaba en estas demandas contra los entes públicos, no tenía su origen en un acto administrativo que debía recurrirse, pues si ése hubiese sido el caso, correspondería a lo que habíamos denominado el contencioso de los actos administrativos.

En consecuencia, este proceso contencioso-administrativo de las demandas contra los entes públicos, es el propio de las acciones que se intenten contra éstos, basadas en pretensiones de condena que tienen su origen, básicamente, en la responsabilidad de la Administración, de orden contractual o extracontractual, que buscan la condena al pago de sumas de dinero o de daños y perjuicios e incluso, el restablecimiento de la situación jurídica subjetiva lesionada, y cuyo origen no está en actos administrativos. Por supuesto, tratándose de un contencioso de las demandas, la legitimación activa corresponde en estos casos al titular de un derecho subjetivo, quien puede accionar contra un ente público para lograr la satisfacción del mismo; y el procedimiento estaba regulado en la Ley, siguiendo el esquema del procedimiento ordinario, en la Sección Primera del Capítulo II del Título V de la Ley Orgánica de la Corte Suprema de Justicia, intitulada "De las demandas en que sea parte la República" (Arts. 103-111).

El tercer lugar, estaba el proceso contencioso administrativo contra las conductas omisivas de la Administración, lo cual es otra de las importantes regulaciones de la Ley Orgánica de la Corte Suprema de Justicia de 1976 (Art. 42.23 y 182.1), al atribuirle a los órganos de la jurisdicción contencioso-administrativa competencia para "Conocer la abstención o negativa de los funcionarios nacionales [o de 'las autoridades estadales o municipales', en su caso], a cumplir determinados actos a que estén obligados por las leyes, cuando sea procedente, en conformidad con ellas." (Art. 42.23).

Esta norma, que consagraba el proceso contra las conductas omisivas de la Administración[34] tenía su fundamento, por una parte, en el incumplimiento por parte de la Administración de una obligación legal concreta de decidir o de cumplir determinados ac-

34 Este recurso como lo apuntó Antonio Moles Caubet hace años, existe en Venezuela desde 1925. *V.*, Antonio Moles Caubet, "Rasgos generales de la jurisdicción contencioso-administrativo", en A. Moles Caubet y otros, *Contencioso Administrativo.....cit.*, p. 76.

tos, y por la otra, en el derecho de un sujeto de derecho a que la Administración cumpla los actos a que está obligada. Por tanto, a la base de este proceso estaba una relación jurídica (deber-poder) específica, que se concretaba en una obligación también específica de la Administración de actuar, frente a una situación jurídica, asimismo específica de poder de un sujeto de derecho, que se configuraba como un derecho subjetivo de orden administrativo a la actuación administrativa. No se trataba, consecuentemente, de la obligación genérica de la Administración a dar oportuna respuesta a las peticiones de particulares, ni del derecho también genérico de éstos a obtener oportuna respuesta a sus peticiones presentadas por ante la Administración (Art. 67, Constitución). Se trataba, en cambio, de una relación obligación-derecho establecida entre la Administración y un particular, a una actuación administrativa determinada.

En estos casos de incumplimiento de la precisa y expresa obligación legal de un funcionario a adoptar determinados actos, a los cuales tiene derecho un particular, la protección jurisdiccional de este derecho está precisamente en esta acción frente a la abstención o negativa administrativa, lo cual no debe confundirse con la otra garantía procesal de los particulares frente al silencio de la Administración que origina el llamado silencio administrativo negativo o acto administrativo presunto o tácito denegatorio, y que podría ser recurrido tanto en vía administrativa como en vía contencioso-administrativa.[35]

Debe destacarse, por otra parte, que la pretensión del recurrente en estos procesos contra las conductas omisivas no es, por supuesto, que sólo se declare la ilegalidad de la omisión o negativa administrativa, o que sólo se declare la obligatoriedad de la Administración de decidir, sino que lo que busca realmente es que se ordene a la Administración a adoptar determinados actos. Por tanto, la decisión del juez puede contener mandamientos de hacer frente a la Administración, e incluso, en nuestro criterio, puede en sí misma, suplir la carencia administrativa, relevando al interesado de la obligación de obtener el acto en cuestión, para ejercer su actividad particular. Como lo ha señalado la Corte Primera de lo Contencioso-Administrativo, en estos casos, la acción "se refiere al cumplimiento de actos, esto es, que no se agota en un simple pronunciamiento, sino que presupone la realización de actuaciones tendientes a satisfacer la pretensión deducida por el administrado."[36]

Por tanto, el contencioso-administrativo contra la carencia administrativa, implica que la pretensión del recurrente está basada en un derecho subjetivo de orden administrativo infringido por la inacción, y cuya satisfacción sólo es posible mediante una actuación; consecuencialmente, el restablecimiento de la situación jurídica infringida por la omisión, puede dar lugar a que el juez ordene a la Administración la adopción de una decisión, o a que el juez directamente se sustituya a la Administración y restablezca la situación jurídica subjetiva infringida, por ejemplo, dispensando al particular de obtener el acto solicitado, si ello era necesario para ejercer su derecho.

---

35 *V.*, Allan R. Brewer-Carías "Consideraciones en torno a la figura del silencio consagrado a los efectos del recurso contencioso-administrativo de anulación" en *Revista de Control Fiscal*, N° 96, Caracas 1980, pp. 11-38; Allan R. Brewer-Carías, *El Derecho Administrativo y la Ley Orgánica de Procedimientos Administrativo*, Editorial Jurídica Venezolana, Caracas 1982, pp. 225 y ss.

36 *V.*, sentencia de 6-12-84 en *Revista de Derecho Público* N° 20, Editorial Jurídica Venezolana, Caracas 1984, p. 174.

Por último, debe señalarse que en estos supuestos de procesos contencioso-administrativos contra las conductas omisivas de la Administración, en ausencia de un procedimiento específico previsto en la Ley, los jueces aplicaron el procedimiento de los juicios de nulidad de los actos administrativos de efectos particulares.[37]

En cuarto lugar, estaba el proceso contencioso administrativo para la solución de las controversias que correspondía a la Sala Político Administrativa, conforme al artículo 42.22, para "dirimir las controversias que se susciten entre autoridades políticas o administrativas de una misma o diferentes jurisdicciones con motivo de sus funciones, cuando la Ley no atribuya competencia para ello a otra autoridad."

Y en quinto lugar, estaba el proceso contencioso administrativo de interpretación de textos legales,[38] originalmente establecido sólo en materia de carrera administrativa como competencia del Tribunal de la Carrera Administrativa,[39] el cual fue formalmente establecido con carácter general por la Ley Orgánica de 1976, aun cuando sólo admisible en los casos previstos en la Ley (Art. 42.24).[40] En este recurso de interpretación, la legitimación activa correspondería a todo el que tenga un interés legítimo, personal y directo en la interpretación del texto legal, normalmente, el funcionario público, y por supuesto, también correspondería a la Administración.

Tal era, en líneas muy generales, no sólo la fuente legislativa que utilizó la Corte Suprema de Justicia para sentar las bases de los procesos constitucionales y contencioso administrativos, que estaban ya configurados cuando se sancionó la Constitución de 1999, sino el marco general de dichos procesos.

III. LOS PRINCIPIOS DEL CONTROL JUDICIAL DE LOS ACTOS DICTADOS EN EJERCICIO DEL PODER PÚBLICO EN LA CONSTITUCIÓN DE 1999, CONFORME A LA LEY ORGÁNICA DEL TRIBUNAL SUPREMO DE 2004

La Constitución de 1999, sin duda, puede considerarse como el punto culminante de la evolución de los sistemas de control de constitucionalidad y de control contencioso administrativo de los actos estatales, y por tanto, el punto de partida para la configuración definitiva del derecho procesal constitucional y del derecho procesal administrativo.

---

37 *V.*, sentencia de la Corte Primera de lo Contencioso Administrativo de 28-9-82 en *Revista de Derecho Público* N° 12, Editorial Jurídica Venezolana, Caracas 1982 p. 176

38 E. Pérez Olivares, "El recurso de interpretación" en *El control jurisdiccional de los poderes públicos...*, *cit.*, pp. 149-165.

39 Art. 64 Ley de Carrera Administrativa, *V.*, Hildegard Rondón de Sanso, *El sistema contencioso Administrativo de la carrera administrativa*, Caracas 1974, pp. 315 y ss.

40 *V.*, sentencia de la Corte Suprema de Justicia en Sala Político-Administrativa de 27-04-82 en *Revista de Derecho Público*, N° 10, Editorial Jurídica Venezolana, Caracas, 1982, p. 174. Era por ejemplo, el caso en materia de la carrera administrativa respecto de las dudas que surgieran en cuanto a la aplicación e interpretación de la Ley y su Reglamento, y en materia de la Ley de Licitaciones respecto de las dudas que pudieran presentarse en casos concretos en cuanto a la inteligencia, alcance y aplicación de la Ley, y como competencia de la Corte Suprema de Justicia exclusivamente. *V.*, Sentencia de la Corte Suprema de Justicia en Sala Político-Administrativa de 118-81 en *Revista de Derecho Público*, N° 8, Editorial Jurídica Venezolana, Caracas, 1981, p. 138. *V.*, artículo 78 de la vieja Ley de Licitaciones. *Gaceta Oficial* N° 34.528 de 10-8-90.

La misma está concebida formalmente como el marco jurídico para un Estado de derecho, que conlleva la necesaria sumisión de todas las actuaciones de los órganos del Estado al ordenamiento jurídico preestablecido, compuesto no sólo por la Constitución y las leyes, sino por el conjunto de reglamentos y normas dictados por las autoridades competentes. De ello deriva el principio de la legalidad, que en relación con todos los órganos del Estado, y en particular de la Administración Pública, les impone la obligación de actuar con arreglo a lo establecido en la Constitución, ley y las otras normas jurídicas que regulan su actividad.[41]

Esta idea del Estado de derecho implica, además, la indispensable previsión de garantías de control judicial a los efectos de asegurar la sumisión de los órganos del Estado al derecho, a cuyo efecto se han desarrollado y estructurado por una parte, la Jurisdicción Constitucional, y por la otra, la Jurisdicción Contencioso Administrativa, las cuales se distinguen como siempre, en la Constitución, no por los motivos de impugnación de los actos estatales, sino básicamente, por los actos objeto de control.[42]

1. Sobre la Jurisdicción Constitucional en la Constitución de 1999 y en la Ley Orgánica del Tribunal Supremo de Justicia de 2004

Conforme al artículo 266.1 de la Constitución de 1999, el Tribunal Supremo de Justicia ejerce la Jurisdicción Constitucional la cual conforme al Título VIII de la misma está atribuida, en exclusiva, a la Sala Constitucional.

Pero por supuesto, Jurisdicción Constitucional no se puede confundir con "justicia constitucional." Esta última se refiere en general a la competencia judicial para velar por la integridad y supremacía de la Constitución, y que en Venezuela se ejerce por *todos los jueces* y no sólo por el Tribunal Supremo de Justicia, ni sólo por su Sala Constitucional, en cualquier causa o proceso que conozcan y, además, en particular, cuando conozcan de acciones de amparo o de las acciones contencioso administrativas al tener la potestad para anular actos administrativos por contrariedad a la Constitución (como forma de contrariedad al derecho) (Art. 259).[43]

En cuanto al Tribunal Supremo de Justicia, en materia de justicia constitucional, todas sus Salas también tienen expresamente como competencia, el garantizar "la supremacía y efectividad de las normas y principios constitucionales", correspondiéndoles a todas las salas el ser "el máximo y último intérprete de la Constitución" y velar "por su uniforme interpretación y aplicación" (Art. 335). La Sala Constitucional, por tanto, no es "el máximo y último intérprete de la Constitución" como se ha afirmado,[44] o como lo ha

41. *V.*, Antonio Moles Caubet, *El principio de Legalidad y sus Implicaciones*, Universidad Central de Venezuela, Facultad de Derecho, Publicaciones del Instituto de Derecho Público, Caracas, 1974.

42. *V.*, Allan R. Brewer-Carías, *Instituciones Políticas y Constitucionales, T.* VI, *Justicia Constitucional*, Universidad Católica del Táchira-Editorial Jurídica Venezolana, Caracas-San Cristóbal, 1996; Editorial Jurídica Venezolana, Caracas, 1997; *La Justicia Constitucional (Procesos y procedimientos constitucionales)*, Universidad Nacional Autónoma de México, México 2007.

43 *V.*, Allan R. Brewer-Carías, *Instituciones Políticas y Constitucionales, T.* VII, *La Justicia Contencioso administrativa*, Universidad Católica del Táchira-Editorial Jurídica Venezolana, Caracas-San Cristóbal, 1997, pp. 26 y ss.

44 *V.*, en José Vicente Haro G., "La justicia constitucional en Venezuela y la Constitución de 1999." en *Revista de Derecho Constitucional*, Editorial Sherwood, N° 1, Caracas, sep-dic. 1999, pp. 137 y 146.

señalado la propia Sala Constitucional, no es el órgano judicial que tenga "el monopolio interpretativo último de la Constitución."[45] Esta es una apreciación completamente errada, que no deriva del texto de la Constitución, de cuyo artículo 335, al contrario, lo que se deriva es que *todas las Salas* ejercen la justicia constitucional conforme a sus respectivas competencias y son el máximo y último intérprete de la Constitución. También se deriva que es a través de la Sala Constitucional, que el Tribunal Supremo de Justicia concentra la Jurisdicción Constitucional (Arts. 266, ord. 1° y 336).

De lo anterior resulta, en todo caso, que la expresión "justicia constitucional" es un concepto material que equivale a *control judicial de la constitucionalidad de las leyes y demás actos estatales,* el cual ha sido ejercido en Venezuela, siempre, por todos los tribunales pertenecientes a todas las Jurisdicciones, es decir, por todos los órganos que ejercen el Poder Judicial, dando origen a los procesos constitucionales.

En cambio, la expresión *"Jurisdicción Constitucional"* es una noción orgánica, que tiende a identificar a un órgano específico del Poder Judicial que tiene, en forma exclusiva, la potestad de anular *ciertos actos estatales* por razones de inconstitucionalidad, en particular, las leyes y demás actos con rango de ley o de ejecución directa e inmediata de la Constitución; atribución que en Venezuela siempre ha correspondido al Supremo Tribunal de Justicia,[46] ahora a través de su Sala Constitucional.

La noción de justicia constitucional, por tanto, es distinta a la de Jurisdicción Constitucional. Esta se identifica con la potestad de la Sala Constitucional de juzgar en materia constitucional, y aquella en cambio con la "la potestad de juzgar en materia constitucional" que corresponde, además de a la Sala Constitucional, a otros órganos judiciales.[47] La particularidad de la Jurisdicción Constitucional, si se quiere, es que tiene atribuidas en forma exclusiva unas competencias judiciales en materia de justicia constitucional, como son por ejemplo, las de anular ciertos y determinados actos estatales: las leyes y demás actos de rango legal o de ejecución directa e inmediata de la Constitución, y las de revisar las sentencias en materia constitucional. De ello deriva, que la Sala Constitucional ni siquiera tiene el monopolio para ejercer el control concentrado de la constitucionalidad de los actos estatales, y solo tiene el monopolio de dicho control *respecto de determinados actos estatales* (los de rango y fuerza de ley y los dictados en ejecución directa e inmediata de la Constitución), como se la caracteriza en el derecho comparado.[48]

Por ello puede decirse, en general, que el control concentrado de la constitucionalidad de los actos estatales conforme a la Constitución, se ejerce por dos Jurisdicciones distintas: la Jurisdicción Constitucional y la Jurisdicción Contencioso Administrativa. Ello se

---

45 *V.*, sentencia N° 1374 de 09-11-2000, en *Revista de Derecho Público*, N° 84, Editorial Jurídica Venezolana, Caracas, 2000, p. 267.

46 *V.*, Allan R. Brewer-Carías, *Instituciones Políticas y Constitucionales*, *T.* VI, *La Justicia Constitucional*, Universidad Católica del Táchira-Editorial Jurídica Venezolana, Caracas, 1996; Allan R. Brewer-Carías, *Judicial Review in Comparative Law*, Cambridge, 1989.

47 No es correcto, por tanto, lo afirmado por la Sala Constitucional en el sentido de que la misma tenga atribuida competencia para ejercer la "la potestad de juzgar y de hacer ejecutar lo juzgado en materia constitucional." *V.*, sentencia N° 129 de 17-03-2000 (Caso: *Vicente Bautista García Fermín*), Expediente 00-0005. Ello sólo es así cuando ejerce la Jurisdicción Constitucional.

48 *V.*, en general, Allan R. Brewer-Carías, *Judicial Review in Comparative Law*, *op. cit.* p. 190; y Allan R. Brewer-Carías, *El control concentrado de la constitucionalidad de las leyes (Estudio de Derecho Comparado)*, Caracas, 1994, p. 19.

deriva del hecho de que los órganos de la Jurisdicción Contencioso Administrativa tienen competencia, conforme al artículo 259 de la Constitución, para controlar la constitucionalidad de los actos administrativos, tanto normativos (Reglamentos) como no normativos, que son siempre actos de rango sublegal. Esta norma, eliminó la incongruencia que en la Constitución de 1961 prevalecía, al atribuir a la Jurisdicción Constitucional de entonces (Corte Plena), la competencia para controlar la constitucionalidad de los Reglamentos Ejecutivo, tal como ya se ha dicho anteriormente.

De ello resulta, por tanto, que los órganos de la Jurisdicción Contencioso Administrativa ejercen la justicia constitucional mediante el control concentrado de la constitucionalidad, al conocer de los recursos contenciosos administrativos de anulación contra los actos administrativos por razones de inconstitucionalidad; entendiéndose por supuesto que los actos administrativos son siempre de carácter sublegal, no siendo por tanto en forma alguna dictados "en ejecución directa e inmediata de la Constitución." Estos últimos actos ejecutivos están sometidos al control de constitucionalidad exclusivamente a cargo de la Sala Constitucional del Tribunal Supremo.

Con base en este marco constitucional se dictó la Ley Orgánica del Tribunal Supremo de Justicia de 2004, la cual derogó la Ley Orgánica de la Corte Suprema de Justicia de 1976, cuyo articulado había sido el que efectivamente había innovado en esta materia, habiendo sentando las bases para el ejercicio del control jurisdiccional. La Ley de 2004, en realidad, salvo por lo que se refirió a las nuevas normas que eran indispensables para poner a funcionar un nuevo Tribunal que había sustituido a la antigua Corte Suprema, desde el punto de vista sustantivo no pasó de ser, en realidad, sino una muy mala y disparatada copia de las previsiones de la Ley de 1976.

Sin embargo desde el punto de vista formal, la Ley Orgánica de 2004 se caracterizó por tener una disparatada composición, una asistemática división y una absurda ordenación.[49] La verdad es que puede decirse que no existe en los anales de la historia legislativa del país, desde 1830, un texto legal tan mal concebido y peor expresado como aquella Ley Orgánica de 2004, que quedó como legado de unos legisladores poco conocedores de la más elemental técnica legislativa; que sancionaron un texto que será ejemplo de cómo no debe legislarse. En dicha Ley Orgánica de 2004, en todo caso, en su artículo 5, párrafo 2°, se le atribuyeron al Tribunal Supremo en Sala Constitucional, como Jurisdicción Constitucional,[50] los asuntos previstos en los numerales 3 al 23 del

---

49 *V.*, la crítica sobre la técnica de redacción utilizada en la ley de 2004 en Carlos Luis Carrillo Artiles, *Ley Orgánica del Tribunal Supremo de Justicia. Titulada, Concordada, Comentada con sus Antecedentes y Modificaciones*, FUNEDA, Caracas 2004, pp. 7-13.

50 *V.*, en general, Allan R. Brewer-Carías, *El Sistema de Justicia Constitucional en la Constitución de 1999: Comentarios sobre su desarrollo jurisprudencial y su explicación a veces errada", en la Exposición de Motivos*, Editorial Jurídica Venezolana, Caracas, 2000; Allan R. Brewer-Carías, "La Justicia Constitucional en la Nueva Constitución" en *Revista de Derecho Constitucional*, N° 1, Septiembre-Diciembre 1999, Editorial Sherwood, Caracas, 1999, pp. 35-44; Allan R. Brewer-Carías, "La justicia constitucional en la Constitución de 1999", en *Derecho Procesal Constitucional*, Colegio de Secretarios de la Suprema Corte de Justicia de la Nación, A.C., Editorial Porrúa, México 2001, pp. 931-961. Publicado también en *Reflexiones sobre el Constitucionalismo en América*, Editorial Jurídica Venezolana, Caracas, 2001, pp. 255-285; Jesús M. Casal H., *Constitución y justicia constitucional: los fundamentos de la justicia constitucional en la nueva Carta Magna*, Universidad Católica Andrés Bello, Caracas, 2000; Héctor Fix Zamudio, "La justicia constitucional y la judicialización de la política", en *Constitución y Constitucionalismo Hoy*. Editorial Ex Libris, Caracas, 2000, pp. 557-592; Jesús M. Casal H., "Hacia el fortalecimiento y racionalización de la justicia constitucional", en *Revista de Derecho Constitucional*, N° 2 (enero-junio), Editorial Sherwood, Caracas, 2000, pp. 215-242; Antonio Canova González, "La futura justicia constitucional en Venezue-

párrafo 1° de dicho artículo, que originaron por una parte diversos procesos constitucionales, y por la otra algunos procedimientos constitucionales, en los cuales no se traba *litis* procesal.

A. Los procesos constitucionales en la Ley Orgánica de 2004

En primer lugar, están por tanto, una serie de competencias atribuidas a la Sala Constitucional que originan procesos constitucionales y que están signados por el principio de la bilateralidad, requiriendo siempre instancia de parte. Esos de acuerdo con la Ley Orgánica de 2004 eran los siguientes:

1. Primero, el proceso constitucional de control concentrado de constitucionalidad de las leyes y otros actos estatales de igual rango y valor (control concentrado de la constitucionalidad), regulado en los ordinales 6 a 9 del párrafo 1° del artículo 5 de la Ley Orgánica de 2004 que atribuían a la Sala Constitucional las siguientes competencias en materia de control de la constitucionalidad de actos del Estado establecidas en el artículo 336 de la Constitución, según los actos objeto de control:

> En *primer* lugar,
>
> "6. Declarar la nulidad total o parcial de las *leyes nacionales y demás actos con rango de ley de la Asamblea Nacional*, que colidan con la Constitución de la República Bolivariana de Venezuela, mediante el ejercicio del control concentrado de la constitucionalidad."

Esta norma repetía tanto el texto constitucional como el del artículo 42.1 de la Ley Orgánica de 1976, a los cuales sólo se le agregó la última frase sobre el "ejercicio del control concentrado de la constitucionalidad," terminología que, por tanto, adquirió rango legal en Venezuela. Los actos con rango de ley de la Asamblea Nacional serían aquellos actos parlamentarios sin forma de ley dictados en ejecución directa e inmediata de la Constitución, como los *interna corporis*.

> En *segundo* lugar,
>
> "7. Declarar la nulidad total o parcial de las Constituciones y leyes estadales, de las ordenanzas municipales y demás actos de los cuerpos deliberantes de los Estados, Municipios y del Distrito Capital, dictados *en ejecución directa e inmediata de la Constitución* y que colidan con ella, mediante el ejercicio del control concentrado de la constitucionalidad."

En este caso, también, la novedad respecto de lo que establecía la Constitución de 1999 y de lo que establecía Ley Orgánica de 1976 no sólo fue la calificación del proceso, también como "el ejercicio del control concentrado de la constitucionalidad," sino la referencia, conforme a la Constitución (Arts. 334 y 336) de los actos estatales sometidos a control como aquellos dictados en ejecución directa e inmediata de la Constitución, y que sin tener "valor de ley" tienen el mismo rango. En la Ley Orgánica se agregaron, además, los actos de tal naturaleza del Distrito Capital.

---

la", en *Revista de Derecho Constitucional*, N° 2 (enero-junio), Editorial Sherwood, Caracas, 2000, pp. 93-181; María A. Bonnemaison, "El control constitucional de los Poderes Públicos", en *Bases y principios del sistema constitucional venezolano* (Ponencias del VII Congreso Venezolano de Derecho Constitucional realizado en San Cristóbal del 21 al 23 de Noviembre de 2001*)*, Volumen II, pp. 233-260; Carla Crazut Jiménez, "Progreso de la protección constitucional en Venezuela", en *Libro Homenaje a Enrique Tejera París, Temas sobre la Constitución de 1999*, Centro de Investigaciones Jurídicas (CEIN), Caracas, 2001, pp. 273 a 289.

En *tercer* lugar,

> "8. Declarar la nulidad total o parcial de *los actos con rango de ley dictados por el Ejecutivo Nacional*, que colidan con la Constitución de la República Bolivariana de Venezuela, mediante el ejercicio del control concentrado de la constitucionalidad."

Esta norma se refería, básicamente, a los decretos leyes dictados en virtud de ley habilitante (Art. 203), así como a las regulaciones sobre el ejercicio de derechos constitucionales que debe dictar el Ejecutivo Nacional en caso de restricción de garantías derivadas de un decreto de estado de excepción (Art. 339). Se destaca igualmente, el calificativo del proceso que originaba la competencia como de "el ejercicio del control concentrado de la constitucionalidad.

En *cuarto* lugar,

> "9. Declarar la nulidad total o parcial de los actos dictados por cualquier órgano en ejercicio del Poder Público, en ejecución directa e inmediata de la Constitución de la República Bolivariana de Venezuela, cuando colidan con ésta y que no sean reputables como actos de rango legal."

Lamentablemente en la identificación del objeto de la acción de inconstitucionalidad en este caso, el Legislador de 2004 no sólo no lo calificó como "control concentrado de la constitucionalidad," perdiendo la coherencia normativa, sino que no entendió las disposiciones constitucionales (Arts. 334, 336.4) que se refieren al control de constitucionalidad de los "actos dictados en ejecución directa e inmediata de la Constitución," los cuales precisamente por ello tienen rango legal, aún cuando puedan no tener valor de ley. Las categorías de actos dictados en ejecución directa e inmediata de la Constitución y los actos con rango de ley, no son excluyentes. Los actos dictados en ejecución directa e inmediata de la Constitución, precisamente por ello sólo pueden estar regulados por sus normas y no admiten que se pueda dictar una ley para regularlos. Pero la noción nada tiene que ver con el concepto de normas constitucionales de aplicación directa e inmediata. No es lo mismo, por tanto, un acto dictado en ejecución directa e inmediata de la Constitución que una norma constitucional de aplicación directa e inmediata.[51]

En todo caso, en ejercicio de estas cuatro competencias (ordinales 6 a 9) y aún cuando no se utilizó la misma terminología en el ordinal 9, la Sala Constitucional ejercía el "control concentrado de la constitucionalidad", el cual, como lo precisaba el artículo 5, párrafo 3° de la Ley Orgánica de 2004:

> "Sólo corresponderá a la Sala Constitucional en los términos previstos en esta Ley, la cual no podrá conocerlo incidentalmente en otras causas, sino únicamente cuando medie un recurso popular de inconstitucionalidad, en cuyo caso no privará el principio dispositivo, pudiendo la Sala suplir, de oficio, las deficiencias o técnicas del recurrente sobre las disposiciones expresamente denunciadas por éste, por tratarse de un asunto de orden público".

Con esta disposición expresa, en el caso de control concentrado de constitucionalidad, el Legislador buscó poner límite a la potestad de control concentrado de oficio que hab-

---

51 Ello, lamentablemente se ha confundido en forma inaceptable por la Sala Constitucional en la sentencia N° 566 de 12-04-2004 (Caso: *Julio Borges, César Pérez Vivas, Henry Ramos Allup, Jorge Sucre Castillo, Ramón José Medina y Gerardo Blyde vs. Consejo Nacional Electoral*) mediante la cual la Sala Constitucional se avocó al conocimiento de la causa relativa al referendo revocatorio presidencial que competía a la Sala Electoral. *V.*, los comentarios en Allan R. Brewer-Carías, *La Sala Constitucional vs. El Estado democrático de derecho (El secuestro del Poder Electoral y de la sala Electoral del tribunal Supremo y la confiscación del derecho a la participación política)*, Ediciones El Nacional, Caracas 2004, pp. 133 y ss.

ía venido desarrollando la Sala Constitucional, imponiendo aquí el principio dispositivo al exigir el ejercicio de una acción popular. Esta terminología de "recurso popular de inconstitucionalidad", además, adquirió rango legal en Venezuela con esta disposición.

Debe advertirse, por último, que si bien en todos estos casos se hablaba en la Ley Orgánica de "ejercicio del control concentrado de constitucionalidad," la verdad es que no lo agotaban, pues los otros procesos constitucionales que se desarrollaba ante la Sala Constitucional como Jurisdicción Constitucional, también constituían, precisamente por ello, control concentrado de la constitucionalidad.

2. Segundo, el proceso constitucional de control concentrado de la constitucionalidad de las leyes como incidente con motivo del control difuso de constitucionalidad efectuado por otras Salas del Tribunal Supremo. De acuerdo con lo dispuesto en el artículo 5, párrafo 1°, 22 de la Ley Orgánica, era competencia de la Sala Constitucional:

> "22. Efectuar el examen abstracto y general sobre la constitucionalidad de una norma previamente desaplicada mediante control difuso de la constitucionalidad por alguna de las Salas del Tribunal Supremo de Justicia, absteniéndose de conocer sobre el mérito y fundamento de la sentencia pasada con fuerza de cosa juzgada".

En estos casos, conforme al artículo 5, párrafo 5°,

> "Cuando cualquiera de las Salas del Tribunal Supremo de Justicia haga uso del control difuso de la constitucionalidad, únicamente para un caso concreto, deberá informar a la Sala Constitucional sobre los fundamentos y alcances de la desaplicación adoptada para que ésta proceda a efectuar un examen abstracto sobre la constitucionalidad de la norma en cuestión, absteniéndose de revisar el mérito y alcance de la sentencia dictada por la otra Sala, la cual seguirá conservando fuerza de cosa juzgada".

Conforme a estas normas, por tanto, la Sala Constitucional del Tribunal Supremo era competente para ejercer el control concentrado de la constitucionalidad de las normas legales cuando las mismas hubieran sido desaplicadas en casos concretos por las otras Salas del Tribunal Supremo mediante la aplicación del método difuso de control de constitucionalidad.

3. Tercero, el proceso constitucional de control concentrado de la inconstitucionalidad de la omisión del Legislador y de los demás órganos del Poder Público en relación con sus obligaciones constitucionales, el cual se extiende a las omisiones de los órganos que ejercen el poder legislativo municipal, estadal o nacional, cuando dichos órganos hayan dejado de dictar las normas o medidas indispensables para garantizar el cumplimiento de la Constitución, o las hubiesen dictado en forma incompleta. En la decisión de estos procesos, la Sala Constitucional tiene competencia para establecer el plazo para la emisión de la legislación necesaria y para, de ser necesario, establecer los lineamientos para la corrección de la misión.

La Constitución reguló este proceso constitucional de control de la constitucionalidad de las omisiones del Legislador (Art. 336,7), el cual se recogió en el artículo 5, párrafo 1°,12 de la Ley Orgánica, al atribuirse a la Sala Constitucional, competencia para

> "Declarar la inconstitucionalidad de las omisiones del Poder Legislativo Municipal, Estadal o Nacional cuando haya dejado de dictar las normas o medidas indispensables para garantizar el cumplimiento de la Constitución de la República Bolivariana de Venezuela, o las haya dictado en forma incompleta, y establecer el plazo y, de ser necesario, los lineamientos generales esenciales para su corrección, *sin que ello implique usurpación de funciones de otro órgano del Poder Público, o extralimitación de atribuciones*".

La última frase subrayada, constituye un agregado del Legislador respecto de lo que dispone la Constitución, en el sentido de imponerle límites a la Sala Constitucional en cuanto a que los lineamientos que puede establecer para la corrección de la omisión por parte del órgano legislativo, no puede implicar en caso alguno, que la Sala pueda sustituirse en el ejercicio de la competencia del órgano legislativo omiso y asumir y ejercer su competencia; es decir, usurpar sus funciones e incurrir en extralimitación de atribuciones.[52]

Pero la Ley Orgánica en su artículo 5, párrafo 1°,13 amplió las competencias de la Sala Constitucional, al regular el control concentrado de la constitucionalidad de las omisiones respecto de cualesquiera otros órganos del Poder Público, y no sólo del órgano legislativo, en relación con el cumplimiento de obligaciones directamente establecidas en la Constitución, así:

> "13. Declarar la inconstitucionalidad de las omisiones de cualquiera de los órganos que ejerzan el Poder Público de rango nacional, respecto a obligaciones o deberes establecidos directamente por la Constitución de la República Bolivariana de Venezuela".

Esta disposición, tal como está redactada, implicaba la concentración en la Sala Constitucional, por ejemplo, del conocimiento de todas las acciones de amparo o contencioso administrativas contra las conductas omisivas de los entes y funcionarios públicos en el cumplimiento de las obligaciones que le son impuestas en las regulaciones referidas, por ejemplo, a los derechos constitucionales, que son normas de aplicación directa e inmediata. Ello resquebrajaba las competencias judiciales en materia de amparo y contencioso administrativas.

4. Cuarto, el proceso constitucional para la solución de las controversias constitucionales entre los órganos del Poder Público. De acuerdo con el artículo 336.9 de la Constitución, la Sala Constitucional conforme al artículo 5, párrafo 1°,15 de la Ley Orgánica tiene competencia para: "15. Dirimir las controversias constitucionales que se susciten entre cualquiera de los órganos del Poder Público".

5. Quinto, el proceso constitucional de la interpretación constitucional. A pesar de la jurisprudencia desarrollada por la Sala Constitucional, la Ley Orgánica no reguló expresamente el proceso constitucional de interpretación de la Constitución, mediante acción autónoma; y lo que la Ley estableció fue un conjunto de atribuciones que son comunes a todas las Salas del Tribunal Supremo, entre las cuales está el conocimiento de los recursos de interpretación de las leyes.

6. Sexto, el proceso constitucional de la revisión de sentencias en materia constitucional. De acuerdo con la innovación consagrada en el artículo 336,10 de la Constitución,[53]

---

52 Como lo hizo en agosto de 2003 al designar a los miembros del Consejo Nacional Electoral, y limitarle sus atribuciones. *V.*, sentencias N° 2073 de 4-8-2003 (Caso: *Hernann E. Escarrá Malavé (acción de inconstitucionalidad por omisión contra la Asamblea Nacional)*, y N° 2341 de 25-08-2003 (Caso: *Hermann Escarrá y otros*), en *Revista de Derecho Público*, N° 93-96, EJV, Caracas 2003, pp. 520 ss. y pp. 525 ss. Véanse los comentarios en Allan R. Brewer-Carías, *La Sala Constitucional vs. El Estado democrático de derecho, (El secuestro del Poder Electoral y de la sala Electoral del tribunal Supremo y la confiscación del derecho a la participación política)*, Caracas, 2004, pp. 43 y ss.

53 En la propuesta que formulamos ante la Asamblea Nacional Constituyente el 31 de octubre de 1999 sobre el control difuso de la constitucionalidad de las leyes, consideramos que en la Constitución: "También debería atribuirse a la Sala Constitucional una competencia para conocer de un recurso extraordinario de revisión que pueda intentarse contra las sentencias de última instancia en las cuales se resuelvan cuestiones constitucionales relativas a las leyes, de conocimiento discrecional por la Sala. En esta forma, en materia de cuestiones de constituciona-

se atribuye a la Sala Constitucional La competencia para conocer del recurso extraordinario de revisión de sentencias definitivamente firmes dictadas en los procesos de amparo constitucional y por los jueces ejerciendo el control difuso de constitucionalidad de leyes o normas jurídicas al decidir casos concretos. Conforme con el artículo 5, párrafo 1°, 16 de la Ley Orgánica de 2004, igualmente se atribuyó competencia a la Sala Constitucional competencia para "revisar las sentencias definitivamente firmes de amparo constitucional y control difuso de la constitucionalidad de leyes o normas jurídicas, dictadas por los demás tribunales de la República."

Se trata de una competencia que tiene por objeto establecer la uniformidad de la aplicación e interpretación constitucional, al permitirle a la Sala Constitucional conocer, a su discreción, de los recursos extraordinarios de revisión que se intenten contra sentencias definitivamente firmes de los tribunales dictadas en materia de amparo, en los casos en los cuales han ejercido el control difuso de la constitucionalidad de las leyes.

En particular, sobre las sentencias dictadas en ejercicio del control difuso de la constitucionalidad, el artículo 5, párrafo 4° de la Ley Orgánica, dispuso que "de conformidad con lo previsto en la Constitución de la República Bolivariana de Venezuela, todo tribunal de la República podrá ejercer el control difuso de la constitucionalidad únicamente para el caso concreto, en cuyo supuesto dicha sentencia estará expuesta a los recursos o acciones ordinarias o extraordinarias a que haya lugar." Dicho artículo dejó "a salvo en todo caso", que la Sala Constitucional pueda hacer uso, *de oficio o a instancia de parte,* de la competencia de revisión prevista en el numeral 16 del artículo 5 "y se avoque a la causa para revisarla cuando ésta se encuentre definitivamente firme."

La jurisprudencia de la Sala Constitucional, sin embargo, apartándose de la Constitución, fue ampliando sus competencias de revisión de sentencias dictadas por otras Salas del Tribunal Supremo (distintas a las dictadas en materia de amparo o de control difuso de la constitucionalidad), lo cual fue regularizado por el Legislador en la Ley Orgánica de 2004, atribuyendo además a la Sala Constitucional, en su artículo 5, párrafo 1°,4, competencia para:

> "4. Revisar las sentencias dictadas por una de las Salas, cuando se denuncie fundadamente la violación de principios jurídicos fundamentales contenidos en la Constitución de la República Bolivariana de Venezuela, Tratados, Pactos o Convenios Internacionales suscritos y ratificados válidamente por la República, o que haya sido dictada como consecuencia de un error inexcusable, dolo, cohecho o prevaricación; asimismo podrá avocarse al conocimiento de una causa determinada, cuando se presuma fundadamente la violación de principios jurídicos fundamentales contenidos en la Constitución de la República Bolivariana de Venezuela, Tratados, Pactos o Convenios Internacionales suscritos y ratificados válidamente por la República, aun cuando por razón de la materia y en virtud de la ley, la competencia le esté atribuida a otra Sala."

Debe mencionarse por último, que conforme al artículo 5, párrafo 1°,14 la Ley Orgánica de 2004, siguiendo la tradición en la materia, regulo, la competencia de la Sala Constitucional para resolver sobre la colisión (vigencia y derogación) de leyes, atribuyendo a la Sala Constitucional competencia para "resolver las colisiones que existan entre diversas disposiciones legales y declarar cuál debe prevalecer."

---

lidad, la Sala Constitucional de la Suprema Corte, a su juicio, podría tener la última palabra en estas materias y en los casos en los que estime necesario estatuir con fuerza de precedente y uniformizar la jurisprudencia." *V.*, en Allan R. Brewer-Carías, *Debate Constituyente, (Aportes a la Asamblea Nacional Constituyente), T.* III (18 octubre-30 noviembre 1999), Fundación de Derecho Público-Editorial Jurídica Venezolana, Caracas 1999, p. 105.

En este caso se trata de un proceso destinado a determinar cuál es la ley aplicable en caso de colisiones entre leyes.

B. Los procedimientos constitucionales en la Ley Orgánica de 2004

Pero por otra parte, como se dijo, conforme a la Constitución, la Ley Orgánica definió una serie de competencias respecto de procedimientos de control concentrado de la constitucionalidad de ciertos actos estatales, los cuales no se rigen por el principio de la bilateralidad ni requieren de instancia de parte. Así, estos se refieren de acuerdo con la Constitución, en primer lugar, a mecanismos de control de constitucionalidad, de carácter preventivo, primero, respecto del carácter orgánico de las leyes (Art. 203); segundo respecto de la conformidad con la Constitución de los tratados internacionales suscritos por la República, antes de su ratificación (Art. 335.5); y tercero a la revisión en todo caso, aun de oficio, de la constitucionalidad de los decretos que declaren estados de excepción dictados por el Presidente de la República (artículo 336.6).

Estos procedimientos constitucionales, en efecto, son los siguientes:

1. Primero, el procedimiento de control concentrado y obligatorio de la constitucionalidad de las leyes orgánicas. La Constitución estableció, en su artículo 203, un control de constitucionalidad de carácter obligatorio respecto de ciertas leyes orgánicas, aquellas "que así haya calificado la Asamblea Nacional" en la forma dispuesta en dicha norma; las cuales constituyen sólo uno de los cinco tipos de leyes orgánicas que regula la Constitución.

El artículo 5, párrafo 1°, 17 de la Ley Orgánica, sin embargo, pareció haber extendido este control automático y obligatorio por parte la Sala Constitucional respecto de *todas las leyes orgánicas*, al atribuirle competencia para:

> "17. Conocer, antes de su promulgación, la constitucionalidad del carácter orgánico de las leyes dictadas por la Asamblea Nacional, y de los Decretos con Fuerza de Ley que dicte el Presidente de la República en Consejo de Ministros mediante Ley Habilitante".

A pesar de lo mal redactado de la norma, debía presumirse que el control previsto respecto de los decretos ejecutivos con fuerza de Ley en ella establecido, sólo se refiere a aquellos que tengan el carácter de "leyes orgánicas."

2. Segundo, el procedimiento de control concentrado y obligatorio de constitucionalidad de los decretos de estado de excepción. Conforme al artículo 336,6 de la Constitución, el artículo 5, párrafo 1°,11 de la Ley Orgánica atribuye a la Sala Constitucional competencia para controlar la constitucionalidad en forma obligatoria de los decretos de estados de excepción, así: "11. Revisar, en todo caso, aun de oficio, la constitucionalidad de los decretos que declaren estados de excepción dictados por el Presidente o Presidenta de la República."

3. Tercero, el proceso constitucional de control concentrado preventivo de la constitucionalidad de los Tratados. Conforme al artículo 5, párrafo 1°, 10 de la Ley, y al artículo 336.5 de la Constitución, la Sala Constitucional era y es competente para verificar, a solicitud del Presidente de la República o de la Asamblea Nacional, la conformidad con la Constitución, de los Tratados Internacionales suscritos por la República antes de su ratificación.

Se trata entonces del ejercicio de un control concentrado de carácter preventivo de la constitucionalidad de los tratados internacionales, a solicitud del Presidente de la República o de la Asamblea nacional.

A ello habría que agregar la competencia de la Sala Constitucional para la resolución de controversias en relación con los tratados internacionales, que se reguló en la Ley Orgánica, en el artículo 5, párrafo 1°, 23, al atribuirle competencia para:

> "23. Conocer de las controversias que pudieren suscitarse con motivo de la interpretación y ejecución de los tratados, convenios o acuerdos internacionales suscritos y ratificados por la República. La sentencia dictada deberá ajustarse a los principios de justicia internacionalmente reconocidos y será de obligatorio cumplimiento por parte del Estado Venezolano".
>
> Nada más reguló la Ley Orgánica sobre estas competencias ni sobre la legitimación activa para iniciar el proceso.

4. Cuarto, el proceso constitucional de control concentrado preventivo de la constitucionalidad de leyes sancionadas antes de su promulgación tal como se reguló en el artículo 214 de la Constitución. Conforme al artículo 5, párrafo 1°,21 de la Ley Orgánica, correspondía a la Sala Constitucional, "conocer de la solicitud de pronunciamiento, efectuada por el Presidente de la República, sobre la inconstitucionalidad de las leyes sancionadas por la Asamblea Nacional, de conformidad con lo previsto en el artículo 214 de la Constitución de la República Bolivariana de Venezuela."[54]

En este caso, igualmente se trata del ejercicio de un control concentrado preventivo de la constitucionalidad de las leyes antes de su publicación, a solicitud del Presidente de la República e independientemente del ejercicio del veto presidencial.

2. Sobre la Jurisdicción Contencioso Administrativa en la Constitución de 1999 y en la Ley Orgánica del Tribunal Supremo de Justicia

Para asegurar la sumisión de los actos y demás actuaciones de la Administración Pública al derecho, es que se han desarrollado los procesos contencioso administrativos y la misma Jurisdicción Contencioso Administrativa como el conjunto de órganos judiciales encargados de controlar la constitucionalidad y legalidad de las actuaciones de la Administración, tanto por sus actos, omisiones y hechos materiales, como por las relaciones jurídico administrativas en las cuales aquélla intervenga.[55]

La norma fundamental que siguió constitucionalizando esta Jurisdicción es la contenida en el artículo 259 de la Constitución de 1999, la cual dispone:

> "La Jurisdicción Contencioso Administrativa corresponde al Tribunal Supremo de Justicia y a los demás tribunales que determina la ley. Los órganos de la Jurisdicción Contencioso Administrativa son competentes para anular los actos administrativos generales o individuales contrarios a derecho, incluso por desviación de poder; condenar al pago de sumas de dinero y a la reparación de daños y perjuicios originados en responsabilidad de la Administración; conocer de reclamos por la prestación de servicios públicos y disponer lo necesario para el restablecimiento de las situaciones jurídicas subjetivas lesionadas por la actividad administrativa".

---

54 En esta forma, este control de constitucionalidad de las leyes no sancionadas, ni publicadas, se desligó del veto presidencial tal como estaba regulado en la Constitución de 1961, artículo 173.

55 *V.*, Allan R. Brewer-Carías, *Las Instituciones Fundamentales del Derecho Administrativo y la Jurisprudencia Venezolana.* Publicaciones de la Facultad de Derecho, Universidad Central de Venezuela, Caracas, 1964, pp. 295 y ss.

Fue precisamente con base en esta norma constitucional, que repite casi textualmente el contenido del artículo 206 de la anterior Constitución de 1961, que en Venezuela se continuó con el desarrollo los procesos contencioso administrativos atribuidos al conocimiento de la Jurisdicción Contencioso Administrativa que se ejerce por la Sala Político Administrativa del Tribunal Supremo de Justicia y los otros tribunales que debía establecer la Ley, con la misión específica, entre otras, de ejercer la justicia constitucional y de la legalidad respecto de los actos de la Administración. La configuración de dicha jurisdicción, por otra parte, se ha completado en la Constitución de 1999, al regularse también, en el artículo 297, a la Jurisdicción Contencioso Electoral atribuyéndose su ejercicio a la Sala Electoral del Tribunal Supremo de Justicia y los demás tribunales que determine la ley; especializándose así, el control de legalidad y constitucionalidad respecto de los actos administrativos dictados por los órganos del Poder Electoral.

En las Disposiciones Transitorias de esa Ley Orgánica de 1976, como se ha dicho, se había regulado la organización de la Jurisdicción Contencioso Administrativa, con indicación de los diversos tribunales que además de la Sala Político Administrativa de la Corte Suprema, la integraban, particularmente, la Corte Primera de lo Contencioso Administrativo y Tribunales Superiores Contencioso Administrativos. Incomprensiblemente, sin embargo, la Ley Orgánica del Tribunal Supremo de Justicia de mayo de 2004, a pesar de regular los principios del procedimiento contencioso administrativo en sus artículos 18 a 21, sin embargo careció de Disposiciones transitorias para darle base legal fundamental a la organización de la Jurisdicción. Sólo se estableció en la Disposición Derogatoria, Transitoria y Final de la Ley, que mientras se dictase la Ley de la Jurisdicción Contencioso Administrativa, el procedimiento regulado sólo se aplicaría a los juicios desarrollados ante el propio Tribunal Supremo, agregando que respecto de los otros tribunales, la Sala Plena debía dictar un Reglamento Especial que regulase "el funcionamiento y la competencia de los tribunales respectivos", lo que nunca ocurrió, de manera que el régimen del procedimiento se estableció jurisprudencialmente.

La Constitución de 1999, conforme al artículo 266, atribuye a la Sala Político Administrativa del Tribunal Supremo de Justicia competencia para:

> "4. Dirimir las controversias administrativas que se susciten entre la República, algún Estado, Municipio u otro ente público, cuando la otra parte sea alguna de esas mismas entidades, a menos que se trate de controversias entre Municipios de un mismo Estado, caso en el cual la ley podrá atribuir su conocimiento a otro tribunal.
>
> 5. Declarar la nulidad total o parcial de los reglamentos y demás actos administrativos generales o individuales del Ejecutivo Nacional, cuando sea procedente.
>
> 6. Conocer de los recursos de interpretación sobre el contenido y alcance de los textos legales, en los términos contemplados en la ley".

Al reservarse al Tribunal Supremo, en general, el control de la constitucionalidad e ilegalidad con poderes anulatorios de los reglamentos y demás actos administrativos del Ejecutivo Nacional, ello permitió atribuir a los tribunales superiores con competencia contencioso administrativa el control de la constitucionalidad e ilegalidad de los actos de las autoridades administrativas de los Estados y Municipios. En cuanto a las demás autoridades administrativas nacionales que no conforman estrictamente los órganos del "Ejecutivo Nacional", el control contencioso administrativo de sus actos, tanto por razones de inconstitucionalidad cómo de ilegalidad, se atribuyó conforme la Ley Orgánica de la Corte Suprema de Justicia de 1976, a la Corte Primera de lo Contencioso Administrativo.

Ahora bien, la importancia del texto del artículo 259 de la Constitución de 1999, y su efecto inmediato, que es la constitucionalización de la Jurisdicción Contencioso Administrativa, radica en la ratificación de los siguientes principios relativos a los procesos contencioso administrativos:[56]

En *primer* lugar, el de la *universalidad del control* de constitucionalidad y legalidad que la Constitución regula respecto de los reglamentos y demás actos administrativos, en el sentido, de que todos, absolutamente todos los actos administrativos pueden ser sometidos a control judicial por los órganos de la jurisdicción contencioso administrativa.

La intención del artículo 259 de la Constitución de 1999 fue, entonces, ratificar el principio de que todos los actos administrativos, por cualquier motivo de contrariedad al derecho, puedan ser controlados por los tribunales que conforman la Jurisdicción Contencioso Administrativa, respecto de lo cual no se admiten excepciones, de manera que se puedan dejar fuera de control algunos actos administrativos. Ello, por supuesto, trae como consecuencia fundamental que cualquier exclusión de control judicial respecto de actos administrativos específicos sería inconstitucional, sea que dicha exclusión se haga por vía de ley o por las propias decisiones de los tribunales, en particular, del propio Tribunal Supremo de Justicia.

La universalidad del control radica entonces en que todos los actos administrativos están sometidos a control judicial de constitucionalidad y legalidad, por cualquier motivo de contrariedad al derecho, de manera que los órganos de la Jurisdicción Contencioso Administrativa tienen competencia constitucional para juzgar tanto la constitucionalidad como la legalidad propiamente dicha de los actos administrativos.

En *segundo* lugar y como consecuencia de esta tendencia hacia la universalidad del control, se ha puesto a disposición de los particulares un conjunto de recursos y acciones para acceder a la justicia contencioso administrativa que dan origen a un conjunto de procesos, que son, además del proceso de anulación contra los reglamentos y demás actos administrativos de efectos generales o de efectos particulares, incluso con pretensión de condena y de amparo constitucional, están el proceso contencioso administrativo contra la abstención o negativa de los funcionarios públicos a actuar conforme a las obligaciones legales que tienen; el proceso contencioso administrativo de interpretación de las leyes; el proceso contencioso administrativo de las demandas contra los entes públicos; y el proceso contencioso administrativo para la resolución de los conflictos entre autoridades administrativas del Estado.

Pero en *tercer* lugar, la importancia de la constitucionalización de la Jurisdicción Contencioso Administrativa, es decir, del control judicial de constitucionalidad y legalidad de todos los actos administrativos, está en que no sólo la norma constitucional del artículo 259 persigue una asignación de competencias a unos órganos judiciales, sino en que consagra un *derecho fundamental del ciudadano a la tutela judicial efectiva frente a la Administración*, en el sentido de lo establecido en el artículo 26 de la propia Constitución y en el artículo 18, primer párrafo de la Ley Orgánica del Tribunal Supremo. En esta forma, la Jurisdicción Contencioso Administrativa se configura constitucionalmente como un sistema judicial para la protección de los administrados frente a la

56 *V.*, Allan R. Brewer-Carías, *Nuevas Tendencias en el Contencioso Administrativo en Venezuela*, Editorial Jurídica Venezolana, Caracas, 1993.

Administración. De allí la ratificación del principio de la universalidad del control, en el sentido de que tratándose de un derecho constitucional al mismo, no podría el Legislador excluir de control a determinados actos administrativos.

Además, en *cuarto* lugar, la forma como están concebidas constitucionalmente la universalidad de control y el derecho ciudadano a la tutela judicial frente a la Administración, implica la asignación al juez contencioso administrativo de *amplísimos* poderes de tutela, no sólo para el control de la constitucionalidad y legalidad objetivas que debe siempre ser respetada por la Administración, sino de las diversas situaciones jurídicas subjetivas que pueden tener los particulares en relación con la Administración. De allí que el contencioso administrativo, conforme al artículo 259 de la Constitución, no sea solamente un proceso contra actos administrativos, sino que está concebido como un sistema de justicia para la tutela de los derechos subjetivos y de los intereses legítimos de los administrados, incluyendo, por supuesto, los derechos y libertades constitucionales.

Por tanto, no se concibe el contencioso administrativo sólo como un proceso de control de constitucionalidad y legalidad, sino también de tutela de los derechos e intereses de los recurrentes frente a la Administración. Por ello, el juez contencioso administrativo, de acuerdo a los propios términos del artículo 259 de la Constitución, tiene competencia no sólo para anular los actos administrativos contrarios a derecho, sino para condenar a la Administración al pago de sumas de dinero y a la reparación de daños y perjuicios originados en responsabilidad de la misma, y además, para disponer lo necesario para el restablecimiento de las situaciones jurídicas subjetivas lesionadas por la autoridad administrativa, incluyendo en la expresión "situaciones jurídicas subjetivas" no sólo el clásico derecho subjetivo, sino los derechos constitucionales y los propios intereses legítimos, personales y directos de los ciudadanos.

IV. LOS PROCESOS Y PROCEDIMIENTOS CONSTITUCIONALES CONFORME A LA LEY ORGÁNICA DEL TRIBUNAL SUPREMO DE JUSTICIA DE 2010

En 2010, se sancionó la nueva la Ley Orgánica del Tribunal Supremo de Justicia que derogó la Ley Orgánica de 2004, volviéndose en cierta forma, particularmente desde el punto de vista formal, al espíritu de la Ley Orgánica de 1976, es decir, la vuelta a la sensatez legislativa.

La Ley Orgánica de 2010, en efecto, en relación con el de la Ley 2004, solo significó una variación en cuanto al ámbito de sus Disposiciones Transitorias procesales, que eran la médula de esta regulación legal desde 1976, quedando en la misma reducidas a regular sólo los procesos y procedimientos constitucionales y los contencioso electorales, incluyendo, en los primeros, además de la acción popular de inconstitucionalidad, las demandas de protección de derechos e intereses colectivos y difusos y el proceso de habeas data.[57]

57 *V.*, Allan R. Brewer-Carías, "Introducción General al Régimen del Tribunal Supremo de Justicia y de los procesos y procedimientos constitucionales y contencioso electorales," en Allan R. Brewer-Carías y Víctor Hernández Mendible, *Ley Orgánica del Tribunal Supremo de Justicia. El Tribunal Supremo de Justicia y los procesos y procedimientos constitucionales y contencioso electorales*, Editorial Jurídica Venezolana, Caracas 2010.

En esta última materia, en realidad, lo que hizo la Asamblea fue poner en articulado las normas que como legislador positivo había venido dictando la Sala Constitucional del Tribunal Supremo en varias de sus sentencias. El resultado ha sido, en todo caso, que en la Ley de 2010 se han eliminado de las normas transitorias que estaban destinadas a regular los procesos contencioso administrativos, que se han incorporado en la Ley Orgánica de la Jurisdicción Contencioso Administrativa de 2010.

Es decir, los pocos cambios sustantivos que se aprecian en la Ley Orgánica del Tribunal Supremo de 2010, en comparación con la de 2004, contrastan sin embargo, con los grandes cambios introducidos en la Ley Orgánica desde el punto de vista formal, en el sentido de que afortunadamente, sus redactores tuvieron la virtud de haber superado la disparatada y asistemática composición de aquella. En la Ley Orgánica de 2010 afortunadamente volvió a la racional división de Títulos, Capítulos y Secciones, y aquellos largos, interminables, desordenados y confusos artículos que tenía, se han agrupado en la forma usual de la más elemental técnica legislativa tradicional.

En la Ley Orgánica de 2010, se pueden también identificar los distintos procesos y procedimientos constitucionales cuyo conocimiento se atribuye a la Sala Constitucional como Jurisdicción Constitucional, dependiendo si es su conformación procesal se está en presencia de una litis o contradictorio. En los procesos constitucionales, en efecto, tiene que establecerse una litis o contradictorio entre un demandante y unos demandados que deben ser emplazados, que son procesos sujetos a tramitación como se indica en el artículo 128 de la Ley Orgánica; en cambio en los procedimientos constitucionales no se plantea tal contradictorio, y conforme al artículo 145 de la Ley Orgánica son los que no requieren sustanciación.

1. Los diversos procesos constitucionales en la Ley Orgánica de 2010

En esta forma, la Ley Orgánica del Tribunal Supremo de 2010 permite distinguir los siguientes procesos constitucionales:

A. El proceso constitucional de control de la constitucionalidad de las leyes y demás actos de ejecución directa de la Constitución

Primero, el proceso constitucional de control de la constitucionalidad de las leyes iniciado mediante la acción popular de inconstitucionalidad, que se desarrolla ante la Jurisdicción Constitucional, y en el cual la Sala Constitucional tiene poderes anulatorios teniendo sus decisiones en tal sentido efectos *erga omnes*, y en principio *pro futuro* o *ex nunc*. Este proceso constitucional de anulación se desarrolla de acuerdo con el artículo 334 de la Constitución, respecto de las leyes y demás actos estatales de valor o rango de ley, o dictados "en ejecución directa e inmediata de la Constitución o que tengan rango de ley." Esto significa, que de acuerdo con el artículo 336, numerales 1 a 4 de la Constitución, la Sala Constitucional del Tribunal Supremo, como Jurisdicción Constitucional tiene la atribución de control concentrado de la constitucionalidad de las *leyes nacionales* y demás actos con *rango de ley* de la Asamblea Nacional; las *Constituciones* y *leyes estadales*, las *ordenanzas municipales* y demás actos de los cuerpos deliberantes de los Estados y Municipios dictados en *ejecución directa e inmediata* de la Constitución; los *actos con rango de ley* dictados por el Ejecutivo Nacional; y los *actos en ejecución di-*

recta e inmediata de la Constitución, dictados por cualquier otro órgano estatal en ejercicio del Poder Público. Estas competencias se repiten, en el artículo 25, numerales 1 a 4 de la Ley Orgánica.

Tratándose de un proceso constitucional que se inicia mediante una acción popular, rige el principio dispositivo, de manera que la Sala Constitucional en ningún caso puede iniciar de oficio el control concentrado de la constitucionalidad de las leyes, como en decisiones anteriores lo había pretendido.[58] Debe señalarse, sin embargo, que con motivo del ejercicio del control difuso de la constitucionalidad de las leyes, en particular, por parte de las otras salas del Tribunal Supremo, la Sala Constitucional también había venido desarrollando un mecanismo de control abstracto, vía incidente, de constitucionalidad de las leyes, desarrollando incluso poderes de control de oficio de la constitucionalidad. Es decir, partiendo del control difuso por las otras salas, la Sala Constitucional había desarrollado otro mecanismo de control concentrado de la constitucionalidad,[59] al declarar la nulidad con efectos generales de disposiciones legales por vía de lo que ha llamado incidente de constitucionalidad. Esta posibilidad ahora se ha recogido en el artículo 33 de la Ley Orgánica al disponer que:

> "Cuando cualquiera de las Salas del Tribunal Supremo de Justicia y los demás tribunales de la República ejerzan el control difuso de la constitucionalidad deberán informar a la Sala Constitucional sobre los fundamentos y alcance de la desaplicación que sea adoptada, para que ésta proceda a efectuar un examen abstracto sobre la constitucionalidad de la norma en cuestión. A tal efecto deberán remitir copia certificada de la sentencia definitivamente firme."[60]

En estos casos, conforme al artículo 34 de la Ley,

> "cuando se declare la conformidad a derecho de la desaplicación por control difuso, la Sala Constitucional podrá ordenar el inicio del procedimiento de nulidad que dispone esta Ley. Igualmente procederá cuando el control difuso de la constitucionalidad sea ejercido por dicha Sala."

B. El proceso constitucional de control de la inconstitucionalidad del Legislador

Segundo, el proceso constitucional de control de la inconstitucionalidad de la omisión del Legislador, que como se ha dicho también reguló la Constitución de 1999 (Art. 336.7), al atribuirle a la Sala Constitucional competencia para "declarar la inconstitucionalidad de las omisiones del poder legislativo municipal, estadal o nacional, cuando hayan dejado de dictar las normas o medidas indispensables para garantizar el cumplimiento de la Constitución, o las hayan dictado en forma incompleta, y establecer el plazo y, de ser necesario, los lineamientos de su corrección."

La Ley Orgánica, reiteró estas competencias, pero las amplió al atribuirle a la Sala Constitucional también competencia para declarar la inconstitucionalidad de las omi-

---

58 *V.*, por ejemplo en sentencia N° 331 de 13 de marzo de 2001 (Caso: *Henrique Capriles R. vs. Comisión Nacional de Casinos, Salas de Bingo y Máquinas Traganíqueles*), en *Revista de Derecho Público*, N° 85-88, Editorial Jurídica Venezolana, Caracas 2001, p. 391.

59 *V.*, sentencia N° 1225 de 19 de octubre de 2000, *V.*, en *Revista de Derecho Público*, N° 84, Editorial Jurídica Venezolana, Caracas 2000, pp. 259-260.

60 El artículo 5, párrafo 5° de la Ley Orgánica de 2004 agregaba en esta misma norma la aclaratoria lógica de que la sala debía abstenerse de revisar el mérito y alcance de la sentencia dictada por la otra Sala, la cual seguirá conservando fuerza de cosa juzgada.

siones de cualquiera de los órganos del Poder Público Nacional, Estatal y Municipal (Art. 25,7). El mecanismo para impulsar este control de las omisiones legislativas estimamos que recibe el mismo tratamiento de una *acción popular*, es decir, que basta el simple interés en la constitucionalidad para intentar la acción, desarrollándose un proceso contradictorio.

C. El proceso constitucional de las controversias constitucionales

Tercero, el proceso constitucional de las controversias constitucionales entre los órganos del Poder Público. El Tribunal Supremo, en Sala Constitucional, también tiene competencia, conforme al artículo 336.9 de la Constitución, para "dirimir las controversias constitucionales que se susciten entre cualesquiera de los órganos del Poder Público," lo que ha sido recogido en el artículo 25.9 de la Ley Orgánica. Esta competencia de la Sala Constitucional tiene por objeto resolver los conflictos constitucionales que se planteen entre los órganos que ejercen el Poder Público, tanto en su distribución vertical (República, Estados y Municipios), como en su división horizontal a nivel nacional (Poder Legislativo, Poder Ejecutivo, Poder Judicial, Poder Ciudadano, Poder Electoral) y a nivel estadal y municipal (Poder Legislativo y Poder Ejecutivo).

Es decir, se trata de la resolución de controversias sobre atribuciones *constitucionales* entre los órganos que ejercen del Poder Público; que son distintas a las controversias administrativas que se puedan suscitar entre la República, los Estados, Municipios u otro ente público, las que compete ser resueltas por la Sala Político-Administrativa del Tribunal Supremo de Justicia (Art. 266,4), como Jurisdicción Contencioso-Administrativa.

En estos casos, la legitimación activa para intentar un recurso a los efectos de dirimir controversias constitucionales, corresponde a los órganos del Poder Público que sean parte en la controversia, abriéndose en el proceso, necesariamente una litis entre órganos del Poder Público en controversia, habiendo necesariamente un órgano estatal demandante y un órgano estatal demandado.

D. El proceso constitucional de la interpretación de las leyes

Cuarto, el proceso constitucional de la interpretación constitucional, que deriva de la competencia de la Sala Constitucional como Jurisdicción Constitucional, para conocer del recurso de interpretación abstracta de la Constitución, que fue creado por la propia Sala Constitucional, mediante la interpretación que le dio al artículo 335 de la Constitución,[61] que atribuye al Tribunal Supremo el carácter de ser "máximo y último intérprete de la Constitución." El artículo 25.17 de la Ley Orgánica de 2010, sin embargo, ha consagrado como competencia de la Sala Constitucional el conocer "la demanda de interpretación de normas y principios que integran el sistema constitucional," la cual en los términos del artículo 128 de la Ley Orgánica da origen a un proceso constitucional.

61 Sentencia N° 1077 de la Sala Constitucional de 22-09-00 (Caso: *Servio Tulio León Briceño*), en *Revista de Derecho Público*, N° 83, Editorial Jurídica Venezolana, Caracas, 2000, pp. 247 y ss. *V.*, Allan R. Brewer-Carías, "Le recours d'interprétation abstrait de la Constitution au Vénézuéla", en *Le renouveau du droit constitutionnel, Mélanges en l'honneur de Louis Favoreu*, Dalloz, Paris, 2007, pp. 61-70

Este proceso, como lo precisó la Sala Constitucional, tiene por objeto obtener una sentencia declarativa de mera certeza sobre el alcance y contenido de las normas constitucionales, que no anula el acto en cuestión, pero que busca en efecto semejante, ya que en estos casos, coincide el interés particular con el interés constitucional. En cuanto a la legitimidad necesaria para interponer la demanda, la Sala Constitucional ha señalado que el recurrente debe tener un interés particular en el sentido de que "Como persona pública o privada debe invocar un interés jurídico actual, legítimo, fundado en una situación jurídica concreta y específica en que se encuentra, y que requiere necesariamente de la interpretación de normas constitucionales aplicables a la situación, a fin de que cese la incertidumbre que impide el desarrollo y efectos de dicha situación jurídica."[62]

En todo caso, estimamos que en el supuesto de la acción de interpretación constitucional, también se está en presencia de un proceso constitucional, que requiere de un accionante, debiendo abrirse el proceso a un contradictorio conforme a las normas procesales antes indicadas. Ello por lo demás deriva de lo que se establece en el artículo 128 de la Ley Orgánica. Lamentablemente, sin embargo, no ha sido ese el criterio de algunas sentencias de la Sala Constitucional dictadas antes de la sanción de la Ley.[63]

2. Los diversos procedimientos constitucionales en la Ley de 2010

Aparte de los anteriores procesos constitucionales en la Ley Orgánica de 2010, en los cuales en general debe abrirse un contradictorio, dada la demanda o solicitud fundamentada que los motiva, conforme a las previsiones de la Ley Orgánica también se pueden desarrollar varios procedimientos constitucionales de control de constitucionalidad, los cuales, al contrario, no requieren sustanciación (Art. 145) por lo que puede decirse que en los mismos no se abre un contradictorio ni se entraba una litis. En general se trata de procedimientos en algunos casos obligatorios y automáticos establecidos para el control de constitucionalidad de determinados actos estatales, en particular, de ciertas leyes orgánicas y de los decretos de estados de excepción. Estos son:

A. El procedimiento constitucional de control preventivo de la constitucionalidad de los tratados internacionales

Primero, el procedimiento constitucional de control preventivo de la constitucionalidad de los tratados internacionales. En el artículo 336.5 de la Constitución de 1999 como se ha dicho, se estableció una innovación en materia de control de constitucionalidad, al regularse la competencia de la Sala Constitucional, a solicitud del Presidente de la República o de la Asamblea Nacional, para verificar la conformidad con la Constitu-

62 Caso: *Servio Tulio León Briceño*, en *Revista de Derecho Público*, N° 83, Editorial Jurídica Venezolana, Caracas, 2000, pp. 247 y ss. Adicionalmente, en otra sentencia, N° 1029 de 13-06-2001, la Sala Constitucional atemperó el rigorismo de declarar inadmisible el recurso si no precisaba el contenido de la acción, ya que señaló que "La solicitud deberá expresar: 1.- Los datos concernientes a la identificación del accionante y de su representante judicial; 2.- Dirección, teléfono y demás elementos de ubicación de los órganos involucrados; 3.- Descripción narrativa del acto material y demás circunstancias que motiven la acción."

63 *V.*, sentencia N° 2651 de 2 de octubre de 2003 (Caso: *Ricardo Delgado* (Interpretación artículo 174 de la Constitución)

ción de los tratados internacionales suscritos por la República antes de su ratificación. Se trata de un control previo de la constitucionalidad de los tratados antes de su ratificación y en su caso, antes de su aprobación por ley, lo que implica que en esos casos no puede ejercerse una acción popular para que el Tribunal Supremo realice tal verificación constitucional; esta en cambio podría intentarse contra las leyes aprobatorias de los tratados, una vez sancionadas y publicadas.

B. El procedimiento constitucional de control de la constitucionalidad de los decretos de estados de excepción

Segundo, el procedimiento de control de constitucionalidad obligatorio de los decretos de estado de excepción. De acuerdo con el artículo 339 de la Constitución, el decreto que declare el Estado de Excepción debe en todo caso ser remitido por el Presidente de la República a la Sala Constitucional del Tribunal Supremo, para que ésta se pronuncie sobre su inconstitucionalidad. Por ello, el artículo 336.6 le atribuye a la Sala, competencia expresa para "revisar, en todo caso, *aun de oficio*, la constitucionalidad de los decretos que declaren estados de excepción dictados por el Presidente de la República." Se trata del único supuesto constitucional en el cual la Sala puede actuar de *ex officio*, una vez que el decreto se haya publicado en *Gaceta Oficial.*

C. El procedimiento constitucional de revisión de sentencias constitucionales

Tercero, el procedimiento constitucional de la revisión de sentencias en materia constitucional. A tal efecto, como hemos dicho, el artículo 336.10 de la Constitución atribuye a la Sala Constitucional, competencia que es de ejercicio discrecional, para "revisar las sentencias definitivamente firmes de amparo constitucional y de control de constitucionalidad de leyes o normas jurídicas dictadas por los tribunales de la República, en los términos establecidos por la Ley Orgánica respectiva."[64]

Esta competencia, sin embargo, fue inmediatamente ampliada por la sala Constitucional al establecer en la sentencia N° 93 de 6 de febrero de 2001 (Caso: *Olimpia Tours and Travel vs. Corporación de Turismo de Venezuela*), dentro del objeto de revisión otras sentencias dictadas por las Salas del Tribunal Supremo u otros tribunales, distintas a las dictadas en materia de amparo o de control difuso de constitucionalidad, afirmando así su potestad para revisar, además de estas, las siguientes:

---

64 Esta competencia fue recogida en el artículo 5, párrafo 1°,16 de la Ley Orgánica de 2004, como competencia excepcional para que la Sala Constitucional pudiera revisar, a su juicio y discreción, mediante un recurso extraordinario que se podía ejercer contra sentencias de última instancia dictadas por los tribunales de la República, incluidas las otras Salas del Tribunal Supremo, en materia de amparo constitucional o dictadas en ejercicio del método difuso de control de la constitucionalidad de las leyes. *V.*, en general, José V. Haro G., "El mecanismo extraordinario de revisión de sentencias definitivamente firmes de amparo y control difuso de la constitucionalidad previsto en el artículo 336, numeral 10 de la Constitución", en *Revista de Derecho Constitucional*, N° 3 (julio-diciembre), Editorial Sherwood, Caracas, 2000, pp. 231-266; Adán Febres Cordero, "La revisión constitucional", en Nuevos estudios de derecho procesal, Libro Homenaje a José Andrés Fuenmayor, *v.* I, Tribunal Supremo de Justicia, Colección Libros Homenaje, N° 8, Caracas, 2002 pp. 489 a 508.

3. Las sentencias definitivamente firmes que hayan sido dictadas por las demás Salas de este Tribunal o por los demás tribunales o juzgados del país apartándose u obviando expresa o tácitamente alguna interpretación de la Constitución contenida en alguna sentencia dictada por esta Sala con anterioridad al fallo impugnado, realizando un errado control de constitucionalidad al aplicar indebidamente la norma constitucional.

4. Las sentencias definitivamente firmes que hayan sido dictadas por las demás Salas de este Tribunal o por los demás tribunales o juzgados del país que de manera evidente hayan incurrido, según el criterio de la Sala, en un error grotesco en cuanto a la interpretación de la Constitución o que sencillamente hayan obviado por completo la interpretación de la norma constitucional. En estos casos hay también un errado control constitucional.[65]

Esta tendencia expansiva, fue legitimizada en la Ley Orgánica de 2010, en los numerales 10, 11 y 12 del artículo 25, en los cuales, además de asignarse competencia a la Sala para revisar las sentencias definitivamente firmes en las que se haya "ejercido el control difuso de la constitucionalidad de las leyes u otras normas jurídicas," se le asignó competencia para revisar las sentencias definitivamente firmes "cuando hayan desconocido algún precedente dictado por la Sala Constitucional; efectuado una indebida aplicación de una norma o principio constitucional; o producido un error grave en su interpretación; o por falta de aplicación de algún principio o normas constitucionales;" o cuando incurran en "violación de principios jurídicos fundamentales que estén contenidos en la Constitución, tratados, pactos o convenios internacionales suscritos y ratificados válidamente por la República o cuando incurran en violaciones de derechos constitucionales."

La única norma procesal respecto de este recurso extraordinario de revisión de sentencia en la Ley Orgánica, se consagró en su artículo 35 en el cual se dispone que:

Artículo 35. Cuando ejerza la revisión de sentencias definitivamente firmes, la Sala Constitucional determinará los efectos inmediatos de su decisión y podrá reenviar la controversia a la Sala o Tribunal respectivo o conocer la causa, siempre que el motivo que haya generado la revisión constitucional sea de mero derecho y no suponga una nueva actividad probatoria; o que la Sala pondere que el reenvío pueda significar una dilación inútil o indebida, cuando se trate de un vicio que pueda subsanarse con la sola decisión que sea dictada.

65 *V.*, en *Revista de Derecho Público*, N° 85-88, Editorial Jurídica Venezolana, Caracas, 2001, pp. 414-415. La Sala Constitucional, por otra parte, en sentencia N° 727 de 8 de abril de 2003 continuó precisando las sentencias que pueden ser objeto del recurso extraordinario de revisión, indicando que además de las sentencias de amparo constitucional y las sentencias de control expreso de constitucionalidad de leyes o normas jurídicas fundamentadas en un errado control de constitucionalidad, pueden ser objeto del recurso de revisión": "(III) Las sentencias que de manera evidente hayan incurrido, según el criterio de la Sala, en un error grotesco en cuanto a la interpretación de la Constitución o que sencillamente hayan obviado por completo la interpretación de la norma constitucional y (IV) Las sentencias que hayan sido dictadas por las demás Salas de este Tribunal o por los demás juzgados del país apartándose u obviando, expresa o tácitamente, alguna interpretación de la Constitución que contenga alguna sentencia de esta Sala con anterioridad al fallo que sea impugnado." *V.*, Caso: Revisión de la sentencia dictada por la Sala Electoral en fecha 21 de noviembre de 2002, en *Revista de Derecho Público*, N° 93-96, Editorial Jurídica Venezolana, Caracas, 2003. *V.*, también, *Revista de Derecho Público*, N° 82, Editorial Jurídica Venezolana, Caracas, 2001, pp. 412-414

D. El procedimiento constitucional de control de la constitucionalidad de las leyes orgánicas

Cuarto, el procedimiento de control de constitucionalidad obligatorio de ciertas leyes orgánicas. Conforme al artículo 203 de la Constitución, la Sala Constitucional debe pronunciarse sobre la constitucionalidad del carácter orgánico de las *leyes orgánicas* que así hayan sido calificadas por la Asamblea Nacional, antes de su promulgación. No se trata, por tanto, de un procedimiento de control de constitucionalidad establecido respecto de cualquier Ley Orgánica, sino de sólo aquellas así calificadas por la Asamblea Nacional. En estos casos, el Presidente de la Asamblea o el Presidente de la República deben remitir, *automáticamente*, antes de su promulgación, a la Sala Constitucional del Tribunal Supremo de Justicia, para que ésta se pronuncie acerca de la constitucionalidad de ese carácter orgánico. Sin embargo, la Ley Orgánica de 2010, ha establecido una competencia general que no se ajusta al sentido de la norma constitucional, al atribuir a la Sala Constitucional competencia para "determinar, antes de su promulgación, la constitucionalidad del carácter orgánico de las leyes que sean sancionadas por la Asamblea Nacional"

En todo caso, puede decirse que en estos procedimientos tampoco existe un proceso, pues no hay ni demanda ni fundamentación requerida alguna que cuestione la calificación de la ley como orgánica. No habiendo una legitimación activa atribuida a un órgano o persona específica para requerir este control, el mismo debe realizarse de manera automática, para lo cual, la Asamblea Nacional está obligada a remitir la ley sancionada a la Sala Constitucional.

E. El procedimiento constitucional de control preventivo de la constitucionalidad de las leyes

Quinto, el procedimiento constitucional de control preventivo de la constitucionalidad de leyes sancionadas antes de su promulgación, que resulta del artículo 214 de la Constitución, respecto de las leyes sancionadas por la Asamblea Nacional, lo que se ha establecido, también, en el artículo 25.15 de la Ley Orgánica. Se trata de una innovación de la Constitución de 1999, que lo ha regulado desvinculándolo del llamado "veto presidencial" a las leyes, que siempre implica su devolución a la Asamblea Nacional.

En estos casos, el Presidente de la República, al recibir la ley sancionada para su promulgación, puede solicitar a la Sala Constitucional en el lapso que tiene para promulgar las leyes, que esta la revise por cuestiones de constitucionalidad. La legitimación activa para iniciar este proceso se reserva al Presidente de la República,[66] por lo que con esta regulación se ratifica el criterio jurisprudencial de la improcedencia de la acción popular contra las leyes sancionadas, antes de su promulgación ejecutiva y su publicación.

---

66 La Sala Constitucional ha considerado que se trata de una legitimación activa exclusiva del Presidente de la República. *V.*, sentencia N° 194 de 15-02-2001, en *Revista de Derecho Público*, N° 85-88, Editorial Jurídica venezolana, Caracas 2001, pp. 416 y ss.

3. El tema del proceso sobre colisión de leyes

Debe mencionarse por último, que en la Ley Orgánica y conforme a la Constitución, se establece el proceso sobre colisión de leyes, que no es propiamente de "constitucionalidad" sino de determinación de la vigencia o derogación de disposiciones legales.

Conforme a una tradicional competencia que tenía la antigua Corte Suprema de Justicia (Art. 215, 5 de la Constitución de 1961), el artículo 336.8 de la Constitución de 1999 le atribuye al Tribunal Supremo competencia para "resolver las colisiones que existan entre diversas disposiciones legales y declarar cuál de éstas debe prevalecer." Este mecanismo de control, antes que un control abstracto de constitucionalidad, es un control respecto de la vigencia de las leyes en casos de derogación tácita en aplicación del artículo 218 de la Constitución que dispone que "las leyes se derogan por otras leyes."

Sobre este recurso, la Sala Constitucional ha ratificado la doctrina jurisprudencial que había sentado la Sala Plena de la antigua Corte Suprema de Justicia en sentencia de 31 de octubre de 1995 (Caso: *Alí José Venturini B.*), la cual transcribió en sentencia N° 265 de 25 de abril de 2000, en la cual se dispuso que "1. La Corte conoce del mismo a instancia de parte interesada, tal como lo prevé el artículo 82 de la Ley Orgánica de la Corte Suprema de Justicia. (...); [y que] 2. Se trata de un verdadero y propio recurso, en el sentido de que se solicita a la Corte se dirima un conflicto planteado por la preexistencia de normas que aparentemente coliden."[67]

En cuanto al procedimiento, la Sala Constitucional en este caso, igualmente debe abrir un contradictorio, notificando y emplazando a los interesados para que se hagan parte en el proceso.

V. LOS PROCESOS CONTENCIOSO ADMINISTRATIVOS CONFORME A LA LEY ORGÁNICA DE LA JURISDICCIÓN CONTENCIOSO ADMINISTRATIVA DE 2010

1. El proceso y el necesario carácter "contencioso" de los procedimientos

Además de la nueva Ley Orgánica del Tribunal Supremo de 2010, más importante en contenido a los efectos de la definición de los procesos contencioso administrativos fue la Ley Orgánica de la Jurisdicción Contencioso Administrativa que la Asamblea Nacional sancionó el 15 de diciembre de 2009,[68] la cual había sido para los administrativistas, una de las leyes más esperadas de las últimas décadas.

Con ella esperaba que definitivamente quedara sellado el vacío legislativo que siempre había existido en la materia, desde cuando se constitucionalizó la Jurisdicción Contencioso Administrativa en la Constitución de 1961, y que había comenzado a ser llena-

---

67 *V.*, sentencia N° 265 de 25-04-2000 en *Revista de Derecho Público*, N° 82, Editorial Jurídica Venezolana, Caracas, 2000, p. 146.

68 *V.*, en *G.O.* N° 39.451 de 22-06-2010. Véanse los comentarios sobre esta ley, en Allan R. Brewer-Carías y Víctor Hernández Mendible, *Ley Orgánica de la Jurisdicción Contencioso Administrativa*, Editorial Jurídica Venezolana, Caracas 2010.

do sólo en forma transitoria, en las normas de la Ley Orgánica de la Corte Suprema de 1976, y de la Ley Orgánica del Tribunal Supremo de 2004.

Sin embargo, lo que resultó fue una grave desilusión, ya que no se superaron las tradicionales deficiencias en la materia, habiéndose perdido una oportunidad única al sancionarse una normativa insuficiente y deficiente, a pesar de los proyectos que se habían elaborado en el país, y que de haberse seguido habrían dado otro resultado.[69]

En ese contexto, no puede dejarse de recordar que a Ley sancionada se la quiso denominar impropiamente como Ley sobre la "Jurisdicción Administrativa," en lugar una ley sobre la "Jurisdicción Contencioso Administrativa," con el argumento que se consignó en la "Exposición de Motivos" de que como la última denominación provenía de la Constitución de 1961 y aún cuando se había mantenido en la Constitución de 1999, la misma supuestamente constituía "un atavismo no aceptable en la cultura jurídica relacionada con la jurisdicción, ya que en Venezuela nunca existió un verdadero 'contencioso administrativo' al estilo francés ni de las naciones europeas, por lo que resulta dicho agregado un elemento importado de otras latitudes sin expresión en nuestra realidad."[70]

Con esta afirmación, los redactores de la "Exposición de Motivos" llegaron a considerar el adjetivo "contencioso" como inapropiado, pues, según ellos "todo lo jurisdiccional presupone, en principio, un proceso litigioso con un contradictorio claramente definido,"[71] lo que no es sino un disparate. Afortunadamente la propuesta se abandonó, a pesar de que los redactores de la Exposición de Motivos consideraran incorrectamente que el contencioso administrativo en Venezuela supuestamente no se habría configurado "conforme a la idiosincrasia del país," sino que habría sido "el producto de la adaptación a nuestro medio de instituciones foráneas y la imitación de modelos que se fueron estructurando a través de la labor jurisprudencial y la doctrina, pero ajenas a nuestras propias realidades."[72] De nuevo ello, lo que evidenció fue la tremenda ignorancia de sus redactores de la labor de la doctrina nacional en la construcción del contencioso administrativo[73] y peor aún, la labor de la jurisprudencia en la materia.[74] Por ello, y a

---

69 Por ejemplo, el proyecto de Ley elaborado por Víctor Hernández Mendible, en "La jurisdicción contencioso administrativa" en *Revista de Derecho*, N° 2, Tribunal Supremo de Justicia, Caracas, 2000, pp. 283-340.

70 *V.*, el texto en el libro: Allan R. Brewer-Carías y Víctor Hernández Mendible, *Ley Orgánica de la Jurisdicción Contencioso Administrativa*, Editorial Jurídica Venezolana, Caracas 2010.

71 *Idem.*

72 *Idem*

73 *V.*, además de todo la bibliografía citada a lo largo de este estudio, las siguientes obras colectivas: *El control jurisdiccional de los Poderes Públicos en Venezuela*, Instituto de Derecho Público, Facultad de Ciencias Jurídicas y Políticas, Universidad Central de Venezuela, Caracas, 1979; *Contencioso Administrativo en Venezuela*, Editorial Jurídica Venezolana, tercera edición, Caracas, 1993; *Derecho Procesal Administrativo*, Vadell Hermanos editores, Caracas, 1997; 8ª Jornadas "J.M. Domínguez Escovar" (Enero 1983), *Tendencias de la jurisprudencia venezolana en materia contencioso-administrativa*, Facultad de Ciencias Jurídicas y Políticas, U.C.V., Corte Suprema de Justicia; Instituto de Estudios Jurídicos del Estado Lara, Tip. Pregón, Caracas, 1983; *Contencioso Administrativo*, I Jornadas de Derecho Administrativo Allan Randolph Brewer-Carías, FUNEDA, Caracas, 1995; XVIII Jornadas "J.M. Domínguez Escovar, *Avances jurisprudenciales del contencioso-administrativo en Venezuela*, 2 Tomos, Instituto de Estudios Jurídicos del Estado Lara, Diario de Tribunales Editores, S.R.L. Barquisimeto, 1993.

74 En cuanto a la jurisprudencia, *V.*, en Allan R. Brewer-Carías, *Jurisprudencia de la Corte Suprema 1930-74 y Estudios de Derecho Administrativo*, *T.* V, *La Jurisdicción Contencioso-Administrativa*, Vol. 1 y 2, Instituto de Derecho Público, Facultad de Derecho, Universidad Central de Venezuela, Caracas, 1978; Allan R. Brewer-Carías y Luís Ortiz Álvarez, *Las grandes decisiones de la jurisprudencia Contencioso-Administrativa*, Editorial

pesar de la ignorancia de los legisladores, la Ley sancionada no se apartó grandemente de lo que venía siendo el proceso de configuración de los procesos contencioso administrativos,[75] aún cuando con regulaciones deficientes.

2. Los diversos procesos contencioso administrativos en la Ley de 2010

El sistema de los procesos contencioso administrativos que se regulan en la Ley Orgánica de 2010 resulta, sin duda, del conjunto de atribuciones asignadas en la misma a los órganos de la Jurisdicción Contencioso Administrativa, que son la Sala Político Administrativa en su cúspide, y en orden descendente, los Juzgados Nacionales de la Jurisdicción Contencioso Administrativa, los Juzgados Superiores Estadales de la Jurisdicción Contencioso Administrativos y los Juzgados Municipales de la Jurisdicción Contencioso Administrativos.

Esas competencias, establecidas en los artículos 23, 24, 25 y 26, en nuestro criterio, dan origen a los siguientes procesos contencioso administrativos: (I) el proceso contencioso administrativo de las demandas patrimoniales[76]; (II) el proceso contencioso administrativo de las demandas contra las vías de hecho[77]; (III) el proceso contencioso administrativo en materia de prestación servicios públicos[78]; (IV) el proceso contencioso administrativo de anulación de actos administrativos[79]; (V) el proceso contencioso administrativo contra las carencias administrativas; (VI) el proceso contencioso administrativo de las controversias administrativas; y (VII) el proceso contencioso administrativo de la interpretación de las leyes.

Debe señalarse además, que en la Ley Orgánica se atribuyó competencia en el artículo 24.6 a los Juzgados Nacionales de la Jurisdicción Contencioso Administrativa para conocer de "los juicios de expropiación intentados por la República, en primera instancia," con la apelación para ante la Sala Político Administrativa del Tribunal Supremo, y cuyo procedimiento se regula en la Ley de Expropiación por causa de utilidad pública o social de 2002.[80]

Jurídica Venezolana, Caracas, 1996; Luís Ortiz-Álvarez, *Jurisprudencia de medidas cautelares en el contencioso-administrativo (1980-1994)*, Editorial Jurídica Venezolana, Caracas, 1995.

75 *V.*, el texto en el libro: Allan R. Brewer-Carías "Introducción General al Régimen de la Jurisdicción Contencioso Administrativa," en Allan R. Brewer-Carías y Víctor Hernández Mendible, *Ley Orgánica de la Jurisdicción Contencioso Administrativa*, Editorial Jurídica Venezolana, Caracas 2010, pp. 9-151.

76 *V.*, Miguel Ángel Torrealba Sánchez, "Las demandas de contenido patrimonial en la *Ley Orgánica de la Jurisdicción Contencioso Administrativa*" en *Comentarios a la Ley Orgánica de la Jurisdicción Contencioso Administrativa*, v., II, FUNEDA, Caracas, 2011, pp. 299-340.

77 *V.*, Miguel Ángel Torrealba Sánchez, *La vía de hecho en Venezuela*, FUNEDA, Caracas, 2011.

78 *V.*, Jorge Kiriakidis, "Notas en torno al Procedimiento Breve en la *Ley Orgánica de la Jurisdicción Contencioso Administrativa*," *Comentarios a la Ley Orgánica de la Jurisdicción Contencioso Administrativa*, Vol, II, FUNEDA, Caracas, 2011, pp. 167-193.

79 *V.*, en general la obra colectiva, Comentarios a la *Ley Orgánica de la Jurisdicción Contencioso Administrativa*, Vol, I y II, FUNEDA, Caracas, 2010 y 2011, respectivamente.

80 *V.*, en *G.O.* N° 37.475 de 01-07-02. Véanse los comentarios sobre esta ley en Allan R. Brewer-Carías, Gustavo Linares Benzo, Dolores Aguerrevere Valero y Caterina Balasso Tejera, *Ley de Expropiación por causa de utilidad pública o interés social*, Editorial Jurídica Venezolana, Caracas 2002.

A. Los procesos contencioso administrativos de las demandas patrimoniales

En primer lugar, están los procesos contencioso administrativos de las demandas patrimoniales contra entes públicos o que estos puedan intentar, a cuyo efecto, el artículo 23 atribuye a la Sala Político Administrativa del Tribunal Supremo, competencia para conocer de:

> 1. Las demandas que se ejerzan contra la República, los estados, los municipios, o algún instituto autónomo, ente público, empresa, o cualquier otra forma de asociación, en la cual la República, los estados, los municipios u otros de los entes mencionados tengan participación decisiva, si su cuantía excede de setenta mil unidades tributarias (70.000 U.T.), cuando su conocimiento no esté atribuido a otro tribunal en razón de su especialidad.
>
> 2. Las demandas que ejerzan la República, los estados, los municipios, o algún instituto autónomo, ente público, empresa, o cualquier otra forma de asociación, en la cual la República, los estados, los municipios o cualquiera de los entes mencionados tengan participación decisiva, si su cuantía excede de setenta mil unidades tributarias (70.000 U.T.), cuando su conocimiento no esté atribuido a otro tribunal en razón de su especialidad.
>
> 10. Las demandas que se interpongan con motivo de la adquisición, goce, ejercicio o pérdida de la nacionalidad o de los derechos que de ella derivan.
>
> 11. Las demandas que se ejerzan con ocasión del uso del espectro radioeléctrico.
>
> 12. Las demandas que le atribuyan la Constitución de la República o las leyes especiales, o que le correspondan conforme a éstas, en su condición de máxima instancia de la Jurisdicción Contencioso Administrativa.
>
> 13. Las demás demandas derivadas de la actividad administrativa desplegada por las altas autoridades de los órganos que ejercen el Poder Público, no atribuidas a otro tribunal.
>
> 23. Conocer y decidir las pretensiones, acciones o recursos interpuestos, en el caso de retiro, permanencia, estabilidad o conceptos derivados de empleo público del personal con grado de oficiales de la Fuerza Armada Nacional Bolivariana.

Por su parte el artículo 24 de la Ley Orgánica asigna a los Juzgados Nacionales de la Jurisdicción Contencioso Administrativa, competencia para conocer de:

> 1. Las demandas que se ejerzan contra la República, los estados, los municipios, o algún instituto autónomo, ente público, empresa o cualquier otra forma de asociación, en la cual la República, los estados, los municipios u otros de los entes mencionados tengan participación decisiva, si su cuantía excede de treinta mil unidades tributarias (30.000 U.T.) y no supera setenta mil unidades tributarias (70.000 U.T.), cuando su conocimiento no esté atribuido expresamente a otro tribunal, en razón de su especialidad.
>
> 2. Las demandas que ejerzan la República, los estados, los municipios, o algún instituto autónomo, ente público, empresa o cualquier otra forma de asociación, en la cual la República, los estados, los municipios u otros de los entes mencionados tengan participación decisiva, si su cuantía excede de las treinta mil unidades tributarias (30.000 U.T.) y no supera setenta mil unidades tributarias (70.000 U.T.), cuando su conocimiento no esté atribuido a otro tribunal en razón de su especialidad.
>
> 3. Las demandas derivadas de la actividad administrativa contraria al ordenamiento jurídico desplegada por las autoridades de los órganos que ejercen el Poder Público, cuyo control no haya sido atribuido a la Sala Político-Administrativa o a los Juzgados Superiores Estadales de la Jurisdicción Contencioso Administrativa.

Conforme al artículo 25 de la Ley Orgánica, a los Juzgados Superiores Estadales de la Jurisdicción Contencioso Administrativa se les asigna competencia para conocer de:

1. Las demandas que se ejerzan contra la República, los estados, los municipios, o algún instituto autónomo, ente público, empresa o cualquier otra forma de asociación, en la cual la República, los estados, los municipios u otros de los entes mencionados tengan participación decisiva, si su cuantía no excede de treinta mil unidades tributarias (30.000 U.T.), cuando su conocimiento no esté atribuido a otro tribunal en razón de su especialidad.

2. Las demandas que ejerzan la República, los estados, los municipios, o algún instituto autónomo, ente público, empresa o cualquier otra forma de asociación, en la cual la República, los estados, los municipios u otros de los entes mencionados tengan participación decisiva, si su cuantía no excede de treinta mil unidades tributarias (30.000 U.T.), cuando su conocimiento no esté atribuido a otro tribunal en razón de su especialidad.

3. Las demandas derivadas de la actividad administrativa contraria al ordenamiento jurídico de los órganos del Poder Público estadal, municipal o local.

Una de las innovaciones de la Ley Orgánica de 2010 en la conformación del proceso contencioso administrativo de las demandas de contenido patrimonial, fue haber eliminado la referencia a demandas que pudieran derivarse de "contratos administrativos," que en el pasado había condicionado la distribución de competencias judiciales en la materia. La Ley 2010, ha regulado en cambio la competencia en materia de demandas de contenido patrimonial, independientemente de que sean derivadas de responsabilidad contractual o extracontractual, y la misma ha sido sólo distribuida entre los diversos Juzgados según la cuantía. Por tanto, conflictos derivados de la ejecución de contratos del Estado, contratos públicos o contratos administrativos corresponden según la cuantía a los diversos tribunales de la jurisdicción.

Con ello puede decirse que quedó superada la necesidad de determinar cuándo un contrato público era o no era "contrato administrativo" para determinar la competencia de la jurisdicción contencioso administrativa. La materia, que había sido establecida en la Ley Orgánica de 1976 (Art. 42,14) y repetida en la Ley Orgánica de 2004 (Artículo 5, párrafo 1°, 25). En todo caso, debe mencionarse que a pesar de dichas normas, estimamos que la distinción no tenía sustantividad firme, ya que no había ni puede haber contratos de derecho privado de la Administración que pudiesen estar regidos exclusivamente por el derecho privado, que excluyeran el conocimiento de los mismos por la jurisdicción contencioso-administrativa.[81] En realidad, todos los contratos que celebra la Administración están sometidos en una forma u otra al derecho público y a todos se les aplica también el derecho privado, teniendo, según su objeto, un régimen preponderante de derecho público o de derecho privado;[82] por lo que la distinción no tenía ni tie-

81 *V.*, Allan R. Brewer-Carías, "La evolución del concepto de contrato administrativo," en *El Derecho Administrativo en América Latina, Curso Internacional, Colegio Mayor de Nuestra Señora del Rosario*, Bogotá, 1978, pp. 143-167; *Jurisprudencia Argentina*, N° 5.076, Buenos Aires, 13-12-1978, pp. 1-12; *Libro Homenaje al Profesor Antonio Moles Caubet, T.* I, Facultad de Ciencias Jurídicas y Políticas, Universidad Central de Venezuela, Caracas, 1981, pp. 41-69; y *Estudios de Derecho Administrativo*, Bogotá, 1986, pp. 61-90. Además, publicado como "Evoluçao do conceito do contrato administrativo," en *Revista de Direito Publico* N° 51-52, Sao Paulo, julio-diciembre 1979, pp. 5-19.

82 *V.*, Allan R. Brewer-Carías, Contratos Administrativos, Editorial Jurídica Venezolana, Caracas, 1992, pp. 46 ss.; y "La interaplicación del derecho público y del derecho privado a la Administración Pública y el proceso de huída y recuperación del derecho administrativo," en *Las Formas de la Actividad Administrativa. II Jornadas In-*

ne fundamento alguno, y menos cuando en Venezuela nunca ha habido dualidad de jurisdicciones (judicial y administrativa) que en Francia ha sido el verdadero sustento de la distinción.[83] Así como no puede haber acto unilateral dictado por los funcionarios públicos que no sea un acto administrativo, tampoco existen contratos celebrados por la Administración que no estén sometidos en alguna forma al derecho público.

En definitiva, como lo propusimos en 2004,[84] la referencia a "contratos administrativos" ha sido eliminada de la Ley Orgánica de 2010, atribuyéndose a los órganos de la misma todas las cuestiones concernientes a los contratos de la Administración, cualquiera que sea su naturaleza, según la cuantía.

B. Los procesos contencioso administrativos de las demandas contra las vías de hecho administrativas

En segundo lugar, está el proceso contencioso administrativo de las demandas contra las vías de hecho administrativas, a cuyo efecto, el artículo 23.4 asigna a la Sala Político Administrativa del Tribunal Supremo, competencia para conocer de "las reclamaciones contra las vías de hecho atribuidas a las altas autoridades antes enumeradas."

Por su parte el artículo 24.4 de la Ley Orgánica asigna a los Juzgados Nacionales de la Jurisdicción Contencioso Administrativa, competencia para conocer de "Las reclamaciones contra las vías de hecho atribuidas a las autoridades a las que se refiere el numeral anterior."

Y conforme al artículo 25.5 de la Ley Orgánica, a los Juzgados Superiores Estadales de la Jurisdicción Contencioso Administrativa se les asigna competencia para conocer de "las reclamaciones contra las vías de hecho atribuidas a autoridades estadales o municipales de su jurisdicción."

C. Los procesos contencioso administrativos de las demandas relativas a los servicios públicos

En tercer lugar, está el proceso contencioso administrativo de las demandas de los servicios públicos a las cuales se refiere el artículo 259 de la Constitución. Conforme al cual la Ley Orgánica, que creó como innovación fundamental en la organización de la Jurisdicción Contencioso Administrativa a los Juzgados de Municipio de la Jurisdicción Contencioso Administrativa, de carácter unipersonal (Art. 21), les asignó la específica competencia de conocer de las demandas que interpongan los usuarios o usuarias o las organizaciones públicas o privadas que los representen, por la prestación de servicios

---

ternacionales de Derecho Administrativo Allan Randolph Brewer-Carías, Fundación de Estudios de Derecho Administrativo, Caracas, 1996, pp. 59 ss.

83 *V.*, Jesús Caballero Ortíz, "Deben subsistir los contratos administrativos en una futura legislación?," en *El Derecho Público a comienzos del siglo XXI. Estudios homenaje al Profesor Allan R. Brewer-Carías, T.* II, Instituto de Derecho Público, UCV, Editorial Civitas Ediciones, Madrid, 2003, pp. 1773 ss.

84 *V.*, Allan R. Brewer-Carías, *Ley Orgánica del Tribunal Supremo de Justicia*, Editorial Jurídica Venezolana, Caracas, 2004, p. 219.

públicos (Art. 21,1).[85] Debe destacarse que en realidad, la única innovación de la Constitución de 1999 en materia contencioso administrativa en relación con lo que estaba regulado en la Constitución de 1961 (Art. 206), fue el agregado, en el artículo 259, dentro de las competencias de los órganos de la jurisdicción contencioso administrativa, del conocimiento de los "reclamos por la prestación de servicios públicos." La LOTSJ de 2004 no reguló el procedimiento en este caso, y se limitó a establecer la competencia de la Sala Político Administrativa para conocer y decidir, en segunda instancia, las apelaciones y demás acciones o recursos contra las sentencias dictadas por los Tribunales Contencioso Administrativos, cuando su conocimiento no estuviere atribuido a otro tribunal, que decidan sobre las acciones de reclamos por la prestación de servicios públicos nacionales (Art. 5, 37).

La LOJCA 2010 ahora ha atribuido a los órganos de la Jurisdicción competencia en materia de reclamos por la prestación de los servicios públicos y el restablecimiento de las situaciones jurídicas subjetivas lesionadas por los prestadores de los mismos (Art. 9,5), atribuyendo ahora el conocimiento de la materia exclusivamente a los Juzgados de Municipio de la Jurisdicción Contencioso Administrativa, como competencia única, conocer de "las demandas que interpongan los usuarios o usuarias o las organizaciones públicas o privadas que los representen, por la prestación de servicios públicos" (Art. 26,1).

D. Los procesos contencioso administrativos de anulación de los actos administrativos

En cuarto lugar está el proceso contencioso administrativo de anulación, a cuyo efecto el artículo 23 asigna a la Sala Político Administrativa, competencia para conocer de:

> 5. Las demandas de nulidad contra los actos administrativos de efectos generales o particulares dictados por el Presidente o Presidenta de la República, el Vicepresidente Ejecutivo o Vicepresidenta Ejecutiva de la República, los Ministros o Ministras, así como por las máximas autoridades de los demás organismos de rango constitucional, si su competencia no está atribuida a otro tribunal.
>
> 6. Las demandas de nulidad que se ejerzan contra un acto administrativo de efectos particulares y al mismo tiempo el acto normativo sub-legal que le sirve de fundamento, siempre que el conocimiento de este último corresponda a la Sala Político-Administrativa.

El artículo 24 de la Ley, por su parte, asigna competencia a los Juzgados Nacionales de la Jurisdicción Contencioso Administrativa para conocer de:

> 5. Las demandas de nulidad de los actos administrativos de efectos generales o particulares dictados por autoridades distintas a las mencionadas en el numeral 5 del artículo 23 de esta Ley y en el numeral 3 del artículo 25 de esta Ley, cuyo conocimiento no esté atribuido a otro tribunal en razón de la materia.

El artículo 25 de la Ley Orgánica, además, asigna a los Juzgados Superiores Estadales de la Jurisdicción Contencioso Administrativa competencia para conocer de:

85 Se dispuso sin embargo en la Disposición Transitoria Sexta de la Ley Orgánica, que hasta tanto entren en funcionamiento estos Juzgados de Municipio de la Jurisdicción Contencioso Administrativa, los Juzgados de Municipio existentes son los que deben conocer de esta competencia

3. Las demandas de nulidad contra los actos administrativos de efectos generales o particulares, dictados por las autoridades estadales o municipales de su jurisdicción, con excepción de las acciones de nulidad ejercidas contra las decisiones administrativas dictadas por la Administración del trabajo en materia de inamovilidad, con ocasión de una relación laboral regulada por la Ley Orgánica del Trabajo.

6. Las demandas de nulidad contra los actos administrativos de efectos particulares concernientes a la función pública, conforme a lo dispuesto en la ley.

En cuanto al procedimiento en los casos de demandas de nulidad de los actos administrativos, deben destacarse varios aspectos específicos que resultan de las disposiciones de la Ley Orgánica de 2010.

En primer lugar está el tema de la legitimación activa en los procesos de nulidad de los actos administrativos respecto de los cuales la Ley Orgánica de 2010 omitió toda regulación, lo que implica que el interés para recurrir debe estar condicionado básicamente por los efectos producidos por los actos impugnados. En cuanto a los actos administrativos de efectos generales, la legitimación para impugnarlos y para hacerse parte en los juicios, en nuestro criterio debe corresponder a cualquiera que alegue un simple interés en la anulación o en el mantenimiento del acto impugnado, por lo que consideramos que el carácter popular de la acción contra los actos administrativos de efectos generales no ha variado.

En cuanto a la impugnación de los actos administrativos de efectos particulares, debe recordarse que tradicionalmente se había establecido para la admisibilidad de las acciones, que el recurrente tuviese un interés personal, legítimo y directo[86] en la impugnación. Se consideraba, así, que tratándose de actos individuales o de efectos particulares, en principio, en el proceso sólo podían "actuar los sujetos a quienes directamente afecta el acto administrativo,"[87] es decir, "los que tuvieran un interés legítimo en su anulación."[88] Esta noción de interés personal, legítimo y directo, fue precisada con acuciosidad por la Corte Primera de lo Contencioso- Administrativa en su sentencia del 13 de octubre de 1988 (Caso: *Cememosa*), al clarificar que por interés legítimo "debe entenderse como la existencia de una tutela legal sobre la pretensión del actor;" que *el interés sea personal* "alude a la de que el actor haga valer en su nombre o en el de un sujeto o comunidad a los cuales representa, su pretensión; "y que el interés sea directo, se refiere a "que el efecto del acto recaiga sobre el actor" y que "el acto esté destinado al actor." En fin la exigencia apunta a que "el impugnante sea el afectado, el que recibe los efectos inmediatos de la decisión sobre su esfera de intereses."[89]

Esta exigencia, sin embargo, comenzó a variar en 2000, mediante sentencia de la Sala Político Administrativa del Tribunal Supremo, en efecto, N° 873 de 13 de abril de 2000 (Caso: *Banco FIVENEZ vs. Junta de Emergencia Financiera*), en la cual consideró que con la Constitución de 1999, había "quedado tácitamente derogado el criterio legitimador exigido en la Ley Orgánica de la Corte Suprema de Justicia, pues dicho criterio re-

86 *V.*, Allan R. Brewer-Carías, "Aspectos de la legitimación activa en los recursos contencioso-administrativos contra los actos administrativos de efectos particulares", en *Revista de Derecho Público*, N° 16, Editorial Jurídica Venezolana, Caracas, 1983, pp. 227-233.

87 *V.*, en Gaceta Forense, N° 27, pp. 127-132. *V.*, además en Allan R. Brewer-Carías, *Jurisprudencia de la Corte Suprema*, *T.* V, Vol. I, *cit.*, p. 293.

88 *V.*, *Gaceta Oficial* N° 14.72 Extra, de 11-06-71.

89 *V.*, *Revista de Derecho Público*, N° 82, Editorial Jurídica Venezolana, Caracas, 2000, pp. 445 ss.

sulta incompatible con los principios que establece la nueva Constitución (Disposición Derogatoria única de la Constitución de 1999), al menos en lo que respecta a la exigencia de que el interés legitimador sea personal y directo." La Sala concluyó entonces indicando que "el interés para recurrir que exige la nueva Constitución, obviamente, sigue siendo "legítimo", ya que el ordenamiento jurídico no puede proteger intereses ilegítimos." Sin embargo, por lo que respecta al interés directo, la Sala lo consideró sin aplicación por lo que el recurrente en estos procesos de nulidad, "cuando el particular pueda obtener de la impugnación del acto administrativo una ventaja o evitar un perjuicio, aunque no exista una relación inmediata entre la situación derivada o creada por el acto administrativo" debe admitirse la impugnación al ser "titular de un 'interés indirecto', lo cual lo legitima para ejercer el recurso contencioso administrativo." Consideró la Sala, en consecuencia, que es suficiente para impugnar tanto actos de efectos particulares como actos de efectos generales, "que se tenga un interés conforme con el ordenamiento jurídico, aunque dicho interés no sea personal y directo." Además, señaló la Sala que en lo que respecta a la exigencia de que el interés sea "personal," que "la nueva Constitución permite el acceso a la justicia para la defensa de los intereses "difusos" y "colectivos," concluyendo entonces que "el concepto de interés previsto en la nueva Constitución abarca los intereses estrictamente personales así como los intereses comunes de cuya satisfacción depende la de todos y cada uno de los que componen la sociedad." Terminó la Sala Político Administrativa aclarando que, en todo caso, "no puede confundirse la legitimación por simple interés legítimo que exige la nueva Constitución con la denominada acción popular" en cuyo caso "al particular deberá admitírsele la interposición del recurso con independencia de que pueda ostentar un derecho o interés lesionado."[90]

Pero a pesar de este criterio jurisprudencial de 2000, la Ley Orgánica de 2004 repitió en su texto la norma de la derogada Ley Orgánica de 1976 (norma que había sido considerada tácitamente derogada por la Constitución por la Sala Político Administrativa del Tribunal Supremo), exigiéndose el interés personal, legítimo y directo como condición de legitimidad para interponer el recurso contencioso de anulación contra los actos administrativos de efectos particulares (Art. 21, párrafo 9°); razón por la cual continuó siendo, hasta 2010, la condición básica de la legitimación para intentar demandas de nulidad de actos administrativos de efectos particulares o para hacerse parte en los juicios. A partir de 2010, sin embargo, como se dijo, ni la Ley Orgánica de la Jurisdicción Contencioso Administrativa, ni la Ley Orgánica del Tribunal Supremo de Justicia de 2010 establecen condición alguna de interés del recurrente para intentar acciones contencioso administrativas contra actos de efectos particulares, por lo que será la jurisprudencia la que irá delineando la legitimación.

Otro aspecto que debe mencionarse en relación con el proceso contencioso de anulación de los actos administrativos, tal como se regula en los artículos 76 a 96 de la Ley Orgánica de 2010, es que las normas de procedimiento que en ellos se establece solo se refieren a las demandas en las cuales sólo se solicite la nulidad de un acto administrativo. Sin embargo, en muchos casos, la demanda de nulidad de los actos administrativos no se agota con la sola pretensión de anulación de los mismos, sino que la demanda de anulación puede estar acompañada de otras pretensiones procesales de contenido patrimonial conforme se establece en el artículo 259 de la Constitución. En estos últimos

90 *V.*, en *Revista de Derecho Público*, N° 82, Editorial Jurídica Venezolana, Caracas, 2002, pp. 582-583.

casos, sin embargo, la Ley Orgánica no estableció procedimiento específico, por lo que además de aplicarse el procedimiento previsto para las demandas de nulidad, con las notificaciones y emplazamientos, en nuestro criterio debe efectuarse la citación del ente demandado, por ejemplo, en cabeza del Procurador General, como representante de la República.

Debe mencionarse que con la Ley Orgánica, como se ha dicho, quedó totalmente rota la tradicional dicotomía del contencioso de anulación, por un lado, y del contencioso de los derechos, por el otro,[91] de manera que en el contencioso de los actos administrativos, además de la anulación del acto, la pretensión del recurrente y la decisión del juez puede ser de condena a la Administración al pago de sumas de dinero, de reparación de daños y perjuicios y de restablecimiento de las situaciones jurídicas subjetivas lesionadas por el acto anulado. Esas pretensiones pueden tener su origen básicamente en la responsabilidad de la Administración derivada del acto administrativo ilegal. Para estos fines, en todo caso, la legitimación del recurrente tiene que ser algo más que "el simple interés legítimo" del cual hablaba la Sala Político Administrativa, como antes se ha dicho, y tendrá que ser propia de además, un interés personal y directo, cuando no un derecho subjetivo.[92]

Por último, en esta materia de los procesos contencioso administrativos de anulación, debe mencionarse que conforme al artículo 8 de la Ley Orgánica de 2010, además de los actos administrativos de efectos generales y particulares, también pueden ser objeto de control judicial las "actuaciones bilaterales," lo que apunta, sin duda, a los contratos públicos. Esto se había establecido en la derogada Ley Orgánica de 2004, que expresamente preveía la posibilidad de la impugnación por ilegalidad o inconstitucionalidad de los contratos o acuerdos celebrados por la Administración cuando afectasen los intereses particulares o generales, legítimos, directos, colectivos o difusos de los ciudadanos, atribuyéndose la legitimidad a personas extrañas a la relación contractual (Art. 21, párrafo 2º). La Ley Orgánica de 2010, sin embargo, en esta materia, tampoco reguló procedimiento contencioso específico alguno.

E. Los procesos contencioso administrativos contra las carencias administrativas

El quinto lugar, está el proceso contencioso administrativo que regula la Ley Orgánica es el establecido contra la carencia administrativa, a cuyo efecto, el artículo 23 asigna a la Sala Político Administrativa, competencia para conocer de:

> 3. La abstención o la negativa del Presidente o Presidenta de la República, del Vicepresidente Ejecutivo o Vicepresidenta Ejecutiva de la República, de los Ministros o Ministras, así como de las máximas autoridades de los demás órganos de rango constitucional, a cumplir los actos a que estén obligados por las leyes.

Por su parte el artículo 24 de la Ley Orgánica le asigna a los Juzgados Nacionales de la Jurisdicción Contencioso Administrativa, competencia para conocer de:

---

91 Véanse los comentarios de A. Moles Caubet sobre lo que llamó "el contencioso mixto", en "Rasgos generales de la jurisdicción contencioso administrativa" en Instituto de Derecho Público, *El control jurisdiccional de los Poderes Públicos en Venezuela,* Caracas, 1979, pp. 67-77; Nelson Rodríguez García, *El sistema contencioso-administrativo venezolano y la jurisdicción contencioso-administrativa*, Valencia, 1982, pp. 76-77.

92 *Idem*, pp. 74-75.

3. La abstención o la negativa de las autoridades distintas a las mencionadas en el numeral 3 del artículo 23 de esta Ley y en el numeral 4 del artículo 25 de esta Ley.

Y conforme al artículo 25 de la Ley Orgánica, los Juzgados Superiores Estadales de la Jurisdicción Contencioso Administrativa son competentes para conocer de:

4. La abstención o la negativa de las autoridades estadales o municipales a cumplir los actos a que estén obligadas por las leyes.

F. Los procesos contencioso administrativos de las controversias administrativas

El sexto proceso contencioso administrativo previsto en la Ley es el proceso contencioso administrativo de las controversias administrativas, a cuyo efecto, el artículo 23 asigna a la Sala Político Administrativa, competencia para conocer de:

7. Las controversias administrativas entre la República, los estados, los municipios u otro ente público, cuando la otra parte sea una de esas mismas entidades, a menos que se trate de controversias entre municipios de un mismo estado.

8. Las controversias administrativas entre autoridades de un mismo órgano o ente, o entre distintos órganos o entes que ejerzan el Poder Público, que se susciten por el ejercicio de una competencia atribuida por la ley.

Y conforme al artículo 25 de la Ley Orgánica, los Juzgados Superiores Estadales de la Jurisdicción Contencioso Administrativa son competentes para conocer de:

9. Las controversias administrativas entre municipios de un mismo estado por el ejercicio de una competencia directa e inmediata en ejecución de la ley.

G. Los procesos contencioso administrativos de interpretación de las leyes

El séptimo proceso contencioso administrativo es el de interpretación de las leyes, a cuyo efecto el artículo 23.21 asigna a la Sala Político Administrativa, con exclusividad, competencia para conocer de "los recursos de interpretación de leyes de contenido administrativo."

Se precisó, en esta forma, frente a la competencia general de todas las Salas para interpretar las leyes, que lo que corresponde a la Sala Político Administrativa en exclusividad es sólo la interpretación de las leyes de "contenido administrativo."

3. Acciones y demandas contencioso administrativas y los procedimientos

A los efectos del desarrollo de estos procesos, conforme a la Ley Orgánica, se han puesto a disposición de que quienes ejerzan los puedan iniciar, como lo hemos señalado en otro lugar,[93] las siguientes siete de acciones contencioso-administrativos: en primer lugar, las demandas de contenido patrimonial contra los entes públicos; en segundo lu-

---

93 *V.*, Allan R. Brewer-Carías, "Introducción General al Régimen de la Jurisdicción Contencioso Administrativa," en Allan R. Brewer-Carías y Víctor Hernández Mendible, *Ley Orgánica de la Jurisdicción Contencioso Administrativa*, Editorial Jurídica Venezolana, Caracas 2010, pp. 9-151. *V.*, además, Allan R. Brewer-Carías, "Los diversos tipos de acciones y recursos contencioso-administrativos en Venezuela", en *Revista de Derecho Público*, N° 25, Editorial Jurídica Venezolana, Caracas, 1986, pp. 6 y ss.

gar, las demandas en relación con la prestación de servicios públicos; en tercer lugar, las contra las vías de hecho administrativas; en cuarto lugar, las demandas contra las conductas omisivas de la Administración; en quinto lugar, las demandas de nulidad de los actos administrativos; en sexto lugar, las demandas de interpretación de leyes administrativas, y en séptimo lugar, las demandas para la solución de las controversias administrativas.

Por otra parte, la Ley Orgánica de 2010 estableció en relación a todos estos procesos, un conjunto de normas procesales comunes a todas las demandas, dividiendo arbitrariamente los procedimientos que deben seguirse en los procesos, sólo en tres tipos:

Primero, el procedimiento aplicable al proceso contencioso administrativo de las demandas de contenido patrimonial;

Segundo, un procedimiento denominado "breve," aplicable (I) al proceso contencioso administrativos de las demandas de contenido no patrimonial o indemnizatorio y en especial, las ejercidas con ocasión de la omisión, demora o deficiente prestación a los servicios públicos; (II) al proceso contencioso administrativos de las demandas contra las vías de hecho; y (III) al proceso contencioso administrativos de las demandas contra la abstención o carencia de la Administración; y

Tercero, un procedimiento común aplicable (I) el proceso contencioso administrativos anulación de los actos administrativos; (II) al proceso contencioso administrativos para la interpretación de leyes; y (III) al proceso contencioso administrativos para la solución de controversias administrativas.

Esta división de los procedimientos contencioso administrativos, como hemos dicho, fue hecha en forma arbitraria, sin explicación alguna de la agrupación de procesos, mezclando así en un procedimiento, procesos que nada tienen en común. No se entiende, por ejemplo, porqué a los procesos contencioso administrativos contra la carencia o abstención administrativas no se aplicó, por ejemplo, el mismo procedimiento establecido para los procesos contencioso administrativos de anulación de actos administrativos; o porqué a los procesos contencioso administrativos de demandas contra vías de hecho, no se aplicó el mismo procedimiento establecido para los procesos contencioso administrativos de las demandas de contenido patrimonial.

REFLEXIÓN FINAL

El tema del control judicial de la constitucionalidad y legalidad de los actos del Estado y en particular de la actividad administrativa no se agota en el establecimiento de los procesos constitucionales y contenciosos administrativos en la Constitución y las leyes, como ha ocurrido en el país.

Para que dicho control tenga efectividad, es indispensable, no sólo que el Estado esté formalmente configurado como un Estado de Derecho, sino que funcione como tal, en un régimen democrático, donde esté garantizada la separación de poderes y, en particular, la autonomía e independencia de los jueces. Sólo jueces constitucionales o contencioso administrativos autónomos e independientes son los que, por ejemplo, pueden declarar la nulidad de los actos dictados en ejercicio del Poder Legislativo o del Poder Ejecutivo, y condenar al Estado por responsabilidad contractual o extracontractual. Es por ello, precisamente, que las Jurisdicciones Constitucional y Contencioso Administrativa tuvieron su proceso de formación y mayor desarrollo a partir de la entrada en vigencia de la Constitución de 1961, durante las cuatro décadas de democracia que vivió el país hasta 1999.

Lamentablemente, a partir de la entrada en vigencia de la Constitución de 1999 y durante la última década 1999-2011, la situación ha variado radicalmente y el régimen autoritario que se ha apoderado del Estado ha hecho añicos la independencia y autonomía del Tribunal Supremo de Justicia y de los jueces en general,[94] situación en la cual el control efectivo de la constitucionalidad de los actos del Estado y de la legalidad y legitimidad de la actuación de la Administración Pública ha quedado en entredicho.

Ello, al menos, es lo que nos muestra la experiencia en los últimos años del funcionamiento de las Jurisdicciones Constitucional[95] y Contencioso Administrativa,[96] particularmente desde que el Poder Ejecutivo, a partir de 2000 controló el nombramiento de los Magistrados del Tribunal Supremo de Justicia, lo que se consolidó a partir de 2004,[97] y se agravó en 2010,[98] mediante un nombramiento de Magistrados casi todos

94 *V.*, Rafael J. Chavero Gazdik, *La Justicia Revolucionaria. Una década de reestructuración (o involución) Judicial en Venezuela*, Editorial Aequitas, Caracas 2011; Laura Louza Scognamiglio, *La revolución judicial en Venezuela*, FUNEDA, Caracas 2011; Allan R. Brewer-Carías, "La progresiva y sistemática demolición institucional de la autonomía e independencia del Poder Judicial en Venezuela 1999-2004", en *XXX Jornadas J.M Domínguez Escovar, Estado de derecho, Administración de justicia y derechos humanos*, Instituto de Estudios Jurídicos del Estado Lara, Barquisimeto, 2005, pp. 33-174.

95 *V.*, Allan R. Brewer-Carías, *Crónica Sobre la "In" Justicia Constitucional. La Sala Constitucional y el autoritarismo en Venezuela*, Colección Instituto de Derecho Público, Universidad Central de Venezuela, N° 2, Editorial Jurídica Venezolana, Caracas 2007; "El rol del Tribunal Supremo de Justicia en Venezuela, en el marco de la ausencia de separación de poderes, producto del régimen autoritario", en Segundo Congreso Colombiano de Derecho Procesal Constitucional, Bogotá D.C., 16 de marzo de 2011, Centro Colombiano de Derecho Procesal Constitucional, Universidad Católica de Colombia, Bogotá de Bogotá 2011, pp. 85-111; "El juez constitucional al servicio del autoritarismo y la ilegítima mutación de la Constitución: el caso de la Sala Constitucional del Tribunal Supremo de Justicia de Venezuela (1999-2009)," en *Revista de Administración Pública*, N° 180, Madrid 2009, pp. 383-418.

96 *V.*, Antonio Canova González, *La realidad del contencioso administrativo venezolano (Un llamado de atención frente a las desoladoras estadísticas de la Sala Político Administrativa en 2007 y primer semestre de 2008)*, FUNEDA, Caracas, 2009.

97 Tal como lo reconoció públicamente el Presidente de la Comisión parlamentaria que escogió los Magistrados, al punto de afirmar públicamente que "En el grupo de postulados no hay nadie que vaya actuar contra nosotros." Dicho diputado en efecto, declaro a la prensa: "Si bien los diputados tenemos la potestad de esta escogencia, el Presidente de la República fue consultado y su opinión fue tomada muy en cuenta." Añadió: "Vamos a estar claros, nosotros no nos vamos a meter autogoles. En la lista había gente de la oposición que cumplen con todos los requisitos. La oposición hubiera podido usarlos para llegar a un acuerdo en las últimas sesiones, pero no quisieron. Así que nosotros no lo vamos a hacer por ellos. En el grupo de postulados no hay nadie que vaya actuar contra nosotros." *V.*, El Nacional, Caracas, 13 de diciembre de 2004. La Comisión Interamericana de Derechos Humanos sugirió en su Informe a la Asamblea General de la OEA para 2004 que las "normas de la Ley Orgánica del Tribunal Supremo de Justicia habrían facilitado que el Poder Ejecutivo manipulara el proceso de elección de magistrados llevado a cabo durante 2004." *V.*, Comisión Interamericana de Derechos Humanos, Informe sobre Venezuela 2004, párrafo 180

98 Con motivo de la ilegitima "reforma" de la Ley Orgánica del Tribunal Supremo de 2010, mediante una irregular "reimpresión por error material," *V.*, Víctor Rafael Hernández Mendible, "Sobre la nueva reimpresión por "supuestos errores" materiales de la Ley Orgánica del Tribunal Supremo, octubre de 2010," y Antonio Silva Aranguren, "Tras el rastro del engaño en la web de la Asamblea Nacional," en *Revista de Derecho Público*, N° 124, Editorial Jurídica Venezolana, Caracas 2101, pp. 110-111 y pp. 112-114, respectivamente), el nombramiento de los nuevos Magistrados del Tribunal Supremo significó el control total de casi todas sus Salas por el poder político, al punto de que Hildegard Rondón de Sansó señaló que "El mayor de los riesgos que plantea para el Estado la desacertada actuación de la Asamblea Nacional en la reciente designación de los Magistrados del Tribunal Supremo de Justicia, no está solo en la carencia, en la mayoría de los designados de los requisitos constitucionales, sino el haber

sometidos al Poder Ejecutivo; y desde que el Poder Ejecutivo en 2003, utilizando al propio Tribunal Supremo, intervino a la Corte Primera de lo Contencioso Administrativo, secuestrando su competencia y destituyendo a sus Magistrados, habiendo quedado clausurada por más de diez meses.

En el caso de la Corte Primera de lo Contencioso administrativo su intervención ocurrió por haber "osado" sus jueces, a dictar una simple medida cautelar de amparo constitucional en contra de autoridades nacionales y municipales en relación con la contratación ilegal de médicos extranjeros por parte de órganos del Estado, para un programa de atención médica en los barrios de Caracas.[99]

El efecto demostración de lo que le puede ocurrir a los jueces cuando dictan medidas que afecten intereses políticos del Ejecutivo o de quienes controlan el Poder, que derivó de ese caso,[100] fue ciertamente devastador, provocando la trágica situación en la que se encuentra actualmente la Jurisdicción Contencioso Administrativa, en la cual los tribunales que la conforman simplemente se han negado a aplicar el derecho administrativo, se han negado a controlar a la Administración Pública y se han negado a proteger a los ciudadanos frente a la misma. Todos sabemos, además, del efecto demostración, más que devastador, que se ha producido más recientemente en la jurisdicción penal con el encarcelamiento de una Juez a quien se le ocurrió que podía dictar una sentencia, siguiendo recomendaciones de un Panel de expertos de Naciones Unidas en materia de

---

llevado a la cúspide del Poder Judicial la decisiva influencia de un sector del Poder Legislativo, ya que para diferentes Salas, fueron elegidos cinco parlamentarios." Destacó además la profesora Sansó que "todo un sector fundamental del poder del Estado, va a estar en manos de un pequeño grupo de sujetos que no son juristas, sino políticos de profesión, y a quienes corresponderá, entre otras funciones el control de los actos normativos;" agregando que "Lo más grave es que los designantes, ni un solo momento se percataron de que estaban nombrando a los jueces máximos del sistema jurídico venezolano que, como tales, tenían que ser los más aptos, y de reconocido prestigio como lo exige la Constitución." Concluyó reconociendo entre "los graves errores" que incidieron sobre la elección, el hecho de "la configuración del Comité de Postulaciones Judiciales, al cual la Constitución creó como un organismo neutro, representante de los "diferentes sectores de la sociedad" (Art. 271), pero la Ley Orgánica del Tribunal Supremo de Justicia, lo convirtió en forma inconstitucional, en un apéndice del Poder Legislativo. La consecuencia de este grave error era inevitable: los electores eligieron a sus propios colegas, considerando que hacerlo era lo más natural de este mundo y, ejemplo de ello fueron los bochornosos aplausos con que se festejara cada nombramiento." *V.*, en Hildegard Rondón de Sansó, "*Obiter Dicta*. En torno a una elección," en *La Voce d'Italia*, Caracas 14-12-2010.

99 *V.*, sobre este caso la referencia en Allan R. Brewer-Carías, "La justicia sometida al poder y la interminable emergencia del poder judicial (1999-2006)", en *Derecho y democracia*. Cuadernos Universitarios, Órgano de Divulgación Académica, Vicerrectorado Académico, Universidad Metropolitana, Año II, N° 11, Caracas, septiembre 2007, pp. 122-138; "La justicia sometida al poder [La ausencia de independencia y autonomía de los jueces en Venezuela por la interminable emergencia del Poder Judicial (1999-2006)]" en *Cuestiones Internacionales. Anuario Jurídico Villanueva 2007*, Centro Universitario Villanueva, Marcial Pons, Madrid 2007, pp. 25-57. Los Magistrados de la Corte Primera destituidos en violación de sus derechos y garantías, demandaron al Estado por violación de sus garantías judiciales previstas en la Convención Interamericana de Derechos Humanos, y la Corte Interamericana de Derechos Humanos condenó al Estado por dichas violaciones en sentencia de fecha 5 de agosto de 2008, (Caso *Apitz Barbera y otros* ("Corte Primera de lo Contencioso Administrativo" vs. Venezuela). *V.*, en http://www.corteidh.or.cr/ Excepción Preliminar, Fondo, Reparaciones y Costas, Serie C, N° 182. Frente a ello, sin embargo, la Sala Constitucional del Tribunal Supremo de Justicia en sentencia N° 1.939 de 18 de diciembre de 2008 (Caso Gustavo Álvarez Arias y otros), declaró inejecutable dicha decisión de la Corte Interamericana. *V.*, en http://www.tsj.gov.ve/decisiones/scon/Diciembre/1939-181208-2008-08-1572.html

100 *V.*, sobre este caso los comentarios de Claudia Nikken, "El caso "Barrio Adentro": La Corte Primera de lo Contencioso Administrativo ante la Sala Constitucional del Tribunal Supremo de Justicia o el avocamiento como medio de amparo de derechos e intereses colectivos y difusos," en *Revista de Derecho Público*, N° 93-96, Editorial Jurídica Venezolana, Caracas, 2003, pp. 5 y ss.

Detenciones Arbitrarias, y ordenar el enjuiciamiento en libertad de un procesado a lo que además, tenía derecho. Ello le costó su propia libertad, en una detención que el mismo Panel de expertos ha calificado de arbitraria indicando que:

> "Las represalias por ejercer funciones constitucionalmente garantizadas y la creación de un clima de temor en el poder judicial y en los abogados no sirve a otro propósito que el de socavar el estado de derecho y obstruir la justicia."[101]

En todas las jurisdicciones, pero en particular, en el ámbito de la Jurisdicción Constitucional y de la Jurisdicción Contencioso Administrativa, esa situación de sumisión e inhibición forzada debe seguirse denunciando, como lo ha hecho Antonio Canova González, al repetir que se ha negado y se sigue negando:

> "a ver morir en mi país el Derecho Administrativo, a sabiendas de que es el instrumento para garantizar la libertad de los ciudadanos, sin revelar de forma contundente lo que ocurre y señalar con firmeza a los culpables."[102]

Y estos son, sin duda, aquellos que desde 1999 han asaltado el Poder y el Estado, apropiándoselo en beneficio personal y de otros países, y en todo caso, en perjuicio de los ciudadanos, y quienes en nombre de una supuesta "democracia participativa," que no es otra cosa que una excusa para evitar que el pueblo participe efectivamente e imponer un régimen socialista por el cual nadie ha votado, y más bien el pueblo ha rechazado, han venido aniquilando la democracia representativa con todos sus elementos y componentes esenciales, entre ellos la posibilidad misma de controlar judicialmente a los órganos de los Poderes Públicos.

Sin duda, leyes como las sancionadas en 2010 relativas al Tribunal Supremo de Justicia y a la Jurisdicción Contencioso Administrativa, en cualquier parte podrían ser piezas fundamentales llamadas a garantizar la constitucionalidad y legalidad de las acciones del Estado, y la libertad y los derechos ciudadanos. Esas leyes, a pesar de sus deficiencias, en un régimen democrático, hubieran podido ser instrumentos fenomenales para garantizar el sometimiento del Estado y su Administración a la Constitución y las leyes.

Lamentablemente, sin embargo, por la sumisión del Poder Judicial en su conjunto a los designios del Poder Ejecutivo, dichas leyes en estos tiempos no pasan de ser unos papeles sin importancia. ¿De qué sirve una ley de la jurisdicción contencioso administrativa, si los jueces que la integran se inhiben sistemáticamente a controlar a la Administración tal como lo demuestran las estadísticas en la materia? E igualmente, ¿de qué sirve una ley que regule el Tribunal Supremo de Justicia, en particular, su Sala Constitucional, si sus Magistrados, además de inhibirse en ejercer el control de la constitucionalidad de leyes y actos estatales, lo que han hecho es legitimar el ejercicio autoritario

---

101 *V.*, "Expertos de la ONU critican a Chávez por detención de la juez Afiuni," donde se indica que en el Comunicado, el grupo de expertos "expresaron hoy su profunda preocupación por el reciente arresto de una juez en Venezuela, y lo calificaron de "golpe del presidente venezolanos, Hugo Chávez, a la independencia de los magistrados y abogados en el país."

V., en Actualidad Unión Radio, 16-12-2009, en http://www.unionradio.net/Actualidad/?NewsId=35473

102 *V.*, Antonio Canova González, La realidad del contencioso administrativo venezolano (Un llamado de atención frente a las desoladoras estadísticas de la Sala Político Administrativa en 2007 y primer semestre de 2008), *cit.*, p. 14.

del Poder, cuyos magistrados consideran que es uno y único, denunciando al principio mismo de la separación de poderes, como mecanismo que "debilita al Estado"?[103]

De esto ya tenemos dilatada experiencia en el país, con una Sala Constitucional que ha mutado a su antojo la Constitución,[104] por ejemplo implementando vía interpretación lo que no se pudo imponer mediante referendo en la proyectada reforma constitucional de 2007, es decir, a pesar de que fuera rechazada por el pueblo;[105] que ha reformado arbitrariamente y a su antojo leyes, incluso de oficio, sin tener autoridad alguna para ello, y a pesar incluso hasta de protestas de la propia Asamblea Nacional.[106] Si esto lo hace el más alto tribunal de la República, nada serio se puede esperar del resto de los tribunales, salvo sumisión al Poder o inhibición frente al mismo.

Y por supuesto, en esta situación, a pesar de que se pueda contar con leyes nuevas, el control judicial de actos de los órganos que ejercen los Poderes Públicos lamentablemente no pasará de ser una parodia. Esa es lamentable y trágica la situación actual y la perspectiva que tenemos hacia el futuro, que solo será cambiable cuando la democracia se imponga como régimen político, y cuando quienes sin escrúpulos asaltaron el poder desde 1999, sean devueltos a la oscura mediocridad de la cual salieron.

De lo contrario, la perspectiva es que veamos florecer un nuevo "derecho" en el país, en el cual, por ejemplo, simplemente no exista el derecho constitucional ni el administrativo, ni el derecho procesal y mucho menos el derecho procesal constitucional o el derecho procesal administrativo.[107]

---

103 *V.*, Juan Francisco Alonso, "La división de poderes debilita al estado". La presidenta del TSJ [Luisa Estela Morales] afirma que la Constitución hay que reformarla," El Universal, Caracas 15-12-2009; http://www.eluniversal.com/2009/12/05/pol_art_morales:-la-divisio_1683109.shtml

104 *V.*, entre otros, Allan R. Brewer-Carías, "La fraudulenta mutación de la Constitución en Venezuela, o de cómo el juez constitucional usurpa el poder constituyente originario," en *Anuario de Derecho Público*, Centro de Estudios de Derecho Público de la Universidad Monteávila, Año 2, Caracas 2009, pp. 23-65; "La ilegítima mutación de la Constitución por el juez constitucional y la demolición del Estado de derecho en Venezuela," *Revista de Derecho Político*, N° 75-76, Homenaje a Manuel García Pelayo, Universidad Nacional de Educación a Distancia, Madrid, 2009, pp. 289-325.

105 *V.*, Allan R. Brewer-Carías, "La proyectada reforma constitucional de 2007, rechazada por el poder constituyente originario," en *Anuario de Derecho Público* 2007, Año 1, Instituto de Estudios de Derecho Público de la Universidad Monteávila, Caracas 2008, pp. 17-65

106 *V.*, la sentencia del Tribunal Supremo de Justicia, Sala Constitucional, N° 301 del 27-02-2007 (Caso: *Adriana Vigilanza y Carlos A. Vecchio*) (Exp. N° 01-2862) en *Gaceta Oficial* N° 38.635 del 01-03-2007. Véanse comentarios en Allan R. Brewer-Carías, "El juez constitucional en Venezuela como legislador positivo de oficio en materia tributaria" en *Revista de Derecho Público*, N° 109, Editorial Jurídica Venezolana, Caracas 2007, pp. 193-212; y "De cómo la Jurisdicción constitucional en Venezuela, no sólo legisla de oficio, sino subrepticiamente modifica las reformas legales que "sanciona", a espaldas de las partes en el proceso: el caso de la aclaratoria de la sentencia de Reforma de la Ley de Impuesto sobre la Renta de 2007, *Revista de Derecho Público*, N° 114, Editorial Jurídica Venezolana, Caracas 2008, pp. 267-276

107 Ello es lo que se puede apreciar, por ejemplo, de la "malla curricular" que forma el plan de la carrera "Estudios Jurídicos" para formar "abogados" que ofrece una llamada "Universidad Bolivariana de Venezuela," donde ninguna de esas ramas del derecho existe. *V.*, en la página web del Ministerio del Poder Popular para la Educación Superior" en:
http://www.ubv.edu.ve/index.php?option=com_content&view=article&id=94&Itemid=105; y en
http://pfgej.org.ve/index.php?option=com_content&view=article&id=37&Itemid=37

LIBRO TERCERO:

RÉGIMEN DEL CONTENCIOSO ADMINISTRATIVO (1997)

Este Libro tercero es el libro sobre *La justicia contencioso administrativa*, que conformó el tomo VII del libro, *Instituciones Políticas y Constitucionales*, Universidad Católica del Táchira, Editorial Jurídica Venezolana, Caracas–San Cristóbal, 1997. En su momento, para la redacción de dicho volumen partí de los libros y estudios sobre la materia que había publicado con anterioridad, y entre ellos: "El recurso contencioso administrativo de interpretación en el sistema jurídico venezolano" (en colaboración con Enrique Pérez Olivares) en *Revista de la Facultad de Derecho*, Nº 32, Universidad Central de Venezuela, Caracas, diciembre 1965, pp. 103-126; "Estudio sobre los actos recurribles en vía contencioso administrativa emanados de la Contraloría General de la República," en *Revista Control Fiscal y Tecnificación Administrativa*, Nº 37, Contraloría General de la República, Caracas 1965, pp. 29-63; "Las condiciones de recurribilidad de los actos administrativos en la vía contencioso administrativa" en *Revista del Ministerio de Justicia*, Nº 54, Año XIV, Caracas, enero-diciembre 1966, pp. 83-112; "Las condiciones de recurribilidad de los actos administrativos en la vía contencioso-administrativa" en *Perspectivas del Derecho Público en la segunda mitad del Siglo XX, Homenaje al profesor Enrique Sayagüez Lazo*, Instituto de Estudios de Administración Local, Madrid 1969, Tomo V, pp. 743-769; "Los efectos no suspensivos del recurso contencioso-adminis-trativo de anulación y sus excepciones" en *Revista de la Facultad de Derecho*, Nº 37-38, Universidad Central de Venezuela, Caracas, diciembre 1967, pp. 293-302; "Aspects généraux de la procédure contentieuse administrative au Vénézuéla", *Etudes et Documents, Conseil d'Etat*, París 1973, pp. 339-363; "Estudio sobre la impugnación ante la jurisdicción contencioso-administrativa de los actos administrativos de registro" en *Libro Homenaje a la Memoria de Joaquín Sánchez Covisa*, Facultad de Derecho, Universidad Central de Venezuela, Caracas 1975, pp. 425-480; "Estudio sobre la impugnación ante la jurisdicción contencioso administrativa de los actos administrativos de registro" en *Doctrina de la Procuraduría General de la República 1975*, Caracas 1976, pp. 139-195; "Aspectos generales del procedimiento contencioso-administrativo," y "El recurso contencioso-administrativo contra los actos de efectos particulares. Los vicios de los actos administrativos," publicado en *Jurisprudencia de la Corte Suprema 1930-1974 y Estudios de Derecho Administrativo*, Tomo V: La Jurisdicción Contencioso Administrativa, *v.* 1. Los órganos y el recurso de anulación, Caracas 1978 pp. 15-52, y pp. 53-85; "Aspectos generales del procedimiento contencioso-administrativo" en *Revista de la Universidad de Buenos Aires*, publicación dispuesta en homenaje al Profesor Rafael Bielsa, Buenos Aires 1979, pp. 267-309; "El recurso contencioso administrativo contra los actos de efectos particulares" en *El Control jurisdiccional de los Poderes Públicos en Venezuela*, Instituto de Derecho Público, Facultad de Ciencias Jurídicas y Políticas, Universidad Central de Venezuela, Caracas 1979, pp. 169-194; "Comentarios en torno a la suspensión de los efectos de los actos administrativos en vía contencioso administrativa" en *Revista de Derecho Público*, Nº 4, Editorial Jurídica Venezolana, Caracas, octubre-diciembre 1980, pp. 189-193; "Aspectos procesales de la decisión sobre la admisibilidad o inadmisibilidad en los recursos contencioso administrativos de anulación" en A. Moles y otros, *Contencioso Administrativo en Venezuela*, Caracas 1980, pp. 125-178; "El auto de admisión en los recursos contencioso administrativos de anulación" en *Revista del Consejo de la Judicatura*, N° 19, Caracas, octubre-diciembre 1980, pp. 43-50; *La jurisdicción contencioso administrativa en Venezuela*, Asociación Venezolana de Derecho Administrativo y Ciencias de la Administración, Editorial Jurídica Venezolana, Caracas 1983; "Aspectos de la legitimación activa en los recursos contencioso-administrativos de efectos particulares" en *Revista de Derecho Público*, Nº 16, Editorial Jurídica Venezolana, Caracas, octubre-diciembre 1983, pp. 227-233; "Comentarios sobre la naturaleza y alcance de la intervención del Procurador General de la República en juicios en los que ésta tenga interés", *Revista de Derecho Público*, Nº 21, Editorial Jurídica Venezolana, Caracas, enero-marzo 1985, pp. 44-61; "Los diversos tipos de acciones y recursos contencioso-administrativos en Venezuela", en *Revista de Derecho Público*, Nº 25, Editorial Jurídica Venezolana, Caracas, enero-marzo 1986, pp. 5-30; "La jurisdicción contencioso administrativa", *Estudios de derecho administrativo*, Ediciones Rosaristas, Colegio Nuestra Señora del Rosario, Bogotá 1986, pp. 159-212*; Estado de derecho y control judicial (Justicia constitucional, Contencioso administrativo y Amparo en Venezuela)*, Título II, Instituto Nacional de Administración Pública, Madrid 1987; *Nuevas tendencias en el contencioso administrativo en Venezuela*, Cuadernos de la Cátedra de Derecho Administrativo Allan R. Brewer-Carías de la Universidad Católica Andrés Bello, N° 4, Editorial Jurídica Venezolana, Caracas 1993; "Algunos aspectos del proceso contencioso-administrativo" en Allan R. Brewer-Carías (Coordinador y editor) y Josefina Calcaño de Temeltas, *Ley Orgánica de la Corte Suprema de Justicia*, Colección Textos Legislativos, N° 8, Editorial Jurídica Venezolana, Caracas 1989 (369 pp.), 2ª edición actualizada, Caracas 1991, pp. 137-290; "La universalidad del control contencioso-administrativo" en *Revista de Derecho Público*, Nº 46, Editorial Jurídica Venezolana, Caracas, abril-junio 1991, pp. 5-22.; "La universalidad del control contencioso administrativo" en *Libro de la Amistad en Homenaje a Enrique Pérez Olivares,* Caracas 1992, pp. 203-226; "Consideraciones sobre el contencioso administrativo como un derecho constitucional a la tutela judicial frente a la administración" en *Revista de Derecho Público*, Nº 49, Editorial Jurídica Ve-

nezolana, Caracas, enero-marzo 1992, pp. 5-26; Consideraciones sobre el contencioso administrativo como un derecho constitucional a la tutela judicial frente a la administración" en *Homenaje al profesor Eduardo Ortíz Ortíz*, Colegio Santo Tomás de Aquino, Universidad Autónoma de Centroamérica, San José, Costa Rica 1994, pp. 539-561; Consideraciones sobre el contencioso administrativo como un derecho constitucional a la tutela judicial frente a la administración" en *Liber Amicorum Homenaje a la Obra Científica y Docente del Profesor José Muci Abraham*, Editorial Jurídica Venezolana, Caracas 1994, pp. 331-368.

Sección Primera: LA JURISDICCIÓN CONTENCIOSO ADMINISTRATIVA

I. LA CONSTITUCIONALIZACIÓN DEL CONTENCIOSO-ADMINISTRATIVO

Es indudable que en Venezuela, en la base de la jurisdicción contencioso-administrativa, se encuentra el principio de la legalidad, es decir, aquel axioma jurídico según el cual toda actuación de la Administración Pública debe cumplirse con arreglo a la ley, lo que, por otra parte, es de la esencia del Estado de Derecho[1]

El principio de la legalidad, en este sentido, surge con el Estado de Derecho al formularse la necesidad de que el Estado se someta a la ley, lo que implica que la no sujeción de la Administración a la ley es susceptible de ser considerada por los tribunales. La jurisdicción contencioso-administrativa es, en esta forma, entonces, una de las garantías del principio de la legalidad.

En efecto, como se ha visto, los particulares pueden exigir el control de la legalidad y de la oportunidad de los actos administrativos mediante el ejercicio de los, recursos administrativos, es decir, del recurso jerárquico, del recurso de reconsideración y del recurso de revisión regulados en la Ley Orgánica de Procedimientos Administrativos de 1981.

Estos tres tipos de recursos administrativos permiten a los interesados exigir el control de la legalidad de los actos dentro de la propia Administración, además de que les permite exigir un control y revisión de la oportunidad de los actos cuestionados. Es decir, en el ámbito administrativo puede decirse que, además de la garantía de la legalidad, existe la garantía del control de la oportunidad o inoportunidad de una actuación administrativa.

Pero fuera del seno de la propia Administración, el principio de la legalidad tiene su respuesta en la garantía jurisdiccional frente a los actos y las actuaciones administrativas, la cual se configura en la jurisdicción contencioso-administrativa, es decir, en el conjunto de órganos jurisdiccionales encargados de controlar el cumplimiento del prin-

---

1 Antonio Moles Caubet, *El principio de Legalidad y sus Implicaciones*, Universidad Central de Venezuela, Facultad de Derecho, Publicaciones del Instituto de Derecho Público, Caracas, 1974. *V.*, lo expuesto en la Primera Parte, *T.* I, p. 95 y ss.

cipio de la legalidad y de la legitimidad por la Administración, por sus actos y actividad administrativa, y por las relaciones jurídico- administrativas, en las cuales aquélla intervenga[2].

La norma fundamental que consagra esta jurisdicción en Venezuela está contenida en el artículo 206 de la Constitución de 1961, cuyo texto es el siguiente:

> "La jurisdicción contencioso-administrativa corresponde a la Corte Suprema de Justicia y a los demás Tribunales que determina la ley". "Los órganos de la jurisdicción contencioso-administrativa son competentes para anular los actos administrativos generales o individuales contrarios a derecho, incluso por desviación de poder; condenar al pago de sumas de dinero y a la reparación de daños y perjuicios originados en responsabilidad de la administración, y disponer lo necesario para el restablecimiento de las situaciones jurídicas subjetivas lesionadas por la actividad administrativa".

Ha sido precisamente en base a esta norma constitucional que en Venezuela se construyó la teoría del contencioso-administrativo venezolano, destacándose además su importante efecto en lo que se ha llamado el proceso de constitucionalización del derecho administrativo. Con arreglo a esta teoría, elaborada por la jurisprudencia de la Corte Suprema de Justicia[3] y desarrollada por la doctrina nacional[4], se elaboró la Ley Orgánica de la Corte Suprema de Justicia de 1976[5]que regula en la actualidad, transitoriamente, el procedimiento contencioso-administrativo y los órganos de ésta jurisdicción especial.

En efecto, de acuerdo a la Constitución, y a la Ley Orgánica de la Corte Suprema de Justicia, la jurisdicción contencioso-administrativa en Venezuela está integrada al Poder Judicial, por lo que los tribunales que tienen competencia en esta jurisdicción, lo que tienen en realidad es una competencia especial. En Venezuela, por tanto, el derecho administrativo no se construye en base a los criterios de distinción entre jurisdicción judicial y jurisdicción administrativa, tan .extendido en el derecho administrativo francés. Por ello, sin lugar a dudas, puede decirse que la evolución y la concepción de la jurisdicción contencioso-administrativa en Venezuela la distinta de la que surge en Francia. En efecto, en Venezuela hay una tradición bastante larga de una competencia especializada de determinados tribunales para conocer de litigios en los cuales interviene la Administración, pero integrados en el Poder Judicial[6]. Por ejemplo, en materia de

---

2 Allan R. Brewer-Carías, *Las Instituciones Fundamentales del Derecho Administrativo y la Jurisprudencia Venezolana*. Publicaciones de la Facultad de Derecho, Universidad Central de Venezuela, Caracas, 1964, pp. 295 y ss.

3 Allan R: Brewer-Carías, *Jurisprudencia de la Corte Suprema 1980-76 y Estudios de Derecho Administrativo, T.* V, *La Jurisdicción Contencioso-Administrativa*. Vol. 1 y 2, Instituto de Derecho Público, Facultad de Derecho, Universidad Central de Venezuela, Caracas, 1978.

4 Luis Torrealba Narváez, "Consideraciones acerca de la Jurisdicción Contencioso-Administrativa, su Procedimiento y Algunas Relaciones de éste con el de la Jurisdicción Judicial Civil", en *Anales de la Facultad de Derecho*, Universidad Central de Venezuela, Caracas, 1951; Eloy Lares Martínez, *Manual de Derecho Administrativo*, edición, Facultad de Derecho, Universidad Central de Venezuela, Caracas, 1978; Allan R. Brewer-Carías, *Las Instituciones..., op. cit.*, pp. 295 y ss. Hildegard Rondón de Sansó, *El sistema contencioso-administrativo de la carrera administrativa. Instituciones Procedimiento y Jurisprudencia*. Ediciones Magón, Caracas, 1974. *V.*, asimismo, Allan R. Brewer-Carías, *Estado de derecho y Control Judicial*, Madrid, 1985, pp. 281 y ss.

5 *Ley Orgánica de la Corte Suprema de Justicia* del 30 de julio de 1976 en *Gaceta Oficial* N° 1.893, Extraordinaria del 30-7-76.

6 Martín Pérez Guevara, "Prólogo", en Allan E. Brewer-Carías, *Jurisprudencia de la Corte Suprema 1930-74 y Estudios de Derecho Administrativo, T.* II. *Ordenamiento Orgánico y Tributario del Estado*, Instituto de Derecho Público, Facultad de Derecho, Universidad Central de Venezuela, Caracas, 1976, pp. 1-10.

anulación de actos administrativos, es la Constitución de 1925 la que por primera vez consagró la posibilidad de que la antigua Corte Federal y de Casación declarase la nulidad "de ciertos actos, decretos y reglamentos del Poder Ejecutivo, referidos más precisamente, en esta época, a los decretos y reglamentos del Presidente de la República y de los actos ejecutados con "extralimitación de facultades"[7]. Este principio, establecido en 1925 tuvo una evolución bastante rápida, pues en la Constitución de 1931 se amplió a todos los actos administrativos e incluso agrega, los viciados "de ilegalidad o abuso de poder"[8].

Pero la competencia atribuida a la Corte Suprema de Justicia en materia administrativa no se inicia en el año de 1925, sino que realmente se remonta a la Constitución del año 1830, la cual atribuyó a la Corte competencia para conocer de controversias que resultaran de contratos o negociaciones en los cuales interviniera el Ejecutivo Nacional[9]. Esta competencia se amplió en 1864 y se estableció la distinción entre "juicios civiles cuando sea demandada la República" y "contratos o negociaciones que celebrare el Presidente de la Unión", lo que permite ver una aplicación de la célebre "Teoría del Fisco"[10].

En el año de 1925, la Constitución también se refiere a la materia de contratos, al regular en forma ampliada las competencias del Tribunal Supremo para conocer las cuestiones de nulidad, caducidad, resolución, alcance, interpretación y cumplimiento de los contratos celebrados por el Ejecutivo Nacional[11]; y en el texto de 1961, se aclaró definitivamente el panorama, como se deduce de la norma citada contenida en el artículo 206, la cual incluye la competencia de la Corte en materia de responsabilidad de la Administración en general, lo cual abarca no sólo la contractual, sino también la extracontractual. Este principio ha sido desarrollado en la Ley Orgánica de la Corte Suprema de Justicia de 1976.

Se puede decir por tanto que en Venezuela, la jurisdicción contencioso-administrativa surge en materia de contencioso de anulación en 1925, y en materia de plena jurisdicción, en el ámbito contractual en 1830, como un fuero judicial especial para la Administración Pública.

De esta norma del artículo 206 de la Constitución se observa, ante todo, una atribución de competencia en materia contencioso-administrativa a órganos que integran el Poder Judicial, estableciéndose el principio de la pluralidad orgánica, en el sentido de que no sólo la Corte Suprema de Justicia tiene competencia en la materia, sino los demás Tribunales que determine la Ley. Con ello, como lo dijo la Corte Suprema de Justicia en sentencia de 15-10-70 se buscó:

> "sobre todo, resolver, de una vez, en nuestro país, mediante un precepto constitucional, la polémica que ha dividido a tratadistas y legisladores, tanto en Europa como en América, acerca de la conveniencia de que sean órganos independientes del Poder Judicial los que conozcan de las cuestiones que se susciten entre los particulares y la Administración con motivo de la actividad propia de ésta, en sus diversos niveles.

7 Artículo 119, ordinales 12 y 42, Constitución 1925.
8 Artículo 120, ordinal 12, Constitución 1931.
9 Artículo 147, ordinal 5°, Constitución 1830.
10 Artículo 89, ordinales 6° y 10, Constitución 1864.
11 Artículo 120, ordinal 13, Constitución 1925.

Como se indica en la Exposición de Motivos de la Constitución, ésta "consagra el sistema justicialista de la jurisdicción contencioso-administrativa", apartándose del sistema francés y reafirmando la tendencia tradicionalmente predominante en la legislación nacional, de atribuir el control jurisdiccional de la legalidad de los actos de la Administración a los órganos del Poder Judicial"[12].

Con ello se dio al Legislador una amplia potestad para la determinación de dichos tribunales, con las solas limitaciones constitucionales en el sentido de que sólo la Corte Suprema tiene competencia para "declarar la nulidad de los actos administrativos del Ejecutivo Nacional, cuando sea procedente" (Art. 215, Ord. 7°), como lo aclara la Exposición de Motivos de la Constitución, "dejándose implícitamente a los demás Tribunales de la jurisdicción contencioso-administrativa el declarar la nulidad de los actos de las autoridades administrativas de los Estados y Municipios". Por supuesto en cuanto a las' demás autoridades nacionales que no conformen estrictamente el "Ejecutivo Nacional", el control contencioso-administrativo de sus actos, constitucionalmente puede atribuirse a otros Tribunales distintos a la Corte Suprema de Justicia, tanto por razones de inconstitucionalidad cómo de ilegalidad, como parcialmente lo ha hecho la Ley de la Corte Suprema de Justicia, al crear transitoriamente la Corte Primera de lo Contencioso-Administrativo y atribuir competencia en dicha materia a ciertos Tribunales Superiores con competencia en lo civil.

Ahora bien, la importancia del texto del artículo 206 de la Constitución, y su efecto inmediato, que es la constitucionalización de la jurisdicción contencioso-administrativa, radica en cuatro aspectos[13].

En primer lugar, en la Universalidad del control que la Constitución regula respecto de los actos administrativos, en el sentido .de que todos, absolutamente todos los actos administrativos pueden ser sometidos a control judicial por los órganos de la jurisdicción contencioso-administrativa, por contrariedad, al derecho, es decir sea cual sea el motivo de la misma: inconstitucionalidad o ilegalidad en sentido estricto. Como lo explica la Exposición de Motivos de la Constitución, la fórmula "contrarios a derecho es una enunciación general que evita una enumeración que puede ser peligrosa al dejar fuera de control algunos actos administrativos".

Por tanto, la intención de los proyectistas de la Constitución fue la de que a todos los actos administrativos, por cualquier motivo de contrariedad al derecho, pudieran ser controlados por los Tribunales que conforman la jurisdicción contencioso-administrativa.

Ello, por supuesto, trae una consecuencia fundamental: cualquier exclusión de control respecto de actos administrativos específicos, sería inconstitucional, sea que dicha exclusión se haga por vía de ley o por las propias decisiones de los Tribunales, en particular, de la propia Corte Suprema de Justicia.

Pero la universalidad del control no sólo radica en que todos los actos administrativos están sometidos a control judicial, sino que lo pueden ser, por cualquier motivo de contrariedad al derecho, es decir, los órganos de la jurisdicción contencioso-administrativa

12 *V.*, sentencia de la CSJ-SPA de 15-12-70 en Gaceta Forense, N° 70, 1970, pp. 179-185 y en *Gaceta Oficial*, N° 29.434 de 6-2-71, pp. 219-984-5.

13 *V.*, Allan R. Brewer-Carías, *Nuevas Tendencias en el Contencioso Administrativo en Venezuela*, Caracas, 1993.

tienen competencia constitucional para juzgar la inconstitucionalidad o la ilegalidad propiamente dicha de los actos administrativos, siendo de la esencia del control judicial esa universalidad.

No tiene sentido constitucional alguno en Venezuela, por tanto, pretender limitar la competencia de los Tribunales contencioso-administrativos a las solas cuestiones de ilegalidad, pretendiendo concentrar en la Corte Suprema de Justicia las cuestiones de inconstitucionalidad de los actos administrativos. Ello ni resulta del Texto Constitucional ni fue la intención de los proyectistas, ya que la reserva de competencia en la materia a la Corte Suprema de Justicia, sólo tiene una connotación orgánica en el sentido de que a ésta compete "declarar la nulidad de los actos administrativos del Ejecutivo Nacional, cuando sea procedente", cualquiera sea el motivo de contrariedad al derecho (inconstitucionalidad o ilegalidad), pudiendo corresponder a los demás tribunales que determine la Ley y conforme ella lo determine, declarar la nulidad de los demás actos administrativos que no emanen de órganos del Ejecutivo Nacional, sea cual sea el motivo de contrariedad al derecho (inconstitucionalidad o ilegalidad). Por tanto, sería contrario a la intención de la Constitución limitar la competencia de dichos demás Tribunales de la jurisdicción contencioso-administrativa (distintos a la Corte Suprema de Justicia) a las solas cuestiones de ilegalidad en sentido estricto.

En segundo lugar y como consecuencia de esta tendencia hacia la universalidad del control, está el elenco de recursos y, acciones puestos a disposición de los particulares para acceder a la justicia administrativa que, por supuesto, además del recurso de nulidad contra los actos administrativos de efectos generales o de efectos particulares, o contra los actos generales o individuales, con o sin pretensión de amparo constitucional, comprende el recurso por abstención o negativa de los funcionarios públicos a actuar conforme a las obligaciones legales que tienen, el recurso de interpretación, el conjunto de demandas contra los entes públicos, y las acciones para resolver los conflictos entre autoridades del Estado.

Pero en tercer lugar, la importancia de la constitucionalización de la jurisdicción contencioso-administrativa, es decir, del control de constitucionalidad y legalidad de todos los actos administrativos, está en que no sólo la norma constitucional persigue una asignación de competencias a unos órganos judiciales, sino en que consagra un derecha fundamental del ciudadano a la tutela judicial efectiva frente a la Administración. En esta forma, la jurisdicción contencioso-administrativa se configura, constitucionalmente, como un instrumento procesal de protección de los administrados frente a la Administración, y no como un mecanismo de protección de la Administración frente a los particulares. De allí la ratificación del principio de la universalidad del control, en el sentido de que tratándose de un derecho constitucional al mismo, no podría el Legislador excluir de control a determinados actos administrativos. Por otra parte, tratándose de un derecho fundamental al control, en la relación privilegios estatales-libertad ciudadana, esta última debe prevalecer.

Además, en cuarto lugar, la forma como están concebidas constitucionalmente la universalidad de control y el derecho ciudadano a la tutela judicial frente a la Administración, implica la asignación al juez contencioso-administrativo de amplísimos poderes de tutela, no sólo de la legalidad objetiva que debe siempre ser respetada por la Administración, sino de las diversas situaciones jurídicas subjetivas que pueden tener los particulares en relación a la Administración. De allí que el contencioso-administrativo, conforme al artículo 206 de la Constitución, no sea solamente un proceso al acto administrativo según la clásica concepción francesa ya superada, sino que está concebido como un sistema de justicia para la tutela de los derechos subjetivos y de los intereses legítimos de los administrados, incluyendo por supuesto, los derechos y libertades constitucionales. Por tanto, no se concibe el contencioso-administrativo sólo como un proceso de protección a la legalidad objetiva, sino de tutela de los derechos e intereses de los recurrentes frente a la Administración. Por ello, el juez contencioso-administrativo, de acuerdo a los propios términos del artículo 206 de la Constitución, tiene competencia no sólo para anular los actos administrativos contrarios-a derecho, sino para condenar a la Administración al pago de sumas de dinero y a la reparación de daños y perjuicios originados en responsabilidad de la misma, y además, para disponer lo necesario para el restablecimiento de las situaciones jurídicas subjetivas lesionadas por la autoridad administrativa, incluyendo en la expresión "situaciones jurídicas subjetivas" no sólo el clásico derecho subjetivo, sino los derechos constitucionales y los propios intereses legítimos, personales y directos de los ciudadanos.

Con base en estos cuatro aspectos que derivan de la constitucionalización del contencioso-administrativo en Venezuela, a continuación destacaremos los aspectos más importantes del proceso contencioso-administrativo en el país.

II. LAS CARACTERÍSTICAS DE LA JURISDICCIÓN CONTENCIOSO-ADMINISTRATIVA

El proceso de configuración de esta jurisdicción especial culmina en la Constitución de 1961, y del texto, constitucional, desarrollado en la Ley Orgánica de la Corte Suprema de Justicia, pueden distinguirse algunas características fundaméntales de la misma, que analizaremos a continuación.

1. Jurisdicción especial

La jurisdicción contencioso-administrativa en Venezuela puede definirse como un conjunto de órganos judiciales encargados de controlar la legalidad y la legitimidad de los actos, hechos y relaciones jurídico-administrativas. Como hemos dicho, no se trata de una "jurisdicción ordinaria" sino de una jurisdicción especial. Es decir, es una parte del Poder Judicial del Estado cuyo ejercicio está encomendado a unos órganos judiciales determinados y especializados por razón de los sujetos sometidos a control o por razón de la materia.

En este sentido, el sistema venezolano se aparta del sistema francés que nació de la interpretación del principio de la separación de poderes realizada a la luz de una peculiar tradición y evolución que tiene su origen en los días de la Revolución francesa. Basta citar los textos legales fundamentales para comprender este inicio del sistema de derecho administrativo francés, que gira en torno a ese principio de la separación de las autoridades administrativas de las judiciales, que prohíbe al Poder Judicial juzgar a la Administración[14]:

14 *V.*, en general J.M. Auby and R. Drago. *Traité de Contentieux Administratif*, Paris 1984, *T.* I, *V.*, lo expuesto en la Primera parte, *T.* I, pp. 75 y ss.

En primer lugar, la Ley de 16-24 de agosto de 1790, en su Título artículo 13, contiene una disposición siempre vigente que constituye la base jurídica y teórica de la competencia de la jurisdicción administrativa francesa. Dicho artículo dice:

"Las funciones judiciales son y permanecerán siempre separadas de las funciones administrativas. Los jueces no podrán, bajo pena de prevaricación, perturbar de cualquier manera que sea las operaciones de los cuerpos administrativos, ni citar delante de ellos a los administradores en razón de sus funciones".

Posteriormente, la Ley de 16 fructidor del año III reiteraba el principio:

"Prohibiciones reiteradas son hechas a los tribunales de conocer de los actos de Administración de cualquier especie que ellos sean".

Entonces, los litigios en los cuales la Administración estaba interesada escapaban del conocimiento de los tribunales. Pero era necesario, ciertamente, un Juez para conocer de esos litigios, so pena de denegación de justicia. Hasta el año VIII fue el Administrador Activo, el Rey, y luego los Ministros, quien juzgaba. Era la época del sistema llamado del Administrador-Juez, que no ofrecía ninguna seguridad a los particulares, ya que se trataba de un juez interesado, es decir, un juez qué era al mismo tiempo parte.

Es entonces en el año VIII, 22 *Frimaire*, cuando son creados importantes órganos consultivos: el Consejo de Estado, cerca del Poder Central, y los Consejos de Prefectura, cerca del Prefecto. Estos órganos consultivos fueron asociados al ejercicio de la jurisdicción administrativa. De esta manera se abre, en el seno de la Administración, una nueva separación entre la función administrativa activa y la jurisdicción administrativa que era necesario distinguir bien de la separación de Poderes ya existente: La separación de poderes interesaba a las relaciones entre el Poder Ejecutivo y el Poder Judicial; en cambio, la separación de funciones sólo concernía a una división del trabajo en el seno del Ejecutivo; algunos de sus agentes se especializaban en juzgar los asuntos contenciosos en que la misma Administración era parte. De esta separación de funciones nació la jurisdicción administrativa en Francia.

La evolución posterior a 1800 se caracterizó por una paulatina separación entre la administración activa y la jurisdicción administrativa. Hasta 1872 continuó la concepción llamada de la "justicia retenida" en la que el Jefe del Estado retenía la justicia administrativa: el Consejo de Estado se limitaba a dar su opinión sobre la solución de los litigios administrativos pero él no los resolvía propiamente sino que esa función correspondía al Jefe de Estado. En la práctica, sin embargo, las opiniones del Consejo de Estado fueron siempre seguidas, pero siempre quedaba el riesgo de que el soberano no acogiera la opinión del cuerpo consultivo. La Ley de 24 de mayo de 1872 pondrá fin a esta riesgosa situación, concediendo al Consejo de Estado el poder de ejercer la jurisdicción administrativa, llamada desde entonces sistema de la "justicia delegada", es decir, decidiendo directamente, como todo Tribunal, "en nombre del pueblo francés".

El último paso importante que nos interesa destacar en esta rápida ojeada de la evolución se produce con la decisión del Consejo de Estado, Cadot, del 3 de diciembre de 1889[15]. La situación anterior a esta fecha era la siguiente: el Consejo de Estado actuaba siempre como Juez de Apelación. Él demandante debía dirigir su petición, siempre, en

15 Long, Weil y Braibandt. *Les grands arréts de la jurisprudence administrative*, Sirey, París, 1962, pp. 24 y ss.

primer lugar, al Ministro, quien era entonces, el juez ordinario en materia administrativa, al cual debían acudir los demandantes, salvo texto legal expreso. El Consejo de Estado, por tanto, sólo conocía y decidía en apelación de la decisión del Ministro. Sin embargo, con la sentencia Cadot, el mismo Consejo de Estado terminó con esta situación y se proclamó juez ordinario en materia administrativa, eliminando así al Ministro de la jurisdicción administrativa, como la ley de 1872 ya había eliminado al Jefe de Estado. Ese fue el fin de la llamada Teoría del Ministro-Juez.

La evolución posterior a 1889 se destaca por una separación cada vez más profunda entre la jurisdicción administrativa y la administración activa, y por una paulatina analogía de los procedimientos de la primera respecto a los de los tribunales judiciales.

El año 1953, por último, marca una importante reforma en la competencia interna de la jurisdicción administrativa, con la creación de los Tribunales administrativos en sustitución de los antiguos Consejos de Prefectura.

Con esta ligera vista sobre la evolución del sistema francés podemos darnos cuenta de su particularismo. Y, si bien el Derecho administrativo francés ha dado materialmente origen al régimen administrativo de la mayoría de los países latinos del mundo occidental, su sistema jurisdiccional administrativo ha tenido menor influencia en cuanto a su forma, ya que es el producto de una larga evolución y tradición, difícilmente transportable en bloque a otro sistema jurídico. Los mismos autores franceses han comprendido esto y han afirmado que la jurisdicción administrativa separada de la jurisdicción judicial, e integrada en el Poder Administrativo distinto de un Derecho priva-existencia de un Derecho Administrativo distinto de un Derecho privado no implica necesariamente esa separación entre un orden jurisdiccional administrativo y un orden jurisdiccional judicial[16].

En Venezuela, por tanto, el derecho administrativo no se construyó en base a los criterios de distinción entre jurisdicción judicial y jurisdicción administrativa, tan extendido en el derecho administrativo francés. Por ello, sin lugar a dudas, puede decirse que la evolución y la concepción de la jurisdicción contencioso-administrativa en Venezuela es distinta de la Que surge en Francia, existiendo al contrario una tradición bastante larga de una competencia especializada de determinados tribunales para conocer de litigios en los cuales interviene la Administración, pero integrados en el Poder Judicial[17].

En efecto, a partir de la Constitución de 1925 puede decirse que comienza propiamente en Venezuela la elaboración de un sistema contencioso-administrativo separado del control jurisdiccional en materia de inconstitucionalidad. Por primera vez, en el artículo 120 de dicha Constitución se estableció la posibilidad de que la Corte Federal y de Casación "declare la nulidad de los Decretos o Reglamentos que dictare el Poder Ejecutivo para la ejecución de las leyes cuando alteren su espíritu, razón o propósito de ellas", es decir, la posibilidad de un recurso contencioso-administrativo de anulación pero sólo contra actos administrativos generales o individuales dictados por el Presidente de la República. Esta atribución de la Corte va a ser ampliada respecto a todos los actos administrativos a partir de la Constitución de 1931[18], cuando estén viciados de ilegalidad o

---

16 J. Rivero, *Droit Administratif*, Precis Dalloz, 1962, París, p. 118.

17 M. Pérez Guevara, "Prólogo", en Allan R. Brewer-Carías, *Jurisprudencia de la Corte Suprema, 1930-74* y *Estudios de Derecho Administrativo, T.* II, *Ordenamiento Orgánico y Tributario del Estado*, Instituto de Derecho Público, Facultad de Derecho, Universidad Central de Venezuela, Caracas, 1976, pp. 1-10.

18 Artículo 120, ordinal 12.

abuso de poder. Con la Constitución de 1961 la atribución de la Corte Suprema de Justicia en materia contencioso administrativa de anulación es ampliada, para evitar equívocos, para declarar la nulidad de los actos administrativos generales o individuales contrarios a derecho e incluso por desviación de poder[19].

En materia contencioso-administrativa de las demandas contra los entes públicos (o de plena jurisdicción), la Constitución de 1830[20] asignó a la Corte Suprema competencia para "conocer de las controversias que resulten de los contratos o negociaciones que celebre el Poder Ejecutivo por sí solo o por medio de agentes". Esta atribución, fue ampliada por la Constitución de 1864 cuando atribuyó a la Alta, Corte Federal la competencia para "conocer de los juicios civiles cuando sea demandada la Nación"[21], dejándole también atribución para "conocer de las controversias que resultaren de los contratos o negociaciones que celebrare el Presidente de la Unión"[22]. En la Constitución de 1925, y a partir de ella, esta competencia se configuró definitivamente al atribuirse a la Corte Federal y de Casación facultad para "conocer en juicio contencioso de todas las cuestiones sobre nulidad, caducidad, resolución, alcance, interpretación, cumplimiento y cualesquier otra que se susciten entre la Nación y los contratistas o concesionarios a consecuencia de contratos celebrados por el Ejecutivo Federal"[23] Incompresiblemente, la Constitución de 1961 eliminó de su articulado esta tradicional disposición, quedando con la última redacción antes indicada en la Ley Orgánica de la Corte Federal de 1953[24], vigente hasta 1976 y luego en la Ley Orgánica de la Corte Suprema de Justicia[25] reducida básicamente en materia contractual, a contratos administrativos. En otros casos de demandas, sin embargo, de acuerdo a la Constitución, los órganos de la jurisdicción contencioso-administrativa conforme a su artículo 206 tienen competencia para "condenar al pago de sumas de dinero y a la reparación de daños y perjuicios originados en responsabilidad de la administración", donde seguramente está incluida la responsabilidad contractual.

También en materia contencioso-administrativa de las demandas contra los entes públicos la Constitución de 1925, atribuyó a la Corte Federal y de Casación competencia para "conocer en juicio contencioso y en los casos que determine la Ley, de las reclamaciones por daños y perjuicios que se propusieren contra la Nación, y de todas las demás acciones por sumas de dinero que se intenten contra ella"[26]. Esta disposición ciertamente muy amplia, configuró la jurisdicción de la Corte Suprema como un fuero a favor de la República, lo cual se mantuvo exacto en las Constituciones posteriores, y sólo fue en la Constitución de 1947 cuando se le declaró como procedimiento contencioso-administrativo (Arts. 20. y 220, Ord. 1°). Como, se ha visto, finalmente, en la Constitución de 1961 se dio competencia específica a los órganos de la jurisdicción contencioso-administrativa para "condenar al pago de sumas de dinero y a la reparación de daños y perjuicios originados en responsabilidad de la Administración (Arts. 47 y 206), lo cual abarca no sólo la responsabilidad contractual sino la extracontractual de la República y de otros entes públicos.

---

19 Artículo 215, ordinal 7° y artículo 206.

20 Artículo 145, y posteriormente en la Constitución de 1958, artículo 113, ordinal 5°.

21 Artículo 89, ordinal 6°

22 Artículo 89, ordinal 10

23 Artículo 120, ordinal 13.

24 Artículo 145 y posteriormente en la Constitución de 1958, Artículo 113, ordinal 5°.

25 Artículo 42, ordinal 14 de la Ley Orgánica de la Corte Suprema de Justicia.

26 Artículo 120, ordinal 15.

Se puede decir, por tanto, que en Venezuela, la jurisdicción, contencioso administrativa surge en materia de contencioso de anulación en 1925, y en materia de demandas contra los entes públicos, en el ámbito contractual, en 1830, como un fuero judicial especial para la Administración Pública, siendo la Constitución de 1947 la primera en emplear la expresión "procedimiento contencioso-administrativo" (Art. 220, Ords. 10 y 12).

A los órganos de la jurisdicción contencioso-administrativa no está encomendada, entonces, la generalidad de los procesos ni sometida la generalidad de las personas: solamente están sometidas a ella determinadas categorías de personas y solamente juzga determinados actos, hechos y relaciones jurídicas. En cuanto a las personas jurídicas sometidas a esta jurisdicción especial, una de las partes de la relación jurídico-procesal debe ser en principio, una persona de derecho público a una persona jurídico-estatal (la Administración). Respecto a las relaciones jurídicas, hechos y actos jurídicos, esta jurisdicción especial está llamada a juzgar, en principio, los actos, hechos y relaciones jurídico-administrativos, es decir, actos, hechos y relaciones jurídicas originados por la actividad administrativa.

Por tanto, en general, se trata de una competencia especializada dentro de un único Poder Judicial que corresponde a ciertos tribunales, a los cuales están sometidas ciertas personas de derecho administrativo y que juzga determinados actos o relaciones jurídicas de derecho administrativo; y esa jurisdicción especial, son competencia específica en la Constitución se le atribuyó inicialmente a la Corte Suprema de Justicia. Posteriormente, por ley se fue ampliando, al atribuirse también en forma especializada, a determinados tribunales como los Tribunales de Impuesto sobre la Renta, sustituidos posteriormente por los Tribunales Superiores de lo Contencioso-Tributario; el Tribunal de la Carrera Administrativa, el Tribunal Superior Agrario y el Tribunal de Inquilinato, convertido en 1991 en tres Tribunales Superiores unipersonales con competencia contencioso-administrativa e inquilinaria. La Ley Orgánica de la Corte Suprema de Justicia, además, creó tribunales con competencia general contencioso-administrativa en forma transitoria: la Corte Primera de lo Contencioso-Administrativo y los Tribunales Superiores con competencia en esta materia.

2. El control de la administración

La existencia de la jurisdicción contencioso-administrativa radica en la necesidad de una jurisdicción especial para controlar a la Administración y a la actividad administrativa.

Por ello se habla de jurisdicción contencioso-administrativa. Por tanto, en principio, no es posible obtener un pronunciamiento de esta jurisdicción especial cuando las partes en la relación jurídico-procesal son ambas particulares. Siempre, en la relación jurídico-procesal-administrativa, debe estar presente la Administración y su actividad, o un particular actuando en ejercicio del Poder Público o como autoridad.

Ahora bien, la noción de "Administración" puede delimitarse, según los casos, conforme al artículo 206 de la Constitución, de acuerdo a un criterio material o un criterio orgánico. De acuerdo al criterio material, cuando la Constitución se refiere a la "responsabilidad de la administración" en realidad se refiere a las consecuencias de una actividad pública administrativa, poniendo mayor énfasis en la actuación que en la persona actualmente. Con base en el criterio orgánico, por "Administración", a los efectos de la jurisdicción contencioso-administrativa, ha de entenderse fundamentalmente a las personas jurídicas de derecho público o a las personas jurídicas estatales, según los casos. En este sentido, pueden distinguirse dos tipos de personas en el campo del derecho administrativo: las de derecho público y las de derecho privado. En cuanto a las de derecho público, estas son las personas político-territoriales que son la República, los Estados Federados y las Municipalidades, y las personas de derecho público no territoriales o establecimientos públicos, es decir, aquellas personas jurídicas creadas por el Estado mediante ley, para descentralizar determinadas actividades, las cuales pueden ser de tres categorías fundamentales: los establecimientos públicos institucionales o institutos autónomos, los establecimientos públicos corporativos, como las Universidades Nacionales o los Colegios Profesionales, y los establecimientos públicos asociativos, como el Banco Central de Venezuela. En cuanto a las personas jurídicas de derecho privado, en algunos casos, quedan sometidas a la jurisdicción contencioso-administrativa, particularmente aquellas creadas por el Estado para la realización de actividades, fundamentalmente en el campo económico, es decir, las empresas del Estado establecidas como sociedades mercantiles, con capital público o mixto, según las reglas del Derecho Privado Comercial[27], o las personas jurídico-privadas a las que la ley les ha asignado el ejercicio de determinadas tareas públicas.

3. El control de la actividad de los entes públicos

En tercer lugar, otra de las características de la jurisdicción contencioso-administrativa en Venezuela, resulta del hecho de que la misma tiene por objeto ejercer el control sobre la actividad de la Administración Pública. Antes de la entrada en vigencia de la Ley Orgánica de la Corte Suprema de Justicia, sin embargo, la jurisprudencia de la Corte permitía considerar que no toda la actividad desarrollada por los entes públicos caía bajo el ámbito de la jurisdicción contencioso-administrativa. En muchos casos, había actuaciones de los entes públicos que no estaban sujetas al derecho administrativo y que estaban sometidas a la jurisdicción ordinaria, como, por ejemplo, litigios de institutos autónomos en materia mercantil que no correspondían a la jurisdicción contencioso-administrativa. En este sentido la Corte Suprema de Justicia había puntualizado en 1969[28] que la legislación preveía el recurso contencioso-administrativo sólo respecto a las "pretensiones fundadas en preceptos de derecho administrativo". De acuerdo a esta interpretación jurisprudencial, podía decirse que la jurisdicción contencioso-administrativa en Venezuela era competente para conocer como jurisdicción judicial especial, de los actos, y relaciones jurídicas sometidas al derecho administrativo y para controlar, en especial, la legitimidad y la legalidad de la actuación de la Administración Pública[29]. Sin embargo, y contrariamente a dicho criterio jurisprudencial, en nuestra opinión, a partir de la Ley Orgánica de la Corte Suprema de Justicia de 1976, la jurisdicción con-

---

27 Allan R. Brewer-Carías, *Régimen Jurídico de las Empresas Públicas en Venezuela*, Centro Latinoamericano de Administración para el Desarrollo (CLAD), Caracas, 1980.

28 *V.* Allan R. Brewer-Carías, *Jurisprudencia de la Corte Suprema 1930-74 y Estudios de Derecho Administrativo, T.* V..., *op. cit.*, pp. 193 y ss. Esta doctrina ha sido recogida de nuevo en sentencia de 5-6-86, caso *Fetraeducación. V.*, en *Revista de Derecho Público*, N° 27, pp. 106-114.

29 Allan R. Brewer-Carías, *Las Instituciones..., op. cit.*. pp. 311 y ss.

tencioso-administrativa se estableció como un fuero general, respecto de la República y las otras personas jurídicas estatales nacionales. Por ello, en nuestro criterio, no sólo los juicios de nulidad de actos administrativos emanados de los entes de derecho público, cualquiera sea la naturaleza de su objeto (incluso los que se refieren a la administración del derecho privado), corresponden a esta jurisdicción, sino que también compete a sus órganos el conocimiento de las demandas por cualquier causa intentadas contra la República y demás entes públicos nacionales, incluyendo las empresas nacionales del Estado[30].

En cuanto a las acciones o recursos que se interpongan contra los Estados o Municipios (distintos a los juicios de nulidad de actos administrativos), sin embargo, por expresa disposición del artículo 183 de la Ley Orgánica, su conocimiento compete a los tribunales de la jurisdicción ordinaria "de acuerdo a las previsiones del derecho común o especial".

4. El control de la legalidad (conformidad al derecho)

De acuerdo al artículo 206 de la Constitución, como se ha dicho, los órganos de la jurisdicción contencioso-administrativa, constituidos no sólo por la Corte Suprema de Justicia sino por los demás Tribunales que determine la Ley, son competentes para anular los actos administrativos generales o individuales "contrarios a derecho", incluso por desviación de poder, por lo que la competencia en materia de control a cargo de dichos órganos, se origina cualquiera que sea el motivo de contrariedad al derecho, es decir, sea por, razones de inconstitucionalidad, de "ilegalidad" propiamente dicha, o de contrariedad a cualquiera de las otras fuentes del derecho administrativo (violación de reglamentos y demás actos de efectos generales, violación de la cosa juzgada administrativa, violación de los principios generales del derecho administrativo, etc.).

No existe, por tanto, constitucionalmente hablando en Venezuela, limitación alguna en cuanto a los motivos de control respecto de los cuales pueden conocer los órganos de la jurisdicción contencioso-administrativa, y que pudiera conducir a limitar el conocimiento de estos órganos a meras cuestiones de legalidad, excluyéndoles la competencia para conocer de cuestiones de constitucionalidad.

En consecuencia, en Venezuela el juez contencioso-administrativo es juez constitucional de los actos administrativos y es juez constitucional de amparo respecto de todas las actuaciones de las autoridades administrativas.

A. La justicia constitucional y la justicia administrativa

a. *El juez contencioso-administrativo como juez constitucional*

En efecto puede decirse que en el ordenamiento constitucional venezolano no existe elemento alguno que permita establecer una dicotomía absoluta entre una "jurisdicción constitucional" y una "jurisdicción contencioso-administrativa" en el sentido de que la

30 Artículo 42 de la *Ley Orgánica de la Corte Suprema de Justicia* y Allan R. Brewer-Carías, *Régimen Jurídico de las Empresas…, op. cit.* pp. 78 y ss.

primera –que estaría atribuida a la Corte Suprema de Justicia– tendría el monopolio de juzgar la constitucionalidad de los actos estatales, incluyendo los actos administrativos, y que la segunda –que estaría atribuida a la propia Corte y a otros Tribunales– estaría confinada a conocer de solas cuestiones de legalidad. Y ello por dos razones fundamentales.

En primer lugar, porque en el ordenamiento constitucional venezolano no existe un sistema excluyente de control concentrado .de la constitucionalidad conforme al cual un solo órgano estatal sería el competente para juzgar la constitucionalidad de los actos estatales. Cierto que la Corte Suprema de Justicia en Corte Plena tiene la competencia exclusiva para declarar la nulidad por inconstitucional, con efectos *erga omnes* de las leyes y demás actos estatales de ejecución directa de la Constitución (Art. 215 de la Constitución), pero ello no excluye el que coexista un control difuso de constitucionalidad de las leyes, conforme al cual y en los términos del artículo 20 del Código de Procedimiento Civil, todos los jueces de cualquier nivel tienen el poder-deber de no aplicar a los casos generales que deban decidir, las leyes que estimen inconstitucionales, aplicando preferentemente la Constitución. Además, conforme a la Ley Orgánica de Amparo sobre Derechos y Garantías Constitucionales (Art. 3), procede el ejercicio de la acción de amparo contra leyes, ante los jueces de Primera Instancia, en cuyo caso éstos deciden la inaplicación de la norma respectiva respecto del accionante. Asimismo, en ¡general, la acción de amparo para la protección de los derechos y garantías constitucionales, se ejerce ante los Tribunales de Primera Instancia con competencia afín al derecho lesionado, e incluso, en caso de no existir tales tribunales en la localidad, la acción de amparo se puede intentar ante cualquier Tribunal que allí exista (Art. 7).

Por tanto, la "justicia constitucional" en Venezuela no está atribuida en exclusividad, como en otros países, a un Tribunal Constitucional o a la sola Corte Suprema de Justicia, sino que se imparte por todos los tribunales del país. Y el monopolio que sí existe, a favor de la Corte Suprema de Justicia para declarar en forma concentrada la inconstitucionalidad de las leyes y demás actos de rango legal, se ha previsto sólo en forma limitada, pues se refiere a las leyes (nacionales, estadales y municipales), y a los actos estatales de ejecución directa de la Constitución. Por tanto, si bien en Venezuela se puede afirmar que existe una "jurisdicción constitucional" concentrada en la Corte Suprema en Pleno, ello se refiere sólo al control de determinados actos estatales: la distinción por tanto, está marcada por el objeto de control y no por los motivos de control.

Por ello, los órganos de la jurisdicción contencioso-administrativa (aún los distintos a la Corte Suprema) son jueces constitucionales de los actos administrativos cuando controlan la sumisión al derecho de éstos, Y ello además con basamento constitucional: no se podría constitucionalmente confinar a los órganos" de la jurisdicción contencioso-administrativa (distintos a la Corte Suprema de Justicia) a conocer de la nulidad de los actos administrativos por solos motivos de "ilegalidad", pues ello sería contrario a lo dispuesto en el artículo 206 de la Constitución, que les atribuye poder para declarar dicha nulidad "por contrariedad al derecho", lo que implica inconstitucionalidad e ilegalidad.

b. *La inconstitucional distinción entre el "recurso de inconstitucionalidad" y el "recurso de ilegalidad"*

Contrariamente a las previsiones del artículo 206 de la Constitución, en materia de control de la contrariedad al derecho de los actos administrativos por los órganos de la jurisdicción contencioso-administrativa, la Ley Orgánica de la Corte Suprema de Justicia en las disposiciones transitorias que la regulan, ha establecido un inconveniente monopolio a favor de la Sala Político-Administrativa de la Corte para conocer de los recursos contencioso-administrativos "por razones de inconstitucionalidad" contra los actos administrativos, lo que ha dado origen a una inexistente distinción entre "recurso de inconstitucionalidad" y "recurso de legalidad". En efecto, el artículo 181 de la Ley Orgánica de la Corte Suprema de Justicia reguló transitoriamente la competencia de los Tribunales Superiores con competencia contencioso-administrativa en materia de juicios de nulidad, y la confió sólo a la impugnación de los actos administrativos estadales y municipales "por razones de ilegalidad", lo que es absolutamente improcedente, pues conlleva la previsión en la misma norma de que " cuando la acción o. el recurso se funde en razones de inconstitucionalidad, el Tribunal declinará su competencia en la Corte Suprema de Justicia". Ello significa una concentración de competencia en la Corte Suprema contraria al espíritu del artículo 206 de la Constitución, que en una futura reforma debe ser modificada, a los efectos de que los mencionados Tribunales Superiores puedan juzgar la "contrariedad del derecho" de los actos administrativos estadales y municipales, sea por razones de inconstitucionalidad o de ilegalidad. Sobre todo porque ten la mayoría de los casos, dado el contenido de nuestra Constitución, la impugnación de los actos administrativos además de vicios de ilegalidad, generalmente se funda en vicios de inconstitucionalidad.

Lo mismo debe decirse respecto de la competencia residual que el artículo 185 de la Ley Orgánica de la Corte (Ord.. 3°) atribuye a la Corte Primera de lo Contencioso-Administrativo, para conocer de "acciones o recursos de nulidad que puedan intentarse por razones de ilegalidad contra actos administrativos" de diversas autoridades y que ha conducido a que tanto la Corte Suprema de Justicia como la Corte Primera de lo Contencioso-Administrativo hayan interpretado que cuando en un recurso de nulidad se aleguen vicios de inconstitucionalidad además de los de ilegalidad, la Corte Primera debe declinar su competencia ante la Corte Suprema en Sala Político-Administrativa, lo que en nuestro criterio es absolutamente inconveniente e improcedente, y contrario al espíritu del artículo 206 de la Constitución.

El ejemplo más característico de esta jurisprudencia está en el fallo de la Corte Primera de lo Contencioso-Administrativo de 14 de junio de 1990, en el cual la Corte destacó:

> "que el ordinal 3° citado (Art. 185) se refiere a razones de ilegalidad las alegadas contra dichos actos para que sea esta Corte la competente. De igual modo, el artículo 181 *ejusdem* en su primer aparte dispuso que cuando la acción se funde en razones de inconstitucionalidad el Tribunal declinará su competencia en la Corte Suprema de Justicia, disposición ésta aplicable a esta Corte por remisión hecha por el artículo 185 *ejusdem*, al determinar la aplicabilidad para esta Corte del artículo 181 *ejusdem*. Cierto es que las disposiciones anotadas excluyen a los Tribunales contencioso-administrativos como a esta misma Corte, como órgano de facultades para pronunciarse en causa o acciones de inconstitucionalidad. Así, el artículo 185 *ejusdem* al referirse a este Tribunal, dispone la aplicación de lo previsto en el primer aparte del artículo 181 *ejusdem*, lo cual sustrae de su conocimiento acuellas acciones de inconstitucionalidad. En esta forma lo ha sentenciado la Corte Suprema de Justicia con fecha 19 de marzo de 1983"[31].

En nuestro criterio esa tesis, hasta allí, no tendría adecuado fundamento constitucional, sobre todo cuando se impugna un acto administrativo alegando razones de inconsti-

31 *RDP*, N° 43, 1990, pp. 95 y 96.

tucionalidad e ilegalidad. En los términos del artículo 185 de la Ley Orgánica –que deberá también ser reformado en el futuro–, lo que debería interpretarse es que la Corte Primera no sería competente, sólo cuando se impugne un acto administrativo por solas razones de inconstitucionalidad –sin alegarse vicios de ilegalidad– lo cual es infrecuente dado del carácter sublegal de la actividad administrativa.

La sentencia que cita la Corte Primera de lo Contencioso-Administrativa emanada de la Corte Suprema de Justicia en Sala Político-Administrativa de 1-3-83, con base en estas normas, estableció no una distinción entre "recurso de inconstitucionalidad" y "recurso de ilegalidad", como lo prevé la ley, para delimitar su propia competencia como órgano de la jurisdicción contencioso-administrativa. Y así señaló que:

> "sólo podrá decirse que el recurso se funda en razones de inconstitucionalidad, cuando, al confrontar el acto impugnado con alguna norma de la Constitución, resulta evidente la colisión que entre ellos existe teniendo en cuenta los alegatos del actor. Así mismo, ha precisado la Sala, para evitar toda confusión entre las razones de inconstitucionalidad y de ilegalidad que han de servir de base a los jueces para determinar su propia competencia, que ha de tratarse de la denuncia de una infracción directa de la norma constitucional, y no medita por existir una normativa legal específicamente violada"[32].

Lamentablemente, en una conocida sentencia dictada meses después, en el caso *Centro Nacional de Distribución C.A. (Cenadica)* de fecha 28-6-83, la propia Sala Político-Administrativa, para delimitar su competencia contencioso-administrativa conforme a las normas señaladas de su Ley Orgánica, convirtió la distinción legal entre los "motivos de inconstitucionalidad" y "motivos de ilegalidad" que se pueden invocar en un recurso contencioso administrativo de anulación, en una inexistente distinción entre un "recurso de inconstitucionalidad" y un "recurso de ilegalidad", con la consecuencia de confinar en el segundo al contencioso-administrativo de anulación.

En esa sentencia Cenadica, en efecto, la Corte Suprema, luego de constatar que en el caso concreto de lo que se trataba era de determinar si el recurso contencioso administrativo de anulación que se había interpuesto contra un acto administrativo municipal, estaba fundado o no en solas "razones" de "inconstitucionalidad" o de "ilegalidad" para delimitar su propia competencia, procedió a establecer una distinción no prevista en la ley y que ha sido la fuente de confusión en la materia con posterioridad, entre un "recurso de inconstitucionalidad" y un "recurso de ilegalidad". La Corte en esta materia, entre otros aspectos, señaló lo siguiente:

> "El recurso por inconstitucionalidad de un acto de efectos generales o de efectos particulares sólo procede cuando se denuncia la violación directa de una norma constitucional...
>
> ...podría agregarse que existe recurso por violación directa de la Carta Fundamental, cuando sea factible llegar a la solución positiva o negativa del problema planteado con la exclusiva aplicación de las normas constitucionales invocadas.
>
> ...La violación directa de cualquiera de esas normas –que constituyen lo que podría llamarse la reserva constitucional– daría siempre lugar a un recurso de inconstitucionalidad independientemente de que el contenido de la misma hubiese sido reproducido en una norma de rango inferior.
>
> ...Pero ocurre que muchos principios constitucionales pueden quedar incorporados en normas de rango inferior, caso en el cual, al interponerse éstas entre la Constitución y el acto viciado, se estaría frente a un caso de ilegalidad, y ya no sería procedente el recurso de inconstitucionalidad.

---

32 *RDP*, N° 14, 1983, pp. 163.

... En las situaciones últimamente señaladas –incorporación o desarrollo de una norma constitucional en una de rango inferior– es indiscutible que la violación directa de esta última lleva implícita la violación indirecta de aquélla. Pero en ambos casos, la denuncia que se hiciese de violación conjunta de la disposición constitucional y de la legal, no autorizaría otro recurso que el de ilegalidad.

... sólo la violación directa de una norma constitucional puede servir de fundamento a una acción o recurso por inconstitucionalidad.

En esta forma, a lo largo de la sentencia, la Corte Suprema fue construyendo una distinción entre acciones o recursos (recurso de inconstitucionalidad y recurso de legalidad) cuando lo que la Ley de la Corte establece, para la distribución de competencias entre los órganos de la jurisdicción contencioso-administrativa, es una distinción entre los motivos de inconstitucionalidad y los motivos de ilegalidad de una sola acción o recurso que es el contencioso-administrativo de anulación. Ello llevó a la Corte a sentar la siguiente "conclusión" (fuente de las subsecuentes confusiones jurisprudenciales en la materia) contraria al artículo 206 de la Constitución:

"En conclusión, cada vez que se denuncie la violación directa de una norma constitucional, ya sea ésta de naturaleza sustantiva o adjetiva –inclusive en materia de competencia–, el recurso para, obtener la nulidad del acto impugnado es el de inconstitucionalidad, y su conocimiento corresponderá este Alto Tribunal de la República. En cambio-, cuando se trate de la violación directa de una norma de rango inferior cuya constitucionalidad no haya sido cuestionada, la acción o el recurso procedente será el de ilegalidad, no obstante que conjuntamente se señale la violación mediata de Una disposición de 1° Carta Fundamental"[33].

Pero independientemente de esta improcedente distinción entre recurso de inconstitucionalidad y recurso de ilegalidad no prevista en Ley alguna y contraria al artículo 206 de la Constitución, debe destacarse de esa sentencia de la Corte del 28-6-83, el esfuerzo por establecer la existencia de "razones de inconstitucionalidad" en un recurso contencioso administrativo de anulación, como elemento de atracción de la competencia de la Corte Suprema, y que en los casos de denuncias conjuntas de violaciones de la Constitución y de leyes por actos administrativos, podría llevar a una inconveniente concentración de juicios ante la Corte Suprema. Por ello el esfuerzo, incluso de la Corte Primera en precisar este tema de la violación "directa" de la Constitución. En efecto, la Corte Primera de lo Contencioso-Administrativo en la citada sentencia de 14 de junio de 1990, ha señalado que no basta con alegar violaciones constitucionales –en un recurso para que el asunto se remita a la Corte Suprema–, sino que es necesario que se alegue una violación "directa" de la Constitución. Se señala así en dicha sentencia:

"...los recurrentes han alegado la violación de disposiciones de la Constitución, pero ello no implica que el recurso ipso jure, se convierte en una acción de inconstitucionalidad. En efecto, dicha acción, dirigida contra un acto de efectos generales o particulares, sólo procede cuando se denuncia la violación directa de una norma constitucional. Por lo demás, existe recurso por violación directa de la Carta Fundamental, ha dicho la Sala Político-Administrativa de la Corte Suprema de Justicia en sentencia de 28 de junio de 1983, cuando sea factible alegar a la solución positiva o negativa del problema planteado con la exclusiva aplicación de las normas constitucionales invocadas.

33 Consultada en original.

Sentado lo anterior, observa esta Corte que en el presente caso no se da la violación directa de la Constitución, por lo que ha de declararse que se trata de un recurso por ilegalidad para lo cual es competente esta Corte.

En efecto, la propia consideración hecha por los demandantes respecto a los supuestos de carácter constitucional denunciados supone la admisión expresa de que la violación a la Constitución es indirecta y no directa. Expresamente así lo ha declarado la propia Corte Suprema de Justicia, en Sala Político-Administrativa (*Gaceta Forense* Tercera Etapa, año 1984, enero a marzo, N° 123, Vol. I, 120), cuando afirmó:

"Es indiscutible que la violación de esta última lleva implícita la violación indirecta de aquélla. Pero en ambos casos la denuncia que se hiciere de violación conjunta a la disposición constitucional y de la legal no autoriza otro recurso que el de ilegalidad".

Supuesto que se contrae a denuncias referidas a derechos constitucionales que encuentran desarrollo en disposiciones legales y reglamentarias.

En el caso de autos se han impugnado actos provenientes de entes públicos, corporación profesional, dictados en ejecución directa de normas de rango infra constitucional y no en ejecución directa de la Constitución. En consecuencia, al no haberse planteado sólo razones de inconstitucionalidad, sino alegatos relativos a la violación de normas de rango infra-constitucional, es que esta Corte se estima única competente para conocer de ellos en esta causa, en virtud de no darse la violación directa de la Constitución.

En razón de lo expuesto, esta Corte Primera de lo Contencioso-Administrativo declara su propia competencia para conocer de esta acción"[34].

Lamentablemente, sin embargo, la Corte Primera en esta sentencia, aparte del encomiable esfuerzo por precisar el tema de la violación "directa" de la Constitución, incurrió en el mismo error constitucional en el que cayó la Corte Suprema de distinguir entre una acción de inconstitucionalidad y un recurso de ilegalidad contra los actos administrativos, cuando en ese casó lo que puede distinguirse es entre los "motivos de inconstitucionalidad" y los "motivos de ilegalidad" de un solo recurso o acción, que es el contencioso-administrativo de anulación.

En todo caso, conforme al espíritu del artículo 206 de la Constitución, en el futuro debería claramente atribuirse a todos los órganos de la jurisdicción contencioso-administrativa competencia general para juzgar la "contrariedad al derecho" de los actos administrativos, incluyendo allí vicios de inconstitucionalidad e ilegalidad; razón por la cual estimamos que debe desecharse la idea que informa el Anteproyecto de la Ley Orgánica de la Jurisdicción Contencioso-Administrativa que ha publicado en 1990 la Comisión Presidencial para la Reforma del Estado y que resume el artículo 1° de dicho texto, así:

"*Artículo* 1°. La presente ley regula la jurisdicción contencioso-administrativa prevista en el artículo 206 de la Constitución de la República, como la encargada de conocer las pretensiones relativas a la legalidad de los actos de la Administración Pública sujetos al derecho administrativo, así como las pretensiones que se deduzcan contra su actividad legal.

Los motivos de ilegalidad comprenderán' cualquier infracción del ordenamiento jurídico, incluida la falta de competencia o jurisdicción, el quebrantamiento de las formalidades esenciales y la desviación de poder".

---

34 *RDP*, N° 43, 1990, p. 96.

Esta norma, sin duda, contraría el contenido y espíritu del artículo 206 de la Constitución. Lamentablemente sin embargo, informa buena parte del articulado de dicho anteproyecto, el cual debe por tanto, revisarse íntegramente, a los efectos de qué se elabore un proyecto bajo la orientación constitucional de la universalidad del control contencioso-administrativo que hemos comentado.

B. El juez contencioso-administrativo como juez de amparo constitucional

Los poderes del Juez contencioso-administrativo para controlar la constitucionalidad de los actos administrativos en los juicios de nulidad, que lo muestran como juez constitucional, se complementan con la posibilidad establecida en la Ley Orgánica de Amparo sobre Derechos y Garantías Constitucionales de actuar como juez constitucional de amparo.

En efecto, conforme al artículo 2° de la Ley Orgánica de Amparo, "la acción de amparo procede contra cualquier hecho, acto u omisión proveniente de los órganos del Poder Público Nacional, Estadal o Municipal", a lo que agrega el artículo 5° que:

> "La acción de amparo procede contra todo acto administrativo, actuaciones materiales, vías de hecho, abstenciones u omisiones que violen o amenacen violar un derecho o una garantía constitucionales, cuando no exista un medio procesal breve, sumario y eficaz, acorde con la protección constitucional".

Conforme a estas normas, por tanto, la acción de amparo procede contra los hechos, actos u omisiones de la Administración, siendo competentes para conocer de la misma, en general, los jueces contencioso-administrativos. Así ya lo ha determinado pacíficamente la doctrina jurisprudencial, de la Corte Suprema y de la Corte Primera de lo Contencioso, al indicar que la competencia de los tribunales contencioso-administrativos, para conocer de la acción de amparo se determina no sólo por la afinidad con la naturaleza del derecho o garantía constitucional violado como lo establece el artículo 7° de la Ley Orgánica de Amparo, sino:

> "también en atención de la afinidad con la materia cuya competencia le está atribuida al Tribunal de la jurisdicción contencioso-administrativa de qué se trate"[35].

y también,

> "en razón del órgano del cual emana el acto que se pretende atentatorio contra derechos y garantías constitucionales, pues que, tal criterio, define cuál es el tribunal de primera instancia, dentro de la jurisdicción contencioso-administrativo"[36].

Ahora bien, en concreto, la acción de amparo contra actos administrativos o abstenciones de la Administración, conforme a la Ley, se puede interponer ante los Tribunales contencioso-administrativos en forma autónoma, o conjuntamente con el recurso contencioso-administrativo de anulación en los términos del artículo 5° de la Ley Orgánica de Amparo que establece:

> "Cuando la acción de amparo se ejerza contra actos administrativos de efectos particulares o contra abstenciones o negativas de la Administración, podrá formularse ante el Juez contencioso-administrativo competente, si lo hubiere en la localidad, conjuntamente con el recurso contencio-

35 Sentencia de la CPCA de 80-10-91 en *RDP*, N° 48, 1991, p. 134.
36 Sentencia de la CPCA de 10-10-91 en *RDP*, N° 48, 1991, p. 135.

so-administrativo de anulación de actos administrativos o contra las conductas omisivas, respectivamente, que se ejerza. En estos casos, el Juez, en forma breve, sumaria, efectiva y conforme a lo establecido en el artículo 22, si lo considera procedente para la protección constitucional, suspenderá los efectos del acto recurrido como garantía de dicho derecho constitucional violado, mientras dure el juicio".

Agrega el Parágrafo Único de este artículo 5° de la Ley Orgánica de Amparo que:

> "Cuando se ejerza la acción de amparo contra actos administrativos conjuntamente con el recurso contencioso-administrativo que se fundamente en la violación de un derecho constitucional, el ejercicio del recurso procederá en cualquier tiempo, aún después de transcurridos los lapsos de caducidad previstos en la Ley y no será necesario el agotamiento previo de la vía administrativa".

De acuerdo a estas normas, por tanto, frente a las actuaciones de la Administración, la acción de amparo se puede interponer por ante los Tribunales contencioso-administrativos, sea en forma autónoma o conjuntamente con el recurso contencioso-administrativo de anulación. Ello ya ha quedado definitivamente clarificado por la sentencia de la Corte Suprema en el caso *Tarjetas Banvenez*, por sentencia en 10-7-91, en la cual se precisó lo siguiente:

> "La Ley Orgánica de Amparo, al desarrollar los artículos 49, 50 de la Constitución, otorga a las personas naturales: o jurídicas, habitantes o domiciliadas en Venezuela, la posibilidad de acudir ante los tribunales que ella señala, con el propósito de ser amparados en el goce y el ejercicio de los derechos y garantías constitucionales, mediante el restablecimiento inmediato de la situación jurídica infringida o la situación que más se asemeje a ella.
>
> A tal fin, el texto de la ley prevé fundamentalmente dos mecanismos procesales: la acción autónoma de amparo, y la acumulación de ésta con otro tipo de acciones o recursos. Ambas modalidades de ejercicio difieren sustancialmente en cuanto a su naturaleza y consecuencias jurídicas.
>
> En efecto, en el primer caso, al ser una acción que se ejercita en forma autónoma, independiente, no vinculada ni subordinada a ningún otro recurso o procedimiento, es indudable que esa acción; así ejercida, debe ser, por su naturaleza restablecedora, capaz, suficiente y adecuada para lograr que el mandamiento de amparo que se otorgue se baste por sí solo, sin necesidad de acudir a otro u otros procedimientos judiciales, para volver las cosas al estado en que se encontraban para el momento de la vulneración y hacer desaparecer definitivamente el acto o hecho lesivo o perturbador.
>
> Por estas razones, ha sostenido reiteradamente este Supremo Tribunal en jurisprudencia que una vez más ratifica, que en tales supuestos el accionante en amparo debe invocar y demostrar que se trata de una vulneración constitucional flagrante, grosera, directa e inmediata, lo cual no significa –se precisa ahora– que el derecho o garantía de que se trate no están desarrollados o regulados en textos normativos de rango inferior, pero sin que sea necesario al juzgador acudir o fundamentarse en ellos para detectar o determinar si la violación constitucional al derecho o garantía se ha consumado efectivamente. De no ser así –ha dicho también esta Sala– no se trataría entonces de una acción constitucional de amparo sino de otro tipo de recurso, por ejemplo, el contencioso-administrativo, cuyos efectos anulatorios no se corresponden con los restitutorios del amparo y si tal sustitución se permitiere, el amparo llegaría a suplantar no sólo esa sino todas las vías procedimentales establecidas en nuestro sistema de Derecho Positivo, desnaturalizando el carácter extraordinario del amparo (S. 23-5-88, Fincas Algaba).
>
> Por lo que atañe a la acción de amparo ejercida conjuntamente con otros medios procesales, el texto normativo en referencia contempla tres supuestos: a) la acción de amparo acumulada a la acción popular de inconstitucionalidad de las leyes y demás actos estatales normativos (artículo 3°); b) la acción de amparo acumulada al recurso contencioso-administrativo de anulación contra actos administrativos de efectos particulares o contra las conductas omisivas de la Administración (artículo 5); y c) la acción de amparo acumulada con acciones ordinarias (artículo 6, ordinal 5°).

En cualquiera de estos supuestos de acumulación la acción de amparo reviste una característica o naturaleza totalmente diferente a la anteriormente analizada (autónoma) pues en estos casos no se trata de una acción principal, sino subordinada, accesoria a la acción o el recurso al cual se acumuló y, por ende, su destino es temporal, provisorio, sometido al pronunciamiento jurisdiccional final que se emita en la acción acumulada, que viene a ser la principal. Esta naturaleza y sus consecuencias se desprenden claramente de la formulación legislativa de cada una de las hipótesis señaladas, que únicamente atribuye al mandamiento de amparo que se otorgue, efectos cautelares, suspensivos de la aplicación de la norma o de la ejecución del acto de que se trate "mientras dure el juicio".

Así, en efecto, rezan los dispositivos legales que contemplan tal figura:

> ..."La acción de amparo también podrá ejercerse conjuntamente con la acción popular de inconstitucionalidad de las leyes y demás actos estatales normativos, en cuyo caso, la Corte Suprema de Justicia, si lo estima procedente para la protección constitucional, podrá suspender la aplicación de la norma respecto de la situación jurídica concreta cuya violación se alega, mientras dure el juicio de nulidad". (Artículo 3, L.O.A.).
>
> ..."Cuando la acción de amparo se ejerza contra actos administrativos de efectos particulares o contra abstenciones o negativas de la Administración, podrá formularse ante el Juez Contencioso-Administrativo competente si lo hubiere en la localidad, conjuntamente con el recurso contencioso-administrativo de anulación de actos administrativos o contra las conductas omisivas, respectivamente, que se ejerza. En estos casos, el Juez en forma breve, sumaria, efectiva, y conforme a lo establecido en el artículo 22, si lo considera procedente para la protección constitucional, suspenderá los efectos del acto recurrido como garantía de dicho derecho constitucional, violado, mientras dure el juicio (Artículo 5, L.O.A.).
>
> Igual sucede cuando el agraviado opta por recurrir a las vías judiciales ordinarias, en cuyo caso, al alegar la violación o amenaza de violación de un derecho o garantía constitucionales, el Juez, acogiéndose al procedimiento establecido en la Ley de Amparo, deberá ordenan la suspensión provisional de los efectos del acto cuestionado. (Art. 6, Ord. 5°).
>
> De lo anterior se deriva, para esta Sala, que la acción de amparo propuesta conjuntamente con una de otro tipo participa de todos los caracteres procesales inherentes a la acumulación de acciones, esto es que ha de ser resuelta por un solo juez (el mismo que sea competente para conocer de la acción principal), y. que ambas pretensiones (la de amparo y la nulidad u otra) deben ser tramitadas en un solo proceso que tiene dos etapas: la del amparo, previa, y la contenciosa, la cual forzosamente cubre, en la decisión final, tanto la medida cautelar que inevitablemente perece en esa oportunidad, como el pronunciamiento judicial acerca de la nulidad solicitada. En otras palabras, si por las características analizadas el mandamiento de amparo se traduce única y exclusivamente en la suspensión provisional del acto recurrido en nulidad, la sentencia que decida ésta deja sin efecto aquella medida cautelar dictada en forma previa, tanto si el acto cuestionado es anulado como si es confirmado, porque en uno u otro caso, carece ya de sustentación jurídica.
>
> Sentado lo anterior, observa también la Sala otras distinciones importantes entre la acción autónoma de amparo y la acumulada a otro recurso. En efecto, mientras en la primera es condición dé procedencia, como se ha dicho, que se invoque y demuestre la violación directa, inmediata, flagrante, de un dispositivo o garantía constitucionales que, por sí solos, determinen la necesidad del mandamiento de amparo como medio, definitivo de restablecer la situación jurídica vulnerada; en el segundo caso, dada la naturaleza suspensiva de este mandamiento de amparo que sólo tiende a detener provisionalmente los efectos del acto perturbador hasta que se decida el juicio que lo anule o confirme, la denuncia de infracción de normas constitucionales puede estar acompañada de transgresión de textos de rango inferior que precisen o desarrollen el derecho o garantía constitucionalizados, pues tratándose de un solo proceso instaurado contra el mismo acto cuya nulidad se pretende obtener por la vía del recurso contencioso correspondiente, nada obsta a que los instru-

mentos jurídicos sub-constitucionales que sustentan la nulidad sean invocados también al interponer las acciones acumuladas. Lo que no puede hacer el juzgador para acordar la suspensión de los efectos del acto denunciado como lesivo, es encuadrar la situación planteada en la regulación o solución legal o sublegal de la misma, porque en tal hipótesis estaría decidiendo anticipadamente, quiéralo o no, la nulidad del acto impugnado al pronunciarse determinantemente acerca de la existencia de uno de sus vicios, sea éste de procedimiento o de fondo, cuestión que forma parte del debate procesal probatorio que ha de instaurarse precisamente con motivo del recurso de nulidad.

En efecto, siendo distintas las consecuencias que dimanan de una acción autónoma de amparo y de la ejercida conjuntamente con otro recurso (restitutorias en el primer caso y cautelares en el segundo), basta en esta última el señalamiento de la norma o garantía constitucional que se consideren violadas, fundamentado además en un medio de prueba que constituya presunción grave de la violación o amenaza de violación denunciada, para que el juez, en forma breve y sumaria, acuerde procedente la suspensión de los efectos del acto como medio de tutelar anticipadamente los posibles efectos de la sentencia que posteriormente habrá de dictar en el juicio de nulidad (artículos 5 y 22 Ley Orgánica de Amparo).

Considera esta Sala, por otra parte, que en el amparo acumulado, ese "medio de prueba" a que alude el artículo 22 de la Ley Orgánica de Amparo puede consistir en el propio acto administrativo impugnado en nulidad, cuyo texto debe ser examinado por el juez de amparo para concluir si, a su juicio, del mismo acto administrativo de efectos particulares se deduce la presunta violación constitucional alegada por el recurrente y acordar, en consecuencia, la medida suspensiva de sus efectos que le ha sido solicitada"[37].

En esta forma, el juez contencioso-administrativo, es juez de amparo constitucional, sea al conocer de la acción de amparo en forma autónoma, sea de manera acumulada al recurso de nulidad contencioso-administrativo.

C. El juez contencioso-administrativo como juez de la legalidad

Pero indudablemente, siendo la Administración una actividad de carácter sublegal, en general, el juez contencioso-administrativo como contralor de la conformidad con el derecho de los actos administrativos, normal y regularmente es juez de la legalidad de los mismos. En tal sentido y particularmente después de la entrada en vigencia de la Ley Orgánica de Procedimientos Administrativos, texto que reguló por primera vez los requisitos de los actos administrativos, se ha venido desarrollando una riquísima jurisprudencia no sólo en la identificación precisa de los vicios de los actos administrativos (incompetencia; vicio en el objeto; vicio en la base legal; vicio en la causa o motivos –falso supuesto–; vicio en la finalidad –desviación de poder–; vicio de arbitrariedad por el traspaso de los límites al poder discrecional–; y vicios en el procedimiento, en la exteriorización del acto y en la motivación) sino en los efectos jurídicos de esos vicios respecto a los actos impugnados: nulidad absoluta o nulidad relativa, particularmente dada la regulación de la mencionada Ley Orgánica de los supuestos de nulidad absoluta, cuya enumeración es cerrada (Art. 19).

En esta forma, y como consecuencia de esa labor jurisprudencial los motivos de impugnación por razones de ilegalidad se han ampliado y discriminado en forma tal, que no hay materialmente motivo de contrariedad al derecho que no haya sido identificado por la jurisprudencia.

---

37 *RDP*, N° 47, 1991, pp. 169-174. V. lo expuesto en la Décima Quinta Parte, *T.* V.

5. El control de la legitimidad

Por otra parte, el control de la legalidad de los actos administrativos en los términos indicados no es el único objeto de la jurisdicción contencioso-administrativa. Esta también tiene por objeto el control de la legitimidad de la actuación administrativa, es decir, el control de la legitimidad, no sólo de los actos administrativos, sino también de los hechos, relaciones jurídico-administrativas y demás actuaciones de los entes sometidos a su control. En este contexto entendemos por legitimidad la conformidad con el orden jurídico, el cual no sólo está compuesto por actos normativos[38], por lo que, una actividad es legítima cuando está fundada en un título jurídico según el orden jurídico[39]. Por tanto, la investigación de la legitimidad administrativa se reduce a la búsqueda de un título jurídico regular y suficiente según el orden jurídico, en el cual esa actividad está fundada y según el cual es desarrollada. Para determinar esa legitimidad, bastará preguntarse si el orden jurídico permite la existencia y realización de esa actividad.

La ilegitimidad en la actividad administrativa surge, entonces, ante la ausencia de un título jurídico que autorice el desarrollo de la misma, y que la legitime; y, por tanto, será ilegítima la actividad administrativa cuando atente contra el orden jurídico.

La jurisdicción contencioso-administrativa, como contralora de la legitimidad de la actividad administrativa, hemos señalado, no sólo abarca el control de los actos administrativos, sino de los actos materiales, hechos jurídicos y relaciones jurídico-administrativas que atenten contra el orden jurídico y que lesionen situaciones jurídicas objetivas o subjetivas. Por ello, de acuerdo a la Constitución, los órganos de la jurisdicción contencioso-administrativa son competentes para condenar al pago de sumas de dinero y a la reparación de daños y perjuicios originados por la responsabilidad contractual o extracontractual de la Administración y para disponer lo necesario para el restablecimiento de las situaciones jurídicas subjetivas lesionadas por la actividad administrativa[40].

III. LA JURISDICCIÓN CONTENCIOSO-ADMINISTRATIVA

1. Los órganos de la jurisdicción contencioso-administrativa

De acuerdo al mencionado artículo 206 de la Constitución, "la jurisdicción contencioso-administrativa corresponde a la Corte Suprema de Justicia y a los demás Tribunales que determine la ley".

38 Entendemos por orden jurídico no solamente el conjunto de normas de carácter general e imperativas, sino también las normas de carácter particular, como los contratos, sentencias, actos administrativos, etc., siguiendo la terminología y concepción nacida en Kelsen. *V.*, al respecto Ch. Eisenmann, "Curso de Doctorado", *Droit Administratif Approfondi*, 1956, 1957. Ed. Cujas, Paris, 1957, pp. 33 y ss.

39 Sobre el concepto de legitimidad en relación a las situaciones jurídicas, *V.* P. Roubier, *Droist Subjetifs et Situations Juridiques*, Dalloz, Paris, 1963, pp. 224 y ss., y concretamente p. 228.

40 Art. 206 de la Constitución.

La Ley Orgánica de la Corte Suprema de Justicia de 1976 precisó las competencias en esta materia contencioso-administrativa, y transitoriamente, hasta tanto se dicte la ley de la jurisdicción contencioso-administrativa y se organice dicha jurisdicción, estableció con sede en Caracas, un Tribunal denominado Corte Primera de lo Contencioso-Administrativo, cuyos miembros los designa la propia Corte en Sala Político-Administrativa y reguló además, la competencia en materia contencioso-administrativa de algunos Tribunales Superiores en lo Civil.

A. La Corte Suprema de Justicia en Sala Político-Administrativa

La Corte Suprema de Justicia, como lo indica el artículo 211 de la Constitución, es el más alto Tribunal de la República, razón por la cual contra sus decisiones no se oirá ni admitirá recurso alguno. Está regulada en la Ley Orgánica de la Corte Suprema de Justicia de 1976[41], la cual además, declara a la Corte como la máxima representación del Poder Judicial (Art. 1). La Corte Suprema de Justicia funciona en Pleno (Corte Plena) y en tres Salas: la Sala Político- Administrativa, la Sala de Casación Civil y la Sala de Casación Penal. Estas Salas pueden ser aumentadas por acuerdo del Congreso, en sesión conjunta, aprobado por las dos terceras partes de sus miembros[42]. Cada Sala está compuesta de cinco Magistrados[43] pero el número de éstos, en cada Sala, también puede ser aumentado por acuerdo del Congreso en sesión conjunta, aprobado por las dos terceras partes de sus miembros[44].

El quórum requerido para deliberar en la Corte en Pleno y en cada una de las Salas, es de las cuatro quintas partes de los Magistrados que respectivamente las formen, y para que sean válidas las decisiones de la Corte en Pleno o en cualquiera de sus Salas, se requiere el voto de la mayoría absoluta de sus miembros[45].

Para ser Magistrado de la Corte Suprema se requiere ser venezolano por nacimiento, abogado, mayor de treinta años[46], y reunir además las siguientes condiciones: estar en pleno goce de sus derechos y facultades; y haber actuado en la judicatura, ejercido la profesión de abogado o prestado sus servicios en la docencia o en instituciones públicas o privadas en materia jurídica por más de diez años[47]. Los Magistrados de la Corte Suprema de Justicia son elegidos por las Cámaras en sesión conjunta por períodos de nueve años, renovándose por terceras partes cada tres años[48].

La Corte Suprema de Justicia tiene por función primordial "controlar de acuerdo con la Constitución y las leyes, la constitucionalidad y legalidad de los actos del Poder

---

41 *V.*, la Ley (LOSJ) en *Gaceta Oficial* N° 1.893 extraordinario de 30-7-76. En general sobre la Ley *V.*, E. Monsalve Casado: "La Corte Suprema de Justicia" y J. Calcaño de Temeltas, "La Corte Suprema de Justicia", en *Estudios sobre la Constitución. Libro Homenaje a Rafael Caldera. T.* IV, Caracas, 1979, pp. 2.241 a 2.282 y 2.283 a 2.343, respectivamente.

42 Artículo 212 de la Constitución, y artículos 4 y 24 LOCSJ.

43 Artículo 212 de la Constitución.

44 Artículo 4, LOCSJ.

45 Artículos 54 y 55, LOCSJ.

46 Artículo 213 de la Constitución

47 Artículo 5, LOSCJ.

48 A tal efecto, la Disposición Transitoria Décima Quinta de la Constitución dispuso que para el período constitucional 1964-1969, las Cámaras Legislativas al elegir los Magistrados debían señalar los que durarían nueve, seis y tres años, respectivamente, por lo que el vencimiento de los respectivos períodos no es coincidente.

Público"[49] y sus competencias básicas están establecidas en el artículo 215 de la Constitución y desarrolladas en el artículo 42 de la Ley- Orgánica de la Corte Suprema de Justicia.

En materia contencioso-administrativa, la Corte ejerce sus atribuciones a través de su Sala Político-Administrativa, de acuerdo a los ordinales 7 a 9 del artículo 215 de la Constitución que establecen lo siguiente:

Ord. 7° Declarar la nulidad de los actos administrativos del Ejecutivo Nacional, cuando sea procedente.

Ord. 8° Dirimir las controversias en que una de las partes sea la República o algún Estado o Municipio, cuando la otra parte sea alguna de esas mismas entidades, a menos que se trate de controversias entre Municipios de un mismo Estado, caso en el cual la ley podrá atribuir su conocimiento a otro Tribunal.

Ord. 9° Decidir los conflictos de competencia entre Tribunales, sean ordinarios ó especiales, cuando no exista otro tribunal superior y común a ellos en el orden jerárquico.

Estas atribuciones han sido desarrolladas en los ordinales 9 al 29 del artículo 42 de la Ley Orgánica de la Corte Suprema de Justicia, que le atribuye competencia a la Corte Suprema en Sala Político-Administrativa para:

Ord. 9° Declarar la nulidad, cuando sea procedente por razones de ilegalidad, de los actos generales de los órganos unipersonales o colegiados del Poder Público, salvo en los casos previstos en las disposiciones transitorias de esta Ley.

Ord. 10. Declarar la nulidad, cuando sea procedente por razones de inconstitucionalidad o de ilegalidad, de los actos administrativos individuales del Poder Ejecutivo Nacional.

Ord. 11. Declarar la nulidad, cuando sea procedente por razones de inconstitucionalidad, de los actos de los órganos del Poder Público, en los casos no previstos en los ordinales 3°, 4° y 6° del artículo 215 de la Constitución.

Ord. 12. Declarar la nulidad, cuando sea procedente por razones de inconstitucionalidad o de ilegalidad, de los actos administrativos generales o individuales del Consejo Supremo Electoral o de otros órganos del Estado de igual jerarquía a nivel nacional.

Ord. 13. Dirimir las controversias en que una de las partes sea la República o algún Estado o Municipio, cuando la contraparte sea otra de esas mismas entidades, en conformidad con lo dispuesto en el ordinal 8' del artículo 215 de la Constitución.

Ord. 14. Conocer de las cuestiones de cualquier naturaleza qué se susciten con motivo de la interpretación, cumplimiento, caducidad, nulidad, validez o resolución de los contratos administrativos en los cuales sea parte la República, los Estados o las Municipalidades.

Ord. 15. Conocer de las acciones que se propongan contra la República, o algún Instituto Autónomo o empresa en la cual el Estado tenga participación decisiva, si su cuantía excede de cinco millones de bolívares, y su conocimiento no está atribuido a otra autoridad.

Ord. 16. Conocer de cualquier otra acción que se intente contra la República o alguno de los entes a que se refiere el ordinal anterior, si su conocimiento no estuviere atribuido a otra autoridad.

49 Artículo 8.

Ord. 17. Conocer de los juicios en que se ventilen varias acciones conexas, siempre que a la Corte esté atribuido el conocimiento de alguna de ellas.

Ord. 18. Conocer de las apelaciones que se interpongan contra las decisiones de los tribunales de lo contencioso-administrativo o de los tribunales ordinarios o especiales en los juicios en que sea parte o tenga interés la República, cuando su conocimiento no estuviere atribuido a otra autoridad.

Ord. 19. Conocer en apelación de los juicios de expropiación.

Ord. 20. Conocer de los recursos de hecho que se interpongan ante ella.

Ord. 21. Decidir los conflictos: de competencia entre tribunales, sean ordinarios o especiales, cuando no exista otro tribunal superior y común a ellos en el orden jerárquico.

Ord. 22. Dirimir las controversias que se susciten entre autoridades políticas o administrativas de una misma o diferentes jurisdicciones con motivo de sus funciones, cuando la ley no atribuya competencia para ello a otra autoridad.

Ord. 23. Conocer de la abstención o negativa de los funcionarios nacionales a cumplir determinados actos a que estén obligados por las leyes, cuando sea procedente, en conformidad con ellas.

Ord. 24. Conocer del recurso de interpretación y resolver las consultas que se le formulen acerca del alcance e inteligencia de los textos legales, en los casos previstos en la ley.

Ord. 29. Solicitar algún expediente que curse ante otro Tribunal, y avocarse al conocimiento del asunto, cuando lo juzgue pertinente.

B. La jurisdicción ordinaria contencioso-administrativa

Además de la Corte Suprema de Justicia en Sala Político-Administrativa, cuyas competencias en materia contencioso-administrativa están establecidas directamente en la Constitución, la legislación ha venido organizando los demás tribunales de esta jurisdicción, los cuales pueden clasificarse en dos grandes categorías: Los tribunales de lo que podría denominarse la jurisdicción "ordinaria" de lo contencioso-administrativo y los tribunales de la jurisdicción "especial" contencioso-administrativa. En la primera categoría están la Corte Primera de lo Contencioso-Administrativo y los ocho Tribunales Superiores con competencia en lo contencioso-administrativo ubicados en las ocho regiones del país.

a. *La Corte Primera de lo Contencioso-Administrativo*

La Corte Primera de lo Contencioso-Administrativo, constituida como órgano colegiado compuesto de 5 Magistrados, es competente para conocer de los asuntos enumerados en el artículo 182 de la Ley Orgánica de la Corte Suprema de Justicia, que son los siguientes:

1° De los conflictos de competencia que surjan entre tribunales de cuyas decisiones pueda conocer en apelación.

2° De los recursos de hecho intentados contra las decisiones relativas a la admisibilidad de la apelación en las causas cuyo conocimiento le corresponda en segunda instancia.

3° De las acciones o recursos de nulidad que puedan intentarse por razones de ilegalidad contra los actos administrativos emanados de autoridades diferentes a las señaladas en los ordinales 9°, 10, 11 y 12 del artículo 42 de esta Ley, si su conocimiento no estuviere atribuido a otro Tribunal.

4° De las apelaciones que se interpongan contra las decisiones dictadas, en primera instancia, por los Tribunales Superiores en lo Civil y Contencioso-Administrativo, regulados en el artículo 181 de la Ley Orgánica o que conozcan de recursos especiales contencioso-administrativos, entre los cuales están el Tribunal de Carrera Administrativa, el Tribunal de Apelaciones de Inquilinato, y el Tribunal Superior Agrario.

5° De los juicios de expropiación intentados por la República.

6° De cualquier acción que se proponga contra la República o algún Instituto Autónomo o empresa en la cual el Estado tenga participación decisiva, si su cuantía excede de un millón de bolívares, pero no pasa de cinco millones de bolívares, y su conocimiento no está atribuido por la Ley a otra autoridad.

7° De las controversias que se susciten con motivo de la adquisición, goce, ejercicio o pérdida de la nacionalidad o de los derechos que dé ella derivan, sin perjuicio de lo establecido en la Cuarta Disposición Transitoria de la Constitución[50].

Contra las decisiones dictadas por esta Corte Primera en los asuntos señalados en los ordinales 1° al 49 de este artículo 182 no se oyó recurso alguno. En cambio, contra las sentencias definitivas que dicte el mismo Tribunal en los demás juicios de que conozca, puede interponerse apelación dentro del término de cinco días, ante la Corte Suprema de Justicia[51].

b. *Los Tribunales Superiores en lo Civil y Contencioso-Administrativo*

De acuerdo a lo establecido en el artículo 181 de la Ley Orgánica de la Corte Suprema de Justicia, mientras se dicta la Ley que organice la jurisdicción contencioso-administrativa, los Tribunales Superiores que tengan atribuida competencia en lo Civil conocen, en primera instancia en sus respectivas circunscripciones, de las acciones o recursos de nulidad contra los actos administrativos de efectos generales o particulares, emanados de autoridades estadales o municipales de su jurisdicción, si son impugnados por razones de ilegalidad. Sin embargo, precisa inconvenientemente ésa norma que cuando la acción o el recurso se fundan en razones de inconstitucionalidad, el tribunal debe inclinar su competencia en la Corte Suprema de Justicia. Se establece así, una excepción a la competencia general de los tribunales contencioso-administrativos, los cuales tienen competencia general para controlar la "conformidad con el derecho" de los actos administrativos, reservándose en este caso, las cuestiones de inconstitucionalidad de actos administrativos, estadales y municipales, al conocimiento de la Corte Suprema.

Estos Tribunales, de acuerdo a la misma Ley Orgánica (Art. 182) conocen también, en sus respectivas circunscripciones:

1° De la abstención o negativa de las autoridades estadales o municipales a cumplir determinados actos a que estén obligados por las leyes cuando sea procedente, en conformidad con ellas.

2° De cualquier acción que se proponga contra la República o algún Instituto Autónomo o empresa en la cual el Estado tenga participación decisiva, si su cuantía no excede de un millón de bolívares y su conocimiento no está atribuido a otra autoridad.

3° De las apelaciones contra las decisiones que dicten otros Tribunales de su jurisdicción en los juicios intentados ante ellos contra un Estado o Municipio.

50 Artículo 185 LOCSJ
51 Artículo 185 LOCSJ

4° De las apelaciones contra las decisiones que dicten los Jueces de Distrito en materia inquilinaria.

5° De los recursos de hecho cuyo conocimiento les corresponda de acuerdo con la Ley.

En todo caso, contra las decisiones de estos tribunales puede interponerse apelación dentro del término de cinco días para ante la Corte Primera de lo Contencioso-Administrativo a que se refiere el artículo 184 de la Ley[52].

La Corte Primera de lo Contencioso-Administrativo, conoce de las apelaciones y recursos de hecho que se interpongan contra las decisiones dictadas en los juicios a que se refieren los ordinales 1° y 2° de dicho artículo.

La jurisdicción contencioso-administrativa se organizó en 8 regiones por Decreto N° 2.057 de 3-3-77[53], en las cuales se crearon Tribunales Superiores en lo Civil, Mercantil y Contencioso-Administrativo. Por Resolución N° 861 del Consejo de la Judicatura de 9-5-91[54], se eliminó la competencia mercantil al Juzgado Superior Primero de la Región Capital y se le atribuyó competencia en materia inquilinaria, eliminándose el Tribunal de Apelaciones de Inquilinato y creándose en su lugar tres Tribunales Superiores en lo Civil, y Contencioso-Administrativo más, con competencia inquilinaria en la Región Capital.

Ahora bien, el Consejo de la Judicatura, por Resolución N° 2643 de 13-4-94[55], con el objeto de ubicar los órganos de la jurisdicción contencioso-administrativa al alcance de los ciudadanos que los requirieran, particularmente por los efectos del proceso de descentralización, reorganizó completamente la jurisdicción contencioso-administrativa a nivel de los Tribunales Superiores con competencia en dicha materia, suprimiéndosela, y estableciendo la siguiente organización que debía entrar en vigencia a partir del 16-9-94:

1. En la Circunscripción Judicial del Área Metropolitana de Caracas continúan existiendo los cuatro Tribunales Superiores que existían (Primero, Segundo, Tercero y Cuarto) con competencia en lo Civil y Contencioso-Administrativo, con sede en Caracas (Art. 1).

2. En la Circunscripción Judicial del Municipio Vargas, el tribunal competente en la materia, es el Juzgado Superior en lo Civil, Mercantil, del Tránsito, del Trabajo, de Menores y Contencioso-Administrativo (Art. 2).

3. En la Circunscripción Judicial del Estado Miranda, el tribunal competente en la materia es el Juzgado Superior en lo Civil, Mercantil, del Tránsito, de Menores y Contencioso-Administrativo, con sede en Los Teques (Art. 3).

4. En la Circunscripción Judicial del Estado Amazonas el tribunal competente en la materia es el Juzgado Superior en lo Civil, Mercantil, Penal, del Tránsito, del Trabajo, de Menores y Contencioso-Administrativo (Art. 4).

5. En la Circunscripción Judicial del Estado Anzoátegui, el tribunal competente en la materia es el Juzgado Superior en lo Civil, Mercantil y Contencioso-Administrativo (antes de la Región Nororiental (Art. 5).

---

52 Artículo 18, LOCSJ

53 *G.O.* N° 31.201 de 23-3-77

54 *G.O.* N° 34.775 de 13-8-91

55 *V.*, en *G.O.*, N° 35.458 de 11-5-94

6. En la Circunscripción Judicial del Estado Apure, el tribunal competente en la materia es el Juzgado Superior en lo Civil, Mercantil, del Tránsito, del Trabajo, de Menores y Contencioso-Administrativo (con sede en San Fernando antes Región Sur) (Art. 6).

7. En la Circunscripción Judicial del Estado Aragua el tribunal competente en la materia es el Juzgado Superior en lo Civil, Mercantil y Contencioso-Administrativo (antes con competencia en la Región Capital) (Art. 7).

8. En la Circunscripción Judicial del Estado Barinas, el tribunal competente en la materia es el Juzgado Superior en lo Civil, Mercantil y Contencioso-Administrativo (antes de la Región Los Andes) (Art. 8).

9. En la Circunscripción Judicial del Estado Bolívar, el tribunal competente en la materia es el Juzgado Superior en lo Civil, Mercantil, y Contencioso-Administrativo del Segundo Circuito de dicha Circunscripción (con sede en Ciudad Bolívar) (Art. 10).

10. En la Circunscripción Judicial del Estado Carabobo, el tribunal competente en la materia es el Juzgado Superior en lo Civil, Mercantil y Contencioso-Administrativo con sede en Valencia (antes Región Centro Norte) (Art. 12).

11. En la Circunscripción Judicial del Estado Cojedes, el tribunal competente en la materia es el Juzgado Superior en lo Civil, Mercantil, Penal, del Tránsito, del Trabajo, de Menores y Contencioso-Administrativo (Art. 13).

12. En la Circunscripción Judicial del. Estado Delta Amacuro, el tribunal competente en la materia es el Juzgado Superior en lo Civil, Mercantil, Penal, del Tránsito, del Trabajo, de Menores y Contencioso-Administrativo (Art. 14).

13. En la Circunscripción Judicial del Estado Falcón el tribunal competente en la materia es el Juzgado Superior en lo Civil, Mercantil, del Tránsito, del Trabajo, de Menores y Contencioso-Administrativo (Art. 15).

14. En la Circunscripción Judicial del Estado Guárico, el tribunal competente en la materia es el Juzgado Superior en lo Civil, Mercantil, del Tránsito, del Trabajo, de Menores y Contencioso-Administrativo (Art. 16).

15. En la Circunscripción Judicial del Estado Lara, el tribunal competente en la materia es el Juzgado Superior en lo Civil, Contencioso-Administrativo y Tributario con sede en Barquisimeto (antes la Región Centro Occidental) (Art. 17).

16. En la Circunscripción Judicial del Estado Mérida, el tribunal competente en la materia es el Juzgado Superior en lo Civil, Mercantil, y Contencioso-Administrativo (Art. 18).

17. En la Circunscripción Judicial del Estado Monagas el tribunal competente en la materia es el Juzgado Superior en lo Civil, Mercantil, del Tránsito, del Trabajo, de Menores y Contencioso-Administrativo, con sede en Maturín (antes Región Sur-Oriental) (Art. 20).

18. En la Circunscripción Judicial del Estado Nueva Esparta, el tribunal competente en la materia es el Juzgado Superior en lo Civil, Mercantil, del Tránsito, del Trabajo, de Menores y Contencioso Administrativo (Art. 21).

19. En la Circunscripción Judicial del Estado Portuguesa se establecieron dos tribunales competentes en la materia: el Juzgado Superior en lo Civil, Mercantil, del Tránsito, del trabajo, de Menores y Contencioso-Administrativo del Primer Circuito (con sede en Guanare) (Art. 22); y el Juzgado Superior en lo Civil, Mercantil, del Tránsito, del

Trabajo, de Menores y. Contencioso-Administrativo del Segundo Circuito de dicha Circunscripción (con sede en Acarigua) (Art. 23).

20. En la Circunscripción Judicial del Estado Sucre se establecieron dos tribunales competentes en la materia: el Juzgado Superior en lo Civil, Mercantil, del Tránsito, del Trabajo, de Menores y Contencioso-Administrativo, del Primer Circuito (con sede en Cumaná) (Art. 2); y el Juzgado Superior en lo Civil, Mercantil, del Tránsito del Trabajo, de Menores y Contencioso-Administrativo del Segundo Circuito de dicha Circunscripción (con sede en Carupano) (Art. 25).

21. En la Circunscripción Judicial del Estado Táchira el tribunal competente en la materia es el Juzgado Superior en lo Civil, Mercantil, y Contencioso-Administrativo (Art. 26).

22. En la Circunscripción Judicial del Estado Trujillo, el tribunal competente en la materia es el Juzgado Superior en lo Civil, Mercantil, del Tránsito, del Trabajo, de Menores y Contencioso-Administrativo (Art. 28).

23. En la Circunscripción Judicial del Estado Yaracuy el tribunal competente en la materia es el Juzgado Superior en lo Civil, Contencioso-Administrativo y Tributario, con sede en Maracaibo (antes Región Occidental) (Art. 30).

24. En la Circunscripción Judicial del Estado Zulia, el tribunal competente en la materia es el Juzgado Superior en lo Civil, Contencioso-Administrativo y Tributario, con sede en Maracaibo (antes Región Occidental) (Art. 30).

Lamentablemente la anterior organización de los Tribunales Superiores con competencia en lo contencioso-administrativa fue dejada sin efecto, antes de que la Resolución entrase en vigencia, la cual posteriormente fue derogada, mediante Resolución N° 88 de 20 de diciembre de 1994, luego reformada por Resolución N° 235 de 24 de abril de 1995, la cual dividió el territorio nacional en once circunscripciones judiciales contencioso-administrativas con vigencia a partir del 1° de junio de 1995[56].

En dicha Resolución, el Consejo de la Judicatura, en efecto, organizo la Jurisdicción contencioso-administrativa en las siguientes once circunscripciones:

1. Región Capital, que comprende el Distrito Federal y el Estado Miranda, donde funcionan los Juzgados Superiores Primero, Segundo, Tercero y Cuarto en lo Civil y Contencioso-Administrativo con sede en Caracas.

2. Región Central, que comprende los Estados Aragua y Guárico, donde funciona un Juzgado Superior en lo Civil y Contencioso-Administrativo con sede en Maracay.

3. Región Centro-Norte, que comprende los Estados Carabobo, Cojedes y Yaracuy y los Municipios Silva, Palma Sola y Monseñor Iturriza del Estado Falcón, donde funciona un Juzgado Superior en lo Civil y Contencioso-Administrativo, con sede en Valencia.

4. Región Centro-Occidental, que comprende los Estados Lara, Portuguesa y Trujillo, donde funciona un Juzgado Superior en lo Civil y Contencioso-Administrativo, con sede en Barquisimeto.

5. Región Occidental, que comprende los Estados Zulia y Falcón, con excepción de los Municipios Silva, Palma Sola y Monseñor Iturriza de este último, donde funciona un Juzgado Superior en lo Civil y Contencioso- Administrativo, con sede en Maracaibo.

---

56 *G.O.* N° 35.715 de 22-5-95.

6. Región Los Andes, que comprende los Estados Mérida, Táchira y Barinas, con excepción del Municipio Arismendi de este último, donde funciona un Juzgado Superior en lo Civil y Contencioso-Administrativo, con sede en Barinas.

7. Región Sur, integrada por el Estado Apure y por el Municipio Arizmendi del Estado Barinas, donde funciona un Juzgado Superior en lo Civil y Contencioso-Administrativo con sede en San Fernando de Apure.

8. Región Nor-Oriental, integrado por los Estados Nueva Esparta, Sucre y , con excepción del Municipio Independencia de este último, donde funciona un Juzgado Superior en lo Civil y Contencioso-Administrativo, con sede en Barcelona.

9. Región Sur-Oriental, integrada por los Estados Monagas y Delta Amacuro, donde funciona un Juzgado Superior en lo Civil, Mercantil, Tránsito, Trabajo y Menores de la Circunscripción Judicial del Estado Monagas y de lo Contencioso-Administrativo de la Región, con sede en Maturín.

10. Región Bolívar, integrada por el Estado Bolívar y el Municipio Independencia del Estado Anzoátegui, donde funciona un Juzgado Superior Primero en lo Civil, Mercantil, Tránsito, Trabajo y Menores del Segundo Circuito de la Circunscripción Judicial del Estado Bolívar, al cual se le atribuyó competencia en lo Contencioso-Administrativo de la Región, con sede en Puerto Ordaz.

11. Región Amazonas, integrada por el Estado Amazonas, donde funciona el' Juzgado Superior en lo Civil, Mercantil, Penal, Tránsito, Trabajo, Menores y Contencioso-Administrativo en la Región, con sede en Puerto Ayacucho.

Los Juzgados Superiores Contencioso-Administrativos, antes señalados, tienen competencia para conocer de los asuntos, acciones y recursos previstos en los artículos 181 y 182 de la Ley Orgánica de la Corte Suprema de Justicia, así como de los recursos que se propongan contra los reparos previstos en la Ley Orgánica de la Contrataría General de la República.

C. La jurisdicción especial contencioso-administrativa

a. *El Tribunal de la Carrera Administrativa*

La Ley de Carrera Administrativa de 1970[57], transitoriamente, y hasta tanto se dicte la ley de la jurisdicción contencioso-administrativa y se organicen los tribunales competentes, creó el Tribunal de la Carrera Administrativa[58], como Tribunal Superior colegiado, con la atribución específica de conocer y decidir las reclamaciones que formulen los funcionarios o aspirantes a ingresar en la carrera administrativa, cuando consideren lesionados sus derechos por disposiciones o resoluciones de los organismos a cuyos funcionarios se aplique la Ley[59].

De las decisiones del Tribunal se puede apelar por ante la Corte Primera de lo Contencioso-Administrativo.

---

57 *Gaceta Oficial*, N° 1.745 de 23-5-75.
58 Artículo 71, Ley de Carrera Administrativa (LCA).
59 Artículo 71, LCA.

b. *Los Tribunales Superiores en lo Contencioso-Administrativo con competencia en inquilinato*

El Reglamento de la Ley de Regulación de Alquileres de 1960[60], creó con categoría de Tribunal Superior colegiado, el Tribunal de Apelaciones de Inquilinato, con la atribución fundamental de "conocer en apelación de las decisiones de la Dirección de Inquilinato del Ministerio de Fomento"[61].

Después de una larga polémica doctrinal[62], se calificó la jurisdicción de este Tribunal como contencioso-administrativa, considerándose las "apelaciones" mencionadas como un recurso contencioso de anulación, habiéndose atribuido a la Corte Primera de lo Contencioso-Administrativo, el conocimiento de las apelaciones contra las decisiones de dicho Tribunal[63].

Ahora bien, en 1991, el Consejo de la Judicatura resolvió, mediante Resolución N° 871 de 9 de mayo de 1971, antes citada, la eliminación del Tribunal de Apelaciones de Inquilinato y su sustitución por tres Tribunales Superiores en lo Civil y Contencioso-Administrativo en la Región Capital, a los cuales se atribuyó la competencia para conocer de los recursos contra las decisiones de la Dirección de inquilinato. Igual competencia se atribuyó al Juzgado Superior Primero en lo Civil, Mercantil y Contencioso-Administrativo de la Región Capital, eliminándosele la competencia en materia mercantil.

c. *Los Tribunales Superiores de lo Contencioso-Tributario*

De acuerdo al Código Orgánico Tributario[64], son competentes para conocer en Primera Instancia de los procedimientos establecidos en dicho Código los Tribunales Superiores de lo Contencioso-Tributario, los cuales los sustanciarán y decidirán con arreglo a las normas del mismo, inclusive los que en materia tributaria se originen en reparos de la Contratatría General de la República.

De las decisiones dictadas por dichos Tribunales, puede apelarse dentro de los términos previstos en el Código, para ante la Corte Suprema de Justicia.

Sin embargo, el conocimiento de los procedimientos relativos a infracciones sancionadas con penas privativas de la libertad, corresponden a la jurisdicción penal ordinaria[65].

El Consejo de la Judicatura, mediante Resolución N° 254 de 27 de junio de 1995[66] ha regulado la Organización de la jurisdicción contencioso-tributario, dividiendo el territorio nacional en seis circunscripciones Judiciales, así:

---

60 *Gaceta Oficial*, N° 638 Extraordinario de 15-9-60, artículo 83.

61 Artículo 86.

62 *V.*, las referencias a la misma en Allan Brewer-Carías. "El problema de la definición del acto administrativo", en *Libro Homenaje al Dr. Eloy Lares Martínez*, *T.* I, Caracas, 1984, pp. 25-78.

63 Véanse las decisiones relevantes en *Revista de Derecho Público* N° 4, EJV, Caracas, 1980, pp. 5 y ss.

64 *Gaceta Oficial*, N° 2.992 de 3-8-82, artículo 60.

65 Artículo 231 del Código Orgánico Tributario (COT). Por Decreto N° 2.242 de 25-9-83 (*Gaceta Oficial*, N° 32.829 de 10-10-83) se ha atribuido a la jurisdicción civil ordinaria el conocimiento del juicio ejecutivo prevista en el Capítulo II del Título V del Código.

66 *G.O.*, N° 35.747 de 6-7-95.

1. Región Capital, que comprende el Distrito Federal y Estado Miranda, donde funcionan ocho Tribunales Superiores de lo Contencioso-Tributario, con sede en Caracas.

2. Región Central, que comprende los Estados Aragua, Carabobo y Guárico y los Municipios Silva, Palma Sola y Monseñor Iturriza del Estado Falcón, donde funciona un Tribunal Superior de lo Contencioso-Tributario con sede en Valencia.

3. Región Occidental, que Comprende los Estados Zulia y balcón, con excepción de los Municipios Silva, Palma Sola y Monseñor Iturriza de este último, donde funciona un Tribunal Superior Contencioso-Tributario con sede en Maracaibo.

4. Región Centro Occidental, que comprende los Estados Trujillo, Barinas, Portuguesa, Yaracuy, Cojedes y Lara, donde funciona un Tribunal Superior de lo Contencioso-Tributario con sede en Barquisimeto.

5. Región Los Andes, integrada por los Estados Táchira, Mérida, Apure y Amazonas, donde funciona un Tribunal Superior de lo Contencioso-Tributario, con sede en San Cristóbal.

6. Región Oriental, que comprende los Estados Bolívar, Anzoátegui, Sucre, Nueva Esparta, Delta Amacuro y Monagas, donde funciona un Tribunal Superior de lo Contencioso-Tributario, con sede en Puerto La Cruz.

Estos tribunales son competentes en materia tributaria nacional respecto de los actos dictados por las Administraciones comprendidas dentro de su ámbito territorial de competencia. Son igualmente competentes en materia tributaria estadal y municipal respecto de actos dictados por las autoridades estadales y municipales comprendidas dentro de su ámbito territorial de competencia conforme al artículo 229 del Código Orgánico Tributario.

Además, estos Tribunales Superiores de lo Contencioso Tributario son competentes en materia de reparos aduaneros, respecto de los actos dictados por las administraciones comprendidas dentro de su ámbito territorial de competencia, conforme al artículo 228, parágrafo segundo del citado Código.

d. *La jurisdicción especial contencioso-administrativa agraria*

Finalmente, debe mencionarse que de acuerdo a la Ley Orgánica de Tribunales y Procedimientos Agrarios[67], se ha establecido la jurisdicción especial agraria que se ejerce por los Tribunales Agrarios de Primera Instancia y por los Tribunales Superiores Agrarios que conocen en Segunda Instancia.

En particular, al Juzgado Superior Agrario con sede en Caracas, se le ha atribuido el conocimiento "en primera instancia de los recursos de nulidad por ilegalidad contra los actos administrativos de efectos generales o particulares emanados de los organismos administrativos agrarios"[68], con lo que se ha configurado una jurisdicción especial contencioso-administrativa agraria.

En segunda instancia, mediante apelación, los juicios contencioso-administrativo agrarios corresponden al conocimiento de la Corte Primera de lo Contencioso-Administrativo.

67 *Gaceta Oficial*, N° 3.015 Extraordinario de 13-9-82.
68 Artículo 28.

2. La competencia de la jurisdicción contencioso-administrativa

La competencia de la jurisdicción contencioso-administrativa no es más que la potestad y la obligación que los órganos judiciales que la componen, tienen de conocer y resolver determinados litigios. Por tanto, el problema del examen de la competencia de la jurisdicción contencioso-administrativa se reduce, de una parte, a la determinación de la naturaleza de la materia que ella está obligada a conocer y, por otra parte, a la determinación de los poderes del Juez en la resolución de los litigios que debe conocer.

Pero antes de entrar al estudio de las cuestiones planteadas, debemos dejar claramente establecido que la competencia jurisdiccional por la materia es de orden público. Por tanto, las disposiciones legales y constitucionales que la establezcan no puede renunciarse ni relajarse por convenios particulares[69]. Por supuesto, este carácter de orden público de la competencia jurisdiccional no sólo se refiere a los particulares y administrados, sino que también tiene especial referencia a los mismos órganos jurisdiccionales. En este sentido, los órganos de la jurisdicción contencioso-administrativa, como cualquier órgano jurisdiccional, no pueden desconocer su competencia, sea porque conozcan de litigios respecto a los cuales no tienen cualidad para conocer, sea porque rehúsen a conocer cuestiones que pertenecen a su competencia.

Examinaremos entonces, en primer lugar, la delimitación de la competencia contencioso-administrativa; y, en segundo lugar, examinaremos los poderes del Juez Contencioso-Administrativo.

A. La delimitación de la competencia

De acuerdo al artículo 206 de la Constitución y al desarrollo del mismo conforme al artículo 42 de la Ley Orgánica de la Corte Suprema de Justicia, hemos dicho, la competencia de los órganos de la jurisdicción contencioso-administrativa está establecida, por una parte, por la materia, sobre todo cuando se trata del control de legalidad, y por la otra por los sujetos controlados, los entes públicos, particularmente en el caso de las demandas contra los mismos, o control de legitimidad.

En efecto, en materia de control de legalidad, la competencia de la jurisdicción contencioso-administrativa es una competencia en razón de la materia, es decir, en razón de la naturaleza administrativa de los actos que ella debe controlar. Ello se deduce del principio general definido en el Código de Procedimiento Civil, conforme al cual, "la competencia por razón de la materia se determina por la naturaleza de la cuestión que se discute, y por las disposiciones legales que la regulan"[70]. En materia de control de legalidad, esta "naturaleza de la cuestión que se discute" está delimitada en el artículo 206 de la Constitución que dispone que:

> "Los órganos de la jurisdicción contencioso-administrativa son competentes para anular los actos administrativos generales o individuales contrarios a derecho, incluso por desviación de poder; condenar al pago de sumas de dinero y a la reparación de daños y perjuicios originados por responsabilidad de la Administración, y disponer lo necesario para el restablecimiento de las situaciones, jurídicas subjetivas lesionadas por la actividad administrativa".

---

69 Artículo 6 del Código Civil.

70 Artículo 28 CPC.

De este artículo de la Constitución vigente, y de las expresiones "actos administrativos", "administración" y "actividad administrativa" se deduce claramente cuál es el ámbito y el dominio de la jurisdicción contencioso-administrativa en materia de control de legalidad: ésta es competente para conocer de los litigios en que la "administración" sea parte, originados ya sea por sus "actos administrativos" o por la "actividad administrativa".

Pero hemos dicho, además del control de legalidad, los órganos de la jurisdicción contencioso-administrativa ejercen el control de legitimidad, lo que conlleva al conocimiento de las demandas que se intenten contra los" entes públicos.

En esta materia, antes de la Ley Orgánica de la Corte Suprema de Justicia de 1976, la competencia podía decirse que también estaba establecida por razón de la materia, por lo que sólo las demandas basadas en cuestiones de derecho administrativo, correspondían a los órganos de la jurisdicción contencioso-administrativa[71]. Sin embargo, la Ley Orgánica de la Corte Suprema de Justicia desde 1976 ha variado esta definición en la competencia por la materia y ahora se define materialmente como un fuero de la República y de las personas jurídicas estatales nacionales. Así, es competente la jurisdicción contencioso-administrativa para conocer de cualquier demanda contra las personas jurídicas de derecho público estatales nacionales y contra las empresas nacionales del Estado[72].

En todo caso, este ámbito de competencia debe precisarse. En primer lugar implica, en principio, como es obvio, la exclusión de la competencia de la jurisdicción contencioso-administrativa de las actividades de otros entes jurídicos extraños al Estado venezolano y a la Administración Pública venezolana. Litigios entre particulares, por ejemplo, no pueden ser objeto de la jurisdicción contencioso-administrativa, y un conflicto entre partes privadas no puede ser llevado nunca ante ésa jurisdicción, así como tampoco no puede ser un litigio en el cual intervienen un Estado extranjero y un particular.

En definitiva, para que intervenga la jurisdicción contencioso-administrativa, es necesario que en el conflicto incida una actividad realizada por una persona jurídica estatal, y sólo excepcionalmente, por entidades o corporaciones privadas pero que ejerzan autoridad en virtud de Ley expresa[73].

En segundo lugar, el principio también implica la exclusión de toda competencia de esta jurisdicción en relación a los actos legislativos, judiciales y de gobierno del Estado. Esto no implica por supuesto, que los actos administrativos de las Cámaras Legislativas y de los Tribunales no sean recurribles ante la jurisdicción contencioso-administrativa. Un acto de policía interna de las Cámaras, o un acto de éstas relativo al estatuto .de personal de sus funcionarios permanentes, son actos administrativos recurribles ante la jurisdicción contencioso-administrativa, a pesar de que emanen de un órgano legislativo, el cual, en este caso, actúan en ejercicio de una función administrativa. Por ello, al señalar que quedan excluidos los actos legislativos, en realidad nos referimos a los actos

---

71 Allan R. Brewer-Carías, *Las Instituciones...*, *op. cit.*, pp. 108 y ss.

72 Artículo 42 de la *Ley Orgánica de la Corte Suprema de Justicia*. El artículo 183 de la Ley en cambio, atribuye a los Tribunales de la jurisdicción ordinaria el conocimiento de las acciones que se propongan contra los Estados y Municipios.

73 *V.*, las referencias a Sentencias de la Corte Primera de lo Contencioso-Administrativo en H. Rondón de Sansó. "Ampliación del ámbito contencioso-administrativo", *Revista de Derecho Público*, N° 22, EJV, Caracas, 1985, pp. 33-49.

de las Cámaras legislativas de rango legal cumplidos en ejercicio de la función legislativa o de gobierno; pero los actos que se cumplen por dichos órganos legislativos, de rango sublegal en ejercicio de la función administrativa si son actos susceptibles de ser recurridos ante la jurisdicción contencioso-administrativa. Este mismo razonamiento se aplica respectó de los actos administrativos del Poder Judicial[74].

En cuanto a los actos de gobierno, es decir, aquellas actividades del Poder Ejecutivo cumplidas en ejercicio directo de la Constitución, quedan también excluidas de la jurisdicción contencioso-administrativa, pues caen bajo el ámbito de control de la jurisdicción constitucional[75].

B. Los poderes del juez

Pero al hablar de la competencia de la jurisdicción contencioso-administrativa, además de determinar su ámbito, debemos precisar cuáles son los poderes que el Juez puede ejercer en relación a las materias de las cuales puede conocer.

En efecto, en primer lugar, el Juez contencioso-administrativo puede declarar la nulidad de los actos administrativos por inconstitucionalidad ó ilegalidad, en general, por contrariedad al derecho. Ello está establecido no sólo en los artículos 206 y 215 de la Constitución, sino también en la Ley Orgánica de la Corte Suprema de Justicia cuya normativa es la que regula legalmente, por ahora, esta jurisdicción. Conforme a estas normas, como se ha visto, la Corte Suprema de Justicia y los Tribunales con competencia en lo contencioso-administrativo, tienen atribución para declarar "la nulidad de actos administrativos, generales o individuales, contrarios a- derecho, incluso por desviación de poder".

Pero además de declarara la nulidad de los actos administrativos al declarar procedente el recurso en la sentencia definitiva[76], el Juez contencioso-administrativo puede declarar inadmisible el recurso cuando no se cumplen las condiciones de recurribilidad o requisitos procesales del mismo, lo cual si bien debe decidirse en el auto de admisión, puede serlo posteriormente, en la decisión definitiva[77]. Pero además, de acuerdo al artículo 131 de la Ley Orgánica, con la pretensión de anulación puede también formularse una pretensión de condena derivada, precisamente de esa anulación, y así, la sentencia, además de anular el acto puede resolver condenar a la Administración al pago de sumas de dinero, y a la reparación de daños y perjuicios originados en responsabilidad administrativa, así como disponer lo necesario para el restablecimiento de las situaciones jurídicas subjetivas lesionadas por la actividad administrativa. En este campo, la pretensión de anulación, por tanto, también puede estar acompañada de una pretensión de condena e, incluso de una pretensión de amparo de los derechos fundamentales.

Aparte de estas cuestiones de anulación y condena, o de inadmisibilidad que se pueden suscitar ante la jurisdicción contencioso-administrativa, en segundo lugar, están todas las otras cuestiones en las cuales no se plantea pura y simplemente, la nulidad de

---

74 Allan R. Brewer-Carías, *Las Instituciones... op. cit.*, pp. 108 y ss.

75 *Idem.*, y Allan R. Brewer-Carías. *El Control de la Constitucionalidad de los Actos Estatales*. Editorial Jurídica Venezolana. Colección Estudios Jurídicos, N° 2, Caracas, 1977, p. 84. Art. 215, Ord. 6° de la Constitución.

76 Artículo 131 LOCSJ

77 Artículos 115,124 y 130 LOCSJ

actos administrativos. En efecto, la Constitución en su artículo 206 también atribuye competencia a los tribunales contencioso-administrativos para restablecer las situaciones jurídicas subjetivas lesionadas por la actividad administrativa. Ello da origen a competencias en las cuales los tribunales contenciosos-administrativos no entran a declarar o no la nulidad de un acto administrativo por motivos de ilegalidad, sino que, tienen una competencia amplia, para conocer y decidir con plenitud, dentro de los límites de su competencia, de todas las demandas que se intenten contra los entes públicos estatales nacionales y empresas nacionales del Estado[78].

En esta forma, de acuerdo a la Ley de 1976 en los casos de demandas contra los entes públicos, la decisión del juez puede ser cualquier decisión jurídicamente útil que se solicite, en la cual no esté envuelta la nulidad de un acto administrativo. La Constitución, en ese sentido señala algunos supuestos de esta competencia cuando insiste en su artículo 206 sobre "la condena al pago de sumas de dinero, la reparación de daños y perjuicios, originados por la responsabilidad de la Administración; o el restablecimiento de situaciones jurídicas subjetivas lesionadas por la actividad administrativa". De acuerdo a esta norma, es indudable que estamos ante una competencia plena, lo suficientemente amplia como para admitir cualquier tipo de pedimento frente a la Administración de parte de un particular lesionado por supuesto en un derecho subjetivo.

Antes de la Ley de 1976, debe indicarse que si bien había una distinción entre el recurso de anulación", por una parte, y el "recurso de plena jurisdicción", por la otra, ello no implicaba que en el "recurso de plena jurisdicción" no se pudiera pedir la nulidad de un acto, cuando un particular intentaba una demanda contra la Administración, exigiendo por ejemplo, una indemnización por una determinada cantidad de dinero, por resolución unilateral de un contrato, en la cual planteaba la nulidad del acto administrativo que le había negado el pago de esa cantidad o del acto administrativo que había ordenado la resolución del contrato, sin que se acordara la indemnización. En estos casos, sin embargo, el problema estaba en determinar los efectos de la anulación. Dada la naturaleza de la contención que se establecía en el "recurso de plena jurisdicción" que era realmente una contención entre una parte y el Estado por el restablecimiento de una situación jurídica subjetiva lesionada, la decisión tenía efectos ínter partes. Por ello podría surgir la pregunta de si la decisión que el Juez tomase anulando un acto en el caso de un "recurso de plena jurisdicción" era una decisión que tenía sólo efectos inter partes; o, al contrario, efectos *erga omnes*, como eran los de la anulación dictada por vía del recurso contencioso administrativo de anulación[79].

A partir de 1976, esta situación ha cambiado, pues si la pretensión de condena a la Administración, deriva de la ilegalidad de un acto administrativo, debe formularse la pretensión de anulación, y anexo a ella en el contencioso de anulación de los actos administrativos, la pretensión de condena de acuerdo a lo previsto en el citado artículo 131 de la Ley Orgánica. En esta forma el llamado "contencioso de plena jurisdicción" después de la Ley de 1976, queda reducido a las demandas contra la República y los otros entes nacionales estatales, exclusivamente, sin que en ellas se planteen pretensiones de anulación y el contencioso de anulación se convirtió en un contencioso de los actos administrativos, sea con la sola pretensión de anulación de los mismos o con pretensiones de condena e incluso de amparo anexas a éstas.

---

78 Artículos 103 y ss. y 131 LOCSJ

79 En 1964 nos habíamos inclinado por la primera solución, dada la naturaleza del recurso. *V.*, Allan R. Brewer-Carías. *Las Instituciones... op. cit.* pp. 336 y ss.

En tercer lugar, además de los poderes de anulación y de condena, un tercer tipo de competencia puede ser ejercida por la jurisdicción contencioso-administrativa. Se trata de las competencias de interpretación.

En relación a esta última, debe señalarse que antes de 1976 no era usual hablar en Venezuela de que existiera una competencia de interpretación en el ámbito de la jurisdicción contencioso-administrativa. En efecto, el problema no se había planteado ni siquiera en la doctrina hasta 1965 cuando con motivo de un litigio particular, hubo la oportunidad de trabajar un problema contencioso de interpretación en materia contractual, fundamentado en la antigua Ley Orgánica de la Corte Federal cuyas normas atribuían a la Corte Suprema de Justicia competencia para conocer, en juicio contencioso, de todas las cuestiones de nulidad, resolución, alcance, interpretación, etc., en relación a los contratos suscritos por la Administración, Pública Nacional[80]. Posteriormente en la Ley de Carrera Administrativa de 1970 se consagró un recurso de interpretación, ante el Tribunal de la Carrera Administrativa, en relación a las dudas que surgieran en cuanto a la aplicación e interpretación de dicha Ley y sus Reglamentos, aclarándose que el ejercicio de dicho recurso no podía ser motivo para la paralización de ninguna medida que las autoridades competentes puedan ordenar[81].

Mediante esta norma legal se puede decir que por primera vez en Venezuela se consagró expresamente la competencia de interpretación atribuida a la jurisdicción contencioso-administrativa aún cuando en este caso, limitada al contencioso-funcionarial.

Posteriormente, en la Ley Orgánica de la Corte Suprema de Justicia se estableció en forma general, la competencia del Supremo Tribunal para "conocer del recurso de interpretación y resolver las consultas que se le formulen acerca del alcance e inteligencia de los textos legales", pero "en los casos previstos en la Ley"[82], con lo cual queda por ser regulada dicha competencia.

En base a ello, en todo caso, la Corte Suprema de Justicia se ha reservado conocer, incluso, del recurso de interpretación previsto en la Ley de Carrera Administrativa.

Una cuarta competencia general de la jurisdicción contencioso-administrativa que deriva de la Ley Orgánica de la Corte Suprema de Justicia de 1976, es la atribuida a la Corte y a los Tribunales Superiores, respectivos, para "conocer de la abstención o negativa de los funcionarios nacionales, estatales y municipales a cumplir determinados actos a que estén obligados por las leyes, cuando sea procedente, en conformidad con ellas"[83]. Se trata del recurso contencioso-administrativo contra la carencia administrativa.

C. Las excepciones a la competencia de anulación

Ahora bien, el principio que se deduce de todo lo anteriormente señalado, de reservar a los tribunales contencioso-administrativos competencia para declarar la nulidad de los

80 Allan R. Brewer-Carías y Enrique Pérez Olivares. "El Recurso Contencioso-Administrativo de Interpretación en el Sistema Jurídico Venezolano", en *Revista de la Facultad de Derecho*. Universidad Central de Venezuela, N° 32, Caracas, 1965, p. 103-126.

81 Artículo 64 de la Ley de Carrera Administrativa.

82 Artículo 42, ordinal 24 LOCSJ.

83 Artículos 42, ordinal 23, y 182, ordinal 1, LOCSJ. *V.*, Allan R. Brewer-Carías, "La abstención, silencio y negativa de 4ª Administración y su control" en *El Derecho Venezolano en 1982*, UCV, Caracas, 1982, pp. 603 y ss.

actos administrativos, generales o individuales, tiene en Venezuela algunas excepcionales. En efecto, en dos supuestos, tribunales que no pertenecen a la jurisdicción contencioso-administrativa tendrían competencia, hasta cierto punto, para declarar la nulidad de ciertos actos administrativos: Se trata de algunos supuestos relativos a acciones de amparo y de expropiación, ambos relacionados con la protección de derechos fundamentales, la libertad personal y de la propiedad.

En primer lugar, en el procedimiento de la acción de amparo a la libertad personal –*hábeas corpus*– el juez penal tiene competencia para anular actos administrativos restrictivos a la libertad personal, al ordenar, por ejemplo, la excarcelación de una persona. Implícitamente, la orden de excarcelación implica indudablemente, la anulación del acto –si lo hubo– por el cual se ordenó el encarcelamiento. En este supuesto, se trata de un Tribunal penal declarando la nulidad de un acto administrativo indirectamente. Pero debe quedar claro que esta excepción sólo puede darse en el procedimiento de amparo a la libertad personal, es decir, de hábeas corpus, regulado en las Disposiciones Transitorias de la Constitución de 1961[84]. Respecto de cualquier otra acción de amparo que se ejerza en relación a cualquier otra libertad o garantía constitucional, un tribunal ordinario no podría nunca decidir ni siquiera indirectamente, en relación a la legalidad de una actuación administrativa. En este sentido debe destacarse la jurisprudencia de la Corte Suprema de Justicia en la Sala Político- Administrativo y en la Sala de Casación Penal, declarando la incompetencia de los Tribunales Penales ordinarios para conocer de la legalidad de las actuaciones de la Administración Pública con ocasión del ejercicio de acciones de amparo distintas al de hábeas corpus[85].

Aparte de la excepción referida al amparo de la libertad personal, otro supuesto que también podría versé como una excepción al principio de la exclusiva competencia de anulación de actos administrativos de la jurisdicción contencioso-administrativa, está previsto en el procedimiento de expropiación, el cual prevé, como una de las causas de oposición a la expropiación, la, violación de ley[86]. En esos casos, cuando se alega ante un Juez Civil con competencia en materia de expropiación, la oposición al procedimiento basada en la violación de ley, al decidir esa oposición, el Juez, en realidad, decide sobre la ilegalidad de la actuación administrativa, configurándose entonces el ejercicio de una competencia por un Tribunal Civil en relación a la declaración o no de la nulidad de un acto administrativo.

D. Las exclusiones de la competencia

Ahora bien, determinado el ámbito de la competencia de los órganos de la jurisdicción contencioso-administrativa, debemos entonces precisar que lógicamente quedan excluidas de la jurisdicción contencioso-administrativa las actividades de entes jurídicos extraños al Estado venezolano así como el control de constitucionalidad y legalidad de otros actos del Estado venezolano que no sean actos administrativos.

---

84 Disposición Transitoria Quinta de la Constitución de 1961.

85 *V.*, lo expuesto en la Decima Quinta Parte, *T.* V.

86 Artículo 26, Ley de Expropiación por Causa de Utilidad Pública o Social. *V.*, Allan R. Brewer-Carías, "Jurisprudencia de la Corte Suprema 1930-74 y Estudios de Derecho Administrativo". *T.* VI. *Propiedad y Expropiación*. Instituto de Derecho Público. Facultad de Derecho, Universidad Central de Venezuela, Caracas, 1979.

a. *Exclusión de las actividades de otros entes jurídicos extraños al Estado venezolano*

En primer lugar, como hemos dicho, quedan excluidos de la jurisdicción contencioso-administrativa los litigios entre particulares de cualquier naturaleza que éstos sean. Es imposible recurrir ante la jurisdicción contencioso-administrativa cuando no se pone en causa la actividad del Estado venezolano, y concretamente la actividad de la Administración. Por lo mismo, también quedan excluidos de las competencias de la jurisdicción contencioso-administrativa los litigios entre un particular y un Estado extranjero o cualquier organismo internacional no sometido a la soberanía del Estado venezolano.

Por tanto, para que la competencia de la jurisdicción contencioso- administrativa funcione, es necesario en primer lugar, que se trate de una actividad del Estado venezolano.

Sin embargo, debe señalarse que en materia de control de legalidad, los actos administrativos sometidos a control no necesariamente son siempre dictados por órganos de las personas de derecho público territoriales o no territoriales, sino que pueden emanar de. entidades orgánica y formalmente de derecho privado, incluso constituidas por particulares, pero que en virtud de Ley ejerzan prerrogativas del Poder Público y autoridad, de manera tal que al lesionar el derecho o interés legítimo de un individuo, puedan considerarse actos administrativos a los efectos del control contencioso-administrativo. En este sentido, la jurisprudencia de la Corte Primera de lo Contencioso-Administrativo ha venido ampliando el ámbito de la jurisdicción contencioso-administrativa[87], y ha considerado como actos recurribles, por ejemplo, actos emanados dé asociaciones privadas reguladas por ley, cuando ejercen potestades públicas en virtud de "delegación" o descentralización[88].

b. *Exclusión del control sobre los actos legislativos, judiciales y de gobierno*

Pero no basta, para que la jurisdicción contencioso-administrativa sea competente, que se le someta un litigio concerniente a una actividad del Estado venezolano. Hemos señalado que la jurisdicción contencioso-administrativa, en su competencia de anulación, es sólo competente para conocer de los litigios en que la Administración sea parte, originados por sus actos administrativos y por la actividad administrativa. Por tanto, solo pueden ser sometidos a control de legalidad por la jurisdicción contencioso-administrativa los actos administrativos.

Así, quedan excluidos de la competencia de la jurisdicción contencioso-administrativa todos los litigios concernientes a otras actividades del Estado que no sean "actividad administrativa", es decir, que no sean actos administrativos

En efecto, en primer lugar, la jurisdicción contencioso-administrativa es incompetente para conocer de litigios concernientes a la actividad legislativa y para conocer de acciones de nulidad de los actos legislativos. Sin embargo, por supuesto, el principio de legalidad, que domina toda la actividad del Estado venezolano exige la existencia de un control jurisdiccional para la actividad de los cuerpos legislativos ejercida en función legislativa o de gobierno; sin embargo, el principio de legalidad aplicado a la función legislativa y de gobierno se traduce exclusivamente en constitucionalidad, pues esas

87 *V.*, en general H. Rondón de Sansó, "Ampliación del ámbito contencioso-administrativo", *Revista de Derecho Público*, N° 22, EJV, Caracas 1985 pp. 33-49.

88 Por ejemplo, Asociación de Autores y Compositores, regulada en la Ley de derecho de autor (Sentencia de la Corte Primera de la Contencioso-Administrativa, 14-5-84); y Federaciones y Asociaciones deportivas.

actividades son ejercidas en ejecución directa de la Constitución. Entonces, el control que puede ejercerse sobre los actos legislativos del Poder Legislativo es solamente un control de la constitucionalidad de dichos actos, que se ejerce en nuestro ordenamiento vigente por ante la jurisdicción constitucional que ejerce la Corte Suprema de Justicia en Pleno, y por medio de la acción de inconstitucionalidad» Por tanto, el control de la constitucionalidad de las leyes y demás actos de los cuerpos legislativos, si bien es ejercido por la Corte Suprema de Justicia, lo es como jurisdicción constitucional y no como jurisdicción contencioso-administrativa.

Sin embargo, y ello es evidente, no toda la actividad que desarrollan los Cuerpos Legislativos es una "actividad legislativa". Las Cámaras también desarrollan actividad administrativa. En la actividad de los Cuerpos Legislativos hay que distinguir, entonces, la actividad ejercida en función legislativa y de gobierno y la actividad ejercida en función administrativa. Las primeras tienen su control propio en la jurisdicción constitucional que hemos señalado. Sin embargo, la segunda, la actividad administrativa –de carácter legal– ejercida por los Cuerpos Legislativos si está sometida al control de la jurisdicción contencioso-administrativa.

Por ejemplo, la Constitución, en su artículo 158, ordinales 3° y 6°, señala que es atribución privativa de cada uno de los Cuerpos Legislativos organizar su servicio de policía y ejecutar y mandar ejecutar las resoluciones concernientes a su funcionamiento. Pues bien, en el ejercicio de esta atribución los Cuerpos Legislativos actúan en función administrativa. Por tanto, el acto de nombramiento de un funcionario por uno de los Cuerpos Legislativos, por ejemplo es un acto administrativo susceptible de ser recurrido por ilegalidad por el recurso contencioso-administrativo de anulación. Estos actos no constituyen en ningún momento, actos legislativos.

En este mismo sentido, la responsabilidad que pueda resultar para el Estado por el mal funcionamiento de esos servicios de policía de las Cámaras o por el daño que causen en sus funciones, es una responsabilidad administrativa y, por tanto, susceptible de ser controlada por la jurisdicción contencioso-administrativa.

En segundo lugar, por los mismos razonamientos antes expuestos, la actividad de los órganos judiciales cuando es ejercida en función jurisdiccional, y los actos judiciales que de ella resulten, no son susceptibles de ser recurridos por ningún motivo ante los órganos de la jurisdicción contencioso-administrativa. Esta jurisdicción sólo puede conocer de los litigios que tienen su origen en la actividad administrativa y de la nulidad de actos administrativos, y nunca de la nulidad de actos judiciales o de sentencias de los tribunales de la República. Por ello, la Corte, sistemáticamente, se ha declarado incompetente para conocer de las acciones que se han interesado contra actos judiciales y se ha invocado su competencia contencioso-administrativa[89]. Es más, nuestro Tribunal Supremo también se ha declarado incompetente para conocer dé recursos que por inconstitucionalidad se han intentado contra actos judiciales[90].

89 *V.*, fundamentalmente la sentencia de la antigua Corte Federal de 26-1-60, G.F., N° 27, 1960, pp. 40-41. *V.*, también CF, 15-10-59, G.F., N° 26, 1959 p. 26.

90 CFC-CP, 28-11-51, G.F., N° 9, 1952, pp. 58-65; CFC-CP, 26-05-52, G.F., N° 11. 1952, pp. 9-11; CF, 23-03-56, G.F., N° 11, 1956, p. 174; CF, 15-10-59, G.F., N° 26, 1959, p. 26; CSJ-SPA, 17-04-61, G.F., N° 32, 1961, pp. 49-50.

Sin embargo, es necesario distinguir también en este caso la actividad judicial de los órganos del Poder Judicial, de la actividad administrativa que esos mismos órganos puedan realizar en ejercicio de la función administrativa o de la función legislativa.

A tal efecto, cuando los órganos judiciales dictan actos de nombramiento de determinados funcionarios, o imponen sanciones a los abogados litigantes, esos actos son administrativos y no judiciales y, por tanto, son susceptibles de ser recurridos por ilegalidad ante los órganos de la jurisdicción contencioso-administrativa. En el mismo caso se encuentran los actos reglamentarios que en ejercicio de la función legislativa tienen facultad para dictar determinados órganos judiciales[91].

Por último, los actos de gobierno, como actos del Poder Ejecutivo dictados en ejecución directa de la Constitución y, por tanto, sometidos directamente a ella y con el mismo rango jurídico que la Ley, tampoco están sometidos al control de conformidad con el derecho por los órganos de la jurisdicción contencioso-administrativa. Por supuesto, esta noción de acto de gobierno es totalmente distinta a la desarrollada en Francia[92]. En Venezuela, los actos de gobierno no son actos administrativos; y tanto los actos de gobierno como los actos legislativos están sometidos al control jurisdiccional de la constitucionalidad por la Corte Suprema de Justicia, por ser ejecución directa de la Constitución.

---

91 Tal es el caso de la atribución que la Ley Orgánica del Poder Judicial otorga en su artículo 80, letra A, ordinal 8 a las Cortes Superiores, para dictar su Reglamentó interno y de Policía, y el de los demás Tribunales de la Circunscripción.

92 Mucha controversia ha surgido en la doctrina, y jurisprudencia francesas sobre los "Actos de Gobierno", a los cuales no se aplica el Principio de Legalidad por excepción, pues no pueden ser objeto de ningún recurso jurisdiccional, ni judicial ni administrativo. *V.*, al respecto, Mignón, "Une emprise nouvelle du principe de legalité: "*Les actes de gouvernements*". *Dalloz Crónicas*; 1951, p. 51; Chapus, "L'acte de gouvernement, monstre ou victeme". *Crónicas Dalloz*, 1953, p. 2; P. Duez, *Les actes de gouvernement*, Sirey, París, 1953; Cirally, "L'introuvable acte de gouvernement", *Revueau Droit Public*, 1952, p. 317; Chapus, "Acte de Gouvernement", *Repertoire de Droit Public et Administranf*, Dalloz; Apelt, "L'acte de gouvernement dans la jurisprudence et la doctrine en France et en Alemagne", *Libre Jubilaire du Conseil d'Etat*. Sirey, París.

La existencia de actos de gobierno en Francia, escapando a todo control jurisdiccional, no es compatible con el régimen y el principio de la legalidad, y deja subsistir una zona inaccesible a los jueces donde puede reinar la arbitrariedad de las autoridades ejecutivas. La existencia de esos actos en Francia tiene un origen histórico, como la gran mayoría de las instituciones jurídico-administrativas de ese país: Cuando la Justicia Delegada reemplazó la llamada Justicia Retenida, en 1872, el legislador conformó la existencia de un dominio de actos administrativos prohibido al juez, y que la doctrina llamó posteriormente actos de gobierno. Ese dominio, sin embargo, cada vez ha sido ms estrecho, gracias a la creación pretoriana de la institución. Los fundamentos de la teoría de los actos de gobierno fueron diversos para la jurisprudencia francesa. En primer lugar se habló del móvil político. Eso fue hasta 1875; un acto administrativo cualquiera era un acto de gobierno y escapaba del control jurisdiccional del Consejo de Estado, cuando su realización estaba inspirada por un móvil político. Este fundamento fue abandonado desde los inicios, de la III República por la decisión del Consejo de Estado, "Príncipe Napoleón", de 19 de febrero de 1875 (*V.*, en Long, Weil y Braibant, *Les grands arréts de la jurisprudence administrative*. Sirey, París, 1962, p. 14). Es el inicio entonces, de la teoría de la distinción entre Administración y Gobierno. Esta situación cambió, sin embargo, en el primer cuarto de este siglo, cuando el Consejo de Estado comprendió que no podía aplicar un criterio único para la calificación de esos actos de gobierno que la doctrina francesa consideraba actos administrativos que escapaban al control de la jurisdicción contencioso-administrativa. Desde esta época, el Consejo de Estado se ha limitado a hacer una lista empírica de los actos llamados de gobierno. Lista que, por otra parte, se ha ido reduciendo considerablemente en los últimos anos, en definitiva, el acto de gobierno es indefinible en Francia. Solo puede darse de él una noción parcial. El acto de gobierno es el que cumple el Poder Ejecutivo en sus relaciones con una autoridad pública que escapa a todo control jurisdiccional, principalmente con el Legislador. *V.*, Allan R. Brewer-Carías, "Comentarios sobre la doctrina del acto de gobierno, del acto político, del acto de Estado o de las cuestiones políticas como motivo de inmunidad jurisdiccional de los Estados en sus Tribunales Nacionales, *Revista de Derecho Público*, N° 26, Caracas, 1968, pp. 65-68

En efecto, los actos de gobierno, no son, en nuestro sistema constitucional, actos administrativos. Entre ellos hay una radical diferencia estructural en cuanto a la norma a la cual deben, directamente conformarse: el acto de gobierno debe estar conforme a la Constitución, pues es dictado en ejecución directa de ésta; los actos administrativos deben estar conformes a la legalidad, pues son ejecución directa de la ley e indirecta de la Constitución. Por ello los actos administrativos están sometidos al principio dé la legalidad administrativa. Los actos de gobierno, en cambio, no lo están, no porque sean una excepción, sino porque tienen el mismo rango estructural que la legalidad con relación a la Constitución. Por ello, los actos de gobierno sólo están sometidos a la constitucionalidad, y consecuencialmente, a un control jurisdiccional propio, el control de constitucionalidad[92bis].

En efecto, el artículo 215, ordinal 6° de la Constitución señala que es de la competencia de la Corte Suprema de Justicia en Corte Plena declarar la nulidad de los "reglamentos y demás actos del Ejecutivo Nacional cuando sean violatorios de la Constitución", entre los cuales se incluyen los actos de gobierno. Esta atribución de la Corte en Pleno es distinta de aquella contenida en el ordinal 7° del mismo artículo, por la cual la Corte Suprema de Justicia en Sala Político-Administrativa, es competente para declarar la nulidad de los actos administrativos del Ejecutivo Nacional cuando sea procedente, es decir, cuando sean contrarios a derecho e incluso por desviación de poder.

E. Los problemas jurisdiccionales de la competencia

La delimitación de la competencia contencioso-administrativa presenta, como en cualquier jurisdicción ordinaria o especial, una serie de problemas procesales. Entre ellos se destacan en materia contencioso-administrativa los problemas de la acumulación de acciones, la cuestión prejudicial y los conflictos de competencia. Veamos separadamente estos supuestos.

En cuanto a la acumulación de acciones, el artículo 42, ordinal 17 de la Ley Orgánica de la Corte Suprema de Justicia dispone que ésta es competente para "conocer de los juicios en que se ventilen varias acciones conexas, siempre que a la Corte esté atribuido el conocimiento de algunas de ellas". Las razones de esta acumulación de acciones son, en general, las mismas que rigen en el procedimiento ordinario. La competencia de la Corte es, en este caso, una competencia por conexión o por continencia de la causa, y se admite por el interés que existe de evitar el riesgo de que se dicten sentencias contrarias o contradictorias en asuntos que tengan entre sí una conexión.

En todo caso debe tenerse presente el artículo 78 del Código de Procedimiento Civil, que dispone que "no podrán acumularse en el mismo libelo pretensiones que se excluyan mutuamente, o que sean contrarias entre sí ni las que por razón de la materia no correspondan al conocimiento de mismo Tribunal; ni aquellas cuyos procedimientos sean incompatibles entre sí. Sin embargo, podrán acumularse en un mismo libelo dos o más pretensiones incompatibles para que sean resueltas una como subsidiaria de la otra siempre que sus respectivos procedimientos no sean incompatibles entre sí".

De acuerdo a estas normas resulta, ante todo, que sólo podrán acumularse acciones cuyo conocimiento corresponda a la jurisdicción contencioso-administrativa, pero

---

92bis *V.*, lo expuesto en la Décima Octava Parte, *T.* VI.

siempre que las acciones no se excluyan mutuamente o cuyos procedimientos sean incompatibles. Por ello, es causal de inadmisibilidad de las demandas o recursos ante la jurisdicción contencioso-administrativa "cuando se acumulen acciones que se excluyan mutuamente o cuyos procedimientos sean incompatibles".[93]

Por supuesto, esta causal no se aplica en los casos de acciones de nulidad contra actos administrativos a las cuales se acumulen pretensiones de condena conforme al artículo 131 de la Ley Orgánica de la Corte.

En cuanto a la cuestión prejudicial, ésta se presenta en el derecho procesal cuando un juez, para decidir un litigio para el cual es incontestablemente competente, debe tratar una cuestión que no es normalmente de su competencia. Entonces, una cuestión es llamada prejudicial cuando su solución, que debe preceder al examen del fondo del asunto, debe ser resuelta por otra jurisdicción distinta de la que tiene competencia para la acción principal.

El problema de la cuestión prejudicial se plantea ante la jurisdicción contencioso-administrativa, en la misma forma que se plantea en la jurisdicción ordinaria. Por tanto, es perfectamente promovible la cuestión previa por existencia de una cuestión prejudicial que debe resolverse en un proceso distinto, contemplada en el artículo 346, ordinal del Código de Procedimiento Civil.

Entonces, al juez de lo contencioso-administrativo puede presentársele una cuestión prejudicial eh el curso de un proceso del cual él es competente para conocer. Sin embargo, es necesario señalar que esta cuestión prejudicial debe ser realmente uña cuestión prejudicial. Es necesario, ante todo, que haya verdaderamente una cuestión, es decir, una dificultad real que haga surgir duda respecto; al conflicto. En segundo lugar, es necesario que la respuesta a esta cuestión sea necesaria para la decisión del fondo del asunto. Una vez que el juez se encuentra ante esta situación debe retardar su decisión hasta que la decisión de la cuestión no se produzca por el juez competente. Por ejemplo, el Juez contencioso-administrativo no podría resolver sobre la solicitud de nulidad de un acto administrativo que debe ser introducida por un propietario de un bien, por ser él sólo el titular de un interés legítimo o de un derecho subjetivo, cuando está cuestionado ante los Tribunales ordinarios la cualidad del solicitante de propietario del bien.

El mismo problema de la cuestión prejudicial puede plantearse ante la jurisdicción ordinaria, respecto a una cuestión de la competencia de la jurisdicción contencioso-administrativa. En este caso también debe reunir las dos condiciones antes señaladas. De lo contrario, la cuestión previa sería declarada sin lugar[94].

Por último en cuanto a los conflictos de competencia, éstos se plantean, inevitablemente, cuando existen órganos jurisdiccionales con competencia distinta. Por tanto, estando atribuida la competencia en materia contencioso administrativa actualmente en Venezuela a la Corte Suprema de Justicia, y a otros Tribunales especiales, corresponde a la misma Corte Suprema de Justicia, conocer de los conflictos de competencia que puedan presentarse entre órganos jurisdiccionales ordinarios y los Tribunales contencioso-administrativos o la Corte misma. Ello en virtud del artículo 42 ordinal 21 de la

93 Art. 84, Ord. 4° LOCSJ

94 *V.*, por ejemplo la sentencia de 23-6-54, del Juzgado de Primera Instancia en la Civil del Distrito Federal y del Estado Miranda, en *Jurisprudencia, de los Tribunales de la República*. Ministerio de Justicia, *v.* IV, *T.* I, Instituto de Codificación y Jurisprudencia.

Ley Orgánica de la Corte Suprema de Justicia, que le da atribución para "decidir los conflictos de competencia entre Tribunales sean ordinarios o especiales, cuando no exista otro Tribunal Superior y común a ellos en el orden jerárquico" pues no hay ley alguna vigente que indique quién debe resolver los conflictos de competencia en que intervengan un órgano de la jurisdicción administrativa. Esta misma atribución está consagrada en la Constitución vigente, artículo 215, ordinal 9°, cuando faculta a la Corte para "dirimir los conflictos de competencia entre Tribunales, sean ordinarios o especiales, cuando no exista otro Tribunal Superior y común a ellos en el orden jerárquico".

IV. LOS DIVERSOS TIPOS DE ACCIONES Y RECURSOS CONTENCIOSO-ADMINISTRATIVO

Como puede apreciarse de la expuesto anteriormente, a partir de 1961 la jurisdicción contencioso-administrativa encuentra un claro y expreso fundamento constitucional en el artículo 206 del texto fundamental, en el cual se la define con una amplitud considerable y, ciertamente, comparativamente más completa que la que para ese momento tenían los modelos europeos, y que había seguido la jurisprudencia.

En efecto, en ausencia de una norma tan expresa y amplia, y con base en las muy escuetas normas constitucionales de la Constitución de 1953, la antigua Corte Federal que funcionó hasta 1961 y luego, la Corte Suprema de Justicia, fueron definiendo jurisprudencialmente los contornos de la jurisdicción contencioso-administrativa que ejercía básicamente, y en única instancia el Supremo Tribunal, conforme al clásico esquema francés de la división entre un contencioso-administrativo de anulación y un contencioso-administrativo de plena jurisdicción, según el tipo de pretensiones que se formularan en la acción o el recurso.

Conforme a este esquema, el contencioso-administrativo de anulación se concebía como un proceso objetivo contra un acto administrativo, en el cual la pretensión procesal del recurrente se limitaba a la anulación del acto administrativo impugnado, y la decisión del juez sólo tenía por objeto el control de la legalidad del acto, pronunciando o no su anulación, y nada más. La legitimación activa para intentar el recurso de anulación correspondía a quien tuviera, al menos, un interés personal, legítimo y directo, pudiendo intentarlo, también quien tuviera un derecho subjetivo lesionado por el acto recurrido.

En cuanto al contencioso-administrativo de plena jurisdicción, se concebía como un proceso subjetivo en el cual se entablaba una verdadera litis contra una persona jurídica de derecho público, y en la cual la pretensión procesal del demandante era amplia en el sentido de que podía buscar la condena del ente demandado y, además, la anulación de actos administrativos. El contencioso de plena jurisdicción era así el contencioso de las demandas contra la República y otras personas jurídicas de derecho público, y se reducía básicamente al contencioso contractual y al de la responsabilidad extra-contractual, pudiendo el juez, además de decidir sobre la nulidad de un acto administrativo, si esto se le solicitaba, condenar al ente público al pago de sumas de dinero y a la reparación de daños y perjuicios originados en responsabilidad de la Administración, y en general, adoptar todo pronunciamiento útil para restablecer las situaciones jurídicas subjetivas lesionadas por la actividad administrativa. Tratándose de demandas contra los entes públicos, la legitimación del demandante correspondía al titular de un derecho subjetivo cuyo restablecimiento conformaba el nódulo de su pretensión.

Bajo este esquema, que la doctrina nacional[95] y nosotros mismos expusimos hace más de veinticinco años[96], el interés legítimo, personal y directo para configurar la legitimación activa en el recurso de anulación se concebía sólo como una situación jurídica procesal para pedir la anulación de un acto administrativo, y no como una situación jurídica subjetiva de carácter sustantivo. Por tanto, el interés legítimo, personal y directo, como situación jurídica adjetiva, en principio no era resarcible siendo sólo jurídicamente resarcible la lesión al derecho subjetivo, a través de las acciones de plena jurisdicción.

Puede decirse que ese esquema del contencioso-administrativo, aun cuando no aprovechaba todas las posibilidades de protección de los particulares frente a la Administración que contenía el fundamento constitucional de la jurisdicción contencioso-administrativa (Art. 206), fue el que desarrolló la jurisprudencia nacional, particularmente hasta hace quince años, cuando se dictó la Ley Orgánica de la Corte Suprema de Justicia de 1976[97], la cual sentó nuevas bases en el derecho positivo para la ampliación del contencioso-administrativo como medio de protección de los particulares frente a las conductas de la Administración, lo cual fue advertido rápidamente por la doctrina nacional[98], y en algunos aspectos comienza a derivarse de la jurisprudencia.

En efecto, en base al artículo 206 de la Constitución y al contenido de la Ley Orgánica de la Corte Suprema de Justicia de 1976 que regula transitoriamente el proceso contencioso-administrativo, puede decirse que el esquema tradicional del contencioso-administrativo en su clásica división de contencioso de anulación y contencioso de plena jurisdicción ha quedado superado[99], por ejemplo, en su lugar, como lo ha señalado Hildegard Rondón de Sansó, podrían distinguirse ahora tres tipos de acciones contencioso-administrativas: acciones de impugnación de actos administrativos unilaterales o bilaterales, que conducen a la anulación de los mismos como consecuencia del control de legalidad; acciones de condena, de prestación o declarativas de condena, particularmente en materia de responsabilidad contractual y extracontractual y de restablecimiento de situaciones jurídicas subjetivas lesionadas por la actividad administrativa, que conducen a decisiones del juez de dar, hacer o no hacer frente a la Administración; y

---

95 Eloy Lares Martínez, *Manual de Derecho Administrativo*, Caracas, 1970, pp. 570 y ss. A. Moles Caubet. "Rasgos generales de la jurisdicción contencioso-administrativa", en *Instituto de Derecho Público, El control jurisdiccional de los Poderes Públicos en Venezuela*, Caracas, 1979, pp. 67-77; Nelson Rodríguez García. *El sistema contencioso-administrativo venezolano y la jurisdicción contencioso-administrativa*, Valencia, 1982.

96 Allan R. Brewer-Carías, *Las Instituciones Fundamentales del Derecho Administrativo y la Jurisprudencia Venezolana*, Caracas, 1964, pp. 239-440.

97 *Ley Orgánica de la Corte Suprema de Justicia*, *Gaceta Oficial*, N° 1.893 Extraordinario de 30-7-76.

98 Gonzalo Pérez-Luciani, "Los recursos contencioso-administrativos en la *Ley Orgánica de la Corte Suprema de Justicia*", en *Instituto de Derecho Público, El control jurisdiccional, cit.*, pp. 135-148; Gonzalo Pérez-Luciani, "El sistema contencioso-administrativo y el procedimiento administrativo", en A. Moles Caubet y otros, *Contencioso-Administrativo en Venezuela*, Caracas, 1981, pp. 60-61.

99 *Cfr.* Allan R. Brewer-Carías, "Los diversos tipos de acciones y recursos contencioso-administrativos en Venezuela", *Revista de Derecho Público*, 25, EJV, Caracas, 1986, pp. 5-30, y en *Estado de derecho y Control Judicial, cit.*, p. 243 y ss. *V.*, en defensa del recurso de plena jurisdicción, Enrique Iribarren M., "¿Existe en Venezuela un recurso autónomo de plena jurisdicción?", *Revista de la Fundación Procuraduría General de la República*, N° 1, 1986, pp. 113-153.

acciones declarativas tendientes al reconocimiento o protección de un derecho subjetivo o a la interpretación de una situación jurídica o una norma[100].

Pero en realidad, analizando con detenimiento, el sistema contencioso-administrativo en Venezuela, con base en el artículo 206 de la Constitución, en las regulaciones de la Ley Orgánica de la Corte Suprema de Justicia de 1976 y en los criterios jurisprudenciales sentados en los últimos años, creemos que el contencioso-administrativo, como instrumento procesal de protección de los particulares frente a la autoridad pública, se ha ampliado aún más, pudiendo distinguirse cuatro tipos de acciones y recursos contencioso-administrativos: en primer lugar, el contencioso de los actos administrativos; en segundo lugar, el contencioso de las demandas contra los entes públicos; en tercer lugar, el contencioso de las conductas omisivas de la Administración; y en cuarto lugar el contencioso de la interpretación[101]. Las pretensiones procesales varían en cada uno de esos tipos de contencioso, y por supuesto, también varían las reglas de procedimiento aplicables a los diversos tipos de acciones o recursos, incluso las relativas a la legitimación activa. Nuestro objetivo en esta parte es establecer las características generales de esas cuatro clases de procesos contencioso-administrativos.

1. El proceso contencioso contra los actos administrativos

La característica fundamental del proceso contencioso-administrativo de los actos administrativos, es que el objeto de las acciones y recursos que lo inician, siempre es un acto administrativo, y en ellos siempre existe una pretensión de anulación de los mismos. Sin embargo, hablamos del "contencioso de los actos administrativos" y no del contencioso de anulación, pues si bien siempre debe haber una pretensión de anulación de los actos, el proceso no se agota en dicha anulación, y las acciones y recursos pueden contener otras pretensiones procésales de condena adicionales y anexas a la pretensión de anulación del acto administrativo, conforme se establece en el artículo 206 de la Constitución y en el artículo 131 de la Ley Orgánica de la Corte Suprema de Justicia.

En todo caso, y en virtud de que pueden formularse pretensiones de condena anexas a las pretensiones de anulación de un acto administrativo, el contencioso de los actos administrativos se concibe como un proceso subjetivo, a pesar de que el objeto principal del mismo es un acto administrativo. Sin embargo, el contencioso de los actos administrativos no sigue el esquema procesal del proceso ordinario en el cual el establecimiento de una litis entre demandante y demandado es esencial, en todas sus secuelas de citación y litis contestación. A pesar de que es un proceso subjetivo, el contencioso de los actos administrativos es un juicio contra un acto administrativo, en el cual se solicita del juez declare su nulidad y, en su caso, pronuncie las decisiones de condena que se pretenden como consecuencia de la anulación. Por tanto, en el contencioso de los actos administrativos no se demanda ni a las personas jurídicas de derecho público que dictaron el acto recurrido, ni ajos posibles beneficiarios de dicho acto. Sólo se impugna el acto como consecuencia del mismo, se pueden solicitar pretensiones de condena contra dichas personas de derecho público u otros entes que hayan dictado el acto. Por tanto,

100 H. Rondón de Sansó, "Medios de proceder por la vía contencioso-administrativa" en A. Moles y otros, *Contencioso-administrativo...*, *cit.*, pp. 110-123.

101 *Cfr.* Allan R. Brewer-Carías, "Los diversos tipos de acciones..." *Loc.cit.*, pp. 6 y ss.

en el contencioso de los actos administrativos no hay propiamente demandante ni demandado, sólo hay impugnantes del acto recurrido y defensores del mismo, pudiendo hacerse parte en el proceso todos aquellos que ostenten un derecho subjetivo o un interés personal, legítimo y directo similar al que ostente el recurrente[102].

En todo caso, debe mencionarse que a pesar de que el contencioso de los actos administrativos sea un proceso a un acto, y que los recurrentes aparezcan en el proceso como defensores del interés general vulnerado por una actuación administrativa, el recurso para intentarlo debe considerarse como un recurso "subjetivo" pues, como lo ha señalado la Corte Suprema, "se protege la integridad de la norma sólo en función de la situación jurídica subjetiva igualmente alterada[103].

Ahora bien, en ausencia de demandante, en el contencioso de los actos administrativos como proceso subjetivo tampoco hay demandados, y por tanto, no hay citación ni litis contestación. El juez lo que debe hacer en el auto de admisión del recurso, es disponer la notificación del Fiscal General de la República y cuando junto con la anulación se formule una pretensión de condena, debe notificar al Procurador General de la República[104] o al representante del ente público correspondiente, si se trata de un acto administrativo de una entidad territorial o autónoma. Además, el juez debe emplazar a los interesados tanto en la defensa como en la impugnación del acto recurrido, mediante carteles para que se hagan parte en el juicio[105], en un lapso determinado, siendo necesario para hacerse parte en el juicio reunir las mismas condiciones exigidas para el accionante o recurrente[106]. Este, si se trata de la impugnación de actos administrativos de efectos generales puede ser toda persona plenamente capaz alegando un simple interés, aun cuando calificado[107], o si se trata de la impugnación de actos administrativos de efectos particulares, debe ser el titular de al menos un interés personal, legítimo y directo[108]. En ambos casos, sin embargo, también está legitimado para intentar el recurso contencioso-administrativo, el Fiscal General de la República[109].

Por tanto, el procedimiento en el contencioso de los actos administrativos, aun cuando es de carácter contencioso y subjetivo, se le reconocen al juez una serie de poderes adquisitivos incluso para solicitar informaciones y hacer evacuar pruebas de oficio[110], y además, para continuar el proceso contra un acto administrativo, a pesar del desistimiento del recurrente, cuando el acto recurrido viole normas de orden público[111].

Hemos dicho que el recurso, en el contencioso de los actos administrativos, además de pretensiones de anulación puede contener pretensiones de condena, lo cual conlleva a que el contencioso de los actos administrativos actualmente se clasifique en tres clases: el contencioso de anulación; el contencioso de anulación y condena, y el contencioso de anulación y amparo.

---

102 Artículo 137, LOCSJ.

103 Sentencia de la Corte Suprema de Justicia en Sala Político-Administrativa de 3-10-85 en *Revista de Derecho Público*, N° 24, EJV, Caracas, 1985, pp. 156-162.

104 Arts. 116 y 125 de la LOSJ. Conforme a estas normas, la notificación al Procurador General de la República la decide de oficio el juez, de acuerdo a la naturaleza de la pretensión contenida en el recurso.

105 Art. 116 y 125 LOCSJ

106 Art. 137, LOCSJ.

107 Art. 112, LOCSJ.

108 Art. 121, LOCSJ

109 Arts. 112, 116 y 121, LOCSJ.

110 Art. 129, LOCSJ.

111 Art. 87, LOCSJ

A. El contencioso de anulación de los actos administrativos

El contencioso de anulación de los actos administrativos se configura cuando la pretensión única del recurso es la anulación de un acto administrativo. El proceso contencioso-administrativo en este caso, tiene regulaciones adjetivas diferentes según el objeto del recurso, y se trate de la anulación de un acto administrativo de efectos generales, de un acto administrativo de efectos particulares o de un acto administrativo bilateral (contrato administrativo).

Ha habido discusión en torno a los criterios de distinción entre los actos administrativos de efectos generales y los actos administrativos de efectos particulares que adoptó la Ley Orgánica de la Corte Suprema de Justicia para regular los procedimientos[112]. Sin embargó, dada la naturaleza diferente de dicha regulación, es evidente que el criterio que tuvo en mente el Legislador, a pesar de la falta de uniformidad de la terminología empleada, está referido al carácter normativo o no normativo de los actos recurridos. Así, los actos administrativos de efectos generales son los actos normativos, cuyos destinatarios son indeterminados e indeterminables; en cambio, los actos administrativos de efectos particulares, son los que no tienen carácter normativo, y cuyos destinatarios ó es un sujeto de derecho (acto individual) o una pluralidad de ellos, pero determinados o determinares (acto general)[113]. Este criterio de distinción es el único congruente con la diferencia procedimental establecida en la Ley Orgánica de la Corte Suprema de Justicia entre los "juicios de nulidad de los actos de efectos genérales" y los "juicios de nulidad de los actos administrativos de efectos particulares"[114].

a. *La distinción entre los actos administrativos de efectos generales y los actos administrativos de efectos particulares*

En efecto, para captar la distinción que establece la Ley. Orgánica de la Corte Suprema de Justicia en cuanto a los procedimientos, entre el juicio de nulidad de los actos de efectos generales y el juicio de nulidad de los actos administrativos de efectos particulares, es necesario tener presente la situación jurisprudencial anterior a la entrada en vigencia de la Ley Orgánica de la Corte en 1976.

La Corte, en efecto, en base a una encomiable labor integradora, fue elaborando normas adjetivas que diferenciaron dos tipos de recursos de impugnación de los actos estatales, distintos al recurso de casación, que se podían intentar ante ella: el recurso de inconstitucionalidad, como acción popular; y el recurso contencioso-administrativo de anulación. La base de la distinción entre ambos recursos estaba, fundamentalmente, en la naturaleza del acto impugnado: las leyes y demás actos de los cuerpos legislativos (nacionales) o de los cuerpos deliberantes (estadales o municipales), los actos de gobierno, y en general, los actos estatales de rango legal o de efectos generales podían ser objeto del recurso directo de inconstitucionalidad ante la Corte en Pleno o su Sala Polí-

---

112 J. G. Andueza, "El control de la constitucionalidad y el contencioso-administrativo" en A. Moles Caubet y otros, *Contencioso-Administrativo... cit.*, pp. 66 y ss.

113 Allan R. Brewer-Carías, *El Control de la Constitucionalidad de los Actos Estatales*, Caracas, 1977, pp. 7-10; y "El recurso contencioso-administrativo, contra los actos de efectos particulares" en Instituto de Derecho Público, *El control jurisdiccional... cit.*, pp. 173-174.

114 Secciones 2° y 3° del Capítulo II, del Título V, LOCSJ. *V.*, lo que exponemos en las páginas 184 y siguientes de este libro.

tico-Administrativa; en cambio los actos administrativos de efectos particulares sólo podían ser objeto del recurso contencioso-administrativo de anulación, aun cuando se alegasen motivos de inconstitucionalidad. Tal como la Corte lo señaló:

> "la situación particular y concreta que se deriva del acto administrativo no es susceptible de ser impugnada por vía de acción popular y directa de inconstitucionalidad, propia de los actos generales del Poder Público"[115].

Por tanto, conforme a la doctrina de la Corte, no podía interpretarse el ordinal 6° del artículo 215 de la Constitución que atribuye a la Corte facultad para "declarar la nulidad de los reglamentos y demás actos del Ejecutivo Nacional cuando sean violatorios de la Constitución", en el sentido de incluir en esos "demás actos del Ejecutivo Nacional" los actos administrativos individuales. Esos otros actos del Ejecutivo Nacional sólo podían ser los actos de gobierno (de efectos generales o de efectos particulares) ya que los actos administrativos de efectos particulares tienen su control nato, sea de ilegalidad propiamente dicha o de inconstitucionalidad, en la jurisdicción contencioso-administrativa. Por tanto, el recurso de inconstitucionalidad, si bien se refería básicamente a actos estatales de efectos generales (Leyes, Ordenanzas, Reglamentos, en el texto constitucional dicho recurso también podía intentarse contra ciertos actos de efectos particulares, dictados en ejecución directa de atribuciones constitucionales, tales como actos privativos de las Cámaras Legislativas y los actos de gobierno.

La nueva Ley Orgánica de la Corte Suprema de Justicia cambió esta distinción entre los recursos de inconstitucionalidad y el contencioso-administrativo de anulación, y en materia de recursos y procedimientos estableció una distinción básica entre recursos de impugnación contra actos estatales de efectos generales y recursos de impugnación contra actos estatales de efectos particulares. Lamentablemente, tanto el texto de la Ley como su Exposición de Motivos incurren en una imperfección, al confundir los "actos de efectos generales" con los "actos generales" y los "actos de efectos particulares" con los "actos individuales", cuando en realidad se trata de dos clasificaciones de los actos jurídicos estatales totalmente distintas, basadas, una en relación al número de destinatarios del acto y la otra en relación a sus efectos.

b. *La acción popular y el contencioso-administrativo de anulación de los actos administrativos de efectos generales*

La sección segunda del Capítulo II del Título V de la Ley Orgánica de la Corte Suprema de Justicia, regula el procedimiento "de los juicios de nulidad de los actos de efectos generales", previendo entre otros aspectos una legitimación activa amplísima (Art. 112) y la publicación de la sentencia en la *Gaceta Oficial* (Arts. 119 y 120). En las "Disposiciones comunes a los juicios de nulidad de actos de efectos generales o de actos de efectos particulares" (Sección Cuarta del Capítulo II del Título V), además, se establece la ausencia de lapso de caducidad en los recursos "contra los actos generales del Poder Público" (Art. 134) y se limita la potestad de suspensión de efectos, a los "actos administrativos de efectos particulares".

En particular, de acuerdo con lo previsto en el artículo 112 de la Ley Orgánica de la Corte Suprema de Justicia:

115 *V.*, sentencia de la CSJ-SPA de 15 de marzo de 1962, en G.F., N° 35, 1962, pp. 203 y 204.

"Toda, persona natural o jurídica plenamente capaz, que sea afectada en sus derechos o intereses por ley, reglamento, ordenanzas u otro acto de efectos generales emanado de alguno de los cuerpos deliberantes nacionales, estadales o municipales o del Poder Ejecutivo Nacional, puede demandar la nulidad del mismo, ante la Corte, por razones de inconstitucionalidad o de ilegalidad...".

Mediante este artículo, la Ley Orgánica de 1976 reguló en igual forma el procedimiento dé impugnación de leyes nacionales, estadales o municipales (ordenanzas) que se inicia mediante el denominado recurso o acción de inconstitucionalidad, y el dé impugnación de reglamentos y demás actos administrativos de carácter normativo o de efectos generales, los cuales tradicionalmente y con antecedentes desde mitad del siglo pasado, pueden ser impugnados por vía de acción directa ante la Corte Suprema de Justicia y los demás Tribunales Contencioso-Administrativos[116], configurándose el recurso como una acción popular.

De acuerdo al régimen anterior a la Ley de 1976, para intentar el recurso de inconstitucionalidad de leyes o el recurso de inconstitucionalidad e ilegalidad de reglamentos y actos administrativos dé efectos generales no se requería condición especial alguna, por lo que la legitimación correspondía a todo habitante de la República en base al "simple interés" en la constitucionalidad y legalidad que tenían. La acción popular había sido definida por la jurisprudencia, como la que "corresponde a todos y cada uno de los individuos que componen un conglomerado, para impugnar la validez de un acto del Poder Público que, por tener un carácter normativo y general, obra *erga omnes*, y, por tanto, su vigencia afecta e interesa a todos por igual"[117]. En estos casos de impugnación de actos normativos, decía la Corte, éstos "pueden ser impugnados por la vía de la acción popular, ejercida libremente por cualquier ciudadano que se encuentre en el pleno goce de sus derechos, esto es, que tenga capacidad procesal invocando simplemente "el derecho que tiene todo ciudadano a que la administración respete la legalidad"[118]. En este" caso, agregaba la Corte, "la acción que se da... a" cualquiera del pueblo (de allí su denominación) está dirigida a la defensa de un interés público que es a la vez simple interés del accionante quien por esta sola razón no requiere estar investido de un interés jurídico diferencial o legítimo"[119].

Ahora bien, la Ley Orgánica de 1976, como se ha visto, ha exigido que el recurrente contra un acto administrativo de efectos generales, sea "afectado en sus derechos e intereses" por el acto recurrido[120], mención de la Ley que podría provocar dudas en torno a la supervivencia de la acción popular y a su posible eliminación en el país[121]. Sin em-

---

116 Arts. 112, 181 y 185 de las Disposiciones Transitorias, LOCSJ.

117 *V.*, la sentencia de la antigua Corte Federal de 14-3-60 en G.F. N° 27, 1960, pp. 127-132 y la sentencia de la Corte Suprema de Justicia en Sala Político-Administrativa de 18-2-71 en *Gaceta Oficial* N° 1.472 Extra, de 11-6-71. *V.*, en Allan R. Brewer-Carías, *Jurisprudencia de la Corte Suprema 1940-1975 y Estudios de Derecho Administrativo*, *T.* V, Vol. I, Caracas, 1978, pp. 209-304.

118 *V.*, la sentencia de la Corte Suprema de Justicia en Sala Político-Administrativa de 6-2-64 en *Gaceta Oficial*, N° 27.373 de 21-2-64. Véanse en Allan R. Brewer-Carías, *Jurisprudencia,..., cit*, *T.* V, Vol. I, p. 296.

119 *V.*, la sentencia de la Corte Suprema de Justicia el Sala Político-Administrativa de 18-2-71 en *Gaceta Oficial*, N° 1.472 Extra, de 11-6-71, y la sentencia de la Corte Suprema de Justicia en Sala Político-Administrativa de 21-11-74, en *Gaceta Oficial*, N° 30.594 de 10-1-75. Véanse en Allan R. Brewer-Carías, Jurisprudencia..., *cit.*, *T.* V, Vol. I, pp. 394 y 314.

120 Art. 112, LOCSJ.

121 Luis H. Farías Mata, "¿Eliminada la Acción Popular del Derecho Positivo Venezolano?", *Revista de Derecho Público*, N° 11, EJV, Caracas, 1982, pp. 5-17.

bargo, que ha quedado dilucidado por la propia jurisprudencia de la Corte Suprema de Justicia, que la exigencia de que el acto administrativo de efectos generales, para ser recurrido en vía contencioso-administrativa (al igual que la Ley mediante el recurso de inconstitucionalidad) deba afectar los derechos e intereses del recurrente, no ha significado en modo alguno la eliminación de la acción popular, ni el establecimiento de una especial legitimación activa para interponerla, referida a la protección o defensa de derechos subjetivos o intereses legítimos de ciudadanos en particular. Su objeto, ha dicho la Corte Suprema, es "la defensa objetiva de la majestad de la Constitución y su supremacía", y si bien la Ley Orgánica exige que la persona que ejerza el recurso sea "afectada en sus derechos o intereses" ello se ha considerado como de "interpretación rigurosamente restrictiva"', concluyendo la Corte en que cuando se ejerce el recurso de anulación contra los actos administrativos de efectos generales, "debe presumirse, al menos relativamente, que el acto de efectos generales recurrido en alguna forma, afecta los derechos o intereses del recurrente en su condición de ciudadano venezolano, salvo que del contexto del recurso aparezca manifiestamente lo contrarió"[122].

Sin embargo, y a pesar de esta amplitud de interpretación establecida por la Corte Suprema para insistir en la popularidad de la acción, es evidente que conforme al texto claro de la Ley Orgánica puede admitirse que sin dejar de ser una acción popular, el simple interés requerido para que se abra la legitimación activa para intentarla se ha "calificado", restringiéndose razonablemente la amplitud del recurso, al exigirse que el acto de efectos generales afecte en alguna forma los derechos o intereses del recurrente[123].

En esta forma, por ejemplo, si bien una persona residente o domiciliada o con bienes situados en una Municipalidad podría en cualquier tiempo intentar la acción popular contra los reglamentos dictados por el Alcalde Municipal, pues podría presumirse que en alguna forma afectan sus derechos e intereses, no podrá decirse lo mismo respecto de los reglamentos dictados en otra Municipalidad, situada en el otro extremo del país, y con la cual el recurrente, no tenga ni haya tenido relación alguna. En este caso, sería manifiesta la no lesión en forma alguna de los derechos e intereses del recurrente, por lo cual no procedería la "presunción" establecida por la Corte para la admisibilidad del recurso.

En todo caso, debe señalarse que además de a las personas naturales o jurídicas afectadas en sus derechos o intereses por el acto recurrido, la. Ley Orgánica de la Corte Suprema de Justicia otorga legitimación para intentar la acción popular, al Fiscal General de la República[124], dadas las funciones asignadas constitucionalmente a este funcionario, vinculadas a la defensa de la Constitución y de los derechos fundamentales[125].

En cuanto a la legitimación pasiva, como se ha dicho, la Ley Orgánica de 1976 del acto, la persona debe reunir las mismas condiciones exigidas para el accionante o recurrente[126], es decir, debe alegar que el acto afecta sus derechos e intereses. Aquí también, y aun cuando se explica la presunción definida por la Corte Suprema, es claro que si del

122 *V.*, la sentencia de la Corte Suprema de Justicia en Corte Plena de 30-6-82, en *Revista de Derecho Público*, N° 11, EJV, Caracas, 1982, pp. 135-138.

123 Allan R. Brewer-Carías, *El Control de la Constitucionalidad... cit.* p. 120.

124 Art. 116 LOCSJ

125 Art. 220, Constitución.

126 Art. 137, LOCSJ.

expediente resulta manifiesto que el acto impugnado no afecta los derechos e intereses de quien pretende hacerse parte, la calidad de parte pretendida podría ser rechazada por el juez.

Por último, debe mencionarse que precisamente por el carácter popular de la acción en estos casos de impugnación de actos administrativos de efectos generales, la ley regula el proceso contencioso objetivo en forma peculiar, estableciendo la imprescriptibilidad del recurso[127], y una secuela adjetiva bastante simplificada[128].

c. *El contencioso-administrativo de anulación de los actos administrativos de efectos particulares*

a'. La generalidad del recurso y la extinción de las antiguas "apelaciones" administrativas

Ante todo debe señalarse que la constitucionalización del contencioso-administrativo y la configuración del recurso de nulidad como un derecho constitucional a la tutela judicial frente a los actos administrativos ha provocado dos efectos generalizadores.

En primer lugar, que todos los actos administrativos son susceptibles de ser recurridos, por lo que la jurisprudencia ha interpretado claramente que cuando las leyes señalan que contra determinado acto administrativo "no procederá recurso alguno" debe entenderse tal expresión únicamente dirigida a los recursos administrativos o gubernativos, y no al recurso contencioso-administrativo de anulación que tiene rango constitucional[129].

En segundo lugar, que las denominadas en viejas leyes especiales "apelaciones" contra actos administrativos por ante la Corte Suprema, no son tales sino que se trata del recurso contencioso-administrativo de anulación contra actos administrativos de efectos particulares. La cuestión de las "apelaciones" ante la Corte fue "definitivamente superada" en la sentencia de la Corte Suprema de Justicia en el caso *Pan American World Airways Inc.* de 11-5-81 en la cual la Corte para justificar dicha superación, dio las siguientes razones:

> "primero, porque de acuerdo con la letra constitucional no puede discutirse que ningún acto administrativo está exento de control jurisdiccional; y segundo, porque, tampoco puede ponerse en duda en la concepción actual de nuestro derecho administrativo, que los recursos jurisdiccionales contra los actos administrativos sólo pueden versar en razones de ilegalidad del acto, y no del mérito u oportunidad de la actuación administrativa".

De allí concluyó la Corte en esa sentencia señalando que:

> "De lo expuesto concluye esta Sala que, al presente, cuando un cuerpo legal especial concede apelación contra un acto administrativo contra un órgano de la jurisdicción contencioso-administrativa debe entenderse que se trata en su lugar del recurso contencioso-administrativo previsto en la Constitución y desarrollado en la Ley Orgánica de la Corte Suprema de Justicia[130].

Esta doctrina fue ratificada expresamente por la Corte Suprema en su sentencia del 14-2-85 (caso *Patria Fondo Mutual de Inversión de Capital Variable*), en la cual pre-

---

127 Art. 134 LOCSJ

128 Art. 115-120 LOCSJ

129 *V.*, por ejemplo sentencia CSJ-SPA de 10-1-80, *RDP* N° 1, 1980, pp. 146-147.

130 *V.*, en *RDP* N° 7, 1981, p. 157 a 162.

cisó, que las mencionadas "apelaciones" deben regirse y tramitarse íntegramente conforme a las disposiciones legales de la Ley Orgánica de la Corte, y que entre otros aspectos,

> "el lapso para ejercer el correspondiente recurso es el general de 6 meses contemplado en el artículo 134 *ejusdem* y no los especiales de 5, 10, 15 ó 20 ó 30 días previstos en otras leyes"[131].

b'. El tema de la legitimación activa

Ahora bien, uno de los aspectos procesales más importante en la distinción de los procedimientos de impugnación de los actos administrativos de efectos generales y los juicios de nulidad de los actos administrativos de efectos particulares, es el de la legitimación activa para recurrir, con la exigencia, en el último caso, de un interés personal, legítimo y directo[131bis].

a". *La exigencia de un interés personal, legítimo y directo*

En efecto, de acuerdo a lo previsto en el artículo 121 de la Ley Orgánica de la Corte Suprema de Justicia:

> "La nulidad de actos administrativos de efectos particulares podrá ser solicitada sólo por quienes tengan interés personal, legítimo y directo en impugnar el acto de que se trate".

En esta forma, la legitimación activa para intentar la acción o recurso de nulidad de los actos "administrativos de efectos particulares, corresponde al menos, al titular de un interés legítimo en que el acto sea anulado. Por supuesto, el titular de otra situación jurídica subjetiva más protegida por el ordenamiento jurídico, como es el derecho subjetivo, también tiene legitimación activa para impugnar el acto administrativo de efectos particulares que lo lesione.

Este recurso, por supuesto, procede no sólo contra los actos administrativos de efectos particulares expresos, sino también contra los actos tácitos denegatorios producto del denominado silencio administrativo negativo previsto en la Ley Orgánica de Procedimientos Administrativos[132]. Además, por supuesto, los actos administrativos impugnables no sólo son los dictados por las autoridades ejecutivas, sino los emanados de los órganos legislativos y judiciales y de los órganos constitucionales con autonomía funcional[133], así como los emanados de entidades privadas que pueden emanarlos en virtud de ejercer en alguna forma poderes públicos[134].

Ahora bien, en todos esos casos la legitimación activa para interponer los recursos corresponde a los titulares de un interés personal, legítimo y directo, noción que ha sido delineada por la jurisprudencia contencioso-administrativa en las últimas décadas, como la situación jurídica subjetiva que deriva de la relación jurídica que se establece entre un sujeto de derecho y la Administración Pública con ocasión de un acto administrativo,

---

131 Consultada en original.

131bis *V.*, lo expuesto en pp. 130 y ss. de este *T.* VII.

132 Art. 4, Ley Orgánica de Procedimientos Administrativos (LOPA), *Gaceta Oficial* N° 2.818 Extra, de 1-7-81. *V.*, Allan E. Brewer-Carías, "El sentido del silencio administrativo negativo en la Ley Orgánica de Procedimientos Administrativos", *Revista de Derecho Público*, N° 8, EJV, Caracas, 1981, pp. 27-34.

133 Allan R. Brewer-Carías, "El problema de la definición del acto administrativo" en *Libro Homenaje al Dr. Eloy Lares Martínez*, UCV, *T.* I, Caracas, 1984, pp. 25 a 78.

134 Hildegard Rondón de Sansó, "Ampliación del ámbito contencioso-administrativo", *Revista de Derecho Público*, N° 22, EJV, Caracas, 1985, pp. 33-49.

por ser dicho sujeto de derecho el destinatario del acto o por encontrase en una particular situación de hecho frente a la conducta de la Administración, que hace que el ordenamiento jurídico proteja particularmente su interés en la legalidad de la actividad administrativa[135]. En la configuración de esta noción de interés legítimo, personal y directo, es de interés destacar algunas decisiones de la Corte Suprema y en particular las siguientes: La antigua Corte Federal, en sentencia de 14-04-60, estableció lo siguiente:

> "Los ordenamientos jurídicos que como el nuestro, admiten el recurso contencioso de anulación de actos administrativos, exigen como requisito procesal, que el demandante ostente un interés que, en todo caso, ha de ser personal, directo y legítimo, aunque, como lo dispone el artículo 14 de nuestro Código de Procedimiento Civil, puede ser eventual o futuro, salvo el caso en que la Ley lo exija actual"... "Este interés que han de ostentar en el recurso de anulación de un acto administrativo (lo tienen) las partes, entendiéndose por tales las que han establecido una relación jurídica con la Administración Pública, o aquel a quien la decisión administrativa perjudica en su derecho o en su interés legítimo".
>
> Concluye la antigua Corte Federal en dicha sentencia, afirmando que en el juicio contencioso de anulación, por supuesto, de los actos de efectos particulares, "sólo pueden actuar los sujetos a quienes directamente afecta el, acto administrativo"[136].

En sentencia de la Corte de Justicia en Sala Político-Administrativa de 6-2-64 al precisar la legitimación activa del recurrente en los juicios contencioso-administrativos de anulación, señalaba que la legitimación "implica la aptitud de ser parte en un proceso concreto"; y tal aptitud, dijo la Corte, "viene determinada por la posición en que se encuentren las partes respecto de la pretensión procesal; por lo que sólo las personas que mantengan determinada relación con la pretensión están legitimadas en el proceso en que la misma se deduce". Agrega la Corte, qué el legitimado tiene "que ser la persona concreta, con facultad de poder reclamar o imponer una decisión administrativa. En resumen, puede estimarse la legitimación como la consideración especial en que tiene la Ley, dentro de cada proceso, a las, personas que se hallan en una determinada relación con el objeto del litigio'", es decir, con el acto administrativo recurrido. En otras palabras, el interesado es aquél que ostente un interés jurídicamente relevante en la anulación del acto[137].

En otra sentencia del 18-2-71, la misma Sala Político-Administrativa de la Corte Suprema aclaraba que "Esta relación determina precisamente el interés que vincula a los particulares con el proceso a través del nexo jurídico que se establece, por efecto del acto administrativo, entre la Administración y los administrados. Por consiguiente, la persona que resulte lesionada a causa de la decisión administrativa debe estar procesalmente asistida de su derecho o su interés legítimo", concluyendo que en el contencioso-administrativo de anulación de los actos de efectos particulares, "sólo pueden actuar los sujetos que resulten directamente afectados por el acto administrativo", es decir, "las que tuvieran un interés legítimo en su anulación"[138]. Como lo ha señalado la Corte Pri-

---

135 Allan R. Brewer-Carías, "Aspectos de la legitimación activa en los recursos contencioso-administrativos contra los actos administrativos de efectos particulares", *Revista de Derecho Público*, N° 16, EJV, Caracas, 1983, pp. 227-233.

136 *V.*, en Gaceta Forense, N° 27, pp. 127-132. *V.*, además en Allan R. Brewer-Carías, *Jurisprudencia de la Corte Suprema... T.* V, Vol. I, *cit.* p. 293.

137 *V.*, en *Gaceta Oficial*, N° 27.373 de 21-2-64, pp. 203-509 y 203-510. La Corte siguió en esta decisión la opinión de Jesús González Pérez, *Derecho Procesal Administrativo*, *T.* II, Madrid, 1966, p. 263.

138 *V.*, en *Gaceta Oficial*, N° 14.72 Extra, de 11-6-71.

mera de lo Contencioso-Administrativo, el interés jurídico legítimo aparece "como la garantía, utilidad o provecho que puede proporcionar alguna cosa, de modo que el del demandante y del reo, consisten en el beneficio que deba reportarles la decisión de pleito, ya sea haciéndoles adquirir o evitándoles perder..."[139].

Además, la Sala Político-Administrativa de la Corte Suprema de Justicia, en sentencia de 21-12-72, considerando la legitimación activa en estos recursos como resultado de una particular situación de hecho del administrado respecto del acto recurrido, señaló lo siguiente:

> "Las circunstancias expresadas dejan constancia de que la cuestión debatida en este proceso tiene que ver directamente con la particular situación de hecho en que se encuentra la actora, como vecina de la zona donde habita y en una de cuyas áreas, cercana también a su vivienda podría levantarse una construcción en perjuicio de sus derechos y con violación, en su parecer, por parte de la Administración, de las normas de interés general que atienden al desarrollo urbanístico de la región.
>
> Conforme a tales razones, la Corte estima que la decisión administrativa que se discute está relacionada con el derecho de la actora, cuyo interés legítimo, personal y directo en el planteamiento del caso puede resolver, y en consecuencia, su legitimación activa en el proceso, ha quedado plenamente demostrada"[140].

Dentro de esta misma doctrina debe mencionarse, por último, el criterio de la Corte Suprema de Justicia expresado en la sentencia de su Sala Político-Administrativa de 3 de octubre de 1985 en la cual se ha expresado que en el procedimiento contencioso-administrativo contra los actos administrativos de efectos particulares, dado que en él tiene:

> "carácter prioritario la defensa del interés general o colectivo, son admitidos a recurrir en vía contencioso-administrativa, de una parte, los titulares de derechos subjetivos administrativos, es decir, quienes derivarían su capacidad procesal de vínculos establecidos previa y especialmente por la Administración con el particular, en virtud de lo cual resulta justo que el afectado solicite la nulidad del acto ilegal lesivo y hasta la restauración de su derecho mediante dicho acto desconocido, por haberse irrumpido contra esos vínculos previos (contratos, concesión, permiso...); desconocimiento que configura la lesión de ese derecho subjetivo preexistente y de índole administrativa. Pero además, detentan esa misma capacidad procesal para actuar en juicio los interesados legítimos –concepto diferente en Derecho Público del anteriormente expuesto–, es decir, aquellos particulares que sin ser titulares de derechos subjetivos administrativos se encuentren en una especial situación de hecho ante la infracción del ordenamiento jurídico, la cual, por eso mismo, los hace más sensibles que el resto de los administrados al desconocimiento del interés general o colectivo por parte de la Administración al violar la Ley"[141].

Esta noción de interés personal, legítimo y directo ha sido precisada con acuciosidad, recientemente, por la Corte Primera de lo Contencioso-Administrativa en su sentencia del 13-10-88 (caso *Cemamosa*), en la cual la Corte declaró inadmisible un recurso de nulidad intentado por unos miembros de un Concejo Municipal contra acto de la Cámara Municipal que había acordado prorrogar un contrato de concesión de servicio público, por considerar que los mencionados concejales recurrentes no eran titulares de un interés personal, legítimo y directo en la impugnación del acto del Concejo Municipal

---

139 *V.*, la sentencia de la Corte Primera de lo Contencioso-Administrativo de 26-1-84 en *Revista de Derecho Público*, N° 17, EJV, Caracas, 1984, p. 190.

140 *V.*, en *Gaceta Oficial* N° 1.568 Extra de 12-2-73

141 *V.*, en *Revista de Derecho Público*, N° 24, EJV, Caracas, 1985, pp. 156-162.

del cual formaban parte. Aun cuando no estamos de acuerdo con el pronunciamiento de inadmisibilidad, es de interés destacar lo argumentado por la Corte a los efectos de la precisión de la noción de interés legítimo, personal y directo:

> "De allí que, el interés legítimo debe entenderse como la existencia de una tutela legal sobre la pretensión del actor e incluso, a falta de ella, de la no existencia de una norma que impida su satisfacción, restringiéndola, limitándola o negándola. Al mismo tiempo, la noción se enlaza con la doctrina a la cual hemos aludido, por haber sido asimilada por el sistema venezolano, en el sentido de que el recurrente debe estar situado en una particular situación de hecho frente al acto administrativo en forma de que el mismo recaiga sobre su esfera, afectándola de manera determinante.
>
> La existencia de que el interés sea personal alude a la de que el actor haga valer en su nombre o en el de un sujeto o comunidad a los cuales representa, su pretensión. La relación del actor con la decisión impugnada es la de un sujeto afectado por ella en su propia esfera. Lo que se plantea a través del recurso es un derecho o una expectativa de derecho que es posible individualizar, que no es un anhelo vago o difuso, sino que incide sobre una esfera patrimonial o moral en forma específica.
>
> La tercera condición que el legislador establece, y que no es otra cosa que una, consecuencia de las anteriores, es la existencia de un interés directo, esto es, la necesidad de que el efecto del acto recaiga sobre el actor. Se requiere así que el acto esté destinado al actor. Los efectos de los actos, como es bien sabido son de múltiple naturaleza: Algunos son directos, esto es, su producción es el motivo general del acto, y es a ellos a los que alude la Ley con relación a la legitimidad; otros son indirectos en el sentido de que la voluntad manifiesta en el acto no estuvo destinada fundamentalmente a producirlos sino que los mismos operan en forma oblicua, circunstancial o mediata.
>
> Las condiciones precedentemente analizadas son acumulativas, esto es, deben estar presentes en la totalidad para que el impugnante o recurrente de un acto tenga la condición de parte activa en el proceso de impugnación. Es aquí donde el recurso contencioso-administrativo de nulidad sobre los actos particulares revela una naturaleza mixta, por cuanto si bien, a través del mismo y en el mismo, se le imputa al acto objeto del recurso su contrariedad con el orden jurídico, lo cual implicaría una naturaleza esencialmente objetiva; sin embargo, simultáneamente se exige que el impugnante sea el afectado, el que recibe los efectos inmediatos de la decisión, sobre su esfera de intereses".

Con base en estos argumentos, al analizar la situación de los concejales recurrentes contra un acto del Concejo Municipal del cual formaban parte, la Corte señaló:

> "El acto impugnado fue dictado por un órgano colegiado, esto es, por un organismo en el cual la voluntad del titular no es la de una sola persona física, por cuanto tal titularidad corresponde a una pluralidad de sujetos y la voluntad aludida se forma a través de un proceso que se denomina "deliberación" que tiende a hacer unitaria la multiplicidad de criterios que los sujetos integrantes del órgano expresan, que es el fruto de un procedimiento integrado por múltiples fases. Este procedimiento está regido por el principio de la llamada democracia interna de los órganos, en virtud de la cual, es la mayoría la que decide la orientación del órgano en cada uno de los pronunciamientos que del mismo se derivan. El órgano colegiado manifiesta así la voluntad que el ordenamiento propio de la organización considera como válida y que pueda estar constituida por la que deriva de una mayoría, absoluta o de una mayoría calificada en forma especial. Obviamente que, de no existir unanimidad en la voluntad expresada en el órgano, los integrantes del mismo que no estaban de acuerdo con ella; que habían manifestado una opinión contraria, o simplemente diferente, se consideran insatisfechos por el resultado que no es el que se ciñe a sus criterios o intereses. Ello forma parte de la dinámica de las organizaciones colegiadas en las cuales ha de predominar el criterio de la mayoría y han de quedar desplazados los que sean minoritarios. Ahora bien, el integrante de un órgano colegiado que disiente de la decisión adoptada tiene tan solo la posibilidad, salvo que la Ley en forma expresa lo prohíba, de manifestar su disidencia y los motivos que la de-

terminaron. Ahora bien, esta disidencia no hace al titular disidente del órgano, sujeto legitimado activo para atacar el acto, por cuanto si bien se encuentra en una situación particular frente al acto, su interés legítimo no sería ni personal, ni directo, ya que tales situaciones corresponderán sólo a los destinatarios del acto. El miembro de un cuerpo colegiado, obviamente, no puede ser tal destinatario, por cuanto, el ser integrante del mecanismo de elaboración de la decisión no lo convierte en parte sustantiva de la relación jurídica que de ella emerge. Si la decisión tuviese que recaer directamente sobre la persona integrante del órgano, existiría incompatibilidad entre su condición de miembro del cuerpo colegiado (Ley Orgánica de Procedimientos Administrativos, Art. 36) y su condición de interesados en un procedimiento administrativo, lo cual lo obligaría a inhibirse a actuar, a falta de lo cual podría pensarse en un vicio del acto dictado sin que tal inhibición se produjese. El titular disidente de un órgano colegiado que ha emitido un acto, no puede sino manifestar su disidencia; pero no tiene, por este solo hecho, la legitimidad activa requerida para impugnar el acto. Si esta es la situación, la posibilidad de recurrir contra el acto sería la de recurrir contra su propia decisión, lo cual no está planteado en el derecho venezolano donde no existe el llamado recurso de "lesividad" que faculta a la Administración para impugnar sus propios actos.

Han señalado por otra parte los impugnantes, que la normativa vigente las responsabiliza por decisiones como la que fuera objeto de impugnación y, específicamente, citan la disposición contenida en el ordinal 8° del artículo 41 de la Ley Orgánica de Salvaguarda para el Patrimonio Público que sanciona a los funcionarios que dejen prescribir o permitan que desmejoren acciones o derechos de los organismos públicos, por no hacerlos valer oportunamente o hacerlo negligentemente"[142].

b". *El tema de los intereses colectivos y difusos*

Ahora bien, esta noción de interés personal, legítimo y directo, particularmente bajo el ángulo procesal, no sólo se refiere a las situaciones jurídicas subjetivas que pueden tener los sujetos de derecho como personas individualizadas sino también las entidades representativas de intereses colectivos legalmente establecidas y reconocidas, y que como intereses supra-individuales han venido siendo tutelados por el ordenamiento jurídico. En cuanto a los intereses colectivos, éstos se concretan en comunidades compuestas por sujetos de derecho más o menos determinables, siendo en definitiva, intereses de grupo que se persiguen en forma unificada, al tener el grupo características y aspiraciones comunes[143], quienes en defensa de los intereses de grupo, podrían interponer recursos de anulación contra los actos administrativos de efectos particulares que afecten dichos intereses colectivos. Dentro de esta categoría estarían, por ejemplo, la representación de intereses colectivos por los Sindicatos, Colegios Profesionales y las Asociaciones Cooperativas[144]. También estarían las Asociaciones de Vecinos reguladas en la Ley Orgánica de Régimen Municipal de 1989[145], en los casos en los que el acto en cuestión afecte un interés de la comunidad vecinal (interés colectivo) como un todo.

Estas Asociaciones y otras como las juntas conservadoras del ambiente o de consumidores también podrían asumir la defensa de intereses difusos, por ejemplo, relacionados con la calidad de vida que corresponden a una pluralidad indeterminada o indeterminable de sujetos y que el ordenamiento ha protegido jurídicamente, en razón de su carácter social y comunitario. En este orden de ideas, el Reglamento N° 1 de la Ley

142 Consultada en original.

143 M. Sánchez Morón, *La participación del ciudadano en la Administración Pública*, Madrid, 1980, p. 125.

144 Allan R. Brewer-Carías "El Derecho Administrativo y la participación de los administrados en las tareas administrativas", *Revista de Derecho Público*, N° 22, EJV, Caracas, 1985, pp. 14-51.

145 Art. 173, LORM. *Gaceta Oficial*, N° 4.409 de 15-6-89.

Orgánica de Régimen Municipal sobre participación de la comunidad[146], asignó a las asociaciones de vecinos dentro de sus actividades de interés comunitario, entre otras, "la preservación y el mejoramiento de la calidad de la vida de sus integrantes en comunidad" y "la adecuada prestación de los servicios públicos" (artículo 3, ordinales 1 y 2).

En cuanto a la posibilidad que les asigna el Reglamento de "ejercer, en conformidad con lo que al respecto establecen las disposiciones legales correspondientes, los recursos administrativos, judiciales y de cualquier otra índole que fueren menestar para el cabal cumplimiento de las normas legales o reglamentarias que, por su naturaleza, se vinculen a la preservación de la legalidad urbanística y, en general, a la protección de los derechos de los vecinos" (artículo 6, parágrafo primero, literal n), la norma remite a lo que dispongan las normas legales correspondientes que regulan la legitimidad activa para ejercer los recursos administrativos o judiciales.

Por tanto, la asociación de vecinos, como tal, sólo puede ejercer recursos contra actos que lesionen el interés colectivo vecinal de orden urbanístico o en general "los derechos de los vecinos"; pero no tienen legitimación para actuar en procesos en los que sólo corresponda la legitimación a un vecino concreto que tendría que ostentar un interés personal, legítimo y directo.

Las Asociaciones de Vecinos, por tanto, per se no tienen legitimidad activa para recurrir ante la jurisdicción contencioso-administrativa, sino que sólo lo pueden hacer siempre que ostenten un interés personal, legítimo y directo, que cuando es de la colectividad es el interés colectivo.

Por su parte debe señalarse que la Ley de Protección al Consumidor del 1992 consagró como uno de los derechos de los consumidores la protección de los intereses supraindividuales o difusos, en los términos que establezca la Ley" (Art. 2, Ord. 6°), por lo que ello sólo puede hacerse como lo regule la Ley, en este caso, el artículo 121 de la Ley Orgánica de la Corte Suprema.

Debe señalarse, en todo caso, que estos intereses colectivos y difusos son parte del interés general, aun cuando no asumido directamente por el Estado (interés público)[147] y, por tanto, cuando un acto administrativo de efectos particulares lo lesione, la impugnación de los mismos podrían intentarse por el Fiscal General de la República, a quien la Ley Orgánica ha atribuido especialmente legitimación activa en estos casos[148]. Por tanto, y en caso de que no se admitiera en todo supuesto la legitimación activa de las entidades representativas de intereses colectivos y difusos para impugnar actos administrativos de efectos particulares, estas entidades podrían requerir del Fiscal General de la República su interposición.

Por otra parte, e independientemente de los interesados colectivos excepcionalmente, el interés general como tal, y el difuso, también está jurídicamente protegido en cuanto a que su lesión por un acto administrativo de efectos particulares, al permitirse al Fiscal General de la República interponer el recurso contencioso-administrativo de anulación.

---

146 *Gaceta Oficial*, N° 34.609 de 5-12-90.

147 Allan R. Brewer-Carías, "El Derecho Administrativo y la participación...", *Loc.cit.* p. 11.

148 Art. 121 LOCSJ.

c''. *El tema de la legitimación activa de la propia Administración*

Por último, debe también mencionarse que el recurso contencioso- administrativo de anulación de los actos administrativos de efectos particulares, contrariamente a lo resuelto por la Corte Primera de la Contencioso-Administrativo,[149] también podría ser interpuesto por la propia Administración Pública, particularmente respecto de los actos administrativos dictados y que sean irrevocables en virtud de haber creado ó declarado derechos a favor de particulares. En efecto, de acuerdo a la Ley Orgánica de Procedimientos Administrativos, los actos administrativos creadores o declarativos de derechos a favor de los particulares no pueden ser revocados, por la Administración Pública[150], sancionándose el acto revocatorio en esos casos, con la nulidad absoluta[151].

Por tanto, dictado por la Administración un acto irrevocable, la única vía que tendría para pretender la cesación de efectos de dicho acto, es a través de la interposición dé un recurso contencioso de anulación del acto en cuestión, en cuyo caso, por supuesto, la Administración tendría la legitimación activa necesaria para ello.

c'. El tema de la legitimación pasiva

En cuanto a la legitimación pasiva, ante todo puede corresponder a la Administración Pública interesada desde el momento en que conoce de la interposición del recurso, mediante el requerimiento judicial del expediente administrativo[152], y además al igual que lo indicado anteriormente, de acuerdo al artículo 137 de la Ley Orgánica de la Corte Suprema de Justicia, en los juicios contencioso-administrativos contra los actos administrativos de efectos particulares, pueden hacerse parte todas las personas que reúnan las mismas condiciones exigidas para el accionante o recurrente, es decir, todos los titulares de un interés personal, legítimo y directo en defender el acto impugnado[153].

En efecto, de acuerdo con el artículo 137 de la Ley Orgánica de la Corte Suprema de Justicia

> "sólo podrán .hacerse parte en los procedimientos a que se refieren las Secciones Segunda y Tercera de este Capítulo, las personas que reúnan las mismas condiciones exigidas para el accionante o recurrente".

Por tanto, para hacerse parte tanto como coadyuvante de la Administración defensora del acto, es necesario ostentar un interés, personal y directo sea en la anulación del acto sea en su mantenimiento.

Pero no es esta la única norma de la Ley que regula la posibilidad de que personas distintas al accionante o recurrente intervengan en el procedimiento contencioso-administrativo, pues el artículo 125 de la Ley Orgánica, al referirse al emplazamiento, mediante cartel, determina que está dirigido a los interesados, los cuales conforme a dicha norma pueden "darse por citados" y consignar el cartel. El artículo 126, además, permite que soliciten la apertura de la causa a pruebas tanto al recurrente como a los coadyu-

---

149 Sentencia de 13-10-88, caso *Cememosa*. Consultada en original.

150 Art. 19, Ord. 2° y Art. 82 LOPA. *V.*, Allan R. Brewer-Carías, "Comentarios sobre la revocación de los actos administrativos" en *Revista de Derecho Público*, N° 4, EJV, Caracas 1980, pp. 27-30.

151 Art. 19 Ord. 2° LOPA, Allan R. Brewer-Carías, *El Derecho Administrativo y la Ley Orgánica de Procedimientos Administrativos*, Caracas, 1982, p. 186.

152 Art. 123 LOCSJ

153 Arts. 121, 137 LOCSJ

vantes u opositores al recurso. Por ello, en una importante sentencia dictada por la Corte Suprema de Justicia el 26-9-91 (caso *Rómulo Villavicencio*), la Corte entró a precisar el tema de la intervención de terceros en el juicio de nulidad, para poder determinar cuándo tal intervención es a título de verdadera parte. Para ello, la Corte recurrió a las normas del Código de Procedimiento Civil aplicables conforme al artículo 88 de su Ley Orgánica, y entre otros conceptos, precisó los siguientes:

1. Parte accionante o recurrente "es el titular de un derecho subjetivo frente a la Administración, o de un interés legítimo lesionado por la actividad de ésta". Esta noción, precisó la Sala, se identifica con los interesados a que se refieren los artículos 22 y 23 de la LOPA. Estos interesados pueden ser los que inician los procedimientos administrativos o los que por ser titulares de derechos subjetivos o de intereses legítimos, aunque no los hubiesen iniciado, se apersonan en los mismos en cualquier estado en que se encuentre la tramitación (Art. 47 y 22 LOPA). Estos interesados no sólo pueden ejercer los recursos administrativos, sino la acción de nulidad, siendo partes en los procesos, con todo derecho para obrar en juicio y de gestionar en el (Arts. 136 y 150 CPC).

Conforme al artículo 137 de la Ley Orgánica, además, pueden hacerse parte en el proceso de anulación, las personas distintas al recurrente o a la Administración recurrida, que tengan el mismo interés; intervención que sería de carácter adhesiva. Estas personas que pueden hacerse parte, distintas al accionante, en el procedimiento de anulación, por reunir las mismas condiciones exigidas, para éste, es decir, de interesado (titular de derechos subjetivos o de intereses legítimos), conforme a los artículos 137 y 121 de la Ley Orgánica de la Corte Suprema de Justicia, no son terceros.

2. El tercero adhesivo simple, por otra parte, conforme lo dijo la Sala, no es propiamente parte, sino tercero coadyuvante de una de las partes. Su interés en el proceso deriva de "la eficacia refleja que puede tener la decisión a dictarse en un proceso pendiente entre otras personas, por la unión o dependencia que presentan sus derechos o intereses con la relación deducidas en aquel proceso". El tercero adhesivo simple, le interesa la sentencia que sólo es ley para las partes, "por las consecuencias que tiene para una de las partes, pero que pueden manifestarse a cargo de ese tercero (eficacia refleja de la cosa juzgada)". Por ello, el tercero adhesivo simple:

> "coadyuva a la pretensión de una de las partes, por el interés en que ésta venza a la otra, y por ello coopera o colabora con la parte principal, solicitando, alegando, y probando junto a ella o para ella, o hasta supliendo su inactividad, pero no podría, por ejemplo, por esa misma condición instrumental, oponerse a los actos procesales del coadyuvado, debiendo en todo caso, estar y pasar por ellos".

3. En cuanto a las partes en el proceso contencioso-administrativo, se estableció en la sentencia lo siguiente:

> "pueden comparecer válidamente con posterioridad a la presentación de la respectiva demanda –que es cuando comienzan los juicios (artículo 339 del CPC)– y no sólo durante el lapso de comparecencia, que se da para todo el que pudiera tener interés en las resultas del proceso, sino inclusive con posterioridad, aceptando en todo caso la causa en el estado en que se encuentra al intervenir en la misma, en razón del principio de la preclusión procesal (artículos 202, 361 y 380 *ejusdem*). Por el contrario, quienes son terceros adhesivos simples, sólo pueden comparecer válidamente como coadyuvantes durante el lapso de comparecencia a que se contraen los artículos 125 y 126 de la Ley Orgánica de la Corte Suprema de Justicia...". "No obstante, por excepción, estos terceros, y por supuesto, quienes también sean parte legítima, pueden comparecer antes y darse por citados, a los efectos de suplir la inactividad del accionante o recurrente –que es una forma de coadyuvar para evitar su derrota judicial– para consignar el ejemplar del periódico donde hubiere sido publicado el cartel, a los fines de evitar la declaratoria de desistimiento tácito del recurso,' según lo contempla el artículo 125 ya mencionado".

4. Tanto las partes como los terceros que no sean parte, en virtud del carácter preclusivo del proceso (Arts. 202 y 364 CPC), sólo pueden oponer excepciones o defensas en contra de las demandas de nulidad, en el lapso de comparecencia de 10 días que ocurre después de admitida la demanda y de publicado el cartel de emplazamiento (Arts. 125, 126 y 130 LOCSJ); "de manera que si se oponen antes o después, intempestivamente tales alegatos carecen de validez"[154]

Estos criterios de la Corte Suprema de Justicia fueron precisados, en cuanto a los intervinientes adhesivos como terceros, en la sentencia del 10-7-91 (caso *Tarjetas Banvenez*), en la cual la Corte señaló que la intervención adhesiva:

> "tiene lugar cuando el tercero concurre sosteniendo las razones de una de las partes en litigio, de modo que no reclama un pronunciamiento del órgano jurisdiccional para sí, sino el reconocimiento del mejor derecho invocado por el coadyuvante".
>
> "Así pues, el interviniente adhesivo es un tercero al proceso que interviene por tener un interés personal y actual (artículo 370, Ord. 3° CPC), en la defensa de la pretensión de una de las partes, es decir, su interés personal lo constituye la existencia de una relación de hecho o de derecho tutelada por el ordenamiento jurídico, situación o interés que resultará afectado por el fallo que se produzca en la causa, lo que induce a intervenir en la relación procesal adoptando una posición subordinada a la parte principal que coadyuva.
>
> Esta relación de dependencia circunscribe lo que debe ser la actuación del interviniente en el proceso, ya que su posición se debe adecuar a la asumida por la parte principal y no puede, obviamente, actuar en contradicción con la coadyuvada. De igual modo, no le es dable modificar ni ampliar la pretensión procesal original u objeto del proceso.
>
> Sin embargo, sí puede el adherente consignar alegatos propios que estén dirigidos a apoyar la pretensión de la principal, así como presentar pruebas y objetar las de la contraparte, y en fin, participar con cualquiera medios o elementos procesales en provecho de la coadyuvada"[155].

c. *El contencioso de anulación de los actos administrativos bilaterales (contratos)*

Por último, en cuanto al contencioso de anulación de los actos administrativos debe señalarse que la Ley Orgánica de la Corte Suprema de Justicia establece la posibilidad de que se impugnen los contratos que celebre la Administración, pero por personas extrañas a la relación contractual. En efecto, el artículo 111 de dicha Ley se refiere a:

> "Las demandas de nulidad, por ilegalidad o inconstitucionalidad, de contratos o convenciones celebrados por la Administración Pública, intentadas por personas extrañas á la relación contractual, pero que tengan un interés legítimo, personal y directo en la anulación del mismo o por el Fiscal General de la República, en los casos en que dichos actos afecten un interés general".

En estos casos, no se trata del contencioso contractual o de las demandas contra los entes públicos intentadas por el contratante de la Administración con motivo de la ejecución de contratos, sino de acciones de nulidad intentadas contra contratos o convenciones celebrados por la Administración por personas extrañas a la relación contractual, pero siempre que tengan un interés personal, legítimo y directo en la anulación del contrato. El Fiscal General de la República también está legitimado para interponer el recurso, cuando dichos contratos afecten el interés general.

---

154 Consultado en original.

155 *RDP* N° 47, 1991, p. 135-136.

El procedimiento establecido para el proceso contencioso de anulación, en este caso, sin embargo, es distinto del previsto para los juicios de impugnación de los actos administrativos de efectos generales o particulares, y se aplica más bien el procedimiento del contencioso de las demandas contra los entes públicos[156] más próximo al procedimiento ordinario.

B. El contencioso de anulación y condena

Hemos señalado que en el contencioso de los actos administrativos, si bien la anulación de los mismos es un elemento constante en el objeto de los recursos, éste no se agota en la sola pretensión de anulación. De acuerdo al artículo 131 de la Ley Orgánica de la Corte Suprema de Justicia de 1976, y éste es quizás uno de los aspectos más importantes de la reforma, además de la pretensión de anulación, ésta puede estar acompañada de las pretensiones de condena, con lo cual se puede decir que quedó rota la tradicional dicotomía del contencioso de anulación, por un lado, y del contencioso de los derechos, por el otro[157]. Por tanto, en el contencioso de los actos administrativos, además de la anulación del acto, el juez puede condenar a la Administración al pago de sumas de dinero, a la reparación de daños y perjuicios y al restablecimiento de las situaciones jurídicas subjetivas lesionadas por el acto anulado.

En efecto, el artículo 131 de la Ley Orgánica de la Corte Suprema de Justicia establece lo siguiente:

> "Artículo 131. En su fallo definitivo la Corte declarará si procede o no la nulidad del acto impugnado y determinará los efectos de su decisión en el tiempo. Igualmente, la Corte podrá, de acuerdo con los términos de la respectiva solicitud, condenar el pago de sumas de dinero y a la reparación de daños y perjuicios originados en responsabilidad de la Administración, así como disponer lo necesario para el restablecimiento de las situaciones jurídicas subjetivas lesionadas por la actividad administrativa".

Esta norma es de una importancia capital en la configuración del contencioso-administrativo en Venezuela, pues tiene las siguientes implicaciones:

En primer lugar, las pretensiones de anulación de los actos administrativos pueden acompañarse de pretensiones de condena. Por tanto, cuando éstas dependan de lesiones a situaciones jurídicas subjetivas producidas por actos administrativos, en el mismo recurso de anulación de éstos pueden acumularse las pretensiones de condena, con lo cual se sigue el procedimiento de los juicios de nulidad y no el de las demandas contra los entes públicos. Por tanto, en éstos casos, sigue siendo un proceso objetivo contra un acto administrativo, en el cual no hay partes propiamente dichas, pero puede haber pretensiones y decisiones de condena a la Administración como consecuencia directa de la anulación.

En segundo lugar, las pretensiones de condena que pueden acompañar al recurso de anulación, de acuerdo al artículo 206 de la Constitución y 131 de la Ley Orgánica de la Corte Suprema de Justicia, pueden tener su origen básicamente en la responsabilidad de la Administración derivada del acto administrativo ilegal, buscándose la condena a la

---

156 Art. 111 LOCSJ.

157 Véanse los comentarios de A. Moles Caubet sobre lo que llamo "el contencioso mixto", en Rasgos generales de la jurisdicción contencioso-administrativa, *Loc.cit.*, p. 76-77.

Administración al pago de sumas de dinero, a la reparación de daños y perjuicios o al restablecimiento de la situación jurídica subjetiva lesionada por la actividad administrativa. Esta variedad de pretensiones tiene efectos fundamentales en cuanto a la legitimación activa y al contenido de la decisión del juez contencioso-administrativo.

En efecto, en cuanto a la legitimación activa, el artículo 131 de la Ley Orgánica de la Corte Suprema de Justicia ha producido como consecuencia, la finalización definitiva del monopolio que el derecho subjetivo tenía sobre las situaciones jurídicas subjetivas, particularmente en cuanto a su resarcibilidad o indemnizabilidad. Por tanto, la tradicional idea de que el interés personal, legítimo y directo era sólo una situación jurídica procesal para impugnar actos administrativos, y de que la pretensión de condena sólo correspondía a los titulares de derechos subjetivos (de allí la superada distinción entre contencioso de anulación y contencioso de los derechos)[158] ha quedado superada, y del artículo 131 de la Ley resulta que dentro de las situaciones jurídicas subjetivas sustantivas, además del tradicional derecho subjetivo también cabe ubicar los intereses legítimos, y éstos, al igual que aquéllos, pueden dar lugar a pretensiones de condena ya su resarcimiento.

Por tanto, la legitimación activa en el contencioso de anulación y condena no sólo corresponde al titular de un derecho subjetivo lesionado por el acto administrativo impugnado, sino también al titular de un interés personal, legítimo y directo, lo cual, por supuesto, variaría según el tipo de pretensión de condena. Por ejemplo, si se trata de una pretensión de condena derivada de responsabilidad administrativa originada por el acto administrativo impugnado, pueden distinguirse dos supuestos: si se trata de un acto administrativo que lesiona el derecho subjetivo al cocontratante de la Administración en base a un contrato celebrado con la Administración, la legitimación activa para impugnar el acto ilegal, y pretender el pago de sumas de dinero o la reparación de daños y perjuicios, corresponde al titular del derecho subjetivo lesionado (cocontratante). En el mismo orden de ideas, si se trata de un acto administrativo que lesiona el derecho subjetivo del funcionario público de carrera a la estabilidad, la legitimación activa para impugnar un acto ilegal de destitución y para pretender el pago de sumas de dinero, la reparación de daños y perjuicios por la destitución ilegal o el restablecimiento al cargo público de carrera, corresponde al titular del derecho subjetivo lesionado (funcionario público destituido).

Pero la responsabilidad de la Administración no sólo puede surgir de la lesión de derechos subjetivos (contractuales o estatutarios), sino también puede surgir de la lesión a intereses legítimos, personales y directos, cuyos titulares no sólo tienen la legitimación para impugnar los actos administrativos ilegales que los lesionen, sino también para pretender la condena a la Administración a la reparación de daños y perjuicios originados por el acto ilegal, y al restablecimiento del interés legítimo lesionado por la autoridad administrativa. Por ejemplo, el propietario de una parcela de terreno en una zona urbana residencial, frente a un acto administrativo ilegal que cambie la zonificación de la parcela colindante, no sólo tiene la legitimación para impugnar el acto ilegal y solicitar su nulidad, sino para que se le resarzan los daños y perjuicios ocasionados por el mismo (por ejemplo, daños ambientales, eliminación del derecho a una vista o panorama, etc.) y, para que se le restablezca la situación jurídica lesionada (demolición de la construcción realizada al amparo del acto ilegal y anulado y restablecimiento de la zonificación original).

---

158 *Idem*. pp. 74-75.

Pero no sólo la esencia de la legitimación activa se ha modificado en el contencioso-administrativo de los actos administrativos, sino que a partir de 1976, también se han modificado sustancialmente los poderes del juez en sus decisiones de anulación y condena, pues éstas pueden incluso, llegar a sustituir la actuación de la Administración.

En efecto, en el esquema tradicional del contencioso-administrativo de anulación, el juez se limitaba a anular el acto recurrido correspondiendo a la Administración la ejecución de la decisión judicial. El juez no podía ni ordenar actuaciones a la Administración ni sustituirse a la Administración y adoptar decisiones en su lugar. Sin embargo, este criterio tradicional ha sido superado por el derecho positivo, y no sólo la pretensión de anulación puede estar acompañada de pretensiones de condena al pago de sumas de dinero o la reparación de daños y perjuicios, sino que más importante, la pretensión de anulación puede estar acompañada de pretensiones de condena a la Administración al restablecimiento de la situación jurídica subjetiva (derecho subjetivo o interés legítimo) lesionada, lo que implica el poder del juez de formular órdenes o mandatos de hacer o de no hacer (prohibiciones) a la Administración. No se olvide que el artículo 206 de la Constitución habla de "los poderes del juez contencioso-administrativo para disponer lo necesario para el restablecimiento de las situaciones jurídicas subjetivas lesionadas por la actividad administrativa", con lo cual se le está confiriendo una especie de jurisdicción de equidad similar a las decisiones de *injunction* o *mandamus* del derecho angloamericano[159]. Por tanto, al "disponer lo necesario para el restable cimiento de la situación jurídica lesionada", no sólo puede el juez ordenar a la Administración adoptar determinadas decisiones, sino prohibirle actuar en una forma determinada. Y más aún, cuando sea posible con la sola decisión judicial, puede restablecer directamente la situación jurídica lesionada (y no sólo ordenarle a la Administración que la restablezca).

C. El contencioso de anulación y amparo

El tercer, campo específico del contencioso de los actos administrativos, es el contencioso de anulación y amparo, que se desarrolla cuando la pretensión de anulación del acto administrativo está acompañada de una pretensión de restablecimiento de una garantía o derecho constitucional violado por el acto recurrido, conforme se regula expresamente en la Ley Orgánica de Amparo sobre Derechos y Garantías Constitucionales de 1988[160]. En este caso, cuando la lesión al derecho o garantía constitucional la produce un acto administrativo, la vía ordinaria de amparo constitucional es el recurso contencioso- administrativo de anulación, que puede ser ejercido por el titular del derecho o garantía constitucional vulnerado (legitimación activa).

Por supuesto, este contencioso de anulación y amparo, nos lleva a considerar la problemática del amparo en Venezuela, el cual no está regulado constitucionalmente como un único y específico recurso cuyo; conocimiento está atribuido a un único órgano jurisdiccional[161], sino más bien como un derecho constitucional de los individuos a ser

---

159 *V.*, H.W.R.Wade, *Administrative Law*, Oxford, 1962, pp. 515, 629.

160 *V.*, en *Gaceta Oficial* N° 33.891 de 22-1-88. *V.*, Allan R. Brewer-Carías y Carlos Ayala Corao, *Ley Orgánica de Amparo sobre Derechos y Garantías Constitucionales*, Caracas, 1988, pp. 242. *V.*, lo expuesto en la Décima Quinta Parte, *T.* V.

161 Por ejemplo el recurso de amparo en España, cuyo conocimiento se atribuye al Tribunal Constitucional. Art, 161, Constitución 1978.

amparados por los tribunales de la República, lo cual puede lograrse a través de diversas acciones o recursos existentes incluso, mediante una acción autónoma de amparo[162].

En efecto, de acuerdo al artículo 49 de la Constitución:

> "Artículo 49. Los Tribunales ampararán a todo habitante de la República en el goce y ejercicio de los derechos y garantías que la Constitución establece, en conformidad con la Ley.
>
> El procedimiento será breve y sumario y el juez competente tendrá potestad para restablecer inmediatamente la situación jurídica infringida".

Conforme a esta norma, por tanto, hemos sostenido que en el ordenamiento jurídico venezolano puede haber múltiples vías judiciales para amparar los derechos constitucionales frente a atentados en el goce y ejercicio de los mismos, tanto por parte de autoridades como de particulares, siempre que se prevea un procedimiento breve y sumario que permita restablecer de inmediato el derecho infringido. Incluso entre esas vías judiciales está la acción de amparo autónoma, en el sentido de que procede cuando no exista otra vía judicial que permita la protección del derecho o la que existe resulte inadecuada para la protección constitucional[163].

Por tanto, cuando un acto administrativo es el que vulnera el goce o ejercicio de un derecho o garantía constitucional, el, medio judicial de amparo constitucional en principio, debe ser precisamente el proceso contencioso-administrativo de los actos administrativos que permite al juez, de acuerdo al artículo 206 de la Constitución, al igual que lo hace el artículo 49 del mismo texto fundamental; no sólo anular el acto que perturba el derecho (lo cual es el fundamento del amparo en este caso) sino restablecer la situación jurídica subjetiva infringida[164].

Estos planteamientos, como se ha dicho, han sido recogidos en su mayor parte, en la Ley Orgánica de Amparo sobre Derechos y Garantías Constitucionales de 22 de enero de 1988[165], en cuyo artículo 5° se establece:

> "La acción de amparo procede contra todo acto administrativo, actuaciones materiales, vías de hecho, abstenciones u omisiones que violen o amenacen violar un derecho o garantía constitucional, cuando no exista un medio procesal breve, sumario y eficaz, acorde con la protección constitucional".

Por tanto, la acción autónoma de amparo procede también contra actos administrativos o contra conductas omisivas de la Administración que violen o amenacen violar un derecho o garantía constitucionales, pero siempre que no exista "un medio procesal breve, sumario y eficaz, acorde con la protección constitucional". En consecuencia, si dicho medio existe no procede la acción de amparo; y es la propia Ley Orgánica la que se ocupa de prever dicho "medio procesal breve, sumario y efectivo, acorde con la protección constitucional", y ese es, en principio, el recurso contencioso-administrativo de anulación, siempre que exista en la localidad un tribunal con competencia contencioso-administrativa.

---

162 *V.*, Allan R. Brewer-Carías, "El derecho de amparo y la acción de amparo", *Revista de Derecho Público*, N° 22, EJV, Caracas, 1985, pp. 51-61.

163 *Idem. V.*, Allan R. Brewer-Carías, "Introducción general al Régimen del Derecho de Amparo a los Derechos y Garantías Constitucionales", *Ley Orgánica de Amparo..., cit*, pp. 52 y ss.

164 En igual sentido, Art. 131 LOCSJ.

165 *V.*, en *Gaceta Oficial*, N° 33.891 de 22 de enero de 1988.

En estos casos, prevé la Ley que la acción de amparo puede ejercerse contra actos administrativos de efectos particulares o contra abstenciones o negativas de la Administración, ante el Juez Contencioso-Administrativo competente, si lo hubiere en la localidad, "conjuntamente con el recurso contencioso-administrativo de anulación de actos administrativos o contra las conductas omisivas, respectivamente, que se ejerza". En estos casos agrega el artículo 5° de la Ley Orgánica, el Juez, "en forma breve, sumaria, efectiva, si lo considera procedente para la protección constitucional suspenderá los efectos del acto recurrido como garantía de dicho derecho constitucional violado, mientras dure el juicio".

En esta forma, para que pueda ser completamente efectiva la protección y amparo de derechos constitucionales por vía del recurso contencioso-administrativo de anulación, la Ley Orgánica ha previsto algunos correctivos en el procedimiento del mismo, por ejemplo, al ampliar la procedencia de la suspensión de efectos de los actos impugnados en forma más expedita, cuando se alegue violación de un derecho constitucional, es decir, la nulidad absoluta del acto recurrido; al eliminar el lapso de caducidad de seis (6) meses para la impugnación de los actos administrativos violatorios de derechos y garantías constitucionales que son nulos, de nulidad absoluta, conforme lo establece el artículo 46 de la Constitución; y al eximir al recurrente de la necesidad de agotamiento previo de la vía administrativa para ejercer el recurso de nulidad y amparo.

Así, y además, para garantizar que este recurso contencioso-administrativo de anulación y amparo, sea un medio procesal breve, sumario y efectivo, acorde con la protección constitucional, el parágrafo único del artículo 5° de la Ley Orgánica, precisa que:

> "Cuando se ejerza la acción de amparo contra actos administrativos conjuntamente con el recurso contencioso-administrativo que se fundamente en la violación de un derecho constitucional, el ejercicio del recurso procederá en cualquier tiempo, aún después de transcurridos los lapsos de caducidad previstos en la Ley; y no será necesario el agotamiento previo de la vía administrativa".

Por tanto, un acto administrativo violatorio de un derecho o garantía constitucional, puede ser impugnado en vía contencioso-administrativa en cualquier tiempo, siempre que se acompañe al recurso de anulación una pretensión de amparo; y contra dicho acto sólo puede ejercerse la acción de amparo si ya han transcurrido más de seis meses de dictado (Art. 6, Ord. 4°) si se ejerce conjuntamente con el recurso contencioso-administrativo de anulación.

Así, cuando se ejerza la acción de amparo contra actos administrativos conjuntamente con el recurso contencioso-administrativo de anulación, no opera la causal de inadmisibilidad prevista en el ordinal 4° del artículo 6° de la Ley Orgánica en casos de "consentimiento expreso" cuando hubieran transcurrido seis (6) meses después de la violación o la amenaza al derecho protegido.

Por tanto, en relación a la existencia del requisito legal del lapso de caducidad para la admisibilidad del recurso contencioso-administrativo de anulación, conforme a la Ley Orgánica, si se trata de actos administrativos nulos de nulidad absoluta, violatorios de derechos constitucionales, no puede haber caducidad del recurso contencioso-administrativo por tratarse precisamente de una vía de amparo. Por tanto, el "recurso contencioso-administrativo de anulación y amparo" se podría intentar contra el acto administrativo inconstitucional y nulo en los términos del artículo 46 de la Constitución en cualquier tiempo. Sin embargo, en otros casos, como por ejemplo, en materia de actos de trámite, que por no ser definitivos no son susceptibles de recursos contencioso-administrativos de anulación, si violan un derecho fundamental podrían ser objeto de una acción autónoma de amparo. En estos casos, por no ser definitivos, estos actos no serían recurribles en vía contencioso-administrativa, pero si son violatorios de derechos constitucionales, contra ellos procedería la acción autónoma de amparo.

En definitiva, frente a los actos administrativos, el amparo de los derechos constitucionales se puede lograr a través del recurso contencioso administrativo de anulación, que es un medio judicial de amparo, resultando inadmisible intentar contra ellos la acción autónoma de amparo, cuando exista un juez contencioso-administrativo en la localidad, por ser la vía contencioso-administrativa de anulación y amparo, conforme a la propia Ley Orgánica, un medio procesal breve, sumario y eficaz, acorde con la protección constitucional.

Por último, el otro elemento que debe destacarse respecto del proceso contencioso-administrativo de anulación y amparo, se refiere a los poderes del juez. En este caso, de acuerdo a los artículos 206 y 49 de la Constitución y al artículo 131 de la Ley Orgánica de la Corte Suprema de Justicia, el juez contencioso-administrativo tiene "potestad para restablecer la situación jurídica infringida o en su caso, para "disponer lo necesario" para su restablecimiento. Esto significa que el juez del contencioso de anulación y amparo, una vez anulado el acto, puede directamente restablecer el derecho constitucional infringido y sustituirse a la Administración, y además, adoptar mandamientos de hacer o de no hacer en relación a la Administración, para asegurar no sólo dicho restablecimiento, sino además, impedir la sucesiva vulneración del derecho o garantía constitucional por la Administración. Por supuesto, además, y de acuerdo a lo señalado anteriormente, en caso de proceder, y conforme a lo solicitado, el juez podría adoptar las decisiones de condena respecto de la Administración, por los daños y perjuicios que se pudieran haber causado al recurrente por el acto anulado.

2. El proceso contencioso de las demandas contra los entes públicos

Además del proceso contencioso contra los actos administrativos, que como hemos señalado, tiene la característica de ser siempre un contencioso de anulación de los actos, con la posibilidad de estar acompañadas las pretensiones de anulación, con pretensiones de condena e incluso de amparo constitucional, el sistema contencioso-administrativo venezolano admite como segunda categoría de proceso, el contencioso-administrativo de las demandas contra los entes públicos, en el cual no sólo se establece una verdadera litis procesal entre demandante y demandado, que se desarrolla a través de un proceso subjetivo, entre partes, sino que tiene la característica general de orden negativo, de que en el objeto de la demanda y de las pretensiones del demandante, no hay actos administrativos envueltos. Por tanto, la relación jurídica procesal que se origina en estas demandas contra los entes públicos, no tiene su origen en un acto administrativo que deba recurrirse, pues si' ése fuera el caso, correspondería a lo que hemos denominado el contencioso de los actos administrativos.

En consecuencia, este proceso contencioso-administrativo denlas demandas contra los entes públicos, es el propio de las acciones que se intenten contra éstos, basadas en pretensiones de condena que tienen su origen básicamente, en la responsabilidad de la Administración, de orden contractual o extracontractual, que buscan la condena al pago de sumas de dinero o de daños y perjuicios e incluso, el restablecimiento de la situación jurídica subjetiva lesionada, y cuyo origen no está en actos administrativos.

Por supuesto, tratándose de un contencioso de las demandas, la legitimación activa corresponde en estos casos al titular de un derecho subjetivo, quien puede accionar contra un ente público para lograr la satisfacción del mismo; y el procedimiento está regulado en la Ley siguiendo el esquema del procedimiento ordinario, en la Sección-Primera del Capítulo II del Título V de la Ley Orgánica de la Corte Suprema de Justicia, intitulada "De las demandas en que sea parte la República"[166].

Debe señalarse, sin embargo, que, de acuerdo a la Ley Orgánica, el contencioso de las demandas contra los entes públicos a cargo de los tribunales contencioso-administrativos, no abarca las demandas contra todos los entes públicos, sino que básicamente está reservada primero a las demandas originadas en contratos administrativos y segundo, a aquéllas que intenten contra entes nacionales si su conocimiento no está atribuido a otra autoridad judicial.

En el primer caso, conforme al artículo 42, ordinal 14, la Corte suprema de Justicia tiene competencia para conocer en única instancia de las cuestiones de cualquier naturaleza que se susciten con motivo de la interpretación, cumplimiento, caducidad, nulidad, validez o resolución de los contratos administrativos en los cuales sea parte la República, los Estados y las Municipalidades. Por tanto, toda demanda contra todos los entes públicos territoriales originada en contratos administrativos, corresponde a la jurisdicción contencioso-administrativa.

Sobre esto debe señalarse que cuando la distinción entre contratos administrativos y contratos de derecho privado de la Administración parecía haberse superado definitivamente en Venezuela, la Ley Orgánica de la Corte Suprema de Justicia de 1976 revivió la distinción al atribuir expresa y exclusivamente a la Sala Político-Administrativa de la Corte Suprema de Justicia competencia en el conocimiento de las cuestiones de cualquier naturaleza que se susciten con motivo de la interpretación, cumplimiento, caducidad, nulidad, validez o resolución de los contratos administrativos en los cuales sean parte la República, los Estados o las Municipalidades" (Art. 42 Ord 14) A pesar de dicha norma, sin embargo, la distinción no' tiene sustantividad firme: no hay ni puede haber contratos de derecho privado de la Administración, regidos por el derecho privado, que excluyan el conocimiento de los mismos a la jurisdicción contencioso-administrativa.

Todos los contratos que celebre la Administración están sometidos al derecho público y a todos se les aplica también el derecho privado por lo que la distinción no tiene fundamento alguno, y menos cuando en el país no hay dualidad de jurisdicciones (judicial y administrativa) que en Francia ha sido el verdadero sustento de la distinción.

Así como no puede haber acto unilateral dictado por los funcionarios públicos que no sea un acto administrativo, tampoco existen contratos celebrados por la Administración que no estén sometidos al derecho público, por lo que la terminología empleada en el artículo 42, ordinal 14, de la Ley Orgánica, en realidad, a lo que ha conducido es a confusiones, contradicciones y dilaciones. Por lo pronto, no hay demanda que se intente en relación a contratos celebrados por la Administración en la cual no se plantee el problema de la competencia: si, la demanda se intenta ante la jurisdicción ordinaria, se alegará la naturaleza administrativa del contrato; en cambio, si se intenta ante la Corte Suprema de Justicia, se alegará el carácter de "derecho privado" del contrato.

---

166 Arts. 103-111 LOCSJ

Por otra parte, en la previsión de cuándo se está en presencia de un contrato administrativo o no, dependerá en mucho del interés circunstancial de la Administración, pues además de que todo contrato que celebre tienen algún interés público envuelto o se celebra vinculado a un servicio público, las llamadas cláusulas exorbitantes del derecho común que caracterizan a los contratos administrativos, no necesitan estar expresas en el texto del contrato, sino que se presumen en el mismo. Dependerá, por tanto, del recurso que haga la Administración, en un momento dado a estas cláusulas (por ejemplo, para rescindir el contrato) para que el contrato se califique o no de administrativo, lo que hace insegura la distinción. De allí, incluso las dudas y variaciones jurisprudenciales, particularmente con relación a contratos municipales de compra-venta de inmuebles municipales, que ha llevado a la Corte Suprema a considerarlos, algunas veces como contratos administrativos[167] y otras veces como contratos de derecho privado[168].

Por otra parte, la enumeración de las cuestiones concernientes a los contratos administrativos cuyo conocimiento compete a la Corte Suprema conforme al artículo 42, ordinal 10 de la Ley Orgánica, es completamente insuficiente y absurdamente limitativa, al punto de haber llevado al Supremo Tribunal a considerar que como la norma no hace referencia a la "inejecución del contrato, esas cuestiones escapan de su conocimiento, a pesar de que el contrato sea administrativo"[169].

En nuestro criterio, al artículo 206 de la Constitución, al atribuir a los órganos de la jurisdicción contencioso-administrativa competencia para condenar al pago de sumas de dinero y a la reparación de daños y perjuicios originados en responsabilidad de la Administración, y para restablecer las situaciones jurídicas subjetivas lesionadas por la actividad administrativa, no distingue si dichas situaciones son o no de origen contractual ni de qué tipo de contrato, ni distingue entre responsabilidad extra contractual o contractual.

Por tanto, conforme al principio de la universalidad el control consagrado en el artículo 206 de la Constitución, la limitación establecida en el artículo 42, ordinal 10 de la Ley Orgánica de la Corte Suprema de Justicia, carece de fundamento constitucional, siendo la norma más bien contraria al espíritu del artículo 206 de la Constitución. Por ello, en una futura Ley de la jurisdicción contencioso-administrativa, la referencia a "contratos administrativos" debería ser eliminada, atribuyéndose a los órganos de la misma todas las cuestiones concernientes a los contratos de la Administración, cualquiera que sea su naturaleza.

En el segundo caso, en cuanto a las demandas contra entes públicos (no originadas en contratos administrativos), básicamente se atribuyen a los órganos contencioso-administrativos, el conocimiento de aquellas que se refieren a entes nacionales.

En efecto, en cuanto a los entes territoriales, sólo las demandas contra la República caen dentro de la competencia de los Tribunales Contencioso-Administrativos, pues las demandas contra los Estados y Municipios se deben intentar ante los tribunales ordinarios, "de acuerdo con las previsiones del derecho común o especial", quienes son los competentes para conocer de ellas en primera instancia[170].

---

167 Sentencia de 11-08-83, *RDP*, N° 16, 1983, p. 164

168 Sentencia de 26-06-80, *RDP*, N° 4, 1980, p. 146.

169 Sentencia de 18-09-86, *RDP*, N° 28, 1986, pp. 146 y ss.

170 Art. 183 LOCSJ

Sólo de las apelaciones contra las decisiones que dicten estos Tribunales, es que se ha atribuido competencia para conocer de las mismas a los Tribunales Superiores contencioso-administrativos[171].

Por otra parte, en cuanto a los entes no territoriales, es decir,, las acciones contra los Institutos Autónomos y las empresas "en las cuales el Estado tenga participación decisiva", la competencia para conocer de esas demandas en primera instancia se ha atribuido a los órganos contencioso-administrativos, habiendo interpretado impropiamente la Corte Suprema, la expresión "empresas del Estado" en sentido restrictivo, como incluyendo solamente las empresas en las cuales la República, directamente sea accionista, y excluyendo del fuero jurisdiccional, las empresas en las cuales un instituto autónomo u otra empresa del Estado, por ejemplo, sean los entes accionistas[172].

Por tanto, el contencioso de las demandas contra los entes públicos está básicamente reducido a las demandas contra la República, contra los institutos autónomos y contra las empresas en las cuales la República directamente tenga participación decisiva, habiéndose distribuido la competencia jurisdiccional, según la cuantía, en los tres niveles de tribunales contencioso-administrativos, así: si la cuantía excede de Bs. 5.000.000, pero excede de 1.000.000, el conocimiento de las acciones, si ello no está atribuido a otra autoridad, corresponde en primera instancia a la Corte Primera de lo Contencioso-Administrativo[173] con apelación ante la Corte Suprema de Justicia[174], quien conoce en segunda instancia, y si la cuantía no excede de Bs. 1.000.000, el conocimiento de las acciones, si su conocimiento no está atribuido a otra autoridad, corresponde en primera instancia a los Tribunales Superiores en lo contencioso-administrativo, con apelación ante la Corte Primera de lo Contencioso-Administrativo[175], quien conoce en segunda instancia.

3. El proceso contencioso contra las conductas omisivas de la administración

El tercer campo del sistema contencioso-administrativo en Venezuela está conformado por el proceso contencioso-administrativo contra las conductas omisivas de la Administración, lo cual es otra de las importantes regulaciones de la Ley Orgánica de la Corte Suprema de Justicia de 1976.

En efecto, en ella se atribuye a los órganos de la jurisdicción contencioso-administrativa competencia para:

> "Conocer la abstención o negativa de los funcionarios nacionales (o de las autoridades estadales o municipales", en su caso), a cumplir determinados actos a que estén obligados por las leyes, cuando sea procedente, en conformidad con ellas"[176].

---

171 Art. 182, Ord. 3° LOCSJ

172 *V.*, la sentencia de la Sala Político-Administrativa de 20-1-83 y la sentencia de la Corte Primera de la Contencioso-Administrativo de 24-4-83 en *Revista de Derecho Público* N° 14, EJV Caracas, 1983, pp. 187-190. *V.*, Noelia González, "Conceptos de empresas del Estado en la *Ley Orgánica de la Corte Suprema de Justicia*", *Revista de Derecho Público*, N° 26, EJV, Caracas, 1986, pp. 165-174. *V.*, nuestra crítica a dichas sentencias en Allan R. Brewer-Carías, *Estado de derecho y Control Judicial...*, *cit.*, pp. 570 y ss.

173 Art. 185, Ord. 6° LOCSJ

174 Art. 185, párrafo 3°

175 Art. 182, Ord. 2°

176 Art. 42, Ord. 23; y Art. 182, Ord. 1° LOCSJ

Esta norma, que consagra el recurso contra las conductas omisivas de la Administración[177], tiene su fundamento, por una parte en el incumplimiento por parte de la Administración de una obligación legal concreta de decidir o de cumplir determinados actos, y por la otra en el derecho de un sujeto de derecho a que la Administración cumpla los actos a que está obligada. Por tanto, a la base de este recurso esta una relación jurídica (deber-poder) específica, que se concreta en una obligación también específica de la Administración de actuar, frente a una situación jurídica, asimismo específica de poder de un sujeto de derecho, sujeto de derecho, que se configura como un derecho subjetivo de orden administrativo a la actuación administrativa. No se trata, consecuentemente, de la obligación genérica de la Administración a dar oportuna respuesta a las peticiones de particulares, ni del derecho también genérico de éstos a obtener oportuna respuesta a sus peticiones presentadas por ante la Administración[178]. Se trata, en cambio, de una relación obligación-derecho establecida entre la Administración y un particular, a una actuación administrativa determinada.

Por ejemplo, de acuerdo al Código Civil y a la Ley Orgánica para la Ordenación del Territorio, el uso de la propiedad con fines urbanísticos está regulado por las autoridades locales, quienes deben definir las modalidades de dicho uso en las Ordenanzas de Zonificación. Una vez definidos los usos urbanísticos, los propietarios tienen derecho a construir en su propiedad (usar) siempre que se ajusten a las prescripciones de la zonificación, para lo cual la autoridad municipal establece sistemas de control. El más común de éstos era el control previo a través de permisos de construcción (autorizaciones)[179] los cuales se configuran como actos administrativos de obligatorio otorgamiento (actos reglados) cuando el proyecto de construcción se ajuste a las prescripciones de las Ordenanzas. Este .permiso ha sido recientemente sustituido por una "certificación" que otorga también la autoridad municipal, con efectos similares en algunos casos[180]. Es decir el otorgamiento del permiso o constancia es una obligación de la administración respecto del propietario que se ajuste a las normas de zonificación, y éste tiene derecho a que se le otorgue el permiso o constancia cuando cumple dichas prescripciones[181]. Lo mismo sucede con relación a los denominados permisos o constancias de habitabilidad municipal: se trata también de instrumentos de control urbanístico, conforme a los cuales una vez realizada la construcción permisada o conforme a las variables urbanas fundamentales, el propietario solicita la constancia de habitabilidad a la Administración, quien verifica para otorgarla, el que la construcción ejecutada se adecúe al proyecto, el propietario tiene derecho a que se le otorgue la constancia de habitabilidad y la Administración está obligada a otorgarla (actividad reglada)[182].

En este caso, se configura un típico supuesto de relación entre una obligación de la Administración a cumplir determinados actos y un derecho del particular a que la Ad-

177 Este recurso según señala A. Moles existe en Venezuela desde 1925 V.A. Moles Caubet, "Rasgos generales de la Jurisdicción contenciosa administrativa", en A. Moles Caubet y otros. *Contencioso Administrativos... cit.* p. 76

178 Art. 67 Constitución.

179 Art. 55 de la Ley Orgánica para la Ordenación del Territorio. *G.O.*, 3.238, de 11-8-83.

180 Art. 85 de la Ley Orgánica de Ordenación Urbanística, *G.O.*, N° 33.868, de 16-12-87.

181 *V.*, Allan R. Brewer-Carías, Urbanismo y Propiedad Privada, Caracas, 1980, p. 386; y Allan R. Brewer-Carías, "Introducción general al Régimen Legal de la Ordenación Urbanística", en *Ley Orgánica de Ordenación Urbanística*, EJV, Caracas, 1988, pp. 57 y ss.

182 *Idem. Propiedad y Urbanismo*, p. 385; "Información general"..., p. 63.

ministración cumpla dichos actos; y el incumplimiento de dicha obligación, sea porque la Administración se abstenga de dictar, el acto requerido o sea porque se niegue á hacerlo es el objeto del recurso contra las conductas omisivas de la Administración que regula la Ley. Por eso ha establecido la Corte Suprema que para que proceda este recurso contencioso-administrativo, es necesario que se trate de "una obligación concreta y precisa inscrita en la norma legal correspondiente"[183], o como lo ha señalado la Corte Primera de lo Contencioso-Administrativo, que exista "una carga u obligación legal que pese sobre la autoridad recurrida y a la cual la misma no haya, dado cumplimiento", carga que "debe estar expresamente establecida en una norma expresa"[184].

En estos casos de incumplimiento de la precisa y expresa obligación legal de un funcionario a adoptar determinados actos, a los cuales tiene derecho un particular, la protección jurisdiccional de este derecho está precisamente en este recurso frente a la abstención o negativa administrativa, lo cual no debe confundirse con la otra garantía procesal dé los particulares frente al silencio de la Administración que origina el llamado silencio administrativo negativo o acto administrativo presunto o tácito denegatorio, y que podría ser recurrido tanto en vía administrativa como en vía contencioso-administrativa[185].

En efecto, la figura del silencio administrativo negativo es inefectiva como protección de los derechos de los particulares, en los casos de inacción primaria de la Administración, cuando por ejemplo, ésta se niega a otorgar un acto que ésta obligada adoptar, con motivo de una solicitud formulada por el interesado. A éste no le protege nada el hecho de entender que el acto que solicita, por ejemplo, el otorgamiento de la constancia de urbanismo solicitada, se le niega tácitamente, pues nada gana con ello: ¿cómo lo va a impugnar, si no hay motivación? ¿qué gana con una decisión judicial que declare la nulidad del acto denegatorio tácito? En realidad, el particular lo que requiere es que la Administración dicte el auto a que está obligada, por lo que en estos casos, la garantía jurídica del mismo, está en el recurso contra las conductas omisivas y no en el silencio denegatorio[186], pues a través del mismo se logra que el juez obligue a la Administración a decidir.

Debe señalarse, por otra parte, que este ha sido el criterio adoptado por la Corte Suprema de Justicia en sentencia de 5-5-88, en el caso Representación y Distribución de Maquinarias (Redimaq), en el cual con motivo de una acción intentada por causa de una abstención de pronunciamiento de una solicitud, estableció lo siguiente:

> "...advierte la Sala que –limitada como se encuentra, en general, la competencia del juez en lo contencioso a la anulación del acto administrativo contrario a derecho–, en el caso de silencio de la Administración interpretado por la Ley como respuesta negativa de ésta, sólo puede el juzgador entrar a conocer de una acción fundada en ese silencio, cuando el mismo se ha dado respecto de la no resolución del correspondiente recurso administrativo.

---

183 *V.*, sentencia de la Corte Suprema de Justicia en Sala Político-Administrativa de 28-2-85, en *Revista de Derecho Público*, N° 21, EJV, Caracas 1985, pp. 170-175.

184 *V.*, sentencia de la Corte Primera de lo Contencioso-Administrativo de 6-12-84 en *Revista de Derecho Público*, N° 20, EJV, Caracas, 1984, p. 173.

185 *V.*, Allan R. Brewer-Carías. "Consideraciones en torno a la figura del silencio administrativo consagrado a los efectos del recurso contencioso-administrativos de anulación" en *Revista de Control Fiscal*, N° 96, Caracas, 1980, pp. 11-38 Allan R. Brewer-Carías, *El Derecho Administrativo y la Ley Orgánica de Procedimientos Administrativos, cit.*, pp. 225 y ss.

186 Allan R. Brewer-Carías, *El Derecho Administrativo y la Ley Orgánica..., cit.*, p. 230.

> Mas, cuando un tal silencio ocurre, como en el caso de autos, en relación con la solicitud formulada que emita un acto, no tiene la Sala, obviamente, acto alguno que anular, ni puede tomar una decisión creadora del mismo –que es de la competencia, sin duda, de otro Poder del Estado–, sin violar el principio de la separación de poderes"[187].

En todo caso, debe destacarse, que la pretensión del recurrente en estos casos de recursos contra las conductas omisivas no es, por supuesto, que sólo se declare la ilegalidad de la omisión, o negativa administrativa, o que sólo se declare la obligatoriedad de la Administración de decidir, sino que lo que busca realmente es que se ordene a la Administración a adoptar determinados actos. Como lo ha señalado la Corte Suprema de Justicia:

> "la obligatoriedad para la Administración de producir un determinado acto o de realizar una actuación concreta en vista de un imperativo legal expreso y específico qué, según demuestra el recurrente, ella se niega a cumplir" (caso *Igor Vizcaya*, 28-2-85)[188].

Por tanto, la decisión del juez puede contener mandamientos de hacer frente a la Administración, e incluso, en nuestro criterio, puede en sí misma, suplir la carencia administrativa, relevando al interesado de la obligación de obtener el acto en cuestión, para ejercer su actividad particular. Como lo ha señalado la Corte Primera de lo Contencioso-Administrativo, en estos casos, la acción:

> "se refiere al cumplimiento de actos, esto es, que no se agota en un simple pronunciamiento, sino que presume la realización de actuaciones tendientes a satisfacer la pretensión deducida por el administrado"[189].

Por tanto, el contencioso-administrativo contra la carencia administrativa, implica que la pretensión del recurrente está basada en un derecho subjetivo de orden administrativo infringido por la inacción, y cuya satisfacción sólo es posible mediante una actuación; consecuencialmente, el restablecimiento de la situación jurídica infringida por la omisión, puede dar lugar a que el juez ordene a la Administración la adopción de una decisión, o a que el juez directamente se sustituya a la Administración y restablezca la situación jurídica subjetiva infringida, por ejemplo, dispensando al particular de obtener el acto solicitado, si ello no era necesario para ejercer su derecho. En el caso ejemplificado anteriormente, si la Administración se niega a otorgar una constancia de habitabilidad urbanística a que tiene derecho un propietario que ha edificado en un todo conforme al proyecto consignado y a las Ordenanzas locales, el juez no sólo podría ordenar a la Administración municipal que otorgue dicha constancia de habitabilidad sino que incluso, podría dispensar al particular de la necesidad de tenerla, si ello es necesario para otras actividades (por ejemplo, para las ventas primarias de inmuebles, Art. 95 LOOU) sustituyendo el acto administrativo con la sentencia misma.

Una solución de esta naturaleza se ha regulado expresamente en el Código Orgánico Tributario[190], en la figura procesal que se denomina, acción de amparo' prevista contra las demoras administrativas en materia tributaria. En estos casos, cuando la Administración Tributaria incurre en "demoras excesivas en resolver sobre peticiones de los interesados y ellas causen perjuicios no reparables por los medios procesales ordinarios[191],

---

187 Consultado en original.

188 Consultado en original.

189 *V.*, sentencia de 6-12-84 en *Revista de Derecho Público*, N° 20, EJV, Caracas, 1984, p. 174.

190 Código Orgánico Tributario (COT) de 1982. *V.*, en *Gaceta Oficial* N° 2992 extraordinario de 3-8-1982.

191 Art. 208 COT

"cualquier persona afectada"[192] puede intentar ante los tribunales contencioso-tributarios esta "acción de amparo y estos pueden dictar "la resolución que corresponda al amparo del derecho lesionado", fijando un término para que la Administración realice el trámite o diligencia a que está obligada (mandamiento de hacer), o dispensado de dicho trámite o diligencia al recurrente[193], en cuyo caso, evidentemente, el juez se sustituye a la Administración.

Por último debe mencionarse que aparte de esta mal llamada, en sí misma, por acción de amparo tributaria, pues en realidad es un recurso contra la conducta omisiva de la Administración, en la cual no siempre hay un derecho constitucional que se ampara; en general en el contencioso contra las conductas omisivas, además de la pretensión de obligar a la Administración a actuar, ésta puede estar acompañada de pretensiones de condena al pago de daños y perjuicios ocasionados por el retardo, e incluso pretensiones de amparo, cuando la conducta omisiva viole un derecho o garantía constitucional; por ejemplo, cuando la Administración penitenciaria se niega a cumplir una orden de excarcelación.

Por último, debe señalarse que en estos supuestos de procesos contencioso-administrativos contra las conductas omisivas de la Administración, en ausencia de un procedimiento específico previsto en la Ley, los jueces han aplicado el procedimiento de los juicios de nulidad de los actos administrativos de efectos particulares[194].

4. El proceso contencioso de la interpretación

La cuarta de las ramas del sistema contencioso-administrativo en Venezuela es el contencioso de interpretación, regulado genéricamente como competencia de la Corte Suprema de Justicia, en relación a las leyes y a los contratos administrativos. En efecto el artículo 42 de la Ley Orgánica de la Corte Suprema de Justicia atribuye competencia a la Corte para:

> "14. Conocer las cuestiónesele cualquier naturaleza que se susciten con motivo de la interpretación... de los contratos administrativos en los cuales sea parte la República, los Estados o las Municipalidades...
>
> 24. Conocer del recurso de interpretación y resolver las consultas que se le formulen acerca del alcance e inteligencia de los textos legales, en los casos previstos en la Ley".

Por tanto conforme a estas normas, los órganos de la jurisdicción contencioso-administrativa, particularmente la Corte Suprema de Justicia, son competentes para conocer del contencioso de la interpretación de contratos administrativos, que se confundiría con el contencioso de las demandas contra los entes públicos, pues básicamente serían las partes contratantes quienes estarían legitimadas para intentar ese recurso, que se concretaría, en este caso, en una acción mero declarativa[195].

---

192 Art. 29 COT

193 Art. 210 COT

194 *V.*, sentencia de la Corte Primera de lo Contencioso-Administrativo de 28-9-82, en *Revista de Derecho Público*, N° 12, EJV, Caracas, 1982, p. 176.

195 Allan R. Brewer-Carías y Enrique Pérez Olivares, "El recurso contencioso-administrativo de interpretación en el sistema jurídico venezolano", *Revista de la Facultad de Derecho*, UCV, N° 32, Caracas, 1965, pp. 103 y ss.

En cuanto al contencioso de interpretación de textos legales[196], originalmente establecido sólo en materia de carrera administrativa como competencia del Tribunal de la Carrera Administrativa[197], ha sido formalmente establecido con carácter general por la Ley Orgánica de la Corte Suprema de Justicia; pero sólo admisible en los casos previstos en la Ley[198], por lo cual en la actualidad sólo existe en materia de la carrera administrativa respecto de las dudas que surjan en cuanto a la aplicación e interpretación de la Ley de Carrera Administrativa y su Reglamento; en materia de dudas en la aplicación de la Ley Orgánica del Poder Judicial (Art. 148); en la interpretación de la Ley Orgánica de la Corte Suprema de Justicia; y en materia de la Ley de Licitaciones respecto de las dudas que surjan en cuanto a la aplicación e interpretación de la Ley y como competencia de la Corte Suprema de Justicia exclusivamente[199].

Como lo ha precisado la Corte Suprema de Justicia en su sentencia 14-3-88 (caso *Concejo Municipal del Distrito Bruzual del Estado Yaracuy*):

> "...este medio de actuación procesal está reservado de manera exclusiva para aquellos casos en los cuales el texto legal cuya interpretación se solicita lo permita expresamente. Resulta, por tanto, improcedente el ejercicio, en forma indiscriminada y general, del recurso de interpretación respecto de cualquier texto legal, si no sé encuentra expresamente autorizado por el propio legislador"[200].

En este recurso de interpretación, la legitimación activa correspondería a todo el que tenga un interés legítimo, personal y directo en la interpretación del texto legal, normalmente, el funcionario público, y por supuesto, también correspondería a la Administración.

Sobre este recurso de interpretación de textos legales, la Corte Suprema ha venido estableciendo progresivamente sus características así:

1. En sentencia de 27-9-84 (caso *Juan María Galíndez*), la Corte estableció como primer requisito la necesidad de que la interpretación requerida de la Ley se refiera a un caso concreto, con el doble propósito, por una parte de legitimar al recurrente, y por la otra, de permitir al intérprete apreciar objetivamente ¡la existencia de la duda que se alegue como fundamento[201]. Posteriormente, en la sentencia de 17-4-86 (caso *Dagoberto González A.*), la Corte precisó este primer requisito, señalando:

> "el requisito de conexión del recurso con un caso concreto tiene como fundamento evitar que el mismo se convierta en un ejercicio académico, sin la finalidad práctica de la mejor aplicación de algún texto legal. No es concebible que se abra la posibilidad para cualquier particular de ocupar la jurisdicción en resolverle las dudas que en abstracto tuviere acerca de la interpretación de una norma. Es necesario para legitimar la actividad del recurrente, que éste demuestre por lo "menos que ante una determinada situación concreta se haya suscitado la duda por las diversas interpreta-

---

196 E. Pérez Olivares, "El .recurso de interpretación" en Instituto de Derecho Público, El control jurisdiccional de los Poderes Públicos..., *cit.*, pp. 149-165.

197 Artículo 64 Ley de Carrera Administrativa. *V.*, Hildegard Rondón de Sansó, *El sistema contencioso-administrativo de la carrera administrativa*, Caracas, 1974, pp. 315 y ss.

198 Sentencia de la Corte Suprema de Justicia en Sala Político-Administrativa de 27-04-82 en *Revista de Derecho Público*, N° 10, EJV, Caracas, 1982, p. 174.

199 Sentencia de la Corte Suprema de Justicia en Sala Político-Administrativa de 11-8-81 en *Revista de Derecho Público*, N° 8, EJV, Caracas, 1981, p. 138. *V.*, artículo 78 de la Ley de Licitaciones. *Gaceta Oficial*, N° 34.528 de 10-8-90.

200 *V.*, en *RDP* N° 34, 1988, pp. 146-147

201 Consultada en original.

ciones dadas al mismo precepto legal, y que exista un interés general en la solución del conflicto. En tal forma no sólo se legitimará el recurrente, sino que la Corte tendrá elementos para apreciar objetivamente los criterios dispares y para zanjar la real dificultad que se hubiera presentado"[202].

Por otra parte, en sentencia de 21-11-90 (caso *PDVSA*), la Sala Político Administrativa precisó, con razón, que "no es del monopolio del Poder Judicial, la interpretación", agregando lo siguiente:

> "la propia solicitante, y cualquier administración o cualquier particular a quien corresponda adoptar una decisión concreta puede y, es más, se encuentra obligada a emitir ésta; mas, para lograrlo deberá también, normalmente, interpretar previamente la ley, tarea que tendrá que desarrollar –al igual que el juez, en su caso y posteriormente, en vía judicial de revisión de la actuación administrativa previa con estricta sujeción a las normas de nuestro ordenamiento positivo, y, particularmente; a las reglas que proporciona el artículo 4 del Código Civil, directrices en la materia; sin que, por el contrario, pueda el consultante delegar la señalada aplicación de la. norma –previa Su interpretación por el mismo– ni menos aún la decisión del caso concreto, en el órgano judicial al que se le hubiere dado competencia para interpretar, con carácter vinculante, sólo la norma –se insiste– sin extender su tarea al caso concreto, lo cual le está vedado; hasta el punto de que, si llegare el juez a pronunciarse sobre éste, estaría más bien extralimitándose en sus funciones puramente interpretativas, permitiendo un indebido traslado de la función de administrar, al órgano judicial é incurriendo al mismo tiempo en una intromisión en la actividad administrativa de otro ente. Que la función de administrar implica aún la interpretación de la norma por el ente administrador, para aplicarla al caso concreto –incluso en sólo casos de reclamaciones provenientes de los particulares– cumpliendo de esta manera una actuación enteramente semejante a la que posteriormente realizará el juez con motivo de la revisión del acto administrativo en vía judicial, lo pone en evidencia hasta el sentido vulgar –inusualmente coincidente con el jurídico– del vocablo "administración pública" que, en los términos del Diccionario de la Real Academia de la Lengua (vigésima edición), significa: "Acción del gobierno al dictar y aplicar las disposiciones, necesarias para el cumplimiento de las leyes y para la conservación y fomento de los intereses públicos, y al resolver las reclamaciones a que da lugar lo mandado. 2. Conjunto de organismos encargados de cumplir esta función"[203].

3. En tercer lugar, la sentencia de 18-10-90, la Corte ha precisado que el procedimiento aplicable en el recurso de interpretación es el de los juicios de nulidad contra los actos administrativos de efectos generales[204].

4. Por último, en sentencia de 15-3-90, la Corte ha insistido en que el recurso de interpretación no puede traducirse en una acción de condena, "ni siquiera de una mera declarativa, y que por tanto, ningún pronunciamiento puede hacer la Corte sobre el caso concreto. Además, en dicha decisión, la Corte estableció el criterio de que:

> "cuando el recurso de interpretación surja en un caso concreto con ocasión de las discrepancias que puedan suscitarse entre los jueces por la inteligencia de los textos legales, es inadmisible, porque no puede sustituir los otros recursos o medios ordinarios y principales de resolución de dichas controversias y que la legislación pones en manos de los mismos jueces y de las partes, para que en ese caso concreto pongan fin a tales discrepancias"[205]

202 *V.*, en *RDP*, N° 26, 1986, p. 146.
203 Consultada en original
204 *RDP*, N° 44, 1990, p. 198.
205 *RDP*, N° 42, 1990, pp. 148-149.

5. El contencioso-administrativo de los conflictos entre autoridades

De acuerdo con lo establecido en los artículos 215, ordinal 8° de la Constitución, la Corte Suprema en Sala Político Administrativa tiene competencia para:

> "Dirimir las controversias en que una de las partes sea la República o. algún Estado o Municipio, cuando la otra parte sea alguna de esas mismas entidades, a menos que se trate de controversias entre Municipios de un mismo Estado, caso en el cual la Ley podrá atribuir su conocimiento a otro Tribunal".

Por su parte, el artículo 42, ordinal 13 de la Ley Orgánica de la Corte Suprema de Justicia, repite esta misma atribución, remitiendo a la norma constitucional.

Estas normas dan origen a la quinta de las ramas del contencioso- administrativo, que es la solución de conflictos entre entidades territoriales, lo que tiene sentido dada la autonomía, de Estados y de los Municipios (Arts. 16 y 29 de la Constitución) y la regulación de sus competencias en la Ley Orgánica de Descentralización, Delimitación y Transferencia de Competencias del Poder Público y en la Ley Orgánica de Régimen Municipal.

Ahora bien, adicionalmente a estas competencias, un aspecto específico de este proceso contencioso-administrativo entre autoridades está regulado en la Ley Orgánica de Régimen Municipal, en relación a conflictos entre autoridades municipales, cuando ello amenace la normalidad institucional de un Municipio. En efecto, de acuerdo con él artículo 166 de la Ley Orgánica de Régimen Municipal:

> "En caso de surgir una situación que amenace la normalidad institucional de un Municipio o Distrito, pueden las autoridades municipales o el Gobernador del Estado, ocurrir a la Corte Suprema de Justicia en Sala Político Administrativa, para solicitarle que conozca y decida la cuestión planteada. La decisión de la Corte Suprema de Justicia relativa a la legitimidad de las autoridades municipales deberá ser emitida en el plazo de treinta (30) días contados a partir de la admisión de la solicitud y bastará para producirla los documentos adicionales, éstos deberán ser consignados dentro de un plazo de 10 días y la decisión deberá producirse dentro de los 8 días siguientes".

De acuerdo a lo señalado por la Corte Suprema en sentencia de 26-11-87 (caso *Gilberto J. Gómez*) esta norma:

> "consagra dentro del ámbito de la jurisdicción contencioso-administrativo un recurso específico – distinto al de anulación– dirigido a poner término a una situación precisa, producida concretamente por el conflicto entre autoridades municipales que se constituya en amenaza para el normal funcionamiento de la institución"[206].

La Corte se ha pronunciado en un recurso de esta naturaleza, a solicitud del Gobernador del Estado Zulia, por primera vez en sentencia de 9-7-81 en la cual resolvió sobre la legalidad y legitimidad de las autoridades directivas del Concejo Municipal del Distrito Colón del Estado Zulia. En dicha decisión quedó precisada la legitimación activa regulada en la Ley para interponer el recurso, reducidas a los Gobernadores del Estado y a las autoridades municipales[207].

Posteriormente, en sentencia de 9-8-92 (caso *Eulogio Fernández*) la Corte precisó su competencia en estos casos de conflictos entre autoridades municipales derivados de la

---

206 Consultada en original

207 *RDP*, N° 8, 1981, pp. 101 y ss.

elección de las Juntas Directivas, no sólo declarando cuáles son las autoridades legítimas, sino declarando la nulidad absoluta de la elección considerada ilegítima[208].

Adicionalmente, en la citada sentencia dictada en el caso Gilberto J. Gómez de 26-11-87, la Corte Suprema estableció precisiones adicionales en relación a este recurso contencioso-administrativo específico. En efecto, la Corte esclareció el ámbito de lo que ha de entenderse por "autoridades municipales", en el sentido de que no se puede comprender en esa denominación "a todos aquellos órganos que conforman la estructura orgánica del ente local respectivo" sino únicamente "a quienes ejercen la máxima dirección". Con base en ello, consideró inadmisible tramitar por la vía del recurso contencioso de conflictos entre autoridades municipales, al acto de destitución o remoción del Contralor Municipal, y estimó que contra dicha resolución lo que procedía ejercer era el recurso de anulación[209].

6. Apreciación general

De todo lo anteriormente expuesto pueden extraerse las siguientes conclusiones que contrastan con el sistema tradicional contencioso-administrativo en Venezuela.

En primer lugar, el sistema de recursos contencioso-administrativos no sólo se reduce a juzgar los actos administrativos, y su legalidad, sino en general, las conductas de la Administración y su legitimidad, incluyendo las conductas omisivas.

En segundó lugar, en cuanto al proceso contencioso de los actos administrativos, las pretensiones procesales que se pueden formular contra ellos no sólo se reducen a la anulación de los mismos, sino que junto con la anulación él, recurrente puede plantear pretensiones de condena al pago de sumas de dinero o a la reparación de daños y perjuicios; pretensiones tendientes al restablecimiento de situaciones jurídicas subjetivas, y asimismo, pretensiones de amparo de derechos constitucionales violados por el acto recurrido.

En tercer lugar, dentro de las situaciones jurídicas subjetivas protegidas por el sistema de recursos contencioso-administrativo están, en primer lugar, el simple interés afectado por actos administrativos de efectos generales que legitima a cualquier persona para intentar la acción popular de anulación; en segundo lugar, el interés personal, legítimo y directo lesionado por actos administrativos de efectos particulares, que legitima a su titular no sólo para pretender la anulación del acto, sino para el resarcimiento de daños y perjuicios causados por el mismo, y el restablecimiento de la situación jurídica subjetiva lesionada; y en tercer lugar, el derecho subjetivo lesionado por actos administrativos de efectos particulares, que también legitima a su titular no sólo para pretender la anulación del acto recurrido, sino para el resarcimiento de daños y perjuicios causados por el mismo, el pago de sumas de dinero debidas por la Administración y el restablecimiento de la situación jurídica subjetiva lesionada por la actividad administrativa. Por tanto, no sólo el derecho subjetivo se considera una situación jurídica subjetiva restablecible o indemnizable jurisdiccionalmente, sino que también lo es el interés legítimo.

En cuarto lugar, las decisiones del juez contencioso-administrativo, va más allá de una sola anulación de un acto administrativo o de la condena al pago de sumas de dine-

---

208 *RDP*, N° 11, 1982, pp. 108-109.
209 *RDP*, N° 32, 1987, p. 132.

ro o de daños y perjuicios causados por la Administración, y pueden contener decisiones en las cuales se disponga lo necesario para restablecer el derecho subjetivo o él interés legítimo lesionado, lo cual puede consistir en mandamientos de hacer (ordeñar) o de no hacer (prohibiciones), e incluso en la sustitución de la Administración por el juez.

En quinto lugar, el sistema contencioso-administrativo puede considerarse como un proceso subjetivo a pesar de que en él se puedan distinguir dos esquemas procesales: el propio del contencioso de los actos administrativos y del contencioso contra las conductas omisivas, en los cuales el juicio es contra un acto o una omisión de la Administración, en los cuales no puede considerarse que hay ni demanda ni parte demandada, propiamente dicha, pudiendo hacerse parte todos los que tengan la misma legitimación necesaria para recurrir; y el propio del contencioso de las demandas contra los entes públicos, que sigue el iter del proceso ordinario.

En sexto lugar, el contencioso de los actos administrativos es la vía judicial de amparo contra los actos administrativos que violen derechos o garantías constitucionales, siendo el mecanismo de suspensión de efectos del acto recurrido un efectivo instrumento de restablecimiento de la situación jurídica infringida mientras se decide la anulación.

V. ALGUNOS ASPECTOS DEL PROCEDIMIENTO CONTENCIOSO-ADMINISTRATIVO

Al hablar del procedimiento contencioso-administrativo, el primer aspecto que hay que destacar es que en Venezuela no existe una ley especialmente destinada a regular la jurisdicción contencioso-administrativa[210]. Ha sido sólo en la Ley Orgánica de la Corte Suprema de Justicia de 1976, donde se han regulado los aspectos centrales del procedimiento contencioso-administrativo aplicable no sólo a los juicios que se desarrollan ante la propia Corte Suprema, sino transitoriamente, ante los otros tribunales contencioso-administrativos que regula: la Corte Primera de lo Contencioso-Administrativo y los Tribunales Superiores con competencia en la materia. En esta normativa, la Ley Orgánica recogió una rica tradición jurisprudencial establecida por el Tribunal Supremo, que se complementa con la aplicación supletoria de las disposiciones del Código de Procedimiento Civil[211].

Con base en las disposiciones de estas leyes, y a la luz de las soluciones jurisprudenciales en materia administrativa, analizaremos algunos aspectos del procedimiento contencioso-administrativo, en Venezuela, con particular referencia a las características generales del procedimiento, a los requisitos de la admisibilidad del mismo, a la decisión sobre admisibilidad, a las pruebas y al iter procesal.

---

210 Debe indicarse que en 1971 se preparó por la Comisión de Administración Pública un Proyecto de Ley de la Jurisdicción Contencioso-Administrativa, el cual se incorporó junto con los proyectos de Ley Orgánica de la Administración Pública Nacional, de Ley Orgánica de Entidades Descentralizadas, de Ley de Procedimientos Administrativo y de la Ley de la Jurisdicción Constitucional como parte de la Reforma del Régimen Jurídico de la Administración. *V.*, en el Informe sobre la Reforma de la Administración Pública Nacional, Comisión de Administración Pública, *v.* II, Caracas, 1972, pp. 439 y ss.

211 En este sentido el artículo 81 LOCSJ establece que "Las acciones o recursos de que conozca la Corte se tramitarán de acuerdo con los procedimientos establecidos en los Códigos y Leyes nacionales, a menos que en la presente Ley o en su Reglamento Interno, se señale un procedimiento especial". El carácter supletorio del Código de Procedimiento Civil ha sido reconocido siempre por la Corte. *V.*, CF 5, 8-58, G.F., N° 21, 1958, pp. 70-76.

1. Características generales

Las características rectoras del procedimiento civil venezolano, entre las cuales podemos señalar la escrituradla publicidad, la mediación y la concentración[212], son también aplicables en principio al procedimiento contencioso-administrativo.

Sin embargo, al hablar del procedimiento en materia contencioso-administrativa, debemos señalar fundamentalmente tres características propias que lo distinguen y especializan: el carácter contencioso, sus elementos inquisitivos y el carácter no suspensiva.

A. El carácter contencioso

Sobre el carácter contencioso del procedimiento contencioso-administrativo, la jurisprudencia administrativa de la Corte ha sufrido una lenta evolución, siguiendo la evolución constitucional. Debe advertirse, sin embargo, que esta evolución que parte de la afirmación de que los procedimientos contencioso-administrativos no eran contenciosos, hasta la admisión de su carácter contencioso, se refiere fundamentalmente al procedimiento de los juicios contencioso-administrativos de anulación. Respecto al procedimiento originado por las demandas contra los entes públicos, nunca, ciertamente, se ha puesto en duda su carácter contencioso.

El problema comenzó a preocupar a la Corte Suprema cuando interpretaba la Constitución en 1931, que establecía en su artículo 120, ordinal 12, aparte 3°, un procedimiento contencioso sólo cuando el acto administrativo impugnado por el recurso de anulación era "una Resolución ministerial relativa a la ejecución, interpretación o caducidad de algún contrato celebrado por el Ejecutivo Federal", no señalando respecto al recurso de anulación interpuesto contra otros actos administrativos que no tuvieran relación con contratos, procedimiento alguno.

Sin embargo, con la reforma constitucional de 1936 y por disposición del aparte segundo, ordinal 11 de su artículo 123, se estableció que todas las Resoluciones ministeriales sin excepción sólo podían ser tachadas de nulidad en juicio contencioso. Así también lo sostuvo la Corte en 1938[213].

Pero esta posición no era definitiva. En 1937 la Corte comenzó por afirmar que "el recurso por exceso de poder, que fue intentado... contra las resoluciones del Ministerio... Si bien puede decirse no contencioso en el sentido de constituir un recurso objetivo, dirigido directamente a atacar el acto no ejercido respecto a la persona del funcionario de quien emanó, no tiene el carácter de acto de la, jurisdicción voluntaria, la cual se concreta a los actos de la autoridad judicial necesarios para validar o confirmar un negocio jurídico, ya que el aludido recurso por exceso de poder provoca una decisión que favorece y perjudica los derechos de tercero en cuanto produce efecto *erga omnes*.[214]

Pero la incertidumbre de la Corte se reflejó todavía en 1939, cuando estableció que "aunque este género político de procesos en que se ventila la nulidad de actos unilatera-

---

212 *V.*, una exposición de estos principios referidos al Derecho Procesal Hispanoamericano, en Couture, "Trayectoria y destino del *Derecho Procesal Civil* Hispanoamericano", *Estudios de Derecho Procesal Civil*, Buenos Aires, 1948, *T.* I, pp. 308 y ss.

213 Sentencia de la CFC de 14-6-38, en Memoria 1939, *T.* I, p. 237.

214 Sentencia de la CFC de 27-1-37, en Memoria 1938, *T.* I, p. 145.

les del Poder Público no tenga propiamente el carácter contencioso, es, indiscutible el derecho que tiene aquél contra quien obra para contestar los hechos y pro mover al efecto las pruebas qué juague conducentes, motivo por el cual la Corte ha dado a los interesados tiempo suficiente para esgrimir las armas de ataque y de defensa, que respectivamente poseen a fin de que pueda resultar el fallo verdaderamente justo. Corolario de no ser dichos procesos verdaderamente contenciosos lo es, sin duda alguna, que no obliguen a los jueces los trámites imprescindibles del procedimiento establecido para los juicios contenciosos sin que ello impliqué, en modo alguno, que no puedan aplicarlos en casos especiales o cuando circunstancias determinadas a ello lo induzcan"[215].

Esta posición dudosa de la Corte fue modificada luego de sucesivas reformas de la Constitución[216] afirmando, después de la reforma de 1961, que el procedimiento contencioso-administrativo establecido para los procesos de este género por el artículo 25 de la entonces vigente Ley Orgánica de la Corte Federal

> "es notoriamente de carácter contencioso, ya que se ordena el emplaza miento de todos los que se crean interesados para que se hagan parte en el recurso dispone abrir lapsos de promoción y evacuación de pruebas que se estimen pertinentes; ordena la relación e informes de los interesados; autoriza auto para mejor proveer y, finalmente, prevé la oportunidad para sentenciar el caso"[217].

Por tanto, el procedimiento en los juicios contencioso-administrativos contra los actos administrativos, y ahora como consecuencia de los principios establecidos en los artículos 103 y siguientes de la Ley Orgánica de la Corte Suprema de Justicia, tiene carácter contencioso, aunque no pueda decirse propiamente que en los juicios de nulidad existe un demandado pues el recurso, aun cuándo subjetivo, se dirige contra un acto y no contra una persona jurídica dé derecho público (la "Administración" en genérico). Sin embargo, el hecho de que no exista demandado no excluye la posibilidad de un defensor del acto. Por ello no consideraremos acertada una opinión de la antigua Corte Federal cuando señalaba, en 1957, que "en el juicio contencioso por recurso de ilegalidad el actor propone formal de manda contra la Nación en la persona del Procurador, a quien necesariamente se le cita y se le emplaza como a cualquier demandado, para que comparezca en la oportunidad que se le señala, a contestar la demanda"[218]. Al contrario, en el juicio con motivo del recurso de anulación ni se demanda a la Administración ni se cita al Procurador, ni se tiene que contestar una demanda. Solamente se impugna un acto, de lo cual se notifica al Procurador. La defensa del acto puede ser realizada por el Procurador o por cualquier interesado. Sin embargó, ello no es imprescindible. El acto hasta puede no tener defensor. Y es más, su nulidad puede ser solicitada por el propio representante jurídico de la República, es decir, por el Procurador General de la República, o por el Fiscal General de la República[219].

En todo caso, a pesar de que pueda haber una contención sobre la legalidad del acto, en nuestro criterio, en el caso del recurso de anulación no es propio hablar de demandante, sino de recurrente. La contención, insistimos, es en torno a un acto, no necesariamente contra una persona jurídica estadal determinada; recae sobre un acto administrativo que puede ser recurrido por un particular, pero que puede ser defendido o no por

215 Sentencia de la CFC de 23-6-39, en Memoria 1940, *T.* I, p. 241.
216 CFP-CP, 4-4-51, G.F., N° 7, 1952, pp. 17-18. C.F., 14-4-60, G.F., N° 27, 1960. pp. 129-131.
217 CSJ-CP, 15-3-62, *G.O.*, N° 76 Extraordinario 22-3-62, p. 3-7-/11-12.
218 CF., 30-7-57, G.F., 17, 1957, pp. 57 y ss.
219 *V.*, artículo 116 LOCSJ.

la Administración, según su conveniencia; inclusive, el acto puede que beneficie a un particular que puede resultar siendo el defensor del acto ante el tribunal. En este caso, queda claro que no podría hablarse de demandante y demandado, porque ni demandante sería el Procurador o el Fiscal, ni demandado el particular que defiende el caso[220]. En el supuesto del procedimiento contencioso de anulación, por tanto, es más propio hablar de recurrente y de defensor del acto, que puede ser cualquier interesado; y así como el interés personal, legítimo y directo cualifica la legitimación activa para solicitar la nulidad del acto[221], ese mismo interés legítimo es exigido en la legitimación pasiva, en la defensa de dicho acto[222].

En todo caso el carácter contencioso se materializa en el hecho de que en el procedimiento siempre hay un emplazamiento aun cuando no una "citación". En efecto, intentado el recurso en el auto de admisión el Juez debe resolver notificar al Fiscal General de la República y según los casos, al funcionario que haya dictado el acto y al Procurador General de la República[223] y emplazar a los interesados mediante cartel, para que tengan oportunidad de decir lo que les convenga en defensa de sus intereses en el recurso[224]. Eso da oportunidad, por tanto, a que el acto recurrido sea defendido, inclusive por particulares que pueden beneficiarse del mismo. En el procedimiento, además, confirma el carácter contencioso de las pretensiones, el lapso de pruebas que se abre[225].

B. Elementos inquisitivos

La segunda característica del procedimiento contencioso-administrativo deriva de los elementos inquisitivos del mismo. A diferencia del procedimiento civil, normalmente de carácter acusatorio pues la iniciativa del procedimiento está sólo en las partes, en el caso del procedimiento contencioso-administrativo, la iniciativa, además de estar en las parte, en virtud de ley expresa, está en el propio Juez, quien interviene en la dirección del procedimiento y en la promoción de pruebas.

En efecto, tradicionalmente se distingue entre procedimiento dispositivo y procedimiento inquisitorio. En el primero, la producción de pruebas y la marcha del proceso resulta de la sola iniciativa de las partes, siendo el juez solamente un árbitro en el debate. En el procedimiento inquisitorio, al contrario, el juez juega un papel activo en la búsqueda de la prueba y en la dirección del proceso.

En materia judicial, en mayor o menor grado, el procedimiento civil es de tipo dispositivo y el procedimiento penal del tipo inquisitorio. En el procedimiento civil, por ejemplo, ese carácter dispositivo se manifiesta por la disposición, impulso y dirección que tienen las partes en el proceso venezolano[226]. Este carácter dispositivo del procedimiento implica cuatro elementos: en primer lugar, que no hay proceso sin demanda de partes; en segundo lugar, que el objeto litigioso lo establecen las partes; en tercer lugar,

220 Artículo 137 LOCSJ.
221 Artículo 121 LOCSJ.
222 Artículo 137 LOCSJ.
223 Artículos 115 y 125 LOCSJ.
224 Artículos 115, 125 y 137 LOCSJ.
225 Artículo 126 LOCSJ.
226 Al respecto *V.*, A. Rengel Romberg, "El Rol del Juez en la dirección del Proceso Civil Venezolano", *Revista del Ministerio de Justicia*, N° 40, Caracas, 1962, pp. 70 y ss.

que el juez debe decidir exclusivamente en base a lo alegado y probado por las partes; y, en cuarto lugar, que el juez no puede condenar a algo distinto a lo pedido por las partes. Estos son los cuatro elementos que caracterizan este régimen dispositivo. En materia contencioso-administrativa, sin embargo, estos cuatro principios no rigen totalmente y tienen variaciones porque se admiten ciertos elementos inquisitivos.

a. *Instancia de parte y actuación de oficio*

El primer aspecto es el relativo a la instancia de parte que rige tanto en materia procesal civil, cómo en materia contencioso-administrativa. La propia Ley Orgánica de la Corte Suprema de Justicia establece en su artículo 82 que, la Corte conocerá de los asuntos de su competencia a instancia de parte interesada, salvo disposición expresa de la ley que la autorice a actuar de oficio. En este campo, por tanto, rige el principio dispositivo, en el sentido de que para que se inicie un procedimiento contencioso-administrativo se requiere que una parte interesada intente un recurso. Consecuentemente, tanto en materia contencioso-administrativa como en materia judicial ordinaria, no hay jurisdicción sin acción y, por tanto, es la parte actora y no el juez la que debe proponer su acción y pedir la tutela jurídica.

Normalmente, quien inicia el proceso es un particular, pero como hemos señalado, podría darse el caso que sea el Procurador General de la República, el Fiscal General de la República o él general el representante de la persona jurídica estatal quien intente un re curso contencioso-administrativo contra sus propios actos. En estos casos, el juez también debe conocer del recurso, cuando haya solicitud de la Administración, por ejemplo, cuando ella no pueda revocar los actos en vía administrativa, porque estos actos administrativos hayan creado derechos a favor de particulares.

Pero el principio de la instancia de parte, propio del carácter dispositivo del procedimiento, no sólo rige para el inicio del proceso, sino que se aplica a todo lo largo de éste de manera que el juez no sólo no puede iniciar el proceso de oficio, sino que tampoco puede tener iniciativa procesal durante el curso del mismo, salvo que tenga autorización legal expresa.

Ahora bien, una de las características que se ha dado siempre al procedimiento contencioso-administrativo lo constituyen los elementos inquisitorios que la Ley acuerda al juez. Sin embargo, es claro que las posibilidades del juez contencioso-administrativo, de actuar de oficio en la conducción del procedimiento y en la promoción y evacuación de pruebas, es de derecho estricto, en el sentido de que puede hacerlo sólo cuando la ley lo autoriza expresamente.

En efecto, en el sistema venezolano contencioso-administrativo, como se ha dicho, los órganos de esta jurisdicción, conforme a lo prescrito en el artículo 82 de la Ley Orgánica de la Corte Suprema de Justicia, "conocerán de los asuntos de su competencia a instancia de parte interesada, salvo en los casos en que pueda proceder de oficio de acuerdo con la Ley". La Ley Orgánica de la Corte, en tal sentido, prevé diversas formas de actuación de oficio de los tribunales contencioso-administrativos, y entre los más importantes se destacan las siguientes:

En primer lugar, los poderes del juez de apreciar de oficio el cumplimiento de las causales de admisibilidad del recurso, y poder declarar la inadmisibilidad del mismo, también de oficio, conforme a lo establecido en los artículos 84, 105, 115 y 132 de la Ley Orgánica de la Corte. Por tanto, una vez que se intenta un recurso ante un órgano de la jurisdicción contencioso-administrativa, éste debe, de oficio, decidir la admisión o inadmisión del recurso, aun sin que haya habido alegatos de las partes como excepciones de inadmisibilidad. Con esta facultad se le ha dado al juez unos amplísimos poderes en materia procesal que rebasan, en mucho, el carácter dispositivo y son propios del carácter inquisitivo, siendo esta situación, sin duda, único en el proceso venezolano, ya que no tiene parangón, en ninguna forma, en materia procesal civil.

En segundo lugar, el juez tiene también posibilidad de decidir de oficio, si solicita o no los antecedentes administrativos del caso, aun cuando haya o no habido solicitud del recurrente, conforme al artículo 123 de la Ley Orgánica.

En tercer lugar, el juez tiene la potestad de decidir, de ofició, sobre el emplazamiento de los interesados mediante carteles, lo cual no requiere instancia de parte, conforme a los artículos 116 y 125 de la Ley Orgánica.

En cuarto lugar, el juez puede, de oficio, reducir los plazos establecidos en la Ley, si lo exige de urgencia del caso, procediendo a sentenciar sin más trámites, lo cual tampoco requiere instancia de parte, conforme a lo establecido en el artículo 135 de la Ley Orgánica.

En quinto lugar, el juez tiene potestad para decidir, de oficio, la resolución de excepciones o defensas, previamente, antes de la sentencia definitiva, conforme a lo establecido en el artículo 130 de la Ley Orgánica.

En sexto lugar, el juez tiene posibilidad de solicitar, de oficio en cualquier estado de la causa, las informaciones y hacer evacuar "de oficio las pruebas que considere pertinentes conforme a lo establecido en el artículo 129 de la Ley Orgánica.

El séptimo lugar, el juez tiene potestad para declarar la perención del procedimiento, de oficio, conforme a lo establecido en el artículo 131 de la Ley Orgánica.

En octavo lugar, el juez puede de oficio, decidir si continúa o no el juicio, aún en caso de desistimiento por parte del recurrente o de perención; en los casos en los cuales el acto recurrido viole normas de orden público y el tribunal sea competente para controlar la legalidad del acto, según se deduce del artículo 87 de la Ley Orgánica.

Por último, en noveno lugar, el juez tiene potestad para determinar, de oficio, los efectos de la decisión de anulación en el tiempo, conforme a lo establecido en el artículo 131 de la Ley Orgánica.

Salvo en los casos antes mencionados, en los cuales se manifiesta el poder de actuación de oficio de los Tribunales contencioso-administrativos, por disposición expresa que la Ley, en todos los demás casos, deben decidir a instancia de parte, sin que puedan arrogarse potestades inquisitorias no previstas expresamente en la Ley.

b. *El objeto del litigio establecido por las partes y los elementos inquisitivos*

El segundo elemento del carácter dispositivo, es el del objeto del litigio que debe ser establecido por las partes.

En materia contencioso-administrativa puede decirse que rige el principio dispositivo; es decir, el juez debe atenerse sólo y exclusivamente, en su decisión, a lo alegado y planteado por las partes durante el procedimiento. Este ha sido el principio tradicionalmente aplicado por la jurisprudencia de la Corte Suprema de Justicia.

Sin embargo, en esta materia tendríamos que plantearnos la duda, primero, en los casos de vicios de inconstitucionalidad, los cuales podrían llevar al juez, conforme lo establece el artículo 20 del Código de Procedimiento Civil, a desaplicar una ley o acto normativo, de oficio, con incidencia directa sobre el objeto del proceso; y segundo, en los casos en los cuales el acto administrativo impugnado contenga vicios de orden público, es decir, de nulidad absoluta conforme a la enumeración que hace el artículo 19 de la Ley Orgánica de Procedimientos Administrativos. ¿Puede la Corte decidir la nulidad del acto, apreciando vicios de los actos administrativos de orden público, no alegados por las partes? Pensamos que tratándose de un control objetivo de la legalidad, el juez sin duda tendría poder para apreciar de oficio vicios de orden público en los actos impugnados, que no hayan sido alegados por las partes. El punto central de esta cuestión, en todo caso, radica en determinar cuáles son los vicios de orden público, y ellos no pueden ser otros que los que la Ley Orgánica de Procedimientos Administrativos califica como vicios de nulidad absoluta en su artículo 19. Por tanto, fuera de los cinco casos de vicios de nulidad absoluta previstos en esa norma, el juez contencioso-administrativo no podría apreciar, de oficio, otros vicios de los actos impugnados.

La posibilidad de apreciación de oficio de los vicios de nulidad absoluta por el juez contencioso-administrativo surge además, indirectamente, como ya mencionamos, de lo establecido en el artículo 87 de la Ley Orgánica de la Corte Suprema de Justicia que establece que aun en caso de desistimiento de la aplicación o de la apelación o perención de la instancia, si el acto viola normas de orden público, lo que originaría vicios de la nulidad absoluta, la Corte puede seguir conociendo de recursos y declarar la nulidad del acto impugnado.

c. *La decisión conforme a lo aprobado por las partes y los elementos inquisitivos*

El otro principio derivado del carácter dispositivo del procedimiento, es que la decisión respectiva debe dictarse conforme a lo probado por las partes. Este es, quizás, uno de los principios básicos en materia procesal civil, y que no rige en materia contencioso-administrativa.

La antigua Ley Orgánica de la Corte Federal ya establecía[227] el principio de que el juez contencioso-administrativo podía, de oficio, promover y evacuar pruebas y obtener todas las informaciones que estimara convenientes para su decisión; y éste principio fue recogido expresamente en el artículo 129 de la Ley Orgánica de la Corte Suprema de Justicia que establece que, "en cualquier estado de la causa, la Corte podrá solicitar las informaciones y hacer evacuar, de oficio, las pruebas que considere pertinentes". En esta forma se le da al juez contencioso-administrativo el más amplio poder inquisitivo en materia de pruebas para la adopción de su decisión.

d. *Decisión ajustada a lo pedido y tos elementos inquisitivos*

El último elemento de confrontación entre él principio dispositivo del procedimiento civil y los elementos inquisitivos en el campo del Derecho Administrativo, está en que la decisión, de acuerdo al régimen dispositivo, debe ajustarse a lo pedido por las partes. En materia contencioso-administrativa, puede decirse que en principio rige el principio dispositivo en el sentido de que en su decisión el Juez debe atenerse a lo pedido por las partes. Es lo que se desprende del texto citado del artículo 82 de la Ley Orgánica de la Corte Suprema de Justicia, no estableciéndose expresamente, en ninguna de sus normas, la posibilidad de que el Juez, de oficio, aprecie otros vicios de ilegalidad de los actos

227 Artículo 28.

administrativos distintos a los alegados por el recurrente. Excepcionalmente sin embargo, y por interpretación de lo establecido en el artículo 87 de la Ley Orgánica, en los casos de vicios de orden público, que de acuerdo a la Ley Orgánica de Procedimientos Administrativos no son otros que los vicios de nulidad absoluta previstos en el artículo 19, la Corte Suprema de Justicia podría entrar a decidir la nulidad de un acto en base a otros vicios distintos a los alegados por las partes[228], o en base a los poderes que tiene de control difuso de la constitucionalidad, antes mencionados. También, de oficio, el juez podría desaplicar normas cuando las estime inconstitucionales conforme lo autoriza el artículo 20 del Código de Procedimiento Civil.

C. El carácter no suspensivo

Pero aparte del carácter contencioso y del carácter inquisitivo, hay una tercera característica del procedimiento contencioso-administrativo, y es el carácter no suspensivo del procedimiento. En efecto, el hecho de que se intente un recurso contencioso-administrativo no implica en principio, que el acto recurrido se suspende en sus efectos. El principio que rige es totalmente el contrario, es decir, el de la ejecutoriedad de los actos administrativos, cuyos efectos no se sus penden cuando se intenta contra los mismos cualquier tipo de re curso, pudiendo, a pesar de ello, ser ejecutados por la Administración[229]. Como lo ha dicho la Corte, admitir lo contrario equivaldría a hacer posibles paralizaciones de la acción administrativa por voluntad de los particulares"[230].

Refiriéndose a la ejecutoriedad de los actos administrativos, la antigua Corte Federal, en sentencia de 29 de julio de 1959, ha señalado que la misma "permite darles; cumplimiento incluso contra la voluntad de los propios interesados, por existir en ellos una presunción de legitimidad que no se destruye por la impunidad"[231].

Sin embargo este principio de la no suspensión dé los efectos de los actos administrativos por la interposición de recursos contra los mismos, tiene sus lógicas excepciones. La primera de ellas surge cuando él legislador, por disposición expresa, establezca la suspensión de la ejecución del acto hasta que adquiera firmeza, es decir, hasta que, en su caso, los recursos interpuestos contra el mismo sean decididos.

---

228 *V.*, Allan R. Brewer-Carías, "Comentarios sobre las nulidades de los actos administrativos", *Revista de Derecho Público*, N° 1, Editorial Jurídica Venezolana, Caracas, 1980, pp. 45-50.

229 Allan R. Brewer-Carías, "Aspectos de la Ejecutividad y ejecutoriedad de los Actos Administrativos Fiscales y la Aplicación del Principio *Solve et Repete*", en *Revista de Control Fiscal* y Tecnificación Administrativa, N° 33, Caracas, 1965, pp. 17-26, y en *Revista del Ministerio de Justicia*, N° 53, Caracas, 1965, pp. 67-86; y "Los efectos no suspensivos del recurso contencioso-administrativo de anulación y sus excepciones", *Revista de la Facultad de Derecho*, Caracas, 1968, pp. 293 a 302. *V.*, además, M. T. Machado de Merchán, "La ejecutividad y ejecutoriedad de los actos administrativos", *Revista de Control Fiscal*, N° 107, Caracas, 1982, pp. 33-67; A. Blanco Uribe Quintero "La ejecutoriedad de los actos administrativos", *Revista de Control Fiscal*, N° 118, Caracas, 1985, pp. 57-76.

230 CF., 29-07-59, G.F., N° 25, 1959, pp. 99-100.

231 *Idem*. Esto ha sido confirmado por otra parte, por la doctrina de la Procuraduría General de la República, la cual ha sostenido que "es principio universalmente admitido que los actos administrativos -salvo aquellos que están sujetos a término, condición o ulterior aprobación- producen todos sus efectos desde el momento mismo en que son dictados, y por tanto pueden y deben cumplirse como si fueran definitivamente firmes; así lo exige la buena marcha de la Administración Pública, que de lo contrario podría verse entrabada por los recursos -aun los más temerarios- interpuestos contra sus actuaciones por los particulares interesados. Consecuencia de este principio es la tesis, predominante en la doctrina, de que tales recursos rio tienen efecto suspensivo, es decir, no postergan la ejecución de las decisiones administrativas". *Vid.* Doctrina PGR 1964, Caracas, 1965, p. 25.

Por ello la antigua Corte Federal y de Casación ha establecido frente al principio que "se exceptúan solamente los casos en que la Ley de modo expreso permite suspender en caso de apelación y previo el cumplimiento de determinadas formalidades legales, la ejecución del acto administrativo"[232]

Nuestra legislación nacional y municipal conoce algunas de estas excepciones. Es el caso del Código Orgánico Tributario que establece el principio general del carácter suspensivo de los recursos (artículo 178).

Un ejemplo de la legislación nacional es el establecido en la Ley de Empresas de Seguros y Reaseguros, en cuanto a la liquidación de dichas empresas. El efecto, la liquidación de la empresa conforme al procedimiento establecido en los artículos 79 y siguientes de la Ley, sólo procede "al quedar firme la revocación dé la autorización" tal como lo señala textualmente dicho artículo. Por tanto, mientras el acto administrativo del Ejecutivo Nacional revocatorio de la autorización no sea firme, no puede procederse a la liquidación prevista en la Ley de Empresas de Seguros y Reaseguros. En efecto, estando previsto en la Ley el recurso contencioso-administrativo de anulación contra los actos del Ejecutivo Nacional o del Ministerio de Fomento, por motivo de ilegalidad, es evidente que la firmeza del acto administrativo dictado por dicha autoridad, se produce sólo cuando el acto no es impugnado y se vence al lapso de caducidad de diez (10) días que prevé la Ley[233]. Por tanto, la firmeza de los actos administrativos se produce por el vencimiento de los lapsos de impugnación establecidos por las Leyes, que son de caducidad; y como consecuencia, el acto administrativo firme no puede ser impugnado por extinción del recurso respectivo[234].

---

232 CP, 25-01-60, G.F., N° 27, 1960, p. 34.

233 Art. 108.

234 En este sentido hemos sostenido en otro lugar (*Vid.* Allan R. Brewer-Carías, "Estudios sobre los actos recurribles en vía contencioso-administrativa emanados de la Contraloría General de la República" en *Revista Control Fiscal y Tecnificación Administrativa*, N° 37, Caracas, 1965, pp. 40 y 41) lo siguiente: "siendo los lapsos concedidos por la ley para impugnar en la vía administrativa o en la vía contencioso-administrativa los actos administrativos, unos lapsos de caducidad, por ello son improrrogables y una vez transcurridos, hacen que el acto administrativo respectivo se haga firme". En efecto, "los actos administrativos no pueden estar indefinidamente expuestos al riesgo de una revisión por vía de recurso. Las exigencias del principio de la legalidad ceden aquí ante consideraciones que postula el principio de la seguridad jurídica, máxime si se tiene en cuenta que del acto administrativo puedan haber surgido situaciones favorables a terceros" (*Vid.* Fernando Garrido Falla. "Los actos recurribles en vía administrativa y contencioso-administrativa", en *Revista de Derecho Privado*, *T.* XLVI, Madrid, 1962, p. 1052). Pero la firmeza del acto administrativo no implica cercenamiento de la garantía de los administradores de exigir a la Administración una revisión de sus actos. Al contrario, la firmeza se produce cuando el titular de un interés legítimo que haya sufrido lesión como consecuencia del acto administrativo, no ha ejercido o interpuesto *El Recurso Jerárquico* o el contencioso-administrativo respectivo, en el término que para cada caso la Ley establece. Y ello, ha señalado la jurisprudencia, "porque realmente conviene al orden social la estabilidad de los actos de la Administración Pública, sin perjuicio, claro está de la garantía debida a los administrados, quienes tienen a su alcance las vías adecuadas para hacer valer sus derechos" (sentencia de la antigua Corte Federal de 24 de noviembre de 1953, en la *Gaceta Forense*, N° 2, p, 189). En igual sentido, sentencia de la misma Corte de 24 de febrero de 1956, en *Gaceta Forense*, N° 11, pp. 38 y 39". Por tanto, la firmeza en él acto administrativo equivale a su irrecurribilidad (*Cfr.* Eloy Lares Martínez, *Manual de Derecho Administrativa*, Caracas, 1963, p. 105; así mismo emplea el término "irrevisables", R. Bielsa, *El Recurso Jerárquico*, Buenos Aires, p. 153. En igual sentido nuestro libro "Las Instituciones Fundamentales...", *cit.* pp. 145 a 147), por la vía administrativa o contencioso-administrativa por haberse vencido los lapsos de caducidad previstos para ello. En este sentido, Linares afirma que "Firmes son los actos consentidos por el sujeto afectado, sea por haber dejado vencer el término legal o reglamentario para recurrir jerárquicamente o a la justicia o porque no es revisable por la Justicia, o sea porque el sujeto afectado lo haya consentido

Ahora bien, aplicado este concepto al caso regulado en el artículo 70 de la Ley de Empresa del Seguro y Reaseguro, se evidencia lo siguiente:

En primer lugar, así como lo dice la Ley, sólo "al quedar firme la revocatoria de la autorización" es que debe acudirse al procedimiento que prevé la Ley para la liquidación, mientras el lapso para intentar el recurso previsto en el artículo 108 de la propia Ley – que es "de diez (10) días contador a partir de la fecha de la publicación en la Gaceta Oficial de la República de Venezuela"–, no transcurra, el acto no adquiere firmeza f no puede procederse a la liquidación ahí prevista.

En segundo-lugar, si el recurso previsto en dicha norma es intentado, mientras no haya decisión judicial de la Corte Suprema de Justicia, el acto no adquiere firmeza. En esta forma la resolución impugnada sólo será firme si es confirmada por la Corte, es decir, si, es declarado sin lugar el recurso.

Por último debe aclararse que la norma del artículo 79, que suspende la ejecución del acto revocatorio –la liquidación de ser procedente– al momento en que adquiera firmeza, tiene su razón de ser. En efecto, siendo el principio como se ha dicho, en materia de actos administrativos, el de la ejecutoriedad de éstos y por tanto su inmediata ejecución, la impugnación de los mismos y la interposición de un recurso administrativo contencioso-administrativo no produce efectos suspensivos. Siendo esto así, el legislador adjetivo ha admitido, sin embargo excepciones: la posibilidad, por ejemplo, en el procedimiento contencioso-administrativo, conforme al artículo 136 de la Ley Orgánica de pedir al Juez la suspensión de los efectos del acto administrativo cuando su aplicación pueda causar un perjuicio irreparable, para el caso en que se declarase posteriormente con lugar el recurso interpuesto. Pero la excepción también puede estar prevista en la ley sustantiva, como es el caso de la Ley de Empresas de Seguros y Reaseguros: No se ganaría absolutamente nada impugnando por vía contencioso-administrativa el acto de revocación, si en el caso de que después de algunos años de litigio se ganara el recurso, y se declarara la nulidad del acto revocatorio, ya la empresa en concreto hubiera sido liquidada por el procedimiento de los artículos 70 y siguientes de la Ley. Para evitar que se produzcan situaciones como la descrita, que darían lugar a perjuicios irreparables, es que la propia Ley de Empresa de Seguros y Reaseguros estatuye de manera expresa, como excepción al principio general anotado, que la liquidación de la empresa sólo será procedente cuando el acto revocatorio sea firme, es decir, cuando venza el lapso de impugnación respectivo o cuando, interpuesto el recurso, se decida éste en vía judicial.

En el ámbito del ordenamiento municipal, por ejemplo, del Distrito Federal también se encuentran algunas excepciones al principio. Un ejemplo claro de ellas era el consagrado de la Ordenanza sobre Arquitectura, Urbanismo y Construcciones en general, al regular la demolición de construcciones. En efecto, de acuerdo a los artículos 54 y 55 de dicha Ordenanza, correspondía al Director de Ingeniería Municipal ordenar la demolición de las edificaciones que hubieran sido hechas sin el permiso correspondiente. Ahora bien, las decisiones del Director de Ingeniería Municipal que constituyeran sanciones como la señalada, conforme a la Ordenanza eran recurribles por ante el Consejo Municipal del Distrito Federal[235]. Ahora bien, y tal como lo decía claramente, en forma taxativa, el artículo 272 de la Ordenanza, la ejecución de las sanciones que impusiera el

---

en otra forma" (J. F. Linares, *Cosa Juzgada Administrativa en la Jurisprudencia de la Corte Suprema de la Nación*, Buenos Aires, 1946, p. 24).

235 Art. 270.

Director de Ingeniería Municipal, sólo podía hacerse en la forma prevista en el artículo 56 de la Ordenanza. Claramente también este artículo establecía lo siguiente:

a. La demolición de una construcción ordenada por el Director de Ingeniería Municipal, debía ser ejecutada por el propietario de la obra y a su costa dentro de los cuarenta y cinco (45) días siguientes de la fecha en que hubiere quedado firme la decisión. En efecto, y con criterio muy razonable, la Ordenanza respectiva, para impedir que se produjeran gravámenes irreparables, suspendía la ejecución del acto administrativo que ordenase la demolición, hasta que el mismo quedara firme. Por tanto, si el acto en cuestión era recurrido en vía administrativa (apelación ante el Concejo) y en vía judicial (re curso por ilegalidad de la decisión del Concejo, en vía judicial) era necesario, pues así lo establecía, la Ordenanza, que el Tribunal contencioso-administrativo decidiera sin lugar el recurso respectivo, para que el acto administrativo impugnado quedara firme y pudiera, por tanto ser ejecutado.

b. La ejecución subsidiaria por orden del Gobernador del Distrito Federal, sólo procedía cuando transcurriera el lapso de un (1) mes contado a partir del vencimiento del lapso de cuarenta y cinco (45) días concedidos al infractor para qué demoliera la construcción que a su vez comenzaran a correr a partir de la fecha en que el acto del Director de Ingeniería Municipal quedara firme, conforme se ha indicado anteriormente. Es decir, en líneas generales, la administración municipal sólo podía ordenar que la demolición se hiciera por persona distinta al infractor, por cuenta de éste transcurridos por lo menos setenta y cinco (75) días contados a partir de la fecha en que hubiere quedado firme la decisión de demolición del Director de Obras Municipales.

Pero también es posible que un recurso administrativo suspenda la ejecución del acto cuando la conveniencia .administrativa lo requiera[236]. En efecto, ante un acto administrativo que pueda producir daños irreparables al administrado, la Administración tiene dos vías por una parte, ejecutar, el acto de inmediato y, entonces atenerse a las consecuencias de la decisión del superior jerárquico, que si es revocatoria daría derecho al administrado a exigir reparación por daños y perjuicios a la Administración por el daño o gravamen irreparable que produjo la ejecución del acto revocado; por la otra, suspender la ejecución del acto cuando lo considere conveniente, y esa conveniencia está supeditada al temor de que el acto sea revocado. Por tanto, si bien podemos insistir que en principio los recursos administrativos y principalmente el recurso jerárquico, no producen los efectos suspensivos, sin embargo, la excepción a este principio puede provenir no sólo del legislador, sino de la conveniencia de la propia Administración.

Esta posibilidad, por supuesto, fue expresamente recogida por la Ley Orgánica de Procedimientos Administrativos cuyo artículo 87 prevé la posibilidad de suspensión de efectos de los actos administrativos, en vía administrativa, pero sometida a algunas condiciones cuándo se solicita por el interesado, en la forma siguiente:

> "La interposición de cualquier recurso no suspende la ejecución del acto impugnado, salvo previsión legal en contrario.
>
> El órgano ante el cual se recurra podrá, de oficio a petición de parte, acordar la suspensión de los efectos del acto recurrido en el caso de que su ejecución pudiera causar grave perjuicio al interesado, o si la impugnación se fundamentare en la nulidad absoluta del acto. En estos casos, el órgano respectivo deberá exigir la constitución previa de la caución que considere suficiente. El funcionario será responsable por la insuficiencia de la caución aceptada.

236 Así lo indicábamos en 1964 en *Las Instituciones Fundamentales...*, pp. 225 y 256.

En el mismo orden de ideas podemos razonar frente a recursos jurisdiccionales es decir, concretamente, frente al recurso contencioso-administrativo de anulación. Frente al principio de que su interposición no suspende la ejecución del acto, en 1964 señalábamos que "se exceptúan solamente los casos en que la ley, de modo expreso, permita suspender, previa el cumplimiento de determinadas formalidades legales, tales como la prestación de una caución, la ejecución del acto administrativo impugnado. Esto se producirá, por lo regular, cuando la ejecución del acto produzca gravamen irreparable al recurrente, no subsanable por la decisión definitiva. En todo caso, creemos, esta suspensión posible de los efectos del acto administrativo sólo puede ser pronunciada por el juez cuando se ha solicitado por una parte interesada"[237]. Este principio fue acogido en el artículo 136 de la Ley Orgánica de la Corte Suprema de Justicia, conforme al cual el recurrente puede formular al juez la solicitud de suspender los efectos del acto administrativo cuando su ejecución pueda causar perjuicios irreparables o de difícil reparación por la definitiva. Esta competencia de los tribunales contencioso-administrativos de decidir la suspensión de los efectos del acto administrativo impugnado por vía de previo pronunciamiento que, como hemos dicho, antes de su consagración legal expresa en la Ley Orgánica, había sido establecida jurisprudencialmente por la Corte Suprema de Justicia desde hace años[238], en todo caso, confirma el principio de que intentado un recurso, ello no implica que el acto queda suspendido en sus efectos.

El principio por otra parte, tiene una serie de aplicaciones en el campo administrativo, y un derivado del mismo es el llamado principio del *solve et repete*, cuya constitucionalidad ha sido progresivamente cuestionada, y que implica que para intentar ciertos recursos en materias fiscales es necesario haber satisfecho o pagado la contribución debida o haberla afianzado cuando la Ley lo admite, para poder reclamar. En estos casos inclusive, el propio pago o afianzamiento se constituye en uno de los requisitos procesales para que se admita el recurso.

2. Los requisitos procesales de admisibilidad

La teoría de los requisitos procesales dé admisibilidad de los recursos contencioso administrativos, particularmente del recurso contencioso-administrativo de anulación, puede decirse que ha sido otra de las construcciones jurisdiccionales de mayor interés, luego recogida en la Ley Orgánica de la Corte Suprema de Justicia de 1976.

En efecto, hasta la sanción de la Ley Orgánica particularmente en relación al recurso contencioso-administrativo de anulación de los actos administrativos de acuerdo a la doctrina y jurisprudencia venezolanas[239], los requisitos procesales del recurso eran los siguientes:

---

237 *V.*, en Las Instituciones Fundamentales..., *cit.*, p. 345, *Cfr.* Sentencia C.F., 25-1-60, G.F., N° 27, 1960, p. 34.

238 Allan R. Brewer-Carías, "Los efectos no suspensivos del recurso contencioso-administrativo de anulación y sus excepciones", en *Revista de la Facultad de Derecho*, Universidad Central de Venezuela, 37-38, Caracas, 1968, pp. 293-302.

239 *V.*, en general, Allan R. Brewer-Carías, *Las Instituciones Fundamentales, op. cit.*, pp. 346 y ss. *Cfr.* Sentencia de la CSJ-SPA de 11 de agosto de 1971, en *G.O.*, N° 1.484 Extraordinario, de 4-10-7, p. 29, en la cual la Corte Suprema señaló con precisión lo siguiente: "La admisibilidad de dicho recurso según la jurisprudencia de la Corte, está subordinada a la concurrencia de los siguientes presupuestos: a) que la ley no prohíbe expresamente dicho recurso o los otros que ella establece ordinariamente; b) que el recurrente tenga un interés actual y legítimo

a) Que se impugnase un acto administrativo recurrible, es decir, que reuniera las condiciones de recurribilidad, y en particular que se tratase de un acto definitivo[240].

b) Que el recurrente tuviera adecuada legitimación activa, es decir, que al menos tuviera un interés legítimo, personal y directo lesionado por el acto administrativo[241].

c) Que no hubiera vencido el lapso de caducidad establecido en la Ley, es decir que no se tratase de un acto firme el acto impugnado[242];

d) Que se hubiera agotado la vía administrativa, es decir, que el acto administrativo recurrido causare estado[243];

e) Que la ley no prohibiera expresamente el recurso o los que ella establecía ordinariamente[244];

f) Que el acto recurrido no pudiera ser revisado por la Corte u otro Tribunal mediante un recurso especialmente consagrado por la Ley contra el acto impugnado[245], es decir, que no previera el ordenamiento jurídico un "recurso paralelo" para impugnar el acto administrativo.

Para construir este sistema de admisibilidad de los recursos, particularmente del recurso contencioso-administrativo de anulación, la Corte Suprema recurrió a varios criterios orientadores: "de principio y razón" (3-6-58); "de lógica jurídica" (11-8-71) y, en fin, "de economía procesal" (21-11-74)[246].

Esta construcción progresiva, desarrollada a partir de los años 50, se concretó definitivamente en la Ley Orgánica de la Corte Suprema de Justicia, en su artículo 84. Allí se establecen las condiciones de admisibilidad, tanto para los recursos de anulación como para las demandas contra los entes públicos, o en la terminología de la ley, tanto para "los juicios de nulidad de actos de efectos generales"[247] y de actos administrativos de "efectos particulares"[248] como para "las demandas contra la República"[249] y demás entes de derecho público y estatales.

---

en las resultas del juicio; c) que no haya vencido el lapso de caducidad establecido en el ordinal 9 del artículo 7 de la Ley Orgánica de la Corte Federal; d) que el recurrente haya agotado los recursos administrativos legalmente establecidos; y e) que el acto no pueda ser revisado por la Corte u otro Tribunal mediante un recurso especialmente consagrado por la ley contra el acto impugnado". *V.*, además en Allan R. Brewer-Carías, *Jurisprudencia de la Corte Suprema...*, *T.* V, Vol. I, *cit.* p. 290.

240 *V.*, Allan R. Brewer-Carías, "Las condiciones de recurribilidad de los actos administrativos en la vía contencioso-administrativa en el sistema venezolano", en *Perspectivas del Derecho Público en la segunda mitad del siglo XX. (Homenaje a Sayagüez Laso)*, *T.* V, Madrid, 1969, pp. 752 y ss.

241 *V.*, Sentencias GSJ-SPA de 6-2-64, en *G. O.*, N° 27.373 de 21-2-64, pp. 203-509 y 203-510.

242 Allan R. Brewer-Carías, "*Las condiciones de recurribilidad. Loc.cit.*, pp. 765 y ss.

243 *Idem.*, pp. 760 y ss.

244 V. Sentencia de la CFC en SPA de 11-8-71 en *G.O.*, N° 1.484 Extraordinario de 4-10-71, p. 29.

245 *Idem.* p. 19. *V.*, además, sentencia del CSJ-SPA de 18-10-73 en *G.O.*, N° 30.513 de 30-9-74, p. 228-966; y de 25-9-73, en *G.O.*, N° 1.643 Extraordinario de 21-3-74, pp. 9-10.

246 *V.*, el texto de estas sentencias en Allan R. Brewer-Carías. *Jurisprudencia de la Corte Suprema 1930-1974 y Estudios de Derecho Administrativo*, *T.* V, Vol. I, Caracas, 1978, pp. 290 y 314; y Allan R. Brewer-Carías, "Aspectos Procesales de la Decisión sobre la Admisibilidad o Inadmisibilidad en los Recursos Contencioso-Administrativos de Anulación", en Moles Caubet y otros, *Contencioso-Administrativo en Venezuela*, Editorial Jurídica Venezolana, Colección Estudios Jurídicos, N° 10, Caracas, 1981, pp. 125-178.

247 Art. 112 LOCSJ.

248 Art. 121 LOCSJ.

249 Art. 103 LOCSJ.

Conforme a este artículo 84, el recurso se debe declarar inadmisible, cuando así lo disponga la ley[250]; cuando la competencia la tenga otro tribunal[251]; cuando el recurso haya caducado[252]; cuando haya acumulación de acciones que se excluyan mutuamente o tengan procedimientos incompatibles[253]; cuando no se acompañen los documentos indispensables para verificar la admisibilidad del recurso[254]; cuando no se haya cumplido el procedimiento administrativo previo en las demandas contra la República[255]; cuando el escrito del recurso contenga conceptos ofensivos o irrespetuosos, sea ininteligible o contradictorio[256] y cuando exista una manifiesta falta de representación del acto[257].

Estos son los requisitos de admisibilidad comunes que prevé la ley; a ellos hay que agregar algunos otros requisitos o condiciones de admisibilidad o causales de inadmisibilidad según el tipo de recurso y de acto impugnado: cuando se trate de un recurso de nulidad contra un acto de efectos generales, la cosa juzgada es una causal de inadmisibilidad[258]; en los recursos contra los actos administrativos de efectos particulares, el artículo 124 agrega como causales de in admisibilidad la manifiesta falta de cualidad de interés del actor, es decir, la carencia de la legitimación activa necesaria, el no agotamiento de la vía administrativa y que exista un recurso paralelo[259] y, según los casos, el no cumplimiento del principio *solve et repete*,[260] y en las demandas contra la República y otros entes públicos, se agrega, como causal de inadmisibilidad, la cosa juzgada[261].

Esta construcción legal de los artículos 84, 105, 115 y 124 de la Ley Orgánica de la Corte Suprema de Justicia, insistimos, es la concreción legal de toda una doctrina jurisprudencial muy rica construida por la Corte Suprema. Pero, paralelamente a la determinación de las condiciones de admisibilidad o requisitos procesales del recurso o de las causas de inadmisibilidad, la Corte Suprema fue fijando criterios en relación a otros aspectos que giran en torno a la admisibilidad, y que ha recogido la ley, en particular en torno a la decisión del juez que debe dictar al inicio del proceso al admitir o no el recurso en el cual nos referiremos más adelante[262]. Ahora analizaremos los más importantes requisitos o condiciones de admisibilidad.

A. La legitimación

El primer requisito procesal para la admisibilidad del recurso contencioso-administrativo y, por tanto, para el inicio del procedimiento contencioso-administrativo, es el que se delimita con las nociones de legitimación activa y legitimación pasiva.

---

250 Art. 84, ordinal 1 LOCSJ.
251 Art. 84, ordinal 29 LOCSJ.
252 Art. 84, ordinal 3 LOCSJ.
253 Arts. 134 y 84, ordinal 4° LOCSJ.
254 Art. 84, ordinal 59 LOCSJ.
255 *Idem*.
256 Art. 84, ordinal 69 LOCSJ.
257 Art. 84, ordinal 7 LOCSJ.
258 Art. 115 LOCSJ.
259 Arts. 121 y 124, ordinales 19, 2°, 39 y 49 LOCSJ.
260 Art. 122 LOCSJ.
261 Art. 105 LOCSJ.
262 Allan R. Brewer-Carías, "Aspectos procesales de la decisión sobre la admisibilidad", *Loc.cit.*, pp. 125-178.

Además de la capacidad general para actuar en un proceso, la existencia de los requisitos de legitimación activa y pasiva da lugar al concepto de parte en el procedimiento contencioso-administrativo. Sin embargo este concepto de parte, tiene diverso alcance según se trate de un procedimiento en un juicio contencioso-administrativo de anulación o de una demanda contra los entes públicos. Por ello analizaremos la legitimación en relación con ambos tipos de procedimiento.

a. *La legitimación en el proceso contencioso-administrativo contra los actos administrativos*

a'. Legitimación activa

Para poder delimitar correctamente la legitimación activa en el procedimiento contencioso-administrativo de anulación de los actos administrativos, debemos distinguir claramente la anulación de los actos administrativos de efectos generales, de la anulación de los actos administrativos de efectos particulares[263]. En efecto, si el acto que se impugna es un acto administrativo de efectos generales, por ejemplo, un reglamento, la legitimación activa exigida es la de un simple interés particularizado, es decir, el interés de cualquier ciudadano por la legalidad de la actuación administrativa, siempre que ésta lo afecte en sus derechos e intereses[264]. Se trata por tanto de un simple interés particularizado; y entendemos por interés simple "ese interés vago e impreciso, no individualizado, perteneciente a cualquiera –no reconocido ni tutelado en modo directo por el ordenamiento jurídico–, relativo al buen funcionamiento de la Administración"[265].

En definitiva, cualquier persona hábil puede ser legitimada activa para impugnar los actos administrativos de efectos generales en vía contencioso-administrativa de anulación por el mismo carácter de éstos. En iguales condiciones estarían las entidades representativas de intereses difusos (sociedades ambientalistas, de usuarios o de consumidores).

Si por el contrario se trata de un acto administrativo de efectos particulares, la legitimación exigida es la de un interés legítimo, personal y directo[266], o sea, que el interés en la legalidad sea especialmente calificado y protegido por el legislador, por ser el recurrente, por ejemplo, la persona destinataria del acto, o por estar colocado en una especial situación de hecho frente a dicho, acto administrativo que exija aquella protección.

En este sentido la Jurisprudencia ha entendido por interés legítimo:

> "el que tienen ciertos habitantes, merced a la especial y particular situación de hecho en que se encuentran respecto a los demás, en la debida observancia, por parte de la Administración, de las normas establecidas en interés general, puesto que tal observancia o inobservancia pueden resultar beneficiados o perjudicados en modo particular con relación a los demás habitantes"[267].

263 Allan R. Brewer-Carías, "El Recurso contencioso-administrativo contra los actos de efectos particulares", en *El control jurisdiccional de los Poderes Públicos en Venezuela*, Ediciones del Instituto de Derecho Público, Caracas, 1979, pp. 169-194. *V.*, lo expuesto en pp. 78 y ss. de este *T.* VII.

264 Artículo 112 de la LOCSJ.

265 *V.*, en este sentido la sentencia del Juzgado Primero de Primera Instancia en lo Civil de la Circunscripción Judicial del Distrito Federal y del Estado Miranda de 21-11-60 en el Informe de la Fiscalía General de la República al Congreso de 1960, Caracas, 1961, p. 337.

266 Art. 121 y 124, ordinal 19 de la LOCSJ.

267 Sentencia dictada de 21-11-60, supra nota, 158.

En consecuencia, puede decirse que sin lugar a dudas, la legitimación activa en el contencioso de anulación, va a depender de la clasificación de los actos administrativos que se recurren. Hemos insistido en que la distinción de procedimientos y requisitos que la Ley Orgánica establece, respecto de los "juicios de nulidad de los actos de efectos generales" y de los "juicios de nulidad de los actos administrativos de efectos particulares" previstos en los artículos 112 a 129 de la Ley, aplicada a la impugnación de los actos administrativos, se basa en la distinción de los actos administrativos, según su contenido normativo o no normativo[268]. Sólo en la impugnación de los actos administrativos de contenido normativo, que establece normas que integran el ordenamiento jurídico y que, por tanto, tienen como destinatarios a todos en forma indeterminada e indeterminable, y que la Ley identifica como los de efectos generales, se justifica la ausencia de lapso de caducidad para la impugnación, el simple interés y la no necesidad de agotar la vía administrativa previstos en los artículos 112 a 120 de la ley; y asimismo, es en la impugnación de los actos administrativos de contenido no normativo, y que, por tanto, tienen unos destinatarios determinados o determinables, identificados por la Ley como los defectos particulares, que se justifican las exigencias procesales de admisibilidad del interés personal, legítimo y directo lapso de caducidad y agotamiento de la vía administrativa previstos en los artículos 121 a 129 de la ley. Precisamente, por esta distinción, es que los actos administrativos generales de contenido no normativo y que se destinan a una pluralidad de sujetos determinados o determinables, como el acto de zonificación de un área urbana o la convocatoria a un concurso, se rigen por el procedimiento de impugnación de los actos administrativos de efectos particulares.

Pero aparte de ello, es necesario destacar la ''restricción" que trae la Ley Orgánica en cuanto a la legitimación activa para impugnar un acto administrativo de efectos generales conforme a lo previsto en su artículo 112. Se exige, en dicha norma, que el acto impugnado lesione en alguna forma los derechos e intereses del recurrente, por lo que la popularidad de la acción contra los reglamentos, por ejemplo, puede decirse que en cierto modo quedó restringida. Es necesario que el acto normativo que se impugna, lesione en alguna forma los derechos e intereses del recurrente, aun cuando, por supuesto, no se trate de un interés legítimo el que deba ser lesionado. Se trata, por supuesto, de un simple interés pero condicionado por diversas situaciones como la residencia, el sexo, el credo, la condición social o el domicilio. Muchas veces un acto de efectos generales, reglamentario, sólo afectaría a quienes residen en un área del territorio, por lo que sólo estos residentes podrían impugnarlo. En todo caso, la amplitud o restricción del interés simple particularmente para recurrir dependerá de la posición que asuma la Corte Suprema de Justicia, la cual en sentencia de 1982 puede decirse que ha sido absolutamente amplia. La Corte, en efecto, en esa decisión ha establecido como una presunción que el acto de efectos generales que se recurre siempre, "en alguna forma, afecta los derechos o intereses del recurrente en su condición de ciudadano venezolano, salvo que del contexto del recurso aparezca manifiestamente lo contrario"[269].

---

268 *V.*, al respecto lo que hemos señalado en Allan R. Brewer-Carías, *El Control de la Constitucionalidad de los Actos Estatales*, Caracas, 1977, "Presentación", pp. 8 y ss.; y en Allan, R. Brewer-Carías, "El recurso contencioso-administrativo contra los actos de efectos individuales" Instituto de Derecho Público, en *El control jurisdiccional de los Poderes Públicos en Venezuela, cit.*, pp. 712 y ss.

269 Sentencia de la CSJ-SPA de 15-3-82 (N° 54), en *Revista de Derecho Público*, N° 11, EJV, Caracas, 1982, pp. 135-138.

En cuanto a la legitimación activa en el recurso contra los actos administrativos de efectos particulares, como ha quedado dicho, y ha sido analizado anteriormente la Ley exige un interés personal, legítimo y directo lesionado por el acto recurrido, lo cual es lógico, pues lo que se persigue no es sólo el restablecimiento del derecho objetivo violado por la Administración, sino más propiamente el restablecimiento de una situación jurídica subjetiva vulnerada por la violación del derecho objetivo. Por supuesto, la vulneración de un derecho subjetivo por el acto administrativo también podría servir como fundamento del recurso.

Estos requisitos de legitimación, acumulativos, del interés personal, legítimo y directo para impugnar o defender en juicio un acto administrativo de efectos particulares, como se ha dicho, los ha precisado la jurisprudencia señalando que corresponden primero, a los titulares de, derechos subjetivos administrativos, vale decir, aquellos sujetos que derivan su capacidad procesal de vínculos previamente establecidos con la Administración y que resultan afectados por el acto que ha irrumpido contra tales vínculos; y segundo lugar, a los que se encuentren "en una especial situación de hecho en relación al acto recurrido el cual afecta su esfera jurídica"... "que lo hace más sensible que el resto de los administrados a esa eventual violación del principio de legalidad"[270].

En la primera de las sentencias citadas, de 13-11-90 de la Corte Primera, incluso precisó el sentido de los términos que califican la legitimación, conforme a su doctrina sentada en sentencia precedente de 13 de octubre de 1988.

En efecto, en la sentencia dictada en el vaso Cementosa el 13-10-88, la Corte Primera precisó lo siguiente en torno a "las tres notas que el legislador le exige al interés, esto es que sea; legítimo, que sea personal y que sea directo:

> "La palabra interés legítimo, determina una primera exigencia, que es el no ser contrario a derecho y, una segunda exigencia, que es la posición particular del actor frente al acto que lo haga objeto de sus efectos; La palabra personal debe interpretarse en el sentido dé alegar el actor a título propio al interés, por lo cual la acción no puede ser ejercida en beneficio de otro. Finalmente, el interés directo alude a la circunstancia de que el acto impugnado debe haber sido dirigido en forma inmediata al recurrente en forma tal que la lesión que del mismo recibiera debe derivar del acto en forma no mediatizada. No se admite así que el afectado por un efecto secundario o ulterior pueda recurrir contra el acto"[271].

En base a esta doctrina, en la citada sentencia de la Corte Primera de 13-11-90, la Corte precisó lo siguiente:

> "interés personal es el que puede hacer valer el autor" en su nombre o en el de un sujeto o comunidad que represente", es decir, el interés en la nulidad o no del acto debe ser del propio sujeto que lo impugne o defienda; interés legítimo, es el que corresponde al mencionado sujeto derivado sea de un título jurídico que implique el derecho a una tutela legal, sea de "una particular situación de derecho frente al acto administrativo en forma que el mismo recaiga sobre su esfera, afectándola en materia determinante"; e interés directo deriva de la "necesidad de que el efecto del acto recaiga sobre el actor", es decir, "que el acto esté destinado al actor"[272].

Ahora bien, la enumeración de tales características de interés personal, legítimo y directo como condición de la legitimidad en el contencioso-administrativo, por supuesto,

---

270 *V.*, sentencia de la CPCA de 13-11-90 y sentencia de la CSJ-SPA de 15-11-90 en *RDP*, N° 44, 1990, pp. 158 a 160.

271 Consultada en original.

272 Sentencia CPCA en *RDP*, N° 44, 1990, pp. 158-159.

es un límite frente a las representaciones de intereses difusos, las cuales no tienen la legitimidad requerida para actuar en los juicios de nulidad de los actos administrativos de efectos particulares. El interés difuso que representan, por ejemplo, las asociaciones de consumidores, de usuarios o ambientalistas, por su carácter indeterminado y genérico no podría servir de fundamento para la intervención judicial en juicios de nulidad de actos administrativos de efectos particulares, por la falta del carácter "personal, legítimo y directo" que requiere la ley. Lo mismo podría plantearse respecto de las asociaciones de vecinos que regula la Ley Orgánica de Régimen Municipal, las cuales, actuando como representantes dé simples intereses difusos de carácter vecinal, no tendrían la legitimación necesaria para actuar en dichos juicios; y sólo podrían actuar en defensa del interés colectivo que en concretó representan, cuando el acto recurrido afecta o vulnera directamente, no sólo a uno o más vecinos en concreto, sino el interés colectivo cuya defensa tiene encomendada, es decir, cuando afecta a la globalidad del área urbana que abarca la respectiva asociación, y por tanto, a la globalidad de los vecinos.

Mientras la Ley Orgánica de la Corte Suprema de Justicia no se reforme el acceso a la justicia administrativa está limitado a los titulares de un interés personal, legítimo y directo, pudiendo este ser, sin duda, un interés colectivo (de una comunidad, asociación o colectividad concreta), quedando excluidos de la legitimación los representantes de intereses difusos. Abrir la legitimación a estos intereses, sería convertir la acción de nulidad contencioso-administrativa en una acción popular, lo que no sólo es contrario a nuestra tradición que la prevé sólo en materia de acciones de inconstitucionalidad, contra actos de efectos generales o dictados en ejecución directa de la Constitución, sino que podría trastocar todo el sistema de control de conformidad al derecho de la acción administrativa, al abrirse la vía del chantaje entre particulares, cuando del acto administrativo derivan derechos o intereses privados concretos.

En todo caso, este interés personal, legítimo y directo, no es vago, impreciso o etéreo, sino actual, personal y concreto[273]. Por ello, la Corte Suprema de Justicia en Sala Político-Administrativa ha sostenido que "por muy amplio que sea el sentido que quiera darse al concepto de interés para los efectos de la legitimación activa en materia contencioso-administrativa, resulta indudable que no puede entenderse que exista tal legitimación por el hecho de que cualquier ciudadano quiera que la Administración Pública obre con arreglo a la Ley...", por lo que concluye la Corte señalando que sólo podrían hacerse parte en un juicio contencioso-administrativo de anulación contra una decisión administrativa "las personas directamente afectadas por ella, vale decir, las que tuvieren un interés legitimo en su anulación o mantenimiento"[274]. En este mismo orden de ideas la Corte Suprema ha señalado que "este interés es el que en el recurso contencioso de anulación ostentan las partes, entendiéndose por tales las que han establecido una relación

---

273 Al respecto en sentencia de 14 de marzo de 1960, la antigua Corte Federal estableció: "Los ordenamientos jurídicos que como el nuestro admiten el recurso contencioso de anulación de actos administrativos, exigen, como requisito procesal, que el demandante ostente un interés que, en todo caso, ha de ser personal, directo y legítimo, aunque, como lo dispone el artículo 14 de nuestro Código de Procedimiento Civil, puede ser eventual o futuro, salvo el caso en que la Ley lo exija actual". "Este interés que han de os tentar en el recurso de anulación de un acto administrativo, las partes entendiéndose por tales las que han establecido una relación jurídica con la Administración Pública, o aquel a quien la decisión administrativa perjudica en su derecho o en su interés legítimo... De aquí que... sólo puedan actuar los sujetos á quienes directamente afecta el acto administrativo...". Sentencia C-14-3-60, en G.F., N° 27, 1960, pp. 127-132.

274 *V.*, sentencia del 18 de febrero de 1971 en *G.O.*, N° 1.472 Extraordinario de 11-6-71, p. 7.

jurídica con la Administración Pública, o todo aquel a quien la decisión administrativa perjudica en su derecho o en su interés legítimo[275].

En esta forma, por ejemplo, la legalidad o no de un acto administrativo fiscal que establece una multa o que liquida un impuesto, puede ser impugnada por el destinatario de dicho acto quien tiene evidentemente un interés legítimo, personal y directo en su legalidad. Un tercero que no tiene interés en cuanto a los impuestos que paga o no otra persona, no tendría la legitimación activa necesaria para recurrir ese acto de carácter fiscal. Pero el interés legítimo puede surgir por la especial situación de hecho en que un particular se encuentre. Por ejemplo, el recurso contra una constancia ilegal de construcción sobre un inmueble urbano otorgado por una autoridad municipal, puede ser impugnado por los propietarios o residentes de inmuebles; vecinos al ilegalmente permitido, en cuyo caso, el interés legítimo, personal y directo surge de la especial situación de hecho en que se encuentran respecto a aquél.

b'. Legitimación pasiva

En cuanto a la legitimación pasiva en el recurso contencioso de anulación, ésta corresponde, a los interesados a quienes se emplaza y quienes deben tener también un interés legítimo, personal y directo en el mantenimiento del acto, si se trata de un acto administrativo de efectos particulares; o un interés simple particularizado si se trata de un acto administrativo de efectos generales[276].

En principio, este interés en defender el acto impugnado puede asumirlo también el Procurador General de la República o el Fiscal General de la República, aun cuando no necesariamente tienen que hacerlo. En una sentencia de la antigua Corte Federal, se dice que en el recurso contencioso-administrativo de anulación de los actas administrativos, "el actor propone formal demanda contra la Nación en la persona del Procurador de la Nación, a quien necesariamente se le cita, y se lo emplaza, como a cualquier demandado, para que comparezca en la oportunidad que se le señala a contestar la demanda[277]. Debe señalarse que esa jurisprudencia no es del todo exacta, y ello porque el recurso contencioso-administrativo de anulación es una acción dirigida contra un acto administrativo y no contra la Administración o cualquiera otra persona de derecho público, y si bien hay un accionante que es el recurrente legitimado activamente, no hay, propiamente hablando, un demandado. En este sentido ha dicho la misma Corte Federal en otra oportunidad, que "no puede decirse que se demanda a la Nación, sino que lo que se busca es la declaratoria de nulidad de un acto administrativo"[278], con lo cual, además pueden plantearse pretensiones de condena (artículo 131 LOCSJ).

Sin embargo, si bien no podemos decir que hay en términos jurídicos un demandado, sí podemos señalar que tratándose de actos administrativos de la República, hay, en principio, un defensor nato del acto, a quien se notifica pero no se cita: es el Procurador General de la República[279].

Pero decimos que en principio el Procurador es defensor del acto impugnado, pues no siempre lo es ni necesariamente tiene que serlo. En efecto, el Procurador, quien antes de

275 *V.*, sentencia CSJ-SPA de 21-11-74 en *G.O.*, N° 30.594 de 1-1-75, pp. 229-719.

276 Artículo 137 de la LOCSJ.

277 CF 30-5-57, G.F., N° 17, 1957, pp. 57 y ss.

278 CF 11-11-55, G.F., N° 10, 1955, pp. 56 y 57.

279 Art. 125 LOCSJ

la entrada en vigencia de la Constitución de 1961 era considerado "como defensor de los principios de Derecho Público"[280], puede manifestar su opinión en favor de la nulidad del acto, ante la jurisdicción contencioso-administrativa, y es más, el Procurador General de la República puede ocurrir como legitimado activo a esta jurisdicción para solicitar la declaratoria de nulidad de un acto administrativo ilegal o contrario a derecho, cuando la Administración se encuentra en la imposibilidad de revocarlo por haber creado derecho a favor de terceros[281]. En este último caso tendríamos la legitimación activa del Procurador General de la República, en representación de la Administración Pública Nacional, en el procedimiento contencioso-administrativo de anulación.

b. *Legitimación en el proceso contencioso-administrativo de las demandas contra los entes públicos*

En el procedimiento contencioso-administrativo de las demandas contra los entes públicos, al contrario, sí nos encontramos propiamente ante dos partes con pretensiones contrarias: el particular demandante y la persona de derecho público o persona estatal demandada. En estos casos, el problema a resolver en los mismos no es el de la situación jurídica objetiva lesionada, sino que siempre gira en torno a un derecho subjetivo. Por tanto, el actor en el procedimiento; tiene que ser titular de un derecho subjetivo lesionado por la actividad administrativa. No basta, por tanto, el interés legítimo, ni mucho menos un simple interés para intentar una demanda que pretenda, por ejemplo, la condena al pago de sumas de dinero por los daños y perjuicios causados por la Administración por responsabilidad extracontractual o contractual; o un recurso que persiga el restablecimiento de un derecho subjetivo lesionado por la actividad administrativa. En todos estos casos, la legitimación activa tiene que estar fundamentada en un derecho subjetivo.

Dicho en otras palabras, en estos casos, los órganos de la jurisdicción contencioso-administrativa son contralores de la legitimidad de la actividad administrativa, cuando ésta vulnere una situación jurídica subjetiva o cuando por la vulneración de una situación jurídica objetiva se dé origen a un derecho subjetivo de parte del recurrente. Examinaremos esto de acuerdo con el artículo 206 de la Constitución.

En los casos de lesión de una situación jurídica subjetiva por la actividad administrativa, la Constitución concede tres casos de procedencia de demandas contencioso-administrativas contra entes públicos:

a) En primer lugar, la demanda que para la condena a pagar sumas de dinero, se intente contra la Administración. El caso típico de este supuesto es el originado por un derecho de crédito. Sólo el titular del derecho de crédito, es decir, el acreedor, puede demandar a la Administración deudora. Entonces sólo el titular de un derecho subjetivo puede demandar a la Administración por el pago de sumas de dinero. Cuando la Administración ha incumplido su obligación, lesiona la situación jurídica subjetiva de acreedor que posee el recurrente, y es en base al derecho subjetivo que origina esta situación jurídica subjetiva, que el recurrente está legitimado activamente para iniciar el procedimiento contencioso-administrativo de las demandas.

280 CF 11-11-55. G.F., N° 10, 1955, pp. 56 y 57.

281 El artículo 27 de la derogada Ley Orgánica de la Corte Federal señalaba que al iniciarse el procedimiento, se notificará al Procurador General de la República "cuando no hubiese sido a instancia" de él. *V.*, CFC-CP, 19-10-51, G.F., N° 9, 1952, pp. 8-11.

b) En segundo lugar, la demanda que se intente contra la Administración para la condena a la reparación de daños y perjuicios originados por la responsabilidad contractual de la Administración. Este es el caso normal de los contratos administrativos: sólo el cocontratante de la Administración puede ser titular de un derecho subjetivo originado por la lesión de su situación jurídica subjetiva de cocontratante. Por tanto, sólo él puede, en base a ese derecho subjetivo, demandar a la Administración a la reparación de daños y perjuicios.

c) En tercer lugar y fuera de toda relación contractual, puede demandarse a la Administración para lograr el restablecimiento de una situación jurídica subjetiva lesionada por la actividad administrativa. El caso típico de este supuesto es la demanda en reivindicación, sólo el propietario de un bien determinado puede demandar en reivindicación a la Administración, cuando ésta, administrativamente, ha tomado posesión o detenta ese bien indebidamente. Por tanto, aquí también sólo el titular de un derecho subjetivo puede intentar la acción de reivindicación y, si el inmueble está afectado a un uso público, la acción de pago de la indemnización sustitutiva.

Como puede verse, todos estos casos tienen su origen en la lesión de una situación jurídica subjetiva que puede tener su origen en un acto jurídico, un contrato o en una ley. Son situaciones jurídicas preestablecidas que son lesionadas por la actividad administrativa y que dan derecho a su titular a demandar en justicia.

Sin embargo, la redacción del artículo 206 de la Constitución, que analizamos, permite la apertura de demandas contencioso-administrativas, en los casos de responsabilidad extra contractual de la Administración. La responsabilidad, en sí misma, es una situación jurídica objetiva, producto del derecho objetivo. No constituye un derecho, pues no puede renunciarse, y más bien implica un deber de no hacer daño a otro. Sin embargo, una vez causado el daño por un hecho ilícito o por otra fuente de la responsabilidad administrativa, la víctima del daño adquiere un derecho subjetivo a la reparación del mismo, es decir, se encuentra en una situación jurídica de acreedor. Por tanto, sólo fundamentándose en ese derecho subjetivo a la reparación del daño que se le causó, es por lo que puede actuar en justicia ante la jurisdicción contencioso-administrativa.

En conclusión, podemos observar que para poder intentar una demanda contencioso-administrativa, el demandante debe ser titular de un derecho subjetivo, pudiendo hacer ese derecho subjetivo de la lesión de una situación jurídica subjetiva preexistente, o en la lesión de una situación jurídica objetiva. No podrá, entonces, intentarse la demanda con un interés simple, ni con un interés legítimo. La legitimación activa consiste en la titularidad de un derecho sujetivo[282].

Por tanto, en estos supuestos de demandas contencioso-administrativas contra entes públicos, la legitimación pasiva sí corresponde propiamente de una demanda contra una persona jurídico-estatal, la cual como tal debe "citarse"[283], pareciéndose el procedimiento por tanto, al procedimiento ordinario civil, aun cuando con excepciones que corresponden a las entidades públicas nacionales demandadas, en forma de "prerrogativas procesales". En estos casos, por tanto, como ha dicho la antigua Corte Federal, el actor titular de su derecho subjetivo "propone formal demanda contra la Administración en la persona del Procurador General de la República, a quien necesariamente se le cita y se

282 CF 28-10-59, G.F., N° 36, 1959, p. 55.
283 Art. 106 LOCSJ.

le emplaza, como a cualquier demandado, para que comparezca en la oportunidad que se le señale a contestar la demanda"[284].

Respecto a la legitimación pasiva nos interesa destacar lo relativo a la entidad demandada y a las prerrogativas procesales de ella.

Tratándose de un derecho subjetivo lo que configura la legitimación activa, en cuanto a la legitimación pasiva, la demanda será válidamente interpretada y admisible cuando se interpone contra la persona jurídica estatal de derecho público o de derecho privado a quien sea oponible el derecho subjetivo, o quien lesionó la situación jurídica subjetiva. Por supuesto, en estos casos, la acción debe intentarse específicamente contra la República o contra aquellos establecimientos de derecho público, como los Institutos autónomos y las demás personas jurídicas de derecho público y contra las empresas del Estado sometidas a la jurisdicción contencioso-administrativa. En estos casos actuará como representante de la entidad demandada el Procurador General de la República para la primera, o el órgano competente para las demás entidades administrativas territoriales o autónomas.

Cuando la demanda tenga consecuencias patrimoniales contra la República, la Ley Orgánica de la Hacienda Nacional y, la Ley Orgánica de la Procuraduría General de la República, establecen una serie de prerrogativas procesales[285] aplicables a gran número de institutos autónomos de conformidad con sus respectivos estatutos orgánicos y, además, conforme al artículo 233 de la Constitución, en virtud de que "las disposiciones que rigen la Hacienda Pública Nacional regirán la Administración de la Hacienda Pública de los Estados y de los Municipios en cuanto sean aplicables", estas prerrogativas pueden también ser aplicadas a los Estados y a las Municipalidades. Esto lo ratifica el artículo 100 de la Ley Orgánica de Régimen Municipal.

Estas prerrogativas procesales del ente público legitimado pasivamente se refieren principalmente a la citación, a la contestación de la demanda y las excepciones opuestas, a los recursos que deban interponerse, a la condena en costas, a la exigencia de caución judicial y a la condición en que "las partes están a derecho".

En efecto, en cuanto a la "citación de la República", el artículo 39 de la Ley Orgánica de la Procuraduría establece que "las citaciones que hayan de hacerse al Procurador General de la República para contestación de demandas, se practicarán por medio de oficio al cual deberá acompañarse copia del libelo y de los recaudos producidos por el actor. El oficio será entregado personalmente al Procurador, a quien haga sus veces o a cualesquiera de sus Directores, y desde la fecha de la consignación por el Alguacil en el expediente respectivo de la constancia firmada, comenzará a correr un lapso de quince (15) días hábiles a cuya terminación se considerará consumada la citación del funcionario y comenzará a correr el término correspondiente para la contestación de la demanda". Sin embargo, "el Procurador podrá darse por catado en cualquier momento dentro del lapso de citación".

En relación a la contestación de las demandas, el artículo 40 de la Ley Orgánica de la Procuraduría, siguiendo lo establecido tradicionalmente en el artículo 6 de la Ley Orgánica de la Hacienda Pública Nacional, establece que "cuando el Procurador General de

284 CF 30-7-57, G. F. N° 17, 1957, p. 57.

285 Sobre las prerrogativas y privilegios del fisco, *V.*: R. Lepervanche Parpacén, "Privilegios del Fisco en el Derecho Venezolano", *Separata de la Revista de Hacienda*, N° 19, Año X, 1945.

la República, los Directores, Adjuntos y Auxiliares no asistan a los actos de contestación de demandas intentadas con la República o de excepciones que le hayan sido opuestas, se tendrán unas y otras como contar dichas en todas sus partes, sin perjuicio de la responsabilidad que dicha omisión comporte para los referidos funcionarios".

En relación a los recursos ordinarios y extraordinarios que pueden hacerse valer en juicio, éstos se deben ejercer por los funcionarios de la Procuraduría sin autorización especial, y "sólo dejarán de ejercer los cuando reciban expresas instrucciones, por escrito, del Ejecutivo Nacional a través del órgano competente". Así lo regula el artículo 41 de la Ley Orgánica de la Procuraduría, la cual agrega en el artículo 42 que todos esos recursos "podrán interponerse dentro del lapso de diez días hábiles y el término de distancia, por diligencia, oficio o cualquier otro medio escrito de comunicación".

Por otra parte, de acuerdo al artículo 43 de la misma Ley, toda sentencia definitiva dictada en juicio en que sea parte la República, deberá ser consultada con el Tribunal Superior.

El artículo 8 de la misma Ley Orgánica de la Hacienda Pública y el artículo 47 de la Ley Orgánica de la Procuraduría, por su parte, establece que en ninguna instancia podrá ser condenada la República en costas, aun cuando se declaren confirmadas las sentencias apeladas, se nieguen los recursos interpuestos, se declaren sin lugar, se dejen perecer o se desista de ellos". En materia de condenatoria en costas, sin embargo, debe destacarse la importante modificación establecida en materia tributaria en el artículo 211 del Código Orgánico Tributario y la importante innovación establecida en la Ley Orgánica de Régimen Municipal, en el sentido de que conforme a su artículo 103, "es posible la condenatoria en costas contra los Municipios siempre que resulten totalmente vencidos por sentencia definitivamente firme en juicio de contenido patrimonial". En todo caso, el monto de la condenatoria en costas no puede exceder del 10% del valor de la demanda, siendo la retasa siempre obligatoria; pero el juez puede eximir de costas al Municipio cuando apareciere que ha tenido motivos racionales para litigar.

Por otra parte, el artículo 15 de la Ley Orgánica de la Hacienda Pública y el artículo 45 de la Ley Orgánica de la Procuraduría General de la República disponen que "en ningún caso podrá exigírsele caución a la República para una actuación judicial", la cual no está obligada a prestar.

Por último, la Ley Orgánica de la Procuraduría General de la República establece algunas prerrogativas procesales que modifican sensiblemente el principio de que "las partes están a derecho", que impera en nuestro sistema procesal ordinario[286]. En efecto, el artículo 38 de la referida Ley señala "que los jueces están obligados a dar noticia inmediata al Procurador de la República de la apertura de todo término para el ejercicio de algún recurso, de la fijación de oportunidad para la realización dé algún acto, y de toda actuación que se practique", agregando en el artículo 38 que "los funcionarios judiciales están obligados a notificar al Procurador General de la República, de toda demanda, oposición, excepción, sentencia, providencia o solicitud de cualquier naturaleza que, directa o indirectamente, obre contra los intereses patrimoniales de la República", así como también "de la apertura de todo término para el ejercicio de algún recurso". De estas disposiciones observamos que la carta que implica el principio de que "las par-

286 *V.*, al respecto L. Loreto, "El principio de que las partes están a derecho en el proceso civil venezolano"; *Estudios de Derecho Procesal Civil*, Caracas, 1956, pp. 23 y ss.

tes están a derecho" se aplica al litigante particular, pero no a la Administración. En igual sentido se ha regulado el principio respecto de los Municipios en el artículo 101 de la Ley Orgánica de Régimen Municipal de 1988.

Debe señalarse, sin embargo, que cuando se trata de demandas contra la República, el artículo 106 de la Ley Orgánica de la Corte Suprema de Justicia modifica esta excepción general al principio de que las partes están a derecho, por tratarse, además, de una ley posterior (1976) en relación a la de la Procuraduría (1966). Esa norma, en efecto, establece que una vez practicada la citación del Procurador General, no se requerirá notificarlo de nuevo, sino cuando lo exija alguna disposición del Código de Procedimiento Civil. Sólo, a solicitud de dicho funcionario, el Tribunal debe ordenar expedir sin demora copia a los escritos o documentos presentados por la otra parte y que, a juicio de la Procuraduría, sean necesarios para la mejor defensa de los intereses de la República.

B. El agotamiento de la vía administrativa

El segundo requisito procesal del procedimiento contencioso-administrativo, es la necesidad de que se agote la vía administrativa previamente a su iniciación. Este agotamiento de la vía administrativa como paso previo a la vía contencioso-administrativa, no es más que la obligación impuesta legalmente al recurrente de agotar los medios administrativos útiles que tiende a su disposición ante la misma Administración.

En su esencia, la necesidad de agotar la vía administrativa antes de intentarse el recurso contencioso-administrativo, constituye una prerrogativa de la Administración. En efecto, el agotamiento de la vía administrativa protege a la Administración en el sentido de que la misma, o sus actos, no pueden ser demandados ni recurridos jurisdiccionalmente sin antes haber la Administración tomado posición respecto a la futura materia litigiosa.

Pero en otro sentido, la necesidad de agotar la vía administrativa protege también a los demandantes o recurrentes, en el sentido de que los previene de introducir recursos referentes a cuestiones sobre las cuales la Administración estaría dispuesta a dar amigable y administrativamente una satisfacción.

Por otra parte, la necesidad de agotar la vía administrativa facilita la actividad del juez contencioso-administrativo, pues éste se encuentra ante un litigio discutido y ante un expediente administrado ya formado.

Sin embargo, este requisito procesal que constituye el agotamiento de la vía administrativa y que no existe cuando la acción contencioso-administrativa se intenta conjuntamente con una pretensión de amparo, es distinto en el contencioso de los actos administrativos y en el contencioso de las demandas contra los entes públicos.

En el recurso contencioso-administrativo de anulación este requisito procesal sólo se exige en relación a la impugnación de actos de efectos particulares, y. fue una creación de la jurisprudencia de la Corte Suprema. En el proceso contencioso-administrativo de las demandas contra los entes públicos y en los casos en los cuales la impugnación de un acto administrativo conlleve pretensiones de condena patrimonial contra la República, entra en juego el llamado "procedimiento administrativo previo en las demandas contra la República", contemplado en la Ley Orgánica de la Procuraduría General de la República.

a. *El agotamiento de la vía administrativa en el proceso contencioso-administrativo contra los actos administrativos de efectos particulares*

a'. Antecedentes históricos

Como se dijo, la necesidad del agotamiento de la vía administrativa cómo requisito procesal previo para interponerse el recurso contencioso-administrativo de anulación contra los actos administrativos de efectos particulares, es materialmente una creación de la jurisprudencia administrativa de la antigua Corte Federal y de Casación. Esa doctrina fue tradicionalmente sostenida por la antigua Corte Federal y por la jurisprudencia de la actual Corte Suprema de Justicia, y luego recogida en la Ley Orgánica de la Corte en 1976.

El origen de esta doctrina jurisprudencial se encuentra, a nuestro entender, en la interpretación que la antigua Corte Federal y de Casación deba al artículo 123, ordinal 11 de la Constitución de 1936.

En efecto, en sentencia de 6 de abril de 1945 dicha Corte dispuso que:

> "por cuanto el control de la constitucionalidad que ejerce la Corte Federal y de Casación en principio ha de recaer, no sobre los actos de los funcionarios que actúan en subordinación a otros dentro y aun fuera del territorio nacional, sino sobre los actos de las autoridades en quienes termine el orden jerárquico respectivo, motivo por el cual ya esos actos no son susceptibles de ulterior revisión dentro de ese orden; y por cuanto de lo expuesto se concluye que los actos de los Administradores de Aduanas, apelables o reclamables para ante el Ministerio de Hacienda, no son atacables por acción de inconstitucionalidad establecida en el artículo 12 de la Carta Fundamental de la República, siéndolo solamente en las materias del ramo, los actos del expresado Ministro, y ello teniendo en cuenta que la disposición final de número 11 del citado artículo 123 de dicha Carta Fundamental, según el cual una Resolución ministerial no puede ser atacada, aún por una razón de inconstitucionalidad, sino en juicio contencioso, por tanto, la Corte Federal y de Casación, administrando justicia en nombre de los Estados Unidos de Venezuela y por autoridad de la Ley, se abstiene de dar curso a la expresada solicitud"[287].

De esta sentencia observamos que, a pesar de que se refiere propiamente a un recurso de inconstitucionalidad regulada para esa época en la Constitución junto al recurso de anulación por ilegalidad, la Corte señaló que sólo cuando un acto administrativo no era susceptible de ulterior revisión en el orden jerárquico administrativo, era posible su revisión jurisdiccional. Es decir, exigía que se agotaran los recursos administrativos antes de ocurrirse a la vía judicial. Y ello porque, como sostuvo la misma Corte en sentencia de 28 de mayo de 1951 el principio dé la división de poderes impide que la autoridad judicial "intervenga en asuntos que aún están bajo la jurisdicción y competencia del Poder Ejecutivo"[288].

Este criterio, aunque algunas veces confuso y otras veces impreciso, fue expresamente confirmado a partir de una sentencia de la antigua Corte Federal el 24 de noviembre de 1953. En dicha sentencia, la Corte expresó que:

> "es de principio, y así está consagrado en aquellos países donde el procedimiento contencioso-administrativo ha sido organizado legislativamente –y aún en alguna Carta Fundamental como la nueva del Uruguay–, que el recurso extraordinario, contra los actos ilegales de la Administración

---

287 Memoria 1946, *T.*, I, p. 119.

288 CF, año II, N° 8, p. 110.

no puede ser llevado ante el órgano jurisdiccional competente, sino después de haberse agotado la vía administrativa. De suerte que el titular de un interés legítimo que haya sufrido lesión como consecuencia de un acto administrativo determinado, debe ante todo interponer el recurso legal de apelación en el término que para el caso ha establecido la ley reguladora de la materia. Si así no lo hiciera, la decisión queda firme, y ello, porque realmente conviene al orden social, la estabilidad de los actos de la Administración Pública, sin perjuicio, claro está, de la garantía debida a los administrados, quiénes tienen a su alcance las vías adecuadas para hacer valer sus derechos"[289].

A partir de esa fecha, los actos administrativos no pudieron ser atacados de nulidad por el recurso contencioso-administrativo de anulación sino una vez agotada la vía administrativa por la interposición del recurso jerárquico o de apelación.

Ante esto surgía la siguiente pregunta: ¿Qué agota la vía administrativa? La respuesta era fácil deducirla de la última sentencia transcrita, cuando estableció la necesidad de agotar la vía administrativa por el "recurso legal de apelación" administrativa, y esta "apelación administrativa" no era, otra que el recurso jerárquico.

Esto fue expresamente señalado por la misma Corte Federal en 1958, cuando estableció que "es bien sabido que el recurso contencioso-administrativo contra decisiones del Poder Administrativo no puede intentarse sino cuando el interesado ha agotado la vía administrativa por medio del recurso jerárquico".

Por tanto, en materia contencioso-administrativa de anulación sólo el recurso jerárquico agota la vía administrativa[290]. Nunca había exigido la jurisprudencia el agotamiento de la vía administrativa por el recurso de reconsideración[291].

En todo caso, luego de esa evolución jurisprudencial, antes de la sanción de la Ley Orgánica de la Corte Suprema de Justicia en 1976 y de la Ley Orgánica de Procedimientos Administrativos en 1981, se agotaba la vía administrativa con el sólo recurso jerárquico, y por ello es que sólo procedía el recurso de anulación contra el acto que fuera la última palabra de la Administración, o de un inferior, cuando no existía recurso jerárquico a intentar contra su acto[292]. En estos casos se habla de acto que causa estado, cuando no hay otra instancia administrativa que pueda revisarlo.

Sobre el mismo carácter del acto administrativo recurrible, en cuanto a que debe causar estado, la Corte Suprema de Justicia, en sentencia CSJ-PA, 4-12-61, ha expresado

---

289 CF 24-11-53, G.F., N° 2, 1953, pp. 185-186.

290 CF 5-8-58. G.F., N° 21, 1958, pp. 70-76. En esta sentencia también se expresa que "esa decisión de la autoridad superior en la respectiva escala, que causa, estado, es la que puede impugnarse por medio del recurso contencioso-administrativo y, por tanto, la que tiene que provocar el interesado, por medio de la apelación o el reclamo para ante esa autoridad superior".

291 En 1964 indicábamos que si esto se llegaba a "establecer en una legislación de procedimientos administrativos, sólo debía exigirse respecto a los actos administrativos que no tuvieran posibilidad de ser revisados por *El Recurso Jerárquico*. Sea porque la ley no lo permitía expresamente, sea porque el acto administrativo Hubiera sido originalmente dictado por la autoridad superior, en el orden administrativo. En estos casos era posible establecer que se interpusiera el recurso de reconsideración antes de ocurrir a la vía jurisdiccional. Sin embargo, si el acto administrativo es dictado por una autoridad inferior debía seguirse el criterio impuesto por la Corte, es decir, debía establecerse que sólo se agotaba la vía administrativa por *El Recurso Jerárquico*. La exigencia también en estos casos de la interposición de un recurso de reconsideración haría interminable la vía administrativa en perjuicios de los administrados". *V.*, en Las Instituciones Fundamentales. *cit.*, pp. 361-362.

292 Artículo 124, ordinal 2, y Allan R. Brewer-Carías, "Las Condiciones de Recurribilidad de los Actos Administrativos en la vía Contencioso-Administrativa", en *Revista del Ministerio de Justicia*, N° 54, Caracas, 1966, pp. 83-11; en *Perspectivas del Derecho Público en la Segunda Mitad del Siglo XX. Homenaje al Profesor Enrique Sayagués Laso*, Instituto del Estudio de Administración Local, Madrid, 1969, *T.* V, pp. 743-769.

que "en ausencia, pues, de decisión Ministerial que agote la vía administrativa y cause estado dentro de la misma, resulta improcedente para la Corte dictar decisión alguna en el presente caso, y así se declara".

b'. El régimen general: el agotamiento de la vía administrativa y el acto administrativo que causa estado

En torno a esta exigencia de que el acto recurrible en vía contencioso-administrativa debe causar estado, es decir, debe agotar la vía administrativa, la antigua Corte Federal en sentencia de 28 de octubre de 1959 señaló lo siguiente:

> "En este campo de derecho contencioso-administrativo y por lo que respecta al caso presente, se considera que causan estado aquellos actos que no son susceptibles de apelación por haberse agotado la vía gubernativa o jerárquica, ya sean ellos definitivos, ya de trámite, siempre que estos últimos decidan, directa o indirectamente, el fondo del asunto, de tal modo que ponga fin al juicio o hagan imposible su continuación".
>
> "Debe haberse agotado la vía administrativa, porque mientras tal cosa no ocurra, puede la Administración, en razón de la facultad que tiene el superior de revocar, suspender o modificar los actos del inferior dictar otra decisión que satisfaga, en todo o en parte, el reclamo del particular interesado y haga innecesario recurrir a la vía jurisdiccional. Es, pues, necesario que la resolución administrativa quede investida de una estabilidad que impida ulterior reforma, ya porque fue dictada por un funcionario que podía hacerlo sin apelación a ninguna otra autoridad superior; o ya porque, siendo apelable, se ha pronunciado sobre ella el funcionario más alto en la respectiva jerarquía administrativa. Es entonces cuando causa estado y puede recurrirse contra ella por la vía de lo contencioso-administrativo"[293].

Ahora bien, cuando está en juego la actuación de un funcionario de rango inferior en la jerarquía administrativa, el medio jurídico por excelencia para agotar la vía administrativa es el recurso jerárquico. Como ha dicho la Corte Suprema de Justicia: "uno de los requisitos de admisibilidad del recurso contencioso de anulación es que se hayan agotado los recursos jerárquicos que concede la ley contra el acto impugnado"[294].

Por tanto, cuando un acto administrativo que afecta los intereses legítimos de un particular es dictado por un funcionario inferior en la jerarquía administrativa, el particular interesado debe recurrir por medio del recurso jerárquico ante el superior, con el objeto de obtener de éste una decisión que le sea favorable, modificatoria o revocatoria de la decisión del inferior.

---

293 *V.*, en *G. O.*, N° 26, pp. 66-68. En igual sentido la misma Corte Federal, en sentencia de 5 de agosto de 1958, sostuvo lo siguiente: "Por otra parte, es bien sabido que el recurso contencioso-administrativo contra decisiones del Poder Administrador no puede intentarse sino cuando el interesado ha agotado la vía administrativa por medio del ejercicio *El Recurso Jerárquico*, que es precisamente la reclamación contra la decisión o un acto administrativo por ante el superior jerárquico, con el fin de que la revoque o modifique, por estimar que lesiona un derecho subjetivo o un interés legítimo del interesado y que transgrede normas legales vigentes. Esa decisión de la autoridad superior en la respectiva escala, que causa estado, es la que puede impugnarse por medio del recurso contencioso administrativo y, por tanto, la que tiene que provocar el interesado, por medio de la apelación o él reclamo para ante esa autoridad superior" (*V.*, en G.F., N° 21, pp. 71 y 72). En estos mismos términos se ha pronunciado la Corte Suprema de Justicia en multitud de sentencias posteriores. (*V.*, los extractos en Allan R. Brewer-Carías, *Jurisprudencia de la Corte Suprema 1930-1974 y Estudios de Derecho Administrativo*, *T.* V, Vol. I, Caracas, 1978, pp. 324 a 350).

294 *V.*, en *G. O.*, N° 30.562 del 28-11-74, pp. 229-442. Confróntese además las sentencias de la antigua Corte Federal del 24-2-56 en G.F., N° 11, pp. 38 y 39; del 11-6-59 en G.F., N° 24, pp. 272 y 273 y nuestra opinión en Allan R. Brewer-Carías, *Las Instituciones Fundamentales*... p. 361.

Si el superior ratifica la decisión del inferior, será contra esta nueva decisión, que causa estado al agotar la vía administrativa, contra la cual se puede intentar el re curso contencioso-administrativo[295].

Por ello, hemos dicho la forma normal para agotar la vía administrativa es el ejercicio del recurso jerárquico. Este no estaba regulado con carácter general en vía legal y sólo ha sido a partir del de enero de 1982 por la vigencia de la Ley Orgánica de Procedimientos Administrativos[296], cuando se ha establecido una completa regulación de los recursos administrativos que complementa lo previsto en la Ley Orgánica de la Corte Suprema de Justicia sobre requisitos de admisibilidad[297].

c'. El agotamiento de la vía administrativa en la Ley Orgánica de Procedimientos Administrativos

Ahora bien, debe decirse que la regulación establecida en la Ley Orgánica de Procedimientos Administrativos cambió la situación que existía anteriormente, y que consistía en que normalmente, el agotamiento de la vía administrativa se producía por el ejercicio del recurso jerárquico si la decisión impugnada era de un funcionario inferior; y si la decisión era del superior, bastaba ésta para agotar la vía administrativa.

Este principio general ha sido cambiado, pues en algunos casos el agotamiento de la vía administrativa se produce a niveles administrativos inferiores, no previéndose recursos jerárquicos, lo cual ya había sido establecida por algunas leyes especiales. En efecto, en algunos casos, en la Administración nacional, leyes especiales han establecido directamente que la vía administrativa se agota en niveles inferiores. Pueden destacarse dos ejemplos distintos y que dan origen a matices: El primer caso está previsto en la Ley del Mercado de Capitales la cual establece dos tipos de actos que puede dictar la Comisión Nacional de Valores: actos contentivos de sanciones, en cuyo caso no se agota la vía administrativa en la decisión de la Comisión, sino que es necesario, por vía jerárquica, acudir ante el Ministro de Hacienda; y otras decisiones diferentes a sanciones, en cuyo caso la decisión de la Comisión Nacional de Valores agota la vía administrativa. En otros supuestos había regulaciones distintas por ejemplo, en materia de Impuesto sobre la Renta, la vía administrativa se agota con la decisión del Administrador General del Impuesto, ante quien puede interponerse el recurso en reconsideración, en algunos casos, como paso previo al contencioso-tributario.

Ahora bien, la Ley Orgánica de Procedimientos Administrativos, cuando habla de los recursos administrativos como medios de agotamiento de la vía administrativa y, por tanto, como condición de admisibilidad de los recursos contenciosos, distingue dos tipos de casos respecto de los actos recurribles en vía administrativa actos que ponen fin a la vía administrativa y actos que no ponen fin a la vía administrativa, estableciendo relaciones distintas. Queremos referirnos separadamente a estos dos supuestos por los matices que plantean.

Cuando se trata de un acto que pone fin a la vía administrativa, se distinguen dos casos: actos de los Ministros o de funcionarios inferiores. Si se trata de un acto de un Ministro, éste obviamente agota la vía administrativa, por lo que el interesado puede recu-

295 *Cfr.* la sentencia de la CSJ-SPA de 8-2-66 en G.F., N° 51, 1966, p. 141.
296 Artículo 95 LOPA.
297 Artículos 84, ordinal 5, 124, ordinal 29 LOCSJ.

rrir por vía contencioso-administrativa sin necesidad de interponer previamente recurso administrativo alguno. La Ley Orgánica establece en el artículo 91, que el particular "puede" intentar el recurso de reconsideración, por lo que si se trata de un acto de un Ministro, es potestativo, del particular intentar el recurso de reconsideración. Al no ser obligatorio el recurso de reconsideración en este caso, no es una condición de admisibilidad del contencioso-administrativo, o de agotamiento de la vía administrativa. Sin embargo, en el caso de que el particular haya optado por la vía de reconsideración, el Ministro tiene un lapso de 90 días para decidir. En estos casos, la ley condiciona el ejercicio del recurso contencioso al establecer que aun cuando no fuera necesario intentar el recurso de reconsideración para ir a la vía judicial, si el particular optó por interponerlo, mientras no se decida o no transcurran los 90 días de lapso que el Ministro tiene para decidir, no puede acudir ante el contencioso (Art. 92). Ahí está el primer condicionamiento a la vía contencioso-administrativa que establece la Ley Orgánica de Procedimientos Administrativos: si bien un acto de un Ministro puede ser recurrido directamente ante la jurisdicción contencioso-administrativa, pues agota la vía administrativa, si el particular opta por intentar el recurso de reconsideración, no puede acudir a la vía judicial paralelamente, sino que tiene que esperar que el Ministro decida la reconsideración solicitada o esperar que transcurra el lapso de 90 días para luego acudir al contencioso contra el acto administrativo denegatorio derivado del silencio administrativo.

En estos casos, el lapso de caducidad del recurso contencioso-administrativo de anulación, comienza después que el Ministro decida el recurso de reconsideración o al vencerse el de 90 días[298].

El segundo supuesto de estos actos que pone fin a la vía administrativa, se origina cuando la vía administrativa concluye a nivel de un funcionario inferior dentro de la jerarquía en virtud de ley.

Un caso específico, como ejemplo, es el de la Comisión Nacional de Valores regulado en la Ley de Mercado de Capitales, la cual prescribe en algunos casos que la, vía administrativa se agota a nivel de la propia Comisión, no siendo necesario acudir por vía jerárquica ante el Ministro. En estos casos, hay también la posibilidad de intentar el recurso de reconsideración ante la Comisión. La Ley Orgánica de Procedimientos Administrativos, sin embargo, no establece un lapso para que se adopte la decisión del recurso de reconsideración.

No se trata de un acto del Ministro al cual se refiere el artículo 92. Por tanto, salvo que las leyes especiales establezcan un lapso de decisión y silencio administrativo, habría que aplicar como lapso de decisión del recurso de reconsideración el de 15 días que es el lapso menor que prevé la Ley, interpretándola en beneficio del particular. Aquí también, si el particular opta por intentar el recurso de reconsideración, debe, al igual que en el caso señalado anteriormente, esperar que se decida para acudir a la vía contenciosa o que se venza el plazo de decisión; pues una vez que se acoge la vía de la reconsideración, no puede paralelamente acudir al contencioso.

Por otra parte, en cuanto a los actos que en sí mismos no agotan la vía administrativa habría que distinguir tres supuestos distintos que regula la Ley Orgánica: en primer lugar, actos de la Administración Pública Nacional, Central o de órganos con autonomía

298 *V.*, la sentencia de la Corte Primera de lo Contencioso-Administrativo de 4-10-84, *Revista de Derecho Público*, N° 20, Caracas, 1984, pp. 154-155.

funcional, como la Contraloría, o la Fiscalía; en segundo lugar, actos de los Institutos, Autónomos, y en tercer lugar, el caso de las multas previstas en la propia Ley Orgánica de Procedimientos Administrativos.

En cuanto a los actos de la Administración que no ponen fin a la vía administrativa, para agotarla es necesario que se intente el re curso de reconsideración ante el propio funcionario, quien tiene un lapso de 15 días para decidir[299], y luego se intente, contra el acto que resuelva negativamente la reconsideración, el recurso jerárquico ante el Ministro[300] o ante el funcionario de mayor jerarquía en los órganos con autonomía funcional (Fiscal General de la República, Contralor General de la República, por ejemplo). En todo caso, el Ministro o superior tiene un lapso de 90 días para decidir[301].

Vencido este lapso sin decisión, puede intentarse el recurso contencioso-administrativo. Este sistema viene a cambiar la tradición y práctica administrativa existente que nos exigía nunca el recurso de reconsideración previo al jerárquico. Esto, sin duda, plantea inconvenientes y dilaciones innecesarias. En todo caso, parece que la versión inicial del Proyecto de Ley lo que había establecido era la necesidad de intentar el recurso de reconsideración, pero con él recurso jerárquico automático cuando no se reconsidera el acto. Es decir, se acudía ante el inferior por vía de reconsideración y, a todo evento, por vía jerárquica para el caso de que no se reconsiderara la decisión. Esto fue cambiado en el Congreso y de ello resultó la previsión de dos recursos distintos: primero el de reconsideración y, una vez que éste se decida, hay que recurrir al recurso jerárquico para agotar la vía.

Por otra parte, en relación a los actos administrativos de los Institutos Autónomos, la Ley Orgánica también estableció una modificación total de la situación anterior. En efecto, los actos de los Institutos Autónomos conforme a la Ley Orgánica, nunca ponen fin a la vía administrativa, pues, siempre debe intentarse un recurso jerárquico ante el Ministro de adscripción respectivo[302].

Por tanto, los actos, administrativos de los Institutos Autónomos, nunca podrán ser recurridos por ante la Corte Primera de lo Contencioso-Administrativo, como había sido anteriormente, sino que a partir de 1982 son sólo recurribles los actos de los Ministros que decidan los recursos jerárquicos que se intenten contra los actos de los Institutos Autónomos, y la competencia, por tanto, es atraída por la Corte Suprema de Justicia.

Por otra parte, debe destacarse que la Ley Orgánica ha establecido en los artículos 110 y siguientes, diversas multas aplicables a los funcionarios públicos. De acuerdo al artículo 103, se aplican por el Ministro o el superior jerárquico en los otros casos. El artículo 105 establece un recurso de reconsideración contra las multas, pero en lugar de establecer lapsos de resolución de 90 ó 15 días, prevé aquí otro lapso: 30 días, y esa decisión del Ministro puede ser recurrida en vía contencioso-administrativa, pero estableciendo un lapso de caducidad excesivamente corto: de 5 días[303].

Realmente es incomprensible esta reducción tan drástica del lapso para los recursos contenciosos contra las multas impuestas a los funcionarios por violación de la Ley

---

299 Art. 94.
300 Art. 95.
301 Art. 91.
302 Art. 96.
303 Art. 105.

Orgánica de Procedimientos Administrativos, pues parecería que el funcionario público está en una situación de desmejora frente al particular que tiene, normalmente, sus lapsos de seis meses para el recurso contencioso.

b. *El remedio contra la indefensión provocada por la inacción administrativa: el silencio administrativo*

Ahora bien, no es frecuente que la Administración decida con celeridad los recursos de reconsideración o jerárquicos intentados por ante el respectivo Ministro; es más, es frecuente que éste, o no decida jamás o lo haga con sumo retraso y, entre tanto, el particular afectado por el acto de un funcionario inferior podría encontrarse desasistido, indefenso y a la merced de la Administración, por la imposibilidad ele obtener un acto que causa estado de impugnarlo. Como se dijo, éste no podría lograr el control jurisdiccional por no haberse, producido él agotamiento de la vía administrativa, ya que ésta, así quedaba a la discreción de la propia Administración.

Ciertamente, conforme a la Constitución, todo funcionario a quien se solicite o pida algo o quien conozca de un recurso jerárquico, está obligado a dar una "oportuna respuesta"[304], y es por ello que, los ordenamientos particulares relativos al contencioso-administrativo, han regulado tradicionalmente mecanismos procesales, en beneficio de los particulares, para que, aun sin obtener expresa respuesta o decisión de la Administración, puedan recurrir a la vía jurisdiccional. El recurso al control jurisdiccional de la Administración y, en particular, el recurso contencioso-administrativo, en esta forma, se ha configurado paulatinamente como una verdadera garantía establecida a favor de los particulares frente a la actuación ilegal de la Administración. Por ello, en beneficio de los particulares, para garantizarles, en todo caso, el acceso a los tribunales contencioso-administrativos, los ordenamientos jurídicos han consagrado la posibilidad de ejercer los recursos, excepcionalmente, aun sin haberse agotado en forma expresa la vía administrativa, por la inacción de la Administración al no dictar el acto que causa estado[305]. En todos estos casos, la figura comúnmente denominada como "silencio administrativo", permite el ejercicio del recurso contencioso-administrativo en ausencia de decisión expresa, por el simple transcurso de un lapso sin decisión administrativa, como una garantía más concedida al particular para asegurarle el acceso a la jurisdicción contenciosa.[306] En esta forma, el silencio administrativo se ha regulado legislativamente, se ha

304 Art. 67.

305 Así esta posibilidad, según J. M. Boquera Oliver, se considera como "una garantía fundamental del administrado, sin el cual se le veda, en muchos casos, el paso a la garantía máxima que es el recurso contencioso-administrativo". *V.*, J. M. Boquera Oliver, "Algunas dificultades de la actual regulación del silencio administrativo" en *Revista de Administración Pública*, N° 30, Madrid, 1959, p. 100.

306 Tal como lo precisa Alejandro Nieto, se trata de "un arbitrio formal, cuyo exclusivo objeto consiste en posibilitar el acceso a los Tribunales a quienes la Administración no responde expresamente a sus peticiones. De esta manera se supera el escollo que en un sistema jurisdiccional revisor, podría presentar la inexistencia de un acto administrativo expreso" (*V.*, A. Nieto, "Efectos procesales del silencio negativo de la Administración", *Revista Española de Derecho Administrativo*, Civitas, N° 5, Madrid, 1975 p. 256). En este sentido Jesús González Pérez ha sido preciso al señalar que "el silencio administrativo fue concebido y regulado como una garantía del administrado que deducía una pretensión ante la Administración Pública. Frente a la inactividad y pasividad del órgano administrativo al que se formulaba una petición, reclamación o recurso, por desgracia harto frecuentes, se acude a la figura del silencio administrativo, que consiste en la ficción de que existe un acto, a los solos efectos de que el particular pueda deducir el correspondiente recurso". (*V.*, J. González Pérez, "El silencio administrativo", en *Revista de Administración Pública*, N° 68, Madrid, 1972, p. 235).

aplicado jurisprudencialmente y se ha desarrollado por la doctrina como una institución destinada a evitar la indefensión de los particulares por la inacción administrativa y la consiguiente imposibilidad de acudir a la vía jurisdiccional por falta de la decisión previa que agote la vía administrativa[307].

a'. El silencio administrativo en el sistema contencioso-administrativo

Ahora bien, esta figura del silencio administrativo como garantía procesal establecida en beneficio del particular en el sistema contencioso-administrativo, ha sido creación del Legislador, por lo que tradicionalmente se ha exigido texto expreso para su admisibilidad.[308]

En Venezuela, en nuestro sistema contencioso-administrativo de anulación no había sido establecido hasta 1976 cuando se lo consagró en el artículo 134 de la Ley Orgánica de la Corte Suprema de Justicia; en materia de demandas contra la República, sin embargo, se había consagrado tradicionalmente, en el denominado "procedimiento administrativo previo en las demandas contra la República" previsto en la Ley Orgánica de la Procuraduría General de la República[309].

Ahora bien, la consagración en Venezuela del denominado silencio administrativo en la Ley Orgánica de la Corte Suprema de Justicia al regular el procedimiento en los juicios contencioso-administrativo de anulación, sin duda, tiene sus antecedentes en las legislaciones francesas, española e italiana, que lo habían consagrado desde varias décadas. Antes de comenzar, por tanto el artículo 194 de la Ley Orgánica de la Corte Suprema de Justicia, estimamos necesario hacer una breve referencia a estas regulaciones.

En Francia, a partir de la Ley de 17 de julio de 1900, frente a la regla de la decisión previa, se estableció otra regla según la cual se presumía que existía una decisión implícita denegatoria de lo solicitado, cuando la Administración no decidía, lo que permitía a los particulares interesados recurrir al juez contencioso-administrativo en ausencia de una decisión expresa, sin preverse plazo alguno para ejercer este recurso. A partir de la reforma legislativa del contencioso-administrativo de 1940, se previó un lapso dentro del cual debía ejercerse el recurso, y a partir de ese momento, tal como lo afirma Gene-

---

307 Confróntese en este sentido las opiniones de Tomás Ramón Fernández Rodríguez, "Silencio Negativo, Actos Firmes y Actos Confirmatorios" en *Revista de Administración Pública*, 53, Madrid, 1967, p. 28. Juan Antonio Bolea Furadada, "El retraso de la Administración y el silencio Administrativo", *Revista de la Administración Pública*, N° 51, Madrid, 1960, p. 304; Fernando Garrido Falla, "La llamada doctrina del silencio administrativo", en *Revista de la Administración Pública*, N° 16, Madrid, 1955, p. 95; Mariano Baena del Alcázar, "Naturaleza Jurídica del silencio de la Administración" en *Revista de Estudios de la Vida Local*, N° 121, Madrid, 1962, p. 20; Fernando Garrido Falla, "El silencio Contencioso-Administrativo", en *Revista de Estudios de la Vida Local*, N° 91, Madrid, 1957, pp. 51 y 52. Tal como expresamente lo señala Jesús González Pérez, el principio del agotamiento de la vía administrativa para recurrir, "puede, por tanto, traducirse en una absoluta indefensión del particular. Si para que las pretensiones puedan ser planteadas ante los Tribunales es necesario un acto de la Administración, ésta podrá fácilmente impedir el acceso con sólo cruzarse de brazos y no decidir las reclamaciones ante ella formuladas. De este modo se privaría al administrado de la garantía más eficaz de que arbitra el Derecho en defensa de sus derechos e intereses legítimos: el recurso contencioso-administrativo" (*V.*, Jesús González Pérez "El silencio administrativa en la nueva Ley de Procedimiento" en *Documentación Administrativa*, N° 8-9, Madrid, 1958, p. 35). De allí la figura del silencio administrativo, insistimos, como garantía del particular frente a la indefensión que produciría la inacción de la administración.

308 *Cfr.* F. Garrido Falla, "*La llamada doctrina,.., Loc.cit.*, p. 88.

309 Arts. 58 y ss.

viéve Benezra, "un recuso en beneficio del particular se convirtió en su contra" favoreciendo la inercia de la Administración[310]. En efecto, durante los años cuarenta se desarrolló una interpretación restrictiva del silencio administrativo, planteándose en la jurisprudencia que por el transcurso del plazo se quitaba a la Administración su obligación de decidir y se perdía la posibilidad de ejercer posteriormente el recurso[311]. En 1953, con motivo de la reforma de la Ley del Contencioso-Administrativo, los proyectos de reforma intentaron prever expresamente que el "silencio" era un benefició de los administrados; sin embargo la ley no lo aclaró[312], privándose así a los particulares del derecho de recurrir a la justicia[313].

En cuanto al sistema italiano, el silencio administrativo está con figurado como una presunción para asegurar al administrado la garantía jurisdiccional. Tiene un efecto procesal solamente, para hacer admisible el recurso contencioso, por lo que no se lo considera como una forma de resolución del aspecto sustancial del procedimiento administrativo. Por tal razón, la aplicación de la doctrina del silencio no exime a la Administración de su obligación de decidir el recurso jerárquico que se ha interpuesto administrativamente[314].

En España, la figura del silencio administrativo ha sido definida, con precisión como "una creación de la Ley, en virtud de la cual se entiende estimada o desestimada una petición o reclamación de los particulares, que les posibilita para actuar lo pedido o hacer uso del recurso que proceda, según los casos"[315]. Ahora bien, el silencio administrativo en España, ha tenido, históricamente hablando, dos interpretaciones en su aplicación. Cuando fue introducida por primera vez la figura en el ámbito local, la jurisprudencia del Tribunal Supremo interpretó su aplicación en forma restrictiva, en el sentido de que la no utilización por el particular del beneficio de recurso ante el silencio administrativo, no permitía que posteriormente, frente a la resolución expresa del recurso por la Administración, el particular pudiera recurrir. En los años posteriores sin embargo, no dejaron de haber decisiones que interpretaban la figura en beneficio del particular. Por ejemplo, en una sentencia del Tribunal Supremo del 8-4-33, le argumentó sensata-

---

310 *V.*, G. Benezra, "Le Silence de Administration Vivissitudes de la réglémentation fransaise" en *Revue Administative*, N° 119, París 1967, p. 540.

311 *Idem.*, p. 542.

312 *Cfr.* Henry Bonneau, "La régle de la decisión préalable devant les nouveaux tribunaux administratifs", *Recueil Dalloz*, 1955, p. 19.

313 Frente a esta situación, Geneviéve Benezra ha señalado que "la posibilidad abierta a los administrados de recurrir al juez administrativo debe permanecer abierta con amplitud... las restricciones a ese derecho no deben favorecer la arbitrariedad y reforzar los privilegios de la Administración". (*V.*, G. Benezra, "Le silence..." *Loc.cit.*, p. 540). Esta autora critica la situación existente en Francia y señala lo siguiente: "La inacción de la Administración, que es contraria al interés general, no se voltea sino contra el Administrado quien con frecuencia espera la respuesta a su reclamación para verse luego sometido a una condición de inadmisibilidad decidida por los jueces contencioso-administrativos, felices de quitarse gran parte de asuntos". (*Idem.*, p. 546). Esta autora, al constatar la inconveniencia de la interpretación restrictiva realizada en el sistema francés, concluye lamentándose de que "La ficción legal del recurso contra el silencio de la Administración no es más un medio para proteger al ad ministrador y de sancionar la inercia culpable de la Administración; al contrario, se ha configurado como un nuevo procedimiento puesto a la disposición de las Administración por los textos legales en vigor para evitar el control jurisdiccional de los asuntos que pueden someterse al contencioso de anulación (*Idem.*, p. 546)

314 *V.*, Ugo Forti, "IL silenzio della Pubblica Amministrazioni ed i suoi effetti processuali" en *Studi in onore di Federico Cammeo*. Padova, 1933. Volume Primo, pp. 542 y 543.

315 Ángel González Rivero, "El silencio administrativo en el Derecho Español" en *Revista de Estudio de la Vida Local*, N° 111, Madrid, 1960, p. 334.

mente, lo siguiente: "Hay que tomar como base la naturaleza que el silencio administrativo tiene, de ser una presunción establecida precisamente en favor de los derechos e intereses de los administrados y no un medio de eludir obligaciones y compromisos de los organismos administrativos, la que impide darle una interpretación que perjudique a los mismos a quienes quiso favorecer[316]. Esta posición puede decirse que fue acogida legalmente en la Ley de la jurisdicción contencioso-administrativa en cuyo artículo 38 se precisó que por el transcurso del plazo legal del silencio: "el interesado podrá considerar desestimada su petición al efecto de formular frente a esa denegación presunta el correspondiente re curso administrativo o jurisdiccional, según proceda, o esperar la resolución expresa de su petición. En todo caso, la denegación presunta no excluirá el deber de la Administración de dictar una "resolución expresa debidamente fundada"[317].

Posteriormente, en la reforma de la Ley de Procedimiento Administrativo española de 1963 se aclaró definitivamente la situación, eliminándose las dudas de la jurisprudencia, al consagrarse en el artículo 94, después de darse opción al interesado para impugnar la denegación por silencio o esperar la resolución expresa, un nuevo párrafo, con el siguiente texto:

> Igual facultad de opción asistirá, sin necesidad, de denunciar la mora, al interesado que hubiere interpuesto cualquier recurso administrativo, y entendiéndose entonces producida su desestimación presunta por el mero transcurso del plazo fijado para resolverlo".

En esta forma, el legislador, como lo dice la propia Exposición de Motivos de la Ley española de Procedimiento Administrativa "viene a reforzar el cuadro de garantía del administrado o la facilitación del ejercicio de sus derechos, aspectos a los que la Ley dedicó siempre especial preocupación"[318].

b'. El sistema de "silencio administrativo" en la Ley Orgánica de la Corte Suprema de Justicia (1976)

a". *Los problemas interpretativos*

En el ordenamiento jurídico venezolano, tal como se indicó, hasta la Ley Orgánica de la Corte Suprema de Justicia de 1976, el silencio administrativo como figura de efectos procesales para la apertura del recurso contencioso-administrativo de anulación, no había encontrado consagración legal. El silencio administrativo sólo se había regulado, con efectos procesales, para la interposición de demandas contra la República después de iniciado el procedimiento administrativo previo a las mismas previsto en la Ley Orgánica de la Procuraduría General de la República[319], y había encontrado una consagración reglamentaria, con efectos limitados, en materia inquilinaria respecto de las decisiones de la Dirección de Inquilinato del Ministerio de Fomento.

---

316 *V.*, en Eduardo García de Enterría, "Sobre silencio administrativo y recurso contencioso", en *Revista de Administración Pública*, N° 47, Madrid, 1965, p. 209.

317 Esta norma la comenta Eduardo García de Enterría señalando lo siguiente: "El silencio es una denegación presunta, una presunción legal, y no un acto o declaración de voluntad administrativa, está montado en beneficio del particular y como facultad suya, al cual, por consiguiente, corresponde la opción, que expresamente se define, de impugnar el silencio o de esperar la resolución expresa, por cuanto que lo que el silencio no es, en todo caso, es una manera de pronunciarse la Administración, a la cual se recuerda por ello su estricta obligación de resolver y de hacerlo fundamentalmente" (*V.*, E. García de Enterría, "Sobre silencio..., *Loc.cit.*, pp. 211 y 212).

318 E. García de Enterría, "Sobre silencio...", *Loc.cit.*, p. 216.

319 Art. 58.

La norma del artículo 134 de la Ley Orgánica de la Corte Suprema de Justicia fue, así, una verdadera innovación en nuestro ordenamiento jurídico, la cual no encontraba antecedentes ni en el proyecto de Ley de la Jurisdicción Contencioso-Administrativa ni en el Proyecto de Ley de Procedimiento Administrativo elaborado en 1971 por la Comisión de Administración Pública[320].

El texto del artículo 134 de la Ley Orgánica es el siguiente:

> "*Artículo* 134. Las acciones o recursos de nulidad contra los actos generales del Poder Público podrán intentarse en cualquier tiempo, pero los dirigidos a anular actos particulares de la Administración, caducarán en el término de seis meses, contados a partir de su publicación en el respectivo órgano oficial, o de su notificación al interesado, si fuere procedente y aquélla no se efectuase. Sin embargo, aun en el segundo de los casos señalados, la ilegalidad del acto podrá oponerse siempre por vía dé excepción, salvo disposiciones especiales".
>
> "El interesado podrá intentar el recurso previsto en el artículo 121 de esta Ley, dentro del término de seis meses establecidos en esta disposición, contra el acto recurrido en vía administrativa, cuando la Administración no haya decidido el correspondiente recurso administrativo en el término de noventa dios consecutivos a contar de la fecha de interposición del mismo".
>
> "Cuando el acto impugnado sea de efectos temporales, el recurso de nulidad caducará a los treinta días".

Resulta evidente del texto de la Ley, así como de la motivación de la norma innovadora plasmada por los proyectistas y por la propia Cámara de Diputados[321], que el silencio administrativo, como mecanismo de efectos procesales para permitir la interposición del recurso de anulación, fue una figura incorporada al ordenamiento jurídico venezolano, como una garantía para los administrados, frente a la inacción o desidia de la Administración, y así, a pesar de que sus recursos jerárquicos no se decidan expresamente y no se obtenga un acto administrativo que cause estado, sin embargo, se permite la posibilidad, de que se intente el recurso de anulación contra el acto administrativo del inferior contra el cual se ejerció el referido recurso jerárquico no decidido expresamente, dentro del lapso de 6 meses contados a partir del vencimiento del plazo de 90 días desde la interposición del señalado recurso jerárquico.

---

320 *V.*, Informe sobre la Reforma de la Administración Pública Nacional, *T.* II, Caracas, 1972.

321 Sobre esta norma, en particular en relación a la consagración del silencio administrativo, la "Presentación" (Exposición de Motivos) del Anteproyecto de *Ley Orgánica de la Corte Suprema de Justicia* elaborado por los Magistrados de la misma y enviado a la Cámara de Diputados en fecha 15-8-75, señaló lo siguiente: "Otra norma innovadora incorporada en el artículo 134 con respecto al lapso de caducidad en los recursos contencioso-administrativos. De acuerdo con esta disposición, el lapso para, interponer tales recursos sigue siendo de seis meses, pero éste puede comenzar a contarse a partir de los tres meses siguientes a la fecha de interposición del correspondiente recurso administrativo si dentro de esos noventa días el recurrente no ha obtenido respuesta al mismo por parte de la respectiva autoridad administrativa. Se atribuye así efectos negativos al silencio de la Administración y queda abierta al interesado la vía contencioso-administrativa, con lo cual se trata de hacer efectivos los derechos de los administrados ante la eventual desidia de la Administración (*V.*, el Instituto de Derecho Público *El control jurisdiccional de los Poderes Públicos en Venezuela*, Caracas, 1979, pp. 505 y 506). Por su parte, en el Informe de la Comisión Política Interior de la Cámara de Diputados del Congreso Nacional sobre la *Ley Orgánica de la Corte Suprema de Justicia* en el año 1976, en relación a dicha norma se indicó lo siguiente: "Se ha regulado en forma expresa que el recurso de nulidad de los actos administrativos de efectos particulares podrá ser intentado cuando la Administración no haya decidido, el correspondiente recurso administrativo en el término de 90 días consecutivos, a contar de la fecha de interposición del mismo. El término para recurrir ante la Corte es de seis meses, contados a partir del vencimiento de los 90 días ante sindicados. En esta forma se evita que el silencio administrativo impida el oportuno ejercicio de la acción" (*Idem*. p. 552).

Esta norma, por tanto, tenía y tiene que ser interpretada en beneficio del interesado recurrente. Sin embargo, la Corte Suprema de Justicia, en 1978 la interpretó en sentido contrario, es decir, contra los administrados y a favor de la irresponsabilidad de la Administración; interpretación que posteriormente debió corregirse en abono de la legalidad y del respeto de la garantía jurisdiccional de los particulares.

En efecto, la Corte Suprema de Justicia en sentencia del 28 de noviembre de 1978 declaró inadmisible un recurso contencioso-administrativo de anulación intentado contra un acto administrativo de efectos particulares, al considerar que por no haberse interpuesto el recurso en los lapsos de beneficio previsto respecto del silencio administrativo, el recurso interpuesto posteriormente contra el acto que causaba estado por haber decidido tardíamente el recurso jerárquico, era extemporáneo.

El caso debatido, en concreto y en resumen fue el siguiente: el 20-1-76 la Dirección de Reversión del Ministerio de Minas e Hidrocarburos emitió una planilla de liquidación a cargo de una empresa petrolera. Esta empresa interpuso el correspondiente recurso jerárquico contra ese acto administrativo con fecha 23-1-76. El Ministro de Minas e Hidrocarburos declaró sin lugar el recurso jerárquico con fecha 14-10-77, lo cual fue comunicado a la recurrente mediante Oficio del 24-10-77, el cual se entregó a la empresa con fecha 1-6-78. De acuerdo con lo previsto en el artículo 134 de la Ley Orgánica de la Corte Suprema de Justicia, la cual entró en vigencia a partir del 19 de enero de 1977, la empresa interesada, como no podía haber intentado el recurso de anulación en el lapso comprendido entre los seis (6) meses siguientes al vencimiento del lapso de noventa días consecutivos contados a partir de la fecha de interposición del recurso jerárquico, es decir, entre el de abril de 1976 y 23 de octubre de 1976 por no estar en vigencia la Ley, podría interpretarse que debido a que la Ley entró en vigencia el 1 de enero de 1977, debía intentarlo en el lapso comprendido entre abril y septiembre de 1977. Sin embargo, no lo hizo, y prefirió esperar la decisión del Superior Jerárquico, la cual se produjo el 14-10-77, siendo notificado al interesado el 1-6-78. Por ello, contra esa decisión fue que se interpuso el recurso de anulación, el 13-11-78 dentro del lapso de seis meses contados a partir del 1-6-78, fecha de la notificación del acto.

Ahora bien, ante estos hechos en su mencionada sentencia del 28-11-78, la Corte Suprema en Sala Político-Administrativa señaló lo siguiente:

> "Al interpretar el citado aparte del artículo 134, este Alto Tribunal ha dicho que en él se "impuso a la autoridad administrativa el deber de decidir el recurso jerárquico en el término de noventa días consecutivos a contar de la fecha en que el mismo sea interpuesto, a fin de que los interesados queden, en libertad de impugnar el, acto cuestionado en sede jurisdiccional en el lapso de los seis meses siguientes, de no producirse la decisión administrativa correspondiente dentro del citado término. Esto significa que a los fines previstos en el artículo 134 de la misma Ley, debe entenderse agotada la vía administrativa no sólo cuando el Ministro decida el recurso jerárquico, sino también cuando no lo haga dentro de los tres meses siguientes a la fecha en que haya sido interpuesto. Como consecuencia de ello, a partir del 10 de abril de 1977 quedó abierta la vía jurisdiccional para todas personas que en esa fecha tuvieran pendiente de decisión algún recurso en los Despachos del Ejecutivo".
>
> "Siendo así y dada la afirmación que hace el impugnante en el caso subjudice en el sentido de que el Ministro de Minas aún no había resuelto su apelación para la fecha en que la nueva Ley entró en vigor, o sea, el 1 de enero de 1977, no se justifica que el término de noventa días a contar de esa fecha y dentro de los seis meses subsiguientes no procedería a intentar demanda de nulidad ante este Alto Tribunal, cuando esa era la vía legalmente posible, en tal hipótesis, para hacer valer sus derechos en sede jurisdiccional, con arreglo a las disposiciones de la Ley actualmente en vigencia".

"Es cierto que la Administración propicia esta práctica viciosa a no adoptar un sistema efectivo y uniforme para notificar sus actos a quien interesa de manera especial, pero ello no justifica que los órganos jurisdiccionales la fomenten también al admitir que los particulares prorroguen los lapsos de caducidad aprovechándose de esa circunstancia y del respeto que debe merecer a los Jueces el derecho de defensa".

"Independientemente de estas últimas consideraciones, es pertinente observar que para que el agraviado por un acto administrativo pueda ocurrir a la vía jurisdiccional es indispensable antes que todo que tenga conocimiento del mismo o aunque habiendo interpuesto el correspondiente recurso jerárquico éste no haya sido decidido en término de Ley".

"A este último caso lógicamente debe equipararse el que tiene lugar cuando el superior jerárquico, después de decidir el recurso, no ha participado su decisión al agravio dentro de dichos términos".

"Y por ser las razones expuestas aplicables al caso de autos la Corte Suprema de Justicia, en Sala Político-Administrativa de la Ley, considera extemporáneo, y, por tanto inadmisible, el recurso interpuesto, y así lo declara"[322].

Esta decisión de la Corte Suprema, como se dijo en realidad interpretó la figura del silencio administrativo en sentido restrictivo, en perjuicio de los particulares, transformando un beneficio procesal en una carga para el administrado, al quitarle la opción frente a la no decisión del recurso jerárquico, de acudir a la vía jurisdiccional o si lo desea, esperar la decisión del superior. Al señalar la Corte primero, que la Ley "impuso la autoridad administrativa el deber de decidir el recurso jerárquico en el término de noventa días"; segundo, que cuando la Administración no decide en el lapso de tres meses se considera "agotada la vía administrativa"; y tercero, que el lapso de seis meses subsiguientes a dichos noventa días "es la única vía legalmente posible en tal hipótesis para hacer valer sus derechos en sede jurisdiccional, con arreglo a las disposiciones de la Ley actualmente en vigencia", lo que ha hecho es contrariar el espíritu de la Ley, interpretando la norma en perjuicio del particular y en beneficio de la inercia administrativa.

Una norma como la contenida en el artículo 134 de la Ley Orgánica, al contrario, debía interpretarse en el sentido más favorable a los derechos de los administrados, estando en juego en este caso, como lo estaba, el ejercicio de la garantía constitucional al control jurisdiccional de la Administración, tal y como lo aconseja, además, la más afamada doctrina[323]. Por ello aquella sentencia del Tribunal Supremo español citada del 8-4-33, en la cual se indició expresamente para resolver una cuestión, que "hay que tomar

---

322 *V.*, el texto de la sentencia y nuestra crítica en Allan R. Brewer-Carías, "Consideraciones sobre el silencio administrativo consagrado a los efectos del recurso contencioso-administrativo de anulación", *Revista de Control Fiscal*, N° 96, Caracas, 1980, pp. 11-38. Debe señalarse que la sentencia de 28-11-78 ratificaba lo decidido por la Corte Suprema de Justicia en Sala Político-Administrativa en auto de 2 de marzo de 1978, en los términos siguientes: "el artículo 134 impuso a la autoridad administrativa el deber de decidir *El Recurso Jerárquico* en el término de noventa días Consecutivos a contar de la fecha que el mismo sea interpuesto, a fin de que los interesados queden en libertad de impugnar el acto cuestionado en sede jurisdiccional en el lapso de los seis meses siguientes, de no producirse la de cisión administrativa correspondiente dentro del citado término. Esto significa que, a los fines previstos en el artículo 124 de la misma ley, debe entenderse agotada la vía administrativa no sólo cuando el Ministro debida *El Recurso Jerárquico*, .sino también cuando no lo haga dentro de los tres meses siguientes a la fecha en que haya sido interpuesto. *V.*, en *G.O.*, N° 2.279 Extra, de 28-6-78, p. 7.

323 *V.*, en general, Eduardo García de Enterría "El principio de la interpretación más favorable al derecho del administrado al enjuiciamiento jurisdiccional de los actos administrativos", en *Revista de Administración Pública*, N° 42, Madrid, 1963, pp. 267 y ss.

como base la naturaleza que el silencio administrativo tiene, de ser una presunción establecida precisamente en favor de los derechos e intereses de los administrados y no un medio de eludir obligaciones y compromisos de los organismos administradores, lo que impide darle una interpretación que perjudique a los mismos a quienes desea favorecer, como sucedería si, no obstante la existencia de un acuerdo administrativo, como sucede en este caso, mediante el que se resuelva de un modo expreso cierta reclamación (repuntándola con ello viva), para los efectos de librar a quien resuelve de sus consecuencias, se considerase inexactamente que había guardado silencio, privando así a los interesados del consiguiente derecho ante un acto de la Administración, y negando a éste el uso de una facultad tan interesante a sus funciones como es la de purgar sus propios actos de la deficiente tramitación de que adoleciesen al dejar incontestado lo que pudo y debió racionalmente contestarse"[324].

Ahora bien, para comprender lo inaceptable de la interpretación de la Corte Suprema de Justicia en su sentencia el 28-11-78, y de que, al contrario, el artículo 134 lo que estableció es un beneficio a favor del interesado, se impone el análisis de la naturaleza jurídica del silencio administrativo que se consagró en nuestro país en esa norma.

b". *La naturaleza jurídica del silencio administrativo en la Ley Orgánica de la Corte*

Ante todo es necesario señalar que la Ley no consagró un verdadero "silencio administrativo" conforme a la orientación de los sistemas español, italiano y francés, en el sentido de haberle asignado determinados efectos a la inacción de la Administración. Como se señaló, en los sistemas jurídicos europeos, el silencio en general, dentro de la orientación comentada, tiene efectos "negativos" en el sentido de que el transcurso del lapso de tiempo hace considerar que se ha desestimado la petición formulada, o en otras palabras, que ha habido una denegación presunta de lo solicitado o recurrido.

En el sistema venezolano de la Ley Orgánica de la Corte Suprema, la norma del artículo 134 de la Ley apuntaba hacia otra dirección, pues no le asignó al silencio, en realidad, efecto alguno, ni positivo ni negativo, sino simplemente un efecto de carácter procesal: permitió ejercer el recurso contencioso-administrativo contra el acto administrativo del inferior, el cual no causaba estado, configurándose la excepción a la regla de que el objeto de dicho recurso ha de ser un acto que cause estado. La Ley no permitió el ejercicio del recurso contra un acto presunto o una denegación presunta, sino que al silencio le dio su sólo efecto natural, el de "silencio" es decir, inacción o no acción. En otros términos, en estos casos lo que realmente hace la Administración es callar[325].

En esta forma, lo único que permitía la no acción de la Administración por un lapso de tiempo legalmente prescrito, era que se ejerciera el recurso directamente contra el acto administrativo del inferior que no causaba estado y contra el cual se había ejercido el recurso jerárquico sin que éste se hubiera decidido en el lapso indicado.

---

324 *V.*, F. Garrido Falla, la llamada doctrina, *Loc. cit*, p. 111

325 Ante el silencio de la Administración, como dicen Masip Acevedo y Ángel González Rivero, "no sabemos cuál es su voluntad; lo único cierto es que ha guardado silencio; pero el particular no puede sustituir a la propia Administración, no puede administrar, no puede interpretar el silencio, pues ello sería realizar un acto, administrativo". *V.*, Ángel González Rivero, "El silencio administrativo en el Derecho Español" en *Revista de Estudios de la Vida Local*, N° 11, Madrid, 1960, p. 333, quien cita a Masip Acevedo, "El silencio en el Derecho Administrativo español" en *Trabajos de la Cátedra de Derecho Administrativo de la Universidad de Oviedo*, Oviedo, 1934, p. 17.

Como consecuencia, el transcurso del lapso prescrito legalmente, contado a partir de la interposición del recurso jerárquico, no permitía interpretar que se produjera, como consecuencia, un determinado acto administrativo tácito o presunto denegatorio del recurso y por tanto, confirmatorio del acto del inferior[326], y no podría serlo porque no se daban ninguno de los elementos de validez de los actos administrativos: sujeto, objeto, causa, fin y forma. En particular, y de ello dependen todos los demás requisitos, no habría objeto pues mediante el silencio, "de ningún modo existe una declaración (la Administración ha callado) de conocimiento, voluntad ni juicio. En sí, el silencio es un hecho ambiguo, que no significa ni declara nada"[327].

En fin, como lo ha dicho acertadamente entre nosotros, Ricardo Hernández Ibarra, "el silencio de la autoridad administrativa, en rigor de términos, no concreta ni puede concretar jamás un proveimiento tácito, vale decir, no revela la existencia de una voluntad administrativa en un acto declarativo expreso. La razón es obvia: el silencio es justamente ausencia del proveimiento, falta de ejercicio o simplemente no ejercicio de la función administrativa; y propia mente en cuanto tal produce sus efectos, permitiendo al particular que haya sido lesionado en su esfera jurídica subjetiva por la inercia administrativa de solicitar la tutela jurisdiccional"[328].

Como consecuencia, cuando se ejerce el recurso previsto en el artículo 134 de la Ley Orgánica, no se recurre contra un acto tácito, ni se presume que se ha denegado el recurso jerárquico intentado por la inacción de la Administración, sino que en realidad se recurre contra el acto administrativo del funcionario inferior que no ha agotado la vía administrativa. El artículo 134 citado, en tal sentido es claro y preciso "El interesado podrá intentar el recurso... contra el acto recurrido en vía administrativa, cuando la Administración no haya decidido el correspondiente recurso administrativo en el término de noventa días consecutivos a contar de la fecha de interposición del mismo".

La Ley venezolana, así, a diferencia de la legislación española no presume que se ha denegado el recurso jerárquico; simplemente, ante el silencio, y para evitar que éste "impida el oportuno ejercicio de la... acción" como lo indica el Informe de la Comisión de Política Interior de la Cámara de Diputados sobre la Ley Orgánica[329], el legislador permite el recurso contra el acto administrativo que no ha causado estado. Se trata, así de una verdadera excepción al principio de qué el objeto del recurso contencioso-

326 Como lo afirma Tomás Ramón Fernández Rodríguez, "queda claro que el silencio no es un acto ni tiene efectos de tal". *V.*, T. R. Fernández Rodríguez, "silencio negativo...", *Loc.cit.*, p. 290.

327 *V.*, M. Baena del Alcázar, "Naturaleza jurídica del silencio...", *Loc.cit.*, p. 10. En otros términos, "ningún efecto jurídico material puede ligarse al silencio negativo de la Administración, porque no existe voluntad de la Administración que el silencio pueda expresar, sino precisamente ausencia de actividad volitiva alguna". (*V.*, T. R. Fernández Rodríguez, "Silenció negativo..." *Loc.cit.* p. 282). Por tanto, el silencio administrativo, es decir, el transcurso del lapso legal sin que la Administración decida, no es una manera de decidir por parte de la Administración (*Cfr.* Eduardo García de Enterría, "Sobre silencio, *Loc.cit.*, p. 221); Tomás Ramón Fernández Rodríguez, "Repetibilidad de la impugnación jurisdiccional en el caso de silencio negativo" en *Revista Española del Derecho Administrativo,* Civitas, N° 11, Madrid, 1976, p. 723), ni de él puede derivarse acto administrativo tácito alguno (*Cfr.* Tomás R. Fernández Rodríguez, "Silencio negativo..." *Loc. cit.*, p. 283; F. Garrido Falla, "La llamada doctrina del silencio", *Loc. cit.* pp. 108 y 109; Mariano Baena del Alcázar, "Naturaleza jurídica del silencio...", *Loc. cit.*, pp. 10 y 11; y Ángel González Rivero, "El silencio administrativo...", *Loc. cit.*, p. 333).

328 *V.*, Ricardo Hernández Ibarra, Notas sobre el silencia de la Administración Pública con particular referencia al silencio-rechazo en materia de Recursos Jerárquicos, Maracaibo, 1974, p. 26. *V.*, además, la p. 34 donde insiste en la idea de que con el silencio lo que hay es un "mero hecho de incumplimiento y no como un acto tácito".

329 *Loc.cit.*, p. 552.

administrativo de anulación debe ser un acto administrativo que cause estado. Como acertadamente lo afirmó Ricardo Hernández Ibarra en 1974, antes de que se sancionara la Ley venezolana: "el recurso que haya de ser propuesto en vía jurisdiccional, en el caso de silencio observado por la autoridad administrativa sobre el recurso jerárquico a ella presentado, después del transcurso del predicho término, se ha de entender dirigido, no ya contra el proveimiento decisorio tácito, sino contra el proveimiento originario"[330].

Por tanto, en esta forma consagrada en la Ley Orgánica de la Corte, la figura del silencio administrativo en Venezuela, al igual que lo ha sostenido en España la mejor doctrina administrativa, era una mera vía de efectos procesales o si se quiere una ficción procesal para la apertura de la vía contencioso-administrativa[331].

c". *El recurso derivado del silencio como garantía jurisdiccional de los administrados*

Tal como se señaló, la consagración del silencio administrativo en la legislación venezolana, como lo indica expresamente la "Presentación" que, elaborada por los Magistrados de la Corte Suprema de Justicia, sirvió de Exposición de Motivos de la Ley Orgánica, tuvo por objeto "dejar abierta al interesado la vía contencioso-administrativa, con lo cual se trata de hacer efectivos los derechos de los administrados ante la eventual desidia de la Administración"[332], o como precisa el Informe de la Comisión de Política Interior de la Cámara de Diputados sobre la Ley Orgánica, tuvo por objeto evitar que el silencio administrativo impida el oportuno ejercicio de la acción[333].

Como consecuencia, sin la menor duda, en un país democrático, de libertades y sometido a un régimen propio del Estado de Derecho, la figura del silencio administrativo se estableció como un beneficio a favor del particular, que no exonera a la Administración de su obligación de decidir los asuntos que se le plantean oportunamente.

En efecto, el único sentido que tiene esa consagración del silencio administrativo en Venezuela, frente a la indefensión en la cual se encontraban los administrados por la no decisión oportuna de la Administración de los recursos jerárquicos, es la de establecer un beneficio a los particulares para, precisamente evitar esa indefención. La norma del artículo 134 de la Ley Orgánica por tanto se ha establecido en favor del particular y no en favor de la Administración, tal como ha sucedido en otros sistemas jurídicos[334].

La primera consecuencia de este carácter de beneficio para el particular de la apertura del recurso de anulación contra un acto administrativo que no causa estado, es que es potestativo para el interesado el utilizar o no el beneficio, el cual sólo puede beneficiarlo y nunca perjudicarlo. En efecto, intentado un recurso jerárquico contra un acto administrativo, y vencido el lapso de 90 días consecutivos a partir de su interposición sin que

---

330 *Op. cit.*, pp. 62 y 63.

331 *Cfr.* T. R. Fernández Rodríguez, "Respetabilidad de la impugnación..." *Loc. cit.*, p. 723 y "Silencio negativo..." *Loc.cit.*, pp. 282, 285 y 286; Mariano Baena del Alcázar, "Naturaleza jurídica del silencio..." *Loc.cit.*, p. 7. De allí la propia definición que Jesús González Pérez da del silencio administrativo, como una "ficción legal en virtud de la cual se presume desestimada una reclamación a los solos efectos de interponer el recurso procedente". *V.*, en su *Derecho Procesal Administrativo*, *T.* II, Madrid, 1957, p. 361.

332 *Loc. cit.*, p. 506.

333 *Loc. cit.*, p. 552

334 *V.*, respecto de España, Héctor M. Rodríguez Sanguineti, "Notas acerca del Silencio Administrativo en el Derecho Español", en *Archivo de Derecho Público y Ciencias de la Administración*, Instituto de Derecho Público UCV, Volumen 2, 1970-1971, p. 412; Ángel González Rivero, "El Silencio Administrativo..." *Loc.cit.*, p. 336.

haya habido decisión expresa al recurso, notificada al interesado, este tiene la posibilidad de intentar contra el acto recurrido en vía administrativa y que no ha agotado la vía administrativa, el correspondiente recurso de anulación. Pero la ley, en forma alguna, lo obliga a ello; el particular tiene, así, una opción: o intenta el recurso usando el beneficio del silencio o simplemente, espera la decisión del recurso jerárquico por el superior, para intentar, posteriormente, el recurso.

Por ello, la ley es clara al indicar en el artículo 134 que el interesado "podrá" intentar el recurso, y poder conforme lo indicado en la antigua Corte Federal en sentencia del 06-11-58.

> "es tener la facultad o el medio de hacer una cosa, y facultad, el derecho –no el deber, ni la obligación– de hacer una cosa. El Código de Procedimiento Civil en su artículo 13, da la interpretación jurídica de este verbo, que bien puede aplicarse, no sólo en las actuaciones judiciales, sino también en general".
>
> "Cuando la ley dice "El Juez o el Tribunal puede o podrá", se entiende que lo autoriza para obrar según su prudente arbitrio, consultando lo más equitativo o racional, en obsequio de la justicia y de la imparcialidad"[335].

Por tanto, al indicarse que "El interesado podrá intentar el recurso" la ley lo está facultando, le está dando el derecho de recurrir, pero no le está imponiendo la obligación de recurrir, ni le está diciendo que de no hacerlo, caduca su acción de nulidad. El beneficio previsto en la Ley Orgánica, por tanto, no puede convertirse en una carga para el interesado[336]. Ahora bien, no habiendo elemento alguno que permita interpretar esta norma en juicio en perjuicio del administrado, es evidente que éste tiene, en dicho supuesto una opción: o intenta el recurso en base al silencio administrativo, o espera la decisión definitiva del recurso jerárquico por la Administración. Esta es, en todo caso, la clara y terminante consagración de la legislación española, la cual para despejar dudas, deja al particular la opción, en virtud de que se ha establecido en su beneficio[337].

---

335 *V.*, en G.F., N° 22, Caracas, 1958, p. 133.

336 Tal cómo lo precisa Tomás Ramón Fernández Rodríguez, "la interposición de un recurso contra el silencio negativo no está concebida legalmente; como una carga en sentido técnico, sino como una facultad que puede o no ejercitarse por el particular facultado, sin que de la falta de ejercicio de dicha facultad pueda seguirle para él perjuicio alguno, como se seguiría inevitablemente si de una carga se tratara" (*V.*, T. R. Fernández Rodríguez, "Silencio Negativo..., *Loc. cit.*, pp. 284, 295 y 296), o como más gráficamente lo indica Sabino Alvarez-Gendin y Blanco: "el silencio administrativo, se instituyó para favorecer al administrado, no para sor prenderle por incauto o cazarle en un cepo, o trampa abusando de su ignorancia" (*V.*, S. Alvarez-Gendin y Blanco, "Teoría del Silencio Administrativo" en *Estudios en Homenaje a Jordana de Pozas, T.* III, Vol. 1, Madrid, 1961, p. 144). Con esta interpretación parece estar acorde Gonzalo Pérez Luciani, quien sin embargo advierte que la de carácter restrictivo también podría presentarse en la siguiente forma: "Adviértase que parece darse un derecho al interesado con la expresión "podrá", en el sentido que puede formalizar el recurso luego de transcurrido el plazo de noventa días: pero que también podría el interesado, a su arbitrio, intentar el recurso contencioso dejando transcurrir este plazo para esperar la decisión del recurso administrativo interpuesto. Hay la posibilidad de que se interprete la norma en el sentido de que el interesado deberá en todo caso intentar el recurso contencioso dentro del lapso de noventa días más seis meses de interpuesto el recurso administrativo" (*V.*, Gonzalo Pérez Luciani, "Los recursos contencioso-administrativos" en la *Ley Orgánica de la Corte Suprema de Justicia*", en *El control jurisdiccional de los Poderes Públicos en Venezuela*, Instituto de Derecho Público, Caracas, 1979, pp. 146 y 147). No dice Pérez Luciani por qué podría interpretarse restrictivamente esta norma, como en efecto, lo hizo la Corte Suprema en la decisión del 28-11-78, aún cuando del texto transcrito resulta evidente su inclinación por la interpretación amplia en benefició del particular recurrente.

337 *Cfr.* Eduardo García de Enterría, "Sobre silencio..." *Loc. cit.* pp. 211, 212, 216, 219 y 222; Ángel González Rivero, "El silencio administrativo...", *Loc. cit.*, p. 366.

Por tanto, estando en manos del administrado la opción de recurrir en base al beneficio del silencio administrativo o esperar la decisión del cuerpo jerárquico para que exista un acto que cause estado, el transcurso del lapso para recurrir contra el acto del inferior, no tiene ningún efecto perjudicial en su contra.[338]

En consecuencia, si el particular interesado opta por no intentar el recurso derivado del silencio administrativo, dentro del lapso de seis meses subsiguientes al lapso de 90 días consecutivos contados a partir de la interposición del recurso jerárquico, debe esperar la decisión del superior, contra la cual, si es confirmatoria del acto inferior, podrá intentar el recurso de anulación dentro del lapso de seis meses contados a partir de la notificación de dicho acto. Este acto del superior es, precisamente el acto administrativo que en el procedimiento administrativo causa estado, por lo que es contra él, contra el cual debe intentarse el recurso contencioso de anulación; y sin duda, al notificarse su contenido al interesado se abre el lapso de impugnación respectivo.[339]

Debe destacarse que la interpretación contraria la había dado la jurisprudencia española, pero la reforma de la Ley de lo contencioso-administrativo en 1954 aclaró definitivamente la situación, eliminando lo que se ha denominado como una "arbitrariedad", es decir, considerar "qué la única oportunidad que el particular tenía de recurrir era a partir del momento en que veía transcurrido el plazo del silencio sin que la Administración se hubiese pronunciado"[340]. Por ello la Exposición de Motivos de la ley fue terminante al aclarar que acudir a ella (a la vía contencioso-administrativa) se considera como una facultad y no como una obligación, con lo cual se retribuye la figura del silencio administrativo el sentido que propiamente se le atribuyó originariamente, de garantía para los administrados frente a las demoras de la Administración"[341].

No hay duda, por tanto, que conforme a esta doctrina, en el sistema venezolano la garantía establecida a favor del particular con el silencio administrativo le permite optar por utilizar la vía contencioso-administrativa ante el silencio de la Administración, o esperar la decisión final del recurso jerárquico interpuesto.

---

338 Expresamente Fernando Garrido Falla ha señalado, así, lo siguiente: "el transcurso del plazo del silencio no significa resolución del expediente, sino simplemente la posibilidad de que el particular, en vez de esperar indefinidamente una resolución expresa de su asunto, plantee la cuestión ante la jurisdicción revisora. Si el particular, renuncia a este planteamiento lo único que ha hecho es prescindir del árbitro (ideado, por supuesto, a su favor) del silencio, para dejar que las cosas transcurran como si éste no existiese; es decir, que entonces esperará a que la Administración resuelva, y, a partir de la resolución, deberá disponer de los reglamentarios plazos para impugnar la decisión administrativa. No hay más remedio que admitir que, si no se quiere bastardear la institución, el silencio administrativo supone, por definición, una posibilidad del recurso para el particular, que, si no se utiliza, deja las cosas en el mismo .punto en que se encontraban si el silencio no hubiese sido consagrado por la ley" (*V.,* F. Garrido Falla, "La llamada doctrina del silencio...", *Loc.cit.*, pp. 11 y 115).

339 Como claramente lo expone Eduardo García de Enterría: "la resolución abre por sí misma, en los términos ordinarios, un plazo de impugnación, sin que tenga ningún Sentido intentar oponer a este plazo la caducidad del que pudo utilizar el interesado para impugnar la denegación por silencio, desde el momento en que la caducidad supone una carga y no una facultad" (*V.,* Eduardo García de Enterría, "Sobre silencio...", *Loc. cit.*, p. 216) (*Cfr.* T. R. Fernández Rodríguez, "Silencio negativo..." *Loc. cit.* pp. 289 y 290).

340 *V.,* F. Garrrido Falla, "El silencio administrativo...", *Loc. cit.*, pp. 58-59.

341 *Idem*, p. 62.

Si opta por ésta última alternativa, por supuesto, se abre el lapso de impugnación de los seis meses a partir del momento en el cual se notifique al interesado. Con esta posición está conforme la mejor doctrina[342].

Como consecuencia de lo anteriormente expuesto, el 10 ejercicio del recurso contencioso de anulación contra el acto administrativo recurrido en vía administrativa basado en el silencio administrativo, no sólo no impide el ejercicio del recurso de anulación contra la resolución tardía del recurso, es decir, contra el acto que cause estado, sino que por supuesto no implica, en forma alguna, que el acto inicial adquiera firmeza, ni, en todo caso, que el silencio, en cuanto a no acto, pueda quedar firme[343].

En definitiva, el silencio administrativo consagrado en los ordenamientos extranjeros y en el venezolano, se ha regulado como una figura establecida en beneficio y favor de los administrados, por lo que su tratamiento e interpretación tiene que responder a ese criterio lo cual impide que tal beneficio se convierta luego en caducidad para el beneficio particular. Por ello con razón se ha dicho que "El silencio sólo es imputable a la Administración; el administrado es totalmente ajeno a su producción, ya que su intervención se limita a llamar sin obtener respuesta, apareciendo, por tanto, desde este punto de vista, como liberalizado de toda posible responsabilidad, derivada de una abstención ajena a su voluntad"[344].

d". *El silencio no exime a la Administración de su obligación de decidir*

Siendo, por tanto, el silencio administrativo una garantía de acceso a la jurisdicción contencioso-administrativa por parte de los administrados, no hay elemento alguno en el ordenamiento que pueda permitir interpretar que el transcurso de los lapsos del silencio, agotan la vía administrativa, eximiendo a la Administración de la obligación de decidir. Al contrario, tal como se ha señalado, constitucionalmente, la consecuencia del

---

342 *V.*, por todos, Rafael Gómez Ferrer, "Resoluciones Tardías y conflicto de intereses privados" en *Revista de Administración Pública*, N° 68, Madrid, 1972, pp. 188, 205, 207 y 219, la cual puede resumirse en palabras de Jesús González Pérez, "El silencio administrativo y los interesados que una ficción para que el particular pueda, si lo desea, deducir recurso frente a la presunta denegación de su petición. De tal modo que siempre subsiste la obligación de la Administración de resolver expresamente, y dictada la resolución expresa, cualquiera que sea el momento en que se hubiere producido, produce plenos efectos, en el ámbito del Derecho material y en el Derecho procesal. De tal modo que los interesados pueden deducir frente a ella los recursos admisibles, para lo cual los plazos empiezan a computarse desde el día siguiente al de la notificación, sin que pueda invocarse la excepción del acto consentido por el hecho de no haberse deducido recurso contra la denegación presunta anterior" (*V.*, Jesús González Pérez, "El silencio administrativo y los interesados que no incoaron el procedimiento..." *Loc. cit.*, pp. 235 y 236).

343 *Cfr.* Tomás Ramón Fernández, "Repetibilidad de la impugnación jurisdiccional en caso de silencio negativo" en *Revista Española de Derecho Administrativo*, Civitas, 11, Madrid, 1976, p. 724; Jesús González Pérez, "El silencio administrativo en la nueva ley. *Loc.cit.*, p. 40; Rafael Gómez Ferrer, "Resoluciones tardías...", *Loc.cit.*, p. 208; y Eduardo García de Enterría, "Sobre silenció..., *Loc.cit.*, p. 216. Como lo señala T. R. Fernández Rodríguez, él hecho de que el lapso para intentar el re curso contencioso con motivo del silencio transcurra "sin que el recurso sea interpuesto, nunca podrá decirse que el silencio negativo haya quedado firme, calificativo que sólo puede predicarse de los verdaderos actos, es decir, de las declaraciones expresas de voluntad, deseo, juicio o conocimiento, emanadas de una Administración Pública en el ejercicio de una potestad administrativa, sin que haya puesto fin al expediente abierto, puesto que este expediente o procedimiento no puede terminar si no es mediante uno de los cuatro modos tasados por la ley, uno de los cuales -la resolución expresa- sigue siendo, a pesar del silencio, una obligación viva que la Administración debe cumplir porque así se lo impone la ley" (*V.*, T. R. Fernández Rodríguez, "Silencio negativo...", *Loc. cit.* pp. 285 y 286).

344 *V.*, J. A. Bolea Furadada, "El retraso de la Administración y el silencio...", *Loc. cit.*, p. 304.

derecho de petición, es la obligación para la Administración de dar "oportuna respuesta" (Art. 67), y de esta obligación no puede eximirla ninguna ley. El silencio administrativo, por tanto, es una garantía para que aun sin que exista un acto administrativo, que cause estado, el administrado pueda tener acceso a la jurisdicción contencioso-administrativa, y no un medio para que la Administración se libere de su obligación de decidir, la cual tiene, además su fuente en la propia Constitución[345].

La Administración Pública, por tanto, al transcurrir el lapso del silencio administrativo, sin que el interesado use el beneficio e interponga el recurso contencioso de anulación, no pierde, en forma alguna competencia para resolver, y puede hacerlo tardíamente.

e". *Recapitulación sobre la figura del silencio administrativo en la Ley Orgánica de la Corte Suprema de Justicia*

Como consecuencia, de acuerdo con lo establecido en el artículo 134 de la Ley Orgánica de la Corte Suprema de Justicia, la aplicabilidad de la figura del silencio administrativo, como ficción procesal, está cometida a los siguientes condicionantes[346].

1. El silencio administrativo se prevé exclusivamente como una garantía jurisdiccional en caso de que la Administración no decida un "recurso administrativo" necesario para agotar la vía administrativa. Normalmente este recurso será un recurso jerárquico si el acto es dé un órgano inferior en el orden administrativo, pues en esos casos, ése es el medio jurídico normal para agotar la vía administrativa.

En caso de qué ésta se agote a niveles inferiores, pero la Ley exija la interposición de un recurso de reconsideración administrativa para que el acto cause estado (por ejemplo, en materia de Impuesto sobre la Renta), la no decisión del recurso de reconsideración en los lapsos prescritos, abre la posibilidad de acudir a la vía contencioso-administrativa.

En todo caso, el silencio administrativo previsto en la Ley Orgánica de la Corte Suprema, no opera, como garantía jurisdiccional, respecto de solicitudes o peticiones no resueltas oportunamente por la Administración, pues la ley confiere el recurso contra un acto que no causa estado contra el cual se haya ejercido un recurso administrativo, y éste no haya sido decidido. Para que opere la vía del silencio, por tanto, es indispensable que previamente exista un acto administrativo expreso, que no agote la vía administrativa, contra la cual se haya recurrido en vía administrativa.

2. Por otra parte, para que surja la figura del silencio administrativo, es indispensable que transcurra un lapso de 90 días consecutivos sin que haya habido decisión administrativa o, de haberla, sin que se le haya notificado al interesado, vencido el cual, éste tiene la posibilidad de intentar el recurso contencioso-administrativo contra el acto re-

345 *Cfr.* Tomás R. Fernández Rodríguez, "Silencio negativo...", *Loc. cit.*, p. 292; Fernando Garrido Falla, "La llamada doctrina del silencio...", *Loc. cit.*, p. 111. Tal como lo expresa la Exposición de Motivos de la ley española de lo contencioso-administrativo: "el silencio administrativo, ciertamente, no puede ser conceptuado como Un medio a través del cual la Administración pueda eludir su obligación de motivar las decisiones, como vendría a ser si por el silencio quedara exenta del deber de dictar un proveído expreso, debidamente fundado" (*V.*, en F. Garrido Falla, "El silencio en la nueva ley...", *Loc. cit.*, p. 61)

346 *V.*, Allan R. Brewer-Carías, "Consideraciones sobre el silencio administrativo consagrado a los efectos del recurso contencioso-administrativo de anulación", *Revista de Control Fiscal*, 96, Caracas, 1980, pp. 11-38.

currido en vía administrativa, en el lapso de caducidad de seis meses contados a partir del vencimiento del plazo de 90 días señalados.

3. El recurso contencioso-administrativo que se permite deducir al operar el silencio, tiene por objeto, es decir, tiene como acto recurrido el único acto administrativo existente, el que no ha agotado la vía administrativa y, que fue objeto del recurso administrativo no decidido por la Administración en el plazo señalado. La Ley Orgánica de la Corte Suprema de Justicia, por tanto, no establece efectos negativos algunos al silencio administrativo, ni se presume, por tanto, lo existencia de un acto administrativo tácito denegatorio.

4. El recurso contencioso-administrativo de anulación que se permite intentar contra el acto administrativo que no causa estado por efecto del silencio administrativo, debe interponerse en el lapso de caducidad de seis (6) meses contados a partir del vencimiento del plazo de 90 días consecutivos desde la interposición del recurso administrativo, durante el cual la Administración no decidió.

Si el interesado lo utiliza el beneficio jurisdiccional que le otorga la ley, debe esperar la resolución expresa del recurso administrativo interpuesto que causa estado, para, contra la misma, si procede, in tentar el recurso contencioso-administrativo de anulación correspondiente.

5. En todo caso, la Administración no es que sólo pueda resolver el recurso administrativo interpuesto, necesariamente, en el plazo de 90 días, consecutivos, contados a partir de su interposición. La Administración si no lo ha hecho, debe y puede resolverlo posterior mente, por lo que ese lapso de silencio sólo beneficia al interesado y no exime a la Administración de su obligación de decidir.

Como consecuencia de todo lo anteriormente expuesto, en 1980 señalábamos como conclusión lo siguiente:

La interpretación que la Corte Suprema de Justicia ha hecho en su sentencia del 28 de noviembre de 1978 sobre el artículo 134 de la Ley Orgánica que la rige, no se ajusta a derecho, y debía ser modificada por la misma Corte, y ello, por las siguientes razones:

a) Porque la figura del silencio administrativo que acoge nuestra legislación, está configurada como una garantía a favor del administrado, para permitirle el ejercicio de recurso contencioso-administrativo contra un acto que no causa estado, en caso de inacción de la Administración en la resolución del recurso administrativo interpuesto contra dicho acto;

b) Porque como consecuencia, su interpretación debe hacerse en beneficio del interesado, para cuyo beneficio se regula el silencio administrativo, y no en su perjuicio;

c) Porque en el transcurso del plazo del silencio administrativo no se produce ningún acto tácito denegatorio, sino solamente, se per mite al interesado recurrir ante la vía contencioso-administrativa contra el acto que no causa estado. Se trata, por tanto, de una figura con meros efectos procesales en favor del administrado;

d) Porque la posibilidad que se abre al particular de recurrir ante el silencio administrativo es eso, una posibilidad, facultad, derecho o garantía, y no una obligación y mucho menos una carga; y si el interesado decide no utilizar el beneficio procesal, puede optar, libremente, por esperar la decisión expresa del recurso administrativo interpuesto, en cuyo caso, de producirse y no satisfacerle sus pretensiones, puede intentar el recurso contencioso-administrativo contra ese nuevo acto que causa estado;

e) Porque el hecho de que transcurra el plazo del silencio administrativo sin que la Administración decida, y transcurra el lapso de caducidad para intentar el recurso contencioso previsto en beneficio del particular se puede pensar que acto alguno haya adquirido firmeza, pues no hay acto, y precisamente, lo que hay es un no acto. En cuanto al acto administrativo recurrido en vía administrativa, éste no puede haber adquirido firmeza, pues, precisamente, por estar recurrido administrativamente, no está firme;

f) Porque el hecho de que transcurran los lapsos señalados de silencio administrativo, no puede pensarse que se agotó la vía administrativa, que la Administración perdió competencia para decidir posteriormente o que ya no tiene obligación de decidir. Al contrario, de acuerdo con la Constitución (Art. 67), la Administración está obligada a decidir los asuntos que se le sometan, es decir, está obligada a dar oportuna respuesta, por lo que, a pesar de que transcurran los lapsos del silencio administrativo y el particular no use el beneficio jurisdiccional que la Ley le otorgue, la Administración tiene el deber de decidir, para lo cual no puede considerarse que ha perdido competencia.

El recurso contencioso-administrativo interpuesto oportunamente por el administrado contra la decisión del recurso administrativo interpuesto y resuelto tardíamente, a pesar de no haberse utilizado en su momento el beneficio jurisdiccional del silencio administrativo, debe ser admitido, pues de lo contrario se lesionaría su derecho a la garantía jurisdiccional sin que Ley alguna lo consagré o autorice[347].

f'. La modificación del criterio jurisprudencial en 1982

La Corte Suprema de Justicia modificó su criterio de 1978, y en sentencia de 22 de junio de 1982 de la Sala Político-Administrativa, en la cual declaró sin lugar la apelación interpuesta contra un auto del Juzgado de Sustancia que había admitido un recurso contencioso-administrativo contra la decisión tardía de un recurso administrativo[348], acogió íntegramente los criterios antes expuestos y que habíamos publicado en 1980 como crítica a la sentencia de 1978[349]. La Corte Suprema, así, se aparto de la errada interpretación del artículo 134 de la Ley Orgánica que había establecido en sentencias de 2-3-78 y 15-11-78, y resumió su criterio sobre la materia en los siguientes términos:

1. Que la disposición contenida en el primer aparte del artículo 134 de la Ley Orgánica de la Corte Suprema de Justicia consagra una garantía jurídica, que se traduce en un beneficio para los administrados.

---

347 *V.*, "Consideraciones sobre el Silencio Administrativo consagrado a los efectos del recurso contencioso-administrativo de anulación", *Revista de Control Fiscal*, 96, Caracas, 1980, pp. 11-38.

348 El Juzgado de Sustanciación de la Sala Político-Administrativa de la Corte Suprema de Justicia, en auto de 19 de noviembre de 1979, decidió lo siguiente: "El segundo aparte del artículo 134 de la *Ley Orgánica de la Corte Suprema de Justicia*, ha establecido una facultad en beneficio de los administrados, a fin de que éstos no se perjudiquen por el silencio o el retardo de la Administración en decidir los recursos ante ella interpuestos. No puede convertirse una facultad en un deber de cumplimiento obligatorio para el administrado y transformarla en una pena para el mismo, que haría nugatorio su derecho a recurrir contra los actos dé la Administración. Por otra parte, la caducidad es dé derecho estricto, y es sólo en el primer aparte del artículo 134 *ejusdem* donde se establece lo aplicable a los recursos dirigidos a anular los actos de efectos particulares de la Administración y la oportunidad en que empieza a correr el término respectivo. En consecuencia, considera este Juzgado que él segundo aparte del artículo 134 no puede interpretarse como un término dé caducidad, y así se declara". (Consultado en original).

349 *V.*, Allan R. Brewer-Carías: "Consideraciones en torno al silencio administrativo consagrado a los efectos del recurso contencioso-administrativo de anulación", en *Revista Control Fiscal*, N° 96, Caracas, 1980, pp. 11 y ss.

2. Que como tal garantía, debe ser interpretada en sentido amplio y no restrictivo, pues de lo contrario, tejos de favorecer, cómo se quiso, al administrado, lo que haría es estimular la arbitrariedad y reforzar los privilegios de la Administración.

3. Que esa garantía consiste en permitir el acceso a la jurisdicción contencioso-administrativa en ausencia de acto administrativo expreso que ponga fin a la vía administrativa.

4. Que el transcurso del lapso del silencio administrativo sin que el particular ejerza el recurso contencioso-administrativo, no acarrea para aquél la sanción de caducidad de tal recurso contra el acto que en definitiva pudiera producirse.

5. Que el silencio no es en sí mismo un acto, sino una abstención de pronunciamiento y, por consiguiente, no cabe decir que se concierte en firme por el simple transcurso del plazo de impugnación.

6. Que el silencio no exime a la Administración del deber de dictar un pronunciamiento expreso, debidamente fundado.

7. Que es el administrado quien decide oportunidad de acudir a la jurisdicción contencioso-administrativa: durante el transcurso del lapso previsto en el artículo 134, o posteriormente, cuando la Administración le resuelva un recurso administrativo.

8. Que cuando la Administración resuelve expresamente el recurso administrativo después de transcurridos los plazos previstos en el artículo 134, el particular puede ejercer el recurso contencioso-administrativo contra ese acto concreto.

9. Que a partir del momento en que se notifica al interesado la resolución administrativa expresa de su recurso, comienza a correr el lapso general de caducidad de seis meses para el ejercicio del correspondiente recurso contencioso-administrativo; y

10. Que de no producirse nunca la decisión administrativa expresa, no podrá el interesado ejercer el recurso contencioso-administrativo pasados los nueve meses a que se refiere el artículo 134 de la L.O.C.S.J., invocando el silencio administrativo[350].

Debe señalarse que respecto de ese último punto de la sentencia, la jurisprudencia, de la Corte Primera de la Contencioso-Administrativo sentada en sentencia de 13 de febrero de 1986; había admitido la procedencia de un recurso de amparo del derecho constitucional a obtener oportuna respuesta, aun cuando no se hubiera usado el Beneficio procesal del silencio administrativo, lo cuál ha sido negado recientemente por la Corte Suprema de Justicia en sentencia de 23-5-88 (caso *Fincas Algaba*)[351].

c'. El sistema de silencio administrativo en la Ley Orgánica de Procedimientos Administrativos (1981)

De lo anteriormente expuesto resulta que hasta 1982, en la Ley Orgánica de la Corte Suprema de Justicia, no se consagraba un verdadero "silencio administrativo" como acto, pues el silencio administrativo no tenía ningún efecto, ni positivo ni negativo; sólo tenía efectos procesales: permitir el acceso a la jurisdicción contencioso-administrativa,

---

350 *V.*, la sentencia (Ponente J. Calcaño de Temeltas), en *Revista de Derecho Público*, N° 11, EJV, Caracas, 19,82, pp. 150-60.

351 *V.*, la sentencia de la Corte Primera (Ponente R. J. Duque Corredor) en *Revista de Derecho Público*, N° 26, EJV, Caracas, 1986, y la de la Corte Suprema (Ponente L. H. Farías Mata), en *Revista de Derecho Público*, N° 35, EJV, Caracas, 1988.

es decir, permitía ejercer el recurso contra un acto administrativo que no causaba estado. En realidad el acto que se iba a impugnar, conforme a lo previsto en el artículo 134, no era un tal acto presunto sino que el acto impugnado era el acto de un inferior que había sido recurrido en vía administrativa y cuyo recurso no había sido resuelto. Por tanto, del silencio, de acuerdo a la Ley de 1976, no se derivaba acto presunto ni tácito; no había declaración de voluntad de la Administración ni formal ni tácita^ lo único que había era silencio, es decir, inacción, de lo cual no se derivaba acto alguno positivo o negativo. De allí que el objeto del recurso era el acto administrativo que no causaba estado. Por ello, el artículo 134 lo que había establecido era una excepción al principio de que el recurso contencioso procede contra el acto administrativo que agote la vía administrativa; excepción que se establecía en beneficio del particular, para evitar la indefensión derivada de la inacción de la Administración.

Este beneficio, en todo caso, lo que le abría al particular era una posibilidad de recurrir pero no la obligación de recurrir. Por eso, el silencio no eximía a la Administración de su obligación de decidir, ni por el transcurso de los lapsos de beneficio la Administración per día su derecho, potestad y competencia de decidir; podía decidir aun cuando el particular hubiera usado el beneficio del recurso[352]. No debe olvidarse qué la Administración está obligada constitucionalmente a dar oportuna respuesta y esa obligación no se elimina porque se le haya dado a los particulares un beneficio de recurso.

Por otra parte, en cuanto a los requisitos del recurso de anulación con motivo del silencio, debe establecerse otra consideración: la ley establecía que este beneficio procedía sólo cuando no se decidiera un recurso administrativo que era intentado para agotar la vía administrativa. Este recurso administrativo normalmente es el recurso jerárquico pero podía tratarse también de un recurso de reconsideración, en aquellos casos previstos en la ley cuando se estableciera que el agotamiento en la vía administrativa se producía en un nivel inferior al superior jerárquico, mediante el recurso de reconsideración.

Por último, debe señalarse que este beneficio procesal sólo procedía cuando intentado un recurso administrativo, éste no se decidía por la Administración. Por ello, el recurso no procedía cuando se trataba de solicitudes que no eran recursos y que no eran atendidas oportunamente por la Administración. En estos casos de inacción de la Administración no había recurso, ni garantía contencioso-administrativa, pues no había sido establecido con carácter general el efecto negativo o positivó del silencio.

352 Se insiste, por ello, que-el particular no tiene la obligación de acogerse al beneficio legal, y de intentar el recurso. Podría no hacerlo, y en ese caso, si bien pierde el beneficio por el transcurso del lapso, tendría que esperar que la Administración decida para, contra esa decisión, ejercer el recurso contencioso-administrativo. Pensamos que sólo en ese sentido puede interpretarse lo decidido por la Corte Suprema de Justicia en su auto de 1-3-78, en la siguiente forma: "Desde la vigencia de la nueva ley, los administrados no tienen que esperar indefinidamente que la Administración decida para ocurrir a la vía judicial, pero están obligados a interponer el recurso de nulidad dentro de los seis meses siguientes a la fecha en que expiren los noventa días a que se refiere el artículo 136 de dicha ley, puesto que, a partir de esa fecha, empieza a correr contra ellos el respectivo lapso de caducidad, cuando el vencimiento de los noventa días ya referidos, el superior jerárquico no haya decidido o no haya comunicado al recurrente el resultado de su apelación...". "En consecuencia, los re cursos intentados después de esta fecha -como ocurre con el interpuesto por el recurrente en su citado escrito-, son manifiestamente extemporáneos y, por tanto, inadmisibles y así debe declararlo la Corte, como, en efecto, lo hace en el presente caso, administrando justicia, en la Sala Político-Administrativa en nombre de la República y por autoridad de la Ley". *V.,* en *G.O.*, N° 2.512 Extra, de 30-10-79. En ese caso la caducidad es sólo para acogerse al beneficio legal, por lo que vencido el lapso, si la Administración decide posteriormente, el recurso se abre normalmente.

Esta situación, sin embargo, fue modificada en 1982, con motivo de la entrada en vigencia de la Ley Orgánica de Procedimientos Administrativos, la cual reguló con carácter general, el silencio administrativo, como productor de un acto administrativo presunto, razón por la cual el agotamiento de la vía administrativa, mediante un acto que causa estado tácitamente, abre la posibilidad de ejercer el recurso contencioso-administrativo[353].

En efecto, la Ley Orgánica de Procedimientos Administrativos del 1° de julio de 1981, entre las instituciones novedosas que estableció, está la del denominado silencio administrativo negativo, o en otras palabras, el establecimiento de una presunción de degeneración de la solicitud o recurso, cuando la Administración no resuelva expresa mente en un lapso determinado.

En efecto, la Ley Orgánica, en su artículo 2°, concreta el derecho de petición establecido en el artículo 67 de la Constitución, y obliga a los funcionarios a decidir las instancias o peticiones, es decir, a dar oportuna respuesta a los administrados. A tal efecto, la Ley Orgánica prevé en varios de sus artículos, lapsos concretos dentro de los cuales deben resolverse por la Administración, las solicitudes y recursos. Sin embargo, estas previsiones, sin duda, no eran suficientes para garantizar la oportuna respuesta a que tienen derecho los administrados. Era necesario prever medios o garantías jurídicas de protección a los administrados contra el silencio de la Administración, el cual había sido incontrolado e incontrolable.

De allí que el artículo 4° de la Ley haya establecido la figura del silencio administrativo negativo, a cuyo efecto prevé lo siguiente:

> "En los casos en que un órgano de la Administración Pública no resolviera un asunto o recurso dentro de los correspondientes lapsos, se considerará que ha resuelto negativamente, y el interesado podrá interponer el recurso inmediato siguiente, salvo disposición expresa en contrario. Esta disposición no releva a los órganos administrativos, ni a sus personeros, de las responsabilidades que les sean imputables por la omisión o la demora".

Ahora bien, esta norma requiere, en nuestro criterio, de una adecuada interpretación, dentro del contexto general de la Ley Orgánica. Esta, en efecto, es una Ley que regula, básicamente, un conjunto de derechos y garantías de los administrados frente a la Administración, por lo que el artículo 4° debe ser interpretado, también, en el sentido de haber consagrado una garantía más para los particulares, sin relevar a la Administración de su obligación fundamental: la de decidir los asuntos o recursos que cursan ante sus órganos. Esta aclaratoria, aunque elemental, parece necesario formularla, por la mala interpretación que se le ha dado a dicha disposición, en el sentido de considerarla como un perjuicio para los administrados hasta el punto de llegar a afirmarse que con el artículo 4° de la Ley, vencidos los lapsos de decisión, se considera que ya existe una decisión denegatoria, y que, por tanto, no sólo el administrado no puede optar por esperar que la decisión expresa se produzca, sino que la Administración, después, no puede ya decidir, pues los funcionarios "para ese momento ya no tendrían competencia ni facultad para hacerlos"[354].

353 *V.*, Allan R. Brewer-Carías, "El sentido del silencio administrativo negativo en la Ley Orgánica de Procedimientos Administrativos", *Revista de Derecho Público*, N° 8, EJV, Caracas, 1981, pp. 27-34.

354 *V.*, Ricardo Sillery López de Ceballos, "Relativo a que el silencio frente a solicitudes a la Administración se presume denegatorio de la petición", en El Universal, Caracas, 20-2-82, pp. 1-4.

Al contrario, queremos insistir en que esa interpretación es errada y contraria al espíritu general de la Ley Orgánica, porque, primero, el silencio negativo, que establece lo hace exclusivamente como un beneficio para los administrados, y segundo, porque el silencio no exime a la Administración de su obligación de decidir.

a''. *El silencio negativo como un beneficio de los administrados*

En efecto, en nuestro criterio, como ya lo hemos argumentado anteriormente[355], el único sentido que tiene la consagración del silencio administrativo negativo en la Ley Orgánica, como presunción de de cisión denegatoria de la solicitud o recurso, frente a la indefensión en la cual se encontraban los administrados por la no decisión oportuna por la Administración de tales solicitudes o recursos, no es otro que el establecimiento de un beneficio para los particulares para, precisamente, superar esa indefensión. La norma del artículo 4° de la Ley Orgánica, por tanto, se ha establecido en favor de los particulares y no en favor de la Administración.

La primera consecuencia de éste carácter de beneficio para el particular de la apertura del "recurso inmediato siguiente" contra el acto tácito denegatorio es que es potestativo para el interesado el utilizar o no el beneficio, el cual sólo puede beneficiarlo y nunca perjudicarlo. Es decir, introducida una solicitud o un recurso, y vencidos los lapsos impuestos por la Ley Orgánica, a la Administración, para decidirlos, el interesado tiene la posibilidad de intentar contra el acto tácito el recurso administrativo o contencioso-administrativo correspondiente. Pero la Ley Orgánica, en forma alguna, lo obliga a ello: el interesado tiene, así, una opción: o intenta el recurso inmediato, usando el beneficio del silencio, o simplemente, espera la decisión de la solicitud o recurso para intentar, posteriormente, el recurso que proceda, si la decisión expresa no lo favorece.

Por ello, la Ley Orgánica es clara al indicar en el artículo 4° que el interesado "podrá" intentar el recurso inmediato siguiente, y "poder", como se dijo, conforme lo indicado por la antigua Corte Federal en sentencia de 6-11-58, "es tener la facultad o el medio de hacer una cosa, y faculta, el derecho –no el deber, ni la obligación– de hacer una cosa".[356]

Por tanto, al indicarse que "el interesado podrá intentar el recurso inmediato siguiente", la Ley Orgánica lo está facultando, le está dando el derecho de recurrir, pero no le está imponiendo la obligación de recurrir, ni le está diciendo que de no hacerlo, caduca su recurso posterior. El beneficio previsto en la Ley Orgánica, por tanto, no puede convertirse en una carga para el interesado[357].

Ahora bien, no habiendo elemento alguno en la Ley Orgánica que permita interpretar el artículo 4° en perjuicio del administrado, es evidente que éste tiene, en dicho supuesto, una opción: o intenta el recurso inmediato contra el acto tácito denegatorio, o espera la decisión expresa de la solicitud o recurso por la Administración. Esta es, en todo ca-

355 *V.*, Allan R. Brewer-Carías "Consideraciones sobre el silencio administrativo consagrado a los efectos del recurso contencioso-administrativo de anulación" en *Revista de Control Fiscal*, 96, Caracas, 1980, pp. 11 y ss.; particularmente pp. 29 y ss.

356 *V.*, en G.F., N° 22, Caracas, 1958, p. 133.

357 *V.*, Tomás Ramón Fernández, "Silencio negativo, Actos Firmes y actos confirmatorios" en *Revista de Administración Pública*, N° 53, Madrid, 1967, pp. 284, 295 y 296; y S. Álvarez Gendin y Blanco, "Teoría del silencio administrativo" en *Estudios en Homenaje a Jornada de Pozas. T.* III, vol. I, Madrid, 1961, p. 144.

so, la clara y terminante consagración de la legislación española, la cual para despejar dudas, deja al particular la opción, en virtud de que se ha establecido en su beneficio[358].

Por tanto, estando en manos del interesado la opción de recurrir en base al beneficio del silencio administrativo o esperar la decisión expresa de la solicitud o recurso, el transcurso del lapso para recurrir contra el acto tácito, no tienen ningún efecto perjudicial en su contra[359]. Por tanto, si el particular interesado opta por no intentar el "recurso inmediato siguiente" derivado del silencio negativo, dentro de los lapsos correspondientes, debe esperar la decisión expresa del organismo, contra la cual, si le es adversa, podrá intentar el recurso inmediato siguiente dentro de los lapsos correspondientes contados a partir de la notificación del acto.

No hay duda, por tanto, que en el sistema venezolano, la garantía establecida a favor del interesado con el silencio negativo, le permite optar por utilizar la vía de recurso correspondiente, o esperar la de cisión final de la solicitud o recurso. Si opta por esta última alternativa, por supuesto, se abre el lapso de impugnación correspondiente contado a partir del momento en el cual se notifique el acto tácito al interesado.[360] Como consecuencia, puede afirmarse que él no ejercicio del recurso, no implica, en forma alguna, que el acto tácito adquiera firmeza, o en otras palabras, que el silencio pueda producir un acto administrativo firme[361].

En definitiva, el silencio consagrado en nuestra Ley Orgánica de Procedimientos Administrativos, como el regulado en la legislación española, se ha establecido como un beneficio y favor de los administrados por lo que su tratamiento e interpretación tiene que responder a este criterio, lo cual impide que tal beneficio se convierta luego, en caducidad para el beneficio particular, sobre todo si la inacción es sólo imputable a la Administración[362].

---

358 *Cfr.* Eduardo García de Enterría, "Sobre silencio administrativo y recurso contencioso", en *Revista de Administración Pública*, N° 47, Madrid, 1965, pp. 211, 212, 216, 219 y 222; Ángel González Rivero, "El silencio administrativo en el Derecho Español", en *Revista de Estudios de la Vida Local,* N° 111, Madrid, 1960, p. 366.

359 *V.*, Fernando Garrido Falla, "La llamada doctrina del silencio administrativo", en *Revista de Administración Pública*, N° 16, Madrid, 1955, pp. 114 y 115.

360 *V.*, Eduardo García de Enterría, "Sobre silencio...", *Loc. cit.*, p. 216, *Cfr.* Tomás Ramón Fernández, "Silencio negativo...", *Loc.cit.*, pp. 289 y 290; Rafael Gómez Ferrer, "Resoluciones tardías y conflicto de intereses privados" en *Revista de Administración Pública*, N° 68, Madrid, 1972, pp. 188, 205, 207 y 219. *V.*, Jesús González Pérez, "El silencio administrativo y los interesados que no incoaron el procedimiento administrativo", en *Revista de Administración Pública*, N° 68, Madrid, 1972, pp. 235 y 236.

361 *Cfr.* Tomás Ramón Fernández, "Repetibilidad de la impugnación jurisdiccional en caso de silencio negativo" en *Revista Española de Derecho Administrativo*, Civitas, N° 11, Madrid, 1976, 724; Jesús González Pérez, "El silencio administrativo en la nueva Ley de Procedimiento", en Documentación administrativa, Nos. 8-9, Madrid, 1958, p. 40; Rafael Gómez Ferrer, "Resoluciones tardías...", *Loc. cit.*, p. 208; y Eduardo García Enterría, "Sobre silencio...", *Loc. cit.*, p. 216. *V.*, Tomás Ramón Fernández-Rodríguez, "Silencio Negativo...", *Loc. cit.*, pp. 285 y 286.

362 Por ello, con razón se ha señalado que "el silencio sólo es imputable a la Administración: el administrado es totalmente ajeno a su producción, ya que su intervención se limita a llamar sin obtener respuesta, apareciendo por tanto, desde este punto de vista, como liberalizado de toda posible responsabilidad, derivada de una abstención ajena a su voluntad". *V.*, Juan Antonio Bolea Furadada, "El retraso de la Administración y el silencio administrativo", en *Revista de Administración Pública*, N° 51, Madrid, 1960, p. 304.

b". *El silencio negativo no exime a la administración de su obligación de decidir*

Ahora bien, siendo el silencio administrativo negativo previsto en el artículo 4° de la Ley Orgánica de Procedimientos Administrativos, una garantía de defensa puesta a disposición de los administrados frente a la inacción de la Administración, no encontramos elemento alguno en el ordenamiento jurídico que pueda permitir interpretar que el transcurso de los lapsos para que se produzca el acto tácito denegatorio, agota la competencia administrativa, eximiendo a la Administración de su obligación de decidir. Al contrario, constitucionalmente, de acuerdo al artículo 67 del texto fundamental, que recoge el artículo 2° de la Ley Orgánica de Procedimientos Administrativos, la consecuencia del derecho de petición, es la obligación para la Administración de dar "oportuna respuesta", y de esta obligación, no puede eximirla ni la Ley Orgánica de Procedimientos Administrativos ni ninguna otra Ley. El silencio administrativo, por tanto, es una garantía para que aun sin decisión expresa, el interesado pueda defenderse y tener acceso, por ejemplo, a la jurisdicción contencioso-administrativa, y no un medio para que la Administración se libere de su obligación de decidir, la cual tiene, además, su fuente en la propia Constitución[363]. Por tanto, a pesar del transcurso de los lapsos que la Ley Orgánica impone a la Administración para decidir las so licitudes y recursos, "no sólo la Administración puede, sino que debe resolver expresamente; no sólo goza de competencia para actuar, y de facultad para hacerlo, sino que está obligada a ello; obligación que, incluso, puede dar lugar a la correspondiente responsabilidad"[364]. Y tan ello es así en nuestro ordenamiento jurídico, que la propia Ley Orgánica de Procedimientos Administrativos impone, a la Administración y sus funcionarios la obligación de tramitar los escritos cuyo conocimiento les corresponda (Art. 39) y de resolver las instancias y peticiones que je dirijan los interesados (Art. 29); haciendo a los funcionarios responsables de las omisiones o demoras (Art. 4°). Por otra parte, el párrafo único del Art. 4° de la Ley Orgánica dispone que la reiterada demora en decidir que dé lugar a que los asuntos; o recursos se consideren resueltas negativamente, es decir, que los particulares reaccionen por los recursos inmediatos subsiguientes contra la inacción de la Administración, acarrea responsabilidad disciplinaria hasta el punto que se considera un motivo de derecho, que provoca amonestación escrita conforme a la Ley de Carrera Administrativa, sin perjuicio de las multas que deben aplicarse conforme al artículo 100 de la propia Ley Orgánica.

Por tanto, la Administración Pública, al transcurrir el lapso pre visto legalmente para que adopte su decisión, sin que el interesado use el beneficio e interponga el recurso inmediato siguiente, no pierde, en forma alguna, competencia para resolver, y sigue estando obligada a hacerlo, es decir, la Administración puede y debe resolver el asunto o recurso en cualquier tiempo posterior[365].

---

363 *Cfr.* Tomás Ramón Fernández R., "Silencio Negativo...", *Loc. cit.*, p. 292; Fernando Garrido Falla, "La llamada doctrina del silencio...", *Loc. cit.*, p. 111.

364 *V.*, Ángel González Rivero, "El Silencio Administrativo...", *Loc. cit.*, p. 370

365 Como hemos dicho, en esto está conforme la doctrina italiana y la española. *V.*, Ricardo Hernández Ibarra, Notas sobre el silencio de la Administración Pública con particular referencia al silencioso rechazo en, materia de recursos jerárquicos. Maracaibo, 1974, p. 74; Fernando Garrido Falla, "El silencio administrativo de la nueva ley...", *Loc. cit.*, p. 368; Ángel González Rivero, "El silencio administrativo...", *Loc. cit.*, p. 368; F. Garrido Falla, "La llamada doctrina del silencio...", *Loc. cit.*, pp. 104 y ss. En contra está la jurisprudencia francesa: *V.*, Geneviéve

En nuestro sistema inclusive, puede sostenerse que no sólo la Ad ministración no pierde competencia para decidir, por la obligación que tiene de dar oportuna respuesta a las solicitudes y recursos administrativos, sino que en caso de silencio, y aún en el supuesto de que el interesado haya intentado el recurso inmediato siguiente, la Administración puede decidir tardíamente. Si decide en beneficio del interesado, el superior jerárquico o el juez contencioso-administrativo, en su caso, no tendría materia sobre la cual decidir, y al contrario, si decide en contra de la pretensión del interesado, se acumularía al recurso intentado, la impugnación de la nueva decisión[366].

Como consecuencia de lo expuesto puede señalarse como conclusión respecto del sentido del silencio administrativo negativo en la Ley Orgánica de Procedimientos Administrativos, lo siguiente:

a) La figura del silencio administrativo negativo que acoge la Ley Orgánica, está configurada como una garantía a favor del ad ministrado, para permitirle su defensa, mediante el ejercicio del recurso inmediato siguiente, contra el acto tácito derivado de la presunción denegatoria que provoca la inacción de la Administración.

b) La interpretación del artículo 4° de la Ley Orgánica, por tanto, debe hacerse siempre en beneficio del interesado, para cuyo beneficio se regula el silencio administrativo, y no en su perjuicio.

c) La posibilidad que se abre al particular de recurrir ante el silencio administrativo es eso, una posibilidad, facultad, derecho o garantía, y no una obligación y mucho menos una carga; y si el interesado decide no utilizar el beneficio procesal, puede optar, libre mente, por esperar la decisión expresa del asunto o recurso, en cuyo caso de producirse y no satisfacerse sus pretensiones, puede intentar el recurso inmediato siguiente contra el nuevo acto.

d) Por el hecho de que transcurra el plazo del silencio administrativo sin que la Administración decida, y transcurra el lapso de' caducidad para intentar el recurso inmediato siguiente previsto en beneficio del particular, no se puede pensar que el acto tácito haya adquirido firmeza.

e) Por el hecho de que transcurra el lapso señalado para que se produzca el silencio administrativo, no puede pensarse que se agotó la vía administrativa en el sentido de que la Administración perdió competencia para decidir posteriormente o que ya no tiene obligación de decidir.

Al contrario, de acuerdo con el artículo 47 de la Constitución y el artículo 2° de la Ley Orgánica, la Administración está obligada a decidir los asuntos y recursos que se le sometan, es decir, está obligada a dar oportuna respuesta, por lo que, a pesar de que transcurran los lapsos de silencio administrativo y el particular no use el beneficio de ejercer el recurso inmediato siguiente que la Ley Orgánica le otorga, la Administración tiene el deber de decidir, para lo cual no puede considerarse que ha perdido competencia.

f) En muchos casos, particularmente de solicitudes formuladas ante la Administración, de nada vale para el particular presumir que por el transcurso del tiempo su solicitud se considere negada. Nada lo beneficia en esos casos, y ejercer el "recurso inmedia-

---

Benezra, "Le silence d'Ádministration. Vicisitudes de la réglamentation francaise, en *La Revue Administrative*, N° 119, París, 1967, p. 546.

366 *Cfr*. Respecto al sistema italiano, Ricardo Hernández Ibarra, *op. cit.*, p. 81.

to siguiente" es imposible por no conocerse los "motivos" del acto tácito. En esos casos, por tanto, y en virtud de que al particular lo que le interesa es que la Administración decida, y expresamente le conceda o niegue lo solicitado, su verdadera garantía sería el ejercicio de un recurso contra la abstención o negativa de la Administración en resolver, conforme a los artículos 41, ordinal 23 y 182, Ord. 19 de la Ley Orgánica de la Corte Suprema de Justicia.

c. *El agotamiento de la vía administrativa en el proceso contencioso-administrativo de las demandas contra la República*

En el procedimiento contencioso-administrativo de las demandas contra la República, la situación es completamente distinta de la señalada anteriormente. Como en este caso sí hay, propiamente ha blando, una demanda contra la Administración, y puede hablarse de un demandante y de una entidad administrativa demandada, el demandante debe agotar la vía administrativa, no ejerciendo un re curso jerárquico sino cumpliendo el procedimiento administrativo previo a las demandas contra la República prescrito en los artículos 35 al 62 de la Ley Orgánica de la Procuraduría General de la República[367] regulado con el carácter de condición de admisibilidad de la demanda[368].

Ahora bien, este procedimiento administrativo previo está previsto como requisito procesal en las demandas que se intenten "en contra de la República"[369]. Por tanto, cuando la acción pretenda, interponerse contra una entidad pública cuyos intereses no deba defender el Procurador General de la República, el demandante no tiene la obligación de observar las disposiciones de la Ley Orgánica de la Procuraduría, salvo que por Ley se hubiera extendido a dicha entidad, los denominados privilegios y prerrogativas del Fisco[370].

A continuación examinaremos él procedimiento administrativo previo en las demandas contra la República y las consecuencias que produce su cumplimiento o incumplimiento.

El artículo 30 de la Ley Orgánica de la Procuraduría General de la República establece que "quienes pretendan instaurar jurídicamente alguna acción en contra de la República deberán dirigirse previamente y por escrito al Ministro al cual corresponda el asunto, para exponer concretamente sus pretensiones en el caso".

De esta disposición, observamos en primer lugar, que abarca todas las acciones que se pretenda intentar por vía judicial contra la República. En este sentido, no sólo es aplicable a las demandas que se intenten ante la jurisdicción contencioso-administrativa invocando sus competencias de condena, sino que también se aplica a todas las demandas que se quieran intentar contra la República ante cualquier órgano jurisdiccional sometidas a las regulaciones del Derecho privado o laboral.

Por otra parte, observa la antigua Corte Federal que la ley ha establecido "como forma única y esencial de iniciación del procedimiento administrativo previo, la elabora-

---

367 LOPGR, *G.O.*, N° 27.921 de 22-12-65.

368 Art. 84,5 LOCSJ. La propia Ley Orgánica de la Procuraduría lo indica claramente: Artículo 36. Los funcionarios judiciales no darán curso a ninguna acción que se intente contra la República sin que se acredite el cumplimiento administrativo previo a que se refieren los artículos anteriores, o el contemplado en la Ley Orgánica de la Hacienda Pública Nacional, según el caso.

369 Art. 30 LOPGR.

370 *V.*, por ejemplo, el artículo 100 de la Ley Orgánica de Régimen Municipal.

ción y consignación, ante el Despacho respectivo, de un escrito que contenga los datos señalados en la indicada norma. No puede, pues, iniciarse ese procedimiento sin la existencia de tal escrito, que equivale, en esa vía administrativa, al libelo de los procedimientos judiciales. En efecto, sin la presentación de ese escrito y demás elementos de juicio que al mismo deben ser acompañados, no puede la Administración formarse criterio de las pretensiones de los reclamantes, ni apreciar las razones o fundamentos en que se apoyen sus aspiraciones"[371].

Por otra parte, establece el señalado artículo 30 que "de la presentación de este escrito se dará recibo al interesado, a menos que su remisión haya sido hecha por conducto de un juez o de un notario. De la recepción del escrito se dejará constancia, en nota estampada al pie".

Una vez recibida la reclamación o escrito, el Ministerio está obligado a "formar el expediente del caso", agregándole todos los elementos de juicio que por su parte considere necesarios. Esto debe hacerlo dentro de un lapso de 15 días dentro del cual, además, debe remitir dicho expediente a la Procuraduría General de la República[372].

La Procuraduría General de la República, dentro de los 30 días siguientes al recibo del expediente, debe formular por escrito su dictamen y remitirlo al Ministerio respectivo, el cual a su vez debe llevarlo a conocimiento del interesado dentro de los ocho días siguientes. Si el Ministerio se apartare del criterio sustentado por la Procuraduría, el cual por tanto, no es vinculante, debe llegar al conocimiento del interesado la opinión que al efecto sustente, dentro del mismo plazo[373].

El interesado debe responder por escrito al Ministerio que corresponda, si se acoge o no al criterio comunicado. En caso afirmativo, el asunto se solucionará con arreglo a dicho criterio, y si no fuere aceptado, quedará plenamente facultado para acudir a la vía judicial.

El Ministerio debe enviar copia de la respuesta del interesado a la Procuraduría General de la República, dentro de los quince (15) días hábiles siguientes a la fecha en que la haya recibido; y si el asunto no hubiere quedado resuelto, el Procurador General ejercerá la representación de la República en el juicio correspondiente[374]. En todo caso, vencidos los lapsos antes indicados, contados desde la fecha de la presentación del escrito respectivo sin haberse notificado al reclamante el resultado de su presentación, quedará este facultado para acudir a la vía judicial[375].

En todo caso, como hemos dicho, el artículo 36 de la referida Ley de la Procuraduría señala que "los funcionarios judiciales no darán curso a ninguna acción que se intente contra la República, sin que se acredite el cumplimiento de las formalidades del procedimiento administrativo previo". Por tanto, este procedimiento administrativo previo constituye un requisito procesal y, como tal, su falta de cumplimiento dará lugar nece-

---

371 CF, 11-2-60, en G.F., N° 27, 1960, p. 76.

372 Art. 31.

373 Art. 32.

374 Art. 33. En todo caso de acuerdo al artículo 35 de la Ley, cuando el Procurador disienta del criterio sustentado por el Despacho respectivo, debe abstenerse conforme al artículo 18. En cambio, si aceptare dicho criterio, ejercerá la defensa ampliamente, sin que pueda invocarse como prueba en contrario, ninguno de los antecedentes u opiniones que consten en la tramitación extrajudicial del asunto, por cuanto éstos no tienen efecto vinculante.

375 Art. 34

sariamente a la inadmisibilidad de la demanda[376]. Por tanto, ha establecido la Corte que "tal procedimiento no puede considerarse cumplido con vagas afirmaciones..., sino mediante la prueba auténtica y documentada de los actos que los constituyen"[377].

Se deduce claramente de lo expuesto, como ha señalado la antigua Corte Federal, que "el procedimiento administrativo previo tiene por objeto salvaguardar los intereses de la Nación y el buen orden administrativo, por lo cual las disposiciones que lo rigen asumen el carácter de orden público"[378].

Y, precisamente por ese carácter de orden público, si la falta de tal requisito se observa y declara estando ya en curso el proceso, bien por instancia de parte o aun de oficio, la consecuencia no pueda ser otra que la nulidad de lo actuado y la reposición del proceso al estado de que se cumpla dicho trámite administrativo, para que la demanda pueda ser nuevamente admitida y se le dé el curso de ley.

C. El lapso de interposición

En principio, los recursos contencioso-administrativos tienen un lapso de interposición que, una vez vencido sin que se hayan interpuesto aquellos recursos, impiden, por extemporáneos, que se puedan intentar. Sin embargo, este lapso varía según se trate de un recurso para iniciar el procedimiento contencioso-administrativo de anulación o para iniciar una demanda contencioso-administrativa contra los entes estatales. En todo caso, la interposición del recurso en el lapso legal es uno de los requisitos procesales para la adminisibilidad del mismo.

Examinaremos ese requisito procesal en ambos recursos contencioso-administrativos.

a. *El lapso de caducidad en él proceso contencioso de anulación de los actos de efectos particulares*

En relación al lapso de caducidad en el proceso contencioso-administrativo contra los actos administrativos de efectos particulares, el artículo 134 de la Ley Orgánica de la Corte Suprema de Justicia establece lo siguiente:

> "*Artículo* 134. Las acciones o recursos de nulidad contra los actos generales del Poder Público podrán intentarse en cualquier tiempo, pero los dirigidos a anular actos particulares de la Administración, caducarán en el término de seis meses contados a partir de su publicación en el respectivo órgano oficial, o de su notificación al interesado, si fuere procedente y aquélla que se efectuare".

Ante todo se deduce de esta norma que los actos administrativos de efectos generales, es decir, los de contenido normativo, no están sometidos a lapso alguno de interposición, consecuentemente con el carácter de acción popular del recurso de impugnación. Por tanto, todo ciudadano puede intentar "en cualquier tiempo" un recurso de anulación contra un reglamento y demás actos de efectos generales de la Administración. Por tanto, sólo existe lapso dé caducidad en los casos de recurso contencioso-administrativo contra los actos administrativos de efectos particulares, sea que el recurso se limite a

---

376 CF, 11-2-60, G.F., N° 27, 1960, pp. 71-75.
377 CF, 11-2-60, G.F., N° 27, 1960, p. 76.
378 CF. 25-5-59, G.F., N° 24, 1959; pp. 203 y ss.

plantear la nulidad del acto o contenga otras pretensiones de condena. En cambio, si la pretensión de anulación va acompañada de pretensiones de amparo, por violación de derechos fundamentales, al tratarse el acto impugnado de un acto nulo, de nulidad absoluta, así considerado por el artículo 46 de la Constitución, no rige el lapso de caducidad mencionado, pues el amparo, como derecho es imprescindible, carácter que prevalece cuando se ejerce a través del recurso contencioso-administrativo de anulación[379].

Ahora bien, salvo los supuestos mencionados, el principio general en cuanto al lapso de caducidad del recurso de anulación, es que es de 6 meses cuando se trata de actos administrativos de efectos particulares, los cuales deben contarse a partir del momento en el cual el acto comienza a surtir efectos. Si se trata de un acto administrativo individual que se notifica al interesado, es a partir de la notificación cuando comienza a surtir efectos si se trata de un acto de efectos particulares, pero en general, que, se publica, ello se produce a partir de la publicación[380]. La aparente flexibilidad que parece deducirse del artículo 134 de la Ley Orgánica de la Corte, en relación a la posibilidad general de publicación de los actos administrativos de efectos particulares, en realidad, no existe, tal como se ha regulado el inicio de los efectos de los mismos en la Ley Orgánica de Procedimientos Administrativos.

a'. El inicio del lapso de caducidad

En efecto, la Ley Orgánica de Procedimientos Administrativos, al hablar de la eficacia de los actos administrativos, establece los sistemas tradicionales para que los actos comiencen a surtir efecto, la publicación y la notificación.

El artículo 72 de la Ley señala que los actos administrativos de carácter general o que interesen a un número indeterminado de personas, deberán ser publicados. Debe advertirse que la Ley, dentro de la clasificación de los actos administrativos que hace entre actos de carácter particular, introduce una nueva categoría: la de "actos administrativos de carácter general o que, interesen a un número indeterminado de personas" que no necesariamente son de efectos generales, es decir, no necesariamente son de contenido normativo. Por ejemplo, una convocatoria a la conscripción militar o a un concurso de licitación. No se trata de actos normativos pero sí de actos de efectos particulares que interesan a un número indeterminado de personas. Todos estos actos, es decir, tanto los actos de efectos generales como los actos generales, deben ser publicados, para que comiencen a surtir efectos, en la *Gaceta Oficial* del organismo que tome la decisión. Obsérvese que la ley no se refiere a la *Gaceta Oficial de la República de Venezuela*, sino a la *Gaceta Oficial* del organismo que tome la decisión, con lo cual parecería que aquí, la ley habla de" otras *Gacetas Oficiales* de otros organismos y las únicas otras *Gacetas Oficiales* de organismos, además de la *Gaceta Oficial de la República*, son las *Gacetas de los Estados y de los Municipios*.

En cuanto a los actos de efectos particulares individuales, que afecten un interés personal, legítimo y directo, la ley establece para el inicio de sus efectos y, por tanto, para el inicio del lapso de caducidad del recurso contencioso-administrativo de anulación, el requisito de la notificación y excepcionalmente la publicación, cuando así lo exija la ley

379 Este criterio que siempre habíamos mantenido (*v.*, por ejemplo, nuestro *Estado de derecho y Control Judicial*, *cit.*, p. 337), ha sido acogido expresamente en el artículo 5 de la *Ley Orgánica de Amparo sobre Derechos y Garantías Constitucionales* de 1988.

380 Arts. 72 y 73, LOPA.

o cuando sea imposible notificar al particular[381]. Debe señalarse, en cuanto a esta publicación que si se trata de un acto de efectos particulares, debe ser notificado personalmente al interesado a través de su apoderado y no debe ni puede ser publicado, salvo excepción, si la ley lo exige expresamente, en cuyo caso sería en la *Gaceta Oficial* necesariamente. Un ejemplo de un acto de efectos particulares que deba ser publicado podría ser el acto que concede la naturalización a una persona, el cual debe ser, publicado en la *Gaceta Oficial*, de acuerdo a la Ley de Naturalización.

Pero si la notificación personal no se puede hacer, subsidiaria mente puede aplicarse para que surta efecto y, por tanto, para que comience el lapso sin embargó, esta publicación no es ya en la *Gaceta Oficial*, sino en un diario de mayor circulación. Por tanto, no es el mismo régimen de publicación en aquellos casos en que la ley obligatoriamente exija que el acto de efectos particulares individuales se publique, en cuyo caso es en la Gaceta Oficial, al del su puesto en que no pudiéndose hacer la notificación, haya que publicarlo como medio para que el acto comience a surtir efecto, en cuyo caso es en un diario de mayor circulación.

Además, la Ley Orgánica regula con detalles los requisitos de la notificación, lo cual tiene una enorme importancia en relación al procedimiento administrativo. En efecto, si el lapso de caducidad del recurso contencioso comienza cuando el acto inicia sus efectos, y si el inicio de los efectos del acto está en la notificación, éste es el elemento central del recurso contencioso de ahí las formalidades y los requisitos que exige la ley en relación a la notificación. El artículo 73 de la Ley Orgánica es bastante detallado en cuanto a qué debe contener la notificación: en primer lugar el texto íntegro del acto, por lo que no se trata simplemente, de una relación de lo decidido, sino del texto íntegro de la decisión; en segundo lugar, debe indicar, si fuere el caso y aquí podría haber un amplio campo de apreciación, los recursos que proceden. En realidad "si fuere el caso" significa si hay recursos, pues si no los hay no sería el caso. Por tanto, si hay recurso contra el acto notificado, hay que indicar los recursos que proceden, con expresión de los términos para ejercerlos y de los órganos o tribunales ante los cuales deban imponerse. Por tanto, no se trata de una mención potestativa, sino obligatoria.

Por otra parte, la Ley Orgánica regula detalladamente la manera conforme a la cual debe hacerse la notificación, lo cual no había sido objeto de regulación en nuestro ordenamiento. La Ley Orgánica señala expresamente en su artículo 75 que la notificación debe entregarse en el domicilio o residencia del interesado o de su apoderado, no haciendo mención al representante. Además, se exigirá recibo firmado en el cual se dejará constancia de la fecha en que se realice el acto y del contenido de la notificación, así como del nombre y cédula de la persona que la reciba. La ley no exige que la notificación sea personal al interesado, sino que la notificación se haga mediante la entrega del documento del acto en el domicilio o residencia del interesado o del apoderado, sea quien sea que esté en el domicilio o residencia, con tal que se deje constancia del nombre y de la cédula de la persona que lo recibió.

Ahora bien, cuando resulte impracticable la notificación, sea por que no haya nadie en ese domicilio o residencia a quien entregarle el acto o porque no se conozca el domicilio o residencia de la Administración puede proceder a la publicación del acto, no en la *Gaceta Oficial*, sino en un diario de mayor circulación en la entidad territorial donde la

381 Art. 72, LOPA

autoridad que conozca el asunto, tenga su sede y sólo después de quince días de la publicación, se entenderá que se tendrá como notificado al interesado. Si no existe prensa diaria de la entidad territorial, se permite entonces esa publicación en un diario de mayor circulación en la capital de la República[382].

Todas estas formalidades de la notificación, son de enorme importancia, pues si se cumplen, comienza el lapso de caducidad del recurso contencioso-administrativo; de lo contrario, se trataría de las llamadas notificaciones defectuosas que regula el Artículo 77 de la Ley, en virtud de los errores que pueda tener la notificación. La consecuencia de estos errores es que si por información errónea de la notificación, el interesado hubiera intentado un recurso que fuera improcedente, el tiempo transcurrido no será tomado en cuenta a los efectos de determinar el vencimiento de los lapsos, es decir, se suspende el lapso mientras se corrija el error originado por culpa de la Administración. Por tanto, si la notificación no llena los requisitos mencionados en el artículo 73 de la Ley, se considera la notificación cómo defectuosa y no producirá efectos, es decir, no producirá el efecto de notificación. El acto, por tanto, no comenzará a surtir efectos y el lapso de caducidad no se iniciará si en el documento de notificación no se expresa el texto íntegro del acto y no se le indican al particular los recursos, los términos para intentarlo y los Tribunales y órganos ante los cuales deban interponerse.

Sin embargo, debe advertirse que cuando no haya habido tal notificación formal, pero consta fehacientemente que el interesado ha tenido conocimiento de la decisión, no podría luego alegar la falta de notificación para eventualmente reabrir un lapso de caducidad que hubiese transcurrido. Esto se plantea, por ejemplo, en relación al beneficio del silencio administrativo. Por ejemplo, si intentado un recurso administrativo para agotar la vía administrativa, tal recurso fue decidido y conocida esa decisión por el interesado pero sin habérsele notificado formalmente, no podría éste, si dejó vencer los lapsos de beneficios para intentar el recurso, pretender posteriormente una confirmación formal de tal decisión de su recurso administrativo, a los efectos de reabrir el lapso de beneficio para intentar el recurso. La Corte, en ese sentido, ha sido cuidadosa en no permitir la prórroga de los lapsos de caducidad, cuando consta la intención recurrente[383].

b'. Los lapsos breves

Hemos dicho que el lapso general de caducidad del recurso contenciosa de anulación es el establecido en la Ley Orgánica de la Corte Suprema de Justicia, de 6 meses contados a partir del momento en que el acto impugnado comienza a surtir efectos. Sin embargo, la Ley Orgánica de Procedimientos Administrativos, en su artículo 93 estableció con posterioridad a la Ley Orgánica de la Corte Suprema que "los lapsos para intentar los recursos contencioso-administrativos son los establecidos por las leyes correspondientes" lo que, sin duda, abre la posibilidad de establecimiento de lapsos distintos del general, en particular, de lapsos previstos en leyes especiales. Es el caso, por ejemplo, de la multitud de leyes especiales que aún establecen lapsos más breves para el recurso contencioso-administrativo de anulación al regular las vetustas "apelaciones" o "recursos jerárquicos" impropios ante la Corte que ahora tienen definitivamente el tratamiento

382 Art. 76.

383 En este sentido, *V.*, Corte Suprema de Justicia, auto de la Sala Político-Administrativa de 2-3-78, en *G.O.*, N° 2.279 Extraordinario de 28-6-78.

de un recurso de anulación[384]. Por otra parte, por ejemplo, la propia Ley Orgánica de Procedimientos Administrativos regula un lapso breve para impugnar los actos administrativos que impongan multas a los funcionarios responsables por el retardó, omisión, distorsión o incumplimiento de las normas de la Ley, el cual es del cinco días hábiles siguientes a la notificación[385].

Por tanto, salvo este lapso breve previsto en la propia Ley para las multas impuestas a los funcionarios públicos, el lapso de los re cursos contencioso-administrativos de anulación es el previsto en la Ley Orgánica de la Corte Suprema de Justicia o en leyes especiales.

Por otra parte debe señalarse que la Ley Orgánica de la Corte Suprema de Justicia, estableció una novedad en cuanto al lapso de caducidad. Hasta 1976, éste era único y uniforme de seis meses, salvo las excepciones de lapsos más breves previstos en leyes especiales. A partir de la nueva ley, se agregó un elemento adicional para los actos de efectos temporales, en cuyo caso, el lapso es de 30 días.

Sin duda, esto plantea el problema de la temporalidad. Un permiso o autorización de uso de un bien del dominio público, por ejemplo, de 20 años, ¿es un acto de efectos temporales de acuerdo a lo establecido en el artículo 134 de la ley? ¿Cuál es el lapso de duración de los efectos de un acto administrativo, para que comience a considerárselo como un acto de efectos temporales?

Por ejemplo: un acto de elección de una directiva de un colegio de abogados, cuya duración en el cargo es de dos años, ¿es un acto de efectos temporales o no? Pensamos que la ley, al establecer este breve lapso, se refiere a aquellos actos cuya duración está muy limitada en el tiempo y no a todo acto sometido a término. En este sentido, la Corte Suprema de Justicia ha considerado que lo que "parece estar presente en la intención del proyectista y del legislador para la concepción de un acto de efectos temporales a los fines de la caducidad prevista en la norma, es sobre todo la precariedad del Lapso acordado al particular para el cumplimiento de los efectos del mismo, transcurrido el cual –háyase o no realizado la conducta prevista en dicho acto– éste se extingue salvo la correspondiente renovación con los mismos efectos temporales"[386].

Más recientemente, la Corte Primera de lo Contencioso-Administrativo en sentencia de 14 de agosto de 1985 ha puntualizado el tema de los efectos temporales de los actos administrativos, señalando que para realizar esa calificación,

> "debe atenerse al efecto inmediato, directo y necesario del acto, por cuanto es a ésta a los que alude la norma del artículo 134 antes citado. Son las consecuencias necesarias, objetivas e inevitables del acto lo que debe ser calificado como de efecto temporal o de efecto permanente y no las contingentes, eventuales, subjetivas e indirectas a las que debe atenderse, porque de tomarse en cuenta estas últimas, la calificación no podría ser utilizada. El legislador quiso que ciertos actos, por tener un efecto breve en el tiempo sólo pudiesen ser recurridos dentro de un lapso de igual naturaleza, por cuanto resulta un contrasentido que pueda extinguirse tal efecto en el transcurso del

---

384 La Corte Suprema Justicia, en Sala Político-Administrativa, ha considerado en forma general que las viejas "apelaciones" ante la Corte, denominadas recursos jerárquicos impropios (*V.*, Allan R. Brewer-Carías, *Las Instituciones Fundamentales...*, *cit.*, pp. 268 y ss.), son recursos contencioso-administrativos. *V.*, la sentencia, de 11-5-81 en *Revista de Derecho Público*, N° 7, Caracas, julio-septiembre 1981, pp. 158 y ss.

385 Arts. 100 y 105.

386 *V.*, sentencia de la CSJ-SPA de 25-4-85 en *Revista de Derecho Público*, N° 22, EJV, Caracas, 1985, pp. 172-177.

procedimiento dirigido a verificar su validez. Es cierto que validez y eficacia son elementos jurídicos que no siempre se encuentran acumulados y es posible muchas veces que un acto ineficaz sea declarado no válido (esto es, nulo); pero en principio el legislador quiso limitar el ejercicio de los recursos contra los actos a las situaciones en las cuales lo que se pretende con el mismo es la extinción de sus efectos inmediatos. Debe recordarse igualmente que el recurso de nulidad está destinado en su esencia a eliminar los efectos necesarios del acto impugnado y que sólo excepcionalmente se permite al juez un pronunciamiento sobre las consecuencias derivadas de éstos, como es el caso de la posibilidad de que se acumule a dicha acción de nulidad la de resarcimiento de los daños y per juicios. La lógica jurídica se muestra contraria a que se agoten esfuerzos en un debate sobre la validez de un acto que ya que ha consumado en el tiempo"[387].

c'. El lapso de caducidad y el silencio administrativo

Ya se ha comentado el supuesto del silencio administrativo y la posibilidad de ejercer el recurso contencioso administrativo de anulación. Este beneficio no sólo es una excepción al principio del agota miento de la vía administrativa, como se vio sino también respecto a la oportunidad en la cual se inicia el lapso de caducidad. Como hemos visto, de acuerdo con la Ley Orgánica de la Corte Suprema, el lapso no comienza a partir de la publicación o notificación del acto administrativo que causa estado, sino a partir del vencimiento del lapso de 90 días después de intentado un recurso administrativo para agotar la vía administrativa, sin que se obtenga decisión o respuesta. Tal como lo ha señalado la Corte Suprema de Justicia en auto de la Sala Político Administrativa de 1-3-78:

> "...el interesado ha ejercido recurso contencioso-administrativo de anulación cuyo lapso de caducidad es de seis meses computados a partir de la fecha de publicación o notificación del acto impugnado o del vencimiento del lapso que tiene para decidir el superior jerárquico cuando éste no lo haya hecho dentro de dicho término o cuando, habiendo decidido, no lo hubiese comunicado el agraviado antes del vencimiento del mismo. En estos dos últimos casos el efecto del silencio administrativo es idéntico, pues la vía jurisdiccional queda expedita para el recurrente –sin necesidad de publicación o notificación alguna– desde el mismo momento en que expira el término que tiene la Administración para decidir.
>
> Caso diferente era el que tenía lugar cuando aún no había entrado en vigor la Ley Orgánica de la Corte Suprema de Justicia y la Administración no era compelida a decidir por alguna disposición legal, en un lapso determinado, pues, en tal supuesto, no podía ocurrirse ante el órgano jurisdiccional mientras: no se agotara la vía administrativa"[388].

Sin embargo, luego de dictada la Ley Orgánica de Procedimientos Administrativos, y tratándose de un procedimiento que requiere sustanciación, el acto administrativo debe ser dictado a los cuatro meses de introducida una solicitud o de notificado el interesado[389] o a los noventa días de intentado un recurso jerárquico, y vencidos dichos lapsos se considera que el asunto o recurso se ha resuelto negativamente, es decir, se considera que se ha dictado un acto tácito denegatorio. A partir de este momento, por tanto, es que comienza a correr el lapso de caducidad para intentar el recurso de anulación[390].

---

387 *V.*, sentencia CPCA de 14-8-85, en *Revista de Derecho Público* N° 24, EJV, Caracas, 1985, p. 142.

388 *V.*, en *G.O.*, N° 2.512 Extraordinario de 30-10-79.

389 Arts. 60, 61, LOPA.

390 Art. 4, 93, LOPA.

d'. La excepción de ilegalidad

De acuerdo al artículo 134 de la Ley Orgánica de la Corte, aun en caso de que se produzca la caducidad de la acción de nulidad, "la ilegalidad del acto podrá oponerse siempre por vía de excepción", razón por la cual, si el acto firme luego pretende ser ejecutado en vía judicial contra el interesado, éste puede oponer la excepción de ilegalidad del mismo.

Esto tiene importancia, por ejemplo, en materia de cuestión pre judicial. Si un acto administrativo de liquidación de un impuesto, por ejemplo, adquiere firmeza por caducidad del recurso y se pretende hacer efectivo el crédito en vía judicial civil ordinaria, la excepción de ilegalidad sin duda, plantearía la necesidad previa de la decisión sobre la ilegalidad del acto, lo cual implicaría la necesaria decisión previa por los órganos contencioso-administrativos, a requerimiento del juez ordinario, de la cuestión de ilegalidad.

e'. El lapso de caducidad y los vicios de nulidad absoluta

Por último, en relación al lapso dé caducidad debe plantearse el problema de la impugnación de los actos administrativos de efectos particulares viciados de nulidad absoluta, como sería un acto violatorio de uno de los derechos fundamentales previstos en la Constitución, un acto dictado con usurpación de autoridad, un acto cuyo objeto sea delito o un acto dictado con ausencia absoluta y total del procedimiento legalmente prescrito. En estos casos, ¿la impugnación sólo podría hacerse durante el lapso previsto, o en virtud de la magnitud del vicio podría sostenerse que frente a la nulidad absoluta no hay lapso de caducidad? El problema, no resuelto legalmente excepto en materia de amparo, tampoco ha encontrado dilucidación en la jurisprudencia.

Ahora bien, estando definidos legalmente los vicios de nulidad absoluta en el artículo 19 de la Ley Orgánica de Procedimientos Administrativos, entre los cuales están los establecidos directamente en los artículos 46, 119 y 120 de la Constitución, estimamos que cuando el vicio alegado es un vicio de nulidad absoluta, no debería requerirse como condición de admisibilidad el lapso de caducidad, pues un acto nulo de nulidad absoluta no sólo no puede adquirir firmeza, sino que no puede producir efectos.

El punto es particularmente importante en materia de actos administrativos violatorios de derechos constitucionales los cuales, conforme al artículo 46 del Texto fundamental, son nulos, cuando con el recurso de anulación se formule una pretensión de amparo. En estos casos, no podría hablarse de caducidad del recurso en virtud del carácter de medio de amparó del recurso contencioso-administrativo de anulación. Por ello, recientemente, la Ley Orgánica de Amparo sobre Derechos y Garantías Constitucionales ha establecido un correctivo importante a los efectos que podría producir la estabilidad de actos ilegales, y es que si se trata de un acto que viole o amenace violar un derecho constitucional, si la pretensión de am paro se formula conjuntamente con la acción contencioso-administrativa de nulidad, "el ejercicio del recurso procederá en cualquier tiempo", por lo que frente a actos administrativos que violen derechos o garantías constitucionales, si la acción contencioso-administrativa se acompaña de una pretensión de amparo, no hay lapso de caducidad alguno para interponer, la acción; es decir, ésta no caduca (artículo 5).

Como hemos dicho el mismo principio debería aplicarse a los casos de actos nulos, de nulidad absoluta, que enumera el artículo 19 de la Ley Orgánica de Procedimientos Administrativos, a pesar de que el artículo 134 de la Ley Orgánica de la Corte Suprema de Justicia no establezca la distinción, y los artículos 8, 79 y 87 de la Ley Orgánica de Procedimientos Administrativos prescriban tanto la ejecución de todos los actos administrativos, aun los absolutamente nulos, como el carácter no suspensivo de los recursos administrativos.

Es decir, hemos sostenido que los actos administrativos nulos de nulidad absoluta, nunca pueden adquirir firmeza, por lo que siempre podrían ser impugnados, ya que por el transcurso del tiempo nunca pueden llegar a ser convalidados. Sin embargo, en ausencia de una previsión legal expresa –salvo por lo que se refiere a los actos que violen derechos y garantías constitucionales– el mismo resultado de la impugnabilidad en todo tiempo de los actos nulos de nulidad absoluta resulta de la interpretación del artículo 83 de la Ley Orgánica de Procedimientos Administrativos, que autoriza a la Administración a reconocer en cualquier tiempo, de oficio o a petición de parte, la nulidad absoluta de sus actos. Si esto es así, a pesar de que las acciones de nulidad hubiesen caducado, el interesado puede en cualquier momento solicitar a la Administración que reconozca la nulidad de un acto administrativo viciado de nulidad absoluta, de manera que contra la negativa podría ejercerse la acción contencioso-administrativa de nulidad, que llevaría a la revisión judicial del acto nulo por la vía del juzgamiento del acto que lo confirme. Así, se obvia la rigidez del principio de la caducidad de las acciones cuando Be trata de actos viciados de nulidad absoluta.

Esta doctrina ya ha sido acogida expresamente por la Corte Suprema de Justicia en Sala Político-Administrativa, en sentencia de 14 de agosto de 1991 (caso *Armando F. Meló*), en la cual se resolvió lo siguiente:

> "...aún cuando hubieren precluido los diferentes recursos, por otra vía, por ejemplo, la solicitud de declaratoria de nulidad absoluta, en cualquier tiempo, los particulares pueden lograr su anulación, en vía administrativa (artículo 83 de la Ley Orgánica de Procedimientos Administrativos), y de serles negada tal anulación pueden aún ejercer jurisdiccionalmente el correspondiente recurso de anulación, no contra el acto primitivo, pero sí contra la negativa de la Administración de declarar la nulidad de un acto nulo absolutamente"[391].

b. *El lapso de interposición en las demandas contra los entes públicos*

Por supuesto, en los casos de demanda contra los entes públicos, al no estar envuelta la cuestión de nulidad de un acto administrativo, no hay lapso de caducidad alguno. En consecuencia, estas acciones, o demandas no tienen lapso de caducidad perentorio, sino que se rigen por las disposiciones del Código Civil y de las leyes respectivas sobre prescripción. Más aún cuando la Ley Orgánica de la Hacienda Nacional, en su artículo 18 prescribe que las deudas y acciones en favor del Fisco Nacional o a cargo de éste, están sujetos a la prescripción, conforme a las reglas del Código Civil, a falta de disposiciones contrarias a esta ley o de las leyes fiscales especiales.

391 *V.*, en *RDP*, N° 47, 1991, p. 113.

D. La no existencia de recurso paralelo

Aun antes de la previsión en la Ley Orgánica de la Corte Suprema de Justicia de la "existencia de un recurso paralelo" como causal de inadmisibilidad del recurso contencioso-administrativo de anulación[392], la Corte Suprema ya había venido delineando en su jurisprudencia este requisito de admisibilidad, y en base á él, había rechazado sistemáticamente la admisibilidad de recursos de anulación, cuando la ley preveía expresamente un "recurso jerárquico impropio" ante la misma Corte[393] o cuando el ordenamiento jurídico preveía otros recursos y acciones ante la jurisdicción ordinaria para la previsión del acto[394]. La propia Corte al respecto ha dicho: "Al incluir este último requisito entre los presupuestos de admisibilidad de dicho recurso la Corte ha tenido en cuenta, más que teorías fundadas en la doctrina o jurisprudencia francesa, razones de lógica jurídica derivadas de la índole de nuestras propias instituciones. En efecto sería ilógico considerar admisible el recurso de nulidad, cuan do el legislador haya establecido expresamente otro recurso mediante el cual el órgano jurisdiccional no sólo puede examinar la legalidad del acto, sino cualquier otra circunstancia que haga procedente la modificación o revocatoria de éste[395], o cuando el legislador haya previsto recursos ante la jurisdicción ordinaria por cuanto "cuando se debaten intereses particulares contrapuestos, el juicio ordinario ofrece campo más apropiado para la defensa que el extraordinario de única instancia"[396].

Fue precisamente en base a este último requisito de admisibilidad del recurso contencioso de anulación que la Corte declinó siempre conocer de la nulidad, de los actos de los Inspectores del Trabajo, en los cuales, como lo señaló la propia Corte, la Administración "se manifiesta como un tercero frente a los sujetos de una relación jurídica laboral, y en la cual ella interviene para facilitar, mediante declaraciones revestidas dé certeza por el ordenamiento jurídico, el ejercicio de sus derechos a los particulares, la certeza de la declaración referida no excluye, como se ha dicho, la competencia de los Tribunales del Trabajo, únicos llamados a decidir sobre la existencia o inexistencia del derecho declarado, sea por vía de acción o de excepción, para el caso de que el patrono se niegue al cumplimiento voluntario"[397] En estos casos, por tanto, no se trata de que los actos dictados por los Inspectores de Trabajo estén "excluidos" en cuanto a tales de la jurisdicción contencioso-administrativa[398], sino que para su impugnación la Corte ha estimado que existen los recursos ordinarios ante la jurisdicción del Trabajo.

---

392 Arts. 124, 3 LOCSJ.

393 *V.* Sentencia en la CSJ en SPA de 11 de agosto de 1971 en *G.O.*, N°1.484 Extraordinario, de 4-10-71, p. 29.

394 La Corte mantuvo este criterio en sentencia de la SPA de 11 de agosto de 1971 en los siguientes términos: "puede afirmarse con razón que el re curso por abuso de poder y otras legalidades es un recurso de carácter general y supletorio que sólo puede hacerse valer contra los actos contrarios a derecho respecto de los cuales el legislador no haya establecido un recurso especial en *G.O.*, N° 1.484 Extraordinario, de 4-10-71, p. 29.

395 *V.* Sentencia de CSJ en SPA de 11-8-71 en *G.O.*, N° 1.484 Extraordinario, de 4-10-71, p. 29.

396 *V.* Sentencia de la CFC en CF de 28-7-59 en G.F., N° 25, 1959, p. 87.

397 *V.* Sentencia de la CSJ en SPA de 9-7-69 en G.F., N° 65, 1969, p. 73.

398 Como lo sugiere Luis H. Farías Mata, "Doctrina de las actos excluidos en la jurisprudencia del Supremo Tribunal", en *Archivo de Derecho Público y Ciencias de la Administración*, Instituto de Derecho Público, v. I, 1968-1969, Caracas, 1971, pp. 333 y ss.

En este mismo sentido, y si tomamos como ejemplo, la impugnación de los actos administrativos de registro, sobre lo cual se han planteado posiciones divergentes en la doctrina y la jurisprudencia[399], resulta que los mismos son susceptibles de impugnación, siempre que no exista un recurso paralelo.

En efecto, los actos de registro público, siendo actos administrativos, son actos esencialmente recurribles ante la jurisdicción contencioso- administrativa; y en el ordenamiento jurídico venezolano, no hay ninguna base para sostener que se trata de actos jurídicos "excluidos" del conocimiento de dicha jurisdicción[400] como lo ha hecha la Corte en algunas de sus decisiones[401]. Otro problema es, sin embargo, el que resulta de la posibilidad de la Corte de analizar cuestiones jurídico-privadas con ocasión del conocimiento de un recurso de anulación contra un acto administrativo de registro; o el de la inadmisibilidad del Recurso contra dicho acto, por la previsión legal de otros recursos o acciones para revisar el acto. El problema de la impugnación de los actos de registro, en nuestro criterio, por tanto, debe plantearse en el análisis de estos problemas y no en la negación del carácter de actos administrativos de dichos actos, como lo ha hecho en alguna ocasión la jurisprudencia de la Corte.

En efecto, como principio general puede señalarse siguiendo el razonamiento anterior, que los actos de registro, como actos administrativos, son susceptibles de impugnación ante la jurisdicción contencioso-administrativa, por la vía del recurso de nulidad. Claro está, cuando se habla de impugnación de los actos de registro, nos referiremos a la impugnación del acto administrativo cumplido por el Registrador, que da origen a una relación jurídico administrativa entre la Administración Pública y los particulares, y no al acto jurídico-privado que se registra. Sólo aquél, como principio general, es susceptible de recurso de anulación[402].

Sin embargo, el conocimiento del recurso por la Corte Suprema tiene la limitación señalada, de que no puede entrar a analizar las cuestiones jurídico-privadas cuyo conocimiento sólo competen a la autoridad judicial ordinaria. En esta forma, en toda impugnación de un acto administrativo de registro que implique pronunciamiento en torno a cuestiones civiles o de derecho privado, la Corte debe declarar su incompetencia[403]. Ello, por ejemplo, lo hizo en su sentencia citada del 23 de febrero de 1967[404], y no sólo se, aplica a supuestos de actos de registro público, sino inclusive á los casos de registro de la propiedad industrial.[405] En todo caso, estas situaciones sólo pueden analizarse por

---

399 *V.*, Allan R. Brewer-Carías "Estudio sobre la Impugnación ante la jurisdicción contencioso-administrativa de los actos administrativos de registro, en *Doctrina PGR 1975*, Caracas, 1976, pp. 139-195".

400 *V.* La crítica de L. H. Farías Mata, "La Doctrina de los actos excluidos en la jurisprudencia del Supremo Tribunal, *Loc. cit.*, pp. 337 y ss.

401 *V.* Sentencia de la CSJ en SPA de 13-3-67 en G.F., N° 55, 1968. pp. 107 y 116.

402 Este criterio, inclusive, fue sostenido por Zannobini, cuando formuló su sistematización sobre la "actividad administrativa del derecho privado", "L'Administrazione Publica del Diritto Privado", en *Scritti vari di Diritto Publico*, Milano, 1955, pp. 24 y 36.

403 Esta es la única razón de la exclusión de los actos de registro de la jurisdicción contencioso-administrativa en España, según P. Garrido Palla, *Tratado de Derecho Administrativo*, vol. III. Madrid, 1963, p. 60. *Cfr.* del mismo autor, *Régimen de Impugnación de los actos administrativos*, Madrid, 1956, pp. 128 y ss.

404 *V.*, en Gaceta Forense, N° 55, 1968, p. 16.

405 Por ejemplo, en su sentencia del 28 de julio de 1959, a pesar de que los actos de registro de la propiedad industrial son, por ley expresa, recurribles ante el Ministro de Justicia y ante la Corte en virtud de que el conflicto que se planteó en un caso concreto fue un conflicto entre particulares, que la Ley de Propiedad Industrial exige sea resuelto por los Tribunales ordinarios, la Corte declaró su incompetencia. *V.*, en G.F., N° 25, 1959, p. 87.

la misma Corte, en relación a los casos concretos que se debatan y que se planteen. Por ello, en principio, no podría elaborarse una regla general que establezca cuándo surge un conflicto de derecho privado y cuándo la Corte debe declarar su incompetencia, con motivo de la impugnación de un acto de registro.

Sin embargo, podría solamente elaborarse una regla tentativa en la cual podría presumirse que la impugnación del acto de registro público implicaría siempre entrar a decidir una cuestión de derecho privado, y ello se plantea en los casos de actos dé registro de carácter constitutivo.

En efecto, en estos casos, como el de registro de hipoteca, el acto de registro es *ad solemnitatem*, hasta el punto de que el contrato de hipoteca, como acto jurídico privado, no existe ni tienen efectos sin el acto administrativo que cumple el Registrador respectivo[406]. Similar es el supuesto de las donaciones que al referirse a inmuebles no tienen efectos respecto de terceros sino después que se hayan registrado[407].

En estos casos, es evidente que la impugnación del acto de registro implicaría un pronunciamiento de la jurisdicción contencioso-administrativa, sobre la misma existencia o eficacia del acto jurídico privado al cual se refiere el acto administrativo de registro, por lo que la Corte Suprema tendría que declinar su competencia conforme a su propia doctrina[408].

En estos supuestos, el acto de registro no sería susceptible de ser anulado por la Corte, no porque no se trate de un acto administrativo dictado en ejercicio de la función administrativa, sino porque el conocimiento de su impugnación llevaría a la Corte a conocer de situaciones de derecho privado cuyo conocimiento compete a. los tribunales ordinarios.

Por supuesto, todo recurso contencioso-administrativo que se interponga contra un acto de registro debe someterse a las condiciones de admisibilidad de los mismos, a las que anteriormente se ha hecho referencia, y de particular importancia en cuanto a la impugnación de los actos de registro, es la condición de que para ello no exista un recurso o acción jurisdiccional regulado o previsto por las leyes, lo cual es ciertamente frecuente.

En efecto, en primer lugar, los actos de registro no podrían ser impugnados ante la Corte Suprema por la vía contencioso-administrativa, cuando los vicios que se aleguen sean aquellos previstos para la tacha de falsedad de los instrumentos públicos[409], es decir:

1. Que no ha habido la intervención del funcionario público que aparezca autorizándolo, sino que la firma de éste fue falsificada;

2. Que aún cuando sea auténtica la firma del funcionario público, la del que apareciere como otorgante del acto fue falsificada;

3. Que es falsa la comparecencia del otorgante ante el funcionario, certificada por éste, sea que el funcionario haya procedido maliciosamente o que se le haya sorprendido en cuanto a la identidad del otorgante;

---

406 "La hipoteca no tiene efecto si no se ha registrado...", dice el artículo 1.879 del Código Civil.

407 Artículo 1.439 del Código Civil.

408 *V.* Sentencia de la Corte Federal y de Casación en Corte Federal de 3-12-59, en G.F., N° 26, 1959, pp. 143 y 144; y de la CSJ en SPA de 11-6-69 en G.F., p. 64, 1969, p. 310.

409 Artículo 1.380 del Código Civil.

4. Que aun siendo auténtica la firma del funcionario público y cierta la comparecencia del otorgante ante aquél, él primero atribuya al segundo declaraciones que éste no ha hecho;

5. Que, aun siendo ciertas las firmas del funcionario y del otorgante, se hubieran hecho, con posterioridad al otorgamiento, alteraciones materiales en el cuerpo de la escritura capaces de modificar su sentido o alcance;

6. Que, aun siendo ciertas las firmas del funcionario y los otorgantes, el primero hubiese hecho constar falsamente y en fraude de la ley o perjuicio de terceros, que el acto se efectuó en fecha o lugar diferentes en los de su verdadera realización.

En todos estos casos, aún tratándose de vicios de ilegalidad del acto administrativo de registro –tales como incompetencia, usurpación de autoridad, tergiversación de los hechos, es decir, vicio en la causa–, la impugnación de los mismos por dichos motivos sólo puede hacerse por vía judicial ordinaria mediante el juicio de tacha de falsedad.

En segundo lugar, en los casos de registro civil, el Código Civil también prevé acciones que corresponden a la jurisdicción ordinaria para anular por ejemplo, los actos de matrimonio, incluso por incompetencia del funcionario[410], e inclusive prevé recursos ordinarios contra la negativa de un funcionario de presenciar el acto de matrimonio[411]. En general, respecto de los registros el estado Civil, no pueden ser modificados posteriormente en forma alguna, sino en virtud de sentencia judicial luego de un juicio de rectificación de partidas[412]. En todos estos supuestos, no procedería un recurso contencioso-administrativo de anulación tanto por la existencia de un recurso paralelo, como porque tratándose en general, de actos de efectos constitutivos, el conocimiento de la impugnación de los mismos implicaría conocer sobré derechos de orden privado que sólo los Tribunales ordinarios tienen competencia para conocer.

En tercer lugar, en relación a los actos de registro público, debe destacarse que la Ley de Registro Público establece algún supuesto en el cual la controversia que pueda surgir en torno a un acto de registro, debe ser resuelta ante la jurisdicción ordinaria. En efecto, el artículo 40 ordinal 3° de la ley prohíbe a los Registradores subalternos "el registro o autorización de documentos, cuando les conste de modo positivo el estado de incapacidad legal, permanente o transitorio, de sus otorgantes o de alguno de ellos" y agrega que en este caso, "el Registrador estampará una nota al pie del documento, especificando los hechos o recaudos por virtud de los cuales les conste la incapacidad y lo devolverá a los interesados. Estos podrán ocurrir al Juez de Primera Instancia en lo Civil de la respectiva jurisdicción, para que este funcionario decida, breve y sumariamente, si debe o no registrarse el documento. La decisión será acatada por los Registradores". Dentro de la larga, enumeración de prohibiciones establecidas legalmente a los Registradores[413], es de destacar que éste es el único caso en que la ley establece un recurso expreso ante la jurisdicción ordinaria. En este caso, por supuesto, no podría intentarse en ningún caso, recurso contencioso-administrativo alguno por la existencia de un recurso paralelo.

Como conclusión de lo anteriormente expuesto en relación a la impugnación de los actos del registro, que hemos tomado como ejemplo, puede decirse entonces, que la

410 Artículo 117 del Código Civil y artículos 540 y ss. del Código de Procedimiento Civil.
411 Artículo 84 del Código Civil.
412 Artículos 462 y 501 del Código Civil y artículo 698 y del Código de Procedimiento Civil.
413 Artículo 40 y artículos 77 ss. de la Ley de Registro Público

Corte Suprema de Justicia sí tiene competencia para conocer de la nulidad de los actos de registro emanados de un Registrador subalterno, salvo que para resolver la controversia particular exista un "recurso paralelo" que atribuya competencia a otro órgano jurisdiccional, o que la resolución del asunto planteado ante la Corte, implique el conocimiento de cuestiones de derecho privado, en cuyo caso la competencia correspondería a la jurisdicción ordinaria[414]. En este último supuesto, no podrían establecerse reglas absolutas de distribución de competencia, y el problema tendría que ser resuelto, en cada caso, por la Corte, aun cuando podría establecerse una presunción a favor de la jurisdicción ordinaria citando se trata de los actos de registro *ad solemnitatem*, constitutivos de derecho o situaciones de derecho privado. Los actos de registro por tanto, e independientemente de la naturaleza jurídica de los actos o relaciones jurídicas que se registran[415], son actos cumplidos por una autoridad administrativa en ejercicio de la función administrativa. Se trata, por tanto de actos administrativos que establecen una relación jurídico-administrativa entre los particulares (otorgantes) y el Estado, por lo que en principio y salvo las excepciones señaladas, como todos los actos administrativos, son impugnables ante la jurisdicción contencioso-administrativa.

E. El cumplimiento del requisito del *solve et repete*

El artículo 122 de la Ley Orgánica de la Corte Suprema de Justicia establece expresamente que "cuando la ley exija como condición para admitir algún recurso contra el acto (administrativo de efectos particulares que se impugna), que el interesado pague o afiance el pago de una cantidad, deberá presentarse también constancia de que se ha dado cumplimiento a dicho requisito .a menos que la misma ya haya sido agregada al expediente administrativo, en cuyo caso así se hará constar en la solicitud".

Se establece así, la posibilidad de que las leyes establezcan no sólo el carácter no suspensivo de los recursos, sino la obligatoriedad previa de la ejecución del acto mediante el pago previo o el afianza miento del mismo.

Debe señalarse, en torno a este requisito procesal, que en materia tributaria, de acuerdo al Código Orgánico Tributario, la interposición del recurso contencioso-tributario "suspende la ejecución del acto recurrido"[416] con lo que se acoge el principio general contrario al ámbito contencioso-administrativo del carácter no suspensivo de los recursos. Ello no obsta, sin embargo, para que en otras regulaciones legales concernientes a materias fiscales, se haya consagrado no sólo el carácter no suspensivo de los recursos, sino incluso, el requisito procesal del *solve et repete* conforme al cual, "el reclamo contra los impuestos no exime de la obligación de pagar"[417]. De acuerdo a la jurisprudencia, este principio *solve et repete* es una derivación del principio de la rio suspensión de los efectos del acto administrativo a pesar de la impugnación, y dicho principio "se aplica en razón de la necesidad que tiene el Estado de percibir sin dilación los recursos

414 Nuestra conclusión, por supuesto, es diametralmente opuesta a la que llega G. Pérez Luciani, en su citado estudio sobre "Actos Administrativos" que en Venezuela escapan al recurso de anulación, *Loc.cit.*, pp. 202 y 203.

415 Es necesario distinguir claramente entre el acto de registro -acto administrativo- y su impugnación y nulidad; y el acto registrado -acto que se registra, generalmente de naturaleza jurídico-privada- y su impugnación y nulidad. Sobre esto último *V.*, Melich Orsini, "La eficacia de la impugnación de un acto registrado para los terceros su adquirentes" en *Studia Jurídica*, N° 3, UCV, 1973, pp. 313 y ss.

416 Art. 178 COT.

417 CF, 27-7-59 y 25-1-60, ext.

tributarios, pues la actividad administrativa es continua y necesaria, y ella presupone la percepción regular de los ingresos fiscales previstos para proveer el funcionamiento de los servicios públicos"[418].

Se trata, en efecto, de una derivación práctica de la no suspensión del acto administrativo, y cuya finalidad consiste en "garantizar drásticamente y sin piedad la recaudación de los Tributos, como también la presión directa de las sanciones administrativas", actuando en "defensa de los intereses inmediatos de la Administración Pública, contemplados con una mirada miope y sin trascendentalismo alguno"[419].

El efecto fundamental del principio *solve et repete*, por otra parte, es el de constituir un requisito de admisibilidad de los recursos administrativos y contencioso-administrativos. La Corte Federal ha señalado que el incumplimiento de dicho requisito "crea una situación impeditiva que no tiene posibilidad de subsanación y por tanto, constituye un supuesto típico de inadmisibilidad del recurso"[420].

Ahora bien, debe señalarse que, el principio *solve et repete* no está consagrado con carácter general en nuestro sistema tributario.

Deben distinguirse, sin embargo, los casos en que está establecido como requisito previo a un recurso administrativo, de los casos en que está consagrado como requisito procesal previo a un recurso contencioso-administrativo.

En el primer caso, en materia de multas fiscales, por ejemplo, está consagrado con carácter general. En efecto, el artículo 423 de la Ley Orgánica de la Hacienda Pública Nacional establece que "el apelante deberá pagar la multa o afianzarla a satisfacción del funcionario que la impuso, requisito sin el cual no dará curso a la apelación".

En el ámbito municipal y también en materia de multas fiscales, la Ordenanza sobre Hacienda Municipal del Distrito Federal asimismo, en su artículo 150, lo consagra como principio general. En las demás materias rentísticas, no hay una declaratoria general sobre la necesidad de cumplir el principio *solve et repete*. Sin embargo, la mayoría de las leyes fiscales especiales lo exigen como requisito para la procedencia de los recursos administrativos a que haya lugar contra liquidaciones fiscales.

En materia contencioso-administrativa, por el contrario, no hay en el ordenamiento jurídico venezolano consagración general sobré la necesidad del previo pago como requisito de admisibilidad del re curso respectivo. Solamente en algunas leyes especiales está consagrado. Por ejemplo, el artículo 83 de la Ley de Impuesto sobre la Renta establecía, en este sentido, que "para interponer la apelación, el reclamante deberá afianzar o pagar previamente el monto de la planilla liquidada". En relación al afianzamiento, debe, sin embargo, señalarse, como lo ha hecho la Corte, que:

> "ha sido más tolerante el legislador patrio al permitir que, en determinados casos, el previo pago para recurrir pueda ser sustituido por afianzamiento. Pero también en este caso, la constitución de la garantía viene a ser requisito de tan ineludible cumplimiento, como lo es el propio pago en aquellas situaciones en las que no se admita fianza"[421].

---

418 Sentencia del Tribunal Accidental N° 8 de Apelaciones del Impuesto sobre la Renta, N° 303, maro 1962 (consultada en original).

419 *V.*, R. de Mendizábal Allende, "Significado actual del principio *solve et repete*" *Revista de Administración Pública*, N° 43, Madrid, 1964, p. 153.

420 CF. 29-7-59, *cit.*

421 *Idem.*

Ahora bien, en el ámbito municipal, como consecuencia de lo anteriormente señalado, tampoco hay ni puede haber consagración especial del principio *solve et repete* en el recurso contencioso-administrativo, y ello porque esta materia y la regulación de sus requisitos procesales y de admisibilidad están reservadas al Poder Nacional.

En todo caso, debe mencionarse que el principio del *solve et repete* ha sido hondamente criticado por la doctrina, por ser violatorio del principio de la seguridad jurídica[422] y del principio de la igualdad. En este sentido se ha dicho que el principio del *solve et repete* infringe este último principio en sus dos facetas:

> "En la esfera procesal destruye el inestable equilibrio de las partes litigantes. La posición de supremacía de la Administración Pública, que como gráficamente se ha dicho, por mucho que consienta en agacharse es siempre un gigante, y sus inmediatas consecuencias (presunción de legitimidad y potestad ejecutoria) se ve reforzada por un obstáculo defensivo de gran envergadura; 2. "Significa, además, una discriminación en perjuicio de los económicamente débiles. El previo paso significa un mayor gravamen para el ciudadano menos afortunado, como cualquier economista podría corroborar, en virtud de la llamada Ley de utilidad decreciente"[423].

Incluso, el principio ha sido cuestionado por ante la Corte Suprema de Justicia por razones de inconstitucionalidad con motivo de la impugnación de las Disposiciones Transitorias del Código Orgánico Tributario que dejaron transitoriamente en aplicación las normas de la Ley sobre Impuesto sobre la Renta, en las cuales se establecía el principio de *solve et repete* como requisito para recurrir en vía contencioso-tributario. La Corte Suprema al analizar la cuestión en sentencia de 15 de octubre de 1985, de su Sala Plena, consideró que en los términos en los cuales el derecho de acceso a la justicia está consagrado en la Constitución, limitaciones legales al mismo son posibles, por lo que el requisito *solve et repete* como condición procesal para acceder a la justicia no es inconstitucional.

En efecto, en esa decisión, la Corte Suprema sostuvo lo siguiente:

> "Conforme al artículo 68 de la Constitución, el derecho a utilizar los órganos de la administración de justicia lo es "en los términos y condiciones establecidos en la ley", de manera que en cualquier limitación para ejercer algún recurso o acción, consagrada en la ley, no atenta contra la garantía constitucional del artículo 68, pues la Ley ordinaria puede establecer ciertas limitaciones o requisitos para que se tenga acceso a la justicia, siempre y cuando –desde luego– esas limitaciones o requisitos no vulneren otros derechos o garantías constitucionales, y nada de lo cual ocurre con el hecho de exigir una garantía para poder recurrir (*solve et repete*). Para sostener que la norma fuese violatoria del artículo 68 sería necesario que ésta, expresamente, dijese que no podrá exigirse garantía alguna para poder ejercer los recursos contenciosos en materia tributaria"[424].

De lo anterior se deducía el criterio de la Corte Suprema de Justicia, de la constitucionalidad del principio *solve et repete* (tomo condición procesal para recurrir, siempre por supuesto que esa limitación para acceder a la justicia se estableciera en una ley, la cual en todo caso, debía ser una ley nacional, dada la competencia nacional en materia de administración de justicia que establece la Constitución. Por tanto, ni las leyes estadales, ni las Ordenanzas Municipales, ni los reglamentos ejecutivos, pueden establecer el principio *solve et repete* como condición de admisibilidad para ejercer el recurso con-

422 *V.*, Francisco Clavero Arévalo, "El problema del previo pago en la reciente jurisprudencia", en *Revista de Administración Pública*, N° 41, Madrid, 1963, p. 173.

423 *V.*, R. Mendizábal Allenda, *Loc.cit.*, p. 155.

424 Sentencia CSJ-CP de 15-10-85, *Revista de Derecho Público*, N° 26, EJV, Caracas, 1986.

tencioso-administrativo de anulación ante la jurisdicción contencioso-administrativa. Sin embargo, por supuesto, las leyes estadales y las Ordenanzas Municipales podrían establecerlo como requisito para ejercer recursos administrativos o gubernativos.

Ahora bien, con posterioridad a la decisión de la Sala Plena antes señalada, y mediante sentencia de 14 de octubre de 1990, la Sala Político-Administrativa de la Corte ha vuelto a considerar el tema de la constitucionalidad del principio *solve et repete*, y lo ha considerado como violatorio al derecho a la defensa. Con tal motivo, en uso de, sus poderes de control difuso de la constitucionalidad de las leyes, la Corte Suprema ha desaplicado la norma de la Ley Orgánica de Aduanas que lo prevé, aplicando con preferencia la Constitución. Dicha sentencia, bajo la ponencia del Magistrado Luis H. Farías Mata, dispuso lo siguiente:

> "El artículo 137 de la Ley Orgánica de Aduanas consagra, ciertamente, el principio *solve et repete*; condiciona, en efecto, la posibilidad de apelación al afianzamiento previo. En tanto, observa la Corte, que el artículo 68 de la Carta Magna postula, con ejemplar criterio de amplitud, el derecho universal a la defensa, cuando confiere rango constitucional al acceso sin limitaciones económicas, de los justiciables ante los órganos de la administración judicial para lograr la tutela de sus derechos e intereses garantía fundamental que –en criterio de la Sala– se vería afectada, de aplicarse cualquier forma que pretendiera limitarla o desvirtuarla en su propia esencia. Los términos de la norma de rango superior son, sin lugar a dudas, contundentes: "Todos pueden utilizar los órganos de la administración de justicia para la defensa de sus derechos e intereses, en los términos y condiciones establecidas por la ley, la cual fijará normas que aseguren el ejercicio de este derecho a quienes no dispongan de medios suficientes".

Y añade, en párrafo separado:

> "La defensa es derecho inviolable en todo estado y grado del proceso".
>
> En tales circunstancias, observa la Sala, la inmotivada restricción (derivada del principio *solve et repete*), constituiría una declaración precaria del legislador que debe ser desatendida por el juez, vista su inconstitucionalidad.
>
> Parece, sin embargo este criterio, contrario a jurisprudencia anterior de la propia Corte, en Pleno (sentencias del 15-10-85 y del 26-10-88). Se refieren empero, estos precedentes, a leyes distintas de la que es objeto del presente análisis y, al menos por ello, ciertamente no atan hoy a la Sala en virtud de la cosa juzgada que, como es sabido, se extiende sólo al dispositivo y no a la parte motiva de la sentencia, salvo en cuanto ésta se encuentre esencialmente ligado a aquél, en el caso decidido.
>
> La primera de las sentencias citadas, decidió un recurso de inconstitucionalidad intentado por "C.A. Dianamen" exclusivamente contra el artículo 221 del Código Orgánico Tributario (parágrafos Segundo, Tercero y Cuarto), una disposición transitoria que impone sólo la carga, en los recursos intentados antes de la fecha de entrada en vigencia del Código, de mantener las garantías ya otorgadas.
>
> Resulta obvio entonces que tal exigencia no hiere el contenido constitucional del derecho de defensa en cuanto no restringe el acceso a la justicia: exige el mantenimiento de las garantías o quienes ya las han otorgado, es decir, a aquellos a quienes la exigencia del *solve et repete*, declarada contraria a la Constitución por el legislador, no les impidió, sin embargo, ejercer el recurso contencioso-administrativo.
>
> Y la segunda de las señaladas sentencias también puso fin a un proceso de inconstitucionalidad, dirigido contra: la misma disposición del Código Orgánico Tributario (artículo 221, parágrafo segundo); el numeral 16 del artículo 1.136 de la Ley Orgánica de Régimen Municipal (corresponde al Concejo Municipal: "16. Conocer en apelación previo depósito o fianza, de acuerdo con las

> disposiciones legales respectivas, de las decisiones que en ejercicio de sus atribuciones legales dicten el Administrador y demás funcionarios municipales"); y sobre sendas disposiciones de un conjunto de ordenanzas emanadas de diversos concejos municipales. En cuanto al artículo, 136, numeral 16, de la Ley Orgánica citada, observa la Corte que fue derogado, y que la vigente Ley no prevé ya el *solve et repete*. ("Artículo 74. Corresponden al Alcalde como, jefe de la rama ejecutiva del Municipio, las funciones siguientes: ... *omissis*... 10°. Conocer en apelación las decisiones que, en ejercicio de sus atribuciones, dicten los directores y demás funcionarios, según los procedimientos establecidos en las ordenanzas"), lo cual denota la mayor y progresiva acomodación del legislador a las exigencias del artículo 68 de la Constitución y a la real naturaleza del principio de autotutela de la Administración, en la cual se ha pretendido sustentar el *solve et repete*.
>
> Se revela, en efecto, el principio como una indebida restricción legal al derecho constitucional de la defensa, consagrado en el artículo 68 de la Carta Magna que, si bien remite al Legislador la regulación y concreción de la garantía, no deja en sus manos la esencia de la misma, pues eso sería desnaturalizar la consagración directa por nuestra Ley Fundamental,, de un conjunto de derechos (que lo son en la medida en que pueden exigirse a un sujeto concreto –obligado– acudiendo a la autoridad de un juez u "órgano de la Administración de Justicia") intangibles, y destruir de esta manera nuestro peculiar sistema constitucional en el que incluso cada juez (control difuso) puede declarar, en un caso concreto, que ha de entenderse preferentemente a la exigencia que la propia Constitución consagra, y no a la contraria que una ley pretende imponer.

Tal es, asimismo, la enseñanza de la doctrina más autorizada, e igualmente lo ha dejado sentado la jurisprudencia extranjera:

> Frente a lo que suponía la antigua doctrina (y algún rezagado autor actual), no se trata (el principio *solve et repete*) de una aplicación de la autotutela primaria sobre el acto declarativo del crédito a favor de la Ad ministración, pues este principio se limita a permitir la ejecución forzosa del crédito sobre el deudor que no cumple y a no dar el efecto suspensivo de esta ejecución a la correspondiente impugnación; por el contrario, se trata de un reforzamiento de ese plano de autotutela con otra nueva, en virtud de la cual se condiciona la admisión de un recurso dirigido contra el acto declarativo del crédito a la efectiva satisfacción de éste, total o parcial. Es obvio que esto limita la posibilidad de impugnación a quienes tengan disponibilidades para ese pago, imponiendo una indefensión absoluta a quienes no se encuentran en esa situación.
>
> Observando esto y el grave entorpecimiento que en cualquier caso supone del principio constitucional de libre acceso a la Justicia, el Tribunal Constitucional italiano declaró la inconstitucionalidad del principio "*solve et repete*" que nuestra jurisprudencia contencioso-administrativa más reciente, operando sobre el texto del artículo 57.1, e), LJ, había concluido también por rechazar (Sentencias de 12 de febrero de 1972, 2 de marzo, 14 y 27 de junio, 4 de octubre, 7 y 15 de noviembre de 1973, etcétera) como supuesto principio general, aunque la limitación inherente a su punto de partida la impidió liquidar definitivamente los casos, que no son pocos, en que las leyes condicionan expresamente la admisión dé los recursos al previo pago o depósito total o parcial, de los créditos declarados por la Administración.
>
> El artículo 24,1 de la Constitución, al reconocer a todos, el "derecho a obtener tutela "efectiva" de los jueces y tribunales en el ejercicio de sus derechos e intereses legítimos, "sin que en ningún caso, pueda producirse indefensión"", parece zanjar definitivamente este enojoso problema. Es explícita en este sentido la sentencia de 5 de enero de 1983. (García de Enterría, Eduardo, y Fernández, Tomás Ramón. *Curso de Derecho Administrativo*, Editorial Civitas, Madrid, 1989. Tomo I, pp. 506 y 507).
>
> Con vista a todo lo expuesto y analizado, y dado que en Venezuela el control difuso de la constitucionalidad es un principio general de Derecho (por lo demás, recogido en el artículo 20 del Código de Procedimiento Civil), este Supremo Tribunal, en Sala Político-Administrativa, reconoce expresamente –y así lo declara formalmente– la preferente aplicación del artículo 68 de la

Constitución sobre los artículos 137 de la Ley Orgánica de Aduanas y 462 de su Reglamento; textos –legal y reglamentario– que, en cuanto condicionan económicamente el acceso de los particulares al Poder Judicial, constituyen una violación flagrante del derecho a la defensa, garantizado por la transcrita norma constitucional. En virtud de lo cual, se abstiene la Sala de aplicar los señalados artículos al caso de autos, y así lo declara igualmente"[425].

La decisión de la Corte tiene una importancia fundamental y se inserta en la consideración del contencioso como un medio de tutela judicial de los derechos e intereses particulares frente a la Administración; y si bien, sus efectos sólo son inter partes y no *erga omnes* –en virtud de que no se dictó como consecuencia de una acción de inconstitucionalidad–, su valor de precedentes es incuestionable y definitivo en el campo contencioso-administrativo, razón por la cual su doctrina tendrá que ser invocada ante los tribunales contencioso-administrativos inferiores para exigir la inaplicabilidad de las normas legales que, al regular el principio *solve et repete* violan el artículo 68 de la Constitución, comenzando, por supuesto, por lo establecido en el artículo 122 de la Ley Orgánica de la Corte Suprema de Justicia.

F. Los documentos que deben acompañarse al recurso y su incidencia respecto de la admisibilidad

Pero adicionalmente a los clásicos requisitos procesales de admisibilidad que giran en torno a las nociones de legitimación, agota miento de la vía administrativa y lapso de interposición, la Ley Orgánica de la Corte Suprema de Justicia ha regulado otros requisitos de admisibilidad, y entre ellos ha prescrito como causal de inadmisibilidad, el hecho de que "no se acompañen los documentos indispensables para verificar si la acción es admisible"[426].

Esta condición de admisibilidad, la necesidad de acompañar determinados documentos con el recurso, plantea una serie de problemas que analizaremos a continuación[427].

a. *Los documentos que permitan verificar la, admisibilidad*

En efecto, el ordinal 5° del artículo 84 de la Ley establece que no se admitirá el recurso "cuando no se acompañen los documentos indispensables para verificar si la acción es admisible; o no se haya cumplido el procedimiento administrativo previo a las demandas contra la República". El artículo 124 de la Ley, sin embargo, dispone que sólo la primera parte de este ordinal es causal de inadmisibilidad en los juicios de nulidad de los actos administrativos de efectos particulares, y ello es lógico, pues la segunda parte sólo se refiere a las demandas contra la República en las cuales debe agotarse la vía administrativa, mediante el cumplimiento del denominado "procedimiento previo en las demandas contra la República", previsto en la Ley Orgánica de la Procuraduría General de la República.

425 Sentencia CSJ-SPA de 14-10-90 en *Revista de Derecho Público*, N° 44, 1990, pp. 98, 162-164.

426 Art. 84 Ord. 5° LOCSJ.

427 *V.*, Allan R. Brewer-Carías, "Aspectos procesales de la decisión sobre la admisibilidad o inadmisibilidad en los recursos contencioso-administrativos de anulación" en A. Moles Caubet y otros, *Contencioso-Administrativo de Venezuela*, 1981, pp. 155 y ss.

Precisamente por ello, a la primera parte del ordinal debe dársele una interpretación sistemática, dentro del contexto general del propio artículo 84 y de las normas de los artículos 122 y 124 de la Ley Orgánica.

¿Cuáles son, así los "documentos indispensables para verificar si la acción es admisible" y que no dupliquen los destinados a verificar el cumplimiento de los otros requisitos procesales de admisibilidad previstos en los artículos 124 y 84?.

Si se analizan las diversas condiciones de admisibilidad que deben verificarse con documentos, en realidad, resulta que éstos, en definitiva, son el documento donde conste la notificación del acto, o su publicación, a los efectos de verificar el lapso de caducidad; los documentos que demuestren que se ejercieron los recursos administrativos y hubo silencio, en el caso del beneficio procesal del recurso mencionado, o la decisión del superior cuando se tiene el caso que causa estado, para acreditar el agotamiento de la vía administrativa; los documentos en los cuales conste que se cumplió el procedimiento administrativo previo, regulado en la Ley de la Procuraduría General de la República, en las demandas contra la República, y los demás documentos que acrediten que se cumplió con el previo pago o afianzamiento de la cantidad a que se refiere el acto objeto del recurso, es decir, el cumplimiento del principio *solve et repete*, en sus casos.

b. *Los documentos que permitan verificar el agotamiento de la vía administrativa*

En particular debe insistirse en que, conforme a la interpretación sistemática del ordinal 5° del artículo 84, los documentos que, en general, en el contencioso de anulación de los actos administrativos de efectos particulares, deben acompañarse al libelo son los que comprueban el agotamiento de la vía administrativa por el ejercicio de los recursos administrativos necesarios y ha habido silencio de la Administración.

En efecto, conforme al espíritu de la Ley Orgánica y a la tradición jurisprudencial en él procedimiento contencioso-administrativo, para que un recurso sea admisible debe agotarse previamente la vía administrativa y si se trata de un recurso de anulación contra actos administrativos de efectos particulares, deben acompañarse al libelo del recurso los documentos que acrediten el agotamiento de la vía administrativa mediante el ejercicio de los recursos administrativos internos (el jerárquico o el de la reconsideración según los casos), o que sé intentaron dichos recursos sin haberse obtenido respuesta o de que el acto impugnado cause estado (2° parte del ordinal 5°). Por ello el ordinal 5° del artículo 84 está redactado en esa forma global, teniendo que interpretarse su primera parte en el sentido de comprender aquellos documentos que en los recursos de anulación impliquen el agotamiento de la vía administrativa, tal como se prevé en su segunda parte los documentos que comprueben el cumplimiento del procedimiento administrativo previo en las demandas contra la República.

c. *Los documentos que acrediten el cumplimiento del requisito solve et repete*

Además de estos documentos que acrediten el agotamiento de la vía administrativa en general, deben acompañarse al libelo del recurso los documentos que acrediten el cumplimiento de las otras condiciones de admisibilidad expresamente establecidas en otras disposiciones de la Ley: por ejemplo, los documentos que acrediten el cumplimiento del principio *solve et repete*, cuando sea legalmente exigido. En efecto, el artículo 122 de la Ley Orgánica expresamente señala que "cuando la Ley exija como condición para admitir algún re curso contra el acto, que el interesado pague o afiance el pago de una cantidad líquida, deberá presentarse también constancia de que se ha dado cumplimiento a dicho requisito a menos que la misma ya haya sido agregada al expediente administrativo, en cuyo caso así se hará constar en la solicitud".

En estos casos, y con la salvedad de la consideración de la inconstitucionalidad de tal requisito, si la Ley expresamente exige como condición de admisibilidad de un recurso el cumplimiento del requisito *solve et repete*, deberán acompañarse al libelo los documentos que acrediten su cumplimiento, siendo inadmisible el recurso, con forme al ordinal 5° del artículo 84 de la Ley, si ello no se hace. Pero esto es así, porque la Ley expresamente estima que ésta es una condición de admisibilidad y, por tanto, los documentos respectivos sirven para verificar si la acción es admisible. Esta "ley", en todo caso, debe ser una ley nacional, pues sólo el Poder Nacional puede regular los procedimientos judiciales.

Salvo estos documentos, no creemos que hayan otros documentos que deban acompañarse como condición de admisibilidad; sin embargo, la Ley, en el artículo 113, en relación a los recursos contra los actos administrativos de efectos particulares habla de otros documentos que pueden y deben adjuntarse al recurso: un ejemplar o copia del acto impugnado, y el instrumento que acredite el carácter con el que actúa la persona, si no es en nombre propio. Creemos que en estos casos no se trata de una condición de admisibilidad. El texto de la ley, sin embargo, no es diáfanamente claro, por lo que esto amerita algunos comentarios.

d. *Los documentos que acrediten el carácter con el que actúa el recurrente y su relación con la admisibilidad*

Conforme a lo establecido en el artículo 122 de la Ley Orgánica de la Corte Suprema de Justicia, en concordancia con lo previsto en el artículo 113 *ejusdem*, junto con el escrito del recurso, el solicitante debe acompañar "el instrumento que acredite el .carácter con que actúe, si no lo hace en nombre propio". Sin la menor duda, y ésta es la interpretación constante y pacífica de todos los tribunales, tanto de la jurisdicción ordinaria como de la jurisdicción contencioso-administrativa, la exigencia de los referidos artículos se refiere a los instrumentos de poder, cuando quien actúe no lo haga en nombre propio sino en representación de otros. Cuando se actúe como apoderado, por tanto, tiene que acompañarse al escrito del recurso el respectivo instrumento de poder[428].

Pero cuando quien solicita la nulidad de un acto administrativo es una persona moral, si actúa a través de sus órganos legales, su titular no tiene que acompañar instrumento alguno. En efecto, la persona moral como recurrente, puede optar por intentar el recurso directamente, en nombre propio, a través de su representante legal estatutariamente consagrado, o mediante apoderado designado al efecto. Si es éste último el caso, el apoderado que actúa en nombre de la persona moral debe presentar con el escrito del recurso el instrumento de poder que acredite el carácter con que actúa. Pero si quien intenta el recurso en nombre de la persona moral es, por ejemplo, su Presidente, .que conforme a los estatutos tiene la representación legal de la empresa, éste no necesita

428 Art. 150 CPC.

acompañar ningún instrumento, pues en este caso la persona moral está actuando en nombre propio, naturalmente, a través del titular de su órgano legal[429].

En este sentido, el Código de Procedimiento Civil es claro al disponer en su artículo 138 que las personas jurídicas "estarán en juicio por medio de sus representantes según la ley, sus estatutos o sus contratos". Por ello, en ningún caso, los Tribunales de la República han exigido que cuando el representante legal de una compañía anónima intente un recurso en nombre de la misma acompañe al escrito del recurso la copia certificada de los estatutos de la empresa y del Acta de la Asamblea respectiva en la cual se le nombró. Esto sólo se produciría si la otra parte en el juicio impugna el carácter de Presidente de quien se lo atribuye, en cuyo caso deben aportarse las pruebas documentales para comprobar la representación.

En materia contencioso-administrativa, en todo caso, la exigencia de que se acompañe al escrito del recurso el instrumento que acredite el carácter con que actúa una persona, cuando no lo hace en nombre propio, previsto en los artículos 122 y 113 de la Ley Orgánica de la Corte Suprema de Justicia, no es un requisito procesal de admisibilidad del recurso; por lo que aun en el supuesto de que se interpretara el contenido de la segunda parte del artículo 113 de la Ley Orgánica ele la Corte Suprema de Justicia, en el sentido de que el representante legal de una compañía debe, al intentar el recurso, acompañar copia de los Estatutos y del Acta de la Asamblea en la cual se lo designó, si ello no se hizo "al intentarse el mismo, no podría considerarse como causal de inadmisibilidad del recurso. Es decir, el juez del contencioso-administrativo no podría declarar inadmisible un recurso contencioso-administrativo de anulación fundándose en el solo hecho de que el recurrente, cuando actuó en nombre de otro, no acompañó al escrito del recurso el instrumento que acreditara el carácter con el cual actuó, si, en todo caso, consta en autos al momento en que se decida al inadmisibilidad, en forma auténtica y manifiesta, la aludida representación o el carácter con el cual actúa.

En efecto, tal como lo señala expresamente el artículo 124 de la Ley Orgánica de la Corte Suprema de Justicia, el juez contencioso-administrativo, en los juicios de nulidad de los actos administrativos de efectos particulares, puede declarar inadmisible el recurso de nulidad, entre otros casos, "cuando sea manifiesta la falta de cualidad o interés del recurrente"[430] y "cuando sea manifiesta la falta de representación que se atribuye al actor"[431].

De lo anterior se deduce claramente que no podría ser causal de inadmisibilidad de un recurso contencioso-administrativo de anulación de un acto administrativo de efectos particulares, el solo hecho de que el solicitante no acompañe al escrito del recurso el instrumento que acredité el carácter con que actúa, si no lo hace a nombre de otro si en todo caso, consta en autos su cualidad y representación. Por ello, en estos supuestos para que se pueda llegar a configurar una causal de inadmisibilidad del recurso, como expresamente lo indica la ley, es necesario que "sea manifiesta la falta de cualidad del recurrente"[432] o que "sea manifiesta la falta de representación que se atribuya al autor[433].

---

429 *V.*, A. Rengel Romberg, "El auto de admisión del recurso contencioso-administrativo de anulación en el sistema de la nueva *Ley Orgánica de la Corte Suprema de Justicia*", *Revista de Derecho Público*, N° 8, EJV, Caracas, 1981, p. 178.

430 Art. 12,4 Ord. 1

431 Art. 84, letra g).

432 Art. 124, Ord. 19

Por tanto, el hecho de que no se hubiere acompañado a la solicitud del recurso, si así se interpretase la exigencia de la segunda parte del artículo 113, las copias certificadas de los Estatutos y Acta de Asamblea de la persona moral recurrente en la cual consten las facultades del representante legal y de su designación como tal, no podría ello considerarse, conforme a la Ley Orgánica cómo una causal de inadmisibilidad del recurso.

En efecto, insistimos, la Ley no indica expresamente en ninguno de sus artículos, como se dijo, como condición de admisibilidad del recurso que se acompañe al libelo del mismo "el instrumento que acredite el carácter con que actúa, si no lo hace en nombre propio". En efecto, éste es un requisito para, comprobar la "representación que se atribuye al actor", tal como lo exige el artículo 84, ordinal 79, de la Ley Orgánica. La condición de admisibilidad es que dicha re presentación hubiese sido real y formalmente establecida antes de que se intente el recurso, y sería una causal de inadmisibilidad la "manifiesta falta de representación que se atribuya al actor". Pero, por supuesto, el hecho de que no se acompañe al libelo del recurso el instrumento que acredite el carácter con que actúa, si no lo hace en nombre propio, por sí sólo no es una causal de inadmisibilidad. Puede así un apoderado intentar él recurso y consignar el instrumento de poder con posterioridad, siempre que haya consignado antes de la decisión de admisibilidad y siempre que se acredite que para el momento en el cual se intentó el recurso tenía la representación que se atribuyó. Hemos sostenido que esta exigencia de la segunda parte del artículo 113 no se aplica a los representantes légales de compañías quienes en virtud del artículo 138 del Código de Procedimiento Civil pueden representar a las empresas. Sólo si su representación es cuestionada, tendría que probarla documentalmente. Sin embargo, para el supuesto de que se interpretara esta exigencia en el sentido de que los directores de compañías anónimas deben presentar con el libelo del recurso copia de los estatutos y del Acta de Asamblea en la cual se les nombró, el hecho de que no lo hagan con el libelo del recurso, no puede tampoco dar lugar a la inadmisibilidad del recurso, por no establecerlo la Ley como condición de in admisibilidad.

En estos casos, el director de una empresa podría intentar el recurso sin acompañar al libeló las copias certificadas de los estatutos y Acta de Asamblea donde consten sus facultades y su designación, y sólo podría declararse inadmisible el recurso si de autos resulta que "sea manifiesta la falta de representación que se atribuye al actor". Pero si de autos consta, en forma auténtica, antes de que se decida sobre la admisibilidad del recurso, que el representante legal de la empresa tiene efectivamente esa representación y la tenía para el momento en el cual se intentó el recurso, no podría, en ninguna forma, declarárselo inadmisible.

e. *La copia del acto administrativo impugnado y su relación con la admisibilidad*

Tal como se dijo, la segunda parte del artículo 113, en su totalidad, si bien exige que se acompañen al libelo del recurso determinados documentos ello no lo establece como condición de admisibilidad del recurro. El texto de esa segunda parte del artículo 113 es el siguiente:

> "Junto con dicho escrito el solicitante acompañará un ejemplar o copia del acto impugnado el instrumento que acredite el carácter con que actúe, si no lo hace en nombre propio, y los documentos que quiera hacer valer en apoyo de su solicitud".

---

433 Art. 84, Ord. 7°

Ahora bien, es evidente que si se trata de un acto administrativo publicado en la *Gaceta Oficial de la República* o de un Estado o de una Municipalidad, basta que el solicitante identifique claramente el acto impugnado con indicación del número y fecha de la *Gaceta*, la cual puede luego consignarse en cualquier momento por ser un documento oficial, o ser consultada por el juez.

El hecho de que el solicitante no acompañe copia de dicha *Gaceta* no podría implicar, nunca, que el recurso se declare inadmisible. Pero tratándose de actos administrativos de efectos particulares no publicados en la *Gaceta Oficial*, por ejemplo, de un acto adoptado por un Concejo Municipal, el particular puede haber solicitado copia certificada de dicho acto al Concejo y puede no habérselo dado, como es frecuente, por las dilaciones administrativas.

Ante el vencimiento del lapso, el particular podría impugnar el acto, identificándolo precisamente, con signando posteriormente la copia certificada solicitada exigiendo la exhibición del mismo o esperando que ésta sea enviada en el respectivo expediente administrativo. En estos casos, el hecho de que no se acompañe al libelo del recurso copia del acto impugnado, tampoco podría considerarse, por sí solo, como causal de inadmisibilidad.

f. *Los otros documentos que deben acompañarse al libelo y su relación con la admisibilidad*

Por último, el artículo 113 establece que también deben acompañarse al escrito del recurso "los documentos que quiera hacer valer en apoyo de su solicitud". En este caso, tampoco estamos en presencia de una condición de admisibilidad, pues muchos de los documentos mencionados, en los procedimientos contencioso-administrativos, son emanados de la Administración y no siempre está garantizado, realmente, el derecho de que se le expidan al particular las copias que pueda solicitar.

En todo caso, estos documentos forman parte del expediente administrativo que cursa ante las dependencias de la Administración cuyo acto se recurre y los cuales, en general, él Juez requiere que sean enviados en forma certificada por la autoridad, cuyo acto se impugna. Por tanto, el hecho de que en el libelo del recurso no se presenten en original o copia certificada todos los documentos a los cuales se hace referencia en el recurso; o se presenten dichos documentos en copias simples, no hace inadmisible el recurso ni impide que se puedan presentar posteriormente, tal como expresamente lo señala el Código de Procedimiento Civil, en su artículo 434, al disponer que además de los documentos en que se funde la acción y que se acompañan al libelo del recurso, posteriormente pueden consignarse en autos cuando se hayan designado en el libelo la oficina o el lugar donde se encuentran, consignación que se produce luego, al remitirse al Tribunal el expediente administrativo del caso. En cuanto a los documentos presentados en copias fotostáticas, por supuesto rige ahora lo previsto en el artículo 429 del Código de Procedimiento Civil, en cuanto a su consideración como fidedignas si no son impugnadas por la Administración.

3. La decisión de admisibilidad o inadmisibilidad

La Ley Orgánica de la Corte Suprema de Justicia, al regular las condiciones procesales de los recursos y establecer causales precisas de inadmisibilidad, ha previsto la necesidad de que el Juez contencioso-administrativo verifique, de oficio, la admisibilidad del recurso a cuyos efectos, al inicio del procedimiento, debe dictar un auto de admisibilidad o inadmisibilidad del recurso[434]. En este último caso, el Juez debe motivar el auto.

Debe señalarse que ésta es una innovación de la Ley[435], pues antes de su vigencia, en general, era en la sentencia definitiva que el Juez decidía, esta materia. Conforme a la Ley Orgánica, en todo caso, luego de admitido el recurso, si se oponen por los interesados excepciones de inadmisibilidad, el Juez debe decidirlas en la sentencia definitiva a menos que considere que deben resolver previamente[436].

A. El auto de admisión: antecedentes

La situación tradicional en nuestro procedimiento contencioso-administrativo era que la decisión sobre la admisibilidad o inadmisibilidad de los recursos contencioso-administrativos, que hoy se pronuncia al iniciarse el proceso, se adoptaba cuando se decidía el fondo del asunto, de manera que, por más excepciones y planteamientos que se hiciesen en el curso del procedimiento sobre las condiciones de admisibilidad, el juez no los decidía de inmediato, y esperaba que transcurrieran todas las etapas del procedimiento para, al final, si era el caso, declarar inadmisible el recurso, por ejemplo, porque no había la legitimación suficiente o el recurso había caducado.

Puede deducirse que por primera vez, es en él año 1974 cuando la Corte Suprema asume la función de decidir sobre la admisibilidad de los recursos, al intentarse el recurso e iniciarse el procedimiento. En efecto, en una sentencia del 11 de noviembre de 1974, dictada con motivo de un recurso intentado por el Colegio de Ingenieros de Venezuela contra un acto municipal de cambio de zonificación de un inmueble de propiedad particular, recurso al cual se opuso al particular propietario del inmueble alegando la falta de legitimación del Colegio, ya que carecía de interés personal, legítimo y directo en la impugnación, la Corte señaló lo siguiente: "Antes de proceder a sustanciar el presente recurso, considera necesario, en atención a razones de estricta economía procesal, examinar la cuestión previa planteada en autos relacionada con la legitimación del recurrente", y así, la Corte por primera vez antes de sustanciar el recurso, considera necesario, en atención a razones de estricta economía procesal, examinar la cuestión previa planteada en autos relacionada con la legitimación del recurrente", y así, la Corte por primera vez antes de sustanciar el recurso, lo declaró inadmisible por falta de legitimación del recurrente[437]. Puede decirse que esta decisión originó la situación actual prevista en la ley, es decir, la necesidad de que el juez juzgue sobre la admisibilidad del recurso, al iniciarse el procedimiento.

Ahora bien, este auto de admisibilidad que prevé la ley plantea, en materia de contencioso-administrativo, diversos aspectos relativos a la oportunidad de la decisión; a la autoridad que debe dictarla; a los requisitos formales del auto; y a la naturaleza y efecto de la admisibilidad. Veamos separadamente estos aspectos.

---

434 Artículos 84, 105, 115, 123 y 124 LOCSJ.

435 Allan R. Brewer-Carías, "Aspectos Procesales...", *op. cit.*, pp. 125 y ss.

436 Artículo 130 LOCSJ.

437 Allan R. Brewer-Carías, *Jurisprudencia de la Corte Suprema..., cit. T.* V, vol. I, pp. 314 y ss.

B. La oportunidad del auto de admisión

En primer lugar, el aspecto relativo a la oportunidad de esta decisión, la cual como señalara la Corte en la citada sentencia de 1974, debe adoptarse antes de sustanciar el procedimiento; por tanto, en forma inmediata, en principio al recibirse el recurso. Por ello, la ley otorga un lapso de tres audiencias para adoptar esta decisión de admisibilidad o no del recurso, conforme lo establecen los artículos 105, 115 y 123.

Sin embargo, en el caso de los recursos de nulidad contra los actos administrativos de efectos particulares, la ley establece una modalidad particular, pues permite al juez la posibilidad de decidir solicitar o no el expediente administrativo, es decir, los antecedentes administrativos del caso, a la autoridad respectiva.

En este supuesto, si el juez, al recibir el recurso, decide pedir el expediente administrativo, en principio estas tres audiencias se contarán a partir de la recepción del mismo por la autoridad judicial (Art. 123). Al contrario, si no decide pedir el expediente administrativo, habría que aplicar allí el mismo lapso que está previsto en general, de tres audiencias después de recibido el recurso.

Sin embargo, aun en los casos en los cuales el juez decida solicitar los antecedentes administrativos correspondientes, lo cual ocurre generalmente, el juez contencioso-administrativo podría admitir el recurso sin recibir tales antecedentes, en los casos en los cuales se haya jurado la urgencia y los documentos que se acompañan al libelo sean suficientes o demostrativos de la situación jurídico-administrativa que se discute.

En estos supuestos, si el juez tiene suficientes elementos documentales para apreciar la situación planteada, puede admitir el recurso de inmediato e inclusive tomar la decisión de sus pender los efectos del acto recurrido, sin recibir el expediente respectivo e inclusive sin que se haya aún emplazado a los interesados[438].

C. La autoridad competente y los requisitos del auto

La autoridad a quien compete la decisión de admisibilidad en los tribunales colegiados es al Juez de Sustanciación. Así lo establece la ley cuando regula el funcionamiento de la Corte Suprema de Justicia[439], y así se prevé en el caso de la Corte Primera de lo Contencioso Administrativo.

En cuanto a los requisitos procesales de carácter formal respecto del auto de admisibilidad del recurso, la ley no trae mayores regulaciones, y solamente en forma expresa[440] exige la motivación precisa para el caso de que se declare la inadmisibilidad del recurso.

---

438 Así lo decidió la Corte Suprema de Justicia en Sala Político-Administrativa en recientes sentencias de 9 de diciembre de 1980. *V.*, el texto en la *Revista de Derecho Público*, N° 5, Caracas, enero-marzo, 1981.

439 Artículos 105, 115 y 123.

440 *Idem.*

D. Contenido del auto de admisión

La Ley Orgánica establece una serie de requisitos sobre el contenido del auto de admisión, según se trate del recurso contra los actos administrativos de efectos particulares; de los recursos de nulidad contra los actos estatales de efectos generales; y de las denominadas demandas contra la República.

a. *El contenido y efectos del auto en los juicios de nulidad de los actos administrativos de efectos particulares*

a'. Las notificaciones y el emplazamiento

En los casos de autos de admisión de los recursos contra actos administrativos de efectos particulares, la Ley (Art. 125) establece como contenido del auto, en primer lugar, el acordar la notificación al Fiscal General de la República. La fórmula de la Ley es compulsiva: siempre habrá que notificar al Fiscal General. Sin embargo, no siempre sucede así, pues en los casos en los cuales conforme al artículo 121, sea el propio Fiscal General quien haya intentado el recurso cuando pueda estar comprometido el interés general por supuesto que no puede el auto de admisibilidad ordenar notificar al propio Fiscal recurrente.

En segundo lugar, este auto de admisión puede contener una notificación al Procurador General de la República, lo cual no siempre es necesario: la ley lo exige en caso de que la intervención del Procurador en el procedimiento fuese requerida teniendo en cuenta la naturaleza del acto impugnado. Esto sucedería, por ejemplo, si con la anulación del acto el recurso contiene una pretensión de condena, particularmente, de carácter patrimonial.

En tercer lugar, y cuando el juez lo juzgue procedente, el auto de admisión debe contener el emplazamiento a los interesados. Aquí también se trata de una facultad potestativa, donde el juez podrá, cuando lo juzgue conveniente, emplazar a los interesados mediante cartel. En este caso, sin embargo, se plantea algunos problemas.

b'. La ausencia de "citación" a la Administración autora del acto y sus consecuencias

En primer lugar, en los casos de impugnación de actos administrativos emanados de autoridades públicas distintas a la República, cuyo procedimiento se desarrolla ante la Corte Primera de lo Contencioso o ante el Tribunal Superior competente en lo contencioso-administrativo, sin duda, el juez podría, aun cuando el acto impugnado no sea un acto dictado por el Ejecutivo Nacional, notificar al Procurador General de la República, si estima que los intereses patrimoniales de la República pueden estar envueltos.

Pero aparte de estos supuestos es necesario señalar que la Ley Orgánica no exige expresamente al juez que notifique formalmente del recurso intentado a la Administración autora del acto recurrido. En el recurso contencioso-administrativo de anulación, por tanto, no hay citación ni el juez tiene que formular notificación ni comunicación alguna a la autoridad administrativa de quien emanó el acto. Por ello, teóricamente podría darse el supuesto de que intentado un recurso contra un acto administrativo de efectos particulares de origen municipal, el juez decida no notificar al Procurador porque entiende que en el proceso no hay envuelto ningún interés patrimonial dé la República y que, además, decida que no es necesario que se haga el emplazamiento de los interesados, dada la naturaleza del problema planteado, y decida además que no es necesario requerir de la autoridad administrativa los antecedentes del caso, pues dispone de ellos en el recurso. En estos casos de recursos de anulación hay una falla legislativa, pues podría colocarse en indefensión a la autoridad administrativa autora del acto recurrido.

En estos supuestos, por supuesto, la situación se agravaría en los casos en los cuales a las pretensiones de anulación en las acciones de impugnación de actos administrativos, se acumulen pretensiones de condena. La situación antes descrita podría llevar a que pudiera haber condena sin audiencia de la parte, lo cual no es admisible. Toda pretensión procesal de condena tendría que provocar la notificación a la entidad recurrida.

En estos casos, si se trata de un acto administrativo nacional, el juez tendría que notificar al Procurador General de la República conforme a lo establecido en el artículo 125 de la Ley Orgánica de la Corte Suprema de Justicia y en los términos del artículo 38 de la Ley Orgánica de la Procuraduría General de la República. Esta notificación, que no es citación, al Procurador General de la República, se hace necesaria, en todo caso, en virtud de estas disposiciones le gales expresas.

El problema se podría plantear, sin embargo, en relación a la impugnación de actos administrativos estadales o municipales, cuan do se formule, además de la pretensión de anulación, una pretensión de condena, casos en los cuales no se establece regulación expresa. Sin embargo, necesariamente el juez tendría que notificar el recurso interpuesto al representante judicial de los intereses patrimoniales del Estado o del Municipio, a los efectos de asegurar la adecuada defensa de los derechos e intereses de la entidad, y evitar la indefensión.

c'. La legitimación de los interesados que concurran al emplazamiento

Pero, en segundo lugar, con respecto al contenido del auto de ad misión en los juicios contra actos administrativos de efectos particulares se plantea otro problema conexo, respecto de quienes pueden concurrir o atender el emplazamiento y participar en el juicio.

En efecto, el juez puede ordenar el emplazamiento de los interesados, y pueden concurrir a este emplazamiento tanto la Administración autora del acto como los particulares; y aquí se plantea un problema procesal de interés. ¿Quiénes pueden ser los que compa recen y quiénes pueden constituirse en coadyuvantes en el contencioso-administrativo? Si se trata de una acción de nulidad contra un acto administrativo que intenta alguien que debe tener un interés personal, legítimo y directo, es evidente que quienes puedan hacerse parte en el juicio, es decir, quienes puedan coadyuvar a la posición de la Administración o a la del propio recurrente, tiene también que tener un interés personal, legítimo y directo en su pretensión.

Por tanto, quien pretenda intervenir en el procedimiento contencioso-administrativo como defensor o coadyuvante en la defensa del acto administrativo, tiene que tener, también, una legitimación especial, derivada de la titularidad de un interés personal, legítimo y directo en el sostenimiento del acto impugnado, y que se vería lesionado por la declaratoria de nulidad del mismo. Así lo establece expresamente la Ley Orgánica de la Corte Suprema en su artículo 137.

En tal sentido, la antigua Corte Federal y de Casación en Sala Federal, en una sentencia del 20-06-50, en relación con el coadyuvante en la defensa de un acto administrativo impugnado, estableció lo siguiente:

> "...es una práctica constante en el adjetivo jurisdiccional administrativo, que concurran diferentes partes en un juicio de esta naturaleza amparados por un interés coincidente u opuesto a la Administración, a ventilar en juicio sus derechos. Basta que entre esos intereses y la Administración existan creabas situaciones jurídicas anteriores que pongan al particular en directa relación" con el acto para que sea legítima y procedente su intervención en el proceso. Así ordinariamente es admitido el ter cero opositor, que es el interesado sobre el cual ha de incidir la decisión, en el caso, por ejemplo, de recursos dirigidos contra decretos de concesión de mina, para lo cual se debe citar al concesionario; y los llamados ter ceros coadyuvantes, que no siendo partes, propiamente dichas son todos aquellos que se hallan favorecidos por la resolución administrativa que motiva el recurso"[441].

Por tanto, para ser legitimado activo o pasivo, como coadyuvante en la impugnación o en la defensa del acto administrativo, es necesario tener cualidad derivada de la existencia de un interés personal, legítimo y directo en el mantenimiento o la impugnación del acto administrativo.

Esto ha sido expresamente resuelto por la Corte Suprema de Justicia, en sentencia de 24 de abril de 1980, en la cual asentó lo siguiente:

> "que sólo podrán hacerse parte en los procedimientos a que se refieran las Secciones Segunda y Tercera, las personas que reúnan las mismas condiciones exigidas para el accionante o recurrente (Art. 137,) esto es que el coadyuvante en el recurso contencioso-administrativo de anulación debe ostentar también un interés personal, legítimo y directo en la impugnación del acto"[442].

Por otra parte, quién pretenda constituirse en parte del procedimiento, es evidente que debe probar su interés personal, legítimo y directo en el mantenimiento del acto administrativo impugnado o en su anulación. Y tal como lo ha señalado la Corte Suprema de Justicia en Sala Político-Administrativa en sentencia del 06-02-64:

> "...en el proceso contencioso-administrativo no basta la existencia de un interesado que alegue legitimación; sino que es preciso que acredite tener esa cualidad precisamente en el proceso administrativo de que se trate; es decir tiene que ser la persona concreta, con facultad de poder reclamar o imponer una decisión administrativa. En resumen, puede estimarse la legitimación como la consideración especial en que tiene la Ley, dentro de cada proceso, a las personas que se hallan, en una determinada relación con el objeto de litigio"[443].

La Corte Suprema de Justicia, en Sala Político-Administrativa, en sentencia del 18-2-71 ha agregado, además, que "ésta relación determina precisamente el interés que vincula a los particulares con el proceso a través del nexo jurídico que se establece, por efecto del acto administrativo, entre la Administración y los administrados. Por consiguiente, la persona que resulta lesionada a causa de la decisión administrativa debe estar procesalmente asistida de su derecho o su interés legítimo". En estos casos, concluye la Corte, "sólo pueden actuar los sujetos que resulten directamente afectados por el acto administrativo"[444].

Pero frente a la comparecencia de supuestos interesados también se plantean problemas procesales de interés. Estimamos que el juez tiene que decidir en relación a la legitimación de las personas que se hagan parte en un procedimiento, y así como el Juez debe calificar la legitimación del recurrente al admitir el recurso, ya que puede declarar-

---

441 *V.*, en G.F., N° 5, Caracas, 1950, p. 59.

442 *V.*, en *Revista de Derecho Público*, EJV, N° 2, Caracas, abril-junio 1980, p. 134.

443 *V.*, en *G.O.*, N° 27.373 del 21-2-64, pp. 203-590.

444 *V.*, en *G.O.*, N° 1.472, Extraordinario de 11-6-71, p. 70

lo inadmisible porque estime que no hay interés personal, legítimo y directo del mismo, asimismo el juez también tiene que calificar esta legitimación, es decir, ese interés personal, legítimo y directo, en relación a quienes pretendan hacerse parte en el expediente, coadyuvando al mantenimiento de la legalidad del acto o coadyuvando a la pretensión del propio recurrente.

Por ello, estimamos que el juez debe, necesariamente, calificar la legitimación de los comparecientes, y decidir al respecto al producirse la comparecencia, sea de oficio o a instancia de parte, y no puede, simplemente, como ha sucedido en algunos casos, darle participación en un procedimiento a un particular que coadyuve con una posición cuando el recurrente alega y estima que no tiene legitimación. En estos casos, si el juez no decide sobre la legitimación, podría llegar a admitir pruebas y realizar actividades procesales diversas en relación a particulares que no son parte, procesalmente hablando, complicándose innecesariamente el proceso.

Insistimos, así como hay un auto de admisión donde el juez califica la legitimación del recurrente, tiene que haber también una decisión expresa donde el juez acepte o no la legitimación de los coadyuvantes, para que el procesamiento pueda seguir[445].

d'. La oportunidad de la comparecencia de los interesados

En tercer lugar, puede mencionarse otro punto de interés, en relación a la oportunidad en que los interesados puedan concurrir. La ley habla de que el juez puede emplazar a los particulares, cuando lo juzgue procedente, para que concurran a "darse por citado" dentro de las diez audiencias siguientes a la fecha de publicación del cartel. Sin embargo, es evidente, y ello ha sido tradicional en el procedimiento contencioso-administrativo, que los particulares no necesitan esperar la publicación del cartel de emplazamiento para concurrir al Tribunal, cuando tengan interés personal, legítimo y directo. En estos casos, pueden comparecer ante el Tribunal cuando tengan conocimiento del recurso, sin necesidad de esperar una oportunidad precisa, ni esperar la publicación del cartel, y formular ante el juez todos los alegatos que estimen necesarios, sin que por ello puedan considerarse sus alegatos como extemporáneos.

b. *El contenido y efectos del auto en los juicios de nulidad de los actos administrativos de efectos generales*

En el caso de los juicios de nulidad contra los actos administrativos de efectos generales, el auto de admisión está regulado en otra forma en el artículo 116 de la Ley Orgánica.

En primer lugar, exige notificar, por oficio, al Presidente del cuerpo o funcionario que haya dictado el acto. Estimamos que una norma de este tipo debería haber estado expresamente consagrada en los juicios de nulidad de los actos de efectos particulares donde sólo se exige notificar al Procurador cuando lo juzgue conveniente el juez. Necesariamente debió haberse exigido una notificación a la autoridad cuyo auto se impugna, como sucede en este caso, y como la práctica procesal lo ha impuesto.

---

445 La Corte Primera de lo Contencioso-Administrativo, sin embargo, en reciente sentencia de 2-12-80 ha sostenido que es potestativo del Tribunal, adoptar esta decisión al resolver el fondo del asunto, lo cual, sin duda podría provocar inconvenientes procesales. *V.*, el texto en *Revista de Derecho Público*, EJV, N° 5 enero-marzo, 1981.

En segundo lugar, se exige solicitar un dictamen al Fiscal General de la República. La Ley establece una modalidad distinta en este caso: no habla de notificar al Fiscal General sino solicitar su dictamen, pues se trata de una impugnación dé un acto que normalmente tiene contenido normativo, que afecta a todos. En todo caso, el Fiscal tiene la posibilidad de consignar este dictamen en cualquier momento, antes de la sentencia.

En tercer lugar, la ley establece que el juez, en estos recursos contra actos administrativos de efectos generales, podrá ordenar la citación de los interesados por medio de carteles. Aquí puede observarse lo siguiente: por una parte, se trata de una potestad atribuida al juez, y éste puede acordarla o no; y por la otra, la ley habla de "citación" y no de emplazamiento. Sin embargo, por la naturaleza del acto impugnado, de carácter normativo, pensamos que, realmente, aquí se trata de un emplazamiento y no de una verdadera citación.

c. *El contenido del auto de admisión en las demandas contra la República*

En contraste con lo antes mencionado debe señalarse que en el caso de las demandas contra la República, el artículo 106 determina un solo contenido: la citación a la República en los términos procesales que regula el procedimiento civil y la Ley Orgánica de la Pro curaduría General de la República.

E. La apelación del auto

Otro aspecto de interés a destacar al analizar el auto de admisión o de inadmisión es el relativo a la apelación, la cual, ciertamente, en la ley está mal regulada.

a. *La apelación de los autos de inadmisibilidad*

En la ley sólo está prevista la apelación respecto de los autos que declaren la inadmisibilidad del recurso, y esto se repite en cuatro normas de la Ley Orgánica, contenidas en los artículos 84, 105, 115 y 124. Por supuesto, esta apelación corresponde al recurrente a quien se le niega el recurso, o a los coadyuvantes con legitimación suficiente.

b. *El lapso de apelación y el Tribunal a quem*

El lapso que establece la ley es de 5 audiencias, constituyendo éste un lapso especial respecto del lapso general de 3 audiencias que se establece en forma general y supletoria para todos los demás recursos en el artículo 97 de la Ley Orgánica de la Corte Suprema de Justicia, particularmente para las decisiones adoptadas por el Juzgado de Sustanciación para ante la Sala en pleno.

Como se dijo, la ley sólo regula la apelación, respecto a las decisiones en las cuales se declara la inadmisibilidad. Esta decisión, en los tribunales colegiados corresponde al Juez Sustanciador, correspondiendo decidir la apelación al Tribunal en pleno, sea la Sala Político-Administrativa de la Corte Suprema, sea la Corte Primera en pleno. Si se trata de una decisión de inadmisibilidad de los Tribunales Superiores con competencia en lo contencioso administrativo, la apelación se interpone ante la Corte Primera en lo Contencioso-Administrativo.

c. *La posibilidad de apelar los autos de admisión*

Derivado del silencio de la ley, se plantea el problema de la posibilidad de apelación respecto de los autos de admisión de los recursos: como se dijo, la ley regula sólo la apelación respecto de la inadmisión, pero no dice nada respecto del auto de admisión. Sin embargo, resulta que el auto de admisión es el de mayor importancia en todo el procedimiento, ya que es el que va a permitir o no que el procedimiento contencioso administrativo se desarrolle. Por ello, pensamos que también aquí, contra el auto de admisión, debería admitirse la apelación, y esta correspondería plantearla a la Administración cuyo acto se recurre, o también, a los coadyuvantes del contencioso, quienes alegando y probando su interés legítimo ante el juez, pueden oponerse a la decisión de inadmisibilidad. Esta es una decisión interlocutoria, lo cual sin duda, tiene fuerza de definitiva y debe admitir apelación[446]. La jurisprudencia, sin' embargo, ha sido constante en la negativa de la apelación respecto de estos actos de admisión.

F. Naturaleza y efectos del auto de admisión

Otro aspecto de importancia en relación de esta decisión de inadmisibilidad o de admisión de los recursos se relaciona con su naturaleza y efectos.

a. *Distinción con la admisión en el juicio ordinario*

Realmente este auto de admisión, previsto en la Ley Orgánica de la Corte Suprema de Justicia, no tiene similitud alguna con las normas tradicionales del proceso reguladas en el Código de Procedimiento Civil[447].

La admisión de la demanda en el Código de Procedimiento Civil es una mera formalidad. Las cuestiones de inadmisibilidad son excepciones que se oponen en el procedimiento a instancia de parte y deben resolverse, por el juez, sólo a instancia de parte.

Por ello, este auto de admisibilidad o inadmisibilidad en el contencioso-administrativo no tiene nada que ver con el formal auto de admisibilidad que tradicionalmente regulaba el Código de Procedimiento Civil. En este caso, no hay materialmente instancia de parte para la decisión, sino que el auto de admisión o de inadmisión es una carga para el juez, en lo cual se manifiestan esos poderes inquisitorios de éste en el contencioso-administrativo que tiene desde el mismo momento en que se inicia el procedimiento.

Sobre dichos poderes, en una sentencia del 20 de junio de 1950 la Corte Suprema señaló con bastante precisión que: "El juez desempeña, en el procedimiento ordinario, un papel puramente pasivo, debiendo atenerse en lo alegado y probado en autos sin permitir ni permitirse extralimitaciones.

---

446 *Cfr.* Leopoldo Márquez Añez, "Aspectos procedimentales en la *Ley Orgánica de la Corte Suprema de Justicia*", en Instituto de Derecho Público, *El control jurisdiccional de los Poderes Públicos en Venezuela*, Caracas, 1979, p. 217.

447 *Idem* p. 215 y ss.; A. Rengel Romberg, *Loc.cit.*, p. 179.

En el procedimiento contencioso-administrativo la actividad del juez es diferente, interviene y colabora con las partes para poner en claro las cuestiones que se susciten en nombre del interés público; pudiendo el juez inquirir, y hasta suplir la prueba dé oficio y estimar con amplio margen de apreciación, los hechos"[448].

Precisamente, una de las cuestiones que el juez contencioso-administrativo debe poner en claro son estas condiciones de admisibilidad que él tiene que juzgar como una carga que le impone la Ley al iniciarse el procedimiento, es decir, al intentarse el recurso.

b. *Efectos de admisión en relación a las excepciones de inadmisibilidad*

Ahora bien, ¿qué efectos tiene esta apreciación sobre la admisibilidad de un recurso en la secuela del procedimiento y la defensa de los intereses de las partes? ¿Pueden luego oponerse, por parte de los interesados, las excepciones de inadmisibilidad que establece el Código de Procedimiento Civil?

Siendo el Código de Procedimiento Civil supletorio de las normas de la Ley Orgánica de la Corte Suprema tal como expresamente, lo establecen los artículos 81, 88 y 103 de la ley, si se admite el recurso y aun no habiendo apelación contra el auto de admisión sea porque no ha aparecido ningún coadyuvante o porque la Administración cuyo auto se recurre no ha comparecido, estimamos que pueden oponerse excepciones de inadmisibilidad posteriormente, por los comparecientes y por Administración. Por tanto, problemas similares a los de falta de cualidad, interés, caducidad de la acción, cosa juzgada, o prohibición por la ley de admitir la acción, todos previstos en el artículo 257 del Código de Procedimiento Civil, podrían plantearse por los interesados y la Administración. Sin embargo, para protestar contra este auto de admisión, como lo señala Leopoldo Márquez Añez, habría que optar por una de estas dos vías: o se apela contra el auto de admisión alegándose estas causales de inadmisibilidad o, si no hubo apelación se pueden, posterior mente, en el momento de la comparecencia, oponer las excepciones previstas en el Código de Procedimiento Civil[449].

En todo caso, conforme lo indica el artículo 130 de la Ley Orgánica de la Corte Suprema de Justicia, estas excepciones de inadmisibilidad serán decididas en la sentencia definitiva, a menos que el Juzgado de Sustanciación o el Juez competente considere que debe resolverse alguna de ellas previamente, en cuyo caso, si fuese necesario, abrirá una articulación con arreglo a lo dispuesto en el artículo 607 del Código de Procedimiento Civil.

4. La prueba en el proceso contencioso-administrativo

A. La prueba en materia administrativa

a. *La prueba en general*

Puede admitirse, sin mayor discusión, que la prueba es una actividad procesal encaminada a demostrar la exactitud o la inexactitud de determinados hechos que han de

448 *V.*, en Allan R. Brewer-Carías, *Jurisprudencia de la Corte...*, *T.* V, vol. 1, *cit.* p. 215.
449 *V.*, Leopoldo Márquez Añez, *Loc.cit.*, p. 217.

servir de fundamento para una decisión[450]. La noción de prueba normalmente sé ha manejado en el campo judicial, pero, por supuesto, también es esencial en materia administrativa. En este campo, la prueba sería la actividad tendiente a demostrar esos hechos, su exactitud o su inexactitud, a los efectos de que la Administración pueda tomar una decisión. Si se trata de un procedimiento contencioso-administrativo, esa actividad de demostrar los hechos se realiza ante el tribunal contencioso-administrativo.

En Venezuela, de acuerdo al régimen dispositivo de nuestro proceso, toda esa actividad o ese conjunto de actividades tendientes a acopiar el material de conocimiento que va a necesitar el juez para decidir, constituye una carga para las partes, en plural y esa actividad de acopio material de hechos, de pruebas, que constituye esa carga para las partes, va a condicionar al juez, quien en su decisión no puede referirse a otros hechos distintos que a los acumulados, probados y alegados por las partes[451]. De manera que, las partes, en plural, tienen esa carga, primero, de la afirmación de los hechos, y en segundo lugar, de la prueba de esos hechos que han alegado o afirmado. Este es el principio que recoge nuestro Código de Procedimiento Civil: el Juez no puede tomar en cuenta hechos no alegados y no aprobados por las partes[452], es a las partes, por tanto, y no al Juez a quien corresponde la prueba en nuestro proceso ordinario de carácter dispositivo[453]. Cierto que nuestro sistema procesal admite algunas excepciones al principio dispositivo, particularmente con respecto a las relaciones jurídico-privadas indisponibles (estado y capacidad de las personas)[454]; pero no hay duda en admitir, que ésta es la excepción al principio; el principio es el carácter dispositivo.

Ahora bien, hablar de que es a las partes a quienes corresponden las pruebas en él proceso dispositivo exige también precisar otro elemento: ¿qué es lo que las partes deben aprobar? No hay duda de que también en el proceso civil venezolano son los hechos los que deben ser probados por las partes, no el derecho. El juez, se presume, conoce el derecho, y el juez no puede estar condicionado por los errores que en el campo jurídico puedan cometer las partes en el proceso[455]. De manera que sólo son los hechos los que el Juez debe conocer de acuerdo a las pruebas o al alegato de las partes, y las partes no pueden condicionar al juez en el campo del Derecho.

b. *La carga de la prueba*

Pero si bien este principio del proceso dispositivo de que las partes deben afirmar y probar los hechos es admitido, el problema, sin embargo, está en determinar a quién de esas partes corresponde esa carga de probanza.

---

450 *V.* J. González Pérez, *El Procedimiento Administrativo*, Madrid, 1964, p. 466.

451 *V.*, H. Alsina, *Tratado Teórico Práctico de Derecho Procesal Civil y Comercial*, Buenos Aires, 1958, *T.* III, p. 253.

452 Art. 12 del Código de Procedimiento Civil: "Los Jueces tendrán por norte de sus actos la verdad, qué procurarán escudriñar en los límites de su oficio, debiendo atenerse ah lo alegado y probado en autos, salvo lo dispuesto en el artículo anterior, y sin poder sacar elementos de convicción fuera de estos, ni suplir excepciones o argumentos de hechos no alegados ni probados

453 *Cfr.* J. Guasp, *Derecho Procesal Civil*, Madrid, 1956, p. 349.

454 *V.*, J. Rodríguez Urraca, *Elementos inquisitivos en el Proceso Civil Venezolano*, Valencia, 1966; y del mismo autor, *Autoridad del juez y Principio Dispositivo*, Valencia, 1968.

455 *V.*, J. Rodríguez Urraca, *Elementos inquisitivos en el Proceso Civil Venezolano*, *cit.*, p. 17.

Este es el problema de la carga de la prueba: ¿cuál de los sujetos que actúan en el proceso, en el juicio, es el que está obligado a producir la prueba de los hechos que van a dar origen a la aplicación del derecho por parte del Juez o de quién debe producir la decisión?

Este problema de la carga de prueba, ciertamente, es propio del procedimiento dispositivo. En el procedimiento inquisitorio, frente a las pruebas ordenadas de oficio por el Juez, no puede propiamente, hablarse de carga de la prueba[456], y el Juez aún teniendo ante sí a dos partes, está desvinculado, para la investigación de la verdad, de la iniciativa y de los acuerdos de las mismas[457].

En el procedimiento dispositivo, al contrario, la carga de la prueba es una conducta impuesta a una o a ambas de las partes, para que acrediten la verdad de los hechos alegados por ellas.

Esta carga de la prueba, o sea, a quién corresponde en el procedimiento producir y alagar los hechos, y probarlos, es por tanto, como lo decía Couture, una situación embarazosa creada por la Ley de decirle a una parte que sus afirmaciones no van a ser creídas por el juez si él no las prueba[458]. De manera que la ley cuestiona la veracidad de las afirmaciones de la parte, hasta tanto ésta las pruebe; y mientras ello no ocurra, aquellas afirmaciones no son creídas.

En materia de carga de la prueba, sin embargo, hay una distinción que también se admite en el proceso civil que debe destacarse porque es esencial para el estudio del problema en el Derecho Administrativo: es distinta la situación de la carga de la prueba respecto a las obligaciones, de la que existe en materia de hechos y actos jurídicos; y precisamente, en el campo del Derecho Administrativo, es este segundo aspecto de la carga de la prueba el que tiene mayor importancia.

En el campo de las obligaciones, el principio general es que el actor prueba los hechos que suponen la existencia de las obligaciones y el demandado debe probar los hechos que suponen la inexistencia de sus obligaciones[459]. Pero en el campo de los hechos y actos jurídicos, el principio es que tanto el actor como el demandado deben probar sus respectivas posiciones; aquí la carga de la prueba se reparte entre los litigantes[460], y no hay uno a quien corresponda la totalidad de la carga de la prueba y otro que esté exonerado de carga. O sea, hay una repartición, y los hechos alegados por cualquiera de las partes y no probados por ellas se tienen, para quien decide, como no existentes. Conforme a esto, cada parte soporta la carga de probar los datos y los hechos que constituyen el supuesto de hecho a los efectos de la aplicación de la norma que le son favorables: es decir, cada una de las partes, tiene la carga de la prueba de los hechos que le interesan[461].

---

456 *Cfr.* E. Couture, *Fundamentos del Derecho Procesal Civil*, Buenos Aires, 1958, p. 241.

457 *V.*, J. Rodríguez Urraca, *Elementos..., cit.*, pp. 19 y 20

458 *V.*, E. Couture, *op. cit.*, p. 242.

459 Art. 1.354 del CC: "Quien pida la ejecución de una obligación debe probarla, y quien pretenda que ha sido libertado de ella debe por su parte probar el pago o el hecho que ha producido la extinción de su obligación".

460 *Cfr.* E. Couture, *op. cit.*, p. 243.

461 *V.*, J. Guasp, *op. cit.*, pp. 350 y 351.

c. *La carga de la prueba en materia administrativa*

Si se trasladan estos principios básicos de la carga de la prueba al campo administrativo, nos encontramos con una serie de peculiaridades que condicionan su aplicación[462]. Por una parte, debemos distinguir dos tipos de procedimientos en el campo del Derecho Administrativo: en primer lugar, el procedimiento administrativo o gubernativo que es el que se desarrolla ante las autoridades administrativas; y por otra parte, el procedimiento contencioso-administrativo, que es un procedimiento de carácter jurisdiccional. En estos dos procedimientos hay una serie de elementos extraños al proceso civil, que van a condicionar la carga de la prueba y la prueba misma en materia administrativa. Por una parte, la intervención de la propia Administración Pública en el procedimiento administrativo: inclusive, muchas veces la Administración es parte en el procedimiento, pero a la vez, es juez en el mismo. Es decir, la Administración es juez y parte; la Administración participa en una relación jurídica pero va a resolver, en vía administrativa, los conflictos que surjan de esa relación. Este dato modifica el problema de la carga de la prueba. Aquí hay, de principio, una desigualdad: la Administración, como juez y parte en el proceso gubernativo, está en una situación de superioridad regida por principios exorbitantes del derecho común, en relación a los particulares. Por otra parte, hay otro dato de gran importancia en el Derecho Administrativo que condiciona el problema de la prueba: la presunción de legitimidad, y de legalidad de los actos administrativos. Un acto administrativo, al dictarse, goza de esta presunción de legitimidad lo que implica que quien pretenda impugnar ese acto debe probar sus alegaciones. Por tanto, en virtud del solo principio de la veracidad y legitimidad del acto administrativo, existe un condicionamiento a los efectos de la carga de la prueba. Por último, hay otro elemento que influye en el problema y es la presencia de elementos inquisitorios en el procedimiento administrativo y en el procedimiento contencioso-administrativo. La Corte Suprema de Justicia ha admitido, por ejemplo, como se verá, en materia de procedimientos administrativos gubernativos que en las decisiones de la Administración, ésta no sólo debe atenerse a lo alegado y probado por las partes, sino que puede decidir en base a sus propias convicciones[463], y en el campo del procedimiento contencioso-administrativo, es la propia Ley Orgánica de la Corte la que autoriza al juez para, inclusive, promover pruebas[464]. De manera que estos elementos inquisitivos del procedimiento, tanto en el procedimiento administrativo como en el contencioso-administrativo, van a condicionar también toda la problemática de la carga de la prueba en el Derecho Administrativo,

B. La carga de la prueba en él procedimiento contencioso-administrativo

a. *El carácter del procedimiento contencioso-administrativo*

En el procedimiento contencioso-administrativo, el problema de la carga de la prueba también se plantea con características peculiares, pues como hemos señalado, en él se encuentran los elementos inquisitivos; el juez tiene, en muchos casos, la dirección del procedimiento; al juez corresponde, en muchos casos, la búsqueda de la prueba; el juez

462 *V.*, Allan R. Brewer-Carías, *La carga de la prueba en el Derecho Administrativo*, Maracaibo, 1978, p. 51.

463 *V.*, Sentencia de la Corte Suprema de Justicia en Sala Político-Administrativa de 15-1-74 en *G.O.*, N° 1.649 Extr. de 29-4-74.

464 Art. 28 de la Ley Orgánica de la Corte Federal

tiene, por ejemplo, iniciativas propias, una vez introducido un recurso contencioso-administrativo de anulación: el juez es quien va a pedir el expediente administrativo, es quien va a notificar al Pro curador o va a emplazar a las partes sin que sea indispensable la iniciativa de las partes para estas formalidades. Por otra parte, la Ley Orgánica de la Corte Suprema de Justicia autoriza expresamente a la Corte para "solicitar las informaciones y hacer evacuar de oficio las pruebas que considere pertinente"[465], lo que confirma la existencia de elementos inquisitorios en el procedimiento que, por supuesto, cambia el principio general dispositivo del proceso venezolano. Pero, la misma Corte Suprema, en varias decisiones se ha encargado de ir delineando cuál es el carácter o el régimen de la prueba en el campo contencioso-administrativo.

En una sentencia de 1954, la antigua Corte Federal señaló que:

> "Conforme a nuestro ordenamiento jurídico, nada autoriza, a falta de reglamentación expresé y especial de la prueba en el Derecho Administrativo, a probar los hechos y actos que se discuten ante la jurisdicción contencioso-administrativa, por normas distintas a las establecidas en el Derecho Privado, que viene así a ser la Ley común"[466].

La remisión a la legislación procesal ordinaria, en el contexto de la decisión, abarca por supuesto a los medios probatorios: sólo pueden producirse los autorizados por la Ley común, la Ley procesal civil, el Código Civil.

Pero en materia contencioso-administrativa, además del carácter dispositivo del procedimiento, conforme a lo señalado por la jurisprudencia, la propia Ley Orgánica de la Corte Suprema de Justicia establece, como se dijo, elementos inquisitorios. Frente a esto, sin embargo, la propia Corte Suprema ha establecido un matiz distinto.

En efecto, en una Sentencia de 1972, la Corte ha señalado lo siguiente:

> "No hay que olvidar que la autoridad administrativa a quien corresponde la defensa de los intereses fiscales, y es ella quien responde ante el Fisco Nacional por su propia negligencia".
>
> "Por su parte, el órgano jurisdiccional es el llamado a decidir la controversia surgida entre el contribuyente y la Administración con absoluta objetividad para que ambas partes se sientan igualmente protegidas. Por este motivo, el Juez no puede sacar elementos de convicción fuera, de los autos ni suplir excepciones o argumentos de hecho no alegados ni probados por la representación fiscal... A juicio de la Corte, el Tribunal sentenciador decidió el presente caso con arreglo a acciones que no han sido deducidas en el proceso y a defensas y excepciones que no han sido opuestas por ninguna de las partes..."[467].

Esta decisión, tal como se deduce de lo transcrito, fue dictada revocándose una decisión del Tribunal del Impuesto sobre la Renta que, según la Corte, había decidido el caso con arreglo a acciones que no habían sido deducidas en el proceso y a defensas o. excepciones que no fueron opuestas por ninguna de las partes; o sea, el Tribunal del Impuesto sobre la Renta había desarrollado su principio inquisitivo, había apreciado hechos no probados por las partes, y, sin embargo, la Corte revocó la decisión del Tribunal inferior señalándose que en el procedimiento contencioso-administrativo, el principio que rige es el principio dispositivo, y que no puede un juez contencioso-administrativo entrar a apreciar hechos distintos a los alegados por las partes. Esta, in-

465 Art. 129.

466 *V.*, Sentencia del 12-11-54, en G.F., N° 6, pp. 201 a 204

467 *V.*, Sentencia de la Corte Suprema de Justicia en Sala Político-Administrativa de 11-7-72, en *G.O.*, N° 1.540 Extr. de 29-8-72, p. 47.

dudablemente, es una decisión que contraría un poco esa misma previsión legal de la Ley Orgánica de la Corte Suprema de Justicia que autoriza a la Corte a promover y evacuar pruebas. Aquí, podríamos preguntarnos, ¿dónde queda el principio de la verdad real que debe privar en el procedimiento contencioso-administrativo legal? ¿Qué busca el procedimiento contencioso-administrativo si no es el restablecimiento de la legalidad? ¿O es simplemente satisfacer las pretensiones de una parte individual sin que entre en juego el interés general? En estos casos, sin duda, surge el conflicto entre la legalidad o la verdad real, y la verdad o legalidad formal, la que, por un problema de procedimiento, podría quedar con vigencia superior a la legalidad real. Ahora el problema de los elementos inquisitivos de procedimiento contencioso-administrativo[468] es un problema no resuelto definitivamente por la jurisprudencia. Hay algunas leyes, como la señalada Ley Orgánica de la Corte Suprema que establece expresamente el principio inquisitivo; otros cuerpos normativos también lo establecen; por ejemplo, en el campo del procedimiento de inquilinato, el Tribunal de Inquilinato está autorizado y obligado para dictar autos para mejor proveer con Vistas a determinar el valor de los inmuebles en los casos de cuestionamiento de los avalúos con motivo de regulaciones de alquileres[469]. En este caso, en el procedimiento, materialmente, no se abre lapso de prueba, sino que es el Juez quién va a suplir la prueba de cuestionamiento del avalúo, al establecer, a través de Fiscales propios del tribunal, cuál es el valor del inmueble. Aquí, sin duda, hay también un elemento de carácter inquisitivo en el procedimiento.

b. *El principio general de la carga de la prueba*

Ahora, en el campo del procedimiento contencioso-administrativo, el problema de la carga de la prueba debe resolverse frente a estos dos elementos, por una parte, los elementos inquisitivos consagrados en algunas normas, y por la otra parte, la declaración formal de la Corte Suprema de que lo que debe regir es el principio dispositivo. El principio general de la carga de la prueba en el contencioso, no hay duda, es que el recurrente, es decir, el interesado que impugna el acto, es quien debe aprobar lo que alega, y además de lo que alega, debe probar otra serie de elementos de admisibilidad del recurso. Veamos algunos de estos supuestos.

a'. La prueba del cumplimiento de tos requisitos procesales

El recurrente, ante todo, debe probar el cumplimiento de los requisitos procesales del recurso contencioso-administrativo. Por ello el artículo 84, ordinal 5° de la Ley Orgánica de la Corte Suprema de Justicia establece incluso como causal de inadmisibilidad de los recursos, el que "no se acompañen los documentos indispensables para verificar si la acción es admisible". En esta forma, en el caso del recurso contencioso-administrativo de anulación, debe probar su interés para recurrir; que el lapso de impugnación no está vencido; que se ha agotado la vía administrativa; que se ha afianzado o pagado, en su caso, el objeto del acto; e inclusive, la propia existencia del acto recurrido[470]. En efecto,

---

468 *V.*, Allan R. Brewer-Carías, *Las Instituciones...*, *cit.* p. 343.

469 *V.*, los artículos 79 y 80 del Reglamento de la Ley de Regulación de alquileres y del Decreto Legislativo sobre Desalojo de Vivienda.

470 Arts. 84 y 124 LOCSJ. *V.*, la enumeración de los requisitos procesales del recurso contencioso-administrativo en la Sentencia de la Corte Suprema de Justicia en Sala Político-Administrativa del 11-8-71, en *G.O.*, N° 1.484 Extr. del 4-10-71, p. 29.

la Corte Suprema, en una sentencia de 1966, por el hecho de que el recurrente no acompañó a su recurso al texto del acto recurrido, se abstuvo de "darle el curso legal (al procedimiento) por cuanto sin el texto del acto impugnado, que es el documento fundamental de la demanda, no es posible pronunciarse sobre la admisión de la acción propuesta"[471]. Por ello, el recurrente debe probar y aportar la propia existencia del acto impugnado, sea aportando el número de la *Gaceta Oficial* o un ejemplar de ella si está publicado; sea aportando o acompañando una copia del acto a su recurso, o identificándolo suficientemente.

Además, como se dijo, debe probar los otros elementos de admisibilidad del recurso: si se trata del agotamiento de la vía administrativa, es el particular recurrente quien debe probar que se ha agotado la vía administrativa, para lo cual debe acompañar la decisión del superior jerárquico; si se trata de la aplicación del principio *solve et repete*, es el particular quien debe comprobar que ha afianzado o que ha pagado el impuesto o multa, en su caso[472], y por último, antes de que el recurso sea admitido, es el recurrente quien debe pro bar su interés legítimo, personal y directo, es decir, su legitimación.

Este primer aspecto de la carga de la prueba de los requisitos procesales o de admisibilidad del recurso, tiene ahora una enorme importancia, pues la Corte Suprema y los Tribunales Contencioso-Administrativos de acuerdo a los artículos 115 y 124 de la Ley Orgánica de la Corte deben apreciarlos al admitirse el recurso. Con anterioridad a la ley y a la doctrina jurisprudencial sentada en 1974, en general, la Corte no admitía formalmente el recurso ni lo rechazaba formalmente *in limine litis*, cuando dichos requisitos no se cumplían, sino que esperaba la decisión del fondo. Esto implicaba que después de todo, el proceso muchas veces concluía diciendo que no había interés legítimo; o que el acto no era un acto recurrible; o que estaban vencidos los lapsos de caducidad. Ahora la Ley de la Corte ha dispuesto, como criterio definitivo, la necesidad de que introducido un recurso contencioso-administrativo, los Tribunales deben decidir, como decisión de admisibilidad, sobre los elementos o las condiciones de recurribilidad del acto, los cuales, por supuesto, son los primeros que el particular debe probar, siendo ésta su primera carga probatoria.

b'. La prueba de la lesión alegada

El recurso contencioso-administrativo de anulación se fundamenta en la lesión de un derecho o de un interés personal, legítimo y directo del recurrente. Por ello, entre los elementos cuya prueba compete al recurrente está el de la lesión alegada: si alega un interés legítimo lesionado, por supuesto, el particular es quien debe probar cuál ha sido la lesión de su interés; no basta, por tanto, tener interés para recurrir, sino que es necesario probar que ha habido una lesión de ese interés en juego.

En un caso de carácter urbanístico que se ventiló en los años setenta, la Corte sentó claramente este elemento de la carga de la prueba. En dicho caso, se trataba de un recurso de anulación contra un acto administrativo mediante el cual sé concedió un permiso de construcción a un centro comercial en una determinada zona que en su origen, no admitía ese tipo de zonificación. Un particular que tenía su residencia en frente del

471 *V.*, Sentencia de la Corte Suprema de Justicia en Sala Político-Administrativa de 26-1-66 en G.F., 51, p. 102.

472 Sentencia de la Corte Suprema de Justicia en Sala Político-Administrativa del 21-11-74, en *G.O.*, N° 30.594 del 10-1-75, pp. 229.719 a 229.722

Centro Comercial, impugnó el acto ante la Corte alegando qué había una lesión, pero la Corte señaló, que no bastaba probar la residencia del recurrente, por que el solo hecho de vivir en frente del Centro Comercial, no era prueba de la lesión del interés legítimo, personal y directo que alegaba, sino que era necesario, además, haber probado la lesión que su derecho o su interés sufrió.

La Corte, en concreto, señaló al apreciar la prueba de la residencia del recurrente, lo siguiente:

> "Tal elemento probatorio, además de ser inapreciable por impertinente, ya que no corresponde a ningún alegato del libelo, resultaría en todo caso in suficiente para acreditar que el actor, no obstante habitar frente al establecimiento indicado, experimenta algún perjuicio de orden material o moral"[473].

Conforme a esta decisión, entonces, el recurrente no sólo debe probar las condiciones de admisibilidad del recurso, sino probar también, por supuesto, la lesión a su interés o su derecho que motiva la impugnación del acto administrativo.

c'. La prueba de la ilegalidad alegada y sus excepciones

Pero además, por supuesto, en un recurso contencioso de anulación, el particular debe probar la ilegalidad del acto administrativo que motiva el recurso. Esto lo ha establecido claramente la jurisprudencia.

En efecto, en una sentencia de 1953, la antigua Corte Federal estableció lo siguiente:

> "Tratándose, como se trata, de un procedimiento contencioso, correspondía al actor probar los extremos de su imputación; y he aquí, que en la articulación respectiva nada fue aportado en relación con la sedicente usurpación o abuso de poder...
>
> "Por tanto, elemental deber del interesado en demostrar la incompetencia de ese funcionario, era probar en el proceso, y por los medios lega les, que éste carecía de la investidura que ostenta en la Resolución impugnada, es decir, que no estaba encargado legalmente de la Comisión Nacional de Abastecimiento en la oportunidad del cumplimiento del acto atacado"[474].

De manera que tratándose, en ese caso, de un recurso de ilegalidad por incompetencia, se estableció expresamente que el recurrente debía probar la ilegalidad, es decir, debía, en definitiva, probar la incompetencia. Esto, sin embargo, en materia de competencia ha sido modificado, como criterio por la jurisprudencia, exigiéndose además, a la Administración, la prueba de la misma, como se indica más adelante.

En otra decisión, de 1940, con motivo de la impugnación de un acto administrativo que acordó la caducidad de una concesión por no haber iniciado, el concesionario, su explotación, la Corte insistió en que era el recurrente quien debía desvirtuar el fundamento legal del acto. La Corte, en efecto, señaló:

> "La cuestión fundamental se reduce a determinar si el recurrente, mediante los elementos probatorios producidos, logró desvirtuar el fundamento legal de la Resolución impugnada, caso en el cual el recurso de nulidad debe ser declarado con lugar"[475].

---

473 *V.*, Sentencia de la Corte Suprema de Justicia en Sala. Político-Administrativa, de 6-2-64, en *G.O.*, N° 27.373 de 21-2-64

474 *V.*, Sentencia de 24-11-53 en G.F., N° 2, pp. 186 a 189.

475 *V.*, Sentencia de la Corte Suprema de Justicia en Sala Político-Administrativa de 24-11-70 en *G.O.*, N° 29.401 de 23-12-70, p. 219.722.

En definitiva, aún tratándose de meras cuestiones de derecho, la prueba de la contrariedad al derecho por parte de un acto administrativo corresponde íntegramente al recurrente. La Corte Suprema, en 1969, insistió en este criterio, en los siguientes términos:

> "Sin embargo, como el demandante no señala las razones doctrinales, jurisprudenciales o de otra índole que sirven de base su alegato no puede este Tribunal entrar a examinar si existe o no la colisión denunciada en dicho párrafo pues, independientemente de los reparos que suscitaría una discusión fundada en meras conjeturas, en estos juicios, al igual que en los regidos por el derecho común, no es lógico esperar y menos aún exigir que el órgano jurisdiccional que conozca de la causa, supla argumentos no alegados por las partes, a menos que la colisión sea tan manifiesta, que la comparación entre el acto cuya nulidad se demanda y la norma constitucional presuntamente violada, sea por sí sola suficiente para demostrar el fundamento de la acción"[476].

Posteriormente, y en la misma línea de pensamiento, la Corte Suprema en sentencia de 12 de noviembre de 1975, precisó lo siguiente:

> "De acuerdo con la doctrina del Derecho Administrativo más generalizada, y tradicionalmente aceptada en Venezuela, todo acto del Poder Público formalmente válido, está investido de una presunción de legitimidad, hasta prueba en contrario. En consecuencia, quien plantee ante el organismo jurisdiccional competente una solicitud para la declaración de nulidad por ilegalidad de un acto del Poder Público, y particularmente de un acto administrativo como en el presente caso, debe comprobar suficientemente, respecto de cada uno de los actos que impugne, la existencia de los vicios o irregularidades en que fundamente su petición, y en tanto no se realice tal comprobación por medios idóneos, debe subsistir la presunción de legitimidad del acto impugnado".
>
> "En el presente caso la parte demandante no promovió ni trajo a los autos ningún elemento probatorio mediante el cual se evidencie la existencia de alguna irregularidad con respecto al procedimiento a través del cual fue otorgado a cada uno de los beneficiarios de las 123 resoluciones impugnadas, la respectiva autorización; y en tales circunstancias, la acción no puede prosperar".
>
> "Por el contrario, y a mayor abundamiento, la mayoría de los beneficiarios de las resoluciones impugnadas que concurrieron a este procedimiento, aportaron al expediente numerosos elementos de prueba tendientes a justificar sus respectivos derechos a las autorizaciones que les fueron otorgadas; sin embargo, la Corte considera innecesario hacer el análisis pormenorizado de dichos instrumentos, en razón de la ausencia de pruebas por parte de la entidad demandante"[477].

Por tanto, dada la presunción de legalidad de los actos administrativos, en general, la carga de la prueba para desvirtuar esa presunción corresponde al recurrente. Sin embargo, cuando el vicio de ilegalidad alegado por el recurrente, es un vicio de incompetencia, la reciente jurisprudencia ha establecido que la carga de la prueba de la competencia corresponde a la Administración, Así lo ha establecido la Corte Primera de lo Contencioso-Administrativo en sentencia de 14 de diciembre de 1985, en la cual expresó:

> "...cuando se denuncia como vicio de ilegalidad la competencia, o sea, si se niega la competencia del órgano que dictó el acto, es a éste a quien corresponde demostrar su propia competencia y no al recurrente o denunciante. En efecto, el recurrente no tiene por qué demostrar que el organismo en concreto no es competente, le basta con negarlo, y por el contrario, quien produjo la decisión impugnada, debe comprobar que sí es competente.

---

476 *V.*, Sentencia de la Corte Suprema de Justicia en Sala Político-Administrativa del 12-5-69 en G.F., N° 64, pp. 171-180.

477 *V.*, Sentencia de la Corte Suprema de Justicia en Sala Político-Administrativa de 12-11-75 en *G.O.*, N° 1.782, Extr. del 12-12-75, p. 8.

> Es decir, el primero niega, y por eso no está sujeto a demostrar una negación, sólo puede alegarla. El segundo afirma un hecho positivo al formular su decisión, es decir, que si es competente, y en consecuencia, debe comprobar su afirmación positiva"[478].

Otro cambio importante en el principio de que la carga de la prueba corresponde al recurrente en la vía contencioso-administrativa se ha establecido jurisprudencialmente, al exigirse que la Administración remita al juez el expediente administrativo, donde debe cursar la prueba de los presupuestos fácticos que dieron lugar al acto administrativo y que constituyen los motivos del mismo. La consecuencia ha sido qué si en casos de impugnación de un acto administrativo, por ejemplo, por vicios en la causa, la Administración no remite al Tribunal el expediente administrativo, ello se considera como una falta de prueba por parte de la Administración de los presupuestos de hecho del acto, debiendo decidir entonces el juez en beneficio del recurrente. En estos casos, ha dicho la Corte Suprema, el Tribunal:

> "carece de elementos objetivos para decidir, pues en los autos solamente se encuentra, muchas veces, con una resolución sancionatoria, que es simplemente la declaración de voluntad de la Administración, y con un escrito de impugnación que es la opinión o defensa del administrado, y por eso se coloca al juzgador en situación de decidir sin probanzas de ningún caso y, por principio, en tal caso, debe favorecer al inculpado"[479]

En sentencias más recientes, el principio se ha formulado con carácter general respecto de procedimientos sancionatorios o dé pérdida de derechos. Así la Corte Primera de lo Contencioso-Administrativo en sentencia de 29-11-90 ha señalado que frente a actos administrativos sancionatorios:

> "al recurrente sólo le cabe alegar que la Administración no cumplió con el procedimiento y que incurrió en falta para que la Administración se vea obligada a presentar la prueba contraria de la justificación de su actuación"[480].

Esta doctrina sigue la que ya había sido sentada por la Corte Primera desde 1987, recogida por la Corte Suprema en Sala Político-Administrativa en sentencia del 14-8-89, en la cual se señaló que en los procedimientos sancionatorios o de pérdida de derechos,

> "la administración soporta la carga de la prueba y al recurrente sólo le toca alegar que el órgano administrativo no cumplió con el procedimiento legalmente previsto o que incurrió en falta para que la Administración se vea obligada a presentar la prueba contraria de la justificación de su actuación"[481].

La ausencia de envío del expediente administrativo al juicio, por y tanto, se configura como falta de prueba por parte de la Administración de los presupuestos de hechos o motivos del acto recurrido, procediendo su declaratoria de nulidad.

En esta materia, además, la jurisprudencia ha señalado que la falta de envío del expediente administrativo al juicio contencioso por parte de la Administración, que debe contener el iter procesal administrativo, hace presumir la ausencia total y absoluta del procedimiento legalmente prescrito, lo que vicia de nulidad absoluta el acto recurrido[482].

---

478 Consultados en original

479 Sentencia de la SPA de 12-12-74 en *G.O.*, N° 1.718 Extra. de 20-1-75.

480 *RDP*, N° 44, 1990, p. 122.

481 Sentencias de 12-3-87; 28-1-88 y 25-2-88 de la CPCA, *RDP*., N° 39, 1989, p. 156.

482 Sentencia del Tribunal Superior Primero en lo Civil y Contencioso-Administrativo de la Región Capital de 26-6-90, *RDP*, N° 43, 1990, p. 104.

c. *La vigencia del principio de la presunción de veracidad del acto administrativo como fundamento de la carga de la prueba*

Ahora bien, en materia contencioso-administrativa de anulación, la presunción de legitimidad, veracidad y legalidad del acto administrativo, lo que va a provocar es que sea el recurrente quien tenga que desvirtuarla, probando la ilegalidad, o la incorrección, o la falsedad del acto o la inexactitud de los hechos que le dieron fundamento.

La Corte en sentencias sucesivas, sobre todo aquellas dictadas con motivo de impugnación de actos administrativos que para ser dicta dos tuvieron que estar precedidos de una Acta Fiscal, es decir, de una comprobación, por parte de funcionarios públicos, de determinados hechos, que luego motivaron un acto administrativo posterior generalmente de carácter sancionatorio o de liquidación de impuestos; ha establecido que todas esas Actas fiscales, constituyen el elemento probatorio de legitimidad y de veracidad de los hechos que en ellas se consignan y es al recurrente a quien corresponde producir en el debate procesal la prueba adecuada de la incorrección, la falsedad o la inexactitud de aquellos hechos. Mientras esto no se pruebe por el particular, esos hechos tienen pleno valor probatorio por virtud de la presunción de legitimidad del Acta Fiscal.

En efecto, la Corte en sentencia de 1965 ha señalado que:

> "Las Actas Fiscales levantadas por los funcionarios competentes y con el cumplimiento de las respectivas formalidades legales y reglamentarias, en las que se consignan los diversos reparos que la Administración formula a las declaraciones de rentas de los contribuyentes, gozan de una presunción de legitimidad y, especialmente, de veracidad de los hechos consigna dos en ella. Por tanto, conforme a esa misma jurisprudencia, que se ratifica una vez más, corresponde al contribuyente producir en el debate procesal, la prueba adecuada de la incorrección, falsedad o inexactitud de tales hechos, a fin de enervar los efectos de los referidos instrumentos fiscales"[483].

En otra decisión de 1963, la Corte Suprema ya había asentado los principios fundamentales en esta materia.

> "Como lo tiene establecido la jurisprudencia, las Actas Fiscales contentivas de reparos, cuando han sido levantadas por funcionarios competentes y con las formalidades legales, como actos administrativos antecedentes a la liquidación del impuesto, gozan de una presunción de legitimidad con respecto a los elementos que en ella se consignan, y, especialmente, res pecto de los hechos. De ahí que corresponda al contribuyente producir la prueba de la inexistencia, falsedad ó inexactitud de los hechos configura dos, en las Actas Fiscales".
>
> "De consiguiente, sólo corresponde a los jueces, para la decisión de tales controversias, examinar, en primer término, si, como consecuencia del debate procesal, quedó desvirtuada la presunción de legitimidad de que gozan las Actas Fiscales, y en segundo lugar, si la Administración ha interpretado y aplicado correctamente los correspondientes textos legales y reglamentarios"[484].

En este mismo orden de ideas, en la sentencia citada del 12 de noviembre de 1975, la Corte ha dejado fuera de toda duda la consideración del principio de la presunción de legitimidad del acto administrativo como fundamento de la carga de la prueba que incumbe al recurrente, en los siguientes términos.

483 *V.*, Sentencia de la Corte Suprema de Justicia en Sala Político-Administrativa de 28-1-65 en G.F., N° 47, pp. 66 y 67.

484 *V.*, Sentencia de la Corte Suprema de Justicia en. Sala Político-Administrativa de 4-4-63 en G.F., N° 40, p. 38.

> "De acuerdo con la Doctrina de Derecho Administrativo más generalizada, y tradicionalmente aceptada en Venezuela, todo acto del Poder Público formalmente válido, está investido de una presunción de legitimidad, hasta prueba en contrario. En consecuencia, quien plantee ante el organismo jurisdiccional competente una solicitud para la declaración de nulidad por ilegalidad de un acto del Poder Público, y particularmente de un acto administrativo como en el presente caso, debe comprobar suficientemente, respecto de cada uno de los actos que impugne, la existencia de los vicios o irregularidades en que fundamente su petición y en tanto no se realice tal comprobación por medios idóneos, debe subsistir la presunción de legitimidad del acto impugnado"[485].

Pero si bien es cierto que la presunción de legalidad, veracidad y legitimidad del acto administrativo invierte la carga de la prueba, ya que el particular recurrente, una vez dictado un acto administrativo, es quien debe demostrar su ilegalidad, falsedad o inexactitud, ello, sin embargo, no exime totalmente a la Administración de actividad probatoria en la vía contencioso-administrativa. La inversión de la carga de la prueba tiene, por tanto, limitaciones.

d. *Limitaciones al efecto de la inversión de la carga*

En efecto, ante todo debe señalarse que la inversión pura y simple de la carga de la prueba en vía contencioso-administrativa podría ser muy perjudicial para el particular. El mecanismo, podría ser resumido en la siguiente forma: Si se trata, por ejemplo, de un procedimiento sancionatorio, la Administración, señalamos anteriormente, debe probar los hechos, que queden en un Acta Fiscal. Eso produce que se dicte un acto administrativo que goza de una presunción de legitimidad y esa presunción debe ser desvirtuada por el particular recurrente. En ésta forma, en ese caso, podrá también plantearse el problema de cuál es, en definitiva, el alcance de la presunción de legitimidad: ¿basta que la Administración dicte un acto arbitrariamente, sin motivación, para que ese acto, simplemente, sea totalmente legal y corresponda al particular, totalmente, la prueba en el procedimiento? Hay algunos elementos que han contribuido a delinear, en la jurisprudencia, el postulado de que la prueba de los hechos no sólo compete al recurrente, sino que también, en este caso se comparte entre la Administración y el particular recurrente. La consecuencia de esto ha sido, conforme a algunas decisiones de la Corte, que en materia de impugnación de actos administrativos, si bien el principio es que la carga de la prueba corresponde al recurrente de probar la ilegalidad del acto y de desvirtuar la presunción de legitimidad del mismo, no hay duda de que también la Administración tiene una labor probatoria en el procedimiento. En particular, en una sentencia de diciembre de 1974, de gran importancia en este campo, la Corte Suprema ha precisado el problema, estableciendo que la falta de prueba de los hechos por parte de la Administración en el procedimiento contencioso-administrativo puede resultar en beneficio del recurrente.

En efecto, la prueba básica de la actuación de la Administración está o en el Acta Fiscal o en la motivación del acto, todo lo cual consta en el correspondiente expediente administrativo, que debe haber sido elaborado en la Administración Pública. Si la Administración dicta un acto administrativo, y ese acto administrativo es impugnado por el particular que plantea la ilegalidad del acto, y la Administración no envía al Tribunal el expediente administrativo, que sería el mecanismo formal de la prueba de su acto, la Corte ha decidido que ello constituiría falta de prueba por parte de la Administración de

485 *V.*, Sentencia de la Corte Suprema de Justicia en Sala Político-Administrativa de 12-11-75 en *G.O.*, N° 1.782 Extr. de 12-12-75, p. 8.

su acto, por lo que su decisión sería en beneficio del interesado recurrente. En esa decisión, en efecto, la Corte señaló lo siguiente:

> "En el presente recurso, el Despacho de Minas e Hidrocarburos se limitó al envío del expediente administrativo constante de seis folios (excluyendo el recurso de apelación y los anexos presentados por la Compañía), donde nada explica en relación con los puntos planteados por la impugnante".
>
> "De esta manera, este Alto Tribunal carece de elementos objetivos para decidir, pues en los autos solamente se encuentra, muchas veces, con una Resolución sancionatoria, que es simplemente la declaración de voluntad de la Administración, y con un escrito de impugnación que es la opinión o defensa del administrado, y por eso se coloca al juzgador en situación de decidir sin probanzas de ningún caso, y, por principio, en tal caso, debe favorecer al inculpado"[486].

La Corte, en dicha decisión, terminó declarando la nulidad del acto porque la Administración no probó los hechos que fueron el presupuesto de su acto, limitándose al envío de copia del acto a la Corte, en el expediente administrativo, pero sin enviar la substancia del expediente administrativo, donde ha debido haberse dejado constancia de todos esos hechos.

En todo caso, tan esencial es el envío del expediente administrativo al Tribunal y, por tanto, la prueba en el procedimiento por parte de la Administración, que él no envío del expediente en ciertos procedimientos "contenciosos, como el de carrera administrativa, puede colocar al funcionario recurrente en una situación de indefensión al no poder contradecir los hechos que se le imputaron y los cuales constan, en el referido expediente[487].

Por tanto, el hecho de que la carga de la prueba, para desvirtuar esa presunción, corresponda al 'recurrente, no exime a la Administración Pública, aún en los procedimientos contencioso-administrativos, de la obligación que también tiene de probar los hechos que han servido de fundamento al acto recurrido. La Administración está obligada a enviar el expediente administrativo al Juez contencioso-administrativo, y si no lo hace, corre el riesgo de que por falta de la impugnación de un acto sancionatorio en vía contencioso-administrativa, el recurrente, sin duda, tiene la carga de la prueba para desvirtuar la presunción de legalidad del acto, pero ello no exime á la Administración de la obligación de acreditar ante el Tribunal, las pruebas de los hechos que motivaron el acto. No basta simplemente que el particular no compruebe sus alegatos de ilegalidad del acto recurrido para poder dar la razón, a la Administración y declarar sin lugar el recurso; la Administración también debe probar los hechos que dan origen al acto.

En ésta forma llegamos al principio que señalamos anteriormente, en materia de prueba de los actos jurídicos: cada parte debe probar sus alegatos, y el hecho de que la carga de la prueba esté en manos del recurrente, por el principio de la presunción de legalidad de los actos administrativos, ello no exime a la Administración, de la obligación de probar. Por ello, la Corte Suprema[488], ha decidido que si la Administración no envía el expediente administrativo que sirvió de fundamento al acto, el Juez debe decidir en favor del recurrente, en base a la aplicación del principio *in dubio* pro-recurrente.

---

486 *V.* Sentencia de la Corte Suprema de Justicia en Sala Político-Administrativa de 12-12-74, en 2.0, N° 1.718 Extr, de 20-1-75

487 *Cfr.* Sentencia del Tribunal de la Carrera Administrativa de 22-2-73 publicada en *Doctrina P.G.R.* 1973, Caracas, 1974, p. 400.

488 Sentencias CSJ-SPA de 19-12-74, p. 28, en *G.O.*, N° 30.671 de 17-4-75, pp. 230-391.

Este principio se ha aplicado cuando la Administración no prueba sus razones, y se trata de una garantía del particular frente a la inversión automática de la carga de la prueba, derivada del privilegió de la Administración de la presunción de legitimidad de sus actos, por lo que se exige que la Administración compruebe los motivos' de los mismos, como mecanismo de protección. De lo contrario, el particular estaría inerme en manos de la Administración, quien tendría la potestad de probar en el procedimiento administrativo, de decidirlo, y de que sus actos tuvieran una presunción de legalidad que los particulares tendrían que desvirtuar, pero sin obligación alguna de probar en el proceso contencioso-administrativo.

C. Algunos medios de prueba en el derecho administrativo

El otro aspecto al cual queríamos referirnos, al analizar la prueba en el proceso contencioso-administrativo, es el de los medios de prueba en el derecho administrativo. En esta materia, debemos señalar que la regulación es distinta, según que se trate de los medios de prueba en el procedimiento administrativo o en el contencioso-administrativo[489].

En el procedimiento administrativo, en efecto, la Ley Orgánica de Procedimientos Administrativos se limita a señalar, en su artículo 58, que "los hechos que se consideren relevantes para la decisión de un procedimiento podrán ser objetó de todos los medios de prueba establecidos en los Códigos Civil, de Procedimiento Civil y de Enjuiciamiento Criminal o en otras leyes". Se establece, por tanto, en esta materia, una amplitud probatoria en vía administrativa, con las únicas restricciones establecidas en la Ley Orgánica de la Administración Central, á las cuales haremos referencia más adelante.

Pero, sin duda, el mayor interés en el estudio de los medios de prueba, está en el procedimiento contencioso-administrativo, con motivo de los recursos interpuestos contra los casos administrativos o de las demandas contra los entes públicos. De acuerdo a los artículos 81, 88, 103 y 127 de la Ley Orgánica de la Corte Suprema de Justicia, en materia de medios de prueba puede decirse que también rigen, en principio, todas las normas del procedimiento civil ordinario salvo las disposiciones especiales de la Ley Orgánica de la Corte Suprema de Justicia.

La legislación venezolana ha venido estableciendo progresivamente, primero en el Estatuto Orgánico de Ministerios, luego en la Ley Orgánica de la Administración Central y posteriormente en la Ley Orgánica de la Corte Suprema de justicia, algunas normas Específicas en materia de medios de prueba que modifican, en algo, los principios generales consagrados en materia civil.

En todo caso, la doctrina de la Corte Suprema había sido tradicional en señalar que en materia administrativa, los medios de prueba eran los del procedimiento civil y que nada autorizaba a pensar que había normas distintas. Así, en una sentencia de 12 de noviembre de 1954, la antigua Corte Federal señaló claramente que "conforme a nuestro ordenamiento jurídico nada autoriza, a falta de una reglamentación expresa y especial de la prueba en el derecho administrativo, a probar los hechos y actos que se discuten

489 *V.*, Allan R. Brewer-Carías, "Las pruebas en derecho administrativo", *Boletín de la Academia de Ciencias Política y Sociales*, N° 87-88, Caracas, 1982, pp. 175-204.

ante la jurisdicción contencioso-administrativa, por normas distintas a las establecidas en el derecho privado, que vienen así a ser la ley común"[490].

Ahora bien, este carácter del procedimiento civil, en materia de medios de prueba, de ser ley común, sigue rigiendo, pero con las excepciones establecidas en las reglamentaciones especiales previstas en la Ley Orgánica de la Corte Suprema de Justicia y en la Ley Orgánica de la Administración Central. Queremos referirnos a estos aspectos específicos que tienen los medios de prueba en materia administrativa, de acuerdo a estas dos leyes que inciden respecto de tres tipos de prueba: la prueba de confesión; la prueba documental, y la prueba de inspección ocular.

a. *La prueba de confesión*

En materia de prueba de confesión, el artículo 89 de la Ley Orgánica de la Corte Suprema de Justicia expresamente establece que "ni las autoridades ni los representantes legales de la República, estarán obligados a absolver posiciones, ni a prestar juramentos decisorios". Sin embargo, dicha norma obliga a estos funcionarios representantes a contestar "por escrito las preguntas que, en igual forma, les hicieren el juez o la contraparte sobre hechos de que tengan conocimiento personal y directo". Esta norma que exime de esta obligación a los funcionarios públicos nacionales, pues hay que advertir que la Ley Orgánica de la Corte Suprema habla de funcionarios o representantes de la República, recoge un principio establecido desde hace años atrás por la jurisprudencia de la Corte, acogiendo el criterio de la Procuraduría General de la República. En efecto, la Corte ha sentado que "la confesión no es admisible respecto a la Administración Pública, ya que los; funcionarios públicos, en materia de índole administrativa, no pueden obligar a la Administración mediante declaraciones provocadas en una absolución de posiciones juradas"[491].

El fundamento de esta doctrina está en las normas y, principios relativos a la competencia. En efecto, en materia administrativa, la competencia es de texto expreso, por lo que no puede presumirse. Por ello, todo acto y actuación de un funcionario debe estar respaldada por un texto expreso. Al respecto, es criterio de la Procuraduría General de la República en esta materia, que por no existir ninguna norma que atribuyera expresamente competencia a los funcionarios públicos a prestar juramento decisorio o a absolver posiciones jura das, por ello, doctrinal y jurisprudencialmente, se excluye esta obligación.

La Ley Orgánica, sin embargo, ha establecido una restricción al principio jurisprudencial ya que sólo habla de la "República", por lo que los funcionarios al servicio de un Municipio, de un Estado, u otro ente público, sometidos al principio de la competencia, sin embargo, no están expresamente excepcionados por la Ley Orgánica de la Corte Suprema de Justicia, de absolver posiciones juradas. Sin embargo, puede decirse que la jurisprudencia de la Sala Político-Administrativa de la Corte Suprema de Justicia, como se evidencia de una sentencia de 7 de julio de 1981, permite concluir en que el criterio de la Corte es excluir de la obligación de absolver posiciones juradas a todos los funcionarios públicos como principio derivado de la naturaleza de lo contencioso-administrativo. La Corte en efecto estableció, al comentar el artículo 89 de su Ley Orgánica, lo siguiente:

490 G.F., N° 6, 1954. p. 202.
491 Sentencia de la CSJ-SPA, 13-8-64, GF, N° 45, 1964, p. 225.

"De este modo el legislador consagra uno de los principios generales del contencioso-administrativo: las pruebas de confesión y de juramento les .están vedadas a las autoridades y representantes de la Administración recurrida, porque carecen del poder de disposición de los derechos e intereses de la Administración. Pero a fin de mantener la igualdad procesal en cuanto sea posible, tales pruebas son sustituidas por informes escritos sobre hechos de que tengan conocimiento personal y directo las autoridades y representantes de la Administración. Tratándose, pues, de un principio general del contencioso-administrativo, el mismo debe aplicarse en todos los procedimientos de los recursos de esta naturaleza, a menos que, en razón de la índole de las cuestiones debatidas, el órgano jurisdiccional considere pertinente la prueba sustitutiva indicada. No ha sido ésta la razón por la cual, en el caso sub-judice se denegó tal prueba, sino la de su presunta ilegalidad, que la Corte considera infundada y así lo declara[492].

En todo caso, hemos dicho que la Ley Orgánica, si bien exepciona de la obligación de absolver posiciones juradas, establece la obligación a dichos funcionarios a contestar por escrito las preguntas que, en igual forma, es decir, con igual efecto, les hicieren tanto el Juez como la contraparte, es decir el recurrente, sobre hechos de que tengan conocimiento personal y directo. De esta disposición del artículo 89 resultan dos consideraciones que debemos formular: Por una parte, el Juez de oficio, puede formular preguntas, por escrito, a los funcionarios en materia administrativa. Por otra parte, si bien la Ley dice que esos funcionarios no están obligados a absolver posiciones jura das, y en cambio sí deben contestar por escrito las preguntas que le formule el Juez o el recurrente en relación a los hechos de los cuales tengan conocimiento, lo que en definitiva, equivale a la misma prueba de confesión por escrito. La Ley Orgánica dice que la respuesta por escrito sobre preguntas es obligatoria "en igual forma". ¿Qué significa esto? Pues se trata de la misma prueba de confesión, formulada por escrito, pues la respuesta que el funcionario publicó le suministre por escrito al Juez sobre hechos de los cuales tiene cono cimiento, en nuestro criterio tiene que tener el mismo valor de la prueba de confesión.

Por otra parte, en cuanto a la prueba de posiciones juradas en los juicios de nulidad de actos administrativos, cuando deban ser absueltas por los particulares interesados que sean parte en el proceso, la jurisprudencia la ha creado impertinente si ellas no se contraen específicamente a probar la ilegalidad de un acto administrativo. En este sentido, por ejemplo, la Corte Primera de lo Contencioso-Administrativo ha sostenido en auto de fecha 2-12-80 lo siguiente:

"En lo que atañe al (recurrente), no es pertinente tal prueba, ya que como lo ha expuesto el juez *a-quo*, en los juicios contenciosos de anulación por ilegalidad del acto administrativo impugnado, las pruebas tienen que contraerse a evidenciar la ilegalidad cometida por el funcionario al emitir el acto impugnado, por lo cual, no se considera pertinente la absolución de posiciones del impugnante"[493].

b. *La prueba por escrito*

En materias de pruebas por escrito, hay algunas normas de la Ley Orgánica de la Corte Suprema que deben destacarse y que se refieren a los documentos que deben acompañar al libelo, a la exhibición de documentos y al carácter de los documentos administrativos.

492 *V.*, en *Revista de Derecho Público*, N° 8, EVJ, Caracas, 1981, pp. 123-124.
493 *V.*, en *Revista de Derecho Público*, N° 5, EJV, Caracas, 1981.

a'. El libelo y los documentos fundamentales

En primer lugar, en cuanto a los documentos fundamentales que deben acompañarse al libelo, la Ley Orgánica de la Corte Suprema de Justicia, en materia de recursos contencioso-administrativos, como ya hemos explicado, exige que el recurrente acompañe al libelo de su recurso, los elementos fundamentales de la demanda. Así, de acuerdo a los artículos 113 y 122 de la Ley, expresamente se exige que junto con el libelo dcl recurso, el solicitante acompañe un ejemplar o copia del acto impugnado; el instrumento que acredite el carácter con que actúa, si no lo hace a nombre propio; y los documentos que quiera hacer valer en apoyo a su solicitud. Además, de acuerdo al artículo 84, ordinal 5° de la Ley deben adjuntarse al libelo, los documentos indispensables para verificar si la acción es admisible y, entre ellos, particularmente, los documentos que permitan determinar el cumplimiento del procedimiento administrativo previo a las demandas contra la República; el agotamiento de la vía administrativa en los casos de recursos de nulidad, mediante, por ejemplo, los documentos que acrediten que se intentó el recurso jerárquico, y el cumplimiento de la obligación de pagar o afianzar previo al ejercicio del recurso, conforme a lo establecido en el artículo 122 de la Ley.

b'. La exhibición de documentos

En materia administrativa, al igual que en materia procesal civil, también se admite la exhibición de documentos, lo cual se aplica fundamentalmente en aquellos casos en los cuales no se pueden acompañar dichos documentos al libelo del recurso. Está prueba está expresamente regulada en la Ley Orgánica de la Corte Suprema de Justicia y en la Ley Orgánica de la Administración Central.

Ahora bien, hay en estas leyes normas específicas que se refieren a la prueba de exhibición de documentos que deben destacarse. La Ley Orgánica de la Administración Central de 1976 establece el principio de la reserva de los archivos de la Administración, con lo cual se establece un privilegio para el Estado de poder, en un momento determinado, declarar ciertos archivos reservados para el uso oficial e impedirle al particular que pueda promover la exhibición de determinados documentos que están en los archivos reservados. Establece, en efecto, la Ley Orgánica en su artículo 55, que no se podrá ordenar exhibición o inspección general de los archivos de las dependencias de la Administración Pública Nacional, sino por los organismos a los cuales la ley atribuya específicamente tal función. Nos encontramos aquí, ante todo, con el principio de la competencia: se requiere texto expreso que autorice la exhibición o inspección general de los archivos.

La norma sin embargo agregó, que podrá acordarse judicialmente la copia, exhibición o inspección de determinados documentos, expedientes, libros o requisitos y esta providencia se ejecutará, a menos que por razones de seguridad u oportunidad para el Estado, el órgano superior respectivo resuelva que dichos documentos, libros, expedientes o registros tienen carácter reservado o confidencial. De esto resulta, por tanto, que la prueba de exhibición de documentos específicos sé admite en general en materia contencioso-administrativa, cuando ha sido acordada por la autoridad judicial, con la sola excepción de que los documentos concretos hayan sido declarados como de carácter reservado o confidencial por la autoridad administrativa superior.

Por supuesto, esto nos plantea el problema del alcance de la reserva de los archivos, y no sólo frente a razones de seguridad, que en algún caso justificarían en un momento determinado la reserva de documentos, sino frente a la amplia discrecionalidad que la

Ley otorga a la Administración. Debe observarse que la Ley permite a la Administración que discrecionalmente declare archivos como de carácter reservado o confidencial. Por ello, por razones de oportunidad podría la Administración declarar reservados determinados archivos y, por tanto, cerrarle al particular la posibilidad de la exhibición de documentos e, inclusive, de la inspección de los mismos.

Este problema de la reserva de los Archivos Oficiales, recogido en la Ley Orgánica de la Administración Central de 1976, tradicionalmente estaba en las Leyes y Estatutos de los Ministerios y es además, un principio que recogen multitud de leyes administrativas especiales. Así, por ejemplo, la Ley Orgánica del Ministerio Público, la Ley Orgánica de la Procuraduría General de la República y la Ley Orgánica de la Contraloría General de la República establece normas específicas que declaran la reserva de los archivos oficiales.

Por otra parte, la Ley Orgánica de la Corte Suprema de Justicia, regula este mismo principio establecido en la Ley Orgánica de la Ad ministración Central y señala en su artículo 91 que podrá acordarse la exhibición de documentos, siempre que no sean de naturaleza reservada y dicha exhibición debe hacerse por órgano de la Procuraduría General de la República. A tal efecto, la Ley Orgánica de la Corte regula toda una serie de formalidades conforme a las cuales debe realizarse la exhibición, a cuyo efecto debe levantarse un Acta. En todo caso, toda ésa regulación de la Ley Orgánica de la Administración Central y, ahora, de la Ley Orgánica de la Corte Suprema de Justicia, recoge toda una doctrina jurisprudencial largamente establecida desde el año 1949 y que venía regulando la exhibición de documentos, dejando a salvo el principio de la reserva. Al respecto, la antigua Corte Federal y de Casación, en sentencia de 8 de febrero de 1949, ha señalado que:

> "es cierto que la Ley de Ministerios, en sus artículos 24, 25 y 28, pauta las reglas conforme a las cuales pueden obtenerse copias en los archivos de los respectivos Departamentos Ejecutivos. Tales archivos son, por su naturaleza, reservados para el servicio oficial, pero, mediante el procedimiento establecido en la referida Ley de Ministerios, es posible a los ciudadanos proveerse de copias certificadas de aquellos instrumentos que les sean útiles para su consulta, defensa u otros fines lícitos. Mas aparte de que no aparece allí tampoco el privilegio para la Nación de no exhibir este o aquel documentó, cuando así se le pida conforme a la pauta legal respectiva, el derecho que se da para obtener determinadas copias certificadas no pone a quien en un juicio sea contraparte de la Nación al abrigo de una negativa, puesto que es facultativo del Ministerio conceder o no la copia certificada que se le pida. Además, como la referida Ley de Ministerios no establece término alguno para la expedición de las copias certificadas, bien podría suceder que ellas se expidieran fuera de la oportunidad legal en que la parte interesada debiera presentarlas al Tribunal para la prueba de su derecho. Tales motivos inducen a esa Corte a considerar que si está obligada la Nación a exhibir cuando ello se le pida de conformidad con la Ley"[494].

c'. Los documentos administrativos

El tercer aspecto en materia ele pruebas por escrito que debemos mencionar se refiere a la prueba documental y en particular, al problema del valor de los documentos administrativos. Podríamos formularnos la pregunta tradicional: ¿qué valor tiene un oficio de la Administración?, ¿es un documento público?

---

494 *V.*, Sentencias de la antigua Corte Federal y de Casación de 8-2-49 en G.F. N° 1, 1949, p. 58; y de la Corte Suprema de Justicia en G.F., N° 46, 1964, p. 286.

En esta materia podemos admitir, como principio general, que los documentos y actos administrativos tienen valor de documento público, siempre que en ellos se deje constancia de hechos jurídicos por un funcionario público que declara haber efectuado, visto u oído esos hechos, para lo cual tenía competencia expresa. Este es el principio del artículo 1359 del Código Civil. En todos estos casos en los cuales un funcionario tenga competencia expresa para dejar constancia de hechos que efectúe, que vea y que oiga, el acto administrativo resultante tiene el valor de documento público. Por supuesto, en estos casos, que no son la mayoría, la impugnación de esos documentos tiene que hacerse mediante la tacha si contienen actos jurídicos privados. Un acto del Presidente de un Concejo Municipal, por ejemplo, mediante el cual celebra un acto de matrimonio, es un acto administrativo, sin duda, pero el mismo no se puede impugnar por la vía contencioso-administrativa, sino que, como documento público, sólo puede ser impugnado por la vía judicial prevista en el Código Civil.

Puede decirse que la Corte Suprema de Justicia no ha admitido, en general, el carácter de documentos públicos de todos los actos administrativos. En una sentencia de 1971 se establece con claridad la doctrina de la Corte, que sólo ha calificado como documento público, los actos administrativos contentivos de las actuaciones de los funcionarios públicos, un acta fiscal por ejemplo, siempre que hayan sido dictados en ejercicio de su competencia o funciones propias. En esta sentencia de 18-2-71 se estableció, en efecto, lo siguiente:

> "Se ha calificado como documentos públicos los instrumentos contentivos dé actuaciones de los funcionarios públicos en ejercicio de su competencia o funciones propias, y consecuencialmente, ha sostenido el criterio de que la fuerza probatoria de los mismos no se puede destruir sino mediante el procedimiento de tacha. Si bien es cierto que las actuaciones de los funcionarios públicos en la forma indicada, no pueden asimilarse por su diferente formación y estructura jurídica, a los actos que en el derecho común se califican como documentos públicos, no lo es menos que la fe pública que la Ley atribuye a algunas de las actuaciones de los funcionarios solamente es desvirtuable por el procedimiento de tacha"[495].

En esa decisión, la Corte no se atreve a calificar estos actos administrativos como documentos públicos, pero establece el criterio de que por la similitud que el funcionario administrativo tiene en su actuación, para declarar, ver u oír ciertos hechos, con fuerza de fe pública, tendrían tal carácter. El problema a determinar es si por considerarse a un acto administrativo como documento público, necesariamente tendría que desvirtuarse por el procedimiento de tacha.

La Corte Suprema en una sentencia de 17-7-70 refiriéndose a un tipo de documento esencial en materia administrativa como son las Actas que levantan ciertos funcionarios, al iniciar un procedimiento administrativo, señalaba que:

> "son documentos en los cuales quien tenga competencia para levantarlas, puede dejar constancia de lo que él haya efectuado, del estado o situación de las cosas o lugares o dé hechos o actos ocurridos en su presencia, la fecha en que en ella se determina"[496].

En esta forma, estas actas tienen por objeto que el funcionario con competencia para ello, deje constancia de hechos que ve, qué efectúa, que oye, y como tales, tiene un valor similar al de los documentos públicos. Su impugnación, sin embargo, no se efectúa por el procedimiento de tacha, pues no contienen situaciones jurídico privadas.

---

495 *V.*, en *G.O.*, N° 1.472 Extra, de 11-6-71.

496 *V.*, en *G.O.*, N° 1.481 Extra, de 25-8-71, p. 30.

En todo caso, si todos los actos administrativos que tuvieran fuerza de documento público, tuvieran que ser impugnados por la vía de la tacha, materialmente no existiría el recurso contencioso de anulación, porque habría que acudir al procedimiento de tacha y no al recurso de nulidad. Por eso, el carácter de documento público y la consecuente tacha, sólo se reserva a los actos en los cuales el funcionario tenga competencia para ver, efectuar y oír determinados hechos o actos de carácter jurídico privado.

En materia de documentos administrativos, también hay una norma que debe destacarse, de gran importancia, y es la contenida en el artículo 60 de la Ley Orgánica de la Administración Central, que prohíbe a los funcionarios públicos, la expedición de certificaciones de mera relación, es decir, aquéllas que sólo tengan por objeto hacer constar el testimonio u opinión del funcionario declarante, sobre algún hecho o dato de su conocimiento de los contenidos en los expedientes archivados o en curso o aquellos asuntos que hubiesen presenciado con motivo de su función.

Por tanto, un funcionario público, aún cuando sea competente para levantar un Acta de las que inician un procedimiento administrativo, no puede, en ningún caso, expedir las llamadas certificaciones de mera relación, en las cuales haga relación de hechos de los cuales tiene conocimiento, y si ésta se expide, la certificación no tiene valor jurídico alguno, no sirviendo de medio alguno de prueba.

c. *Inspección judicial*

El último de los medios de prueba al que debemos hacer mención, es a la inspección judicial. La Ley Orgánica de la Corte Suprema de Justicia en su artículo 90 regula la posibilidad de que pueda acordarse la inspección ocular sobre determinados planos o documentos que formen parte de los archivos de la Administración Pública, pero so metido a dos condiciones: primero, siempre que no puedan traerse estos documentos de otro modo al expediente, o sea, siempre que haya constancia de que la prueba que de ellos se pretende deducir no puede traerse de otro modo a los autos; y segundo, que no se trate de documentos de carácter reservado de los archivos. Por tanto el comentado problema de la reserva de documentos también incide en la inspección ocular, pues si se trata de archivos declarados reservados por razones de seguridad u oportunidad no es admisible la inspección ocular y puede, la Administración, oponerse a que se realice. La ley recoge, aquí también, principios jurisprudenciales establecidos por la Corte Suprema; por ejemplo, el contenido en la sentencia del 24-4-73 en la cual se negó una prueba de inspección ocular basado en que los hechos que se pretendían demostrar con la misma dijo la Corte, podían "ser acreditados por otros medios, como son las respectivas copias certificadas de las actas y documentos donde consten los aludidos hechos"[497].

VI. EL ITER PROCESAL CONTENCIOSO-ADMINISTRATIVO

Las normas fundamentales que regulan el procedimiento en los juicios contencioso-administrativos están contenidas en la Ley Orgánica de la Corte Suprema de Justicia, la cual recoge los principios fundamentales que se habían establecido en la jurisprudencia

497 *V.*, en *G.O.*, N° 1.613 Extra, de 26-9-73, p. 41.

de la Corte, aplicando principios generales de derecho administrativo[498], y supletoriamente, en los casos en que sean admisibles, las normas del Código de Procedimiento Civil, las cuales conforme al artículo 81 de la Ley sigilen siendo supletorias. En efecto, como lo ha indicado la misma Corte en 1981, al discutirse en un caso concreto, "cual es el procedimiento legal supletorio que debe seguirse en la tramitación de los recursos contencioso-administrativos, esto es, si las previsiones del Código de Procedimiento Civil o las de la Ley Orgánica de la Corte Suprema de Justicia". Al respecto la Corte estimó que:

> "conforme al principio de la especialidad, consagrado incluso en el artículo 14 del Código Civil, las lagunas y deficiencias que se observen en la tramitación procesal de los recursos contencioso-administrativos establecidos en las diversas leyes, deben colmarse con las previsiones de la Ley que especialmente regula, en nuestro derecho positivo, la jurisdicción contencioso-administrativa. Ella es, precisamente, la Ley Orgánica de la Corte Suprema de Justicia, la cual, por lo demás, en razón de la elevada jerarquía del Órgano Jurisdiccional, que regula, ha de tener primacía sobre las demás Leyes. De modo que sólo en lo no previsto por dicha Ley, debe ocurrirse a las normas del Código de Procedimiento Civil "en cuanto sean aplicables", y, con más propiedad, en cuanto sean aplicables con la naturaleza de los mencionados recursos"[499].

Ahora bien, en base a este criterio, interesa ahora destacar los elementos centrales del iter procesal de los recursos contencioso-administrativos, tal como están regulados en la Ley Orgánica, distinguiendo el procedimiento en las demandas contra los entes públicos.

1. La secuencia procesal en los juicios de nulidad de los actos administrativos

A. La iniciación del procedimiento: el escrito del recurso

En cuanto a la iniciación de procedimiento, si bien en el artículo 113 de la Ley Orgánica se habla del "líbelo de demanda" debe admitirse que, en realidad, el recurso se inicia con un "escrito de recurso" o solicitud dirigido a la Corte Suprema de Justicia, en Sala Político-Administrativa[500] o al Tribunal Contencioso-Administrativo competente en el cual deben exponerse "con toda precisión el acto impugnado, las disposiciones constitucionales o legales cuya violación se denuncie y las razones de hecho y de derecho en que se funde la acción"[501]. A este respecto, ha señalado la Corte Suprema de Justicia qué "cuando se demanda la nulidad de un acto por ser violatorio de la Ley, la violación denunciada constituye efectivamente el fundamento de la demanda, lo que implica la necesidad de que sea determinado con entera claridad en el libelo a fin de que el

---

498 *V.*, Allan R. Brewer-Carías, *Las Instituciones Fundamentales del Derecho Administrativo y la Jurisprudencia Venezolana*, Caracas, 1964, pp. 370 y ss.

499 CSJ-SPA, 7-7-81, *Revista de Derecho Público*, N° 8, EJV, Caracas, 1981, pp. 123 y 124.

500 Art. 83, LOCSJ. Sin embargó, dice esta norma, la omisión de este último requisito de indicar la Sala de la Corte, no impedirá que se remita a la Sala correspondiente la demanda o solicitud enviada por error a otra Sala o a la Corte en Pleno, cuando evidentemente le competa el conocimiento del asunto. En caso de duda, decidirá la Corte en Pleno.

501 Arts. 113 y 112, LOCSJ. Cuando se trata de la impugnación de actos de efectos generales, dice el artículo 113, "si la nulidad se concreta a determinados artículos, a ellos se hará mención expresa en la solicitud indicándose respecto de cada uno la motivación pertinente". *Cfr.* sentencia CF 9-4-59. G.F., N° 24, 1959, pp. 62-63.

Tribunal... pueda hacer las apreciaciones consiguientes. Es por ello que el artículo 340, ordinal 5° del Código de Procedimiento Civil exige que la demanda debe expresar "la relación de los hechos y los fundamentos de derecho en que se basa la pretensión, con las pertinentes conclusiones"[502].

Por ello, precisamente, la Ley Orgánica exige no sólo que en el escrito se identifique claramente el acto administrativo que se impugna, sino que se acompañe copia del acto impugnado[503]. En todo caso, ésta es la consecuencia esencial de los requisitos formales exigidos respectó del escrito de recurso, el Juez contencioso-administrativo, en principio, sólo puede conocer de Tos motivos de ilegalidad denunciados en el escrito del recurso. La jurisprudencia, en ese sentido, también había exigido que en el escrito se expresaren violaciones légales concretas, y no tipo general o en forma genérica[504], y en todo caso, había establecido que el recurso no podía fundamentarse sólo en la infracción del artículo 117 de la Constitución, lo cual ahora se prevé expresamente en el artículo 133 de la Ley Orgánica. En éste se requiere que cuando el vicio denunciado sea la incompetencia, la infracción del artículo 117 sólo puede alegarse "cuando otra disposición de la Constitución haya sido directamente infringida por el acto cuya nulidad se solicita".

Por otra parte, particularmente en la impugnación de actos administrativos de efectos particulares, tratándose de una acción que exige una determinada legitimación activa, se ha exigido también la indicación precisa de todos los datos y la presentación de los documentos que acrediten la representación, aplicándose aquí los principios generales del proceso[505]. Como hemos visto detalladamente, además, al escrito del recurso debe también acompañarse constancia o indicación del agotamiento de la vía administrativa, la fecha de notificación de publicación del acto –según el caso–[506] y la constancia de haber satisfecho lo exigido por el acto, en aquellos supuestos en que se exija la aplicación del principio *solve et repete*, mediante la presentación de la planilla de liquidación pagada, o la fianza respectiva, en su caso[507].

El escrito debe ser presentado personalmente por el recurrente o su apoderado ante el Tribunal competente. Si se tratase de la Corte Suprema de Justicia o la Corte Primera de lo Contencioso-Administrativo, el recurrente no residenciado en el Área Metropolitana Caracas, podrá presentar su solicitud y la documentación que la acompañe, ante uno de los Tribunales civiles que ejerza jurisdicción en el lugar donde tenga su residencia.

En estos casos, de acuerdo al artículo 85 de la Ley Orgánica, el Tribunal Civil dejará constancia de la presentación al pie de la demanda y en el Libro Diario y remitirá a la Corte el expediente debidamente foliado y sellado.

Debe indicarse, por último, que los Tribunales Contencioso-Administrativos pueden ordenar que se devuelva al recurrente el escrito, cuando contenga expresiones irrespetuosas o indecentes[508], a quien también pueden sancionar con multa[509].

---

502 CSJ-SPA, 20-12-61 G.F., N° 34, 1961, p. 218.

503 Artículo 113 LOCSJ.

504 *V.*, por ejemplo, Sentencia de la antigua CF del 9 de abril de 1959, citada en Allan R. Brewer-Carías, *Las Instituciones ,.., op. cit.*, p. 371.

505 Artículos 84, ordinal 79 y 113 LOCSJ.

506 Artículos 84, ordinales 3° y 5° y 124, ordinal 2° LOCSJ.

507 Artículo 122 LOCSJ, y Allan R. Brewer-Carias, *Las Instituciones..., op. cit.* p. 372.

508 Art. 176 LOCSJ.

B. La información del recurso y la solicitud del expediente administrativo

El primer trámite procesal que debe realizarse una vez presentado un recurso contencioso-administrativo es la información formal de su presentación al Presidente del Tribunal en caso de Tribunales Colegiados, o al Juez, en caso de Tribunales unipersonales, por parte del Secretario del Tribunal. Este debe "dar cuenta" de las solicitudes presentadas[510] y en el mismo día de despacho si se trata de la impugnación de actos de efectos particulares, el Presidente o el Juez pueden "solicitar los antecedentes administrativos del caso, fijándose un plazo prudencial a la autoridad administrativa correspondiente para la remisión de los mismos"[511]. Debe señalarse que el incumplimiento por parte de la autoridad administrativa del requerimiento judicial de envío del expediente administrativo, puede ser sancionado con multa de hasta cinco mil bolívares que puede imponer el Tribunal[512].

C. La sustentación del expediente y la admisión

En los casos de Tribunales colegiados, si se trata de la impugnación de actos de efectos generales, el Presidente de la Corte, "en la misma audiencia en que se dé cuenta de la solicitud, dispondrá su remisión al Juzgado de Sustanciación junto con los anexos correspondientes"[513], quien debe decidir acerca de la admisión de la solicitud "dentro de las 3 audiencias siguientes a la del recibo del expediente"[514]. En cambio, si se trata de la impugnación de un acto administrativo de efectos particulares ante un Tribunal colegiado se abren dos posibles trámites procesales: si el Presidente del Tribunal requirió de la autoridad administrativa el expediente administrativo, una vez recibido éste o al vencerse el lapso prudencial establecido sin haberlo recibido, deberá "pasar los autos al Juzgado de Sustanciación, a fin de que revise todas las actuaciones y se pronuncie sobre la admisibilidad del recurso dentro de tres audiencias"[515].

Por supuesto, si se trata de un Tribunal unipersonal, la sustanciación inicial la realiza el juez, y el lapso de tres audiencias para admitir el recurso se cuenta, en el caso de la impugnación de actos de efectos generales, a partir de la cuenta del Secretario, y en el caso de la impugnación de actos de efectos particulares, si en la audiencia de la cuenta no decide requerir el expediente administrativo, a partir de dicha cuenta; y en caso de que haya requerido dicho expediente, a partir de su recepción o del vencimiento del plazo prudencial concedido para la remisión a la autoridad administrativa.

Ya nos hemos referido detenidamente al auto de admisión del recurso, el cual debe ser motivado en caso de que el juez o Tribunal decida la inadmisión[516]. Con la regulación de esta fase de admisión, la Ley Orgánica de la Corte Suprema de Justicia puso fin

509 Arts. 172, 177 LOCSJ

510 Arts. 114, 123 LOCSJ

511 Art. 123.

512 El artículo 174 autoriza a la Corte o Tribunal para "Sancionar con multa que no exceda de Bs. 5.000, a los funcionarios que, estando obligados a hacerlo, no acataren sus órdenes ni le suministraren oportunamente las informaciones, datos o expedientes que solicitare de ellos, sin perjuicio de las sanciones penales a que haya" lugar".

513 Artículo 114 LOCSJ.

514 Art. 115 LOCSJ.

515 Art. 123 LOCSJ.

516 Arts. 115, 124 LOCSJ.

a una de las fallas fundamentales del procedimiento contencioso-administrativo hasta esa fecha, que era la "ausencia absoluta de regulación sobre la admisión del recurso interpuesto"[517]. Sin embargo, a pesar de esa falla, en 1964 afirmábamos lo siguiente:

> "Sin embargo, creemos que la declaratoria de admisión ó de inadmisión del recurso interpuesto es imprescindible, ya que es lo qué hace efectivos los requisitos procesales del recurso que antes hemos estudiado. Esta admisión del recurso debe hacerse, en nuestro concepto, antes del emplazamiento de los interesados y versará sobre la verificación que debe hacer el Tribunal en relación al cumplimiento o incumplimiento, por parte del recurrente, de los requisitos procesales de legitimación, de agotamiento de la vía administrativa y de interposición del recurso en el lapso legal. Asimismo debe verificarse, cuando haya lugar el cumplimiento del principio *solvé et repete*[518].

Ahora bien, el auto de admisión, como hemos visto, tiene por objeto verificar el cumplimiento de los requisitos de admisibilidad por el recurrente, labor que la Ley encomienda al Juez. Sin embargo, ello no es óbice para que cualquier interesado que reúna la necesaria cualidad o legitimación conforme al artículo 137 de la Ley Orgánica, pueda presentar escritos y alegatos ante el Tribunal, cuestionando la admisibilidad del recurso, y no habría razón alguna para que dichos escritos fueran rechazados por supuesta "extemporaneidad" por el Juez. En los casos de procesos contencioso-administrativos contra actos administrativos al tratarse de un recurso contra un acto, en el cual no hay demandados, no es necesario esperar un acto procesal que pudiera ser similar a la *litis contestatio* para que los interesados puedan hacerse parte. Estos pueden hacerse parte desde el mismo momento en que se presenta el escrito del recurso ante el Tribunal, y por supuesto, antes de que se dicte el auto de admisión, y se emplace a los interesados.

Ya nos hemos referido al contenido múltiple del auto de admisión, en el cual el Juez no sólo resuelve sobre el cumplimiento de los requisitos de admisibilidad por el recurrente, sino que debe adoptar otra serie de decisiones: si se trata de la impugnación de un acto administrativo de efectos generales, debe notificar del recurso al Presidente del cuerpo colegiado o al funcionario que lo adoptó, y debe asimismo solicitar directamente del Fiscal General de la República, si éste no hubiere iniciado el juicio, quien podría consignar su informe mientras no se dicte sentencia. También debe el juez notificar al Procurador General de la República en el caso de que la intervención de éste en el procedimiento fuere requerida por estar en juego los intereses patrimoniales de la República[519]. Si se trata de la impugnación de un acto administrativo de efectos particulares, el juez debe ordenar la notificación al Fiscal General de la República y también al Procurada General de la República, "caso de que la intervención de éste en el procedimiento fuere requerida teniendo en cuenta la naturaleza del acto"[520] y por supuesto, si con la pretensión de anulación se formulasen las pretensiones de condena patrimonial.

Por otra parte, en este mismo auto de admisión, el juez puede decidir la suspensión de los efectos del acto administrativo de efectos particulares recurrido, aun cuando esta decisión puede adaptarse posteriormente por auto separado[521]. Asimismo, en este mismo auto de admisión, el juez, a solicitud de parte, y aun de oficio, puede reducir los plazos procesales establecidos en la Ley "si lo exige la urgencia del caso, y procederá a

517 *V.*, Allan R. Brewer-Carías, *Las Instituciones Fundamentales. cit.*, pp. 371, 375.
518 *Idem.* p. 373.
519 Art. 116 LOCSJ,
520 Art. 125 LOCSJ.
521 Art. 136 LOCSJ.

sentenciar sin más trámites" considerándose "de urgente decisión los conflictos que se susciten entre funcionarios u órganos del Poder Público"[522]. En todo caso, para adoptar una decisión de este tipo, deberán salvaguardarse los derechos procesales y la igualdad de las partes.

D. El emplazamiento de los interesados

En el caso de los juicios de nulidad de los actos administrativos de efectos generales, la Ley autoriza al Tribunal para ordenar, "cuando a su juicio fuere procedente", el emplazamiento de los interesados mediante carteles[523]. No establece ninguna modalidad procesal en relación a estos carteles, ni dónde o cómo deben ser publicados, por lo que siendo una decisión exclusiva del Tribunal, sin consecuencias respecto del recurrente, dado el simple interés envuelto, bien podría ser un cárter o carteles que se publiquen en la *Gaceta Oficial de la República*, particularmente por el carácter normativo del acto impugnado.

En cambio, si se trata de la impugnación de actos administrativos de efectos particulares el emplazamiento y sus efectos encuentran una regulación más específica en el artículo 125 de la Ley que dispone:

> "Cuando lo juzgue procedente, el tribunal podrá disponer también que se emplace a los interesados mediante cartel que será publicado en uno de los periódicos de mayor circulación de la ciudad de Caracas... Un ejemplar del periódico donde fuere publicado el cartel será consignado por el recurrente dentro de los quince días consecutivos siguientes a la fecha en la que aquél hubiese sido expedido y de no hacerlo dentro de dicho término, la Corte declarará desistido el recurso y ordenará archivar el expediente a menos que alguno de los interesados se diere por citado, y consigue el ejemplar del periódico donde hubiere sido publicado el cartel".

E. La comparecencia y el lapso de las pruebas

En el caso de la impugnación de los actos administrativos de efectos generales, a partir de la fecha del auto de admisión o de publicación del cartel, si ello fue ordenado por el Tribunal, "comienza a correr un término de 60 días continuos dentro del cual los interesados podrán promover y evacuar las pruebas pertinentes"[524].

En cambio, si se trata de la impugnación de actos de efectos particulares, en caso de que se ordené la publicación de carteles, en éstos debe emplazarse a los interesados "para que concurran a darse por citados dentro de las diez audiencias siguientes a la fecha de publicación del cartel"[525]. Por tanto, incluso si los interesados, conforme al artículo 137 de la Ley, se han hecho parte en el procedimiento con anterioridad a la admisión, a los efectos de poder continuar siendo considerados parte en el proceso, deben comparecer en este lapso de 10 audiencias, en el cual "tanto el recurrente como los coadyuvantes u opositores a la solicitud, que hayan atendido al emplazamiento, podrán solicitar

---

522 Art. 135 LOCSJ.

523 Art. 116 LOCSJ. La Ley en realidad, impropiamente habla de "citación de los interesados mediante, carteles".

524 Art. 117 LOCSJ.

525 Art. 125 LOCSJ.

que la causa se abra a pruebas, indicando específicamente los hechos sobre los cuales recaerán las que pretendieran promover y producir aquéllas que no requieran evacuación"[526].

Observamos que esté emplazamiento es hecho a los que se crean interesados, para hacerse parte en el procedimiento, como coadyuvantes del recurrente o como coadyuvantes en la defensa del acto y consecuentemente, opositores a la solicitud. Por supuesto, en estos casos, no se trata de una oportunidad para contestar ninguna demanda", porque no hay tal propiamente dicha, a pesar de lo afirmado por la Corte en alguna oportunidad [527]. Hay un recurso, sí, pero contra un acto administrativo por lo que en la oportunidad de comparecencia de los interesados, la ''solicitud de nulidad" puede contradecirse por cualquiera que tenga interés legítimo en el sostenimiento del acto y no por un determinado "demandado" que no lo hay. En este sentido hemos dicho que el acto administrativo puede ser defendido y por ello es que hay contención.

En todo caso, en este lapso de, comparecencia los interesados pueden oponer cuestiones previas o excepciones, incluso relacionadas con la inadmisibilidad del recurso, las cuales deben ser decididas en la sentencia definitiva, a menos que el Juzgado de Sustanciación o el Tribunal considere que debe resolverlas previamente, en cuyo caso si fuere necesario abrirá una articulación con arreglo al Código de Procedimiento Civil[528].

En estos casos de juicios de nulidad contra actos administrativos de efectos particulares los términos de prueba empezarán a correr en la audiencia siguiente al vencimiento del lapso de comparecencia y serán de cinco audiencias para promoverlas y de quince para evacuarlas, pudiendo el Tribunal prorrogar este último término por 15 días más, cuando así lo amerite la naturaleza del caso. En estos casos, las reglas del Código de Procedimiento Civil respecto de los medios de prueba, admisión y evacuación de las mismas, regirán en este procedimiento en cuanto sean aplicables[529]. En consecuencia, las pruebas una vez promovidas, deben ser formalmente admitidas por el Tribunal.[530] Contra el auto de admisión de pruebas no hay apelación; sin embargo, contra el auto que niegue la admisión de alguna de ellas sí se admite apelación, la cual se oirá en ambos efectos[531].

F. La relación de la causa y los informes

En los casos de juicios de nulidad de actos administrativos de efectos generales, una vez vencido el lapso de 60 días continuos de comparecencia, promoción y evacuación de pruebas, el Juez de Sustanciación en los Tribunales Colegiados deben devolver los autos a la Sala, y ésta, en la audiencia siguiente al recibo del expediente, designará ponente[532] y se iniciará el proceso de relación de causa, durante el cual deben oírse informes[533].

526 Art. 126 LOCSJ.
527 CF, 30-7-57, G.F., N° 17, 1957, p. 57.
528 Art. 130 LOCSJ. Este artículo remite al artículo 386 del Código de Procedimiento Civil de 1916 que tiene su equivalencia en el artículo 607 del actual Código de 1986.
529 Art. 127 LOCSJ
530 Art. 398 CPC
531 Art. 128 LOCSJ
532 Arts. 117 y 63 LOCSJ
533 Arts. 117 y 94, 95, 96 LOCSJ

En el caso de los juicios de nulidad de los actos administrativos de efectos particulares, si ya no hubiere pruebas por evacuar o cuando para decidir el juicio basten las producidas por el recurrente, el Juzgado de Sustanciación devolverá el expediente a la Sala, la cual continuará el procedimiento, designando ponente y fijando una de las cinco audiencias siguientes para comenzar la relación de la causa, durante la cual deben oírse informes[534].

En ambos casos de juicios, el tribunal podrá prescindir de la relación e informes para dictar sentencia definitiva, "cuando el asunto fuere de mero derecho"[535], pero en realidad esta decisión sólo podría adoptarse cuando el juez, en el auto de admisión, decida no emplazar a los interesados mediante carteles, o cuando publicados éstos al vencerse los lapsos dé comparecencia, los interesados no hayan solicitado la apertura de la causa a pruebas por no haber indicado hechos a probar[536], o con posterioridad no se hayan promovido pruebas.

En ambos tipos de juicio la relación se hace privadamente y consiste en el estudio individual del expediente y en el caso de Tribunales Colegiados, en forma individual o colectiva por los Magistrados que formen la Corte o Sala que esté conociendo del asunto. La relación comienza con una primera etapa de quince días continuos, al cabo de los cuales, en el primer día hábil y a la hora que fije el Tribunal, tendrá lugar el acto de Informes por las partes. Realizado el acto de informes o consignados éstos, correrá la segunda etapa de la relación que tendrá una duración de veinte audiencias. Sólo por auto razonado podrá el Tribunal o la Sala respectiva, prorrogar hasta por treinta días el término de la relación, cuando el número de pruebas de que se componga el expediente, la gravedad o complejidad del asunto a otras evidentes razones, así lo exijan. En todo caso, en el expediente debe hacerse constar la fecha en que comience la relación[537].

En cuanto a los infórmese las partes pueden informar por escrito u oralmente. En el primer caso, deben consignar sus informes en la fecha fijada con tal fin o antes de la misma, si así lo prefieren. En el segundo, lo deben notificar al Tribunal o a la Sala, con anticipación. Sin embargo, en una misma causa no puede informar oralmente más de una persona por cada parte, aunque sean varios los recurrentes o defensores del acto.

Al comenzar el acto de informes, el Presidente debe señalar a las partes el tiempo de que disponen para informar; y de igual modo procederá si los litigantes manifestaren su deseo de hacer uso del derecho de réplica y contrarréplica. En todo caso, el Presidente puede declarar concluido el término que se haya fijado para informar oralmente a quien en el acto de informes infrinja las reglas que rigen la conducta de los litigantes en el proceso[538].

Debe, por último, señalarse que los informes constituyen la última actuación de las partes en relación con la materia litigiosa que sea objeto del juicio o de la incidencia de que se trate. Por tanto, concluido el acto de informes, no se permitirá a las partes, nuevos alegatos o pruebas relacionadas con dicha materia, salvo lo dispuesto en el artículo

534 Arts. 129 y 93, 94, 95 y 96 LOCSJ
535 Art. 135 LOCSJ
536 Art. 126 LOCSJ
537 Art. 94 LOCSJ.
538 Art. 95 LOCSJ.

514 del Código Civil, pero quienes hayan informado verbalmente pueden presentar conclusiones escritas dentro de los tres días siguientes[539].

G. La sentencia y sus efectos temporales

En los casos de juicios de nulidad de actos administrativos de efectos generales, el artículo 1.18 de la Ley Orgánica expresamente prescribe que "La Corte sentenciará dentro de los treinta días siguientes a la fecha de conclusión de la relación, a menos que la complejidad y naturaleza del asunto exija mayor término'', con lo cual, en general, estos juicios tienen una larga duración, salvo en los casos en los cuales la Corte considere el asunto de urgencia[540]. En virtud del objeto de estos juicios, relativos a los actos administrativos normativos (los reglamentos, por ejemplo), la sentencia que se dicte debe publicarse inmediatamente en la *Gaceta Oficial de la República*[541] y en el sumario de la misma debe indicarse con toda precisión, el acto o disposición anulado, si el recurso fuere declarado con lugar[542].

En relación a los juicios de nulidad de los actos administrativos de efectos particulares, la Ley Orgánica no indica oportunidad precisa para que se dicte la sentencia, la cual entonces deberá dictarse en el lapso general de sesenta días siguientes al vencimiento del lapso de relación conforme á la regla del artículo 515 del Código de Procedimiento Civil.

En los juicios de nulidad contra los actos administrativos de efectos particulares, hemos dicho, la pretensión del recurrente no necesariamente está limitada a la anulación del acto recurrido, sino que esa pretensión puede estar acompañada de pretensiones de condena y amparo. Por ello, el artículo 131 de la Ley Orgánica establece qué en su fallo definitivo, la Corte además de declarar si procede o no la nulidad del acto impugnado, "podrá dé acuerdo con los términos de la respectiva solicitud, condenar al pago de sumas\de dinero y a la reparación de daños y perjuicios originados en responsabilidad de la Administración, así como disponer lo necesario para el restablecimiento de las situaciones jurídicas subjetivas lesionadas por la actividad administrativa".

Ahora bien, en particular, en relación a la condena patrimonial que pueda contener la sentencia, no están establecidas en la ley medios específicos de ejecución de las sentencias, salvo las de carácter sancionatorio-pecuniario respecto de los funcionarios que estando obligados a hacerlo, no acataren "las órdenes" del Tribunal[543]. En todo caso, si la condena es contra la República, rige el contenido del artículo 16 de la Ley Orgánica de la Hacienda Pública Nacional, que establece uno de los privilegios de la República en la forma siguiente:

> "Los bienes, rentas y derechos o acciones pertenecientes a la Nación no están sujetos a embargo, secuestro, hipoteca o ninguna otra medida de ejecución preventiva o definitiva. En consecuencia, los jueces que conozcan de ejecuciones contra el Fisco, luego que resuelvan definitivamente que deben llevarse adelante dichas ejecuciones, suspenderán en tal estado los juicios, sin decretar embargo, y notificarán al Ejecutivo Nacional, para que se fijen por quienes corresponda, los términos, en que ha de cumplirse lo sentenciado".

---

539 Art. 96 LOCSJ.
540 Art. 135 LOCSJ.
541 Art. 120 LOCSJ.
542 Art. 119 LOCSJ.
543 Art. 174 LOCSJ

En cuanto a las Municipalidades, sin embargo, debe destacarse la importante innovación contenida en el artículo 102 de la Ley Orgánica de Régimen Municipal, que prevé medios de ejecución dé las sentencias, en la forma siguiente:

> "*Artículo* 102. Cuando el Municipio o el Distrito resultare condenado en juicio, el tribunal encargado de ejecutar la sentencia lo comunicará al Alcalde, quien dentro del término señalado por el Tribunal, deberá proponer al Concejo o Cabildo la forma y oportunidad de dar cumplimiento a lo ordenado en la sentencia. El interesado, previa notificación, aprobará o rechazará la proposición del Alcalde, y en este último caso, el Tribunal fijará otro plazo para presentar una nueva proposición. Si ésta tampoco fuere aprobada por el interesado o el Municipio no hubiere presentado alguna, el Tribunal determinará la forma y oportunidad de dar cumplimiento a lo ordenado por la sentencia, según los procedimientos siguientes:
>
> 1° Si se trata de cantidades de dinero, el Tribunal, a petición de parte interesada, ordenará que se incluya el monto a pagar en la partida respectiva en el próximo o próximos presupuestos, a cuyo efecto enviará al Alcalde copia certificada de lo actuado. El monto que se ordene pagar, se cargará a una partida presupuestaria no imputable a programas.
>
> El monto anual de dicha partida no excederá del cinco por ciento (5%) de los ingresos ordinarios del presupuesto del Municipio o Distrito.
>
> Cuando la orden del Tribunal no fuere cumplida o la partida prevista no fuere ejecutada, el Tribunal a instancia de parte, ejecutará la sentencia conforme al 'procedimiento ordinario pautado en el Código de Procedimiento Civil;
>
> 2° Si se tratare de entrega de bienes, el Tribunal pondrá en posesión de ellos a quien corresponda, pero si tales bienes estuvieran afectados al uso público, a un servicio público o a actividades de utilidad pública prestados en forma directa por el Municipio, el Tribunal acordará la fijación del precio mediante peritos, en la forma establecida en la Ley de Expropiación por Causa de Utilidad Pública o Social; y determinado el precio, ordenará su .entrega a quien corresponda, conforme a lo previsto en el numeral anterior. En este último caso, la fecha de la sentencia se equiparará a la fecha del Decreto de Expropiación".

Por último, debe señalarse en cuanto a la posible condenatoria en costas, que el artículo 10 de la Ley Orgánica de la Hacienda Pública Nacional y el artículo 74 de la Ley Orgánica de la Procuraduría General de la República establecen como una de las prerrogativas procesales de la República el que no puede ser condenada en costas. En el ámbito municipal, sin embargo, como hemos mencionado, la condenatoria en costa contra los Municipios procede en juicios de contenido patrimonial, cuando resulten totalmente vencidos por sentencia definitivamente firme, en cuyo caso, el monto de la condenatoria en costas no podrá exceder del 10% del valor dc la dcmanda[544].

Por último deben indicarse en cuanto a los efectos temporales de las sentencias declaratorias dé nulidad de los actos administrativos impugnados, tanto si se trata de actos de efectos generales como de actos de efectos particulares, que el juez contencioso-administrativo debe determinar en su sentenciaren su caso, "los efectos de su decisión en el tiempo"[545], es decir, si la anulación tiene efectos ex nunc, es decir, pro futuro y, por tanto, es de carácter constitutivo o si, al contrario, tiene efectos *ex tune*, ,es decir pro *pretaerito* y, por tanto, de carácter declarativo y retroactivo. Por supuesto, en esta determinación, la naturaleza del vicio del acto anulado es determinante y si el vicio es de

544 Art. 103 LORM.
545 Arts. 119, 131 LOCSJ.

nulidad absoluta, y éstos están taxativamente enumerados en el artículo 19 de la Ley Orgánica de Procedimientos Administrativos, cómo podrían ser los actos nulos por violación de derechos constitucionales de acuerdo al artículo 46 de la Constitución, los efectos de la decisión judicial normalmente deberían ser *ex tune*, salvo que el juez, por razones de seguridad jurídica, disponga de otra cosa.

2. La secuencia procesal en las demandas contra los entes públicos

En el supuesto del proceso contencioso-administrativo de las demandas contra los entes públicos, la situación es distinta a la anteriormente descrita respecto al de anulación, dada la pretensión de la demanda. En este caso, el procedimiento se orienta por las normas del procedimiento ordinario[546], aplicándose, básicamente, el Código de Procedimiento Civil salvo las excepciones que, por vía legal, están establecidas en la Ley, entre las cuales debe destacarse el auto de admisión o inadmisión previsto en el artículo 105 de la Ley Orgánica, y las normas establecidas en relación a la actuación de la Administración.

A. La demanda, la admisión y el emplazamiento

En cuanto a la demanda, rige lo establecido en los artículos 339 y 340 del Código de Procedimiento Civil, y lo único adicional que exige la Ley Orgánica es que "junto con las demandas contra la República", el demandante debe consignar una copia simple de ellas y de los anexos que la acompañen, a los fines de la citación al Procurador General de la República[547]. La presentación de la demanda puede verificarse a través de un Tribunal Civil por los demandantes no residenciados en el Área Metropolitana de Caracas cuando el Tribunal competente sea la Corte Suprema de Justicia o la Corte Primera de lo Contencioso-Administrativo[548].

La admisión de la demanda debe ser decidida por el Juez o el Juzgado de Sustanciación en los Tribunales Colegiados, dentro de las tres audiencias siguientes al recibo de la demanda. La decisión de inadmisibilidad, debidamente motivada, "sólo podrá fundarse en alguna de las causales señaladas en el artículo 84 o en la cosa juzgada"[549].

Ahora bien, admitida la demanda, si ésta es contra la República, se le citará en cabeza del Procurador General de la República conforme a lo establecido en el artículo 39 de la Ley Orgánica de la Procuraduría General de la República, la cual establece la forma cómo esa citación debe hacerse, y cuándo comienza a surtir efecto.

Con la citación se remitirá al Procurador la copia del libelo y de la documentación acompañada dpi mismo[550]. De acuerdo a este artículo 39 de la Ley Orgánica de la Pro-

---

546 Art. 103 LOCSJ,

547 Art. 104 LOCSJ. El Tribunal entonces no tiene que ordenar la compulsa a que se refiere el artículo 342 CPC.

548 Art. 85 LOCSJ

549 Art. 105 LOCSJ. En el Código de Procedimiento Civil, la inadmisibilidad de las demandas sólo puede fundarse en que sea contraria al orden público, a las buenas costumbres o a alguna disposición expresa de la ley. Art. 341 CPC.

550 Art. 106 LOCSJ.

curaduría, desde la fecha de la entrega del oficio de citación al Procurador "comenzará a correr un lapso de 15 días continuos, excluidos los feriados y los de vacaciones, a cuya terminación se considerará consumada la citación de dicho funcionario", sin perjuicio de la posibilidad que tiene de darse por citado en cualquier momento del referido lapso. En todo caso, una vez consumada la citación, comienza a correr el lapso de comparecencia que deberá verificarse dentro de los 20 días siguientes dentro del cual se deben plantear las cuestiones previas, en su defecto, contestarse la demanda[551].

Otras normas específicas de carácter excepcional respecto al proceso ordinario también están establecidas en la propia Ley Orgánica de la Procuraduría General de la República, la cual, en realidad lo que ha hecho es recoger lo ya establecido hace muchos años en el artículo 6° de la Ley Orgánica de la Hacienda Pública Nacional. Tal es el supuesto, por ejemplo, de la no comparecencia del Procurador a la contestación de la demanda, en cuyo caso, se estima dicha ausencia como un acto de contradicción tácita dé la demanda, invirtiéndose, por tanto, el principio del Código de Procedimiento Civil según el cual la no comparecencia al acto de contestación de la demanda equivale a una confesión[552].

La Ley Orgánica de la Corte Suprema de Justicia, además, establece disposiciones específicas relativas a la reconvención, la tercería y la cita de garantía. En cuanto a la reconvención, la Ley establece la posibilidad para el Tribunal "a solicitud del representante de la República, de fijar el acto de la contestación de la contrademanda para la vigésima audiencia, si aparece de los autos que la reconvención es independiente de la causa que sirve de fundamento a la acción intentada"[553]. En relación a la tercería, la ley prescribe que ésta "no se admitirá contra la República sin haberse agotado previamente la vía administrativa"[554], y en cuanto a la cita en garantía a la República, aun cuando deba procederse con arreglo a lo dispuesto en el Código de Procedimiento Civil, se citará al Procurador General de la República para la vigésima audiencia[555].

B. Las medidas preventivas y la etapa probatoria

En materia de medidas preventivas, hemos dicho, fundamentalmente rige la disposición del artículo 16 de la Ley Orgánica de la Hacienda Nacional cuyo encabezamiento señala que "los bienes, rentas, derechos o acciones, pertenecientes a la Nación, no están sujetos a embargo, secuestro, hipoteca o a ninguna otra medida de ejecución preventiva o definitiva". Sin embargo, el principio, de acuerdo a la última de las leyes citadas, se extiende a los bienes pertenecientes a particulares cuando estén afectados a un uso, destino o servicio público. En estos casos, de acuerdo a la Ley, la excepción tiene por objeto asegurar la continuidad del servicio público[556].

En todo caso, respecto al particular en juicio, rigen las disposiciones del artículo 585 y siguientes del Código de Procedimiento Civil respecto a las medidas preventivas que solicite la Administración. En todo caso debe tenerse en cuenta a este respecto que "no

551 Arts. 344, 346, 387, 359 CPC.
552 Art. 362 CPC.
553 Art. 106 LOCSJ
554 Art. 106 LOCSJ
555 Art. 107 LOCSJ.
556 Art. 46 LOPGR.

podrá exigírsele caución al Fisco Nacional para una actuación judicial", tal como establece el artículo 15 de la Ley Orgánica de la Hacienda Nacional y el artículo 45 de la Ley Orgánica de la Procuraduría General de la República.

En materia de pruebas, de acuerdo al artículo 107 de la Ley Orgánica dé la Corte, "las reglas del Código de Procedimiento Civil respecto de los medios de prueba, admisión y evacuación de las mismas, regirán en este procedimiento, con las limitaciones establecidas en esta Ley"[557].

En todo caso, la apelación contra los autos que nieguen la admisión de alguna prueba deben ser oídos en ambos efectos, y los que las admitan en un solo efecto[558].

C. La relación, los informes y las sentencias

La etapa de relación e informes se rige por lo prescrito en los artículos 93 a 96 de la Ley Orgánica, ya comentados al hablar de la secuencia del proceso contencioso de anulación, la cual comenzará "cuando quede firme el auto que declare inadmisible las pruebas, concluya la evacuación de las pruebas admitidas o termine el lapso de evacuación"[559].

En cuanto a la oportunidad para dictar sentencia, la Ley Orgánica no establece, ningún lapso y se limita a señalar "la Corte dictará sentencia una vez concluidas sus deliberaciones sobre el caso"[560]. Sin embargo estimamos que el artículo 515 del Código de Procedimiento Civil es aplicable en relación a que la sentencia debe dictarse a los setenta días siguientes del vencimiento del lapso de relación.

En todo caso, son aplicables a los juicios de demandas contra los entes públicos, particularmente contra la República, las normas comentadas sobre costas y ejecución de la sentencia contenidas en la Ley Orgánica de la Hacienda Pública Nacional y la Ley Orgánica la Procuraduría General de la República.

En cuanto a los Municipios, sin embargo, rigen las normas también comentadas establecidas en la materia en la Ley Orgánica de Régimen Municipal.

Debe señalarse en todo caso, que en materia de ejecución de sentencias, el Código de Procedimiento Civil de 1916 contenía un capítulo especial destinado las "demandas en que tengan interés las rentas públicas", en el cual se aplicaba, en particular, a los procedimientos de las demandas contra la República, los Estados y los Municipios. De acuerdo a dichas normas[561] en los supuestos de medidas de ejecución, éstas no podían dictarse sobre bienes del Estado, y en tales casos, el Juez debía suspender la ejecución y notificar al ente público para que éste resolviera la forma como habría de cumplir la condena, en el caso de que se tratase de condena al pago de sumas de dinero. Esta regulación del Código de Procedimiento Civil eliminada en la reforma de 1986, indudablemente que podía originar situaciones injustas para el particular demandante, pues la forma y modalidad del pago de sumas de dinero quedaba entera y exclusivamente en

557 CF, 30-57, G.F., N° 17, 1957, p. 57.
558. Arts. 92 y 108 LOCSJ.
559 Art. 109 LOCSJ.
560 Art. 110 LOGSJ.
561 Arts. 681 y ss. CPC de 1916.

manos del órgano administrativo. En la Ley Orgánica de la Corte Suprema de Justicia al contrario, se establecen, en sus artículos 173 y 174, algunas normas que buscan corregir esta situación a través del otorgamiento al Juez contencioso-administrativo, de poderes de sanción mediante multas, a los funcionarios que por alguna razón no cumplan con las decisiones judiciales, o las cumplan en una forma evidentemente negligente. Debe advertirse, en todo caso, que en el ámbito municipal la situación ha variado totalmente con las normas de la Ley Orgánica del Régimen Municipal que dejan en manos del juez, en definitiva, la determinación del modo de ejecución de la sentencia de condena[562].

Como conclusión, puede decirse que en el procedimiento de las demandas contra los entes públicos rige, en principio, el Código de Procedimiento Civil, salvo las excepciones previstas en la Ley Orgánica de la Corte Suprema de Justicia, en la Ley Orgánica de la Hacienda Pública y en la Ley Orgánica de la Procuraduría General de la República.

3. Otros aspectos procesales de los juicios contencioso-administrativos

A. La imposibilidad de la acumulación de los juicios contencioso-administrativos

Al constatar la distinción esencial entre los procedimientos contencioso-administrativos de anulación de actos administrativos y el de las demandas contra los entes públicos, resulta la imposibilidad de acumulación de los recursos que a ellos dan lugar. Ambos recursos no pueden acumularse por tener los procedimientos esenciales distintos y la acumulación acarrearía la inadmisibilidad[563]. Sin embargo, ello no quiere decir que sea imposible solicitar una anulación de un acto administrativo y, además, una condena a la Administración.

Hemos dicho que las acciones contencioso-administrativas se clasifican básicamente en acciones contra los actos administrativos y demandas contra los entes públicos. Pues bien, cuando estas acciones, por ejemplo las que contienen una pretensión de condena contra la Administración por responsabilidad contractual o extracontractual, son originadas por un acto administrativo, la misma acción de declaratoria de nulidad del acto que originó y origina el daño al recurrente conlleva una demanda en responsabilidad. En estos casos, la condenatoria pura y simplemente de pagar daños y perjuicios qué se dicta en contra de la Administración, no sería efectiva si se dejara produciendo sus efectos al acto que causó el daño.

Por otra parte, también sería inútil la instancia jurisdiccional si sólo se pudiera anular el acto sin tener el juez poder para condenar a la Administración pecuniariamente. Por ello es que las pretensiones de anulación de actos administrativos pueden conllevar, en las oportunidades que sean necesario, pretensiones de condena. Por tanto, cuando se trata de un recurso contencioso-administrativo de anulación, no sólo es posible solicitar la declaratoria de nulidad en un acto administrativo, como sucedía antes de la Ley Orgánica de 1976[564], sino que el juez, en su competencia de anulación, puede además

562 Art. 102 LORM.

563 Art. 84, 4° LOCSJ.

564 *V.*, Allan R. Brewer-Carías. *Las Instituciones Fundamentales..., cit.* pp. 383-392.

pronunciar decisiones condenatorias contra la Administración, de cualquier especie. Por tanto, no sólo puede anularse el acto que se impugna, sino que puede condenarse a la Administración.

En cambio, en el caso de las demandas contra la República y otros entes públicos, la pretensión del demandante sólo puede consistir en pretensiones de condena y no puede en esas demandas y a través de su procedimiento específico, solicitarse la nulidad de actos administrativos. En esta forma la relación entre los recursos contencioso-administrativos, sus pretensiones y procedimientos fue completamente cambiada e invertida con la Ley de 1976[565].

B. El procedimiento de los recursos de interpretación y en los casos de recursos contra las conductas omisivas

Por último, en cuanto a los procedimientos contencioso-administrativos debe señalarse que la ley, en realidad, sólo establece normas específicas para el procedimiento contencioso-administrativo en relación a dos acciones específicas: las acciones de nulidad de actos administrativos contra los actos administrativos; y las demandas contra los entes públicos.

Por tanto, respecto de los recursos contencioso-administrativos de interpretación y los recursos contencioso-administrativos contra las conductas omisivas, no hay reglas procesales específicas. Rige, por tanto, el artículo 102 de la Ley Orgánica de la Corte Suprema de Justicia, el cual prescribe lo siguiente:

> "Cuándo ni en esta ley, ni en los Códigos y otras leyes nacionales se prevea un procedimiento especial a seguir, la Corte podrá aplicar el que juzgue más conveniente de acuerdo con la naturaleza del caso".

Esa norma, por tanto, ha llevado a los jueces contencioso-administrativos en cada caso, a aplicar el procedimiento más conveniente según su criterio, y así, por ejemplo, en materia de recursos contencioso-administrativos contra las conductas omisivas, la Corte Suprema ha estimado que el más conveniente para tramitarlo es el destinado en dicha ley a la impugnación de los actos administrativos de efectos particulares, adaptado desde luego, a las peculiaridades del recurso por abstención, entre ellas, la de los efectos del mismo[566].

4. El procedimiento de segunda instancia

La Ley Orgánica de la Corte Suprema de Justicia regula expresamente el procedimiento en segunda instancia, en el cual se establecen normas especiales a las previstas en el Código de Procedimiento Civil.

---

565 *V.*, el régimen anterior en *Idem*, pp. 382-383.

566 *V.*, sentencia CSJ-SPA 28-2-85, *Revista de Derecho Público*, N° 21, EJV, Caracas, 1985, p. 175.

A. La apelación y el recurso de hecho

La apelación que procede contra las decisiones definitivas no interlocutorias conforme a lo prescrito en los artículos 288 y 289 del Código de Procedimiento Civil, debe intentarse en el término de cinco días establecidos en dicho Código[567].

La Ley Orgánica, en esta materia, sólo prescribe normas especiales en materia de recurso de hecho, al cual se destina el artículo 98, en el cual se establece lo siguiente:

> "Cuando proceda ante la Corte al recurso de hecho, éste debe interponerse dentro de los términos y en los casos establecidos en los códigos y leyes nacionales. También puede interponerse dicho recurso cuando el inferior se haya abstenido de hacer una consulta o de oír un recurso cuyo conocimiento corresponda a la Corte o cuando se abstenga de enviar el expediente o las copias requeridas para decidir la consulta, la apelación u otro recurso. En el primero de estos casos, si la decisión fuere favorable a los intereses de la República, el recurso podrá interponerse dentro de los cinco días siguientes al vencimiento del lapso de apelación y, en el segundo, en el término de treinta días más el de la distancia, a contar de la fecha del fallo contra el cual proceda la consulta o se haya interpuesto el recurso que el inferior se negó a oír.
>
> Aunque el recurso haya sido intentado sin el testimonio indispensable para decidir, la Corte lo dará por introducido y fijará término breve y perentorio dentro del cual deba presentarse aquél. Sin embargo, cuando el recurso haya sido intentado con el testimonio respectivo o una vez que éste sea consignado, la Corte, con vista del mismo, sin otra actuación y sin citación ni audiencias de parte alguna, declarará, dentro de los cinco días hábiles siguientes, si hay o no lugar al recurso de hecho. Si lo declarare con lugar y el testimonio fuere bastante para ello, entrará a conocer del fondo del asunto, oyendo previamente a las partes. Por otra parte, si declarado con lugar el recurso no fuere suficiente el testimonio para decidir sobre el asunto principal, la Corte dispondrá que se haga la consulta o se oiga la apelación, y solicitará del inferior la remisión de los autos originales si ésta fuere en ambos efectos, o copia certificada de lo conducente si debe oírse en uno solo, a cuyo efecto le señalará un término, más el de la distancia, si lo hubiere.
>
> En todo caso, cuando el fallo a que se refiere el recurso de hecho no sea consultable, corresponde al recurrente solicitar del Tribunal que lo haya dictado, las copias que considere necesarias para decidir la apelación. En cambio, si el fallo fuere consultable, la Corte, al declarar con lugar el recurso, debe solicitar del Tribunal respectivo el expediente original del juicio o copia de las actuaciones requeridas para decidir la consulta".

B. La formalización de la apelación

Ahora bien, entre las normas especiales concernientes a la apelación, debe destacarse ante todo, la que prescribe la necesidad de formalizar la apelación, lo que varía sustancialmente el iter del procedimiento ordinario de segunda instancia[568]. En efecto, prescribe el artículo 162 de la Ley Orgánica que en la audiencia en que se dé cuenta de un expediente enviado a la Corte Primera o a la Sala Político-Administrativa de la Corte Suprema en virtud de apelación, se debe designar Ponente y se fijará la décima audiencia para comenzar la relación. Dentro de este término, el apelante debe presentar escrito en el cual precise las razones de hecho y dé derecho en que se funde, y vencido ése término, corre otro de cinco audiencias para la contestación dé la apelación.

567 Art. 298 CPC.

568 Arts. 516 y ss. CPC.

Esta formalización de la apelación, es sin duda, una parte esencial del procedimiento, pues "si el apelante no presentare el escrito en el lapso indicado, se considerará que ha desistido de la apelación" y así lo declarará el Tribunal o la Corte, de oficio o a instancia de la otra parte[569].

En todo caso, cuando el asunto fuere de mero derecho, la vista dé la causa continuará inmediatamente después de vencido el término para la contestación de la apelación.

C. Casos de urgencia y de mero derecho

Debe señalarse que por expresa previsión del artículo 170 de la ley, el Tribunal de segunda instancia podrá hacer uso de la facultad que establece el artículo 135 de tía Ley Orgánica[570], es decir, podrá a solicitud de parte o de oficio, reducir los plazos establecidos, si lo exige la urgencia del caso, y procederá a sentenciar sin más trámite, considerándose dé urgente decisión los conflictos que se susciten entre funcionarios u órganos del Poder Público. En los casos de asuntos de mero derecho, el tribunal puede dictar sentencias definitivas, sin relación ni informes.

D. Las pruebas en segunda instancia

En segunda instancia sólo se admitirán las pruebas de experticia, inspección ocular, juramentos, posiciones juradas e instrumentos públicos o privados, con las limitaciones establecidas en la Ley Orgánica[571].

Estas pruebas, cuando las partes en esta instancia las quieran hacer valer, serán promovidas dentro de las cinco audiencias siguientes al vencimiento del plazo señalado para la contestación de la apelación, y sobre su admisión se debe pronunciar el Juzgado de Sustanciación, dentro de las tres audiencias siguientes a contar del recibo del expediente que, con tal fin, le pasará la Corte o la Sala[572].

Una vez ejecutoriado el auto sobre admisión de pruebas, debe correr un lapso de quince días, prorrogables por un período igual más el término de distancia, dentro del cual se evacuarán las que hayan sido admitidas o las que el Juzgado de Sustanciación haya ordenado de oficio[573] de acuerdo a los poderes inquisitivos a que se refiere el artículo 129 de la Ley.

Debe señalarse que de acuerdo a la Ley, una vez ejecutoriado el auto sobre admisión de pruebas, si las admitidas no exigen evacuación y al vencimiento del lapso de promo-

---

569 Art. 162 LOCSJ.

570 La *Gaceta Oficial*, N° 1.893 de 30-7-76 donde está publicada la Ley Orgánica en realidad remite al artículo 137, pero ello es evidentemente un error de copia. La remisión correcta es al artículo 135 como se desprende del texto del Informe de la Comisión de Política Interior de la Cámara de Diputados del Congreso sobre la Ley Orgánica de 16-6-76. *V.*, el libro editado por el Instituto de Derecho Público, *El control jurisdiccional de los Poderes Públicos en Venezuela*, Caracas, 1979, p. 557.

571 Art. 164 LOCSJ.

572 Art 163 LOCSJ.

573 Art. 165 LOCSJ.

ción, si las partes no hubiesen promovido pruebas, ni el Tribunal hubiere ordenado de oficio la evacuación de ellas, la vista de la causa continuará inmediatamente[574].

E. La relación, los informe y la sentencia

Ahora bien, cuando quede firme el auto que declare inadmisible las pruebas, concluya la evacuación de las pruebas admitidas o termine el lapso de evacuación, el Juez de Sustanciación devolverá el expediente a la Corte o Sala, la cual fijará la décima audiencia para el acto de informes[575].

Por último de acuerdo a la Ley Orgánica concluido el acto de informes, durante el cual las partes podrán usar del derecho de réplica y contra réplica, la causa entrará en estado de sentencia[576], la cual debe dictarse dentro de los sesenta días después del acto de informes[577].

F. Los casos de consultas

Hemos señalado que de acuerdo con lo establecido en el artículo 43 de la Ley Orgánica de la Procuraduría General de la República, se debe consultar con el Tribunal Superior, "toda sentencia definitiva dictada en juicio en que sea parte la República". Por tanto, en los casos en los cuales ninguna de las partes haya apelado de una decisión pero el expediente suba a la Corte por vía de consulta, se debe proceder de inmediato a la vista de la causa, sin la intervención de aquéllas. En tales casos, la Corte, sumariamente, debe confirmar, reformar, o revocar el fallo consultado[578].

VII. LOS PODERES DEL JUEZ Y LA SENTENCIA EN EL CONTENCIOSO-ADMINISTRATIVO

Como hemos señalado, el sistema contencioso-administrativo en el mundo latino, se desarrolló bajo la influencia del sistema francés, en el cual, como proceso a un acto administrativo, el juez contencioso-administrativo sólo podía pronunciarse sobre la anulación o no del acto impugnado. Conforme a ese principio limitativo de los poderes del juez, éste no podía en forma alguna adoptar decisiones que pudieran implicar la sustitución de la Administración.

Esta tradición del contencioso-administrativo se remonta al principio revolucionario de la separación de poderes, consagrado en la famosa Ley del 16-24 de agosto de 1790 sobre reorganización del Poder Judicial, dictada por la Asamblea Nacional francesa en la cual se estableció que:

---

574 Art. 167 LOCSJ.

575 Art. 166 LOCSJ.

576 Art. 168 LOCSJ.

577 Art. 521 CPC.

578 Art. 169 LOCSJ. De igual modo debe proceder el Tribunal Superior, con audiencia de las partes, cuando la apelación verse sobre medidas preventivas.

> "Las funciones judiciales son distintas y permanecerán siempre separadas de las funciones administrativas. Los jueces no podrán, so pena de prevaricación, perturbar, de la manera que sea, las operaciones de los cuerpos administrativos, ni citar, ante ellos a los administradores en razón de sus funciones" (Título II, Art. 13).

Fue éste principio el que llevó, casi 100 años después, a la consolidación de la jurisdicción administrativa en Francia a cargo del Consejo de Estado para juzgar la Administración y anular los actos administrativos, pero por supuesto, en forma separada del Poder Judicial, es decir, la jurisdicción contencioso-administrativa en Francia, en definitiva, tuvo su origen en el acto revolucionario de expresión extrema de la separación de poderes, que prohibía a los jueces ordinarios juzgar a la Administración, lo que sigue teniendo vigor. El juez administrativo, sin embargo, siguió con la misma tradición de poderes limitados frente a la Administración reducidos a anular o no el acto impugnado. Conforme a ello, el juez no puede hacer acto de administración, ni comportarse como administrador ni sustituirse a la Administración. De allí el principio tradicional que se impone al juez administrativo francés, de no poder dar órdenes a la Administración.

Este principio, que en Francia y en todos los países latinos comienza a resquebrajarse en virtud del derecho ciudadano a la tutela judicial frente a la Administración, puede decirse que no tiene aplicación en Venezuela, donde al contrario conforme al artículo 206 de la Constitución, el juez contencioso-administrativo además de tener competencia para "anular los actos administrativos generales o individuales contrarios a derecho, incluso por desviación de poder" y para "condenar al pago de sumas de dinero y a la reparación de daños y perjuicios originados en responsabilidad de la administración"; tiene el poder de:

> "disponer lo necesario para el restablecimiento de las situaciones jurídicas subjetivas lesionadas por la actividad administrativa".

Esta norma constitucional, en todo caso, ha venido moldeando la Ley Orgánica de la Corte Suprema de Justicia le da unos amplísimos poderes al juez contencioso-administrativo el cual puede no sólo dar órdenes de hacer o de no hacer a la Administración, sino también, en ciertos casos, sustituirse en ella, si es necesario para el restablecimiento de la situación jurídica subjetiva lesionada por la actividad administrativa.

Este principio constitucional, en todo caso, ha venido moldeando los poderes del juez contencioso-administrativo, en la tendencia de asegurar el derecho ciudadano a la tutela judicial frente a la administración, con incidencia en el principio dispositivo y en los poderes de actuación de oficio; en la posibilidad de adoptar medidas cautelares y otras órdenes en el procedimiento; en el contenido de la sentencia y en la ejecución de las sentencias[579].

1. El principio dispositivo en el contencioso-administrativo y la ampliación de sus poderes como contralor de la legalidad

Los poderes del juez en el contencioso-administrativo, puede decirse que se rigen por las disposiciones del Código de Procedimiento Civil, y como a todo Juez, al Juez Contencioso se le aplican dos principios que están en el artículo 12 de dicho Código: por

579 *V.*, lo expuesto en Allan R. Brewer-Carías, *Nuevas Tendencias en el Contencioso Administrativo en Venezuela*, Caracas, 1993, pp. 179 y ss.

una parte, la decisión conforme a derecho (la sumisión de la legalidad de parte del Juez), y por la otra, el principio dispositivo, matizado aun con los poderes inquisitivos que existen en el contencioso-administrativo:

A. La decisión conforme a "normas de derecho"

En cuanto a la sumisión a la legalidad de acuerdo a este artículo 12 del Código de Procedimiento Civil, el juez "debe atenerse a las normas de derecho a menos que la Ley lo faculte para decidir con arreglo a la equidad".

Esta norma sugiere un aspecto de particular importancia en el contencioso al permitirle al juez, en la segunda parte, la posibilidad de recurrir a la equidad en las decisiones que pueda adoptar, cuando la Ley lo faculte. En nuestro ordenamiento jurídico, las leyes que en especial atribuyen a un Juez la posibilidad de decidir conforme a la equidad, sólo existen en el campo mercantil o de derecho privado; en cambio, en general, en el campó del derecho público, no existe ese tipo de regulación expresa. Sin embargo, hay que destacar una disposición fundamental: el Artículo 206 de la Constitución, que se repite en el 131 de la Ley Orgánica de la Corte Suprema, que le atribuye al Juez la potestad para disponer lo necesario para restablecer la situación jurídica subjetiva lesionada. Por supuesto, esto lo debe hacer el Juez conforme a las normas de derecho, pero ello no excluye que pueda recurrir a la equidad para tomar determinadas decisiones.

El origen de esta expresión "decidir con arreglo a la equidad" en el derecho comparado, sin duda, debe situarse en el derecho inglés, donde incluso, inicialmente, había dos jurisdicciones: la jurisdicción del Common Law y la jurisdicción de equidad, aun cuando después se han fundido. En todo caso, cuando el Common Law es insuficiente para que el juez pueda restablecer una situación jurídica subjetiva lesionada, el juez puede recurrir a criterios de justicia, a lo que sea más equitativo, o decidir conforme a su conciencia. Y sin duda, este es un elemento que podría permitir al juez contencioso-administrativo tomar decisiones de acuerdo a la equidad, para restablecer la situación jurídica subjetiva lesionada, aun cuando no haya una norma de derecho expresa que abra la posibilidad de decisión en un caso concreto.

En materia de amparo por ejemplo, así como en el contencioso-administrativo, es donde el juez debe recurrir a la equidad cuando sea necesario para restablecer la situación jurídica subjetiva lesionada; y, en efecto, en más de una ocasión, el juez contencioso administrativo, en ausencia de normas de derecho, ha adoptado decisiones precisamente en base a la equidad, aún cuando ello no se haya dicho expresamente, basta recordar, por ejemplo, toda la tradición jurisprudencial previa a la Ley Orgánica de la Corte Suprema de Justicia de 1976 que reguló la suspensión de efectos del acto administrativo en vía contenciosa. Esta posibilidad fue una creación pretoriana del juez contencioso, de poder suspender los efectos del acto administrativo en juicio, cuando la ejecución podía causar gravámenes irreparables o de difícil reparación, y ello lo fue haciendo el juez contencioso, decidiendo sin que existiera una norma de derecho que lo autorizada, sino pura y simplemente .en base a principio de la equidad.

B. El principio dispositivo y los poderes inquisitivos

El otro aspecto relativo a los poderes del juez, es el del principio dispositivo en el proceso, su aplicación al contencioso y la determinación de los poderes inquisitivos del Juez.

Aquí también, como principio, rige el mismo artículo 12 del Código de Procedimiento Civil, que dispone que el juez "debe atenerse a lo alegado y probado en autos, sin poder sacar elementos de convicción fuera de éstos, ni suplir excepciones o argumentos de hecho no alegador ni probados". El principió se recoge de nuevo en el Art. 243 del Código de Procedimiento Civil donde se establece que "la sentencia debe contener decisión expresa, positiva y precisa con arreglo a la pretensión deducida y a las excepciones o defensas opuestas".

De estos artículos surge, sin duda, el principio dispositivo: el Juez debe decidir, en principio, de acuerdo a lo alegado y probado en autos, principio que se recoge en el Art. 82 de la Ley Orgánica de la Corte Suprema, que establece que el juez contencioso conocerá de los asuntos a instancia de parte interesada, salvo que pueda proceder de oficio conforme a la Ley.

El principio dispositivo, por tanto, puede decirse que es de aplicación de los asuntos a instancia de parte interesada, salvo que pueda proceder de oficio conforme a la Ley.

El principio dispositivo, por tanto, puede decirse que es de aplicación clara en materia contencioso-administrativa, aun cuando con matices derivados de ciertos poderes inquisitivos qué tiene el juez contencioso-administrativo, particularmente en relación con el contencioso de los actos administrativos, donde el juez ejerce un control de legalidad.

Se destacan así, los poderes de actuación de oficio que la Ley Orgánica de la Corte Suprema de Justicia le confiere al juez contencioso-administrativo, en materia de apreciación dé la admisibilidad de los recursos (Art. 84); en materia de apreciación de vicios de orden público y de continuar conociendo de la causa a pesar del desistimiento o la perención (Art. 87); en materia de procedimientos aplicables cuando no estén legalmente establecidos (Art. 102); en materia de emplazamiento de los interesados (Arts. 116 y 125); en materia de solicitud del expediente administrativo (Art. 123); en materia de pruebas (Arts. 127 y 129).

Ahora bien, aparte de esto, el juez contencioso-administrativo en principio, debe actuar a petición de parte y conforme a lo alegado y probado en autos, es decir, ateniéndose a los vicios alegados, respecto del acto impugnado y con base en las razones alegadas.

a. *El fundamento del recurso y el control de la legalidad*

De acuerdo a la Ley Orgánica de la Corte Suprema de Justicia (Art. 113 y 122), el escrito de recurso (el libelo) debe contener indicación precisa de las disposiciones constitucionales o legales cuya violación se denuncia, y de las razones de hecho y de derecho en que se funde la acción.

Por tanto, en el contencioso de anulación, la nulidad demandada contenida en el libelo del recurso, viene a ser el fundamento de la acción que se introduce ante el Juez. Esta necesidad de que el libelo indique con precisión las normas violadas y las razones de hecho y de derecho del recurso, había sido establecida antes de la Ley Orgánica de la Corte por la propia jurisprudencia de la Corte Suprema, donde se señalaba que "el fundamento del recurso" era justamente "la violación denunciada" en el libelo[580]; y que "la

580 Sentencia CSJ-SPA de 19-11-61, G.F., N° 34, p. 81.

materia que debía ser objeto de la decisión debía estar circunscrita a los pedimentos expresamente consignados en la demanda"[581].

Con posterioridad, en igual sentido, en una sentencia de la Corte Primera de la Contencioso-Administrativo de 7-12-82, se expresó que los:

> "límites del conocimiento y decisión de los tribunales vienen dados por los términos en los que han sido planteadas las respectivas demandas, y alegatos de la contraparte, sin que puedan los jueces cambiar su naturaleza, o la pretensión perseguida por los demandantes[582].

Por tanto, de acuerdo a esta doctrina y al principio del Código de Procedimiento Civil, podríamos decir que, en principio, el juez no podría encontrar otras disposiciones violadas distintas a las denunciadas por el recurrente; que el juez no podría encontrar otros vicios distintos a los allegados por el recurrente que el juez no podría dar otras razones como fundamento del recurso o de la nulidad alegada, distintas a las establecidas en el libelo del recurso; y que el juez no podría, por tanto, considerar otros pedimentos distintos a los consignados en el recurso.

El límite, por tanto, de la acción del proceso y de la decisión del juez, debe ser, de acuerdo al principio del Código de Procedimiento Civil y a la jurisprudencia de los Tribunales Contencioso-Administrativos, el establecido en el libelo del recurso.

Por ello, hay sentencias de la Corte Primera de lo Contencioso- Administrativo que revocan sentencias de tribunales inferiores, porque han decidido, por ejemplo, una cuestión extraña a los pedimentos del libelo. En otra sentencia[583], la Corte Primera señaló que el sentenciador:

> "debe ceñirse a las pretensiones de las partes, con arreglo a la demanda y a las excepciones opuestas, lo que conduce a precisar que le está prohibido extenderse a examinar y decidir peticiones u oposiciones que le hayan sometido expresamente las parteó en litigio, ni plantear, desde luego, de modo diverso a como aquellas, lo hicieron, el problema jurídico objeto de la controversia, para entrar a decidir puntos extraños a los que han sido discutidos en juicio"[584].

b. *El control de legalidad y el principio iura novit curia*

Los principios jurisprudenciales anteriores responden al principio dispositivo regulado en el Código de Procedimiento Civil; sin embargo, su aplicabilidad estricta origina problemas diversos cuando de lo que se trata es del ejercicio del control de legalidad.

En efecto, en materia procesal hay un principio tradicional y efe que el derecho lo sabe el juez: "*iura novit curia*"; y si el derecho lo sabe el juez, y se trata, en el contencioso de anulación de los actos administrativos, de un control de legalidad, cabría preguntarse si puede Considerarse al juez contencioso como un contralor absoluto de la legalidad, aún cuando ciertos problemas de legalidad no hayan sido planteados necesariamente por el recurrente. En otras palabras, ¿Si el derecho lo sabe el juez, puede el juez acudir a cualquier norma de derecho, aún no alegada por los recurrentes para ejercer su función de contralor de la legalidad?

---

581 Sentencia CSJ-SPA de 2-6-64 en *G.O.*, N° 27.474 de 25-6-64^

582 Sentencia de 7-12-82, *RDP*, N° 13 1983 p. 152.

583 Sentencia de 30-1-83, *RDP*, N° 13, 1983, p. 154.

584 Sentencia de 8-3-83, *RDP*, N° 14, 1983, p. 182.

Este es justamente el problema planteado en materia contencioso-administrativa de anulación de los actos administrativos, donde el problema generalmente envuelto, es un problema de derecho, y no necesariamente de hechos.

c. *Lo alegado y probado en autos y sus matices*

Ahora bien, como hemos dicho, el juez –y este principio debe seguirse manteniendo–, debe decidir de acuerdo a lo alegado, y probado en autos. Así lo exige el Código de Procedimiento Civil.

Ahora bien, lo alegado tiene que referirse, primero al acto impugnado, y si es un acto de efectos generales, a la norma impugnada; segundo a las normas que se alegan violadas; tercero a los vicios denunciados por el recurrente, y cuarto a las razones aducidas por el recurrente. En principio, el juez debe decidir conforme a lo alegado en esta forma y a lo probado, por las partes, en el proceso. Por ello la Corte Primera, en sentencia de 13-3-80, señaló que en la sentencia no debe haber decisión sobre "nada distinto de lo pedido por las partes"[585].

Sin embargo, aun frente a esta formulación del principio dispositivo y a la decisión conforme a lo alegado y probado en autos, la jurisprudencia, en aras del control de la legalidad, lo ha matizado.

a'. Precisiones sobre lo alegado respecto al acto impugnado cuando se trata de actos normativos

Ello ha sucedido, por ejemplo, en relación al acto impugnado. En los casos de impugnación de actos de efectos generales, cuando el recurrente lo impugna parcialmente, y por tanto, denuncia la inconstitucionalidad o ilegalidad de algunos artículos del mismo; si se aplicase estrictamente al principio dispositivo, el juez estaría circunscrito a la alegación respecto de algunos artículos, y no podría conocer de la nulidad de otros artículos del acto de efectos generales, no alegados por el recurrente. Sin embargo, la Corte Suprema, en sentencia de 16-12-81, de conformidad con lo establecido en el artículo 82 de su Ley Orgánica consideró "que puede y debe pronunciarse sobre la nulidad de otros artículos" de la Ordenanza impugnada en ese caso:

> "aunque los actores no hayan hecho solicitud expresa al respecto, si considera que los mismos incurren en violaciones que afectan el orden público Sobre todo si se trata de cuestiones de orden público eminente"[586].

b'. Lo alegado en cuanto a las normas violadas y la ampliación de los poderes del juez en materia de derecho

La matización al principio dispositivo se ha producido, también, en cuanto lo alegado por el recurrente en lo que se refiere a las normas violadas. El juez, hemos dicho, conoce el derecho; por lo tanto, como contralor de legalidad, en su análisis del caso, podría encontrar normas violadas, no alegadas. En otras palabras, el juez está obligado a saber el derecho y a aplicarlo; en consecuencia, no necesariamente debe ceñirse al derecho que alega el recurrente, exclusivamente, y podría buscar otras normas jurídicas que, por ejemplo, hayan sido vulneradas por el acto impugnado y pronunciarse sobre su ilegalidad.

---

585 Sentencia de 18-3-80, *RDP*, N° 2, 1980, p. 140.

586 Sentencia CSJ-SPA de 10-12-81, *RDP*, N° 9, 1982, p. 148.

En una sentencia de 10-12-84 de la Corte Primera de lo Contencioso-Administrativo, al analizar una sentencia de un Tribunal inferior, señaló que no constituye vicio de *ultrapetita*:

> "el aplicar los jueces reglas de derecho no alegadas por las partes; porque en razón del aforismo: "el Juez conoce el derecho" (*iura novit curia*), éste está obligado a tener en cuenta tales reglas, aun no habiendo sido mencionadas por las partes, si se atienen estrictamente a los hechos, sin variar estos"[587].

En esta forma, la Corte Primera estableció el criterio de que las normas violadas, alegadas por el recurrente, no constituyen un límite para el juez, el cual puede buscar otras normas violadas, siempre que no cambie los hechos, es decir, se atenga estrictamente a los hechos alegados. De allí se deriva que el principio dispositivo lo aplica la Corte a los hechos alegados por el recurrente, pero no al derecho, agregando en dicha sentencia que:

> "Si los hechos no cambian, y los jueces aplican normas diferentes o distintas a las alegadas por las partes antes que otorgarles más de lo pedido, es darle exactamente lo que se corresponde"[588].

El límite, en todo caso, en este principio jurisprudencial, es que los hechos alegados por el recurrente y las partes, no deben ser variados por el juez. Sin embargo, veremos más adelante, cómo los poderes inquisitivos del juez, lo pueden llevar a promover pruebas y probar hechos de oficio.

c'. Lo alegado en cuantío a los vicios del acto y la apreciación de oficio de los vicios de orden publico

El principio dispositivo exige también que el juez, además de atenerse al derecho y a las normas que se alegan violadas, se debe atener a los vicios alegados, lo que concierne tanto al derecho como a hechos, porque los vicios se refieren a ambos elementos. Aquí también encontramos una jurisprudencia que empieza a admitir que el juez puede apreciar otros vicios distintos a los alegados por el recurrente. En efecto, en una sentencia de 27-03-85, la Corte Primera de lo Contencioso-Administrativo admitió que:

> "es posible y valedero que el juez se aparte de las impugnaciones aducidas por los recurrentes y haga valer consideraciones propias que lo llevan a la convicción de que un acto está viciado sin que ello afecte la validez del fallo"[589]:

Pero por supuesto, este poder de acudir a otros elementos de derecho, para pronunciar la ilegalidad de un acto, no puede llevar al juez a cambiar la naturaleza de los alegatos, ni las pretensiones que han formulado las partes.

En todo caso, si bien el juez tiene éste poder inquisitivo para buscar el derecho aplicable y poder acudir a otras alegaciones distintas de las formuladas por las partes, de nuevo encontramos, sin embargo, el límite derivado del principio dispositivo en cuanto en una sentencia de 11-07-72 señaló que:

> "el Juez no puede sacar elementos de convicción fuera de los autos ni suplir excepciones o argumentos de hecho, no alegados, ni probados"[590].

---

587 Sentencia de 10-12-84, *RDP*, N° 20, 1984, p. 166.

588 *Idem*

589 Sentencia de 27-3-85, *RDP*, N° 22, 1985, p. 187.

590 Sentencia CSJ-SPA de 11-7-72, en *G.O.* N° 1.540 Extra, de 29-8-72, p. 47

De manera que si bien el juez puede acudir al derecho no alegado para decidir, no puede recurrir a hechos no alegados o probados en juicio, aun cuando –como hemos señalado– el juez pueda probar de oficio los hechos en base a sus poderes inquisitivos.

Pero en cuanto a los vicios alegados, en la Ley Orgánica de la Corte Suprema de Justicia se encuentra un principio que ha venido siendo aplicado en los últimos años en forma constante, tanto por la Corte Suprema de Justicia como por los Tribunales Contencioso-Administrativos, consistente en la posibilidad que tiene el juez, de considerar de oficio vicios de orden público, que se refieren a vicios de nulidad absoluta.

En efecto, el artículo 87 de la Ley establece que cuando haya desistimiento o perención, aún cuando en principio, estas actuaciones procesales dejan firme la sentencia apelada en el desistimiento o el acto recurrido en la perención, ello no sucede cuando "éstos violen normas de orden público y por disposición de la ley corresponda a la Corte el control de la legalidad de la decisión o acto impugnado".

El contencioso administrativo es un control de legalidad, razón por la cual, esta norma ha llevado a los jueces, en sucesivas sentencias, a admitir la posibilidad de conocer y de decidir de oficio la nulidad de un acto administrativo, considerando vicios de orden público aun cuando éstos no hayan sido alegados por las partes[591].

Estos vicios, ha dicho la Corte Primera de lo Contencioso-Administrativo:

> "no pueden ser convalidados, ni por la Administración, ni por los interesados, y mucho menos por los jueces, de modo que éstos pueden declararlos nulos aunque la querellante no los hubiere alegado"[592].

En general en las decisiones, el juez contencioso-administrativo ha vinculado, los vicios de orden público a los vicios de nulidad absoluta[593]; y éstos son los enumerados en el artículo 19 de la Ley Orgánica de Procedimientos Administrativos.

En esta forma, definidos estos vicios de nulidad absoluta en dicha ley, el juez, en uso de esta potestad de apreciar de oficio vicios de orden público, debe ceñirse, en principio, al listado del mencionado artículo 19 de dicha ley.

Pero existe otra posibilidad en la cual los jueces contencioso-administrativos pueden también decidir de oficio, apreciando vicios de inconstitucionalidad, que podrían identificarse como vicios de orden público y ello sucede en los casos en los cuales acuden a la facultad prevista en el artículo 20 del Código de Procedimiento Civil relativa al "control difuso de la constitucionalidad".

Esta norma es mandatoria, en el sentido de que cuando la Ley vigente cuya aplicación se pida (lo alegado por las, partes), colidiere con alguna disposición constitucional, los jueces aplicarán esta última con preferencia. Así, en una sentencia de la Corte Primera de 20-03-80, el principio quedó claramente establecido en la siguiente forma:

> "Con respecto a los otros conceptos expresados en los párrafos anteriormente transcritos, esta Corte ratifica el criterio otras veces expuesto acerca de la facultad del juez de enjuiciar previamente las normas que habrá de escoger y aplicar para decidir el caso concreto objeto del proceso; esta función de enjuiciamiento normativo previo que debe realizar el juez, está recogida en el ar-

---

591 *V.*, entre otras sentencias de la CPCA de 6-12-82, *RDP*, N° 13, 1982, p. 151; de 21-3-85, *RDP*, N° 22, 19,85, pp. 188-189; de 24-10-85, *RDP*, N° 24, 1985, p. 171.

592 Sentencia de 10-12-87, *RDP*, N° 33, 1988, p. 138.

593 *V.*, entre otras sentencias de la CPCA de 1-12-83, *RDP*, 17, p. 202; y de 10-12-87, *RDP*, N° 33, 1988, p. 138; y de la CSJ-SPA de 5-12-85, *RDP*, N° 25, 1986, p. 144.

tículo 7 (actualmente el Art. 20) del Código de Procedimiento Civil, y por ende, no es sólo una facultad sino también un deberá realizable de oficio, por sustentarse en el principio *iura novit curia*"[594].

d'. Lo alegado en cuanto a las razones y los poderes del Juez

Pero el juez en base al principio dispositivo, no sólo hemos indicado que está sometido a las normas que se alegren violadas con las excepciones que hemos señalado, sino también a las razones alegadas, los cuales también deben limitarlo en su decisión.

Sin embargo, aquí también encontramos excepciones. Por ejemplo, en una sentencia de la Corte Primera de 13-03-80, se precisó que "el juez no está obligado en la solución del problema, a subordinarse a las razones jurídicas indicadas por los litigantes"[595]; jurisprudencia que irrumpe contra el principio dispositivo y le da al juez posibilidad de buscar otras razones distintas a las indicadas por los litigantes.

d. *El control de la legalidad, lo probado en autos y los poderes inquisitivos*

Ahora bien, el principio dispositivo no sólo exige qué la decisión del juez, en principio, esté basada en lo alegado por los recurrentes, con todas las excepciones que hemos visto, sino también de acuerdo al Código de Procedimiento Civil en lo probado por las partes.

Sin embargo, frente a este principio está la norma del artículo 129 de la Ley Orgánica de la Corte Suprema de Justicia que autoriza al juez contencioso-administrativo, en cualquier estado de la causa, a solicitar informaciones y hacer evacuar las pruebas que considere pertinentes.

En este sentido la Corte Primera ha señalado, en sentencia de 18-03-80 que:

> "Reconoce la jurisdicción que tienen de oficio los Tribunales de lo Contencioso Administrativo para apreciar datos de hechos cuyo conocimiento considere el Juez necesario a los efectos de la comparación de la pretensión con el ordenamiento jurídico: en resumen, el juez contencioso administrativo tiene poderes inquisitorio, pudiendo así conceder la prorroga solicitada en el caso presente, o aún ex-oficio ordenar las pruebas pertinentes"[596].

Por supuesto, estos poderes inquisitivos deben referirse a los hechos alegados. El juez contencioso no puede, en principio, extraer hechos distintos a los alegados por el recurrente, pudiendo sin embargo apreciar los hechos que están en el expediente administrativo, aún cuando no hayan sido alegados por las partes. Como lo ha señalado la Corte Suprema en sentencia 24-10-85:

> "El órgano jurisdiccional puede, por tanto, utilizar todos aquellos datos que figuran en el expediente administrativo aun cuando en los alegatos formales las partes no recojan algunos de ellos. La existencia del expediente administrativo justifica dada la función revisora de esta jurisdicción, que éste pueda examinar no sólo los actos objeto de impugnación, sino también, sin limitación, todas las actuaciones administrativas que llevaron a dictarlos"[597].

En todo caso, los jueces han sido cautelosos en el uso de sus poderes inquisitivos en materia de prueba, razón por la cual en la sentencia de 18-03-80, antes citada, señaló:

---

594 Sentencia de 20-3-80, *RDP*, N° 2, 1980, p. 140

595 *RDP*, N° 2, 1980, p. 140.

596 Sentencia de 18-3-80, *RDP*, N° 2, 1980, p. 140.

597 Sentencia CSJ-SPA de 24-10-85, *RDP*, N° 24, 1985, p. 173.

"Que para evitar confusiones a las partes y evitar igualmente toda duda en relación a la puridad del proceso, el órgano jurisdiccional debe expresar con toda claridad cuándo va a usar tal potestad inquisitoria, pues lo normal es que las partes sean quienes lleven al proceso los datos de hecho, y no precisar cuándo se usa la citada potestad inquisitiva por parte del Tribunal Contencioso Administrativo, porque puede confundir a las partes y crear una situación de aparente favorecimiento a una de las partes en el proceso"[598].

De lo anterior resulta que si bien en materia contencioso-administrativa rige el principio dispositivo, tratándose de un juez de la legalidad y existiendo el principio de que el juez debe conocer el derecho, este es libre de elegir el derecho que considere aplicable según su ciencia y conciencia, no hallándole atado por los errores u omisiones de las partes.

Por ello ha venido desarrollando poderes inquisitivos de manera de poder entrar a considerar otros elementos de derecho, distintos a los alegados por las partes, pero sin poder suplir las normas violadas, los vicios alegados y las razones alegadas.

Por tanto si un recurrente intenta un recurso, y pura y simplemente indica que el acto impugnado viola un artículo de una ley, sin dar razones jurídicas, el juez no puede suplir las razones que no dio el recurrente.

2. Los poderes del juez contencioso-administrativo en materia de medidas cautelares y de ordenes en el procedimiento

A. Las medidas cautelares en el contencioso-administrativo

a. *Un retroceso en materias de suspensión de efectos*

Tradicionalmente, en el procedimiento contencioso-administrativo, las medidas cautelares que podían adoptar los jueces se habían limitado a la potestad de suspensión de efectos del acto recurrido, sólo si se trataba de un acto de efectos particulares, conforme a lo establecido en el artículo 136 de la Ley Orgánica de la Corte Suprema de Justicia a los efectos de evitar perjuicios irreparables o de difícil reparación por la definitiva.

En el razonamiento para adoptar tal decisión judicial, sin duda, el juez debe ponderar los intereses en juego en el proceso (interés público *vs.* intereses particulares), y por ello, la ley lo faculta para poder exigir caución al recurrente a los efectos de decretar la suspensión de efectos. En la Ley Orgánica de la Corte Suprema de Justicia, ésta es una exigencia potestativa del juez, lo que ocurre en casos excepcionales.

En todo caso, su exigencia es una limitación a los poderes cautelares del juez, lo cual se ha agravado en materia urbanística, pues conforme al artículo 94 de la Ley Orgánica de Ordenación Urbanística, "la posibilidad del juez de suspender los efectos de los actos administrativos de corrección, modificación, paralización o demolición en materia urbana, está supeditada siempre a la exigencia de una caución suficiente para garantizar "el costo de la ejecución del acto y el de los daños y perjuicios a terceros".

---

598 Sentencia CPCA de 18-3-80, *RDP*, N° 2, 1980, p. 140.

En esta forma, en materia urbanística, se ha introducido una limitación a los poderes del juez contencioso administrativo, que marca un retroceso en la materia, y que contrasta con la tendencia a la aplicación de esos poderes.

b. *La ampliación de los poderes cautelares del juez contencioso-administrativo*

En efecto, en contraste con la restricción que resulta de la Ley Orgánica de Ordenación Urbanística en materia de suspensión de efectos, lo cierto es que la tendencia general en el contencioso-administrativo comparado y en la jurisprudencia venezolana, es la ampliación de los poderes cautelares del juez contencioso-administrativo, más allá de la sola posibilidad de suspensión de efectos.

En Francia, por ejemplo, donde la dualidad jurisdiccional es quizás de las más marcadas, la doctrina comienza a constatar el contraste entre el juez judicial, con poderes cautelares amplios derivados del Código de Procedimiento Civil y los poderes limitados del juez administrativo, en materia cautelar, lo que ha llevado a plantear la necesidad de la reconquista por parte del juez administrativo de los poderes de ordenar, que en general, tiene el juez judicial, y no sólo de carácter suspensivos.

Una tendencia más marcada se ha evidenciado en Italia, donde la Corte Constitucional, por sentencia N° 180 de 28-06-85 declaró como contraria a la Constitución la limitación de las medidas cautelares que establecía la Ley de Procedimientos ante la jurisdicción Contencioso-Administrativa, a la sola suspensión de efectos del acto impugnado, partiendo del argumento de que la duración del proceso no debe causar perjuicio al recurrente qué tiene razón, Por ello, argumentó la Corte Constitucional que la tutela judicial efectiva impone al juez el poder disponer de la facultad de adoptar todas las medidas cautelares que sean necesarias para evitar la frustración ulterior de la decisión de fondo, llegándose incluso a la generalización de las medidas cautelares positivas, suspensivas o sustitutivas frente a los actos denegatorios.

En Venezuela, siendo por supuesto el Código de Procedimiento Civil aplicable en materia contencioso-administrativa conforme al artículo 88 de la Ley Orgánica de la Corte, y conforme la orientación del artículo 206 de la Constitución que otorga al juez contencioso poderes para disponer lo necesario para el restablecimiento de la situación jurídica subjetiva lesionada por la actividad administrativa, es evidente que las medidas cautelares que puede adoptar el juez no se reducen a la sola suspensión de efectos del acto administrativo, sino que pueden abarcar las denominadas medidas cautelares innominadas previstas en el artículo 588 del Código de Procedimiento Civil, lo que implica poderes de dictar ordeñes de hacer, de no hacer o de ejecutar, dirigidas a la Administración, mientras dure el juicio de nulidad.

En este sentido debe destacarse el uso de poderes cautelares de oficio por la Corte Suprema en dos casos: en el caso *Tarjetas Banvenez* decidido por sentencia de 10-7-91 y en el caso de la elección de Gobernadores de Barinas y Sucre de 15-2-93. En esas decisiones la Corte decidió, para salvaguardar el interés de las partes, de oficio por una parte, suspender las Asambleas del Banco de Venezuela y por la otra, suspender las elecciones para Gobernadores que había convocado el Consejo Supremo Electoral[599].

---

599 Consultada en original.

Por otra parte, y para reforzar la idea de que es necesario que el juez contencioso-administrativo haga uso de los poderes cautelares innominados que le permite la ley, en cuanto a la suspensión de efectos de los actos administrativos, debe tenerse en cuenta que ésta ha sido tradicionalmente una medida efectiva frente a decisiones positivas de la Administración donde hay providencia, como por ejemplo, la revocación de un acto, la orden de demolición de un inmueble, la destitución de un funcionario. En estos casos, la suspensión de efectos del acto recurrido, permite respectivamente la continuación de la vigencia del acto, el cese de la demolición ordenada o el ejercicio del cargo, mientras dure el juicio de nulidad.

Sin embargo, en general, se ha considerado que la suspensión de efectos del acto recurrido no es efectiva frente a decisiones de rechazo o denegatorias de solicitudes, siendo tradicional la posición del juez contencioso-administrativo dé no acordar la suspensión de efectos, cuando ello pudiera implicar una orden de hacer o un acto positivo.

Este principio, sin embargo, ha sido variado recientemente por la Corte Suprema de Justicia, en una sentencia dictada en un recurso de nulidad acumulado con una acción de amparo, al disponer como amparo cautelar, una orden de hacer a la Administración. En efecto, en sentencia de 06-10-92, (caso citado *Mayor Rodríguez San Juan*) al conocer la Corte de un recurso de nulidad contra el acto administrativo de negativa de goce de una pensión de retiro de las Fuerzas Armadas dictado por el Ministro de la Defensa, en el cual se alegó violación al derecho de igualdad y a la no discriminación, la Corte consideró que estos derechos podían presumirse violados, y pasó de seguidas "a establecer el monto de la pensión de retiro correspondiente", ordenando "al Ministro de la Defensa que realice lo necesario para que le sea concedido al accionante el monto suficiente para su subsistencia" y disponiendo el pago mensual de la pensión "hasta que sea decidido el recurso de nulidad intentado, donde habrá una declaración sobre la legalidad del acto cuestionado". Agregó la Corte en su decisión, a fin de proteger los intereses de la República que si el recurso de nulidad se declarase sin lugar, y se confirmase judicialmente el acto impugnado que había negado la pensión:

> "surge el derecho de la Administración en ser resarcida y a recuperar el monto global de los pagos realizados"[600].

B. Los poderes inquisitivos y las órdenes de procedimiento

Además de las medidas cautelares innominadas, en el curso del procedimiento el juez contencioso-administrativo tiene legalmente una serie de poderes para dictar órdenes de procedimiento, particularmente en materia de pruebas conforme al ya citado artículo 129 de la Ley Orgánica de la Corte. Así, estas órdenes pueden consistir en solicitudes de información y exhibición de documentos, incluso frente a los casos de reserva o secreto administrativo.

Sin embargo, es evidente que estos poderes de actuación de oficio tienen límites, como lo ha establecido la Corte Suprema de Justicia en su sentencia de 19-07-90 (caso *Consorcio Uricao Hochtief*):

---

600 Sentencia CPCA de 7-12-82, *RDP*, N° 13, 1982, p. 152.

> "Si bien el juez de lo contencioso-administrativo y, en este caso, tributario, le está dado dentro de sus facultades inquisitoriales realizar o disponer de oficio actuaciones tendentes al esclarecimiento de los hechos, en orden a la obtención, de la verdad procesal, sin embargo tal facultad, no puede concluir en ningún momento a sustituir al administrado (contribuyente) supliendo alegatos no esgrimidos por éste en su defensa, so pena de incurrir en ultrapetita"[601].

Por otra parte, el juez contencioso-administrativo, conforme al artículo 16 del Código de Procedimiento Civil, puede adoptar restricciones y prohibiciones respecto de actuaciones contrarias a la majestad de la justicia y al respeto que se deben los litigantes. En este ámbito caben todas las órdenes de policía del proceso y de las audiencias, lo que podría implicar, por ejemplo, restricciones a la prensa u otros medios, o a multitudes de acceso a las salas de audiencias; y sanciones conforme al artículo 170 del Código de Procedimiento Civil y al artículo 172 de la Ley Orgánica de la Corte Suprema de Justicia.

3. El contenido de la sentencia

De acuerdo con lo establecido en el artículo 206 de la Constitución y en el artículo 206 de la Ley Orgánica de la Corte Suprema de Justicia, el juez contencioso-administrativo no sólo tiene el poder de juzgar y decidir la nulidad de los actos administrativos y condenar a la Administración, sino que tiene el poder de ordenar todas las medidas indispensables para la buena marcha de la justicia, es decir, disponer lo necesario para el restablecimiento de la situación jurídica subjetiva lesionada por la actividad administrativa. Ello implica no sólo facultades de declaración y de anulación sino de condena, es decir, de adoptar órdenes de cualquier naturaleza frente a la Administración, como son las de hacer, no hacer, deshacer, dar, pagar o entregar.

Ahora bien, en la clasificación general de las sentencias, según las pretensiones formuladas, en el ámbito contencioso-administrativo pueden también distinguirse, en general, tres tipos de sentencias: sentencias declarativas, sentencias constitutivas y sentencias de condena, aún cuando en general, los dispositivos de las mismas sean conjuntos.

A. Los diversos tipos de sentencias

a. *Las sentencias declarativas*

Las sentencias declarativas tienen por objeto la mera declaración de la existencia o inexistencia de una relación jurídica o de un derecho. El fin de estas sentencias es la precisión de una certeza, la desaparición de una incertidumbre o de una inseguridad jurídica que pueda existir en relación a un derecho o a una relación jurídica. La sentencia declarativa es admitida directamente en el Código de Procedimiento Civil Art. 16; es por eso, se dice, no altera la realidad jurídica.

Estas sentencias declarativas también existen en materia contencioso-administrativa, donde podrían distinguirse las siguientes:

---

601 Sentencia de 19-7-90, *RDP*, N° 43, 1990, p. 1261

En primer lugar, las sentencias dictadas en los recursos de interpretación que establece nuestro ordenamiento: no sólo en la interpretación de las leyes que lo prevean, sino también en las acciones de interpretación de un contrato administrativo.

En segundo lugar, las sentencias dictadas en los recursos cuyo objeto sea que se reconozca o declare, por ejemplo, la existencia de un derecho, de un contrato; de las obligaciones de un contrato o de una relación jurídica concreta. Un ejemplo sería el recurso que intente un funcionario público para que se lo reconozca como funcionario de carrera y nada más.

Hay otros supuestos en el contencioso que pueden dar lugar a sentencias declarativas, por ejemplo, cuando se ejerce el control difuso de la constitucionalidad, y el juez declara inaplicable una ley por inconstitucional para decidir un caso concreto. En este caso toma una decisión mero declarativa.

En el contencioso-administrativo, además, puede identificarse otro caso de sentencia-declarativa, no muy frecuente en la práctica, que es la que conforme al artículo 136 de la Ley Orgánica de la Corte Suprema puede dictarse cuando una parte, en un proceso, alega la excepción de ilegalidad consagrada, en el artículo 136 de la Ley Orgánica de la Corte Suprema. Como se sabe, ese artículo establece el lapso de caducidad para intentar el recurso de nulidad y señala que aún vencido el lapso, siempre, la ilegalidad puede alegarse por vía de excepción. En este caso, cuando se alega la excepción de ilegalidad en un proceso, sea en un proceso civil o en juicio contencioso-administrativo, el juez, cuando decide la excepción, en realidad está adoptando en ese aspecto una decisión mero declarativa.

También tienen carácter de sentencia declarativa la que declare la inadmisibilidad del recurso, así como también, la sentencia que desestima el recurso, declarándolo sin lugar.

b. *Las sentencias constitutivas*

El segundo tipo de sentencias que también existen en el contencioso-administrativo, son las sentencias constitutivas, que se producen cuando se pide al órgano jurisdiccional la creación, modificación o extinción de una situación jurídica pre-existente. Una sentencia constitutiva produce una mutuación en la realidad jurídica, y eso es lo qué las distingue de las declarativas.

La típica sentencia constitutiva en el contencioso-administrativo, es la sentencia que declara con lugar un recurso de nulidad, y declara la nulidad del acto impugnado. Una sentencia anulatoria no es propiamente una sentencia declaratoria como en algunas decisiones la Corte Suprema lo ha señalado; en realidad, la sentencia que anula un acto modifica la realidad jurídica y al extinguir el acto impugnado, extingue la relación jurídica derivada del mismo. Incluso, por ejemplo, si el acto administrativo impugnado había revocado un acto precedente, la anulación del acto hace que renazca la situación jurídica creada por el acto anterior. Por ello, la sentencia anulatoria es, típicamente, una sentencia constitutiva.

Por supuesto, en estas sentencias constitutivas, tratándose particularmente de la anulación, el juez, conforme a lo pedido, debe dictar la anulación o no de un acto, no pudiendo modificar, con su decisión, el acto administrativo y pretender producir un nuevo acto, pues en ese caso se sustituiría a la Administración.

En esta forma, en una sentencia de 07-12-82, la Corte Primera de lo Contencioso-Administrativo consideró este principio, al revocar una sentencia de un tribunal inferior, señalando que con su decisión el tribunal inferior "había modificado actos administrativos dictados por autoridades municipales con atribuciones perfectamente definidas en materia de control y ejecución de normas urbanísticas". En el caso concreto, el juez inferior, en su decisión, al pretender aplicar unos actos administrativos, los interpretó erradamente, deduciendo de ellos situaciones no establecidas en los mismos, modificando en definitiva lo que ellos habían dispuesto. La Corte Primera, al revocar la sentencia estimó que el juez había incurrido en usurpación de funciones[602].

En todo caso, derivado del carácter constitutivo de las sentencias de anulación, ha habido jurisprudencia constante en relación a determinar, que en las mismas, el juez no puede, al decidir la anulación de un acto, inmiscuirse en la actividad administrativa, ni resolver directamente problemas que corresponden ser solucionados por la Administración activa. Por ejemplo, la misma sentencia antes citada del 07-12-82, de la Corte Primera se señaló que los poderes de los órganos jurisdiccionales contencioso-administrativos:

> "Se limitan a controlar la legalidad de los actos que constituyen el objeto de los respectivos recursos de anulación, sin poder inmiscuirse en la actividad administrativa material propiamente dicha, ni resolver directamente los problemas que corresponde solucionar a la Administración activa. Sólo en la medida en que a los tribunales contencioso-administrativos les sea llevado un problema de legitimidad y de legalidad, pueden éstos intervenir, a través de sus facultades jurisdiccionales para anular los actos ilegítimos o ilegales, o para restablecer los derechos subjetivos lesionados por la actividad de la Administración, o para condenar a ésta a pagar los daños y perjuicios que ocasione con su actuación, conforme se desprende del artículo 206 de la Constitución. Pero no podrán jamás dichos Tribunales sustituir a la Administración y dictar actos o medidas para regular materias o asuntos económicos, sociales, técnicos o de cualquier otra índole.
>
> En este sentido, en el presente caso no corresponde a esta Corte resolver los problemas de urbanismo, de vialidad o de servicios públicos que hubieran podido originarse de los actos administrativos dictados por la autoridad competente, sino examinar la sentencia apelada, y, si fuera el caso pronunciarse sobre la legalidad de aquellos actos que mediante el respectivo recurso de anulación le han sido llevados a su conocimiento, para controlar la legalidad o legitimidad. Corresponde, por tanto, a este Tribunal Colegiado, en los términos en que le ha sido planteado el objeto de la apelación, en primer término conocer de las denuncias formuladas por la apelante contra la sentencia apelada y en segundo lugar, de resultar procedente la apelación, entrar a decidir sobre la conformidad de los actos impugnados con los textos legales y, si no estuvieren viciados, ratificar su legitimidad, y en caso contrario, a declarar su nulidad"[603].

En otra decisión de la Corte Primera de 07-10-85, al conocer en apelación de una decisión de un tribunal inferior, la Corte insistió en que:

> "El juzgador debe atenerse en su decisión a las pretensiones contradictorias de las partes, sin que le quepa sustituirse en ellas para plantear de manera diferente el problema jurídico en litigio. Ello equivale no a decidir, sino a crear controversias y a infringir por consiguiente la ley, al extenderse más allá de los límites prefijados por la acción y la excepción.
>
> En el caso que se examina resulta obvio que el sentenciador de primera instancia se salió de esos límites al resolver no conforme al recurso interpuesto, sino declarando una cosa distinta a la soli-

602 Sentencia de CPCA de 7-12-82, *RDP*, N° 13, 1982, p. 152.

603 *Idem.*

citada por las partes, al sustituir al acto administrativo de destitución por el de suspensión sin goce de sueldo con las limitaciones que indicó en el dispositivo del fallo, y omitir pronunciarse sobre la totalidad de la pretensión del funcionario[604].

El tema ya había sido tratado por la Corte Suprema de Justicia, en una sentencia de 11-08-49, con motivo de la solicitud de nulidad de unas Resoluciones Ministeriales que habían negado el otorgamiento de unas concesiones mineras por no haber supuestamente el interesado, consignado el papel sellado y timbres fiscales exigidos. Probada en juicio la consignación oportuna del papel y timbres fiscales, la Corte entró a decidir el pedimento del recurrente de que se expidieran los títulos mineros respectivos, y en relación a ello, la Corte señaló:

> "...La Corte considera que mandar a expedir los títulos a que se contrae el demandante, no es, ciertamente atribución de esta Corte, limitada como está en su competencia en el presente caso, a resolver si es nula o si es válida la Resolución del Ministerio de Fomento a que se refiere este juicio.
>
> Naturalmente que declarada la nulidad de las Resoluciones Ministeriales determinadas en la demanda, está obligado el Ministerio de Fomento, prescindiendo de la cuestión de consignación de papel y timbre fiscales, a continuar la tramitación de los respectivos expedientes sobre concesiones de explotación de hidrocarburos, de conformidad con la ley de la materia, que debe ser cumplida"[605].

Más recientemente, la Corte Suprema en sentencia de 04-08-86 (caso *S. A. Petrolera Las Mercedes*), al resolver un recurso de nulidad interpuesto contra una Resolución del Ministerio de Energía y Minas, frente a un pedimento del recurrente de que se acordara la reposición del procedimiento administrativo interno cumplido por el Ministerio, la Sala Político-Administrativa dispuso:

> "Las tramitaciones son diferentes, ante poderes del Estado distintos, no podrá la Sala reponer -así lo pretende el impugnante- la administrativa interna al estado de que se dicte nueva Resolución, corrigiendo los vicios que afectan a las recurridas como si aquella vía y la contencioso judicial fueran una sola".

En esa sentencia la Corte señaló que la vía contencioso-administrativa agota su cometido en la confirmación del acto impugnado a través de la declaratoria sin lugar del recurso o, en su caso, en la anulación total o parcial del mismo, no pudiendo extenderse esos poderes a la intromisión judicial en la tramitación administrativa. Por ello, en ese caso, la Corte concluyó señalando que:

> "Los supuestos vicios de tramitación administrativa que la recurrente alega, podrían, de ser relevantes; conducir a la nulidad en la vía judicial -contenciosa del acto impugnado, más no a la reposición del procedimiento realizado por el Ministerio de Energía y Minas"[606].

c. *Las sentencias de condena*

El juez contencioso-administrativo no sólo puede adoptar sentencias declarativas y constitutivas, sino también, sentencias de condena. Estas se pueden producir conjuntamente con las sentencias constitutivas de anulación o en los juicios seguidos con motivo

---

604 Sentencia CPCA de 7-10-85, *RDP*, N° 24, 1985, p. 172.

605 Sentencia de la Antigua Sala Federal de la Corte Federal y de Casación de 11-8-49 en G.F., N° 2, 1949, pp. 129-131.

606 Consultada en original

de demandas contra los entes públicos. En este caso, la sentencia de condena implica la imposición a la Administración, del cumplimiento de una prestación o de una actividad. Puede ser la imposición de una actividad positiva como una condena a dar, a hacer, o a deshacer algo, o puede ser una sentencia de condena de carácter negativo, a no hacer o a abstenerse de hacer por parte de la Administración. En todo caso se trata de la imposición a la Administración, de una determinada situación jurídica.

Como se dijo, por supuesto puede haber supuestos de sentencias de condena pura y simple, como serían las que se producen normalmente en el contencioso de las demandas contra los entes públicos. Pero pueden haber también sentencias que a la vez sean constitutivas y de condena como herían todas aquellas sentencias dictadas cuando hay cúmulo de pretensiones, de anulación y de condena, en femase al artículo 206 de la Constitución y al artículo 131 de la Ley Orgánica de la Corte Suprema. Lo mismo podríamos decir de las sentencias de anulación y amparo, donde la condena vendría a ser el restablecimiento de la situación jurídica subjetiva lesionada.

En tal sentido, por ejemplo, en los recursos por abstención o negativa, la sentencia declarativa también conlleva la condena a la Administración, a adoptar el acto que no cumplió en su momento, y que motivó el recurso.

B. Las diversas sentencias en el ámbito contencioso-administrativo

Ahora bien, aplicando la clasificación anterior a las diverjas sentencias que se pueden producir específicamente en materia contencioso-administrativa, pueden distinguirse las siguientes:

a. *Sentencias desestímatenos*

El primer tipo de sentencias o de decisiones que puede haber en el contencioso son las de carácter desestimatorias del recurso. Estas pueden ser de dos tipos: en primer lugar, la sentencia de inadmisibilidad, en base a los artículos 84, 115 y 124 de la Ley Orgánica de la Corte, que sin duda son sentencias declarativas. En segundo lugar, las sentencias de improcedencia del recurso o que lo declaran sin lugar.

En efecto, de acuerdo al artículo 131, el juez puede declarar si procede o no a la nulidad invocada, por lo que cuando declara que no procede, declara sin lugar el recurso. En este caso, también se trata de una sentencia declarativa

b. *Sentencias en el contencioso de los actos administrativos*

En el campo de las sentencias dictadas en el contencioso de los actos administrativos, pueden distinguirse tres tipos de sentencias, de acuerdo a las pretensiones que se formulen por el recurrente. Estas sentencias en el contencioso de los actos administrativos pueden ser de mera anulación, de anulación y condena, y de anulación y amparo.

a'. Sentencias de mera anulación

Las sentencias de mera anulación, de acuerdo al Art. 131 de la Ley Orgánica de la Corte, son sentencias típicamente constitutivas. En estos casos, el juez debe ceñirse a lo pedido por las partes, por lo que si el recurrente sólo pidió la anulación del acto, el Juez no puede extenderse más allá de la anulación y condenar a la Administración a determinada actividad.

En consecuencia, si él recurrente sólo ha pedido la anulación del acto recurrido, y no ha pedido el restablecimiento de la situación jurídica vulnerada por la actividad administrativa, el juez no puede acordarlo y debe ceñirse a la anulación solicitada.

Así fue expresamente resuelto por la Corte Primera de la Contencioso Administrativo en sentencia de 06-12-84, en la cual señaló,

> "Observa la Corte, dentro de sus facultades como Tribunal de Alzada, que el Juzgado a quo en la parte diapositiva de la sentencia apelada, condenó a la Municipalidad a reintegrar a la recurrente la suma de Bs. 50.000,00, monto de la multa impuesta a la recurrente, y que ésta había cancelado. Ahora bien, en el libelo contentivo del recurso de anulación, la impugnante no solicitó tal condenatoria y ocurre que conforme a lo previsto en el artículo 131 de la Ley Orgánica de la Corte Suprema de Justicia, sólo cuando ello se desprenda de los términos de la misma demanda, en la sentencia que declare la nulidad del acto impugnado, podrá el Tribunal Contencioso Administrativo condenar el pago de sumas de dinero. En consecuencia, el proceder del Tribunal a quo constituye una, incongruencia con los términos 4 del recurso y además, ultrapetita, porque acordó más de lo solicitado, que fue exclusivamente la nulidad de la decisión recurrida, pero no la condena a la Municipalidad al pago de sumas de dinero. Por tanto, tal aspecto de la sentencia apelada debe ser revocado por esta Corte, por constituir una violación de los artículos 12 y 162 del Código de Procedimiento Civil, y 131 de la Ley Orgánica de la Corte Suprema de Justicia, que son normas de orden público, y así se declara.
>
> Por otra parte, tratándose el reintegro una petición diferente a la de la nulidad, que se traduce en una acción de condena, su interposición puede hacerse conjuntamente con la nulidad, en cuyo caso, se trataría de una acumulación permitida por la propia Ley Orgánica de la Corte Suprema de Justicia, en razón de lo dispuesto en el artículo 131, y en esa hipótesis, si es procedente que los Tribunales Contencioso-Administrativos comprendan en su sentencia tanto la declaratoria de nulidad, como la de condena de repetir lo pagado indebidamente. En el presente casa no sucedió tal supuesto, por lo que el Juez *a quo* debió limitarse a decidir la declaratoria de nulidad, pero no de condenar a la Municipalidad al reintegro de la cantidad pagada por concepto de la multa anulada, porque como se expresó, tal pedimento no fue hecho en el propio recurso de nulidad. En consecuencia, la pretensión de reintegro deberá hacerla la interesada en un proceso aparte, y así se declara"[607].

Por supuesto, ya en vigor el artículo 131 de la Ley Orgánica de la Corte Suprema es difícil que la pretensión del recurrente se limite a la pura anulación: normalmente, el recurrente formulará su pretensión de anulación y además formulará una petición de condena para el restablecimiento de la situación jurídica subjetiva o para la condena al pago de daños y perjuicios, etc. En todo caso, si acaso el recurrente no formula pretensiones de condena y se limita a una pretensión de anulación ésta decisión de anulación sería puramente constitutiva, y el juez no podría excederse a lo solicitado en el recurso –es decir–, la pura anulación[608].

b'. Sentencias de anulación y condena

Además de las sentencias de anulación pura y simple que serían meramente constitutivas, lo normal es que en el contencioso administrativo de anulación, además de las pretensiones de anulación se formulen pretensiones de condena, que a la vez darían lugar a sentencias constitutivas y de condena. Ello es lo que sé deriva del artículo 131 de la Ley Orgánica de la Corte Suprema de Justicia, donde además de anular el acto, el

607 *V.*, en *RDP*, N° 20, 1984, pp. 165-166.

608 *V.*, la sentencia de la CSJ-SPA de 25-9-73, caso *Queremel Castro*, en *G.O.*, N° 30.276 de 8-12-73.

juez puede condenar al pago de sumas de dinero, a la reparación de daños y perjuicios, y además, puede disponer lo necesario para el restablecimiento de la situación jurídica subjetiva lesionada. En este caso, estamos en presencia de sentencias constitutivas producto de la anulación, y de condena, producto del restablecimiento de la situación jurídica o de la sustitución del restablecimiento por la condena al pago de determinadas sumas de dinero.

En estos casos, sin embargó, el restablecimiento de la situación jurídica subjetiva lesionada solicitada por el recurrente, no puede conducir a que el juez lo coloque en una situación jurídica diferente a la que verdaderamente se encontraba cuando sufrió la lesión por la actuación ilegal de la Administración[609], y en todo caso, de ser imposible el restablecimiento solicitado, el juez puede acordarle al recurrente una indemnización compensatoria del daño sufrido en virtud del acto ilegítimo[610].

Ahora bien, particularmente en este campo de las sentencias de condena cuando se pronuncian conjuntamente con las sentencias de anulación (constitutivas), teniendo el juez poderes para adoptar las .medidas que estime necesarias para el restablecimiento de la situación jurídica infringida, es evidente que los poderes del juez contencioso-administrativo aparecen ampliados, pudiendo en muchos casos ordenar conductas a la Administración.

En varias sentencias de la Corte Suprema pueden identificarse estos poderes. En efecto, en muchas sentencias dictadas en juicios en los cuales sé ha impugnado un acto ablatorio, la nulidad pronunciada ha implicado una orden de hacer, dirigida a la Administración, para restituir el derecho lesionado. En efecto, en la decisión del caso *Héctor Zamora Izquierdo*, por sentencia de 07-06-82, la Corte declaró la nulidad del acto del Consejo de la Judicatura por el cual se había desconocido el derecho de un juez a ser reelecto; por lo que:

> "En ejecución de esta sentencia –decidió que–, el Consejo dé la Judicatura deberá proceder, dentro de un término racional, a restituir al Dr. Héctor Zamora Izquierdo al cargo que ejercía..."[611].

Posteriormente, y en la sentencia dictada el 16-05-83, en el caso *H. Morales Longart*, la Corté, al declarar la nulidad del acto del Consejo de la Judicatura que *sustituyó* al juez Morales del cargo que venía desempeñando, consideró que:

> "Procede, como lo solicitara el recurrente, su reincorporación por el Consejo de la Judicatura al cargo que desempeñaba, o de resultar imposible, a otro de similar jerarquía y remuneración, dentro de un plazo razonable, con pago de salarios no percibidos desde la fecha de su sustitución hasta aquella de su efectiva reincorporación..."[612].

La Corte Suprema, en sentencias posteriores ha afirmado sus poderes de ordenar conductas de hacer a la Administración, y así, por ejemplo, en la sentencia de 14-05-85 dictada en el caso Freddy Martín Rojas Pérez, al anular el acto impugnado que había revocado la designación del recurrente en un cargo universitario, dispuso lo siguiente:

> "Por consiguiente, de acuerdo con los términos dé la demanda y de conformidad con lo previsto en el artículo 131 de la Ley Orgánica del Supremo Tribunal, se ordena la reincorporación del recurrente al cargo de Vicerrector de Planificación y Desarrollo de la mencionada Universidad, has-

---

609 Sentencia de la CPCA de 29-2-84, *RDP*, N° 17, 1984,-p. 204.

610. Sentencia de la CPCA de 13-12-84, *RDP*, N° 22, 1984, p. 166.

611 *V.*, en *RDP*, 11, 1982, pp. 186-187.

612. Consultada en original.

ta la fecha de vencimiento del período corriente para el cual fue designado, con el pago de los sueldos correspondientes a dicho cargo que hubiese dejado de percibir hasta el momento de su efectiva reincorporación"[613].

En otra importante sentencia de 20-06-90, dictada en el caso *Radio Rochela C.A. Los Fantásticos*, al declarar la nulidad de una decisión del Registro de la Propiedad Industrial que negó el registro de una marca para distinguir programas de televisión, la Corte en su sentencia declaró:

"Se ordena de conformidad con el artículo 206 de la Constitución y 131 de la Ley Orgánica de la Corte Suprema de Justicia, el registro de la marca Los Fantásticos y la expedición del certificado de registro..."[614].

En igual sentido se ha pronunciado la Corte Suprema en el caso *Dart Industrias Inc.*, resuelto por sentencia de 14-08-90, en el caso *Interdica*, S.A.; resuelto por sentencia de 24-10-90 y en el caso *Philip Morris Incorporated* de 14-03-91, en los cuales también, luego de declarar la nulidad de decisiones del Registro de la Propiedad Industrial que negaron el registro de patentes y marcas, la Corte ordenó el registro respectivo y la expedición del certificado de registro correspondiente[615].

c'. Sentencias de anulación y amparo

En el contencioso de los actos administrativos puede haber otras pretensiones como son las de anulación y amparo, en cuyo caso, la sentencia respectiva sería una sentencia constitutiva y a la vez de condena, porque tanto dé acuerdo al artículo 131 de la propia Ley de la Corte, como al artículo 49 de la Constitución, el Juez además de anular el acto que lesiona el derecho fundamental, debe disponer lo necesario para restablecer la situación jurídica subjetiva lesionada, pudiendo dar a la Administración órdenes de hacer, de no hacer, de abstenerse, de deshacer, según el caso, para restablecer el derecho fundamental lesionado por el acto inconstitucional e ilegal. Incluso, tratándose de amparo constitucional, esa potestad de disponer lo necesario para restablecer la situación jurídica subjetiva lesionada implica que el juez, además de condenar a la Administración a adoptar determinadas decisiones y conductas, puede restablecer directamente la situación jurídica subjetiva en los casos en que ello sea posible, y así, incluso, sustituirse a la Administración, cuando esté envuelto un derecho constitucional.

c. *Sentencias en el contencioso de las demandas*

Además de las sentencias desestimatorias de los recursos, y de las sentencias en el contencioso de los actos administrativos, pueden identificarse las sentencias dictadas en el contencioso de las demandas, donde no hay acto administrativo envuelto, y donde la pretensión es pura y simplemente una pretensión de condena frente a la Administración.

En este caso, por tanto, se trata de una típica sentencia de condena, sea al pago de sumas de dinero o la reparación de daños y perjuicios originados en responsabilidad de la Administración, sea al restablecimiento de la situación jurídica subjetiva lesionada por la actividad administrativa.

613 Consultada en original

614. Consultada en original.

615 Consultada en original.

d. *Sentencias en el contencioso de la interpretación*

El cuarto tipo de sentencias, además de las de carácter desestimatorios y de las dictadas en el contencioso de los actos administrativos y del contencioso de las demandas, son las dictadas en el contencioso de interpretación, que como hemos visto origina sentencias declarativas. Como lo ha establecido la Corte Suprema de Justicia en sentencia de 05-11-81:

> "Su objetivo principal es la solicitud directa al juez, de una declaración acerca de la interpretación que le merecen tanto los actos que se dicten en aplicación de la ley, como las propias normas que conforman su articulado, para presenciar su extensión, sentido y alcance y aclarar así cualquier duda que de los mismos pueda derivar"[616].

e. *Sentencias en el contencioso de la abstención*

En el contencioso de las conductas omisivas las sentencias dictadas por el juez contencioso-administrativo, en general, son a la vez constitutivas y de condena, pues en las mismas no sólo el juez considera ilegal la abstención sino que ordena a la Administración realizar la actuación respecto de la cual se ha negado o abstenido.

f. *Sentencias en él contencioso de los conflictos entre autoridades*

En estos casos del contencioso de los conflictos entre autoridades, particularmente en materia municipal, las sentencias del juez contencioso-administrativo son declarativas de la legitimidad o no de una autoridad y a la vez de condena, cuando ello conlleva la anulación de determinadas actuaciones.

4. Efectos de la sentencia

Las sentencias dictadas en el proceso contencioso-administrativo tienen diversos efectos que deben mencionarse y que muestran el avance jurisprudencial del contencioso como medio de tutela judicial frente a la Administración. Estos efectos se pueden distinguir en relación al acto impugnado; en relación a las partes y al proceso; en relación a otros procesos; en relación al tiempo y en relación a los costos del proceso.

A. Efectos en relación al acto impugnado: nulidad absoluta y nulidad relativa

En el contencioso administrativo de anulación de los actos administrativos, el efecto más importante de la sentencia de anulación se refiere al acto impugnado, según que la anulación pronuncie la nulidad absoluta o la nulidad relativa del mismo.

Antes de la entrada en vigencia de la Ley Orgánica de Procedimientos Administrativos, la Corte Suprema de Justicia había venido construyendo la teoría de las nulidades absolutas, determinando, caso por caso, si procedía o no declarar la nulidad absoluta o radical, de acuerdo a la gravedad y trascendencia de la irregularidad que afectaba el acto administrativo examinado. Como lo ha expuesto la propia Sala Político Administrativa en la sentencia dictada el 26-07-84 en el caso *Despacho Los Teques C.A.*

616 Sentencia CSJ-SPA de 5-11-81, *RDP*, N° 8, 1982, p. 139.

"En este sentido se utilizaron varios de los criterios elaborados por la doctrina del derecho administrativo para identificar los supuestos de ilegalidad merecedores de la calificación de nulidad absoluta como son la violación directa de la Constitución, la falta de' elementos esenciales del acto, infracción grosera de la ley, la incompetencia manifiesta del funcionario, la transformación de normas legales establecedoras de conductas prohibidas, la vulneración del orden público y otros criterios dé semejante naturaleza. En otras palabras, se buscó establecer una proporción entre la gravedad de la nulidad como sanción jurídica y la de los vicios que afectaban el acto administrativo"[617].

La Ley Orgánica de Procedimientos Administrativos de 1982, en contraste con la situación anterior, adoptó una orientación distinta, al enumerar taxativamente los casos de nulidad absoluta en su artículo 19 así:

"*Artículo* 19. Los actos de la Administración serán absolutamente nulos en los siguientes casos:

1. Cuando así esté expresamente determinado por una norma constitucional

2. Cuando resuelvan un caso precedentemente decidido con carácter definitivo y qué haya creado derechos particulares, salvo autorización expresa de la ley.

3. Cuando su contenido sea de imposible e ilegal ejecución;

4. Cuando hubieren sido dictados por autoridades manifiestamente incompetentes o prescindencia total y absoluta del procedimiento legalmente establecido";

En esta forma, a partir de la entrada en vigencia de la Ley Orgánica, estamos en presencia de una enumeración taxativa de los casos que dan origen al vicio de nulidad absoluta. Ello tiene consecuencias respecto del acto impugnado, pues declarada su nulidad absoluta, Conforme lo destacó la Corte Primera de lo Contencioso-Administrativo en sentencia de 22-4-85, el acto no, puede ser convalidado conforme al artículo 81 de la Ley Orgánica de la Corte Suprema de Justicia; y su anulación ha de ser total y no parcial[618]. No implica está enumeración taxativa, sin embargo, que los tribunales contencioso-administrativos hayan considerado que actos administrativos viciados con vicios de nulidad relativa, sin embargo, en algunos casos tampoco puedan ser convalidados, como sucedería cuando están viciados de desviación de poder. Así lo sostuvo la Corte Suprema en la sentencia dictada en el caso *Farmacia Unicentro* el 31-01-90[619].

Por último debe destacarse que quizás el más importante efecto de la distinción entre el vicio de nulidad absoluta y el de nulidad relativa en materia contencioso-administrativa, es la asimilación del primero a los vicios de orden público, que podrían ser alegados en cualquier estado del proceso e incluso apreciados de oficio por el juez, como antes se ha analizado[620].

B. Efectos en relación a las partes y al proceso

En cuanto a los efectos dé las sentencias en relación a las partes, el principio general, en materia procesal, es que la sentencia tiene efectos inter-partes como lo dice el artículo 273 del Código de Procedimiento Civil: "La sentencia es ley de las partes en los límites de la controversia decidida".

---

617 Consultada en original.
618 Caso *Bethzaida C. Velásquez*, *RDP*, N° 22, 1985, pp. 163-164.
619 Consultada en original.
620 Por ejemplo, sentencia CPCA de 10-12-87, *RDP*, N° 33, 1988, p. 135.

Este principio de los efectos inter-partes de la sentencia en materia contencioso-administrativa, por supuesto, tiene sus excepciones en el contencioso de anulación, tanto en las sentencias desestimatorias por improcedencia del recurso, como en las sentencias constitutivas de anulación del acto recurrido que tiene efectos *erga omnes* y por tanto, afectan a otras personas distintas a las partes.

En efecto, la sentencia desestimatoria por improcedencia de la nulidad alegada, que como hemos visto es una sentencia declarativa, en realidad, es una sentencia declarativa de la legalidad del acto, particularmente cuando se trata de actos de efectos generales. En ese caso, tal declaración tiene efectos *erga omnes*. Por otra parte, la sentencia de anulación de los actos administrativos, como sentencia constitutiva, tiene efectos *erga omnes*, por lo que la decisión del juez cuando anula un acto afectaba todos[621].

Por supuesto, en la práctica y casuísticamente, pueden haber excepciones al principio del valor *erga omnes* de la sentencia, por ejemplo cuando la situación jurídica derivada del acto administrativo impugnado sólo afecta a una persona, el recurrente. En este caso, la sentencia en definitiva, tendrá efectos respecto a él; pero si el acto pudiera afectar directa o indirectamente a otras personas tendría efectos *erga omnes*.

Otro caso de efectos interpartes de una decisión judicial en el contencioso de anulación de los actos administrativos de efectos generales y por tanto, derogatoria del principio del valor *erga omnes*, sepia la sentencia basada en el artículo 20° del Código de Procedimiento Civil, es decir, cuando el juez aplicando el control difuso de la constitucionalidad declara una ley o un reglamento inaplicable, y por tanto, sin valor para resolver un caso concreto. En este caso, como lo ha establecido la Corte Primera en sentencia del 06-03-80:

> "la sentencia declarativa de inaplicabilidad de una norma reglamentaria a un caso concreto, al aplicarse preferentemente la ley, tiene efectos interpartes"[622].

C. Efectos en relación a otros procesos

Pero las sentencias en materia contencioso administrativa, además de los efecto entre las partes del proceso y respecto a terceros, también tiene efectos respecto á otros procesos, conforme al principio de la cosa juzgada establecida en los artículos 272 y 273 del Código de Procedimiento Civil y en el artículo 1.395 del Código Civil. En efecto, el valor de la cosa juzgada también lo tienen las sentencias en el contencioso, pero varía de relativa a absoluta según el contenido de la decisión. El tema no es relevante en materia de sentencias en las demandas contra los entes públicos, donde rigen los principios del proceso civil ordinario, sino en el contencioso de anulación, particularmente respecto de las sentencias desestimatorias y de anulación.

En cuanto a las sentencias desestimatorias, de inadmisibilidad de un recurso, por ejemplo, tienen valor de cosa juzgada relativa. Por tanto, en principio, si se declara inadmisible el recurso porque el recurrente no tenía interés personal, legítimo y directo, otro interesado que tenga la legitimación requerida, podría intentar el recurso contra el mismo acto, por los mismos motivos. Ello, por supuesto, sería difícil dada la exigencia

---

621 Sentencia CFC de 27-1-37, en Memoria 1938, *T.* I, p. 145; CSJ-SPA de 26-4-71 en *G.O.* N° 1.478 Extra, de 16-7-71, pp. 22-23.

622 Sentencia de 6-3-80, *RDP*, N° 2, 1980, p. 143.

del lapso de caducidad. Lo mismo sucede respecto de las sentencias que declaran improcedente el recurso; tienen valor de cosa juzgada relativa, por lo que podría incluso, el mismo recurrente, impugnar el mismo acto pero por otros motivos. Ello, sin embargo, también sería difícil, por el vencimiento del lapso de caducidad.

En cuanto a, las sentencias anulatorias de actos administrativos, los efectos de las mismas, que son *erga omnes*, producen cosa juzgada absoluta, por lo que no podría intentarse un nuevo recurso contra el acto que ha sido declarado nulo.

D. Efectos de la sentencia en el tiempo

El otro elemento de los efectos de la sentencia, se refiere a los efectos temporales, particularmente en relación a las sentencias de anulación de los actos administrativos. Hemos señalado que las sentencias de anulación son de carácter constitutivo; en consecuencia, conforme a los principios generales en materia procesal, estas tienen efectos ex-nunc es decir, pro-futuro y por tanto, no tiene efectos retroactivos, precisamente porque la situación se constituye con la sentencia o sea la sentencia extingue, modifica o crea una situación jurídica preexistente. Por tanto, en los casos de anulación, la sentencia en principio, comienza a surtir efectos a partir de su publicación.

Esto puede producir, por supuesto, situaciones de inseguridad jurídica complejas, en relación a los derechos de los recurrentes; por eso, la Ley Orgánica de la Corte Suprema dejó el problema de la determinación de los efectos en el tiempo de la sentencia, al juez, y así lo dicen expresamente los Arts. 119 y 131 de la Ley Orgánica: "el juez determinará los efectos de su decisión en el tiempo". Por tanto, el principio constitutivo de los efectos pro-futura, puede ser modificado por el juez.

Por otra parte, también como principió frente al carácter constitutivo, con efectos pro-futuro de la sentencia anulatoria, como excepción al mismo puede señalarse que en ciertos casos, la sentencia tiene efectos hacia el pasado, es decir "*ex-tunc*" o retroactivos. Esto sucede, como principio, en los casos en los cuales la decisión judicial pronuncie la nulidad absoluta de un acto administrativo, en cuyo caso, en principio, se debe considerar al acto anulado como nunca dictado, y por tanto, como si nunca hubiera producido efectos, lo que implica la necesidad de corregir los efectos producidos por el acto cuando se dictó.

En efecto, conforme a la doctrina de la Corte Suprema de Justicia los efectos de la anulación de los actos administrativos, cuando se pronuncia fundamentada en vicios de nulidad absoluta, se retrotraen a la fecha de emisión del acto, es decir, son retroactivas. Así en sentencia de 13-04-89, la Corte dijo:

> "Sólo en casos excepcionales podrían modificarse los efectos en el tiempo de la nulidad absoluta de un acto, pero ello requiere que la Corte así lo declare expresamente en uso de la facultad que le otorga el artículo 131 de su Ley Orgánica.
>
> Ante la ausencia de una declaración de tal naturaleza y tratándose de la nulidad absoluta de las Resoluciones impugnadas, es indiscutible el efecto retroactivo de la decisión, y así se ratifica y deja aclarado"[623].

---

623 Sentencia de 13-4-89, *RDP*, N° 38, 1989, p. 137.

Precisamente por ello, la Corte ha utilizado con frecuencia el dispositivo del Art. 131 de la Ley Orgánica al anular actos administrativos señalando expresamente que la anulación... "no tendrá efectos retroactivos..." Por ejemplo, en la sentencia de la Corte Suprema de Justicia 07-06-82 (caso *Héctor Zamora Izquierdo*), cuando declaró la nulidad del acto de no-reelección de juez, señaló expresamente que:

> "La presente decisión no tendrá efecto retroactivo alguno en relación a las actuaciones cumplidas por los jueces que el Consejo de la Judicatura designó mediante anulada..."[624].

En otra sentencia más reciente (caso *Cleodosbaldo Russian*), de 27-3-85 la Corte Primera declaró la nulidad del nombramiento de un nuevo Contralor Municipal en el Distrito Sucre del Estado Miranda señalando que la nulidad declarada:

> "No afecta la validez de los actos realizados por quien sustituyera al recurrente durante el periodo precedentemente citado"[625].

En esta forma, la Corté, en ciertos casos, se ha cuidado de resolver el problema de los efectos en el tiempo de la sentencia y ha señalado si tienen o no efectos retroactivos.

En otros casos, al contrario, aun cuando se trataba de la nulidad de una Ordenanza Municipal, la Corte Suprema de Justicia en sentencia de 1985 (caso Ciudad Balneario Higuerote), aclaró que los efectos de la decisión de anulación se retrotraían hasta el momento mismo de la emisión del acto anulado[626].

En otros casos el problema de los efectos temporales se ha planteado hacia el futuro. Por ejemplo, en materia de carrera administrativa, en sentencia del 27-03-85, la Corte Primera señaló que el pago de salarios caídos, a los cuales se condenaba a la Administración como consecuencia de una pretensión de anulación y condena, era hasta el momento de la publicación de la sentencia, no hasta el momento de la reincorporación eventual en el cargo del funcionario, porque ello estaría sujeto, dijo la Corte Primera, a un hecho futuro lo cual es improcedente[627].

E. Efectos de la sentencia en relación a las costas procesales

Por último, respecto de los efectos de las sentencias en relación a las costas procesales, la situación difiere según el contenido de la pretensión del recurrente, según que se trate de una pretensión de mera anulación o de una pretensión de condena patrimonial.

En efecto, en los casos de sentencias de mera anulación, el principio es el de la improcedencia de la condena en costas. Los criterios fueron claramente establecidos por la Corte Suprema en una sentencia de 03-07-80, en la cual, en resumen, se estableció lo siguiente:

> "...nuestro legislador ha acogido en relación con el recurso contencioso de anulación el sistema objetivo, según el cual no hay parte demandada en el proceso, sino que éste se sigue exclusivamente al acto impugnado.
>
> La sentencia que se dicte es una sentencia declarativa (sic) acerca de la legalidad o ilegalidad del acto, y no puede extenderse a establecer condena patrimonial alguna contra la entidad pública a

624 Sentencia CSJ-SPA de 7-6-82, *RDP*, N° 11, 1982, p. 187
625 Sentencia de 27-3-85, *RDP*, N° 22, 1985, p. 187.
626 Consultada en original.
627 Sentencia de 27-3-85, *RDP*, N° 22, 1985, p. 194.

que pertenece el órgano del cual emana el acto. No hay parte vencida ni vencedora, El único vencedor es el Estado de Derecho. No puede haber, consecuencialmente, condenación en costas, y así se declara"[628].

Este razonamiento, independientemente del superado criterio del carácter "objetivo" del proceso contencioso-administrativo, podría ser válido en materia de sentencias de mera anulación, y de todas aquellas que no tienen contenido patrimonial, como las dictadas con motivo de un recurso por abstención o carencia[629]. Sin embargo, y por supuesto, no se aplica en los casos en los cuales a las pretensiones de anulación se acompañen pretensiones de condena.

Por ello, la expresión del artículo 105 de la Ley Orgánica de Régimen Municipal en el sentido de que "En ningún caso se condenará en costas al Municipio, cuando se trate de juicios contencioso-administrativos de anulación de actos administrativos Municipales" ha de entenderse destinada a los casos de acciones y sentencias de mera anulación.

Por tanto, cuando se trata de una sentencia dictada con motivo de una demanda contra los entes públicos, o en caso de pretensiones de anulación y condena patrimonial, se admite la condena en costas. Rige, en principio, lo establecido en el Código de Procedimiento Civil cuyo artículo 247 establece que "A la parte que fuere vencida totalmente en un proceso o en una incidencia, se le condenará al pago de costas". En esta forma, conforme a dicho Código, el pago de costas es automático y no exonerable, pues, ya no hay referencia a los motivos racionales para litigar, como causal de exención de costas. Además, el propio Código de Procedimiento Civil en el Art. 287 agrega que:

> "Las costas proceden contra las Municipalidades, contra los Institutos Autónomos, las Empresas del Estado, y demás establecimientos públicos, pero no proceden contra la Nación".

Por tanto, el principio en el Código de Procedimiento Civil, es que cuando hay una condena patrimonial, hay condena en costas para la parte vencida y además procede contra todos los entes públicos, excepto contra la República, en virtud de la prerrogativa procesal regulada en el artículo 8 de la Ley Orgánica de la Hacienda Pública Nacional y en el artículo 47 de la Ley Orgánica dé la Procuraduría General de la República, que establece que la República no se la podrá condenar en costas en ninguna instancia, aún cuando se declaren confirmadas las sentencias apeladas, se nieguen los recursos interpuestos, se declaren sin lugar, se dejen perecer o se desista de ellos.

Hay, sin embargo, una excepción a este principio, qué se encuentra en el Código Orgánico Tributario (Art. 211), y que permite la condena en costas al sujeto activo del tributo, o sea la República, con límites, en el sentido de que no debe exceder del 10% de la cuantía del recurso.

En cuanto a los Municipios hemos visto que el Código de Procedimiento Civil admite expresamente la posibilidad de que sean condenados en costas, lo que ya se había establecido en la Ley Orgánica de Régimen Municipal. En efecto, el Art. 105 establecía expresamente la posibilidad de condenatoria en costa a los Municipios cuando resulten totalmente vencidos por sentencia definitivamente firme en juicio de contenido patrimonial, en un monto que no puede exceder del 10% del valor de la demanda. La Ley Orgánica, sin embargo, establece la posible exención de la condenatoria en costas cuando el Municipio "haya tenido motivos racionales para litigar", utilizando la expresión que fue eliminada del texto del Código de Procedimiento Civil.

---

628 Sentencia CSJ-SPA de 3-7-80, *RDP*, N° 3, 1980, p. 150.

629 Sentencia CPCA de 28-10-87, *RDP*, N° 32, 1987, pp. 106-107.

5. La ejecución de las sentencias contencioso-administrativas

Uno de los aspectos más controvertidos en el contencioso-administrativo, ha sido el de la ejecución de las sentencias que en la experiencia francesa ha correspondido tradicionalmente a la propia Administración, lo que ha provocado la reacción del Consejo de Estado en un famoso Informe sobre el tema, de 1990, con vistas a la reforma del contencioso.

La situación en Venezuela puede decirse que es sustancialmente distinta, pues conforme al artículo 206 de la Constitución, como hemos visto, el juez contencioso-administrativo puede "disponer lo necesario para el restablecimiento de las situaciones jurídicas subjetivas lesionadas por la actividad administrativa", lo que le da, en principio, amplísimos poderes para la ejecución de sus sentencias.

Por otra parte, en la materia rige en principio el Código de Procedimiento Civil, en virtud de lo dispuesto en el artículo 88 de la Ley Orgánica de la Corte Suprema de Justicia. A tal efecto, el artículo 12 de dicho Código establece que:

> "Los jueces cumplirán y harán cumplir las sentencias, autos y decretos dictados en ejercicio de sus atribuciones, haciendo uso de la fuerza pública, si fuere necesario.

Y el artículo 17 agrega:

> "El juez deberá tomar de oficio o a petición de parte, todas las medidas necesarias establecidas en la Ley, tendientes a prevenir o a sancionar cualquier acto contrario a la majestad de la justicia".

Y, por supuesto un acto contrario a la majestad de la justicia, es la resistencia de la ejecución de las sentencias.

Ahora bien, el problema de la ejecución de las sentencias en materia contencioso-administrativa se plantea en forma diversa según el tipo de sentencia, es decir, según se trate de sentencias declarativas, de sentencias constitutivas o de sentencias de condena.

A. La ejecución de las sentencias declarativas

En cuanto a las sentencias declarativas, en principio, éstas no son susceptibles de ejecución; se bastan a sí mismas, pues la tutela jurídica queda resuelta y satisfecha con la simple declaración, que es lo que se persigue. Por tanto, no requieren de actos posteriores de ejecución.

B. La ejecución de las sentencias constitutivas

En materia de sentencias constitutivas de anulación, o sea de mera anulación, varía el proceso de su ejecución según los efectos temporales de la sentencia. Si éstos se retrotraen hacia el pasado, por ejemplo, pasado en nulidad absoluta, o cuando el juez lo decide, ello implica, *per se*, que la Administración debe restablecer las cosas al estado en que se .encontraban para cuando se dictó la Resolución anulada, y debe eliminar los actos posteriores al acto anulado durante todo ese lapso hasta que se dictó la sentencia.

En los casos en los cuales los efectos de la sentencia se formulen hacia el futuro, la Administración debe cumplir el fallo, es decir, debe respetar el fallo, y la ejecución del mismo debe resultar en la abstención de realizar actos contrarios al fallo o en el cumplimiento de actos que resulten de la anulación.

C. La ejecución de las sentencias constitutivas y de condena

En caso de sentencias constitutivas (anulación) y de condena, sea al restablecimiento de situaciones jurídicas subjetivas o a prestaciones de carácter patrimonial, puede distinguirse una variada gama de contenidos de la sentencia y de posibilidades de ejecución.

En efecto, estas sentencias constitutivas y de condena pueden contener órdenes positivas o negativas: dentro de las positivas, se distinguen órdenes o condenas a la Administración a dar, a entregar, a hacer o a deshacer; dentro de las de carácter negativo, la condena puede ser de no hacer, o de abstenerse.

La ejecución de estas decisiones corresponde a la Administración, aun cuando en algunos casos puede corresponder incluso a los propios particulares beneficiarios del acto anulado. Por ejemplo, en el caso de una construcción ilegal, al anularse el acto que la autorizaba, el particular debe ejecutar la sentencia y restablecer la situación demoliendo la construcción, y sólo si el particular no lo hace, la Administración debería ejecutarla por cuenta del particular. Pero lo normal es que la ejecución corresponda a la Administración.

a. *Ejecución de las sentencias de condena a dar*

Las condenas a dar pueden consistir en la entrega de sumas de dinero o entrega de cosas.

a'. La condena al pago de sumas de dinero

En los casos de condena al pago de sumas de dinero, la ejecución de la sentencia contencioso-administrativa encuentra una serie de obstáculos en, el ordenamiento jurídico.

La primera limitación deriva del principio de la legalidad presupuestaria, previsto en el artículo 227 de la Constitución, según el cual: "No se hará del Tesoro Nacional gasto alguno que no haya sido previsto en la Ley de Presupuesto..." Por tanto, si un gasto no está previsto en la Ley de Presupuesto, a pesar de la sentencia condenatoria al pago de sumas de dinero, la Administración no puede ejecutarla de inmediato.

El artículo 41 de la Ley Orgánica de Régimen Presupuestario, sin embargo, establece el mecanismo para que el pago sea posible, á cuyo efecto, establece expresamente que:

> "... Cuando haya sido dictada sentencia pasada con autoridad de cosa juzgada, cuya ejecución supone el pago de sumas de dinero, deberá incluirse en el Proyecto de Presupuesto del año inmediato siguiente, la cantidad necesaria para efectuar el pago...".

En materia municipal, la Ley Orgánica de Régimen Municipal reguló una solución específica para la ejecución de las sentencias condenatorias al pago de sumas de dinero, estableciendo en su artículo 104 un procedimiento a través del cual el juez puede ordenar que se incluyan en las partidas del próximo presupuesto las cantidades de dinero que deben pagarse.

En efecto, dicha norma establece que cuando un Municipio resulte condenado en juicio, el Tribunal encargado de ejecutar la sentencia lo comunicará al Alcalde, quien dentro del término señalado por el Tribunal, debe proponer al Concejo Municipal la forma y oportunidad de dar cumplimiento a lo ordenado en la sentencia, El interesado, previa notificación, debe aprobar o rechazar la proposición del Alcalde, y en este último caso, el Tribunal fijará otro plazo para presentar una nueva proposición.

Si esta última tampoco fuese aceptada por el interesado o el Municipio no hubiere presentado alguna, el Tribunal determinará la forma y oportunidad de dar cumplimiento a lo ordenado por la sentencia.

Ahora bien, si se trata de cantidades de dinero, el Tribunal, a petición de parte interesada, ordenará que se incluya el monto a pagar en la partida respectiva en el próximo o próximos presupuestos, a cuyo efecto enviará al Alcalde copia certificada de lo actuado. El monto anual de dicha partida no debe exceder del 5% de los ingresos ordinarios del presupuesto del Municipio.

Agrega dicha norma que:

> "Cuando la orden del Tribunal no fuere cumplida o la partida prevista no fuere ejecutada, el Tribunal, a instancia de parte, ejecutará la sentencia conforme al procedimiento ordinario pautado en el Código de Procedimiento Civil".

Este procedimiento ordinario es el de la ejecución forzosa de acuerdo a los artículos 523 y siguiente del Código de Procedimiento Civil, en el cual se prevé el embargo de bienes del deudor. Por tanto, puede decirse que hay la posibilidad del embargo frente a los Municipios, por inejecución de sentencia de condena a pagar sumas de dinero.

Es cierto que dentro de los privilegios de la República, que en principio se aplican a los Municipios conforme al artículo 102 de la propia Ley Orgánica de Régimen Municipal "salvo las disposiciones en contrario contenidas en esta Ley", está la que prescribe el privilegio de inembargabilidad de los bienes de la República, conforme al Art. 46 de la Ley Orgánica de la Procuraduría General de la República.

Esta norma establece, en efecto:

> "*Artículo* 46. Los bienes, rentas, derechos o acciones pertenecientes a la República, no están sujetos a embargos, secuestros, hipotecas, ejecuciones interdictales, ni en general a ninguna medida dé ejecución preventiva o definitiva".

Agrega el artículo que los jueces que conozcan de ejecuciones de sentencias contra la República, deben suspender en tal estado los juicios y deben notificar al Ejecutivo Nacional, por órgano del Procurador General de la República, para que fije, por quien corresponda, los términos en que haya de cumplirse lo sentenciado.

Ahora bien, puede decirse que conforme al artículo 104 de la Ley Orgánica de Régimen Municipal el privilegio de la inembargabilidad de bienes del Municipio no resulta claramente establecido, desde el momento que la propia norma precisa la modalidad de ejecución de la sentencia por las vías ordinarias. Sin embargo, en caso de un procedimiento judicial de ejecución contra un Municipio, si la ejecución se refiere a bienes afectados a un uso público o a un servicio público, antes de su ejecución debe el Juez notificar al Ejecutivo Nacional a fin de que se tomen las medidas necesarias para que no se interrumpa la, actividad a que esté afectado el bien.

Sin embargo, respecto a estos otros entes públicos, si en un lapso de 60 días no se tiene noticias de cómo ejecutar el acto, el juez puede proceder a la ejecución.

b'. La condena a la entrega de bienes

Si se trata de una condena a la entrega de bienes rige el artículo 528, del Código de Procedimiento Civil que establece que si la sentencia hubiere mandado a entregar alguna cosa mueble o inmueble, "se llevará a efectos la entrega, haciéndose uso de la fuerza pública, si fuera necesario".

El principio lo recoge el artículo 104 de la Ley Orgánica de Régimen Municipal respecto a los Municipios: en estos casos de entrega de bienes, el juez debe poner en posesión de la cosa a quien corresponda, pero si los bienes estuviesen afectados a un uso público, el Tribunal debe resolver el pago sustitutivo de la cosa, estableciendo, un precio mediante peritos, así como una indemnización por la imposibilidad de realizar la entrega.

b. *Ejecución de sentencias de condena de hacer o no hacer*

Ahora bien, si se trata de sentencias de condena a hacer, a no hacer o a deshacer, la ejecución, por supuesto, corresponde en principio a la Administración y sustitutivamente al juez. La ejecución por parte de la Administración, consiste en realizar la conducta a la cual se la condena.

El juez dispone lo necesario para el restablecimiento de las situaciones jurídicas, y la Administración debe realizar lo necesario para restablecerlas. Debe tenerse en cuenta, sin embargo, que se trata de situaciones jurídicas subjetivas de un interesado que ha sido recurrente, por lo que el interesado no debería quedar al margen del proceso de ejecución.

Por ello, en una sentencia de la Corte Primera de 04-11-83 aun cuando referida a la ejecución de una condena a dar, la Corte destacó el peligro de dejar "en manos de la Administración, a espaldas del interesado, y sin proporcionarle oportunidad alguna de defensa", la ejecución del fallo por la propia Administración[630].

En el caso de las órdenes de hacer, es muy frecuente encontrarlas en las sentencias constitutivas y dé condena en materia de carrera administrativa. Por ejemplo, coniforme lo ha sostenido la Corte Primera en sentencia de 19-12-84, la declaratoria de nulidad de un acto de remoción ilegal de un funcionario público es "la reincorporación del funcionario al cargo que ocupaba o a otro igual"[631]. Por tanto, si la reincorporación es a otro cargo igual, ella debe consultarse al particular recurrente, pues es evidente que no puede ser cualquier cargo igual, por ejemplo, en cualquier parte del país.

Ahora bien, a los efectos de asegurar la ejecución de las sentencias anulatorias y de condena por parte de la Administración, incluso con participación del recurrente y en virtud de ausencia de disposiciones legales expresa, la Corte Suprema de Justicia ha venido aplicando analógicamente el artículo 104 (anteriormente el Art. 81) de la Ley Orgánica de Régimen Municipal, que regula un sistema de ejecución de sentencias condenatorias en contra de los Municipios.

En efecto, en una serie de sentencias anulatorias de actos administrativos dictados por el Consejo de la Judicatura que desconocieron derechos de jueces a continuar la carrera judicial, para asegurar la ejecución oportuna de la sentencia que contenía una condena a hacer (reincorporar al cargo), la Corte acudió a lo previsto en dicha norma. La primera de estas sentencias, dictada el 16-05-83 (caso *Horacio Morales Longari*), declaró procedente la reincorporación del recurrente a la carrera judicial y fijó los términos de ejecución del fallo en los términos siguientes:

---

630 *V.*, en *RDP*, N° 16, 1983, p. 185

631 Sentencia de 19-12-84, *RDP*, N° 20, 1984, p. 185. En igual sentido la Corte Suprema ha señalado en otro caso que la consecuencia es la reincorporación al registro de situación en disponibilidad: sentencia de 23-2-83, *RDP*, N° 16, p. 110.

"Conforme a las reglas interpretativas establecidas en el artículo 4° del Código Civil, en virtud de las cuales cobra la analogía todo su relieve como fuente del derecho (sentencia de CSJ-SPA de 02-11-82) y en virtud de lo dispuesto en el artículo 81 de la Ley Orgánica de Régimen Municipal, el cual considera la Corte aplicable al caso de autos por tratarse de un supuesto semejante de ejecución de un fallo judicial por el ente administrativo autor del auto recurrido, se fija un término de 30 días continuos contados a partir de la fecha de publicación de esta decisión para que el Consejo de la Judicatura proponga a la Sala "la forma oportunidad" de dar cumplimiento a lo ordenado en esta sentencia las cuales, conforme al mismo texto legal, serán notificadas al interesado para que manifieste su aprobación o rechazo. En este último caso, fijará la Sala otro plazo para que el Consejo presente nueva proposición al respecto. Sí ésta tampoco fuera aprobada por el recurrente, o en ningún momento el Consejo presentare alguna, en uso de sus plenos poderes este Supremo Tribunal hará cumplir lo ordenado en el presente fallo, con arreglo a los procedimientos pertinentes"[632].

En esta forma, la Corte reaccionó contra incumplimientos anteriores de decisiones de la propia Corte por parte del Consejo de la Judicatura (por ejemplo, lo decidido en la sentencia de 07-06-82, caso *Héctor Zamora Izquierdo*)[633], y se anticipó a eventuales incumplimiento. El mismo razonamiento y procedimiento de ejecución lo dispuso la Corte en la sentencia de 18-07-83, en el caso *Ana Marín de Ruiz*[634].

Estas decisiones de la Corte Suprema no sólo fijándole un plazo a' la Administración para ejecutar la condena de hacer, sino asegurando la participación del interesado en el procedimiento de ejecución, tienen una gran importancia y se configuran como un cambio radical de una doctrina, conforme a la cual el juez contencioso no podía imponerle plazos a la Administración para que haga lo que debe. En efecto, en una sentencia de 08-08-83, la Sala Político Administrativa señaló:

"...escapa a los poderes de un juez contencioso-administrativo (aún del más alto nivel, como este Supremo Tribunal) limitado a juzgar sobre razones de ilegalidad –entendiendo por tal "lo contrario a derecho" (Art. 206 de la Constitución)– interferir la función administrativa que estuviere fundamentada en razones de oportunidad o de conveniencia–caso de cumplimiento alternativo de sentencias, presente, en autos – así fuere por la sola vía de fijación de plazos. Semejante actuación violaría el principio de la separación de poderes, el cual –pese a la forma atenuada en que lo consagra el artículo 117 de la Constitución– continúa informado de manera preeminente nuestro Estado de Derecho, y en cuya virtud la función administrativa, bajo el control del juez, se entiende sin embargo independiente de ésta"[635].

La ejecución de las sentencias contencioso-administrativas, si bien corresponde a la Administración, es responsabilidad del juez, por lo que la fijación de un plazo de ejecución no debe verse como intromisión en la función administrativa, como la propia Corte Suprema ya lo ha aclarado. Por ello, de la posición inicial de la Corte de exigir a la Administración la ejecución de la sentencia sólo "dentro de un término racional"[636], se ha pasado a la aplicación analógica artículo 104 de la Ley Orgánica de Régimen Municipal para asegurar la ejecución en plazos precisos y con la participación del interesado recurrente[637], e incluso, a la aplicación del artículo 524 del Código de Procedimiento Civil, conforme al cual, una vez que haya quedado definitivamente firme la sentencia,

632 Sentencia de 16-5-83, G.F., N° 120, *v*. I, 1983, pp. 249-250.
633 G.F. N° 116, *v*. I, 1982, pp. 413-414.
634 Consultada en original.
635 Sentencia de 8-8-83, *RDP*, N° 16, 1983, p. 184.
636 Sentencia de 7-6-82, caso: *Héctor Zamora Izquierdo*, G.F., N° 116, *v*. I, p. 413-414.
637 Sentencia de 16-5-83, caso: *Horacio Morales Longart*, G.F., N° 120, *v*. I, pp. 249-250.

el juez, a petición de parte interesada, ordenará la ejecución de la sentencia fijando un lapso que no será menos de 3 días ni mayor de 10, para que el obligado efectúe el cumplimiento voluntario.

D. Medios de ejecución forzosa

Ahora bien, ante el incumplimiento de la obligación de hacer que le imponga a la Administración una sentencia contencioso-administrativa, indudablemente que es el juez contencioso-administrativo el que debe asegurar la ejecución. Para tales efectos, el ordenamiento jurídico procesal prevé múltiples vías.

En primer lugar, como hemos señalado, conforme a los artículos 17 y 21 del Código de Procedimiento, Civil, el juez debe tomar todas las medidas necesarias establecidas en la Ley tendientes a prevenir o sancionar todo acto contrario a la majestad de la justicia, como sería una resistencia a ejecutar una sentencia, para lo cual puede hacer uso de la fuerza pública.

Por ejemplo, si se trata de restablecer en su cargo a un funcionario destituido ilegalmente como consecuencia de una sentencia anulatoria (constitutiva) y de condena (a restituir al funcionario), el juez podría trasladarse a la oficina respectiva y proceder a restituir in situ a su cargo al funcionario.

En segundo lugar, frente a cualquier incumplimiento y en virtud de que el juez debe hacer cumplir lo ordenado el interesado puede, conforme al artículo 607 del CPC, reclamar ante el juez en cuyo caso, el Juez debe resolver lo que considere justo.

En este caso, si por ejemplo se trata de obligaciones de hacer, en los supuestos en los cuales proceda, si la decisión judicial per se puede suplir el acto de la Administración, el juez entonces puede sustituirse á ella y disponer directamente el restablecimiento de la situación jurídica infringida. Por ejemplo, en un recurso contra una conducta omisiva de la Administración en otorgar una constancia de habitabilidad, la sentencia de condena consiste en una orden de hacer (otorgar la constancia), por lo que su inejecución puede llevar al juez a darle a su propia sentencia el valor jurídico de tal Constancia, como ha sucedido en muchas ocasiones en casos seguidos ante los .Tribunales Superiores Contencioso-Administrativos, y cómo en materia de solvencias de impuestos, ha sucedido ante los Tribunales respectivos, conforme al "amparo tributario" que regula el Código Orgánico Tributario.

Pero en estos supuestos, debe tenerse en cuenta, además, que cuando se imponen en la sentencia obligaciones de hacer o de no hacer a la Administración, y ésta no ejecuta el fallo voluntariamente, el juez puede autorizar al recurrente interesado para hacer ejecutar él mismo la obligación o para destruir lo que se haya hecho en contravención a la obligación de no hacer, a costa de la Administración, todo ello conforme al artículo 529 del Código de Procedimiento Civil.

En tercer lugar, por supuesto, y conforme a la tradición del contencioso-administrativo europeo, el juez puede obligar a la Administración al cumplimiento de la sentencia mediante la imposición sucesiva de multas, conforme a lo dispuesto en el artículo 174 de la Ley Orgánica de la Corte Suprema de Justicia, a los funcionarios que desacaten sus decisiones, y conforme al artículo 172, ordinal 1° de la misma ley a quienes irrespeten al Poder Judicial.

Lamentablemente han sido frecuentes los casos de resistencia a la ejecución de sentencias contencioso-administrativas, y en cambio no ha sido frecuente el uso de medios coercitivos por los jueces para hacer cumplir las sentencias. Por ello debe destacarse una reciente decisión (caso *Arquímedes Fajardo*) en la cual la Corte Suprema reaccionó contra el desacato a sus decisiones.

En efecto, en fecha 15-07-92, la Corte Suprema declaró la pérdida de la investidura de un Alcalde y ordenó su desincorporación del cargo, y en fecha 13-08-92 decretó la ejecución de la decisión, ordenándole al Concejo Municipal respectivo designar Alcalde, comisionando para ello a un Juez de Primera Instancia de la localidad respectiva.

El Alcalde que había perdido su investidura, sin embargo, el 04-09-92 obtuvo un mandamiento de amparo de un Juez de Distrito de la localidad, el cual ignoró la sentencia de la Corte Suprema. Frente a ello, el 27-10-92 se solicitó a la Corte procediera a la ejecución forzada de la sentencia de 15-07-92, y la Corte para decidir, señaló:

> "Antes de proveer acerca de lo solicitado, no puede esta Sala dejar de advertir el caso jurídico provocado con repercusión de orden social, producto del evidente desacato de una decisión judicial dictada por el más alto Tribunal de la República. Resulta para esta Sala inaceptable que una decisión emanada de su seno, primero no se hubiese ejecutado voluntariamente y que, además, se haya hecho caso omiso de la orden de ejecución dictada el 13-08-92.

Con vista de tales circunstancias, corresponde a esta Corte, en esta oportunidad, exhortar a los jueces de la República, a los profesionales del derecho y a todo ciudadano que acude a solicitar justicia, que están en el deber de darle cabal cumplimiento a las decisiones judiciales, respetando el orden jerárquico que la Constitución y las leyes prevén, así como la competencia que a cada uno de los Tribunales corresponde, sin enervar ese orden".

Como consecuencia del evidente desacato a su decisión precedente, y constatando que se había utilizado la institución del amparo para burlar el orden jurídico establecido, en una decisión sin precedentes del 03-11-92, la Corte resolvió lo siguiente:

1. Solicitó al Consejo de la Judicatura la apertura de una averiguación al Juez de Primera Instancia de la localidad respectiva, comisionado para ejecutar la sentencia, por no haber dado cumplimiento a la orden de ejecución.

2. Impuso al mencionado Juez de Primera Instancia multa conforme al artículo 174 de su Ley Orgánica.

3. Solicitó al Consejo de la Judicatura la apertura de una averiguación al Juez de Distrito que acordó el amparo constitucional a favor del Alcalde que había perdido la investidura, ignorando la sentencia de la Corte Suprema.

4. Solicitó al Colegio de Abogados del Distrito Federal abrir un procedimiento disciplinario al abogado del ex-Alcalde por haber transgredido normas de ética profesional, los deberes de lealtad y probidad que corresponden a las partes por actuar teniendo conciencia de la manifiesta falta de fundamento de su pretensión, y realizar actos inútiles o innecesarios a la defensa del derecho que sostenía, conforme al artículo 170, ordinal 2° y 3° del Código de Procedimiento Civil.

5. Impuso al mencionado abogado, multa conforme al ordinal 1° del artículo 172 de la Ley Orgánica de la Corte.

6. Solicitó al Fiscal General de la República procediera a exigir responsabilidad al ex-Alcalde por incumplir la decisión de la Corte, incurriendo en los supuestos regulados en los ordinales 2° y 3° del artículo 170 del Código de Procedimiento Civil; y además,

7. Impuso multa al ex-Alcalde conforme al artículo 172, ordinal 1° de la Ley Orgánica de la Corte[638].

En esta forma, en Venezuela, el ordenamiento jurídico concede al juez contencioso-administrativo todas las posibilidades de hacer ejecutar sus sentencias. Lo lamentable es que no siempre las usa, y en el citado caso, en realidad faltó sancionar a quien más culpa tenía en la inejecución del fallo de la Corte: el Concejo Municipal que debió haber designado al Alcalde, y que no lo hizo.

Sección Segunda: LAS PRINCIPALES ACCIONES CONTENCIOSO-ADMINISTRATIVAS

I. EL RECURSO CONTENCIOSO-ADMINISTRATIVO DE ANULACIÓN

El recurso contencioso-administrativo de anulación es un medio de impugnación jurisdiccional de los actos administrativos; por tanto, es un acto del administrado dirigido a obtener la anulación judicial de un acto administrativo por razones de contrariedad al derecho, y en su caso, la satisfacción de pretensiones de condena, consecuencia de esa ilegalidad.

Para el estudio de este recurso comenzaremos por analizar sus rasgos fundamentales y entre ellos su distinción con otros medios de impugnación jurisdiccional, y luego examinar su objeto, sus motivos, efectos, y su decisión[639].

1. Rasgos fundamentales

A. Características generales

El recurso contencioso-administrativo de anulación hemos dicho, es un medio de impugnación de los actos administrativos por la vía jurisdiccional y ante los órganos de la jurisdicción contencioso-administrativa.

Como todo medio de impugnación jurisdiccional es de orden público, y como consecuencia no sólo no puede ser relajado por convenio entre particulares[640], sino que siempre procede su interposición, sin necesidad de ley expresa que lo prevea para una categoría cualquiera de actos administrativos.

---

638 Consultada en original.

639 *V.*, Allan R. Brewer-Carías, *Las Instituciones Fundamentales del Derecho Administrativo y la Jurisprudencia Venezolana*, Caracas, 1964, pp. 390 y ss.; *Estado de derecho y Control Judicial*, Madrid, 1987.

640 Art. 6 del Código Civil.

Es más, cuando en múltiples, ocasiones las leyes especiales han empleado respecto a determinados actos administrativos, la fórmula de qué en relación a los mismos "no habrá recurso alguno", la jurisprudencia ha entendido que esa fórmula no suprime la posibilidad del recurso contencioso-adminis-trativo de anulación.

En efecto, en sentencia de 20 de octubre de 1960 la antigua Corte Federal expuso:

> "Pasa la Corte a considerar la afirmación del demandante de que el artículo 20 de la Ley (del Instituto Nacional de Cooperación Educativa), al declarar inapelables las decisiones del Consejo Nacional Administrativo del Instituto, priva a los afectados con esas decisiones del derecho de ser juzgados por sus jueces naturales. La Procuraduría de la Nación, en su informe, hace las siguientes reflexiones acerca de esta denuncia: "En el caso contemplado en el artículo 20, considera esta Procuraduría que, al establecer la ley la inapelabilidad de la decisión de alzada, está diciendo que la vida gubernativa o administrativa se agota allí, es decir, que dicha decisión no puede ser apelada nuevamente para ante una autoridad superior al Consejo Nacional Administrativo, puesto que en orden a jerarquía es el órgano administrativo supremo dentro de su competencia. Sin embargo –agrega el informe– no es cierto, como dice el exponente, que dicha disposición colida con el artículo 29 de la Constitución Nacional, por cuanto tratándose de actos administrativos, su revisión en alzada por otra autoridad administrativa superior es perfectamente constitucional; además, los interesados que consideren ilegal el acto" de la segunda instancia pueden ejercer el recurso extraordinario de nulidad establecido por la Constitución". La Corte acoge esta-, conclusión porque, efectivamente, la Ley del Instituto crea como autoridad suprema el Consejo Nacional Administrativo al declarar que las decisiones de éste son inapelables, lo que hace es impedir que pueda recurrirse a otra autoridad ejecutiva, como el Ministro de Educación, a cuyo. Despacho está adscrito el Instituto, según el artículo 1° de la Ley que lo crea. Ese es el efecto de la declaratoria de inapelabilidad "del artículo 20, agotar la vía administrativa, no impedir que los afectados con las decisiones del Consejo Administrativo acudan por vía de nulidad ante, la autoridad judicial competente, si consideran que tales decisiones son ilegales o inconstitucionales[641]".

De esta sentencia de la Corte, claramente se refleja su criterio al respecto: cuando la Ley emplea la fórmula "no habrá recurso alguno", se refiere a los recursos administrativos y no a los recursos contencioso-administrativos. En otras palabras, se trata de la consagración indirecta de que una decisión agota la vía administrativa y que contra la misma no procede ejercer ni el recurso jerárquico ni el de revisión o de reconsideración, sin que implique, en ningún caso, la imposibilidad de intentar el recurso contencioso de, anulación, que como recurso de orden público, es siempre procedente. Esta y no otra puede ser la interpretación que debe dársele a dicha fórmula que respecto a algunos actos administrativos todavía se encuentra con frecuencia en nuestra legislación administrativa[642].

---

641 *V.*, CF, 20-10-60, N° 30, 1960, pp. 48-49. Esta interpretación por ejemplo, la acogió Roberto Goldschmidt cuando, al comentar la Ley de Tránsito Terrestre de 1960, de la cual fue uno de los proyectistas, señaló: "El artículo 35 admite la apelación ante la autoridad administrativa inmediatamente superior en el orden jerárquico, siempre que la sanción exceda de cien bolívares de multa o consista en suspensión de la licencia. Respecto a las modalidades del juicio de apelación, se pone de relieve que aquella autoridad superior resolverá desde el principio, incluso, acerca de la admisión de la apelación. En la Cámara de Diputados se ha agregado que contra la decisión en segunda instancia no procederá recurso alguno, lo que sólo se refiere a recursos administrativos, y no a los recursos eventualmente procedentes ante la Corte Federal, actualmente Corte Suprema de Justicia, de acuerdo con la Constitución y la Ley Orgánica de dicha Corte". *V.*, Roberto Goldschmidt, "La Ley de Tránsito Terrestre de 1960", *Revista de la Facultad de Derecho*, Caracas, 1961, N° 21, p. 44

642 No podemos estar de acuerdo, entonces, con la interpretación que a esa fórmula de la antigua Corte Federal en sentencia CF, 15-10-54, G.F., N° 6 (2ª Etapa) 1954, p. 52, siguiendo una decisión de la antigua Corte de

Por otra parte, este carácter de orden público del recurso contencioso-administrativo de anulación impide que se pueda renunciar de antemano al derecho de recurrir en la vía contenciosa, por ejemplo contractualmente. No sucede lo mismo, respecto a los recursos administrativos, respecto a los cuales la Corte ha establecido que sí es posible su renuncia contractual[643], y ello porque no se trata de recursos judiciales sino administrativos.

Por otra parte, como medio de impugnación de los actos administrativos, el recurso contencioso-administrativo de anulación sólo procede contra los actos administrativos de efectos generales o particulares unilaterales[644] y excepcionalmente contra actos administrativos bilaterales[645]. Quedan excluidos, entonces, de este recurso los actos legislativos, judiciales y de gobierno, tal como ya lo hemos argumentado.

Por último, como todo medio de impugnación, sólo por razones de contrariedad al derecho, y alegando motivos de inconstitucionalidad e ilegalidad, pueden impugnarse en el recurso contencioso-administrativo de anulación los actos administrativos unilaterales. Esta es la consecuencia fundamental de la sumisión de la Administración al principio de legalidad administrativa. Por ello, el recurso contencioso-administrativo de anulación tiene por objeto el control de la legalidad de los actos administrativos.

B. Distinción entre el recurso contencioso-administrativo de anulación y otros medios de impugnación judicial

Es conveniente distinguir el recurso contencioso-administrativo de anulación de otros medios jurisdiccionales de impugnación que buscan también el control de la legalidad de determinados actos jurídicos emanados de entidades públicas. Nos referimos, entonces, al recurso de casación y a la acción de inconstitucionalidad.

Hemos definido el recurso de casación como aquel medio de impugnación jurisdiccional, de carácter extraordinario, tendiente a anular toda decisión judicial ejecutoria que contenga una violación de ley, como consecuencia de la errónea interpretación o aplicación de la misma, con el propósito principal de conservar la integridad de la legislación y la uniformidad de la jurisprudencia[646].

De esta definición podamos observar la diferencia fundamental entre el recurso de casación y el recurso contencioso-administrativo de anulación: el primero es dirigido contra una decisión judicial, es decir, contra un acto judicial, en cambio, el segundó es dirigido contra un acto administrativo. Sin embargo, en ambos recursos el juez respectivo actúa como contralor de la legalidad.

Por otra parte, en cuanto a las condiciones de admisibilidad, como el acto administrativo recurrido por el contencioso de anulación, como la sentencia recurrida en casación, deben ser actos que agoten las vías ordinarias respectivas.

Casación. Si esa fórmula se encuentra en procedimientos judiciales, es correcta la interpretación amplia. Pero no podemos hacer lo mismo respecto a los procedimientos administrativos.

643 CF, 19-7-57, G.F., N° 17, 1957, pp. 26-27. En todo caso, sí es posible el desistimiento de un recurso ya intentado. Art. 87 LOCSJ.

644 Arts. 112 y 121 LOCSJ.

645 Art. 111 LOCSJ.

646 *V*. "El Proceso de Impugnación en el Recurso de Casación", *Revista Rayas* (Órgano de divulgación jurídica de los estudiantes de la Universidad Católica Andrés Bello), N° 7-8, 1962, p. 38.

En el recurso contencioso-administrativo de anulación, como hemos visto, este carácter se denomina causar estado, y se produce por el agotamiento de la vía administrativa.

Sin embargó, grandes diferencias hay entre ambos recursos, en lo que se refiere al procedimiento[647] y en cuanto a la legitimación activa. Respecto a esta última, el recurso de casación requiere ante todo que el recurrente haya sido parte en el proceso que originó la sentencia que se recurre. En cambio, en el recurso de anulación, si bien se requiere ser titular de un interés legítimo, el recurrente no necesariamente tiene que haber actuado en el procedimiento de agotamiento previo de la vía administrativa. El recurso administrativo, como medio de agotar la vía administrativa, puede haber sido interpuesto por cualquier interesado, y el recurso contencioso también; aun cuando el recurrente sea distinto al interesado que introdujo el recurso administrativo que agotó la vía administrativa.

Por último, debe señalarse que si bien es cierto que ambos recursos son medios de control de la legalidad de actos del Estado, hay una mayor amplitud de control en el recurso contencioso-administrativo de anulación, el cual procede por contrariedad al derecho, que en el recurso de casación, cuyos motivos son más limitados.

Ahora bien, si bien es cierto que la distinción entre el recurso contencioso-administrativo de anulación y el recurso de casación no causa mayor problema o dificultad, no ha sucedido lo mismo en nuestro sistema jurídico respecto a la distinción entre el recurso de anulación y la acción de inconstitucionalidad, que en muchas oportunidades ha sido confundido con el recurso contencioso-administrativo de anulación[648].

El origen de la confusión radica, en primer lugar, en la imprecisa redacción que existía respecto a estas dos acciones o recursos en las Constituciones anteriores a la actualmente vigente. En segundo lugar, a la interpretación de la Corte, no siempre afortunada.

Esta confusión se hacía verdaderamente asombrosa en la época anterior a 1953, cuando existía la Corte Federal y de Casación como órgano polivalente dividido en Salas. Es justo dejar constancia del intento que hizo el magistrado Rafael Ángel Camejo, miembro de la Sala Federal en aquella época, para aclarar la distinción entre "lo constitucional y lo administrativo". Intento que lamentablemente quedó en votos salvados, entre los cuales está el Corte Federal y de de la sentencia de la Casación en Sala Federal de 8 de agosto de 1951[649] .

Sin embargo, a partir de la Constitución de 1961 el problema, a nuestro entender, había quedado completamente resuelto y delimitado y, por tanto, sin lugar a dudas[650], y la jurisprudencia, individualizando el recurso de anulación contra los actos administrativos, lo había venido distinguiendo de la acción de inconstitucionalidad, como acción popular. La Ley Orgánica de la Corte Suprema de Justicia de 1976, sin embargo, cambió el esquema jurisprudencial de distinción de los recursos, según el motivo de impugnación y los actos recurridos, y estableció, como hemos visto, dos tipos de procedimientos judiciales de impugnación de actos estatales: por una parte, el denominado "juicio de nulidad de los actos de efectos generales"[651]; el cual se refiere a todos los actos esta-

647 Art. 314 y ss. CPC.

648 CFC-SF, 8-8-51, G.F., N° 8, 1952, pp. 213-220.

649 CFC-SF, 8-8-51, *Idem*.

650 *V.*, Allan R. Brewer-Carías, *Las Instituciones Fundamentales... cit.*, p. 396.

651 Arts. 112 y ss. LOCSJ.

tales de efectos generales o contenido normativo (leyes o reglamentos), y conforme al cual se rigen mediante un procedimiento igual, tanto la acción de inconstitucionalidad de las leyes y otros actos normativos estatales dé valor o rango de Ley como el recurso contencioso-administrativo contra los actos administrativos de efectos generales; y por la otra, el denominado "juicio de nulidad de los actos administrativos de efectos particulares"[652], el cual se refiere exclusivamente a esos actos estatales y conforme al cual se rige el procedimiento del recurso contencioso-administrativo de los actos administrativos de los efectos particulares.

Consecuentemente, la distinción ante la acción de inconstitucionalidad y el recurso contencioso-administrativo aún puede hacerse, pero distinguiéndose en los extremos, por ejemplo, la acción popular contra una ley, de un recurso contra un acto administrativo de efectos particulares.

En cambio, si se trata de una impugnación de un acto administrativo de efectos generales la distinción con la acción de inconstitucionalidad no es posible procesalmente hablando. En los extremos mencionados, sin embargo, la distinción puede hacerse en relación al acto recurrido, al recurrente y al procedimiento.

En cuanto a los actos estatales nacionales, mediante la acción de inconstitucionalidad, según la Constitución vigente, pueden ser recurridos "los actos de los cuerpos legislativos" que colidan con la Constitución, dónde están incluidas las Leyes[653] los Reglamentos y "los demás actos del Ejecutivo Nacional cuando sean violatorios de la Constitución", que son los actos de gobierno[654]. Es decir, que por la acción de inconstitucionalidad sólo pueden recurrirse las leyes, los actos de los Cuerpos Legislativos dictados en ejecución directa de la Constitución, los Reglamentos del Ejecutivo Nacional y los actos de gobierno.

En la expresión "demás actos del Ejecutivo Nacional cuando sean violatorios de la Constitución", sólo pueden incluirse los actos de gobierno, ya que los actos administrativos del Ejecutivo Nacional cuando sean ilegales (inconstitucionales o ilegales propiamente dichos) tienen su recurso propio que es el contencioso-administrativo de anulación[655].

Observamos que la acción de inconstitucionalidad está reservada a aquellos actos de una importancia general que afecte a los intereses públicos y generales. Los únicos actos administrativos que pueden recurrirse por esta acción de inconstitucionalidad, son los Reglamentos del Ejecutivo Nacional, pues como hemos señalado, los actos de gobierno no son administrativos.

Por tanto la Corte Suprema, tradicionalmente había considerado inadmisible e improcedente solicitar la nulidad por la vía de la acción de inconstitucionalidad de un acto administrativo de efectos individuales. Esto lo había declarado expresamente la Corte Suprema de Justicia al afirmar que "la situación particular y concreta que se deriva del acto administrativo no es susceptible de ser impugnada por vía de acción popular y directa de inconstitucionalidad", propia de los actos generales del Poder Público[656].

---

652 Arts. 121 y ss. LOCSJ.
653 Art. 215, ordinales 3 y 4 de la Constitución.
654 Art. 215, ordinal 6 de la Constitución.
655 Art. 215, Ord. 7. V. lo expuesto en el *T.* VI.
656 CSJ-PA, 15-3-62, G.F., N° 35, 1962, pp. 203-204.

No podía por tanto, en nuestro concepto, interpretarse el ordinal 6° del artículo 215 de la Constitución que atribuye a la Corte facultad para "declarar la nulidad de los reglamentos y demás actos del Ejecutivo Nacional cuando sean violatorios de la Constitución", en el sentido de incluir en esos "demás actos del Ejecutivo Nacional" los actos administrativos individuales. Estos "otros actos" del Ejecutivo Nacional sólo pueden ser los actos de gobierno, ya que los actos administrativos de carácter individual tienen su control nato, sea de ilegalidad propiamente dicha o de inconstitucionalidad, en la jurisdicción contencioso-administrativa.

En efecto, hemos expresado múltiples veces que esta competencia para declarar la nulidad de los actos-administrativos generales o individuales "contrarios a derecho", donde se incluyen los vicios de ilegalidad e inconstitucionalidad y que constituyen todos violaciones al principio de la legalidad administrativa, corresponde a los órganos de la jurisdicción contencioso-administrativa. Por tanto, un acto reglamentario del Ejecutivo Nacional puede ser impugnado por la vía de la acción de inconstitucionalidad, si tiene un vicio de ese tipo. Sin embargo, si sólo tiene un vicio de ilegalidad, podrá ser impugnado por la vía del recurso contencioso-administrativo de anulación. La distinción sigue siendo válida e importante, no por los procedimientos aplicables que ahora es uno sólo, sino por el órgano competente para conocer del recurso: la Corte en Pleno o la Sala Político-Administrativa de la Corte Suprema de Justicia.

En cambio, un acto administrativo de efectos particulares sólo puede ser impugnado por la vía del recurso contencioso-administrativo de anulación dentro del lapso de caducidad determinado, alegándose vicios de inconstitucionalidad o ilegalidad, pues ambos vicios constituyen contrariedad al derecho, y ambos vicios entran en lo que hemos denominado genéricamente, ilegalidad.

Ahora bien, no todo motivo de inconstitucionalidad puede alegarse en la jurisdicción contencioso-administrativa, pues sólo pueden esgrimirse motivos de inconstitucionalidad que impliquen violación directa de una norma constitucional. Un acto administrativo individual que establezca, por ejemplo, una discriminación por razón de la raza, el credo o la condición social, es un acto administrativo que viola directamente el artículo 61 de la Constitución y por tanto a pesar de que no haya propiamente una ley violada, es un acto susceptible de ser declarado nulo por la jurisdicción contencioso-administrativa. Sin embargo, cuando se trata de una violación indirecta de la Constitución la que afecta al acto, y se trata de una incompetencia, no es posible alegar por sí solo los motivos de inconstitucionalidad, consistentes en violación del artículo 117 de la Constitución, sino que es necesario alegar, también, motivos de violación de Ley, conforme lo exige el artículo 133 de la Ley Orgánica[657].

Por ello la Corte Suprema de Justicia había afirmado que "estando sometido el recurso contencioso-administrativo al lapso de caducidad de seis meses, pasado el cual no podrá ya ejercerse, mal podría entonces recurrir al medio de la acción de inconstitucionalidad para modificar el acto administrativo definitivamente firme"[658].

En cuanto al recurrente, la distinción por supuesto es básica, en la acción de inconstitucionalidad. Ha señalado la antigua Corte Federal, "puede ser ejercido por vía de acción popular que corresponde a todos y cada uno de los individuos que componen un

657 Allan R. Brewer-Carías, *Las Instituciones Fundamentales..., cit.*, pp. 396-397.

658 CSJ-PA, 15-3-62, G.F., N° 35, 1962, pp. 203-204.

conglomerado social". Por tanto, el recurrente está legitimado activamente con un "simple interés"[659].

En cambio, en el recurso contencioso-administrativo de anulación contra los actos administrativos de efectos particulares se requiere que el recurrente sea titular de un interés legítimo[660]. Sin embargo, si lo que se recurre por el contencioso de anulación es un acto administrativo de efectos generales, el recurrente sólo necesitará alegar un simple interés[661].

Por último, debe señalarse en cuanto al procedimiento, que la acción de inconstitucionalidad es, por escala, imprescindible[662]. El recurso contencioso-administrativo de anulación tiene, por el contrario, un lapso fijo de caducidad, excepción hecha cuando se recurre un acto administrativo de carácter general[663].

Por otra parte, la acción de inconstitucionalidad debe intentarse ante la Corte Suprema de Justicia en Corte Plena[664], constituyendo la jurisdicción constitucional en el Derecho venezolano. En cambio, el recurso contencioso-administrativo de anulación corresponde a la Sala Político-Administrativa de la misma Corte Suprema de Justicia, como órgano de la jurisdicción contencioso-administrativa[665].

C. La clasificación de los actos administrativos y su incidencia en el procedimiento del recurso contencioso-administrativo de anulación

Ahora bien, tal como hemos señalado, la Ley Orgánica de la Corte Suprema de Justicia, en el Capítulo II del Título V relativo a los procedimientos, al referirse al procedimiento contencioso-administrativo de anulación lo clasifica en dos categorías: "los juicios de nulidad de los actos de efectos generales"[666] y "los juicios de nulidad dé actos administrativos de efectos particulares"[667]. Por tanto, tratándose de actos administrativos y del recurso contencioso-administrativo de, anulación, resulta esencial la distinción entre actos administrativos de efectos generales y actos administrativos de efectos particulares[668]. Sin embargo, la ley no es totalmente clara al establecer la distinción. En efecto y lamentablemente, tanto el texto de la Ley como su Exposición de Motivos incurren en una imperfección al confundir los "actos de efectos generales" con los "actos generales" y los "actos de efectos particulares" con los "actos individuales", cuando en realidad se trata de dos clasificaciones de los actos jurídicos estatales totalmente distintas, basadas, una en relación al número de destinatarios del acto y la otra en relación a sus efectos.

---

659 CF, 14-3-60, G.F., N° 27, 1960, pp. 129-131, Art. 112 LOCSJ.

660 Art. 121 LOCSJ.

661 Art. 112 LOCSJ.

662 CF, 13-3-56, G.F., N° 11, 1956, pp. 107 y ss. CF, 30-7-57, G.F., N° 17, 1957, pp. 57 y ss. Art. 134 LOCSJ.

663 Art. 134 LOCSJ

664 Art. 216 de la Constitución y Art. 42, Ord. 1°-8° de la LOCSJ. V. lo expuesto en el *T.* VI.

665 Art. 206, 215 de la Constitución y Art. 42 de la LOCSJ.

666 Arts. 112 a 120 LOCSJ.

667 Arts. 121 a 129 LOCSJ

668 V. lo expuesto en Allan R. Brewer-Carías, *El Control de la Constitucionalidad de los Actos Estatales*, Caracas, 1977, pp. 8 a 12; y "El recurso contencioso-administrativo contra los actos de efectos particulares", en *El control jurisdiccional de los Poderes Públicos en Venezuela*, Instituto de Derecho Público, UCV, Caracas, 1979, pp. 171 a 174.

En efecto, una primera clasificación de los actos estatales atiende exclusivamente al número de sus destinatarios, según que sean una pluralidad de sujetos o un sólo sujeto de derecho. Bajo este ángulo, los actos estatales se clasifican en generales e individuales. Los actos generales son los que están dirigidos a una pluralidad de destinatarios, determinados o indeterminados; y estos actos generales pueden ser o de efectos generales, es decir, de contenido normativo, dirigidos a un número indeterminado e indeterminable de sujetos, o de efectos particulares, es decir, de carácter concreto, no normativo, dirigidos a un grupo determinado o determinable de sujetos.

En cambio los actos individuales son los dirigidos, aun sujeto de derecho y que, por tanto, tienen siempre efectos particulares.

La clasificación entre actos generales y actos individuales, por tanto, no apunta a sus efectos, sino al número de sus destinatarios: un acto general es el que está dirigido a un número indeterminado de personas o a un grupo determinado o determinable de sujetos; un acto individual, sería el que tiene por destinatario a un sujeto de derecho.

Pero según sus efectos, los actos estatales pueden ser clasificados en forma distinta, y se distinguen así, los actos "de efectos generales" es decir, de contenido normativo y que, por tanto, crean, declaran, modifican o extinguen situaciones jurídicas generales y los actos "de efectos particulares" que son aquellos de contenido no normativo, es decir, que crean, declaran, modifican o extinguen situaciones jurídicas particulares. Bajo este ángulo, la clasificación de los actos administrativos puede realizarse así: los actos de efectos generales son los de contenido normativo, dirigidos a un número indeterminado e indeterminable de sujetos; en cambio, los actos de efectos particulares son de contenido no normativo y éstos a su vez, pueden ser o actos generales, dirigidos a un grupo determinado o determinable de personas, o actos individuales, siempre dirigidos a un solo sujeto de derecho.

Como consecuencia, resulta que los actos genérales pueden ser tanto de efectos generales como de efectos particulares; y los actos de efectos particulares pueden ser tanto generales como individuales. Por ello, las dos clasificaciones de los actos jurídicos-estatales no pueden identificarse ni confundirse, pues los criterios utilizados para las mismas son distintos. Por tanto, no es posible identificar la distinción entre acto administrativo general y acto administrativo individual, con la de acto administrativo de efectos generales y acto administrativo de efectos particulares y como consecuencia, no es lo mismo acto administrativo general que acto administrativo de efectos generales; como tampoco es lo mismo, el acto administrativo individual que acto administrativo de efectos particulares.

Sin embargo, frente a estas dos distinciones señaladas, la Ley Orgánica de la Corte Suprema de Justicia, las desconoce y establece una incorrecta identificación entre las diversas categorías de actos al establecer la distinción básica de los procedimientos, utilizando, indistintamente, las expresiones "acto general"[669] y "actos de, efectos generales"[670], y "acto individual"[671] y "actos de efectos particulares"[672] como si se tratase de lo mismo.

---

669 Art. 134.
670 Art. 112.
671 Art. 42, Ord. 10.
672 Art. 121

Frente a esta confusión de términos se impone, por tanto, la necesidad de desentrañar cuál ha podido ser la razón de la distinción entre los dos tipos de procedimientos en la impugnación de los actos estatales: el establecido en la Sección Segunda del Capítulo II del Título V "De los juicios de nulidad de los actos de efectos generales" y el establecido en la Sección Tercera del Capítulo II del Título V "De los juicios de nulidad de los actos administrativos de efectos particulares". Ante todo surge una pregunta: ¿es que no hay otros actos estatales de efectos particulares distintos 'a los actos administrativos? Por supuesto que los hay, tales como algunos actos privativos de las Cámaras Legislativas, las leyes de contenido no normativo y algunos actos de gobierno. Para impugnarlos ¿Qué procedimiento debe seguirse? En estos casos, al tratarse de actos de ejecución directa de la Constitución, impugnables por inconstitucionalidad conforme a la misma Constitución.

Pero frente a la distinción de los actos estatales a los efectos de los procedimientos, estimamos que puede sostenerse, sin la menor duda, que la distinción que establece la nueva Ley Orgánica entre dichos procedimientos está basada en el contenido normativo o no normativo de los actos, por lo que en ella se identifican los actos de efectos generales (mal llamados en ciertas normas "actos generales") con los de contenido normativo y a los actos de efectos particulares con los de contenido no normativo. Por ello discrepamos del criterio de la Exposición de Motivos de la Ley Orgánica cuando afirma que la noción de "actos de efectos generales" que recoge la ley, incluye actos normativos o no normativos.

Esto no sólo no es correcto, sino que sería contradictorio con la médula de la distinción legal de los procedimientos entre el destinado a la impugnación de los actos de efectos generales y el destinado a los actos administrativos de efectos particulares.

En efecto, esta distinción implica, que el recurso para iniciar el primero no tiene lapso de caducidad, y la legitimación sea el simple interés, aun cuando calificado; en cambio, que el recurso para iniciar el segundo, está sometido a un lapso de caducidad de seis meses y a una legitimación activa reservada al titular de un interés legítimo, personal y directo. Y precisamente, la existencia de la acción popular en el recurso contra los actos de efectos generales sólo se justifica por el contenido normativo, erga omnes de los mismos. Identificar la expresión actos de efectos generales (normativos) con acto general (normativo o no) como se ha hecho, implicaría abrir el recurso de inconstitucionalidad contra un acto de efectos particulares, general y no normativo, lo cual no se ha admitido jamás en Venezuela.

Con base en esto, sostenemos, entonces, que el recurso contencioso-administrativo de anulación contra los actos administrativos de efectos particulares procede contra los actos administrativos de contenido no normativo, sean ellos, en sí mismos, actos generales o individuales, pues el hecho de que se trate de un acto general no implica que no sea de efectos particulares. Tal como lo ha dicho expresamente la Corte Suprema de Justicia.

> "La circunstancia de que la situación jurídica creada por el acto cuya validez se discute esté dirigido, a más de una persona, en virtud del número de ellas, no modifica su individualidad, motivo por el cual continúa siendo un acto administrativo de efectos particulares" [673].

673 *V.* sentencia de la CSJ-SPA de 2-11-67 en G.F., N° 58, 1967, pp. 38-39.

A pesar de la importancia de esta clasificación de los actos administrativos, con evidentes efectos adjetivos, su tratamiento no ha sido uniforme ni constante en la jurisprudencia, sino más bien casuístico y sin uniformidad.

Se destaca, en todo caso, la sentencia dictada por la Sala Político-Administrativa de la Corte Suprema de 24-4-80 (Caso *Fiscal General de la República*) en la cual puede decirse que se adoptó la distinción que proponemos.

La Corte señaló:

> "se ha ejercido en el caso de autos la acción de nulidad prevista en el artículo 112, Sección Segunda, Capítulo II del Título V de la Ley Orgánica de la Corte Suprema de Justicia. Esta acción es procedente contra actos como el impugnado por el Fiscal General de la República que, por ser de carácter normativo, sus efectos son generales, es decir, afectan a toda la ciudadanía, y por ello tienen pautado un procedimiento especial de impugnación en sede jurisdiccional, cuyas características más resaltantes estriban en la imprescriptibilidad de la acción de nulidad (Art. 134 LOCSJ) y la cualidad genérica de cualquier ciudadano para intentar la (acción popular).
>
> Frente a esta acción de nulidad, el propio texto orgánico de este Supremo Tribunal consagra un medio específico de impugnación de los actos administrativos de efectos particulares: el recurso contencioso-administrativo de anulación previsto en el artículo 121, Sección Tercera del mismo Capítulo II, Título V. De la naturaleza particular de estos actos, es decir, de su afectación a un solo individuo a un número, determinado o identificable de personas, deriva precisamente la exigencia contenidas en la Ley, de un interés personal, legítimo y directo en impugnar el acto de que se trate (Art. 121) y un lapso de caducidad de seis meses para intentar el recurso (Art. 134)..."[674].

Por otra parte, entre las sentencias que han considerado el tema en general, debe destacarse la de la Corte Primera de lo Contencioso-Administrativa de 1-6-82, en la cual se señaló lo siguiente:

> "La Ley Orgánica de la Corte Suprema de Justicia distingue solamente lo que atañe el recurso de nulidad por ilegalidad, entre los que se destinan a los actos de efectos generales y los que se destinan a los actos de efectos particulares, por lo cual es menester determinar, de acuerdo con dicho texto, a cuál de las categorías corresponde el caso presente.
>
> La doctrina venezolana imperante, al interpretar la normativa citada, opina que actos de efectos generales son tan sólo aquellos de contenido normativo. Los actos de efectos particulares son los que carecen por el contrario dicho contenido, aun cuando puedan estar dirigidos a un grupo numeroso de sujetos. Brewer-Carías distingue así en esta segunda categoría entre los actos generales de efectos particulares que son los dirigidos a un grupo determinado o determinable de personas y los actos individuales de efectos particulares dirigidos a un sujeto específico de derecho (*El Control Jurisdiccional de los Poderes Públicos en Venezuela*, UCV, pp. 172 y ss;). Otra opinión expresa que actos de efectos generales en una noción análoga a la de actos generales, esto es, aquel que crea, modifica o extingue situaciones subjetivas o realiza declaraciones de certeza legal respecto a una colectividad indeterminada de personas. El acto de efectos individuales, o acto particular, realiza los mismos efectos pero en relación con una o más personas determinadas o determinables (véase opinión del Fiscal General de la República expuesta en el expediente N° 79-573 de este Tribunal, pp. 212 y ss.). De todo lo anterior se evidencia que el carácter de acto de efectos generales implica para la doctrina o bien el carácter normativo contenido en el mismo, o bien el carácter indeterminado de los destinatarios"[675].

---

674 Consultado en original.

675 *V.*, en *RDP*, N° 11, 1982, p. 129.

De esta sentencia deriva, en todo caso, el criterio de que el acto administrativo de efectos generales puede caracterizarse sea por su contenido normativo, sea por el carácter indeterminado de sus destinarlos. Y así, casuísticamente se ha apreciado por la Corte Suprema en varias decisiones; por ejemplo, en las sentencias de 15-11-90 (caso *Aucarte*) y de 9-5-91 se calificó un acto cuyos destinatarios eran indeterminados como acto de efectos generales, independientemente de su contenido normativo67638. Así mismo, en la sentencia de la Corte Suprema de 12-5-92 (caso *Soto Luzardo*) un acto de convocatoria a concurso de funcionarios, a pesar de ser un acto general de efectos particulares, se lo calificó como de "efectos generales"[677]. Así mismo, en el Voto Salvado a la sentencia de la Corte Suprema en el caso de las elecciones de Sucre y Barinas de 15-2-93, la Magistrada disidente Hildegard Rondón de Sansó consideró, en nuestro criterio incorrectamente, que el acto del Consejo Supremo Electoral de convocatoria a elecciones era un "acto de efectos generales" cuyos efectos no podían suspenderse. Al contrario, dicho acto es un acto general de efectos particulares, y sus efectos sí podían suspenderse[678].

En todo caso, y concentrándonos al contencioso-administrativo de anulación de los actos administrativos, conforme a la Ley Orgánica debe distinguirse entre el contencioso-administrativo de los actos administrativos de efectos generales (acción popular) y el contencioso-administrativo de los actos de efectos particulares, lo que haremos con base en la clasificación que hemos. adoptado, que es la única, en nuestro criterio, qué justifica procesalmente, en el caso del juicio de nulidad de los actos de efectos generales, la ausencia de lapso de caducidad, la popularidad dé la acción y la no suspensión temporal de sus efectos.

2. El objeto del recurso contencioso-administrativo de anulación: el acto administrativo

El recurso contencioso-administrativo de anulación, por supuesto, sólo es posible ejercerlo contra un acto administrativo. Ello lo declara expresamente la Constitución en sus artículos 206 y 215, ordinal 7° y la Ley Orgánica de la Corte Suprema de Justicia en sus artículos 42, ordinales 10° y 12°, y 121 y siguientes. Sobre esto no hay lugar a dudas. Por tanto, quedan excluidos del recurso contencioso-administrativo dé anulación, los actos legislativos, los actos judiciales y los actos de gobierno. Por otra parte, si sólo los actos administrativos pueden ser objeto de un recurso contencioso-administrativo de anulación, quedan excluidos del recurso contencioso-administrativo de anulación, los hechos jurídicos y los actos materiales de la Administración. Como lo ha dicho la Corte,

> "Son las decisiones de la Administración Pública y no sus hechos los que pueden impugnarse por recurso jurisdiccional con el fin de lograr su revocación o anulación. Los hechos pueden ser causa de un interdicto, o de una acción por indemnización de daños y perjuicios, o de una denuncia o acusación penal; pero es imposible aceptar que puedan ser fundamento de tal recurso jurisdiccional administrativo"[679].

Por otra parte, los actos materiales de la Administración, es decir, aquellas declaraciones de voluntad que no constituyen una decisión y que, por tanto, no persiguen la

---

676 *V.* en *RDP*, N° 44, 1990, p. 123 y N° 46, 1991, p. 106.

677 Consultada en original.

678 Consultada en original.

679 CF, 2-6-58, G.F. 20, 1958, pp. 108-111.

producción de determinados efectos jurídicos, también quedan excluidos del recurso contencioso-administrativo de anulación[680].

Pero si bien es claro que el recurso contencioso-administrativo sólo procede contra los actos administrativos, ello plantea la necesidad de precisar, en el ordenamiento venezolano, la noción de acto administrativo. Para ello resulta necesario encuadrar previamente el tema dentro del principio de la separación orgánica .de poderes y de las diversas funciones del Estado[681], y luego analizar los diversos criterios y principios que se han venido elaborando sobre la noción del acto administrativo como objeto del recurso contencioso-administrativo de anulación.

A. La separación orgánica de poderes y las funciones del Estado

Si bien puede decirse que en Venezuela rige el principio de la separación orgánica "de poderes" en el sentido de que el ordenamiento constitucional distingue, a nivel nacional, los órganos que ejercen el Poder Legislativo (el Congreso), de los órganos que ejercen el Poder Ejecutivo (el Presidente de la República y demás órganos de la Administración Pública), y de los órganos que ejercen el Poder Judicial (Corte Suprema de Justicia y Tribunales), ello no implica que cada uno de dichos órganos siempre tenga el ejercicio exclusivo de alguna función estatal específica. Es decir, tal como la Corte Suprema lo ha señalado reiteradamente, la división de la Potestad Estatal (el Poder Público) en ramas y la distribución de su ejercicio entre diversos órganos, no coincide exactamente con la "separación" de las funciones estatales[682]. Por tanto, el hecho de que exista una separación orgánica "de poderes" no implica que cada uno de los órganos que los ejercen tengan, necesariamente, el ejercicio exclusivo de ciertas funciones, pues, paralelamente a las "funciones propias" de cada órgano del Estado, estos ejercen funciones que por su naturaleza son similares a las que ejercen otros órganos estata-

---

680 Al efecto, en sentencia de 9 de abril de 1950, la antigua Corte Federal señaló: "La llamada decisión apelada comprende explícitamente la constatación de una diferencia de precio e implícitamente la afirmación de que, en concepto de la nación, la compañía constructora es deudora de aquélla por el monto de esa diferencia... Ahora bien, examinando detenidamente esta Corte las actas del expediente, encuentra que no existe en el caso de autos decisión o resolución alguna del Contralor al respecto, que constituya formalmente un acto administrativo que pueda ser objeto del recurso, pues lo que hace dicho funcionario es encontrar una diferencia de precio en el contrato celebrado y participarlo a los organismos del Ministerio de Obras Públicas para su debido conocimiento y a los fines del caso. Esta frase, inserta al final de un oficio dirigido a la Dirección de Obras Públicas ya nombrada, no constituye una decisión o resolución capaz de producir per se determinados efectos jurídicos. Constituye, a lo más, la expresión de un criterio adverso de la Contraloría sobre, el referido contrato de construcción, pero sin configurar ninguno de los actos de la Contraloría...", CF, 9-1-59, *G.F.*, N° 20, 1959, pp. 62-63.

Por tanto, los actos materiales de la Administración, por no constituir actos administrativos, tampoco son susceptibles de recurso

681 *V.*, Allan R. Brewer-Carías, "Estudio sobre la impugnación ante la jurisdicción contencioso-administrativa de los actos administrativos de registro", *Doctrina PGR 1975*, Caracas, 1976, pp. 139 y ss.

682 *Cfr.* por ejemplo, sentencia de la CF de 19-6-53 en G.F., N° 1, 1953, p. 77; y sentencias de la CSJ en SPA de 18-7-63 en G.F., N° 41, 1963, pp. 116 y 117; de 27-5-68 en G.F., N° 60, 1969, pp. 115 y ss.; y de 9-7-69 en G.F., N° 65, 1969, pp. 70 y ss.

les[683], o en otras palabras, paralelamente a sus funciones propias, realizan funciones distintas a aquellas que les corresponden por su naturaleza[684].

El concepto de funciones del Estado es, por tanto, distinto al de poderes del Estado. El Poder Público, sus ramas o distribuciones, constituye en sí mismo una situación jurídica constitucional, individualizada, propia y exclusiva del Estado, mediante cuyo ejercicio éste realiza las funciones que le son propias. Las funciones del Estado, por su parte, constituyen las actividades propias e inherentes al Estado[685]. La noción de Poder es entonces previa a la de función: ésta se manifiesta como una tarea estatal específica realizada en ejercicio del Poder Público (de una de sus ramas o distribuciones), por lo que no puede existir una función estatal, sino cuando se realiza en ejercicio del Poder Público, es decir de la potestad genérica de obrar que tiene constitucionalmente el Estado, poder y función son, por tanto, distintos elementos en la actividad del Estado: el Poder Público como situación jurídica constitucional, tiene su fuente en la propia Constitución y existe la posibilidad de ejercerlo desde el momento en que está establecido en ella; la función estatal, en cambio, presupone siempre el ejercicio del Poder Público por un órgano del Estado, y sólo cuando hay ejercicio concreto del Poder Público es que se realiza una función estatal.

Ahora bien, como ya se ha dicho anteriormente en el mundo contemporáneo pueden distinguirse cuatro funciones básicas: la función creadora de normas jurídicas de efectos generales (función normativa); la función de conducción y ordenación política del Estado (función de gobierno); la función a través de la cual el Estado entra en relación con los particulares, como sujeto de derecho, gestor del interés público (función administrativa); y la función de resolver o de resolución de controversias entre partes, declarando el derecho aplicable a casos concretos (función jurisdiccional). Al ejercicio de estas cuatro funciones básicas del Estado, la función normativa; la función de gobierno; la función administrativa; y la función jurisdiccional, pueden reconducirse todas las actividades del Estado. Estas funciones; realizadas en ejercicio del Poder Público por los órganos estatales, sin embargo, generalmente no están encomendadas, con carácter exclusivo a diferentes órganos, sino que se ejercen por varios de los órganos estatales.

En efecto, la función normativa en el Estado contemporáneo es aquella actividad estatal que se manifiesta en La creación, modificación o extinción dé normas jurídicas de validez general[686]. La función normativa del Estado, en esta forma, si bien se atribuye como función propia a los órganos que ejercen el Poder Legislativo, es decir, a las Cámaras Legislativas, se realiza también por otros órganos del Poder Público.

En efecto, ante todo debe destacarse que la potestad de dictar leyes, en el ámbito nacional, corresponde a las Cámaras Legislativas actuando como cuerpos colegisladores[687], siendo estas leyes, por su generalidad e imperatividad, el tipo ideal de actos dictados en ejercicio de la función legislativa. Pero en el ordenamiento jurídico venezola-

---

683 *V., Cfr.* La sentencia de la CF de 19-6-53 en G.F., N° 1, 1953, p. 77; y la sentencia de la CSJ en SPA de 18-7-63 en G.F., N° 41, 1963, p. 116.

684 *V.* Sentencias de la CSJ en SPA de 18-7-63 en CF N° 41, 1963, pp. 116 y 117; de 27-5-68 en G.F., N° 60, 1969, p. 115; y 9-7-69 en G.F., N° 65, 1969, p. 70.

685 *Cfr.* Allan R. Brewer-Carías, *Las Instituciones Fundamentales del Derecho Administrativo y la Jurisprudencia Venezolana*, Caracas, 1964, pp. 105 y ss.

686 *Cfr.* Sentencia de la CSJ en SPA de -18-7-63 en CF, N° 41, 1963, p. 116.

687 Art. 162 de la Constitución.

no, los otros órganos del Poder Público, también ejercen esta función creadora de normas jurídicas: el Presidente de la República u otros órganos ejecutivos al dictar decretos-leyes y reglamentos[688], y ciertos Tribunales de la República al dictar los reglamentos reguladores de las respectivas circunscripciones judiciales[689]. Por tanto, la función normativa, como actividad privativa e inherente del Estado mediante la cual sus órganos pueden crear, modificar o extinguir con carácter general las normas del ordenamiento jurídico, se ejerce por los tres grupos de órganos estatales en ejercicio del Poder Público; por las Cámaras Legislativas, actuando como cuerpos colegisladores, en ejercicio del Poder Legislativo Nacional; por el Presidente de la República y ciertos órganos ejecutivos, en ejercicio del Poder Ejecutivo Nacional; y por ciertos Tribunales de la República, en ejercicio del Poder Judicial. La función normativa, por tanto, si bien es una "función propia", de las Cámaras Legislativas, no es una función privativa y exclusiva de ellas, pues los otros órganos estatales también la ejercen. Sin embargo, lo que sí es función privativa y exclusiva de las Cámaras Legislativas, es el ejercicio de la función normativa en una forma determinada: en ejecución directa de atribuciones constitucionales, mediante la emisión de ciertos actos estatales denominados Leyes. En efecto, sólo las Cámaras Legislativas actuando como cuerpos colegisladores pueden dictar leyes; y sólo ellas pueden crear normas jurídicas generales ejerciendo atribuciones establecidas directamente en la Constitución, sin condicionamiento legal alguno. Los otros órganos estatales que ejercen la función normativa, si bien realizan una función creadora dentro del ordenamiento jurídico, ello lo hacen a través de actos administrativos de efectos generales, y bajo el condicionamiento de las Leyes y nunca en ejercicio directo e inmediato de una norma Constitucional[690]. En otras palabras, las leyes son actos de ejecución directa de la Constitución y de rango legal; los reglamentos y actos administrativos de efectos generales son actos de ejecución directa de la legislación y de rango sublegal[691].

Pero aparte de la función normativa, en el Estado contemporáneo ha ido delineándose una función primordial, distinta de la función administrativa, por medio de la cual el Presidente de la República ejerce sus actividades como Jefe del Estado, es decir, como

688 Art. 190, Ord. 8° y 10 de la Constitución.

689 *V.*, Ley Orgánica del Poder Judicial, Art. 77, A, 8.

690 Inclusive en los casos en que el Presidente de la República puede mediante Decretos, modificar las Leyes (Decretos-Ley conforme al Art. 190, Ord. 8°), requiere previamente de una ley especial habilitante, que es la directamente ejecutada.

691 El carácter sub-legal de los Reglamentos surge inclusive, en aquellos casos en que el Reglamento, en virtud de delegación legislativa, complementa la ley. En estos casos, el Reglamento se dicta en ejecución directa de la ley y no de la Constitución, por lo que nunca podría tener igual rango que la ley. Al contrario, la Corte Suprema de Justicia ha señalado lo siguiente: "La ley de materia (Ley de Pilotaje) sólo contiene disposiciones que, por su carácter general, pueden aplicarse a todas las zonas de pilotaje actualmente existentes o que se creasen en el futuro, pero la determinación de los límites de éstas, de los requisitos que deben llenarse mientras se navegue por ellas, de los símbolos, luces y señales especiales que deben usarse en las mismas, de la cuantía del derecho de habilitación y de la forma de distribución de los ingresos provenientes del mismo, así como la regulación de otras materias semejantes, ha sido expresamente confiado en el articulado de la ley, al Poder Ejecutivo, quien con tal objeto debe dictar tantos reglamentos como sea necesario, teniendo en cuenta las características o peculiaridades de cada zona. Estos reglamentos no tienen por objeto desarrollar disposiciones legales ya existentes, sino complementar la ley que reglamentan con otras previsiones sobre materias expresamente señaladas por el legislador, por lo cual tienen en nuestro ordenamiento jurídico el mismo rango que los actos legislativos. Podría decirse que son decretos leyes sobre materias cuya regulación reserva el Congreso al Poder Ejecutivo por consideraciones de orden práctico". *V.*, sentencias de la CSJ en SPA de 27-1-71, en *Gaceta Oficial,* N° 1.472 Extraordinario de 11-6-71, p. 18.

Jefe del Gobierno de la República[692]. A través de esta función de gobierno, el Presidente de la República, puede adoptar decisiones en virtud de atribuciones que le son conferidas directamente por la Constitución, sin condicionamiento legal y por sobre la ley, de orden político, que exceden de la administración normal de los asuntos del Estado[693]. La característica fundamental de esta función del gobierno es que está atribuida al Presidente de la República, es decir, al nivel superior de los órganos que ejercen el Poder Ejecutivo, no pudiendo otros órganos ejecutivos ejercerla. Los órganos que ejercen el Poder Ejecutivo en esta forma, realizan fundamentalmente dos funciones propias: la función de gobierno y la función administrativa[694]. La función de gobierno, como función estrictamente política del Presidente de la República se ejerce en ejecución directa de atribuciones constitucionales, sin condicionamiento legal alguno. El legislador, en esta forma, no puede limitar las facultades políticas del Jefe de Estado[695]. La función de gobierno, por tanto es de carácter legal; en cambio, que la función administrativa es de carácter sub-legal[696].

Pero si bien la función dé gobierno se ejerce con el carácter de función propia por el Presidente de la República en ejercicio del Poder Ejecutivo, ello tampoco se realiza con carácter excluyente, ya que las Cámaras Legislativas, en ejercicio del Poder Legislativo, también realizan la función de gobierno, sea a través de actos parlamentarios sin forma de ley[697], sea mediante leyes[698]. En estos casos también, la función de gobierno realizada por los órganos del Poder Legislativo es una actividad de rango legal, es decir, de ejecución directa de la Constitución. Pero si bien esta función puede ser realizada tanto por el Presidente de la República como por los órganos legislativos, por lo que no es exclusiva o excluyente, sin embargo, si es exclusiva de uno u otros órganos en cuanto a

---

692 Aún cuando en algunos casos podría no haber coincidencia, podría decirse que en general, el Presidente de la República ejerce sus atribuciones de Jefe de Estado en ejercicio de la función de gobierno, y de Jefe del Ejecutivo Nacional, en ejercicio dé la función administrativa. *V.* Art. 181 de la Constitución.

693 En tal sentido, típicos actos de gobierno serían el declarar el estado de emergencia, al decretar la suspensión o restricción de las garantías constitucionales o el convocar el Congreso a sesiones extraordinarias. Art. 190, Ords. 6° y 9° y Arts. 240 y ss.

694 La distinción entre "gobierno y administración" es comúnmente empleada por la Constitución. *V.*, por ejemplo, Arts. 21, 27, 30. En el artículo 191 de la Constitución, en igual sentido habla de "aspectos políticos y administrativos" de la gestión del Presidente de la República. En tal-sentido, al referirse a los órganos del Poder Ejecutivo de los Estados, la Corte ha señalado lo siguiente: "El artículo 21 de la Constitución atribuye al Gobernador del Estado, el gobierno y administración de la Entidad, como Jefe del Ejecutivo del Estado y Agente del Ejecutivo Nacional en su respectiva circunscripción. En esta, forma, el Poder Ejecutivo Estadal realiza funciones de gobierno como poder político y funciones que atienden a otra actividad distinta, como poder administrador". V. sentencia de la CSJ en SPA de 30-6-66 en Gaceta Forense, N° 52, 1968, p. 231. *Cfr.* sobre la, distinción entre función administrativa y función de gobierno como actividades que se realizan en ejercicio del Poder Ejecutivo, el voto salvado a la sentencia de la CSJ en CP de 29-4-65, Imprenta Nacional, 1965, pp. 58 y ss.; y *Doctrina PGR 1963*, Caracas, 1964, pp. 179 y 180.

695 El legislador, por ejemplo, no podría limitar las atribuciones del Presidente de suspender las garantías constitucionales en forma distinta a las previstas en la propia Constitución.

696 Sobre la distinción entre actos del Poder Ejecutivo dictados en ejecución directa de la Constitución o en ejecución directa de la ley ver sentencia CSJ en SPA de 13-2-68 en *Gaceta Forense*, N° 59, 1969, p. 85. En todo caso, una cosa es atribuir a la función de gobierno rango legal y otra es atribuirle "naturaleza legislativa". El Decreto, de suspensión de garantías constitucionales, por ejemplo, tiene rango legal por cuanto puede "suspender" temporalmente la vigencia de una ley, lo que no implica que la derogue. Si la deroga, el acto tuviera "naturaleza legislativa". Sobre esta confusión *V., Doctrina PGR 1971*, Caracas, 1972, p. 189.

697 Por ejemplo cuando el Senado autoriza al Presidente de la República para salir del territorio nacional, Art. 150, Ord. 6° de la Constitución.

698 La Ley que Decreta una amnistía, por ejemplo, Art. 139 de la Constitución.

la forma de su ejercicio en los casos autorizados por la Constitución: la función de gobierno mediante Decretos ejecutivos (Actos de gobierno), se realiza en forma exclusiva por el Presidente de la República; y mediante leyes o actos parlamentarios sin forma de ley, por las Cámaras Legislativas.

Además de la función normativa y de la función de gobierno, los órganos estatales realizan la función jurisdiccional: es decir, conocen, deciden o resuelven controversias entre dos o más pretensiones, es decir controversias en las cuales una parte esgrime pretensiones frente a otra. El ejercicio de la función jurisdiccional se ha atribuido como función propia a la Corte Suprema de Justicia y a los Tribunales de la República, pero aquí también, ello no implica una atribución efusiva y excluyente, sino que al contrario, los otros órganos estatales pueden ejercer la función jurisdiccional.

En efecto, los órganos que ejercen el Poder Ejecutivo, realizan funciones jurisdiccionales[699], cuando las autoridades administrativas deciden controversias entre partes dentro de los límites de su competencia[700]; y las Cámaras Legislativas participan en la función jurisdiccional, cuando el Senado, por ejemplo, autoriza el enjuiciamiento del Presidente de la República[701]. Por tanto, la función jurisdiccional como actividad privativa e inherente del Estado mediante la cual sus órganos deciden controversias y declaran el derecho aplicable en un caso concreto, se ejerce por los tres grupos de órganos estatales en ejercicio del Poder Público: por la Corte Suprema y los Tribunales de la República, en ejercicio del Poder Judicial; por las Cámaras Legislativas, en particular, por el Senado, en ejercicio del Poder Legislativo Nacional; y por los órganos administrativos en ejercicio del Poder Ejecutivo Nacional. La función jurisdiccional, por tanto, si bien es una "función propia" de los órganos judiciales, no es una función privativa y exclusiva de ellos, pues los otros órganos estatales también la ejercen. Sin embargo, lo que sí es una función privativa y exclusiva de los Tribunales es el ejercicio de la función jurisdiccional en una forma determinada: con fuerza de verdad legal mediante actos denominados sentencias. Sólo los Tribunales pueden resolver controversias y declarar el derecho en un caso concreto, con fuerza de verdad legal, por lo que sólo los órganos del Poder Judicial pueden desarrollar la función judicial (función jurisdiccional ejercida por los Tribunales). Los demás órganos del Estado que realizan funciones jurisdiccionales lo hacen a través de actos administrativos condicionados por la legislación o a través de actos parlamentarios sin forma de ley, y por tanto, de rango legal.

Pero aparte de la función creadora de normas jurídicas de efectos generales (función normativa), de la función dé conducción y ordenación política del Estado (función de gobierno), y de la función de resolución de controversias entre partes declarando el derecho aplicable en casos concretos (función jurisdiccional), el Estado ejerce la función administrativa, a través de la cual entra en relación con los particulares, como sujeto de derecho, gestor del interés público[702]. De allí la distinción entre la función de crear el

---

699 *Cfr.* sentencias de la CSJ en SPA de 18-7-63 en CF, N° 41, 1963, pp. 116 y ,117; de 27-5-68 en G.F., N° 60, 1969, pp. 115 y 118; y de 9-7-69 en G.F., N° 65, 1969, pp. 70 y ss.

700 Cuando la administración decide por ejemplo, la oposición a una solicitud de registro de marca de fábrica, conforme a la Ley de Propiedad Industrial (Art. 64) o cuando decide la oposición a una solicitud de otorgamiento de una concesión de explotación forestal, conforme al Reglamento de la Ley Forestal de Suelos y Aguas (Art. 55).

701 Art. 150, Ord. 8°

702 *Cfr.* Allan R. Brewer-Carías, *Las Instituciones Fundamentales..., cit.*, p. 115. Si el Estado Legisla, tal como lo señala Santi Romano, "no entra en relaciones de las cuales él, como Legislador, sea parte: las relaciones que la ley establece o de cualquier modo contempla se desenvuelven después entre sujetos diversos del Estado o bien

derecho (normar), de aplicar el derecho imparcialmente (jurisdiccional), y de, actuar en relaciones jurídicas como sujeto de derecho, al gestionar el interés público (administrativa)[703]. En las dos primeras, el Estado al crear el derecho o al aplicarlo, es un tercero en las relaciones jurídicas que surjan; en la última, en cambio, el Estado es parte de la relación jurídica que se establece entre la Administración y los particulares[704], como sujeto de derecho, gestor del interés público. De allí que la personalidad jurídica del Estado, a través de las diversas personas estatales, se concretice en el orden interno cuando sus órganos ejercen la función administrativa.

Ahora bien, al igual que lo que sucede con la función normativa, de gobierno y jurisdiccional; la función administrativa tampoco está atribuida con carácter de exclusividad a ninguno de los órganos del Poder Público. Por ello, si bien la función administrativa puede considerarse como función propia de los órganos ejecutivos, concretizada básicamente a través de actos administrativos, ello no significa que la ejerzan con carácter exclusivo y excluyente. Al contrario, todos los otros órganos del Estado también ejercen la función administrativa: las Cámaras Legislativas, al autorizar o aprobar diversos actos de los órganos ejecutivos o al dictar actos relativos a su personal o servicios administrativos, realizan la función administrativa[705], y los órganos del Poder Judicial también realizan la función administrativa, al dictar actos concernientes a la administración del personal al servicio de los Tribunales, o al imponer sanciones disciplinarias[706]. En esta forma, la función administrativa, como actividad privativa e inherente del Estado mediante la cual sus órganos al gestionar el interés público, entran en relaciones jurídicas con los particulares, como sujeto de derecho, se ejerce por los tres grupos de órganos estatales en ejercicio del Poder Público: por los órganos administrativos, en ejercicio del Poder Ejecutivo Nacional; por las Cámaras Legislativas en ejercicio del Poder Legislativo; y por los Tribunales de la República, en ejercicio del Poder Judicial. La función administrativa, por tanto, si bien es una "función propia" de los órganos ejecutivos y administrativos, no es una función privativa y exclusiva de ellos, pues los otros órganos estatales también la ejercen, dentro del ámbito de sus respectivas competencias constitucionales y legales. El acto administrativo, como concreción típica pero no única del ejercicio de la función administrativa, puede emanar de todos los órganos estatales en ejercicio del Poder Público, teniendo, en todo caso, carácter sub-legal.

---

con el mismo. Estado, pero no en su aspecto de Legislador sino en otros aspectos mediante órganos diversos de los del Poder Legislativo. *V.*, Prime pagine di un *Manuale di Diritto Amministrativo*", en Seritti Menori, Milano, 1950, p. 363, *cit.*, por J. M. Boquera Oliver, *Derecho Administrativo*, volumen I, Madrid, 1972, p. 59. "Cuando el Estado juzga, señala J. González Pérez, no es parte interesada en una relación jurídica; no es sujeto de Derecho que trata de realizar sus peculiares intereses con arreglo al Derecho... cuando el Estado juzga satisface las pretensiones que una parte esgrime frente a otra; incide como tercero en una relación jurídica, decidiendo la pretensión ante él deducida con arreglo al ordenamiento jurídico", *V.*, *Derecho Procesal Administrativo*, *T.* II, Madrid, 1966, p. 37.

703 En este sentido la Corte al referirse a la función administrativa ha señalado que en ella el Estado "no realiza una función creadora dentro del ordenamiento jurídico, que es la función legislativa, ni conoce ni decide acerca de las pretensiones que una parte esgrime frente a otra que es la función judicial; sino que es sujeto de derecho, titular dé intereses agente propio de la función administrativa". *V.*, sentencias de la CSJ en SPA de 18-7-63 en G.F., N° 41, 1963, pp. 116 y ss.; y de 27-5-68 en G.F., N° 60, 1969, pp. 175 y ss.; y de 9-7-69 en G.F., N° 65, 1969, pp. 70 y ss. En estas sentencias, sin embargo, como veremos, la Corte confunde la función estatal con el acto estatal.

704 *Cfr.* sentencia de la CSJ en SPA de 13-3-67 en G.F., N° 55, 1968, p. 107.

705 *Cfr.* en sentencias de la CSJ en SPA de 18-7-63 en G.F., N° 41, 1963, pp. 116 y 117; y de 27-5-68 en G.F., N° 60, 1969, p. 115.

706 *Idem*

Pera si bien resulta clara, de lo anterior, la distinción entre las funciones fundamentales del Estado, no debe por ningún respecto, identificarse el ejercicio de una función estatal determinada con la producción de determinados actos jurídicos. Al igual que la separación orgánica de poderes no coincide con la distribución de funciones; ésta no coincide necesariamente, con él tipo de acto jurídico, que emane de la voluntad estatal[707].

En efecto, de lo expuesto anteriormente resulta que la función normativa la ejerce el Estado de Venezuela, a través de sus órganos legislativos (Cámaras Legislativas), de sus órganos ejecutivos (Presidente de la República), o de sus órganos judiciales (Tribunales); la función de gobierno la ejerce el Estado a través de sus órganos legislativos (Cámaras Legislativas) y de sus órganos ejecutivos (Presidente de la República); la función jurisdiccional la ejerce el Estado a través de sus órganos legislativos (Senado), de sus órganos administrativos, y de sus órganos judiciales (Tribunales); y la función administrativa la ejerce el Estado a través de sus órganos legislativos (Cámaras Legislativas), de sus órganos judiciales (Tribunales) y de sus órganos administrativos. Sin embargo, de ello no puede deducirse que todo acto realizado en ejercicio de la función normativa, sea un acto legislativo; que todo; acto-realizado en ejercicio de la función de gobierno, sea un acto de gobierno; que todo acto realizado en ejercicio de la función jurisdiccional sea un acto judicial; o que todo acto realizado en ejercicio de la función administrativa, sea un acto administrativo. Al contrario así como los diversos órganos del Estado realizan diversas funciones, los actos cumplidos en ejercicio de las mismas no son siempre los mismos ni tienen por qué serlo.

En efecto, tal como lo hemos señalado, los órganos del Poder Legislativo pueden, ejercer funciones normativas, de gobierno, jurisdiccionales y administrativas, pero los actos que de dichos órganos emanen al ejercer dichas funciones no son, necesariamente, ni uniformes ni correspectivos. Cuando las Cámaras Legislativas ejercen la función normativa, es decir, crean normas jurídicas de carácter general actuando como cuerpos colegisladores, dictan leyes[708] pero cuando lo hacen en otra forma distinta, por ejemplo, al dictar sus reglamentos internos, ello lo hacen a través de actos parlamentarios sin forma de ley[709]. Cuando las Cámaras Legislativas ejercen la función de gobierno, es decir, intervienen en la formulación de las políticas nacionales, lo hacen a través de leyes.[710]; o a través de actos parlamentarios sin forma de ley[711].

En el caso el ejercicio de la función jurisdiccional, el Senado concretiza su acción a través de un acto parlamentario sin forma de ley[712]; y en cuanto al ejercicio de la fun-

707 La distinción entre funciones del Estado que la doctrina ha realizado, muchas veces se confunde, el querer, identificar un tipo de acto jurídico estatal con la función ejercida por el Estado. V. Agustín Gordillo, *Introducción al Derecho Administrativo*, Buenos Aires, 1966, pp. 91 y ss. Nosotros mismos hemos incurrido en esta confusión. *V.*, Allan R. Brewer-Carías. *Las Instituciones Fundamentales del Derecho Administrativo y la Jurisprudencia Venezolana.* Caracas, 1964, pp. 108 y ss. En igual confusión incurre la jurisprudencia reciente de la Corte Suprema V. sentencias de la CSJ en SPA de 18-7-63, en G.F. N° 41, pp. 116 y ss.; de 27-5-68. En G.F., N° 60, 1969, pp. 115 y ss. y de 9-7-69, en G.F., N° 65, 1969, pp. 70 y ss. En Venezuela, en igual confusión incurre, a pesar de su intento por "distinguir" actividad de función, Gonzalo Pérez Luciani, al afirmar que "la actividad que tomada globalmente sea relevante jurídicamente se puede decir que es una función", *loc. cit.*, p. 196.

708 Art. 162 de la Constitución.

709 Art. 158, Ord. 1° y 3° de la Constitución.

710 Art. 139.

711 Art. 150, Ords. 4°, 6°, 7° y Art. 153, Ord. 2°

712 Art. 150, Ord. 8°

ción administrativa por las Cámaras Legislativas, ella puede concretarse en leyes[713], actos parlamentarios sin forma de ley[714] o actos administrativos[715].

Por su parte, cuando los órganos del Poder Ejecutivo particularmente el Presidente de la República, realizan la función normativa, ésta se concretiza en Decretos Leyes[716] o en Reglamentos (actos administrativos)[717], y cuando realiza la función de gobierno, dicta actos de gobierno[718]. En los casos dé ejercicio de la función jurisdiccional y de la función administrativa, los órganos ejecutivos dictan por ejemplo actos administrativos[719].

En cuanto a los órganos del Poder Judicial, cuando ejercen la función normativa; dictan reglamentos (actos administrativos)[720], cuando ejercen la función administrativa dictan actos administrativos[721]; y cuando ejercen la función jurisdiccional dictan actos judiciales (sentencias).

En esta forma, el ejercicio de la función normativa se puede manifestar, variablemente, a través de leyes, Decretos-Leyes y reglamentos (actos administrativos); el ejercicio de la función de gobierno, a través de actos de gobierno, leyes y actos parlamentarios sin forma de ley; el ejercicio de la función jurisdiccional, a través de actos parlamentarios sin forma de ley, actos administrativos y sentencias; y el ejercicio de la función administrativa, a través de leyes, actos parlamentarios sin forma de ley y actos administrativos. En sentido inverso, puede decirse que las leyes sólo emanan de las Cámaras Legislativas actuando no sólo en ejercicio de la función normativa, sino de la función de gobierno y de la función administrativa, que los actos de gobierno sólo emanan del Presidente de la República actuando, no sólo en ejercicio de la función de gobierno, sino en ejercicio de la función normativa; que los actos parlamentarios sin forma de ley sólo emanan de las Cámaras Legislativas, actuando en ejercicio de las cuatro funciones estatales; y que los actos judiciales (sentencias) sólo emanan de los Tribunales actuando en ejercicio de la función jurisdiccional. En todos estos casos, el tipo de acto se dicta exclusivamente por un órgano estatal, pero en ejercicio de variadas funciones estatales. Lo privativo y exclusivo de los órganos estatales en esos casos, no es el ejercicio de una determinada función, sino la posibilidad de dictar determinados actos: las leyes por las Cámaras Legislativas; los actos de gobierno por el Presidente de la República; y los actos judiciales (sentencias) por los Tribunales.

En cuanto a los actos administrativos, éstos pueden emanar de las Cámaras Legislativas actuando en función administrativa; de los Tribunales actuando en función normativa y en función administrativa y de los órganos del Poder Ejecutivo actuando en función normativa, en función jurisdiccional y en función administrativa. Los actos admi-

---

713 Las leyes aprobatorias de contratos administrativos, por ejemplo, *V.*, Art. 126 de la Constitución. En este sentido es que hemos señalado que se trata de actos administrativos con forma de ley. *V.*, Allan R. Brewer-Carías, *Las Instituciones Fundamentales..., cit.*

714 Por ejemplo, los diversos actos de autorización que el Senado debe dar a actividades administrativas de los órganos del Poder Ejecutivo, *V.*, Art. 150, Ord. 2°, 3° y 5° y Art. 158, Ord. 2° y 6°

715 Art. 158, Ord. 1°, 3°, 4°, 5°

716 Art 190, Ord. 8°

717 Art. 190, Ord. 10.

718 Art 190, Ord. 3°, 4°, 5°, 6°, 7°, 9°, 11 y 21, por ejemplo y Art. 215, Ord. 6°.

719 Art. 206.

720 Los reglamentos de las circunscripciones judiciales dictados por las Cortes Superiores. *V.* Ley Orgánica del Poder Judicial Art. 77, A, 8.

721 Los actos de la denominada jurisdicción voluntaria, y los actos administrativos relativos a su administración de personal.

nistrativos, en esta forma, y contrariamente a lo que sucede con las leyes, con los actos de gobierno, y con las sentencias judiciales, no están reservados a determinados' órganos del Estado, sino que pueden ser dictados por todos ellos, y no sólo en ejercicio de la función administrativa.

En esta forma, es evidente que al analizar la función administrativa y la concreción más general que resulta de su ejercicio, los actos administrativos, no puede adoptarse un criterio orgánico para su caracterización, en virtud de la no coincidencia de la separación orgánica de poderes con la distribución de funciones.

Por otra parte, para la diferenciación de los actos estatales, tampoco pueden adoptarse criterios orgánicos pues si bien es cierto que las leyes emanan solamente de las Cámaras Legislativas; que los actos de gobierno emanan solamente del Presidente de la República; y que las sentencias judiciales emanan solamente de los Tribunales, eso mismo no se puede decir de los actos administrativos, que emanan de todos los órganos del Estado.

La definición de las funciones del Estado por tanto, ha de ser una definición material que se deriva de la naturaleza de la actividad estatal y no del órgano del cual emana o de su forma[722]; y para llegar a dicha caracterización material resulta indispensable, tal como se ha señalado anteriormente, no confundir el órgano estatal con la formación estatal ni, la función misma con el acto que emana de su ejercicio[723], es decir, la naturaleza de la actividad estatal (función) con el resultado de su ejercicio (actos jurídicos).

B. Las actividades del Estado y la actividad administrativa

Ahora bien, la identificación de la actividad administrativa dentro de las actividades del Estado no puede realizarse con los mismos criterios que pueden utilizarse para precisar a la Administración Pública como complejo orgánico (criterio orgánico) o para caracterizar a la función administrativa dentro de las funciones del Estado (criterio material), pues no sólo no es actividad administrativa la totalidad de la actividad desplegada por los órganos del Poder Ejecutivo, sino que tampoco constituyen actividad administrativa todas las actividades que resultan del ejercicio de la función administrativa.

---

722 *Cfr.* Allan R. Brewer-Carías, *Las Instituciones Fundamentales.... cit.* En sentido coincidente ha sido tradicional la doctrina de la Corte Suprema: en 1951 señaló que "no son los nombres o denominaciones, sino su naturaleza o contenido lo que da a los actos tanto de los funcionarios como de los particulares, su verdadero carácter, su significación o fisonomía propia" (*V.*, sentencia de la CFC en CP de 4-4-51 en G.F., N° 7, 1952, p. 17); en 1952, expresó que "los actos administrativos, como los judiciales, fiscales..., los son por su naturaleza, por la cuestión que en ellos se ventila, y no cambia ese carácter ni suspende ni restringe la facultad del funcionario a quien la ley de competencia para conocer y decidir, la circunstancia de que otra autoridad conozca de asunto semejante y aun conexo con aquél" (sentencia de la CFC en CP de 30-10-52 en G.F., N° 12, p. 18) y en 1963 insistió en que "prevalece en la doctrina el criterio de que, tratándose de actos del Poder Público, la condición de acto administrativo no deriva necesariamente, de la índole del organismo o funcionario que lo realiza; sino de la función o facultad que éste ejerce al realizarlo" (sentencia de la CSJ en SPA de 18-7-63 en G.F., N° 14, 1963, pp. 116 y ss.). Contra la definición material de la actividad administrativa protesta airadamente en Venezuela Luis H. Farías Mata., al proclamar, siguiendo a Garrido Falla, un criterio orgánico. V. "Procedimientos para la fijación de Cánones de Arrendamiento en el Derecho Venezolano", *Studia Jurídica*, N° 3, Caracas, 1974, pp. 423 y ss.

723 En esta forma, nos apartamos, parcialmente del intento que hicimos de definir la función administrativa a través de la naturaleza de los actos, administrativos. *V.*, Allan R. Brewer-Carías, *Las Instituciones Fundamentales. cit.*, p. 109.

En efecto, las actividades que despliegan los órganos ejecutivos, tal como se señaló anteriormente, pueden clasificarse en dos grandes grupos que responden a las nociones de gobierno y administración[724], es decir, actividad de gobierno y actividad administrativa. La actividad de gobierno, tal como se indicó anteriormente, resulta del ejercicio de la función de gobierno y de la función legislativa por el Presidente de la República[725] y se caracteriza frente a la actividad administrativa por dos elementos combinados; en primer lugar, porque la actividad de gobierno sólo puede ser realizada por el Presidente de la República, como Jefe del Estado[726], en segundo lugar, porque se trata de actividades desplegadas en ejecución de atribuciones establecidas directamente en la Constitución, sin condicionamiento legislativo y que por tanto o tienen el mismo rango que la actividad legislativa[727] o tienen el mismo valor jurídico que la ley[728]. En esta forma, la actividad del gobierno se distingue de la actividad administrativa realizada por los órganos ejecutivos, en que ésta se realiza a todos los niveles de la Administración Pública, y siempre tiene rango sub-legal, es decir, se despliega por los órganos ejecutivos en ejecución de atribuciones directamente establecidas en la legislación, y sólo en ejecución indirecta de la Constitución[729]. He aquí un nuevo criterio, en este caso formal, derivado de la teoría merkeliana de construcción escalonada del orden jurídico[730], para la identificación de la problemática administrativa.

Para la distinción de la actividad legislativa de la actividad de gobierno y de la actividad administrativa no sólo debe utilizarse el criterio orgánico, sino también el criterio formal: la actividad de gobierno, aun cuando realizada en ejecución directa de la Constitución está reservada al Presidente de la República, en tanto .que la actividad legislativa, realizada también en ejecución directa de la Constitución[731], está reservada a las Cámaras Legislativas. En esta forma, el criterio orgánico distingue la actividad de gobierno de la actividad legislativa, y ambas se distinguen de la actividad administrativa mediante el criterio formal; tanto la actividad de gobierno como la actividad legislativa se realizan en ejecución directa de competencias constitucionales, en tanto que la actividad administrativa siempre es una actividad sub-legal, es decir, sometida a la ley y realizada en ejecución de la ley.

La actividad judicial, por su parte, también se distingue de la actividad de gobierno y de la actividad legislativa en base a los dos criterios señalados; desde el punto de vista orgánico, porque la actividad judicial está reservada a los Tribunales de la República,

---

724 *V.*, Arts. 27, 30 y 191 de la Constitución.

725 *V.*, Por ejemplo, artículo 190, ordinales, 6° y 8° de la Constitución.

726 Arts. 181 y 190 de la Constitución.

727 En este sentido, el Decreto de Suspensión de garantías Constitucionales (Arts. 240 de la Constitución) o la convocatoria al Congreso a sesiones extraordinarias (Art. 191, Ord. 9°) tienen el mismo rango que la ley en relación a la Constitución

728 En este sentido, los Decretos-ley dictados en ejecución de una ley habilitante especial conforme al Art. 190, Ord. 8° de la Constitución, tienen el mismo valor jurídico que la ley, a la cual pueden derogar o modificar.

729 En este sentido es que podría decirse que la actividad administrativa sé reduce a ejecución de la ley.

730 Adolf Merkl, *Teoría General del Derecho Administrativo*, Madrid, 1935, p. 13. *Cfr.* Hans Kelsen, *Teoría General del Estado*, México, 1957, p. 510. V. Las referencias en Allan R. Brewer-Carías. *Las Instituciones Fundamentales del Derecho Administrativo y la Jurisprudencia Venezolana*, Caracas, 1964, pp. 24 y ss.

731 Las Cámaras Legislativas, realizan su actividad Legislativa en cumplimiento de atribuciones directamente establecidas en la Constitución (Art. 139 de la Constitución). En él sólo caso de las leyes especiales que han de someterse a las leyes orgánicas preexistentes (Art. 163 de la Constitución) podría decirse que hay condicionamiento legislativo de la actividad legislativa.

en tanto que la actividad legislativa está reservada a las Cámaras Legislativas y la actividad de gobierno está reservada al Presidente de la República[732], desde el punto de vista formal, porqué al igual que la actividad administrativa, la actividad judicial es una actividad sub-legal, es decir, sometida a la ley realizada en ejecución de la ley.

Por último, en cuanto a la distinción entre la actividad administrativa y la actividad judicial, si bien no puede utilizarse el criterio formal de su graduación en el ordenamiento jurídico, sí se distinguen en base al criterio orgánico y a otro criterio formal. Desde el punto de vista orgánico, la actividad judicial está reservada a los Tribunales con carácter exclusivo; y desde el punto de vista formal, la declaración de lo que es derecho en un caso concreto que realizan los órganos judiciales, se hace con fuerza de verdad legal, que sólo las sentencias poseen.

De lo anterior resulta entonces que las actividades de gobierno, judicial y legislativa son actividades reservadas al Presidente de la República, a los Tribunales y a las Cámaras Legislativas, respectivamente. La actividad de gobierno, en efecto, consiste en la producción de actos de gobierno y Decretos-leyes por el Presidente de la República, dictados en ejercicio de la función de gobierno y de la función normativa. La actividad judicial, por su parte, consiste en la adopción de decisiones judiciales (sentencias) por la Corte Suprema de Justicia y los Tribunales de la República, en ejercicio de la función jurisdiccional. Por último, la actividad legislativa consiste en la producción de leyes y actos parlamentarios sin forma de ley dictados por las Cámaras Legislativas en ejercicio tanto de la función normativa como de la función de, gobierno, de la función administrativa y de la función jurisdiccional.

En cuanto a la actividad administrativa, sin embargo, respecto de ella no se produce la reserva de su ejercicio a determinados órganos estatales, sino que la misma se realiza por todos los órganos del Estado. De allí las definiciones negativas de la actividad administrativa que pretendía delimitarla señalando que era toda aquella actividad estatal que no fuera ni actividad de gobierno, ni actividad judicial, ni actividad legislativa[733], es decir todo el residuo qué quedaba luego de restarle a la actividad estatal, la actividad de gobierno, la actividad legislativa y la actividad judicial. Pero indudablemente que la definición negativa o residual de la actividad administrativa no satisface el razonamiento lógico[734], por lo cual resulta necesario tratar de formularla en forma positiva.

Para ello hay que partir de diversos supuestos: En primer lugar, no puede utilizarse un criterio orgánico para su diferenciación de las otras, actividades del Estado, pues si bien el cumplimiento de éstas está reservado a ciertos órganos estatales, la realización de la actividad administrativa está encomendada, dentro de sus respectivas competencias, a

---

732 Puede decirse entonces, que la separación orgánica de poderes tiene plena concordancia con la división, orgánica de las actividades de gobierno (reservada al Presidente de la República), legislativas (reservadas a las Cámaras Legislativas) y judiciales (reservadas a los Tribunales). Por supuesto, la coincidencia de actividades específicas con órganos estatales determinados concluye allí, pues la actividad administrativa, al contrario, no está reservada a ningún órgano específico, sino que se realiza por todos ellos.

733 *Cfr.* A. Merkl, *op. cit.*, p. 35; M. Waline, *Droit Administratif*, París, 1963, p. 4; Gordillo, *Introducción al Derecho, Administrativo*, 1966, p. 99.

734 Para una crítica a la concepción negativa de la Administración, *v.* F. Garrido Falla, *Tratado de Derecho Administrativo*, v. I, 1970, p. 32.

todos los órganos del Estado[735]. En segundo lugar, tampoco puede identificarse la actividad administrativa como el resultado del ejercicio dé una función estatal, pues ella resulta tanto del ejercicio de la función administrativa, de la función jurisdiccional y de la función normativa por órganos del Poder Ejecutivo; como del ejercicio de la función administrativa por las Cámaras Legislativas o de la función administrativa o normativa por los Tribunales[736]. En tercer lugar, tampoco puede utilizarse un criterio meramente formal de graduación de los actos en el orden jurídico, pues tío sólo la actividad administrativa tiene carácter sub-legal, pues también lo tiene la actividad judicial[737]. En cuarto lugar, la actividad administrativa consiste en la producción de actos heterogéneos, pues no sólo pueden ser unilaterales o bilaterales (contratos administrativos, concesiones), sino que los unilaterales pueden ser de efectos generales (reglamentos) o actos administrativos individuales, como de operaciones materiales. Resulta por tanto imposible utilizar un criterio material que pueda reducir a una unidad la actividad administrativa.

De lo anterior se deduce, por tanto, que debido al carácter residual de la actividad administrativa[738], y no existiendo coincidencia entre la actividad administrativa y el órgano que la produce, o entre ella y la función que se ejerce para producirla, resulta indispensable utilizar una mezcla de criterios[739]. En esta forma, frente a las diversas actividades estatales, se considera que constituyen actividad administrativa 1) aquellas actividades de carácter sublegal[740] realizadas por los órganos del Poder Ejecutivo (Administración Pública como conjunto orgánico) en ejercicio de la función administrativa, de la función normativa o de la función jurisdiccional[741], 2) aquellas actividades reali-

---

735 En tal sentido no puede aceptarse el criterio orgánico que define la Administración Pública como "una zona de la actividad desplegada por el Poder Ejecutivo". *V.*, F. Garrido Falla, *op. cit.*, v. 1, pp. 36, 38 y 49. Esta concepción la sigue en Venezuela Luis Farías Mata, *Loc.cit.*, pp. 423 y ss.

736 Algunos autores como A. Gordillo, al confundir la función estatal con la actividad estatal reservan el ejercicio de la función legislativa a los órganos del Poder Judicial, y en cambio atribuyen el ejercicio de la función administrativa a los tres grupos de órganos estatales, *op. cit.*, p. 99.

737 Podría decirse, sin embargo, como lo hizo O. Mayer, que la Administración sería- una actividad del Estado bajo la ley para el cumplimiento de sus fines; en tanto, que la función judicial sería Una actividad del Estado en la cual el cumplimiento de la ley (por la ley) constituye el fin esencial de la misma. *Cfr.* las referencias en J. L. Villar Palasi, *Derecho Administrativo. Introducción y Teoría de las Normas*, Madrid, 1968, p. 43.

738 Históricamente, la aplicación del principio de la separación de poderes con posterioridad a la Revolución francesa, produjo que se le quitaran al Monarca las funciones legislativas atribuidas al Parlamento y las funciones jurisdiccionales, atribuidas a los Tribunales. En el Monarca quedaron las funciones ejecutivas, con carácter residual. *Cfr.* F. Garrido Falla. *op. cit., T.* I, p. 35, J. L. Villar Palasi, *op. cit.* pp. 48 y 49.

739 Esta utilización de varios criterios es lo que nos ha criticado' Gonzalo Pérez Luciani, *Loc.cit.*, p. 183.

740 En esta forma, quedaría excluida de la actividad administrativa, la actividad de gobierno realizada por los órganos ejecutivos en ejercicio tanto, de la función legislativa como de la función jurisdiccional, por ser esta de rango legal (realizada en ejecución directa de la Constitución).

741 En este sentido, constituye actividad administrativa realizada en ejercicio de la función administrativa, por, ejemplo, el otorgamiento de un permiso o licencia para conducir automóvil o para operar una estación de radio (actos administrativos individuales); constituyen actividad administrativa realizada en ejercicio de la función jurisdiccional, por. ejemplo, la decisión del Registrador de la Propiedad Industrial del Ministerio de Fomento, á la oposición formulada por un interesado contra la solicitud de registro de una marca de fábrica por un industrial, o la decisión de un Ministro al resolver un recurso jerárquico (actos administrativos individuales) ; y constituye actividad administrativa realizada en ejercicio de la función legislativa, por ejemplo, los Reglamentos ejecutivos dictados por el Presidente de la República (actos administrativos de efectos generales). Los órganos del Poder Ejecutivo, por tanto, es decir, la Administración Pública como complejo orgánico, no está confinada al solo ejercicio de la función administrativa, como señala A. Gordillo, *op. cit.*, p. 98. A lo que está confinada es a la realización de actividad administrativa (además de la actividad de gobierno), pero no al ejercicio de una sola función estatal. Por ello insis-

zadas por los Tribunales de la República en ejercicio de la función administrativa o de la función normativa[742]; y 3) aquellas actividades de carácter sublegal realizadas por las Cámaras Legislativas en ejercicio de la función administrativa[743]. Por supuesto que las actividades administrativas cumplidas por la Administración Pública como complejo orgánico, son las que constituyen el campo normal de aplicación del Derecho Administrativo; pero ello, por supuesto, no puede conducir a negar el carácter administrativo de las otras actividades señaladas, realizadas tanto por las Cámaras Legislativas como por los Tribunales. Por otra parte, el objeto del derecho administrativo no se agota en el estudio de la actividad administrativa tal como la hemos definido, sino que abarca también el estudio de la actividad legislativa cumplida en ejercicio de la función administrativa, así como de la actividad de gobierno cumplida por los órganos superiores del Poder Ejecutivo.

Ahora bien, la actividad administrativa del Estado, desde el punto de vista estrictamente jurídico, tal como se ha dicho, es una actividad de carácter sublegal, es decir, que se realiza con sujeción a la ley. De allí la vigencia del principio de la legalidad, base del Estado de Derecho. Sin embargo, no puede ya decirse que la Administración se agote con la mera ejecución mecánica de la ley[744], la administración debe someterse a la legalidad pero no consiste en la sola ejecución de leyes y mucho menos de las leyes de libertad que acompañaron el nacimiento del Estado de Derecho[745].

A lo heterogéneo de los actos que pueden resultar de la actividad administrativa en el mundo contemporáneo[746], se agrega, en todo caso, la heterogeneidad de las formas que puede revestir esa actividad. Ya no se está en presencia de un Estado que limitaba su actividad a actuar como gendarme en el orden económico y social, cuidando que los derechos individuales garantizados por las leyes se mantuvieron incólumes. El Estado contemporáneo, al dejar de ser un Estado Liberal-Burgués de Derecho y asumir el papel de Estado Social de Derecho (Estado Benefactor) o de Estado Democrático y social de

---

timos, no debe confundirse la función administrativa con la actividad administrativa, como la mayoría de los administratistas lo hacen. *Cfr.* F. Garrido Falla, *op. cit.*, *T.* I, pp. 30-y ss.; A. Gordillo, *op. cit.*, pp. 91 y ss. Nosotros mismos lo hemos hecho V. Allan R. Brewer-Carías, *Las Instituciones Fundamentales... cit.*, pp. 108 y ss.

742 En este sentido constituye una actividad administrativa realizada en ejercicio de la función administrativa, por ejemplo, el acto de nombramiento de los empleados administrativos de los juzgados, o los actos dé ejecución presupuestaria adoptados por los jueces (actos administrativos individuales); y constituyen una actividad administrativa realizada en ejercicio de la función legislativa, por ejemplo, los reglamentos de organización interna dictados por ciertos Tribunales en determinadas circunscripciones judiciales (actos administrativos de efectos generales). En cuanto a los denominados como, "actos de la jurisdicción voluntaria", los mistaos también podrían considerarse como actividad administrativa, realizada por los Tribunales competentes en ejercicio de "la función administrativa. No hay en ellos, realmente, ejercicio de la función jurisdiccional por los Tribunales. Tanto es así, que en Venezuela por ejemplo, la labor de "registro" de ciertos documentos mercantiles en el Área Metropolitana de Caracas, antaño atribuida a los Tribunales 'Mercantiles de Primera Instancia, se atribuyeron hace algunos lustros al Registrador Mercantil; y las labores de "autenticación" y reconocimiento de ciertos documentos, atribuidas tradicionalmente a ciertos jueces, en determinadas áreas del país se han atribuido a funcionarios administrativos; los Notarios, dependientes del Ministerio de Justicia. Sobre el carácter administrativo de los actos de la jurisdicción voluntaria, V. los comentarios contrarios de F. Garrido Falla, *op. cit.*, *T.* I, pp. 40 y ss. quien califica estas actividades como "seudo-administrativas". *Cfr.* A. Gordillo, *op. cit.*, p. 100; J. L. Villar Palasi, *op. cit.*, p. 46.

743 Por ejemplo, los actos de las Cámaras Legislativas dictados en el campo de la administración de su personal administrativo o de su presupuesto (actos administrativos individuales).

744 *Cfr.* Héctor Giorgi, *La Nueva Administración Pública*, Montevideo, 1965, pp. 53 y 130.

745 *Cfr.* Allan R. Brewer-Carías, *Cambio Político y Reforma del Estado en Venezuela*. Madrid, 1974, p. 103.

746 Reglamentos, actos administrativos unilaterales (generales o individuales) actos administrativos bilaterales (contratos o concesiones administrativas), y operaciones materiales.

Derecho[747], ha venido asumiendo una serie de actividades no sólo reguladoras del orden económico y social (policía administrativa), sino promotoras (fomento), prestadoras de servicios públicos, empresariales (gestión económica) y planificadoras, que caracterizan, en el mundo actual, a la actividad administrativa. Fácil es comprender, por tanto, porqué el estudio del régimen jurídico de esta actividad forma la médula central del Derecho Administrativo.

C. El problema de la definición del acto administrativo

a. *La necesidad de un criterio mixto*

Tal como lo hemos señalado anteriormente, la noción de acto administrativo sólo puede resultar de una combinación de criterios orgánicos, formal y material, y nunca puede condicionarse al cumplimiento de una función específica del Estado.

Los actos administrativos se dictan por todos los órganos estatales y en ejercicio de todas las funciones estatales y su individualización no puede estar fundamentada en la utilización del solo criterio orgánico, del solo criterio formal o del solo criterio material, sino, insistimos, de la mezcla y combinación dé ellos.

En efecto, no es aceptable la utilización exclusiva de un criterio orgánico para definir el acto administrativo[748], pues quedarían fuera de caracterización los actos administrativos que dictan los funcionarios de las Cámaras Legislativas o los funcionarios de los órganos judiciales[749].

En nuestro ordenamiento constitucional no puede sostenerse que los actos administrativos son sólo aquellos que emanan de los órganos de la Administración Pública. Al contrario, los actos administrativos, pueden emanar de las Cámaras Legislativas actuando en función administrativa[750], y de los Tribunales actuando, en función normativa, y en función administrativa[751]. Los actos administrativos, en esta forma, y contrariamente a lo que sucede con las leyes, con los actos de gobierno y con las sentencias judiciales, no están reservados a determinados órganos del Estado, sino que pueden ser dictados por todos ellos, y no sólo en ejercicio de la función administrativa.

Asimismo, no es aceptable la sola utilización del criterio formal, de actividad de carácter sub-legal, para definir los actos administrativos, pues los actos judiciales también tienen carácter sub-legal[752]; por último, tampoco es aceptable la utilización exclu-

---

747 *Cfr.* Allan R. Brewer-Carías, *Cambio Político..., cit.*

748 *V.*, las referencias a los diversos criterios orgánicos que se han sostenido en Venezuela en Allan R. Brewer-Carías, "El problema de la definición del acto administrativo" en *Libro Homenaje al Doctor Eloy Lares Martínez*, Caracas, 1985, *T.* I, pp. 31 a 38.

749 El nombramiento de un funcionario por el Presidente del Senado o por un Juez, por ejemplo.

750 *V.*, por ejemplo, la Sentencia de la Corte Suprema de Justicia en Sala Político-Administrativa de 19-12-74, en *G.O.*, N° 1.741, Extr. de 21-5-75, p. 26.

751 *V.*, por ejemplo, la sentencia de la Corte Suprema de Justicia en Sala Político-Administrativa de 26 de mayo de 1981, en *Revista de Derecho Público*, N° 7, Caracas, julio-septiembre, 1981, p. 149.

752 En estos casos, el criterio formal tendría que combinarse con un criterio orgánico en el sentido de considerar que los órganos administrativos son subordinados y en cambio que los órganos judiciales son independientes. *Cfr.* Antonio Moles Caubet, *Lecciones de Derecho Administrativo*, curso 1956-1957, Temas I-II (Multigrafiado), pp. 17 y ss.

siva de un criterio material, basado en la noción de función administrativa[753], pues quedarían excluidos de la noción, los actos administrativos cumplidos en ejercicio de la función normativa y de la función jurisdiccional por los órganos del Poder Ejecutivo[754], así como los actos administrativos dictados en ejercicio de la función normativa por los órganos jurisdiccionales[755]. Por ello desde 1975 nos hemos apartado de la utilización de dicho criterio funcional[756].

---

753 En 1964, en nuestro libro *Las Instituciones Fundamentales y la Jurisprudencia Venezolana*. Caracas, 1964, nos inclinamos, frente al criterio orgánico, por un criterio material para la definición del acto administrativo, basado en la función administrativa. En esta forma, para nosotros, en 1944, acto administrativo era "aquella manifestación de voluntad realizada por una autoridad pública actuando en ejercicio de la función administrativa, con el objeto de producir determinados efectos jurídicos" (p. 117). Esta forma de definición del acto administrativo que se apartaba del criterio orgánico basado en la identificación entre el órgano y el acto producido, fue acogido ampliamente por la jurisprudencia textualmente, por la Corte Suprema de Justicia en sentencia del 11-8-65, al señalar que "doctrinalmente el concepto del acto administrativo ha quedado delineado, como aquella manifestación de voluntad realizada por una autoridad pública actuando en ejercicio de la función administrativa, con el objeto de producir determinados efectos jurídicos que pueden ser o la creación de una situación jurídica individual o general, o la aplicación a un sujeto , de derecho de una situación jurídica general". *V.* en *G.O.*, N° 27.845 de 22-9-65, pp. 207-324. Sin embargo, desde 1963 la Corte Suprema había insistido en su criterio de que "la condición de acto administrativo no deriva necesariamente, de la índole del organismo o funcionario que lo realiza: sino de la función o facultad que este ejerce al realizarlo" (sentencia del 18-7-63 en G.F., N° 41, Caracas, 1963, p. 116), lo cual fue recogido posteriormente en muchas otras decisiones de la Sala Político-Administrativa (*V.*, sentencia 27-5-68, en G.F., N° 60, 1968, pp. 115 y ss. y sentencia de 9-7-69, en G.F., 65, 1966, pp. 70 y ss., y la sentencia de 2-6-77, en *Revista de Derecho Público*, N° 1, Caracas, 1980, p. 131). Sin embargo, esta forma de definición, nos llevaba a un criterio material rígida: la identificación entre la función y el acto producido en su ejercicio. Así, el acto administrativo sólo podía ser dictado en ejercicio de la función administrativa y ésta consistía primordialmente en el cumplimiento de actos administrativos por parte de una autoridad competente (*Las Instituciones Fundamentales... cit.*, p. 109).

Esta forma de definir los actos administrativos,' independizándolos del órgano que los dictaba, presentaba la Ventaja de que ampliaba la categoría de tales actos incluyendo en ellos, aquéllos dictados por los órganos judiciales o legislativos en ejercicio de la función administrativa, pero conducía al inconveniente de identificar la función administrativa con acto administrativo, con lo cual quedarían fuera de la calificación como actos administrativos, algunos actos dictados por órganos administrativos pero en ejercicio de una función jurisdiccional. De la rigidez de la concepción orgánica derivada de identificar el acto con el órgano, pasamos a otra rigidez de la concepción material derivada de identificar el acto con la función, cuando en realidad, órgano, función y acto no son matemáticamente correlativos en el ordenamiento constitucional venezolano. *V.*, "La Ley Orgánica de Procedimientos Administrativos y el Contencioso-Administrativo, en *Archivo de Derecho Público y Ciencias de la Administración*, Vol. *V.*, *El Procedimiento Administrativo*. Instituto de Derecho Público, Caracas, 1984, pp. 199-202.

754 Por ejemplo, cuando se dicta un reglamento o cuando la administración resuelve un conflicto entre particulares.

755 Por ejemplo, cuando los Tribunales Superiores dictan su reglamento interno.

756 En efecto, nuestro convencimiento de que en el sistema venezolano de separación de poderes, no se puede establecer una correlación matemática entre órgano, función y actividad estatales, nos ha llevadora, apartarnos de la sola concepción material que formulábamos en 1964 y propugnar, como complemento, una mezcla de criterios para definir el acto administrativo.

La base de este razonamiento la formulamos en el *T.* I de nuestro *Derecho Administrativo*, Caracas, 1975, pp. 373 y ss., y la hemos desarrollado posteriormente. En todo caso, en 1977, precisábamos las líneas generales de nuestra posición al asegurar lo siguiente: "Ante todo debo señalar que, en mi criterio, no es posible utilizar un criterio único para definir el acto administrativo. La heterogeneidad de sus formas y contenido lo demuestra y exige. Por tanto, rechazo de plano la sola utilización del criterio orgánico que pretende definir el acto administrativo, según que sea emanado de los órganos del Poder Ejecutivo, no sólo porque contrariamente a lo que se ha afirmado aquí, no está acogido por la Constitución, sino porque dejaría fuera de la calificación como acto administrativo a actos que indudablemente lo son, aun cuando no emanen de autoridades ejecutivas, sino de órganos legislativos o judiciales: los actos de ejecución presupuestaria o de administración de personal público emanados del Presidente del Congreso o. del Presidente de la Corte Suprema de Justicia, por ejemplo, y para sólo citar uno.

Me aparto también de la sola utilización del criterio material que en otra época, catorce años atrás, yo mismo utilicé y que define el acto administrativo por el ejercicio de la función administrativa, pues identifica lo identificable:

Por ello es que proponemos una definición del acto administrativo que combine diversos criterios, pues es la única forma de reconducir a la unidad, la heterogeneidad de los mismos[757]. En esta forma acto administrativo es toda manifestación de voluntad de carácter sublegal[758] realizada por los órganos del Poder Ejecutivo, actuando en ejercicio de la función administrativa, de la función normativa y de la función jurisdiccional[759], por los órganos del Poder Legislativo, actuando en ejercicio de la función administrativa y de carácter sublegal[760], y por los órganos del Poder Judicial actuando en ejercicio de la función administrativa y de la función normativa[761], con el objeto de producir

---

acto estatal con función estatal, cuando ambos conceptos son sustancialmente distintos. La utilización de este solo criterio, por ejemplo, dejaría fuera de su categorización como actos administrativos a los actos dictados por autoridades administrativas en ejercicio de la función jurisdiccional, como serían muchos de los actos emanados del Director de Inquilinato y del Director de Registro de la Propiedad Industrial del Ministerio de Fomento, y para también solamente citar un solo ejemplo.

Por último, también rechazo la sola utilización del criterio formal para definir el acto administrativo en base a su carácter sublegal, es decir, a que se trate de acto de ejecución inmediato de la legislación, porque si bien es útil para su identificación frente a actos estatales de rango legal, como lo son, los actos de gobierno o los actos parlamentarios sin forma de ley, no es suficiente para identificarlos frente a otros actos estatales de carácter sublegal, como son los actos judiciales.

Este rechazo a la utilización de un criterio único y mágico para identificar al acto administrativo que sostengo en el *T.* I de la obra sobre Derecho Administrativo, cuya edición he iniciado hace algo más de un año, se basa en mi convencimiento de que es un -error en el cual yo mismo caí hace catorce años-, el identificar la separación de funciones con los actos estatales que de los órganos estatales emanan en ejercicio de dichas funciones. Los órganos del Estado, en efecto, conforme al artículo 118 de la Constitución; tienen sus funciones propias, pero las mismas ni son exclusivas ni excluyentes en el sentido de que un mismo órgano estatal puede ejercer, además de su función propia -en cuanto es de ejercicio normal ü ordinario-, otras funciones estatales que a la vez son "propias" de otros órganos estatales. Los órganos del Poder Legislativo, por tanto, además de la función normativa -que les es propia-, ejercen funciones de gobierno, y administrativas. Los órganos del Poder Ejecutivo, ejercen indistintamente, además de las funciones de gobierno y administrativa que les son propias, las funciones normativas y jurisdiccional. Y los órganos del Poder Judicial, además de la función jurisdiccional que le es propia, ejercen las funciones normativas y administrativa.

Esto nos ha llevado a la conclusión de que, por tanto, el rechazo de un criterio único y mágico para definir el acto administrativo -esencialmente heterogéneo en su forma y contenido-, conduce á propugnar la definición del acto administrativo a través de una mezcla de criterios: el orgánico, el material, el formal.

En esta forma, acto administrativo, es entonces, el acto de carácter sublegal (he aquí el criterio formal) emanado en primer lugar, de los órganos del Poder Ejecutivo (he aquí el criterio orgánico) en ejercicio de todas las funciones estatales normativas, de gobierno; administrativas y jurisdiccionales; en segundo lugar, de los órganos del Poder Legislativo en ejercicio dé la función administrativa (he aquí el criterio material); y en tercer lugar, de los órganos del Poder Judicial en ejercicio, de la función administrativa y normativa (he aquí también, el criterio material).

Conforme a esto, por tanto, tan acto administrativo es un acto de nombramiento de un funcionario público por un Ministro, que por los Presidentes del Congreso o de la Corte Suprema de Justicia, y todos, por tanto, serían susceptibles de impugnación por la vía contencioso-administrativa'. *V.*, nuestro trabajo "El recurso contencioso-administrativo contra los actos de efectos particulares", en el libro editado por el Instituto de Derecho Público, *El control jurisdiccional de los Poderes Públicos en Venezuela*, Caracas, 1979, pp. 170-171.

757 Por supuesto que esta postura resulta del rigor metodológico y científico con que se analice la actividad administrativa. Por ello consideramos que no resiste la menor crítica la utilización exclusiva del criterio orgánico como lo hace L. H. Parías Mata, con el argumento de que no importa que el acto de nombramiento de un funcionario por el Presidente de la Cámara del Senado sea un típico acto administrativo y que el reglamento interno de un órgano del Poder Judicial sea idéntico a un Reglamento emanado del Ejecutivo, si el tratamiento jurisdiccional (contencioso-administrativo), fuera diferente, lo que en nuestro criterio es inaceptable. *V.*, L. H. Farías Mata, "*Procedimiento para la fijación... Loc.cit.* p. 425.

758 Esta es la aplicación del criterio formal.

759 Esta es la aplicación del criterio orgánico.

760 Esta es la aplicación del criterio material.

761 Esta es la aplicación del criterio material.

efectos jurídicos determinados que pueden ser o la creación de una situación jurídica individual o general, o la aplicación a un sujeto de derecho de una situación jurídica general. Considerando a los actos estatales dentro de una perspectiva general, quedarían fuera de la clasificación como actos administrativos, los actos cumplidos por los órganos del Poder Ejecutivo en función de gobierno (actos de gobierno) y que por tanto son de rango legal; los actos cumplidos por los órganos del Poder Legislativo en función normativa (leyes), en función de gobierno (leyes, actos parlamentarios sin forma de ley), en función jurisdiccional (actos parlamentarios sin forma de ley) y en función administrativa (de rango legal) (leyes y actos parlamentarios sin forma de ley); y los actos cumplidos por los órganos del Poder Judicial actuando en función jurisdiccional (sentencias, autos).

Es claro que lo anteriormente señalado, en las definiciones tradicionales del acto administrativo que lo precisan como toda "declaración de voluntad realizada por la Administración con el propósito de producir un efecto jurídico"[762], el problema se reduce a determinar que debe entenderse por "Administración", dicho término se define con un criterio orgánico, identificándolo con los órganos del Poder Ejecutivo (autoridades administrativas)[763] o dicho término se define con un criterio material, identificándolo con el ejercicio de la función administrativa[764]; o dicho término se define con criterios com-

---

762 En términos generales este ha sido la definición que la Corte Suprema ha adoptado cuando ha necesitado definir el acto administrativo. En efecto, la antigua Corte Federal ha definido el acto administrativo individual como aquella "declaración de voluntad realizada por la administración con el propósito de producir un efecto jurídico y tendiente a crear una situación jurídico individualizada" (*V.* sentencia de 8 de junio de 1959 en G.F., N° 24, 1959, p. 206); o más propiamente, ha definido el acto administrativo, como aquellas manifestaciones de voluntad de la administración pública que afectan a la situación jurídico-administrativa personal o patrimonial de un Administrado, cerno son las que crean o definen una situación de derecho administrativo" (*V.*, sentencia de 3 de diciembre de 1959, en G.F., N° 26, 1959, p. 142). Más recientemente, la Corte Suprema de Justicia ha repetido el mismo concepto al definir los actos administrativos individuales, como aquellas "declaraciones en virtud de las cuales la Administración tiende a crear, reconocer, modificar, o extinguir situaciones jurídicas subjetivas" (*V.*, sentencia de la Sala Político-Administrativo de 2 de junio de 1964 en *G.O.*, N° 27.474, de 25 de junio de 1964).

763 Esta es la orientación seguida por la misma Corte Suprema de Justicia en sentencia de la Sala Político-Administrativa de 2 de junio de 1964, cuando define los actos administrativos como aquellas "manifestaciones de voluntad emanadas de las autoridades administrativas y que tienen por objeto producir efectos de derecho, generales o individuales" (*V.*, en *G.O.*, N° 27.474 de 25 de junio de 1964).

764 Esta fue la postura que adoptamos en 1964, y que ahora nos apartamos de ella, al definir el acto administrativo "como aquella manifestación de voluntad realizada por una autoridad pública actuando en ejercicio de la función administrativa, con el objeto de producir efectos jurídicos determinados que pueden ser, o la creación de una situación jurídica individual o general, o la aplicación a un sujeto de derecho de un situación jurídica general". (*V.* Allan R. Brewer-Carías. *Las Instituciones Fundamentales, cit.* p. 120). Esta definición material, fue acogida textualmente por la Corte Suprema de Justicia en Sala Político-Administrativa en sentencia de 11 de agosto de 1965 en los siguientes términos: "Doctrinalmente el concepto de acto administrativo ha quedado delineado, como aquella manifestación de voluntad realizada por una autoridad pública actuando en ejercicio de la función administrativa, con el objeto de producir efectos jurídicos determinados que pueden ser, o la creación de una situación jurídica individual o general, o la aplicación a un sujeto de derecho de una situación jurídica general" (*V.* en *G.O.*, N° 27.845 de 22 de septiembre de 1965). Debe señalarse que esta caracterización material del acto administrativo ha sido tradicional en la jurisprudencia de la Corte Suprema. Ver las referencias jurisprudenciales que hemos hecho en la Nota N° 110, supra, y en el trabajo Allan R. Brewer-Carías, "Algunas Bases del Derecho Público en la jurisprudencia Venezolana", *Revista de la Facultad de Derecho, UCV*, N° 27, 1963, pp. 146 y 147. En particular, dentro de esta orientación material, debe destacarse la sentencia de la Corte Suprema de Justicia en Sala Político-Administrativa de 18 de julio de 1963, donde sostuvo el criterio de la función administrativa, como base para la definición del acto administrativo: "En el acto administrativo, propiamente dicho, el Estado es titular de un interés público y actúa frente a intereses privados, es parte de la actuación, es un sujeto de la relación jurídica que el acto supone o implica, y trata de realizar determinados fines, aun cuando sometido a la ley, relacionándose con otros

binados[765], como lo hemos hecho anteriormente. En las dos primeras alternativas, quedaría fuera de la calificación de actos administrativos, diversos actos estatales que ni son judiciales, ni legislativos, ni de gobierno y que indudablemente tienen carácter administrativo. En la última alternativa, que hemos acogido, en cambio, así como todos los .actos estatales encuentran su calificación, también todos los actos administrativos, sean cumplidos por la autoridad estatal que sea, encuentran su debido encuadramiento.

Consecuencialmente, sólo quedaría fuera de la calificación como actos administrativos los siguientes: los actos cumplidos por los órganos del Poder Ejecutivo en función de gobierno (actos de gobierno), y que, por tanto, son de rango legal; los actos cumplidos por los órganos del Poder Legislativo en función normativa (leyes o actos parlamentarios sin forma de Ley), en función de gobierno (leyes o actos parlamentarios sin forma de Ley), en función jurisdiccional (actos parlamentarios sin forma de Ley), y en función administrativa si son de rango legal (actos parlamentarios sin forma de Ley o Leyes); y los actos cumplidos por los órganos del Poder Judicial actuando en función jurisdiccional (sentencias, autos).

Esta posición es la que, en definitiva, ha adoptado la jurisprudencia contencioso-administrativa en varias decisiones que comentaremos más adelante, al considerar como actos administrativos recurribles, algunos actos de las Asambleas Legislativas, los actos de las Comisiones Tripartitas Laborales y algunas decisiones de Tribunales. Antes, sin embargo, debemos referirnos a la definición que del acto da la Ley Orgánica de Procedimientos Administrativos y su inconveniencia.

b. *La Ley Orgánica de Procedimientos Administrativos y la definición del acto administrativo*

La Ley Orgánica de Procedimientos Administrativos de 1982, en efecto, puede decirse que incide directamente sobre el régimen del recurso contencioso-administrativo de anulación, al regular directamente su objeto: el acto administrativo, en torno al cual gira, materialmente, toda la ley[766]. Sin embargo, esta incidencia de la Ley en el objeto del recurso cobra particular importancia en diversos aspectos: la definición del acto administrativo, su clasificación, el problema de si hay o no actos excluidos del control contencioso-administrativo, los actos administrativos tácitos, y el problema ele los actos materiales. Ahora nos referiremos sólo al problema de la definición de los actos administrativos.

En efecto, el artículo 7° de la Ley establece una definición del acto administrativo en la siguiente forma:

---

sujetos de derecho. No realiza una función creadora dentro del ordenamiento jurídico, que es la función legislativa, ni conoce ni decide acerca de las pretensiones que una parte esgrima frente a otra que es la función judicial sino que es sujeto de derecho, titular de intereses, agente propio de la función administrativa "*V.* en G.F., N° 41, 1963, p. 117". La doctrina de la sentencia ha sido ratificada por decisión de la misma Sala Político-Administrativa de 9 de julio de 1969 en G.F., N° 65, 1969, p. 71.

765 Por esta alternativa se inclina la doctrina más moderna *V.*, Sebastián Martín Retortillo Baquer, "Presupuestos constitucionales de la Función Administrativa en el Derecho Español", *Revista de Administración Pública*, N° 26, Madrid, 1958, pp. 47 y ss.

766 *V.*, Allan R. Brewer-Carías, "La Ley Orgánica de Procedimientos Administrativos y el contencioso-administrativo" en *Archivo de Derecho Público y Ciencias de la Administración, v. V., El procedimiento Administrativo*, Instituto de Derecho Público, Caracas, 1984, pp. 179-245.

"Se entiende por acto administrativo a los fines de esta Ley, toda declaración de carácter general o particular emitida de acuerdo con las formalidades y requisitos establecidos en la Ley, por los órganos de la Administración Pública".

En efecto, en primer lugar, debe señalarse que el artículo 7° define el acto administrativo a los fines de ésta Ley, es decir, a los fines de la Ley Orgánica de Procedimientos Administrativos. Por tanto, no es una definición universal del acto administrativo, sino una definición a los fines particulares de la Ley. En este sentido, si se trata de una definición del acto administrativo a los solos fines y efectos de Ley Orgánica, resulta una definición absolutamente inútil. En efecto, el artículo 1° de la Ley precisa que ella se aplica a la Administración Pública Nacional, Central y Descentralizada y exige ese artículo que la Administración Pública ajuste sus actividades a la prescripción de la Ley.

Siempre hemos pensado que es inconveniente definir conceptos en textos legales y mucho más, definir conceptos tan difíciles de enmarcar como el del acto administrativo. Puede decirse que la médula y la teoría de todo el derecho administrativo han girado en torno a la definición del acto administrativo, respecto de lo cual no hay acuerdo, y posiblemente no lo habrá doctrinalmente. Por ello, una definición legal como la del artículo 7°, lo que hace más bien es complicar el panorama en lugar de simplificarlo, porque, por una parte, se trata de una definición incompleta y, por la otra de una definición que dará origen a interpretaciones variadas y por tanto, a inconvenientes en su aplicación.

La Ley se destina, por tanto, a la Administración Pública, orgánicamente considerada, tanto a la Administración Central como la Administración Pública descentralizada funcionalmente. La Ley hace extensivas sus normas de procedimiento además, a otros órganos de la Administración Nacional que gozan de autonomía funcional y que enumera en forma incompleta. Sólo habla de la Fiscalía General de la República y de la Contraloría General de la República, pero no del Consejo de la Judicatura, ni del Consejo Supremo Electoral, siendo esos cuatro órganos, con autonomía funcional, entidades que responden a una misma naturaleza[767].

Pero además, la Ley extiende la posibilidad de su aplicación a los Estados y Municipios. Creemos que esto es inconstitucional, porque si hay un signo de la autonomía a nivel estadal y municipal, es la autonomía administrativa, por lo que el procedimiento administrativo debería ser regulado a nivel de los Estados y Municipios. El hecho de que la Constitución haga referencia a que son de la competencia nacional las leyes de procedimiento[768], esta referencia debe entenderse dirigida a los procedimientos de carácter nacional como los derivados de la nacionalización de la justicia (procedimientos judiciales), pero no a los procedimientos administrativos de las administraciones territoriales.

Ahora bien, ¿qué significa que la ley se destine a la Administración Pública? Pues que la misma no se aplica a los otros órganos del Estado. En Venezuela existe una separación orgánica de poderes donde se distinguen las Cámaras Legislativas, los Tribunales y la Administración Pública[769]. Por tanto, lo que dice la Ley es que sólo se aplica a la Administración Pública y, por tanto, no se aplica a los Tribunales ni a las Cámaras Le-

767 *V.*, Allan R. Brewer-Carías, *Introducción al Estudio de la Organización Administrativa Venezolana*, Caracas, 1978, pp. 24, 25, 34 y 35.

768 Art. 136, Ord. 4°.

769 *V.* Allan R. Brewer-Carías, *Derecho Administrativo*, *T.* I, Caracas, 1975, p. 211 y ss.

gislativas. De allí que la actividad administrativa realizada por la Administración Pública, orgánicamente considerada, es la única que puede ser regulada por esta Ley.

Así, los actos administrativos que puede regular la Ley son aquellos que emanan de la Administración Pública, sin la menor duda.

Por eso pienso que es una definición inútil y hasta tautológica la del artículo 7° al decir que a los fines de la Ley, actos administrativos son los que emanan de la Administración Pública, porque eso simplemente se deduce del Art. 1°, conforme al cual la ley no podría regular otros actos administrativos que emanen de otros órganos distintos de la Administración Pública. Pero además de lo inútil de la definición legal, ésta es inconveniente. En efecto, la ley da una definición a sus propios fines, pero no a los fines de otros textos que hablan de actos administrativos. La Constitución utiliza la expresión "acto administrativo" en sus artículo 206 y 215. La Ley Orgánica de la Corte Suprema de Justicia por su parte, utiliza la noción de acto administrativo para precisar el objeto del recurso contencioso-administrativo de anulación.

Por ello, definir en una Ley al acto administrativo a los efectos exclusivos de esa misma Ley, es introducir una definición parcial desde el punto de vista científico, y estimamos que no puede haber definiciones parciales del acto administrativo en el Derecho Administrativo.

En efecto, la definición del acto administrativo tiene que ser una, de tal manera formulada, que sea válida para todas las normas que hablen de actos administrativos dentro de un determinado ordenamiento jurídico. No podemos definir acto administrativo a los fines de cada una de las leyes de la República, porque sería sembrar el caos dentro de la interpretación del Derecho Administrativo y del objeto del recurso contencioso-administrativo. Por eso, en el derecho administrativo se ha planteado –y esto ha sido la discusión permanente de toda la doctrina– la búsqueda de una definición global del acto administrativo a todos los fines, y no sólo a los fines de una Ley en particular.

La noción del acto administrativo, sin duda, continúa siendo una de las partes medulares del derecho administrativo, ya que de su definición depende, no sólo la identificación de la actividad administrativa unilateral frente a las otras actividades del Estado, sino el objeto de los recursos contencioso-administrativo de anulación.

De allí el esfuerzo que la doctrina y la jurisprudencia han realizado y realizan, permanentemente, para lograr una definición del acto administrativo que cumpla con los dos elementos que la deben condicionar: por una parte, identificar a la actividad administrativa frente a las actividades de gobierno, legislativa y judicial del Estado, y por la otra, no dejar fuera de control contencioso-administrativo, algunos actos estatales que por criterios doctrinales determinados, pudieran no incluirse en la definición de los actos administrativos.

Por tanto, no estando excluido de control jurisdiccional de inconstitucionalidad o legalidad ningún acto estatal[770], resulta imperativo que todos los actos administrativos

770 En tal sentido, la Corte Suprema de Justicia en Sala Político Administrativa, por sentencia del 11 de mayo de 1981 estableció lo siguiente: "Ahora bien, sin entrar, por innecesario, en un análisis más profundo de la cuestión, parece evidente que, en nuestro medio, hoy en día tal tesis resulta definitivamente superada: primero, porque de acuerdo con la letra constitucional no puede discutirse que ningún acto administrativo está exento del control jurisdiccional, y, segundo, porque tampoco puede ponerse en duda, en la concepción actual de nuestro derecho administrativo, que los recursos jurisdiccionales contra los actos administrativos sólo pueden versar en razones de ilegali-

puedan ser objeto de control contencioso-administrativo, resultando inadmisibles las definiciones de tales actos que provoquen exclusiones de control. Como lo ha dicho la Corte Suprema de Justicia, en sentencia del 10-1-80, al referirse a las decisiones de las Comisiones Tripartitas,

> "resulta contrario a nuestro ordenamiento constitucional que los pronunciamientos de las Comisiones Tripartitas laborales son irreversibles en vía jurisdiccional. En efecto, en Venezuela existen tres vías para la impugnación de los actos estatales la acción, de nulidad por inconstitucionalidad contra los actos legislativos o dé gobierno; el recurso de casación contra los actos jurisdiccionales; y el recurso contencioso-administrativo de anulación contra los actos administrativos.
>
> No podría el legislador, sin infringir el orden jurídico constitucional, establecer expresa o tácitamente una derogatoria a los principios que informan nuestro sistema de derecho, que someten la actividad de todas las ramas del Poder Público al control de su regularidad y legalidad por parte del máximo Tribunal de la República, o de los demás órganos de la jurisdicción contencioso-administrativa" [771].

Con esta tesis, del carácter comprensivo del control jurisdiccional sobre los actos estatales que hemos propugnado siempre[772], la Corte Suprema se aparta, sin duda, en materia de control de actos administrativos de algunas sentencias de años anteriores, en las cuales había excluido del control contencioso-administrativo, los actos administrativos emanados de los Inspectores del Trabajo[773], y los actos emanados de los Registros Públicos[774]. Tanto en aquellos casos como en el más reciente, para excluir o incluir actos administrativos en el ámbito de control contencioso-administrativo, la Corte Suprema tuvo que recurrir a identificar una noción de acto administrativo, que le permitiera definir el ámbito de sus poderes de control. Lamentablemente está sana tendencia jurisprudencial ha comenzado a ser cambiada de nuevo, restringiéndose el control contencioso-administrativo respecto de determinados actos, como veremos.

Ahora bien, este problema de la definición del acto administrativo ha adquirido una significativa relevancia reciente, pues le han permitido a los órganos de la jurisdicción contencioso-administrativa, considerar como actos administrativos sujetos a control contencioso-administrativo, en primer lugar, actos emanados de una Asamblea Legislativa (órgano legislativo) (designación de los miembros de su Comisión-Delegada); en segundo lugar, los actos de las Comisiones Tripartitas laborales dictados en función jurisprudencial por órganos administrativos; en tercer lugar, ciertos actos dictados por los Tribunales en función administrativa; y en cuarto lugar, ciertos actos dictados por entidades privadas que cumplen funciones públicas.

---

dad del acto, y no del mérito u oportunismo de la actuación administrativa". V. en *Revista de Derecho Público*, N° 7, Caracas, julio-septiembre, 1981, pp. 157 y 158.

771 *V.*, la Sentencia de 10-01-80, de la Sala Político-Administrativa de la Corte Suprema de Justicia en *Revista de Derecho Público*, N° 1, Caracas, enero-marzo, 1980, p. 130.

772 *V.*, por ejemplo, Allan R. Brewer-Carías, *El Control de la Constitucionalidad de los Actos Estatales*, Caracas, 1977, pp. 31, 32, 112, 113 y 114.

773 *V.*, por ejemplo, la Sentencia de 18-6-63, en *G.O.*, N° 871, Ext. de 26-8-63. Véanse los comentarios de Luis E. Farías Mata en "La Doctrina de los actos excluidos en la jurisprudencia del Supremo Tribunal", en la publicación del Instituto de Derecho Público, *Archivo de Derecho Público y Ciencias de la Administración*, v. I, 1968-1969, Caracas, 1971, pp. 333 y ss.

774 *V.*, la Sentencia de la Sala Político-Administrativa de 13-3-67, en G.F., N° 55, 1968, pp. 107 y 116. Sobre esta materia vease el trabajo de Gonzalo Pérez Luciani, "Actos Administrativos que en Venezuela escapan al Recurso contencioso de anulación" en *Revista de la Facultad de Derecho, UCAB*, N° 6, Caracas 1968 pp. 171 y ss. y nuestro trabajo "La impugnación de los actos administrativos de registro ante la jurisdicción contencioso-administrativa" en *Libro Homenaje a la Memoria de Joaquín Sánchez Covisa*, Caracas, 1975, pp. 440 y ss.

Es decir, la jurisprudencia considera como actos administrativos no sólo los emanados de la Administración Pública, como conjunto orgánico, sino algunos emanados de órganos legislativos y de órganos judiciales, y también los dictados por órganos administrativos, en ejercicio de funciones jurisdiccionales. Ello confirma lo inconveniente de la definición del artículo 7° de la Ley Orgánica de Procedimientos Administrativos.

c. *El tema de los actos administrativos sometidos al derecho administrativo*

De lo anteriormente expuesto puede concluirse que todos los actos administrativos, incluso entendiendo por tales, en sentido orgánico, como las manifestaciones de voluntad que en ejercicio del Poder Público emanan de la Administración-Pública Nacional, Estadal o Municipal, sin distingo alguno, son y tienen que ser actos susceptibles de ser impugnables ante los órganos de la jurisdicción contencioso-administrativa, salvo que por ley expresa su cuestionamiento se atribuya a otros tribunales, los que siempre pueden controlarlos, independientemente de cuáles puedan ser las normas jurídicas que le puedan ser aplicables, además por supuesto, de las de derecho administrativo.

En este sentido, resulta absolutamente indispensable, para ser congruentes con la constitucionalización de la jurisdicción contencioso-administrativa, superar la tesis jurisprudencial que en algunas ocasiones ha reducido el control contencioso-administrativo sólo respecto de actos dictados por las autoridades administrativas sometidos al derecho administrativo, como si pudiera haber actos administrativos que no lo estuvieran y que supuestamente estuvieran sólo sometidos al derecho privado, lo que es jurídicamente imposible. Esa tesis tiene su antecedente remoto en el criterio formulado por la antigua Corte Federal en sentencia de 3 de diciembre de 1959 (dictada antes de que entrara en vigencia la Constitución de 1961) en la cual, con motivo de la impugnación de una resolución dictada por un Gobernador de Estado, estableció lo que la jurisdicción contencioso-administrativa sólo conocía de pretensiones fundadas en preceptos de derecho administrativo (nótese que la Corte no se refirió a actos administrativos sometidos al derecho administrativo). La Corte, en efecto señaló que:

> ..."es necesario advertir, que no todo acto emanado de una autoridad administrativa, constituye un acto administrativo susceptible de entrar en la esfera de la jurisdicción contencioso-administrativa. En efecto, en principio, únicamente las pretensiones fundadas en preceptos de derecho administrativo pueden ser intentadas ante esta jurisdicción especial; esto es, cuando las pretensiones se deducen con ocasión de las relaciones jurídico-administrativas entre un administrado y la Administración "en cualquiera de sus ramas: Nacionales, Estadales o Municipales".
>
> "Por consiguiente, en toda pretensión que se proponga ante el órgano jurisdiccional contencioso-administrativo, debe examinarse previamente si cae dentro de la esfera de esta jurisdicción por estar fundada en preceptos de derecho administrativo; porque, ni una pretensión de este tipo puede ser deducida ante jurisdicción distinta, ni una pretensión con otro fundamento podrá ser examinada ante la jurisdicción contencioso-administrativa"[775].

Esta tesis, no existiendo en Venezuela problemas de dualidad jurisdiccional, en todo caso era peligrosa, pues podía dar lugar a brechas en materia de control de actos administrativos, particularmente ante la constitucionalización de la jurisdicción contencioso-administrativa. Ante todo, ella implicaba que no todo acto administrativo era susceptible de ser controlado por dicha jurisdicción, pudiendo quedar excluidos del conocimien-

---

775 G.F., N° 26, 1959, p. 144.

to de la misma, aunque no de control, ciertos actos que pudieran referirse a relaciones jurídico-privadas o laborales, pero sólo cuando mediante ley expresa su conocimiento se atribuyera a otros Tribunales.

En las últimas décadas, sin embargo, la tesis de la antigua Corte Federal se ha aplicado en ciertos casos que deben mencionarse, relativos a los actos de registro, a los actos administrativos adoptados en materia laboral, a los actos administrativos relativos a sociedades anónimas del Estado, y a los actos-administrativos dictados por órganos administrativos en ejercicio de la función jurisdiccional.

En todo, caso, la tesis restrictiva del control de los actos administrativos, en nuestro criterio, contraria a la Constitución y a la tendencia general de universalidad del control contencioso-administrativo que no admite actos administrativos excluidos de control, ha sido inconvenientemente revivida por la Corte Suprema de Justicia en Sala Político-Administrativa en sentencia de 05-06-86 (caso *Fetraeducación*), con motivo de la impugnación de un acto administrativo dictado por el Ministerio de Educación en el cual resolvió descontar un día de salario a los trabajadores de dicho Despacho por una huelga considerada ilegal. En esa sentencia, la Corte, luego de reconocer la ampliación del control contencioso-administrativo a raíz de la promulgación de la Ley Orgánica de la Corte en 1976, consideró "oportuno prevenir" lo que calificó la "distorsión del contencioso-administrativo", afirmando que:

> "el contencioso-administrativo se justifica cuando las situaciones jurídicas de los particulares en sus relaciones con la Administración estén regulados por normas de Derecho Administrativo (*vgr*. relaciones de empleo público, servicios públicos, ejercicio de derechos cívicos, etc.).
>
> No es contencioso-administrativo, por el contrario –como ha expresado la Corte en los fallos citados (se refiere a sentencias de la década de los cincuenta .y sesenta) y en otros de análoga orientación– cuando la relación que se crea entre la Administración y los particulares está regida por normas de Derecho Privado (civil, mercantil, laboral, etc.), pues en tales casos, aunque intervenga la Administración Pública, tanto el acto como los derechos y obligaciones que de él derivan son de índole privada y en la solución de sus conflictos se aplican normas del derecho privado".

Con base en esas consideraciones, la Corte, ratificando el criterio primigenio expuesto en sentencia de la Corte Federal de 03-12-59, concluyó señalando que:

> "Por lo expuesto, concluye la Sala que su competencia y la de los otros órganos de la jurisdicción contencioso-administrativa en lo atinente a los recursos contencioso-administrativos de anulación, ha de quedar circunscrita al conocimiento de las pretensiones que se dirijan a impugnar actos emitidos por los órganos de la Administración Pública en ejecución de normas de derecho administrativo y, por consiguiente, se encuentran excluidos del control de esa misma jurisdicción los actos de la Administración Pública emitidos con arreglo a otras ramas del ordenamiento jurídico positivo" (civil mercantil, laboral, etc.).[776]

En base a ello, tratándose en el caso debatido, de la impugnación de un acto administrativo emanado del Ministerio de Educación que ordenó el descuento de un día de salario con motivo de un conflicto de trabajo entre la República (el Ministerio de Educación) y los trabajadores a su servicio, la Corte consideró que se trataba de un asunto contencioso del trabajo, cuyo conocimiento correspondía a los tribunales del trabajo y no a los órganos de la jurisdicción contencioso-administrativa. Revivió así, la Corte, la peligrosa e inconstitucional tesis restrictiva respecto de los actos administrativos some-

---

776 Sentencia de 5-6-86, Caso *Fetraeducacián, RDP*, N° 27, 1986, pp. 106-114.

tidos a control, excluyendo del conocimiento de la jurisdicción contencioso-administrativa los actos de la Administración que "no están fundados en preceptos de derecho administrativo", lo que no tiene sentido pues ningún acto dictado por un Ministro, podría decirse que no está fundado en preceptos de derecho administrativo.

Posteriormente, en otro caso judicial resuelto por sentencia de 30-3-87 (Caso *Asociación Nacional de Supermercados y Afines ANSA*), la Corte tuvo que entrar a resolver, conforme al criterio anterior, si el acto impugnado estaba o no fundado en normas de derecho administrativo. En este caso, el acto impugnado fue una decisión del Ministerio del Trabajo convocando una convención obrero-patronal y la Corte consideró que no tenía la misma naturaleza jurídica del acto impugnado en el caso *Fetraeducación*. Dijo:

> "Se trata ahora de un acto administrativo de efectos particulares dictado por el Ministro del Trabajo –ente administrativo– mediante el cual ordenó la convocatoria a una Convención Obrero Patronal para un tipo de actividad empresarial y con el objeto de negociar y suscribir un Contrato Colectivo para esa rama empresarial".

La Corte precisó qué el fundamento legal para efectuar tal convocatoria era un Decreto-Ley que no regulaba "el fondo o contenido mismo de tales convenciones, sino que impone al Estado una actividad administrativa dirigida a fomentar, desarrollar e incentivar la contratación colectiva". De allí concluyó:

> "Del modo aquí descrito y señalado, el caso de autos propuesto a este Tribunal es de naturaleza administrativa y no directa y estrictamente laboral. En efecto, no existe hasta ahora planteado un asunto que concreta y específicamente esté vinculado al fondo o contenido mismo de una contratación colectiva, sino a la obligación genérica, a la orden o mandato impuestas por el Estado a un particular para que emprenda una negociación destinada a suscribir un Contrato Colectivo. Como en el caso de autos se han llenado los requisitos reguladores de competencia exigidos por el citado fallo de esta Corte antes comentado (se refiere al caso *Fetraeducación*), la tramitación y conocimiento de este recurso contencioso-administrativo de anulación dirigido a impugnar un acto emitido por un órgano dé la Administración Pública en ejecución de una norma de Derecho Administrativo como lo es el Decreto-Ley 440, corresponde a esta jurisdicción y así se declara"[777].

En esta forma, ha quedado abierta la vía, absolutamente inconveniente, de las cuestiones procesales de competencia que siempre se plantearan, para discutir si el acto administrativo impugnado es o no un acto emitido "en ejecución de normas de derecho administrativo", y la consiguiente brecha en el objeto de control que en nuestro criterio no admite actos administrativos excluidos.

D. La caracterización como actos administrativos de ciertos actos de los órganos legislativos

En 1974, con motivo de la designación de las Comisiones Delegadas de las Asambleas Legislativas de los Estados, por primera vez en el período constitucional, se plantearon ante la Corte Suprema de Justicia diversos recursos contra algunos de dichos actos de elección. El problema radicó básicamente en lo siguiente: las Constituciones Estadales establecen por lo general, que las Comisiones Delegadas de las Asambleas Legislativas debían ser designadas por éstas, mediante elección de sus miembros, "de modo que reflejen en lo posible la composición política de la Asamblea". Como lo dijo la Corte Suprema de Justicia en Sentencia del 26-6-74: "De acuerdo con esta disposición

777 Consultadas en original.

es jurídicamente imposible que la Comisión Delegada de la Asamblea Legislativa esté integrada por Diputados que representen una misma organización política cuando otro partido tenga representación en la Asamblea Legislativa"[778].

Ahora bien, con motivo de la elección de la Comisión Delegada en la Asamblea Legislativa del Estado Bolívar, integrada por miembros que pertenecían todos a un solo partido político, un diputado "en ejercicio de la acción popular" solicitó la nulidad, de dicha elección, por violar el artículo 33 de la Constitución del Estado.

La Corte Suprema de Justicia en Sala Político Administrativa mediante la citada Sentencia de 26-6-74, declaró la nulidad de dicha elección, por violación de dicha norma de la Constitución estadal[779]. Sin embargo, la Corte ni se pronunció sobre la naturaleza del recurso ejercido ni sobre la naturaleza del acto impugnado.

Esto lo hizo en otra sentencia, dictada con motivo de un caso y recurso similar en relación a la Comisión Delegada del Estado Carabobo, con fecha 19-12-74[780], pues en ésta la Corte no se limitó a conocer de la nulidad alegada sino que entró a analizar la naturaleza del acto impugnado y del recurso ejercido, con vista a juzgar sobre su admisibilidad.

En efecto, la Corte señaló lo siguiente:

> "La actividad jurídica, de los órganos del Poder Público se manifiesta mediante actos que la doctrina clasifica ordinariamente en constituyente, legislativos, administrativos y jurisdiccionales".
>
> "La designación de los miembros de la Comisión Delegada por la Asamblea Legislativa de un Estado si bien es un acto legislativo atendiendo al órgano del que emana es, desde el punto de vista material, un acto administrativa, por cuanto, en virtud del mismo, se crea una situación jurídico subjetiva en relación con determinados funcionarios de la cual dimana para estos derechos y deberes que los inviste de una situación especial en relación con los restantes miembros del cuerpo legislativo"[781].

En esta forma, la Corte Suprema optaba por la definición material de los actos administrativos, admitiendo que éstos podían ser dictados por los órganos legislativos. En base a ello entró a considerar la naturaleza del recurso ejercido el cual si bien había sido calificado por el recurrente como "acción popular", la Corte estimó que no podía el recurso de inconstitucionalidad intentarse contra los actos de las Asambleas Legislativas por violación de las Constituciones Estadales, sino sólo por violación de la Constitución Nacional, de lo que deducía la Corte que el recurso intentado, en realidad, era un recurso contencioso-administrativo de anulación, en la siguiente forma:

> "La Constitución solamente crea y reglamenta la Comisión Delegada del Congreso, por lo que el régimen de las Comisiones Delegadas de los Estados depende de lo que establezcan las respectivas Constituciones estadales.
>
> "El control jurisdiccional de la constitucionalidad de las leyes y demás actos de las Asambleas Legislativas, lo ejerce este Alto Tribunal como guardián dé la Constitución, para asegurar la supremacía y recta interpretación de éste en todo el país, motivo por, el cual dichos actos no pueden ser impugnados, por el recurso de inconstitucionalidad alegando infracción de un artículo de la Constitución de un Estado.

---

778 *V.* en *G.O.*, N° 1.700 Extr. de 29-10-74, p. 13.
779 *Idem.*, p. 13.
780 *V.*, en *G.O.*, N° 1.741, Extr. de 21-5-75, pp. 25 y ss.
781 *Idem.* p. 26.

"La Corte estima que el artículo 215 de la Constitución derogó el ordinal 3° del artículo 133 de la Constitución de 1953 y, de consiguiente, el ordinal 8° del artículo 7° de la Ley Orgánica de la Corte Federal y de Casación que reproduce lo dispuesto en dicho ordinal.

"Por lo tanto, el referido ordinal 8° del artículo 7°, no puede actualmente servir de fundamento a un recurso de inconstitucionalidad contra cualquier acto del Poder Público.

"Sin embargo, la Corte considera que mientras no se establezcan otros tribunales con competencia para conocer del recurso contencioso de anulación para impugnar actos de los órganos estadales o municipales, él conocimiento de dicho recurso compete a este Alto Tribunal, con arreglo a lo establecido en el ordinal 9° del artículo 7° de la Ley Orgánica de la Corte Federal.

"De esta premisa ha partido la Corte al sustanciar y decidir solicitudes de nulidad en casos similares al planteado en el referido escrito, cuando han concurrido los requisitos de admisibilidad del recurso contencioso de anulación aunque por error o conveniencia el actor haya manifestado proceder "en ejercicio de la acción popular", denominación esta que, conforme a la doctrina y a la jurisprudencia de la Corte, solamente es aplicable al recurso de inconstitucionalidad por cuanto puede ser ejercido por todo el que tenga un simple interés en la nulidad del acto impugnado"[782].

En base a estos razonamientos, la Corte analizó las condiciones de admisibilidad del recurso y habiendo constatado que el lapso de caducidad había transcurrido, lo declaró inadmisible. En todo caso, la importancia de estas decisiones radica en la caracterización de los actos legislativos que se dictan en función administrativa, como actos administrativos, con lo cual se rechaza el criterio orgánico. Esta caracterización ha sido ratificada posteriormente por la misma Corte Suprema cuando al conocer de un recurso contencioso-administrativo contra un acto administrativo de una Asamblea Legislativa de un Estado, admitió que "en algunos casos pueden producir actos administrativos (como el nombramiento de un funcionario en sus, dependencias administrativas)"[783].

En todo caso, debe señalarse que no toda decisión de las Cámaras Legislativas adoptadas en ejercicio de la función administrativa constituye un acto administrativo, pues para ello es necesario, además, que tengan rango sublegal. Por tanto, en cuanto a los actos de efectos particulares de las Cámaras Legislativas Nacionales debe tenerse en cuenta que no todos ellos, aun cuando sean dictados en ejercicio de la función administrativa, son actos administrativos, pues pueden revestir la forma de actos parlamentarios sin forma de ley, con una naturaleza y jerarquía constitucional particular.

E. La caracterización como actos administrativos de ciertos actos de los Tribunales

Con motivo de la decisión adoptada por un Tribunal de Primera Instancia en lo Mercantil, en relación a la Asamblea de una Compañía Anónima, en aplicación del artículo 290 del Código de Comercio, el Administrador de la empresa recurrió ante la Sala Político-Administrativa de la Corte, demandando la nulidad de dicha decisión, por considerarla de naturaleza administrativa. La Sala Político-Administrativa de la Corté, demandando la nulidad de dicha decisión, por considerarla de naturaleza administrativa. La Sala Político-Administrativa, en sentencia de 26 de mayo de 1981, declaró inadmisible el recurso, pues estimó que la decisión era de carácter judicial. Sin embargo, en las motivaciones de su decisión dejó claramente sentado el criterio de que los Tribunales pue-

782 *Ibídem.*, p. 26.
783 *V.*, sentencia de la CSJ-SPA, 13-12-83 en *Revista de Derecho Público*, N° 17, EJV, Caracas, 1984 p. 174

den dictar actos administrativos cuando ejercen la función administrativa. En dicha sentencia, en efecto, se señaló lo siguiente:

> "No puede negar esta Sala la tesis por ella misma sostenida en diversos fallos de que no son los órganos de la administración pública los únicos" que pueden dictar un acto administrativo. También un, órgano jurisdiccional es capaz de producir un acto administrativo, por ejemplo, entre otros casos, cuando nombra o remueve sus funcionarios administrativos
>
> "El problema, en consecuencia, radica en establecer cuál es la verdadera naturaleza de la decisión dictada por un Tribunal en ejercicio de la facultad que le acuerda el artículo 290 del Código de Comercio...
>
> "De la exposición anterior aparece que el artículo 290 del Código de Comercio consagra una acción judicial que se resuelve en un procedimiento sumario y en que la decisión del juez resuelve un conflicto de intereses privados, o sea, el que opone la mayoría de los socios a la minoría impugnante de la decisión adoptada en la asamblea. Dentro de los límites de su campo de aplicación, se trata de Una decisión judicial definitiva que cumple su objeto al declarar la existencia de los vicios denunciados y ordenar la convocatoria de una nueva asamblea para decidir sobre el asunto.
>
> "Igualmente resuelve el conflicto de intereses -siempre dentro del marco de la nulidad relativa– cuando desecha la oposición por considerar que no existen los vicios denunciados, decisión esta última que puede ser objeto de recurso de apelación ante el órgano judicial superior.
>
> "La naturaleza sumaria del procedimiento según el cual se decide la acción -término este expresamente utilizado por el legislador en el segundo aparte del artículo 290– no lo priva de su carácter jurisdiccional destinado como está a resolver un conflicto de intereses privados, Por tanto, el fallo del órgano judicial que decide la oposición, es de naturaleza absolutamente jurisdiccional, y contra el mismo resulta improcedente el recurso de nulidad que para los actos administrativos pudiera iniciarse por ante la jurisdicción contencioso-administrativa"[784].

Posteriormente, esta caracterización respecto de los actos administrativos dictados por los tribunales, ha sido abiertamente admitida tanto por la Corte Suprema de Justicia como por la Corte Primera de lo Contencioso-Administrativa. En efecto, en una importante sentencia de la Sala Político-Administrativa de la Corte Suprema de Justicia de 19 de julio de 1984, al analizar la naturaleza jurídica de las medidas disciplinarias dictadas por los jueces, la Corte fue conclusiva al señalar que

> "el desarrollo del contencioso-administrativo en Venezuela, inspirado en las más avanzadas doctrinas administrativas, así como la presencia de los instrumentos jurídicos que lo orientan o regulan (Ley Orgánica de la Corte Suprema de Justicia, Ley Orgánica de Procedimientos Administrativos), permite establecer a la hora actual que dichas decisiones conforman una especie en la Categoría genérica de actos administrativos, porque, a través de tales providencias, el Tribunal actúa, no en ejercicio de la función jurisdiccional que le es propia, sino en función administrativa. En efecto, tanto la doctrina como la jurisprudencia reconocen que cuando los órganos del Poder Judicial toman alguna medida relativa a la Administración de su personal (*v.gr.* nombramiento, destituciones, permisos, etc.), o a la organización del Tribunal (reglamentos), o al orden y respeto en el recinto de los Tribunales (sanciones correctivas o disciplinarias), no están resolviendo una controversia entre partes declarando el derecho aplicable con fuerza de verdad legal (función jurisdiccional), sino actuando como sujetos de derecho de una determinada relación jurídica, como gestores del interés público y, por consiguiente, las declaraciones de voluntad que , emitan en cualquiera de los supuestos anotados, son de naturaleza administrativa y no jurisdiccional"[785].

---

784 *V.*, en *Revista de Derecho Público*, N° 7, Caracas, julio-septiembre, 1981, p. 149.

785 *V.*, CSJ-SPA 19-7-84 (Ponente J. Calcaño de Temeltas), *Revista de Derecho Público*, N° 19, EJV, Caracas, 1984, p. 124.

En esta forma, nuestro criterio expuesto desde 1975[786] lo hemos encontrado claramente recogido por la Corte, lo cual ha sido de nuevo ratificado por la Corte Primera de lo Contencioso-Administrativo en sentencias de 13-12-84[787], 27-3-85[788] y 28-11-85[789] así resulta también de una decisión de la Sala Político-Administrativa de la Corte dictada el 30-6-86 (caso *Maritza J. Alvarado Mendoza*), con motivo de la impugnación de un acto administrativo dictado por un juez de destitución de un empleado del Tribunal, la Corte precisó que:

> "los actos dictados por los jueces, en ejercicio de la potestad disciplinaria de la cual están investidos, son decisiones de carácter administrativo, que agotan la vía administrativa por no existir relación de jerarquía entre esos funcionarios del Poder Judicial y el Consejo de la Judicatura"[790].

F. El problema de la caracterización de los actos administrativos dictados por órganos administrativos en ejercicio de la función jurisdiccional

Hemos señalado que la caracterización de los actos administrativos así como no puede hacerse sólo en base al órgano que los produce, tampoco puede hacerse en base al ejercicio de una determinad función. Por tanto, los actos administrativos dictados por los órganos administrativos, lo pueden ser en ejercicio no sólo de la función administrativa, sino de la función jurisdiccional y normativa (actos normativos, reglamentos).

Ahora bien, en particular, respecto de los actos administrativos dictados por órganos administrativos en ejercicio de funciones jurisdiccionales, la clarificación de su impugnabilidad se ha realizado por la jurisprudencia, no sin haber habido dudas y criterios divergentes en algunos casos. Esto ha sucedido, en particular, respecto de la impugnación en vía contencioso-administrativa de los actos administrativos dictados por las Comisiones Tripartitas laborales y por el Consejo de la Judicatura en materia disciplinaria, respecto de los jueces.

a. *La caracterización como actos administrativos de las decisiones de las Comisiones Tripartitas previstas en la Ley contra Despidos Injustificados*

La Ley contra Despidos Injustificados del 8 de agosto de 1974[791], con el objeto de proteger a los trabajadores contra los despidos sin causa justificada, previo la designación, por el Ministro del Trabajo, de Comisiones Tripartitas integradas por sendos representantes del Ministerio del Trabajo, de los patrones y de los trabajadores, y que tienen la función de calificar los despidos[792].

Estas Comisiones Tripartitas tanto de Primera, como de Segunda Instancia, comenzaron a funcionar en cada uno de los Estados, en el Distrito Federal y en los Territorios Federales, y estuvieron adscritas al Ministerio del Trabajo[793], hasta que la Ley fue derogada por la Ley Orgánica del Trabajo.

---

786 Allan R. Brewer-Carías, *Derecho Administrativo, T.* I, Caracas, 1975.
787 CPCA, 13-12-84 en *Revista de Derecho Público*, N° 20, EJV, Caracas, 1984, p. 128.
788 CPCA 27-3-85, *Revista de Derecho Público*, N° 22, EJV, Caracas, 1985, p. 179.
789 CPCA 28-11-85 en *Revista de Derecho Público*; N° 24, EJV, Caracas, p. 96.
790 Consultada en original.
791 V. en *G.O.*, N° 30.468, de 8-8-74.
792 Art. 1.
793 Arts. 3 y 17.

Ahora bien, estos organismos adoptaron decisiones en materia de despidos, estando atribuidas, cuando consideraban injustificado el despido del trabajador, para ordenar su reincorporación al trabajo y el pago de los salarios caídos correspondientes a los días en que permanecieron separados[794].

Fue precisamente contra estas decisiones previstas en la Ley, adoptadas originalmente por las Comisiones Tripartitas de Primera Instancia, confirmadas por las Comisiones Tripartitas de Segunda Instancia, contra las cuales se intentaron diversos recursos contencioso-administrativos de anulación ante la Corte Primera de lo Contencioso-Administrativo. Este Tribunal en sentencia de 20 de septiembre de 1979[795] declaró inadmisible dichos recursos, por estimar que los actos de las referidas Comisiones Tripartitas no eran actos administrativos sino "actos jurisdiccionales" no susceptibles de control contencioso-administrativo. Conforme a lo que hemos señalado, al contrario, estimábamos, que las decisiones adoptadas por las Comisiones Tripartitas establecidas en la mencionada Ley contra Despidos Injustificados, sin la menor duda, constituían actos administrativos, en el pleno sentido de la palabra y, como tales, conforme a lo establecido en el artículo 206 de la Constitución y en la Ley Orgánica de la Corte Suprema de Justicia, eran actos administrativos recurribles ante la jurisdicción contencioso-administrativa, lo cual fue reconocido posteriormente por la Corte Suprema de Justicia en Sentencia de 18 de enero de 1980[796]. La tesis del carácter de "actos jurisdiccionales" de los emanados de las Comisiones Tripartitas, sin embargo, antes de la sentencia de 1979 de la Corte Primera de lo Contencioso Administrativo, ya había sido esbozada por la Sala de Casación Civil de la Corte Suprema de Justicia, en una sentencia de 1978, a la cual nos referiremos en primer lugar, pues esa noción fue distorsionada posteriormente por la Corte Primera.

a'. La sentencia de la Sala de Casación Civil de 1978 y la noción de "acto jurisdiccional"

En efecto, la Sala de Casación Civil en sentencia de 8 de agosto de 1978[797], con motivo del conocimiento de un recurso de casación interpuesto contra una sentencia de un Juzgado Superior del Trabajo dictada en un juicio por pago de prestaciones sociales, estableció lo siguiente:

> "En el acto jurisdiccional concurren tres sujetos: dos que litigan a fin de dirimir intereses contrapuestos y otro que, en forma imparcial, habrá de decidir el conflicto surgido entre aquellas partes.
>
> Los actos jurisdiccionales, sean de un Tribunal judicial, sean de una autoridad administrativa, "declaran la violación de un derecho y ordenan su reintegración o declaran que no existe tal violación" que es, precisamente, el objeto que se propone el órgano del Estado que los realiza; y la autoridad de cosa juzgada, es no sólo aplicable a los actos jurisdiccionales contencioso-judiciales, sino también a los actos jurisdiccionales-administrativos. Tal es lo que ocurre con motivo de las decisiones de las Comisiones Tripartitas; y, la circunstancia de que dichas Comisiones sean organismos administrativos y no judiciales, no significa que les esté vedado emitir actos de carácter jurisdiccional, Con fuerza de cosa juzgada.

---

794 Art. 6.

795 Consultada en original.

796 *V.* en *Revista de Derecho Público*, N° 1, EJV, Caracas, 1980, p. 111.

797 N° 104, consultada en original.

Es indudable que las decisiones de las Comisiones Tripartitas son fallos de naturaleza claramente jurisdiccional, lo que se pone de manifiesto con el procedimiento que deben seguir y la clase de decisiones que se dictan en esos procesos... Son, pues, estos fallos de naturaleza claramente jurisdiccional, por más que emanen dé un órgano administrativo, estando por ello revestidos con toda la autoridad de cosa juzgada..., (por lo que ...no tendría sentido que ese pronunciamiento sea revisado por el Tribunal por cuanto ya ha habido una actuación del Estado tendiente a restablecer el equilibrio entre trabajador y patrono, y utilizar la vía ordinaria jurisdiccional para ventilar el mismo, asunto, después de agotada aquella vía que, como se dijo, conduce a una decisión también de carácter jurisdiccional, significaría una doble actuación de los órganos del Estado tendientes al mismo fin")[798].

Con base en estos razonamientos, entonces, la. Sala de Casación apreció como acertado el pronunciamiento del Tribunal Superior de abstenerse de examinar pruebas, que buscaban desvirtuar la decisión de la Comisión Tripartita,'' la cual estimo "es obligatoria y vinculante para las partes y para los órganos del Estado, y por tanto, no podría ser objeto de nueva discusión o revisión en los Tribunales del Trabajo[799].

Ahora bien, lo importante a destacar de esta sentencia es la utilización de la denominación genérica de "acto jurisdiccional" para denominar los actos estatales dictados en ejercicio de la función jurisdiccional, lo que puede dar origen a "actos jurisdiccionales judiciales" o sentencias o a "actos jurisdiccionales administrativos" o actos administrativos, según que el órgano que los dicte sea un Tribunal o un órgano administrativo. La noción de "acto jurisdiccional" aquí utilizada por tanto, no era más que una noción material genérica de actos estatales dictados en función jurisdiccional, por lo que de ella no era posible sacar consecuencias jurídicas positivas sobre la supuesta existencia de un "acto jurisdiccional" contrapuesto a acto administrativo. Al contrario, la Sala de Casación reconoció que los "actos jurisdiccionales" en el derecho positivo, o son actos judiciales (actos jurisdiccionales judiciales) o actos administrativos (actos jurisdiccionales administrativos) según que el órgano estatal que ejerza la función jurisdiccional sea un tribunal o un órgano administrativo, como las Comisiones Tripartitas. Por tanto, los actos de éstas indudablemente eran actos administrativos dictados en función jurisdiccional o "actos jurisdiccionales administrativos".

b'. La doctrina de la Corte Primera de lo Contencioso-Administrativo en 1979 y la distorsión de la noción de "acto jurisdiccional"

Con fecha 20 de septiembre de 1979, la Corte Primera de lo Contencioso-Administrativo, declaró inadmisible la solicitud de nulidad de una Resolución de la Comisión Tripartita de Segunda Instancia en el Distrito Federal y Estado Miranda, el 22-6-79, mediante la cual se declaró sin lugar la apelación interpuesta por la recurrente contra la Resolución de 4-5-79, de la Comisión Tripartita de Primera Instancia en el Distrito Federal, en, la cual se había ordenado el reenganche y el pago de salarios caídos respecto de varios solicitantes de la calificación de despido[800].

798 P. 10 a 12, original.
799 P. 13, original.
800 Consultada en original.

La Corte Primera de lo Contencioso-Administrativo, ante este recurso, estimó necesario "resolver la cuestión previa de su competencia para conocer del recurso propuesto", lo cual hizo mediante el establecimiento de "la naturaleza del acto cuya nulidad se pretende: si se trata de un acto administrativo y jurisdiccional".

Tal como resulta de la lectura del texto de la sentencia, la Corte Primera utilizando las palabras de la decisión de la Sala de Casación antes indicada, partió de la premisa de que los "actos jurisdiccionales" emanan tanto de los Tribunales judiciales como de las autoridades administrativas, y que tienen en común la concurrencia de tres sujetos: "dos que litiguen a fin de dirimir intereses contrapuestos y otro que, en forma imparcial, habrá de decidir el conflicto entre aquellas partes". Como consecuencia, declara en relación a las decisiones de las Comisiones Tripartitas, que "son fallos de naturaleza claramente jurisdiccional", insistiendo que "son, pues, estos fallos de naturaleza claramente jurisdiccional, por más que emanen de un órgano administrativo"[801].

Pero ignorando el resto del razonamiento de la Sala de Casación, ,la Corte Primera concluyó señalando que "las decisiones de la Comisión Tripartita en el procedimiento de calificación de despido de los trabajadores, conforme a la Ley de Despidos Injustificados no debe confundirse con los actos administrativos contrarios a derecho, sometidos a la jurisdicción contencioso-administrativa, que ejerce esta Corte en razón de la competencia que le atribuye el artículo 185 de la Ley Orgánica de la Corte Suprema de Justicia, pues tales decisiones no reúnen las características ni llenan los requisitos ya definidos del acto administrativo"[802]. Esas características, tomadas de las que se expresan en la sentencia de la Sala Político-Administrativa de la Corte Suprema de Justicia del 18-7-63, que la Corte Primera acoge, serían las siguientes:

> "a) En el acto administrativo el Estado es titular de un interés público y actúa frente a los intereses privados; b) En el acto administrativo la Administración es parte de la actuación, es un sujeto de relación jurídica contenida en el acto y trata de realizar determinados fines relacionados con otros sujetos de derecho, dentro del marco legal de sus atribuciones; c) En el acto administrativo no realiza una función creadora dentro del ordenamiento jurídico, pues tal potestad corresponde a la función normativa; d) En el acto administrativo, por el contrario, la Administración es sujeto de derecho, titular de intereses, agente propio y directo de la función administrativa"[803].

La Corte Primera de lo Contencioso-Administrativo, así, confundiendo el ejercicio de una función estatal con el acto emanado del mismo, constató que las decisiones de las Comisiones Tripartitas eran dictadas en ejercicio de la función jurisdiccional y aplicando un silogismo elemental, concluyó que, en consecuencia, constituían actos jurisdiccionales, no administrativos, por lo que no eran susceptibles de impugnación por la vía contencioso-administrativa de anulación[804].

---

801 Pp. 4 y 5, original.

802 P. 10, original.

803 P. 8, original.

804 La mencionada sentencia, de la Corte Primera de lo contencioso-administrativo de 20-9-79, fue dictada con el voto favorable de tres Magistrados y con los votos salvados de los Magistrados Nelson Rodríguez García y Antonio J. Agrisano N., formulados por separado y con argumentos distintos. El Magistrado Nelson Rodríguez García, fundamentó su voto salvado en consideración de la naturaleza jurídica de las Comisiones Tripartitas, "como órganos de la Administración Pública" (p. 4) y en estimar como "confusas", las argumentaciones que sirven de base a la sentencia, particularmente en relación a la naturaleza de los actos estatales, tanto "jurisdiccionales" como administrativos. Al precisar las notas características de los actos administrativos y la nota determinante del "acto jurisdiccional", y precisar que la actividad judicial está reservada a los Tribunales de Justicia que ejercen el Poder

Esta doctrina, por supuesto, no tenía fundamento sólido alguno, no sólo porque en el derecho administrativo venezolano no existen los "actos jurisdiccionales", como realidad jurídica, sino porque dejaba fuera de control actos jurídicos emanados de autoridades administrativas que si bien ejercían una función jurisdiccional, ello no les hacía desaparecer su carácter de actos administrativos. Por otra parte, al utilizar la noción de

---

Judicial, concluyó señalando que "los actos emanados de las Comisiones Tripartitas son actos administrativos, no jurisdiccionales, ni susceptibles de adquirir valor de cosa juzgada y por tanto, de acuerdo a los principios y preceptos constitucionales expuestos, sujetos a revisión por la jurisdicción contencioso-administrativa" (p. 9). Invocó el Magistrado disidente una jurisprudencia de la misma Corte Primera establecida en sentencia del 20-12-77, sobre actos administrativos de cierta semejanza, señalando que "cuando la Administración Pública emite actos de sustancia "jurisdiccional", estos actos no obstante su expresada sustancia, son actos administrativos, debiendo ser tratados jurídicamente como tales, sin perjuicio de las notas específicas que les corresponden por su referida sustancia jurisdiccional" (p. 9).

Como consecuencia, el Magistrado Rodríguez García concluyó señalando su criterio de "que la jurisdicción contencioso-administrativa es competente para conocer de los actos emanados de las Comisiones Tripartitas previstas en la Ley contra Despidos Injustificados, puesto que, como se ha señalado arriba, los actos emanados de éstas no pueden tener un carácter de actos jurisdiccionales con fuerza de cosa juzgada, al ser contraria a los preceptos y principios constitucionales citados, toda norma que atribuya facultades jurisdiccionales a organismos de la Administración. Siendo tales actos en consecuencia, actos administrativos y, por ende, susceptibles de revisión ante la jurisdicción contencioso-administrativa" (p. 10).

Estimamos que aun cuando la conclusión del Magistrado desacorde era correcta, en el sentido de estimar que los actos de las Comisiones Tripartitas son actos administrativos sometidos al control jurisdiccional contencioso-administrativo, su argumentación sobre los actos jurisdiccionales no era tan clara: confunde lo judicial con lo jurisdiccional, cuando ello no es posible. Una cosa es el Poder Judicial y los actos jurisdiccionales que emanan de los Tribunales (actos judiciales) y otra cosa es el ejercicio de la función jurisdiccional, como función estatal, por órganos administrativos que da origen a actos administrativos, como los de las Comisiones Tripartitas.

El otro Voto salvado correspondió al Magistrado Antonio J. Angrisano N., el cual también partió del supuesto del carácter "administrativo" de las Comisiones Tripartitas, "cuyo control estaría comprendido dentro del ámbito de competencia de la Corte Primera de lo contencioso-administrativo" (p. 5); y del carácter de "actos administrativos" de los emanados de las Comisiones Tripartitas. En tal sentido señaló que ello es así, pues "no sólo dichas Comisiones son servicios administrativos integrados dentro de la Administración Pública como complejo orgánico (Poder Ejecutivo), sino porque la actividad que desarrollan, aun cuando tiene aparente forma de que se está en ejercicio de una función jurisdiccional por parte de órganos de la Administración, es una actividad de carácter eminentemente administrativo" (p. 6).

En otra parte de su voto, salvado el Magistrado Angrisano precisó, que las Comisiones Tripartitas "no realizan una función administrativa (gestión del interés público, como sujeto de derecho, entrando en una relación jurídica con los particulares), sino una función jurisdiccional, pues resuelve una controversia entre partes, entre las cuales existe una relación jurídica en la "cual el estado no interviene como parte; pero el hecho de que el organismo administrativo ejerza una función jurisdiccional, no le quita el carácter administrativo a la actividad que realiza, ni el carácter de peto administrativo a las decisiones que dicta" (p. 8). Y agregó: "En el caso de las decisiones de las Comisiones Tripartitas, aun cuando sean dictadas en ejercicio de una función de forma y contenido jurisdiccional, son típicamente actos administrativos es decir, declaraciones de voluntad de la administración para producir efectos jurídicos", y por tanto, "son actos, susceptibles, como todos los actos administrativos, de ser impugnados por la vía contencioso-administrativa por ante los órganos de la jurisdicción contencioso-administrativa" (p. 10). El Magistrado Angrisano, para llegar a esta conclusión, distinguió "la función jurisdiccional del órgano judicial" de "la función jurisdiccional del órgano administrador (pp. 10 y 18) y señaló que "así como el órgano judicial, cuya función principal o esencial es la emisión, de actos jurisdiccionales, puede también emitir excepcionalmente actos administrativos, del mismo modo, el órgano administrador," cuya misión esencial es la emisión de actos administrativos, excepcionalmente puede asimismo realizar actos de apariencia jurisdiccional" (pp. 10 y 11).

En definitiva, la posición del Magistrado Angrisano era la del carácter de actos administrativos de las decisiones de las Comisiones Tripartitas. Sin embargo, estos actos administrativos, en realidad, no es que tengan "apariencia jurisdiccional", como señaló, sino que son dictados en ejercicio de la función jurisdiccional, lo cual es cosa distinta.

La argumentación de base de este voto salvado, en todo caso, en cuanto a la distinción entre las funciones del Estado y los actos que emanan de su ejercicio, coincide con la que hemos sostenido desde 1975. *V.*, Allan R. Brewer-Carías, *Derecho Administrativo*, *T.* I, Caracas, 1975, pp. 373 y ss.

"acto jurisdiccional" que había definido la Sala de Casación Civil de la Corte Suprema de Justicia, conforme a la cual esa noción genérica y material de acto jurisdiccional era aplicable tanto a los "actos jurisdiccionales-judiciales" (sentencias) como a los "actos jurisdiccionales administrativos", la Corte Primera distorsionó indebidamente el concepto y sacó como una conclusión errada, la supuesta contraposición del acto jurisdiccional con el acto administrativo, dando carácter jurídico positivo a una noción (acto jurisdiccional) que no lo tiene, siendo sólo un Concepto jurídico sin materialización en el derecho positivo.

Las decisiones de las Comisiones Tripartitas, en efecto, como lo había dicho la Sala de Casación Civil de la Corte Suprema de 1978, eran actos administrativos(actos jurisdiccionales administrativos) y ello resultaba no sólo de que dichas Comisiones eran servicios administrativos integrados dentro de la Administración Pública como complejo orgánico (Poder Ejecutivo), sino porque la actividad que desplegaban, aun cuando implicaba el ejercicio de la función jurisdiccional por órganos de la Administración, era una actividad de carácter administrativo.

En efecto, ante todo, de acuerdo a lo previsto en la derogada Ley contra Despidos Injustificados, "las Comisiones Tripartitas funcionarán adscritas al Ministerio del Trabajo"[805], es decir, eran servicios administrativos integrados dentro de la estructura organizativa del Ministerio del Trabajo, con la misión fundamental de calificar los despidos, a los efectos de la Ley contra Despidos Injustificados.

Esta integración de las Comisiones Tripartitas a la estructura organizativa del Ministerio del Trabajo, y su carácter y naturaleza de organismos administrativos, lo confirmaba la propia Ley al establecer que las mismas se designaban por el propio Ministerio del Trabajo[806]; atribuir al Ejecutivo Nacional la facultad de determinar "la constitución, atribuciones y funcionamiento" de las mismas[807]; al atribuir al Ministerio del Trabajo la competencia para fijar "el número y jurisdicción[808] de dichas Comisiones; y al atribuir al Inspector del Trabajo de la jurisdicción la competencia para hacer ejecutar las decisiones de aquellas Comisiones"[809]. Por otra parte, en el Reglamento de la Ley contra Despidos Injustificados del 19 de noviembre de 1974[810], el Ejecutivo Nacional, precisó el carácter de funcionario público de orden administrativo del representante del Ministerio del Trabajo que siempre presidía las Comisiones Tripartitas[811], y el mecanismo de la designación, por parte de dicho Ministerio, de los otros representantes de los patrones y de los trabajadores[812], cuyos emolumentos "serán pagados con cargo al presupuesto del Ministerio del Trabajo[813].

805 Art. 17.
806 Art. 1.
807 Art. 4.
808 Art. 4.
809 Art. 8.
810 Decreto N° 563.
811 Arts. 14 y 17.
812 Arts. 14 y. 15.
813 Art. 19.

No hay duda, por tanto, en que las Comisiones Tripartitas eran desde el punto de vista orgánico, servicios administrativos, integrados dentro de la estructura orgánica del Poder Ejecutivo (Ministerio del Trabajo); y desde el punto de vista material, su actividad era típicamente un servicio público mediante el cual el Estado aseguraba la protección de los trabajadores contra los despidos sin causa justificada[814].

Pero no sólo las Comisiones Tripartitas eran órganos administrativos, la actividad que realizaban era una actividad administrativa, aun cuando cumplida en ejercicio de la función jurisdiccional. En efecto, si se analizan las atribuciones de las Comisiones Tripartitas que estaban previstas en la Ley contra Despidos Injustificados, resultaba claro que las mismas tenían por función "calificar los despidos"[815]. Esto lo aclaró el Reglamento al precisar las siguientes atribuciones "calificar, previa la sustanciación correspondiente, los despidos de los trabajadores en los casos y términos previstos en la Ley" y decidir las solicitudes de los patrones cuando por necesidades técnicas o económicas de la empresa sea necesaria la reducción de personal[816]. Fuera de estos conflictos, toda otra contención originada en reclamaciones de los trabajadores con sus patrones, por derechos y beneficios legales y contractuales, se debían tramitar por ante los Tribunales del Trabajo, conforme a la Ley del Trabajo[817].

El procedimiento administrativo previsto en la Ley y en el Reglamento, en todo caso, configuraba una contención entre pretensiones de los trabajadores, por una parte, y pretensiones de los patronos, por la otra, que las Comisiones Tripartitas debían decidir. La función estatal que éstas realizaban, en estos casos, era una función jurisdiccional, pues resolvían conflictos entre partes o entre pretensiones diversas, aplicando la Ley respectiva al caso concreto. Entre los efectos de la decisión administrativa de estas Comisiones, conforme a la Ley, estaba el reenganche de los trabajadores despedidos injustamente y el pago de los salarios caídos a que tenga derecho el trabajador[818]. Tal como lo señalaba expresamente la Ley: "Cuando la Comisión considere injustificado el despido del trabajador, después de examinar las pruebas presentadas por el patrono, ordenará su reincorporación al trabajo y el pago de los salarios correspondientes a los días en que permaneció separados"[819].

Ahora bien, este procedimiento administrativo de carácter contencioso, aseguraba las posibilidades de ambas partes a ser notificadas, a presentar pruebas y a ampliar en su descargo todas las defensas que estimen convenientes; y con base en ello, la Comisión debía decidir. En este procedimiento, este organismo administrativo no realizaba una función administrativa (gestión del interés público, como sujeto de derecho, entrando en una relación jurídica con los particulares), sino una función jurisdiccional, pues resolvía una controversia entre partes, entre las cuales existía una relación jurídica en la cual el Estado no intervenía como parte.

---

814 Art. 1 de la Ley.
815 Art. 1 de la Ley.
816 Art 20.
817 Art. 10.
818 Art. 8.
819 Art. 6.

Pero el hecho de que el organismo administrativo ejerciera una función jurisdiccional, no le quitaba el carácter administrativo a la actividad que realizaba, ni el carácter de acto administrativo a las decisiones que dictaba. El ejercicio de una función estatal cualquiera, no puede identificarse con la producción de determinados actos jurídicos.

Ahora bien, en el caso de las decisiones de las Comisiones Tripartitas, las mismas, aun cuando dictadas en ejercicio de la función jurisdiccional, eran típicamente actos administrativos, es decir, declaraciones de voluntad de la Administración para producir efectos jurídicos.

Tratándose de actos administrativos las decisiones dictadas por las Comisiones Tripartitas que además, eran organismos administrativos integrados en la estructura organizativa del Ministerio del Trabajo, eran actos susceptibles, como todos los actos administrativos, de ser impugnados por la vía contencioso-administrativa de la Corte Suprema de Justicia.

Esta tesis fue acogida expresamente por la Corte Suprema de Justicia en Sala Político-Administrativa en su Sentencia de 18 de enero de 1980[820].

c' La doctrina de la Sala Político-Administrativa de la Corte Suprema de Justicia en 1980

En efecto, mediante la sentencia señalada de 18-1-80, la Corte Suprema de Justicia en Sala Político-Administrativa admitió el recurso contencioso-administrativo contra los actos de las Comisiones Tripartitas, basándose en dos razonamientos definidos: en primer; lugar, en la consideración de esos órganos como órganos administrativos encuadrados dentro del Poder Ejecutivo; y en segundo lugar, en la caracterización de sus decisiones, como actos administrativos dictados en ejercicio de la función jurisdiccional. Interesa, aquí, insistir en el segundo de dichos aspectos.

La Sala Político-Administrativa de la Corte Suprema comenzó, en efecto, por criticar la afirmación que había hecho la Corte Primera según la cual las decisiones de las Comisiones Tripartitas "son fallos de naturaleza claramente jurisdiccional, por más que emanan de un órgano administrativo, estando por ello revestidos con toda la autoridad de cosa juzgada", y en su sentencia rebatió la interpretación y conclusiones de dicho fallo, con los siguientes argumentos:

En primer lugar, que la exclusión del recurso de casación contra las decisiones de Segunda Instancia de las Comisiones Tripartitas que hacía la Ley, no fue para evidenciar un supuesto carácter jurisdiccional de tales decisiones, sino para reafirmar su carácter de actos administrativos sin valor o atributo de cosa juzgada, propio de los fallos de los órganos judiciales.

En segundo lugar, que tratándose de actos administrativos, resultaría contrario a nuestro ordenamiento constitucional sostener que los pronunciamientos de las Comisiones Tripartitas laborales fueran irrevisables en vía jurisdiccional contencioso-administrativa, pues ello equivaldría a vulnerar los principios que informan nuestro sistema de derecho.

---

820 *V.*, las partes más relevantes de esta sentencia. (Ponente Magistrado J. Calcaño de Temeltas), *Revista de Derecho Público*, N° 1, enero-marzo, 1980, pp. 111 y ss.; 128 y ss. y 143 y ss.

En tercer lugar, que las decisiones de las Comisiones Tripartitas eran recurribles ante la jurisdicción contencioso-administrativa, además, por razones de equidad y conveniencia, pues su exclusión podría conducir a conferir un tratamiento injusto y discriminatorio entre actos dictados por autoridades diferentes sobre materias de la misma naturaleza y contenido, como eran las dictadas por el Ministro del Trabajo como superior jerárquico del Inspector del Trabajo, procedimiento que vino a sustituirse por la decisión de la Comisión Tripartita de Segunda Instancia.

Luego de estos tres argumentos, la Corte Suprema pasó a analizar el fondo del problema, relativo a la naturaleza de los actos de las Comisiones Tripartitas. Comenzó, así, por admitir la posibilidad del ejercicio de funciones jurisdiccionales por parte de las autoridades administrativas, basándose en el criterio expuesto de distinción entre las funciones del Estado y los actos dictados en su ejercicio. Concluyó así la Corte, con el criterio que hemos sostenido, de que "la función jurisdiccional si bien es un función propia de los órganos judiciales, no es una función privativa y exclusiva de ellos, pues los otros órganos estatales también la ejercen, y entre ellos, los órganos administrativos". Así, dijo la Corte, "cuando la Administración Pública emite actos de sustancia jurisdiccional, estos actos, no obstante su expresada sustancia, son actos administrativos, debiendo ser tratados jurídicamente como tales, sin perjuicio de las notas específicas que les correspondieren por su referido carácter jurisdiccional"[821], por lo que en todo caso, son recurribles ante la jurisdicción contencioso-administrativa.

Como señalamos, esta decisión viene a acoger la tesis que veníamos exponiendo desde 1975, aun cuando incurre en algunas imprecisiones: el acto de las Comisiones Tripartitas, es un acto administrativo dictado en ejercicio de una función jurisdiccional por lo que resulta confuso hablar de "acto de sustancia jurisdiccional" o de acto de "contenido jurisdiccional"[822]. En todo caso, la decisión de la Corte Suprema en Sala Político-Administrativa recogía el espíritu de la sentencia de la Sala de Casación Civil de la misma Corte de 1978, en el sentido de que esas decisiones de las Comisiones Tripartitas eran "actos jurisdiccionales administrativos" por tanto, actos administrativos, distintos a los "actos jurisdiccionales judiciales" o sentencias de los Tribunales.

b. *La caracterización como actos administrativos de las decisiones del Consejo de la Judicatura en materia disciplinaria*

En una sentencia del 28 de marzo de 1985 (caso *Ruiz Becerra*) la Sala Político-Administrativa de la Corte Suprema de Justicia, con motivo de la impugnación en vía

---

821 *Idem*. p. 133. El Voto Salvado al fallo de la Corte Suprema de 18-1-80, del Magistrado René de Sola, no disidente de la Sentencia en los aspectos antes mencionados sobre el carácter de acto administrativo dictado en función jurisdiccional de las decisiones de las Comisiones Tripartitas, sino sólo en cuanto a la naturaleza de los conflictos de derecho privado que resuelven dichas Comisiones, lo cual "limita al alcance de la decisión que puede dictar el juez contencioso-administrativo, impedido como está de invadir la jurisdicción que corresponde a los Tribunales ordinarios o especiales para conocer de cuestiones de naturaleza civil, mercantil o del trabajo". Argumenta el Voto Salvado que la Corte debió considerar inaplicable la Ley de Despidos Injustificados que atribuye competencias a las referidas Comisiones Tripartitas, en cuestiones que por Su naturaleza corresponden al conocimiento de órganos específicos del Poder Judicial, ante la evidente coalición de dicha Ley con la Ley Orgánica de Tribunales y de Procedimiento del Trabajo. Por ello, el Voto Salvado consideró que "la Corte ha debido declarar la nulidad del acto administrativo objeto de este recurso por incompetencia del órgano que lo dictó y por menoscabar derechos de rango constitucional".

822 En igual confusión incurre Hildegard Rondón de Sansó, al calificarlos de actos "Cuasi jurisdiccionales". *V.* su libro *Los actos Cuasi jurisdiccionales*, Caracas, 1990.

contencioso-administrativa de una decisión del Consejo de la Judicatura de carácter disciplinario mediante la cual se había destituido, a un Juez, tuvo ocasión de volver a pronunciarse sobre el tema de los actos administrativos dictados en función jurisdiccional por organismos administrativos, esta vez por el Consejo de la Judicatura, un órgano con autonomía funcional previsto en la Constitución[823]. Lamentablemente, en una desacertada decisión, la Corte resolvió que ese acto, era un "acto jurisdiccional" no recurrible en vía contencioso-administrativa, desconociendo incluso, no sólo los progresos jurisprudenciales en materia de control judicial, sino principios elementales del derecho administrativo[824].

En dicha sentencia, en efecto, la Corte consideró que debía decidir dos cuestiones: "primera, si la sentencia (*sic*) dictada por el Consejo de la Judicatura en un procedimiento disciplinario es una decisión judicial; segunda, si en caso negativo, aquella debe ser considerada acto administrativo, y consecuentemente, sometida al control de la jurisdicción contencioso-administrativa". La primera cuestión como lo dijo la Corte "no ofrece dificultad alguna": el Consejo de la Judicatura "no es un órgano del Poder Judicial", y por tanto sus decisiones, "no son sentencias judiciales aún en el caso de que se dicten en ejercicio de las funciones disciplinarias que constitucionalmente le han sido asignadas". Pero, negándole el carácter de acto judicial a la decisión impugnada, la Corte sin embargo, no le reconoció carácter de acto administrativo, sino que él asignó la naturaleza de "acto jurisdiccional". Por este, "desde el punto de vista material o de su sustancia propia" –dice la Corte–, se entiende "aquél mediante el cual un órgano competente del Poder Público resuelve un problema litigioso o verifica si una situación jurídica es o no conforme con el derecho". Así, la Corte y el Magistrado De Sola quien, hace suyo ese criterio, confundieron la "función" con el "acto", y quisieron definir un acto, jurídico estatal por la función estatal que se ejerce por el órgano. El "acto jurisdiccional" que la Corte y el Magistrado De Sola trataron de identificar, en realidad, es la definición del acto estatal dictado en ejercicio de una función jurisdiccional, acto que puede adquirir varias caracterizaciones en el derecho público, y, ciertamente puede ser o un acto judicial (una sentencia) cuando es dictado por un órgano del Poder Judicial o un acto administrativo, cuando es dictado por un órgano de la Administración Pública. Por ello, afirma la Corte, "no existe obstáculo ni constitucional ni legal para que la función jurisdiccional que realizan los Tribunales pueda ser confiada a otros Poderes u órganos estatales". En todo caso, la grave confusión de la Corte y del Magistrado De Sola, entre función y acto, los llevó a identificar el "acto jurisdiccional" como una realidad jurídica, distinta al acto judicial y al acto administrativo. Por eso, afirmaron no "sólo los Tribunales pueden producir actos jurisdiccionales", cuando como ya hemos señalado, en la clasificación de los actos estatales, el "acto jurisdiccional" definido materialmente, no existe. Pero es más, al hacer suyo el auto del Juzgado de Sustanciación; la Corte incurrió en otro gravísimo error en derecho público, el identificar al Consejo de la Judicatura, como un "órgano jurisdiccional", cuando tales órganos tampoco existen en el sistema constitucional venezolano. Conforme a nuestro sistema de separación orgánica de poderes hay órganos legislativos (las Cámaras Legislativas) órganos ejecu-

---

823 CSJ-SPA 28-3-85 (Ponente: Magistrado René de Sola). *V.*, en *Revista de Derecho Público*, N° 22, EJV, Caracas, 1985, pp. 118 a 143.

824 La sentencia fue comentada por su Ponente Magistrado René de Sola, en conferencia cuyo texto se publicó en El Universal, Caracas, 1-7-85, pp. 1-12.

tivos (Presidente de la República, Ministros y demás órganos de la Administración Pública), órganos judiciales (Corte Suprema de Justicia y demás Tribunales) o hay órganos constitucionales que forman la Administración Pública con autonomía funcional, como la Contraloría General de la República, el Fiscal General de la República o el Consejo de la Judicatura, pero no hay "órganos jurisdiccionales" como tales, que puedan dictar decisiones de "carácter eminentemente jurisdiccional", y mucho menos que uno de tales "órganos jurisdiccionales" sea el Consejo de la Judicatura. Ello equivaldría a decir que existen "actos normativos", como realidad jurídica única, y "órganos normativos" que los dictan, cuando en realidad, actos normativos serían las leyes, los reglamentos internos de las Cámaras, y los reglamentos dictados por los órganos del Poder Judicial o por el Ejecutivo Nacional, cada uno con una caracterización diferente, dictados por órganos diferentes. Esta gravísima confusión conceptual entre función estatal y el acto producido, llevó a la Corte y al Magistrado De Sola, no sólo a inventar la categoría de "acto jurisdiccional" sino la de "órgano jurisdiccional", los cuales, como se dijo no existen. Lo que existe, es un órgano estatal, en este caso, el Consejo de la Judicatura, que es un órgano de la Administración Pública con autonomía funcional, que dicta ciertos actos administrativos en ejercicio de la función jurisdiccional. Pero por supuesto, aceptar esto, como ya la Corte lo había desarrollado en su sentencia relativa a los actos de las Comisiones Tripartitas Laborales, hubiera significado admitir el control judicial contencioso-administrativo, sobre esos actos administrativos dictados por el Consejo de la Judicatura en ejercicio de la función jurisdiccional en casos disciplinarios, lo cual quizás no quiso admitir la mayoría de la Corte, como resulta de los Votos Salvados[825]. Para lograr dicho objetivo, lamentablemente, hubo que echar por tierra principios elementales del derecho administrativo contemporáneo, la mayoría de los cuales, incluso, afianzados por la propia Corte, e inventar un pretendido "carácter tridimensional" del Consejo de la Judicatura, argumentando no querer confundir las categorías de órgano administrativo con autonomía funcional que tiene en virtud de la Constitución, con un simple ente administrativo al cual, en absurda hipótesis quedarían jerárquicamente sometidos los jueces. Lamentablemente, la Corte en esa sentencia y el Magistrado De Sola, parece no entendieron el planteamiento del recurrente, y de allí su conclusión de que "las decisiones disciplinarias del Consejo de la Judicatura no son actos administrativos, sino sentencias de carácter jurisdiccional, similares a las que podrían dictar los Tribunales de la República, para excluirlas del control contencioso-administrativo. Las conclusiones de la sentencia, como lo señaló uno de los votos salvados, son "incongruentes" y contrarias a la doctrina de la propia Corte[826] pues siendo un "típico acto administrativo de índole jurisdiccional, el emanado del Consejo de la Judicatura en vía disciplinaria no debe quedar sin control judicial alguno con arreglo a los postulados que orientan nuestro Estado de Derecho"[827]. Al contrario, sostuvo el Magistrado disidente en ese Voto Salvado, "la revisión del acto disciplinario del Consejo de la Judicatura hubiera sido una contribución adicional a las que este Supremo Tribunal incesantemente ha venido haciendo por la total consolidación de nuestro Estado de Derecho"[828].

---

825 *Idem.*
826 *V.*, Voto Salvado del Magistrado L. H. Farías Mata, *Idem.*, pp. 127, 129.
827 *Idem*, p. 129.
828 *Idem.*, p. 132.

En el segundo de los votos salvados a la mencionada sentencia, la Magistrado disidente fue aún más clara en la crítica a la sentencia de la Corte, al propugnar la "distinción entre las funciones o actividades del Estado y los actos dictados en ejercicio de la función...[829], y señalar acertadamente que "la jurisdicción puede ejercitarse tanto por la Administración como por el Poder Judicial, pero hay que distinguir entonces entre función jurisdiccional del órgano "judicial" y función jurisdiccional del órgano "administrativo"... En otras palabras, la función jurisdiccional, si bien es una "función propia" de los órganos judiciales, no es una función privativa y exclusiva de ellos, pues los otros órganos estatales también la ejercen, pero lo que sí es una función privativa y exclusiva de los Tribunales es el ejercicio de la función jurisdiccional en una forma determinada: sólo los Tribunales pueden resolver controversias y declarar el derecho en un caso concreto, con fuerza de verdad legal". Ahora bien, señaló este Voto Salvado. "Partiendo de allí, esto es, de que "sólo los Tribunales pueden resolver controversias y declarar el derecho en un caso concreto, con fuerza de verdad legal, por lo que sólo los órganos del Poder Judicial pueden desarrollar la función judicial", no siendo "el Consejo de la Judicatura un órgano del Poder Judicial ni sus decisiones sentencias judiciales", la conclusión acorde con tal pronunciamiento y consecuente con la tesis expuesta y acogida anteriormente por la Sala, era que el Consejo de la Judicatura es un órgano administrativo y que el acto de destitución del juez... es un acto administrativo-condicionado por la Legislación (Ley de Carrera Judicial) dictados por un órgano administrativo (Consejo de la Judicatura), sometido por tanto al control Judicial de este Máximo Tribunal (Art. 42, Ord. 12 LOCSJ)". Concluye este Voto Salvado, "deplorando profundamente" que se hubiera producido la decisión comentada, porque ella "al arrebatar del ámbito de competencia de este Supremo Tribunal el control de la constitucionalidad y legalidad de algunos de los actos dictados por dicho órgano colegiado (Consejo de la Judicatura), constituye una significativa regresión en el proceso jurisdiccional creciente y sostenido de este Máximo Tribunal, de ampliar cada vez más su radio de acción de control, constitucionalmente conferido, sobre todos los actos dictados en ejercicio del Poder Público del Estado"[830].

La tesis de esta sentencia, contraria, sin duda, al postulado constitucional del artículo 206 del Texto Fundamental, fue mantenida a ultranza por la Sala en muchos fallos posteriores[831], contrariando el principio de la universalidad del control, hasta que la promulgación dé la Ley Orgánica del Consejo de la Judicatura de 1989 previo expresamente el recurso de nulidad contencioso-administrativo contra las decisiones de destitución de los jueces. La Ley, sin embargo, inconstitucionalmente, excluyó el recurso en los casos de actos administrativos disciplinarios de suspensión del ejercicio del cargo contra los jueces, lo cual no ha impedido a la propia Sala Político-Administrativa con buen criterio, aplicar, el artículo 20 del Código de Procedimiento Civil, que prevé el control difuso de la constitucionalidad de de las leyes, y admitir los recursos de nulidad contra dichos actos.

Posteriormente la Corte Suprema de Justicia en Corte Plena, al decidir una acción de inconstitucionalidad ejercida contra el artículo 79 de la Ley Orgánica del Consejo de la

829 Voto Salvado de la Magistrada Josefina Calcaño de Temeltas, *Idem*. p. 133.

830 *Idem*., pp. 133 y 143.

831 *V.*, el caso: *Hilario Pujol Quintero* resuelto, por Sentencia de la CSJ-SPA de 1-7-86 (consultada en original).

Judicatura, en sentencia de 25 de junio de 1991 (caso *Iván Hernández G.*), resolvió definitivamente la controversia, anulando dicha norma, y pronunciándose por la universalidad del control contencioso-administrativo.

En efecto, para decidir, la Corte Suprema comenzó reiterando el criterio sentado en algunas sentencias de la Sala Político-Administrativa sobre la universalidad del control contencioso-administrativo en la forma siguiente:

> "Al interpretar y aplicar la norma contenida en el transcrito artículo 206, de la Constitución, la Sala Político-Administrativa dé este Supremo Tribunal ha sostenido, en reiterada jurisprudencia, que no podría el legislador, sin infringir el orden jurídico constitucional, establecer expresa o tácitamente una derogatoria a los principios que informan nuestro sistema de derecho, que somete la actividad de todas las ramas del Poder Público al control de su regularidad y legalidad por parte del Máximo Tribunal de la República, o de dos demás órganos de la jurisdicción contencioso-administrativa (Sentencia 10-1-1980, caso *Miranda, EAP.* Y más explícitamente ha precisado esa Sala, entre otros fallos, que de acuerdo con la letra constitucional (artículo 206) no puede discutirse que ningún acto administrativo está exento del control jurisdiccional (Sentencia 11-5-1981, caso *Pan American World Airways Inc.*); y que es lógico que ninguna norma legal pueda privar sobre el artículo 206 de la Constitución que da a los órganos de la jurisdicción contencioso-administrativa competencia para anular los actos generales o individuales contrarios a derecho (Sentencia 28-2-85, caso *Francisco Ruiz Becerra*)".

Sentado lo anterior, para la solución del caso concreto, la Corte entró a analizar si la medida de suspensión del ejercicio del cargo de Juez aplicada por el Consejo de la Judicatura con fundamento en el artículo 79 de la Ley de Carrera Judicial, constituía o no un acto administrativo a los fines previstos en el artículo 206 de la Constitución, y si de serlo, ese acto administrativo era o no procesalmente recurrible ante la jurisdicción contencioso-administrativa.

Respecto a lo primero, la Corte consideró que la sanción de suspensión del cargo emitida en el impugnado artículo 79 de la Ley Orgánica del Consejo de la Judicatura, ostentaba, el mismo carácter de acto administrativo, tanto en el aspecto formal como en el sustancial, que la sanción de destitución prevista en el señalado artículo. Dijo así la Corte:

> "En efecto, atendiendo al criterio orgánico o formal de identificación de un acto a través del órgano que lo produce, adoptado en nuestro derecho positivo tanto por el constituyente (*vgr.*, artículo 215, ordinales 3°, 4°. 6°, 7° y 8° constitucional) como por el legislador de esta Corte Suprema (*vgr.*, artículo 42, ordinales 1°, 3°, 4°, 9°, 10, 11, 12, 14, 15, 22, 23 y 26) y específicamente en la Ley Orgánica de Procedimientos Administrativos que define como acto administrativo "toda declaración de carácter general o particular emitida... por los órganos de la Administración Pública" (artículo 7) habiéndose establecido en el capítulo precedente de este fallo la organicidad administrativa del Consejo de la Judicatura, ello conduce, por vía de consecuencia, a reconocer idéntica naturaleza administrativa a todos los actos que de ese órgano emanan.
>
> Pero aún si se rechazara la calificación de acto administrativo por la proveniencia del órgano que lo dictó, los actos disciplinarios del Consejo de la Judicatura son también actos administrativos si se acude al criterio material o sustancial de los mismos, es decir, atendiendo a la naturaleza de la función o actividad del órgano estatal productor del acto, porque resulta que todas las atribuciones que le han sido conferidas al Consejo de la Judicatura por el legislador son realmente potestades típicamente administrativas".

Luego de constatar el carácter netamente administrativo de la actividad de la Administración resultante del ejercicio de potestades sancionatorias y disciplinarias, la Corte Suprema en su sentencia concluyó señalando:

"La anterior orientación doctrinaria ha sido acogida por la Sala Político-Administrativa de este Supremo Tribunal en sentencia de fecha 19 de julio de 1984 (Exp. 4.002) en el cual, al analizar en un caso concreto la naturaleza jurídica de las decisiones que dictan los jueces en materia disciplinaria o correctiva, estableció que dichas decisiones "conforman una especié de la categoría genérica de actos administrativos porque, a través de tales providencias el tribunal actúa, no en ejercido de la función jurisdiccional que le es propia, sino en función administrativa".

Precisado, pues, que las sanciones disciplinarias dictadas por el Consejo de la Judicatura son actos administrativos desde cualquier ángulo que se las analice resulta irrefutable que tales actos, sin distinción alguna, están sometidos al control de su regularidad constitucional y legal por parte de la jurisdicción contencioso-administrativa y concretamente, de la máxima autoridad judicial en ese campo: la Sala Político-Administrativa de este Supremo Tribunal, con arreglo a lo previsto en el artículo 42, ordinal 12, de la Ley Orgánica de la Corte Suprema de Justicia.

En consecuencia, al omitir el legislador en el artículo 79 de la Ley Orgánica del Consejo de la Judicatura, la recurribilidad del acto administrativo sancionatorio de suspensión del cargo, ha contrariado la letra y el espíritu de la norma contenida en el artículo 206 de la Constitución de la República, el cual no excluye ningún acto administrativo de control de la jurisdicción contencioso-administrativa. Y así expresamente se declara"[832].

G. La caracterización como actos administrativos de los actos de la Administración concernientes al derecho privado

El tema de la admisibilidad del recurso contencioso-administrativo de anulación y la caracterización de su objeto, el acto administrativo, ha llevado a la jurisprudencia a considerar también el problema de los actos administrativos concernientes al derecho privado y su recurribilidad contencioso-administrativa. Ello se ha planteado en particular, respecto de los actos administrativos de registro, de algunos actos administrativos concernientes al régimen de las sociedades anónimas estatales, y de la Administración laboral.

a. *El problema de la impugnabilidad de los actos administrativos de registro*

Es sabido que el Título XXII del Código Civil al regular el Registro Público, establece las condiciones generales de los actos jurídicos de derecho privado que deben registrarse, así como las formalidades y publicidad del registro (Arts. 1913 y ss.); y que esta institución del Registro Público, a que se refiere el Código Civil, funciona por medio de Oficinas Principales y Oficinas Subalternas que, encuadradas dentro de las estructuras de la Administración Pública, están reguladas en la Ley de Registro Público de 27 de diciembre de 1993.

La institución del Registro Público, en todo caso, se traduce en Venezuela, en una actividad que constituye una actividad administrativa, realizada por autoridades administrativas, en ejercicio de la función administrativa.

832 Consultada en original.

Por tanto, los actos de registro son actos administrativos y como tales, son actos susceptibles de impugnación ante la jurisdicción contencioso-administrativa. Esta afirmación, que trataremos de fundamentar a continuación sin embargo, no ha sido aceptada pacíficamente ni por la jurisprudencia ni por la doctrina[833].

a'. Los criterios jurisprudenciales

En efecto, puede decirse que hasta comienzos de la década de los sesenta, la Corte admitía la posibilidad de impugnación de los actos de registro por vía contencioso-administrativa.

Estos actos, "sujetos al control jurisdiccional", correspondía conocerlos y corregirlos al Supremo Tribunal, "de acuerdo a las Facultades que al efecto le atribuye el ordinal 9° del artículo 7 de su propia Ley Orgánica"[834].

Posteriormente, en autos de 21 de febrero y de 30 de abril de 1963, la Corte, incidentalmente, también admitió la posibilidad de impugnación jurisdiccional de los Actos de Registro. En dichas decisiones, adoptadas en ejercicio de las facultades de la Corte de interpretar la Ley de Registro Público conforme a lo que disponía en su artículo 11, la Corte sostuvo lo siguiente:

> "La jurisprudencia de éste Supremo Tribunal en materia registral ha interpretado el artículo 11 de la Ley de Registro Público, en el sentido de que el objeto de la consulta relativa a la inteligencia y aplicación de esa ley, es el corregir los vicios o errores de los actos a efectuarse, pero no para subsanar los cometidos en actos ya realizados; porque cuando se trata de actos consumados cuyos efectos son inevitables o inmodificables en virtud de la consulta, ésta carecería de finalidad práctica. Quedan, desde luego, a salvo, en este caso, los recursos legales que contra dichos actos, puedan ejercerse"[835].

De acuerdo a esta jurisprudencia, en efecto, no sólo resulta clara la procedencia de las consultas sólo antes de que se registren los actos y documentos, sino que después de efectuado el registro, los actos de registro quedan sometidos a los recursos legales que contra los mismos puedan ejercerse.

La referencia al recurso contencioso de anulación no podría ser más directa ya que es el único que se podría ejercer "contra dichos actos".

Sin embargo, en 1967, con ocasión de decidir varios recursos de nulidad contra sendos actos de registro, la Corte cambió su criterio.

En efecto, por sentencia de 23 de febrero de 1967 la Corte señaló que ella era competente:

> "en principio, para declarar la nulidad de los actos efectuados por cualquier funcionario administrativo en contravención con la ley.

833 *V.* Allan R. Brewer-Carías, "Estadio sobre la impugnación ante la jurisdicción contencioso-administrativa de los Actos Administrativos de registro", *Doctrina de la Procuraduría General de la República* 1975. Caracas, 1976, pp. 139, 195; y en *Estudio en Homenaje a Joaquín Sánchez Covisa*, UCV, Caracas, 1975, pp. 425-479.

834 Sentencias de la Corte Suprema de Justicia en Sala Político-Administrativa de 12 de abril de 1982 *cit.* por Luis H. Farías Mata "La Doctrina de los Actos Excluidos en la Jurisprudencia del Supremo Tribunal" en *Archivo de Derecho Público y Ciencias de la Administración*, v. I, 1968-1969, IDP, Caracas, 1971, p. 337.

835 Autos de la Corte Suprema de Justicia en Sala Político-Administrativa de 21 de febrero de 1963 y de 30 de abril de 1963 en G.F., N° 39 y 40, 1963, pp. 83 y 107, respectivamente.

Pero aun cuando esto sea cierto, como norma general, hay situaciones en las cuales el legislador no sanciona el acto con la nulidad o permite que ella sea declarada por un órgano de la jurisdicción ordinaria, como consecuencia de una controversia suscitada entre particulares, con ocasión de la validez o nulidad de un acto sujeto a las disposiciones del derecho privado, que es lo que ocurre, precisamente, en el caso que es objeto de esta decisión"[836].

En efecto, el caso objeto de la decisión se refería a la impugnación de un acto de registro referente a una operación sobre un inmueble sobre el cual pesaban una prohibición de enajenar y gravar y una medida de embargo, y que por tanto había sido efectuada, por el Registrador contraviniendo lo dispuesto en los ordinales 6 y 7 del artículo 40 de la Ley de Registro Público y 374 y 470 del Código de Procedimiento Civil derogado. Para rechazar su competencia la Corte concluyó en que:

"la acción dirigida a lograr la declaratoria dé inexistencia de un acto realizado en contravención a los artículos 374 y 470 del Código de Procedimiento Civil, genera una controversia entre particulares que como todas las de su especie es de la competencia de los Tribunales ordinarios, a menos que se trate del caso contemplado por el Legislador en el Parágrafo Único del ordinal 28 del artículo 7 de la Ley Orgánica de la Corte Federal. Y si dichos Tribunales son los competentes para declarar la inexistencia del acto, tienen que serlo, también, lógicamente para declarar la ineficacia del Registro del documento en que aquél se ha hecho constar, por ser ambos consecuencia de una sola acción y efectos diferentes pero subordinados el uno al otro, de una misma decisión judicial.

Esta Corte no podría decidir el caso planteado, sin invadir la competencia de los Tribunales ordinarios, porque, para declarar la ineficacia del Registro de los documentos a que se refiere la recurrente, tendría que pronunciarse antes, sobre la inexistencia de los contratos de arrendamiento y opción de compra que en ellos se hacen constar, lo cual, como se acaba de decir, es atribución de otros Tribunales, salvo el citado caso de excepción"[837].

En este caso, el razonamiento de la Corte puede decirse que tenía congruencia con la doctrina sustentada anteriormente pues si bien declaró su incompetencia, ello no fue por considerar que el acto de Registro no era un acto administrativo o no era susceptible "*per se*" de impugnación ante la Corte, sino porque la impugnación del acto en concreto generaba una controversia entre particulares cuya resolución escapaba a la competencia de la Corte.

Pero un mes después de la decisión mencionada anteriormente, la Corte varió totalmente su criterio al respecto. En efecto por sentencias del 13 de marzo de 1967, la Corte, después de basar su razonamiento en la naturaleza y caracterización del acto administrativo y la función administrativa, concluía afirmando que el acto de registro de un acta de remate, no era un acto cumplido en ejercicio de la función administrativa y por tanto, no era un acto susceptible de ser recurrido por la vía contencioso-administrativa.

En la parte medular de dicho fallo, la Corte afirmó que:

"Hay situaciones, como la presente, en que el funcionario administrativo cumple su actuación con arreglo a ciertas formalidades legales, como consecuencia de un proceso judicial entre particulares y en el cual se ventilan asuntos que pertenecen a la esfera del derecho privado.

836 Sentencia de la Corte Suprema de Justicia en Sala Político-Administrativa de 23 de febrero de 1967 en G.F., N° 55, 1968, p. 16.
837 *Idem.*, p. 18.

En esta circunstancia ni el contenido ni los efectos de esa actuación expresan la existencia de una decisión de la autoridad capaz de establecer un vinculo directo entre la Administración Pública y los administrados, cuyos derechos pueden ser afectados por ésa decisión"[838].

Concluía la Corte afirmando su incompetencia al señalar que:

"No podría la Corte decidir el presente recurso, sin invadir el fuero de la jurisdicción ordinaria, porque para declarar la inexistencia del registro del acta de remate a que se refiere la demanda, tendrá que pronunciarse también sobre la inexistencia del remate judicial, por haberse realizado en contravención a las disposiciones del artículo 376 del Código de Procedimiento Civil, lo cual es de la competencia de los Tribunales ordinarios"[839].

Contra la doctrina de 1967 de la Corte, la Procuraduría General de la República ha manifestado su criterio en el sentido de considerar a los actos de registro como actos administrativos dictados en ejercicio de la función administrativa, y que como tales, son susceptibles de recurso contencioso-administrativo[840]. En la doctrina, el problema también ha sido debatido, resultando posiciones no coincidentes[841]. Buena parte de la discusión se ha centrado en torno a las nociones de función administrativa, actividad administrativa y acto administrativo, para determinar si el acto de registro integra alguna de dichas categorías, a las cuales ya nos hemos referido extensamente.

b'. La caracterización de los actos de registro como actos administrativos

Conforme a lo anteriormente señalado, es indudable que los actos de registro son actos administrativos en el pleno sentido de la palabra, y ello no sólo porque el Registro Público es un servicia público integrado dentro de la Administración Pública como complejo orgánico (Poder Ejecutivo), sino porqué la actividad de registro es ejercida en función administrativa y la relación jurídica que surge entre la Administración y los particulares es una relación jurídico-administrativa, siendo por tanto la actividad de registro una actividad administrativa. Es conveniente analizar estos aspectos separadamente.

a". *El servicio de Registro como parte de la estructura orgánica del Poder Ejecutivo*

Con absoluta claridad, Jesús González Pérez ha señalado que "si nos enfrentamos con el Registro de la Propiedad con un mínimo de preparación jurídico-administrativa, resulta obvio que estamos en presencia de un servicio público, con un modo de acción administrativa que no es policía ni fomento, sino precisamente, servicio público.

---

838 Sentencia de la Corte Suprema de Justicia en Sala Político-Administrativa de 13 de marzo de 1967 en G.F., N° 55, 1968, pp. 107 y 116.

839 *Idem.*, pp. 109 y 118. En esta decisión salvó su voto el magistrado Jonás Barrios Escalona, argumentando que los actos de registro, como actos administrativos, eran susceptibles de recurso ante la jurisdicción contencioso-administrativa.

840 *V.* Doctrina PGR 1966, Caracas, 1967, pp. 29 y ss. y 33 y ss.

841 Se ha mostrado a favor de la doctrina de la Corte del año 1967, Gonzalo Pérez Luciani, "Actos Administrativos", que en Venezuela escapan al Recurso contencioso de anulación", *Revista de la Facultad de Derecho, UCAB,* año 1967-1968, N° 6, Caracas pp. 171 y ss.; y se ha mostrado en contra de dicha doctrina. Luis Henrique Parías Mata, *Loc.cit.*, pp. 337 y ss.

Este hallazgo impone una conclusión elemental: que los actos dictados por aquél órgano estatal al que corresponde la realización del servicio público registral son, cualquiera que sea la concepción de acto administrativo de que se parta, actos administrativos, dictados en un procedimiento administrativo"[842].

En Venezuela, el criterio, es perfectamente aplicable: el Registro Público es una organización administrativa integrada dentro de las estructuras del Ministerio de Justicia[843], mediante las cuales el Estado presta a los particulares un servicio público: el servicio público de registro[844].

Sobre esto ha sido también particularmente clara la doctrina de la Procuraduría General de la República cuando afirma que "el Registro, orgánicamente entendido, es una Oficina, enmarcada dentro de los cuadros de la Administración Pública, dirigida por un sujeto jurídico cuya naturaleza y caracteres lo ubican en la categoría de los funcionarios públicos. Así entendido el Registro y su órgano representativo, como elementos integrados de dicha Administración, su actuación se traduce lógicamente en actos administrativos"[845].

Por tanto, estimamos qué no puede haber lugar a dudas en considerar el servicio de registro, desde el punto de vista orgánico, como una parte de la estructura del Poder Ejecutivo (Ministerio de Justicia); y desde el punto de vista material, como un típico servicio público mediante el cual el Estado garantiza la seguridad jurídica en el tráfico de bienes o en la realización de actos entre particulares.

En este sentido debe recordarse que el registro, como actividad realizada por los órganos administrativos, no se reduce en Venezuela al solo Registro Público regulado en la Ley de Registro Público[846], sino que está previsto por otras leyes y prestado, el mismo servicio, por otros órganos administrativos. Tal es el caso, por ejemplo, del Registro Civil prestado por funcionarios de la Administración Municipal (Jefes Civiles)[847]; del Registro Mercantil, prestado por funcionarios (Registradores Mercantiles) dependientes del Ministerio de Justicia[848], del Registro de la Propiedad Industrial prestado por el Registrador de la Propiedad Industrial[849] dependiente del Ministerio de Fomento; del Registro de la Marina Mercante llevado en la Dirección de Marina Mercante dependiente del Ministerio de Transporte y Comunicaciones[850], del Registro de Aeronaves, llevado en la Dirección de Aeronáutica Civil integrada en el Ministerio de Transporte y Comunicaciones[851], y del Registro de Tránsito Terrestre, llevado de la Dirección de Tránsi-

842 *V.*, Jesús González Pérez, "La impugnación de los actos registrales". *Revista Crítica de Derecho Inmobiliario*, N° 328, 329. Madrid, pp. 514 y 515.

843 Entre las competencias del Ministerio de Justicia está "El Registro Público" de acuerdo al artículo 34, Ord. 11, de la Ley Orgánica de la Administración Central. *G.O.*, N° 1.932, Extr., de 28-12-76.

844 *Cfr.* La opinión en este sentido de Ángel Cristóbal Montes, *Introducción al Derecho Inmobiliario Registral*, Caracas, 1965, pp. 174 y ss.

845 Doctrina PGR 1966. Caracas, 1967, p. 34.

846 La institución de Registro Público, conforme a dicha ley "Funcionará por medio de Oficinas Principales y Oficinas Subalternas de Registros" (Artículo 1°) dependientes del Ministerio de Justicia.

847 El artículo 446 del Código Civil los atribuye a la Primera Autoridad Civil de la Parroquia o Municipio.

848 *V.*, Código de Comercio.

849 *V.*, Ley de Propiedad Industrial.

850 *V.*, Ley de Navegación.

851 *V.*, Ley de Aviación Civil.

to Terrestre del mismo Ministerio de Transporte y Comunicaciones[852]. En todos estos casos, la actividad de registro se realiza por órganos administrativos especializados, integrados orgánicamente al Poder Ejecutivo (o a la Administración Municipal en el caso del Registro Civil) y que se cumple en ejercicio de la función administrativa y se materializa a través de actos administrativos. En todos esos casos, el Estado presta un servicio público: el de garantizar la seguridad jurídica.

b". ***El registro como actividad del Estado cumplida en ejercicio de la función administrativa***

Pero no sólo los órganos que tienen, a su cargo el Registro Público en Venezuela son órganos administrativos integrados dentro de la estructura del Poder Ejecutivo, sino que la actividad de registro es una actividad cumplida en ejercicio de la función administrativa.

En efecto, hemos señalado anteriormente que la función administrativa es aquella a través de la cual el Estado entra en relación con los particulares, como sujeto de derecho, gestor del interés público; y en base a ello la hemos caracterizado y distinguido frente a la función normativa, a la función de gobierno y a la función jurisdiccional. Ahora bien, en la actividad de registro no sólo el Estado actúa como gestor del interés público, el interés por el aseguramiento do la seguridad jurídica en el tráfico, sino que cuando un funcionario realiza un acto de registro, se establece una relación jurídico administrativa, independientemente de la relación jurídica, privada o no, que se pretenda registrar.

En efecto, debe quedar claro que en el acto de registro hay dos relaciones jurídicas en juego que se hace necesario no confundir, y al contrario, distinguir cuidadosamente:

En primer lugar, la relación jurídico-administrativa que se establece entre el Estado y el particular que acude a hacer uso del servicio público: éste tiene un derecho de carácter administrativo –condicionado, ciertamente a que se cumplan las circunstancias exigidas por la ley– a que el Registrador inscriba un determinado título en el Registro Público; y el registrador, en el caso del Registro Público, tiene una obligación de carácter administrativo, que debe cumplir en forma reglada –no discrecional– a inscribir los títulos y documentos que se le presenten, si se ha cumplido los requisitos legales. En el momento en que se realiza el acto de registro, se establece, por tanto, una relación jurídica entre el Estado y el particular, de estricto carácter administrativo[853] que crista-

852 J. González Pérez, en este sentido, es preciso al señalar respecto de este derecho de carácter administrativo a inscribir que "se trata de un derecho frente a la Administración; tiene su base en una relación jurídica en que la Administración actúa, no como persona jurídica privada, sino como persona jurídica pública, a través de su órgano competente, como entidad investida de prerrogativas de poder..." "...Es el derecho a utilizar un servicio público, precisamente uno de los servicios públicos en que se concreta la administración frente al Derecho privado", *Loc.cit.*, pp. 527-528.

853 En este sentido no tienen ningún fundamento la afirmación que ha hecho la Corte Suprema en su sentencia del 13 de marzo de 1967, al referirse al acto de registro de un acta de remate, en el sentido siguiente: "el funcionario administrativo cumple su actuación con. arreglo a ciertas formalidades, legales, como consecuencia de un proceso judicial entre particulares y en el cual se ventilan asuntos que pertenecen a la esfera del derecho privado, En esta circunstancia, ni el contenido ni los efectos de esa actuación expresan la existencia de una decisión de la autoridad capaz de .establecer un vínculo directo entre la Administración Pública y los Administrados, cuyos derechos pueden ser afectados por esa decisión" (Sentencia de la Sala Político-Administrativa del 13 de marzo de 1967, en *G.F.*, N° 55, pp. 107 y ss.). Al contrario, como se expresa en el texto, entre los particulares y el Estado se establece

liza la seguridad jurídica buscada, lo que implica que los respectivos protocolos no podrán ser modificados[854].

En segundo lugar, aparte de la relación jurídica que se establece entre el Estado y los particulares con ocasión del acto de registro, hay indudablemente otra relación jurídica envuelta en el procedimiento de registro, y es la que se inscribe en el Registro Público. Esta segunda relación jurídica, generalmente establecida entre particulares y de naturaleza civil, que es objeto del acto de registro, no puede confundirse con este mismo acto ni con la relación jurídica administrativa que éste produce. Son dos actos y relaciones jurídicas radicalmente distintos, en su contenido y en su naturaleza jurídica: el derecho de carácter privado; en cambio, el derecho a registrar, por el contrario, es un derecho siempre de naturaleza-administrativa[855]. Esta distinción ha sido destacada en Venezuela, con absoluta claridad por el Magistrado de la Corte Suprema de Justicia, Jonás Barrios en uno de sus Votos Salvados[856].

---

una clara relación jurídico-administrativa, con ocasión del acto de registro, que crea derechos y obligaciones específicas.

854 En este sentido la Corte Suprema de Justicia ha señalado "que no está prevista en forma alguna de la legislación que rige la institución del Registro Público, la posibilidad de que puedan modificarse los asientos de los protocolos; sólo pueden las mismas partes que hayan intervenido en el acto o contrato objeto de registro, otorgar nuevo instrumento que en alguna forma modifique el contenido de otro anteriormente inscrito, o bien puede operarse tal modificación, en virtud de decisión judicial que así lo ordene".

"Únicamente se contemplan los casos de enmendaduras, interlineación o testado de palabras en los documentos registrables, a cuyo efecto la ley de la materia, en su artículo 80, las autoriza únicamente en la oportunidad en que los documentos se presten para ser protocolizados, y siempre que no se refieran, bajo ningún respecto, a los nombres de los interesados, cantidades, medidas, linderos, y cualesquiera otras semejantes que puedan alterar la forma jurídica o el contenido del acto que se expone, o, que, en general, hagan dudoso el documento". *V.*, sentencia de la Sala Político-Administrativa del 12 de diciembre de 1962 en G.F., N° 38, pp. 240 y 241.

855 *Cfr.* Jesús González Pérez; *Loc.cit.*, pp. 527 v 528.

856 En el voto salvado a la sentencia de la Sala Político-Administrativa del 13 de marzo de 1967 el magistrado Barrios señaló claramente lo siguiente: "En efecto, los registradores son funcionarios de la administración pública, regidos por la Ley de Registro Público y el Código Civil; son de la libre remoción del Ejecutivo Federal por órgano del Ministerio de Justicia, al cual corresponde velar por el buen orden y funcionamiento de todas las oficinas de registró: sus actuaciones son fundamentalmente de carácter administrativo y su institución tiende a beneficiar a la colectividad en cuanto a garantizar mejor los derechos que las leyes reconocen a los ciudadanos y a ofrecer mayor seguridad en las negociaciones que éstos celebren impidiendo, o dificultando al menos, fraudes y sorpresas. La anotada función de servicio público la desempeñan los Registradores con independencia absoluta de los actos o contratos que celebren los particulares con relación a sus intereses privados, y no puede entenderse que el acto del Registrador, cuando presencia y da fe de la manifestación de los otorgantes de un determinado acto, o bien cuando registra un acta de remate que se le presenta para su inscripción en los libros respectivos sean ellos la culminación de los realizados por los particulares, pues bien es sabido que el acto registral se hace a los efectos de garantizar derechos contra terceros, pero de igual modo no puede negarse que la mayoría de los contratos o convenciones entre particulares, tienen perfecta validez para las partes que intervienen en los mismos, aun sin formalidades del registro.

"De allí pues, que a juicio del exponente no parece ajustada a la doctrina administrativa y a la ley, la justificación que se hace en el fallo, de que la impugnación de la validez de los actos realizados con violación del ordinal 69 del artículo 40 de la Ley de Registro Público, suscita una disputa entre particulares, y por ese hecho,, la competencia para conocer de aquella violación corresponde a los Tribunales ordinarios; y hasta se llega a afirmar que, "si los tribunales ordinarios son los competentes para declarar la inexistencia del Acto, tienen que serlo también para declarar la inexistencia del registro del documento en el que se ha hecho constar, por tratarse de un asunto contenido en una sola causa, cuyas conexiones por el objeto de la demanda y por los hechos de que ésta depende, requieren que su-decisión esté confiada a un solo tribunal".

"La anterior afirmación conduce de manera, inevitable a la completa confusión del acto en los particulares con el del registro, el cual por su naturaleza, tiene características propias como actuación administrativa con la finalidad de servicio público. Y es precisamente dicha confusión de intereses, la que lleva a asignarle a los tribunales ordina-

Por tanto, una cosa es el acto administrativo de registro y otra cosa es el acto jurídico que se registra, de manera que los vicios del primero no afectan necesariamente al segundo, como lo ha reconocido la Corte Suprema[857], salvo que se trate de un registro *ad solemnitatem*. En todo caso, sea que los efectos del acto administrativo de registro sean de carácter probatorio e inclusive de carácter constitutivo, es indudable que ambos actos son distintos en su contenido y naturaleza, aún cuando en el segundo caso, la validez del acto jurídico registrado dependa de la validez del acto de registro.

c''. *La actividad de registro como actividad administrativa, y la denominada "Administración Pública del Derecho Privado"*

Siendo la actividad dé registro Una actividad cumplida por autoridades administrativas (Registradores) gestionando un servicio público, y en ejercicio de la función administrativa, es indudable que la misma es actividad administrativa y los actos de registro son actos administrativos de clasificación, a pesar de que los mismos pueden referirse o tener por objeto actos jurídico-privados"[858].

En este sentido, la denominada por G. Zanobini, "administración del derecho privado", aun cuando tiene por objeto, generalmente, una actividad jurídica de los particulares para darle mayor consistencia o eficacia, es una "actividad estatal de carácter sustancialmente administrativa"[859]. En otras palabras, la administración del derecho privado "comprende todos los actos administrativos con los cuales la autoridad administrativa puede ser llamada a tomar parte en la formación de actos jurídicos de los particulares"[860], y entre ellos se incluyan los actos de registro. Pero una cosa es hablar de "administración del derecho privado" como lo hizo Zanobini y otra cosa es pretender que esa

---

rios una competencia de la cual carecen, ya que ellos solamente deciden cuestiones entre particulares, aplicando el derecho privado. Pero nunca tendrán la competencia legal necesaria para decidir sobre la nulidad de un Acta de Registro, ya que esta competencia está expresamente atribuida a la Sala Político-Administrativa de la Corte Suprema de Justicia, en virtud de lo dispuesto en el ordinal 99 del artículo 7º de la Ley Orgánica le la Corte Federal, la cual ha sido reconocida en reciente fallo de esta misma Sala, del 12 de abril de 1962, en el cual se dice: "La Sala considera infundada la opinión del Fiscal General en virtud de que el interesado ha solicitado la nulidad de una actuación del Registrador que como tal merece fe pública, y que como acto jurídico sujeto al control jurisdiccional, corresponde conocer y corregir a este Tribunal, de acuerdo con las facultades que al efecto le atribuye el ordinal 9º del artículo 7º de su propia Ley Orgánica". *V.* en *G.F.*, N° 55, 1967. pp. 107 y ss.

857 La Corte Suprema de Justicia en Sala Político-Administrativo en sentencia del 12 de julio de 1973 señaló lo siguiente:

"Tal omisión si bien puede constituir una infracción de la ley de Registro no acarrea la nulidad de la venta del inmueble, ya que, siendo la compra-venta un contrato consensual, el otorgamiento de la escritura y su con- siguiente registro, sólo tienen por finalidad lograr que el documento haga fe pública, pero sin que ello ataña a la validez intrínseca del acto de enajenación, o sea, que se trata de un requisito *ad probationem* mas no *ad solemnitate*". *V.,* en *G.O.*, N° 30.512, de 28-9-74, p. 228-960.

En otra decisión de la misma Sala de 4 de agosto de 1971, la Corte señaló lo siguiente: "De suerte que en dicho documento se cumplieron todas las formalidades que la ley exige para ese acto. Este hecho unido a la circunstancia de que el nombrado funcionario no firmó los asientos de los protocolos que se llevan en la correspondiente oficina de Registro afectan la validez de la protocolización, pero como se ha dicho antes, el texto del documenta presentado para su registro por el otorgante J. H., sí fue firmado por él y por el otro otorgante C. B., por los testigos, e inclusive, por el Registrador, razón por la cual este documento goza de plena autenticidad, no siendo los otorgantes del mismo, culpables de la falta del funcionario". *V.,* en *G.O.*, N° 1.484, Extraordinario, del 4-10-71, p. 1.

858 *V.,* Allan R. Brewer-Carías, "Estudio sobre la impugnación...", *Loc.cit.*, p. 139.

859 *V.* G. Zanobini, "L'Amministrazione Pubblica del Diritto Privado" en *Scritti vari di Diritti Pubblico*, Milano, 1955, pp. 24 y 36.

860 *Idem.*, p. 45. Por ello Zanobini señala que "la función notarial es por excelencia, una función de la administración pública del derecho privado", p. 47.

actividad administrativa del derecho privado esté regida por el derecho privado[861]. El hecho de que en algunos casos dichos actos estén previstos en normas de derecho privado (algunos actos del Registro Público en el Código Civil, por ejemplo) que su formación esté regulada por el Derecho Privado (el Registro Civil, por ejemplo, en el Código Civil) y que los efectos de los mismos también estén señalados en el derecho privado (el registro de la hipoteca, por ejemplo) es un hecho circunstancial e histórico, pero no determinante para excluir a dichos actos de su categorización como actos administrativos. Basta recordar por ejemplo, que en otros casos, como en el de los casos de registro de la propiedad industrial, éstos están previstos en normas de derecho público, su formación está seguida por el derecho público y los efectos de los mismos también están señalados en el derecho público. No es por tanto la ubicación de la norma reguladora del acto en una fuente tradicional de una rama del derecho, lo que determina su naturaleza, sino el contenido o esencia del mismo; y es evidente que trátese de actos del registro civil, íntegramente regulador en el Código Civil; dé actos de Registro Público parcialmente regulados por el Código Civil y por la Ley de Registro Público; o de actos de registro de la propiedad industrial, de la marina mercante, de tránsito terrestre, etc., regulados en Leyes Administrativas; en todos esos casos estamos en presencia de declaraciones de voluntad de autoridades administrativas, integradas en el Poder Ejecutivo como complejo orgánico, en ejercicio de la función administrativa.

Sin embargo, es evidente que los efectos del acto administrativo de registro en relación al acto jurídico (generalmente privado) que tiene como objeto, no son uniformes. En algunos casos, el acto de registro sólo tiene efectos probatorios (*ab probationem*); es decir, es meramente declarativo; y en otros casos, el, acto de registro tiene efectos constitutivos del acto (*ad solemnitatem*).

En efecto, por ejemplo, los actos de registro de la propiedad industrial y del derecho de autor, tienen efectos meramente declarativos (no son constitutivos de los derechos)[862]; es decir, el derecho de autor, por ejemplo, existe desde el momento de la creación intelectual, y el registro sólo establece una presunción, *juris tantum*, de que el autor es quien aparece en el registro. En cambio, por ejemplo, él acto de matrimonio sólo existe cuando se efectúa el acto por el funcionario del registro civil[863], y la hipoteca no tiene ningún efecto si no se ha registrado[864]; en otras palabras, en estos casos, el acto de registro es constitutivo del derecho jurídico-privado o del estado civil de una persona, y tiene carácter *ad substantiam actus*[865].

861 Como pretende deducirlo G. Pérez Luciani, *Loc. cit.*, p. 202. Como lo distingue el mismo Giannini, una cosa es la "actividad privada de la administración pública" (sometida al derecho privado) y otra cosa es la "actividad (Administrativa) del derecho privado" (*V.*, M. S. Giannini, *Diritto Amministrativo*, Volume Primo, Milano, 1970, pp. 445 y 446); "a diferencia de la actividad privada de la administración, la actividad administrativa de derecho privado es actividad administrativa en sentido propio", *Idem.*, p. 655.

862 Artículo 91 Ley del Derecho de Autor.

863 Artículos 88, 89 y 457 del Código Civil.

864 Artículo 1.879 del Código Civil.

865 Estos son los denominados en el derecho italiano "Atti amministrativi di accertamento costitutivo con effetti nel diritto Privatto" *V.*, Michele M. G. Perini, *Osservazioni sull'acceramento costitutivo nel diritto omministrativo*, Padova, 1953, p. 72. *Cfr.* Umberto Fragola, *Gli atti amministrativi*, Nàpoli, 1964, pp. 138 y 139; Federico Cammeo, *Curso di Diritto Amministrativo*, Padova, 1960, p. 559; Cino Yitta, *Diritto Amministrativo*, Torino, 1948, *T.* I, p. 345; Francesco D'Alessio, *Diritto Amministrativo*, Torino, 1943. p. 176. G. Treves, "Gli atti amministrativi costitutivi di rapporti fra privati", *Rivista Trimestrale di Dirritto Pubblico*, 1954, pp. 134 y 135 y ss. Además, Enrique Rivero Ysern, *El Derecho Administrativo y las relaciones entre particulares*, Sevilla, 1969. pp. 37 y ss.

Esta distinción entre actos administrativos de registro con efectos declarativos y efectos constitutivos tiene interés, porque en el primer caso los actos pueden tener cierta discrecionalidad; en cambio, en el segundo caso, los actos son siempre de carácter reglado. En efecto, el registrador de la propiedad industrial cuando va a registrar un invento o una marca de fábrica tiene facultades para apreciar las condiciones de registro o patentabilidad[866] en cambio, en el registro de una hipoteca, el Registrador subalterno no tiene facultades discrecionales algunas[867] de apreciación.

En todo caso, trátese de actos de registro de efectos declarativos o de efectos constitutivos, en ambos casos dichos actos son actos administrativos, aun cuando mediante ellos se constituyan o declaren derechos jurídicos-privados[868]. En este último caso, sin embargo, las dos relaciones jurídicas que se producen en el acto de registro (unas entre la Administración y un particular, y la otra entre particular y un tercero) coexisten. El acto administrativo de registro en este caso si bien es único en su naturaleza, es doble en sus efectos[869].

El acto administrativo de registro, en todo caso, es un acto creador de derechos a favor de particulares. En efecto, en primer lugar, se trata siempre, de un acto creador de un derecho administrativo: el derecho a la seguridad jurídica en el tráfico, y a la autenticidad del acto registrado. En segundo lugar, si se trata de un acto administrativo de registro de carácter constitutivo, mediante el acto también se crea un derecho de carácter jurídico-privado entre particulares. En todo caso, siendo un acto administrativo creador de derechos hacia los particulares, el acto-administrativo de registro es un acto irrevocable e irrevisable en vía administrativa, salvo que exista un texto expreso en la Ley que lo permita. Tal es el caso, por ejemplo, en materia de registro de la propiedad industrial, donde se admite un recurso jerárquico contra el acto del Registrador por ante el Ministro de Fomento quien puede revisar el acto[870]; o donde se permite que el Ministro de Fomento anule por violación de ley, el acto de registro[871]. En materia de Registro Público, en cambio, no hay previsión alguna de revisión del acto de Registro por funcionario alguno del Ministerio de Justicia, por lo que el acto de registro causa estado; es decir, es irrecurrible por vía administrativa ante el Ministro de Justicia y es irrevisable por dicho funcionario.

No existiendo previsión legal que lo autorice, ello es la principal garantía de la inmodificabilidad del acto de registro, salvo por vía jurisdiccional, que caracteriza la institución del Registro Público en Venezuela.

c'. La impugnación de los actos de registro

Siendo los actos de registro actos de carácter administrativo, resulta evidente que, en principio, son actos impugnables ante la jurisdicción contencioso-administrativa. Sin embargo, antes de estudiar las modalidades de dicha impugnación, conviene insistir sobre la impugnabilidad de los actos de registro en vía administrativa.

866 Artículos 15 y 33 de la Ley de Propiedad Industrial.

867 *Cfr.* G. Zanobini, *Loc.cit.*, p. 56

868 En general la doctrina clasifica a los actos de registro dentro de los actos administrativos (meros actos administrativos). *Cfr.* Manuel Mearía Diez, *El acto Administrativo*, Buenos Aires, 1956, pp. 104 y ss.; Agustín Gordillo, *El Acto Administrativo*, Buenos Aires, 1969, pp. 86 y ss.

869 V. Fernando Garrido Falla. *Tratado de Derecho Administrativo*, v. I, Madrid, 1970, p. 431

870 Artículo 43 de la Ley de Propiedad Industrial.

871 Artículo 21 de la Ley de Propiedad Industrial.

a''. *La impugnación en vía administrativa*

Los actos de registro, por su naturaleza y por los poderes de calificación con qué cuentan los registradores, en principio son actos que causan estado y por tanto que agotan la vía administrativa, salvo que la ley establezca alguna vía de revisión en el orden administrativo.

En el caso de la Ley de Registro Público, la actividad de los Registradores subalternos, por ejemplo, no es una actividad discrecional, sino absolutamente reglada, y por su naturaleza, una actividad que por merecer "fe pública"[872] está reservada a una categoría de funcionarios (los Registradores), no pudiendo ser revisada en vía administrativa. El solo hecho de que los actos de registro público merezcan fe pública, trae como consecuencia que por ello, no puedan ser recurribles por vía jerárquica ante el Ministerio de Justicia, pues ello implicaría otorgar a los actos del Ministro una "fe pública" que no tienen.

Es más, para asegurarse que el acto del Registrador Subalterno tendría carácter definitivo y causaba estado, es que el legislador había previsto en la ley de 1943, el mecanismo de consulta ante la Corte Suprema de Justicia (Sala Político-Administrativa), antes de la protocolización respectiva, en los casos en que ocurrieren dudas, "en cuanto a la inteligencia y aplicación de esta Ley (de Registro Público), en los casos concretos que puedan presentarse"[873]; pudiendo dicha consulta para que la Corte resolviera las dudas, ser promovida tanto por el Registrador respectivo como por los particulares interesados. No tenía sentido ni lógica administrativa que, por ejemplo, sometida una consulta a la Corte y resuelta las dudas por ésta, la decisión que conforme a ella adoptase el Registrador, pudiera ser recurrida por vía administrativa ante el Ministro y éste pudiera revocarla. Esta consulta, en todo caso, fue eliminada desde la reforma de la Ley en 1978, en la cual se previó un recurso jerárquico ante el Ministro de Justicia, pero sólo contra el acto administrativo de negativa de registro por los Registradores[874].

Por tanto, en nuestro criterio no hay duda en el sentido de que los actos de registro no pueden ser recurridos por vía jerárquica ante el Ministro de Justicia, pues ello sería contrario a la seguridad jurídica en el tráfico de bienes y derechos y a la fe pública que constituyen la esencia de la institución del Registro. Estos actos, insistimos, tienen carácter definitivo y causan estado. Por tanto, respecto de ellos no se aplican los principios generales del derecho administrativo venezolano sobre la procedencia del recurso jerárquico contra los actos administrativos dictados por funcionarios de categoría inferior[875]; y al contrario, al ser actos constitutivos de derechos a favor de particulares, no son revisables por la propia administración[876]. Por supuesto que esta irrecurribilidad en vía administrativa del acto de registro público sólo se aplica al acto de registro propiamente tal, pero no al acto de liquidación de derechos fiscales que acompaña al acto de registro.

872 Artículo 10 de la Ley de Registro Público.

873 Artículo 11 de la Ley derogada de 1943.

874 Art. 11 y 12 de la Ley de 1993.

875 V. Allan R. Brewer-Carías, *Las Instituciones Fundamentales del Derecho Administrativo y la Jurisprudencia Venezolana*, Caracas, 1964, pp. 247 y ss.

876 *Idem.*, pp. 282 y 233.

Respecto del acto de liquidación de derechos o impuestos, el que se considere perjudicado por cobro excesivo o indebido podrá recurrir por vía jerárquica ante el Ministro de Justicia[877]; pero la decisión del Ministro sólo podrá versar sobre los derechos o impuestos liquidados, pero no sobre el contenido del acto en concreto.

Pero si bien resulta claro que el acto de registro público, en cuanto tal, es irrecurrible ante el Ministro de Justicia[878], las dudas que hasta 1978 podían presentarse sobre la recurribilidad de los actos administrativos de los Registradores Subalternos de negativa de registro, se han disipado completamente en la reforma de la Ley en 1978, en la cual expresamente se establece la posibilidad de ejercicio de un recurso jerárquico ante el Ministro de Justicia contra la negativa del Registrador de protocolizar un documento, y luego, la posibilidad de ejercicio del recurso contencioso-administrativo de anulación contra el acto del Ministro[879]. En este caso, no se trata de actos de registro sino más bien dé actos de negativa de registro que adopta el Registrador derivados de sus facultades de calificación, por lo que resultan perfectamente recurribles como actos administrativos en vía administrativa, ya que no se trata de actos en los cuales está comprometida la fe pública ni de actos creadores de derechos a favor de particulares.

b". *La impugnación de los actos administrativos en la vía contencioso administrativa*

Tal como lo señala la Constitución, "los órganos de la jurisdicción contencioso-administrativa son competentes para anular los actos administrativos generales o individuales contrarios a derecho, incluso por desviación de poder"[880]. Gomo consecuencia, puede decirse que todos los actos administrativos pueden ser recurridos por ante la jurisdicción contencioso-administrativa invocando una pretensión de anulación mediante el ejercicio del recurso contencioso-administrativo de anulación previsto en la Ley Orgánica de la Corte Suprema de Justicia; o lo que es lo mismo, que el ordenamiento jurídico venezolano, no admite "actos (administrativos) excluidos" del conocimiento de la jurisdicción contencioso-administrativa[881]. Hay ciertamente, unas condiciones de recurribilidad de los actos administrativos y unas condiciones de admisibilidad de los recursos contencioso-administrativos; pero en nuestro criterio no puede hablarse de actos excluidos.

No hay que olvidar que había sido criterio tradicional de la Corte que el conocimiento de los recursos de anulación contra los actos administrativos, estaba circunscrito al conocimiento de las cuestiones o pretensiones de derecho administrativo. Tal como lo ha aclarado expresamente la Corte: "en principio, únicamente las pretensiones fundadas en

---

877 El artículo 143 de la Ley de Registro Público, a pesar de que utiliza la expresión "reclamará por escrito ante el Ministro" en realidad prevé un recurso jerárquico auténtico.

878 No consideramos adecuada la doctrina sustentada por la Procuraduría General de la República sobre la procedencia *El Recurso Jerárquico* ante el Ministro, contra los actos de registro público. *V., Doctrina de la Procuraduría General de la República 1966*. Caracas, 1967, pp. 30 y ss.

879 Arts. 11 y 12 de la Ley. Debe señalarse que el acto de negativa del Registrador sólo puede fundamentarse en "dudas en cuanto a la inteligencia y aplicación de la ley, o cuando considere que el título o documento presentado adolece de algún defecto que impida su registro". Art. 11.

880 Artículo 200 de la Constitución.

881 Para un análisis crítico de los "Actos excluidos" en Venezuela. *V.*, Luis H. Farías Mata "La Doctrina de los Actos excluidos en la Jurisprudencia del Supremo Tribunal", *Archivo de Derecho Público y Ciencias de la Administración*, IDP, 1968-1969, *v*. 1, Caracas, 1971, pp. 325 y ss.

preceptos de Derecho Administrativo pueden ser intentadas ante esta jurisdicción especial; esto es, cuando las pretensiones se deducen con ocasión de las relaciones jurídico-administrativos entre un administrado y la Administración Pública en cualquiera de sus ramas: Nacional, Estadales o Municipales. Por consiguiente, en toda pretensión que se proponga ante el órgano jurisdiccional contencioso-administrativo, debe examinarse previamente si cae dentro de la esfera de esta jurisdicción por estar fundada en preceptos de Derecho Administrativo; porque," ni una pretensión de este tipo puede ser reducida ante jurisdicción distinta, ni una pretensión con otro fundamento podrá ser examinada ante la jurisdicción contencioso-administrativa"[882]. No se trataba, por tanto, de "actos excluidos", sino que en el conocimiento de pretensiones de anulación de, los actos administrativos, la Corte no podía entrar a conocer cuestiones de derecho privado. Este ha sido un criterio tradicional de la Corte Suprema[883].

En base a ello, aun cuando se trate de "actividades de la Administración Pública sometidas al derecho privado"[884] cuando como paso previo para la formación de la voluntad jurídico-privada de la Administración sea necesario un acto administrativo, éste puede ser recurrido y controlado por la jurisdicción contencioso-administrativa[885].

---

882 Sentencia de la Corte Federal y de Casación en Corte Federal, de 3 de diciembre de 1959, en G.F., N° 26, 1959, pp. 143 y 144.

883 En sentencia del 6 de agosto de 1952 la Corte Federal y de Casación en Corte Plena señaló la siguiente: "que al conocer esta Corte acerca de la constitucionalidad o inconstitucionalidad de los actos administrativos, conforme a la atribución 11 del artículo 128 de la Constitución, no le es dado dictar pronunciamiento alguno en relación con los problemas de naturaleza esencialmente civil o de otra índole Cuyo conocimiento esté reservado por la ley a otras autoridades", *V.*, en G.F., N° 11, 1952, p. 70 y 71. Por otra parte, en sentencia de 11 de junio de 1969, la Corte Suprema de Justicia en Sala Político-Administrativa insistió en el planteamiento en los siguientes términos: "Escapa, en efecto, a la competencia de este Tribunal decidir cuestiones de dominio, al ejercer en un procedimiento como éste, el control jurisdiccional de la legalidad de dos actos de la Administración Pública, pues el conocimiento de tales cuestiones, incumbe a los Tribunales de Instancia quienes deben resolverlas, por los trámites del juicio ordinario, en conformidad con las normas del Código de Procedimiento Civil", *V.* en G.F., N° 64, 1969, p. 310.

884 *V.* Allan R. Brewer-Carías, Las Instituciones Fundamentales..., *op. cit.*, pp. 326-327.

885 La Corte Suprema de Justicia, en sentencia de la Sala Político-Administrativa de 11 de junio de 1974. Señaló lo siguiente: ''Como ha sido discutida la competencia de esta Sala para conocer del presente recurso, es necesario hacer un pronunciamiento previo' sobre el particular, a cuyo efecto, observa: alegan los interesados que se ha demandado ante la Corte la nulidad de la venia que hizo la Municipalidad del Distrito Girardot al señor Menotti Fraino y que un juicio de tal naturaleza debe ventilarse ante los Tribunales de la jurisdicción ordinaria".

"Podría pensarse que el caso planteado en autos constituye una cuestión que está fuera del campo del derecho público por tratarse de la compra-venta de un inmueble qué es un contrato de derecho privado por medio del cual se transfiere la propiedad a cambio del pago del precio de la misma. Pero esto es sólo aparente, pues el acto impugnado es la autorización previa que debe dar el Consejo Municipal para poder vender los bienes; municipales, como son ejidos que son las tierras que el Municipio posee a título de propiedad comunal, motivo por el cual no están sometidos a lo que podría llamarse la administración privada de un ente público que tiene que ver con todo lo que se refiere a los actos de tal' naturaleza y que son objeto del estudio del derecho civil. En efecto, tratándose, como se trata, en el caso de un acto complejo con una frase previa que comprende la actividad pública de la Administración, es solamente ésta la que debe ser examinada por la Corte atendiendo a lo planteado en la solicitud respectiva. Sobre este particular afirma la doctrina: "Desde luego, el interés de la división, de los actos administrativos responde a la determinación del régimen jurídico o legal, en general, y luego al régimen especial de cada categoría de actos; en este sentido los actos privados no son del todo indiferentes al régimen jurídico de los actos administrativos. Por el contrario, no pocas normas de derecho público son aplicables a los actos de derecho privado de: la Administración, sobre todo en punto a manifestación de voluntad y a su forma... "Se trata de una gestión inmediatamente privada (de la persona jurídica, Estado, provincia o comuna), pero mediatamente pública (Administración), ya que en definitiva, no obstante la doble personalidad formal, existe una unidad indivisible, porque los componentes, destinatarios o beneficiarios de las entidades jurídicas. Nación, provincias, comunas -cualquiera sea su personalidad o carácter en que obren: público o privado- son los mismos" (Rafael Bielsa, *Derecho Administrativo*, *T.* II, p. 132). De esta

Por el contrario, tratándose de actividades administrativas propiamente tales, la jurisdicción contencioso-administrativa puede conocer siempre de la anulación de los actos administrativos, aun cuando en dicho conocimiento no puede resolver las cuestiones jurídico-privadas.

c". *Los motivos de impugnación*

La Ley de Registro Público establece tanto en su artículo 52 como en sus artículos 89 y siguientes, una serie de prohibiciones y limitaciones a los Registradores, cuyo cumplimiento evidentemente constituiría una ilegalidad, o en general, una contrariedad al derecho. El mismo artículo 40 de la ley establece expresamente que "los actos y documentos protocolizados en contravención a lo dispuesto en este artículo se tendrán como registrados" y al artículo 91 de la misma ley dispone que "los documentos que se presenten para ser registrados deberán expresar si alguno o algunos de los que deben suscribirlo no saben o no pueden leer o firmar, a fin de que el Registrador esté en condiciones de cumplir con lo dispuesto en el aparte segundo del ordinal 4° del artículo 102. Sin la observancia de este requisito no podrá el Registrador protocolizar, bajo pena de nulidad del registro, los documentos que se encuentren en los casos indicados". Pues bien, en estos supuestos, la autoridad que puede declarar que un acto se tiene "como no registrado" o que el registro "es nulo", no puede ser otra que la autoridad judicial: en principio, la competente para declarar la nulidad de los actos administrativos, es decir, los órganos de la jurisdicción contencioso-administrativa, salvo que la ley prevea un recurso o acción ante la jurisdicción ordinario o la resolución del conflicto implique pronunciamientos sobre derechos de carácter privado, en cuyo caso también corresponde a la jurisdicción ordinaria. Y no tendría ningún fundamento el señalar a los efectos

---

manera, el acto impugnado es, precisamente, el integrado por la tramitación administrativa previa que debe cumplirse para la conformación de la voluntad o el consentimiento del vendedor que lo es la Municipalidad; requisitos éstos que de no ser oportunamente satisfechos, la operación proyectada no podría realizarle. En este sentido expresa el tratadista citado antes: "Actos que tienen por efecto el nacimiento, modificación o extinción de un derecho; estos actos son análogos en su estructura general a los actos de derecho privado, pero difieren de ellos por una condición esencial, y es que son manifestaciones de voluntad de la Administración Pública, razón por lo cual se ha dado en llamarlos negocios de derecho público; tal es la relación jurídica que se crea en la función pública, en las concesiones y las autorizaciones administrativas":

Como puede advertirse, la autorización que debe dar la Municipalidad para la venta del terreno es un acto administrativo que tiene por efecto el nacimiento de un derecho y debe ser examinado por la Corte para saber si se han cumplido los requisitos exigidos por la ley para que tal autorización se considere debidamente ajustada y concordada con el respectivo trámite. Se trata en el caso de una actuación sometida al cumplimiento previo de Ciertas formalidades indispensables para la validez del acto que constituye la manifestación de voluntad del ente público que representa al Municipio. De esta categoría, dice la doctrina ya señalada, es "la autorización que un Concejo Municipal da al alcalde para contratar la compra-venta de un inmueble". (*Ob. Cit.*, p. 137), "La decisión de un Concejo Municipal para que un intendente contrate, es una autorización o bien una orden que dicta ese Concejo Municipal. Desde luego es una decisión que no perfecciona la compra-venta, pues ésta no existe si no suscriben la escritura respectiva el intendente y el otro contratante, cuando se trata de acto que requiera la escritura pública". Cuando la ley exige una autorización no la impone como condición, sino como un requisito esencial de contralor", (*Ob. cit.* p. 139).

"Ahora bien, del cuerpo de actuaciones que constan del expediente aparece claramente establecido que el recurso de nulidad propuesto en el presente caso se ha incoado para impugnar el acto de la Municipalidad mediante el cual se autorizó la referida venta. Conforme al artículo 7°, ordinal 9° de la Ley Orgánica de la Corte Federal que rige las atribuciones de esta Sala, corresponde a ésta, conocer en juicio contencioso de las acciones y recursos por abuso de poder y otras ilegalidades, de los actos de las autoridades municipales. En consecuencia, si compete a la Corte y no a los Tribunales ordinarios el conocimiento del presente recurso de nulidad". *V.*, en *G.O.*, 1.700 Extraordinario, de 29-10-74, pp. 28 a 31.

de la ineficacia del acto de registro una pretendida diferencia entre un acto que *ex lege* se tiene como no registrado y un acto de registro sancionado legalmente como nulo[886], pues en ambos casos se estaría en presencia de una nulidad absoluta –que implica que los efectos de la decisión judicial que la declare o constate se extenderían hacia el pasado– que en todo caso tendrá que ser declarada o constatada por la autoridad judicial que sea competente.

En otra forma, entonces, podría señalarse que procedería un recurso contencioso-administrativo de anulación contra los actos de registro efectuados en contravención de las prohibiciones legales de la Ley de Registro Público –salvo cuando el conocimiento del recurso implique pronunciamiento sobre derechos de orden civil o privado, en cuyo caso correspondería el conocimiento del asunto a la jurisdicción ordinaria– en los siguientes casos:

1. Cuando el acto de registro sea efectuado por un funcionario incompetente sin que medie falsificación[887];

2. Cuando el acto de negativa de registro, por ejemplo, sea cumplido con desviación del poder[888];

3. Cuando se registren documentos, en que el otorgante calumnie o injurie autoridades, corporaciones o particulares, es decir, cuando el objeto del acto administrativo sea ilícito"[889];

4. Cuando se protocolicen documentos, en los que no se exprese el valor de la cosa que es objeto del contrato, con excepción únicamente de los casos en los que por su naturaleza no se pueda determinar aquel valor[890].

5. Cuando se protocolicen documentos relativos a bienes sobre los cuales tenga, por cualquier título, algún haber el Fisco Nacional, sin la presentación previa del comprobante legal de haber satisfecho lo que al Fisco corresponda[891].

6. Cuando se protocolicen documentos contra prohibición previa y expresa de un Juez con facultad para ello[892].

7. Cuando se protocolicen documentos por los cuales se transfiera, a personas o compañías extranjeras, terrenos o construcciones situados en las zonas fronterizas, sin que conste el cumplimiento de lo previsto en la Ley Orgánica de Seguridad y Defensa"[893].

8. La protocolización de documentos traslativos de propiedad inmueble, en los que se indique el título inmediato de adquisición[894].

---

886 Como parece sugerirlo G. Pérez Luciani, "Actos Administrativos" que en Venezuela escapan al recurso contencioso de anulación, *Loc.cit.*, p. 203.

887 El artículo 1915 del Código Civil exige, que el registro se efectúe en la oficina del Departamento o Distrito donde esté situado el inmueble objeto del acto, por lo que toda incompetencia de orden territorial acarrea una ilegalidad susceptible de impugnación. Los Registradores, ha dicho la Corte están obligados a "estar debidamente informados acerca de los límites territoriales que alcanza su jurisdicción". *V.*, Sentencia de la CSJ en SPA de 20-5-74 en *G.O.*, 1674 Extraordinaria de 12-8-74, p. 13.

888 Y sé compruebe, por ejemplo, que el Registrador se abstuvo de registrar para cumplir finalidades distintas a las previstas en la ley.

889 Artículo 52, ordinal 1°

890 Artículo 52, ordinal 2°

891 Artículo 52, ordinal 4°

892 Artículo 52, ordinal 9°

893 Artículo 52, ordinal 7°

9. La protocolización de documentos que no estén manuscritos en idioma castellano[895].

10. La protocolización de documentos que no estén autorizados por la firma del abogado que los haya redactado[896].

11. La inclusión en la nota de registro, que es la expresión formal del acto administrativo de registro, de expresiones, afirmaciones o menciones no autorizadas por la Ley ni solicitadas o queridas por los otorgantes[897].

12. La inobservancia total y absoluta del procedimiento pautado en los artículos 102 y subsiguientes de la Ley de Registro Público.

Por supuesto, se insiste, todos estos motivos de recurso pueden ser perfectamente utilizados como fundamento de un recurso contencioso-administrativo de anulación por ante la jurisdicción contencioso-administrativa[898], quien tiene competencia para conocer de la nulidad del acto impugnado, siempre que dicho conocimiento no implique la resolución de conflictos o asuntos sobre situaciones jurídico-privadas, en cuyo caso la competencia tendría que ser de los tribunales ordinarios. Pero esto, por supuesto, no podría determinarse a priori, sino caso por caso, por el propio órgano competente de la jurisdicción contencioso-administrativa.

b. *El problema de la impugnabilidad de los actos administrativos concernientes a cuestiones societarias respecto de sociedades anónimas del Estado*

El problema de la caracterización de los actos administrativos concernientes a cuestiones de derecho privado, de nuevo se ha planteado por la Corte Suprema de Justicia en 1985, con motivo de la impugnación en vía contencioso-administrativa de un Decreto del Presidente de la República, mediante el cual se removió de su cargo al Presidente del Banco Central de Venezuela. En sentencia de 28 de julio de 1985[899] la Sala Político-Administrativa, en una incongruente y desafortunada sentencia, de nuevo negó carácter de acto administrativo, en este caso, nada menos que a un Decreto emanado del Presidente de la República, para declararlo no impugnable ante la Corte Suprema de Justicia en vía contencioso-administrativa, contrariando, su, propia doctrina jurisprudencial precedente e ignorando cuestiones básicas del derecho administrativo. La mencionada sentencia, en efecto, en su casi totalidad estuvo destinada a analizar la naturaleza jurídica del Banco Central de Venezuela y el régimen jurídico que le es aplicable, cuestión que por lo demás no había sido debatida en juicio, y al concluir que se trataba de una sociedad anónima creada por ley especial, señaló que precisamente por ser sociedad anónima estaba sometida al derecho privado, razón por la cual "el empleo de la forma de Decreto

---

894 Artículo 89.

895 Artícelo 90.

896 Artículo 97 de la ley de Registro Público y de ley de Abogados.

897 En este sentido se impugnó un acto de registro (nulidad parcial) en relación a una mención ilegal que el Registrador formuló en su nota de registro, la cual la Corte Suprema declaró formalmente como ineficaz.

898 Lo contrario, es decir, señalar que los Tribunales ordinarios son los únicos competentes para conocer estos conflictos equivaldría a algo así como constreñir a un particular, por ejemplo, en demandar a otro particular para que convenga en que el Registrador era incompetente o violó la ley al dictar el acto de registro, lo cual no puede ser ni materia de convencimiento ni materia sobre la cual puede decidir un Tribunal ordinario, salvo que la cuestión a decidir sea de carácter jurídico privado.

899 Ponente Magistrado René de Sola, *V.*, en *Revista de Derecho Público* N° 24, EJV, Caracas, 1985, pp. 103-109.

para ejercer" la facultad de revocación de la designación del Presidente del Banco, "no era necesaria, porque, no constituyen actos administrativos estatales, ni la designación ni la revocación. Pero se trata de un elemento puramente externo que en nada puede desnaturalizar la esencia del acto de derecho privado ejecutado por el Presidente de la República"; concluyendo que "por cuanto el Decreto impugnado no contiene un acto administrativo estatal o de derecho público, la jurisdicción contencioso-administrativo carece de competencia para conocer el recurso de nulidad propuesto".

Esta decisión, en efecto, es de las más desafortunadas que han emanado de la Sala Político Administrativa en los últimos años, pues su conclusión equivale a decir, ni más ni menos, que un Decreto Presidencial, no es un acto estatal, lo cual no tiene base de sustanciación de ninguna clase. Pero para llegar a esta conclusión, la Corte en su discurso, toma una serie de vericuetos jurídicos que giran en torno a la naturaleza del Banco Central de Venezuela, que, por otra parte, lo que evidencian es desconocimiento de la propia historia del Banco como ente público.

En efecto, la sentencia comienza por declarar que no tiene "duda alguna acerca del carácter de ente público que tiene el Banco Central, de Venezuela" para lo cual se basa en el artículo 1° de la Ley vigente del Banco que lo declara "persona jurídica pública con la forma de compañía anónima", y que en una sentencia anterior de la Corte dé 1981 en la cual se declaró que el Banco Central de Venezuela "constituye un establecimiento público asociativo que forma parte de la Administración descentralizada"[900].

Pero a renglón seguido, al analizar la Ley de creación del Banco Central de 8 de septiembre de 1939, en la cual su artículo 1° se había limitado a crear el Banco con "forma de Compañía Anónima", la Sala concluye sin fundamento alguno que "es indudable... que el Banco Central de Venezuela fue creado como una persona de derecho privado no obstante que, además de las operaciones mercantiles que siempre ha podido efectuar, le fueron asignadas facultades monetarias y crediticias cuyo ejercicio había correspondido hasta entonces a la Administración Pública Nacional"[901]. En esta forma, no sólo la Corte desconoció la historia del propio Banco, sino principios elementales relativos al tema de la personalidad jurídica en el derecho administrativo venezolano. En efecto, olvidó la Corte que la Ley de creación del Banco de 1939 fue impugnada por inconstitucionalidad ante la propia Corte Suprema[902], precisamente porque los recurrentes estimaban que se trataba de una "compañía privada" (y no de un instituto oficial autónomo como debía ser), a la cual no se podían conferir funciones de carácter público[903]. La Corte Federal y de Casación, en Sala Político-Administrativa en sentencia de 20 de diciembre de 1940, declaró sin lugar el recurso y concluyó señalando "que el Banco Central no es de naturaleza privada", que al analizar su naturaleza, "bien se ve que un banco privado es de una organización completamente diversa", y que "el Banco Central no es un instituto particular o privado"[904]. Por tanto, al año siguiente de la creación del Banco Central, en 1940, la Corte lo consideró un ente público y no "una persona jurídica de derecho pri-

900 Caracterización acuñada por el "Informe de la Reforma de la Administración Pública Nacional. Comisión de Administración Pública", *T.* I. Caracas, 1972, pp. 611 a 624.

901 *Loc.cit.*, p. 104.

902 V. los recursos de impugnación y todos los documentos concernientes al juicio en M. R. Egaña, "Documentos relacionados con la creación del Banco Central de Venezuela", *T.* III, Caracas, 1980, pp. 26 y ss.

903 *Idem.*, pp. 26, 73, 102. 112, 115, 116.

904 *V.* el texto en *Idem*, pp. 183-188.

vado", razón por la cual no tiene sentido afirmar, como lo hizo la Corte en 1985, que sólo fue con la reforma de la Ley del Banco de 1974 cuando se cambió la naturaleza jurídica del Banco de "persona jurídica de derecho privado" a "persona jurídica pública". Con esta afirmación, la Corte desconoció 34 años de historia, que quizás, de haberla tenido en cuenta, se hubiera ahorrado toda la errada e innecesaria argumentación en torno a la naturaleza jurídica del Banco Central y de la personalidad jurídica en el derecho administrativo, por lo demás, ya dilucidada en la doctrina[905] y en la propia jurisprudencia de la Corte Suprema, en concreto, sobre el propio Banco. Ninguna novedad resulta, por tanto, del "descubrimiento" que hizo la Corte en su sentencia, sobre la posibilidad para los entes públicos de realizar actos sujetos al derecho público y al derecho privado, y de que el Banco Central no está regido exclusivamente por normas de derecho público o de derecho privado, lo cual ya desde hace años está definitivamente admitido y pacíficamente aceptado[906] 268, y que la propia Corte Suprema contradice en su sentencia al afirmar que la calificación del Banco como persona jurídica pública con forma de compañía anónima, "implica que" la existencia del Banco como persona jurídica "tiene como único y exclusivo sustento el conjunto de normas de derecho privado comercial que, rige la constitución, organización y desenvolvimiento de las compañías anónimas"[907]. Ello llevó a la Corte a considerar al Presidente del Banco Central de Venezuela como "un simple administrador privado, que actúa como órgano de una compañía anónima" y en cuanto a los miembros del Directorio del Banco, que los mismos no actúan. "como jerarca de la Administración Pública Nacional, sino como un órgano de la compañía anónima a quien, en sustitución de la Asamblea, se le ha confiado la tarea de seleccionar los miembros que integrarán el órgano principal de la Administración privada del ente creado"[908]. De allí la absurda conclusión de la Corte:

> "La designación efectuada por el Presidente no constituye entonces un acto administrativo estatal, sino parte del proceso administrativo privado de organización de una compañía anónima que se rige –salvo norma especial en contrario de la Ley del Banco Central de Venezuela–, por las disposiciones pertinentes del Código de Comercio"[909].

Esta afirmación, a la luz de todo el derecho administrativo, no tiene fundamento alguno, y desconoce la noción más elemental del "acto administrativo", el cual no se puede calificar por su variado y heterogéneo contenido. El Decreto del Presidente de la República mediante el cual, en virtud de lo expresamente dispuesto en la Ley del Banco Central de Venezuela, designa al Presidente de dicha persona jurídica de derecho público con forma societaria, por supuesto que es un acto administrativo, y el hecho de que se refiera al régimen societario de una sociedad anónima del Estado, no cambia su forma ni su naturaleza, de acto estatal dictado en función administrativa. Negarle el carác-

---

905 Basta aquí hacer referencia a los estudios sobre la naturaleza jurídica del Banco Central de Venezuela \y su ubicación dentro del conjunto de personas jurídicas de derecho público (establecimiento público asociativo) contenidos en comunicación de 1971 del Presidente de la Comisión de Administración Pública al Presidente del Banco Central, en Informe sobre la Reforma de la Administración Pública Nacional, *cit.*, *T.* I, pp. 611 a 624; y en dictamen (N° 10.461 de 2-12-74) del Procurador General de la República dirigido al Secretario General de la Presidencia de la República (consultado en original).

906 *Loc.cit.*, pp. 106-107. V. por ejemplo, Allan R. Brewer-Carías. "La distinción entre las personas públicas y las personas privadas y el sentido de la problemática actual de la clasificación de los sujetos de derecho", *Revista de la Facultad de Derecho, UCV*, N° 57, Caracas, 1976, pp. 115-135.

907 *Loc.cit.*, p. 108.

908 P. 24 y 25 del original.

909 P. 25 del original.

ter de acto estatal o acto administrativo estatal a ese Decreto del Presidente de la República, equivaldría *mutatis mutandi*, a negarle el carácter de Ley "estatal" a la Ley de creación del Banco Central por ser una Ley de creación de una sociedad anónima, lo cual no tiene sentido alguno.

Pero "después de toda esta argumentación sin sentido, la Corte concluyó su sentencia analizando el principio de la revocabilidad de los administradores de las sociedades anónimas[910], para concluir que el nombramiento del Presidente del Banco Central, si bien hecho, por tiempo determinado, era perfectamente revocable por el propio órgano que lo designó. Por tanto, si la Corte lo que quería decir con su sentencia era que el Decreto del Presidente de la República se ajustaba a derecho pues revocaba el nombramiento de un administrador de una compañía anónima[911], ello pudo haberlo dicho en una sentencia de una página, sin necesidad de declarar inadmisible el recurso y dedicar 37 páginas a desconocer e incluso destruir principios y doctrinas del derecho administrativo, que ha costado tantos años a la doctrina y a la propia jurisprudencia de la Corte, ir elaborando.

Por supuesto, en relación a esta sentencia, debemos repetir lo señalado anteriormente al comentar el tema de la impugnación de los actos de registro. El acto administrativo de nombramiento y remoción del Presidente del Banco Central de Venezuela, ciertamente es un acto concerniente al régimen societario de una compañía anónima del Estado, por tanto, un acto que podría considerarse de "administración del derecho privado", pero ello no puede conducir a considerarlo un acto jurídico privado. Es indudablemente un acto administrativo, y como tal impugnable en vía contencioso-administrativa.

c. *La caracterización como actos administrativas de aquellos que se refieren a relaciones laborales*

Ahora bien, esta tendencia restrictiva del ámbito de la jurisdicción contencioso-administrativa que dimana de la jurisprudencia de la Corte Suprema de Justicia, lamentablemente no se ha detenido allí, sino que ha sido confirmada recientemente, por sentencia de la Sala Político-Administrativa, de 5 de junio de 1986, en la cual para resolver que una decisión del Ministerio de Educación de descontar un día de salario a los trabajadores de dicho Despacho –impugnada por la Federación de Trabajadores del Ministerio de Educación, FETRAEDUCACIÓN–, no era un acto administrativo impugnable ante la jurisdicción contencioso-administrativa, ha recurrido a los viejos criterios manejados por la propia Corte antes de la promulgación de la Ley Orgánica de la Corte Suprema de Justicia de 1976, y ha resuelto que por no envolver dicha decisión "una "cuestión de derecho administrativo", sino una "cuestión contenciosa del trabajo", el recurso intentado era inadmisible Dicha decisión, por su importancia reciente, amerita ser transcrita en su parte fundamental, en la cual la Sala sostuvo lo siguiente:

> "Como lo asienta el nombrado funcionario, tradicionalmente la jurisprudencia de este Supremo Tribunal había reconocido que "no todo acto emanado de una autoridad administrativa constituye un acto administrativo susceptible de entrar en la esfera de la jurisdicción contencioso-administrativa.

---

910 *V.*, en *Revista de Derecho Público*, *cit.*, N° 24, p. 109; pp. 28 al 35 del original.

911 Esto fue lo que se interpretó en los medios políticos. *V.*, el remitido "Al Presidente Lusinchi lo asistían el derecho y la razón. La Corte Suprema de Justicia lo confirmó. La remoción del Dr. Leopoldo Díaz Bruzual del Banco Central de Venezuela", El Diario de Caracas, 26-7-85, pp. 52-53.

En principio, únicamente las pretensiones fundadas en preceptos de Derecho Administrativo pueden ser intentadas ante esta jurisdicción especial; esto es, cuando las pretensiones se deducen con ocasión de las relaciones jurídico-administrativas entre un administrado y la Administración Pública en cualquiera de sus ramas. Por consiguiente, en toda pretensión que se proponga ante el órgano jurisdiccional contencioso-administrativo, debe examinarse previamente si cae dentro de la esfera de esta jurisdicción por estar fundada en preceptos de Derecho Administrativo; porque, ni una pretensión de este tipo puede ser deducida ante jurisdicción distinta, ni una pretensión con otro fundamento podrá ser examinada ante la jurisdicción contencioso-administrativa". (Sentencia del 3 de diciembre de 1959, G.F. N° 26, p. 142).

El Estado y las demás personas jurídico-públicas, ha dicho igualmente esta Corte, "pueden estar en juicio como actores y como demandados, y el juicio puede ser o no contencioso-administrativo según sea la naturaleza del acto o hecho generador del litigio. Conviene no olvidar las diferencias sustanciales entre los diversos actos de la Administración Pública, pues las autoridades administrativas no sólo producen actos administrativos; sino que, según su competencia pueden producir actos sometidos al Derecho Privado. (Sentencia del 11 de agosto de 1965, *G.O.*, N° 27.845 del 22-10-1965).

Obsérvese que este último fallo (de 1965) fue dictado estando en vigor la Constitución de 1961 que incorpora por primera vez en el ordenamiento constitucional venezolano, a través del artículo 206, un sistema coherente de la jurisdicción contencioso-administrativa, lo que evidencia que la interpretación de la Corte acerca de la delimitación del radio de acción de la jurisdicción contencioso-administrativa seguía siendo para la fecha la misma que derivara anteriormente de la sentencia de 1959, citada, del texto legal que le otorgaba competencia para "conocer en juicio contencioso de las acciones y recursos por abuso de poder y otras ilegalidades de las Resoluciones Ministeriales y en general de los actos de la Autoridad Administrativa, en cualquiera de sus ramas Nacionales, Estadales y Municipales" (Art. 7, Ord. 9°, Ley Orgánica de la Corte Federal del 2 de agosto de 1953).

No obstante, observa la Sala que, desde la entrada en vigencia de la Ley Orgánica de la Corte Suprema de Justicia (1-1-1977) los criterios anteriores sufrieron una ampliación jurisprudencial, al haberse extendido el control de los órganos de la jurisdicción contencioso-administrativa a casi todos los actos de la Administración Pública, por el solo hecho de emanar de esa rama del Poder Público.

La adopción de esta noción amplia del contencioso-administrativo a partir de 1977 obedece, posiblemente, a la circunstancia de la inclusión, en el texto orgánico de la Corte, de la competencia de este Alto Tribunal y de otros órganos jurisdiccionales que la ley crea (Corte Primera de lo Contencioso-Administrativo y tribunales regionales de lo contencioso-administrativo) para conocer de las acciones que se propongan, según la cuantía, contra la República, los institutos autónomos y las empresas en las cuales el Estado tenga participación decisiva. Así, esta ampliación legislativa *rationae personae* del ámbito de competencia de la jurisdicción contencioso-administrativa al haberse extendido a otros entes (institutos autónomos y empresas públicas) que, antes de esa fecha, no disfrutaban del fuero jurisdiccional reservado a la República, dio lugar a que se interpretara en favor de una ampliación *rationae-materiae* del recurso contencioso-administrativo de anulación, la cual consistió, como se ha dicho, en extender el radio de acción de la jurisdicción contencioso-administrativa.

Ahora bien, esta interpretación jurisprudencial acerca de la materia del recurso podría conducir a una distorsión del contencioso-administrativo que la Corte juzga oportuno prevenir. En tal sentido, se observa que, por definición, el contencioso-administrativo se justifica cuando las situaciones jurídicas de los particulares en sus relaciones con la Administración estén reguladas por normas de Derecho Administrativo (*v.g.* relaciones de empleo público, servicios públicos, ejercicio de derechos cívicos, etc). En estos casos, los derechos subjetivos de los particulares son de índole administrativa y si la Administración actuando de manera antijurídica afecta alguna de esas situaciones, el administrado puede solicitar ante la jurisdicción contencioso-administrativa tanto la nulidad del acto, como el restablecimiento de la situación jurídica vulnerada o la condena de la Administración, conforme a los términos del artículo 206 de la Constitución. (*Vid.* Moles Caubet, Antonio: *Contencioso-Administrativo en Venezuela,* Colección Estudios Jurídicos N° 10, Editorial Jurídica Venezolana, Caracas, 1981).

No es contencioso-administrativo, por el contrario, –como ha expresado la Corte en los fallos citados y en otros de análoga orientación– cuando la relación que se crea entre la Administración y los particulares está regida por normas de Derecho Privado (civil, mercantil, laboral, etc.), pues, en tales casos, aunque intervenga la Administración Pública, tanto el acto como los derechos y obligaciones que de él derivan son de índole privada y en la solución de sus conflictos se aplican normas de Derecho Privado.

La afirmación anterior no aparece desvirtuada por el hecho de que el legislador venezolano en 1976, impulsado por razones de interés público, como son, por ejemplo, la nacionalización de la industria petrolera y de materias primas básicas, haya pensado en la protección de los intereses colectivos depositados en las empresas públicas encargadas de su explotación y comercialización, mediante el otorgamiento de un fuero especial privilegiado del que antes carecían en nuestro ordenamiento jurídico positivo, tal como aparece consagrado en los ordinales 15 y 16, Art. 42; Ord. 2° del Art. 182; y Ord. 6° del Art. 185 de la Ley Orgánica de la Corte Suprema de Justicia, pues, en tales casos, no se trata de la impugnación de actos emanados de los entes allí previstos (República, institutos autónomos, empresas del Estado) tendente a obtener su nulidad, sino al ejercicio de verdaderas acciones o demandas contra los mismos con motivo de la responsabilidad contractual o extracontractual en que incurran en el desarrollo de sus respectivas actividades y las cuales, por su naturaleza, están sometidas a un tratamiento procesal regido en su casi totalidad, por el procedimiento ordinario propio de este tipo de acciones (Sección Primera, Capítulo II, Título V, L.O.C.S.J.).

Pero el examen de las normas atributivas de competencia de los órganos de la jurisdicción contencioso-administrativa contenidas en la Ley Orgánica de la Corte Suprema de Justicia no revela que la tesis, que se sustenta en este fallo, del mantenimiento de la fórmula tradicional de sometimiento a la jurisdicción contencioso-administrativa "de las pretensiones que se deduzcan en relación con los actos de la Administración Pública sujetos al Derecho Administrativo", según la expresión utilizada por la actual ley española de lo contencioso-administrativo (27-12-1956), a la que la orgánica de este Supremo Tribunal sigue de cerca en muchos aspectos.

En este mismo sentido se inscriben, por lo demás, los diferentes proyectos de leyes "reguladores de la jurisdicción contencioso-administrativa elaborados hasta el presente en nuestro medio, en los que sus respectivos autores, o emplean idéntica redacción ("las pretensiones que se deduzcan en relación con los actos de la Administración Pública", Proyecto Polanco 1963, Art. 111), o excluyen expresamente del conocimiento de dicha jurisdicción "los asuntos de índole civil, mercantil o laboral, aún cuando en ellos sea parte o haya de intervenir la administración pública" (Proyecto Comisión de Administración Pública –CAP– 1971, Art. 4 y Proyecto Comisión de Reforma Integral de la Administración Pública –CRIAP– 1976, Art. 4).

Las dudas se presentan en los casos límite, sobre todo cuando actividades consideradas como de Derecho privado comienzan a desplazarse de este campo por efecto de la intervención de normas jurídico-públicas. ¿Puede deducirse entonces, del solo hecho de la señalada intervención, que los actos de la Administración producidos en esas circunstancias se encuentran sujetos al Derecho Administrativo y, por tanto, al correspondiente régimen de control contencioso-administrativo? La respuesta es negativa: considera la doctrina que, para que una relación de Derecho Administrativo aparezca, es necesario, por una parte, que el Estado intervenga "en la relación jurídica de que se trate, haciendo de la norma jurídica una norma obligatoria". Así nace la norma de Derecho público: "ello no nos pone necesariamente en presencia de normas de Derecho administrativo. Para que (éstas) surjan, es preciso –por otra parte– que aparezca en escena el Estado actuando a través de sus órganos administrativos, dispuesto a tutelar, con su intervención, el interés que la norma declara". Es decir, que el propio Estado acuda, aún, a su poder de coacción montando, además, un aparato administrativo encargado de la puerta en marcha, aplicación y ejecución, de esa normativa jurídico-pública. Sólo entonces es posible el sometimiento de los actos emanados de la Administración, en ejecución de dichas normas, al régimen administrativo total, incluida su impugnación en vía contencioso-administrativa.

Por todo lo expuesto, concluye la Sala que su competencia y la de los otros órganos de la jurisdicción contencioso-administrativa, en lo atinente a los recursos contencioso-administrativos de anulación ha de quedar circunscrita al conocimiento de las pretensiones que se dirijan a impugnar los actos emitidos por los órganos de la Administración Pública en ejecución de normas de Derecho Administrativo y, por consiguiente, se encuentran excluidos del control de esa misma jurisdicción los actos de la Administración Pública emitidos con arreglo a otras ramas del ordenamiento jurídico positivo (civil, mercantil, laboral, etc.).

En atención a esta declaratoria y respecto a la exclusión específica de los asuntos de naturaleza estrictamente laboral, la Sala observa:

> Conforme al artículo 6º de la Ley del Trabajo, "los obreros al servicio de la Nación, los Estados y las Municipalidades, quedarán protegidos, mientras no sean objeto de legislación especial, por las disposiciones de esta Ley y su Reglamentación en cuanto sean aplicables por la índole de los servicios que prestan y pon las exigencias de la Administración Pública". Como tal legislación no ha sido dictada, el principio es, entonces, que estos obreros están amparados por la legislación laboral lo mismo que los trabajadores de las empresas privadas.

La misma norma excluye de su ámbito de aplicación a los funcionarios o empleados públicos, al igual que la Ley contra Despidos Injustificados la cual, en cambio, somete a su protección a los trabajadores "en las dependencias de la Nación, los Estados, las Municipalidades y demás entidades públicas, siempre que estén regidos por la Legislación del Trabajo". (L.C.D.I. Art. 2º, letra b).

Dispone, por otra parte, el artículo 1º de la Ley Orgánica de Tribunales y Procedimiento del Trabajo, que "los asuntos contenciosos del trabajo, que no correspondan a la conciliación ni al arbitraje, y en todo caso, las cuestiones de carácter contencioso que suscite la aplicación de las disposiciones legales y de las estipulaciones de los contratos de trabajo, serán sustanciados y decididos por los Tribunales del Trabajo que se indican en la presente Ley", disposición ésta que se encuentra formulada, en iguales términos, en el artículo 241 de la Ley del Trabajo.

Resulta claro entonces, como bien lo advierte el Procurador General de la República en su comentado informe, que las relaciones jurídicas entre la Administración Pública y las personas a su servicio, no se rigen por un mismo ordenamiento jurídico. En ciertos casos, esas relaciones son de Derecho Administrativo únicamente, como sucede con los funcionarios públicos a quienes se aplica la Ley de Carrera Administrativa y sus Reglamentos; en otros, como el personal obrero, son la Ley del Trabajo y su Reglamento, o la Ley contra Despidos Injustificados y otros textos de igual naturaleza laboral, las que le conciernen. De allí que la jurisdicción a la que corresponde el conocimiento de los conflictos surgidos con motivo de las relaciones jurídicas entre la Administración Pública y las personas que le prestan sus servicios, variará según la naturaleza de la relación jurídica existente.

En consecuencia, si la Administración Pública lesiona los derechos surgidos de un contrato de trabajo o de un convenio o contratación colectiva que lo vincula con el personal obrero a su servicio, está en lo cierto el Procurador cuando afirma que aún cuando se trate de un acto de la Administración Pública y aunque ese acto vulnere derechos subjetivos, no procede el recurso contencioso-administrativo, pues tales derechos, de índole laboral, están regidos por la Ley del Trabajo, que es la ley sustantiva o de fondo y es entonces a la jurisdicción del trabajo a la que le toca resolver este tipo de litigios.

Aplicando los anteriores criterios al caso sub-judice, la Sala observa que la reclamación de autos tiene su origen en un conflicto de trabajo entre la República (Ministerio de Educación) y los obreros a su servicio, en orden al reconocimiento de un pretendido derecho retributivo referente al descuento de un día de salario. En tal virtud, se trata de un "asunto contencioso del trabajo", cuyo conocimiento, a tenor del artículo 241, de la Ley del Trabajo y 1° de la Ley Orgánica de Tribunales y Procedimientos del Trabajo está atribuido a los tribunales del trabajo y no a los órganos de la jurisdicción contencioso-administrativa. Así se declara.

De esta forma, prospera la segunda causal de inadmisibilidad sustentada en la naturaleza de la decisión impugnada promovida en el presente juicio por el Procurador General de la República en la oportunidad legal correspondiente autorización, a que se contraen los artículos 218 del Reglamento considerarla prelatoria, como se indicó supra[912].

Ya hemos señalado anteriormente, que la vieja jurisprudencia de la Corte de 1959 y 1965, en la cual se basa la sentencia antes transcrita, después de la promulgación de la Ley Orgánica de la Corte Suprema de Justicia de 1976, estaba superada. No hay en dicha Ley elemento alguno que pueda permitir indicar que hay ciertos "actos administrativos", que siendo tales, no pueden ser impugnados por ante la jurisdicción contencioso-administrativa, porque "no estén fundados en preceptos de Derecho Administrativo", porque, básicamente, ningún acto administrativo, y en particular ninguna manifestación de voluntad emanada de un órgano del Poder Ejecutivo, puede decirse que no esté fundada en preceptos de Derecho Administrativo, y que sólo pueda estar sometida al derecho privado o laboral. Ello sencillamente, es imposible; al contrario, siempre, todo acto emanado de una autoridad ministerial será un acto administrativo, sometido al derecho administrativo, aún cuando también tenga relación con cuestiones de derecho privado o laboral.

---

912 Consultada en original, pp. 4 a 14.

Por otra parte, es evidente que todo acto de la Administración que se refiera a los particulares –y es difícil imaginar un acto administrativo que no sea de tal naturaleza–, a pesar de ser "administrativo" siempre invade "esferas" de derecho privado, que son las propias que rigen a los particulares. Por ello, decir que si esto se produce, no serían susceptibles de control jurisdiccional contencioso-administrativo, podría conducir a la peligrosa y absurda tesis de que ningún acto administrativo que se refiera a la esfera jurídica de los particulares, –y es difícil imaginarse uno así–, sería susceptible de impugnación contencioso-administrativa, lo cual es totalmente inadmisible. Lamentablemente, a ello, extrapolada al absurdo, podría conducir la citada sentencia de la Corte Suprema de Justicia.

Al contrario, y lo hemos sostenido a todo lo largo de este estudio, todos los actos administrativos son susceptibles de impugnación ante la jurisdicción contencioso-administrativa, y después de la Ley de 1976 y de las propias normas de la Constitución de 1961, no puede sostenerse que sólo los actos administrativos "sometidos al derecho administrativo" son impugnables, pues en definitiva no existen actos administrativos que no estén sometidos al derecho administrativo, incluso, cuando se refieran a la esfera jurídico privada de los particulares, lo cual es lo normal.

Por otra parte, debe señalarse, que aún cuando la Ley Orgánica del Trabajo atribuye a los tribunales del trabajo el conocimiento de los asuntos contencioso-laborales que resulten de la aplicación de dicha ley, la jurisprudencia, ha admitido que dicha Ley Orgánica contiene una parte "administrativa" que se aplica por los Inspectores del Trabajo, por lo que los actos administrativos que se dicten en aplicación de esas normas administrativas son susceptibles de control contencioso-administrativo de nulidad. En efecto, en la sentencia de la Sala Político-Administrativa de 17-4-91, (Caso *Automercado Sta. Rosa de Lima C.A.*), con motivo de la impugnación de un acto administrativo dictado por el Director General del Trabajo del Ministerio del Trabajo:

> "en ejercicio de sus facultades de aplicar "la parte administrativa" de la Ley del Trabajo, como lo determina su artículo 208, de otorgar, administrativamente protección especial a los trabajadores amparados con inamovilidad y ordenar su reenganche, cuando han sido objeto de despido de sus patronos, sin haber obtenido la previa calificación de despido y la correspondiente autorización, a que se contraen los artículos 218 del Reglamento de la Ley del Trabajo, en concordancia con su artículo 347";

la Corte admitió el control judicial contencioso-administrativo, en virtud de considerar:

> "que la decisión impugnada resulta de la aplicación de normas administrativas y no de las que regulan el contrato de trabajo y dentro de un procedimiento de inspección y de vigilancia del cumplimiento de dicha ley, que cabe de las funciones administrativas que se atribuyen al señalado Ministerio (artículo 208, literal c), y en el cual éste ocupa la posición dé órgano decisorio, es decir, de tercero imparcial, y no de parte de relación alguna laboral. Trátese, en consecuencia, la decisión impugnada, de un acto dictado en aplicación a normas administrativas y no de derecho privado, cuyo control de legalidad, conforme a lo dispuesto en los artículos 206 y 215, ordinal 7° de la Constitución, corresponde a la jurisdicción contencioso-administrativa, y en concreto a esta Sala"[913].

913 Consultada en original.

H. La caracterización como actos administrativos de actos adaptados por entidades privadas en ejercicio de la autoridad

Sin duda, la inconveniente tesis restrictiva de la Corte Suprema de Justicia de, por ejemplo, negarle carácter de acto administrativo a un Decreto del Presidente de la República, contrasta abiertamente con la tendencia a la ampliación del contencioso-administrativo como medio de control judicial del ejercicio de la autoridad, demostrada por la Corte Primera de lo Contencioso-Administrativo, la cual, al contrario, ha asignado la caracterización de actos administrativos a los actos emanados de entidades particulares y privadas en ejercicio de autoridad, como consecuencia de un proceso de descentralización[914]. Así, el contencioso-administrativo se ha extendido al control de los "actos de autoridad", susceptibles de incidir sobre la esfera jurídica de otros sujetos particulares, afectándola en forma decisiva"[915], así no sean emanados de Administración Públicas tradicionales, como lo ha afirmado Hildegard Rondón de Sansó:

> "Lo determinante es que se trata de organizaciones regidas por el derecho privado pero dotadas de un poder de imperatividad (posibilidad de degradación de los derechos subjetivos a simple interés o posibilidad de modificación del contenido de los mismos), que se ejerce en forma unilateral y que no tiene efectivo control de los órganos jurisdiccionales tradicionales. Su contenido está en las relaciones de poder que ciertos grupos ejercen sobre los sujetos que están unidos a ellos por un vínculo específico son los Sindicatos sobre sus asociados; son los Colegios o institutos docentes (Colegios, universidades, escuelas), sobre los miembros de la comunidad educativa; son las sociedades autorales, esto es, las que tutelan el derecho de autor de los creadores y compositores cuyas obras representan; son las asociaciones deportivas sobre sus asociados; son los partidos políticos sobre, sus afiliados; son los clubes sociales sobre sus consocios. Hay que anotar que el vínculo especial de sujeción tiene un variado contenido, pudiendo ser disciplinario, económico, sancionatorio, organizativo, deontológico. Lo importante es la existencia de la relación de supremacía unilateral con que van a ejecutarse las decisiones"[916].

La Corte Primera de lo Contencioso-Administrativo, entonces, no sólo admitió desde hace años la impugnación de los actos administrativos de los Colegios Profesionales, considerados, por lo demás, como establecimientos públicos corporativos[917], sino que ha venido admitiendo recursos de anulación ejercidos contra actos de Asociación de Autores y Compositores de Venezuela[918], del Comité Olímpico Venezolano[919] y de una Universidad privada[920]. Para ello, la Corte Primera ha estimado que el contencioso-

---

914 En general, sobre el tema, *V.*, Hildegard Rondón de Sansó, "Ampliación del ámbito contencioso-administrativo", *Revista de Derecho Público*, N° 22, EJV, Caracas, 1985, pp. 33-49.

915 *Idem*. p. 36.

916 *Idem*. pp. 36-37.

917 *V.*, por ejemplo, sentencias de la CPCA de 1-6-82 y 22-6-82 en *Revista de Derecho Público*, N° 11, EJV, Caracas, 1982, pp. 106-107.

918 *V.* sentencia de 15-3-84, *cit.*, en H. Rondón de Sansó, *Loc.cit.*, pp. 38-39.

919 *V.*, sentencia de 14-5-84, en *Idem.*, pp. 39-40.

920 Auto de admisión de un recurso contra una decisión del Consejo Universitario de la Universidad Católica Andrés Bello, de 7-8-84, *cit.*, por H. Rondón de Sansó, *Loc.cit.*, p. 40. V. la sentencia recaída en el proceso, en el cual se declaró la nulidad dé los "actos de autoridad" de dicho Consejo, de fecha 24-11-86, en la cual la Corté Primera expuso: "La controversial situación procesal de las Universidades privadas, obliga a esta Corte a hacer la precisión antes planteada, y examinar el auto de admisión dictado por el Juzgado de Sustanciación de esta CORTE ACCIDENTAL en fecha 7 de agosto de 1984; en efecto, allí se asienta que las Universidades privadas, conforme lo dispuesto por el artículo 19 del Código Civil, son: "personas morales de carácter público", que desarrollan una actividad de servicios públicos e interés general, y de conformidad con lo dispuesto en el artículo 8 y 164 de la Ley

administrativo como sistema de control judicial, "se refiere no simplemente al control de los actos administrativos de la Administración del Estado, y de los Entes Territoriales menores, sino que se extiende a los actos emanados de las organizaciones dotadas de autonomía y de autarquía, es decir, del poder de emanar actos válidos para el ordena-

---

de Universidades, además constituyen: "establecimientos públicos creados por el Legislador". Al respecto observa esta Corte: Que la efectiva naturaleza de una Universidad privada, no es otra que la de una persona jurídica de derecho privado, creada conforme a la forma asociativa o fundamental qué ésta adopta de acuerdo a su acta constitutiva y normas estatutarias donde se refleja su consistencia colectiva y corporativa de estos especiales centros académicos, que en busca de la verdad, también reúne a profesores y estudiantes. Ciertamente, las Universidades privadas no son "*per se*" establecimientos de derecho público como con aparente rigor exegético lo asienta nuestro Código Civil el Ordinal 29 del artículo -19, al expresar. "Son personas jurídicas, y por lo tanto, capaces de obligaciones y derechos: 2º Las Iglesias de cualquier credo que sean, las universidades y en general, todos los seres a cuerpos morales de carácter público". En efecto, lo que determina que una Universidad privada esté sometida a esta jurisdicción contenciosa administrativa, es la posible actuación de tal establecimiento conforme a delegaciones que la Ley hace y que la habilita para dictar providencias administrativas, por cuanto sus actuaciones ordinarias no académicas están sometidas a, relaciones propias del Derecho Privado: ciertamente, en el presente caso, nos encontramos ante un ente de Derecho Privado que en ejercicio de prerrogativas delegadas cumple funciones propias de los organismos públicos: observemos: la Universidad Católica Andrés Bello es una Universidad que tiene su origen en un acto de derecho privado: pero que por un aparente mandato de nuestro Legislador, incurrimos en el error de calificarlas como establecimiento público, recordemos, que para la época que entró en vigencia el actual Código Civil, año de 1942, las Universidades históricamente fueron exclusivamente creadas y sostenidas ya por el Estado o por la Iglesia, ambos entes de derecho público, que le transmitían a la Universidad su naturaleza pública. La posibilidad fáctica de la existencia de Universidades privadas, aparece en nuestro país posteriormente, permitido por la Ley de Universidades Nacionales. Ahora bien, las Universidades privadas por mandato de la Ley realizan actos de ordenación en el ámbito de la educación superior: en efecto, en su seno se cumplen actuaciones de profesores y estudiantes que están, regidas por normas de Derecho Administrativo, establecidas en la Ley Orgánica de Educación y en la Ley de Universidades: además, sus actividades procuran satisfacer fines de interés público que su logro tiene encomendada la Administración. La Universidad privada aparece en Venezuela como una expresión tardía de las formas indirectas de actuar la Administración, no sobre la base de un establecimiento público, sino sobre una persona jurídica de Derecho Privado fundada y sostenida por los particulares. Esto se evidencia al constatar, que las normas aplicadas por las Universidades privadas al regular el servicio educativo universitario son normas de Derecho Administrativo, por cuanto el Estado las establece obligatorias y la Administración interviene en esa situación jurídica para velar por su cumplimiento, mediante órganos que, como bien sabemos, pueden ser directos y públicos, o indirectos con naturaleza pública o privada, como es en el caso de las Universidades privadas. Igualmente, es conveniente recordar, que en nuestro país la educación como bien lo dispone el artículo 4 de la Ley Orgánica de Educación, es un servicio público prestado por el Estado que puede ser impartido por los particulares-dentro de los principios y normas establecidos por la Ley; en tal sentido, la Universidad por mandato de la Ley, sea ésta pública o privada, como ente corporativo califica a sus miembros (profesores y estudiantes) y establece un sistema de vinculación con ellos, que constituye la base de la regulación del proceso de enseñanza que allí se realiza, y además se establece una carrera para el docente y el investigador universitario, situación jurídica que obviamente rebasa el campo específico del Derecho Privado; en efecto, dicho ámbito está regulado por normas de Derecho Público que no pueden ser relajadas por los particulares, y que además son obligatorias en su cumplimiento. Ciertamente, el régimen del personal docente y de investigación universitaria tiene un carácter general y uniforme, tanto para las Universidades Nacionales como privadas: y la Universidad privada cuando actúa en iste ámbito lo hace con idénticas competencias, poderes y facultades a la forma como lo haría una Universidad Nacional, establecimiento público, que ejerce tales competencias con fundamento al ejercicio del "*imperium*" del Estado. Por otra parte, debemos señalar, que la Universidad privada, como es el caso de la Universidad Católica Andrés Bello, de acuerdo a los artículos 173 y siguientes de la Ley .de Universidades, una vez autorizada en su funcionamiento por el Ejecutivo Nacional, pueden realizar los actos propios de ordenación académica que ejecuta un establecimiento público, como son las Universidades Nacionales, son sólo dos limitaciones a saber: a) los títulos que otorgan las Universidades privadas deben ser refrendados por el Ejecutivo Nacional; y b) lo referente a las reválidas de los títulos universitarios extranjeros y a las equivalencias de dichos estudios son competencias exclusivas de las Universidades Nacionales. Por lo cual, la Universidad Católica Andrés Bello, cuando analiza actos destinadas a cumplir el hecho educativo universitario, se encuentra, sin lugar a dudas, actuando con fundamento a prerrogativas de Derecho Administrativo; y en consecuencia, cumple "actos de autoridad que están sujetos a esta jurisdicción contenciosa administrativa, y así se declara" (Consultada en original).

miento jurídico del Estado (autonomía) y el poder dictar actos individuales constitutivos de situaciones jurídicas subjetivas (autarquía)[921]. De allí, concluyó la Corte Primera, que el control jurisdiccional que ejercen los órganos de la jurisdicción contencioso-administrativa "no es sólo sobre las mencionadas administraciones tradicionales sino que se extiende a los organismos que han sido dotados por la Ley del Poder de dictar normas jurídicas y actos"[922], es decir "comprende el conocimiento de las acciones de nulidad de todos los actos dotados de imperio y dc ejecutoriedad que emanen de cualquiera autoridad... sean entes de naturaleza pública o privada, siempre y cuando actúen como verdaderas autoridades, es decir, en el ejercicio de potestades públicas, atribuidas por la ley y definidas por ésta, y no simples derechos subjetivos, cuyo origen son relaciones jurídicas concretas, y que sólo se refieren a sujetos y objetos específicos, y no genéricamente abstractos"[923].

Más recientemente, con motivo de la impugnación de una tarifa para establecimientos comerciales adoptada por la Sociedad de Autores y Compositores de Venezuela, la Corte Primera de lo Contencioso-Administrativa en sentencia de 18 de febrero de 1986[924], expresamente consideró el punto de si los entes de derecho privado pueden dictar actos administrativos controlables judicialmente por los tribunales contencioso-administrativos, y constató que en el ordenamiento jurídico venezolano existen:

> "personas de evidente origen privado y en las cuales el Estado no tiene injerencia, pero por expresas delegaciones con fundamento a la Ley, éstas realizan actos que están reservados al Poder Público, y en tal consecuencia dictan providencias administrativas. En efecto, estamos en presencia de entes privados que en ejercicio de las prerrogativas delegadas ejercen funciones propias de los establecimientos públicos. Ahora bien, en nuestro país bajo, tal carácter podemos señalar que encontramos las Universidades Privadas, que ciertamente tienen en su creación un origen privado, pero que por mandato de la Ley de Universidades realizan actos de autoridad en el ámbito educativo, en efecto, otorgan títulos académicos, y declaran hábiles para ejercer profesiones a quienes culminan y cumplen los requisitos establecidos"[925].

En base a ello, la Corte Primera admitió expresamente que ciertas personas jurídicas de derecho privado, con un origen privado, y sin injerencia del Estado en su conducción, a los efectos de la jurisdicción contencioso-administrativa pueden ser consideradas como una autoridad y dictar actos administrativos.

3. Las condiciones de recurribilidad de los actos administrativos de efectos particulares

Ya hemos señalado que en general, pueden distinguirse tres condiciones básicas de admisibilidad del recurso contencioso de anulación contra los actos administrativos de efectos particulares, las cuales a la vez que operan como requisitos procesales: la legitimación activa, otorgada a quien tiene un interés legítimo: el agotamiento de la vía administrativa, buscando que el acto emane del superior jerárquico; y que el recurso se intente en un lapso de caducidad específicamente establecido en la ley y que es de seis

---

921 Sentencia de 15-3-84, *cit.*, en H. Rondón de Sansó, *Loc.cit.*, pp. 38-39.
922 *Idem*. p. 39.
923 Sentencia de 14-5-84. (Caso *Comité Olímpico Venezolano*), *Idem*. p. 39.
924 Consultada en original, *V.* en *Revista de Derecho Público*, N° 25, EJV, Caracas, 1986.
925 *Idem*, pp. 23-24 original.

(6) meses. Cumplidos estos requisitos procesales, debe tenerse en cuenta que el objeto del recurso tiene que ser siempre un acto administrativo general, o individual, de carácter unilateral, no procediendo al recurso, se insiste, ni contra actos legislativos judiciales o de gobierno, ni contra hechos o actuaciones de la Administración que no configuren, un acto administrativo.

Pero, para que un acto administrativo de efectos particulares pueda ser objeto de un recurso contencioso-administrativo de anulación, además, el mismo debe cumplir una serie de requisitos o condiciones; es necesario, que el acto administrativo lesione un interés legítimo, para que pueda producirse la legitimación activa, y además, es indispensable que se trate de un acto definitivo, que cause estado y que no sea firme. Como hemos dicho en otro lugar, "el acto administrativo que se impugna debe haber causado estado por el agotamiento de la vía administrativa y no debe tratarse de un acto administrativo firme, es decir, sin posibilidad de ser recurrido jurisdiccionalmente, porque se haya vencido el lapso de caducidad para impugnarlo"[926] a lo que hay que agregar además que, en principio, debe también tratarse de un acto administrativo definitivo.

Tres son, por tanto, las condiciones de recurribilidad de los actos administrativos en la vía contencioso-administrativa, que analizaremos separadamente[927].

A. El requisito de que el acto administrativo sea definitivo

Un acto administrativo es definitivo cuando implica la resolución, con plenos efectos jurídicos, de la cuestión sometida a conocimiento o decisión de la Administración. El acto definitivo, por tanto, es el que resuelve el fondo del asunto[928], y por ello, no necesariamente es un acto que emana del superior de la jerarquía administrativa. Normalmente, el acto es definitivo a niveles inferiores de la jerarquía, y por ello se distingue el acto definitivo del acto que causa estado.

Con exactitud se ha dicho que el acto definitivo "se opone al acto que por ser de trámite no resuelve el expediente, o lo hace de manera provisional", por lo que "un acto administrativo es definitivo cuando implica la resolución con los plenos efectos jurídicos de una cuestión sometida al conocimiento de la Administración Pública en alguno de sus niveles"[929]. En otras palabras, por acto administrativo definitivo se entiende aquél que resuelve completamente sobre la cuestión planteada; esto, frente al acto de trámite, que normalmente es un acto de impulsión procedimental, y no prejuzga, por consiguiente, la resolución final del asunto en que la Administración entiende. Frente al acto definitivo, aun cuando se diga que resuelve completamente un asunto, quedan siempre a salvo los recursos administrativos o gubernativos a que puede haber lugar. Por tanto, el acto definitivo puede haber sido dictado por un funcionario determinado,

---

926 Allan R. Brewer-Carías, *Las Instituciones Fundamentales... cit.*, p. 400.

927 *V.*, Allan R. Brewer-Carías. "Las condiciones de recurribilidad de los actos administrativos en la vía contencioso-administrativa en el Sistema Venezolano" en *Perspectivas del Derecho Público en la Segunda Mitad del Siglo XX. Homenaje a Enrique Sayagués-Laso*, IEAL, *T.* V, Madrid. 1969, pp. 743 a 769; y en *Revista del Ministerio de Justicia*, N° 54, Caracas, 1966. pp. 83-112.

928 Art. 62 LOPA.

929 *Vid.* Fernando Garrido Falla, "Los Actos Recurribles en Vía contencioso-administrativa", en *Revista de Derecho Privado*, *T.* XLVI, 1962, p. 1050; y del mismo autor, *Régimen de Impugnación de los actos administrativos*, Madrid, 1956, pp. 57 a 60.

de cuya decisión pueda darse recurso jerárquico para ante el Ministro respectivo. De aquí la diferencia entre el acto definitivo y el acto que causa estado. Mientras el acto administrativo que causa estado se opone al acto susceptible de recurso en la vía administrativa o gubernativa, como se verá más adelante, él acto definitivo, hemos dicho, se opone al acto de trámite o preparatorio de la decisión y que forma parte del procedimiento administrativo[930]. Serían actos de trámite, y por tanto no recurribles, las actas de iniciación de un procedimiento, las citaciones y notificaciones, los actos consultivos (opiniones, dictámenes) y en fin, todos los actos destinados a permitir y preparar la decisión de fondo. Por ello, los actos de trámite no ponen fin al asunto y en cambio, el acto definitivo sí pone fin al asunto, en tanto en cuanto resuelve el fondo del mismo. Para que un acto sea recurrible es necesario, por tanto, que sea de estos actos administrativos definitivos.

Este concepto del acto definitivo ha sido el criterio tradicionalmente acogido por la jurisprudencia venezolana[931], del cual resulta que el acto administrativo definitivo no es necesariamente el que pone fin a la vía administrativa, es decir, el que causa estado, sino que es aquél que resuelve completamente un asunto, aunque contra él puedan interponerse recursos jerárquicos[932].

Este criterio, aun cuando, no ha sido tan nítido ni en la doctrina ni en alguna jurisprudencia en años pasados[933], es el comúnmente aceptado. Por ejemplo, en España, se con-

---

930 Art 9 y 85 LOPA.

931 Ello se deduce de una sentencia de la antigua Corte Federal, de 5 de agosto de 1958, donde se estableció que las decisiones dictadas por el Director de Inquilinato, para esa fecha, eran decisiones definitivas: y las mismas, para que, causaran estado, debían ser recurridas para ante el Ministro de Fomento. La Corte señaló: "Las decisiones dictadas por el funcionario (Director de Inquilinato) de conformidad con la Resolución 100 (de 5 de abril de 1946 de la antigua Comisión Nacional de Abastecimiento), sin duda alguna son definitivas, y lo que es más administrativamente ejecutorias. En efecto, de acuerdo con la doctrina aceptada por todas las naciones donde existe la jurisdicción contencioso-administrativa, o donde se ejerce, como en Venezuela, con carácter delegado, la decisión ejecutoria es toda declaración de voluntad que tenga por objeto producir un efecto de derecho, dictada por una autoridad administrativa en forma que entrañe el procedimiento de acción directa". "La Administración Pública, por sus mismos caracteres y fines -sigue la Corte-, actúa en medio de situaciones jurídicas ya creadas: por lo tanto, la gran mayoría de sus actos jurídicos habrán de destruir o modificar alguna o algunas de esas situaciones jurídicas preexistentes; y cada una de esas destrucciones o alteraciones puede originar un recurso contencioso-administrativo. De ahí la importancia que reviste esa ejecución privilegiada de las resoluciones administrativas ejecutorias, que interesa tanto a la propia Administración como a los particulares beneficiados con la situación anterior, y de ahí también, que el recurso de apelación contra ella se imponga de manera más perentoria, si se quiere, que en el proceso ordinario". Por otra parte -finaliza la Corte-, es bien sabido que el recurso contencioso-administrativo contra decisiones del Poder Administrador no puede intentarse sino cuando el interesado ha agotado la vía administrativa por medio del ejercicio *El Recurso Jerárquico*, que es precisamente la reclamación contra la decisión o un acto administrativo para ante el superior jerárquico, con el fin de que la revoque o modifique, por estimar que lesiona un derecho subjetivo o interés legítimo del interesado y que trasgrede normas legales vigentes. Esa decisión de la autoridad superior en la respectiva escala, que causa estado, es la que puede impugnarse por medio del recurso contencioso-administrativo, y, por tanto, lo que tiene que provocar el interesado, por medio de la apelación o el reclamo para ante esta autoridad superior". *V.*, en G. F., N° 21, pp. 71-72.

932 C.F., 24-2-56, G.F., N° 11, pp. 38-39.

933 En efecto, en auto de 13 de noviembre de 1957 la antigua Corte Federal confundió el concepto de acto definitivo con el que causa estado, es decir, con el que pone fin a la vía administrativa. En dicho auto la Corte expuso: "El artículo 3° del Decreto N° 421, publicado en la *Gaceta Oficial* N° 23.871, de 30 de junio de 1952, que crea la Oficina de Inquilinato, a cuyo cargo está el conocimiento, sustanciación y decisión de todas las cuestiones referentes a la desocupación de inmuebles, regulación de alquileres, sanciones por infracciones en tales materias y todas las demás con ellas conexas, sólo concede el recurso de apelación contra las decisiones dictadas por dicha Oficina para ante el Ministerio de Fomento: siendo así que las resoluciones de este último Despacho tienen carácter defini-

sidera como actos de trámite "aquellos actos que son simple presupuesto de la decisión en que se concreta la función administrativa realizada por el órgano correspondiente, constituyen una garantía de acierto de la decisión final y reparan la resolución administrativa"; y por actos definitivos "los actos que deciden un procedimiento administrativo, aquéllos que constituyen la manifestación final de la acción administrativa"[934]. En otro lugar se ha agregado que "los que deciden del procedimiento administrativo, aquéllos que constituyen la manifestación final de la acción administrativa, son los actos definitivos o resoluciones administrativas, concepto que no debe confundirse con el de acto que agota la vía administrativa, o acto que causa estado, según nuestra terminología tradicional. Frente a la confusión dominante en la doctrina y jurisprudencia hay que proclamar la diferencia entre uno y otro concepto: el de acto definitivo se establece en función del carácter del mismo en el procedimiento en que ha sido dictado, mientras que el acto que agota la vía administrativa lo es en función de su impugnabilidad ulterior"[935]. Por tanto, por acto definitivo ha de entenderse aquél que implica la resolución con los plenos efectos jurídicos de una cuestión sometida al conocimiento de la Admi-

---

tivo. Contra ellas no procede apelación para ante el Supremo Tribunal de la República; ya que sólo pueden ser impugnadas mediante un recurso o acción autónoma, cual es el de nulidad dentro del lapso preestablecido por la Ley". *V.*, en *G.F.*, N° 18, pp. 175-176. Por su parte, la doctrina había sido bastante poco uniforme en el empleo de estos términos. Por ejemplo, el acto que hemos denominado definitivo acogiendo la jurisprudencia correcta de la Corte (*Vid.* Sentencia citada de 5 de agosto de 1958, en *G.F.*, N° 21, p. 72, y Sentencia de 28 de octubre de 1959, en N° 26, pp. 70 a 76), ha sido denominado como acto principal. En efecto, se ha expuesto que "se llama acto principal la resolución, dictada al final, como culminación del procedimiento administrativo, la cual ha de contener la voluntad esencial de la Administración sobre el punto tratado, esto es, la concesión o negativa de lo pedido, el mandato, permiso o prohibición", y lo contrapone a los "actos preparatorios", que son aquellos "numerosos trámites y decisiones de carácter previo" que conducen a la elaboración de un acto administrativo (*Vid.* Eloy Lares-Martínez, *Manual de Derecho Administrativo*, Caracas, 1963. En lo que respecta a la doctrina extranjera, algún sector minoritario confunde el acto definitivo con el acto que causa estado. En efecto, se sostiene que "El acto perfecto (aquel respecto al cual se han cumplido todos los requisitos de procedimiento y de forma establecidos) puede ser impugnado mediante los recursos administrativos que el Derecho establece. La interposición de los recursos obliga a la Administración a dictar un pronunciamiento confirmado, modificando o revocando el acto impugnado. Este pronunciamiento constituye la palabra final de la Administración sobre la cuestión planteada, con lo cual el acto adquiere carácter definitivo". Vid. Enrique Sayagués-Laso, *Tratado de Derecho Administrativo*, *T.* I. Montevideo, 1953, pp. 486 y 487. En este mismo sentido, se sostiene que el acto administrativo definitivo "es la resolución que pone término a la reclamación administrativa que está obligado a interponer el titular de derecho subjetivo en valimiento de este derecho, y que, por ser denegatoria en todo o en parte de esa pretensión, abre la vía contenciosa ante la Suprema Corte". *Vid.* Manuel J. Argañaras, *Tratado de lo contencioso-administrativo*, Buenos Aires, 1955, p. 45.

934 *Vid.* Jesús González-Pérez. *Derecho Procesal Administrativo*. *T.* II, Madrid, 1957, pp. 372 a 374.

935 *Vid.* Jesús González-Pérez. *El Procedimiento Administrativo*. Madrid; 1964, p. 302. En este mismo orden de ideas en Cuba se había sostenido que "hay resoluciones definitivas que no causan estado, cómo son aquellas dictadas por un organismo o autoridad competente en el ejercicio de sus funciones, sin necesidad de aprobación o consulta del superior, pero susceptibles de algún recurso". *Vid.* Eloy G. Merino-Brito, *Principios Fundamentales del Procedimiento Contencioso-Administrativo*, La Habana, 1945. p. 29. Asimismo en Argentina se asienta en forma clara que "acto administrativo definitivo es el acto administrativo que pone fin a una cuestión y acto que causa un estado, el acto definitivo que ha sido objeto de recursos jerárquicos, que hayan agotado la vía administrativa, o que no sea susceptible de recurso jerárquico alguno" (*Vid.* Juan Francisco Linares, *Cosa Juzgada Administrativa en la Jurisprudencia de la Corte Suprema de la Nación*, Buenos Aires, 1946, p. 25. Por su parte, y dentro de esta misma orientación, la jurisprudencia del Tribunal de lo Contencioso-Administrativo de Panamá ha señalado que "contra los actos preparatorios para el cobro de un impuesto no procede el recurso contencioso-administrativo, puesto que tales providencias no contienen determinación alguna de la cantidad exigible. Tratándose del acto preparatorio de un fin o acto definitivo, este último será el recurrible, tanto en la vía gubernativa como en la contencioso-administrativa". *Vid.* Sentencia de 24 de febrero de 1947 en Manuel Antonio Días E., *La Jurisdicción contencioso-administrativa en Panamá*, Panamá, 1956, p. 5.

nistración Pública en alguno de sus niveles. En este sentido el acto definitivo se opone al acto de trámite. Por ello, el término definitivo en relación a los actos administrativos, adquiere el mismo significado que dicho término en relación con las sentencias en materia procesal civil. En efecto, tiene el carácter dé definitivas las sentencias "que dan término a la instancia mediante la resolución de todas las cuestiones de fondo constitutivas de la controversia"[936].

Al hablar, sin embargo, del acto definitivo como presupuesto del recurso contencioso-administrativo, es indispensable destacar la doctrina y jurisprudencia francesas elaboradas al efecto. En cierta forma, para éstas, el carácter definitivo del acto tal como lo hemos visto, equivale al requisito de que el acto recurrido sea un *acte de nature à faire grief*[937], es decir, un acto capaz de causar "daño" o "lesión".

Sin embargo, la determinación de cuándo un acto causa "daño", se hace en forma puramente objetiva por la jurisprudencia francesa: se refiere a las características del acto y no a su incidencia efectiva, sobre el recurrente. En otras palabras, para determinar el acto que causa *grief*, "no es necesario buscar si el acto causa, en el caso concreto, daño al recurrente, sino solamente si el acto es en sí mismo capaz o susceptible de causar daño"[938].

En efecto, la jurisprudencia francesa permite a este respecto destacar dos ideas fundamentales: 1ª) Para que un acto sea considerado como capaz de causar "daño", es necesario que produzca *consecuencias jurídicas*. El acto sin consecuencias jurídicas, aquél que no modifica el ordenamiento jurídico, no entra dentro de la categoría de los actos *fainsant arief*, sean cuales fueren los efectos perjudiciales que pueden comportar. Este principio permite declarar irrecurribles un cierto número de actos administrativos que no producen efectos jurídicos. 2ª) Por otra parte, para que un acto pueda ser objeto, de un recurso, es necesario que sea de *nature à faire grief par lui méme*, es decir, es necesario que sea capaz de causar daño directamente.

Este principio se refiere al caso en el cual el "daño" tiene su fuente en una serie de actos jurídicos que tienen entre sí cierta conexión. Cada uno de esos actos, si llenaran la condición antes dicha, podrían ser objeto de un recurso; sin embargo, la jurisprudencia francesa ha considerado que es necesario en estos casos determinar, entre esos actos, aquel que produce, en la forma más *directa* y más *completa* las consecuencias jurídicas generadoras de un eventual daño. En este sentido, en el conjunto de una operación, debe seleccionarle el acto al cual se dará el completo valor jurídico y contencioso, y en todo caso, ese valor no deberá darse a los actos secundarios. Por ejemplo, debe considerarse como no causante del daño por sí mismo, el "*acto preparatorio*" que procede o anuncia el "*acto definitivo*", y, por tanto, como un acto que no puede ser objeto de recurso[939]. En esta forma, los mismos autores consideran como actos preparatorios, equivalentes, a los que hemos denominado "de trámite", "los diversos actos de instrucción y de procedimiento que preceden a la decisión final", y entre otros son los siguientes: aquellos que tienen por objeto constatar hechos; aquellos que contienen invitaciones a los interesados para participar en el procedimiento, las citaciones o convocatorias a los interesados ante organismos administrativos, los actos consultivos, las proposiciones, las solicitudes de

---

936 De acuerdo con Arminio Borjas, *Comentarios al Código de Procedimiento Civil*, *T.* II, Caracas, p. 165.

937 *Vid.*, R. Odent, *Contentieux Administratif*, fascículo II, París, Curso 1961-1962, pp. 495 y ss.

938 Como dicen Auby et Dragó, *Traite de Contentieux Administratif*, *T.* II, París, 1962, p. 460.

939 *Vid.*, Auby et Drago, *op. cit.*, *T.* II, p. 460.

información, las apreciaciones destinadas a reparar una decisión, las determinaciones destinadas a permitir una decisión, las ofertas y proposiciones hechas por la Administración, los estudios y dictámenes, etc.[940]

Sin embargo, es imprescindible destacarlo, la jurisprudencia de la antigua Corte Federal ya había admitido en 1959 la posibilidad de impugnar por la vía contencioso-administrativa los actos "*de tramité*", siempre que "decidan, directa o indirectamente, el fondo del asunto, de tal modo que pongan fin al juicio o hagan imposible su continuación"[941]. En estos casos, se consideraba que el acto de trámite equivalía al acto definitivo, al igual que, mutatis mutandis, las sentencias interlocutorias cuando hacen imposible la continuación del juicio, "equivalgan a la definitiva del proceso"[942]; por lo que nuestra legislación procesal admite el recurso de casación, que es otro medio de impugnación jurisdiccional[943] y de control de la legalidad, pero de sentencias[944], contra las sentencias interlocutorias que pongan fin al juicio o hagan imposible su continuación, siempre que sean dictadas en última instancia[945].

Ahora bien: conforme a ello, el primer requisito o condición de recurribilidad de los actos administrativos en la vía contencioso-administrativa es que el acto impugnado sea un acto administrativo definitivo. Por tanto, no podrán impugnarse los actos de trámite de un procedimiento administrativo, como principio general.

El principio, ahora, ha sido recogido expresamente en la Ley Orgánica de Procedimientos Administrativos de 1982, en la cual al regularse el objeto de los recursos administrativos, el artículo 85 dispone lo siguiente:

> "*Artículo* 85. Los interesadas podrán interponer los recursos a que se refiere este Capítulo contra todo acto administrativo que ponga fin a un procedimiento, imposibilite su continuación, cause indefensión o lo prejuzgue como definitivo, cuando dicho acto lesione sus derechos subjetivos o intereses legítimos, personales y directos".

Consecuencialmente, estos principios de la Ley Orgánica son aplicables en materia contencioso-administrativa, de lo que resulta, por tanto, la primera de las condiciones de recurribilidad del acto administrativo, que sea definitivo, admitiéndose sin embargo,

---

940 *Vid.*, Auby et Drago, *op. cit.*, *T.* II, pp. 460 a 473; *Cfr.* R . Odent, *op. cit.*, fascículo II, pp. 495 a 511.

941 *Vid.*, Sentencia de 28 de octubre de 1959, en Gaceta Forense, N° 26, p. 67.

942 *Vid.*, Arminio Borjas, *op. cit.*, *T.* IV, p. 153. Esto, por otra parte, había sido acogido expresamente por la legislación de algunos países. En efecto, el artículo 37,1, de la Ley de la Jurisdicción Contencioso-Administrativa de España, establece que "El recurso contencioso-administrativo será admisible en relación con las disposiciones y los actos de la Administración que no sean susceptibles de ulterior recurso ordinario en vía administrativa, ya sean definitivas o de trámite, si éstos deciden directa o indirectamente el fondo del asunto, de tal modo que pongan término a aquélla o hagan imposible, o suspendan su continuación". De ahí que la jurisprudencia española "haya afirmado que sea admisible deducir pretensión ante la jurisdicción contencioso-administrativa respecto de actos que subordinan la decisión de un procedimiento a la realización de hechos eventuales o indeterminados (sentencia de 18 de diciembre de 1940), o que se limitan a dilatar el procedimiento y su resolución por tiempo incierto, en cuanto que tal proceder implica un vicio esencial y una vulneración del derecho del solicitante (sentencia de 16 de junio de 1935), así como respecto de actos que suspendan la tramitación de un expediente por tiempo indefinido (sentencia de 28 de septiembre de 1915), y, en general, siempre que los actos decidan directa o indirectamente el fondo, del asunto, de tal modo que pongan término a la vía administrativa o hagan imposible su continuación (sentencia de 30 de diciembre de 1954)". Jesús González-Pérez, *Derecho Procesal Administrativo*, *cit.*, *T.* II, pp. 376 y 377.

943 *Vid.* Allan R. Brewer-Carías "El Proceso de Impugnación en el Recurso de Casación", en *Revistas Rayas*, N° 7 y 8, Caracas, 1962, p. 38.

944 *Vid.* Allan R. Brewer-Carías, *Las Instituciones Fundamentales...*, *cit.*, p. 394.

945 Artículo 418 del Código de Procedimiento Civil, 1916.

la posibilidad de intentar un recurso contencioso-administrativo de anulación contra actas de trámite, "siempre que estos últimos decidan, directa o indirectamente, el fondo del asunto, de tal modo que pongan fin al juicio (a la vía administrativa) o hagan imposible su continuación"[946].

B. El requisito de que el acto administrativo cause estado

Ya hemos señalado que uno de los requisitos procesales de admisibilidad del recurso contencioso-administrativo de anulación es el agotamiento de la vía administrativa[947]. Este requisito, visto desde el punto de vista de las condiciones de recurribilidad del acto administrativo, se denomina "causar estado". En este sentido, para determinar si una resolución administrativa ha causado estado, debe precisarse la posibilidad o no de que sea impugnable por vía administrativa, es decir, por recursos administrativos o gubernativos[948].

En efecto, en la jurisprudencia venezolana, ha sido precisado con gran nitidez por la sentencia de la antigua Corte Federal de 28 de octubre de 1959, en la forma siguiente:

> "Es principio ya admitido unánimemente por la doctrina, la jurisprudencia y las leyes de todas las naciones donde existe, independientemente o delegada, la jurisdicción de lo contencioso-administrativo, que para que pueda interponerse el recurso de plena jurisdicción –que es el que procedería en el caso de autos–, es necesario que en la resolución administrativa contra la que se dirija concurran las tres condiciones siguientes: que cause estado, que emane de una autoridad administrativa, en uso de sus facultades regladas y que la resolución desconozca o vulnere un derecho de carácter administrativo. Es la primera de estas condiciones la que interesa analizar, ya que su existencia o falta orientará en uno u otro sentido, la decisión que ha de pronunciar este Tribunal".
>
> "En este campo del derecho contencioso-administrativo –continúa la Corte–, y por lo que respecta al caso presente, se considera, que causan estado aquellos actos que no son susceptibles de apelación por haberse agotado la vía gubernativa o jerárquica, ya sean ellos definitivos, ya de trámite, siempre que estos últimos decidan, directa o indirectamente, el fondo del asunto, de tal modo que pongan fin al juicio o hagan imposible su continuación".
>
> "Debe haberse agotado la vía administrativa –finaliza la Corte–, porque mientras tal cosa no ocurra, puede la Administración, en razón de la facultad que tiene el superior de revocar, suspender o modificar los actos del inferior, dictar otra decisión que satisfaga, en todo o en parte, el reclamo del particular interesado y haga innecesario recurrir a la vía jurisdiccional. Es, pues, necesario que la resolución administrativa quede investida de una estabilidad que impida ulterior reforma, ya porque fue dictada por un funcionario que podía hacerlo sin apelación a ninguna otra autoridad superior; o ya porque, siendo apelable, se ha pronunciado sobre ella el funcionario más alto en la respectiva jerarquía administrativa. Es entonces cuando causa estado y puede recurrirse contra ella por la vía de lo contencioso-administrativo"[949].

En igual sentido la misma Corte Federal, en sentencia de 5 de agosto de 1958, sostuvo lo siguiente:

---

946 *Vid.*, Sentencia de la Antigua Corte Federal de 28 de octubre de 1959, en G.F., N° 26, p. 67.
947 *Vid.*, Allan R. Brewer-Carías, *Los Instituciones Fundamentales...*, *cit.*, pp. 359 y ss.
948 *Cfr.* Fernando Garrido-Falla, *Régimen de Impugnación...*, *cit.*, p. 62.
949 *Vid.*, en G.F., N° 26, pp. 66 y 67.

"Por otra parte, es bien sabido que el recurso contencioso-administrativo contra decisiones del Poder Administrador no puede intentarse sino cuando el interesado ha agotado la vía administrativa por medio del ejercicio del recurso jerárquico que es precisamente la reclamación contra la decisión o un acto administrativo para ante el superior jerárquico, con el fin de que la revoque o modifique, por estimar que lesiona un derecho subjetivo o un interés legítimo del interesado, y que trasgrede normas legales-vigentes. Esa decisión de la autoridad superior en la respectiva escala, que causa estado, es la que puede impugnarse por medio del recurso contencioso-administrativo y por tanto, la que tiene que provocar el interesado, por medio de la apelación o el reclamo para ante esa autoridad superior[950].

En estos mismos términos relativos al concepto de acto administrativo que causa estado, la Corte se ha pronunciado, entre otras, en sentencia de 24 de noviembre de 1953[951], de 28 de febrero de 1963[952], de 6 de agosto de 1957[953], y 4 de diciembre de 1961[954], con lo cual ha coincidido la doctrina nacional[955].

En todo caso, como hemos dicho, debe quedar claro, la condición de causar estado es completamente independiente del carácter definitivo, del acto respectivo. En efecto, "mientras que la resolución que causa estado se opone a la resolución susceptible de recurso en vía gubernativa, la resolución definitiva se opone al acto que, por ser de trámite, no resuelve el expediente, o lo hace de manera provisional"[956].

Por tanto, puede haber actos definitivos que no causan estado, como hemos visto, y asimismo, puede darse el caso de un acto que causa estado no siendo definitivo. En efecto, si nuestra jurisprudencia ha admitido la posibilidad de un recurso contencioso-administrativo contra actos de trámite, "siempre que estos últimos decidan, directa o indirectamente, el fondo del asunto, de tal modo que pongan fin al juicio (al procedimiento administrativo) o hagan imposible su continuación"[957], es perfectamente admisible que respecto a ese acto de trámite pueda agotarse la vía administrativa, y, por tanto, pueda causar estado no siendo definitivo. De aquí que discrepemos de la opinión que exige que tenga el carácter de "principal", equivalente a lo que nosotros hemos definido como "definitivo"[958]. En este mismo sentido discrepamos con la opinión similar que expresa "que puede considerarse como resolución definitiva que causa estado la dictada por el organismo o autoridad competente que modifica la situación jurídica subjetiva de un administrado y no admite impugnación legal en vía administrativa"[959], así como de lo que afirma que "acto que causa estado (es) el acto definitivo que ha sido ya objeto de recursos jerárquicos que hayan agotado la vía administrativa, o que no sea susceptible

---

950 *Vid.* en G.F., N° 21, pp. 71 y 72.

951 *Vid.* en G.F., N° 2, p. 189.

952 *Vid.* en G.F., N° 11, pp. 55 y 56.

953 *Vid.* en G.F., N° 17, pp. 124 y 125

954 *Vid.* en G.F., N° 34, pp. 136 y 137.

955 La doctrina nacional, en forma unánime, entiende por acto administrativo que causa estado, aquel acto "contra el cual es imposible interponer recurso administrativo alguno, bien por no existir recurso de esta naturaleza, o por haber vencido el plazo legal para intentadlo. En tal caso, se dice que se ha agotado la vía administrativa, pues el acto que ha causado estado constituye la palabra final de la Administración sobre un problema determinado". E, Lares Martínez, *op. cit.*, p. 104. En igual sentido, Brewer-Carías, *Las Instituciones Fundamentales..., cit.*, pp. 359 y ss.; 394, 395, 399 y 400.

956 Como ha señalado Fernando Garrido-Falla, "Los actos recurribles"., *Loc.cit.*, p. 1.050.

957 *Vid.* Sentencia de la Antigua Corte Federal de 28 de octubre de 1959, en Gaceta Forense, N° 26, p. 67.

958 Como ha señalado Eloy Lares Martínez, *op. cit.*, p. 104.

959 Como ha señalado Enrique Serrano Guirado, "El Recurso contencioso-administrativo y el requisito de que la Resolución cause estado", en *Revista de Administración Pública*, N° 10, Madrid, 1953, pp. 129 y ss.

de recurso jerárquico alguno[960]. En esta forma, también discrepamos, con la opinión que sostiene que "causar estado significa crear una situación de derecho estable, y esto sólo se consigue por virtud de resoluciones definitivas"[961].

Por tanto, acto administrativo que causa estado es acto que agota la vía administrativa y que por tanto, es irreversible en vía administrativa[962], o como lo ha aplicado la Corte Suprema, se considera que causan estado "aquellos actos que no son susceptibles de apelación por haberse agotado la vía gubernativa o jerárquica, ya sean ellos definitivos, ya de trámite, siempre que estos últimos decidan, directa o indirectamente, el fondo del asunto, de tal modo que pongan fin al juicio o hagan imposible su continuación"[963].

En líneas generales, con este sentido está la mayoría de la doctrina[964]. Cuando acoge la distinción entre acto definitivo y acto que causa estado, entendiendo por este último "que el acto no es susceptible de ulterior recurso ordinario en vía administrativa"[965].

En todo caso, y conforme a esto, no es admisible el criterio que sostiene que las decisiones de la autoridad administrativa no causan estado porque caen bajo la revisión de la Corte Suprema, ya que al causar estado significa sólo irrecurribilidad por la vía administrativa[966].

Ahora bien: al igual que lo destacamos al hablar de acto definitivo, es necesario, en nuestro concepto, destacar aquí la doctrina y jurisprudencia francesas sobre la necesidad de obtener una "décision préalable" para la admisibilidad del recurso contencioso-administrativo. En efecto, lo que se pretende con la exigencia de una "decisión previa" como requisito del recurso no es más que circunscribir el ejercicio de los recursos contencioso-administrativos contra actos administrativos exclusivamente En caso de inexistencia de un acto previo, el recurrente debe provocarlo previamente a su recurso en la vía contencioso-administrativa[967].

Por tanto, el requisito de la "décision préalable" o decisión previa, no obliga en el sistema francés, al contrario que en el nuestro, a interponer en todo caso un recurso administrativo contra el acto, aun cuando éste haya sido dictado por órgano inferior. No se trata, por tanto, del equivalente francés de nuestro requisito de "causar estado"; lo que

960 Como ha señalado Juan Francisco Linares, *op. cit.*, pp. 23 y 24.

961 Como ha señalado Eloy G. Merino Brito, *op. cit.*, p. 29.

962 Por supuesto, cabría preguntarse, conforme al criterio por nosotros admitido, ¿qué agota la vía administrativa? y; por tanto, ¿qué hace que el acto administrativo cause estado? Ante esta pregunta, salvo que la ley indique otra cosa, en general, en materia contencioso-administrativa de anulación, sólo *El Recurso Jerárquico* agota la vía administrativa" (*Vid.* Allan Brewer-Carías, *Las Instituciones Fundamentales...*, *cit.*, p. 361), lo que ha sido, por otra parte, ampliamente sostenido por la jurisprudencia nacional. En este sentido, están conformes, entre otras, las sentencias de la antigua Corte Federal de 24 de febrero de 1956, de 3 de junio de 1958, y de 11 de junio de 1959. *V.*, en G.F., N° 11, 20 y 24, pp. 38-39; 123-124 y 272- 273 respectivamente.

963 *Vid.* Sentencia de la Antigua Corte Federal de 28 de octubre de 1959, en Gaceta Forense, N° 26, p. 67.

964 Además del ya citado, Fernando Garrido-Falla, "Los actos recurribles"... *Loc. cit.*, p. 1.050, y del mismo autor, Régimen, de Impugnación de los actos administrativos, *cit.*, pp. 57 a 60.

965 *Vid.* Jesús González-Pérez, *Derecho Procesal Administrativo*, *cit.*, *T.* II, pp. 369, 372 y 377. En igual sentido *Vid.* Eduardo Vivancos, *Las causas de inadmisibilidad del Recurso Contencioso-administrativo*, Barcelona, 1963, p. 156, *Vid.* Alfonso Nava-Negrete, *Derecho Procesal Administrativo*, México, 1959, p. 150. *Vid.* Rafael Bielsa, *El Recurso Jerárquico*, Buenos Aires, 1958, p. 152.

966 *Vid.* Alejandro Pietri, "Las decisiones de la autoridad administrativa no causan estado y caen bajo la' revisión de la Corte Federal", en *Revista de Derecho y Legislación*, año XLI (1952), N° 488, pp. 3 a 8.

967 *Vid.* Auby et Drago, *op. cit.*, *T.* III, pp. 178 y ss.; R. Odent, *op. cit.*, fascículo II, pp. 482 y ss.; A. Nava-Negrete, *op. cit.*, p. 149.

se exige en el contencioso-francés es meramente, la existencia de un acto administrativo que produzca efectos jurídicos, bien sea individual, reglamentario o contractual, haya sido dictado espontáneamente por la Administración o provocado por el particular"[968].

En otras palabras, en el sistema francés, "una vez dictado el acto administrativo que se pretende defectuoso, éste se puede impugnar en sede jurisdiccional, sin necesidad de agotar la vía administrativa mediante reclamaciones o recursos jerárquicos[969]"

En conclusión, y conforme a lo anteriormente señalado, el segundo requisito o condición de recurribilidad de actos administrativos en la vía contencioso-administrativa es el que el acto impugnado sea un acto administrativo que causa estado, es decir, un acto administrativo no susceptible de ser impugnado por la vía jerárquico-administrativa, por tanto, que la agote y la vía administrativa se agota, sea porque el acto ha sido dictado por el superior jerárquico y no se prevé legalmente ningún recurso de reconsideración contra el mismo; sea porque el acto inferior se ha recurrido por vía jerárquica ante el superior, y su decisión agota dicha vía, o se ha recurrido por vía de reconsideración del acto por ante el inferior; sea porque el acto del inferior, per se, legalmente agote la vía administrativa al no preverse su revisión ni por vía de reconsideración, ni por vía jerárquica.

El ordenamiento-jurídico, por tanto, es variable y prevé diversas formas de agotamiento de la vía administrativa. Pero al exigirse requisito de recurribilidad se persigue que el acto administrativo, para poder ser impugnado, debe estar investido de la necesaria estabilidad de manera que no pueda ser ya revisado, legalmente por la propia Administración.

C. El requisito de que el acto administrativo no sea firme

Tal como ya lo hemos señalado, otro de los requisitos procesales para la admisibilidad del recurso contencioso-administrativo es el que sea interpuesto dentro del lapso de caducidad establecido en la ley, lo que referido a los actos administrativos en sí mismos, implica que el acto recurrido no sea firme. En esta forma, el tercer requisito de recurribilidad del acto administrativo es que éste no haya adquirido firmeza.

En efecto, siendo los lapsos concedidos por la ley para impugnar en la vía administrativa, o en la vía contencioso-administrativo los actos administrativos, unos lapsos de caducidad, por ello son improrrogables, y, una vez transcurridos, hacen que el acto administrativo respectivo se haga firme. Como lo ha señalado la Corte Suprema, "los actos administrativos no pueden, estar indefinidamente expuestos al riesgo de una revisión por vía de recurso. Las exigencias del principio de la legalidad ceden aquí ante consideraciones que postula el principio de la seguridad jurídica, máxime si se tiene en cuenta que del acto administrativo pueden haber surgido situaciones favorables a terceros"[970]. Pero la firmeza del acto administrativo no implica cercenamiento de la garantía de los administrados de exigir a la Administración una revisión de sus actos. Al contrario, la firmeza se produce cuando el titular de un interés legítimo que haya sufrido lesión como

---

968 *Vid.*, Jesús González-Pérez, *Derecho Procesal Administrativo, cit., T.* I, p. 336.

969 *Vid.*, José A. Rodríguez-Elizondo, *Protección Jurisdiccional de los Administrados (El Exceso de Poder)*, Santiago de Chile, 1961, p, 111.

970 *Vid.*, Fernando Garrido-Falla, "*Los actos recurribles..., Loc.cit.*, p. 1050.

consecuencia del acto administrativo, no ha ejercido o interpuesto el recurso jerárquico o contencioso-administrativo respectivo, en el término que para cada casó la ley establece. Y ello, ha señalado la jurisprudencia, "porque realmente conviene al orden social la estabilidad de los actos de la Administración Pública, sin perjuicio, claro está, de la garantía debida a los administrados, quienes tienen a su alcance las vías adecuadas para hacer valer sus derechos"[971].

Por tanto la firmeza en el acto administrativo equivale a su irrecurribilidad[972], por la vía administrativa o contencioso-administrativa por haber vencido los lapsos de caducidad previstos para ello[973]. En la vía administrativa, la firmeza de los actos administrativos se adquiere, cuando éstos no agotan la vía administrativa, y transcurren quince días hábiles siguientes a su notificación sin que los interesados hubiesen interpuesto el recurso de reconsideración previsto en el artículo 94 de la Ley Orgánica de Procedimientos Administrativos[974], que es requisito previo para luego interponerse en el recurso jerárquico.

En cambio, si el acto administrativo agota la vía administrativa, la firmeza la adquiere si transcurre el lapso de seis meses siguientes a su notificación sin que los interesados hubiesen interpuesto el recurso contencioso-administrativo previsto en el artículo 134 de la Ley Orgánica de la Corte Suprema de Justicia. Dicho lapso, sin embargo, si el acto administrativo es de efectos temporales, es de 30 días, como ya lo hemos señalado.

Sin embargo, debe indicarse que aun cuando el lapso general de caducidad sea conforme a dicha norma de seis meses, en el ordenamiento jurídico venezolano innumerables normas consagran lapsos especiales de impugnación de actos administrativos para ante la Corte Suprema de Justicia, en Sala Político-Administrativa. En relación a esto, la Corte Suprema de Justicia, en Sala Político-Administrativa, ha sentado lo siguiente:

---

971 *Vid.* Sentencia de la Antigua Corte Federal de 24 de noviembre de 1953, en Gaceta Forense, N° 2, p. 189. En igual sentido. Sentencia de la misma Corte de 24 de febrero de 1956, en Gaceta Forense, N° 11, pp. 38, y 39.

972 *Cfr.* Eloy Lares-Martínez, *op. cit.*, p. 105; asimismo, aunque emplea el término "irrevisables", R. Bielsa, *El Recurso Jerárquico, cit.*, p. 153. En igual sentido, Brewer-Carías, *Las Instituciones Fundamentales..., cit.*, pp. 145 a 147.

973 En este sentido se afirma que "firmes son los actos consentidos por el sujeto afectado, sea por haber dejado vencer el término legal o reglamentario para recurrir jerárquicamente o a la justicia o porque no es revisible por la justicia, o sea porque el sujeto afectado lo haya consentido eh otra forma" (*Vid.* Juan Francisco Linares, *op. cit.*, p. 24). Sin embargo, aun cuando el concepto de firmeza del acto administrativo no tenga lugar a dudas ni en. la doctrina ni en la jurisprudencia, como anteriormente se ha visto, una reciente sentencia de la Corte Suprema de Justicia en Sala Político-Administrativa, ha utilizado el término con desconocimiento total de .su significado. En efecto, la Corte, en dicha sentencia de 15 de octubre de 1963, declaró "su competencia para conocer de los actos administrativos de los institutos autónomos del Gobierno Nacional, cuando sean definitivamente firmes, es decir, Cuando contra ellos no sea procedente interponer recurso administrativo alguno por ante el superior jerárquico, que en tales casos es el Ministro del despacho al cual figura adscrito dicho instituto". *Vid.* en *G.O.*, N° 27.298, de 18 de noviembre de 1963. pp. 202.985 y 202.986. En sentido contrario, sin embargo, vid. Sentencia de la misma Corte de 21 de julio de 1965, en *G.O.*, N° 27.808, de 10 de agosto de 1965. Como puede observarse fácilmente, en esta sentencia la Corte confundió el término firme que implica irrecurribilidad con el de causar estado, que implica agotamiento de la vía administrativa (irrecurribilidad sólo en vía administrativa). En similar confusión se incurre al expresar que "la jurisdicción administrativa, es decir, la misión de los Tribunales Contencioso-Administrativos, debe proceder contra los actos, decretos, resoluciones, ordenanzas, etc., cuando hayan causado estado, es decir, cuando han sido dictados de una manera firme y se hayan reclamado ante la autoridad administrativa el acto arbitrario que aquélla sostiene, o silencia la con- testación a la reclamación por espacio de quince días". *Vid.* J. Jiménez-Anzola, "De la organización de lo contencioso-administrativo entre nosotros", en *Revista del Colegio de Abogados del Estado Lara*, noviembre-diciembre de 1939, 2ª etapa, año II, Barquisimeto, N° 8, p. 10.

974 Además, *V.*, Art. 42 LOPA.

"La disposición anterior (artículo 7°, ordinal 9°, de la Ley Orgánica de la Corte Federal) señala las facultades propias de la Corte como organismo de revisión y control de los actos administrativos en general, para proteger y garantizar una justa e imparcial aplicación del Derecho en la esfera de la Administración Pública.

Pero este recurso sólo puede encausarse procesalmente cuando sea lícito ejercerlo por vía principal, esto es, cuando se refiera a casos previstos en las reglas que determinen la competencia de la Corte según su Ley Orgánica y, en minera alguna, cuando se refiere a la materia contenida en leyes especiales, que hacen de ella un Tribunal competente para conocer y decidir en las controversias surgidas en el campo de aplicación de sus propias y peculiares normas, tal como acontece con la Ley de Naturalización, cuyo artículo 13 dice textualmente: "La declaración de pérdida de nacionalidad en los casos enunciados en este Capítulo, se hará por el Ministerio de Relaciones Interiores, sin perjuicio de que se apliquen a los responsables las sanciones penales a que haya lugar. De la decisión se podrá apelar para ante la Corte Federal, dentro del término de diez días de su publicación en la *Gaceta Oficial de la República*".

"Si los jueces tienen por misión fundamental –agrega la Corte– aplicar la Ley cuyo régimen atiende a la solución de casos determinados, este deber ofrece dificultades prácticas en presencia de normas aparentemente conflictivas por contradictorias o coincidentes. La lógica jurídica y el vigor de los principios que orientan su realización admiten como solución indiscutible, en tales casos, la regía de interpretación que nuestro legislador acata, según la cual las leyes especiales deben aplicarse con preferencia a las leyes generales.

El procedimiento contemplado por la Ley de Naturalización para apelar de la Resolución Ministerial que revoca la nacionalidad adquirida, está regulado por normas excepcionales contenidas en esa ley especial. Dichas normas, por su misma naturaleza y por la extraordinaria importancia de la materia que constituye su objeto, son de rigurosa observancia y preferente aplicación"[975].

Por tanto, y de acuerdo con este criterio jurisprudencial, además del lapso *general* de caducidad *especiales*, siendo estas leyes de aplicación preferente por su especialidad. En todo caso, la caducidad es un término extintivo de la acción por el transcurso del tiempo, y como lo ha dicho la Corte, a diferencia de la prescripción, la caducidad es objetiva y se cumple fatalmente, por eso ella es, además de orden público y se cumple de pleno derecho y procede aún de oficio"[976].

En conclusión, y conforme a lo expuesto hasta aquí, la firmeza de los actos administrativos se produce por el vencimiento de los lapsos de impugnación establecidos por las leyes, que son de caducidad; y, como consecuencia, el acto administrativo firme no puede ser impugnado por extinción del recurso respectivo.

Sin embargo, es necesario indicarlo, la jurisprudencia ha admitido la posibilidad de que un acto administrativo sé considere firme y, por tanto, inimpugnable, cuando es dictado con fundamento en otro acto firme. En efecto, la Corte Suprema de Justicia, en sentencia de 28 de febrero de 1962 estableció, lo siguiente:

---

975 *Vid.* Sentencia de 20 de junio de 1962.

976 *Vid.* Sentencia de la Corte Federal de 20 de mayo de 1955, en G.F., N° 8, p. 103. En igual sentido. Sentencia de la Corte Suprema de Justicia en Sala Político-Administrativa de 3 de diciembre de 1962, y de 21 de julio de 1965, en *G.O.*, 27.808, de 10 de agosto de 1965, p. 270.029.

"Ahora bien: tal como lo asienta representación de la Nación en escrito que corre en autos, el acto de Administración Pública que dio origen a las resoluciones administrativas posteriores, no fue impugnado dentro del lapso que ,la Ley concede, por lo que las dichas resoluciones administrativas así dictadas y con fundamento en aquel acto administrativo, quedaron firmes, ya que mal podrían ser éstas nulas estando fundadas en un acto plenamente válido, pues ello equivaldría a enjuiciar aisladamente la Resolución con absoluta prescindencia del sometimiento al control jurisdiccional del acto administrativo"[977].

En definitiva, la tercera de las condiciones de recurribilidad del acto administrativo es que el mismo no sea firme por el vencimiento de los lapsos generales de caducidad o porque se le considere como dictado con fundamento en otros actos administrativos ya firmes.

4. Los motivos del recurso

En materia de control judicial de los actos administrativos, la función fundamental de la jurisdicción contencioso-administrativa es controlar su "conformidad con el derecho" como lo indica el artículo 206 de la Constitución. Por tanto, no sólo se trata de controlar la sumisión de la Administración o la legalidad formal, sino al orden jurídico en general; y éste abarca no sólo el derecho escrito sino también los principios generales del derecho administrativo.

No es difícil comprender cuán importante ha sido él control ejercido por la Corte Suprema sobre la Administración tomando como base los principios generales del derecho administrativo, sobre todo, hasta 1982, en ausencia de cuerpos normativos que establecieran y precisaran el régimen, jurídico del actuar administrativo. Con posterioridad a 1982, en todo caso, la Ley Orgánica de Procedimientos Administrativos ha regulado aspectos fundamentales del bloque de la legalidad, que permiten el ejercicio de un más efectivo control de legalidad. Por tanto, antes de repasar el elenco de los motivos de impugnación de los actos administrativos en vía contencioso-administrativa, todos motivos de ilegalidad, consideramos necesario insistir en las más importantes regulaciones de la Ley Orgánica de Procedimientos Administrativos en relación a la conducta de la Administración.

A. La Ley Orgánica de Procedimientos Administrativos y el bloque de la legalidad

La Ley Orgánica de Procedimiento Administrativo, sin duda, es el cuerpo normativo de rango legal de mayor importancia en nuestro país,[978] que reafirma y desarrolla el principio de la legalidad administrativa y de la sumisión de la Administración Pública a la Legalidad, ampliando, enormemente el ámbito del bloque de la legalidad.

---

977 *Vid.* en G.F., N° 35, p. 165.

978 Sobre el procedimiento administrativo en Venezuela, V. Hildegard Rondón de Sansó, *El Procedimiento Administrativo*. Caracas, 1976. y Allan R. Brewer-Carías, *El Derecho Administrativo y la Ley Orgánica de Procedimientos Administrativos*, Caracas, 1982. *V.*, en general, Allan R. Brewer-Carías, *Los Principios del Procedimiento Administrativo*, Madrid, 1992.

a. *La obligación de la Administración de sujetarse a la Ley*

Ante todo, la ley prevé una norma general contenida en el artículo 1° y que establece la obligación para todos los organismos administrativos de ajustar su actividad a las prescripciones de la ley. Se trata, por tanto, de la consagración formal de la sumisión de la Administración a la Ley, es decir, de la obligación de actuar conforme a la legalidad y conforme a esta ley que es, insisto, una de las piezas esenciales del bloque de la legalidad.

b. *El carácter sublegal de la actividad administrativa*

Por otra parte, la Ley Orgánica establece formalmente el reconocimiento del carácter sublegal de la actividad administrativa y, particularmente, de los actos administrativos, los cuales están sometidos a la Ley, directamente, e indirectamente a la Constitución. Esto se deduce del artículo 10 de la Ley que establece una prohibición que podría parecer inútil, pero que realmente es muy importante porque precisa el ámbito de la legalidad. Ningún acto administrativo, dice esa norma, podrá crear sanciones, ni modificar las que hubieran sido establecidas en leyes, ni crear impuestos u otras contribuciones de derecho público. Es decir, los actos administrativos no pueden regular materias reservadas a la ley como son la materia impositiva y la sancionaría. Podría pensarse que esta declaración es inútil porque la Constitución la establece en materia de contribuciones[979]. Sin embargo, nada dice la Constitución en materia de reserva local respecto de las sanciones. Por eso pensamos que este artículo 10 tiene una enorme importancia en el campo de las sanciones administrativas o de la potestad sancionarla.

En efecto, esta norma plantea el problema de la legalidad de la actividad sancionadora, pues introduce una regulación opuesta a la tradición legislativa, bastante contraria a la legalidad. En materia de sanciones, en efecto, normalmente, se habían establecido en leyes especiales, normas genéricas, que preveían multas por cualquier violación de las disposiciones de la ley respectiva y de su reglamento. En la doctrina [980] se han considerado estas normas reguladoras de sanciones administrativas como institucionales, porque están en contra del principio constitucional de que las penas y los delitos sólo deben establecerse en leyes conforme a lo establecido en el artículo 60, ordinal 2° de la Constitución. En los casos señalados se viola ese principió, pues no establecen las infracciones que pueden acarrear la sanción genéricamente establecida, inclusive respecto de cualquier norma reglamentaria, abriéndose un campo bastante amplio a la arbitrariedad del funcionario.

Como un ejemplo, podemos destacar, las regulaciones en esta materia de la Ley de Protección al Consumidor y de su Reglamento. La ley, en efecto, establece sanciones precisas respecto de la violación de artículos concretos; es decir, establece un sistema cerrado de sanciones, pues sólo las violaciones de los artículos que señala son sancionables. Sin embargo, el Ejecutivo Nacional ha dictado dos Reglamentos Parciales de la Ley y varias Resoluciones concretas en los cuales se precisan que las violaciones a los Reglamentos y estas Resoluciones serán sancionadas con las multas establecidas en la

979 Art. 223.

980 *V.*, Tulio Chiossone, *Sanciones en Derecho Administrativo*, Caracas, 1973.

Ley. Estas normas son de una absoluta ilegalidad e inconstitucionalidad[981] y precisamente el artículo 10 de la Ley Orgánica de Procedimientos Administrativos corrige este defecto al establecer que ningún acto administrativo, incluyendo los Reglamentos, puede crear sanciones por lo que esas normas sublegales que las establecen deberán desaparecer.

c. *La jerarquía de los actos administrativos*

Otra regulación de la Ley Orgánica de Procedimientos Administrativos relativa a la legalidad de la actividad administrativa es la que prevé la jerarquía de los actos. El artículo 13 establece así un principio general, el cual aun cuando podría pensarse que no requería de regulación, realmente es importante para la definición del bloque de la legalidad: Ningún acto administrativo –dice– puede violar lo establecido en otro de superior jerarquía. Se trata de un principio elemental que impide que un acto administrativo de un inferior pueda violar lo establecido en un acto de un superior. Complementariamente, la jerarquía de los actos se define en el artículo 14: decretos, resoluciones, órdenes, providencias y otras decisiones válidas, con lo cual se agrega un nuevo elemento al bloque de la legalidad.

d. *La inderogabilidad singular de los actos de efectos generales*

La Ley Orgánica recoge además otro principio de gran importancia, y es el de la inderogabilidad singular de los actos administrativos de efectos generales, incluidos los reglamentos, lo que implica que un acto administrativo de efectos particulares, así sea dictado por un superior Jerarquía, no puede violar ni modificar un acto administrativo de efectos generales, así sea dictado por un inferior. Dice el artículo 13: "ningún acto administrativo de carácter particular (podrá) vulnerar lo establecido en una disposición administrativa de carácter general, aun cuando fuesen dictados por autoridad igual o superior a la que dictó la disposición general".

Esto implica, por ejemplo, que un Ministro, si dictó una Resolución dé efectos generales estableciendo una normativa determinada no puede, con otra Resolución de carácter individual sobre un caso concreto, contrariar su propio acto. Por tanto, no se puede derogar el Reglamento con un acto individual. Si el Ministro quiere modificar la norma general, debe dictar otro reglamento y luego dictar el acto particular que desee. En esa forma la práctica, que no es infrecuente, que habiendo una Resolución reglamentaria sobre un punto concreto, el propio Ministro, después, mediante un acto de efectos particulares del mismo rango de Resolución, pretenda derogar singularmente el reglamento para ese caso, está ahora expresamente prohibida en la ley, siendo éste otro de los elementos fundamentales del bloque de la legalidad que regula.

e. *El valor y efectos del procedente*

Otro elemento de importancia para el bloque de la legalidad es el relativo al valor que se le da a la práctica administrativa y a los precedentes administrativos, establecido en el artículo 11, el cual, si bien estimamos que puede ser útil, está mal formulado en la

---

981 *V.*, Allan R. Brewer-Carías. "Comentarios sobre el régimen de sanciones administrativas en la Ley de Protección al Consumidor". *Revista de Derecho Público*, N° 7, EJV, Caracas, 1982, pp. 118-122. La Corte Suprema de Justicia ha acogido este criterio. *V.*, sentencia CSJ-SPA de 1986.

ley. El artículo 11, en efecto, dispone como principio, que los criterios establecidos por los órganos de la Administración Pública pueden ser modificados. Se trata de un principio perfectamente aceptable pues la dinámica administrativa conlleva la modificación de los criterios aplicados por los organismos administrativos. La norma, además, agrega que "la nueva interpretación no podrá aplicarse a situaciones anteriores, salvo que fuere más favorable a los administrados. En todo caso, la modificación de los criterios no dará derecho a la revisión de los actos definitivamente firmes".

La norma, en realidad, no es clara: la nueva interpretación no podrá aplicarse a situaciones anteriores dice, pero ¿anteriores a qué? Siempre serán "anteriores", porque si la nueva decisión es la que va a modificar el criterio, siempre habrá situaciones anteriores. Realmente, lo que parecía buscar esta norma es sentar el principio de que la modificación de los criterios por la Administración, no puede implicar la revisión de actos administrativos dictados conforme a los criterios anteriormente establecidos. Si existía un criterio anterior y se dictaron actos conforme a ese criterio, al modificarse el mismo, no puede aplicarse retroactivamente a las situaciones resueltas anteriormente. Este parece ser el sentido del artículo 11, por lo que realmente, lo que está consagrado es el principio de la irretroactividad del acto administrativo, que deriva de una norma constitucional[982] y además el principio, de la irrevocabilidad de los actos administrativos definitivamente firmes que se han dictado en base a criterios que existían anteriormente.

f. *La sujeción a la cosa juzgada administrativa*

El otro aspecto del control de legalidad y del bloque de la legalidad se refiere a la sujeción de la Administración, no sólo a las normas de carácter general, legal o reglamentarias, sino a sus propias decisiones de efectos particulares. Por tanto, así como hay un principio de autotutela de la Administración, también existe el principio de la autosujeción a sus propios actos, que implica que la Administración no puede, arbitrariamente, separarse de sus propios actos. Ya hemos señalado una limitación en relación a los precedentes, pues no puede aplicar los nuevos criterios que establezca, a los actos administrativos dictados anteriormente conforme a criterios anteriores, los cuales debe respetar. Pero también se puede deducir de la Ley, frente al principio de autotutela, el criterio de autosujeción, al cual la Administración está sometida, no sólo respecto de sus actos generales, sino de sus propios actos de efectos particulares.

En efecto, la ley declara nulos, de nulidad absoluta, con lo cual dicho sea de paso, la nulidad absoluta ahora se convierte en algo jurídicamente serio, una serie de actos administrativos viciados, entre los cuales están, los actos administrativos que resuelven un caso precedentemente decidido con carácter definitivo y que hayan creado derechos particulares[983], salvo autorización expresa de la ley.

En esta forma, dentro del bloque de la legalidad se establece, en forma indirecta, el principio de la irrevocabilidad de los actos administrativos definitivamente firmes, que se aplica, básicamente, a los actos administrativos, creadores o declarativos de derechos a favor de los particulares[984].

---

982 Art. 44.

983 Art. 19, Ord. 2°.

984 *V.*, Allan R. Brewer-Carías, "Comentarios sobre la revocación de los actos administrativos", en *Revista de Derecho Público*, N° 4, Caracas, oct.-dic. 1980, pp. 27 y ss.

La Ley, en realidad, habla de actos que hayan creado derechos, pero de hecho, la gran mayoría de los actos administrativos no "crean" derechos, sino que declaran "en concreto" derechos previstos en la Ley. Pensamos que el principio de la irrevocabilidad se aplica también a estos declarativos de derechos que son tan irrevocables como los creadores de derecho.

Este principio de la irrevocabilidad, por otra parte, se ratifica en el artículo 82 de la Ley, que establece el principio contrario, es decir, que los actos que no originen –aquí la expresión es más general y podría pensarse que el originar puede ser declarar o crear– derecho subjetivos o intereses legítimos, personales y directos, podrán ser revocados en cualquier momento. Por interpretación a contrario, cuando originen estos derechos, claro está que no pueden ser revocados, salvo que haya autorización legal expresa.

g. *La discrecionalidad administrativa y sus límites*

Por último, y también dentro de los elementos que conforman el bloque de 1a legalidad, la Ley Orgánica de Procedimientos Administrativos regula los límites al poder discrecional de las autoridades administrativas[985].

En efecto, el artículo 12 recoge una norma que es de las más importantes de la Ley, pues contiene un principio que, en el ordenamiento jurídico, sólo estaba en un viejo reglamento: el Reglamento General de Alimentos. En este Reglamento de 1958 existía una norma, aún vigente, que señala que cuando una ley o un reglamento dejara a la autoridad administrativa la adopción de una medida a su juicio, es decir, a su consideración-de la oportunidad y conveniencia, el funcionario debía fundarse en razones de carácter técnico, evitando la arbitrariedad. Fue en base a esa norma del Reglamento General de Alimentos que en el Proyecto de Ley de Procedimientos Administrativos de 1956, insistimos en incorporar una norma que estableciera límites al poder discrecional que, ahora, la Ley recoge en este artículo 12, que dice que cuando una disposición legal o reglamentaria deje alguna medida o providencia juicio de la autoridad competente, dicha medida o providencia deberá mantener la debida proporcionalidad y adecuación con los presupuestos de hecho, y con los fines de la norma, y cumplir los trámites, requisitos y formalidades necesarios para su validez y eficacia. De esta norma, indirectamente, se deducen varios límites al poder discrecional.

En efecto, cuando una norma deja una medida "a juicio de la autoridad administrativa", ésta podrá tomar las medidas que juzgue convenientes para lograr la finalidad de la norma; pero no puede tomar cualquier medida, sino que la misma debe obedecer a criterios de proporcionalidad y racionalidad en relación al presupuesto de hecho y la decisión que se adopte. Por ejemplo, en materia de comprobación de los hechos, puede decirse que se configura como un límite del poder discrecional la exigencia de que la Administración compruebe previamente los hechos, lo cual está regulado, en forma indirecta, en el artículo 69 de la Ley relativo al Procedimiento Sumario. De acuerdo a esta norma, la Administración deberá comprobar, de oficio, la verdad de los hechos, por lo que el primer gran límite del poder discrecional, está a la necesaria comprobación de los hechos.

985 *V.*, Allan R. Brewer-Carías, "Los límites al poder discrecional de las autoridades administrativas" en *Revista de la Facultad de Derecho, UCAB*, N° 2, Caracas, 1966, pp. 9 y ss.

El segundo gran límite al poder discrecional deriva de la calificación de los hechos. Dice el artículo 12 de la Ley que debe haber adecuación del acto a la situación de hecho, de manera que haya una racionalidad en la adopción de la decisión respecto de los hechos comprobados.

En tercer lugar, el mismo artículo 12 expresamente exige que la Administración "debe mantener la debida proporcionalidad" con la situación de hecho, lo que configura otro de los importantes límites del poder discrecional. Por ejemplo, es muy común que en materia sancionatoria la ley establezca multas según la gravedad de la falta entre dos límites. Para aplicarlas debe haber una apreciación de la gravedad de la falta y una proporcionalidad con la sanción que se imponga, de manera que si es la máxima, debe ser proporcional a la falta.

Por ejemplo, la Ley de Universidades establece que se puede sancionar a un alumno, según la gravedad de la falta, con sanciones que van desde la amonestación a la expulsión. Si el alumno sólo habló en clase, por más que la ley autorice a la autoridad administrativa a actuar según su criterio, no puede expulsar al alumno, pues tiene que haber proporcionalidad entre la infracción y la sanción. Por ello, esta norma del artículo 12 de la ley, de enorme importancia, tiene gran interés, pues va a corregir otro de los grandes y tradicionales vicios de los actos administrativos: la ausencia de proporcionalidad en los Actos discrecionales.

Por último, otro aspecto del límite al poder discrecional deriva del principio de la igualdad a situaciones de hechos iguales, sanciones o decisiones iguales. No puede haber desigualdad pues sería, además, contrario a un principio constitucional[986] que la Ley, indirectamente, recoge en el artículo 30. Este artículo, en efecto señala que la actividad administrativa se debe desarrollar "con arreglo a los principios de economía, eficacia, celeridad e imparcialidad", y en este principio de la imparcialidad puede ubicarse una consecuencia de la igualdad.

Por último, están también los límites derivados del principio de la racionalidad, de la justicia y de la equidad. Y éstos resultan de la necesidad de adecuar los hechos a los fines de la norma, por lo que la distorsión de los hechos configuraría un vicio del acto. Este se presentaría, por ejemplo, cuando el funcionario distorsione los hechos para aplicar una sanción, lo que acarrearía, también, un vicio de ilegalidad del acto.

B. La Ley Orgánica de Procedimientos Administrativos y los requisitos de validez de los actos administrativos

La Ley Orgánica de Procedimientos Administrativos, en relación a los actos administrativos, regula, además, con cierta precisión, los requisitos de validez de los mismos, tanto de fondo como de forma[987].

---

986 Art. 61.

987 Sobre los requisitos de validez de los actos administrativos, V. Allan R. Brewer-Carías. *Las Instituciones Fundamentales del Derecho Administrativo .... cit.*, pp. 58 y ss.

a. *Los requisitos de fondo de los actos administrativos*

En cuanto a los requisitos de fondo de los actos administrativos, la Ley establece regulaciones directas o indirectas sobre la competencia, el objeto, la causa, la base legal y la finalidad de los mismos.

a'. La competencia

En cuanto a la competencia, debe decirse que el Proyecto de Ley elaborado por la Comisión de Administración Pública en 1972, regulaba expresamente la competencia como requisito de fondo, imponiendo como obligación de la Administración el dictar los actos para los cuales tenía competencia legal[988]. Este artículo fue eliminado de la Ley, quedando en ella sólo referencias indirectas a la competencia. La más importante está en la regulación de las nulidades absolutas, al establecer el ordinal 4° del artículo 19, que son nulos de nulidad absoluta los dictados por los órganos manifiestamente incompetentes.

b'. El objeto

El objeto del acto administrativo también tiene regulación en la Ley, aunque en forma indirecta, al establecerse las nulidades absolutas. En el ordinal 3° del artículo 19, se prevé que el acto administrativo es nulo, de nulidad absoluta, cuando su objeto es imposible o es de ilegal ejecución; es decir, regula, sancionándolo, el objeto ilícito e imposible. No habla la ley del objeto indeterminado, pero ello también podría dar origen a una nulidad pero no absoluta. Si se dicta una sanción, por ejemplo, pero no se dice a quién se le aplica el acto, podría ser convalidado e indicarse su destinatario.

c'. La causa

El elemento causa también encuentra una regulación bastante amplia en la Ley, y es, quizá, el elemento más importante para la sumisión de la Administración de la legalidad, aunque sea el menos trabajado en la doctrina[989]. Indirectamente, lo regula el artículo 9° de la Ley, cuando habla de la motivación. Este artículo señala que en la expresión formal de los motivos (motivación), deberán hacerse referencia a los hechos y a los fundamentos legales del acto. Allí está la causa, es decir, los presupuestos de derecho y de hecho de los actos administrativos. Un acto administrativo, así, no sólo tiene que ser motivado, es decir, expresar formalmente sus motivos o causa, sino que éstos tienen que existir; es decir, tiene que haber unos presupuestos de hecho y de derecho justificadores, para que el acto exista. Esto trae una serie de implicaciones; por una parte, estos presupuestos de hecho no pueden presumirse. La Administración, para dictar un acto, tiene que probar los presupuestos de hecho y el particular, para pretender un acto administrativo, tiene que probar estos presupuestos de hecho.

El elemento relativo a la prueba, muy vinculado a la causa, está indicado, también en forma indirecta, en algunos artículos de la Ley.

---

988 Sobre la competencia, *V.*, Allan R. Brewer-Carías, *Introducción al Estudio de la Organización Administrativa Venezolana*, Caracas, 1978.

989 Sobre la causa de los actos administrativos, *V.*, Allan R. Brewer-Carías, "Consideraciones sobre la distinción entre la causa de los actos administrativos y la motivación como requisito de forma de los mismos", en *Revista de la Facultad de Derecho, UCV*, N° 49, Caracas, 1971, pp. 233 y ss.

El artículo 58, por ejemplo, establece que: "los hechos que se consideren relevantes para la decisión de un procedimiento podrán ser objeto de todos los medios de prueba" es decir, los hechos tienen que probarse, y no basta alegarlos sino que es necesario probarlos, no sólo por él particular solicitante sino también por la Administración, por su poder inquisitorio, y en los procedimientos que inicia de oficio.

En el procedimiento sumario, por ejemplo, señala el artículo 60, que "La Administración podrá comprobar de oficio la verdad de los hechos y demás elementos de juicio necesarios", es decir, establece la necesidad de que existan unos hechos, de que éstos se prueben y de que tengan una calificación adecuada, porque no sólo habrá un vicio en la causa cuando el presupuesto de hecho no exista, sino cuando no esté comprobado y también cuando no se le dé la adecuada calificación.

El vicio más común de los actos administrativos en la Administración venezolana es el de falso supuesto, pues, en muchos casos, la Administración, al dictar ciertos actos administrativos, parte de supuestos no comprobados ni calificados adecuadamente y, a veces, de falsos supuestos. Estas regulaciones de la Ley, sin duda, han contribuido a ordenar este requisito de legalidad, denominado causa o motivo, integrado, no solamente en los presupuestos de derecho, sino por el basamento legal del acto.

d'. La finalidad

Otro requisito de fondo de los actos administrativos que encuentra una consagración indirecta en la Ley, es la finalidad. Todo acto administrativo tiene una finalidad determinada, y la desviación de esa finalidad, da origen al vicio de desviación del poder del cual habla la Constitución[990]. Curiosamente la Ley no emplea este término desviación de poder, de origen constitucional, aun cuando la finalidad, como requisito de fondo del acto, está consagrada en algunos artículos. Por ejemplo, en el artículo 12, que hemos mencionado, relativo al poder discrecional, y que es una de las normas más importantes de la Ley, establece que "cuando una disposición legal o reglamentaria deje alguna medida o providencia a juicio de la autoridad competente dicha medida o providencia deber mantener la debida proporcionalidad y adecuación con la situación" –esta es la calificación de los hechos, a la que nos referíamos anteriormente cuando hablábamos de la causa– y "con los fines de la norma". Esta adecuación con los fines de la norma configuran el requisito de fondo de la finalidad. Por ello, la no adecuación del acto con los fines de la norma da origen al vicio de la desviación de poder. Por su parte, la no adecuación del acto con los hechos, da origen al vicio de la causa.

El requisito de la finalidad, está de nuevo reiterado en forma indirecta en el artículo 3° de la Ley que regula el denominado recurso o petición de queja frente a un funcionario, cuando permite a los interesados reclamar ante el superior jerárquico "del retardo, omisión, distorsión o incumplimiento de cualquier procedimiento". La distorsión, del procedimiento, implica también un vicio de desviación de poder, al distorsionarse los fines de la norma procedimental.

b. *Los requisitos de forma*

Además de incidir sobre los requisitos de fondo de los actos administrativos, la Ley precisa también los requisitos de forma.

---

990 Art. 206.

a'. Las formalidades procedimentales

La ley es una ley procedimental y establece la obligación, tanto en su artículo 1° como en el 12, de que los órganos se sometan en su actuación a las formalidades, a los trámites y a los requisitos previstos en ella. Por ello puede distinguirse ante todo, un principio de procedimentalización o formalización del acto administrativo y, en general, de la acción administrativa.

b'. La motivación

Dentro de los requisitos de forma que regula la Ley, se precisa Concretamente el requisito de la motivación. El artículo 9°, en efecto, exige en forma general que los actos de carácter particular sean motivados, con excepción de los de simple trámite o cuando una disposición legal establezca lo contrario. La Ley, así, ha seguido los principios establecidos por la jurisprudencia, aun cuando la consagración general de la motivación sea algo exagerado, por lo inaplicable en muchos casos[991].

En todo caso, lo que sí es importante en esta forma de motivación, es que exige que la autoridad administrativa haga referencia a los hechos y a los fundamentos legales del acto. Este requisito de forma de la motivación, se corrobora en los ordinales del artículo 18 de la Ley que precisan lo que debe contener formalmente el acto administrativo; y entre éstos, el ordinal 5° exige "la expresión sucinta de los hechos, de las razones que hubieren sido alegadas y de los fundamentos legales". Esta norma, sin duda, va más allá de lo tradicionalmente exigido, pues no sólo exige la expresión de los hechos y de los fundamentos legales sino que exige la argumentación respecto de las razones alegadas por los particulares, justificándose por qué se toman en cuenta o por qué no. La norma, por tanto, le da a la motivación una amplitud muy importante.

c'. Otros requisitos formales

Por último, también en materia de requisitos de forma, la ley, en el artículo 18 detalla, por primera vez en el ordenamiento jurídico, todos los requisitos de forma del acto administrativo: identificación del órgano y del funcionario emisor; lugar y fecha de emisión; destinatario, motivación, objeto (decisión); la firma del acto, y el sello. Todo acto administrativo debe contener estos requisitos.

C. Los vicios de los actos administrativos

En base a este principio de la sumisión al derecho de los actos administrativos, el panorama de los motivos del recurso contencioso-administrativo de anulación contra los actos administrativos de efectos particulares, o en otras palabras, de los vicios de dichos actos, es sumamente amplio.

---

991 Sobre la motivación de los actos administrativos, además de lo indicado en la nota anterior, *V.*, Allan R. Brewer-Carías, "La motivación de los actos administrativos en la jurisprudencia venezolana", en *Revista de la Facultad de Derecho, UCV*, N° 33, Caracas, 1966, pp. 151 y ss.

Por ello, aquí nos limitaremos a exponer las líneas generales de dichos motivos, destacando los de mayor importancia en dos grandes grupos: los vicios de inconstitucionalidad y los vicios de ilegalidad, donde incluiremos todos los vicios de contrariedad al derecho[992].

a. *Vicios de inconstitucionalidad*

El vicio de inconstitucionalidad puede acompañar al acto administrativo cuando éste viola, directamente, una norma constitucional, o cuando está viciado de incompetencia, pero de orden constitucional.

a'. Violación directa de la Constitución

El vicio de inconstitucionalidad puede acompañar al acto administrativo cuando éste viola, directamente, una norma constitucional, o cuando está viciado de incompetencia, pero de orden constitucional.

Sin embargo, como se dijo, no toda norma constitucional puede invocarse como violada a los efectos de la procedencia del recurso contencioso-administrativos de anulación de los actos administrativos: la infracción del artículo 117 de la Constitución que prevé que este texto "y las leyes definen las atribuciones del Poder Público, y a ellas debe sujetarse su ejercicio", conforme al artículo 133 de la Ley Orgánica de la Corte "no podrá invocarse como fundamento" del recurso. La razón de esta norma, que recoge una doctrina jurisprudencial, es evitar que se impugnen actos administrativos por incompetencia, con la sola invocación del artículo 117 de la Constitución, sin la indicación precisa de las normas legales o constitucionales atributivas de competencia que han sido violadas.

b'. La incompetencia de orden constitucional

El segundo vicio de inconstitucionalidad de los actos administrativos es la incompetencia de orden Constitucional, que puede ser o la usurpación de autoridad o la usurpación de funciones.

a". *La usurpación de autoridad*

La usurpación de autoridad se produce cuando una persona sin investidura, asume una función pública y realiza actividades administrativas. Según, la Constitución[993] "toda autoridad usurpada es ineficaz y sus actos son nulos"; y dicho vicio se da no sólo en la ausencia de investidura del autor del acto, sino en los casos de investidura ya concluida o de investidura irregular o anulada.

---

992 *V.* Allan R. Brewer-Carías, "Consideraciones sobre la ilegalidad de los Actos Administrativos en el Derecho Venezolano", en *Revista de Administración Pública.* Instituto de Estudios Políticos, N° 43, Madrid, enero-abril 1964, pp. 427-456; y en *Revista del Colegio de Abogados del Distrito Federal*, N° 127-128. Caracas, 1964, pp. 19-61 y Allan R. Brewer-Carías, "El Recurso Contencioso-Administrativo contra los actos administrativos de efectos particulares...", *Loc.cit.*, pp. 182-191.

993 Art. 119.

b". *La usurpación de funciones*

La usurpación de funciones, por otra parte, se produce cuando se dicta un acto administrativo por una autoridad administrativa con investidura, pero ejerciendo funciones públicas atribuidas a otro órgano de otro Poder del Estado. Existiría este vicio cuando la autoridad administrativa dicta el acto usurpando funciones atribuidas a los Tribunales o a las Cámaras Legislativas. Se trata de una incompetencia de orden constitucional, pues en dicho texto es que se establece la separación orgánica de poderes.

b. *Vicios de ilegalidad*

Además de los vicios dé inconstitucionalidad, los actos administrativos de efectos particulares pueden estar viciados y dar motivo al recurso de nulidad, por diversas contravenciones al derecho o al ordenamiento jurídico. A pesar de que el término "ilegalidad" podría identificarse con la sola violación de Ley, por simple convencionalismo y debido a su uso común, emplearemos la expresión "vicios de ilegalidad" para englobar todos estos vicios de contrariedad al derecho que ordenaremos en cuatro grandes grupos: la violación de la Ley u otra norma de derecho administrativo; vicios que afectan los requisitos de fondo de los actos administrativos; vicios que afectan los requisitos de forma de los mismos; y vicios que afectan los efectos de dichos actos.

a'. **La violación de la Ley u otra norma de derecho administrativa**

El primer grupo de vicios de los actos administrativos se produce cuando al dictarlos, el funcionario viola directamente alguna de las fuentes del derecho administrativo aplicable a su actuación, y particularmente, a partir de 1982, de la Ley. Orgánica de Procedimientos Administrativos, que formaliza el bloque de la legalidad. Pero sin embargo, el principio de la "violación de ley" o ilegalidad en sentido genérico, también resulta de la violación de un reglamento o un principio general de derecho administrativo. En particular, en este último supuesto, la jurisprudencia de la Corte Suprema de Justicia ha sido reiterativa en admitir la violación de principios generales del derecho administrativo como vicio de los actos. Tal ha sucedido, por ejemplo, como el principio *audi alteram parti* (audiencia del interesado)[994].

b'. **Los vicios que afectan los requisitos del fondo de los actos**

Los vicios de los actos administrativos que afectan sus requisitos de fondo tienen que ver con la competencia, la base legal, el objeto, la finalidad, y la causa, y sucesivamente se denominan: incompetencia, ausencia de base legal, vicio en el objeto, desviación de poder y abuso o exceso de poder. Sin dejar de hacer una rápida mención respecto de todos ellos, nos detendremos algo en el análisis del vicio de abuso o exceso de poder, o vicio es la causa del acto administrativo que abre un riquísimo campo de control en el contencioso-administrativo, particularmente respecto de los actos discrecionales.

a". *La incompetencia*

Sin duda, la incompetencia es el vicio más común de los actos administrativos de efectos particulares, también denominado en la doctrina, extralimitación de atribucio-

---

994 Allan R. Brewer-Carías, *Los Instituciones...*, *op. cit.*

nes. En efecto, la competencia, en derecho público, requiere texto expreso, por lo que la misma no se presume. Por tanto, todo acto dictado por un funcionario que no tenga atribución expresa para emanarlo es un acto viciado de incompetencia. Esta incompetencia, por otra parte, puede ser por la materia, el territorio, el tiempo y el grado jerárquico[995].

Debe señalarse, además, que así como la competencia requiere texto expreso, las desviaciones de la competencia, es decir, la delegación y la avocación, también requieren texto expreso. Por tanto, también sería ilegal el acto administrativo dictado en base a una delegación no autorizada legalmente.

b". *La ausencia de base legal*

Pero el acto administrativo de efectos particulares también puede estar viciado cuando se dicta por un órgano competente, pero sin base legal. Por ejemplo, el registrador de la propiedad industrial tiene competencia para negar el registro de una marca que tenga similitud con otra ya registrada; sin embargo, si ésta ya había pasado al dominio público, la negativa de registro carecería de base legal, es decir, el supuesto de derecho no sería el aplicable al supuesto de hecho que es la causa del acto administrativo.

c". *El vicio en el objeto*

El tercer vicio que afecta los requisitos de fondo del acto administrativo, es el vicio en el objeto, cuando éste constituye un ilícito (delito), cuando es indeterminado o indeterminable o es de ejecución imposible. En estos casos la sanción al vicio es la nulidad absoluta[996].

d". *La desviación de poder*

El vicio en la finalidad del acto administrativo, por ejemplo, cuando ésta no se cumple o se desvía, se denomina "desviación de poder", término consagrado en el artículo 206 de la Constitución. Conforme a ello, estarían viciados de desviación de poder, los actos dictados por un funcionario competente y conforme al supuesto legal aplicado, pero buscando un fin distinto, particular del funcionario y aún público, pero distinto al previsto en la norma.

e". *El abuso o exceso de poder (vicio de la causa)*

Por último, además de la incompetencia, de la ausencia de base legal, de los vicios en el objeto y de la desviación de poder, los actos administrativos pueden también estar viciados en su causa o en sus motivos, y al vicio en la causa o motivo lo denomina la jurisprudencia como "abuso, o exceso de poder".

En nuestro criterio, éste es el vicio que muestra mayor, interés práctico, pues entre otros factores, su desarrollo por la jurisprudencia ha permitido el control de los motivos, particularmente en el acto discrecional.

En efecto, la causa o motivo del acto administrativo está configurado por las circunstancias o presupuestos de hecho que provocan la adopción del acto. Previa a la emisión

---

995 Allan R. Brewer-Carías, *Introducción al Estudio de la Organización Administrativa Venezolana*. Editorial Jurídica Venezolana. Colección Monografías Administrativas, N° 1, Caracas, 1978.

996 Artículo 19, ordinal 3° LOPA.

de todo acto administrativo, por tanto, la Administración debe realizar una doble operación: la comprobación de los hechos y la calificación y apreciación de los mismos. En ambas operaciones pueden surgir vicios.

a'''. *Vicios en la comprobación de los hechos*

En el procedimiento administrativo en general, y particularmente en los procedimientos sancionatorios, la carga de la prueba de los presupuestos de hecho está en manos de la Administración. Ella, por tanto,, debe comprobar los hechos; y en esta comprobación de los hechos la Administración –al igual que en materia procesal civil y en el ámbito del control de Casación[997]– puede violar una norma legal establecida para valorar el mérito de la prueba, sea porque valore una prueba, para probar hechos para los cuales no se admite; sea porque le de valor pleno a una prueba mal hecha; sea porque incurra en falso supuesto, es decir, admita como probados hechos que no lo han sido en el expediente administrativo; dé por probados hechos que del mismo expediente administrativo resultan inexactos; o atribuya la existencia de menciones, en actas del expediente administrativo que no las contengan.

En todos estos supuestos, el vicio en la comprobación de los hechos que constituyen la causa del acto administrativo acarrea la ilegalidad del acto y su impugnabilidad.

b'''. *Vicios en la edificación y aplicación de los hechos*

Pero una vez comprobados los hechos, la Administración debe calificarlos y apreciarlos, y en esta operación puede tergiversar los hechos, falseando los presupuestos, o puede apreciarlos erradamente, produciéndose un error de hecho. En estos casos, el acto administrativo dictado estaría también viciado.

Pero en este campo de la apreciación de los hechos es precisamente donde se manifiesta plenamente el ejercicio del poder discrecional de la Administración y, por tanto, donde éste debe ser limitado para controlar la tendencia a la arbitrariedad. En efecto, la esencia del poder discrecional está en la libertad de apreciación de los hechos o motivos y de la oportunidad y conveniencia de la acción, que el legislador otorga a la autoridad pública; y precisamente, con el control contencioso-administrativo de los motivos, es decir, de la apreciación de los hechos por la Administración, se persigue limitar la arbitrariedad administrativa.

Pero antes de señalar estos límites a la discrecionalidad, deben distinguirse los supuestos que la configuran, de la apreciación que puede existir en los casos de, previsión legal de conceptos jurídicos indeterminados. En estos supuestos, por ejemplo, cuando las Ordenanzas Municipales autorizan a las autoridades respectivas a decidir la demolición de los inmuebles que amenacen o se encuentren en ruina, la Autoridad Municipal al apreciar el estado de "ruina" lo único que hace es aplicar la Ley y determinar si el inmueble se encuentra o no en ruina. Hay una sola solución a adoptar en estos casos, aun cuando, por supuesto, puede haber error de hecho en la apreciación. Sin embargo, la Administración no tiene libertad de apreciación discrecional.

En la discrecionalidad auténtica, en cambio, la Administración sí tiene libertad de apreciación de los hechos y de la oportunidad y conveniencia de su acción, concedida

---

997 Artículo 313, 2° del Código de Procedimiento Civil.

legalmente. La jurisprudencia contencioso-administrativa en este sentido, ha venido apelando a los principios generales del derecho para limitar la discrecionalidad y anular actos, y entre ellos, a los principios de la racionalidad, justicia, igualdad y proporcionalidad[998] los cuales han sido acogidos recientemente por el artículo 12 de la Ley Orgánica de Procedimientos Administrativos.

a"". *Las violaciones al principio de la racionalidad*

La primera limitación al poder discrecional es que éste debe ejercerse racionalmente tanto en relación a la oportunidad de la actuación como en cuanto a las apreciaciones técnicas que sean necesarias.

En cuanto a la elección del momento oportuno de la actuación, éste debe ser congruente con la medida adoptada. Si por ejemplo, existe peligro de infección de carne de cerdo, la prohibición de importación no puede imponerse una vez que el mismo ha pasado. Por otra parte, se hace necesario que la libertad de apreciación responda a criterios técnicos raciónales. En el mismo ejemplo, si el peligro de infección de la carne existe en determinados países, no tiene por qué prohibirse la importación respecto de países de otros continentes, las medidas administrativas deben así obedecer a criterios de racionalidad técnica, de manera que si la Administración se aparta de ella, incurre en ilegalidad.

La limitación de mayor importancia en este campo a nivel del derecho positivo la encontramos en el Reglamento General de Alimentos que autoriza a la autoridad administrativa para adoptar, con discrecionalidad, las medidas sanitarias que considere convenientes para la mejor alimentación del país. Sin embargo, agrega el Reglamento, que cuando dichas medidas deban tomarse a juicio de la autoridad sanitaria, deben estar fundadas en principios, normas, directrices o apreciaciones de carácter científico o técnico, y no pueden ser el resultado de una actuación arbitraria. Tal sucede, por ejemplo, en la prohibición que puede adoptarse de utilización de determinados utensilios metálicos en la preparación de alimentos.

b"". *Las violaciones al principio de la justicia*

El acto administrativo discrecional, además de tener que ser racional, debe ser justo y equitativo, por lo que si, por ejemplo, una situación determinada se debe a la acción u omisión de la propia Administración, no podría ella sancionarla y dejar caer en el particular todas las consecuencias de la misma.

Es clásico, en este sentido, el ejemplo de la jurisprudencia italiana: no es procedente la separación de un funcionario de su cargo por bajo rendimiento en el trabajo, si la disminución de su capacidad ha sido por causa del propio servicio público. Los actos inequitativos, por tanto, también estarían viciados.

---

998 Allan R. Brewer-Carías, "Los límites al Poder Discrecional de las Autoridades Administrativas", en *Revista de la Facultad de Derecho*. Universidad Católica Andrés Bello, N° 2, Caracas, 1966. pp. 9-35; y en Ponencias Venezolanas al VII Congreso Internacional de. Derecho Comparado (Upssala, agosto 1966), Publicaciones del Instituto de Derecho Privado, Facultad de Derecho. Universidad Central de Venezuela, Caracas, 1966 pp. 255-279.

c"". *Las violaciones al principio de la igualdad*

Este principio, en Venezuela de rango constitucional, impone a la Administración la obligación de ser imparcial frente a los particulares y de dar un tratamiento igual a los que se encuentren en iguales condiciones. Todo acto administrativo que dé tratos de favor o tratos disparejos está viciado por discriminatorio. En este campo, por otra parte, tiene una enorme importancia el precedente administrativo: si frente a una situación de hecho la Administración adoptó una decisión, sería violar el principio de la igualdad si frente a otra situación de hecho igual adoptase otra decisión.

d"". *La violación del principio de la proporcionalidad*

Pero no sólo el acto discrecional que sea irracional, injusto o desigual estaría viciado, sino que también habría vicio en los supuestos del acto administrativo desproporcionado. En efecto, si la Ley autoriza a la Administración para tomar las medidas que juzgue convenientes dentro de una escala (un límite máximo y mínimo para multas, por ejemplo), la Administración no puede actuar arbitrariamente, sino que debe adecuar su acto a los supuestos de hecho, de manera que la relación que se establezca sea proporcional. Por ello, sería desproporcionado que ante una falta leve, se imponga la sanción máxima.

c'. **Vicios que afectan los requisitos de forma de los actos administrativos**

Además de los vicios que afectan los requisitos de fondo de los actos administrativos, también pueden distinguirse los vicios que afectan los requisitos de forma de dichos actos, y que podemos clasificar en requisitos adjetivos y formales.

a". *Los requisitos adjetivos*

En cuanto a los requisitos adjetivos, éstos tienen que ver con el cumplimiento del procedimiento administrativo y todos sus trámites y exigencias, regulados ahora en la Ley Orgánica de Procedimientos Administrativos de 1981. Este, como todo procedimiento, está constituido por una serie de actos concatenados cuyo cumplimiento resulta indispensable para su continuación y para la debida garantía del particular.

En este campo, por supuesto, muchos vicios podrían detectarse, por lo que nos limitaremos a señalar los de mayor relevancia. En Cuanto a la iniciación del procedimiento, por ejemplo, es de destacar que los procedimientos sancionatorios generalmente deben iniciarse con el levantamiento de un acta en la cual se deja constancia de los hechos normalmente en presencia del interesado. La ausencia o defectos de esta acta afecta el acto administrativo que en definitiva se dicte.

Por otra parte, todo acto administrativo, que afecte los derechos e intereses de un particular, debe ser dictado previa audiencia del interesado, pues de lo contrario –lo que sucede con mucha frecuencia– se cercenaría el derecho a la defensa del particular. En estos casos el acto también estaría viciado.

En el curso del procedimiento administrativo, muchos actos de trámite son de obligatorio cumplimiento de manera que los actos podrían resultar viciados si estos trámites no se cumplen. Esto sucede, por ejemplo, en materia de consultas o dictámenes. Es muy frecuente la exigencia de obtención obligatoria de opiniones de órganos consultivos antes de que se dicte una providencia; la no obtención de la consulta obligatoria viciaría el acto administrativo; y si la consulta, además de obligatoria, es vinculante, el hecho de que no la siga el órgano que dicta el acto también lo viciaría.

En todo caso, la ausencia total y absoluta del procedimiento legalmente pautado, daría origen a un vicio de nulidad absoluta de los actos administrativos, conforme se prevé en el artículo 19, ordinal 4 de la Ley Orgánica de Procedimientos Administrativos.

b". *Los requisitos formales*

Pero además de requisitos adjetivos o procedimentales, cuyo incumplimiento vicia el acto administrativo, también existen una serie de requisitos formales de necesario cumplimiento.

Por ejemplo, en cuanto a la formación de la voluntad de los órganos colegiados, es indispensable la observancia de los requisitos de quórum para la instalación, para la deliberación y para la votación; de lo contrario –lo que también es muy frecuente– el acto estaría viciado.

Por otra parte, el acto administrativo debe ser en general, expresado formalmente por escrito con fecha, firma y sello, y demás requisitos establecidos en el artículo 18 de la Ley Orgánica de Procedimientos Administrativos y la ausencia de estos requisitos podría afectar el acto.

Por último, entre los requisitos formales de los actos administrativos, la jurisprudencia ha venido exigiendo la motivación de los mismos, es decir, la expresión formal de los motivos en su texto, lo que equivale, conforme al artículo 9 de la Ley Orgánica de Procedimientos Administrativos, a la ordenada exposición de las razones de hecho y de derecho que sirven de fundamento al acto. La motivación, en esa forma, se ha considerado como la condición esencial para que pueda ejercerse el derecho a la defensa del acto administrativo.

La motivación, aparte de que la exige expresamente la Ley, con carácter general, debe estar presente en todo acto mediante el cual se imponga una sanción o un reparo o se afecte un derecho subjetivo; y, en general, en los actos discrecionales, de manera que pueda ejercerse, el control sobre los motivos que hemos señalado, y salvo, por supuesto, que la Ley exima expresamente a la Administración de la obligación de motivar, lo cual no es infrecuente.

d'. **Vicios que afectan los efectos de los actos administrativos**

Pero los vicios de los actos administrativos no sólo pueden surgir en relación a los requisitos de fondo o forma de los mismos, sino también en cuanto a los efectos del acto. Diversos supuestos de vicio pueden destacarse en estos casos.

a". *En relación a los efectos temporales de los actos*

En primer lugar, en relación a los efectos temporales de los actos administrativos. Estos deben tener efectos hacia el futuro, por lo que los actos administrativos de efectos retroactivos estarían viciados, siendo de destacar, entonces, que la irretroactividad no sólo es característica de los actos de efectos generales, sino también de los actos de efectos particulares de carácter constitutivo[999]. La retroactividad sólo sería admisible si beneficia al administrado.

999 Artículo 11 LOPA.

Pero en relación a los efectos temporales de los actos administrativos debe señalarse que, en principio, éstos no pueden someterse ni a condición ni a término, suspensivos o extintivos, salvo que la ley lo autorice expresamente. Todo acto administrativo condicionado sin autorización legal, estaría viciado.

Por último, debe también señalarse que los efectos de los actos administrativos, salvo cuando exista condición resolutoria o término extintivo, se presumen indefinidos, no pudiendo la Administración suspender dichos efectos a su arbitrio. Toda suspensión de efectos de un acto administrativo no autorizada legalmente estaría, viciada.

b". *En relación a la cosa juzgada administrativa*

Pero también en relación a los efectos de los actos administrativos éstos no pueden ser dictados desconociendo los efectos de otros actos administrativos que hayan producido cosa juzgada administrativa.

En efecto, los actos administrativos firmes, creadores o, declarativos de derechos a favor de particulares, son actos irrevocables, por lo que sus efectos son obligatorios y no pueden ser desconocidos ni por la propia Administración Pública ni por los particulares. Por tanto, todo acto administrativo que viole la cosa juzgada administrativa, y que por ello, implique la modificación o renovación de un acto firme irrevocable, estaría viciado de nulidad absoluta y también sería susceptible de ser impugnado[1000]. Quedan a salvo, por supuesto, los casos extremos y excepcionales de nulidad absoluta frente a la cual no puede oponerse la irrevocabilidad proveniente de la cosa juzgada administrativa[1001].

c'. **En relación a la ejecución de los actos administrativos**

Pero además de los vicios en cuanto a los efectos temporales y en cuanto a la violación de la cosa, juzgada administrativa, los actos administrativos también pueden resultar viciados en los medios de ejecución adoptados por la Administración. En particular, ciertos actos administrativos pueden ser ejecutados en forma forzosa por vía administrativa y previa autorización legal. Por tanto, toda ejecución no autorizada legalmente o por medios no admitidos, estaría también viciada[1002].

5. La suspensión judicial de los efectos de los actos administrativos

Otro aspecto de particular importancia en relación al recurso contencioso-administrativo de anulación de actos administrativos de efectos particulares, relacionado con el principio del carácter no suspensivo del mismo, es el de la posibilidad de suspensión de los efectos de los actos administrativos impugnados, por el juez.

Puede decirse que es principio general del Derecho Administrativo venezolano que los actos administrativos tienen carácter ejecutivo y ejecutorio[1003], lo cual implica que

1000 Artículo 19, ordinal 2° LOPA.

1001 Artículo 83 de la LOPA.

1002 Artículo 80 de la LOPA.

1003 Sobre esto *V.*, Allan R. Brewer-Carías, "Aspectos de la ejecutividad y de la ejecutoriedad de los actos administrativos fiscales y la aplicación del principio *solve et repete*", en *Revista del Ministerio de Justicia,* N° 53, Caracas, 1965, pp. 67 a 86 y en *Jurisprudencia de la Corte Suprema...*, *T.* II. v. I, Caracas, 1976, pp. 97 a 115.

los mismos se ejecutan aun cuando se impugnen, por lo cual en el ámbito del contencioso-administrativo se estima que los recursos contenciosos no tienen carácter suspensivo respecto a los efectos de los actos[1004].

Sin embargo este principio tiene sus matices y modalidades.

En efecto, muchas veces es la ley indirectamente la que suspende la ejecución y eso sucede siempre que la ley exija la firmeza, del acto para su ejecución. Por ejemplo, en materia de demoliciones de inmuebles que amenazan ruina, previstas en las ordenanzas municipales, normalmente se señala que podría procederse a ejecutar la demolición, inclusive directamente por la Administración, cuando esté firme el acto. Por tanto, si el acto no está firme porque se intentaron los recursos administrativos y luego el recurso contencioso, la no firmeza del acto implica la imposibilidad de la demolición, es decir, una suspensión automática de los efectos del acto desde el momento en el cual se lo impugna.

Ahora bien, si la ley no exige expresamente la firmeza del acto para su ejecución, éste tiene carácter ejecutorio y su impugnación no suspende sus efectos. De allí el principio del carácter no suspensivo de los recursos contencioso-administrativos.

A. La creación jurisprudencial da la suspensión de efectos

Este principio, por supuesto, podía provocar daños innecesarios e irreparables a los particulares recurrentes por lo que aun sin autorización legal expresa, la Corte Suprema de Justicia comenzó a decidir, en algunos supuestos, la suspensión de los efectos del acto recurrido. Lo que hoy está establecido expresamente en el artículo 136 de la Ley Orgánica de la Corte Suprema de Justicia, en realidad, fue también una creación jurisprudencial.

La primera decisión que se adoptó en esta materia la tomó la Corte Suprema de Justicia, el 4 de diciembre de 1967, con motivo de la impugnación de un acto administrativo del Gobernador del Distrito Federal mediante el cual canceló una patente de industria y comercio a una empresa fabricante de jabón situada en Caracas, la cual debía en Consecuencia ser trasladada fuera de la ciudad. Paralelamente, por vía judicial ordinaria, unos particulares habían demandado a la misma empresa por daños y perjuicios y exigido el traslado de la misma, y la sentencia había sido declarada sin lugar. El recurrente planteó la contradicción entre la decisión judicial y la decisión administrativa y la Corte acordó suspender los efectos del acto impugnado en base al siguiente razonamiento:

> "Observa la Corte que tal situación configura un conflicto entre una decisión judicial y una administrativa, el cual exige la decisión de la cuestión previa planteada por el demandante, pues de no hacerlo así en esta oportunidad, la ejecución de la Resolución impugnada podría acarrear un gravamen irreparable para el caso de que la decisión que dicte este Supremo Tribunal, al resolver sobre el fondo del asunto, sea favorable a las pretensiones de la actora"[1005].

1004 Sobre esto *V.*, Allan R. Brewer-Carías, "Los efectos no suspensivos del recurso contencioso-administrativo de anulación y sus excepciones" en *Revista de la Facultad de Derecho*, N° 57-58, Caracas, 1968, pp. 293 a 302.

1005 *V.*, el texto en Allan R. Brewer-Carías, *Jurisprudencia de la Corte Suprema...*, *T.* V, Vol. 2, Caracas, 1978, pp. 562 a 565. A esta sentencia estuvo destinado el comentario citado en la nota precedente.

Esta sentencia puede decirse que fue el inicio de un proceso de construcción jurisprudencial de enorme importancia que llevaría a la Corte, posteriormente, a partir de 1970 a suspender los efectos de los actos recurridos en vía contencioso-administrativa, cuando su ejecución pudiese ocasionar perjuicios irreparables o de difícil reparación por la definitiva[1006].

Posteriormente, la jurisprudencia de la Corte fue perfeccionando las modalidades de su decisión de suspensión de efectos de los actos impugnados. A partir de 1972 comenzó normalmente a exigir fianza para suspender los efectos de actos administrativos de liquidación de impuestos[1007], y a partir de 1973 exigió que después de acordada la suspensión, los interesados instaran regularmente el procedimiento[1008] a los efectos de evitar que se abandonase el proceso, con la sola decisión de suspensión provisional. A partir de 1974 esta exigencia fue precisada, señalando la Corte que la suspensión de los efectos del acto recurrido se acordaba "hasta que se revoque esta providencia por falta de instancia de los interesados en el procedimiento, o se decida definitivamente el recurso"[1009].

Sobre los motivos para la suspensión, la Corte no sólo se basó en el concepto de que la, ejecución pudiese causar un gravamen irreparable al recurrente[1010], sino en la dificultad de la reparabilidad del daño, el cual se aplica a los actos de liquidación de impuestos[1011].

En otros casos, la Corte exigió que el recurrente demostrase que el acto recurrido no era de urgente ejecución para acordar la suspensión[1012], o acordó la suspensión cuando la ejecución no fuese de manifiesta conveniencia pública[1013].

En todo caso, a partir de la Ley Orgánica de la Corte Suprema de Justicia de 1976, en su Art. 136, se atribuyó expresamente a la Corte la facultad de suspender los efectos de un acto administrativo de efectos particulares, cuya nulidad haya sido solicitada, cuando así lo permite la ley o la suspensión sea indispensable para evitar perjuicios irreparables o de difícil reparación por la definitiva, teniendo en cuenta las circunstancias del caso[1014].

B. El carácter de la decisión judicial de suspensión de los efectos de un acto administrativo

La suspensión de efectos de los actos administrativos que pueden pronunciar los tribunales de lo contencioso-administrativo, conforme a lo previsto en el citado artículo

---

1006 *V.*, la sentencia de la Sala Político-Administrativa de 27-7-70 en Allan R. Brewer-Carías, *Jurisprudencia de la Corte Suprema...*, *T.* V, Vol. 2, *cit.*, p. 565 y las sucesivas en pp. 566 y ss.

1007 *Idem.*, p. 572.

1008 *Ibídem*, p. 582.

1009 *V.*, sentencia de 10-1-74, en *Idem.*, p. 583.

1010 *V.*, por ejemplo, sentencia del 15-2-73, *Idem.*, p. 575.

1011 *V.* por ejemplo, sentencia del 31-10-72, *Idem.*, p. 574.

1012 *V.*, por ejemplo, sentencia del 9-4-73 y del 19-2-74, *Idem.*, pp. 577 y 584.

1013 *V.*, por ejemplo, sentencia del 9-4-73, *Idem.*, p. 578.

1014 *V.*, en general, Allan R. Brewer-Carías, "Comentarios en torno a la suspensión de los efectos de los actos administrativos en vía contencioso-administrativa" en *Revista de Derecho Público*, EJV, N° 4, Caracas, octubre-diciembre 1980, Sección "Comentarios Jurisprudenciales".

136 de la Ley Orgánica de la Corte Suprema de Justicia, es una decisión de carácter provisional y temporal y, por supuesto, no es definitiva, pues esto corresponde a la sentencia definitiva.

Por ello, la suspensión de los efectos de los actos administrativos en vía jurisdiccional, en principio, no prejuzga nunca sobre la definitiva[1015]. En otras palabras, "es una mera detención de la actividad administrativa, que nada prejuzga el resultado final del proceso jurisdiccional que tramita el Tribunal Contencioso-Adminis-trativo"[1016].

Es más, si de principios jurisprudenciales se trata, resulta que la Corte Suprema de Justicia ha señalado que cuando el acto administrativo recurrido sea uno que haya revocado una autorización o , permiso, procede la suspensión de los efectos del acto impugnado, sin que ello implique que se toque el fondo del asunto[1017].

Tal y como expresamente lo ha señalado la Corte Suprema con motivo de la solicitud de suspensión de los efectos de un acto administrativo: "En esta etapa del juicio no es procedente examinar la naturaleza intrínseca de los actos cuya nulidad se pide, ya que tal examen constituye, precisamente, el fondo de la cuestión controvertida"[1018].

Por tanto, argumentar, como lo ha hecho algunas veces la misma Sala Político-Administrativa de la Corte Suprema[1019] que decidir la suspensión de los efectos de un acto administrativo implicaría pronunciarse sobre el fondo del asunto planteado, es desconocer la naturaleza y finalidad de esta facultad acordada legalmente a los tribunales contencioso-administrativos, de amparar a los recurrentes contra las arbitrariedades de la Administración que puedan causar perjuicios irreparables o de difícil reparación cuando se adopte la decisión sobre el fondo del asunto.

Ciertamente que la Corte Suprema de Justicia utilizó en muchas' de sus decisiones ese argumento de que la decisión del pedimento previo de suspensión del acto recurrido implicaba pronunciarse sobre la definitiva pero ello lo hizo mientras no estaba legalmente consagrada esa potestad del juez contencioso-administrativo.

Ahora bien, consagrada expresamente esa posibilidad en el artículo 136 de la Ley Orgánica de la Corte Suprema de Justicia, resultaría un contrasentido que se lesionaran innecesariamente los derechos e intereses de los recurrentes, al no suspender los efectos del acto recurrido, alegándose que ello implicaría prejuzgar sobre la definitiva.

Si esto fuera así, nunca podría suspenderse los efectos de los actos impugnados, lo cual contradice el espíritu y naturaleza del recurso contencioso-administrativo.

1015 Tal como lo señala Cirilo Martín Retortillo González. "Suspender según una de las acepciones del Diccionario de la Lengua, consiste en "detener o diferir por algún tiempo una acción y otra"; este es su significado en el terreno procesal, con relación a la actividad de la Administración Pública sometida a revisión jurisdiccional. Bien entendido que la suspensión no prejuzga para nada la resolución definitiva que el Tribunal haya de dictar en relación con el proceso principal". *V.*, en su libro *Suspensión de los Actos Administrativos por los Tribunales de lo Contencioso*, Editorial Montecorvo, Madrid, 1963, p. 42.

1016 *Idem.*, p. 43.

1017 *V.*, sentencia de 22-4-71 en Allan R. Brewer-Carías, *Jurisprudencia de la Corte Suprema...*, *T.* V, *v.* 2, *cit.*, p. 567.

1018 *V.*, sentencia del 15-7-75, *Idem*, pp. 571 y ss.

1019 *V.*, por ejemplo, sentencia del 20-2-74, *Idem.*, p. 586.

C. El fundamento de la decisión judicial de suspensión

a. *La garantía del recurrente*

El fundamento de la facultad dada legalmente a los órganos de la jurisdicción contencioso-administrativa de suspender los efectos de los actos recurridos, como lo dice Jesús González Pérez, está en "la necesidad de arbitrar una garantía frente a la prerrogativa administrativa"[1020]. Se trata, por tanto, de una garantía establecida básicamente en beneficio del recurrente, es decir, de aquél a quien la ejecución del acto afecta en sus derechos e intereses legítimos[1021]. Por eso, la Corte Suprema en muchas de sus decisiones atribuyó la decisión de suspensión de efectos del acto recurrido el carácter de un "amparo" judicial[1022].

Pero por supuesto, este amparo judicial sólo procede cuando la suspensión sea indispensable para evitar perjuicios irreparables o de difícil reparación. Tal como lo ha decidido la Corte Primera de lo Contencioso-Administrativo en sentencia reciente de fecha 11 de mayo de 1980:

> "Para suspender los efectos de un acto administrativo de efectos particulares cuya nulidad haya sido solicitada, es necesario que se dé alguno de los dos supuestos siguientes: que así lo permita la Ley o que la suspensión sea indispensable para evitar perjuicios irreparables o de difícil reparación por la definitiva; y, además, que la Corte tome en cuenta las circunstancias del caso. Como se ve, es menester, como requisito sine qua non que la no suspensión de que se trate cause o produzca un daño irreparable o de difícil reparación en la decisión definitiva que sobre el asunto se produzca [1023].

En todo caso, este beneficio contrapone dos intereses: el interés del recurrente en suspender la ejecución del acto y el eventual interés colectivo o de terceros en que el acto se ejecute. En beneficio del primer interés es que se permite la suspensión de los efectos del acto recurrido, como excepción al principio de la ejecutoriedad de los actos administrativos. Como manifestación del segundo principio, para proteger el eventual interés colectivo o de terceros en la ejecución inmediata del acto, en su caso, es que el juez contencioso-administrativo puede desestimar el pedimento de suspensión o exigir la fianza para dictar la suspensión.

Pero calibrar cuándo debe privar un interés sobre el otro es precisamente lo que el juez contencioso-administrativo debe apreciar en base a la naturaleza y efectos del acto recurrido, en cada caso concreto, sin que ello signifique, como se dijo, prejuzgar sobre la decisión definitiva[1024].

1020 *V.*, Jesús González Pérez, *Derecho Procesal Administrativo*, *T.* III, Madrid, 1958, p. 178.

1021 Tal como lo ha señalado/la Corte Primera de lo Contencioso-Administrativo en auto del 20-12-79, "se trata de una garantía preventiva establecida por el ordenamiento jurídico para que el, obligado pueda asegurar en su momento los efectos de la anulación del acto ejecutado'", p. 3 del original.

1022 *V.*, sentencia del 9-4-73 en Allan R. Brewer-Carías, *Jurisprudencia de la Corte Suprema...*, *T.* V, *v.* 2, *cit.*, p. 578.

1023 *V.*, en *Revista de Derecho Público* N° 3, julio-septiembre, 1980, pp. 159 y ss.

1024 Tal como lo ha señalado Cirilo Martín Retortillo González: "la suspensión se pide con ocasión de un recurso o proceso principal y para asegurar en su día el fallo que dicte el Tribunal en aquél; más exactamente, para la más fácil realización de la sentencia, evitando al recurrente la mortificación y menoscabo temporal de su patrimonio, si el acuerdo administrativo, luego revocado, la hubiese ejecutado la Administración Pública..., se suspende el acto administrativo con la finalidad de evitar los daños o perjuicios "de reparación imposible o difícil" que pudie-

b. *Los intereses lesionados con la decisión judicial*

Como se señaló, la decisión judicial deberá dictarse previa la apreciación por el juez, de los intereses lesionados por la misma: si la decisión es de no suspender los efectos del acto recurrido, podría lesionar el interés del recurrente quien alega que la ejecución del acto le produce un gravamen irreparable o de difícil reparación; si, al contrario decide la suspensión del acto recurrido, podría lesionarse un interés de terceros o de la colectividad[1025].

Ahora bien, si en el caso concreto no hay ningún interés público ni de terceros que podrían verse lesionados por la suspensión de los efectos del acto recurrido, sin duda que la decisión judicial debería ser de suspensión de dichos efectos, pues la no suspensión no beneficiaría a ningún tercero ni a interés colectivo alguno, sino que sólo perjudicaría al recurrente.

Al contrario, si la suspensión de los efectos del acto recurrido produjese "grave perturbación al interés público", ello podría ser una razón para que esta suspensión jurisdiccional no se acordase[1026].

Ahora bien, cuando el único interés lesionado por la no suspensión de los efectos del acto recurrido es el del recurrente, no beneficiándose de esa no suspensión ni perjudicándose de la suspensión el interés colectivo o de tercero alguno, es evidente que ésta puede dictarse por el juez, máxime si la no suspensión produce al recurrente perjuicios de difícil reparación por la definitiva.

Pero, además, si el Tribunal apreciare que la suspensión de los efectos del acto recurrido puede perjudicar a terceros o al interés público, precisamente para garantizar que ello no se produzca, es que la ley dispone que el Tribunal, al tomar la decisión, "podrá exigir que el solicitante preste caución suficiente para garantizar las resultas del juicio". Tal como lo señala Cirilo Martín-Retortillo G., la ley consagra la soberanía de los Tribunales "también en orden a la exigencia de la caución, al reconocerle la facultad indiscutible de apreciar si la suspensión de efectos objeto de postulación puede derivar algún daño o perjuicio, bien a los intereses públicos o de terceros. Caso afirmativo, es obligatorio que exija caución suficiente para responder de los mismos. Establece una caución qué los procesalistas llaman facultativa, por oposición a las de carácter forzoso"[1027].

Queda por tanto a juicio del Tribunal el estimar si la suspensión de los efectos del acto recurrido, en primer lugar, lesiona intereses colectivos o de terceros, y en tal supues-

---

ran sobrevenir con la ejecución del acto o acuerdo administrativo recurrido... Así se salvaguarda el derecho del recurrente, siquiera para defender también los intereses públicos o de terceros, el Tribunal le exija caución suficiente en aquellos casos en que el propio Tribunal estime que, con tal suspensión, pueda resultar daño o perjuicio a estos intereses". *Op. cit.*, p. 43.

1025 Sobre este asunto, Cirilo Martín-Retortillo González ha señalado que "el Tribunal habrá de conjugar con el vivo sentido de justicia, base y fundamento de la función jurisdiccional, el interés público, la conveniencia de la comunidad, con el interés propio del recurrente; tarea que exige gran prudencia, pues es difícil, por la extraordinaria variedad de supuestos que la realidad nos brinda, establecer a priori los casos en que deba acordarse o denegarse tal supuesto. Lo que en unos casos puede ser correcto, en otros, porque concurra un matiz especialísimo, una circunstancia de tipo económico o social predominante, podrá motivar una solución distinta", *op. cit.*, pp. 106 y 107.

1026 *Idem.*, p. 64. Tal como lo ha acordado la Corte Suprema de Justicia, al decidir la suspensión cuando no hay una manifiesta conveniencia pública envuelta en la ejecución del acto, en sentencia del 9-4-73. *V.* en Allan R. Brewer-Carías, *Jurisprudencia de la Corte Suprema... T.* V, Vol. 2, *cit.*, p. 578.

1027 *Op. cit*,, p. 98.

to, el monto de la caución que exigiría presentar al recurrente[1028]. La Ley, sin embargo, puede exigir en algunos casos la caución forzosa como ha ocurrido en la Ley Orgánica de Ordenación Urbanística de 1987 cuyo artículo 94 dispuso que "cuando el propietario de la obra recurra a la vía jurisdiccional, el Juez o Tribunal que conozca de las acciones de nulidad de la orden administrativa de corrección, modificación, paralización o demolición, podrá suspender los efectos del acto mediante caución suficiente para garantizar el costo de la ejecución del acto y el de los daños y perjuicios a terceros".

D. La dificultad de reparación de los perjuicios causados

El artículo 136 de la Ley Orgánica de la Corte Suprema de Justicia autoriza a los órganos de la jurisdicción contencioso-administrativa a suspender los efectos de un acto administrativo de efectos particulares recurrido, "cuando la suspensión, sea indispensable para evitar perjuicios irreparables o de difícil reparación por la definitiva teniendo en cuenta las circunstancias del caso". Es decir, el motivo determinante de la suspensión, autorizada legalmente, no es solamente el perjuicio irreparable, circunstancia que aun cuando excepcionalmente podría darse tratándose de actuaciones de la Administración Pública, sino que la Ley ha consagrado como motivo además, y con acierto, el perjuicio de difícil reparación. Con ello se ha consagrado una mayor flexibilidad en la apreciación jurisdiccional de las circunstancias del caso, de manera que el juez pueda decidir con mayor espíritu de equidad, exigiendo, si lo juzga conveniente, la prestación de fianza para responder de los posibles daños o perjuicios que pudieren derivarse para los intereses colectivos o de terceros con motivo de la suspensión[1029].

La decisión del juez contencioso-administrativo, en definitiva, versará más sobre un problema de derecho administrativo que sobre un problema de derecho procesal, como acertadamente lo dice Jesús González Pérez[1030], el cual es la estimación de la irreparabilidad del daño o de la dificultad de su reparación, con el más vivo espíritu de justicia[1031].

1028 Tal como lo ha señalado la Corte Primera de lo Contencioso-Administrativo en sentencia del 5 de mayo de 1980: "Con respecto a la fianza que, si lo estima procedente la Corte, debe prestar al demandante que pide la suspensión, su apreciación queda librada al prudente arbitrio del Tribunal de lo Contencioso, expresa Bielsa (Sobre lo contencioso-administrativo [ed. 1954], p. 71) que dicha fianza "tiene un doble objeto; es a saber: 1° asegurar a la Administración Pública la reparación pecuniaria de un daño eventual; 2° evitar el oportunismo del recurrente, cuando éste promueve el recurso y solicita a la vez la suspensión del acto, con el único objeto de beneficiarse con esa situación que si puede ser transitoria respecto del acto, suele ser definitiva para el provecho del recurrente". "En este segundo supuesto cabe agregar no es aventurado, pues puede presentarse con motivo de alguna concesión de servicio público todavía vigente, si se hubiese declarado su caducidad; o con motivo de la rescisión o modificación de un contrato administrativo que hubiese sido dispuesta de propia autoridad por la Administración contratante" (M. J. Argañaras, *op. cit.*, p. 249). *V.*, en *Revista de Derecho Público*, N° 3, julio-septiembre, 1980, pp. 159 y ss.

1029 *Cfr.* Cirilo Martín-Retortillo G., *op. cit.*, p. 76.

1030 *Op. cit.*, *T.* III, p. 181.

1031 Sobre esto, Cirilo Martín-Retortillo G., señala que: "Su determinación incumbe al Tribunal, llamado a decidir un problema de derecho administrativo más que procesal, que precisa en los juzgadores una especial atención para mantener, aun en esta fase incidental o precautoria, el vivo espíritu de justicia que caracteriza la actuación de nuestros Tribunales; que re- quiere sumo cuidado para mantener siempre el perfecto equilibrio entre la actuación de la Administración Pública y los derechos indiscutibles de los ciudadanos o de los particulares directamente afectados por el obrar de aquélla", *op. cit.*, p. 78.

Y es precisamente este espíritu de justicia, el cual deben aplicar los Tribunales Contencioso-Administrativos, cuando la suspensión de los efectos del acto recurrido no perjudica a nadie, ni a terceros ni al interés colectivo; y en cambio, su no suspensión, sólo perjudica al recurrente causándole perjuicios de difícil reparación.

Sobre el carácter de la irreparabilidad del daño, la Corte Primera de lo Contencioso-Administrativo, en la, citada sentencia del 11-5-80, señaló que este perjuicio

> "no puede medirse por la cuantía del daño, aunque pudiera tener repercusión ruinosa en el patrimonio del particular afectado, pues ha de admitirse que la entidad administrativa demandada tiene solvencia suficiente para proveer a la repercusión del daño ocasionado, si fuese revocado el acto que lo causó (M. J. Argañarás, *Tratado de lo Contencioso-Administrativo*, p. 247).

La irreparabilidad está relacionada con el derecho mismo que el acto vulnera, y habría "perjuicio irreparable" o de "difícil reparación" cuando la ejecución "del acto administrativo hiciera frustráneo el derecho subjetivo del interesado, sin que a éste le quede una vía apta para conseguir la reparación debida. Por ello daño irreparable no significa que para pedir y acordar la suspensión del acto, basta que se perjudique un interés con la ejecución, ni que este interés sufra un menoscabo reintegrable, sino que es necesario que el daño que causé, por su naturaleza no pueda ser reparable, con independencia de la reparación material que puede o no obtenerse (M. J. Argañarás, *op. cit.*, p. 248)"[1032].

En esta sentencia dictada con motivo de la impugnación de un acto administrativo de un Colegio Profesional, que suspendió del ejercicio de una profesión liberal a un profesional, la Corte Primera de lo Contencioso-Administrativo evaluó la irreparabilidad del daño que podía causarle el acto impugnado, suspendiendo su ejecución en la forma siguiente:

> "Con atención a tal alegato y a la facultad que le otorga el artículo 136 de la Ley Orgánica de la Corte Suprema de Justicia, esta Corte considera verdaderamente que, en el caso de autos, si la sentencia definitiva que al efecto haya de producirse en este proceso, le fuese favorable al recurrente, ésta no podría repararle, entre otros gravámenes, los derivados de la imposibilidad de poder ejercer su profesión durante un año y los eventuales daños que se le habían ocasionado injustamente en el caso de que la nulidad incoada, fuese declarada en la sentencia de fondo que haya de dictar esta Corte.
>
> En base a lo anterior, esta Corte considera que en el caso de autos están dados los requisitos para .que proceda la suspensión de los efectos del acto impugnado por cuanto ello es indispensable para evitar de ésta manera los perjuicios de difícil reparación que podría sufrir el recurrente si en definitiva se declara con, lugar la demanda de nulidad por razones de ilegalidad del acto administrativo impugnado"[1033].

Por otra parte, en cuanto a los perjuicios de difícil reparación, esto sucedería cuando una vez que se obtenga decisión definitiva en el juicio de impugnación del acto recurrido, y que el Tribunal declara la nulidad del acto recurrido, resulte sumamente difícil obtener de la Administración cuyo acto se recurre, el resarcimiento de los daños causados por los efectos del mencionado acto[1034].

1032 *V.* en *Revista de Derecho Público*, N° 3, julio-septiembre 1980, pp. 159 y ss.

1033 *Idem.*

1034 Como acertadamente lo señala Cirilo Martín-Retortillo G., en su citado libro Suspensión de los actos administrativos por las Tribunales de la Contencioso: "Es importantísima la declaración o el pronunciamiento que haga sobre el particular el Tribunal competente para ello pues, ciertamente, interesa evitar el sarcasmo que representaría que un recurrente obtuviera sentencia favorable, anulatoria del acuerdo recurrido, cuando su legítimo dere-

En todo caso, queda claro que no todo perjuicio que la ejecución del acto causa al recurrente es irreparable o de difícil reparación. Tal como lo ha señalado la Corte Primera de lo Contencioso-Administrativo, "aun cuando el perjuicio puede ser cierto para el recurrente, ello no significa consecuencialmente que el mismo sea irreparable o de difícil reparación, en caso de declaratoria con lugar del recurso, ya que la ley prevé mecanismos para el restablecimiento de las situaciones jurídicas subjetivas lesionadas por la actividad administrativa"[1035].

E. Cuestiones procesales de la decisión

La decisión judicial de suspender la ejecución de los actos administrativos recurridos, conforme a lo previsto en el artículo 136 de la Ley Orgánica de la Corte Suprema de Justicia, ha planteado varias cuestiones procesales, sobre todo en su aplicación por la Corte Primera de lo Contencioso-Administrativo, que debemos analizar, y que se refieren, entre otros aspectos, a la obligación del juez de decidir; a la prueba de lo alegado en autos; a la oportunidad de la decisión; a su apelabilidad y a sus efectos.

a. *La obligación del juez de decidir*

El juez contencioso-administrativo, ante un pedimento de suspensión de los efectos de un acto impugnado, está obligado a decidir si suspende o no los efectos del acto, es decir, el juez debe acordar la suspensión o negar el pedimento.

En tal sentido, por ejemplo, en una sentencia de 20-12-79 la Corte Primera de lo Contencioso-Administrativo, al conocer de una apelación contra un auto de un Tribunal Superior que no decidió el pedimento de suspensión por estar vinculada esa decisión no adoptada con el fondo del asunto, sostuvo lo siguiente:

> "En el caso de autor, el Tribunal a quo negó la solicitud de suspensión de los efectos del acto recurrido alegando que una decisión favorable "está estrechamente vinculada con el fondo del petitorio del recurso contencioso administrativo de anulación interpuesto". No está la Corte de acuerdo con tal razonamiento pues el artículo 136 de la Ley Orgánica de lo Corte Suprema de Justicia coloca a los jueces competentes ante el deber de pronunciarse sobre la solicitud de suspensión del acto impugnado, para ordenarla cuando corresponda, como medida cautelar en prevención de que el recurso llegare a prosperar, pues ésta es una posibilidad implícita en la Ley, que obliga al juez a

---

cho hubiere quedado Sacrificado por una precipitada ejecución del acto impugnado, y tuviere que iniciar un nuevo proceso para la ejecución anulatoria, en circunstancias quizás llenas de dificultades para la debida reparación", *op. cit.*, p. 78. Sobre la dificultad de la reparación de los daños que pueda causar la ejecución de un acto administrativo, y que justificaría la suspensión de sus efectos, este autor señala que: "La dificultad puede estar precisamente en la pobreza o insolvencia, si no en la dificultad del órgano administrativo para justipreciar tales daños o perjuicios. La nueva Ley jurisprudencial, con un espíritu más generoso (con igual redacción al texto venezolano) amplía la causa de difícil reparación para comprender todos aquellos casos en que, sea por la mecánica interna de los organismos administrativos, sea por los normas presupuestarias que rijan la vida económica de los entes públicos, el recurrente que alcanza sentencia favorable no logre fácilmente la reparación de daños y perjuicios. *V.*, Cirilo Martín-Retortillo G., *op. cit.*, pp. 80 y 81. Sobre los criterios jurisdiccionales de los Tribunales españoles al aplicar una norma similar a la del artículo 136 de la *Ley Orgánica de la Corte Suprema de Justicia*, sobre la apreciación de los perjuicios de difícil reparación, *V.*, Francisco Pera Verdaguer, Comentarios a la Ley de lo Contencioso-Administrativo, Barcelona, 1969, pp. 276 y ss. En los últimos diez años, los tribunales contencioso-administrativos venezolanos han desarrollado ampliamente esta problemática. *V.*, la jurisprudencia, en la *Revista de Derecho Público*, EJV, a partir de 1980.

1035 Sentencia del 20-12-79, p. 5 del original.

fundamentar el rechazo de la suspensión cuando la ejecución del acto no sea "indispensable, para evitar perjuicios irreparables o de difícil reparación por la definitiva", noción que por su propia trascendencia deja un amplio margen de discrecionalidad a los tribunales"[1036].

Con esta edición comenzó a delinearse una doctrina distinta a la que prevaleció antes de la entrada en vigencia de la ley, y que por no existir la atribución prevista en el artículo 136 de la Ley Orgánica, llevó a la Corte Suprema, con frecuencia, a no decidir la solicitud de suspensión, argumentando que ello tocaba el fondo del asunto. Con esta sentencia de la Corte Primera, al contrario, resulta la obligación del juez de decidir la suspensión o de negarla expresamente, conforme a lo alegado y probado en autos.

b. *La prueba de lo alegado en autos*

La decisión judicial de suspensión de efectos del acto impugnado es procedente, conforme al artículo 136 de la Ley Orgánica, "a instancia de parte". Por ello, el recurrente o quien tenga en el proceso interés personal, legítimo y directo no sólo debe solicitar la suspensión, sino probar su alegato, en relación con los perjuicios que le causa la ejecución del acto impugnado. Por ello ha sido doctrina jurisprudencial de la Corte Primera de lo Contencioso-Administrativo, a partir de su sentencia de 7-2-79, "que para que la solicitud de suspensión encaje en la previsión del artículo 136, no basta con que el particular alegue un perjuicio, sino que es necesario que se aleguen hechos concretos de los cuales nazca la convicción de un perjuicio real procesal para el recurrente"[1037]; hechos que deben ser aprobados por el recurrente.

c. *La oportunidad de la decisión, y su apelación*

La solicitud de suspensión de los efectos de los actos administrativos en vía contencioso-administrativa normalmente se ha formulado como un pedimento previo en el libelo del recurso, que se podría decidir en el auto de admisión o inmediatamente después, por auto separado.

La Corte Suprema de Justicia, en estos casos, había establecido en todas sus decisiones, que la suspensión de efectos de los actos recurridos sólo podía adoptarse, primero, después que se recibiera el expediente administrativo de la autoridad administrativa respectiva; y segundo, después que se admitiera el recurso.

Como se ha señalado anteriormente; a partir de diciembre de 1980, sin embargo, la Corte Suprema en casos urgentes acordó la suspensión de efectos de los actos administrativos, antes de recibir el expediente administrativo[1038], lo cual ya había resuelto el Tribunal Superior Primero con competencia contencioso-administrativa de la Región Capital en sentencia de 1980[1039].

Pero la solicitud de suspensión, dado su fundamento de protección y amparo temporal de los derechos del recurrente o de los interesados, puede plantearse con posterioridad. Tal como lo ha señalado la Corte Primera de lo Contencioso-Administrativo en su citada decisión del 20-12-79, "la suspensión del acto procede en cualquier grado e instancia

1036 P. 5 del original.

1037 *V.* la sentencia del 20-12-79, p. 4 del original. Confróntese la sentencia de la misma Corte Primera de 30-1-80 en *Revista de Derecho Público*, N° 1, Caracas, enero-marzo 1980, p. 149

1038 *V.* la decisión de la Corte Suprema de Justicia en Sala Político-Administrativa de 9-12-80 *cit.*

1039 Consultada en original, Exp. 80/021.

de la causa, pues se trata de una garantía del administrado frente a la prerrogativa administrativa[1040]. Por lo tanto la suspensión puede solicitarse en el curso del procedimiento y aun en segunda instancia.

Por otra parte, tratándose de una garantía de los administrados, la Corte Primera de lo Contencioso-Administrativo ha sostenido que "el auto por el cual se decide sobre la pretensión de suspensión es susceptible de apelación cuando es dictado por tribunales de lo contencioso-administrativo de primera instancia. Es evidente que la posibilidad de apelación se da en aquellos procesos que, por su objeto, no están excluidos de apelación"[1041].

d. *Efectos de la decisión*

La decisión judicial de suspender los efectos del acto recurrido tiene como efecto inmediato dejar las cosas y situaciones jurídicas tal y como estaban antes de dictarse el acto recurrido. A los efectos de las situaciones jurídicas preexistentes, el efecto de la decisión es considerar como si el acto administrativo cuyos efectos se suspenden, no se hubiese dictado nunca. La Administración, por supuesto, está obligada a cumplir la decisión judicial y no podría, en forma alguna, aplicar el acto cuyos efectos se suspenden. Cuando los funcionarios administrativos incumpliesen la decisión judicial no acatándola, podrían ser objeto de multa. El Tribunal respectivo, en todo caso, podría ordenar lo conducente a los efectos de que el órgano administrativo cumpla la decisión judicial[1042].

Por otra parte, la decisión que se adopte por el juez contencioso-administrativo, no produce los efectos de cosa juzgada. Tal como lo precisó la Corte Primera de lo Contencioso-Administrativo en su citada sentencia del 20-12-79,

> "aun en el caso extremo que tal auto adquiriese firmeza, por no haber sido interpuesto el recurso de apelación, siempre será posible plantear de nuevo la cuestión. En primer lugar, si el acto negó la suspensión, una vez en apelación el asunto principal se puede formular de nuevo la petición; en

---

1040 P. 3 del original.

1041 Sentencia del 20-12-79, p. 3 del original. Esta sentencia se dictó, precisamente, al conocer la Corte Primera de una apelación de la negativa del Tribunal inferior a decidir sobre la supresión o no de los efectos del acto recurrido

1042 Art. 174 LOCSJ. En sentencia reciente de 14-8-80, la Corte Primera de lo Contencioso-Administrativo, luego de haber suspendido los efectos de un acto administrativo, ante la negativa del Concejo Municipal de cumplir ciertas actividades consecuencia de esa suspensión de efectos, decidió lo siguiente: "Es característico del sistema contencioso-administrativo que la ejecución de las sentencias no está confiada a los propios tribunales qué, sin embargo, son en última instancia los que deciden sobre la ilegalidad de la actuación administrativa sino que dicha ejecución está a cargo de la propia Administración Pública. Tal circunstancia, sin embargo, no exime a los órganos jurisdiccionales correspondientes para proveer, a instancia de las partes interesadas, sobre las medidas que sean indispensables para activar la ejecución de las sentencias por la Administración". "Tampoco exime tal circunstancia a la Administración de ejecutar las sentencias de la jurisdicción contencioso-administrativa, lo cual aparte de resultar una burla a las garantías constitucionales correspondientes, acarrea por una parte responsabilidad directa y personal del funcionario administrativo obligado a cumplir la sentencia, responsabilidad que conforme la figura de desobediencia presumible, delito previsto y penado en el Código Penal (artículo 485), también puede por otra parte acarrear la responsabilidad patrimonial exigible en un segundo proceso, en caso de incumplimiento de lo sentenciado, quiere dejar constancia la Corte de que siendo parte y estando a derecho el Concejo Municipal y en aras de decidir esta incidencia con la mayor objetividad, este órgano jurisdiccional, ha hecho conocer al Concejo precitado la' reclamación interpuesta quien, a pesar de ello, no se ha hecho presente"."Así, por las razones ya citadas, esta Corte Primera de lo Contencioso-Administrativo ordena a las autoridades administrativas del Concejo Municipal del Distrito Sucre del Estado Miranda a ejecutar lo decidido por esta Corte en sentencia de fecha 20 de diciembre de 1979". *V.* en *Revista de Derecho Público*, N° 4 octubre-diciembre, 1980.

segundo lugar, el tribunal puede, aun de oficio, reconsiderar la procedencia de la medida adoptada cuando cambien las circunstancias que lo determinaron, aun cuando la suspensión haya sido acordada en la instancia jurisdiccional superior por apelación de la denegación de tal suspensión en primera instancia; y en tercer lugar, por la falta de impulso procesal adecuado por el solicitante de la suspensión"[1043].

F. Algunos cambios jurisprudenciales en relación con los efectos de la interposición de los recursos

De lo anteriormente expuesto resulta que uno de los principios tradicionales del derecho administrativo es el de la presunción de legitimidad, veracidad y legalidad de los actos administrativos, lo que significa que los mismos, siendo válidos y eficaces, son de obligatorio cumplimiento tanto para la propia Administración como para los particulares. De ello deriva, además, el carácter ejecutivo y ejecutorio de los actos administrativos, que al gozar de dicha presunción, en sí mismos constituyen un título ejecutivo y pueden ser ejecutados de inmediato.

La consecuencia inmediata de tales principios, en el ámbito del contencioso-administrativo, es que el control judicial de la legalidad se configura como un medio para desvirtuar la presunción señalada que, por supuesto, es juris tantum. Por ello, la sola interposición de los recursos no suspende la ejecución de los actos administrativos, y mientras su nulidad no sea pronunciada por la autoridad judicial, la Administración puede ejecutarlos. De allí deriva el principio de los efectos no suspensivos de los recursos contencioso-administrativos, pudiendo sin embargo el juez respectivo, suspender los efectos del acto impugnado, siempre que sea de efectos particulares, "cuando así lo permita la ley o la suspensión sea indispensable para evitar perjuicios irreparables o de difícil reparación por la definitiva", tal y como lo establece el artículo 136 de la Ley Orgánica de la Corte Suprema de Justicia.

Por tanto, la suspensión judicial de los efectos de un acto administrativo impugnado, está regulada en la Ley Orgánica, en general, como una excepción procesal al principio de los efectos no suspensivos de la interposición de los recursos de nulidad; y que en principio, sólo procede a instancia de parte.

Estos principios tradicionales, sin embargo, han venido progresivamente siendo mitigados, y diversos cambios comienzan a evidenciarse[1044].

a. *La admisión de poderes de oficio de los jueces en materia de suspensión de efectos*

En efecto, en primer lugar, debe destacarse la doctrina sentada por la Corte Suprema de Justicia en el sentido de admitir la posibilidad de que la Corte dicte de oficio la medida de suspensión, aun en casos en los cuales no haya sido solicitada expresamente, pero que resulte ser la intención expresada por los recurrentes. Así, en el caso de la impugnación de un Decreto referente a limitaciones a la propiedad, en el Parque Nacional Mochima y que los recurrentes interpretaron como un acto de efectos generales respecto del cual no procedía la suspensión de efectos; la Corte Suprema, en sentencia de 16-11-

---

1043 *V.*, p. 4 del original.

1044 *V.*, Allan R. Brewer-Carías, *Nuevas tendencias en el Contencioso-Administrativo en Venezuela*, Caracas, 1992.

89, al considerarlo como un acto de efectos particulares estimó que "la voluntad de los recurrentes había sido petición de la suspensión de los efectos del acto", razón por la cual la Sala Político-Administrativa pasó a valorar si estaban cumplidos los demás extremos del artículo 136, de la Ley Orgánica, y resolvió suspender los efectos[1045].

b. *La suspensión automática de efectos respecto de los llamados actos "cuasi-jurisdiccionales"*

En segundo lugar, debe señalarse la doctrina de la Corte Primera de lo Contencioso-Administrativo en mitigar el carácter excepcional de la decisión de suspensión de efectos de los actos administrativos, y considerar que procede automáticamente respecto de los actos dictados por la Administración en función jurisdiccional, los cuales ha calificado dicha Corte como "cuasi-jurisdiccionales". En efecto, en sentencia de 11-10-90, la Corte Primera sostuvo lo siguiente:

> "...en los casos en los cuales se solicite la suspensión de los efectos de un acto cuasi jurisdiccional, esto es, de aquellos en los cuales la Administración actúa como un árbitro que decide una controversia entre particulares como lo es la providencia del Inspector del Trabajo objeto del recurso de nulidad, la ejecutoriedad del mismo debe ser apreciada con un criterio menos rígido que el que se aplica para los actos en los cuales la Administración ejerce su función natural y típica como lo es la de satisfacer en forma inmediata las necesidades públicas concretas.
>
> En efecto, en tales actos el recurso contencioso-administrativo se acerca al sentido de una apelación de una sentencia definitiva en muchos aspectos, en la cual, el efecto suspensivo es inmediato"[1046].

c. *La posibilidad de suspensión de efectos de los actos consecuenciales*

En tercer lugar, debe igualmente destacarse que frente a la tesis tradicional sentada por la Corte Suprema en sentencia de 21-3-90, de que la suspensión de efectos del acto administrativo recurrido en vía contencioso-administrativa, "sólo puede recaer sobre el acto cuya nulidad ha sido solicitada a través del correspondiente recurso de anulación", que "no puede comprender otros actos, aun conexos con el impugnado de nulidad, si no han sido demandados conjuntamente con aquél" y que "los efectos de la suspensión ni se extienden ni amplían a aquellos actos, que más que actos de ejecución del acto impugnado, son otros actos diferentes y autónomos, aunque para dictarse se hubiera tenido en cuenta lo resuelto por aquellos"[1047]; la misma Corte Suprema de Justicia, en un avance fundamental para garantizar la efectiva tutela judicial frente a la Administración, ha admitido recientemente la posibilidad de que la suspensión de efectos del acto impugnado de nulidad comprenda los actos consecuenciales del impugnado, e incluso, los sobrevenidos.

En efecto, en cuanto a los actos consecuenciales, la Corte Suprema de Justicia, en el caso de la demanda de nulidad del acto de improbación de la Memoria y Cuenta de un Alcalde, admitió como procedente la suspensión de los efectos de sus actos consecuenciales: la suspensión del Alcalde en el ejercicio de sus funciones y la subsiguiente convocatoria a referéndum. La Corte, en Sala Político-Administrativa, en efecto consideró lo siguiente:

1045 *V.*, sentencia de 16-11-89 en *RDP*, N° 40, 1989, p. 127.
1046 *V.*, en *RDP*, N° 44, 1990, pp. 168.
1047 *V.*, en *RDP*, N° 42, 1990, pp. 129-130.

"La amplia facultad discrecional que le concede el artículo 136 de la Ley Orgánica de la Corte Suprema le Justicia, permite a este Alto Tribunal la posibilidad de pronunciarse y decidir de manera irrestricta –puesto que ninguna limitación le impone la norma respecto de todos los efectos producidos por el acto administrativo individual impugnado, y de acordar o no la suspensión– total o parcial de los mismos, sólo con vista de las "circunstancias" del caso concreto en examen"[1048].

d. *La posibilidad de suspensión de efectos de los actos sobrevenidos*

Pero no sólo la Corte Suprema ha admitido la suspensión de efectos respecto de los actos consecuenciales del acto impugnado, sino también de los actos administrativos sobrevenidos dictados en ejecución del mismo. Así la Corte Suprema, en el caso de la impugnación del Decreto que limitó los derechos de propiedad en el Parque Nacional Mochima, cuyos efectos por decisión de 16-11-89 habían sido suspendidos, en el mismo juicio, en sentencia de 22-11-90 se pronunció sobre la suspensión de efectos de un Decreto posterior, dictado un año después, y que reproducía el anterior, a los efectos de "asegurar la efectividad de su decisión y el derecho de tutela judicial de los recurrentes" considerando que la suspensión de los efectos de actos sobrevenidos debía sujetarse a que se dieran los siguientes supuestos:

"1.Que el acto reproducido contenga en esencia la disposición o disposiciones suspendidas.

2. Que no hubieran desaparecido las causas que motivaron la medida de suspensión.

3. Que el acto repetido o reproducido haya sido dictado por la misma entidad que dictó el anterior.

4. Que quien solicite la suspensión del acto repetido sea parte en el proceso pendiente.

5. Que el proceso en donde se dictó la medida de suspensión no se hubiese pronunciado sentencia definitiva"[1049].

Con base en esta doctrina, los tribunales contencioso-administrativos se han pronunciado, en juicio, sobre la suspensión de todos los actos de ejecución del acto administrativo impugnado, y cuyos efectos han sido previamente suspendidos. En tal sentido, la Corte Suprema de Justicia ha puntualizado claramente sus poderes en cuanto a velar por la ejecución efectiva de sus decisiones, en particular las que suspenden los efectos del acto impugnado[1050].

e. *La suspensión, de efectos de pleno derecho de los actos tributarios y su extensión al ámbito municipal*

En quinto lugar, debe destacarse el importantísimo avance que en relación a garantizar la efectiva tutela judicial frente a la Administración, ha significado la disposición del Código Orgánico Tributario, el cual, en dicha materia, ha consagrado expresamente el principio contrario a la tradición del contencioso-administrativo, en el sentido de establecer que el ejercicio de los recursos contencioso-tributarios tiene efectos suspensivos respecto de la ejecución de los actos recurridos (artículo 178). Esta norma ha tenido una importantísima repercusión jurisprudencial en el sentido de que en virtud del carác-

1048 *RDP*, N° 46, 1991, pp. 146-147

1049 *V.*, en *RDP*, N° 44, 1990, pp. 170-173.

1050 *V.* sentencia de 22-11-90 en *RDP*, N° 44, 1990, pp. 177-178.

ter supletorio del Código respecto del ordenamiento municipal conforme al artículo 114 de la Ley Orgánica de Régimen Municipal, la Corte Suprema de Justicia en sentencia de 14-3-91, ha extendido el principio al ámbito de la impugnación de los actos tributarios municipales, estableciendo la doctrina de que:

> "la interposición de recursos contencioso-administrativos de anulación en contra de actos tributarios municipales, suspenden la ejecución del acto recurrido, sin que se requiera examinar si en verdad ello es necesario para evitar perjuicios irreparables por la definitiva. En otras palabras, que la interposición de la demanda de anulación, a tenor de lo dispuesto en el mencionado artículo 178, produce como efecto inmediato procesal la no ejecución del apto impugnado, por lo que ya no es un problema la procedencia o no de dicha suspensión como medida precautelativa, sino una consecuencia propia de aquellas demandas, que no cabe discutir o evidenciar. Es decir, que al igual que otros efectos que produce la sola presentación de la demanda (por ejemplo, evitar la caducidad, etc.), la suspensión de la ejecución de los actos tributarios, impugnados de nulidad, se produce por el hecho simple de su interposición, sin atender si con ello se garantizan o no los efectos del fallo definitivo"[1051].

f. *El carácter cautelar de la acción de amparo ejercida conjuntamente con el recurso de nulidad y la suspensión expedita de los efectos del acto recurrido*

En sexto lugar, debe mencionarse en relación a la suspensión de efectos de los actos administrativos en vía contencioso-administrativa, el sentido automático de la misma cuando se formula conjuntamente con el recurso contencioso-administrativo de anulación una pretensión de amparo.

La intención del Legislador al regular ese ejercicio conjunto de la acción de amparo con el recurso de nulidad frente a los actos administrativos, fue precisamente el permitir al juez contencioso-administrativo, en los casos de lesiones o amenaza de lesión a derechos constitucionales por el acto administrativo, suspender inmediatamente los efectos del acto administrativo, *in limine* litis, en forma mucho más expedita, de manera que la acción de amparo, en definitiva, se debía resolver en una medida cautelar de suspensión de efectos del acto impugnado, sin mayores trámites ni requerimiento de informes y sin audiencia constitucional, mientras duraba el juicio de nulidad.

A pesar de esta intención del Legislador que resulta de lo propuesto en la Cámara del Senado al discutirse la Ley, los tribunales contencioso-administrativos no entendieron el sentido de la regulación, y comenzaron a interpretar que en los casos de ejercicio conjunto de la acción de amparo con el recurso de nulidad, debían llevarse los dos juicios en paralelo, sin percatarse que el principal, en esos casos, es el juicio de nulidad, y el accesorio es el de amparo, que debía limitarse en una medida cautelar de suspensión dé efectos, como mandamiento judicial de protección constitucional.

Afortunadamente, a partir de 1991 y en la conocida decisión de la Corte Suprema de Justicia de 10-7-91 dictada en el caso *Tarjetas Banvenez y otros*, la Sala Político-Administrativa ha puntualizado definitivamente el carácter de la acción de amparo cuando se intenta conjuntamente con un recurso de nulidad, en el sentido de que tiene un carácter cautelar, consistente en principio, en la suspensión de efectos del acto recurrido mientras dure el juicio de nulidad, así:

1051 *V.* en *RDP*, N° 45, 1991, pp. 166-167.

1° "Que de la interpretación concatenada de los artículos 5 y 22 de la Ley Orgánica de Amparo se infiere claramente la distinción entre la acción de amparo ejercidas conjuntamente con el recurso de nulidad y la acción de amparo autónoma o el recurso de inconstitucionalidad, en cuanto a que –no obstante la común exigencia de la violación directa de una norma constitucional–, estos dos últimos recursos tienen una finalidad distinta (restitutoria en el amparo autónomo y anulatoria en la acción de inconstitucionalidad), en tanto que, en el amparo conjunto, se trata de una medida cautelar que sólo requiere como fundamento "un medio de prueba que constituya presunción grave de la violación o de la amenaza de violación" (artículo 22) así como la consideración, por parte del tribunal, de la que la suspensión de los efectos del acto recurrido resulta procedente como garantía del derecho constitucional violado, mientras dure el juicio (artículo 5°); es decir, que las medidas cautelares revela como necesarias para evitar que el accionante, por el hecho de existir un acto administrativo, se ye impedido de alegar violación de derechos constitucionales.

De ahí que la suspensión de sus efectos pretenda mantener sin ejecución el acto impugnado, si el juez considera que debe suspenderse dicho acto por la presunción grave de violación constitucional invocadas en el amparo.

Por tanto, si se exigiese la misma rigurosidad en la sustentación de la acción de amparo acumulada que la que se requiere para las otras acciones señaladas (amparo autónomo y recurso de inconstitucionalidad), la de amparo conjunta resultaría prácticamente inútil, pues carecería del específico sentido que tiene: obtener que se suspendan el tiempo los efectos de un acto administrativo que podría afectar el derecho constitucional, eventual lesión que el juez del amparo aprecia como presumible".

Por otra parte, al resolver sobre el carácter cautelar de la acción de amparo cuando se intenta conjuntamente con el recurso contencioso-administrativo de anulación, la Corte Suprema precisó el ámbito de los poderes suspensivos y no anulatorios del juez en su decisión. En el caso concreto, al analizar la sentencia dictada en primera instancia señaló:

2° "Que la Corte Primera de lo Contencioso administrativo no ha debido declarar, por vía de amparo que el acto de la Comisión Nacional de Valores demandado en nulidad violó el derecho de defensa de las empresas recurrentes, pues con tal declaratoria confunde el ámbito de una acción de amparo acumulada al recurso contencioso de anulación que no permite en esa etapa previa del proceso, pronunciamientos de esa naturaleza que envuelven consecuencias anulatorias propias sólo del juicio de nulidad en la correspondiente sentencia definitiva y ajena a la acción de amparo acumulada".

En efecto, como ya se ha dicho repetidamente, la naturaleza instrumental de una acción de amparo ejercida con base al artículo 5 de la Ley Orgánica de Amparo, está dirigida a obtener la suspensión temporal del acto administrativo impugnado y el juez debe acordarla si los derechos constitucionales invocados como conculcados están fundamentados en un medio de prueba (incluso el propio acto administrativo), que lleve al sentenciador a considerar que existe indicios o presunción grave de la violación o de la amenaza de violación constitucional alegada, por lo que resulta procedente la suspensión del mismo, mientras dure el juicio".

3° "Que la decisión de la Corte Primera en lo tocante a la reducción de los lapsos procesales del recurso contencioso-administrativo de nulidad, inserta en el dispositivo del mandamiento de amparo, resulta asimismo extraña a la materia de la acción de amparo ejercida con fundamento en el artículo 5 de la Ley Orgánica de Amparo, la cual debe quedar circunscrita a la suspensión temporal –si se la considera procedente por vía de amparo–, de los efectos del acto recurrido en nulidad".

4° Que el tribunal a quo erró en el tratamiento y solución del juicio de amparo, al decidir como "amparo definitivo" ratificar una medida que le había sido solicitado por los accionantes sólo como amparo provisional consistente en la suspensión de la Asamblea de Accionistas del Banco de Venezuela, SAICA, convocada para el lunes 12 de noviembre de 1990 y la cual fue acordada por ese órgano jurisdiccional el 9 de noviembre de ese año como medida cautelar innominada, obviando de este modo pronunciamiento acerca del petitorio específico de fondo del amparo, cual era la suspensión de los efectos de la Resolución 284-90 de la Comisión Nacional de Valores"[1052].

Después de la sentencia antes reseñada, la doctrina de la Corte Suprema y de la Corte Primera de lo Contencioso-Administrativo ha sido constante en indicar que el amparo acumulado al recurso contencioso-administrativo de anulación es de carácter estrictamente cautelar, teniéndose que sujetar:

> "al régimen de las medidas cautelares, concretamente a la que en este último recurso más se le asemeja: la suspensión de efectos del acto administrativo recurrido por ilegalidad, consagrada en el artículo 136 de la Ley Orgánica de la Corte Suprema de Justicia. Es decir: un pronunciamiento por vía de amparo sobre la inconstitucionalidad o no de la supuesta conducta lesiva, supondría adelantar opinión sobre el fondo del recurso de anulación contra un acto administrativo que, dotado como se encuentra de la llamada presunción de legitimidad, invoca como fundamento una norma legal en la que la propia decisión recurrida afirma que se encuentra prevista tanto la infracción calificada por el Consejo de la Judicatura en el caso, como la sanción por ese organismo aplicada. Pero tal pronunciamiento sobre el fondo del contencioso de anulación, intentado conjuntamente con la acción de amparo, de este vedado a la Corte en esta etapa del proceso. Así lo declara la Sala, reiterando en este caso, su propia jurisprudencia (s.S.P-A del 10-7-91, caso: "*Tarjetas Banvenez*")[1053].

En definitiva, la consideración del amparo intentado conjuntamente con el recurso de nulidad, como una pretensión cautelar, generalmente de suspensión de efectos del acto recurrido, lo que conduce es a admitir dicha suspensión en forma expedita sin necesidad de que el juez contencioso-administrativo pida informes a la autoridad presunta agraviante, ni de que se celebre audiencia constitucional alguna.

El sistema de protección de los derechos constitucionales cuando se intenta la acción de amparo conjuntamente con el recurso de nulidad, sin embargo, no llega en nuestro país a la consagración del efecto suspensivo de los recursos, sino a la posibilidad de que en forma expedita e inmediata el juez contencioso-administrativo decrete la suspensión de efectos.

El paso siguiente de avance que debe darse, en todo caso es el que se ha consagrado en la Ley 62/1978 de España sobre protección jurisdiccional de los derechos fundamentales, que ha invertido la regla del carácter no suspensivo de los recursos de nulidad, consagrando, al contrario, que siempre que se invoquen con alguna seriedad en los recursos contencioso-administrativos de anulación, derechos fundamentales, la regla es precisamente el carácter suspensivo del recurso.

g. *La posibilidad de suspensión de efectos de actos de efectos generales*

De acuerdo al artículo 136 de la Ley Orgánica de la Corte Suprema de Justicia, la medida de suspensión de efectos de los actos administrativos que pueda acordarse judicialmente, está prevista sólo con respecto de los actos administrativos de efectos particulares, habiendo sido reiterada y tradicionalmente negada por los tribunales contencioso-administrativos respecto de los actos de efectos generales.

1052 *V.* en *RDP*, N° 47, 1991, pp. 169 a 170.

1053 Caso: *María Gloria Carrillo de González*, sentencia de 11-2-92 (consultada en original).

Ello sin duda, puede producir situaciones injustas cuando se trata de actos de efectos generales que, sin embargo, puedan afectar directamente la situación jurídico subjetiva de un particular, sin que para ello sea necesario un acto posterior de ejecución. En situaciones de ese tipo podría admitirse la suspensión de efectos del acto recurrido, siempre, por supuesto, en relación al recurrente, es decir, con efectos inter partes.

En este sentido debe identificarse una reciente sentencia de la Sala Político-Administrativa de la Corte Suprema de 12-5-92 (caso Soto Luzardo) en la cual la Sala decidió la suspensión de efectos de un acto administrativo del Consejo de la Judicatura de convocatoria a un concurso que había sido impugnado. En este caso, por supuesto, la suspensión de efectos tiene carácter erga omnes mientras dura el juicio, y la explicación de ello es que el acto de convocatoria a un concurso en realidad no es un acto de efectos generales (como erróneamente lo calificó la Corte), sino un acto general de efectos particulares. Como tal, conforme al artículo 136 de la Ley Orgánica de la Corte, sus efectos eran suspendibles judicialmente.

Ahora bien; lo importante de esta sentencia y dejando aparte el error conceptual en cuanto a calificar el acto de convocatoria a un concurso como un "acto general, de efectos generales", es que al considerarlo como un acto administrativo de efectos generales y resultado por tanto inaplicable el artículo 136 de la Ley Orgánica de la Corte para suspender sus efectos judicialmente, la Sala hizo uso de las facultades cautelares previstas en el artículo 585 del Código de Procedimiento Civil, y suspendió los efectos del acto recurrido[1054].

6. La decisión del recurso contencioso-administrativo de anulación

A. El contenido de la decisión

El recurso contencioso-administrativo de anulación concluye con una determinada decisión cuyas características peculiares deben también precisarse. En primer lugar, el contenido de la decisión, tal como se ha señalado, es siempre la declaratoria o no de nulidad del acto atacado.

El Juez debe restablecer la legalidad objetiva lesionada, declarándolo nulo o no. Además, hemos señalado que la Ley Orgánica admite que mediante un recurso de anulación se pueden plantear pretensiones de condena a la Administración y solicitar el restablecimiento dé situaciones jurídicas subjetivas lesionadas, tal como se regula en el artículo 131.

En esta forma, la decisión definitiva del recurso, en realidad, puede tener tres contenidos distintos: la inadmisibilidad del recurso; la improcedencia del mismo; o la declaratoria de nulidad del acto en forma parcial o total, y en su caso, y como consecuencia, si hay pretensiones de condena, la condena a la Administración o el amparo de derechos fundamentales.

1054 Consultada en Original.

a. *La inadmisibilidad del recurso*

Ya hemos señalado que la decisión sobre la admisibilidad o no del recurso, en todo caso, es una decisión que debe adoptar el juez al iniciarse el proceso contencioso-administrativo. Tal como la Ley Orgánica de la Corte Suprema de Justicia lo regula[1055], se trata de una tarea encomendada al juez, en la cual debe utilizar sus poderes inquisitivos. Sin embargo, una vez admitido el recurso, alguna de las partes interesadas que concurrieron al proceso puede oponer una excepción de inadmisibilidad o cuestión previa como las denomina el Código de Procedimiento Civil[1056], las cuales si el tribunal estima que no deben resolverse previamente, debe ser decididas en la sentencia definitiva[1057]. Por ello, la sentencia definitiva puede declarar inadmisible el recurso, lo cual por supuesto está íntimamente relacionado con el incumplimiento de los requisitos procesales del recurso.

Por tanto, conforme a las excepciones opuestas, el juez puede declarar inadmisible el recurso interpuesto, por la ausencia de alguno de los requisitos procesales del mismo, ya sea porque el recurrente carezca de interés legítimo para recurrir, ya sea porque el acto administrativo que se impugna no haya causado estado, es decir, porque no se haya agotado la vía administrativa, o ya sea porque el acto, que se impugna no sea un acto administrativo o, siendo un acto administrativo, está definitivamente firme porque no admite recurso, o porque el lapso para interponerlo se encuentra vencido.

Por otra parte, debe señalarse que la declaratoria de inadmisibilidad del recurso hace que el acto administrativo subsista sin problemas de ilegalidad. Ciertamente, el acto administrativo podría teóricamente ser objeto de un nuevo recurso contencioso administrativo de anulación si la admisibilidad fue pronunciada por ejemplo, por falta de agotamiento de la vía administrativa o por falta de legitimación activa en el recurrente. Sin embargo, la expiración del término del recurso administrativo que pueda agotar la vía administrativa, o la expiración del lapso del mismo recurso de anulación, hacer prácticamente ilusoria, esa nueva impugnación. En todo caso, si la inadmisibilidad ha sido dictada por encontrarse agotado o caducidad del recurso, la interposición de un nuevo recurso es imposible.

Queda a salvo siempre, sin embargo, la posibilidad de la excepción de ilegalidad por parte del administrado lesionado por el acto administrativo[1058]. Esta, sin embargo, tiene que intentarse, como toda excepción en un proceso distinto. En el supuesto, por ejemplo, de un acto administrativo de liquidación de impuestos, si este acto queda firme, y la Administración intenta el cobro por vía judicial ordinaria, en ese proceso de cobro, el contribuyente puede alegar la excepción de ilegalidad produciéndose una especie de cuestión prejudicial para ante los tribunales contenciosos, para la decisión de esta ilegalidad.

b. *La improcedencia de la impugnación*

La decisión del juez contencioso-administrativo, al resolver el recurso de anulación, si los requisitos procesales están cabalmente cumplidos y ha sido admitido el recurso,

---

1055 Arts. 84, 115, 123, 124 LOCSJ.
1056 Arts. 386 y ss. CPC.
1057 Art. 130 LOCSJ.
1058 Art. 134 LOCSJ.

puede ser también de declaratoria sin lugar del recurso, o más bien, de declaratoria de improcedencia de la anulación, porque el acto administrativo que se impugna no tiene los vicios de ilegalidad que fueron invocados por el recurrente, o porque estos vicios no pudieron ser aprobados por éste, ni constatados por el juez.

La declaratoria sin lugar del recurso por improcedencia de la impugnación tiene el carácter de cosa juzgada relativa. Por tanto, el mismo recurrente, alegando los mismos vicios de ilegalidad, no podría intentar un nuevo recurso de anulación contra, el mismo acto administrativo impugnado anteriormente.

Sin embargo, teóricamente un nuevo recurso puede ser intentado por el mismo recurrente contra el mismo acto, pero invocándose otros vicios de ilegalidad. También podría ser intentado un nuevo recurso por otro recurrente. Esto teóricamente, pero prácticamente la expiración del lapso de caducidad para intentar el recurso impide su nueva interposición. Queda también a salvo, en todo caso, la posibilidad de la excepción de ilegalidad[1059].

c. *La anulación del acto*

Por último, la decisión del recurso puede ser también, y principalmente, una declaratoria de nulidad del acto administrativo impugnado, la cual puede ser total o parcial, limitándose esta última a una parte individualizada del acto recurrido.

En principio, la decisión del juez en materia de anulación debe adoptarse conforme a lo alegado y probado por las partes en el proceso, pudiendo sin embargo el juez, de oficio, considerar vicios de orden público, es decir, de nulidad absoluta[1060], incluso, conforme a las pruebas promovidas de oficio por el juez[1061].

Los efectos de la anulación del acto administrativo por la decisión del recurso contencioso-administrativo de anulación pueden ser analizados desde tres ángulos diferentes: respecto al mismo acto administrativo impugnado, respecto a los administrados y respecto a la Administración.

a'. **Efectos de la anulación respecto al acto impugnado: efectos en el tiempo**

La nulidad del acto administrativo declarada jurisdiccionalmente lo hará desaparecer, y con él sus efectos. En cuanto a estos últimos efectos, las consecuencias de la anulación jurisdiccional del acto administrativo varían según se trate de un acto administrativo viciado de nulidad o de anulabilidad.

En efecto, si la decisión del recurso contencioso-administrativo ha sido de declaratoria de nulidad de un acto administrativo nulo, viciado de nulidad absoluta, los efectos de esa anulación se extienden en principio, ex tune, o sea, se extienden hacia el pasado y hacia el futuro. Por tanto la anulación del acto administrativo nulo hace desaparecer los efectos producidos y por producirse de ese acto administrativo.

En todo caso, los supuestos en que procede la nulidad absoluta, son de derecho estricto, establecidos en el artículo 19 de la Ley Orgánica de Procedimientos Administrativos, y que abarcan los siguientes supuestos: la incompetencia manifiesta, es decir, bur-

1059 Art. 134 LOCSJ.
1060 Art. 87 LOCSJ y Art. 19, LOPA.
1061 Art. 129 LOCSJ.

da y evidente; los casos en que el objeto del acto sea imposible o constituya en sí mismo un delito; los casos en que haya falta absoluta y total del procedimiento cuando estaba exigido en la Ley; y los casos en los cuales la Constitución o la Ley declaren el acto como nulo; y cuando el acto revoque un acto anterior creador de derechos a favor de particulares.

Aparte de esos supuestos que son excepcionales, lo normal es la anulabilidad del acto, o nulidad relativa, produciéndose los efectos de la anulación solamente hacia el futuro.

En efecto, cuando lo que se declara anulado es un acto administrativo anulable, los efectos de la anulación jurisdiccional se extienden, en principio, ex nunc, es decir, sólo hacia el futuro, y los efectos producidos por el acto anulado en el pasado permanecerán válidamente producidos.

En todo caso, estos principios, pueden ser variados por el propio juez, quien, conforme a los artículos 119 y 131 de la Ley Orgánica debe en su sentencia, determinar "los efectos de su decisión en el tiempo".

b'. Efectos de la anulación respecto de los administrados: valor *erga omnes*

La decisión declaratoria de nulidad de un acto administrativo produce efectos erga omnes, absolutos, contrariamente a la regla habitual de la autoridad relativa de la cosa juzgada, que limita a las partes el efecto de la decisión jurisdiccional. Vemos, entonces, la diferencia radical entre los efectos de la decisión que declara sin lugar o improcedente el recurso, de la decisión que declara con lugar el recurso y, por tanto, la nulidad del acto impugnado. Mientras que la primera, como hemos visto, tiene valor de cosa juzgada relativa, la segunda tiene valor de cosa juzgada absoluta.

En este sentido la antigua Corte Federal y de Casación señaló que "el recurso por exceso de poder provoca una decisión que favorece y perjudica los derechos de tercero en cuanto produce efectos *erga omnes*"[1062]. Así, la decisión del recurso contencioso-administrativo de anulación, cuando es declaratoria de nulidad del acto impugnado, tiene efectos contra todos los administrados, aunque no hayan sido parte en el recurso intentado y decidido.

c'. Efectos de la anulación respecto de la Administración: obligatoriedad

En principio, la decisión anulando un acto administrativo implica para la Administración la obligación de tomar las medidas necesarias para que la anulación pronunciada sea efectiva. En este sentido, si la anulación es de un acto administrativo nulo, de nulidad absoluta, la Administración está obligada a tomar todas las medidas necesarias para hacer desaparecer, en lo posible, los efectos jurídicos que aquel acto, a pesar de su nulidad, haya producido y, por tanto, está obligada a considerar aquel acto nulo como nunca dictado.

Si se trata de la anulación de un acto administrativo anulable, la Administración está obligada a corregir aquellos vicios y errores que viciaban el acto, sea rehaciendo el procedimiento, sea respetando las reglas de la competencia.

1062 CFC-SPA 27-1-37, Memoria 1938, *T.* I, p. 145.

En todo caso, la violación de la cosa juzgada con valor erga omnes, que implica la decisión de anulación del acto administrativo, acarrearía otro vicio de ilegalidad sobre el acto administrativo que la desconozca o no la acate.

En todo caso, debe señalarse que a los efectos de hacer efectiva esta obligatoriedad, la Ley Orgánica de la Corte. Suprema de Justicia la autoriza para "sancionar con multa que no exceda de cinco mil bolívares, a los funcionarios que, estando obligados a hacerlo, no acaten sus órdenes", con lo cual se puede lograr la ejecución necesaria de las sentencias.

d. *La condena y el amparo*

Por último, debe señalarse que la decisión de anulación puede estar, además, acompañada de una decisión de condena a la Administración, conforme lo indica el artículo 131 de la Ley Orgánica de la Corte, si la pretensión de condena se ha planteado en la solicitud.

Los supuestos de pretensiones tendientes al restablecimiento de situaciones jurídicas subjetivas lesionadas por la Administración consecuenciales de la anulación de un acto, surgen por ejemplo, en el contencioso funcionarial con motivo de la aplicación de la Ley de Carrera Administrativa y que no se agotan en solas decisiones de anulación. En efecto, en cuanto a estas últimas pretensiones un acto administrativo de aplicación de la Ley de Carrera Administrativa impugnado implica, en la mayoría de los casos, el que surjan pretensiones más allá de las de anulación. En estos, casos, la decisión que se pretende no es sólo de anulación o no del acto administrativo, sino en realidad lo que se persigue son satisfacciones a las situaciones jurídicas subjetivas lesionadas en las cuales se basa el recurso, lo que se produce por la condena al pago de cantidades de dinero, o a través del restablecimiento de situaciones jurídicas subjetivas lesionadas.

Esta mezcla de pretensiones, por supuesto, tiene particular importancia en relación a los efectos de la sentencia, pues, la decisión de las pretensiones de condena indudablemente que sólo tiene efectos inter partes, a pesar de que la decisión sobre la anulación tenga efectos erga omnes.

Por último, debe mencionarse que la pretensión de anulación puede estar acompañada también de pretensiones de amparo a los derechos fundamentales, en cuyo caso, la decisión del juez además de anular el acto que lesiona el derecho constitucional, puede adoptar cualquier decisión jurídicamente útil tendiente a restablecer el derecho violado, con lo cual, como ya se ha analizado detenidamente, la anulación se acompaña de órdenes judiciales de hacer, de no hacer o de deshacer.

II. LAS DEMANDAS CONTRA LOS ENTES PÚBLICOS

1. Características fundamentales

Hemos señalado que el control de la legalidad y legitimidad de los actos administrativos corresponde a los órganos de la jurisdicción contencioso-administrativa en su competencia de anulación. Ese control se logra por la interposición y decisión del recurso contencioso-administrativo de anulación, anteriormente estudiado, lo que da origen al contencioso de los actos administrativos.

Sin embargo, la labor de la jurisdicción contencioso-administrativa no se limita a un control de la legalidad y legitimidad de los actos administrativos, sino que también se extiende al control de la ilegitimidad de la conducta de la Administración que se manifiesta por los actos materiales, hechos y relaciones jurídico-administrativos, y que se realiza por el contencioso-administrativo de las demandas contra los entes públicos, denominado también, contencioso de los derechos.

Por tanto, tratándose de una demanda en él sentido procesal, el demandante debe invocar un derecho subjetivo como fundamento de su acción. Este derecho subjetivo puede tener su origen en una situación jurídica subjetiva lesionada por la actividad administrativa, o en la violación de una situación jurídica objetiva o general que dé lugar a ese derecho subjetivo dé reparación.

Ahora bien, el derecho subjetivo que se alega como fundamento jurídico de la demanda contencioso-administrativa debe ser originado o lesionado por la conducta administrativa ilegítima, es decir, contraria al orden jurídico, por ausencia de un título jurídico capaz de justificarla. En relación a este planteamiento, debemos destacar dos aspectos: en primer lugar, se trata de una conducta administrativa, es decir, de un ente público estatal. Esta actividad debe manifestarse en hechos jurídicos, actos materiales y relaciones jurídicas. Por tanto, en una demanda por responsabilidad administrativa por ejemplo, esa responsabilidad debe ser originada por una conducta o un hecho imputable a la Administración y no por un acto administrativo.

En segundo lugar, la conducta administrativa debe ser ilegítima, es decir, contraria al orden jurídico: así, tan ilegítima es una conducta administrativa violatoria de las normas jurídicas de carácter general como la Constitución, las Leyes o los reglamentos y, por tanto, ilegal; como ilegítima también, es la conducta administrativa violatoria de normas jurídicas de carácter particular, como un contrato o un acto jurídico cualquiera.

Por tanto, siempre que la conducta administrativa carezca de un título jurídico capaz y suficiente para justificarlas, ella será ilegítima y puede ser objeto de una demanda ante los órganos de la jurisdicción contencioso-administrativa.

Por último, la demanda sólo puede tener por objeto, o la satisfacción del derecho subjetivo que se alega, o el restablecimiento de la situación jurídica subjetiva lesionada por la conducta administrativa.

En el primer caso, el juez condenará a la Administración al pago de la reparación correspondiente; en el segundo caso, el juez restablecerá la situación jurídica subjetiva lesionada, sea por una condena o por una restitución.

Por último, debemos observar que, para la satisfacción de la pretensión del demandante, éste debe alegar no solamente motivos de derecho sino también puede invocar razones de hecho.

En todo caso, una de las características especiales del contencioso-administrativo de las demandas frente al contencioso de anulación, es que las pretensiones del demandante, sólo puede ser de condena a la Administración, y no pueden estar acompañadas de pretensiones de anulación. En efecto si lo que se pretende demandar es la responsabilidad de la Administración, y por ejemplo, ésta tiene su origen en un acto administrativo, el recurrente para obtener la condena al pago de daños y perjuicios, debe obtener del juez la nulidad del acto administrativo que origina el daño, y esto debe hacerlo mediante el recurso de anulación y el contencioso de los actos administrativos y no por la vía del contencioso-administrativo de las demandas.

Lo mismo sucedería en una demanda por reivindicación, cuando la condena a "restituir la cosa sea consecuencia de una declaratoria de nulidad del acto administrativo que lesionó la situación jurídica subjetiva del propietario reivindicante, en cuyo caso, la vía judicial contencioso-administrativa tampoco sería la vía de las demandas contra los entes públicos, sino la del contencioso de los actos administrativos.

2. El ámbito subjetivo del contencioso de las demandas: los entes públicos demandados

Al referirnos al contencioso-administrativo de las demandas contra los entes públicos, hemos utilizado esta expresión genérica de "entes públicos" o "administración" para indicar la parte demandada. Sin embargo, no todos los entes públicos pueden ser demandados en vía contencioso-administrativa, pues le Ley Orgánica de la Corte Suprema de Justicia limita el ámbito subjetivo del Contencioso-administrativo de las demandas a algunos de ellos.

En efecto, la competencia básica en materia del contencioso de las demandas contra los entes públicos está determinada *ratione personae* y distribuida por razón de la cuantía entre la Corte Suprema de Justicia, la Corte Primera de lo Contencioso-Administrativo y los Tribunales Superiores con competencia en lo Contencioso-Administrativo, a quienes se faculta para:

> "Conocer las acciones que se propongan contra la República, o algún Instituto Autónomo o empresa en la cual el Estado tenga participación decisiva....[1063]

Por tanto, todas las acciones que se propongan contra la República, algún Instituto Autónomo o empresa en la cual el Estado tenga participación decisiva, corresponden al contencioso-administrativo de las demandas contra los entes públicos. Esta enumeración exige, sin embargo, alguna precisión en la relación al conjunto de sujetos de derecho o personas jurídicas en el campo del derecho administrativo, y que conforman el ámbito subjetivo del contencioso de las demandas.

A. Las personas jurídicas estatales

En efecto, en el derecho político venezolano, el conjunto de personas jurídicas que actúan en el campo del derecho administrativo, pueden clasificarse conforme a dos criterios: primero, la integración o no de la persona jurídica en la estructura general del Estado (que formen o no parte de la denominada Administración descentralizada); y segundo, la forma jurídica adoptada por la entidad, originaria del derecho público u originaria del derecho privado[1064].

Como consecuencia de ello, frente a una persona jurídica determinada, dos son las preguntas que hay que formularse: ¿está o no integrada la estructura general de la Administración del Estado y en qué forma?

1063 Art. 42, Ord. 15; 128, Ord. 2; y 185, Ord. 6 LOCSJ.

1064 V. Allan R. Brewer-Carías "La distinción entre las personas públicas y las personas privadas y. el sentido actual de la clasificación de los sujetos de derecho", en *Revista Argentina de Derecho Administrativo*, N° 17, Buenos Aires, 1977, pp. 15-29; y en *Revista de la Facultad de Derecho*, UCV, N° 57, Caracas, 1976, pp. 115-135.

Es decir, ¿es una persona jurídica estatal o no estatal?; y ¿qué forma jurídica reviste la entidad? ¿Tiene una forma jurídica originaria del derecho público o del derecho privado?

La respuesta a estas preguntas dará, sin duda, una serie de datos que podrán contribuir a construir, en el caso concreto, las modalidades de su régimen jurídico y determinar las preponderancias que pueda haber del derecho público o del derecho privado. De resto, en nuestro criterio, no tiene mayor sentido que se intente encasillar los sujetos de derecho dentro de las nociones persona pública o persona privada, pues ello, en definitiva, no aporta nada desde el punto de vista del derecho positivo, salvo que se confunda –como es frecuente– persona pública con persona estatal, lo cual en nuestro criterio es incorrecto.

Por otra parte si se analiza el derecho positivo venezolano, tal como se dijo, en la clasificación de los sujetos de derecho sólo se distinguen los dos grupos señalados: personas jurídicas de derecho público y personas jurídicas de derecho privado, por una parte; y personas estatales y personas no estatales, por la otra.

a. *La clasificación de los sujetos de derecho*

a'. La distinción entre personas jurídicas de derecho público y personas jurídicas de derecho privado

En efecto, en relación al primer grupo, es la propia Constitución la que da origen a la distinción, en su artículo 124. Conforme a éste, "nadie que esté al servicio de la República, de los Estados, de los Municipios y demás personas jurídicas de derecho público podrán celebrar contrato alguno con ellos, ni por sí ni por interpuesta persona ni en representación de otro salvo las excepciones que establezcan las leyes". No hay duda, el Constituyente, en esta norma ha atendido a la forma del sujeto de derecho –persona de derecho público– para establecer la incompatibilidad.

En este mismo sentido el propio Código Civil, el enumerar las personas jurídicas, luego de identificar las personas político territoriales[1065] y mencionar a las iglesias y a las Universidades[1066] hace referencia a que también son personas jurídicas "todos los seres o cuerpos morales de carácter público"[1067]; y esta expresión no puede ser tomada sino en sentido formal: personas jurídicas de derecho público, pues el ordinal siguiente del mismo artículo 19 identifica a las personas jurídicas de derecho privado: "Las asociaciones, corporaciones y fundaciones lícitas de carácter privado", cuya personalidad se adquiere mediante la protocolización de su acta constitutiva en la Oficina Subalterna respectiva. La distinción entre personas jurídicas de derecho público y personas jurídicas de derecho privado, en nuestro criterio, resulta entonces evidente del propio artículo 19 del Código Civil, y entre otros elementos de distinción está el dato de la adquisición de la personalidad: en las personas jurídicas de derecho público generalmente es *ex lege* o en virtud de la Constitución, en cambio, en las personas jurídicas de derecho privado es en virtud de la protocolización o registro de su acta constitutiva.

1065 Art. 19, Ord. 1° CC.
1066 Art. 19, Ord. 2° CC.
1067 Art. 19, Ord. 2° CC.

Conforme a esta misma orientación, estimamos que cuando algunas leyes se refieren a "personas morales de carácter público", tal como lo hace la Ley de Abogados para hacer obligatoria la retasa para quienes las representen en juicio[1068], en realidad se refieren a personas jurídicas de derecho público, es decir, con forma jurídica de derecho público, por los que los representantes de una empresa del Estado, constituida como sociedad anónima, en nuestro criterio, no estarían incluidos en la retasa obligatoria de honorarios a que se refiere esa norma.

Por último debe señalarse que las Leyes Orgánicas de Crédito Público y de Régimen Presupuestario del 30 de julio de 1976, han utilizado la frase "personas de derecho público"[1069], en el mismo sentido ya apuntado.

Ahora bien, tomando este criterio de la forma jurídica adoptada: formas originarias del derecho público o formas originarias de derecho privado, resultan dos tipos de personas jurídicas: personas jurídicas de derecho público y personas jurídicas de derecho privado. Son personas jurídicas de derecho público, aquellas que han adoptado las formas jurídicas originarias del derecho público: las personas político-territoriales y los establecimientos públicos corporativos, institucionales y asociativos. Normalmente estas personas jurídicas, son creadas por la Constitución (personas político-territoriales), por la Ley (algunos establecimientos públicos corporativos, los establecimientos públicos institucionales –institutos autónomos–y los establecimientos públicos asociativos) o en virtud de una Ley por acto de particulares (como algunos establecimientos públicos corporativos colegios profesionales) o por acto del Ejecutivo Nacional (como las Universidades Nacionales).

En cambio las personas jurídicas de derecho privado, serían las sociedades mercantiles, las asociaciones civiles y las Fundaciones.

b'. La distinción entre las personas estatales y las personas no estatales

Por otra parte, la propia Constitución, al establecer, en otra norma otra incompatibilidad pero de orden electoral, ha atendido, más que a la forma jurídica del ente, a su integración o no a la estructura general del Estado que se manifiesta por la participación patrimonial de éste. Tal es el caso de la incompatibilidad que tienen para ser Senadores o Diputados, "los funcionarios o empleados nacionales, estatales o municipales, de institutos autónomos o de empresas en las cuales el Estado tenga participación decisiva"[1070]. En este mismo sentido, cuando la Constitución define al ámbito del ejercicio del control del Congreso sobre los entes jurídicos, lo define bajo el ángulo patrimonial: entes en los cuales tenga interés la República[1071] y que, en definitiva, generalmente integran la estructura organizativa del Estado.

Por otra parte, en el orden legal, el derecho positivo ha adoptado en muchos casos, el criterio de distinción entre personas estatales y no estatales para una determinada regulación, sin atender a su diversa forma jurídica. Tal es el caso de la Ley que establece el régimen para la conciliación, compensación y pagos de deudas entre organismos gubernamentales y entre éstos y los Estados o los Municipios de 1° de septiembre de 1975.

1068 Art. 26.
1069 Art. 2, Ord. 1° y Art. 3, respectivamente.
1070 Art. 140, Ord. 3°
1071 Art. 230.

En dicha Ley, "organismos gubernamentales" equivale a lo que ahí hemos denominado personas estatales, pues se identifican por su integración a la organización general del Estado[1072], independientemente de su forma jurídica, por lo que se incluyen indistintamente a la República, los institutos autónomos, las empresas del Estado y las Fundaciones creadas por el Estado, por ejemplo.

En este mismo sentido, otras leyes han utilizado el mismo criterio de distinción entre sujetos de derecho, basado en su integración o no a la estructura general de la organización del Estado. Esto lo ha hecho la Ley de remisión, reconversión y consolidación de las deudas de los productores agropecuarios de 2 de julio de 1974[1073] a conforme a la cual entre las personas estatales, que se denominan "organismos o entidades de carácter público", se incluye, independientemente de su forma jurídica, a la República, los institutos autónomos, las empresas del Estado y cualesquiera otra persona jurídica integrada en la estructura general del Estado, es decir, que forme parte del sector público.

En la Ley Orgánica de Régimen Presupuestario de 1976 por otra parte, se recoge la misma distinción entre personas jurídicas estatales y no estatales según su integración o no al Sector Público, y básicamente según criterios presupuestarios[1074], y la misma distinción se establece en la Ley Orgánica de Crédito Público de 1976[1075]. En estas dos

---

1072 *G.O.*, N° 30.800 de 20-9-75. De acuerdo al artículo 1°, se entiende por organismos gubernamentales a los efectos de esta Ley: "1. Los órganos de Poder Nacional y los Institutos Autónomos; "Las sociedades en las cuales la República y los Institutos Autónomos tengan participación mayor de cincuenta por ciento del capital social y las fundaciones dirigidas por ellos; Las empresas en las cuales las sociedades y fundaciones a que se refiere el ordinal anterior tengan participación mayor del cincuenta por ciento de su capital social y las fundaciones dirigidas por ellos; Los Fondos y Patrimonios separados que se crearen de conformidad con la Ley".

1073 *Gaceta Oficial*, N° 30.448 de 15-6-74. Su artículo 10 dispone: "La presente ley tiene por objeto establecer las condiciones mediante las cuales se efectuará la reconversión de la deuda agraria campesina en los casos en que los acreedores sean personas naturales o jurídicas de carácter privado: y la remisión de la deuda agraria sean personas naturales o jurídicas de carácter privado; y la remisión de la deuda agraria campesina y la consolidación de la deuda agraria empresarial en los casos en que los acreedores sean el Estado, sus organismos de crédito agrícola o pecuario, los bancos del Estado o aquellos en los cuales tenga hasta un 50 por ciento de su capital, las corporaciones, las empresas agroindustriales con mayoría de capital del Estado o cualesquiera otros organismos o entidades de carácter público entre cuyas funciones esté la. de tender financieramente a la producción agrícola o pecuaria".

1074 *Gaceta Oficial*, N° 1.893 Extra., de 15-7-76. En tal sentido, el artículo 1° de dicha Ley Orgánica, establece lo siguiente: "Artículo 1° La presente Ley establece los principios y normas básicos que regirán el proceso presupuestario de los organismos del Sector Público, sin perjuicio de las atribuciones que, sobre control externo, la Constitución y las leyes confieren a los órganos de la función contralora. Están sujetos a las disposiciones de la presente Ley: El Poder Nacional. Los Estados y los Municipios. Los Institutos Autónomos, los servicios autónomos sin personalidad jurídica y demás personas de derecho público en las que los organismos antes mencionados tengan participación. Las sociedades en las cuales el Poder Nacional y demás personas a que se refiere el presente artículo tengan participación igual o mayor al cincuenta por ciento (50%) del capital social. Quedarán comprendidas, además, las sociedades de propiedad totalmente estatal, cuya función, a través de la posesión de acciones de otras sociedades, sea coordinar la gestión empresarial pública de un sector de la economía nacional. Las sociedades en las cuales las personas a que se refiere el ordinal anterior tengan participación igual o mayor al cincuenta por ciento (50%). Las fundaciones constituidas y dirigidas por alguna de las personas referidas en el presente artículo, o aquellas de cuya gestión pudiera derivarse compromisos financieros para esas personas".

1075 *Gaceta Oficial*, N° 1.893 Extra, de 30-7-76. El artículo 2° de dicha Ley establece lo siguiente: "Artículo 2° Están sujetos a las disposiciones de la presente Ley: La República., los Estados, las Municipalidades, los Institutos Autónomos y demás personas de derecho público; Las sociedades en las cuales la República y demás personas a que se refiere el presente artículo tengan participación igual o superior al cincuenta y uno por ciento (51 %) del capital social; 3. Las sociedades en las cuales las personas a que se refiere el ordinal anterior tengan participación igual ó superior al cincuenta y' uno por ciento (51 %); 4. Las fundaciones constituidas y dirigidas por alguna de las personas referidas en el presente artículo, o aquellas de cuya gestión pudieran derivarse compromisos financieros para esas personas".

leyes sin duda, entre las personas jurídicas estatales, que integran el sector público, se incluyen las personas político-territoriales, los Institutos Autónomos, las empresas del Estado y las Fundaciones creadas por el Estado, independientemente de la forma jurídica que revistan. Debe destacarse, además, que cuando el ordinal 3° del artículo 1° de la Ley Orgánica de. Régimen Presupuestario y el ordinal 1° del artículo 2° de la Ley Orgánica de Crédito Público utilizan la expresión "personas de derecho público", lo hacen en el sentido señalado anteriormente[1076].

Ahora bien, tomando este criterio de la integración de los sujetos de derecho a la organización general del Estado como criterio de distinción de los sujetos de derecho, resultan dos tipos de personas jurídicas: personas jurídicas estatales y no estatales. Son personas jurídicas estatales las que estarían enmarcadas dentro de la estructura organizativa general del Estado (su Administración Pública, Central o Descentralizada), es decir, las siguientes: En primer lugar, las personas político-territoriales (República, Estados Federados, Municipalidades) con forma jurídica de derecho público y con un régimen preponderantemente de derecho público.

En segundo lugar, los establecimientos públicos, es decir, personas jurídicas creadas por el Estado mediante Ley o en virtud de una Ley, con una forma jurídica de derecho público, y un régimen jurídico preponderantemente de derecho público. Entre éstos se destacan algunos establecimientos públicos corporativos (Universidades Nacionales) que tienen un fuerte régimen de derecho público pero una relativamente amplia autonomía funcional; los establecimientos públicos institucionales (los Institutos Autónomos) que también tienen un fuerte régimen de derecho público y una débil autonomía en virtud de la sujeción al control de tutela; y los establecimientos públicos asociativos creados por Ley con forma jurídica de sociedad anónima (Banco Central de Venezuela o Banco Industrial de Venezuela) con fuerte régimen de derecho público y donde el control de tutela se ha revestido de la forma jurídica de control accionario por parte de la Administración Central, lo que les da una relativamente mayor autonomía que los anteriores.

En tercer lugar, las empresas del Estado, es decir, las sociedades mercantiles de capital público (aportado por la Administración Central o por entes de la Administración descentralizada) y cuya forma jurídica, por tanto, es originaria del derecho privado, con un régimen preponderantemente de derecho privado y la sujeción al Estado básicamente a través del control accionario, lo que les da una relativamente amplia autonomía de acción.

1076 Por último, y dentro de este análisis del derecho positivo en torno a la distinción entre personas jurídicas estatales, y no estatales, debe citarse a la Ley sobre representación de los trabajadores en los Institutos Autónomos, empresas y organismos de desarrollo económico del Estado de 28 de agosto de 1969 (*V.*, en *Gaceta Oficial*, N° 29.008 de 29 de agosto de 1969). El Reglamento de ésta Ley dictado por Decreto N° 1.542, de 27 de abril de 1976 (*V.*, en *Gaceta Oficial*, N° 30.984 de 19 de mayo de 1976), en efecto, precisa qué ha de entenderse por tales organismos, en la forma siguiente: "Artículo 2. A los fines de la representación de los trabajadores prevista en la Ley, se entiende por: Institutos Autónomos: Todos aquellos organismos calificados y constituidos como tales por la ley que los crea. Empresas del Estado: Todas las sociedades, cualquiera sea su naturaleza o forma de constitución, en las que el Estado, por sí mismo o a través de organismos públicos o privados dependientes de él, tenga participación mayoritaria en su capital. Organismos de Desarrollo Económico del Estado: Cualquier otro ente de derecho público creado por el Estado a esos fines, que tenga personalidad jurídica propia. Tanto en la Ley de representación de los trabajadores en los institutos autónomos, empresas y organismos de desarrollo del Estado, como en su Reglamento, la identificación de esas entidades sé hace independientemente de su naturaleza jurídica, y lo que las califica realmente, es su carácter estatal ("del Estado,)" es decir, integrados a la estructura organizativa general del Sector Público. La referencia a la forma jurídica sólo está res- pecto de las personas de derecho público en el tercer aparte.

En cuarto lugar, las personas jurídicas con forma de derecho privado constituida por el Estado (asociaciones civiles, fundaciones), sometida a un régimen preponderantemente de derecho privado y a un régimen estricto de control a través de los medios societarios o fundacionales.

En cambio, son personas jurídicas no estatales las que no están integradas en la estructura organizativa general del Estado, es decir, ni en su Administración Central ni Descentralizada, y serían las siguientes: Por una parte las personas jurídicas creadas por particulares y que permanecen bajo el control de éstos, bajo las formas originarias del derecho privado y no sometidas al control de tutela ni accionario del Estado, aun cuando si al control público o económico de orden general. En este grupo estarían, inclusive, aquellas sociedades mercantiles en las cuales el Estado tenga una participación minoritaria.

Por otra parte, las personas jurídicas integradas por los particulares bajo la forma jurídica de derecho público como los establecimientos públicos corporativos de carácter profesional (Colegios Profesionales), sometidos a un régimen preponderante de derecho público, pero con una autonomía completa frente al Estado pues no están sometidos a un control de tutela alguno.

b. *Las personas jurídico-estatales político-territoriales*

Ahora bien, conforme a lo antes señalado y teniendo en cuenta el sistema de distribución vertical del Poder Público en la Constitución en tres niveles (nacional, estadal y municipal), en el sistema constitucional venezolano, se distinguen tres personas jurídico-estatales político-territoriales: la República, los Estados y los Municipios.

Sin embargo, no todas las demandas contra esas personas jurídico estatales de carácter político-territorial, caen bajo la competencia de la jurisdicción contencioso-administrativa. En principio, como se verá, sólo las demandas contra la República competen a la jurisdicción contencioso-administrativa; y en cambio, corresponden a los tribunales ordinarios el conocimiento de las demandas contra los Estados y los Municipios[1077].

c. *Las personas jurídico-estatales de carácter no territorial*

Pero aparte de las personas estatales político-territoriales, hemos dicho que en el derecho administrativo venezolano también podemos distinguir las personas jurídico-estatales de carácter no territorial, que conforma la denominada administración descentralizada funcionalmente, compuesta por entes con forma de derecho público y con forma de derecho privado[1078].

a'. Las formas jurídicas de derecho público: los establecimientos públicos

Dentro de la categoría de establecimientos públicos se distinguen los establecimientos públicos institucionales, los establecimientos públicos corporativos y los establecimientos públicos asociativos. Todos ellos tienen como rasgo común, la presencia de una per-

---

1077 Art. 133 LOCSJ.

1078 *V.*, Comisión de Administración Pública, Informe sobre la Reforma de la Administración Pública Nacional, *cit.*, Vol. I, pp. 307 y ss.; Allan R. Brewer-Carías, *El Régimen Jurídico de las Empresas Públicas en Venezuela*, Caracas, 1981, pp. 35 y ss.

sonalidad jurídica de derecho público y de un patrimonio autónomo distinto e independientemente del Fisco Nacional. La creación de los mismos es de la reserva legal y es precisamente por ley o en virtud de la ley que obtienen personalidad jurídica de derecho público.

Es de hacer notar que comúnmente muchos de estos organismos son denominados impropiamente Institutos Autónomos, aun cuando un análisis más detenido dé la naturaleza de los mismos permite establecer categorías dentro de ellos, en base a los fines que persiguen y al régimen jurídico de que están dotados.

a''. ***Los establecimientos públicos institucionales***

Esta figura corresponde a los institutos autónomos, y su origen radica en la necesidad de separar ciertas funciones de la administración central, que se cumplen con mayor propiedad dentro de un régimen jurídico que les permita una mayor flexibilidad en el manejo de su patrimonio y en su capacidad negocial.

La Constitución Nacional en su artículo 230 establece varias notas fundamentales para definir el Instituto Autónomo en Venezuela: a) Su creación mediante ley formal, b) Su organización con arreglo a lo dispuesto en la Ley Orgánica que sobre institutos autónomos deberá dictarse y a la cual deben adaptarse todos los institutos autónomos, y mientras ello no se realice, a lo dispuesto en la Ley Orgánica de la Hacienda Pública Nacional; y c) Los Institutos Autónomos quedan sometidos al control posterior del Congreso en la forma que el legislador determine.

Cuando el Estado dota de personalidad y provee de un patrimonio propio a estos entes públicos no por ello los exime del control estatal, sino que por el contrario, el Estado los crea, los suprime, los modifica y se reserva el derecho de tutelar su actividad, a través de diferentes formas de control.

Estos organismos no pueden concebirse sino como formando parte del Estado para atender a una de sus funciones, y por tanto, se consideran órganos de la Administración Pública Nacional. En definitiva son personas de derecho público estatales, sujetas a control de tutela.

De acuerdo a la referida norma constitucional, entonces, se puede definir a los Institutos Autónomos como entes del derecho público creado por ley, con patrimonio propio e independiente del Fisco Nacional, dotados de personalidad jurídica y sometidos a la tutela del Estado[1079].

Desde el punto de vista de las actividades que realizan los Institutos Autónomos se podría tratar de identificar a los mismos en razón de la materia. Sin embargo, este criterio no es válido en nuestro país debido a la excesiva variedad de tareas y cometidos que tienen asignados estos entes. En efecto, existen Institutos Autónomos que realizan actividades industriales y comerciales; otros en cambio tienen asignada la prestación de servicios públicos o la realización de tareas de investigación, de ejecución de obras, de desarrollo social, de fomento a la educación y a la cultura: de desarrollo regional; de financiamiento y promoción de la actividad económica privada y de numerosas funciones de las más diversas índoles.

1079 *Cfr.* CAP., Informe sobre la Reforma de la Administración Pública Nacional, *cit.*, v. I, p. 309. *V.* Jesús Caballero Ortiz, *Los Institutos Autónomos*, Caracas, 1985.

Por otra parte, la terminología que se ha utilizado para designar a los Institutos Autónomos es sumamente variada: Institutos, Administraciones, Bancos, Círculos, Cajas, Consejos, Patronatos, Corporaciones, Fondos, todo lo cual en determinados casos, ha inducido a confusión sobre la naturaleza de estos entes descentralizados.

b". *Los establecimientos públicos corporativos*

La categoría de establecimientos públicos corporativos se caracteriza por la presencia de un sustrato personal que da a estos entes un carácter diferente al de simples dependencias administrativas descentralizadas. En efecto, la naturaleza de los fines que persiguen estos entes exige que los mismos no sólo estén dotados de autonomía, entendiendo este concepto en el sentido tradicional que se le da en nuestro país, sino además de la posibilidad de elegir sus autoridades.

Dentro de esta categoría de establecimientos públicos se incluye, per una parte, a las Universidades Nacionales Autónomas[1080] y, por la otra, a los Colegios profesionales y a las Academias Nacionales. Con respecto a las primeras, la Ley de Universidades establece, que "la Universidad es fundamentalmente una comunidad de intereses espirituales que reúne a profesores y estudiantes en la tarea de buscar la verdad y afianzar los valores trascendentales del hombre"[1081]. Estos establecimientos forman parte de la estructura general del Estado, pero su condición particular conlleva la casi ausencia del control de tutela por parte del Estado, y el único control relativo previsto está atribuido al Consejo Nacional de Universidades[1082].

El segundo tipo de establecimiento público corporativo, caracterizado por la existencia de un sustrato personal o corporación de intereses de tipo científico o profesional, está constituido por las Academias Nacionales y los Colegios profesionales, los cuales están dotados de personalidad jurídica de derecho público por virtud de la Ley que los regula. Los Colegios profesionales, que son el ejemplo más acabado de establecimiento público corporativo, no están sometidos a control de tutela y disfrutan de facultades de recaudación de cuotas obligatorias con respecto a sus miembros, lo que les confiere una total independencia financiera frente al Estado[1083]. En todo caso, estos establecimientos públicos corporativos profesionales o científicos no forman parte de la estructura general del Estado, por lo que constituyen personas de derecho público no estatales.

c". *Los establecimientos públicos asociativos*

La característica primordial de estos establecimientos radica en que siendo personas jurídicas de derecho público se constituyen, por mandato expreso de la Ley de creación, bajo la forma de sociedades por acciones para permitir la participación de capital privado en su funcionamiento. Se diferencian de las empresas del Estado en que éstas son personas jurídicas constituidas totalmente conforme a un régimen de derecho privado, de acuerdo al Código de Comercio.

1080 Artículo 19 del Código Civil.

1081 Artículo 19 de la Ley de Universidades de 8-9-70 en *G.O.*, N° 1.429 Extr. de 8-9-70.

1082 Artículo 20 de la Ley de Universidades.

1083 La Ley de Abogados, por ejemplo, establece la obligación de los afiliados de cancelar las cuotas al Colegio respectivo.

Por otra parte, esta categoría de establecimientos públicos se diferencian de los Institutos Autónomos en que éstos, por ser dependencias de la Administración del Estado, están sometidos a tutela administrativa y a un régimen jurídico especial que no acepta la participación del capital privado en su funcionamiento.

El carácter intermedio de estos entes, con características que los acercan tanto a las empresas del Estado, como a los Institutos Autónomos, hace que tengan un régimen jurídico particular para cada uno de ellos, que aparece definido en los diferentes estatutos jurídicos que los, crean. Así, por ejemplo, el Banco Central de Venezuela, a pesar de qué antes de la reforma de 1975 admitía la participación privada en la constitución de su capital, no podía aceptar un número de acciones privadas que representara más del 50 por ciento de su capital social[1084]. En cambio, con respecto al Banco de los Trabajadores, se contemplaba en la Ley que lo creó, que las acciones detentadas por el Estado serían adquiridas progresivamente por los trabajadores, hasta llegar a una sustitución total[1085].

La diferencia en el régimen jurídico de ambas instituciones antes de 1975 se fundamentaba en la índole de los intereses que protegían: el Banco Central de Venezuela tiene encomendadas funciones que son típicamente estatales por referirse al mantenimiento del equilibrio financiero del país, lo que llevó a que en muchos países, la participación privada desapareciera, sin que sufriera alteración la gestión que realiza el Banco Central.

Por lo que respecta al Banco de los Trabajadores, por ejemplo: la participación estatal podía perfectamente desaparecer sin que ello impidiera la consecución de los fines particulares que perseguía este organismo.

b'. Las formas jurídicas de derecho privado

Una de las características que define mejor el cambio en la concepción de los fines del Estado, viene dada por la utilización de formas jurídicas que en el Estado abstencionista estaban reservadas a la iniciativa privada. En efecto, no es sino a partir del presente siglo cuándo la Administración comienza a realizar cometidos estatales utilizando para ello figuras propias del derecho privado: empresas mercantiles, asociaciones civiles y fundaciones.

a''. *Las sociedades mercantiles de capital público (Empresas del Estado)*

La actividad administrativa de gestión económica encontró en las empresas mercantiles su forma de expresión más acabada. En virtud de ella, el Estado se sometió a un régimen jurídico de derecho privado y se colocó en las mismas condiciones jurídicas que los particulares. Esta circunstancia no impidió por lo demás, que el Estado pudiera realizar actividades en condiciones de monopolio, en virtud de ley, como, consecuencia de la nacionalización.

Las sociedades mercantiles de capital público, comúnmente denominadas empresas del Estado, se constituyen y funcionan conforme al procedimiento y al régimen jurídico establecido en el Código de Comercio.

1084 Arts. 6° y 9° de la Ley del Banco Central de Venezuela de 5-12-60 en *G.O.*, N° 655 Extr. de 14-12-60.

1085 Art. 13 de la Ley del Banco de los Trabajadores de 11-6-66 en *G.O.*, N° 1.023 Extr. de 11-6-66.

Aparte de este régimen, en la actualidad no existe un cuerpo de normas particulares que sean aplicables a las empresas del Estado, aparte de la disposición constitucional en virtud de la cual la actividad de estos entes estarán sujetos al control del Congreso, en la forma que la ley lo establezca [1086].

Por otra parte, en las leyes de Presupuesto se ha venido exigiendo desde hace algunos años, determinados requisitos como es el de la aprobación parlamentaria, para la adquisición o enajenación de acciones por parte del Estado, de un Instituto Autónomo o de una empresa o sociedad en la que el Estado tenga la mayoría de las acciones o una participación decisiva[1087]. Además, en la Ley Orgánica de Crédito Público, de fecha 30 de julio de 1976, se prevé que las empresas del Estado, al igual que las funciones del interés público, quedan sujetas a un régimen bastante similar al establecido en esa Ley para los Institutos o Establecimientos Autónomos[1088].

Dentro de las empresas del Estado cabe distinguir las empresas de capital totalmente público de las de capital mixto. En el primer caso, se trata de sociedades mercantiles cuyas acciones son de propiedad exclusiva del Estado, es decir, en las que éste posee el 100 por ciento de las acciones. En las empresas del Estado de capital mixto se distinguen aquellas en las cuales éste posee el 50 por ciento o más del capital, consideradas también empresas del Estado, de aquéllas en las cuales posee entre el 30 y el 49 por ciento del capital social, denominadas Empresas Mixtas, lo cual le permite intervenir, al sector público, en las decisiones fundamentales de la sociedad conforme al artículo 280 del Código de Comercio.

Aparte de estos dos tipos de empresas, el Estado tiene participación minoritaria en numerosas empresas mercantiles inferior al 29 por ciento del capital social las cuales conservan el carácter privado, dado que el Estado no tiene, con respecto a ellas, la posibilidad de condicionar la actividad de las mismas.

Por otra parte, entre las empresas del Estado, se distinguen aquéllas creadas por éste directamente, de las constituidas por un Instituto Autónomo o empresa del Estado, aun cuando esta diferenciación no tiene consecuencias en cuanto al régimen jurídico aplicable.

Por último, dentro de las empresas del Estado cabe distinguir aquéllas en las cuales el Estado o un ente de derecho público participan como único accionista, de aquellas en las cuales participan varios entes estatales. En tal sentido, hasta 1975, las sociedades mercantiles del Estado se constituyen, siempre, con la participación accionaria de la República y de un Instituto Autónomo, de varios institutos autónomos, o de uno de éstos y otra empresa del Estado. Tenía que ser así, debido a la limitación del Código Civil y del Código de Comercio, al considerar la "sociedad" como un contrato en el cual, por supuesto, deben intervenir dos o más personas. Sólo ha sido motivo de -la promulgación de la Ley que reserva al Estado la Industria y el Comercio de los Hidrocarburos, de 1975, cuando se ha autorizado, legalmente, la constitución de las empresas petroleras nacionalizadas con un sólo accionista o la transformación del instituto autónomo Corporación Venezolana del Petróleo en sociedad anónima de un solo accionista: la República o Petróleos de Venezuela, C. A.

1086 Art. 230.

1087 Por ejemplo, artículo 12 de la Ley de Presupuesto para el Ejercicio Fiscal, 1979.

1088 Artículo 50 y siguientes de la Ley Orgánica de Crédito Público en *G.O.*, N° 1.893 Extr. de 30-7-76.

Igual posibilidad legal se previo en las leyes de transformación, en sociedad anónima, dictadas en 1977, 1978, del Instituto Venezolano de Petroquímica, y de la Línea Aeropostal Venezolana[1089].

b". *Las asociaciones civiles del Estado*

Las consideraciones anteriores son también aplicables con respecto a las asociaciones civiles en las que el Estado tiene una participación decisiva. La regulación de las mismas está contenida en el Código Civil, pero en todo caso, es una de las normas jurídicas de que se vale el Estado para descentralizar sus actividades.

En nuestro país, la forma societaria pública se ha reservado para la realización de cometidos de interés general en diversos sectores. En el campo agrícola, el Consejo de Bienestar Rural y los Fondos de Desarrollo Algodonero, Frutícola y del Ajonjolí, constituyen casos en los que la acción estatal se realiza por intermedio de Asociaciones Civiles[1090]. Además, en el campo educativo a través del Instituto Nacional de Cooperación Educativa (INCE) se han establecido dos asociaciones civiles: el Instituto de Adiestramiento Petrolero y Petroquímico (INAPET) y el Instituto de Capacitación Turística (INCATUR). Asimismo, en el campo minero se han constituido como asociaciones civiles el Fondo de Desarrollo Diamantífero del Estado Bolívar y el Fondo de Desarrollo Aurífero del Estado Bolívar. En estos casos, se escogió esta categoría jurídica para permitir la participación privada en la gestión de estos organismos, pero el Estado se reservó la orientación de los mismos, conforme a las exigencias del interés público.

c". *Las fundaciones del Estado*

Las fundaciones no son personas jurídicas de tipo asociativo, sino universalidades de bienes dotadas de personalidad jurídica para cumplir cometidos de beneficio colectivo[1091]. Hasta 1984, la fundación del Estado era la "constituida y dirigida" por entes estatales. En estos casos, la constitución de las fundaciones del Estado era ordenada por lo general mediante un decreto presidencial, pero la personería jurídica se la otorgaba previo el cumplimiento de las formalidades de registro, conforme a las disposiciones del Código Civil[1092].

A partir del Decreto Ley N° 401 de 14 de diciembre de 1984, mediante el cual se dictaron las "Normas sobre las Fundaciones, Asociaciones y Sociedades Civiles del Estado y control de los aportes públicos a las instituciones privadas similares"[1093], la noción de

---

1089 Con motivo de la promulgación de la Ley que reserva ad Estado la industria y el comercia de los hidrocarburos en agosto de 1975, se dispuso la transformación de la CVP en sociedad anónima lo cual se hizo por Decreto N° 1.127 del 2-9-75 en *Gaceta Oficial*, N° 30.864 del 5-12-75, con Petróleos de Venezuela, S.A. como única accionista. Luego, mediante Ley del 9-7-77, se dispuso la conversión del Instituto Venezolano de Petroquímica en Sociedad Anónima (*Gaceta Oficial*, N° 31.278 del 18-7-77), lo cual se hizo por Decreto N° 2.454 del 22-11-77 en *Gaceta Oficial*, N' 31.369 del 25-11-77, convirtiéndose en Petroquímica de Venezuela, S.A. (PEQUIVEN), con la República como única accionista y, posteriormente, con Petróleos de Venezuela S.A. como única accionista. En cuanto a la Línea Aeropostal Venezolana, mediante Ley de 28-8-78 se autorizó su conversión en Sociedad Anónima, en *Gaceta Oficial*, N° 2.303 Extr. del 1-9-78, lo cual Se hizo con la República como única accionista.

1090 *V.*, CAP., Informe sobre la Reforma de la Administración Pública Nacional, *cit.*, Vol. I, p. 299.

1091 Artículo 19 del Código Civil.

1092 *V.*, Allan R. Brewer-Carías, "Las Fundaciones y su control por el Estado", *Revista de Derecho Público*, N° 17, Caracas, 1984, pp. 5 a 18.

1093 *V.*, en *Gaceta Oficial*, N° 33.134 de 14-12-84.

fundación del Estado se destina a las fundaciones "creadas" o "constituidas" por entes públicos estatales exclusivamente; por lo que si en la constitución de una fundación han participado particulares o personas jurídicas privadas, además de los entes públicos, no podría calificarse a la fundación como "del Estado".

Ahora bien, en relación a la competencia de la jurisdicción contencioso-administrativa para conocer de las demandas contra los entes públicos, ésta se reserva en el campo de las personas jurídico-estatales no territoriales a los institutos autónomos nacionales (establecimientos públicos institucionales) y las empresas del Estado nacionales es decir, creadas y dirigidas directa o indirectamente por la República.

B. Las demandas contra personas jurídicas de derecho público territoriales: la República

En efecto, de acuerdo a la clasificación mencionada de los diversos sujetos de derecho en el derecho administrativo, y de acuerdo a la Ley Orgánica de la Corte Suprema de Justicia corresponde a la jurisdicción contencioso-administrativa, a través del proceso contencioso de las demandas, el conocimiento de todas las acciones que se intenten contra la República, como persona jurídica territorial por excelencia, como consecuencia de la conducta que le sea imputada, desarrollada por todos sus órganos y particularmente, por los órganos legislativos (Cámaras Legislativas), por los órganos judiciales (Tribunales), por los órganos de la Administración Pública Centralizada (Ministerios, Oficinas Presidenciales, Procuraduría General de la República y todos sus órganos desconcentrados) y por los órganos administrativos con autonomía funcional (Contraloría General de la República, Fiscalía General de la República, Consejo de la Judicatura, Consejo Supremo Electoral).

En cambio las demandas contra las otras dos categorías de personas jurídicas de derecho público territoriales, los Estados y los Municipios, no corresponden a la jurisdicción contencioso-administrativa) sino que por expresa disposición de la Ley Orgánica de la Corte Suprema de Justicia, su conocimiento corresponde en primera instancia a la jurisdicción ordinaria[1094], y sólo en apelación es que pasan al conocimiento de órganos jurisdiccionales con competencia en materia contencioso-administrativa (Tribunales Superiores)[1095].

La jurisdicción contencioso-administrativa en las demandas contra los entes públicos, por tanto, no llega a configurarse como un fuero judicial de las personas jurídicas de derecho público territoriales, pues sólo se refiere a las demandas contra la República (y no contra los Estados y los Municipios), e incluso, no abarca los juicios en los cuales la República sea demandante contra particulares, cuyo conocimiento se atribuye a los tribunales ordinarios[1096], salvo cuando se refieran a contratos administrativos.

1094 Art. 138, Ord. 1° LOCSJ.

1095 Art. 182, Ord. 3° LOCSJ.

1096 Art. 183, Ord. 29 LOCSJ. La duda sólo se plantearla en los casos: de demandas de la República, contra sujetos de derecho en el campo del derecho administrativo (Estados, Municipios, Institutos autónomos. "Empresas del Estado), pues esta norma del artículo 183, Ord. 2°, sólo se refiere a demandas contra particulares. Por tanto, en estos casos, por interpretación del sentido de la Ley en la distribución de competencias, podría admitirse la compe-

Por tanto, como principio general, en cuanto a las personas de derecho público territoriales, sólo las demandas contra la República corresponden al conocimiento de la jurisdicción contencioso-administrativa. Sin embargo, este principio que implica la exclusión de la jurisdicción contencioso-administrativa del conocimiento de las demandas contra los Estados y Municipios, tiene una excepción expresa en la propia Ley Orgánica de la Corte, en materia de demandas relativas a contratos administrativos. En esos casos, la Ley Orgánica de la Corte Suprema de Justicia atribuye exclusivamente a la propia Corte Suprema en la Sala Político Administrativa competencia para

> "Conocer de las cuestiones de cualquier naturaleza que se susciten "con motivo de la interpretación, cumplimiento, caducidad, nulidad, validez o resolución de los contratos administrativo en los cuales sea parte la República, los Estados o las Municipalidades"[1097].

Por tanto, el principio de la definición del ámbito subjetivo contencioso-administrativo de las demandas en relación a los entes públicos territoriales, reservado a la República, encuentra su excepción en los casos de contratos administrativos: si la demanda concierne a un "contrato administrativo", la Corte Suprema de Justicia es competente para conocerla, así sea demandado un Estado o un Municipio, o así sea demandante la propia República, un Estado o un Municipio.

De lo anteriormente señalado puede deducirse como conclusión general en materia de asignación de competencias en las demandas contra los entes públicos, que como consecuencia de la distribución vertical del Poder Público entre niveles territoriales (Nacional, Estadal y Municipal), el legislador quiso reservar la competencia de los órganos de la jurisdicción contencioso-administrativos al conocimiento de las demandas contra la persona territorial nacional (la República) y excluirla del conocimiento de las demandas contra las otras personas territoriales (Estados y Municipios), salvo en materia de contratos administrativos.

C. Las demandas contra personas jurídicas estatales de derecho público no territoriales: los institutos autónomos

Conforme a la Ley Orgánica de la Corte Suprema como hemos visto, también corresponde a la jurisdicción contencioso-administrativa el conocimiento de las acciones contra "algún Instituto Autónomo"[1098], es decir, contra los que hemos denominado establecimientos públicos institucionales. Ahora bien, dos aspectos deben plantearse respecto de estos casos: por una parte, debe señalarse queja categoría de las personas jurídicas de derecho público no territoriales o establecimientos públicos no se agota en los institutos autónomos, por lo que si aplicamos los criterios mencionados, resulta que la jurisdicción contencioso-administrativo no es competente para conocer de las demandas que se intenten contra los establecimientos públicos corporativos estatales (por ejemplo, las Universidades Nacionales) o contra los establecimientos públicos asociativos (por ejemplo, el Banco Central de Venezuela), sino solamente contra los establecimientos públicos institucionales, o institutos autónomos.

---

tencia de la jurisdicción contencioso-administrativa. En todo caso, si la demanda surge con motivo de un contrato administrativo interadministrativo, la competencia sería de la Corte Suprema (Art. 42, Ord. 14).

1097 Art. 42, Ord. 14, LOCSJ.

1098 Art. 42. Ord. 15; 182, Ord. 29; y 185, Ord. 6°, LOCSJ.

Por otra parte, aun cuando la Ley Orgánica no los califique expresamente, la competencia de la jurisdicción contencioso-administrativa; sólo se refiere a las acciones contra los institutos autónomos nacionales, es decir, los creados por leyes del Congreso, y no se refiere a las acciones contra los institutos autónomos estadales (creados por Ley de las Asambleas Legislativas) o contra los institutos autónomos municipales (creados por Ordenanza Municipal). Es lógico entender que si el Legislador quiso excluir de la competencia contencioso-administrativa las demandas contra los Estados y Municipios, también debe quedar excluida la competencia contencioso-administrativa respecto a demanda contra institutos autónomos estadales o municipales, así se trate de acciones que conciernen a "contratos administrativos" suscritos por dichas entidades[1099].

D. Las demandas contra personas jurídicas estatales de derecho privado las empresas (nacionales) del Estado

Por último, la Ley Orgánica también atribuye competencia a los órganos de la jurisdicción contencioso-administrativa para conocer de las acciones contra "las empresas en las cuales el Estado tenga participación decisiva"[1100]. Por supuesto, dentro de la calificación de las personas jurídicas estatales, la denominación "empresa del Estado" es la que puede plantear mayores problemas interpretativos, en relación a la intención del legislador.

Ante todo debe señalarse que la expresión "Estado" en esta denominación o cuando se dice, empresas en las cuales "el Estado" tenga participación decisiva, no puede ser-interpretada sino como lo que es gramaticalmente, es decir, como un calificativo: "del Estado" o estatal. Por tanto, una empresa del Estado es una empresa de un ente estatal o en la cual un ente estatal tiene participación decisiva. Pero los entes estatales, hemos visto, pueden ser de tres niveles según la distribución vertical del Poder Público (Nacional, Estadal o Municipal), por lo que empresa del Estado en general, sería tanto la empresa "de la República" como la empresa "del Municipio" (empresa municipal"). Por supuesto, la intención del legislador en la asignación de competencias a los tribunales contencioso-administrativos, no puede considerarse que fue la de atribuirle el conocimiento de las acciones que se intenten contra las empresas de todos esos entes estatales.

Por tanto, la primera conclusión que por vía de interpretación tendríamos que deducir de esta norma de la Ley es que la competencia atribuida a los Tribunales contenciosos administrativos en materia del conocimiento de demandas contra "empresas en las cuales el Estado tenga participación decisiva", se refiere a las empresas en las cuales "la República" tenga participación decisiva, no porque el término "República" sea sinónimo a "Estado", sino porque entre los entes que conforman el Estado (la República, los Estados y los Municipios), parece claro que la, intención del Legislador fue reservar a la jurisdicción contencioso-administrativa el conocimiento de las demandas contra los entes nacionales (la República, los institutos autónomos nacionales, y las empresas de la República).

1099 En cuanto a la competencia en materia de "contratos administrativos" la Ley se refiere sólo a las acciones relativas a "los contratos administrativos en los cuales sea parte la República, los Estados o las Municipalidades", Art. 42, Ord. 14, LOCSJ.

1100 Art. 42, Ord. 15; 182, Ord. 2°; y 185, Ord. 6°, LOCSJ.

Es importante destacar estos conceptos pues en una desafortunada sentencia de 1983, la Corte Suprema de Justicia, para llegar a la conclusión anterior, que se deduce por vía interpretativa de la intención del legislador, pretendió definir conceptos claves de derecho constitucional y resultó confundiéndolos en forma errada.

En efecto, en sentencia dictada el 20 de enero de 1983[1101] la Corte Suprema resolvió un conflicto de competencia planteado por un Tribunal Mercantil con motivo de una demanda intentada por la Universidad Central de Venezuela (establecimiento público nacional cooperativo) contra una institución bancaria (el Banco Nacional de Descuento C.A.) cuyas acciones estaban a nombre del Banco Central de Venezuela (establecimiento público nacional asociativo), el cual consideró que la competencia correspondía a la Corte Suprema. La Corte consideró, al contrario, qué el órgano judicial competente para conocer de la acción era el Tribunal Mercantil y no la propia Corte, porque –dijo– "es evidente que no es el propio Estado sino el Banco Central de Venezuela quien tenía una participación decisiva en el Banco Nacional de Descuento".

Para llegar a esta conclusión la Corte Suprema realizó las siguientes disquisiciones terminológicas sobre el concepto de "Estado".

> "En primer lugar, considera la Corte que habiendo utilizado la ley la expresión Estado, no está permitido darle a este término una significación distinta de la lexicográfica y jurídicamente le corresponde".
>
> "El Estado es, según la definición del Diccionario de la Real Academia Española, el cuerpo político de una Nación. Jurídicamente no es distinta su significación, tal como se precisa en la Exposición de Motivos, de nuestra vigente Constitución, que se expresa así: "Cuando se ha dicho que "la Nación venezolana es un pacto de organización política" se ha usado un vocablo que corresponde más bien al concepto de Estado. Para evitar la confusión terminológica, la Comisión acordó usar el nombre de "República" para designar la personificación del Estado venezolano y la palabra "Estado" de manera excepcional, cuando ello sea considerado necesario para determinar el concepto de la organización política y jurídica representada por el Poder Público frente a las actividades privadas".
>
> "En consecuencia, desde que entró en vigencia la actual Constitución, en el campo jurídico venezolano tienen igual significación los términos de República y Estado, aunque esta última expresión será preferentemente empleada cuando se trate de distinguir las actividades públicas de las actividades privadas".
>
> "No hay duda que el ordinal 15 del artículo 42 de la Ley Orgánica de la Corte Suprema de Justicia tuvo muy en cuenta estos matices lexicográficos al establecer un fuero privilegiado para determinadas personas jurídicas, y así utilizó, en primer lugar, la expresión República para referirse a la personificación jurídica del Estado venezolano, y la palabra Estado para referirse a la participación de la misma. República en entidades de carácter privado como son las empresas".
>
> "Gozan pues de dicho fuero privilegiado en primer lugar la República (el Estado), los Institutos Autónomos y las empresas en que el Estado (la propia República) tengan participación decisiva, y esto debe ser así porque sólo el Estado, utilizando los medios legales de manifestar su propia voluntad, es quien puede determinar la escogencia de una forma empresarial para la realización de alguna finalidad de su incumbencia.

1101 CSJ-SPA 20-1-83 (Ponente Magistrado Rene de Sola), en *Revista de Derecho Público*, N° 13, EJV: Caracas, 1983, pp. 160-163.

Tal el caso cuando constituye determinadas compañías anónimas como accionista único, para regir la política monetaria del país o para explotar sus principales riquezas públicas, petróleo y hierro. O bien cuando constituye con particulares una empresa mixta en la que desde su inicio y en forma permanente tendrá una participación decisiva".

"Respecto a tal clase de empresas, en que de una mañera permanente y no circunstancial, el Estado tenga una participación decisiva, es indiscutible la competencia de esta Sala para conocer de cualquier tipo de acción que contra ellas se intentare, siempre que su cuantía exceda de cinco millones de bolívares, así se trate de acciones de tipo mercantil, laboral, de tránsito, ya que su competencia en este caso es *ratione personae* y no *ratione materiae*"[1102].

La conclusión de esta sentencia, de que el término "Estado" es equivalente a "República", es absoluta y radicalmente errada en el ordenamiento constitucional venezolano, pues de aceptarse, de un solo golpe se acabaría con el principio de la distribución vertical del Poder Público en tres niveles territoriales: la República, los Estados y los Municipios, todos los cuales, forman "el Estado" como lo dice la Exposición de Motivos del Texto Constitucional, como expresión de todos los entes que lo forman. Por tanto, en la Constitución, nunca, el término Estado se utiliza como sinónimo de República, así como nunca el término Poder Público se utiliza como sinónimo del Poder Nacional. Lamentablemente, al identificar el "Estado" con la "República", la Corte Suprema se olvidó de los otros entes territoriales qué forman parte del Estado junto con la República, es decir, los Estados miembros de la Federación y los Municipios.

En efecto, la Constitución de 1961, siguiendo los principios del constitucionalismo moderno, establece dos sistemas de distribución del poder: por un lado, un sistema de distribución horizontal del poder; y por otro lado, un sistema de distribución vertical del poder[1103].

Por ello, la expresión "Poder Público" que se encuentra en la Constitución, tiene una ambivalencia. Normalmente, cuando se habla del Poder Público y de los órganos del Poder Público o, inclusive, cuando se utiliza la expresión "control jurisdiccional del Poder Público" (en nuestro criterio, una expresión incorrecta), se está pensando en la distribución horizontal del poder, tradicional en: Poder Legislativo, Poder Ejecutivo y Poder Judicial. Sin embargo, se olvida que la verdadera base que está en esa idea del Poder Público, es la distribución vertical del poder, dentro de un, sistema, en nuestro caso, federal, que provoca la existencia de tres niveles territoriales: el Poder Nacional, el Poder de los Estados y el Poder Municipal.

Por eso cuando se lee el artículo 118 de la Constitución, norma básica en Derecho Público y que establece que "cada una de las ramas del Poder Público, tiene sus funciones propias pero los órganos a los que incumbe su ejercicio colaborarán entre sí en la realización de los fines del Estado", debemos preguntarnos: ¿A qué se está refiriendo? ¿Cuál Poder Público? ¿Cuáles son las ramas del Poder Público? No se trata, necesariamente de las ramas Legislativa, Ejecutiva y Judicial; es más, debemos señalar que no es, en definitiva, a la distribución horizontal del poder a la cual hace referencia el artículo 118 de la Constitución, sino a la distribución vertical del poder por el sistema federal establecido en la Constitución.

1102 *Idem.*
1103 *V.*, Allan R. Brewer-Carías, *Instituciones Políticas y Constitucionales*, Caracas, 1985, *T.* I, p. 355.

En consecuencia, cuando la Constitución habla del Poder Público, se refiere a un concepto, que no tiene organicidad, que no es un sujeto de derecho, y es por eso que no podemos hablar de "control del Poder Público", ya que no es un órgano, ni es un sujeto actuante en el campo jurídico que pueda ser controlado. Se controla a un órgano que ejerce determinada función, que realiza actos administrativos o que asume una potestad para ejercerla, pero no se puede controlar a la potestad misma.

El Poder Público, en realidad, es una potestad del Estado; si se quiere, desde el punto de vista jurídico, es una situación jurídica general, de rango constitucional, que tienen los órganos del Estado para actuar, o que tienen los sujetos de derecho que conforman el Estado, para actuar. Por ello, el Poder público no es controlable; en cambio, el ejercicio del Poder Público por un determinado órgano, si es controlable.

El Poder Público, por tanto, es una potestad, una situación jurídica general constitucional de los sujetos de derecho que actúan en el Estado para la realización de sus fines. Este es un primer elemento que debe tenerse absolutamente claro, dentro del contexto constitucional, para comprender las bases de nuestras instituciones. Si se analiza el Título IV de la Constitución, este tiene por título, "Del Poder Público", y allí se habla de las ramas del Poder Público en sentido vertical. Por ello, dentro de este título, "Del Poder Público", hay un capítulo, que es el segundo, que se refiere al Poder Nacional, en especial, a su competencia. Aquí, la Constitución regula al Poder Público en su distribución vertical, pero refiriéndose sólo al Poder Nacional. De resto, la Constitución regula el Poder Público Nacional y a su distribución horizontal. Así, si vamos más adelante en el texto fundamental encontramos que el Título V lleva por título "Del Poder Legislativo Nacional", y en el mismo sentido, más adelante, en el Título VI se habla "Del Poder Ejecutivo Nacional"; y el Título VII habla "Del Poder Judicial", al cual sin embargo, no califica de nacional. Este es el único caso en el cual la Constitución, al regular los poderes y su distribución horizontal en el nivel nacional, no califica al Poder Judicial como nacional, pues en el sistema constitucional, ese poder es sólo nacional. En esta forma es que la Constitución regula al Poder Público, y establece su régimen general como Potestad del Estado.

Pero el artículo 118 de la Constitución aclara que cada una de las ramas del Poder Público tiene sus funciones propias, pero los órganos a los que incumbe su ejercicio colaboran entre sí, en la realización de los fines del Estado. El Estado, en la Constitución, también es un concepto genérico como el Poder Público: Si el Poder Público es una Potestad, el Estado, es la suma de todos los órganos y sujetos que conforman la organización política de la sociedad, pero tampoco es una realidad orgánica, salvo en escala internacional.

Por ejemplo, cuando la Constitución establece en su artículo, 77 que "el Estado propenderá a mejorar las condiciones de vida de la población campesina..." ¿Qué se debe entender por Estado? En definitiva, el Estado es la suma de todos los entes que ejercen el Poder Público; pero no se refiere a una realidad orgánica concreta.

En efecto, se insiste, el Estado no coincide con ninguna realidad subjetiva actuante en el ordenamiento jurídico. Cuando la Constitución habla de Estado, no tenemos por qué pensar en la República, o en otro órgano, ni en los del nivel nacional. Esta noción genérica abarca a todos los órganos que ejercen el Poder Público, y ello es válido respecto de todas, las normas de la Constitución donde se habla de Estado: "El Estado protegerá las asociaciones y corporaciones, sociedades y comunidades", dice el artículo 72; el artículo 73 dice: "El Estado protegerá la familia...". En esta expresión no tenemos que pensar que se refiere a la República; también los Estados y los Municipios tienen estas obligaciones constitucionales. "... El Estado creará y sostendrá escuelas..." dice el artículo 78; ello no es una tarea exclusiva ni del Poder Nacional, ni de los Estados, ni de los Municipios, es de todos los entes públicos. De manera que el Estado, en la concepción constitucional, no tiene por qué vincularse al Estado Nacional (República). Es una expresión genérica que abarca todos los órganos o los sujetos de derecho que conforman la organización política de la sociedad. Esto es independiente, por supuesto, de la connotación del Estado venezolano en el campo de las relaciones internacionales, donde sí tiene una personalidad jurídica, global, única, representada por la República, dado el Sistema Federal. Pero en la proyección interna del texto constitucional, la expresión Estado abarca todos los sujetos de derecho que formulan la organización política. Así el Estado, para actuar a nivel interno, tiene Una potestad constitucional, que es el Poder Público, y ese poder, tiene una distribución horizontal y una distribución vertical, que conforman la estructura del Estado venezolano como Estado Federal, y el principio de separación orgánica del Poder, a nivel nacional.

Ahora bien, y conforme a lo señalado sobré el concepto de Estado, dejando a salvó los errores conceptuales de la sentencia citada de la Corte Suprema en Sala) Político-Administrativo[1104], en la misma, en realidad, lo que buscó la Corte fue interpretar restrictivamente el concepto de "empresa del Estado", en el sentido "nacional", de "empresa de la República" (excluyendo las empresas estadales y municipales) y además, concluyendo que sólo las acciones contra las empresas en las cuales la República, directamente, tuviese una participación decisiva, eran las que competían al conocimiento de los Tribunales contencioso-administrativos, por lo que las acciones contra, las empresas en las cuales la República tuviese, indirectamente, participación, no correspondían a la competencia de la jurisdicción contencioso-administrativa. De allí que concluyese la Corte que en el caso de acciones contra una empresa bancaria en la cual el Banco Central de Venezuela tenía participación decisiva, pero no la República directamente, la competencia judicial para conocerla correspondía a la jurisdicción ordinaria mercantil, pero no a la contencioso-administrativa[1105].

Debe señalarse, sin embargo, que el criterio de la participación directa de la. República en empresas del Estado para atraer la competencia de la jurisdicción contencioso-administrativa en el conocimiento de las demandas que se intenten contra las mismas, no ha sido pacíficamente aceptada, y la propia Corte Suprema de Justicia en Sala de Casación Civil, lo ha contradicho expresamente. En efecto, en sentencia de 2 de noviembre de 1983, con motivo de un conflicto de competencia surgido en una acción civil intentada contra la empresa eléctrica estatal (C.A. de Administración y Fomento Eléctrico (CADAFE) en la cual tenía participación mayoritaria, no la República, sirio un instituto autónomo (la Corporación Venezolana de Fomento); acción en la cual la Corte Primera de lo Contencioso-administrativo se había declarado incompetente para conocer conforme al criterio de la Sala Político-Administrativa, atribuyéndole la competencia a la jurisdicción civil ordinaria, la Corte de Casación, al contrario estimó que "al estar presente en la empresa el requisito de la participación decisiva del Estado, en

1104 Lamentablemente adoptados por la Corte Primera de lo Contencioso-Administrativa en sentencia de 21-4-83, *cit.*, en sentencia de la Corte Suprema de Justicia en Sala de Casación Civil de 2-11-83 (Consultada en original).

1105 Sentencia CSJ-SCC, 2-11-83 (consultada en original).

forma directa o indirecta" debía funcionar la competencia especial de la jurisdicción contencioso-administrativa, por lo que el conocimiento de la acción correspondía a la Corte Primera de lo Contencioso-Administrativo[1106].

Por tanto, en la Corte Suprema de Justicia, si bien se acepta pacíficamente el criterio de que las "empresas del Estado" que originan la atracción de la competencia. contencioso-administrativa son las empresas "nacionales" en las cuales la República tenga participación decisiva, se han utilizado criterios contradictorios en torno al carácter directo o indirecto de la participación: la Sala Político-Administrativa ha, considerado que la participación decisiva debe ser directamente de la República, como persona jurídica; en cambio la Sala de Casación Civil ha considerado que esta participación puede ser directa de la República, o indirecta de la República, a través de un instituto autónomo nacional, pues "la fundamentación de la norma" de la Ley Orgánica de la Corte Suprema atributiva de la competencia "es la protección de los intereses nacionales en juego", así la participación decisiva del Estado "opere o se manifieste por la participación directa o inmediata del Estado o lo haga mediata o indirectamente a través de otro órgano pública y concretamente, de un Instituto Autónomo o de otra empresa del Estado". La Sala de Casación Civil, agregó, además, en la sentencia comentada que la interpretación de la Sala Político-Administrativa, "además de ser proclive a crear desigualdades de procedimientos, con mengua de los mismas calificados intereses nacionales, dejaría fuera también del privilegio y por ende, de la competencia especial, a numerosas empresas en las cuales el Estado tiene una participación decisiva, pero en forma indirecta o mediata; especialmente las del grupo o conjunto qué opera en uno de los primordiales polos de nuestro desarrollo económico, en la zona de Guayana, y por ello, empresas donde son manifiestos altos intereses nacionales, y en las cuales el Estado participa decisivamente sólo en forma indirecta; hecho éste que, por lo demás, por notorio y de conocimiento general en nuestro país, aparece "integrado a la cultura y saber privado de los jueces venezolanos", pues éstos no pueden "ignorar jurídicamente lo que todo el mundo sabe"[1107].

Por supuesto, nos inclinamos por la interpretación de la Sala de Casación Civil de la Corte Suprema de Justicia, y si bien aceptamos el criterio de que la intención del Legislador en la distribución de competencia fue la protección de los intereses nacionales por la jurisdicción contencioso-administrativa (lo que excluye los intereses estadales y municipales, y por tanto, el conocimiento de acciones contra empresas del Estado de los Estados y Municipios), es indudable que no tiene base sólida alguna la tesis de la participación directa, de la República, en empresas del, Estado para la atracción de la competencia contencioso-administrativa. La tesis de la Sala Político-Administrativa, como lo dijo la Sala de Casación Civil, no sólo ignora "lo que todo el mundo sabe" y que los jueces tienen que saber, sino que al identificar el "Estado con la República" en los términos constitucionales, también ignoró conceptos jurídicos fundamentales y elementales que también deben los jueces saber.

En todo caso, este criterio de la Sala Político-Administrativa por su inconveniencia, ha venido siendo espasmódicamente modificado por la propia Sala Político-Administrativa, al tener que declarar su competencia, por ejemplo, en el caso dé demandas contra el Banco Industrial de Venezuela, a pesar de que los accionistas del mismo sean

1106 Sentencia CSJ-SCC, 2-11-83 (consultada en original).

1107 *Idem.*, pp. 19 y 20 del original.

el Fondo de Inversiones de Venezuela y la Corporación Venezolana de fomento, por el hecho de haber sido creado por ley[1108]; en el caso de demandas contra la empresa CVG Electrificación del Caroní C.A. (EDELCA), a pesar de que los accionistas de la misma sean el Fondo de Inversiones de Venezuela y la Corporación Venezolana de Guayana, por el hecho de ser estos dos entes creados por ley, como institutos autónomos[1109]; y en el caso de demandas contra las empresas operadoras de la industria petrolera (*p.e.* Intevep, Meneven y Maraven) a pesar de que la accionista única de las mismas es Petróleos de Venezuela S.A. (PDVSA), por el hecho de estar éstas fundamentadas en su actuación, en la Ley Orgánica que reserva al Estado la Industria y el Comercio de los Hidrocarburos[1110].

3. El ámbito material de las demandas contra los entes públicos

Ya hemos señalado que en materia de demandas contra los entes públicos, el sistema de atribución de competencias adoptado por la Ley Orgánica de la Corte Suprema de Justicia es básicamente el sistema *ratione personae*, como un privilegio jurisdiccional para la República, los institutos autónomos nacionales y las empresas del Estado nacionales. Sin embargo, también se utiliza el criterio *ratione materiae*, particularmente en el campo de los contratos administrativos.

En todo caso, la disposición del artículo 206 de la Constitución vigente, al establecer que los órganos de la jurisdicción contencioso-administrativa son competentes para "condenar al pago de sumas de dinero y a la reparación de daños y perjuicios originados en responsabilidad de la Administración y disponer lo necesario para el restablecimiento de las situaciones jurídicas subjetivas lesionadas por la actividad administrativa", hace imposible, prácticamente, la delimitación exacta y precisa el ámbito material de todas las pretensiones que pueden plantearse en las demandas contencioso-administrativas contra los entes públicos.

Por ello nos limitaremos a estudiar someramente, tres posibles pretensiones, las más importantes en nuestro concepto, y que constituyen el contencioso contractual, el contencioso de la responsabilidad de la Administración y el contencioso del restablecimiento de las situaciones jurídicas subjetivas lesionadas por la Administración.

A. El contencioso contractual y la caracterización de los "contratos administrativos"

Las demandas contra la República, los institutos autónomos nacionales y las empresas del Estado nacionales, ante todo, pueden tener su origen en cuestiones que resulten de interpretación, cumplimiento, caducidad, nulidad, validez o resolución de cualquier tipo de contratos en los cuales esas personas sean parte. Por tanto, las referidas demandas pueden ser intentadas por el cocontratante de la Administración para lograr la condena de ésta al pago de una suma de dinero o de daños y perjuicios, o para restablecer una situación jurídica subjetiva y contractual lesionada por la actividad ilegítima de la Administración, es decir, por una actividad administrativa contraria al título jurídico que origina la relación jurídico-administrativa: el contrato.

1108 Sentencia de la CSJ-SP de 12-11-85 en *RDP*, N° 25, 1986, pp. 145-147.
1109 *V.*, sentencia de la CSJ-SPA de 14-12-89 en *RDP*, N° 41, 1990, pp. 133-144.
1110 *V.*, sentencias de 24-01-90 y 28-06-90, en *RDP*, N° 41, 1990, pp. 134-136 y N° 43, 1990, pp. 137 a 142.

Por tanto, todo lo referente a los contratos en los cuales sea parte la República, un instituto autónomo nacional o una empresa del Estado nacional es de la competencia de los órganos de la jurisdicción contencioso-administrativa.

Esta competencia de los órganos de la jurisdicción contencioso-administrativa en materia contractual, particularmente en relación a los contratos celebrados por la República, puede decirse que ha sido tradicional en Venezuela. Así, por ejemplo la derogada Ley Orgánica de la Corte Federal de 1953, atribuía a la antigua Corte Federal, competencia para "conocer en juicio contencioso de todas las cuestiones por nulidad, caducidad, resolución, alcance, interpretación, cumplimiento y cualesquiera otras que se susciten entre la nación y los particulares, a consecuencia de los contratos celebrados por el Ejecutivo Nacional o de concesiones mineras, de hidrocarburos o de tierras baldías que hubiere otorgado, así como de las controversias que resulten por su negativa a expedir títulos de concesiones a que los demandantes aleguen tener derecho; salvo los puntos que la ley vigente, al tiempo de la celebración del contrato, del otorgamiento, de la concesión o de la negativa a concederla, según el caso, dejaren a la decisión del Ejecutivo Nacional sin recurso judicial"[1111].

Sin embargo, la innovación de la Ley Orgánica de la Corte Suprema de 1976 fue extender la competencia de los Tribunales Contencioso-Administrativos respecto de las cuestiones que surjan con motivo de contratos no sólo suscritos por la República, sino por los institutos autónomos nacionales y las empresas del Estado nacionales. Por tanto, quedarían fuera de la competencia de los Tribunales contencioso-administrativos, en principio, las cuestiones que se susciten con motivo de contratos en los que fueran parte los Estados y los Municipios, y sus institutos autónomos y empresas, las que corresponderían a la jurisdicción ordinaria.

La Ley Orgánica de la Corte Suprema de 1976, sin embargo, introdujo una excepción a este principio de exclusión de competencia, al darle rango legislativo por primera vez en nuestro ordenamiento a la noción de "contrato administrativo", y asignar exclusivamente a la Corte Suprema de Justicia en Sala Política Administrativa competencias para:

> "conocer de las cuestiones de cualquier naturaleza que se susciten con motivo de la interpretación, cumplimiento, caducidad, nulidad, validez o resolución de los contratos administrativos en los cuales sea parte, la República, los Estados y Municipios"[1112].

En esta forma, y aun cuando hemos considerado que la distinción entre contratos administrativos y contratos de derecho privado de la Administración no tiene relevancia intrínseca[1113], es indudable, que la misma ha adquirido importancia práctica judicial en

---

1111 Art. 7, Ord. 18, LOCF. Debe señalarse además que el Parágrafo Único del artículo 7, ordinal 28 de la Ley Orgánica de la Corte Federal establecía que "la Corte Federal conocerá también en juicio contencioso de la controversia entre particulares sobre nulidad de las condiciones mineras, de hidrocarburos y de tierras baldías por falta de formalidades o violación de la ley en su otorgamiento". Esta competencia de la Corte se justificaba porque, en definitiva, en esas controversias entre, particulares se discutía la validez del acto administrativo de otorgamiento de la concesión, lo que atraía lógicamente la competencia de los órganos de la jurisdicción contencioso-administrativa y la necesaria intervención, por otra parte, de la Administración concedente para la defensa, si era el caso del acto de concesión cuestionado.

1112 Art. 42, Ord. 14, LOCSJ.

1113 *V.*, Allan R. Brewer-Carías, "La evolución de la noción del contrato administrativo", en *Libro Homenaje al Profesor Antonio Moles Caubet*, UCV, Caracas, 1981, *T.* I, pp. 41-69. *V.*, también en *Contratos Administrativos*, Caracas, 1992.

materia contencioso-administrativa, por una parte, como excepción a la exclusión de la competencia en materia de demandas contra los Estados y Municipios, y en materia de demandas interpuestas por la República, los Estados y Municipios contra particulares; y por la otra como excepción a la distribución de la competencia en las demandas por la cuantía.

Es decir, conforme a este artículo 42, ordinal 14 de la Ley Orgánica de la Corte Suprema, toda cuestión que se suscite en materia de contratos administrativos en los cuales sean parte la República, los Estados y los Municipios, sea que se demande a esos entes, sea que ellos demanden a un particular, su conocimiento corresponde a la Corte Suprema de Justicia. Como consecuencia, la noción de contrato administrativo ha adquirido significación jurídica en materia de asignación y distribución de competencias judiciales, a partir de la Ley de 1976, en los siguientes dos casos: primero, en los casos de demandas contra los Estados y Municipios basadas en contratos administrativos, cuyo conocimiento corresponde a la Corte Suprema de Justicia, como excepción al principio de la exclusión de competencia contencioso-administrativa en las demandas contra los Estados y Municipios, y su atribución a los Tribunales de la jurisdicción ordinaria[1114]; segundo, en los casos de demandas intentadas por la República, los Estados y Municipios contra los particulares basadas en contratos administrativos, cuyo conocimiento corresponde a la Corte Suprema de Justicia, como excepción también al principio de la exclusión de la competencia contencioso-administrativa en estos casos en los cuales la República, los Estados y Municipios aparezcan como demandantes de particulares, y su contribución a los Tribunales de la jurisdicción ordinaria[1115], y tercero, los casos de demandas contra la República, los institutos autónomos nacionales y las empresas del Estado nacionales, cuyo conocimiento corresponde a la Corte Suprema de Justicia, como excepción al principio de distribución de la competencia por la cuantía entre los diversos Tribunales contencioso-administrativos[1116].

En cambio, en esos casos, si el contrato que origina el conflicto no se considera contrato administrativo, sino contrato de derecho privado de la Administración, sucede lo siguiente: primero, si se trata de un contrato suscrito por un Estado o un Municipio, la acción corresponde al conocimiento de la jurisdicción ordinaria; segundo, si se trata de acciones intentadas por la República, los Estados o los Municipios contra particulares, el conocimiento de las mismas corresponde a la jurisdicción ordinaria; y si se trata de contratos suscritos por la República, los institutos autónomos nacionales y las empresas del Estado nacionales, la competencia corresponde a los órganos de la jurisdicción contencioso-administrativa, según la cuantía.

Por tanto, introducido el concepto de contratos administrativos en la legislación como "criterio" para la distribución de competencias judiciales, resulta indispensable establecer un "criterio" de distinción entre contrato administrativo y contrato de derecho privado de la Administración, en lo cual en toda la historia del derecho administrativo nunca ha habido acuerdo[1117]. El problema, por supuesto, se ha planteado a nivel de los Tribunales contenciosos-administrativos, y particularmente en la jurisprudencia de la

---

1114 Art. 183, Ord. 1° LOCSJ.

1115 Art. 183, Ord. 2°, LOCSJ.

1116 Art. 42, Ord. 15; 182, Ord. 2° y 185, Ord. 6° LOCSJ.

1117 *V.*, Allan R. Brewer-Carías, *Las Instituciones Fundamentales del Derecho Administrativo y la Jurisprudencia Venezolana*, Caracas, 1964.

Corte Suprema de Justicia, la cual ha optado por los clásicos criterios de la cláusula exorbitante o de la finalidad de servicio público[1118]. En tal sentido, la Corte Suprema estimó en sentencia de 11 de agosto de 1983, que:

> "la presencia de "cláusulas exorbitantes", en un contrato celebrado por la Administración Pública constituye índice evidente de la existencia de un contrato administrativo, pero ellas, no hacen otra cosa que revelar, la noción de interés general o colectivo que el servicio público entraña. En otras palabras, si bien las 'cláusulas exorbitantes' son importantes para identificar un contrato administrativo, no obstante ante la ausencia de éstas en una negociación pública, la noción de servicio público, que lleva implícita la de interés general o colectivo, recobra su plena y absoluta vigencia. Si se trata de Una negociación de este tipo, es decir, en la cual se evidencia la presencia de cláusulas que desborden el ámbito del derecho común (cláusulas exorbitantes) o en las que prive el interés del servicio público en su realización, la competencia corresponde a los órganos de la jurisdicción contencioso-administrativa. En cambio, cuando la Administración celebra convenios con los particulares en un plano de igualdad frente a éstos o que no sean determinantes para la realización del servicio público, el conocimiento de los litigios que puedan derivar de ellos compete a los órganos jurisdiccionales ordinarios"[1119].

Estos criterios, manejados tradicionalmente por la jurisprudencia de la Corte Suprema desde los años cincuenta[1120], han servido a los Tribunales Contenciosos-Administrativos para resolver casos, extremos particularmente en materia de contratos municipales[1121], pero también han demostrado la carga de subjetividad que puede haber en su aplicación; particularmente por el amplio margen de apreciación que queda en manos del juez y por supuesto, de la propia Administración contratante, para determinar si en una relación, contractual hay o no un interés público envuelto o una cláusula que pueda considerarse como exorbitante del derecho común[1122].

B. El contencioso de la responsabilidad administrativa

La Constitución vigente declara expresamente la responsabilidad del Estado venezolano. En efecto, el artículo 47 dispone que "en ningún caso podrán pretender los venezolanos ni los extranjeros que la República, los Estados o los Municipios los indemnicen por daños, perjuicios o expropiaciones que no hayan sido causados por autoridades legitimas en el ejercicio de su función pública". Este reconocimiento de la responsabilidad del Estado, aunque en forma indirecta, tiene una importancia "capital, pues, sin ello

---

1118 V. CSJ-SPA de 11-7-83 (Ponente L. H. Farías Mata), *cit.*, en sentencia CSJ-SPA de 11-8-83. *Revista de Derecho Público*, N° 16, EJV, Caracas, 1983, pp. 162-164.

1119 Sentencia CSJ-SPA, 11-8-83 (Ponente Magistrado J. Calcaño de Temeltas), en *Revista de Derecho Público*, N° 16, EJV, Caracas, 1983, pp. 163-164.

1120 V. Allan R. Brewer-Carías, "Los contratos de la Administración en la jurisprudencia venezolana", *Revista de la Facultad de Derecho*, UCV, N° 26, Caracas, 1963, pp. 127-154.

1121 Por ejemplo, para considerar un contrato de compra-venta o de arrenda- miento como contrato de derecho privado y no como contrato administrativo. *V.* CSJ-SPA 26-6-80, en *Revista de Derecho Público*, N° 4, EJV, Caracas, 1980, p. 146; y CPCA, 9-8-84, en *Revista de Derecho Público*, N° 20, EJV, Caracas, 19-84, pp. 140-142.

1122 Por ejemplo, para considerar un contrato de compra-venta como contrato administrativo y no como contrato de derecho privado de la Administración. *V.*, CSJ-SPA 11-8-83, en *Revista de Derecho Público*, N° 16, EJV, Caracas, 1983, p. 164; y CSJ-SPA 24-1-85 en *Revista de Derecho Público*, N° 21, EJV, Caracas, 1985, p. 137.

difícil sería calificar a nuestro sistema estatal como Estado de Derecho, y las garantías jurídicas de los administrados frente a la Administración quedarían incompletas[1123].

Debe señalarse, además, que la norma constitucional citada consagra la responsabilidad del Estado por daños causados por autoridades legítimas en el ejercicio de su función pública, es decir, en principio, por cualquier autoridad legítima en ejercicio de la función legislativa, jurisdiccional, administrativa o de gobierno. No hay por tanto, ninguna norma constitucional que excluya la responsabilidad del Estado en alguno de estos últimos supuestos.

Sobre el origen de esta norma, consagrada en el artículo 47 de la actual Constitución, se ha dicho que la finalidad de ese artículo, incorporado por primera vez en la normativa constitucional en el año 1901, "fue exonerar de responsabilidad al Estado por los hechos ilícitos cometidos por los revolucionarios en las guerras civiles y evitar así las constantes reclamaciones de daños y perjuicios que provenían principalmente de los extranjeros. Por eso se exige, para empezar la responsabilidad del Estado, que él daño sea causado por una autoridad competente (las anteriores Constituciones decían autoridad legítima) en ejercicio de sus atribuciones legales"[1124].

Sin embargo, esas constantes reclamaciones de parte de los extranjeros del Estado, no solamente dieron origen a esa norma constitucional, sino que dieron nacimiento a una legislación especial de extranjeros donde se establecen normas particulares reguladoras de esas reclamaciones y de la responsabilidad del Estado respecto a aquéllos.

Por último, el artículo 206 de la Constitución ha completado la disposición del artículo 47 *ejusdem* en materia de responsabilidad administrativa, al, atribuir competencia a los órganos de la jurisdicción contencioso-administrativa para condenar "a la reparación de daños y perjuicios originados en responsabilidad de la Administración".

Por tanto, corresponde a los tribunales contenciosos-administrativos el conocimiento de las acciones que por responsabilidad administrativa extracontractual se intenten contra la República, los institutos autónomos nacionales y las empresas del Estado Nacionales[1125]. El conocimiento de las acciones por responsabilidad administrativa que se intenten, contra los Estados y Municipios corresponde a los Tribunales ordinarios[1126].

Por supuesto, como en todos los casos de demandas contra los entes públicos mediante el contencioso-administrativo de las demandas, estas acciones por responsabilidad administrativa no deben tener su origen en un acto administrativo ilegal, cuya nulidad

1123 Sin embargo debe observarse que este artículo no solamente consagra la responsabilidad del Estado, sino que también contempla lo que se ha llamado la Teoría de la Indemnización. En efecto, es necesario distinguir en Derecho administrativo el derecho a indemnización que pueden tener los particulares por daños y perjuicios que les hayan sido causados por la responsabilidad del Estado, es decir, por la actuación ilegítima del Estado, o concretamente de la Administración, de aquella otra indemnización a que puedan tener derecho los particulares, y que es "debida por la Administración Pública al titular de ciertos derechos que ceden ante el ejercicio legítimo de una potestad administrativa. F. Garrido Falla, *Tratado de Derecho Administrativo*, Instituto de Estudios Políticos, v., II, Madrid, 1969, p. 197, como es el caso de la indemnización debida en los supuestos de expropiación por causa de utilidad pública o social. En el primer caso se trata de una actividad ilegitima de la Administración, es decir, contraria al ordenamiento jurídico y, por tanto, sin título jurídico suficiente que lo autorice; en el segundo caso, el daño que sufre el particular es causado por la Administración actuando legítimamente, de conformidad con la ley y con miras a satisfacer el interés colectivo.

1124 J. G. Andueza, *El control en Venezuela...*.

1125 Art. 42, Ord. 15; Art. 182, Ord. 2° y Art. 185, Ord. 6° LOCSJ.

1126 Art. 183, Ord. 1° LOCSJ.

deba declararse como condición para que aquélla surja. Al contrario, si la pretensión al pago de daños y perjuicios causados por un acto administrativo implica la declaratoria de la nulidad del acto, entra en juego el contencioso-administrativo de los actos administrativos. En estos casos, aún cuando se trate de responsabilidad de los Estados y Municipios originada en sus actos administrativos, los Tribunales competentes para pronunciar la condena serían los Tribunales Contencioso-Administrativos, siempre que la pretensión de condena se acompañe a una pretensión de anulación de un acto administrativo a través de un recurso de nulidad[1127].

C. El contencioso del restablecimiento de las situaciones jurídicas subjetivas

Pero el ámbito del contencioso-administrativo de las demandas no se agota solamente en materia de la responsabilidad contractual y de responsabilidad extra-contractual de la Administración, sino que abarca la materia más amplia del restablecimiento de las situaciones jurídicas subjetivas lesionadas por la actividad administrativa, conforme lo establece la Constitución[1128].

El restablecimiento de las situaciones jurídicas subjetivas lesionadas por la actividad administrativa puede dar lugar a toda decisión jurídicamente útil de parte de los órganos de la jurisdicción contencioso-administrativa. Sin embargo, en estos casos, la decisión condenatoria de la Administración demandada no puede conllevar la anulación dé algún acto que lesiona la situación jurídica subjetiva y sin cuya anulación no sería efectivamente restablecida la situación jurídica lesionada, pues en esos casos, la vía jurídica que debe seguirse es la del contencioso-administrativo de los actos (anulación y condena).

Un típico caso de restablecimiento de una situación jurídica lesionada por la actividad administrativa, y que, de acuerdo con la terminología constitucional, no consiste en una condenación a pagar sumas de dinero o daños y perjuicios originados en responsabilidad administrativa, era el contemplado expresamente en el ordinal 30 del artículo 7 de la vieja Ley Orgánica de la Corte Federal: es el caso de las demandas en reivindicación contra la República.

De acuerdo a ello, los Tribunales contencioso-administrativos son competentes para conocer, en juicio contencioso, de las acciones reivindicatorias que se proponga contra la República, los institutos autónomos nacionales y las empresas del Estado nacionales. La condena que pronuncie el Juez a restituir el bien reivindicado constituye simplemente un restablecimiento de la situación jurídica de propietario lesionado por la actividad administrativa.

4. La decisión en el contencioso de las demandas contra los entes públicos

A. Contenido de la decisión

El juez contencioso-administrativo, al conocer de las demandas contra los entes públicos, es el contralor de la legitimidad de la actividad administrativa y de los hechos

1127 Art. 131, LOCSJ.
1128 Ar. 206.

y relaciones jurídico-administrativos por ella originados y, por tanto, su labor consiste en la satisfacción de los derechos subjetivos o en el restablecimiento de las situaciones jurídicas subjetivas lesionadas por la actividad administrativa.

Esta labor, hemos visto, puede dar lugar a toda decisión útil jurídicamente, de condena a la Administración. Sin embargo, antes de analizar estos supuestos de fondo de la decisión, veamos los casos de inadmisibilidad del recurso y de improcedencia del mismo.

Respecto a la admisibilidad o inadmisibilidad de la demanda contencioso-administrativa, se trata como se ha dicho de un pronunciamiento del juez que debe hacerse, en principio, al intentarse la demanda y no al decidirse el fondo de la cuestión que se debate. En todo caso, si alguna excepción ha sido opuesta luego de admitirse la demanda, el juez en la definitiva[1129], puede declarar inadmisible la demanda intentada por ausencia de los requisitos procesales del mismo, ya sea porque por ejemplo, el demandante no sea titular del derecho subjetivo que alega, no se haya cumplido el procedimiento administrativo previo en las demandas contra la República, o porque la acción que se intenta se encuentra prescrita[1130].

Por otra parte, la decisión del juez puede ser de inadmisibilidad por la presencia de cosa juzgada respecto al asunto que se debate[1131]. Sin embargo, para que se produzca la inadmisibilidad por cosa juzgada, "es necesario que la cosa demandada sea la misma que la nueva demanda esté fundada sobre la misma causa: que sea entre las mismas partes, y que éstas vengan al juicio con el mismo carácter que en el anterior", según lo establece el artículo 1.395, ordinal 3° del Código Civil.

La declaratoria de inadmisibilidad no impide, ciertamente, la posibilidad de intentar nueva demanda una vez cumplidos los requisitos procesales no realizados, excepción hecha de la declaratoria de inadmisibilidad por prescripción de la acción o por existencia de cosa juzgada.

Ahora bien, una vez comprobados los requisitos procesales y de admisibilidad de la demanda, la decisión del juez contencioso-administrativo, puede ser de declaratoria sin lugar de la demanda, por improcedencia, por ejemplo, porque la pretensión reclamada no fue suficientemente probada en el proceso. Tal es el caso, por ejemplo, cuándo en una demanda por responsabilidad extracontractual contra la Administración no se prueba satisfactoriamente el daño ocasionado, la imputabilidad o la relación de causalidad.

En todo caso, la demanda será declarada improcedente cuando la actividad administrativa no haya lesionado la situación jurídica subjetiva que se alega y cuando, por tanto, la actividad administrativa no sea una actividad ilegítima.

La declaratoria sin lugar de la demanda, como en toda demanda judicial, tiene efectos de cosa juzgada relativa, es decir del mismo demandante alegando la misma causa, con el mismo carácter y con la misma cosa como objeto, no podría intentar de nuevo la demanda.

1129 Art. 130 LOCSJ.
1130 Art. 84 LOCSJ.
1131 Art. 105 LOCSJ.

Por último, la decisión del proceso contencioso-administrativo puede ser también, y principalmente, de condena a la Administración: condena a pagar unas sumas de dinero, a pagar daños y perjuicios originados en su responsabilidad, a restituir una cosa, en fin, a restablecer una situación jurídica subjetiva lesionada.

Hemos dicho que la decisión de condena a la Administración en este caso de las demandas contra los entes públicos no puede estar acompañada de una decisión de anulación de un acto administrativo, y cuando la sola condena de la Administración no sea suficiente para restablecer por sí sola la situación jurídica subjetiva lesionada por la actividad administrativa, y sea necesario declarar la nulidad de un acto administrativo, la vía judicial que debe seguirse es la de las acciones de nulidad de los actos administrativos.

B. Efectos de la decisión

La decisión de las demandas contencioso-administrativas producen siempre y solamente una cosa juzgada de valor relativo, es decir, inter partes.

En ciertos casos, sin embargo, relativos a demandas contra la República que deba conocer la Corte Suprema y que no se tratan propiamente de procedimientos contencioso-administrativos de demandas contra entes públicos, la misma Corte ha señalado que su decisión tiene efectos *erga omnes*. Esto sucede en las sentencias relativas a bienes del dominio público, y concretamente donde se declara con lugar una demanda de expropiación. A este respecto, la Corte Suprema de Justicia en Sala Político-Administrativa, en sentencia de 10 de agosto de 1961, relativa al caso "Fundo José", señaló que, "constituye un principio universalmente aceptado el qué la cosa juzgada sólo produce efecto entre las partes que han intervenido directamente en el litigio en el cual fue declarada procedente. Ahora bien, tal principio no puede ser aplicado irrestrictamente y debe ser analizado en cada caso concreto, considerando el objeto sobre el cual haya recaído la declaratoria. En el caso de autos, la excepción de cosa juzgada invocada por la Nación venezolana se refirió a un bien, a una faja de terreno del fondo "José" o "Jóse", perfectamente determinada por sus linderos y medidas: estableciéndose en el fallo respectivo que ésta es la misma que aquélla cuya reivindicación ha solicitado el actor de las Compañías Petroleras demandadas, y por haber sido comprobada dicha identidad, en la citada sentencia de fecha 16 de julio de 1958, se declaró procedente dicha excepción por cuanto la faja en referencia, ya expropiada por la Nación venezolana, constituía un bien del dominio público sobre el cual, por mandato imperativo del artículo 8 de la Ley de Expropiación por causa de utilidad pública o social, no puede intentarse ninguna acción después de dictada la sentencia que acordó la expropiación. Es indudable, pues, que reconocido por una sentencia emanada del más alto Tribunal de la República, el título que asiste a la Nación venezolana, tal situación no puede ser desconocida por quien pretenda hacer valer derechos sobre la misma cosa, y los terceros, aun cuando no hubieren sido directamente partes en este juicio, en el sentido procesal de dicha acepción, pueden invocar y oponer, ante el reclamante, la autoridad emanada de la cosa juzgada"[1132].

Hasta tal punto tiene efectos *erga omnes* la cosa juzgada emanada de una sentencia de juicio expropiatorio, que' la antigua Corte Federal, en sentencia de 16 de julio de 1958,

---

1132 CSJ-SP, 10-08-61 (consultada en original), p. 16.

señaló que "existe", por efecto imperativo de la cosa juzgada, la imposibilidad de plantear o de continuar ninguna controversia judicial donde directa o indirectamente se desconozca o se discuta el dominio adquirido por la Nación sobre la porción de terreno definitivamente expropiado"[1133]. Ahora bien, estos mismos razonamientos son perfectamente aplicables a la sentencia de la Corte, cuando declara sin lugar un recurso que tiene por objeto la reivindicación de un bien del dominio público de la República. Esta sentencia tendrá, entonces, efectos *erga omnes* y no inter partes, porque por su intermedio se declara jurisdiccionalmente, o al menos, se reafirma el carácter de bien del dominio público del bien que se pretendió reivindicar.

C. Las prerrogativas de la Administración en la ejecución de la decisión

Una de las características esenciales de la Administración, como objeto de regulación del Derecho administrativo, consiste en los diversos privilegios y prerrogativas que posee en su campo de actividad frente a los administrados y particulares. Algunos de estos privilegios se manifiestan, y es lo que ahora destacamos, en la ejecución de la decisión jurisdiccional contencioso-administrativa.

En efecto, el artículo 16 de la Ley Orgánica de la Hacienda Pública Nacional señala que "los bienes, rentas y derechos o acciones pertenecientes a la Nación no están sujetos a embargo, secuestro, hipoteca o ninguna otra medida preventiva o definitiva. En consecuencia, los jueces que conozcan de ejecuciones contra el Fisco, luego que resuelvan definitivamente que deben llevarse a cabo dichas ejecuciones, suspenderán en tal estado los juicios sin decretar embargo, y notificarán al Ejecutivo Nacional para que se fijen, por quien corresponda, los términos en que ha de cumplirse lo sentenciado".

Por tanto, la República tiene el privilegio de no poder ser ejecutada. El juez, en su competencia, contencioso-administrativa, debe limitarse a condenar pecuniariamente a la República, sin proceder a la ejecución de lo ordenado. De esta manera los administrados no poseen, frente a la República, ninguna vía de ejecución.

1133 *Idem*.

LIBRO CUARTO:

OTRAS APROXIMACIONES AL CONTENCIOSO ADMINISTRATIVO (VARIACIONES SOBRE EL MISMO TEMA)

Sección Primera: LA JUSTICIA ADMINISTRATIVA EN VENEZUELA COMO INSTRUMENTO DE PROTECCIÓN DE LOS PARTICULARES FRENTE A LA ADMINISTRACIÓN (1999)

Esta Sección Primera está conformada por el estudio sobre "La justicia administrativa en Venezuela como instrumento de protección de los particulares frente a la Administración," presentado como ponencia al Seminario Internacional sobre *"Cittadino e Admministrazione nel diritto comparato"*, Urbino, Italia, Mayo 1998, y al *XXIV Congreso Iberoamericano de Municipios, "El Municipalismo Iberoamericano del Siglo XXI", Guadalajara (España) del 7 al 10 de julio de 1998*, Federación Española de Municipios y Provincias (FEMP), Organización Iberoamericana de Cooperación Intermunicipal, Madrid 1999, y que fue publicado en el libro: Eduardo Rozo Acuña (coord.), *Cittadino e amministrazione nel Diritto Comparato,* Università degli Studi di Urbino, publicazioni della Facoltà di Giurisprudenza e della Facoltà di Scienze Politiche, Urbino 2000, pp. 19-90; y en *XXIV Congreso Iberoamericano de Municipios, "El Municipalismo Iberoamericano del Siglo XXI", Guadalajara (España) del 7 al 10 de julio de 1998*, Federación Española de Municipios y Provincias (FEMP), Organización Iberoamericana de Cooperación Intermunicipal, Madrid 1999, pp. 69-121.

I. LA CONSTITUCIONALIZACIÓN DEL CONTENCIOSO ADMINISTRATIVO

La garantía jurisdiccional del principio de la legalidad frente a los actos y las actuaciones administrativas, corresponde en Venezuela a la jurisdicción contencioso-administrativa, es decir, en el conjunto de órganos judiciales encargados de controlar el cumplimiento del principio de la legalidad y de la legitimidad por la Administración, por sus actos y actividad administrativa, y por las relaciones jurídico administrativas, en las cuales aquélla interviene.

La norma fundamental que consagra esta jurisdicción está contenida en el artículo 206 de la Constitución de 1961, cuyo texto es el siguiente:

> "La jurisdicción contencioso-administrativa corresponde a la Corte Suprema de Justicia y a los demás Tribunales que determina la ley".
>
> "Los órganos de la jurisdicción contencioso-administrativa son competentes para anular los actos administrativos generales o individuales contrarios a derecho, incluso por desviación de poder; condenar al pago de sumas de dinero y a la reparación de daños y perjuicios originados en responsabilidad de la administración, y disponer lo necesario para el restablecimiento de las situaciones jurídicas subjetivas lesionadas por la actividad administrativa".

Ha sido precisamente con base en esta norma constitucional que de acuerdo a la doctrina sentada por la jurisprudencia de la Corte Suprema de Justicia[1] se sancionó la Ley Orgánica de la Corte Suprema de Justicia de 1976[2] que regula transitoriamente, el procedimiento contencioso administrativo y los órganos de esta jurisdicción especial.

De acuerdo con la Constitución y con dicha Ley Orgánica, la jurisdicción contencioso administrativa en Venezuela está integrada al Poder Judicial, por lo que los tribunales que tienen competencia en esta jurisdicción, lo que tienen en realidad es una competencia especial.

De acuerdo con el artículo 206 de la Constitución, la competencia en materia contencioso-administrativa se atribuye a órganos que integran el Poder Judicial, con lo cual se buscó:

> "sobre todo, resolver, de una vez, en nuestro país, mediante un precepto constitucional, la polémica que ha dividido a tratadistas y legisladores, tanto en Europa como en América, acerca de la conveniencia de que sean órganos independientes del Poder Judicial los que conozcan de las cuestiones que se susciten entre los particulares y la Administración con motivo de la actividad propia de ésta, en sus diversos niveles.
>
> Como se indica en la Exposición de Motivos de la Constitución, ésta "consagra el sistema justicialista de la jurisdicción contencioso administrativa", apartándose del sistema francés y reafirmando la tendencia tradicionalmente predominante en la legislación nacional, de atribuir el control jurisdiccional de la legalidad de los actos de la Administración a los órganos del Poder Judicial"[3].

Con ello se dio al Legislador una amplia potestad para la determinación de dichos tribunales, con las solas limitaciones constitucionales en el sentido de que sólo la Corte Suprema tiene competencia para "declarar la nulidad de los actos administrativos del Ejecutivo Nacional, cuando sea procedente" (Art. 215, Ord. 7°), como lo aclara la Ex-

---

1 Allan R. Brewer-Carías, "Jurisprudencia de la Corte Suprema 1930-1974 y Estudios de Derecho Administrativo", *T.* V, *La Jurisdicción Contencioso administrativa, v.* 1 y 2, Instituto de Derecho Público, Facultad de Derecho, Universidad Central de Venezuela, Caracas, 1978.

2 *Ley Orgánica de la Corte Suprema de Justicia* del 30 de julio de 1976 en *Gaceta Oficial* N° 1.893, Extraordinaria del 30-7-76. *V.*, Allan R. Brewer-Carías y Josefina Calcaño de Temeltas, *Ley Orgánica de la Corte Suprema de Justicia*, Caracas, 1994

3 *V.*, sentencia de la Corte Suprema de Justicia Sala Político Administrativa de 15-12-70 en Gaceta Forense, N° 70, 1970, pp. 179-185 y en *Gaceta Oficial* N° 29.434 de 6-2-71, pp. 219.

posición de Motivos de la Constitución, "dejándose implícitamente a los demás Tribunales de la jurisdicción contencioso-administrativa el declarar la nulidad de los actos de las autoridades administrativas de los Estados y Municipios". Por supuesto en cuanto a las demás autoridades nacionales que no conformen estrictamente el "Ejecutivo Nacional", el control contencioso administrativo de sus actos, constitucionalmente puede atribuirse a otros Tribunales distintos a la Corte Suprema de Justicia, tanto por razones de inconstitucionalidad como de ilegalidad, como parcialmente lo ha hecho la Ley de la Corte Suprema de Justicia, al crear transitoriamente la Corte Primera de lo Contencioso Administrativo y atribuir competencia en dicha materia a ciertos Tribunales Superiores con competencia en lo civil.

Ahora bien, la importancia del texto del artículo 206 de la Constitución, y su efecto inmediato, que es la constitucionalización de la jurisdicción contencioso-administrativa, radica en cuatro aspectos[4].

En primer lugar, en la *universalidad del control* que la Constitución regula respecto de los actos administrativos, en el sentido de que todos, absolutamente todos los actos administrativos pueden ser sometidos a control judicial por los órganos de la jurisdicción contencioso-administrativa, por contrariedad al derecho, es decir sea cual sea el motivo de la misma: inconstitucionalidad o ilegalidad en sentido estricto. Como lo explica la Exposición de Motivos de la Constitución, la fórmula "contrarios a derecho es una enunciación general que evita una enumeración que puede ser peligrosa al dejar fuera de control algunos actos administrativos".

Por tanto, la intención de los proyectistas de la Constitución fue la de que a todos los actos administrativos, por cualquier motivo de contrariedad al derecho, pudieran ser controlados por los Tribunales que conforman la jurisdicción contencioso-administrativa. Ello, por supuesto, trae una consecuencia fundamental: cualquier exclusión de control respecto de actos administrativos específicos, sería inconstitucional, sea que dicha exclusión se haga por vía de ley o por las propias decisiones de los Tribunales, en particular, de la propia Corte Suprema de Justicia.

Pero la universalidad del control no sólo radica en que todos los actos administrativos están sometidos a control judicial, sino que lo pueden ser, por cualquier motivo de contrariedad al derecho, es decir, los órganos de la jurisdicción contencioso-administrativa tienen competencia constitucional para juzgar la inconstitucionalidad o la ilegalidad propiamente dicha de los actos administrativos, siendo de la esencia del control judicial esa universalidad.

En segundo lugar y como consecuencia de la tendencia hacia la universalidad del control, está el elenco de *recursos y acciones* puestos a disposición de los particulares para acceder a la justicia administrativa que, por supuesto, además del recurso de nulidad contra los actos administrativos de efectos generales o de efectos particulares, o contra los actos generales o individuales, con o sin pretensión de amparo constitucional, comprende el recurso por abstención o negativa de los funcionarios públicos a actuar conforme a las obligaciones legales que tienen, el recurso de interpretación, el conjunto de demandas contra los entes públicos, y las acciones para resolver los conflictos entre autoridades del Estado.

---

4 *V.*, Allan R. Brewer-Carías, *Nuevas Tendencias en el Contencioso Administrativo en Venezuela*, Caracas, 1993, p. 237

Pero en tercer lugar, la importancia de la constitucionalización de la jurisdicción contencioso-administrativa, es decir, del control de constitucionalidad y legalidad de todos los actos administrativos, está en que no sólo la norma constitucional persigue una asignación de competencias a unos órganos judiciales, sino en que consagra un *derecho fundamental del ciudadano a la tutela judicial efectiva frente* a *la Administración.* En esta forma, la jurisdicción contencioso-administrativa se configura, constitucionalmente, como un instrumento procesal de protección de los administrados frente a la Administración, y no como un mecanismo de protección de la Administración frente a los particulares. De allí la ratificación del principio de la universalidad del control, en el sentido de que tratándose de un derecho constitucional al mismo, no podría el Legislador excluir de control a determinados actos administrativos. Por otra parte, tratándose de un derecho fundamental al control, en la relación privilegios estatales-libertad ciudadana, esta última debe prevalecer.

Además, en cuarto lugar, la forma como están concebidas constitucionalmente la universalidad de control y el derecho ciudadano a la tutela judicial frente a la Administración, implica la asignación al juez contencioso administrativo de *amplísimos* poderes de tutela, no sólo de la legalidad objetiva que debe siempre ser respetada por la Administración, sino de las diversas situaciones jurídicas subjetivas que pueden tener los particulares en relación a la Administración. De allí que el contencioso-administrativo, conforme al artículo 206 de la Constitución, no sea solamente un proceso al acto administrativo sino que está concebido como un sistema de justicia para la tutela de los derechos subjetivos y de los intereses legítimos de los administrados, incluyendo por supuesto, los derechos y libertades constitucionales.

Por tanto, no se concibe el contencioso administrativo sólo como un proceso de protección a la legalidad objetiva, sino de tutela de los derechos e intereses de los recurrentes frente a la Administración. Por ello, el juez contencioso-administrativo, de acuerdo a los propios términos del artículo 206 de la Constitución, tiene competencia no sólo para anular los actos administrativos contrarios a derecho, sino para condenar a la Administración al pago de sumas de dinero y a la reparación de daños y perjuicios originados en responsabilidad de la misma, y además, para disponer lo necesario para el restablecimiento de las situaciones jurídicas subjetivas lesionadas por la autoridad administrativa, incluyendo en la expresión "situaciones jurídicas subjetivas" no sólo el clásico derecho subjetivo, sino los derechos constitucionales y los propios intereses legítimos, personales y directos de los ciudadanos.

II. LOS ÓRGANOS DE LA JURISDICCIÓN CONTENCIOSO ADMINISTRATIVA

De acuerdo al mencionado artículo 206 de la Constitución, "la jurisdicción contencioso-administrativa corresponde a la Corte Suprema de Justicia y a los demás Tribunales que determine la ley".

La Ley Orgánica de la Corte Suprema de Justicia de 1976 precisó las competencias en esta materia contencioso-administrativa, y transitoriamente, hasta tanto se dicte la ley de la jurisdicción contencioso-administrativa y se organice dicha jurisdicción, estableció con sede en Caracas, un Tribunal denominado *Corte Primera de lo Contencioso administrativo,* cuyos miembros los designa la propia Corte en Sala Político-Administrativa y reguló además, la competencia en materia contencioso-administrativa de algunos *Tribunales Superiores* en lo Civil y *Contencioso Administrativo.*

1. La Corte Suprema de Justicia

La Corte Suprema de Justicia, como lo indica el artículo 211 de la Constitución, es el más alto Tribunal de la República, razón por la cual contra sus decisiones no se oirá ni admitirá recurso alguno. La Corte Suprema de Justicia funciona en Pleno (Corte Plena) y en tres Salas: la Sala Político-Administrativa, la Sala de Casación Civil y la Sala de Casación Penal. Cada Sala está compuesta de cinco Magistrados (Art. 212 de la Constitución) elegidos por las Cámaras Legislativas en sesión conjunta por períodos de nueve años renovándose por terceras partes cada tres años[5].

La Corte Suprema de Justicia tiene por función primordial "controlar de acuerdo con la Constitución y las leyes, la constitucionalidad y legalidad de los actos del Poder Público"(Art. 8) y sus competencias básicas están establecidas en el artículo 215 de la Constitución y desarrolladas en el artículo 42 de la Ley Orgánica de la Corte Suprema de Justicia.

En materia *contencioso administrativa,* la Corte ejerce sus atribuciones en primer lugar, en Corte Plena, para declarar la nulidad de los Reglamentos dictados por el Presidente de la República cuando sean contrarios a la Constitución (Art. 215, Ord. 6°); y en segundo lugar, en su Sala Político-Administrativa, de acuerdo a los ordinales 7 a 9 del artículo 215 de la Constitución que le atribuyen competencia para

> *Ord. 7°* Declarar la nulidad de los actos administrativos del Ejecutivo Nacional, cuando sea procedente.
>
> *Ord. 8°* Dirimir las controversias en que una de las partes sea la República o algún Estado o Municipio, cuando la otra parte sea alguna de esas mismas entidades, a menos que se trate de controversias entre Municipios de un mismo Estado, caso en el cual la ley podrá atribuir su conocimiento a otro Tribunal.
>
> *Ord. 9°* Decidir los conflictos de competencia entre Tribunales, sean ordinarios o especiales, cuando no exista otro tribunal superior y común a ellos en el orden jerárquico.

Estas atribuciones han sido desarrolladas en los ordinales 9 al 29 del artículo 42 de la Ley Orgánica de la Corte Suprema de Justicia, que le atribuye competencia a la Corte Suprema en Sala Político Administrativa para:

> *Ord. 9°* Declarar la nulidad, cuando sea procedente por razones de ilegalidad, de los actos generales de los órganos unipersonales o colegiados del Poder Público, salvo en los casos previstos en las disposiciones transitorias de esta Ley.
>
> *Ord. 10.* Declarar la nulidad, cuando sea procedente por razones de inconstitucionalidad o de ilegalidad, de los actos administrativos individuales del Poder Ejecutivo Nacional.
>
> *Ord 11.* Declarar la nulidad, cuando sea procedente por razones de inconstitucionalidad, de los actos de los órganos del Poder Público, en los casos no previstos en los ordinales 3°, 4° y 6° del artículo 215 de la Constitución.
>
> *Ord. 12.* Declarar la nulidad, cuando sea procedente por razones de inconstitucionalidad o de ilegalidad, de los actos administrativos generales o individuales del Consejo Supremo Electoral o de otros órganos del Estado de igual jerarquía a nivel nacional.

---

5 A tal efecto, la Disposición Transitoria Décima Quinta de la Constitución dispuso que para el período constitucional 1964-1969, las Cámaras Legislativas al elegir los Magistrados debían señalar los que durarían nueve, seis y tres años, respectivamente, por lo que el vencimiento de los respectivos períodos no es coincidente.

Ord. 13. Dirimir las controversias en que una de las partes sea la República o algún Estado o Municipio, cuando la contraparte sea otra de esas mismas entidades, en conformidad con lo dispuesto en el ordinal 8° del artículo 215 de la Constitución

Ord. 14. Conocer de las cuestiones de cualquier naturaleza que se susciten con motivo de la interpretación, cumplimiento, caducidad, nulidad, validez o resolución de los contratos administrativos en los cuales sea parte la República, los Estados o las Municipalidades.

Ord. 15. Conocer de las acciones que se propongan contra la República, o algún Instituto Autónomo o empresa en la cual el Estado tenga participación decisiva, si su cuantía excede de cinco millones de bolívares, y su conocimiento no está atribuido a otra autoridad.

Ord. 16. Conocer de cualquier otra acción que se intente contra la República o alguno de los entes a que se refiere el ordinal anterior, si su conocimiento no estuviere atribuido a otra autoridad.

Ord. 18. Conocer de las apelaciones que se interpongan contra las decisiones de los tribunales de lo contencioso administrativo o de los tribunales ordinarios o especiales en los juicios en que sea parte o tenga interés la República, cuando su conocimiento no estuviere atribuido a otra autoridad.

Ord. 22. Dirimir las controversias que se susciten entre autoridades políticas o administrativas de una misma o diferentes jurisdicciones con motivo de sus funciones, cuando la ley no atribuya competencia para ello a otra autoridad.

Ord. 23. Conocer de la abstención o negativa de los funcionarios nacionales a cumplir determinados actos a que estén obligados por las leyes, cuando sea procedente, en conformidad con ellas.

Ord. 24. Conocer del recurso de interpretación y resolver las consultas que se le formulen acerca del alcance e inteligencia de los textos legales, en los casos previstos en la ley.

2. La jurisdicción ordinaria contencioso administrativa

Además de la Corte Suprema de Justicia en Sala Político Administrativa, cuyas competencias en materia contencioso-administrativa están establecidas directamente en la Constitución, la legislación ha venido organizando los demás tribunales de esta jurisdicción, los cuales pueden clasificarse en dos grandes categorías. Los tribunales de lo que podría denominarse la jurisdicción "ordinaria" de lo contencioso administrativo y los tribunales de la jurisdicción "especial" contencioso-administrativa. En la primera categoría están la Corte Primera de lo Contencioso Administrativo y Tribunales Superiores con competencia en lo contencioso administrativo ubicados en regiones del país.

A. La Corte Primera de lo Contencioso administrativo

La Corte Primera de lo Contencioso-Administrativo, constituida como órgano colegiado compuesto de 5 Magistrados, designados por la Sala Político Administrativa de la Corte Suprema de Justicia, tiene competencia para conocer de los asuntos enumerados en el artículo 182 de la Ley Orgánica de la Corte Suprema de Justicia, que son los siguientes:

1° De los conflictos de competencia que surjan entre tribunales de cuyas decisiones pueda conocer en apelación.

2° De los recursos de hecho intentados contra las decisiones relativas a la admisibilidad de la apelación en las causas cuyo conocimiento le corresponda en segunda instancia.

3° De las acciones o recursos de nulidad que puedan intentarse por razones de ilegalidad contra los actos administrativos emanados de autoridades diferentes a las señaladas en los ordinales 9°, 10, 11 y 12 del artículo 42 de esta Ley, si su conocimiento no estuviere atribuido a otro Tribunal.

4° De las apelaciones que se interpongan contra las decisiones dictadas, en primera instancia, por los Tribunales Superiores en lo Civil y Contencioso-Administrativo, regulados en el artículo 181 de la Ley Orgánica o que conozcan de recursos especiales contencioso administrativos, entre los cuales están el Tribunal de Carrera Administrativa, el Tribunal de Apelaciones de Inquilinato, y el Tribunal Superior Agrario.

5° De los juicios de expropiación intentados por la República...

6° De cualquier acción que se proponga contra la República o algún Instituto Autónomo o empresa en la cual el Estado tenga participación decisiva, si su cuantía excede de un millón de bolívares, pero no pasa de cinco millones de bolívares, y su conocimiento no está atribuido por la Ley a otra autoridad.

7° De las controversias que se susciten con motivo de la adquisición, goce, ejercicio o pérdida de la nacionalidad o de los derechos que de ella derivan, sin perjuicio de lo establecido en la Cuarta Disposición Transitoria de la Constitución (Art. 185 LOCSJ).

Contra las decisiones dictadas por esta Corte Primera en los asuntos señalados en los ordinales 1° a 4° de este artículo 182 no se oye recurso alguno. En cambio, contra las sentencias definitivas que dicte el mismo Tribunal en los demás juicios de que conozca, puede interponerse apelación dentro del término de cinco días, ante la Corte Suprema de Justicia (Art. 185 LOCSJ).

B. Los Tribunales Superiores en lo Civil y Contencioso Administrativo

De acuerdo a lo establecido en el artículo 181 de la Ley Orgánica de la Corte Suprema de Justicia, mientras se dicta la Ley que organiza la jurisdicción contencioso administrativa, se atribuye a los Tribunales Superiores en lo Civil y Contencioso Administrativo para conocer, en primera instancia, en sus respectivas circunscripciones, de las acciones o recursos de nulidad contra los actos administrativos de efectos generales o particulares, emanados de autoridades estadales o municipales de su jurisdicción, si son impugnados por razones de ilegalidad. Sin embargo, precisa inconvenientemente esa norma que cuando la acción o el recurso se funda en razones de inconstitucionalidad, el tribunal debe inclinar su competencia en la Corte Suprema de Justicia. Se establece así, una excepción a la competencia general de los tribunales contencioso administrativos, los cuales tienen competencia general para controlar la "conformidad con el derecho" de los actos administrativos, reservándose en este caso, *las cuestiones de inconstitucionalidad de actos administrativos, estadales y municipales,* al conocimiento de la Corte Suprema.

Estos Tribunales, de acuerdo a la misma Ley Orgánica (Art. 182) conocen también, en sus respectivas circunscripciones:

1° De la abstención o negativa de las autoridades estadales o municipales a cumplir determinados actos a que estén obligados por las leyes cuando sea procedente, en conformidad con ellas.

2° De cualquier acción que se proponga contra la República o algún Instituto Autónomo o empresa en la cual el Estado tenga participación decisiva, si su cuantía no excede de un millón de bolívares y su conocimiento no está atribuido a otra autoridad.

3° De las apelaciones contra las decisiones que dicten otros Tribunales de su jurisdicción en los juicios intentados ante ellos contra un Estado o Municipio.

4° De las apelaciones contra las decisiones que dicten los Jueces de Distrito en materia inquilinaria.

Contra las decisiones dictadas en los juicios a que se refieren los ordinales 1° y 2° de dicho artículo puede interponerse apelación para ante la Corte Primera de lo Contencioso Administrativo.

La jurisdicción contencioso-administrativa se ha organizado por Resolución N° 235 de 24 de abril de 1995[6], en once circunscripciones judiciales contencioso administrativos que abarcan el territorio de todo el país.

C. La jurisdicción especial contencioso administrativa

a. *El Tribunal de la Carrera Administrativa*

La Ley de Carrera Administrativa de 1970[7], transitoriamente y hasta tanto se dicte la ley de la jurisdicción contencioso-administrativa y se organicen los tribunales competentes, creó el Tribunal de la Carrera Administrativa (Art. 71), como Tribunal Superior colegiado, con la atribución específica de conocer y decidir las reclamaciones que formulen los funcionarios o aspirantes a ingresar en la carrera administrativa, cuando consideren lesionados sus derechos por disposiciones o resoluciones de los organismos a cuyos funcionarios se aplique la Ley (Art. 71).

De las decisiones del Tribunal se puede apelar por ante la Corte Primera de lo Contencioso-Administrativo.

b. *Los Tribunales Superiores de lo Contencioso-Tributario*

De acuerdo al Código Orgánico Tributario[8], son competentes para conocer en Primera Instancia de los procedimientos establecidos en dicho Código los Tribunales Superiores de lo Contencioso-Tributario, los cuales los sustanciarán y decidirán con arreglo a las normas del mismo, inclusive los. que en materia tributaria se originen en reparos de la Contraloría General de la República.

De las decisiones dictadas por dichos Tribunales, puede apelarse dentro de los términos previstos en el Código, para ante la Corte Suprema de Justicia.

Sin embargo, el conocimiento de los procedimientos relativos a infracciones sancionadas con penas privativas de la libertad, corresponden a la jurisdicción penal ordinaria[9].

---

6 *Gaceta Oficial* N° 35.715 de 22-5-95

7 *Gaceta Oficial* N° 1.745 de 23-5-75.

8 *Gaceta Oficial* N° 2.992 de 3-8-82, artículo 60.

9 Artículo 231 del Código Orgánico Tributario (COT). Por Decreto N° 2.242 de 25-9-83 (*Gaceta Oficial* N° 32.829 de 10-10-83) se ha atribuido a la jurisdicción civil ordinaria el conocimiento del juicio ejecutivo prevista en el Capítulo II del Título V del Código.

El Consejo de la Judicatura, mediante Resolución N° 254 de 27 de junio de 1995[10] ha regulado la organización de la jurisdicción contencioso-tributario, dividiendo el territorio nacional en 6 circunscripciones Judiciales.

Estos tribunales son competentes en materia tributaria nacional respecto de los actos dictados por las Administraciones comprendidas dentro de su ámbito territorial de competencia Son igualmente competentes en materia tributaria estadal y municipal respecto de actos dictados por las autoridades estadales y municipales comprendidas dentro de su ámbito territorial de competencia conforme al artículo 229 del Código Orgánico Tributario.

Además, estos Tribunales Superiores de lo Contencioso Tributario son competentes en materia de reparos aduaneros respecto de los actos dictados por las administraciones comprendidas dentro de su ámbito territorial de competencia, conforme al artículo 228, Parágrafo segundo del citado Código.

c. *La jurisdicción especial contencioso administrativa agraria*

Finalmente, debe mencionarse que de acuerdo a la Ley Orgánica de Tribunales y Procedimientos Agrarios[11] se ha establecido la jurisdicción especial agraria que se ejerce por los Tribunales Agrarios de Primera Instancia y por los Tribunales Superiores Agrarios que conocen en Segunda Instancia.

En particular, al Juzgado Superior Agrario con sede en Caracas, se le ha atribuido el conocimiento "en primera instancia de los recursos de nulidad por ilegalidad contra los actos administrativos de efectos generales o particulares emanados de los organismos administrativos agrarios" (Art. 28), con lo que se ha configurado una jurisdicción especial contencioso-administrativa agraria.

En segunda instancia, mediante apelación, los juicios contencioso administrativo agrarios corresponden al conocimiento de la Corte Primera de lo Contencioso Administrativo.

III. LA COMPETENCIA DE LA JURISDICCIÓN CONTENCIOSO ADMINISTRATIVA

1. Los poderes del juez

Al hablar de la competencia de la jurisdicción contencioso administrativa, además de determinar su distribución orgánica, debemos precisar cuáles son los poderes que el Juez puede ejercer en relación a las materias de las cuales puede conocer.

En efecto, en primer lugar, el Juez contencioso administrativo puede declarar la nulidad de los actos administrativos por inconstitucionalidad o ilegalidad, en general, por contrariedad al derecho. Ello está establecido no sólo en los artículos 206 y 215 de la Constitución, sino también en la Ley Orgánica de la Corte Suprema de Justicia cuya

10 *Gaceta Oficial*, N° 35.747 de 6-7-95.

11 *Gaceta Oficial*, N° 3.015 Extraordinario de 13-9-82.

normática es la que regula legalmente, por ahora, esta jurisdicción. Conforme a estas normas, como se ha visto, la Corte Suprema de Justicia y los Tribunales con competencia en lo contencioso-administrativo, tienen atribución para declarar "la nulidad de actos administrativos, generales o individuales, contrarios a derecho, incluso por desviación de poder".

Pero además de declarar la nulidad de los actos administrativos al declarar procedente el recurso en la sentencia definitiva, (Art. 131 LOCSJ), el Juez contencioso administrativo puede declarar inadmisible el recurso cuando no se cumplen las condiciones de recurribilidad o requisitos procesales del mismo, lo cual si bien debe decidirse en el auto de admisión, puede serlo posteriormente, en la decisión definitiva (Art. 115, 124 y 130 LOCSJ).

Pero además, de acuerdo al artículo 131 de la Ley Orgánica, con la pretensión de anulación puede también formularse una pretensión de condena derivada, precisamente de esa anulación, y así, la sentencia, además de anular el acto puede resolver condenar a la Administración al pago de sumas de dinero y a la reparación de daños y perjuicios originados en responsabilidad administrativa, así como disponer lo necesario para el restablecimiento de las situaciones jurídicas subjetivas lesionadas por la actividad administrativa. En este campo, la pretensión de anulación, por tanto, también puede estar acompañada de una pretensión de condena e, incluso de una pretensión de amparo de los derechos fundamentales.

Aparte de estas cuestiones de anulación y condena, o de inadmisibilidad que se pueden suscitar ante la jurisdicción contencioso-administrativa, en segundo lugar, están todas las otras cuestiones en las cuales no se plantea pura y simplemente la nulidad de actos administrativos. En efecto, la Constitución en su artículo 206 también atribuye competencia a los tribunales contencioso administrativos para restablecer las situaciones jurídicas subjetivas lesionadas por la actividad administrativa. Ello da origen a competencias en las cuales los tribunales contencioso administrativo no entran a declarar o no la nulidad de un acto administrativo por motivos de ilegalidad, sino que, tienen una competencia amplia, para conocer y decidir con plenitud, dentro de los límites de su competencia, de todas las demandas que se intenten contra los entes públicos estatales nacionales y empresas nacionales del Estado (Art. 103 y 131 LOCSJ).

En esta forma, de acuerdo a la Ley de 1976 en los casos de demandas contra los entes públicos, la decisión del juez puede ser cualquier decisión jurídicamente útil que se solicite, en la cual no esté envuelta la nulidad de un acto administrativo. La Constitución, en ese sentido, señala algunos supuestos de esta competencia cuando insiste en su artículo 206 sobre "la condena al pago de sumas de dinero, la reparación de daños y perjuicios, originados por la responsabilidad de la Administración; o el restablecimiento de situaciones jurídicas subjetivas lesionadas por la actividad administrativa''. De acuerdo a esta norma, es indudable que estamos ante una competencia plena, lo suficientemente amplia como para admitir cualquier tipo de pedimento frente a la Administración de parte de un particular lesionado, por supuesto en un derecho subjetivo.

En tercer lugar, además de los poderes de anulación y de condena, un tercer tipo de competencia puede ser ejercida por la jurisdicción contencioso-administrativa. Se trata de las competencias de interpretación.

En relación a esta última, debe señalarse que antes de 1976 no era usual hablar en Venezuela de que existiera una competencia de interpretación en el ámbito de la jurisdicción contencioso-administrativa. En efecto, el problema no se había planteado ni siquiera en la doctrina hasta 1965 cuando con motivo de un litigio particular, hubo la oportunidad de trabajar un problema contencioso de interpretación en materia contractual, fundamentado en la antigua Ley Orgánica de la Corte Federal cuyas normas atribuían a la Corte Suprema de Justicia competencia para conocer, en juicio contencioso, de todas las cuestiones de nulidad, resolución, alcance, interpretación, etc., en relación a los contratos suscritos por la Administración Pública Nacional[12]. Posteriormente en la Ley de Carrera Administrativa de 1970 se consagró un recurso de interpretación, ante el Tribunal de la Carrera Administrativa, en relación a las dudas que surgieran en cuanto a la aplicación e interpretación de dicha Ley y sus Reglamentos, aclarándose que el ejercicio de dicho recurso no podía ser motivo para la paralización de ninguna medida que las autoridades competentes puedan ordenar (Art. 64). Mediante esta norma legal se puede decir que por primera vez en Venezuela se consagró expresamente la competencia de interpretación atribuida a la jurisdicción contencioso-administrativa aún cuando en este caso, limitada al contencioso-funcionarial.

Posteriormente, en la Ley Orgánica de la Corte Suprema de Justicia se estableció en forma general, la competencia del Supremo Tribunal para "conocer del recurso de interpretación y resolver las consultas que se le formulen acerca del alcance e inteligencia de los textos legales", pero "en los casos previstos en la Ley" (Art. 42, Ord. 24, LOCSJ) con lo cual queda por ser regulada dicha competencia. En base a ello, en todo caso, la Corte Suprema de Justicia se ha reservado conocer, incluso, del recurso de interpretación previsto en la Ley de Carrera Administrativa.

Una cuarta competencia general de la jurisdicción contencioso-administrativa que deriva de la Ley Orgánica de la Corte Suprema de Justicia de 1976, es la atribuida a la Corte y a los Tribunales Superiores, respectivos, para "conocer de la abstención o negativa de los funcionarios nacionales, estatales y municipales a cumplir determinados actos a que estén obligados por las leyes, cuando sea procedente, en conformidad con ellas"[13]. Se trata del recurso contencioso administrativo contra la carencia administrativa.

2. Exclusión del control sobre los actos legislativos, judiciales y de gobierno

Pero no basta, para que la jurisdicción contencioso administrativa sea competente, que se le someta un litigio concerniente a una actividad del Estado venezolano. Hemos señalado que la jurisdicción contencioso administrativa, en su competencia de anulación, es sólo competente para conocer de los litigios en que la Administración sea parte, originados por sus actos administrativos y por la actividad administrativa. Por tanto, sólo pueden ser sometidos a control de legalidad por la jurisdicción contencioso administrativa los actos administrativos.

---

12 Allan R. Brewer-Carías y Enrique Pérez Olivares. "El Recurso Contencioso Administrativo de Interpretación en el Sistema Jurídico Venezolano", en *Revista de la Facultad de Derecho*, Universidad Central de Venezuela, N° 32, Caracas, 1965, p. 103-126.

13 Artículos 42, Ordinal 23, y 182, Ordinal 1°, *Ley Orgánica de la Corte Suprema de Justicia*. *V.*, Allan R. Brewer-Carías, "La abstención, silencio y negativa de la Administración y su control" en *El Derecho Venezolano en 1982*, Universidad Central de Venezuela, Caracas, 1962, pp. 603 y ss.

Así, quedan excluidos de la competencia de la jurisdicción contencioso administrativa todos los litigios concernientes a otras actividades del Estado que no sean "actividad administrativa", es decir, que no sean actos administrativos.

En efecto, en primer lugar, la jurisdicción contencioso administrativa es incompetente para conocer de litigios concernientes a la actividad legislativa y para conocer de acciones de nulidad de los actos legislativos. Sin embargo, por supuesto, el principio de legalidad, que domina toda la actividad del Estado venezolano exige la existencia de un control jurisdiccional para la actividad de los cuerpos legislativos ejercida en función legislativa o de gobierno; sin embargo, el principio de legalidad aplicado a la función legislativa y de gobierno se traduce exclusivamente en constitucionalidad, pues esas actividades son ejercidas en ejecución directa de la Constitución. Entonces, el control que puede ejercerse sobre los actos legislativos del Poder Legislativo es solamente un control de la constitucionalidad de dichos actos, que se ejerce en nuestro ordenamiento vigente por ante la jurisdicción constitucional que ejerce la Corte Suprema de Justicia en Pleno, y por medio de la acción de inconstitucionalidad. Por tanto, el control de la constitucionalidad de las leyes y demás actos de los cuerpos legislativos, si bien es ejercido por la Corte Suprema de Justicia, lo es como jurisdicción constitucional y no como jurisdicción contencioso administrativa.

Sin embargo, y ello es evidente, no toda la actividad que desarrollan los Cuerpos Legislativos es una "actividad-legislativa". Las Cámaras también desarrollan actividad administrativa. En la actividad de los Cuerpos Legislativos hay que distinguir, entonces, la actividad ejercida en función legislativa y de gobierno y la actividad ejercida en función administrativa. Las primeras tienen su control propio en la jurisdicción constitucional que hemos señalado. Sin embargo, la segunda, la actividad administrativa -de carácter legal- ejercida por los Cuerpos Legislativos si está sometida al control de la jurisdicción contencioso administrativa.

Por ejemplo, la Constitución, en su artículo 158, ordinales 3° y 6°, señala que es atribución privativa de cada uno de los Cuerpos Legislativos organizar su servicio de policía y ejecutar y mandar ejecutar las resoluciones concernientes a su funcionamiento. Pues bien, en el ejercicio de esta atribución los Cuerpos Legislativos actúan en función administrativa. Por tanto, el acto de nombramiento de un funcionario por uno de los Cuerpos Legislativos, por ejemplo, es un acto administrativo susceptible de ser recurrido por ilegalidad por el recurso contencioso administrativo de anulación. Estos actos no constituyen en ningún momento, actos legislativos.

En este mismo sentido, la responsabilidad que pueda resultar para el Estado por el mal funcionamiento de esos servicios de policía de las Cámaras o por el daño que causen en sus funciones, es una responsabilidad administrativa y, por tanto, susceptible de ser controlada por la jurisdicción contencioso administrativa.

En segundo lugar, por los mismos razonamientos antes expuestos, la actividad de los órganos judiciales cuando es ejercida en función jurisdiccional, y los actos judiciales que de ella resulten, no son susceptibles de ser recurridos por ningún motivo ante los órganos de la jurisdicción contencioso administrativa. Esta jurisdicción sólo puede conocer de los litigios que tienen su origen en la actividad administrativa y de la nulidad de actos administrativos, y nunca de la nulidad de actos judiciales o de sentencias de los tribunales de la República. Por ello, la Corte, sistemáticamente, se ha declarado incompetente para conocer de las acciones que se han interesado contra actos judiciales y se ha invocado su competencia contencioso administrativa[14]. Es más, nuestro Tribunal Supremo también se ha declarado incompetente para conocer de recursos que por inconstitucionalidad se han intentado contra actos judiciales[15].

Sin embargo, es necesario distinguir también en este caso la actividad judicial de los órganos del Poder Judicial, de la actividad administrativa que esos mismos órganos puedan realizar en ejercicio de la función administrativa o de la función legislativa.

A tal efecto, cuando los órganos judiciales dictan actos de nombramiento de determinados funcionarios, o imponen sanciones a los abogados litigantes, esos actos son administrativos y no judiciales y, por tanto, son susceptibles de ser recurridos por ilegalidad ante los órganos de la jurisdicción contencioso-administrativa. En el mismo caso se encuentran los actos reglamentarios que en ejercicio de la función legislativa tienen facultad para dictar determinados órganos judiciales[16].

Por último, los actos de gobierno, como actos del Poder Ejecutivo dictados en ejecución directa de la Constitución y, por tanto, sometidos directamente a ella y con el mismo rango jurídico que la Ley, tampoco están sometidos al control de conformidad con el derecho por los órganos de la jurisdicción contencioso administrativa. Por supuesto, esta noción de acto de gobierno es totalmente distinta a la desarrollada en Francia[17]. En Venezuela, los actos de gobierno no son actos administrativos; y tanto los actos de gobierno como los actos legislativos están sometidos al control jurisdiccional de la constitucionalidad por la Corte Suprema de Justicia, por ser ejecución directa de la Constitución.

En efecto, los actos de gobierno, no son, en nuestro sistema constitucional, actos administrativos. Entre ellos hay una radical diferencia estructural en cuanto a la norma a la cual deben directamente conformarse: el acto de gobierno debe estar conforme a la Constitución, pues es dictado en ejecución directa de ésta; los actos administrativos deben estar conformes a la legalidad, pues son ejecución directa de la ley e indirecta de la Constitución. Por ello los actos administrativos están sometidos al principio de la legalidad administrativa. Los actos de gobierno, en cambio, no lo están, no porque sean una excepción, sino porque tienen el mismo rango estructural que la legalidad con relación a la Constitución. Por ello, los actos de gobierno sólo están sometidos a la constitucionalidad, y consecuencialmente, a un control jurisdiccional propio, el control de constitucionalidad.

En efecto, el artículo 215, ordinal 6° de la Constitución señala que es de la competencia de la Corte Suprema de Justicia en Corte Plena declarar la nulidad de los "reglamen-

---

14 *V.*, fundamentalmente la sentencia de la antigua Corte Federal de 26-1-60, Gaceta Forense N° 27, 1960, pp. 40-41. *V.*, también Corte Federal, 15-10-59, Gaceta Forense, N° 26, 1959 p. 26.

15 Corte Federal y de Casación en Corte Plena, 28-11-51, Gaceta Forense N° 9, 1952, pp. 58-65; Corte Federal y de Casación en Corte Plena, 26-05-52, Gaceta Forense, N° 11. 1952 pp. 9-11; Corte Federal, 23-03-56, Gaceta Forense, N° 11, 1956, p. 174; Corte Federal, 15-10-59, Gaceta Forense, N° 26,1959, p. 26; Corte Suprema de Justicia Sala Político Administrativa, 17-04-61, Gaceta Forense, N° 32, 1961, pp. 49-50.

16 Tal es el caso de la atribución que la Ley Orgánica del Poder Judicial otorga en su artículo 80, letra A, ordinal 8 a las Cortes Superiores, para dictar su Reglamento interno y de Policía, y el de los demás Tribunales de la Circunscripción.

17 *V.*,, Allan R. Brewer-Carías, "Comentarios sobre la doctrina del acto de gobierno, del acto político, del acto de Estado o de las cuestiones políticas como motivo de inmunidad jurisdiccional de los Estados en sus Tribunales Nacionales", *Revista de Derecho Público*, N° 26, Editorial Jurídica Venezolana, Caracas, 1968, pp. 65-68.

tos y demás actos del Ejecutivo Nacional cuando sean violatorios de la Constitución", entre los cuales se incluyen los actos de gobierno. Esta atribución de la Corte en Pleno es distinta de aquella contenida en el ordinal 7° del mismo artículo, por la cual la Corte Suprema de Justicia en Sala Político-Administrativa, es competente para declarar la nulidad de los actos administrativos del Ejecutivo Nacional cuando sea procedente, es decir, cuando sean contrarios a derecho e incluso por desviación de poder.

3. El juez contencioso administrativo como juez de amparo constitucional

La acción de amparo en Venezuela, no está regulada, constitucionalmente, como un único y específico recurso cuyo conocimiento está atribuido a un único órgano jurisdiccional[18], sino más bien como un derecho constitucional de los individuos a ser amparados por los tribunales de la República, lo cual puede lograrse a través de diversas acciones o recursos existentes incluso, mediante una acción autónoma de amparo[19].

En efecto, de acuerdo al artículo 49 de la Constitución:

> "*Artículo* 49. Los Tribunales ampararán a todo habitante de la República en el goce y ejercicio de los derechos y garantías que la Constitución establece, en conformidad con la Ley.

El procedimiento será breve y sumario y el juez competente tendrá potestad para restablecer inmediatamente la situación jurídica infringida".

Conforme a esta norma, por tanto, en el ordenamiento jurídico venezolano puede haber múltiples vías judiciales para amparar los derechos constitucionales frente a atentados en el goce y ejercicio de los mismos, tanto por parte de autoridades como de particulares, siempre que se prevea un procedimiento breve y sumario que permita restablecer de inmediato el derecho infringido.

Incluso entre esas vías judiciales está la acción de amparo autónoma, en el sentido de que procede cuando no exista otra vía judicial que permita la protección del derecho o la que existe resulte inadecuada para la protección constitucional[20].

Por tanto, cuando un acto administrativo es el que vulnera el goce o ejercicio de un derecho o garantía constitucional, puede intentarse contra el mismo una acción de amparo. Así se regula expresamente, en la Ley Orgánica de Amparo sobre Derechos y Garantías Constitucionales de 22 de enero de 1988[21], en cuyo artículo 5° se establece:

> "La acción de amparo procede contra todo acto administrativo, actuaciones materiales, vías de hecho, abstenciones u omisiones que violen o amenacen violar un derecho o garantía constitucional, cuando no exista un medio procesal breve, sumario y eficaz, acorde con la protección constitucional".

---

18 Por ejemplo el recurso de amparo en España, cuyo conocimiento se atribuye al Tribunal Constitucional. Art, 161, Constitución 1978.

19 *V.*, Allan R. Brewer-Carías, "El derecho de amparo y la acción de amparo", *Revista de Derecho Público*, N° 22, Editorial Jurídica Venezolana, Caracas, 1985, pp. 51-61.

20 *Idem. V.*, Allan R. Brewer-Carías, "Introducción general al Régimen del Derecho de Amparo a los Derechos y Garantías Constitucionales", en Allan R. Brewer-Carías y Carlos M. Ayala Corao, *Ley Orgánica de Amparo sobre Derechos y Garantías Constitucionales*, Caracas, 1988, pp. 52 y ss.

21 *V.*, en *Gaceta Oficial*, N° 34.060 de 27 de septiembre de 1988

Por tanto, la acción autónoma de amparo procede también contra actos administrativos o contra conductas omisivas de la Administración que violen o amenacen violar un derecho o garantía constitucionales, pero siempre que no exista "un medio procesal breve, sumario y eficaz, acorde con la protección constitucional" siendo el juez natural en estos casos, el contencioso administrativo.

En consecuencia, los poderes del Juez contencioso administrativo para controlar la constitucionalidad de los actos administrativos en los juicios de nulidad, que lo muestran como juez constitucional, se complementan con la posibilidad establecida en la Ley Orgánica de Amparo sobre Derechos y Garantías Constitucionales de actuar como juez constitucional de amparo; y la competencia de los jueces contencioso administrativos, la ha determinado pacíficamente la doctrina jurisprudencial de la Corte Suprema y de la Corte Primera de lo Contencioso, al indicar que la misma se determina no sólo por la afinidad con la naturaleza del derecho o garantía constitucional violado como lo establece el artículo 7° de la Ley Orgánica de Amparo, sino:

> "también en atención de la afinidad con la materia cuya competencia le está atribuida al Tribunal de la jurisdicción contencioso-administrativa de que se trate".

y también,

> "en razón del órgano del cual emana el acto que se pretende atentatorio contra derechos y garantías constitucionales, pues que, tal criterio, define cuál es el tribunal de primera instancia, dentro de la jurisdicción contencioso-administrativo"[22].

4. Los diversos tipos de acciones y recursos contencioso administrativo

Analizando con detenimiento el sistema contencioso administrativo en Venezuela, con base en el artículo 206 de la Constitución, en las regulaciones de la Ley Orgánica de la Corte Suprema de Justicia de 1976 y en los criterios jurisprudenciales sentados en los últimos años, el contencioso-administrativo, como instrumento procesal de protección de los particulares frente a la autoridad pública, se ha ampliado pudiendo distinguirse *cuatro* tipos de acciones y recursos contencioso administrativo: en *primer lugar*, el contencioso de los actos administrativos; en *segundo lugar*, el contencioso de las demandas contra los entes públicos; en *tercer lugar*, el contencioso de las conductas omisivas de la Administración; y en *cuarto lugar* el contencioso de la interpretación[23]. Las pretensiones procesales varían en cada uno de esos tipos de contencioso, y por supuesto, también varían las reglas de procedimiento aplicables a los diversos tipos de acciones o recursos, incluso las relativas a la legitimación activa. A continuación establecemos las características generales de esas cuatro clases de procesos contencioso administrativo.

---

22 Sentencia de la CPCA de 10-10-91 en *Revista de Derecho Público*, N° 48, Editorial Jurídica Venezolana, 1991, p. 135

23 *Cfr*. Allan R. Brewer-Carías, "Los diversos tipos de acciones y recursos contencioso administrativos en Venezuela", *Revista de Derecho Público*, N° 25, Editorial Jurídica Venezolana, Caracas, 1986, pp. 5-30, y en *Estado de derecho y Control Judicial, cit.* p. 243 y ss.

IV. EL PROCESO CONTENCIOSO CONTRA LOS ACTOS ADMINISTRATIVOS

La característica fundamental del proceso contencioso administrativo de los actos administrativos, es que el objeto de las acciones y recursos que lo inician, siempre es un acto administrativo, y en ellos siempre existe una pretensión de anulación de los mismos. Sin embargo, hablamos del "contencioso de los actos administrativos" y no del contencioso de anulación, pues si bien siempre debe haber una pretensión de anulación de los actos, el proceso *no se agota* en dicha anulación, y las acciones y recursos pueden contener otras pretensiones procesales de condena adicionales y anexas a la pretensión de anulación del acto administrativo, conforme se establece en el artículo 206 de la Constitución y en el artículo 131 de la Ley Orgánica de la Corte Suprema de Justicia.

En todo caso, y en virtud de que pueden formularse pretensiones de condena anexas a las pretensiones de anulación de un acto administrativo, el contencioso de los actos administrativos se concibe como un *proceso subjetivo,* a pesar de que el objeto principal del mismo es un acto administrativo. Sin embargo, el contencioso de los actos administrativos no sigue el esquema procesal del proceso ordinario en el cual el establecimiento de una *litis* entre demandante y demandado es esencial, en todas sus secuelas de citación *y litis* contestación. A pesar de que es un proceso subjetivo, el contencioso de los actos administrativos es un juicio contra un acto administrativo, en el cual se solicita del juez declare su nulidad y, en su caso, pronuncie las decisiones de condena que se pretenden *como consecuencia de la anulación.* Por tanto, en el contencioso de los actos administrativos no se demanda ni a las personas jurídicas de derecho público que dictaron el acto recurrido, ni a los posibles beneficiarios de dicho acto. Sólo se impugna el acto como consecuencia del mismo, se pueden solicitar pretensiones de condena contra dichas personas de derecho público u otros entes que hayan dictado el acto, por tanto, en el contencioso de los actos administrativos no hay propiamente demandante ni demandado, sólo hay impugnantes del acto recurrido y defensores del mismo, pudiendo hacerse parte en el proceso todos aquellos que ostenten un derecho subjetivo o un interés personal, legítimo y directo similar al que ostente el recurrente (Art. 137, LOCSJ).

En todo caso, debe mencionarse que a pesar de que el contencioso de los actos administrativos sea un proceso a un acto, y que los recurrentes aparezcan en el proceso como defensores del interés general vulnerado por una actuación administrativa, el recurso para intentarlo debe considerarse como un recurso "subjetivo" pues, como lo ha señalado la Corte Suprema, "se protege la integridad de la norma sólo en función de la situación jurídica subjetiva igualmente alterada"[24].

Ahora bien, en ausencia de demandante, en el contencioso de los actos administrativos como proceso subjetivo tampoco hay demandados, y por tanto, no hay citación ni *litis* contestación. El juez lo que debe hacer en el auto de admisión del recurso, es disponer la notificación del Fiscal General de la República y cuando junto con la anulación se formule una pretensión de condena, debe notificar al Procurador General de la República[25] o al representante del ente público correspondiente, si se trata de un acto administrativo de una entidad territorial o autónoma. Además, el juez debe emplazar a los

24 Sentencia de la Corte Suprema de Justicia en Sala Político-Administrativa de 3-10-85 en *Revista de Derecho Público* N° 24, Editorial Jurídica Venezolana, Caracas, 1985, pp. 156-162.

25 *Artículos* 116 y 125 de la LOSJ. Conforme a estas normas, la notificación al Procurador General de la República la decide de oficio el juez, de acuerdo a la naturaleza de la pretensión contenida en el recurso.

interesados tanto en la defensa como en la impugnación del acto recurrido, mediante carteles para que se hagan parte en el juicio (Art. 116 y 125, LOCSJ) en un lapso determinado, siendo necesario para hacerse parte en el juicio reunir las mismas condiciones exigidas para el accionante o recurrente (Art. 137, LOCSJ). Este, si se trata de la impugnación de actos administrativos de efectos generales puede ser toda persona plenamente capaz alegando un simple interés, aun cuando calificado (Art. 112, LOCSJ), o si se trata de la impugnación de actos administrativos de efectos particulares, debe ser el titular de al menos un interés personal, legítimo y directo (Art. 121, LOCSJ). En ambos casos, sin embargo, también está legitimado para intentar el recurso contencioso-administrativo, el Fiscal General de la República (Art. 112, 116 y 121, LOCSJ).

Por tanto, el procedimiento en el contencioso de los actos administrativos, aun cuando es de carácter contencioso y subjetivo, se le reconocen al juez una serie de poderes adquisitivos incluso para solicitar informaciones y hacer evacuar pruebas de oficio (Art. 129, LOCSJ), y además, para continuar el proceso contra un acto administrativo, a pesar del desistimiento del recurrente, cuando el acto recurrido viole normas de orden público (Art. 87, LOCSJ).

Hemos dicho que el recurso, en el contencioso de los actos administrativos, además de pretensiones de anulación puede contener pretensiones de condena, lo cual conlleva a que el contencioso de los actos administrativos actualmente se clasifique en tres clases: el contencioso de anulación; el contencioso de anulación y condena, y el contencioso de anulación y amparo.

1. El contencioso de anulación de los actos administrativos

El contencioso de anulación de los actos administrativos se configura cuando la *pretensión única* del recurso es la anulación de un acto administrativo. El proceso contencioso administrativo en este caso, tiene regulaciones adjetivas diferentes según el objeto del recurso, y se trate de la anulación de un acto administrativo de efectos generales, de un acto administrativo de efectos particulares o de un acto administrativo bilateral (contrato administrativo).

Ha habido discusión en torno a los criterios de distinción entre los actos administrativos de efectos generales y los actos administrativos de efectos particulares que adoptó la Ley Orgánica de la Corte Suprema de Justicia para regular los procedimientos[26]. Sin embargo, dada la naturaleza diferente de dicha regulación, es evidente que el criterio que tuvo en mente el Legislador, a pesar de la falta de uniformidad de la terminología empleada, está referido al carácter normativo o no normativo de los actos recurridos. Así, los actos administrativos de efectos generales son los actos normativos, cuyos destinatarios son indeterminados e indeterminables; en cambio, los actos administrativos de efectos particulares, son los que no tienen carácter normativo, y cuyos destinatarios o es un sujeto de derecho (acto individual) o una pluralidad de ellos, pero determinados o determinables (acto general)[27]. Este criterio de distinción es el único congruente con la

26 J. G. Andueza, "El control de la constitucionalidad y el contencioso-administrativo" en A. Moles Caubet y otros, *Contencioso administrativo... cit.*, pp. 66 y ss.

27 Allan R. Brewer-Carías, *El Control de la Constitucionalidad de los Actos Estatales*, Caracas, 1977, pp. 7-10; y "El recurso contencioso-administrativo, contra los actos de efectos particulares" en Instituto de Derecho Público, *El control jurisdiccional de los Poderes Públicos en Venezuela*, Caracas, 1979, pp. 173-174.

diferencia procedimental establecida en la Ley Orgánica de la Corte Suprema de Justicia entre los "juicios de nulidad de los actos de efectos generales" y los "juicios de nulidad de los actos administrativos de efectos particulares" (Secciones 2ª y 3ª del Capítulo II, del Título V, LOCSJ.)

A. La distinción entre los actos administrativos de efectos generales y los actos administrativos de efectos particulares

En efecto, para captar la distinción que establece la Ley Orgánica de la Corte Suprema de Justicia en cuanto a los procedimientos, entre el juicio de nulidad de los actos de efectos generales y el juicio de nulidad de los actos administrativos de efectos particulares, es necesario tener presente la situación jurisprudencial anterior a la entrada en vigencia de la Ley Orgánica de la Corte en 1976.

La Corte, en efecto, en base a una encomiable labor integradora, fue elaborando normas adjetivas que diferenciaron dos tipos de recursos de impugnación de los actos estatales, distintos al recurso de casación, que se podían intentar ante ella: el recurso de inconstitucionalidad, como acción popular, y el recurso contencioso administrativo de anulación. La base de la distinción entre ambos recursos estaba, fundamentalmente, en la naturaleza del acto impugnado: las leyes y demás actos de los cuerpos legislativos (nacionales) o de los cuerpos deliberantes (estadales o municipales), los actos de gobierno, y en general, los actos estatales de rango legal o de efectos generales podían ser objeto del recurso directo de inconstitucionalidad ante la Corte en Pleno o su Sala Político-Administrativa; en cambio los actos administrativos de efectos particulares sólo podían ser objeto del recurso contencioso administrativo de anulación, aun cuando se alegasen motivos de inconstitucionalidad. Tal como la Corte lo señaló:

> "la situación particular y concreta que se deriva del acto administrativo no es susceptible de ser impugnada por vía de acción popular y directa de inconstitucionalidad, propia de los actos generales del Poder Público"[28].

Por tanto, conforme a la doctrina de la Corte, no podía interpretarse el ordinal 60 del artículo 215 de la Constitución que atribuye a la Corte facultad para "declarar la nulidad de los reglamentos y demás actos del Ejecutivo Nacional cuando sean violatorios de la Constitución", en el sentido de incluir en esos "demás actos del Ejecutivo Nacional" los actos administrativos individuales. Esos otros actos del Ejecutivo Nacional sólo podían ser los actos de gobierno (de efectos generales o de efectos particulares) ya que los actos administrativos de efectos particulares tienen su control nato, sea de ilegalidad propiamente dicha o de inconstitucionalidad, en la jurisdicción contencioso-administrativa. Por tanto, el recurso de inconstitucionalidad, si bien se refería básicamente a actos estatales de efectos generales (Leyes, Ordenanzas, Reglamentos), en el texto constitucional dicho recurso también podía intentarse contra ciertos actos de efectos particulares, dictados en ejecución directa de atribuciones constitucionales, tales como actos privativos de las Cámaras Legislativas y los actos de gobierno.

---

28 *V.*, sentencia de la Corte Suprema de Justicia en Sala Político Administrativa de 15 de marzo de 1962, en Gaceta Forense, N° 35, 1962, pp. 203 y 204.

La nueva Ley Orgánica de la Corte Suprema de Justicia cambió esta distinción entre los recursos de inconstitucionalidad y el contencioso administrativo de anulación, y en materia de recursos y procedimientos estableció una distinción básica entre recursos de impugnación contra actos estatales de efectos generales y recursos de impugnación contra actos estatales de efectos particulares. Lamentablemente, tanto el texto de la Ley como su Exposición de Motivos incurren en una imperfección, al confundir los "actos de efectos generales" con los "actos generales" y los "actos de efectos particulares" con los "actos individuales", cuando en realidad se trata de dos clasificaciones de los actos jurídicos estatales totalmente distintas, basadas, una en relación al número de destinatarios del acto y la otra en relación a sus efectos.

B. La acción popular y el contencioso administrativo de anulación de los actos administrativos de efectos generales

La sección segunda del Capítulo II del Título V de la Ley Orgánica de la Corte Suprema de Justicia, regula el procedimiento "de los juicios de nulidad de los actos de efectos generales", previendo entre otros aspectos una legitimación activa amplísima (Art. 112) y la publicación de la sentencia en la *Gaceta Oficial* (Arts. 119 y 120). En las "Disposiciones comunes a los juicios de nulidad de actos de efectos generales o de actos de efectos particulares" (Sección Cuarta del Capítulo II del Título V), además, se establece la ausencia de lapso de caducidad en los recursos "contra los actos generales del Poder Público" (Art. 134) y se limita la potestad de suspensión de efectos, a los "actos administrativos de efectos particulares".

En particular, de acuerdo con lo previsto en el artículo 112 de la Ley Orgánica de la Corte Suprema de Justicia:

> "Toda persona natural o jurídica plenamente capaz, que sea afectada en sus derechos o intereses por ley, reglamento, ordenanzas u otro acto, de efectos generales emanado de alguno de los cuerpos deliberantes nacionales, estadales y municipales o del Poder Ejecutivo Nacional, puede demandar la nulidad del mismo, ante la Corte, por razones de inconstitucionalidad o de ilegalidad...".

Mediante este artículo, la Ley Orgánica de 1976 reguló en igual forma el procedimiento de impugnación de leyes nacionales, estadales o municipales (ordenanzas) que se inicia mediante el denominado recurso o acción de inconstitucionalidad, y el de impugnación de reglamentos y demás actos administrativos de carácter normativo o de efectos generales, los cuales tradicionalmente y con antecedentes desde mitad del siglo pasado, pueden ser impugnados por vía de acción directa ante la Corte Suprema de Justicia y los demás Tribunales Contencioso Administrativos[29] configurándose el recurso como una acción popular.

De acuerdo al régimen anterior a la Ley de 1976, para intentar el recurso de inconstitucionalidad de leyes o el recurso de inconstitucionalidad e ilegalidad de reglamentos y actos administrativos de efectos generales no se requería condición especial alguna, por lo que la legitimación correspondía a todo habitante de la República en base al "simple interés" en la constitucionalidad y legalidad que tenían. La acción popular había sido definida por la jurisprudencia, como la que "corresponde a todos y cada uno de los in-

29 Arts. 112, 181 y 185 de las Disposiciones Transitorias, Ley Orgánica Corte Suprema de Justicia.

dividuos que componen un conglomerado, para impugnar la validez de un acto del Poder Público que, por tener un carácter normativo y general, obra *erga omnes,* y, por tanto, su vigencia afecta e interesa a todos por igual"[30]. En estos casos de impugnación de actos normativos, decía la Corte, éstos "pueden ser impugnados por la vía de la acción popular, ejercida libremente por cualquier ciudadano que se encuentre en el pleno goce de sus derechos, esto es, que tenga capacidad procesal" invocando simplemente "el derecho que tiene todo ciudadano a que la administración respete la legalidad"[31]. En este caso, agregaba la Corte, "la acción que se da... a cualquiera del pueblo (de allí su denominación) está dirigida a la defensa de un interés público que es a la vez simple interés del accionante quien por esta sola razón no requiere estar investido de un interés jurídico diferencial o legítimo"[32].

Ahora bien, la Ley Orgánica de 1976, como se ha visto, ha exigido que el recurrente contra un acto administrativo de efectos generales, sea "afectado en sus derechos e intereses" por el acto recurrido (Art. 112, LOCSJ), mención de la Ley que podría provocar dudas en torno a la supervivencia de la acción popular y a su posible eliminación en el país[33]. Sin embargo, ha quedado dilucidado por la propia jurisprudencia de la Corte Suprema de Justicia, que la exigencia de que el acto administrativo de efectos generales, para ser recurrido en vía contencioso-administrativa (al igual que la Ley mediante el recurso de inconstitucionalidad) deba afectar los derechos e intereses del recurrente, no ha significado en modo alguno la eliminación de la acción popular, ni el establecimiento de una especial legitimación activa para interponerla, referida a la protección o defensa de derechos subjetivos o intereses legítimos de ciudadanos en particular. Su objeto, ha dicho la Corte Suprema, es "la defensa objetiva de la majestad de la Constitución y su supremacía", y si bien la Ley Orgánica exige que la persona que ejerza el recurso sea "afectada en sus derechos o intereses" ello se ha considerado como de "interpretación rigurosamente restrictiva", concluyendo la Corte en que cuando se ejerce el recurso de anulación contra los actos administrativos de efectos generales, *"debe presumirse,* al menos relativamente, que el acto de efectos generales recurrido *en alguna forma* afecta los derechos o intereses del recurrente en su condición de ciudadano venezolano, salvo que del contexto del recurso aparezca manifiestamente lo contrario"[34].

Sin embargo, y a pesar de esta amplitud de interpretación establecida por la Corte Suprema para insistir en la popularidad de la acción, es evidente que conforme al texto claro de la Ley Orgánica puede admitirse que sin dejar de ser una acción popular, el

---

30 *V.,* la sentencia de la antigua Corte Federal de 14-3-60 en Gaceta Forense N° 27, 1960, pp. 127-132 y la sentencia de la Corte Suprema de Justicia en Sala Político-Administrativa de 18-2-71 en *Gaceta Oficial* N° 1.472 Extra. de 11-6-71. *V.,* en Allan R. Brewer-Carías, *Jurisprudencia de la Corte Suprema 1940-1975 y Estudios de Derecho Administrativo, T.* V, *v.* I, Caracas, 1978, pp. 209-304.

31 *V.,* la sentencia de la Corte Suprema de Justicia en Sala Político-Administrativa de 6-2-64 en *Gaceta Oficial* N° 27.373 de 21-2-64. Véanse en Allan R. Brewer-Carías, Jurisprudencia de la Corte Suprema..., *T.* V, *v.* I, p. 296.

32 *V.,* la sentencia de la Corte Suprema de Justicia en Sala Político Administrativa de 18-2-71 en *Gaceta Oficial,* N° 1.472 Extra de 11-6-71, y la sentencia de la Corte Suprema de Justicia en Sala Político-Administrativa de 21-11-74, en *Gaceta Oficial,* N° 30.594 de 10-1-75. *V.,* en Allan R. Brewer-Carías, Jurisprudencia de la Corte Suprema..., *cit., T.* V, *v.* I, pp. 304 y 314.

33 Luis H. Farías Mata, "¿Eliminada la Acción Popular del Derecho Positivo Venezolano?", *Revista de Derecho Público* N° 11, Editorial Jurídica Venezolana, Caracas, 1982, pp. 5-17.

34 *V.,* la sentencia de la Corte Suprema de Justicia en Corte Plena de 30-6-82, en *Revista de Derecho Público,* N° 11, Editorial Jurídica Venezolana, Caracas, 1982, pp. 135-138

simple interés requerido para que se abra la legitimación activa para intentarla se ha "calificado", restringiéndose razonablemente la amplitud del recurso, al exigirse que el acto de efectos generales afecte en alguna forma los derechos o intereses del recurrente[35]. En esta forma, por ejemplo, si bien una persona residente o domiciliada o con bienes situados en una Municipalidad podría en cualquier tiempo intentar la acción popular contra los reglamentos dictados por el Alcalde Municipal, pues podría presumirse que en alguna forma afectan sus derechos o intereses, no podrá decirse lo mismo respecto de los reglamentos dictados en otra Municipalidad, situada en el otro extremo del país, y con la cual el recurrente, no tenga ni haya tenido relación alguna. En este caso, sería manifiesta la no lesión en forma alguna de los derechos e intereses del recurrente, por lo cual no procedería la "presunción" establecida por la Corte para la admisibilidad del recurso.

En todo caso, debe señalarse que además de las personas naturales o jurídicas afectadas en sus derechos o intereses por el acto recurrido, la Ley Orgánica de la Corte Suprema de Justicia otorga legitimación para intentar la acción popular, al Fiscal General de la República (Art. 116, LOCSJ), dadas las funciones asignadas constitucionalmente a este funcionario, vinculadas a la defensa de la Constitución y de los derechos fundamentales (Art. 220, Constitución).

En cuanto a la legitimación pasiva, como se ha dicho, la Ley Orgánica de 1976 la atribuye a la persona que reúna las mismas condiciones exigidas para el accionante o recurrente (Art. 137, LOCSJ), es decir, debe alegar que el acto afecta sus derechos e intereses. Aquí también, y aun cuando se explica la presunción definida por la Corte Suprema, es claro que si del expediente resulta manifiesto que el acto impugnado no afecta los derechos e intereses de quien pretende hacerse parte, la calidad de parte pretendida podría ser rechazada por el juez.

Por último, debe mencionarse que precisamente por el carácter popular de la acción en estos casos de impugnación de actos administrativos de efectos generales, la ley regula el proceso contencioso objetivo en forma peculiar, estableciendo la imprescriptibilidad del recurso (Art. 134, LOCSJ), y una secuela adjetiva bastante simplificada (Art. 116-120, LOCSJ).

C. El contencioso administrativo de anulación de los actos administrativos de efectos particulares

a. *El tema de legitimación activa*

Ahora bien, uno de los aspectos procesales más importante en la distinción de los procedimientos de impugnación de los actos administrativos de efectos generales y los juicios de nulidad de los actos administrativos de efectos particulares, es el de la legitimación activa para recurrir, con la exigencia, en el último caso, de un interés personal, legítimo y directo.

---

35 Allan R Brewer-Carías, *El Control de la Constitucionalidad ... cit.* p. 120.

a'. La exigencia de un interés personal, legítimo y directo

En efecto, de acuerdo a lo previsto en el artículo 121 de la Ley Orgánica de la Corte Suprema de Justicia:

> "La nulidad de actos administrativos de efectos particulares podrá ser solicitada sólo por quienes tengan interés personal, legítimo y directo en impugnar el acto de que se trate".

En esta forma, la legitimación activa para intentar la acción o recurso de nulidad de los actos administrativos de efectos particulares corresponde, al menos, al titular de un interés legítimo en que el acto sea anulado. Por supuesto, el titular de otra situación jurídica subjetiva más protegida por el ordenamiento jurídico, como es el derecho subjetivo, también tiene legitimación activa para impugnar el acto administrativo de efectos particulares que lo lesione.

Este recurso, por supuesto, procede no sólo contra los actos administrativos de efectos particulares expresos, sino también contra los actos tácitos denegatorios producto del denominado silencio administrativo negativo previsto en la Ley Orgánica de Procedimientos Administrativos[36]. Además, por supuesto, los actos administrativos impugnables no sólo son los dictados por las autoridades ejecutivas, sino los emanados de los órganos legislativos y judiciales y de los órganos constitucionales con autonomía funcional[37], así como los emanados de entidades privadas que pueden emanarlos en virtud de ejercer en alguna forma poderes públicos[38].

Ahora bien, en todos esos casos la legitimación activa para interponer los recursos corresponde a los titulares de un interés personal, legítimo y directo, noción que ha sido delineada por la jurisprudencia contencioso-administrativa en las últimas décadas, como la situación jurídica subjetiva que deriva de la relación jurídica que se establece entre un sujeto de derecho y la Administración Pública con ocasión de un acto administrativo, por ser dicho sujeto de derecho el destinatario del acto o por encontrarse en una particular situación de hecho frente a la conducta de la Administración, que hace que el ordenamiento jurídico proteja particularmente su interés en la legalidad de la actividad administrativa[39]. En la configuración de esta noción de interés legítimo, personal y directo, es de interés destacar algunas decisiones de la Corte Suprema y en particular las siguientes:

La antigua Corte Federal, en sentencia de 14-04-60, estableció lo siguiente: "Los ordenamientos jurídicos que como el nuestro, admiten el recurso contencioso de anulación de actos administrativos, exigen como requisito procesal, que el demandante ostente un interés que, en todo caso, ha de ser personal, directo y legítimo, aunque, como lo dispone el artículo 14 de nuestro Código de Procedimiento Civil, puede ser eventual o

---

36 Art. 4, Ley Orgánica de Procedimientos Administrativos (LOPA) *Gaceta Oficial* N° 2.818 Extra. de 1-7-81. *V.*, Allan R. Brewer-Carías, "El sentido del silencio administrativo negativo en la Ley Orgánica de Procedimientos Administrativos", *Revista de Derecho Público*, N° 8, Editorial Jurídica Venezolana, Caracas, 1981, pp. 27-34.

37 Allan R. Brewer-Carías, "El problema de la definición del acto administrativo" en *Libro Homenaje al Dr. Eloy Lares Martínez*, Universidad Central de Venezuela, *T.* I, Caracas, 1984, pp. 25 a 78.

38 Hildegard Rondón de Sansó, "Ampliación del ámbito contencioso administrativo", *Revista de Derecho Público*, N° 22, Editorial Jurídica Venezolana, Caracas, 1985, pp. 33-49.

39 Allan R. Brewer-Carías, "Aspectos de la legitimación activa en los recursos contencioso-administrativos contra los actos administrativos de efectos particulares", *Revista de Derecho Público*, N° 16, Editorial Jurídica Venezolana, Caracas, 1983, pp. 227-233.

futuro, salvo el caso en que la Ley lo exija actual"... "Este interés que han de ostentar en el recurso de anulación de un acto administrativo (lo tienen) las partes, entendiéndose por tales las que han establecido una relación jurídica con la Administración Pública, o aquel a quien la decisión administrativa perjudica en su derecho o en su interés legítimo". Concluye la antigua Corte Federal en dicha sentencia, afirmando que en el juicio contencioso de anulación, por supuesto, de los actos de efectos particulares, "sólo pueden actuar los sujetos a quienes directamente afecta el acto administrativo"[40].

En sentencia de la Corte de Justicia en Sala Político Administrativa de 6-2-64 al precisar la legitimación activa del recurrente en los juicios contencioso administrativo de anulación, señalaba que la legitimación "implica la aptitud de ser parte en un proceso concreto"; y tal aptitud, dijo la Corte, "viene determinada por la posición en que se encuentren las partes respecto de la pretensión procesal, por lo que sólo las personas que mantengan determinada relación con la pretensión están legitimadas en el proceso en que la misma se deduce". Agrega la Corte, que el legitimado tiene "que ser la persona concreta, con facultad de poder reclamar o imponer una decisión administrativa. En resumen, puede estimarse la legitimación como la consideración especial en que tiene la Ley, dentro de cada proceso, a las personas que se hallan en una determinada relación con el objeto del litigio", es decir, con el acto administrativo recurrido. En otras palabras, el interesado es aquél que ostente un interés jurídicamente relevante en la anulación del acto[41].

En otra sentencia del 18-2-71, la misma Sala Político Administrativa de la Corte Suprema aclaraba que: "Esta relación determina precisamente el interés que vincula a los particulares con el proceso a través del nexo jurídico que se establece, por efecto del acto administrativo, entre la Administración y los administrados. Por consiguiente, la persona que resulte lesionada a causa de la decisión administrativa debe estar procesalmente asistida de su derecho o su interés legítimo", concluyendo que en el contencioso administrativo de anulación de los actos de efectos particulares, "sólo pueden actuar los sujetos que resulten directamente afectados por el acto administrativo", es decir, "las que tuvieran un interés legítimo en su anulación"[42]. Como lo ha señalado la Corte Primera de lo Contencioso-Administrativo, el interés jurídico legítimo aparece "como la garantía, utilidad o provecho que puede proporcionar alguna cosa, de modo que el del demandante y del reo, consisten en el beneficio que deba reportarles la decisión de pleito, ya sea haciéndoles adquirir o evitándoles perder..."[43].

Además, la Sala Político-Administrativa de la Corte Suprema de Justicia, en sentencia de 21-12-72, considerando la legitimación activa en estos recursos como resultado de una particular situación de hecho del administrado respecto del acto recurrido, señaló lo siguiente:

---

40 *V.*, en Gaceta Forense, N° 27, pp. 127-132. *V.*, además en Allan R. Brewer-Carías, *Jurisprudencia de la Corte Suprema... T.* V, Vol. I, *cit.*, p. 293.

41 *V.*, en *Gaceta Oficial*, N° 27.373 de 21-2-64, pp. 203-509 y 203-510. La Corte siguió en esta decisión la opinión de Jesús González Pérez, *Derecho Procesal Administrativo*, *T.* II, Madrid, 1966, p. 263.

42 *V.*, en *Gaceta Oficial*, N° 1.472 Extra. de 11-6-71.

43 *V.*, la sentencia de la Corte Primera de lo Contencioso Administrativo de 26-1-84 en *Revista de Derecho Público*, N° 17. Editorial Jurídica Venezolana, Caracas, 1984, p. 190.

"Las circunstancias expresadas dejan constancia de que la cuestión debatida en este proceso tiene que ver directamente con la particular situación de hecho en que se encuentra la actora, como vecina de la zona donde habita y en una de cuyas áreas, cercana también a su vivienda podría levantarse una construcción en perjuicio de sus derechos y con violación, en su parecer, por parte de la Administración, de las normas de interés general que atienden al desarrollo urbanístico de la región. Conforme a tales razones, la Corte estima que la decisión administrativa que se discute está relacionada con el derecho de la actora, cuyo interés legítimo, personal y directo en el planteamiento del caso puede resolver, y en consecuencia, su legitimación activa en el proceso, ha quedado plenamente demostrada"[44].

Dentro de esta misma doctrina debe mencionarse, por último, el criterio de la Corte Suprema de Justicia expresado en la sentencia de su Sala Político-Administrativa de 3 de octubre de 1985 en la cual se ha expresado que en el procedimiento contencioso administrativo contra los actos administrativos de efectos particulares, dado que en él tiene:

"carácter prioritario la defensa del interés general o colectivo, son admitidos a recurrir en vía contencioso-administrativa, de una parte, los titulares de *derechos subjetivos administrativos,* es decir, quienes derivarían su capacidad procesal de vínculos establecidos previa y especialmente por la Administración con el particular, en virtud de lo cual resulta justo que el afectado solicite la nulidad del acto ilegal lesivo y hasta la restauración de su derecho mediante dicho acto desconocido, por haberse irrumpido contra esos vínculos previos (contratos, concesión, permiso...); desconocimiento que configura la lesión de ese derecho subjetivo preexistente y de índole administrativa. Pero además, detentan esa misma capacidad procesal para actuar en juicio los *interesados legítimos* –concepto diferente en Derecho Público del anteriormente expuesto–, es decir, aquellos particulares que sin ser titulares de derechos subjetivos administrativos se encuentren en una especial situación de hecho ante la infracción del ordenamiento jurídico, la cual, por eso mismo, los hace más sensibles que el resto de los administrados al desconocimiento del interés general o colectivo por parte de la Administración al violar la Ley"[45].

Esta noción de interés personal, legítimo y directo ha sido precisada con acuciosidad, recientemente, por la Corte Primera de lo Contencioso-Administrativa en su sentencia del 13-10-88 (caso *Cememosa*), en la cual la Corte declaró inadmisible un recurso de nulidad intentado por unos miembros de un Concejo Municipal contra acto de la Cámara Municipal que había acordado prorrogar un contrato de concesión de servicio público, por considerar que los mencionados concejales recurrentes no eran titulares de un interés personal, legítimo y directo en la impugnación del acto del Concejo Municipal del cual formaban parte. Aun cuando no estamos de acuerdo con el pronunciamiento de inadmisibilidad, es de interés destacar lo argumentado por la Corte a los efectos de la precisión de la noción de interés legítimo, personal y directo:

"De allí que, el interés legítimo debe entenderse como la existencia de una tutela legal sobre la pretensión del actor e incluso, a falta de ella, de la no existencia de una norma que impida su satisfacción, restringiéndola, limitándola o negándola. Al mismo tiempo, la noción se enlaza con la doctrina a la cual hemos aludido, por haber sido asimilada por el sistema venezolano, en el sentido de que el recurrente debe estar situado en una particular situación de hecho frente al acto administrativo de forma que el mismo recaiga sobre su esfera, afectándola de manera determinante.

44 *V.*, en *Gaceta Oficial*, N° 1.568 Extra. de 12-2-73.

45 *V.*, en *Revista de Derecho Público*, N° 24, Editorial Jurídica Venezolana, Caracas, 1985, pp. 156-162.

La existencia del interés personal hace posible que el actor haga valer en su nombre o en el de un sujeto o comunidad a los cuales representa, su pretensión. La relación del actor con la decisión impugnada es la de un sujeto afectado por ella en su propia esfera. Lo que se plantea a través del recurso es un derecho o una expectativa de derecho que es posible individualizar, que no es un anhelo vago o difuso, sino que incide sobre una esfera patrimonial o moral en forma específica.

La tercera condición que el legislador establece, y que no es otra cosa que una consecuencia de las anteriores, es la existencia de un interés directo, esto es, la necesidad de que el efecto del acto recaiga sobre el actor. Se requiere así que el acto esté destinado al actor. Los efectos de los actos, como es bien sabido son de múltiple naturaleza: Algunos son directos, esto es, su producción es el motivo general del acto, y es a ellos a los que alude la Ley con relación a la legitimidad; otros son indirectos en el sentido de que la voluntad manifiesta en el acto no estuvo destinada fundamentalmente a producirlos sino que los mismos operan en forma oblicua, circunstancial o mediata.

Las condiciones precedentemente analizadas son acumulativas, esto es, deben estar presentes en la totalidad para que el impugnante o recurrente de un acto tenga la condición de parte activa en el proceso de impugnación. Es aquí donde el recurso contencioso administrativo de nulidad sobre los actos particulares revela una naturaleza mixta, por cuanto si bien, a través del mismo y en el mismo, se le imputa al acto objeto del recurso su contrariedad con el orden jurídico, lo cual implicaría una naturaleza esencialmente objetiva; sin embargo, simultáneamente se exige que el impugnante sea el afectado, el que recibe los efectos inmediatos de la decisión sobre su esfera de intereses".

Con base en estos argumentos, al analizar la situación de los concejales recurrentes contra un acto del Concejo Municipal del cual formaban parte, la Corte señaló:

"El acto impugnado fue dictado por un órgano colegiado, esto es, por un organismo en el cual la voluntad del titular no es la de una sola persona física, por cuanto tal titularidad corresponde a una pluralidad de sujetos y la voluntad aludida se forma a través de un proceso que se denomina "deliberación" que tiende a hacer unitaria la multiplicidad de criterios que los sujetos integrantes del órgano expresan, que es el fruto de un procedimiento integrado por múltiples fases. Este procedimiento está regido por el principio de la llamada democracia interna de los órganos, en virtud de la cual, es la mayoría la que decide la orientación del órgano en cada uno de los pronunciamientos que del mismo se derivan. El órgano colegiado manifiesta así la voluntad que el ordenamiento propio de la organización considera como válida y que pueda estar constituida por la que deriva de una mayoría absoluta o de una mayoría calificada en forma especial. Obviamente que, de no existir unanimidad en la voluntad expresada en el órgano, los integrantes del mismo que no estaban de acuerdo con ella; que habían manifestado una opinión contraria, o simplemente diferente, se consideran insatisfechos por el resultado que no es el que se ciñe a sus criterios o intereses. Ello forma parte de la dinámica de las organizaciones colegiadas en las cuales ha de predominar el criterio de la mayoría y han de quedar desplazados los que sean minoritarios. Ahora bien, el integrante de un órgano colegiado que disiente de la decisión adoptada tiene tan solo la posibilidad, salvo que la Ley en forma expresa lo prohíba, de manifestar su disidencia y los motivos que la determinaron. Ahora bien, esta disidencia no hace al titular disidente del órgano, sujeto legitimado activo para atacar el auto, por cuanto si bien se encuentra en una situación particular frente al acto, su interés legítimo no sería ni personal, ni directo, ya que tales situaciones corresponderán sólo a los destinatarios del acto. El miembro de un cuerpo colegiado, obviamente, no puede ser tal destinatario, por cuanto, el ser integrante del mecanismo de elaboración de la decisión no lo convierte en parte sustantiva de la relación jurídica que de ella emerge. Si la decisión tuviese que recaer directamente sobre la persona integrante del órgano, existiría incompatibilidad entre su condición de miembro del cuerpo colegiado (Ley Orgánica de Procedimientos Administrativos, Art. 36) y su condición de interesados en un procedimiento administrativo, lo cual lo obligaría a inhibirse a actuar, a falta de lo cual podría pensarse en un vicio del acto dictado sin que tal inhibición se produjese. El titular disidente de un órgano colegiado que ha emitido un acto, no puede sino manifestar su disidencia; pero no tiene, por este solo hecho, la legitimidad activa requerida para impugnar el acto. Si esta es la situación, la posibilidad de recurrir contra el acto sería la de recurrir contra su propia decisión, lo cual no está planteado en el derecho venezolano donde no existe el llamado recurso de "lesividad" que faculta a la Administración para impugnar sus propios actos.

Han señalado por otra parte los impugnantes que la normativa vigente las responsabiliza por decisiones como la que fuera objeto de impugnación y, específicamente, citan la disposición contenida en el ordinal 8° del artículo 41 de la Ley Orgánica de Salvaguarda para el Patrimonio Público que sanciona a los funcionarios que dejen prescribir o permitan que desmejoren acciones o derechos de los organismos públicos, por no hacerlos valer oportunamente o hacerlo negligentemente"[46].

b'. El tema de los intereses colectivos y difusos

Ahora bien, esta noción de interés personal, legítimo y directo, particularmente bajo el ángulo procesal, no sólo se refiere a las situaciones jurídicas subjetivas que pueden tener los sujetos de derecho como personas individualizadas sino también las entidades representativas de intereses colectivos legalmente establecidas y reconocidas, y que como intereses supra-individuales han venido siendo tutelados por el ordenamiento jurídico. En cuanto a los intereses colectivos, éstos se concretan en comunidades compuestas por sujetos de derecho más o menos determinables, siendo en definitiva, intereses de grupo que se persiguen en forma unificada, al tener el grupo características y aspiraciones comunes[47], quienes en defensa de los intereses de grupo, podrían interponer recursos de anulación contra los actos administrativos de efectos particulares que afecten dichos intereses colectivos. Dentro de esta categoría estarían, por ejemplo, la representación de intereses colectivos por los Sindicatos, Colegios Profesionales y las Asociaciones Cooperativas[48]. También estarían las Asociaciones de Vecinos reguladas en la Ley Orgánica de Régimen Municipal de 1989[49], en los casos en los que el acto en cuestión afecte un interés de la comunidad vecinal (interés colectivo) como un todo.

Estas Asociaciones y otras como las juntas conservadoras del ambiente o de consumidores también podrían asumir la defensa de intereses difusos, por ejemplo, relacionados con la calidad de vida que corresponden a una pluralidad indeterminada o indeterminable de sujetos y que el ordenamiento ha protegido jurídicamente en razón de su carácter social y comunitario. En este orden de ideas, el Reglamento N° 1 de la Ley Orgánica de Régimen Municipal sobre participación de la comunidad[50], asignó a las asociaciones de vecinos dentro de sus actividades de interés comunitario, entre otras, "la preservación y el mejoramiento de la calidad de la vida de sus integrantes en comunidad" y "la adecuada prestación de los servicios públicos" (artículo 3, ordinales 1 y 2).

En cuanto a la posibilidad que les asigna el Reglamento de "ejercer, en conformidad con lo que al respecto establecen las disposiciones legales correspondientes, los recursos administrativos, judiciales y de cualquier otra índole que fueren menester para el cabal cumplimiento de las normas legales o reglamentarias que, por su naturaleza, se vinculen a la preservación de la legalidad urbanística y, en general, a la protección de los derechos de los vecinos" (artículo 6, Parágrafo primero, literal n), la norma remite a

---

46 Consultada en original.

47 M. Sánchez Morón, *La participación del ciudadano en la Administración Pública*, Madrid, 1980 p. 125.

48 Allan R. Brewer-Carías "El Derecho Administrativo y la participación de los administrados en las tareas administrativas", *Revista de Derecho Público*, N° 22, Editorial Jurídica Venezolana, Caracas, 1985, pp. 14-51.

49 Art. 173, LORM. *Gaceta Oficial*, N° 4.409 de 15-6-89 52. *Gaceta Oficial*, N° 34.609 de 5-12-90.

50 *Gaceta Oficial*, N° 34.609 de 5-12-90.

lo que dispongan las normas legales correspondientes que regulan la legitimidad activa para ejercer los recursos administrativos o judiciales. Por tanto, la asociación de vecinos, como tal, sólo puede ejercer recursos contra actos que lesionen el interés colectivo vecinal de orden urbanístico o en general "los derechos de los vecinos"; pero no tienen legitimación para actuar en procesos en los que sólo corresponda la legitimación a un vecino concreto que tendría que ostentar un interés personal, legítimo y directo.

Las Asociaciones de Vecinos, por tanto, *per se* no tienen legitimidad activa para recurrir ante la jurisdicción contencioso administrativa, sino que sólo lo pueden hacer siempre que ostenten un interés personal, legítimo y directo, que cuando es de la colectividad es el interés colectivo.

Por su parte debe señalarse que la Ley de Protección al Consumidor de 1992 consagró como uno de los derechos de los consumidores "la protección de los intereses supraindividuales o difusos, en los términos que establezca la Ley" (Art. 2, Ord. 6°), por lo que ello sólo puede hacerse como lo regule la Ley, en este caso, el artículo 121 de la Ley Orgánica de la Corte Suprema.

Debe señalarse, en todo caso, que estos intereses colectivos y difusos son parte del interés general, aun cuando no asumido directamente por el Estado (interés público)[51] y, por tanto, cuando un acto administrativo de efectos particulares lo lesione, la impugnación de los mismos podría intentarse por el Fiscal General de la República, a quien la Ley Orgánica ha atribuido especialmente legitimación activa en estos casos (Art. 121 LOCSJ). Por tanto, y en caso de que no se admitiera en todo supuesto la legitimación activa de las entidades representativas de intereses colectivos y difusos para impugnar actos administrativos de efectos particulares, estas entidades podrían requerir del Fiscal General de la República su interposición.

Por otra parte, e independientemente de los interesados colectivos, excepcionalmente, el interés general como tal, y el difuso, también está jurídicamente protegido en cuanto a que su lesión por un acto administrativo de efectos particulares, al permitirse al Fiscal General de la República interponer el recurso contencioso administrativo de anulación.

c'. El tema de la legitimación activa de la propia Administración

Por último, debe también mencionarse que el recurso contencioso administrativo de anulación de los actos administrativos de efectos particulares, contrariamente a lo resuelto por la Corte Primera de la Contencioso Administrativo[52], también podría ser interpuesto por la propia Administración Pública, particularmente respecto de los actos administrativos dictados y que sean irrevocables en virtud de haber creado o declarado derechos a favor de particulares. En efecto, de acuerdo a la Ley Orgánica de Procedimientos Administrativos, los actos administrativos creadores o declarativos de derechos a favor de los particulares no pueden ser revocados por la Administración Pública[53], sancionándose el acto revocatorio en esos casos, con la nulidad absoluta[54]. Por tanto, dictado por la Administración un acto irrevocable, la única vía que tendría para preten-

51 Allan R. Brewer-Carías, "El Derecho Administrativo y la participación...", *Loc. cit.* p. 11.

52 Sentencia de 13-10-88, caso *Cememosa*, Consultada en original.

53 Art. 19, Ord. 2° y Art. 82 LOPA. *V.*, Allan R. Brewer-Carías, "Comentarios sobre la revocación de los actos administrativos" en *Revista de Derecho Público*, N° 4. Editorial Jurídica Venezolana, Caracas, pp. 27-30.

54 Art. 19, Ord. 2° LOPA, Allan R. Brewer-Carías, *El Derecho Administrativo y la Ley Orgánica de Procedimientos Administrativos*, Caracas, 1982, p. 186

der la cesación de efectos de dicho acto, es a través de la interposición de un recurso contencioso de anulación del acto en cuestión, en cuyo caso, por supuesto, la Administración tendría la legitimación activa necesaria para ello.

b. *El tema de la legitimación pasiva*

En cuanto a la legitimación pasiva, ante todo, puede corresponder a la Administración Pública interesada desde el momento en que conoce de la interposición del recurso, mediante el requerimiento judicial del expediente administrativo (Art. 123 LOCSJ), y además al igual que lo indicado anteriormente, de acuerdo al artículo 137 de la Ley Orgánica de la Corte Suprema de Justicia, en los juicios contencioso administrativo contra los actos administrativos de efectos particulares, pueden hacerse parte todas las personas que reúnan las mismas condiciones exigidas para el accionante o recurrente, es decir, todos los titulares de un interés personal, legítimo y directo en defender el acto impugnado (Arts. 121 y 137, LOCSJ).

En efecto, de acuerdo con el artículo 137 de la Ley Orgánica de la Corte Suprema de Justicia

> "sólo podrán hacerse parte en los procedimientos a que se refieren las Secciones Segunda y Tercera de este Capítulo, las personas que reúnan las mismas condiciones exigidas para el accionante o recurrente".

Por tanto, para hacerse parte como coadyuvante de la Administración defensora del acto, es necesario ostentar un interés, personal y directo sea en la anulación del acto sea en su mantenimiento.

Pero no es esta la única norma de la Ley que regula la posibilidad de que personas distintas al accionante o recurrente intervengan en el procedimiento contencioso-administrativo, pues el artículo 125 de la Ley Orgánica, al referirse al emplazamiento mediante cartel, determina que está dirigido a los *interesados,* los cuales conforme a dicha norma pueden "darse por citados" y consignar el cartel. El artículo 126, además, permite que soliciten la apertura de la causa a pruebas tanto al *recurrente* como a los *coadyuvantes u opositores* al recurso. Por ello, en una importante sentencia dictada por la Corte Suprema de Justicia el 26-9-91 (caso *Rómulo Villavicencio*), la Corte entro a precisar el tema de la intervención de terceros en el juicio de nulidad, para poder determinar cuándo tal intervención es a título de verdadera parte. Para ello, la Corte recurrió a las normas del Código de Procedimiento Civil aplicables conforme al artículo 88 de su Ley Orgánica, y entre otros conceptos, precisó los siguientes:

> 1. *Parte accionante o recurrente* "es el titular de un derecho subjetivo frente a la Administración, o de un interés legítimo lesionado por la actividad de ésta". Esta noción, precisó la Sala, se identifica con los interesados a que se refieren los artículos 22 y 23 de la LOPA. Estos *interesados* pueden ser los que inician los procedimientos administrativos o los que por ser titulares de derechos subjetivos o de intereses legítimos, aunque no los hubiesen iniciado, se apersonan en los mismos en cualquier estado en que se encuentre la tramitación (Art. 47 y 22 LOPA). Estos interesados no sólo pueden ejercer los recursos administrativos, sino la acción de nulidad, siendo partes en los procesos, con todo derecho para obrar en juicio y de gestionar en el (Arts. 136 y 150 CPC).
>
> Conforme al artículo 137 de la Ley Orgánica, además, pueden hacerse parte en el proceso de anulación, las personas distintas al recurrente o a la Administración recurridas, que tengan el mismo interés; intervención que sería de carácter *adhesiva.* Estas personas que pueden hacerse parte, distintas al accionante, en el procedimiento de anulación, por reunir las mismas condiciones exigidas. Para éste, es decir, de interesado (titular de derechos subjetivos o de intereses legítimos),

conforme a los artículos 137 y 121 de la Ley Orgánica de la Corte Suprema de Justicia, *no son terceros.*

2. *El tercero adhesivo simple,* por otra parte, conforme lo dijo la Sala, no es propiamente parte, sino tercero coadyuvante de una de las partes. Su interés en el proceso deriva de "la eficacia refleja que puede tener la decisión a dictarse en un proceso pendiente entre otras personas, por la unión o dependencia que presentan sus derechos o intereses con la relación deducidas en aquel proceso". El *tercero adhesivo simple,* le interesa la sentencia que sólo es ley para las partes, "por las consecuencias que tiene para una de las partes, pero que pueden manifestarse a cargo de ese tercero (eficacia refleja de la cosa juzgada)". Por ello, el tercero adhesivo simple:

> "coadyuva a la pretensión de una de las partes, por el interés en que ésta venza a la otra, y por ello coopera o colabora con la parte principal, solicitando, alegando, y probando junto a ella o para ella, o hasta supliendo su inactividad, pero no podría, por ejemplo, por esa misma condición *instrumental,* oponerse a los actos procesales del coadyuvado, debiendo en todo caso, estar y pasar por ellos".

3. En cuanto a las partes en el proceso contencioso-administrativo, se estableció en la sentencia lo siguiente:

> "pueden comparecer válidamente con posterioridad a la presentación de la respectiva demanda -que es cuando comienzan los juicios (artículo 339 del CPC)- y no sólo durante el lapso de comparecencia, que se da para todo el que pudiera tener interés en las resultas del proceso, sino inclusive con posterioridad, aceptando en todo caso la causa en el estado en que se encuentra al intervenir en la misma, en razón del principio de la preclusión procesal (artículos 202, 361 y 380 *ejusdem*).
>
> Por el contrario, quienes son terceros adhesivos simples, sólo pueden comparecer válidamente como coadyuvantes durante el lapso de comparecencia a que se contraen los artículos 125 y 126 de la Ley Orgánica de la Corte Suprema de Justicia...". "No obstante, por excepción, estos terceros, y por supuesto, quienes también sean parte legítima, pueden comparecer antes y darse por citados, a los efectos de suplir la inactividad del accionante o recurrente que es una forma de coadyuvar para evitar su derrota judicial– para consignar el ejemplar del periódico donde hubiere sido publicado el cartel, a los fines de evitar la declaratoria de desistimiento tácito del recurso, según lo contempla el artículo 125 ya mencionado"

4. Tanto las partes como los terceros que no sean parte, en virtud del carácter preclusivo del proceso (Arts. 202 y 364 CPC), sólo pueden oponer excepciones o defensas en contra de las demandas de nulidad en el lapso de comparecencia de 10 días que ocurre después de admitida la demanda y de publicado el cartel de emplazamiento (Arts. 125, 126 y 130 LOCSJ); "de manera que si se oponen antes o después, intempestivamente tales alegatos carecen de validez"[55].

Estos criterios de la Corte Suprema de Justicia fueron precisados, en cuanto a los *intervinientes adhesivos* como terceros, en la sentencia del 10-7-91 (caso *Tarjetas Banvenez*), en la cual la Corte señaló que la *intervención adhesiva:*

> "tiene lugar cuando el tercero concurre sosteniendo las razones de una de las partes en litigio, de modo que no reclama un pronunciamiento del órgano jurisdiccional para sí, sino el reconocimiento del mejor derecho invocado por el coadyuvante".
>
> "Así pues, el interviniente adhesivo es un tercero al proceso que interviene por tener un interés personal y actual (artículo 370, Ord. 3° CPC), en la defensa de la pretensión de una de las partes, es decir, su interés personal lo constituye la existencia de una relación de hecho o de derecho tute-

---

55 Consultada en original.

lada por el ordenamiento jurídico, situación o interés que resultará afectado por el fallo que se produzca en la causa, lo que induce a intervenir en la relación procesal adoptando una posición subordinada a la parte principal que coadyuva.

Esta relación de dependencia circunscribe lo que debe ser la actuación del interviniente en el proceso, ya que su posición se debe adecuar a la asumida por la parte principal y no puede, obviamente, actuar en contradicción con la coadyuvada. De igual modo, no le es dable modificar ni ampliar la pretensión procesal original u objeto del proceso.

Sin embargo, sí puede el adherente consignar alegatos propios que estén dirigidos a apoyar la pretensión de la principal, así como presentar pruebas y objetar las de la contraparte, y en fin, participar con cualquiera medios o elementos procesales en provecho de la coadyuvada"[56].

D. El contencioso de anulación de los actos administrativos bilaterales (contratos)

Por último, en cuanto al contencioso de anulación de los actos administrativos debe señalarse que la Ley Orgánica de la Corte Suprema de Justicia establece la posibilidad de que se impugnen los contratos que celebre la Administración, pero por personas extrañas a la relación contractual. En efecto, el artículo 111 de dicha Ley se refiere a:

> "Las demandas de nulidad, por ilegalidad o inconstitucionalidad, de contratos o convenciones celebrados por la Administración Pública, intentadas por personas extrañas a la relación contractual, pero que tengan un interés legítimo, personal y directo en la anulación del mismo o por el Fiscal General de la República, en los casos en que dichos actos afecten un interés general".

En estos casos, no se trata del contencioso contractual o de las demandas contra los entes públicos intentadas por el contratante de la Administración con motivo de la ejecución de contratos, sino de acciones de nulidad intentadas contra contratos o convenciones celebrados por la Administración por personas extrañas a la relación contractual, pero siempre que tengan un interés personal, legitimo y directo en la anulación del contrato. El Fiscal General de la República también está legitimado para interponer el recurso, cuando dichos contratos afecten el interés general.

El procedimiento establecido para el proceso contencioso de anulación, en este caso, sin embargo, es distinto del previsto para los juicios de impugnación de los actos administrativos de efectos generales o particulares, y se aplica más bien el procedimiento del contencioso de las demandas contra los entes públicos (Art. 111, LOCSJ), más próximo al procedimiento ordinario.

2. El contencioso de anulación y condena

Hemos señalado que en el contencioso de los actos administrativos, si bien la anulación de los mismos es un elemento constante en el objeto de los recursos, éste no se agota en la sola pretensión de anulación. De acuerdo al artículo 131 de la Ley Orgánica de la Corte Suprema de Justicia de 1976, y éste es quizás uno de los aspectos más importantes de la reforma, además de la pretensión de anulación, ésta puede estar acompañada de las pretensiones de condena, con lo cual se puede decir que quedó rota la tradicional dicotomía del contencioso de anulación, por un lado, y del contencioso de

56 *Revista de Derecho Público*, N° 47, Editorial Jurídica Venezolana, Caracas, 1991, p. 135-136.

los derechos, por el otro[57]. Por tanto, en el contencioso de los actos administrativos, además de la anulación del acto, el juez puede condenar a la Administración al pago de sumas de dinero, a la reparación de daños y perjuicios y al restablecimiento de las situaciones jurídicas subjetivas lesionadas por el acto anulado.

En efecto, el artículo 131 de la Ley Orgánica de la Corte Suprema de Justicia establece lo siguiente:

> "*Artículo* 131. En su fallo definitivo la Corte declarará si procede o no la nulidad del acto impugnado y determinará los efectos de su decisión en el tiempo. Igualmente, la Corte podrá, de acuerdo con los términos de la respectiva solicitud, condenar el pago de sumas de dinero y a la reparación de daños y perjuicios originados en responsabilidad de la Administración, así como disponer lo necesario para el restablecimiento de las situaciones jurídicas subjetivas lesionadas por la actividad administrativa".

Esta norma es de una importancia capital en la configuración del contencioso administrativo en Venezuela, pues tiene las siguientes implicaciones:

En primer lugar, las pretensiones de anulación de los actos administrativos pueden acompañarse de pretensiones de condena. Por tanto, cuando estas dependan de lesiones a situaciones jurídicas subjetivas producidas por actos administrativos, en el mismo recurso de anulación de éstos pueden acumularse las pretensiones de condena con lo cual se sigue el procedimiento de los juicios de nulidad y no el de las demandas contra los entes públicos. Por tanto, en estos casos, sigue siendo un proceso objetivo contra un acto administrativo, en el cual no hay partes propiamente dichas, pero puede haber pretensiones y decisiones de condena a la Administración como consecuencia directa de la anulación.

En segundo lugar, las pretensiones de condena que pueden acompañar al recurso de anulación, de acuerdo al artículo 206 de la Constitución y 131 de la Ley Orgánica de la Corte Suprema de Justicia, pueden tener su origen básicamente en la responsabilidad de la Administración derivada del acto administrativo ilegal, buscándose la condena a la Administración al pago de sumas de dinero, a la reparación de daños y perjuicios o al restablecimiento de la situación jurídica subjetiva lesionada por la actividad administrativa. Esta variedad de pretensiones tiene efectos fundamentales en cuanto a la legitimación activa y al contenido de la decisión del juez contencioso-administrativo.

En efecto, en cuanto a la legitimación activa, el artículo 131 de la Ley Orgánica de la Corte Suprema de Justicia ha producido como consecuencia, la finalización definitiva del monopolio que el derecho subjetivo tenía sobre las situaciones jurídicas subjetivas, particularmente en cuanto a su resarcibilidad o indemnizabilidad. Por tanto, la tradicional idea de que el interés personal, legitimo y directo era sólo una situación jurídica *procesal* para impugnar actos administrativos, y de que la pretensión de condena sólo correspondía a los titulares de derechos subjetivos (de allí la superada distinción entre contencioso de anulación y contencioso de los derechos)[58] ha quedado superada, y del artículo 131 de la Ley resulta que dentro de las situaciones jurídicas subjetivas sustantivas, además del tradicional derecho subjetivo también cabe ubicar los intereses legíti-

57 Véanse los comentarios de A. Moles Caubet sobre lo que llamó "el contencioso mixto", en "Rasgos generales de la jurisdicción contencioso-administrativa", en Antonio Moles Caubet y otros, *Contencioso Administrativo en Venezuela*, Caracas, 1980, p. 76-77.

58 *Idem*. pp. 7476.

mos, y éstos, al igual que aquéllos, pueden dar lugar a pretensiones de condena y a su resarcimiento.

Por tanto, la legitimación activa en el contencioso de anulación y condena no sólo corresponde al titular de un derecho subjetivo lesionado por el acto administrativo impugnado, sino también al titular de un interés personal, legítimo y directo, lo cual, por supuesto, variaría según el tipo de pretensión de condena. Por ejemplo, si se trata de una pretensión de condena derivada de responsabilidad administrativa originada por el acto administrativo impugnado, pueden distinguirse dos supuestos: si se trata de un acto administrativo que lesiona el derecho subjetivo al cocontratante de la Administración en base a un contrato celebrado con la Administración, la legitimación activa para impugnar el acto ilegal, y pretender el pago de sumas de dinero o la reparación de daños y perjuicios, corresponde al titular del derecho subjetivo lesionado (cocontratante). En el mismo orden de ideas, si se trata de un acto administrativo que lesiona el derecho subjetivo del funcionario público de carrera a la estabilidad, la legitimación activa para impugnar un acto ilegal de destitución y para pretender el pago de sumas de dinero, la reparación de daños y perjuicios por la destitución ilegal o el restablecimiento al cargo público de carrera, corresponde al titular del derecho subjetivo lesionado (funcionario público destituido).

Pero la responsabilidad de la Administración no sólo puede surgir de la lesión de derechos subjetivos (contractuales o estatutarios), sino también puede surgir de la lesión a intereses legítimos, personales y directos, cuyos titulares no sólo tienen la legitimación para impugnar los actos administrativos ilegales que los lesionen, sino también para pretender la condena a la Administración a la reparación de daños y perjuicios originados por el acto ilegal, y al restablecimiento del interés legítimo lesionado por la autoridad administrativa. Por ejemplo, el propietario de una parcela de terreno en una zona urbana residencial, frente a un acto administrativo ilegal que cambie la zonificación de la parcela colindante, no sólo tiene la legitimación para impugnar el acto ilegal y solicitar su nulidad, sino para que se le resarzan los daños y perjuicios ocasionados por el mismo (por ejemplo, daños ambientales, eliminación del derecho a una vista o panorama, etc.) y, para que se le restablezca la situación jurídica lesionada (demolición de la construcción realizada al amparo del acto ilegal y anulado y restablecimiento de la zonificación original).

Pero no sólo la esencia de la legitimación activa se ha modificado en el contencioso administrativo de los actos administrativos, sino que a partir de 1976, también se han modificado sustancialmente los poderes del juez en sus decisiones de anulación y condena, pues éstas pueden incluso, llegar a sustituir la actuación de la Administración.

En efecto, en el esquema tradicional del contencioso administrativo de anulación, el juez se limitaba a anular el acto recurrido correspondiendo a la Administración la ejecución de la decisión judicial. El juez no podía ni ordenar actuaciones a la Administración ni sustituirse a la Administración y adoptar decisiones en su lugar. Sin embargo, este criterio tradicional ha sido superado por el derecho positivo, y no sólo la pretensión de anulación puede estar acompañada de pretensiones de condena al pago de sumas de dinero o la reparación de daños y perjuicios, sino que más importante, la pretensión de anulación puede estar acompañada de pretensiones de condena a la Administración al restablecimiento de la situación jurídica subjetiva (derecho subjetivo o interés legítimo) lesionada, lo que implica el poder del Juez de formular órdenes o mandatos de hacer o de no hacer (prohibiciones) a la Administración. No se olvide que el artículo 206 de la

Constitución habla de "los poderes del juez contencioso administrativo para disponer lo necesario para el restablecimiento de las situaciones jurídicas subjetivas lesionadas por la actividad administrativa", con lo cual se le está confiriendo una especie de jurisdicción de equidad similar a las decisiones de *injunction* o *mandamus* del derecho angloamericano[59]. Por tanto, al "disponer lo necesario para el restablecimiento de la situación jurídica lesionada", no sólo puede el juez ordenar a la Administración adoptar determinadas decisiones, sino prohibirle actuar en una forma determinada. Y más aún, cuando sea posible con la sola decisión judicial, puede restablecer directamente la situación Jurídica lesionada (y no sólo ordenarle a la Administración que la restablezca).

3. El contencioso de anulación y amparo

El tercer campo específico del contencioso de los actos administrativos, es el contencioso de anulación y amparo, que se desarrolla cuando la pretensión de anulación del acto administrativo está acompañada de una pretensión de restablecimiento de una garantía o derecho constitucional violado por el acto recurrido, conforme se regula expresamente en la Ley Orgánica de Amparo sobre Derechos y Garantías Constitucionales de 1988. En este caso, cuando la lesión al derecho o garantía constitucional la produce un acto administrativo, la vía ordinaria de amparo constitucional es el recurso contencioso administrativo de anulación, que puede ser ejercido por el titular del derecho o garantía constitucional vulnerado (legitimación activa).

En efecto, la acción de amparo contra actos administrativos o abstenciones de la Administración, conforme a la Ley, se puede interponer ante los Tribunales contencioso administrativo en forma autónoma, o conjuntamente con el recurso contencioso administrativo de anulación en los términos del artículo 5° de la Ley Orgánica de Amparo que establece:

> "Cuando la acción de amparo se ejerza contra actos administrativos de efectos particulares o contra abstenciones o negativas de la Administración, podrá formularse ante el Juez contencioso administrativo competente, si lo hubiere en la localidad, conjuntamente con el recurso contencioso administrativo de anulación de actos administrativos o contra las conductas omisivas, respectivamente, que se ejerza. En estos casos, el Juez, en forma breve, sumaria, efectiva y conforme a lo establecido en el artículo 22, si lo considera procedente para la protección constitucional, suspenderá los efectos del acto recurrido como garantía de dicho derecho constitucional violado, mientras dure el juicio".

Agrega el Parágrafo Único de este artículo 5° de la Ley Orgánica de Amparo que:

> "Cuando se ejerza la acción de amparo contra actos administrativos conjuntamente con el recurso contencioso administrativo que se fundamente en la violación de un derecho constitucional, el ejercicio del recurso procederá en cualquier tiempo, aún después de transcurridos los lapsos de caducidad previstos en la Ley y no será necesario el agotamiento previo de la vía administrativa".

De acuerdo a estas normas, por tanto, frente a las actuaciones de la Administración, la acción de amparo se puede interponer por ante los Tribunales contencioso-administrativos, sea en forma autónoma o conjuntamente con el recurso contencioso administrativo de anulación. Ello ya ha quedado definitivamente clarificado por la sentencia de

---

59 *V.*, H. W. R. Wade, *Administrative Law*, Oxford, 1982, pp. 515, 629.

la Corte Suprema en el caso *Tarjeta Banvenez,* por sentencia en 10-7-91, en la cual se precisó lo siguiente:

"...En efecto, en el primer caso, al ser una acción que se ejercita en forma autónoma, independiente, no vinculada ni subordinada a ningún otro recurso o procedimiento, es indudable que esa acción, así ejercida, debe ser, por su naturaleza restablecedora, capaz, suficiente y adecuada para lograr que el mandamiento de amparo que se otorgue se baste por sí solo, sin necesidad de acudir a otro u otros procedimientos judiciales, para volver las cosas al estado en que se encontraban para el momento de la vulneración y hacer desaparecer definitivamente el acto o hecho lesivo o perturbador.....

Por lo que atañe a la acción de amparo ejercida conjuntamente con otros medios procesales ... reviste una característica o naturaleza totalmente diferente a la anteriormente analizada (autónoma) pues en estos casos no se trata de una acción principal, sino subordinada, accesoria a la acción o el recurso al cual se acumuló y, por ende, su destino es temporal, provisorio, sometido al pronunciamiento jurisdiccional final que se emita en la acción acumulada, que viene a ser la principal. Esta naturaleza y sus consecuencias se desprenden claramente de la formulación legislativa de cada una de las hipótesis señaladas, que únicamente atribuye al mandamiento de amparo que se otorgue, efectos cautelares, suspensivos de la aplicación de la norma o de la ejecución del acto de que se trate "mientras dure el juicio"...

De lo anterior se deriva, para esta Sala, que la acción de amparo propuesta conjuntamente con una de otro tipo participa de todos los caracteres procesales inherentes a la acumulación de acciones, esto es: que ha de ser resuelta por un solo juez (el mismo que sea competente para conocer de la acción principal), y que ambas pretensiones (la de amparo y la nulidad u otra) deben ser tramitadas en un solo proceso que tiene dos etapas: la del amparo, previa, y la contenciosa, la cual forzosamente cubre, en la decisión final, tanto la medida cautelar que inevitablemente perece en esa oportunidad, como el pronunciamiento judicial acerca de la nulidad solicitada. En otras palabras, si por las características analizadas el mandamiento de amparo se traduce única y exclusivamente en la suspensión provisional del acto recurrido en nulidad, la sentencia que decida ésta deja sin efecto aquella medida cautelar dictada en forma previa, tanto si el acto cuestionado es anulado como si es confirmado, porque en uno u otro caso, carece ya de sustentación jurídica.

Sentado lo anterior, observa también la Sala otras distinciones importantes entre la acción autónoma de amparo y la acumulada a otro recurso. En efecto, mientras en la primera es condición de procedencia, como se ha dicho, que se invoque y demuestre la violación directa, inmediata, flagrante, de un dispositivo o garantía constitucionales que, por sí solos, determinen la necesidad del mandamiento de amparo como medio definitivo de restablecer la situación jurídica vulnerada; en el sentido caso, dada la naturaleza suspensiva de este mandamiento de amparo que sólo tiende a detener provisionalmente los efectos del acto perturbador hasta que se decida el juicio que lo anule o confirme, la denuncia de infracción de normas constitucionales puede estar acompañada de transgresión de textos de rango inferior que precisen o desarrollen el derecho o garantía constitucionalizados, pues tratándose de un solo proceso instaurado contra el mismo acto cuya nulidad se pretende obtener por la vía del recurso contencioso correspondiente, nada obsta a que los instrumentos jurídicos subconstitucionales que sustentan la nulidad sean invocados también al interponer las acciones acumuladas. Lo que no puede hacer el juzgador para acordar la suspensión de los efectos del acto denunciado como lesivo, es encuadrar la situación planteada en la regulación o solución legal o sublegal de la misma, porque en tal hipótesis estaría decidiendo anticipadamente, quiéralo o no, la nulidad del acto impugnado al pronunciarse determinantemente acerca de la existencia de uno de sus vicios, sea éste de procedimiento o de fondo, cuestión que forma parte del debate procesal probatorio que ha de instaurarse precisamente con motivo del recurso de nulidad.

En efecto, siendo distintas las consecuencias que dimanan de una acción autónoma de amparo y de la ejercida conjuntamente con otro recurso (restitutorias en el primer caso y cautelares en el segundo), basta en esta última el señalamiento de la norma o garantía constitucional que se consideren violadas, fundamentado además en un medio de prueba que constituya *presunción* grave de la violación o amenaza de violación denunciada, para que el juez, en forma breve y sumaria, acuerde procedente la suspensión de los efectos del acto como medio de tutelar anticipadamente los posibles efectos de la sentencia que posteriormente habrá de dictar en el juicio de nulidad artículos 5 y 22 Ley Orgánica de Amparo)"[60].

Ahora bien, para que pueda ser completamente efectiva la protección y amparo de derechos constitucionales por vía del recurso contencioso administrativo de anulación, la Ley Orgánica ha previsto algunos correctivos en el procedimiento del mismo, por ejemplo, al ampliar la procedencia de la suspensión de efectos de los actos impugnados en forma más expedita, cuando se alegue violación de un derecho constitucional, es decir, la nulidad absoluta del acto recurrido; al eliminar el lapso de caducidad de seis (6) meses para la impugnación de los actos administrativos violatorios de derechos y garantías constitucionales que son nulos, de nulidad absoluta, conforme lo establece el artículo 46 de la Constitución; y al eximir al recurrente de la necesidad de agotamiento previo de la vía administrativa para ejercer el recurso de nulidad y amparo.

Así, y además, para garantizar que este recurso contencioso administrativo de anulación y amparo, sea un medio procesal breve, sumario y efectivo, acorde con la protección constitucional, el parágrafo único del artículo 5° de la Ley Orgánica, precisa que:

> "Cuando se ejerza la acción de amparo contra actos administrativos conjuntamente con el recurso contencioso administrativo que se fundamente en la violación de un derecho constitucional, el ejercicio del recurso procederá en cualquier tiempo, aún después de transcurridos los lapsos de caducidad previstos en la Ley; y no será necesario el agotamiento previo de la vía administrativa".

Por tanto, un acto administrativo violatorio de un derecho o garantía constitucional, puede ser impugnado en vía contencioso-administrativa en cualquier tiempo, siempre que se acompañe al recurso de anulación una pretensión de amparo; y contra dicho acto sólo puede ejercerse la acción de amparo si ya han transcurrido más de seis meses de dictado (Art. 6, Ord. 4°) si se ejerce conjuntamente con el recurso contencioso administrativo de anulación.

Así, cuando se ejerza la acción de amparo contra actos administrativos conjuntamente con el recurso contencioso administrativo de anulación, no opera la causal de inadmisibilidad prevista en el ordinal 4° del artículo 6° de la Ley Orgánica en casos de "consentimiento expreso" cuando hubieran transcurrido seis (6) meses después de la violación o la amenaza al derecho protegido.

Por tanto, en relación a la existencia del requisito legal del lapso de caducidad para la admisibilidad del recurso contencioso administrativo de anulación, conforme a la Ley Orgánica, si se trata de actos administrativos nulos de nulidad absoluta, violatorios de derechos constitucionales, no puede haber caducidad del recurso contencioso administrativo por tratarse precisamente de una vía de amparo. Por tanto, el "recurso contencioso administrativo de anulación y amparo" se podría intentar contra el acto administrativo inconstitucional y nulo en los términos del artículo 46 de la Constitución en cualquier tiempo. Sin embargo, en otros casos, como por ejemplo, en materia de actos de trámite, que por no ser definitivos no son susceptibles de recursos contencioso administrativo de anulación, si violan un derecho fundamental podrían ser objeto de una acción autónoma de amparo. En estos casos, por no ser definitivos, estos actos no serían recu-

60 *Revista de Derecho Público* N° 47, Editorial Jurídica Venezolana, Caracas, 1991, pp. 169-174.

rribles en vía contencioso-administrativa, pero si son violatorios de derechos constitucionales, contra ellos procedería la acción autónoma de amparo.

En definitiva, frente a los actos administrativos, el amparo de los derechos constitucionales se puede lograr a través del recurso contencioso administrativo de anulación, que es un medio judicial de amparo, resultando inadmisible intentar contra ellos la acción autónoma de amparo, cuando exista un juez contencioso administrativo en la localidad, por ser la vía contencioso administrativa de anulación y amparo, conforme a la propia Ley Orgánica, un medio procesal breve, sumario y eficaz, acorde con la protección constitucional.

Por último, el otro elemento que debe destacarse respecto del proceso contencioso administrativo de anulación y amparo, se refiere a los poderes del juez. En este caso, de acuerdo a los artículos 206 y 49 de la Constitución y al artículo 131 de la Ley Orgánica de la Corte Suprema de Justicia, el juez contencioso administrativo tiene "potestad para restablecer la situación jurídica infringida o en su caso, para disponer lo necesario" para su restablecimiento.

Esto significa que el juez del contencioso de anulación y amparo, una vez anulado el acto, puede directamente restablecer el derecho constitucional infringido y sustituirse a la Administración, y además, adoptar mandamientos de hacer o de no hacer en relación a la Administración, para asegurar no sólo dicho restablecimiento, sino además, impedir la sucesiva vulneración del derecho o garantía constitucional por la Administración. Por supuesto, además, y de acuerdo a lo señalado anteriormente, en caso de proceder, y conforme a lo solicitado, el juez podría adoptar las decisiones de condena respecto de la Administración, por los daños y perjuicios que se pudieran haber causado al recurrente por el acto anulado.

V. EL PROCESO CONTENCIOSO DE LAS DEMANDAS CONTRA LOS ENTES PÚBLICOS

Además del proceso contencioso contra los actos administrativos, que como hemos señalado, tiene la característica de ser siempre un contencioso de anulación de los actos, con la posibilidad de estar acompañadas las pretensiones de anulación, con pretensiones de condena e incluso de amparo constitucional, el sistema contencioso administrativo venezolano admite como segunda categoría de proceso, el contencioso administrativo de las demandas contra los entes públicos, en el cual no sólo se establece una verdadera *litis* procesal entre demandante y demandado, que se desarrolla a través de un proceso subjetivo, entre partes, sino que tiene la característica general de orden negativo, de que en el objeto de la demanda y de las pretensiones del demandante, *no hay actos administrativos envueltos.*

Por tanto, la relación jurídica procesal que se origina en estas demandas contra los entes públicos, *no tiene su origen en un acto administrativo que deba recurrirse,* pues si ese fuera el caso, correspondería a lo que hemos denominado el contencioso de los actos administrativos.

En consecuencia, este proceso contencioso administrativo de las demandas contra los entes públicos, es el propio de las acciones que se intenten contra éstos, basadas en pretensiones de condena que tienen su origen básicamente, en la responsabilidad de la Administración, de orden contractual o extracontractual, que buscan la condena al pago de sumas de dinero o de daños y perjuicios e incluso, el restablecimiento de la situación jurídica subjetiva lesionada, y *cuyo origen no está en actos administrativos.*

Por supuesto, tratándose de un contencioso de las demandas, la legitimación activa corresponde en estos casos al titular de un derecho subjetivo, quien puede accionar contra un ente público para lograr la satisfacción del mismo; y el procedimiento está regulado en la Ley, siguiendo el esquema del procedimiento ordinario, en la Sección Primera del Capítulo II del Título V de la Ley Orgánica de la Corte Suprema de Justicia, intitulada "De las demandas en que sea parte la República" (Arts. 103-111, LOCSJ).

Debe señalarse, sin embargo, que, de acuerdo a la Ley Orgánica, el contencioso de las demandas contra los entes públicos a cargo de los tribunales contencioso administrativo, no abarca las demandas contra todos los entes públicos, sino que básicamente está reservada primero a las demandas originadas en contratos administrativos y, segundo, a aquéllas que intenten contra entes nacionales si su conocimiento no está atribuido a otra autoridad judicial.

En el primer caso, conforme al artículo 42, ordinal 14, la Corte Suprema de Justicia tiene competencia para conocer en única instancia de las cuestiones de cualquier naturaleza que se susciten con motivo de la interpretación, cumplimiento, caducidad, nulidad, validez o resolución de los *contratos administrativos* en los cuales sea parte la República, los Estados y las Municipalidades. Por tanto, toda demanda contra todos los entes públicos territoriales originada en contratos administrativos, corresponde a la jurisdicción contencioso-administrativa.

Sobre esto debe señalarse que cuando la distinción entre contratos administrativos y contratos de derecho privado de la Administración parecía haberse superado definitivamente en Venezuela, la Ley Orgánica de la Corte Suprema de Justicia de 1976 revivió la distinción, al atribuir expresa y exclusivamente a la Sala Político-Administrativa de la Corte Suprema de Justicia competencia en el conocimiento de "las cuestiones de cualquier naturaleza que se susciten con motivo de la interpretación, cumplimiento, caducidad, nulidad, validez o resolución de los contratos administrativos en los cuales sean parte la República, los Estados o las Municipalidades" (Art. 4°, Ord. 14).

A pesar de dicha norma, sin embargo, la distinción no tiene sustantividad firme: no hay ni puede haber contratos de derecho privado de la Administración, regidos por el derecho privado, que excluyan el conocimiento de los mismos a la jurisdicción contencioso administrativa.

Todos los contratos que celebre la Administración están sometidos al derecho público y a todos se les aplica también el derecho privado, por lo que la distinción no tiene fundamento alguno, y menos cuando en el país no hay dualidad de jurisdicciones (judicial y administrativa) que en Francia ha sido el verdadero sustento de la distinción.

Así como no puede haber acto unilateral dictado por los funcionarios públicos que no sea un acto administrativo, tampoco existen contratos celebrados por la Administración que no estén sometidos al derecho público, por lo que la terminología empleada en el artículo 42, ordinal 14, de la Ley Orgánica, en realidad, a lo que ha conducido es a confusiones, contradicciones y dilaciones.

Por lo pronto, no hay demanda que se intente en relación a contratos celebrados por la Administración en la cual no se plantee el problema de la competencia: si la demanda se intenta ante la jurisdicción ordinaria, se alegará la naturaleza administrativa del contrato; en cambio, si se intenta ante la Corte Suprema de Justicia, se alegará el carácter de "derecho privado" del contrato.

Por otra parte, en la previsión de cuándo se está en presencia de un contrato administrativo o no, dependerá en mucho del interés circunstancial de la Administración, pues además de que todo contrato que celebre tienen algún interés público envuelto o se celebra vinculado a un servicio público, las llamadas cláusulas exorbitantes del derecho común que caracterizan a los contratos administrativos, no necesitan estar expresas en el texto del contrato, sino que se presumen en el mismo. Dependerá, por tanto, del recurso que haga la Administración, en un momento dado a estas cláusulas (por ejemplo, para rescindir el contrato) para que el contrato se califique o no de administrativo, lo que hace insegura la distinción. De allí, incluso las dudas y variaciones jurisprudenciales, particularmente con relación a contratos municipales de compra-venta de inmuebles municipales, que ha llevado a la Corte Suprema a considerarlos, algunas veces como contratos administrativos[61] y otras veces como contratos de derecho privado[62].

Por otra parte, la enumeración de las cuestiones concernientes a los contratos administrativos cuyo conocimiento compete a la Corte Suprema conforme al artículo 42, ordinal 10 de la Ley Orgánica, es completamente insuficiente y absurdamente limitativa, al punto de haber llevado al Supremo Tribunal a considerar que como la norma no hace referencia a la "inejecución del contrato, esas cuestiones escapan de su conocimiento, a pesar de que el contrato sea administrativo"[63].

En nuestro criterio, el artículo 206 de la Constitución, al atribuir a los órganos de la jurisdicción contencioso-administrativa competencia para condenar al pago de sumas de dinero y a la reparación de daños y perjuicios originados en responsabilidad de la Administración, y para restablecer las situaciones jurídicas subjetivas lesionadas por la actividad administrativa, no distingue si dichas situaciones son o no de origen contractual ni de qué tipo de contrato, ni distingue entre responsabilidad extracontractual o contractual.

Por tanto, conforme al principio de la universalidad del control consagrado en el artículo 206 de la Constitución, la limitación establecida en el artículo 42, ordinal 10 de la Ley Orgánica de la Corte Suprema de Justicia, carece de fundamento constitucional, siendo la norma más bien contraria al espíritu del artículo 206 de la Constitución. Por ello, en una futura Ley de la jurisdicción contencioso-administrativa, la referencia a "contratos administrativos" debería ser eliminada, atribuyéndose a los órganos de la misma todas las cuestiones concernientes a los contratos de la Administración, cualquiera que sea su naturaleza.

En el segundo caso, en cuanto a las demandas contra entes públicos (no originadas en contratos administrativos), básicamente se atribuyen a los órganos contencioso administrativo, el conocimiento de aquellas que se refieren a entes *nacionales.*

En efecto, en cuanto a los entes territoriales, sólo las demandas contra la República caen dentro de la competencia de los Tribunales Contencioso Administrativos, pues las

61 Sentencia de 11-08-83, *Revista de Derecho Público*, N° 16, Editorial Jurídica Venezolana, Caracas, 1983, p. 164 y ss.

62 Sentencia de 26-06-80, *Revista de Derecho Público*, N° 4, Editorial Jurídica Venezolana, Caracas, 1980, p. 146 y ss.

63 Sentencia de 18-09-86, *Revista de Derecho Público*, N° 28, Editorial Jurídica Venezolana, Caracas, 1986, pp. 146 y ss.

demandas contra los Estados y Municipios se deben intentar ante los tribunales ordinarios, "de acuerdo con las previsiones del derecho común o especial", quienes son los competentes para conocer de ellas en primera instancia (Arts. 183, LOCSJ). Sólo de las apelaciones contra las decisiones que dicten estos Tribunales, es que se ha atribuido competencia para conocer de las mismas a los Tribunales Superiores contencioso administrativos (Arts. 182, Ord. 3, LOCSJ).

Por otra parte, en cuanto a los entes no territoriales, es decir, las acciones contra los Institutos Autónomos y las empresas "en las cuales el Estado tenga participación decisiva", la competencia para conocer de esas demandas en primera instancia se ha atribuido a los órganos contencioso administrativos, habiendo interpretado impropiamente la Corte Suprema, la expresión "empresas del Estado" en sentido restrictivo, como incluyendo solamente las empresas en las cuales la República, directamente sea accionista, y excluyendo del fuero jurisdiccional, las empresas en las cuales un instituto autónomo u otra empresa del Estado, por ejemplo, sean los entes accionistas[64].

Por tanto, el contencioso de las demandas contra los entes públicos está básicamente reducido a las demandas contra la República, contra los institutos autónomos y contra las empresas en las cuales la República directamente tenga participación decisiva, habiéndose distribuido la competencia jurisdiccional, según la cuantía, en los tres niveles de tribunales contencioso administrativos, así: si la cuantía excede de Bs. 5.000.000, el conocimiento de las acciones, si ello no está atribuido a otra autoridad, corresponde en única instancia a la Corte Suprema de Justicia; si la cuantía no pasa de Bs 5.000.000 pero excede de 1.000.000, el conocimiento de las acciones, si ello no está atribuido a otra autoridad, corresponde en primera instancia a la Corte Primera de la Contencioso Administrativo (Art. 185, Ord. 6°, LOCSJ) con apelación ante la Corte Suprema de Justicia (Art. 185, párrafo 3°), quien conoce en segunda instancia; y si la cuantía no excede de Bs. 1.000.000, el conocimiento de las acciones, si su conocimiento no está atribuido a otra autoridad, corresponde en primera instancia a los Tribunales Superiores en lo contencioso administrativo, con apelación ante la Corte Primera de lo Contencioso Administrativo (Art. 182, Ord. 2° y Art. 182, *in fine,* LOCSJ), quien conoce en segunda instancia.

VI. EL PROCESO CONTENCIOSO CONTRA LAS CONDUCTAS OMISIVAS DE LA ADMINISTRACIÓN

El tercer campo del sistema contencioso administrativo en Venezuela está conformado por el proceso contencioso administrativo contra las conductas omisivas de la Administración, lo cual es otra de las importantes regulaciones de la Ley Orgánica de la Corte Suprema de Justicia de 1976.

64 *V.*, la sentencia de la Sala Político-Administrativa de 20-1-83 y la sentencia de la Corte Primera de la Contencioso Administrativo de 24-4-83 en *Revista de Derecho Público* N° 14, Editorial Jurídica Venezolana, Caracas, 1983, pp. 187-190. *V.*, Noelia González, "Conceptos de empresas del Estado en la *Ley Orgánica de la Corte Suprema de Justicia*", *Revista de Derecho Público*, N° 26, Editorial Jurídica Venezolana, Caracas, 1986, pp. 165-174. *V.*, nuestra crítica a dichas sentencias en Allan R. Brewer-Carías, *Estado de derecho y Control Judicial...*, Madrid, 1987, pp. 570 y ss.

En efecto, en ella se atribuye a los órganos de la jurisdicción contencioso administrativa competencia para:

> "Conocer la abstención o negativa de los funcionarios nacionales (o de "las autoridades estadales o municipales", en su caso), a cumplir determinados actos a que estén obligados por las leyes, cuando sea procedente, en conformidad con ellas" (Art. 42, Ord. 23; y Art. 182, Ord. 1° LOCSJ).

Esta norma, que consagra el recurso contra las conductas omisivas de la Administración[65], tiene su fundamento, por una parte, en el incumplimiento por parte de la Administración de una obligación legal concreta de decidir o de cumplir determinados actos, y por la otra, en el derecho de un sujeto de derecho a que la Administración cumpla los actos a que está obligada. Por tanto, a la base de este recurso está una relación jurídica (deber-poder) específica, que se concreta en una obligación también específica de la Administración de actuar, frente a una situación jurídica, asimismo específica de poder de un sujeto de derecho, que se configura como un derecho subjetivo de orden administrativo a la actuación administrativa.

No se trata, consecuentemente, de la obligación genérica de la Administración a dar oportuna respuesta a las peticiones de particulares, ni del derecho también genérico de éstos a obtener oportuna respuesta a sus peticiones presentadas por ante la Administración (Art. 67 de la Constitución). Se trata, en cambio, de una relación obligación-derecho establecida entre la Administración y un particular, a una actuación administrativa determinada.

Por ejemplo, de acuerdo al Código Civil y a la Ley Orgánica para la Ordenación del Territorio, el uso de la propiedad con fines urbanísticos está regulado por las autoridades locales, quienes deben definir las modalidades de dicho uso en las Ordenanzas de Zonificación. Una vez definidos los usos urbanísticos, los propietarios tienen derecho a construir en su propiedad (usar) siempre que se ajusten a las prescripciones de la zonificación, para lo cual la autoridad municipal establece sistemas de control. El más común de éstos era el control previo a través de permisos de construcción (autorizaciones)[66], los cuales se configuran como actos administrativos de obligatorio otorgamiento (actos reglados) cuando el proyecto de construcción se ajuste a las prescripciones de las Ordenanzas. Este permiso ha sido recientemente sustituido por una "certificación" que otorga también la autoridad municipal, con efectos similares en algunos casos[67]. Es decir el otorgamiento del permiso o constancia es una *obligación* de la administración respecto del propietario que se ajuste a las normas de zonificación, y éste tiene *derecho* a que se le otorgue el permiso o constancia cuando cumple dichas prescripciones[68].

Lo mismo sucede con relación a los denominados permisos o constancias de habitabilidad municipal: se trata también de instrumentos de control urbanístico, conforme a los cuales una vez realizada la construcción permisada o conforme a las variables urbanas fundamentales, el propietario solicita la constancia de habitabilidad a la Administración,

---

65 Este recurso según señala A Moles existe en Venezuela desde 1925, V. A. Moles Caubet, "Rasgos generales de la jurisdicción contencioso-administrativa", en A. Moles Caubet y otros *Contencioso Administrativos... cit.*, p. 76.

66 Art. 55 de la Ley Orgánica para la Ordenación del Territorio. *Gaceta Oficial*, N° 3.238, de 11-8-83.

67 Art. 85 de la Ley Orgánica de Ordenación Urbanística, *Gaceta Oficial*, N° 33 868, de 16-12-87.

68 *V.*, Allan R. Brewer-Carías, *Urbanismo y Propiedad Privada*, Caracas, 1980, p. 386; y Allan R. Brewer-Carías, "Introducción general al Régimen Legal de la Ordenación Urbanística", en *Ley Orgánica de Ordenación Urbanística*, Editorial Jurídica Venezolana, Caracas, 1988, pp. 57 y ss.

quien verifica para otorgarla, el que la construcción ejecutada se adecue al proyecto, el propietario tiene *derecho* a que se le otorgue la constancia de habitabilidad y la Administración está *obligada* a otorgarla (actividad reglada)[69].

En este caso, se configura un típico supuesto de relación entre una obligación de la Administración a cumplir determinados actos y un derecho del particular a que la Administración cumpla dichos actos; y el incumplimiento de dicha obligación, sea porque la Administración se abstenga de dictar el acto requerido o sea porque se niegue a hacerlo es el objeto del recurso contra las conductas omisivas de la Administración que regula la Ley. Por eso ha establecido la Corte Suprema que para que proceda este recurso contencioso-administrativo, es necesario que se trate de "una obligación concreta y precisa inscrita en la norma legal correspondiente"[70], o como lo ha señalado la Corte Primera de lo Contencioso-Administrativo, que exista "una carga u obligación legal que pese sobre la autoridad recurrida y a la cual la misma no haya dado cumplimiento", carga que "debe estar expresamente establecida en una norma expresa"[71].

En estos casos de incumplimiento de la precisa y expresa obligación legal de un funcionario a adoptar determinados actos, a los cuales tiene derecho un particular, la protección jurisdiccional de este derecho está precisamente en este recurso frente a la abstención o negativa administrativa, lo cual no debe confundirse con la otra garantía procesal de los particulares frente al silencio de la Administración que origina el llamado silencio administrativo negativo o acto administrativo presunto o tácito denegatorio, y que podría ser recurrido tanto en vía administrativa como en vía contencioso-administrativa[72].

En efecto, la figura del silencio administrativo negativo es inefectiva como protección de los derechos de los particulares, en los casos de inacción primaria de la Administración, cuando por ejemplo, ésta se niega a otorgar un acto que está obligada a adoptar, con motivo de una solicitud formulada por el interesado. A éste no le protege nada el hecho de entender que el acto que solicita, por ejemplo, el otorgamiento de la constancia de urbanismo solicitada, se le niega tácitamente, pues nada gana con ello: ¿cómo lo va a impugnar, si no hay motivación? ¿qué gana con una decisión judicial que declare la nulidad del acto denegatorio tácito? En realidad, el particular lo que requiere es que la Administración dicte el auto a que está obligada, por lo que en estos casos, la garantía jurídica del mismo, está en el recurso contra las conductas omisivas y no en el silencio denegatorio[73], pues a través del mismo se logra que el juez obligue a la Administración a decidir.

---

69 *Idem*. Propiedad y Urbanismo, p. 385: "Información general"... p. 63.

70 *V.*, sentencia de la Corte Suprema de Justicia en Sala Político-Administrativa de 28-2-85, en *Revista de Derecho Público*, N° 21, Editorial Jurídica Venezolana, Caracas, 1985, pp. 170-175.

71 *V.*, sentencia de la Corte Primera de lo Contencioso Administrativo de 6-12-84 en *Revista de Derecho Público*, N° 20, Editorial Jurídica Venezolana, Caracas, 1984, p. 173.

72 *V.*, Allan R. Brewer-Carías. "Consideraciones en torno a la figura del silencio administrativo consagrado a los efectos del recurso contencioso-administrativos de anulación" en *Revista de Control Fiscal*, N° 96, Caracas, pp. 11-38 Allan R. Brewer-Carías, *El Derecho Administrativo y la Ley Orgánica de Procedimientos Administrativos, cit.*, pp. 225 y ss.

73 Allan R Brewer-Carías, *El Derecho Administrativo y la Ley Orgánica....*, p. 230

Debe señalarse, por otra parte, que este ha sido el criterio adoptado por la Corte Suprema de Justicia en sentencia de 5-5-88, en el caso *Representación y Distribución de Maquinarias* (*Redimaq*), en el cual con motivo de una acción intentada por causa de una abstención de pronunciamiento de una solicitud, estableció lo siguiente:

> "...advierte la Sala que –limitada como se encuentra, en general, la competencia del juez en lo contencioso a la anulación del acto administrativo contrario a derecho–, en el caso de silencio de la Administración interpretado por la Ley como respuesta negativa de ésta, sólo puede el juzgador entrar a conocer de una acción fundada en ese silencio, cuando el mismo se ha dado respecto de la no resolución del correspondiente recurso-administrativo. Mas, cuando un tal silencio ocurre, como en el caso de autos, en relación con la solicitud formulada que emita un acto, no tiene la Sala, obviamente, *acto alguno que anular, ni puede tomar una decisión creadora del mismo* –que es de la competencia, sin duda, de otro Poder del Estado–, sin violar el principio de la separación de poderes"[74].

En todo caso, debe destacarse, que la pretensión del recurrente en estos casos de recursos contra las conductas omisivas no es, por supuesto, que sólo se declare la ilegalidad de la omisión o negativa administrativa, o que sólo se declare la obligatoriedad de la Administración de decidir, sino que lo que busca realmente es que se ordene a la Administración a adoptar determinados actos. Como lo ha señalado la Corte Suprema de Justicia:

> "la obligatoriedad para la Administración de producir un determinado acto o de realizar una actuación concreta en vista de un imperativo legal expreso y específico que, según demuestra el recurrente, ella se niega cumplir" (caso *Igor Vizcava*, 28-2-85)[75]

Por tanto, la decisión del juez puede contener mandamientos de hacer frente a la Administración, e incluso, en nuestro criterio, puede en sí misma, suplir la carencia administrativa, relevando al interesado de la obligación de obtener el acto en cuestión, para ejercer su actividad particular. Como lo ha señalado la Corte Primera de lo Contencioso-Administrativo, en estos casos, la acción:

> "se refiere al cumplimiento de actos, esto es, que no se agota en un simple pronunciamiento, sino que presume la realización de actuaciones tendientes a satisfacer la pretensión deducida por el administrado"[76].

Por tanto, el contencioso administrativo contra la carencia administrativa, implica que la pretensión del recurrente está basada en un derecho subjetivo de orden administrativo infringido por la inacción, y cuya satisfacción sólo es posible mediante una actuación; consecuencialmente, el restablecimiento de la situación jurídica infringida por la omisión, puede dar lugar a que el juez ordene a la Administración la adopción de una decisión, o a que el juez directamente se sustituya a la Administración y restablezca la situación jurídica subjetiva infringida, por ejemplo, dispensando al particular de obtener el acto solicitado, si ello no era necesario para ejercer su derecho. En el caso ejemplificado anteriormente, si la Administración se niega a otorgar una constancia de habitabilidad urbanística a que tiene derecho un propietario que ha edificado en un todo conforme al proyecto consignado y a las Ordenanzas locales, el juez no sólo podría ordenar a la Administración municipal que otorgue dicha constancia de habitabilidad, sino que

---

74 Consultado en original.

75 Consultado en original.

76 *V.*, sentencia de 6-12-84 en *Revista de Derecho Público*, N° 20, Editorial Jurídica Venezolana, Caracas, 1984, p. 174.

incluso, podría dispensar al particular de la necesidad de tenerla, si ello es necesario para otras actividades (por ejemplo, para las ventas primarias de inmuebles, Art. 95 LOOU) sustituyendo el acto administrativo con la sentencia misma.

Una solución de esta naturaleza se ha regulado expresamente en el Código Orgánico Tributario[77], en la figura procesal que se denomina, "acción de amparo" prevista contra las demoras administrativas en materia tributaria. En estos casos, cuando la Administración Tributaria incurre en demoras excesivas en resolver sobre peticiones de los interesados y ellas causen perjuicios no reparables por los medios procesales ordinarios (Art. 208, COT), "cualquier persona afectada" (Art. 29 COT) puede intentar ante los tribunales contencioso tributarios esta "acción de amparo" y éstos pueden dictar "la resolución que corresponda al amparo del derecho lesionado", fijando un término para que la Administración realice el trámite o diligencia a que está obligada (mandamiento de hacer), o dispensado de dicho trámite o diligencia al recurrente (Art. 210 COT), en cuyo caso, evidentemente, el juez se sustituye a la Administración.

Por último debe mencionarse que aparte de está mal llamada, en sí misma, por "acción de amparo" tributaria, pues en realidad es un recurso contra la conducta omisiva de la Administración, en la cual no siempre hay un derecho constitucional que se ampara; en general, en el contencioso contra las conductas omisivas, además de la pretensión de obligar a la Administración a actuar, ésta puede estar acompañada de pretensiones de condena al pago de daños y perjuicios ocasionados por el retardo, e incluso, pretensiones de amparo, cuando la conducta omisiva viole un derecho o garantía constitucional; por ejemplo, cuando la Administración penitenciaria se niega a cumplir una orden de excarcelación.

Por último, debe señalarse que en estos supuestos de procesos contencioso administrativos contra las conductas omisivas de la Administración, en ausencia de un procedimiento específico previsto en la Ley, los jueces han aplicado el procedimiento de los juicios de nulidad de los actos administrativos de efectos particulares[78].

VII. EL PROCESO CONTENCIOSO DE LA INTERPRETACIÓN

La cuarta de las ramas del sistema contencioso administrativo en Venezuela es el contencioso de interpretación, regulado genéricamente como competencia de la Corte Suprema de Justicia, en relación a las leyes y a los contratos administrativos. En efecto el artículo 42 de la Orgánica de la Corte Suprema de Justicia atribuye competencia Corte para:

> "14. Conocer las cuestiones de cualquier naturaleza que se susciten con motivo de la interpretación... de los contratos administrativos en los cuales sea parte la República, los Estados o las Municipalidades...
>
> 24.Conocer del recurso de interpretación y resolver las consultas que se le formulen acerca del alcance e inteligencia de los textos legales, en los casos previstos en la Ley".

Por tanto conforme a estas normas, los órganos de la jurisdicción contencioso administrativa, particularmente la Corte Suprema de Justicia, son competentes para conocer

77 Código Orgánico Tributario (COT) de 1982 ver en *Gaceta Oficial* N° 2.992 Extraordinario de 3-8-1982.

78 *V.*, sentencia de la Corte Primera de lo Contencioso Administrativo de 28-9-82, en *Revista de Derecho Público*, N° 12, Editorial Jurídica Venezolana, Caracas, 1982, p. 176

del contencioso de la interpretación de contratos administrativos, que se confundiría con el contencioso de las demandas contra los entes públicos, pues básicamente serían las partes contratantes quienes estarían legitimadas para intentar ese recurso, que se concretaría, en este caso, en una acción mero declarativa[79].

En cuanto al contencioso de interpretación de textos legales[80], originalmente establecido sólo en materia de carrera administrativa como competencia del Tribunal de la Carrera Administrativa[81], ha sido formalmente establecido con carácter general por la Ley Orgánica de la Corte Suprema de Justicia; pero sólo admisible en los casos previstos en la Ley[82], por lo cual en la actualidad sólo existe en materia de carrera administrativa respecto de las dudas que surjan en cuanto a la aplicación e interpretación de la Ley de Carrera Administrativa y su Reglamento; en materia de dudas en la aplicación de la Ley Orgánica del Poder Judicial (Art. 148); en la interpretación de la Ley Orgánica de la Corte Suprema de Justicia; y en materia de la Ley de Licitaciones respecto de las dudas que surjan en cuanto a la aplicación e interpretación de la Ley y como competencia de la Corte Suprema de Justicia exclusivamente[83].

Como lo ha precisado la Corte Suprema de Justicia en su sentencia de 14-3-88 (*caso Concejo Municipal del Distrito Bruzual del Estado Yaracuy*):

> "...este medio de actuación procesal está reservado de manera exclusiva para aquellos casos en los cuales el texto legal cuya interpretación se solicita lo permita expresamente. Resulta, por tanto, improcedente el ejercicio, en forma indiscriminada y general, del recurso de interpretación respecto de cualquier texto legal, si no se encuentra expresamente autorizado por el propio legislador"[84].

En este recurso de interpretación, la legitimación activa correspondería a todo el que tenga un interés legítimo, personal y directo en la interpretación del texto legal, normalmente, el funcionario público, y por supuesto, también correspondería a la Administración.

Sobre este recurso de interpretación de textos legales, la Corte Suprema ha venido estableciendo progresivamente sus características así:

1. En sentencia de 27-9-84 (caso *Juan María Galindez*), la Corte estableció como primer requisito la necesidad de que la interpretación requerida de la Ley se refiera a un caso concreto, con el doble propósito, por una parte de legitimar al recurrente, y por la otra, de permitir al intérprete apreciar objetivamente la existencia de la duda que se ale-

---

79 Allan R. Brewer-Carías y Enrique Pérez Olivares, "El recurso contencioso administrativo de interpretación en el sistema jurídico venezolano", *Revista de la Facultad de Derecho*, Universidad Central de Venezuela, N° 32, Caracas, 1965, pp. 103-1266

80 E. Pérez Olivares, "El recurso de interpretación" en Instituto de Derecho Público, *El control jurisdiccional de los Poderes Públicos..., cit.*, pp. 149-165

81 Art. 64 Ley de Carrera Administrativa. *V.*, Hildegard Rondón de Sansó, *El sistema contencioso Administrativo de la carrera administrativa*, Caracas, 1974, pp. 315 y ss.

82 Sentencia de la Corte Suprema de Justicia en Sala Político-Administrativa de 27-04-82 en *Revista de Derecho Público*, N° 10, Editorial Jurídica Venezolana, Caracas, 1982, p. 174.

83 Sentencia de la Corte Suprema de Justicia en Sala Político-Administrativa de 11-8-81 en *Revista de Derecho Público*, N° 8, Editorial Jurídica Venezolana, Caracas, 1981, p. 138. *V.*, artículo 78 de la Ley de Licitaciones. *Gaceta Oficial*, N° 34.528 de 10-8-90.

84 *V.*, en *Revista de Derecho Público*, N° 34, Editorial Jurídica Venezolana, Caracas, 1988, pp. 146-147.

gue como fundamento[85]. Posteriormente, en la sentencia de 17-4-86 (caso *Dagoberto González A.*), la Corte precisó este primer requisito, señalando:

"el requisito de conexión del recurso con un caso concreto tiene como fundamento evitar que el mismo se convierta en un ejercicio académico, sin la finalidad práctica de la mejor aplicación de algún texto legal. No es concebible que se abra la posibilidad para cualquier particular de ocupar la jurisdicción en resolverle las dudas que en abstracto tuviere acerca de la interpretación de una norma. Es necesario para legitimar la actividad del recurrente, que éste demuestre por lo menos que ante una determinada situación concreta se haya suscitado la duda por las diversas interpretaciones dadas al mismo precepto legal, y que exista un interés general en la solución del conflicto. En tal forma no sólo se legitimará el recurrente, sino que la Corte tendrá elementos para apreciar objetivamente los criterios dispares y para zanjar la real dificultad que se hubiera presentado"[86].

2. Por otra parte, en sentencia de 21-11-90 (caso *PDVSA*), la Sala Político Administrativa precisó, con razón, que "no es del monopolio del Poder Judicial, la interpretación", agregando lo siguiente:

"la propia solicitante, y cualquier administración o cualquier particular a quien corresponda adoptar una decisión concreta puede y, es más, encuentra obligada a emitir ésta; mas, para lograrlo deberá también normalmente, interpretar previamente la ley, tarea que tendrá que desarrollar –al igual que el juez, en su caso y posteriormente, en vía judicial de revisión de la actuación administrativa previa– con estricta sujeción a las normas de nuestro ordenamiento positivo, y, particularmente, a las reglas que proporciona el artículo 4 del Código Civil, directrices en la materia; sin que, por el contrario, pueda el consultante delegar la señalada aplicación de la norma –previa su interpretación por el mismo– ni menos aún la decisión del caso concreto, en el órgano judicial al que se le hubiere dado competencia, para interpretar, con carácter vinculante, sólo la norma –se insiste– sin extender su tarea al caso concreto lo cual le está vedado; hasta el punto de que, si llegare el juez a pronunciarse sobre éste, estaría más bien extralimitándose en sus funciones puramente interpretativas, permitiendo un indebido traslado de la función de administrar, al órgano judicial e incurriendo al mismo tiempo en una intromisión en la actividad administrativa de otro ente. Que la función en administrar implica aún la interpretación de la norma por el ente administrador, para aplicarla al caso concreto –incluso sólo en casos de reclamaciones provenientes de los particulares cumpliendo de esta manera una actuación enteramente semejante a la que posteriormente realizan el juez con motivo de la revisión del acto administrativo en vía judicial lo pone en evidencia hasta el sentido vulgar –inusualmente coincidente con el jurídico– del vocablo "administración pública" que, en los términos del Diccionario de la Real Academia de la Lengua (vigésima edición) significa: "Acción del gobierno al dictar y aplicar las disposiciones necesarias para el cumplimiento de las leyes y para la conservación y fomento de los intereses públicos, y al resolver las reclamaciones a que da lugar lo mandado, 2. Conjunto de organismos encargados de cumplir esta función"[87].

3. En tercer lugar, la sentencia de 18-10-90, la Corte ha precisado que el procedimiento aplicable en el recurso de interpretación es el de los juicios de nulidad contra los actos administrativos de efectos generales[88].

4. Por último, en sentencia de 15-3-90, la Corte ha insistido en que el recurso de interpretación no puede traducirse en una acción de condena, ni siquiera de una mera declarativa, y que por tanto, ningún pronunciamiento puede hacer la Corte sobre el caso concreto. Además, en dicha decisión, la Corte estableció el criterio de que:

---

85 Consultada en original

86 *V.*, en *Revista de Derecho Público*, N° 26, Editorial Jurídica Venezolana, Caracas, 1986, p. 146.

87 Consultada en original.

88 *Revista de Derecho Público*, N° 44, Editorial Jurídica Venezolana, Caracas, 1990, p. 198.

"cuando el recurso de interpretación surja en un caso concreto con ocasión de las discrepancias que puedan suscitarse entre los jueces por la inteligencia de los textos legales, es inadmisible, porque no puede sustituirlos otros recursos o medios ordinarios y principales de resolución de dichas controversias y que la legislación pone en manos de los mismos jueces y de las partes, para que en ese caso concreto pongan fin a tales discrepancias"[89].

VIII. EL CONTENCIOSO-ADMINISTRATIVO DE LOS CONFLICTOS ENTRE AUTORIDADES

De acuerdo con lo establecido en los artículos 215, ordinal 8° de la Constitución, la Corte Suprema en Sala Político Administrativa tiene competencia para:

"Dirimir las controversias en que una de las partes sea la República o algún Estado o Municipio, cuando la otra parte sea alguna de esas mismas entidades, a menos que se trate de controversias entre Municipios de un mismo Estado, caso en el cual la Ley podrá atribuir su conocimiento a otro Tribunal".

Por su parte, el artículo 42, ordinal 13 de la Ley Orgánica de la Corte Suprema de Justicia, repite esta misma atribución, remitiendo a la norma constitucional.

Estas normas dan origen a la quinta de las ramas del contencioso-administrativo, que es la solución de conflictos entre entidades territoriales, lo que tiene sentido dada la autonomía de Estados y de los Municipios (Arts. 16 y 29 de la Constitución) y la regulación de sus competencias en la Ley Orgánica de Descentralización, Delimitación y Transferencia de Competencias del Poder Público y en la Ley Orgánica de Régimen Municipal.

Ahora bien, adicionalmente a estas competencias, un aspecto específico de este proceso contencioso administrativo entre autoridades está regulado en la Ley Orgánica de Régimen Municipal, en relación a conflictos entre autoridades municipales, cuando ello amenace la normalidad institucional de un Municipio. En efecto, de acuerdo con el artículo 166 de la Ley Orgánica de Régimen Municipal:

"En caso de surgir una situación que amenace la normalidad institucional de un Municipio o Distrito, pueden las autoridades municipales o el Gobernador del Estado, ocurrir a la Corte Suprema de Justicia en Sala Político Administrativa, para solicitarle que conozca y decida la cuestión planteada. La decisión de la Corte Suprema de Justicia relativa a la legitimidad de las autoridades municipales deberá ser emitida en el plazo de treinta (30) días contados a partir de la admisión de la solicitud y bastará para producirla los documentos que se acompañen a ésta. Cuando la Corte Suprema de Justicia solicitare documentos adicionales, éstos deberán ser consignados dentro de un plazo de 10 días y la decisión deberá producirse, dentro de los 8 días siguientes".

De acuerdo a lo señalado por la Corte Suprema en sentencia de 26-11-87 (caso *Gilberto J. Gómez*) esta norma:

"consagra dentro del ámbito de la jurisdicción contencioso administrativo un recurso específico –distinto al de anulación– dirigido a poner término a una situación precisa, producida concretamente por el conflicto entre autoridades municipales que se constituya en amenaza para el normal funcionamiento de la institución"[90].

---

89 *Revista de Derecho Público*, N° 42, Editorial Jurídica Venezolana, Caracas, 1990, pp. 148-149.
90 Consultada en original.

La Corte se ha pronunciado en un recurso de esta naturaleza, a solicitud del Gobernador del Estado Zulia, por primera vez en sentencia de 9-7-81 en la cual resolvió sobre la legalidad y legitimidad de las autoridades directivas del Concejo Municipal del Distrito Colón del Estado Zulia. En dicha decisión quedó precisada la legitimación activa regulada en la Ley para interponer el recurso, reducidas a los Gobernadores del Estado y a las autoridades municipales[91].

Posteriormente, en sentencia de 9-8-92 (caso *Eulogio Fernández*), la Corte precisó su competencia en estos casos de conflictos entre autoridades municipales derivados de la elección de las Juntas Directivas, no sólo declarando cuáles son las autoridades legítimas, sino declarando la nulidad absoluta de la elección considerada ilegítima[92].

Adicionalmente, en la citada sentencia dictada en el caso *Gilberto J. Gómez* de 26-11-87, la Corte Suprema estableció precisiones adicionales en relación a este recurso contencioso administrativo específico. En efecto, la Corte esclareció el ámbito de lo que ha de entenderse por "autoridades municipales", en el sentido de que no se puede comprender en esa denominación "a todos aquellos órganos que conforman la estructura orgánica del ente local respectivo" sino únicamente "a quienes ejercen la máxima dirección". Con base en ello, consideró inadmisible tramitar por la vía del recurso contencioso del conflictos entre autoridades municipales, al acto de destitución o remoción del Contralor Municipal, y estimó que contra dicha resolución lo que procedía ejercer era el recurso de anulación[93].

IX. APRECIACIÓN GENERAL

De todo lo anteriormente expuesto pueden extraerse las siguientes conclusiones que caracterizan el actual sistema contencioso administrativo en Venezuela:

1. En primer lugar, la jurisdicción contencioso-administrativa consagrada en la Constitución como garantía del Estado de Derecho, se atribuye al Poder Judicial, estando la competencia en la materia distribuida entre la Corte Suprema de Justicia, la Corte Primera de la Contencioso Administrativo, los Tribunales Superiores en lo Civil y Contencioso Administrativo y otros tribunales especiales contencioso administrativos.

2. En segundo lugar, el sistema de recursos contencioso administrativos no sólo tiene por objeto juzgar los actos administrativos, y su legalidad, sino en general, las conductas de la Administración y su legitimidad, incluyendo las conductas omisivas.

3. En tercer lugar, en cuanto al proceso contencioso de los actos administrativos, las pretensiones procesales que se pueden formular contra ellos no sólo se reducen a la anulación de los mismos, sino que junto con la anulación el recurrente puede plantear pretensiones de condena al pago de sumas de dinero o a la reparación de daños y perjuicios; pretensiones tendientes al restablecimiento de situaciones jurídicas subjetivas, y asimismo, pretensiones de amparo de derechos constitucionales violados por el acto recurrido.

91 *Revista de Derecho Público*, N° 8, Editorial Jurídica Venezolana, Caracas, 1981, pp. 101 y ss.
92 *Revista de Derecho Público*, N° 11, Editorial Jurídica Venezolana, Caracas, 1982, pp. 108-109.
93 *Revista de Derecho Público* N° 32, Editorial Jurídica Venezolana, Caracas, 1987, p. 132.

4. En cuarto lugar, dentro de las situaciones jurídicas subjetivas protegidas por el sistema de recursos contencioso administrativos están, en primer lugar, el simple interés afectado por actos administrativos de efectos generales que legitima a cualquier persona para intentar la acción popular de anulación; en segundo lugar, el interés personal, legítimo y directo lesionado por actos administrativos de efectos particulares, que legitima a su titular no sólo para pretender la anulación del acto, sino para el resarcimiento de daños y perjuicios causados por el mismo, y el restablecimiento de la situación jurídica subjetiva lesionada; y en tercer lugar, el derecho subjetivo lesionado por actos administrativos de efectos particulares, que también legitima a su titular no sólo para pretender la anulación del acto recurrido, sino para el resarcimiento de daños y perjuicios causados por el mismo, el pago de sumas de dinero debidas por la Administración y el restablecimiento de la situación jurídica subjetiva lesionada por la actividad administrativa. Por tanto, no sólo el derecho subjetivo se considera una situación jurídica subjetiva restablecible o indemnizable jurisdiccionalmente, sino que también lo es el interés legítimo.

5. En quinto lugar, las decisiones del juez contencioso administrativo, va más allá de una sola anulación de un acto administrativo o de la condena al pago de sumas de dinero o de daños y perjuicios causados por la Administración, y pueden contener decisiones en las cuales se disponga lo necesario para restablecer el derecho subjetivo o el interés legítimo lesionado, lo cual puede consistir en mandamientos de hacer (ordenar) o de no hacer (prohibiciones), e incluso en la sustitución de la Administración por el juez;

6. En sexto lugar, el sistema contencioso administrativo puede considerarse como un proceso subjetivo a pesar de que en él se puedan distinguir dos esquemas procesales: el propio del contencioso de los actos administrativos y del contencioso contra las conductas omisivas, en los cuales el juicio es contra un acto o una omisión de la Administración, en los cuales no puede considerarse que hay ni demanda ni parte demandada, propiamente dicha, pudiendo hacerse parte todos los que tengan la misma legitimación necesaria para recurrir; y el propio del contencioso de las demandas contra los entes públicos, que sigue el *iter* del proceso ordinario.

7. En séptimo lugar, el contencioso de los actos administrativos es la vía judicial de amparo contra los actos administrativos que violen derechos o garantías constitucionales, siendo el mecanismo de suspensión de efectos del acto recurrido un efectivo instrumento de restablecimiento de la situación jurídica infringida mientras se decide la anulación.

8. Además del contencioso administrativo de los actos administrativos y de las conductas omisivas de la administración se distinguen las acciones contencioso administrativas de las demandas contra los entes públicos, las acciones contencioso administrativas de interpretación, y las acciones contencioso administrativas de los conflictos entre autoridades.

Sección Segunda: LOS PROCESOS CONTENCIOSO ADMINISTRATIVOS EN VENEZUELA (2004)

Esta Sección Segunda es el texto del curso sobre *El sistema contencioso administrativo* preparado para el Diplomado Internacional: "Estado de Derecho y Reformas a la Justicia," Centro de Estudios de Justicia, Facultad de Dere-

cho, Universidad de Chile y Heidelberg Center para América latina, Universidad de Heidelberg, Santiago de Chile, 21-07-2004. Un resumen fue publicado como "Los procesos contencioso administrativos en Venezuela," en *Universitas Jurídicas* Nº 108, Diciembre 2004, Pontifica Universidad Javeriana, Facultad de Ciencias Jurídicas, Bogotá D.C., Colombia 2004, pp. 335-455.

I. LA CONSTITUCIONALIZACIÓN DEL CONTENCIOSO-ADMINISTRATIVO

El Estado de derecho implica, ante todo, la necesaria sumisión de todas las actuaciones de los órganos del Estado al ordenamiento jurídico preestablecido, compuesto no sólo por la Constitución y las leyes, sino por el conjunto de reglamentos y normas dictados por las autoridades competentes. De ello deriva el principio de la legalidad, que en relación con los órganos de la Administración Pública les impone la obligación de actuar con arreglo a lo establecido en la ley y las otras normas jurídicas que regulan su actividad[94].

Esta idea del Estado de derecho implica, además, la indispensable previsión de garantías de control judicial a los efectos de asegurar la sumisión de los órganos del Estado al derecho, a cuyo efecto se han desarrollado y estructurado jurisdicciones especiales, como la Jurisdicción Constitucional, la Jurisdicción Contencioso Electoral y la Jurisdicción Contencioso-Administrativa, las cuales se distinguen, básicamente por los actos objeto de control[95].

En particular, para asegurar la sumisión de los actos y demás actuaciones de la Administración Pública al derecho, es que se han desarrollado los procesos contencioso-administrativos y la misma la Jurisdicción contencioso-administrativa ubicada generalmente dentro del Poder Judicial, lo que no excluye la previsión, también, de garantías de orden administrativo. Los particulares, en efecto, pueden requerir el control de la legalidad y de la oportunidad de los actos administrativos ante la misma Administración mediante el ejercicio de los recursos administrativos, es decir, del recurso jerárquico, del recurso de reconsideración y del recurso de revisión regulados en las Leyes de procedimientos administrativos[96]. Estos recursos administrativos permiten a los interesados exigir el control de la legalidad de los actos dentro de la propia Administración, además de que les permite exigir un control y revisión de la oportunidad de los actos cuestionados. Es decir, en el ámbito administrativo puede decirse que además de la garantía de la legalidad, existe la garantía del control de la oportunidad o inoportunidad de una actuación administrativa.

Pero fuera del seno de la propia Administración, el principio de la legalidad que deriva del Estado de Derecho tiene su respuesta específica en la garantía judicial frente a los actos y las actuaciones administrativas, cuya organización da origen a la jurisdicción

94. *V.*, Antonio Moles Caubet, *El principio de Legalidad y sus Implicaciones*, Universidad Central de Venezuela, Facultad de Derecho, Publicaciones del Instituto de Derecho Público, Caracas, 1974.

95. *V.*, Allan R. Brewer-Carías, *Justicia Constitucional, T.* VI, *Instituciones Políticas y Constitucionales*, Caracas, 1996; y *Justicia contencioso administrativa, T.* VII, *Instituciones Políticas y Constitucionales*, Caracas, 1997

96. *V.*, Allan R. Brewer-Carías, *El Derecho Administrativo y la Ley Orgánica de Procedimientos Administrativos*, Caracas, 1992; Allan R. Brewer-Carías, *Los principios del procedimiento administrativo en América Latina*, Bogotá, 2002.

contencioso-administrativa, es decir, al conjunto de órganos judiciales encargados de controlar la legalidad y de la legitimidad de las actuaciones de la Administración, tanto por sus actos, omisiones y en general la actividad administrativa, como por las relaciones jurídico-administrativas en las cuales aquélla intervenga[97].

La norma fundamental que constitucionaliza esta jurisdicción en Venezuela está contenida en el artículo 259 de la Constitución de 1999[98], cuyo texto es el siguiente:

> "La jurisdicción contencioso-administrativa corresponde al Tribunal Supremo de Justicia y a los demás tribunales que determina la ley. Los órganos de la jurisdicción contencioso-administrativa son competentes para anular los actos administrativos generales o individuales contrarios a derecho, incluso por desviación de poder; condenar al pago de sumas de dinero y a la reparación de daños y perjuicios originados en responsabilidad de la Administración; conocer de reclamos por la prestación de servicios públicos y disponer lo necesario para el restablecimiento de las situaciones jurídicas subjetivas lesionadas por la actividad administrativa".

Ha sido precisamente con base en esta norma constitucional, que repite casi textualmente el contenido del artículo 206 de la anterior Constitución de 1961, que en Venezuela se ha desarrollado la jurisdicción contencioso-administrativa que se ejerce por la Sala Político Administrativa del Tribunal Supremo de Justicia y otros tribunales establecidos por ley. La configuración de dicha jurisdicción, por otra parte, se ha completado en la Constitución de 1999, al regularse también en el artículo 297, a la "jurisdicción contencioso electoral" atribuyéndose su ejercicio a "la Sala Electoral del Tribunal Supremo de Justicia y los demás tribunales que determine la ley"; especializándose así, el control de legalidad e inconstitucionalidad de los actos administrativos dictados por los órganos del Poder Electoral.

Con base en el artículo 259 de la Constitución (equivalente al 206 de la Constitución de 1961), fue la jurisprudencia de la antigua Corte Suprema de Justicia la que elaboró las bases del contencioso administrativo[99], las cuales desarrolladas por la doctrina nacional[100], condujeron a la elaboración de la derogada Ley Orgánica de la Corte Suprema

---

97. Allan R. Brewer-Carías, *Las Instituciones Fundamentales del Derecho Administrativo y la Jurisprudencia Venezolana.* Publicaciones de la Facultad de Derecho, Universidad Central de Venezuela, Caracas, 1964, pp. 295 y ss.

98. *V.*, en general Allan R. Brewer-Carías, *La Constitución de 1999. Derecho Constitucional Venezolano*, 2 Tomos, Caracas, 2004

99. En cuanto a la jurisprudencia, *V.*, en Allan R. Brewer-Carías, *Jurisprudencia de la Corte Suprema 1930-74 y Estudios de Derecho Administrativo, T.* V, *La Jurisdicción Contencioso-Administrativa, v.* 1 y 2, Instituto de Derecho Público, Facultad de Derecho, Universidad Central de Venezuela, Caracas, 1978; Allan R. Brewer-Carías y Luís Ortiz Álvarez, *Las grandes decisiones de la jurisprudencia Contencioso-Administrativa*, Caracas, 1996; y: Luís Ortiz-Álvarez, *Jurisprudencia de medidas cautelares en el contencioso-administrativo (1980-1994)*, Editorial Jurídica Venezolana, Caracas, 1995.

100. Luis Torrealba Narváez, "Consideraciones acerca de la Jurisdicción Contencioso-Administrativa, su Procedimiento y Algunas Relaciones de éste con el de la Jurisdicción Judicial Civil", en *Anales de la Facultad de Derecho*, Universidad Central de Venezuela, Caracas, 1951; Hildegard Rondón de Sansó, "*El sistema contencioso-administrativo de la carrera administrativa*". *Instituciones Procedimiento y Jurisprudencia*, Ediciones Magón, Caracas, 1974. *V.*, asimismo, Allan R. Brewer-Carías, *Estado de derecho y Control Judicial*, Madrid, 1985, pp. 281 y ss; José Araujo Juárez, José, *Derecho Procesal Administrativo*, Vadell Hermanos editores, Caracas, 1996; Allan R. Brewer-Carías, *Contencioso Administrativo, T.* VII, *Instituciones Políticas y Constitucionales,* Caracas-San Cristóbal, 1997; Antonio Canova González, *Reflexiones para la reforma del sistema contencioso administrativo venezolano,* Editorial Sherwood, Caracas, 1998; Carlos L. Carrillo Artiles, *El recurso jurisdiccional contra las abstenciones u omisiones de los funcionarios públicos,* Universidad Católica Andrés Bello, Caracas, 1996; Víctor Hernández-Mendible, *Tutela judicial cautelar en el contencioso administrativo*, Vadell Hermanos editores, Caracas, 1998; Daniela Urosa Maggi, *Tutela judicial frente a la inactividad administrativa en el derecho español y*

de Justicia de 1976[101], en cuyas normas se reguló el procedimiento contencioso- administrativo ante la Corte. En las Disposiciones Transitorias de esa Ley, además, se reguló la organización de la jurisdicción contencioso-administrativo, con indicación de los diversos tribunales que además de la Sala Político Administrativa de la antigua Corte Suprema, la integraban (Corte Primera de lo Contencioso Administrativo y Tribunales Superiores Contencioso-Administrativos). Incomprensiblemente, en mayo de 2004, con ocasión de promulgarse la nueva Ley Orgánica del Tribunal Supremo de Justicia[102], dichas Disposiciones transitorias desaparecieron, y con ellas, la base legal fundamental de la organización de la jurisdicción. Los principios del procedimiento contencioso administrativo que se regularon en los artículos 18 a 21 de la nueva Ley Orgánica del Tribunal Supremo, siguiendo literalmente lo que regulaba la derogada Ley Orgánica, sin embargo, se dispuso en la Disposición Derogatoria, Transitoria y Final de la Ley, que mientras se dictase la Ley de la Jurisdicción Contencioso-Administrativa, sólo se aplicaría al desarrollado ante el propio Tribunal Supremo. En cuanto a "la jurisdicción especial para estas materias" que se indica en dichas Disposición, podría entenderse que se refería a los tribunales inferiores con competencia contencioso administrativa, disponiéndose que la Sala Plena dictaría un Reglamento Especial que regularía "el funcionamiento y la competencia de los tribunales respectivos".

Ahora bien, de acuerdo con la Constitución y con la Ley Orgánica del Tribunal Supremo de Justicia, la jurisdicción contencioso-administrativa en Venezuela es una jurisdicción especial integrada al Poder Judicial, por lo que los tribunales que la integran, lo que tienen en realidad es una competencia especial. En Venezuela, por tanto, el derecho administrativo no se ha construido con base en los criterios de distinción entre jurisdicción judicial y jurisdicción administrativa, tan extendido en el derecho administrativo francés, y que has sido seguidos en algunos países, como por ejemplo en Colombia.

En Venezuela, al contrario, la tradición ha sido la existencia de una competencia especializada de determinados tribunales para conocer de litigios en los cuales interviene la Administración, pero integrados en el Poder Judicial[103]. Por ejemplo, en materia de anulación de actos administrativos, fue la Constitución de 1925 la que por primera vez consagró la posibilidad de que la antigua Corte Federal y de Casación declarase la nulidad de ciertos actos, decretos y reglamentos del Poder Ejecutivo, referidos más precisamente en esta época, a los decretos y reglamentos del Presidente de la República y de

---

venezolano, FUNEDA, Caracas, 2003. *V.*, además, las siguientes obras colectivas: *El control jurisdiccional de los Poderes Públicos en Venezuela,* Instituto de Derecho Público, Facultad de Ciencias Jurídicas y Políticas, Universidad Central de Venezuela, Caracas, 1979; *Contencioso Administrativo en Venezuela,* Editorial Jurídica Venezolana, tercera edición, Caracas, 1993; *Derecho Procesal Administrativo,* Vadell Hermanos editores, Caracas, 1997; *8ª Jornadas "J.M. Domínguez Escovar" (Enero 1983), Tendencias de la jurisprudencia venezolana en materia contencioso-administrativa,* Facultad de Ciencias Jurídicas y Políticas, U.C.V., Corte Suprema de Justicia; Instituto de Estudios Jurídicos del Estado Lara, Tip. Pregón, Caracas, 1983; *Contencioso Administrativo, I Jornadas de Derecho Administrativo Allan Randolph Brewer-Carías,* FUNEDA, Caracas, 1995; *XVIII Jornadas "J.M. Domínguez Escovar, Avances jurisprudenciales del contencioso-administrativo en Venezuela,* 2 Tomos, Instituto de Estudios Jurídicos del Estado Lara, Diario de Tribunales Editores, S.R.L. Barquisimeto, 1993.

101 *Ley Orgánica de la Corte Suprema de Justicia* del 30 de julio de 1976 (LOCSJ) en *Gaceta Oficial* N° 1.893, Extraordinaria del 30-07-76.

102 Ley Orgánica del Tribunal Supremo de Justicia (LOTSJ), *Gaceta Oficial*, N° 37942 de 20-05-2004

103 Martín Pérez Guevara, "Prólogo", en Allan R. Brewer-Carías, "Jurisprudencia de la Corte Suprema 1930-74 y Estudios de Derecho Administrativo", *T.* II. *Ordenamiento Orgánico y Tributario del Estado*, Instituto de Derecho Público, Facultad de Derecho, Universidad Central de Venezuela, Caracas, 1976, pp. 1-10.

los actos ejecutados con "extralimitación de facultades"[104]. Este principio, establecido en 1925, tuvo una evolución bastante rápida, pues en la Constitución de 1931 se amplió a todos los actos administrativos e incluso, agregó, los viciados "de ilegalidad o abuso de poder"[105].

Pero la competencia atribuida al Supremo Tribunal en materia administrativa no se inició en el año de 1925, sino que realmente se remonta a la Constitución del año 1830, la cual atribuyó a la Corte competencia para conocer de las controversias que resultaran de contratos o negociaciones en los cuales interviniera el Ejecutivo Nacional[106]. Esta competencia se amplió en 1864 y se estableció la distinción entre "juicios civiles cuando sea demandada la República" y "contratos o negociaciones que celebrare el Presidente de la Unión", lo que permitía percibir la aplicación de la célebre "Teoría del Fisco"[107].

En el año de 1925, la Constitución también se refirió a la materia de contratos, al regular en forma ampliada las competencias del Tribunal Supremo para conocer las cuestiones de nulidad, caducidad, resolución, alcance, interpretación y cumplimiento de los contratos celebrados por el Ejecutivo Nacional[108]; y en el texto de 1961, se aclaró definitivamente el panorama, como se deduce de la norma contenida en el artículo 206, que inspiró el artículo 259 de la Constitución de 1999, la cual incluye la competencia del Tribunal Supremo y de los otros tribunales contencioso administrativos en materia de responsabilidad de la Administración en general, lo cual abarca no sólo la contractual, sino también la extra-contractual. La innovación en esta materia de la Constitución de 1999 fue incorporar entre las atribuciones de los tribunales contenciosos administrativos, las reclamaciones por la prestación de los servicios públicos.

Se puede decir, por tanto, que en Venezuela, la jurisdicción contencioso-administrativa surgió en materia de anulación de actos administrativos en 1925, y en materia de demandas contra los entes públicos, en el ámbito contractual, en 1830, como un fuero judicial especial para la Administración Pública.

En la norma del artículo 259 de la Constitución se sigue la misma tradición, al asignarse competencia en materia contencioso-administrativa a órganos que integran el Poder Judicial, ratificándose el principio de la pluralidad orgánica, en el sentido de que no sólo el Tribunal Supremo de Justicia tiene competencia en la materia, sino los demás tribunales que determine la Ley. Con ello, como lo dijo la antigua Corte Suprema de Justicia en sentencia de 15-10-70 al comentar la norma similar del artículo 206 de la Constitución de 1961, se buscó:

> "Sobre todo, resolver, de una vez, en nuestro país, mediante un precepto constitucional, la polémica que ha dividido a tratadistas y legisladores, tanto en Europa como en América, acerca de la conveniencia de que sean órganos independientes del Poder Judicial los que conozcan de las cuestiones que se susciten entre los particulares y la Administración con motivo de la actividad propia de ésta, en sus diversos niveles.

104 Artículo 119, ordinales 12 y 42, Constitución 1925.
105 Artículo 120, ordinal 12, Constitución 1931.
106 Artículo 147, ordinal 5°, Constitución 1830.
107 Artículo 89, ordinales 69 y 10, Constitución 1864.
108 Artículo 120, ordinal 13. Constitución 1925.

Como se indica en la Exposición de Motivos de la Constitución, ésta "consagra el sistema justicialista de la jurisdicción contencioso-administrativa", apartándose del sistema francés y reafirmando la tendencia tradicionalmente predominante en la legislación nacional, de atribuir el control jurisdiccional de la legalidad de los actos de la Administración a los órganos del Poder Judicial"[109].

Tanto la Constitución de 1961 como la de 1999 atribuyeron al Legislador una amplia potestad para la determinación de los tribunales que integran tanto la jurisdicción contencioso administrativa como la jurisdicción contencioso electoral, con las solas limitaciones constitucionales en el sentido de que conforme al artículo 266, sólo el Tribunal Supremo de Justicia tiene competencia para:

"4. Dirimir las controversias administrativas que se susciten entre la República, algún Estado, Municipio u otro ente público, cuando la otra parte sea alguna de esas mismas entidades, a menos que se trate de controversias entre Municipios de un mismo Estado, caso en el cual la ley podrá atribuir su conocimiento a otro tribunal.

5. Declarar la nulidad total o parcial de los reglamentos y demás actos administrativos generales o individuales del Ejecutivo Nacional, cuando sea procedente.

6. Conocer de los recursos de interpretación sobre el contenido y alcance de los textos legales, en los términos contemplados en la ley".

Al reservarse al Tribunal Supremo, en general, la declaratoria de nulidad de los actos administrativos del Ejecutivo Nacional, cuando sea procedente, por supuesto se dejó implícitamente a los demás Tribunales de la jurisdicción contencioso-administrativa la competencia para declarar la nulidad de los actos de las autoridades administrativas de los Estados y Municipios. Por supuesto en cuanto a las demás autoridades nacionales que no conforman estrictamente el "Ejecutivo Nacional", el control contencioso-administrativo de sus actos, constitucionalmente puede atribuirse a otros Tribunales distintos del Tribunal Supremo de Justicia, tanto por razones de inconstitucionalidad cómo de ilegalidad, como parcialmente lo hizo la derogada Ley Orgánica de la Corte Suprema de Justicia de 1976, al crear transitoriamente la Corte Primera de lo Contencioso-Administrativo y atribuirle competencia en dicha materia al igual que a ciertos Tribunales Superiores con competencia en lo civil.

Ahora bien, la importancia del texto del artículo 259 de la Constitución, y su efecto inmediato que es la constitucionalización de la jurisdicción contencioso-administrativa, radica en los siguientes cuatro aspectos[110].

En primer lugar, en la *universalidad del control* que la Constitución regula respecto de los actos administrativos, en el sentido, de que todos, absolutamente todos los actos administrativos pueden ser sometidos a control judicial por los órganos de la jurisdicción contencioso-administrativa, por contrariedad al derecho, es decir, sea cual sea el motivo de la misma: inconstitucionalidad o ilegalidad en sentido estricto.

---

109 *V.*, sentencia de la CSJ-SPA de 15-12-70 en Gaceta Forense, N° 70, 1970, pp. 179-185 y en *Gaceta Oficial*, N° 29.434 de 6-2-71, pp. 219-984-5.

110 Allan R. Brewer-Carías, *Nuevas Tendencias en el Contencioso Administrativo en Venezuela*, Caracas, 1993.

La Constitución no admite excepciones, y como lo explicó la Exposición de Motivos de la Constitución de 1961, la fórmula "contrarios a derecho es una enunciación general que evita una enumeración que puede ser peligrosa al dejar fuera de control algunos actos administrativos".

Por tanto, la intención de los proyectistas de la norma, tanto en la Constitución de 1961 como en la de 1999, fue la de que a todos los actos administrativos, por cualquier motivo de contrariedad al derecho, pudieran ser controlados por los Tribunales que conforman la jurisdicción contencioso-administrativa. Ello, por supuesto, trae una consecuencia fundamental: cualquier exclusión de control respecto de actos administrativos específicos sería inconstitucional, sea que dicha exclusión se haga por vía de ley o por las propias decisiones de los Tribunales, en particular, del propio Tribunal Supremo de Justicia.

Pero la universalidad del control no sólo radica en que todos los actos administrativos están sometidos a control judicial, sino que lo pueden ser por cualquier motivo de contrariedad al derecho, es decir, los órganos de la jurisdicción contencioso-administrativa tienen competencia constitucional para juzgar tanto la inconstitucionalidad como la ilegalidad propiamente dicha de los actos administrativos, siendo de la esencia del control judicial esa universalidad.

No tiene sentido constitucional alguno en Venezuela, por tanto, pretender limitar la competencia de los Tribunales contencioso-administrativos a las solas cuestiones de ilegalidad, pretendiendo concentrar en la Sala Constitucional del Tribunal Supremo de Justicia las cuestiones de inconstitucionalidad de los actos administrativos. Ello ni resulta del Texto Constitucional ni fue la intención de los proyectistas, ya que la reserva de competencia en la materia al Tribunal Supremo de Justicia, sólo tiene una connotación orgánica en el sentido de que a ésta compete "declarar la nulidad de los actos administrativos del Ejecutivo Nacional, cuando sea procedente", cualquiera sea el motivo de contrariedad al derecho (inconstitucionalidad o ilegalidad), pudiendo corresponder a los demás tribunales que determine la Ley y conforme ella lo determine, declarar la nulidad de los demás actos administrativos que no emanen de órganos del Ejecutivo Nacional, sea cual sea el motivo de contrariedad al derecho (inconstitucionalidad o ilegalidad). Por tanto, sería contrario a la intención de la Constitución limitar la competencia de dichos demás Tribunales de la jurisdicción contencioso-administrativa (distintos a la Corte Suprema de Justicia) a las solas cuestiones de ilegalidad en sentido estricto.

En segundo lugar y como consecuencia de esta tendencia hacia la universalidad del control, está el elenco de *recursos y acciones* puestos a disposición de los particulares para acceder a la justicia contencioso administrativa que, por supuesto, además del recurso de nulidad contra los actos administrativos de efectos generales o de efectos particulares, o contra los actos administrativos generales o individuales, con o sin pretensión de amparo constitucional, comprende el recurso por abstención o negativa de los funcionarios públicos a actuar conforme a las obligaciones legales que tienen; el recurso de interpretación; el conjunto de demandas contra los entes públicos; y las acciones para resolver los conflictos entre autoridades administrativas del Estado.

Pero en tercer lugar, la importancia de la constitucionalización de la jurisdicción contencioso-administrativa, es decir, del control judicial de constitucionalidad y legalidad de todos los actos administrativos, está en que no sólo la norma constitucional del artículo 259 persigue una asignación de competencias a unos órganos judiciales, sino en que consagra un *derecho fundamental del ciudadano a la tutela judicial efectiva frente a la Administración*, en el sentido de lo establecido en el artículo 26 de la propia Constitución y en el artículo 18, primer párrafo de la Ley Orgánica del Tribunal Supremo. En esta forma, la jurisdicción contencioso-administrativa se configura constitucionalmente como un instrumento procesal de protección de los administrados frente a la Administración, y no como un mecanismo de protección de la Administración frente a los particulares. De allí la ratificación del principio de la universalidad del control, en el sentido de que tratándose de un derecho constitucional al mismo, no podría el Legislador excluir de control a determinados actos administrativos. Por otra parte, tratándose de un derecho fundamental al control, en la relación privilegios estatales-libertad ciudadana, esta última debe prevalecer.

Además, en cuarto lugar, la forma como están concebidas constitucionalmente la universalidad de control y el derecho ciudadano a la tutela judicial frente a la Administración, implica la asignación al juez contencioso-administrativo de *amplísimos* poderes de tutela, no sólo de la legalidad objetiva que debe siempre ser respetada por la Administración, sino de las diversas situaciones jurídicas subjetivas que pueden tener los particulares en relación a la Administración.

De allí que el contencioso-administrativo, conforme al artículo 259 de la Constitución, no sea solamente un proceso al acto administrativo según la clásica concepción francesa ya superada, sino que está concebido como un sistema de justicia para la tutela de los derechos subjetivos y de los intereses legítimos de los administrados, incluyendo por supuesto, los derechos y libertades constitucionales. Por tanto, no se concibe el contencioso-administrativo sólo como un proceso de protección a la legalidad objetiva, sino de tutela de los derechos e intereses de los recurrentes frente a la Administración.

Por ello, el juez contencioso-administrativo, de acuerdo a los propios términos del artículo 259 de la Constitución, tiene competencia no sólo para anular los actos administrativos contrarios a derecho, sino para condenar a la Administración al pago de sumas de dinero y a la reparación de daños y perjuicios originados en responsabilidad de la misma, y además, para disponer lo necesario para el restablecimiento de las situaciones jurídicas subjetivas lesionadas por la autoridad administrativa, incluyendo en la expresión "situaciones jurídicas subjetivas" no sólo el clásico derecho subjetivo, sino los derechos constitucionales y los propios intereses legítimos, personales y directos de los ciudadanos.

Con base en estos cuatro aspectos que derivan de la constitucionalización del contencioso-administrativo en Venezuela, a continuación destacaremos los aspectos más importantes del proceso contencioso-administrativo en el país.

II. LAS CARACTERÍSTICAS DE LA JURISDICCIÓN CONTENCIOSO-ADMINISTRATIVA

El proceso de configuración contemporánea de la jurisdicción contencioso administrativa en Venezuela, puede decirse que culminó en la Constitución de 1961 (Art. 206), cuyo texto y regulación general se ha repetido en la Constitución de 1999 (Art. 259); y de dicho texto constitucional, desarrollado desde 1976 por la derogada Ley Orgánica de la Corte Suprema de Justicia, sustituida en 2004 por la Ley Orgánica del Tribunal Supremo de Justicia, pueden distinguirse algunas características fundamentales de la misma, que analizaremos a continuación[111].

1. La Jurisdicción Especial

La jurisdicción contencioso-administrativa en Venezuela puede definirse como el conjunto de órganos judiciales encargados de controlar la legalidad y la legitimidad de los actos, hechos y relaciones jurídico-administrativas. Como hemos dicho, no se trata de una "jurisdicción ordinaria" sino de una jurisdicción especial. Es decir, se trata de una parte del Poder Judicial del Estado cuyo ejercicio está encomendado a unos órganos judiciales determinados y especializados por razón de los sujetos sometidos a control o por razón de la materia.

En este sentido, el sistema venezolano se aparta del sistema francés que nació de la interpretación del principio de la separación de poderes realizada a la luz de una peculiar tradición y evolución que tuvo su origen en los días de la Revolución francesa. Basta recordar los textos legales históricos y fundamentales para comprender este inicio del sistema de derecho administrativo francés, que giraba en torno a ese principio de la separación de las autoridades administrativas de las judiciales, que prohibía al Poder Judicial juzgar a la Administración[112].

En primer lugar, la Ley de 16-24 de agosto de 1790, la cual en su Título II, artículo 13, contenía una disposición, siempre vigente, que constituye la base jurídica y teórica de la competencia de la jurisdicción administrativa francesa. Dicho artículo decía:

> "Las funciones judiciales son y permanecerán siempre separadas de las funciones administrativas. Los jueces no podrán, bajo pena de prevaricación, perturbar de cualquier manera que sea las operaciones de los cuerpos administrativos, ni citar delante de ellos a los administradores en razón de sus funciones".

Posteriormente, la Ley de 16 Fructidor del año III reiteraba el principio:

> "Prohibiciones reiteradas son hechas a los tribunales de conocer de los actos de Administración de cualquier especie que ellos sean".

Entonces, los litigios en los cuales la Administración estaba interesada escapaban del conocimiento de los tribunales, exigiéndose sin embargo que alguna autoridad pudiera conocer de esos litigios, so pena de denegación de justicia. En esta forma, hasta el año VIII, puede decirse que quien juzgaba a la Administración era el propio Administrador Activo, el Rey, y luego los Ministros. Era la época del sistema llamado del Administrador-Juez, que no ofrecía ninguna seguridad a los particulares, ya que se trataba de un juez interesado que a la vez era juez y parte.

Fue en el año VIII, 22 *Frimaire,* cuando esa situación comenzó a cambiar, al crearse importantes órganos consultivos que asumirían la función de juzgar a la Administra-

---

111 La Ley Orgánica del Tribunal Supremo de Justicia de 2004, lamentablemente derogó las normas transitorias de la vieja *Ley Orgánica de la Corte Suprema de Justicia*, dejando sin soporte legislativo a los órganos de la jurisdicción contencioso administrativa que se habían estructurado, hasta que se dicte la futura Ley de la Jurisdicción contencioso-administrativa.

112 *V.*, en general J. M. Auby and R. Drago. *Traité de Contentieux Administratif*, París, 1984, *T.* I. *V.*, lo expuesto en la Primera Parte, *T.* I, pp. 75 y ss.

ción: el Consejo de Estado, integrado al Poder Central, y los Consejos de Prefectura, en el ámbito de los Prefectos. Estos órganos consultivos fueron asociados al ejercicio de la jurisdicción administrativa, abriéndose así en el seno de la Administración una nueva separación entre la función administrativa activa y la jurisdicción administrativa, la cual debía distinguirse bien de la separación de Poderes (legislativo, ejecutivo y judicial) que ya existente: La separación de poderes interesaba a las relaciones entre el Poder Ejecutivo y el Poder Judicial; en cambio, la separación de funciones sólo concernía a una división del trabajo en el seno del Ejecutivo; algunos de sus agentes se especializaban en juzgar los asuntos contenciosos en los cuales la misma Administración fuera parte. De esta separación de funciones puede decirse que nació la jurisdicción administrativa en Francia.

La evolución posterior a 1800 se caracterizó por una paulatina separación entre la administración activa y la jurisdicción administrativa. Hasta 1872 continuó la concepción llamada de la "justicia retenida" en la que el Jefe del Estado retenía la justicia administrativa, limitándose el Consejo de Estado a dar su opinión sobre la solución de los litigios administrativos. Dicho órgano no los resolvía propiamente, sino que esa función correspondía al Jefe de Estado. En la práctica, sin embargo, las opiniones del Consejo de Estado fueron siempre seguidas, pero siempre quedaba el riesgo de que el Jefe de Estado no acogiera la opinión del cuerpo consultivo. La Ley de 24 de mayo de 1872 pondría fin a esta riesgosa situación, concediendo al Consejo de Estado el poder de ejercer la jurisdicción administrativa, llamada desde entonces sistema de la "justicia delegada", es decir, decidiendo directamente, como todo Tribunal, "en nombre del pueblo francés".

El último paso importante que nos interesa destacar en esta rápida ojeada de la evolución de la jurisdicción administrativa en Francia se produjo con la decisión del Consejo de Estado, *Cadot,* del 3 de diciembre de 1889[113]. La situación anterior a esta fecha era la siguiente: el Consejo de Estado actuaba siempre como Juez de Apelación, de manera que el demandante siempre debía dirigir su petición, en primer lugar, al Ministro, quien era entonces el juez ordinario en materia administrativa, al cual debían acudir los demandantes, salvo texto legal expreso. El Consejo de Estado, por tanto, sólo conocía y decidía en apelación de la decisión del Ministro. Ahora bien, con la sentencia *Cadot,* el mismo Consejo de Estado terminó con esta situación y se proclamó juez ordinario en materia administrativa, eliminando así al Ministro como parte integrante de la jurisdicción administrativa. Ese fue el fin de la llamada teoría del Ministro-Juez.

La evolución posterior a 1889 puede decirse que se destaca por una separación cada vez más profunda entre la jurisdicción administrativa y la administración activa, y por una paulatina analogía de los procedimientos de la primera respecto a los de los tribunales judiciales.

El año 1953, por último, marca una importante reforma en la competencia interna de la jurisdicción administrativa, con la creación de los Tribunales administrativos en sustitución de los antiguos Consejos de Prefectura.

De esta peculiaridad histórica puede decirse que derivó el particularismo del sistema francés, que tanta influencia ha tenido en el mundo latino. Sin embargo, si bien es cierto

---

113 Long, Weil y Braibant, *Les grands arrêts de la jurisprudence administrative*, Sirey, París, 1962, pp. 24 y ss.

que el derecho administrativo francés ha dado materialmente origen al régimen administrativo de la mayoría de los países latinos del mundo occidental, su sistema jurisdiccional administrativo ha tenido menos influencia en cuanto a su *forma,* ya que fue el producto de una larga evolución y tradición, difícilmente transportable en bloque a otro sistema jurídico[114]. Los mismos autores franceses han comprendido esta peculiaridad y han afirmado que la jurisdicción administrativa separada de la jurisdicción judicial, no es condición necesaria para la existencia de un Derecho Administrativo distinto de un Derecho[115].

En todo caso, en Venezuela como en la gran mayoría de los países latinoamericanos, el derecho administrativo no se construyó con base en los criterios de distinción entre una jurisdicción judicial y una jurisdicción administrativa, y fue su configuración paulatina la que incluso dio origen a la competencia especializada de determinados tribunales para conocer de litigios en los cuales interviene la Administración, pero integrados en el Poder Judicial[116].

Como se dijo, fue a partir de la Constitución de 1925 que comenzó propiamente en Venezuela la construcción de un sistema contencioso-administrativo separado del control jurisdiccional en materia de inconstitucionalidad, al establecerse en el artículo 120 de dicha Constitución, por primera vez, la posibilidad de que la entonces Corte Federal y de Casación declarase "la nulidad de los Decretos o Reglamentos que dictare el Poder Ejecutivo para la ejecución de las leyes cuando alteren su espíritu, razón o propósito de ellas", es decir, la posibilidad de un recurso contencioso-administrativo de anulación pero sólo contra actos administrativos generales o individuales dictados por el Presidente de la República. Esta atribución de la Corte Federal y de casación va a ser ampliada respecto a todos los actos administrativos a partir de la Constitución de 1931[117], cuando estuvieren viciados de ilegalidad o abuso de poder. Con la Constitución de 1961 la atribución de la antigua Corte Suprema de Justicia en materia contencioso administrativa de anulación fue ampliada, para evitar equívocos, para declarar la nulidad de los actos administrativos generales o individuales contrarios a derecho e incluso por desviación de poder[118], lo cual se recogió en la Constitución de 1999.

En materia contencioso-administrativa de las demandas contra los entes públicos, la Constitución de 1830[119] asignó a la Corte Suprema competencia para "conocer de las controversias que resulten de los contratos o negociaciones que celebre el Poder Ejecutivo por sí solo o por medio de agentes"; la cual fue ampliada por la Constitución de 1864 cuando atribuyó a la Alta Corte Federal competencia para "conocer de los juicios civiles cuando sea demandada la Nación"[120], dejándole también atribución para "conocer de las controversias que resultaren de los contratos o negociaciones que celebrare el

---

114 La situación de Colombia, en este sentido, es excepcional en el derecho comparado *V.*, Miguel González Rodríguez, *Derecho Procesal Administrativo*, Bogotá, 1986.

115 J. Rivero, *Droit Administratif*, Precis Dalloz, 1962, París, p. 118.

116 M. Pérez Guevara, "Prólogo", en Allan R. Brewer-Carías, "Jurisprudencia de la Corte Suprema 1930-74 y Estudios de Derecho Administrativo", *T.* II, *Ordenamiento Orgánico y Tributario del Estado*, Instituto de Derecho Público, Facultad de Derecho, Universidad Central de Venezuela, Caracas, 1976, pp. 1-10.

117 Artículo 120, ordinal 12.

118 Artículo 215, ordinal 7º y artículo 206.

119 Artículo 145, y posteriormente en la Constitución de 1958, artículo 113, ordinal 5°.

120 Artículo 89, ordinal 6º.

Presidente de la Unión"[121]. En la Constitución de 1925, y a partir de ella, esta competencia se configuró definitivamente al atribuirse a la entonces Corte Federal y de Casación, facultad para "conocer en juicio contencioso de todas las cuestiones sobre nulidad, caducidad, resolución, alcance, interpretación, cumplimiento y cualesquier otra que se susciten entre la Nación y los contratistas o concesionarios a consecuencia de contratos celebrados por el Ejecutivo Federal"[122]. Incompresiblemente, la Constitución de 1961 eliminó de su articulado esta tradicional disposición, quedando con la última redacción antes indicada en la Ley Orgánica de la Corte Federal de 1953[123], vigente hasta 1976 y luego, tanto en la derogada Ley Orgánica de la Corte Suprema de Justicia de 1976 (Art. 42, 14) como en la Ley Orgánica del Tribunal Supremo de Justicia de 2004 (Art. 5, 25); quedando básicamente reducida la competencia en materia contractual, a los contratos administrativos suscritos por la República. En otros casos de domadas, sin embargo, de acuerdo a la Constitución, los órganos de la jurisdicción contencioso-administrativa conforme a su artículo 259, tienen competencia para "condenar al pago de sumas de dinero y a la reparación de daños y perjuicios originados en responsabilidad de la administración", donde está incluida la responsabilidad contractual.

También en materia contencioso-administrativa de las demandas contra los entes públicos, la Constitución de 1925 atribuyó a la entonces Corte Federal y de Casación competencia para "conocer en juicio contencioso y en los casos que determine la Ley, de las reclamaciones por daños y perjuicios que se propusieren contra la Nación, y de todas las demás acciones por sumas de dinero que se intenten contra ella"[124]. Esta disposición ciertamente muy amplia, configuró la jurisdicción de la antigua Corte Suprema como un fuero a favor de la República, lo cual se mantuvo exacto en las Constituciones posteriores, y sólo fue en la Constitución de 1947 cuando se le declaró como procedimiento contencioso- administrativo (Arts. 20 y 220, Ord. 1°). Como, se ha visto, finalmente, en la Constitución de 1999 (siguiendo lo dispuesto en la Constitución de 1961) dio competencia específica a los órganos de la jurisdicción contencioso-administrativa para condenar al pago de sumas de dinero y a la reparación de daños y perjuicios originados en responsabilidad de la Administración (Arts. 140 y 259), lo cual abarca no sólo la responsabilidad contractual sino la extracontractual de la República y de otros entes públicos. En la Constitución de 1999, además, se incluyó dentro de las competencias de la jurisdicción contencioso administrativa, conocer de los reclamos por la prestación de servicios públicos, constituyendo este aspecto la única novedad regulatoria en la materia del nuevo texto constitucional, comparado con la de la Constitución de 1961.

Se puede decir, por tanto, que en Venezuela, la jurisdicción contencioso administrativa surgió en materia de contencioso de anulación en 1925, y en materia de demandas contra los entes públicos, en el ámbito contractual, en 1830, como un fuero judicial especial para la República, siendo la Constitución de 1947 la primera en emplear la expresión "procedimiento contencioso-administrativo" (Art. 220, Ords. 10 y 12).

A los órganos de la jurisdicción contencioso-administrativa no está encomendada, entonces, la generalidad de los procesos ni sometida la generalidad de las personas: solamente están sometidas a ella determinadas categorías de personas y solamente juzga

121 Artículo 89, ordinal 10.
122 Artículo 120, ordinal 13.
123 Art. 7, ord. 28, Ley Orgánica de la Corte Federal, 1953.
124 Artículo 120, ordinal 15.

determinados actos, hechos y relaciones jurídicas. En cuanto a las personas jurídicas sometidas a esta jurisdicción especial, una de las partes de la relación jurídico-procesal debe ser en principio, una persona de derecho público o una persona jurídico-estatal (la Administración), o una entidad privada que ejerza prerrogativas del Poder Público o que, por ejemplo, preste un servicio público mediante concesión. Respecto a las relaciones jurídicas, hechos y actos jurídicos, esta jurisdicción especial está llamada a juzgar, en principio, los actos, hechos y relaciones jurídico-administrativos, es decir, actos, hechos y relaciones jurídicas originados por la actividad administrativa.

Por tanto, en general, se trata de una competencia especializada dentro de un único Poder Judicial que corresponde a ciertos tribunales, a los cuales están sometidas ciertas personas de derecho administrativo o empresas concesionarias de servicios públicos, y que juzga determinados actos o relaciones jurídicas de derecho administrativo; y esa jurisdicción especial, con competencia específica en la Constitución se la atribuyó inicialmente a la antigua Corte Suprema de Justicia. Posteriormente se fue ampliando por ley, al atribuirse también en forma especializada a determinados tribunales, como los Tribunales de Impuesto sobre la Renta, sustituidos posteriormente por los Tribunales Superiores de lo Contencioso-Tributario; el Tribunal Superior Agrario; el Tribunal de la Carrera Administrativa y el Tribunal de Inquilinato, eliminados estos últimos en la década pasada y convertidos en Tribunales Superiores unipersonales con competencia contencioso-administrativa. La derogada Ley Orgánica de la Corte Suprema de Justicia de 1976, además, crearía tribunales con competencia general contencioso-administrativa en forma transitoria: la Corte Primera de lo Contencioso-Administrativo que funcionó hasta 2003 cuando fue intervenida de hecho y destituidos sus Magistrados, y los Tribunales Superiores con competencia en esta materia.

2. El control de la Administración

La existencia de la jurisdicción contencioso-administrativa radica en la necesidad de una jurisdicción especial para controlar a la Administración y a la actividad administrativa. Por tanto, en principio, no es posible obtener un pronunciamiento de esta jurisdicción especial cuando las partes en la relación jurídico-procesal son ambas particulares. Siempre, en la relación jurídico-procesal-administrativa, debe estar presente la Administración y su actividad, o un particular actuando en ejercicio del Poder Público o como autoridad, o como concesionario de un servicio público.

Ahora bien, la noción de "Administración" puede en general delimitarse, según los casos, conforme al artículo 259 de la Constitución, de acuerdo con un criterio material o un criterio orgánico. De acuerdo al criterio material, cuando la Constitución se refiere a la "responsabilidad de la administración" en realidad se refiere a las consecuencias de una actividad pública administrativa, poniendo mayor énfasis en la actuación que en la persona actuante. Con base en el criterio orgánico, por "Administración", a los efectos de la jurisdicción contencioso-administrativa, ha de entenderse fundamentalmente a las personas jurídicas de derecho público o a las personas jurídicas estatales, según los casos. En este sentido, las personas jurídicas en el derecho administrativo pueden clasificarse conforme a dos criterios: según su forma jurídica, en personas de derecho público y personas de derecho privado; y según su integración al Estado, en personas estatales y personas no estatales. En cuanto a las de derecho público, estas son las personas político-territoriales que son la República, los Estados Federados y los Municipios, y las personas de derecho público no territoriales o establecimientos públicos, es decir, aquellas personas jurídicas creadas por el Estado mediante ley, para descentralizar determinadas actividades, las cuales pueden ser de dos categorías fundamentales: los establecimientos públicos institucionales o institutos autónomos y los establecimientos públicos corporativos, como las comunidades universitarias o profesionales (Universidades Nacionales o los Colegios Profesionales) y los de carácter asociativos, como las Mancomunidades. En cuanto a las personas jurídicas de derecho privado, en algunos casos, quedan sometidas a la jurisdicción contencioso-administrativa, particularmente aquellas creadas por el Estado para la realización de actividades fundamentalmente en el campo económico, es decir, las empresas del Estado o empresas públicas establecidas como sociedades mercantiles, con capital público o mixto, según las reglas del Derecho Privado Comercial[125], o las personas jurídico-privadas a las que la ley les ha asignado el ejercicio de determinadas tareas públicas, como los concesionarios de servicios públicos. No todas las personas de derecho público son estatales (los Colegios Profesionales, a pesar de ser de derecho público no están integradas en la estructura general del Estado), ni todas las personas estatales son de derecho público (las empresas del Estado, como sociedades anónimas, son de derecho privado)[126]; pero cuando dicten actos administrativos los mismos están sometidos a control contencioso administrativo.

3. El control de la actividad de los entes públicos

En tercer lugar, otra de las características de la jurisdicción contencioso-administrativa en Venezuela, resulta del hecho de que la misma tiene por objeto ejercer el control sobre la actividad de la Administración Pública.

Sobre la actividad administrativa y su control, sin embargo, debe señalarse que antes de la entrada en vigencia de la Ley Orgánica de la Corte Suprema de Justicia de 1976, la jurisprudencia de la Corte permitía considerar que no toda la actividad desarrollada por los entes públicos caía bajo el ámbito de la jurisdicción contencioso-administrativa. En muchos casos se consideraba que había actuaciones de los entes públicos que no estaban sujetas al derecho administrativo y que por tanto estaban sometidas a la jurisdicción ordinaria, como, por ejemplo, litigios de institutos autónomos en materia mercantil que no correspondían a la jurisdicción contencioso-administrativa. Por ello, la antigua Corte Suprema de Justicia llegó a puntualizar en 1969 que la legislación preveía el recurso contencioso-administrativo sólo respecto a las "pretensiones fundadas en preceptos de derecho administrativo"[127].

De acuerdo con esta interpretación jurisprudencial, podía decirse que la jurisdicción contencioso-administrativa en Venezuela era competente para conocer como jurisdic-

---

125 Allan R. Brewer-Carías, *Régimen Jurídico de las Empresas Públicas en Venezuela*, Centro Latinoamericano de Administración para el Desarrollo (CLAD), Caracas, 1980.

126 *V.*, Allan R. Brewer-Carías, "La distinción entre las personas públicas y las personas privadas y el sentido actual de la clasificación de los sujetos de derecho", en *Revista Argentina de Derecho Administrativo*, N° 12, Buenos Aires, 1977, pp. 15 a 29; en *Revista de la Facultad de Derecho*, UCV, N° 57, Caracas, 1976, pp. 115 a 135; y en *Fundamentos de la Administración Pública*, Caracas, 1980, pp. 223 a 248.

127 Ver Allan R. Brewer-Carías, *Jurisprudencia de la Corte Suprema 1930-74 y Estudios de Derecho Administrativo, T.* V., *op. cit.*, pp. 193 y ss. Esta doctrina ha sido recogida de nuevo en sentencia de 05-06-86, caso: Fetra-educación. *V.*, en *Revista de Derecho Público* (*RDP*), N° 27, pp. 106-114.

ción judicial especial, de los actos, y relaciones jurídicas sometidas al derecho administrativo y para controlar, en especial, la legitimidad y la legalidad de la actuación de la Administración Pública[128].

Sin embargo, y contrariamente a dicho criterio jurisprudencial, en nuestra opinión, a partir de la Ley Orgánica de la Corte Suprema de Justicia de 1976, la jurisdicción contencioso-administrativa se estableció como un fuero general, respecto de la República y las otras personas jurídicas estatales nacionales. Por ello, en nuestro criterio, no sólo los juicios de nulidad de actos administrativos emanados de los entes de derecho público, cualquiera sea la naturaleza de su objeto (incluso los que se refieren a la administración del derecho privado), corresponden a esta jurisdicción, sino que también compete a sus órganos el conocimiento de las demandas por cualquier causa intentadas contra la República y demás entes públicos nacionales, incluyendo las empresas nacionales del Estado.

En cuanto a las acciones o recursos que se interpongan contra los Estados o Municipios (distintos a los juicios de nulidad de actos administrativos), sin embargo, por expresa disposición del artículo 183 de la derogada Ley Orgánica de la Corte Suprema de Justicia, su conocimiento correspondía a los tribunales de la jurisdicción ordinaria "de acuerdo a las previsiones del derecho común o especial". La Ley Orgánica del Tribunal Supremo de Justicia, sin embargo, nada estableció al respecto.

4. El control de la legalidad (conformidad al derecho)

De acuerdo al artículo 259 de la Constitución, como se ha dicho, los órganos de la jurisdicción contencioso-administrativa, constituidos no sólo por el Tribunal Supremo de Justicia sino por los demás Tribunales que determine la Ley, son competentes para anular los actos administrativos generales o individuales "contrarios a derecho", incluso por desviación de poder, por lo que la competencia en materia de control a cargo de dichos órganos, se origina cualquiera que sea el motivo de contrariedad al derecho, es decir, sea por razones de inconstitucionalidad, de "ilegalidad" propiamente dicha, o de contrariedad a cualquiera de las otras fuentes del derecho administrativo (violación de reglamentos y demás actos de efectos generales, violación de la cosa juzgada administrativa, violación de los principios generales del derecho administrativo, etc.).

No existe, por tanto, en Venezuela, constitucionalmente hablando, limitación alguna en cuanto a los motivos de control respecto de los cuales pueden conocer los órganos de la jurisdicción contencioso- administrativa, y que pudiera conducir a limitar el conocimiento de estos órganos a meras cuestiones de legalidad, excluyéndoles la competencia para conocer de cuestiones de constitucionalidad.

En consecuencia, en Venezuela el juez contencioso-administrativo es juez constitucional de los actos administrativos y es juez constitucional de amparo respecto de todas las actuaciones de las autoridades administrativas.

---

128 Allan R. Brewer-Carías, *Las Instituciones...*, *op. cit.*, pp. 311 y ss.

A. La justicia constitucional y la justicia administrativa

a. *El juez contencioso-administrativo como juez constitucional*

En efecto, puede decirse que en el ordenamiento constitucional venezolano no existe elemento alguno que permita establecer una dicotomía absoluta entre una "jurisdicción constitucional" y una "jurisdicción contencioso-administrativa" en el sentido de que la primera –que está atribuida a la Sala Constitucional del Tribunal Supremo de Justicia– tendría el monopolio de juzgar la constitucionalidad de los actos estatales, incluyendo los actos administrativos, y que la segunda –que estaría atribuida a las Salas Político Administrativa y Electoral del propio Tribunal Supremo y a otros Tribunales– estaría confinada a conocer de solas cuestiones de legalidad. Y ello por dos razones fundamentales.

En primer lugar, porque en el ordenamiento constitucional venezolano no existe un sistema excluyente de control concentrado de la constitucionalidad conforme al cual un solo órgano estatal sería el competente para juzgar la constitucionalidad de los actos estatales. Cierto que la Sala Constitucional del Tribunal Supremo de Justicia tiene la competencia exclusiva para declarar la nulidad por inconstitucional, con efectos *erga omnes* de las leyes y demás actos estatales de rango legal o dictados en ejecución directa e inmediata de la Constitución (Art. 334 de la Constitución), pero ello no excluye el que coexista un control difuso de constitucionalidad de las leyes, conforme al cual y en los términos del artículo 334 de la Constitución y del 20 del Código de Procedimiento Civil, todos los jueces de cualquier nivel tienen el poder-deber de no aplicar a los casos generales que deban decidir, las leyes que estimen inconstitucionales, aplicando preferentemente la Constitución. Además, conforme a la Ley Orgánica de Amparo sobre Derechos y Garantías Constitucionales (Art. 3), procede el ejercicio de la acción de amparo contra leyes, ante los jueces de Primera Instancia, en cuyo caso éstos deciden la inaplicación de la norma respectiva respecto del accionante. Asimismo, en general, la acción de amparo para la protección de los derechos y garantías constitucionales, se ejerce ante los Tribunales de Primera Instancia con competencia afín al derecho lesionado, e incluso, en caso de no existir tales tribunales en la localidad, la acción de amparo se puede intentar ante cualquier Tribunal que allí exista (Art. 7).

Por tanto, la "justicia constitucional" en Venezuela no está atribuida en exclusividad, como en otros países, como Panamá o Costa Rica, a una Sala Constitucional o al sólo Tribunal Supremo de Justicia, sino que se imparte por todos los tribunales del país. Y el monopolio que sí existe a favor de la Sala Constitucional del Tribunal Supremo de Justicia para declarar en forma concentrada la inconstitucionalidad de las leyes y demás actos de rango legal o de ejecución directa e inmediata de la Constitución, se ha previsto sólo en forma limitada, pues se refiere a las leyes (nacionales, estadales y municipales), y a los actos estatales de rango legal o de ejecución directa e inmediata de la Constitución. Por tanto, si bien en Venezuela se puede afirmar que conforme a la Constitución (Art. 336), existe una Jurisdicción constitucional concentrada en la Sala Constitucional del Tribunal Supremo de Justicia, ello se refiere sólo al control de determinados actos estatales: la distinción por tanto, está marcada por el objeto de control y no por los motivos de control.

Por ello, los órganos de la jurisdicción contencioso-administrativa (aún los distintos al Tribunal Suprema) son jueces constitucionales de los actos administrativos cuando controlan la sumisión de éstos al derecho. Y ello además con basamento constitucional: no se podría constitucionalmente confinar a los órganos de la jurisdicción contencioso-administrativa (distintos al Tribunal Supremo de Justicia) a conocer de la nulidad de los actos administrativos por solos motivos de "ilegalidad", pues ello sería contrario a lo dispuesto en el artículo 259 de la Constitución, que les atribuye poder para declarar dicha nulidad "por contrariedad al derecho"', lo que implica inconstitucionalidad e ilegalidad.

b. *La inconstitucional distinción entre el "recurso de inconstitucionalidad" y el "recurso de ilegalidad"*

Contrariamente a las previsiones del artículo 206 de la Constitución de 1961, en materia de control de la contrariedad al derecho de los actos administrativos por los órganos de la jurisdicción contencioso- administrativa, la derogada Ley Orgánica de la Corte Suprema de Justicia de 1976, en las disposiciones transitorias que la regulaban, había establecido un inconveniente monopolio a favor de la Sala Político-Administrativa de la antigua Corte para conocer de los recursos contencioso-administrativos "por razones de inconstitucionalidad" contra los actos administrativos, lo que había dado origen a una inexistente distinción entre "recurso de inconstitucionalidad" y "recurso de legalidad". En efecto, el artículo 181 de la vieja Ley Orgánica de la Corte Suprema de Justicia, como se ha dicho, reguló transitoriamente la competencia de los *Tribunales Superiores* con competencia contencioso-administrativa en materia de juicios de nulidad, y la confinó sólo a la impugnación de los actos administrativos estadales y municipales *"por razones de ilegalidad",* lo que era absolutamente improcedente, pues conllevaba la previsión en la misma norma de que "cuando la acción o el recurso se funde en razones de inconstitucionalidad, el Tribunal declinará su competencia en la Corte Suprema de Justicia". Ello significaba una concentración de competencia en la antigua Corte Suprema contraria al espíritu del artículo 206 de la Constitución de 1961, que impedía que los mencionados Tribunales Superiores pudieran haber juzgado la "contrariedad del derecho" de los actos administrativos estadales y municipales, sea por razones de inconstitucionalidad o de ilegalidad.

Lo mismo debía decirse respecto de la competencia residual que el artículo 185 de la derogada Ley Orgánica de la Corte (Ord. 3°) atribuía a la *Corte Primera de lo Contencioso-Administrativo,* para conocer de "acciones o recursos de nulidad que puedan intentarse por razones de ilegalidad contra actos administrativos" de diversas autoridades y que había conducido a que tanto la antigua Corte Suprema de Justicia como la Corte Primera de lo Contencioso-Administrativo hubieran interpretado que cuando en un recurso de nulidad se alegaren vicios de inconstitucionalidad además de los de ilegalidad, la Corte Primera debía declinar su competencia ante la Corte Suprema en Sala Político-Administrativa, lo que en nuestro criterio era absolutamente inconveniente e improcedente, y contrario al espíritu del artículo 206 de la Constitución de 1961.

El ejemplo más característico de esta jurisprudencia estuvo en el fallo de la Corte Primera de lo Contencioso-Administrativo de 14 de junio de 1990, en el cual la Corte destacó:

> "que el ordinal 3° citado (Art. 185) se refiere a razones de ilegalidad las alegadas contra dichos actos para que sea esta Corte la competente. De igual modo, el artículo 181 *ejusdem* en su primer aparte dispuso que cuando la acción se funde en razones de inconstitucionalidad el Tribunal declinará su competencia en la Corte Suprema de Justicia, disposición ésta aplicable a esta Corte por remisión hecha por el artículo 185 *ejusdem,* al determinar la aplicabilidad para esta Corte del artículo 181 *ejusdem.* Cierto es que las disposiciones anotadas excluyen a los Tribunales contencio-

so-administrativos como a esta misma Corte, como órgano de facultades para pronunciarse en causa o acciones de inconstitucionalidad. Así, el artículo 185 *ejusdem* al referirse a este Tribunal, dispone la aplicación de lo previsto en el primer aparte del artículo 181 *ejusdem,* lo cual sustrae de su conocimiento aquellas acciones de inconstitucionalidad. En esta forma lo ha sentenciado la Corte Suprema de Justicia con fecha 1° de marzo de 1983"[129].

En nuestro criterio esa tesis, hasta allí, no tenía adecuado fundamento constitucional, sobre todo cuando se impugnaba un acto administrativo alegando razones de inconstitucionalidad e ilegalidad. En los términos del artículo 185 de la Ley Orgánica, lo que debería interpretarse era que la Corte Primera no era competente sólo cuando se impugnase un acto administrativo por solas razones de inconstitucionalidad –sin alegarse vicios de ilegalidad–; lo cual es infrecuente dado del carácter sublegal de la actividad administrativa.

La sentencia que había citado la Corte Primera de lo Contencioso-Administrativa emanada de la antigua Corte Suprema de Justicia en Sala Político-Administrativa de 01-03-83, con base en estas normas, puede decirse que no había establecido una distinción entre un "recurso de inconstitucionalidad" y un "recurso de ilegalidad" para delimitar su propia competencia como órgano de la jurisdicción contencioso-administrativa. Y así señaló que:

> "sólo podrá decirse que el recurso se funda en razones de inconstitucionalidad, cuando, al confrontar el acto impugnado con alguna norma de la Constitución, resulta evidente la colisión que entre ellos existe teniendo en cuenta los" alegatos del actor. Así mismo, ha precisado la Sala, para evitar toda confusión entre las razones de inconstitucionalidad y de ilegalidad que han de servir de base a los jueces para determinar su propia competencia, que ha de tratarse de la denuncia de una infracción directa de la norma constitucional, y no medita por existir una normativa legal específicamente violada"[130].

Lamentablemente, en una conocida sentencia dictada meses después, en el caso *Centro Nacional de Distribución C.A. (Cenadica)* de fecha 28-6-83, la propia Sala Político-Administrativa, para delimitar su competencia contencioso-administrativa conforme a las normas señaladas de su Ley Orgánica, convirtió la distinción legal entre los "motivos de inconstitucionalidad" y "motivos de ilegalidad" que se pueden invocar en un recurso contencioso administrativo de anulación, en una inexistente distinción entre un "recurso de inconstitucionalidad" y un "recurso de ilegalidad", con la consecuencia de confinar, en el segundo, al contencioso-administrativo de anulación.

En esa sentencia del caso *Cenadica,* en efecto, la antigua Corte Suprema, luego de constatar que en el caso concreto de lo que se trataba era de determinar si el recurso contencioso administrativo de anulación que se había interpuesto contra un acto administrativo municipal, estaba fundado o no en solas "razones" de "inconstitucionalidad" o de "ilegalidad" para delimitar su propia competencia, procedió a establecer una distinción no prevista en la Ley y que fue la fuente de confusión en la materia con posterioridad, entre un "recurso de inconstitucionalidad" y un "recurso de ilegalidad". La Corte en esta materia, entre otros aspectos, señaló lo siguiente:

> "El recurso por inconstitucionalidad de un acto de efectos generales o de efectos particulares sólo procede cuando se denuncia la violación directa de una norma constitucional...

---

129. *Revista de Derecho Público,* N° 43, 1990, pp. 95 y 96.
130 *Revista de Derecho Público,* N° 14, 1983, pp. 163.

...podría agregarse que existe recurso por violación directa de la Carta Fundamental, cuando sea factible llegar a la solución positiva o negativa del problema planteado con la exclusiva aplicación de las normas constitucionales invocadas...

...La violación directa de cualquiera de esas normas –que constituyen lo que podría llamarse la reserva constitucional– daría siempre lugar a un recurso de inconstitucionalidad independientemente de que el contenido de la misma hubiese sido reproducido en una norma de rango inferior.

...Pero ocurre que muchos principios constitucionales pueden quedar incorporados en normas de rango inferior, caso en el cual, al interponerse éstas entre la Constitución y el acto viciado, se estaría frente a un caso de ilegalidad, y ya no sería procedente el *recurso de inconstitucionalidad.*

...En las situaciones últimamente señaladas –incorporación o desarrollo de una norma constitucional en una de rango inferior– es indiscutible que la violación directa de esta última lleva implícita la violación indirecta de aquélla. Pero en ambos casos, la denuncia que se hiciese de violación conjunta de la disposición constitucional y de la legal, no autorizaría otro *recurso que el de ilegalidad.*

...sólo la violación directa de una norma constitucional puede servir de fundamento a una acción o *recurso por inconstitucionalidad.*

En esta forma, a lo largo de la sentencia, la antigua Corte Suprema fue construyendo una distinción entre acciones o recursos (recurso de inconstitucionalidad y recurso de legalidad) cuando lo que la derogada Ley Orgánica de la Corte establecía para la distribución de competencias entre los órganos de la jurisdicción contencioso-administrativa, era una distinción entre los *motivos de inconstitucionalidad y los motivos de ilegalidad de una sola acción o recurso que es el contencioso-administrativo de anulación.* Ello llevó a la antigua Corte Suprema a sentar la siguiente "conclusión" (fuente de las subsecuentes confusiones jurisprudenciales en la materia) contraria al artículo 206 de la Constitución de 1961:

"En conclusión, cada vez que se denuncie la violación directa de una norma constitucional, ya sea ésta de naturaleza sustantiva o adjetiva –inclusive en materia de competencia–, *el recurso para obtener la nulidad del acto impugnado es el de inconstitucionalidad,* y su conocimiento corresponderá este Alto Tribunal de la República. En cambio, cuando se trate de la violación directa de una norma de rango inferior cuya constitucionalidad no haya sido cuestionada, *la acción o el recurso procedente será el de ilegalidad,* no obstante que conjuntamente se señale la violación mediata de una disposición de la Carta Fundamental"[131].

Pero independientemente de esta improcedente distinción entre recurso de inconstitucionalidad y recurso de ilegalidad no prevista en Ley alguna y contraria al artículo 206 de la Constitución de 1961, debe destacarse de esa sentencia de la antigua Corte Suprema del 28-06-83, el esfuerzo por establecer la existencia de "razones de inconstitucionalidad" en un recurso contencioso administrativo de anulación, como elemento de atracción de la competencia de la Corte Suprema, y que en los casos de denuncias conjuntas de violaciones de la Constitución y de leyes por actos administrativos, podría llevar a una inconveniente concentración de juicios ante la Corte Suprema. Por ello el esfuerzo, incluso de la Corte Primera, en precisar este tema de la violación "directa" de la Constitución.

En efecto, la Corte Primera de lo Contencioso-Administrativo en la citada sentencia de 14 de junio de 1990, señaló que no bastaba con alegar violaciones constitucionales –

131 Consultada en original.

en un recurso para que el asunto se remitiera a la Corte Suprema–, sino que era necesario que se alegase una violación "directa" de la Constitución. Se señaló así en dicha sentencia:

> "...los recurrentes han alegado la violación de disposiciones de la Constitución, pero ello no implica que el recurso *ipso jure,* se convierte en una acción de inconstitucionalidad. En efecto, dicha acción, dirigida contra un acto de efectos generales o particulares, sólo procede cuando se denuncia la violación directa de una norma constitucional. Por lo demás, existe recurso por violación directa de la Carta Fundamental, ha dicho la Sala Político-Administrativa de la Corte Suprema de Justicia en sentencia de 28 de junio de 1983, cuando sea factible alegar a la solución positiva o negativa del problema planteado con la exclusiva aplicación de las normas constitucionales invocadas.
>
> Sentado lo anterior, observa esta Corte que en el presente caso no se da la violación directa de la Constitución, por lo que ha de declararse que se trata de un recurso por ilegalidad para lo cual es competente esta Corte.
>
> En efecto, la propia consideración hecha por los demandantes respecto a los supuestos de carácter constitucional denunciados supone la admisión expresa de que la violación a la Constitución es indirecta y no directa, Expresamente así lo ha declarado la propia Corte Suprema de Justicia, en Sala Político-Administrativa (Gaceta Forense Tercera Etapa, año 1984, enero a marzo, N° 123, Vol. I, 120), cuando afirmó:
>
> "Es indiscutible que la violación de esta última lleva implícita la violación indirecta de aquélla. Pero en ambos casos la denuncia que se hiciere de violación conjunta a la disposición constitucional y de la legal no autoriza otro recurso que el de ilegalidad".
>
> Supuesto que se contrae a denuncias referidas a derechos' constitucionales que encuentran desarrollo en disposiciones legales y reglamentarias.
>
> En el caso de autos se han impugnado actos provenientes de entes públicos, corporación profesional, dictados en ejecución directa de normas de rango infraconstitucional y no en ejecución directa de la Constitución. En consecuencia, al no haberse planteado sólo razones de inconstitucionalidad, sino alegatos relativos a la violación de normas de rango infraconstitucional, es que esta Corte se estima única competente para conocer de ellos en esta causa, en virtud de no darse la violación directa de la Constitución.
>
> En razón de lo expuesto, esta Corte Primera de lo Contencioso- Administrativo declara su propia competencia para conocer de esta acción"[132].

Lamentablemente, sin embargo, la Corte Primera en esta sentencia, aparte del encomiable esfuerzo por precisar el tema de la violación "directa" de la Constitución, incurrió en el mismo error constitucional en el que había caído la antigua Corte Suprema de distinguir entre una supuesta acción de inconstitucionalidad y un recurso de ilegalidad contra los actos administrativos, cuando en ese caso lo que podía distinguirse era entre los "motivos de inconstitucionalidad" y los "motivos de ilegalidad" de un solo recurso o acción, que es el contencioso-administrativo de anulación[133].

---

132 *Revista de Derecho Público*, N° 43, 1990, p. 96.

133 En todo caso, conforme al espíritu del artículo 206 de la Constitución de 1961, consideramos que en la legislación correspondiente debería claramente atribuirse a todos los órganos de la jurisdicción contencioso-administrativa competencia general para juzgar la "contrariedad al derecho" de los actos administrativos, incluyendo allí vicios de inconstitucionalidad e ilegalidad; razón por la cual estimamos que debía desecharse la idea que informaba el Anteproyecto de la Ley Orgánica de la Jurisdicción Contencioso-Administrativa que había publicado en 1990 la Comisión Presidencial para la Reforma del Estado y que resumía el artículo 1° de dicho texto, así: "Art.

c. *La precisión del carácter de juez constitucional del juez contencioso administrativo en la jurisprudencia posterior a 1999*

Con motivo de la entrada en vigencia de la Constitución de 1999, y a la luz de lo dispuesto en el artículo 259 de la Constitución, se clarificó definitivamente que el ejercicio de la justicia constitucional también corresponde a la Jurisdicción Contencioso Administrativa, al ejercer su competencia de anulación de los actos administrativos, incluidos los reglamentos, contrarios a derecho, es decir, contrarios sea a la Constitución, a las leyes o a las demás fuentes del derecho administrativo[134]. Es decir, todos los jueces contencioso administrativos, conforme al artículo 259 de la Constitución, tienen potestad para declarar la nulidad de los actos administrativos, no sólo por ilegalidad sino por inconstitucionalidad, ejerciendo la justicia constitucional.

Así lo resolvió expresamente la Sala Político Administrativa del Tribunal Supremo en sentencia N° 152 de 17 de febrero de 2000 (Caso: *Aerolínea Internacional S.A.*) al precisar su criterio interpretativo en ejercicio de la competencia atribuida por el Constituyente a todas las Salas del Tribunal Supremo de Justicia en el artículo 335 de la Constitución de la República Bolivariana de Venezuela, señalando que:

> "En este sentido, la Sala Político Administrativa analiza sus competencias en el texto de la Constitución de la República Bolivariana de Venezuela, concretamente, la establecida en los ordinales 4° y 5° del artículo 266, en concordancia con lo dispuesto en el artículo 259 que consagra expresamente la jurisdicción contencioso-administrativa:
>
> Conforme a las disposiciones del ordenamiento jurídico vigente, le corresponde a esta Sala Político Administrativa, entre otras, el ejercicio de las siguientes competencias:
>
> 1. Garantizar la supremacía y efectividad de las normas y principios constitucionales, así como velar por su uniforme interpretación y aplicación conforme lo establece el artículo 335 de la Constitución.
>
> 2. Declarar la nulidad total o parcial, cuando sea procedente de los Reglamentos y demás actos administrativos, *por razones de inconstitucionalidad* e ilegalidad, conforme al ordinal 5° del artículo 266 de la Constitución y 259 *ejusdem...*"

De lo anterior resulta que así como debe diferenciarse la "Jurisdicción Constitucional" que se atribuye a la Sala Constitucional, de la función de justicia constitucional que corresponde a todos los jueces; también, debe establecerse claramente la diferenciación entre la Jurisdicción Constitucional y la Jurisdicción Contencioso-Administrativa[135].

1°. La presente ley regula la jurisdicción contencioso-administrativa prevista en el artículo 206 de la Constitución de la República, como la encargada de conocer las pretensiones relativas a la legalidad de los actos de la Administración Pública sujetos al derecho administrativo, así como las pretensiones que se deduzcan contra su actividad legal. Los motivos de ilegalidad comprenderán cualquier infracción del ordenamiento jurídico, incluida la falta de competencia o jurisdicción, el quebrantamiento de las formalidades esenciales y la desviación de poder". Esta norma, sin duda, era contraria el contenido y espíritu del artículo 206 de la Constitución. Lamentablemente sin embargo, informa buena parte del articulado de dicho anteproyecto, el cual consideramos que debía revisarse íntegramente, a los efectos de que se elaborase un proyecto bajo la orientación constitucional de la universalidad del control contencioso-administrativo que hemos comentado. *V.*, Allan R. Brewer-Carías, *Justicia contencioso administrativa, T.* VII, *Instituciones Políticas y Constitucionales*, Caracas, 197, pp. 321 y ss.

134 *V.*, Allan R. Brewer-Carías, *La Justicia Contencioso-Administrativa, T.* VII, *Instituciones Políticas y Constitucionales*, *op. cit.*, pp. 26 y ss.

135 Así lo propusimos expresamente ante la Asamblea Nacional Constituyente. *V.*, Allan R. Brewer-Carías, *Debate Constituyente, T.* II, *op. cit.*, pp. 245 y ss.

La diferencia entre ambas jurisdicciones, está en la competencia *por el objeto,* que se atribuye a los Tribunales que las componen: la Jurisdicción Constitucional que corresponde al Tribunal Supremo de Justicia en *Sala Constitucional,* tiene por objeto conocer de las acciones de nulidad por inconstitucionalidad *contra las leyes y demás actos de rango legal o ejecución directa e inmediata de la Constitución;* en cambio, la Jurisdicción Contencioso Administrativa que corresponde al mismo Tribunal Supremo, pero en *Sala Político Administrativa y en Sala Electoral* y a los *demás tribunales* que señale la Ley, tiene por objeto, entre otros, conocer de las *acciones de nulidad por inconstitucionalidad o ilegalidad contra los actos administrativos* y, por tanto, de rango *sub legal.*

Esto implica que ambas Jurisdicciones se diferencian por el objeto de las acciones y no por el motivo de las mismas: la Jurisdicción Constitucional conoce de la nulidad de las leyes y demás actos de rango legal o de ejecución directa e inmediata de la Constitución; en cambio, la Jurisdicción Contencioso Administrativa, conoce de la nulidad de los actos administrativos, sea cual fuere el motivo de impugnación.

Así lo había expuesto el Magistrado Héctor Peña Torrelles en su Voto Salvado a la sentencia N° 2 de 20-01-2000 (caso: *Domingo G. Ramírez*), al señalar que:

> "...de forma indubitable, el criterio acogido por el Constituyente para definir las competencias de la Sala Constitucional, atiende al rango de las actuaciones *objeto de control,* esto es, que dichas actuaciones tienen una relación directa con la Constitución, por ser en unos casos actos dictados en ejecución directa e inmediata de la misma, y, en otros, omisiones de obligaciones indispensables para garantizar el cumplimiento de la Constitución. Así las cosas, la normativa constitucional aludida imposibilita una eventual interpretación que tienda a identificar las competencias de la Sala Constitucional con los vicios de inconstitucionalidad que se imputen a otros actos o con las actuaciones de determinados funcionarios u órganos del Poder Público."

Posteriormente, con ese mismo texto se resolvió en la sentencia de la Sala Constitucional N° 6 de 27 de enero de 2000[136]; criterio que se ratificó expresamente por la misma la Sala, en sentencia N° 194 de 04 de abril de 2000, al decidir un recurso de nulidad por razones de inconstitucionalidad ejercido conjuntamente con una pretensión de amparo constitucional contra un dispositivo del Reglamento de Personal y Régimen Disciplinario del Personal del Instituto Autónomo Policía Municipal del Municipio Chacao y contra los actos administrativos dictados en ejecución del Reglamento impugnado, señalando lo siguiente:

> "La Constitución vigente distingue claramente la jurisdicción constitucional de la contencioso-administrativa, delimitando el alcance de ambas competencias *en atención al objeto de impugnación,* es decir, *al rango de los actos objeto de control y no a los motivos por los cuales se impugnan.*
>
> En efecto, de conformidad con el último aparte del artículo 334 de la Constitución de la República Bolivariana de Venezuela:
>
> Corresponde exclusivamente a la Sala Constitucional del Tribunal Supremo de Justicia como jurisdicción constitucional, declarar la nulidad de las leyes y demás actos de los órganos que ejercen el Poder Público *dictados en ejecución directa e inmediata de la Constitución o que tenga rango de Ley.*

---

136 *V.,* en *Revista de Derecho Público,* N° 81, (enero-marzo), Editorial Jurídica Venezolana, Caracas, 2000, p. 213.

Asimismo, en el artículo 336 *eiusdem* se establece de forma particularizada las competencias de esta Sala. Igualmente, en el artículo 214 *eiusdem* se le otorga la competencia para realizar el control previo de la constitucionalidad de las leyes antes de su promulgación. Y por último, la determinación de la constitucionalidad del carácter orgánico otorgado por la Asamblea Nacional a las leyes así calificadas, de forma previa a su promulgación (artículo 203 *eiusdem*). En tal sentido, esta Sala Constitucional ha señalado que:

"el criterio acogido por el Constituyente para definir las competencias de la Sala Constitucional, atiende *al rango de las actuaciones objeto de control,* esto es, que dichas actuaciones tienen una relación directa con la Constitución que es el cuerpo normativo de más alta jerarquía dentro del ordenamiento jurídico en un Estado de Derecho contemporáneo. Así las cosas, *la normativa constitucional aludida imposibilita una eventual interpretación que tienda a identificar las competencias de la Sala Constitucional con los vicios de inconstitucionalidad que se imputen a otros actos o con las actuaciones de determinados funcionarios u órganos del Poder Público,* (Sentencia de fecha 27 de enero de 2000, caso: *Milagros Gómez y otros*).

De esta forma, la Sala Constitucional, en el ejercicio de la jurisdicción constitucional, conoce de los recursos de nulidad interpuestos contra los actos realizados en ejecución directa de la Constitución o que tengan forma de ley. De allí que, en el caso de autos, al tratarse el reglamento impugnado de un acto de rango sublegal, esta Sala Constitucional carece de competencia para controlar su conformidad a Derecho, ya que tal competencia corresponde a la jurisdicción contencioso administrativa. Así se decide."

En consecuencia, conforme a la Constitución, corresponde a los órganos de la jurisdicción contencioso administrativo, conocer de las acciones de nulidad contra los actos administrativos, así las mismas se fundamenten en motivos de inconstitucionalidad que son motivos de contrariedad al derecho. Por ello, conforme al artículo 266, ordinal 5 de la Constitución, la Sala Político Administrativa del Tribunal Supremo tiene competencia para declarar la nulidad total o parcial de los reglamentos y demás actos administrativos generales o individuales del Ejecutivo Nacional, cuando sea procedente;

Ello significa que por su objeto, la Sala Político-Administrativa y la Sala Electoral, según su competencia, tienen atribución exclusiva, como juez constitucional, para declarar la nulidad de los reglamentos por razones de inconstitucionalidad, así como de todos los demás actos administrativos por los mismos motivos, y nada autoriza del texto de la Constitución que pudiera conducir a concentrar en la Sala Constitucional el ejercicio de dicha potestad anulatoria de actos administrativos por motivos de inconstitucionalidad; pues la Jurisdicción Constitucional que corresponde a la Sala Constitucional sólo se determina por el objeto de control (leyes, actos estatales de rango legal y actos estatales de ejecución directa de la Constitución) y no por los motivos de control.

Debe señalarse, además, que teniendo competencia los tribunales contencioso administrativos para declarar la nulidad de los actos administrativos incluso por razones de inconstitucionalidad, como se argumentó anteriormente, siempre habíamos considerado como inconstitucional la norma del artículo 181 de la derogada Ley Orgánica de la Corte Suprema de Justicia, que le quitaba competencia a los Tribunales contencioso administrativos, asignándole tal competencia exclusivamente a la antigua Sala Político Administrativa de la Corte Suprema, órgano en el cual debían declinar la competencia[137]. Esta irregular situación, en todo caso, fue corregida por la Sala Constitucional del Tri-

137 *V.*, Allan R. Brewer-Carías, *Nuevas tendencias del Contencioso Administrativo*, *op. cit.* pp. 47 y La justicia contencioso-administrativa, *T.* VII, *Instituciones Políticas y Constitucionales*, *op. cit.*, pp. 28 y ss.

bunal Supremo, en la sentencia N° 194 de 4 abril de 2000, al resolver inaplicar dicho artículo 181 de la Ley Orgánica de la Corte Suprema, por inconstitucional, conforme a los siguientes razonamientos:

> De manera que la nueva Constitución atribuye a la Sala Político Administrativa el conocimiento de las acciones de nulidad de reglamentos, con independencia de que los vicios lo sean por razones de inconstitucionalidad o de ilegalidad. Sin embargo, la Constitución de 1999, en concordancia con las competencias acordadas a la Sala Político Administrativa por la Ley Orgánica de la Corte Suprema de Justicia, limita esta competencia para controlar la actividad reglamentaria del *Poder Ejecutivo Nacional,* y nada dice sobre la actividad de este tipo emanada de las entidades estadales o municipales, supuesto sobre el cual versa el caso de autos.

Ahora bien, observa esta Sala que el artículo 181 de la Ley Orgánica de la Corte Suprema de Justicia establece:

> *Artículo* 181. Mientras se dicta la Ley que organice la jurisdicción contencioso-administrativo, los Tribunales Superiores que tengan atribuida competencia en lo Civil, conocerán, en primera instancia en sus respectivas circunscripciones, de las acciones o recursos de nulidad contra los actos administrativos de efectos generales o particulares, emanados de autoridades estadales o municipales de su jurisdicción, si son impugnados por razones de ilegalidad.
>
> Cuando la acción o el recurso se funde en razones de inconstitucionalidad, el Tribunal declinará su competencia en la Corte Suprema de Justicia.
>
> En la tramitación de dichos juicios los Tribunales Superiores aplicarán en sus casos, las normas establecidas en las Secciones Segunda, Tercera y Cuarta del Capítulo II, Título V, de esta Ley.
>
> Contra las decisiones dictadas con arreglo a este artículo, podrá interponerse apelación dentro del término de cinco días, para ante la Corte Primera de lo Contencioso-Administrativo a que se refiere el artículo 184 de esta Ley" (Destacado de la Sala).

De acuerdo con la norma antes transcrita, los tribunales superiores con competencia en materia contencioso administrativo son los competentes para conocer de los actos generales o particulares de rango sublegal emanados de las autoridades estadales y municipales; sin embargo, limitan tal conocimiento a violaciones de Ley, y las violaciones constitucionales corresponderían a la Sala Político Administrativa de este Alto Tribunal.

Con anterioridad, la jurisprudencia de la Sala Político Administrativa, como cúspide de la jurisdicción contencioso-administrativa, al interpretar esta norma en relación con el artículo 206 de la Constitución de 1961 (que hoy corresponde al 259 de la Constitución de 1999), había considerado lo siguiente:

> (...) por el hecho de que por mandato constitucional los tribunales de la jurisdicción contencioso-administrativa son competentes para anular los actos administrativos por contrariedad al Derecho, lo que supone no sólo el control de la ley sino, evidentemente, el de la Constitución, la disposición contenida en el último párrafo del artículo 181 de la Ley Orgánica de la Corte Suprema de Justicia -donde se establece que cuando en los recursos de anulación que corresponda conocer originalmente a los tribunales superiores y a la Corte Primera de lo Contencioso Administrativo se alegaren razones de inconstitucionalidad la competencia será de la Corte Suprema de Justicia- debe ser interpretada de la forma más restrictiva posible, es decir, que sólo y exclusivamente cuando el fundamento del recurso de anulación sean violaciones directas y exclusivas de la Constitución se debe remitir el expediente a la Sala (...) (Sentencia de la Sala Político Administrativa del 22 de mayo de 1996, caso: *Reyes José Hernández*).
>
> Sobre la base del anterior precedente, debe esta Sala interpretar el artículo 181 de la Ley Orgánica de la Corte Suprema de Justicia, a la luz de la Constitución, a los fines de fijar su alcance, par-

tiendo del hecho que la nueva Constitución delimitó claramente -como fuera señalado- la competencia de la jurisdicción contencioso administrativa atendiendo al rango de los actos administrativos y no al motivo de la impugnación.

En efecto, el artículo 259 de la Constitución otorga competencia a todos los órganos de la jurisdicción contencioso administrativa para anular los actos administrativos generales o individuales contrarios a derecho. Dentro de dichos órganos corresponde -según surge de la norma transcrita precedentemente- a los Juzgados Superiores con competencia en lo contencioso administrativo, el conocimiento de los actos emanados de las autoridades municipales y estadales, salvo que la acción o recurso se funden en razones de inconstitucionalidad, caso en que el Tribunal declinará la competencia en el Tribunal Supremo de Justicia.

Ahora bien, considera esta Sala constitucional que el primer aparte del artículo 181 de la Ley Orgánica de la Corte Suprema de Justicia, al impedir a los Juzgados Superiores con competencia en lo contencioso-administrativo el conocer de la nulidad de los actos administrativos (generales o particulares), cuando se aleguen vicios de inconstitucionalidad, contradice lo dispuesto en el artículo 259 de la Constitución, por cuanto éste otorga facultades a los Tribunales en lo contencioso-administrativo para anular los actos administrativos generales o individuales por contrariedad a derecho, que comprende -sin lugar a dudas- tanto la inconstitucionalidad como la ilegalidad.

Por otro lado, la norma a que se contrae dicho aparte del citado artículo 181 se aparta de la verdadera intención del legislador al regular temporalmente la jurisdicción contencioso-administrativa que era, por una parte, desconcentrar las competencias que tenía la Sala Político Administrativa, como el único tribunal contencioso administrativo, y por la otra parte, acercar más la justicia al ciudadano, sobre todo cuando existen controversias entre éstos y los entes estadales y municipales.

De manera que, por tales circunstancias y en especial a que por mandato constitucional los tribunales de la jurisdicción contencioso administrativa son competentes para anular actos administrativos por contrariedad al derecho, esta Sala Constitucional estima que la disposición contenida en el primer aparte del referido artículo 181 es a todas luces contraria a la Constitución, motivo por el cual en uso de la potestad prevista en el artículo 334 de la Constitución, *inaplica a los fines de determinar la competencia en el caso de autos,* el primer aparte del artículo 181 de la Ley Orgánica de la Corte Suprema de Justicia por ser inconstitucional, al enfrentar de manera incontestable la disposición establecida en el segundo aparte del artículo 259 de la Constitución, en cuanto sustrae a los tribunales contencioso administrativos distintos a la Sala Político-Administrativa de este Tribunal Supremo, la competencia que le fue otorgada por la propia Constitución para conocer de la nulidad de los actos administrativos (generales o particulares) contrarios a Derecho.

En todo caso, los anteriores criterios han sido ratificados en la interpretación vinculante que la Sala Constitucional ha hecho del artículo 334 de la Constitución, en la sentencia N° 833 de 25 de mayo de 2001 (caso: *Instituto Autónomo Policía Municipal de Chacao vs. Corte Primera de lo Contencioso Administrativo*), en la cual expuso:

Planteado así la interpretación de los artículos 334, 335 y 336 de la Constitución, ¿en materia de control concentrado de la Constitución tiene alguna competencia la Sala Político Administrativa?.

Con base en que el artículo 335 constitucional otorga al Tribunal Supremo de Justicia la garantía, supremacía y efectividad de las normas y principios constitucionales, se ha argüido que las Salas del Tribunal Supremo de Justicia ejercen tal garantía, pero de la letra del artículo y de lo que, en teoría, corresponde a la jurisdicción constitucional, lo que se evidencia es que es a la Sala Constitucional a quien se refiere el artículo 335 y no a las otras Salas del Tribunal Supremo de Justicia, ya que dicha norma establece que el Tribunal Supremo de Justicia es el máximo y último intérprete de la Constitución, y a continuación establece: "Las interpretaciones que establezca la Sala Constitucional sobre el contenido y alcance de las normas y principios constitucionales son vinculantes para las otras Salas del Tribunal Supremo de Justicia y demás tribunales de la República".

Por lo tanto, el artículo 335 no está otorgando a ninguna Sala distinta a la Constitucional, ningún tipo de control concentrado, sino sólo el control difuso, ya que si no ¿cómo entender que siendo el Tribunal Supremo el máximo y último intérprete de la Constitución, sea la Sala Constitucional la que establece interpretaciones vinculantes para las otras Salas?

Sin embargo, el artículo 266 de la Constitución, en su numeral 5, atribuye a la Sala Político Administrativa de este Tribunal Supremo: "Declarar la nulidad total o parcial de los reglamentos y demás actos administrativos generales o individuales del Ejecutivo Nacional, cuando sea procedente".

Se da así, al reglamento, naturaleza de acto administrativo y, como tal, se le coloca en el mismo plano de las resoluciones ministeriales, que son los demás actos a que se refiere el artículo transcrito; a pesar que el numeral 5 del artículo 266 citado, no se refiere a la nulidad por inconstitucional. La Sala Político Administrativa ha venido sosteniendo que -fundada además en la Ley Orgánica de la Corte Suprema de Justicia-, es competente para conocer de tales nulidades, compartiendo con la Sala Constitucional el control concentrado. ¿Realmente es así?

A juicio de esta Sala, y aunque el numeral 5 de la mencionada norma constitucional no lo establezca expresamente, al Reglamento -como acto administrativo- le dio, el constituyente, una connotación distinta a los "actos con rango de ley" que dicta el Ejecutivo Nacional que, en consecuencia, son otros, como los decretos leyes que, previa autorización por una ley habilitante, puede dictar el Ejecutivo (artículo 236, numeral 8 de la Constitución), por lo que la jurisdicción constitucional para el control concentrado está compartida en Venezuela entre la Sala Constitucional y la Sala Político Administrativa; pues, esta última también conoce de la inconstitucionalidad de los actos de los órganos estadales en ejercicio del poder público que no respondan a la aplicación directa e inmediata de la Constitución. Sin embargo, la estructura constitucional conduce a que la jurisdicción constitucional, ejercida por la Sala Político Administrativa, esté supeditada en cuanto a las interpretaciones constitucionales, a las emitidas -con efecto vinculante- por la Sala Constitucional.

El control concentrado de la Sala Constitucional, no consiste en el conocimiento de la constitucionalidad de toda norma pública (normas generales) y de todos los actos del poder público, ya que la Sala Político Administrativa ejerce un control mediato de la inconstitucionalidad, motivo por el cual el artículo 336 de la vigente Constitución, se refiere con respecto a la competencia de la Sala Constitucional, a actos de los órganos estadales en ejecución directa e inmediata de la Constitución[138].

B. El juez contencioso-administrativo como juez de amparo constitucional

Los poderes del Juez contencioso-administrativo para controlar la constitucionalidad de los actos administrativos en los juicios de nulidad, que lo muestran como juez constitucional, se complementan con la posibilidad establecida en la Ley Orgánica de Amparo sobre Derechos y Garantías Constitucionales de actuar como juez constitucional de amparo.

En efecto, conforme al artículo 2° de la Ley Orgánica de Amparo, "la acción de amparo procede contra cualquier hecho, acto u omisión proveniente de los órganos del Poder Público Nacional, Estadal o Municipal", a lo que agrega el artículo 5° que:

138 *V.*, en *Revista de Derecho Público*, N° 85-88, Editorial Jurídica Venezolana, Caracas, 2001, pp. 370.

"La acción de amparo procede contra todo acto administrativo, actuaciones materiales, vías de hecho, abstenciones u omisiones que violen o amenacen violar un derecho o una garantía constitucionales, cuando no exista un medio procesal breve, sumario y eficaz, acorde con la protección constitucional".

Conforme a estas normas, por tanto, la acción de amparo procede contra los hechos, actos u omisiones de la Administración, siendo competentes para conocer de la misma, en general, los jueces contencioso-administrativos. Así lo había determinado pacíficamente la doctrina jurisprudencial, de la antigua Corte Suprema y de la Corte Primera de lo Contencioso, al indicar que la competencia de los tribunales contencioso-administrativos, para conocer de la acción de amparo se determina no sólo por la afinidad con la naturaleza del derecho o garantía constitucional violado como lo establece el artículo 7° de la Ley Orgánica de Amparo, sino:

"también en atención de la afinidad con la materia cuya competencia le está atribuida al Tribunal de la jurisdicción contencioso-administrativa de que se trate"[139].

y también,

"en razón del órgano del cual emana el acto que se pretende atentatorio contra derechos y garantías constitucionales, pues que, tal criterio, define cuál es el tribunal de primera instancia, dentro de la jurisdicción contencioso- administrativo"[140].

Ahora bien, en concreto, la acción de amparo contra actos administrativos o abstenciones de la Administración, conforme a la Ley, se puede interponer ante los Tribunales contencioso-administrativos en forma autónoma, o conjuntamente con el recurso contencioso-administrativo de anulación en los términos del artículo 5° de la Ley Orgánica de Amparo que establece:

"Cuando la acción de amparo se ejerza contra actos administrativos de efectos particulares o contra abstenciones o negativas de la Administración, podrá formularse ante el Juez contencioso-administrativo competente, si lo hubiere en la localidad, conjuntamente con el recurso contencioso-administrativo de-anulación de actos administrativos o contra las conductas omisivas, respectivamente, que se ejerza. En estos casos, el Juez, en forma breve, sumaria, efectiva y conforme a lo establecido en el artículo 22, si lo considera procedente para la protección constitucional, suspenderá los efectos del acto recurrido como garantía de dicho derecho constitucional violado, mientras dure el juicio".

Agrega el Parágrafo Único de este artículo 5° de la Ley Orgánica de Amparo que:

"Cuando se ejerza la acción de amparo contra actos administrativos conjuntamente con el recurso contencioso-administrativo que se fundamente en la violación de un derecho constitucional, el ejercicio del recurso procederá en cualquier tiempo, aún después de transcurridos los lapsos de caducidad previstos en la Ley y no será necesario el agotamiento previo de la vía administrativa".

De acuerdo a estas normas, por tanto, frente a las actuaciones de la Administración, la acción de amparo se puede interponer por ante los Tribunales contencioso-administrativos, sea en forma autónoma o conjuntamente con el recurso contencioso-administrativo de anulación. Ello quedó definitivamente clarificado por la sentencia de la antigua Corte Suprema en el caso *Tarjetas Banvenez,* por sentencia en 10-07-91, en la cual se precisó lo siguiente:

---

139 Sentencia de la CPCA de 08-10-91 en *Revista de Derecho Público*, N° 48, 1991, p. 134.
140 Sentencia de la CPCA de 10-10-91 en *Revista de Derecho Público*, N° 48. 1991, p. 135.

"La Ley Orgánica de Amparo, al desarrollar los artículos 49, 50 de la Constitución, otorga a las personas naturales o jurídicas, habitantes o domiciliadas en Venezuela, la posibilidad de acudir ante los tribunales que ella señala, con el propósito de ser amparados en el goce y el ejercicio de los derechos y garantías constitucionales, mediante el restablecimiento inmediato de la situación jurídica infringida o la situación que más se asemeje a ella.

A tal fin, el texto de la ley prevé fundamentalmente dos mecanismos procesales: la acción autónoma de amparo, y la acumulación de ésta con otro tipo de acciones o recursos. Ambas modalidades de ejercicio difieren sustancialmente en cuanto a su naturaleza y consecuencias jurídicas.

En efecto, en el primer caso, al ser una acción que se ejercita en forma autónoma, independiente, no vinculada ni subordinada a ningún otro recurso o procedimiento, es indudable que esa acción, así ejercida, debe ser, por su naturaleza restablecedora, capaz, suficiente y adecuada para lograr que el mandamiento de amparo que se otorgue se baste por sí solo, sin necesidad de acudir a otro u otros procedimientos judiciales, para volver las cosas al estado en que se encontraban para el momento de la vulneración y hacer desaparecer definitivamente el acto o hecho lesivo o perturbador.

Por estas razones, ha sostenido reiteradamente este Supremo Tribunal en jurisprudencia que una vez más ratifica, que en tales supuestos el accionante en amparo debe invocar y demostrar que se trata de una vulneración constitucional flagrante, grosera, directa e inmediata, lo cual no significa –se precisa ahora– que el derecho o garantía de que se trate no están desarrollados o regulados en textos normativos de rango inferior, pero sin que sea necesario al juzgador acudir o fundamentarse en ellos para detectar o determinar si la violación constitucional al derecho o garantía se ha consumado efectivamente. De no ser así –ha dicho también esta Sala– no se trataría entonces de una acción constitucional de amparo sino de otro tipo de recurso, por ejemplo, el contencioso-administrativo, cuyos efectos anulatorios no se corresponden con los restitutorios del amparo y si tal sustitución se permitiere, el amparo llegaría a suplantar no sólo esa sino todas las vías procedimentales establecidas en nuestro sistema de Derecho Positivo, desnaturalizando el carácter extraordinario del amparo (S. 23-05-88, *Fincas Algaba).*

Por lo que atañe a la acción de amparo ejercida conjuntamente con otros medios procesales, el texto normativo en referencia contempla tres supuestos: a. la acción de amparo acumulada a la acción popular de inconstitucionalidad de las leyes y demás actos estatales normativos (artículo 3°); b. la acción de amparo acumulada al recurso contencioso-administrativo de anulación contra actos administrativos de efectos particulares o contra las conductas omisivas de la Administración (artículo 5); y c. la acción de amparo acumulada con acciones ordinarias (artículo 6, ordinal 5°).

En cualquiera de estos supuestos de acumulación la acción de amparo reviste una característica o naturaleza totalmente diferente a la anteriormente analizada (autónoma) pues en estos casos no se trata de una acción principal, sino *subordinada,* accesoria a la acción o el recurso al cual se acumuló y, por ende, su destino es temporal, provisorio, sometido al pronunciamiento jurisdiccional final que se emita en la acción acumulada, que viene a ser la principal. Esta naturaleza y sus consecuencias se desprenden claramente de la formulación legislativa de cada una de las hipótesis señaladas, que únicamente atribuye al mandamiento de amparo que se otorgue, efectos cautelares, suspensivos de la aplicación de la norma o de la ejecución del acto de que se trate "mientras dure el juicio".

Así, en efecto, rezan los dispositivos legales que contemplan tal figura:

... "La acción de amparo también podrá ejercerse conjuntamente con la acción popular de inconstitucionalidad de las leyes y demás actos estatales normativos, en cuyo caso, la Corte Suprema de Justicia, si lo estima procedente para la protección constitucional, *podrá suspender la aplicación de la norma respecto* de la situación jurídica concreta cuya violación se alega, *mientras dure el juicio de nulidad".* (Artículo 3, L.O.A.).

... "Cuando la acción de amparo se ejerza contra actos administrativos de efectos particulares o contra abstenciones o negativas de la Administración, podrá formularse ante el Juez Contencioso-Administrativo competente si lo hubiere en la localidad, conjuntamente con el recurso contencioso-administrativo de anulación de actos administrativos o contra las conductas omisivas, respectivamente, que se ejerza. En estos casos, el Juez *en forma breve, sumaria, efectiva* y conforme a lo establecido en el artículo 22, si lo considera procedente para la protección constitucional, *suspenderá los efectos del acto recurrido* como garantía de dicho derecho constitucional, violado, *mientras dure el juicio* (Artículo 5, L.O.A.).

Igual sucede cuando el agraviado opta por recurrir a las vías judiciales ordinarias, en cuyo caso, al alegar la violación o amenaza de violación de un derecho o garantía constitucionales, el Juez, acogiéndose al procedimiento establecido en la Ley de Amparo, deberá *ordenar la suspensión provisional de los efectos del acto cuestionado.* (Art. 6, Ord. 5[9]).

De lo anterior se deriva, para esta Sala, que la acción de amparo propuesta conjuntamente con una de otro tipo participa de todos los caracteres procesales inherentes a la acumulación de acciones, esto es: que ha de ser resuelta por un solo juez (el mismo que sea competente para conocer de la acción principal), y. que ambas pretensiones (la de amparo y la nulidad u otra) deben ser tramitadas en un solo proceso que tiene dos etapas: la del amparo, previa, y la contenciosa, la cual forzosamente cubre, en la decisión final, tanto la medida cautelar que inevitablemente perece en esa oportunidad, como el pronunciamiento judicial acerca de la nulidad solicitada. En otras palabras, si por las características analizadas el mandamiento de amparo se traduce única y exclusivamente en la suspensión provisional del acto recurrido en nulidad, la sentencia que decida ésta deja sin efecto aquella medida cautelar dictada en forma previa, tanto si el acto cuestionado es anulado como si es confirmado, porque en uno u otro o caso, carece ya de sustentación jurídica.

Sentado lo anterior, observa también la Sala otras distinciones importantes entre la acción autónoma de amparo y la acumulada a otro recurso. En efecto, mientras en la primera es condición de procedencia, como se ha dicho, que se invoque y demuestre la violación directa, inmediata, flagrante, de un dispositivo o garantía constitucionales que, por sí solos, determinen la necesidad del mandamiento de amparo como medio definitivo de restablecer la situación jurídica vulnerada; en el segundo caso, dada la naturaleza suspensiva de este mandamiento de amparo que sólo tiende a detener provisionalmente los efectos del acto perturbador hasta que se decida el juicio que lo anule o confirme, la denuncia de infracción de normas constitucionales puede estar acompañada de transgresión de textos de rango inferior que precisen o desarrollen el derecho o garantía constitucionalizados, pues tratándose de un solo proceso instaurado contra el mismo acto cuya nulidad se pretende obtener por la vía del recurso contencioso correspondiente, nada obsta a que los instrumentos jurídicos sub-constitucionales que sustentan la nulidad sean invocados también al interponer las acciones acumuladas. Lo que no puede hacer el juzgador para acordar la suspensión de los efectos del acto denunciado como lesivo, es encuadrar la situación planteada en la regulación o solución legal o sublegal de la misma, porque en tal hipótesis estaría decidiendo anticipadamente, quiéralo o no, la nulidad del acto impugnado al pronunciarse determinantemente acerca de la existencia de uno de sus vicios, sea éste de procedimiento o de fondo, cuestión que forma parte del debate procesal probatorio que ha de instaurarse precisamente con motivo del recurso de nulidad.

En efecto, siendo distintas las consecuencias que dimanan de una acción autónoma de amparo y de la ejercida conjuntamente con otro recurso (restitutorias en el primer caso y cautelares en el segundo), basta en esta última el señalamiento de la norma o garantía constitucional que se consideren violadas, fundamentado además en un medio de prueba que constituya *presunción* grave de la violación o amenaza de violación denunciada, para que el juez, en forma breve y sumaria, acuerde procedente la suspensión de los efectos del acto como medio de tutelar anticipadamente los posibles efectos de la sentencia que posteriormente habrá de dictar en el juicio de nulidad (artículos 5 y 22 Ley Orgánica de Amparo).

Considera esta Sala, por otra parte, que en el amparo acumulado, ese "medio de prueba" a que alude el artículo 22 de la Ley Orgánica de Amparo puede consistir en el propio acto administrativo impugnado en nulidad, cuyo texto debe ser examinado por el juez de amparo para concluir si, a su juicio, del mismo acto administrativo de efectos particulares se deduce la presunta violación constitucional alegada por el recurrente y acordar, en consecuencia, la medida suspensiva de sus efectos que le ha sido solicitada"[141].

En esta forma, el juez contencioso-administrativo, es juez de amparo constitucional, sea al conocer de la acción de amparo en forma autónoma, sea de manera acumulada al recurso de nulidad contencioso-administrativo.

C. El juez contencioso-administrativo como juez de la legalidad

Pero indudablemente, siendo la Administración una actividad de carácter sublegal, en general, el juez contencioso-administrativo como contralor de la conformidad con el derecho de los actos administrativos, normal y regularmente es juez de la legalidad de los mismos. En tal sentido y particularmente después de la entrada en vigencia de la Ley Orgánica de Procedimientos Administrativos en 1981, texto que reguló por primera vez los requisitos de los actos administrativos, se ha venido desarrollando una riquísima jurisprudencia no sólo en la identificación precisa de los vicios de los actos administrativos (incompetencia; vicio en el objeto; vicio en la base legal; vicio en la causa o motivos –falso supuesto–; vicio en la finalidad –desviación de poder–; vicio de arbitrariedad por el traspaso de los límites al poder discrecional–; y vicios en el procedimiento, en la exteriorización del acto y en la motivación) sino en los efectos jurídicos de esos vicios respecto a los actos impugnados: nulidad absoluta o nulidad relativa, particularmente dada la regulación de la mencionada Ley Orgánica de los supuestos de nulidad absoluta, cuya enumeración es cerrada (Art. 19).

En esta forma, y como consecuencia de esa labor jurisprudencial los motivos de impugnación por razones de ilegalidad se han ampliado y discriminado en forma tal, que no hay materialmente motivo de contrariedad al derecho que no haya sido identificado por la jurisprudencia.

5. El control de la legitimidad

Por otra parte, el control de la legalidad de los actos administrativos en los términos indicados no es el único objeto de la jurisdicción contencioso-administrativa. Esta también tiene por objeto el control de la legitimidad de la actuación administrativa, no sólo de los actos administrativos, sino también de los hechos, relaciones jurídico-administrativas y demás actuaciones de los entes sometidos a su control. En este contexto entendemos por legitimidad la conformidad con el orden jurídico, el cual no sólo está compuesto por actos normativos[142], por lo que, una actividad es legítima cuando

141 *Revista de Derecho Público*, N° 47, 1991, pp. 169-174.

142 Entendemos por orden jurídico no solamente el conjunto de normas de carácter general e imperativas, sino también las normas de carácter particular, como los contratos, sentencias, actos administrativos, etc., siguiendo la terminología y concepción nacida en Kelsen. *V.*, al respecto Ch. Eisenmann, Curso de Doctorado, *Droit Administratif Approfondi*, 1956, 1957, Ed. Cujas, París, 1957, pp. 33 y ss.

está fundada en un título jurídico según el orden jurídico[143]. Por tanto, la investigación de la legitimidad administrativa se reduce a la búsqueda del título jurídico regular y suficiente según el orden jurídico, en el cual esa actividad está fundada y según el cual es desarrollada. Para determinar esa legitimidad bastará preguntarse si el orden jurídico permite la existencia y realización de esa actividad.

La ilegitimidad en la actividad administrativa surge, entonces, ante la ausencia de un título jurídico que autorice el desarrollo de la misma, y que la legitime. Así, la jurisdicción contencioso-administrativa, como contralora de la legitimidad de la actividad administrativa, hemos señalado, no sólo abarca el control de los actos administrativos, sino de los actos materiales, hechos jurídicos y relaciones jurídico-administrativas que atenten contra el orden jurídico y que lesionen situaciones jurídicas objetivas o subjetivas. Por ello, de acuerdo a la Constitución, los órganos de la jurisdicción contencioso-administrativa son competentes para condenar al pago de sumas de dinero y a la reparación de daños y perjuicios originados por la responsabilidad contractual o extracontractual de la Administración y para disponer lo necesario para el restablecimiento de las situaciones jurídicas subjetivas lesionadas por la actividad administrativa (Art. 259). Además del contencioso de los actos administrativos, por tanto, se distingue el contencioso de la responsabilidad administrativa, el contencioso de los contratos administrativos y en general, el contencioso de las demandas contra los entes públicos.

Igualmente, conforme a la innovación contenida en el artículo 259 de la Constitución de 1999, también se puede distinguir el contencioso de los servicios públicos, con motivo de los reclamos que se formulen por la prestación de los mismos.

III. LOS ÓRGANOS DE LA JURISDICCIÓN CONTENCIOSO-ADMINISTRATIVA

De acuerdo al mencionado artículo 259 de la Constitución, "la jurisdicción contencioso-administrativa corresponde al Tribunal Supremo de Justicia y a los demás Tribunales que determine la ley".

La derogada Ley Orgánica de la Corte Suprema de Justicia de 1976 había precisado las competencias en esta materia contencioso-administrativa, y transitoriamente, había dispuesto, hasta tanto se dictase la Ley de la jurisdicción contencioso-administrativa y se organizase dicha Jurisdicción, el establecimiento con sede en Caracas, de un Tribunal denominado Corte Primera de lo Contencioso-Administrativo, cuyos miembros los designaba la propia Corte Suprema en Sala Político-Administrativa y había regulado además, la competencia en materia contencioso-administrativa de algunos Tribunales Superiores en lo Civil.

Estas normas, lamentablemente fueron derogadas por la nueva Ley Orgánica del Tribunal Supremo de 2004, sin que se hubiesen sustituido por otras disposiciones transitorias, por lo que la organización de la jurisdicción contencioso-administrativa desde mayo de 2004 ha quedado sin regulación específica.

---

143 Sobre el concepto de legitimidad en relación a las situaciones jurídicas, *V.*, P. Roubier, *Droits Subjetifs et Situations Juridiques*, Dalloz, París, 1963, pp. 224 y ss., y concretamente p. 228.

A pesar de ello, los tribunales existen por lo que nos referiremos a la organización que deriva de la Constitución y a la que regulaban las mencionadas disposiciones transitorias de la derogada Ley Orgánica del Tribunal Supremo de Justicia.

1. El Tribunal Supremo de Justicia en Sala Político-Administrativa y en Sala Electoral

El Tribunal Supremo de Justicia es el más alto Tribunal de la República, razón por la cual contra sus decisiones no se puede oír ni admitir recurso alguno. El Tribunal actualmente está regulado en la Ley Orgánica del Tribunal Supremo de Justicia de 2004[144] en la cual, además, se lo declara como el máximo órgano y rector del Poder Judicial... y su máxima representación" (Art. 1).

De acuerdo con el artículo 262 de la Constitución, "El Tribunal Supremo de Justicia funcionará en Sala Plena y en las Salas Constitucional, Político Administrativa, Electoral, de Casación Civil, de Casación Penal y de Casación Social, cuyas integraciones y competencias serán determinadas por su ley orgánica. La Sala Social comprenderá lo referente a la casación agraria, laboral y de menores". La Ley Orgánica estableció en su artículo 2, que la Sala Constitucional está integrada por 7 Magistrados, y las Salas Político Administrativa, de Casación Civil, de Casación Penal, de Casación Social y Electoral están integradas por 5 Magistrados, cada una de ellas.

De acuerdo con el mismo artículo 2, el quórum requerido para deliberar en Sala Plena y en cada una de las otras Salas, es por mayoría simple de los Magistrados que respectivamente la forman; y para que sean válidas las decisiones del Tribunal Supremo de Justicia en Sala Plena o en cualquiera de sus Salas, se requiere el voto favorable de la mayoría simple de sus miembros.

Para ser Magistrado del Tribunal Supremo de Justicia, conforme al artículo 263 de la Constitución, se requiere:

> "1. Tener la nacionalidad venezolana por nacimiento, y no poseer otra nacionalidad.
>
> 2. Ser ciudadano o ciudadana de reconocida honorabilidad.
>
> 3. Ser jurista de reconocida competencia, gozar de buena reputación, haber ejercido la abogacía durante un mínimo de quince años y tener título universitario de posgrado en materia jurídica; o haber sido profesor universitario o profesora universitaria en ciencia jurídica durante un mínimo de quince años y tener la categoría de profesor o profesora titular; o ser o haber sido juez o jueza superior en la especialidad correspondiente a la Sala para la cual se postula, con un mínimo de quince años en el ejercicio de la carrera judicial, y reconocido prestigio en el desempeño de sus funciones.
>
> 4. Cualesquiera otros requisitos establecidos por la ley".

Los Magistrados del Tribunal Supremo de Justicia deben ser elegidos por un único período de 12 años, conforme al procedimiento de elección determinado en la Ley Orgánica. A tal efecto, establece la Constitución que pueden postularse candidatos ante un Comité de Postulaciones Judiciales, por iniciativa propia o por organizaciones vinculadas con la actividad jurídica; y el Comité, oída la opinión de la comunidad, debe efec-

---

144 *V.*, la Ley Orgánica (LOTSJ) en *G.O.* N° 37942 de 19-05-2004.

tuar una preselección para su presentación al Poder Ciudadano, el cual debe efectuar una segunda preselección que es la que debe ser presentada a la Asamblea Nacional, la cual debe hacer la selección definitiva. Durante el procedimiento de selección, los ciudadanos pueden ejercer fundadamente objeciones a cualquiera de los postulados ante el Comité de Postulaciones Judiciales o ante la Asamblea Nacional (Art. 264 Constitución). Lamentablemente, ningún nombramiento de Magistrados del Tribunal Supremo hasta junio de 2004 se ha realizado conforme a este procedimiento, y en la Ley Orgánica de 2004, en lugar de regularse el Comité de Postulaciones que regula la Constitución (Art. 270), integrado exclusivamente por representantes de los diversos sectores de la sociedad, se configuró como una inconstitucional "Comisión parlamentaria" ampliada, integrada en su mayoría por diputados a la Asamblea Nacional.

El artículo 1 de la LOTSJ también dispone que el Tribunal Supremo de Justicia es el más alto Tribunal de la República, contra sus decisiones, en cualquiera de sus Salas, no se oirá, ni admitirá acción o recurso alguno, salvo lo previsto en el artículo 5 numerales 4 y 16 de la Ley Orgánica (recurso extraordinario de revisión). El Tribunal Supremo de Justicia debe garantizar la supremacía y efectividad de las normas y principios constitucionales; es el máximo y último intérprete de la Constitución y debe velar por su uniforme interpretación y aplicación (Art. 1 LOTSJ).

Las competencias contencioso administrativas del Tribunal Supremo, conforme a los artículos 259 y 297 de la Constitución, están establecidas en el artículo 266 de la Constitución y desarrolladas en el artículo 5 de la Ley- Orgánica del Tribunal Supremo de Justicia.

En materia contencioso administrativa, el Tribunal Supremo ejerce sus atribuciones a través de su Sala Político-Administrativa de acuerdo a los ordinales 4 y 5 del artículo 266 de la Constitución que establecen lo siguiente:

> "4. Dirimir las controversias administrativas que se susciten entre la República, algún Estado, Municipio u otro ente público, cuando la otra parte sea alguna de esas mismas entidades, a menos que se trate de controversias entre Municipios de un mismo Estado, caso en el cual la ley podrá atribuir su conocimiento a otro tribunal.
>
> 5. Declarar la nulidad total o parcial de los reglamentos y demás actos administrativos generales o individuales del Ejecutivo Nacional, cuando sea procedente".

Estas atribuciones de la Sala Político Administrativa han sido desarrolladas en los ordinales 24 al 37 del artículo 5 de la Ley Orgánica del Tribunal Supremo de Justicia, que le atribuye competencia al Tribunal Supremo de Justicia, para:

> "24. Conocer de las demandas que se propongan contra la República, los Estados, los Municipios, o algún Instituto Autónomo, ente público o empresa, en la cual la República ejerza un control decisivo y permanente, en cuanto a su dirección o administración se refiere, si su cuantía excede de setenta mil una unidades tributarias (70.001 U.T.);
>
> 25. Conocer de las cuestiones de cualquier naturaleza que se susciten con motivo de la interpretación, cumplimiento, caducidad, nulidad, validez o resolución de los contratos administrativos en los cuales sea parte la República, los estados o los municipios, si su cuantía excede de setenta mil una unidades tributarias (70.001 U.T.);
>
> 26. Conocer de la abstención o negativa del Presidente o Presidenta de la República, del Vicepresidente Ejecutivo o Vicepresidenta Ejecutiva de la República y de los Ministros o Ministras del Ejecutivo Nacional, así como de las máximas autoridades de los demás organismos de rango

constitucional con autonomía funcional, financiera y administrativa y del Alcalde del Distrito Capital, a cumplir específicos y concretos actos a que estén obligados por las Leyes;

27. Conocer de las reclamaciones contra las vías de hecho imputadas a los órganos del Ejecutivo Nacional y demás altas autoridades de rango nacional que ejerzan el Poder Público;

28. Conocer, en alzada de las decisiones de los Tribunales Contencioso Administrativos, cuando su conocimiento no estuviera atribuido a otro tribunal, y de los recursos, cuando se demande la nulidad de un acto administrativo de efectos particulares y al mismo tiempo el acto general que le sirva de fundamento;

29. Conocer de las causas que se sigan contra los representantes diplomáticos acreditados en la República, en los casos permitidos por el Derecho Internacional;

30. Declarar la nulidad total o parcial de los reglamentos y demás actos administrativos generales o individuales del Poder Ejecutivo Nacional, por razones de inconstitucionalidad o ilegalidad;

31. Declarar la nulidad, cuando sea procedente por razones de inconstitucionalidad o de ilegalidad, de los actos administrativos generales o individuales de los órganos que ejerzan el Poder Público de rango Nacional;

32. Dirimir las controversias administrativas que se susciten cuando una de las partes sea la República o algún Estado o Municipio, cuando la contraparte sea alguna de esas mismas entidades, por el ejercicio de una competencia directa e inmediata, en ejecución de la ley;

33. Conocer en apelación de los juicios de expropiación;

34. Dirimir las controversias que se susciten entre autoridades políticas o administrativas de una misma o diferentes jurisdicciones con motivo de sus funciones, cuando la ley no atribuya competencia para ello a otra autoridad;

35. Conocer de las causas de presa;

36. Conocer de las causas por hechos ocurridos en alta mar, en el espacio aéreo internacional o en puertos o territorios extranjeros, que puedan ser promovidos en la República, cuando su conocimiento no estuviere atribuido a otro tribunal;

37. Conocer y decidir, en segunda instancia, las apelaciones y demás acciones o recursos contra las sentencias, dictadas por los Tribunales Contencioso Administrativos, cuando su conocimiento no estuviere atribuido a otro tribunal, que decidan sobre las acciones de reclamos por la prestación de servicios públicos nacionales".

En cuanto a la Sala Electoral, las competencias se establecieron en los orinales 45 y 46 del mismo artículo 5 de la LOTSJ, así:

"45. Conocer los recursos que se ejerzan contra actos, actuaciones y omisiones relacionados con la constitución, denominación, funcionamiento y cancelación de las organizaciones políticas con la designación de miembros de organismos electorales, con el Registro Electoral Permanente, con la postulación y elección de candidatos a la Presidencia de la República y a la Asamblea Nacional;

46. Conocer de aquellos fallos emanados de los tribunales con competencia en materia electoral, que aun cuando no fueren recurribles en casación, violenten o amenacen con violentar las normas de orden público o cuando la sentencia recurrida sea contraria a la reiterada doctrina jurisprudencial de la Sala Electoral";

Además, corresponde tanto a la Sala Político Administrativa como a la Sala Electoral (así como a las otras Salas e asuntos afines con la materia debatida), las siguientes competencias:

"47. Conocer de cualquier controversia o asunto litigioso que le atribuyan las leyes, o que le corresponda conforme a éstas en su condición de más alto Tribunal de la República;

48. Solicitar de oficio, o a petición de parte, algún expediente que curse ante otro tribunal, y avocarse al conocimiento del asunto cuando lo estime conveniente:

49. Conocer de los recursos de hecho que le sean presentados;

50. Conocer de los juicios en que se ventilen varias acciones conexas, siempre que al tribunal esté atribuido el conocimiento de alguna de ellas;

51. Decidir los conflictos de competencia entre tribunales, sean ordinarios o especiales, cuando no exista otro tribunal superior y común a ellos en el orden jerárquico, remitiéndolo a la Sala que sea afín con la materia y naturaleza del asunto debatido;

52. Conocer del recurso de interpretación y resolver las consultas que se le formulen acerca del alcance e inteligencia de los textos legales, en los casos previstos en la ley, siempre que dicho conocimiento no signifique una sustitución del mecanismo, medio o recurso previsto en la ley para dirimir la situación si la hubiere".

2. La jurisdicción ordinaria contencioso-administrativa

Además del Tribunal Supremo de Justicia en Sala Político- Administrativa y Sala Electoral, cuyas competencias en materia contencioso-administrativa están establecidas directamente en la Constitución, la legislación ha venido organizando los demás tribunales de esta jurisdicción, los cuales pueden clasificarse en dos grandes categorías: Los tribunales de lo que podría denominarse la jurisdicción "ordinaria" de lo contencioso-administrativo y los tribunales de la jurisdicción "especial" contencioso-administrativa.

En la primera categoría estarían la Corte Primera de lo Contencioso-Administrativo y los ocho Tribunales Superiores con competencia en lo contencioso-administrativo ubicados en las ocho regiones del país, que habían venido funcionando conforme a las disposiciones transitorias de la derogada Ley Orgánica de la Corte Suprema de Justicia.

A. La Corte Primera de lo Contencioso-Administrativo

La Corte Primera de lo Contencioso-Administrativo, constituida como órgano colegiado compuesto de 5 Magistrados, había sido competente para conocer de los asuntos que enumeraba en el artículo 182 de la derogada Ley Orgánica de la Corte Suprema de Justicia, que eran los siguientes:

"1° De los conflictos de competencia que surjan entre tribunales de cuyas decisiones pueda conocer en apelación.

2° De los recursos de hecho intentados contra las decisiones relativas a la admisibilidad de la apelación en las causas cuyo conocimiento le corresponda en segunda instancia.

3° De las acciones o recursos de nulidad que puedan intentarse por razones de ilegalidad contra los actos administrativos emanados de autoridades diferentes a las señaladas en los ordinales 9°, 10, 11 y 12 del artículo 42 de esta Ley, si su conocimiento no estuviere atribuido a otro Tribunal.

4° De las apelaciones que se interpongan contra las decisiones dictadas, en primera instancia, por los Tribunales Superiores en lo Civil y Contencioso-Administrativo, regulados en el artículo 181 de la Ley Orgánica o que conozcan de recursos especiales contencioso-administrativos, entre los cuales están el Tribunal de Carrera Administrativa, el Tribunal de Apelaciones de Inquilinato, y el Tribunal Superior Agrario.

5° De los juicios de expropiación intentados por la República...

6° De cualquier acción que se proponga contra la República o algún Instituto Autónomo o empresa en la cual el Estado tenga participación decisiva, si su cuantía excede de un millón de bolívares, pero no pasa de cinco millones de bolívares, y su conocimiento no está atribuido por la Ley a otra autoridad.

7° De las controversias que se susciten con motivo de la adquisición, goce, ejercicio o pérdida de la nacionalidad o de los derechos que de ella derivan, sin perjuicio de lo establecido en la Cuarta Disposición Transitoria de la Constitución".

Contra las decisiones dictadas por esta Corte Primera en los asuntos señalados en los ordinales 1° al 4° de este artículo 182, conforme a sus disposiciones, no se debía oír recurso alguno. En cambio, disponía el artículo 185 de la derogada Ley Orgánica, que contra las sentencias definitivas que dictase la Corte primera en los demás juicios de que conociera, podía interponerse apelación dentro del término de cinco días, ante la Corte Suprema de Justicia

La norma que había eliminado la doble instancia en los asuntos contencioso administrativos, sin embargo, fue desaplicada por inconstitucional por el Tribunal Supremo de justicia, por contrariar la garantía constitucional de la doble instancia como componente del debido proceso. En efecto, a pesar de que la Constitución admite que este derecho podría restringirse por la ley, sin embargo y con fundamento en el artículo 23 de la misma Constitución que otorga rango constitucional a los tratados sobre derechos humanos suscritos por la República, aplicando las normas de la Convención Americana de Derechos Humanos (Art. 8, 1 y 2) por ser más favorables y por tanto por prevalecer aún ante la norma constitucional, la Sala Constitucional del Tribunal Supremo, en ejercicio del control difuso de la constitucionalidad, desaplicó el artículo 185 de la derogada Ley Orgánica de la Corte Suprema de Justicia que negaba la apelación contra las decisiones de la Corte Primera de lo Contencioso Administrativo por ante la Sala político Administrativa del Tribunal Supremo[145]; así como el artículo 891 del Código de Procedimiento Civil que niega la apelación respecto de fallos de menor cuantía[146]

B. Los Tribunales Superiores en lo Civil y Contencioso-Administrativo

De acuerdo a lo que establecía el artículo 181 de la derogada Ley Orgánica de la Corte Suprema de Justicia, mientras se dictase la Ley que organizara la jurisdicción contencioso-administrativa, los Tribunales Superiores que tuvieran atribuida competencia en lo Civil debían conocer, en primera instancia en sus respectivas circunscripciones, de

145 *V.*, sentencia N° 87 de 14-03-2000 de la Sala Constitucional en *Revista de Derecho Público*, N° 81, (enero-marzo), Editorial Jurídica Venezolana, Caracas, 2000, pp. 157 y ss; y en relación con el mismo asunto, *V.*, sentencia N° 802 de 13-04-2000 de la Sala Político Administrativa del Tribunal Supremo en *Revista de Derecho Público*, N° 82, (abril-junio), Editorial Jurídica Venezolana, Caracas, 2000, pp. 270 y ss.

146 *V.*, sentencia N° 328 de 09-03-2001 de la Sala Constitucional en *Revista de Derecho Público*, N° 85-88, Editorial Jurídica Venezolana, Caracas, 2001, pp. 108 y ss. En contraste, en relación con el artículo 195 del Código de Procedimiento Civil, *V.*, sentencia N° 178 de 01-03-2001 de la Sala Político Administrativa del Tribunal Supremo en *Revista de Derecho Público*, N° 85-88, Editorial Jurídica Venezolana, Caracas, 2001, pp. 104 y ss.

las acciones o recursos de nulidad contra los actos administrativos de efectos generales o particulares, emanados de autoridades estadales o municipales de su jurisdicción, si eran impugnados "por razones de ilegalidad". Sin embargo, precisaba en forma totalmente inconvenientemente esa norma, que cuando la acción o el recurso se fundase en razones de inconstitucionalidad, el tribunal debía declinar su competencia en la Corte Suprema de Justicia. Como ya se ha señalado, se establecía así, una excepción a la competencia general de los tribunales contencioso-administrativo, los cuales tienen competencia general para controlar la "conformidad con el derecho" de los actos administrativos, reservándose en este caso, *las cuestiones de inconstitucionalidad de actos administrativos, estadales y municipales*, al conocimiento de la antigua Corte Suprema.

Estos Tribunales, de acuerdo a la misma derogada Ley Orgánica (Art. 182) conocían también, en sus respectivas circunscripciones:

> "1° De la abstención o negativa de las autoridades estadales o municipales a cumplir determinados actos a que estén obligados por las leyes cuando sea procedente, en conformidad con ellas.
>
> 2° De cualquier acción que se proponga contra la República o algún Instituto Autónomo o empresa en la cual el Estado tenga participación decisiva, si su cuantía no excede de un millón de bolívares y su conocimiento no está atribuido a otra autoridad.
>
> 3° De las apelaciones contra las decisiones que dicten otros Tribunales de su jurisdicción en los juicios intentados ante ellos contra un Estado o Municipio.
>
> 4° De las apelaciones contra las decisiones que dicten los Jueces de Distrito en materia inquilinaria.
>
> 5° De los recursos de hecho cuyo conocimiento les corresponda de acuerdo con la Ley".

En todo caso, contra las decisiones de estos tribunales podía interponerse apelación dentro del término de cinco días para ante la Corte Primera de lo Contencioso-Administrativo a que se refería el artículo 184 de la Ley.

La Corte Primera de lo Contencioso-Administrativo, conocía de las apelaciones y recursos de hecho que se interpusieran contra las decisiones dictadas en los juicios a que se referían los ordinales 1° y 2° de dicho artículo.

La jurisdicción contencioso-administrativa se había organizado en ocho regiones por Decreto N° 2.057 de 03-03-77[147], en las cuales se crearon Tribunales Superiores en lo Civil, Mercantil y Contencioso-Administrativo. Por Resolución N° 861 del Consejo de la Judicatura de 09-05-91[148], se había eliminado la competencia mercantil al Juzgado Superior Primero de la Región Capital y se le atribuyó competencia en materia inquilinaria, eliminándose el Tribunal de Apelaciones de Inquilinato y creándose en su lugar tres Tribunales Superiores en lo Civil, y Contencioso- Administrativo más, con competencia inquilinaria en la Región Capital.

Ahora bien, el Consejo de la Judicatura, por Resolución N° 2643 de 13-04-94[149], con el objeto de ubicar los órganos de la jurisdicción contencioso-administrativa al alcance de los ciudadanos que los requirieran, particularmente por los efectos del proceso de descentralización, reorganizó completamente la jurisdicción contencioso-administrativa

147 *V., G.O.* N° 31.201 de 23-03-77.
148 *V., G.O.* N° 34.775 de 13-08-91.
149 *V., G.O.* N° 35.458 de 11-05-94.

a nivel de los Tribunales Superiores con competencia en dicha materia, suprimiéndosela, y estableciendo la organización de la misma en 24 Tribunales Superiores, que debía entrar en vigencia a partir del 16-09-94. Lamentablemente dicha organización de los Tribunales Superiores con competencia en lo contencioso-administrativa fue dejada sin efecto antes de que la Resolución entrase en vigencia, la cual posteriormente fue derogada, mediante Resolución N° 88 de 20 de diciembre de 1994, luego reformada por Resolución N° 235 de 24 de abril de 1995, la cual dividió el territorio nacional en once circunscripciones judiciales contencioso-administrativas con vigencia a partir del 1° de junio de 1995[150]. Los once Juzgados Superiores Contencioso-Administrativos resultantes han tenido competencia para conocer de los asuntos, acciones y recursos previstos en los artículos 181 y 185 de la derogada Ley Orgánica de la Corte Suprema de Justicia, así como de los recursos que se propusieran contra los reparos previstos en la Ley Orgánica de la Contraloría General de la República.

En particular, debe mencionarse que la Ley del Estatuto de la Función Pública[151] disposo en su Disposición Transitoria Primera que mientras se dictase la ley que regule la jurisdicción contencioso administrativa, son competentes en primera instancia para conocer de las controversias a que se refiere el artículo 93 de esta Ley, los jueces o juezas superiores con competencia en lo contencioso administrativo en el lugar donde hubieren ocurrido los hechos, donde se hubiere dictado el acto administrativo, o donde funcione el órgano o ente de la Administración Pública que dio lugar a la controversia.

3. La jurisdicción especial contencioso-administrativa

A. Los Tribunales Superiores de lo Contencioso-Tributario

De acuerdo al Código Orgánico Tributario[152], son competentes para conocer en primera instancia de los procedimientos establecidos en dicho Código, los Tribunales Superiores de lo Contencioso Tributario, los cuales los sustanciarán y decidirán con arreglo a las normas del mismo. De las decisiones dictadas por dichos Tribunales, puede apelarse dentro de los términos previstos en el Código, para ante el Tribunal Supremo de Justicia.

Sin embargo, el conocimiento de los procedimientos relativos a los ilícitos sancionados con penas restrictivas de la libertad, corresponden a la jurisdicción penal ordinaria[153]. El Consejo de la Judicatura, mediante Resolución N° 254 de 27 de junio de 1995[154] había regulado la organización de la jurisdicción contencioso-tributario, dividiendo el territorio nacional en 6 circunscripciones Judiciales.

Estos tribunales son competentes en materia tributaria nacional respecto de los actos dictados por las Administraciones comprendidas dentro de su ámbito territorial de competencia. Son igualmente competentes en materia tributaria estadal y municipal respecto

150 *V.*, *G.O.* N° 35.715 de 22-05-95.
151 *V.*, en *G.O.* 37.522 del 06-09-2002
152 *V.*, Ley 42, *G.O.* N° 37.305 17-108-2001, artículos 329 y ss.
153 Artículo 329 del Código Orgánico Tributario (COT).
154 *V.*, *G.O.* N° 35.747 de 06-07-95.

de actos dictados por las autoridades estadales y municipales comprendidas dentro de su ámbito territorial de competencia conforme al artículo 329 del Código Orgánico Tributario.

B. La jurisdicción especial contencioso-administrativa agraria

Finalmente, debe mencionarse que de acuerdo con la Ley de Tierras y Desarrollo Agrario se ha establecido la jurisdicción contencioso administrativa especial agraria que se ejerce por los Tribunales Superiores Regionales Agrarios con competencia para conocer de los recursos que se intenten contra cualquiera de los actos administrativos agrarios. También se atribuyó competencia a la Sala Especial Agraria de la Sala de Casación Social del Tribunal Supremo para conocer de las causas en segunda instancia (Art. 171). El artículo 172 de la Ley precisó que las competencias atribuidas comprenden el conocimiento de todas las acciones que por cualquier causa, sean intentadas con ocasión de la actividad u omisión de los órganos administrativos en materia agraria, incluyéndoos el régimen de los contratos administrativos, el régimen de expropiaciones, las demandas patrimoniales y demás acciones con arreglo al derecho común que sean interpuestas contra cualquiera de los órganos o los entes agrarios.

IV. LA COMPETENCIA DE LA JURISDICCIÓN CONTENCIOSO-ADMINISTRATIVA

La competencia de la jurisdicción contencioso-administrativa implica la potestad y la obligación que tiene determinados órganos judiciales que la componen, de conocer y resolver determinados litigios relativos a los actos administrativos o a las actuaciones de la Administración. Por tanto, el problema del examen de la competencia de la jurisdicción contencioso-administrativa se reduce, de una parte, a la determinación de la naturaleza de la materia que ella está obligada a conocer y, por otra parte, a la determinación de los poderes del Juez en la resolución de los litigios que debe conocer.

Esta competencia jurisdiccional es de orden público. Por tanto, las disposiciones legales y constitucionales que la establezcan no pueden renunciarse ni relajarse por convenios particulares[155]. Por supuesto, este carácter de orden público de la competencia jurisdiccional no sólo se refiere a los particulares y administrados, sino que también tiene especial referencia a los mismos órganos jurisdiccionales. En este sentido, los órganos de la jurisdicción contencioso-administrativa, como cualquier órgano jurisdiccional, no pueden desconocer su competencia, sea porque conozcan de litigios respecto a los cuales no tienen cualidad para conocer, sea porque rehúsen a conocer cuestiones que pertenecen a su competencia.

Examinaremos entonces, en primer lugar, la delimitación de la competencia contencioso-administrativa; y, en segundo lugar, examinaremos los poderes del juez contencioso-administrativo.

---

155 Artículo 6 del Código Civil.

1. La delimitación de la competencia

De acuerdo a los artículos 259 y 297 de la Constitución y a su desarrollo conforme al artículo 5 de la Ley Orgánica del Tribunal Supremo de Justicia, hemos dicho, la competencia de los órganos de la jurisdicción contencioso-administrativa está establecida, por una parte, por la materia, sobre todo cuando se trata del control de legalidad, y por la otra por los sujetos controlados, los entes públicos, particularmente en el caso de las demandas contra los mismos, o control de legitimidad, con referencia particular a los concesionarios de servicios públicos.

En efecto, en materia de control de legalidad, la competencia de la jurisdicción contencioso-administrativa es una competencia en razón de la materia, es decir, en razón de la naturaleza administrativa de los actos que ella debe controlar. Ello se deduce del principio general definido en el Código de Procedimiento Civil, conforme al cual, "la competencia por razón de la materia se determina por la naturaleza de la cuestión que se discute, y por las disposiciones legales que la regulan"[156]. En materia de control de legalidad, esta "naturaleza de la cuestión que se discute" está delimitada en el antes citado artículo 259 de la Constitución que dispone que:

> "Los órganos de la jurisdicción contencioso-administrativa son competentes para anular los *actos administrativos* generales o individuales contrarios a derecho, incluso por desviación de poder; condenar al pago de sumas de dinero y a la reparación de daños y perjuicios originados por responsabilidad de la *Administración*; conocer de reclamos por la prestación de *servicios públicos* y disponer lo necesario para el restablecimiento de las situaciones jurídicas subjetivas lesionadas por la *actividad administrativa*".

De este artículo de la Constitución y de las expresiones "actos administrativos", "administración", "servicios públicos" y "actividad administrativa" se deduce claramente cuál es el ámbito y el dominio de la jurisdicción contencioso-administrativa en materia de control de legalidad: ésta es competente para conocer de los litigios en que la "administración" sea parte, originados ya sea por sus "actos administrativos", por la prestación de "servicios públicos" o por la "actividad administrativa".

Pero hemos dicho, que además del control de legalidad, los órganos de la jurisdicción contencioso-administrativa ejercen el control de legitimidad, lo que conlleva al conocimiento de las demandas que se intenten contra los entes públicos o los concesionarios de servicios públicos. En esta materia, antes de la derogada Ley Orgánica de la Corte Suprema de Justicia de 1976, la competencia podía decirse que también estaba establecida por razón de la materia, por lo que sólo las demandas basadas en cuestiones de derecho administrativo, correspondían a los órganos de la jurisdicción contencioso-administrativa[157]. Sin embargo, como se ha dicho, la derogada Ley Orgánica de la Corte Suprema de Justicia desde 1976 varió esta definición en la competencia por la materia, definiéndose materialmente como un fuero de la República y de las personas jurídicas estatales nacionales, lo que se sigue en la normativa de la Ley Orgánica del Tribunal Supremo de Justicia de 2004. Así, la jurisdicción contencioso-administrativa es competente para conocer de cualquier demanda contra las personas jurídicas de derecho público estatales y contra las empresas nacionales del Estado, es decir, de las demandas que

156 Artículo 28 CPC.

157 Allan R. Brewer-Carías, *Las Instituciones...*, *op. cit.*, pp. 108 y ss.

se propongan contra la República, los Estados, los Municipios, o algún Instituto Autónomo, ente público o empresa, en la cual la República ejerza un control decisivo y permanente, en cuanto a su dirección o administración se refiere, si su cuantía excede de 70.001 U.T. (Unidades Tributarias) (Art 5,25).

En todo caso, este ámbito de competencia debe precisarse. En primer lugar implica, en principio, como es obvio, la exclusión de la competencia de la jurisdicción contencioso-administrativa de las actividades de otros entes jurídicos extraños al Estado venezolano y a la Administración Pública venezolana. Litigios entre particulares, por ejemplo, no pueden ser objeto de la jurisdicción contencioso-administrativa, y un conflicto entre partes privadas no puede ser llevado nunca ante esa jurisdicción, así como tampoco un litigio en el cual intervienen un Estado extranjero y un particular. En definitiva, para que intervenga la jurisdicción contencioso-administrativa, es necesario que en el conflicto incida una actividad realizada por una persona jurídica estatal, y sólo excepcionalmente, por entidades o corporaciones privadas pero que ejerzan autoridad en virtud de Ley expresa[158]. En esta excepción estaría la competencia contencioso administrativa en materia de reclamos por la prestación de servicios públicos, en cuyo caso podría quedar involucrado un conflicto entre un particular (usuario) y una empresa privada concesionario del servicio público.

En segundo lugar, el principio también implica la exclusión de toda competencia de esta jurisdicción con relación a las leyes y demás actos de rango legal de la Asamblea Nacional, a las sentencias y a los actos de gobierno del Estado. Esto no implica, por supuesto, que los actos administrativos de las Cámaras Legislativas y de los Tribunales no sean recurribles ante la jurisdicción contencioso-administrativa. Un acto de policía interna de las Cámaras, o un acto de éstas relativo al estatuto de personal de sus funcionarios permanentes, son actos administrativos recurribles ante la jurisdicción contencioso-administrativa, a pesar de que emanen de un órgano legislativo, el cual, en este caso, actúan en ejercicio de una función administrativa. Por tanto, quedan excluidos del control de la jurisdicción contencioso administrativo los actos de la Asamblea nacional de rango legal cumplidos en ejercicio de la función normativa o de gobierno; pero los actos que se cumplen por dichos órganos legislativos, de rango sublegal en ejercicio de la función administrativa si son actos susceptibles de ser recurridos ante la jurisdicción contencioso-administrativa. Un acto administrativo de la Asamblea Nacional recurrible ante la Sala Político Administrativa, sería por ejemplo el acto administrativo mediante el cual se "anule" el nombramiento de un Magistrado (Art. 23,4 LOTSJ). Este mismo razonamiento se aplica respecto de los actos administrativos del Poder Judicial[159].

En cuanto a los actos de gobierno, es decir, aquellas actividades del Poder Ejecutivo cumplidas en ejecución directa de la Constitución, quedan también excluidos de la jurisdicción contencioso-administrativa, pues caen bajo el ámbito de control de la jurisdicción constitucional[160].

En cuanto a los actos administrativos de los otros Poderes Públicos, como los que conforman el Poder Ciudadano (Fiscal General de la República, Contralor General de la

158 *V.*, las referencias a Sentencias de la Corte Primera de lo Contencioso-Administrativo en H. Rondón de Sansó, "Ampliación del ámbito contencioso-administrativo", *RDP*, N° 22, EJV, Caracas, 1985, pp. 33-49.

159 Allan R. Brewer-Carías, *Las Instituciones... op. cit.*, pp. 108 y ss.

160 *Idem*, y Allan R. Brewer-Carías, *El Control de la Constitucionalidad de los Actos Estatales*, EJV, Colección Estudios Jurídicos, N° 2, Caracas, 1977, p. 84. Art. 215, Ord. 6° de la Constitución.

República, Defensor del Pueblo), caen bajo el control de la Sala Político Administrativa del Tribunal Supremo; y los actos de los órganos del Poder Electoral, caen bajo el control de la Sala Electoral del Tribunal Supremo y de los otros tribunales de la jurisdicción contencioso electoral que se creen.

2. Los poderes del juez

Pero al hablar de la competencia de la jurisdicción contencioso-administrativa, además de determinar su ámbito, debemos precisar cuáles son los poderes que el Juez puede ejercer con relación a las materias de las cuales puede conocer, lo cual tiene relación, por lo demás, con el derecho que toda persona tiene, conforme al artículo 18, párrafo 2 de la ley Orgánica, de acceder al Tribunal Supremo de Justicia en cualesquiera de sus Salas, para hacer valer sus derechos e intereses, incluso los colectivos o difusos, a la tutela efectiva de los mismos y a obtener con prontitud la decisión correspondiente.

En efecto, en *primer lugar,* el Juez contencioso-administrativo puede declarar la nulidad de los actos administrativos por inconstitucionalidad o ilegalidad, en general, por contrariedad al derecho. Ello está establecido no sólo en los artículos 259 y 266 de la Constitución, sino también en la Ley Orgánica del Tribunal Supremo de Justicia cuya normativa es la que regula legalmente, por ahora, esta jurisdicción. Conforme a estas normas, como se ha visto, el Tribunal Supremo de Justicia y los Tribunales con competencia en lo contencioso-administrativo, tienen atribución para declarar "la nulidad de actos administrativos, generales o individuales, contrarios a derecho, incluso por desviación de poder"; es decir, conforme al artículo 5 de la ley Orgánica del Tribunal Supremo:

> "30. Declarar la nulidad total o parcial de los reglamentos y demás actos administrativos generales o individuales del Poder Ejecutivo Nacional, por razones de inconstitucionalidad o ilegalidad;
>
> 31. Declarar la nulidad, cuando sea procedente por razones de inconstitucionalidad o de ilegalidad, de los actos administrativos generales o individuales de los órganos que ejerzan el Poder Público de rango Nacional".
>
> Pero además de declarar la nulidad de los actos administrativos al declarar procedente el recurso en la sentencia definitiva, el Juez contencioso-administrativo puede declarar inadmisible el recurso cuando no se cumplen las condiciones de recurribilidad o requisitos procesales del mismo, lo cual si bien debe decidirse en el auto de admisión, puede serlo posteriormente, en la decisión definitiva[161].

Pero además, de acuerdo al artículo 21, párrafo 18° de la Ley Orgánica, con la pretensión de anulación también puede formularse una pretensión de condena derivada precisamente de esa anulación, y así la sentencia, además de anular el acto puede resolver condenar a la Administración al pago de sumas de dinero, y a la reparación de daños y perjuicios originados en responsabilidad administrativa, así como disponer lo necesario para el restablecimiento de las situaciones jurídicas subjetivas lesionadas por la actividad administrativa.

---

161 Artículo 21, párrafo 17°, LOTSJ.

En este campo, la pretensión de anulación, por tanto, también puede estar acompañada de una pretensión de condena e, incluso de una pretensión de amparo de los derechos fundamentales.

Aparte de estas cuestiones de anulación y condena o de inadmisibilidad que se pueden suscitar ante la jurisdicción contencioso-administrativa, en *segundo lugar*, están todas las otras cuestiones en las cuales no se plantea la nulidad de actos administrativos. En efecto, la Constitución en su artículo 259, también atribuye competencia a los tribunales contencioso-administrativos para restablecer las situaciones jurídicas subjetivas lesionadas por la actividad administrativa. Ello da origen a competencias en las cuales los tribunales contenciosos-administrativos no entran a declarar o no la nulidad de un acto administrativo por motivos de ilegalidad, sino que, tienen una competencia amplia, para conocer y decidir con plenitud, dentro de los límites de su competencia, de todas las demandas que se intenten contra los entes públicos estatales nacionales y empresas nacionales del Estado. La Constitución, en ese sentido, señala algunos supuestos de esta competencia cuando insiste en su artículo 259 sobre "la condena al pago de sumas de dinero, la reparación de daños y perjuicios, originados por la responsabilidad de la Administración; o el restablecimiento de situaciones jurídicas subjetivas lesionadas por la actividad administrativa". De acuerdo a esta norma, es indudable que estamos ante una competencia plena, lo suficientemente amplia como para admitir cualquier tipo de pedimento frente a la Administración de parte de un particular lesionado, por supuesto en un derecho subjetivo.

La competencia general en esta materia está establecida en el artículo 5 de la ley Orgánica que atribuye a la Sala Político Administrativa del Tribunal Supremo, competencia para:

> "24. Conocer de las demandas que se propongan contra la República, los Estados, los Municipios, o algún Instituto Autónomo, ente público o empresa, en la cual la República ejerza un control decisivo y permanente, en cuanto a su dirección o administración se refiere, si su cuantía excede de setenta mil una unidades tributarias (70.001 U.T.);
>
> 27. Conocer de las reclamaciones contra las vías de hecho imputadas a los órganos del Ejecutivo Nacional y demás altas autoridades de rango nacional que ejerzan el Poder Público";

En esta forma, de acuerdo a la Ley Orgánica del Tribunal Supremo en estos casos de demandas contra los entes públicos, la decisión del juez puede ser cualquier decisión jurídicamente útil que se solicite, en la cual no esté envuelta la nulidad de un acto administrativo. En tal sentido, el artículo 21, párrafo 18 de dicha Ley Orgánica dispone que en su fallo definitivo el Tribunal Supremo de Justicia, de acuerdo con los términos de la solicitud, podrá condenar el pago de sumas de dinero y a la reparación de daños y perjuicios originados en responsabilidad de la administración, así como disponer lo necesario para el restablecimiento de las situaciones jurídicas subjetivas lesionadas por la actividad administrativa. Agrega la norma, sin embargo, que cuando la acción hubiese sido temeraria o evidentemente infundada, el Tribunal podrá imponer al solicitante multa 50 U.T. y 100 U.T.

Desde la promulgación de la derogada Ley Orgánica de la Corte Suprema de Justicia de 1976, por tanto, puede decirse que desapareció toda distinción entre el "recurso de anulación", por una parte, y el "recurso de plena jurisdicción", aún cuando ello no implicaba que en el "recurso de plena jurisdicción" no se pudiera pedir la nulidad de un acto, cuando un particular intentaba una demanda contra la Administración, exigiendo por ejemplo, una indemnización por una determinada cantidad de dinero, por resolución unilateral de un contrato, en la cual planteaba la nulidad del acto administrativo que le había negado el pago de esa cantidad o del acto administrativo que había ordenado la resolución del contrato, sin que se acordara la indemnización. En estos casos, sin embargo, el problema estaba en determinar los efectos de la anulación. Dada la naturaleza de la contención que se establecía en el "recurso de plena jurisdicción" que era realmente una contención entre una parte y el Estado por el restablecimiento de una situación jurídica subjetiva lesionada, la decisión tenía efectos *inter partes.* Por ello podría surgir la pregunta de si la decisión que el Juez tomase anulando un acto en el caso de un "recurso de plena jurisdicción" era una decisión que tenía sólo efectos *inter partes;* o, al contrario, efectos *erga omnes,* como eran los de la anulación dictada por vía del recurso contencioso administrativo de anulación[162]. A partir de 1976, esta situación cambió, pues si la pretensión de condena a la Administración deriva de la ilegalidad de un acto administrativo, debe formularse la pretensión de anulación, y anexo a ella en el contencioso de anulación de los actos administrativos, la pretensión de condena de acuerdo a lo previsto en el citado artículo 21, párrafo 18° de la Ley Orgánica. En esta forma el llamado "contencioso de plena jurisdicción" después de la Ley de 1976 y de la actual, quedó reducido a las demandas contra la República y los otros entes nacionales estatales, sin que en ellas se planteen pretensiones de anulación: y el contencioso de anulación se convirtió en un *contencioso de los actos administrativos,* sea con la sola pretensión de anulación de los mismos o con pretensiones de condena e incluso de amparo anexas a éstas.

En *tercer lugar*, y conforme a la previsión que se estableció en la Ley Orgánica de 1976, como un aspecto específico del contencioso de las demandas, se destaca el *contencioso de los contratos administrativos*, al atribuirse a la Sala Político Administrativa competencia para conocer de las "cuestiones de cualquier naturaleza que se susciten con motivo de la interpretación, cumplimiento, caducidad, nulidad, validez o resolución de los contratos administrativos en los cuales sea parte la República, los Estados o los Municipios, si su cuantía excede de setenta mil una unidades tributarias (70.001 U.T.)" (Art. 5,25). Se trata, sin embargo, de un contencioso limitado, sólo al conocimiento de los contratos suscritos por los entes públicos territoriales y no por los otros entes públicos como los institutos autónomos o las empresas del Estado.

En cuarto *lugar*, y como una innovación de la Constitución de 1999, un cuarto tipo de competencia que puede ser ejercida por la jurisdicción contencioso administrativa, se refiere a los reclamos por la prestación de los servicios públicos. Se abre así en campo del *contencioso de los servicios públicos*, que sin embargo, la Ley Orgánica no reguló. En esta materia, sólo se reguló en el artículo 5, ordinal 37, la competencia de la Sala Político Administrativa del tribunal Supremo para "conocer y decidir, en segunda instancia, las apelaciones y demás acciones o recursos contra las sentencias, dictadas por los Tribunales Contencioso Administrativos, cuando su conocimiento no estuviere atribuido a otro tribunal, que decidan sobre las acciones de reclamos por la prestación de servicios públicos nacionales".

En *quinto lugar*, además de los poderes de anulación y de condena, y del contencioso de los contratos administrativos y de los servicios públicos, un quinto tipo de competencia puede ser ejercida por la jurisdicción contencioso-administrativa, relativa a la

162 En 1964 nos habíamos inclinado por la primera solución, dada la naturaleza del recurso. *V.*, Allan R. Brewer-Carías, *Las Instituciones...*, pp. 336 y ss.

interpretación. En relación a esta última, debe señalarse que antes de 1976 no era usual hablar en Venezuela de que existiera una competencia de interpretación en el ámbito de la jurisdicción contencioso-administrativa. En efecto, el problema no se había planteado ni siquiera en la doctrina hasta 1965 cuando con motivo de un litigio particular, hubo la oportunidad de trabajar un problema contencioso de interpretación en materia contractual, fundamentado en la antigua Ley Orgánica de la Corte Federal cuyas normas atribuían a la antigua Corte Suprema de Justicia competencia para conocer, en juicio contencioso, de todas las cuestiones de nulidad, resolución, alcance, *interpretación,* etc., con relación a los contratos suscritos por la Administración Pública Nacional[163]. Posteriormente en la Ley de Carrera Administrativa de 1970 se consagró un recurso de interpretación ante el Tribunal de la Carrera Administrativa, en relación a las dudas que surgieran en cuanto a la aplicación e interpretación de dicha Ley y sus Reglamentos, aclarándose que el ejercicio de dicho recurso no podía ser motivo para la paralización de ninguna medida que las autoridades competentes puedan ordenar[164]. Mediante esta norma legal se puede decir que por primera vez en Venezuela se consagró expresamente la competencia de interpretación atribuida a la jurisdicción contencioso-administrativa aún cuando en este caso, limitada al contencioso-funcionarial.

Posteriormente, en la derogada Ley Orgánica de la Corte Suprema de Justicia de 1976 se estableció en forma general, la competencia del Supremo Tribunal para "conocer del recurso de interpretación y resolver las consultas que se le formulen acerca del alcance e inteligencia de los textos legales", pero "en los casos previstos en la Ley" (Art. 42,24), con lo cual quedaba por ser regulada dicha competencia. Con base en ello, en todo caso, la antigua Corte Suprema de Justicia se reservó conocer, incluso, del recurso de interpretación previsto en la derogada Ley de Carrera Administrativa.

En la Ley Orgánica del Tribunal Supremo de Justicia de 2004, el contencioso de interpretación quedó establecido en el ordinal 55 del artículo 5 de la Ley Orgánica del Tribunal Supremo, pero como una competencia general de todas las Salas, correspondiendo a la Sala afín con la materia debatida, en la siguiente forma: "Conocer del recurso de interpretación y resolver las consultas que se le formulen acerca del alcance e inteligencia de los textos legales, en los casos previstos en la ley, siempre que dicho conocimiento no signifique una sustitución del mecanismo, medio o recurso previsto en la ley para dirimir la situación si la hubiere".

En sexto *lugar*, otra competencia general de la jurisdicción contencioso-administrativa que deriva del artículo 5, párrafo 1°, ordinal 26 de la Ley Orgánica del Tribunal Supremo de Justicia (establecida desde la derogada Ley de 1976), es la atribuida a la Sala Político Administrativa para "Conocer de la abstención o negativa del Presidente de la República, del Vicepresidente Ejecutivo de la República y de los Ministros del Ejecutivo Nacional, así como de las máximas autoridades de los demás organismos de rango constitucional con autonomía funcional, financiera y administrativa y del Alcalde

163 Allan R. Brewer-Carías y Enrique Pérez Olivares. "El Recurso Contencioso-Administrativo de Interpretación en el Sistema Jurídico Venezolano", en *Revista de la Facultad de Derecho*. Universidad Central de Venezuela, N° 32, Caracas, 1965, pp. 103-126.

164 Artículo 64 de la derogada Ley de Carrera Administrativa de 1970.

del Distrito Capital, a cumplir específicos y concretos actos a que estén obligados por las Leyes"[165]. Se trata del contencioso-administrativo contra la carencia administrativa.

3. Las excepciones a la competencia de anulación

Ahora bien, el principio que se deduce de todo lo anteriormente señalado, de reservar a los tribunales contencioso-administrativos competencia para declarar la nulidad de los actos administrativos, generales o individuales, tiene en Venezuela algunas excepcionales. En efecto, en dos supuestos, tribunales que no pertenecen a la jurisdicción contencioso-administrativa tendrían competencia, hasta cierto punto, para declarar la nulidad de ciertos actos administrativos: Se trata de algunos supuestos relativos a acciones de amparo y de expropiación, ambos relacionados con la protección de derechos fundamentales, la libertad personal y de la propiedad.

En primer lugar, en el procedimiento de la acción de amparo a la libertad personal –*habeos corpus*– el juez penal tiene competencia para anular actos administrativos restrictivos a la libertad personal, al ordenar, por ejemplo, la excarcelación de una persona. Implícitamente, la orden de excarcelación implica indudablemente la anulación del acto –si lo hubo– por el cual se ordenó el encarcelamiento.

En este supuesto, se trata de un Tribunal penal declarando la nulidad de un acto administrativo *indirectamente.* Pero debe quedar claro que esta excepción sólo puede darse en el procedimiento de amparo a la libertad personal, es decir, de *habeos corpus,* regulado en el artículo 27 de la Constitución. Respecto de cualquier otra acción de amparo que se ejerza con relación a cualquier otra libertad o garantía constitucional, un tribunal ordinario no podría nunca decidir ni siquiera indirectamente, en relación a la legalidad de una actuación administrativa. En este sentido debe destacarse la jurisprudencia de la antigua Corte Suprema de Justicia en la Sala Político-Administrativo y en la Sala de Casación Penal, declarando la incompetencia de los Tribunales Penales ordinarios para conocer de la legalidad de las actuaciones de la Administración Pública con ocasión del ejercicio de acciones de amparo distintas al de *habeas corpus*[166].

Aparte de la excepción referida al amparo de la libertad personal, otro supuesto que también podría verse como una excepción al principio de la exclusiva competencia de anulación de actos administrativos de la jurisdicción contencioso-administrativa, está previsto en el procedimiento de expropiación, el cual prevé, como una de las causas de oposición a la expropiación, la violación de ley[167].

En esos casos, cuando se alega ante un Juez Civil con competencia en materia de expropiación, la oposición al procedimiento basada en la violación de ley, al decidir esa oposición, el Juez, en realidad, decide sobre la ilegalidad de la actuación administrativa, configurándose entonces el ejercicio de una competencia por un Tribunal Civil con relación a la declaración o no de la nulidad de un acto administrativo.

---

165 Esta competencia estaba regulada en los Artículos 42, ordinal 23, y 182, ordinal 1° de la derogada LOCSJ. *V.*, Allan R. Brewer-Carías, "La abstención, silencio y negativa de la Administración y su control" en *El Derecho Venezolano en 1982*, UCV, Caracas, 1982, pp. 603 y ss.

166 *V.*, en Allan R. Brewer-Carías, "Derecho y acción de amparo". *T.* V, *Instituciones Políticas y Constitucionales*, Caracas, 1998.

167 Art. 30, Ley de Expropiación por Causa de Utilidad Pública o Social. *G.O.* 37475 de 01-07-2002

4. Las exclusiones de la competencia

Ahora bien, determinado el ámbito de la competencia de los órganos de la jurisdicción contencioso-administrativa, debemos entonces precisar que lógicamente quedan excluidas de la jurisdicción contencioso-administrativa las actividades de entes jurídicos extraños al Estado venezolano así como el control de constitucionalidad y legalidad de otros actos del Estado venezolano que no sean actos administrativos.

A. Exclusión de las actividades de otros entes jurídicos extraños al Estado venezolano

En primer lugar, como hemos dicho, quedan excluidos de la jurisdicción contencioso-administrativa los litigios entre particulares de cualquier naturaleza que éstos sean, excepto cuando se trate de litigios por reclamos derivados de la prestación de servicios públicos en los que esté involucrado un particular-usuario y una empresa concesionaria del servicio.

Es imposible, por tanto, recurrir ante la jurisdicción contencioso-administrativa cuando no se pone en causa la actividad del Estado venezolano, y concretamente la actividad de la Administración. Por lo mismo, también quedan excluidos de las competencias de la jurisdicción contencioso-administrativa los litigios entre un particular y un Estado extranjero o cualquier organismo internacional no sometido a la soberanía del Estado venezolano.

Por tanto, para que la competencia de la jurisdicción contencioso-administrativa funcione, es necesario en primer lugar, que se trate de una actividad del Estado venezolano o cumplida por personas de derecho público, o por concesionarios de servicios públicos.

Sin embargo, debe señalarse que en materia de control de legalidad, los actos administrativos sometidos a control no necesariamente son siempre dictados por órganos de las personas de derecho público territoriales o no territoriales, sino que pueden emanar de entidades orgánica y formalmente de derecho privado, incluso constituidas por particulares, pero que en virtud de Ley ejerzan prerrogativas del Poder Público y autoridad, de manera tal que al lesionar el derecho o interés legítimo de un individuo, puedan considerarse actos administrativos a los efectos del control contencioso-administrativo.

En este sentido, la jurisprudencia de la Corte Primera de lo Contencioso-Administrativo amplió progresivamente el ámbito de la jurisdicción contencioso-administrativa[168], considerando como actos recurribles, por ejemplo, actos emanados de asociaciones privadas reguladas por ley, cuando ejercen potestades públicas en virtud de "delegación" o descentralización[169], como las Universidades privadas en relación con el régimen de los alumnos, particularmente el sancionatorio.

---

168 *V.*, en general H. Rondón de Sansó, "Ampliación del ámbito contencioso-administrativo", *Revista de Derecho Público*, N° 22, EJV, Caracas, 1985, pp. 33-49.

169 Por ejemplo, Asociación de Autores y Compositores, regulada en la Ley de Derecho de Autor (Sentencia de la Corte Primera de la Contencioso-Administrativa, 14-05-84); y Federaciones y Asociaciones Deportivas.

B. Exclusión del control sobre los actos legislativos de rango legal, las sentencias y los actos de gobierno

Pero no basta para que la jurisdicción contencioso-administrativa sea competente, que se le someta un litigio concerniente a una actividad del Estado venezolano. Hemos señalado que la jurisdicción contencioso-administrativa en su competencia de anulación es sólo competente para conocer de los litigios en que la Administración sea parte, originados por sus actos administrativos y por la actividad administrativa. Por tanto, sólo pueden ser sometidos a control de legalidad por la jurisdicción contencioso-administrativa los actos administrativos.

Así, quedan excluidos de la competencia de la jurisdicción contencioso-administrativa todos los litigios concernientes a otras actividades del Estado que no sean "actividad administrativa", es decir, que resulten en actos administrativos.

En efecto, en primer lugar, la jurisdicción contencioso-administrativa es incompetente para conocer de litigios concernientes a la actividad de la Asamblea Nacional de rango legal o realizada en ejecución directa e inmediata de la Constitución, y para conocer de acciones de nulidad de las leyes y demás actos parlamentarios sin forma de ley. Sin embargo, por supuesto, el principio de legalidad que domina toda la actividad del Estado venezolano exige la existencia de un control jurisdiccional para la actividad de los cuerpos legislativos ejercida en función legislativa o de gobierno, y ese es el control de constitucionalidad, pues esas actividades son ejercidas en ejecución directa e inmediata de la Constitución. Entonces, el control que puede ejercerse sobre dichos actos es el que corresponde a la Jurisdicción constitucional que ejerce la Sala Constitucional del Tribunal Supremo de Justicia, por medio de la acción de inconstitucionalidad. Por tanto, el control de la constitucionalidad de las leyes y demás actos de rango legal o de ejecución directa e inmediata de la Constitución de la Asamblea Nacional, si bien es ejercido por el Tribunal Supremo, lo es por su Sala Constitucional como jurisdicción constitucional y no como jurisdicción contencioso-administrativa.

Sin embargo, y ello es evidente, no toda la actividad que desarrollan la Asamblea Nacional y demás cuerpos legislativos (estadales y Municipales) es una "actividad legislativa", pues además, desarrollan actividad administrativa. En la actividad de los cuerpos legislativos por tanto, hay que distinguir la actividad ejercida en función legislativa y de gobierno de aquella ejercida en función administrativa.

Las primeras tienen su control propio en la Jurisdicción Constitucional que hemos señalado. Sin embargo, la segunda, la actividad administrativa –de carácter sub legal– ejercida por los cuerpos legislativos está sometida al control de la jurisdicción contencioso-administrativa.

Por ejemplo, la Constitución, en su artículo 187, ordinal 21, señala que es atribución de la Asamblea Nacional organizar su servicio de seguridad interna; en cuyo ejercicio la Asamblea actúa en función administrativa. Por tanto, los actos dictados en relación con dicha atribución son actos administrativos susceptibles de ser recurridos por ilegalidad mediante el recurso contencioso-administrativo de anulación. En este mismo sentido, la responsabilidad que pueda resultar para el Estado por el mal funcionamiento de esos servicios de policía de la Asamblea o por el daño que causen en sus funciones, es una responsabilidad administrativa y, por tanto, susceptible de ser controlada por la jurisdicción contencioso-administrativa.

En segundo lugar, por los mismos razonamientos antes expuestos, la actividad de los órganos judiciales cuando es ejercida en función jurisdiccional, y los actos judiciales que de ella resulten (sentencias), no son susceptibles de ser recurridos por ningún motivo ante los órganos de la jurisdicción contencioso-administrativa. Esta jurisdicción sólo puede conocer de los litigios que tienen su origen en la actividad administrativa y de la nulidad de actos administrativos, y nunca de la nulidad de actos judiciales o de sentencias de los tribunales de la República. Por ello, la antigua Corte Suprema, sistemáticamente, siempre se declaró incompetente para conocer de las acciones que se habían intentado contra sentencias[170]. Sin embargo, es necesario distinguir también en este caso, la actividad jurisdiccional de los órganos del Poder Judicial de la actividad administrativa que esos mismos órganos puedan realizar en ejercicio de la función administrativa o de la función legislativa.

A tal efecto, cuando los órganos judiciales por ejemplo, dictan actos de nombramiento de determinados funcionarios, o imponen sanciones a los abogados litigantes, esos son actos administrativos y no judiciales y, por tanto, son susceptibles de ser recurridos por ilegalidad ante los órganos de la jurisdicción contencioso-administrativa. En el mismo caso se encuentran los actos reglamentarios que en ejercicio de la función normativa, determinados órganos judiciales tienen facultad para dictar[171].

Por último, los actos de gobierno, como actos del Poder Ejecutivo dictados en ejecución directa e inmediata de la Constitución y, por tanto, sometidos directamente a ella y con el mismo rango jurídico que la Ley, tampoco están sometidos al control de conformidad con el derecho por los órganos de la jurisdicción contencioso-administrativa, sino por la Jurisdicción Constitucional. Por supuesto, esta noción de acto de gobierno es totalmente distinta a la desarrollada en Francia[172], ya que en Venezuela, los actos de

---

170 *V.*, fundamentalmente la sentencia de la antigua Corte Federal de 26-01-60, Gaceta Forense (G.F.) N° 27, 1960, pp. 40-41. *V.*, también CF, 15-10-59, G.F. N° 26, 1959 p. 26.

171 Tal es el caso de la atribución que la Disposición Única Derogativa, Transitoria y Final de la Ley Orgánica del Tribunal Supremo de Justicia asigna a la Sala Plena para dictar un Reglamento Especial que regule el funcionamiento y la competencia de los tribunales respectivos de la jurisdicción contencioso administrativa.

172 Mucha controversia ha surgido en la doctrina y jurisprudencia francesas sobre los "Actos de Gobierno", a los cuales no se aplica el Principio de Legalidad por excepción, pues no pueden ser objeto de ningún recurso jurisdiccional, ni judicial ni administrativo. *V.*, al respecto, Mignón, *Une emprise nouvelle du principe de legalité: "Les actes de gouvernements"*, *Dalloz Crónicas*, 1951, p. 51; Chapus, *L'acte de gouvernement, monstre ou victeme*, *Crónicas Dalloz*, 1953, p. 2; P. Duez, *Les actes de gouvernement*, Sirey, París, 1953; Cirally, "L'introuvable acte de gouvernement", *Revueau Droit Public*, 1952, p. 317; Chapus, "Acte de Gouvernement", *Repertoire de Droit Public et Administratif*, Dalloz; Apelt, "L'acte de gouvernement dans la jurisprudence et la doctrine en France et en Alemagne", *Libre Jubilaire du Conseil d'Etat*, Sirey, París. La existencia de actos de gobierno en Francia, escapando a todo control jurisdiccional, no es compatible con el régimen y el principio de la legalidad, y deja subsistir una zona inaccesible a los jueces donde puede reinar la arbitrariedad de las autoridades ejecutivas. La existencia de esos actos en Francia tiene un origen histórico, como la gran mayoría de las instituciones jurídico-administrativas de ese país: Cuando la Justicia Delegada remplazó la llamada Justicia Retenida, en 1872, el legislador conformó la existencia de un dominio de actos administrativos prohibido al juez, y que la doctrina llamó posteriormente actos de gobierno. Ese dominio, sin embargo, cada vez ha sido más estrecho, gracias a la creación pretoriana de la institución. Los fundamentos de la teoría de los actos de gobierno fueron diversos para la jurisprudencia francesa. En primer lugar se habló del móvil político. Eso fue hasta 1875; un acto administrativo cualquiera era un acto de gobierno y escapaba del control jurisdiccional del Consejo de Estado, cuando su realización estaba inspirada por un móvil político. Este fundamento fue abandonado desde los inicios de la III República por la decisión del Consejo de Estado, "Príncipe Napoleón", de 19 de febrero de 1875 (*V.*, en Long, Weil y Braibant, *Les Grands arrèts de la jurisprudence administrative*, Sirey, París, 1962, p. 14). Es el inicio entonces, de la teoría de la distinción entre Administración y Gobierno. Esta situación cambió, sin embargo, en el primer cuarto de este siglo, cuando el Consejo de Estado comprendió que no podía aplicar un criterio único para la calificación de esos actos de gobierno que

gobierno no pueden considerarse como actos administrativos, ya que no tienen carácter sub-legal, sino que son dictados en ejecución directa de la Constitución, estando sometidos al control jurisdiccional de la constitucionalidad por la Sala Constitucional del Tribunal Supremo.

En efecto, los actos de gobierno, no son, en nuestro sistema constitucional, actos administrativos, de los cuales se distinguen con base en la norma a la cual deben directamente conformarse: el acto de gobierno debe estar conforme a la Constitución pues es dictado en ejecución directa de ésta, no pudiendo existir una norma de rango legal que se interponga entre la Constitución y el acto; los actos administrativos, en cambio, deben estar conformes a la legalidad, pues son ejecución directa de la ley e indirecta de la Constitución. Por ello los actos administrativos están sometidos al principio de la legalidad administrativa. Los actos de gobierno, en cambio, al sólo principio de constitucionalidad, no porque sean una excepción al control, sino porque tienen el mismo rango estructural que la ley con relación a la Constitución. Por ello, los actos de gobierno sólo están sometidos al control concentrado de constitucionalidad por la Sala Constitucional[173]. Por ello, el artículo 336, ordinales 3 y 4 de la Constitución señala que es de la competencia de la Sala Constitucional como Jurisdicción Constitucional, declarar la nulidad total o parcial de los actos con rango de ley dictados por el Ejecutivo Nacional que colidan con la Constitución; así como de los actos en ejecución directa e inmediata de esta Constitución, dictados por cualquier otro órgano estatal en ejercicio del Poder Público, cuando colidan con ella.

5. Los problemas jurisdiccionales de la competencia

La delimitación de la competencia contencioso-administrativa presenta, como en cualquier jurisdicción ordinaria o especial, una serie de problemas procesales. Entre ellos se destacan en materia contencioso-administrativa los problemas de la acumulación de acciones, la cuestión prejudicial y los conflictos de competencia.

Veamos separadamente estos supuestos.

En cuanto a la acumulación de acciones, el artículo 5, ordinal 50 de la Ley Orgánica del Tribunal Supremo de Justicia dispone que corresponde a sus Salas con competencia afín a la materia debatida, "conocer de los juicios en que se ventilen varias acciones conexas, siempre que al tribunal esté atribuido el conocimiento de alguna de ellas". Las razones de esta acumulación de acciones son, en general, las mismas que rigen en el procedimiento ordinario. La competencia de la Corte es, en este caso, una competencia por conexión o por continencia de la causa, y se admite por el interés que existe de evitar el riesgo de que se dicten sentencias contrarias o contradictorias en asuntos que tengan entre sí una conexión.

---

la doctrina francesa consideraba actos administrativos que escapaban al control de la jurisdicción contencioso-administrativa. Desde esta época, el Consejo de Estado se ha limitado a hacer una lista empírica de los actos llamados de gobierno. Lista que, por otra parte, se ha ido reduciendo considerablemente en los últimos años. En definitiva, el acto de gobierno es indefinible en Francia. Sólo puede darse de él una noción parcial. El acto de gobierno es el que cumple el Poder Ejecutivo en sus relaciones con una autoridad pública que escapa a todo control jurisdiccional, principalmente, con el Legislador. *V.*, Allan R. Brewer-Carías, "Comentarios sobre la doctrina del acto de gobierno, del acto político, del acto de Estado o de las cuestiones políticas como motivo de inmunidad jurisdiccional de los Estados en sus Tribunales Nacionales", *RDP*, N° 26, Caracas, 1968, pp. 65-68.

173 Artículo 5, párrafos 8° y 9° LOTSJ.

En todo caso debe tenerse presente el artículo 78 del Código de Procedimiento Civil, que dispone que "no podrán acumularse en el mismo libelo pretensiones que se excluyan mutuamente, o que sean contrarias entre sí ni las que por razón de la materia no correspondan al conocimiento del mismo Tribunal; ni aquellas cuyos procedimientos sean incompatibles entre sí. Sin embargo, podrán acumularse en un mismo libelo dos o más pretensiones incompatibles para que sean resueltas una como subsidiaria de la otra siempre que sus respectivos procedimientos no sean incompatibles entre sí".

De acuerdo a estas normas resulta, ante todo, que sólo podrán acumularse acciones cuyo conocimiento corresponda a la jurisdicción contencioso-administrativa, pero siempre que las acciones no se excluyan mutuamente o cuyos procedimientos sean incompatibles. Por ello, es causal de inadmisibilidad de las demandas o recursos ante la jurisdicción contencioso-administrativa "cuando se acumulen acciones que se excluyan mutuamente o cuyos procedimientos sean incompatibles" (Art. 19, párrafo 6°. LOTSJ).

Por supuesto, esta causal no se aplica en los casos de acciones de nulidad contra actos administrativos a las cuales se acumulen pretensiones de condena conforme al artículo 21, párrafo 18° de la Ley Orgánica del Tribunal Supremo, ni pretensiones de amparo conforme al artículo 5 de la ley Orgánica de Amparo..

En cuanto a la cuestión prejudicial, ésta se presenta en el derecho procesal cuando un juez, para decidir un litigio para el cual es incontestablemente competente, debe tratar una cuestión que no es normalmente de su competencia. Entonces, una cuestión es llamada prejudicial cuando su solución, que debe preceder al examen del fondo del asunto, debe ser resuelta por otra jurisdicción distinta de la que tiene competencia para la acción principal.

El problema de la cuestión prejudicial se plantea ante la jurisdicción contencioso-administrativa, en la misma forma que se plantea en la jurisdicción ordinaria. Por tanto, es perfectamente promovible la cuestión previa por existencia de una cuestión prejudicial que debe resolverse en un proceso distinto, contemplada en el artículo 346, ordinal 8° del Código de Procedimiento Civil. Entonces, al juez de lo contencioso-administrativo puede presentársele una cuestión prejudicial en el curso de un proceso del cual él es competente para conocer. Sin embargo, es necesario señalar que esta cuestión prejudicial debe ser realmente tal: es necesario, ante todo, que haya verdaderamente una cuestión, es decir, una dificultad real que haga surgir duda respecto al conflicto. En segundo lugar, es necesario que la respuesta a esta cuestión sea necesaria para la decisión del fondo del asunto. Una vez que el juez se encuentra ante esta situación debe retardar su decisión hasta que la decisión de la cuestión no se produzca por el juez competente. Por ejemplo, el Juez contencioso-administrativo no podría resolver sobre la solicitud de nulidad de un acto administrativo que debe ser introducida por un propietario de un bien, por ser él sólo el titular de un interés legítimo o de un derecho subjetivo, cuando está cuestionado ante los Tribunales ordinarios la cualidad del solicitante de propietario del bien.

El mismo problema de la cuestión prejudicial puede plantearse ante la jurisdicción ordinaria, respecto a una cuestión de la competencia de la jurisdicción contencioso-administrativa. En este caso también debe reunir las dos condiciones antes señaladas. De lo contrario, la cuestión previa sería declarada sin lugar[174].

Por último en cuanto a los conflictos de competencia, éstos se plantean inevitablemente cuando existen órganos jurisdiccionales con competencia distinta. Por tanto, estando atribuida la competencia en materia contencioso administrativa en Venezuela al Tribunal Supremo de Justicia, y a otros Tribunales especiales, corresponde al mismo Tribunal Supremo de Justicia, conocer de los conflictos de competencia que puedan presentarse entre órganos jurisdiccionales ordinarios y los Tribunales contencioso-administrativos o la Corte misma. Ello en virtud del artículo 5,51 de la Ley Orgánica del Tribunal Supremo, que le da atribución a sus Salas para "Decidir los conflictos de competencia entre tribunales, sean ordinarios o especiales, cuando no exista otro tribunal superior y común a ellos en el orden jerárquico, remitiéndolo a la Sala que sea afín con la materia y naturaleza del asunto debatido", pues no hay ley alguna vigente que indique quién debe resolver los conflictos de competencia en los cuales intervenga un órgano de la jurisdicción administrativa. Esta misma atribución está consagrada en la Constitución artículo 266, ordinal 7°, cuando faculta a las Salas del Tribunal Supremo para "Decidir los conflictos de competencia entre tribunales, sean ordinarios o especiales, cuando no exista otro tribunal superior o común a ellos en el orden jerárquico".

6. Los diversos tipos de acciones y recursos contencioso-administrativo

Como puede apreciarse de la expuesto anteriormente, a partir de 1961 la jurisdicción contencioso-administrativa encontró un claro y expreso fundamento constitucional en el artículo 206 del texto fundamental, cuya norma se ha reproducido en el artículo 259 de la Constitución de 1999, en el cual se la define con una amplitud considerable y, ciertamente, comparativamente más completa que la que para ese momento tenían los modelos europeos, y que había seguido la jurisprudencia.

En efecto, en ausencia de una norma tan expresa y amplia, y con base en las muy escuetas normas constitucionales de la Constitución de 1953, la antigua Corte Federal que funcionó hasta 1961 y luego, la Corte Suprema de Justicia, fueron definiendo jurisprudencialmente los contornos de la jurisdicción contencioso-administrativa que ejercía básicamente, y en única instancia correspondía al Supremo Tribunal, conforme al clásico esquema francés de la división entre un contencioso-administrativo de anulación y un contencioso-administrativo de plena jurisdicción, según el tipo de pretensiones que se formularan en la acción o el recurso.

Conforme a este esquema, el contencioso-administrativo de anulación se concebía como un proceso objetivo contra un acto administrativo, en el cual la pretensión procesal del recurrente se limitaba a la anulación del acto administrativo impugnado, y la decisión del juez sólo tenía por objeto el control de la legalidad del acto, pronunciando o no su anulación, y nada más.

174 *V.*, por ejemplo la sentencia de 23-06-54, del Juzgado de Primera Instancia en la Civil del Distrito Federal y del Estado Miranda, en *Jurisprudencia de los Tribunales de la República*, Ministerio de Justicia, Instituto de Codificación y Jurisprudencia, *v.* IV, *T.* I.

La legitimación activa para intentar el recurso de anulación correspondía a quien tuviera, al menos un interés personal, legítimo y directo, pudiendo intentarlo también quien tuviera un derecho subjetivo lesionado por el acto recurrido.

En cuanto al contencioso-administrativo de plena jurisdicción, se concebía como un proceso subjetivo en el cual se entablaba una verdadera litis contra una persona jurídica de derecho público estatal, y en la cual la pretensión procesal del demandante era amplia en el sentido de que podía buscar la condena del ente demandado y, además, la anulación de actos administrativos.

El contencioso de plena jurisdicción era así el contencioso de las demandas contra la República y otras personas jurídicas de derecho público estatales, y se reducía básicamente al contencioso contractual y al de la responsabilidad extracontractual, pudiendo el juez, además de decidir sobre la nulidad de un acto administrativo, si esto se le solicitaba, condenar al ente público al pago de sumas de dinero y a la reparación de daños y perjuicios originados en responsabilidad de la Administración, y en general, adoptar todo pronunciamiento útil para restablecer las situaciones jurídicas subjetivas lesionadas por la actividad administrativa. Tratándose de demandas contra los entes públicos, la legitimación del demandante correspondía al titular de un derecho subjetivo cuyo restablecimiento conformaba el nódulo de su pretensión.

Bajo este esquema, que la doctrina nacional[175] y nosotros mismos expusimos hace cuarenta años[176], el interés legítimo, personal y directo para configurar la legitimación activa en el recurso de anulación se concebía sólo como una situación jurídica *procesal* para pedir la anulación de un acto administrativo, y no como una situación jurídica subjetiva de carácter sustantivo. Por tanto, el interés legítimo, personal y directo, como situación jurídica adjetiva, en principio, no era resarcible siendo sólo jurídicamente resarcible la lesión al derecho subjetivo a través de las acciones de plena jurisdicción.

Puede decirse que ese esquema del contencioso-administrativo, aun cuando no aprovechaba todas las posibilidades de protección de los particulares frente a la Administración que contenía el fundamento constitucional de la jurisdicción contencioso-administrativa (Art. 206), fue el que desarrolló la jurisprudencia nacional, particularmente hasta cuando se promulgó la Ley Orgánica de la Corte Suprema de Justicia, de 1976[177], la cual sentó nuevas bases en el derecho positivo para la ampliación del contencioso-administrativo como medio de protección de los particulares frente a las conductas de la Administración, lo cual fue advertido rápidamente por la doctrina nacional[178], y posteriormente se comenzó a derivar de la jurisprudencia.

En efecto, con base al artículo 206 de la Constitución de 1961 y al contenido de la Ley Orgánica de la Corte Suprema de Justicia de 1976 que regulaba transitoriamente el proceso contencioso-administrativo, puede decirse que el esquema tradicional del con-

175 Eloy Lares Martínez, *Manual de Derecho Administrativo*, Caracas, 1970, pp. 570 y ss. A. Moles Caubet. "Rasgos generales de la jurisdicción contencioso-administrativa", en Instituto de Derecho Público, *El control jurisdiccional de los Poderes Públicos en Venezuela*, Caracas, 1979, pp. 67-77; Nelson Rodríguez García. *El sistema contencioso-administrativo venezolano y la jurisdicción contencioso-administrativa*, Valencia, 1982.

176 Allan R. Brewer-Carías, *Las Instituciones...*, *op. cit.*, pp. 239-440.

177 *Ley Orgánica de la Corte Suprema de Justicia*, *G.O.* N° 1.893 Extraordinario de 30-07-76.

178 Gonzalo Pérez-Luciani, "Los recursos contencioso-administrativos en la *Ley Orgánica de la Corte Suprema de Justicia*", en Instituto de Derecho Público, *El control jurisdiccional, cit.*, pp. 135-148; Gonzalo Pérez-Luciani, "El sistema contencioso-administrativo y el procedimiento administrativo", en A. Moles Caubet y otros, *Contencioso-Administrativo en Venezuela*, Caracas, 1981, pp. 60-61.

tencioso-administrativo en su clásica división de contencioso de anulación y contencioso de plena jurisdicción quedó superado[179], formulándose entonces otras concepciones[180].

En esa misma línea, analizando con detenimiento el sistema contencioso-administrativo en Venezuela, con base en el artículo 259 de la Constitución, en las regulaciones de la Ley Orgánica del Tribunal Supremo de Justicia de 2004, las cuales siguen las mismas líneas generales de las regulaciones de la derogada Ley Orgánica de la Corte Suprema de Justicia de 1976; y en los criterios jurisprudenciales sentados en los últimos años, creemos que el contencioso-administrativo, como instrumento procesal de protección de los particulares frente a la autoridad pública, se ha ampliado aún más, pudiendo distinguirse cinco tipos de acciones y recursos contencioso-administrativos: en primer lugar, el contencioso de los actos administrativos; en segundo lugar, el contencioso de las demandas contra los entes públicos; en tercer lugar, el contencioso de los servicios públicos; en cuarto lugar, el contencioso de las conductas omisivas de la Administración; y en quinto lugar el contencioso de la interpretación[181].

Las pretensiones procesales varían en cada uno de esos tipos de contencioso y, por supuesto, también varían las reglas de procedimiento aplicables a los diversos tipos de acciones o recursos, incluso las relativas a la legitimación activa. Nuestro objetivo, a continuación, es establecer las características generales de esas cinco clases de procesos contencioso-administrativos.

V. EL PROCESO CONTENCIOSO DE LOS ACTOS ADMINISTRATIVOS

La característica fundamental del proceso contencioso-administrativo de los actos administrativos, es que el objeto de las acciones y recursos que lo inician, siempre es un acto administrativo, y en ellos siempre existe una pretensión de anulación de los mismos.

Sin embargo, hablamos del "contencioso de los actos administrativos" y no del contencioso de anulación, pues si bien siempre debe haber una pretensión de anulación de los actos, el proceso *no se agota* en dicha anulación, y las acciones y recursos pueden contener otras pretensiones procesales de condena adicionales y anexas a la pretensión

---

179 *Cfr.* Allan R. Brewer-Carías, "Los diversos tipos de acciones y recursos contencioso-administrativos en Venezuela", *Revista de Derecho Público*, N° 25, EJV, Caracas, 1986, pp. 5-30, y en *Estado de derecho y Control Judicial, cit.*, p. 243 y ss. *V.*, en defensa del recurso de plena jurisdicción, Enrique Iribarren M., "¿Existe en Venezuela un recurso autónomo de plena jurisdicción?", *Revista de la Fundación Procuraduría General de la República*, N° 1, 1986, pp. 113-153.

180 Por ejemplo, H. Rondón de Sansó, ha señalado que en su lugar, por ejemplo, podrían distinguirse ahora tres tipos de acciones contencioso-administrativas: acciones de impugnación de actos administrativos unilaterales o bilaterales, que conducen a la anulación de los mismos como consecuencia del control de legalidad; acciones de condena, de prestación o declarativas de condena, particularmente en materia de responsabilidad contractual y extracontractual y de restablecimiento de situaciones jurídicas subjetivas lesionadas por la actividad administrativa, que conducen a decisiones del juez de dar, hacer o no hacer frente a la Administración; y acciones declarativas tendientes al reconocimiento o protección de un derecho subjetivo o a la interpretación de una situación jurídica o una norma; en "Medios de proceder por la vía contencioso-administrativa" en A. Moles y otros, *Contencioso-administrativo... , cit.*, pp. 110-123.

181 *Cfr.* Allan R. Brewer-Carías, "Los diversos tipos de acciones..." *Loc. cit.*, pp. 6 y ss.

de anulación del acto administrativo, conforme se establece en el artículo 259 de la Constitución y en el artículo 21, párrafo 18° de la Ley Orgánica del Tribunal Supremo de Justicia.

En todo caso, y en virtud de que pueden formularse pretensiones de condena anexas a las pretensiones de anulación de un acto administrativo, el contencioso de los actos administrativos se concibe como un *proceso subjetivo,* a pesar de que el objeto principal del mismo es un acto administrativo. Por ello, en la nueva Ley Orgánica del Tribunal Supremo de Justicia, el contencioso de los actos administrativos se configura como un proceso conforme al esquema procesal del proceso ordinario, en el cual se entabla una *litis* entre demandante y demandado, con la necesidad de presentación de una demanda (Art. 21, párrafo 10º) y la citación (Art. 21, párrafo 12º) del demandado y de todos los interesados, a los efectos de la contestación. Se entiende que para el órgano del ente público autor del acto de la entidad demandada, conforme al artículo 360 del Código de Procedimiento Civil, la contestación debería ocurrir dentro de los 20 días siguientes a la citación[182]. En cuanto a los otros interesados citados mediante cartel, estos deben darse por citados, en un lapso de diez (10) días hábiles siguientes contados a partir de la publicación del cartel o de la notificación del último de los interesados, por lo que la contestación debería ocurrir dentro de los 20 días siguientes al vencimiento del mencionado lapso de comparecencia.

En todo caso, con esta disposición puede decirse que se consolidó el carácter de proceso subjetivo del contencioso de los actos administrativos[183], en el cual además de ser un juicio contra un acto administrativo en relación al cual se solicita del juez declare su nulidad en el mismo puede haber pronunciamiento de condena que se pretenden como consecuencia de la anulación. Por tanto, en el contencioso de los actos administrativos, contrariamente a lo que ocurría conforme a la Ley Orgánica de 1976, ahora se demanda a la persona jurídica de derecho público o estatal que dictó el acto recurrido y no sólo se impugna el acto, pudiendo además, formularse pretensiones de condena contra dichas personas de derecho público u otros entes que hayan dictado el acto. Por tanto, ahora, en el contencioso de los actos administrativos si hay propiamente un demandante y un demandado, debiendo citarse al representante del organismo o al funcionario que haya dictado el acto, así como a los interesados en la impugnación del acto recurrido o en la defensa del mismo. De acuerdo con el artículo 21, párrafo 9° de la Ley Orgánica "El Fiscal General de la República y demás funcionarios a quienes las leyes les atribuyen tal facultad, podrán también solicitar la nulidad del acto, cuando éste afecte un interés general".

En el proceso, además, se pueden hacer parte todos aquellos interesados que ostenten un derecho subjetivo o un interés personal, legítimo y directo similar al que ostente el recurrente[184]. Por tanto, si se trata de la impugnación de actos administrativos de efectos generales puede hacerse parte toda persona plenamente capaz alegando un simple in-

---

182 En cuanto a los interesados citados por cartel, el lapso es de 10 días contados a partir de la publicación del mismo Art. 21, párrafo 12° LOTSJ

183 Como lo señaló la antigua Corte Suprema, el recurso de nulidad debe considerarse como un recurso "subjetivo" pues "se protege la integridad de la norma sólo en función de la situación jurídica subjetiva igualmente alterada". *V.*, sentencia de la Corte Suprema de Justicia en Sala Político-Administrativa de 03-10-85 en *Revista de Derecho Público*, N° 24, EJV, Caracas, 1985, pp. 156-162.

184 Así lo disponía el Artículo 137 de la Ley Orgánica de 1976. Esta norma relativa a la legitimación posible en el contencioso administrativa fue incomprensiblemente eliminada en la Ley Orgánica de 2004.

terés, o si se trata de la impugnación de actos administrativos de efectos particulares, debe ser el titular de al menos un interés personal, legítimo y directo[185].

Ahora bien, de acuerdo con el artículo 21, párrafo 12° de la Ley Orgánica, una vez presentada la demanda de nulidad de un acto administrativo, en el auto de admisión de dicha demanda se debe ordenar la citación del representante del organismo o del funcionario que haya dictado el acto. Asimismo, cuando fuere procedente, en esa misma oportunidad, el juez puede ordenar la citación de los interesados, por medio de carteles que se deben publicar en un diario de circulación nacional, para que se den por citados, en un lapso de diez (10) días hábiles siguientes contados a partir de la publicación del cartel o de la notificación del último de los interesados. El recurrente debe consignar un ejemplar del periódico donde fue publicado el cartel, dentro de los tres días siguientes a su publicación. E incumplimiento de esta obligación se entiende como desistimiento del recurso, en cuyo caso se debe ordenar el archivo del expediente.

La misma norma dispone que se debe "citar" (en realidad es notificar) al Fiscal General de la República, si éste no hubiere iniciado el juicio, el cual debe consignar un informe hasta el vencimiento del plazo para presentar los informes; y al Procurador General de la República en el caso de que la intervención de éste en el procedimiento fuere requerida por estar en juego los intereses patrimoniales de la República.

En todo caso, en el procedimiento en el contencioso de los actos administrativos, aun cuando es de carácter contencioso y subjetivo, se le reconocen al juez una serie de poderes adquisitivos incluso para solicitar informaciones y hacer evacuar pruebas de oficio[186], y además, para continuar el proceso contra un acto administrativo, a pesar del desistimiento del recurrente, cuando el acto recurrido viole normas de orden público[187].

Hemos dicho que el recurso, en el contencioso de los actos administrativos, además de pretensiones de anulación puede contener pretensiones de condena, lo cual conlleva a que el contencioso de los actos administrativos actualmente se clasifique en tres clases: el contencioso de anulación; el contencioso de anulación y condena, y el contencioso de anulación y amparo.

1. El contencioso de anulación de los actos administrativos

El contencioso de anulación de los actos administrativos se puede configurar, en efecto, cuando la pretensión única del recurso es la anulación de un acto administrativo. El proceso contencioso-administrativo en este caso, ya no tiene regulaciones adjetivas diferentes según el objeto del recurso, como se establecía en la Ley Orgánica de 1976. Conforme a la Ley Orgánica de 2004, se uniformizó el procedimiento, sea que se trate de la anulación de un acto administrativo de efectos generales, de un acto administrativo de efectos particulares o de un acto administrativo bilateral (contratos públicos).

En el pasado hubo discusión en torno a los criterios de distinción entre los actos administrativos de efectos generales y los actos administrativos de efectos particulares que adoptó la Ley Orgánica de la Corte Suprema de Justicia de 1976 para regular dos pro-

185 Art. 21, párrafo 9° LOTSJ.
186 Art. 19, párrafo 18, LOTSJ.
187 Art. 87, LOCSJ.

cedimientos distintos[188]. Con la nueva Ley, a pesar de que se sigue con la misma distinción para definir la legitimación activa para la impugnación de los actos administrativos, sin embargo, el interés adjetivo de la misma desapareció al establecerse ahora un sólo procedimiento para la impugnación de los actos administrativos (Art. 21, párrafo 9° y ss.).

A los solos efectos de la determinación de la legitimación activa para recurrir: simple interés en cuanto a la impugnación de actos administrativos de efectos generales e interés personal, legítimo y directo en cuanto a la impugnación de los actos administrativos de efectos particulares (Art. 21, párrafo 9° LOTSJ), en nuestra opinión, criterio que tuvo en mente el Legislador, a pesar de la falta de uniformidad de la terminología empleada, está referido al carácter normativo o no normativo de los actos recurridos. Así, los actos administrativos de efectos generales son los actos normativos, cuyos destinatarios son indeterminados e indeterminables; en cambio, los actos administrativos de efectos particulares, son los que no tienen carácter normativo, y cuyos destinatarios o es un sujeto de derecho (acto individual) o una pluralidad de ellos, pero determinados o determinables (acto general)[189].

A. La acción popular para la impugnación de los actos administrativos de efectos generales

El artículo 21, párrafo 9° de la Ley Orgánica, dispone al iniciar la regulación de los juicios de nulidad contra los actos administrativos, que "Toda persona natural o jurídica, que sea afectada en sus derechos o intereses por una ley, reglamento, ordenanza u otro acto administrativo de efectos generales emanado de alguno de los órganos del Poder Público Nacional, Estadal o Municipal, o que tengan interés personal, legítimo y directo en impugnar un acto administrativo de efectos particulares, puede demandar la nulidad del mismo ante el Tribunal Supremo de Justicia, por razones de inconstitucionalidad o de ilegalidad".

Mediante este artículo, la Ley Orgánica reguló en igual forma el procedimiento de impugnación de leyes nacionales y estadales y ordenanzas municipales que se inicia mediante la acción de inconstitucionalidad ante la Sala Constitucional, y el de impugnación de reglamentos y demás actos administrativos de carácter normativo o de efectos generales, los cuales tradicionalmente y con antecedentes desde mitad del siglo pasado, pueden ser impugnados por vía de acción directa ante el Tribunal Supremo de Justicia en Sala Político Administrativa y los demás Tribunales Contencioso-Administrativos, configurándose en ambos casos el recurso como una acción popular.

De acuerdo al régimen anterior a la Ley Orgánica de 1976, para intentar tanto la acción de inconstitucionalidad de leyes o el recurso contencioso administrativo de inconstitucionalidad e ilegalidad de reglamentos y actos administrativos de efectos generales no se requería condición especial alguna del recurrente, por lo que la legitimación co-

188 J. G. Andueza, "El control de la constitucionalidad y el contencioso-administrativo" en A. Moles Caubet y otros, *Contencioso-Administrativo... cit.*, pp. 66 y ss.

189. Allan R. Brewer-Carías, *El Control de la Constitucionalidad de los Actos Estatales*. Caracas, 1977, pp. 7-10; y "El recurso contencioso-administrativo, contra los actos de efectos particulares" en Instituto de Derecho Público, *El control jurisdiccional... cit.*, pp. 173-174.

rrespondía a todo habitante de la República con base en el "simple interés" en la constitucionalidad y legalidad que tenía. La acción popular había sido definida por la jurisprudencia, como la que "corresponde a todos y cada uno de los individuos que componen un conglomerado, para impugnar la validez de un acto del Poder Público que, por tener un carácter normativo y general, obra *erga omnes,* y, por tanto, su vigencia afecta e interesa a todos por igual"[190]. En estos casos de impugnación de actos normativos, decía la antigua Corte, éstos "pueden ser impugnados por la vía de la acción popular, ejercida libremente por cualquier ciudadano que se encuentre en el pleno goce de sus derechos, esto es, que tenga capacidad procesal" invocando simplemente "el derecho que tiene todo ciudadano a que la administración respete la legalidad"[191]. En este caso, agregaba la Corte, "la acción que se da... a cualquiera del pueblo (de allí su denominación) está dirigida a la defensa de un interés público que es a la vez simple interés del accionante quien por esta sola razón no requiere estar investido de un interés jurídico diferencial o legítimo"[192].

Ahora bien, la Ley Orgánica de 1976, lo que siguió la Ley Orgánica de 2004, como se ha visto, exige que el recurrente contra un acto administrativo de efectos generales, sea "afectado en sus derechos e intereses" por el acto recurrido[193], mención de la Ley que había llegado a provocar dudas en torno a la supervivencia de la acción popular y a su posible eliminación en el país[194]. Sin embargo, quedó dilucidado por la propia jurisprudencia de la antigua Corte Suprema de Justicia, que la exigencia de que el acto administrativo de efectos generales, para ser recurrido en vía contencioso-administrativa (al igual que la Ley mediante la acción de inconstitucionalidad) deba afectar los derechos e intereses del recurrente, no significa en modo alguno la eliminación de la acción popular, ni el establecimiento de una especial legitimación activa para interponerla, referida a la protección o defensa de derechos subjetivos o intereses legítimos de ciudadanos en particular. Su objeto, dijo la antigua Corte Suprema, es "la defensa objetiva de la majestad de la Constitución y su supremacía", y si bien la Ley Orgánica exige que la persona que ejerza el recurso sea "afectada en sus derechos o intereses" ello se ha considerado como de "interpretación rigurosamente restrictiva", concluyendo la Corte que cuando se ejerce el recurso de anulación contra los actos administrativos de efectos generales, "*debe presumirse*", al menos relativamente, que el acto de efectos generales recurrido *en alguna forma* afecta los derechos o intereses del recurrente en su condición de ciu-

---

190 *V.*, la sentencia de la antigua Corte Federal de 14-03-60 en Gaceta Forense N° 27, 1960, pp. 127-132 y la sentencia de la Corte Suprema de Justicia en Sala Político-Administrativa de 18-02-71 en *G.O.* N° 1.472 Extra. de 11-06-71. *V.*, en Allan R. Brewer-Carías, *Jurisprudencia... de la Corte Suprema 1940-1975 y Estudios de Derecho Administrativo, T.* V, Vol. I, Caracas, 1978, pp. 209-304.

191 *V.*, la sentencia de la Corte Suprema de Justicia en Sala Político-Administrativa de 06-02-64 en *G.O.* N° 27.373 de 21-02-64. *V.*, en Allan R. Brewer-Carías, *Jurisprudencia...., cit., T.* V, Vol. I, p. 296.

192 *V.*, la sentencia de la Corte Suprema de Justicia en Sala Político-Administrativa de 18-02-71 en *G.O.* N° 1.472 Extra, de 11-06-71, y la sentencia de la Corte Suprema de Justicia en Sala Político-Administrativa de 21-11-74, en *G.O.* N° 30.594 de 10-01-75. *V.*, en Allan R. Brewer-Carías, *Jurisprudencia...., cit., T.* V, Vol. I, pp. 304 y 314.

193 Art. 21, párrafo 9° LOTSJ.

194 Luis H. Parías Mata, "¿Eliminada la Acción Popular del Derecho Positivo Venezolano?", *Revista de Derecho Público,* N° 11. EJV, Caracas, 1982, pp. 6-17.

dadano venezolano, salvo que del contexto del recurso aparezca manifiestamente lo contrario"[195].

Sin embargo, y a pesar de esta amplitud de interpretación establecida por la antigua Corte Suprema para insistir en la popularidad de la acción, es evidente que conforme al texto claro de la Ley Orgánica puede admitirse que sin dejar de ser una acción popular, el simple interés requerido para que se abra la legitimación activa para intentarla sea un interés "calificado", restringiéndose razonablemente la amplitud del recurso, al exigirse que el acto de efectos generales afecte en alguna forma los derechos o intereses del recurrente[196].

En esta forma, por ejemplo, si bien una persona residente o domiciliada o con bienes situados en una Municipalidad podría en cualquier tiempo intentar la acción popular contra los reglamentos dictados por el Alcalde Municipal, pues podría presumirse que en alguna forma afectan sus derechos ó intereses, no podrá decirse lo mismo respecto de los reglamentos dictados en otra Municipalidad, situada en el otro extremo del país, y con la cual el recurrente, no tenga ni haya tenido relación alguna. En este caso, sería manifiesta la no lesión en forma alguna de los derechos e intereses del recurrente, por lo cual no procedería la "presunción" establecida por la Corte para la admisibilidad del recurso.

En todo caso, debe señalarse que además de a las personas naturales o jurídicas afectadas en sus derechos o intereses por el acto recurrido, la Ley Orgánica otorga legitimación para intentar la acción popular, al Fiscal General de la República y demás funcionarios a quienes las leyes les atribuyen tal facultad (Defensor del Pueblo), cuando el acto recurrido afecte un interés general.

Por último, debe mencionarse que precisamente por el carácter popular de la acción en estos casos de impugnación de actos administrativos de efectos generales, la Ley Orgánica dispone "que los actos generales del Poder Público podrán intentarse en cualquier tiempo", estableciendo en este caso la imprescriptibilidad del recurso[197]. Entre los "actos generales" de los órganos dictados en ejercicio del Poder Público, sin duda, están los de efectos generales.

B. La exigencia de un interés personal, legítimo y directo en la impugnación de los actos administrativos de efectos particulares

Como se ha dicho, una de las innovaciones de la Ley Orgánica de 2004, fue la uniformización del procedimiento en los juicios de nulidad de los actos administrativos, eliminándose la distinción que establecía la Ley de 1976 entre dos procedimientos según el objeto impugnado: actos administrativos de efectos generales y actos administrativos de efectos particulares. Sólo han persistido las reglas particulares de la legitimación activa y pasiva, y algunas específicas como la relativa a la de suspensión de efectos de los actos administrativos de efectos particulares (Art. 21, párrafo 22°).

---

195 *V.*, la sentencia de la Corte Suprema de Justicia en Corte Plena de 30-06-82, en *Revista de Derecho Público* N° 11, EJV, Caracas, 1982, pp. 135-138.

196 Allan R. Brewer-Carías, *El Control de la Constitucionalidad... cit.*, p. 120.

197 Art. 21, párrafo 21° LOTSJ.

En efecto, de acuerdo a lo previsto en el artículo 21, párrafo 9° de la Ley Orgánica del Tribunal Supremo de Justicia, siguiendo lo que regulaba la Ley Orgánica de 1076, la nulidad de actos administrativos de efectos particulares sólo puede ser solicitada por quienes "tengan interés personal, legítimo y directo en impugnar un acto".

En esta forma, la legitimación activa para intentar la acción o recurso de nulidad de los actos administrativos de efectos particulares, corresponde al menos, al titular de un interés legítimo en que el acto sea anulado. Por supuesto, el titular de otra situación jurídica subjetiva más protegida por el ordenamiento jurídico, como es el derecho subjetivo, también tiene legitimación activa para impugnar el acto administrativo de efectos particulares que lo lesione.

Este recurso, por supuesto, procede no sólo contra los actos administrativos de efectos particulares expresos, sino también contra los actos tácitos denegatorios producto del denominado silencio administrativo negativo previsto en la Ley Orgánica de Procedimientos Administrativos[198]. Además, por supuesto, los actos administrativos impugnables no sólo son los dictados por las autoridades ejecutivas, sino los emanados de los órganos legislativos y judiciales, y de los órganos de los Poderes Ciudadano y Electoral[199], así como los emanados de entidades privadas que pueden emanarlos en virtud de ejercer en alguna forma poderes públicos[200].

Ahora bien, en todos esos casos la legitimación activa para interponer los recursos corresponde a los titulares de un interés personal, legítimo y directo, noción que había sido delineada por la jurisprudencia contencioso-administrativa antes de la entrada en vigencia de la Constitución de 1999, como la situación jurídica subjetiva que deriva de la relación jurídica que se establece entre un sujeto de derecho y la Administración Pública con ocasión de un acto administrativo, por ser dicho sujeto de derecho el destinatario del acto o por encontrase en una particular situación de hecho frente a la conducta de la Administración, que hace que el ordenamiento jurídico proteja particularmente su interés en la legalidad de la actividad administrativa[201].

En la configuración de esta noción de interés legítimo, personal y directo, es de interés destacar, algunas decisiones de la antigua Corte Suprema y en particular las siguientes:

La antigua Corte Federal, en sentencia de 14-04-60, estableció lo siguiente: "Los ordenamientos jurídicos que como el nuestro, admiten el recurso contencioso de anulación de actos administrativos, exigen como requisito procesal, que el demandante ostente un interés que, en todo caso, ha de ser personal, directo y legítimo, aunque, como lo dispone el artículo 14 de nuestro Código de Procedimiento Civil, puede ser eventual o futuro, salvo el caso en que la Ley lo exija actual"... "Este interés que han de ostentar en

---

198 Art. 4, Ley Orgánica de Procedimientos Administrativos (LOPA), G. O. N° 2.818 Extra, de 01-07-81. *V.*, Allan R. Brewer-Carías, "El sentido del silencio administrativo negativo en la Ley Orgánica de Procedimientos Administrativos", *RDP*, N° 8, EJV, Caracas, 1981, pp. 27-34.

199 Allan R. Brewer-Carías, "El problema de la definición del acto administrativo" en *Libro Homenaje al Dr. Eloy Lares Martínez*, UCV, *T.* I, Caracas, 1984, pp. 25 a 78.

200. Hildegard Rondón de Sansó, "Ampliación del ámbito contencioso-administrativo", *Revista de Derecho Público*, N° 22, EJV, Caracas, 1985, pp. 33-49.

201. Allan R. Brewer-Carías, "Aspectos de la legitimación activa en los recursos contencioso-administrativos contra los actos administrativos de efectos particulares", *Revista de Derecho Público*, N° 16, EJV, Caracas, 1983, pp. 227-233.

el recurso de anulación de un acto administrativo (lo tienen) las partes, entendiéndose por tales las que han establecido una relación jurídica con la Administración Pública, o aquel a quien la decisión administrativa perjudica en su derecho o en su interés legítimo". Concluye la antigua Corte Federal en dicha sentencia, afirmando que en el juicio contencioso de anulación, por supuesto, de los actos de efectos particulares, "sólo pueden actuar los sujetos a quienes directamente afecta el acto administrativo"[202].

En sentencia de la antigua Corte de Justicia en Sala Político-Administrativa de 06-02-64 al precisar la legitimación activa del recurrente en los juicios contencioso-administrativos de anulación, señalaba que la legitimación "implica la aptitud de ser parte en un proceso concreto"; y tal aptitud, dijo la Corte, "viene determinada por la posición en que se encuentren las partes respecto de la pretensión procesal; por lo que sólo las personas que mantengan determinada relación con la pretensión están legitimadas en el proceso en que la misma se deduce". Agrega la Corte, que el legitimado tiene "que ser la persona concreta, con facultad de poder reclamar o imponer una decisión administrativa. En resumen, puede estimarse la legitimación como la consideración especial en que tiene la Ley, dentro de cada proceso, a las personas que se hallan en una determinada relación con el objeto del litigio'", es decir, con el acto administrativo recurrido. En otras palabras, el interesado es aquél que ostente un interés jurídicamente relevante en la anulación del acto[203].

En otra sentencia del 18-02-71, la misma Sala Político-Administrativa de la antigua Corte Suprema aclaraba que "Esta relación determina precisamente el interés que vincula a los particulares con el proceso a través del nexo jurídico que se establece, por efecto del acto administrativo, entre la Administración y los administrados. Por consiguiente, la persona que resulte lesionada a causa de la decisión administrativa debe estar procesalmente asistida de su derecho o su interés legítimo", concluyendo que en el contencioso-administrativo de anulación de los actos de efectos particulares, "sólo pueden actuar los sujetos que resulten directamente afectados por el acto administrativo", es decir, "las que tuvieran un interés legítimo en su anulación"[204]. Como lo ha señalado la Corte Primera de lo Contencioso-Administrativo, el interés jurídico legítimo aparece "como la garantía, utilidad o provecho que puede proporcionar alguna cosa, de modo que el del demandante y del reo, consisten en el beneficio que deba reportarles la decisión de pleito, ya sea haciéndoles adquirir o evitándoles perder..."[205].

Además, la Sala Político-Administrativa de la antigua Corte Suprema de Justicia, en sentencia de 21-12-72, considerando la legitimación activa en estos recursos como resultado de una particular situación de hecho del administrado respecto del acto recurrido, señaló lo siguiente:

> "Las circunstancias expresadas dejan constancia de que la cuestión debatida en este proceso tiene que ver directamente con la particular situación de hecho en que se encuentra la actora, como vecina de la zona donde habita y en una de cuyas áreas, cercana también a su vivienda podría levan-

---

202 *V.*, en Gaceta Forense, N° 27, pp. 127-132. *V.*, además en Allan R. Brewer-Carías, *Jurisprudencia de la Corte Suprema... T.* V, Vol. I, *cit.*, p. 293.

203 *V.*, *G.O.* N° 27.373 de 21-02-64, pp. 203-509 y 203-510. La Corte siguió en esta decisión la opinión de Jesús González Pérez, *Derecho Procesal Administrativo*, *T.* II, Madrid, 1966, p. 263.

204 *V.*, *G.O.* N° 14.72 Extra, de 11-06-71.

205. *V.*, la sentencia de la Corte Primera de lo Contencioso-Administrativo de 26-01-84 en *Revista de Derecho Público*, N° 17, EJV, Caracas, 1984. p. 190.

tarse una construcción en perjuicio de sus derechos y con violación, en su parecer, por parte de la Administración, de las normas de interés general que atienden al desarrollo urbanístico de la región. Conforme a tales razones, la Corte estima que la decisión administrativa que se discute está relacionada con el derecho de la actora, cuyo interés legítimo, personal y directo en el planteamiento del caso puede resolver, y en consecuencia, su legitimación activa en el proceso, ha quedado plenamente demostrada"[206].

Dentro de esta misma doctrina debe mencionarse, por último, el criterio de la antigua Corte Suprema de Justicia expresado en la sentencia de su Sala Político-Administrativa de 3 de octubre de 1985 en la cual se ha expresado que en el procedimiento contencioso-administrativo contra los actos administrativos de efectos particulares, dado que en él tiene:

"carácter prioritario la defensa del interés general o colectivo, son admitidos a recurrir en vía contencioso-administrativa, de una parte, los titulares de *derechos subjetivos administrativos,* es decir, quienes derivarían su capacidad procesal de vínculos establecidos previa y especialmente por la Administración con el particular, en virtud de lo cual resulta justo que el afectado solicite la nulidad del acto ilegal lesivo y hasta la restauración de su derecho mediante dicho acto desconocido, por haberse irrumpido contra esos vínculos previos (contratos, concesión, permiso...); desconocimiento que configura la lesión de ese derecho subjetivo preexistente y de índole administrativa. Pero además, detentan esa misma capacidad procesal para actuar en juicio los *interesados legítimos* –concepto diferente en Derecho Público del anteriormente expuesto–, es decir, aquellos particulares que sin ser titulares de derechos subjetivos administrativos se encuentren en una especial situación de hecho ante la infracción del ordenamiento jurídico, la cual, por eso mismo, los hace más sensibles que el resto de los administrados al desconocimiento del interés general o colectivo por parte de la Administración al violar la Ley"[207].

Esta noción de interés personal, legítimo y directo, además, fue precisada con acuciosidad por la Corte Primera de lo Contencioso-Administrativa en su sentencia del 13-10-88 (caso *Cememosa*), en la cual la Corte declaró inadmisible un recurso de nulidad intentado por unos miembros de un Concejo Municipal contra acto de la Cámara Municipal que había acordado prorrogar un contrato de concesión de servicio público, por considerar que los mencionados concejales recurrentes no eran titulares de un interés personal, legítimo y directo en la impugnación del acto del Concejo Municipal del cual formaban parte. Aun cuando no estamos de acuerdo con el pronunciamiento de inadmisibilidad, es de interés destacar lo argumentado por la Corte a los efectos de la precisión de la noción de interés legítimo, personal y directo:

"De allí que, el interés legítimo debe entenderse como la existencia de una tutela legal sobre la pretensión del actor e incluso, a falta de ella, de la no existencia de una norma que impida su satisfacción, restringiéndola, limitándola o negándola. Al mismo tiempo, la noción se enlaza con la doctrina a la cual hemos aludido, por haber sido asimilada por el sistema venezolano, en el sentido de que el recurrente debe estar situado en una particular situación de hecho frente al acto administrativo en forma de que el mismo recaiga sobre su esfera, afectándola de manera determinante.

La existencia de que el interés sea personal alude a la de que el actor haga valer en su nombre o en el de un sujeto o comunidad a los cuales representa, su pretensión.

---

206. *V., G.O.* N° 1.568 Extra. de 12-02-73.
207 *V., Revista de Derecho Público*, N° 24, EJV, Caracas, 1985, pp. 156-162.

La relación del actor con la decisión impugnada es la de un sujeto afectado por ella en su propia esfera. Lo que se plantea a través del recurso es un derecho o una expectativa de derecho que es posible individualizar, que no es un anhelo vago o difuso, sino que incide sobre una esfera patrimonial o moral en forma específica.

La tercera condición que el legislador establece, y que no es otra cosa que una consecuencia de las anteriores, es la existencia de un interés directo, esto es, la necesidad de que el efecto del acto recaiga sobre el actor. Se requiere así que el acto esté destinado al actor. Los efectos de los actos, como es bien sabido son de múltiple naturaleza: Algunos son directos, esto es, su producción es el motivo general del acto, y es a ellos a los que alude la Ley con relación a la legitimidad; otros son indirectos en el sentido de que la voluntad manifiesta en el acto no estuvo destinada fundamentalmente a producirlos sino que los mismos operan en forma oblicua, circunstancial o mediata.

Las condiciones precedentemente analizadas son acumulativas, esto es, deben estar presentes en la totalidad para que el impugnante o recurrente de un acto tenga la condición de parte activa en el proceso de impugnación. Es aquí donde el recurso contencioso-administrativo de nulidad sobre los actos particulares revela una naturaleza mixta, por cuanto si bien, a través del mismo y en el mismo, se le imputa al acto objeto del recurso su contrariedad con el orden jurídico, lo cual implicaría una naturaleza esencialmente objetiva; sin embargo, simultáneamente se exige que el impugnante sea el afectado, el que recibe los efectos inmediatos de la decisión sobre su esfera de intereses"[208].

Con posterioridad a la entrada en vigencia de la Constitución de 1999 y antes de la entrada en vigencia de la Ley Orgánica de 2004, la Sala Político Administrativa del Tribunal Supremo de Justicia y la Corte Primera de lo Contencioso Administrativa, habían venido flexibilizando las condiciones de legitimación que establecía la ley Orgánica de 1976 (y que son las mismas recogidas en la Ley de 2004), habiendo llegado a considerar que a partir de la entrada en vigor de la Constitución de 1999, había quedado tácitamente derogado el criterio legitimador exigido en la derogada Ley Orgánica de la Corte Suprema de Justicia (y contradictoriamente recogido en la Ley Orgánica de 2004), considerando que el mismo resultaba incompatible con los principios que establece la nueva Constitución, al menos en lo que respecta a la exigencia de que el interés legitimador sea personal y directo.

La Sala Político Administrativa del Tribunal Supremo, en efecto, en sentencia N° 873 de 13 de abril de 2000 (Caso: *Banco FIVENEZ vs. Junta de Emergencia Financiera*), consideró que el criterio con el cual el juez debía analizar el interés del recurrente debía ser amplio, favorable al derecho constitucional al acceso a la justicia, lo que la condujo a interpretar el concepto de interés legítimo con criterio más bien amplio y progresivo y no restrictivo. Y así, partiendo del artículo 26 de la Constitución que garantiza el derecho de toda persona de acceder a los órganos de administración de justicia para hacer valer sus derechos e intereses, incluso los colectivos o difusos, así como a la tutela efectiva de los mismos y a obtener con prontitud la decisión correspondiente; en relación con la exigencia legal de que el impugnante de los actos administrativos de efectos particulares sea titular de un interés personal legitimo y directo en impugnar el acto, lo que "una relación directa entre el acto que se impugna y el sujeto que lo impugna, de manera que la actividad administrativa afecte de manera particular la esfera jurídica del administrado"; señaló lo siguiente:

208 Consultada en original.

"Se aprecia, pues, que los criterios de legitimación fijados en la Ley Orgánica de la Corte Suprema de Justicia no son coincidentes con los de la nueva Constitución: la legitimación prevista en la citada Ley es más restringida que la de la Constitución de 1999. El concepto de "interés" es obviamente más amplio que el de "interés personal, legítimo y directo". De allí que considera esta Sala que, a partir de la entrada en vigor de la Constitución de 1999, ha quedado tácitamente derogado el criterio legitimador exigido en la Ley Orgánica de la Corte Suprema de Justicia, pues dicho criterio resulta incompatible con los principios que establece la nueva Constitución (Disposición Derogatoria única de la Constitución de 1999), al menos en lo que respecta a la exigencia de que el interés legitimador sea personal y directo.

En efecto, el interés para recurrir que exige la nueva Constitución, obviamente, sigue siendo "legítimo", ya que el ordenamiento jurídico no puede proteger intereses ilegítimos. La legitimidad del interés es consustancial al interés como criterio de legitimación para la admisión del recurso contencioso administrativo, pues el ordenamiento jurídico no puede otorgar protección a los particulares en razón de intereses contrarios a la Constitución o a las leyes. Sin embargo, en lo que respecta a la condición de "directo", debe afirmarse que, a partir de la entrada en vigencia de la nueva Constitución no se puede exigir tal condición a los recurrentes. Así que, cuando el particular pueda obtener de la impugnación del acto administrativo una ventaja o evitar un perjuicio, aunque no exista una relación inmediata entre la situación derivada o creada por el acto administrativo y el recurrente, debe admitirse que éste es titular de un "interés indirecto", lo cual lo legitima para ejercer el recurso contencioso administrativo.

No pueden, pues, los tribunales de lo contencioso administrativo, a partir de la entrada en vigencia de la nueva Constitución, inadmitir los recursos contencioso administrativos con fundamento en que el recurrente no es titular de un "interés directo", pues la nueva Constitución no exige este requisito, razón por la cual ha de entenderse suficientemente legitimado para actuar quien ostente un "interés indirecto" en la resolución del asunto. Tal restricción es contraria frontalmente al artículo 26 de la nueva Constitución, antes transcrito; derecho que, por su carácter constitucional, vincula de forma inmediata y directa a todos los poderes públicos y, en especial, a la administración pública y al poder judicial, cuyos órganos están obligados en consecuencia a admitir en base al mismo la impugnación de actos por todas las personas que actúen en defensa de sus intereses legítimos. Es suficiente, pues, que se tenga un interés conforme con el ordenamiento jurídico, aunque dicho interés no sea personal y directo, impugnar actos de efectos particulares como actos de efectos generales. En lo que respecta a la exigencia de que el interés sea "personal", debe señalarse que la nueva Constitución permite el acceso a la justicia para la defensa de los intereses "difusos" y "colectivos". En efecto, el concepto de interés previsto en la nueva Constitución abarca los intereses estrictamente personales así como los intereses comunes de cuya satisfacción depende la de todos y cada uno de los que componen la sociedad.

Ahora bien, por último, cabe destacar que, no puede confundirse la legitimación por simple interés legítimo que exige la nueva Constitución con la denominada acción popular. En esta última, en los casos en que la ley la acuerde, al particular deberá admitírsele la interposición del recurso con independencia de que pueda ostentar un derecho o interés lesionado. El fundamento de la acción popular es la voluntad del legislador, y sólo procede en los casos en que éste la admita.[209]

Sin embargo, y a pesar de este criterio jurisprudencial, al sancionarse la Ley Orgánica del Tribunal Supremo de Justicia en 2004, en su texto se repitió el contenido de la norma de la derogada Ley Orgánica de 1976, norma que había sido considerada tácitamente derogada por la Constitución por la Sala Político Administrativa del Tribunal Supremo, exigiéndose el interés personal, legítimo y directo como condición de legitimidad para interponer el recurso contencioso de anulación contra los actos administrativos de efectos particulares (Art. 21, párrafo 9°).

---

209 *V.*, en *Revista de Derecho Público*, N° 82, EJV, Caracas, 2002, pp. 582-583

C. El tema de los intereses colectivos y difusos

Ahora bien, la legitimación activa en el contencioso de anulación de los actos administrativos de efectos particulares se ha venido ampliando, para proteger además del interés personal, legítimo y directo del recurrente, otras situaciones jurídicas subjetivas que corresponden a una comunidad concreta o a la colectividad en general. En esta forma, se le ha venido reconociendo legitimación para actuar a las entidades representativas de intereses colectivos legalmente establecidas y reconocidas (intereses colectivos), y a quienes en determinadas circunstancias invoquen la protección de los intereses supra-individuales que conciernen a toda la colectividad (intereses difusos). La Constitución de 1999, en tal sentido, ha garantizado expresamente el derecho de las personas de acceder a la justicia para "hacer valer sus derechos e intereses, incluso los colectivos o difusos" (Art. 26), lo que repite el artículo 18, párrafo 2° de la Ley Orgánica.

Antes de la entrada en vigencia de la Constitución, podía distinguirse los intereses colectivos de los intereses difusos. En cuanto a los intereses colectivos, éstos se concretaban en comunidades compuestas por sujetos de derecho más o menos determinables, siendo en definitiva, intereses de grupo que se perseguían en forma unificada al tener el grupo características y aspiraciones comunes[210]. Las entidades que actuaban en defensa de los intereses de grupo podrían interponer recursos de anulación contra los actos administrativos de efectos particulares que afectasen dichos intereses colectivos, como era el caso, por ejemplo, de los Sindicatos, Colegios Profesionales y las Asociaciones Cooperativas[211]. También estaban las Asociaciones de Vecinos reguladas en la Ley Orgánica de Régimen Municipal de 1989[212], en los casos en los que el acto administrativo impugnado afectase un interés de la comunidad vecinal (interés colectivo) como un todo.

En otros casos, se trataba de entidades que como las juntas conservadoras del ambiente o de consumidores y usuarios, también podrían asumir frente a determinados actos administrativos, la defensa de intereses difusos, por ejemplo, relacionados con la calidad de vida que en este caso correspondían a una pluralidad indeterminada o indeterminable de sujetos y que el ordenamiento protegía jurídicamente, en razón de su carácter social y comunitario. En este orden de ideas, por ejemplo, el Reglamento N° 1 de la Ley Orgánica de Régimen Municipal sobre participación de la comunidad[213], asignó a las asociaciones de vecinos dentro de sus actividades de interés comunitario, entre otras, "la preservación y el mejoramiento de la calidad de la vida de sus integrantes en comunidad" y "la adecuada prestación de los servicios públicos" (artículo 3, ordinales 1° y 2°). En esta forma, la asociación de vecinos como tal, sólo podía ejercer recursos contra actos administrativos que lesionasen el interés colectivo vecinal de orden urbanístico o en general "los derechos de los vecinos"; lo que no las autorizaba para actuar en procesos en los que sólo correspondía la legitimación a un vecino concreto, y no a la comunidad vecinal, en cuyo caso era aquél quien tenía que ostentar un interés personal, legítimo y directo. En tal sentido, por ejemplo, la Corte Primera de lo Contencioso Admi-

---

210 M. Sánchez Morón, *La participación del ciudadano en la Administración Pública*, Madrid, 1980, p. 125.

211 Allan R. Brewer-Carías "El Derecho Administrativo y la participación de los administrados en las tareas administrativas", *Revista de Derecho Público*, N° 22, EJV. Caracas, 1985, pp. 14-51.

212 Art. 173, LORM. *G.O.* N° 4.409 de 15-06-89.

213 *V.*, en *G.O.* N° 34.609 de 05-12-90

nistrativo en sentencia N° 1037 de 1 de agosto de 2000 (Caso: *Asociación de Propietarios y Residentes de la Urbanización Miranda (APRUM) vs. Alcaldía del Municipio Sucre del Estado Miranda*) analizó el tema de la legitimación de las asociaciones de vecinos o del ente que las agremia o agrupa, para participar en los procesos contenciosos administrativos en los que se discute la nulidad de un acto que afecte a la comunidad urbana[214].

Por otra parte, la Ley de Protección al Consumidor y al Usuario[215] consagró como uno de los derechos de los consumidores "la protección de los intereses individuales o colectivos en los términos que establece esta Ley" (Art. 6,7); agregándose en el artículo 80 que la defensa de los derechos establecidos en la Ley, podrá ser ejercida tanto a título individual como colectivo. Podrá ser ejercida colectivamente cuando se encuentren involucrados intereses o derechos colectivos o difusos

Ahora bien, con la garantía de acceso a la justicia establecida en la Constitución para los titulares de "intereses colectivos o difusos" (Art. 26), la Sala Constitución le ha dado un tratamiento uniforme a los mismos, argumentando lo siguiente:

> "Cuando los derechos y garantías constitucionales que garantizan al conglomerado (ciudadanía) en forma general una aceptable calidad de la vida (condiciones básicas de existencia), se ven afectados, la calidad de la vida de toda la comunidad o sociedad en sus diversos aspectos se ve desmejorada, y surge en cada miembro de esa comunidad un interés en beneficio de él y de los otros componentes de la sociedad en que tal desmejora no suceda, y en que si ya ocurrió sea reparada. Se está entonces ante un *interés difuso* (que genera derechos), porque se difunde entre todos los individuos de la comunidad, aunque a veces la lesión a la calidad de la vida puede restringirse a grupos de perjudicados individualizables como sectores que sufren como entes sociales, como pueden serlo los habitantes de una misma zona, o los pertenecientes a una misma categoría, o los miembros de gremios profesionales, etc. Sin embargo, los afectados no serán individuos particularizados, sino una totalidad o grupos de personas naturales o jurídicas, ya que los bienes lesionados, no son susceptibles de apropiación exclusiva por un sujeto...
>
> Con los derechos e *intereses difusos o colectivos*, no se trata de proteger clases sociales como tales, sino a un número de individuos que pueda considerarse que representan a toda o a un segmento cuantitativamente importante de la sociedad, que ante los embates contra su calidad de vida se sienten afectados en sus derechos y garantías constitucionales destinados a mantener el bien común, y que en forma colectiva o grupal se van disminuyendo o desmejorando, por la acción u omisión de otras personas...
>
> Independientemente del concepto que rija al *derecho o interés difuso*, como parte que es de la defensa de la ciudadanía, su finalidad es satisfacer necesidades sociales o colectivas, antepuestas a las individuales. El *derecho o interés difuso*, debido a que la lesión que lo infringe es general (a la población o a extensos sectores de ella), vincula a personas que no se conocen entre sí, que individualmente pueden carecer de nexo o relaciones jurídicas entre ellas, que en principio son indeterminadas, unidas sólo por la misma situación de daño o peligro en que se encuentran como miembros de una sociedad, y por el derecho que en todos nace de que se les proteja la calidad de la vida, tutelada por la Constitución...
>
> Es la afectación o lesión común de la calidad de vida, que atañe a cualquier componente de la población o de la sociedad como tal, independientemente de las relaciones jurídicas que puedan tener con otros de esos indeterminados miembros, lo que señala el contenido del *derecho e interés difuso*.

214 *V.*, en *Revista de Derecho Público*, N° 83, Caracas, julio-septiembre, 2000, pp. 391-399

215 *G.O.* N° 37.930 del 4 de mayo de 2004)

Pero es esa defensa del bien común afectado, el que hace nacer en los miembros de la sociedad un interés procesal que les permite accionar, a causa de la necesidad de exigir al órgano jurisdiccional que mantenga la calidad de vida, si es que el lesionante se la niega...

Si bien es cierto que hay bienes jurídicos transpersonales o suprapersonales, en contraposición con los individuales, no es menos cierto que el *derecho o interés difuso* se refiere a un bien que atañe a todo el mundo, a personas que, en principio, no conforman un sector poblacional identificable e individualizado, sino que es un bien asumido por los ciudadanos (pluralidad de sujetos), que sin vínculo jurídico entre ellos, se ven lesionados o amenazados de lesión. Ellos se fundan en hechos genéricos, contingentes, accidentales o mutantes que afectan a un número indeterminado de personas y que emanan de sujetos que deben una prestación genérica o indeterminada. Los daños al ambiente o a los consumidores, por ejemplo, así ocurran en una determinada localidad, tienen efectos expansivos que perjudican a los habitantes de grandes sectores del país y hasta del mundo, y responden a la prestación indeterminada de protección al ambiente o de los consumidores. Esa lesión a la población, que afecta con mayor o menor grado a todo el mundo, que es captado por la sociedad conforme al grado de conciencia del grupo social, es diferente a la lesión que se localiza concretamente en un grupo, determinable como tal, aunque no cuantificado o individualizado, como serían los habitantes de una zona del país afectados por una construcción ilegal que genera problemas de servicios públicos en la zona. Estos intereses concretos, focalizados, son los *colectivos*, referidos a un sector poblacional determinado (aunque no cuantificado) e identificable, aunque individualmente, dentro del conjunto de personas existe o puede existir un vínculo jurídico que los une entre ellos. Ese es el caso de las lesiones a grupos profesionales, a grupos de vecinos, a los gremios, a los habitantes de un área determinada, etc. A estos intereses focalizados se contraponen los que afectan sin distingo a todo el mundo, o a amplias categorías o capas de la población, así la mayoría no se sienta lesionada, ya que muchas veces la cultura colectiva que es la que permite concientizar la lesión, puede fallar en reconocerla. Son los *difusos* los de mayor cobertura, donde el bien lesionado es más generalizado, ya que atañe a la población en extenso, y que al contrario de los *derechos e intereses colectivos*, surgen de una prestación de objeto indeterminado; mientras que en los *colectivos*, la prestación puede ser concreta, pero exigible por personas no individualizables.

Consumidores son todos los habitantes del país. El daño a ellos como tales, atiende a un bien *supra* individual o *supra* personal, y a una prestación indeterminada a favor de ellos, por los manipuladores de bienes y servicios. Su calidad de vida se disminuye, tomen o no conciencia de ello, ya que muchos mecanismos de comunicación masiva podrían anular o alterar la conciencia sobre la lesión. El interés de ellos, o de los afectados, por ejemplo, por los daños al ambiente, es *difuso*, e igual es el derecho que les nace para precaver o impedir el daño.

El interés de los vecinos de una urbanización, o un barrio, que se ve desmejorado en sus servicios públicos por una construcción, por ejemplo, también responde a un bien jurídico suprapersonal, pero es determinable, localizable en grupos específicos, y ese es el interés que permite la acción colectiva. Ese es el *interés colectivo*, él da lugar a los *derechos colectivos*, y puede referirse a un objeto jurídico determinado.

Lo que sí es cierto en ambos casos (*difusos y colectivos*) es que la lesión la sufre el grupo social por igual, así algunos no se consideren dañados porque consienten en ella, estando esta noción en contraposición a la lesión personal dirigida a un bien jurídico individual. Esta diferencia no impide que existan lesiones mixtas que un mismo hecho toque a un bien jurídico individual y a uno supraindividual"[216].

---

216 Destacados nuestros. *V.*, sentencia de la Sala Constitucional N° 656 de 05-06-2001, caso: *Defensor del Pueblo vs. Comisión Legislativa Nacional.*

En estos casos, como también lo ha precisado la Sala Constitucional en sentencia N° 1048 de 17-02-2000, para hacer valer derechos e intereses difusos o colectivos, es necesario que se conjuguen los siguientes factores:

> "1. Que el que acciona lo haga en base no sólo a su derecho o interés individual, sino en función del derecho o interés común o de incidencia colectiva.
>
> 2. Que la razón de la demanda (o del amparo interpuesto) sea la lesión general a la calidad de vida de todos los habitantes del país o de sectores de él, ya que la situación jurídica de todos los componentes de la sociedad o de sus grupos o sectores, ha quedado lesionada al desmejorarse su calidad común de vida.
>
> 3. Que los bienes lesionados no sean susceptibles de apropiación exclusiva por un sujeto (como lo sería el accionante).
>
> 4. Que se trata de un derecho o interés indivisible que comprenda a toda la población del país o a un sector o grupo de ella.
>
> 5. Que exista un vínculo, así no sea jurídico, entre quien demanda en interés general de la sociedad o de un sector de ella (interés social común), nacido del daño o peligro en que se encuentra la colectividad (como tal). Daño o amenaza que conoce el Juez por máximas de experiencia, así como su posibilidad de acaecimiento.
>
> 6. Que exista una necesidad de satisfacer intereses sociales o colectivos, antepuestos a los individuales.
>
> 7. Que el obligado deba una prestación indeterminada, cuya exigencia es general[217].

D. El tema de la legitimación activa de la propia Administración

Por último, debe también mencionarse que el recurso contencioso-administrativo de anulación de los actos administrativos de efectos particulares, contrariamente a lo resuelto por la Corte Primera de la Contencioso-Administrativo[218], también podría ser interpuesto por la propia Administración Pública, particularmente respecto de los actos administrativos dictados y que sean irrevocables en virtud de haber creado ó declarado derechos a favor de particulares. En efecto, de acuerdo a la Ley Orgánica de Procedimientos Administrativos, los actos administrativos creadores o declarativos de derechos a favor de los particulares no pueden ser revocados, por la Administración Pública[219], sancionándose el acto revocatorio en esos casos, con la nulidad absoluta[220]. Por tanto, dictado por la Administración un acto irrevocable, la única vía que tendría para pretender la cesación de efectos de dicho acto, aparte de la expropiación de los derechos e intereses derivados del acto mediando justa indemnización, es a través de la interposición de un recurso contencioso de anulación del acto en cuestión, en cuyo caso, por supuesto, la Administración tendría la legitimación activa necesaria para ello.

---

217 *V.*, sentencia de la Sala Constitucional N° 1048 de 17-02-2000, caso: *William O. Ojeda O. vs. Consejo Nacional Electoral.*

218 Sentencia de 13-10-88, caso *Cememosa*. Consultada en original.

219 Art. 19, Ord. 2° y Art. 82 LOPA. *V.*, Allan R. Brewer-Carías, "Comentarios sobre la revocación de los actos administrativos" en *Revista de Derecho Público*, N° 4, EJV, Caracas, 1980, pp. 27-30.

220 Art. 19, Ord. 2° LOPA, Allan R. Brewer-Carías, *El Derecho Administrativo y la Ley Orgánica de Procedimientos Administrativos*, Caracas, 1982, p. 186.

E. El tema de la legitimación pasiva

En cuanto a la legitimación pasiva, debiendo presentarse en el proceso contencioso administrativo de los actos administrativos, conforme a la nueva Ley Orgánica, una demanda de nulidad, la situación de demandado corresponde a la Administración Pública interesada, en cabeza del "del representante del organismo o del funcionario que haya dictado el acto" (Art. 21, párrafo 12°), la cual por lo demás, conoce de la interposición del recurso, mediante el requerimiento judicial del expediente administrativo (Art. 21, párrafo 11°). Además, la condición de demandados corresponde a los interesados que también deben ser citados mediante cartel (Art. 21, párrafo 12°).

El artículo 137 de la derogada Ley Orgánica de 1976, establecía además, en forma expresa, que en los juicios contencioso-administrativos contra los actos administrativos de efectos particulares, podían hacerse parte todas las personas que reunieran las mismas condiciones exigidas para el accionante o recurrente, es decir, todos los titulares de un interés personal, legítimo y directo en defender el acto impugnado (Art. 137). Esta norma no se recogió en la Ley Orgánica de 1976; sin embargo, a pesar de ello, puede considerarse que el mismo principio se aplica, en el sentido de que para hacerse parte como coadyuvante de la Administración defensora del acto, por ejemplo, es necesario ostentar un interés, personal y directo sea en la anulación del acto sea en su mantenimiento; o alegarse la defensa de derechos colectivos o difusos.

Por otra parte, el artículo 21, párrafo 13° de la Ley Orgánica dispone que "una vez practicada la citación, *cualquiera de las partes* podrán solicitar la apertura" del lapso de pruebas; por lo que el concepto de partes es fundamental. Por ello, en una importante sentencia dictada por la antigua Corte Suprema de Justicia el 26-9-91 (caso *Rómulo Villavicencio*), la Corte entró a precisar el tema de la intervención de terceros en el juicio de nulidad, para poder determinar cuándo tal intervención es a título de verdadera parte. Para ello, la Corte recurrió a las normas del Código de Procedimiento Civil aplicables conforme al artículo 88 de la derogada Ley Orgánica de 1976 (Art. 19, párrafo 2°, LOTSJ), y entre otros conceptos, precisó los siguientes:

a) *Parte accionante o recurrente* "es el titular de un derecho subjetivo frente a la Administración, o de un interés legítimo lesionado por la actividad de ésta". Esta posición, precisó la Sala, se identifica con los interesados a que se refieren los artículos 22 y 23 de la LOPA. Estos *interesados* pueden ser los que inician los procedimientos administrativos o los que por ser titulares de derechos subjetivos o de intereses legítimos, aunque no los hubiesen iniciado, se apersonan en los mismos en cualquier estado en que se encuentre la tramitación (Art. 47 y 22 LOPA). Estos interesados no sólo pueden ejercer los recursos administrativos, sino la acción de nulidad, siendo partes en los procesos, con todo derecho para obrar en juicio y de gestionar en él (Arts. 136 y 150 CPC).

Conforme al derogado artículo 137 de la Ley Orgánica de 1976, además, podían hacerse parte en el proceso de anulación, las personas distintas al recurrente o a la Administración recurridas, que tuvieran el mismo interés; intervención que sería de carácter *adhesiva.* Estas personas que podían hacerse parte, distintas al accionante, en el procedimiento de anulación, por reunir las mismas condiciones exigidas, para éste, es decir, de interesado (titular de derechos subjetivos o de intereses legítimos), no se consideraban *terceros.*

b) *El tercero adhesivo simple,* por otra parte, conforme lo dijo la Sala, no es propiamente parte, sino tercero coadyuvante de una de las partes. Su interés en el proceso deriva de "la eficacia refleja que puede tener la decisión a dictarse en un proceso pendiente entre otras personas, por la unión o dependencia que presentan sus derechos o intereses con la relación deducidas en aquel proceso". El *tercero adhesivo simple,* le interesa la sentencia que sólo es ley para las partes, "por las consecuencias que tiene para una de las partes, pero que pueden manifestarse a cargo de ese tercero (eficacia refleja de la cosa juzgada)". Por ello, el tercero adhesivo simple:

> "Coadyuva a la pretensión de una de las partes, por el interés en que ésta venza a la otra, y por ello coopera o colabora con la parte principal, solicitando, alegando, y probando junto a ella o para ella, o hasta supliendo su inactividad, pero no podría, por ejemplo, por esa misma condición *instrumental,* oponerse a los actos procesales del coadyuvado, debiendo en todo caso, estar y pasar por ellos".

c) En cuanto a las partes en el proceso contencioso-administrativo, se estableció en la sentencia lo siguiente:

> "Pueden comparecer válidamente con posterioridad a la presentación de la respectiva demanda –que es cuando comienzan los juicios (artículo 339 del CPC)– y no sólo durante el lapso de comparecencia, que se da para todo el que pudiera tener interés en las resultas del proceso, sino inclusive con posterioridad, aceptando en todo caso la causa en el estado en que se encuentra al intervenir en la misma, en razón del principio de la preclusión procesal (artículos 202, 361 y 380 *ejusdem).*
>
> Por el contrario, quienes son terceros adhesivos simples, sólo pueden comparecer válidamente como coadyuvantes durante el lapso de comparecencia a que se contraen los artículos 125 y 126 de la Ley Orgánica de la Corte Suprema de Justicia..."[221]. "No obstante, por excepción, estos terceros, y por supuesto, quienes también sean parte legítima, pueden comparecer antes y darse por citados, a los efectos de suplir la inactividad del accionante o recurrente –que es una forma de coadyuvar para evitar su derrota judicial– para consignar el ejemplar del periódico donde hubiere sido publicado el cartel, a los fines de evitar la declaratoria de desistimiento tácito del recurso, según lo contempla el artículo 125 ya mencionado".

d) Tanto las partes como los terceros que no sean parte, en virtud del carácter preclusivo del proceso (Arts. 202 y 364 CPC), sólo pueden oponer excepciones o defensas en contra de las demandas de nulidad, en el lapso de comparecencia de 10 días que ocurre después de admitida la demanda y de publicado el cartel de emplazamiento (Arts 21, párrafo 12° LOTSJ); "de manera que si se oponen antes o después, intempestivamente tales alegatos carecen de validez"[222].

Estos criterios de la antigua Corte Suprema de Justicia fueron precisados, en cuanto a los *intervinientes adhesivos* como terceros, en la sentencia del 10-07-91 (caso *Tarjetas Banvenez),* en la cual la Corte señaló que la *intervención adhesiva:*

> "tiene lugar cuando el tercero concurre sosteniendo las razones de una de las partes en litigio, de modo que no reclama un pronunciamiento del órgano jurisdiccional para sí, sino el reconocimiento del mejor derecho invocado por el coadyuvante".
>
> "Así pues, el interviniente adhesivo es un tercero al proceso que interviene por tener un interés personal y actual (artículo 370, Ord. 3° CPC), en la defensa de la pretensión de una de las partes,

221 Equivalentes al artículo 21, párrafo 12 LOTSJ
222 Consultada en original.

es decir, su interés personal lo constituye la existencia de una relación de hecho o de derecho tutelada por el ordenamiento jurídico, situación o interés que resultará afectado por el fallo que se produzca en la causa, lo que induce a intervenir en la relación procesal adoptando una posición subordinada a la parte principal que coadyuva.

Esta relación de dependencia circunscribe lo que debe ser la actuación del interviniente en el proceso, ya que su posición se debe adecuar a la asumida por la parte principal y no puede, obviamente, actuar en contradicción con la coadyuvada. De igual modo, no le es dable modificar ni ampliar la pretensión procesal original u objeto del proceso.

Sin embargo, sí puede el adherente consignar alegatos propios que estén dirigidos a apoyar la pretensión de la principal, así como presentar pruebas y objetar las de la contraparte, y en fin, participar con cualquiera medios o elementos procesales en provecho de la coadyuvada"[223].

2. El contencioso de anulación de los actos administrativos bilaterales (contratos)

Por último, en cuanto al contencioso de anulación de los actos administrativos debe señalarse que la Ley Orgánica establece la posibilidad de que se impugnen los contratos que celebre la Administración, pero por personas extrañas a la relación contractual. Es un proceso distinto al contencioso de los contratos administrativos, que regula el artículo 21, párrafo 2°, de la Ley Orgánica como una acción de nulidad, al precisar que:

> "Toda persona natural o jurídica, o el Fiscal General de la República o el Defensor del Pueblo podrá proponer ante el Tribunal Supremo de Justicia, demanda de nulidad, por ilegalidad o inconstitucionalidad de contratos, convenios o acuerdos celebrados por los organismos públicos nacionales, estadales, municipales o del Distrito Capital, cuando afecten los intereses particulares o generales, legítimos, directos, colectivos o difusos de los ciudadanos y ciudadanas".

En estos casos, no se trata de un contencioso de las demandas contra los entes públicos que puede intentar el contratante de la Administración con motivo de la ejecución de contratos administrativos (Art. 5,25 LOTSJ), sino de acciones de nulidad intentadas contra contratos, acuerdos o convenciones celebrados por la Administración particularmente por personas extrañas a la relación contractual, que afecten los "intereses particulares o generales, legítimos, directos, colectivos o difusos de los ciudadanos". Se trata, en definitiva, por la legitimación amplia que se consagra, de la regulación de una acción popular de nulidad que se puede ejercer contra contratos de la Administración, y no particularmente contra "contratos administrativos".

La Ley Orgánica no reguló en este caso un procedimiento contencioso específico, por lo que consideramos que se debería aplicar el procedimiento de los juicios de nulidad regulado en el artículo 21, párrafos 9° y siguientes de la Ley Orgánica.

3. El contencioso de anulación y condena

Hemos señalado que en el contencioso de los actos administrativos, si bien la anulación de los mismos es un elemento constante en el objeto de los recursos, éste no se

---

223 *V.*, *RDP*, N° 47, 1991, pp. 135-136.

agota en la sola pretensión de anulación. De acuerdo con el artículo 21, párrafo 18 de la Ley Orgánica (equivalente al 131 de la Ley Orgánica de 1976, y que había sido uno de los aspectos más importantes de la misma), además de la pretensión de anulación, ésta puede estar acompañada de las pretensiones de condena, con lo cual se puede decir que quedó rota la tradicional dicotomía del contencioso de anulación, por un lado, y del contencioso de los derechos, por el otro[224]. Por tanto, en el contencioso de los actos administrativos, además de la anulación del acto, el juez puede condenar a la Administración al pago de sumas de dinero, a la reparación de daños y perjuicios y al restablecimiento de las situaciones jurídicas subjetivas lesionadas por el acto anulado.

En efecto, el artículo 21, párrafo 18 de la Ley Orgánica del Tribunal Supremo de Justicia establece lo siguiente:

> "En su fallo definitivo el Tribunal Supremo de Justicia declarará, si procede o no, la nulidad de los actos o de los artículos impugnados, y determinará, en su caso, los efectos de la decisión en el tiempo; igualmente podrá, de acuerdo con los términos de la solicitud, condenar el pago de sumas de dinero y a la reparación de daños y perjuicios originados en responsabilidad de la administración, así como disponer lo necesario para el restablecimiento de las situaciones jurídicas subjetivas lesionadas por la actividad administrativa".

Esta norma es de una importancia capital en la configuración del contencioso-administrativo en Venezuela, pues tiene las siguientes implicaciones:

En primer lugar, las pretensiones de anulación de los actos administrativos pueden acompañarse de pretensiones de condena. Por tanto, cuando éstas dependan de lesiones a situaciones jurídicas subjetivas producidas por actos administrativos, en el mismo recurso de anulación de éstos pueden acumularse las pretensiones de condena, con lo cual se sigue el procedimiento de los juicios de nulidad y no el de las demandas contra los entes públicos. Por tanto, en estos casos, sigue siendo un proceso que es básicamente contra un acto administrativo, pero en el cual con la reforma de 2004, puede considerarse que hay partes propiamente dichas, pudiendo formularse pretensiones de condena a la Administración como consecuencia directa de la anulación.

En segundo lugar, las pretensiones de condena que pueden acompañar al recurso de anulación, de acuerdo al artículo 259 de la Constitución y 21, párrafo 18° de la Ley Orgánica, pueden tener su origen básicamente en la responsabilidad de la Administración derivada del acto administrativo ilegal, buscándose la condena a la Administración al pago de sumas de dinero, a la reparación de daños y perjuicios o al restablecimiento de la situación jurídica subjetiva lesionada por la actividad administrativa. Esta variedad de pretensiones tiene efectos fundamentales en cuanto a la legitimación activa y al contenido de la decisión del juez contencioso-administrativo.

En efecto, en cuanto a la legitimación activa, el artículo 21, párrafo 18° de la Ley Orgánica ha ratificado como consecuencia, la finalización definitiva del monopolio que antes de 1976, el derecho subjetivo tenía sobre las situaciones jurídicas subjetivas, particularmente en cuanto a su resarcibilidad o indemnizabilidad. Por tanto, la tradicional idea de que el interés personal, legítimo y directo era sólo una situación jurídica *procesal* para impugnar actos administrativos, y de que la pretensión de condena sólo correspondía a los titulares de derechos subjetivos (de allí la superada distinción entre conten-

---

224 Véanse los comentarios de A. Moles Caubet sobre lo que llamó "el contencioso mixto", en "Rasgos generales de la jurisdicción contencioso-administrativa", *Loc. cit.*, pp. 76-77.

cioso de anulación y contencioso de los derechos[225]) ha quedado superada, y del artículo 21, párrafo 18° de la Ley resulta que dentro de las situaciones jurídicas subjetivas sustantivas, además del tradicional derecho subjetivo también cabe ubicar los intereses legítimos, y éstos, al igual que aquéllos, pueden dar lugar a pretensiones de condena y a su resarcimiento.

Por tanto, la legitimación activa en el contencioso de anulación y condena no sólo corresponde al titular de un derecho subjetivo lesionado por el acto administrativo impugnado, sino también al titular de un interés personal, legítimo y directo, lo cual, por supuesto, variaría según el tipo de pretensión de condena. Por ejemplo, si se trata de una pretensión de condena derivada de responsabilidad administrativa originada por el acto administrativo impugnado, pueden distinguirse dos supuestos: si se trata de un acto administrativo que lesiona el derecho subjetivo al cocontratante de la Administración en relación con un contrato celebrado con la Administración, la legitimación activa para impugnar el acto ilegal, y pretender el pago de sumas de dinero o la reparación de daños y perjuicios, corresponde al titular del derecho subjetivo lesionado (cocontratante). En el mismo orden de ideas, por ejemplo, si se trata de un acto administrativo que lesiona el derecho subjetivo del funcionario público de carrera a la estabilidad, la legitimación activa para impugnar un acto ilegal de destitución y para pretender el pago de sumas de dinero, la reparación de daños y perjuicios por la destitución ilegal o el restablecimiento al cargo público de carrera, corresponde al titular del derecho subjetivo lesionado (funcionario público destituido).

Pero la responsabilidad de la Administración no sólo puede surgir de la lesión de derechos subjetivos (contractuales o estatutarios), sino también puede surgir de la lesión a intereses legítimos, personales y directos, cuyos titulares no sólo tienen la legitimación para impugnar los actos administrativos ilegales que los lesionen, sino también para pretender la condena a la Administración a la reparación de daños y perjuicios originados por el acto ilegal, y al restablecimiento del interés legítimo lesionado por la autoridad administrativa. Por ejemplo, el propietario de una parcela de terreno en una zona urbana residencial, frente a un acto administrativo ilegal que cambie la zonificación de la parcela colindante, no sólo tiene la legitimación para impugnar el acto ilegal y solicitar su nulidad, sino para que se le resarzan los daños y perjuicios ocasionados por el mismo (por ejemplo, daños ambientales, eliminación del derecho a una vista o panorama, etc.) y, para que se le restablezca la situación jurídica lesionada (demolición de la construcción realizada al amparo del acto ilegal y anulado y restablecimiento de la zonificación original).

Pero no sólo la esencia de la legitimación activa se ha modificado en el contencioso-administrativo de los actos administrativos, sino que a partir de 1976, también se han modificado sustancialmente los poderes del juez en sus decisiones de anulación y condena, pues éstas pueden incluso, llegar a sustituir la actuación de la Administración.

En efecto, en el esquema tradicional del contencioso-administrativo de anulación, el juez se limitaba a anular el acto recurrido correspondiendo a la Administración la ejecución de la decisión judicial. El juez no podía ni ordenar actuaciones a la Administración ni sustituirse a la Administración y adoptar decisiones en su lugar. Sin embargo, este criterio tradicional ha sido superado por el derecho positivo, y no sólo la pretensión

225 *Idem*, pp. 74-75.

de anulación puede estar acompañada de pretensiones de condena al pago de sumas de dinero o la reparación de daños y perjuicios, sino que más importante, la pretensión de anulación puede estar acompañada de pretensiones de condena a la Administración al restablecimiento de la situación jurídica subjetiva (derecho subjetivo o interés legítimo) lesionada, lo que implica el poder del juez de formular órdenes o mandatos de hacer o de no hacer (prohibiciones) a la Administración. No se olvide que el artículo 259 de la Constitución habla de los poderes del juez contencioso-administrativo para "disponer lo necesario para el restablecimiento de las situaciones jurídicas subjetivas lesionadas por la actividad administrativa", con lo cual se le está confiriendo una especie de jurisdicción de equidad similar a las decisiones de *injunction* o *mandamus* del derecho angloamericano[226]. Por tanto, al "disponer lo necesario para el restablecimiento de la situación jurídica lesionada", no sólo puede el juez ordenar a la Administración adoptar determinadas decisiones, sino prohibirle actuar en una forma determinada. Y más aún, cuando sea posible con la sola decisión judicial, puede restablecer directamente la situación jurídica lesionada (y no sólo ordenarle a la Administración que la restablezca).

4. El contencioso de anulación y amparo

El tercer, campo específico del contencioso de los actos administrativos, es el contencioso de anulación y amparo, que se desarrolla cuando la pretensión de anulación del acto administrativo está acompañada de una pretensión de restablecimiento de una garantía o derecho constitucional violado por el acto recurrido, conforme se regula expresamente en la Ley Orgánica de Amparo sobre Derechos y Garantías Constitucionales de 1988[227]. En este caso, cuando la lesión al derecho o garantía constitucional la produce un acto administrativo, la vía ordinaria de amparo constitucional es el recurso contencioso-administrativo de anulación, que puede ser ejercido por el titular del derecho o garantía constitucional vulnerado (legitimación activa).

Por supuesto, este contencioso de anulación y amparo, nos lleva a considerar la problemática del amparo en Venezuela, el cual no está regulado constitucionalmente como un único y específico recurso cuyo conocimiento está atribuido a un único órgano jurisdiccional[228], sino más bien como un derecho constitucional de los individuos a ser amparados por los tribunales de la República, lo cual puede lograrse a través de diversas acciones o recursos existentes incluso, mediante una acción autónoma de amparo[229].

En efecto, de acuerdo con el artículo 27 de la Constitución:

> "*Artículo* 27. Toda persona tiene derecho a ser amparada por los tribunales en el goce y ejercicio de los derechos y garantías constitucionales, aun de aquellos inherentes a la persona que no figuren expresamente en esta Constitución o en los instrumentos internacionales sobre derechos humanos.

226 *V.*, H. W. R. Wade, *Administrative Law*, Oxford, 1982, pp. 515, 629.

227 *V.*, *G.O.* N° 33.891 de 22-1-88. *V.*, Allan R. Brewer-Carías y Carlos Ayala Corao, *Ley Orgánica de Amparo sobre Derechos y Garantías Constitucionales*, Caracas, 1988, pp. 242. *V.*, lo expuesto en la Décima Quinta Parte, *T.* V.

228 Por ejemplo el recurso de amparo en España, cuyo conocimiento se atribuye al Tribunal Constitucional. Art. 161, Constitución 1978.

229 *V.*, Allan R. Brewer-Carías, "El derecho de amparo y la acción de amparo", *Revista de Derecho Público*, N° 22, EJV, Caracas, 1985. pp. 51-61.

El procedimiento de la acción de amparo constitucional será oral, público, breve, gratuito y no sujeto a formalidad; y la autoridad judicial competente tendrá potestad para restablecer inmediatamente la situación jurídica infringida o la situación que más se asemeje a ella. Todo tiempo será hábil y el tribunal lo tramitará con preferencia a cualquier otro asunto...."

Conforme a esta norma, por tanto, hemos sostenido que en el ordenamiento jurídico venezolano puede haber múltiples vías judiciales para amparar los derechos constitucionales frente a atentados en el goce y ejercicio de los mismos, tanto por parte de autoridades como de particulares, siempre que se prevea un procedimiento breve y sumario que permita restablecer de inmediato el derecho infringido. Incluso entre esas vías judiciales está la acción de amparo autónoma, en el sentido de que procede cuando no exista otra vía judicial que permita la protección del derecho o la que existe resulte inadecuada para la protección constitucional[230].

Por tanto, cuando un acto administrativo es el que vulnera el goce o ejercicio de un derecho o garantía constitucional, el medio judicial de amparo constitucional en principio, debe ser precisamente el proceso contencioso-administrativo de los actos administrativos que permite al juez, de acuerdo al artículo 259 de la Constitución, al igual que lo hace el artículo 27 del mismo texto fundamental, no sólo anular el acto que perturba el derecho (lo cual es el fundamento del amparo en este caso) sino restablecer la situación jurídica subjetiva infringida[231].

Estos planteamientos, como se ha dicho, han sido recogidos en su mayor parte, en la Ley Orgánica de Amparo sobre Derechos y Garantías Constitucionales de 22 de enero de 1988[232], en cuyo artículo 5° se establece:

"La acción de amparo procede contra todo acto administrativo, actuaciones materiales, vías de hecho, abstenciones u omisiones que violen o amenacen violar un derecho o garantía constitucional, cuando no exista un medio procesal breve, sumario y eficaz, acorde con la protección constitucional".

Por tanto, la acción autónoma de amparo procede también contra actos administrativos o contra conductas omisivas de la Administración que violen o amenacen violar un derecho o garantía constitucionales, pero siempre que no exista "un medio procesal breve, sumario y eficaz, acorde con la protección constitucional". En consecuencia, si dicho medio existe no procede la acción de amparo; y es la propia Ley Orgánica de Amparo la que se ocupa de prever dicho "medio procesal breve, sumario y efectivo, acorde con la protección constitucional", y ese es, en principio, el recurso contencioso-administrativo de anulación, siempre que exista en la localidad un tribunal con competencia contencioso-administrativa.

En estos casos, prevé la Ley que la acción de amparo puede ejercerse contra actos administrativos de efectos particulares o contra abstenciones o negativas de la Administración, ante el Juez Contencioso-Administrativo competente, si lo hubiere en la localidad, "conjuntamente con el recurso contencioso-administrativo de anulación de actos administrativos o contra las conductas omisivas, respectivamente, que se ejerza".

---

230 *Idem. V.,* Allan R. Brewer-Carías, "Introducción general al Régimen del Derecho de Amparo a los Derechos y Garantías Constitucionales", *Ley Orgánica de Amparo..., cit.*, pp. 52 y ss.

231 En igual sentido, Art. 21, párrafo 18° LOTSJ.

232 *V., G.O.* N° 33.891 de 22 de enero de 1988.

En estos casos agrega el artículo 59 de la Ley Orgánica de Amparo, el Juez, "en forma breve, sumaria, efectiva, si lo considera procedente para la protección constitucional suspenderá los efectos del acto recurrido como garantía de dicho derecho constitucional violado, mientras dure el juicio".

En esta forma, para que pueda ser completamente efectiva la protección y amparo de derechos constitucionales por vía del recurso contencioso-administrativo de anulación, la Ley Orgánica de Amparo ha previsto algunos correctivos en el procedimiento del mismo, por ejemplo, al ampliar la procedencia de la suspensión de efectos de los actos impugnados en forma más expedita, cuando se alegue violación de un derecho constitucional, es decir, la nulidad absoluta del acto recurrido; al eliminar el lapso de caducidad de seis (6) meses para la impugnación de los actos administrativos violatorios de derechos y garantías constitucionales que son nulos, de nulidad absoluta, conforme lo establece el artículo 25 de la Constitución; y al eximir al recurrente de la necesidad de agotamiento previo de la vía administrativa para ejercer el recurso de nulidad y amparo.

Así, y además, para garantizar que este recurso contencioso- administrativo de anulación y amparo, sea un medio procesal breve, sumario y efectivo, acorde con la protección constitucional, el parágrafo único del artículo 5° de la Ley Orgánica de Amparo, precisa que:

> "Cuando se ejerza la acción de amparo contra actos administrativos conjuntamente con el recurso contencioso-administrativo que se fundamente en la violación de un derecho constitucional, el ejercicio del recurso procederá en cualquier tiempo, aún después de transcurridos los lapsos de caducidad previstos en la Ley; y no será necesario el agotamiento previo de la vía administrativa".

Por tanto, un acto administrativo violatorio de un derecho o garantía constitucional, puede ser impugnado en vía contencioso-administrativa en cualquier tiempo, siempre que se acompañe al recurso de anulación una pretensión de amparo; y contra dicho acto sólo puede ejercerse la acción de amparo si ya han transcurrido más de seis meses de dictado (Art. 6, Ord. 4°) si se ejerce conjuntamente con el recurso contencioso- administrativo de anulación.

Así, cuando se ejerza la acción de amparo contra actos administrativos conjuntamente con el recurso contencioso-administrativo de anulación, no opera la causal de inadmisibilidad prevista en el ordinal 4° del artículo 6° de la Ley Orgánica de Amparo en casos de "consentimiento expreso" cuando hubieran transcurrido seis (6) meses después de la violación o la amenaza al derecho protegido.

Por tanto, en relación a la existencia del requisito legal del lapso de caducidad para la admisibilidad del recurso contencioso-administrativo de anulación, conforme a la Ley Orgánica de Amparo, si se trata de actos administrativos nulos de nulidad absoluta violatorios de derechos constitucionales, no puede haber caducidad del recurso contencioso- administrativo por tratarse precisamente de una vía de amparo. Por tanto, el "recurso contencioso-administrativo de anulación y amparo" se podría intentar contra el acto administrativo inconstitucional y nulo en los términos del artículo 25 de la Constitución en cualquier tiempo. Sin embargo, en otros casos, como por ejemplo, en materia de actos de trámite, que por no ser definitivos no son susceptibles de recursos contencioso-administrativos de anulación, si violan un derecho fundamental podrían ser objeto de una acción autónoma de amparo. En estos casos, por no ser definitivos, estos actos no serían recurribles en vía contencioso-administrativa, pero si son violatorios de derechos constitucionales, contra ellos procedería la acción autónoma de amparo.

En definitiva, frente a los actos administrativos, el amparo de los derechos constitucionales se puede lograr a través del recurso contencioso administrativo de anulación, que es un medio judicial de amparo, resultando inadmisible intentar contra ellos la acción autónoma de amparo, cuando exista un juez contencioso-administrativo en la localidad, por ser la vía contencioso-administrativa de anulación y amparo, conforme a la propia Ley Orgánica de Amparo, un medio procesal breve, sumario y eficaz, acorde con la protección constitucional.

Por último, el otro elemento que debe destacarse respecto del proceso contencioso-administrativo de anulación y amparo, se refiere a los poderes del juez. En este caso, de acuerdo a los artículos 259 y 25 de la Constitución y al artículo 21, párrafo 18° de la Ley Orgánica del Tribunal Supremo de Justicia, el juez contencioso-administrativo tiene "potestad para restablecer la situación jurídica infringida o en su caso, para "disponer lo necesario" para su restablecimiento. Esto significa que el juez del contencioso de anulación y amparo, una vez anulado el acto, puede directamente restablecer el derecho constitucional infringido y sustituirse a la Administración, y además, adoptar mandamientos de hacer o de no hacer en relación con la Administración, para asegurar no sólo dicho restablecimiento, sino además, impedir la sucesiva vulneración del derecho o garantía constitucional por la Administración. Por supuesto, además, y de acuerdo a lo señalado anteriormente, en caso de proceder, y conforme a lo solicitado, el juez podría adoptar las decisiones de condena respecto de la Administración, por los daños y perjuicios que se pudieran haber causado al recurrente por el acto anulado.

VI. EL PROCESO CONTENCIOSO DE LAS DEMANDAS CONTRA LOS ENTES PÚBLICOS

Además del proceso contencioso contra los actos administrativos, que como hemos señalado, tiene la característica de ser siempre un contencioso de anulación de los actos, con la posibilidad de estar acompañadas las pretensiones de anulación, con pretensiones de condena e incluso de amparo constitucional, el sistema contencioso-administrativo venezolano admite como segunda categoría de proceso, el contencioso- administrativo de las demandas contra los entes públicos, en el cual no sólo también se establece una verdadera *litis* procesal entre demandante y demandado, que se desarrolla a través de un proceso subjetivo entre partes, sino que tiene la característica general de orden negativo, de que en el objeto de la demanda y de las pretensiones del demandante, *no hay actos administrativos envueltos.* Por tanto, la relación jurídica procesal que se origina en estas demandas contra los entes públicos, *no tiene su origen en un acto administrativo que deba recurrirse,* pues si ése fuera el caso, correspondería a lo que hemos denominado el contencioso de los actos administrativos.

En consecuencia, este proceso contencioso-administrativo de. las demandas contra los entes públicos, es el propio de las acciones que se intenten contra éstos, basadas en pretensiones de condena que tienen su origen básicamente, en la responsabilidad de la Administración, de orden contractual o extracontractual, que buscan la condena al pago de sumas de dinero o de daños y perjuicios e incluso, el restablecimiento de la situación jurídica subjetiva lesionada, *y cuyo origen no está en actos administrativos.*

Por supuesto, tratándose de un contencioso de las demandas, la legitimación activa corresponde en estos casos al titular de un derecho subjetivo, quien puede accionar contra un ente público para lograr la satisfacción del mismo; y el procedimiento está regulado, siguiendo el esquema del procedimiento ordinario, en el artículo 21, párrafos 21 y siguientes de la Ley Orgánica del Tribunal Supremo, aún cuando referido a las demandas contra la República. La Ley Orgánica, en todo caso, atribuye a la Sala Político Administrativa, competencia para "conocer de las demandas que se propongan contra la República, los Estados, los Municipios, o algún Instituto Autónomo, ente público o empresa, en la cual la República ejerza un control decisivo y permanente, en cuanto a su dirección o administración se refiere, si su cuantía excede de 70.001 U.T. (Art. 5,24). En otras cuantías, así como en cuanto a las demandas contra entes descentralizados de Estados y Municipios, la competencia de los otros tribunales de la jurisdicción contencioso administrativa, al eliminarse las Disposiciones Transitorias de la Ley Orgánica de 1976, ha quedado sin regulación inmediata.

Debe señalarse, en todo caso, que de acuerdo a la Ley Orgánica, el proceso contencioso de las demandas contra los entes públicos a cargo de los tribunales contencioso-administrativos, debe diferenciarse del proceso contencioso administrativo de las demandas originadas en contratos administrativos suscritos por la República, los Estados y los Municipios, que consideramos que debe tener un tratamiento aparte.

Ahora bien, en cuanto a las demandas contra entes públicos (no originadas en contratos administrativos suscritos por la República, los Estados y los Municipios), en forma distinta a lo que establecía la Ley Orgánica de 1974, los órganos contencioso-administrativos tienen el conocimiento de aquellas que se refieren no sólo a los *entes nacionales, sino estadales y municipales*. En cambio, la derogada Ley de 1976 establecía que sólo las demandas contra la República caían dentro de la competencia de los Tribunales Contencioso-Administrativos, pues las demandas contra los Estados y Municipios se debían intentar ante los tribunales ordinarios, "de acuerdo con las previsiones del derecho común o especial", que eran los competentes para conocer de ellas en primera instancia[233].

Pero además de las demandas contra la República, los Estados y los Municipios, la Ley Orgánica atribuye a la Sala Político Administrativa según la cuantía, el conocimiento de las demandas contra algún "Instituto Autónomo, ente público o empresa, en la cual la República ejerza un control decisivo y permanente, en cuanto a su dirección o administración se refiere". Con esta redacción lamentablemente no se despejó la duda que derivaba de la norma equivalente de la Ley de 1976, que sólo se refería a acciones contra los Institutos Autónomos y las empresas "en las cuales el Estado tuviera participación decisiva", lo que llevó a la Sala Político Administrativa en un primer momento a interpretar impropiamente la expresión "empresas del Estado" en sentido restrictivo, como incluyendo solamente las empresas en las cuales la República, directamente fuera accionista, y excluyendo del fuero jurisdiccional, las empresas en las cuales un instituto autónomo u otra empresa del Estado, por ejemplo, fueran los entes accionistas[234]. Posteriormente, fue cambiando esta interpretación para abarcar las empresas del Estado controlas por otras empresas del Estado.

233. Art. 183 LOCSJ.

234 *V.*, la sentencia de la Sala Político-Administrativa de 20-01-83 y la sentencia de la Corte Primera de la Contencioso-Administrativo de 24-04-83 en *Revista de Derecho Público* N° 14, EJV, Caracas, 1983, pp. 187-190. *V.*, Noelia González, "Conceptos de empresas del Estado en la *Ley Orgánica de la Corte Suprema de Justicia*", *Revista de Derecho Público*, N° 26, EJV, Caracas, 1986, pp. 165-174.- *V.*, nuestra crítica a dichas sentencias en Allan R. Brewer-Carías, *Estado de derecho y Control Judicial..., cit.*, pp. 570 y ss.

Sin embargo, del texto de la Ley Orgánica resulta que el contencioso de las demandas contra los entes públicos está básicamente reducido a las demandas contra la República, los Estados, los Municipios, o contra algún Instituto Autónomo, ente público o empresa, en la cual la República ejerza un control decisivo y permanente, en cuanto a su dirección o administración se refiere, distribuido precisado la competencia jurisdiccional de la sala Político Administrativa según la cuantía. En la derogada Ley de 1976 se había distribuido la competencia según la cuantía, entre la sala Político Administrativa, la Corte Primera de lo Contencioso Administrativo y los Tribunales Superiores Contencioso Administrativos[235].

VII. EL PROCESO CONTENCIOSO DE LOS CONTRATOS ADMINISTRATIVOS SUSCRITOS POR LAS PERSONAS POLÍTICO- TERRITORIALES

De acuerdo con el artículo 5, ordinal 25 de la Ley Orgánica, corresponde a la Sala Político Administrativa del Tribunal Supremo de Justicia,

> "Conocer de las cuestiones de cualquier naturaleza que se susciten con motivo de la interpretación, cumplimiento, caducidad, nulidad, validez o resolución de los contratos administrativos en los cuales sea parte la República, los Estados o los Municipios, si su cuantía excede de setenta mil una unidades tributarias (70.001 U.T.)".

Por tanto, toda demanda contra todos los entes públicos político-territoriales originada en "contratos administrativos", corresponde a la jurisdicción contencioso-administrativa, y en particular, a la Sala Político Administrativa del Tribunal Supremo de Justicia.

El problema central, en este caso, es la determinación de qué ha de entenderse por contrato administrativo. Lo cierto es que cuando la distinción entre contratos administrativos y contratos de derecho privado de la Administración parecía haberse superado definitivamente en Venezuela, fue la derogada Ley Orgánica de la Corte Suprema de Justicia de 1976 la que revivió la distinción, al atribuir expresa y exclusivamente a la Sala Político-Administrativa de la Corte Suprema de Justicia esta misma competencia (Art. 42, Ord. 14). A pesar de dicha norma y de su equivalente en la actual Ley Orgánica (Art. 5, párrafo 1°,25), sin embargo, estimamos que la distinción no tiene sustantividad firme, ya que no hay ni puede haber contratos de derecho privado de la Administración, regidos exclusivamente por el derecho privado, que excluyan el conocimiento de los mismos a la jurisdicción contencioso-administrativa[236].

En realidad, todos los contratos que celebre la Administración están sometidos en una forma u otra al derecho público y a todos se les aplica también el derecho privado, teniendo según su objeto, un régimen preponderante de derecho público o de derecho

---

235 Art. 185, Ord. 6°; Art. 185, párrafo 3°; 182, Ord. 2° y Art. 182, *in fine*, LOCSJ

236 *V.*, Allan R. Brewer-Carías, "La evolución del concepto de contrato administrativo" en *El Derecho Administrativo en América Latina*, Curso Internacional, Colegio Mayor de Nuestra Señora del Rosario, Bogotá 1978, pp. 143-167; Jurisprudencia Argentina, N° 5.076, Buenos Aires, 13-12-1978, pp. 1-12; *Libro Homenaje al Profesor Antonio Moles Caubet, T.* I, Facultad de Ciencias Jurídicas y Políticas, Universidad Central de Venezuela, Caracas, 1981, pp. 41-69; y Allan R. Brewer-Carías, *Estudios de Derecho Administrativo*, Bogotá, 1986, pp. 61-90; y "Evoluçao do conceito do contrato administrativo" in *Revista de Direito Publico* N° 51-52, Sao Paulo, julio-diciembre 1979, pp. 5-19.

privado[237]; por lo que la distinción no tiene fundamento alguno, y menos cuando en Venezuela no hay dualidad de jurisdicciones (judicial y administrativa) que en Francia ha sido el verdadero sustento de la distinción[238]. Así como no puede haber acto unilateral dictado por los funcionarios públicos que no sea un acto administrativo, tampoco existen contratos celebrados por la Administración que no estén sometidos en alguna forma al derecho público, por lo que la terminología empleada en el artículo 42, ordinal 14, de la derogada Ley Orgánica, y ahora del artículo 5, 25 de la Ley Orgánica de 2004, en realidad, a lo que ha conducido es a confusiones, contradicciones y dilaciones. Por lo pronto, no hay demanda que se intente en relación a contratos celebrados por la Administración en la cual no se plantee el problema de la competencia: si la demanda se intenta ante la jurisdicción ordinaria, se alegará la naturaleza administrativa del contrato; en cambio, si se intenta ante el Tribunal Supremo de Justicia, se alegará el carácter de "derecho privado" del contrato.

Por otra parte, en la determinación de cuándo se está en presencia de un contrato administrativo o no, dependerá en mucho del interés circunstancial de la Administración, pues además de que todo contrato que celebre tienen algún interés público envuelto o se celebra vinculado a un servicio público, las llamadas cláusulas exorbitantes del derecho común que caracterizan a los contratos administrativos, no necesitan estar expresas en el texto del contrato, sino que son inherentes a las potestades de la Administración y se presumen en el mismo. Dependerá, por tanto, del recurso que haga la Administración en un momento dado a estas cláusulas (por ejemplo, para rescindir el contrato), para que el contrato se califique o no de administrativo, lo que hace insegura la distinción.

De allí, incluso las dudas y variaciones jurisprudenciales, particularmente con relación a contratos municipales de compra-venta de inmuebles municipales, que llevó a la antigua Corte Suprema a considerarlos algunas veces como contratos administrativos[239] y otras veces como contratos de derecho privado[240].

Por otra parte, la enumeración de las cuestiones concernientes a los contratos administrativos cuyo conocimiento compete al Tribunal Supremo conforme al artículo 5, párrafo 1°,25 de la Ley Orgánica, es completamente insuficiente y absurdamente limitativa, al punto de haber llevado a la antigua Corte Suprema Tribunal a considerar que como la norma equivalente de la ley anterior no hacía referencia a la "inejecución del contrato, esas cuestiones escapan de su conocimiento, a pesar de que el contrato sea administrativo"[241].

En nuestro criterio, al artículo 259 de la Constitución, al atribuir a los órganos de la jurisdicción contencioso-administrativa competencia para condenar al pago de sumas de dinero y a la reparación de daños y perjuicios originados en responsabilidad de la Ad-

---

237 *V.*, Allan R. Brewer-Carías, *Contratos Administrativos*, Caracas, 1992, pp. 46 y ss.; y "La interaplicación del derecho público y del derecho privado a la Administración Pública y el proceso de huída y recuperación del derecho administrativo" en *Las Formas de la Actividad Administrativa. II Jornadas Internacionales de Derecho Administrativo Allan Randolph Brewer-Carías*, Fundación de Estudios de Derecho Administrativo, Caracas, 1996, pp. 59 y ss.

238 *V.*, Jesús Caballero Ortíz, "Deben subsistir los contratos administrativos en una futura legislación?", en *El Derecho Público a comienzos del siglo XXI.* Estudios homenaje al Profesor Allan R. Brewer-Carías, *T.* II, Instituto de Derecho Público, UCV, Civitas Ediciones, Madrid, 2003, pp. 1773 y ss.

239 Sentencia de 11-08-83, *RDP*, N° 16, 1983, p. 164.

240 Sentencia de 26-06-80, *RDP*, N° 4, 1980, p. 146.

241 Sentencia de 18-09-86, *RDP*, N° 28, 1986, pp. 146 y ss.

ministración, y para restablecer las situaciones jurídicas subjetivas lesionadas por la actividad administrativa, no distingue si dichas situaciones son o no de origen contractual ni de qué tipo de contrato, ni distingue entre responsabilidad extracontractual o contractual.

Por tanto, conforme al principio de la universalidad el control consagrado en el artículo 259 de la Constitución, la limitación establecida en el artículo 5, párrafo 1°,25 de la Ley Orgánica del Tribunal Supremo de Justicia, carece de fundamento constitucional, siendo la norma más bien contraria al espíritu del artículo 259 de la Constitución. Por ello, en una futura Ley de la jurisdicción contencioso-administrativa, la referencia a "contratos administrativos" debería ser eliminada, atribuyéndose a los órganos de la misma todas las cuestiones concernientes a los contratos de la Administración, cualquiera que sea su naturaleza.

VIII. EL PROCESO CONTENCIOSO DE LOS SERVICIOS PÚBLICOS

La única innovación de la Constitución de 1999 en materia contencioso administrativa en relación con lo que estaba regulado en la Constitución de 1961 (Art. 206), he sido el agregado, en el artículo 259, dentro de las competencias de la jurisdicción contencioso administrativa, del conocimiento de los "reclamos por la prestación de servicios públicos".

La Ley Orgánica de 2004 no reguló el procedimiento en este caso, y se limitó a establecer la competencia de la Sala Político Administrativa para conocer y decidir, en segunda instancia, las apelaciones y demás acciones o recursos contra las sentencias dictadas por los Tribunales Contencioso Administrativos, cuando su conocimiento no estuviere atribuido a otro tribunal, que decidan sobre las acciones de reclamos por la prestación de servicios públicos nacionales (Art. 5, 37).

Ahora bien, sobre estos recursos, la Corte Primera de lo Contencioso Administrativo en una sentencia N° 644 de 3 de abril de 2002, destacó las innovaciones de la Constitución de 1999 en materia de servicios públicos señalando que la misma:

> "Consagra un tratamiento especial sobre la creación, prestación, disfrute y protección de los servicios públicos, para lo cual, no se limitó simplemente a establecer un fuero especial para dirimir conflictos o querellas al respecto, confiado a la jurisdicción contencioso administrativa, según lo dispuesto en el artículo 259 de la Constitución de la República Bolivariana de Venezuela, sino también, distribuyó su prestación en las diversas personas político territoriales, de conformidad con lo establecido en los artículos 84, 86, 102, 103, 108, 156 numeral 29, 164 numeral 8, 178 y 196 numeral 6 *eiusdem*, como a su vez el otorgamiento de una legitimación activa especial (más no exclusiva como excluyente), en titularidad de la Defensoría del Pueblo, consagrada en el artículo 281 *eiusdem*".

En relación con el recurso de reclamo por la prestación de servicios públicos, la Corte Primera en la misma sentencia señaló que la legitimación activa corresponde a "cualquier ciudadano que demuestre, aún simple interés" (Art. 26 Constitución); y además, a la Defensoría del Pueblo conforme al artículo 281,2 de la Constitución, el cual dispone que es atribución del Defensor del Pueblo:

> "2. Velar por el correcto funcionamiento de los servicios públicos, amparar y proteger los derechos e intereses legítimos, colectivos o difusos de las personas, contra las arbitrariedades, desviaciones de poder y errores cometidos en la prestación de los mismos, interponiendo cuando fuere

procedente las acciones necesarias para exigir al Estado el resarcimiento a las personas de los daños y perjuicios que les sean ocasionados con motivo del funcionamiento de los servicios públicos". (Subrayado de esta Corte).

La Corte agregó:

"Por otra parte, advierte esta Corte que, ante la ausencia de parámetros legales y el establecimiento de un régimen que sistematice la reclamación en materia de servicios públicos, ha correspondido a los jueces con competencia en lo contencioso administrativo, desarrollar la previsión contenida en el artículo 259 de la Constitución de la República Bolivariana de Venezuela, conforme a los supuestos de procedencia antes señalados, en los casos en que se verifique: (I) la supresión o falta del servicio; (II) la prestación parcial o deficiente; (III) el cobro no ajustado a la legalidad o anormal; (IV) los daños derivados de la falta o deficiencia del servicio y; (V) los actos administrativos de autoridad, dictados por entes privados en materia de servicios públicos concurrentes o virtuales, en donde se observa, entre otros fallos de esta Corte Primera de lo Contencioso Administrativo de fechas 10 de marzo de 2000 (Caso *Hidrocapital*); 14 de abril de 2000 (Caso *IVSS*); 6 de noviembre de 2000 (Caso *Hidrocapital* II), y más recientemente, el contenido en esta causa del 6 de julio de 2001 (Caso *Electricidad de Caracas*)[242]".

Por otra parte, la Sala Constitucional del Tribunal Supremo de Justicia, en sentencia de 8 de diciembre de 2000, señaló que ante la ausencia de mecanismos inmediatos para la reclamación de los servicios públicos prestados mediante concesión, la acción de amparo constitucional puede fungir como instrumento idóneo para tales fines, en los siguientes términos:

"En materia de servicios públicos, como en el caso de autos, nacen derechos derivados de la concesión, de su contexto, los cuales se incumplen y no fundamentan una acción de amparo constitucional, pero cuando el abuso de esos derechos vacía el contenido de un derecho humano fundamental o un derecho o garantía constitucional, haciéndolo nugatorio, se está ante una violación directa de la Constitución, que da lugar al amparo, y que con relación a la prestación masiva de servicios públicos, permite un amparo protector de derechos o intereses difusos o colectivos, que incluso puede ser interpuesto por la Defensoría del Pueblo. Ello sin perjuicio de otras acciones mediante las cuales la participación ciudadana, directa, o indirectamente mediante la Defensoría del Pueblo, controle la protección de los servicios públicos, procurando su correcto funcionamiento, la erradicación de la arbitrariedad, las desviaciones de poder, etc.

Lo ideal es que muchas de estas fallas se ventilen mediante un contencioso de los servicios públicos; pero otras tendrán abierta la vía del amparo constitucional, ya que las transgresiones realizadas por los prestadores de servicios, son contrarias a derechos y garantías constitucionales, y se hace necesario evitar un daño irreparable a la situación jurídica de las personas (a veces miles), perjudicadas por el servicio defectuoso o arbitrario".

Basta pensar en el caso de que sin justificación, ni razonabilidad alguna, se tome una medida que no obedece a argumentos que puedan ser justificados y explicados a los usuarios del servicio, y de manera extorsiva se les niegue el servicio (luz, agua, teléfono, etc.) si no cumplen con la exigencia de quien lo presta. Podría ser que el contrato considerase tal posibilidad a favor del prestador del servicio, pero el uso abusivo (que no puede ser tutelado por ningún convenio) al privar de las necesidades básicas a la población (agua, luz, teléfono, aseo urbano, etc.), afecta un derecho fundamental del ser humano, cual es el del libre desenvolvimiento de su personalidad, que mal puede llevarse adelante cuando se ve privado de elementos básicos para ello, debido a la conducta arbitraria del prestador del servicio.

---

242 *Revista de Derecho Público*, EJV, N° 89-92, Caracas, 2002, pp. 350-354.

No se trata del incumplimiento contractual del usuario o de interpretaciones al convenio, sino del ajuste a los precios que él paga, a las tarifas, peajes y otras exacciones semejantes, producto de un injustificado y desproporcionado aumento (irrazonable) por parte del servidor, que priva a las personas de las necesidades básicas si no cancela el ajuste o el aumento, y que al coaccionarlo a cumplir mediante el pago inmediato a cambio de no cortarle el servicio, le impide que goce de la vivienda con los servicios básicos esenciales (artículo 82 de la Constitución), o que se ejerza el derecho al trabajo (artículo 87 *eiusdem*), según los casos.

No se trata del usuario que no cumple con la obligación y recibe la sanción a tal conducta (suspensión del servicio), sino de la actividad arbitraria de quien suministra el servicio, que infringe derechos y garantías constitucionales básicas de las personas, actitud que a pesar de que pudiese estar contemplada en los contratos, equivale a vías de hecho...

Ante la injustificada privación de los servicios básicos esenciales a que tiene derecho el ser humano en la vivienda que ocupa (artículo 82 de la vigente Constitución) y de los cuales venía gozando; así como la privación del acceso de los servicios que garanticen la salud en sentido amplio, lo que incluye la higiene en el lugar de trabajo o en el hogar (artículo 83 *eiusdem*); y la infracción que las prácticas expresadas causan al artículo 117 de la Constitución de la República Bolivariana de Venezuela, toda persona a fin de ejercer los derechos consagrados en dichos artículos, tiene en su cabeza la acción de amparo constitucional a fin de hacer cesar la amenaza al goce y ejercicio de los derechos constitucionales señalados, y al restablecimiento de la situación jurídica lesionado por la violación de esos derechos.

El artículo 117 de la Constitución de la República Bolivariana de Venezuela, otorga a toda persona el derecho a disponer de servicios de calidad y de recibir de éstos un trato equitativo y digno, norma que al no diferenciar se aplica a toda clase de servicios, incluidos los públicos.

La Ley garantizará esos derechos, así como la defensa del público consumidor y el resarcimiento de los daños ocasionados; pero la ausencia de una Ley no impide a aquél a quien le lesionan la situación jurídica en que se encontraba con relación a un servicio, defenderla, o pedir que se le restablezca, si no recibe de éste un trato equitativo y digno, o un servicio, que debido a las prácticas abusivas, se hace nugatorio o deja de ser de calidad. Ante estas infracciones a normas de la Ley Fundamental, el perjudicado tiene la vía del amparo constitucional, sin perjuicio de que las acciones a favor de los consumidores en general, si es que la práctica abusiva es generalizada, pueda incoarla la Defensoría del Pueblo, conforme a los numerales 2 y 3 del artículo 281 de la vigente Constitución.

Es más, si la práctica abusiva es generalizada contra los consumidores o sectores de ellos, incluso quien acciona el amparo podía argüir la protección de derechos o intereses difusos o colectivos, motivo por el cual en el proceso habrá que citar a la Defensoría del Pueblo, tal como se señaló en fallo de esta Sala de 30 de junio de 2000.

Una serie de derechos de protección al consumidor pueden generar las leyes, destinados a las formas colectivas de resarcimiento, a las informaciones sobre el contenido y características de los servicios, a la garantía de la libertad de elección de los mismos, etc.; y su violación dará lugar a infracciones de Ley, que como todas aquéllas que desarrollan la Constitución, no están tuteladas directamente por la acción de amparo, pero que dan lugar a la cobertura protectora del consumidor conformada por las demás acciones y recursos necesarios para el correcto funcionamiento de los servicios públicos; y el correctivo a las arbitrariedades, desviaciones de poder y errores en la prestación de los mismos, contemplado en los numerales 2 y 3 del artículo 281 de la Constitución de 1999, en cuanto a las acciones allí previstas, también pertenecen a los ciudadanos.

Hay servicios públicos, como el eléctrico, por ejemplo, en que la Ley (Decreto con rango y Fuerza de Ley del Servicio Eléctrico), hace nacer derechos y obligaciones a los usuarios y a los prestadores del servicio, y lo relativo a esos derechos no estarían tutelados por el amparo constitucional, por lo que deberán ventilarse mediante los procesos ordinarios, mientras no se dicte una Ley que rija el contencioso de los servicios públicos.

Pero, la suspensión o privación abusiva del servicio, fundada en la falta de pago de lo facturado por un servicio que efectivamente no se recibió, o cuya recepción no puede ser demostrada, o que no corresponde a una tarifa o suma razonable, desborda los derechos emanados de la Ley, se trata de un abuso que invade derechos constitucionales, impidiendo el goce y ejercicio de los mismos por quienes son víctimas de la suspensión o privación del servicio, y cuando ello sucede, el derecho conculcado es el constitucional, y es el amparo la vía ideal para impedir la amenaza o lesión en la situación jurídica fundada en dicho derecho. En casos como estos, no sólo el amparo propende a la reanudación del servicio, sino que como parte de la justicia efectiva la reanudación puede hacerse compulsivamente, sin perjuicio de las acciones penales por desacato al fallo que se dicte en el amparo"[243].

IX. EL PROCESO CONTENCIOSO CONTRA LAS CONDUCTAS OMISIVAS DE LA ADMINISTRACIÓN

El tercer campo del sistema contencioso-administrativo en Venezuela está conformado por el proceso contencioso-administrativo contra las conductas omisivas de la Administración, lo cual fue otra de las importantes regulaciones de la Ley Orgánica de 1976, que se recogen en la Ley de 2004.

En efecto, en el artículo 5, párrafo 1°,26 de esta Ley Orgánica se atribuye a la Sala Político Administrativa del Tribunal Supremo de Justicia, competencia para:

> "Conocer de la abstención o negativa del Presidente o Presidenta de la República, del Vicepresidente Ejecutivo o Vicepresidenta Ejecutiva de la República y de los Ministros o Ministras del Ejecutivo Nacional, así como de las máximas autoridades de los demás organismos de rango constitucional con autonomía funcional, financiera y administrativa y del Alcalde del Distrito Capital, a cumplir específicos y concretos actos a que estén obligados por las Leyes".

Esta norma, que consagra el recurso contra las conductas omisivas de la Administración[244], tiene su fundamento, por una parte, en el incumplimiento por parte de la Administración de una obligación legal concreta de decidir o de cumplir determinados actos, y por la otra, en el derecho de un sujeto de derecho a que la Administración cumpla los actos a que está obligada. Por tanto, en la base de este recurso está una relación jurídica (deber-poder) específica, que se concreta en una obligación también específica de la Administración de actuar, frente a una situación jurídica, asimismo específica de poder de un sujeto de derecho, que se configura como un derecho subjetivo de orden administrativo a la actuación administrativa. No se trata, consecuentemente, de la obligación genérica de la Administración a dar oportuna respuesta a las peticiones de particulares, ni del derecho también genérico de éstos a obtener oportuna respuesta a sus peticiones presentadas por ante la Administración (Art. 51, Constitución). Se trata, en cambio, de una relación obligación-derecho establecida entre la Administración y un particular, a una actuación administrativa determinada.

---

243 Citada en la sentencia antes citada de la Corte Primera de lo Contencioso Administrativo de 08-12-2000, publicada en *Revista de Derecho Público*, EJV, N° 89-92, Caracas, 2002, pp. 350-354.

244 Este recurso según señala A. Moles existe en Venezuela desde 1925, *V.* A. Moles Caubet, "Rasgos generales de la jurisdicción contencioso-administrativa", en A. Moles Caubet y otros. *Contenciosos Administrativos... cit.*, p. 76.

Por ejemplo, de acuerdo al Código Civil y a la Ley Orgánica para la Ordenación del Territorio, el uso de la propiedad con fines urbanísticos está regulado por las autoridades locales, quienes deben definir las modalidades de dicho uso en las Ordenanzas de Zonificación. Una vez definidos los usos urbanísticos, los propietarios tienen derecho a construir en su propiedad (usar) siempre que se ajusten a las prescripciones de la zonificación, para lo cual la autoridad municipal establece sistemas de control. El más común de éstos era el control previo a través de permisos de construcción (autorizaciones)[245] los cuales se configuran como actos administrativos de obligatorio otorgamiento (actos reglados) cuando el proyecto de construcción se ajuste a las prescripciones de las Ordenanzas. Este permiso ha sido recientemente sustituido por una "certificación" que otorga también la autoridad municipal, con efectos similares en algunos casos[246]. Es decir el otorgamiento del permiso o constancia es una obligación de la administración respecto del propietario que se ajuste a las normas de zonificación, y éste tiene derecho a que se le otorgue el permiso o constancia cuando cumple dichas prescripciones[247]. Lo mismo sucede con relación a los denominados permisos o constancias de habitabilidad municipal: se trata también de instrumentos de control urbanístico, conforme a los cuales una vez realizada la construcción permisada o conforme a las variables urbanas fundamentales, el propietario solicita la constancia de habitabilidad a la Administración, quien verifica para otorgarla, el que la construcción ejecutada se adecue al proyecto, el propietario tiene derecho a que se le otorgue la constancia de habitabilidad y la Administración está obligada a otorgarla (actividad reglada)[248].

En este caso, se configura un típico supuesto de relación entre una obligación de la Administración a cumplir determinados actos y un derecho del particular a que la Administración cumpla dichos actos; y el incumplimiento de dicha obligación, sea porque la Administración se abstenga de dictar el acto requerido o sea porque se niegue a hacerlo es el objeto del recurso contra las conductas omisivas de la Administración que regula la Ley. Por eso, la antigua Corte Suprema estableció que para que proceda este recurso contencioso-administrativo, es necesario que se trate de "una obligación concreta y precisa inscrita en la norma legal correspondiente"[249], o como lo ha señalado la Corte Primera de lo Contencioso-Administrativo, que exista "una carga u obligación legal que pese sobre la autoridad recurrida y a la cual la misma no haya dado cumplimiento", carga que "debe estar expresamente establecida en una norma expresa"[250].

En estos casos de incumplimiento de la precisa y expresa obligación legal de un funcionario a adoptar determinados actos, a los cuales tiene derecho un particular, la protección jurisdiccional de este derecho está precisamente en este recurso frente a la abstención o negativa administrativa, lo cual no debe confundirse con la otra garantía procesal de los particulares frente al silencio de la Administración que origina el llamado

245 Art. 55 de la Ley Orgánica para la Ordenación del Territorio, *G.O.* N° 3.238 de 11-08-83.

246 Art. 85 de la Ley Orgánica de Ordenación Urbanística, *G.O.* N° 33.868, de 16-12-87.

247 *V.*, Allan R. Brewer-Carías, Urbanismo y Propiedad Privada, Caracas, 1980, p. 386; y Allan R. Brewer-Carías, "Introducción general al Régimen Legal de la Ordenación Urbanística", en *Ley Orgánica de Ordenación Urbanística*, EJV, Caracas, 1988, pp. 57 y ss.

248 *Idem. Propiedad y Urbanismo*, p. 385; "Información general"...., p. 63.

249 *V.*, sentencia de la Corte Suprema de Justicia en Sala Político-Administrativa de 28-02-85, en *Revista de Derecho Público*, N° 21, EJV, Caracas, 1985, pp. 170-175.

250 *V.*, sentencia de la Corte Primera de lo Contencioso-Administrativo de 06-12-84 en *Revista de Derecho Público*, N° 20, EJV, Caracas, 1984, p. 173.

silencio administrativo negativo o acto administrativo presunto o tácito denegatorio, y que podría ser recurrido tanto en vía administrativa como en vía contencioso-administrativa[251].

En efecto, la figura del silencio administrativo negativo es inefectiva como protección de los derechos de los particulares, en los casos de inacción primaria de la Administración, cuando por ejemplo, ésta se niega a otorgar un acto que está obligada adoptar, con motivo de una solicitud formulada por el interesado. A éste no le protege nada el hecho de entender que el acto que solicita, por ejemplo, el otorgamiento de la constancia de urbanismo solicitada, se le niega tácitamente, pues nada gana con ello: ¿cómo lo va a impugnar, si no hay motivación? ¿qué gana con una decisión judicial que declare la nulidad del acto denegatorio tácito? En realidad, el particular lo que requiere es que la Administración dicte el auto a que está obligada, por lo que en estos casos, la garantía jurídica del mismo, está en el recurso contra las conductas omisivas y no en el silencio denegatorio[252], pues a través del mismo se logra que el juez obligue a la Administración a decidir.

Debe señalarse, por otra parte, que este ha sido el criterio adoptado por la antigua Corte Suprema de Justicia en sentencia de 05-05-88, en el caso *Representación y Distribución de Maquinarias (Redimaq),* en el cual con motivo de una acción intentada por causa de una abstención de pronunciamiento de una solicitud, estableció lo siguiente:

> "... advierte la Sala que –limitada como se encuentra, en general, la competencia del juez en lo contencioso a la anulación del acto administrativo contrario a derecho–, en el caso de silencio de la Administración interpretado por la Ley como respuesta negativa de ésta, sólo puede el juzgador entrar a conocer de una acción fundada en ese silencio, cuando el mismo se ha dado respecto de la no resolución del correspondiente recurso administrativo. Mas, cuando un tal silencio ocurre, como en el caso de autos, en relación con la solicitud formulada que emita un acto, no tiene la Sala, obviamente, *acto alguno que anular, ni puede tomar una decisión creadora del mismo* –que es de la competencia, sin duda, de otro Poder del Estado–, sin violar el principio de la separación de poderes"[253].

En todo caso, debe destacarse, que la pretensión del recurrente en estos casos de recursos contra las conductas omisivas no es, por supuesto, que sólo se declare la ilegalidad de la omisión o negativa administrativa, o que sólo se declare la obligatoriedad de la Administración de decidir, sino que lo que busca realmente es que se ordene a la Administración a adoptar determinados actos. Como lo señaló la antigua Corte Suprema de Justicia:

> "la obligatoriedad para la Administración de producir un determinado acto o de realizar una actuación concreta en vista de un imperativo legal expreso y específico qué, según demuestra el recurrente, ella se niega a cumplir" (caso *Igor Vizcaya,* 28-02-85)[254].

Por tanto, la decisión del juez puede contener mandamientos de hacer frente a la Administración, e incluso, en nuestro criterio, puede en sí misma, suplir la carencia admi-

---

251 *V.,* Allan R. Brewer-Carías. "Consideraciones en torno a la figura del silencio administrativo consagrado a los efectos del recurso contencioso-administrativos de anulación" en *Revista de Control Fiscal,* N° 96, Caracas, 1980, pp. 11-38; y Allan R. Brewer-Carías, *El Derecho Administrativo y la Ley Orgánica de Procedimientos Administrativos, cit.,* pp. 225 y ss.

252 Allan R. Brewer-Carías, *El Derecho Administrativo y la Ley Orgánica..., cit.,* p. 230.

253 Consultado en original.

254 Consultado en original.

nistrativa, relevando al interesado de la obligación de obtener el acto en cuestión, para ejercer su actividad particular. Cómo lo ha señalado la Corte Primera de lo Contencioso-Administrativo, en estos casos, la acción:

> "se refiere al cumplimiento de actos, esto es, que no se agota en un simple pronunciamiento, sino que presume la realización de actuaciones tendientes a satisfacer la pretensión deducida por el administrado"[255].

Por tanto, el contencioso-administrativo contra la carencia administrativa, implica que la pretensión del recurrente está basada en un derecho subjetivo de orden administrativo infringido por la inacción, y cuya satisfacción sólo es posible mediante una actuación; consecuencialmente, el restablecimiento de la situación jurídica infringida por la omisión, puede dar lugar a que el juez ordene a la Administración la adopción de una decisión, o a que el juez directamente se sustituya a la Administración y restablezca la situación jurídica subjetiva infringida, por ejemplo, dispensando al particular de obtener el acto solicitado, si ello no era necesario para ejercer su derecho. En el caso ejemplificado anteriormente, si la Administración se niega a otorgar una constancia de habitabilidad urbanística a que tiene derecho un propietario que ha edificado en un todo conforme al proyecto consignado y a las Ordenanzas locales, el juez no sólo podría ordenar a la Administración municipal que otorgue dicha constancia de habitabilidad, sino que incluso, podría dispensar al particular de la necesidad de tenerla, si ello es necesario para otras actividades (por ejemplo, para las ventas primarias de inmuebles, Art. 95 LOOU) sustituyendo el acto administrativo con la sentencia misma.

Por último debe mencionarse que en general, en el contencioso contra las conductas omisivas, además de la pretensión de obligar a la, Administración a actuar, ésta puede estar acompañada de pretensiones de condena al pago de daños y perjuicios ocasionados por el retardo, e incluso, pretensiones de amparo, cuando la conducta omisiva viole un derecho o garantía constitucional; por ejemplo, cuando la Administración penitenciaria se niega a cumplir una orden de excarcelación.

Por último, debe señalarse que en estos supuestos de procesos contencioso-administrativos contra las conductas omisivas de la Administración, en ausencia de un procedimiento específico previsto en la Ley, los jueces han aplicado el procedimiento de los juicios de nulidad de los actos administrativos de efectos particulares[256].

X. EL PROCESO CONTENCIOSO DE LA INTERPRETACIÓN

Otro de los procesos contencioso-administrativo en Venezuela es el contencioso de interpretación, regulado genéricamente en el artículo 5, párrafo 1°, 52 como competencia de todas las Salas del Tribunal Supremo de Justicia, para:

> "Conocer del recurso de interpretación y resolver las consultas que se le formulen acerca del alcance e inteligencia de los textos legales, en los casos previstos en la ley, siempre que dicho conocimiento no signifique una sustitución del mecanismo, medio o recurso previsto en la ley para dirimir la situación si la hubiere".

---

255 *V.*, sentencia de 06-12-84 en *Revista de Derecho Público*, N° 20, EJV, Caracas, 1984, p. 174.

256 *V.*, sentencia de la Corte Primera de lo Contencioso-Administrativo de 28-09-82, en *Revista de Derecho Público*, N° 12, EJV, Caracas, 1982, p. 176.

Esta norma reguladora del proceso contencioso de interpretación de textos legales[257], originalmente fue establecida como una competencia exclusiva de la sala Político Administrativa de la antigua Corte Suprema, habiendo sido ampliada en la Ley Orgánica de 2004 a todas las Salas, pero sólo admisible "en los casos previstos en la Ley"[258]. Así, muchas leyes lo fueron previendo en las décadas pasadas, entre otras, por ejemplo, la Ley de Carrera Administrativa y su Reglamento; la Ley Orgánica del Poder Judicial (Art. 148); la derogada Ley Orgánica de la Corte Suprema de Justicia; y la Ley de Licitaciones[259].

Como lo precisó la antigua Corte Suprema de Justicia en su sentencia de 14-3-88 *(caso Concejo Municipal del Distrito Bruzual del Estado Yaracuy):*

> "...este medio de actuación procesal está reservado de manera exclusiva para aquellos casos en los cuales el texto legal cuya interpretación se solicita lo permita expresamente. Resulta, por tanto, improcedente el ejercicio y en forma indiscriminada y general, del recurso de interpretación respecto de cualquier texto legal, si no sé encuentra expresamente autorizado por el propio legislador"[260].

En este recurso de interpretación, la legitimación activa correspondería a todo el que tenga un interés legítimo, personal y directo en la interpretación del texto legal, normalmente, el funcionario público, y por supuesto, también correspondería a la Administración. Sobre este recurso de interpretación de textos legales, la antigua Corte Suprema fue estableciendo progresivamente sus características, así:

1. En sentencia de 27-09-84 (caso *Juan María Galíndez*), la Corte estableció como primer requisito la necesidad de que la interpretación requerida de la Ley se refiera a un caso concreto, con el doble propósito, por una parte de legitimar al recurrente, y por la otra, de permitir al intérprete apreciar objetivamente la existencia de la duda que se alegue como fundamento[261]. Posteriormente, en la sentencia de 17-04-86 (caso *Dagoberto González A.*), la Corte precisó este primer requisito, señalando:

> "el requisito de conexión del recurso con un caso concreto tiene como fundamento evitar que el mismo se convierta en un ejercicio académico, sin la finalidad práctica de la mejor aplicación de algún texto legal. No es concebible que se abra la posibilidad para cualquier particular de ocupar la jurisdicción en resolverle las dudas que en abstracto tuviere acerca de la interpretación de una norma. Es necesario para legitimar la actividad del recurrente, que éste demuestre por lo menos que ante una determinada situación concreta se haya suscitado la duda por las diversas interpretaciones dadas al mismo precepto legal, y que exista un interés general en la solución del conflicto. En tal forma no sólo se legitimará el recurrente, sino que la Corte tendrá elementos para apreciar objetivamente los criterios dispares y para zanjar la real dificultad que se hubiera presentado"[262].

---

257 E. Pérez Olivares, "El recurso de interpretación" en Instituto de Derecho Público, *El control jurisdiccional de los Poderes Públicos..., cit.*, pp. 149-165.

258 Sentencia de la Corte Suprema de Justicia en Sala Político-Administrativa de 27-04-82 en *Revista de Derecho Público*, N° 10, EJV, Caracas, 1982, p. 174.

259 Sentencia de la Corte Suprema de Justicia en Sala Político-Administrativa de 11-08-81 en *Revista de Derecho Público*, N° 8, EJV, Caracas, 1981, p. 138. *V.*, artículo 78 de la Ley de Licitaciones. *G.O.* N° 34.528 de 10-08-90.

260 *V.*, en *RDP*, N° 34, 1988, pp. 146-147.

261 Consultada en original.

262 *V.*, en *RDP*, N° 26, 1986, p. 146.

2. Por otra parte, en sentencia de 21-11-90 (caso *PDVSA*), la Sala Político Administrativa precisó, con razón, que "no es del monopolio del Poder Judicial, la interpretación", agregando lo siguiente:

> "la propia solicitante, y cualquier administración o cualquier particular a quien corresponda adoptar una decisión concreta puede y, es más, se encuentra obligada a emitir ésta; mas, para lograrlo deberá también, normalmente, interpretar previamente la ley, tarea que tendrá que desarrollar –al igual que el juez, en su caso y posteriormente, en vía judicial de revisión de la actuación administrativa previa– con estricta sujeción a las normas de nuestro ordenamiento positivo, y, particularmente, a las reglas que proporciona el artículo 4 del Código Civil, directrices en la materia; sin que, por el contrario, pueda el consultante delegar la señalada aplicación de la norma –previa su interpretación por el mismo– ni menos aún la decisión del caso concreto, en el órgano judicial al que se le hubiere dado competencia para interpretar, con carácter vinculante, sólo la norma –se insiste– sin extender su tarea al caso concreto, lo cual le está vedado; hasta el punto de que, si llegare el juez a pronunciarse sobre éste, estaría más bien extralimitándose en sus funciones puramente interpretativas, permitiendo un indebido traslado de la función y de administrar, al órgano judicial e incurriendo al mismo tiempo en una intromisión en la actividad administrativa de otro ente. Que la función de administrar implica aún la interpretación de la norma por el ente administrador, para aplicarla al caso concreto –incluso en sólo casos de reclamaciones provenientes de los particulares– cumpliendo de esta manera una actuación enteramente semejante a la que posteriormente realizará el juez con motivo de la revisión del acto administrativo en vía judicial, lo pone en evidencia hasta el sentido vulgar –inusualmente coincidente con el jurídico– del vocablo "administración pública" que, en los termines del Diccionario de la Real Academia de la Lengua (vigésima edición), significa: "Acción del gobierno al dictar y aplicar las disposiciones necesarias para el cumplimiento de las leyes y para la conservación y fomento de los intereses públicos, y al resolver las reclamaciones a que da lugar lo mandado. 2. Conjunto de organismos encargados de cumplir esta función"[263].

3. En tercer lugar, la sentencia de 18-10-90, la Corte ha precisado que el procedimiento aplicable en el recurso de interpretación es el de los juicios de nulidad contra los' actos administrativos de efectos generales[264].

4. Por último, en sentencia de 15-03-90, la Corte ha insistido en que el recurso de interpretación no puede traducirse en una acción de condena, "ni siquiera de una mera declarativa, y que por tanto, ningún pronunciamiento puede hacer la Corte sobre el caso concreto. Además, en dicha decisión, la Corte estableció el criterio de que:

> "cuando el recurso de interpretación surja en un caso concreto con ocasión de las discrepancias que puedan suscitarse entre los jueces por la inteligencia de los textos legales, es inadmisible, porque no puede sustituir los otros recursos o medios ordinarios y principales de resolución de dichas controversias y que la legislación pone en manos de los mismos jueces y de las partes, para que en ese caso concreto pongan fin a tales discrepancias"[265].

XI. EL PROCESO CONTENCIOSO-ADMINISTRATIVO DE LOS CONFLICTOS ENTRE AUTORIDADES

De acuerdo con lo establecido en los artículos 226,4 de la Constitución, el Tribunal Supremo de Justicia en Sala Político Administrativa tiene competencia para:

263 Consultada en original.
264 *RDP*, N° 44, 1990, p. 198.
265 *RDP*, N° 42, 1990, pp. 148-149.

> "Dirimir las controversias administrativas que se susciten entre la República, algún Estado, Municipio u otro ente público, cuando la otra parte sea alguna de esas mismas entidades, a menos que se trate de controversias entre Municipios de un mismo Estado, caso en el cual la ley podrá atribuir su conocimiento a otro Tribunal".

Esta norma se repite en el artículo 5, párrafo 1°,32 de la Ley Orgánica de 2004; agregando el artículo 5, párrafo 1°,34, la siguiente competencia:

> "Dirimir las controversias que se susciten entre autoridades políticas o administrativas de una misma o diferentes jurisdicciones con motivo de sus funciones, cuando la ley no atribuya competencia para ello a otra autoridad".

Estas normas dan origen al proceso contencioso-administrativo que tiene por objeto la solución de conflictos administrativos entre entidades territoriales, lo que tiene sentido dada la autonomía de Estados y de los Municipios (Arts. 159 y 168 de la Constitución) y la regulación de sus competencias en la Ley Orgánica de Descentralización, Delimitación y Transferencia de Competencias del Poder Público y en la Ley Orgánica de Régimen Municipal. En estos casos, dispone la Ley Orgánica que las controversias "se iniciarán por la entidad que le interesen, mediante demanda escrita, donde expondrá en forma clara y detallada el asunto de que se trate, e indicará la otra entidad contra quien obra la acción" (Art. 21, párrafo 23). Además, el artículo 21, párrafo 25°, dispone que admitida la demanda, el Juzgado de Sustanciación debe emplazar a la entidad demandada para comparecer ante el Tribunal Supremo de Justicia, en un plazo de 20 días hábiles, más el término de la distancia, en caso de que sea procedente, para que consignen el fundamento de sus pretensiones, en relación con la materia litigiosa y las razones de hecho y de derecho en que se funde.

Ahora bien, adicionalmente a estas competencias, un aspecto específico de este proceso contencioso-administrativo entre autoridades está regulado en la Ley Orgánica de Régimen Municipal, en relación a conflictos entre autoridades municipales, cuando ello amenace la normalidad institucional de un Municipio. En efecto, de acuerdo con el artículo 166 de la Ley Orgánica de Régimen Municipal:

> "En caso de surgir una situación que amenace la normalidad institucional de un Municipio o Distrito, pueden las autoridades municipales o el Gobernador del Estado, ocurrir a la Corte Suprema de Justicia en Sala Político Administrativa, para solicitarle que conozca y decida la cuestión planteada. La decisión de la Corte Suprema de Justicia relativa a la legitimidad de las autoridades municipales deberá ser emitida en el plazo de treinta (30) días contados a partir de la admisión de la solicitud y bastará para producirla los documentos que se acompañen a ésta. Cuando la Corte Suprema de Justicia solicitare documentos adicionales, éstos deberán ser consignados dentro de un plazo de 10 días y la decisión deberá producirse dentro de los 8 días siguientes".

De acuerdo a lo señalado por la antigua Corte Suprema en sentencia de 26-11-87 (caso *Gilberto J. Gómez*) esta norma:

> "consagra dentro del ámbito de la jurisdicción contencioso-administrativo un recurso específico – distinto al de anulación– dirigido a poner término a una situación precisa, producida concretamente por el conflicto entre autoridades municipales que se constituya en amenaza para el normal funcionamiento de la institución"[266].

La Corte se ha pronunciado en un recurso de esta naturaleza, a solicitud del Gobernador del Estado Zulia, por primera vez en sentencia de 9-7-81 en la cual resolvió sobre la

266 Consultada en original.

legalidad y legitimidad de las autoridades directivas del Concejo Municipal del Distrito Colón del Estado Zulia. En dicha decisión quedó precisada la legitimación activa regulada en la Ley para interponer el recurso, reducidas a los Gobernadores del Estado y a las autoridades municipales[267].

Posteriormente, en sentencia de 09-08-92 (Caso: *Eulogio Fernández*) la Corte precisó su competencia en estos casos de conflictos entre autoridades municipales derivados de la elección de las Juntas Directivas, no sólo declarando cuáles son las autoridades legítimas, sino declarando la nulidad absoluta de la elección considerada ilegítima[268].

Adicionalmente, en la citada sentencia dictada en el Caso: *Gilberto J. Gómez* de 26-11-87, la antigua Corte Suprema estableció precisiones adicionales en relación a este recurso contencioso-administrativo específico. En efecto, la Corte esclareció el ámbito de lo que ha de entenderse por "autoridades municipales", en el sentido de que no se puede comprender en esa denominación "a todos aquellos órganos que conforman la estructura orgánica del ente local respectivo" sino únicamente "a quienes ejercen la máxima dirección". Con base en ello, consideró inadmisible tramitar por la vía del recurso contencioso de conflictos entre autoridades municipales, al acto de destitución o remoción del Contralor Municipal, y estimó que contra dicha resolución lo que procedía ejercer era el recurso de anulación[269].

---

267 *RDP*, N° 8, 1981. pp. 101 y ss.
268 *RDP*, N° 11, 1982, pp. 108-109.
269 *RDP*, N° 32, 1987, p. 132.

LIBRO QUINTO:

LA JURISDICCIÓN CONTENCIOSO ADMINISTRATIVA EN LA LEY ORGÁNICA DEL TRIBUNAL SUPREMO DE JUSTICIA DE 2004

El texto de este Libro Quinto es parte del estudio introductorio publicado en el libro: *Ley Orgánica del Tribunal Supremo de Justicia. El Tribunal Supremo de Justicia y los procesos y procedimientos constitucionales y contenciosos administrativos*, Colección Textos Legislativos, N° 28, Editorial Jurídica Venezolana, Caracas 2004, pp. 7-281.

Desde 1976, el régimen de la jurisdicción contencioso administrativa había estado regulado en la Ley Orgánica de la Corte Suprema de Justicia.[1] Luego de la sanción de la Constitución de 1999, y transformada la antigua Corte en Tribunal Supremo de Justicia, se esperaba que la Asamblea nacional, al dictar la nueva Ley Orgánica de dicho Tribunal, procediera a regular en una ley aparte a la jurisdicción contencioso administrativa.

Sin embargo, no fue así, y en mayo de 2004, al dictarse la Ley Orgánica del Tribunal Supremo[2] en la misma se siguió el mismo esquema de la Ley de 1976, salvo en materia del régimen de nombramiento y remoción de los Magistrados del Tribunal, y de los aspectos organizativos novedosos del Tribunal Supremo regulados en la Constitución, particularmente en cuanto al gobierno y administración del Poder Judicial que le corresponde realizar. Por tanto, particularmente en materia contencioso administrativa, en cuanto al contenido de su regulación transitoria, así como de las competencias y del procedimientos ante el Tribunal Supremo, puede decirse que sus normas no variaron mayormente en relación con las que estaban en la Ley Orgánica del la Corte Suprema de Justicia que derogó.

Sin embargo, la nueva Ley Orgánica de 2004 sí varió totalmente la técnica legislativa, la cual materialmente en ella fue inexistente. Se agruparon diversos artículos que esta-

---

1 En adelante LOCSJ. *V.*, en *Gaceta Oficial* N° 1.893 Extra. de 3 de julio de 1976. *V.*, sobre el texto de dicha Ley Orgánica los comentarios en Allan R. Brewer-Carías y Josefina Calcaño de Temeltas, *Ley Orgánica de la Corte Suprema de Justicia*, Caracas 1989.

2 *Gaceta Oficial* N° 37.042 de 19 de mayo de 2004.

ban en Títulos, Capítulos y secciones completas de la vieja Ley Orgánica, y se los comprimió incorporándolos en un solo artículo, algunos de los cuales quedaron con textos larguísimos con hasta treinta párrafos, sin numeración alguna, con lo cual la cita de las normas legales se dificultó enormemente. Además, el texto de la Ley Orgánica de 2004 no tuvo sistemática alguna en cuanto a su división en Títulos, Capítulos y Secciones. Ni más ni menos, parecería que los autores del Proyecto aplicaron a un texto legal la técnica de las novelas del *boom* latinoamericano del siglo pasado. Afortunadamente, al menos, en la configuración de los textos de los artículos conservaron los puntos y seguido, y los puntos y aparte. !!

Destacamos aquí el régimen de la Ley Orgánica, con particular énfasis en la regulación transitoria de la jurisdicción contencioso administrativa, y su diferenciación con la jurisdicción constitucional atribuida a la sala Constitucional del Tribunal Supremo.

Sección Primera: LAS COMPETENCIAS DE LAS SALAS DEL TRIBUNAL SUPREMO EN MATERIA CONSTITUCIONAL Y CONTENCIOSO ADMINISTRATIVA Y LOS DIVERSOS PROCESOS Y PROCEDIMIENTOS QUE SE DESARROLLAN ANTE LAS MISMAS

El artículo 5 de la Ley Orgánica enumeró las competencias del Tribunal Supremo de Justicia, "como más alto Tribunal de la República" (Art. 5, párrafo 1°)[3], las cuales se distribuyeron entre las diversas Salas.

Con carácter general, el artículo 18, párrafo 3° de la Ley Orgánica estableció un mínimo de cuantía al disponer que el Tribunal Supremo de Justicia "conocerá y tramitará, en la Sala que corresponda, los recursos o acciones, que deban conocer de acuerdo con las leyes, cuando la cuantía exceda de tres mil unidades tributarias (3.000 U.T.)."

A continuación destacamos específicamente las competencias de la Sala Constitucional, Sala Contencioso Administrativa y Sala Electoral del Tribunal Supremo, que son las que interesan a los efectos del régimen del contencioso administrativo. Las otras Salas del Tribunal Supremo son: la sala Civil, la sala Penal y la sala Social.

I. LAS COMPETENCIAS DE LA SALA CONSTITUCIONAL

Conforme al artículo 5, párrafo 2°, corresponde al Tribunal Supremo en Sala Constitucional los asuntos previstos en los numerales 3 al 23 del párrafo 1° de dicho artículo, que son los siguientes:

3 Frase que repite la que estaba en el encabezamiento del artículo 42 LOCSJ.

1. Las competencias que originan procesos constitucionales

A. El proceso constitucional de control de constitucionalidad de las leyes y otros actos estatales de igual rango y valor (control concentrado de la constitucionalidad)

Los ordinales 6 a 9 del párrafo 1° del artículo 5 de la Ley atribuyen a la Sala Plena las siguientes competencias en materia de control de la constitucionalidad de actos del Estado establecidas en el artículo 336 de la Constitución, según los actos objeto de control:

a. *Leyes y actos de rango legal de la Asamblea Nacional*

> 6. Declarar la nulidad total o parcial de las *leyes nacionales y demás actos con rango de ley de la Asamblea Nacional*, que colidan con la Constitución de la República Bolivariana de Venezuela, mediante el ejercicio del control concentrado de la constitucionalidad[4].

Esta norma repite tanto el texto constitucional como el del artículo 42,1 de la Ley Orgánica de 1976, a los cuales sólo se le agregó la última frase sobre el "control concentrado de la constitucionalidad", terminología que, por tanto, adquirió rango constitucional en Venezuela.

Los actos con rango de ley de la Asamblea nacional serían aquellos actos parlamentarios sin forma de ley dictados en ejecución directa e inmediata de la Constitución, como los *interna corporis*.

b. *Leyes estadales y municipales y actos de los órganos legislativos estadales y municipales dictados en ejecución directa de la Constitución:*

> 7. Declarar la nulidad total o parcial de las *Constituciones y leyes estadales, de las ordenanzas municipales y demás actos* de los cuerpos deliberantes de los Estados, Municipios y del Distrito Capital, dictados *en ejecución directa e inmediata de la Constitución* y que colidan con ella, mediante el ejercicio del control concentrado de la constitucionalidad.

En este caso, también, la novedad respecto de lo que establece la Constitución, sino a lo que establecía Ley de 1976[5] no sólo es la calificación del proceso como "control concentrado de la constitucionalidad"; sino la identificación, conforme a la Constitución (Arts. 334 y 336) de los actos estatales dictados en ejecución directa e inmediata de la Constitución, y que sin tener "valor de ley" tienen el mismo rango. En la Ley Orgánica se agregaron, además, los actos de tal naturaleza del Distrito Capital.

c. *Actos de rango legal del Ejecutivo Nacional*

> 8. Declarar la nulidad total o parcial de *los actos con rango de ley dictados por el Ejecutivo Nacional*, que colidan con la Constitución de la República Bolivariana de Venezuela, mediante el ejercicio del control concentrado de la constitucionalidad.

---

4 Sustituye el artículo 42,1 LOCSJ: Declarar la nulidad total o parcial de las leyes y demás actos generales de los cuerpos legislativos nacionales, que colidan con la Constitución.

5 Sustituye el artículo 42,3 LOCSJ: Declarar la nulidad total o parcial de las constituciones o leyes estadales, de las ordenanzas municipales y demás actos generales de los cuerpos deliberantes de los Estados o Municipios, que colidan con la Constitución.

Esta norma se refiere, básicamente, a los decretos leyes dictados en virtud de ley habilitante (Art. 203), así como a las regulaciones que deba dictar el Ejecutivo Nacional en caso de restricción de garantías derivadas de un decreto de estado de excepción (Art. 339). Se destaca igualmente, el calificativo del proceso que origina la competencia como de control concentrado de la constitucionalidad.

d. *Actos estatales de ejecución directa e inmediata de la Constitución*

> 9. Declarar la nulidad total o parcial de los actos dictados por cualquier órgano en ejercicio del Poder Público, *en ejecución directa e inmediata de la Constitución* de la República Bolivariana de Venezuela, cuando colidan con ésta y *que no sean reputables como actos de rango legal.*

Lamentablemente en la identificación del objeto de la acción de inconstitucionalidad en este caso, el Legislador no sólo no lo calificó como "control concentrado de la constitucionalidad", perdiendo la coherencia normativa, sino que no entendió las disposiciones constitucionales (Arts. 334, 336,4) que se refieren al control de constitucionalidad de los "actos dictados en ejecución directa e inmediata de la Constitución", los cuales precisamente por ello, tienen rango legal, aún cuando puedan no tener valor de ley. Las categorías de actos dictados en ejecución directa e inmediata de la Constitución y los actos con rango de ley, no son excluyentes. Los actos dictados en ejecución directa e inmediata de la Constitución, por otra parte, por ello mismo sólo pueden estar regulados por sus normas y no admiten que se pueda dictar una ley para regularlos. No es lo mismo, por tanto, un acto de ejecución directa e inmediata de la Constitución que una norma constitucional de aplicación directa e inmediata[6].

e. *El medio procesal para el inicio de los procesos: La acción popular de inconstitucionalidad*

En todo caso, en ejercicio de estas cuatro competencias (ordinales 6 a 9) y aún cuando no se utilizó la misma terminología en el ordinal 9, la Sala Constitucional ejerce el "control concentrado de la constitucionalidad", el cual, como lo precisa el artículo 5, párrafo 3° de la Ley Orgánica:

> [S]ólo corresponderá a la Sala Constitucional en los términos previstos en esta Ley, la cual no podrá conocerlo incidentalmente en otras causas, sino únicamente cuando medie un recurso popular de inconstitucionalidad, en cuyo caso no privará el principio dispositivo, pudiendo la Sala suplir, de oficio, las deficiencias o técnicas del recurrente sobre las disposiciones expresamente denunciadas por éste, por tratarse de un asunto de orden público.

Con esta disposición expresa, en el caso de control concentrado de constitucionalidad, el Legislador ha puesto límite a la potestad de control concentrado de oficio que había venido desarrollando la Sala Constitucional, imponiendo aquí el principio dispositivo al exigir el ejercicio de una acción popular. Esta terminología de "recurso popular de inconstitucionalidad", además, adquirió rango legal en Venezuela con esta disposición.

---

6 Ello, lamentablemente se ha confundido en forma inaceptable por la Sala Constitucional en la sentencia No. 566 de 12-04-2004 (Caso: *Julio Borges, César Pérez Vivas, Henry Ramos Allup, Jorge Sucre Castillo, Ramón José Medina y Gerardo Blyde vs. Consejo Nacional Electoral*) mediante la cual la Sala Constitucional se avocó al conocimiento de la causa relativa al referendo revocatorio presidencial que competía a la Sala Electoral. *V.*, los comentarios en Allan R. Brewer-Carías, La Sala Constitucional vs. El Estado democrático de derecho (El secuestro del Poder Electoral y de la sala Electoral del tribunal Supremo y la confiscación del derecho a la participación política), Ediciones El Nacional, Caracas 2004, pp. 133 y ss.

Debe advertirse, por último, que si bien en todos estos casos se habla en la Ley de "control concentrado de constitucionalidad", la verdad es que no lo agotan, pues los otros procesos constitucionales que se desarrollan ante la Sala Constitucional como Jurisdicción constitucional, también constituyen, precisamente por ello, control concentrado de la constitucionalidad.

B. El proceso constitucional de control de la constitucionalidad de las leyes como incidente con motivo del control difuso de constitucionalidad efectuado por otras Salas del Tribunal Supremo

De acuerdo con lo dispuesto en el artículo 5, párrafo 1°, 22 de la Ley Orgánica, es competencia de la Sala Constitucional:

> 22. Efectuar el examen abstracto y general sobre la constitucionalidad de una norma previamente desaplicada mediante control difuso de la constitucionalidad por alguna de las Salas del Tribunal Supremo de Justicia, absteniéndose de conocer sobre el mérito y fundamento de la sentencia pasada con fuerza de cosa juzgada.

En estos casos, conforme al artículo 5, párrafo 5°,

> [C]uando cualquiera de las Salas del Tribunal Supremo de Justicia haga uso del control difuso de la constitucionalidad, únicamente para un caso concreto, deberá informar a la Sala Constitucional sobre los fundamentos y alcances de la desaplicación adoptada para que ésta proceda a efectuar un examen abstracto sobre la constitucionalidad de la norma en cuestión, absteniéndose de revisar el mérito y alcance de la sentencia dictada por la otra Sala, la cual seguirá conservando fuerza de cosa juzgada.

C. El proceso constitucional de control preventivo de la constitucionalidad de los tratados

Conforme al artículo 5, párrafo 1°,10 de la Ley, y al artículo 336,5 de la Constitución, la Sala Constitucional es competente para "verificar, a solicitud del Presidente o Presidenta de la República o de la Asamblea Nacional, la conformidad con la Constitución de la República Bolivariana de Venezuela, de los Tratados Internacionales suscritos por la República antes de su ratificación".

D. El proceso constitucional de control preventivo de la constitucionalidad de leyes sancionadas antes de su promulgación

Conforme al artículo 5, párrafo 1°,21 de la Ley Orgánica, corresponde a la Sala Constitucional, "conocer de la solicitud de pronunciamiento, efectuada por el Presidente de la República, sobre la inconstitucionalidad de las leyes sancionadas por la Asamblea Nacional, de conformidad con lo previsto en el artículo 214 de la Constitución de la República Bolivariana de Venezuela"[7].

---

7 En esta forma, este control de constitucionalidad de las leyes no sancionadas, ni publicadas, se desligó del veto presidencial tal como estaba regulado en la Constitución de 1961, y en el artículo 42,2 LOCSJ: Decidir acerca

E. El proceso constitucional de control de la inconstitucionalidad de la omisión del Legislador y de los demás órganos del Poder Público en relación con sus obligaciones constitucionales

La Constitución había regulado el proceso constitucional de control de la constitucionalidad de las omisiones del Legislador (Art. 336,7), el cual se recogido en el artículo 5, párrafo 1°,12 de la Ley Orgánica, al atribuirse a la Sala Constitucional, competencia para

> Declarar la inconstitucionalidad de las omisiones del Poder Legislativo Municipal, Estadal o Nacional cuando haya dejado de dictar las normas o medidas indispensables para garantizar el cumplimiento de la Constitución de la República Bolivariana de Venezuela, o las haya dictado en forma incompleta, y establecer el plazo y, de ser necesario, los lineamientos generales esenciales para su corrección, *sin que ello implique usurpación de funciones de otro órgano del Poder Público, o extralimitación de atribuciones.*

La última frase subrayada, constituye un agregado del Legislador respecto de lo que dispone la Constitución, en el sentido de imponerle límites a la Sala Constitucional en cuanto a que los lineamientos que puede establecer para la corrección de la omisión por parte del órgano legislativo, no puede implicar en caso alguno, que la Sala pueda sustituirse en el ejercicio de la competencia del órgano legislativo omiso y asumir y ejercer su competencia; es decir, usurpar sus funciones e incurrir en extralimitación de atribuciones[8].

Pero la Ley Orgánica en su artículo 5, párrafo 1°,13 amplió las competencias de la Sala Constitucional, al regular el control de las omisiones de cualesquiera otros órganos del Poder Público, respecto del cumplimiento de obligaciones directamente establecidas en la Constitución, así:

> 13. Declarar la inconstitucionalidad de las omisiones de cualquiera de los órganos que ejerzan el Poder Público de rango nacional, respecto a obligaciones o deberes establecidos directamente por la Constitución de la República Bolivariana de Venezuela.

Esta disposición, tal como está redactada, implicaría la concentración en la Sala Constitucional, por ejemplo, del conocimiento de todas las acciones de amparo contra las conductas omisivas de los entes y funcionarios públicos en el cumplimiento de las obligaciones que resultan de todos los derechos constitucionales, ya que las normas que los son de aplicación directa e inmediata. No se sabe, realmente, si ello fue la intención del legislador.

F. El proceso constitucional de las controversias constitucionales entre los órganos del Poder Público

De acuerdo con el artículo 336,9 de la Constitución, la Sala Constitucional conforme al artículo 5, párrafo 1°,15 tiene competencia para:

---

de la inconstitucionalidad de las leyes que solicite el Presidente de la República antes de ponerle el ejecútese, conforme al artículo 173 de la Constitución.

8 Como lo hizo en agosto de 2003 al designar a los miembros del Consejo Nacional Electoral, y limitarle sus atribuciones. *V.*, sentencia N° 2341 de 25-08-2003 (Caso: *Hermann Escarrá y otros*). Véanse los comentarios en Allan R. Brewer-Carías, *La Sala Constitucional vs. El Estado democrático de derecho*, Caracas, 2004, pp. 43 y ss.

15. Dirimir las controversias constitucionales que se susciten entre cualquiera de los órganos del Poder Público.

G. El proceso constitucional de la interpretación constitucional

A pesar de la jurisprudencia desarrollada por la Sala Constitucional, la Ley Orgánica, no reguló expresamente el proceso constitucional de interpretación de la Constitución, mediante acción autónoma. Como se verá más adelante, lo que establece es un conjunto de atribuciones que son comunes a todas las Salas del Tribunal Supremo, entre las cuales está el conocimiento de los recursos de interpretación de las leyes.

H. El proceso constitucional de la revisión de sentencias en materia constitucional

De acuerdo con la innovación consagrada en el artículo 336,10 de la Constitución, y conforme con el artículo 5, párrafo 1°,16 la Sala Constitucional tiene competencia para conocer del recurso extraordinario de revisión de sentencias dictadas en materia constitucional, así:

> 16. Revisar las sentencias definitivamente firmes de amparo constitucional y control difuso de la constitucionalidad de leyes o normas jurídicas, dictadas por los demás tribunales de la República.

Se trata de una competencia que tiene por objeto, establecer la uniformidad de la aplicación e interpretación constitucional, al permitirle a la Sala Constitucional conocer, a su discreción, de los recursos extraordinarios de revisión que se intenten contra sentencias definitivamente firmes de los tribunales en materia de amparo y de control difuso de la constitucionalidad de las leyes. En particular, sobre las sentencias dictadas en ejercicio del control difuso de la constitucionalidad, el artículo 5, párrafo 4° de la Ley Orgánica, dispuso que "de conformidad con lo previsto en la Constitución de la República Bolivariana de Venezuela, todo tribunal de la República podrá ejercer el control difuso de la constitucionalidad únicamente para el caso concreto, en cuyo supuesto dicha sentencia estará expuesta a los recursos o acciones ordinarias o extraordinarias a que haya lugar". Dicho artículo dejó "a salvo en todo caso", que la Sala Constitucional pueda hacer uso, *de oficio o a instancia de parte,* de la competencia de revisión prevista en el numeral 16 del artículo 5 "y se avoque a la causa para revisarla cuando ésta se encuentre definitivamente firme".

Pero siguiendo la jurisprudencia de la Sala Constitucional en cuanto a la ampliación ilegal de sus competencias de revisión de sentencias dictadas por otras Salas del Tribunal Supremo (distintas a las dictadas en materia de amparo o de control difuso de la constitucionalidad), el Legislador ha venido a regularizarla, atribuyendo además a la Sala Constitucional en el artículo 5, párrafo 1°, 4 de la Ley, competencia para:

> 4. Revisar las sentencias dictadas por una de las Salas, cuando se denuncie fundadamente la violación de principios jurídicos fundamentales contenidos en la Constitución de la República Bolivariana de Venezuela, Tratados, Pactos o Convenios Internacionales suscritos y ratificados válidamente por la República, o que haya sido dictada como consecuencia de un error inexcusable, dolo, cohecho o prevaricación; asimismo podrá avocarse al conocimiento de una causa determinada, cuando se presuma fundadamente la violación de principios jurídicos fundamentales contenidos en la Constitución de la República Bolivariana de Venezuela, Tratados, Pactos o Convenios Internacionales suscritos y ratificados válidamente por la República, aun cuando por razón de la materia y en virtud de la ley, la competencia le esté atribuida a otra Sala.

I. El proceso constitucional sobre colisión (vigencia y derogación) de leyes

Conforme a lo dispuesto en el artículo 336,8 de la Constitución, el artículo 5, párrafo 1°,14 atribuye a la Sala Constitucional:

> 14. Resolver las colisiones que existan entre diversas disposiciones legales y declarar cuál debe prevalecer[9].

2. Las competencias respecto de los procedimientos de control de la constitucionalidad de ciertos actos estatales

A. El procedimiento de control de constitucionalidad obligatorio de las leyes orgánicas

La Constitución estableció, en su artículo 203, un control de constitucionalidad de carácter obligatorio respecto de ciertas leyes orgánicas, las "que así haya calificado la Asamblea Nacional" en la forma dispuesta en dicha norma; las que constituyen sólo uno de los cinco tipos de leyes orgánicas que regula la Constitución.

El artículo 5, párrafo 1°, 17 de la ley Orgánica ahora ha extendido este control automático y obligatorio por parte la Sala Constitucional respecto de *todas las leyes orgánicas*, al atribuirle competencia para:

> 17. Conocer, antes de su promulgación, la constitucionalidad del carácter orgánico de las leyes dictadas por la Asamblea Nacional, y de los Decretos con Fuerza de Ley que dicte el Presidente de la República en Consejo de Ministros mediante Ley Habilitante.

A pesar de lo mal redactado de la norma, se presume que el control previsto respecto de los decretos ejecutivos con fuerza de Ley en ella establecido, se refiere sólo a aquellos que tengan el carácter de orgánico.

B. El procedimiento de control de constitucionalidad obligatorio de los decretos de estado de excepción

Conforme al artículo 336,6 de la Constitución, el artículo 5, párrafo 1°,11 atribuye a la Sala Constitucional, competencia para controlar la constitucionalidad en forma obligatoria de los decretos de estados de excepción, así:

> 11. Revisar, en todo caso, aun de oficio, la constitucionalidad de los decretos que declaren estados de excepción dictados por el Presidente o Presidenta de la República.

3. Las controversias en relación con los Tratados internacionales

La Ley Orgánica atribuye a la Sala Constitucional, en el artículo 5, párrafo 1°,23 competencia para:

---

9 La norma es idéntica al Artículo 42,6 LOCSJ.

23. Conocer de las controversias que pudieren suscitarse con motivo de la interpretación y ejecución de los Tratados, Convenios o Acuerdos Internacionales suscritos y ratificados por la República. La sentencia dictada deberá ajustarse a los principios de justicia internacionalmente reconocidos y será de obligatorio cumplimiento por parte del Estado Venezolano.

4. Las competencias en materia de amparo

A. Competencias en única instancia

La Ley Orgánica en su artículo 5, párrafo 1, ordinales 18, 19 y 5, atribuye a la Sala Constitucional competencia para conocer de acciones de amparo en única instancia contra altos funcionarios nacionales, contra sentencias de última instancia los tribunales contencioso administrativos, y contra sentencias de los tribunales superiores relativas a reclamos derivados del ejercicio de la libertad de expresión, así:

18. Conocer en primera y última instancia las acciones de amparo constitucional interpuestas contra los altos funcionarios públicos nacionales;

20. Conocer las acciones autónomas de amparo constitucional contra las sentencias en última instancia dictadas por los Tribunales Contencioso Administrativos, cuando su conocimiento no estuviere atribuido a otro tribunal;

5. Conocer de la acción autónoma de amparo, contra las sentencias que dicten los tribunales superiores como tribunales de primera instancia, que decidan sobre la acción de reclamo para garantizar el derecho humano a réplica y rectificación o para proteger el derecho al honor, a la vida privada, intimidad, propia imagen, confidencialidad y reputación de las personas afectadas directamente por la difusión de mensajes e informaciones falsas, inexactas o agraviantes a través de los prestadores de servicios de radio y televisión. En todo caso el Tribunal Supremo de Justicia, en Sala Constitucional, tiene la potestad para restablecer inmediatamente la situación jurídica infringida.

B. Competencia en apelación

En materia de apelaciones contra sentencias de amparo, el artículo 5, párrafo 1,5 atribuyó a la Sala Constitucional competencia para conocer en apelación de sentencias de amparo dictadas por los tribunales contencioso-administrativos, en los siguientes casos:

19. Conocer de las apelaciones de las sentencias dictadas por los Tribunales Contencioso Administrativos, cuando su conocimiento no estuviere atribuido a otro tribunal, con ocasión a la interposición de acciones autónomas de amparo constitucional.

Como en la Ley Orgánica no se atribuye competencia a la Sala Político Administrativa para conocer de las apelaciones contra sentencias de amparo dictadas por los tribunales contencioso-administrativos, con esta norma, materialmente se le quita dicha competencia a dicha Sala, y se concentra en la Sala Constitucional.

Además, la Ley Orgánica en su artículo 5, párrafo 1°,5 atribuyó a la Sala Constitucional la siguiente competencia específica en segunda instancia:

5. Conocer de las apelaciones contra las sentencias de amparo constitucional contra las sentencias que dicten los tribunales superiores como tribunales de primera instancia, que decidan sobre la acción de reclamo para garantizar el derecho humano a réplica y rectificación o para proteger el

derecho al honor, a la vida privada, intimidad, propia imagen, confidencialidad y reputación de las personas afectadas directamente por la difusión de mensajes e informaciones falsas, inexactas o agraviantes a través de los prestadores de servicios de radio y televisión. En todo caso el Tribunal Supremo de Justicia, en Sala Constitucional, tiene la potestad para restablecer inmediatamente la situación jurídica infringida.

5. La competencia para la resolución de conflictos entre las Salas del Tribunal Supremo

Conforme al artículo 5, párrafo 1°,3 de la ley Orgánica, corresponde a la Sala Constitucional, resolver los conflictos de cualquier naturaleza que puedan suscitarse entre las Salas que lo integran o entre los funcionarios del propio Tribunal, con motivo de sus funciones.

Esta competencia, como se dijo, conforme a la Ley Orgánica derogada de 1976, correspondía, como es lógico, a la Corte Plena de la antigua Corte Suprema de Justicia (Art. 42,7)[10]; sin embargo, sin sentido alguno, en la Ley Orgánica de 2004 la competencia se atribuyó a la Sala Constitucional, que es una Sala igual a todas las otras. No se entiende cómo puede ser la propia Sala Constitucional la que sea la llamada a resolver los conflictos cuando se susciten entre ella misma y otras Salas.

6. Otras competencias

Además, la Ley Orgánica, en el artículo 5, párrafo 1, numerales 47 al 52 atribuye a todas las Salas un conjunto de competencias, en materias afín con la materia debatida, que se analizan al final.

II. LAS COMPETENCIAS DE LA SALA POLÍTICO-ADMINISTRATIVA

Conforme al artículo 5, párrafo 2°, el Tribunal Supremo tiene competencia para conocer en Sala Político Administrativa de los asuntos previstos en los numerales 24 al 37 del artículo 5, párrafo 1°. Además, tiene competencia para conocer de los casos previstos en los numerales 47 al 52 de este último artículo, atribuidos a todas las Salas con competencia afín con la materia debatida.

Las competencias de la sala Político Administrativa, son las siguientes:

1. Competencias en primera instancia en procesos contencioso-administrativos

A. El proceso contencioso de los actos administrativos

La Sala Político Administrativa tiene competencia para conocer en única instancia de los procesos contenciosos administrativos contra todos los actos administrativos sea por

10 Artículo 42,7 LOCSJ (Corte Plena): Resolver los conflictos de cualquier naturaleza que puedan suscitarse entre las Salas que la integran o entre los funcionarios de la propia Corte, con motivo de sus funciones.

razones de inconstitucionalidad o ilegalidad, dictados en ejercicio del Poder Público Nacional. En cuanto a los dictados por los órganos del Poder Ejecutivo Nacional, el artículo 5, párrafo 1°, 30 dispone así:

> 30. Declarar la nulidad total o parcial de los reglamentos y demás actos administrativos generales o individuales del Poder Ejecutivo Nacional, por razones de inconstitucionalidad o ilegalidad[11].

En cuanto a los actos administrativos dictados en ejercicio de los demás Poderes Públicos nacionales, es decir, del Poder Legislativo (Asamblea Nacional), del Poder Judicial (Tribunal Supremo de Justicia y demás tribunales), del Poder Ciudadano (Fiscalía General de la República, Contraloría General de la República y Defensoría del Pueblo) y del Poder Electoral (Consejo Nacional Electoral y demás órganos del mismo), el artículo 5, párrafo 1°, 31 de la ley Orgánica atribuye competencia a la Sala Político Administrativa, para:

> 5. P1. 31. Declarar la nulidad, cuando sea procedente por razones de inconstitucionalidad o de ilegalidad, de los actos administrativos generales o individuales de los órganos que ejerzan el Poder Público de rango Nacional.[12]

B. El proceso contencioso de las demandas contra los entes públicos

En cuanto a las competencias en los procesos de demandas contra los entes públicos, el artículo 5, párrafo 1°, 24, atribuye a la Sala Político Administrativa, competencia para:

> 24. Conocer de las demandas que se propongan contra la República, los Estados, los Municipios, o algún Instituto Autónomo, ente público o empresa, en la cual la República ejerza un control decisivo y permanente, en cuanto a su dirección o administración se refiere, si su cuantía excede de setenta mil una unidades tributarias (70.001 U.T.)[13].

Sobre esta competencia, la Sala Político Administrativa del Tribunal Supremo de Justicia, en sentencia N° 1209 (Caso: *Declinatoria de competencia, Importadora Cordi C.A. vs. C.A. Venezolana de Televisión*), decidió:

---

11 Norma parcialmente equivalente al Artículo 42,4 LOCSJ: Declarar la nulidad total o parcial de los reglamentos y demás actos de efectos generales del Poder Ejecutivo Nacional, que colidan con la Constitución.

12 Esta norma sustituye las que estaban contenidas en el artículo 42, ordinales 9 a 12 LOCSJ: Artículo 42,9: Declarar la nulidad, cuando sea procedente por razones de ilegalidad, de los actos generales de los órganos unipersonales o colegiados del Poder Público, salvo en los casos previstos en las disposiciones transitorias de esta Ley; 10. Declarar la nulidad, cuando sea procedente por razones de inconstitucionalidad o de ilegalidad, de los actos administrativos individuales del Poder Ejecutivo Nacional; 11. Declarar la nulidad, cuando sea procedente por razones de inconstitucionalidad, de los actos de los órganos del Poder Público, en los casos no previstos en los ordinales 3°, 4° y 6° del artículo 215 de la Constitución; 12. Declarar la nulidad, cuando sea procedente por razones de inconstitucionalidad o de ilegalidad, de los actos administrativos generales o individuales del Consejo Supremo Electoral o de otros órganos del Estado de igual jerarquía a nivel nacional.

13 Esta norma precisó las dudas que originaba la equivalente de la LOCSJ de 1976, que disponía: Artículo 42,15: Conocer de las acciones que se propongan contra la República, o algún Instituto Autónomo o empresa en la cual el Estado tenga participación decisiva, si su cuantía excede de cinco millones de bolívares, y su conocimiento no está atribuido a otra autoridad. Sustituyó igualmente el Artículo 42,16 LOCSJ: Conocer de cualquier otra acción que se intente contra la República o alguno de los entes a que se refiere el ordinal anterior, si su conocimiento no estuviere atribuido a otra autoridad.

Como puede observarse, la norma arriba transcrita establece un régimen especial de competencia, a favor de esta Sala Político-Administrativa, en todas aquellas acciones que cumplan con las dos condiciones contempladas en la misma, como son: 1) Que el demandado sea la República, los Estados, los Municipios, Institutos Autónomos, entes públicos o empresas en la cuales la República ejerza un control decisivo o permanente, en cuanto a su dirección o administración; y 2) Que la acción incoada tenga una cuantía superior a setenta mil una unidades tributarias (70.001 U.T).

También puede considerarse como una competencia en esta materia de procesos de demandas, la atribuida a la Sala Político Administrativa en el ordinal 27 del mismo artículo 5, párrafo 1°, en materia de reclamo contra vía de hecho, así:

27. Conocer de las reclamaciones contra las vías de hecho imputadas a los órganos del Ejecutivo Nacional y demás altas autoridades de rango nacional que ejerzan el Poder Público.

C. El proceso contencioso de los contratos administrativos suscritos por las personas político-territoriales

La Ley Orgánica del Tribunal Supremo, en su artículo 5, párrafo 1°,25 repitió la norma del artículo 42,14 de la derogada Ley de 1976, relativa a la competencia en materia de "contratos administrativos", así:

25. Conocer de las cuestiones de cualquier naturaleza que se susciten con motivo de la interpretación, cumplimiento, caducidad, nulidad, validez o resolución de los contratos administrativos en los cuales sea parte la República, los estados o los municipios, si su cuantía excede de setenta mil una unidades tributarias (70.001 U.T.).

La única variación legislativa entre las dos leyes, consistió en establecer un límite mínimo de cuantía, lo que implica que por cuantías menores la ley puede atribuir a otros tribunales competencia en la materia.

D. El proceso contencioso contra las conductas omisivas de la administración

La Ley Orgánica estableció como competencia de la Sala a Político Administrativa, el proceso contra las conductas omisivas de las autoridades nacionales, indicándola en el artículo 5, párrafo 1°, 25, así:

5. P1. 26. Conocer de la abstención o negativa del Presidente o Presidenta de la República, del Vicepresidente Ejecutivo o Vicepresidenta Ejecutiva de la República y de los Ministros o Ministras del Ejecutivo Nacional, así como de las máximas autoridades de los demás organismos de rango constitucional con autonomía funcional, financiera y administrativa y del Alcalde del Distrito Capital, a cumplir específicos y concretos actos a que estén obligados por las Leyes.

Se observa, que en esta norma se restringió el conocimiento de parte de la Sala en cuanto a la abstención o negativa de los funcionarios nacionales, a los del Poder Ejecutivo, sólo en cuanto al Presidente, Vicepresidente Ejecutivo y los Ministros[14]; y de los otros Poderes Públicos nacionales (Legislativo, Judicial, Electoral y Ciudadano).

14 La norma sustituyó la del artículo Artículo 42,23 LOCSJ, que atribuía competencia más general así: Conocer de la abstención o negativa de los funcionarios nacionales a cumplir determinados actos a que estén obligados por las leyes, cuando sea procedente, en conformidad con ellas.

En relación con los otros funcionarios del Poder Ejecutivo de inferior jerarquía, la competencia en la materia se atribuiría por ley a otros tribunales. Se observa, asimismo, la inclusión de las abstenciones o negativas de un funcionario inexistente: el "Alcalde del Distrito Capital", que no ha sido organizado.

E. El proceso contencioso de los conflictos entre autoridades.

La Ley Orgánica, conforme a lo indicado en el artículo 266,4 de la Constitución, atribuyó a la Sala Constitucional competencia para resolver los conflictos administrativos entre autoridades, lo que obliga a distinguirlos de los de orden constitucional cuya resolución se atribuye a la Sala Constitucional. El artículo 5, párrafo 1°,32 dispuso:

> 32. Dirimir las controversias administrativas que se susciten cuando una de las partes sea la República o algún Estado o Municipio, cuando la contraparte sea alguna de esas mismas entidades, por el ejercicio de una competencia directa e inmediata, en ejecución de la ley[15].

Además, el artículo 5, párrafo 1°,34 dispone:

> 34. Dirimir las controversias que se susciten entre autoridades políticas o administrativas de una misma o diferentes jurisdicciones con motivo de sus funciones, cuando la ley no atribuya competencia para ello a otra autoridad[16].

2. Competencia en apelación

El artículo 5, párrafo 1°, numerales 37, 28 y 33 atribuye a la Sala Político Administrativas las siguientes competencias para conocer en segunda instancia:

A. Apelación en los procesos contencioso de los servicios públicos

> 37. Conocer y decidir, en segunda instancia, las apelaciones y demás acciones o recursos contra las sentencias, dictadas por los Tribunales Contencioso Administrativos, cuando su conocimiento no estuviere atribuido a otro tribunal, que decidan sobre las acciones de reclamos por la prestación de servicios públicos nacionales.

B. Apelación general en los procesos contencioso administrativos

> 28. Conocer, en alzada de las decisiones de los Tribunales Contencioso Administrativos, cuando su conocimiento no estuviera atribuido a otro tribunal, y de los recursos, cuando se demande la nulidad de un acto administrativo de efectos particulares y al mismo tiempo el acto general que le sirva de fundamento[17].

---

15 La norma repite la que contenía el Artículo 42,13 LOCSJ.
16 Sustituye el Artículo 42,22 LOCSJ, con texto similar.
17 Sustituye el Artículo 42,18 LOCSJ, con texto similar.

C. Apelación en los juicios de expropiación

33. Conocer en apelación de los juicios de expropiación[18].

3. Competencias en otros procesos judiciales

La Ley Orgánica, en los numerales 29, 35 y 36 del artículo 5, párrafo 1°, siguiendo la normativa de la Ley derogada de 1976, estableció las siguientes otras competencias de la Sala Político Administrativa, para:

A. Causas diplomáticas

29. Conocer de las causas que se sigan contra los representantes diplomáticos acreditados en la República, en los casos permitidos por el Derecho Internacional[19].

B. Causas de presa

35. Conocer de las causas de presa[20].

C. Causas por hechos ocurridos en alta mar

36. Conocer de las causas por hechos ocurridos en alta mar, en el espacio aéreo internacional o en puertos o territorios extranjeros, que puedan ser promovidos en la República, cuando su conocimiento no estuviere atribuido a otro tribunal[21].

III. LAS COMPETENCIAS DE LA SALA ELECTORAL

Una de las innovaciones constitucionales importantes en materia contencioso administrativa, fue la creación de la Jurisdicción contencioso-electoral (Art. 297), y en particular de la Sala Electoral (Art. 262) para controlar la inconstitucionalidad e ilegalidad de las actuaciones del los órganos del Poder Electoral.

Ahora bien, la Ley Orgánica, en su artículo 5, párrafo 2°, redujo la competencia de la Sala Electoral conforme al artículo 5, párrafo 1°, numerales 45 y 46, solamente para:

45. Conocer los recursos que se ejerzan contra actos, actuaciones y omisiones relacionados con la constitución, denominación, funcionamiento y cancelación de las organizaciones políticas, con la designación de miembros de organismos electorales, con el Registro Electoral Permanente, con la postulación y elección de candidatos a la Presidencia de la República y a la Asamblea Nacional.

---

18 Sustituye el Artículo 42,19 LOCSJ, con texto similar.
19 Sustituye el Artículo 42,27 LOCSJ, con texto similar.
20 Sustituye el Artículo 42,28 LOCSJ, con texto similar.
21 Sustituye el Artículo 42,26 LOCSJ, con texto similar.

> 46. Conocer de aquellos fallos emanados de los tribunales con competencia en materia electoral, que aun cuando no fueren recurribles en casación, violenten o amenacen con violentar las normas de orden público o cuando la sentencia recurrida sea contraria a la reiterada doctrina jurisprudencial de la Sala Electoral.

Además, la Sala tiene atribuciones en los casos previstos en los numerales 47 al 52 del mismo artículo 5, párrafo 1°, cuando tenga competencia afín con la materia debatida.

IV. LAS COMPETENCIAS COMUNES A TODAS LAS SALAS

1. El proceso de la interpretación de las leyes.

La Ley Orgánica, siguiendo la jurisprudencia de la Sala Constitucional, atribuyó en su artículo 5, párrafo 1°,52 a todas las Salas del Tribunal Supremo, competencia para conocer del recuro de interpretación de las leyes, así:

> 52. Conocer del recurso de interpretación y resolver las consultas que se le formulen acerca del alcance e inteligencia de los textos legales, en los casos previstos en la ley, siempre que dicho conocimiento no signifique una sustitución del mecanismo, medio o recurso previsto en la ley para dirimir la situación si la hubiere[22].

2. La posibilidad generalizada del avocamiento

En igual sentido, una competencia que en la Ley de 1976 también estaba reservada a la sala Político Administrativa[23], como era la excepcionalísima atribución de avocarse al conocimiento de causas que cursaren en otros Tribunales, la Ley Orgánica la ha extendido a todas las Salas en su artículo 5, párrafo 1°, 48, incluyendo la posibilidad del avocamiento de oficio, así:

> 5. P1. 48. Solicitar de oficio, o a petición de parte, algún expediente que curse ante otro tribunal, y avocarse al conocimiento del asunto cuando lo estime conveniente:

3. El conocimiento de acciones conexas

Siguiendo la norma de la Ley derogada de 1976, la Ley Orgánica en su artículo 5, párrafo 1°, 50, atribuye a las salas, competencia para

> 50. Conocer de los juicios en que se ventilen varias acciones conexas, siempre que al tribunal esté atribuido el conocimiento de alguna de ellas[24].

---

22 Esta competencia estaba reservada a la Sala Político Administrativa en el artículo 42, 24 LOCSJ: Conocer del recurso de interpretación y resolver las consultas que se le formulen acerca del alcance e inteligencia de los textos legales, en los casos previstos en la Ley.

23 Sustituye el artículo 42,29 LOCSJ, con texto similar.

24 Sustituye el Artículo 42,17 LOCSJ, con texto similar.

4. La resolución de conflictos judiciales

La competencia en materia de resolución de conflictos judiciales que establecía el artículo 42,21 de la Ley de 1976[25], se incluyó para todas las Salas en el artículo 5, párrafo 1°, 51, así:

> 5.P1.51. Decidir los conflictos de competencia entre tribunales, sean ordinarios o especiales, cuando no exista otro tribunal superior y común a ellos en el orden jerárquico, remitiéndolo a la Sala que sea afín con la materia y naturaleza del asunto debatido;

5. El conocimiento de recursos de hecho

Por último, la competencia en materia de recursos de hecho que establecía el artículo 42,20 de la Ley de 1976[26], se incluyó para todas las Salas en el artículo 5, párrafo 1°,49 así:

> 49. Conocer de los recursos de hecho que le sean presentados;

6. La competencia residual

La competencia residual, que establecía el artículo 42,34 de la ley de 1976, se incluyó para todas las salas en el artículo 5, párrafo 1°,47, así:

> 47. Conocer de cualquier controversia o asunto litigioso que le atribuyan las leyes, o que le corresponda conforme a éstas en su condición de más alto Tribunal de la República[27].

Sección Segunda: SOBRE LA DISTINCIÓN ENTRE LA JURISDICCIÓN CONSTITUCIONAL Y LA JURISDICCIÓN CONTENCIOSO ADMINISTRATIVA

El ejercicio de la justicia constitucional también corresponde conforme a la Constitución de 1999, a la Jurisdicción Contencioso Administrativa, al ejercer su competencia de anulación de los reglamentos y demás actos administrativos contrarios a derecho, es decir, contrarios a la Constitución, a las leyes o a las demás fuentes del derecho administrativo[28].

Es decir, todos los jueces contencioso administrativos, conforme al artículo 259 de la Constitución, tienen potestad para declarar la nulidad de los actos administrativos, no sólo por ilegalidad sino por inconstitucionalidad, ejerciendo la justicia constitucional.

---

25 Sustituye el Artículo 42,21 LOCSJ, con texto similar.

26 Sustituye el Artículo 42,20 LOCSJ, con texto similar.

27 Sustituye el Artículo 42,34 LOCSJ, con texto similar.

28 *V.*, Allan R. Brewer-Carías, *La Justicia Contencioso administrativa*, *T.* VII, *Instituciones Políticas y Constitucionales, op. cit.*, pp. 26 y ss.

> Así lo resolvió expresamente la Sala Político Administrativa del Tribunal Supremo en sentencia Nº 152 de 17 de febrero de 2000 (Caso: *Aerolínea Internacional S.A.*) al precisar su criterio interpretativo en ejercicio de la competencia atribuida por el Constituyente a todas las Salas del Tribunal Supremo de Justicia en el artículo 335 de la Constitución de la República Bolivariana de Venezuela, señalando que le corresponde "garantizar la supremacía y efectividad de las normas y principios constitucionales, así como velar por su uniforme interpretación y aplicación conforme lo establece el artículo 335 de la Constitución", y particularmente "2. Declarar la nulidad total o parcial, cuando sea procedente de los Reglamentos y demás actos administrativos, por razones de inconstitucionalidad e ilegalidad, conforme al ordinal 5° del artículo 266 de la Constitución y 259 *ejusdem*..."

De lo anterior resulta que así como debe diferenciarse la "Jurisdicción Constitucional" que se atribuye a la Sala Constitucional, de la función de justicia constitucional que corresponde a todos los jueces; también, debe establecerse claramente la diferenciación entre la Jurisdicción Constitucional y la Jurisdicción Contencioso Administrativa[29].

La diferencia entre ambas jurisdicciones, está en la competencia *por el objeto* que se atribuye a los Tribunales que las componen: la Jurisdicción Constitucional que corresponde al Tribunal Supremo de Justicia en *Sala Constitucional,* tiene por objeto conocer de las acciones de nulidad por inconstitucionalidad *contra las leyes y demás actos de rango legal o ejecución directa e inmediata de la Constitución;* en cambio, la Jurisdicción Contencioso Administrativa que corresponde al mismo Tribunal Supremo, pero en *Sala Político Administrativa y en Sala Electoral* y a los *demás tribunales* que señale la Ley, tiene por objeto, entre otros, conocer de las *acciones de nulidad por inconstitucionalidad o ilegalidad contra los reglamentos y demás actos administrativos* y, por tanto, de rango *sub legal.*

Esto implica que ambas Jurisdicciones se diferencian por el objeto de las acciones y no por el motivo de las mismas: la Jurisdicción Constitucional conoce de la nulidad de las leyes y demás actos de rango legal o de ejecución directa e inmediata de la Constitución; en cambio, la Jurisdicción Contencioso Administrativa, conoce de la nulidad de los actos administrativos, sea cual fuere el motivo de impugnación.

Así se expuso, por ejemplo, en un Voto Salvado a la sentencia N° 2 de 20-01-2000 (Caso: *Domingo G. Ramírez*), al señalar que:

> "...de forma indubitable, el criterio acogido por el Constituyente para definir las competencias de la Sala Constitucional, atiende al rango de las actuaciones objeto de control, esto es, que dichas actuaciones tienen una relación directa con la Constitución, por ser en unos casos actos dictados en ejecución directa e inmediata de la misma, y, en otros, omisiones de obligaciones indispensables para garantizar el cumplimiento de la Constitución. Así las cosas, la normativa constitucional aludida imposibilita una eventual interpretación que tienda a identificar las competencias de la Sala Constitucional con los vicios de inconstitucionalidad que se imputen a otros actos o con las actuaciones de determinados funcionarios u órganos del Poder Público".[30]

Posteriormente, con ese mismo texto se resolvió en la sentencia de la Sala Constitucional N° 6 de 27 de enero de 2000[31]; criterio que se ratificó expresamente por la misma la Sala, en sentencia N° 194 de 04 de abril de 2000, al decidir un recurso de nulidad por

---

29 Así lo propusimos expresamente ante la Asamblea Nacional Constituyente. *V.*, Allan R. Brewer-Carías, *Debate Constituyente*, *T.* II, *op. cit.*, pp. 245 y ss.

30 Voto salvado del Magistrado Héctor Peña Torrelles

31 *V.*, en *Revista de Derecho Público*, N° 81, (enero-marzo), Editorial Jurídica Venezolana, Caracas, 2000, p. 213.

razones de inconstitucionalidad ejercido conjuntamente con una pretensión de amparo constitucional contra un dispositivo del Reglamento de Personal y Régimen Disciplinario del Personal del Instituto Autónomo Policía Municipal del Municipio Chacao y contra los actos administrativos dictados en ejecución del Reglamento impugnado, señalando lo siguiente:

> "La Constitución vigente distingue claramente la jurisdicción constitucional de la contencioso administrativa, delimitando el alcance de ambas competencias en *atención al objeto de impugnación*, es decir, *al rango de los actos objeto de control y no a los motivos por los cuales se impugnan"*.[32]

En efecto, de conformidad con el último aparte del artículo 334 de la Constitución de la República Bolivariana de Venezuela, "Corresponde exclusivamente a la Sala Constitucional del Tribunal Supremo de Justicia como jurisdicción constitucional, declarar la nulidad de las leyes y demás actos de los órganos que ejercen el Poder Público dictados en ejecución directa e inmediata de la Constitución o que tenga rango de Ley". Asimismo, en el artículo 336 de la Constitución se establecen en forma particularizada las competencias de la Sala; igualmente, en el artículo 214 del texto constitucional, se le otorga la competencia para realizar el control previo o preventivo de la constitucionalidad de las leyes antes de su promulgación; y además, la competencia para determinar la constitucionalidad del carácter orgánico otorgado por la Asamblea Nacional a las leyes así calificadas, de forma previa a su promulgación (artículo 203).

En tal sentido, la Sala Constitucional, en la sentencia N° 194 de 4 de abril de 2000 ratificó lo que había decidido en sentencia de 27 de enero de 2000 (Caso *Milagros Gómez y otros*), así:

> "El criterio acogido por el Constituyente para definir las competencias de la Sala Constitucional, atiende *al rango de las actuaciones objeto de control,* esto es, que dichas actuaciones tienen una relación directa con la Constitución que es el cuerpo normativo de más alta jerarquía dentro del ordenamiento jurídico en un Estado de derecho contemporáneo. Así las cosas, *la normativa constitucional aludida imposibilita una eventual interpretación que tienda a identificar las competencias de la Sala Constitucional con los vicios de inconstitucionalidad que se imputen a otros actos o con las actuaciones de determinados funcionarios u órganos del Poder Público"*.[33]

De lo anterior, la Sala concluyó precisando su propia competencia así:

> "la Sala Constitucional, en el ejercicio de la jurisdicción constitucional, conoce de los recursos de nulidad interpuestos contra los actos realizados en ejecución directa de la Constitución o que tengan forma de ley. De allí que, en el caso de autos, al tratarse el reglamento impugnado de un acto de rango sublegal, esta Sala Constitucional carece de competencia para controlar su conformidad a Derecho, ya que tal competencia corresponde a la Jurisdicción Contencioso Administrativa. Así se decide".[34]

En consecuencia, conforme a la Constitución, corresponde a los órganos de la jurisdicción contencioso administrativo, conocer de las acciones de nulidad contra los reglamentos y demás actos administrativos, así las mismas se fundamenten en motivos de inconstitucionalidad que son motivos de contrariedad al derecho; es decir, el juez contencioso administrativo además de ser juez de la legalidad es juez constitucional de di-

32 *V.*, en *Revista de Derecho Público*, N° 82, Editorial Jurídica Venezolana, Caracas 2000.
33 *V.*, en *Revista de Derecho Público*, N° 82, Editorial Jurídica Venezolana, Caracas 2000.
34 *V.*, en *Revista de Derecho Público*, N° 82, Editorial Jurídica Venezolana, Caracas 2000.

chos actos. Por ello, conforme al artículo 266,5 de la Constitución, la Sala Político Administrativa del Tribunal Supremo tiene competencia:

> "Para declarar la nulidad total o parcial de los reglamentos y demás actos administrativos generales o individuales del Ejecutivo Nacional, cuando sea procedente";

Ello significa que por su objeto, la Sala Político Administrativa y la Sala Electoral, según su competencia, tienen atribución exclusiva, como juez constitucional, para declarar la nulidad de los reglamentos por razones de inconstitucionalidad, así como de todos los demás actos administrativos por los mismos motivos, y nada autoriza del texto de la Constitución que pudiera conducir a concentrar en la Sala Constitucional el ejercicio de dicha potestad anulatoria de actos administrativos por motivos de inconstitucionalidad; pues la Jurisdicción Constitucional que corresponde a la Sala Constitucional sólo se determina por el objeto de control (leyes, actos estatales de rango legal y actos estatales de ejecución directa de la Constitución) y no por los motivos de control.[35]

Debe señalarse, además, que teniendo competencia los tribunales contencioso administrativos para declarar la nulidad de los actos administrativos incluso por razones de inconstitucionalidad, siempre habíamos considerado inconstitucional la norma del artículo 181 de la derogada Ley Orgánica de la Corte Suprema de Justicia, que le quitaba competencia a los tribunales contencioso administrativo para conocer de la inconstitucionalidad de los actos administrativos, asignándosela exclusivamente a la antigua Sala Político Administrativa de la Corte Suprema, órgano en el cual debían declinar la competencia[36]. Esta irregular situación fue corregida por la Sala Constitucional del Tribunal Supremo, en la sentencia N° 194 de 4 abril de 2000, al resolver inaplicar dicho artículo 181 de la Ley Orgánica de la Corte Suprema, por inconstitucional, señalando que

> "la nueva Constitución atribuye a la Sala Político Administrativa el conocimiento de las acciones de nulidad de reglamentos, con independencia de que los vicios lo sean por razones de inconstitucionalidad o de ilegalidad".

Sin embargo, observó la Sala en dicha sentencia que el artículo 181 de la derogada Ley Orgánica de la Corte Suprema de Justicia, si bien le atribuía competencia a los tri-

---

35 *V.*, la sentencia N° 3537 de 16-11-2005 (Caso: *C.A. La Electricidad de Caracas y Otras vs. Artículo 16 de la Ley Orgánica de Seguridad y Defensa, el Reglamento Parcial N° 2 de la Ley Orgánica de Seguridad y Defensa, y Diversos Decretos del Presidente de la República y Resoluciones del Ministro de la Defensa*), en la cual la Sala Constitucional ha precisado que la Constitución de 1999 deslindó claramente que "la jurisdicción constitucional -atribuida a esta Sala- de la contencioso administrativa, de manera que sólo se incluye dentro de la primera a los actos que sean dictados en ejecución directa e inmediata de la Constitución y dentro de la segunda a todo acto sub-legal, aunque en él se denuncien vicios de inconstitucionalidad"; agregando que "la jurisdicción constitucional se define, hoy día, según los actos impugnables y, en ese sentido, sólo abarca actos con rango de ley, provengan de la Asamblea Nacional o del Presidente de la República, o actos de órganos deliberantes estadales y municipales, siempre que ellos emanen como aplicación directa e inmediata del Texto Constitucional. La Jurisdicción Contencioso Administrativa, en cambio, está concebida ahora para conocer de actos sub-legales, sin importar el vicio que se les impute. En tal virtud, no es la violación de una norma fundamental lo que permite a la jurisdicción constitucional conocer de un acto, como sucedía con anterioridad, sino la jerarquía del mismo. Por ello, un acto sub-legal, así se le imputen variados vicios de inconstitucionalidad, no corresponderá a la jurisdicción constitucional, la cual se le ha asignado a esta Sala en el artículo 334 de la vigente Carta Magna"; en *Revista de Derecho Público*, N° 104, EJV, Caracas 2005, pp. 216 ss. *V.*, además, sentencia de la Sala Constitucional N° 1122 de 8-6-2006 (Caso: *Confederación Venezolana de Industriales (CONINDUSTRIA) vs. Decreto Presidencial N° 4.248 del 30 de enero de 2006*), en *Revista de Derecho Público*, N° 106, EJV, Caracas 2006, pp. 208 ss.

36. *V.*, Allan R. Brewer-Carías, "Nuevas tendencias del Contencioso Administrativo", *op. cit.* pp. 47 y "La justicia contencioso administrativa", *T.* VII, *Instituciones Políticas y Constitucionales*, *op. cit.*, pp. 28 y ss.

bunales superiores contencioso administrativos para conocer en primera instancia de las acciones o recursos de nulidad contra los actos administrativos de efectos generales o particulares, emanados de autoridades estadales o municipales de su jurisdicción, precisaba que "Cuando la acción o el recurso se funde en razones de inconstitucionalidad, el Tribunal declinará su competencia en la Corte Suprema de Justicia"; lo cual fue considerado contrario a la Constitución pues la nueva Constitución había delimitado "claramente la competencia de la Jurisdicción Contencioso Administrativa atendiendo al rango de los actos administrativos y no al motivo de la impugnación". De ello, la Sala resolvió lo siguiente:

> En efecto, el artículo 259 de la Constitución otorga competencia a todos los órganos de la Jurisdicción Contencioso Administrativa para anular los actos administrativos generales o individuales contrarios a derecho. Dentro de dichos órganos corresponde –según surge de la norma transcrita precedentemente– a los Juzgados Superiores con competencia en lo contencioso administrativo, el conocimiento de los actos emanados de las autoridades municipales y estadales, salvo que la acción o recurso se funden en razones de inconstitucionalidad, caso en que el Tribunal declinará la competencia en el Tribunal Supremo de Justicia.
>
> Ahora bien, considera esta Sala constitucional que el primer aparte del artículo 181 de la Ley Orgánica de la Corte Suprema de Justicia, al impedir a los Juzgados Superiores con competencia en lo contencioso administrativo el conocer de la nulidad de los actos administrativos (generales o particulares), cuando se aleguen vicios de inconstitucionalidad, contradice lo dispuesto en el artículo 259 de la Constitución, por cuanto éste otorga facultades a los Tribunales en lo contencioso administrativo para anular los actos administrativos generales o individuales por contrariedad a derecho, que comprende –sin lugar a dudas– tanto la inconstitucionalidad como la ilegalidad.
>
> Por otro lado, la norma a que se contrae dicho aparte del citado artículo 181 se aparta de la verdadera intención del legislador al regular temporalmente la Jurisdicción Contencioso Administrativa que era, por una parte, desconcentrar las competencias que tenía la Sala Político Administrativa, como el único tribunal contencioso administrativo, y por la otra parte, acercar más la justicia al ciudadano, sobre todo cuando existen controversias entre éstos y los entes estadales y municipales.
>
> De manera que, por tales circunstancias y en especial a que por mandato constitucional los tribunales de la Jurisdicción Contencioso Administrativa son competentes para anular actos administrativos por contrariedad al derecho, esta Sala Constitucional estima que la disposición contenida en el primer aparte del referido artículo 181 es a todas luces contraria a la Constitución, motivo por el cual en uso de la potestad prevista en el artículo 334 de la Constitución, *inaplica a los fines de determinar la competencia en el caso de autos*, el primer aparte del artículo 181 de la Ley Orgánica de la Corte Suprema de Justicia por ser inconstitucional, al enfrentar de manera incontestable la disposición establecida en el segundo aparte del artículo 259 de la Constitución, en cuanto sustrae a los tribunales contencioso administrativos distintos a la Sala Político Administrativa de este Tribunal Supremo, la competencia que le fue otorgada por la propia Constitución para conocer de la nulidad de los actos administrativos (generales o particulares) contrarios a Derecho".[37]

Estos criterios fueron posteriormente ratificados en la interpretación vinculante que hizo la Sala Constitucional del artículo 334 de la Constitución, en la sentencia N° 833 de 25 de mayo de 2001 (Caso: *Instituto Autónomo Policía Municipal de Chacao vs. Corte Primera de lo Contencioso Administrativo*), en la cual expuso su criterio sobre el alcance de la competencia que el artículo 266,5 de la Constitución atribuye a la Sala

37 *V.*, en *Revista de Derecho Público*, N° 82, Editorial Jurídica Venezolana, Caracas, 2000, p. 429 y ss.

Político Administrativa de este Tribunal Supremo: "Declarar la nulidad total o parcial de los reglamentos y demás actos administrativos generales o individuales del Ejecutivo Nacional, cuando sea procedente"; indicando lo siguiente:

> Se da así, al reglamento, naturaleza de acto administrativo y, como tal, se le coloca en el mismo plano de las resoluciones ministeriales, que son los demás actos a que se refiere el artículo trascrito; a pesar que el numeral 5 del artículo 266 citado, no se refiere a la nulidad por inconstitucional. La Sala Político Administrativa ha venido sosteniendo que –fundada además en la Ley Orgánica de la Corte Suprema de Justicia–, es competente para conocer de tales nulidades, compartiendo con la Sala Constitucional el control concentrado. ¿Realmente es así?.
>
> A juicio de esta Sala, y aunque el numeral 5 de la mencionada norma constitucional no lo establezca expresamente, al Reglamento –como acto administrativo– le dio, el constituyente, una connotación distinta a los "actos con rango de ley" que dicta el Ejecutivo Nacional que, en consecuencia, son otros, como los decretos leyes que, previa autorización por una ley habilitante, puede dictar el Ejecutivo (artículo 236, numeral 8 de la Constitución), por lo que la jurisdicción constitucional (*sic*) para el control concentrado está compartida en Venezuela entre la Sala Constitucional y la Sala Político Administrativa; pues, esta última también conoce de la inconstitucionalidad de los actos de los órganos estadales en ejercicio del poder público que no respondan a la aplicación directa e inmediata de la Constitución. Sin embargo, la estructura constitucional conduce a que la jurisdicción constitucional (*sic*), ejercida por la Sala Político Administrativa, esté supeditada en cuanto a las interpretaciones constitucionales, a las emitidas –con efecto vinculante– por la Sala Constitucional.
>
> El control concentrado de la Sala Constitucional, no consiste en el conocimiento de la constitucionalidad de toda norma pública (normas generales) y de todos los actos del poder público, ya que la Sala Político Administrativa ejerce un control mediato de la inconstitucionalidad, motivo por el cual el artículo 336 de la vigente Constitución, se refiere con respecto a la competencia de la Sala Constitucional, a actos de los órganos estadales en ejecución directa e inmediata de la Constitución".[38] (*Omissis*)

---

38 *V.*, en *Revista de Derecho Público*, N° 85-88, Editorial Jurídica Venezolana, Caracas, 2001, pp. 372. *V.*, además, la sentencia de la sala Constitucional N° 2353 de 23-11-2001 (Caso*: Impugnación de la Ordenanza de Impuestos sobre Juegos y Apuestas del Municipio Iribarren del Estado Lara*), en la cual la Sala aún cuando intentó revisar su doctrina y definir la Jurisdicción Constitucional, no por el objeto de control sino por los motivos de control, concluyó ratificándola en los siguientes términos: "De conformidad con lo expuesto en la presente decisión, lo cual debe considerarse como una interpretación vinculante de la Constitución, obligatoria para todos los tribunales del país, incluyendo las demás Salas del Máximo Tribunal de la República, cuando la acción o recurso se funde en razones de inconstitucionalidad los tribunales declinarán su competencia en la Sala Constitucional del Tribunal Supremo de Justicia sólo en el caso que se trate de la declaratoria de nulidad de una ley, o de un acto del Poder Público dictado en ejecución directa e inmediata de la Constitución. Es decir, que los procedimientos de nulidad o anulación que se refieran a actos que no hayan sido dictados en ejecución directa e inmediata de la Constitución deberán seguirse como procedimientos contencioso administrativos regulados en la actualidad y en forma provisional por la *Ley Orgánica de la Corte Suprema de Justicia*, mientras no se dicte la ley que regule la Jurisdicción Contencioso Administrativa, y así se decide; en *Idem*, pp. 374 ss.

Sección Tercera: LOS PROCESOS CONTENCIOSO-ADMINISTRATIVOS EN VENEZUELA

I. LA CONSTITUCIONALIZACIÓN DEL CONTENCIOSO-ADMINISTRATIVO

El Estado de derecho implica, ante todo, la necesaria sumisión de todas las actuaciones de los órganos del Estado al ordenamiento jurídico preestablecido, compuesto no sólo por la Constitución y las leyes, sino por el conjunto de reglamentos y normas dictados por las autoridades competentes. De ello deriva el principio de la legalidad, que en relación con los órganos de la Administración Pública les impone la obligación de actuar con arreglo a lo establecido en la ley y las otras normas jurídicas que regulan su actividad[39].

Esta idea del Estado de derecho implica, además, la indispensable previsión de garantías de control judicial a los efectos de asegurar la sumisión de los órganos del Estado al derecho, a cuyo efecto se han desarrollado y estructurado jurisdicciones especiales, como la Jurisdicción Constitucional, la Jurisdicción Contencioso Electoral y la Jurisdicción Contencioso-Administrativa, las cuales se distinguen, básicamente por los actos objeto de control[40].

En particular, para asegurar la sumisión de los actos y demás actuaciones de la Administración Pública al derecho, es que se han desarrollado los procesos contencioso-administrativos y la misma la Jurisdicción contencioso-administrativa ubicada generalmente dentro del Poder Judicial, lo que no excluye la previsión, también, de garantías de orden administrativo. Los particulares, en efecto, pueden requerir el control de la legalidad y de la oportunidad de los actos administrativos ante la misma Administración mediante el ejercicio de los recursos administrativos, es decir, del recurso jerárquico, del recurso de reconsideración y del recurso de revisión regulados en las Leyes de procedimientos administrativos[41]. Estos recursos administrativos permiten a los interesados exigir el control de la legalidad de los actos dentro de la propia Administración, además de que les permite exigir un control y revisión de la oportunidad de los actos cuestionados. Es decir, en el ámbito administrativo puede decirse que además de la garantía de la legalidad, existe la garantía del control de la oportunidad o inoportunidad de una actuación administrativa.

Pero fuera del seno de la propia Administración, el principio de la legalidad que deriva del Estado de Derecho tiene su respuesta específica en la garantía judicial frente a los actos y las actuaciones administrativas, cuya organización da origen a la jurisdicción contencioso-administrativa, es decir, al conjunto de órganos judiciales encargados de controlar la legalidad y de la legitimidad de las actuaciones de la Administración, tanto

39. *V.*, Antonio Moles Caubet, *El principio de Legalidad y sus Implicaciones*, Universidad Central de Venezuela, Facultad de Derecho, Publicaciones del Instituto de Derecho Público, Caracas, 1974.

40. *V.*, Allan R. Brewer-Carías, "Justicia Constitucional", *T.* VI, *Instituciones Políticas y Constitucionales*, Editorial Jurídica Venezolana, Caracas, 1996; y "Justicia contencioso administrativa", *T.* VII, *Instituciones Políticas y Constitucionales*, Editorial Jurídica Venezolana, Caracas, 1997

41. *V.*, Allan R. Brewer-Carías, *El Derecho Administrativo y la Ley Orgánica de Procedimientos Administrativos*, Editorial Jurídica Venezolana, Caracas, 1992; Allan R. Brewer-Carías, *Los principios del procedimiento administrativo en América Latina*, Universidad del Rosario, Editorial Legis, Bogotá, 2002.

por sus actos, omisiones y en general la actividad administrativa, como por las relaciones jurídico-administrativas en las cuales aquélla intervenga[42].

La norma fundamental que constitucionaliza esta jurisdicción en Venezuela está contenida en el artículo 259 de la Constitución de 1999[43], cuyo texto es el siguiente:

> La jurisdicción contencioso-administrativa corresponde al Tribunal Supremo de Justicia y a los demás tribunales que determina la ley. Los órganos de la jurisdicción contencioso-administrativa son competentes para anular los actos administrativos generales o individuales contrarios a derecho, incluso por desviación de poder; condenar al pago de sumas de dinero y a la reparación de daños y perjuicios originados en responsabilidad de la Administración; conocer de reclamos por la prestación de servicios públicos y disponer lo necesario para el restablecimiento de las situaciones jurídicas subjetivas lesionadas por la actividad administrativa.

Ha sido precisamente con base en esta norma constitucional, que repite casi textualmente el contenido del artículo 206 de la anterior Constitución de 1961, que en Venezuela se ha desarrollado la jurisdicción contencioso-administrativa que se ejerce por la Sala Político Administrativa del Tribunal Supremo de Justicia y otros tribunales establecidos por ley. La configuración de dicha jurisdicción, por otra parte, se ha completado en la Constitución de 1999, al regularse también en el artículo 297, a la "jurisdicción contencioso electoral" atribuyéndose su ejercicio a "la Sala Electoral del Tribunal Supremo de Justicia y los demás tribunales que determine la ley"; especializándose así, el control de legalidad e inconstitucionalidad de los actos administrativos dictados por los órganos del Poder Electoral.

Con base en el artículo 259 de la Constitución (equivalente al 206 de la Constitución de 1961), fue la jurisprudencia de la antigua Corte Suprema de Justicia la que elaboró las bases del contencioso administrativo[44], las cuales desarrolladas por la doctrina nacional[45], condujeron a la elaboración de la derogada Ley Orgánica de la Corte Suprema

---

42. Allan R. Brewer-Carías, *Las Instituciones Fundamentales del Derecho Administrativo y la Jurisprudencia Venezolana*. Publicaciones de la Facultad de Derecho, Universidad Central de Venezuela, Caracas, 1964, pp. 295 y ss.

43. *V.*, en general Allan R. Brewer-Carías, *La Constitución de 1999. Derecho Constitucional Venezolano*, 2 Tomos, Editorial Jurídica Venezolana, Caracas, 2004

44. En cuanto a la jurisprudencia, *V.*, en Allan R. Brewer-Carías, *Jurisprudencia de la Corte Suprema 1930-74 y Estudios de Derecho Administrativo*, *T.* V, *La Jurisdicción Contencioso-Administrativa*, Vol. 1 y 2, Instituto de Derecho Público, Facultad de Derecho, Universidad Central de Venezuela, Caracas, 1978; Allan R. Brewer-Carías y Luís Ortiz Álvarez, *Las grandes decisiones de la jurisprudencia Contencioso-Administrativa*, Editorial Jurídica Venezolana, Caracas, 1996; y: Luís Ortiz-Álvarez, *Jurisprudencia de medidas cautelares en el contencioso-administrativo (1980-1994)*, Editorial Jurídica Venezolana, Caracas, 1995.

45. Luis Torrealba Narváez, "Consideraciones acerca de la Jurisdicción Contencioso-Administrativa, su Procedimiento y Algunas Relaciones de éste con el de la Jurisdicción Judicial Civil", en *Anales de la Facultad de Derecho*, Universidad Central de Venezuela, Caracas, 1951; Hildegard Rondón de Sansó, *El sistema contencioso-administrativo de la carrera administrativa. Instituciones, Procedimiento y Jurisprudencia*, Ediciones Magón, Caracas, 1974. *V.*, asimismo, Allan R. Brewer-Carías, *Estado de derecho y Control Judicial*, Madrid, 1985, pp. 281 y ss; José Araujo Juárez, José, *Derecho Procesal Administrativo*, Vadell Hermanos editores, Caracas, 1996; Allan R. Brewer-Carías, "Contencioso Administrativo", *T.* VII, *Instituciones Políticas y Constitucionales*, Editorial Jurídica Venezolana, Caracas-San Cristóbal, 1997; Antonio Canova González, *Reflexiones para la reforma del sistema contencioso administrativo venezolano*, Editorial Sherwood, Caracas, 1998; Carlos L. Carrillo Artiles, *El recurso jurisdiccional contra las abstenciones u omisiones de los funcionarios públicos*, Universidad Católica Andrés Bello, Caracas, 1996; Víctor Hernández-Mendible, *Tutela judicial cautelar en el contencioso administrativo*, Vadell Hermanos editores, Caracas, 1998; Daniela Urosa Maggi, *Tutela judicial frente a la inactividad administrativa en el derecho español y venezolano*, FUNEDA, Caracas, 2003. *V.*, además las siguientes obras colectivas: *El control jurisdiccional de los Poderes Públicos en Venezuela*, Instituto de Derecho Público, Facultad de Ciencias Jurí-

de Justicia de 1976[46], en cuyas normas se reguló el procedimiento contencioso- administrativo ante la Corte. En las Disposiciones Transitorias de esa Ley, además, se reguló la organización de la jurisdicción contencioso- administrativo, con indicación de los diversos tribunales que además de la Sala Político Administrativa de la antigua Corte Suprema, la integraban (Corte Primera de lo Contencioso Administrativo y Tribunales Superiores Contencioso-Administrativos). Incomprensiblemente, sin embargo, en mayo de 2004, con ocasión de promulgarse la nueva Ley Orgánica del Tribunal Supremo de Justicia[47], dichas Disposiciones transitorias desaparecieron, y con ellas, la base legal fundamental de la organización de la jurisdicción. Los principios del procedimiento contencioso administrativo que se regularon en los artículos 18 a 21 de la nueva Ley Orgánica del Tribunal Supremo, siguiendo literalmente lo que regulaba la derogada Ley Orgánica. Sin embargo, se dispuso en la Disposición Derogatoria, Transitoria y Final de la Ley, que mientras se dictase la Ley de la Jurisdicción Contencioso- Administrativa, sólo se aplicaría al desarrollado ante el propio Tribunal Supremo. En cuanto a "la jurisdicción especial para estas materias", como se indica en dichas Disposición, podría entenderse que ello se refiere a los tribunales inferiores con competencia contencioso administrativa, disponiéndose que la Sala Plena debía dictar un Reglamento Especial que regularía "el funcionamiento y la competencia de los tribunales respectivos".

Ahora bien, de acuerdo con la Constitución y con la Ley Orgánica del Tribunal Supremo de Justicia, la jurisdicción contencioso-administrativa en Venezuela es una jurisdicción especial integrada al Poder Judicial, por lo que los tribunales que la integran lo que tienen en realidad es una competencia especial. En Venezuela, por tanto, el derecho administrativo no se ha construido con base en los criterios de distinción entre jurisdicción judicial y jurisdicción administrativa, tan extendido en el derecho administrativo francés, y que han sido seguidos en algunos países, como por ejemplo en Colombia.

En Venezuela, al contrario, la tradición ha sido la existencia de una competencia especializada de determinados tribunales para conocer de litigios en los cuales interviene la Administración, pero integrados en el Poder Judicial[48], la cual comenzó al atribuirse a la antigua Corte Federal y de Casación, desde 1925, el poder anulatorio sobre los actos administrativos; luego que desde 1830 se había atribuido al Supremo Tribunal el conocimiento de las demandas contra los entes públicos, como un fuero judicial especial para la Administración Pública.

En la norma del artículo 259 de la Constitución se sigue la misma tradición, al asignarse competencia en materia contencioso-administrativa a órganos que integran el Po-

---

dicas y Políticas, Universidad Central de Venezuela, Caracas, 1979; *Contencioso Administrativo en Venezuela,* Editorial Jurídica Venezolana, tercera edición, Caracas, 1993; *Derecho Procesal Administrativo,* Vadell Hermanos editores, Caracas, 1997; *8ª Jornadas "J.M. Domínguez Escovar" (Enero 1983), Tendencias de la jurisprudencia venezolana en materia contencioso-administrativa,* Facultad de Ciencias Jurídicas y Políticas, U.C.V., Corte Suprema de Justicia; Instituto de Estudios Jurídicos del Estado Lara, Tip. Pregón, Caracas, 1983; *Contencioso Administrativo, I Jornadas de Derecho Administrativo Allan Randolph Brewer-Carías,* FUNEDA, Caracas, 1995; *XVIII Jornadas "J.M. Domínguez Escovar, Avances jurisprudenciales del contencioso-administrativo en Venezuela,* 2 Tomos, Instituto de Estudios Jurídicos del Estado Lara, Diario de Tribunales Editores, S.R.L. Barquisimeto, 1993.

46. *Ley Orgánica de la Corte Suprema de Justicia* del 30 de julio de 1976 (LOCSJ) en *Gaceta Oficial* N° 1.893, Extraordinaria del 30-07-76.

47. Ley Orgánica del Tribunal Supremo de Justicia (LOTSJ), *Gaceta Oficial*, N° 37942 de 20-05-2004

48. Martín Pérez Guevara, "Prólogo", en Allan R. Brewer-Carías, "Jurisprudencia de la Corte Suprema 1930-74 y Estudios de Derecho Administrativo", *T.* II. *Ordenamiento Orgánico y Tributario del Estado*, Instituto de Derecho Público, Facultad de Derecho, Universidad Central de Venezuela, Caracas, 1976, pp. 1-10.

der Judicial, pero ratificándose el principio de la pluralidad orgánica, en el sentido de que no sólo el Tribunal Supremo de Justicia tiene competencia en la materia, sino los demás tribunales que determine la Ley. Con ello, como lo dijo la antigua Corte Suprema de Justicia en sentencia de 15-10-70 al comentar la norma similar del artículo 206 de la Constitución de 1961, se buscó:

> Sobre todo, resolver, de una vez, en nuestro país, mediante un precepto constitucional, la polémica que ha dividido a tratadistas y legisladores, tanto en Europa como en América, acerca de la conveniencia de que sean órganos independientes del Poder Judicial los que conozcan de las cuestiones que se susciten entre los particulares y la Administración con motivo de la actividad propia de ésta, en sus diversos niveles.
>
> Como se indica en la Exposición de Motivos de la Constitución, ésta "consagra el sistema justicialista de la jurisdicción contencioso-administrativa", apartándose del sistema francés y reafirmando la tendencia tradicionalmente predominante en la legislación nacional, de atribuir el control jurisdiccional de la legalidad de los actos de la Administración a los órganos del Poder Judicial"[49].

Tanto la Constitución de 1961 como la de 1999 atribuyeron al Legislador una amplia potestad para la determinación de los tribunales que integran tanto la jurisdicción contencioso administrativa como la jurisdicción contencioso electoral, con las solas limitaciones constitucionales en el sentido de que conforme al artículo 266, sólo el Tribunal Supremo de Justicia tiene competencia para:

> 4. Dirimir las controversias administrativas que se susciten entre la República, algún Estado, Municipio u otro ente público, cuando la otra parte sea alguna de esas mismas entidades, a menos que se trate de controversias entre Municipios de un mismo Estado, caso en el cual la ley podrá atribuir su conocimiento a otro tribunal.
>
> 5. Declarar la nulidad total o parcial de los reglamentos y demás actos administrativos generales o individuales del Ejecutivo Nacional, cuando sea procedente.
>
> 6. Conocer de los recursos de interpretación sobre el contenido y alcance de los textos legales, en los términos contemplados en la ley.

Al reservarse al Tribunal Supremo, en general, la declaratoria de nulidad de los actos administrativos del Ejecutivo Nacional, cuando sea procedente, por supuesto se dejó implícitamente a los demás Tribunales de la jurisdicción contencioso-administrativa la competencia para declarar la nulidad de los actos de las autoridades administrativas de los Estados y Municipios. Por supuesto en cuanto a las demás autoridades nacionales que no conforman estrictamente el "Ejecutivo Nacional", el control contencioso-administrativo de sus actos, constitucionalmente puede atribuirse a otros Tribunales distintos del Tribunal Supremo de Justicia, tanto por razones de inconstitucionalidad cómo de ilegalidad, como parcialmente lo hizo la derogada Ley Orgánica de la Corte Suprema de Justicia de 1976, al crear transitoriamente la Corte Primera de lo Contencioso-Administrativo y atribuirle competencia en dicha materia al igual que a ciertos Tribunales Superiores con competencia en lo civil.

---

49. *V.*, sentencia de la CSJ-SPA de 15-12-70 en Gaceta Forense, N° 70, 1970, pp. 179-185 y en *Gaceta Oficial*, N° 29.434 de 6-2-71, pp. 219-984-5.

Ahora bien, la importancia del texto del artículo 259 de la Constitución, y su efecto inmediato, que es la constitucionalización de la jurisdicción contencioso-administrativa, radica en los siguientes cuatro aspectos[50].

En *primer* lugar, en la *universalidad del control* que la Constitución regula respecto de los actos administrativos, en el sentido, de que todos, absolutamente todos los actos administrativos pueden ser sometidos a control judicial por los órganos de la jurisdicción contencioso-administrativa, por contrariedad al derecho, es decir, sea cual sea el motivo de la misma: inconstitucionalidad o ilegalidad en sentido estricto. La Constitución no admite excepciones, y como lo explicó la Exposición de Motivos de la Constitución de 1961, la fórmula "contrarios a derecho es una enunciación general que evita una enumeración que puede ser peligrosa al dejar fuera de control algunos actos administrativos".

Por tanto, la intención de los proyectistas de la norma, tanto en la Constitución de 1961 como en la de 1999, fue la de que a todos los actos administrativos, por cualquier motivo de contrariedad al derecho, pudieran ser controlados por los Tribunales que conforman la jurisdicción contencioso-administrativa. Ello, por supuesto, trae una consecuencia fundamental: cualquier exclusión de control respecto de actos administrativos específicos sería inconstitucional, sea que dicha exclusión se haga por vía de ley o por las propias decisiones de los Tribunales, en particular, del propio Tribunal Supremo de Justicia.

Pero la universalidad del control no sólo radica en que todos los actos administrativos están sometidos a control judicial, sino que lo pueden ser por cualquier motivo de contrariedad al derecho, es decir, los órganos de la jurisdicción contencioso-administrativa tienen competencia constitucional para juzgar tanto la inconstitucionalidad como la ilegalidad propiamente dicha de los actos administrativos, siendo de la esencia del control judicial esa universalidad. No tiene sentido constitucional alguno en Venezuela, por tanto, pretender limitar la competencia de los Tribunales contencioso- administrativos a las solas cuestiones de ilegalidad, buscando concentrar en la Sala Constitucional del Tribunal Supremo de Justicia las cuestiones de inconstitucionalidad de los actos administrativos. Ello ni resulta del Texto Constitucional ni fue la intención de los proyectistas, ya que la reserva de competencia en la materia al Tribunal Supremo de Justicia, sólo tiene una connotación orgánica en el sentido de que a ésta compete "declarar la nulidad de los actos administrativos del Ejecutivo Nacional, cuando sea procedente", cualquiera sea el motivo de contrariedad al derecho (inconstitucionalidad o ilegalidad), pudiendo corresponder a los demás tribunales que determine la Ley y conforme ella lo determine, declarar la nulidad de los demás actos administrativos que no emanen de órganos del Ejecutivo Nacional, sea cual sea el motivo de contrariedad al derecho (inconstitucionalidad o ilegalidad). Por tanto, sería contrario a la intención de la Constitución limitar la competencia de dichos demás Tribunales de la jurisdicción contencioso-administrativa (distintos al Tribunal Supremo de Justicia) a las solas cuestiones de ilegalidad en sentido estricto.

En *segundo* lugar y como consecuencia de esta tendencia hacia la universalidad del control, está el elenco de *recursos y acciones* puestos a disposición de los particulares

---

50. Allan R. Brewer-Carías, *Nuevas Tendencias en el Contencioso Administrativo en Venezuela*, Editorial Jurídica Venezolana, Caracas, 1993.

para acceder a la justicia contencioso administrativa que, por supuesto, además del recurso de nulidad contra los actos administrativos de efectos generales o de efectos particulares, o contra los actos administrativos generales o individuales, con o sin pretensión de amparo constitucional, comprende el recurso por abstención o negativa de los funcionarios públicos a actuar conforme a las obligaciones legales que tienen; el recurso de interpretación; el conjunto de demandas contra los entes públicos; y las acciones para resolver los conflictos entre autoridades administrativas del Estado.

Pero en *tercer l*ugar, la importancia de la constitucionalización de la jurisdicción contencioso-administrativa, es decir, del control judicial de constitucionalidad y legalidad de todos los actos administrativos, está en que no sólo la norma constitucional del artículo 259 persigue una asignación de competencias a unos órganos judiciales, sino en que consagra un *derecho fundamental del ciudadano a la tutela judicial efectiva frente a la Administración*, en el sentido de lo establecido en el artículo 26 de la propia Constitución y en el artículo 18, primer párrafo de la Ley Orgánica del Tribunal Supremo. En esta forma, la jurisdicción contencioso-administrativa se configura constitucionalmente como un instrumento procesal de protección de los administrados frente a la Administración, y no como un mecanismo de protección de la Administración frente a los particulares. De allí la ratificación del principio de la universalidad del control, en el sentido de que tratándose de un derecho constitucional al mismo, no podría el Legislador excluir de control a determinados actos administrativos. Por otra parte, tratándose de un derecho fundamental al control, en la relación privilegios estatales-libertad ciudadana, esta última debe prevalecer.

Además, en *cuarto* lugar, la forma como están concebidas constitucionalmente la universalidad de control y el derecho ciudadano a la tutela judicial frente a la Administración, implica la asignación al juez contencioso-administrativo de *amplísimos* poderes de tutela, no sólo de la legalidad objetiva que debe siempre ser respetada por la Administración, sino de las diversas situaciones jurídicas subjetivas que pueden tener los particulares en relación a la Administración. De allí que el contencioso-administrativo, conforme al artículo 259 de la Constitución, no sea solamente un proceso al acto administrativo según la clásica concepción francesa ya superada, sino que está concebido como un sistema de justicia para la tutela de los derechos subjetivos y de los intereses legítimos de los administrados, incluyendo por supuesto, los derechos y libertades constitucionales. Por tanto, no se concibe el contencioso-administrativo sólo como un proceso de protección a la legalidad objetiva, sino de tutela de los derechos e intereses de los recurrentes frente a la Administración. Por ello, el juez contencioso-administrativo, de acuerdo a los propios términos del artículo 259 de la Constitución, tiene competencia no sólo para anular los actos administrativos contrarios a derecho, sino para condenar a la Administración al pago de sumas de dinero y a la reparación de daños y perjuicios originados en responsabilidad de la misma, y además, para disponer lo necesario para el restablecimiento de las situaciones jurídicas subjetivas lesionadas por la autoridad administrativa, incluyendo en la expresión "situaciones jurídicas subjetivas" no sólo el clásico derecho subjetivo, sino los derechos constitucionales y los propios intereses legítimos, personales y directos de los ciudadanos.

Con base en estos cuatro aspectos que derivan de la constitucionalización del contencioso-administrativo en Venezuela, a continuación destacaremos los aspectos más importantes del proceso contencioso-administrativo en el país.

II. LAS CARACTERÍSTICAS DE LA JURISDICCIÓN CONTENCIOSO-ADMINISTRATIVA

El proceso de configuración contemporánea de la jurisdicción contencioso administrativa en Venezuela, puede decirse que culminó en la Constitución de 1961 (Art. 206), cuyo texto y regulación general se ha repetido en la Constitución de 1999 (Art. 259); y de dicho texto constitucional, desarrollado desde 1976 por la derogada Ley Orgánica de la Corte Suprema de Justicia, sustituida en 2004 por la Ley Orgánica del Tribunal Supremo de Justicia, pueden distinguirse algunas características fundamentales de la misma, que analizaremos a continuación[51].

1. La Jurisdicción Especial

La jurisdicción contencioso-administrativa en Venezuela puede definirse como el conjunto de órganos judiciales encargados de controlar la legalidad y la legitimidad de los actos, hechos y relaciones jurídico-administrativas. Como hemos dicho, no se trata de una "jurisdicción ordinaria" sino de una jurisdicción especial. Es decir, se trata de una parte del Poder Judicial del Estado cuyo ejercicio está encomendado a unos órganos judiciales determinados y especializados por razón de los sujetos sometidos a control o por razón de la materia.

En este sentido, el sistema venezolano se aparta del sistema francés que nació de la interpretación del principio de la separación de poderes realizada a la luz de una peculiar tradición y evolución de desconfianza en los jueces, que tuvo su origen en los días de la Revolución francesa. De esta peculiaridad histórica derivó la prohibición para los jueces de poder controlar la Administración y sus actos.

Ello condujo al propio desarrollo del derecho administrativo que tanto influenció en todos los países latinos; influencia que, sin embargo, no comprendió el sistema jurisdiccional administrativo separado del judicial que se desarrolló en Francia, el cual era difícilmente transportable en bloque a otro sistema jurídico[52]. Los mismos autores franceses han comprendido esta peculiaridad y han afirmado por supuesto, que la jurisdicción administrativa separada de la jurisdicción judicial, no es condición necesaria para la existencia misma del derecho administrativo[53].

En todo caso, en Venezuela como en la gran mayoría de los países latinoamericanos, el derecho administrativo no se construyó con base en los criterios de distinción entre una jurisdicción judicial y una jurisdicción administrativa, y fue su configuración paula-

---

51. La Ley Orgánica del Tribunal Supremo de Justicia de 2004, lamentablemente derogó las normas transitorias de la vieja *Ley Orgánica de la Corte Suprema de Justicia*, dejando sin soporte legislativo directo a los órganos de la jurisdicción contencioso-administrativa que se habían estructurado, hasta que se dicte la futura Ley de la Jurisdicción contencioso-administrativa.

52. La situación de Colombia, en este sentido, es excepcional en el derecho comparado *V.*, Miguel González Rodríguez, *Derecho Procesal Administrativo*, Bogotá, 1986.

53. J. Rivero, *Droit Administratif*, Precis Dalloz, 1962, París, p. 118.

tina la que incluso dio origen a la competencia especializada de determinados tribunales para conocer de litigios en los cuales interviene la Administración, pero integrados en el Poder Judicial[54].

Como se dijo, fue a partir de la Constitución de 1925 que comenzó propiamente en Venezuela la construcción de un sistema contencioso-administrativo separado del control jurisdiccional en materia de inconstitucionalidad, al establecerse en el artículo 120 de dicha Constitución, por primera vez, la posibilidad de que la entonces Corte Federal y de Casación declarase "la nulidad de los Decretos o Reglamentos que dictare el Poder Ejecutivo para la ejecución de las leyes cuando alteren su espíritu, razón o propósito de ellas", es decir, la posibilidad de un recurso contencioso-administrativo de anulación pero sólo contra actos administrativos generales o individuales dictados por el Presidente de la República. Esta atribución de la Corte Federal y de Casación fue ampliada respecto a todos los actos administrativos a partir de la Constitución de 1931[55], cuando estuvieren viciados de ilegalidad o abuso de poder. Con la Constitución de 1961 la atribución de la antigua Corte Suprema de Justicia en materia contencioso administrativa de anulación fue ampliada, para evitar equívocos, para declarar la nulidad de los actos administrativos generales o individuales contrarios a derecho e incluso por desviación de poder[56], texto que se recogió en la Constitución de 1999.

En materia contencioso-administrativa de las demandas contra los entes públicos, la Constitución de 1830[57] asignó a la Corte Suprema competencia para "conocer de las controversias que resulten de los contratos o negociaciones que celebre el Poder Ejecutivo por sí solo o por medio de agentes"; la cual fue ampliada por la Constitución de 1864 cuando atribuyó a la Alta Corte Federal competencia para "conocer de los juicios civiles cuando sea demandada la Nación"[58], dejándole también atribución para "conocer de las controversias que resultaren de los contratos o negociaciones que celebrare el Presidente de la Unión"[59]. En la Constitución de 1925, y a partir de ella, esta competencia se configuró definitivamente al atribuirse a la entonces Corte Federal y de Casación, facultad para "conocer en juicio contencioso de todas las cuestiones sobre nulidad, caducidad, resolución, alcance, interpretación, cumplimiento y cualesquier otra que se susciten entre la Nación y los contratistas o concesionarios a consecuencia de contratos celebrados por el Ejecutivo Federal"[60]. Incompresiblemente, la Constitución de 1961 eliminó de su articulado esta tradicional disposición, quedando la norma con la última redacción antes indicada en la Ley Orgánica de la Corte Federal de 1953[61], vigente hasta 1976. En la derogada Ley Orgánica de la Corte Suprema de Justicia de 1976 (Art. 42, 14) y en la Ley Orgánica del Tribunal Supremo de Justicia de 2004 (Art. 5, 25), dicha competencia quedó reducida de los contratos administrativos suscritos por la República, los Estados y Municipios. En otros casos de demandas, sin embargo, de acuerdo a la

54. M. Pérez Guevara, "Prólogo", en Allan R. Brewer-Carías, "Jurisprudencia de la Corte Suprema 1930-74 y Estudios de Derecho Administrativo", *T.* II, *Ordenamiento Orgánico y Tributario del Estado*, Instituto de Derecho Público, Facultad de Derecho, Universidad Central de Venezuela, Caracas, 1976, pp. 1-10.
55. Artículo 120, ordinal 12.
56. Artículo 215, ordinal 7° y artículo 206.
57. Artículo 145, y posteriormente en la Constitución de 1958, artículo 113, ordinal 5°.
58. Artículo 89, ordinal 6°.
59. Artículo 89, ordinal 10.
60. Artículo 120, ordinal 13.
61. Art. 7, ord. 28, Ley Orgánica de la Corte Federal, 1953.

Constitución, los órganos de la jurisdicción contencioso-administrativa conforme a su artículo 259, tienen competencia para "condenar al pago de sumas de dinero y a la reparación de daños y perjuicios originados en responsabilidad de la administración", donde está incluida la responsabilidad contractual.

También en materia contencioso-administrativa de las demandas contra los entes públicos, la Constitución de 1925 atribuyó a la entonces Corte Federal y de Casación competencia para "conocer en juicio contencioso y en los casos que determine la Ley, de las reclamaciones por daños y perjuicios que se propusieren contra la Nación, y de todas las demás acciones por sumas de dinero que se intenten contra ella"[62]. Esta disposición ciertamente muy amplia, configuró la jurisdicción de la antigua Corte Suprema como un fuero a favor de la República, lo cual se mantuvo exacto en las Constituciones posteriores, y sólo fue en la Constitución de 1947 cuando se le declaró como procedimiento contencioso- administrativo (Arts. 20 y 220, Ord. 1°). Como, se ha visto, finalmente, en la Constitución de 1999 (siguiendo lo dispuesto en la Constitución de 1961) dio competencia específica a los órganos de la jurisdicción contencioso- administrativa para condenar al pago de sumas de dinero y a la reparación de daños y perjuicios originados en responsabilidad de la Administración (Arts. 140 y 259), lo cual abarca no sólo la responsabilidad contractual sino la extracontractual de la República y de otros entes públicos. En la Constitución de 1999, además, se incluyó dentro de las competencias de la jurisdicción contencioso administrativa, conocer de los reclamos por la prestación de servicios públicos, constituyendo este aspecto la única novedad regulatoria en la materia del nuevo texto constitucional, comparado con la de la Constitución de 1961.

Se puede decir, por tanto, como se ha dicho, que en Venezuela, la jurisdicción contencioso administrativa surgió en materia de contencioso de anulación en 1925, y en materia de demandas contra los entes públicos, en el ámbito contractual, en 1830, como un fuero judicial especial para la República, siendo la Constitución de 1947 la primera en emplear la expresión "procedimiento contencioso-administrativo" (Art. 220, Ords. 10 y 12).

A los órganos de la jurisdicción contencioso-administrativa, por tanto, no está encomendada la generalidad de los procesos ni sometida la generalidad de las personas: solamente están sometidas a ella determinadas categorías de personas y solamente juzga determinados actos, hechos y relaciones jurídicas. En cuanto a las personas jurídicas sometidas a esta jurisdicción especial, una de las partes de la relación jurídico-procesal debe ser en principio, una persona de derecho público o una persona jurídico-estatal (la Administración), o una entidad privada que ejerza prerrogativas del Poder Público o que, por ejemplo, preste un servicio público mediante concesión. Respecto a las relaciones jurídicas, hechos y actos jurídicos, esta jurisdicción especial está llamada a juzgar, en principio, los actos, hechos y relaciones jurídico-administrativos, es decir, actos, hechos y relaciones jurídicas originados por la actividad administrativa.

Por tanto, en general, se trata de una competencia especializada dentro de un único Poder Judicial que corresponde a ciertos tribunales, a los cuales están sometidas ciertas personas de derecho administrativo o empresas concesionarias de servicios públicos, y que juzga determinados actos o relaciones jurídicas de derecho administrativo; y esa jurisdicción especial, con competencia específica en la Constitución se la atribuyó ini-

62. Artículo 120, ordinal 15.

cialmente a la antigua Corte Suprema de Justicia. Posteriormente se fue ampliando por ley, al atribuirse también en forma especializada a determinados tribunales, como los Tribunales de Impuesto sobre la Renta, sustituidos posteriormente por los Tribunales Superiores de lo Contencioso-Tributario; el Tribunal Superior Agrario; el Tribunal de la Carrera Administrativa y el Tribunal de Inquilinato, eliminados estos últimos en la década pasada y convertidos en Tribunales Superiores unipersonales con competencia contencioso-administrativa.

La derogada Ley Orgánica de la Corte Suprema de Justicia de 1976, además, creó tribunales con competencia general contencioso-administrativa en forma transitoria, como la Corte Primera de lo Contencioso-Administrativo que funcionó hasta 2003 cuando fue intervenida de hecho y destituidos sus Magistrados, y los Tribunales Superiores con competencia en esta materia[63].

2. El control de la Administración

La existencia de la jurisdicción contencioso-administrativa radica en la necesidad de una jurisdicción especial para controlar a la Administración y a la actividad administrativa. Por tanto, en principio, no es posible obtener un pronunciamiento de esta jurisdicción especial cuando las partes en la relación jurídico-procesal son ambas particulares. Siempre, en la relación jurídico-procesal-administrativa, debe estar presente la Administración y su actividad, o un particular actuando en ejercicio del Poder Público o como autoridad, o como concesionario de un servicio público

Ahora bien, la noción de "Administración" puede en general delimitarse, según los casos, conforme al artículo 259 de la Constitución, de acuerdo con un criterio material o un criterio orgánico. De acuerdo al criterio material, cuando la Constitución se refiere a la "responsabilidad de la administración" en realidad se refiere a las consecuencias de una actividad pública administrativa, poniendo mayor énfasis en la actuación que en la persona actuante. Con base en el criterio orgánico, por "Administración", a los efectos de la jurisdicción contencioso-administrativa, ha de entenderse fundamentalmente los órganos de las personas jurídicas de derecho público o de las personas jurídicas estatales, según los casos. En este sentido, las personas jurídicas en el derecho administrativo pueden clasificarse conforme a dos criterios: según su forma jurídica, en personas de derecho público y personas de derecho privado; y según su integración al Estado, en personas estatales y personas no estatales. En cuanto a las de derecho público, estas son las personas político-territoriales que son la República, los Estados Federados y los Municipios, y las personas de derecho público no territoriales o establecimientos públicos, es decir, aquellas personas jurídicas creadas por el Estado mediante ley, para descentralizar determinadas actividades, las cuales pueden ser de dos categorías fundamentales: los establecimientos públicos institucionales o institutos autónomos y los establecimientos públicos corporativos, como las comunidades universitarias o profesionales (Universidades Nacionales o los Colegios Profesionales) y los de carácter asociativos, como las Mancomunidades. En cuanto a las personas jurídicas de derecho privado, en

---

63 Con motivo de esa intervención, en octubre de 2003 además, se creó una Corte Segunda de lo Contencioso Administrativo; pero sólo fue en julio de 2004 cuando el Tribunal Supremo nombró los Magistrados de ambas Cortes, y recomenzaron su funcionamiento. *V.*, en El Nacional, Caracas, 16-07-2004, p. A-6.

algunos casos, quedan sometidas a la jurisdicción contencioso-administrativa, particularmente aquellas creadas por el Estado para la realización de actividades fundamentalmente en el campo económico, es decir, las empresas del Estado o empresas públicas establecidas como sociedades mercantiles, con capital público o mixto, según las reglas del derecho privado comercial[64], o las personas jurídico-privadas a las que la ley les ha asignado el ejercicio de determinadas tareas públicas, como los concesionarios de servicios públicos. No todas las personas de derecho público son estatales (los Colegios Profesionales, a pesar de ser de derecho público no están integradas en la estructura general del Estado), ni todas las personas estatales son de derecho público (las empresas del Estado, como sociedades anónimas, son de derecho privado)[65]; pero cuando dicten actos administrativos los mismos están sometidos a control contencioso administrativo.

3. El control de la actividad de los entes públicos

En tercer lugar, otra de las características de la jurisdicción contencioso-administrativa en Venezuela, resulta del hecho de que la misma tiene por objeto ejercer el control sobre la actividad de la Administración Pública.

Sobre la actividad administrativa y su control, sin embargo, debe señalarse que antes de la entrada en vigencia de la derogada Ley Orgánica de la Corte Suprema de Justicia de 1976, la jurisprudencia de la Corte Suprema permitía considerar que no toda la actividad desarrollada por los entes públicos caía bajo el ámbito de la jurisdicción contencioso-administrativa. En muchos casos se consideraba que había actuaciones de los entes públicos que no estaban sujetas al derecho administrativo y que por tanto estaban sometidas a la jurisdicción ordinaria, como, por ejemplo, litigios de institutos autónomos en materia mercantil que no correspondían a la jurisdicción contencioso-administrativa. Por ello, la antigua Corte Suprema de Justicia llegó a puntualizar en 1969 que la legislación preveía el recurso contencioso-administrativo sólo respecto a las "pretensiones fundadas en preceptos de derecho administrativo"[66]. De acuerdo con esta interpretación jurisprudencial, podía decirse que la jurisdicción contencioso- administrativa en Venezuela era competente para conocer como jurisdicción judicial especial, de los actos, y relaciones jurídicas sometidas al derecho administrativo y para controlar, en especial, la legitimidad y la legalidad de la actuación de la Administración Pública[67].

Sin embargo, y contrariamente a dicho criterio jurisprudencial, puede decirse que a partir de la Ley Orgánica de la Corte Suprema de Justicia de 1976, la jurisdicción contencioso-administrativa se estableció como un fuero general, respecto de la República y

---

64. Allan R. Brewer-Carías, *Régimen Jurídico de las Empresas Públicas en Venezuela*, Centro Latinoamericano de Administración para el Desarrollo (CLAD), Caracas, 1980.

65. *V.*, Allan R. Brewer-Carías, "La distinción entre las personas públicas y las personas privadas y el sentido actual de la clasificación de los sujetos de derecho", en *Revista Argentina de Derecho Administrativo*, N° 12, Buenos Aires, 1977, pp. 15 a 29; en *Revista de la Facultad de Derecho*, UCV, N° 57, Caracas, 1976, pp. 115 a 135; y en *Fundamentos de la Administración Pública*, Editorial Jurídica Venezolana, Caracas, 1980, pp. 223 a 248.

66. Ver Allan R. Brewer-Carías, *Jurisprudencia de la Corte Suprema 1930-74 y Estudios de Derecho Administrativo*, *T.* V, Instituto de Derecho Público, U.C.V., Caracas 1975, pp. 193 y ss. Esta doctrina ha sido recogida de nuevo en sentencia de 05-06-86, caso: Fetra-educación. *V.*, en *Revista de Derecho Público*, Editorial Jurídica Venezolana, N° 27, pp. 106-114.

67. Allan R. Brewer-Carías, *Las Instituciones Fundamentales del Derecho Administrativo y la Jurisprudencia Venezolanas*, Universidad Central de Venezuela, Caracas 1964, pp. 311 y ss.

las otras personas jurídicas estatales nacionales. Por ello, no sólo los juicios de nulidad de actos administrativos emanados de los entes de derecho público, cualquiera sea la naturaleza de su objeto (incluso los que se refieren a la administración del derecho privado), corresponden a esta jurisdicción, sino que también compete a sus órganos el conocimiento de las demandas por cualquier causa intentadas contra la República y demás entes públicos nacionales, incluyendo las empresas nacionales del Estado.

4. El control de la conformidad al derecho

De acuerdo al artículo 259 de la Constitución, como se ha dicho, los órganos de la jurisdicción contencioso-administrativa, constituidos no sólo por el Tribunal Supremo de Justicia sino por los demás Tribunales que determine la Ley, son competentes para anular los actos administrativos generales o individuales "contrarios a derecho", incluso por desviación de poder, por lo que la competencia en materia de control a cargo de dichos órganos, se origina cualquiera que sea el motivo de contrariedad al derecho, es decir, sea por razones de inconstitucionalidad, de "ilegalidad" propiamente dicha, o de contrariedad a cualquiera de las otras fuentes del derecho administrativo (violación de reglamentos y demás actos de efectos generales, violación de la cosa juzgada administrativa, violación de los principios generales del derecho administrativo, etc.).

No existe, por tanto, en Venezuela, constitucionalmente hablando, limitación alguna en cuanto a los motivos de control respecto de los cuales pueden conocer los órganos de la jurisdicción contencioso- administrativa, y que pudiera conducir a limitar el conocimiento de estos órganos a meras cuestiones de legalidad, excluyéndoles la competencia para conocer de cuestiones de constitucionalidad.

En consecuencia, en Venezuela el juez contencioso-administrativo es juez constitucional de los actos administrativos y es juez constitucional de amparo respecto de todas las actuaciones de las autoridades administrativas. Ello lo ha ratificado la Ley Orgánica de 2004 al atribuirle competencia a la Sala Político administrativa del Tribunal Supremo, para declarar la nulidad de los actos administrativos de autoridades nacionales "por razones de inconstitucionalidad e ilegalidad" (Art. 5, Párrafo 1°, numerales 30 y 35).

En ordenamiento constitucional venezolano, por tanto, no existe elemento alguno que permita establecer una dicotomía absoluta entre una "jurisdicción constitucional" y una "jurisdicción contencioso-administrativa" con base en los motivos de control de los actos estatales; y ello por dos razones fundamentales. Y ello, básicamente, porque en Venezuela no existe un sistema excluyente de control concentrado de la constitucionalidad conforme al cual un solo órgano estatal sería el competente para juzgar la constitucionalidad de los actos estatales.

Como se ha dicho, la Sala Constitucional del Tribunal Supremo de Justicia tiene la competencia exclusiva para declarar la nulidad por inconstitucional, con efectos *erga omnes* de las leyes y demás actos estatales de rango legal o dictados en ejecución directa e inmediata de la Constitución (Art. 334 de la Constitución), pero ello no excluye que los órganos de la jurisdicción contencioso administrativa sean los competentes para controlar la constitucionalidad de los reglamentos y demás actos normativos.

Además, con el control concentrado de la constitucionalidad de las leyes (Jurisdicción constitucional) y de los reglamentos y demás actos normativos (Jurisdicción contencioso-administrativa), coexiste un control difuso de constitucionalidad de las leyes y demás actos normativos, conforme al cual y en los términos del artículo 334 de la Constitución y del 20 del Código de Procedimiento Civil, todos los jueces de cualquier nivel tienen el poder-deber de no aplicar a los casos generales que deban decidir, las leyes que estimen inconstitucionales, aplicando preferentemente la Constitución.

Además, conforme a la Ley Orgánica de Amparo sobre Derechos y Garantías Constitucionales (Art. 3), procede el ejercicio de la acción de amparo contra leyes y demás actos normativos, ante los jueces de Primera Instancia, en cuyo caso éstos deciden la inaplicación de la norma respectiva respecto del accionante.

Asimismo, en general, la acción de amparo para la protección de los derechos y garantías constitucionales, se ejerce ante los Tribunales de Primera Instancia con competencia afín al derecho lesionado, e incluso, en caso de no existir tales tribunales en la localidad, la acción de amparo se puede intentar ante cualquier Tribunal que allí exista (Art. 7).

Por tanto, la "justicia constitucional" en Venezuela no está atribuida en exclusividad, como en otros países como Panamá o Costa Rica, a una Sala Constitucional o al sólo Tribunal Supremo de Justicia, sino que se imparte por todos los tribunales del país. En cambio, el monopolio que sí existe a favor de la Sala Constitucional del Tribunal Supremo de Justicia, es para declarar en forma concentrada la inconstitucionalidad de las leyes y demás actos estatales de rango legal de de valor similar a la ley, o de ejecución directa e inmediata de la Constitución, lo que abarca a las leyes (nacionales, estadales y municipales), a los actos estatales de rango y valor legal (decretos leyes) y a los actos de ejecución directa e inmediata de la Constitución (actos de gobierno, por ejemplo).

Por ello, los órganos de la jurisdicción contencioso-administrativa (aún los distintos al Tribunal Suprema) son jueces constitucionales de los actos administrativos cuando controlan la sumisión de éstos al derecho. Y ello, además, con basamento constitucional: no se podría constitucionalmente confinar a los órganos de la jurisdicción contencioso-administrativa (distintos al Tribunal Supremo de Justicia) a conocer de la nulidad de los actos administrativos por solos motivos de "ilegalidad", pues ello sería contrario a lo dispuesto en el artículo 259 de la Constitución, que les atribuye poder para declarar dicha nulidad "por contrariedad al derecho"', lo que implica inconstitucionalidad e ilegalidad.

Debe mencionarse que contrariamente a las previsiones del artículo 206 de la Constitución de 1961, en materia de control de la contrariedad al derecho de los actos administrativos por los órganos de la jurisdicción contencioso-administrativa, la derogada Ley Orgánica de la Corte Suprema de Justicia de 1976, en las Disposiciones Transitorias que la regulaban, había establecido un inconveniente monopolio a favor de la Sala Político-Administrativa de la antigua Corte para conocer de los recursos contencioso-administrativos "por razones de inconstitucionalidad" contra los actos administrativos, lo que había dado origen a una inexistente distinción entre "recurso de inconstitucionalidad" y "recurso de legalidad"; lo que además resultaba de lo que regulaban los ya derogados artículos 181 y 185 de dicha Ley Orgánica de 1976.

En contraste con aquella posición, con motivo de la entrada en vigencia de la Constitución de 1999 y a la luz de lo dispuesto en su artículo 259, se clarificó definitivamente que el ejercicio de la justicia constitucional también corresponde a la Jurisdicción Contencioso Administrativa, al ejercer su competencia de anulación de los actos administrativos, incluidos los reglamentos, contrarios a derecho, es decir, contrarios sea a la Constitución, a las leyes o a las demás fuentes del derecho administrativo[68].

Es decir, todos los jueces contencioso administrativos, conforme al artículo 259 de la Constitución, tienen potestad para declarar la nulidad de los actos administrativos, no sólo por ilegalidad sino por inconstitucionalidad, ejerciendo la justicia constitucional. Por tanto, la diferencia entre la jurisdicción constitucional y la jurisdicción contencioso administrativa está en la competencia *por el objeto,* que se atribuye a los Tribunales que las componen: la Jurisdicción Constitucional, que corresponde al Tribunal Supremo de Justicia en *Sala Constitucional,* tiene por objeto conocer de las acciones de nulidad por inconstitucionalidad *contra las leyes y demás actos de rango o valor legal o ejecución directa e inmediata de la Constitución;* en cambio, la Jurisdicción Contencioso Administrativa que corresponde al mismo Tribunal Supremo, pero en *Sala Político Administrativa y en Sala Electoral* y a los *demás tribunales* que señale la Ley, tiene por objeto, entre otros, conocer de las *acciones de nulidad por inconstitucionalidad o ilegalidad contra los actos administrativos* y, por tanto, de rango *sub legal*[69]. Esto se resolvió en sentencia de la Sala Constitucional N° 194 de 04 de abril de 2000, al decidir un recurso de nulidad por razones de inconstitucionalidad ejercido conjuntamente con una pretensión de amparo constitucional contra un dispositivo del Reglamento de Personal y Régimen Disciplinario del Personal del Instituto Autónomo Policía Municipal del Municipio Chacao y contra los actos administrativos dictados en ejecución del Reglamento impugnado, señalando lo siguiente:

> La Constitución vigente distingue claramente la jurisdicción constitucional de la contencioso-administrativa, delimitando el alcance de ambas competencias en atención al objeto de impugnación, es decir, al rango de los actos objeto de control y no a los motivos por los cuales se impugnan...

En tal sentido, esta Sala Constitucional ha señalado que:

> [el] criterio acogido por el Constituyente para definir las competencias de la Sala Constitucional, atiende *al rango de las actuaciones objeto de control,* esto es, que dichas actuaciones tienen una relación directa con la Constitución que es el cuerpo normativo de más alta jerarquía dentro del ordenamiento jurídico en un Estado de Derecho contemporáneo. Así las cosas, *la normativa constitucional aludida imposibilita una eventual interpretación que tienda a identificar las competencias de la Sala Constitucional con los vicios de inconstitucionalidad que se imputen a otros actos o con las actuaciones de determinados funcionarios u órganos del Poder Público,* (Sentencia de fecha 27 de enero de 2000, caso: *Milagros Gómez y otros*).
>
> De esta forma, la Sala Constitucional, en el ejercicio de la jurisdicción constitucional, conoce de los recursos de nulidad interpuestos contra los actos realizados en ejecución directa de la Constitución o que tengan forma de ley. De allí que, en el caso de autos, al tratarse el reglamento im-

68. *V.*, Allan R. Brewer-Carías, "La Justicia Contencioso-Administrativa", *T.* VII, *Instituciones Políticas y Constitucionales*, *op. cit.*, pp. 26 y ss.

69 Así lo expuso el Magistrado Héctor Peña Torrelles en su Voto Salvado a la sentencia N° 2 de 20-01-2000 (Caso: *Domingo G. Ramírez*), en *Revista de Derecho Público*, N° 81, Editorial Jurídica Venezolana, caracas 2000, pp. 235 y ss.

pugnado de un acto de rango sublegal, esta Sala Constitucional carece de competencia para controlar su conformidad a Derecho, ya que tal competencia corresponde a la jurisdicción contencioso administrativa. Así se decide[70].

En consecuencia, conforme a la Constitución, corresponde a los órganos de la jurisdicción contencioso administrativo, conocer de las acciones de nulidad contra los actos administrativos, así las mismas se fundamenten en motivos de inconstitucionalidad que son motivos de contrariedad al derecho. Por ello, conforme al artículo 266, ordinal 5 de la Constitución, la Sala Político Administrativa del Tribunal Supremo tiene competencia para declarar la nulidad total o parcial de los reglamentos y demás actos administrativos generales o individuales del Ejecutivo Nacional, cuando sea procedente;

Debe señalarse, además, que teniendo competencia los tribunales contencioso administrativos para declarar la nulidad de los actos administrativos incluso por razones de inconstitucionalidad, como se argumentó anteriormente, siempre habíamos considerado como inconstitucional la norma del artículo 181 de la derogada Ley Orgánica de la Corte Suprema de Justicia, que le quitaba competencia a los Tribunales contencioso administrativos, asignándole tal competencia exclusivamente a la antigua Sala Político Administrativa de la Corte Suprema, órgano en el cual debían declinar la competencia[71]. Esta irregular situación, en todo caso, fue corregida por la Sala Constitucional del Tribunal Supremo, en la sentencia N° 194 de 4 abril de 2000, al resolver inaplicar dicho artículo 181 de la Ley Orgánica de la Corte Suprema, por inconstitucional, conforme a los siguientes razonamientos:

> [C]onsidera esta Sala Constitucional que el primer aparte del artículo 181 de la Ley Orgánica de la Corte Suprema de Justicia, al impedir a los Juzgados Superiores con competencia en lo contencioso-administrativo el conocer de la nulidad de los actos administrativos (generales o particulares), cuando se aleguen vicios de inconstitucionalidad, contradice lo dispuesto en el artículo 259 de la Constitución, por cuanto éste otorga facultades a los Tribunales en lo contencioso-administrativo para anular los actos administrativos generales o individuales por contrariedad a derecho, que comprende -sin lugar a dudas- tanto la inconstitucionalidad como la ilegalidad.
>
> Por otro lado, la norma a que se contrae dicho aparte del citado artículo 181 se aparta de la verdadera intención del legislador al regular temporalmente la jurisdicción contencioso-administrativa que era, por una parte, desconcentrar las competencias que tenía la Sala Político Administrativa, como el único tribunal contencioso administrativo, y por la otra parte, acercar más la justicia al ciudadano, sobre todo cuando existen controversias entre éstos y los entes estadales y municipales.
>
> De manera que, por tales circunstancias y en especial a que por mandato constitucional los tribunales de la jurisdicción contencioso administrativa son competentes para anular actos administrativos por contrariedad al derecho, esta Sala Constitucional estima que la disposición contenida en el primer aparte del referido artículo 181 es a todas luces contraria a la Constitución, motivo por el cual en uso de la potestad prevista en el artículo 334 de la Constitución, *inaplica a los fines de determinar la competencia en el caso de autos,* el primer aparte del artículo 181 de la Ley Orgánica de la Corte Suprema de Justicia por ser inconstitucional, al enfrentar de manera incontestable la disposición establecida en el segundo aparte del artículo 259 de la Constitución, en cuanto sus-

---

70 *V.*, en *Revista de Derecho Público*, N° 82, (abril-junio), Editorial Jurídica Venezolana, Caracas, 2000, p. 429 y ss.

71. *V.*, Allan R. Brewer-Carías, "Nuevas tendencias del Contencioso Administrativo", *op. cit.* pp. 47 y "La justicia contencioso-administrativa", *T.* VII, *Instituciones Políticas y Constitucionales*, *op. cit.*, pp. 28 y ss.

trae a los tribunales contencioso administrativos distintos a la Sala Político-Administrativa de este Tribunal Supremo, la competencia que le fue otorgada por la propia Constitución para conocer de la nulidad de los actos administrativos (generales o particulares) contrarios a Derecho[72].

Debe mencionarse, por último, que los poderes del Juez contencioso-administrativo para controlar la constitucionalidad de los actos administrativos en los juicios de nulidad, que lo muestran como juez constitucional, se complementan con la posibilidad establecida en la Ley Orgánica de Amparo sobre Derechos y Garantías Constitucionales de actuar como juez constitucional de amparo, al conocer de las acciones de amparo que proceden "contra todo acto administrativo, actuaciones materiales, vías de hecho, abstenciones u omisiones que violen o amenacen violar un derecho o una garantía constitucionales, cuando no exista un medio procesal breve, sumario y eficaz, acorde con la protección constitucional" (Art. 5)[73]. Dichas acciones de amparo contra actos administrativos o abstenciones de la Administración, además, se puede interponer ante los Tribunales contencioso-administrativos en forma autónoma, o conjuntamente con el recurso contencioso-administrativo de anulación. Ello quedó definitivamente clarificado por la sentencia de la antigua Corte Suprema en el caso *Tarjetas Banvenez,* por sentencia en 10-07-91[74].

Pero indudablemente, siendo la Administración una actividad de carácter sublegal, en general, el juez contencioso-administrativo como contralor de la conformidad con el derecho de los actos administrativos, normal y regularmente es juez de la legalidad de los mismos. En tal sentido y particularmente después de la entrada en vigencia de la Ley Orgánica de Procedimientos Administrativos en 1981, texto que reguló por primera vez los requisitos de los actos administrativos, se ha venido desarrollando una riquísima jurisprudencia no sólo en la identificación precisa de los vicios de los actos administrativos (incompetencia; vicio en el objeto; vicio en la base legal; vicio en la causa o motivos -falso supuesto-; vicio en la finalidad -desviación de poder-; -vicio de arbitrariedad por el traspaso de los límites al poder discrecional-; y vicios en el procedimiento, en la exteriorización del acto y en la motivación) sino en los efectos jurídicos de esos vicios respecto a los actos impugnados: nulidad absoluta o nulidad relativa, particularmente dada la regulación de la mencionada Ley Orgánica de los supuestos de nulidad absoluta, cuya enumeración es cerrada (Art. 19).

En esta forma, y como consecuencia de esa labor jurisprudencial los motivos de impugnación por razones de ilegalidad se han ampliado y discriminado en forma tal, que no hay materialmente motivo de contrariedad al derecho que no haya sido identificado por la jurisprudencia.

---

72. Los anteriores criterios han sido ratificados en la interpretación vinculante que la Sala Constitucional ha hecho del artículo 334 de la Constitución, en la sentencia N° 833 de 25 de mayo de 2001 (Caso: *Instituto Autónomo Policía Municipal de Chacao vs. Corte Primera de lo Contencioso Administrativo*), en *Revista de Derecho Público*, N° 85-88, Editorial Jurídica Venezolana, Caracas, 2001, pp. 276

73. *V.*, sentencia de la CPCA de 10-10-91 en *Revista de Derecho Público*, N° 48, Editorial Jurídica Venezolana, Caracas 1991, p. 135.

74. *Revista de Derecho Público*, N° 47, Editorial Jurídica Venezolana, Caracas 1991, pp. 169-174.

5. El control de la legitimidad

Por otra parte, el control de la legalidad de los actos administrativos en los términos indicados no es el único objeto de la jurisdicción contencioso-administrativa. Esta también tiene por objeto el control de la legitimidad de la actuación administrativa, no sólo de los actos administrativos, sino también de los hechos, relaciones jurídico-administrativas y demás actuaciones de los entes sometidos a su control. En este contexto entendemos por legitimidad la conformidad con el orden jurídico, el cual no sólo está compuesto por actos normativos[75], por lo que, una actividad es legítima cuando está fundada en un título jurídico según el orden jurídico[76]. Por tanto, la investigación de la legitimidad administrativa se reduce a la búsqueda del título jurídico regular y suficiente según el orden jurídico, en el cual esa actividad está fundada y según el cual es desarrollada. Para determinar esa legitimidad bastará preguntarse si el orden jurídico permite la existencia y realización de esa actividad.

La ilegitimidad en la actividad administrativa surge, entonces, ante la ausencia de un título jurídico que autorice el desarrollo de la misma, y que la legitime. Así, la jurisdicción contencioso-administrativa, como contralora de la legitimidad de la actividad administrativa, hemos señalado, no sólo abarca el control de los actos administrativos, sino de los actos materiales, hechos jurídicos y relaciones jurídico-administrativas que atenten contra el orden jurídico y que lesionen situaciones jurídicas objetivas o subjetivas. Por ello, de acuerdo a la Constitución, los órganos de la jurisdicción contencioso-administrativa son competentes para condenar al pago de sumas de dinero y a la reparación de daños y perjuicios originados por la responsabilidad contractual o extracontractual de la Administración y para disponer lo necesario para el restablecimiento de las situaciones jurídicas subjetivas lesionadas por la actividad administrativa (Art. 259). Además del contencioso de los actos administrativos, por tanto, se distingue el contencioso de la responsabilidad administrativa, el contencioso de los contratos administrativos y en general, el contencioso de las demandas contra los entes públicos.

Igualmente, conforme a la innovación contenida en el artículo 259 de la Constitución de 1999, también se puede distinguir el contencioso de los servicios públicos, con motivo de los reclamos que se formulen por la prestación de los mismos.

III. LOS ÓRGANOS DE LA JURISDICCIÓN CONTENCIOSO-ADMINISTRATIVA

De acuerdo al mencionado artículo 259 de la Constitución, "la jurisdicción contencioso-administrativa corresponde al Tribunal Supremo de Justicia y a los demás Tribunales que determine la ley".

---

75. Entendemos por orden jurídico no solamente el conjunto de normas de carácter general e imperativas, sino también las normas de carácter particular, como los contratos, sentencias, actos administrativos, etc., siguiendo la terminología y concepción nacida en Hans Kelsen. *V.*, al respecto Ch. Eisenman, Curso de Doctorado, *Droit Administratif Approfondi*, 1956, 1957, Ed. Cujas, París, 1957, pp. 33 y ss.

76. Sobre el concepto de legitimidad en relación a las situaciones jurídicas, *V.*, P. Roubier, *Droits Subjetifs et Situations Juridiques*, Dalloz, París, 1963, pp. 224 y ss., y concretamente p. 228.

La derogada Ley Orgánica de la Corte Suprema de Justicia de 1976 había precisado las competencias en esta materia contencioso-administrativa, y transitoriamente, había dispuesto, hasta tanto se dictase la Ley de la jurisdicción contencioso-administrativa y se organizase dicha Jurisdicción, el establecimiento con sede en Caracas, de un Tribunal denominado Corte Primera de lo Contencioso-Administrativo, cuyos miembros los designaba la propia Corte Suprema en Sala Político-Administrativa y había regulado además, la competencia en materia contencioso-administrativa de algunos Tribunales Superiores en lo Civil.

Estas normas, lamentablemente fueron derogadas por la nueva Ley Orgánica del Tribunal Supremo de 2004, sin que se hubiesen expresamente sustituido por otras disposiciones transitorias, por lo que la organización de la jurisdicción contencioso-administrativa desde mayo de 2004 habría quedado sin regulación expresa específica. A pesar de ello, no solo los tribunales existen sino que el Tribunal Supremo en julio de 2004 nombró a los Magistrados tanto de la Corte Primera como de una Corte Segunda en lo Contencioso Administrativo.

Nos referiremos, por tanto, a la organización de la jurisdicción contencioso-administrativa conforme se deriva de la Constitución y de las normas contenidas en las mencionadas disposiciones transitorias de la derogada Ley Orgánica del Tribunal Supremo de Justicia.

1. El Tribunal Supremo de Justicia en Sala Político-Administrativa y en Sala Electoral

El Tribunal Supremo de Justicia, como se ha dicho, como el más alto Tribunal de la República está regulado en la Ley Orgánica del Tribunal Supremo de Justicia de 2004[77], en la cual se desarrollan las competencias de sus Salas: la Sala Plena y las Salas Constitucional, Político Administrativa, Electoral, de Casación Civil, de Casación Penal y de Casación Social.

En cuanto a las competencias contencioso administrativas del Tribunal Supremo, conforme a los artículos 259 y 297 de la Constitución, están establecidas en el artículo 266 de la Constitución y desarrolladas en el artículo 5 de la Ley Orgánica del Tribunal Supremo de Justicia.

Conforme a los ordinales 4 y 5 del artículo 266 de la Constitución, como ya se ha destacado y aquí repetimos, la Sala Político-Administrativa tiene las siguientes competencias:

> 4. Dirimir las controversias administrativas que se susciten entre la República, algún Estado, Municipio u otro ente público, cuando la otra parte sea alguna de esas mismas entidades, a menos que se trate de controversias entre Municipios de un mismo Estado, caso en el cual la ley podrá atribuir su conocimiento a otro tribunal.
>
> 5. Declarar la nulidad total o parcial de los reglamentos y demás actos administrativos generales o individuales del Ejecutivo Nacional, cuando sea procedente.

---

77. *V.*, la Ley Orgánica del Tribunal Supremo de Justicia en *G.O.* N° 37942 de 19-05-2004.

Estas atribuciones de la Sala Político Administrativa, como también ya se ha dicho, han sido desarrolladas en los ordinales 24 al 37 del artículo 5, párrafo 1° de la Ley Orgánica del Tribunal Supremo de Justicia, cuyo contenido ya ha sido trascrito anteriormente. En cuanto a la Sala Electoral, como también se destacó anteriormente, las competencias se establecieron en los orinales 45 y 46 del mismo artículo 5, párrafo 1° de la LOTSJ.

Además, corresponde tanto a la Sala Político Administrativa como a la Sala Electoral (así como a las otras Salas e asuntos afines con la materia debatida), las competencias comunes enumeradas en los numerales 47 a 52 del mismo artículo 5, párrafo 1° de la LOTSJ.

2. La jurisdicción ordinaria contencioso-administrativa

Además del Tribunal Supremo de Justicia en Sala Político- Administrativa y Sala Electoral, cuyas competencias en materia contencioso-administrativa están establecidas directamente en la Constitución y desarrolladas en la Ley Orgánica del Tribunal Supremo de Justicia, la legislación ha venido organizando los demás tribunales de esta jurisdicción, los cuales pueden clasificarse en dos grandes categorías: Los tribunales de lo que podría denominarse la jurisdicción "ordinaria" de lo contencioso-administrativo y los tribunales de la jurisdicción "especial" contencioso-administrativa.

En la primera categoría estarían la Corte Primera de lo Contencioso-Administrativo y los ocho Tribunales Superiores con competencia en lo contencioso-administrativo ubicados en las ocho regiones del país, y que a pesar de la carencia regulatoria de la Ley Orgánica de mayo de 2004, continuaron funcionando conforme a las disposiciones transitorias de la derogada Ley Orgánica de la Corte Suprema de Justicia. Se debe indicar, sin embargo, que en materia de demandas contra los entes públicos, la Sala Político Administrativa del Tribunal Supremo de Justicia en sentencia N° 1209 de 2 de septiembre de 2004, cuyo contenido se destaca más adelante, al analizarse "El proceso contencioso de las demandas contra los entes públicos"[78].

A. La Corte Primera de lo Contencioso-Administrativo

La Corte Primera de lo Contencioso-Administrativo, constituida como órgano colegiado compuesto de 5 Magistrados, ha sido competente para conocer de los asuntos que enumeraba en el artículo 182 de la derogada Ley Orgánica de la Corte Suprema de Justicia, que son los siguientes:

1° De los conflictos de competencia que surjan entre tribunales de cuyas decisiones pueda conocer en apelación.

2° De los recursos de hecho intentados contra las decisiones relativas a la admisibilidad de la apelación en las causas cuyo conocimiento le corresponda en segunda instancia.

---

78 *V.*, en las páginas 209 y ss.

3° De las acciones o recursos de nulidad que puedan intentarse por razones de ilegalidad contra los actos administrativos emanados de autoridades diferentes a las señaladas en los ordinales 9°, 10, 11 y 12 del artículo 42 de esta Ley, si su conocimiento no estuviere atribuido a otro Tribunal.

4° De las apelaciones que se interpongan contra las decisiones dictadas, en primera instancia, por los Tribunales Superiores en lo Civil y Contencioso-Administrativo, regulados en el artículo 181 de la Ley Orgánica o que conozcan de recursos especiales contencioso-administrativos, entre los cuales están el Tribunal de Carrera Administrativa, el Tribunal de Apelaciones de Inquilinato, y el Tribunal Superior Agrario.

5° De los juicios de expropiación intentados por la República...

6° De cualquier acción que se proponga contra la República o algún Instituto Autónomo o empresa en la cual el Estado tenga participación decisiva, si su cuantía excede de un millón de bolívares, pero no pasa de cinco millones de bolívares, y su conocimiento no está atribuido por la Ley a otra autoridad.

7° De las controversias que se susciten con motivo de la adquisición, goce, ejercicio o pérdida de la nacionalidad o de los derechos que de ella derivan, sin perjuicio de lo establecido en la Cuarta Disposición Transitoria de la Constitución.

Contra las decisiones dictadas por esta Corte Primera en los asuntos señalados en los ordinales 1° al 4° de este artículo 182, conforme a sus disposiciones, no se debía oír recurso alguno. En cambio, disponía el artículo 185 de la derogada Ley Orgánica, que contra las sentencias definitivas que dictase la Corte primera en los demás juicios de que conociera, sí podía interponerse apelación dentro del término de cinco días, ante la Corte Suprema de Justicia. Esta norma, que había eliminado la doble instancia en muchos asuntos contencioso administrativos, sin embargo, fue desaplicada por inconstitucional por el Tribunal Supremo de justicia, por considerar que contrariaba la garantía constitucional de la doble instancia establecida como componente del debido proceso. En efecto, a pesar de que la Constitución admite que este derecho podría restringirse por la ley, sin embargo y con fundamento en el artículo 23 de la misma Constitución que otorga rango constitucional a los tratados sobre derechos humanos suscritos por la República, aplicando las normas de la Convención Americana de Derechos Humanos (Art. 8, 1 y 2) por ser más favorables y por tanto por prevalecer aún ante la norma constitucional, la Sala Constitucional del Tribunal Supremo, en ejercicio del control difuso de la constitucionalidad, desaplicó el artículo 185 de la derogada Ley Orgánica de la Corte Suprema de Justicia que negaba la apelación contra las decisiones de la Corte Primera de lo Contencioso Administrativo por ante la Sala político Administrativa del Tribunal Supremo[79]; así como el artículo 891 del Código de Procedimiento Civil que niega la apelación respecto de fallos de menor cuantía[80].

79. *V.*, sentencia N° 87 de 14-03-2000 de la Sala Constitucional en *Revista de Derecho Público*, N° 81, (enero-marzo), Editorial Jurídica Venezolana, Caracas, 2000, pp. 157 y ss; y en relación con el mismo asunto, *V.*, sentencia N° 802 de 13-04-2000 de la Sala Político Administrativa del Tribunal Supremo en *Revista de Derecho Público*, N° 82, (abril-junio), Editorial Jurídica Venezolana, Caracas, 2000, pp. 270 y ss.

80. *V.*, sentencia N° 328 de 09-03-2001 de la Sala Constitucional en *Revista de Derecho Público*, N° 85-88, Editorial Jurídica Venezolana, Caracas, 2001, pp. 108 y ss. En contraste, en relación con el artículo 195 del Código de Procedimiento Civil, *V.*, sentencia N° 178 de 01-03-2001 de la Sala Político Administrativa del Tribunal Supremo en *Revista de Derecho Público*, N° 85-88, Editorial Jurídica Venezolana, Caracas, 2001, pp. 104 y ss.

B. Los Tribunales Superiores en lo Civil y Contencioso-Administrativo

De acuerdo a lo que establecía el artículo 181 de la derogada Ley Orgánica de la Corte Suprema de Justicia, mientras se dictase la Ley que organizara la jurisdicción contencioso-administrativa, los Tribunales Superiores que tuvieran atribuida competencia en lo Civil debían conocer, en primera instancia en sus respectivas circunscripciones, de las acciones o recursos de nulidad contra los actos administrativos de efectos generales o particulares, emanados de autoridades estadales o municipales de su jurisdicción, si eran impugnados "por razones de ilegalidad". Sin embargo, como se ha dicho, la norma precisaba en forma totalmente inconvenientemente que cuando la acción o el recurso se fundase en razones de inconstitucionalidad, el tribunal debía declinar su competencia en la Corte Suprema de Justicia, lo cual ha sido considerado contrario a la Constitución por la Sala Constitucional.

Estos Tribunales, de acuerdo a la misma derogada Ley Orgánica (Art. 182) conocían también, en sus respectivas circunscripciones:

> 1° De la abstención o negativa de las autoridades estadales o municipales a cumplir determinados actos a que estén obligados por las leyes cuando sea procedente, en conformidad con ellas.
>
> 2° De cualquier acción que se proponga contra la República o algún Instituto Autónomo o empresa en la cual el Estado tenga participación decisiva, si su cuantía no excede de un millón de bolívares y su conocimiento no está atribuido a otra autoridad.
>
> 3° De las apelaciones contra las decisiones que dicten otros Tribunales de su jurisdicción en los juicios intentados ante ellos contra un Estado o Municipio.
>
> 4° De las apelaciones contra las decisiones que dicten los Jueces de Distrito en materia inquilinaria.
>
> 5° De los recursos de hecho cuyo conocimiento les corresponda de acuerdo con la Ley.

En todo caso, contra las decisiones de estos tribunales podía interponerse apelación dentro del término de cinco días para ante la Corte Primera de lo Contencioso-Administrativo a que se refería el artículo 184 de la Ley.

La Corte Primera de lo Contencioso-Administrativo, conocía de las apelaciones y recursos de hecho que se interpusieran contra las decisiones dictadas en los juicios a que se referían los ordinales 1° y 2° de dicho artículo.

La jurisdicción contencioso-administrativa se organizó en 8 regiones por Decreto N° 2.057 de 03-03-77[81], en las cuales se crearon Tribunales Superiores en lo Civil, Mercantil y Contencioso-Administrativo. Además, por Resolución N° 861 del Consejo de la Judicatura de 09-05-91[82], se eliminó la competencia mercantil al Juzgado Superior Primero de la Región Capital y se le atribuyó competencia en materia inquilinaria, eliminándose el Tribunal de Apelaciones de Inquilinato y creándose en su lugar tres Tribunales Superiores en lo Civil, y Contencioso-Administrativo más, con competencia inquilinaria en la Región Capital.

---

81. *V., G.O.* N° 31.201 de 23-03-77.
82. *V., G.O.* N° 34.775 de 13-08-91.

El antiguo Consejo de la Judicatura, por Resolución N° 2643 de 13-04-94[83], con el objeto de ubicar los órganos de la jurisdicción contencioso-administrativa al alcance de los ciudadanos que los requirieran, particularmente por los efectos del proceso de descentralización, reorganizó completamente la jurisdicción contencioso-administrativa a nivel de los Tribunales Superiores con competencia en dicha materia, suprimiéndosela, y estableciendo la organización de la misma en 24 Tribunales Superiores, que debía entrar en vigencia a partir del 16-09-94. Lamentablemente dicha organización de los Tribunales Superiores con competencia en lo contencioso-administrativa fue dejada sin efecto antes de que la Resolución entrase en vigencia, la cual posteriormente fue derogada, mediante Resolución N° 88 de 20 de diciembre de 1994, luego reformada por Resolución N° 235 de 24 de abril de 1995, la cual dividió el territorio nacional en once circunscripciones judiciales contencioso-administrativas con vigencia a partir del 1° de junio de 1995[84]. Los once Juzgados Superiores Contencioso-Administrativos resultantes han tenido competencia para conocer de los asuntos, acciones y recursos previstos en los artículos 181 y 185 de la derogada Ley Orgánica de la Corte Suprema de Justicia, así como de los recursos que se propusieran contra los reparos previstos en la Ley Orgánica de la Contraloría General de la República.

En particular, debe mencionarse que la Ley del Estatuto de la Función Pública[85] dispuso en su Disposición Transitoria Primera que mientras se dictase la ley que regule la jurisdicción contencioso administrativa, son competentes en primera instancia para conocer de las controversias a que se refiere el artículo 93 de esta Ley, los jueces o juezas superiores con competencia en lo contencioso administrativo en el lugar donde hubieren ocurrido los hechos, donde se hubiere dictado el acto administrativo, o donde funcione el órgano o ente de la Administración Pública que dio lugar a la controversia.

3. La jurisdicción especial contencioso-administrativa

A. Los Tribunales Superiores de lo Contencioso-Tributario

De acuerdo al Código Orgánico Tributario[86], son competentes para conocer en primera instancia de los procedimientos establecidos en dicho Código, los Tribunales Superiores de lo Contencioso Tributario, los cuales los sustanciarán y decidirán con arreglo a las normas del mismo. De las decisiones dictadas por dichos Tribunales, puede apelarse dentro de los términos previstos en el Código, para ante el Tribunal Supremo de Justicia.

Sin embargo, el conocimiento de los procedimientos relativos a los ilícitos sancionados con penas restrictivas de la libertad, corresponden a la jurisdicción penal ordinaria[87].

---

83. *V., G.O.* N° 35.458 de 11-05-94.
84. *V., G.O.* N° 35.715 de 22-05-95.
85. *V.*, en *G.O.* 37.522 del 06-09-2002
86. *V.*, Ley 42, *G.O.* N° 37.305 17-108-2001, artículos 329 y ss.
87. Artículo 329 del Código Orgánico Tributario (COT).

El Consejo de la Judicatura, mediante Resolución N° 254 de 27 de junio de 1995[88] había regulado la organización de la jurisdicción contencioso-tributario, dividiendo el territorio nacional en 6 circunscripciones Judiciales.

Estos tribunales son competentes en materia tributaria nacional respecto de los actos dictados por las Administraciones comprendidas dentro de su ámbito territorial de competencia. Son igualmente competentes en materia tributaria estadal y municipal respecto de actos dictados por las autoridades estadales y municipales comprendidas dentro de su ámbito territorial de competencia conforme al artículo 329 del Código Orgánico Tributario.

B. La jurisdicción especial contencioso-administrativa agraria

Finalmente, debe mencionarse que de acuerdo con la Ley de Tierras y Desarrollo Agrario se ha establecido la jurisdicción contencioso administrativa especial agraria que se ejerce por los Tribunales Superiores Regionales Agrarios con competencia para conocer de los recursos que se intenten contra cualquiera de los actos administrativos agrarios. También se atribuyó competencia a la Sala Especial Agraria de la Sala de Casación Social del Tribunal Supremo para conocer de las causas en segunda instancia (Art. 171). El artículo 172 de la Ley precisó que las competencias atribuidas comprenden el conocimiento de todas las acciones que por cualquier causa, sean intentadas con ocasión de la actividad u omisión de los órganos administrativos en materia agraria, incluyéndoos el régimen de los contratos administrativos, el régimen de expropiaciones, las demandas patrimoniales y demás acciones con arreglo al derecho común que sean interpuestas contra cualquiera de los órganos o los entes agrarios.

IV. LA COMPETENCIA DE LA JURISDICCIÓN CONTENCIOSO-ADMINISTRATIVA

La competencia de la jurisdicción contencioso-administrativa implica la potestad y la obligación que tiene determinados órganos judiciales que la componen, de conocer y resolver determinados litigios relativos a los actos administrativos o a las actuaciones de la Administración. Por tanto, el problema del examen de la competencia de la jurisdicción contencioso-administrativa se reduce, de una parte, a la determinación de la naturaleza de la materia que ella está obligada a conocer y, por otra parte, a la determinación de los poderes del Juez en la resolución de los litigios que debe conocer.

Esta competencia jurisdiccional es de orden público. Por tanto, las disposiciones legales y constitucionales que la establezcan no pueden renunciarse ni relajarse por convenios particulares[89]. Por supuesto, este carácter de orden público de la competencia jurisdiccional no sólo se refiere a los particulares y administrados, sino que también tiene especial referencia a los mismos órganos jurisdiccionales.

---

88. *V., G.O.* N° 35.747 de 06-07-95.
89. Artículo 6 del Código Civil.

En este sentido, los órganos de la jurisdicción contencioso-administrativa, como cualquier órgano jurisdiccional, no pueden desconocer su competencia, sea porque conozcan de litigios respecto a los cuales no tienen cualidad para conocer, sea porque rehúsen a conocer cuestiones que pertenecen a su competencia.

Examinaremos entonces, en primer lugar, la delimitación de la competencia contencioso-administrativa; y, en segundo lugar, examinaremos los poderes del juez contencioso-administrativo.

1. La delimitación de la competencia

De acuerdo a los artículos 259 y 297 de la Constitución y a su desarrollo conforme al artículo 5 de la Ley Orgánica del Tribunal Supremo de Justicia, hemos dicho, la competencia de los órganos de la jurisdicción contencioso-administrativa está establecida, por una parte, por la materia, y por la otra, por los sujetos controlados, los entes públicos, particularmente en el caso de las demandas contra los mismos, o control de legitimidad, con referencia particular a los concesionarios de servicios públicos.

En efecto, en materia de control de legalidad y constitucionalidad, la competencia de la jurisdicción contencioso-administrativa es una competencia en razón de la materia, es decir, en razón de la naturaleza administrativa de los actos que ella debe controlar. Ello se deduce del principio general definido en el Código de Procedimiento Civil, conforme al cual, "la competencia por razón de la materia se determina por la naturaleza de la cuestión que se discute, y por las disposiciones legales que la regulan"[90]. En materia de control de legalidad y constitucionalidad, esta "naturaleza de la cuestión que se discute" está delimitada en el antes citado artículo 259 de la Constitución, en el cual se hace referencia a los "actos administrativos", a la "administración", a los "servicios públicos", a la "responsabilidad" administrativa y a la "actividad administrativa". De ello se deduce que el ámbito y el dominio de la jurisdicción contencioso-administrativa en materia de control de legalidad y constitucionalidad son el conocimiento de los litigios en que la "administración" sea parte, originados ya sea por sus "actos administrativos", la "responsabilidad" de la administración, por la prestación de "servicios públicos" o por la "actividad administrativa".

Pero hemos dicho, que además del control de legalidad, los órganos de la jurisdicción contencioso-administrativa ejercen el control de legitimidad, lo que conlleva al conocimiento de las demandas que se intenten contra los entes públicos o los concesionarios de servicios públicos, estén o no basadas en cuestiones de derecho administrativo[91] (Art. 5, párrafo 1°, 24, LOTSJ).

En todo caso, este ámbito de competencia debe precisarse. En primer lugar implica, en principio, como es obvio, la exclusión de la competencia de la jurisdicción contencioso-administrativa de las actividades de otros entes jurídicos extraños al Estado venezolano y a la Administración Pública venezolana. Litigios entre particulares, por ejemplo, no pueden ser objeto de la jurisdicción contencioso-administrativa, y un conflicto

90. Artículo 28 CPC.

91. Ya no se puede sostener que corresponden a la jurisdicción contencioso administrativa sólo las cuestiones de derecho administrativo, como lo sosteníamos en 1963: Allan R. Brewer-Carías, *Las Instituciones...*, *op. cit.*, pp. 108 y ss.

entre partes privadas no puede ser llevado nunca ante esa jurisdicción, así como tampoco un litigio en el cual intervienen un Estado extranjero y un particular. En definitiva, para que intervenga la jurisdicción contencioso-administrativa, es necesario que en el conflicto incida una actividad realizada por una persona jurídica estatal, y sólo excepcionalmente, por entidades o corporaciones privadas pero que ejerzan autoridad en virtud de Ley expresa[92]. En esta excepción estaría la competencia contencioso administrativa en materia de reclamos por la prestación de servicios públicos, en cuyo caso podría quedar involucrado un conflicto entre un particular (usuario) y una empresa privada concesionario del servicio público.

En segundo lugar, el principio también implica la exclusión de toda competencia de esta jurisdicción con relación a las leyes y demás actos de rango legal de la Asamblea Nacional, a las sentencias y a los actos de gobierno del Estado. Esto no implica, por supuesto, que los actos administrativos de las Cámaras Legislativas y de los Tribunales no sean recurribles ante la jurisdicción contencioso-administrativa a pesar de que emanen de un órgano legislativo, el cual, en estos casos, actúan en ejercicio de una función administrativa. Por tanto, quedan excluidos del control de la jurisdicción contencioso administrativo los actos de la Asamblea Nacional de rango legal cumplidos en ejercicio de la función normativa o de gobierno; pero los actos que se cumplen por dichos órganos legislativos, de rango sublegal en ejercicio de la función administrativa si son actos susceptibles de ser recurridos ante la jurisdicción contencioso-administrativa. Un acto administrativo de la Asamblea Nacional recurrible ante la Sala Político Administrativa, sería por ejemplo el acto administrativo mediante el cual se "anule" el nombramiento de un Magistrado (Art. 23,4 LOTSJ). Este mismo razonamiento se aplica respecto de los actos administrativos del Poder Judicial[93].

En cuanto a los actos de gobierno, es decir, aquellas actividades del Poder Ejecutivo cumplidas en ejecución directa e inmediata de la Constitución, quedan también excluidos de la jurisdicción contencioso-administrativa, pues caen bajo el ámbito de control de la jurisdicción constitucional[94].

En cuanto a los actos administrativos de los otros Poderes Públicos, como los que conforman el Poder Ciudadano (Fiscal General de la República, Contralor General de la República, Defensor del Pueblo), caen bajo el control de la Sala Político Administrativa del Tribunal Supremo; y los actos de los órganos del Poder Electoral, caen bajo el control de la Sala Electoral del Tribunal Supremo y de los otros tribunales de la jurisdicción contencioso electoral que se creen.

2. Los poderes del juez

Pero al hablar de la competencia de la jurisdicción contencioso-administrativa, además de determinar su ámbito, debemos precisar cuáles son los poderes que el Juez puede ejercer con relación a las materias de las cuales puede conocer, lo cual tiene relación, por lo demás, con el derecho que toda persona tiene, conforme al artículo 18,

---

92. *V.*, las referencias a Sentencias de la Corte Primera de lo Contencioso-Administrativo en H. Rondón de Sansó, "Ampliación del ámbito contencioso-administrativo", *RDP*, N° 22, EJV, Caracas, 1985, pp. 33-49.

93. Allan R. Brewer-Carías, *Las Instituciones... op. cit.*, pp. 108 y ss.

94. *Idem*, y Allan R. Brewer-Carías, *El Control de la Constitucionalidad de los Actos Estatales*, EJV, Colección Estudios Jurídicos, N° 2, Caracas, 1977, p. 84. Art. 236 Constitución.

párrafo 2 de la ley Orgánica, de acceder al Tribunal Supremo de Justicia en cualesquiera de sus Salas, para hacer valer sus derechos e intereses, incluso los colectivos o difusos, a la tutela efectiva de los mismos y a obtener con prontitud la decisión correspondiente.

En efecto, en *primer lugar,* el Juez contencioso-administrativo puede declarar la nulidad de los actos administrativos por inconstitucionalidad o ilegalidad, en general, por contrariedad al derecho. Ello está establecido no sólo en los artículos 259 y 266 de la Constitución, sino también en la Ley Orgánica del Tribunal Supremo de Justicia cuya normativa es la que regula legalmente, por ahora, esta jurisdicción. Conforme a estas normas, como se ha visto, el Tribunal Supremo de Justicia y los Tribunales con competencia en lo contencioso-administrativo, tienen atribución para declarar "la nulidad de actos administrativos, generales o individuales, contrarios a derecho, incluso por desviación de poder"; es decir, conforme al artículo 5, párrafo 1° de la ley Orgánica del Tribunal Supremo:

> 30. Declarar la nulidad total o parcial de los reglamentos y demás actos administrativos generales o individuales del Poder Ejecutivo Nacional, *por razones de inconstitucionalidad o ilegalidad*;
>
> 31. Declarar la nulidad, cuando sea procedente *por razones de inconstitucionalidad o de ilegalidad*, de los actos administrativos generales o individuales de los órganos que ejerzan el Poder Público de rango Nacional.

Pero además de declarar la nulidad de los actos administrativos al declarar procedente el recurso en la sentencia definitiva, el Juez contencioso-administrativo puede declarar inadmisible el recurso cuando no se cumplen las condiciones de recurribilidad o requisitos procesales del mismo, lo cual si bien debe decidirse en el auto de admisión, puede serlo posteriormente, en la decisión definitiva[95].

Pero además, de acuerdo al artículo 21, párrafo 18° de la Ley Orgánica, con la pretensión de anulación también puede formularse una pretensión de condena derivada precisamente de esa anulación, y así la sentencia, además de anular el acto puede resolver condenar a la Administración al pago de sumas de dinero, y a la reparación de daños y perjuicios originados en responsabilidad administrativa, así como disponer lo necesario para el restablecimiento de las situaciones jurídicas subjetivas lesionadas por la actividad administrativa. En este campo, la pretensión de anulación, por tanto, también puede estar acompañada de una pretensión de condena e, incluso de una pretensión de amparo de los derechos fundamentales.

Aparte de estas cuestiones de anulación y condena o de inadmisibilidad que se pueden suscitar ante la jurisdicción contencioso-administrativa, en *segundo lugar*, están todas las otras cuestiones en las cuales no se plantea la nulidad de actos administrativos. En efecto, la Constitución en su artículo 259, también atribuye competencia a los tribunales contencioso-administrativos para restablecer las situaciones jurídicas subjetivas lesionadas por la actividad administrativa. Ello da origen a competencias en las cuales los tribunales contenciosos-administrativos no entran a declarar o no la nulidad de un acto administrativo por motivos de ilegalidad, sino que, tienen una competencia amplia, para conocer y decidir con plenitud, dentro de los límites de su competencia, de todas las demandas que se intenten contra los entes públicos estatales nacionales y empresas na-

95. Artículo 21, párrafo 17°, LOTSJ.

cionales del Estado. La Constitución, en ese sentido, señala algunos supuestos de esta competencia cuando insiste en su artículo 259 sobre "la condena al pago de sumas de dinero, la reparación de daños y perjuicios, originados por la responsabilidad de la Administración; o el restablecimiento de situaciones jurídicas subjetivas lesionadas por la actividad administrativa". De acuerdo a esta norma, es indudable que estamos ante una competencia plena, lo suficientemente amplia como para admitir cualquier tipo de pedimento frente a la Administración de parte de un particular lesionado, por supuesto en un derecho subjetivo.

La competencia general en esta materia está establecida en el artículo 5, párrafo 1° de la Ley Orgánica que atribuye a la Sala Político Administrativa del Tribunal Supremo, competencia para:

> 24. Conocer de las demandas que se propongan contra la República, los Estados, los Municipios, o algún Instituto Autónomo, ente público o empresa, en la cual la República ejerza un control decisivo y permanente, en cuanto a su dirección o administración se refiere, si su cuantía excede de setenta mil una unidades tributarias (70.001 U.T.);
>
> 27. Conocer de las reclamaciones contra las vías de hecho imputadas a los órganos del Ejecutivo Nacional y demás altas autoridades de rango nacional que ejerzan el Poder Público.

En esta forma, de acuerdo a la Ley Orgánica del Tribunal Supremo en estos casos de demandas contra los entes públicos, la decisión del juez puede ser cualquier decisión jurídicamente útil que se solicite, en la cual no esté envuelta la nulidad de un acto administrativo. En tal sentido, el artículo 21, párrafo 18 de dicha Ley Orgánica dispone que en su fallo definitivo el Tribunal Supremo de Justicia, de acuerdo con los términos de la solicitud, podrá condenar el pago de sumas de dinero y a la reparación de daños y perjuicios originados en responsabilidad de la administración, así como disponer lo necesario para el restablecimiento de las situaciones jurídicas subjetivas lesionadas por la actividad administrativa. Agrega la norma, sin embargo, que cuando la acción hubiese sido temeraria o evidentemente infundada, el Tribunal podrá imponer al solicitante multa 50 U.T. y 100 U.T.

En *tercer lugar*, y conforme a la previsión que se estableció en la Ley Orgánica de 1976, como un aspecto específico del contencioso de las demandas, se destaca el *contencioso de los contratos administrativos*, al atribuirse a la Sala Político Administrativa competencia para conocer de las "cuestiones de cualquier naturaleza que se susciten con motivo de la interpretación, cumplimiento, caducidad, nulidad, validez o resolución de los contratos administrativos en los cuales sea parte la República, los Estados o los Municipios, si su cuantía excede de setenta mil una unidades tributarias (70.001 U.T.)" (Art. 5,25). Se trata, sin embargo, de un contencioso limitado, sólo al conocimiento de los contratos suscritos por los entes públicos territoriales y no por los otros entes públicos como los institutos autónomos o las empresas del Estado.

En *cuarto lugar*, y como una innovación de la Constitución de 1999, un cuarto tipo de competencia que puede ser ejercida por la jurisdicción contencioso administrativa, se refiere a los reclamos por la prestación de los servicios públicos. Se abre así en campo del *contencioso de los servicios públicos*, que sin embargo, la Ley Orgánica no reguló. En esta materia, sólo se reguló en el artículo 5, ordinal 37, la competencia de la Sala Político Administrativa del tribunal Supremo para "conocer y decidir, en segunda instancia, las apelaciones y demás acciones o recursos contra las sentencias, dictadas por los Tribunales Contencioso Administrativos, cuando su conocimiento no estuviere atribuido a otro tribunal, que decidan sobre las acciones de reclamos por la prestación de servicios públicos nacionales".

En *quinto lugar*, además de los poderes de anulación y de condena, y del contencioso de los contratos administrativos y de los servicios públicos, un quinto tipo de competencia puede ser ejercida por la jurisdicción contencioso-administrativa, relativa a la *interpretación*. En relación a esta última, debe señalarse que antes de 1976 no era usual hablar en Venezuela de que existiera una competencia de interpretación en el ámbito de la jurisdicción contencioso-administrativa.[96] Posteriormente en la Ley de Carrera Administrativa de 1970 se consagró un recurso de interpretación ante el Tribunal de la Carrera Administrativa, en relación a las dudas que surgieran en cuanto a la aplicación e interpretación de dicha Ley y sus Reglamentos, aclarándose que el ejercicio de dicho recurso no podía ser motivo para la paralización de ninguna medida que las autoridades competentes puedan ordenar[97]. Mediante esta norma legal se puede decir que por primera vez en Venezuela se consagró expresamente la competencia de interpretación atribuida a la jurisdicción contencioso-administrativa aún cuando en este caso, limitada al contencioso-funcionarial.

Posteriormente, en la derogada Ley Orgánica de la Corte Suprema de Justicia de 1976 se estableció en forma general, la competencia del Supremo Tribunal para "conocer del recurso de interpretación y resolver las consultas que se le formulen acerca del alcance e inteligencia de los textos legales", pero "en los casos previstos en la Ley" (Art. 42, 24), con lo cual quedaba por ser regulada dicha competencia. Con base en ello, en todo caso, la antigua Corte Suprema de Justicia se reservó conocer, incluso, del recurso de interpretación previsto en la derogada Ley de Carrera Administrativa.

En la Ley Orgánica del Tribunal Supremo de Justicia de 2004, el contencioso de interpretación quedó establecido en el ordinal 55 del artículo 5 de la Ley Orgánica del Tribunal Supremo, pero como una competencia general de todas las Salas, correspondiendo a la Sala con competencia afín con la materia debatida, en la siguiente forma: "Conocer del recurso de interpretación y resolver las consultas que se le formulen acerca del alcance e inteligencia de los textos legales, en los casos previstos en la ley, siempre que dicho conocimiento no signifique una sustitución del mecanismo, medio o recurso previsto en la ley para dirimir la situación si la hubiere".

En *sexto lugar*, otra competencia general de la jurisdicción contencioso-administrativa que deriva del artículo 5, párrafo 1°, ordinal 26 de la Ley Orgánica del Tribunal Supremo de Justicia (establecida desde la derogada Ley de 1976), es la atribuida a la Sala Político Administrativa para "Conocer de la abstención o negativa del Presidente de la República, del Vicepresidente Ejecutivo de la República y de los Ministros del Ejecutivo Nacional, así como de las máximas autoridades de los demás organismos de rango constitucional con autonomía funcional, financiera y administrativa y del Alcalde del Distrito Capital, a cumplir específicos y concretos actos a que estén obligados por las Leyes"[98]. Se trata del *contencioso-administrativo contra la carencia administrativa.*

---

96. Allan R. Brewer-Carías y Enrique Pérez Olivares. "El Recurso Contencioso-Administrativo de Interpretación en el Sistema Jurídico Venezolano", en *Revista de la Facultad de Derecho*. Universidad Central de Venezuela, N° 32, Caracas, 1965, pp. 103-126.

97. Artículo 64 de la derogada Ley de Carrera Administrativa de 1970.

98. Esta competencia estaba regulada en los Artículos 42,23, y 182,1 de la derogada LOCSJ. *V.*, Allan R. Brewer-Carías, "La abstención, silencio y negativa de la Administración y su control" en *El Derecho Venezolano en 1982*, Ponencias al Congreso Internacional de Derecho Comparado, UCV, Caracas, 1982, pp. 603 y ss.

Por último, en *séptimo lugar*, se debe mencionar la competencia atribuida a la Sala Político Administrativa en el artículo 266,4 de la Constitución, para dirimir las controversias administrativas que se susciten entre la República, algún Estado, Municipio u otro ente público, cuando la otra parte sea alguna de esas mismas entidades, a menos que se trate de controversias entre Municipios de un mismo Estado, caso en el cual la ley puede atribuir su conocimiento a otro tribunal. Esta competencia da origen al contencioso de la solución de controversias administrativas.

3. Las exclusiones de la competencia

Ahora bien, determinado el ámbito de la competencia de los órganos de la jurisdicción contencioso-administrativa, debemos entonces precisar que lógicamente quedan excluidas de la jurisdicción contencioso-administrativa las actividades de entes jurídicos extraños al Estado venezolano así como el control de constitucionalidad y legalidad de otros actos del Estado venezolano que no sean actos administrativos.

A. Exclusión de las actividades de otros entes jurídicos extraños al Estado venezolano

En *primer lugar*, como hemos dicho, quedan excluidos de la jurisdicción contencioso-administrativa los litigios entre particulares, excepto cuando se trate de litigios por acciones contra actos de autoridad o de reclamaciones por la prestación de servicios públicos en los que esté involucrado un particular-usuario y una empresa concesionaria del servicio. Es imposible, por tanto, recurrir ante la jurisdicción contencioso-administrativa cuando no se pone en causa la actividad del Estado venezolano, y concretamente la actividad de la Administración. Por lo mismo, también quedan excluidos de las competencias de la jurisdicción contencioso-administrativa los litigios entre un particular y un Estado extranjero o cualquier organismo internacional no sometido a la soberanía del Estado venezolano.

Por tanto, para que la competencia de la jurisdicción contencioso-administrativa funcione, es necesario en primer lugar, que se trate de una actividad del Estado venezolano o cumplida por personas de derecho público en ejercicio de una prerrogativa pública, o por concesionarios de servicios públicos.

De lo anterior resulta, que en materia de control de legalidad o constitucionalidad, los actos administrativos sometidos a control ante la jurisdicción contencioso-administrativa, no necesariamente son siempre dictados por órganos de las personas de derecho público territoriales o no territoriales, sino que pueden emanar de entidades orgánica y formalmente de derecho privado, incluso constituidas por particulares, pero que en virtud de Ley ejerzan prerrogativas del Poder Público y autoridad, de manera tal que al lesionar el derecho o interés legítimo de un individuo, puedan considerarse actos administrativos a los efectos del control contencioso-administrativo. En este sentido, la jurisprudencia de la Corte Primera de lo Contencioso-Administrativo amplió progresivamente el ámbito de la jurisdicción contencioso-administrativa[99], considerando como

99. *V.*, en general H. Rondón de Sansó, "Ampliación del ámbito contencioso-administrativo", *Revista de Derecho Público*, N° 22, Editorial Jurídica Venezolana, Caracas, 1985, pp. 33-49.

actos recurribles, por ejemplo, actos emanados de asociaciones privadas reguladas por ley, cuando ejercen potestades públicas en virtud de "delegación" o descentralización[100], como las Universidades privadas en relación con el régimen de los alumnos, particularmente el sancionatorio.

B. Exclusión del control sobre los actos legislativos de rango legal, las sentencias y los actos de gobierno

Pero no basta para que la jurisdicción contencioso-administrativa sea competente, que se le someta un litigio concerniente a una actividad del Estado venezolano. Hemos señalado que la jurisdicción contencioso-administrativa en su competencia de anulación es sólo competente para conocer de los litigios en que la Administración sea parte, originados por sus actos administrativos y por la actividad administrativa. Por tanto, sólo pueden ser sometidos a control de legalidad por la jurisdicción contencioso-administrativa los actos administrativos.

Así, quedan excluidos de la competencia de la jurisdicción contencioso-administrativa todos los litigios concernientes a otras actividades del Estado que no sean "actividad administrativa", es decir, que no resulten en actos administrativos.

En efecto, en *primer lugar*, la jurisdicción contencioso-administrativa es incompetente para conocer de litigios concernientes a la actividad de la Asamblea Nacional de rango legal o realizada en ejecución directa e inmediata de la Constitución, y para conocer de acciones de nulidad de las leyes y demás actos parlamentarios sin forma de ley. Sin embargo, por supuesto, el principio de legalidad que domina toda la actividad del Estado venezolano exige la existencia de un control jurisdiccional para la actividad de los cuerpos legislativos ejercida en función legislativa o de gobierno, y ese es el control de constitucionalidad, pues esas actividades son ejercidas en ejecución directa e inmediata de la Constitución. Entonces, el control que puede ejercerse sobre dichos actos es el que corresponde a la Jurisdicción constitucional que ejerce la Sala Constitucional del Tribunal Supremo de Justicia, por medio de la acción de inconstitucionalidad. Por tanto, el control de la constitucionalidad de las leyes y demás actos de rango legal o de ejecución directa e inmediata de la Constitución de la Asamblea Nacional, si bien es ejercido por el Tribunal Supremo, lo es por su Sala Constitucional como jurisdicción constitucional y no como jurisdicción contencioso-administrativa.

Sin embargo, y ello es evidente, no toda la actividad que desarrollan la Asamblea Nacional y demás cuerpos legislativos (estadales y Municipales) tiene rango legal, pues además, desarrollan actividad administrativa de rango sublegal. En la actividad de los cuerpos legislativos, por tanto, hay que distinguir la actividad ejercida en función legislativa y de gobierno de aquella ejercida en función administrativa.

---

100. Por ejemplo, Asociación de Autores y Compositores, regulada en la Ley de Derecho de Autor (Sentencia de la Corte Primera de la Contencioso-Administrativa, 54-03-84); y Federaciones y Asociaciones Deportivas (Sentencia de la Corte Primera de 14-05-84). *V.*, las referencias en H. Rondón de Sansó, "Ampliación del ámbito contencioso-administrativo", *Revista de Derecho Público*, N° 22, Editorial Jurídica Venezolana, Caracas, 1985, pp. 38-40.

Las primeras tienen su control propio en la Jurisdicción Constitucional; y la segunda, la actividad administrativa –de carácter sub legal– ejercida por los cuerpos legislativos está sometida al control de la jurisdicción contencioso-administrativa.

Por ejemplo, la Constitución, en su artículo 187, ordinal 21, señala que es atribución de la Asamblea Nacional organizar su servicio de seguridad interna; en cuyo ejercicio la Asamblea actúa en función administrativa. Por tanto, los actos dictados en relación con dicha atribución son actos administrativos susceptibles de ser recurridos por ilegalidad mediante el recurso contencioso-administrativo de anulación. En este mismo sentido, la responsabilidad que pueda resultar para el Estado por el mal funcionamiento de esos servicios de policía de la Asamblea o por el daño que causen en sus funciones, es una responsabilidad administrativa y, por tanto, susceptible de ser controlada por la jurisdicción contencioso- administrativa.

En *segundo lugar*, por los mismos razonamientos antes expuestos, la actividad de los órganos judiciales cuando es ejercida en función jurisdiccional, y los actos judiciales que de ella resulten (sentencias), no son susceptibles de ser recurridos por ningún motivo ante los órganos de la jurisdicción contencioso-administrativa. Esta jurisdicción sólo puede conocer de los litigios que tienen su origen en la actividad administrativa y de la nulidad de actos administrativos, y nunca de la nulidad de actos jurisdiccionales de los tribunales o de sentencias. Por ello, la antigua Corte Suprema, sistemáticamente, siempre se declaró incompetente para conocer de las acciones que se habían intentado contra sentencias[101]. Sin embargo, es necesario distinguir también en este caso, la actividad jurisdiccional de los órganos del Poder Judicial, de la actividad administrativa que esos mismos órganos puedan realizar en ejercicio de la función administrativa o de la función legislativa.

A tal efecto, cuando los órganos judiciales por ejemplo, dictan actos de nombramiento de determinados funcionarios, o imponen sanciones a los abogados litigantes, esos son actos administrativos y no judiciales y, por tanto, son susceptibles de ser recurridos por ilegalidad ante los órganos de la jurisdicción contencioso-administrativa. En el mismo caso se encuentran los actos reglamentarios que en ejercicio de la función normativa, determinados órganos judiciales tienen facultad para dictar[102].

Por *último*, los actos de gobierno, como actos del Poder Ejecutivo dictados en ejecución directa e inmediata de la Constitución y, por tanto, sometidos directamente a ella y con el mismo rango jurídico que la Ley, tampoco están sometidos al control de conformidad con el derecho por los órganos de la jurisdicción contencioso-administrativa, sino por la Jurisdicción Constitucional. Por supuesto, esta noción de acto de gobierno es totalmente distinta a la desarrollada en Francia[103], ya que en Venezuela, los actos de

---

101. *V.*, fundamentalmente la sentencia de la antigua Corte Federal de 26-01-60, Gaceta Forense (G.F.) N° 27, 1960, pp. 40-41. *V.*, también Corte Federal, 15-10-59, G.F. N° 26, 1959 p. 26.

102. Tal es el caso de la atribución que la Disposición Única Derogativa, Transitoria y Final de la Ley Orgánica del Tribunal Supremo de Justicia asigna a la Sala Plena para dictar un Reglamento Especial que regule el funcionamiento y la competencia de los tribunales respectivos de la jurisdicción contencioso administrativa.

103. *V.*, al respecto, Mignón, "Une emprise nouvelle du principe de legalité: "*Les actes de gouvernements*", *Dalloz Crónicas*, 1951, p. 51; Chapus, "L'acte de gouvernement, monstre ou victeme", *Crónicas Dalloz*, 1953, p. 2; P. Duez, *Les actes de gouvernement*, Sirey, París, 1953; Cirally, "L'introuvable acte de gouvernement", *Revueau Droit Public*, 1952, p. 317; Chapus, "Acte de Gouvernement", *Repertoire de Droit Public et Administratif*, Dalloz; Apelt, "L'acte de gouvernement dans la jurisprudence et la doctrine en France et en Alemagne", *Libre Jubilaire du Conseil d'Etat*, Sirey, París. *V.*, Allan R. Brewer-Carías, "Comentarios sobre la doctrina del acto de gobierno, del

gobierno no pueden considerarse como actos administrativos, ya que no tienen carácter sub-legal, sino que son dictados en ejecución directa e inmediata de la Constitución, estando sometidos al control jurisdiccional de la constitucionalidad por la Sala Constitucional del Tribunal Supremo.

En efecto, los actos de gobierno, no son, en nuestro sistema constitucional, actos administrativos, de los cuales se distinguen con base en la norma a la cual deben directamente conformarse: el acto de gobierno debe estar conforme a la Constitución pues es dictado en ejecución directa de ésta, no pudiendo existir una norma de rango legal que se interponga entre la Constitución y el acto; los actos administrativos, en cambio, deben estar conformes a la legalidad (legalidad e inconstitucionalidad), pues son ejecución directa de la ley e indirecta de la Constitución. Por ello los actos administrativos están sometidos al principio de la legalidad administrativa; y los actos de gobierno, en cambio, al sólo principio de constitucionalidad, no porque sean una excepción al control, sino porque tienen el mismo rango estructural que la ley con relación a la Constitución. Por ello, los actos de gobierno sólo están sometidos al control concentrado de constitucionalidad por la Sala Constitucional[104]. Por ello, el artículo 336, ordinales 3 y 4 de la Constitución señala que es de la competencia de la Sala Constitucional como Jurisdicción Constitucional, declarar la nulidad total o parcial de los actos con rango de ley dictados por el Ejecutivo Nacional que colidan con la Constitución; así como de los actos en ejecución directa e inmediata de esta Constitución, dictados por cualquier otro órgano estatal en ejercicio del Poder Público, cuando colidan con ella.

4. Los problemas jurisdiccionales de la competencia

La delimitación de la competencia contencioso-administrativa presenta, como en cualquier jurisdicción ordinaria o especial, una serie de problemas procesales. Entre ellos se destacan en materia contencioso-administrativa los problemas de la acumulación de acciones, la cuestión prejudicial y los conflictos de competencia.

Veamos separadamente estos supuestos.

En cuanto a la acumulación de acciones, el artículo 5, párrafo 1°, 50 de la Ley Orgánica del Tribunal Supremo de Justicia dispone que corresponde a sus Salas con competencia afín a la materia debatida, "conocer de los juicios en que se ventilen varias acciones conexas, siempre que al tribunal esté atribuido el conocimiento de alguna de ellas". Las razones de esta acumulación de acciones son, en general, las mismas que rigen en el procedimiento ordinario. La competencia de la Corte es, en este caso, una competencia por conexión o por continencia de la causa, y se admite por el interés que existe de evitar el riesgo de que se dicten sentencias contrarias o contradictorias en asuntos que tengan entre sí una conexión.

En todo caso debe tenerse presente el artículo 78 del Código de Procedimiento Civil, que dispone que "no podrán acumularse en el mismo libelo pretensiones que se excluyan mutuamente, o que sean contrarias entre sí ni las que por razón de la materia no

---

acto político, del acto de Estado o de las cuestiones políticas como motivo de inmunidad jurisdiccional de los Estados en sus Tribunales Nacionales", *Revista de Derecho Público*, N° 26, Caracas, 1968, pp. 65-68.

104. Artículo 5, párrafos 8° y 9° LOTSJ.

correspondan al conocimiento del mismo Tribunal; ni aquellas cuyos procedimientos sean incompatibles entre sí. Sin embargo, podrán acumularse en un mismo libelo dos o más pretensiones incompatibles para que sean resueltas una como subsidiaria de la otra siempre que sus respectivos procedimientos no sean incompatibles entre sí".

De acuerdo a estas normas resulta, ante todo, que sólo podrán acumularse acciones cuyo conocimiento corresponda a la jurisdicción contencioso-administrativa, pero siempre que las acciones no se excluyan mutuamente o cuyos procedimientos sean incompatibles. Por ello, es causal de inadmisibilidad de las demandas o recursos ante la jurisdicción contencioso-administrativa "cuando se acumulen acciones que se excluyan mutuamente o cuyos procedimientos sean incompatibles" (Art. 19, párrafo 6°. LOTSJ).

Por supuesto, esta causal no se aplica en los casos de acciones de nulidad contra actos administrativos a las cuales se acumulen pretensiones de condena conforme al artículo 21, párrafo 18° de la Ley Orgánica del Tribunal Supremo, ni pretensiones de amparo conforme al artículo 5 de la ley Orgánica de Amparo.

En cuanto a la cuestión prejudicial, ésta se presenta en el derecho procesal cuando un juez, para decidir un litigio para el cual es incontestablemente competente, debe tratar una cuestión que no es normalmente de su competencia. Entonces, una cuestión es llamada prejudicial cuando su solución, que debe preceder al examen del fondo del asunto, debe ser resuelta por otra jurisdicción distinta de la que tiene competencia para la acción principal.

El problema de la cuestión prejudicial se plantea ante la jurisdicción contencioso-administrativa, en la misma forma que se plantea en la jurisdicción ordinaria. Por tanto, es perfectamente promovible la cuestión previa por existencia de una cuestión prejudicial que debe resolverse en un proceso distinto, contemplada en el artículo 346, ordinal 8° del Código de Procedimiento Civil. Entonces, al juez de lo contencioso-administrativo puede presentársele una cuestión prejudicial en el curso de un proceso del cual él es competente para conocer. Sin embargo, es necesario señalar que esta cuestión prejudicial debe ser realmente tal: es necesario, ante todo, que haya verdaderamente una cuestión, es decir, una dificultad real que haga surgir duda respecto al conflicto. En segundo lugar, es necesario que la respuesta a esta cuestión sea necesaria para la decisión del fondo del asunto. Una vez que el juez se encuentra ante esta situación debe retardar su decisión hasta que la decisión de la cuestión no se produzca por el juez competente. Por ejemplo, el Juez contencioso-administrativo no podría resolver sobre la solicitud de nulidad de un acto administrativo que debe ser introducida por un propietario de un bien, por ser él sólo el titular de un interés legítimo o de un derecho subjetivo, cuando está cuestionado ante los Tribunales ordinarios la cualidad del solicitante de propietario del bien.

El mismo problema de la cuestión prejudicial puede plantearse ante la jurisdicción ordinaria, respecto a una cuestión de la competencia de la jurisdicción contencioso-administrativa. En este caso también debe reunir las dos condiciones antes señaladas. De lo contrario, la cuestión previa sería declarada sin lugar[105].

---

105. *V.*, por ejemplo la sentencia de 23-06-54, del Juzgado de Primera Instancia en la Civil del Distrito Federal y del Estado Miranda, en Jurisprudencia de los Tribunales de la República, Ministerio de Justicia, Instituto de Codificación y Jurisprudencia, Vol. IV, *T.* I.

Por último en cuanto a los conflictos de competencia, éstos se plantean inevitablemente cuando existen órganos jurisdiccionales con competencia distinta. Por tanto, estando atribuida la competencia en materia contencioso administrativa en Venezuela al Tribunal Supremo de Justicia, y a otros Tribunales especiales, corresponde al mismo Tribunal Supremo de Justicia, conocer de los conflictos de competencia que puedan presentarse entre órganos jurisdiccionales ordinarios y los Tribunales contencioso-administrativos o la Corte misma. Ello en virtud del artículo 5,51 de la Ley Orgánica del Tribunal Supremo, que le da atribución a sus Salas para "Decidir los conflictos de competencia entre tribunales, sean ordinarios o especiales, cuando no exista otro tribunal superior y común a ellos en el orden jerárquico, remitiéndolo a la Sala que sea afín con la materia y naturaleza del asunto debatido", pues no hay ley alguna vigente que indique quién debe resolver los conflictos de competencia en los cuales intervenga un órgano de la jurisdicción administrativa. Esta misma atribución está consagrada en la Constitución artículo 266, ordinal 7°, cuando faculta a las Salas del Tribunal Supremo para "Decidir los conflictos de competencia entre tribunales, sean ordinarios o especiales, cuando no exista otro tribunal superior o común a ellos en el orden jerárquico".

5. Los diversos tipos de acciones y recursos contencioso-administrativo

Como puede apreciarse de la expuesto anteriormente, a partir de 1961 la jurisdicción contencioso-administrativa encontró un claro y expreso fundamento constitucional en el artículo 206 del texto fundamental, cuya norma se ha reproducido en el artículo 259 de la Constitución de 1999, en el cual se la define con una amplitud considerable y, ciertamente, comparativamente más completa que la que para ese momento tenían los modelos europeos, y que había seguido la jurisprudencia.

En efecto, en ausencia de una norma tan expresa y amplia, y con base en las muy escuetas normas constitucionales de la Constitución de 1953, la antigua Corte Federal que funcionó hasta 1961 y luego, la Corte Suprema de Justicia, fueron definiendo jurisprudencialmente los contornos de la jurisdicción contencioso-administrativa que ejercía básicamente, y en única instancia correspondía al Supremo Tribunal, conforme al clásico esquema francés de la división entre un contencioso-administrativo de anulación y un contencioso-administrativo de plena jurisdicción, según el tipo de pretensiones que se formularan en la acción o el recurso.

Conforme a este esquema, el contencioso-administrativo de anulación se concebía como un proceso objetivo contra un acto administrativo, en el cual la pretensión procesal del recurrente se limitaba a la anulación del acto administrativo impugnado, y la decisión del juez sólo tenía por objeto el control de la legalidad del acto, pronunciando o no su anulación, y nada más. La legitimación activa para intentar el recurso de anulación correspondía a quien tuviera, al menos un interés personal, legítimo y directo, pudiendo intentarlo también quien tuviera un derecho subjetivo lesionado por el acto recurrido.

En cuanto al contencioso-administrativo de plena jurisdicción, se concebía como un proceso subjetivo en el cual se entablaba una verdadera litis contra una persona jurídica de derecho público estatal, y en la cual la pretensión procesal del demandante era amplia en el sentido de que podía buscar la condena del ente demandado y, además, la anulación de actos administrativos. El contencioso de plena jurisdicción era así el contencioso de las demandas contra la República y otras personas jurídicas de derecho público estatales, y se reducía básicamente al contencioso contractual y al de la responsabilidad extracontractual, pudiendo el juez, además de decidir sobre la nulidad de un acto administrativo, si esto se le solicitaba, condenar al ente público al pago de sumas de dinero y a la reparación de daños y perjuicios originados en responsabilidad de la Administración, y en general, adoptar todo pronunciamiento útil para restablecer las situaciones jurídicas subjetivas lesionadas por la actividad administrativa. Tratándose de demandas contra los entes públicos, la legitimación del demandante correspondía al titular de un derecho subjetivo cuyo restablecimiento conformaba el nódulo de su pretensión.

Bajo este esquema, que la doctrina nacional[106] y nosotros mismos expusimos hace cuarenta años[107], el interés legítimo, personal y directo para configurar la legitimación activa en el recurso de anulación se concebía sólo como una situación jurídica *procesal* para pedir la anulación de un acto administrativo, y no como una situación jurídica subjetiva de carácter sustantivo. Por tanto, el interés legítimo, personal y directo, como situación jurídica adjetiva, en principio, no era resarcible siendo sólo jurídicamente resarcible la lesión al derecho subjetivo a través de las acciones de plena jurisdicción.

Puede decirse que ese esquema del contencioso-administrativo, aun cuando no aprovechaba todas las posibilidades de protección de los particulares frente a la Administración que contenía el fundamento constitucional de la jurisdicción contencioso-administrativa (Art. 206), fue el que desarrolló la jurisprudencia nacional, particularmente hasta cuando se promulgó la Ley Orgánica de la Corte Suprema de Justicia, de 1976[108], la cual sentó nuevas bases en el derecho positivo para la ampliación del contencioso-administrativo como medio de protección de los particulares frente a las conductas de la Administración, lo cual fue advertido rápidamente por la doctrina nacional[109], y posteriormente se comenzó a derivar de la jurisprudencia.

En efecto, con base al artículo 206 de la Constitución de 1961 y al contenido de la Ley Orgánica de la Corte Suprema de Justicia de 1976 que regulaba transitoriamente el proceso contencioso-administrativo, puede decirse que el esquema tradicional del contencioso-administrativo en su clásica división de contencioso de anulación y contencioso de plena jurisdicción quedó totalmente superado[110], por lo que con base en el artículo

---

106. Eloy Lares Martínez, *Manual de Derecho Administrativo*, Caracas, 1970, pp. 570 y ss. A. Moles Caubet. "Rasgos generales de la jurisdicción contencioso-administrativa", en Instituto de Derecho Público, *El control jurisdiccional de los Poderes Públicos en Venezuela*, Caracas, 1979, pp. 67-77; Nelson Rodríguez García. *El sistema contencioso-administrativo venezolano y la jurisdicción contencioso-administrativa*, Valencia, 1982.

107. Allan R. Brewer-Carías, *Las Instituciones Fundamentales..., op. cit.*, pp. 239-440.

108. *Ley Orgánica de la Corte Suprema de Justicia*, *G.O.* N° 1.893 Extraordinario de 30-07-76.

109. Gonzalo Pérez-Luciani, "Los recursos contencioso-administrativos en la *Ley Orgánica de la Corte Suprema de Justicia*", en Instituto de Derecho Público, *El control jurisdiccional, cit.*, pp. 135-148; Gonzalo Pérez-Luciani, "El sistema contencioso-administrativo y el procedimiento administrativo", en A. Moles Caubet y otros, *Contencioso-Administrativo en Venezuela*, Caracas, 1981, pp. 60-61.

110. *Cfr.* Allan R. Brewer-Carías, "Los diversos tipos de acciones y recursos contencioso-administrativos en Venezuela", *Revista de Derecho Público*, N° 25, Editorial Jurídica Venezolana, Caracas, 1986, pp. 5-30, y en *Estado de derecho y Control Judicial, cit.*, p. 243 y ss. *V.*, en defensa del recurso de plena jurisdicción, Enrique Iribarren M., "¿Existe en Venezuela un recurso autónomo de plena jurisdicción?", *Revista de la Fundación Procuraduría General de la República*, N° 1, 1986, pp. 113-153. Por ejemplo, H. Rondón de Sansó, ha señalado que en su lugar, por ejemplo, podrían distinguirse ahora tres tipos de acciones contencioso-administrativas: acciones de impugnación de actos administrativos unilaterales o bilaterales, que conducen a la anulación de los mismos como consecuencia del control de legalidad; acciones de condena, de prestación o declarativas de condena, particularmente en materia de responsabilidad contractual y extracontractual y de restablecimiento de situaciones jurídicas subjetivas lesionadas por la actividad administrativa, que conducen a decisiones del juez de dar, hacer o no hacer

259 de la Constitución y de la Ley Orgánica del Tribunal Supremo de Justicia de 2004, así como con los desarrollos jurisprudenciales de las últimas décadas, estimamos que el contencioso-administrativo, como instrumento procesal de protección de los particulares frente a la autoridad pública, se ha ampliado aún más, pudiéndose distinguir seis tipos de procesos contencioso-administrativos: en primer lugar, el contencioso de los actos administrativos; en segundo lugar, el contencioso de las demandas contra los entes públicos; en tercer lugar, el contencioso de los servicios públicos; en cuarto lugar, el contencioso de las conductas omisivas de la Administración; en quinto lugar el contencioso de la interpretación[111]; y en sexto lugar, el contencioso de la solución de las controversias administrativas. Las acciones, recursos y pretensiones procesales varían en cada uno de esos tipos de contencioso y, por supuesto, también varían las reglas de procedimiento aplicables a los diversos procesos, incluso las relativas a la legitimación activa. Nuestro objetivo, a continuación, es establecer las características generales de esas seis categorías de procesos contencioso-administrativos.

V. EL PROCESO CONTENCIOSO DE LOS ACTOS ADMINISTRATIVOS

La característica fundamental del proceso contencioso-administrativo de los actos administrativos, es que el objeto de las acciones y recursos que lo inician, siempre es un acto administrativo, y en ellos siempre existe una pretensión de anulación de los mismos. Sin embargo, hablamos del "contencioso de los actos administrativos" y no del contencioso de anulación, pues si bien siempre debe haber una pretensión de anulación de los actos, el proceso *no se agota* en dicha anulación, y las acciones y recursos pueden contener otras pretensiones procesales de condena adicionales y anexas a la pretensión de anulación del acto administrativo, conforme se establece en el artículo 259 de la Constitución y en el artículo 21, párrafo 18° de la Ley Orgánica del Tribunal Supremo de Justicia.

En todo caso, y en virtud de que pueden formularse pretensiones de condena anexas a las pretensiones de anulación de un acto administrativo, el contencioso de los actos administrativos se concibe como un *proceso subjetivo,* a pesar de que el objeto principal del mismo es un acto administrativo. Por ello, en la nueva Ley Orgánica del Tribunal Supremo de Justicia, el contencioso de los actos administrativos se configura como un proceso conforme al esquema procesal del proceso ordinario, en el cual se entabla una *litis* entre demandante y demandado, con la necesidad de presentación de una demanda (Art. 21, párrafo 10°) y la citación (Art. 21, párrafo 12°) del demandado y la invitación a participar en el juicio al Fiscal general de la República y a todos los interesados, a los efectos de la contestación. En ausencia de disposición expresa en la Ley para que se efectúe el acto de contestación, podía interpretarse que para el órgano del ente público autor del acto de la entidad demandada, conforme al artículo 360 del Código de Procedimiento Civil, la contestación podía ocurrir dentro de los 20 días siguientes a la citación. Sin embargo, en virtud de que el artículo 21, párrafo 12° de la Ley Orgánica esta-

---

frente a la Administración; y acciones declarativas tendientes al reconocimiento o protección de un derecho subjetivo o a la interpretación de una situación jurídica o una norma; en "Medios de proceder por la vía contencioso-administrativa" en A. Moles y otros, *Contencioso-administrativo... , cit.*, pp. 110-123

111. *Cfr.* Allan R. Brewer-Carías, "Los diversos tipos de acciones..." *Loc. cit.*, pp. 6 y ss.

blece para los interesados emplazados por cartel, un lapso de comparecencia de 10 días contados a partir de la publicación del mismo o de la notificación del último de los interesados, la Sala Constitucional ha interpretado la norma concluyendo en que el acto de contestación debe ocurrir en el acto oral al cual deben ser convocadas las partes una vez transcurrido el referido lapso de 10 días. En efecto, en sentencia N° 1645 del 19 de agosto de 2004 (Caso: *Gregorio Pérez Vargas, Impugnación de la Constitución Federal del Estado Falcón*), expuso los siguientes criterios:

> Lo primero que se observa es que se varió la denominación usada por la ley derogada: "notificación" en lugar de "citación". Ese cambió tal vez obedeció al continuo reclamo doctrinal y jurisprudencial a favor de la naturaleza subjetiva de los procesos, que exige hablar de verdaderas partes y relegar la idea de procesos objetivos, en puro interés del derecho, sin nadie a quien citar para que comparezca al juicio, sino sólo notificar para que esté enterado de su existencia.
>
> Si ése fue el propósito, sin embargo poco logró el legislador: en realidad no cambió el fondo; únicamente lo hicieron los términos. Tras las nuevas citaciones no hay nada distinto a las anteriores notificaciones. Unas y otras no están establecidas dentro de un verdadero proceso subjetivo –un conflicto entre partes-, sino como mecanismos para poner en conocimiento de interesados –obvios, en el caso del autor del acto; posibles, en el caso de los particulares distintos al recurrente- la existencia de la demanda. Lo anterior parece irrefutable si se piensa que el legislador olvidó incluir un elemento esencial en toda citación: el emplazamiento para comparecer ante el Tribunal. Con la citación, en lenguaje procesal, en realidad se cumplen dos cometidos: uno, hacer del conocimiento del citado la existencia de una demanda que ha sido admitida; y dos, emplazarle para presentarse en el tribunal (emplazamiento y comparecencia).
>
> En la Ley Orgánica del Tribunal Supremo de Justicia, sin embargo, sólo hay un plazo para la comparecencia: el preceptuado para los usualmente denominados terceros interesados, es decir, aquellos que acuden al tribunal en virtud del cartel publicado en prensa. A ellos se les conceden diez días hábiles *"a partir de la publicación del cartel o de la notificación del último de los interesados"*. Se observa como la ley retoma el término "notificación" de los interesados, cuando poco antes se refiere a su citación. Ello tiene su razón: el legislador estaba consciente de que el único verdaderamente citado es el autor del acto, aparte de la Procuraduría General, como representante de la República. Ni el Fiscal General de la República ni los terceros cuya identidad es imprecisa son citados: se les invita a participar. Son notificados del proceso; si es su deseo, intervendrán; si no lo consideran necesario, no lo harán. Por supuesto, los llamados por cartel pueden demostrar un interés tal que los convierta en partes, como lo son el demandante y el demandado, y con ese carácter de partes –sobrevenidas- se comportarán en el juicio, teniendo las facultades que esa condición les da.
>
> Puede notarse, entonces, que aparte de que el legislador no regula con cuidado la institución de la citación y la notificación, incurre en el error de fijar la petición de apertura del lapso probatorio para el momento en que se practique la citación, pero no da plazos para que los citados se presenten en el tribunal. Por supuesto, no puede pensarse que la solicitud la harán el mismo día en que la citación se practica –imposible exigir tal premura, cuando no se conoce bien el caso-, pero tampoco puede dejarse indefinido el momento en que precluye la oportunidad para hacerlo. Para la Sala, pues, es obligatorio indicar cuál será ese momento, para lo cual se hacen las consideraciones siguientes:
>
> La intención del legislador parece ser que las partes, una vez que estén citadas, puedan informar al Tribunal acerca de su deseo de que la causa cuente con un lapso probatorio. *Para ello es imprescindible emplazarles para un acto al que deberán comparecer. El único plazo, según lo indicado, es el previsto para los llamados interesados: diez días hábiles. La ley indica que ese plazo se cuenta desde la publicación del cartel o de la última notificación de los interesados, lo que para la Sala no puede tener otro sentido que el de la última citación en los casos en que no se publique cartel, al no ser esa publicación obligatoria.*

Para la Sala, debe actuarse de manera similar al caso de los juicios de amparo constitucional: es decir, citar a las partes para que comparezcan ante el Tribunal. Esa comparecencia tendrá por objeto informarles acerca de la realización de un acto al que también deberán comparecer y que será la ocasión para solicitar la apertura del lapso probatorio. Esta Sala debe, al respecto, observar lo siguiente:

Una de las innovaciones más relevantes en el ámbito judicial venezolano fue la disposición constitucional -de 1999- acerca de la oralidad en los procesos. Bastante se ha destacado ese particular, por lo que no es necesario insistir en su importancia. La experiencia, de hecho, se ha encargado de confirmar la celeridad que proporciona el método oral, amén de la sensación de cercanía entre partes y jueces.

La Ley Orgánica del Tribunal Supremo de Justicia logró, pero sólo parcialmente, incorporar esa novedad. El artículo 19, párrafo 9, contiene la obligatoriedad de informes orales. Se abandonan así los informes escritos que preveía la ley derogada, la cual únicamente establecía la oralidad a instancia de parte. En el nuevo régimen la oralidad de los informes es la regla, sin admitir excepciones.

Ahora bien, cuando se lee la totalidad de la nueva ley se puede verificar que la oralidad está ausente del resto del proceso. La Sala estima que ello constituye un apartamiento de la voluntad del Constituyente, que ha querido un proceso fundamentalmente oral y no sólo de manera muy parcial. La demanda contra una ley, es cierto, amerita un escrito concienzudo que tal vez sea innecesario en casos más sencillos, pero ello no es suficiente para que en todo el procedimiento -salvo los informes- se prescinda de la oralidad. Por el contrario, el legislador debió seguir el espíritu de la letra de la Constitución y prever actos orales.

En criterio de la Sala, la Ley Orgánica del Tribunal Supremo de Justicia carece de un acto oral al inicio del procedimiento. Lo correcto es que partes e interesados comparezcan ante el Tribunal a imponerse de los términos de la controversia. Como la ley sí prevé que las partes pueden solicitar la apertura de lapso probatorio, la Sala estima prudente regular el procedimiento de forma de permitir que ello se haga de forma oral, en un acto que, además, satisfaga otros dos principios procesales: el de concentración y el de inmediación.

En todo caso, y a pesar de todas las fallas advertidas por la Sala Constitucional, con esta disposición puede decirse que se consolidó el carácter de proceso subjetivo del contencioso de los actos administrativos[112], en el cual además de ser un juicio contra un acto administrativo en relación al cual se solicita del juez declare su nulidad, en el mismo puede haber pronunciamiento de condena que se pretenden *como consecuencia de la anulación*. Por tanto, en el contencioso de los actos administrativos, contrariamente a lo que ocurría conforme a la Ley Orgánica de 1976, ahora se demanda a la persona jurídica de derecho público o estatal que dictó el acto recurrido y no sólo se impugna el acto, pudiendo además, formularse pretensiones de condena contra dichas personas de derecho público u otros entes que hayan dictado el acto. Por tanto, ahora, en el contencioso de los actos administrativos si hay propiamente un demandante y un demandado, debiendo citarse al representante del organismo o al funcionario que haya dictado el acto, e invitarse a los interesados en la impugnación del acto recurrido o en la defensa del mismo, para que se hagan parte.

112. Como lo señaló la antigua Corte Suprema, el recurso de nulidad debe considerarse como un recurso "subjetivo" pues "se protege la integridad de la norma sólo en función de la situación jurídica subjetiva igualmente alterada". *V.*, sentencia de la Corte Suprema de Justicia en Sala Político-Administrativa de 03-10-85 en *Revista de Derecho Público*, N° 24, Editorial Jurídica Venezolana, Caracas, 1985, pp. 156-162.

Por otra parte, de acuerdo con el artículo 21, párrafo 9° de la Ley Orgánica "El Fiscal General de la República y demás funcionarios a quienes las leyes les atribuyen tal facultad, podrán también solicitar la nulidad del acto, cuando éste afecte un interés general".

En el proceso, además, se pueden hacer parte todos aquellos interesados que ostenten un derecho subjetivo o un interés personal, legítimo y directo similar al que ostente el recurrente[113]. Por tanto, si se trata de la impugnación de actos administrativos de efectos generales puede hacerse parte toda persona plenamente capaz alegando un simple interés, o si se trata de la impugnación de actos administrativos de efectos particulares, debe ser el titular de al menos un interés personal, legítimo y directo[114].

Ahora bien, de acuerdo con el artículo 21, párrafo 12° de la Ley Orgánica, una vez presentada la demanda de nulidad de un acto administrativo, en el auto de admisión de dicha demanda se debe ordenar la citación del representante del organismo o del funcionario que haya dictado el acto. Asimismo, cuando fuere procedente, en esa misma oportunidad, el juez puede ordenar el emplazamiento de los interesados, por medio de carteles que se deben publicar en un diario de circulación nacional, para que se den por citados, en un lapso de diez (10) días hábiles siguientes contados a partir de la publicación del cartel o de la notificación del último de los interesados. El recurrente debe consignar un ejemplar del periódico donde fue publicado el cartel, dentro de los tres días siguientes a su publicación. El incumplimiento de esta obligación se entiende como desistimiento del recurso, en cuyo caso se debe ordenar el archivo del expediente.

La misma norma dispone que se debe "citar" (en realidad es notificar) al Fiscal General de la República, si éste no hubiere iniciado el juicio, el cual debe consignar un informe hasta el vencimiento del plazo para presentar los informes; y al Procurador General de la República en el caso de que la intervención de éste en el procedimiento fuere requerida por estar en juego los intereses patrimoniales de la República.

En todo caso, en el procedimiento del proceso contencioso de los actos administrativos, aun cuando es de carácter litigioso y subjetivo, se le reconocen al juez una serie de poderes inquisitivos incluso para solicitar informaciones y hacer evacuar pruebas de oficio[115], y además, para continuar el proceso contra un acto administrativo, a pesar del desistimiento del recurrente, cuando el acto recurrido viole normas de orden público[116].

Hemos dicho que el recurso, en el contencioso de los actos administrativos, además de pretensiones de anulación puede contener pretensiones de condena, lo cual conlleva a que el contencioso de los actos administrativos actualmente se clasifique en tres clases: el contencioso de anulación; el contencioso de anulación y condena, y el contencioso de anulación y amparo.

1. El contencioso de anulación de los actos administrativos

El proceso contencioso de anulación de los actos administrativos se puede configurar, en efecto, cuando la *pretensión única* del recurso es la anulación de un acto administra-

---

113. Así lo disponía el Artículo 137 de la Ley Orgánica de 1976. Esta norma relativa a la legitimación pasiva en el contencioso administrativa fue incomprensiblemente eliminada en la Ley Orgánica de 2004.

114. Art. 21, párrafo 9° LOTSJ.

115. Artículo 21, párrafo 14, LOTSJ.

116. Artículo 19, párrafo 18 LOTSJ.

tivo. El proceso contencioso-administrativo en este caso, ya no tiene regulaciones adjetivas diferentes según el objeto del recurso como se establecía en la Ley Orgánica de 1976. Con la Ley Orgánica de 2004, el procedimiento fue uniformizado, sea que se trate de la anulación de un acto administrativo de efectos generales, de un acto administrativo de efectos particulares o de un acto administrativo bilateral (contratos públicos), dejándose a salvo, por supuesto, aspectos específicos como la legitimación, el lapso de caducidad y otros que se analizan más adelante.

Si bien en el pasado hubo discusión en torno a los criterios de distinción entre los actos administrativos de efectos generales y los actos administrativos de efectos particulares que adoptó la Ley Orgánica de la Corte Suprema de Justicia de 1976 para regular dos procedimientos distintos[117]; con la nueva Ley, a pesar de que se sigue con la misma distinción para definir la legitimación activa para la impugnación de los actos administrativos, sin embargo, el interés adjetivo de la misma desapareció, al establecerse ahora un sólo procedimiento para la impugnación de los actos administrativos (Art. 21, párrafo 9° y ss.). En todo caso, sobre la referida distinción que recoge la Ley Orgánica, por ejemplo, para exigir simple interés en cuanto a la impugnación de actos administrativos de efectos generales, y un interés personal, legítimo y directo en cuanto a la impugnación de los actos administrativos de efectos particulares (Art. 21, párrafo 9° LOTSJ), en nuestro criterio, está referido al carácter normativo o no normativo de los actos recurridos. Así, los actos administrativos de efectos generales son los actos normativos, cuyos destinatarios son indeterminados e indeterminables; en cambio, los actos administrativos de efectos particulares, son los que no tienen carácter normativo, y cuyos destinatarios o es un sujeto de derecho (acto individual) o una pluralidad de ellos, pero determinados o determinables (acto general)[118].

En todo caso, dos cuestiones adjetivas deben precisarse en relación con la distinción entre los actos administrativos de efectos generales y los de efectos particulares, y son las relativas a la legitimación para interponer la acción y a la caducidad del recurso o acción

A. El tema de la legitimación

a. *La acción popular para la impugnación de los actos administrativos de efectos generales*

El artículo 21, párrafo 9° de la Ley Orgánica, dispone al iniciar la regulación de los juicios de nulidad contra los actos administrativos, que:

> Toda persona natural o jurídica, que sea afectada en sus derechos o intereses por una ley, reglamento, ordenanza u otro acto administrativo de efectos generales emanado de alguno de los órganos del Poder Público Nacional, Estadal o Municipal, o que tengan interés personal, legítimo y directo en impugnar un acto administrativo de efectos particulares, puede demandar la nulidad del mismo ante el Tribunal Supremo de Justicia, por razones de inconstitucionalidad o de ilegalidad.

---

117. J.G. Andueza, "El control de la constitucionalidad y el contencioso-administrativo" en A. Moles Caubet y otros, *Contencioso-Administrativo... cit.*, pp. 66 y ss.

118. Allan R. Brewer-Carías, *El Control de la Constitucionalidad de los Actos Estatales*. Caracas, 1977, pp. 7-10; y "El recurso contencioso-administrativo, contra los actos de efectos particulares" en Instituto de Derecho Público, *El control jurisdiccional... cit.*, pp. 173-174.

En este artículo de la Ley Orgánica se reguló en igual forma la legitimación necesaria para la impugnación de las leyes nacionales y estadales y de las ordenanzas municipales, que se inicia mediante la acción popular de inconstitucionalidad ante la Sala Constitucional (Jurisdicción Constitucional), así como para la impugnación de los reglamentos y demás actos administrativos de carácter normativo o de efectos generales, que también se inicia mediante la acción popular contencioso administrativa de ilegalidad e inconstitucionalidad ante la jurisdicción Contencioso administrativa. En ambos casos, se está en presencia de una acción popular, que también regulaba la Ley Orgánica de 1976 y que tiene larga tradición en Venezuela, con antecedentes desde mitad del Siglo XIX.

De acuerdo este régimen de la Ley Orgánica de 1976, para intentar tanto la acción de inconstitucionalidad de las leyes como el recurso contencioso administrativo de inconstitucionalidad e ilegalidad de reglamentos y actos administrativos de efectos generales, no se requiere condición especial alguna del recurrente, por lo que la legitimación corresponde en general, a todo habitante de la República con base en el "simple interés" en la constitucionalidad y legalidad que tenía. Esta acción popular fue definida por la jurisprudencia, como la que "corresponde a todos y cada uno de los individuos que componen un conglomerado, para impugnar la validez de un acto del Poder Público que, por tener un carácter normativo y general, obra *erga omnes,* y, por tanto, su vigencia afecta e interesa a todos por igual"[119]. En estos casos de impugnación de actos normativos, dijo la antigua Corte Suprema, éstos "pueden ser impugnados por la vía de la acción popular, ejercida libremente por cualquier ciudadano que se encuentre en el pleno goce de sus derechos, esto es, que tenga capacidad procesal" invocando simplemente "el derecho que tiene todo ciudadano a que la administración respete la legalidad"[120]. En este caso, agregaba la antigua Corte, "la acción que se da... a cualquiera del pueblo (de allí su denominación) está dirigida a la defensa de un interés público que es a la vez simple interés del accionante quien por esta sola razón no requiere estar investido de un interés jurídico diferencial o legítimo"[121].

La Ley Orgánica de 1976, sin embargo, al igual que la de 2004, exige que el recurrente contra un acto administrativo de efectos generales, sea "afectado en sus derechos e intereses" por el acto recurrido[122]; exigencia que llegó a provocar dudas en torno a la propia supervivencia de la acción popular y a su posible eliminación en el país[123]. La situación quedó dilucidado por la propia jurisprudencia de la antigua Corte Suprema de Justicia, al resolver que la exigencia de que el acto administrativo de efectos generales, para ser recurrido en vía contencioso-administrativa (al igual que la Ley mediante la

---

119. *V.*, la sentencia de la antigua Corte Federal de 14-03-60 en Gaceta Forense N° 27, 1960, pp. 127-132 y la sentencia de la Corte Suprema de Justicia en Sala Político-Administrativa de 18-02-71 en *Gaceta Oficial* N° 1.472 Extra. de 11-06-71. *V.*, en Allan R. Brewer-Carías, *Jurisprudencia... de la Corte Suprema 1940-1975 y Estudios de Derecho Administrativo, T.* V, Vol. I, Caracas, 1978, pp. 209-304.

120. *V.*, la sentencia de la Corte Suprema de Justicia en Sala Político-Administrativa de 06-02-64 en *G.O.* N° 27.373 de 21-02-64. *V.*, en Allan R. Brewer-Carías, *Jurisprudencia..., cit., T.* V, Vol. I, p. 296.

121. *V.*, la sentencia de la Corte Suprema de Justicia en Sala Político-Administrativa de 18-02-71 en *G.O.* N° 1.472 Extra, de 11-06-71, y la sentencia de la Corte Suprema de Justicia en Sala Político-Administrativa de 21-11-74, en *G.O.* N° 30.594 de 10-01-75. *V.*, en Allan R. Brewer-Carías, *Jurisprudencia..., cit., T.* V, Vol. I, pp. 304 y 314.

122. Art. 21, párrafo 9° LOTSJ.

123. Luis H. Farías Mata, "¿Eliminada la Acción Popular del Derecho Positivo Venezolano?", *Revista de Derecho Público*, N° 11. Editorial Jurídica Venezolana, Caracas, 1982, pp. 6-17.

acción de inconstitucionalidad), debía afectar los derechos e intereses del recurrente, no significa en modo alguno la eliminación de la acción popular ni el establecimiento de una especial legitimación activa para interponerla, referida a la protección o defensa de derechos subjetivos o intereses legítimos de ciudadanos en particular. Su objeto, dijo la antigua Corte Suprema, es "la defensa objetiva de la majestad de la Constitución y su supremacía", y si bien la Ley Orgánica exige que la persona que ejerza el recurso sea "afectada en sus derechos o intereses" ello se ha considerado como de "interpretación rigurosamente restrictiva'", concluyendo la Corte que cuando se ejerce el recurso de anulación contra los actos administrativos de efectos generales, "*debe presumirse,* al menos relativamente, que el acto de efectos generales recurrido *en alguna forma* afecta los derechos o intereses del recurrente en su condición de ciudadano venezolano, salvo que del contexto del recurso aparezca manifiestamente lo contrario"[124].

Sin embargo, y a pesar de esta amplitud de interpretación establecida por la antigua Corte Suprema para insistir en la popularidad de la acción, es evidente que conforme al texto claro de la Ley Orgánica podría admitirse que sin dejar de ser una acción popular, el simple interés requerido para que se abra la legitimación activa para intentarla, podría ser en alguna forma un interés "calificado", destinado a restringir razonablemente la amplitud del recurso, al exigirse que el acto de efectos generales afecte en alguna forma, los derechos o intereses del recurrente[125]. Así, por ejemplo, si bien una persona residente o domiciliada o con bienes situados en una Municipio podría en cualquier tiempo intentar la acción popular contra los reglamentos dictados por el Alcalde Municipal, pues podría presumirse que en alguna forma afectan sus derechos ó intereses, no podría decirse lo mismo respecto de los reglamentos dictados en otra Municipalidad situada en el otro extremo del país, y con la cual el recurrente no tenga ni haya tenido relación alguna. En este caso, sería manifiesta la no lesión en forma alguna de los derechos e intereses del recurrente, por lo cual no procedería la "presunción" establecida por la Corte para la admisibilidad del recurso.

En todo caso, debe señalarse que además de a las personas naturales o jurídicas afectadas en sus derechos o intereses por el acto recurrido, la Ley Orgánica otorga legitimación para intentar la acción popular, al Fiscal General de la República y demás funcionarios a quienes las leyes les atribuyen tal facultad, como el Defensor del Pueblo, cuando el acto recurrido afecte un interés general.

b. *La exigencia de un interés personal, legítimo y directo en la impugnación de los actos administrativos de efectos particulares*

Como se ha dicho, una de las innovaciones de la Ley Orgánica de 2004, fue la uniformización del procedimiento en los juicios de nulidad de los actos administrativos, eliminándose la distinción que establecía la Ley de 1976 entre dos procedimientos según el objeto impugnado: actos administrativos de efectos generales y actos administrativos de efectos particulares. Sólo han persistido las reglas particulares de la legitimación activa y pasiva, y algunas específicas como las relativas a la caducidad y a la de suspensión de efectos de los actos administrativos de efectos particulares (Art. 21, párrafo 22°).

124. *V.*, la sentencia de la Corte Suprema de Justicia en Corte Plena de 30-06-82, en *Revista de Derecho Público* N° 11, Editorial Jurídica Venezolana, Caracas, 1982, pp. 135-138.
125. Allan R. Brewer-Carías, *El Control de la Constitucionalidad... cit.*, p. 120.

En efecto, de acuerdo a lo previsto en el artículo 21, párrafo 9° de la Ley Orgánica del Tribunal Supremo de Justicia, siguiendo lo que regulaba la Ley Orgánica de 1976, la nulidad de actos administrativos de efectos particulares sólo puede ser solicitada por quienes "tengan interés personal, legítimo y directo en impugnar un acto". En esta forma, la legitimación activa para intentar la acción o recurso de nulidad de los actos administrativos de efectos particulares, corresponde al menos, al titular de un interés legítimo en que el acto sea anulado. Por supuesto, el titular de otra situación jurídica subjetiva más protegida por el ordenamiento jurídico, como es el derecho subjetivo, también tiene legitimación activa para impugnar el acto administrativo de efectos particulares que lo lesione.

Este recurso, por supuesto, procede no sólo contra los actos administrativos de efectos particulares expresos, sino también contra los actos tácitos denegatorios producto del denominado silencio administrativo negativo previsto en la Ley Orgánica de Procedimientos Administrativos[126]. Además, por supuesto, los actos administrativos impugnables no sólo son los dictados por las autoridades ejecutivas, sino los emanados de los órganos legislativos y judiciales, y de los órganos de los Poderes Ciudadano y Electoral[127], así como los emanados de entidades privadas que pueden emanarlos en virtud de ejercer en alguna forma poderes públicos[128].

Ahora bien, en todos esos casos la legitimación activa para interponer los recursos corresponde a los titulares de un interés personal, legítimo y directo, noción que había sido delineada por la jurisprudencia contencioso-administrativa antes de la entrada en vigencia de la Constitución de 1999, como la situación jurídica subjetiva que deriva de la relación jurídica que se establece entre un sujeto de derecho y la Administración Pública con ocasión de un acto administrativo, por ser dicho sujeto de derecho el destinatario del acto o por encontrase en una particular situación de hecho frente a la conducta de la Administración, que hace que el ordenamiento jurídico proteja particularmente su interés en la legalidad de la actividad administrativa[129]. En la configuración de esta noción de interés legítimo, personal y directo, es de interés destacar algunas decisiones de la antigua Corte Suprema y en particular las siguientes:

La antigua Corte Federal, en sentencia de 14 de abril de 1960, estableció lo siguiente: "Los ordenamientos jurídicos que como el nuestro, admiten el recurso contencioso de anulación de actos administrativos, exigen como requisito procesal, que el demandante ostente un interés que, en todo caso, ha de ser personal, directo y legítimo, aunque, como lo dispone el artículo 14 de nuestro Código de Procedimiento Civil, puede ser eventual o futuro, salvo el caso en que la Ley lo exija actual"... "Este interés que han de ostentar en el recurso de anulación de un acto administrativo (lo tienen) las partes, entendiéndose por tales las que han establecido una relación jurídica con la Administración

126. Art. 4, Ley Orgánica de Procedimientos Administrativos (LOPA), *G. O.* N° 2.818 Extra, de 01-07-81. *V.*, Allan R. Brewer-Carías, "El sentido del silencio administrativo negativo en la Ley Orgánica de Procedimientos Administrativos", *Revista de Derecho Público*, N° 8, Editorial Jurídica Venezolana, Caracas, 1981, pp. 27-34.

127. Allan R. Brewer-Carías, "El problema de la definición del acto administrativo" en *Libro Homenaje al Dr. Eloy Lares Martínez*, UCV, *T.* I, Caracas, 1984, pp. 25 a 78.

128. Hildegard Rondón de Sansó, "Ampliación del ámbito contencioso-administrativo", *Revista de Derecho Público*, N° 22, Editorial Jurídica Venezolana, Caracas, 1985, pp. 33-49.

129. Allan R. Brewer-Carías, "Aspectos de la legitimación activa en los recursos contencioso-administrativos contra los actos administrativos de efectos particulares", *Revista de Derecho Público*, N° 16, Editorial Jurídica Venezolana, Caracas, 1983, pp. 227-233.

Pública, o aquel a quien la decisión administrativa perjudica en su derecho o en su interés legítimo". Concluyó la antigua Corte Federal en dicha sentencia, afirmando que en el juicio contencioso de anulación, por supuesto, de los actos de efectos particulares, "sólo pueden actuar los sujetos a quienes directamente afecta el acto administrativo"[130].

En sentencia de la antigua Corte de Justicia en Sala Político-Administrativa de 6 de febrero de 1964, al precisar la legitimación activa del recurrente en los juicios contencioso-administrativos de anulación, señalaba que la legitimación "implica la aptitud de ser parte en un proceso concreto"; y tal aptitud, dijo la Corte, "viene determinada por la posición en que se encuentren las partes respecto de la pretensión procesal; por lo que sólo las personas que mantengan determinada relación con la pretensión están legitimadas en el proceso en que la misma se deduce". Agregó la Corte, que el legitimado tiene "que ser la persona concreta, con facultad de poder reclamar o imponer una decisión administrativa. En resumen, puede estimarse la legitimación como la consideración especial en que tiene la Ley, dentro de cada proceso, a las personas que se hallan en una determinada relación con el objeto del litigio'", es decir, con el acto administrativo recurrido. En otras palabras, el interesado es aquél que ostente un interés jurídicamente relevante en la anulación del acto[131].

En otra sentencia del 18 de febrero de 1971, la misma Sala Político-Administrativa de la antigua Corte Suprema aclaraba que "Esta relación determina precisamente el interés que vincula a los particulares con el proceso a través del nexo jurídico que se establece, por efecto del acto administrativo, entre la Administración y los administrados. Por consiguiente, la persona que resulte lesionada a causa de la decisión administrativa debe estar procesalmente asistida de su derecho o su interés legítimo", concluyendo que en el contencioso-administrativo de anulación de los actos de efectos particulares, "sólo pueden actuar los sujetos que resulten directamente afectados por el acto administrativo", es decir, "las que tuvieran un interés legítimo en su anulación"[132]. Como lo ha señalado la Corte Primera de lo Contencioso-Administrativo, el interés jurídico legítimo aparece "como la garantía, utilidad o provecho que puede proporcionar alguna cosa, de modo que el del demandante y del reo, consisten en el beneficio que deba reportarles la decisión de pleito, ya sea haciéndoles adquirir o evitándoles perder..."[133].

Además, la Sala Político-Administrativa de la antigua Corte Suprema de Justicia, en sentencia de 21 de diciembre de 1972, considerando la legitimación activa en estos recursos como resultado de una particular situación de hecho del administrado respecto del acto recurrido, señaló lo siguiente:

> Las circunstancias expresadas dejan constancia de que la cuestión debatida en este proceso tiene que ver directamente con la particular situación de hecho en que se encuentra la actora, como vecina de la zona donde habita y en una de cuyas áreas, cercana también a su vivienda podría levantarse una construcción en perjuicio de sus derechos y con violación, en su parecer, por parte de la Administración, de las normas de interés general que atienden al desarrollo urbanístico de la re-

---

130. *V.*, en Gaceta Forense, N° 27, pp. 127-132. *V.*, además en Allan R. Brewer-Carías, *Jurisprudencia de la Corte Suprema... T.* V, Vol. I, *cit.*, p. 293.

131. *V.*, *G.O.* N° 27.373 de 21-02-64, pp. 203-509 y 203-510. La Corte siguió en esta decisión la opinión de Jesús González Pérez, *Derecho Procesal Administrativo*, *T.* II, Madrid, 1966, p. 263.

132. *V.*, *G.O.* N° 14.72 Extra, de 11-06-71.

133. *V.*, la sentencia de la Corte Primera de lo Contencioso-Administrativo de 26-01-84 en *Revista de Derecho Público*, N° 17, Editorial Jurídica Venezolana, Caracas, 1984. p. 190.

> gión. Conforme a tales razones, la Corte estima que la decisión administrativa que se discute está relacionada con el derecho de la actora, cuyo interés legítimo, personal y directo en el planteamiento del caso puede resolver, y en consecuencia, su legitimación activa en el proceso, ha quedado plenamente demostrada[134].

Dentro de esta misma doctrina debe mencionarse, por último, el criterio de la antigua Corte Suprema de Justicia expresado en la sentencia de su Sala Político-Administrativa de 3 de octubre de 1985 en la cual se determinó que en el procedimiento contencioso-administrativo contra los actos administrativos de efectos particulares, dado que en él tiene:

> [C]arácter prioritario la defensa del interés general o colectivo, son admitidos a recurrir en vía contencioso-administrativa, de una parte, los titulares de *derechos subjetivos administrativos,* es decir, quienes derivarían su capacidad procesal de vínculos establecidos previa y especialmente por la Administración con el particular, en virtud de lo cual resulta justo que el afectado solicite la nulidad del acto ilegal lesivo y hasta la restauración de su derecho mediante dicho acto desconocido, por haberse irrumpido contra esos vínculos previos (contratos, concesión, permiso...); desconocimiento que configura la lesión de ese derecho subjetivo preexistente y de índole administrativa. Pero además, detentan esa misma capacidad procesal para actuar en juicio los *interesados legítimos* –concepto diferente en Derecho Público del anteriormente expuesto–, es decir, aquellos particulares que sin ser titulares de derechos subjetivos administrativos se encuentren en una especial situación de hecho ante la infracción del ordenamiento jurídico, la cual, por eso mismo, los hace más sensibles que el resto de los administrados al desconocimiento del interés general o colectivo por parte de la Administración al violar la Ley"[135].

Esta noción de interés personal, legítimo y directo, además, fue precisada con acuciosidad por la Corte Primera de lo Contencioso- Administrativa en su sentencia del 13-10-88 (caso *Cememosa*), en la cual la Corte declaró inadmisible un recurso de nulidad intentado por unos miembros de un Concejo Municipal contra acto de la Cámara Municipal que había acordado prorrogar un contrato de concesión de servicio público, por considerar que los mencionados concejales recurrentes no eran titulares de un interés personal, legítimo y directo en la impugnación del acto del Concejo Municipal del cual formaban parte. Aun cuando no estamos de acuerdo con el pronunciamiento de inadmisibilidad, es de interés destacar lo argumentado por la Corte a los efectos de la precisión de la noción de interés legítimo, personal y directo:

> De allí que, el *interés legítimo* debe entenderse como la existencia de una tutela legal sobre la pretensión del actor e incluso, a falta de ella, de la no existencia de una norma que impida su satisfacción, restringiéndola, limitándola o negándola. Al mismo tiempo, la noción se enlaza con la doctrina a la cual hemos aludido, por haber sido asimilada por el sistema venezolano, en el sentido de que el recurrente debe estar situado en una particular situación de hecho frente al acto administrativo en forma de que el mismo recaiga sobre su esfera, afectándola de manera determinante.
>
> La existencia de que el *interés sea personal* alude a la de que el actor haga valer en su nombre o en el de un sujeto o comunidad a los cuales representa, su pretensión. La relación del actor con la decisión impugnada es la de un sujeto afectado por ella en su propia esfera. Lo que se plantea a través del recurso es un derecho o una expectativa de derecho que es posible individualizar, que no es un anhelo vago o difuso, sino que incide sobre una esfera patrimonial o moral en forma específica.

---

134. *V., G.O.* N° 1.568 Extra. de 12-02-73.
135. *V., Revista de Derecho Público,* N° 24, Editorial Jurídica Venezolana, Caracas, 1985, pp. 156-162.

La tercera condición que el legislador establece, y que no es otra cosa que una consecuencia de las anteriores, es la existencia de un *interés directo*, esto es, la necesidad de que el efecto del acto recaiga sobre el actor. Se requiere así que el acto esté destinado al actor. Los efectos de los actos, como es bien sabido son de múltiple naturaleza: Algunos son directos, esto es, su producción es el motivo general del acto, y es a ellos a los que alude la Ley con relación a la legitimidad; otros son indirectos en el sentido de que la voluntad manifiesta en el acto no estuvo destinada fundamentalmente a producirlos sino que los mismos operan en forma oblicua, circunstancial o mediata.

Las condiciones precedentemente analizadas son acumulativas, esto es, deben estar presentes en la totalidad para que el impugnante o recurrente de un acto tenga la condición de parte activa en el proceso de impugnación. Es aquí donde el recurso contencioso-administrativo de nulidad sobre los actos particulares revela una naturaleza mixta, por cuanto si bien, a través del mismo y en el mismo, se le imputa al acto objeto del recurso su contrariedad con el orden jurídico, lo cual implicaría una naturaleza esencialmente objetiva; sin embargo, simultáneamente se exige que el impugnante sea el afectado, el que recibe los efectos inmediatos de la decisión sobre su esfera de intereses"[136].

Con posterioridad a la entrada en vigencia de la Constitución de 1999 y antes de la entrada en vigencia de la Ley Orgánica de 2004, la Sala Político Administrativa del Tribunal Supremo de Justicia y la Corte Primera de lo Contencioso Administrativa, habían venido flexibilizando las condiciones de legitimación que establecía la ley Orgánica de 1976 (y que son las mismas recogidas en la Ley de 2004), habiendo llegado a considerar que a partir de la entrada en vigor de la Constitución de 1999, había quedado tácitamente derogado el criterio legitimador exigido en la derogada Ley Orgánica de la Corte Suprema de Justicia (y contradictoriamente recogido en la Ley Orgánica de 2004), considerando que el mismo resultaba incompatible con los principios que establece la nueva Constitución, al menos en lo que respecta a la exigencia de que el interés legitimador sea personal y directo.

La Sala Político Administrativa del Tribunal Supremo, en efecto, en sentencia N° 873 de 13 de abril de 2000 (Caso: *Banco FIVENEZ vs. Junta de Emergencia Financiera*), consideró que el criterio con el cual el juez debía analizar el interés del recurrente debía ser amplio, favorable al derecho constitucional al acceso a la justicia, lo que la condujo a interpretar el concepto de interés legítimo con criterio más bien amplio y progresivo y no restrictivo. Y así, partiendo del artículo 26 de la Constitución que garantiza el derecho de toda persona de acceder a los órganos de administración de justicia para hacer valer sus derechos e intereses, incluso los colectivos o difusos, así como a la tutela efectiva de los mismos y a obtener con prontitud la decisión correspondiente; en relación con la exigencia legal de que el impugnante de los actos administrativos de efectos particulares sea titular de un interés personal legitimo y directo en impugnar el acto, lo que implica "una relación directa entre el acto que se impugna y el sujeto que lo impugna, de manera que la actividad administrativa afecte de manera particular la esfera jurídica del administrado"; señaló lo siguiente:

Se aprecia, pues, que los criterios de legitimación fijados en la Ley Orgánica de la Corte Suprema de Justicia no son coincidentes con los de la nueva Constitución: la legitimación prevista en la citada Ley es más restringida que la de la Constitución de 1999. El concepto de "interés" es obviamente más amplio que el de "interés personal, legítimo y directo". De allí que considera esta Sala que, a partir de la entrada en vigor de la Constitución de 1999, ha quedado tácitamente derogado

136. *V., Revista de Derecho Público*, N° 82, Editorial Jurídica Venezolana, Caracas, 2000, pp. 445 y ss.

el criterio legitimador exigido en la Ley Orgánica de la Corte Suprema de Justicia, pues dicho criterio resulta incompatible con los principios que establece la nueva Constitución (Disposición Derogatoria única de la Constitución de 1999), al menos en lo que respecta a la exigencia de que el interés legitimador sea personal y directo.

En efecto, el interés para recurrir que exige la nueva Constitución, obviamente, sigue siendo "legítimo", ya que el ordenamiento jurídico no puede proteger intereses ilegítimos. La legitimidad del interés es consustancial al interés como criterio de legitimación para la admisión del recurso contencioso administrativo, pues el ordenamiento jurídico no puede otorgar protección a los particulares en razón de intereses contrarios a la Constitución o a las leyes. Sin embargo, en lo que respecta a la condición de "directo", debe afirmarse que, a partir de la entrada en vigencia de la nueva Constitución no se puede exigir tal condición a los recurrentes. Así que, cuando el particular pueda obtener de la impugnación del acto administrativo una ventaja o evitar un perjuicio, aunque no exista una relación inmediata entre la situación derivada o creada por el acto administrativo y el recurrente, debe admitirse que éste es titular de un "interés indirecto", lo cual lo legitima para ejercer el recurso contencioso administrativo.

No pueden, pues, los tribunales de lo contencioso administrativo, a partir de la entrada en vigencia de la nueva Constitución, inadmitir los recursos contencioso administrativos con fundamento en que el recurrente no es titular de un "interés directo", pues la nueva Constitución no exige este requisito, razón por la cual ha de entenderse suficientemente legitimado para actuar quien ostente un "interés indirecto" en la resolución del asunto. Tal restricción es contraria frontalmente al artículo 26 de la nueva Constitución, antes transcrito; derecho que, por su carácter constitucional, vincula de forma inmediata y directa a todos los poderes públicos y, en especial, a la administración pública y al poder judicial, cuyos órganos están obligados en consecuencia a admitir en base al mismo la impugnación de actos por todas las personas que actúen en defensa de sus intereses legítimos. Es suficiente, pues, que se tenga un interés conforme con el ordenamiento jurídico, aunque dicho interés no sea personal y directo, impugnar actos de efectos particulares como actos de efectos generales. En lo que respecta a la exigencia de que el interés sea "personal", debe señalarse que la nueva Constitución permite el acceso a la justicia para la defensa de los intereses "difusos" y "colectivos". En efecto, el concepto de interés previsto en la nueva Constitución abarca los intereses estrictamente personales así como los intereses comunes de cuya satisfacción depende la de todos y cada uno de los que componen la sociedad.

Ahora bien, por último, cabe destacar que, no puede confundirse la legitimación por simple interés legítimo que exige la nueva Constitución con la denominada acción popular. En esta última, en los casos en que la ley la acuerde, al particular deberá admitírsele la interposición del recurso con independencia de que pueda ostentar un derecho o interés lesionado. El fundamento de la acción popular es la voluntad del legislador, y sólo procede en los casos en que éste la admita.[137]

Sin embargo, y a pesar de este criterio jurisprudencial, debe destacarse como un contrasentido que al sancionarse la Ley Orgánica del Tribunal Supremo de Justicia en 2004, en su texto se repitió el contenido de la norma de la derogada Ley Orgánica de 1976 (norma que había sido considerada tácitamente derogada por la Constitución por la Sala Político Administrativa del Tribunal Supremo), exigiéndose el interés personal, legítimo y directo como condición de legitimidad para interponer el recurso contencioso de anulación contra los actos administrativos de efectos particulares (Art. 21, párrafo 9°).

c. *El tema de los intereses colectivos y difusos*

137. *V.*, en *Revista de Derecho Público*, N° 82, Editorial Jurídica Venezolana, Caracas, 2002, pp. 582-583

Ahora bien, la legitimación activa en el contencioso de anulación de los actos administrativos de efectos particulares se ha venido ampliando, para proteger además del interés personal, legítimo y directo del recurrente, otras situaciones jurídicas subjetivas que corresponden a una comunidad concreta o a la colectividad en general. En esta forma, se le ha venido reconociendo legitimación para actuar a las entidades representativas de intereses colectivos legalmente establecidas y reconocidas (intereses colectivos), y a quienes en determinadas circunstancias invoquen la protección de los intereses supra-individuales que conciernen a toda la colectividad (intereses difusos). La Constitución de 1999, en tal sentido, ha garantizado expresamente el derecho de las personas de acceder a la justicia para "hacer valer sus derechos e intereses, incluso los colectivos o difusos" (Art. 26), lo que repite el artículo 18, párrafo 2° de la Ley Orgánica.

Antes de la entrada en vigencia de la Constitución, podía distinguirse los intereses colectivos de los intereses difusos. En cuanto a los intereses colectivos, éstos se concretaban en comunidades compuestas por sujetos de derecho más o menos determinables, siendo en definitiva, intereses de grupo que se perseguían en forma unificada al tener el grupo características y aspiraciones comunes[138]. Las entidades que actuaban en defensa de los intereses de grupo podrían interponer recursos de anulación contra los actos administrativos de efectos particulares que afectasen dichos intereses colectivos, como era el caso, por ejemplo, de los Sindicatos, Colegios Profesionales y las Asociaciones Cooperativas[139]. También estaban las Asociaciones de Vecinos reguladas en la Ley Orgánica de Régimen Municipal de 1989[140], en los casos en los que el acto administrativo impugnado afectase un interés de la comunidad vecinal (interés colectivo) como un todo.

En otros casos, se trataba de entidades que como las juntas conservadoras del ambiente o de consumidores y usuarios, también podrían asumir frente a determinados actos administrativos, la defensa de intereses difusos, por ejemplo, relacionados con la calidad de vida que en este caso correspondían a una pluralidad indeterminada o indeterminable de sujetos y que el ordenamiento protegía jurídicamente, en razón de su carácter social y comunitario. En este orden de ideas, por ejemplo, el Reglamento N° 1 de la Ley Orgánica de Régimen Municipal sobre participación de la comunidad[141], asignó a las asociaciones de vecinos dentro de sus actividades de interés comunitario, entre otras, "la preservación y el mejoramiento de la calidad de la vida de sus integrantes en comunidad" y "la adecuada prestación de los servicios públicos" (artículo 3, ordinales 1° y 2°). En esta forma, la asociación de vecinos como tal, sólo podía ejercer recursos contra actos administrativos que lesionasen el interés colectivo vecinal de orden urbanístico o en general "los derechos de los vecinos"; lo que no las autorizaba para actuar en procesos en los que sólo correspondía la legitimación a un vecino concreto, y no a la comunidad vecinal, en cuyo caso era aquél quien tenía que ostentar un interés personal, legítimo y directo. En tal sentido, por ejemplo, la Corte Primera de lo Contencioso Administrativo en sentencia N° 1037 de 1 de agosto de 2000 (Caso: *Asociación de Propietarios y Residentes de la Urbanización Miranda (APRUM) vs. Alcaldía del Municipio*

---

138. M. Sánchez Morón, *La participación del ciudadano en la Administración Pública*, Madrid, 1980, p. 125.

139. Allan R. Brewer-Carías "El Derecho Administrativo y la participación de los administrados en las tareas administrativas", *Revista de Derecho Público*, N° 22, Editorial Jurídica Venezolana, Caracas, 1985, pp. 14-51.

140. Art. 173, LORM. *G.O.* N° 4.409 de 15-06-89.

141. *V.*, en *G.O.* N° 34.609 de 05-12-90

Sucre del Estado Miranda) analizó el tema de la legitimación de las asociaciones de vecinos o del ente que las agremia o agrupa, para participar en los procesos contenciosos administrativos en los que se discute la nulidad de un acto que afecte a la comunidad urbana[142].

Por otra parte, la Ley de Protección al Consumidor y al Usuario[143] consagró como uno de los derechos de los consumidores "la protección de los intereses individuales o colectivos en los términos que establece esta Ley" (Art. 6,7); agregándose en el artículo 80 que la defensa de los derechos establecidos en la Ley, podrá ser ejercida tanto a título individual como colectivo. Podrá ser ejercida colectivamente cuando se encuentren involucrados intereses o derechos colectivos o difusos

> Ahora bien, con la garantía de acceso a la justicia establecida en la Constitución para los titulares de "intereses colectivos o difusos" (Art. 26), la Sala Constitución le ha dado un tratamiento uniforme a los mismos, argumentando lo siguiente:
>
> Cuando los derechos y garantías constitucionales que garantizan al conglomerado (ciudadanía) en forma general una aceptable calidad de la vida (condiciones básicas de existencia), se ven afectados, la calidad de la vida de toda la comunidad o sociedad en sus diversos aspectos se ve desmejorada, y surge en cada miembro de esa comunidad un interés en beneficio de él y de los otros componentes de la sociedad en que tal desmejora no suceda, y en que si ya ocurrió sea reparada. Se está entonces ante un *interés difuso* (que genera derechos), porque se difunde entre todos los individuos de la comunidad, aunque a veces la lesión a la calidad de la vida puede restringirse a grupos de perjudicados individualizables como sectores que sufren como entes sociales, como pueden serlo los habitantes de una misma zona, o los pertenecientes a una misma categoría, o los miembros de gremios profesionales, etc. Sin embargo, los afectados no serán individuos particularizados, sino una totalidad o grupos de personas naturales o jurídicas, ya que los bienes lesionados, no son susceptibles de apropiación exclusiva por un sujeto...
>
> Con los derechos e *intereses difusos o colectivos*, no se trata de proteger clases sociales como tales, sino a un número de individuos que pueda considerarse que representan a toda o a un segmento cuantitativamente importante de la sociedad, que ante los embates contra su calidad de vida se sienten afectados en sus derechos y garantías constitucionales destinados a mantener el bien común, y que en forma colectiva o grupal se van disminuyendo o desmejorando, por la acción u omisión de otras personas...
>
> Independientemente del concepto que rija al *derecho o interés difuso*, como parte que es de la defensa de la ciudadanía, su finalidad es satisfacer necesidades sociales o colectivas, antepuestas a las individuales. El *derecho o interés difuso*, debido a que la lesión que lo infringe es general (a la población o a extensos sectores de ella), vincula a personas que no se conocen entre sí, que individualmente pueden carecer de nexo o relaciones jurídicas entre ellas, que en principio son indeterminadas, unidas sólo por la misma situación de daño o peligro en que se encuentran como miembros de una sociedad, y por el derecho que en todos nace de que se les proteja la calidad de la vida, tutelada por la Constitución...
>
> Es la afectación o lesión común de la calidad de vida, que atañe a cualquier componente de la población o de la sociedad como tal, independientemente de las relaciones jurídicas que puedan tener con otros de esos indeterminados miembros, lo que señala el contenido del *derecho e interés difuso*.

---

142. *V.*, en *Revista de Derecho Público*, N° 83 (julio-septiembre), Editorial Jurídica Venezolana, Caracas 2000, pp. 391-399.

143. *G.O.* N° 37.930 del 4 de mayo de 2004)

Pero es esa defensa del bien común afectado, el que hace nacer en los miembros de la sociedad un interés procesal que les permite accionar, a causa de la necesidad de exigir al órgano jurisdiccional que mantenga la calidad de vida, si es que el lesionante se la niega...

Si bien es cierto que hay bienes jurídicos transpersonales o suprapersonales, en contraposición con los individuales, no es menos cierto que el *derecho o interés difuso* se refiere a un bien que atañe a todo el mundo, a personas que, en principio, no conforman un sector poblacional identificable e individualizado, sino que es un bien asumido por los ciudadanos (pluralidad de sujetos), que sin vínculo jurídico entre ellos, se ven lesionados o amenazados de lesión. Ellos se fundan en hechos genéricos, contingentes, accidentales o mutantes que afectan a un número indeterminado de personas y que emanan de sujetos que deben una prestación genérica o indeterminada. Los daños al ambiente o a los consumidores, por ejemplo, así ocurran en una determinada localidad, tienen efectos expansivos que perjudican a los habitantes de grandes sectores del país y hasta del mundo, y responden a la prestación indeterminada de protección al ambiente o de los consumidores. Esa lesión a la población, que afecta con mayor o menor grado a todo el mundo, que es captado por la sociedad conforme al grado de conciencia del grupo social, es diferente a la lesión que se localiza concretamente en un grupo, determinable como tal, aunque no cuantificado o individualizado, como serían los habitantes de una zona del país afectados por una construcción ilegal que genera problemas de servicios públicos en la zona. Estos intereses concretos, focalizados, son los *colectivos*, referidos a un sector poblacional determinado (aunque no cuantificado) e identificable, aunque individualmente, dentro del conjunto de personas existe o puede existir un vínculo jurídico que los une entre ellos. Ese es el caso de las lesiones a grupos profesionales, a grupos de vecinos, a los gremios, a los habitantes de un área determinada, etc. A estos intereses focalizados se contraponen los que afectan sin distingo a todo el mundo, o a amplias categorías o capas de la población, así la mayoría no se sienta lesionada, ya que muchas veces la cultura colectiva que es la que permite concientizar la lesión, puede fallar en reconocerla. Son los *difusos* los de mayor cobertura, donde el bien lesionado es más generalizado, ya que atañe a la población en extenso, y que al contrario de los *derechos e intereses colectivos*, surgen de una prestación de objeto indeterminado; mientras que en los *colectivos*, la prestación puede ser concreta, pero exigible por personas no individualizables.

Consumidores son todos los habitantes del país. El daño a ellos como tales, atiende a un bien *supra* individual o *supra* personal, y a una prestación indeterminada a favor de ellos, por los manipuladores de bienes y servicios. Su calidad de vida se disminuye, tomen o no conciencia de ello, ya que muchos mecanismos de comunicación masiva podrían anular o alterar la conciencia sobre la lesión. El interés de ellos, o de los afectados, por ejemplo, por los daños al ambiente, es *difuso*, e igual es el derecho que les nace para precaver o impedir el daño.

El interés de los vecinos de una urbanización, o un barrio, que se ve desmejorado en sus servicios públicos por una construcción, por ejemplo, también responde a un bien jurídico suprapersonal, pero es determinable, localizable en grupos específicos, y ese es el interés que permite la acción colectiva. Ese es el *interés colectivo*, él da lugar a los *derechos colectivos*, y puede referirse a un objeto jurídico determinado.

Lo que sí es cierto en ambos casos (*difusos y colectivos*) es que la lesión la sufre el grupo social por igual, así algunos no se consideren dañados porque consienten en ella, estando esta noción en contraposición a la lesión personal dirigida a un bien jurídico individual. Esta diferencia no impide que existan lesiones mixtas que un mismo hecho toque a un bien jurídico individual y a uno supraindividual[144].

144. Destacados nuestros. *V.*, sentencia de la Sala Constitucional N° 656 de 05-06-2001, Caso: *Defensor del Pueblo vs. Comisión Legislativa Nacional.*

Ahora bien, en estos casos, como también lo ha precisado la Sala Constitucional en sentencia N° 1048 de 17-02-2000, para hacer valer derechos e intereses difusos o colectivos, es necesario que se conjuguen los siguientes factores:

1. Que el que acciona lo haga en base no sólo a su derecho o interés individual, sino en función del derecho o interés común o de incidencia colectiva.

2. Que la razón de la demanda (o del amparo interpuesto) sea la lesión general a la calidad de vida de todos los habitantes del país o de sectores de él, ya que la situación jurídica de todos los componentes de la sociedad o de sus grupos o sectores, ha quedado lesionada al desmejorarse su calidad común de vida.

3. Que los bienes lesionados no sean susceptibles de apropiación exclusiva por un sujeto (como lo sería el accionante).

4. Que se trata de un derecho o interés indivisible que comprenda a toda la población del país o a un sector o grupo de ella.

5. Que exista un vínculo, así no sea jurídico, entre quien demanda en interés general de la sociedad o de un sector de ella (interés social común), nacido del daño o peligro en que se encuentra la colectividad (como tal). Daño o amenaza que conoce el Juez por máximas de experiencia, así como su posibilidad de acaecimiento.

6. Que exista una necesidad de satisfacer intereses sociales o colectivos, antepuestos a los individuales.

7. Que el obligado deba una prestación indeterminada, cuya exigencia es general[145].

d. *El tema de la legitimación activa de la propia Administración*

Por último, debe también mencionarse que el recurso contencioso-administrativo de anulación de los actos administrativos de efectos particulares, contrariamente a lo resuelto por la Corte Primera de la Contencioso-Administrativo[146], también podría ser interpuesto por la propia Administración Pública, particularmente respecto de los actos administrativos dictados y que sean irrevocables en virtud de haber creado ó declarado derechos a favor de particulares.

En efecto, de acuerdo a la Ley Orgánica de Procedimientos Administrativos, los actos administrativos creadores o declarativos de derechos a favor de los particulares no pueden ser revocados, por la Administración Pública[147], sancionándose el acto revocatorio en esos casos, con la nulidad absoluta[148]. Por tanto, dictado por la Administración un acto irrevocable, la única vía que tendría para pretender la cesación de efectos de dicho acto, aparte de la expropiación de los derechos e intereses derivados del acto mediando justa indemnización, es a través de la interposición de un recurso contencioso de anulación del acto en cuestión, en cuyo caso, por supuesto, la Administración tendría la legitimación activa necesaria para ello.

---

145. *V.*, sentencia de la Sala Constitucional N° 1048 de 17-02-2000 (Caso: *William O. Ojeda O. vs. Consejo Nacional Electoral*), *Revista de Derecho Público*, N° 83, Editorial Jurídica Venezolana, Caracas 2000, pp. 325-326

146 Sentencia de 13-10-88, Caso: *Cememosa*. *Revista de Derecho Público*, N° 36, Editorial Jurídica Venezolana, Caracas 1988, pp. 106 y ss.

147. Art. 19, Ord. 2° y Art. 82 LOPA. *V.*, Allan R. Brewer-Carías, "Comentarios sobre la revocación de los actos administrativos" en *Revista de Derecho Público*, N° 4, EJV, Caracas, 1980, pp. 27-30.

148. Art. 19, Ord. 2° LOPA, Allan R. Brewer-Carías, *El Derecho Administrativo y la Ley Orgánica de Procedimientos Administrativos*, Caracas, 1982, p. 186.

e. *El tema de la legitimación pasiva y la intervención de terceros*

En cuanto a la legitimación pasiva, debiendo presentarse en el proceso contencioso administrativo de los actos administrativos conforme a la nueva Ley Orgánica, una demanda de nulidad; la situación de demandado corresponde a la Administración Pública interesada, en cabeza del "del representante del organismo o del funcionario que haya dictado el acto" (Art. 21, párrafo 12°), la cual por lo demás, debe conocer de la interposición del recurso, mediante el requerimiento judicial del expediente administrativo (Art. 21, párrafo 11°). Además, la condición de demandados corresponde a los interesados que también deben ser citados mediante cartel (Art. 21, párrafo 12°).

Debe mencionarse que el artículo 137 de la derogada Ley Orgánica de 1976 establecía en forma expresa, que en los juicios contencioso- administrativos contra los actos administrativos de efectos particulares, podían hacerse parte todas las personas que reunieran las mismas condiciones exigidas para el accionante o recurrente, es decir, todos los titulares de un interés personal, legítimo y directo en defender el acto impugnado (Art. 137). Esta norma, sin embargo, no se recogió en la Ley Orgánica de 1976; lo que no impide que pueda considerarse que el mismo principio se aplica, en el sentido de que para hacerse parte como coadyuvante de la Administración defensora del acto, por ejemplo, es necesario ostentar un interés, personal y directo sea en la anulación del acto sea en su mantenimiento; o alegarse la defensa de derechos colectivos o difusos.

Por otra parte, el artículo 21, párrafo 13° de la Ley Orgánica dispone que "una vez practicada la citación, *cualquiera de las partes* podrán solicitar la apertura" del lapso de pruebas; por lo que el concepto de partes es fundamental.

Por ello, en una importante sentencia dictada por la antigua Corte Suprema de Justicia el 26-9-91 (Caso: *Rómulo Villavicencio)*, la Corte entró a precisar el tema de la intervención de terceros en el juicio de nulidad, para poder determinar cuándo tal intervención es a título de verdadera parte. Para ello, la Corte recurrió a las normas del Código de Procedimiento Civil aplicables conforme al artículo 88 de la derogada Ley Orgánica de 1976 (Art. 19, párrafo 2°, LOTSJ), y entre otros conceptos, precisó los siguientes:

En *primer lugar,* en cuanto a las partes *accionante o recurrente,* las definió como "el titular de un derecho subjetivo frente a la Administración, o de un interés legítimo lesionado por la actividad de ésta". Esta posición, precisó la Sala, se identifica con los interesados a que se refieren los artículos 22 y 23 de la LOPA. Estos *interesados* pueden ser los que inician los procedimientos administrativos o los que por ser titulares de derechos subjetivos o de intereses legítimos, aunque no los hubiesen iniciado, se apersonan en los mismos en cualquier estado en que se encuentre la tramitación (Art. 47 y 22 LOPA). Estos interesados no sólo pueden ejercer los recursos administrativos, sino la acción de nulidad, siendo partes en los procesos, con todo derecho para obrar en juicio y de gestionar en él (Arts. 136 y 150 CPC).

Conforme al principio señalado que establecía el artículo 137 de la Ley Orgánica de 1976, además, pueden hacerse parte en el proceso de anulación, las personas distintas al recurrente o a la Administración recurridas, que tuvieran el mismo interés; intervención que sería de carácter *adhesiva.* Estas personas que pueden hacerse parte, distintas al accionante, en el procedimiento de anulación, por reunir las mismas condiciones exigidas, para éste, es decir, de interesado (titular de derechos subjetivos o de intereses legítimos), no se consideran *terceros.*

En cuanto a las partes en el proceso contencioso-administrativo, la sentencia estableció lo siguiente:

> Pueden comparecer válidamente con posterioridad a la presentación de la respectiva demanda -que es cuando comienzan los juicios (artículo 339 del CPC)- y no sólo durante el lapso de comparecencia, que se da para todo el que pudiera tener interés en las resultas del proceso, sino inclusive con posterioridad, aceptando en todo caso la causa en el estado en que se encuentra al intervenir en la misma, en razón del principio de la preclusión procesal (artículos 202, 361 y 380 *ejusdem).* Por el contrario, quienes son terceros adhesivos simples, sólo pueden comparecer válidamente como coadyuvantes durante el lapso de comparecencia a que se contraen los artículos 125 y 126 de la Ley Orgánica de la Corte Suprema de Justicia..."[149]. "No obstante, por excepción, estos terceros, y por supuesto, quienes también sean parte legítima, pueden comparecer antes y darse por citados, a los efectos de suplir la inactividad del accionante o recurrente -que es una forma de coadyuvar para evitar su derrota judicial- para consignar el ejemplar del periódico donde hubiere sido publicado el cartel, a los fines de evitar la declaratoria de desistimiento tácito del recurso, según lo contempla el artículo 125 ya mencionado.

En *segundo lugar,* en cuanto al *tercero adhesivo simple,* conforme lo dijo la Sala, éste no es propiamente una parte, sino tercero coadyuvante de una de las partes. Su interés en el proceso deriva de "la eficacia refleja que puede tener la decisión a dictarse en un proceso pendiente entre otras personas, por la unión o dependencia que presentan sus derechos o intereses con la relación deducidas en aquel proceso". El *tercero adhesivo simple,* le interesa la sentencia que sólo es ley para las partes, "por las consecuencias que tiene para una de las partes, pero que pueden manifestarse a cargo de ese tercero (eficacia refleja de la cosa juzgada)". Por ello, el tercero adhesivo simple:

> Coadyuva a la pretensión de una de las partes, por el interés en que ésta venza a la otra, y por ello coopera o colabora con la parte principal, solicitando, alegando, y probando junto a ella o para ella, o hasta supliendo su inactividad, pero no podría, por ejemplo, por esa misma condición *instrumental,* oponerse a los actos procesales del coadyuvado, debiendo en todo caso, estar y pasar por ellos.

Ahora bien, concluyó la citada sentencia señalando que tanto las partes como los terceros que no sean parte, en virtud del carácter preclusivo del proceso (Arts. 202 y 364 CPC), sólo pueden oponer excepciones o defensas en contra de las demandas de nulidad, en el lapso de comparecencia de 10 días que ocurre después de admitida la demanda y de publicado el cartel de emplazamiento (Arts 21, párrafo 12° LOTSJ); "de manera que si se oponen antes o después, intempestivamente tales alegatos carecen de validez"[150].

Estos criterios de la antigua Corte Suprema de Justicia fueron precisados, en cuanto a los *intervinientes adhesivos* como terceros, en la sentencia del 10-07-91 (Caso *Tarjetas Banvenez*), en la cual la Corte señaló que la *intervención adhesiva:*

> [T]iene lugar cuando el tercero concurre sosteniendo las razones de una de las partes en litigio, de modo que no reclama un pronunciamiento del órgano jurisdiccional para sí, sino el reconocimiento del mejor derecho invocado por el coadyuvante.
>
> Así pues, el interviniente adhesivo es un tercero al proceso que interviene por tener un interés personal y actual (artículo 370, Ord. 3° CPC), en la defensa de la pretensión de una de las partes, es decir, su interés personal lo constituye la existencia de una relación de hecho o de derecho tute-

149. Equivalentes al artículo 21, párrafo 12 LOTSJ
150. Consultada en original.

lada por el ordenamiento jurídico, situación o interés que resultará afectado por el fallo que se produzca en la causa, lo que induce a intervenir en la relación procesal adoptando una posición subordinada a la parte principal que coadyuva.

Esta relación de dependencia circunscribe lo que debe ser la actuación del interviniente en el proceso, ya que su posición se debe adecuar a la asumida por la parte principal y no puede, obviamente, actuar en contradicción con la coadyuvada. De igual modo, no le es dable modificar ni ampliar la pretensión procesal original u objeto del proceso.

Sin embargo, sí puede el adherente consignar alegatos propios que estén dirigidos a apoyar la pretensión de la principal, así como presentar pruebas y objetar las de la contraparte, y en fin, participar con cualquier medio o elementos procesales en provecho de la coadyuvada[151].

B. El tema de la caducidad

La distinción entre los actos administrativos de efectos generales y los de efectos particulares, por otra parte, también tiene consecuencias en cuanto a la caducidad de los recursos. En el caso de la acción popular tanto de inconstitucionalidad de las leyes como contencioso administrativa de anulación de actos administrativos de efectos generales, precisamente por el carácter popular de la acción, la Ley Orgánica dispone "que los actos generales del Poder Público podrán intentarse en cualquier tiempo", estableciendo en este caso la imprescriptibilidad del recurso (Art. 21, párrafo 21).

En cambio, en los casos de acciones dirigidas a anular actos administrativos de efectos particulares de la Administración, la Ley Orgánica establece que "caducarán en el término de seis (6) meses, contados a partir de su publicación en el respectivo órgano oficial, o de su notificación al interesado, si fuere procedente y aquélla no se efectuare, o cuando la administración no haya decidido el correspondiente recurso administrativo en el término de noventa (90) días continuos, contados a partir de la fecha de interposición del mismo.

2. El contencioso de anulación de los actos administrativos bilaterales (contratos)

Por último, en cuanto al contencioso de anulación debe señalarse que la Ley Orgánica establece la posibilidad de que se impugnen los contratos o acuerdos que celebre la Administración, pero por personas extrañas a la relación contractual. Es un proceso distinto al "contencioso de los contratos administrativos" que se analiza más adelante, y que en este caso regula el artículo 21, párrafo 2° de la Ley Orgánica como una acción de nulidad, al precisar que:

> Toda persona natural o jurídica, o el Fiscal General de la República o el Defensor del Pueblo podrá proponer ante el Tribunal Supremo de Justicia, demanda de nulidad, por ilegalidad o inconstitucionalidad de contratos, convenios o acuerdos celebrados por los organismos públicos nacionales, estadales, municipales o del Distrito Capital, cuando afecten los intereses particulares o generales, legítimos, directos, colectivos o difusos de los ciudadanos y ciudadanas.

En estos casos, no se trata de un contencioso de las demandas contra los entes públicos que puede intentar el contratante de la Administración con motivo de la ejecución

151. *V., Revista de Derecho Público*, N° 47, Editorial Jurídica Venezolana, Caracas 1991, pp. 135-136.

de contratos administrativos (Art. 5, párrafo 1°, 25 LOTSJ), sino de acciones de nulidad intentadas contra contratos, acuerdos o convenciones celebrados por la Administración particularmente por personas extrañas a la relación contractual, que afecten los "intereses particulares o generales, legítimos, directos, colectivos o difusos de los ciudadanos". Se trata, en definitiva, por la legitimación amplia que se consagra, de la regulación de una acción popular de nulidad que se puede ejercer contra contratos o convenios suscritos por la Administración, y no particularmente contra "contratos administrativos".

La Ley Orgánica no reguló en este caso un procedimiento contencioso específico, por lo que a pesar de la ubicación al comienzo de la norma del artículo 21 de la ley, consideramos que se debería aplicar el procedimiento de los juicios de nulidad regulado en el artículo 21, párrafos 9° y siguientes de la Ley Orgánica.

3. El contencioso de anulación y condena

Hemos señalado que en el contencioso de los actos administrativos, si bien la anulación de los mismos es un elemento constante en el objeto de los recursos, éste no se agota en la sola pretensión de anulación. De acuerdo con el artículo 21, párrafo 18 de la Ley Orgánica (equivalente al 131 de la Ley Orgánica de 1976, y que había sido uno de los aspectos más importantes de la misma), además de la pretensión de anulación, ésta puede estar acompañada de las pretensiones de condena, con lo cual se puede decir que quedó rota la tradicional dicotomía del contencioso de anulación, por un lado, y del contencioso de los derechos, por el otro[152]. Por tanto, en el contencioso de los actos administrativos, además de la anulación del acto, el juez puede condenar a la Administración al pago de sumas de dinero, a la reparación de daños y perjuicios y al restablecimiento de las situaciones jurídicas subjetivas lesionadas por el acto anulado.

En efecto, el artículo 21, párrafo 18 de la Ley Orgánica del Tribunal Supremo de Justicia establece lo siguiente:

> En su fallo definitivo el Tribunal Supremo de Justicia declarará, si procede o no, la nulidad de los actos o de los artículos impugnados, y determinará, en su caso, los efectos de la decisión en el tiempo; igualmente podrá, de acuerdo con los términos de la solicitud, condenar el pago de sumas de dinero y a la reparación de daños y perjuicios originados en responsabilidad de la administración, así como disponer lo necesario para el restablecimiento de las situaciones jurídicas subjetivas lesionadas por la actividad administrativa.

Esta norma tiene una importancia destacada en la configuración del contencioso-administrativo en Venezuela, con las siguientes implicaciones:

En *primer lugar*, las pretensiones de anulación de los actos administrativos pueden acompañarse de pretensiones de condena. Por tanto, cuando éstas dependan de lesiones a situaciones jurídicas subjetivas producidas por actos administrativos, en el mismo recurso de anulación de éstos pueden acumularse las pretensiones de condena, con lo cual se sigue el procedimiento de los juicios de nulidad y no el de las demandas contra los entes públicos. Por tanto, en estos casos, sigue siendo un proceso que es básicamen-

---

152. Véanse los comentarios de A. Moles Caubet sobre lo que llamó "el contencioso mixto", en *Rasgos generales de la jurisdicción contencioso-administrativa, Loc. cit.*, pp. 76-77.

te contra un acto administrativo, pero en el cual con la reforma de 2004, puede considerarse que hay partes propiamente dichas, pudiendo formularse pretensiones de condena a la Administración como consecuencia directa de la anulación.

En *segundo lugar*, las pretensiones de condena que pueden acompañar al recurso de anulación, de acuerdo al artículo 259 de la Constitución y 21, párrafo 18° de la Ley Orgánica, pueden tener su origen básicamente en la responsabilidad de la Administración derivada del acto administrativo ilegal, buscándose la condena a la Administración al pago de sumas de dinero, a la reparación de daños y perjuicios o al restablecimiento de la situación jurídica subjetiva lesionada por la actividad administrativa. Esta variedad de pretensiones tiene efectos fundamentales en cuanto a la legitimación activa y al contenido de la decisión del juez contencioso-administrativo.

En efecto, en cuanto a la legitimación activa, el artículo 21, párrafo 18° de la Ley Orgánica ha ratificado como consecuencia, la finalización definitiva del monopolio que antes de 1976, el derecho subjetivo tenía sobre las situaciones jurídicas subjetivas, particularmente en cuanto a su resarcibilidad o indemnizabilidad. Por tanto, la tradicional idea de que el interés personal, legítimo y directo era sólo una situación jurídica *procesal* para impugnar actos administrativos, y de que la pretensión de condena sólo correspondía a los titulares de derechos subjetivos (de allí la superada distinción entre contencioso de anulación y contencioso de los derechos[153]) ha quedado superada, y del artículo 21, párrafo 18° de la Ley resulta que dentro de las situaciones jurídicas subjetivas sustantivas, además del tradicional derecho subjetivo también cabe ubicar los intereses legítimos, y éstos, al igual que aquéllos, pueden dar lugar a pretensiones de condena y a su resarcimiento.

Por tanto, la legitimación activa en el contencioso de anulación y condena no sólo corresponde al titular de un derecho subjetivo lesionado por el acto administrativo impugnado, sino también al titular de un interés personal, legítimo y directo, lo cual, por supuesto, variaría según el tipo de pretensión de condena. Por ejemplo, si se trata de una pretensión de condena derivada de responsabilidad administrativa originada por el acto administrativo impugnado, pueden distinguirse dos supuestos: si se trata de un acto administrativo que lesiona el derecho subjetivo al cocontratante de la Administración en relación con un contrato celebrado con la Administración, la legitimación activa para impugnar el acto ilegal, y pretender el pago de sumas de dinero o la reparación de daños y perjuicios, corresponde al titular del derecho subjetivo lesionado (cocontratante). En el mismo orden de ideas, por ejemplo, si se trata de un acto administrativo que lesiona el derecho subjetivo del funcionario público de carrera a la estabilidad, la legitimación activa para impugnar un acto ilegal de destitución y para pretender el pago de sumas de dinero, la reparación de daños y perjuicios por la destitución ilegal o el restablecimiento al cargo público de carrera, corresponde al titular del derecho subjetivo lesionado (funcionario público destituido).

Pero la responsabilidad de la Administración no sólo puede surgir de la lesión de derechos subjetivos (contractuales o estatutarios), sino también puede surgir de la lesión a intereses legítimos, personales y directos, cuyos titulares no sólo tienen la legitimación para impugnar los actos administrativos ilegales que los lesionen, sino también para pretender la condena a la Administración a la reparación de daños y perjuicios origina-

153. *Idem*, pp. 74-75.

dos por el acto ilegal, y al restablecimiento del interés legítimo lesionado por la autoridad administrativa. Por ejemplo, el propietario de una parcela de terreno en una zona urbana residencial, frente a un acto administrativo ilegal que cambie la zonificación de la parcela colindante, no sólo tiene la legitimación para impugnar el acto ilegal y solicitar su nulidad, sino para que se le resarzan los daños y perjuicios ocasionados por el mismo (por ejemplo, daños ambientales, eliminación del derecho a una vista o panorama, etc.) y, para que se le restablezca la situación jurídica lesionada (demolición de la construcción realizada al amparo del acto ilegal y anulado y restablecimiento de la zonificación original).

Pero no sólo la esencia de la legitimación activa se ha modificado en el contencioso-administrativo de los actos administrativos, sino que a partir de 1976, también se han modificado sustancialmente los poderes del juez en sus decisiones de anulación y condena, pues éstas pueden incluso, llegar a sustituir la actuación de la Administración.

En efecto, en el esquema tradicional del contencioso-administrativo de anulación, el juez se limitaba a anular el acto recurrido correspondiendo a la Administración la ejecución de la decisión judicial. El juez no podía ni ordenar actuaciones a la Administración ni sustituirse a la Administración y adoptar decisiones en su lugar. Sin embargo, este criterio tradicional ha sido superado por el derecho positivo, y no sólo la pretensión de anulación puede estar acompañada de pretensiones de condena al pago de sumas de dinero o la reparación de daños y perjuicios, sino que más importante, la pretensión de anulación puede estar acompañada de pretensiones de condena a la Administración al restablecimiento de la situación jurídica subjetiva (derecho subjetivo o interés legítimo) lesionada, lo que implica el poder del juez de formular órdenes o mandatos de hacer o de no hacer (prohibiciones) a la Administración. No se olvide que el artículo 259 de la Constitución habla de los poderes del juez contencioso-administrativo para "disponer lo necesario para el restablecimiento de las situaciones jurídicas subjetivas lesionadas por la actividad administrativa", con lo cual se le está confiriendo una especie de jurisdicción de equidad similar a las decisiones de *injunction* o *mandamus* del derecho angloamericano[154]. Por tanto, al "disponer lo necesario para el restablecimiento de la situación jurídica lesionada", no sólo puede el juez ordenar a la Administración adoptar determinadas decisiones, sino prohibirle actuar en una forma determinada. Y más aún, cuando sea posible con la sola decisión judicial, puede restablecer directamente la situación jurídica lesionada (y no sólo ordenarle a la Administración que la restablezca).

Debe indicarse, por último que en los casos de demandas contra los entes públicos, las mismas están sometidas a los lapsos de prescripción ordinarios del derecho civil.

4. El contencioso de anulación y amparo

El tercer, campo específico del contencioso de los actos administrativos, es el contencioso de anulación y amparo, que se desarrolla cuando la pretensión de anulación del acto administrativo está acompañada de una pretensión de restablecimiento de una garantía o derecho constitucional violado por el acto recurrido, conforme se regula expresamente en la Ley Orgánica de Amparo sobre Derechos y Garantías Constitucionales de

---

154. *V.*, H. W. R. Wade, *Administrative Law*, Oxford, 1982, pp. 515, 629.

1988[155]. En este caso, cuando la lesión al derecho o garantía constitucional la produce un acto administrativo, la vía ordinaria de amparo constitucional es el recurso contencioso-administrativo de anulación, que puede ser ejercido por el titular del derecho o garantía constitucional vulnerado (legitimación activa).

Por supuesto, este contencioso de anulación y amparo, nos lleva a considerar la problemática del amparo en Venezuela, el cual no está regulado constitucionalmente como un único y específico recurso cuyo conocimiento está atribuido a un único órgano jurisdiccional[156], sino más bien como un derecho constitucional de los individuos a ser amparados por los tribunales de la República, lo cual puede lograrse a través de diversas acciones o recursos existentes incluso, mediante una acción autónoma de amparo[157].

En efecto, de acuerdo con el artículo 27 de la Constitución:

> *Artículo* 27. Toda persona tiene derecho a ser amparada por los tribunales en el goce y ejercicio de los derechos y garantías constitucionales, aun de aquellos inherentes a la persona que no figuren expresamente en esta Constitución o en los instrumentos internacionales sobre derechos humanos.
>
> El procedimiento de la acción de amparo constitucional será oral, público, breve, gratuito y no sujeto a formalidad; y la autoridad judicial competente tendrá potestad para restablecer inmediatamente la situación jurídica infringida o la situación que más se asemeje a ella. Todo tiempo será hábil y el tribunal lo tramitará con preferencia a cualquier otro asunto...

Conforme a esta norma, por tanto, hemos sostenido que en el ordenamiento jurídico venezolano puede haber múltiples vías judiciales para amparar los derechos constitucionales frente a atentados en el goce y ejercicio de los mismos, tanto por parte de autoridades como de particulares, siempre que se prevea un procedimiento breve y sumario que permita restablecer de inmediato el derecho infringido. Incluso entre esas vías judiciales está la acción de amparo autónoma, en el sentido de que procede cuando no exista otra vía judicial que permita la protección del derecho o la que existe resulte inadecuada para la protección constitucional[158].

Por tanto, cuando un acto administrativo es el que vulnera el goce o ejercicio de un derecho o garantía constitucional, el medio judicial de amparo constitucional en principio, debe ser precisamente el proceso contencioso-administrativo de los actos administrativos que permite al juez, de acuerdo al artículo 259 de la Constitución, al igual que lo hace el artículo 27 del mismo texto fundamental, no sólo anular el acto que perturba el derecho (lo cual es el fundamento del amparo en este caso) sino restablecer la situación jurídica subjetiva infringida[159].

---

155. *V., G.O.* N° 33.891 de 22-1-88. *V.*, Allan R. Brewer-Carías y Carlos Ayala Corao, *Ley Orgánica de Amparo sobre Derechos y Garantías Constitucionales*, Editorial Jurídica Venezolana, Caracas 1988, pp. 242.

156. Por ejemplo el recurso de amparo en España, cuyo conocimiento se atribuye al Tribunal Constitucional. Art. 161, Constitución 1978.

157. *V.*, Allan R. Brewer-Carías, "El derecho de amparo y la acción de amparo", *Revista de Derecho Público*, N° 22, Editorial Jurídica Venezolana, Caracas, 1985. pp. 51-61.

158. *Idem. V.*, Allan R. Brewer-Carías, "Introducción general al Régimen del Derecho de Amparo a los Derechos y Garantías Constitucionales", Ley Orgánica de Amparo..., *cit.*, pp. 52 y ss.

159. En igual sentido, Art. 21, párrafo 18° LOTSJ.

Estos planteamientos, como se ha dicho, han sido recogidos en su mayor parte, en la Ley Orgánica de Amparo sobre Derechos y Garantías Constitucionales de 22 de enero de 1988[160], en cuyo artículo 5° se establece:

> La acción de amparo procede contra todo acto administrativo, actuaciones materiales, vías de hecho, abstenciones u omisiones que violen o amenacen violar un derecho o garantía constitucional, cuando no exista un medio procesal breve, sumario y eficaz, acorde con la protección constitucional.

Por tanto, la acción autónoma de amparo procede también contra actos administrativos o contra conductas omisivas de la Administración que violen o amenacen violar un derecho o garantía constitucionales, pero siempre que no exista "un medio procesal breve, sumario y eficaz, acorde con la protección constitucional". En consecuencia, si dicho medio existe no procede la acción de amparo; y es la propia Ley Orgánica de Amparo la que se ocupa de prever dicho "medio procesal breve, sumario y efectivo, acorde con la protección constitucional", y ese es, en principio, el recurso contencioso-administrativo de anulación, siempre que exista en la localidad un tribunal con competencia contencioso-administrativa.

En estos casos, prevé la Ley que la acción de amparo puede ejercerse contra actos administrativos de efectos particulares o contra abstenciones o negativas de la Administración, ante el Juez Contencioso-Administrativo competente, si lo hubiere en la localidad, "conjuntamente con el recurso contencioso-administrativo de anulación de actos administrativos o contra las conductas omisivas, respectivamente, que se ejerza". En estos casos agrega el artículo 5 de la Ley Orgánica de Amparo, el Juez, "en forma breve, sumaria, efectiva, si lo considera procedente para la protección constitucional suspenderá los efectos del acto recurrido como garantía de dicho derecho constitucional violado, mientras dure el juicio".

En esta forma, para que pueda ser completamente efectiva la protección y amparo de derechos constitucionales por vía del recurso contencioso-administrativo de anulación, la Ley Orgánica de Amparo ha previsto algunos correctivos en el procedimiento del mismo, por ejemplo, al ampliar la procedencia de la suspensión de efectos de los actos impugnados en forma más expedita, cuando se alegue violación de un derecho constitucional, es decir, la nulidad absoluta del acto recurrido; al eliminar el lapso de caducidad de seis (6) meses para la impugnación de los actos administrativos violatorios de derechos y garantías constitucionales que son nulos, de nulidad absoluta, conforme lo establece el artículo 25 de la Constitución; y al eximir al recurrente de la necesidad de agotamiento previo de la vía administrativa para ejercer el recurso de nulidad y amparo.

Así, y además, para garantizar que este recurso contencioso- administrativo de anulación y amparo, sea un medio procesal breve, sumario y efectivo, acorde con la protección constitucional, el parágrafo único del artículo 5° de la Ley Orgánica de Amparo, precisa que:

> Cuando se ejerza la acción de amparo contra actos administrativos conjuntamente con el recurso contencioso-administrativo que se fundamente en la violación de un derecho constitucional, el ejercicio del recurso procederá en cualquier tiempo, aún después de transcurridos los lapsos de caducidad previstos en la Ley; y no será necesario el agotamiento previo de la vía administrativa.

---

160. *V., G.O.* N° 33.891 de 22 de enero de 1988.

Por tanto, un acto administrativo violatorio de un derecho o garantía constitucional, puede ser impugnado en vía contencioso-administrativa en cualquier tiempo, siempre que se acompañe al recurso de anulación una pretensión de amparo; y contra dicho acto sólo puede ejercerse la acción de amparo aún que hayan transcurrido más de seis meses de dictado (Art. 6, Ord. 4°) si se ejerce conjuntamente con el recurso contencioso-administrativo de anulación. En estos casos, por tanto, tampoco se aplica la causal de inadmisibilidad derivada del lapso de caducidad de seis meses para impugnar los actos administrativos de efectos particulares, prevista en la Ley Orgánica del Tribunal Supremo de Justicia (Art. 21, párrafo 21°).

Así, cuando se ejerza la acción de amparo contra actos administrativos conjuntamente con el recurso contencioso-administrativo de anulación, no opera la causal de inadmisibilidad prevista en el ordinal 4° del artículo 6° de la Ley Orgánica de Amparo en casos de "consentimiento expreso" cuando hubieran transcurrido seis (6) meses después de la violación o la amenaza al derecho protegido.

Por tanto, en relación a la existencia del requisito legal del lapso de caducidad para la admisibilidad del recurso contencioso-administrativo de anulación, conforme a la Ley Orgánica de Amparo, si se trata de actos administrativos nulos de nulidad absoluta violatorios de derechos constitucionales, no puede haber caducidad del recurso contencioso-administrativo por tratarse precisamente de una vía de amparo. Por tanto, el "recurso contencioso-administrativo de anulación y amparo" se podría intentar contra el acto administrativo inconstitucional y nulo en los términos del artículo 25 de la Constitución en cualquier tiempo. Sin embargo, en otros casos, como por ejemplo, en materia de actos de trámite, que por no ser definitivos no son susceptibles de recursos contencioso-administrativos de anulación, si violan un derecho fundamental podrían ser objeto de una acción autónoma de amparo. En estos casos, por no ser definitivos, estos actos no serían recurribles en vía contencioso- administrativa, pero si son violatorios de derechos constitucionales, contra ellos procedería la acción autónoma de amparo.

En definitiva, frente a los actos administrativos, el amparo de los derechos constitucionales se puede lograr a través del recurso contencioso administrativo de anulación, que es un medio judicial de amparo, resultando inadmisible intentar contra ellos la acción autónoma de amparo, cuando exista un juez contencioso-administrativo en la localidad, por ser la vía contencioso-administrativa de anulación y amparo, conforme a la propia Ley Orgánica de Amparo, un medio procesal breve, sumario y eficaz, acorde con la protección constitucional.

Por último, el otro elemento que debe destacarse respecto del proceso contencioso-administrativo de anulación y amparo, se refiere a los poderes del juez. En este caso, de acuerdo a los artículos 259 y 25 de la Constitución y al artículo 21, párrafo 18° de la Ley Orgánica del Tribunal Supremo de Justicia, el juez contencioso-administrativo tiene "potestad para restablecer la situación jurídica infringida o en su caso, para "disponer lo necesario" para su restablecimiento. Esto significa que el juez del contencioso de anulación y amparo, una vez anulado el acto, puede directamente restablecer el derecho constitucional infringido y sustituirse a la Administración, y además, adoptar mandamientos de hacer o de no hacer en relación con la Administración, para asegurar no sólo dicho restablecimiento, sino además, impedir la sucesiva vulneración del derecho o garantía constitucional por la Administración.

Por supuesto, además, y de acuerdo a lo señalado anteriormente, en caso de proceder, y conforme a lo solicitado, el juez podría adoptar las decisiones de condena respecto de la Administración, por los daños y perjuicios que se pudieran haber causado al recurrente por el acto anulado.

VI. EL PROCESO CONTENCIOSO DE LAS DEMANDAS CONTRA LOS ENTES PÚBLICOS Y DE LAS DEMANDAS QUE ESTOS INTENTEN CONTRA PARTICULARES

Además del proceso contencioso contra los actos administrativos, que como hemos señalado, tiene la característica de ser siempre un contencioso de anulación de los actos, con la posibilidad de estar acompañadas las pretensiones de anulación, con pretensiones de condena e incluso de amparo constitucional, el sistema contencioso-administrativo venezolano admite como segunda categoría de proceso, el contencioso-administrativo de las demandas contra los entes públicos, en el cual no sólo también se establece una verdadera *litis* procesal entre demandante y demandado, que se desarrolla a través de un proceso subjetivo entre partes, sino que tiene la característica general de orden negativo, de que en el objeto de la demanda y de las pretensiones del demandante, *no hay actos administrativos envueltos.* Por tanto, la relación jurídica procesal que se origina en estas demandas contra los entes públicos, *no tiene su origen en un acto administrativo que deba recurrirse,* pues si ése fuera el caso, correspondería a lo que hemos denominado el contencioso de los actos administrativos.

En consecuencia, este proceso contencioso-administrativo de las demandas contra los entes públicos, es el propio de las acciones que se intenten contra éstos, basadas en pretensiones de condena que tienen su origen básicamente, en la responsabilidad de la Administración, de orden contractual o extracontractual, que buscan la condena al pago de sumas de dinero o de daños y perjuicios e incluso, el restablecimiento de la situación jurídica subjetiva lesionada, *y cuyo origen no está en actos administrativos.*

Por supuesto, tratándose de un contencioso de las demandas, la legitimación activa corresponde en estos casos al titular de un derecho subjetivo, quien puede accionar contra un ente público para lograr la satisfacción del mismo; y el procedimiento está regulado, siguiendo el esquema del procedimiento ordinario, en el artículo 21, párrafos 21 y siguientes de la Ley Orgánica del Tribunal Supremo, aún cuando referido a las demandas contra la República. La Ley Orgánica, en todo caso, atribuye a la Sala Político Administrativa, competencia para "conocer de las demandas que se propongan contra la República, los Estados, los Municipios, o algún Instituto Autónomo, ente público o empresa, en la cual la República ejerza un control decisivo y permanente, en cuanto a su dirección o administración se refiere, si su cuantía excede de 70.001 U.T. (Art. 5,24). Sobre esta competencia, la Sala Político Administrativa del Tribunal Supremo en sentencia N° 1209 de 2 de septiembre de 2004 (Caso: *Declinatoria de competencia. Importadora Cordi C.A. vs. C.A. Venezolana de Televisión*), ha señalado:

> El numeral 24 del artículo 5 de la Ley Orgánica del Tribunal Supremo de Justicia de la República Bolivariana de Venezuela, al ser comparado con la disposición contenida en el ordinal 15 del artículo 42 de la derogada Ley Orgánica de la Corte Suprema de Justicia, contiene dos importantes novedades: Por una parte, se incorpora como competencia de esta Sala Político-Administrativa, conocer de las demandas que se interpongan contra los Estados y los Municipios, así como contra cualquier ente público en el cual la República ejerza un control decisivo y permanente en su di-

rección o administración (competencia ésta, distinta a la que ya tenía esta Sala, conforme a la ley derogada y que se mantiene en la nueva ley, respecto de las demandas contra la República, los Institutos Autónomos y las empresas en las cuales el Estado tenga participación decisiva), y por la otra, en relación a la cuantía, cuyo conocimiento se efectúa con base a unidades tributarias y concretamente a las demandas cuya cuantía sean superiores a setenta mil una unidades tributarias (70.001 U.T.), lo que equivale actualmente a un mil setecientos veintinueve millones veinticuatro mil setecientos bolívares sin céntimos (Bs. 1.729.024.700,oo), ya que la unidad tributaria equivale para la presente fecha a la cantidad de veinticuatro mil setecientos bolívares sin céntimos (Bs. 24.700,oo), a diferencia de la que establecía la ley derogada, cuya cuantía era por una cantidad superior a cinco millones de bolívares (Bs. 5.000.000,oo).

En otras cuantías, así como en cuanto a las demandas contra entes descentralizados de Estados y Municipios, la competencia de los otros tribunales de la jurisdicción contencioso administrativa, al eliminarse de la nueva Ley las Disposiciones Transitorias de la Ley Orgánica de 1976, ha quedado sin regulación expresa, considerándose sin embargo que podían aplicarse las de la Ley derogada hasta que el Tribunal Supremo dictase la reglamentación prevista en Disposición Derogativa, Transitoria y Final, b).

Debe señalarse, en todo caso, que de acuerdo a la Ley Orgánica, el proceso contencioso de las demandas contra los entes públicos a cargo de los tribunales contencioso-administrativos, debe diferenciarse del proceso contencioso administrativo de las demandas originadas en contratos administrativos suscritos por la República, los Estados y los Municipios, que consideramos que debe tener un tratamiento aparte.

Ahora bien, en cuanto a las demandas contra entes públicos (no originadas en contratos administrativos suscritos por la República, los Estados y los Municipios), en forma distinta a lo que establecía la Ley Orgánica de 1974, los órganos contencioso-administrativos tienen el conocimiento de aquellas que se refieren no sólo a los *entes nacionales, sino estadales y municipales.* En cambio, la derogada Ley de 1976 establecía que sólo las demandas contra la República caían dentro de la competencia de los Tribunales Contencioso-Administrativos, pues las demandas contra los Estados y Municipios se debían intentar ante los tribunales ordinarios, "de acuerdo con las previsiones del derecho común o especial", que eran los competentes para conocer de ellas en primera instancia (Art. 183 LOCSJ).

Pero además de las demandas contra la República, los Estados y los Municipios, la Ley Orgánica atribuye a la Sala Político Administrativa según la cuantía, el conocimiento de las demandas contra algún "Instituto Autónomo, ente público o empresa, en la cual la República ejerza un control decisivo y permanente, en cuanto a su dirección o administración se refiere". Con esta redacción lamentablemente no se despejó la duda que derivaba de la norma equivalente de la Ley de 1976, que sólo se refería a acciones contra los Institutos Autónomos y las empresas "en las cuales el Estado tuviera participación decisiva", lo que llevó a la Sala Político Administrativa en un primer momento a interpretar impropiamente la expresión "empresas del Estado" en sentido restrictivo, como incluyendo solamente las empresas en las cuales la República, directamente fuera accionista, y excluyendo del fuero jurisdiccional, las empresas en las cuales un instituto autónomo u otra empresa del Estado, por ejemplo, fueran los entes accionistas[161].

161. *V.*, la sentencia de la Sala Político-Administrativa de 20-01-83 y la sentencia de la Corte Primera de la Contencioso-Administrativo de 24-04-83 en *Revista de Derecho Público* N° 14, Editorial Jurídica Venezolana, Caracas, 1983, pp. 187-190. *V.*, Noelia González, "Conceptos de empresas del Estado en la *Ley Orgánica de la*

Posteriormente, fue cambiando esta interpretación para abarcar las empresas del Estado controladas por otras empresas del Estado.

Sin embargo, del texto estricto de la Ley Orgánica resulta que el contencioso de las demandas contra los entes públicos está básicamente reducido a las demandas contra la República, los Estados, los Municipios, o contra algún Instituto Autónomo, ente público o empresa, en la cual la República ejerza un control decisivo y permanente, en cuanto a su dirección o administración se refiere, distribuido precisado la competencia jurisdiccional de la Sala Político Administrativa según la cuantía. En la derogada Ley de 1976 se distribuía la competencia según la cuantía, entre la Sala Político Administrativa, la Corte Primera de lo Contencioso Administrativo y los Tribunales Superiores Contencioso Administrativos[162].

Este vacío legislativo, sin embargo, ha sido resuelto por la Sala Político Administrativa del Tribunal Supremo, en la sentencia citada N° 1209 de 2 de septiembre de 2004, en la cual la Sala, como "la cúspide y rectora de la jurisdicción contencioso administrativo, a los fines de delimitar las competencias que tendrán los tribunales que conforman dicha jurisdicción para conocer de las acciones como la presente, que se interpongan contra las personas jurídicas que se indican en el numeral 24 del artículo 5 de la Ley que rige a este Máximo Tribunal, y cuya cuantía sea inferior a setenta mil una unidades tributarias (70.001 U.T.), pasa a determinar dicha competencia en la siguiente forma":

> 1. Los Juzgados Superiores de lo Contencioso Administrativo Regionales, conocerán de las demandas que se propongan contra la República, los Estados, los Municipios, o algún Instituto Autónomo, ente público o empresa, en la cual la República, los Estados, o los Municipios, ejerzan un control decisivo y permanente, en cuanto a su dirección o administración se refiere, si su cuantía no excede de diez mil unidades tributarias (10.000 U.T), que actualmente equivale a la cantidad de doscientos cuarenta y siete millones de bolívares con cero céntimos (Bs. 247.000.000,00), ya que la unidad tributaria equivale para la presente fecha a la cantidad de veinticuatro mil setecientos bolívares sin céntimos (Bs. 24.700,00), si su conocimiento no está atribuido a otro tribunal.
>
> 2. Las Cortes de lo Contencioso Administrativo con sede en Caracas, conocerán de las demandas que se propongan contra la República, los Estados, los Municipios, o algún Instituto Autónomo, ente público o empresa, en la cual la República, los Estados, o los Municipios, ejerzan un control decisivo y permanente, en cuanto a su dirección o administración se refiere, si su cuantía excede de diez mil unidades tributarias (10.000 U.T), que actualmente equivale a la cantidad de doscientos cuarenta y siete millones de bolívares con cero céntimos (Bs. 247.000.000,00), hasta setenta mil una unidades tributarias (70.001 U.T.), la cual equivale a la cantidad de un mil setecientos veintinueve millones veinticuatro mil setecientos bolívares con cero céntimos (Bs. 1.729.024.700,00), por cuanto la unidad tributaria equivale para la presente fecha a la cantidad de veinticuatro mil setecientos bolívares sin céntimos (Bs. 24.700,00), si su conocimiento no está atribuido a otro tribunal.
>
> 3. La Sala Político-Administrativa, conocerá de las demandas que se propongan contra la República, los Estados, los Municipios, o algún Instituto Autónomo, ente público o empresa, en la cual la República, los Estados, o los Municipios, ejerzan un control decisivo y permanente, en cuanto a su dirección o administración se refiere, si su cuantía excede de setenta mil una unidades

---

Corte Suprema de Justicia", *Revista de Derecho Público*, N° 26, Editorial Jurídica Venezolana, Caracas, 1986, pp. 165-174. *V.*, nuestra crítica a dichas sentencias en Allan R. Brewer-Carías, *Estado de derecho y Control Judicial...*, *cit.*, pp. 570 y ss.

162. Art. 185, Ord. 6°; Art. 185, párrafo 3°; 182, Ord. 2° y Art. 182, *in fine*, LOCSJ

tributarias (70.001 U.T.), lo que equivale actualmente a un mil setecientos veintinueve millones veinticuatro mil setecientos bolívares sin céntimos (Bs. 1.729.024.700,00), ya que la unidad tributaria equivale para la presente fecha a la cantidad de veinticuatro mil setecientos bolívares sin céntimos (Bs. 24.700,00), si su conocimiento no está atribuido a otro tribunal.

Este criterio fue reiterado por la misma Sala Político Administrativa en sentencia N° 1315 de 8 de septiembre de 2004 (Caso: *Declinatoria de competencia: Alejandro Ortega O. vs. Banco Industrial de Venezuela*); en la cual la Sala, además, estableció la competencia de los tribunales contencioso administrativos, cuando sean los entes públicos los demandantes contra particulares, así:

> En tal sentido, y aunado a las consideraciones expuestas en el fallo antes citado (N° 1209), en atención al principio de unidad de competencia, debe establecer esta Sala que igualmente resultan aplicables las anteriores reglas para el conocimiento de todas las demandas que interpongan cualesquiera de los entes o personas públicas mencionadas anteriormente contra los particulares o entre sí.

VII. EL PROCESO CONTENCIOSO DE LOS CONTRATOS ADMINISTRATIVOS SUSCRITOS POR LAS PERSONAS POLÍTICO-TERRITORIALES

De acuerdo con el artículo 5, párrafo 1°,25 de la Ley Orgánica, corresponde a la Sala Político Administrativa del Tribunal Supremo de Justicia,

> Conocer de las cuestiones de cualquier naturaleza que se susciten con motivo de la interpretación, cumplimiento, caducidad, nulidad, validez o resolución de los contratos administrativos en los cuales sea parte la República, los Estados o los Municipios, si su cuantía excede de setenta mil una unidades tributarias (70.001 U.T.).

Por tanto, toda demanda contra todos los entes públicos político-territoriales originada en "contratos administrativos", corresponde a la jurisdicción contencioso-administrativa, y en particular, a la Sala Político Administrativa del Tribunal Supremo de Justicia.

El problema central, en este caso, es la determinación de qué ha de entenderse por contrato administrativo. Lo cierto es que cuando la distinción entre contratos administrativos y contratos de derecho privado de la Administración parecía haberse superado definitivamente en Venezuela, fue la derogada Ley Orgánica de la Corte Suprema de Justicia de 1976 la que revivió la distinción, al atribuir expresa y exclusivamente a la Sala Político-Administrativa de la Corte Suprema de Justicia esta misma competencia (Art. 42, Ord. 14). A pesar de dicha norma y de su equivalente en la actual Ley Orgánica (Art. 5, párrafo 1°,25), sin embargo, estimamos que la distinción no tiene sustantividad firme, ya que no hay ni puede haber contratos de derecho privado de la Administración, regidos exclusivamente por el derecho privado, que excluyan el conocimiento de los mismos a la jurisdicción contencioso-administrativa[163].

---

163. *V.*, Allan R. Brewer-Carías, "La evolución del concepto de contrato administrativo" en *El Derecho Administrativo en América Latina*, Curso Internacional, Colegio Mayor de Nuestra Señora del Rosario, Bogotá 1978, pp. 143-167; Jurisprudencia Argentina, N° 5.076, Buenos Aires, 13-12-1978, pp. 1-12; *Libro Homenaje al Profesor Antonio Moles Caubet, T.* I, Facultad de Ciencias Jurídicas y Políticas, Universidad Central de Venezuela, Caracas, 1981, pp. 41-69; y Allan R. Brewer-Carías, *Estudios de Derecho Administrativo*, Bogotá, 1986, pp. 61-90; y "Evoluçao do conceito do contrato administrativo" en *Revista de Direito Publico* N° 51-52, Sao Paulo, julio-diciembre 1979, pp. 5-19.

En realidad, todos los contratos que celebre la Administración están sometidos en una forma u otra al derecho público y a todos se les aplica también el derecho privado, teniendo según su objeto, un régimen preponderante de derecho público o de derecho privado[164]; por lo que la distinción no tiene fundamento alguno, y menos cuando en Venezuela no hay dualidad de jurisdicciones (judicial y administrativa) que en Francia ha sido el verdadero sustento de la distinción[165].

Así como no puede haber acto unilateral dictado por los funcionarios públicos que no sea un acto administrativo, tampoco existen contratos celebrados por la Administración que no estén sometidos en alguna forma al derecho público, por lo que la terminología empleada en el artículo 42, ordinal 14, de la derogada Ley Orgánica, y ahora del artículo 5, 25 de la Ley Orgánica de 2004, en realidad, a lo que ha conducido es a confusiones, contradicciones y dilaciones.

Por lo pronto, no hay demanda que se intente en relación a contratos celebrados por la Administración en la cual no se plantee el problema de la competencia: si la demanda se intenta ante la jurisdicción ordinaria, se alegará la naturaleza administrativa del contrato; en cambio, si se intenta ante el Tribunal Supremo de Justicia, se alegará el carácter de "derecho privado" del contrato.

Por otra parte, en la determinación de cuándo se está en presencia de un contrato administrativo o no, dependerá en mucho del interés circunstancial de la Administración, pues además de que todo contrato que celebre tienen algún interés público envuelto o se celebra vinculado a un servicio público, las llamadas cláusulas exorbitantes del derecho común que caracterizan a los contratos administrativos, no necesitan estar expresas en el texto del contrato, sino que son inherentes a las potestades de la Administración y se presumen en el mismo.

Dependerá, por tanto, del recurso que haga la Administración en un momento dado a estas cláusulas (por ejemplo, para rescindir el contrato), para que el contrato se califique o no de administrativo, lo que hace insegura la distinción. De allí, incluso las dudas y variaciones jurisprudenciales, particularmente con relación a contratos municipales de compra-venta de inmuebles municipales, que llevó a la antigua Corte Suprema a considerarlos algunas veces como contratos administrativos[166] y otras veces como contratos de derecho privado[167].

Por otra parte, la enumeración de las cuestiones concernientes a los contratos administrativos cuyo conocimiento compete al Tribunal Supremo conforme al artículo 5, párrafo 1°,25 de la Ley Orgánica, es completamente insuficiente y absurdamente limitativa, al punto de haber llevado a la antigua Corte Suprema Tribunal a considerar que

---

164. *V.*, Allan R. Brewer-Carías, *Contratos Administrativos*, Caracas, 1992, pp. 46 y ss.; y "La interaplicación del derecho público y del derecho privado a la Administración Pública y el proceso de huída y recuperación del derecho administrativo" en *Las Formas de la Actividad Administrativa. II Jornadas Internacionales de Derecho Administrativo Allan Randolph Brewer-Carías*, Fundación de Estudios de Derecho Administrativo, Caracas, 1996, pp. 59 y ss.

165. *V.*, Jesús Caballero Ortíz, "Deben subsistir los contratos administrativos en una futura legislación?", en *El Derecho Público a comienzos del siglo XXI. Estudios homenaje al Profesor Allan R. Brewer-Carías*, *T.* II, Instituto de Derecho Público, UCV, Editorial Civitas Ediciones, Madrid, 2003, pp. 1773 y ss.

166. Sentencia de 11-08-83, *Revista de Derecho Público*, N° 16, Editorial Jurídica Venezolana, Caracas 1983, p. 164.

167. Sentencia de 26-06-80, *Revista de Derecho Público*, N° 4, Editorial Jurídica Venezolana, Caracas 1980, p. 146.

como la norma equivalente de la ley anterior no hacía referencia a la "inejecución del contrato, esas cuestiones escapan de su conocimiento, a pesar de que el contrato sea administrativo"[168].

En nuestro criterio, al artículo 259 de la Constitución, al atribuir a los órganos de la jurisdicción contencioso-administrativa competencia para condenar al pago de sumas de dinero y a la reparación de daños y perjuicios originados en responsabilidad de la Administración, y para restablecer las situaciones jurídicas subjetivas lesionadas por la actividad administrativa, no distingue si dichas situaciones son o no de origen contractual ni de qué tipo de contrato, ni distingue entre responsabilidad extracontractual o contractual.

Por tanto, conforme al principio de la universalidad el control consagrado en el artículo 259 de la Constitución, la limitación establecida en el artículo 5, párrafo 1°,25 de la Ley Orgánica del Tribunal Supremo de Justicia, carece de fundamento constitucional, siendo la norma más bien contraria al espíritu del artículo 259 de la Constitución. Por ello, en una futura Ley de la jurisdicción contencioso-administrativa, la referencia a "contratos administrativos" debería ser eliminada, atribuyéndose a los órganos de la misma todas las cuestiones concernientes a los contratos de la Administración, cualquiera que sea su naturaleza.

VIII. EL PROCESO CONTENCIOSO DE LOS SERVICIOS PÚBLICOS

La única innovación de la Constitución de 1999 en materia contencioso administrativa en relación con lo que estaba regulado en la Constitución de 1961 (Art. 206), he sido el agregado, en el artículo 259, dentro de las competencias de la jurisdicción contencioso administrativa, del conocimiento de los "reclamos por la prestación de servicios públicos".

La Ley Orgánica de 2004 no reguló el procedimiento en este caso, y se limitó a establecer la competencia de la Sala Político Administrativa para conocer y decidir, en segunda instancia, las apelaciones y demás acciones o recursos contra las sentencias dictadas por los Tribunales Contencioso Administrativos, cuando su conocimiento no estuviere atribuido a otro tribunal, que decidan sobre las acciones de reclamos por la prestación de servicios públicos nacionales (Art. 5, 37).

Ahora bien, sobre estos recursos, la Corte Primera de lo Contencioso Administrativo en una sentencia N° 644 de 3 de abril de 2002, destacó las innovaciones de la Constitución de 1999 en materia de servicios públicos señalando que la misma:

> Consagra un tratamiento especial sobre la creación, prestación, disfrute y protección de los servicios públicos, para lo cual, no se limitó simplemente a establecer un fuero especial para dirimir conflictos o querellas al respecto, confiado a la jurisdicción contencioso administrativa, según lo dispuesto en el artículo 259 de la Constitución de la República Bolivariana de Venezuela, sino también, distribuyó su prestación en las diversas personas político territoriales, de conformidad con lo establecido en los artículos 84, 86, 102, 103, 108, 156 numeral 29, 164 numeral 8, 178 y

168. Sentencia de 18-09-86, *Revista de Derecho Público*, N° 28, Editorial Jurídica Venezolana, Caracas 1986, pp. 146 y ss.

196 numeral 6 *eiusdem*, como a su vez el otorgamiento de una legitimación activa especial (más no exclusiva como excluyente), en titularidad de la Defensoría del Pueblo, consagrada en el artículo 281 *eiusdem*.

En relación con el recurso de reclamo por la prestación de servicios públicos, la Corte Primera en la misma sentencia señaló que la legitimación activa corresponde a "cualquier ciudadano que demuestre, aún simple interés" (Art. 26 Constitución); y además, a la Defensoría del Pueblo conforme al artículo 281,2 de la Constitución, el cual dispone que es atribución del Defensor del Pueblo:

> 2. Velar por el correcto funcionamiento de los servicios públicos, amparar y proteger los derechos e intereses legítimos, colectivos o difusos de las personas, contra las arbitrariedades, desviaciones de poder y errores cometidos en la prestación de los mismos, interponiendo cuando fuere procedente las acciones necesarias para exigir al Estado el resarcimiento a las personas de los daños y perjuicios que les sean ocasionados con motivo del funcionamiento de los servicios públicos". (Subrayado de esta Corte).

La Corte agregó:

> Por otra parte, advierte esta Corte que, ante la ausencia de parámetros legales y el establecimiento de un régimen que sistematice la reclamación en materia de servicios públicos, ha correspondido a los jueces con competencia en lo contencioso administrativo, desarrollar la previsión contenida en el artículo 259 de la Constitución de la República Bolivariana de Venezuela, conforme a los supuestos de procedencia antes señalados, en los casos en que se verifique: (I) la supresión o falta del servicio; (II) la prestación parcial o deficiente; (III) el cobro no ajustado a la legalidad o anormal; (IV) los daños derivados de la falta o deficiencia del servicio y; (V) los actos administrativos de autoridad, dictados por entes privados en materia de servicios públicos concurrentes o virtuales, en donde se observa, entre otros fallos de esta Corte Primera de lo Contencioso Administrativo de fechas 10 de marzo de 2000 (Caso *Hidrocapital*); 14 de abril de 2000 (Caso *IVSS*); 6 de noviembre de 2000 (Caso *Hidrocapital II)*, y más recientemente, el contenido en esta causa del 6 de julio de 2001 (Caso *Electricidad de Caracas*)[169].

Por otra parte, la Sala Constitucional del Tribunal Supremo de Justicia, en sentencia de 8 de diciembre de 2000, señaló que ante la ausencia de mecanismos inmediatos para la reclamación de los servicios públicos prestados mediante concesión, la acción de amparo constitucional puede fungir como instrumento idóneo para tales fines en casos de concesiones, para controlar la protección de los servicios públicos, procurando su correcto funcionamiento, la erradicación de la arbitrariedad, o las desviaciones de poder, señalando que "Lo ideal es que muchas de estas fallas se ventilen mediante un contencioso de los servicios públicos; agregando:

> Basta pensar en el caso de que sin justificación, ni razonabilidad alguna, se tome una medida que no obedece a argumentos que puedan ser justificados y explicados a los usuarios del servicio, y de manera extorsiva se les niegue el servicio (luz, agua, teléfono, etc.) si no cumplen con la exigencia de quien lo presta. Podría ser que el contrato considerase tal posibilidad a favor del prestador del servicio, pero el uso abusivo (que no puede ser tutelado por ningún convenio) al privar de las necesidades básicas a la población (agua, luz, teléfono, aseo urbano, etc.), afecta un derecho fundamental del ser humano, cual es el del libre desenvolvimiento de su personalidad, que mal puede llevarse adelante cuando se ve privado de elementos básicos para ello, debido a la conducta arbitraria del prestador del servicio.

---

169. *Revista de Derecho Público*, EJV, N° 89-92, Caracas, 2002, pp. 350-354

No se trata del incumplimiento contractual del usuario o de interpretaciones al convenio, sino del ajuste a los precios que él paga, a las tarifas, peajes y otras exacciones semejantes, producto de un injustificado y desproporcionado aumento (irrazonable) por parte del servidor, que priva a las personas de las necesidades básicas si no cancela el ajuste o el aumento, y que al coaccionarlo a cumplir mediante el pago inmediato a cambio de no cortarle el servicio, le impide que goce de la vivienda con los servicios básicos esenciales (artículo 82 de la Constitución), o que se ejerza el derecho al trabajo (artículo 87 *eiusdem*), según los casos.

No se trata del usuario que no cumple con la obligación y recibe la sanción a tal conducta (suspensión del servicio), sino de la actividad arbitraria de quien suministra el servicio, que infringe derechos y garantías constitucionales básicas de las personas, actitud que a pesar de que pudiese estar contemplada en los contratos, equivale a vías de hecho...

Ante la injustificada privación de los servicios básicos esenciales a que tiene derecho el ser humano en la vivienda que ocupa (artículo 82 de la vigente Constitución) y de los cuales venía gozando; así como la privación del acceso de los servicios que garanticen la salud en sentido amplio, lo que incluye la higiene en el lugar de trabajo o en el hogar (artículo 83 *eiusdem*); y la infracción que las prácticas expresadas causan al artículo 117 de la Constitución de la República Bolivariana de Venezuela, toda persona a fin de ejercer los derechos consagrados en dichos artículos, tiene en su cabeza la acción de amparo constitucional a fin de hacer cesar la amenaza al goce y ejercicio de los derechos constitucionales señalados, y al restablecimiento de la situación jurídica lesionado por la violación de esos derechos…

Hay servicios públicos, como el eléctrico, por ejemplo, en que la Ley (Decreto con rango y Fuerza de Ley del Servicio Eléctrico), hace nacer derechos y obligaciones a los usuarios y a los prestadores del servicio, y lo relativo a esos derechos no estarían tutelados por el amparo constitucional, por lo que deberán ventilarse mediante los procesos ordinarios, mientras no se dicte una Ley que rija el contencioso de los servicios públicos.

Pero, la suspensión o privación abusiva del servicio, fundada en la falta de pago de lo facturado por un servicio que efectivamente no se recibió, o cuya recepción no puede ser demostrada, o que no corresponde a una tarifa o suma razonable, desborda los derechos emanados de la Ley, se trata de un abuso que invade derechos constitucionales, impidiendo el goce y ejercicio de los mismos por quienes son víctimas de la suspensión o privación del servicio, y cuando ello sucede, el derecho conculcado es el constitucional, y es el amparo la vía ideal para impedir la amenaza o lesión en la situación jurídica fundada en dicho derecho. En casos como estos, no sólo el amparo propende a la reanudación del servicio, sino que como parte de la justicia efectiva la reanudación puede hacerse compulsivamente, sin perjuicio de las acciones penales por desacato al fallo que se dicte en el amparo[170].

IX. EL PROCESO CONTENCIOSO CONTRA LAS CONDUCTAS OMISIVAS DE LA ADMINISTRACIÓN

El tercer campo del sistema contencioso-administrativo en Venezuela está conformado por el proceso contencioso-administrativo contra las conductas omisivas de la Administración, lo cual fue otra de las importantes regulaciones de la Ley Orgánica de 1976, que se recogen en la Ley de 2004.

---

170. Citada en la sentencia antes citada de la Corte Primera de lo Contencioso Administrativo de 8-12-2000, publicada en *Revista de Derecho Público*, N° 89-92, Editorial Jurídica Venezolana, Caracas, 2002, pp. 350-354.

En efecto, en el artículo 5, párrafo 1°,26 de esta Ley Orgánica se atribuye a la Sala Político Administrativa del Tribunal Supremo de Justicia, competencia para:

> Conocer de la abstención o negativa del Presidente o Presidenta de la República, del Vicepresidente Ejecutivo o Vicepresidenta Ejecutiva de la República y de los Ministros o Ministras del Ejecutivo Nacional, así como de las máximas autoridades de los demás organismos de rango constitucional con autonomía funcional, financiera y administrativa y del Alcalde del Distrito Capital, a cumplir específicos y concretos actos a que estén obligados por las Leyes.

Esta norma, que consagra el recurso contra las conductas omisivas de la Administración[171], tiene su fundamento, por una parte, en el incumplimiento por parte de la Administración de una obligación legal concreta de decidir o de cumplir determinados actos, y por la otra, en el derecho de un sujeto de derecho a que la Administración cumpla los actos a que está obligada. Por tanto, en la base de este recurso está una relación jurídica (deber-poder) específica, que se concreta en una obligación también específica de la Administración de actuar, frente a una situación jurídica, asimismo específica de poder de un sujeto de derecho, que se configura como un derecho subjetivo de orden administrativo a la actuación administrativa. No se trata, consecuentemente, de la obligación genérica de la Administración a dar oportuna respuesta a las peticiones de particulares, ni del derecho también genérico de éstos a obtener oportuna respuesta a sus peticiones presentadas por ante la Administración (Art. 51, Constitución). Se trata, en cambio, de una relación obligación-derecho establecida entre la Administración y un particular, a una actuación administrativa determinada.

Por ejemplo, de acuerdo al Código Civil y a la Ley Orgánica para la Ordenación del Territorio, el uso de la propiedad con fines urbanísticos está regulado por las autoridades locales, quienes deben definir las modalidades de dicho uso en las Ordenanzas de Zonificación. Una vez definidos los usos urbanísticos, los propietarios tienen derecho a construir en su propiedad (usar) siempre que se ajusten a las prescripciones de la zonificación, para lo cual la autoridad municipal establece sistemas de control. El más común de éstos era el control previo a través de permisos de construcción (autorizaciones)[172] los cuales se configuran como actos administrativos de obligatorio otorgamiento (actos reglados) cuando el proyecto de construcción se ajuste a las prescripciones de las Ordenanzas. Este permiso ha sido recientemente sustituido por una "certificación" que otorga también la autoridad municipal, con efectos similares en algunos casos[173]. Es decir el otorgamiento del permiso o constancia es una obligación de la administración respecto del propietario que se ajuste a las normas de zonificación, y éste tiene derecho a que se le otorgue el permiso o constancia cuando cumple dichas prescripciones[174]. Lo mismo sucede con relación a los denominados permisos o constancias de habitabilidad municipal: se trata también de instrumentos de control urbanístico, conforme a los cuales una vez realizada la construcción permisada o conforme a las variables urbanas fundamentales, el propietario solicita la constancia de habitabilidad a la Administración, quien

---

171. Este recurso según señalaba A. Moles existe en Venezuela desde 1925, *V.* A. Moles Caubet, "Rasgos generales de la jurisdicción contencioso-administrativa", en A. Moles Caubet y otros. *Contenciosos Administrativos... cit.*, p. 76.

172. Art. 55 de la Ley Orgánica para la Ordenación del Territorio, *G.O.* N° 3.238 de 11-08-83.

173. Art. 85 de la Ley Orgánica de Ordenación Urbanística, *G.O.* N° 33.868, de 16-12-87.

174. *V.*, Allan R. Brewer-Carías, *Urbanismo y Propiedad Privada*, Caracas, 1980, p. 386; y Allan R. Brewer-Carías, "Introducción general al Régimen Legal de la Ordenación Urbanística", en *Ley Orgánica de Ordenación Urbanística*, Editorial Jurídica Venezolana, Caracas, 1988, pp. 57 y ss.

verifica para otorgarla, el que la construcción ejecutada se adecue al proyecto, el propietario tiene derecho a que se le otorgue la constancia de habitabilidad y la Administración está obligada a otorgarla (actividad reglada)175.

En este caso, se configura un típico supuesto de relación entre una obligación de la Administración a cumplir determinados actos y un derecho del particular a que la Administración cumpla dichos actos; y el incumplimiento de dicha obligación, sea porque la Administración se abstenga de dictar el acto requerido o sea porque se niegue a hacerlo es el objeto del recurso contra las conductas omisivas de la Administración que regula la Ley. Por eso, la antigua Corte Suprema estableció que para que proceda este recurso contencioso-administrativo, es necesario que se trate de "una obligación concreta y precisa inscrita en la norma legal correspondiente"[176], o como lo ha señalado la Corte Primera de lo Contencioso-Administrativo, que exista "una carga u obligación legal que pese sobre la autoridad recurrida y a la cual la misma no haya dado cumplimiento", carga que "debe estar expresamente establecida en una norma expresa"[177].

En estos casos de incumplimiento de la precisa y expresa obligación legal de un funcionario a adoptar determinados actos, a los cuales tiene derecho un particular, la protección jurisdiccional de este derecho está precisamente en este recurso frente a la abstención o negativa administrativa, lo cual no debe confundirse con la otra garantía procesal de los particulares frente al silencio de la Administración que origina el llamado silencio administrativo negativo o acto administrativo presunto o tácito denegatorio, y que podría ser recurrido tanto en vía administrativa como en vía contencioso-administrativa[178].

En efecto, la figura del silencio administrativo negativo es inefectiva como protección de los derechos de los particulares, en los casos de inacción primaria de la Administración, cuando por ejemplo, ésta se niega a otorgar un acto que está obligada adoptar, con motivo de una solicitud formulada por el interesado. A éste no le protege nada el hecho de entender que el acto que solicita, por ejemplo, el otorgamiento de la constancia de urbanismo solicitada, se le niega tácitamente, pues nada gana con ello: ¿cómo lo va a impugnar, si no hay motivación? ¿qué gana con una decisión judicial que declare la nulidad del acto denegatorio tácito? En realidad, el particular lo que requiere es que la Administración dicte el auto a que está obligada, por lo que en estos casos, la garantía jurídica del mismo, está en el recurso contra las conductas omisivas y no en el silencio denegatorio[179], pues a través del mismo se logra que el juez obligue a la Administración a decidir.

Debe señalarse, por otra parte, que este ha sido el criterio adoptado por la antigua Corte Suprema de Justicia en sentencia de 05-05-88, en el caso *Representación y Dis-*

---

175. *Idem. Propiedad y Urbanismo*, p. 385; "Introducción general"...., p. 63.

176. *V.*, sentencia de la Corte Suprema de Justicia en Sala Político-Administrativa de 28-02-85, en *Revista de Derecho Público*, N° 21, Editorial Jurídica Venezolana, Caracas, 1985, pp. 170-175.

177. *V.*, sentencia de la Corte Primera de lo Contencioso-Administrativo de 06-12-84 en *Revista de Derecho Público*, N° 20, Editorial Jurídica Venezolana, Caracas, 1984, p. 173.

178. *V.*, Allan R. Brewer-Carías. "Consideraciones en torno a la figura del silencio administrativo consagrado a los efectos del recurso contencioso-administrativos de anulación" en *Revista de Control Fiscal*, N° 96, Caracas, 1980, pp. 11-38; y Allan R. Brewer-Carías, *El Derecho Administrativo y la Ley Orgánica de Procedimientos Administrativos, cit.*, pp. 225 y ss.

179. Allan R. Brewer-Carías, *El Derecho Administrativo y la Ley Orgánica.., cit.*, p. 230.

tribución de Maquinarias (Redimaq), en el cual con motivo de una acción intentada por causa de una abstención de pronunciamiento de una solicitud, estableció lo siguiente:

> [A]dvierte la Sala que -limitada como se encuentra, en general, la competencia del juez en lo contencioso a la anulación del acto administrativo contrario a derecho-, en el caso de silencio de la Administración interpretado por la Ley como respuesta negativa de ésta, sólo puede el juzgador entrar a conocer de una acción fundada en ese silencio, cuando el mismo se ha dado respecto de la no resolución del correspondiente recurso administrativo. Mas, cuando un tal silencio ocurre, como en el caso de autos, en relación con la solicitud formulada que emita un acto, no tiene la Sala, obviamente, *acto alguno que anular, ni puede tomar una decisión creadora del mismo* -que es de la competencia, sin duda, de otro Poder del Estado-, sin violar el principio de la separación de poderes[180].

En todo caso, debe destacarse, que la pretensión del recurrente en estos casos de recursos contra las conductas omisivas no es, por supuesto, que sólo se declare la ilegalidad de la omisión o negativa administrativa, o que sólo se declare la obligatoriedad de la Administración de decidir, sino que lo que busca realmente es que se ordene a la Administración a adoptar determinados actos. Como lo señaló la antigua Corte Suprema de Justicia:

> [La] obligatoriedad para la Administración de producir un determinado acto o de realizar una actuación concreta en vista de un imperativo legal expreso y específico qué, según demuestra el recurrente, ella se niega a cumplir"[181].

Por tanto, la decisión del juez puede contener mandamientos de hacer frente a la Administración, e incluso, en nuestro criterio, puede en sí misma, suplir la carencia administrativa, relevando al interesado de la obligación de obtener el acto en cuestión, para ejercer su actividad particular. Cómo lo ha señalado la Corte Primera de lo Contencioso-Administrativo, en estos casos, la acción:

> [Se] refiere al cumplimiento de actos, esto es, que no se agota en un simple pronunciamiento, sino que presume la realización de actuaciones tendientes a satisfacer la pretensión deducida por el administrado[182].

Por tanto, el contencioso-administrativo contra la carencia administrativa, implica que la pretensión del recurrente está basada en un derecho subjetivo de orden administrativo infringido por la inacción, y cuya satisfacción sólo es posible mediante una actuación; consecuencialmente, el restablecimiento de la situación jurídica infringida por la omisión, puede dar lugar a que el juez ordene a la Administración la adopción de una decisión, o a que el juez directamente se sustituya a la Administración y restablezca la situación jurídica subjetiva infringida, por ejemplo, dispensando al particular de obtener el acto solicitado, si ello no era necesario para ejercer su derecho. En el caso ejemplificado anteriormente, si la Administración se niega a otorgar una constancia de habitabilidad urbanística a que tiene derecho un propietario que ha edificado en un todo conforme al proyecto consignado y a las Ordenanzas locales, el juez no sólo podría ordenar a la Administración municipal que otorgue dicha constancia de habitabilidad, sino que incluso, podría dispensar al particular de la necesidad de tenerla, si ello es necesario para otras actividades (por ejemplo, para las ventas primarias de inmuebles, Art. 95 LOOU) sustituyendo el acto administrativo con la sentencia misma.

---

180. *V.* en *Revista de Derecho Público*, N° 34, Editorial Jurídica Venezolana, Caracas 1988, pp. 125 y ss.

181. (Caso: *Igor Vizcaya, 28-02-85*) *V.*, en *Revista de Derecho Público*, N° 21, Editorial Jurídica Venezolana, Caracas 19858, pp. 170 y ss.

182. *V.*, sentencia de 06-12-84 en *Revista de Derecho Público*, N° 20, EJV, Caracas, 1984, p. 174.

Por último debe mencionarse que en general, en el contencioso contra las conductas omisivas, además de la pretensión de obligar a la, Administración a actuar, ésta puede estar acompañada de pretensiones de condena al pago de daños y perjuicios ocasionados por el retardo, e incluso, pretensiones de amparo, cuando la conducta omisiva viole un derecho o garantía constitucional; por ejemplo, cuando la Administración penitenciaria se niega a cumplir una orden de excarcelación.

Por último, debe señalarse que en estos supuestos de procesos contencioso-administrativos contra las conductas omisivas de la Administración, en ausencia de un procedimiento específico previsto en la Ley, los jueces han aplicado el procedimiento de los juicios de nulidad de los actos administrativos de efectos particulares[183].

X. EL PROCESO CONTENCIOSO DE LA INTERPRETACIÓN

Otro de los procesos contencioso-administrativo en Venezuela es el contencioso de interpretación, regulado genéricamente en el artículo 5, párrafo 1°,52 como competencia de todas las Salas del Tribunal Supremo de Justicia, para:

> Conocer del recurso de interpretación y resolver las consultas que se le formulen acerca del alcance e inteligencia de los textos legales, en los casos previstos en la ley, siempre que dicho conocimiento no signifique una sustitución del mecanismo, medio o recurso previsto en la ley para dirimir la situación si la hubiere.

Esta norma reguladora del proceso contencioso de interpretación de textos legales[184], originalmente fue establecida como una competencia exclusiva de la sala Político Administrativa de la antigua Corte Suprema, habiendo sido ampliada en la Ley Orgánica de 2004 a todas las Salas, pero sólo admisible "en los casos previstos en la Ley"[185]. Así, muchas leyes lo fueron previendo en las décadas pasadas, entre otras, por ejemplo, la Ley de Carrera Administrativa y su Reglamento; la Ley Orgánica del Poder Judicial (Art. 148); la derogada Ley Orgánica de la Corte Suprema de Justicia; y la Ley de Licitaciones[186].

Como lo precisó la antigua Corte Suprema de Justicia en su sentencia de 14 de marzo de 1988 (Caso *Concejo Municipal del Distrito Bruzual del Estado Yaracuy*):

> [E]ste medio de actuación procesal está reservado de manera exclusiva para aquellos casos en los cuales el texto legal cuya interpretación se solicita lo permita expresamente. Resulta, por tanto, improcedente el ejercicio y en forma indiscriminada y general, del recurso de interpretación respecto de cualquier texto legal, si no sé encuentra expresamente autorizado por el propio legislador[187].

---

183. *V.*, sentencia de la Corte Primera de lo Contencioso-Administrativo de 28-09-82, en *Revista de Derecho Público*, N° 12, Editorial Jurídica Venezolana, Caracas, 1982, p. 176.

184. E. Pérez Olivares, "El recurso de interpretación" en Instituto de Derecho Público, *El control jurisdiccional de los Poderes Públicos..., cit.*, pp. 149-165.

185. Sentencia de la Corte Suprema de Justicia en Sala Político-Administrativa de 27-04-82 en *Revista de Derecho Público*, N° 10, Editorial Jurídica Venezolana, Caracas, 1982, p. 174.

186. Sentencia de la Corte Suprema de Justicia en Sala Político-Administrativa de 11-08-81 en *Revista de Derecho Público*, N° 8, Editorial Jurídica Venezolana, Caracas, 1981, p. 138. *V.*, artículo 78 de la Ley de Licitaciones. *G.O.* N° 34.528 de 10-08-90.

187. *V.*, en *Revista de Derecho Público*, N° 34, Editorial Jurídica Venezolana, Caracas 1988, pp. 146-147.

En este recurso de interpretación, la legitimación activa correspondería a todo el que tenga un interés legítimo, personal y directo en la interpretación del texto legal, normalmente, el funcionario público, y por supuesto, también correspondería a la Administración. Sobre este recurso de interpretación de textos legales, la antigua Corte Suprema fue estableciendo progresivamente sus características, así:

1. En sentencia de 27 de septiembre de 1984 (Caso *Juan María Galíndez*), la Corte estableció como primer requisito la necesidad de que la interpretación requerida de la Ley se refiera a un caso concreto, con el doble propósito, por una parte de legitimar al recurrente, y por la otra, de permitir al intérprete apreciar objetivamente la existencia de la duda que se alegue como fundamento[188]. Posteriormente, en la sentencia de 17 de abril de 1986 (Caso: *Dagoberto González A.*), la Corte precisó este primer requisito, señalando:

> [El] requisito de conexión del recurso con un caso concreto tiene como fundamento evitar que el mismo se convierta en un ejercicio académico, sin la finalidad práctica de la mejor aplicación de algún texto legal. No es concebible que se abra la posibilidad para cualquier particular de ocupar la jurisdicción en resolverle las dudas que en abstracto tuviere acerca de la interpretación de una norma. Es necesario para legitimar la actividad del recurrente, que éste demuestre por lo menos que ante una determinada situación concreta se haya suscitado la duda por las diversas interpretaciones dadas al mismo precepto legal, y que exista un interés general en la solución del conflicto. En tal forma no sólo se legitimará el recurrente, sino que la Corte tendrá elementos para apreciar objetivamente los criterios dispares y para zanjar la real dificultad que se hubiera presentado[189].

2. Por otra parte, en sentencia de 21 de noviembre de 1990 (Caso *PDVSA)*, la Sala Político Administrativa precisó, con razón, que "no es del monopolio del Poder Judicial, la interpretación", agregando lo siguiente:

> [La] propia solicitante, y cualquier administración o cualquier particular a quien corresponda adoptar una decisión concreta puede y, es más, se encuentra obligada a emitir ésta; mas, para lograrlo deberá también, normalmente, interpretar previamente la ley, tarea que tendrá que desarrollar -al igual que el juez, en su caso y posteriormente, en vía judicial de revisión de la actuación administrativa previa- con estricta sujeción a las normas de nuestro ordenamiento positivo, y, particularmente, a las reglas que proporciona el artículo 4 del Código Civil, directrices en la materia; sin que, por el contrario, pueda el consultante delegar la señalada aplicación de la norma -previa su interpretación por el mismo- ni menos aún la decisión del caso concreto, en el órgano judicial al que se le hubiere dado competencia para interpretar, con carácter vinculante, sólo la norma -se insiste- sin extender su tarea al caso concreto, lo cual le está vedado; hasta el punto de que, si llegare el juez a pronunciarse sobre éste, estaría más bien extralimitándose en sus funciones puramente interpretativas, permitiendo un indebido traslado de la función y de administrar, al órgano judicial e incurriendo al mismo tiempo en una intromisión en la actividad administrativa de otro ente.
>
> Que la función de administrar implica aún la interpretación de la norma por el ente administrador, para aplicarla al caso concreto -incluso en sólo casos de reclamaciones provenientes de los particulares- cumpliendo de esta manera una actuación enteramente semejante a la que posteriormente realizará el juez con motivo de la revisión del acto administrativo en vía judicial, lo pone en evidencia hasta el sentido vulgar -inusualmente coincidente con el jurídico- del vocablo "administración pública" que, en los termines del Diccionario de la Real Academia de la Lengua (vigésima edición), significa: "Acción del gobierno al dictar y aplicar las disposiciones necesarias para el

188. Consultada en original.

189. *V.*, en *Revista de Derecho Público*, N° 26, Editorial Jurídica Venezolana, Caracas 1986, p. 146.

cumplimiento de las leyes y para la conservación y fomento de los intereses públicos, y al resolver las reclamaciones a que da lugar lo mandado. 2. Conjunto de organismos encargados de cumplir esta función[190].

3. En tercer lugar, la sentencia de 18 de octubre de 1990, la Corte ha precisado que el procedimiento aplicable en el recurso de interpretación es el de los juicios de nulidad contra los actos administrativos de efectos generales[191].

4. Por último, en sentencia de 15 de marzo de 1990, la Corte ha insistido en que el recurso de interpretación no puede traducirse en una acción de condena, "ni siquiera de una mera declarativa, y que por tanto, ningún pronunciamiento puede hacer la Corte sobre el caso concreto. Además, en dicha decisión, la Corte estableció el criterio de que:

> [C]uando el recurso de interpretación surja en un caso concreto con ocasión de las discrepancias que puedan suscitarse entre los jueces por la inteligencia de los textos legales, es inadmisible, porque no puede sustituir los otros recursos o medios ordinarios y principales de resolución de dichas controversias y que la legislación pone en manos de los mismos jueces y de las partes, para que en ese caso concreto pongan fin a tales discrepancias[192].

XI. EL PROCESO CONTENCIOSO-ADMINISTRATIVO DE LOS CONFLICTOS ENTRE AUTORIDADES

De acuerdo con lo establecido en los artículos 226,4 de la Constitución, el Tribunal Supremo de Justicia en Sala Político Administrativa tiene competencia para:

> Dirimir las controversias administrativas que se susciten entre la República, algún Estado, Municipio u otro ente público, cuando la otra parte sea alguna de esas mismas entidades, a menos que se trate de controversias entre Municipios de un mismo Estado, caso en el cual la ley podrá atribuir su conocimiento a otro Tribunal.

Esta norma se repite en el artículo 5, párrafo 1°,32 de la Ley Orgánica de 2004; agregando el artículo 5, párrafo 1°,34 la siguiente competencia:

> Dirimir las controversias que se susciten entre autoridades políticas o administrativas de una misma o diferentes jurisdicciones con motivo de sus funciones, cuando la ley no atribuya competencia para ello a otra autoridad.

Estas normas dan origen al proceso contencioso-administrativo que tiene por objeto la solución de conflictos administrativos entre entidades territoriales, lo que tiene sentido dada la autonomía de Estados y de los Municipios (Arts. 159 y 168 de la Constitución) y la regulación de sus competencias en la Ley Orgánica de Descentralización, Delimitación y Transferencia de Competencias del Poder Público y en la Ley Orgánica de Régimen Municipal de 1989. En estos casos, dispone la Ley Orgánica que las controversias "se iniciarán por la entidad que le interesen, mediante demanda escrita, donde expondrá en forma clara y detallada el asunto de que se trate, e indicará la otra entidad contra quien obra la acción" (Art. 21, párrafo 23). Además, el artículo 21, párrafo 25°, dispone que admitida la demanda, el Juzgado de Sustanciación debe emplazar a la entidad demandada para comparecer ante el Tribunal Supremo de Justicia, en un plazo de

---

190. Consultada en original.
191. *Revista de Derecho Público*, N° 44, Editorial Jurídica Venezolana, Caracas 1990, p. 198.
192. *Revista de Derecho Público*, N° 42, Editorial Jurídica Venezolana, Caracas 1990, pp. 148-149.

20 días hábiles, más el término de la distancia, en caso de que sea procedente, para que consignen el fundamento de sus pretensiones, en relación con la materia litigiosa y las razones de hecho y de derecho en que se funde.

Ahora bien, adicionalmente a estas competencias, un aspecto específico de este proceso contencioso-administrativo entre autoridades está regulado en la Ley Orgánica de Régimen Municipal, en relación a conflictos entre autoridades municipales, cuando ello amenace la normalidad institucional de un Municipio. En efecto, de acuerdo con el artículo 166 de la Ley Orgánica de Régimen Municipal:

> En caso de surgir una situación que amenace la normalidad institucional de un Municipio o Distrito, pueden las autoridades municipales o el Gobernador del Estado, ocurrir a la Corte Suprema de Justicia en Sala Político Administrativa, para solicitarle que conozca y decida la cuestión planteada. La decisión de la Corte Suprema de Justicia relativa a la legitimidad de las autoridades municipales deberá ser emitida en el plazo de treinta (30) días contados a partir de la admisión de la solicitud y bastará para producirla los documentos que se acompañen a ésta. Cuando la Corte Suprema de Justicia solicitare documentos adicionales, éstos deberán ser consignados dentro de un plazo de 10 días y la decisión deberá producirse dentro de los 8 días siguientes.

De acuerdo a lo señalado por la antigua Corte Suprema en sentencia de 26 de noviembre de 1987 (*caso Gilberto J. Gómez*) esta norma:

> [C]onsagra dentro del ámbito de la jurisdicción contencioso-administrativo un recurso específico –distinto al de anulación– dirigido a poner término a una situación precisa, producida concretamente por el conflicto entre autoridades municipales que se constituya en amenaza para el normal funcionamiento de la institución[193].

La Corte se ha pronunciado en un recurso de esta naturaleza, a solicitud del Gobernador del Estado Zulia, por primera vez en sentencia de 9-7-81 en la cual resolvió sobre la legalidad y legitimidad de las autoridades directivas del Concejo Municipal del Distrito Colón del Estado Zulia. En dicha decisión quedó precisada la legitimación activa regulada en la Ley para interponer el recurso, reducidas a los Gobernadores del Estado y a las autoridades municipales[194].

Posteriormente, en sentencia de 9 de agosto de 1992 (Caso: *Eulogio Fernández*) la Corte precisó su competencia en estos casos de conflictos entre autoridades municipales derivados de la elección de las Juntas Directivas, no sólo declarando cuáles son las autoridades legítimas, sino declarando la nulidad absoluta de la elección considerada ilegítima[195].

Adicionalmente, en la citada sentencia dictada en el Caso: *Gilberto J. Gómez* de 26 de noviembre de 1987, la antigua Corte Suprema estableció precisiones adicionales en relación a este recurso contencioso-administrativo específico. En efecto, la Corte esclareció el ámbito de lo que ha de entenderse por "autoridades municipales", en el sentido de que no se puede comprender en esa denominación "a todos aquellos órganos que conforman la estructura orgánica del ente local respectivo" sino únicamente "a quienes ejercen la máxima dirección".

---

193. *Revista de Derecho Público*, N° 32, Editorial Jurídica Venezolana, Caracas 1987. pp. 131 y ss.
194. *Revista de Derecho Público*, N° 8, Editorial Jurídica Venezolana, Caracas 1981. pp. 101 y ss.
195. *Revista de Derecho Público*, N° 11, Editorial Jurídica Venezolana, Caracas 1982, pp. 108-109.

Con base en ello, consideró inadmisible tramitar por la vía del recurso contencioso de conflictos entre autoridades municipales, al acto de destitución o remoción del Contralor Municipal, y estimó que contra dicha resolución lo que procedía ejercer era el recurso de anulación[196].

Sección Cuarta: LOS PROCEDIMIENTOS ANTE EL TRIBUNAL SUPREMO DE JUSTICIA

I. LOS PRINCIPIOS GENERALES RELATIVOS A LOS PROCESOS ANTE EL TRIBUNAL SUPREMO

La Ley Orgánica establece una serie de normas principistas sobre el Estado de Justicia y el proceso, muchas de las cuales son repeticiones de las que están establecidas en la Constitución, como son las siguientes:

1. La definición del proceso

El artículo 18, párrafo 1°, repitiendo lo establecido en los artículos 26 y 257 de la Constitución, precisa que el proceso establecido en la Ley, constituye el instrumento fundamental para la realización de la justicia, y se regirá por los principios de simplicidad, eficacia, celeridad, economía, uniformidad, mediación y oralidad. No se sacrificará a la justicia por la omisión de formalidad en lo esencial.

2. El derecho de acceso a la Justicia ante el Tribunal

El artículo 18, párrafo 2° , repitiendo lo establecido en el artículo 26 de la Constitución, precisa que toda persona tiene derecho a acceso al Tribunal Supremo de Justicia en cualesquiera de sus Salas, para hacer valer sus derechos e intereses, incluso los colectivos o difusos, a la tutela efectiva de los mismos y a obtener con prontitud la decisión correspondiente.

3. La obligación de asistencia de abogado

El artículo 18, párrafo 4° de la Ley, repitiendo lo establecido en la Ley de Abogados, establece la exigencia para todas las personas que pretendan actuar en cualquiera de las Salas del Tribunal Supremo de Justicia, que estén asistidos jurídicamente de abogados. Agrega la norma, sin embargo, que dichos abogados deben tener un mínimo de 5 años de graduado "y dar cumplimiento a los requisitos previstos en el ordenamiento jurídico".

---

196. *Revista de Derecho Público*, N° 32, Editorial Jurídica Venezolana, Caracas 1987, p. 132.

La exigencia de un número de años de graduado que se impone para que los abogados puedan actuar ante las Salas del Tribunal Supremo de Justicia, sin duda, viola el derecho a la igualdad y no discriminación que garantiza el artículo 21 de la Constitución.

4. El principio dispositivo en el proceso y la ampliación de la posibilidad de actuación de oficio por parte del Tribunal Supremo

El artículo 18, párrafo 7° de la Ley establece el principio de que el Tribunal Supremo de Justicia debe conocer de los asuntos que le competen, a instancia de parte interesada. La excepción al principio, sin embargo, conforme a la misma norma, desafortunadamente se reguló sin tener en cuenta el principio de la reserva legal, porque en la misma se dispuso que no obstante dicho principio, el Tribunal y sus Salas pueden actuar de oficio, no sólo en los casos contemplados en la propia Ley Orgánica como se establecía en el artículo 82 de la Ley derogada[197], sino "cuando así lo amerite". Esto, lamentablemente, deja a la libre apreciación de los Magistrados del Tribunal Supremo la posibilidad sin límites de actuación de oficio.

5. Sobre las decisiones del Tribunal Supremo

Conforme al artículo 20, párrafo 7 de la ley, las decisiones que adopte el Tribunal Supremo de Justicia se materializarán en los juicios que conozca mediante autos, sentencias o notas de Secretaría, y las que tome en otros asuntos, a través de acuerdos o resoluciones[198].

6. Sobre las medidas cautelares

De acuerdo con el artículo 19, párrafo 11° de la Ley, en cualquier estado y grado del proceso las partes pueden solicitar, y el Tribunal Supremo de Justicia puede acordar, *aun de oficio*, las medidas cautelares que estimen pertinentes para resguardar la apariencia de buen derecho invocada y garantizar las resultas del juicio, siempre que dichas medidas no prejuzguen sobre la decisión definitiva.

7. Los medios alternos de solución de conflictos

El artículo 18, párrafo 5° de la Ley, siguiendo lo prescrito en los artículos 253 y 258 de la Constitución, reafirma que los "medios alternos a la solución de conflictos pueden utilizarse en cualquier grado y estado del proceso, salvo que se trate de materia de orden público, o aquéllas no susceptibles de transigir o convenir de conformidad con la ley".

---

197 Sustituye el artículo 82 LOCSJ: Artículo 82. La Corte conocerá de los asuntos de su competencia a instancia de parte interesada, salvo en los casos en que pueda proceder de oficio de acuerdo con la Ley.

198 Sustituye el artículo 56 LOCSJ, con texto similar.

La misma norma se repite textualmente en el artículo 19, párrafo 15° de la ley, ala reafirmar que las partes pueden emplear "medios alternos de resolución de conflictos, en cualquier grado y estado del proceso, salvo que se trate de materias de orden público o aquéllas no susceptibles de transigir o convenir, de conformidad con la ley".

8. La responsabilidad de los jueces del Tribunal Supremo

El artículo 18, párrafo 9° de la Ley Orgánica, siguiendo la orientación de lo dispuesto en los artículos de la Constitución 49 y 225 de la Constitución, ha establecido que los Magistrados, Jueces, Conjueces, Suplentes, Secretarios, Alguaciles y demás funcionarios y empleados al servicio del Tribunal Supremo de Justicia son responsables personalmente por inobservancia sustancial de las normas procesales, los errores, *ultrapetita*, recargo u omisiones injustificadas, denegación de justicia, parcialidad, la comisión de delito de cohecho y prevaricación en que incurran en el desempeño de sus funciones, sin perjuicio de las demás responsabilidades a que haya lugar, conforme al ordenamiento jurídico. El artículo 18, párrafo 10° agrega que queda a salvo el derecho del Estado de actuar administrativa y judicialmente contra dichos funcionarios y empleados judiciales; además, que la infracción a lo establecido en esta disposición será causal de suspensión o remoción, previo cumplimiento del procedimiento administrativo respectivo.

9. La extinción de la instancia (perención)

De acuerdo con lo dispuesto en el artículo 19, párrafo 16° de la Ley, la instancia se extingue de pleno derecho en las causas que hayan estado paralizadas por más de un año, *antes de la presentación de los informes*. Dicho término debe empezar a contarse a partir de la fecha en que se haya efectuado el último acto procesal. Transcurrido dicho lapso, dice la norma, el Tribunal Supremo de Justicia debe declarar consumada la perención *de oficio o a instancia de parte*, "la cual debe ser notificada a las partes, mediante un cartel publicado en un diario de circulación nacional". Luego de transcurrido un lapso de 15 días continuos se debe declarar la perención de la instancia[199].

Aparte de haber precisado con claridad que no puede operar la perención cuando la paralización por más de un año ocurra después del acto de informes, la norma ha sido calificada por la Sala Constitucional del Tribunal Supremo de Justicia en sentencia N° 1466 de 5 de agosto de 2004 (Caso: *José Manuel Vadell G.*) como "contradictoria y de imposible entendimiento", y como "absurda y carente de elemental lógica"; destacando que su última parte "crea una confusión tal que no permite establecer su inteligencia y hacer aplicativo lo que pareciera haber sido la intención del precepto". La Sala, en efecto, destacó que "carecería de sentido que antes de que se declarase la perención fuese obligatorio que se ordenase la publicación de un cartel", toda vez que la norma es inequívoca cuando establece la extinción de la instancia de pleno derecho en las causas que hayan estado paralizadas por más de un año.

---

199 Sustituye el artículo 86 LOCSJ.

Además, consideró la Sala que en esa situación, no habría interesado alguno en pagar los costos de la publicación del cartel, razón por la cual resolvió "abandonar" el criterio establecido en los fallos N° 1.379 y 1.265/2004 en los cuales había ordenado "tal publicación en un esfuerzo por hacer aplicativa la norma (N° 1.245/2004)".

En fin, tomando en consideración "la ambigüedad y oscuridad de la norma", la Sala Constitucional consideró "imperativo, de conformidad con lo dispuesto en el artículo 19 del Código Civil, arbitrar una solución a la institución de la perención de la instancia de las causas que cursan ante el Tribunal Supremo de Justicia"; lo que hizo disponiendo lo siguiente:

> En tal sentido, la Sala acuerda desaplicar por ininteligible la disposición contenida en el párrafo quince del artículo 19 de la novísima Ley Orgánica del Tribunal Supremo de Justicia, que pareciera obedecer a un *lapsus calamis* del Legislador y, en atención a lo dispuesto en el aludido artículo 19 del Código Civil, acuerda aplicar supletoriamente el Código de Procedimiento Civil, de carácter supletorio, conforme a lo dispuesto en el primer aparte del artículo 19 de la Ley Orgánica del Tribunal Supremo de Justicia, en lo relativo a la perención de la instancia.

Dicho precepto legal previene, en su encabezamiento, lo siguiente:

> "*Toda instancia se extingue por el transcurso de un año sin haberse ejecutado ningún acto de procedimiento por las partes. La inactividad del Juez después de vista la causa, no producirá la perención*".
>
> En consecuencia, por cuanto el anterior precepto regula adecuada y conveniente la institución que examinamos, el instituto procesal de la perención regulado en el Código de Procedimiento Civil, cuando hubiere lugar a ello, será aplicado a las causas que cursen ante este Alto Tribunal cuando se dé tal supuesto. Así se decide.

Lamentablemente, al tratar de resolver un "*lapsus calamis*" del Legislador, la Sala Constitucional incurrió en otros: no identificó el artículo del Código de Procedimiento Civil que ordenó aplicar supletoriamente, que es el artículo 267; se fundamentó sin sentido alguno, para la aplicación de dicha norma supletoriamente, en el "artículo 19 del Código Civil", que cita dos veces, cuando éste en realidad se refiere a las personas jurídicas; identificó la parte del artículo 19 que analizó, como párrafo quince (15°) del artículo 19 de la Ley Orgánica, cuando en realidad es el párrafo 16° (podría ser el *aparte* 15° del artículo); hizo referencia al "primer aparte del artículo 19 de la Ley Orgánica" cuando para ser coherentes, debió identificarlo como párrafo 2° del artículo 19; y al acordar desaplicar el mencionado párrafo 16°, en su texto completo, "suspendió" la disposición que buscaba impedir que pudiera operar la perención y se pudiera extinguir la instancia de pleno derecho en las causas que pudieran estar paralizadas por más de un año, *después* de la presentación de los informes.

Por otra parte, se debe destacar que como lo indica el artículo 19, párrafo 17°, la perención de la instancia no se puede declarar en los procesos que comprenda materia ambiental o penal, cuando se trate de acciones dirigidas a sancionar los delitos contra los derechos humanos, o contra el patrimonio público, o contra el tráfico de estupefacientes o sustancias psicotrópicas. El incumplimiento a la presente obligación será considerado como falta grave de los Magistrados que integran la Sala y que declararon con lugar la perención pudiendo ser sancionados con la remoción del cargo.

Por último, de acuerdo con el artículo 19, párrafo 18°, el desistimiento de la apelación o la perención de la instancia deja firme la sentencia apelada o el acto recurrido, salvo que esto violente normas de orden público y por disposición de la ley; corresponde al Tribunal Supremo de Justicia el control de la legalidad de la decisión o acto impugnado[200].

10. Las normas reguladoras del procedimiento ante el Tribunal Supremo y el carácter supletorio del Código de Procedimiento Civil

El artículo 18, párrafo 6° de la Ley establece el principio de que "Las acciones o recursos que se tramiten ante el Tribunal Supremo de Justicia se realizarán de acuerdo con los procedimientos establecidos en los códigos y leyes nacionales, con excepción de los previstos en la presente Ley"[201]. Esta norma redactada en forma bien confusa, debe deducirse que lo que quiso establecer fue que los procedimientos establecidos en la Ley Orgánica debían aplicarse en la tramitación de las acciones y recursos ante el Tribunal Supremo, y que sólo en caso de no establecerse regulación expresa en la misma, entonces regirían los códigos y leyes nacionales.

El mismo principio se regula nuevamente en el artículo 19, párrafo 2° de la Ley, cuando repitiendo lo que establecían los artículos 88, 107 y 127 de la derogada ley Orgánica del Tribunal Supremo de Justicia, establece que "Las reglas del Código de Procedimiento Civil regirán como normas supletorias en los procedimientos que cursen ante el Tribunal Supremo de Justicia"[202]. En los juicios en que sea parte la República, además, dispone el artículo 21, párrafo 1° de la Ley, "supletoriamente se aplicará lo contenido en las normas del procedimiento ordinario, salvo lo establecido en esta Ley".

Sin embargo, cuando en el ordenamiento jurídico no se contemple un procedimiento especial a seguir, se podrá aplicar el que juzgue más conveniente para la realización de la justicia, siempre que tenga su fundamento jurídico legal (Art. 19, párrafo 2°).

Por último, el artículo 19, párrafo 3° dispone que "Las acciones o recursos no contenidos en la presente Ley se tramitarán de acuerdo con los procedimientos establecidos en los códigos y demás leyes del ordenamiento jurídico".

II. EL RÉGIMEN GENERAL DEL PROCEDIMIENTO APLICABLE EN LOS PROCESOS ANTE EL TRIBUNAL SUPREMO

La Sala Constitucional del Tribunal Supremo, en sentencia N° 1645 de 19 de agosto de 2004 (Caso: *Gregorio Pérez Vargas, Impugnación Constitución Federal del Estado Falcón*), al comentar sobre la derogación de la antigua Ley Orgánica de la Corte Su-

---

200 Sustituye el artículo 87 LOCSJ, con texto similar.

201 Sustituye el artículo 81 LOCSJ, con texto similar.

202 Los artículos correspondientes de la LOCSJ derogada establecían: Artículo 88. Las reglas del Código de Procedimiento Civil regirán como normas supletorias en los procedimientos que cursen ante la Corte. Artículo 107. Las reglas del Código de Procedimiento Civil respecto de los medios de prueba, admisión y evacuación de las mismas, regirán en este procedimiento, con las limitaciones establecidas en esta Ley. Art. 127....Las reglas del Código de Procedimiento Civil respecto de los medios de prueba, admisión y evacuación de las mismas, regirán en este procedimiento en cuanto sean aplicables y salvo lo dispuesto en esta Ley.

prema de Justicia por la nueva ley Orgánica del Tribunal Supremo de Justicia y sus efectos procesales, estableció que:

> Esa derogación no deja de producir una situación curiosa, pues los aspectos procesales constituían en la ley derogada una regulación provisional, a la espera de la ley sobre el contencioso constitucional y el contencioso administrativo, pero resulta que la nueva ley tiene la misma vocación de provisionalidad, en virtud de que se sigue a la espera de la normativa procesal concreta. Dos leyes aparentemente organizativas se convierten así en verdadera legislación adjetiva, si bien es deseo de esta Sala una mayor prontitud en la sanción de un cuerpo jurídico coherente, expresamente destinado a reglar los siempre complejos asuntos procedimentales, dejando en el pasado el triste ejemplo de una provisionalidad que excedió los veinticinco años[203].

Ahora bien, teniendo en cuenta ese carácter de provisionalidad, a continuación expondremos las líneas generales del procedimiento aplicable en los procesos ante el Tribunal Supremo. Se advierte, sin embargo, que en relación con los juicios de nulidad de actos estatales, que se analizan más adelante[204], en la antes mencionada sentencia N° 1645 de 19 de agosto de 2004, la Sala Constitucional "estableció" un conjunto de normas procesales, como un acto oral al cual deben ser convocadas las partes, no regulado expresamente en la Ley.

1. Inicio del procedimiento: Las demandas, recursos y solicitudes

A. Los requisitos de la demanda, recursos y solicitudes

Conforme al artículo 18, párrafo 8° de la Ley Orgánica, en todas las demandas o solicitudes que se dirijan al Tribunal Supremo de Justicia debe indicarse la Sala a la que corresponde el conocimiento del asunto. Sin embargo, la omisión de este requisito o la indicación incorrecta de la Sala, no impedirá que se remita a la Sala competente[205].

B. La presentación

Conforme al artículo 19, párrafo 1°, de la Ley Orgánica, el demandante puede presentar su demanda, solicitud o recurso, con la documentación anexa a la misma, ante el Tribunal Supremo de Justicia o ante cualquiera de los tribunales competentes por la materia, que ejerza jurisdicción en el lugar donde tenga su residencia, cuando su domicilio se encuentre fuera del Distrito Capital. En este último caso, el tribunal que lo reciba debe dejar constancia de la presentación al pie de la demanda y en el Libro Diario, y debe remitir al Tribunal Supremo de Justicia el expediente debidamente foliado y sellado, dentro de los 3 días hábiles siguientes[206].

---

203 Expediente 04-0824
204 *V.*, en páginas 253 y ss.
205 Sustituye el Artículo 83 LOCSJ, con texto similar.
206 Sustituye el artículo 85 LOCSJ, con texto similar.

C. La información sobre la demanda (la cuenta) y su remisión al Juzgado de Sustanciación

El artículo 19, párrafo 4° de la Ley Orgánica exige que en la misma audiencia en que se dé cuenta de la demanda, recurso o solicitud al Presidente de la Sala, este debe disponer su remisión al Juzgado de Sustanciación junto con los anexos correspondientes. En los procesos contenciosos para la solución de controversias, el artículo 21, párrafo 24 insiste en el mismo trámite así: "En la misma audiencia en que se dé cuenta de la demanda, el Presidente del Tribunal Supremo de Justicia deberá remitirla al Juzgado de Sustanciación, junto con los anexos que la acompañen"[207].

2. El procedimiento ante el Juzgado de Sustanciación

A. El régimen general de la admisibilidad

a. *Competencia del Juzgado de Sustanciación*

La competencia para decidir sobre acerca de la admisión o inadmisibilidad de la demanda o recurso, conforme al artículo 19, párrafo 5° de la Ley, corresponde al Juzgado de Sustanciación, el cual debe decidir mediante auto motivado, dentro de los tres 3 días hábiles siguientes al recibo del expediente[208].

b. *Causales generales de inadmisibilidad*

El artículo 19, párrafo 6° de la Ley establece las siguientes causales generales de inadmisibilidad de las demandas, solicitudes o recursos[209]:

---

207 Sustituye los artículos 114 y 139 LOCSJ, con texto similar.

208 Sustituye los siguientes artículos LOCSJ: Artículo 115. El Juzgado de Sustanciación decidirá acerca de la admisión de la solicitud dentro de las tres audiencias siguientes a la del recibo del expediente. El auto que declare inadmisible la demanda será motivado y sólo podrá fundarse en alguna de las causales señaladas en los ordinales 1°, 2°, 3°, 4°, primera parte del 5°, 6° y 7° del artículo 84 o en la cosa juzgada. Contra dicho auto podrá apelarse dentro de las cinco audiencias siguientes. Artículo 105. El Juzgado de Sustanciación decidirá acerca de la admisión de la demanda, dentro de las tres audiencias siguientes a la del recibo del expediente. El auto que declare inadmisible la demanda será motivado y sólo podrá fundarse en alguna de las causales señaladas en el artículo 84 o en la cosa juzgada. Contra dicho auto podrá apelarse dentro de las cinco audiencias siguientes.

209 Sustituye los siguientes artículos LOCSJ: Artículo 84. No se admitirá ninguna demanda o solicitud que se intente ante la Corte: 1.- Cuando así lo disponga la Ley; 2.- Si el conocimiento de la acción o el recurso compete a otro tribunal; 3.- Si fuere evidente la caducidad de la acción o del recurso intentado; 4.- Cuando se acumulen acciones que se excluyan mutuamente o cuyos procedimientos sean incompatibles; 5.- Cuando no se acompañen los documentos indispensables para verificar si la acción es admisible; o no se haya cumplido el procedimiento administrativo previo a las demandas contra la República; 6.- Si contiene conceptos ofensivos o irrespetuosos o es de tal modo ininteligible o contradictoria que resulte imposible su tramitación; 7.- Cuando sea manifiesta la falta de representación que se atribuya el actor. Del auto por el cual el Juzgado de Sustanciación declare inadmisible la demanda o solicitud, podrá apelarse para ante la Corte o la Sala respectiva dentro de las cinco audiencias siguientes. En los casos de impugnación de actos administrativos de efectos particulares, la LOCSJ establecía: Artículo 124. El Juzgado de Sustanciación no admitirá el recurso de nulidad: 1.- Cuando sea manifiesta la falta de cualidad o interés del recurrente; 2.- Cuando el recurrente no hubiere agotado la vía administrativa; 3.- Cuando exista un recurso paralelo; 4.- Cuando concurra alguna de las circunstancias señaladas en los ordinales 1°, 2°, 3°, 4°, 6° y 7° del artícu-

-cuando así lo disponga la ley;

-si el conocimiento de la acción o recurso compete a otro tribunal;

-si fuere evidente la caducidad o prescripción de la acción o recurso intentado. Para la impugnación de los actos de efectos particulares la Ley Orgánica establece un lapso de caducidad de 6 meses (Art. 21, párrafo 21°), y en cuanto a las demandas contra los entes públicos, rigen los lapsos de prescripción del derecho común.

-cuando se acumulen acciones o recursos que se excluyan mutuamente o cuyos procedimientos sean incompatibles;

-cuando no se acompañen los documentos indispensables para verificar si la acción o recursos es admisible;

-cuando no se haya cumplido el procedimiento administrativo previo a las demandas contra la República, de conformidad con la Ley Orgánica de la Procuraduría General de la República (Art. 21, párrafo 1°). La Ley Orgánica eliminó el requisito del agotamiento de la vía administrativa (recursos administrativos) como condición de admisibilidad de las acciones de nulidad contra los actos administrativos de efectos particulares[210].

-si contiene conceptos ofensivos o irrespetuosos;

-es de tal modo ininteligible que resulte imposible su tramitación;

-cuando sea manifiesta la falta de representación o legitimidad que se atribuya al demandante, recurrente o accionante; o

-en la cosa juzgada.

c. *Apelación ante la Sala*

Del auto por el cual se declare inadmisible la demanda, recurso o solicitud, puede apelarse por ante la Sala respectiva, dentro de los tres (3) días hábiles siguientes (Art. 19, párrafo 5°).

B. La etapa probatoria

a. *Los medios probatorios limitados*

El artículo 19, párrafo 12° de la Ley dispone, en general, que en los procedimientos que se tramiten ante el Tribunal Supremo de Justicia sólo se admitirán como medios probatorios la experticia, la inspección judicial[211], incluyendo aquellos documentos que formen parte de los archivos de la Administración Pública, cuando haya constancia que la prueba que de ellos se pretende deducir no puede llevarse de otro modo a los autos las posiciones juradas y los instrumentos públicos o privados.

---

lo 84 de esta Ley o en la primera parte del artículo 5° del mismo artículo. El auto que declare inadmisible la demanda será motivado y contra el mismo podrá apelarse, para ante la Sala, dentro de las cinco audiencias siguientes..

210 El requisito del agotamiento de la vía administrativa como condición de admisibilidad de la acción, había sido considerado por la Corte Primera de lo Contencioso, como contrario a la Constitución. *V.*, en *Revista de Derecho Público*, N° 82, Editorial Jurídica Venezolana, Caracas 2000, pp. 448 y ss.

211 Sustituye el artículo 90 LOCSJ: Sin perjuicio de lo dispuesto en otras leyes, podrá acordarse inspección ocular sobre determinados planos o documentos que formen parte de los archivos de la Administración Pública, si hay constancia de que la prueba que de ellos pretenda deducirse no puede traerse de otro modo a los autos.

Sin embargo, las autoridades y los representantes legales de la República no están obligados a absolver posiciones, pero contestarán por escrito las preguntas que, en igual forma, les hicieren el Juez o la Jueza o la contraparte sobre hechos de que tengan conocimiento personal y directo[212].

b. *La admisión y negación de las pruebas y la apelación*

Contra los autos que niegue la admisión de pruebas se oirá apelación en ambos efectos, y contra los autos que las admitan se oirá en un solo efecto. Las mismas podrán presentarse en forma oral o escrita (artículo 19, párrafo 12°)[213].

c. *El término de distancia*

De acuerdo con el artículo 19, párrafo 29°, el término de la distancia debe ser fijado en cada caso, conforme lo dispone el artículo 205 del Código de Procedimiento Civil, salvo lo dispuesto en leyes procesales especiales[214].

C. El régimen general de la apelación de las decisiones del Juzgado de Sustanciación

El artículo 19, párrafo 14° de la Ley, establece el principio general de que contra las decisiones del Juzgado de Sustanciación se oirá apelación en un solo efecto, en el lapso de 3 días hábiles a partir de la fecha de su publicación[215].

El Tribunal Supremo de Justicia o las Salas podrán confirmarlas, reformarlas o revocarlas, en el lapso de 15 días hábiles contados desde la presentación de la apelación. Quedan a salvo los lapsos previstos en disposiciones especiales, siempre que éstos sean más favorables para las partes.

3. La continuación del procedimiento ante la Sala

A. Oportunidad de la devolución del expediente a la Sala

Conforme al artículo 19, párrafo 13°, cuando quede firme el auto que declare inadmisible las pruebas, concluya la evacuación de las pruebas admitidas o termine el lapso de evacuación, el Juez de Sustanciación debe devolver el expediente a la Sala, a fin de que continúe el procedimiento.

Esta norma se repite en el artículo 19, párrafo 22°, al disponer que

---

212 Sustituye el artículo 89 LOCSJ, con texto similar.

213 Sustituye los artículos 92, 108 LOCSJ, con texto similar. También sustituye el artículo 128: No hay apelación contra el auto de admisión de pruebas y se oirá en ambos efectos el recurso contra el que niegue la admisión de alguna de ellas.

214 Sustituye el artículo 100 LOCSJ.

215 Sustituye el artículo 97 LOCSJ, con texto similar.

"Cuando quede firme el auto que declare inadmisible las pruebas o termine el lapso de evacuación de pruebas, o se decida el asunto conforme al párrafo anterior", el Juez del Juzgado de Sustanciación debe devolver el expediente a la Sala respectiva, la cual debe fijar la hora en que serán presentados los informes, dentro de los 5 días hábiles siguientes, de acuerdo con las formalidades previstas en el presente artículo. El acto de informes se llevará a cabo en los términos previstos en el presente artículo[216].

B. La designación del ponente para la decisión

En la audiencia en que se dé cuenta de un expediente remitido por el Juzgado de Sustanciación, a los fines de la continuación del juicio, tal como lo dispone el artículo 19, párrafo 7°, se debe designar un Magistrado ponente conforme al procedimiento previsto en el artículo 20 de la Ley[217]. El Magistrado Ponente debe dar inicio a la relación de la causa dentro de los 3 días hábiles siguientes[218].

De acuerdo con el artículo 20, párrafo 10, en los asuntos sometidos a conocimiento del Tribunal Supremo de Justicia, el Presidente de la Sala respectiva, debe designar un Magistrado ponente, dentro de los 3 días hábiles siguientes, contados a partir de la admisión de la demanda. El artículo 21, párrafo 15° , en relación con los juicios de nulidad (procesos constitucionales y contencioso administrativos) repite esta exigencia de designación de un Magistrado Ponente, "vencido el período de pruebas, en caso de que fuere solicitado o expirado el lapso previsto para promover, cuando no sea necesario evacuarlas", conforme al procedimiento contemplado en el artículo 20 de la Ley.

Las ponencias deben ser asignadas en estricto orden cronológico, de acuerdo con la fecha y hora de presentación de las respectivas actuaciones.

El Presidente de cada Sala, conforme lo dispone el artículo 20, párrafo 2°, debe actuar como Magistrado ponente en aquellas causas que le correspondan, y en los asuntos que él mismo se reserve. En este último caso, la decisión se debe adoptar por auto motivado que contemple las causas que justifiquen la ruptura del orden cronológico de asignación de ponencias[219].

C. Asuntos para mejor proveer

En el artículo 19, párrafo 28° de la ley, se señala que "durante la cuenta, el Presidente de la Sala podrá reservar algunos asuntos para mejor proveer, dentro del término de diez (10) días hábiles, cuando así lo exijan las circunstancias del caso"[220].

D. La relación de la causa y su primera etapa.

La relación de la causa conforme al artículo 19, párrafo 8° de la Ley, consiste en el estudio individual o colectivo del expediente por los Magistrados que conformen el Tri-

216 Sustituye el artículo 109 LOCSJ.
217 Sustituye el artículo 62 LOCSJ, con texto similar.
218 Sustituye el artículo 93 LOCSJ, con texto similar.
219 Sustituye el artículo 63 LOCSJ, con texto similar.
220 Sustituye el artículo 99 LOCSJ, con texto similar.

bunal Supremo de Justicia o la Sala que esté conociendo del asunto. La fecha en que comience la relación de la causa debe hacerse constar en el expediente[221].

La primera etapa de la relación de la causa se produce, consiguientemente, antes del acto de informes[222].

E. Los informes y el acto de informes

Tal como lo exige el artículo 19, párrafo 9°, luego de iniciada la relación de la causa, las partes deben presentar sus informes en forma oral, dentro de los 10 días hábiles siguientes, a la hora que fije el Tribunal Supremo de Justicia. Sobre esta norma, la Sala Constitucional, en sentencia N° 1645 del 19 de agosto de 2004 (Caso: *Gregorio Pérez Vargas, Impugnación de la Constitución federal del Estado Falcón*), ha destacado que

> Una de las innovaciones más relevantes en el ámbito judicial venezolano fue la disposición constitucional –de 1999– acerca de la oralidad en los procesos. Bastante se ha destacado ese particular, por lo que no es necesario insistir en su importancia. La experiencia, de hecho, se ha encargado de confirmar la celeridad que proporciona el método oral, amén de la sensación de cercanía entre partes y jueces.
>
> La Ley Orgánica del Tribunal Supremo de Justicia logró, pero sólo parcialmente, incorporar esa novedad. El artículo 19, párrafo 9, contiene la obligatoriedad de informes orales. Se abandonan así los informes escritos que preveía la ley derogada, la cual únicamente establecía la oralidad a instancia de parte. En el nuevo régimen la oralidad de los informes es la regla, sin admitir excepciones.

Ahora bien, al comenzar el acto de informes, el Presidente de la Sala respectiva debe señalar a las partes el tiempo de que disponen para exponer sus informes, y de igual modo, debe proceder si las partes manifestaren su deseo de hacer uso del derecho de réplica o contrarréplica.

Los informes constituyen la última actuación de las partes en relación con la materia litigiosa que sea objeto del juicio o de la incidencia que se trate (Art. 19, párrafo 9°)[223].

F. La segunda etapa de la relación de la causa

Conforme al artículo 19, párrafo 10° de la Ley, una vez realizado el acto de informes, debe comenzar una segunda etapa de la relación de la causa, que debe tener una duración de 20 días hábiles.

Dicho lapso puede ser prorrogado, por una sola vez, por el mismo tiempo, mediante auto razonado, cuando el número de piezas que conforma el expediente, la gravedad o complejidad del asunto u otras razones así lo impongan[224].

---

221 Sustituye el artículo 94 LOCSJ, con texto similar.

222 Sustituye el artículo 94 LOCSJ, con texto similar.

223 Sustituye los artículos 95 y 96 LOCSJ, con texto similar.

224 Sustituye el artículo 94 LOCSJ, con texto similar.

4. Las sesiones plenarias de la Sala y la decisión de la causa

A. Quórum de reunión y de decisión

De acuerdo con el artículo 2, párrafo 2° de la Ley, el quórum requerido para deliberar en Sala Plena y en cada una de las otras Salas, es por mayoría simple de los Magistrados que respectivamente la forman[225]. En cuanto al quórum de decisión, el artículo 2, párrafo 5° de la Ley precisa que para que sean válidas las decisiones del Tribunal Supremo de Justicia en Sala Plena o en cualquiera de sus Salas, se requiere el voto favorable de la mayoría simple de sus miembros[226]. Esta norma se repite en el artículo 20, párrafo 5° de la Ley, donde se establece que "para que sean válidas las decisiones se requiere el voto de la mayoría simple de los miembros de la Sala respectiva".

B. Las plenarias de las Salas

Dispone el artículo 20, párrafo 3° de la ley Orgánica, que el Presidente de la Sala debe convocar a todos los Magistrados que constituyan la Sala respectiva, por lo menos una vez a la semana, o cuantas veces sea necesario, a los fines de discutir y decidir los asuntos y proyectos de sentencia sometidos a su conocimiento; o para informar sobre el estado de los asuntos en que sean ponentes o para adoptar las medidas que requieran la celeridad de los procesos y el normal y eficaz funcionamiento del Tribunal Supremo de Justicia[227].

C. El informe de los Ponentes

Dispone el artículo 20, párrafo 4° de la Ley el Magistrado ponente debe informar a los demás Magistrados de la Sala respectiva, acerca de los puntos de hecho y de las cuestiones de derecho que suscite el estudio del asunto, proponer soluciones a los mismos, y someter oportunamente a la consideración de éstos un proyecto de decisión[228].

D. La presentación de ponencias y votación

El artículo 20, párrafo 5 de la Ley Orgánica exige que el Magistrado ponente debe presentar el proyecto de decisión a los demás Magistrados, quienes deben formular sus observaciones o manifestar su conformidad con el mismo, dentro de los 5 días hábiles siguientes.

En caso de que surjan observaciones al proyecto de decisión, el Magistrado ponente debe realizar las modificaciones formuladas que considere pertinentes, dentro de los 3 días hábiles siguientes. Al tercer día hábil siguiente, se debe volver a presentar el pro-

225 Sustituye el artículo 54 LOCSJ, con texto similar.

226 El artículo 55 LOCSJ establecía el voto de la mayoría absoluta de los miembros de la Sala.

227 Sustituye los artículos 58, 61 y 63 LOCSJ.

228 Sustituye los artículos 65 y 66 LOCSJ.

yecto de decisión corregido o los fundamentos que sostienen su criterio para mantener el proyecto original, para ser sometido a votación. El Presidente o Presidenta de la Sala será el último en votar.

En caso de empate, se debe suspender la deliberación y se debe convocar a una segunda reunión para el día hábil siguiente. Si el empate persiste, se debe suspender nuevamente la discusión y se debe convocar a otra reunión para el día hábil siguiente, a fin de adoptar la decisión definitiva. De continuar el empate, el voto del Presidente de la Sala respectiva será considerado doble.

El Magistrado que se encuentre en desacuerdo o disienta de la decisión, debe anunciar su voto salvado, que debe consignar por escrito en el que fundamente las razones, fácticas y jurídicas de su negativa, dentro de los 3 días hábiles siguientes. Este escrito debe ser firmado por todos los Magistrados de la Sala respectiva y se debe agregar a la sentencia[229].

En caso de que el proyecto no cuente con la aprobación de la mayoría de los miembros de la Sala, la ponencia debe reasignarse a otro Magistrado de la Sala correspondiente, conforme al trámite previsto, antes reseñado.

E. La publicación de la sentencia en la *Gaceta Oficial*

Tanto la decisión como el escrito que contempla el voto salvado de los Magistrados, se debe publicar con la firma de todos los Magistrados de la Sala, incluyendo los que hubieren salvado su voto, en el primer día hábil siguiente, en la *Gaceta Oficial de la República Bolivariana de Venezuela* (Art. 20, párrafo 6°)[230]. Se trata de una obligación general de publicación en la *Gaceta Oficial* de todas las sentencias que dicte el Tribunal Supremo.

III. LAS NORMAS ESPECÍFICAS COMUNES PARA EL PROCEDIMIENTO EN LOS PROCESOS CONSTITUCIONALES DE CONTROL CONCENTRADO DE CONSTITUCIONALIDAD Y LOS PROCESOS CONTENCIOSO ADMINISTRATIVO CONTRA LOS ACTOS ADMINISTRATIVOS

1. El objeto y los motivos de las acciones o recursos

De acuerdo con la Constitución y con las regulaciones de la Ley Orgánica, las leyes y demás actos estatales de rango o valor de ley es decir, actos estatales de ejecución directa e inmediata de la Constitución pueden impugnarse ante la Sala Constitucional del Tribunal Supremo, solicitándose su nulidad ante el mismo, por razones de inconstitucionalidad.

229 Sustituye los artículos 57 y 59 LOCSJ.
230 Sustituye el Artículo 60 LOCSJ, con texto similar.

Los actos administrativos, en cambio, por ser de rango sub legal, es decir, actos de ejecución directa e inmediata de la Legislación y de ejecución indirecta y mediata de la Constitución, pueden impugnarse ante las Salas Político-Administrativa y Electoral del Tribunal Supremo de Justicia solicitándose su nulidad, por razones tanto de inconstitucionalidad como de ilegalidad (Art. 21, párrafo 9°).

El artículo 21, párrafo 20° sin embargo, dispone que la infracción del artículo 137 de la Constitución, que establece que "Esta Constitución y la ley definen las atribuciones de los órganos que ejercen el poder público, a las cuales debe sujetarse su ejercicio", no puede invocarse como fundamento de la acción o del recurso a que se refieren los procedimientos relativos a las nulidades de los actos de efectos generales y particulares, sino cuando otra disposición de aquélla haya sido directamente infringida por el acto cuya nulidad se solicita. Se repitió, así, la limitación que establecía la Ley de 1976 para exigir precisión en las normas constitucionales atributivas de competencia que se alegan violadas[231].

Debe señalarse, además, como se ha señalado anteriormente, que el artículo 21, párrafo 2° de la Ley, establece la posibilidad de que se intenten demandas de nulidad por ilegalidad o inconstitucionalidad contra contratos, convenios o acuerdos celebrados por los organismos públicos nacionales, estadales, municipales o del Distrito Capital, cuando afecten los intereses particulares o generales, legítimos, directos, colectivos o difusos de los ciudadanos y ciudadanas. A diferencia de la norma equivalente de la Ley de 1976[232], se omitió en la Ley de 2004 la indicación del procedimiento aplicable[233].

Ahora bien, como se ha dicho, una de las innovaciones de la Ley Orgánica ha sido la uniformización del procedimiento en los casos de impugnación de actos estatales, de manera que los procesos constitucionales y los contencioso administrativos tienen un mismo procedimiento. Como lo ha reconocido la Sala Constitucional en la citada sentencia N° 1645 de 19 de agosto de 2004:

> Los dos procedimientos principales que contenía la Ley Orgánica de la Corte Suprema de Justicia eran el concebido para tramitar la demanda de anulación de actos de efectos generales y el establecido para el caso de la impugnación de actos de efectos particulares.
>
> La ley vigente eliminó esa distinción, estableciendo reglas comunes, salvo aspectos sólo aplicables a un caso (como la petición de antecedentes administrativos) y dejando también a salvo la existencia de ciertas especificidades (como la legitimación y los plazos, más restringidos, como es natural, para la demanda contra actos individuales).

---

231 Sustituye el artículo 133 LOCSJ, con texto similar.

232 Sustituye el artículo 111 LOCSJ, con texto similar.

233 La ubicación de la norma al comienzo del artículo 21, el cual está destinado básicamente a regular el procedimiento en los casos de demandas contra los entes públicos, podría crear confusión y conducir a que se pueda interpretar que en estos casos, se debería seguir dicho procedimiento. Sin embargo, el carácter de acción popular que ahora tiene la impugnación en ese caso de contratos o convenios (Artículo 21, párrafo 2°), permite interpretar que debe seguirse el procedimiento para el caso de impugnación de los otros actos estatales por las mismas razones de ilegalidad e inconstitucionalidad.

2. La legitimación activa

La legitimación activa para iniciar los procesos constitucionales de control concentrado de constitucionalidad de actos estatales y los procesos contencioso-administrativos de nulidad de los actos administrativos, varía según el objeto o acto impugnado.

Conforme al artículo 21, párrafo 9° de la Ley Orgánica[234], en los casos en que se impugne una *ley, un reglamento, una ordenanza u otro acto administrativo de efectos generales* emanado de alguno de los órganos del Poder Público Nacional, Estadal o Municipal, la legitimación activa corresponde a "toda persona natural o jurídica, que sea afectada en sus derechos o intereses". Se regula, así la acción popular tanto para demandar la inconstitucionalidad de leyes como la inconstitucionalidad e ilegalidad de actos administrativos normativos o de efectos generales.

En cambio, si lo que se impugna es un acto administrativo de efectos particulares, la legitimación corresponde a quienes "tengan interés personal, legítimo y directo" en el acto impugnarlo.

El Fiscal General de la República y demás funcionarios a quienes las leyes les atribuyen tal facultad, como el Defensor del Pueblo (Art. 281,3), también pueden solicitar la nulidad del acto, cuando éste afecte un interés general.

Debe destacarse por último, que en los casos de demandas de nulidad, por ilegalidad o inconstitucionalidad de contratos, convenios o acuerdos celebrados por los organismos públicos nacionales, estadales, municipales o del Distrito Capital, el artículo 21, párrafo 2° de la ley otorga la legitimación activa a "toda persona natural o jurídica, o el Fiscal General de la República o el Defensor del Pueblo", cuando afecten los intereses particulares o generales, legítimos, directos, colectivos o difusos de los ciudadanos y ciudadanas. Ello configurar esta acción como una acción popular.

3. Lapso para la interposición de la acción y la excepción de ilegalidad

De acuerdo con el artículo 21, párrafo 21° de la ley Orgánica las acciones o recursos de nulidad contra los actos generales del Poder Público podrán intentarse en cualquier tiempo; es decir, se establece la el principio general de la imprescriptibilidad de la acción, la cual, además, es una acción popular.

En cambio, las acciones contencioso administrativas dirigidas a anular los actos particulares de la Administración:

234 Sustituye los siguientes artículos LOCSJ: Artículo 112. Toda persona natural o jurídica plenamente capaz, que sea afectada en sus derechos o intereses por ley, reglamento, ordenanza u otro acto de efectos generales emanado de alguno de los cuerpos deliberantes nacionales, estadales o municipales o del Poder Ejecutivo Nacional, puede demandar la nulidad del mismo, ante la Corte, por razones de inconstitucionalidad o de ilegalidad, salvo lo previsto en las Disposiciones Transitorias de esta Ley. Artículo 121. La nulidad de actos administrativos de efectos particulares podrá ser solicitada sólo por quienes tengan interés personal, legítimo y directo en impugnar el acto de que se trate. El Fiscal General de la República y demás funcionarios a quienes la Ley atribuya tal facultad, podrán también solicitar la nulidad del acto, cuando éste afecte un interés general.

> [C]aducarán en el término de seis (6) meses, contados a partir de su publicación en el respectivo órgano oficial, o de su notificación al interesado, si fuere procedente y aquélla no se efectuare, o cuando la administración no haya decidido el correspondiente recurso administrativo en el término de noventa (90) días continuos, contados a partir de la fecha de interposición del mismo.

La norma agrega que cuando el acto impugnado sea de efectos temporales, el recurso de nulidad caducará a los 30 días.

Ahora bien, esta norma recoge los mismos principios que estaban establecidos en la Ley de 1976[235], constituyendo la única novedad, el intento de precisión de los efectos del silencio administrativo en la decisión de recursos administrativos a los efectos de establecer el lapso de caducidad de la acción contencioso administrativa. La forma cómo quedó la redacción del texto trascrito, sin embargo, no resuelve claramente lo que se quiso regular. Deducimos que lo que se quiso expresar en el artículo es que el lapso de caducidad de 6 meses para intentar la acción contencioso administrativa, cuando se ha intentado contra el acto lesivo un recurso administrativo, comienza a contarse al vencerse el lapso de 90 días que tiene la Administración para decidir los recursos administrativos.

La norma reitera el principio general que establecía la Ley de 1976, en el sentido de que en todo caso de caducidad del recurso, la ilegalidad del acto siempre podrá oponerse siempre por vía de excepción, salvo disposiciones especiales.

4. Requisitos de la demanda

El artículo 21, párrafo 10° de la ley exige que la demanda indique con toda precisión el acto impugnado, las disposiciones constitucionales o legales cuya violación se denuncie y las razones de hecho y de derecho en que se funde la acción.

Si la nulidad se concreta a determinados artículos, a ellos se debe hacer mención expresa en la solicitud, indicándose respecto de cada uno la motivación pertinente, o si se refiere a un acto administrativo, se deben indicar los aspectos formales del mismo.

A la demanda se debe acompañar un ejemplar o copia del acto impugnado, el instrumento que acredite el carácter con que actúe el demandante, si no lo hace en nombre propio, y cualesquiera otros documentos que considere necesarios para hacer valer sus derechos[236].

---

235 Sustituye el artículo 134 LOCSJ: Las acciones o recursos de nulidad contra los actos generales del Poder Público podrán intentarse en cualquier tiempo, pero los dirigidos a anular actos particulares de la Administración, caducarán en el término de seis meses contados a partir de su publicación en el respectivo órgano oficial, o de su notificación al interesado, si fuere procedente y aquélla no se efectuare. Sin embargo, aún en el segundo de los casos señalados, la ilegalidad del acto podrá oponerse siempre por vía de excepción, salvo disposiciones especiales. El interesado podrá intentar el recurso previsto en el artículo 121 de esta Ley, dentro del término de seis meses establecidos en esta disposición, contra el acto recurrido en vía administrativa, cuando la Administración no haya decidido el correspondiente recurso administrativo en el término de noventa días consecutivos a contar de la fecha de interposición del mismo. Cuando el acto impugnado sea de efectos temporales, el recurso de nulidad caducará a los treinta días.

236 Sustituye el artículo 113 LOCSJ: En el libelo de demanda se indicará con toda precisión el acto impugnado, las disposiciones constitucionales o legales cuya violación se denuncie y las razones de hecho y de derecho en que se funde la acción. Si la nulidad se concreta a determinados artículos, a ellos se hará mención expresa en la solicitud indicándose respecto de cada uno la motivación pertinente. Junto con dicho escrito el solicitante acompañará un ejemplar o copia del acto impugnado, el instrumento que acredite el carácter con que actúe, si no lo hace en

5. Las normas procesales específicas

El procedimiento en los procesos constitucionales y contencioso- administrativos se rige en general, por las normas procesales generales antes analizadas, con las siguientes regulaciones específicas, muchas de las cuales, como se analizará en sus diversas partes, han sido "establecidas" por la Sala Constitucional en la sentencia citada N° 1645 del 19 de agosto de 2004 (Caso: *Gregorio Pérez Vargas, Impugnación de la Constitución Federal del Estado Falcón*). En dicha sentencia, y a los efectos del procedimiento que estableció aplicable a los juicios iniciados mediante demandas intentadas con posterioridad a esa fecha, la Sala Constitucional justificó su establecimiento con los siguientes razonamientos:

> Para la Sala, el procedimiento establecido cumple con los requerimientos de todo proceso: oral, pues las partes exponen sus planteamientos sin necesidad de escritos, si bien todo quedará debidamente asentado en acta; concentración, pues se eliminan trámites innecesarios y se condensan en una sola oportunidad todos los aspectos relacionados con la fijación de los términos de la controversia y las pruebas, quedando la Sala en disposición para dictar una pronta decisión; e inmediación, pues las partes exponen directamente sus pretensiones ante los jueces.
>
> De esa manera, el procedimiento queda considerablemente simplificado, sin que en nada se trastoque el espíritu del legislador. La Sala, con ocasión del vacío dejado acerca de la comparecencia de los citados y la oportunidad para la solicitud de lapso probatorio, ha efectuado una integración de las normas, basada en la analogía y en la aplicación de los principios constitucionales y legales en materia procesal.

En fin, ha señalado la Sala, que el procedimiento establecido en la sentencia, como se verá a continuación,

> [M]antiene todas las fases imprescindibles del juicio, con la ventaja de permitir a las partes exponer directamente a los Magistrados sus planteamientos y a ellos resolverlos sin necesidad de dilación. Por lo general, las defensas previas son de fácil resolución, como también lo es lo relacionado con la admisión de los terceros y de las pruebas. Nada justifica que aspectos que pueden ser decididos de inmediato deban esperar. El procedimiento escrito, del que se ha apartado el Texto Fundamental de manera expresa, da pie a los retrasos, pues los jueces no reciben de inmediato la solicitud y no se ven compelidos a actuar con prontitud; la presencia de los justiciables obliga a actuar con celeridad, dejando a salvo, como no podría ser de otra forma, los casos en que la Sala considere que debe tomar un tiempo para el estudio más detenido[237].

---

nombre propio, y los documentos que quiera hacer valer en apoyo de su solicitud. El Artículo 122 LOCSJ que regulaba el *solve et repete* fue derogado. Rezaba así: La solicitud deberá ser presentada por escrito en la forma indicada en el artículo 113 de esta Ley. Cuando la Ley exija como condición para admitir algún recurso contra el acto, que el interesado pague o afiance el pago de una cantidad líquida, deberá presentarse también constancia de que se ha dado cumplimiento a dicho requisito a menos que la misma ya haya sido agregada al expediente administrativo, en cuyo caso así se hará constar en la solicitud.

237 El Magistrado Pedro Rafael Rondón Haaz concurrió con la mayoría sentenciadora respecto del fallo, con las siguientes razones: "Aunque se comparte tanto la solución del caso concreto como algunas de las consideraciones de la decisión anterior por ejemplo las que guardan relación con la declaratoria de mero derecho en los juicios de nulidad de actos de ejecución directa de la Constitución, quien concurre estima que la mayoría excedió el propósito integrador de la jurisprudencia para la solución de los problemas de adaptación a la Constitución de leyes preconstitucionales y de lagunas normativas, que es lo que ha venido haciendo la Sala. En este sentido, linda, al menos, con violación a la reserva legal y al principio de separación de poderes el que la Sala Constitucional, so pretexto de llenar el vacío de la norma respecto al lapso para la solicitud de la apertura de la causa a pruebas -situación que debería ser excepcional por la naturaleza del asunto que se debate, tal como lo demuestra la práctica-, "redis-

A. La solicitud del expediente administrativo en los procesos contencioso administrativos contra actos administrativos de efectos particulares

El artículo 21, párrafo 11° de la Ley, reprodujo aún incorporándole algunas imprecisiones, el artículo 123 de la Ley Orgánica de 1976[238], estableciendo que en las causas de nulidad de actos administrativos de efectos particulares, "el Tribunal Supremo de Justicia" (la Ley de 1976 se refería al Presidente de la Sala al recibir la cuenta de la demanda), puede solicitar los antecedentes administrativos del caso, fijando un plazo prudencial a la autoridad administrativa correspondiente para la remisión de los mismos. Recibidos éstos, deben pasar los autos al Juzgado de Sustanciación, a fin de que revise todas las actuaciones "y se pronuncie sobre la procedencia del recurso" (en realidad es sobre la "admisión" del recurso), conforme al procedimiento previsto en el artículo 19 de la Ley.

B. La citación del demandado, la notificación al Fiscal General y al Procurador General de la República y el emplazamiento de los interesados

Una de las innovaciones introducidas en la Ley Orgánica de 2004, como se ha dicho, fue la de establecer claramente el contradictorio procesal en los casos de juicios de nulidad, exigiendo la "citación" del ente autor del acto como demandado, y además el emplazamiento de los demás interesados[239]. En tal sentido, el artículo 21, párrafo 12° de la Ley, dispone que en el auto de admisión se debe ordenar "la citación del representante del organismo o del funcionario que haya dictado el acto".

Asimismo, cuando fuere procedente, en esa misma oportunidad, se puede ordenar el emplazamiento de los interesados, por medio de carteles que se deben publicar en un diario de circulación nacional, "para que se den por citados, en un lapso de 10 días hábi-

---

eñe" el procedimiento de Ley. Conviene la aclaratoria de que no se discrepa, en general, del elemento de oralidad que se incluyó, lo que no puede compartirse es el que se haga por la vía de la jurisprudencia cuando la ley no presenta, en este punto, ningún vacío, ambigüedad u oscuridad que requieran de interpretación o integración por parte del juez, de modo que, en criterio del Magistrado que concurre, en lugar de un beneficio para los justiciables, se ha introducido un indeseable elemento de inseguridad jurídica, a escasos meses de vigencia de la Ley Orgánica del Tribunal Supremo de Justicia".

238 Sustituye el artículo 123 LOCSJ, con texto similar.

239 El artículo 21, párrafo 12° de la ley Orgánica sustituye los artículos 116 y 125 de la Ley de 1976, que disponían: Artículo 116: En el auto de admisión se dispondrá notificar por oficio al Presidente del cuerpo o funcionario que haya dictado el acto y solicitar dictamen del Fiscal General de la República, si éste no hubiere iniciado el juicio, quien podrá consignar su informe mientras no se dicte sentencia. También se notificará al Procurador General de la República en el caso de que la intervención de éste en el procedimiento fuere requerida por estar en juego los intereses patrimoniales de la República. En la misma oportunidad, el Tribunal podrá ordenar la citación de los interesados por medio de carteles, cuando a su juicio fuere procedente. Artículo 125. En el auto de admisión el Tribunal ordenará notificar al Fiscal General de la República y también al Procurador General de la República, caso de que la intervención de éste en el procedimiento fuere requerida teniendo en cuenta la naturaleza del acto. Cuando lo juzgue procedente, el Tribunal podrá disponer también que se emplace a los interesados mediante un cartel que será publicado en uno de los periódicos de mayor circulación de la ciudad de Caracas, para que concurran a darse por citados dentro de las diez audiencias siguientes a la fecha de publicación de aquél. Un ejemplar del periódico donde fuere publicado el cartel será consignado por el recurrente dentro de los quince días consecutivos siguientes a la fecha en la que aquél hubiere sido expedido y de no hacerlo dentro de dicho término, la Corte declarará desistido el recurso y ordenará archivar el expediente, a menos que alguno de los interesados se diere por citado y consignare el ejemplar del periódico donde hubiere sido publicado el cartel.

les siguientes: contados a partir de la publicación del cartel o de la notificación del último de los interesados". El recurrente debe consignar un ejemplar del periódico donde fue publicado el cartel, dentro de los 3 días siguientes a su publicación. Si incumple con esta obligación se entiende que desiste del recurso, y se debe ordenar el archivo del expediente.

En el mismo auto de admisión, se debe asimismo ordenar la notificación al Fiscal General de la República, si éste no hubiere iniciado el juicio, el cual debe consignar un informe hasta el vencimiento del plazo para presentar los informes; y al Procurador General de la República en el caso de que la intervención de éste en el procedimiento fuere requerida por estar en juego los intereses patrimoniales de la República. En estos casos, por supuesto, no se trata de una "citación" a dichos funcionarios.

Ahora bien, en relación con esta primera fase del procedimiento en los juicios de nulidad de actos estatales, la Sala Constitucional en la citada sentencia N° 1645 del 19 de agosto de 2004 (Caso: *Gregorio Pérez Vargas, Impugnación de la Constitución Federal del Estado Falcón*), estableció la siguiente "norma":

> 1. Admitida la demanda, se harán las citaciones y notificaciones que prevé el artículo 21. En las citaciones y notificaciones se emplazará para la comparecencia ante el Tribunal. Por analogía, se concederá a todos los citados el plazo de diez días hábiles establecidos para los terceros que comparecen en virtud de la publicación del cartel. Ese plazo se contará a partir de la citación (del demandado o del Procurador General) o de la notificación (por oficio, para el Fiscal General; por cartel, para los interesados). Tanto en las citaciones como en el cartel se indicará que luego del vencimiento del lapso de comparecencia, se informará sobre la convocatoria para un acto público y oral.

C. El emplazamiento de las partes para el acto oral

La Sala Constitucional, en la antes mencionada sentencia N° 1645 del 19 de agosto de 2004 (Caso: *Gregorio Pérez Vargas, Impugnación de la Constitución Federal del Estado Falcón*), sobre esta materia "estableció" estas normas innovadoras en relación con lo previsto en la Ley Orgánica:

> 2. A los citados y notificados se les emplazará para un acto oral, en el que se expondrán los argumentos del demandante y se precisará la controversia. La fijación de ese acto la hará el Juzgado de Sustanciación de la Sala, una vez que conste en autos la realización de todas las formalidades relacionadas con la citación y con la notificación, de manera similar a lo dispuesto en el artículo 223 del Código de Procedimiento Civil. De esta manera, una vez que venzan los diez días hábiles para todos los llamados a comparecer, el Juzgado de Sustanciación dará por precluida la oportunidad para hacerlo y dictará el auto convocando para un acto oral y público. El plazo para dictar ese auto será de tres días, por aplicación del artículo 10 del Código de Procedimiento Civil. Previo a la realización de dicho acto, la Sala calificará el interés de los terceros que pretendan hacerse parte en el proceso.
>
> 3. En el acto público, que se realizará ante la Sala directamente, el actor expondrá brevemente los términos de su demanda y el demandado opondrá las defensas previas que estime pertinentes. El demandado podrá consignar escrito con sus defensas de fondo, a fin de que se agregue a los autos y sirva para el estudio del expediente durante la relación de la causa. Idéntico poder tendrá la Procuraduría General de la República y el Ministerio Público. De ser aceptada la intervención de terceros, éstos expondrán de manera breve sus argumentos a favor o en contra de la demanda y podrán consignar escrito contentivo de su criterio respecto del mérito de la controversia. El Presidente de la Sala, según la complejidad del caso, fijará al inicio del acto el tiempo que se concederá a cada parte, sin que nunca pueda ser inferior a los diez minutos.

4. De existir defensas que deban ser resueltas de manera inmediata, por referirse a la competencia del tribunal o la admisibilidad del recurso, los Magistrados se retirarán a deliberar. Una vez logrado el acuerdo sobre el aspecto planteado, se reiniciará el acto y el Presidente de la Sala lo comunicará a las partes y quedará asentado en el acta. Si la Sala estimase necesario suspender el acto para resolver la defensa opuesta, se hará una nueva convocatoria, la cual deberá hacerse dentro de los diez días de despacho siguientes. En caso de suspensión del acto, las partes podrán presentar, dentro de los tres días de despacho siguientes, los escritos sobre la defensa opuesta, a fin de ilustrar el criterio de la Sala.

D. Decisiones del Juzgado de Sustanciación

Si bien en principio, conforme al artículo 21, párrafo 17° de la Ley Orgánica, las excepciones o defensas opuestas en el curso de los juicios de nulidad deben ser decididas en la sentencia definitiva, el Juzgado de Sustanciación puede decidir que alguna de ellas deba resolverse previamente, en cuyo caso, si fuere necesario, abrirá una articulación con arreglo a lo dispuesto en el artículo 386 del Código de Procedimiento Civil.

E. La suspensión de efectos del acto impugnado

Además de la posibilidad para el Tribunal Supremo de dictar las medidas cautelares generales (Art. 19, párrafo 11°), el artículo 21, párrafo 22° de la Ley Orgánica, sólo regula expresamente la posibilidad de suspensión de efectos del acto recurrido en relación con los juicios de nulidad de los actos administrativos de efectos particulares, estableciendo lo siguiente:

> El Tribunal Supremo de Justicia podrá suspender los efectos de un acto administrativo de efectos particulares, cuya nulidad haya sido solicitada, a instancia de parte, cuando así lo permita la ley o la suspensión sea indispensable para evitar perjuicios irreparables o de difícil reparación por la definitiva, teniendo en cuenta las circunstancias del caso. A tal efecto, se deberá exigir al solicitante preste caución suficiente para garantizar las resultas del juicio.

Lamentablemente, con esta norma de la Ley de 2004, se retrocedió en la tendencia protectiva de los derechos de los administrados que se venía observando en la configuración del proceso contencioso administrativo contra los actos administrativos de efectos particulares[240], al establecerse la obligatoriedad para el recurrente de constituir caución para que se pueda acordar la suspensión de efectos de los actos recurridos, lo que por razones económicas viene entonces a restringir el acceso a la justicia . La Ley derogada de 1976, en esta materia, sólo establecía en su artículo 136, la posibilidad de que el Tribunal pudiera exigir, potestativamente, que el solicitante prestase caución suficiente para garantizar las resultas del juicio. Por ello, dicha Ley de 1976 agregaba que "La falta de impulso procesal adecuado, por el solicitante de la suspensión, podrá dar lugar a la revocatoria de ésta, por contrario imperio". Esta norma se eliminó en la reforma de 2004 dada la absurda obligatoriedad de la caución.

---

240 *V.*, Allan R. Brewer-Carías, *Nuevas tendencias en el Contencioso Administrativo en Venezuela*, Editorial Jurídica Venezolana, caracas 1993, pp. 158 y ss.

Ahora bien, en relación con las leyes y con los actos administrativos de efectos generales, la jurisprudencia había venido admitiendo la posibilidad de suspensión de sus efectos en casos excepcionales, a juicio del juez. Esta tendencia ha sido ratificada en la sentencia N° 1946 de 16 de julio de 2003, la Sala Constitucional reiteró la siguiente doctrina:

> [La] doctrina de la Sala en materia de solicitud de medida cautelar innominada acumulada al recurso de nulidad por inconstitucionalidad (*Cfr.* fallo N° 1.181/2001, del 29-06, Caso: *Ronald Blanco La Cruz*) ha sido conteste en afirmar que la medida de inaplicación requerida supone una interrupción temporal de la eficacia del contenido normativo de la disposición impugnada, y que, como tal, constituye una importante excepción legal al principio general, según el cual, con base en la presunta validez intrínseca a todo acto legal, éste tiene fuerza obligatoria y produce todos sus efectos desde el momento mismo de su publicación en la *Gaceta Oficial*, aplicándose únicamente como medida excepcional cuando sea muy difícil reparar por sentencia definitiva los daños que resulten de la aplicación del contenido normativo del texto legal impugnado, por lo cual no debe olvidarse que la inaplicación de un instrumento normativo como medida cautelar colide con la presunción de validez de los actos legales y su obligatoriedad desde su publicación en la *Gaceta Oficial* de la República, de los Estados o Municipios, circunstancia que pone de manifiesto el hecho de que un manejo sin equilibrio de aquella inaplicación causaría un quebrantamiento del principio de autoridad, por tanto, para que pueda ser acordada, tiene que existir una verdadera y real justificación.
>
> Adicionalmente, ha sido reiterada la jurisprudencia de la Sala en cuanto a que los extremos requeridos por el artículo 585 del Código de Procedimiento Civil son necesariamente concurrentes junto al especial extremo consagrado en el Parágrafo Primero del artículo 588 *eiusdem*, es decir, que debe existir fundado temor de que se causen lesiones graves o de difícil reparación cuyo origen ha de ser la aplicación de la norma impugnada, de manera tal que faltando la prueba de cualquier de estos elementos, el Juez constitucional no podría bajo ningún aspecto decretar la medida preventiva, pues estando vinculada la controversia planteada en sede constitucional con materias de Derecho Público, donde puedan estar en juego intereses generales, el Juez debe además realizar una ponderación de los intereses en conflicto para que una medida particular no constituya una lesión de intereses generales en un caso concreto.

En la misma decisión, la Sala estableció las siguientes premisas fundamentales para el otorgamiento o no de solicitudes cautelares innominadas en procedimientos de nulidad por motivos de inconstitucionalidad:

> (I) el carácter excepcional de la inaplicación de una norma, (II) la verosimilitud del derecho que se dice vulnerado o amenazado, (III) la condición de irreparable o de difícil reparación por la definitiva de la situación jurídica o derecho que se alega como propio, (IV) la posibilidad efectiva de que se produzcan nuevos daños a la parte actora u otras personas por la aplicación de la norma cuya nulidad se pretende, y (V) la necesidad de evitar perjuicios en la satisfacción de intereses comunes a todos los integrantes de la sociedad.[241]

---

241 Caso: *Impugnación de la Ley de Tierras*. Doctrina reiterada en la sentencia N° 653 de la Sala Constitucional de 04-04-2003 (Caso: *Impugnación de las Leyes de Reforma Parcial de las Leyes que establecen el Impuesto al Débito Bancario y el Impuesto al Valor Agregado*).

F. Sobre las pruebas

a. *Pruebas de oficio*

Conforme al artículo 21, párrafo 14° de la Ley, el Tribunal Supremo de Justicia, en cualquier estado de la causa, puede solicitar información o hacer evacuar de oficio las pruebas que considere pertinentes[242].

b. *Solicitud de apertura del lapso de pruebas*

El artículo 21, párrafo 13° de la ley permite a cualquiera de las partes, que una vez practicada la citación, puedan solicitar la apertura de un lapso para promover y evacuar las pruebas que consideren convenientes para la mejor defensa de sus intereses. Dicho lapso, por tanto, sólo se abre a solicitud de parte, es decir, no se abre automáticamente; y el mismo es de 5 días hábiles para promover las pruebas y 30 días continuos para evacuarlas. En caso de que fuere necesario, dicho plazo puede extenderse por una sola vez, por un lapso de 15 días continuos, cuando sea necesario. En el período de promoción de pruebas las partes deben indicar los hechos sobre los cuales recaerán las mismas y deben producir aquéllas que no requieran evacuación[243].

Se debe destacar de esta norma, que con la misma se cambió radicalmente la regulación que existía conforme a la Ley anterior y que establecía la obligatoriedad de la apertura del lapso de pruebas, lo que originaba una innecesaria dilación procesal en los juicios que fueran de mero derecho. Sobre esta innovación, la Sala Constitucional del Tribunal Supremo, en la sentencia N° 1645 ya citada de 19 de agosto de 2004 (Caso: *Gregorio Pérez Vargas, Impugnación de la Constitución federal del Estado Falcón*), destacó que:

> La ley derogada contenía una importante e injustificada diferencia procesal: mientras en el juicio contra actos generales –como el de autos- era obligatoria la apertura del proceso a pruebas, no era así en el supuesto de los actos individuales, en los que era siempre imprescindible la petición de parte. Difícil de explicar esto, si se piensa en que lo usual es que en las demandas contra normas no sea necesaria prueba alguna, al ser una controversia de carácter jurídico, mientras que en el juicio contra actos de efectos particulares suele ser relevante la prueba.
>
> Para esta Sala, el procedimiento fijado por la ley derogada para el caso de las demandas contra normas impedía la necesaria celeridad y la economía procesal, toda vez que exigía la realización de una fase que en la mayor parte de los casos resultaba inútil. La experiencia judicial demostraba que las partes no solían hacer uso del período probatorio, porque la controversia solía limitarse a asuntos jurídicos. Por ello, los sesenta días continuos a que se refería el artículo 117 del texto legal derogado corrían inútilmente, en exclusivo desmedro de la justicia.

---

242 Sustituye el artículo 129 LOCSJ.

243 Sustituye los siguientes artículos LOCSJ: *Artículo* 117: A partir de la fecha del auto de admisión o de publicación del cartel a que se refiere el artículo anterior, comenzará a correr un término de sesenta días continuos dentro del cual los interesados podrán promover y evacuar las pruebas pertinentes. Vencido dicho término, se devolverán los autos a la Corte y ésta, en la audiencia siguiente al recibo del expediente, designará Ponente y se procederá de conformidad con lo establecido en los artículos 94, 95 y 96 sin perjuicio de lo previsto en el artículo 63 de esta Ley. Art. 126. Durante el lapso de comparecencia tanto el recurrente como los coadyuvantes u opositores a la solicitud, que hayan atendido al emplazamiento, podrán solicitar que la causa se abra a prueba, indicando específicamente los hechos sobre los cuales recaerán las que pretendieren promover y producir aquellas que no requieran evacuación.

En cambio, como se dijo, con la Ley Orgánica de 2004 se estableció la regla general de que sólo se abre el lapso probatorio cuando las partes lo soliciten; como lo señaló la Sala Constitucional en la antes mencionada sentencia N° 1645: "Puede observarse que la nueva ley previó lo que esta Sala considera correcto: eliminar la obligatoriedad del lapso probatorio –en todos los procesos, y no sólo aquellos contra normas-, dejando su apertura a la solicitud de las partes, dueños reales del proceso".

Ahora bien, en cuanto a la oportunidad en la cual las partes pueden pedir la apertura del lapso de pruebas, la Sala Constitucional en la antes citada sentencia N° 1645, que "el asunto parece fácil: una vez practicada la citación, las partes podrán solicitar la apertura del lapso de pruebas. El problema es que la ley revela descuido en los aspectos relacionados con la citación. Se prevén las siguientes, en el párrafo 12 del artículo 21: la del autor del acto, la del Fiscal General de la República y/o el Procurador General de la República y la de los interesados, la cual se efectuará por cartel publicado en prensa". La Sala Constitucional continuó su razonamiento indicando que "aparte de que el legislador no regula con cuidado la institución de la citación y la notificación, incurre en el error de fijar la petición de apertura del lapso probatorio para el momento en que se practique la citación, pero no da plazos para que los citados se presenten en el tribunal. Por supuesto, no puede pensarse que la solicitud la harán el mismo día en que la citación se practica –imposible exigir tal premura, cuando no se conoce bien el caso-, pero tampoco puede dejarse indefinido el momento en que precluye la oportunidad para hacerlo". Por ello la Sala Constitucional consideró obligatorio indicar cuál será ese momento, pues siendo intención del legislador que las partes, "una vez que estén citadas, puedan informar al Tribunal acerca de su deseo de que la causa cuente con un lapso probatorio" es imprescindible emplazarles para un acto al que deberán comparecer; llegando a la conclusión de que el único plazo es el previsto para los llamados interesados: diez días hábiles. La ley indica que ese plazo se cuenta desde la publicación del cartel o de la última notificación de los interesados, lo que para la Sala Constitucional "no puede tener otro sentido que el de la última citación en los casos en que no se publique cartel, al no ser esa publicación obligatoria". Esa comparecencia, a juicio de la Sala Constitucional, tiene "por objeto informarles acerca de la realización de un acto al que también deberán comparecer y que será la ocasión para solicitar la apertura del lapso probatorio". Se trata del acto oral para el cual deben ser convocados el demandado y las partes intervinientes, que como se dijo, la Sala Constitucional "estableció" en esa sentencia N° 1645 del 19 de agosto de 2004, no previsto en la ley Orgánica.

En relación con dicho acto vinculado al tema probatorio, en efecto, la Sala Constitucional "estableció" la siguiente forma:

> 5) En caso de que no se planteen defensas o de que sean resueltas en el mismo acto, continuará el acto público y se interrogará a las partes acerca de su interés en la apertura del lapso probatorio. Si alguna de ellas la solicita, deberá indicar los hechos que estima necesario probar e informará acerca de las pruebas que estime pertinentes. El Tribunal se pronunciará, en el mismo acto, acerca de la necesidad de probar los hechos indicados por la parte solicitante. Cualquiera de las partes podrá, en el mismo acto, promover las pruebas, sin limitarse sólo a anunciarlas a la Sala. De ser necesario, el Tribunal se pronunciará sobre la admisibilidad de las mismas. Las pruebas admitidas se entregarán al Secretario de la Sala, quien las agregará luego a los autos. Si las partes manifiestan que todas las pruebas serán promovidas exclusivamente en ese acto, la Sala declarará innecesario el lapso legal para la promoción posterior. De no abrirse entonces lapso para la promoción, comenzará a correr el lapso para la evacuación de las pruebas que lo requieran, contenido en el artículo 21 de la Ley el cual se aplicará por analogía. De no haber necesidad de evacuación, la Sa-

la declarará ello expresamente y dará por concluida la tramitación de las pruebas. La oposición tanto de la admisión como de la orden de evacuación a las pruebas se formulará y resolverá en el mismo acto, para lo cual los Magistrados podrán retirarse a deliberar.

c. *Pruebas admisibles*

De acuerdo con el artículo 21, párrafo 14° de la Ley, sólo serán admisibles las pruebas contempladas en el artículo 19 de la Ley; y sobre la admisión, regirá el procedimiento contemplado en el Código de Procedimiento Civil. Contra el auto que niegue la admisión de las pruebas, se oirá apelación en ambos efectos.

G. Sobre la relación, informes y sentencia

La Sala Constitucional, además, en la antes citada sentencia N° 1645 de 19 de agosto de 2004, "estableció" las siguientes otras normas procesales, en los casos de juicios de nulidad de actos estatales:

> 6) Si no hubiera promoción de pruebas o cuando hubiera vencido el lapso para evacuarlas, de ser necesario, se procederá a la designación de ponente y se dará inicio a la relación. Se suprimirá el acto de informes en los casos en que no haya pruebas, toda vez que el acto público sirve para poner a los Magistrados al tanto de la controversia y bastará dejar transcurrir el lapso para la relación y permitir así el análisis individual o colectivo del expediente. De existir pruebas, se realizará el acto de informes orales, a fin de que las partes puedan exponer sus conclusiones sobre ellas. Al final del acto, las partes podrán consignar escrito contentivo de esas conclusiones.
>
> 7) Una vez concluida la relación, así lo hará constar la Secretaría de la Sala, dirá "vistos" y comenzará a transcurrir el plazo para la preparación del fallo. La sentencia contendrá una breve reseña de los actos del procedimiento y un resumen de los alegatos y argumentos de las partes, con exclusión de las defensas previas opuestas en el acto público, sobre las que la Sala se habrá pronunciado en su oportunidad.

6. Normas relativas a la sentencia en los juicios de nulidad (procesos constitucionales de control de constitucionalidad y procesos contencioso-administrativos de anulación)

A. El tratamiento de los asuntos de mero derecho

El Tribunal Supremo de Justicia conforme se establece en el artículo 21, párrafo 16° de la Ley Orgánica, puede dictar sentencia definitiva, sin relación, ni informes, cuando el asunto fuere de mero derecho[244].

Sobre el artículo 135 de la ley Orgánica de la Corte Suprema de Justicia, que regulaba esta posibilidad de decidir un asunto sin relación ni informes cuando fuera de mero derecho, la Sala Constitucional del Tribunal Supremo, en su citada sentencia N° 1645 del 19 de agosto de 2004 (Caso: *Gregorio Pérez Vargas, Impugnación de la Constitución Federal del Estado Falcón*), hizo las siguientes consideraciones, que también deben aplicarse a lo previsto en el mencionado párrafo 16° del artículo 21 de la ley Orgánica:

---

244 Sustituye el artículo 135 LOCSJ.

"Para esta Sala, el procedimiento fijado por la ley derogada para el caso de las demandas contra normas impedía la necesaria celeridad y la economía procesal, toda vez que exigía la realización de una fase que en la mayor parte de los casos resultaba inútil. La experiencia judicial demostraba que las partes no solían hacer uso del período probatorio, porque la controversia solía limitarse a asuntos jurídicos. Por ello, los sesenta días continuos a que se refería el artículo 117 del texto legal derogado corrían inútilmente, en exclusivo desmedro de la justicia.

Es cierto que el artículo invocado por ambas partes de este proceso –el 135 de la Ley Orgánica de la Corte Suprema de Justicia- fue preceptuado justamente para remediar esta situación y permitir la declaratoria de mero derecho. El legislador, sin embargo, no logró compatibilizar esa intención con el texto de la disposición, pues dispuso una consecuencia que nada tenía que ver con tal declaratoria: la eliminación de la relación y de los informes. Recordemos que ese artículo disponía el poder de dictar *"sentencia definitiva, sin relación ni informes, cuando el asunto fuera de mero derecho"*. Así, la ley permitió simplificar el procedimiento en las causas en las que el asunto se limitase a consideraciones puramente jurídicas.

La declaratoria de mero derecho, entonces, se producía en las causas sin hechos que probar, como entienden las partes que es el caso de autos. Ello explica la constante jurisprudencia de la Sala sosteniendo que esa declaratoria tendría dos consecuencias: la eliminación del período probatorio –no señalada en la ley- y la posibilidad de supresión de la relación de la causa y del acto de informes. Fue criterio posterior de la Sala que en las causas de mero derecho no se perdía el interés de las partes en exponer su opinión sobre la validez del acto impugnado, que bien puede referirse a aspectos puramente jurídicos, por lo que no debía eliminarse el acto de informes, última actuación procedimental para traer a los autos esas apreciaciones. De esta manera, aunque la letra de la ley permitía eliminarlo, se decidió mantenerlo, si bien se aceptó la posibilidad de que las circunstancias del caso demostrasen que no era necesaria su celebración. La Sala estaba consciente de que, en la tramitación del recurso de nulidad, no se prevé una contestación de la demanda, con lo que para el autor del acto impugnado los informes son esenciales.

El mantenimiento del acto de informes hizo a la Sala mantener también la segunda etapa de la relación, que viene a continuación de aquél. Como la relación está establecida para permitir a los magistrados hacer el estudio del expediente, la ley la dividió en esas dos fases, teniendo como intermedio el acto de informes: así los magistrados pueden conocer los términos de la controversia y dedicarse a su estudio, tanto una vez evacuadas las pruebas promovidas y admitidas, como una vez que las partes y los terceros han expuesto sus conclusiones. Por ello, si se suprime el período probatorio, parece innecesaria la primera etapa de la relación, aun cuando conservase importancia la segunda. En jurisprudencia aun más reciente, la Sala estimó imprescindible ambas etapas, por razones prácticas, con lo que la declaratoria de mero derecho nada tenía que ver con lo que se leía en el referido artículo 135, sino con la pura eliminación del lapso de pruebas.

Se apartó el juez de la letra de la ley, a fin de darle sentido a la norma. Con los vaivenes reseñados en las líneas precedentes, el Máximo Tribunal procuró dar sentido a la declaratoria de mero derecho, dentro del marco general del proceso. Era indudable que el legislador olvidó establecer lo que era la consecuencia natural de la declaratoria: la supresión de los 60 días continuos para promoción y evacuación de pruebas que preveía la Ley. Fue la jurisprudencia la que tuvo que corregir ese error.

No obstante, ni la interpretación dada a aquel artículo 135 fue suficiente para garantizar un proceso idóneo, toda vez que se basaba en la consideración de la necesidad del lapso probatorio –aunque sea eliminable-, cuando en realidad ese lapso carece normalmente de interés para las partes. De esta manera, la ley no tuvo en cuenta, a los efectos del lapso de pruebas, las evidentes diferencias que existen entre la demanda contra actos individuales y la dirigida contra normas. Aun peor: el artículo 126 de la ley derogada no exigía la apertura automática del lapso de pruebas en los juicios contra actos individuales; las partes o terceros podían solicitar su apertura, durante el lapso de comparencia, indicando los hechos sobre los que recaerían las pruebas que pretendieren promover, así como producir las que no requiriesen evacuación. Como se observa, en los juicios en los que puede presuponerse la necesidad de la prueba, la ley no estableció la obligatoriedad de una fase procesal a tal efecto. Ello, sin duda, se debía al hecho de que en tales juicios la prueba principal suele ser el expediente administrativo, el cual es requerido de oficio por el propio tribunal aun antes de la admisión del recurso.

En fin, la letra y la interpretación del mencionado artículo 135 hacían pensar que se garantizaba la tutela judicial efectiva, al permitir la supresión del lapso probatorio cuando no hiciera falta. Ahora bien, no puede ocultar la Sala que la solicitud de declaratoria de mero derecho solía retrasar –y no simplificar- el proceso. No era para nadie desconocido que la petición producía el pase del expediente desde el Juzgado de Sustanciación a la Sala, acumulándose con los otros muchos ya existentes. Ello ocasionaba que la supresión del lapso de pruebas se produjese incluso después de la oportunidad a la que de todas formas hubiera concluido ese lapso, con lo que no se había ganado nada. Al contrario, perdía todo el sistema de administración de justicia: la Sala se ocupaba inútilmente de un asunto y los justiciables perdían confianza en la utilidad de la petición. De allí su desprestigio, que solía ser vista con recelo por los abogados experimentados, quienes preferían esperar el transcurso íntegro del lapso probatorio.

En relación con el texto del párrafo 16° del artículo 21 de la ley Orgánica, sin embargo, la Sala Constitucional agregó lo siguiente:

Ahora bien, el mismo artículo 21 de la nueva ley reprodujo el artículo 135 de la ley derogada. Su párrafo 21 establece que se *"podrá dictar sentencia definitiva, sin relación ni informes, cuando el asunto fuera de mero derecho"*. La Sala lamenta que el legislador haya pretendido cambiar la situación, preceptuando la eliminación del lapso de pruebas con carácter obligatorio, pero haya mantenido una norma que estaba prevista para el caso contrario. Si el Máximo Tribunal se esforzó en mostrar cómo la disposición legislativa era injustificada y constituía un error jurídico, es incomprensible que el legislador se desentendiese de ello, cuando es evidente que sólo lograría que el juez repita su criterio.

La Sala declara, pues, que no es necesaria declaración alguna de mero derecho, pues es suficiente la ausencia de petición para la apertura del lapso probatorio. La relación y los informes deberán hacerse, si es el caso, de acuerdo con lo establecido en esta decisión.

B. El contenido de la decisión: anulación y condena

Como lo precisa el artículo 21, párrafo 18° de la Ley Orgánica, siguiendo lo que establecían los artículos 119 y 131 de la ley Orgánica derogada de 1976[245], en su fallo definitivo, el Tribunal Supremo de Justicia declarará si procede o no la nulidad de los actos o de los artículos impugnados, y determinará, en su caso, los efectos de la decisión en el tiempo. En la sentencia de la Sala Constitucional N° 1645 del 19 de agosto de 2004, antes citada, se exigió, además, que la sentencia debe contener "una breve reseña de los

---

245 Sustituye los Artículos 119 y 131: Artículo 119. En su fallo definitivo la Corte declarará si procede o no la nulidad del acto o de los artículos impugnados, una vez examinados los motivos en que se fundamente la demanda, y determinará, en su caso, los efectos de la decisión en el tiempo. Cuando la acción hubiese sido temeraria o evidentemente infundada, impondrá al solicitante multa hasta de cinco mil bolívares (Bs. 5.000,00)... Artículo 131. En su fallo definitivo la Corte declarará si procede o no la nulidad del acto impugnado y determinará los efectos de su decisión en el tiempo. Igualmente, la Corte podrá de acuerdo con los términos de la respectiva solicitud, condenar el pago de sumas de dinero y a la reparación de daños y perjuicios originados en responsabilidad de la administración, así como disponer lo necesario para el restablecimiento de las situaciones jurídicas subjetivas lesionadas por la actividad administrativa.

actos del procedimiento y un resumen de los alegatos y argumentos de las partes, con exclusión de las defensas previas opuestas en el acto público, sobre las que la Sala se habrá pronunciado en su oportunidad".

Igualmente podrá, de acuerdo con los términos de la solicitud, condenar el pago de sumas de dinero y a la reparación de daños y perjuicios originados en responsabilidad de la administración, así como disponer lo necesario para el restablecimiento de las situaciones jurídicas subjetivas lesionadas por la actividad administrativa.

Por último, siguiendo lo que regulaba el artículo 130 de la Ley derogada, el artículo 21, párrafo 17° de la Ley Orgánica, dispone que las excepciones o defensas opuestas en el curso de los juicios de nulidad deben ser decididas en la sentencia definitiva, a menos que el Juzgado de Sustanciación considere que debe resolverse alguna de ellas previamente, en cuyo caso, si fuere necesario, abrirá una articulación con arreglo a lo dispuesto en el artículo 386 del Código de Procedimiento Civil[246].

Cuando la acción hubiese sido temeraria o evidentemente infundada, impondrá al solicitante multa entre cincuenta unidades tributarias (50 U.T.) y cien unidades tributarias (100 U.T.) (artículo 21, párrafo 18°).

C. Los efectos de la sentencia de anulación

En los casos de sentencias de anulación total o parcial de leyes nacionales y demás actos con rango de ley de la Asamblea Nacional y de Constituciones y leyes estadales, de las ordenanzas municipales y demás actos de los cuerpos deliberantes de los Estados, Municipios y del Distrito Capital, el artículo 5, párrafo 1°, numerales 6 y 7) dispone que la sentencia debe determinar "expresamente sus efectos en el tiempo".

En consecuencia, si bien en principio las sentencias anulatorias tienen efectos *ex nunc, pro futuro*, la sentencia puede determinar efectos anulatorios *ex tunc, pro praeterito*.

D. La publicación de la sentencia en *Gaceta Oficial*

Ya hemos señalado que, en general, respecto de todas las sentencias que dicte el Tribunal Supremo, en la Ley de 2004 se estableció la obligación de que todas se publiquen en la *Gaceta Oficial de la República* (Art. 20, párrafo 6°). En cuanto a los juicios de nulidad, el artículo 21, párrafo 19° de la Ley reitera que el Tribunal Supremo de Justicia debe ordenar la publicación de la decisión en la *Gaceta Oficial* de la República; y en el caso de que fuese declarado con lugar el recurso, debe prescribir que en el *sumario* de ésta, se indique, con toda precisión, el acto o disposición anulada[247].

---

246 Sustituye el artículo 130 LOCSJ: Las excepciones o defensas opuestas en el curso de estos juicios serán decididas en la sentencia definitiva, a menos que el Juzgado de Sustanciación considere que debe resolverse alguna de ellas previamente, en cuyo caso, si fuere necesario, abrirá una articulación con arreglo a lo dispuesto en el artículo 386 del Código de Procedimiento Civil.

247 Sustituye los siguientes artículos LOCSJ: *Artículo* 119....Si fuere declarado con lugar el recurso, la Corte ordenará, además, que en el Sumario de la *Gaceta Oficial* donde se publique el fallo se indique, con toda precisión, el acto o disposición anulados. *Artículo* 120. La decisión que recaiga deberá publicarse inmediatamente en la *Gaceta Oficial de la Republica de Venezuela*.

Además, esta obligación de publicar estos fallos se repite y reitera sucesivamente en las normas atributivas de competencia a la Sala Constitucional para conocer de los procesos constitucionales de control de la constitucionalidad. Así, en el artículo 5, párrafo 1°,6 sobre la competencia para declarar la nulidad total o parcial de las *leyes nacionales y demás actos con rango de ley de la Asamblea Nacional,* se dispone en la segunda frase del numeral, que "La sentencia que declare la nulidad total o parcial deberá publicarse en la *Gaceta Oficial de la República Bolivariana de Venezuela,* determinando expresamente sus efectos en el tiempo".

En el artículo 5, párrafo 1°,7 sobre la competencia para declarar la nulidad total o parcial de las *Constituciones y leyes estadales, de las ordenanzas municipales y demás actos* de los cuerpos deliberantes de los Estados, Municipios y del Distrito Capital, se dispuso en la segunda frase del numeral que "La sentencia que declare la nulidad total o parcial deberá publicarse en la *Gaceta Oficial de la República Bolivariana de Venezuela* y en la *Gaceta Oficial Estadal o Municipal* que corresponda, determinando expresamente sus efectos en el tiempo".

En el artículo 5, párrafo 1°,8 sobre la competencia para declarar la nulidad total o parcial de *los actos con rango de ley dictados por el Ejecutivo Nacional,* se agregó en la segunda frase del numeral, que "La sentencia que declare la nulidad total o parcial deberá publicarse en la *Gaceta Oficial de la República Bolivariana de Venezuela*".

Adicionalmente, en el párrafo 3° del artículo 5 de la Ley Orgánica, en el cual se regula en general el ejercicio por la Sala Constitucional del "control concentrado de la constitucionalidad", en los casos de procesos constitucionales de nulidad, se reiteró que los efectos de las sentencias de nulidad son "de aplicación general, y se publicará en la *Gaceta Oficial de la República Bolivariana de Venezuela,* y en la *Gaceta Oficial del Estado o Municipio* según corresponda".

Por último, en los casos de procesos constitucionales de control de la constitucionalidad de las leyes como incidente con motivo del control difuso de constitucionalidad efectuado por otras Salas del Tribunal Supremo, en el artículo 5, párrafo 1°, 22 de la Ley Orgánica se dispone que "En caso que el examen abstracto de la norma comporte la declaratoria total o parcial de su nulidad por inconstitucional, la sentencia de la Sala Constitucional deberá publicarse en la *Gaceta Oficial de la República Bolivariana de Venezuela* y en la *Gaceta Oficial del Estado o Municipio,* de ser el caso.

Es difícil encontrar en una ley, tal reiteración, como sucede con esta Ley Orgánica.

IV. LAS NORMAS ESPECÍFICAS PARA EL PROCEDIMIENTO EN EL CONTENCIOSO DE LAS DEMANDAS CONTRA LOS ENTES PÚBLICOS

1. El agotamiento de la vía administrativa en las demandas contra la República: procedimiento ante el Procurador General de la República

En los juicios en que sea parte la República, dispone el artículo 21, párrafo 1° de la Ley, que deberá agotarse previamente el procedimiento administrativo establecido en el Título Cuarto de la Ley Orgánica de la Procuraduría General de la República, y supletoriamente se aplicará lo contenido en las normas del procedimiento ordinario, salvo lo establecido en esta Ley.

2. Requisitos de la demanda

El demandante debe consignar junto con la demanda y sus anexos una copia simple de los mismos, con el objeto de que sean agregados a la boleta de citación del Procurador General de la República (Art. 21, párrafo 4°)[248].

3. Normas generales de procedimiento

La admisión de la demanda, las pruebas y el acto de informes se tramitarán conforme al procedimiento establecido en el artículo 19 de la Ley (Art. 21, párrafo 5°).

4. La participación del Procurador General de la República.

En los juicios en que la República sea parte, en el auto de admisión se ordenará la citación del Procurador General de la República, en los términos previstos en la Ley Orgánica de la Procuraduría General de la República (Art. 21, párrafo 5°)[249]

Una vez que se practique la citación al Procurador General de la República, se entenderá que las partes están a derecho para los actos del proceso, salvo que exista alguna disposición del Código de Procedimiento Civil que ordene lo contrario (Art. 21, párrafo 6°).

El Procurador General de la República podrá solicitar copia de los escritos o documentos presentados por la otra parte que, a su juicio, sean necesarios para la mejor defensa de los intereses de la República (Art. 21, párrafo 7°)[250].

El artículo 21, párrafo 3° de la Ley además, dispone en general, que la Procuraduría General de la República debe intervenir en aquellos juicios en los que, si bien la República no es parte, son afectados directa o indirectamente los derechos, bienes e intereses patrimoniales de la misma.

5. La reconvención de la República

En caso de reconvención, el Tribunal Supremo de Justicia puede, a solicitud del Procurador General de la República, fijar el acto de la contestación de la misma, dentro de los 20 días hábiles siguientes, si aparece de los autos que la reconvención es independiente de la causa que sirve de fundamento a la acción intentada. El Tribunal Supremo de Justicia debe dictar sentencia dentro de los 30 días hábiles siguientes, una vez concluido el acto de informes, el cual se puede prorrogar por una sola vez, por el mismo período, cuando la complejidad y naturaleza del asunto exija mayor término (Art. 21, párrafo 8°)[251].

---

248 Sustituye el artículo 104 LOCSJ.

249 Sustituye el artículo 106 LOCSJ, con similar texto.

250 Sustituye el artículo 106 LOCSJ, con texto similar.

251 Sustituye el artículo 106 LOCSJ, con texto similar.

V. LAS NORMAS ESPECÍFICAS PARA EL PROCEDIMIENTO EN CASOS DE CONTROVERSIAS ADMINISTRATIVAS

1. La legitimación activa y los requisitos de la demanda

Conforme lo establece el artículo 21, párrafo 23° de la Ley, en el caso de los procesos sobre controversias administrativas (Art. 5, párrafo 1°, numerales 31 y 33), los mismos se deben iniciar por la entidad que le interesen, mediante demanda escrita, donde expondrá en forma clara y detallada el asunto de que se trate, e indicará la otra entidad contra quien obra la acción[252].

2. El emplazamiento

Una vez que haya sido admitida la demanda, el Juzgado de Sustanciación debe emplazar a la entidad demandada para comparecer ante el Tribunal Supremo de Justicia, en un plazo de 20 días hábiles, más el término de la distancia, en caso de que sea procedente, para que consignen el fundamento de sus pretensiones, en relación con la materia litigiosa y las razones de hecho y de derecho en que se funde (Art. 21, párrafo 15)[253].

No se entiende porque, en este caso, en el que la Ley habla de entidad demandante y entidad demandada, no se hable de citación sino de "emplazamiento". En todo caso, el cartel de emplazamiento se debe hacer por oficio, al que se debe acompañar una copia de la demanda (Art. 21, párrafo 26°).

3. La defensa de la entidad demandada no compareciente

El artículo 21, párrafo 27° de la Ley dispone que si vencido el plazo para el cual fue emplazada la entidad demandada y ésta no compareciere, se le debe designar de oficio un defensor para que lo represente en el proceso, al cual se le debe notificar a fin de que comparezca dentro de los 5 días hábiles siguientes para la aceptación y juramentación.

Luego, debe comenzar a correr un lapso de 20 días hábiles, a fin de que consigne escrito en el cual haga valer los derechos de su representado. Las funciones del defensor cesarán al hacerse parte en el juicio el representante del ente, quien continuará en el estado en que se encuentre el juicio. En estos casos, la Ley dispone que los lapsos no se deben interrumpir, ni puede haber reposición de los mismos[254].

4. La gestión conciliatoria

Dispone el artículo 21, párrafo 28 de la ley Orgánica, que una vez vencidos los términos para la contestación de la demanda antes señalados, el Tribunal Supremo de Justicia

252 Sustituye el artículo 138 LOCSJ, con texto similar.
253 Sustituye el artículo 140 LOCSJ, con texto similar.
254 Sustituye el artículo 141 LOCSJ, con texto similar.

debe procurar la conciliación de las partes, en un lapso de 5 días hábiles continuos. Si no se lograse la misma, se debe abrir, de pleno derecho, el lapso probatorio. Los lapsos para promover y evacuar pruebas se deben realizar conforme lo prevé el Código de Procedimiento Civil[255].

5. Poderes del Juzgado de Sustanciación

El Juzgado de Sustanciación puede requerir, de oficio, cualquier información que considere pertinente y solicitar de los representantes de las partes, y de los expertos que intervengan en el juicio, las explicaciones que juzgue necesarias para el esclarecimiento de los hechos (Art. 21, párrafo 9°)[256].

6. El procedimiento

Concluido el lapso probatorio o su prórroga, se debe continuar el procedimiento por los trámites previstos en el artículo 19 de la presente Ley (Art. 21, párrafo 30)[257]

VI. LAS NORMAS ESPECÍFICAS PARA EL PROCEDIMIENTO EN CASOS DE AVOCAMIENTO

Como se ha señalado, una de las competencias comunes de todas las Salas del Tribunal Supremo, es la de poder solicitar de oficio, o a petición de parte, algún expediente que curse ante otro tribunal, y avocarse al conocimiento del asunto cuando lo estime conveniente (Art. 5, párrafo 1°,48), para lo cual la Ley Orgánica ha establecido los siguientes principios del procedimiento:

1. El artículo 18, párrafo 11° de la ley Orgánica precisa que cualesquiera de las Salas del Tribunal Supremo de Justicia en las materias de su respectiva competencia, *de oficio o a instancia de parte*, con conocimiento sumario de la situación, podrá recabar de cualquier tribunal de instancia, en el estado en que se encuentre, cualquier expediente o causa, para resolver si se avoca, y directamente asume el conocimiento del asunto, o, en su defecto lo asigna a otro tribunal.

2. Esta atribución deberá ser ejercida, como lo indica el artículo 18, párrafo 12°, con suma prudencia:

> [Y] sólo en caso grave, o de escandalosas violaciones al ordenamiento jurídico que perjudique ostensiblemente la imagen del Poder Judicial, la paz pública, la decencia o la institucionalidad democrática venezolana, y se hayan desatendido o mal tramitado los recursos ordinarios o extraordinarios que los interesados hubieren ejercido.

3. La Sala requerida debe examinar las condiciones concurrentes de procedencia del avocamiento, en cuanto que el asunto curse ante algún tribunal de la República, independiente de su jerarquía y de especialidad, que la materia vinculada sea de la compe-

255 Sustituye el artículo 142 LOCSJ, con texto similar.
256 Sustituye el artículo 143 LOCSJ, con texto similar.
257 Sustituye el artículo 144 LOCSJ, con texto similar.

tencia de la Sala, sin importar la etapa o fase procesal en que éste se encuentre, así como las irregularidades que se alegan hayan sido oportunamente reclamadas sin éxito en la instancia a través de los recursos ordinarios (Artículo 18, párrafo 13°).

4. Al admitir la solicitud de avocamiento, la Sala debe oficiar al tribunal de instancia, requiriendo el expediente respectivo, y puede ordenar la suspensión inmediata del curso de la causa y la prohibición de realizar cualquier clase de actuación. De acuerdo con el mismo artículo 18, párrafo 13° de la Ley "Serán nulos los actos y las diligencias que se dicten en desacuerdo por el mandamiento de prohibición".

5. La sentencia sobre el avocamiento la debe dictar la Sala competente, la cual puede decretar la nulidad y subsiguiente reposición del juicio al estado que tiene pertinencia, o decretar la nulidad de alguno o algunos de los actos de los procesos, u ordenar la remisión del expediente para la continuación del proceso o de los procesos en otro tribunal competente por la materia, así como adoptar cualquier medida legal que estime idónea para restablecer el orden jurídico infringido (Art. 18, párrafo 14°).

VII. LAS NORMAS ESPECÍFICAS PARA EL PROCEDIMIENTO EN CASOS DE RECURSOS DE HECHO

1. Los recursos de hecho

El Tribunal Supremo de Justicia será competente para conocer de los recursos de hecho en los casos contemplados en los códigos o leyes procesales o cuando el tribunal de instancia haya omitido o se haya abstenido de hacer una consulta, o de oír un recurso cuyo conocimiento corresponda a éste, o cuando se abstenga de remitir el expediente o las copias requeridas para decidir la apelación u otro recurso (Art. 19, párrafo 24)[258].

2. Interposición

El recurso de hecho se debe interponer en forma oral ante el tribunal que negó la admisión del recurso, en el lapso previsto en el Código de Procedimiento Civil. Para ello, el Secretario del tribunal debe recoger por escrito y mediante medios audiovisuales grabados, el contenido exacto e idéntico de la exposición, sin perjuicio que la parte consigne por escrito los términos en que efectuó la exposición oral, dentro de los 3 días siguientes a la exposición. Asimismo, dentro de este lapso, la parte debe consignar los alegatos necesarios para decidir, en caso que no se hayan presentado al momento de interponer el recurso. Expirado este plazo, el tribunal debe remitir las actuaciones al Tribunal Supremo de Justicia, dentro de los 3 días siguientes (Art. 19, párrafo 25°).

---

258 Estas normas sustituyen las del artículo 98, LOCSJ, de texto similar.

3. Decisión

El Tribunal Supremo de Justicia, con vista del mismo, sin otra actuación y sin citación, ni audiencia de parte, debe declarar, dentro de los 5 días siguientes, si hay o no lugar al mismo (Art. 19, párrafo 26°).

4. Trámite

Una vez declarado con lugar el recurso de hecho, y el alegato fuere suficiente para conocer del asunto principal, el Tribunal Supremo de Justicia debe entrará a conocer del mismo. Para ello solicitará del tribunal respectivo el expediente original del juicio o copia de las actuaciones requeridas para decidir la consulta. El procedimiento se tramitará en los términos previstos en el Código de Procedimiento Civil (Art. 19, párrafo 27).

IX. LAS NORMAS ESPECÍFICAS PARA EL PROCEDIMIENTO EN CASOS DEL CONOCIMIENTO DE CAUSAS EN SEGUNDA INSTANCIA

1. Las apelaciones ante el Tribunal Supremo y el trámite

De acuerdo con lo establecido en el artículo 19, párrafo 19° de la Ley, las apelaciones que deben tramitarse ante el Tribunal Supremo de Justicia deben seguir el siguiente procedimiento:

Iniciada la relación de la causa, conforme a los autos, la parte apelante debe presentar un escrito donde exponga las razones de hecho y de derecho en que fundamenta la apelación, dentro de los 15 días hábiles siguientes.

Inmediatamente, se abrirá un lapso de 5 días hábiles continuos, para que la otra parte dé contestación a la apelación.

La falta de comparecencia de la parte apelante se considera como desistimiento de la acción, y así será declarado, de oficio o a instancia de la otra parte.

2. Las pruebas en segunda instancia

El artículo 19, párrafo 20° de la Ley establece que las pruebas que quieran hacer valer las partes en segunda instancia, deben ser promovidas dentro de los 5 días hábiles siguientes al vencimiento del lapso para la contestación de la apelación, y sobre su admisión se debe pronunciar la Sala de Sustanciación, dentro de los 3 días hábiles siguientes, contados a partir de la recepción del expediente que, con tal fin, le debe remitir la Sala respectiva[259].

---

259 Sustituye el artículo 163 LOCSJ, de texto similar.

Una vez admitidas las pruebas promovidas, se debe abrir el lapso de 15 días continuos, prorrogables por un período igual, más el término de la distancia, en caso de que corresponda, para que se evacuen las pruebas admitidas o las que el Juzgado de Sustanciación haya ordenado de oficio.

La norma agrega que "Sólo se admitirán como medios probatorios los señalados en el presente artículo"; que son los ya indicados regulados en el artículo 19, párrafo 12°[260].

3. Asuntos de mero derecho

Cuando el asunto fuere de mero derecho, o las partes no hubiesen promovido pruebas, o el tribunal no haya ordenado de oficio la evacuación de ellas, la causa debe continuar inmediatamente después de vencido el término para la contestación de la apelación (Art. 19, párrafo 21°).

260 Sustituye el Artículo 164 LOCSJ: En esta instancia sólo se admitirán las pruebas de experticia, inspección ocular, juramento, posiciones juradas e instrumentos públicos o privados, con las limitaciones establecidas en el Capítulo I de este Título.

LIBRO SEXTO:

EL RÉGIMEN DE LA LEY DE LA JURISDICCIÓN CONTENCIOSO ADMINISTRATIVA DE 2010

Este Libro Sexto se conforma con el texto del estudio "Introducción General al Régimen de la Jurisdicción Contencioso Administrativa," publicado en el libro: Allan R. Brewer-Carías y Víctor Hernández Mendible, *Ley Orgánica de la Jurisdicción Contencioso Administrativa*, Colección Textos Legislativos, N° 47, Editorial Jurídica Venezolana, Caracas 2010, pp. 9-151.

INTRODUCCIÓN

La Asamblea Nacional sancionó el 15 de diciembre de 2009 la Ley Orgánica de la Jurisdicción Contencioso Administrativo, la cual fue promulgada en fecha 16 de junio de 2010[1] (en lo adelante LOJCA 2010). Esta Ley había sido, sin duda, una de las leyes más esperadas de las últimas décadas, y cuyo objeto es "regular la organización, funcionamiento y competencia de la Jurisdicción Contencioso Administrativa, salvo lo previsto en leyes especiales" (Art. 1).

---

1 La Ley Orgánica fue originalmente publicada en *Gaceta Oficial* N° 39.447 de 16 de junio de 2010, y fue reimpresa por error material en *Gaceta Oficial* N° 39.451 de 22 de junio de 2010. La Sala Constitucional del Tribunal Supremo de Justicia declaró la "constitucionalidad del carácter orgánico" de la Ley, en sentencia N° 290 de 23 de abril de 2010. *V.*, en http://www.tsj.gov.ve/decisiones/scon/Abril/290-23410-2010-10-0008.html La Ley Orgánica entró en vigencia a partir de su publicación, y conforme a la Disposición Final Única, la "Estructura Orgánica de la Jurisdicción Contencioso Administrativa," la cual entró en vigencia el día 16 de diciembre de 2010. La Ley Orgánica autorizó al Tribunal Supremo de Justicia, en Sala Plena, para que mediante resolución dictada a solicitud de la Sala Político Administrativa, pueda "diferir la aplicación de la presente Ley, en las circunscripciones judiciales donde no existan las condiciones indispensables para su puesta en práctica." No es concebible, realmente, que en un Estado de derecho pueda eliminarse el control judicial de la Administración en determinadas circunscripciones judiciales. Ello sería inconstitucional por violación del derecho a la tutela judicial efectiva frente a la Administración. La Sala Constitucional, mediante sentencia N° 1.149 de 17 de noviembre de 2010 suspendió y declaró inaplicables los artículos sobre el recurso de juridicidad.

V., http://www.tsj.gov.ve/decisiones/scon/Noviembre/1149-171110-2010-10-1039.html. *V.*, lo expuesto en pp. 150-11 de este libro.

Con dicha LOJCA 2010 se esperaba que definitivamente se llenara el vacío legislativo que siempre había existido en la materia, desde cuando se constitucionalizó la Jurisdicción Contencioso Administrativa en la Constitución de 1961. Ese vacío solo se había comenzado a llenar en forma transitoria, con la Ley Orgánica de la Corte Suprema de 1976[2] que estuvo vigente hasta 2004, cuando sus normas fueron sustituidas por las de la Ley Orgánica del Tribunal Supremo de Justicia de 2004[3] (LOTSJ 2004), en la cual también se reguló, hasta 2010, parcialmente, el régimen del proceso contencioso administrativo en relación con la Sala Político Administrativa del Tribunal Supremo. Se esperaba, por tanto, que con la nueva Ley del Contencioso quedaran superadas las tradicionales deficiencias en la materia. Pero, grave desilusión !!, pues en realidad, con el nombre de "Ley Orgánica de la Jurisdicción Contencioso Administrativa," la Asamblea Nacional ha desperdiciado una oportunidad única y ha sancionado una normativa insuficiente y deficiente, a pesar de los proyectos que se habían elaborado en el país, y que de haberse seguido habrían dado otro resultado.

Diversos proyectos, en efecto, precedieron la Ley sancionada, siendo el más remoto el muy deficiente que fue discutido en la Asamblea en 2004,[4] y que luego de haber sido aprobado en primera discusión, fue abandonado. Luego de tres años y ya en un nuevo período constitucional de la Asamblea Nacional, en 2007 circuló un "Informe" para la segunda discusión del proyecto de Ley, elaborado por la Comisión Permanente de Política Interior, Derechos Humanos y Garantías Constitucionales de la Asamblea Nacional, producto de la "Iniciativa Legislativa del Tribunal Supremo de Justicia, elaborado por la Comisión de Justicia y Cultos de la Comisión permanente de Política Interior, en conjunto con la Sala Político Administrativa del Tribunal Supremo y la Comisión Ordinaria de Legislación de la Asamblea Nacional,"[5] en el cual, sin duda, se mejoraba notablemente el texto que había sido aprobado en la primera discusión de 2004. En este Informe de 2007, en efecto, se incorporaron todos los principios y regulaciones que podían sustentar un régimen contemporáneo sobre esta Jurisdicción, apoyándose sin duda, en el proyecto que había elaborado en 2000 el profesor Víctor Hernández Mendible. Ojala dicho proyecto de 2000 y el Informe de 2007 hubiera sido el sancionado por la Asamblea Nacional, pues hubiera significado el avance legislativo trascendente que se requería en la materia. Pero lamentablemente no fue así, resultando entonces un texto

---

2 *V.*, en *Gaceta Oficial* N° 1.893, Extraordinaria del 30-07-1976. *V.*, los comentarios a dicha Ley Orgánica en Allan R. Brewer-Carías y Josefina Calcaño de Temeltas, *Ley Orgánica de la Corte Suprema de Justicia*, Editorial Jurídica Venezolana, Caracas, 1989.

3 *V.*, en *Gaceta Oficial* N° 37.942 de 20-05-2004. *V.* los comentarios a dicha Ley Orgánica en Allan R. Brewer-Carías, Ley Orgánica del Tribunal Supremo de Justicia, Editorial Jurídica Venezolana, Caracas, 2004. *V.*, en general los estudios de Antonio Canova González, Alejandra Figueiras, Andrés E. Troconis Torres, Miguel Ángel Torrealba Sánchez, José Ignacio Hernández G., Daniela Urosa Maggi, Jorge C. Kiriakidis L., Luis Fraga Pittaluga, Betty Andrade Rodríguez, en el libro El Contencioso Administrativo a partir de la Ley Orgánica del Tribunal Supremo de Justicia, FUNEDA, Caracas, 2009. La Ley Orgánica de 2004 fue derogada por la Ley Orgánica del Tribunal Supremo de Justicia, publicada en *Gaceta Oficial* N° 5.991, de 29-07-2010, reimpresa por error material dos veces: en *Gaceta Oficial* N° 39.483, de 9-08-2010 y en *Gaceta Oficial* N° 39.522, de 1-10-2010, en la cual se eliminó toda la normativa que se refería al contencioso administrativo.

4 En este texto, lamentablemente, no se aprovecharon, como hubiera sido deseable, los aportes de los proyectos de "Ley de la Jurisdicción Contencioso Administrativa" que se habían elaborado con antelación, y entre ellos, el redactado por Víctor Hernández Mendible en 2000. *V.*, su texto con Nota introductoria el mismo Hernández-Mendible, "La jurisdicción contencioso administrativa", en *Revista de Derecho* N° 2, Tribunal Supremo de Justicia, Caracas, 2000, pp. 283-340).

5 *V.*, el texto de este Informe de 2007 y el proyecto de articulado en el Apéndice de este libro, pp. 223 ss.

legislativo que en realidad constituye un notable retroceso respecto de lo que incluso transitoriamente se había logrado en los años precedentes, como se plasmó en el Informe presentado por la misma Comisión de la Asamblea Nacional al someterse el proyecto a la segunda discusión en diciembre de 2009, el cual contiene una "Exposición de Motivos" del contenido, que demuestra la completa desadaptación del proyecto con el ordenamiento jurídico venezolano.[6]

La LOJCA 2010, en verdad, sólo varió respecto de este último Informe y su proyecto, en cuanto al título adoptado. Se pretendía que fuera una Ley sobre una "Jurisdicción Administrativa" que nunca ha existido, en vez de sobre una "Jurisdicción Contencioso Administrativa," como fue que en definitiva quedó, superándose lo que sólo la ignorancia podía pretender, precisamente en contra del propio ordenamiento constitucional. En efecto, la incomprensible propuesta de denominar a la Jurisdicción Contencioso Administrativa como "Jurisdicción Administrativa," se hizo argumentando que el hecho de que se hubiese mantenido en la Constitución de 1999:

> "la misma expresión 'jurisdicción contencioso administrativa' de la Constitución de 1961, constituye un atavismo no aceptable en la cultura jurídica relacionada con la jurisdicción, ya que en Venezuela nunca existió un verdadero 'contencioso administrativo' al estilo francés ni de las naciones europeas, por lo que resulta dicho agregado un elemento importado de otras latitudes sin expresión en nuestra realidad."

Con esta afirmación los redactores de esa "Exposición de Motivos" trataron de justificar la denominación del Proyecto como:

> "Ley Orgánica de la Jurisdicción Administrativa, eliminándose al nombre el adjetivo 'contencioso' por inapropiado, pues todo lo jurisdiccional presupone, en principio, un proceso litigioso con un contradictorio claramente definido."

Afortunadamente, como se dijo, en la segunda discusión del Proyecto de Ley se abandonó esa disparatada propuesta la cual, sin duda, ignoraba lo que precisamente en Francia había significado la expresión "jurisdicción administrativa," inicialmente integrada en la Administración antes de que se consolidara como "contencioso administrativo" fuera del Ejecutivo, pero siempre diferenciada y separada de la "jurisdicción judicial."

La LOJCA 2010 sancionada, si nos basamos en el sólo nombre adoptado, podría considerarse como novedosa, pues permite pensar que se trata de un cuerpo normativo integral regulador de la Jurisdicción. Sin embargo, después de su estudio, la conclusión resulta otra: el texto legal, lamentablemente no llega a ser nada nuevo en cuanto a los temas que desordenadamente trata, estando establecidos todos los aspectos que regula, incluso en muchos casos con mayor precisión, en normas legislativas transitorias y dispersas que habían venido progresivamente siendo desarrolladas y moldeadas por la jurisprudencia y la doctrina patrias.

No es correcto decir, por tanto, como se indica erradamente en la "Exposición de Motivos" del Proyecto de Ley, que el contencioso administrativo en Venezuela supuestamente no se habría configurado "conforme a la idiosincrasia del país, sino que -cito- fue

---

6 *V.*, el texto del "Informe del Proyecto de la Ley Orgánica de la Jurisdicción Administrativa" presentado junto con una Exposición de Motivos por oficio N° 1124/09 de 7 de diciembre de 2009 al Secretario de la Asamblea Nacional, en el Apéndice de este libro, pp. 267 ss.

el producto de la adaptación a nuestro medio de instituciones foráneas y la imitación de modelos que se fueron estructurando a través de la labor jurisprudencial y la doctrina, pero ajenas a nuestras propias realidades."[7]

La verdad es que sólo la ignorancia del redactor de dicha Exposición de Motivos puede justificar esa afirmación, y basta para darse cuenta de ello la abundante bibliografía existente en el país, de libros y trabajos editados en los últimos sesenta años,[8] así como la también abundantísima jurisprudencia del más alto tribunal de la República producto de decisiones judiciales también dictadas durante los últimos sesenta años.[9] La lectura de toda esa obra confirma, frente a esa afirmación sin fundamento, que al contrario, la construcción del contencioso administrativo ha sido obra de nuestros tribunales, y del foro y de la academia venezolanas, desarrollada con base en nuestras normas constitucionales y legales que se fueron incorporando en el ordenamiento jurídico, por supuesto, con la ilustración de la mejor doctrina del derecho administrativo contemporáneo universal.

Al contrario de la simplista afirmación de la "Exposición de Motivos" de 2009, la jurisdicción contencioso administrativa, con raíces en las Constituciones que precedieron a la de 1961, encontró su constitucionalización en la extraordinaria norma del artículo 206 de la Constitución de 1961, el cual se recogió con muy pocas variaciones en el artículo 259 de la Constitución de 1999.

---

7 *Idem*, en el Apéndice de este libro, pp. 267 y ss.

8 *V.*, Luis Torrealba Narváez, "Consideraciones acerca de la Jurisdicción Contencioso-Administrativa, su Procedimiento y Algunas Relaciones de éste con el de la Jurisdicción Judicial Civil", en *Anales de la Facultad de Derecho*, Universidad Central de Venezuela, Caracas, 1951; Hildegard Rondón de Sansó, "*El sistema contencioso-administrativo de la carrera administrativa*". *Instituciones, Procedimiento y Jurisprudencia*, Ediciones Magón, Caracas, 1974. Allan R. Brewer-Carías, *Estado de derecho y Control Judicial*, Madrid, 1985, pp. 281 y ss; José Araujo Juárez, *Derecho Procesal Administrativo*, Vadell Hermanos editores, Caracas, 1996; Allan R. Brewer-Carías, *Instituciones Políticas y Constitucionales, T.* VII: *Justicia Contencioso Administrativa*, Editorial Jurídica Venezolana, Caracas-San Cristóbal, 1997; Antonio Canova González, *Reflexiones para la reforma del sistema contencioso administrativo venezolano*, Editorial Sherwood, Caracas, 1998; Carlos L. Carrillo Artiles, *El recurso jurisdiccional contra las abstenciones u omisiones de los funcionarios públicos*, Universidad Católica Andrés Bello, Caracas, 1996; Víctor Hernández-Mendible, *Tutela judicial cautelar en el contencioso administrativo*, Vadell Hermanos editores, Caracas, 1998; Daniela Urosa Maggi, *Tutela judicial frente a la inactividad administrativa en el derecho español y venezolano*, FUNEDA, Caracas, 2003; M. A. Torrealba Sánchez, *Manual de Contencioso Administrativo* (Parte General), Caracas, 2006. *V.* además, las siguientes obras colectivas: *El control jurisdiccional de los Poderes Públicos en Venezuela*, Instituto de Derecho Público, Facultad de Ciencias Jurídicas y Políticas, Universidad Central de Venezuela, Caracas, 1979; *Contencioso Administrativo en Venezuela*, Editorial Jurídica Venezolana, tercera edición, Caracas, 1993; *Derecho Procesal Administrativo*, Vadell Hermanos editores, Caracas, 1997; 8ª Jornadas "J.M. Domínguez Escovar" (Enero 1983), *Tendencias de la jurisprudencia venezolana en materia contencioso-administrativa*, Facultad de Ciencias Jurídicas y Políticas, U.C.V., *Corte Suprema de Justicia;* Instituto de Estudios Jurídicos del Estado Lara, Tip. Pregón, Caracas, 1983; *Contencioso Administrativo*, I Jornadas de Derecho Administrativo Allan Randolph Brewer-Carías, FUNEDA, Caracas, 1995; XVIII Jornadas "J.M. Domínguez Escovar, *Avances jurisprudenciales del contencioso-administrativo en Venezuela*, 2 Tomos, Instituto de Estudios Jurídicos del Estado Lara, Diario de Tribunales Editores, S.R.L. Barquisimeto, 1993.

9 En cuanto a la jurisprudencia, *V.*, en Allan R. Brewer-Carías, *Jurisprudencia de la Corte Suprema 1930-74 y Estudios de Derecho Administrativo, T.* V, *La Jurisdicción Contencioso-Administrativa, v.* 1 y 2, Instituto de Derecho Público, Facultad de Derecho, Universidad Central de Venezuela, Caracas, 1978; Allan R. Brewer-Carías y Luís Ortiz Álvarez, *Las grandes decisiones de la jurisprudencia Contencioso-Administrativa*, Editorial Jurídica Venezolana, Caracas, 1996; Luís Ortiz-Álvarez, *Jurisprudencia de medidas cautelares en el contencioso-administrativo (1980-1994)*, Editorial Jurídica Venezolana, Caracas, 1995. "La jurisprudencia del Alto Tribunal y de las Cortes de lo Contencioso Administrativo a partir de 1980 ha sido publicada regularmente, ordenada sistemáticamente", en la *Revista de Derecho Público*, Editorial Jurídica Venezolana.

Lo que estaba pendiente era el desarrollo legislativo de esas disposiciones que es lo que se ha pretendido hacer con la nueva LOJCA 2010.

No es cierto, por tanto, a la luz de esa norma constitucional, como también se afirmó erradamente en la mencionada "Exposición de Motivos" de la Ley Orgánica, que el proceso contencioso administrativo supuestamente haya sido en Venezuela –cito- "un ámbito de tutela exclusivamente de las garantías judiciales de los administrados individualmente considerados," y que ahora, supuestamente, haya pasado a ser uno donde se hace "prevalecer los intereses públicos." La verdad es que el contencioso administrativo siempre se ha concebido como una garantía de control judicial del sometimiento de la Administración a la legalidad, independientemente si el accionante busca proteger un interés individual legítimo o un interés colectivo lesionado por la actuación administrativa que se estime contraria a derecho.

Todo ello deriva, precisamente, de lo previsto en la mencionada norma constitucional del artículo 259, por lo que también es errado afirmar, como se hace en la indicada "Exposición de Motivos" de la Ley, que la Constitución de 1999 –cito- haya "dado un salto cualitativo en la perspectiva de la justicia administrativa que viene a superar la ficticia contradicción entre los intereses públicos y los particulares." Esa afirmación es errada porque, por una parte, no es nada ficticia la contradicción que pueda haber entre esos dos intereses cuando de legalidad se trata, pues por más interés público que pueda haber en la realización de una actuación pública, si al ejecutarla, la Administración viola la ley afectando intereses de particulares, la contradicción se produce, pero no para hacer prevalecer el interés particular, sino para hacer prevalecer la legalidad.

En todo caso, no está de más recordarle a los legisladores aficionados, y quizás a alguno de sus asesores, quienes juntos se empeñan en tratar de olvidar o borrar la historia, que en Venezuela, como en la gran mayoría de los países latinoamericanos, el derecho administrativo no se construyó con base en los criterios de distinción entre una "jurisdicción judicial" y una supuesta "jurisdicción administrativa," sino que su configuración paulatina lo que dio origen fue a una competencia especializada de determinados tribunales para conocer de litigios en los cuales interviene la Administración, pero siempre integrados en el Poder Judicial.[10]

Constitucionalmente, fue a partir de la Constitución de 1925 cuando comenzó propiamente en Venezuela la construcción de un sistema contencioso-administrativo separado del control jurisdiccional en materia de inconstitucionalidad (Jurisdicción Constitucional), al establecerse en el artículo 120 de dicha Constitución, por primera vez, la posibilidad de que la entonces Corte Federal y de Casación declarase "la nulidad de los Decretos o Reglamentos que dictare el Poder Ejecutivo para la ejecución de las leyes cuando alteren su espíritu, razón o propósito de ellas", es decir, la posibilidad de un recurso contencioso-administrativo de anulación pero sólo contra actos administrativos generales o individuales dictados por el Presidente de la República. Esta atribución de la Corte Federal y de Casación fue ampliada respecto a todos los actos administrativos a partir de la Constitución de 1931 (Art. 120,12), cuando estuvieren viciados de ilegalidad o abuso de poder. Con la Constitución de 1961 la atribución de la antigua Corte

---

10 *V.*, M. Pérez Guevara, "Prólogo", en Allan R. Brewer-Carías, *Jurisprudencia de la Corte Suprema 1930-1974 y Estudios de Derecho Administrativo*, *T.* II, *Ordenamiento Orgánico y Tributario del Estado*, Instituto de Derecho Público, Facultad de Derecho, Universidad Central de Venezuela, Caracas, 1976, pp. 1-10.

Suprema de Justicia en materia contencioso administrativa de anulación fue ampliada, para evitar equívocos, para declarar la nulidad de los actos administrativos generales o individuales contrarios a derecho e incluso por desviación de poder (Arts. 215,7 y 206), texto que fue el que se recogió en la Constitución de 1999 (Art. 259).

En materia contencioso-administrativa de las demandas contra los entes públicos, fueron la Constitución de 1830 (Art. 145) y la Constitución de 1958 (Art. 113,5) las que asignaron a la Corte Suprema competencia para "conocer de las controversias que resulten de los contratos o negociaciones que celebre el Poder Ejecutivo por sí solo o por medio de agentes"; la cual fue ampliada en la Constitución de 1864 cuando se atribuyó a la Alta Corte Federal competencia para "conocer de los juicios civiles cuando sea demandada la Nación" (Art. 89,6), dejándole también la atribución para "conocer de las controversias que resultaren de los contratos o negociaciones que celebrare el Presidente de la Unión" (Art. 89,10). En la Constitución de 1925, y a partir de ella, esta competencia se configuró definitivamente al atribuirse a la entonces Corte Federal y de Casación, facultad para "conocer en juicio contencioso de todas las cuestiones sobre nulidad, caducidad, resolución, alcance, interpretación, cumplimiento y cualesquier otra que se susciten entre la Nación y los contratistas o concesionarios a consecuencia de contratos celebrados por el Ejecutivo Federal" (Art. 120,13). Incompresiblemente, la Constitución de 1961 eliminó de su articulado esta tradicional disposición, quedando la norma con la última redacción antes indicada en la Ley Orgánica de la Corte Federal de 1953 (Art. 7,28), que estuvo vigente hasta 1976. En la Ley Orgánica de la Corte Suprema de Justicia de 1976 (Art. 42,14) y en la Ley Orgánica del Tribunal Supremo de Justicia de 2004 (Art. 5,25), ahora derogada, dicha competencia quedó reducida respecto de los "contratos administrativos" suscritos por la República, los Estados y Municipios. En otros casos de demandas, sin embargo, de acuerdo a la Constitución, los órganos de la jurisdicción contencioso-administrativa conforme a su artículo 259, tienen competencia para "condenar al pago de sumas de dinero y a la reparación de daños y perjuicios originados en responsabilidad de la administración", donde está incluida la responsabilidad contractual.

También en materia contencioso-administrativa de las demandas contra los entes públicos, la Constitución de 1925 atribuyó a la entonces Corte Federal y de Casación competencia para "conocer en juicio contencioso y en los casos que determine la Ley, de las reclamaciones por daños y perjuicios que se propusieren contra la Nación, y de todas las demás acciones por sumas de dinero que se intenten contra ella" (Art. 120,15). Esta disposición ciertamente muy amplia, configuró la jurisdicción de la antigua Corte Suprema como un fuero a favor de la República, lo cual se mantuvo exacto en las Constituciones posteriores, y sólo fue en la Constitución de 1947 cuando se le declaró como procedimiento contencioso- administrativo (Arts. 20 y 220,1).

Como, se ha visto, finalmente, en la Constitución de 1999 (siguiendo lo dispuesto en la Constitución de 1961) dio competencia específica a los órganos de la jurisdicción contencioso-administrativa para conocer de las pretensiones de condena al pago de sumas de dinero y a la reparación de daños y perjuicios originados en responsabilidad de la Administración (Arts. 140 y 259), lo cual abarca no sólo la responsabilidad contractual sino la extracontractual de la República y de otros entes públicos. En la Constitución de 1999, además, se incluyó dentro de las competencias de la jurisdicción contencioso administrativa, conocer de los reclamos por la prestación de servicios públicos, constituyendo este aspecto la única novedad regulatoria en la materia del texto constitucional de 1999, comparado con la de la Constitución de 1961.

Se puede decir, por tanto, que en Venezuela, la jurisdicción contencioso administrativa surgió en materia de contencioso de anulación en el texto de la Constitución de 1925, y en materia de demandas contra los entes públicos, en el ámbito contractual, desde el texto de la Constitución de 1830; todo como un fuero judicial especial para la República, siendo la Constitución de 1947 la primera en emplear la expresión "procedimiento contencioso-administrativo" (Art. 220,10 y 220,12). Su desarrollo, sin embargo, en realidad ocurrió a partir de la década de los sesenta.

En efecto, para que una Jurisdicción Contencioso Administrativa pueda funcionar controlando a la Administración Pública, es indispensable no sólo que el Estado esté formalmente configurado como un Estado de Derecho, sino que éste funcione como tal, en un régimen democrático, donde esté garantizada la separación de poderes y en particular la autonomía e independencia de los jueces. Sólo unos jueces constitucionales, o contencioso administrativos autónomos e independientes, son los por ejemplo, pueden declarar la nulidad de los actos del Poder Legislativo o del Poder Ejecutivo, y condenar al Estado por responsabilidad contractual o extracontractual. Es por ello, precisamente, que estas Jurisdicciones Constitucional y Contencioso Administrativa hayan tenido su mayor desarrollo a partir de la entrada en vigencia de la Constitución de 1961, durante las cuatro décadas de democracia que vivió el país hasta 1999.

Lamentablemente, a partir de la entrada en vigencia de la Constitución de 1999 y durante la última década 1999-2009, la situación ha variado radicalmente y el régimen autoritario que se ha apoderado del Estado ha hecho añicos la independencia y autonomía de los jueces, situación en la cual el control efectivo de la constitucionalidad de los actos del Estado y de la legalidad y legitimidad de la actuación de la Administración Pública haya quedado en entredicho.

Ello, al menos, es lo que nos muestra la experiencia del funcionamiento de la Jurisdicciones Constitucional y Contencioso Administrativa en los últimos años,[11] particularmente desde que el Ejecutivo, en 2003, utilizando al Tribunal Supremo de Justicia intervino a la Corte Primera de lo Contencioso Administrativo, secuestrando su competencia y destituyendo a sus Magistrados, habiendo quedado clausurada por más de diez meses; y todo por haber "osado," sus jueces, a dictar una simple medida de cautelar de amparo constitucional en contra de autoridades nacionales y municipales en relación con la contratación ilegal de médicos extranjeros por parte de órganos del Estado para un programa de atención médica en los barrios de Caracas.[12]

---

11 *V.*, Antonio Canova González, *La realidad del contencioso administrativo venezolano (Un llamado de atención frente a las desoladoras estadísticas de la Sala Político Administrativa en 2007 y primer semestre de 2008)*, FUNEDA, Caracas, 2009.

12 *V.*, sobre este caso la referencia en Allan R. Brewer-Carías, "La justicia sometida al poder y la interminable emergencia del poder judicial (1999-2006)", en *Derecho y democracia*. Cuadernos Universitarios, Órgano de Divulgación Académica, Vicerrectorado Académico, Universidad Metropolitana, Año II, N° 11, Caracas, septiembre 2007, pp. 122-138; "La justicia sometida al poder [La ausencia de independencia y autonomía de los jueces en Venezuela por la interminable emergencia del Poder Judicial (1999-2006)]" en *Cuestiones Internacionales. Anuario Jurídico Villanueva 2007*, Centro Universitario Villanueva, Marcial Pons, Madrid 2007, pp. 25-57. Los Magistrados de la Corte Primera destituidos en violación de sus derechos y garantías, demandaron al Estado por violación de sus garantías judiciales previstas en la Convención Interamericana de Derechos Humanos, y la Corte Interamericana de Derechos Humanos condenó al Estado por dichas violaciones en sentencia de fecha 5 de agosto de 2008, (Caso: *Apitz Barbera y otros* ("*Corte Primera de lo Contencioso Administrativo" vs. Venezuela*). *V.*, en http://www.corteidh.or.cr/ Excepción Preliminar, Fondo, Reparaciones y Costas, Serie C N° 182. Frente a ello, sin embargo, la Sala Constitucional del Tribunal Supremo de Justicia en sentencia N° 1.939 de 18 de diciembre de

El efecto demostración de lo que le puede ocurrir a los jueces cuando dictan medidas que afecten intereses políticos del Ejecutivo o de quienes controlan el Poder que derivó de ese caso,[13] fue ciertamente devastador, provocando la trágica situación en la que se encuentra actualmente la Jurisdicción Contencioso Administrativa, en la cual los tribunales que la conforman simplemente se han negado a aplicar el derecho administrativo, a controlar a la Administración Pública y a proteger a los ciudadanos frente a la misma; situación que estamos en el deber de seguir denunciando, como lo he venido haciendo desde 1999. Haciendo ahora mías las palabras de mi destacado alumno Antonio Canova González, "Por mi parte, me he negado, y sigo negando, a ver morir en mi país el Derecho Administrativo, a sabiendas de que es el instrumento para garantizar la libertad de los ciudadanos, sin revelar de forma contundente lo que ocurre y señalar con firmeza a los culpables."[14] Y estos, sin duda, no son otros los que asaltaron el Poder y el Estado desde 1999, apropiándoselo en beneficio personal y en perjuicio de los ciudadanos, en nombre de una supuesta democracia participativa que no es otra cosa que una excusa para evitar que el pueblo participe efectivamente y para aniquilar la democracia representativa con todos sus elementos y componentes esenciales.

En todo caso, una pieza fundamental de ese instrumento del derecho administrativo para garantizar la libertad y derechos ciudadanos, es sin duda una Ley como esta LOJCA 2010 que regula la Jurisdicción Contencioso Administrativa, la cual, a pesar de lo dicho, es necesario estudiar, pues en algún momento en el cual se recupere la institucionalidad del Estado Constitucional, podrá servir para lo que en principio está destinada: para controlar el ejercicio del Poder por parte de la Administración Pública y proteger a los ciudadanos frente sus actuaciones.

I. LA CONSTITUCIONALIZACIÓN DE LA JURISDICCIÓN CONTENCIOSO ADMINISTRATIVA

En efecto, la jurisdicción contencioso administrativa, es decir, el conjunto de tribunales establecidos para controlar la legalidad y legitimidad de la actividad de la Administración Pública y de los entes que actúen en ejercicio de la función administrativa, es la consecuencia más acabada en el derecho administrativo, de la concepción del Estado como un Estado de Derecho. Ello implica la necesaria sumisión de todas las actuaciones de los órganos del Estado al ordenamiento jurídico preestablecido, compuesto no sólo por la Constitución y las leyes, sino por el conjunto de reglamentos y normas dictados por las autoridades competentes, es decir, por las fuentes del derecho administrativo.

2008 (Caso: *Gustavo Álvarez Arias y otros*), declaró inejecutable dicha decisión de la Corte Interamericana. *V.*, en http://www.tsj.gov.ve/decisiones/scon/Diciembre/1939-181208-2008-08-1572.html

13 *V.*, sobre este caso los comentarios de Claudia Nikken, "El caso "Barrio Adentro": La Corte Primera de lo Contencioso Administrativo ante la Sala Constitucional del Tribunal Supremo de Justicia o el avocamiento como medio de amparo de derechos e intereses colectivos y difusos," en *Revista de Derecho Público*, N° 93-96, Editorial Jurídica Venezolana, Caracas, 2003, pp. 5 y ss.

14 *V.*, Antonio Canova González, *La realidad del contencioso administrativo venezolano (Un llamado de atención frente a las desoladoras estadísticas de la Sala Político Administrativa en 2007 y primer semestre de 2008), cit.*, p. 14.

De ello deriva el principio de la legalidad, que en relación con los órganos de la Administración Pública les impone la obligación de actuar con arreglo a lo establecido en la ley y las otras normas jurídicas que regulan su actividad.[15]

Es la idea del Estado de derecho la que implica la indispensable previsión en el ordenamiento del Estado de las garantías de control judicial a los efectos de que se pueda asegurar la sumisión de los órganos del Estado al Derecho; y ha sido precisamente por ello que se han desarrollado y estructurado Jurisdicciones especiales, como la Jurisdicción Constitucional, la Jurisdicción Contencioso Electoral y la Jurisdicción Contencioso-Administrativa, las cuales se distinguen, básicamente por los actos objeto de control.[16]

En particular, para asegurar la sumisión de los actos y demás actuaciones de la Administración Pública al derecho, es que se han desarrollado los procesos contencioso-administrativos y la misma la Jurisdicción contencioso administrativa ubicada generalmente dentro del Poder Judicial, lo que no excluye la previsión, también, de garantías de orden administrativo. Los particulares, en efecto, pueden requerir el control de la legalidad y de la oportunidad de los actos administrativos ante la misma Administración mediante el ejercicio de los recursos administrativos, es decir, del recurso jerárquico, del recurso de reconsideración y del recurso de revisión regulados en las Leyes de procedimientos administrativos.[17] Estos recursos administrativos permiten a los interesados exigir el control de la legalidad de los actos dentro de la propia Administración, además de que les permite exigir un control y revisión de la oportunidad de los actos cuestionados. Es decir, en el ámbito administrativo puede decirse que además de la garantía de la legalidad, existe la garantía del control de la oportunidad o inoportunidad de una actuación administrativa.

Pero fuera del seno de la propia Administración, el principio de la legalidad que deriva del Estado de Derecho tiene su respuesta específica en la garantía judicial frente a los actos y las actuaciones administrativas, cuya organización da origen a la Jurisdicción Contencioso Administrativa, es decir, al conjunto de órganos judiciales encargados de controlar la legalidad y de la legitimidad de las actuaciones de la Administración, tanto por sus actos, omisiones y en general la actividad administrativa, como por las relaciones jurídico-administrativas en las cuales aquélla intervenga,[18] "con el fin de salvaguardar el equilibrio entre los derechos e intereses particulares, sociales y colectivos y el ejercicio de las potestades públicas" como se afirmaba en el artículo 1 del Proyecto de Ley de 2007.[19]

---

15 *V.*, Antonio Moles Caubet, *El principio de Legalidad y sus Implicaciones*, Universidad Central de Venezuela, Facultad de Derecho, Publicaciones del Instituto de Derecho Público, Caracas, 1974.

16 *V.*, Allan R. Brewer-Carías, *Instituciones Políticas y Constitucionales*, *T.* VI: Justicia Constitucional, Editorial Jurídica Venezolana, Caracas, 1996; e *Instituciones Políticas y Constitucionales*, *T.* VII: Justicia contencioso administrativa, Editorial Jurídica Venezolana, Caracas, 1997.

17 *V.*, Allan R. Brewer-Carías, *El Derecho Administrativo y la Ley Orgánica de Procedimientos Administrativos*, Editorial Jurídica Venezolana, Caracas, 1992; Allan R. Brewer-Carías, *Los principios del procedimiento administrativo en América Latina*, Universidad del Rosario, Editorial Legis, Bogotá, 2002.

18 Allan R. Brewer-Carías, *Las Instituciones Fundamentales del Derecho Administrativo y la Jurisprudencia Venezolana*. Publicaciones de la Facultad de Derecho, Universidad Central de Venezuela, Caracas, 1964, pp. 295 y ss.

19 *V.*, el texto del proyecto de 2007 en pp. 223 y ss. de este libro.

Esa garantía judicial, por supuesto, siempre se ha establecido para asegurar la sumisión de la Administración al derecho, independientemente de cuáles puedan ser los accionantes en los procesos. No es cierto, por tanto, como se afirmó en la errada "Exposición de Motivos" de la Ley Orgánica, que el proceso contencioso administrativo haya sido en Venezuela "un ámbito de tutela exclusivamente de las garantías judiciales de los administrados individualmente considerados," y que ahora supuestamente haya pasado a ser uno donde se haga "prevalecer los intereses públicos."[20] El contencioso administrativo, como se ha dicho, siempre se ha concebido como una garantía de control judicial del sometimiento de la Administración a la legalidad, independientemente si el accionante busca proteger un interés individual legítimo o un interés colectivo lesionado por la actuación administrativa contraria a derecho.

La norma fundamental que constitucionaliza esta jurisdicción en Venezuela, como se dijo, está contenida en el artículo 259 de la Constitución de 1999,[21] cuyo texto es el siguiente:

> La jurisdicción contencioso-administrativa corresponde al Tribunal Supremo de Justicia y a los demás tribunales que determina la ley. Los órganos de la jurisdicción contencioso-administrativa son competentes para anular los actos administrativos generales o individuales contrarios a derecho, incluso por desviación de poder; condenar al pago de sumas de dinero y a la reparación de daños y perjuicios originados en responsabilidad de la Administración; conocer de reclamos por la prestación de servicios públicos y disponer lo necesario para el restablecimiento de las situaciones jurídicas subjetivas lesionadas por la actividad administrativa.

Sobre esta norma, la Sala Constitucional del Tribunal Supremo de Justicia, en su sentencia de 23 de abril de 2010, al declarar la constitucionalidad del carácter Orgánico de la Ley, ha dicho que con la misma, que es sustancialmente la misma de la Constitución de 1961 (Art. 206):

> se terminó de desmontar la concepción puramente objetiva o revisora de la jurisdicción contencioso-administrativa, para acoger una visión de corte utilitarista y subjetiva, que no se limita a la fiscalización abstracta y objetiva de la legalidad de los actos administrativos formales, sino que se extiende a todos los aspectos de la actuación administrativa, como una manifestación del sometimiento a la juridicidad de la actuación del Estado y de la salvaguarda de las situaciones jurídicas de los particulares frente a dicha actuación. [22]

En todo caso, ha sido precisamente con base en la norma constitucional del artículo 259, que repite casi textualmente el contenido del artículo 206 de la anterior Constitución de 1961, que en Venezuela se desarrolló la jurisdicción contencioso-administrativa, por lo que es errado, afirmar como se hizo en la indicada "Exposición de Motivos" de la ley, que "la Constitución de 1999 ha dado un salto cualitativo en la perspectiva de la justicia administrativa que viene a superar la ficticia contradicción entre los intereses públicos y los particulares." La afirmación es errada porque, por una parte, no es nada ficticia la contradicción que pueda haber entre esos dos intereses cuando de legalidad se trata, pues por más interés público que pueda haber en la realización de una actuación pública, si al realizarla la Administración viola la ley afectando intereses de particulares, la contradicción se produce pero no para hacer prevalecer el interés parti-

20 *V.*, el texto de la Exposición de Motivos del proyecto de 2009 en pp. 267 ss. de este libro.

21 *V.*, en general Allan R. Brewer-Carías, *La Constitución de 1999. Derecho Constitucional Venezolano*, 2 Tomos, Editorial Jurídica Venezolana, Caracas, 2004.

22 *V.*, en http://www.tsj.gov.ve/decisiones/scon/Abril/290-23410-2010-10-0008.html

cular, sino para hacer prevalecer la legalidad. Por otra parte, la afirmación es falsa pues nada de ello se deriva del artículo 259 de la Constitución que como se dijo muy poco innovó en relación al similar artículo 206 de la Constitución de 1961.

En un aspecto si innovó la Constitución de 1999 en la materia, y fue en haber configurado en paralelo a la Jurisdicción Contencioso Administrativa General atribuida a la Sala Político Administrativa del Tribunal Supremo de Justicia y a los otros tribunales determinados legislativamente como se prevé en el artículo 259, conforme al artículo 297, la Jurisdicción Contencioso Electoral atribuida a "la Sala Electoral del Tribunal Supremo de Justicia y los demás tribunales que determine la ley"; especializándose así, el control de legalidad e inconstitucionalidad de los actos administrativos dictados por los órganos del Poder Electoral. Sin embargo, esta innovación fue ignorada por los proyectistas y la LOJCA 2010 no se aplica a los procesos contencioso administrativos electorales, regulándose una sola jurisdicción especial contencioso administrativa que es la "jurisdicción especial contencioso tributaria" (Art. 12). El proceso contencioso electoral se ha regulado en cambio en la LOTSJ 2010, en forma transitoria (Arts. 179-192).

En todo caso, con base en el artículo 206 de la Constitución de 1961, equivalente al artículo 259 de la Constitución de 1999, como antes se ha dicho, fue la jurisprudencia de la antigua Corte Suprema de Justicia la que elaboró las bases del contencioso administrativo, las cuales desarrolladas por la doctrina nacional, condujeron a la elaboración de la derogada Ley Orgánica de la Corte Suprema de Justicia de 1976,[23] en cuyas normas se reguló en forma transitoria el procedimiento contencioso-administrativo ante la Corte. En efecto, en las Disposiciones Transitorias de esa Ley se reguló la organización de la jurisdicción contencioso- administrativo, con indicación de los diversos tribunales que la integraban, además de la Sala Político Administrativa de la antigua Corte Suprema, en particular la Corte Primera de lo Contencioso Administrativo y Tribunales Superiores Contencioso-Administrativos.

Incomprensiblemente, sin embargo, en mayo de 2004, con ocasión de promulgarse la LOTSJ 2004,[24] dichas Disposiciones transitorias desaparecieron, y con ellas, la base legal fundamental de la organización de la jurisdicción. Sin embargo, los principios del procedimiento contencioso administrativo que se regularon en los artículos 18 a 21 de la LOTSJ 2004 siguieron literalmente lo que regulaba la derogada Ley Orgánica de 1976, de manera que muy pocos cambios se produjeron en la práctica forense. En todo caso, en la Disposición Derogatoria, Transitoria y Final de dicha Ley de 2004 se dispuso que mientras se dictase la Ley de la Jurisdicción Contencioso Administrativa, sólo se aplicarían sus disposiciones al proceso desarrollado ante el propio Tribunal Supremo. En cuanto a "la jurisdicción especial para estas materias", como se indicó en dicha Disposición, podría entenderse que ello se refería a los tribunales inferiores con competencia contencioso administrativa, disponiéndose que la Sala Plena debía dictar un Reglamento Especial que regularía "el funcionamiento y la competencia de los tribunales respectivos".

---

23 *Ley Orgánica de la Corte Suprema de Justicia* del 30 de julio de 1976 en *Gaceta Oficial* N° 1.893, Extraordinaria del 30-07-76. *V.*, los comentarios a dicha Ley Orgánica en Allan R. Brewer-Carías y Josefina Calcaño de Temeltas, *Ley Orgánica de la Corte Suprema de Justicia*, Editorial Jurídica Venezolana, Caracas, 1989.

24 Ley Orgánica del Tribunal Supremo de Justicia (LOTSJ 2004), *Gaceta Oficial*, N° 37.942 de 20-05-2004. *V.*, los comentarios a dicha Ley Orgánica en Allan R. Brewer-Carías, *Ley Orgánica del Tribunal Supremo de Justicia*, Editorial Jurídica Venezolana, Caracas, 2004. Dicha Ley Orgánica fue derogada por la LOTSJ 2010.

Es por tanto ahora, con la nueva LOJCA 2010, que se ha venido a regular al fin, en un cuerpo "aparentemente" coherente, la Jurisdicción Contencioso Administrativa, como Jurisdicción especial integrada al Poder Judicial, lo que implican que los tribunales que la integran lo que tienen en realidad es una competencia especial. En Venezuela, por tanto, el derecho administrativo nunca se construyó con base en los criterios de distinción entre "jurisdicción judicial" y "jurisdicción administrativa," tan extendido en el derecho administrativo francés, y que fue seguido en algunos países, como por ejemplo en Colombia.

En Venezuela, al contrario, la tradición ha sido la existencia de una competencia especializada de determinados tribunales para conocer de litigios en los cuales interviene la Administración, pero integrados en el Poder Judicial,[25] la cual comenzó al atribuirse a la antigua Corte Federal y de Casación, desde 1925, el poder anulatorio sobre los actos administrativos; luego que desde 1830 se había atribuido al Supremo Tribunal el conocimiento de las demandas contra los entes públicos, como un fuero judicial especial para la Administración Pública.

En la norma del artículo 259 de la Constitución se sigue la misma tradición, al asignarse competencia en materia contencioso administrativa a unos tribunales que se integran en el Poder Judicial, pero ratificándose el principio de la pluralidad orgánica, en el sentido de que no sólo el Tribunal Supremo de Justicia tiene competencia en la materia, sino los demás tribunales que determine la Ley. Con ello, como lo dijo la antigua Corte Suprema de Justicia en sentencia de 15 de octubre de 1970 al comentar la norma similar del artículo 206 de la Constitución de 1961, se buscó:

> Sobre todo, resolver, de una vez, en nuestro país, mediante un precepto constitucional, la polémica que ha dividido a tratadistas y legisladores, tanto en Europa como en América, acerca de la conveniencia de que sean órganos independientes del Poder Judicial los que conozcan de las cuestiones que se susciten entre los particulares y la Administración con motivo de la actividad propia de ésta, en sus diversos niveles.
>
> Como se indica en la Exposición de Motivos de la Constitución, ésta "consagra el sistema justicialista de la jurisdicción contencioso-administrativa", apartándose del sistema francés y reafirmando la tendencia tradicionalmente predominante en la legislación nacional, de atribuir el control jurisdiccional de la legalidad de los actos de la Administración a los órganos del Poder Judicial."[26]

Como también lo ha precisado la Sala Constitucional del Tribunal Supremo de Justicia, "el contencioso administrativo se erige como una "jurisdicción" *(rectius: competencia)* que ocupa una posición central dentro de la estructura orgánica y funcional del Poder Judicial, pues, dentro de los mecanismos de control de la actuación del Estado, organiza un sistema judicialista integral de protección de la legalidad administrativa y

---

25 *V.*, Martín Pérez Guevara, "Prólogo", en Allan R. Brewer-Carías, *Jurisprudencia de la Corte Suprema 1930-74 y Estudios de Derecho Administrativo, T.* II. *Ordenamiento Orgánico y Tributario del Estado*, Instituto de Derecho Público, Facultad de Derecho, Universidad Central de Venezuela, Caracas, 1976, pp. 1-10.

26 *V.*, sentencia de la Corte Suprema de Justicia, Sala Político Administrativa de 15-12-70 en Gaceta Forense, N° 70, 1970, pp. 179-185 y en *Gaceta Oficial*, N° 29.434 de 6-2-71, pp. 219-984-5.

de los derechos e intereses de los particulares que garantiza la plena jurisdicción de la actividad administrativa, a través de un marco general cuya relevancia y especificidad demandaron del Constituyente de 1999, un reconocimiento constitucional.[27]

Tanto la Constitución de 1961 como la de 1999 atribuyeron al Legislador una amplia potestad para la determinación de los tribunales que debían integrar tanto la jurisdicción contencioso administrativa como la jurisdicción contencioso electoral, con las solas limitaciones constitucionales en el sentido de que conforme al artículo 266, sólo el Tribunal Supremo de Justicia tiene competencia para:

> 4. Dirimir las controversias administrativas que se susciten entre la República, algún Estado, Municipio u otro ente público, cuando la otra parte sea alguna de esas mismas entidades, a menos que se trate de controversias entre Municipios de un mismo Estado, caso en el cual la ley podrá atribuir su conocimiento a otro tribunal.
>
> 5. Declarar la nulidad total o parcial de los reglamentos y demás actos administrativos generales o individuales del Ejecutivo Nacional, cuando sea procedente.
>
> 6. Conocer de los recursos de interpretación sobre el contenido y alcance de los textos legales, en los términos contemplados en la ley.

Al reservarse al Tribunal Supremo, en general, la declaratoria de nulidad de los actos administrativos del Ejecutivo Nacional, cuando sea procedente, por supuesto se dejó implícitamente a los demás Tribunales de la jurisdicción contencioso-administrativa la competencia para declarar la nulidad de los actos de las autoridades administrativas de los Estados y Municipios. Por supuesto en cuanto a las demás autoridades nacionales que no conforman estrictamente el "Ejecutivo Nacional", el control contencioso-administrativo de sus actos, constitucionalmente puede atribuirse a otros Tribunales distintos del Tribunal Supremo de Justicia, tanto por razones de inconstitucionalidad como de ilegalidad, como parcialmente lo hizo la derogada Ley Orgánica de la Corte Suprema de Justicia de 1976, al crear transitoriamente la Corte Primera de lo Contencioso-Administrativo y atribuirle competencia en dicha materia al igual que a ciertos Tribunales Superiores con competencia en lo civil. Ahora, es la LOJCA 2010 la que regula ampliamente toda la gama de tribunales contenciosos administrativos, incluyendo, además de la Sala Político Administrativa del Tribunal Supremo de Justicia, los Juzgados Nacionales, los Juzgados Estadales y los Juzgados de Municipio de la jurisdicción Contencioso Administrativo (Art. 11).

II. PRINCIPIOS CONSTITUCIONALES CONDICIONANTES DEL RÉGIMEN DE LA JURISDICCIÓN CONTENCIOSO ADMINISTRATIVA

Ahora bien, la importancia del texto del artículo 259 de la Constitución, y su efecto inmediato, que es la constitucionalización de la jurisdicción contencioso-administrativa tal como se ha venido desarrollando y configurando en las últimas cinco décadas, es que implica como condicionantes en relación con su desarrollo legislativo,[28] que infor-

27 *V.*, la sentencia N° 290 de 23 de abril de 2010. *V.*, en http://www.tsj. gov.ve/decisiones/scon/Abril/290-23410-2010-10-0008.html.

28 *V.*, Allan R. Brewer-Carías, *Nuevas Tendencias en el Contencioso Administrativo en Venezuela*, Editorial Jurídica Venezolana, Caracas, 1993.

man en general las disposiciones de la nueva LOJCA 2010, el principio de la universalidad del control como manifestación del sometimiento del Estado al derecho (principio de legalidad) y el principio de la multiplicidad de los medios de control como manifestación del derecho ciudadano a la tutela judicial efectiva.[29]

1. La universalidad del control como garantía del principio de legalidad

En *primer* lugar está el principio de la *universalidad del control* que la Constitución regula en el artículo 259 respecto de las actividades y actos administrativos como manifestación del principio de legalidad. Ello se ha recogido en la Ley Orgánica a establecerse que todos, absolutamente todos los actos administrativos, pueden ser sometidos a control judicial ante los órganos de la Jurisdicción contencioso administrativa, por contrariedad al derecho, es decir, sea cual sea el motivo de la misma: inconstitucionalidad o ilegalidad en sentido estricto. La Constitución no admite excepciones ni la Ley Orgánica las prevé, y como en su momento lo explicó la Exposición de Motivos de la Constitución de 1961, la fórmula "contrarios a derecho es una enunciación general que evita una enumeración que puede ser peligrosa al dejar fuera de control algunos actos administrativos".

Por tanto, de acuerdo con la intención de la Constitución, toda actuación administrativa y, en particular, los actos administrativos emanados de cualquier ente u órgano de la Administración Pública o de cualquier otra persona o entidad actuando en función administrativa, por cualquier motivo de contrariedad al derecho, puedan ser controlados por los Tribunales que conforman la jurisdicción contencioso-administrativa. Ello implica que cualquier exclusión de control respecto de actos administrativos específicos sería inconstitucional, sea que dicha exclusión se haga por vía de ley o por las propias decisiones de los Tribunales, en particular, del propio Tribunal Supremo de Justicia.

Este principio implica, primero, que toda actividad administrativa o toda forma de acto administrativo queda sometido a control judicial contencioso administrativo, lo que se recoge expresamente en el artículo 8 de la LOJCA 2010 al indicar bajo el acápite de "universalidad del control," que será objeto de control de la Jurisdicción Contencioso Administrativa, "la actividad administrativa" desplegada por todos los órganos y entes sujetos a control, "lo cual incluye actos de efectos generales y particulares, actuaciones bilaterales, vías de hecho, silencio administrativo, prestación de servicios públicos, omisión de cumplimiento de obligaciones y, en general, cualquier situación que pueda afectar los derechos o intereses públicos o privados."

---

29 No se entiende, por ello, cómo en la errada "Exposición de Motivos" del proyecto de LOJCA preparada para la segunda discusión en la Asamblea, se pudo llegar a afirmar que con la Ley se buscaría "sustituir pacíficamente el antiguo modelo de justicia administrativa, por otro modelo que todavía en constitución- satisfaga las exigencias de un sistema de justicia administrativa socialista." No hay tal "antiguo modelo de justicia administrativa," ni puede considerarse como tal el que se plasmó en la Constitución conforme se ha venido desarrollando en los últimos años, y cuyo objetivo es asegurar el sometimiento de la Administración a la Ley. Si pudiera identificarse históricamente un "modelo de justicia administrativa socialista," ese no sería otro que el que muestra experiencia histórica de los fracasados Estados Socialistas, todos montados sobre el autoritarismo centralista, en el cual nunca hubo cabida para la posibilidad efectiva de controlar la legalidad de la actuación de la Administración Pública, la cual, como supuesta representante y titular de los "intereses colectivos," siempre prevalecía en relación con los particulares, administrados, o ciudadanos, que debían sujeción a la misma. *V.*, la *Exposición de Motivos* del Proyecto de 2009, en p. 267 y ss. de este libro.

Sin embargo, en el caso de los actos administrativos, la Ley Orgánica no estableció nada sobre la necesidad de que los actos impugnables ante la Jurisdicción deban ser los de carácter definitivo, es decir, que pongan fin a un asunto, de manera de excluir de este control a los actos de trámite, salvo que prejuzguen como definitivos, imposibiliten la continuación del procedimiento o causen gravamen irreparable.[30]

Segundo, el principio implica que esa actividad administrativa o acto administrativo que está sometido a control puede emanar de cualquier ente y órgano de la Administración Pública, no sólo la que actúa en ejercicio del Poder Ejecutivo sino en ejercicio de cualquiera de los otros Poderes Públicos, o de cualquier entidad incluso no estatal que dicte actos de autoridad o actúe en función administrativa. Por ello en el artículo 7 de la Ley Orgánica se enumeran, aún cuando imperfectamente, como "entes y órganos controlados" o "sujetos al control de la Jurisdicción Contencioso Administrativa," los siguientes:

1. Los órganos que componen la Administración Pública;

2. Los órganos que ejercen el Poder Público, en sus diferentes manifestaciones, en cualquier ámbito territorial o institucional;

3. Los institutos autónomos, corporaciones, fundaciones, sociedades, empresas, asociaciones y otras formas orgánicas o asociativas de derecho público o privado donde el Estado tenga participación decisiva;

4. Los consejos comunales y otras entidades o manifestaciones populares de planificación, control, ejecución de políticas y servicios públicos, cuando actúen en función administrativa;

5. Las entidades prestadoras de servicios públicos en su actividad prestacional; y

6. Cualquier sujeto distinto a los mencionados anteriormente que dicte actos de autoridad o actúe en función administrativa.

Tercero, la universalidad del control no sólo radica en que todos los actos administrativos cualquiera sea el órgano, ente o entidad que los dicte están sometidos a control judicial, sino que lo son por cualquier motivo de contrariedad al derecho, es decir, por razones de inconstitucionalidad como ilegalidad propiamente dicha. No tendría sentido constitucional alguno en Venezuela, por tanto, que se pretendiera limitar la competencia de los Tribunales contencioso-administrativos a las solas cuestiones de ilegalidad, buscando por ejemplo concentrar en la Sala Constitucional del Tribunal Supremo de Justicia las cuestiones de inconstitucionalidad de los actos administrativos. Ello ni resulta del Texto Constitucional ni fue la intención de los proyectistas, ya que la reserva de competencia en la materia al Tribunal Supremo de Justicia, sólo tiene una connotación orgánica en el sentido de que a ésta compete "declarar la nulidad de los actos administrativos del Ejecutivo Nacional, cuando sea procedente", cualquiera sea el motivo de

---

30 Como se estableció con mucho mayor precisión en el Proyecto de Ley de 2007 siguiendo la tradición jurisprudencial, al referirse a los "actos administrativos impugnables: "Podrán deducirse pretensiones en relación con actos administrativos firmes y en relación con actos administrativos de trámite, únicamente cuando prejuzguen como definitivos; causen indefensión, imposibiliten la continuación del procedimiento o, por si solos, causen un gravamen. Podrán deducirse frente al silencio administrativo mediante el cual se entienda negada la petición previamente efectuada, así como contra las actuaciones materiales y vías de hecho de la Administración y los órganos que ejercen el Poder Público. Igualmente, podrá pretenderse la nulidad de un acto administrativo de efectos particulares conjuntamente con la nulidad del acto normativo que le sirve de fundamento, siempre y cuando la pretensión principal se fundamente en la nulidad del acto normativo."

contrariedad al derecho (inconstitucionalidad o ilegalidad), correspondiendo a los demás tribunales determinados en la Ley Orgánica, declarar la nulidad de los demás actos administrativos que no emanen de órganos del Ejecutivo Nacional, sea cual sea el motivo de contrariedad al derecho (inconstitucionalidad o ilegalidad). Por tanto, hubiera sido contrario a la Constitución limitar la competencia de dichos demás Tribunales de la jurisdicción contencioso-administrativa (distintos al Tribunal Supremo de Justicia) a las solas cuestiones de ilegalidad en sentido estricto.[31]

2. La multiplicidad de medios de control como manifestación del derecho a la tutela judicial efectiva

En *segundo* lugar está el derecho a la tutela judicial efectiva que la Constitución regula en el artículo 26, y que implica que a los efectos de asegurar el sometimiento a la legalidad de la Administración Pública y el principio de la universalidad del control de la actividad administrativa, correlativamente las personas tienen derecho de acceso a los órganos de la Jurisdicción contencioso administrativa como parte que son de la administración de justicia, para hacer valer frente a la Administración Pública, sus órganos o entes, y ante las entidades que ejerzan la función administrativa, sus derechos e intereses, incluso los colectivos o difusos; y además, a la tutela efectiva de los mismos y a obtener con prontitud la decisión correspondiente.

Como consecuencia de ello, la LOJCA 2010 ha establecido un elenco de *recursos y acciones* que se han puesto a disposición de los particulares y de toda persona interesada, que les permiten acceder a la justicia administrativa, lo que implica que además del recurso de nulidad contra los actos administrativos de efectos generales o de efectos particulares, o contra los actos administrativos generales o individuales, con o sin pretensión patrimonial o de amparo constitucional, está el recurso por abstención o negativa de los funcionarios públicos a actuar conforme a las obligaciones legales que tienen; el recurso de interpretación; el conjunto de demandas contra los entes públicos de orden patrimonial o no patrimonial, incluyendo las que tengan por motivo vías de hecho; las acciones para resolver los conflictos entre autoridades administrativas del Estado; y las acciones destinadas a reclamos respecto de la omisión, demora o prestación deficiente de los servicios públicos.

En esta forma puede decirse que en relación con los particulares y los ciudadanos, la regulación de la Jurisdicción contencioso-administrativa en la LOJCA 2010, facilitando el control judicial de la actividad administrativa y en particular de los actos administrativos, viene a ser una manifestación específica del *derecho fundamental del ciudadano a la tutela judicial efectiva de sus derechos e intereses frente a la Administración*, en el

---

31 En tal sentido, la Sala Constitucional, en la sentencia N° 194 de 4 de abril de 2000 ratificó lo que había decidido en sentencia de 27 de enero de 2000 (Caso: *Milagros Gómez y otros*), así:"El criterio acogido por el Constituyente para definir las competencias de la Sala Constitucional, atiende al rango de las actuaciones objeto de control, esto es, que dichas actuaciones tienen una relación directa con la Constitución que es el cuerpo normativo de más alta jerarquía dentro del ordenamiento jurídico en un Estado de derecho contemporáneo. Así las cosas, la normativa constitucional aludida imposibilita una eventual interpretación que tienda a identificar las competencias de la Sala Constitucional con los vicios de inconstitucionalidad que se imputen a otros actos o con las actuaciones de determinados funcionarios u órganos del Poder Público." *V.*, en *Revista de Derecho Público*, N° 82, Editorial Jurídica Venezolana, Caracas, 2000.

sentido de lo establecido en el artículo 26 de la propia Constitución y de lo que se establecía en el artículo 18, primer párrafo de la derogada LOTSJ 2004. La consecuencia de ello es que entonces, la jurisdicción contencioso administrativa se configura constitucional y legalmente como un instrumento procesal para la protección de los administrados frente a la Administración, y no como un mecanismo de protección de la Administración frente a los particulares; ello a pesar de que en la LOJCA 2010 se atribuya a los órganos de la Jurisdicción competencia para conocer de las demandas que pueda intentar la Administración contra particulares,[32] o de las demandas entre personas de derecho público (artículo 9,8), lo que convierte a la Jurisdicción en cierta forma, como el fuero de la Administración. Sin embargo, en el primer aspecto, del control de la Administración a instancia de los administrados, tratándose de una manifestación de un derecho fundamental a dicho control, en la relación que siempre debe existir entre privilegios estatales, por una parte, y derechos y libertades ciudadanas, por la otra, este último elemento es el que debe prevalecer.

Este derecho a la tutela judicial efectiva y la garantía del principio de legalidad implican por otra parte la asignación al juez contencioso-administrativo de *amplísimos* poderes de tutela, no sólo de la legalidad objetiva que debe siempre ser respetada por la Administración, sino de las diversas situaciones jurídicas subjetivas que pueden tener los particulares en relación a la Administración. De allí que el contencioso-administrativo, conforme al artículo 259 de la Constitución, no sea solamente un proceso a los actos administrativos, sino que está concebido como un sistema de justicia para la tutela de los derechos subjetivos y de los intereses de los administrados, incluyendo los derechos e intereses colectivos y difusos, donde por supuesto, se incluye también los derechos y libertades constitucionales. Por tanto, no se concibe el contencioso-administrativo sólo como un proceso de protección a la legalidad objetiva, sino de tutela de los derechos e intereses de los recurrentes frente a la Administración. Por ello, el juez contencioso-administrativo, de acuerdo a los propios términos del artículo 259 de la Constitución, tiene competencia no sólo para anular los actos administrativos contrarios a derecho, sino para condenar a la Administración al pago de sumas de dinero y a la reparación de daños y perjuicios originados en responsabilidad de la misma, y además, para disponer lo necesario para el restablecimiento de las situaciones jurídicas subjetivas lesionadas por la autoridad administrativa, incluyendo en la expresión "situaciones jurídicas subjetivas" no sólo el clásico derecho subjetivo, sino los derechos constitucionales y los propios intereses legítimos, personales y directos de los ciudadanos; y los reclamos derivados de la prestación de servicios públicos.

Y todo ello, sin que el elemento esencial que caracteriza a la jurisdicción contencioso administrativa de ser el medio por excelencia para asegurar la tutela judicial efectiva de los derechos e intereses de los particulares frente a la Administración, pueda verse relegado por el hecho de que también se atribuya a los órganos de la jurisdicción competencia para conocer de las demandas que la Administración puede intentar contra los particulares o de las demandas inter Administraciones, en las cuales por supuesto, el juez constitucional también debe asegurar la tutela judicial efectiva de los derechos reclamados.

---

32 En este mismo sentido se establece en la LOTSJ 2010, al regularse la competencia de la Sala Político Administrativa del Tribunal Supremo de Justicia (Art. 26,2).

III. CARACTERÍSTICAS DE LA JURISDICCIÓN CONTENCIOSO ADMINISTRATIVA COMO JURISDICCIÓN ESPECIAL PARA CONTROLAR LA ADMINISTRACIÓN PÚBLICA Y LA ACTIVIDAD ADMINISTRATIVA

El proceso de configuración normativa de la jurisdicción contencioso administrativa en Venezuela, puede decirse que ha culminado con la LOJCA 2010, la cual como se ha dicho, tiene su inicio en el mundo contemporáneo en la constitucionalización de la Jurisdicción tanto en el texto de la Constitución de 1961 (Art. 206), como de la Constitución de 1999 (Art. 259); y en el progresivo desarrollo legislativo que se produjo con la sanción de la Ley Orgánica de la Corte Suprema de Justicia de 1976,[33] sustituida en 2004 por la Ley Orgánica del Tribunal Supremo de Justicia, y que ha sido derogada y sustituida, a su vez por la LOTSJ 2010. Ese proceso ha configurado las características de la Jurisdicción que recoge la LOJCA 2010, a como una Jurisdicción especial, establecida para controlar la Administración Pública, y la actividad administrativa, tanto en cuanto a su legalidad como a su legitimidad.

1. La Jurisdicción Especial

La jurisdicción contencioso-administrativa en Venezuela puede definirse como el conjunto de órganos judiciales encargados de controlar la legalidad y la legitimidad de la actividad administrativa, en particular, de los actos administrativos, hechos y relaciones jurídico-administrativas. Como hemos dicho, no se trata de una "jurisdicción ordinaria" sino de una jurisdicción especial que por tanto es parte del Poder Judicial del Estado cuyo ejercicio está encomendado a unos órganos judiciales determinados y especializados por razón de los sujetos sometidos a control o por razón de la materia.

En este sentido, el sistema venezolano se aparta del sistema francés que nació de la interpretación del principio de la separación de poderes realizada a la luz de una peculiar tradición y evolución de desconfianza en los jueces, que tuvo su origen en los días de la Revolución francesa. De esta peculiaridad histórica derivó la prohibición para los jueces de poder controlar la Administración y sus actos. Ello condujo al propio desarrollo del derecho administrativo que tanto influenció en todos los países latinos; influencia que, sin embargo, no comprendió el sistema jurisdiccional administrativo separado del judicial que se desarrolló en Francia, el cual era difícilmente transportable en bloque a otro sistema jurídico.[34] Los mismos autores franceses han comprendido esta peculiaridad y han afirmado por supuesto, que la "jurisdicción administrativa" separada de la "jurisdicción judicial," no es condición necesaria para la existencia misma del derecho administrativo.[35]

De acuerdo con el artículo 11 de la LOJCA 2010, los órganos de la Jurisdicción Contencioso Administrativa son los siguientes: 1. la Sala Político-Administrativa del Tribu-

---

33 Ello, incluso, a pesar de que la derogada LOTSJ 2004, sin sentido alguno derogó las normas transitorias de la *Ley Orgánica de la Corte Suprema de Justicia* de 1976, dejando sin soporte legislativo directo a los órganos de la jurisdicción contencioso-administrativa que se habían estructurado, hasta que se dictase la Ley de la Jurisdicción contencioso-administrativa, lo que ha ocurrido ahora con la LOJCA 2010.

34 La situación de Colombia, en este sentido, es excepcional en el derecho comparado *V.*, Miguel González Rodríguez, *Derecho Procesal Administrativo*, Bogotá, 1986.

35. *V.*, J. Rivero, *Droit Administratif*, Precis Dalloz, París, 1962, p. 118.

nal Supremo de Justicia; 2. los Juzgados Nacionales de la Jurisdicción Contencioso Administrativa; 3. los Juzgados Superiores Estadales de la Jurisdicción Contencioso Administrativa; y 4. los Juzgados de Municipio de la Jurisdicción Contencioso Administrativa. Estos tribunales deben decidir directamente los asuntos que se les sometan para lo cual tienen competencia y no pueden constituirse con asociados para dictar sentencia (Art. 5). Todos deben orientar su actuación por los principios de justicia gratuita, accesibilidad, imparcialidad, idoneidad, transparencia, autonomía, independencia, responsabilidad, brevedad, oralidad, publicidad, gratuidad, celeridad e inmediación (Art. 2).

Pero además de los enumerados, también forma parte de la Jurisdicción Contencioso Administrativa, la "jurisdicción especial tributaria" con un régimen especial previsto en el Código Orgánico Tributario (Art. 11). Lamentablemente, como se ha dicho, los redactores de la Ley dejaron de lado otra pieza fundamental de la Jurisdicción Contencioso Administrativa, que es la Jurisdicción Contencioso Electoral, también configurada en la Constitución como una "jurisdicción especial" atribuida a la Sala Electoral del Tribunal Supremo de Justicia (Art. 297), con competencia conforme a la LOTSJ 2010, para conocer entre otros, de "las demandas contencioso electorales que se interpongan contra actos, actuaciones y omisiones de los órganos del Poder Electoral, tantos los que estén directamente vinculados con los procesos comiciales, como aquellos que estén relacionados con su organización, administración y funcionamiento"(Art. 27,1). La Ley Orgánica de Procesos Electorales de 2009 en la materia de la Jurisdicción Contencioso Electoral, aparte de incurrir en una grave imperfección al disponer que "La jurisdicción electoral la ejerce el Consejo Nacional Electoral, la Sala Electoral del Tribunal Supremo de Justicia y los tribunales competentes en la matera" (Art. 197), como si el Consejo Nacional Electoral fuera parte del poder judicial, solo precisó que el recurso contencioso electoral se rige por las disposiciones de la Ley Orgánica del Tribunal Supremo de Justicia, en lo no regulado en dicha Ley sobre procesos electorales (Art. 214).

Otro olvido de los redactores de la LOJCA 2010 fue hacer mención o tener en cuenta otra jurisdicción especial contencioso administrativa que es la agraria y ambiental, que tienen unos tribunales de primera instancia distintos de los mencionados en la Ley Orgánica. Incluso, la Ley Orgánica del Tribunal Supremo de Justicia le atribuye competencia a la Sala de Casación Social para conocer de los recursos de casación en materia agracia y ambiental (Art. 5,44). En efecto, de acuerdo con la Ley de Tierras y Desarrollo Agrario,[36] los Tribunales Superiores Regionales Agrarios son los competentes para conocer de los recursos de nulidad en materia agraria, como tribunales de primera instancia, y la Sala Especial Agraria de la Sala de Casación Social de este Máximo Tribunal, es la competente para conocer de dichos recursos, pero como tribunal superior de aquéllos (artículo 171). En tal virtud, ambos órganos jurisdiccionales conforman la llamada "jurisdicción contencioso administrativa especial agraria," especialidad esta derivada de los tribunales especiales, así como del procedimiento aplicable, relativa a asuntos relacionados con la materia regulada en la mencionada Ley de Tierras y Desarrollo Agrario.

36 *Gaceta Oficial* N° 37.323 del 13 de noviembre de 2001, parcialmente reformada según en *Gaceta Oficial* N° 5.991, de 29-07-2010.

En consecuencia, cualquier asunto contencioso administrativo en materia ambiental que no esté relacionado con la materia agraria, será competencia de la jurisdicción contencioso administrativa general.[37]

En todo caso, a los órganos de la jurisdicción contencioso administrativa, no está encomendada la generalidad de los procesos ni sometida la generalidad de las personas: solamente están sometidas a ella determinadas categorías de personas y solamente juzga determinados actos, hechos y relaciones jurídicas.

En cuanto a las personas jurídicas sometidas a esta jurisdicción especial, una de las partes de la relación jurídico-procesal debe ser en principio, una persona de derecho público o una persona jurídico-estatal (la Administración), o una entidad privada u organización de carácter popular actuando en función administrativa o ejerciendo prerrogativas del Poder Público, o que, por ejemplo, preste un servicio público mediante concesión. Este ámbito subjetivo de la jurisdicción se define en el artículo 7 de la LOJCA 2010 al enumerarse los "entes y órganos controlados" así:

> "a. Los órganos que componen la Administración Pública;
>
> b. Los órganos que ejercen el Poder Público, en sus diferentes manifestaciones, en cualquier ámbito territorial o institucional;
>
> c. Los institutos autónomos, corporaciones, fundaciones, sociedades, empresas, asociaciones y otras formas orgánicas o asociativas de derecho público o privado donde el Estado tenga participación decisiva, así como cualquier otro sujeto que dicte actos de autoridad o actúe en función administrativa;
>
> d. Los consejos comunales y otras entidades o manifestaciones populares de planificación, control, ejecución de políticas y servicios públicos, cuando actúen en función administrativa; y
>
> e. Las entidades prestadoras de servicios públicos en su actividad prestacional."

Respecto a las relaciones jurídicas, hechos y actos jurídicos, esta jurisdicción especial está llamada a juzgar, en principio, los actos, hechos y relaciones jurídico-administrativos, es decir, actos, hechos y relaciones jurídicas originados por la actividad administrativa. Este ámbito sustantivo de la jurisdicción contencioso administrativa, como se ha dicho, se define en el artículo 8 de la LOJCA 2010 al referirse a la "universalidad del control" y enumerarse como "objeto de control" de la Jurisdicción, lo siguiente: "la actividad administrativa" desplegada por los "entes y órganos controlados" antes mencionados, "lo cual incluye actos de efectos generales y particulares, actuaciones bilaterales, vías de hecho, silencio administrativo, prestación de servicios públicos, omisión de cumplimiento de obligaciones y, en general, cualquier situación que pueda afectar los derechos o intereses públicos o privados."

Esta definición del ámbito sustantivo de la Jurisdicción Contencioso administrativa se precisa luego en el artículo 9 de la LOJCA 2010 en el cual se enumera la competencia de la misma para conocer de:

> "1. Las impugnaciones que se interpongan contra los *actos administrativos* de efectos generales o particulares contrarios a derecho, incluso por desviación de poder.

---

37 *V.*, sentencia de la Sala Político Administrativa N° 836 del 15 de julio de 2004 (Caso: *Daniel Laguado Estupiñán*).

2. De la *abstención o la negativa* de las autoridades a producir un acto al cual estén obligados por la ley.

3. Las reclamaciones contra las *vías de hecho* atribuidas a los órganos del Poder Público.

4. Las *pretensiones de condena* al pago de sumas de dinero y la reparación de daños y perjuicios originados por *responsabilidad* contractual o extracontractual de los órganos que ejercen el Poder Público.

5. Los reclamos por la *prestación de los servicios públicos* y el restablecimiento de las situaciones jurídicas subjetivas lesionadas por los prestadores de los mismos.

6. La resolución de los recursos de *interpretación* de leyes de contenido administrativo.

7. La resolución de las *controversias administrativas* que se susciten entre la República, algún estado, municipio u otro ente público, cuando la otra parte sea alguna de esas mismas entidades.

8. Las *demandas* que se ejerzan contra la República, los estados, los municipios, los institutos autónomos, entes públicos, empresas o cualquier otra forma de asociación en las cuales la República, los estados, los municipios o cualquiera de las personas jurídicas antes mencionadas tengan participación decisiva.

9. Las *demandas* que ejerzan la República, los estados, los municipios, los institutos autónomos, entes públicos, empresas o cualquier otra forma de asociación en la cual la República, los estados, los municipios o cualquiera de las personas jurídicas antes mencionadas tengan participación decisiva, si es de contenido administrativo.

10. Las *actuaciones, abstenciones, negativas o las vías de hecho* de los consejos comunales y de otras personas o grupos que en virtud de la participación ciudadana ejerzan funciones administrativas.

11. Las demás *actuaciones de la Administración Pública* no previstas en los numerales anteriores."

Por tanto, en general, se trata de una competencia especializada dentro de un único Poder Judicial que corresponde a ciertos tribunales, a los cuales están sometidas ciertas personas de derecho público o de derecho privado de carácter estatal, o personas o entidades que ejercen la función administrativa o prestan servicios públicos, y que juzga determinados actos o relaciones jurídicas de derecho administrativo.

2. El control de la Administración Pública y de la actividad administrativa

La especialidad y la existencia de la jurisdicción contencioso-administrativa tiene su fundamento, entonces, en la necesidad de controlar a la Administración Pública del Estado, a su la actividad administrativa, y a las actividades de las entidades no estatales que ejerzan la función administrativa. Por tanto, en principio, no es posible obtener un pronunciamiento de los tribunales de esta jurisdicción especial cuando las partes en la relación jurídico-procesal sean, ambas, entidades no estatales o particulares. Siempre en la relación jurídica procesal-administrativa que se establece ante la Jurisdicción, debe estar presente la Administración Pública y su actividad, o una entidad no estatal o un particular actuando en ejercicio del Poder Público o como autoridad, en definitiva, en función administrativa.

Ahora bien, la noción de "Administración" puede en general delimitarse, según los casos, conforme al artículo 259 de la Constitución, de acuerdo con un criterio material o un criterio orgánico. De acuerdo con el criterio material, cuando la Constitución se refiere a la "responsabilidad de la administración" en realidad se refiere a las consecuencias de una actividad pública administrativa, poniendo mayor énfasis en la actuación que en la persona actuante. Con base en el criterio orgánico, por "Administración", a los efectos de la jurisdicción contencioso-administrativa, ha de entenderse fundamentalmente los órganos de las personas jurídicas de derecho público o de las personas jurídicas estatales, según los casos.

En este sentido, las personas jurídicas en el derecho administrativo pueden clasificarse conforme a dos criterios: según su forma jurídica, en personas de derecho público y personas de derecho privado; y según su integración al Estado, en personas estatales y personas no estatales. En cuanto a las de derecho público, estas son las personas político-territoriales que son la República, los Estados, el Distrito Capital y los Municipios, y las personas de derecho público no territoriales o entes públicos, es decir, aquellas personas jurídicas creadas por el Estado mediante ley, para descentralizar determinadas actividades, las cuales pueden ser de dos categorías fundamentales: los institutos autónomos y las corporaciones públicas como las comunidades universitarias o profesionales (Universidades Nacionales o los Colegios Profesionales) y las de carácter asociativos, como las Mancomunidades. En cuanto a las personas jurídicas de derecho privado, quedan sometidas a la jurisdicción contencioso administrativa, particularmente aquellas creadas por el Estado para la realización de actividades fundamentalmente en el campo económico, es decir, las empresas del Estado o empresas públicas establecidas como sociedades mercantiles, con capital público o mixto, según las reglas del derecho privado comercial,[38] o las personas jurídico-privadas a las que la ley les ha asignado el ejercicio de determinadas tareas públicas, como los concesionarios de servicios públicos. No todas las personas de derecho público son estatales (los Colegios Profesionales, a pesar de ser de derecho público no están integradas en la estructura general del Estado), ni todas las personas estatales son de derecho público (las empresas del Estado, como sociedades anónimas, son de derecho privado);[39] pero cuando dicten actos administrativos o realizan la función administrativa los mismos están sometidos a control contencioso administrativo.

Todo este universo de personas jurídicas sometidas a la jurisdicción contencioso administrativa, está precisado en el artículo 8 de la Ley Orgánica, aún cuando con una falta de coherencia pasmosa.[40]

---

38 *V.*, Allan R. Brewer-Carías, *Régimen Jurídico de las Empresas Públicas en Venezuela*, Centro Latinoamericano de Administración para el Desarrollo (CLAD), Caracas, 1980.

39 *V.*, Allan R. Brewer-Carías, "La distinción entre las personas públicas y las personas privadas y el sentido actual de la clasificación de los sujetos de derecho", en *Revista Argentina de Derecho Administrativo*, N° 12, Buenos Aires, 1977, pp. 15 a 29; en *Revista de la Facultad de Derecho*, UCV, N° 57, Caracas, 1976, pp. 115 a 135; en Fundamentos de la Administración Pública, Editorial Jurídica Venezolana, Caracas, 1980, pp. 223 a 248; y en *Derecho Administrativo*, *T.* I, Universidad Externado de Colombia, Bogotá, 2005.

40 Mucho más precisa era la enumeración del artículo 2 de los sujetos de control contencioso administrativo en el proyecto de 2007, donde se indicaban "los órganos que componen la Administración Pública Nacional Centralizada y Descentralizada; la Administración Pública Estadal Centralizada y Descentralizada; la Administración Pública Municipal Centralizada y Descentralizada y la Administración Pública Local. Asimismo, son sujetos del control contencioso administrativo los demás órganos que ejercen el Poder Público, en sus diferentes manifestaciones, en cualquier ámbito territorial o institucional, cuando actúen en función administrativa. Igualmente, están sujetos al control contencioso administrativo los entes institucionales, corporativos, fundacionales y asociativos de derecho público que sean dependientes o vinculados al Estado; y los sujetos que dicten actos de autoridad, las enti-

En *primer lugar* se menciona a "los órganos que componen la Administración Pública," pero sin definírsela, con lo cual la Ley incurrió en la misma supuesta falla que mencionó la errada "Exposición de Motivos" del proyecto de Ley Orgánica preparada para la segunda discusión, cuando al referirse a la Constitución de 1961, indicó que en la misma se consideraba "como objeto del control jurisdiccional la figura subjetiva abstracta denominada Administración Pública, respecto a la cual nunca hemos tenido una definición, aunque si menciones y enunciaciones complementarias de los órganos que la conforman diseminados en los diferentes textos legales que contienen normas reguladoras de su actividad." Y así era y así continúa siendo en la actualidad en la misma LOJCA 2010, de manera que para determinar qué es lo que en el literal a) de su artículo 7 ha de entenderse por "Administración Pública," debe recurrirse a lo que se establece en los artículos 140 y siguientes de la Constitución y, en particular, en lo dispuesto en la Ley Orgánica de la Administración Pública de 2008.[41]

Conforme a esta Ley Orgánica, ante todo, están los órganos de los diversos niveles del Poder Público (Nacional, Estadal y Municipal) que ejercen el Poder Ejecutivo, y que se comprenden en las normas de los artículos 140 y siguientes de la Constitución destinados a todas las "Administraciones Públicas" *ejecutivas* de la República (administración pública nacional), de los Estados (administración pública estadal) y del Distrito Capital, de los Municipios (administración pública municipal) y de las otras entidades políticas territoriales que establece el artículo 16 de la Constitución, entre las cuales se destacan los Distritos Metropolitanos cuyos órganos ejercen el Poder Municipal.

Este concepto general de la Administración Pública, se confirma en Ley Orgánica de la Administración Pública, en la cual la regulación de la "Administración Pública" como una sola organización que comprende la de la República (nacional), la de los estados y la municipal (Art. 1), en forma centralizada, sometida toda a los lineamientos de la planificación centralizada (arts. 15, 18, 23, 32, 44, 48, 60, 77, 84, 91, 99, 119, 121, 131), bajo la dirección del Presidente de la República (Art. 46) y la coordinación del Vicepresidente ejecutivo (Art. 49,3).

Por otra parte, en el artículo 15 de la Ley Orgánica de la Administración Pública, se definen las siguientes tres organizaciones que ahora forman el universo de la Administración Pública: En *primer lugar*, están los "entes" que son todas las organizaciones administrativas descentralizadas funcionalmente con personalidad jurídica (se entiende, distinta de la República, de los Estados y Municipios). Ello sin embargo, no implica "autonomía" alguna (concepto que materialmente ha desaparecido de la Ley Orgánica de 2008), pues se dispone expresamente que están "sujetos al control, evaluación y seguimiento de sus actuaciones por parte de sus órganos rectores, de adscripción y de la Comisión Central de Planificación." En *segundo lugar*, están los "órganos", que son las unidades administrativas "de la República, de los Estados, de los Distritos metropolitanos y de los municipios, a los que se les atribuyan funciones que tengan efectos jurídicos frente a terceros, o cuya actuación tenga carácter regulatorio". Debe recordarse que estos son los "entes y órganos" de la Administración Pública que conformaban el uni-

---

dades populares de planificación, control y ejecución de políticas y servicios públicos y las entidades prestadoras de servicios públicos en su actividad prestacional." *V.*, el texto en las pp. 223 ss. de este libro.

41 Decreto Ley N° 6.217 de 15 de julio de 2008. *Gaceta Oficial* Extra N° 5.890 de 31-07-2008. *V.*, los comentarios a esta Ley en Allan R. Brewer-Carías, Rafael Chavero G. y Jesús M. Alvarado Andrade, *Ley Orgánica de la Administración Pública*, Editorial Jurídica Venezolana, Caracas, 2008.

verso de la Administración Pública hasta la reforma de la Ley Orgánica de la Administración Pública en 2008, cuando se agregó una tercera organización distinta a los "órganos y entes," denominada las "misiones" que también forman parte de la Administración Pública (arts. 15 y 131), pero con la peculiaridad de que se las excluye, en general, de la aplicación de la Ley Orgánica, la cual básicamente se destina a dichos "órganos y entes."

En *segundo lugar*, en adición al antes mencionado ámbito general, el literal b) del mismo artículo 7 de la LOJCA 2010 estableció también entre los sujetos a control de la jurisdicción contencioso administrativa, "los órganos que ejercen el Poder Público, en sus diferentes manifestaciones, en cualquier ámbito territorial o institucional". Estos "órganos que ejercen el Poder Publico" y que también forman parte de la Administración Pública del Estado venezolano, además de los tres niveles territoriales antes mencionados de distribución vertical del Poder Público que conforman los órganos y entes de la Administración Pública *ejecutiva* (que ejercen el Poder Ejecutivo), serían los de los Poderes Públicos que desarrollan funciones del Estado de carácter sublegal. Es decir, en el nivel nacional, los órganos que ejercen el Poder Ciudadano (Fiscalía General de la República, Contraloría General de la República y Defensoría del Pueblo) y el Poder Electoral (Consejo Nacional Electoral), los cuales sin la menor duda, son órganos que integran la Administración Pública del Estado, organizados con autonomía funcional respecto de los órganos que ejercen otros poderes del Estado. En cuanto a los órganos que ejercen el Poder Judicial, los que conforman la Dirección Ejecutiva de la Magistratura mediante la cual el Tribunal Supremo de Justicia ejerce la dirección, gobierno y administración del Poder Judicial, también son parte de la Administración Pública del Estado.

En consecuencia, en los términos de la sección segunda del Título IV de la Constitución, de la Ley Orgánica de la Administración Pública y de la LOJCA 2010, la Administración Pública del Estado no sólo está conformada por órganos que ejercen el Poder Ejecutivo, sino por los órganos que ejercen el Poder Ciudadano y el Poder Electoral, y por la Dirección Ejecutiva de la Magistratura que en ejercicio del Poder Judicial tiene a su cargo la dirección, el gobierno y la administración del Poder Judicial.[42]

En *tercer lugar*, el literal c) del artículo 7 de la LOJCA 2010, agrega en la enumeración de los "entes y órganos controlados," en cierta forma redundante con lo expresado en el literal a), a "los institutos autónomos, corporaciones, fundaciones, sociedades, empresas, asociaciones y otras formas orgánicas o asociativas de derecho público o privado donde el Estado tenga participación decisiva." De acuerdo con lo indicado en la Ley Orgánica de la Administración Pública, estos son los "entes" que conforman la Administración Pública.

En *cuarto lugar*, el literal c) del artículo 7 de la LOJCA 2010 agrega como entes sujetos a control de la jurisdicción contencioso administrativa, todos aquellos sujetos "que dicten actos de autoridad o actúen en función administrativa," lo que por supuesto engloba todos aquellos casos de actos administrativos dictados por entidades privadas en ejercicio de prerrogativas o competencias públicas. Por supuesto, la clave de esta norma está en la determinación de qué ha de entenderse por función administrativa, que es una

---

42 *V.*, en general, Allan R. Brewer-Carías, *Principios del Régimen Jurídico de la Organización Administrativa Venezolana*, Caracas, 1994, pp. 11 y 53.

de las funciones del Estado, en paralelo a la función normativa, a la función política y a la función jurisdiccional,[43] mediante la cual los órganos y entes públicos entran en relación con los particulares, como sujetos de derecho, gestores del interés público.[44] De allí la distinción entre la función de crear el derecho (normativa), de aplicar el derecho imparcialmente (jurisdiccional), y de actuar en relaciones jurídicas como sujeto de derecho, al gestionar el interés público (administrativa),[45] lo cual puede realizarse, en ciertos casos por entidades no estatales. En las dos primeras, el Estado, al crear el derecho o al aplicarlo, es un tercero en las relaciones jurídicas que surjan; en la última, en cambio, el Estado o quien la ejerce es parte de la relación jurídica que se establece entre la Administración y los particulares,[46] como sujeto de derecho gestor del interés público. De allí que la personalidad jurídica del Estado, se concretice en el orden interno, básicamente cuando sus órganos ejercen la función administrativa.[47]

En *quinto lugar,* el literal c) del artículo 7 de la LOJCA 2010 agrega a la enumeración de los órganos sujetos a control "los consejos comunales y otras entidades o manifestaciones populares de planificación, control, ejecución de políticas y servicios públicos, cuando actúen en función administrativa." Esta norma, de nuevo puede considerarse en cierta forma como redundante pues los entes y órganos que en ella se enumeran pueden incluirse en el literal a) y b) del mismo artículo. En cuanto a los Consejos Comunales, sin duda, son "entes" de la Administración Pública pues están regulados en la Ley Orgánica de los Consejos Comunales de 2009,[48] en la cual se dispone que adquieren

---

43 *V.*, Allan R. Brewer-Carías, *Derecho Administrativo, T.* II, Universidad Externado de Colombia, Bogotá 2005, pp. 70 y ss.

44 *V.*, Allan R. Brewer-Carías, *Las Instituciones Fundamentales del Derecho Administrativo y la Jurisprudencia Venezolanas*, Caracas, 1964, p. 115. Si el Estado legisla, tal como lo señala Santi Romano, "no entra en relaciones de las cuales él, como legislador, sea parte: las relaciones que la ley establece o de cualquier modo contempla se desenvuelven después entre sujetos diversos del Estado o bien con el mismo Estado, pero no en su aspecto de legislador sino en otros aspectos mediante órganos diversos de los del Poder Legislativo". *V.*, "Prime Pagine di un *Manuale de Diritto Amministrativo*", en *Scritti Minori*, Milano 1950, p. 363, *cit.*, por J. M. Boquera Oliver, *Derecho Administrativo*, Vol. I, Madrid, 1972, p. 59. "Cuando el Estado juzga -señala J. González Pérez-, no es parte interesada en una relación jurídica; no es sujeto de derecho que trata de realizar sus peculiares intereses con arreglo al Derecho... cuando el Estado juzga satisface las pretensiones que una parte esgrime frente a otra; incide como tercero en una relación jurídica, decidiendo la pretensión ante él deducida con arreglo al ordenamiento jurídico", en *Derecho Procesal Administrativo, T.* II, Madrid, 1966, p. 37.

45 En este sentido, antigua la Corte Suprema ha señalado al referirse a la función administrativa, que en ella el Estado "no realiza una función creadora dentro del ordenamiento jurídico, que es la función legislativa, ni conoce ni decide acerca de las pretensiones que una parte esgrime frente a otra, que es la función judicial; sino que es sujeto de derecho, titular de intereses, agente propio de la función administrativa...". *V.* sentencias de la Corte Suprema de Justicia en Sala Político Administrativa de 18-7-63, en Gaceta Forense N° 41, Caracas, 1963, pp. 116 ss., de 27-5-68, en Gaceta Forense N° 60, Caracas, 1969, pp. 115 ss.; de 9-7-69 en Gaceta Forense N° 65, Caracas, 1969, pp. 70 ss. En estas sentencias, sin embargo, como veremos, la Corte confunde la función estatal con el acto estatal.

46 *Cfr.*, sentencia de la antigua Corte Suprema de Justicia en Sala Político Administrativa de 13-3-67, en Gaceta Forense, N° 55, Caracas, 1968, p. 107.

47 *V.*, Allan R. Brewer-Carías, Principios Fundamentales del Derecho Público (Constitucional y Administrativo), Caracas, 2005, pp. 91 y ss.

48 *Gaceta Oficial* N° 39.335 de 28-12-2009. Esta ley derogó la Ley de los Consejos Comunales de 2006, *Gaceta Oficial* N° 5806 Extraordinario, de 10-04-2006. *V.*, sobre esta última Ley: Allan R. Brewer-Carías, "El inicio de la desmunicipalización en Venezuela: La organización del Poder Popular para eliminar la descentralización, la democracia representativa y la participación a nivel local", en *AIDA*, Opera Prima de Derecho Administrativo. *Revista de la Asociación Internacional de Derecho Administrativo*, Universidad Nacional Autónoma de México, México, 2007, pp. 49 a 67.

personalidad jurídica con su registro ante la respectiva Comisión Local de Planificación del Poder Popular (Art. 20). Las otras entidades o manifestaciones populares de planificación, control, ejecución de políticas y servicios públicos, en general también son entes u órganos de la Administración Pública.

La norma del literal d) del artículo 7 de la LOJCA 2010 por lo anterior, sólo podría justificarse para superar la redundancia su la frase final "cuando actúen en función administrativa," lo que significaría que esos entes y órganos locales sólo están sujetos a control en sus actuaciones cumplidas en ejercicio de la función administrativa.

Por último, en *sexto lugar*, el literal e) del artículo 7 de la LOJCA 2010 agrega entre los sujetos de control, a "las entidades prestadoras de servicios públicos en su actividad prestacional," cualquiera que sea su naturaleza. Ello incluye a los entes y órganos de la Administración Pública, pero también a las entidades no estatales que presten servicios públicos, como serían por ejemplo, los concesionarios de los mismos. Por supuesto, la clave de esta norma está en la determinación de qué ha de entenderse por servicios públicos, que son las actividades prestacionales que debe asumir el Estado, tendiente a satisfacer necesidades generales o colectivas en cumplimiento de una obligación constitucional o legal y en relación con las cuales, los particulares se encuentran limitados en cuanto a poder desarrollarlas libremente, sea porque el Estado en algunos casos se las ha reservado, o sea porque el Estado las regula y ordena."[49]

De lo anterior resulta, en todo caso, que por lo que se refiere a los órganos de la Administración Pública, la jurisdicción contencioso administrativa es competente para conocer de los litigios en los cuales la misma sea parte, independientemente de la naturaleza de la actividad desplegada, de manera que la Jurisdicción se ha venido configurando como un fuero especial establecido para la Administración Pública, como se precisó en la Ley Orgánica de la Corte Suprema de Justicia de 1976. Antes de dicha Ley Orgánica, en cambio, la jurisprudencia de la Corte Suprema de Justicia había considerado que no toda la actividad desarrollada por los entes públicos caía bajo el ámbito de la jurisdicción contencioso administrativa. En algunos casos se consideró que había actuaciones de los entes públicos que no estaban sujetas al derecho administrativo y que, por tanto, estaban sometidas a la jurisdicción ordinaria, como por ejemplo, litigios en los cuales estuviesen involucrados institutos autónomos en materia mercantil que se consideraba que no correspondían a la jurisdicción contencioso-administrativa. Por ello, la antigua Corte Suprema de Justicia llegó a puntualizar en 1969 que la legislación preveía el recurso contencioso-administrativo sólo respecto a las "pretensiones fundadas en preceptos de derecho administrativo."[50] De acuerdo con esta interpretación jurisprudencial, podía decirse que la jurisdicción contencioso administrativa en Venezuela era competente para conocer como jurisdicción judicial especial, sólo de los actos, y relaciones jurídicas sometidas al derecho administrativo y para controlar, en especial, la legitimidad y la legalidad de la actuación de la Administración Pública.[51]

---

49 *V.*, Allan R. Brewer-Carías, *Estudios de Derecho Administrativo 2005-2007*, Caracas, 2007, pp. 528.

50 *V.*, Allan R. Brewer-Carías, *Jurisprudencia de la Corte Suprema 1930-74 y Estudios de Derecho Administrativo, T.* V, Instituto de Derecho Público, U.C.V., Caracas, 1975, pp. 193 ss. Esta doctrina ha sido recogida de nuevo en sentencia de 05-06-86, caso: Fetra-educación. *V.*, en *Revista de Derecho Público*, N° 27, Editorial Jurídica Venezolana, Caracas, pp. 106-114.

51 *V.*, Allan R. Brewer-Carías, *Las Instituciones Fundamentales del Derecho Administrativo y la Jurisprudencia Venezolanas*, Universidad Central de Venezuela, Caracas, 1964, pp. 311 ss.

Sin embargo, apartándose de dicho criterio jurisprudencial, a partir de la entrada en vigencia de la Ley Orgánica de la Corte Suprema de Justicia de 1976, la jurisdicción contencioso-administrativa se comenzó a configurar como un fuero general respecto de la República y las otras personas jurídicas estatales nacionales, comprendiendo no sólo los juicios de nulidad de actos administrativos emanados de los entes de derecho público, cualquiera sea la naturaleza de su objeto (incluso los que se refieren a la administración del derecho privado), sino las demandas por cualquier causa intentadas contra la República y demás entes públicos nacionales, incluyendo las empresas nacionales del Estado.

3. El control de la conformidad al derecho

De acuerdo al artículo 259 de la Constitución, como se ha dicho, los órganos de la jurisdicción contencioso-administrativa, son competentes para anular los actos administrativos generales o individuales "contrarios a derecho", incluso por desviación de poder, por lo que la competencia en materia de control de conformidad al derecho se origina cualquiera que sea el motivo de la misma, es decir, sea por razones de inconstitucionalidad, de "ilegalidad" propiamente dicha, o de contrariedad respecto de cualquiera de las otras fuentes del derecho administrativo (violación de reglamentos y demás actos de efectos generales, violación de la cosa juzgada administrativa, violación de los principios generales del derecho administrativo, etc.).

No existe, por tanto, en Venezuela, constitucionalmente hablando, limitación alguna en cuanto a los motivos de control respecto de los cuales pueden conocer los órganos de la jurisdicción contencioso-administrativa, y que pudiera conducir a limitar el conocimiento de estos órganos a meras cuestiones de legalidad, excluyéndoles la competencia para conocer de cuestiones de constitucionalidad.

En consecuencia, en Venezuela el juez contencioso-administrativo es juez constitucional de los actos administrativos y es juez constitucional de amparo respecto de todas las actuaciones de las autoridades administrativas. Ello, incluso, lo había ratificado la LOTSJ 2004 al atribuirle competencia a la Sala Político Administrativa del Tribunal Supremo, para declarar la nulidad de los actos administrativos de autoridades nacionales "por razones de inconstitucionalidad e ilegalidad" (Art. 5, Párrafo 1°, numerales 30 y 35), frase que se eliminó en la LOTSJ 2010 (Art. 26,5). La LOJCA 2010 en esta materia repite la norma constitucional respecto a la competencia para declarar la nulidad de actos administrativos "contrarios a derecho, incluso por desviación de poder" (Art. 9,1).

En el ordenamiento constitucional y legal venezolano, por tanto, no existe elemento alguno que pueda permita establecer una dicotomía absoluta entre una "jurisdicción constitucional" y una "jurisdicción contencioso administrativa" con base en los motivos de control de los actos estatales; y ello, básicamente, porque en Venezuela no existe un sistema excluyente de control concentrado de la constitucionalidad conforme al cual un solo órgano estatal sería el competente para juzgar la constitucionalidad de los actos estatales. La Sala Constitucional del Tribunal Supremo de Justicia tiene la competencia exclusiva para declarar la nulidad por inconstitucional, con efectos *erga omnes* de las leyes y demás actos estatales de rango legal o dictados en ejecución directa e inmediata de la Constitución (Art. 334 de la Constitución), pero ello no excluye que los órganos de la jurisdicción contencioso administrativa sean los competentes para controlar la constitucionalidad de los reglamentos y demás actos administrativos normativos o no.

Además, los órganos de la Jurisdicción contencioso administrativa también tienen competencia para ejercer el control difuso de constitucionalidad de las leyes y demás actos normativos, ya que conforme a los artículos 334 de la Constitución, todos los jueces de cualquier nivel tienen el poder-deber de no aplicar a los casos que deban decidir, las leyes que estimen inconstitucionales, aplicando preferentemente la Constitución.

Además, conforme a la Ley Orgánica de Amparo sobre Derechos y Garantías Constitucionales (Art. 3), la acción de amparo para la protección de los derechos y garantías constitucionales, se debe ejercer ante los tribunales de la Jurisdicción contencioso administrativa con competencia afín al derecho lesionado e, incluso, en caso de no existir tales tribunales en la localidad, la acción de amparo se puede intentar ante cualquier Tribunal que allí exista (Art. 7).

De lo anterior resulta que los órganos de la jurisdicción contencioso-administrativa son jueces constitucionales de los actos administrativos cuando controlan la sumisión de éstos al derecho, no pudiéndose confinar los mismos a conocer de la nulidad de los actos administrativos por solos motivos de "ilegalidad", pues ello sería contrario a lo dispuesto en el artículo 259 de la Constitución, que les atribuye poder para declarar dicha nulidad "por contrariedad al derecho", lo que implica inconstitucionalidad e ilegalidad.

En todo caso, no debe olvidarse que contrariamente a las previsiones del artículo 206 de la Constitución de 1961, en materia de control de la contrariedad al derecho de los actos administrativos por los órganos de la jurisdicción contencioso administrativa, la derogada Ley Orgánica de la Corte Suprema de Justicia de 1976, en las Disposiciones Transitorias que la regulaban, había establecido un inconveniente monopolio a favor de la Sala Político-Administrativa de la antigua Corte para conocer de los recursos contencioso-administrativos "por razones de inconstitucionalidad" contra los actos administrativos, lo que había dado origen a una inexistente distinción entre "recurso de inconstitucionalidad" y "recurso de legalidad"; lo que además resultaba de lo que regulaban los ya derogados artículos 181 y 185 de dicha Ley Orgánica de 1976. Siempre consideramos como inconstitucional la mencionada norma que le quitaba competencia a los Tribunales inferiores contencioso administrativos para decidir sobre la inconstitucionalidad de los actos administrativos, asignándole tal competencia exclusivamente a la antigua Sala Político Administrativa de la Corte Suprema, órgano en el cual debían declinar la competencia.[52] Esta irregular situación, en todo caso, fue corregida por la Sala Constitucional del Tribunal Supremo, en la sentencia N° 194 de 4 abril de 2000, al resolver inaplicar dicho artículo 181 de la Ley Orgánica de la Corte Suprema de 1976, por inconstitucional, conforme a los siguientes razonamientos:

> Considera esta Sala Constitucional que el primer aparte del artículo 181 de la Ley Orgánica de la Corte Suprema de Justicia, al impedir a los Juzgados Superiores con competencia en lo contencioso-administrativo el conocer de la nulidad de los actos administrativos (generales o particulares), cuando se aleguen vicios de inconstitucionalidad, contradice lo dispuesto en el artículo 259 de la Constitución, por cuanto éste otorga facultades a los Tribunales en lo contencioso-administrativo para anular los actos administrativos generales o individuales por contrariedad a derecho, que comprende -sin lugar a dudas- tanto la inconstitucionalidad como la ilegalidad.

---

52 *V.*, Allan R. Brewer-Carías, *Nuevas tendencias del Contencioso Administrativo*, *op. cit.* pp. 47 y *La justicia contencioso-administrativa*, *T.* VII, *Instituciones Políticas y Constitucionales*, *op. cit.*, pp. 28 ss.

Por otro lado, la norma a que se contrae dicho aparte del citado artículo 181 se aparta de la verdadera intención del legislador al regular temporalmente la jurisdicción contencioso-administrativa que era, por una parte, desconcentrar las competencias que tenía la Sala Político Administrativa, como el único tribunal contencioso administrativo, y por la otra parte, acercar más la justicia al ciudadano, sobre todo cuando existen controversias entre éstos y los entes estadales y municipales.

De manera que, por tales circunstancias y en especial a que por mandato constitucional los tribunales de la jurisdicción contencioso administrativa son competentes para anular actos administrativos por contrariedad al derecho, esta Sala Constitucional estima que la disposición contenida en el primer aparte del referido artículo 181 es a todas luces contraria a la Constitución, motivo por el cual en uso de la potestad prevista en el artículo 334 de la Constitución, *inaplica a los fines de determinar la competencia en el caso de autos,* el primer aparte del artículo 181 de la Ley Orgánica de la Corte Suprema de Justicia por ser inconstitucional, al enfrentar de manera incontestable la disposición establecida en el segundo aparte del artículo 259 de la Constitución, en cuanto sustrae a los tribunales contencioso administrativos distintos a la Sala Político-Administrativa de este Tribunal Supremo, la competencia que le fue otorgada por la propia Constitución para conocer de la nulidad de los actos administrativos (generales o particulares) contrarios a Derecho.[53]

Por tanto, con motivo de la entrada en vigencia de la Constitución de 1999 y a la luz de lo dispuesto en su artículo 259, se clarificó definitivamente que el ejercicio de la justicia constitucional también corresponde a la Jurisdicción Contencioso Administrativa, al ejercer su competencia de anulación de los actos administrativos, incluidos los reglamentos, contrarios a derecho, es decir, contrarios a la Constitución, a las leyes o a las demás fuentes del derecho administrativo.[54] Es decir, todos los jueces contencioso administrativos, conforme al artículo 259 de la Constitución, tienen potestad para declarar la nulidad de los actos administrativos, no sólo por ilegalidad sino por inconstitucionalidad, ejerciendo la justicia constitucional. Por tanto, la diferencia entre la competencia de la jurisdicción constitucional y la jurisdicción contencioso administrativa está en *el objeto* que se atribuye a los Tribunales que las componen: la Jurisdicción Constitucional, que corresponde al Tribunal Supremo de Justicia en *Sala Constitucional,* tiene por objeto conocer de las acciones de nulidad por inconstitucionalidad *contra las leyes y demás actos de rango o valor legal o ejecución directa e inmediata de la Constitución;* en cambio, la Jurisdicción Contencioso Administrativa que corresponde al mismo Tribunal Supremo, pero en *Sala Político Administrativa y en Sala Electoral* y a los *demás tribunales* que señalados en la Ley, tiene por objeto, entre otros, conocer de las *acciones de nulidad por inconstitucionalidad o ilegalidad contra los actos administrativos* y, por tanto, de rango *sub legal.*[55] Esto se resolvió además, en mencionada sentencia de la Sala Constitucional N° 194 de 04 de abril de 2000, que fue dictada en un proceso derivado de una acción de nulidad por razones de inconstitucionalidad ejercido conjuntamente con una pretensión de amparo constitucional contra un dispositivo del Reglamento de Personal y Régimen Disciplinario del Personal del Instituto Autónomo Policía Municipal del Municipio Chacao y contra los actos administrativos dictados en ejecución del Reglamento impugnado, señalando lo siguiente:

---

53 Los anteriores criterios han sido ratificados en la interpretación vinculante que la Sala Constitucional ha hecho del artículo 334 de la Constitución, en la sentencia N° 833 de 25 de mayo de 2001 (Caso: *Instituto Autónomo Policía Municipal de Chacao vs. Corte Primera de lo Contencioso Administrativo*), en *Revista de Derecho Público*, N° 85-88, Editorial Jurídica Venezolana, Caracas, 2001, pp. 276.

54 *V.*, Allan R. Brewer-Carías, "La Justicia Contencioso-Administrativa", *T.* VII, *Instituciones Políticas y Constitucionales*, *op. cit.*, pp. 26 ss.

55 Así lo expuso el Magistrado Héctor Peña Torrelles en su Voto Salvado a la sentencia N° 2 de 20-01-2000 (Caso: *Domingo G. Ramírez*), en *Revista de Derecho Público*, N° 81, Editorial Jurídica Venezolana, Caracas, 2000, pp. 235 ss.

La Constitución vigente distingue claramente la jurisdicción constitucional de la contencioso-administrativa, delimitando el alcance de ambas competencias *en atención al objeto de impugnación,* es decir, *al rango de los actos objeto de control y no a los motivos por los cuales se impugnan...*

En tal sentido, esta Sala Constitucional ha señalado que:

> [el] criterio acogido por el Constituyente para definir las competencias de la Sala Constitucional, atiende *al rango de las actuaciones objeto de control,* esto es, que dichas actuaciones tienen una relación directa con la Constitución que es el cuerpo normativo de más alta jerarquía dentro del ordenamiento jurídico en un Estado de Derecho contemporáneo. Así las cosas, *la normativa constitucional aludida imposibilita una eventual interpretación que tienda a identificar las competencias de la Sala Constitucional con los vicios de inconstitucionalidad que se imputen a otros actos o con las actuaciones de determinados funcionarios u órganos del Poder Público,* (Sentencia de fecha 27 de enero de 2000, caso: *Milagros Gómez y otros*).

> De esta forma, la Sala Constitucional, en el ejercicio de la jurisdicción constitucional, conoce de los recursos de nulidad interpuestos contra los actos realizados en ejecución directa de la Constitución o que tengan forma de ley. De allí que, en el caso de autos, al tratarse el reglamento impugnado de un acto de rango sublegal, esta Sala Constitucional carece de competencia para controlar su conformidad a Derecho, ya que tal competencia corresponde a la jurisdicción contencioso administrativa. Así se decide.[56]

En consecuencia, conforme a la Constitución, corresponde a los órganos de la jurisdicción contencioso administrativo, conocer de las acciones de nulidad contra los actos administrativos, incluso si las mismas se fundamenten en motivos de inconstitucionalidad que son motivos de contrariedad al derecho. Por ello, conforme al artículo 266,5 de la Constitución, la Sala Político Administrativa del Tribunal Supremo tiene competencia para declarar la nulidad total o parcial de los reglamentos y demás actos administrativos generales o individuales del Ejecutivo Nacional, cuando sea procedente.

Debe mencionarse, por último, que los poderes del Juez contencioso-administrativo para controlar la constitucionalidad de los actos administrativos en los juicios de nulidad, que lo muestran como juez constitucional, se complementan con la posibilidad establecida en la Ley Orgánica de Amparo sobre Derechos y Garantías Constitucionales de actuar como juez constitucional de amparo, al conocer de las acciones de amparo que proceden "contra todo acto administrativo, actuaciones materiales, vías de hecho, abstenciones u omisiones que violen o amenacen violar un derecho o una garantía constitucionales, cuando no exista un medio procesal breve, sumario y eficaz, acorde con la protección constitucional" (Art. 5).[57] Dichas acciones de amparo contra actos administrativos o abstenciones de la Administración, además, se puede interponer ante los Tribunales contencioso-administrativos en forma autónoma, o conjuntamente con el recurso contencioso-administrativo de anulación. Ello quedó definitivamente clarificado por la sentencia de la antigua Corte Suprema en el caso *Tarjetas Banvenez,* por sentencia en 10-07-1991.[58]

---

56 *V.*, en *Revista de Derecho Público*, N° 82, (abril-junio), Editorial Jurídica Venezolana, Caracas, 2000, p. 429 Y ss.

57 *V.*, sentencia de la antigua Corte Primera de la Jurisdicción Contencioso Administrativa de 10-10-91 en *Revista de Derecho Público*, N° 48, Editorial Jurídica Venezolana, Caracas, 1991, p. 135.

58 *V.*, en *Revista de Derecho Público*, N° 47, Editorial Jurídica Venezolana, Caracas, 1991, pp. 169-174.

Pero indudablemente, siendo la actividad administrativa una actividad estatal de carácter sublegal, en general, el juez contencioso-administrativo como contralor de la conformidad con el derecho de los actos administrativos, normal y regularmente es juez de la legalidad de los mismos. En tal sentido y particularmente después de la entrada en vigencia de la Ley Orgánica de Procedimientos Administrativos en 1981, texto que reguló por primera vez los requisitos de los actos administrativos, se ha venido desarrollando una riquísima jurisprudencia no sólo en la identificación precisa de los vicios de los actos administrativos (incompetencia; vicio en el objeto; vicio en la base legal; vicio en la causa o motivos -falso supuesto-; vicio en la finalidad -desviación de poder-; vicio de arbitrariedad por el traspaso de los límites al poder discrecional; y vicios en el procedimiento, en la exteriorización del acto y en la motivación) sino en los efectos jurídicos de esos vicios respecto a los actos impugnados: nulidad absoluta o nulidad relativa, particularmente dada la regulación de la mencionada Ley Orgánica de los supuestos de nulidad absoluta, cuya enumeración es cerrada (Art. 19).

En esta forma, y como consecuencia de esa labor jurisprudencial los motivos de impugnación por razones de contrariedad al derecho, en particular de ilegalidad se han ampliado y discriminado en forma tal, que no hay materialmente motivo de contrariedad al derecho que no haya sido identificado por la jurisprudencia.

4. El control de la legitimidad

Por otra parte, el control de la legalidad de los actos administrativos en los términos indicados no es el único objeto de la jurisdicción contencioso-administrativa. Esta también tiene por objeto el control de la legitimidad de la actuación administrativa, no sólo de los actos administrativos, sino también de los hechos, relaciones jurídico-administrativas y demás actuaciones de los entes sometidos a su control. En este contexto entendemos por legitimidad la conformidad con el orden jurídico, el cual no sólo está compuesto por actos normativos,[59] por lo que, una actividad es legítima cuando está fundada en un título jurídico según el orden jurídico.[60] Por tanto, el control sobre la legitimidad de la actuación administrativa busca la determinación del título jurídico regular y suficiente según el orden jurídico, en el cual esa actividad está fundada y según el cual es desarrollada. Para determinar esa legitimidad bastará preguntarse si el orden jurídico permite la existencia y realización de esa actividad.

La ilegitimidad en la actividad administrativa surge, entonces, ante la ausencia de un título jurídico que autorice el desarrollo de la misma, y que la legitime. Así, la jurisdicción contencioso-administrativa, como contralora de la legitimidad de la actividad administrativa, hemos señalado, no sólo abarca el control de los actos administrativos, sino de los actos materiales, los hechos jurídicos, las vías de hecho, las abstenciones y negativas y las relaciones jurídico-administrativas que atenten contra el orden jurídico y que lesionen situaciones jurídicas objetivas o subjetivas. Por ello, de acuerdo a la Cons-

59 Entendemos por orden jurídico no solamente el conjunto de normas de carácter general e imperativas sino también las normas de carácter particular, como los contratos, sentencias, actos administrativos, etc., siguiendo la terminología y concepción nacida en Hans Kelsen. *V.*, al respecto Ch. Eisenman, Curso de Doctorado, *Droit Administratif Approfondi*, 1956, 1957, Ed. Cujas, París, 1957, pp. 33 y ss.

60 Sobre el concepto de legitimidad en relación a las situaciones jurídicas, *V.*, P. Roubier, *Droits Subjetifs et Situations Juridiques*, Dalloz, París, 1963, pp. 224 y ss., y concretamente p. 228.

titución, los órganos de la jurisdicción contencioso-administrativa son competentes para condenar al pago de sumas de dinero y a la reparación de daños y perjuicios originados por la responsabilidad contractual o extracontractual de la Administración y para disponer lo necesario para el restablecimiento de las situaciones jurídicas subjetivas lesionadas por la actividad administrativa (Art. 259). Además del contencioso de los actos administrativos, por tanto, se distingue el contencioso de la responsabilidad administrativa, el contencioso de los contratos administrativos y en general, el contencioso de las demandas contra los entes públicos.

Igualmente, conforme a la innovación contenida en el artículo 259 de la Constitución de 1999, también se puede distinguir el contencioso de los servicios públicos, con motivo de los reclamos que se formulen por la prestación de los mismos y el restablecimiento de las situaciones jurídicas subjetivas lesionadas por la prestación de los mismos.

IV. PRINCIPIOS PARA LA CONFIGURACIÓN DE LA COMPETENCIA DE LA JURISDICCIÓN CONTENCIOSO ADMINISTRATIVA

De acuerdo con lo anteriormente dicho, y conforme al texto del artículo 259 de la Constitución, la competencia de los órganos de la jurisdicción contencioso-administrativa está establecida, por una parte, por la materia (la actividad administrativa), y por la otra, por los sujetos controlados, los entes públicos, particularmente en el caso de las demandas contra los mismos, o en cuanto al control de legitimidad, con referencia particular a las vías de hecho y la prestación de servicios públicos. Además, está definida por los poderes atribuidos al juez contencioso administrativo para ejercer sus funciones de control.

1. Competencia por razón de la materia y de los sujetos controlados

En efecto, en materia de control de legalidad y constitucionalidad, la competencia de la jurisdicción contencioso administrativa es una competencia en razón de la materia, es decir, en razón de la naturaleza administrativa de los actos que ella debe controlar. Ello se deduce del principio general definido en el Código de Procedimiento Civil, conforme al cual, "la competencia por razón de la materia se determina por la naturaleza de la cuestión que se discute, y por las disposiciones legales que la regulan" (Art. 28).

En materia de control de la contrariedad al derecho, es decir, de ilegalidad e inconstitucionalidad, esta "naturaleza de la cuestión que se discute" está delimitada en el citado artículo 259 de la Constitución, en el cual se hace referencia a los "actos administrativos", a la "administración", a los "servicios públicos", a la "responsabilidad" administrativa y a la "actividad administrativa". De ello se deduce que el ámbito y el dominio de la jurisdicción contencioso-administrativa en materia de control de legalidad y constitucionalidad son el conocimiento de los litigios en que la "administración" (o entidades no estatales actuando en función administrativa) sea parte, originados ya sea por "actos administrativos", la "responsabilidad" de la administración, por la prestación de "servicios públicos" o por la "actividad administrativa."

Pero hemos dicho, que además del control de legalidad, los órganos de la jurisdicción contencioso-administrativa ejercen el control de legitimidad, lo que conlleva al conocimiento de las demandas que se intenten contra los entes públicos o las entidades prestadoras de servicios públicos, estén o no basadas en cuestiones de derecho administrativo[61] (Art. 26,1 LOTSJ 2010).

En relación con este ámbito de competencia debe precisarse, en primer lugar, que lo anterior implica, en principio, como es obvio, la exclusión de la competencia de la jurisdicción contencioso-administrativa de las actividades de otros entes jurídicos extraños al Estado venezolano y a la Administración Pública venezolana, o a entidades no estatales que no actúen en ejercicio de la función administrativa. Litigios entre particulares, por ejemplo, no pueden ser objeto de la jurisdicción contencioso-administrativa, y un conflicto entre partes privadas no puede ser llevado nunca ante esa jurisdicción, así como tampoco un litigio en el cual intervienen un Estado extranjero y un particular. En definitiva, para que intervenga la jurisdicción contencioso-administrativa, es necesario que en el conflicto incida una actividad realizada por una persona jurídica estatal, y sólo excepcionalmente, por entidades o corporaciones privadas pero que ejerzan autoridad en virtud de Ley expresa, es decir, que actúen en ejercicio de la función administrativa.[62] En esta excepción estaría la competencia contencioso administrativa en materia de algunos reclamos por la prestación de servicios públicos, en cuyo caso podría quedar involucrado un conflicto entre un particular (usuario) y una empresa privada concesionario del servicio público.

En segundo lugar, el principio también implica la exclusión de toda competencia de esta jurisdicción con relación a las leyes y demás actos de rango legal de la Asamblea Nacional, a las sentencias y a los actos de gobierno del Estado. Esto no implica, por supuesto, que los actos administrativos de la Asamblea Nacional, del Tribunal Supremo de Justicia y demás Tribunales no sean recurribles ante la jurisdicción contencioso-administrativa a pesar de que emanen de un órgano legislativo o judicial, los cuales, en estos casos, actúan en ejercicio de una función administrativa.

Por tanto, quedan excluidos del control de la jurisdicción contencioso administrativo los actos de la Asamblea Nacional de rango legal cumplidos en ejercicio de la función normativa o de gobierno; pero los actos que se cumplen por dichos órganos legislativos, de rango sublegal en ejercicio de la función administrativa si son actos susceptibles de ser recurridos ante la jurisdicción contencioso-administrativa. Un acto administrativo de la Asamblea Nacional recurrible ante la Sala Político Administrativa, era el absurdo caso del acto administrativo mediante el cual se podía "anular" el acto parlamentario de nombramiento de un Magistrado (Art. 23,4 LOTSJ 2004), el cual se ha derogado en la LOTSJ 2010. Este mismo razonamiento se aplica respecto de los actos administrativos del Poder Judicial.[63]

---

61 Ya no se puede sostener que corresponden a la jurisdicción contencioso administrativa sólo las cuestiones de derecho administrativo, como lo sosteníamos en 1963. Allan R. Brewer-Carías, *Las Instituciones Fundamentales del derecho administrativo..., op. cit.*, pp. 108 y ss.

62 *V.*, las referencias a Sentencias de la Corte Primera de lo Contencioso-Administrativo en H. Rondón de Sansó, "Ampliación del ámbito contencioso-administrativo", en *Revista de Derecho Público*, N° 22, Editorial Jurídica Venezolana, Caracas, 1985, pp. 33-49.

63 Allan R. Brewer-Carías, *Las Instituciones Fundamentales del derecho administrativo... op. cit.*, pp. 108 y ss.

En cuanto a los actos de gobierno, es decir, aquellas actividades del Poder Ejecutivo cumplidas en ejecución directa e inmediata de la Constitución, quedan también excluidos de la jurisdicción contencioso-administrativa, pues caen bajo el ámbito de control de la jurisdicción constitucional.[64]

En cuanto a los actos administrativos de los otros Poderes Públicos, como los que conforman el Poder Ciudadano (Fiscal General de la República, Contralor General de la República, Defensor del Pueblo), caen bajo el control de la Sala Político Administrativa del Tribunal Supremo; y los actos de los órganos del Poder Electoral, caen bajo el control de la Sala Electoral del Tribunal Supremo y de los otros tribunales de la jurisdicción contencioso electoral que se creen.

2. Los poderes del juez contencioso administrativo

Pero al hablar de la competencia de la jurisdicción contencioso-administrativa, además de determinar su ámbito, es necesario precisar cuáles son los poderes que el Juez puede ejercer con relación a las materias de las cuales puede conocer, lo cual tiene relación, por lo demás, con el derecho que toda persona tiene y que antes se definía en el artículo 18, párrafo 2 de la derogada LOTSJ 2004, de acceder al Tribunal Supremo de Justicia en cualesquiera de sus Salas, "para hacer valer sus derechos e intereses, incluso los colectivos o difusos, a la tutela efectiva de los mismos y a obtener con prontitud la decisión correspondiente."

En efecto, en *primer lugar,* el Juez contencioso-administrativo puede declarar la nulidad de los actos administrativos por inconstitucionalidad o ilegalidad, en general, por contrariedad al derecho. Ello está establecido en los artículos 259 y 266 de la Constitución, y en la LOJCA 2010 (Art. 9,1),[65] al establecerse la competencia de los tribunales de la jurisdicción contencioso-administrativo, la atribución para declarar la nulidad de actos administrativos, de efectos generales o particulares, contrarios a derecho, incluso por desviación de poder. Esta competencia está distribuida en la LOJCA 2010 entre la Sala Político Administrativa del Tribunal Supremo (Art. 23,5 y 6), los Juzgados Nacionales de la Jurisdicción (Art. 24,5) y los Juzgados Superiores (Art. 25,3, 6 y 10,). Los únicos actos administrativos cuya impugnación queda fuera del ámbito de la jurisdicción contencioso administrativa son los dictados por la Administración del Trabajo en materia de inamovilidad laboral que la LOJCA 2010 ha excluido expresamente, contra la tradición jurisprudencial (Art. 25,3), lo que implica que quedan atribuidas a los Tribunales del trabajo.

Pero además de declarar la nulidad de los actos administrativos al declarar procedente el recurso en la sentencia definitiva, el Juez contencioso administrativo puede declarar inadmisible el recurso cuando no se cumplen las condiciones de recurribilidad o requisitos procesales del mismo, lo cual si bien debe decidirse en el auto de admisión, puede serlo posteriormente, en la decisión definitiva, tal como lo indicaba el derogado artículo 21, pár. 17 de la LOTSJ 2004.

---

64 *Idem*, y Allan R. Brewer-Carías, *El Control de la Constitucionalidad de los Actos Estatales*, Editorial Jurídica Venezolana, Colección Estudios Jurídicos, N° 2, Caracas, 1977, p. 84.

65 También se había previsto en el artículo 5, pár. 1, 30 y 31 de la derogada LOTSJ 2004, al referirse a "razones de inconstitucionalidad o de ilegalidad;" frase que se eliminó en la LOTSJ 2010.

Además, siguiendo la orientación que tenía el artículo 21, pár. 18° de la misma derogada LOTSJ 2004, con la pretensión de anulación también puede formularse una pretensión de condena derivada precisamente de esa anulación, y así la sentencia, además de anular el acto puede resolver condenar a la Administración al pago de sumas de dinero, y a la reparación de daños y perjuicios originados en responsabilidad administrativa, así como disponer lo necesario para el restablecimiento de las situaciones jurídicas subjetivas lesionadas por la actividad administrativa. En este campo, la pretensión de anulación, por tanto, también puede estar acompañada de una pretensión de condena e, incluso de una pretensión de amparo de los derechos fundamentales.

Se destaca entre las competencias en materia de anulación (incluyendo cuando la impugnación de un acto administrativo se acompañe de una pretensión de condena), las acciones intentadas con motivo de demandas relativas a la función o empleo públicas; es decir, el antiguo contencioso administrativo funcionarial. La nueva LOJCA 2010 establece en esta materia una distribución de competencias que no se entiende, pues en materia general relativa a la carrera administrativa y al empleo público, son los Tribunales Superiores Estadales los competentes en primera instancias para conocer de las demandas de nulidad contra los actos administrativos de efectos particulares concernientes a la función pública, conforme a lo dispuesto en la ley (Art. 25,6); en cambio el Tribunal competente para conocer y decidir las pretensiones, acciones o recursos interpuestos, en el caso de retiro, permanencia, estabilidad o conceptos derivados de empleo público del personal con grado de oficiales de la Fuerza Armada Nacional Bolivariana, es la Sala Político Administrativa del Tribunal Supremo de Justicia (Art. 23,24).

Aparte de estas cuestiones de anulación y condena o de inadmisibilidad que se pueden suscitar ante la jurisdicción contencioso administrativa, en *segundo lugar*, están todas las otras pretensiones que se pueden formular en demandas contra los entes públicos en las cuales no se plantea la nulidad de actos administrativos; es decir, conforme al artículo 9,3 de la LOJCA 2010, las pretensiones de condena al pago de sumas de dinero y la reparación de daños y perjuicios originados por responsabilidad contractual y extracontractual de los órganos que ejerzan el Poder Público; así como las demandas por la actuación material constitutiva de vías de hecho de la Administración (arts. 9,3; 23,4; 24,4;25,5).

En efecto, la Constitución en su artículo 259, también atribuye competencia a los tribunales contencioso-administrativos para restablecer las situaciones jurídicas subjetivas lesionadas por la actividad administrativa. Ello da origen a esta competencia de los tribunales contencioso administrativos en las cuales no entran a declarar o no la nulidad de un acto administrativo por contrariedad al derecho, sino en las que pueden conocer y decidir con plenitud, dentro de los límites de sus atribuciones, de todas las pretensiones que se intenten contra los entes públicos. La Constitución, en ese sentido, señala algunos supuestos de esta competencia cuando precisa en su artículo 259 sobre "la condena al pago de sumas de dinero, la reparación de daños y perjuicios, originados por la responsabilidad de la Administración; o el restablecimiento de situaciones jurídicas subjetivas lesionadas por la actividad administrativa". De acuerdo a esta norma, es indudable que estamos ante una competencia plena, lo suficientemente amplia como para admitir cualquier tipo de pedimento frente a la Administración de parte de un particular lesionado, por supuesto en un derecho subjetivo.

El contencioso de las demandas, por tanto, incluye el contencioso de los contratos públicos, habiendo desaparecido en la nueva LOJCA 2010 toda referencia específica a contratos públicos o a contratos administrativos, pues conforme a la previsión del artículo 9,3 de la LOJCA 2010, se atribuye a la jurisdicción contencioso administrativa, no sólo conocer de las pretensiones de condena originadas por responsabilidad extracontractual de la Administración, sino también por responsabilidad contractual, sea cual fuere la naturaleza del contrato público específico.

En contraste, debe recordarse que la LOTSJ 2004, como un aspecto específico del contencioso de las demandas, destacaba el contencioso de los contratos administrativos, al atribuirse a la Sala Político Administrativa competencia para conocer de las "cuestiones de cualquier naturaleza que se susciten con motivo de la interpretación, cumplimiento, caducidad, nulidad, validez o resolución de los contratos administrativos en los cuales sea parte la República, los Estados o los Municipios, si su cuantía excede de setenta mil una unidades tributarias (70.001 U.T.)" (Art. 5,25). Ello se ha eliminado de la LOTSJ 2010, quizás teniendo en cuenta que se trataba de un contencioso limitado sólo al conocimiento de los contratos suscritos por los entes públicos territoriales y no por los otros entes públicos como los institutos autónomos o las empresas del Estado. Conforme a la LOJCA 2010, en cambio, toda demanda contra los entes públicos por cualquier clase de contrato celebrado por ellos es de la competencia de los órganos de la jurisdicción de acuerdo con la cuantía de la misma.

En todo caso, la competencia general en materia de demandas contra los entes públicos está establecida en el artículo 9, ordinales 7 y 8 de la LOJCA 2010, que atribuyen a los tribunales de la Jurisdicción competencia para conocer de las demandas que se ejerzan contra la República, los Estados, los Municipios, los institutos autónomos, entes públicos o empresas en la cual la República, los Estados, los Municipios o cualquiera de las personas jurídicas estatales tenga participación decisiva, lo cual se distribuye entre los diversos tribunales según la cuantía (Arts. 23,1,2,4 y 13; 24,1,2 y 4; Art. 25,1,2 y 5).

En estos casos de demandas contra los entes públicos, la decisión del juez puede ser cualquier decisión jurídicamente útil que se solicite, en la cual no esté envuelta la nulidad de un acto administrativo. En tal sentido, por ejemplo, el artículo 21, pár. 18 de la derogada LOTSJ 2004 disponía siguiendo el texto del artículo 195 de la Constitución, que en su fallo definitivo el tribunal, de acuerdo con los términos de la solicitud, podía condenar el pago de sumas de dinero y a la reparación de daños y perjuicios originados en responsabilidad de la administración, así como disponer lo necesario para el restablecimiento de las situaciones jurídicas subjetivas lesionadas por la actividad administrativa.

En *tercer lugar*, y como una innovación de la Constitución de 1999, un cuarto tipo de competencia que puede ser ejercida por la jurisdicción contencioso administrativa, se refiere a los reclamos por la prestación de los servicios públicos. Se abre así en campo del *contencioso de los servicios públicos*, que viene a ser regulado por primera vez en la LOJCA 2010 (Art. 9,4).

En esta materia, debe recordarse que la LOTSJ 2004 sólo reguló en el artículo 5, ordinal 37, la competencia de la Sala Político Administrativa para "conocer y decidir, en segunda instancia, las apelaciones y demás acciones o recursos contra las sentencias, dictadas por los Tribunales Contencioso Administrativos, cuando su conocimiento no estuviere atribuido a otro tribunal, que decidan sobre las acciones de reclamos por la prestación de servicios públicos nacionales."

En *cuarto lugar*, además de los poderes de anulación y de condena, y del contencioso de la responsabilidad administrativa contractual y extracontractual, y de los servicios públicos, un quinto tipo de competencia puede ser ejercida por la jurisdicción contencioso-administrativa, es la relativa a la *interpretación* de las leyes de contenido administrativo, prevista en el artículo 9,5 de la LOJCA 2010.

En relación a esta competencia, sin embargo, debe señalarse que antes de la Ley Orgánica de la Corte Suprema de 1976, no era usual hablar en Venezuela de que existiera una competencia de interpretación en el ámbito de la jurisdicción contencioso-administrativa.[66] Solo en la Ley de Carrera Administrativa de 1970 se consagró un recurso de interpretación ante el Tribunal de la Carrera Administrativa, en relación a las dudas que surgieran en cuanto a la aplicación e interpretación de dicha Ley y sus Reglamentos, aclarándose que el ejercicio de dicho recurso no podía ser motivo para la paralización de ninguna medida que las autoridades competentes puedan ordenar.[67] Mediante esta norma puede decirse que por primera vez en Venezuela se consagró expresamente la competencia de interpretación atribuida a la jurisdicción contencioso-administrativa aún cuando en este caso, limitada al contencioso-funcionarial.

Posteriormente, en la derogada Ley Orgánica de la Corte Suprema de Justicia de 1976 se estableció en forma general la competencia del Supremo Tribunal para "conocer del recurso de interpretación y resolver las consultas que se le formulen acerca del alcance e inteligencia de los textos legales", pero "en los casos previstos en la Ley" (Art. 42,24), con lo cual quedaba por ser regulada dicha competencia. Con base en ello, en todo caso, la antigua Corte Suprema de Justicia se reservó conocer, incluso, del recurso de interpretación previsto en la derogada Ley de Carrera Administrativa.

En la LOTSJ 2004, el contencioso de interpretación quedó establecido en el ordinal 52 de su artículo 5, pero como una competencia general de todas las Salas, lo que se ha recogido en la LOTSJ 2010, en su artículo 31,5 correspondiendo a la Sala con competencia afín con la materia debatida, en la siguiente forma: "Conocer de las demandas de interpretación acerca del alcance e inteligencia de los textos legales, siempre que dicho conocimiento no signifique una sustitución del mecanismo, medio o recurso que disponga la ley para dirimir la situación de que se trate". Ahora conforme a la nueva LOJCA 2010, la competencia de los tribunales contencioso administrativos se refiere a "la resolución de los recursos de interpretación de las leyes de contenido administrativo" (Art. 9,5) que se reserva a la Sala Político Administrativa del Tribunal Supremo (Art. 23,21).

En *quinto lugar*, se distinguen las demandas contra la abstención o la negativa de los entes públicos a producir un acto al cual estén obligados por la ley, incluyendo los Consejos Comunales y otras entidades que ejerzan la función administrativa, tal como se dispone en la LOJCA 2010 (arts. 9, 2 y 10).

La competencia general en la materia deriva del artículo 26,3 de la LOTSJ 2010 (artículo 5, párrafo 1°, ordinal 26 de la LOTSJ 2004; establecida desde la derogada Ley de 1976, arts. 42,23, y 182,1), en cuanto a la atribuida a la Sala Político Administrativa para "Conocer de la abstención o la negativa del Presidente de la República, del Vicepresidente Ejecutivo de la República, de los Ministros o Ministras, así como de las

66 *V.*, Allan R. Brewer-Carías y Enrique Pérez Olivares. "El Recurso Contencioso-Administrativo de Interpretación en el Sistema Jurídico Venezolano", en *Revista de la Facultad de Derecho*, Universidad Central de Venezuela, N° 32, Caracas, 1965, pp. 103-126.

67 Artículo 64 de la derogada Ley de Carrera Administrativa de 1970.

máximas autoridades de los demás órganos de rango constitucional, a cumplir los actos a que estén obligados por las leyes."[68] Se trata del *contencioso-administrativo contra la carencia administrativa*, competencia que conforme a la LOJCA 2010 se atribuye a todos los tribunales de la jurisdicción respecto de la abstención o negativa de todas las autoridades administrativas (arts. 9,2; 23,3; 24,3; 25,4).

Por último, en *sexto lugar*, se debe mencionar la competencia que se atribuye a la Sala Político Administrativa en el artículo 266,4 de la Constitución, para dirimir las controversias administrativas que se susciten entre la República, algún Estado, Municipio u otro ente público, cuando la otra parte sea alguna de esas mismas entidades, a menos que se trate de controversias entre Municipios de un mismo Estado, caso en el cual la ley puede atribuir su conocimiento a otro tribunal. Esta competencia da origen al *contencioso de la solución de controversias administrativas*, que la LOTSJ 2010 (Art. 26,7 y 8) y la LOJCA 2010 (art, 9,6; 23,7) atribuye igualmente a la misma Sala Político Administrativa del Tribunal Supremo, salvo en el caso de controversias entre Municipios de un mismo Estado, por el ejercicio de una competencia directa e inmediata en ejecución de la ley (Art. 25,9 LOJCA 2010; Art. 26,7 LOTSJ 2010).

3. Las exclusiones de la competencia

De la determinación del ámbito de la competencia de los órganos de la jurisdicción contencioso-administrativa, resulta que quedan excluidas de la misma las actividades de entes jurídicos extraños al Estado venezolano, así como el control de constitucionalidad y legalidad de otros actos del Estado venezolano que no sean actos administrativos.

A. Exclusión de las actividades de otros entes jurídicos extraños al Estado venezolano

En *primer lugar*, como hemos dicho, quedan excluidos de la jurisdicción contencioso-administrativa los litigios entre particulares, excepto cuando se trate de litigios por acciones contra actos de autoridad o ejecutados en ejercicio de la función pública o de reclamaciones por la prestación de servicios públicos en los que esté involucrado un particular-usuario y una empresa concesionaria del servicio. Es imposible, por tanto, recurrir ante la jurisdicción contencioso administrativa cuando no se pone en causa la actividad del Estado venezolano, y concretamente la actividad de la Administración, o en general la actividad administrativa. Por lo mismo, también quedan excluidos de las competencias de la jurisdicción contencioso-administrativa los litigios entre un particular y un Estado extranjero o cualquier organismo internacional no sometido a la soberanía del Estado venezolano.

Por tanto, para que la competencia de la jurisdicción contencioso-administrativa funcione, es necesario en primer lugar, que se trate de una actividad del Estado venezolano o cumplida por personas de derecho público o derecho privado en ejercicio de una prerrogativa pública o de la función administrativa, o por concesionarios de servicios

---

68 *V.*, sobre esta norma en la *Ley Orgánica de la Corte Suprema de Justicia* de 1997, Allan R. Brewer-Carías, "La abstención, silencio y negativa de la Administración y su control" en *El Derecho Venezolano en 1982*, Ponencias al Congreso Internacional de Derecho Comparado, UCV, Caracas, 1982, pp. 603 y ss.

públicos. Por tanto, en materia de control de legalidad o constitucionalidad, los actos administrativos sometidos a control ante la jurisdicción contencioso-administrativa, no necesariamente son siempre dictados por órganos de las personas de derecho público territoriales o no territoriales, sino que pueden emanar de entidades orgánicas y formalmente de derecho privado, incluso constituidas por particulares, pero que en virtud de Ley ejerzan prerrogativas del Poder Público y autoridad, es decir, función administrativa, de manera tal que al lesionar el derecho o interés legítimo de un individuo, puedan considerarse actos administrativos a los efectos del control contencioso-administrativo.

En este sentido, fue la jurisprudencia de la antigua Corte Primera de lo Contencioso-Administrativo la que amplió progresivamente el ámbito de la jurisdicción contencioso-administrativa,[69] considerando como actos recurribles, por ejemplo, actos emanados de asociaciones privadas reguladas por ley, cuando ejercen potestades públicas en virtud de "delegación" o descentralización,[70] como las Universidades privadas en relación con el régimen de los alumnos, particularmente el sancionatorio.

B. Exclusión del control sobre los actos legislativos de rango legal, las sentencias y los actos de gobierno

Pero no basta para que la jurisdicción contencioso-administrativa sea competente, que se le someta un litigio concerniente a una actividad del Estado venezolano. Hemos señalado que la jurisdicción contencioso-administrativa en su competencia de anulación es sólo competente para conocer de los litigios en que la Administración sea parte, originados por sus actos administrativos y por la actividad administrativa. Por tanto, sólo pueden ser sometidos a control de legalidad por la jurisdicción contencioso-administrativa los actos administrativos.

Así, quedan excluidos de la competencia de la jurisdicción contencioso-administrativa todos los litigios concernientes a otras actividades del Estado que no sean "actividad administrativa", es decir, que no resulten en actos administrativos.

En efecto, en *primer lugar*, la jurisdicción contencioso-administrativa no tiene competencia para conocer de litigios concernientes a la actividad de la Asamblea Nacional de rango legal o realizada en ejecución directa e inmediata de la Constitución, ni para conocer de acciones de nulidad de las leyes y demás actos parlamentarios sin forma de ley. Sin embargo, por supuesto, el principio de legalidad que domina toda la actividad del Estado venezolano exige la existencia de un control jurisdiccional para la actividad de los cuerpos legislativos ejercida en función normativa o de gobierno, y ese es el control de constitucionalidad, pues esas actividades son ejercidas en ejecución directa e inmediata de la Constitución. Entonces, el control que puede ejercerse sobre dichos ac-

---

69 *V.*, en general H. Rondón de Sansó, "Ampliación del ámbito contencioso-administrativo", en *Revista de Derecho Público*, N° 22, Editorial Jurídica Venezolana, Caracas, 1985, pp. 33-49.

70 Por ejemplo, Asociación de Autores y Compositores, regulada en la Ley de Derecho de Autor (Sentencia de la Corte Primera de la Contencioso-Administrativa, 4-03-84); y Federaciones y Asociaciones Deportivas (Sentencia de la Corte Primera de 14-05-84). *V.*, las referencias en H. Rondón de Sansó, "Ampliación del ámbito contencioso-administrativo", en *Revista de Derecho Público*, N° 22, Editorial Jurídica Venezolana, Caracas, 1985, pp. 38-40.

tos es el que corresponde a la Jurisdicción constitucional que ejerce la Sala Constitucional del Tribunal Supremo de Justicia, por medio de la acción de inconstitucionalidad. Por tanto, el control de la constitucionalidad de las leyes y demás actos de rango legal o de ejecución directa e inmediata de la Constitución de la Asamblea Nacional, si bien es ejercido por el Tribunal Supremo, lo es por su Sala Constitucional como Jurisdicción constitucional y no como Jurisdicción contencioso-administrativa.

Sin embargo, y ello es evidente, no toda la actividad que desarrollan la Asamblea Nacional y demás cuerpos legislativos (estadales y Municipales) tiene rango legal, pues además, desarrollan actividad administrativa de rango sublegal. En la actividad de los cuerpos legislativos, por tanto, hay que distinguir la actividad ejercida en función normativa y de gobierno de aquella ejercida en función administrativa. Las primeras tienen su control propio en la Jurisdicción Constitucional; y la segunda, la actividad administrativa –de carácter sublegal– ejercida por los cuerpos legislativos está sometida al control de la jurisdicción contencioso-administrativa.

Por ejemplo, la Constitución, en su artículo 187,21, señala que es atribución de la Asamblea Nacional organizar su servicio de seguridad interna; en cuyo ejercicio la Asamblea actúa en función administrativa. Por tanto, los actos dictados en relación con dicha atribución son actos administrativos susceptibles de ser recurridos por ilegalidad mediante el recurso contencioso-administrativo de anulación. En este mismo sentido, la responsabilidad que pueda resultar para el Estado por el mal funcionamiento de esos servicios de policía de la Asamblea o por el daño que causen en sus funciones, es una responsabilidad administrativa y, por tanto, susceptible de ser controlada por la jurisdicción contencioso-administrativa.

En *segundo lugar*, por los mismos razonamientos antes expuestos, la actividad de los órganos judiciales cuando es ejercida en función jurisdiccional y los actos judiciales que de ella resulten (sentencias), no son susceptibles de ser recurridos por ningún motivo ante los órganos de la Jurisdicción contencioso-administrativa. Esta jurisdicción sólo puede conocer de los litigios que tienen su origen en la actividad administrativa y de la nulidad de actos administrativos, y nunca de la nulidad de actos jurisdiccionales de los tribunales o de sentencias. Por ello, la antigua Corte Suprema, sistemáticamente, siempre se declaró incompetente para conocer de las acciones que se habían intentado contra sentencias.[71] Sin embargo, es necesario distinguir también en este caso, la actividad jurisdiccional de los órganos del Poder Judicial, de la actividad administrativa que esos mismos órganos puedan realizar en ejercicio de la función administrativa o de la función normativa.

A tal efecto, cuando los órganos de la Administración del Sistema Judicial, como la Dirección Ejecutiva de la Magistratura del Tribunal Supremo y las Comisiones de la misma, por ejemplo, dictan actos de nombramiento o destitución de jueces y funcionarios, o imponen sanciones, esos son actos administrativos y no judiciales y, por tanto, son susceptibles de ser recurridos por ilegalidad ante los órganos de la Jurisdicción contencioso-administrativa. En el mismo caso se encuentran los actos reglamentarios que en ejercicio de la función normativa algunos órganos judiciales tienen facultad para dictar.

---

71 *V.* fundamentalmente la sentencia de la antigua Corte Federal de 26-01-60, Gaceta Forense, N° 27, Caracas, 1960, pp. 40-41. *V.* también Corte Federal, 15-10-59, Gaceta Forense, N° 26, Caracas, 1959 p. 26.

Por *último*, los actos de gobierno, como actos del Poder Ejecutivo dictados en ejecución directa e inmediata de la Constitución y, por tanto, sometidos directamente a ella y con el mismo rango jurídico que la Ley, tampoco están sometidos al control de conformidad con el derecho por los órganos de la Jurisdicción contencioso-administrativa, sino por la Jurisdicción Constitucional. Por supuesto, esta noción de acto de gobierno es totalmente distinta a la desarrollada en Francia,[72] ya que en Venezuela, los actos de gobierno no pueden considerarse como actos administrativos, ya que no tienen carácter sublegal, sino que son actos dictados en ejecución directa e inmediata de la Constitución, estando sometidos al control jurisdiccional de la constitucionalidad por la Sala Constitucional del Tribunal Supremo.

En efecto, los actos de gobierno, no son, en nuestro sistema constitucional, actos administrativos, de los cuales se distinguen con base en la norma a la cual deben directamente conformarse, que es la Constitución, pues es dictado en ejecución directa de ésta, no pudiendo existir una norma de rango legal que se interponga entre la Constitución y el acto; los actos administrativos, en cambio, deben estar conformes a la legalidad (a la Constitución, la ley y demás normas), pues son ejecución directa de la ley e indirecta de la Constitución. Por ello los actos administrativos están sometidos al principio de la legalidad administrativa; y los actos de gobierno, en cambio, al sólo principio de constitucionalidad, no porque sean una excepción al control, sino porque tienen el mismo rango estructural que la ley con relación a la Constitución. Por ello, los actos de gobierno sólo están sometidos al control concentrado de constitucionalidad por la Sala Constitucional (Artículo 25, 3 y 4 LOTSJ 2010). Por ello, el artículo 336, ordinales 3 y 4 de la Constitución señala que es de la competencia de la Sala Constitucional como Jurisdicción Constitucional, declarar la nulidad total o parcial de los actos con rango de ley dictados por el Ejecutivo Nacional que colidan con la Constitución; así como de los actos en ejecución directa e inmediata de esta Constitución, dictados por cualquier otro órgano estatal en ejercicio del Poder Público, cuando colidan con ella.

4. Los diversos tipos de acciones y recursos contencioso-administrativo

Como puede apreciarse de la expuesto anteriormente, a partir de 1961 la jurisdicción contencioso-administrativa encontró un claro y expreso fundamento constitucional en el artículo 206 del texto fundamental, cuya norma se ha reproducido en el artículo 259 de la Constitución de 1999, en el cual se la define con una amplitud considerable y, ciertamente, comparativamente más completa que la que para ese momento tenían los modelos europeos, y que había seguido la jurisprudencia.

En efecto, en ausencia de una norma tan expresa y amplia, y con base en las muy escuetas normas constitucionales de la Constitución de 1953, la antigua Corte Federal que funcionó hasta 1961 y luego, la Corte Suprema de Justicia, fueron definiendo jurisprudencialmente los contornos de la jurisdicción contencioso-administrativa que ejercía básicamente, y en única instancia correspondía al Supremo Tribunal, conforme al clásico esquema francés de la división entre un contencioso-administrativo de anulación y un contencioso-administrativo de plena jurisdicción, según el tipo de pretensiones que se formularan en la acción o el recurso.

---

72 *V.*, Allan R. Brewer-Carías, "Comentarios sobre la doctrina del acto de gobierno, del acto político, del acto de Estado o de las cuestiones políticas como motivo de inmunidad jurisdiccional de los Estados en sus Tribunales Nacionales", en *Revista de Derecho Público*, N° 26, Caracas, 1968, pp. 65-68.

Conforme a este esquema, el contencioso-administrativo de anulación se concebía como un proceso objetivo contra un acto administrativo, en el cual la pretensión procesal del recurrente se limitaba a la anulación del acto administrativo impugnado, y la decisión del juez sólo tenía por objeto el control de la legalidad del acto, pronunciando o no su anulación, y nada más. La legitimación activa para intentar el recurso de anulación correspondía a quien tuviera, al menos un interés personal, legítimo y directo, pudiendo intentarlo también quien tuviera un derecho subjetivo lesionado por el acto recurrido.

En cuanto al contencioso-administrativo de plena jurisdicción, se concebía como un proceso subjetivo en el cual se entablaba una verdadera litis contra una persona jurídica de derecho público estatal, y en la cual la pretensión procesal del demandante era amplia en el sentido de que podía buscar la condena del ente demandado y, además, la anulación de actos administrativos. El contencioso de plena jurisdicción era así el contencioso de las demandas contra la República y otras personas jurídicas de derecho público estatales, y se reducía básicamente al contencioso contractual y al de la responsabilidad extracontractual, pudiendo el juez, además de decidir sobre la nulidad de un acto administrativo, si esto se le solicitaba, condenar al ente público al pago de sumas de dinero y a la reparación de daños y perjuicios originados en responsabilidad de la Administración, y en general, adoptar todo pronunciamiento útil para restablecer las situaciones jurídicas subjetivas lesionadas por la actividad administrativa. Tratándose de demandas contra los entes públicos, la legitimación del demandante correspondía al titular de un derecho subjetivo cuyo restablecimiento conformaba el nódulo de su pretensión.

Bajo este esquema, que la doctrina nacional[73] y nosotros mismos expusimos hace más de cuarenta años,[74] el interés legítimo, personal y directo para configurar la legitimación activa en el recurso de anulación se concebía sólo como una situación jurídica *procesal* para pedir la anulación de un acto administrativo, y no como una situación jurídica subjetiva de carácter sustantivo. Por tanto, el interés legítimo, personal y directo, como situación jurídica adjetiva, en principio, no era resarcible siendo sólo jurídicamente resarcible la lesión al derecho subjetivo a través de las acciones de plena jurisdicción.

Puede decirse que ese esquema del contencioso-administrativo, aun cuando no aprovechaba todas las posibilidades de protección de los particulares frente a la Administración que contenía el fundamento constitucional de la jurisdicción contencioso-administrativa (Art. 206), fue el que desarrolló la jurisprudencia nacional, particularmente hasta cuando se promulgó la Ley Orgánica de la Corte Suprema de Justicia, de 1976,[75] la cual sentó nuevas bases en el derecho positivo para la ampliación del contencioso-administrativo como medio de protección de los particulares frente a las conductas de la Administración, lo cual fue advertido rápidamente por la doctrina nacional,[76] y posteriormente se comenzó a derivar de la jurisprudencia.

---

73 *V.*, Eloy Lares Martínez, *Manual de Derecho Administrativo*, Caracas, 1970, pp. 570 ss. A. Moles Caubet. "Rasgos generales de la jurisdicción contencioso-administrativa", en *El control jurisdiccional de los Poderes Públicos en Venezuela*, Instituto de Derecho Público, Caracas, 1979, pp. 67-77; Nelson Rodríguez García. *El sistema contencioso-administrativo venezolano y la jurisdicción contencioso-administrativa*, Valencia, 1982.

74 *V.*, Allan R. Brewer-Carías, *Las Instituciones Fundamentales...*, *op. cit.*, pp. 239-440.

75 *Ley Orgánica de la Corte Suprema de Justicia*, *G.O.* N° 1.893 Extraordinario de 30-07-76.

76 Gonzalo Pérez-Luciani, "Los recursos contencioso-administrativos en la *Ley Orgánica de la Corte Suprema de Justicia*", en *El control jurisdiccional de los Poderes Públicos en Venezuela, Instituto de Derecho Público*

En efecto, con base al artículo 206 de la Constitución de 1961 y al contenido de la Ley Orgánica de la Corte Suprema de Justicia de 1976 que regulaba transitoriamente el proceso contencioso-administrativo, puede decirse que el esquema tradicional del contencioso-administrativo en su clásica división de contencioso de anulación y contencioso de plena jurisdicción quedó totalmente superado,[77] por lo que con base en el artículo 259 de la Constitución, desarrollado por la LOTSJ 2004 y la LOTSJ 2010, y ahora, además, por la LOJCA 2010, así como con los desarrollos jurisprudenciales de las últimas décadas, estimamos que el contencioso-administrativo, como instrumento procesal de protección de los particulares frente a la autoridad pública, se ha ampliado aún más, pudiéndose distinguir siete tipos de acciones contencioso-administrativos: en primer lugar, las demandas de contenido patrimonial contra los entes públicos; en segundo lugar, las demandas en relación con la prestación de servicios públicos; en tercer lugar, las contra las vías de hecho administrativas; en cuarto lugar, las demandas contra las conductas omisivas de la Administración; en quinto lugar, las demandas de nulidad de los actos administrativos;[78] en sexto lugar, las demandas de interpretación de leyes administrativas, y en séptimo lugar, las demandas para la solución de las controversias administrativas.

La LOJCA 2010, estableció en la materia, aun cuando en forma insuficiente, unas normas procesales comunes a todas las demandas, dividiendo arbitrariamente los procedimientos en tres tipos: Primero, el procedimiento en las demandas de contenido patrimonial; Segundo, un procedimiento denominado breve, para las acciones de contenido no patrimonial y en especial las destinadas a reclamos por la omisión, demora o deficiente prestación de los servicios públicos, contra las vías de hecho, y contra la abstención de la Administración; y tercero, un procedimiento común para las demandas de nulidad de actos administrativos, para la interpretación de leyes y para la solución de controversias administrativas.

Decimos que es una división arbitraria, pues en realidad, por ejemplo, tal y como se había venido construyendo por la jurisprudencia, las demandas contra la carencia o abstención administrativas debían quizás seguir el mismo procedimiento establecido para las demandas de nulidad contra los actos administrativos; y las demandas contra vías de hecho, debía quizás seguir el mismo procedimiento establecido para las demandas de contenido patrimonial.

---

cit., pp. 135-148; Gonzalo Pérez-Luciani, "El sistema contencioso-administrativo y el procedimiento administrativo", en A. Moles Caubet y otros, *Contencioso Administrativo en Venezuela*, Caracas, 1981, pp. 60-61.

77. *V.*, Allan R. Brewer-Carías, "Los diversos tipos de acciones y recursos contencioso-administrativos en Venezuela", en *Revista de Derecho Público*, N° 25, Editorial Jurídica Venezolana, Caracas, 1986, pp. 5-30, y en *Estado de derecho y Control Judicial*, *cit.*, p. 243 y ss. *V.*, en defensa del recurso de plena jurisdicción, Henrique Iribarren M., "¿Existe en Venezuela un recurso autónomo de plena jurisdicción?" en *Revista de la Fundación Procuraduría General de la República*, N° 1, Caracas, 1986, pp. 113-153. Por ejemplo, H. Rondón de Sansó, ha señalado que en su lugar, por ejemplo, podrían distinguirse ahora tres tipos de acciones contencioso-administrativas: acciones de impugnación de actos administrativos unilaterales o bilaterales, que conducen a la anulación de los mismos como consecuencia del control de legalidad; acciones de condena, de prestación o declarativas de condena, particularmente en materia de responsabilidad contractual y extracontractual y de restablecimiento de situaciones jurídicas subjetivas lesionadas por la actividad administrativa, que conducen a decisiones del juez de dar, hacer o no hacer frente a la Administración; y acciones declarativas tendientes al reconocimiento o protección de un derecho subjetivo o a la interpretación de una situación jurídica o una norma; en "Medios de proceder por la vía contencioso-administrativa" en A. Moles y otros, *Contencioso-administrativo...*, *cit.*, pp. 110-123.

78. *V.*, Allan R. Brewer-Carías, "*Los diversos tipos de acciones...*" *Loc. cit.*, pp. 6 y ss.

En todo caso, las acciones, recursos y pretensiones procesales varían en cada uno de esos tipos de contencioso y, por supuesto, también varían algunas reglas de procedimiento aplicables a los diversos procesos, que analizaremos más adelante. Antes sin embargo, debemos determinar la distribución de la competencia entre los diversos tribunales de la Jurisdicción llamados a conocer de las mencionadas acciones y recursos.

V. LA DISTRIBUCIÓN DE LA COMPETENCIA ENTRE LOS ÓRGANOS DE LA JURISDICCIÓN CONTENCIOSO ADMINISTRATIVA

De acuerdo al mencionado artículo 259 de la Constitución, "la jurisdicción contencioso-administrativa corresponde al Tribunal Supremo de Justicia y a los demás Tribunales que determine la ley." La derogada Ley Orgánica de la Corte Suprema de Justicia de 1976 había precisado las competencias en esta materia contencioso administrativa, y transitoriamente, había dispuesto, hasta tanto se dictase la Ley de la jurisdicción contencioso-administrativa y se organizase dicha Jurisdicción, el establecimiento con sede en Caracas, de un Tribunal denominado Corte Primera de lo Contencioso-Administrativo, cuyos miembros los designaba la propia Corte Suprema en Sala Político-Administrativa y había regulado además, la competencia en materia contencioso administrativa de algunos Tribunales Superiores en lo Civil. Todas estas normas fueron derogadas por la LOTSJ 2004, pero sin que su contenido se hubiese expresamente sustituido por otras disposiciones transitorias, por lo que la organización de la jurisdicción contencioso-administrativa, desde mayo de 2004 hasta la entrada en vigencia de la LOJCA 2010, en la práctica quedó sin regulación expresa específica. A pesar de ello, sin embargo, no solo los tribunales siguieron existiendo sino que el Tribunal Supremo en julio de 2004 nombró a los Magistrados tanto de la Corte Primera como de una Corte Segunda en lo Contencioso Administrativo.

Ahora, como se ha dicho, la Jurisdicción contencioso administrativa se ha organizado definitivamente en la LOJCA 2010, estableciéndose en cuatro niveles de tribunales con sus respectivas competencias: 1. La Sala Político-Administrativa del Tribunal Supremo de Justicia; 2. Los Juzgados Nacionales de la Jurisdicción Contencioso Administrativa; 3. Los Juzgados Superiores Estadales de la Jurisdicción Contencioso Administrativa; y 4. Los Juzgados de Municipio de la Jurisdicción Contencioso Administrativa (Art. 11).

Además, el artículo 12 de la Ley Orgánica se refiere a la "jurisdicción especial tributaria" como formando parte de la Jurisdicción Contencioso Administrativa, con un régimen especial previsto en el Código Orgánico Tributario.

Como se dijo, el contencioso administrativo electoral quedó fuera del ámbito general de la Jurisdicción contencioso administrativa, por lo que la Sala Electoral del Tribunal Supremo de Justicia ni se la menciona en la LOJCA 2010, estando ahora regulado el proceso contencioso electoral en la LOTSJ 2010 (arts. 179-192). En cuanto al contencioso administrativo agrario, también fue excluido del ámbito de la Jurisdicción Contencioso Administrativa, quedando esa materia regulada en la Ley de Tierras y Desarrollo Agrario, donde se atribuye a los Tribunales Superiores Regionales Agrarios con competencia para conocer en primera instancia de los recursos que se intenten contra cualquiera de los actos administrativos agrarios. El artículo 172 de la Ley precisó que las competencias atribuidas comprenden el conocimiento de todas las acciones que por cualquier causa, sean intentadas con ocasión de la actividad u omisión de los órganos administrativos en materia agraria, incluyendo el régimen de los contratos administrativos, el régimen de expropiaciones, las demandas patrimoniales y demás acciones con arreglo al derecho común que sean interpuestas contra cualquiera de los órganos o los entes agrarios. La Ley de Tierras atribuye a la Sala Especial Agraria de la Sala de Casación Social de este Máximo Tribunal, competencia para conocer en segunda instancia de dichos recursos, como tribunal superior de aquéllos (artículo 171).

La Ley Orgánica, en todo caso, respecto de la Estructura orgánica de la Jurisdicción Contencioso Administrativa estableció que la misma entraría en vigencia a los 180 días después de publicada, es decir, el 16 de diciembre de 2010. Además, la Ley Orgánica le atribuyó al Tribunal Supremo de Justicia, en Sala Plena, competencia para modificar solicitud de la Sala Político Administrativa, la nomenclatura de los tribunales de la Jurisdicción contencioso Administrativa (Disposición Transitoria Tercera)

1. El Tribunal Supremo de Justicia en Sala Político-Administrativa

La Sala Político-Administrativa del Tribunal Supremo de Justicia es la máxima instancia de la Jurisdicción Contencioso Administrativa. Contra sus decisiones no se oirá recurso alguno (Art. 3, LOTSJ 2010), salvo lo previsto en la Constitución de la República en relación con el recurso de revisión constitucional (Art. 13). De acuerdo con los ordinales 4 y 5 del artículo 266 de la Constitución, la Sala Político Administrativa tiene las siguientes competencias en materia contencioso administrativa:

> 4. Dirimir las controversias administrativas que se susciten entre la República, algún Estado, Municipio u otro ente público, cuando la otra parte sea alguna de esas mismas entidades, a menos que se trate de controversias entre Municipios de un mismo Estado, caso en el cual la ley podrá atribuir su conocimiento a otro tribunal.
>
> 5. Declarar la nulidad total o parcial de los reglamentos y demás actos administrativos generales o individuales del Ejecutivo Nacional, cuando sea procedente.

Estas atribuciones de la Sala Político-Administrativa, han sido desarrolladas en el artículo 24 de la LOTSJ 2010, en la forma siguiente:

> 1. Las demandas que se ejerzan contra la República, los Estados, los Municipios, o algún instituto autónomo, ente público o empresa, en la cual la República, los Estados, los Municipios u otros de los entes mencionados tengan participación decisiva, si su cuantía excede de setenta mil Unidades Tributarias (70.000 U.T.), cuando su conocimiento no esté atribuido a otro tribunal en razón de su especialidad.
>
> 2. Las demandas que ejerzan la República, los Estados, los Municipios, o algún instituto autónomo, ente público o empresa, en la cual la República, los Estados, los Municipios o cualquiera de los entes mencionados tengan participación decisiva, si su cuantía excede de setenta mil Unidades Tributarias (70.000 U.T.), cuando su conocimiento no esté atribuido a otro tribunal en razón de su especialidad.
>
> 3. La abstención o la negativa del Presidente de la República, del Vicepresidente Ejecutivo de la República, de los Ministros o Ministras, así como de las máximas autoridades de los demás órganos de rango constitucional, a cumplir los actos a que estén obligados por las leyes.
>
> 4. Las reclamaciones contra las vías de hecho atribuidas a las altas autoridades antes enumeradas.

5. Las demandas de nulidad contra los actos administrativos de efectos generales o particulares dictados por el Presidente de la República, el Vicepresidente Ejecutivo de la República, los Ministros o Ministras, así como por las máximas autoridades de los demás organismos de rango constitucional, cuyo conocimiento no estuviere atribuido a otro órgano de la Jurisdicción Administrativa en razón de la materia.

6. Las demandas de nulidad que se ejerzan contra un acto administrativo de efectos particulares y al mismo tiempo del acto normativo sublegal que le sirve de fundamento, siempre que el conocimiento de este último corresponda a la Sala Político Administrativa.

7. Las controversias administrativas entre la República, los Estados, los Municipios u otro ente público, cuando la otra parte sea una de esas mismas entidades, a menos que se trate de controversias entre Municipios de un mismo Estado.

8. Las controversias administrativas entre autoridades de un mismo órgano o ente, o entre distintos órganos o entes que ejerzan el Poder Público, que se susciten por el ejercicio de una competencia atribuida por la Ley.

9. La apelación de los juicios de expropiación.

10. Las demandas que se interpongan con motivo de la adquisición, goce, ejercicio o pérdida de la nacionalidad o de los derechos que de ella derivan.

11. Las demandas que se ejerzan con ocasión del uso del espectro radioeléctrico.

12. Las demandas que le atribuyan la Constitución de la República Bolivariana de Venezuela o las leyes especiales, o que le correspondan conforme a éstas, en su condición de máxima instancia de la Jurisdicción Administrativa.

13. Las demás demandas derivadas de la actividad administrativa desplegada por las altas autoridades de los órganos que ejercen el Poder Público, no atribuidas a otro tribunal.

15. Las apelaciones de las decisiones de los Juzgados Nacionales de la Jurisdicción Contencioso Administrativa y de las consultas que le correspondan conforme al ordenamiento jurídico.

16. El avocamiento, de oficio o a petición de parte, sobre algún asunto que curse en otro tribunal cuando sea afín con la materia administrativa.

17. Los juicios en que se tramiten acciones conexas, cuando a la Sala Político Administrativa le esté atribuido el conocimiento de alguna de ellas.

18. Del Recurso Especial de Juridicidad, de conformidad con lo establecido en la ley que regula la jurisdicción contencioso administrativa.*

19. Los conflictos de competencia que surjan entre los tribunales de la jurisdicción contencioso administrativa.

21. Los recursos de interpretación de leyes de contenido administrativo.

Además, en el mismo artículo 26 de la LOTSJ se atribuyeron a la Sala Político-Administrativa, las siguientes competencias que sin embargo no corresponden a la materia contencioso administrativa:

---

* La Sala Constitucional del Tribunal Supremo de Justicia en sentencia N° 1149 de 17 de noviembre de 2010, suspendió los efectos de esta norma relativa al recurso de juridicidad, declarándola inaplicable. *V.*, http://www.tsj.gov.ve/decisiones/scon/Noviembre/1149-171110-2010-10-1039.html. *V.*, lo expuesto en pp. 150-151 de este libro

14. Las causas que se sigan contra los representantes diplomáticos acreditados en la República, en los casos permitidos por el derecho internacional.

20. Las consultas y recursos de regulación de jurisdicción.

22. Los juicios sobre hechos ocurridos en alta mar, en el espacio aéreo internacional o en puertos o territorios extranjeros tramitados en la República, cuando su conocimiento no estuviese atribuido a otro Tribunal.

23. Los juicios para declarar la fuerza ejecutoria de las sentencias dictadas por autoridades extranjeras, de acuerdo con lo dispuesto en los tratados internacionales o en la ley.

La Sala Político Administrativa, además, conforme al artículo 31 de la LOTSJ 2010, tiene las siguientes competencias asignadas en forma común a todas las Salas del Tribunal Supremo:

1. Solicitar de oficio, o a petición de parte, algún expediente que curse ante otro tribunal y avocarlo en los casos que dispone esta Ley.

2. Conocer los recursos de hecho que le sean presentados.

3. Conocer los juicios en que se ventilen varias pretensiones conexas, siempre que al Tribunal esté atribuido el conocimiento de alguna de ellas.

4. Decidir los conflictos de competencia entre tribunales, sean ordinarios o especiales, cuando no exista otro tribunal superior y común a ellos en el orden jerárquico.

5. Conocer las demandas de interpretación acerca del alcance e inteligencia de los textos legales, siempre que dicho conocimiento no signifique una sustitución del mecanismo, medio o recurso que disponga la ley para dirimir la situación de que se trate.

6. Conocer cualquier controversia o asunto litigioso que le atribuyan las leyes, o que le corresponda conforme a éstas en su condición de más alto Tribunal de la República.

La LOJCA 2010, por su parte, ha establecido en su artículo 23, las siguientes competencias de la Sala Político Administrativa, repitiendo y sustituyendo en muchos casos las disposiciones sobre el mismo tema, antes indicadas, contenidas en la LOTSJ 2010:

- *Contencioso administrativo de las demandas contra entes públicos*

1. Las demandas que se ejerzan contra la República, los estados, los municipios, o algún instituto autónomo, ente público, empresa, o cualquier otra forma de asociación, en la cual la República, los estados, los municipios u otros de los entes mencionados tengan participación decisiva, si su cuantía excede de setenta mil unidades tributarias (70.000 U.T.), cuando su conocimiento no esté atribuido a otro tribunal en razón de su especialidad.

2. Las demandas que ejerzan la República, los estados, los municipios, o algún instituto autónomo, ente público, empresa, o cualquier otra forma de asociación, en la cual la República, los estados, los municipios o cualquiera de los entes mencionados tengan participación decisiva, si su cuantía excede de setenta mil unidades tributarias (70.000 U.T.), cuando su conocimiento no esté atribuido a otro tribunal en razón de su especialidad.

4. Las reclamaciones contra las vías de hecho atribuidas a las altas autoridades antes enumeradas.

10. Las demandas que se interpongan con motivo de la adquisición, goce, ejercicio o pérdida de la nacionalidad o de los derechos que de ella derivan.

11. Las demandas que se ejerzan con ocasión del uso del espectro radioeléctrico.

12. Las demandas que le atribuyan la Constitución de la República o las leyes especiales, o que le correspondan conforme a éstas, en su condición de máxima instancia de la Jurisdicción Contencioso Administrativa.

13. Las demás demandas derivadas de la actividad administrativa desplegada por las altas autoridades de los órganos que ejercen el Poder Público, no atribuidas a otro tribunal.

23. Conocer y decidir las pretensiones, acciones o recursos interpuestos, en el caso de retiro, permanencia, estabilidad o conceptos derivados de empleo público del personal con grado de oficiales de la Fuerza Armada Nacional Bolivariana.

- Contencioso administrativo de anulación

5. Las demandas de nulidad contra los actos administrativos de efectos generales o particulares dictados por el Presidente o Presidenta de la República, el Vicepresidente Ejecutivo o Vicepresidenta Ejecutiva de la República, los Ministros o Ministras, así como por las máximas autoridades de los demás organismos de rango constitucional, si su competencia no está atribuida a otro tribunal.

6. Las demandas de nulidad que se ejerzan contra un acto administrativo de efectos particulares y al mismo tiempo el acto normativo sub-legal que le sirve de fundamento, siempre que el conocimiento de este último corresponda a la Sala Político-Administrativa.

Contencioso administrativo contra la carencia administrativa

3. La abstención o la negativa del Presidente o Presidenta de la República, del Vicepresidente Ejecutivo o Vicepresidenta Ejecutiva de la República, de los Ministros o Ministras, así como de las máximas autoridades de los demás órganos de rango constitucional, a cumplir los actos a que estén obligados por las leyes.

- Contencioso administrativo de las controversias administrativas

7. Las controversias administrativas entre la República, los estados, los municipios u otro ente público, cuando la otra parte sea una de esas mismas entidades, a menos que se trate de controversias entre municipios de un mismo estado.

8. Las controversias administrativas entre autoridades de un mismo órgano o ente, o entre distintos órganos o entes que ejerzan el Poder Público, que se susciten por el ejercicio de una competencia atribuida por la ley.

- Contencioso administrativo de interpretación

21. Los recursos de interpretación de leyes de contenido administrativo.

- Competencias en apelación

9. La apelación de los juicios de expropiación.

15. Las apelaciones de las decisiones de los Juzgados Nacionales de la Jurisdicción Contencioso Administrativa y de las consultas que le correspondan conforme al ordenamiento jurídico.

- Competencia en materia de juridicidad

18. Del recurso especial de juridicidad, de conformidad con lo establecido en esta Ley.*

- Otras competencias procesales

16. El avocamiento, de oficio o a petición de parte, sobre algún asunto que curse en otro tribunal cuando sea afín con la materia administrativa.

---

* La Sala Constitucional del Tribunal Supremo de Justicia en sentencia N° 1149 de 17 de noviembre de 2010, suspendió los efectos de esta norma relativa al recurso de juridicidad, declarándola inaplicable. *V.*, http://www.tsj.gov.ve/decisiones/scon/Noviembre/1149-171110-2010-10-1039.html. *V.*, lo expuesto en pp. 150-151 de este libro.

17. Los juicios en que se tramiten acciones conexas, cuando a la Sala Político Administrativa le esté atribuido el conocimiento de alguna de ellas.

19. Los conflictos de competencia que surjan entre los tribunales de la Jurisdicción Contencioso Administrativa.

- *Competencias fuera del ámbito del contencioso administrativo*

14. Las causas que se sigan contra los representantes diplomáticos acreditados en la República, en los casos permitidos por el derecho internacional.

20. Las consultas y recursos de regulación de jurisdicción.

22. Los juicios sobre hechos ocurridos en alta mar, en el espacio aéreo internacional o en puertos o territorios extranjeros tramitados en la República, cuando su conocimiento no estuviese atribuido a otro tribunal.

De todas estas atribuciones, por supuesto, estas cuatro últimas competencias indicadas en los ordinales 14, 20 y 22 del artículo 23 de la LOJCA 2010, nada tienen que ver con la materia contencioso administrativa. Son competencias tradicionalmente atribuidas al Tribunal Supremo en Sala Política Administrativa, junto a las causas de presa, pero que no son parte de las competencias contencioso administrativas.

Por otra parte debe mencionarse la competencia atribuida a la Sala Constitucional para resolver los conflictos de competencia que surjan entre los tribunales de la Jurisdicción Contencioso Administrativa (Art. 23,19), lo que en general se deriva del artículo 31,4 de la LOTSJ 2010, al asignar a sus Salas, como se ha dicho, competencia para "Decidir los conflictos de competencia entre tribunales, sean ordinarios o especiales, cuando no exista otro tribunal superior y común a ellos en el orden jerárquico." Esta misma atribución está consagrada en la Constitución artículo 266,7, cuando faculta a las Salas del Tribunal Supremo para "Decidir los conflictos de competencia entre tribunales, sean ordinarios o especiales, cuando no exista otro tribunal superior o común a ellos en el orden jerárquico".

2. Los Juzgados Nacionales de la Jurisdicción contencioso administrativa

La LOJCA 2010 ha sustituido a las dos Cortes (Primera y Segunda) de lo Contencioso Administrativo que existían en la capital de la República, por cuatro Juzgados Nacionales de la Jurisdicción Contencioso Administrativa cuya competencia territorial se ha establecido en el artículo 15 de la misma, en la forma siguiente:

1. Dos Juzgados Nacionales de la Jurisdicción Contencioso Administrativa de la Región Capital con competencia en el Distrito Capital y los estados Miranda, Vargas, Aragua, Carabobo y Guárico.

2. Un Juzgado Nacional de la Jurisdicción Contencioso Administrativa de la Región Centro-Occidental, con competencia en los estados Cojedes, Falcón, Yaracuy, Lara, Portuguesa, Barinas, Apure, Táchira, Trujillo, Mérida y Zulia.

3. Un Juzgado Nacional de la Jurisdicción Contencioso Administrativa de la Región Nor-Oriental con competencia en los estados Nueva Esparta, Anzoátegui, Sucre, Monagas, Bolívar, Amazonas y Delta Amacuro.

La Ley Orgánica atribuye al Tribunal Supremo de Justicia, en Sala Plena, a solicitud de la Sala Político-Administrativa, la posibilidad de creación de nuevos Juzgados Nacionales de la Jurisdicción Contencioso Administrativa o modificar su distribución territorial, de acuerdo con las necesidades de la Jurisdicción.

Estos Juzgados Nacionales de la Jurisdicción Contencioso Administrativa están integrados por tres jueces, aun cuando sus respectivos Juzgados de sustanciación son unipersonales (Art. 16). Las condiciones para ser Juez de estos Juzgados Nacionales de la Jurisdicción Contencioso Administrativa, conforme al artículo 17 de la Ley Orgánica son las siguientes: 1) Ser venezolano, que por supuesto, puede ser por nacimiento o naturalización. Es totalmente contrario a la Constitución, por tanto, la previsión final de la norma del artículo 17 de la ley Orgánica al prever que en el caso de los estados fronterizos "se requerirá ser venezolano por nacimiento y sin otra nacionalidad," condicionante que sólo está establecido en el artículo 44 de la Constitución para los cargos allí enumerados. 2) Ser abogado de reconocida honorabilidad y prestigio profesional con un mínimo de doce años de graduado, y 3) Alternativamente: a) Tener título universitario de postgrado en el área del derecho público; o b) Haber desempeñado funciones en el área jurídica o de gestión en la Administración Pública por un mínimo de siete años; o c) Ser o haber sido profesor universitario o profesora universitaria en el área del derecho público, durante un mínimo de siete años; o d) Ser o haber sido Juez administrativo o Jueza administrativa o haber desempeñado funciones en órganos del Estado pertenecientes al sistema de justicia administrativa vinculados al derecho público, por un mínimo de siete años.

De acuerdo con el artículo 24 de la LOJCA 2010, los Juzgados Nacionales de la Jurisdicción Contencioso Administrativa son competentes para conocer de:

- *Contencioso administrativo de las demandas contra entes públicos*

1. Las demandas que se ejerzan contra la República, los estados, los municipios, o algún instituto autónomo, ente público, empresa o cualquier otra forma de asociación, en la cual la República, los estados, los municipios u otros de los entes mencionados tengan participación decisiva, si su cuantía excede de treinta mil unidades tributarias (30.000 U.T.) y no supera setenta mil unidades tributarias (70.000 U.T.), cuando su conocimiento no esté atribuido expresamente a otro tribunal, en razón de su especialidad.

2. Las demandas que ejerzan la República, los estados, los municipios, o algún instituto autónomo, ente público, empresa o cualquier otra forma de asociación, en la cual la República, los estados, los municipios u otros de los entes mencionados tengan participación decisiva, si su cuantía excede de las treinta mil unidades tributarias (30.000 U.T.) y no supera setenta mil unidades tributarias (70.000 U.T.), cuando su conocimiento no esté atribuido a otro tribunal en razón de su especialidad.

4. Las reclamaciones contra las vías de hecho atribuidas a las autoridades a las que se refiere el numeral anterior.

8. Las demandas derivadas de la actividad administrativa contraria al ordenamiento jurídico desplegada por las autoridades de los órganos que ejercen el Poder Público, cuyo control no haya sido atribuido a la Sala Político-Administrativa o a los Juzgados Superiores Estadales de la Jurisdicción Contencioso Administrativa.

- *Contencioso administrativo de anulación*

5. Las demandas de nulidad de los actos administrativos de efectos generales o particulares dictados por autoridades distintas a las mencionadas en el numeral 5 del artículo 23 de esta Ley y en el numeral 3 del artículo 25 de esta Ley, cuyo conocimiento no esté atribuido a otro tribunal en razón de la materia.

- *Contencioso administrativo contra la carencia administrativa*

3. La abstención o la negativa de las autoridades distintas a las mencionadas en el numeral 3 del artículo 23 de esta Ley y en el numeral 4 del artículo 25 de esta Ley.

- Competencia en materia de expropiación

6. Los juicios de expropiación intentados por la República, en primera instancia.

- Competencias en apelación

7. Las apelaciones de las decisiones de los Juzgados Superiores Estadales de la Jurisdicción Contencioso Administrativa y de las consultas que les correspondan conforme al ordenamiento jurídico.

En relación con estas competencias, en todo caso, los Juzgados Nacionales de la Jurisdicción Contencioso Administrativa con sede en la ciudad de Caracas, serán los competentes para conocer exclusivamente la materia de los supuestos previstos en los numerales 3, 4 y 5 del artículo, cuando se trate de autoridades cuya sede permanente se encuentre en el Área Metropolitana de Caracas.

Contra las decisiones dictadas por los Juzgados Nacionales Contencioso Administrativo en primera instancia, conforme al artículo 23,15 de la Ley Orgánica, se podrá apelar ante la Sala Político Administrativa del Tribunal Supremo de Justicia, garantizándose así el derecho a la doble instancia. No se olvide que conforme a disposiciones de la vieja Ley Orgánica de la Corte Suprema de Justicia de 1976 (artículo 182), no se debía oír recurso alguno ante la Sala Político Administrativa contra algunas decisiones de la Corte Primera de lo Contencioso Administrativo dictadas en primera instancia, eliminando la doble instancia en muchos asuntos contencioso administrativos. Dicha norma fue desaplicada por inconstitucional por el Tribunal Supremo de justicia, por considerar que contrariaba la garantía constitucional de la doble instancia establecida como componente del debido proceso. En efecto, a pesar de que la Constitución admite que este derecho podría restringirse por la ley, sin embargo y con fundamento en el artículo 23 de la misma Constitución que otorga rango constitucional a los tratados sobre derechos humanos suscritos por la República, aplicando las normas de la Convención Americana de Derechos Humanos (Art. 8, 1 y 2) por ser más favorables y por tanto por prevalecer aún ante la norma constitucional, la Sala Constitucional del Tribunal Supremo, en ejercicio del control difuso de la constitucionalidad, desaplicó el artículo 185 de la derogada Ley Orgánica de la Corte Suprema de Justicia que negaba la apelación contra las decisiones de la Corte Primera de lo Contencioso Administrativo por ante la Sala político Administrativa del Tribunal Supremo;[79] así como el artículo 891 del Código de Procedimiento Civil que niega la apelación respecto de fallos de menor cuantía.[80]

3. Los Juzgados Superiores Estadales de la Jurisdicción contencioso administrativa

De acuerdo con lo dispuesto en el artículo 18 de la LOJCA 2010, en cada uno de los 23 Estados de la Federación debe funcionar al menos un Juzgado Superior Estadal de la

79 *V.*, sentencia N° 87 de 14-03-2000 de la Sala Constitucional en *Revista de Derecho Público*, N° 81, Editorial Jurídica Venezolana, Caracas, 2000, pp. 157 y ss; y en relación con el mismo asunto, *V.*, sentencia N° 802 de 13-04-2000 de la Sala Político Administrativa del Tribunal Supremo en *Revista de Derecho Público*, N° 82, (abril-junio), Editorial Jurídica Venezolana, Caracas, 2000, pp. 270 y ss.

80 *V.*, sentencia N° 328 de 09-03-2001 de la Sala Constitucional en *Revista de Derecho Público*, N° 85-88, Editorial Jurídica Venezolana, Caracas, 2001, pp. 108 y ss. En contraste, en relación con el artículo 195 del Código Orgánico Tributario *V.*, sentencia N° 278 de 01-03-2001 de la Sala Político Administrativa del Tribunal Supremo en *Revista de Derecho Público*, N° 85-88, Editorial Jurídica Venezolana, Caracas, 2001, pp. 104 y ss.

Jurisdicción Contencioso Administrativa, que son de carácter unipersonal (Art. 19). Los Jueces de estos Juzgados Superiores Estadales de la Jurisdicción Contencioso Administrativa, conforme al artículo 20 de la Ley Orgánica, deben reunir las siguientes condiciones: 1. Ser venezolano, previéndose que en los estados fronterizos se requerirá ser venezolano por nacimiento y sin otra nacionalidad, lo cual es completamente inconstitucional; 2. Ser abogado de reconocida honorabilidad y prestigio profesional con un mínimo de diez años de graduado y 3), alternativamente, a) Tener título universitario de postgrado en el área del derecho público; o b) Haber desempeñado funciones en el área jurídica o de gestión en la Administración Pública por un mínimo de cinco años; o c) Ser o haber sido profesor universitario o profesora universitaria en el área del derecho público, durante un período mínimo de cinco años; o d) Ser o haber sido Juez en materia contencioso administrativa o haber desempeñado funciones en órganos del Estado pertenecientes al sistema de justicia administrativa vinculados al derecho público, por un mínimo de cinco años.

Conforme al artículo 25 de la Ley Orgánica, los Juzgados Superiores Estadales de la Jurisdicción Contencioso Administrativa son competentes para conocer de:

- *Contencioso administrativo de las demandas*

1. Las demandas que se ejerzan contra la República, los estados, los municipios, o algún instituto autónomo, ente público, empresa o cualquier otra forma de asociación, en la cual la República, los estados, los municipios u otros de los entes mencionados tengan participación decisiva, si su cuantía no excede de treinta mil unidades tributarias (30.000 U.T.), cuando su conocimiento no esté atribuido a otro tribunal en razón de su especialidad.

2. Las demandas que ejerzan la República, los estados, los municipios, o algún instituto autónomo, ente público, empresa o cualquier otra forma de asociación, en la cual la República, los estados, los municipios u otros de los entes mencionados tengan participación decisiva, si su cuantía no excede de treinta mil unidades tributarias (30.000 U.T.), cuando su conocimiento no esté atribuido a otro tribunal en razón de su especialidad.

5. Las reclamaciones contra las vías de hecho atribuidas a autoridades estadales o municipales de su jurisdicción.

8. Las demandas derivadas de la actividad administrativa contraria al ordenamiento jurídico de los órganos del Poder Público estadal, municipal o local.

- *Contencioso administrativo de anulación*

3. Las demandas de nulidad contra los actos administrativos de efectos generales o particulares, dictados por las autoridades estadales o municipales de su jurisdicción, con excepción de las acciones de nulidad ejercidas contra las decisiones administrativas dictadas por la Administración del trabajo en materia de inamovilidad, con ocasión de una relación laboral regulada por la Ley Orgánica del Trabajo.

6. Las demandas de nulidad contra los actos administrativos de efectos particulares concernientes a la función pública, conforme a lo dispuesto en la ley.

- *Contencioso administrativo contra la carencia*

4. La abstención o la negativa de las autoridades estadales o municipales a cumplir los actos a que estén obligadas por las leyes.

- *Contencioso administrativo de las controversias administrativas*

9. Las controversias administrativas entre municipios de un mismo estado por el ejercicio de una competencia directa e inmediata en ejecución de la ley.

- *Contencioso en apelación*

7. Las apelaciones de las decisiones de los Juzgados de Municipio de la Jurisdicción Contencioso Administrativa.

Contra las decisiones dictadas por los Juzgados Superiores Estadales de la Jurisdicción contencioso administrativa en primera instancia, conforme al artículo 24,7 de la LOJCA 2010, se podrá apelar ante los Juzgados Nacionales Contencioso Administrativo, garantizándose así el derecho a la doble instancia.

4. Los Juzgados de Municipio de la Jurisdicción contencioso administrativa

La innovación fundamental de la LOJCA 2010 en materia de la organización de la Jurisdicción Contencioso Administrativa fue la creación de los Juzgados de Municipio de la Jurisdicción Contencioso Administrativa, de carácter unipersonal (Art. 21), con la específica competencia de conocer de las demandas que interpongan los usuarios o usuarias o las organizaciones públicas o privadas que los representen, por la prestación de servicios públicos (Art. 21,1). Hasta tanto entren en funcionamiento estos Juzgados de Municipio de la Jurisdicción Contencioso Administrativa, sin embargo, conforme a la Disposición Transitoria Sexta de la Ley Orgánica, Tribunales, los Juzgados de Municipio existentes son los que conocerán de las competencias atribuidas por la Ley Orgánica a dichos Juzgados.

Estos Juzgados deben estar integrados por Jueces que conforme al artículo 22 de la Ley Orgánica, deben reunir los siguientes requisitos: 1) Ser venezolano, con el inconstitucional agregado de que en "los estados fronterizos se requerirá ser venezolano por nacimiento y sin otra nacionalidad," lo que es completamente inconstitucional. 2) Ser abogado de reconocida honorabilidad y prestigio profesional, con un mínimo de cinco años de graduado y, alternativamente, a) Tener título universitario de postgrado en el área del derecho público; o b) Haber desempeñado funciones en el área jurídica o de gestión en la Administración Pública por un mínimo de tres años; o c) Ser o haber sido profesor universitario o profesora universitaria en el área del derecho público, durante un período mínimo de tres años; o d) Haber desempeñado funciones en órganos del Estado pertenecientes al sistema de justicia administrativa vinculados al derecho público, por un mínimo de tres años.

Contra las decisiones dictadas por los Juzgados de Municipio de la Jurisdicción Contencioso Administrativa, conforme al artículo 25,7 de la Ley Orgánica, se podrá apelar ante los Juzgados Superiores Estadales de la Jurisdicción contencioso administrativa, garantizándose así el derecho a la doble instancia.

5. La jurisdicción especial contencioso tributario

De acuerdo al Código Orgánico Tributario,[81] son competentes para conocer en primera instancia de los procedimientos establecidos en dicho Código, los Tribunales Superiores de lo Contencioso Tributario, los cuales los sustanciarán y decidirán con arreglo a

81 *V.*, Ley 42, *Gaceta Oficial* N° 37.305 17-08-2001, artículos 329 y ss.

las normas del mismo. De las decisiones dictadas por dichos Tribunales, puede apelarse dentro de los términos previstos en el Código, para ante el Tribunal Supremo de Justicia.

Estos tribunales son competentes en materia tributaria nacional respecto de los actos dictados por las Administraciones comprendidas dentro de su ámbito territorial de competencia. Son igualmente competentes en materia tributaria estadal y municipal respecto de actos dictados por las autoridades estadales y municipales comprendidas dentro de su ámbito territorial de competencia conforme al artículo 329 del Código Orgánico Tributario.

VI. PRINCIPIOS GENERALES Y NORMAS COMUNES A TODOS LOS PROCEDIMIENTOS CONTENCIOSO ADMINISTRATIVOS

La LOJCA 2010 ha establecido algunos principios generales del procedimiento contencioso administrativo aplicables a todos los procedimientos que se regulan de acuerdo a las diversas pretensiones, según se trate de demandas de contenido patrimonial; demandas relacionadas con reclamos por la omisión, demora o deficiente prestación de los servicios públicos; demandas relacionadas con vías de hecho; demandas relacionadas con la abstención de la Administración; demandas de nulidad de actos administrativos y contratos públicos; demandas de interpretación de leyes de contenido administrativo y demandas relacionadas con controversias administrativas.

El primer principio general es el de la *publicidad* que se consagra en el artículo 3 de la LOJCA 2010 al disponer que "Los actos del proceso serán públicos, salvo que la ley disponga lo contrario o el tribunal así lo decida por razones de seguridad, orden público o protección de la intimidad de las partes."

El segundo principio general es el del Juez como rector del proceso, consagrado en el artículo 4 de la LOJCA 2010, lo que implica que está obligado a impulsarlo de oficio o a petición de parte, hasta su conclusión.

El tercer principio es el de la oralidad de los procesos que se establece en la Ley, siguiendo una de las innovaciones más importantes en el ámbito judicial establecidas en la Constitución de 1999, lo cual proporciona celeridad, y permite la cercanía entre partes y jueces. Esa oralidad se materializa en las diversas Audiencias previstas en los procedimientos, como la Audiencia preliminar, la Audiencia conclusiva, la Audiencia de juicio.

El cuarto principio general es el de la participación popular en el proceso, de manera que de acuerdo con el artículo 10 de la LOJCA 2010, los entes, consejos comunales, colectivos y otras manifestaciones populares de planificación, control, ejecución de políticas y servicios públicos, pueden emitir su opinión en los juicios cuya materia debatida esté vinculada a su ámbito de actuación, aunque no sean partes.

1. Las partes en los procesos contencioso administrativos y la legitimación procesal

La LOJCA 2010, por otra parte, establece una serie de disposiciones generales aplicables a todos los diversos procedimientos que regula, y que son las siguientes:

En cuanto a la capacidad procesal para poder actuar ante la Jurisdicción contencioso administrativa, conforme al artículo 27 de la LOJCA 2010, ella la tienen las personas naturales o jurídicas, públicas o privadas, las irregulares o de hecho, las asociaciones, consorcios, comités, consejos comunales y locales, agrupaciones, colectivos y cualquiera otra entidad.

En cuanto a la legitimación para hacerse parte en los juicios, sin embargo, las personas y entidades antes indicados, conforme al artículo 29 de la LOJCA 2010, sólo pueden actuar en la Jurisdicción Contencioso Administrativa cuando tengan "un interés jurídico actual" es decir, que exista al momento de realizarse la actuación procesal. Sin embargo, por supuesto, ello no basta para tener *legitimatio ad causam* en los procesos contencioso administrativos, entendiendo por tal, la idoneidad de la persona para actuar en juicio que deriva de la titularidad de la acción, lo que le otorga la idoneidad suficiente para que el órgano jurisdiccional pueda emitir un pronunciamiento de mérito que permita a una parte frente a otra, obtener la tutela judicial efectiva de su derecho. Ese interés actual, por tanto, tiene que referirse a la relación o situación jurídica concreta de la persona, lo que dependerá de la pretensión procesal que se formule ante la Jurisdicción. Si por ejemplo, se trata de una demanda por responsabilidad administrativa por violación por la Administración de un derecho contractual, la legitimación corresponderá al cocontratante de la Administración; o si se trata de la abstención o negativa de la Administración de decidir un asunto respecto del cual está obligada a decidir, la legitimación activa corresponderá al titular del derecho a obtener respuesta o decisión sobre determinado asunto. Por ello, en el texto de la demanda que se intente, la Ley Orgánica exige que en todo los procesos, se establezca la relación de los hechos y los fundamentos de derecho con sus respectivas conclusiones; si lo que se pretende es la indemnización de daños y perjuicios, debe indicarse el fundamento del reclamo y su estimación; y en todo caso, deben producirse con el escrito de la demanda, los instrumentos de los cuales se derive el derecho reclamado (Art. 33).

Por ello, mucho más preciso era el contenido del artículo 19 del Proyecto de Ley de 2007, en el cual se proponía identificar la "legitimación activa" así:

> Para presentar pretensiones ante la Jurisdicción Contencioso Administrativa es necesario que la parte ostente y demuestre gravamen actual o inminente de sus derechos subjetivos, o exponga la afección de un interés legítimo, personal y directo, conforme a la pretensión que afirme.
>
> Para el caso de impugnaciones contra actos normativos, bastará que el impugnante afirme interés simple para actuar, demostrando encontrarse de forma concreta o potencial en los supuestos contenidos en el acto.
>
> Podrán actuar ante la Jurisdicción Contencioso Administrativa las personas aludidas en el artículo anterior, afirmando ostentar derechos colectivos o intereses difusos, en su caso, sin perjuicio de las competencias de los órganos que ejercen el Poder Público legitimados para actuar en tales casos.[82]

Igual relación o situación jurídica se requiere para hacerse parte en cualquier juicio contencioso administrativo (legitimación pasiva).[83]

---

82 *V.*, el texto en las pp. 223 ss. de este libro.

83 En el artículo 20 del Proyecto de Ley de 2007, se indicaba que la "legitimación pasiva" en la Jurisdicción Contencioso Administrativa correspondía: "A la Administración o entidad autora o responsable de la actividad impugnada, causante del gravamen denunciado, o gestora de servicio público en su actividad prestacional; 2. En los

En todo caso, de acuerdo con el artículo 28 de la LOJCA 2010, las partes sólo pueden actuar en juicio asistidos o representados por un abogado. Sin embargo, en los casos de reclamos por la omisión, demora o deficiente prestación de los servicios públicos, la acción puede ser interpuesta sin la asistencia o representación de abogado, en cuyo caso el Juez debe procurar a la parte demandante la debida asistencia o representación para los actos subsiguientes, a través de los órganos competentes.

2. El principio dispositivo y la actuación de oficio

La iniciativa procesal ante la jurisdicción contencioso administrativa se regula en el artículo 30 de la LOJCA 2010, al disponerse como principio que "los órganos de la Jurisdicción Contencioso Administrativa conocerán a instancia de parte, o de oficio, cuando la ley lo autorice."[84]

En cuanto a la presentación de demandas en todos los casos de pretensiones procesales ante la Jurisdicción, por supuesto rige el principio dispositivo, no existiendo caso alguno en el cual el juez contencioso administrativo esté autorizado para iniciar un proceso de oficio, es decir, presentando alguna demanda.[85]

Como hemos dicho, de acuerdo con el artículo 4 de la LOJCA 2010, el Juez es el rector del proceso y debe impulsarlo de oficio hasta su conclusión; pero en concreto, la posibilidad del juez de tener iniciativa procesal de oficio está siempre establecida expresamente en la ley, y se refiere a actuaciones en un proceso en curso. Por ejemplo, en todos los procesos, el juez tiene la posibilidad de hacer evacuar de oficio las pruebas que considere pertinentes (Art. 39). En las demandas de contenido patrimonial, resolver de oficio los defectos del procedimiento (Art. 57); y convocar de oficio para su participación en la audiencia preliminar a las personas, entes, consejos comunales, colectivos o cualquier otra manifestación popular de planificación, control y ejecución de políticas y servicios públicos, cuyo ámbito de actuación se encuentre vinculado con el objeto de la controversia, para que opinen sobre el asunto debatido (Art. 58). En los procedimientos breves, una vez admitida la demanda, el juez puede de oficio, realizar las actuaciones que estime procedentes para constatar la situación denunciada y dictar medidas cautelares (Art. 69).

3. El trámite procesal de las demandas y la acumulación de acciones

Las demandas ejercidas ante la Jurisdicción Contencioso Administrativa conforme se dispone en el artículo 31 de la LOJCA 2010 se deben tramitar conforme a lo previsto en

---

casos en los cuales se demande responsabilidad patrimonial del ente público, a la persona jurídica que comprenda el órgano o entidad que se denuncie autora del hecho dañoso. 3. A las personas, individual o colectivamente representadas o a las entidades públicas y privadas, cuyos intereses jurídicos actuales pudieran verse afectados por la pretensión de la parte actora." *V.*, el texto en las pp. 223 y ss. de este libro.

84 El artículo 89 de la LOTSJ 2010 en este mismo sentido establece que "El tribunal Supremo de Justicia conocerá de los asuntos que le competen a instancia de parte interesada; no obstante, podrá actuar de oficio en los casos que disponga la ley."

85 Por ello era mucho más preciso el Proyecto de 2007, cuando indicaba en su artículo 22 que "Los órganos de la Jurisdicción Contencioso Administrativa conocerán de los asuntos de su competencia únicamente a instancia de parte interesada." *V.*, el texto en las pp. 223 y ss. de este libro.

la propia Ley; y supletoriamente, se deben aplicar las normas de procedimiento de la Ley Orgánica del Tribunal Supremo de Justicia y del Código de Procedimiento Civil. En todo caso, cuando el ordenamiento jurídico no contemple un procedimiento especial, el Juez puede aplicar el que considere más conveniente para la realización de la justicia.

En cuanto a la acumulación de acciones, la LOJCA 2010 nada dispone salvo respecto de la inadmisibilidad en caso de acumulación de pretensiones que se excluyan mutuamente o cuyos procedimientos sean incompatibles (Art. 35,2). El artículo 31,3 de la LOTSJ 2010 en cuanto a las diversas Salas, incluida la Sala Político Administrativa dispone que la competencia para "conocer de los juicios en que se ventilen varias acciones conexas, siempre que al tribunal esté atribuido el conocimiento de alguna de ellas". Las razones de esta acumulación de acciones son, en general, las mismas que rigen en el procedimiento ordinario. La competencia de la sala es, en este caso, una competencia por conexión o por continencia de la causa, y se admite por el interés que existe de evitar el riesgo de que se dicten sentencias contrarias o contradictorias en asuntos que tengan entre sí una conexión.

4. Requisitos de las demandas y de su presentación

En todos los procesos contencioso administrativos, conforme se indica en el artículo 33 de la LOJCA 2010, el escrito de la demanda debe expresar: 1. La identificación del tribunal ante el cual se interpone; 2. El nombre, apellido y domicilio de las partes, carácter con que actúan, su domicilio procesal y correo electrónico, si lo tuviere; y si alguna de las partes fuese persona jurídica debe indicarse la denominación o razón social y los datos relativos a su creación o registro; 4. La relación de los hechos y los fundamentos de derecho con sus respectivas conclusiones; 5. Si lo que se pretende es la indemnización de daños y perjuicios, deberá indicarse el fundamento del reclamo y su estimación; 6. Los instrumentos de los cuales se derive el derecho reclamado, los que deberán producirse con el escrito de la demanda; y 7. La identificación del apoderado y la consignación del poder.

En casos justificados podrá presentarse la demanda en forma oral ante el tribunal, el cual debe ordenar su trascripción. La negativa del juez a aceptar la presentación oral debe estar motivada por escrito.

La demanda debe presentarse ante el tribunal competente; sin embargo, de acuerdo con el artículo 34 de la LOJCA 2010, cuando en el domicilio del demandante no exista un tribunal de la Jurisdicción Contencioso Administrativa competente para conocer de la demanda, el demandante puede presentarla ante un tribunal de municipio, el cual debe remitir inmediatamente el expediente, foliado y sellado, al tribunal señalado por la parte actora. La caducidad de la acción se debe determinar por la fecha de presentación inicial de la demanda. Para ello, el tribunal receptor antes de efectuar la indicada remisión, lo debe hacer constar al pie del escrito y en el libro de presentación.

5. Las condiciones para la admisibilidad de la demanda (causales de inadmisibilidad)

Presentada la demanda, la primera operación que el juez debe realizar es verificar que la misma cumple los requisitos de admisibilidad de la misma, que se formulan en sentido negativo, como causales de inadmisibilidad en el artículo 35 de la LOJCA 2010. Si el tribunal constata que el escrito de la demanda cumple con esos requisitos, de acuerdo con el artículo 36 de la LOJCA 2010, debe entonces proceder a decidir la admisión de la demanda, dentro de los 3 días de despacho siguientes a su recibo.

Estas causales de inadmisibilidad de las demandas contencioso administrativas, conforme al artículo 35 de la LOJCA 2010, que son los supuestos en los cuales las demandas se deben declarar inadmisibles, son los siguientes:

A. La caducidad de la acción

En primer lugar, está la caducidad de la acción (Art. 35,1), la cual se aplica a las acciones de nulidad de los actos administrativos, a los casos de demandas por vías de vías de hecho o a los caso de recursos por abstención conforme se establece en el artículo 32 de la LOJCA 2010. En estos casos, en materia de acciones de nulidad contra actos administrativos de efectos particulares, las mismas caducarán conforme a las siguientes reglas:

Primero, en los casos de acciones de nulidad contra actos administrativos de efectos particulares, las mismas deben interponerse en el término de 180 días continuos, contados a partir de su notificación al interesado, o cuando la Administración no haya decidido el correspondiente recurso administrativo en el lapso de 90 días hábiles, contados a partir de la fecha de su interposición. La regla tradicional en materia contencioso administrativa de que a pesar de la caducidad de la acción, la ilegalidad del acto administrativo de efectos particulares podrá oponerse siempre por vía de excepción, salvo disposiciones especiales, se ha conservado en la Ley Orgánica (Art. 32,1).

Cuando el acto administrativo impugnado sea de efectos temporales, el lapso dentro del cual debe interponerse la acción de nulidad es de 30 días continuos.

Como se dijo esta condición de admisibilidad de las acciones de nulidad basada en la caducidad, sólo se aplica en la impugnación de actos administrativos de efectos particulares. En cambio, las acciones de nulidad contra los actos administrativos de efectos generales dictados por el Poder Público pueden intentarse en cualquier tiempo.

Por supuesto, en esta materia, la clave de la distinción entre los actos administrativos está en el carácter normativo o no de los mismos: los actos administrativos de efectos generales son los actos normativos, cuyos destinatarios son indeterminados e indeterminables; en cambio, los actos administrativos de efectos particulares, son los que no tienen carácter normativo, y cuyos destinatarios o es un sujeto de derecho (acto individual) o una pluralidad de ellos, pero determinados o determinables (acto general).[86]

Segundo, en los casos de demandas originadas en vías de hecho de funcionarios o de recursos por abstención o negativa de la Administración, la demanda respectiva debe interponerse en el lapso de 180 días continuos contados a partir de la materialización de aquéllas, o desde el momento en el cual la Administración incurrió en la abstención, según sea el caso.

---

86 *V.*, Allan R. Brewer-Carías, *El Control de la Constitucionalidad de los Actos Estatales*. Caracas, 1977, pp. 7-10; y "El recurso contencioso-administrativo, contra los actos de efectos particulares" en El control jurisdiccional de los Poderes Públicos... *Instituto de Derecho Público, cit.*, pp. 173-174.

B. La inepta acumulación

En segundo lugar, la acción debe declararse inadmisible en los casos de acumulación de pretensiones que se excluyan mutuamente o cuyos procedimientos sean incompatibles (Art. 35,2). Esta causal deriva del régimen general establecido en el artículo 78 del Código de Procedimiento Civil, que dispone que "no podrán acumularse en el mismo libelo pretensiones que se excluyan mutuamente, o que sean contrarias entre sí ni las que por razón de la materia no correspondan al conocimiento del mismo Tribunal; ni aquellas cuyos procedimientos sean incompatibles entre sí. Sin embargo, podrán acumularse en un mismo libelo dos o más pretensiones incompatibles para que sean resueltas una como subsidiaria de la otra siempre que sus respectivos procedimientos no sean incompatibles entre sí".

De acuerdo a estas normas resulta, por tanto, que es posible que se acumulen acciones cuyo conocimiento corresponda a la jurisdicción contencioso-administrativa, pero siempre que las acciones no se excluyan mutuamente o cuyos procedimientos sean incompatibles. Por supuesto, esta causal no se aplica en los casos de acciones de nulidad contra actos administrativos a las cuales se acumulen pretensiones de condena conforme antes se establecía en el artículo 21, párrafo 18° de la LOTSJ 2004, ni pretensiones de amparo conforme a lo dispuesto en el artículo 5 de la ley Orgánica de Amparo.

C. El agotamiento de la vía administrativa en las demandas de contenido patrimonial

En tercer lugar, y específicamente en relación con las demandas con contenido patrimonial, es causal de inadmisibilidad cuando se produzca el incumplimiento del procedimiento administrativo previo a las demandas contra la República, los estados, o contra los órganos o entes del Poder Público a los cuales la ley les atribuye tal prerrogativa (Art. 35,3). En esos casos, la Ley Orgánica de la Procuraduría General de la República, que es la que regula el procedimiento administrativo previo a las demandas patrimoniales, dispone que "los funcionarios judiciales deben declarar inadmisibles las acciones o tercerías que se intente contra la República, sin que se acredite el cumplimiento de las formalidades del procedimiento administrativo previo" (Art. 60).

En efecto, este procedimiento administrativo se regula, en cuanto a la República, en los artículos 54 y siguientes de la mencionada Ley Orgánica de la Procuraduría General de la República, en los cuales se dispone que quienes pretendan instaurar demandas de contenido patrimonial contra la República deben manifestarlo previamente por escrito al órgano al cual corresponda el asunto y exponer concretamente sus pretensiones en el caso; del cual se debe dar recibo al interesado en documento donde debe constar tal circunstancia (Art. 54). El órgano respectivo, dentro de los 20 días hábiles siguientes a la consignación del escrito contentivo de la pretensión, debe proceder a formar expediente del asunto sometido a su consideración, el cual debe contener, según el caso, los instrumentos donde conste la obligación, fecha en que se causó, certificación de la deuda, acta de conciliación suscrita entre el solicitante y el representante del órgano y la opinión jurídica respecto a la procedencia o improcedencia de la pretensión, así como cualquier otro documento que considere indispensable (Art. 55). Al día hábil siguiente de concluida la sustanciación del expediente administrativo, el órgano respectivo debe remitirlo a la Procuraduría General de la República, debidamente foliado, en original o en copia certificada, a objeto de que ésta, en un plazo no mayor de 30 días hábiles, formule y remita al órgano o ente respectivo, su opinión jurídica respecto a la procedencia o no de la reclamación; opinión que en este caso, tiene carácter vinculante. Sin embargo, esta opinión de la Procuraduría General de la República no se requiere cuando se trate de reclamaciones cuyo monto sea igual o inferior a 500 U.T. y hayan sido declaradas procedentes por la máxima autoridad del órgano respectivo (Art. 56).

Una vez recibida la opinión de la Procuraduría, el órgano respectivo debe notificar al interesado su decisión, dentro de los 5 días hábiles siguientes a la recepción del criterio sostenido por la Procuraduría General de la República (Art. 57); a los efectos de que el interesado, dentro de los 10 días hábiles siguientes a la notificación, de su respuesta al órgano que corresponda, acerca de si acoge o no la decisión notificada. En caso de desacuerdo, es que entonces queda facultado para acudir a la vía judicial contencioso administrativa (Art. 58). Igualmente al interesado puede acudir a la vía judicial contencioso administrativa, en caso de ausencia de oportuna respuesta, por parte de la Administración, dentro del lapso señalado (Art. 59).

En cuanto a las acciones de nulidad de los actos administrativos, la legislación abandonó la exigencia del agotamiento de la vía administrativa para poder impugnarlos, y en cambio, la Ley Orgánica de la Administración Pública lo que establece como derecho de los administrados en sus relaciones con la Administración, es "ejercer, a su elección y sin que fuere obligatorio el agotamiento de la vía administrativa, los recursos administrativos o judiciales que fueren procedentes para la defensa de sus derechos e intereses frente a las actuaciones y omisiones de la Administración Pública" (Art. 7,10).

D. La ausencia de consignación de los documentos indispensables

En cuarto lugar, las demandas deben declararse inadmisibles cuando con el escrito de las demandas, como se ha dicho, no se consignarse los instrumentos de los cuales se derive el derecho reclamado (Art. 33,6), y que sean indispensables para verificar su admisibilidad (Art. 35,4).

E. La existencia de cosa juzgada

En quinto lugar, las demandas deben declararse inadmisibles cuando exista cosa juzgada (Art. 35,5).

F. La existencia de conceptos irrespetuosos

En sexto lugar, las demandas también deben declararse inadmisibles cuando el escrito de las mismas contenga conceptos irrespetuosos (Art. 35,6).

G. La contrariedad al orden público

Por último, en séptimo lugar, las demandas contencioso administrativas también deben declararse inadmisibles cuando sean contrarias al orden público, a las buenas costumbres o a alguna disposición expresa de la ley (Art. 35,7).

6. La decisión judicial sobre la admisibilidad y la apelación

Si el tribunal constata que el escrito de la demanda no se encuentra en curso de inadmisibilidad antes indicadas (Art. 35), y cumple con los requisitos enumerados en el artículo 33, el juez debe proceder a admitir la demanda dentro de los 3 días de despacho siguientes a su recibo.

Cuando no se cumplen los mencionados requisitos o en los casos en los cuales el escrito de la demanda resultase ambiguo o confuso, el juez antes de declarar la demanda inadmisible, debe conceder al demandante un lapso de 3 días de despacho para su corrección, indicándole los errores u omisiones que se hayan constatado (Art. 36). Si los errores son subsanados, el tribunal debe decidir sobre su admisibilidad dentro de los 3 días de despacho siguientes; y esta decisión que admita la demanda es apelable sólo en un solo efecto (Art. 36).

Si los errores no son subsanados, la decisión será de inadmisibilidad de la demanda; y en estos casos, la decisión judicial es apelable libremente dentro de los 3 días de despacho siguientes ante el tribunal de alzada, el cual debe decidir dentro de los 10 días de despacho siguientes a la recepción del expediente, con los elementos cursantes en autos (Art. 36).

7. Las citaciones

La citación personal que se haga en cualquiera de los procesos contencioso administrativos a la persona demandada, conforme se precisa en el artículo 37 de la LOJCA 2010, debe hacerse conforme a las previsiones del Código de Procedimiento Civil, a excepción de la citación del Procurador General de la República que se debe hacer de acuerdo con la Ley Orgánica de la Procuraduría General de la República. En el caso de demandas de contenido patrimonial, es a partir de que conste en autos la citación practicada de la parte demandada, cuando comienza a computarse el lapso de comparecencia.

Hecha la citación de la parte demandada, las partes quedan a derecho, y no habrá necesidad de una nueva citación para ningún otro acto del juicio, a menos que exista disposición contraria de la ley.

Las citaciones, y cualquier notificación que haga el tribunal, puede practicarse por medios electrónicos (Art. 38). En este caso, las certificaciones de las citaciones y notificaciones se deben hacer de conformidad con lo establecido en la Ley Sobre Mensajes de Datos y Firmas Electrónicas, atendiendo siempre a los principios de inmediatez, brevedad y celeridad. El Secretario del tribunal debe dejar constancia en el expediente de las citaciones y notificaciones realizadas, cumplido lo cual comenzarán a contarse los lapsos correspondientes (Art. 38).

8. Autos para mejor proveer y resolución de incidencias

De acuerdo con el artículo 39 de la LOJCA 2010, en cualquier estado de la causa el Juez puede solicitar información o hacer evacuar de oficio las pruebas que considere pertinentes. El auto que se dicte al efecto es inapelable, pero las partes pueden hacer las observaciones que estimen necesarias sobre las actuaciones practicadas.

Por otra parte, si por alguna necesidad del procedimiento una de las partes solicitara alguna providencia, el artículo 40 de la LOJCA 2010 exige al Juez resolver la petición dentro de los 3 días de despacho siguientes; a menos que haya necesidad de esclarecer algún hecho, caso en el cual debe ordenar la apertura de una articulación probatoria por ocho días de despacho.

Si la resolución incidiere en la decisión de la causa, el Juez debe resolver la articulación en la sentencia definitiva; en caso contrario, debe decidir dentro de los tres días de despacho siguientes al vencimiento de aquélla.

9. Medidas cautelares

El artículo 4 de la Ley Orgánica establece un amplio poder cautelar del juez contencioso administrativo al disponer que "está investido de las más amplias potestades cautelares," quedando facultado, en consecuencia para "dictar, aún de oficio, las medidas preventivas que resulten adecuadas a la situación fáctica concreta, imponiendo ordenes de hacer o no hacer a los particulares, así como a los órganos y entes de la Administración Pública, según el caso concreto, en protección y continuidad sobre la prestación de los servicios públicos y en su correcta actividad administrativa."

A. Régimen general del procedimiento

En cuanto al procedimiento, la Ley Orgánica establece un procedimiento común para el caso de tramitación de medidas cautelares en los procesos contencioso administrativos, el cual se debe aplicar en general, incluso en los casos de solicitudes de amparo cautelar que se formulen junto con las acciones de nulidad de actos administrativos (Art. 103). La única previsión especial en esta materia es la referida a los procedimientos breves (referidos a reclamos por la omisión, demora o deficiente prestación de los servicios públicos; demandas por vías de hecho; y acciones por abstención), en los cuales, conforme al artículo 69, una admitida la demanda, el tribunal puede de oficio o a instancia de parte, dictar medidas cautelares, en cuyo caso, la oposición a las mismas debe ser resuelta a la mayor brevedad.

Las medidas cautelares, en general, conforme al artículo 104 de la LOJCA 2010, deben solicitarse por las partes en cualquier estado y grado del procedimiento, pudiendo ser acordadas por el tribunal como las estime pertinentes "para resguardar la apariencia del buen derecho invocado y garantizar las resultas del juicio, ponderando los intereses públicos generales y colectivos concretizados y de ciertas gravedades en juego, siempre que dichas medidas no prejuzguen sobre la decisión definitiva."

A tal efecto, el tribunal cuenta con los más amplios poderes cautelares para proteger no sólo a los demandantes, sino como lo dice el artículo 104, "la Administración Pública, a los ciudadanos o ciudadanas, a los intereses públicos y para garantizar la tutela judicial efectiva y el restablecimiento de las situaciones jurídicas infringidas mientras dure el proceso." En las causas de contenido patrimonial, la Ley Orgánica prescribe que el tribunal puede exigir garantías suficientes al solicitante.

Una vez recibida la solicitud de medida cautelar, el tribunal debe abrir un cuaderno separado para el pronunciamiento que deberá formularse dentro de los 5 días de despacho siguientes (Art. 105). En el caso de tribunales colegiados el juzgado de sustanciación debe remitir inmediatamente el cuaderno separado, y recibido este, se debe designar ponente, de ser el caso, y decidirse sobre la medida dentro de los 5 días de despacho siguientes. Al trámite de las medidas cautelares se le debe dar prioridad (Art. 105).

El trámite de la oposición que formulen las partes a las medidas cautelares se rige por lo dispuesto en el Código de Procedimiento Civil (Art. 106).

B. Los casos de amparo cautelar en los juicios de nulidad

Hemos dicho que la LOJCA 2010, al regular las medidas cautelares estableció un procedimiento en el artículo 103 que "regirá la tramitación de las medidas cautelares, incluyendo las solicitudes de amparo constitucional cautelar," con lo que se hizo referencia a los casos en los cuales con las demandas de nulidad o contra abstenciones se puede formular una pretensión de amparo, la cual tiene carácter cautelar.

En este caso, estamos en presencia de demandas de nulidad de actos administrativos, o de las demandas contra las abstenciones de la Administración en las cuales la pretensión de anulación o de condena a actuar está acompañada de una pretensión de restablecimiento de una garantía o derecho constitucional violado por el acto recurrido, conforme se regula expresamente en la Ley Orgánica de Amparo sobre Derechos y Garantías Constitucionales de 1988.[87]

En este caso, cuando la lesión al derecho o garantía constitucional la produce un acto administrativo o la abstención de la Administración, la vía ordinaria de amparo constitucional es la demanda contencioso administrativa que puede ser ejercida por el titular del derecho o garantía constitucional vulnerado (legitimación activa), en la cual además de buscarse la anulación del acto que perturba el derecho o que la Administración actúe (lo cual es el fundamento del amparo en este caso) se busca restablecer la situación jurídica subjetiva infringida. De allí lo previsto en Ley Orgánica de Amparo sobre Derechos y Garantías Constitucionales de 22 de enero de 1988,[88] en cuyo artículo 5° se establece:

> La acción de amparo procede contra todo acto administrativo, actuaciones materiales, vías de hecho, abstenciones u omisiones que violen o amenacen violar un derecho o garantía constitucional, cuando no exista un medio procesal breve, sumario y eficaz, acorde con la protección constitucional.

Por tanto, la acción autónoma de amparo procede también contra actos administrativos o contra conductas omisivas de la Administración que violen o amenacen violar un derecho o garantía constitucionales, pero siempre que no exista "un medio procesal breve, sumario y eficaz, acorde con la protección constitucional". En consecuencia, si dicho medio existe no procede la acción de amparo; y es la propia Ley Orgánica de Amparo la que se ocupa de prever dicho "medio procesal breve, sumario y efectivo, acorde con la protección constitucional", y ese es, en principio, el recurso contencioso-administrativo de anulación, o demanda de nulidad, siempre que exista en la localidad un tribunal con competencia contencioso-administrativa.

---

87 *V.*, *Gaceta Oficial* N° 33.891 de 22-1-88. *V.*, Allan R. Brewer-Carías y Carlos Ayala Corao, *Ley Orgánica de Amparo sobre Derechos y Garantías Constitucionales*, Editorial Jurídica Venezolana, Caracas, 1988, pp. 242.

88 *V.*, *Gaceta Oficial* N° 33.891 de 22-01-1988.

En estos casos, prevé la Ley que la acción de amparo puede ejercerse contra actos administrativos de efectos particulares o contra abstenciones o negativas de la Administración, ante el Juez Contencioso-Administrativo competente, si lo hubiere en la localidad, "conjuntamente con el recurso contencioso-administrativo de anulación de actos administrativos o contra las conductas omisivas, respectivamente, que se ejerza". En estos casos agrega el artículo 5 de la Ley Orgánica de Amparo, el Juez, "en forma breve, sumaria, efectiva, si lo considera procedente para la protección constitucional suspenderá los efectos del acto recurrido como garantía de dicho derecho constitucional violado, mientras dure el juicio".

En esta forma, para que pueda ser completamente efectiva la protección y amparo de derechos constitucionales por vía del recurso contencioso-administrativo de anulación, la Ley Orgánica de Amparo ha previsto algunos correctivos en el procedimiento del mismo, por ejemplo, al ampliar la procedencia de la suspensión de efectos de los actos impugnados en forma más expedita, cuando se alegue violación de un derecho constitucional, es decir, la nulidad absoluta del acto recurrido; al eliminar el lapso de caducidad de seis (6) meses para la impugnación de los actos administrativos violatorios de derechos y garantías constitucionales que son nulos, de nulidad absoluta, conforme lo establece el artículo 25 de la Constitución; y al eximir al recurrente de la necesidad de agotamiento previo de la vía administrativa para ejercer el recurso de nulidad y amparo.

Así, y además, para garantizar que este recurso contencioso- administrativo de anulación y amparo, sea un medio procesal breve, sumario y efectivo, acorde con la protección constitucional, el parágrafo único del artículo 5° de la Ley Orgánica de Amparo, precisa que:

> Cuando se ejerza la acción de amparo contra actos administrativos conjuntamente con el recurso contencioso-administrativo que se fundamente en la violación de un derecho constitucional, el ejercicio del recurso procederá en cualquier tiempo, aún después de transcurridos los lapsos de caducidad previstos en la Ley; y no será necesario el agotamiento previo de la vía administrativa.

Por tanto, un acto administrativo violatorio de un derecho o garantía constitucional, puede ser impugnado en vía contencioso-administrativa en cualquier tiempo, siempre que se acompañe al recurso de anulación una pretensión de amparo; y contra dicho acto sólo puede ejercerse la acción de amparo aún que hayan transcurrido más de seis meses de dictado (Art. 6, Ord. 4°) si se ejerce conjuntamente con el recurso contencioso-administrativo de anulación.

Así, cuando se ejerza la acción de amparo contra actos administrativos conjuntamente con el recurso contencioso-administrativo de anulación, no opera la causal de inadmisibilidad prevista en el ordinal 4° del artículo 6° de la Ley Orgánica de Amparo en casos de "consentimiento expreso" cuando hubieran transcurrido seis (6) meses después de la violación o la amenaza al derecho protegido.

Por tanto, en relación a la existencia del requisito legal del lapso de caducidad para la admisibilidad del recurso contencioso-administrativo de anulación, conforme a la Ley Orgánica de Amparo, si se trata de actos administrativos nulos de nulidad absoluta violatorios de derechos constitucionales, no puede haber caducidad del recurso contencioso-administrativo por tratarse precisamente de una vía de amparo. Por tanto, el "recurso contencioso-administrativo de anulación y amparo" se podría intentar contra el acto administrativo inconstitucional y nulo en los términos del artículo 25 de la Constitución en cualquier tiempo. Sin embargo, en otros casos, como por ejemplo, en materia de actos de trámite, que por no ser definitivos no son susceptibles de recursos contencioso-administrativos de anulación, si violan un derecho fundamental podrían ser objeto de una acción autónoma de amparo. En estos casos, por no ser definitivos, estos actos no serían recurribles en vía contencioso-administrativa, pero si son violatorios de derechos constitucionales, contra ellos procedería la acción autónoma de amparo.

En definitiva, frente a los actos administrativos, el amparo de los derechos constitucionales se puede lograr a través del recurso contencioso administrativo de anulación, que es un medio judicial de amparo, resultando inadmisible intentar contra ellos la acción autónoma de amparo, cuando exista un juez contencioso-administrativo en la localidad, por ser la vía contencioso-administrativa de anulación y amparo, conforme a la propia Ley Orgánica de Amparo, un medio procesal breve, sumario y eficaz, acorde con la protección constitucional.

Por último, el otro elemento que debe destacarse respecto del proceso contencioso-administrativo de anulación y amparo, se refiere a los poderes del juez. En este caso, de acuerdo a los artículos 259 y 25 de la Constitución, el juez contencioso-administrativo tiene "potestad para restablecer la situación jurídica infringida o en su caso, para disponer lo necesario para su restablecimiento. Esto significa que el juez del contencioso de anulación y amparo, una vez anulado el acto, puede directamente restablecer el derecho constitucional infringido y sustituirse a la Administración, y además, adoptar mandamientos de hacer o de no hacer en relación con la Administración, para asegurar no sólo dicho restablecimiento, sino además, impedir la sucesiva vulneración del derecho o garantía constitucional por la Administración. Por supuesto, además, y de acuerdo a lo señalado anteriormente, en caso de proceder, y conforme a lo solicitado, el juez podría adoptar las decisiones de condena respecto de la Administración, por los daños y perjuicios que se pudieran haber causado al recurrente por el acto anulado.

10. Ejecución de las sentencias

La ejecución de la sentencia o de cualquier otro acto que tenga fuerza de tal, le corresponde al tribunal que haya conocido de la causa en primera instancia (Art. 107). En la Ley se remite a tres procedimientos distintos según la entidad condenada en la sentencia: por una parte, la República y los Estados; por la otra los Municipios y por último, los entes públicos.

Primero, en los casos en los cuales la República o algún estado sean condenados en juicio, se seguirán las normas establecidas en la Ley Orgánica de la Procuraduría General de la República (Art. 108). En estas se establece que cuando la República sea condenada en juicio, el Tribunal encargado de ejecutar la sentencia debe notificar al Procurador General de la República quien, dentro del lapso de 60 días siguientes, debe informarle sobre su forma y oportunidad de ejecución. Dentro de los 10 días siguientes de su notificación, la Procuraduría General de la República debe participar al órgano respectivo de lo ordenado en la sentencia, y este último debe informar a la Procuraduría sobre la forma y oportunidad de ejecución de lo ordenado en la sentencia, dentro de los 30 días siguientes de recibido el oficio respectivo (Art. 85).

Conforme al artículo 86 de la Ley Orgánica de la Procuraduría, la parte interesada, previa notificación, puede aprobar o rechazar la proposición del organismo público que corresponda y, en el último caso, el tribunal debe fijar otro plazo para presentar nueva propuesta; si la misma no es aprobada por la parte interesada, o si el organismo respectivo no hubiere presentado alguna, el Tribunal debe determinar la forma y oportunidad de dar cumplimiento a lo ordenado por la sentencia, según los procedimientos siguientes:

1. Si se trata de cantidades de dinero, el tribunal, a petición de la parte interesada, debe ordenar que se incluya el monto a pagar en la partida respectiva de los próximos dos ejercicios presupuestarios, a cuyo efecto debe enviar al Procurador General de la República copia certificada de la decisión, la cual debe ser remitida al organismo correspondiente. El monto que se ordene pagar debe ser cargado a una partida presupuestaria no imputable a programas.

2. Si se trata de entrega de bienes, el tribunal debe poner en posesión de los mismos a quien corresponda. Si tales bienes estuvieren afectados al uso público, a actividades de utilidad pública o a un servicio público prestado en forma directa por la República, el Tribunal debe acordar la fijación del precio mediante avalúo realizado por tres peritos, nombrados uno por cada parte y el tercero de común acuerdo. En caso de desacuerdo, el tercer perito es nombrado por el Tribunal.

Segundo, en el caso de ejecución de sentencias contra los municipios, se deben aplicar las normas de la Ley Orgánica del Poder Público Municipal y supletoriamente, el procedimiento previsto en la Ley Orgánica de la Jurisdicción Contencioso Administrativa. Conforme al artículo 160 de dicha Ley Orgánica, cuando el Municipio o una entidad municipal resultaren condenados por sentencia definitivamente firme, el Tribunal, a petición de parte interesada, ordenará su ejecución. A estos fines, notificará al alcalde o a la autoridad ejecutiva de la entidad municipal, que debe dar cumplimiento voluntario a la sentencia dentro de los 10 días siguientes a la notificación. Dentro de ese lapso, el Municipio o la entidad municipal, según el caso, puede proponer al ejecutante una forma de cumplir con la sentencia. Si esa forma fuere rechazada, las partes pueden suspender el lapso establecido para la ejecución voluntaria por el tiempo que se convenga o realizar actos de composición voluntaria. Transcurrido el lapso para la ejecución voluntaria sin que la sentencia se haya cumplido, se procederá a la ejecución forzosa.

Tercero, cuando sean los institutos autónomos, los entes públicos o las empresas en los cuales estas personas tengan participación decisiva las que resultasen condenados por sentencia definitivamente firme, el tribunal, a petición de parte interesada, debe ordenar su ejecución. A estos fines, debe notificar a la parte condenada para que dé cumplimiento voluntario a la sentencia dentro de los 10 días de despacho siguientes a su notificación. Durante ese lapso, se puede proponer al ejecutante una forma de cumplir con la sentencia. Las partes pueden en todo caso, suspender el lapso establecido para la ejecución voluntaria por el tiempo que acuerden (Art. 109).

La LOJCA 2010, además, establece un procedimiento general para los casos en los cuales se haya vencido el lapso para el cumplimiento voluntario de las sentencias, en cuyo caso, conforme al artículo 110, a instancia de parte, el tribunal debe determinar la forma y oportunidad de dar cumplimiento a lo ordenado por la sentencia, según las reglas siguientes:

1. Cuando la condena hubiese recaído sobre cantidad líquida de dinero, el tribunal ordenará a la máxima autoridad administrativa de la parte condenada que incluya el monto a pagar en el presupuesto del año próximo y el siguiente, a menos que exista provisión de fondos en el presupuesto vigente. El monto anual de dicha partida no excederá del cinco por ciento (5%) de los ingresos ordinarios del ejecutado. Cuando la orden del tribunal no fuese cumplida o la partida prevista no fuese ejecutada, el tribunal, a peti-

ción de parte, ejecutará la sentencia conforme al procedimiento previsto en el Código de Procedimiento Civil para la ejecución de sentencias de condena sobre cantidades líquidas de dinero.

2. Cuando en la sentencia se hubiese ordenado la entrega de bienes, el tribunal la llevará a efecto. Si tales bienes estuvieren afectados al uso público, servicio público o actividad de utilidad pública, el tribunal acordará que el precio sea fijado mediante peritos, en la forma establecida por la Ley de Expropiación por Causa de Utilidad Pública o Social. Fijado el precio, se procederá como si se tratare del pago de cantidades de dinero.

3. Cuando en la sentencia se hubiese condenado al cumplimiento de una obligación de hacer, el tribunal fijará un lapso de treinta días consecutivos para que la parte condenada cumpla. Si no fuese cumplida, el tribunal procederá a ejecutar la sentencia. A estos fines, se trasladará a la oficina correspondiente y requerirá su cumplimiento. Si a pesar de este requerimiento la obligación no fuese cumplida, el tribunal hará que la obligación se cumpla. Cuando por la naturaleza de la obligación, no fuere posible su ejecución en la misma forma como fue contraída, el tribunal podrá estimar su valor conforme a lo previsto en este artículo y proceder a su ejecución como si se tratase de cantidades de dinero.

4. Cuando en la sentencia se hubiese condenado a una obligación de no hacer, el tribunal ordenará el cumplimiento de dicha obligación.

Una previsión similar está establecida en el artículo 161 de la Ley Orgánica del Poder Público Municipal.

Por último, dispone el artículo 111 de la LOJCA 2010 que cuando el ejecutado sea un particular, se debe aplicar lo previsto en el Código de Procedimiento Civil.

11. Perención

El artículo 41 de la LOJCA 2010 establece el principio general de la extinción de toda instancia por el transcurso de un año sin haberse ejecutado ningún acto de procedimiento por las partes, salvo que el acto procesal siguiente le corresponda al Juez, tal como la admisión de la demanda, la fijación de la audiencia y la admisión de pruebas. En todo caso, declarada la perención, podrá interponerse la acción inmediatamente después de la declaratoria, por supuesto, siempre que la acción no hubiese caducado.

Además de los anteriores principios y normas comunes a todos los procedimientos contencioso administrativos, la LOJCA 2010 ha regulado normas especiales de procedimiento que se refieren al procedimiento en los casos de demandas de contenido patrimonial; al procedimiento breve en caso de demandas de contenido no patrimonial relacionadas con reclamos por la omisión, demora o deficiente prestación de los servicios públicos, vías de hecho y abstención; y al procedimiento común a las demandas de nulidad, interpretación y controversias administrativas.

12. Normas específicas sobre la inhibición y recusación de los jueces

Por último, la LOJCA 2010 trae una extensa regulación sobre recusación e inhibición, específicamente diseñada para estos juicios.

A. Causales de recusación e inhibición

Conforme al artículo 42 de la LOJCA 2010, los funcionaros judiciales, así como los auxiliares de justicia, pueden ser recusados por algunas de las causas siguientes:

1. Por parentesco de consanguinidad o de afinidad dentro del cuarto y segundo grado, respectivamente, con cualquiera de las partes, sus representantes o cónyuges.
2. Por haber sido el recusado padre o madre adoptante o hijo o hija adoptivos de alguna de las partes.
3. Por tener con alguna de las partes amistad íntima o enemistad manifiesta.
4. Por tener el recusado, su cónyuge, o algunos de sus afines o parientes consanguíneos, dentro de los grados indicados, interés directo en los resultados del proceso.
5. Por haber manifestado opinión sobre lo principal del juicio o sobre la incidencia pendiente, antes de la emisión de la sentencia correspondiente, siempre que el recusado sea el Juez de la causa.
6. Cualquiera otra causa fundada en motivos graves que afecte su imparcialidad.

B. La obligación de inhibición y la posibilidad de allanamiento

Cualquiera que sea el funcionarios judicial o auxiliares de justicia que esté incurso en cualquiera de las antes indicadas causales de recusación, está obligado a inhibirse del conocimiento del asunto, sin esperar a que se les recuse. Igualmente dichos funcionarios o auxiliares, si son recusados, deben inhibirse si estiman que la causal imputada es procedente. En estos casos, contra la inhibición no hay recurso alguno (Art. 43).

La inhibición del funcionario judicial o del auxiliar de justicia, puede manifestarse en cualquier estado del juicio y en todo caso, debe proponerse dentro de los 3 días de despacho siguientes al momento en que se conozca la causa que la motive (Art. 44).

En todo caso, el funcionario judicial o el auxiliar de justicia que se haya inhibido, puede continuar en sus funciones si las partes convinieren en ello, o si la parte contra quien obre el impedimento conviene en ello, salvo que se trate la causal de recusación basada en el parentesco o relaciones de pareja, en cuyo caso no hay posibilidad de allanamiento.

En los casos en los cuales pueda convenirse en que el funcionario judicial o auxiliar de justicia inhibido continúe, la manifestación de convenimiento debe presentarse dentro de los 5 días de despacho siguientes, y en estos casos, los apoderados judiciales no necesitarán autorización especial para prestar su consentimiento (Art. 45).

C. La incidencia de inhibición

En todo caso en el cual el Juez advierta que está incurso en alguna de las causales de recusación o inhibición, se debe abstener de conocer de la causa, y debe levantar un acta que debe remitir con sus recaudos en cuaderno separado al tribunal competente (Art. 46).

Conforme al artículo 47 de la LOJCA 2010 "Ni la recusación ni la inhibición detendrán el curso de la causa, cuyo conocimiento pasará inmediatamente mientras se decide la incidencia a otro tribunal de la misma categoría si lo hubiera en la localidad y en defecto de éste a quien deba suplirlo conforme a la ley."

Si la recusación o la inhibición fuere declarada con lugar, el Juez sustituto o Jueza sustituta continuará conociendo de la causa; en caso contrario, devolverá los autos al Juez o Jueza que venía conociendo del asunto. (Art. 47).

D. La propuesta de recusación

La recusación de los funcionarios judiciales o de los auxiliares de justicia sólo puede proponerse hasta el día en que concluya el lapso probatorio. Sin embargo, aún fenecido el lapso probatorio, si un Juez, el funcionario judicial o el auxiliar de justicia intervienen en la causa, las partes pueden recusarlo por cualquier motivo legal dentro de los 5 días de despacho siguientes a su aceptación.

Cuando el motivo de la recusación sea sobrevenido, la misma puede proponerse hasta el día fijado para el acto de informes. En estos casos, la recusación debe proponerse dentro de los 5 días de despacho siguientes al momento en que se conozca la causa que la motiva (Art. 48).

La recusación se debe proponer mediante diligencia o escrito ante el tribunal de la causa. Si la recusación se funda en un motivo que la haga admisible, el recusado, a más tardar al día siguiente, debe informar ante la secretaría, la cual debe remitir la recusación al tribunal competente para su conocimiento dentro de los 5 días de despacho siguientes (Art. 49).

El Juez recusado debe declarar inadmisible la recusación que se intente sin estar fundada en motivo legal, o fuera del lapso. Esta decisión es apelable (Art. 50).

E. La incidencia de la recusación

El Juez a quien corresponda conocer de la incidencia de la recusación, deberá admitirla y evacuar las pruebas que los interesados presenten dentro de los 5 días de despacho siguientes a la fecha en que reciba las actuaciones. Debe sentenciar dentro de los 5 días de despacho siguientes al vencimiento del lapso probatorio (Art. 51).

En el caso de los tribunales colegiados la incidencia debe ser decidida por el Presidente; cuando éste fuere el recusado, por el Vicepresidente; y cuando fuesen recusados todos, se debe convocar a los suplentes por el orden de la lista (Art. 55).

Si la recusación es declarada inadmisible, la parte o su apoderado deben pagar multa equivalente a 50 U.T., dentro del lapso de 5 días hábiles siguientes a la decisión de la incidencia, ante una oficina receptora de fondos nacionales. Igual monto debe pagar la parte o su apoderado si desiste de la recusación o ésta sea declarada sin lugar, siempre que su interposición hubiese sido temeraria, en cuyo caso la decisión sobre la temeridad deberá motivarse. Si la parte o el abogado que la represente, según sea el caso, no acredita en el expediente el pago de la multa, quedan impedidos de actuar en la causa (Art. 54).

F. Efectos de la recusación

Si el inhibido o el recusado es el Secretario del tribunal, el Juez debe nombrar un sustituto el mismo día o en el siguiente; y de igual forma se debe proceder cuando se trate de otros funcionarios judiciales. Si el inhibido o el recusado es un auxiliar de justicia, el Juez debe proceder sin más trámite a hacer un nuevo nombramiento (Art. 52).

Si la recusación o inhibición de un juez fuere declarada con lugar, del proceso en curso debe conocer cualquier otro tribunal de la Jurisdicción Contencioso Administrativa de la misma categoría, si lo hubiere en la jurisdicción; de no haberlo o si los jueces o juezas de estos tribunales se inhibieran o fuesen recusados, deben entonces convocarse los suplentes (Art. 53).

VII. NORMAS ESPECÍFICAS DE PROCEDIMIENTO EN LOS CASOS DE DEMANDAS DE CONTENIDO PATRIMONIAL CONTRA LOS ENTES PÚBLICOS Y DE DEMANDAS QUE ESTOS INTENTEN CONTRA LOS PARTICULARES

El contencioso de las demandas de contenido patrimonial se establece en el artículo 56 de la LOJCA 2010 respecto de la tramitación de las demandas de contenido patrimonial en las que sean partes los sujetos enunciados en el artículo 7 de la misma Ley, es decir, la República, los Estados, el Distrito Capital y Municipios por los órganos que componen la Administración Pública y los órganos que ejercen el Poder Público, en sus diferentes manifestaciones, en cualquier ámbito territorial o institucional; los institutos autónomos, corporaciones, fundaciones, sociedades, empresas, asociaciones y otras formas orgánicas o asociativas de derecho público o privado donde el Estado tenga participación decisiva, así como cualquier otro sujeto que dicte actos de autoridad o actúe en función administrativa; los consejos comunales y otras entidades o manifestaciones populares de planificación, control, ejecución de políticas y servicios públicos, cuando actúen en función administrativa; y las entidades prestadoras de servicios públicos en su actividad prestacional.

1. Normas comunes del procedimiento

A tal efecto, los artículos 57 a 64 de la LOJCA 2010 regulan aspectos específicos del procedimiento aplicables a las demandas patrimoniales que se intenten contra los entes públicos o que estos intenten, disponiéndose además que las mismas tienen *carácter supletorio* en los demás procedimientos.

A. Audiencia preliminar

En el procedimiento de las demandas de contenido patrimonial, el artículo 57 de la LOJCA 2010 prevé la realización de una Audiencia Preliminar que debe tener lugar el décimo día de despacho siguiente a la hora que fije el tribunal. Dicha audiencia debe ser oral, con la asistencia de las partes. En este acto, el Juez puede resolver los defectos del procedimiento, de oficio o a petición de parte, lo cual hará constar en acta.

En la Audiencia Preliminar, el demandado debe expresar con claridad si contraviene los hechos alegados por la contraparte, a fin de que el Juez pueda fijar con precisión los hechos controvertidos. En esta oportunidad, las partes deben promover los medios de prueba que sustenten sus afirmaciones.

B. La participación popular en juicio

El artículo 58 de la LOJCA 2010 faculta al juez para que de oficio o a petición de parte, pueda convocar para su participación en la audiencia preliminar a las personas, entes, consejos comunales, colectivos o cualquier otra manifestación popular de planificación, control y ejecución de políticas y servicios públicos, "cuyo ámbito de actuación se encuentre vinculado con el objeto de la controversia," para que opinen sobre el asunto debatido. De ser procedente su participación, el Juez debe proceder a notificarles, de conformidad con lo dispuesto en el artículo 37 de la Ley que en realidad regula las "citaciones personales," fijándose la audiencia cuando conste en autos la notificación respectiva. Las personas y entes antes señalados, no requerirán representación ni asistencia de abogado. El Juez facilitará su comparecencia y deberá informarles sobre los aspectos relevantes de la controversia. En estos casos, el Juez puede escoger entre los presentes quien los represente. (Art. 59).

C. Los efectos de la ausencia de las partes en la Audiencia Preliminar

Conforme al artículo 60 de la LOJCA 2010, si el demandante no compareciere a la audiencia preliminar, el juez debe declarar desistido el procedimiento; en cuyo caso, sólo se extingue la instancia y el demandante puede volver a proponer nueva demanda inmediatamente. Si el demandado es el que no comparece a la Audiencia Preliminar, la causa debe seguir su curso.

D. La contestación de la demanda

La contestación debe realizarse por escrito dentro de los 10 días de despacho siguientes a la celebración de la Audiencia preliminar, y deben presentarse los documentos probatorios. Para las actuaciones posteriores se debe dejar transcurrir íntegramente el lapso antes indicado (Art. 61).

E. Lapso de pruebas

Dentro de los 5 días de despacho siguientes al vencimiento del lapso establecido para la contestación de la demanda, conforme al artículo 62 de la Ley Orgánica, las partes deben presentar sus escritos de pruebas.

Dentro de los 3 días siguientes a la presentación de los escritos de pruebas, las partes pueden expresar si convienen en algún hecho u oponerse a las pruebas que aparezcan manifiestamente ilegales, impertinentes o inconducentes.

Vencido dicho lapso, dentro de los 3 días de despacho siguientes, el Juez debe admitir las pruebas que no sean manifiestamente ilegales o impertinentes y debe ordenar evacuar los medios que lo requieran, para lo cual se debe disponer de 10 días de despacho, prorrogables a instancia de parte por 10 días más.

Cuando las partes sólo promuevan medios de pruebas que no requieran evacuación, se suprimirá el último de los lapsos indicado.

F. La Audiencia conclusiva

Dispone el artículo 63 de la LOJCA 2010 que finalizado el lapso de pruebas, dentro de 5 días de despacho siguientes, se debe fijar la oportunidad para la celebración de la Audiencia Conclusiva; oportunidad en la cual, en los tribunales colegiados se debe designar Ponente.

En esta Audiencia Conclusiva, las partes deben exponer oralmente sus conclusiones, las cuales pueden consignar por escrito. Al comenzar la audiencia, el Juez debe indicar a las partes el tiempo para exponer sus conclusiones, réplica y contrarréplica.

G. Oportunidad de sentencia

Concluida la Audiencia Conclusiva, el artículo 64 de la LOJCA 2010, prevé que el Juez dispone de 30 días continuos para decidir. Sin embargo, el pronunciamiento puede diferirse justificadamente por 30 días continuos.

En los casos de sentencias publicadas fuera del lapso se debe notificar a las partes, sin lo cual no correrá el lapso para recurrir.

2. Precisión respecto de las demandas con motivo de contratos del Estado

Una de las innovaciones de la LOJCA 2010, al establecer las demandas de contenido patrimonial, es haber eliminado la referencia a demandas que pudieran derivarse de contratos administrativos, que en el pasado había condicionado la distribución de competencias judiciales en la materia. Con la LOJCA 2010, la competencia en materia de demandas de contenido patrimonial, sea derivadas de responsabilidad contractual o extracontractual corresponde a todos los tribunales de la Jurisdicción distribuida sólo conforme a criterios de cuantía. Por tanto, conflictos derivados de la ejecución de contratos del Estado, contratos públicos o contratos administrativos corresponden según la cuantía a los diversos tribunales de la jurisdicción.

Con ello puede decirse que quedó superada la necesidad de determinar cuando un contrato público era o no era "contrato administrativo" para determinar la competencia en la materia. Debe recordarse que de acuerdo con el artículo 5, párrafo 1°,25 de la derogada LOTSJ 2004, correspondía a la Sala Político Administrativa del Tribunal Supremo de Justicia,

> Conocer de las cuestiones de cualquier naturaleza que se susciten con motivo de la interpretación, cumplimiento, caducidad, nulidad, validez o resolución de los contratos administrativos en los cuales sea parte la República, los Estados o los Municipios, si su cuantía excede de setenta mil una unidades tributarias (70.001 U.T.).

Por tanto, toda demanda contra todos los entes públicos político-territoriales originada en "contratos administrativos", correspondía a la jurisdicción contencioso-administrativa, y en particular, a la Sala Político Administrativa del Tribunal Supremo de Justicia. El problema central, en este caso, era la determinación de qué había de entenderse por contrato administrativo. Lo cierto es que cuando la distinción entre contratos administrativos y contratos de derecho privado de la Administración parecía que se había superado definitivamente en Venezuela, la derogada Ley Orgánica de la Corte Suprema de Justicia de 1976 la revivió, al atribuir expresa y exclusivamente a la Sala Político-Administrativa de la Corte Suprema de Justicia esta misma competencia (Art. 42,14). A pesar de dicha norma y de su equivalente en la LOTSJ 2004 (Art. 5, párrafo 1°,25), sin embargo, estimamos que la distinción no tenía sustantividad firme, ya que no había ni puede haber contratos de derecho privado de la Administración que pudiesen estar regidos exclusivamente por el derecho privado, que excluyeran el conocimiento de los mismos por la jurisdicción contencioso-administrativa.[89] El resultado de toda esa evolución ha sido que en la LOTSJ 2010, dicha disposición se ha eliminado de la Ley, y no se utiliza en ninguna de sus normas la expresión "contratos administrativos."

En realidad, todos los contratos que celebra la Administración están sometidos en una forma u otra al derecho público y a todos se les aplica también el derecho privado, teniendo, según su objeto, un régimen preponderante de derecho público o de derecho privado;[90] por lo que la distinción no tenía ni tiene fundamento alguno, y menos cuando en Venezuela nunca ha habido dualidad de jurisdicciones (judicial y administrativa) que en Francia ha sido el verdadero sustento de la distinción.[91] Así como no puede haber acto unilateral dictado por los funcionarios públicos que no sea un acto administrativo, tampoco existen contratos celebrados por la Administración que no estén sometidos en alguna forma al derecho público, por lo que la terminología empleada en el artículo 42,14, de la Ley Orgánica de la Corte Suprema de 1976, y del artículo 5,25 de la LOTSJ 2004, en realidad, a lo que condujo fue a confusiones, contradicciones y dilaciones, ahora superadas con la reforma de la LOTSJ 2010. Puede decirse que no había demanda que se intentase en relación a contratos celebrados por la Administración en la cual no se plantease el problema de la competencia: si la demanda se intentaba ante la jurisdicción ordinaria, se alegaba la naturaleza "administrativa" del contrato; en cambio, si se intentaba ante el Tribunal Supremo de Justicia, se alegaba el carácter de "derecho privado" del contrato.

---

89 *V.*, Allan R. Brewer-Carías, "La evolución del concepto de contrato administrativo" en *El Derecho Administrativo en América Latina*, Curso Internacional, Colegio Mayor de Nuestra Señora del Rosario, Bogotá, 1978, pp. 143-167; *Jurisprudencia Argentina*, N° 5.076, Buenos Aires, 13-12-1978, pp. 1-12; *Libro Homenaje al Profesor Antonio Moles Caubet*, *T.* I, Facultad de Ciencias Jurídicas y Políticas, Universidad Central de Venezuela, Caracas, 1981, pp. 41-69; y Allan R. Brewer-Carías, *Estudios de Derecho Administrativo*, Bogotá, 1986, pp. 61-90; y "Evoluçao do conceito do contrato administrativo" en *Revista de Direito Publico* N° 51-52, Sao Paulo, julio-diciembre 1979, pp. 5-19.

90 *V.*, Allan R. Brewer-Carías, *Contratos Administrativos*, Caracas, 1992, pp. 46 ss.; y "La interaplicación del derecho público y del derecho privado a la Administración Pública y el proceso de huída y recuperación del derecho administrativo," en *Las Formas de la Actividad Administrativa*. II Jornadas Internacionales de Derecho Administrativo Allan Randolph Brewer-Carías, Fundación de Estudios de Derecho Administrativo, Caracas, 1996, pp. 59 y ss.

91 *V.*, Jesús Caballero Ortíz, "Deben subsistir los contratos administrativos en una futura legislación?", en *El Derecho Público a comienzos del siglo XXI*. Estudios homenaje al Profesor Allan R. Brewer-Carías, *T.* II, Instituto de Derecho Público, UCV, Editorial Civitas Ediciones, Madrid, 2003, pp. 1773 y ss.

Por otra parte, en la determinación de cuándo se estaba en presencia de un contrato administrativo o no, dependía en mucho del interés circunstancial de la Administración, pues además de que todo contrato que celebra tiene algún interés público envuelto o se celebra vinculado a un servicio público, las llamadas cláusulas exorbitantes del derecho común que se ha indicado que caracterizan a los contratos administrativos, no necesitan estar expresas en el texto del contrato, sino que son inherentes a las potestades de la Administración y se presumen en el mismo. Dependía, por tanto, del recurso que hiciera la Administración en un momento dado a estas cláusulas (por ejemplo, para rescindir el contrato), para que el contrato se calificase o no de "administrativo," lo que hacía insegura la distinción. De allí, incluso las dudas y variaciones jurisprudenciales, particularmente con relación a contratos municipales de compra-venta de inmuebles municipales, que llevó a la antigua Corte Suprema a considerarlos algunas veces como contratos administrativos[92] y otras veces como contratos de derecho privado.[93]

Por otra parte, la enumeración de las cuestiones concernientes a los contratos administrativos cuyo conocimiento se había atribuido al Tribunal Supremo conforme al derogado artículo 5, párrafo 1°,25 de la LOTSJ 2004, era completamente insuficiente y absurdamente limitativa, al punto de haber llevado a la antigua Corte Suprema a considerar que como la norma equivalente de la ley anterior (1976) no hacía referencia a la "inejecución del contrato, esas cuestiones escapan de su conocimiento, a pesar de que el contrato sea administrativo."[94]

En nuestro criterio, al artículo 259 de la Constitución, al atribuir a los órganos de la jurisdicción contencioso-administrativa competencia para condenar al pago de sumas de dinero y a la reparación de daños y perjuicios originados en responsabilidad de la Administración, y para restablecer las situaciones jurídicas subjetivas lesionadas por la actividad administrativa, no distingue si dichas situaciones son o no de origen contractual ni de qué tipo de contrato, ni distingue entre responsabilidad extracontractual o contractual; y es esta la orientación que ahora sigue la LOJCA 2010. Por tanto, conforme al principio de la universalidad el control consagrado en el artículo 259 de la Constitución y que recoge la LOJCA 2010 (Art. 8), la limitación que establecía el artículo 5, párrafo 1°,25 de la LOTSJ 2004, carecía de fundamento constitucional, siendo la norma más bien contraria al espíritu del artículo 259 de la Constitución. Por ello, precisamente, tanto en la LOJCA 2010 como en la LOTSJ 2010, como lo propusimos en 2004,[95] la referencia a "contratos administrativos" ha sido eliminada, atribuyéndose a los órganos de la misma todas las cuestiones concernientes a los contratos de la Administración, cualquiera que sea su naturaleza, según la cuantía.

---

92 *V.*, sentencia de 11-08-83, *Revista de Derecho Público*, N° 16, Editorial Jurídica Venezolana, Caracas, 1983, p. 164.

93 *V.*, sentencia de 26-06-80, *Revista de Derecho Público*, N° 4, Editorial Jurídica Venezolana, Caracas, 1980, p. 146.

94 *V.*, sentencia de 18-09-86, *Revista de Derecho Público*, N° 28, Editorial Jurídica Venezolana, Caracas, 1986, pp. 146 ss.

95 *V.*, Allan R. Brewer-Carías, *Ley Orgánica del Tribunal Supremo de Justicia*, Editorial Jurídica Venezolana, Caracas, 2004, p. 219.

VIII. NORMAS ESPECÍFICAS DE PROCEDIMIENTO EN LOS CASOS DE PROCEDIMIENTOS BREVES APLICABLES A LOS RECLAMOS POR PRESTACIÓN DE SERVICIOS PÚBLICOS, VÍAS DE HECHO Y ABSTENCIONES

La LOJCA 2010 estableció unas normas específicas para los denominados procedimientos breves que no tienen contenido patrimonial o indemnizatorio, y que según el artículo 65 se refieren a las demandas relacionadas con los reclamos por la omisión, demora o deficiente prestación de los servicios públicos; las vías de hecho; y la abstención de la Administración. Para el caso que se incluya con estas demandas peticiones de contenido patrimonial, ello no impide que el tribunal dé curso exclusivamente a las acciones mencionadas.

1. Normas comunes del procedimiento

A. Requisitos de la demanda

Además de los requisitos previstos en el artículo 33 de la LOJCA 2010, el artículo 66 de la misma Ley dispone que en estos casos de procedimientos breves, el demandante debe acompañar los documentos que acrediten los trámites efectuados, en los casos de reclamo por la prestación de servicios públicos o por abstención.

B. El informe del demandado requerido en la citación

Una vez admitida la demanda en estos procedimientos breves, el artículo 67 de la LOJCA 2010 dispone que el tribunal debe requerir con la citación, que el demandado informe sobre la causa de la demora, omisión o deficiencia del servicio público, de la abstención o de las vías de hecho, según sea el caso. En los casos de reclamos por prestación de servicios públicos, la citación del demandado será practicada en la dependencia u oficina correspondiente.

El mencionado informe debe presentarse en un lapso no mayor de 5 días hábiles, contados a partir de que la citación conste en autos.

Cuando el informe no sea presentado oportunamente, el responsable puede ser sancionado con multa entre 50 U.T. y 100 U.T., y además, "se tendrá por confeso a menos que se trate de la Administración Pública."

C. Las notificaciones

En el caso de que se trate de demandas originadas en reclamos por la omisión, demora o deficiente prestación de los servicios públicos (Art. 65,1), el artículo 68 de la Ley Orgánica dispone que debe notificarse a: 1. La Defensoría del Pueblo, al Instituto para la Defensa de las Personas en el Acceso a los Bienes y Servicios (INDEPABIS) y a los consejos comunales o locales directamente relacionados con el caso; 2. El Ministerio Público; y 3. Cualquiera otra persona o ente público, privado o del Poder Popular relacionado con el asunto, a solicitud de parte o a juicio del tribunal.

D. Actuaciones judiciales y medidas cautelares

En estos casos de procedimientos breves, una vez admitida la demanda, el tribunal puede de oficio o a instancia de parte, realizar las actuaciones que estime procedentes para constatar la situación denunciada y dictar medidas cautelares. La oposición a la medida cautelar debe ser resuelta a la mayor brevedad (Art. 69).

E. Audiencia Oral

Conforme al artículo 70 de la LOJCA 2010, una vez recibido el informe o transcurrido el término para su presentación, el tribunal, dentro de los 10 días de despacho siguientes, debe realizar la Audiencia Oral en la cual se debe oír a las partes, a los notificados y demás interesados. Los asistentes a la audiencia pueden presentar sus pruebas. El tribunal además, en la Audiencia debe propiciar la conciliación (Art. 71). La Audiencia Oral puede ser prolongada por el tribunal en casos especiales (Art. 72). Estas audiencias orales deben constar en medios audiovisuales, además de las actas correspondientes, a cuyo efecto, las grabaciones forman parte del expediente (Art. 73).

Si el demandante no asistiere a la Audiencia Oral se debe entender como desistida la demanda, salvo que otra persona de las convocadas manifieste su interés en la resolución del asunto.

Por otra parte, el mismo día o el siguiente de la Audiencia Oral, el tribunal debe admitir las pruebas, ordenando la evacuación que así lo requieran. (Art. 71).

F. La sentencia y la apelación

La sentencia en estos juicios breves debe publicarse dentro de los 5 días de despacho siguientes a la finalización de la Audiencia Oral (Art. 72).

Además de los requisitos del artículo 243 del Código de Procedimiento Civil, el artículo 74 de la LOJCA 2010 precisa que la sentencia debe indicar: 1. Las medidas inmediatas necesarias para restablecer la situación jurídica infringida; 2. En el caso de reclamos por prestación de servicios públicos, las medidas que garanticen su eficiente continuidad; y 3. Las sanciones a que haya lugar.

En estos casos, de procedimientos breves, contra la apelación contra la sentencia dictada se oirá en un solo efecto (Art. 75).

2. Algunos aspectos específicos del procedimiento en las demandas relativas al funcionamiento de los servicios públicos

La única innovación de la Constitución de 1999 en materia contencioso administrativa en relación con lo que estaba regulado en la Constitución de 1961 (Art. 206), fue el agregado, en el artículo 259, dentro de las competencias de los órganos de la jurisdicción contencioso administrativa, del conocimiento de los "reclamos por la prestación de servicios públicos." La LOTSJ de 2004 no reguló el procedimiento en este caso, y se limitó a establecer la competencia de la Sala Político Administrativa para conocer y decidir, en segunda instancia, las apelaciones y demás acciones o recursos contra las sentencias dictadas por los Tribunales Contencioso Administrativos, cuando su conocimiento no estuviere atribuido a otro tribunal, que decidan sobre las acciones de reclamos por la prestación de servicios públicos nacionales (Art. 5, 37).

La LOJCA 2010 ahora ha atribuido a los órganos de la Jurisdicción competencia en materia de reclamos por la prestación de los servicios públicos y el restablecimiento de las situaciones jurídicas subjetivas lesionadas por los prestadores de los mismos (Art. 9,5), atribuyendo ahora el conocimiento de la materia exclusivamente a los Juzgados de Municipio de la Jurisdicción Contencioso Administrativa, como competencia única, conocer de "las demandas que interpongan los usuarios o usuarias o las organizaciones públicas o privadas que los representen, por la prestación de servicios públicos" (Art. 26,1).

En todo caso, sobre esta competencia, la Corte Primera de lo Contencioso Administrativo en una sentencia N° 644 de 3 de abril de 2002, destacó las innovaciones de la Constitución de 1999 en materia de servicios públicos señalando que la misma:

> Consagra un tratamiento especial sobre la creación, prestación, disfrute y protección de los servicios públicos, para lo cual, no se limitó simplemente a establecer un fuero especial para dirimir conflictos o querellas al respecto, confiado a la jurisdicción contencioso administrativa, según lo dispuesto en el artículo 259 de la Constitución de la República Bolivariana de Venezuela, sino también, distribuyó su prestación en las diversas personas político territoriales, de conformidad con lo establecido en los artículos 84, 86, 102, 103, 108, 156 numeral 29, 164 numeral 8, 178 y 196 numeral 6 *eiusdem*, como a su vez el otorgamiento de una legitimación activa especial (más no exclusiva como excluyente), en titularidad de la Defensoría del Pueblo, consagrada en el artículo 281 *eiusdem*.

En relación con esta demanda de reclamo por la prestación de servicios públicos, la Corte Primera en la misma sentencia señaló que la legitimación activa corresponde a "cualquier ciudadano que demuestre, aún simple interés" (Art. 26 Constitución); y además, a la Defensoría del Pueblo conforme al artículo 281,2 de la Constitución, el cual dispone que es atribución del Defensor del Pueblo:

> 2. Velar por el correcto funcionamiento de los servicios públicos, amparar y proteger los derechos e intereses legítimos, colectivos o difusos de las personas, contra las arbitrariedades, desviaciones de poder y errores cometidos en la prestación de los mismos, interponiendo cuando fuere procedente las acciones necesarias para exigir al Estado el resarcimiento a las personas de los daños y perjuicios que les sean ocasionados con motivo del funcionamiento de los servicios públicos". (Subrayado de esta Corte).

La Corte agregó:

> Por otra parte, advierte esta Corte que, ante la ausencia de parámetros legales y el establecimiento de un régimen que sistematice la reclamación en materia de servicios públicos, ha correspondido a los jueces con competencia en lo contencioso administrativo, desarrollar la previsión contenida en el artículo 259 de la Constitución de la República Bolivariana de Venezuela, conforme a los supuestos de procedencia antes señalados, en los casos en que se verifique: (I) la supresión o falta del servicio; (II) la prestación parcial o deficiente; (III) el cobro no ajustado a la legalidad o anormal; (IV) los daños derivados de la falta o deficiencia del servicio y; (V) los actos administrativos de autoridad, dictados por entes privados en materia de servicios públicos concurrentes o virtuales, en donde se observa, entre otros fallos de esta Corte Primera de lo Contencioso Administrativo de fechas 10 de marzo de 2000 (Caso *Hidrocapital*); 14 de abril de 2000 (Caso *IVSS*); 6 de noviembre de 2000 (Caso *Hidrocapital II)*, y más recientemente, el contenido en esta causa del 6 de julio de 2001 (Caso *Electricidad de Caracas*).[96]

---

96 *V.*, en *Revista de Derecho Público*, N° 89-92, Editorial Jurídica Venezolana, Caracas, 2002, pp. 350-354.

Por otra parte, la Sala Constitucional del Tribunal Supremo de Justicia, en sentencia de 8 de diciembre de 2000, señaló que ante la ausencia de mecanismos inmediatos para la reclamación de los servicios públicos prestados mediante concesión, la acción de amparo constitucional puede fungir como instrumento idóneo para tales fines en casos de concesiones, para controlar la protección de los servicios públicos, procurando su correcto funcionamiento, la erradicación de la arbitrariedad, o las desviaciones de poder, señalando que "Lo ideal es que muchas de estas fallas se ventilen mediante un contencioso de los servicios públicos; agregando:

> Basta pensar en el caso de que sin justificación, ni razonabilidad alguna, se tome una medida que no obedece a argumentos que puedan ser justificados y explicados a los usuarios del servicio, y de manera extorsiva se les niegue el servicio (luz, agua, teléfono, etc.) si no cumplen con la exigencia de quien lo presta. Podría ser que el contrato considerase tal posibilidad a favor del prestador del servicio, pero el uso abusivo (que no puede ser tutelado por ningún convenio) al privar de las necesidades básicas a la población (agua, luz, teléfono, aseo urbano, etc.), afecta un derecho fundamental del ser humano, cual es el del libre desenvolvimiento de su personalidad, que mal puede llevarse adelante cuando se ve privado de elementos básicos para ello, debido a la conducta arbitraria del prestador del servicio.
>
> No se trata del incumplimiento contractual del usuario o de interpretaciones al convenio, sino del ajuste a los precios que él paga, a las tarifas, peajes y otras exacciones semejantes, producto de un injustificado y desproporcionado aumento (irrazonable) por parte del servidor, que priva a las personas de las necesidades básicas si no cancela el ajuste o el aumento, y que al coaccionarlo a cumplir mediante el pago inmediato a cambio de no cortarle el servicio, le impide que goce de la vivienda con los servicios básicos esenciales (artículo 82 de la Constitución), o que se ejerza el derecho al trabajo (artículo 87 *eiusdem*), según los casos.
>
> No se trata del usuario que no cumple con la obligación y recibe la sanción a tal conducta (suspensión del servicio), sino de la actividad arbitraria de quien suministra el servicio, que infringe derechos y garantías constitucionales básicas de las personas, actitud que a pesar de que pudiese estar contemplada en los contratos, equivale a vías de hecho...
>
> Ante la injustificada privación de los servicios básicos esenciales a que tiene derecho el ser humano en la vivienda que ocupa (artículo 82 de la vigente Constitución) y de los cuales venía gozando; así como la privación del acceso de los servicios que garanticen la salud en sentido amplio, lo que incluye la higiene en el lugar de trabajo o en el hogar (artículo 83 *eiusdem*); y la infracción que las prácticas expresadas causan al artículo 117 de la Constitución de la República Bolivariana de Venezuela, toda persona a fin de ejercer los derechos consagrados en dichos artículos, tiene en su cabeza la acción de amparo constitucional a fin de hacer cesar la amenaza al goce y ejercicio de los derechos constitucionales señalados, y al restablecimiento de la situación jurídica lesionado por la violación de esos derechos…
>
> Hay servicios públicos, como el eléctrico, por ejemplo, en que la Ley (Decreto con rango y Fuerza de Ley del Servicio Eléctrico), hace nacer derechos y obligaciones a los usuarios y a los prestadores del servicio, y lo relativo a esos derechos no estarían tutelados por el amparo constitucional, por lo que deberán ventilarse mediante los procesos ordinarios, mientras no se dicte una Ley que rija el contencioso de los servicios públicos.
>
> Pero, la suspensión o privación abusiva del servicio, fundada en la falta de pago de lo facturado por un servicio que efectivamente no se recibió, o cuya recepción no puede ser demostrada, o que no corresponde a una tarifa o suma razonable, desborda los derechos emanados de la Ley, se trata de un abuso que invade derechos constitucionales, impidiendo el goce y ejercicio de los mismos por quienes son víctimas de la suspensión o privación del servicio, y cuando ello sucede, el derecho conculcado es el constitucional, y es el amparo la vía ideal para impedir la amenaza o lesión en la situación jurídica fundada en dicho derecho.

En casos como estos, no sólo el amparo propende a la reanudación del servicio, sino que como parte de la justicia efectiva la reanudación puede hacerse compulsivamente, sin perjuicio de las acciones penales por desacato al fallo que se dicte en el amparo.[97]

3. Algunos aspectos específicos del procedimiento en las demandas contra las conductas omisivas de la Administración

El tercer grupo de demandas englobadas en el denominado procedimiento breve en la Ley Orgánica de la jurisdicción contencioso administrativa son las destinadas a controlar las conductas omisivas de la Administración, lo cual fue otra de las importantes regulaciones de la Ley Orgánica de la Corte Suprema de 1976, que se recogieron en la LOTSJ 2004, y en la LOTSJ 2010. En efecto, en el artículo 26, 3 de esta última Ley se atribuyó a la Sala Político Administrativa del Tribunal Supremo de Justicia, competencia para:

La abstención o la negativa del Presidente de la República, del Vicepresidente Ejecutivo de la República, de los Ministros o Ministras, así como de las máximas autoridades de los demás órganos de rango constitucional, a cumplir los actos a que estén obligados por las leyes.

Esta norma, que desde 1976 consagró el recurso contra las conductas omisivas de la Administración,[98] tiene su fundamento, por una parte, en el incumplimiento por parte de la Administración de una obligación legal concreta de decidir o de cumplir determinados actos, y por la otra, en el derecho de un sujeto de derecho a que la Administración cumpla los actos a que está obligada. Por tanto, en la base de esta demanda está una relación jurídica (deber-poder) específica, que se concreta en una obligación también específica de la Administración de actuar, frente a una situación jurídica, asimismo específica de poder de un sujeto de derecho, que se configura como un derecho subjetivo de orden administrativo a la actuación administrativa. No se trata, consecuentemente, de la obligación genérica de la Administración a dar oportuna respuesta a las peticiones de particulares, ni del derecho también genérico de éstos a obtener oportuna respuesta a sus peticiones presentadas por ante la Administración (Art. 51, Constitución). Se trata, en cambio, de una relación obligación-derecho establecida entre la Administración y un particular, a una actuación administrativa determinada.

Por ejemplo, de acuerdo al Código Civil y a la Ley Orgánica para la Ordenación del Territorio, el uso de la propiedad con fines urbanísticos está regulado por las autoridades locales, quienes deben definir las modalidades de dicho uso en las Ordenanzas de Zonificación. Una vez definidos los usos urbanísticos, los propietarios tienen derecho a construir en su propiedad (usar) siempre que se ajusten a las prescripciones de la zonificación, para lo cual la autoridad municipal establece sistemas de control. El más común de éstos era el control previo a través de permisos de construcción (autorizaciones)[99] los cuales se configuran como actos administrativos de obligatorio otorgamiento (actos

---

97 Citada en la sentencia antes citada de la Corte Primera de lo Contencioso Administrativo de 08-12-2000, publicada en *Revista de Derecho Público*, N° 89-92, Editorial Jurídica Venezolana, Caracas, 2002, pp. 350-354.

98 Este recurso según señalaba A. Moles existe en Venezuela desde 1925, *V.*, A. Moles Caubet, "Rasgos generales de la jurisdicción contencioso-administrativa", en A. Moles Caubet y otros. *Contenciosos Administrativos... cit.*, p. 76.

99 *Artículo* 55 de la Ley Orgánica para la Ordenación del Territorio, *Gaceta Oficial* N° 3.238 de 11-08-83.

reglados) cuando el proyecto de construcción se ajuste a las prescripciones de las Ordenanzas. Este permiso ha sido recientemente sustituido por una "certificación" que otorga también la autoridad municipal, con efectos similares en algunos casos.[100] Es decir el otorgamiento del permiso o constancia es una *obligación* de la administración respecto del propietario que se ajuste a las normas de zonificación, y éste tiene *derecho* a que se le otorgue el permiso o constancia cuando cumple dichas prescripciones.[101] Lo mismo sucede con relación a los denominados permisos o constancias de habitabilidad municipal: se trata también de instrumentos de control urbanístico, conforme a los cuales una vez realizada la construcción permisada o conforme a las variables urbanas fundamentales, el propietario solicita la constancia de habitabilidad a la Administración, quien verifica para otorgarla, el que la construcción ejecutada se adecue al proyecto, el propietario tiene *derecho* a que se le otorgue la constancia de habitabilidad y la Administración está *obligada* a otorgarla (actividad reglada).[102]

En este caso, se configura un típico supuesto de relación entre una obligación de la Administración a cumplir determinados actos y un derecho del particular a que la Administración cumpla dichos actos; y el incumplimiento de dicha obligación, sea porque la Administración se abstenga de dictar el acto requerido o sea porque se niegue a hacerlo es el objeto del recurso contra las conductas omisivas de la Administración que regula la Ley. Por eso, la antigua Corte Suprema estableció que para que proceda este recurso contencioso-administrativo, es necesario que se trate de "una obligación concreta y precisa inscrita en la norma legal correspondiente,"[103] o como lo ha señalado la Corte Primera de lo Contencioso-Administrativo, que exista "una carga u obligación legal que pese sobre la autoridad recurrida y a la cual la misma no haya dado cumplimiento", carga que "debe estar expresamente establecida en una norma expresa."[104]

En estos casos de incumplimiento de la precisa y expresa obligación legal de un funcionario a adoptar determinados actos, a los cuales tiene derecho un particular, la protección jurisdiccional de este derecho está precisamente en este recurso frente a la abstención o negativa administrativa, lo cual no debe confundirse con la otra garantía procesal de los particulares frente al silencio de la Administración que origina el llamado silencio administrativo negativo o acto administrativo presunto o tácito denegatorio, y que podría ser recurrido tanto en vía administrativa como en vía contencioso-administrativa.[105]

En efecto, la figura del silencio administrativo negativo es inefectiva como protección de los derechos de los particulares, en los casos de inacción primaria de la Administra-

---

100 Artículo 85 de la Ley Orgánica de Ordenación Urbanística, *Gaceta Oficial* N° 33.868, de 16-12-87.

101 *V.*, Allan R. Brewer-Carías, *Urbanismo y Propiedad Privada*, Caracas, 1980, p. 386; y Allan R. Brewer-Carías, "Introducción general al Régimen Legal de la Ordenación Urbanística", en *Ley Orgánica de Ordenación Urbanística*, Editorial Jurídica Venezolana, Caracas, 1988, pp. 57 y ss.

102 *Idem. Propiedad y Urbanismo*, p. 385; "Introducción general al Régimen Legal de la Ordenación Urbanística", en *Ley Orgánica de Ordenación Urbanística*, Editorial Jurídica Venezolana, Caracas, 1988, p. 63.

103 *V.*, sentencia de la Corte Suprema de Justicia en Sala Político-Administrativa de 28-02-85, en *Revista de Derecho Público*, N° 21, Editorial Jurídica Venezolana, Caracas, 1985, pp. 170-175.

104 *V.*, sentencia de la Corte Primera de lo Contencioso-Administrativo de 06-12-84 en *Revista de Derecho Público*, N° 20, Editorial Jurídica Venezolana, Caracas, 1984, p. 173.

105 *V.*, Allan R. Brewer-Carías. "Consideraciones en torno a la figura del silencio administrativo consagrado a los efectos del recurso contencioso-administrativos de anulación" en *Revista de Control Fiscal*, N° 96, Caracas, 1980, pp. 11-38; y Allan R. Brewer-Carías, *El Derecho Administrativo y la Ley Orgánica de Procedimientos Administrativos, cit.*, pp. 225 y ss.

ción, cuando por ejemplo, ésta se niega a otorgar un acto que está obligada adoptar, con motivo de una solicitud formulada por el interesado. A éste no le protege nada el hecho de entender que el acto que solicita, por ejemplo, el otorgamiento de la constancia de urbanismo solicitada, se le niega tácitamente, pues nada gana con ello: ¿cómo lo va a impugnar, si no hay motivación? ¿qué gana con una decisión judicial que declare la nulidad del acto denegatorio tácito? En realidad, el particular lo que requiere es que la Administración dicte el auto a que está obligada, por lo que en estos casos, la garantía jurídica del mismo, está en el recurso contra las conductas omisivas y no en el silencio denegatorio,[106] pues a través del mismo se logra que el juez obligue a la Administración a decidir.

Debe señalarse, por otra parte, que este fue el criterio adoptado por la antigua Corte Suprema de Justicia en sentencia de 05-05-88, en el caso *Representación y Distribución de Maquinarias (Redimaq),* en el cual con motivo de una acción intentada por causa de una abstención de pronunciamiento de una solicitud, estableció lo siguiente:

> Advierte la Sala que -limitada como se encuentra, en general, la competencia del juez en lo contencioso a la anulación del acto administrativo contrario a derecho-, en el caso de silencio de la Administración interpretado por la Ley como respuesta negativa de ésta, sólo puede el juzgador entrar a conocer de una acción fundada en ese silencio, cuando el mismo se ha dado respecto de la no resolución del correspondiente recurso administrativo. Mas, cuando un tal silencio ocurre, como en el caso de autos, en relación con la solicitud formulada que emita un acto, no tiene la Sala, obviamente, *acto alguno que anular, ni puede tomar una decisión creadora del mismo* -que es de la competencia, sin duda, de otro Poder del Estado-, sin violar el principio de la separación de poderes.[107]

En todo caso, debe destacarse, que la pretensión del demandante en estos casos de recursos contra las conductas omisivas no es, por supuesto, que sólo se declare la ilegalidad de la omisión o negativa administrativa, o que sólo se declare la obligatoriedad de la Administración de decidir, sino que lo que busca realmente es que se ordene a la Administración a adoptar determinados actos. Como lo señaló la antigua Corte Suprema de Justicia:

> La obligatoriedad para la Administración de producir un determinado acto o de realizar una actuación concreta en vista de un imperativo legal expreso y específico qué, según demuestra el recurrente, ella se niega a cumplir."[108]

Por tanto, la decisión del juez puede contener mandamientos de hacer frente a la Administración, e incluso, en nuestro criterio, puede en sí misma, suplir la carencia administrativa, relevando al interesado de la obligación de obtener el acto en cuestión, para ejercer su actividad particular. Cómo lo ha señalado la Corte Primera de lo Contencioso Administrativo, en estos casos, la acción:

> Se refiere al cumplimiento de actos, esto es, que no se agota en un simple pronunciamiento, sino que presume la realización de actuaciones tendientes a satisfacer la pretensión deducida por el administrado.[109]

---

106 *V.*, Allan R. Brewer-Carías, *El Derecho Administrativo y la Ley Orgánica, cit.*, p. 230.

107 *V.*, en *Revista de Derecho Público*, N° 34, Editorial Jurídica Venezolana, Caracas, 1988, pp. 125 y ss.

108 *V.*, Caso: *Igor Vizcaya*, 28-02-85, en *Revista de Derecho Público*, N° 21, Editorial Jurídica Venezolana, Caracas, 1985, pp. 170 y ss.

109 *V.*, sentencia de 06-12-84 en *Revista de Derecho Público*, N° 20, Editorial Jurídica Venezolana, Caracas, 1984, p. 174.

Por tanto, el contencioso-administrativo contra la carencia administrativa, implica que la pretensión del recurrente está basada en un derecho subjetivo de orden administrativo infringido por la inacción, y cuya satisfacción sólo es posible mediante una actuación; consecuencialmente, el restablecimiento de la situación jurídica infringida por la omisión, puede dar lugar a que el juez ordene a la Administración la adopción de una decisión, o a que el juez directamente se sustituya a la Administración y restablezca la situación jurídica subjetiva infringida, por ejemplo, dispensando al particular de obtener el acto solicitado, si ello no era necesario para ejercer su derecho. En el caso ejemplificado anteriormente, si la Administración se niega a otorgar una constancia de habitabilidad urbanística a que tiene derecho un propietario que ha edificado en un todo conforme al proyecto consignado y a las Ordenanzas locales, el juez no sólo podría ordenar a la Administración municipal que otorgue dicha constancia de habitabilidad, sino que incluso, podría dispensar al particular de la necesidad de tenerla, si ello es necesario para otras actividades (por ejemplo, para las ventas primarias de inmuebles, Art. 95 LOOU) sustituyendo el acto administrativo con la sentencia misma.

Por último debe mencionarse que en general, en el contencioso contra las conductas omisivas, además de la pretensión de obligar a la Administración a actuar, ésta puede estar acompañada de pretensiones de condena al pago de daños y perjuicios ocasionados por el retardo, e incluso, pretensiones de amparo, cuando la conducta omisiva viole un derecho o garantía constitucional; por ejemplo, cuando la Administración penitenciaria se niega a cumplir una orden de excarcelación. En estos casos, además de las normas específicas relativas a las notificaciones deben aplicarse las relativas a la citación del demandante en los casos de demandas de contenido patrimonial.

IX. NORMAS ESPECÍFICAS DE PROCEDIMIENTO PARA LOS CASOS DE DEMANDAS DE NULIDAD DE ACTOS ADMINISTRATIVOS, DE INTERPRETACIÓN DE LEYES Y DE CONTROVERSIAS ADMINISTRATIVAS

El artículo 76 de la LOJCA 2010, por otra parte, ha establecido un procedimiento común para los casos de tramitación de las demandas sobre nulidad de actos administrativos, de interpretación de leyes; y de controversias administrativas.

1. Normas sobre el procedimiento común

A. Admisibilidad

El artículo 77 de la LOJCA 2010 reimpone al tribunal la obligación de pronunciarse sobre la admisibilidad de la demanda en estos casos de procedimientos breves dentro de los 3 días de despacho siguientes a su recepción.

B. Notificaciones

En estos casos de, y controversias administrativas, una vez admitida la demanda, conforme procedimientos relativos a demandas sobre nulidad de actos administrativos, interpretación de leyes al artículo 78 de la LOJCA 2010, el tribunal debe ordenar la notificación de las siguientes personas y entes:

1. En los casos de recursos de nulidad, se debe notificar al representante del órgano que haya dictado el acto; en los casos de recursos de interpretación, se debe notificar al órgano del cual emanó el instrumento legislativo; y en los de controversias administrativas, la notificación debe hacerse al órgano o ente contra quien se proponga la demanda.

2. Al Procurador General de la República y al Fiscal General de la República, y

3. A cualquier otra persona, órgano o ente que deba ser llamado a la causa por exigencia legal o a criterio del tribunal.

Estas notificaciones se deben realizar mediante oficio que debe ser entregado por el Alguacil en la oficina receptora de correspondencia de órgano o ente de que se trate. El Alguacil debe dejar constancia, inmediatamente, de haber notificado y de los datos de identificación de la persona que recibió el oficio.

C. Solicitud del Expediente Administrativo

Con la notificación el tribunal debe ordenar la remisión del expediente administrativo o de los antecedentes correspondientes, dentro de los diez días hábiles siguientes (Art. 79).

El funcionario que omita o retarde dicha remisión puede ser sancionado por el tribunal, con multa entre 50 U.T. y 100 U.T.

D. El emplazamiento de los interesados mediante cartel

En el auto de admisión, conforme se dispone en el artículo 80 de la LOJCA 2010, se debe ordenar la notificación de los interesados, mediante un cartel que debe ser publicado en un diario que ha de indicar el tribunal, para que comparezcan a hacerse parte e informarse de la oportunidad de la audiencia de juicio. El cartel debe ser librado el día siguiente a aquél en que conste en autos la última de las notificaciones ordenadas.

En los casos de demandas de nulidad de actos administrativos de efectos particulares no será obligatorio el cartel de emplazamiento, a menos que razonadamente lo justifique el tribunal.

El demandante debe retirar el cartel de emplazamiento dentro de los 3 días de despacho siguientes a su emisión, lo debe publicar, y luego consignar la publicación, dentro de los 8 días de despacho siguientes a su retiro. El incumplimiento de estas cargas, da lugar a que el tribunal declare el desistimiento del recurso y ordene el archivo del expediente, salvo que dentro del lapso indicado algún interesado se diera por notificado y consignara su publicación. (Art. 81).

E. La Audiencia de juicio

Verificadas las notificaciones ordenadas y cuando conste en autos la publicación del cartel de emplazamiento, el tribunal conforme a lo establecido en el artículo 82 de la LOJCA 2010, dentro de los 5 días de despacho siguientes, debe fijar la oportunidad para la realización de la Audiencia de juicio, a la cual deben concurrir las partes y los interesados. La audiencia debe ser celebrada dentro de los 20 días de despacho siguientes. En los tribunales colegiados, en esta misma oportunidad, se debe designar ponente. Si el demandante no asistiera a la audiencia se debe entender desistido el procedimiento.

Al comenzar la audiencia de juicio, el tribunal debe señalar a las partes y demás interesados, el tiempo disponible para sus exposiciones orales, las cuales además pueden consignar por escrito. En esta misma oportunidad las partes podrán promover sus medios de pruebas.

F. Lapso de pruebas

Conforme se dispone en el artículo 84 de la LOJCA 2010, dentro de los tres días de despacho siguientes a la celebración de la Audiencia de juicio, el tribunal debe admitir las pruebas que no sean manifiestamente ilegales, impertinentes o inconducente y debe ordenar evacuar los medios que lo requieran, para lo cual se dispondrá de 10 días de despacho, prorrogables hasta por 10 días más. Si no se promueven pruebas o las que se promuevan no requieren evacuación, dicho lapso no se abrirá.

Dentro de los 3 días siguientes a la presentación de los escritos de pruebas, las partes pueden expresar si convienen en algún hecho u oponerse a las pruebas que aparezcan manifiestamente ilegales o impertinentes.

G. Informes

En estos procedimientos de juicios de nulidad, de interpretación de leyes y de controversias administrativas, las partes deben presentar Informes por escrito o de manera oral si alguna de las partes lo solicita, dentro de los 5 días de despacho siguientes al vencimiento del lapso de evacuación de pruebas, si lo hubiere; o dentro de los 5 días de despacho siguientes a la celebración de la Audiencia de juicio, en los casos en que no se hayan promovido pruebas o se promovieran medios que no requieran evacuación (Art. 85).

H. Oportunidad de Sentencia

Vencido el lapso para informes, el tribunal debe sentenciar dentro de los 30 días de despacho siguientes. Dicho pronunciamiento puede diferirse justificadamente por un lapso igual. La sentencia publicada fuera de lapso debe ser notificada, sin lo cual no correrá el lapso para interponer los recursos (Art. 86).

2. Algunos aspectos específicos del procedimiento en las demandas de nulidad de los actos administrativos

En cuanto al procedimiento en los casos de demandas de nulidad de los actos administrativos, deben destacarse varios aspectos específicos que se fueron elaborándose por la jurisprudencia y la doctrina en las últimas décadas.

A. La legitimación en los juicios de nulidad de los actos administrativos

En primer lugar está el tema de la legitimación en los juicios de nulidad de los actos administrativos que la LOJCA 2010 no precisó, y que está condicionada entre otros factores por los efectos producidos por los actos impugnados.

a. *La acción popular para la impugnación de los actos administrativos de efectos generales*

En cuanto a los actos administrativos de efectos generales, la legitimación para impugnarlos y para hacerse parte en los juicios corresponde a cualquiera que alegue un simple interés en la anulación o en el mantenimiento del acto impugnado. La acción en estos casos es una acción popular contencioso administrativa, tal como se derivaba del artículo 21, párrafo 9° de la derogada LOTSJ 2004, cuando disponía que "toda persona natural o jurídica, que sea *afectada en sus derechos o intereses* por un *acto administrativo de efectos generales* emanado de alguno de los órganos del Poder Público Nacional, Estadal o Municipal,..., puede demandar la nulidad del mismo ante el Tribunal Supremo de Justicia, por razones de inconstitucionalidad o de ilegalidad." Se trata de la misma acción popular que se ha establecido en materia de control de constitucionalidad de las leyes y que tiene sus antecedentes desde mitad del Siglo XIX.

Esta acción popular fue definida por la jurisprudencia, como la que "corresponde a todos y cada uno de los individuos que componen un conglomerado, para impugnar la validez de un acto del Poder Público que, por tener un carácter normativo y general, obra *erga omnes,* y, por tanto, su vigencia afecta e interesa a todos por igual."[110] En estos casos de impugnación de actos normativos, dijo la antigua Corte Suprema, éstos "pueden ser impugnados por la vía de la acción popular, ejercida libremente por cualquier ciudadano que se encuentre en el pleno goce de sus derechos, esto es, que tenga capacidad procesal" invocando simplemente "el derecho que tiene todo ciudadano a que la administración respete la legalidad."[111] En este caso, agregaba la antigua Corte, "la acción que se da... a cualquiera del pueblo (de allí su denominación) está dirigida a la defensa de un interés público que es a la vez simple interés del accionante quien por esta sola razón no requiere estar investido de un interés jurídico diferencial o legítimo."[112]

La LOTSJ 2004, sin embargo, exigía que el recurrente contra un acto administrativo de efectos generales, fuera "afectado en sus derechos e intereses" por el acto recurrido (Art. 21, párrafo 9°); exigencia que llegó a provocar dudas en torno a la propia supervi-

---

110 *V.*, la sentencia de la antigua Corte Federal de 14-03-60 en Gaceta Forense N° 27, 1960, pp. 127-132 y la sentencia de la Corte Suprema de Justicia en Sala Político-Administrativa de 18-02-71 en *Gaceta Oficial* N° 1.472 Extra. de 11-06-71. *V.*, en Allan R. Brewer-Carías, *Jurisprudencia de la Corte Suprema 1940-1975 y Estudios de Derecho Administrativo, T.* V, Vol. I, Caracas, 1978, pp. 209-304.

111 *V.*, la sentencia de la Corte Suprema de Justicia en Sala Político-Administrativa de 06-02-64 en *Gaceta Oficial* N° 27.373 de 21-02-64. *V.*, en Allan R. Brewer-Carías, *Jurisprudencia..., cit., T.* V, *v.* I, p. 296.

112. *V.*, la sentencia de la Corte Suprema de Justicia en Sala Político-Administrativa de 18-02-71 en *Gaceta Oficial* N° 1.472 Extra, de 11-06-71, y la sentencia de la Corte Suprema de Justicia en Sala Político-Administrativa de 21-11-74, en *Gaceta Oficial* N° 30.594 de 10-01-75. *V.*, en Allan R. Brewer-Carías, *Jurisprudencia..., cit., T.* V, *v.* I, pp. 304 y 314.

vencia de la acción popular y a su posible eliminación en el país.[113] La situación quedó dilucidado por la propia jurisprudencia de la antigua Corte Suprema de Justicia, al resolver que la exigencia de que el acto administrativo de efectos generales, para ser recurrido en vía contencioso-administrativa, debía afectar los derechos e intereses del recurrente, no significa en modo alguno la eliminación de la acción popular ni el establecimiento de una especial legitimación activa para interponerla, referida a la protección o defensa de derechos subjetivos o intereses legítimos de ciudadanos en particular. Su objeto, dijo la antigua Corte Suprema, es "la defensa objetiva de la majestad de la Constitución y su supremacía", y si bien la Ley Orgánica exige que la persona que ejerza el recurso sea "afectada en sus derechos o intereses" ello se ha considerado como de "interpretación rigurosamente restrictiva", concluyendo la Corte que cuando se ejerce el recurso de anulación contra los actos administrativos de efectos generales, "*debe presumirse,* al menos relativamente, que el acto de efectos generales recurrido *en alguna forma* afecta los derechos o intereses del recurrente en su condición de ciudadano venezolano, salvo que del contexto del recurso aparezca manifiestamente lo contrario."[114]

Sin embargo, y a pesar de esta amplitud de interpretación establecida por la antigua Corte Suprema para insistir en la popularidad de la acción, era evidente que conforme al texto claro de la LOTSJ 2004 podría admitirse que sin dejar de ser una acción popular, el simple interés requerido para que se abriera la legitimación activa para intentarla, podría ser en alguna forma, un interés "calificado", destinado a restringir razonablemente la amplitud del recurso, al exigirse que el acto de efectos generales afecte en alguna forma, los derechos o intereses del recurrente.[115] Así, por ejemplo, si bien una persona residente o domiciliada o con bienes situados en una Municipio, o una asociación o comunidad representativa de intereses comunales en el marco de la participación ciudadana podría en cualquier tiempo intentar la acción popular contra los reglamentos dictados por el Alcalde Municipal, pues podría presumirse que en alguna forma afectan sus derechos ó intereses, no podría decirse lo mismo respecto de los reglamentos dictados en otra Municipalidad situada en el otro extremo del país, y con la cual el recurrente no tenga ni haya tenido relación alguna. En este caso, sería manifiesta la inexistencia de lesión respecto de los derechos e intereses del recurrente, por lo cual no procedería la "presunción" establecida por la Corte para la admisibilidad del recurso.

En todo caso, debe señalarse que además de a las personas naturales o jurídicas afectadas en sus derechos o intereses por el acto recurrido, se ha otorgado legitimación para intentar la acción popular, al Fiscal General de la República y demás funcionarios a quienes las leyes les atribuyen tal facultad, como el Defensor del Pueblo, cuando el acto recurrido afecte un interés general.

b. *El abandono de la exigencia de un interés personal, legítimo y directo en la impugnación de los actos administrativos de efectos particulares*

Tradicionalmente en Venezuela, unas de las condiciones de admisibilidad de las demandas de nulidad de actos administrativos de efectos particulares había sido la exigen-

113 *V.*, Luis H. Farías Mata, "¿Eliminada la Acción Popular del Derecho Positivo Venezolano?", *Revista de Derecho Público*, N° 11, Editorial Jurídica Venezolana, Caracas, 1982, pp. 6-17.

114 *V.*, la sentencia de la Corte Suprema de Justicia en Corte Plena de 30-06-82, en *Revista de Derecho Público* N° 11, Editorial Jurídica Venezolana, Caracas, 1982, pp. 135-138.

115 *V.*, Allan R. Brewer-Carías, *El Control de la Constitucionalidad... cit.*, p. 120.

cia como legitimación activa, de un interés personal, legítimo y directo en la impugnación del acto administrativo. Esta exigencia ha sido formalmente eliminada en 2010, tanto con la derogación de la LOTSJ de 2010 como con la sanción de la LOJCA 2010 que no lo contempla.

En efecto, en cuanto a la impugnación de los actos administrativos de efectos particulares, además del interés actual, debe recordarse que el recurrente, conforme a las previsiones del artículo 21, párrafo 9° de la LOTSJ 2004, correspondía a quienes tuvieran "interés personal, legítimo y directo en impugnar un acto" refiriéndose fundamentalmente a recurrentes individualizados, personas naturales o jurídicas titulares del mismo. Por supuesto, el titular de otra situación jurídica subjetiva más protegida por el ordenamiento jurídico, como era el derecho subjetivo, también tenía legitimación activa para impugnar el acto administrativo de efectos particulares que lo lesione.

Antes de la entrada en vigencia de la Constitución de 1999 esta noción del interés personal, legítimo y directo se delineó para referirse a la situación jurídica subjetiva de recurrentes particularizados que deriva de la relación jurídica concreta que se establece entre un sujeto de derecho y la Administración Pública con ocasión de un acto administrativo, por ser dicho sujeto de derecho el destinatario del acto o por encontrase en una particular situación de hecho frente a la conducta de la Administración, que hace que el ordenamiento jurídico proteja particularmente su interés en la legalidad de la actividad administrativa.[116] En la configuración de esta noción de interés legítimo, personal y directo, es de interés destacar algunas de las clásicas decisiones de la antigua Corte Suprema y en particular las siguientes:

La antigua Corte Federal, en sentencia de 14 de abril de 1960, estableció lo siguiente: "Los ordenamientos jurídicos que como el nuestro, admiten el recurso contencioso de anulación de actos administrativos, exigen como requisito procesal, que el demandante ostente un interés que, en todo caso, ha de ser personal, directo y legítimo, aunque, como lo dispone el artículo 14 de nuestro Código de Procedimiento Civil, puede ser eventual o futuro, salvo el caso en que la Ley lo exija actual"... "Este interés que han de ostentar en el recurso de anulación de un acto administrativo (lo tienen) las partes, entendiéndose por tales las que han establecido una relación jurídica con la Administración Pública, o aquel a quien la decisión administrativa perjudica en su derecho o en su interés legítimo". Concluyó la antigua Corte Federal en dicha sentencia, afirmando que en el juicio contencioso de anulación de los actos de efectos particulares, "sólo pueden actuar los sujetos a quienes directamente afecta el acto administrativo."[117]

En sentencia de la antigua Corte de Justicia en Sala Político-Administrativa de 6 de febrero de 1964, al precisar la legitimación activa del recurrente en los juicios contencioso administrativos de anulación, señalaba que la legitimación "implica la aptitud de ser parte en un proceso concreto"; y tal aptitud, dijo la Corte, "viene determinada por la posición en que se encuentren las partes respecto de la pretensión procesal; por lo que sólo las personas que mantengan determinada relación con la pretensión están legitimadas en el proceso en que la misma se deduce". Agregó la Corte, que el legitimado tiene

116 *V.*, Allan R. Brewer-Carías, "Aspectos de la legitimación activa en los recursos contencioso-administrativos contra los actos administrativos de efectos particulares", en *Revista de Derecho Público*, N° 16, Editorial Jurídica Venezolana, Caracas, 1983, pp. 227-233.

117 *V.*, en Gaceta Forense, N° 27, pp. 127-132. *V.*, además en Allan R. Brewer-Carías, Jur*isprudencia de la Corte Suprema*, *T.* V, *v.* I, *cit.*, p. 293.

"que ser la persona concreta, con facultad de poder reclamar o imponer una decisión administrativa. En resumen, puede estimarse la legitimación como la consideración especial en que tiene la Ley, dentro de cada proceso, a las personas que se hallan en una determinada relación con el 'objeto del litigio'", es decir, con el acto administrativo recurrido. En otras palabras, el interesado es aquél que ostente un interés jurídicamente relevante en la anulación del acto.[118]

En otra sentencia del 18 de febrero de 1971, la misma Sala Político-Administrativa de la antigua Corte Suprema aclaraba que "Esta relación determina precisamente el interés que vincula a los particulares con el proceso a través del nexo jurídico que se establece, por efecto del acto administrativo, entre la Administración y los administrados. Por consiguiente, la persona que resulte lesionada a causa de la decisión administrativa debe estar procesalmente asistida de su derecho o su interés legítimo", concluyendo que en el contencioso-administrativo de anulación de los actos de efectos particulares, "sólo pueden actuar los sujetos que resulten directamente afectados por el acto administrativo", es decir, "las que tuvieran un interés legítimo en su anulación."[119] Como lo ha señalado la Corte Primera de lo Contencioso-Administrativo, el interés jurídico legítimo aparece "como la garantía, utilidad o provecho que puede proporcionar alguna cosa, de modo que el del demandante y del reo, consisten en el beneficio que deba reportarles la decisión de pleito, ya sea haciéndoles adquirir o evitándoles perder..."[120]

Además, la Sala Político-Administrativa de la antigua Corte Suprema de Justicia, en sentencia de 21 de diciembre de 1972, considerando la legitimación activa en estos recursos como resultado de una particular situación de hecho del administrado respecto del acto recurrido, señaló lo siguiente:

> Las circunstancias expresadas dejan constancia de que la cuestión debatida en este proceso tiene que ver directamente con la particular situación de hecho en que se encuentra la actora, como vecina de la zona donde habita y en una de cuyas áreas, cercana también a su vivienda podría levantarse una construcción en perjuicio de sus derechos y con violación, en su parecer, por parte de la Administración, de las normas de interés general que atienden al desarrollo urbanístico de la región. Conforme a tales razones, la Corte estima que la decisión administrativa que se discute está relacionada con el derecho de la actora, cuyo interés legítimo, personal y directo en el planteamiento del caso puede resolver, y en consecuencia, su legitimación activa en el proceso, ha quedado plenamente demostrada.[121]

Dentro de esta misma doctrina debe mencionarse, por último, el criterio de la antigua Corte Suprema de Justicia expresado en la sentencia de su Sala Político-Administrativa de 3 de octubre de 1985 en la cual se determinó que en el procedimiento contencioso-administrativo contra los actos administrativos de efectos particulares, dado que en él tiene:

> Carácter prioritario la defensa del interés general o colectivo, son admitidos a recurrir en vía contencioso-administrativa, de una parte, los titulares de *derechos subjetivos administrativos*, es decir, quienes derivarían su capacidad procesal de vínculos establecidos previa y especialmente por la Administración con el particular, en virtud de lo cual resulta justo que el afectado solicite la nulidad del acto ilegal lesivo y hasta la restauración de su derecho mediante dicho acto desconocido,

---

118 *V.*, *Gaceta Oficial* N° 27.373 de 21-02-64, pp. 203-509 y 203-510. La Corte siguió en esta decisión la opinión de Jesús González Pérez, *Derecho Procesal Administrativo, T.* II, Madrid 1966, p. 263.

119 *V.*, *Gaceta Oficial* N° 14.72 Extra, de 11-06-71.

120 *V.*, la sentencia de la Corte Primera de lo Contencioso-Administrativo de 26-01-84 en *Revista de Derecho Público*, N° 17, Editorial Jurídica Venezolana, Caracas, 1984. p. 190.

121 *V.*, *Gaceta Oficial* N° 1.568 Extra. de 12-02-73.

por haberse irrumpido contra esos vínculos previos (contratos, concesión, permiso...); desconocimiento que configura la lesión de ese derecho subjetivo preexistente y de índole administrativa. Pero además, detentan esa misma capacidad procesal para actuar en juicio los *interesados legítimos* –concepto diferente en Derecho Público del anteriormente expuesto–, es decir, aquellos particulares que sin ser titulares de derechos subjetivos administrativos se encuentren en una especial situación de hecho ante la infracción del ordenamiento jurídico, la cual, por eso mismo, los hace más sensibles que el resto de los administrados al desconocimiento del interés general o colectivo por parte de la Administración al violar la Ley."[122]

Esta noción de interés personal, legítimo y directo, además, fue precisada con acuciosidad por la Corte Primera de lo Contencioso- Administrativa en su sentencia del 13 de octubre de 1988 (Caso: *Cememosa*), en la cual la Corte declaró inadmisible un recurso de nulidad intentado por unos miembros de un Concejo Municipal contra acto de la Cámara Municipal que había acordado prorrogar un contrato de concesión de servicio público, por considerar que los mencionados concejales recurrentes no eran titulares de un interés personal, legítimo y directo en la impugnación del acto del Concejo Municipal del cual formaban parte. Aun cuando no estamos de acuerdo con el pronunciamiento de inadmisibilidad, es de interés destacar lo argumentado por la Corte a los efectos de la precisión de la noción de interés legítimo, personal y directo:

De allí que, el *interés legítimo* debe entenderse como la existencia de una tutela legal sobre la pretensión del actor e incluso, a falta de ella, de la no existencia de una norma que impida su satisfacción, restringiéndola, limitándola o negándola. Al mismo tiempo, la noción se enlaza con la doctrina a la cual hemos aludido, por haber sido asimilada por el sistema venezolano, en el sentido de que el recurrente debe estar situado en una particular situación de hecho frente al acto administrativo en forma de que el mismo recaiga sobre su esfera, afectándola de manera determinante.

La existencia de que el *interés sea personal* alude a la de que el actor haga valer en su nombre o en el de un sujeto o comunidad a los cuales representa, su pretensión. La relación del actor con la decisión impugnada es la de un sujeto afectado por ella en su propia esfera. Lo que se plantea a través del recurso es un derecho o una expectativa de derecho que es posible individualizar, que no es un anhelo vago o difuso, sino que incide sobre una esfera patrimonial o moral en forma específica.

La tercera condición que el legislador establece, y que no es otra cosa que una consecuencia de las anteriores, es la existencia de un *interés directo*, esto es, la necesidad de que el efecto del acto recaiga sobre el actor. Se requiere así que el acto esté destinado al actor. Los efectos de los actos, como es bien sabido son de múltiple naturaleza: Algunos son directos, esto es, su producción es el motivo general del acto, y es a ellos a los que alude la Ley con relación a la legitimidad; otros son indirectos en el sentido de que la voluntad manifiesta en el acto no estuvo destinada fundamentalmente a producirlos sino que los mismos operan en forma oblicua, circunstancial o mediata.

Las condiciones precedentemente analizadas son acumulativas, esto es, deben estar presentes en la totalidad para que el impugnante o recurrente de un acto tenga la condición de parte activa en el proceso de impugnación. Es aquí donde el recurso contencioso-administrativo de nulidad sobre los actos particulares revela una naturaleza mixta, por cuanto si bien, a través del mismo y en el mismo, se le imputa al acto objeto del recurso su contrariedad con el orden jurídico, lo cual implicaría una naturaleza esencialmente objetiva; sin embargo, simultáneamente se exige que el impugnante sea el afectado, el que recibe los efectos inmediatos de la decisión sobre su esfera de intereses."[123]

---

122 *V., Revista de Derecho Público*, N° 24, Editorial Jurídica Venezolana, Caracas, 1985, pp. 156-162.

123 *V., Revista de Derecho Público*, N° 82, Editorial Jurídica Venezolana, Caracas, 2000, pp. 445 y ss.

Con posterioridad a la entrada en vigencia de la Constitución de 1999 la Sala Político Administrativa del Tribunal Supremo de Justicia y la Corte Primera de lo Contencioso Administrativa, comenzó a flexibilizar las condiciones de legitimación que establecía la Ley Orgánica de la Corte Suprema de 1976 (y que fueron las mismas recogidas posteriormente en la derogada LOTSJ 2004), habiendo llegado a considerar que a partir de la entrada en vigor de la Constitución de 1999, había quedado tácitamente derogado el criterio legitimador exigido en la derogada Ley Orgánica de la Corte Suprema de Justicia (y luego vuelto a recoger en la LOTSJ 2004), considerando que el mismo resultaba incompatible con los principios que establece la nueva Constitución, al menos en lo que respecta a la exigencia de que el interés legitimador sea personal y directo.

La Sala Político Administrativa del Tribunal Supremo, en efecto, en sentencia Nº 873 de 13 de abril de 2000 (Caso: *Banco FIVENEZ vs. Junta de Emergencia Financiera*), consideró que el criterio con el cual el juez debía analizar el interés del recurrente debía ser amplio, favorable al derecho constitucional al acceso a la justicia, lo que la condujo a interpretar el concepto de interés legítimo con criterio más bien amplio y progresivo y no restrictivo. Y así, partiendo del artículo 26 de la Constitución que garantiza el derecho de toda persona de acceder a los órganos de administración de justicia para hacer valer sus derechos e intereses, incluso los colectivos o difusos, así como a la tutela efectiva de los mismos y a obtener con prontitud la decisión correspondiente; en relación con la exigencia legal de que el impugnante de los actos administrativos de efectos particulares sea titular de un interés personal legitimo y directo en impugnar el acto, lo que implica "una relación directa entre el acto que se impugna y el sujeto que lo impugna, de manera que la actividad administrativa afecte de manera particular la esfera jurídica del administrado"; señaló lo siguiente:

> Se aprecia, pues, que los criterios de legitimación fijados en la Ley Orgánica de la Corte Suprema de Justicia no son coincidentes con los de la nueva Constitución: la legitimación prevista en la citada Ley es más restringida que la de la Constitución de 1999. El concepto de "interés" es obviamente más amplio que el de "interés personal, legítimo y directo". De allí que considera esta Sala que, a partir de la entrada en vigor de la Constitución de 1999, ha quedado tácitamente derogado el criterio legitimador exigido en la Ley Orgánica de la Corte Suprema de Justicia, pues dicho criterio resulta incompatible con los principios que establece la nueva Constitución (Disposición Derogatoria única de la Constitución de 1999), al menos en lo que respecta a la exigencia de que el interés legitimador sea personal y directo.
>
> En efecto, el interés para recurrir que exige la nueva Constitución, obviamente, sigue siendo "legítimo", ya que el ordenamiento jurídico no puede proteger intereses ilegítimos. La legitimidad del interés es consustancial al interés como criterio de legitimación para la admisión del recurso contencioso administrativo, pues el ordenamiento jurídico no puede otorgar protección a los particulares en razón de intereses contrarios a la Constitución o a las leyes. Sin embargo, en lo que respecta a la condición de "directo", debe afirmarse que, a partir de la entrada en vigencia de la nueva Constitución no se puede exigir tal condición a los recurrentes. Así que, cuando el particular pueda obtener de la impugnación del acto administrativo una ventaja o evitar un perjuicio, aunque no exista una relación inmediata entre la situación derivada o creada por el acto administrativo y el recurrente, debe admitirse que éste es titular de un "interés indirecto", lo cual lo legitima para ejercer el recurso contencioso administrativo.
>
> No pueden, pues, los tribunales de lo contencioso administrativo, a partir de la entrada en vigencia de la nueva Constitución, inadmitir los recursos contencioso administrativos con fundamento en que el recurrente no es titular de un "interés directo", pues la nueva Constitución no exige este requisito, razón por la cual ha de entenderse suficientemente legitimado para actuar quien ostente un "interés indirecto" en la resolución del asunto. Tal restricción es contraria frontalmente al ar-

tículo 26 de la nueva Constitución, antes transcrito; derecho que, por su carácter constitucional, vincula de forma inmediata y directa a todos los poderes públicos y, en especial, a la administración pública y al poder judicial, cuyos órganos están obligados en consecuencia a admitir en base al mismo la impugnación de actos por todas las personas que actúen en defensa de sus intereses legítimos. Es suficiente, pues, que se tenga un interés conforme con el ordenamiento jurídico, aunque dicho interés no sea personal y directo, impugnar actos de efectos particulares como actos de efectos generales. En lo que respecta a la exigencia de que el interés sea "personal", debe señalarse que la nueva Constitución permite el acceso a la justicia para la defensa de los intereses "difusos" y "colectivos". En efecto, el concepto de interés previsto en la nueva Constitución abarca los intereses estrictamente personales así como los intereses comunes de cuya satisfacción depende la de todos y cada uno de los que componen la sociedad.

Ahora bien, por último, cabe destacar que, no puede confundirse la legitimación por simple interés legítimo que exige la nueva Constitución con la denominada acción popular. En esta última, en los casos en que la ley la acuerde, al particular deberá admitírsele la interposición del recurso con independencia de que pueda ostentar un derecho o interés lesionado. El fundamento de la acción popular es la voluntad del legislador, y sólo procede en los casos en que éste la admita.[124]

Sin embargo, y a pesar de este criterio jurisprudencial, debe destacarse que la LOTSJ 2004, repitió en su texto la norma de la derogada Ley Orgánica de 1976 (norma que había sido considerada tácitamente derogada por la Constitución por la Sala Político Administrativa del Tribunal Supremo), exigiéndose el interés personal, legítimo y directo como condición de legitimidad para interponer el recurso contencioso de anulación contra los actos administrativos de efectos particulares (Art. 21, párrafo 9°); razón por la cual continuó siendo, hasta 2010, la condición básica de la legitimación para intentar demandas de nulidad de actos administrativos de efectos particulares o para hacerse parte en los juicios.

A partir de 2010, sin embargo, ni la LOJCA 2010 ni la LOTSJ 2010 establecen como condición de admisibilidad para intentar acciones contencioso administrativas contra actos de efectos particulares la necesidad de que el recurrente sea titular de un interés personal, legítimo y directo.

c. *El tema de los intereses colectivos y difusos*

Distinta es la situación de la posibilidad de participación en los juicios como demandantes o como partes, de los entes, consejos comunales, colectivos y otras manifestaciones populares de planificación, control, ejecución de políticas y servicios públicos, en cuyo caso el acto administrativo impugnado debe tener vinculación con su ámbito de actuación. Esas entidades pueden incluso emitir su opinión en los juicios cuya materia debatida esté vinculada a su ámbito de actuación, aunque no sean partes (Art. 10).

Se trata de lo que se ha regulado en la Constitución para la tutela judicial de los intereses colectivos o difusos (Art. 26), resultado del reconocimiento para la participación en los juicios de nulidad de los actos administrativos, además del interés personal, legítimo y directo del recurrente, de otras situaciones jurídicas subjetivas que corresponden a una comunidad concreta o a la colectividad en general.

---

124 *V.*, en *Revista de Derecho Público*, N° 82, Editorial Jurídica Venezolana, Caracas, 2002, pp. 582-583

Con ello, se ha reconocido legitimación para actuar a las entidades representativas de intereses colectivos legalmente establecidas y reconocidas (intereses colectivos), y a quienes en determinadas circunstancias invoquen la protección de los intereses supra-individuales que conciernen a toda la colectividad (intereses difusos), lo que se había recogido en el artículo 18, párrafo 2° de la derogada LOTSJ 2004.

Sobre el tema de los intereses difusos, la Sala Constitucional del Tribunal Supremo en sentencia N° 656 de 5 de junio de 2001 (Caso: *Defensor del Pueblo vs. Comisión Legislativa Nacional*) consideró que surgen en cada miembro de la comunidad, en beneficio de él y de los otros componentes de la sociedad, cuando se ven afectados los derechos y garantías constitucionales que se garantizan a dicho conglomerado (ciudadanía) en forma general, como sería una aceptable calidad de la vida (condiciones básicas de existencia) de toda la comunidad o sociedad; interés que surge cuando esa calidad, en sus diversos aspectos se ve desmejorada, o para evitar que tal desmejora no suceda, y en caso de haber ocurrido sea reparada. Es un interés difuso "porque se difunde entre todos los individuos de la comunidad, aunque a veces la lesión a la calidad de la vida puede restringirse a grupos de perjudicados individualizables como sectores que sufren como entes sociales, como pueden serlo los habitantes de una misma zona, o los pertenecientes a una misma categoría, o los miembros de gremios profesionales, etc.

Sin embargo, los afectados no serán individuos particularizados, sino una totalidad o grupos de personas naturales o jurídicas, ya que los bienes lesionados, no son susceptibles de apropiación exclusiva por un sujeto..." La Sala ha agregado que estos intereses difusos "se fundan en hechos genéricos, contingentes, accidentales o mutantes que afectan a un número indeterminado de personas y que emanan de sujetos que deben una prestación genérica o indeterminada. Los daños al ambiente o a los consumidores, por ejemplo, así ocurran en una determinada localidad, tienen efectos expansivos que perjudican a los habitantes de grandes sectores del país y hasta del mundo, y responden a la prestación indeterminada de protección al ambiente o de los consumidores."

En cuanto a los intereses colectivos, ha dicho la Sala Constitucional, la lesión no es en general a la población, sino que "se localiza concretamente en un grupo, determinable como tal, aunque no cuantificado o individualizado, como serían los habitantes de una zona del país afectados por una construcción ilegal que genera problemas de servicios públicos en la zona." Se trata aquí de intereses concretos, focalizados, 'referidos a un sector poblacional determinado (aunque no cuantificado) e identificable, aunque individualmente, dentro del conjunto de personas existe o puede existir un vínculo jurídico que los une entre ellos. Ese es el caso de las lesiones a grupos profesionales, a grupos de vecinos, a los gremios, a los habitantes de un área determinada, etc."

La distinción entre intereses difusos y colectivos la terminó de precisar la Sala Constitucional argumentando que:

> Consumidores son todos los habitantes del país. El daño a ellos como tales, atiende a un bien *supra* individual o *supra* personal, y a una prestación indeterminada a favor de ellos, por los manipuladores de bienes y servicios. Su calidad de vida se disminuye, tomen o no conciencia de ello, ya que muchos mecanismos de comunicación masiva podrían anular o alterar la conciencia sobre la lesión. El interés de ellos, o de los afectados, por ejemplo, por los daños al ambiente, es *difuso*, e igual es el derecho que les nace para precaver o impedir el daño.

El interés de los vecinos de una urbanización, o un barrio, que se ve desmejorado en sus servicios públicos por una construcción, por ejemplo, también responde a un bien jurídico suprapersonal, pero es determinable, localizable en grupos específicos, y ese es el interés que permite la acción colectiva. Ese es el *interés colectivo*, él da lugar a los *derechos colectivos*, y puede referirse a un objeto jurídico determinado.

Lo que sí es cierto en ambos casos (*difusos y colectivos*) es que la lesión la sufre el grupo social por igual, así algunos no se consideren dañados porque consienten en ella, estando esta noción en contraposición a la lesión personal dirigida a un bien jurídico individual. Esta diferencia no impide que existan lesiones mixtas que un mismo hecho toque a un bien jurídico individual y a uno supraindividual.[125]

Ahora bien, en estos casos, como también lo ha precisado la Sala Constitucional en sentencia N° 1048 de 17 de febrero de 2000, para hacer valer derechos e intereses difusos o colectivos, es necesario que se conjuguen los siguientes factores:

1. Que el que acciona lo haga en base no sólo a su derecho o interés individual, sino en función del derecho o interés común o de incidencia colectiva.

2. Que la razón de la demanda (o del amparo interpuesto) sea la lesión general a la calidad de vida de todos los habitantes del país o de sectores de él, ya que la situación jurídica de todos los componentes de la sociedad o de sus grupos o sectores, ha quedado lesionada al desmejorarse su calidad común de vida.

3. Que los bienes lesionados no sean susceptibles de apropiación exclusiva por un sujeto (como lo sería el accionante).

4. Que se trata de un derecho o interés indivisible que comprenda a toda la población del país o a un sector o grupo de ella.

5. Que exista un vínculo, así no sea jurídico, entre quien demanda en interés general de la sociedad o de un sector de ella (interés social común), nacido del daño o peligro en que se encuentra la colectividad (como tal). Daño o amenaza que conoce el Juez por máximas de experiencia, así como su posibilidad de acaecimiento.

6. Que exista una necesidad de satisfacer intereses sociales o colectivos, antepuestos a los individuales.

7. Que el obligado deba una prestación indeterminada, cuya exigencia es general.[126]

Por último, debe mencionarse que la LOTSJ 2010, entre sus Disposiciones transitorias, ha regulado en forma amplia el régimen de "las demandas de protección de derechos e intereses colectivos y difusos," reservando a la Sala Constitucional, "salvo lo dispuesto en las leyes especiales, cuando los hechos que se describan posean trascendencia nacional" (Art. 146); lo que sin duda originará conflictos de competencia con los órganos de la jurisdicción contencioso administrativa, cuando se trata de impugnación de actos administrativos en defensa de dichos derechos e intereses.

---

125 *V.*, sentencia de la Sala Constitucional N° 656 de 05-06-2001, Caso: *Defensor del Pueblo vs. Comisión Legislativa Nacional.*

126 *V.*, sentencia de la Sala Constitucional N° 1048 de 17-02-2000 (Caso: *William O. Ojeda O. vs. Consejo Nacional Electoral*), *Revista de Derecho Público*, N° 83, Editorial Jurídica Venezolana, Caracas, 2000, pp. 325-326.

d. *El tema de la legitimación activa de la propia Administración*

Por último, debe también mencionarse que el recurso contencioso-administrativo de anulación de los actos administrativos de efectos particulares, contrariamente a lo resuelto por la Corte Primera de la Contencioso-Administrativo,[127] también podría ser interpuesto por la propia Administración Pública, particularmente respecto de los actos administrativos dictados y que sean irrevocables en virtud de haber creado ó declarado derechos a favor de particulares.

En efecto, de acuerdo a la Ley Orgánica de Procedimientos Administrativos, los actos administrativos creadores o declarativos de derechos a favor de los particulares no pueden ser revocados, por la Administración Pública,[128] sancionándose el acto revocatorio en esos casos, con la nulidad absoluta.[129] Por tanto, dictado por la Administración un acto irrevocable, la única vía que tendría para pretender la cesación de efectos de dicho acto, aparte de la expropiación de los derechos e intereses derivados del acto mediando justa indemnización, es a través de la interposición de un recurso contencioso de anulación del acto en cuestión, en cuyo caso, por supuesto, la Administración tendría la legitimación activa necesaria para ello.

e. *El tema de la legitimación pasiva y la intervención de terceros*

En cuanto a la legitimación pasiva en los casos de demandas de nulidad de los actos administrativos, la situación de demandado corresponde conforme a la LOJCA 2010 a la Administración Pública interesada, en cabeza del representante del órgano o ente que haya dictado el acto, quien debe ser notificado (Art. 78,1), al cual, por lo demás, se le debe requerir el expediente administrativo (Art. 79). Además, la condición de demandados corresponde a los interesados que también deben ser emplazados mediante cartel (Art. 80).

Debe mencionarse que el artículo 137 de la derogada Ley Orgánica de de la Corte Suprema de 1976 establecía en forma expresa, que en los juicios contencioso administrativos contra los actos administrativos de efectos particulares, podían hacerse parte todas las personas que reunieran las mismas condiciones exigidas para el accionante o recurrente, es decir, todos los titulares de un interés personal, legítimo y directo en defender el acto impugnado (Art. 137). Esta norma, sin embargo, aún cuando no se recogió en la también derogada LOTSJ 2004; no impidió que hasta 2010 pudiera considerarse que el mismo principio se aplicaba, en el sentido de que para hacerse parte en los juicios atendiendo al emplazamiento, la persona debía ostentar un interés, personal y directo sea en la anulación del acto, sea en su mantenimiento; o debía acudir alegando la representación de intereses colectivos o difusos.

Lo que es cierto es que en los juicios contencioso administrativos incluyendo los de nulidad de actos administrativos conforme a la LOJCA 2010, el concepto de parte es fundamental, pues la parte demandante es la que debe identificarse en la demanda como

---

127 Sentencia de 13-10-88, Caso: *Cememosa, Revista de Derecho Público*, N° 36, Editorial Jurídica Venezolana, Caracas, 1988, pp. 106 y ss.

128 Artículo 19, Ord. 2° y Art. 82 LOPA. *V.*, Allan R. Brewer-Carías, "Comentarios sobre la revocación de los actos administrativos" en *Revista de Derecho Público*, N° 4, Editorial Jurídica Venezolana, Caracas, 1980, pp. 27-30.

129 Artículo 19, Ord. 2° LOPA, Allan R. Brewer-Carías, *El Derecho Administrativo y la Ley Orgánica de Procedimientos Administrativos*, Caracas, 1982, p. 186.

parte actora (Arts. 33,2; 34); la parte demandada es la que debe citarse como parte demandada (Art. 37); son las partes las que pueden formular observaciones a los autos del juez para mejor proveer (Art. 39); son las partes las que pueden solicitar al juez dictar providencias (Art. 40); es la actuación de las partes la que puede evitar la perención (Art. 41); es en relación con las partes que surgen las causales de recusación e inhibición de los jueces (Art. 41 ss); son las partes las que participan en la audiencia preliminar, pueden solicitar providencias de correcciones procedimentales, y pueden promover pruebas, convenir en hechos y oponerse a pruebas (Arts. 57, 60 y 62); son las partes las que pueden solicitar al juez que se convoque a grupos organizados de la sociedad cuyo ámbito de actuación se encuentre vinculado con el objeto de la controversia, para que participen en la audiencia opinando sobre el asunto debatido (Art. 58); son las partes las que pueden participar en la audiencia conclusiva (Art. 63); son las partes las que deben ser notificadas de la sentencia (Art. 64); son las partes las que en los juicios de nulidad, de interpretación y de controversias, pueden solicitar al juez que se notifique a determinadas personas (Art. 68,3); son las partes las que pueden solicitar al juez dictar medidas (Art. 69), las que son oídas en la audiencia oral (Art. 70); son las partes las que como tales pueden atender al cartel de emplazamiento (Art. 80), las que pueden participar en la audiencia de juicio (arts. 82 y 83), promover pruebas, convenir en hechos y oponerse a pruebas (Art. 84); son las partes las que pueden solicitar que se dicten medidas cautelares (Art. 104); son las partes las que pueden participar en la ejecución de sentencias (Art. 109, 110); son las partes las que pueden apelar de las sentencias (arts. 92, 94) y contestar la apelación (Art. 94); y, en fin, son las partes las que pueden intentar el recurso especial de juridicidad (Art. 95) y contestarlo (Art. 99).*

En esta materia, es importante recordar la sentencia dictada por la antigua Corte Suprema de Justicia el 26 de septiembre de 1991 (Caso*: Rómulo Villavicencio*), en la cual entró a precisar el tema de la intervención de terceros en el juicio de nulidad, para poder determinar cuándo tal intervención era a título de verdadera parte. Para ello, la Corte recurrió a las normas del Código de Procedimiento Civil y entre otros conceptos, precisó los siguientes:

En *primer lugar,* en cuanto a las partes *demandante y demandada,* las definió como aquellas que son titulares "de un derecho subjetivo frente a la Administración, o de un interés legítimo lesionado por la actividad de ésta". Esta posición, precisó la Sala, se identifica con los interesados a que se refieren los artículos 22 y 23 de la Ley Orgánica de Procedimiento Administrativo. Estos *interesados* pueden ser los que inician los procedimientos administrativos o los que por ser titulares de derechos subjetivos o de intereses legítimos, aunque no los hubiesen iniciado, se apersonan en los mismos en cualquier estado en que se encuentre la tramitación (Art. 47 y 22 LOPA). Estos interesados no sólo pueden ejercer los recursos administrativos, sino la acción de nulidad, siendo partes en los procesos, con todo derecho para obrar en juicio y de gestionar en él (Arts. 136 y 150 CPC).

Conforme al principio señalado que establecía el artículo 137 de la Ley Orgánica de 1976, además, pueden hacerse parte en el proceso de anulación, las personas distintas al

* N. del E. La Sala Constitucional del Tribunal Supremo de Justicia en sentencia No 1149 de 17 de noviembre de 2010, suspendió los efectos de esta norma relativa al recurso de juridicidad, declarándola inaplicable. *V.* http://www.tsj.gov.ve/decisiones/scon/Noviembre/1149-171110-2010-10-1039.html. *V.*, lo expuesto en pp. 150-151 de este libro.

demandante o recurrente o a la Administración recurrida, que tuvieran el mismo interés; intervención que sería de carácter *adhesiva.* Estas personas que pueden hacerse parte en el procedimiento de anulación, distintas al demandante, por reunir las mismas condiciones exigidas para éste, es decir, de interesado (titular de derechos subjetivos o de intereses legítimos), por tanto no se consideran *terceros.*

En cuanto a las partes en el proceso contencioso-administrativo, la sentencia estableció lo siguiente:

> Pueden comparecer válidamente con posterioridad a la presentación de la respectiva demanda -que es cuando comienzan los juicios (artículo 339 del CPC)- y no sólo durante el lapso de comparecencia, que se da para todo el que pudiera tener interés en las resultas del proceso, sino inclusive con posterioridad, aceptando en todo caso la causa en el estado en que se encuentra al intervenir en la misma, en razón del principio de la preclusión procesal (artículos 202, 361 y 380 *ejusdem).* Por el contrario, quienes son terceros adhesivos simples, sólo pueden comparecer válidamente como coadyuvantes durante el lapso de comparecencia a que se contraen los artículos 125 y 126 de la Ley Orgánica de la Corte Suprema de Justicia..."[130] "No obstante, por excepción, estos terceros, y por supuesto, quienes también sean parte legítima, pueden comparecer antes y darse por citados, a los efectos de suplir la inactividad del accionante o recurrente -que es una forma de coadyuvar para evitar su derrota judicial- para consignar el ejemplar del periódico donde hubiere sido publicado el cartel, a los fines de evitar la declaratoria de desistimiento tácito del recurso, según lo contempla el artículo 125 ya mencionado.

En *segundo lugar,* en cuanto al *tercero adhesivo simple,* conforme lo dijo la Sala, éste no es propiamente una parte, sino tercero coadyuvante de una de las partes. Su interés en el proceso deriva de "la eficacia refleja que puede tener la decisión a dictarse en un proceso pendiente entre otras personas, por la unión o dependencia que presentan sus derechos o intereses con la relación deducidas en aquel proceso". El *tercero adhesivo simple,* le interesa la sentencia que sólo es ley para las partes, "por las consecuencias que tiene para una de las partes, pero que pueden manifestarse a cargo de ese tercero (eficacia refleja de la cosa juzgada)". Por ello, el tercero adhesivo simple:

> Coadyuva a la pretensión de una de las partes, por el interés en que ésta venza a la otra, y por ello coopera o colabora con la parte principal, solicitando, alegando, y probando junto a ella o para ella, o hasta supliendo su inactividad, pero no podría, por ejemplo, por esa misma condición *instrumental,* oponerse a los actos procesales del coadyuvado, debiendo en todo caso, estar y pasar por ellos.

Ahora bien, concluyó la citada sentencia señalando que tanto las partes como los terceros que no sean parte, en virtud del carácter preclusivo del proceso (Arts. 202 y 364 CPC), sólo podía oponer excepciones o defensas en contra de las demandas de nulidad, en el lapso de comparecencia después de admitida la demanda y de publicado el cartel de emplazamiento; "de manera que si se oponen antes o después, intempestivamente tales alegatos carecen de validez."[131]

---

130 Equivalentes al artículo 21, párrafo 12 de la derogada LOTSJ 2004.

131 Consultada en original. Estos criterios de la antigua Corte Suprema de Justicia fueron precisados, en cuanto a los intervinientes adhesivos como terceros, en la sentencia del 10 de julio de 1991 (Caso: *Tarjetas Banvenez*). *V., Revista de Derecho Público,* N° 47, Editorial Jurídica Venezolana, Caracas, 1991, pp. 135-136.

B. El caso de la acumulación de la demanda de anulación con pretensiones de condena patrimonial

Un aspecto que debe mencionarse en relación con las demandas de nulidad de los actos administrativos, tal como se regula en los artículos 76 a 96 de la LOJCA 2010, es que las normas de procedimiento que en ellos se establece solo se refieren a las demandas en las cuales sólo se solicite la nulidad de un acto administrativo.

Sin embargo, en muchos casos, la demanda de nulidad de los actos administrativos no se agota con la sola pretensión de anulación de los mismos, sino que la demanda de anulación puede estar acompañada de otras pretensiones procesales de contenido patrimonial conforme se establece en el artículo 259 de la Constitución y se establecía en el artículo 21, párrafo 18° de la derogada LOTSJ 2004.

En estos últimos casos, sin embargo, no hay procedimiento específico establecido en la LOJCA 2010, por lo que además de aplicarse el procedimiento previsto para las demandas de nulidad, con las notificaciones y emplazamientos, en nuestro criterio debe efectuarse la citación del ente demandado, por ejemplo, encabeza del Procurador General, como representante de la República.

En efecto, puede decirse que a partir de la LOTSJ 2004, había quedado rota la tradicional dicotomía del contencioso de anulación, por un lado, y del contencioso de los derechos, por el otro,[132] de manera que en el contencioso de los actos administrativos, además de la anulación del acto, el juez podía condenar a la Administración al pago de sumas de dinero, a la reparación de daños y perjuicios y al restablecimiento de las situaciones jurídicas subjetivas lesionadas por el acto anulado.

A tal efecto, el artículo 21, párrafo 18 de la derogada LOTSJ 2004 establecía lo siguiente:

> En su fallo definitivo el Tribunal Supremo de Justicia declarará, si procede o no, la nulidad de los actos o de los artículos impugnados, y determinará, en su caso, los efectos de la decisión en el tiempo; igualmente podrá, de acuerdo con los términos de la solicitud, condenar el pago de sumas de dinero y a la reparación de daños y perjuicios originados en responsabilidad de la administración, así como disponer lo necesario para el restablecimiento de las situaciones jurídicas subjetivas lesionadas por la actividad administrativa.

Esta norma tenía y aún derogada tiene una importancia destacada en la configuración del contencioso-administrativo en Venezuela, con las siguientes implicaciones:

En *primer lugar*, las pretensiones de anulación de los actos administrativos pueden acompañarse de pretensiones de condena. Por tanto, cuando éstas dependan de lesiones a situaciones jurídicas subjetivas producidas por actos administrativos, en la misma demanda de anulación de éstos pueden acumularse las pretensiones de condena, con lo cual si bien se sigue el procedimiento de los juicios de nulidad deben incorporarse elementos generales como la citación de la Administración y el agotamiento del procedimiento administrativo previo a las acciones de contenido patrimonial contra la Repúbli-

---

132 Véanse los comentarios de A. Moles Caubet sobre lo que llamó "el contencioso mixto", en "Rasgos generales de la jurisdicción contencioso administrativa" en Instituto de Derecho Público, *El control jurisdiccional de los Poderes Públicos en Venezuela*, Caracas, 1979, pp. 67-77; Nelson Rodríguez García, *El sistema contencioso-administrativo venezolano y la jurisdicción contencioso-administrativa*, Valencia, 1982, pp. 76-77.

ca conforme a las previsiones de la Ley Orgánica de la Procuraduría General de la República y a lo previsto en la última parte del artículo 7.10 de la Ley Orgánica de la Administración Pública.

En *segundo lugar*, las pretensiones de condena que pueden acompañar al recurso de anulación, de acuerdo al artículo 259 de la Constitución (y al derogado artículo 21, párrafo 18° de la LOTSJ 2004), pueden tener su origen básicamente en la responsabilidad de la Administración derivada del acto administrativo ilegal, buscándose la condena a la Administración al pago de sumas de dinero, a la reparación de daños y perjuicios o al restablecimiento de la situación jurídica subjetiva lesionada por la actividad administrativa. Esta variedad de pretensiones tiene efectos fundamentales en cuanto a la legitimación activa y al contenido de la decisión del juez contencioso-administrativo.

En efecto, en cuanto a la legitimación activa, el derogado artículo 21, párrafo 18° de la LOTSJ 2004 ratificó el fin del antiguo monopolio que antes de 1976, había tenido el derecho subjetivo en relación con las situaciones jurídicas subjetivas, particularmente en cuanto a su resarcibilidad o indemnizabilidad. En esta forma, la tradicional idea de que el interés personal, legítimo y directo era sólo una situación jurídica *procesal* para impugnar actos administrativos, y de que la pretensión de condena sólo correspondía a los titulares de derechos subjetivos[133] quedó superada, y con el ahora derogado artículo 21, párrafo 18° de la LOTSJ 2004, resulta que dentro de las situaciones jurídicas subjetivas sustantivas, además del tradicional derecho subjetivo también cabe ubicar los intereses legítimos, y éstos, al igual que aquéllos, pueden dar lugar a pretensiones de condena y a su resarcimiento.

Por tanto, la legitimación activa en el contencioso de anulación y condena no sólo corresponde al titular de un derecho subjetivo lesionado por el acto administrativo impugnado, sino también al titular de un interés personal, legítimo y directo, lo cual, por supuesto, variaría según el tipo de pretensión de condena. Por ejemplo, si se trata de una pretensión de condena derivada de responsabilidad administrativa originada por el acto administrativo impugnado, pueden distinguirse dos supuestos: si se trata de un acto administrativo que lesiona el derecho subjetivo al cocontratante de la Administración en relación con un contrato celebrado con la Administración, la legitimación activa para impugnar el acto ilegal, y pretender el pago de sumas de dinero o la reparación de daños y perjuicios, corresponde al titular del derecho subjetivo contractual lesionado (cocontratante). En el mismo orden de ideas, por ejemplo, si se trata de un acto administrativo que lesiona el derecho subjetivo del funcionario público de carrera a la estabilidad, la legitimación activa para impugnar un acto ilegal de destitución y para pretender el pago de sumas de dinero, la reparación de daños y perjuicios por la destitución ilegal o el restablecimiento al cargo público de carrera, corresponde al titular del derecho subjetivo lesionado (funcionario público destituido).

Pero la responsabilidad de la Administración no sólo puede surgir de la lesión de derechos subjetivos (contractuales o estatutarios), sino también puede surgir de la lesión a intereses legítimos, personales y directos, cuyos titulares no sólo tienen la legitimación para impugnar los actos administrativos ilegales que los lesionen, sino también para pretender la condena a la Administración a la reparación de daños y perjuicios originados por el acto ilegal, y al restablecimiento del interés legítimo lesionado por la autori-

133 *Idem*, pp. 74-75.

dad administrativa. Por ejemplo, el propietario de una parcela de terreno en una zona urbana residencial, frente a un acto administrativo ilegal que cambie la zonificación de la parcela colindante, no sólo tiene la legitimación para impugnar el acto ilegal y solicitar su nulidad, sino para que se le resarzan los daños y perjuicios ocasionados por el mismo (por ejemplo, daños ambientales, eliminación del derecho a una vista o panorama, etc.) y, para que se le restablezca la situación jurídica lesionada (demolición de la construcción realizada al amparo del acto ilegal y anulado y restablecimiento de la zonificación original).

Pero no sólo la esencia de la legitimación activa se ha modificado en el contencioso-administrativo de los actos administrativos, sino que a partir de 1976, también se han modificado sustancialmente los poderes del juez en sus decisiones de anulación y condena, pues éstas pueden incluso, llegar a sustituir la actuación de la Administración.

En efecto, en el esquema tradicional del contencioso-administrativo de anulación, el juez se limitaba a anular el acto recurrido correspondiendo a la Administración la ejecución de la decisión judicial. El juez no podía ni ordenar actuaciones a la Administración ni sustituirse a la Administración y adoptar decisiones en su lugar. Sin embargo, este criterio tradicional ha sido superado por el derecho positivo, y no sólo la pretensión de anulación puede estar acompañada de pretensiones de condena al pago de sumas de dinero o la reparación de daños y perjuicios, sino que más importante, la pretensión de anulación puede estar acompañada de pretensiones de condena a la Administración al restablecimiento de la situación jurídica subjetiva (derecho subjetivo o interés legítimo) lesionada, lo que implica el poder del juez de formular órdenes o mandatos de hacer o de no hacer (prohibiciones) a la Administración.

No se olvide que el artículo 259 de la Constitución habla de los poderes del juez contencioso-administrativo para "disponer lo necesario para el restablecimiento de las situaciones jurídicas subjetivas lesionadas por la actividad administrativa", con lo cual se le está confiriendo una especie de jurisdicción de equidad similar a las decisiones de *injunction* o *mandamus* del derecho angloamericano.[134] Por tanto, al "disponer lo necesario para el restablecimiento de la situación jurídica lesionada", no sólo puede el juez ordenar a la Administración adoptar determinadas decisiones, sino prohibirle actuar en una forma determinada. Y más aún, cuando sea posible con la sola decisión judicial, puede restablecer directamente la situación jurídica lesionada (y no sólo ordenarle a la Administración que la restablezca).

C. El caso de las demandas de nulidad de contratos públicos

Conforme al artículo 8 de la LOJCA 2010, además de los actos administrativos de efectos generales y particulares, son objeto de control de la Jurisdicción Contencioso Administrativa, las "actuaciones bilaterales," lo que apunta, sin duda, a los contratos públicos.

En efecto, la derogada LOTSJ 2004 estableció la posibilidad de que se impugnasen por ilegalidad o inconstitucionalidad, los contratos o acuerdos que celebrase la Administración (los organismos públicos nacionales, estadales, municipales o del Distrito

---

134 *V.*, H. W. R. Wade, *Administrative Law*, Oxford, 1982, pp. 515, 629.

Capital), cuando afectasen los intereses particulares o generales, legítimos, directos, colectivos o difusos de los ciudadanos, atribuyéndose la legitimidad a personas extrañas a la relación contractual (Art. 21, párrafo 2°).

En estos casos, no se trataba de una demandas de contenido patrimonial contra los entes públicos que puede intentar el contratante de la Administración con motivo de la ejecución de contratos administrativos (Art. 5, párrafo 1°,25 de la derogada LOTSJ 2004), sino de acciones de nulidad intentadas contra contratos, acuerdos o convenciones celebrados por la Administración. La LOTSJ 2004 no reguló en este caso un procedimiento contencioso específico, por lo que consideramos que debía aplicarse el procedimiento de las demandas de nulidad.

3. Algunos aspectos específicos del procedimiento en las demandas de interpretación de leyes administrativas

Otro de los procesos contencioso-administrativo en Venezuela es el las demandas de interpretación que se ha regulado genéricamente en el artículo 31,5 de la LOTSJ 2010, como competencia de todas las Salas del Tribunal Supremo de Justicia, para:

> Conocer las demandas de interpretación acerca del alcance e inteligencia de los textos legales, siempre que dicho conocimiento no signifique una sustitución del mecanismo, medio o recurso que disponga la ley para dirimir la situación de que se trate.

Debe recordarse que esta norma reguladora del proceso contencioso de interpretación de textos legales,[135] originalmente se había establecido como una competencia exclusiva de la Sala Político Administrativa de la antigua Corte Suprema, habiendo sido ampliada a partir de la LOTSJ 2004 a todas las Salas, pero sólo admisible "en los casos previstos en la Ley."[136]

Así, muchas leyes fueron previendo la demanda en las décadas pasadas, entre otras, por ejemplo, la Ley de Carrera Administrativa y su Reglamento; la Ley Orgánica del Poder Judicial (Art. 148); la Ley Orgánica de la Corte Suprema de Justicia; y la Ley de Licitaciones.[137]

Como lo precisó la antigua Corte Suprema de Justicia en su sentencia de 14 de marzo de 1988 (Caso *Concejo Municipal del Distrito Bruzual del Estado Yaracuy*):

> Este medio de actuación procesal está reservado de manera exclusiva para aquellos casos en los cuales el texto legal cuya interpretación se solicita lo permita expresamente. Resulta, por tanto, improcedente el ejercicio y en forma indiscriminada y general, del recurso de interpretación respecto de cualquier texto legal, si no sé encuentra expresamente autorizado por el propio legislador.[138]

---

135 *V.*, E. Pérez Olivares, "El recurso de interpretación" en *El control jurisdiccional de los Poderes Públicos...*, Instituto de Derecho Público, *cit.*, pp. 149-165.

136 *V.*, sentencia de la Corte Suprema de Justicia en Sala Político-Administrativa de 27-04-82 en *Revista de Derecho Público*, N° 10, Editorial Jurídica Venezolana, Caracas, 1982, p. 174.

137 *V.*, sentencia de la Corte Suprema de Justicia en Sala Político-Administrativa de 11-08-81 en *Revista de Derecho Público*, N° 8, Editorial Jurídica Venezolana, Caracas, 1981, p. 138. *V.*, artículo 78 de la Ley de Licitaciones, *Gaceta Oficial* N° 34.528 de 10-08-90.

138 *V.*, en *Revista de Derecho Público*, N° 34, Editorial Jurídica Venezolana, Caracas, 1988, pp. 146-147.

En este recurso de interpretación, la legitimación activa correspondería a todo el que tenga un interés legítimo, personal y directo en la interpretación del texto legal, normalmente, el funcionario público, y por supuesto, también correspondería a la Administración. Sobre este recurso de interpretación de textos legales, la antigua Corte Suprema fue estableciendo progresivamente sus características, así:

1. En sentencia de 27 de septiembre de 1984 (Caso: *Juan María Galíndez*), la Corte estableció como primer requisito la necesidad de que la interpretación requerida de la Ley se refiera a un caso concreto, con el doble propósito, por una parte de legitimar al recurrente, y por la otra, de permitir al intérprete apreciar objetivamente la existencia de la duda que se alegue como fundamento.[139] Posteriormente, en la sentencia de 17 de abril de 1986 (Caso: *Dagoberto González A.*), la Corte precisó este primer requisito, señalando:

> El requisito de conexión del recurso con un caso concreto tiene como fundamento evitar que el mismo se convierta en un ejercicio académico, sin la finalidad práctica de la mejor aplicación de algún texto legal. No es concebible que se abra la posibilidad para cualquier particular de ocupar la jurisdicción en resolverle las dudas que en abstracto tuviere acerca de la interpretación de una norma. Es necesario para legitimar la actividad del recurrente, que éste demuestre por lo menos que ante una determinada situación concreta se haya suscitado la duda por las diversas interpretaciones dadas al mismo precepto legal, y que exista un interés general en la solución del conflicto. En tal forma no sólo se legitimará el recurrente, sino que la Corte tendrá elementos para apreciar objetivamente los criterios dispares y para zanjar la real dificultad que se hubiera presentado.[140]

2. Por otra parte, en sentencia de 21 de noviembre de 1990 (Caso *PDVSA*), la Sala Político Administrativa precisó, con razón, que "no es del monopolio del Poder Judicial, la interpretación", agregando lo siguiente:

> [La] propia solicitante, y cualquier administración o cualquier particular a quien corresponda adoptar una decisión concreta puede y, es más, se encuentra obligada a emitir ésta; mas, para lograrlo deberá también, normalmente, interpretar previamente la ley, tarea que tendrá que desarrollar -al igual que el juez, en su caso y posteriormente, en vía judicial de revisión de la actuación administrativa previa- con estricta sujeción a las normas de nuestro ordenamiento positivo, y, particularmente, a las reglas que proporciona el artículo 4 del Código Civil, directrices en la materia; sin que, por el contrario, pueda el consultante delegar la señalada aplicación de la norma -previa su interpretación por el mismo- ni menos aún la decisión del caso concreto, en el órgano judicial al que se le hubiere dado competencia para interpretar, con carácter vinculante, sólo la norma -se insiste- sin extender su tarea al caso concreto, lo cual le está vedado; hasta el punto de que, si llegare el juez a pronunciarse sobre éste, estaría más bien extralimitándose en sus funciones puramente interpretativas, permitiendo un indebido traslado de la función y de administrar, al órgano judicial e incurriendo al mismo tiempo en una intromisión en la actividad administrativa de otro ente.
>
> Que la función de administrar implica aún la interpretación de la norma por el ente administrador, para aplicarla al caso concreto -incluso en sólo casos de reclamaciones provenientes de los particulares- cumpliendo de esta manera una actuación enteramente semejante a la que posteriormente realizará el juez con motivo de la revisión del acto administrativo en vía judicial, lo pone en evidencia hasta el sentido vulgar -inusualmente coincidente con el jurídico- del vocablo "administración pública" que, en los termines del Diccionario de la Real Academia de la Lengua (vigésima edición), significa: "Acción del gobierno al dictar y aplicar las disposiciones necesarias para el

139 Consultada en original.

140 *V.*, en *Revista de Derecho Público*, N° 26, Editorial Jurídica Venezolana, Caracas, 1986, p. 146.

cumplimiento de las leyes y para la conservación y fomento de los intereses públicos, y al resolver las reclamaciones a que da lugar lo mandado. 2. Conjunto de organismos encargados de cumplir esta función.[141]

3. En tercer lugar, la sentencia de 18 de octubre de 1990, la Corte ha precisado que el procedimiento aplicable en el recurso de interpretación es el de los juicios de nulidad contra los actos administrativos de efectos generales.[142]

4. Por último, en sentencia de 15 de marzo de 1990, la Corte ha insistido en que el recurso de interpretación no puede traducirse en una acción de condena, "ni siquiera de una mera declarativa, y que por tanto, ningún pronunciamiento puede hacer la Corte sobre el caso concreto. Además, en dicha decisión, la Corte estableció el criterio de que:

> Cuando el recurso de interpretación surja en un caso concreto con ocasión de las discrepancias que puedan suscitarse entre los jueces por la inteligencia de los textos legales, es inadmisible, porque no puede sustituir los otros recursos o medios ordinarios y principales de resolución de dichas controversias y que la legislación pone en manos de los mismos jueces y de las partes, para que en ese caso concreto pongan fin a tales discrepancias.[143]

En todo caso, conforme a la nueva LOJCA 2010, la competencia para decidir el recurso de interpretación de las leyes de contenido administrativo sigue siendo de la Sala Político Administrativa del Tribunal Supremo (Art. 23,21).

4. Algunos aspectos específicos del procedimiento en las demandas para la solución de controversias administrativas

De acuerdo con lo establecido en los artículos 226,4 de la Constitución, el Tribunal Supremo de Justicia en Sala Político Administrativa tiene competencia para:

> Dirimir las controversias administrativas que se susciten entre la República, algún Estado, Municipio u otro ente público, cuando la otra parte sea alguna de esas mismas entidades, a menos que se trate de controversias entre Municipios de un mismo Estado, caso en el cual la ley podrá atribuir su conocimiento a otro Tribunal.

Esta norma se ha desglosado en el artículo 26 de la LOTSJ 2010, en las siguientes competencias para conocer:

> 7. Las controversias administrativas entre la República, los Estados, los Municipios u otro ente público, cuando la otra parte sea una de esas mismas entidades, a menos que se trate de controversias entre Municipios de un mismo Estado.
>
> 8. Las controversias administrativas entre autoridades de un mismo órgano o ente, o entre distintos órganos o entes que ejerzan el Poder Público, que se susciten por el ejercicio de una competencia atribuida por la Ley.

Estas normas dan origen al proceso contencioso-administrativo que tiene por objeto la solución de conflictos administrativos entre entidades territoriales, lo que tiene sentido dada la autonomía de Estados y de los Municipios (Arts. 159 y 168 de la Constitución) y la regulación de sus competencias en la Ley Orgánica de Descentralización, Delimitación y Transferencia de Competencias del Poder Público y en la Ley Orgánica de

---

141 Consultada en original.
142 *V.*, en *Revista de Derecho Público*, N° 44, Editorial Jurídica Venezolana, Caracas, 1990, p. 198.
143 *V.*, en *Revista de Derecho Público*, N° 42, Editorial Jurídica Venezolana, Caracas, 1990, pp. 148-149.

Régimen Municipal de 1989. En estos casos, disponía la derogada LOTSJ 2004 que las controversias "se iniciarán por la entidad que le interesen, mediante demanda escrita, donde expondrá en forma clara y detallada el asunto de que se trate, e indicará la otra entidad contra quien obra la acción" (Art. 21, párrafo 23). Además, el artículo 21, párrafo 25°, disponía que admitida la demanda, el Juzgado de Sustanciación debe emplazar a la entidad demandada para comparecer ante el Tribunal Supremo de Justicia, en un plazo de 20 días hábiles, más el término de la distancia, en caso de que sea procedente, para que consignen el fundamento de sus pretensiones, en relación con la materia litigiosa y las razones de hecho y de derecho en que se funde.

Ahora bien, adicionalmente a estas competencias, un aspecto específico de este proceso contencioso-administrativo entre autoridades está regulado en la Ley Orgánica de Régimen Municipal, en relación a conflictos entre autoridades municipales, cuando ello amenace la normalidad institucional de un Municipio. En efecto, de acuerdo con el artículo 166 de la Ley Orgánica de Régimen Municipal:

En caso de surgir una situación que amenace la normalidad institucional de un Municipio o Distrito, pueden las autoridades municipales o el Gobernador del Estado, ocurrir a la Corte Suprema de Justicia en Sala Político Administrativa, para solicitarle que conozca y decida la cuestión planteada. La decisión de la Corte Suprema de Justicia relativa a la legitimidad de las autoridades municipales deberá ser emitida en el plazo de treinta (30) días contados a partir de la admisión de la solicitud y bastará para producirla los documentos que se acompañen a ésta. Cuando la Corte Suprema de Justicia solicitare documentos adicionales, éstos deberán ser consignados dentro de un plazo de 10 días y la decisión deberá producirse dentro de los 8 días siguientes.

De acuerdo a lo señalado por la antigua Corte Suprema en sentencia de 26 de noviembre de 1987 (Caso: *Gilberto J. Gómez*) esta norma:

> Consagra dentro del ámbito de la jurisdicción contencioso-administrativo un recurso específico –distinto al de anulación– dirigido a poner término a una situación precisa, producida concretamente por el conflicto entre autoridades municipales que se constituya en amenaza para el normal funcionamiento de la institución.[144]

La Corte se ha pronunciado en un recurso de esta naturaleza, a solicitud del Gobernador del Estado Zulia, por primera vez en sentencia de 9-7-81 en la cual resolvió sobre la legalidad y legitimidad de las autoridades directivas del Concejo Municipal del Distrito Colón del Estado Zulia. En dicha decisión quedó precisada la legitimación activa regulada en la Ley para interponer el recurso, reducidas a los Gobernadores del Estado y a las autoridades municipales.[145]

Posteriormente, en sentencia de 9 de agosto de 1992 (Caso: *Eulogio Fernández*) la Corte precisó su competencia en estos casos de conflictos entre autoridades municipales derivados de la elección de las Juntas Directivas, no sólo declarando cuáles son las autoridades legítimas, sino declarando la nulidad absoluta de la elección considerada ilegítima.[146]

Adicionalmente, en la citada sentencia dictada en el Caso: *Gilberto J. Gómez* de 26 de noviembre de 1987, la antigua Corte Suprema estableció precisiones adicionales en re-

---

144 *V.*, en *Revista de Derecho Público*, N° 32, Editorial Jurídica Venezolana, Caracas, 1987, pp. 131 ss.

145 *V.*, en *Revista de Derecho Público*, N° 8, Editorial Jurídica Venezolana, Caracas, 1981, pp. 101 ss.

146 *V.*, en *Revista de Derecho Público*, N° 11, Editorial Jurídica Venezolana, Caracas, 1982, pp. 108-109.

lación a este recurso contencioso- administrativo específico. En efecto, la Corte esclareció el ámbito de lo que ha de entenderse por "autoridades municipales", en el sentido de que no se puede comprender en esa denominación "a todos aquellos órganos que conforman la estructura orgánica del ente local respectivo" sino únicamente "a quienes ejercen la máxima dirección". Con base en ello, consideró inadmisible tramitar por la vía del recurso contencioso de conflictos entre autoridades municipales, al acto de destitución o remoción del Contralor Municipal, y estimó que contra dicha resolución lo que procedía ejercer era el recurso de anulación.[147]

Como se ha señalado, la competencia en las demandas para la solución de controversias administrativas, conforme a la LOJCA 2010, se han atribuido a la Sala Político Administrativa del Tribunal Supremo en los casos de controversias administrativas entre la República, los estados, los municipios u otro ente público, cuando la otra parte sea una de esas mismas entidades, a menos que se trate de controversias entre municipios de un mismo estado; y las controversias administrativas entre autoridades de un mismo órgano o ente, o entre distintos órganos o entes que ejerzan el Poder Público, que se susciten por el ejercicio de una competencia atribuida por la ley (Art. 23,7 y 8). En cuanto a las controversias administrativas entre municipios de un mismo estado por el ejercicio de una competencia directa e inmediata en ejecución de la ley, la competencia se atribuye a los Juzgados Superiores Estadales de la Jurisdicción Contencioso Administrativa (Art. 25,9).

X. NORMAS ESPECÍFICAS SOBRE EL PROCEDIMIENTO DE SEGUNDA INSTANCIA

1. Sentencias apelables

Toda sentencia definitiva dictada en primera instancia por los tribunales contencioso administrativos, con excepción de las que emanen de la Sala Político Administrativa, son apelables en ambos efectos ante el tribunal superior, dentro de los 5 días de despacho siguientes a su publicación (Art. 87). En cuanto a las sentencias interlocutorias, se oirá apelación en un solo efecto, salvo que cause gravamen irreparable, en cuyo caso se oirá en ambos efectos (Art. 88).

2. Admisión de la apelación y remisión del expediente

Interpuesto el recurso de apelación dentro del lapso legal, el tribunal debe pronunciarse sobre su admisión dentro de los 3 días de despacho siguientes al vencimiento de aquél (Art. 89). Admitida la apelación, el juzgado que dictó la sentencia debe remitir inmediatamente el expediente al tribunal de alzada. En el caso de los tribunales colegiados se debe designar ponente al recibir el expediente (Art. 90).

---

147 *V.*, en *Revista de Derecho Público*, N° 32, Editorial Jurídica Venezolana, Caracas, 1987, p. 132.

3. Fundamentación de la apelación, pruebas y contestación

Dentro de los 10 días de despacho siguientes a la recepción del expediente, la parte apelante deberá presentar un escrito que contenga los fundamentos de hecho y de derecho de la apelación (Art. 92). En dicho escrito, el apelante debe consignar las pruebas documentales, que son las únicas que se admiten en segunda instancia (Art. 91). La apelación se considerará desistida por falta de fundamentación (Art. 92).

Vencido el lapso de presentación del escrito de fundamentación de la apelación, se debe abrir un lapso de 5 días de despacho para que la otra parte dé contestación a la apelación (Art. 92). En dicho escrito, la parte que contesta la apelación debe consignar las pruebas documentales que, como se dijo, son las únicas que se admiten en segunda instancia (Art. 91).

4. Decisión de la apelación

El tribunal debe decidir dentro de los 30 días de despacho siguientes a la fecha de vencimiento del lapso para la contestación de la apelación; lapso que podrá prorrogarse justificadamente por un lapso igual (Art. 93).

5. Consulta de sentencias

El artículo 94 de la LOJCA 2010, muy mal redactado, por cierto, dispone lo siguiente: "Cuando ninguna de las partes haya apelado pero la sentencia deba ser consultada, se decidirá sin la intervención de aquéllas en un lapso de 30 días de despacho, contados a partir del recibo del expediente, prorrogables justificadamente por un lapso igual." De esta norma resulta, por una parte, que nada se dice en la LOJCA 2010 sobre cuándo es que debe consultarse una sentencia que no ha sido apelada; y por la otra, si no hay apelación, no se entiende cómo y quién es que debe remitir el expediente para que pueda comenzar el lapso de decisión.

XI. NORMAS ESPECÍFICAS SOBRE EL RECURSO ESPECIAL DE JURIDICIDAD

1. Una "casación" contencioso administrativa

Una de las novedades de la LOJCA 2010 fue el establecimiento por primera vez en la historia del proceso judicial en Venezuela, de una especie de recurso de "casación" contencioso administrativo, denominado en la Ley como "recurso especial de juridicidad," cuyo conocimiento sin embargo no corresponde a las Salas de Casación sino a la Sala Político Administrativa del Tribunal Supremo de Justicia (Art. 95); lo que se ratificó en el artículo 26,18 de la LOTSJ 2010.

Como lo aclara expresamente el artículo 95 de la LOJC 2010, este recurso "no constituye una tercera instancia de conocimiento de la causa," y sólo puede interponerse a solicitud de parte, contra sentencias dictadas en segunda instancia, con el objeto de que la Sala Político Administrativa revise sentencias definitivas dictadas en segunda instancia que transgredan el ordenamiento jurídico (Art. 95). Este recurso de juridicidad también puede intentarse contra las decisiones judiciales de segunda instancia que se pronuncien sobre destitución de jueces.

Sin embargo, con motivo de la impugnación por inconstitucionalidad de los artículos 23,18, 95, 96, 97, 98, 99, 100, 101 y 102 de la LOJCA 2010, y el artículo 26.18 de la LOTSJ 2010 en los cuales se regula este recurso de juridicidad, la Sala Constitucional ha dictado la sentencia N° 1149 (Exp. 10-1039) de 17 de noviembre de 2010, mediante la cual, en una medida cautelar, ha decidido ordenar "la suspensión de los artículos impugnados y la inaplicación del recurso de juridicidad."[148] Para ello, la Sala se basó en el siguiente argumento:

> "se observa que se atribuye a la Sala Político Administrativa una amplia facultad de revisión de sentencias, facultad aún más amplia que la otorgada de forma exclusiva y excepcional a esta Sala Constitucional por disposición del artículo 336, cardinal 10 de la Constitución y desarrollada en los artículos 25, cardinales 11 y 12 de la vigente Ley Orgánica del Tribunal Supremo de Justicia; pues, mediante el recurso "especial" de juridicidad, se le permite a la mencionada Sala Político Administrativa revisar una sentencia, que ya tuvo un doble grado de conocimiento, y anularla bajo el nuevo examen del mérito de la causa, sin más limitación o fundamento que la trasgresión del ordenamiento jurídico.
>
> Por tanto, visto *prima facie*, que la aplicación de las normas impugnadas pudieran crear perturbaciones, retardos o alargamientos en los juicios contencioso administrativos, con el temor de que el proceso pudiera convertirse en un instrumento que juegue contra quien tiene la razón en un juicio y contra los principios de tutela judicial efectiva, celeridad y el derecho a obtener con prontitud la decisión correspondiente, establecidos en el artículo 26 de la Constitución de la República Bolivariana de Venezuela; además de existir la presunción grave de que dicho medio de impugnación implique la invasión de atribuciones de revisión que son competencia exclusiva y excluyente de esta Sala, se acuerda la suspensión de las normas impugnadas y, en consecuencia, la inaplicación del recurso especial de juridicidad previsto en el artículo 95 de la Ley Orgánica de la Jurisdicción Contencioso Administrativo, y regulado en el Capítulo IV del Título IV de esa Ley, así se decide."[149]

A pesar de esta suspensión, sin embargo, debemos indicar que las regulaciones más importantes sobre este recurso son las siguientes:

2. Oportunidad para interponer el recurso y remisión del expediente a la Sala

El recurso especial de juridicidad debe interponerse ante el tribunal que ha dictado la sentencia, dentro de los 10 días de despacho siguientes a la publicación de la misma, para ante la Sala. El escrito del recurso especial de juridicidad debe hacer mención expresa de las normas transgredidas (Art. 96).

El tribunal que dictó la sentencia recurrida debe remitir inmediatamente el expediente con el recurso a la Sala Político-Administrativa, dejando constancia en el auto que ordena la remisión de los días de despacho transcurridos para su interposición (Art. 97).

---

148 *V.*, http://www.tsj.gov.ve/decisiones/scon/Noviembre/1149-171110-2010-10-1039.html
149 *Idem*

3. Admisión del recurso y contestación

La Sala Político-Administrativa debe pronunciarse sobre la admisión del recurso dentro de los 10 días de despacho siguientes a su recibo (Art. 98); y una vez que la Sala admita el recurso, la contraparte dispone de 10 días de despacho para consignar por escrito, que no debe exceder de 10 páginas, su contestación (Art. 99). La limitación parece no tener lógica, sobre todo si se tiene en cuenta que la LOJCA 2010 no limita el número de páginas que puede tener el recurso de revisión de juridicidad que se va a contestar.

4. Sentencia

Transcurrido el lapso establecido en el artículo 98 de la LOJCA 2010 para la presentación de la contestación, la Sala Político-Administrativa debe dictar sentencia decisión dentro de los 30 días de despacho siguientes (Art. 100).

Como se dijo, el recurso especial de juridicidad no constituye una tercera instancia de conocimiento de la causa (Art. 96), por lo que en su decisión, la Sala Político Administrativa deberá limitarse a analizar las que transgresiones al ordenamiento jurídico que hubiesen sido denunciadas en el recurso (Art. 95), en el cual, como se dijo, debe hacer mención expresa de las normas denunciadas como transgredidas (Art. 96).

En la sentencia, la Sala Político-Administrativa puede declarar la nulidad de la sentencia recurrida, ordenando la reposición del procedimiento, o resolver el mérito de la causa para restablecer el orden jurídico infringido (Art. 101).

En los casos en los cuales la Sala considere que se el recurso se ha intentado temerariamente, podrá imponerle al recurrente, al abogado asistente o al apoderado que lo haya interpuesto, en decisión que debe ser motivada, multa por un monto entre 50 U.T. y 150 U.T. (Art. 102).

LIBRO SÉPTIMO:

LA JURISDICCIÓN CONTENCIOSO ADMINISTRATIVA Y LOS PROCESOS DE AMPARO CONTRA LAS ACCIONES U OMISIONES DE LA ADMINISTRACIÓN

Este Libro Séptimo se ha elaborado partiendo del trabajo sobre "Introducción General al régimen del derecho de amparo a los derechos y garantías constitucionales (El proceso de amparo)," que fue publicado en el libro *Ley Orgánica de Amparo sobre Derechos y Garantías Constitucionales*, (Allan R. Brewer-Carías, Coordinador y editor, Carlos Ayala Corao y Rafael J. Chavero Gazdik), editado en Colección Textos Legislativos N° 5, Editorial Jurídica Venezolana; cuya primera edición salió en 1988, siendo la última (Sexta edición corregida, aumentada y actualizada), publicada en Caracas 2007, pp. 9-149; así como del libro *Derecho y Acción de Amparo*, publicado como Tomo V de mi libro *Instituciones Políticas y Constitucionales*, Universidad Católica del Táchira/Editorial Jurídica Venezolana, Caracas-San Cristóbal 1998. Dichos textos, a los efectos de este Libro del Tratado, se han completado con partes de otros textos publicados, particularmente de los siguientes estudios más recientes en la materia: "El proceso constitucional de amparo en Venezuela: su universalidad y los problemas de su efectividad en un régimen autoritario", en *Horizontes Contemporáneos del Derecho Procesal Constitucional. Liber Amicorum Néstor Pedro Sagüés*, Centro de Estudios Constitucionales del Tribunal Constitucional, Lima 2011, Tomo II, pp. 219-261; "El juez constitucional como legislador positivo y la inconstitucional reforma de la Ley Orgánica de Amparo en Venezuela mediante sentencias interpretativas," en Eduardo Ferrer Mac-Gregor, Arturo Zaldívar Lelo de Larrea (Coordinadores), *La Ciencia del Derecho Procesal Constitucional (Estudios en homenaje a Héctor Fix-Zamudio en sus 50 años como investigador del Derecho, (Homenaje Venezolano)*, Universidad Nacional Autónoma de México (UNAM), Fundación de Estudios de Derecho Administrativo (FUNEDA), Editorial Jurídica Venezolana (EJV), Caracas 2012, pp. 261-279; "El amparo constitucional en Venezuela," en *Revista IUS*, N° 27, Instituto de Ciencias Jurídicas de Puebla, Puebla, México 2011, ISSN 1870-2147, pp. 251-277; "The Amparo Proceeding in Venezuela: Constitutional Litigation and Procedural Protection of Constitutional Rights and Guarantees," en *Duquesne Law Review*, Volume 49, Spring 2011, Pittsburgh,

pp. 161-241; y "La acción de amparo en Venezuela y su universalidad", en José de Jesús Naveja Macía (Coordinador), *Génesis, Desarrollo y Actualidad de Amparo en América Latina,* Tomo I, Ediciones Ilcsa, Tijuana México, pp. 109-141.

INTRODUCCIÓN

La Constitución de 1961 estableció expresamente en Venezuela la garantía judicial específica de los derechos constitucionales al haber consagrado el derecho de todas las personas a ser amparadas por los Tribunales en el goce y ejercicio de los propios derechos constitucionales. Con tal objetivo, el artículo 49 de dicha Constitución, estableció lo siguiente:

> *Artículo* 49. Los Tribunales ampararán a todo habitante de la República en el goce y ejercicio de los derechos y garantías que la Constitución establece, en conformidad con la Ley.
>
> El procedimiento será breve y sumario, y el juez competente tendrá potestad para restablecer inmediatamente la situación jurídica infringida.

Esta norma, sin duda, fue reflejo de la previsión más limitada del artículo 8 de la Declaración Universal de Derechos Humanos de la ONU que estableció lo siguiente:

> *Artículo* 8. Toda persona tiene derecho a un recurso efectivo, ante los Tribunales nacionales competentes, que la ampare contra actos que violen sus derechos fundamentales reconocidos por la Constitución o por la Ley.

Ahora bien, de acuerdo a dicha norma de la Constitución de 1961, resultaba lo siguiente en materia de amparo:

Primero, que el amparo se consagró como un derecho fundamental de todo habitante de la República, a ser amparado por los tribunales en el goce y ejercicio de los derechos y garantías constitucionales.

Segundo, se trató de un derecho que corresponde a "todo habitante de la República" en el sentido de toda persona natural que habite el Territorio o toda persona jurídica domiciliada en el mismo, o que tengan en él intereses.

Tercero, es un derecho que permite ser amparado en el goce y ejercicio de todos los derechos y garantías que se establecen y enumeran en la Constitución, e incluso, de aquellos que no estando expresamente enunciados en ella, sean inherentes a la persona humana (Art. 50).

Cuarto, es un derecho, el de ser amparado, que puede ejercerse para buscar protección judicial contra cualquier violación o amenaza de violación de esos derechos o garantías constitucionales, provengan de actos, hechos u omisiones de funcionarios o entidades públicas o de otros particulares.

Quinto, para que proceda el ejercicio del derecho a ser amparado ante los tribunales, se requiere que el derecho o garantía constitucional sea directamente lesionado en su goce o ejercicio, sea que con ello se viole directamente la Constitución o las leyes que conforme a la Constitución regulan o garantizan el derecho.

Sexto, la Constitución atribuyó competencia judicial para conocer de las pretensiones de amparo a "los Tribunales", con lo cual expresamente se apartó de los sistemas que regulan el amparo como un medio adjetivo único que debe ejercerse ante un solo órgano jurisdiccional (*p.e.* un Tribunal Constitucional). Además la Constitución consagró al amparo como una obligación de los Tribunales a amparar ("los Tribunales *amparan"*, dice la norma) lo cual puede pedirse, sea conjuntamente con el ejercicio de las acciones o recursos ordinarios o extraordinarios previstos en el ordenamiento procesal, sea mediante una acción autónoma de amparo.

Séptimo, la Constitución exigió que el procedimiento ante los Tribunales para el ejercicio del derecho de amparo debía ser breve y sumario (y efectivo, en los términos de la Declaración Universal), teniendo el Juez competente potestad "para restablecer inmediatamente la situación jurídica infringida".

El derecho de amparo, así concebido, sin embargo, inicialmente no tuvo completa efectividad, básicamente por la imposibilidad que existía conforme al viejo Código de Procedimiento Civil, de que los Tribunales pudieran "restablecer inmediatamente la situación jurídica infringida" en los casos de violaciones de derechos fundamentales, al conocer de las acciones y recursos a través de procedimientos ordinarios.

Por ello, contrariamente a lo que sucedía en los países anglosajones, donde los Tribunales ordinarios al conocer de las acciones ordinarias protegen en forma inmediata y efectiva los derechos fundamentales a través de las llamadas *injunctions* (prohibiciones y órdenes de no hacer) o de los *mandamus* (órdenes de hacer), sin que exista una acción especial y autónoma de amparo, en nuestro país había la necesidad de regular una acción autónoma de amparo, para que los derechos constitucionales encontraran efectiva protección.

Por ello, la apertura al ejercicio del derecho de amparo que se hizo por obra de decisiones jurisprudenciales a partir de 1983, se basó en la admisión de una acción autónoma de amparo especialmente diseñada para el ejercicio de tal derecho, que fue la que luego se reguló en la Ley Orgánica de Amparo sobre Derechos y Garantías Constitucionales de enero de 1988[1], De dicha Ley, sin embargo, quedó claro que el ejercicio del derecho de amparo a los derechos y garantías constitucionales podía realizarse, fuera mediante las acciones ordinarias del proceso civil, laboral, mercantil, contencioso administrativo, etc., cuando junto con ellas se formulaba una pretensión de amparo; o mediante el ejercicio de la acción autónoma de amparo regulada en la Ley.

En el primer caso, cuando el amparo se ejerce como pretensión conjuntamente con las acciones ordinarias en caso de violación o amenaza de violación de un derecho constitucional, el demandante puede presentar la pretensión de amparo en cuyo caso el Juez ordinario debe acogerse al procedimiento de la Ley Orgánica de Amparo (Art. 6, Ord. 5°) a fin de ordenar la suspensión provisional de los efectos del acto cuestionado, o mejor, a fin de restablecer inmediatamente en forma provisional o cautelar, la situación jurídica infringida. Por tanto, por ejemplo, en caso del ejercicio de una acción reinvicatoria, conjuntamente con ella se puede formular la pretensión de amparo al derecho de propiedad, que permita al juez restituir al demandante, de inmediato, su propiedad. Para ello, no sólo la Ley Orgánica de Amparo le permite restablecer inmediatamente, en

1 *V.*, en *Gaceta Oficial* N° 33.891 de 22 de enero de 1988. La Ley Orgánica fue reformada en 27-9-88, publicada en *Gaceta Oficial* N° 34.060 de 27-9-88. *V.*, Allan R. Brewer-Carías, "Introducción general al régimen del derecho de amparo a los derechos y garantías constitucionales" en Allan R. Brewer-Carías y Carlos Ayala Corao, *Ley Orgánica de Amparo sobre Derechos y Garantías Constitucionales,* Caracas, 1988.

forma provisional o cautelar, la situación infringida, sino que adquieren todo su valor y efectividad los poderes del juez conforme al nuevo Código de Procedimiento Civil, cuyo artículo 588, Parágrafo Primero, lo faculta para "autorizar o prohibir la ejecución de determinados actos y adoptar las providencias que tengan por objeto hacer cesar la continuidad de la lesión". He allí, ni más ni menos, la garantía de amparo en la vía ordinaria. En todos estos supuestos el proceso ordinario seguiría su curso normal, de manera que el amparo definitivo se debe resolver con la sentencia definitiva; en el *interim,* sin embargo, la medida cautelar de amparo sirve de protección procesal.

En materia contencioso administrativo, la situación es similar. Cuando se pretenda amparo contra un acto administrativo, la pretensión de amparo puede formularse conjuntamente con la acción de nulidad, en cuyo caso, la suspensión de efectos del acto administrativo que pronuncie el juez se configura como un amparo cautelar o provisional, mientras se resuelve la nulidad solicitada. En todo caso, la sentencia definitiva del Juez contencioso administrativo al anular o no el acto impugnado, constituye la decisión definitiva en cuanto al amparo solicitado. De acuerdo al artículo 206 de la entonces Constitución de 1961, el ejercicio del derecho de amparo contra actos administrativos pudo haberse reservarse a ser resuelto por los tribunales contencioso administrativos; ello, sin embargo, no se estableció en la Ley Orgánica debido al limitado número de esos Tribunales que existían en ese entonces en el país, lo que hubiera hecho muy restrictivo, en la práctica, el acceso de pretensiones de amparo ante los Tribunales. La multiplicación posterior de los tribunales contencioso administrativos, por ello, condujo a que las pretensiones de amparo contra los actos administrativos o contra las abstenciones o negativas de la Administración, se formule en general conjuntamente con la acción contencioso administrativo de anulación o abstenciones correspondientes.

La Ley Orgánica de Amparo sobre Derechos y Garantías Constitucionales de enero de 1988, dictada en ejecución del artículo 49 de la Constitución de 1961, sin duda, fue la ley más importante que se promulgó en el país después de la propia Constitución, pues reguló el aspecto más importante de las normas constitucionales que interesan a los ciudadanos: el ejercicio y goce de los derechos y garantías que la Constitución establece.

Para mayor protección de estos derechos y garantías, y para asegurar su plena vigencia y ejercicio, la Ley Orgánica reguló la acción de amparo que permite a "toda persona natural habitante de la República o persona jurídica domiciliada en ésta", para solicitar ante los Tribunales competentes amparo para el goce y ejercicio de los derechos y garantías constitucionales, aún de aquellos derechos fundamentales de la persona humana que no figuren expresamente en la Constitución, con el propósito de que se restablezca inmediatamente la situación jurídica infringida o la situación que más se asemeje a ella (Art. 1). La acción así regulada, procede contra cualquier hecho, acto u omisión que provenga de los órganos del Poder Público Nacional, Estadal o Municipal, o que se originen por ciudadanos, personas jurídicas, grupos u organizaciones privadas, que hayan violado, violen o amenacen violar cualquiera de las garantías o derechos constitucionales (Art. 2). En cuanto a los entes públicos, esta acción de amparo procede expresamente contra normas (Art. 3), decisiones judiciales (Art. 4) y actos administrativos, vías de hecho y conductas omisivas de la Administración (Art. 5).

La acción de amparo puede intentarse ante cualquier juez de primera instancia que tenga *competencia afín* con la naturaleza del derecho o garantía constitucional violados o amenazados de violación (Art. 7), y si estos tribunales no existen en el lugar donde se produzcan los hechos, actos u omisiones constitutivos de la violación o amenaza de violación, se puede intentar ante cualquier juez de la localidad (de Distrito y si no lo hay de Municipio), lo que otorga a la jurisdicción de amparo un carácter completamente difuso. Esta situación, tratándose de decisiones judiciales de interpretación de la Constitución (la sentencia de amparo siempre aplica e interpreta el texto fundamental, pues la pretensión se refiere a derechos constitucionales), en virtud de que naturalmente originaba una multiplicidad de interpretaciones del texto fundamental, planteó la exigencia de lograr cierta, lo que en la Constitución de 1999 se ha previsto, al crearse la Sala Constitucional en el Tribunal Supremo con competencia para conocer de la revisión extraordinaria de todos los casos de amparo resueltos en segunda instancia por todos los tribunales que sean competentes.

Por último, y lo más importante, el juez de amparo conforme al procedimiento breve y sumario que la Ley establece (de carácter gratuito, inquisitorio, prioritario), puede restablecer de inmediato la situación jurídica infringida en una medida que tiene carácter cautelar o provisional, dada la naturaleza de la violación alegada, por lo que en todo caso el juez debe proceder a requerir informe al agraviante y celebrar una audiencia constitucional (Art. 23 a 26), para adoptar el mandamiento de amparo definitivo, el cual debe contener la orden a cumplir (de hacer o de no hacer), con las especificaciones necesarias para su ejecución (Art. 32). Debe señalarse, sin embargo, que el artículo 22 de la Ley Orgánica, había permitido al juez *inaudita parte* adoptar el mandamiento de amparo, cuando se acompañase al libelo un medio de prueba que constituyera presunción grave de la violación o de la amenaza de violación, y dada la naturaleza de ésta, no fuera necesario pedir informe alguno al agraviante. Esta norma, que consideramos que sólo debía interpretarse como consagratoria de un amparo cautelar, fue declarada inconstitucional por la Corte Suprema de Justicia[2].

El proceso, en todo caso, está signado por el principio de la bi-instancia, por lo que siempre procede apelación, y en su defecto la consulta obligatoria, salvo en los casos en los cuales el Tribunal competente para conocer de la acción en primera y única instancia, sea la Corte Suprema de Justicia (Art. 8).

Ahora bien, el artículo 27 de la Constitución de 1999[3] siguiendo la orientación del artículo 49 de la Constitución de 1961, reguló el proceso de amparo constitucional también como un derecho constitucional[4], el cual se puede igualmente ejercer a través de múltiples medios o recursos judiciales de protección, incluyendo la acción autónoma de amparo, así:

---

2 *V.*, sentencia de Corte Suprema de Justicia en Corte Plena de 21-5-96. *V.*, lo expuesto en p. 392 y siguientes de este tomo V.

3 *V.*, en general, Hildegard Rondón de Sansó, "La acción de amparo constitucional a raíz de la vigencia de la Constitución de 1999", en *Revista de la Facultad de Ciencias Jurídicas y Políticas de la UCV*, N° 119, Caracas, 2000, pp. 147-172; Richard D. Henríquez Larrazábal, "El problema de la procedencia del amparo constitucional en el Derecho venezolano", en *Bases y principios del sistema constitucional venezolano* (Ponencias del VII Congreso Venezolano de Derecho Constitucional realizado en San Cristóbal del 21 al 23 de Noviembre de 2001), Volumen II, pp. 403-475; Víctor R. Hernández-Mendible, "El amparo constitucional desde la perspectiva cautelar", en *El Derecho Público a comienzos del siglo XXI. Estudios homenaje al Profesor Allan R. Brewer-Carías*, *T.* I, Edit. Civitas, Madrid, 2003, pp. 1219-1301.

4 *V.*, en general Hildegard Rondón de Sansó, *La acción de amparo contra los Poderes Públicos*, Editorial Arte, Caracas 1994; Hildegard Rondón de Sansó, *Amparo constitucional*, Editorial Arte, Caracas 1998; Gustavo Linares Benzo, *El proceso de amparo*, Universidad central de Venezuela, Caracas 1999; Rafael J. Chavero Gazdik, *El nuevo régimen del amparo constitucional en Venezuela*, Edit. Sherwood, Caracas 2001.

"*Artículo* 27: Toda persona tiene derecho a ser amparada por los tribunales en el goce y ejercicio de los derechos y garantías constitucionales, aun de aquellos inherentes a la persona que no figuren expresamente en esta Constitución o en los instrumentos internacionales sobre derechos humanos.

El procedimiento de la acción de amparo constitucional será oral, público, breve, gratuito y no sujeto a formalidad, y la autoridad judicial competente tendrá potestad para restablecer inmediatamente la situación jurídica infringida o la situación que más se asemeje a ella. Todo tiempo será hábil y el tribunal lo tramitará con preferencia a cualquier otro asunto.

La acción de amparo a la libertad o seguridad podrá ser interpuesta por cualquier persona, y el detenido o detenida será puesto bajo la custodia del tribunal de manera inmediata, sin dilación alguna.

El ejercicio de este derecho no puede ser afectado, en modo alguno, por la declaración del estado de excepción o de la restricción de garantías constitucionales".

Las reformas más importantes que introdujo esta norma respecto de lo que establecía el artículo 49 de la Constitución de 1961, fueron las siguientes:

En *primer lugar*, en forma expresa se estableció el amparo como un "derecho" constitucional de toda persona, "a ser amparada por los tribunales en el goce y ejercicio de los derechos y garantías constitucionales".

En *segundo lugar*, en cuanto a los derechos amparables, se estableció que no sólo son los que la Constitución establece, sino aquellos inherentes a la persona que no figuren expresamente, no sólo en la Constitución sino en los instrumentos internacionales sobre derechos humanos, los cuales, además, conforme a la propia Constitución, tienen rango constitucional y prevalecen incluso sobre el orden interno si contienen regulaciones más favorables (artículo 23).

En *tercer lugar*, en cuanto al procedimiento, en lugar de establecer sólo que debía ser "breve y sumario" como lo hacía la Constitución de 1961, se indica que debe ser "oral, público, breve, gratuito y no sujeto a formalidad", y agregando, además, que "todo tiempo será hábil y el tribunal lo tramitará con preferencia a cualquier otro asunto".

En *cuarto lugar*, no sólo se reiteró la competencia del juez para restablecer inmediatamente la situación jurídica infringida, sino alternativamente, "o la situación que más se asemeje a ella".

Y en *quinto lugar* se precisó expresamente que "el ejercicio de este derecho no puede ser afectado, en modo alguno, por la declaración del estado de excepción o de la restricción de garantías constitucionales".

Como puede observarse, en esta norma del artículo 27 no sólo se recogieron todos los principios fundamentales en materia de amparo que la Constitución de 1961 había establecido, sino los que se habían desarrollado jurisprudencialmente antes y después de la sanción de la Ley Orgánica de Amparo sobre Derechos y Garantías Constitucionales de 1988,[5] de lo que en nuestro criterio resulta lo siguiente:

---

5 *V.*, Allan R. Brewer-Carías, "La reciente evolución jurisprudencial en relación a la admisibilidad del recurso de amparo", en *Revista de Derecho Público*, N° 19, EJV, Caracas, julio-septiembre 1984, pp. 207-217; y "El derecho de amparo y la acción de amparo", en *Revista de Derecho Público*, N° 22, Editorial Jurídica Venezolana, Caracas, abril-junio 1985, pp. 51-61.

Primero, que el amparo se consagra como un derecho fundamental de toda persona, a ser amparado por los tribunales en el goce y ejercicio de los derechos y garantías constitucionales.

Segundo, se trata de un derecho que corresponde a "toda persona" en el sentido de toda persona natural que se encuentre en el territorio nacional o de toda persona jurídica domiciliada o que tenga intereses en el mismo.

Tercero, es un derecho que permite ser amparado en el goce y ejercicio de todos los derechos y garantías que se establecen y enumeran en la Constitución y en los tratados internacionales; y de aquellos que no estando expresamente enunciados en la Constitución y en esos instrumentos, sean inherentes a la persona humana. Por tanto, todos los derechos son justiciables por la vía del amparo.

Cuarto, es un derecho, el de ser amparado, que puede ejercerse para buscar protección judicial contra cualquier violación o amenaza de violación de esos derechos o garantías constitucionales, provengan de actos, hechos u omisiones de funcionarios o entidades públicas o de otros particulares.

Quinto, para que proceda el ejercicio del derecho a ser amparado ante los tribunales, se requiere que el derecho o garantía constitucional sea directamente lesionado en su goce o ejercicio, sea que con ello se viole directamente la Constitución, los instrumentos internacionales o las leyes que conforme a la Constitución regulan o garantizan el derecho.

Sexto, la Constitución atribuye competencia judicial para conocer de las pretensiones de amparo a "los tribunales", con lo cual expresamente se apartó de los sistemas que regulan el amparo como un medio adjetivo único que debe ejercerse ante un solo órgano jurisdiccional (Tribunal Constitucional). Además la protección del amparo puede pedirse, ya sea conjuntamente con el ejercicio de las acciones o recursos ordinarios o extraordinarios previstos en el ordenamiento procesal, o mediante una acción autónoma de amparo. Adicionalmente, se establece que todo tiempo es hábil y el tribunal debe tramitar el amparo con preferencia a cualquier otro asunto.

Séptimo, la Constitución exige que el procedimiento ante los Tribunales para el ejercicio del derecho de amparo debe ser oral, público, breve, gratuito y no sujeto a formalidad (y efectivo, en los términos de la Declaración Universal), teniendo el Juez competente potestad "para restablecer inmediatamente la situación jurídica infringida o la situación que más se le asemeje".

Ahora bien, antes de analizar el régimen actual del proceso de amparo, particularmente cuando es desarrollado ante la jurisdicción contencioso administrativa, estimamos ilustrativo referirnos a algunos aspectos de la evolución del régimen del amparo, tal como se precisaron antes de la entrada en vigencia de la Ley Orgánica de Amparo de 1988, particularmente en cuanto a la competencia de los tribunales contencioso administrativo para conocer de la acción de amparo contra acciones u omisiones de la Administración y sus funcionarios.

I. ALGUNOS ANTECEDENTES DEL RÉGIMEN PROCESAL DEL AMPARO Y LA DE COMPETENCIA DE LA JURISDICCIÓN CONTENCIOSO ADMINISTRATIVA EN LA MATERIA

Luego de una larga evolución jurisprudencial de aceptación progresiva de la acción de amparo aún en ausencia de la ley procesal que requería la Constitución de 1961, en 1983 la Corte Suprema de Justicia abandonó la tesis que había adoptado años antes sobre el carácter programático del artículo 49 de la Constitución de 1961[47], y admitió que el amparo, como derecho, podía dar origen a una acción autónoma de amparo, que podía ser ejercida ante todos los Tribunales, los cuales eran competentes según la "afinidad de su competencia" jurisdiccional específica, con el derecho constitucional violado y cuyo amparo se solicitaba.

La Corte Suprema en 1983, en efecto, señaló que los Tribunales:

> "deben limitar su facultad para admitir recursos de amparo *de acuerdo con la afinidad que con su competencia natural* tengan los derechos que se pretendan vulnerados, en razón de que el propio artículo 49 de la Constitución da a entender claramente que si el deber de amparo corresponde a todos los Tribunales de la República, habrá una distribución de competencias entre los mismos, según se desprende del aparte que se refiere al juez competente, y porque el propio Constituyente inició esta distribución de competencias al otorgarla a los Jueces de Primera Instancia en lo Penal en lo referente al amparo a la libertad personal" (Disposición Transitoria Quinta)"[48].

De acuerdo con este criterio, por tanto, quedó definitivamente aceptado el carácter del amparo previsto en el artículo 49 de la Constitución de 1961, como un derecho constitucional que podía ejercerse aún en ausencia de ley reglamentaria como lo prescribe el artículo 50 del texto fundamental, y que implicaba la obligación de todos los tribunales de amparar dichos derechos, de acuerdo a la afinidad de la competencia natural que tenían asignada, con el derecho constitucional violado.

Fue precisamente con base en esa doctrina, que en el caso concreto (*Andrés Velásquez*) debatido, al tratarse de un amparo solicitado por un candidato presidencial contra un acto administrativo del Consejo Supremo Electoral, la Corte consideró que como

> "el amparo no podría ser sino la derivación de la nulidad manifiesta del acto administrativo emanado de dicho órgano, esta Sala se declara competente para resolver la solicitud presentada, en virtud de la atribución que le otorga el ordinal 12 del artículo 42 de la Ley Orgánica de la Corte Suprema de Justicia, y porque corresponde a la Corte la función primordial de controlar la constitucionalidad y legalidad de los actos del Poder Público (artículo 2 *ejusdem*)"[49].

Así, la Corte Suprema aceptó el criterio de que la afinidad de la competencia en caso de solicitudes de amparo que implicaran juzgar conductas de entes administrativos, atraía la competencia de los tribunales contencioso administrativos. En relación al mismo aspecto de la afinidad de la competencia, por ejemplo, aun siendo competentes los

---

47 La tesis amplia relativa al amparo, basada en el artículo 50 de la Constitución había sido sostenida, entre otros, por M. Sierralta, *De los Recursos de Amparo y Hábeas Corpus en el Derecho Constitucional Venezolano*, Caracas, 1961, pp. 28-29; R. Escala Zerpa, *Recurso de Amparo contra arbitrariedad de funcionarios públicos*. Caracas, 1968; J. R. Quintero "Recurso de amparo. La cuestión central en dos sentencias y un voto salvado" en *Revista de la Facultad de Derecho, UCAB*, N° 9, Caracas, 1969-1970 pp. 161-169; R. Escovar Salom, *El amparo en Venezuela*, Caracas 1971 pp. 59-61; J. G. Sarmiento Núñez, *Temas Jurídicos*, Caracas, 1972, pp. 139-142; J. R. Mendoza Mendoza, *Casos de Jurisprudencia o de nuevas interpretaciones*, Barquisimeto, 1973, p. 329.

48 *V.*, en *Revista de Derecho Público*, N° 16, E.J.V., Caracas 1983, p. 170.

49 *Idem*, p. 170.

órganos de la jurisdicción contencioso administrativa para conocer de las demandas contra empresas del Estado, el ejercicio de una acción de amparo contra una actuación de esas empresas violatoria de un derecho laboral, debía realizarse ante los Tribunales del Trabajo y no ante la jurisdicción contenciosoadministrativa[50].

Por tanto, correspondiendo el conocimiento de la acción de amparo a todos los Tribunales, con razón la Corte Suprema recomendó en su decisión de 1983,

> "que los Tribunales, de la República deben hacer un uso prudente y racional de la norma contenida en el artículo 49 de la Constitución, tratando de suplir por medio de la analogía y demás instrumento de interpretación de que los provee el sistema jurídico venezolano, la lamentable ausencia de una ley reglamentaria de la materia"[51].

1. El carácter breve y sumario del procedimiento

De acuerdo al artículo 49 de la Constitución de 1961, al regularse el derecho de amparo se estableció expresamente que "el procedimiento será breve y sumario", por lo que en ausencia de la Ley de Amparo, a los efectos de aplicar esa norma constitucional, los Jueces debieron aplicar por vía analógica, procedimientos breves y sumarios previstos en el ordenamiento. Sobre estas expresiones, la Corte Primera de lo Contencioso Administrativo señaló lo siguiente: El procedimiento debe ser *breve,* "en el sentido de tener por sí la condición de ser urgente, en tal condición, será tramitado con celeridad y debe ser resuelto en el menor tiempo posible": además, debe ser *sumario,* en el sentido de que "implica que su procedimiento debe ser simple, sencillo, despojado de incidencias, carente de formalidades complejas y se debe desarrollar en una relación procesal sin partes, limitada en principio, a la actuación del solicitante y del Juez que va a conocer del asunto"[68].

Ahora bien, ante la ausencia de la legislación específica que regulase los aspectos procesales del ejercicio y desarrollo de la acción de amparo la Corte Primera de lo Contencioso Administrativo consideró acertado aplicar para la tramitación de las acciones de amparo, el procedimiento previsto en los artículos 215 a 217 del Código Orgánico Tributario, que tienen por objeto "amparar a los contribuyentes de tributos nacionales ante demoras excesivas de la Administración Tributaria en resolver sus peticiones"[69]. Estas normas, en efecto, que regulan la allí llamada "acción de amparo", aplicadas a la acción autónoma de amparo, daban lugar a los siguientes elementos adjetivos:

1. El escrito de la acción debía ser presentado por la persona afectada, o su representante legal, ante el Tribunal competente, y en el mismo debían especificarse las situaciones de hecho que provocaban la violación del derecho cuyo amparo se solicitaba, así como las gestiones realizadas para impedir o reclamar las violaciones.

---

50 Este fue el criterio sentado por la Corte Primera de lo Contencioso-Administrativa en sentencia de 3-10-85 (Caso: *CADAFE*). *V.*, en *Revista de Derecho Público*, N° 24, EJV, Caracas, 1985, p. 134

51 *Idem.*, p. 170. Este mismo criterio fue expuesto por la Sala Político Administrativa de la Corte Suprema en su decisión de 2-7-85 (Caso: *Hevensa*) en la cual señaló respecto del amparo que "su aplicación racional y prudente constituye la mejor defensa de la institución de amparo". Consultada en original, p. 6.

68 *V.*, la sentencia citada de 17-1-85. *Revista de Derecho Público*, N° 21 EJV, Caracas, 1985, p. 140.

69 *Idem.* Código Orgánico Tributario (COT) de 1994, *Gaceta Oficial* N° 4.724 Extra de 27-5-94.

2. Si la acción apareciere razonablemente fundada, el Tribunal debía requerir informes sobre la causa de la violación y fijar un término breve y perentorio para la respuesta, por parte del funcionario o entidad que causa la violación.

3. Vencido el lapso, el Tribunal debía dictar una decisión "que corresponda al amparo del derecho lesionado" dentro de los cinco días hábiles. En dicha decisión, si era el caso, debía fijar un término a quien hubiera violado el derecho amparado para que cumpliera la decisión de hacer, de no hacer, de dar o de deshacer que contuviera el amparo, según los casos, o si era el caso, restablecer directamente la situación jurídica lesionada.

Las normas del Código Orgánico Tributario que *mutatis mutandis* debían dar origen a los mencionados aspectos adjetivos, en criterio de la Corte Primera de lo Contencioso Administrativo, "recogen y desarrollan sabiamente el recurso procesal contenido en el artículo 49 de la Constitución, y que ante la cierta falta de regulación legislativa *ad hoc* del amparo, la aplicación de esas normas procesales de forma subsidiaria por la Corte ha sido, sin duda, acertada y cumple satisfactoriamente la exigencia de brevedad en el trámite de los recursos de amparo". Adicionalmente, la Corte Primera, al comentar la aplicación del procedimiento mencionado en un caso concreto de amparo, señaló que ello se hizo "en una actitud definida de impedir que el mismo se transformara en una situación procesal compleja, confusa, limitada en el tiempo a resolver las múltiples y variadas impugnaciones opuestas como puntos previos; y ello lo logró, difiriendo el conocimiento de tales impugnaciones al momento y a la oportunidad de resolver de manera definitiva el mérito de la solicitud"[70].

2. Los poderes del juez de amparo

Dentro de los elementos que fueron configurando la acción de amparo en Venezuela antes de la entrada en vigencia de la Ley Orgánica de Amparo de 1988 y que se deducen de las múltiples decisiones de los Tribunales en la materia, deben mencionarse los relativos a los poderes del juez de amparo, quizás los más importantes para asegurar el derecho de todos a ser amparados por los Tribunales, como lo indica la Constitución.

En esta materia, por supuesto, la labor de los jueces estuvo guiada por el mandato constitucional del artículo 49: "Los Tribunales ampararan a todo habitante de la República, en *el goce y ejercicio* de los derechos y garantías...", para lo cual "el juez competente tendrá potestad *para restablecer inmediatamente* la situación jurídica infringida". Por ello, en definitiva, la acción de amparo siempre se traduce en una *condena*[75] *restablecedora* pronunciada contra quien produjo la violación del derecho constitucional, que puede ser de dar, de hacer, de no hacer o de deshacer, según los casos, o puede ser una decisión de restablecer directamente la situación jurídica infringida, si ello es

70 *V.*, la sentencia citada de 17-1-85, *Revista de Derecho Público*, N° 21, EJV, Caracas 1985, p. 140..

75 La Corte Primera de lo Contencioso administrativo, por ejemplo, en una sentencia de 3-10-85 señaló respecto de una acción de amparo interpuesta por un trabajador a fin de que una empresa diera cumplimiento a la orden de reenganche dictada por una Comisión Tripartita Laboral así como al pago de salarios caídos, que "la acción de amparo se traduce en una condena a una obligación de hacer (reenganche) y otra de dar (pagar sumas de dinero) en contra de una empresa en participación estadal decisiva. *V.*, en *Revista de Derecho Público*, N° 24, EJV, Caracas, 1985.

posible con la sola decisión judicial[76]. Por ello, en sentencia de 13-2-86, la Corte Primera de lo Contencioso Administrativo señaló que el juez de amparo "tiene una competencia amplia para restablecer inmediatamente la situación infringida", por lo que "para evitar la lesión y el daño que produce la violación del derecho fundamental, aquél puede adoptar las medidas que crea necesarias para restablecer inmediatamente la situación jurídica infringida"[77].

El efecto judicial de la acción de amparo, por supuesto, es el aspecto más importante de la misma, pues según los poderes atribuidos al juez, la protección en el goce y ejercicio de los derechos constitucionales será efectiva. Por ello, las amplias posibilidades judiciales que la norma del artículo 49 de la Constitución abre a los jueces de amparo, permiten señalar que éstos se encuentran, al igual que los Jueces norteamericanos e ingleses[78] con una amplia gama de "remedios" judiciales que pueden utilizar para hacer efectivo el amparo de los derechos fundamentales. Por tanto, y las múltiples sentencias de Tribunales de instancia en materia de amparo que se fueron produciendo lo confirman, la decisión del Juez podía y puede consistir, en mandamientos de dar, de hacer o de deshacer (órdenes) o en mandamientos de no hacer (prohibiciones). En cuanto a los mandamientos de dar, podría tratarse de una condena a restituir un bien, por ejemplo, cuando se ampara el derecho de propiedad, o podía consistir en la condena de pago de una suma de dinero compensatoria del valor del mismo. Por su parte, los mandamientos de hacer se traducen en órdenes dadas a quien ha violado el derecho amparado, de realizar actos en sentido positivo[79] necesarios para restablecer el derecho infringido. En cuanto a los mandamientos de deshacer, pueden consistir en la orden u obligación impuesta a un sujeto, cuando ello sea posible, de destruir algo, o cancelar o deshacer una actividad realizada cuando ello es necesario para restablecer el derecho infringido. Por último, los mandamientos de no hacer, se traducen normalmente en prohibiciones[80] u órdenes negativas, es decir de abstención dadas a quien ha violado un derecho, para impedir otras violaciones o para restablecer el derecho violado.

Pero los poderes del juez de amparo van más allá, pues no sólo está facultado para dar órdenes o imponer prohibiciones a quien ha violado un derecho constitucional para ampararlo, sino que está facultado para restablecer directamente, cuando ello es posible con la sola decisión judicial, el derecho infringido, sustituyendo con su decisión cualquier actividad adicional por parte de otro sujeto de derecho o autoridad[81].

---

76 Como lo ha señalado H. Rondón de Sansó, "la informalidad del amparo faculta al juez para darle el contenido que juzgue necesario. El eventual contenido del amparo puede ser: acordar un plazo para obtener una respuesta; obligar a la destrucción de una obra; prohibir la difusión o representación; impedir la realización de un acto; dispensar de un trámite. *V.*, en "El amparo constitucional en Venezuela", *Loc. cit.*, p. 61.

77 *V.*, en FUNEDA, *15 años de Jurisprudencia, cit.*, p. 155.

78 *V.*, F. H. Lawson, *Remedies of English Law*, Londres, 1980, p. 175; B. Schwartz y H.W. R. Wade, Legal control of government, Oxford, 1978, p. 205.

79 Por ejemplo, equivalentes a las mandatory injunctions del derecho inglés. (*V.*, F. H. Lawson, *op. cit.*, p. 198); o los writ of mandamus del derecho norteamericano. (*V.*, L. J. Jaffe, *Judicial control of Administrative Action*. Boston, 1965, p. 176).

80 Por ejemplo, equivalentes a las prohibitory orders o injunctions del derecho inglés. *V.*, F. H. Lawson, *op. cit.*, p. 179; o las injunctions del derecho norteamericano. *V.*, B. Schwartz y H. W. R. Wade, *op. cit.*, p. 221; L. L. Jaffe, *op. cit.*, p. 193.

81 Por ejemplo, cuando el juez directamente decide la incautación de publicaciones que vulneran el derecho al honor. Caso: *Cisneros*. Sentencia del Juzgado Cuarto de Primera Instancia en lo Civil de la Circunscripción Judicial del Distrito Federal y Estado Miranda de 16-2-85 (consultada en original).

Como ejemplo de estos poderes del juez de amparo de pronunciar órdenes de hacer y eventualmente sustituirse a la Administración en el cumplimiento de un acto, dispensando al particular de obtenerlo, puede citarse la sentencia de la Corte Primera de lo Contencioso Administrativo de 20 de febrero de 1986, en la cual con motivo de un amparo solicitado por un contribuyente municipal, ante la negativa de una Municipalidad de expedirle el certificado de solvencia del impuesto inmobiliario urbano, requisito indispensable para poder registrar el documento de venta del inmueble, la Corte decidió lo siguiente: primero, ordenó al funcionario competente a fijar y liquidar el impuesto respectivo en un plazo de 30 días; segundo, ordenó que cumplido lo anterior y una vez pagado el impuesto por el contribuyente, en un plazo de tres días el funcionario debía expedir la solvencia de pago del impuesto; y tercero, advirtió a la Municipalidad que vencido el término de 30 días "sin que hubiere cumplido con lo ordenado" en la sentencia, se dispensaba al contribuyente del trámite de presentación de la solvencia municipal para protocolizar la venta del inmueble[82].

3. Los jueces contencioso administrativos como jueces de amparo

Hemos señalado que la Constitución de 1961 estableció, lo que se recoge en la Constitución de 1999, el derecho de amparo como derecho fundamental de todos a ser protegidos por los Tribunales en el goce y ejercicio de los derechos constitucionales. Este derecho de amparo, así concebido, se puede ejercer a través de diversas vías judiciales que aseguren esa protección o a través de la vía subsidiaria de la acción autónoma de amparo que, como lo dijo la Corte Primera de lo Contencioso Administrativo, "solamente puede acordarse ante el supuesto concreto de la inexistencia de otros recursos administrativos judiciales, ordinarios o especiales, que pueden alcanzar el fin perseguido con el amparo"[83].

Por tanto, antes de la promulgación de la Ley Orgánica de Amparo de 1988, sostuvimos[84] que frente a actos administrativos, cuando mediante éstos se violasen los derechos garantizados en la Constitución, la vía judicial de amparo establecida contra ellos debía ser el recurso contencioso administrativo de anulación, pues de acuerdo al artículo 206 de la constitución, sólo los órganos de la jurisdicción contencioso administrativa son competentes para anular actos administrativos. En esta forma, el recurso de anulación, cuando un acto administrativo era inconstitucional por violatorio de derechos fundamentales, debía ser el medio judicial de ejercicio del derecho de amparo constitucional, no siendo procedente el ejercicio paralelo de una acción autónoma de amparo frente a actos administrativos.

Este carácter del recurso contencioso administrativo de anulación de constituir un medio o vía judicial de amparo, por supuesto, tenía y tiene una enorme importancia tanto por las implicaciones en relación al régimen de la jurisdicción contencioso administrativa, como por la importancia que tenía el establecer un efectivo medio de amparo frente a las acciones u omisiones de las autoridades administrativas que violasen derechos constitucionales. Aun cuando el amparo, como derecho, puede ejercerse contra

---

82 *V.*, sentencia de 20-2-86 (ponente R. J. Duque Corredor), Caso: *H. Romero Muci vs. Municipalidad del Distrito Sucre del Estado Miranda. V.*, en *Revista de Derecho Público*, N° 25, EJV, Caracas, 1986, p. 122-123.

83 *V.*, sentencia de 17-1-85 en *Revista de Derecho Público*, N° 21, EJV, Caracas, 1984, p 140

84 *V.*, Allan R. Brewer-Carías, *Estado de derecho y Control Judicial*, Madrid 1985, pp. 639 y ss.

perturbaciones a los derechos fundamentales realizadas por particulares, es evidente que las más de las veces el amparo es un derecho para asegurar protección frente a las actuaciones de las autoridades públicas, y en particular, de las autoridades administrativas.

Por tanto, la relación entre el amparo y el contencioso administrativo se planteaba en diversa forma, según que la perturbación al derecho constitucional se produjera por una actuación de hecho de la Administración, por un acto administrativo, o por el retardo o negativa de la Administración a actuar. En el primer caso, la acción autónoma de amparo se debía intentar, en principio, ante la jurisdicción contencioso administrativa; en los dos últimos casos, el recurso contencioso administrativo de anulación y el recurso contencioso administrativo contra las conductas omisivas administrativas eran las vías judiciales de amparo.

A. El amparo contra las actuaciones o vías de hecho de la Administración y la competencia de los Tribunales Contencioso administrativos

El primer aspecto de interés a destacar es que los Tribunales Contencioso administrativos, en general, debían considerarse como jueces de amparo cuando las perturbaciones al goce y ejercicio de derechos fundamentales cuyo amparo se pretendía, fueran provocados por actuaciones administrativas, que no configurasen actos administrativos. En efecto, dado el principio de distribución de la competencia judicial en materia de amparo definido por la Corte Suprema de Justicia, vinculado al criterio de la afinidad de la competencia natural del juez con el derecho constitucional violado, la primera cuestión a dilucidar, en relación a esa distribución de competencias, cuando la perturbación al derecho constitucional la causaba una actuación de hecho de la Administración (vía de hecho), era establecer si el respectivo Tribunal competente era el órgano respectivo de la jurisdicción contencioso administrativa o el Tribunal cuya competencia fuera afín con el derecho violado. En otras palabras en caso de actuaciones administrativas que no eran actos administrativos, el principio de la afinidad de la competencia ¿debía determinarse por el sujeto (Administración) que producía la lesión del derecho constitucional, fuera cual fuera; o debía determinarse por el derecho cuyo amparo se solicitaba, fuera quien fuera el sujeto que provocaba la lesión?

La cuestión a dilucidar era por tanto, si la competencia de la jurisdicción contencioso administrativa resultaba o no atraída cuando se producía una lesión a cualquier derecho constitucional provocada por una autoridad administrativa. El problema estaba expresamente resuelto a nivel constitucional en relación a la libertad personal: aún cuando la violación de ésta se produjera por vías de hecho de la Administración, los Tribunales Penales de Primera Instancia eran los componentes en materia de *hábeas corpus*[85] *y* no los Tribunales Contencioso administrativos. Pero en relación a los otros derechos y garantías constitucionales no había solución regulada en el derecho positivo.

Por tanto, si una actuación de hecho de una autoridad administrativa lesionaba el derecho a la educación ¿era competente para conocer del amparo el Juez Civil de Primera Instancia? Uno de los más importantes casos de amparo resueltos por Tribunales de

85 Disposición Transitoria Quinta de la Constitución.

instancia competentes en materia civil confirmaban esta tesis[86]. Si se trataba de una violación de un derecho laboral ¿la competencia era de los Tribunales del Trabajo? Los más importantes casos de amparo resueltos por los Tribunales Laborales confirmaban esta tesis[87]. En todo caso, el asunto se planteó en los Tribunales en múltiples ocasiones y puede decirse que no sólo no había jurisprudencia uniforme, sino que la había contradictoria.

Debe destacarse, por ejemplo, la situación planteada en acciones de amparo del derecho o la estabilidad laboral, y que originaron conflictos de competencia entre diferentes Tribunales.

El primer caso se refirió a una acción de amparo intentada por un empleado de una Universidad Nacional Experimental contra un acto de destitución. La acción fue intentada ante un Juez Penal, éste se consideró incompetente porque su competencia en la materia se reducía a las acciones de *hábeas corpus y* porque se trataba de la nulidad de un acto administrativo y declinó la competencia en el Juzgado Superior Contencioso administrativo de la Región Nor-Oriental. Para ello siguió el criterio de "si estos Juzgados son los componentes para conocer de la nulidad de los actos administrativos de efectos particulares, también han de conocer los recursos de amparo constitucionales cuando se transgrede un derecho por una decisión administrativa". A su vez, el Juzgado Superior contencioso administrativo de la Región Nor-Oriental se declaró incompetente con base en el argumento de la ausencia de reglamentación el artículo 49 de la Constitución y que la competencia de los juzgados contencioso administrativos "no implica en modo alguno que les incumba conocer del recurso de amparo", constatando además que el solicitante de amparo en el caso concreto, no había propuesto "ningún recurso contencioso administrativo de anulación que, por razones de ilegalidad, alegara contra el acto administrativo de destitución". El conflicto de competencia fue sometido a la decisión de la Sala de Casación Civil de la Corte Suprema de Justicia y ésta, luego de ratificar la doctrina de la Sala Político Administrativa establecida en la sentencia comentada de 20 de octubre de 1983[88] en e] sentido de que la ausencia de la Ley especial prevista en el artículo 49 de la Constitución no impedía el ejercicio de la acción de amparo, resolvió

---

86 Por ejemplo, fue resuelto por un Juzgado de Primera Instancia en lo Civil un recurso de amparo por violación del derecho a la educación (Caso: *Rondalera*, decisión del Juzgado Cuarto de Primera Instancia en lo Civil de la Circunscripción Judicial del Distrito Federal y Estado Miranda, revocada por el Juez Superior Octavo en lo Civil y Mercantil de la misma Circunscripción de fecha 10-2-83 -consultada en original Exp. 4.110). En otros casos de derechos civiles como el derecho al honor o el derecho asociación, los recursos de amparos fueron resueltos por Tribunales Civiles pero las violaciones no fueron cometidas por autoridades administrativas. Por ejemplo, por violación del derecho al honor (Caso: *Cisneros*, decisión del Juzgado Cuarto de Primera Instancia en lo Civil de la misma Circunscripción, de 15-2-82 -consultada en original-); y por violación del derecho de asociación con fines lícitos (Caso: *Tradición, Familiar y Propiedad -TFP-*, decisión del Juzgado Superior Sexto en lo Civil y Mercantil de la misma Circunscripción de 18-7-85 -consultada en original- *V.*, El Universal 23-7-85 pp. 1-29.

87 Por ejemplo, fueron resueltos por Tribunales del Trabajo, recursos de amparo para la protección de derechos laborales. Por ejemplo, en relación al derecho de huelga (Caso: *Hevensa*, decisión del Juzgado de Primera Instancia de Transito y Trabajo de la Circunscripción Judicial de Estado Bolívar de 22-10-84, referida en decisión de la Sala Político Administrativa de la Corte Suprema de Justicia de 2-7-85, N° 193 -consultada en original-. *V.*, El Nacional, 3-7-85, p. D-4); y en relación al derecho a la inamovilidad por la cláusula sindical (Caso: *Galletas La Favorita C. A.*, decisión del Juzgado Segundo de Primera Instancia del Trabajo de la Circunscripción Judicial del Distrito Federal y Estado Miranda de 25-4-84 -consultada en original- y referida en E. Agudo Freytes, "Nuevo caso de amparo en materia laboral", El Nacional, 8-11-84, p. A-4, y Caso: *Cinema* Norte C. A. decidido por el mismo Juzgado en 10-12-84 -consultada en original-).

88 *V.*, en *Revista de Derecho Público*, N° 16, EJV, Caracas, 1983, p. 170.

el conflicto de competencia, decidiendo que el competente era el Juzgado Contencioso administrativo. Para ello, señaló que resultaba "manifiesto que el Tribunal Penal no era el competente para conocer del presente recurso de amparo que no versa sobre la privación o restricción de la libertad personal, ya que de conformidad con la Disposición Transitoria Quinta de la Constitución la competencia del Juez Penal en esa materia queda limitada al conocimiento del amparo de dicha garantía". Agregó la Sala de Casación que el planteamiento y la petición del solicitante, basada en la destitución por un acto administrativo con transgresión de normas legales y la indefensión alegada, "conforman una cuestión de derecho administrativo que, por su afinidad con la competencia que en lo contencioso administrativo tiene el Juzgado Superior requerido, debe ser conocida y resuelta por éste en ejercicio de ese fuero especial que tiene"[89]. En esta forma, la Sala de Casación de la Corte Suprema estableció otro criterio en relación al principio de la afinidad de la competencia, en el sentido de que las "cuestiones de derecho administrativo" envueltas en una acción de amparo, atraían la competencia de los Tribunales Contencioso administrativos.

Este criterio fue seguido en otro caso decidido por el mismo Juzgado Superior Contencioso administrativo de la Región Nor-Oriental, ante el cual un Tribunal de Primera Instancia en lo Civil declinó la competencia para conocer de una acción de amparo. El caso fue el siguiente: Un trabajador de una Corporación de Desarrollo Regional (Corporiente) fue despedido injustificadamente por lo que solicitó de la Comisión Tripartita Laboral el reenganche y pago de salarios conforme a la Ley contra Despidos Injustificados. La Comisión Tripartita acordó lo solicitado, pero la Corporación se resistió a cumplir la decisión, razón por la cual el interesado intentó acción de amparo. Ahora bien, siendo las Comisiones Tripartitas órganos administrativos y sus decisiones actos administrativos, el Juzgado Superior Contencioso administrativo aplicó el criterio de la afinidad de competencia para resolver la declinatoria de la misma, en la siguiente forma: si Corporiente hubiera impugnado el acto administrativo de la Comisión Tripartita, "el Tribunal competente sería sin duda la Corte Primera de lo Contencioso Administrativo, y en modo alguno este Juzgado Superior, ni ningún otro, aunque todos pertenezcan a la misma jurisdicción genérica... De lo contrario, si prospera la tesis de la afinidad lata para determinar la competencia en los recursos de amparo constitucionales, todo órgano de la administración de justicia luciría apto y sin distingos para conocer de dichos recursos extraordinarios". La decisión del Juzgado Superior Contencioso administrativo, por tanto, planteó el conflicto de competencia ante la Sala de Casación, pero considerando que el Tribunal competente era la Corte Primera de lo Contencioso Administrativo[90]. El criterio de la afinidad de la competencia, en este caso, también seguía el criterio de la cuestión de derecho administrativo, por la naturaleza del acto que debió haber sido recurrido y el Tribunal competente para conocer de los juicios de nulidad de los actos administrativos.

Pero en un caso similar, planteado como conflicto positivo de competencia directamente ante la Corte Primera de lo Contencioso Administrativo en un procedimiento de amparo intentado ante un Juzgado de Primera Instancia en materia del trabajo, iniciado

89 Sentencia de la Sala de Casación Civil de la Corte Suprema de Justicia de 8-4-84 (consultada en original) (Caso: *G. J. León vs. Universidad de Oriente*).

90 Acta del Juzgado Superior de la Región Nor-Oriental de 24-5-85 (Caso: *A. López Zarpa vs. Corporiente*). Consultada en original.

por una acción de amparo contra la negativa de una empresa del Estado (CADAFE) de cumplir una decisión de una Comisión Tripartita Laboral de reenganche de unos trabajadores y pago de salarios caídos, la Corte Primera de lo Contencioso Administrativo ante la solicitud de la mencionada empresa del Estado, se consideró incompetente para conocer de la acción de amparo en virtud de que el derecho violado era un derecho laboral, correspondiendo el asunto a los Tribunales del Trabajo. La afinidad de la competencia alegada se basaba en que correspondía a la Corte Primera conocer de las demandas contra las Empresas del Estado, y entre ellas CADAFE; la Corte Primera de lo Contencioso Administrativo, sin embargo, argumentó que esa competencia no abarcaba las "materias especiales", y dentro de ellas la laboral que eran ajenas a la competencia de los órganos contencioso administrativos[91]. Por tanto, "si los derechos que se dicen violados cabe plenamente en la materia laboral, el amparo corresponde a los Tribunales del Trabajo"[92].

Como se puede observar de todos los casos referidos, no sólo algunos de ellos habían sido mal planteados y admitidos en vía de amparo, existiendo de por medio un acto administrativo contra el cual debió recurrirse en vía contencioso administrativo, sino que en cuanto al criterio de la "afinidad de la competencia" no había uniformidad jurisprudencial. Particularmente, en los casos en los cuales la violación de un derecho constitucional se producía por una autoridad administrativa mediante cualquier actuación fáctica o vía de hecho (que no fuera acto administrativo) dos criterios contradictorios se manejaron por la jurisprudencia: la afinidad de la competencia con el derecho violado y la afinidad de la competencia con la cuestión de derecho administrativo envuelta en el asunto. Esta divergencia no fue expresamente resuelta en la Ley de 1988, y ha sido la jurisprudencia de la Corte Suprema la que la ha resuelto, optando por el segundo criterio. En efecto, en 1986 señalábamos lo siguiente:

> "En todo caso, nuestro criterio es que se debe optar por el criterio de la afinidad de la competencia vinculada a las "cuestiones de derecho administrativo", para delimitar la competencia de los Tribunales Contencioso administrativos para conocer de acciones de amparo cuando la violación al derecho se produzca por una autoridad administrativa, cualquiera que sea el derecho, siempre que específicamente el asunto no se atribuya a otro Tribunal. Este criterio tiene fundamento constitucional en el artículo 206 que atribuye a los órganos de la jurisdicción contencioso administrativa competencia para "disponer lo necesario para el restablecimiento de las situaciones jurídicas subjetivas lesionadas por la actividad administrativa", y sin duda, el objeto del amparo frente a actividades administrativas es precisamente, "el restablecimiento inmediato de la situación jurídica lesionada", como lo indica el artículo 49 de la Constitución"[93].

Por tanto, siempre que la perturbación a los derechos constitucionales la produzca una actuación de la Administración Pública, y que ésta no sea un acto administrativo, la competencia para conocer de las acciones de amparo, sea cual fuera el derecho vulnerado, con excepción del derecho a la libertad personal, debía corresponder a los Tribunales contencioso administrativos, según la distribución de competencias prevista en la Ley Orgánica de la Corte Suprema de Justicia: si la actuación provenía de una autoridad

---

91 Se ratifico así la doctrina sentada por la Corte Primera de lo Contencioso Administrativa en sentencia de 11-7-85. *V.*, las referencias en sentencia de la Corte Primera de lo Contencioso-Administrativa de 3-10-85, *Revista de Derecho Público*, N° 24, EJV, Caracas, 1985, p. 135.

92 Sentencia de la Corte Primera de lo Contencioso-Administrativa de 3-10-85 en *Revista de Derecho Público*, N° 24, EJV, Caracas, 1985, p. 134.

93 *V.*, en Allan R. Brewer-Carías, *Estado de derecho y Control Judicial, cit.*, p. 644.

nacional, la Sala Político-Administrativa era la competente; si la actuación provenía de Institutos Autónomos, establecimientos públicos u órganos nacionales desconcentrados, la competencia correspondía a la Corte Primera de lo Contencioso Administrativo; y si la actuación provenía de autoridades de los Estados o Municipios, la competencia correspondía a los Tribunales Superiores con competencia Contencioso administrativa en las regiones del país.

Ahora, si la violación del derecho constitucional la producía un acto administrativo, el recurso contencioso administrativo de anulación era la vía jurídica de amparo de los derechos constitucionales. Por ello, frente a actos administrativos estimábamos que no era que no existiera derecho de amparo, lo que no existía era la acción autónoma de amparo, pues el derecho de amparo debía ejercerse ante los Tribunales Contencioso administrativo los cuales estaban obligados a amparar a todos en el goce y ejercicio de esos derechos, mediante el recurso de anulación[94].

B. El derecho de amparo contra actos administrativos y el recurso contencioso administrativo de anulación como vía judicial de amparo

Tal como lo hemos venido señalando, en nuestro criterio, antes de la entrada en vigencia de la Ley de 1988, cuando la violación de un derecho constitucional la producía un acto administrativo, el derecho de amparo previsto en el artículo 49 de la Constitución, se debía ejercer a través del recurso contencioso administrativo de anulación, y no mediante la acción autónoma de amparo, que como hemos señalado, se consideraba que tenía carácter subsidiario. Sólo los órganos de la jurisdicción contencioso administrativa tienen competencia constitucional para declarar la nulidad de actos administrativos[95], por lo que sólo éstos podían y pueden dar amparo a derechos fundamentales cuando resulten violados por actos administrativos, pues ello debe implicar necesariamente la declaración de nulidad del acto por inconstitucionalidad.

a. *El restablecimiento inmediato del derecho infringido a través de la acción contencioso administrativa de anulación*

Tal como lo ha indicado la muchas veces citada sentencia de la Corte Primera de lo Contencioso Administrativo de 25 de enero de 1984, "cuando frente a determinada actuación de la Administración se prevea un medio específico para controlar su constitucionalidad o ilegalidad, para obtener el restablecimiento de un derecho o garantía violado, la acción de amparo es inadmisible, porque... los efectos que se aspiran conseguir con el recurso de amparo es posible obtenerlos con el medio específico de impugnación"[96]. Consecuencialmente, como la misma Corte Primera de lo Contencioso Administrativo lo indicó, en sentencia de 17 de enero de 1985, la procedencia de la acción autónoma de amparo "solamente puede acordarse ante el supuesto concreto de la inexis-

---

94 *Idem*.

95 Artículo 206 de la Constitución. La única excepción constitucional está en la Disposición Transitoria Quinta que al atribuir a los jueces penales el conocimiento del recurso de hábeas corpus, si la violación de la libertad personal la produce un acto administrativo, ello implica la declaración de la inconstitucionalidad del acto para otorgar el amparo.

96 *V.*, la sentencia de 25-1-84 (Ponente R. J. Duque Corredor), *Revista de Derecho Público*, N° 17, EJV, Caracas, 1984, p. 183

tencia de otros recursos administrativos o judiciales, ordinarios o especiales, que puedan alcanzar el fin perseguido con el amparo". Por tanto, concluía la Corte Primera en esta misma decisión, "por vía del recurso de amparo no se puede suspender ni revocar un acto administrativo, contra el cual la solicitante dispone de vías específicas para impugnarlos y de ser procedente puede lograr además la suspensión de sus efectos temporal"[97].

Se confirmaba así nuestro criterio de que el recurso contencioso administrativo de anulación era la vía judicial del ejercicio del derecho de amparo previsto en el artículo 49 de la Constitución, cuando la violación del derecho constitucional cuyo amparo se buscaba la producía un acto administrativo. Quedaban a salvo, por supuesto, los casos excepcionales en los cuales la protección del derecho constitucional no podía ser amparado por los recursos ordinarios, en cuyo caso se abría la acción de amparo, pero sin que por dicha vía se pudieran anular actos administrativos, tal como ya lo hemos señalado y argumentado al analizar el carácter subsidiario que tenía la acción autónoma de amparo. En todo caso, para que pudiera ser completamente efectiva la protección y amparo de derechos constitucionales por vía del recurso contencioso administrativo de anulación, estimábamos, en 1985, que algunos correctivos debían establecerse en el procedimiento del mismo:

> "por ejemplo, ampliando la procedencia de la suspensión de efectos de los actos impugnados en forma más expedita, cuando se alegase violación de un derecho constitucional, es decir, la nulidad absoluta del acto recurrido; eliminando el lapso de caducidad de seis meses y el requisito del agotamiento de la vía administrativa para la impugnación de los actos administrativos violatorios de derechos y garantías constitucionales que son nulos, de nulidad absoluta, conforme lo establece el artículo 46 de la Constitución; y atribuyendo al juez poderes más amplios para resolver como casos de urgencia, abreviando lapsos, en los supuestos en los cuales junto con la pretensión de anulación de un acto administrativo se plantee la pretensión de amparo"[98].

En particular, debe insistirse en relación a la existencia del requisito legal del lapso de caducidad para la admisibilidad del recurso contencioso administrativo de anulación que, en nuestro criterio, si se trataba de actos administrativos nulos de nulidad absoluta, violatorios de derechos constitucionales, no podría haber caducidad del recurso contencioso administrativo[99] por tratarse precisamente de una vía de amparo. Por tanto, el "recurso contencioso administrativo de anulación y amparo" se podía intentar contra el acto administrativo inconstitucional y nulo en los términos del artículo 46 de la Constitución en cualquier tiempo. Sin embargo, si se interpretaba rígidamente el artículo 134 de la Ley Orgánica de la Corte Suprema de Justicia en relación al lapso de caducidad, si ya estaba vencido respecto de un acto administrativo inconstitucional por violación de un derecho constitucional, y se argumentaba que no era admisible el recurso contencioso administrativo de anulación, entonces la acción autónoma y subsidiaria de amparo debía proceder, precisamente por no ser admisible otra vía judicial de amparo[100]. Lo

97 Sentencia de 17-1-85, en *Revista de Derecho Público*, N° 21, EJV, Caracas, 1985, p 140

98 *V.*, Allan Brewer-Carías, *Estado de derecho y Control Judicial*, *cit.* pp. 647 y 648.

99 *V.*, Allan R. Brewer-Carías, *El Derecho Administrativo y la Ley Orgánica de Procedimientos Administrativos*. Caracas 1982, p. 186. La propia Constitución. Art. 46 considera estos actos violatorios de derechos individuales como actos nulos, los que conforme al artículo 19,1 de la LOPA acarrean nulidad absoluta

100 La objeción formulada por H. Rondón de Sansó en el sentido de que "no puede interponerse el amparo contra el acto que no llene los requisitos de admisibilidad para ser objeto del contencioso administrativo de anulación" (*V.*, en "El amparo constitucional en Venezuela", *Loc. cit.*), no tendría fundamento.

mismo se podía señalar respecto de actos administrativos como los de trámite, que por no agotar la vía administrativa, no eran ni son recurribles en vía contencioso administrativa, pero que si eran violatorios de derechos constitucionales contra ellos procedía precisamente por su carácter subsidiario, la acción autónoma de amparo.

En todo caso, nuestros planteamientos fueron acogidos en el artículo 5 de la Ley Orgánica de amparo de 1988, en el sentido de que formulada una pretensión de amparo conjuntamente con la acción contencioso administrativa de anulación, no tenían aplicación las causales de inadmisibilidad del lapso de caducidad y del agotamiento de la vía administrativa.

En definitiva, frente a los actos administrativos, el amparo de los derechos constitucionales debía lograrse a través del recurso contencioso administrativo de anulación, que era el medio judicial de amparo, resultando, en nuestro criterio, inadmisible intentar contra ellos la acción autónoma de amparo.

b. *La peligrosa e inadmisible tesis de la violación directa de la Constitución para la procedencia de la acción contencioso administrativo de anulación y amparo*

Debe decirse, sin embargo, que si bien la doctrina clara establecida por la Corte Primera de lo Contencioso Administrativo, siguiendo los criterios de la Corte Suprema de Justicia establecidos a principios de los setenta[101] era la procedencia del recurso contencioso administrativo como vía judicial de amparo contra los actos administrativos violatorios de derechos constitucionales, debemos señalar que en la sentencia de la Sala Político Administrativa de la Corte Suprema de Justicia de 20 de octubre de 1983, se utilizó una frase que podía dejar alguna duda, cuando al declararse improcedente el amparo solicitado por un candidato presidencial contra un acto administrativo del Consejo Supremo Electoral, se expresó lo siguiente:

> "No siendo por tanto manifiesta la alegada inconstitucionalidad de la Resolución impugnada del Consejo Supremo Electoral y en razón de que no puede esta Corte hacer un pronunciamiento al respecto sino de acuerdo con los procedimientos establecidos para la tramitación y decisión de los respectivos recursos de nulidad, se declara la improcedencia del recurso de amparo para dirimir la cuestión planteada por el recurrente"[102].

¿Qué significaba, en efecto, la primera frase de este párrafo? ¿Acaso significaba que procedía la acción autónoma de amparo si resultaba manifiesta la inconstitucionalidad de un acto administrativo, no siendo necesario acudir a la vía contencioso administrativa de anulación (recurso de nulidad en ese caso)? En otras palabras, ¿significaba que el recurso contencioso administrativo como vía judicial de amparo no procedía cuando hubiera violación directa de la Constitución y sólo procedía cuando hubiera violación indirecta de la Constitución? La respuesta a estos interrogantes no se podía encontrar en el texto de la sentencia, del cual sólo podía deducirse el criterio que hemos expresado en el sentido de que la nulidad de los actos administrativos sólo puede declararse en vía contencioso administrativa (recursos de nulidad, como lo califica la sentencia). Sin embargo, el Magistrado Ponente de esa decisión, René de Sola, en un comentario a dicha

---

101 La comentada sentencia de la Corte Primera de lo contencioso administrativo de 25-1-84 (*Revista de Derecho Público*, N° 17, EJV, Caracas 1984, pp. 182-185), por ejemplo cita en su apoyo la decisión de la Sala Político-Administrativa de 26-4-71 (*Gaceta Oficial*, N° 1.478 Extra de 16-7-71) y el Acuerdo de 24 de abril de 1972 (*Gaceta Oficial* N° 29.788 de 25-4-72).

102 Sentencia de 20-10-83, *Revista de Derecho Público*, N° 16, EJV, Caracas, 1983, p. 170.

sentencia[103] fue mucho más allá en la interpretación de la misma, y en nuestro criterio, distorsionó su texto en el aspecto que estamos considerando. En efecto, De Sola en su comentario, al reseñar los "positivos pasos de avance jurídico que se derivan del fallo", señaló los siguientes:

> "...c) Se dejó implícitamente establecido que la existencia de recursos ordinarios no es obstáculo para el ejercicio del recurso constitucional de amparo. Sin que ello signifique descartar el empleo prioritario de los recursos ordinarios siempre que el hecho no constituya violación directa de la norma constitucional, o que las demoras legales a que están sometidos no aparejen la irreparabilidad de la lesión denunciada.
>
> No se me escapa la necesidad de fijar reglas precisas, en este aspecto, preferentemente por el legislador, pero en su defecto por la bien meditada, racional y prudente labor integradora de nuestros Tribunales.
>
> d) Se fortalece la reiterada jurisprudencia de la Corte en cuanto a la violación directa de la Constitución, trasladándola al recurso de amparo.
>
> Al desestimarse en definitiva en el caso concreto el recurso intentado, quedó así establecido –en principio– cuando se fundamenta la lesión en la aplicación de una norma intermedia de inferior jerarquía, necesario es ejercer las acciones ordinarias de nulidad consagradas en nuestra legislación.
>
> e) Igualmente quedó tácitamente admitido que cuando un acto administrativo infrinja directamente un derecho constitucional, existen –según las circunstancias que rodean el caso–, o el recurso contencioso administrativo de anulación, o el extraordinario de amparo"[104] ,

Ante todos estos comentarios debe destacarse la que ya hemos calificado de "peligrosa tesis" de la necesidad de violación directa de la Constitución para que proceda la acción autónoma de amparo, la que dicho sea de paso, no aparece afortunadamente expresa en la Sentencia comentada, salvo que se deduzca de la frase destacada anteriormente en el párrafo de la sentencia sobre la "manifiesta inconstitucionalidad". Esa tesis, desarrollada justificadamente en materia de acción de inconstitucionalidad de las leyes y demás actos normativos[105], no tiene sentido alguno "trasladarla" a la acción de amparo pues como ya lo hemos argumentado suficientemente con anterioridad, en la Constitución venezolana la gran mayoría de los derechos y garantías fundamentales, por requerimiento del mismo Constituye, están sometidos a regulaciones, limitaciones y restricciones establecidas en las leyes, y tan derecho de amparo hay cuando se viole "directamente" la Constitución como cuando se violen las leyes reguladoras de los derechos fundamentales. Recuérdese que en la Constitución materialmente sólo existen tres derechos fundamentales "absolutos" que no admiten regulación legal ni restricción o suspensión por el Ejecutivo: el derecho a la vida; el derecho a no ser incomunicado ni sometido a tortura o a otros procedimientos que causen sufrimiento físico o moral, y el derecho a no ser condenado a penas perpetuas o infamantes o a penas restrictivas de la libertad por más de 30 años[106]. Todos los demás derechos, en una u otra forma, pueden

---

103 *V.*, R. De Sola, "Vida y vicisitudes del Recurso de Amparo en Venezuela", *Revista del Instituto Venezolano de Derecho Social*, N° 47, Caracas, marzo 1985, pp. 49-50; publicado también en *Revista SIC*, N° 472 Caracas, 1985, pp. 74-77.

104 R. De Sola, *Loc. cit.*, pp. 58 y 77.

105 *V.*, Allan R. Brewer-Carías, *El Control de la Constitucionalidad de los Actos Estatales*, Caracas, 1977, pp. 131-138.

106 Arts. 58; 60,3; 60,7 y 241 de la Constitución.

ser objeto de regulación legal o restricción o suspensión por el Ejecutivo, y su violación implicaría casi siempre, la violación de las leyes que los regula. ¿Que significaría esto, si acudimos a la "peligrosa tesis" de la necesaria violación directa de la Constitución para que proceda la acción autónoma de amparo? Pues que en definitiva, sólo los mencionados derechos "absolutos" podrían ser objeto de protección por la vía de acción de amparo, y los demás, como son generalmente regulados por normas "intermedias" de carácter legal, no podrían ser protegidos por la acción de amparo, pues una violación "directa" de la Constitución materialmente sería imposible. Esta tesis, debe ser rechazada, y su aceptación atentaría contra el carácter progresista de la sentencia comentada en materia de amparo[107]. En realidad, la única tesis admisible sobre el carácter de la violación que da lugar al amparo constitucional, es que debe tratarse de una violación *directa a un derecho o garantía* establecido en la Constitución, *sea cual sea la norma directamente violada,* la Constitución o las leyes que en virtud de la propia Constitución, regulan el derecho.

Pero aparte de rechazar la tesis de la "violación directa" de la Constitución para determinar la procedencia o no de la acción de amparo, el otro aspecto de esa tesis según la expuso el Magistrado Ponente de la sentencia, era su repercusión en la delimitación que debía hacerse entre la acción autónoma de amparo y el recurso contencioso administrativo de anulación. La "peligrosa" tesis mencionada parecía ser entonces el elemento clave para delimitar frente a actos administrativos violatorios de derechos fundamentales, cuándo procedía la acción de amparo y cuándo el recurso contencioso administrativo de anulación: si había violación directa de la Constitución, dijo el Magistrado De Sola, cabían ambas acciones contra el acto administrativo; si no había violación directa de la Constitución, sólo procedía el recurso contencioso administrativo de anulación, y no procedía la acción de amparo. Esto no sólo no se decía en la sentencia, sino que de nuevo implicaba un desorden jurisdiccional inadmisible y que resultaba de la pregunta ya formulada: ¿cuándo había violación directa de la Constitución? ¿cuándo no habían leyes "intermedias" que ¿regulasen el derecho? y ¿cuándo sucedía esto?[108]. Ya hemos visto que la mayoría de los derechos constitucionales se regulan por leyes "intermedias", por lo que de haberse admitido y de admitirse esa tesis materialmente nunca procedería el amparo, lo cual significaría un retroceso en relación a lo que la sentencia resolvió (el carácter no programático del derecho de amparo), sobre todo porque ni la sentencia ni el Magistrado De Sola calificaban el recurso contencioso administrativo de anulación como vía de amparo, como debía ser. Ahora bien, si lo que quería significar el Magistrado De Sola, era que en ciertos casos en los que el recurso contencioso administrativo de anulación, por las circunstancias que los rodean, no servía de medio efectivo de protección frente a actos administrativos violatorios de derechos constituciona-

---

107 H. Rondón de Sansó la calificó de "tesis muy rígida" que "no puede ser admitida" en "El amparo constitucional en Venezuela", *Loc. cit.* Por eso la Corte Primera de lo Contencioso-Administrativa en sentencia de 13 de febrero de 1986 ha establecido expresamente que "el amparo como acción especial, exige para su admisión y procedencia, que se requiera como protección frente a una violación de una norma constitucional o legal, que desarrolle un derecho fundamental de progenie constitucional. De modo que el derecho que se dice infringido puede estar consagrado en una Ley o en la Constitución" (Ponente R. J. Duque Corredor), Caso: *Federación Venezolana de Tiro. V.*, en *Revista de Derecho Público*, N° 25, EJV, Caracas, 1986, p. 111-112.

108 En una sentencia de 18-6-83, la Sala Político Administrativa de la Corte Suprema de Justicia, siendo ponente el mismo Magistrado R. De Sola señaló que "existe recurso por violación directa de la Carta Fundamental, cuando sea factible llegar a la solución positiva o negativa del problema planteado con la exclusiva aplicación de las normas constitucionales invocadas", *Revista de Derecho Público*, N° 15, EJV, Caracas, 1983, pp. 155-158.

les, en ellos debía admitirse la acción de amparo, ello era indudable, y así se había resuelto por los Tribunales, pero sin que la acción autónoma de amparo fuera un medio para lograr una nulidad de actos administrativos, sustitutiva de los recursos contencioso administrativos de anulación[109].

c. *El derecho de amparo contra las conductas omisivas de la administración violatorias de derechos constitucionales y la acción contencioso administrativa contra las mismas como vía judicial de amparo*

Por último, en relación al carácter de los jueces contencioso-administrativos como jueces de amparo, antes de la promulgación de la Ley Orgánica de Amparo de 1988, debe mencionarse que les estaba atribuida la competencia para proteger el goce y ejercicio de los derechos constitucionales no sólo contra las actuaciones de hecho de los funcionarios públicos y los actos administrativos, sino también, y además, contra las conductas omisivas de la Administración, es decir, contra la abstención o negativa de los funcionarios a cumplir determinados actos a que estaban obligados por las leyes. Cuando dicha negativa o abstención constituía una violación de un derecho constitucional, porque por ejemplo, ello impedía el ejercicio del mismo, considerábamos que el recurso contencioso administrativo contra la carencia administrativa era la vía de amparo contra la misma.

Este recurso contencioso administrativo estaba previsto en los artículos 42, ordinal 23 y 182, 1° de la Ley Orgánica de la Corte Suprema de Justicia de 1976 y tenía su fundamento, por una parte, en el incumplimiento por parte de la Administración de una obligación legal concreta de decidir o de cumplir determinados actos, y por la otra, en el *derecho,* de un particular a que la Administración cumpla los actos a que está obligada legalmente. Por tanto, para que procediera este recurso contencioso administrativo debía existir una relación jurídica específica, que se concretase en una obligación específica de la Administración de actuar, frente a una situación jurídica, asimismo específica, de poder, de un sujeto de derecho, que se configuraba como un derecho subjetivo a la actuación administrativa[110].

Este recurso tenía y tiene especial importancia en materia de derechos constitucionales pues es muy frecuente que por la intervención y regulación del legislador sobre los mismos, su goce y ejercicio se encuentre sometido a permisos, licencias o autorizaciones. Por ejemplo, el ejercicio de las actividades lucrativas industriales y comerciales sólo es posible si se tiene la Patente Municipal de Industria y Comercio (licencia), prevista en las Ordenanzas Municipales; el derecho a salir del país sólo es posible si se tiene un Pasaporte expedido por el Ministerio de Relaciones Interiores; el derecho a enseñar sólo es posible si se obtiene el Registro del Plantel en el Ministerio de Educación; el derecho de asociarse en partidos políticos sólo es efectivo si el partido se regis-

---

109 Como lo sostenía R. Escovar Salom en 1971: "El amparo puede ser una protección en donde el contencioso administrativo sea insuficiente o no constituya un medio lo suficientemente rápido y reparador", *op. cit.*, p. 76. A esta posición es a la que llega en definitiva, cuando critica el carácter subsidiario de la acción de amparo, H. Rondón de Sansó, "El amparo constitucional en Venezuela", *Loc. cit.*

110 Sobre la necesidad de que exista una carga u obligación legal que pese sobre la Administración recurrida, a la cual la misma no haya dado cumplimiento, para que proceda el recurso, ver la sentencia de la Corte Suprema de Justicia en Sala Político-Administrativa de 28-2-85, *Revista de Derecho Público*, N° 21, EJV, Caracas, 1985, pp. 170-175; y la sentencia de la Corte Primera de lo Contencioso administrativo de 6-12-84, *Revista de Derecho Público*, N° 20, EJV, Caracas, 1984, p. 173.

tra en el Consejo Supremo Electoral; el ejercicio del derecho de propiedad mediante la construcción de inmuebles (uso), sólo es posible si se obtiene una autorización de construcción (Constancia de Variables Urbanas Fundamentales) por las autoridades municipales; y el goce de la propiedad construida sólo es posible si se obtiene una constancia de terminación de la obra (habitabilidad) por la misma autoridad municipal; el disfrute de la propiedad inmobiliaria, mediante la percepción de alquileres sólo es posible si se obtiene una regulación de los mismos por la Dirección de Inquilinato del Ministerio de Fomento o las autoridades municipales, etc. La lista es interminable, pues materialmente casi todos los derechos individuales y todos los derechos económicos, sociales y políticos están sometidos a alguna intervención previa de la autoridad administrativa. Por tanto, la negativa de la autoridad a otorgar la licencia, autorización o permiso, o la abstención o retardo en hacerlo por parte de la Administración, configura una violación del derecho constitucional respectivo, cuya garantía judicial, como medio de protección y amparo, está precisamente en este recurso contra la carencia administrativa, y no en la garantía procesal establecida en el ordenamiento jurídico de poder recurrir frente al silencio administrativo cuando hay retardo por parte de la Administración de dar oportuna respuesta al particular solicitante de un asunto, presumiéndose la existencia de un acto administrativo tácito denegatorio[111]. En los casos en los cuales el ejercicio o goce de un derecho constitucional se ha violado por la conducta omisiva de la Administración, el amparo del derecho constitucional del individuo está en la garantía de que puede efectivamente gozar o ejercer su derecho, y no en que se presuma negada la autorización o permiso requerida como garantía objetiva[112]. Por ello, el recurso contencioso administrativo contra la carencia de la Administración, no persigue que sólo se declare la ilegalidad de la omisión o negativa de la Administración, o la sola obligatoriedad de la Administración de decidir[113], sino que lo que persigue como medio judicial de amparo es que formalmente se ordene a la Administración a adoptar determinados actos o si ello no es suficiente para amparar el derecho, que el juez restablezca por sí mismo la situación jurídica violada, por ejemplo relevando al particular de la obligación de obtener la licencia o permiso previo para ejercer su derecho constitucional.

Una solución de esta naturaleza se reguló expresamente en el Código Orgánico Tributario[114] en la figura procesal que se denomina "acción de amparo" a la cual ya nos hemos referido, y que se prevé contra las demoras excesivas de la Administración Tributaria. En estos casos, cuando la Administración Tributaria incurre en "demoras excesivas en resolver sobre peticiones de los interesados y ellas causen perjuicios no reparables por los medios procesales ordinarios"[115], "cualquier persona afectada"[116] puede

---

111 *V.*, Allan R. Brewer-Carías, "Consideraciones en torno a la figura del silencio administrativo consagrado a los efectos del recurso contencioso administrativo de anulación", *Revista de Control Fiscal*, N° 96, Caracas 1980, pp. 11-38; y "El sentido del silencio administrativo negativo en la Ley Orgánica de Procedimientos negativos en la Ley Orgánica de Procedimientos Administrativos", *Revista de Derecho Público*, N° 8, EJV, Caracas, 1981, pp. 27-34.

112 *Cf.* Allan R. Brewer-Carías, *El Derecho Administrativo y la Ley Orgánica de Procedimientos Administrativos*, Caracas, 1982, p. 230.

113 En este recurso, como lo ha dicho la Corte Primera de lo Contencioso administrativo, la acción no se agota en un simple pronunciamiento del juez, "sino que presupone la realización de actuaciones tendientes a satisfacer la pretensión deducida por el administrado", sentencia de 6-12-84. *Revista de Derecho Público*, N° 20, EJV, Caracas, 1984, p. 174.

114 Código Orgánico Tributario (COT) de 1994, *Gaceta Oficial* N° 4.724 Extra. de 27-5-94.

115 Artículo 215 COT.

intentar ante los Tribunales Contencioso-Tributarios esta "acción de amparo", y éstos pueden dictar "la resolución que corresponda al amparo del derecho lesionado", fijando un término para que la Administración realice el trámite o diligencia a que está obligada (mandamientos de hacer), o dispensando de dicho trámite o diligencia al recurrente, en cuyo caso, evidentemente, el juez se sustituye a la Administración[117].

Así pues, si bien es cierto que no siempre la demora excesiva de la Administración Tributaria viola derechos constitucionales, por lo que en general, no siempre este recurso contra la demora excesiva es realmente una "acción de amparo", es indudable que si es un medio de amparo cuando hay un derecho constitucional cuyo goce o ejercicio resulta lesionado, por la demora excesiva. Es el caso por ejemplo, de la demora en el otorgamiento de "solvencias" que a la vez son requisito previo legal para, por ejemplo, disponer de la propiedad. El no otorgamiento a tiempo de la "solvencia" puede lesionar directamente el ejercicio del derecho de propiedad, por lo que en casos de amparo resueltos por los Tribunales Contencioso Tributarios, la propia sentencia ha declarado solvente al contribuyente, dispensándolo de obtener la solvencia[118]. También ha sido el caso, por ejemplo, de las demoras de la Administración Tributaria en otorgar un certificado de liberación de derechos sucesorales (por la prescripción alegada), sin el cual los herederos no podrían, por ejemplo, enajenar inmuebles. En estos casos, el juez contencioso fiscal ha dispensado a los herederos de presentar ante las autoridades respectivas el certificado de liberación correspondiente[119]

Esta misma situación se planteó ante los Tribunales Contencioso administrativos, al decidir por ejemplo, el amparo al derecho de propiedad lesionado por la negativa de la Administración Municipal a otorgar a un contribuyente la solvencia del impuesto inmobiliario urbano, indispensable para poder registrar el título de venta del inmueble. Ante la negativa del funcionario municipal de otorgar la solvencia, basada en razones de índole fiscal que impedían la determinación de la base imponible, el contribuyente solicitó y obtuvo el amparo de su derecho ante los Tribunales Contencioso administrativos, aún cuando no había agotado los medios judiciales ordinarios de impugnación, el ejercicio de los cuales a juicio de la Corte Primera, "no hubiera impedido la lesión a la propiedad"; razón por la cual en sentencia de 20 de febrero de 1986, sostuvo que:

> "la abstención de la Municipalidad lesiona gravemente la facultad del recurrente como contribuyente a disponer del inmueble de su propiedad, porque por esa negativa ilegal se ve impedido de cumplir a su vez su obligación tributaria de cancelar el derecho sobre su inmueble, lo cual le impide obtener la respectiva solvencia, que le permita protocolizar el documento de venta respectivo, manteniéndolo, por tanto, indefinidamente en esa situación de no poder transferir su (propiedad)"[120].

Como consecuencia, al acordar el amparo del derecho de propiedad, la Corte Primera ordenó a la Municipalidad a fijar y liquidar el impuesto, y una vez pagado, a otorgar la

---

116 Artículo 216 COT.

117 Artículo 217 COT.

118 Sentencia de 10-11-83 del Tribunal Superior Primero de lo Contencioso Tributario (Caso: *A. Baumeister Toledo*), consultada en original.

119 Sentencia (N° 39) del Tribunal Sexto de lo Contencioso-Tributario de 26-6-85 (Caso: *Sucesión P. V., Ramírez Guaramato*), consultada en original.

120 Sentencia de la Corte Primera de lo Contencioso administrativo de 20-2-86 (Ponente R. J. Duque Corredor. Caso: *H. Romero Muci vs. Municipalidad del Distrito Sucre del Estado Miranda* (consultada en original). *V.*, en *Revista de Derecho Público*, N° 25, EJV, Caracas, 1986, pp. 120 y ss.

solvencia del mismo, fijando un plazo, vencido el cual, "se dispensará al recurrente... del trámite de la presentación de la solvencia municipal para protocolizar la venta que tiene pactada..."[121].

Por último debe advertirse que en los casos de recurso contencioso administrativo y amparo contra la carencia administrativa, en muchas ocasiones el derecho lesionado y amparado es directamente el derecho de petición y a obtener oportuna respuesta previsto en la Constitución[122], y el cual en caso de abstención de la Administración de decidir una petición o un recurso, resultaría lesionado. Esto lo había admitido la Corte Primera de la Contencioso administrativo, aún en los casos en los cuales podían haberse ejercido recursos contencioso administrativos por haberse operado el beneficio adjetivo del silencio administrativo.

En efecto, en una decisión de amparo frente a la carencia administrativa, que fue solicitada por un interesado en virtud de que al no decidir la entidad respectiva un recurso de reconsideración, no sólo se violaba su derecho constitucional a obtener oportuna respuesta de sus peticiones, sino que se le colocaba en una situación de indefensión por no poder ejercer los recursos ordinarios, la Corte Primera de lo Contencioso Administrativo en sentencia de 17 de diciembre de 1985, estableció el deslinde del beneficio del silencio administrativo respecto del derecho constitucional de petición, al exponer lo siguiente:

> "... el objetivo que origina la normativa sobre el derecho de petición, que no puede ser otro que el de obtener a través del mismo la satisfacción de la pretensión, una declaración requerida de la Administración, o bien las razones por las cuales ella no otorga ninguna de las peticiones antes aludidas según el caso. Con el silencio rechazo no se obtiene la pretensión y si bien puede obtenerse la declaración no se satisface la garantía constitucional. De allí que... la no respuesta de la Administración lesiona directamente una garantía constitucional, la contemplada en el artículo 67 relativa al derecho de petición, sin que pueda alegarse que el administrado podía seguir adelante con la interposición de los recursos subsiguientes; ya que sólo a él le corresponde la escogencia, por cuanto siendo una facultad libre poseía esta libertad de decisión. Por el hecho de haber llegado a la conclusión anterior, se lleva también a la afirmación de que el ciudadano, que no obtiene respuesta de la Administración y sufre *por ello la lesión de un derecho constitucionalmente garantizado, en forma presente y directa* está protegido por la norma contenida en el artículo 49 de la Constitución, esto es, por la vía del amparo y puede ocurrir a ella a fin de que se le restablezca en el goce del derecho lesionado que, en el caso presente, es el derecho de petición, por lo cual podrá exigir que se cumpla el contenido de tal derecho, a saber, que se le confiera la pretensión deducida ante la administración; que se dicte la declaración que pretende, o bien que se le señalen los motivos por los cuales no puede la Administración acceder a ninguna de las actuaciones precedentemente señaladas"[123].

Esta doctrina se ratificó por la Corte Primera de lo Contencioso Administrativo en sentencia de 13 de febrero de 1986, en la cual dejó claramente expuesto que intentado por un particular un recurso de reconsideración, por el transcurso del plazo para decidir, no deja de estar obligado el órgano administrativo, "de pronunciarse sobre la reconside-

---

121 *Idem*.

122 Establecido en el artículo 67 de la Constitución, así: "Todos tienen el derecho de representar o dirigir peticiones ante cualquier entidad o funcionario público, sobre los asuntos que sean de la competencia de éstos y a obtener oportuna respuesta".

123 Sentencia de 17-12-85 citada en sentencia de 13-2-86 (Ponente R. J. Duque Corredor), caso: Federación Venezolana de Tiro (consultada en original). *V.*, en *Revista de Derecho Público*, N° 25, EJV, Caracas, 1986, pp. 114 y ss. y 117 y ss.

ración que le ha sido solicitada, y que tampoco porque los interesados no optaron por el beneficio del silencio administrativo negativo, precluyó para ellos el derecho a obtener oportuna respuesta sobre su recurso y a intentar posteriormente los recursos que crean pertinentes"[124]. Por ello, concluyó la Corte considerando:

> "... que en verdad como el silencio administrativo negativo no libera a la autoridad de su obligación de decidir, cuando los interesados no hacen uso del derecho que se deriva del silencio negativo, de poder ejercer de inmediato el recurso pertinente siguiente, éstos no pueden quedar sujetos a una incertidumbre indefinida en el tiempo, de modo que si no se evita tal situación, no sólo el derecho de peticionar, sino incluso el mismo derecho de defensa, a que se contrae el artículo 68 de la Constitución, se ve también seriamente afectado, por la espera ilimitada de una decisión. Por otra parte, sería un expediente muy fácil para las autoridades no decidir a tiempo y esperar la reacción de los particulares, para que si éstos no se acogen a la figura del silencio, no decidir nunca, y mantener, entonces, a los particulares en una espera infinita. Por tanto, en esta situación ciertamente que el amparo cumple su finalidad de proteger los derechos y garantías constitucionales, *de petición y de defensa,* por lo que es procedente que este Tribunal así lo acuerde en beneficio de los recurrentes[125].

En conclusión, por tanto, frente a la carencia administrativa ha quedado claramente establecido que el silencio administrativo-rechazo es sólo un beneficio adjetivo que se concede al interesado para poder recurrir contra un acto administrativo tácito, pero que ello ni libera a la Administración de su obligación de decidir, ni impide al interesado, aún sin haber utilizado el beneficio adjetivo de recurrir por las vías ordinarias, de solicitar amparo cuando la abstención administrativa lesiona un derecho fundamental, que no resulta satisfecho en caso alguno por el acto tácito denegatorio resultante del silencio administrativo.

II. EL RÉGIMEN DEL DERECHO DE AMPARO Y LA ACCIÓN DE AMPARO EN LA LEY ORGÁNICA DE AMPARO DE 1988, Y SU CONFIGURACIÓN POR LA JURISPRUDENCIA CONTENCIOSO ADMINISTRATIVA

La Constitución de 1961, al incorporar a su texto el artículo 49 que reguló el derecho de amparo, sin duda, "consagró definitivamente el derecho de amparo como instrumento procesal para proteger todos los derechos fundamentales de la persona humana consagrados constitucionalmente", en lo que se ha calificado como "uno de los aciertos más destacados en la avanzada Carta Fundamental de 1961"[1].

En efecto, el gran aporte del texto constitucional en relación a la protección de los derechos fundamentales, que fue la consagración del amparo como un derecho fundamental más, y no sólo como una garantía, que resulta de la configuración jurisprudencial del derecho del amparo antes analizada, conforme a la cual puede sostenerse que la Constitución de Venezuela no consagró solamente una "acción de amparo" para proteger los derechos constitucionales, sino que lo que previó fue "un derecho fundamental al amparo" con la consecuente obligación de todos los Tribunales de amparar a los habitantes

124 Sentencia de 13-2-86. *Idem*

125 *Idem.*

1 Héctor Fix Zamudio, "Algunos aspectos comparativos del derecho de amparo en México y Venezuela", *Libro Homenaje a la Memoria de Lorenzo Herrera Mendoza*, UCV, *T.* II, Caracas, 1970, pp. 333-390.

de la República en el goce y ejercicio de los derechos y garantías consagrados en la Constitución, o que sin estar enumerados en el texto, sean inherentes a la persona humana.

Como hemos señalado, hasta 1988, este derecho de amparo había carecido de una ley reglamentaria que lo regulase, y su ejercicio sólo había sido posible por la aplicación que de la norma constitucional habían hecho los Tribunales de instancia, la Corte Primera de lo Contencioso Administrativo y las Salas de la Corte Suprema de Justicia[2]. Múltiples intentos se habían realizado para elaborar proyectos de ley reguladoras de la institución del amparo en Venezuela, pero todos[3] esos proyectos habían adolecido de una falla fundamental: su desadaptación a la institución prevista en la Constitución, pues habían tenido por objeto regular "una acción de amparo" y no el derecho de amparo constitucional que es lo que prevé nuestro Texto Fundamental, a diferencia de las acciones y recursos de amparo existentes en varios países de América Latina y en España, a cuyas Legislaciones se ha acudido, con frecuencia, como fuente de inspiración de esos documentos. Hasta cierto punto, lo mismo sucedió con el "Proyecto de Ley Orgánica de Amparo sobre Derechos y Garantías Constitucionales"[4] que aprobó en noviembre de 1987 la Cámara de Diputados, pero que modificada por el Senado antes de ser sancionada definitivamente el 18 de diciembre de 1987, puede decirse que amplió su contenido, de manera que no reduce "el derecho a ser amparado" previsto en la Constitución, a una sola "acción del amparo"[5]. En consecuencia, dicha Ley Orgánica de Amparo sobre Derechos y Garantías Constitucionales en vigencia a partir del 22 de enero de 1988[6], reguló esta institución en el marco de la norma constitucional, pudiendo considerarse, sin duda, entre las leyes más importantes que se han dictado en el país, después de la propia Constitución de 1961.

Por eso la Sala Político Administrativa de la Corte Suprema de Justicia en sentencia de 31-1-91, al referirse al amparo como remedio judicial extraordinario o especial de defensa de los derechos y garantías constitucionales desarrollado en la Ley Orgánica, señaló que ello:

2 *V.*, Allan R. Brewer-Carías, *Estado de derecho y Control Judicial*, Caracas 1987, pp. 587 a 657. *V.*, también El amparo constitucional en Venezuela, Instituto de Estudios Jurídicos del Estado Lara, 2 Tomos, Barquisimeto, 1987, en los que se recogen una serie de artículos y estudios sobre el amparo constitucional y de decisiones judiciales sobre la admisibilidad del amparo en nuestro país. *V.*, además Gustavo J. Linares Benzo "El Proceso de Amparo en Venezuela", *Revista de la Fundación Procuraduría General de la República*, N° 2, 1987, pp. 27 a 110.

3 *V.*, la enumeración y análisis de varios de los Proyectos relativos al amparo, elaborados en Venezuela en E. Angulo Freytes, "Situación actual de la acción de amparo en Venezuela", *Estudios sobre la Constitución. Libro Homenaje a Rafael Caldera*, UCV, Caracas, 1979, *T.* II, pp. 736-760. *V.*, el Proyecto de Ley de la Acción de Amparo en R. Escovar Salom, El amparo en Venezuela, 1971, pp. 101-107. *V.*, el "Proyecto de Ley de Amparo de los derechos fundamentales", Cámara de Diputados 10-4-85.

4 *V.*, su texto en el libro editado por el Instituto de Investigaciones Jurídicas, Colegio de Abogados del Estado Lara, El Amparo Constitucional en Venezuela, *cit. T.* I, pp. 339 y ss.

5 *V.*, nuestras observaciones al Proyecto y nuestras propuestas de modificación en el Senado, en Allan R. Brewer-Carías, *Estudios de Derecho Público*, *T.* III Caracas 1989 pp. 205 y ss.

6 *V.*, en *Gaceta Oficial* N° 33.891 de 22 de enero de 1988. La Ley Orgánica fue reformada en 27-9-88, publicada en *Gaceta Oficial* N° 34.060 de 27-9-88. *V.*, Allan R. Brewer-Carías, "Introducción General al régimen del derecho de amparo a los derechos y garantías constitucionales" en Allan R. Brewer-Carías y Carlos Ayala Corao, *Ley Orgánica de Amparo sobre Derechos V Garantías Constitucionales*, Caracas, 1988.

> "constituye un logro importante y trascendente para la plena vigencia del Estado de Derecho existente en el país hace ya más de tres décadas, y se erige como un instituto fundamental, de rango superior sobre cualquier otra norma que pudiera oponérsele dentro del propio ordenamiento constitucional venezolano"[7].

1. El derecho de amparo ejercido mediante varios medios procesales

Ahora bien, la Ley Orgánica de Amparo sobre Derechos y Garantías Constitucionales, al regular y consagrar la acción de amparo reconoció expresamente que el ejercicio del derecho de amparo no se agota ni se contrae exclusivamente a dicho medio procesal, sino que puede ejercerse también a través de otras acciones o recursos establecidos en el ordenamiento jurídico. Quedó así, definitivamente resuelta la discusión doctrinal sobre si el amparo que consagra la Constitución es en sí mismo un derecho fundamental o si sólo es una garantía adjetiva de los derechos fundamentales. La Ley opta por la primera posición, pues si bien regula la acción de amparo como un medio adjetivo autónomo de protección de los derechos fundamentales, sin embargo establece expresamente que el derecho de amparo de dichos derechos puede ejercerse, también, mediante otras vías procesales consagradas en el ordenamiento jurídico. Así, en el artículo 3° se establece la posibilidad de ejercer la acción de amparo contra leyes junto con la acción popular de inconstitucionalidad de las leyes ante la Corte Suprema de Justicia; en el artículo 5° se establece expresamente que la pretensión de amparo contra actos administrativos y contra las conductas omisivas de la Administración puede ejercerse conjuntamente con el recurso contencioso administrativo de anulación; y el artículo 6° ordinal 5°, al establecer las causales de inadmisibilidad de la acción de amparo, reconoce implícitamente que se puede formular la pretensión de amparo mediante otras "vías jurídicas ordinarias" o "medios judiciales preexistentes", en los cuales puede "alegarse la violación o amenaza de violación de un derecho o garantía constitucional".

Así lo reconoció la Corte Suprema de Justicia en Sala Político Administrativa en sentencia de 10 de julio de 1991 (Caso *Tarjetas Banvenez*), la cual al ser citada en sentencia de la misma Corte de 10-6-92, la llevó a señalar lo siguiente:

> "el texto de la Ley Orgánica de Amparo prevé fundamentalmente dos mecanismos procesales: la acción autónoma de amparo y la acumulación de ésta con otro tipo de acciones o recursos, modalidades que difieren sustancialmente en cuanto a su naturaleza y consecuencia jurídica. Por lo que respecta a la segunda de las modalidades señaladas, es decir, la acción de amparo ejercida conjuntamente con otros medios procesales, la referida ley regula tres supuestos: a) la acción de amparo acumulada a la acción popular de inconstitucionalidad de las leyes y demás actos estatales normativos (artículo 3°); b) la acción de amparo acumulada al recurso contencioso administrativo de anulación contra actos administrativos de efectos particulares o contra las conductas omisivas de la Administración (artículo 5°); c) la acción de amparo acumulada con acciones ordinarias (artículo 6°, ordinal 5°)".

La Sala sostuvo además que la acción de amparo en ninguno de estos casos es una acción principal sino subordinada, accesoria a la acción o al recurso al cual se acumuló, sometido al pronunciamiento jurisdiccional final que se emita en la acción acumulada.

---

7 *V.*, en *Revista de Derecho Público*, N° 45, EJV, Caracas 1991, p. 117.

Tratándose de una acumulación de acciones, debe ser resuelta por el juez competente para conocer de la acción principal"[8] .

Por tanto, como lo señaló el Informe de la Comisión de Política Interior del Senado de fecha 9 de diciembre de 1987, al estudiar el proyecto, el

> "*Artículo* 49 de la Constitución, más que un medio adjetivo procesal, consagra un derecho fundamental, el derecho a ser amparado. De manera que la Constitución no consagra una acción de amparo o un medio adjetivo, sino un derecho fundamental, el derecho a ser amparado... tan fundamental como aquéllos que van a ser objeto de amparo. Y ese derecho puede materializarse, sin duda, a través del ejercicio de múltiples acciones y recursos".

Sin embargo, estimó la misma Comisión que también "era necesario desarrollar el mandato constitucional en una Ley que consagre que la acción de amparo puede ser ejercida por todo habitante del país y ser resuelta de manera sumaria, breve y efectiva para evitar lesiones o daños y restablecer inmediatamente la situación jurídica infringida"[9], para lo cual precisamente, se sancionó la Ley Orgánica de Amparo.

Al igual que la Constitución de 1961, la Constitución de 1999 no establece "una" acción o recurso de amparo, como un particular medio de protección judicial, sino un "derecho de amparo" o "derecho a ser amparado", como derecho fundamental que se puede materializar y de hecho se materializa, a través de diversas acciones y recursos judiciales, incluso a través de una "acción autónoma de amparo" que regula la Ley Orgánica, y que como se ha visto, ya había venido delineando la jurisprudencia. Este carácter del amparo, como un "derecho constitucional", en nuestro criterio es el elemento clave para identificar la institución venezolana.[6] Su no consideración como una sola acción o recurso, sino como un derecho, es lo que justificó el cambio de criterio sentado por la Corte Suprema de Justicia en 1983, respecto de su tesis sustentada en 1970, sobre la posibilidad del ejercicio de la acción de amparo aun en ausencia de la ley reglamentaria prevista en la Constitución. Si la norma del artículo 49 hubiera consagrado "una acción o recurso" de amparo, el artículo 50 del texto constitucional de 1961 le hubiera sido inaplicable[7]; en cambio, si el artículo 49 de la Constitución de 1961, como la de 1999, consagraba un derecho fundamental, como en efecto sucedía, se aplicaba el texto de dicho artículo 50 de dicha Constitución al disponer que "la falta de ley reglamentaria" de los derechos constitucionales enunciados en el texto, no menoscaba el ejercicio de los mismos[8].

---

8 *V.*, en *Revista de Derecho Público*, N° 50, 1992, pp. 183-184.

9 *V.*, el "Informe que presenta la Comisión Permanente de Política Interior del Senado referente al Proyecto de *Ley Orgánica de Amparo sobre Derechos y Garantías Constitucionales*", de 9-12-87, considerado en la sesión del Senado de 14-12-87. *V.* nuestros estudios sobre el Proyecto de Ley en Allan R. Brewer-Carías, *Estudios de Derecho Público (Labor en el Senado 1985-1987), T.* III, Caracas, 1989, pp. 71 a 230.

6 *V.*, Allan R. Brewer-Carías, "El derecho de amparo y la acción de amparo", *Revista de Derecho Público*, N° 22, Editorial Jurídica Venezolana, Caracas, 1985, pp. 51 y ss.

7 Como lo sostenía la Procuraduría General de la República en 1970: "el amparo, más que un derecho, constituye una garantía de protección de los derechos, y de acuerdo con la letra de la Ley sólo los derechos pueden ser ejercidos, aun antes de promulgada la Ley reglamentaria respectiva". *V.*, *Doctrina de la Procuraduría General de la República 1970*, Caracas, 1971. p. 35.

8 Este criterio del amparo como un derecho lo destacó en 1970, Jesús Ramón Quintero, cuando al comentar una decisión de la Corte Superior Cuarta en lo Penal en torno a un recurso de amparo de 22 de diciembre de 1969 señaló: Existe pues, según el fallo de la Corte. un derecho de los individuos, de amparo, y un deber u obligación de los Tribunales de concederlo cuando sea procedente. Tal derecho y tal obligación tienen una base en la propia Constitución la cual a su vez, y de un modo terminante que no admite ningún tipo de duda, establece que su solo

Este es el criterio que ha sido el dominante de la jurisprudencia y, en nuestra opinión, el más importante elemento diferenciador de la institución de amparo en Venezuela que, además, fue recogido en la Ley Orgánica.

En efecto, en su artículo 1°, la Ley Orgánica de Amparo sobre Derechos y Garantías Constitucionales, establece lo siguiente:

> "Toda persona natural habitante de la República o persona jurídica domiciliada en ésta, podrá solicitar ante los Tribunales competentes el amparo previsto en el artículo 49 de la Constitución, para el goce y el ejercicio de los derechos y garantías constitucionales, aun de aquellos derechos fundamentales de la persona humana que no figuren expresamente en la Constitución, con el propósito de que se restablezca inmediatamente la situación jurídica infringida o la situación que más se asemeje a ella.
>
> La garantía de la libertad personal que regula el *hábeas corpus* constitucional, se regirá por esta Ley".

Se consagra, sin duda, aquí, el derecho a ser amparado, el cual si bien puede ejercerse mediante la acción autónoma de amparo que regula la Ley, no se agota en ella. En efecto, la consideración del amparo constitucional como un derecho fundamental a un medio de protección judicial trae como consecuencia, que el amparo no es, precisamente, ni una "acción" ni un "recurso", pues la Constitución no identifica el "derecho de amparo" con ninguna vía o medio judicial concreto, a pesar del que se regula en la Ley Orgánica.

Por tanto, tal como está concebido tanto en la Constitución como en el artículo 1° de la Ley Orgánica, el amparo puede materializarse en un recurso, en sentido estricto, de revisión de decisiones administrativas o judiciales, o puede configurarse como un proceso o "una acción autónoma" que no consista necesariamente en la revisión de determinado acto jurídico. Por eso, el amparo puede indistintamente consistir en un "recurso" o en una "acción" autónoma. Depende del objeto de la protección y de la regulación legal.

Pero además, tal como lo concibe tanto el artículo 27 de la Constitución como el artículo 1° de la Ley Orgánica, el amparo no sólo se establece como un *"derecho"* de las personas a ser amparados en el goce y ejercicio de los derechos y garantías que la Constitución establece y que sean inherentes a la persona, sino que, en realidad, conforme al principio de alteridad, además se configura como un *deber* de los tribunales de amparar a las personas en el goce y ejercicio de tales derechos.

Por ello el amparo, tal como está en el texto constitucional, no queda reducido a una acción única y autónoma, necesariamente independiente de todas las otras acciones o recursos judiciales previstos para la defensa de los derechos y garantías constitucionales, sino que la Constitución es lo suficientemente amplia y flexible como para permitir

---

texto es suficiente para que los Tribunales concedan el amparo, pues la falta de Ley reglamentaria de los derechos, aunque no deseable, no puede convertirse en un obstáculo para el cabal y completo goce y disfrute de esos derechos que la Constitución establece y aun de aquellos que no están establecidos en forma expresa, pero que sean inherentes a la persona humana". *V.*, "Recurso de amparo. La cuestión central en dos sentencias y un voto salvado" en *Revista de la Facultad de Derecho*. Universidad Católica Andrés Bello, N° 9, Caracas, 1969-1970, pp. 161 y 162. En las páginas 166 y siguientes refuerza el mismo argumento. El texto de la sentencia que comenta y del voto salvado a la misma puede verse en pp. 180 a 206. *V.*, asimismo el texto del voto salvado en Otto Marín Gómez, Protección procesal de las garantías constitucionales de Venezuela. *Amparo y Hábeas Corpus*, Caracas, 1983, pp. 229-250.

diversos sistemas judiciales de amparo de los derechos y garantías constitucionales, sea a través de acciones o recursos judiciales tradicionales o mediante la vía general de acción de amparo regulada en la Ley Orgánica.

Por tanto, puede haber y hay muchos medios judiciales de protección que permiten a los particulares ser amparados en el goce y ejercicio de sus derechos constitucionales, mediante un procedimiento breve y sumario, en el cual el juez tiene competencia para restablecer inmediatamente las situaciones jurídicas infringidas por cualquiera. En estos casos, no es que esas vías judiciales ya previstas sustituyan el derecho de amparo (o lo desmejoren), sino que sirven como medios judiciales de amparo.

Es el sentido, en definitiva de la previsión del artículo 25,1 de la Convención Americana sobre Derechos Humanos de 1977, que dispone en materia de protección judicial, que:

> "Toda persona tiene derecho a un *recurso sencillo y rápido o a cualquier otro recurso efectivo* ante los jueces o tribunales competentes, que la ampare contra actos que violen sus derechos fundamentales reconocidos por la Constitución, la ley o la presente Convención, aun cuando tal violación sea cometida por personas que actúen en ejercicio de sus funciones oficiales"[17].

Ahora bien, a pesar de la multiplicidad de vías de protección judicial de los derechos y garantías constitucionales que aseguran el "derecho de amparo" previsto en la Constitución, es indudable que dado el carácter omnicomprensivo de la protección que "en conformidad con la ley" establece el Texto Fundamental, para que aquél derecho de amparo sea realmente efectivo, como lo había delineado la jurisprudencia, resultó indispensable regular en la Ley Orgánica, una "acción de amparo", que procede sólo si el interesado no ha optado por recurrir a otros medios judiciales de protección y amparo de los derechos y garantías constitucionales legalmente previstos (Art. 6, Ord. 5°) o cuando frente a actos administrativos o carencias de la Administración, los previstos formalmente en las leyes no sean suficientemente acordes con la protección jurisdiccional, es decir, no constituyan un medio breve, sumario y efectivo, acorde con la protección constitucional (Art. 5°).

Por ello, el numeral 5° del artículo 6 de la Ley Orgánica establece dentro de las causales de inadmisibilidad de la acción de amparo, los casos en los cuales "el agraviado haya optado por recurrir a las vías judiciales ordinarias o hecho uso de los medios judiciales preexistentes", en cuyo caso al alegarse la violación o amenaza de violación de un derecho a garantía constitucionales, el juez debe acogerse al procedimiento y a los lapsos previstos en la Ley Orgánica para la protección inmediata y ordenar la suspensión provisional de los efectos del acto cuestionado.

Asimismo, y en particular, tratándose del derecho de amparo frente a actos administrativos o conductas omisivas de la Administración, conforme al artículo 5° de la Ley, la acción autónoma de amparo no procede "cuando exista un medio procesal breve, sumario y eficaz, acorde con la protección constitucional" y éste es el que regula precisamente el mismo artículo 5° de la Ley, al establecer que el recurso contencioso administrativo de anulación es un medio breve, sumario y eficaz, y plantear que conjuntamente con el mismo puede formularse la pretensión de amparo, en cuyo caso, no sólo no es necesario agotar la vía administrativa, sino que el recurso puede intentarse en cualquier tiempo, pudiendo. además, el juez suspender los efectos del acto administrativo recurri-

---

17 *V.*, la Ley aprobatoria en *Gaceta Oficial* N° 31.256 de 14-6-77.

do como garantía del derecho constitucional violado, mientras dure el juicio de nulidad, conforme al procedimiento establecido en la propia Ley Orgánica (Arts. 5 y 6, Ord. 5°).

Por tanto, si bien el "derecho de amparo" puede asegurarse a través de múltiples vías (acciones o recursos) judiciales preexistentes, en cuyo caso, el "derecho de amparo" no se identifica con ningún recurso o acción judicial concreto, por tanto, se diferencia de ellos; en el caso de "la acción de amparo" que regula la Ley Orgánica, ésta procede en todo caso, salvo cuando se haya optado por otro medio de protección o de amparo previsto en el ordenamiento jurídico. En materia de amparo contra actos administrativos, la acción autónoma de amparo sólo procede cuando la vía contencioso administrativa no sea un medio efectivo acorde con la protección constitucional.

Pero el derecho de amparo que prevé el artículo 27 de la Constitución, y que regula la Ley Orgánica, como hemos indicado, también permite asegurar la protección de los derechos fundamentales infringidos por actos estatales, a través de la acción de inconstitucionalidad de las leyes (acción popular) o de la desaplicación de una ley por cualquier juez (el denominado control difuso de la constitucionalidad); a través del recurso de casación respecto de sentencias, y mediante el recurso contencioso administrativo de anulación de los actos administrativos. Asimismo, permite asegurar la protección de los derechos fundamentales vulnerados por otros particulares a través de las vías judiciales del proceso ordinario.

Por supuesto, para que estas vías judiciales sirvan de medio de amparo constitucional, el legislador ha perfeccionado sus mecanismos de protección: por ejemplo, en el recurso de inconstitucionalidad de las leyes, cuando ésta se fundamente en la violación de un derecho o garantía constitucional, en virtud de la nulidad absoluta que ello implica, se ha provisto en la Ley Orgánica la potestad de la Corte Suprema de desaplicar los efectos de la ley impugnada *respecto del caso concreto* mientras se decide el recurso (Art. 3°); en el recurso de casación, cuando la denuncia de la sentencia recurrida consista en el alegato de la violación por la misma de un derecho o garantía constitucional; y en el recurso contencioso administrativo, cuando el motivo del mismo sea la violación de un derecho constitucional por el acto recurrido, se ha eliminado la exigencia de agotamiento de la vía administrativa y del lapso de caducidad, dada la nulidad absoluta alegada, y se permite al juez recurrir en forma más expedita a los procedimientos de urgencia y abreviación de lapsos, así como a la suspensión de efectos del acto recurrido (Arts. 5 y 6, ord. 5°).

2. La acción autónoma de amparo y su carácter extraordinario

Pero además, hemos dicho, el derecho de amparo conforme a la Ley Orgánica permite lograr la adecuada protección de los derechos y garantías constitucionales a través de una "acción de amparo" autónoma, la cual, por supuesto, aparece en el ordenamiento como absolutamente diferenciada de la acción o recursos de inconstitucionalidad de las leyes, del recurso de casación, de las acciones contencioso administrativas y de otros medios judiciales. Una de las características de esta acción judicial autónoma de amparo, es que *no presupone el que se hayan agotado vías judiciales previas para poder intentarse,* lo que hace que la institución de la acción de amparo en Venezuela se diferencie con el recurso de amparo que se ha desarrollado en Europa y, particularmente, en Alemania y España. En estos países, en realidad, el recurso de amparo es un auténtico "recurso extraordinario" que se intenta, en principio, contra decisiones judiciales. En

Alemania, por ejemplo, el recurso de amparo constitucional que se intenta ante el Tribunal Constitucional Federal, exige el agotamiento previo de las vías judiciales ordinarias, por lo que, en definitiva, se traduce en un recurso contra una decisión judicial respectiva, aun cuando excepcionalmente procede la acción directa de amparo en ciertos casos específicos y respecto a un número muy limitado de derechos constitucionales[9]. En España, el recurso de amparo que se intenta ante el Tribunal Constitucional, también exige el agotamiento previo de las vías judiciales y, particularmente, si se trata de un amparo en relación con actividades administrativas, en definitiva se requiere siempre el agotamiento previo a la vía judicial contencioso administrativa. Por eso, en España, el recurso de amparo se configura como un recurso revisor de sentencias de los Tribunales Contencioso administrativos[10].

En el caso venezolano, en cambio, la acción autónoma de amparo *no exige el agotamiento previo de las vías judiciales* ni se configura, por tanto, como un recurso extraordinario contra sentencias judiciales. Se trata, sí, de una acción judicial autónoma que sólo procede cuando no se opte por otros recursos o acciones judiciales que permitan mediante procedimientos breves y sumarios, obtener amparo y protección de los derechos y el restablecimiento inmediato de los mismos (Art. 6, ord. 5°) o en materia de amparo contra actos administrativos o conductas omisivas de la Administración, cuando la vía contencioso administrativa no sea un medio efectivo de protección constitucional[11]. En estos casos, no es que la acción de amparo requiere el agotamiento previo del recurso contencioso administrativo de anulación, cuando la violación del derecho constitucional la produce un acto administrativo, sino que el recurso contencioso administrativo puede ser en sí mismo el medio de amparo. Por ello, en el caso de actos administrativos, cuando el recurso contencioso administrativo no sirva efectivamente como medio de amparo dadas las particulares circunstancias del caso concreto, es que la acción autónoma de amparo procede (Art. 5°).

Por otra parte, debe señalarse que el derecho de amparo, de acuerdo a la Constitución y la Ley Orgánica, se puede ejercer ante "los tribunales" en conformidad con la Ley, por lo que de acuerdo a la organización del sistema judicial y procesal, no existe una única acción judicial ante un sólo tribunal, prevista para garantizar el ejercicio y goce de los derechos constitucionales. Hemos dicho que de acuerdo a la Constitución no se prevé el derecho de amparo como una sola acción o recurso, que se intenta ante un solo

---

9 *V.*, R. Schlaich, "Procedures et techniques de protection des droits fondamentaux. Tribunal Constitutionnel Fédéral Allemand" en L. Favoreu (ed.), *Cours constitutionnelles Européenes et Droits Fondamentaux*, París, 1982, pp. 105-164.

10 *V.*, J.L. García Ruiz, *Recurso de Amparo en el Derecho Español*, Madrid, 1980; F. Castedo Álvarez, "El recurso de amparo constitucional" en Instituto de Estudios Fiscales, *El Tribunal Constitucional*, Madrid, 1981 *T.* I, pp. 179-208.

11 Este carácter subsidiario que le habíamos atribuido a la acción autónoma de amparo en materia de amparo contra actos administrativos y que la jurisprudencia había confirmado, no significaba, como lo señaló H. Rondón de Sansó, que "sólo es admisible cuando hubiesen sido agotados todos los recursos ordinarios que para el caso específico el sistema jurídico prevé" (*V.*, en "El amparo constitucional en Venezuela", *Revista de Derecho Público*, N° 25, Editorial Jurídica Venezolana, Caracas, 1986, p. 56). Al contrario, como ya lo habíamos explicado (*V.*, Allan R. Brewer-Carías, "El derecho de amparo y la acción de amparo, *Revista de Derecho Público*, N° 22, Editorial Jurídica Venezolana, Caracas, 1985, pp. 53-54) la subsidiariedad de la acción autónoma de amparo contra actos administrativos derivaba de que procedía cuando el "recurso contencioso administrativo de anulación y amparo" no era un medio efectivo de protección. *V.*, además, Allan R. Brewer-Carías. *Estado de derecho y Control Judicial, cit.*, pp. 628 y ss.

Tribunal, con el objeto de amparar el goce y ejercicio de los derechos constitucionales, por lo que el ordenamiento regula, a través de recursos y acciones tradicionales, sistemas de amparo de los derechos y garantías constitucionales, mediante procedimientos breves y sumarios con poderes para el juez, para restablecer en forma inmediata situaciones jurídicas subjetivas infringidas.

Por eso, insistimos, en Venezuela, el amparo de los derechos puede obtenerse a través de diversas acciones o recursos que regula el ordenamiento jurídico, por lo que, en definitiva, el derecho de amparo no se traduce en una sola acción o recurso, lo que diferencia nuestro amparo de los recursos de amparo europeos, particularmente el recurso de amparo en Alemania y en España, donde el recurso de amparo es una sola acción que se intenta ante un solo Tribunal, y que sirve como mecanismo para la protección de algunos derechos y garantías constitucionales[12]. Al contrario, en el caso venezolano, el derecho de amparo se presenta, en realidad, como una vía judicial multiforme que se puede ejercer ante todos los Tribunales, conforme a la Ley, sea mediante las acciones o recursos preexistentes que pueden servir de amparo, siempre que se prevea un procedimiento breve y sumario con poderes para el juez para restablecer las situaciones jurídicas subjetivas infringidas; sea mediante la acción autónoma de amparo prevista en la Ley Orgánica.

Ahora bien, en cuanto al carácter extraordinario de la acción de amparo, en la víspera de la promulgación de la Ley Orgánica de Amparo. En efecto, en mayo de 1987 la Corte Primera de lo Contencioso Administrativo, atribuyó a la acción de amparo carácter "excepcional" al razonar así en sentencia de 7-5-87:

> "El carácter excepcional o extraordinario del amparo lo determina la circunstancia de que no exista ningún otro medio procesal idóneo para impedir que se produzca la lesión al derecho constitucionalmente garantizado, o que el efecto de la misma continúe afectando la esfera subjetiva del accionante. No puede estimarse que el carácter excepcional se identifique con la subsidiariedad del medio, ni tampoco puede interpretarse en forma restringida la exigencia de la actualidad de la lesión. Por lo que atañe a la subsidiariedad la jurisprudencia sobre la materia estimó originariamente que, sólo a falta de un recurso o de una acción específicos podría válidamente procederse por la vía de amparo.
>
> Esta posición ha sido modificada ante la evidencia de que, aun existiendo un medio expreso contra la actuación u omisión que acarrea la lesión, éste puede resultar inoperante dadas las circunstancias. Es justamente en la esfera contencioso administrativa en la cual ha de descartarse la exigencia absoluta de la subsidiariedad, por cuanto la misma llevaría a la negativa del amparo en tal campo, ya que por sí mismo el recurso contencioso administrativo de nulidad contemplado por la Ley Orgánica de la Corte Suprema de Justicia tiene tal carácter dentro del sistema, por lo cual, sostener que en todo caso tal vía ha de ser agotada necesariamente, implicaría el riesgo de que la decisión jurisdiccional resultase tardía.
>
> Por otra parte el amparo protege contra la lesión directa de un derecho constitucional, situación por la cual, controlar la ilegalidad, que es lo que persigue el contencioso administrativo, puede constituir suficiente garantía del ciudadano.

12 *V.*, H. Fix Zamudio, "El derecho de amparo en México y en España. Su influencia recíproca", *Revista de Estudios Políticos*, N° 7, Madrid, 1979, pp. 254-255.

En base a los razonamientos que anteceden la subsidiariedad ha sido sustituida por la exigencia del carácter excepcional de la situación, en el sentido de que la misma y sus efectos rebasen los parámetros normales que, en posiciones análogas se plantearían a otros sujetos. Lo excepcional alude a todo aquello que sale de la esfera de la normalidad, por sus proporciones o por sus efectos, o bien por la imposibilidad de repercusión de sus consecuencias"[23].

Posteriormente la Corte Suprema en Sala Político Administrativa en sentencia de 14-8-90, al calificar dicha acción como "especial" así:

"Tal como lo ha establecido este Máximo Tribunal reiteradamente, la acción de amparo resulta ser de carácter especial, en el sentido de que no puede sustituir los recursos y acciones establecidos para reclamar algún derecho constitucional, si sus respectivos procedimientos son a su vez breves y sumarios, o eficaces, para lograr su rápido restablecimiento. Así lo ha manifestado esta Sala en sentencia de fecha 23-5-88, cuando aclaró que no es posible utilizar la acción de amparo, "como sustitutoria de los recursos precisa y específicamente arbitrados por el legislador –en desarrollo de normas fundamentales– para lograr de esta manera el propósito que se pretende en autos. Si tal sustitución se permitiere, el amparo llegaría a suplantar no sólo esa, sino todas las vías procesales establecidas en nuestro sistema de derecho positivo, situación en modo alguno deseable ni deseada por el legislador del amparo". En ese mismo sentido se ha pronunciado la Sala de Casación Civil de esta Suprema Corte, cuando en sentencia de fecha 27-4-88, asentó que el actor tiene la carga procesal de "utilizar el procedimiento normal preestablecido por la ley adecuado a su pretensión, carga que de incumplirse, produce la inadmisión del amparo instaurado". En esa misma sentencia la Sala de Casación Civil, precisó, que el numeral 5 del artículo 6° de la Ley Orgánica de Amparo sobre Derechos y Garantías Constitucionales, debe interpretarse en el sentido de que "no puede entenderse nunca como una facultad libre de acudir o no a las vías establecidas, sino como la *carga procesal* del actor de utilizar el procedimiento normal preestablecido por la Ley (*omissis*)". En concreto, pues, que si existe "un medio procesal, breve, sumario y eficaz acorde con la protección constitucional", como lo exige el artículo 5° de la Ley Orgánica de Amparo sobre Derechos y Garantías Constitucionales, la acción de amparo en contra de los actos administrativos, actuaciones materiales, vías de hecho, abstenciones u omisiones de la Administración Pública, resulta ser inadmisible, por no darse el presupuesto general de dicha acción cual es su carácter extraordinario"[28].

En realidad aún cuando se empleen los calificativos de especial, excepcional o extraordinario, la jurisprudencia siempre apuntó hacia el carácter subsidiario en el sentido de que si existe otro medio judicial efectivo, operante, breve e idóneo para la protección constitucional, no es procedente el amparo. Este procede, en cambio, "cuando se hayan agotado, no existan o sean inoperantes otras vías que permitan la reparación"[30].

Así lo precisó la Corte Suprema en Sala Político Administrativa en sentencia de 8-3-90:

"El carácter subsidiario de la acción de amparo ha sido interpretado razonablemente en reiteradas ocasiones por la propia jurisprudencia de este Alto Tribunal. En tal sentido, ha precisado la Sala que el amparo procede aún en los casos de que, existiendo vías ordinarias para restablecer la situación jurídica infringida, éstas no sean idóneas, adecuadas o eficaces para restablecer dicha situación de manera *inmediata*.

---

23 *V.*, en FUNEDA, *15 años de Jurisprudencia.* Amparo Constitucional Corte Primera de lo Contencioso administrativo 1977-1992, Caracas 1994 pp. 117 y 118.

28 *V.*, en *Revista de Derecho Público*, N° 44, EJV, Caracas, 1990, p. 134.

30 *V.*, sentencia de la CSJ-SPA 11-12-90, en *Revista de Derecho Público*, N° 45, EJV, Caracas, 1990, p. 112. Esta frase tiene su antecedente en la sentencia de la CPCA de 13-2-86, en FUNEDA, *15 años de Jurisprudencia op. cit.*, p. 93.

> En el caso de autos, aprecia la Corte que se requiere de la *inmediatez* para restablecer la situación infringida y, por ello, se justifica la utilización de este medio sobre cualquier otro"[31].

En sentido similar en sentencia de 11-12-90, la Sala Político Administrativa de la Corte Suprema precisó:

> "Ha sido el criterio reiterado de la jurisprudencia de este Máximo Tribunal, así como de la doctrina, que la acción de amparo es un remedio judicial extraordinario o especial que sólo procede cuando se hayan agotado, no existan, o sean inoperantes otras vías procesales que permitan la reparación del daño. Igualmente, el artículo 5 de la Ley Orgánica de Amparo sobre Derechos y Garantías Constitucionales señala que la acción de amparo procede cuando no exista un medio procesal breve, sumario y eficaz acorde con la protección constitucional.

Tal requisito procesal objetivo para la admisibilidad de la acción hace del amparo un medio o instrumento judicial que sólo puede ser admitido por el juez una vez verificado que los otros medios ordinarios no son los eficaces o idóneos para restablecer la situación jurídica denunciada. Si existen esos medios, el juez debe abstenerse de admitir la acción de amparo propuesta.

En efecto, la naturaleza extraordinaria o especial del amparo constitucional, tiene como objetivo lograr que dicha institución no sea sustitutiva de los medios ordinarios; igualmente alerta sobre la necesidad de su uso prudente y racional como medio de defensa extremo de los derechos constitucionales admisible sólo cuando sea la única vía idónea y eficaz para el restablecimiento de las libertades públicas o cuando los otros medios sean inoperantes para lograr dicho objetivo"[32].

De todo lo anteriormente dicho resulta que el carácter de la acción autónoma de amparo es *subsidiaria* en el sentido de:

> "que procede en la medida que no exista otro medio para restablecer, de manera idónea y eficaz, la situación jurídica infringida. En consecuencia, uno de los presupuestos de la procedencia de la acción de amparo es que no exista otra vía más eficaz para el restablecimiento de los derechos lesionados. Si esta vía es idónea para resolver tal situación, no hay por qué recurrir a la acción especial de amparo. Aún más, existiendo dicha vía, si ella no logra el restablecimiento inmediato de la garantía constitucional, también se justifica la utilización del medio de protección jurisdiccional de amparo"[33].

Por ello, como lo señaló la Corte Suprema en Sala Político Administrativa en sentencia de 18-6-92:

> "el juez constitucional de amparo no puede admitir la acción cuando existan otros medios procesales ordinarios, a menos que de los propios recaudos resultare la ineficacia para el caso concreto, de los medios idóneos procesalmente previstos"[34].

De acuerdo a esta doctrina jurisprudencial, en consecuencia, por ejemplo, en casos de protección de la maternidad y de derechos derivados del embarazo, por la *inmediatez* que requiere la protección siempre se ha entendido que el medio idóneo es la acción autónoma de amparo. Así lo entendió la Corte Suprema en Sala Político Administrativa en sentencia de 4-12-90 (Caso *Mariela Morales de Jiménez*):

---

31 *V.*, en *Revista de Derecho Público*, N° 42, EJV, Caracas, 1990, pp. 107-108. *V.*, sentencia de la CPCA de 5-9-91 en FUNEDA, *15 años de Jurisprudencia*, *op. cit.*, p. 130.

32 *V.*, en *Revista de Derecho Público*, N° 45, EJV, Caracas, 1991, p. 112.

33 *V.*, sentencia CSJ-SPA 12-6-90, *Revista de Derecho Público* N° 43, EJV, Caracas, 1990, p. 78.

34 *V.*, en *Revista de Derecho Público*, N° 50, EJV, Caracas, 1992, p. 152.

"De lo expuesto se concluye que la acción de amparo constitucional propuesta debe prosperar, en virtud de que ha quedado demostrado que la situación denunciada es lesiva al derecho constitucional, a la protección de la maternidad y a la protección especial que merece la mujer trabajadora.

Conviene precisar igualmente que este medio procesal constituye la única vía idónea y eficaz para la protección constitucional invocada, pues si bien existen vías ordinarias en sede administrativa y contencioso administrativa para obtener el restablecimiento de situaciones jurídicas de esta naturaleza, aparece evidente que en el caso concreto se requiere de un restablecimiento inmediato de la situación denunciada, ya que se precisa una decisión urgente, que se produzca antes de que desaparezca el supuesto de aplicabilidad de la garantía constitucional, y así se declara"[35].

En consecuencia, en sentido contrario, cuando en el ordenamiento jurídico exista una vía idónea, eficaz y operante que permita el restablecimiento inmediato de la situación jurídica infringida, acorde con la protección del derecho constitucional, la acción autónoma de amparo es improcedente. Así lo resolvió la Corte Suprema, por ejemplo, en relación al amparo tributario regulado en el Código Orgánico Tributario: existiendo esta vía para reparar los perjuicios derivados de la abstención administrativa, la acción autónoma de amparo se ha considerado improcedente[36]. En sentido similar la Corte Suprema de Justicia en sentencia de 11-12-90 resolvió en relación al retardo u omisión de los jueces en dictar alguna providencia judicial. En esos casos, dijo la Corte:

"nuestro ordenamiento jurídico positivo consagra una serie de mecanismos que serían los idóneos y eficaces para restablecer la situación jurídica señalada como infringida.

Dichas vías no sólo tienen como objetivo imponer sanciones correctivas a fin de que el juez actúe conforme a su deber, sino sanciones disciplinarias y la posibilidad de exigir la responsabilidad civil de los jueces que incurran en denegación de justicia".

La Corte, en esa sentencia se refirió a lo previsto en el artículo 19 del Código de Procedimiento Civil (sanción a la denegación de justicia), a los artículos 829 y siguientes de dicho Código (responsabilidad de los jueces) y a las normas sancionatorias de la Ley de Carrera Judicial. Sobre ello, señaló:

"Todos estos medios son instrumentos ordinarios, idóneos y eficaces, aún no agotados, que le ofrece el ordenamiento jurídico al actor a fin de restablecer la situación jurídica que él denuncia como vulnerada. En tal virtud, la acción de amparo ejercida resulta inadmisible, pues lo contrario sería contravenir la naturaleza extraordinaria o especial de esta acción, tal como ha sido razonado *supra y,* en particular, visto que el artículo 5° expresamente la consagra, es decir que la procedencia de la acción es cuando no exista un medio procesal acorde con la protección constitucional"[37].

De todo lo anteriormente señalado, puede concluirse entonces que de acuerdo con las regulaciones de la Ley Orgánica de Amparo, y conforme a las orientaciones jurisprudenciales establecidas antes y después de su entrada en vigencia, la acción autónoma de amparo procede en forma subsidiaria, cuando no existan medios judiciales efectivos, idóneos y operantes que permitan el restablecimiento inmediato del derecho constitucional lesionado, acorde con la protección constitucional.

---

35 *V.*, en *Revista de Derecho Público*, N° 45, EJV, Caracas, 1991, p. 115. En igual sentido CSJ-SPA de 5-12-91 (Caso *Reina Henríquez de Peña*), en *Revista de Derecho Público*, N° 48, EJV, Caracas, 1991, p. 133.

36 Sentencia CSJ-SPA de 14-8-90 (Caso: *Grespan*), *Revista de Derecho Público*, N° 44, EJV, Caracas, 1990, p. 135.

37 *V.*, en *Revista de Derecho Público*, N° 45, EJV, Caracas, 1991, p. 112.

Este carácter subsidiario de la acción de amparo, atendiendo al significado del término, sin embargo, ha sido cambiado por la jurisprudencia a veces por el de "especial", "extraordinario" o "excepcional", pero con igual significado de subsidiario, es decir, que suple o robustece a las acciones ordinarias cuando éstas no son idóneas, breves, efectivas y operantes para la protección constitucional.

Toda esta evolución jurisprudencial que ha venido reafirmando el carácter subsidiario de la acción autónoma de amparo, en el sentido de que procede su interposición cuando no existan otros medios procesales ordinarios o los que existan no sean eficaces e idóneos para lograr los fines pretendidos, acordes con la protección constitucional, ha sido resumida y precisada por la Corte Suprema de Justicia en varias sentencias de la Sala Político Administrativa dictadas en 1993[38], particularmente en la de 2-12-93 (Caso *Tribunal Superior de Salvaguarda*), en la cual estableció lo siguiente:

> "Establecido lo anterior, debe la Sala dilucidar, no obstante, si la situación planteada por los actos y demostrada en el expediente se constituye en lesiva de sus derechos o garantías constitucionales, si es posible satisfacer sus pretensiones por vía de amparo, la cual consiste, como se transcribió anteriormente, en que se "ordene al agraviante la ejecución de presupuesto autorizado por el Congreso de la República para el ejercicio fiscal de 1993 correspondiente al Tribunal Superior de Salvaguarda del Patrimonio Público; y le ordene tomar las disposiciones pertinentes y necesarias, para que se ejecute dicho presupuesto, de conformidad con la distribución presupuestaria hecha y asignada a este Tribunal por el Congreso de la República".

Para ello hay tres aspectos determinantes para la procedencia de la acción extraordinaria de amparo constitucional incoada, que deben ser considerados especialmente en el caso de autos: a) si existe algún medio judicial ordinario o preexistente, idóneo y eficaz, para satisfacer la pretensión del solicitante; b) si la violación denunciada de derecho y garantías fundamentales se produce realmente en forma directa e inmediata contra la Carta Magna; y, en definitiva, c) si existe algún verdadero derecho subjetivo constitucional de los accionantes que pueda verse vulnerado por la abstención o negativa del Consejo de la Judicatura.

En relación con la primera cuestión por resolver, se observa:

a) Antes de la promulgación de ley sobre la materia del amparo constitucional, la doctrina y la jurisprudencia habían atribuido entre las principales características del amparo el hecho de ser remedio judicial extraordinario o especial que sólo procede cuando se haya agotado, no existan o sean inoperantes otras vías procesales que permitan la reparación del daño (*Vid.* decisión del 6-8-97, caso: *Registro Automotor Permanente*).

Consecuente con esa característica, el artículo 6, ordinal 5°, de la Ley Orgánica de Amparo contempló, como un supuesto para declarar la inadmisibilidad de esta acción, "cuando el agraviado haya optado por recurrir a las vías judiciales ordinarias o hecho uso de los medios judiciales preexistentes".

Aun cuando pareciera existir cierto margen de discrecionalidad hacia el particular –posibilidad de acudir originariamente a la vía judicial mediante el amparo constitucional, o mediante los medios ordinarios- la jurisprudencia de la Sala de Casación Civil, acogida por la Sala Político-Administrativa, ha interpretado el ordinal transcrito concatenadamente con el primer párrafo del artículo 5 de la Ley Orgánica de Amparo sobre

---

38 Véanse sentencias de 27-10-93 (Caso *Silio Romero y Ana Drossos*) de 24-11-93 (Caso *Simón Hebert Faull*) en *Revista de Derecho Público*, N° 55-56, EJV, Caracas, 1993, pp. 313-316.

Derechos y Garantías Constitucionales, evitando dejar al particular cualquier posibilidad de elección. De manera que si mediante otra vía judicial distinta al amparo se puede reparar o restablecer la alegada situación jurídica infringida, debe ser esa la utilizada y no aquélla (véase decisión N° 497 del 14-8-90, caso: *Pedro Francisco Crespán Muñoz*).

Este carácter extraordinario es indispensable para evitar que el amparo sustituya todo el ordenamiento procesal de derecho positivo, el cual ha sido considerado por el legislador como los medios o procedimientos idóneos y eficaces para garantizar tanto los derechos en el cumplimiento de los deberes, por parte de los particulares y del propio Estado.

Por este motivo, el juez constitucional de amparo *no debe admitir* esta acción cuando existan otros *medios procesales ordinarios,* a menos que éstos no sean eficaces e idóneos para lograr los fines pretendidos.

Y para verificar esa situación, conforme se sostuvo en la misma sentencia del 6-8-87 y se ha reiterado seguidamente "el análisis determinante (que debe hacer el juzgador), para catalogar como paralelo a un medio procesal, se concentra en sus efectos"; lo cual se traduce generalmente en el medio especial de los recursos contencioso administrativos previstos en el artículo 206 del Texto Fundamental en que, a diferencia de éstos, la acción de amparo permite al solicitante la obtención del restablecimiento a la situación jurídica lesionada de una forma *inmediata.*

Este ha sido el criterio de la Sala, como puede desprenderse de la decisión del 8 de marzo de 1990, caso: *"Luz Magaly Serna Rogeles"*, donde se precisó:

> "El carácter subsidiario de la acción de amparo ha sido interpretado razonablemente en reiteradas ocasiones por la propia jurisprudencia de este Alto Tribunal. En tal sentido ha precisado la Sala que el amparo procede, aun en los casos que existiendo vías ordinarias para restablecer la situación jurídica infringida, éstas no son idóneas, adecuadas o eficaces para restablecer dicha situación de manera *inmediata.* En el caso de autos, aprecia la Corte que se requiere de la *inmediatez* para restablecer la situación infringida y por ello se justifica la utilización de este medio sobre cualquier otro. Así se declara" (subrayados añadidos).

Y en el mismo sentido resulta pertinente citar la sentencia, también de esta Sala, del 3 de diciembre de 1990, recaída sobre la acción de amparo interpuesta por la ciudadana Mariela Morales de Jiménez contra el acto del Ministro de Justicia que la removió del cargo que desempeñaba estando en estado de gravidez, ya que en esa oportunidad se sostuvo que la acción de amparo "constituye la *única vía* idónea y eficaz para la protección constitucional invocada (artículos 74, 76, 84 y 93), pues si bien existen otras vías ordinarias en sede administrativa y contencioso-administrativa para obtener el restablecimiento de situaciones jurídicas de esta naturaleza, parece evidente que en el caso concreto se requiere de un restablecimiento *inmediato* de la situación denunciada, ya que se precisa una decisión urgente que se produzca antes de que desaparezca el supuesto de aplicabilidad de la garantía constitucional, y así se declara" (véase además decisión del 5-12-91, caso: *Reina de Jesús Henríquez*).

De manera que si bien la procedencia de la acción de amparo constitucional está acondicionada por la existencia de otra vía judicial para lograr el restablecimiento de la situación jurídica infringida denunciada, sin embargo la jurisprudencia ha admitido que aunque existan medios procesales para tal fin, éstos pueden resultar inadecuados, inidóneos e ineficaces cuando se exige, por las condiciones de cada caso concreto, un restablecimiento inmediato que sólo mediante el amparo constitucional, por su procedimiento breve y sumario, es capaz de alcanzarse.

En el asunto planteado, puede observarse que no *existe ningún otro* medio judicial previsto en nuestro ordenamiento procesal que resultare operante e idóneo para satisfacer la petición de los solicitantes, y además que, aún existiéndolo, la demostrada urgencia en la decisión requerida convierte en apto al amparo constitucional.

En efecto, además de la ineficacia de los medios judiciales ordinarios existentes, resulta evidente en el caso planteado, la necesidad de un restablecimiento de la situación denunciada por los accionantes, ya que, como ellos lo manifiestan, "de conformidad con lo establecido en la normativa presupuestaria si no se compromete el total del presupuesto del Tribunal Superior de Salvaguarda, la parte no comprometida, que como señalamos corresponde al 47% del presupuesto total del Tribunal Superior de Salvaguarda, será reintegrarla al Fisco Nacional, sin que se puedan satisfacer las exigencias de ajustes de sueldos y salarios solicitadas por el personal del Tribunal Superior de Salvaguarda. Además el Congreso en vista de esta realización presupuestaria, procederá a reducir el presupuesto de este Tribunal para el próximo período correspondiente al ejercicio fiscal del año 1994. Todo lo cual causará un daño muy grande al funcionamiento de este Tribunal".

Por tanto, estando presente el requisito de inmediatez, no resultan idóneos ni eficaces en el caso concreto las vías judiciales ordinarias existentes para resolver los cotidianos conflictos de intereses entre los particulares y la Administración[39].

En todo caso, en materia de amparo contra actos administrativos este carácter subsidiario ha sido más desarrollado por la jurisprudencia, por la previsión expresa del artículo 5° de la Ley Orgánica que establece su procedencia "cuando no exista un medio procesal breve, sumario y eficaz, acorde con la protección constitucional". Sobre ello nos referiremos al analizar en particular la acción de amparo contra actos administrativos.

3. La necesaria conciliación de la acción de amparo con los otros medios judiciales de amparo

A. El planteamiento del problema

Hemos señalado que la Constitución establece un derecho de amparo que se materializa, en su ejercicio, a través de la acción de amparo prevista en la Ley Orgánica o a través de otros medios judiciales de amparo. Por ello, hasta cierto punto, como hemos visto, todos los Tribunales pueden ser jueces de amparo.

Ahora bien, y particularmente cuando se trata de ejercicio del derecho de amparo frente a entes estatales, surge la necesidad de conciliar la acción de amparo con los medios judiciales de impugnación de los actos estatales, que también pueden ser vías judiciales de amparo. Esta preocupación fue la que motivó nuestra intervención en el Senado, en la sesión del 19 de noviembre de 1987 cuando se discutió el Proyecto de Ley de Amparo que ya había sido aprobado en la Cámara de Diputados, en la cual planteamos lo que estimamos era el problema central de dicho instrumento jurídico que:

39 *V.*, en *Revista de Derecho Público*, N° 55-56, EJV, Caracas, 1993, pp. 311-313.

"Mediante el establecimiento de una acción de amparo no puede, ni debe sustituirse el orden judicial y procesal; no debe sustituirse el control de la constitucionalidad que se ejerce por las vías que existen; no debe sustituirse el control contencioso administrativo que se desarrolla por las vías que existen; ni los otros recursos.

Al contrario, todas esas vías deben perfeccionarse para que sirvan de instrumentos de amparo, y sólo si no pueden ser medios efectivos de protección constitucional, entonces, que proceda la acción de amparo en forma "extraordinaria" como lo ha venido estableciendo la jurisprudencia de la Corte Suprema de Justicia.

Por tanto, el principio debe ser que ese derecho a ser amparado –"Los tribunales ampararán", como dice la Constitución–, debe ejercerse por todos los medios procesales posibles, muchos de los cuales hay que perfeccionar, y si no se logra la efectividad a través de esos medios, entonces, que proceda la acción de amparo.

De esta forma, técnicamente, quizás no políticamente, el amparo es un derecho, por lo que desde el punto de vista jurídico y procesal es una pretensión más. Por tanto, más que una acción en concreto, el amparo es una pretensión que debe formularse con las acciones y recursos que están establecidos en el ordenamiento jurídico, y si éstos no son efectivos para la protección constitucional, entonces, debe formularse a través de una acción autónoma de amparo que es la que estamos buscando regular en esta Ley. Inclusive, ha sido el criterio de la Corte Suprema de Justicia, en una sentencia muy reciente, del 6 de agosto de 1987, en la cual la Corte señaló: "Lo relevante es que los efectos que se obtengan por la vía de los recursos ordinarios o principales, sean los mismos que se pretendan derivar del ejercicio de la acción de amparo. La acción de amparo busca proteger el derecho constitucional y restablecer la situación jurídica infringida".

Por tanto, lo relevante, como dice la Corte, es que los medios sean efectivos en cuanto al restablecimiento del derecho violado. Y se refiere la Corte en esa sentencia, que fue la dictada en el célebre *caso del RAP*, a los llamados medios paralelos como medios procesales, en cuyo caso el problema se concentra en los efectos de dichos medios: "Si permiten... (dice la Corte) ...la protección del derecho constitucional, el amparo (como acción autónoma) no será procedente", porque se logrará el amparo por la vía judicial que permita efectivamente el restablecimiento. Si no hay un proceso idóneo para salvaguardar el derecho constitucional, entonces, –dice la Corte– "se abre el recurso o la acción de amparo", y eso es, justamente, lo que nosotros tenemos que lograr al regular el derecho de amparo en esa Ley.

Esa es, pienso yo, establecida por la Corte, la doctrina clave en materia de amparo: que es una pretensión que puede y debe formularse a través de todos las mecanismos y acciones judiciales que existan, y si éstos no son efectivos para la protección constitucional, entonces, debe proceder la acción autónoma de amparo...

Este problema se plantea, con carácter relevante, en materia de amparo frente a los actos de los órganos estatales (y éste es el punto que debe preocupar a la Cámara al discutir este Proyecto de Ley), cuando se trata de hechos, vías de hecho o acciones materiales de los órganos del Estado, de la Administración si son de los particulares, en mi criterio, el Proyecto no tiene objeción. Las protecciones frente a vías de hecho y actos materiales de particulares que puedan dar origen al amparo pueden perfectamente estar regulados y el Proyecto, insisto, no tendría ninguna observación.

El problema se plantea por tanto, particularmente frente a actos estatales, y en concreto, frente a los actos formales del Estado: a las leyes, a los actos de gobierno, a los actos administrativos y a las sentencias. Y esos son, básicamente, los cuatro conjuntos de actos estatales. Así que quiero referirme muy rápidamente a estos aspectos.

El primero es el tema del "amparo contra leyes", y vamos a utilizar la expresión mexicana porque aparentemente, esto es lo que se deriva del texto del Proyecto de Ley en consideración.

En los países en los cuales no existe el control constitucional, es decir, donde no existe el control por la vía de recurso o acción popular de inconstitucionalidad, o por la vía de control difuso de la constitucionalidad, como sí existe en el caso de Venezuela; en países donde no existen –insisto– esos controles de constitucionalidad, el "amparo contra leyes" ha venido desarrollándose. Ese es el caso mexicano, y es también el caso peruano. Esta norma que en el Proyecto regula el "amparo contra leyes" es una traslación de la ley peruana; pero ¿Por qué eso está en la ley peruana?, porque en Perú no hay un control de la constitucionalidad de las leyes tan completo como en nuestro país, no hay un recurso de inconstitucionalidad como acción popular, ni hay un control difuso de la inconstitucionalidad tan generalizado y absoluto como el que se establece en el Artículo 20 del Código de Procedimiento Civil.

Por tanto la situación es radicalmente distinta en los países que inspiraron el Proyecto a lo que existe en Venezuela en materia de control de la constitucionalidad de las leyes y de –vamos a decirlo en esa expresión– "amparo contra leyes".

En Venezuela, de acuerdo al artículo 215 de la Constitución, se atribuye a la Corte Suprema de Justicia la potestad de declarar la nulidad de las leyes inconstitucionales, correspondiendo el monopolio de la declaratoria de inconstitucionalidad a la Corte Suprema de Justicia; es el llamado "control concentrado de la constitucionalidad" que los países europeos comienzan a descubrir ahora, después de la Segunda Guerra Mundial. Pero además, en Venezuela existe otro medio de control de la constitucionalidad, el control llamado "difuso", regulado en el artículo 20 del Código de Procedimiento Civil y que permite a cualquier Juez, de cualquier nivel, el considerar una ley inaplicable en el caso concreto que decide, dando aplicación preferente a la Constitución. Es el llamado "control difuso de la constitucionalidad de las leyes". Ello hace que en nuestra país, la mezcla del control concentrado con el control difuso, sea una mezcla única en el derecho comparado, y quizás sólo seguida tal cual en Colombia; pero en ningún otro país de América Latina y de Europa existe un control tan amplio de la constitucionalidad de las leyes.

Sin embargo, el Proyecto soslaya la consideración de esta situación y establece una especie de "amparo contra leyes" frente a lo cual debe preguntarse: ¿Se quiere sustituir el control de la constitucionalidad por vía de acción popular que tenemos? ¿Se le quieren dar al Juez otros poderes adicionales a los que establece el artículo 20 del Código de Procedimiento Civil? Yo, en realidad creo que la regulación correcta en Venezuela del "amparo frente a leyes", tendría que lograr en primer lugar, perfeccionar el recurso de inconstitucionalidad para permitir que la Corte Suprema de Justicia, por ejemplo, cuando conozca de un recurso de inconstitucionalidad de una ley, el que pueda suspender los efectos de esa ley, en relación al recurrente. Este es el gran descubrimiento del amparo mexicano: la suspensión de los efectos del acto recurrido por vía de amparo. Eso es lo que tendríamos que hacer acá, perfeccionar el sistema existente de acción popular y atribuirle a la Corte la posibilidad de suspender los efectos del acto estatal de efectos generales recurrida, en su aplicación al recurrente, para restablecer inmediatamente la situación jurídica infringida, mientras se discute la inconstitucionalidad de la ley.

Lo mismo se puede plantear con el "control difuso" de la constitucionalidad. Si cualquier persona en cualquier juicio, puede plantearle al Juez una cuestión de inconstitucionalidad, para que el Juez pueda –en el caso concreto– desaplicar la ley si la estima inconstitucional, esa pretensión de amparo en cualquier juicio debe permitirle al Juez poder también suspender los efectos de la ley, en el caso concreto, como medida para restablecer la situación jurídica infringida en forma inmediata, mientras se resuelve el juicio, pues en definitiva cuando el Juez decida, lo va a hacer sobre la inconstitucionalidad de la ley, pero para el caso concreto, porque en ese caso, el efecto de su decisión es *"inter partes"*.

El segundo problema que nos plantea el Proyecto tal como está, aparte del "amparo contra Leyes", se refiere al amparo contra decisiones judiciales. Pienso que debe quedar claro, y en mi criterio no está claro en el Proyecto, que la pretensión de amparo de los derechos y garantías contra actos judiciales debe buscarla el interesado en primer lugar, a través de los recursos de apelación y vías ordinarias; así en la apelación debe plantearse la pretensión de amparo como tal, y la apelación *per se,* salvo expresa disposición, debe tener efectos suspensivos. Pero el "amparo contra decisiones judiciales" ya se ha dado en nuestro Foro, particularmente en materia de amparo al derecho de propiedad y ha habido amparo contra medidas de embargo y amparo contra ejecuciones de hipotecas. Son medidas judiciales, por lo que hay que exigir, en primer lugar, que la persona plantee la pretensión de amparo por las vías de recurso ordinario. Si éstas no existen, o si por cualquier razón se dejaron vencer, entonces, puede recurrirse a la acción autónoma de amparo, pero hay que plantear la necesidad de que la pretensión de amparo se formule, ante todo, en las vías ordinarias.

Por otra parte, se plantea el problema de la competencia. ¿Quién conoce de la acción de amparo contra actos judiciales? De acuerdo al Proyecto de Ley, el Juez de Primera Instancia. Pienso que tratándose de actos judiciales, en este caso debería modificarse en algo la competencia y atribuirse la competencia para conocer de la acción de amparo contra actos judiciales, al juez que debería haber tenido la posibilidad de revisar la decisión del inferior, de manera de no violentar las jerarquías judiciales.

El tercer aspecto que plantea la ley, aparte del "amparo contra leyes", y el "amparo contra actos judiciales", es el aspecto –yo diría también fundamental– del amparo contra los actos administrativos. Sobre esto hubo una advertencia formulada por la Procuraduría General de la República, en una comunicación dirigida hace poco a la Cámara de Diputados, a su Comisión de Política Interior, de la cual me voy a permitir leer un párrafo, con la venia del señor Presidente, (*Asentimiento*). Dice la Procuraduría, refiriéndose a la disposición del Proyecto, que exige un medio procesal breve y sumario –y no efectivo– para la protección, sino breve y sumario pura y simplemente, la siguiente: (*Lee*): "Se acabaría con el ordenamiento procesal venezolano. De acuerdo con el Proyecto, el amparo procede siempre –dice la Procuraduría– excepto si la ley ofrece un medio procesal breve y sumario capaz de proteger el derecho. Entonces si una pretensión cualquiera en la que esté involucrado un derecho fundamental, lo que ocurre casi siempre –dice la Procuraduría–." (Y en efecto es muy difícil por ejemplo, en materia contencioso administrativa, que no se plantee la violación de un derecho constitucional) "no puede satisfacerse breve y sumariamente, puede utilizarse el amparo para obtener lo que se pide". Y concluye un poco apocalípticamente la Procuraduría –apocalipsis el cual no comparto totalmente– diciendo: "Ello haría inútil –dice– todas las vías comunes que establecen las leyes, tales como: El juicio de nulidad de actos administrativos, etc.".

Esto es particularmente grave en materia administrativa y creo que esto debe llamar la atención a los señores Senadores. ¿Qué se persigue con el amparo? Restablecer inmediatamente una situación jurídica infringida. Así nos lo dice el artículo 49 de la Constitución y lo dice el Artículo Primero del Proyecto de Ley que estamos considerando. ¿Qué se persigue con el recurso contencioso administrativo contra los actos administrativos? Lo dice la propia Constitución, artículo número 206: El Juez puede –y es la pretensión la que va a guiar la decisión del Juez– restablecer la situación jurídica infringida. Este es el objeto del juicio contencioso. No podemos soslayar esto.

De manera que si hay un acto administrativo envuelto, el problema del Proyecto se plantea en cuanto a la compatibilidad de las vías contencioso administrativa y de amparo. Insisto, el problema no se plantea, las dudas que yo quiero traer a las Cámaras no se plantean, cuando estamos frente a una vía de hecha, una acción material –el Proyecto es inobjetable en este campo–; en cambio, el problema se plantea cuando estamos en presencia de un acto formal, de carácter administrativo, con todas las formalidades que tiene un acto administrativo de acuerdo a la Ley de Procedimientos Administrativos.

Si vamos a plantear una pretensión de amparo frente a un acto administrativo, necesariamente en algún momento tenemos que juzgar la legalidad o ilegalidad del acto. No se puede amparar dejando el acto incólume, porque se está rompiendo el orden jurídico; en definitiva hay que anular el acto para poder amparar efectivamente; no se puede restablecer la situación jurídica y dejar el acto administrativo como si no hubiera pasado nada. Por eso el artículo 206 de la Constitución habla de la nulidad del acto y del restablecimiento de las situaciones jurídicas infringidas.

Por tanto, tratándose de amparo contra acto administrativo, no podemos obviar el principio de que el Juez de Amparo, en primer lugar, tiene que ser el Juez Contencioso administrativo, no el Juez de Primera Instancia. Ha costado mucho en nuestro país desarrollar un sistema de control contencioso administrativo, lo que ha ocurrido durante los últimos treinta o cuarenta años; no tiremos esa experiencia por la borda, utilicémosla, aprovechémosla, hagamos del contencioso administrativo un efectivo medio de amparo cuando la violación de un derecho constitucional provenga de un acto administrativo, pero no acabemos simplemente con el contencioso administrativo, buscando establecer el amparo. Vayamos a la acción de ampara, incluso, frente a actos administrativos, pero cuando no sea efectivo el medio procesal contencioso administrativo. Allí sí, el Proyecto sería inobjetable, pero de entrada no tenemos por qué poner de lado el sistema contencioso administrativo.

Esto se plantea particularmente, donde no haya un Tribunal Contencioso-Administrativo. En ese caso, si el sistema contencioso no es efectivo para la protección, entonces, se puede acudir a la acción de amparo. Pero donde sí es efectivo y existen dichos Tribunales, démosle al Juez Contencioso la potestad de amparar, o si se quiere, perfeccionémosle al Juez Contencioso, la potestad de amparar, porque esa la tiene en la actualidad, de manera que con el recurso de anulación se plantee la pretensión de amparo.

El problema de la relación entre el amparo y el Contencioso administrativo, no es nuevo; al contrario, se ha venido planteando desde hace años; basta recordar una expresión que utilizaba el doctor Ramón Escovar Salom en el año 1971, en un libro suyo que se intitula *El Juicio de Amparo:* "Que habría que concebir de modo más nítido y preciso la acción de amparo frente a la Administración, para aquellos casos en que pueda servir la vía contencioso administrativa ordinaria y seguir esta vía, pudiera ocasionar daños irreparables". Es decir, cuando la vía contencioso administrativa ordinaria no sea efectiva para la protección, entonces, el instituto del amparo debería proceder. Y señalaba: "El instituto del amparo y el instrumento Contencioso administrativa deben por tanto ser complementarios". Si se logra la protección y es suficiente por la vía contencioso administrativa, el Juez de Amparo debe ser el Juez Contencioso Administrativo. Si no es suficiente o no es posible, entonces el instituto de amparo, como acción, tal coma está en el Proyecto de Ley, es la vía adecuada.

Lo dicho, plantea la necesidad y es otra propuesta de carácter general que formulo, de conciliar el Recurso Contencioso administrativo con la acción de amparo y hacer que, efectivamente, la vía contenciosa, sea un medio de amparo. La vía contencioso administrativa, de acuerdo a la Constitución, sirve para el restablecimiento de las situaciones jurídicas infringidas por los actos administrativos –así lo dice el Texto Constitucional– y el instrumento para hacer efectivo ese restablecimiento inmediato de la situación jurídica infringida, es lo que se denomina "la suspensión de efectos de los actos administrativos". Lo que tenemos es que, para que sean efectivos los medios de amparo, agilizar ese mecanismo y perfeccionarlo.

La propia jurisprudencia que se ha venido desarrollando, ha venido delineando este mecanismo de la suspensión de efectos de los actos administrativos, como un efectivo medio de amparo. En efecto, en una sentencia del año 1985, la Corte Primera de lo Contencioso Administrativo, al hablar de la suspensión judicial de los efectos de los actos administrativos, decía: "En virtud de su carácter de incidencia breve y sumaria y no contenciosa, la medida de suspensión jurisdiccional de los efectos de los actos administrativos –dice– participa de la naturaleza de la acción de garantía y amparo de los derechos ciudadanos, y por ello los Jueces de lo Contencioso administrativo también tienen las funciones de protegerlos y por tanto, dentro de su competencia, asumen estos Jueces la de velar por la protección de aquellas garantías fundamentales. De modo que si no se acuerda dicha medida oportunamente, la de la suspensión de efectos y con sumariedad, se desvirtuarían los fines de protección y de amparo ciudadano que también tienen los recursos de anulación, frente a los actos administrativos".

En esta forma, la suspensión de efectos en vía administrativa, es el instrumento de amparo para el restablecimiento inmediato de una situación jurídica infringida. No acabemos con esta institución, perfeccionémosla, permitamos que el Juez Contencioso, efectivamente, sea un Juez de Amparo; y si no puede efectivamente serlo, por alguna razón, entonces, que proceda la acción de amparo que está en el Proyecta de Ley, pero no sustituyamos una por la otra. Hagamos –insisto– del contencioso administrativo un efectivo medio de amparo. De lo contrario, si se aprueba el Proyecto de la Ley tal como está, en materia contenciosa se plantearía lo que la propia Corte Primera de lo Contencioso Administrativo, en otra sentencia precedente del 26 de enero de 1984, señalaba, y que voy a comentar con la venia del Presidente. (*Asentimiento*). Dice: (*Lee*): "Cuando frente a una determinada actuación de la Administración se prevea un medio específico para controlar la inconstitucionalidad o ilegalidad, para obtener el restablecimiento de un derecho a garantía violado, la acción de amparo –dice– es inadmisible, porque aparte de los efectos que se aspira conseguir con el Recurso de Amparo, es posible obtenerlos por las medios específicos de impugnación, la aceptación general e ilimitada de tal acción haría inútil e inoperante los remedios jurídicos y judiciales que la Constitución y la Ley prevén oportunamente, y tal sucede –dice la Corte– precisamente con los recursos contencioso administrativa de anulación, que de admitirse la acción de amparo sin que el recurrente haya ejercido tales medios, se eliminaría de un solo golpe todo el sistema de control de la legalidad contemplado en el ordenamiento jurídico venezolano". Y la Corte pregunta: "¿De qué serviría mantener los recursos de la jurisdicción contencioso administrativa, si los particulares pudieran intentar directamente la acción de amparo frente a los actos administrativos y no recurrir a la vía contenciosa, para lograr el amparo?".

Este es el problema concreto que tenemos por delante y que creo debe ser considerado por la Cámara. El amparo, como acción autónoma, tal como lo regula el Proyecto que está en consideración, debería seguir siendo un medio subsidiario. Si no hay un medio ordinario o como están funcionando no son suficientes para proteger el derecho constitucional, debe acudirse a la acción de amparo, pero no debemos regular una acción de amparo que sustituya de un golpe todos los medios jurídicos, sino todo lo contrario –insisto–; perfeccionar los existentes, que sigan siendo medios efectivos, y si no lo son, que lo sean, y si llegan a serlo, que proceda la acción de amparo

En definitiva lo que se persigue con estas ideas, es ampliar un poco más la protección y, como lo decía al inicio, hacer más democrático el Proyecto para que sirva aún más de protección de los derechos que lo que está previsto en el mismo"[40].

A raíz de los anteriores planteamientos, los artículos 3, 4 y 5 del Proyecto fueron modificados por el Senado, en particular al preverse expresamente en el artículo 3° que la acción popular de inconstitucionalidad de las leyes y actos normativos también puede ser una vía judicial de amparo; y en el artículo 5°, que el recurso contencioso administrativo de anulación contra los actos administrativos y contra las conductas omisivas de la Administración, también puede ser una vía judicial de amparo, y hasta cierto punto, en las localidades donde funcionen tribunales contencioso administrativos, debe ser la vía judicial de amparo.

Todos estos problemas de conciliación de la acción de amparo con las otras acciones de nulidad de actos estatales, por supuesto, tienen relación con el carácter subsidiario que se atribuía a la acción de amparo antes de la sanción de la nueva Ley, y que continúa teniendo con posterioridad.

---

40 *V.*, Diario de Debates, Senado, sesión del 19-11-87.

B. La "matización" del carácter subsidiario, en general, de la acción de amparo particularmente contra actos administrativos

Hemos señalado que el carácter *subsidiario* de la acción autónoma de amparo significa que sólo procede si no existen otras vías procesales que garanticen la protección constitucional o si las que existen no garantizan efectivamente dicha protección[41].

Este carácter subsidiario de la acción de amparo, como antes se señaló, lo resumió la Sala Político-Administrativa de la Corte Suprema de Justicia en la sentencia del 6 de agosto de 1987, dictada con ocasión de revocar la decisión del Tribunal Superior Sexto de lo Contencioso-Tributario de 13 de mayo de 1987, relativo al *Caso Registro Automotor Permanente* (*RAP*), al señalar dentro de "los elementos constitutivos del derecho y de la acción de amparo", el siguiente:

> "Que el amparo es un remedio extraordinario, que sólo procede cuando se hayan agotado, no existan, o sean inoperantes otras vías procesales que permitan la reparación del daño"[42].

A pesar de que posteriormente se sancionó la Ley Orgánica de Amparo, ello no ha cambiado el carácter de subsidiariedad que atribuimos, no al amparo, sino a la acción autónoma de amparo, que estimábamos procedía siempre que no se hubieran establecido legalmente acciones y recursos mediante un procedimiento breve y sumario con poderes para el juez de amparar derechos fundamentales y restablecer inmediatamente la situación jurídica infringida, o que las existentes no fueron adecuadas para tal fin.

Este carácter subsidiario, se insiste, no es del derecho de amparo, sino de uno de los medios adjetivos que permite su actualización: la acción autónoma de amparo, y que implica que ésta sólo puede ejercerse cuando las vías procesales ordinarias que existen no sean suficientes para ello. La subsidiariedad derivaba, por tanto, del hecho de que la acción autónoma de amparo no era ni es el único medio adjetivo para ejercer el derecho de amparo, sino que éste podía y puede ejercerse a través de otros medios o recursos que establece el ordenamiento jurídico.

Lo subsidiario, procesalmente, por tanto, no es lo mismo que extraordinario: un medio procesal extraordinario, sólo procede cuando se han agotado previamente los medios ordinarios, y es evidente que en este sentido, el derecho de amparo o el amparo pura y simplemente no pueden tener carácter de remedio extraordinario. Como hemos dicho, el derecho de amparo se puede actualizar a través de muchos medios ordinarios, por lo que se estimaba que la acción autónoma de amparo sólo se debía ejercer si los medios ordinarios previstos en el ordenamiento no existían o no eran suficientes para garantizar el derecho. De ello se derivaba que en realidad, a pesar de que se consideraba a la acción autónoma de amparo como de carácter subsidiario, la misma en realidad era y es un medio ordinario de protección de los derechos fundamentales.

Por ello creemos que en realidad, cuando la sentencia comentada y la jurisprudencia hablaban del "amparo como un remedio extraordinario que sólo procede cuando se hayan agotado... otras vías procesales" estaba incurriendo en una impropiedad jurídica, pues eso no era lo que en realidad se había decidido.

---

41 *V.*, Allan B. Brewer-Carías, *Estado de Derecho y Control Judicial, cit.*, pp. 628 y ss.

42 *V.*, en *Revista de Derecho Público*, N° 31, EJV, Caracas, 1987, pp. 83 y ss.

En efecto, en la sentencia antes señalada, la Sala Político Administrativa, al comentar la sentencia del Tribunal Superior Contencioso-Tributario que revocó, y que había declarado que "todos los propietarios de vehículos automotores... no están obligados a pagar contribuciones por concepto de registro de vehículos de motor", señaló que dicha decisión virtualmente dejaba "sin efecto" un acto administrativo de efectos generales dictado por el Ministerio de Transporte y Comunicaciones, con carácter *erga omnes*. Ello, consideró la Corte, constituía una "extralimitación de atribuciones, ya que el único órgano jurisdiccional en Venezuela constitucionalmente investido del poder de anular los actos de efectos generales del Poder Público es la Corte Suprema de Justicia en Pleno (por inconstitucionalidad) y esta Sala Político-Administrativa cuando sean tachados de ilegalidad y emanen del Ejecutivo Nacional".

El alegato de los apelantes en el caso concreto era que no procedía la acción autónoma de amparo cuando existía un "recurso paralelo", en este caso, el recurso de nulidad.

Sin embargo, frente a ello la Sala decidió que:

> "el amparo contemplado en el artículo 49 de la Constitución si cabe como acción autónoma, a pesar de la existencia de los recursos de nulidad por inconstitucionalidad o ilegalidad, pero para que sea procedente y no colida con los presupuestos de los recursos de anulación que conducen a la declaratoria de nulidad del acto cuestionado, la acción de amparo está sometida a específicos requisitos y opera dentro de ciertos parámetros".

Estos los analizó la Sala en la forma siguiente:

> "En el capítulo anterior la Corte dejó establecido que la acción de amparo resulta improcedente cuando existan medios procesales que permitan obtener los mismos efectos perseguidos por el amparo solicitado. Pero, tiene razón el actor Torres-Rivero cuando afirma que de acogerse el criterio de que el amparo no cabe cuando haya acción de nulidad por inconstitucionalidad o ilegalidad, se haría nugatorio el amparo y las personas quedarían desprotegidas de todo cuanto hagan los Poderes del Estado atentando contra el orden jurídico constitucional y legal, constituyendo el amparo la única vía para remediar rápidamente los daños y perjuicios que se verifiquen en base al acto cuestionado. En efecto, de aplicarse el principio de la extraordinariedad de la acción de amparo en forma absoluta, sería letra muerta *el derecho al amparo* consagrado por el constituyente, pues es difícil concebir una situación fáctica que no tenga un medio procesal ordinario de impugnación previsto en el ordenamiento jurídico".

Es precisamente por esta circunstancia y en aras de atenuar el rigor de tal principio, que la jurisprudencia se ha encargado de aclarar que:

> "...cuando los medios ordinarios que existen contra los actos inconstitucionales o ilegales *sean insuficientes* para reparar el perjuicio, o *no idóneos* para evitar el daño o la lesión causada por tales actos, la acción autónoma de amparo entonces resulta procedente. Y si a esta idoneidad e insuficiencia se agrega la incertidumbre en que se coloca al interesado, respecto al ejercicio de un derecho, por la no operatividad inmediata del recurso ordinario o normal contra el acto ilegal, está plenamente justificado el amparo como pretensión procesal autónoma, que busca precisamente la protección judicial para que se evite un daño existente, o se impida uno ciertamente inminente e irreparable" (CPCA, 20-2-1936).

La propia doctrina de la Procuraduría General de la República, recogida en la sentencia recurrida, participa de similar parecer, cuando afirma que:

> "...solamente se podrá utilizar la acción de amparo cuando el acto administrativo infrinja inmediata y directamente un derecho garantizado por la Constitución; cuando se trate de un acto o hecho arbitrario, manifiesto e inequívoco, que cause un gravamen 'inmediato o irreparable', que torne inoperante el recurrir por otra vía, sea administrativa o jurisdiccional".

Conforme a lo anterior, para que sea dable la concesión de un mandamiento de amparo, el juez que conoce de la solicitud respectiva debe concretar su examen a la verificación de los siguientes aspectos:

"1. Que la situación jurídica infringida por el acto, hecho u omisión de la autoridad pública o del particular, sea violatoria en forma directa, manifiesta e incontestable de un derecho o garantía constitucionalmente tutelado:

2. Que no exista para el restablecimiento de esa situación jurídica lesionada ningún otro medio procesal ordinario adecuado; y

3. Que la lesión o el derecho o garantía afectados sean de tal naturaleza que no podrían ser reparados mediante la utilización de ese medio procesal".

Luego, en las conclusiones del fallo, la Sala puntualizó para revocar la decisión del Tribunal Superior de lo Contencioso-Tributario:

"4. Que la acción de amparo propuesta por el Dr. A. L. T. R. y los adherentes, *era improcedente en el presente caso, por existir en nuestro ordenamiento jurídico un medio procesal ordinario a través del cual se puede lograr el resultado que con ella se pretendía*: la acción de nulidad contra los actos de la autoridad pública que se consideran violatorios de derechos o garantías tutelados por la Constitución.

5. Que, en el caso de autos, la solicitud de amparo no podía sustentarse ni acordarse en base a la consideración de que ese medio jurisdiccional ordinario *resultaba inoperante* por implicar un procedimiento largo y tardío, pues existe previsión legislativa que contempla tratamiento procedimental abreviado en los juicios de nulidad que se reputen de urgente naturaleza"[43].

De lo anterior resulta, por tanto, que en realidad, a pesar de que la Sala empleó el término "extraordinario", lo que había resuelto definitivamente, era el *carácter subsidiario* de la acción autónoma de amparo, lo cual, por otra parte, y como se ha señalado, estaba en la tradición jurisprudencial venezolana, particularmente en materia de amparo contra actos administrativos, de manera que éste sólo procedía para proteger el goce y ejercicio de derechos constitucionales, cuando no existían otras vías judiciales a través de las cuales pudiera obtenerse la protección necesaria y el restablecimiento de los derechos subjetivos lesionados, criterio que habíamos considerado de particular importancia en materia contencioso administrativa y de amparo frente a los actos administrativos. De ello resultaba, por supuesto, no que se negara la acción de amparo constitucional contra los actos administrativos, sino que frente a éstos, el recurso contencioso administrativo de anulación podía ser el medio judicial de amparo constitucional.

Por ello, el criterio de la Corte Primera de lo Contencioso Administrativo, desarrollado en la Sentencia de 25 de enero de 1984, en la cual planteó lo siguiente:

"En efecto, cuando frente a determinada actuación de la Administración se prevea un medio específico para controlar su inconstitucionalidad o ilegalidad, para obtener el restablecimiento de un derecho o garantía violado, la acción de amparo es inadmisible, porque aparte de que los efectos que se aspira a conseguir con el recurso de amparo es posible obtenerlos con el medio específico de impugnación, la aceptación general ilimitada de tal acción haría inútil e inoperante los remedios jurídicos y judiciales que la Constitución y las leyes prevén ordinariamente. Tal sucede con las recursos administrativos, la acción de inconstitucionalidad y los recursos contencioso administrativos de anulación que, de admitirse la acción de amparo, sin que el recurrente haya ejercido ta-

43. *Idem*

les medios de impugnación, se eliminaría de un solo golpe todo el sistema de control de la legalidad contemplado en el ordenamiento jurídico venezolano. En efecto, ¿de qué serviría seguir manteniendo los recursos administrativas y la jurisdicción contencioso administrativa, si los particulares pudieran intentar directamente la acción de amparo frente a los actos administrativos? ¿ Para qué continuar regulando los recursos administrativos y las acciones de nulidad por inconstitucionalidad e ilegalidad de los actos de los poderes públicos y la tramitación de los juicios de tales acciones, si su anulación pudiera obtenerse principalmente por la vía del amparo? La consagración absoluta e ilimitada del amparo sacudiría los cimientos mismos del sistema jurídico del país, que ha causado estado, ya no habría seguridad y certeza alguna, ni mucho menos estabilidad. Piénsese en aquellos procedimientos como el de despidos injustificados o de protección a la inamovilidad laboral, si después de acordado un reenganche por una Comisión Tripartita o por un Inspector del Trabajo, en lugar de ejercer la apelación ante la Comisión de Segunda Instancia o ante el Ministerio del Trabajo, el patrono acudiera directamente ante esta Corte por la vía del amparo constitucional a solicitar su anulación. Además de la indefensión que se causaría al beneficiado con el reenganche, se estarían eliminando instancias ordinarias y los trámites normales que deben seguir los órganos naturales para revisar las actuaciones de sus subalternos y sus propias decisiones, creándose como regla general un régimen de excepción en materia jurisdiccional, representado por un juicio breve y sumario y por una acción extraordinaria.

Pero por otra parte, la consagración ilimitada y absoluta de la acción de amparo, convertiría a los Tribunales en órganos ordinarios de la actividad y actuación administrativa, es decir, en órganos de alzada, al que constantemente acudirían los particulares para que se les restablecieran sus derechos, perdiéndose de este modo uno de los fundamentos del principio de la legalidad administrativa cual es la potestad o poder de autocontrol, de la propia Administración y, en concreto, de su facultad de revisión de la actividad de los órganos administrativos. Tal potestad y facultad, además de inútiles, serían innecesarias y terminarían siendo erradicadas del ordenamiento. De este modo operaría en la práctica una derogación de la Ley Orgánica de la Corte Suprema de Justicia, en lo atinente a la jurisdicción contencioso administrativa, trastocándose el régimen normal y ordinario de los procedimientos administrativos y de los juicios de nulidad, de un modo tal que lo corriente sería entonces los juicios sumarios y los jueces se convertirían en jueces de excepción y no en jueces naturales.

Por las razones anteriores, la propia jurisprudencia de la Corte Suprema de Justicia ha consagrado el carácter extraordinario de la acción de amparo, cuando en sentencia de su Sala Político-Administrativa de fecha 26-04-71, asentó que, calificada de acto administrativo determinada medida de una autoridad, "es obvio que el interesado puede recurrir ante la Corte si considera que el acto es nulo por inconstitucionalidad o ilegalidad" y que, por lo tanto, los Tribunales "no pueden conocer de recursos de amparo contra tales actos" (*Gaceta Oficial* N° 1.478 Extraordinario de 16-07-71). Además, en sentencia de fecha 14 de diciembre de 1970, cuyos fundamentos se reproducen en el Acuerdo con fuerza obligatoria dictado por la Sala Político-Administrativa, en fecha 24 de abril de 1972, el máximo Tribunal señaló que constituye grave extralimitación de atribuciones de los Tribunales el que éstos sustancien y decidan, por el procedimiento breve y sumario del amparo, la inconstitucionalidad e ilegalidad de los actos administrativos. Esto significa, agrega esta Corte, que sólo por la vía de los recursos de anulación pueden los Tribunales Contencioso-Administrativos anular tales actos y restablecer las situaciones jurídicas lesionadas, conforme lo ordena el artículo 206 de la Constitución y no por la vía de la acción constitucional a que se contrae el artículo 49 del mismo texto constitucional. En consecuencia, como lo estableció el máximo Tribunal, en la citada sentencia da su Sala Político-Administrativa de fecha 14 de diciembre de 1970: "Pero el derecho de obtener la actuación de los Tribunales mediante las acciones o recursos que establece la ley, debe ser ejercido con arreglo a las disposiciones de ésta, pues aunque todas las Cortes y Juzgados de la República están investidos de jurisdicción, su competencia y actuación está limitada a determinados casos y regulada por procedimientos que varían de acuerdo con la naturaleza de la acción y que, en su conjunto, constituyen la garantía procesal por excelencia del derecho de defensa que la Constitución consagra". En razón de ello, "el derecho de utilizar los órganos de la administración de justicia para la defensa de sus derechos e intereses", debe necesariamente ser ejercido por todos "en los términos y condicionas establecidos por la Ley" (artículo 68 *ejusdem*), o lo que es lo mismo, en los Tribunales, en las oportunidades y conforme al modo de proceder instituido en cada caso por el legislador".

En congruencia con lo expuesto, no puede esta Corte, por la vía del amparo, revocar o anular la medida dictada por el Consejo de Facultad de Ciencias Jurídicas y Políticas, por tratarse de un acto administrativo frente al cual el interesado disponía de los recursos administrativos y de las acciones de nulidad, siendo por esta razón improcedente la acción de amparo frente a la decisión dictada por dicho Consejo de fecha 14 de septiembre de 1983, y que le fuera comunicada al accionante en fecha 19 del mismo mes y año. En efecto, siendo como es el recurso de amparo una acción no prevista en el ordenamiento constitucional de nuestro país como un medio sustitutivo de control de la legalidad de los actos administrativos por la vía de los recursos administrativos o por la vía del contencioso administrativa, la acción de amparo en contra de la citada medida resulta improcedente, y así se declara[44].

Conforme a lo anterior, y existiendo frente a los actos administrativos los recursos contencioso administrativos de anulación, se entiende por qué la propia Corte Primera de lo Contencioso Administrativo en sentencias de 1982 consideró en concreto, la decisión de suspensión de los efectos de los actos administrativos conforme al artículo 136 de la Ley Orgánica de la Corte Suprema de Justicia, como "el ejercicio de un recurso de amparo contra una actuación de la Administración cuya ilegalidad es discutida por el administrado"[45].

C. La tesis de procedencia de la acción autónoma de amparo contra actos administrativos en caso de insuficiencia de la vía contencioso administrativa

Sin embargo, en casos excepcionales que el juez contencioso administrativo debe apreciar, si el recurso "contencioso administrativo resulta insuficiente o no constituya un medio lo suficientemente rápido y reparador"[46], el mismo juez contencioso administrativo puede admitir la acción de amparo, como acción autónoma, pero en nuestro criterio, no para anular el acto administrativo que viole el derecho constitucional, sino para amparar la situación jurídica subjetiva lesionada. Este fue el criterio sostenido por la Corte Primera de lo Contencioso Administrativo en sentencia de 14 de agosto de 1985, en la cual frente a un acto administrativo de destitución de una funcionaria de una Asamblea Legislativa en estado de gravidez, la Corte admitió la procedencia de recurso de amparo temporal, en los siguientes términos:

" ...cuando los medios ordinarios no pueden reparar los posibles perjuicios causados por los efectos inmediatos de una actuación administrativa, tratándose de derechos constitucionales como en el presente caso, en el cual la recurrente solicitó el amparo para que se le garantizara la protección que le reconoce la Constitución por su estado de gravidez, si se espera a que finalice la vía administrativa, para que se extinga el acto que la afectó y luego que culmine el respectivo juicio contencioso administrativo que declare su nulidad, no sería posible proteger derecho alguno derivado del embarazo, que por razones naturales y biológicas tiene un período determinado, en razón del tiempo transcurrido. Por esta causa, en casos como el presente, para la protección de la madre

44 *Revista de Derecho Público*, N° 17, EJV, Caracas, 1983, pp. 182-185.

45 *V.*, Sentencias de la Corte Primera de lo Contencioso administrativo de 27-5-82, 7-6-82 y 21-7-82 en *Revista de Derecho Público*, N° 11, EJV, Caracas 1982, pp. 170-172.

46 R. Escovar Salom, *El amparo en Venezuela*, Caracas, 1971, p. 76.

embarazada, es procedente solicitar un amparo constitucional *no para que se anule un acto* supuestamente ilegal, sino para que *hasta tanto se resuelva definitivamente acerca de la ilegalidad de la actuación administrativa impugnada,* se proteja la maternidad. En efecto, el medio ordinario en el caso presente, los recursos administrativos y dentro de ellos la suspensión en vía administrativa de la decisión cuestionada e inclusive la acción de nulidad, no podrán proteger el derecho constitucional reclamado por la recurrente, por cuanto el proceso de embarazo es un hecho biológico que no admite suspensiones o interrupciones, y mucho menos esperar, y por ello, aquellos recursos ya no pueden calificarse de ordinarios, porque no pueden reparar de inmediato el perjuicio que sufre una madre embarazada que es separada de su empleo"[47].

Por tanto, si bien el principio general de que el medio de amparo frente a actos administrativos es el recurso contencioso administrativo, en casos como el indicado, cuando éste, como medio ordinario no puede dar la protección requerida, el juez debe admitir el amparo, no para anular el acto administrativo que viole el derecho, sino para proteger el mismo mientras se dilucida su ilegalidad. En el caso mencionado, el amparo o protección concedida a la funcionaria en estado de gravidez, dijo la Corte Primera "cesa al terminar el período post-natal" y en todo caso, "no produce cosa juzgada respecto a la validez o no del acto impugnado"[48].

Esta doctrina se recogió de nuevo por la Corte Primera de lo Contencioso Administrativo en sentencia de 13 de febrero de 1986, en la cual al ratificarse la doctrina de la sentencia citada de 14 de agosto de 1985, en el sentido de que si bien en principio, "el amparo es un recurso subsidiario que cede ante uno principal, y que por ello no puede constituir el medio normal de dilucidar controversias respecto a la legalidad de la actuación de los Poderes Públicos", ello no obsta para que se admita la procedencia de la acción autónoma de amparo ante "la insuficiencia de los medios principales, y la no posibilidad de restablecer la situación jurídica infringida de inmediato, como lo ordena el Constituyente, o sea, la eliminación de un daño inminente, actual, e irreparable". Incluso, dijo la Corte, "el agotamiento de todos los medios pertinentes sin que haya sido posible obtener la protección o el respeto de la garantía o el derecho violado, a juicio de esta Corte, hacen procedente el amparo como medio de protección especial"[49].

Toda esta doctrina de la subsidiaridad de la acción de amparo fue incluso resumida por la propia Corte Primera de lo Contencioso Administrativo en sentencia de 20 de febrero de 1986, en la cual expuso lo siguiente:

"De acuerdo a la sentencia de esta Corte de fecha 10-08-85, el carácter excepcional y residual del amparo como acción judicial especial, "sólo se atenúa en los casos en los cuales existe imposibilidad de obtener la satisfacción del derecho lesionado por las vías normales que el orden jurídico establece". Igualmente manifestó esta misma Corte en sentencia de fecha 17-12-85, que "si bien el amparo tiene naturaleza extraordinaria, sin embargo, ante la circunstancia específica que obliga a la protección inmediata del derecho lesionado cuya daño se transformaría en irreparable si no se le otorgase en tal forma la tutela, se admite su procedencia". Estas dos decisiones, y especialmente la última, precisaron la jurisprudencia de esta Corte que consagró el carácter *subsidiario* de dicha acción, en sentencia de fecha 17-01-85 y 26-09-85. Ahora bien, en esta oportunidad la Corte

---

47 Sentencia de 14-8-85 (Caso: *D. Luna de Gutiérrez*). Este criterio ha sido ratificado por la misma Corte Primera en sentencias de 17-12-85 y 20-02-86. *V.*, en *Revista de Derecho Público*, N° 25, EJV, Caracas, 1986, pp. 117-122.

48 *Idem.*

49 *V.*, sentencia de 13-2-86, caso: *Federación Venezolana de Tiro*, *Revista de Derecho Público*, N° 25, EJV, Caracas, 1986, p. 114.

precisa aún más su doctrina respecto a la procedencia del amparo, en el sentido de aclarar que por el fin que persigue la Constitución en su artículo 49, de la inmediata protección de las garantías constitucionales, y en concreto de lograr el restablecimiento oportuno de las situaciones jurídicas infringidas, *cuando los medios ordinarios que existen contra los actos inconstitucionales o ilegales, sean insuficientes para reparar el perjuicio, o no idóneos para evitar el daño o la lesión causada, por tales actos, la acción autónoma de amparo, entonces resulta procedente.* Y si a esta inidoneidad o insuficiencia se agrega la incertidumbre en que se coloca al interesado respecto al ejercicio de un derecho, por la no operatividad inmediata del recurso ordinario o normal contra el acto ilegal, está plenamente justificado el amparo como pretensión procesal autónoma, que busca precisamente la protección judicial para que se evite un daño existente, o se impida uno ciertamente inminente o irreparable"[50].

Ahora bien, esta característica atribuida a la acción autónoma de amparo, de ser subsidiaria en el sentido de que sólo procede cuando no hay otra vía procesal que permitiera ejercer el derecho de amparo, es de particular importancia para configurar el recurso contencioso administrativo de anulación, también, como una vía judicial de amparo, como efecto lo es.

D. La vía contencioso administrativa de anulación como vía judicial de amparo y el régimen de la Ley Orgánica

En efecto, de acuerdo a la doctrina jurisprudencial antes señalada, configurada antes de la entrada en vigencia de la Ley Orgánica de 1988, cuando la violación de un derecho constitucional la produce un acto administrativo, el derecho de amparo, previsto en el artículo 49 de la Constitución se debía ejercer a través del recurso contencioso administrativo de anulación, y no mediante la acción autónoma de amparo, que, como hemos señalado, se consideraba tenía carácter subsidiario. Sólo los órganos de la jurisdicción contencioso administrativa tienen competencia jurisdiccional para declarar la nulidad de actos administrativos, por lo que sólo éstos pueden dar amparo definitivo a derechos fundamentales cuando resulten violados por actos administrativos pues ello tiene que implicar necesariamente, la declaración de nulidad del acto por inconstitucionalidad.

Tal como lo ha indicado la muchas veces citada sentencia de la Corte Primera de lo Contencioso Administrativo de 25 de enero de 1984,

> "cuando frente a determinada actuación de la Administración se prevea un medio específico para controlar su inconstitucionalidad o ilegalidad, para obtener el restablecimiento de un derecho o garantía violado, la acción de amparo es inadmisible, porque... los efectos que se aspiran conseguir con el recurso de amparo es posible obtenerlos con el medio específico de impugnación[51].

Consecuencialmente, como la misma Corte Primera de lo Contencioso Administrativo lo indicó, en sentencia de 17 de enero de 1985, la procedencia de la acción autónoma de amparo,

> "solamente puede acordarse ante el supuesto concreto de la inexistencia de otros recursos administrativos o judiciales, ordinarios o especiales, que puedan alcanzar el fin perseguido con el amparo".

Por tanto, concluyó la Corte Primera en esta misma decisión:

---

50 Sentencia de 20-2-86, caso: *H. Romero Muci*, *Revista de Derecho Público* N° 25, EJV, Caracas, 1986, p. 122.

51 *Revista de Derecho Público*, N° 17, EJV, Caracas, 1984, p. 183.

"por vía del recurso de amparo no se puede suspender ni revocar un acto administrativo, contra el cual la solicitante dispone de vías específicas para impugnarlos y de ser procedente puede lograr además la suspensión de sus efectos temporales"[52].

Por tanto, cuando la violación del derecho constitucional cuyo amparo se buscaba, la producía un acto administrativo, no procedía la acción autónoma de amparo sino que el medio judicial de amparo se consideraba que era, en principio, el recurso contencioso administrativo de anulación, a través del cual, como lo señalaba la jurisprudencia, se podía lograr el mismo fin perseguido con una acción autónoma de amparo.

En efecto, cabe preguntarse: ¿Cuál es, en efecto, el fin perseguido con una acción de amparo? Por supuesto, como lo dice el artículo 49 de la Constitución, *el restablecimiento inmediato de la situación jurídica infringida,* para lo cual es necesario un procedimiento breve y sumario. Ahora bien, conforme al artículo 206 de la Constitución y 131 de la Ley Orgánica de la Corte Suprema de Justicia, los Tribunales contencioso administrativos, a través del recurso de anulación tienen competencia, además de para anular el acto recurrido, para *restablecer la situación jurídica subjetiva lesionada* por la actividad administrativa, lo que es la misma finalidad del amparo cuando el acto recurrido viola un derecho constitucional. El juez puede, así, además de anular el acto, adoptar decisiones contentivas de mandatos de hacer o deshacer o de no hacer (prohibiciones) dirigidas a la autoridad administrativa y, además, cuando sea posible, restablecer directamente el derecho infringido.

Ahora bien, la Ley Orgánica de Amparo, si bien ha precisado los contornos de la acción autónoma de amparo conforme a la doctrina jurisprudencial a la que hemos hecho referencia, sin embargo, hasta cierto punto conserva el carácter subsidiario de la acción de amparo autónoma contra violaciones a los derechos producidas por actos administrativos, cuando la protección pueda lograrse por la vía contencioso administrativa.

Es decir, cuando un acto administrativo produce la violación de un derecho fundamental, y el lesionado se encuentre en una localidad en la cual exista un Tribunal de la jurisdicción contencioso administrativa, la acción de amparo debe ejercerse conjuntamente con el recurso contencioso administrativo, por ser ésta, de acuerdo a la misma Ley Orgánica, un "medio procesal breve, sumario y eficaz, acorde con la protección constitucional" (Art. 5°), salvo que conforme al procedimiento aplicado al caso concreto, no sea efectivo para la protección constitucional solicitada.

En efecto, el artículo 5° de la Ley Orgánica establece como regla general que "la acción de amparo procede contra todo acto administrativo... que viole o amenace violar un derecho o garantía constitucionales, cuando no exista un medio procesal breve, sumario y eficaz, acorde con la protección constitucional", por lo que si tal medio existe, la acción autónoma de amparo no procede. Esto es, ni más ni menos, que la consagración formal del carácter subsidiario de la acción autónoma de amparo frente a los actos administrativos, para el caso de que el recurso contencioso administrativo de anulación contra los mismos pueda servir de "medio procesal breve, sumario y eficaz, acorde con la protección constitucional".

¿Y cuándo sucede ésto? En principio, cuando en la localidad exista un Tribunal con competencia contencioso administrativa. Así, el artículo 5° de la Ley Orgánica señala que la acción de amparo puede ejercerse conjuntamente con el recurso contencioso ad-

---

52 *Revista de Derecho Público*, N° 21, EJV, Caracas, 1985, p. 40.

ministrativo de anulación de actos administrativos, en cuyo caso el juez contencioso administrativo debe proceder en forma breve, sumaria, efectiva y conforme al procedimiento previsto en la Ley Orgánica, y si lo juzga procedente para la protección constitucional, debe suspender los efectos del acto recurrido como garantía de dicho derecho constitucional violado, mientras dure el juicio de nulidad.

En esta forma, como el derecho de amparo requiere la inmediatez en la protección, para lo cual un procedimiento breve y sumario es necesario, cuando se ejerza la acción de amparo conjuntamente con el recurso contencioso administrativo, ella está prevista en el procedimiento contencioso administrativo, con los poderes del juez para suspender los efectos del acto administrativo violatorio de un derecho constitucional, *in limine litis,* lo que implica el restablecimiento inmediato del derecho vulnerado, sin perjuicio de que el juicio de nulidad del acto administrativo continúe en sus etapas ordinarias[53].

La propia Corte Primera de lo Contencioso Administrativo, en varias decisiones de 1982 había reconocido en la posibilidad de suspensión de los efectos de los actos administrativos recurridos en vía contencioso administrativa, una garantía similar al recurso de amparo[54], criterio que ratificó y amplió en sentencia de 27 de marzo de 1985, al señalar:

> "...en virtud de su carácter de incidencia breve, sumaria y no contenciosa, la medida de suspensión judicial de los actos administrativos participa de la naturaleza de las acciones de garantía y amparo de los derechos de los ciudadanos, y por ello, los jueces de lo contencioso administrativo también tienen la función de protegerlos, y por tanto, dentro de su competencia asumen la de velar por la protección de aquellas garantías fundamentales, de modo que si no se acuerda dicha medida oportunamente y con sumariedad, se desvirtuarían los fines proteccionistas y de amparo ciudadano, que también tienen los recursos de anulación frente a los actos administrativos a los cuales se les imputa ilegalidad. También a través de estos actos pueden afectarse garantías constitucionales, y si no se prevé su restablecimiento provisional, mientras transcurre el juicio, durante el cual se va a determinar si en verdad deben o no anularse tales actos, la vigencia del Estado de Derecho se vería debilitada"[55].

Por supuesto, es claro que el amparo en ningún caso se reduce a la adopción de medidas cautelares o provisionales ni se agota con ellas. Lo mismo sucede en materia contencioso administrativa de anulación y amparo: la suspensión de efectos del acto recurrido, si bien restablece de inmediato el derecho infringido, no agota el procedimiento, pues debe juzgarse la ilegalidad e ilegitimidad (nulidad) del acto recurrido.

---

53 No existe, por tanto contradicción alguna entre el carácter del recurso contencioso administrativo como vía judicial de amparo contra actos administrativos y el necesario carácter de breve y sumario del procedimiento de amparo previsto en el artículo 49 de la Constitución, como lo sugiere H. Rondón de Sansó al formular críticas a nuestro criterio. *V.*, "El amparo constitucional en Venezuela". *Revista de Derecho Público*, N° 26, EJV, Caracas, 1986.

54 En sentencias de 27-5-82, 21-7-82 la Corte Primera (Ponentes A. Quintana, y P. M. Reyes) había calificado la suspensión de efectos de los actos administrativos como "el ejercicio de un recurso de amparo contra una actuación de la Administración cuya ilegalidad es discutida por el Administrado". *V.*, en *Revista de Derecho Público*, N° 11, EJV, Caracas, 1982, pp. 170, 171 y 172.

55 Sentencia de 27-3-85 (Caso: *B. Ramírez Monagas*, Ponente R. J. Duque Corredor), *Revista de Derecho Público*, N° 22, EJV, Caracas, 1985, pp. 179-181.

El juez contencioso administrativo como juez, además, de amparo, en la definitiva deberá declarar la ilegitimidad e ilegalidad del acto recurrido y tomar las providencias necesarias para proteger los derechos amparados[56].

En todo caso, con las decisiones mencionadas de la Corte Primera de lo Contencioso Administrativo y las previsiones de la nueva Ley Orgánica, se confirma nuestro criterio de que el recurso contencioso administrativo de anulación es una vía judicial para el ejercicio del derecho de amparo previsto en el artículo 49 de la Constitución, cuando la violación del derecho constitucional cuyo amparo se busca la produce un acto administrativo, y existan Tribunales contencioso administrativos en la localidad respectiva. Quedan a salvo, por supuesto, los casos en los cuales la protección del derecho constitucional no pueda ser amparado por la vía contencioso administrativa, en cuyo caso se abriría la acción autónoma de amparo, pero sin que por dicha vía se puedan anular los actos administrativos.

En todo caso, para que pueda ser completamente efectiva la protección y amparo de derechos constitucionales por vía del recurso contencioso administrativo de anulación, la Ley Orgánica ha previsto algunos correctivos en el procedimiento del mismo, por ejemplo, al ampliar la procedencia de la suspensión de efectos de los actos impugnados en forma más expedita, cuando se alegue violación de un derecho constitucional, es decir, la nulidad absoluta del acto recurrido; al eliminar el lapso de caducidad de seis (6) meses para la impugnación de los actos administrativos violatorios de derechos y garantías constitucionales que son nulos, de nulidad absoluta, conforme lo establece el artículo 46 de la Constitución: y al eximir al recurrente de la necesidad de agotamiento previo de la vía administrativa para ejercer el recurso de nulidad y amparo. En este sentido, el párrafo único del artículo 5° de la Ley Orgánica establece que:

> "Cuando se ejerza la acción de amparo contra actos administrativos conjuntamente con el recurso contencioso administrativo de anulación que se fundamenta en la violación de un derecho constitucional, el ejercicio del recurso procederá en cualquier tiempo, aun después de transcurridos los lapsos de caducidad previstos en la ley; y no será necesario el agotamiento de la vía administrativa".

Por tanto, cuando se ejerza la acción de amparo contra actos administrativos, conjuntamente con el recurso contencioso administrativo de anulación, no opera la causal de inadmisibilidad prevista en el ordinal 4° del artículo 6° de la Ley Orgánica en casos de "consentimiento expreso" cuando hubieran transcurrido seis (6) meses después de la violación o amenaza al derecho protegido.

Por tanto, en relación a la existencia del requisito legal del lapso de caducidad para la admisibilidad del recurso contencioso administrativo de anulación, conforme a la Ley Orgánica, si se trata de actos administrativos nulos de nulidad absoluta, violatorios de derechos constitucionales, no puede haber caducidad del recurso contencioso administrativo por tratarse precisamente de una vía de amparo. Por tanto. el "recurso contencioso administrativo de anulación y amparo" se podría intentar contra el acto administrati-

56 En ningún caso hemos entendido que en el contencioso administrativo el amparo queda reducido a la suspensión de efectos, como lo sugiere H. Rondón de Sansó malinterpretando nuestra tesis. *V.*, "El amparo constitucional en Venezuela", *Loc. cit.* En realidad, quien ha escrito sobre el tema indicando que "el amparo no tiene carácter de pronunciamiento de fondo" es H. Rondón de Sansó, en "Consideraciones generales sobre el Recurso de Amparo", *Revista de Derecho Público*, N° 21 EJV, Caracas, p. 63, aun cuando en el trabajo "El amparo constitucional en Venezuela", 1985, *Loc. cit.*, rechaza su carácter sólo cautelar.

vo inconstitucional y nulo en los términos del artículo 46 de la Constitución en cualquier tiempo. Sin embargo, en otros casos, como por ejemplo en materia de actos de trámite, que por no ser definitivos no son susceptibles de recursos contencioso administrativos de anulación, si violan un derecho fundamental podrían ser objeto de una acción autónoma de amparo. En estos casos, por no ser definitivos, estos actos no serían recurribles en vía contencioso administrativa, pero si son violatorios de derechos constitucionales contra ellos procedería la acción autónoma de amparo.

En definitiva, frente a los actos administrativos, el amparo de los derechos constitucionales se puede lograr a través del recurso contencioso administrativo de anulación, que es un medio judicial de amparo, resultando inadmisible intentar contra ellos la acción autónoma de amparo, cuando exista un juez contencioso administrativo en la localidad, por ser la vía contencioso administrativa de anulación y amparo, conforme a la propia Ley Orgánica, un medio procesal breve, sumario y eficaz, acorde con la protección constitucional. Si en relación al caso concreto, sin embargo, no lo es, entonces sí procedería la acción autónoma de amparo.

III. LA COMPETENCIA JUDICIAL EN MATERIA DE AMPARO

De acuerdo con el artículo 27 de la Constitución de 1999, que sustituyó el artículo 49 de la Constitución de 1999, y en virtud de que el amparo está concebido como un derecho ciudadano a la tutela judicial efectiva de sus derechos constitucionales, más que como un solo medio procesal específico o garantía de los derechos, puede decirse que todos los jueces de la República pueden ser competentes para conocer de una acción o pretensión de amparo.

Ahora bien, en relación a la competencia judicial para conocer del amparo, conforme a la Ley Orgánica, la misma estaá condicionada por las dos modalidades de ejercicio del derecho de amparo: sea en forma conjunta con otra acción o recurso o como acción autónoma.

En el primer caso, de ejercicio conjunto de la pretensión de amparo junto con una acción de inconstitucionalidad, conforme al artículo 3° de la Ley Orgánica; con una acción contencioso administrativa, conforme al artículo 5° de la Ley Orgánica; o con cualquier otra acción o medio judicial, conforme al ordinal 5° del artículo 6° de la Ley Orgánica, el tribunal competente para conocer de la pretensión de amparo, sin duda, es el tribunal competente para conocer de la acción principal; es decir, en el caso del artículo 3° de la Ley Orgánica, la Sala Constitucional del Tribunal Supremo; en el caso del artículo 5° de la Ley Orgánica, el tribunal de la jurisdicción contencioso administrativa que sea competente para conocer de la nulidad del acto administrativo impugnado; y en el caso del ordinal 5° del artículo 6° de la Ley Orgánica, el tribunal competente para conocer de la acción o medio procesal al cual se acumule la pretensión de amparo.

En todos esos casos de pretensión de amparo acumulada a otras acciones o medios judiciales, por tanto, la competencia judicial para conocer de la solicitud de amparo está resuelta en la propia Ley Orgánica. Es en los casos de ejercicio de la acción autónoma de amparo en los cuales, sin embargo, se han planteado diversas interpretaciones para definir la competencia judicial, en aplicación del artículo 7 de la Ley Orgánica.

1. El principio legal de la competencia judicial: los tribunales de primera instancia

El principio fundamental de la competencia judicial en materia de amparo está establecido en el artículo 7 de Ley Orgánica, que establece:

> "*Artículo* 7. Son competentes para conocer de la acción de amparo, los Tribunales de Primera Instancia que lo sean en la materia afín con la naturaleza del derecho o de la garantía constitucionales violados o amenazados de violación, en la jurisdicción correspondiente al lugar donde ocurriere el hecho, acto u omisión que motivaren la solicitud de amparo.

En caso de duda, se observarán, en lo pertinente, las normas sobre competencia en razón de la materia.

Se establece así, como principio rector para dilucidar la competencia, el criterio de la afinidad entre la materia natural del juez y los derechos o garantías denunciados como lesionados. Como lo ha señalado la Corte Suprema de Justicia:

> "[...] de manera que el juez competente para conocer de la acción es el que se encuentre mayormente familiarizado o especializado con el contenido de esos derechos, con el fin de alcanzar así una mayor efectividad de la institución".[13]

En todo caso, es evidente que cuando el artículo 7 de la Ley Orgánica hace referencia a "los tribunales de primera instancia", no se está refiriendo formal y orgánicamente a aquellos que en su propia denominación se los califique expresamente como de "Primera Instancia", sino en general, además de a estos, a todos aquellos tribunales, cualquiera que sea su denominación, rango o jerarquía que conozcan en primera instancia dentro de su jurisdicción en la materia afín con la naturaleza del derecho o de la garantía constitucional violados o amenazados de violación, como es el caso de los Tribunales Superiores en lo Contencioso Administrativo o de la Corte Primera de lo Contencioso Administrativo en los casos en los cuales conozcan de asuntos en primera instancia. Por ello, en la sentencia de 16 de noviembre de 1989, la antigua Corte Suprema de Justicia señaló:

> "En efecto, si la idea fue la de que el amparo sea conocido por el juez idóneo, familiarizado y especialista en la materia objeto de la institución protectora: ¿por qué negar a sólo una categoría de esos jueces de primera instancia, por el hecho de no llevar la denominación "Tribunal de Primera Instancia", la competencia natural para conocer de los amparos que denuncien la violación de derechos y garantías integrados dentro de su esfera de competencia por la materia?; más aún y por otra parte, cuando este mismo tribunal actúa y conoce, con el máximo rango, en primera instancia dentro de su jurisdicción"[14].

Por tanto, si bien en materia de la acción autónoma de amparo son competentes todos los tribunales que conozcan de asuntos en primera instancia, en materias afines con los derechos o garantías violados o amenazados de violación, conforme al criterio de la afinidad entre la materia natural del juez y los derechos y garantías lesionados, el Legis-

---

13 *V.*, la sentencia de la antigua Corte Suprema de Justicia, Sala Político Administrativa de 16-11-89 (Caso: *Copei-Julio Cesar Moreno*), *Revista de Derecho Público*, N° 40, EJV Caracas, 1989, p. 96, también citada en sentencia de la antigua Corte Suprema de Justicia, Sala Político Administrativa de 17-2-93 (Caso: *Aseguradora Nacional Agrícola*), *Revista de Derecho Público*, N° 53-54, EJV, Caracas, 1994, pp. 246-247; y en sentencia de la antigua Corte Suprema de Justicia, Sala Político Administrativa de 27-5-93, *Revista de Derecho Público*, N° 53-54, EJV, Caracas, 1994, p. 237.

14 *V.*, sentencia de la antigua Corte Suprema de Justicia, Sala Político Administrativa de 16-11-89 (Caso: Copei-Julio Cesar Moreno), *Revista de Derecho Público*, N° 40, EJV, Caracas, 1989, pp. 97-98.

lador, en el mismo artículo 7 de la Ley Orgánica estableció expresamente la competencia de unos tribunales de primera instancia, con ese rango y denominación en relación al amparo a la *libertad y seguridad personales*, al señalar que "Del amparo de la libertad y seguridad personales conocerán los Tribunales de Primera Instancia en lo Penal, conforme al procedimiento establecido en esta Ley". Esta competencia de los Tribunales de Primera Instancia en lo Penal se ratifica en el artículo 40 de la Ley Orgánica que establece que "Los Juzgados de Primera Instancia en lo Penal son competentes para conocer y decidir sobre el amparo de la libertad y seguridad personales". En esos casos, prevé además la norma, que los respectivos, "tribunales superiores conocerán en consulta de las sentencias dictadas por aquéllos".

2. Las excepciones al principio

Tal como lo ha señalado la antigua Corte Suprema de Justicia en la citada sentencia de 16 de noviembre de 1989 (Caso: *J.C. Moreno COPEI*), ante el principio de que el conocimiento de las acciones de amparo debe estar atribuido a los tribunales de primera instancia que tengan competencia afín con el derecho vulnerado, surgen dos excepciones bien claras:

> "1) si no existiere un tribunal de primera instancia de esas características, conocerá cualquier otro tribunal, también de primera instancia, existente en la localidad, pero indudablemente de rango inferior; y 2) un fuero especial para la Corte Suprema de Justicia –mas, siempre en Sala con competencia afín al derecho lesionado (criterio material de afinidad, todavía, presente)– cuando se tratare de amparos contra ciertas autoridades, de alto rango, especialmente señaladas por el legislador"[15]

A. Cualquier juez de la localidad con competencia en primera instancia

La primera excepción mencionada, está establecida en el artículo 9 de la Ley Orgánica que dispone:

> "*Artículo* 9. Cuando los hechos, actos u omisiones constitutivos de la violación o amenaza de violación del derecho o de las garantías constitucionales se produzcan en lugar donde no funcionen Tribunales de Primera Instancia, se interpondrá la acción de amparo ante cualquier Juez de la localidad, quien decidirá conforme a lo establecido en esta Ley. Dentro de las veinticuatro (24) horas siguientes a la adopción de la decisión, el Juez la enviará en consulta al Tribunal de Primera Instancia competente".

En esta forma, el Legislador, al establecer esta excepción buscó "eliminar obstáculos sobre todo los de orden geográfico y económico"[16] para el ejercicio de la acción de amparo cuando los hechos, actos u omisiones constitutivos de la violación del derecho o garantías constitucionales se produzcan en un lugar donde no funcionen tribunales de

15 *V.*, en *Revista de Derecho Público*, N° 40, EJV, Caracas, 1989, p. 97.

16 *V.*, sentencia de la Corte Primera de lo Contencioso administrativo de 10-9-92 (Caso: *UNET*), *Revista de Derecho Público*, N° 51, EJV, Caracas, 1992, p. 138.

primera instancia. En este caso, la acción puede intentarse ante cualquier juez de la localidad, se entiende, de inferior rango formal[17].

Una vez que se decida la acción interpuesta, el artículo 9 de la Ley Orgánica exige que se envíe en consulta al Tribunal de Primera Instancia competente, el cual, por supuesto, no necesariamente tiene que ser el superior jerárquico respectivo, sino el que debía conocer en primera instancia del asunto[18].

B. El Tribunal Supremo de Justicia

La segunda excepción al principio de la competencia definida por la afinidad entre la materia natural del juez y los derechos o garantías denunciados como lesionados, está establecida en el artículo 8 de la Ley Orgánica, que establece:

> "*Artículo* 8. La Corte Suprema de Justicia conocerá, en única instancia y mediante aplicación de los lapsos y formalidades previstos en la Ley, en la Sala con competencia afín con el derecho o garantía constitucionales violados o amenazados de violación, de las acciones de amparo contra los hechos, actos y omisiones, emanados del Presidente de la República, de los Ministros, del Consejo Supremo Electoral y de los demás organismos electorales del país, del Fiscal General de la República, del Procurador General de la República o del Contralor General de la República".

La única reforma que ha tenido la Ley Orgánica se produjo, precisamente, en relación con este artículo, al agregarse a la enumeración al "Consejo Supremo Electoral y los demás organismos electorales"[19].

La Sala Constitucional, por otra parte, consideró que la enumeración contenida en el artículo 8 de la Ley Orgánica de Amparo es enunciativa y no taxativa, en tanto que existen órganos con rango similar -dada su naturaleza y atribuciones- a los cuales debe extenderse, necesariamente, la aplicación del fuero especial consagrado en el mismo, como fue el caso de la desaparecida Comisión de Funcionamiento y Reestructuración del Sistema Judicial que funcionó hasta 2012.[20]

Ahora bien, en relación con esta norma y con motivo de la creación de la Sala Constitucional del Tribunal Supremo, al interpretar el artículo 27 de la Constitución, dicha Sala introdujo algunas "reformas" a la legislación en la materia[21], en forma que conside-

---

17 *V.*, sentencia de la antigua Corte Suprema de Justicia, Sala Político Administrativa de 16-11-89 (Caso: Copei), *Revista de Derecho Público*, N° 40, EJV, Caracas, 1989, p. 97.

18 *V.*, sentencia de la Corte Primera de lo Contencioso administrativo de 10-9-92, *Revista de Derecho Público*, N° 51, EJV, Caracas, 1992, p. 138.

19 La Ley Orgánica, publicada en *Gaceta Oficial* N° 33.891 de 22-1-88, fue reformada por Ley de 17-9-88 *Gaceta Oficial* N° 34.060 de 27-9-88.

20 *V.*, sentencia N° 432 de 19-5-2000 (Caso: *Elena C. Marval R. y otro vs. Comisión de Funcionamiento y Reestructuración del Sistema Judicial*), en *Revista de Derecho Público*, N° 82, EJV, Caracas 2000, p. 454. In igual sentido sentencia N° 864 de 28-7-2000 (Caso: *Braulio Sánchez vs. Comisión de Funcionamiento y Reestructuración del Sistema Judicial*), en *Revista de Derecho Público*, N° 83, EJV, Caracas 2000, p. 283

21 *V.*, en general, Antonio Canova González, "La Sala Constitucional y su competencia en los procesos de amparo", en: Estudios de Derecho Administrativo: Libro Homenaje a la Universidad Central de Venezuela, Volumen I, Imprenta Nacional, Caracas, 2001, pp. 157-176; Luis Martínez Hernández, "Nuevo régimen de acción de amparo con motivo de sentencias dictadas por la Sala Constitucional del Tribunal Supremo de Justicia", en *Estudios de Derecho Público: Libro Homenaje a Humberto J. La Roche Rincón*, v. I, Tribunal Supremo de Justicia, Caracas, 2001, pp. 209-265; Rafael Badell Madrid, "El amparo constitucional en la jurisprudencia del Tribunal Supremo de Justicia, *Revista de derecho del Tribunal Supremo de Justicia*, N° 4, Caracas, 2002, pp. 87 a 129.

ramos totalmente irregular pues la Jurisdicción Constitucional no puede ser un "legislador positivo"[22], con tendencia a la concentración de competencias en materia de amparo.

Esto ocurrió, en *primer lugar,* en el campo de las competencias de las Salas del Tribunal Supremo en materia de amparo. A pesar de que constitucionalmente todas las Salas del Tribunal Supremo serían competentes conforme a la Ley Orgánica de Amparo para conocer de acciones de amparo, la Sala Constitucional en sentencia N° 1 de 20 de enero de 2000 dictada con motivo de decidir la admisibilidad de una acción de amparo (Caso: *Emery Mata Millán vs. Ministro del Interior y Justicia y otros*), interpretó erradamente los principios constitucionales y resolvió concentrar exclusivamente en la propia Sala Constitucional, las competencias para conocer de las acciones de amparo que venían conociendo las otras Salas, en única instancia, contra altos funcionarios nacionales conforme al artículo 8 de la Ley Orgánica de Amparo; o contra las sentencias dictadas en primera instancia por los Tribunales Superiores de la República, la Corte Primera de lo Contencioso Administrativo y las Cortes de Apelaciones en lo Penal; o las apelaciones o consultas de las sentencias dictadas por esos mismos Tribunales cuando conocieran de acciones de amparo en primera instancia.

Estimamos que la Sala Constitucional se extralimitó en su interpretación de la Constitución, pues del texto de la misma no resulta competencia exclusiva alguna de la Sala para conocer de las acciones de amparo que se intenten ante el Tribunal Supremo o de las apelaciones o consultas en relación con sentencias de amparo dictadas por la Corte Primera de lo Contencioso Administrativa, las Cortes de Apelaciones en lo Penal o los Tribunales Superiores[23]. La Sala Constitucional, en la Constitución, sólo tiene competencia exclusiva para ejercer la Jurisdicción Constitucional, pero no para actuar como único juez constitucional.

Estas competencias de la Sala Constitucional en materia de amparo, en todo caso, fueron recogidas en la Ley Orgánica del Tribunal Supremo de Justicia de 2004, y luego consagradas en la reforma de dicha Ley Orgánica de 2010,[24]en cuyo 25, ordinales 18 a 22 se le atribuye competencia para conocer de acciones de amparo en esta forma: en única instancia contra altos funcionarios nacionales, contra sentencias de última instancia de los tribunales contencioso administrativos, y contra sentencias de los tribunales superiores relativas a reclamos derivados del ejercicio de la libertad de expresión, así:

> "18. Conocer en única instancia las demandas de amparo constitucional que sean interpuestas contra los altos funcionarios o funcionarias públicos nacionales de rango constitucional.
>
> 20. Conocer las demandas de amparo constitucional autónomo contra las decisiones que dicten, en última instancia, los juzgados superiores de la República, salvo de las que se incoen contra las de los Juzgados Superiores en lo Contencioso Administrativo.

22 Fue Hans Kelsen el que comparó a los Tribunales Constitucionales con ser "legisladores negativos" al equiparar la anulación de una ley con su derogación. *V.*, Allan R. Brewer-Carías, *Judicial Review in Comparative Law*, *op. cit.* p. 192.

23 Confróntese la apreciación coincidente de Jesús María Casal, Constitución y Justicia Constitucional, Caracas, 2000, p. 91.

24 *Gaceta Oficial* N° 39483 de 9 de agosto de 2012

21. Conocer las demandas y las pretensiones de amparo para la protección de intereses difusos o colectivos cuando la controversia tenga trascendencia nacional, salvo lo que disponen leyes especiales y las pretensiones que, por su naturaleza, correspondan al contencioso de los servicios públicos o al contencioso electoral.

22. Conocer de las demandas de amparo contra los actos, actuaciones y omisiones del Consejo Nacional Electoral, de la Junta Electoral Nacional, de la Comisión de Registro Civil y Electoral, de la Comisión de Participación Política y Financiamiento, así como los demás órganos subalternos y subordinados del Poder Electoral

En materia de apelaciones contra sentencias de amparo, el artículo 25, ordinal 19 atribuyó a la Sala Constitucional competencia para" conocer en apelación de sentencias de amparo dictadas por los tribunales contencioso administrativos, en los siguientes casos:

"19. Conocer las apelaciones contra las sentencias que recaigan en los procesos de amparo constitucional autónomo que sean dictadas por los juzgados superiores de la República, salvo contra las de los Juzgados Superiores en lo Contencioso Administrativo".

En cuanto a las apelaciones contra sentencias de amparo dictadas por los tribunales superiores contencioso administrativo, en el artículo 26, ordinal 15 le atribuye a la sala Político Administrativa competencia para precisamente conocer de "Las apelaciones de las decisiones de los Juzgados Nacionales de la Jurisdicción Contencioso Administrativa y de las consultas que le correspondan conforme al ordenamiento jurídico.".

Por otra parte, en cuanto a la interpretación de la Sala de que los tribunales contencioso administrativos (incluidos la Sala Político Administrativa y la Sala Electoral) podían continuar conociendo de las acciones de amparo intentadas conjuntamente con acciones de nulidad contra actos administrativos, debe destacarse que fue condicionada en la sentencia antes citada N° 1 de 20 de enero de 2000 a que "...siempre que el recurso de nulidad o por abstención de la Administración, no se funde en una infracción directa e inmediata de la Constitución"

Debe señalarse que esta salvedad es totalmente contraria a lo previsto en la Constitución en cuanto a la competencia de la Jurisdicción Contencioso Administrativa, definida por el objeto de impugnación, que son los actos administrativos (incluidos los Reglamentos) y no por los motivos de impugnación.

En nuestro criterio, la conclusión que deriva del texto de la Constitución es que todas las Salas del Tribunal Supremo, en el ámbito de sus respectivas competencias, pueden y deben conocer de acciones de amparo sobre derechos y garantías constitucionales; y nada establece el texto constitucional de lo cual pueda derivarse alguna posibilidad de concentración de la competencia en materia de amparo constitucional en la Sala Constitucional, tal y como lo ha hecho la Sala al establecer la antes mencionada "interpretación vinculante".

Posteriormente, la misma Sala Constitucional fue dictando nuevas "normas" reguladoras de la competencia judicial en materia de amparo, en la N° 1555 de 8 de diciembre de 2000 (Caso: *Yoslena Chamchamire B. vs. Instituto Universitario Politécnico Santiago Mariño*)[25]; y en la sentencia N° 26 de 25 de enero de 2001 (Caso: *José C.C. y otros vs. Comisión Legislativa Transitoria, Estado Portuguesa*)[26].

---

25 *V.*, en *Revista de Derecho Público*, N° 84, EJV, Caracas, 2000, pp. 304 y ss.
26 *V.*, en *Revista de Derecho Público*, N° 85-88, EJV, Caracas, 2001.

Por último, debe indicarse que conforme a doctrina de la propia Sala Constitucional, la misma se reservó el conocimiento de las acciones de amparo cuando sean intentadas en protección de derechos colectivos o difusos,[27] lo que luego fue recogido en la Ley Orgánica de 2010.

APÉNDICE:
EXTRACTO DE LA SENTENCIA Nº 1 DE LA SALA CONSTITUCIONAL DEL TRIBUNAL SUPREMO DE JUSTICIA EN LA CUAL ESTABLECIÓ LAS NORMAS DE COMPETENCIA JUDICIAL EN MATERIA DE AMPARO[28]

Caso: *Emery Mata Millán vs. varios* 20 de enero de 2000

Antes de examinar la admisibilidad de la solicitud de amparo presentada, es menester que esta Sala Constitucional establezca la cuestión relacionada con su competencia para conocer de la acción propuesta. Al respecto se observa lo siguiente:

En la recientemente promulgada Constitución de la República Bolivariana de Venezuela se creó el Tribunal Supremo de Justicia; a este Tribunal, por intermedio de su Sala Constitucional, le corresponde, conforme a lo dispuesto en el último aparte del artículo 266 de la Constitución, ejercer la jurisdicción constitucional. Además, las interpretaciones que haga la Sala Constitucional, en ejercicio de esa jurisdicción, son de carácter vinculante para las otras Salas de este Supremo Tribunal y demás Tribunales de la República (como se desprende del contenido del artículo 335 ejusdem).

La jurisdicción constitucional comprende, entre otros asuntos, no sólo declarar la nulidad de las leyes y demás actos de los órganos que ejercen el poder público, dictados en ejecución directa o inmediata de la Constitución o que tengan rango legal (artículo 334 de la Constitución de la República Bolivariana de Venezuela), sino también la revisión de las sentencias de amparo constitucional y de control de constitucionalidad de las leyes o normas jurídicas dictadas por los Tribunales de la República, en los términos establecidos por la ley orgánica respectiva (numeral 10 del artículo 336 de la Constitución).

Si bien es cierto, que la Constitución dispone la promulgación de una Ley Orgánica para regular el ejercicio de la facultad prevista en el numeral 10 del artículo 336 de la Constitución, es principio aceptado en la doctrina constitucional, que los preceptos orgánicos son de inmediata aplicación por todos los poderes públicos, y, en particular, por los órganos a los que la disposición constitucional se refiere. Exista o no las normas que desarrollen la regulación constitucional, ésta es plenamente eficaz por sí misma y, por lo tanto, establece pautas para el funcionamiento del órgano al que se refiera la norma constitucional. En consecuencia aún cuando no haya sido dictada la ley que desarrolle el precepto constitucional, la disposición contenida en el numeral 10 del artículo 336 de la Constitución, es de aplicación inmediata por la Sala Constitucional.

Por tanto, esta Sala establece que ha sido facultada en materia de amparo de la siguiente forma:

Por ser función de esta Sala, según el artículo 335 de la Constitución, la interpretación de dicha Carta Magna, es claro que la materia de su conocimiento abarca las infracciones constitucionales, como lo demuestran las atribuciones, que la Constitución de la República Bolivariana de Venezuela otorga a la Sala Constitucional en su artículo 336. Esta circunstancia la convierte en la

27 *V.*, por ejemplo, sentencia N° 255 de 15-3-2005 (Caso: *Federación Venezolana de Fútbol vs. Sala Electoral del Tribunal Supremo de Justicia*), en *Revista de Derecho Público*, N° 101, EJV, Caracas, 2005, p. 212.

28 *Revista de Derecho Público*, N° 81, EJV, Caracas, 2000, pp. 225-229.

Sala que por la materia tiene la competencia para conocer, según el caso, de las acciones de amparo constitucional propuestas conforme a la Ley Orgánica de Amparo Sobre Derechos y Garantías Constitucionales. Por otra parte, debido a su condición de juez natural en la jurisdicción constitucional, la competencia que contempla el artículo 8 de la Ley Orgánica de Amparo sobre Derechos y Garantías Constitucionales ha desaparecido, ya que la materia constitucional corresponde a esta Sala (téngase presente que la creación de una Sala con competencia constitucional, origina un criterio orgánico para delimitar la competencia en el cual se encuentran comprendidos, necesariamente, todos los asuntos relacionados con la Constitución).

Por las razones expuestas, esta Sala declara que, la competencia expresada en los artículos 7 y 8 de la ley antes citada, se distribuirá así:

1.- Corresponde a la Sala Constitucional, por su esencia, al ser la máxima protectora de la Constitución y además ser el garante de la supremacía y efectividad de las normas y principios constitucionales, de acuerdo con el artículo 335 de la Constitución de la República Bolivariana de Venezuela, el conocimiento directo, en única instancia, de las acciones de amparo a que se refiere el artículo 8 de la Ley Orgánica de Amparo sobre Derechos y Garantías Constitucionales, incoadas contra los altos funcionarios a que se refiere dicho artículo, así como contra los funcionarios que actúen por delegación de las atribuciones de los anteriores. Igualmente, corresponde a esta Sala Constitucional, por los motivos antes expuestos, la competencia para conocer de las acciones de amparo que se intenten contra las decisiones de última instancia emanadas de los Tribunales o Juzgados Superiores de la República, la Corte Primera de lo Contencioso Administrativo y las Cortes de Apelaciones en lo Penal que infrinjan directa e inmediatamente normas constitucionales.

2.- Asimismo, corresponde a esta Sala conocer las apelaciones y consultas sobre las sentencias de los Juzgados o Tribunales Superiores aquí señalados, de la Corte Primera de lo Contencioso Administrativo y las Cortes de Apelaciones en lo Penal, cuando ellos conozcan la acción de amparo en Primera Instancia.

3.- Corresponde a los Tribunales de Primera Instancia de la materia relacionada o afín con el amparo, el conocimiento de los amparos que se interpongan, distintos a los expresados en los números anteriores, siendo los Superiores de dichos Tribunales quienes conocerán, las apelaciones y consultas que emanen de los mismos, de cuyas decisiones no habrá apelación ni consulta.

4.- En materia penal, cuando la acción de amparo tenga por objeto la libertad y seguridad personales, será conocida por el Juez de Control, a tenor del artículo 60 del Código Orgánico Procesal Penal, mientras que los Tribunales de Juicio Unipersonal serán los competentes para conocer los otros amparos de acuerdo la naturaleza del derecho o garantía constitucional violado o amenazado de violación, que sea afín con su competencia natural. Las Cortes de Apelaciones conocerán de las apelaciones y consultas de las decisiones que se dicten en esos amparos.

5.- La labor revisora de las sentencias de amparo que atribuye el numeral 10 del artículo 336 de la vigente Constitución a esta Sala y que será desarrollada por la ley orgánica respectiva, la entiende esta Sala en el sentido de que en los actuales momentos una forma de ejercerla es mediante la institución de la consulta, prevista en el artículo 35 de la Ley Orgánica de Amparo Sobre Derechos y Garantías Constitucionales, pero como la institución de la revisión a la luz de la doctrina constitucional es otra, y las instituciones constitucionales deben entrar en vigor de inmediato, cuando fuera posible, sin esperar desarrollos legislativos ulteriores, considera esta Sala que en forma selectiva, sin atender a recurso específico y sin quedar vinculado por peticiones en este sentido, la Sala por vía excepcional puede revisar discrecionalmente las sentencias de amparo que de acuerdo a la competencia tratada en este fallo, sean de la exclusiva competencia de los Tribunales de Segunda Instancia, quienes conozcan la causa por apelación y que por lo tanto no susceptibles de consulta, así como cualquier otro fallo que desacate la doctrina vinculante de esta Sala, dictada en materia constitucional, ello conforme a lo dispuesto en el numeral 10 del artículo 336 de la Constitución de la República Bolivariana de Venezuela.

Este poder revisorio general, lo entiende la Sala y lo hace extensivo a todo amparo, en el sentido que si el accionante adujere la violación de un determinado derecho o garantía constitucional, y la Sala considerare que los hechos probados tipifican otra infracción a la Constitución, no alegada, la Sala puede declararla de oficio.

Reconoce esta Sala que a todos los Tribunales del país, incluyendo las otras Salas de este Supremo Tribunal, les corresponde asegurar la integridad de la Constitución, mediante el control difuso de la misma, en la forma establecida en el artículo 334 de la Constitución de República Bolivariana de Venezuela, pero ello no les permite conocer mediante la acción de amparo las infracciones que se les denuncian, salvo los Tribunales competentes para ello que se señalan en este fallo, a los que hay que agregar los previstos en el artículo 9 de la Ley Orgánica de Amparo Sobre Derechos y Garantías Constitucionales.

Consecuencia de la doctrina expuesta es que el llamado amparo sobrevenido que se intente ante el mismo juez que dicte un fallo o un acto procesal, considera esta Sala que es inconveniente, porque no hay razón alguna para que el juez que dictó un fallo, donde ha debido ser cuidadoso en la aplicación de la Constitución, revoque su decisión, y en consecuencia trate de reparar un error, creando la mayor inseguridad jurídica y rompiendo el principio, garante de tal seguridad jurídica, que establece que dictada una sentencia sujeta a apelación, ella no puede ser reformada o revocada por el Juez que la dictó, excepto para hacer las aclaraciones dentro del plazo legal y a petición de parte. Tal principio recogido en el artículo 252 del Código de Procedimiento Civil está ligado a la seguridad jurídica que debe imperar en un estado de derecho, donde es de suponer que las sentencias emanan de jueces idóneos en el manejo de la Constitución, y que por tanto no puedan estar modificándolas bajo la petición de que subsane sus errores. Las violaciones a la Constitución que cometan los jueces serán conocidas por los jueces de la apelación, a menos que sea necesario restablecer inmediatamente la situación jurídica infringida, caso en que el amparo lo conocerá otro juez competente superior a quien cometió la falta, diferente a quien sentenció u ordenó el acto qué contiene la violación o infracción constitucional, en estos casos, los que apliquen los artículos 23, 24 y 26 de la Ley Orgánica de Amparo Sobre Derechos y Garantías Constitucionales.

Cuando las violaciones a derechos y garantías constitucionales surgen en el curso de un proceso debido a actuaciones de las partes, de terceros, de auxiliares de justicia o de funcionarios judiciales diferentes a los jueces, el amparo podrá interponerse ante el juez que esté conociendo la causa, quien lo sustanciará y decidirá en cuaderno separado.

Con esta posibilidad, se hace evidente la necesidad de mantener esta importante manifestación del amparo constitucional debido a la ventaja de ser dictada dentro del mismo proceso en el cual se produce la lesión o amenaza de lesión de derechos constitucionales, manteniéndose así el principio de la unidad del proceso, al no tener que abrirse causas procesales distintas -con los retardos naturales que se producirían- para verificar si efectivamente se ha producido la violación denunciada. Igualmente, se lograría la inmediación del juez con la causa que se le somete a conocimiento, la cual no sólo incidiría positivamente en la decisión del amparo interpuesto, sino que también pudiera aportar elementos de juicio necesarios para tomar medidas, bien sean cautelares o definitivas, en la causa principal y en el propio amparo.

Dentro de la interpretación de las normas constitucionales que puede realizar esta Sala, conforme al citado artículo 335, se encuentra, como se dijo, el establecer el contenido y alcance de las normas constitucionales, por lo que normas que colidan con la Constitución de la República Bolivariana de Venezuela, quedan sin efecto alguno, y así se declara.

Consecuente con la doctrina sobre la competencia que la Sala desarrolla en este fallo, así como con el principio antes expuesto que las leyes cuyos artículos no colidan con la Constitución, continúan vigentes, pasa la Sala a interpretar la competencia de los tribunales que deban conocer los amparos previstos en el artículo 5° de la Ley Orgánica de Amparo Sobre Derechos y Garantías Constitucionales.

Dicho artículo, a juicio de esta Sala, no colide con la Constitución. y por lo tanto, tiene plena vigencia, y según él, las acciones de amparo pueden ejercerse conjuntamente con el recurso contencioso administrativo de nulidad de actos administrativos o contra las conductas omisivas.

Al estar vigente el citado artículo 50, surge una excepción a la doctrina sobre la competencia en materia de amparo, contenida en este fallo, y es que los tribunales, incluyendo las Salas de este Supremo Tribunal, que conozcan de procesos de nulidad de actos administrativos de efectos particulares, o contra negativas o abstenciones de la Administración, mediante recursos contenciosos administrativos, podrán a su vez conocer de los amparos previstos en el artículo 5° de la Ley Orgánica de Amparo Sobre Derechos y Garantías Constitucionales, siempre que el recurso de nulidad o por abstención de la Administración, no se funde en una infracción directa e inmediata de la Constitución, y siempre que la acción de amparo no se encuentre caduca.

Resultado de la doctrina que se expone, es que las Salas de este Tribunal Supremo de Justicia que conocen amparos que no se han ejercido conjuntamente con recursos contenciosos administrativos, remitirán a esta Sala las acciones de amparo que venían tramitando, mientras que la Sala Político-Administrativa y la Sala Electoral seguirán conociendo los amparos que se ejercieron o se ejerzan conjuntamente con el recurso contencioso administrativo o electoral de anulación de actos o contra las conductas omisivas.

Con relación a los amparos autónomos que cursan en la actualidad ante las otras Salas de este Tribunal Supremo, considera esta Sala Constitucional que la competencia por la materia se determina por la naturaleza de la cuestión que se discute, siendo tal competencia de orden público, por lo que respecto a dicha competencia ratione materiae no se aplica el artículo 3 del Código de Procedimiento Civil, según el cual la competencia se determina conforme a la situación de hecho existente para el momento de la presentación de la demanda, sino que ella será determinada por la materia, la cual dentro de la jurisdicción constitucional, por los motivos aquí señalados, la ha asumido está Sala en materia de amparo en la forma establecida en este fallo.

Determinados como han sido los criterios de competencia en materia de amparo que regirán en dicha materia, y que por imperativo del artículo 335 de la carta magna, es de carácter vinculante para las otras Salas de este máximo organismo jurisdiccional, así como para los demás Tribunales de la República, pasa esta Sala a pronunciarse respecto a su competencia para conocer de la presente acción, y al efecto observa que, la misma ha sido ejercida en contra del Ministro y Vice-Ministro del Interior y Justicia, por lo cual, de conformidad con el artículo 8 de la Ley Orgánica de Amparo Sobre Derechos y Garantías Constitucionales y con el criterio que en esta oportunidad se establece, esta Sala es la competente para conocer del amparo interpuesto, y así se declara.

IV. EL CARÁCTER EXTRAORDINARIO

Meses antes de la sanción de la Ley Orgánica de Amparo de 1988, la antigua Corte Suprema de Justicia en Sala Político Administrativa en sentencia de 6 de agosto de 1987 (Caso: *RAP*), dejó sentado el principio de que la acción autónoma de amparo era siempre procedente, cuando los medios ordinarios que existieran contra los actos inconstitucionales o ilegales fueran insuficientes para reparar el perjuicio o no fueran idóneos para evitar el daño o la lesión causada por tales actos[29]. De allí el carácter extraordinario que la jurisprudencia fue desarrollando sobre la acción de amparo, en el sentido de que procede la acción de amparo "cuando se hayan agotado, no existan, o sean in-

29 *V.*, en *Revista de Derecho Público*, N° 33, EJV, Caracas, 1987, p. 107.

operantes otras vías procesales que permitan la reparación del daño" o; "en ausencia de una vía judicial o procedimental específica prevista en el ordenamiento jurídico y aplicable al caso". Esta tesis, desarrollada por la antigua Corte en la sentencia citada, "es de vieja data en Venezuela", y consiste en definitiva en que si un medio ordinario "permite la protección del derecho constitucionalizado, el amparo no será procedente. Por el contrario, si no hay proceso idóneo para salvaguardarlo, se abre la vía del amparo". En otras palabras, dijo la antigua Corte Suprema "la acción de amparo resulta improcedente cuando existan medios procesales que permitan obtener los mismos efectos procesales perseguidos por el amparo solicitado". En definitiva, la antigua Corte en esa sentencia del Caso: *RAP,* concluyó señalando que:

> "[...] para que sea dable la concesión de un mandamiento de amparo, el juez que conoce de la solicitud respectiva debe concretar su examen a la verificación de los siguientes aspectos:
>
> 1) Que la situación infringida por el acto, hecho u omisión de la autoridad pública o del particular, sea violatorio en forma directa, manifiesta e incontestable de un derecho o garantía constitucionalmente tutelado;
>
> 2) Que no exista para el restablecimiento de esa situación jurídica lesionada ningún otro medio procesal ordinario adecuado; y
>
> 3) Que la lesión o el derecho o garantía afectados sean de tal naturaleza que no podrían ser reparados mediante la utilización de ese otro medio procesal" [...][30].

En el mismo sentido como lo indicó la Corte Primera, en sentencia de 12 mayo de 1988:

> "Cuando el accionante tenga medios procesales ciertamente eficaces, breves e idóneos, los cuales constituyen para ello garantías suficientes y apropiadas para el caso de ser jurídicamente procedentes, tal circunstancia hace inadecuada, esta vía jurisdiccional (acción de amparo autónoma) para la obtención de lo solicitado"[31].

En definitiva, lo extraordinario de la acción de amparo autónoma no es que no proceda cuando haya vías ordinarias, ni que para que proceda hay que agotar las que existan, sino que procede cuando éstas no son idóneas, operantes, eficaces y breves acordes con la protección constitucional.

Este carácter extraordinario de la acción autónoma de amparo fue luego precisado por la antigua Corte Suprema en Sala Político Administrativa en sentencia de 14 de agosto de 1990, al calificar dicha acción como "especial" así:

---

30 En *Revista de Derecho Público,* N° 31, 1987, pp. 81, 83, 86, 87 y 88. En igual sentido la sentencia de la Corte Primera de lo Contencioso administrativo de 21-1-88, *Revista de Derecho Público,* N° 33, EJV, Caracas, 1988, p. 110.

31 *V.,* en *Revista de Derecho Público,* N° 34, EJV, Caracas, 1988, p. 104. *V.,* además, la sentencia de la Corte Suprema en Sala Político Administrativa de 6-12-89, ver *Revista de Derecho Público,* N° 41, EJV, Caracas, 1989 p. 41. En igual sentido la sentencia de la misma antigua Corte Suprema de Justicia, Sala Político Administrativa de 23-5-88 señaló que procede la acción de amparo "cuando se hayan agotado, no existan o sean inoperantes otras vías judiciales que permitan la reparación del daño". En el caso resuelto se trataba de una acción de amparo intentada contra un acto de negativa del registro de la propiedad de un inmueble y la Corte resolvió que a dicha negativa de registro podía darse satisfacción mediante los procedimientos administrativos y judiciales previstos, agregando que "no puede la brevedad, efectividad y sumariedad del procedimiento de amparo sustituir lapsos y plazos que el legislador estimó conveniente establecer especialmente en materia de registro de la propiedad inmobiliaria". *V.,* en *Revista de Derecho Público,* N° 35, EJV, Caracas, 1988, p. 125.

"Tal como lo ha establecido este Máximo Tribunal reiteradamente, la acción de amparo resulta ser de carácter especial, en el sentido de que no puede sustituir los recursos y acciones establecidos para reclamar algún derecho constitucional, si sus respectivos procedimientos son a su vez breves y sumarios, o eficaces, para lograr su rápido restablecimiento. Así lo ha manifestado esta Sala en sentencia de fecha 23-5-88, cuando aclaró que no es posible utilizar la acción de amparo, "como sustitutoria de los recursos precisa y específicamente arbitrados por el legislador –en desarrollo de normas fundamentales– para lograr de esta manera el propósito que se pretende en autos. Si tal sustitución se permitiere, el amparo llegaría a suplantar no sólo esa, sino todas las vías procesales establecidas en nuestro sistema de derecho positivo, situación en modo alguno deseable ni deseada por el legislador del amparo". En ese mismo sentido se ha pronunciado la Sala de Casación Civil de esta Suprema Corte, cuando en sentencia de fecha 27-4-88, asentó que el actor tiene la carga procesal de "utilizar el procedimiento normal preestablecido por la ley adecuado a su pretensión, carga que de incumplirse, produce la inadmisión del amparo instaurado". En esa misma sentencia la Sala de Casación Civil, precisó, que el numeral 5 del artículo 6° de la Ley Orgánica de Amparo sobre Derechos y Garantías Constitucionales, debe interpretarse en el sentido de que "no puede entenderse nunca como una facultad libre de acudir o no a las vías establecidas, sino como la carga procesal del actor de utilizar el procedimiento normal preestablecido por la Ley (*omissis*)". En concreto, pues, que si existe "un medio procesal, breve, sumario y eficaz acorde con la protección constitucional", como lo exige el artículo 5° de la Ley Orgánica de Amparo sobre Derechos y Garantías Constitucionales, la acción de amparo en contra de los actos administrativos, actuaciones materiales, vías de hecho, abstenciones u omisiones de la Administración Pública, resulta ser inadmisible, por no darse el presupuesto general de dicha acción cual es su carácter extraordinario"[32].

En sentido similar en sentencia de 11 de diciembre de 19-12-90, la Sala Político Administrativa de la antigua Corte Suprema precisó:

"Ha sido el criterio reiterado de la jurisprudencia de este Máximo Tribunal, así como de la doctrina, que la acción de amparo es un remedio judicial extraordinario o especial que sólo procede cuando se hayan agotado, no existan, o sean inoperantes otras vías procesales que permitan la reparación del daño. Igualmente, el artículo 5 de la Ley Orgánica de Amparo sobre Derechos y Garantías Constitucionales señala que la acción de amparo procede cuando no exista un medio procesal breve, sumario y eficaz acorde con la protección constitucional.

Tal requisito procesal objetivo para la admisibilidad de la acción hace del amparo un medio o instrumento judicial que sólo puede ser admitido por el juez una vez verificado que los otros medios ordinarios no son los eficaces o idóneos para restablecer la situación jurídica denunciada. Si existen esos medios, el juez debe abstenerse de admitir la acción de amparo propuesta.

En efecto, la naturaleza extraordinaria o especial del amparo constitucional, tiene como objetivo lograr que dicha institución no sea sustitutiva de los medios ordinarios; igualmente alerta sobre la necesidad de su uso prudente y racional como medio de defensa extremo de los derechos constitucionales admisible sólo cuando sea la única vía idónea y eficaz para el restablecimiento de las libertades públicas o cuando los otros medios sean inoperantes para lograr dicho objetivo" .

En consecuencia, en sentido contrario, cuando en el ordenamiento jurídico exista una vía idónea, eficaz y operante que permita el restablecimiento inmediato de la situación jurídica infringida, acorde con la protección del derecho constitucional, la acción autónoma de amparo es inadmisible. Así lo resolvió la antigua Corte Suprema, por ejemplo,

---

32 *V.*, en *Revista de Derecho Público*, N° 44, EJV, Caracas, 1990, p. 134.

en relación al amparo tributario regulado en el Código Orgánico Tributario: existiendo esta vía para reparar los perjuicios derivados de la abstención administrativa, la acción autónoma de amparo se ha considerado improcedente[33].

En todo caso, en materia de amparo contra actos administrativos este carácter extraordinario ha sido más desarrollado por la jurisprudencia, por la previsión expresa del artículo 5° de la Ley Orgánica que establece su procedencia "cuando no exista un medio procesal breve, sumario y eficaz, acorde con la protección constitucional".

V. EL OBJETO DE LA PROTECCIÓN CONSTITUCIONAL: TODOS LOS DERECHOS Y GARANTÍAS CONSTITUCIONALES

Sea a través de vías judiciales preexistentes o mediante la acción autónoma de amparo, el derecho de amparo en la Constitución y en la Ley Orgánica está configurado para proteger el goce y ejercicio de *todos* los derechos y garantías que establece la Constitución y los instrumentos internacionales sobre derechos humanos (Artículo 27 Constitución). Por ello, en definitiva, el amparo se configura como una garantía fundamental de los derechos humanos y de los derechos constitucionales.

Por otra parte, el derecho de amparo corresponde a *todos* para proteger el goce y ejercicio de los derechos y garantías constitucionales y, por tanto, no sólo protege a los titulares de los mismos cuando se trate de personas naturales, sino también de dichos derechos cuando éstos se ejercen por personas morales.

Es indudable que por la amplitud con la cual el artículo 27 de la Constitución consagra el derecho de amparo, la expresión "todo habitante" como titular de la acción conforme al artículo 1° de la Ley Orgánica de Amparo, no la interpretó la jurisprudencia ni el Legislador como referida sólo a las personas naturales, sino que también se refiere, por supuesto, a todas las personas jurídicas, incluso las personas morales de derecho público, pues los derechos que la Constitución establece no sólo son derechos de las personas naturales sino que muchos también se garantizan respecto de las personas morales[34]. Lo único que exige la Ley Orgánica para el logro de la protección en estos casos es que las personas morales estén domiciliadas en el país (Art. 1).

En cuanto a los derechos y garantías protegidos, en particular de las personas de derecho público territoriales, la doctrina de la Sala Constitucional ha excluido de protección mediante amparo, a las garantías institucionales de la autonomía de los entes político-territoriales establecidas en la Constitución, considerando que los Estados o Municipios sólo pueden acudir al amparo para defender los derechos o libertades de los que puedan ser titulares, como el derecho al debido proceso, o el derecho a la igualdad, o a la irre-

33 *V.*, sentencia de la antigua Corte Suprema de Justicia, Sala Político Administrativa de 14-8-90 (Caso: *Grespan*), *Revista de Derecho Público*, N° 44, EJV, Caracas, 1990, p. 135.

34 *V.*, lo indicado por la Corte Primera de lo Contencioso administrativo en sentencias de 30-4-87, 24-4-88 y 28-7-88 en FUNEDA, *15 años de Jurisprudencia* de la Corte Primera de lo Contencioso-Administrativo, 1977-1992, Amparo Constitucional, Caracas, 1994, pp. 141, 180 y 225.

troactividad de la ley; en cambio, no pueden accionar en amparo para tutelar la autonomía que la Constitución les reconoce o las potestades y competencias que aquélla comporta.[35]

Pero, como hemos dicho, la acción de amparo se configura como un medio de protección del goce y ejercicio de *absolutamente todos* los derechos y garantías que la Constitución establece, y para corroborar esta afirmación basta recordar que el artículo 27 está ubicado en el Capítulo I que contiene las "Disposiciones Generales" del Título III, que se refiere a los "De los derechos humanos y garantías y de los deberes", teniendo en cuenta que posteriormente, en los ocho capítulos restantes, se regulan separadamente los derechos de los ciudadanos, los derechos civiles, los derechos políticos, los derechos sociales y de las familias, los derechos culturales y educativos, los derechos económicos, los derechos de los pueblos indígenas y los derechos ambientales.

Por esta ubicación de la norma en las Disposiciones Generales citadas, la Ley Orgánica ha sido explícita al señalar que el derecho de amparo procede respeto de "el goce y el ejercicio de los derechos y garantías constitucionales, aun de aquellos derechos fundamentales de la persona humana que no figuren expresamente en la Constitución" (Art. 1).

Por tanto, en Venezuela el amparo no es un medio de protección de sólo ciertos derechos, sino al contrario, de todos los derechos y garantías que la Constitución establece y que además están establecidos en los instrumentos internacionales sobre derechos humanos, teniendo en cuenta, además, que los mismos tienen rango constitucional por expresa previsión del artículo 23 de la Constitución. No tiene aplicación en Venezuela, por tanto, el sistema restrictivo de la acción de amparo que lo prevé sólo para proteger ciertos derechos constitucionales que se llaman "fundamentales" quedando fuera de su ámbito todos los otros, como sucede en España, Alemania y algunos países latinoamericanos como Chile y Colombia[36]. Al contrario, en Venezuela, *todos* los derechos constitucionales pueden ser objeto de protección mediante la acción de amparo.

Esto llevó al legislador a considerar que mediante el derecho de amparo no sólo se protegen *todos* los derechos y garantías enumeradas en la Constitución, en los artículos 19 a 129, sino, por supuesto, aquéllos que se establecen indirectamente en otras normas constitucionales. Por ejemplo, la garantía de que los entes públicos no le pueden exigir a las personas naturales jurídicas el pago de impuestos y contribuciones que no se hayan establecido en ley formal, y la garantía de que el Estado no establezca ni exija el pago de impuestos en servicio personal, consagrado en el artículo 317 de la Constitución[37].

Por tanto, el amparo está previsto en la Constitución como un derecho de protección de todos los derechos y garantías constitucionales, sin límites, incluso cuando éstos re-

35 *V.*, entre otras, la sentencia N° 1395 de 21-11-2000 (Caso: *Gobernación del Estado Mérida y otras vs. Ministerio de Finanzas*), en *Revista de Derecho Público*, N° 84, EJV, Caracas 2000, pp. 315 ss.

36 *V.*, Allan R. Brewer-Carías, *El amparo a los derechos y garantías constitucionales, (Una aproximación comparativa)*, Caracas, 1993, pp. 63 ss.

37 Sin embargo, en algunas sentencias se puede apreciar alguna tendencia restrictiva en esta materia. Por ejemplo, en la de la Corte Suprema de Justicia en Corte Plena de 21-3-88, al solicitarse protección constitucional contra la exigencia del pago de una contribución por renovar un registro de vehículos no previsto en la Ley de Tránsito, y por tanto, evidentemente violatorio de la garantía constitucional de la reserva legal. *V.*, en *Revista de Derecho Público*, N° 34, EJV, Caracas, 1988, p. 105. *V.*, también sentencia de la Sala Político-Administrativa de 17-10-88. *V.*, en *Revista de Derecho Público*, N° 36, EJV, Caracas, 1988, p. 91. *V.*, sobre ello Allan R. Brewer-Carías, *Derecho y acción de amparo*, v. V, *Instituciones Políticas y Constitucionales*, *cit.* pp. 209 y ss.

sultan de principios constitucionales. Así, por ejemplo, lo señaló la Corte Primera en sentencia de 7 de mayo de 1990, al indicar que:

> "El amparo constitucional es el medio directo, efectivo y sumario que el constituyente ha puesto en manos de los ciudadanos y de las corporaciones que los mismos integran, para que sean tutelados no sólo los derechos que ella les garantiza, sino también los principios que rigen el sistema jurídico, tales como el de la actuación democrática; el de la legítima representatividad y de la justicia misma".[38]

De acuerdo a esta orientación, por tanto, poco importa donde estén ubicados dentro de la Constitución, los derechos o garantías constitucionales. Lo importante es que tengan rango constitucional. Esto lo reconoció expresamente la Corte Primera de lo Contencioso Administrativo en sentencia de 25 de junio de 1993, al precisar que:

> "Ni todos los derechos constitucionales están contenidos en el Título III del Texto Fundamental, ni todas las disposiciones del susodicho título establecen derechos constitucionales. Por lo contrario, existen disposiciones del Título III de la Constitución que lo que establecen son las llamadas "determinaciones de fines del Estado"; por supuesto, estos fines del Estado están encaminados a la protección o facilitación del ejercicio de derechos constitucionales, pero sin establecerlos"[39].

Por ello, en general, la jurisprudencia ha exigido que para que proceda el amparo se exige la violación inmediata, directa y clara de un derecho o garantía constitucional o de rango constitucional[40], como por supuesto, serían también los derechos inherentes a la persona humana[41] conforme al artículo 22 de la Constitución.

En efecto, el derecho de amparo previsto en el artículo 27 de la Constitución también se refiere a aquellos derechos fundamentales que no estén expresamente enunciados en normas constitucionales, pero que sean derechos inherentes a la persona humana, adquiriendo, en este sentido, todo su valor la cláusula abierta contenida en el artículo 22 de la Constitución, que establece lo siguiente:

> "*Artículo* 22. La enunciación de los derechos y garantías contenidas en la Constitución y en los instrumentos internacionales sobre derechos humanos no debe entenderse como negación de otros que, siendo inherentes a la persona, no figuren expresamente en ella. La falta de ley reglamentaria de estos derechos no menoscaba el ejercicio de los mismos".

Por tanto, la acción de amparo protege también todos estos derechos inherentes a la persona humana que no figuran expresamente en el texto, no siendo por supuesto necesaria una ley que reglamente estos derechos para que se pueda garantizar su ejercicio[42].

---

38 *V.*, en FUNEDA, *15 años de Jurisprudencia, op. cit.*, p. 152.

39 *V.*, en *Revista de Derecho Público*, nos 53-54, EJV, Caracas, 1993, p. 361.

40 *V.*, por ejemplo, sentencias de la Corte Primera de lo Contencioso administrativo de 22-1-88, *Revista de Derecho Público*, N° 33, EJV, Caracas, 1988, p. 109; de 24-5-88, *Revista de Derecho Público*, N° 35, EJV, Caracas, 1988, p. 100; de 30-6-88, *Revista de Derecho Público*, N° 35, EJV, Caracas, 1988, p. 129; de 8-10-91, *Revista de Derecho Público*, N° 48, EJV, Caracas, 1991, p. 138; de 15-9-92 y 16-9-92, *Revista de Derecho Público*, N° 51, EJV, Caracas, 1992, pp. 146 y 150; y de la antigua Corte Suprema de Justicia, Sala Político Administrativa, de 9-5-88, *Revista de Derecho Público* N° 34, EJV, Caracas, 1988, pp. 105 y 116; de 27-6-90, *Revista de Derecho Público* n° 43, EJV, Caracas, 1990 p. 92, y de 26-10-89, *Revista de Derecho Público*, N° 40, EJV, Caracas, 1989, p. 109. *V.*, también de la antigua Corte Suprema de Justicia, Sala Plena de 21-3-88, *Revista de Derecho Público*, N° 34, EJV, Caracas, 1988, p. 105.

41 *V.*, sentencias de la antigua Corte Suprema de Justicia, Sala Político Administrativa, de 5-10-89, *Revista de Derecho Público*, N° 40, EJV, Caracas, 1989, p. 108; y de 14-8-89, *Revista de Derecho Público*, N° 39, EJV, Caracas, 1989, p. 144.

42 *V.*, por ejemplo, sentencia de la antigua Corte Suprema de Justicia, Sala Político Administrativa de 5-10-89 en *Revista de Derecho Público*, N° 40, EJV, Caracas, 1989, p. 108.

Con motivo de este enunciado del artículo 22, por supuesto, adquiere una enorme importancia el elenco de los derechos del hombre que se enuncian en las Declaraciones Universales de los Derechos del Hombre, y en las Convenciones Internacionales formales que regulan los derechos humanos, como la Convención Americana de los Derechos Humanos o los Pactos Internacionales de los Derechos Civiles y Políticos, y de Derechos Económicos y Sociales las cuales, además, tienen rango constitucional, habiendo sido aprobados por leyes especiales por el Congreso[43].

Por otra parte, en Venezuela, al estar destinado el amparo a proteger todos los derechos y garantías enumerados en la Constitución, el llamado derecho de hábeas corpus se ha configurado como parte del derecho de amparo o, si se quiere, una manifestación del derecho de amparo. En nuestro país, esto resultaba claro de la regulación que traía la Disposición Transitoria Quinta de la Constitución de 1961 donde se afirmaba que "el amparo a la libertad personal, hasta tanto se dicta la ley especial que lo regule conforme al artículo 49", procederá de acuerdo con una serie de reglas procesales que allí se establecieron, destinadas a proteger a los particulares respecto a la privación o restricción de su libertad con violación de las garantías constitucionales. Al hablar dicha Disposición Transitoria de "amparo a la libertad personal" y remitir al artículo 49, en definitiva, implicaba que el derecho de amparo previsto en el artículo 49, también estaba destinado a amparar la libertad personal y que sólo transitoriamente se establecía un procedimiento específico en esta Disposición, pero sin que en Venezuela realmente se configurase un derecho de hábeas corpus distinto al derecho general de amparo, regulado en el artículo 27 de la Constitución.

Esta concepción es la misma de la Constitución de 1999 y fue confirmado expresamente en la Ley Orgánica de Amparo al establecer en su artículo 1° que "La garantía de la libertad personal que regula el *hábeas corpus* constitucional, se regirá por esta ley"; destinando a ello los artículos 38 a 47 de la misma.

VI. EL CARÁCTER CONSTITUCIONAL DE LA VIOLACIÓN A LOS DERECHOS (LA VIOLACIÓN DIRECTA)

Como el amparo procede para la protección de todos los derechos y garantías constitucionales o de rango constitucional, incluso los inherentes a la persona humana no enumerados en el texto, la violación o amenaza de violación que se requiere para su procedencia es, precisamente, una que afecte un derecho o garantía constitucional, siendo necesaria que dicha violación sea directa.

En todo caso, violación directa de un derecho y garantía constitucional no es lo mismo que violación directa de una norma constitucional. Ello se deriva del propio artículo 27 de la Constitución al precisar que el objeto de la protección que concede la acción de amparo, es el goce y ejercicio de los derechos y garantías constitucionales frente a las violaciones o amenazas de violaciones de los mismos, por lo que no sólo procede la protección cuando pueda haber una violación *directa* de alguna norma constitucional, sino también, por supuesto, cuando haya violación de las normas legales que regulan el ejercicio y goce de dichos derechos.

---

43 *V.*, en *Gaceta Oficial* N° 31.266 de 14-6-77 y N° 2.146 Extra. de 28-1-78.

Por ello estimamos que no tiene fundamento alguno en Venezuela pretender restringir el ejercicio de la acción de amparo, solamente cuando exista una violación directa de la Constitución[44].

En efecto, no debe olvidarse que los derechos y garantías constitucionales en Venezuela no tienen una regulación uniforme y su consagración en la Constitución da origen a una efectividad diferente de dichos derechos y garantías. En efecto, en primer lugar pueden identificarse los "derechos absolutos" o "intangibles" entre los cuales está el derecho a la vida; el derecho a no ser incomunicado; a no ser sometido a tortura o procedimiento que cause sufrimiento físico o moral, lo que no es otra cosa que el derecho a la integridad personal; el derecho al debido proceso, el derecho a la información; y el derecho a no ser condenado a penas perpetuas o infamantes o restrictivas de la libertad personal por más de treinta años. Estos derechos enunciados en la propia Constitución están establecidos en tal forma en el Texto Fundamental, que puede decirse que son derechos que no son limitables ni regulables por el Legislador siquiera, y que además, son derechos cuyas garantías no pueden restringirse en situaciones de estado de excepción (Art. 337). Salvo estos derechos absolutos o intangibles, en cambio, todos los otros derechos y garantías tienen la posibilidad de ser regulados o limitados por el legislador, y sus garantías pueden ser objeto de medidas de restricción; e incluso, algunos quedan constitucionalmente sometidos a las regulaciones legislativas.[45]

De acuerdo con ello, por tanto, no tiene sentido el señalar que el derecho de amparo y, en particular, la acción de amparo, procede sólo cuando se viola la Constitución en forma directa, pues la mayoría de los derechos no sólo tienen consagración constitucional, sino que por virtud de la propia Constitución, están sometidos en su ejercicio a las prescripciones y regulaciones que deba establecer el Legislador. Por tanto, el derecho de amparo también procede cuando la violación o amenaza de violación de un derecho o garantía constitucionales, implique una violación directa de las leyes que regulen el ejercicio y goce de los mismos.

Esta exigencia de violación directa de un derecho o garantía constitucional, independientemente de que el mismo esté regulado en normas de rango legal, fue un tema tratado y precisado por la jurisprudencia desde antes de la sanción de la Ley Orgánica de Amparo de 1988. Inicialmente, con la sentencia de la Corte Suprema de Justicia en Sala Político Administrativa de 20 de octubre de 1983 (caso *Andrés Velásquez*)[46], se exigió que la violación directa fuera de una norma constitucional que no tuviera desarrollo

---

44 La tesis fue expuesta en la sentencia de la Corte Suprema de Justicia en Sala Político-Administrativa de 28-10-83. *V.*, en *Revista de Derecho Público*, N° 16, EJV, Caracas, 1983, pp. 169-170. Véanse los comentarios del Magistrado Ponente de dicha sentencia, René De Sola, "Vida y Vicisitudes del Recurso de Amparo en Venezuela", *Revista del Instituto Venezolano de Derecho Social*, N° 47, Caracas, 1985, p. 58 (publicado también *en Revista SIC*, N° 472, Caracas, 1986, pp. 74 y ss.). Afortunadamente, la Corte Primera de lo Contencioso administrativo en sentencia de fecha 13 de febrero de 1986 ha definido la tesis contraria, que nosotros hemos propugnado, al señalar que "el amparo como acción especial, exige para su admisión y procedencia, que se requiera como protección frente a una violación de una norma constitucional, o legal, que desarrolle un derecho fundamental de progenie constitucional. De modo que el derecho que se dice infringido puede estar consagrado en una ley o en la Constitución" (Ponente: R. J. Duque Corredor). Caso: *Federación Venezolana de Tiro*. *V.*, en *Revista de Derecho Público*, N° 25, EJV, Caracas, 1986, pp. 114-117.

45 Es lo que se ha denominado por la jurisprudencia, derechos consagrados en "normas programáticas". *V.*, las sentencias de la Corte Suprema de Justicia en Corte Plena de 27-2-68 y 12-9-69 en Gaceta Forense, N° 64, 1969, pp. 21 y ss.; y 65, 1969, pp. 10 y ss. respectivamente.

46 *V.*, en *Revista de Derecho Público*, N° 16, EJV, Caracas, 1983, pp. 169-170.

legislativo, ello se cambió radicalmente, pues como lo dijo la Corte Primera de lo Contencioso Administrativo, en sentencia de 21 de noviembre de 1990, "hoy en día mantener que el amparo sólo procede cuando se trata de la violación de una norma constitucional que no tiene desarrollo legislativo, significa negar en general la procedencia de este derecho". Por ello la Corte Primera se preguntaba: "¿Qué interpretación debe darse al carácter directo?", señalando que "para que exista violación directa", es necesario que se den las siguientes condiciones:

> "1) Obviamente que exista una norma constitucional consagratoria de un derecho o garantía, o que, sin que la misma esté presente, se trate sin embargo de los derechos inherentes a la persona humana o de los principios sustentadores del sistema jurídico (por ejemplo, obtener la ejecución del fallo).
>
> 2) Que si esta norma está desarrollada por la Ley, por mandato expreso o implícito de la Constitución, esta Ley no contemple como supuesto restrictivo la situación que se plantea en el caso *sub-judice*.
>
> 3) Que el efecto principal querido por el acto o acción objeto del amparo, deba recaer necesariamente sobre el solicitante del mismo.
>
> 4) Que la lesión que se denuncia en el amparo sea producida por una actuación u omisión frontalmente contraria a la norma constitucional, por lo cual no se constituye el supuesto si se está ante una interpretación más o menos plausible de dicha norma.
>
> 5) Desarrollando el punto anterior, la violación directa implica el desconocimiento global, integral, absoluto, del derecho o garantía y no de lesiones parciales al mismo o que puedan graduarse.
>
> 6) La lesión directa impide que el acto que de ella derivara sea subsanado por un medio posteriormente empleado".

Estas son las características fundamentales de la violación directa que, de estar presentes, en forma alguna impedirán que se denuncien como correlativamente violadas normas de menor rango, cualquiera que el mismo sea, pero que particularicen el contenido de la disposición constitucional"[47].

Esta doctrina ya la había expuesto la misma Corte Primera en sentencia de 6 diciembre de 1989, en la siguiente forma:

> "Igualmente se observa que el amparo se acuerda sólo por violación de las garantías y derechos constitucionales. Estas garantías y derechos bien pueden estar recogidos en normas de menor rango, pero no son tales normas las que han de alegarse como conculcadas, sino deberá hacerse referencia al texto que les da origen, por cuanto el carácter extraordinario del amparo impide que se debatan a través del mismo, el cumplimiento o no de las regulaciones y condiciones establecidas en normas que no sean de rango constitucional, lo cual podrá ventilarse por la vía de las acciones ordinarias. De no ser así, la jurisdicción de amparo sería sustitutiva de cualquier otra y se justificarían las críticas y el temor que esta novísima institución ha planteado"[48].

Por supuesto, y aunque el derecho o garantía constitucional pueda estar regulado y desarrollado en normas legales, la acción de amparo no puede fundamentarse en la sola

---

47 *V.*, en *Revista de Derecho Público*, N° 44, EJV, Caracas, 1990, pp. 141 y 142.

48 *V.*, en *Revista de Derecho Público*, N° 41, EJV, Caracas, 1990, p. 99. Esta doctrina se ha recogido en las siguientes sentencias de la Corte Primera de lo Contencioso Administrativa de 22-8-90 en FUNEDA *15 años de Jurisprudencia, op. cit.*, p. 138; 16-9-92, en *Revista de Derecho Público*, N° 51, EJV, Caracas, 1992, p. 151; y 4-12-92, en *Revista de Derecho Público*, N° 52, EJV, Caracas, p. 165 y en FUNEDA *15 años de Jurisprudencia, op. cit.*, p. 140.

violación de dichas normas legales. Como lo precisó la antigua Corte Suprema en Sala Político Administrativa, en sentencia de 14 de agosto de 1990, el amparo se acuerda sólo por violación directa e inmediata de garantías y derechos constitucionales; y:

> "Para ello se debe demostrar la lesión sólo de dichas normas, y no de otras de carácter infraconstitucional. En consecuencia, la acción de amparo, siempre de índole constitucional, se justifica en la medida en que sean lesionados o amenazados de lesión, derechos o garantías de ese rango, conforme a los términos del artículo 49 de la Carta Fundamental. No basta, en conclusión, con alegar la violación de normas de inferior jerarquía, las que conforme a lo expuesto no son objeto de protección por el medio específico del amparo –pero sí por otros–; aunque desarrollen preceptos constitucionales es, por lo tanto, indispensable, pero también suficiente, que sea demostrada la vulneración directa del precepto constitucional"[49].

Esta doctrina jurisprudencial ha sido ratificada por la Sala Constitucional del Tribunal Supremo, por ejemplo, en sentencia N° 1556 de 8 de diciembre de 2000 (Ccaso: *Transporte Sicalpar, C.A. vs. Puertos del Litoral Central, S.A.*), en la cual estableció:

> "Cuando el goce y/o el ejercicio de estos derechos se niega, procede la acción de amparo, si se cumple con el resto de los requisitos de ley para ello. En consecuencia, no están tutelados por la acción de amparo, la infracción de derechos que nacen de la ley en sentido lato, de los tratados internacionales que no versan sobre Derechos Humanos, o que nacen de los contratos"[50].

El objeto de protección, por tanto, son las situaciones jurídicas derivadas de derechos constitucionales, no pudiendo dirimirse mediante la acción de amparo, derechos subjetivos de rango legal. Como lo resumió la propia Sala Constitucional del Tribunal Supremo en sentencia N° 828 de 27 de julio de 2000 (caso: *Seguros Corporativos (SEGUCORP), C.A. y otros vs. Superintendencia de Seguros*):

> "En otras palabras, la situación jurídica del ciudadano es un concepto complejo, en el que destacan derechos y deberes, pero la acción de amparo tutela un aspecto de la situación jurídica del ciudadano que son sus derechos fundamentales, pues la defensa de los derechos subjetivos –diferentes a los derechos fundamentales y las libertades públicas– y los intereses legítimos, se realiza mediante recursos administrativos y acciones judiciales. Por ejemplo, no es lo mismo negar la posibilidad a un ciudadano de tener la condición de propietario, que una discusión acerca de la titularidad de un bien entre particulares, cuya protección se ejerce mediante una acción judicial específica: la reivindicación. Pero, si se niega a un ciudadano su derecho a defender su propiedad, se le niega un derecho fundamental, cuyo goce y ejercicio debe ser restituido.

Esto trae como consecuencia, que en el procedimiento de amparo el juez enjuicia las actuaciones de los órganos del poder público o de los particulares, que hayan podido lesionar los derechos fundamentales. Pero, en ningún caso, puede revisar, por ejemplo, la aplicación o interpretación del derecho ordinario, por parte de la administración o los órganos judiciales, a menos que de ella se derive una infracción directa de la Constitución. No se trata de una nueva instancia judicial o administrativa, ni de la sustitución de

---

49 *V.*, en *Revista de Derecho Público*, N° 44, EJV, Caracas, 1990 p. 143. *V.*, en igual sentido, sentencias de la antigua Corte Suprema de Justicia, Sala Político Administrativa, de 8-11-90, *Revista de Derecho Público*, N° 44, EJV, Caracas, 1990, p. 141; de 4-4-90, *Revista de Derecho Público*, N° 42, EJV, Caracas, 1990, p. 112; de 31-1-89, *Revista de Derecho Público* N° 37, EJV, Caracas, 198, p. 89; de 14-8-89 *Revista de Derecho Público*, N° 39, EJV, Caracas, 1989, p. 144; y de 4-3-93, *Revista de Derecho Público*, nos 53-54, EJV, Caracas, 1993, p. 254, en la cual se cita la sentencia de la antigua Corte Suprema de Justicia, Sala Político Administrativa de 6-12-89; y sentencia de la Corte Primera de lo Contencioso Administrativo, 17-9-92 FUNEDA en *15 años de Jurisprudencia, op. cit.*, p. 127.

50 *V.*, en *Revista de Derecho Público*, N° 83, EJV, Caracas, 2000, p. 319.

los medios ordinarios para la tutela de los derechos o intereses, se trata de la reafirmación de los valores constitucionales, en la cual el juez que conoce del amparo puede pronunciarse acerca del contenido o aplicación de las normas constitucionales que desarrollan los derechos fundamentales, revisar la interpretación que de éstas ha realizado la administración pública o los órganos de la administración de justicia, o establecer si los hechos de los que se deducen las violaciones constitucionales, constituyen una violación directa de la Constitución"[51]

En definitiva, "si la norma constitucional resulta directamente aplicable a la solución del conflicto, esto es, si la situación en la cual surgió la controversia era canalizable según los fines y contenido de un precepto constitucional o de una norma de rango inferior en cuyo contenido esté reflejado o se encuentra implícito un derecho humano; entonces, al acto, actuación u omisión que le desconoció debe imputársele la causación de una lesión a la regularidad constitucional y, en consecuencia, ser pasible del procedimiento de tutela en vía de amparo... Si tal no fuere, es decir, si la determinada situación jurídica podía conducirse a través de normas en cuyos términos no se verifica el contenido esencial de un derecho humano, las consecuencias derivadas de la no aplicación o falsa aplicación de dichas normas devendría revisable por la jurisdicción ordinaria".[52]

VII. LA UNIVERSALIDAD DEL AMPARO Y EN ESPECIAL EL AMPARO CONTRA LAS ACCIONES Y OMISIONES DE LA ADMINISTRACIÓN

1. Sobre la universalidad del amparo

La acción de amparo procede contra cualquier acto, hecho u omisión de autoridades o de particulares que viole derechos o garantías constitucionales o amenace violarlos. Por tanto, no hay actos, hechos u omisiones que escapen de la acción de amparo.

De acuerdo al artículo 2° de la Ley Orgánica:

> "La acción de amparo procede contra cualquier hecho, acto u omisión provenientes de los órganos del Poder Público Nacional, Estadal o Municipal. También procede contra el hecho, acto u omisión originados por ciudadanos, personas jurídicas, grupos u organizaciones privadas, que hayan violado, violen o amenacen violar cualquiera de las garantías o derechos amparados por esta Ley".

Por tanto, la protección que puede otorgar el juez de amparo al goce y ejercicio de los derechos y garantías constitucionales, se plantea en el texto constitucional y en la Ley Orgánica no solo frente a actuaciones de autoridades públicas que puedan perturbar el goce y ejercicio de los derechos, sino también frente a las perturbaciones que puedan provenir de particulares, individuos o personas morales. En esta materia, la Constitución no distingue, por lo que la Ley Orgánica admite la acción de amparo frente a ac-

---

51 *V.*, en *Revista de Derecho Público*, N° 83, EJV, Caracas, 2000, pp. 290 ss. En igual sentido ver sentencia de la Sala Constitucional N° 1082 de 27-9-2000 (Caso: *María E. Díaz T. vs. Corte Primera de lo Contencioso Administrativo*), *Idem*, p. 295 ss.

52 *V.*, sentencia N° 460 de 6-4-2001 (Caso: *Only One Import, C.A. vs. Guardia Nacional*), en *Revista de Derecho Público*, N° 85-88, EJV, Caracas, 2001, p. 438.

ciones que provienen de particulares[53]. Esto también contribuye a diferenciar la acción de amparo en Venezuela de la existente en otros sistemas como los de Brasil o México, o el de España, en los cuales el recurso de amparo sólo se concibe frente a autoridades; o de la existente en otros países en el sentido de limitar la acción contra particulares, solamente cuando ocupen posiciones de poder o ejerzan funciones públicas, por ejemplo, como concesionarios de servicios públicos como sucede en Costa Rica y Colombia.

Por otra parte, en el caso de protección frente a perturbaciones provenientes de autoridades públicas, sin la menor duda debe afirmarse también que tal como lo regula el artículo 27 de la Constitución y la Ley Orgánica, esta protección procede frente a *toda* actuación pública, es decir, frente a todos los actos estatales y ante los actos materiales y vías de hecho de las autoridades públicas (Art. 5°).

Por tanto, la acción de amparo procede contra toda actuación de la Administración, aun cuando no configure un acto administrativo y no abra la vía contencioso administrativa, es decir, procede, por ejemplo, contra las actuaciones materiales de la Administración; contra sus vías de hecho; contra la abstención en actuar o cumplir una obligación; contra las omisiones, en fin, contra toda forma de actuación de la Administración e, incluso, por supuesto, contra determinados actos como los de trámite, cuando no puedan ser impugnados por la vía contencioso administrativa.

Esta universalidad del amparo, por lo demás, fue precisada y desarrollada por la jurisprudencia, tanto de la antigua Corte Suprema como de la Corte Primera de la Contencioso Administrativo. Así lo señaló la Corte Primera de la Contencioso Administrativo en sentencia de 11 de noviembre de 1993 (caso *Aura Loreto Rangel*):

> "La lectura del artículo 2 de la Ley Orgánica de Amparo evidencia que no hay prácticamente ningún tipo de conducta, independientemente de su naturaleza o carácter, así como de los sujetos de los cuales provenga, del cual pueda predicarse que está excluido *per se* dé su revisión por los jueces de amparo, a los efectos de determinar si vulnera o no algún derecho o garantía constitucional"[54].

El mismo criterio lo precisó la Sala Político Administrativa de la antigua Corte Suprema en sentencia de 24 de mayo de 1993, así:

> "Son muy amplios los términos en que la acción de amparo está consagrada en el artículo 49 del Texto Fundamental. Así, si bien es incuestionable lo extenso del ámbito de los derechos y garantías susceptibles de ser protegidos y restablecidos mediante esta vía procesal, tampoco puede limitarse a que la lesión sea producto de determinados actos solamente. En efecto, debe igualmente permitirse que cualquier acto lesivo –ya sea un acto, hecho u omisión– de derechos y garantías constitucionales sea posible de cuestionar mediante este medio procesal, ya que, siendo el objetivo de la acción de amparo la protección de cualquier norma que consagre uno de los llamados derechos subjetivos de rango constitucional, no puede sostenerse que esa protección es viable sólo en los casos en que el acto perturbador reúna determinadas características, ya sean desde el punto de vista material u orgánico.

La jurisprudencia de esta Sala ha sido consecuente con ambos principios. En decisión del 31 de enero de 1991 (caso *Anselmo Natale, registrada bajo el número 22*) se señaló que "no puede existir ningún acto estatal que no sea susceptible de ser revisado por vía

---

53 Tal como sucede en Argentina después del caso *Samuel Kot SRL de 1958*. *V.*, Linares Quintana, *Acción de Amparo*, Buenos Aires, 1960, p. 25, G. R. Carrio, *Algunos aspectos del recurso de amparo*, Buenos Aires, 1959, p. 13.

54 *V.*, en *Revista de Derecho Público*, N° 55-56, EJV, Caracas, 1993, p. 284.

de amparo, entendiendo ésta, no como una forma de control jurisdiccional de la inconstitucionalidad de los actos estatales capaz de declarar su nulidad, sino –como se ha dicho– un remedio de protección de las libertades públicas cuyo objeto es restablecer su goce y disfrute, cuando alguna persona natural o jurídica, o grupo u organizaciones privadas, amenace vulnerarlas o las vulneren efectivamente" (véase además, en relación a la amplitud de los derechos fundamentales amparables, la decisión del 4-12-90, caso *Mariela Morales de Jiménez*, N° 661)[55].

En sentencia de 13 de febrero de 1992, la Corte Primera, por otra parte, precisó:

> "Observa esta Corte que la característica esencial del régimen de amparo, tanto en la concepción constitucional como en su desarrollo legislativo, es su universalidad... por lo cual hace extensiva la protección que por tal medio otorga, a todos los sujetos (personas físicas o morales que se encuentran en el territorio de la nación) así como a todos los derechos constitucionalmente garantizados, e incluso aquéllos que sin estar expresamente previstos en el texto fundamental, son inherentes a la persona humana. Este es el punto de partida para entender el ámbito del amparo constitucional. Los únicos supuestos excluidos de su esfera son aquéllos que expresamente señala el artículo 6 de la Ley Orgánica de Amparo sobre Derechos y Garantías Constitucionales y, desde el punto de vista sustantivo, no hay limitaciones respecto a derechos o garantías específicas.

Respecto a la Administración, el amparo contra la misma es de tal amplitud que se acuerda contra todos los actos, omisiones y vías de hecho, sin hacer exclusión alguna de determinadas materias de su competencia que, como se sabe, están siempre vinculadas con el orden público y con el interés social"[56].

Por tanto, ninguna actuación u omisión escapa al amparo, habiendo solo quedando excluidos de la acción, conforme se estableció en el artículo 6,6 de la ley Orgánica, "los actos de la Corte Suprema de Justicia"[57], en virtud de que como lo había previsto el artículo 211 de la Constitución de 1961, no existía la posibilidad de intentar cualquier tipo de recursos contra las decisiones de la Corte.

Por ello, incluso, conforme a la Constitución de 1961, las decisiones de los Cuerpos Legislativos adoptados en uso de sus atribuciones privativas y que conforme al artículo 159 de dicha Constitución no eran susceptibles de veto, examen o control de los otros Poderes del Estado, las mismas podían ser objeto de acción de amparo. Ello fue resuelto expresamente por la antigua Corte Suprema de Justicia en Sala Político Administrativa en sentencia de 31 de enero de 1991 (Caso: *Anselmo Natale*), en la cual señaló que "no puede existir ningún acto estatal que no sea susceptible de ser revisado por vía de amparo, entendiendo ésta, no como una forma de control jurisdiccional de la constitucionalidad de los actos estatales capaz de declarar su nulidad, sino como se ha dicho, un medio de protección de las libertades públicas cuyo objeto es restablecer su goce o disfrute, cuando alguna persona natural o jurídica, o grupos u organizaciones privadas, amenace vulnerarlas o las vulneren efectivamente"[58].

---

55 *V.*, en *Revista de Derecho Público*, N° 55-56, EJV, Caracas, 1993, pp. 284-285.

56 *V.*, en *Revista de Derecho Público*, N° 49, EJV, Caracas, 1992, pp. 120-121.

57 *V.*, sentencia de la Corte Primera de lo Contencioso Administrativa de 18-6-91, en FUNEDA, *15 años de Jurisprudencia, op. cit.*, p. 145; y en *Revista de Derecho Público*, N° 46, EJV, Caracas, 1991, p. 124.

58 *V.*, en *Revista de Derecho Público*, N° 45, EJV, Caracas, 1991, p. 118. La tesis de la Corte Suprema fue reafirmada por la Corte Primera de lo Contencioso Administrativo en sentencia de 18-6-91, en *V.*, en *Revista de Derecho Público*, N° 46, EJV, Caracas, 1991, p. 125.

Por supuesto, si se trata de amparo contra actuaciones de la Administración no es necesario que se trate de un acto administrativo el que cause la lesión[59], pudiendo intentarse la acción de amparo contra vías de hecho de la Administración[60].

Todos los actos jurídicos del Estado, particularmente los actos legislativos, gobierno, administrativos y judiciales (sentencias), al igual que las acciones y omisiones de los particulares pueden ser objeto de la acción de amparo. Aquí, sin embargo, sólo vamos a hacer especial mención a los casos de acciones de amparo contra las acciones y omisiones de la Administración, que la Ley Orgánica, por lo demás, regula expresamente, y que es del ámbito propio de lo contencioso administrativo. .

De acuerdo al artículo 5° de la Ley Orgánica:

> "La acción de amparo procede contra todo acto administrativo, actuaciones materiales, vías de hecho, abstenciones u omisiones que violen o amenacen violar un derecho o garantía constitucionales, cuando no exista un medio procesal breve, sumario y eficaz, acorde con la protección constitucional".

Por tanto, la acción de amparo procede también contra actos administrativos o contra conductas omisivas de la Administración que violen o amenacen violar un derecho o garantía constitucionales, pero siempre que no exista "un medio procesal breve, sumario y eficaz, acorde con la protección constitucional". En consecuencia, si dicho medio existe no es admisible la acción de amparo; y, en nuestro criterio, es la propia Ley Orgánica la que se ocupa de prever dicho "medio procesal breve, sumario y efectivo, acorde con la protección constitucional", y ese es el recurso contencioso administrativo de anulación, siempre que exista en la localidad un tribunal con competencia contencioso administrativa.

En estos casos, prevé la Ley que la acción de amparo puede ejercerse contra actos administrativos de efectos particulares o contra abstenciones o negativas de la Administración, ante el Juez Contencioso administrativo competente, si lo hubiere en la localidad, "conjuntamente con el recurso contencioso administrativo de anulación de actos administrativos o contra las conductas omisivas, respectivamente, que se ejerza". En estos casos, agrega el artículo 5° de la Ley Orgánica, el Juez, en forma breve, sumaria y efectiva, si lo considera procedente para la protección constitucional, suspenderá los efectos del acto recurrido como garantía de dicho derecho constitucional violado, mientras dure el juicio.

Por último, para garantizar que este recurso contencioso administrativo de anulación y amparo, sea un medio procesal breve, sumario y efectivo, acorde con la protección constitucional, el Parágrafo Único del artículo 5° de la Ley Orgánica precisa que:

> "Cuando se ejerza la acción de amparo contra actos administrativos conjuntamente con el recurso contencioso administrativo que se fundamente en la violación de un derecho constitucional, el ejercicio del recurso procederá en cualquier tiempo, aun después de transcurridos los lapsos de caducidad previstos en la Ley; y no será necesario el agotamiento previo de la vía administrativa".

Por tanto, un acto administrativo violatorio de un derecho o garantía constitucional, puede ser impugnado en vía contencioso administrativa en cualquier tiempo, siempre

---

59 *V.*, sentencia de la Corte Primera de lo Contencioso Administrativa de 25-6-93, *Revista de Derecho Público*, N° 53-54, EJV, Caracas, 1993, p. 255.

60 *V.*, sentencia de la antigua Corte Suprema de Justicia, Sala Político Administrativa, 8-5-91, *Revista de Derecho Público,* N° 46, EJV, Caracas, 1991, p. 127.

que se acompañe al recurso de anulación una pretensión de amparo; y contra dicho acto sólo puede ejercerse la acción de amparo si ya han transcurrido más de seis meses de dictado (Art. 6, Ord. 4°) si se ejerce conjuntamente con el recurso contencioso administrativo de anulación.

2. El amparo contra actos administrativos

Ya nos hemos referido al carácter subsidiario de la acción de amparo contra actos administrativos en el sentido de que procede si no hay otro medio procesal que asegure en forma breve, efectiva, sumaria e inmediata la protección constitucional. El recurso contencioso administrativo de anulación con una pretensión de amparo puede ser, en principio, dicho medio, y sólo procedería la acción autónoma de amparo cuando ese no sea el medio efectivo para la protección constitucional. La jurisprudencia, en este aspecto, en todo caso, no ha sido constante.

En efecto, en sentencia de 24-5-88, recién promulgada la Ley Orgánica de Amparo, la Corte Primera de lo Contencioso Administrativo, al interpretar el artículo 5° de la Ley, consideró que frente a un acto administrativo no resultaba procedente la acción autónoma de amparo, si contra el mismo podía interponerse el recurso contencioso administrativo de anulación con la pretensión de amparo como lo autoriza el artículo 5° de la Ley. Argumentó así la Corte:

> "En vista de la anterior disposición el accionante podía, sin agotar la vía administrativa, impugnar el acto que estimaba viciado y lesivo al mismo tiempo de los derechos que la Constitución consagra, por medio del recurso contencioso administrativo de nulidad, e interponer conjuntamente el amparo en la forma prevista por la disposición transcrita. Existía en consecuencia un medio procesal "breve, sumario y eficaz", disponible por el actor para la defensa de sus derechos, por lo cual, la acción autónoma de amparo, esto es, la ejercida sin ningún otro sustento, resulta improcedente[50].

De acuerdo a esta doctrina inicial, la Corte Primera de lo Contencioso Administrativo desarrolló una constante jurisprudencia conforme a la cual consideró improcedente la acción autónoma de amparo contra actos administrativos lesivos de los derechos de los funcionarios públicos, estableciendo que en esos casos la acción contencioso administrativa funcionarial, constituía un medio idóneo para la protección constitucional En sentencia de 3-06-88, en efecto, la Corte señaló:

> "Es coincidente el criterio de esta Corte con lo expuesto por él *a quo,* ya que cuenta el solicitante del amparo con medios procesales hoy de un amplio desarrollo jurisprudencial, suficiente y adecuado para la protección de los derechos que corresponde a los funcionarios públicos, y que aun cuando de origen constitucional han sido profusamente desarrollados por actos de aplicación subsiguientes provenientes del legislador patrio.
>
> El contencioso de la carrera-administrativa, es, en caso de proceder, un medio idóneo, y en opinión de esta Corte suficiente, con lo cual se excluye a esta vía de amparo constitucional para entrar a conocer sobre las violaciones denunciadas por los apelantes. Ya ha dicho esta Corte en reciente sentencia que sólo procede el amparo constitucional ante violaciones francas y flagrantes a derechos y garantías constitucionales; por ello, ante procedimientos y fórmulas de protección suficientes, por desarrollo posterior que el legislador haya dado a derecho y garantías constituciona-

50 *V.*, en *Revista de Derecho Público,* N° 34, EJV, Caracas, 1988, p. 126.

les, son de preeminente aplicación y excluyen a esta excepcionalísima y extraordinaria vía. Distinta interpretación, como bien lo asentó el juzgador *a quo*, supondría efectos derogatorios sobre la casi totalidad de los procedimientos jurisdiccionales existentes en el régimen jurídico venezolano[51].

En una sentencia de 5-2-90 la Corte Primera de lo Contencioso Administrativo admitió, además, que si bien la acción autónoma de amparo contra actos administrativos procedía cuando no existiera un medio procesal eficaz para la protección constitucional, el recurso contencioso administrativo y la suspensión de efectos del acto por el juez, constituía dicho medio eficaz[52].

Con posterioridad, en 1991, la Corte Primera de lo Contencioso Administrativo, en sentencia de 9-7-91 estimó que la acción autónoma de amparo contra un acto administrativo sólo procedía cuando se diesen circunstancias excepcionales o extraordinarias que no pudieran resolverse por la vía contencioso administrativa[53], con lo cual, la tesis de la subsidiariedad, continuaba privando.

Más recientemente, la doctrina de la Corte Primera de lo Contencioso Administrativo ha cambiado radicalmente en el sentido de considerar que el recurso contencioso de anulación no es la vía eficaz para la protección constitucional. En sentencia de 23-4-93, en efecto, señaló lo siguiente:

> "En cuanto al fondo del fallo consultado observa la Corte que el *a quo* estimó que existía otro "medio procesal, sumario y eficaz, acorde con la protección constitucional para obtener la restitución de los derechos lesionados", distinta al amparo, y que ese otro medio procesal –sustitutivo, a juicio del a quo, de la acción de amparo– es el recurso contencioso administrativo de anulación, que es el que a su juicio ha debido utilizar el accionante.
>
> Observa esta Corte que el artículo 2 de la Ley Orgánica de Amparo sobre Derechos y Garantías Constitucionales dispone que la acción de amparo procede contra cualquier hecho, acto u omisión proveniente de los órganos del Poder Público Nacional, Estadal o Municipal, que hayan violado, violen o amenacen violar cualquiera de las garantías o derechos amparados por esa ley.
>
> Por su parte, el artículo 5 *ejusdem* prevé la interposición conjunta de la acción de amparo con el recurso contencioso administrativo de anulación, en cuyo caso no será necesario el agotamiento previo de la vía administrativa ni observar los lapsos de caducidad establecidos para la interposición del recurso contencioso de anulación.
>
> Al respecto ha sostenido esta Corte, criterio que en esta oportunidad ratifica, que no es posible admitir, como lo hace el *a quo*, que el recurso contencioso administrativo de anulación sea el medio breve, sumario y eficaz sustitutivo del amparo pues, si así fuera, el artículo 2 de la Ley Orgánica de Amparo sobre Derechos y Garantías Constitucionales vendría a ser superfluo, a menos en lo atinente a que la acción de amparo procede contra cualquier acto de la Administración, bastando la interposición conjunta de ambos mecanismos procesales.

---

51 *V.*, en *Revista de Derecho Público*, N° 35, EJV, Caracas, 1988, p. 129. En sentido coincidente, *V.* las sentencias de la CPCA de 7-7-88, *Revista de Derecho Público*, N° 35, EJV, Caracas, 1988, p. 130; 16-6-88, *Revista de Derecho Público* N° 35, EJV, Caracas, 1988, p. 138; 20-4-89, *Revista de Derecho Público*, N° 38, EJV, Caracas, 1989 p. 109; y 5-2-90 en FUNEDA, *15 años de Jurisprudencia*, *op. cit.*, p. 235. En sentido similar el Tribunal Superior Contencioso administrativo de la Región Capital en sentencias de 14-2-91 y 31-1-91 *Revista de Derecho Público*, N° 45, EJV, Caracas, 1991, pp. 113, 114 y 119, ha considerado que el recurso contencioso administrativo con pretensión de amparo es la vía eficaz para la protección constitucional.

52 *V.*, en *Revista de Derecho Público*, N° 41, EJV, Caracas, 1990, p. 114.

53 *V.*, en *Revista de Derecho Público*, N° 47, EJV, Caracas, 1991, p. 131.

Por lo demás, admitir tal interpretación sería tanto como negar la posibilidad de la acción de amparo autónoma contra actos administrativos, por tanto, este razonamiento del *a quo* resulta no ajustado a derecho y así se declara"[54].

En todo caso, el tema central en relación al ejercicio de la acción autónoma de amparo contra actos administrativos, en el sentido de si la vía contencioso administrativa es o no el medio eficaz para la protección constitucional, es el de los efectos de la decisión de amparo, que no tiene carácter anulatorio sino de mera suspensión de efectos del acto.

Ello implica que el acto administrativo lesivo, contra el cual se ejerce una acción autónoma de amparo, al acordarse el amparo, si bien no produce efectos, por la suspensión de los mismos por el mandamiento de amparo, queda incólume en cuanto a su validez, por lo que para que la protección constitucional sea integral debe buscarse su anulación posterior por la vía contencioso administrativa. Para ello, el juez que otorgue amparo contra un acto administrativo debería imponerle al agraviado la obligación de impugnar el acto administrativo ante el Tribunal Contencioso administrativo competente. Este fue el criterio que siguió el Tribunal Superior Contencioso administrativo de la Región Capital, en sentencia de 11-5-90, al señalar lo siguiente:

"1) En lo atinente a la interposición en forma autónoma de la presentación de amparo, cabe señalar que a partir de la entrada en vigencia de la Ley Orgánica de Amparo Sobre Derechos y Garantías Constitucionales en enero de 1988, la acción de amparo contra violaciones de derechos constitucionales derivadas de un acto administrativo, se concibe como una medida cautelar de obtención del restablecimiento de las situaciones jurídicas infringidas, acumulable al recurso contencioso administrativo de nulidad o al recurso por inconstitucionalidad que contra tal acto administrativo se ejerce. Todo ello, en razón de que la decisión sobre una acción de amparo no puede sino restablecer las situaciones jurídicas subjetivas lesionadas, pero nunca pronunciarse sobre la legalidad de actuación administrativa alguna o sobre la procedencia o no de pretensiones condenatorias contra la administración. En tal sentido, según la Legislación Especial de Amparo, el recurso de amparo contra actos administrativos se ha previsto principalmente como una medida cautelar en el procedimiento de nulidad respectivo.

Sin embargo, no previó el Legislador las consecuencias de la declaración con lugar de una acción autónoma de amparo contra un acto administrativo, la cual, dada la naturaleza, sólo podría suspender la vigencia del acto en cuestión, pero nunca declarar su invalidez, originando así la absurda situación de existencia y hasta de firmeza de un acto administrativo que no podría nunca ser eficaz en virtud de una decisión de amparo, todo ello en perjuicio del orden jurídico establecido.

Antes de la vigencia de la Ley Orgánica de Amparo Sobre Derechos y Garantías Constitucionales, algunos tribunales de la jurisdicción contencioso administrativa, cayendo en cuenta de esta circunstancia, establecían en sus decisiones un lapso de decaimiento del mandamiento de amparo acordado, supeditada la procedencia de dicho decaimiento a la introducción del procedimiento de nulidad correspondiente.

De esta forma, si el particular beneficiario de una decisión de amparo contra un acto administrativo pretendiese dejar perennemente en efecto tal situación, sin duda irregular, de existencia pero ineficacia del acto, los efectos del amparo acordado, sólo subsistirían por un tiempo determinado.

54 *V.*, en *Revista de Derecho Público*, N° 53-54, EJV, Caracas, 1993, pp. 263-264. En igual sentido sentencia CPCA 1-4-93, *Revista de Derecho Público*, N° 53-54 EJV, Caracas, 1993, p. 271 y antes, sentencia CPCA, de 19-9-90 en FUNEDA, *15 años de Jurisprudencia*, *op. cit.*, p. 149.

> Por otra parte, con la aparición de la Ley Orgánica de Amparo Sobre Derechos y Garantías Constitucionales, se pretendió, dados los requerimientos de la protección constitucional, abstraer el recurso contencioso administrativo de nulidad ejercido conjuntamente con la acción de amparo de los requerimientos de admisibilidad relativos a la caducidad de la acción y al agotamiento de la vía administrativa (artículo 5 de la Ley Orgánica de Amparo Sobre Derechos y Garantías Constitucionales). En tal sentido, se estableció la posibilidad de intentar dicho recurso, aun cuando se hubiese cumplido el término de caducidad de la acción o cuando no se hubiese agotado la vía administrativa.
>
> La Corte Primera de lo Contencioso Administrativo, desarrollando este principio legislativo, ha establecido que tal beneficio sólo subsistiría en caso de que fuese declarada con lugar la pretensión de amparo, procediendo la Corte, en caso contrario, a reexaminar las condiciones de admisibilidad del recurso de nulidad propuesto.
>
> Haciendo una aplicación concatenada de los principios expuestos y en vista de que existen elementos suficientes para la declaratoria con lugar de la presente acción, considera este Tribunal necesario, aun estando vencidos los plazos de impugnación del acto objeto del presente recurso, establecer un lapso a favor de la recurrente, destinado a que la misma pueda intentar los recursos que considere pertinentes, destinados a obtener la declaratoria de nulidad del acto administrativo objeto del presente recurso, si ello fuere procedente; transcurrido el cual sin que tales medios de impugnación hubiesen sido interpuestos, dejará de tener vigencia la solicitud de amparo aquí acordada.
>
> Considera este Tribunal que con la fórmula expuesta se impide la consolidación en el tiempo de situaciones irregulares conformadas por la existencia de actos administrativos válidos, pero ineficaces, al tiempo que se permite, conforme al espíritu del Legislador de amparo, la interposición de los recursos idóneos para atacar la validez del acto impugnado"[55] .

En todo caso, es cierto que el artículo 5° de la Ley Orgánica de Amparo, cuando regula el ejercicio conjunto de la pretensión de amparo con el recurso contencioso administrativo de anulación, usa el término "podrá", con lo que se abre el agraviado la alternativa, a su elección, de ejercer el amparo autónoma o conjunto[56].

3. El amparo contra conductas omisivas de la Administración

Para que proceda una acción de amparo contra conductas omisivas de la Administración, ante todo tiene que existir tal conducta omisiva o la mora frente a un requerimiento del interesado. Es decir, es necesario que el presunto agraviado se haya dirigido en forma previa a la presunta autoridad agraviante, dando inicio a un procedimiento constitutivo. Siendo ello así, ha dicho la Sala Político Administrativa de la Corte Suprema:

> "mal puede la Sala entrar a conocer del amparo por abstención planteado cuando no habido requerimiento del administrado para que la autoridad administrativa emita algún acto administrativo"[57].

---

55 *V.*, en *Revista de Derecho Público*, N° 42, EJV, Caracas, 1990, pp. 116-117.

56 *V.*, sentencias de la CSJ-SPA de 25-1-89 y 9-8-89 en *Revista de Derecho Público*, N° 39, EJV, Caracas, 1989, p. 139.

57 Sentencia CSJ-SPA de 18-11-93, en *Revista de Derecho Público* N° 55-56, EJV, Caracas, 1993, p. 295.

Ahora bien, en cuanto a la acción autónoma de amparo contra las conductas omisivas de la Administración, la jurisprudencia de la Corte Suprema y de la Corte Primera de la Contencioso administrativo han venido delineando las condiciones de su procedencia, particularmente en relación al recurso contencioso administrativo por abstención y a la institución del silencio administrativo regulado en la Ley Orgánica de la Corte Suprema de Justicia.

El asunto se planteó, antes de la publicación de la Ley Orgánica de Amparo, en una decisión de la Corte Primera de lo Contencioso Administrativo de 17-12-85, en la cual se analizó la procedencia de la acción de amparo en aquellos casos de silencio de la Administración en el procedimiento constitutivo del acto administrativo, que se estimó vulneraban el derecho de petición, pues considerarla rechazada por silencio, no satisfacía la garantía constitucional; en esa decisión, la Corte Primera señaló:

> "La razón teleológica estriba en el objetivo que origina la normativa sobre el derecho de petición, que no puede ser otro que el obtener a través del mismo la satisfacción de la pretensión, una declaración requerida de la Administración, o bien las razones por las cuales ella no otorga ninguna de las peticiones antes aludidas según el caso. Con el silencio-rechazo no se obtiene la pretensión y si bien puede obtenerse la declaración, no se satisface la garantía constitucional. De allí que, cuando esta Corte mantiene la segunda interpretación, está considerando que la no respuesta de la Administración lesiona directamente una garantía constitucional, la contemplada en el artículo 67 relativa al derecho de petición, sin que pueda alegarse que el administrado podía seguir adelante con la interposición de los recursos subsiguientes; ya que sólo a él le corresponde la escogencia, por cuanto siendo una facultad libre, poseía esta libertad de decisión. Por el hecho de haber llegado a la conclusión anterior se llega también a la afirmación de que el ciudadano que no obtiene respuesta de la Administración y sufre por ello la lesión de un derecho constitucionalmente garantizado, en forma presente y directa, está protegido por la norma contenida en el artículo 49 de la Constitución, esto es, por la vía del amparo y puede ocurrir a ella a fin de que se le restablezca en el goce del derecho lesionado, que, en el caso presente, es el derecho de petición, por lo cual podrá exigir que se cumpla el contenido de tal derecho, a saber, que se le confiera la pretensión deducida ante la Administración; que se dicte la declaración que pretende; o bien que se le señalen los motivos por los cuales no puede la Administración acceder a ninguna de las actuaciones precedentemente señaladas"[58].

Con posterioridad a la entrada en vigencia de la Ley Orgánica de Amparo, el asunto fue tratado por la Sala Político Administrativa de la Corte Suprema en sentencia de 23-5-88, (Caso *Fincas Algaba*), en la cual se hizo una clara distinción entre los efectos del silencio administrativo en el procedimiento constitutivo del acto administrativo (asunto) y en el procedimiento de impugnación del mismo (recurso). En este último caso, la Corte señaló que "el silencio de la Administración en la resolución de un recurso administrativo, deja abierta al interesado la vía contencioso administrativa en las condiciones fijadas por leyes especiales", siendo esa la vía procedente prevista en la Ley como garantía contra el silencio administrativo, caso en el cual se consideró improcedente ejercer una acción de amparo. La Corte Suprema, en ese caso concreto de un acto de un Registrador denegatorio de un registro, contra el cual el interesado podía ejercer recurso jerárquico ante el Ministro de Justicia, no habiéndolo hecho y en cambio habiendo ejercido acción de amparo, señaló lo siguiente:

---

58 *V.*, esta sentencia citada en la de la misma Corte Primera de 13-2-86, FUNEDA, *15 años de Jurisprudencia, cit.*, pp. 312-313.

"... habiéndose establecido en nuestro ordenamiento el procedimiento destinado a obtener oportuna respuesta en el caso de abstención o negativa de un Registrador de la Propiedad a protocolizar determinado documento, procedimiento congruente e idóneo para alcanzar tal fin, sin embargo, la hoy accionante en amparo no ha hecho todavía cabal uso de él, por lo que mal podría ella acogerse –y así se declara– a la acción de amparo, utilizándola como sustitutoria de los recursos precisa y específicamente arbitrados por el legislador –en desarrollo de las normas fundamentales– para lograr de esta manera el propósito que pretende en autos. Si tal sustitución se permitiere, el amparo llegaría a suplantar no sólo esa sino todas las vías procedimentales establecidas en nuestro sistema de Derecho positivo, situación en modo alguno deseable ni deseada por el legislador del amparo.

Pero no revelan estos autos que el Ministro de Justicia haya incurrido en violación directa del derecho –consagrado constitucionalmente en beneficio del administrado– de que éste obtenga oportuna respuesta, pues aun de prolongarse el silencio de la administración en la resolución del recurso administrativo intentado por la ahora accionante en amparo, la ley lo interpreta como denegatorio del recurso, lo que faculta a la interesada para acudir a la vía judicial. Asimismo, si de ese silencio se derivaren perjuicios para la accionante, dispone ésta también de otros medios procesales que permitan obtener la correspondiente indemnización (artículos 206 de la Constitución y 6 de la Ley Orgánica de Procedimientos Administrativos) . Tampoco pues desde este punto de vista, es procedente la acción de amparo en el presente caso, y así se reitera[59].

La tesis que resulta de esta sentencia de la Corte es que la acción de amparo para proteger el derecho de petición y a la defensa contra el silencio administrativo, procede cuando no existe acto administrativo, es decir, en los casos de silencio en el procedimiento constitutivo del acto administrativo[60] y no en el procedimiento de impugnación. Así lo ratificó posteriormente, la Corte Suprema de Justicia en Sala Político Administrativa en sentencia de 11-7-91, (Caso *J. E. Durán Díaz*), en la cual precisó cuándo procede la acción de amparo por mora de la Administración, dirigida a lograr el pronunciamiento de los órganos administrativos a fin de evitar la violación de derechos constitucionales del particular, en la forma siguiente:

2) La acción de amparo constitucional, referida a la mora de la Administración, tiene por notas características, las siguientes:

a) La conducta lesiva que permite la interposición de la acción ha de ser absoluta y, en consecuencia, el pronunciamiento de la Administración de cualquier tipo que éste sea, impediría su ejercicio.

En efecto, de existir un acto administrativo expreso surgido en el procedimiento constitutivo o en el revisorio, se deberá proceder a la interposición de otros recursos, tales como la acción de amparo (no por omisión sino por el menoscabo de los derechos constitucionales) conjuntamente con el recurso de nulidad por ilegalidad o la interposición de este último recurso acompañado con la solicitud, si ello fuere procedente, de la suspensión de los efectos del acto administrativo impugnado conforme lo permite el artículo 136 de la Ley Orgánica de la Corte Suprema de Justicia.

b) La omisión de la Administración que habilita el ejercicio de la mencionada acción de amparo por mora, es la genérica de pronunciarse y no la específica que ha venido exigiendo la jurisprudencia en el caso de la acción de abstención.

---

59 *V.*, en *Revista de Derecho Público*, N° 35, EJV, Caracas, 1988, pp. 109-112.

60 Así ya lo había decidido la Corte Primera de lo Contencioso administrativo en sentencia de 17-3-88 al acordar amparo contra la no contestación por la Administración de solicitudes de entrega de amonestaciones por parte de un funcionario. *V.*, en *Revista de Derecho Público*, N° 35, EJV, Caracas, 1988, pp. 114-115.

Es decir, la solicitud de amparo va dirigida a que el juez ordene el pronunciamiento de la Administración sin que le corresponda a aquél precisar la forma concreta cómo debe actuar la Administración; simplemente la obliga a actuar a fin de evitar la violación de algún derecho constitucional.

3) De otra parte, conviene observar cuándo se puede ejercer la referida acción de amparo por la mora:

a) Durante el procedimiento constitutivo del acto, el particular puede ejercer la acción de amparo por mora contra la omisión de los órganos administrativos de dictar un acto de trámite, un acto definitivo o un dictamen que resuelva una consulta, en aquellos supuestos en los que la aplicación de las figuras del acto denegatorio tácito (artículo 4 de la Ley Orgánica de Procedimientos Administrativos) o del silencio positivo (leyes especiales) no favorecería su situación jurídica, pues para lograr el pleno ejercicio de los derechos constitucionales se requiere del pronunciamiento expreso de la administración.

Lo anterior, ha sido resaltado en varias oportunidades por la doctrina cuando señala que el silencio de la Administración –aunque se presuma negativo o positivo– ocasiona gravísimos daños al administrado, quien lo que desea es un pronunciamiento motivado y expreso que le permita conocer de la forma de actuar de la Administración.

En efecto, conforme a los mecanismos que nuestro ordenamiento jurídico prevé, el administrado podría ante la omisión de pronunciamiento en la oportunidad constitutiva del acto administrativo, escoger cualquiera de las siguientes alternativas: 1) intentar el recurso administrativo correspondiente con base en el silencio negativo a que se contrae el artículo 4 de la Ley Orgánica de Procedimientos Administrativos; 2) ejercer la acción de queja a que se contrae el artículo 3 ejusdem; o 3) interponer la acción de amparo constitucional por mora de la Administración, al ver conculcados o en peligro sus derechos constitucionales.

Por tanto, se deberá analizar cada caso concreto a fin de determinar la procedencia o no de la acción de amparo por mora en la instancia constitutiva del acto, no pudiendo alegarse su inadmisibilidad o improcedencia por el simple hecho de existir otras vías procesales (alternativas 1 y 2), pues puede que el ejercicio de éstas revierta en perjuicio del administrado.

b) Durante el procedimiento de revisión del acto en sede administrativa puede interponerse la acción de amparo por mora contra la omisión de los órganos administrativos que se abstienen de pronunciar y también, cuando conocen del recurso interpuesto contra un acto denegatorio tácito (artículo 4 de la Ley Orgánica de Procedimientos Administrativos). La omisión persistente de la Administración –en el proceso formativo y en el revisión en su propia sede– impide al administrado obtener pronunciamiento expreso frente a su petición y con ello imposibilita que la jurisdicción contencioso administrativa tenga materia sobre la cual decidir.

No es discutible la procedencia de la acción de amparo por mora frente a la abstención de pronunciamiento de los órganos administrativos que conocen del acto denegatorio tácito, pues con ello se logra la efectiva protección del derecho constitucional previsto en el artículo 67 de la Constitución, al permitir al Administrado ejercer su derecho a la defensa en la instancia jurisdiccional y obligarse a la administración a emitir un pronunciamiento que constituirá, más tarde, la materia del recurso de nulidad.

En la acción de amparo constitucional interpuesta no se dan los presupuestos para su procedencia. En efecto, en la instancia constitutiva del acto surgió un pronunciamiento de la Administración, a saber, la orden de destitución emanada de la División general de Disciplina del Cuerpo Técnico de Policía Judicial y comunicada por la División General de Personal el 22 de marzo de 1990, por lo que ciertamente no se violó el derecho constitucional de petición, ya que la Administración se pronunció en forma expresa en el procedimiento disciplinario signado con el Nº 1.990 contra el accionante por la División General de Disciplina.

Ante tal actuación, el administrado ejerció los recursos administrativos correspondientes, éstos son: el de reconsideración por ante la misma Dirección General de Disciplina y, ante la ratificación de la destitución, el jerárquico por ante el Ministro de Justicia y, es, precisamente, frente a la falta de respuesta de este superior jerárquico, que se ejerció la acción de amparo por mora.

El amparo por mora, al existir un pronunciamiento expreso de la Administración, en nada contribuye al restablecimiento de la situación jurídica del administrado, pues la orden de pronunciamiento del juez de amparo sería inútil desde que el administrado conoce ya la decisión de la Administración, es decir, la del procedimiento constitutivo del acto que se produjo de manera expresa.

El recurrente, al conocer el pronunciamiento de la Administración que lo destituyó del Cuerpo Técnico de Policía Judicial, debió ejercer los mecanismos de control de la legalidad del acto que le permite el ordenamiento jurídico, es decir, el recurso de nulidad conforme al beneficio procesal que permiten los artículos 93 de la Ley Orgánica de Procedimientos Administrativos y el 134 de la Ley Orgánica de la Corte Suprema de Justicia"[61].

De esta sentencia se observa que la Corte también admitió la procedencia de la acción de amparo en caso de silencio en el procedimiento de impugnación, cuando el objeto de la misma es un acto denegatorio tácito producto del silencio en el procedimiento constitutivo. Ello se ratificó además, en sentencia de la misma Sala Político Administrativa de la Corte Suprema de 13-8-92, (Caso *N. J. Salas Grado*) en la siguiente forma:

"1° La conducta omisiva de la Administración debe ser absoluta y total, es decir, no procede la extraordinaria acción de amparo sobre la base de una supuesta violación del derecho de representar y de obtener oportuna respuesta, cuando aquélla se hubiere pronunciado mediante un acto administrativo expreso, ya sea en el procedimiento constitutivo o al resolver la interposición de los recursos administrativos internos. Consecuentemente:

2° Ha de ocurrir la omisión ante una obligación genérica de pronunciarse, a cargo de la Administración, pero no ante una obligación específica que le haya sido impuesta por la ley, ya que en este último caso habría de recurrirse más bien al recurso por abstención, contemplado en el artículo 42, ordinal 23, de la Ley Orgánica de la Corte Suprema de Justicia.

De esta manera, la acción de amparo procedería ante el silencio, la omisión o la abstención de pronunciamiento del superior jerárquico –caso de autos–, pero sólo en los casos en que éste no se hubiere pronunciado acerca de la ficción de acto denegatorio prevista en el artículo 4 de la Ley Orgánica de Procedimiento Administrativos, no desvirtuada ni confirmada por una decisión expresa del jerarca. Así se obligaría a la Administración a responder a la solicitud o petición planteada, para que posteriormente el peticionante pueda ejercer su derecho a la defensa ante la jurisdicción contencioso administrativa, ya que, de lo contrario, no habría materia sobre la cual el juez pudiera decidir el recurso.

Observa la Sala:

En el presente caso –como puede observarse de lo expuesto– no se dan los requisitos necesarios para la procedencia de la acción. La Escuela de Aviación Militar dio de baja al accionante por una medida disciplinaria, acto administrativo dictado el día 12 de julio de 1991. Esta situación haría inútil –porque en nada contribuiría al restablecimiento de la situación jurídica infringida– un mandamiento del juez de amparo para que el Ministro de la Defensa se pronuncie sobre un caso, donde ya existe una decisión de la autoridad inferior, confirmada en virtud del silencio ocurrido en los sucesivos recursos administrativos, lo que, en su momento, dejó o deja abierta, en principio, la vía contencioso.

---

61 *V.*, en *Revista de Derecho Público*, N° 47, EJV, Caracas, 1991, pp. 141-142.

En efecto, casos como el presente, donde en la interposición del recurso jerárquico ante un acto administrativo expresó, el Ministro no responde en el lapso establecido por la ley, el ordenamiento legal venezolano le ofrece al recurrente el beneficio del silencio administrativo, que en el caso consiste en permitirle que pueda hacer uso del recurso contencioso que corresponda, tal como se encuentra regulado en los artículos 134 de la Ley Orgánica de la Corte Suprema de Justicia y 93 de la Ley Orgánica de Procedimientos Administrativos.

Aún más: si el acto expreso violare o amenazare de violación un derecho constitucional susceptible de restablecimiento inmediato, el administrado cuenta con la posibilidad de interponer, sin necesidad del agotamiento previo de la vía administrativa, una acción de amparo conjunta con el recurso contencioso administrativo correspondiente, todo conforme a las prescripciones del artículo 5º de la Ley Orgánica del Amparo.

Por estos motivos es imposible sostener activamente –conforme a nuestro derecho positivo y con base en la progresiva evolución de la jurisprudencia– que la abstención de pronunciamiento del superior jerárquico, cuando exista acto expreso del inferior, pueda lesionar el derecho de representar y obtener alguna respuesta contemplado en el artículo 67 de la Constitución"[62].

De acuerdo a esta jurisprudencia puede entonces decirse que la Corte Suprema ha exigido para la procedencia de la acción de amparo contra conductas omisivas de la Administración, en forma acumulativa o concurrente, la existencia de dos requisitos:

"a) que la conducta omisiva que se denuncia sea absoluta, lo que significa que la Administración no haya en ningún momento realizado la actuación debida; y b) que la omisión ocurra ante una obligación genérica, es decir, aquella obligación que tiene el funcionario de actuar en ejercicio de las atribuciones correspondientes a su cargo distinta, por tanto, a la obligación específica que se ha exigido para la procedencia de la acción contencioso administrativa por abstención. De manera que sólo cuando ante una obligación genérica, procedimental, de tramitar o proveer un asunto inherente al cargo del funcionario, éste incurre en una conducta omisiva, es que resulta procedente la acción extraordinaria de amparo constitucional"[63].

Se destaca, de esta doctrina jurisprudencial, el dato de que para que proceda la acción de amparo contra conductas omisivas de la Administración, debe tratarse de la omisión ante una obligación *genérica* de pronunciarse y no ante las obligaciones *específicas* que le sean determinadas o impuestas par la ley. Sobre ello, en sentencia de 11-2-93, la misma Sala Político Administrativa de la Corte Suprema ha señalado lo siguiente:

"En los casos de abstenciones u omisiones de la Administración puede observarse una distinción entre las normas constitucionales lesionadas cuando aquellas ocurren ante *obligaciones genéricas u obligaciones específicas*. En el primer supuesto, cuando un ente público no cumple con la obligación genérica de responder o tramitar un asunto o recurso interpuesto por un particular, se infringe el derecho de éste a obtener oportuna respuesta, consagrado en el artículo 67 de la Constitución; mientras que cuando la inactividad se produce ante una obligación específica que la ley le impone de manera concreta e ineludible, no se viola esa disposición constitucional ni alguna otra directamente. Requisito el último que ha venido exigiendo nuestra jurisprudencia para que pueda accionarse en vía constitucional, derivándolo de los términos del artículo 133 de la Ley Orgánica de la Corte Suprema de Justicia, aun cuando éste haya sido concebido en relación con el 117, el cual "por su propia y específica formulación, jamás puede ser violado en forma directa" (sentencia de esta Sala del 23-5-88, *Caso: "Fincas Algaba"*).

---

62 *V.*, en *Revista de Derecho Público*, N° 51, EJV, Caracas, 1992, pp. 173 y 174.

63 *V.*, sentencias de la CSJ-SPA de 5-11-92 (Caso: *Jorge E. Alvarado*), *Revista de Derecho Público*, N° 52, EJV, Caracas, 1992, p. 187; y de 18-11-93, *Revista de Derecho Público*, N° 55-56, EJV, Caracas, 1993, p. 295.

De esta manera, resulta concluyente para la Sala que la inactividad de la Administración ante una obligación legal específica infringe en forma directa o inmediata, precisamente, el texto legal que la contempla, y entonces la Constitución resultaría violada de manera indirecta o mediata. En efecto, para que el Juez de Amparo pueda detectar si la abstención del ente agraviante lesiona efectivamente un derecho o garantía consagrado en la Constitución, deberá, en primera instancia, *acudir o fundamentarse en la supuesta ley incumplida* para verificar si la abstención se produjo ante una obligación específica. Lo cual significaría negarle al amparo su carácter de acción constitucional y otorgarle otro, por ejemplo el de un recurso contencioso administrativo, tal como fue aclarado por esta Sala en las dos sentencias comentadas.

b) El otro principio que impide el ejercicio de la acción de amparo autónoma contra abstención del cumplimiento de obligaciones específicas es el de ostentar aquella un carácter extraordinario o especial. Esta característica, atribuida inicialmente por vía jurisprudencial, fue confirmada con la promulgación de la ley que rige la materia cuando se condicionó su admisión al hecho de no existir otros medios procesales eficaces con capacidad para restablecer inmediatamente la situación constitucional infringida.

Para los casos donde un funcionario público no realice la actuación específica a la cual una ley lo obligue, existe en el artículo 42, numeral 23, de la Ley Orgánica de la Corte Suprema de Justicia una acción contencioso administrativa destinada, precisamente, a obtener del juez un pronunciamiento sobre la obligatoriedad de la Administración en realizarla. Esta acción por abstención fue desarrollada jurisprudencialmente en sentencia de 28-2-85 (Caso*: Eusebio Igor Vizcaya Paz*), donde la Sala estimó, conforme al artículo 102 *ejusdem,* que el procedimiento más conveniente para tramitarla es el previsto para el recurso contencioso administrativo de anulación contra los actos de efectos particulares contemplado en los artículos 121 y siguientes de la misma Ley.

Es esta acción contencioso administrativa, y no la de amparo constitucional, la que deben ejercer los particulares que se sientan lesionados en sus derechos o garantías de rango constitucional por las abstenciones u omisiones de los funcionarios públicos, y así lo reitera la Sala"[64].

Por supuesto, en todos estos casos de procedencia de la acción de amparo contra la mora de la Administración, como violatoria del derecho a obtener oportuna respuesta garantizado en el artículo 67 de la Constitución, la consecuencia de la violación de tal derecho, como lo ha señalado la Corte Primera de lo Contencioso Administrativo, "sólo implica ordenar a la autoridad administrativa que otorgue la respuesta correspondiente"[65].

Por último, debe señalarse que en los casos de silencio positivo la Corte Primera de lo Contencioso Administrativo también ha admitido la acción de amparo, ante la omisión de la Administración de darle los efectos positivos originados por su abstención[66].

4. Sobre el amparo contra sentencias y demás actos judiciales en el ámbito de la jurisdicción contencioso administrativa

Por último, en relación al amparo contra actos estatales, el artículo 4° de la Ley Orgánica establece que:

---

64 *V.*, en *Revista de Derecho Público*, N° 53-54, EJV, Caracas, 1993, pp. 272-273.

65 *V.*, sentencia de 26-8-93 (Caso: *Inversiones Klanki*), *Revista de Derecho Público*, N° 55-56, EJV, Caracas, 1993, p. 294.

66 *V.*, sentencia de 20-12-91 (Caso *BHO, C.A.*), en *Revista de Derecho Público*, N° 48, EJV, Caracas, 1991, pp. 141-143.

"Igualmente procede la acción de amparo cuando un Tribunal de la República, actuando fuera de su competencia, dicte una resolución o sentencia u ordene un acto que lesione un derecho constitucional".

De esta norma podría interpretarse, ante todo, que si la decisión judicial violatoria de un derecho constitucional se dicta por un juez actuando *dentro de su competencia* (por la materia o por el territorio), no procedería la acción autónoma de amparo, sino que la pretensión de amparo debería ejercerse conjuntamente con el recurso de apelación o el recurso de casación que corresponda. Ello es lo que resultaría de la interpretación más directa de la norma, con el objeto de salvaguardar los medios ordinarios y extraordinarios de revisión de decisiones judiciales, que en estos casos tendrían efectos suspensivos, y por tanto, de protección constitucional inmediata

Sin embargo, el problema de interpretación resultaría de los casos en los que no esté prevista en el ordenamiento procesal una vía ordinaria o extraordinaria de revisión de sentencias, o éstas no procedan, o no se hayan ejercido oportunamente. La jurisprudencia, en este sentido, ha conformado en estos casos la doctrina más acorde con la protección constitucional que consagra la Ley Orgánica, pues en definitiva, ningún Tribunal tiene ni puede tener competencia para lesionar derechos o garantías constitucionales.

En todo caso, en el supuesto regulado en el artículo 4° y con el objeto de salvaguardar las jerarquías judiciales de revisión, se establece expresamente que:

"La acción de amparo debe interponerse por ante un Tribunal superior al que emitió el pronunciamiento, quien decidirá en forma breve, sumaria y efectiva".

Además, debe mencionarse que expresamente la Ley excluye el ejercicio de la acción de amparo "cuando se trate de decisiones emanadas de la Corte Suprema de Justicia" (Art. 6, Ord. 6°), lo que tiene su explicación en la garantía institucional que prevé el artículo 211 de la Constitución al señalar que siendo la Corte Suprema, "el más alto Tribunal de la República, contra sus decisiones no se oirá ni admitirá recurso alguno"[67].

Ahora bien, en relación al amparo contra sentencias, la jurisprudencia ha venido precisando sus contornos, particularmente después de publicada la Ley Orgánica, despejando varias incógnitas.

A. La actuación judicial lesiva

El primer elemento que debe destacarse para que pueda intentarse la acción, es la necesidad de que exista una resolución o una sentencia judicial, un acto judicial que ordene otro acto judicial o cualquier pronunciamiento judicial que debe haber sido emitido por un juez, y que sea el que lesiona o amenaza lesionar un derecho constitucional.

Por otra parte, en torno a la expresión que contiene el artículo 4° de la Ley, relativa a que la acción de amparo procede contra los actos o pronunciamientos judiciales lesivos de derechos constitucionales dictados por Tribunales de la República "actuando fuera de su competencia", la Corte Primera de lo Contencioso Administrativo, en sentencia de 9-9-93, ha señalado lo siguiente:

67 *V.*, la sentencia de la CSJ-SPA de 5-12-90 en *Revista de Derecho Público*, N° 45, EJV, Caracas, 1990, p. 119.

"En un primer momento, pudo entenderse que la competencia del tribunal accionado debía ser determinada mediante la aplicación de las reglas procesales ordinarias, conforme a las cuales se distribuye la competencia entre los diferentes órganos jurisdiccionales. Dentro de esa perspectiva, el juez ante el cual se solicitaba amparo contra una sentencia comenzaba por examinar si el tribunal que la había dictado era competente para ello por razón de la materia, la cuantía, el territorio o cualesquiera otros criterios legalmente aplicables al caso; sólo en el supuesto de estimar que no lo era, pasaba el juez de amparo a pronunciarse acerca del mérito de la acción, sobre la base del análisis de si el tribunal accionado había lesionado o no, con su decisión, un derecho constitucional al accionante. Sí, por el contrario, determinaba que dicho tribunal había actuado dentro de su competencia, no entraba siquiera a analizar la denuncia de violación de derechos constitucionales".

Sin embargo, la jurisprudencia de la Corte Suprema de Justicia en Sala Político Administrativa, dio posteriormente un alcance más amplio a la frase "actuando fuera de su competencia", en vista de que el criterio antes expuesto podía conducir a declarar improcedente un amparo contra una sentencia francamente violatoria de un derecho constitucional, sobre la base de que hubiera sido dictada por un tribunal perfectamente competente por la materia, el territorio o la cuantía"[68].

En efecto, en 1988, apenas publicada la Ley Orgánica sostuvimos el criterio siguiente:

"El artículo 4° de la Ley Orgánica establece que "igualmente procede la acción de amparo cuando un Tribunal de la República, *actuando fuera de su competencia,* dicte una resolución o sentencia u ordene un acto que lesione un derecho constitucional", por lo que una interpretación literal de dicha norma podría conducir a considerar que si un Tribunal de la República dictase una sentencia *actuando dentro de su competencia,* por más que lesione un derecho constitucional, no procedería la acción de amparo.

Ello, sin embargo, no estaría conforme con la protección constitucional de los derechos fundamentales regulada en la Constitución y en la propia Ley Orgánica, pues llevaría a establecer una distinción no prevista ni en el artículo 49 del Texto Fundamental, ni en los artículos 1° y 2° de la Ley Orgánica.

Además, el supuesto de la excepción, en realidad nunca se podría dar, pues ningún Tribunal de la República podría tener competencia para lesionar derecho constitucionales, es decir, para vulnerar ilegítimamente dichos derechos.

En efecto, los derechos constitucionales están sometidos a múltiples limitaciones constitucionales y legales, muchas de las cuales pueden ser impuestas legítimamente por decisiones judiciales. Por ejemplo, judicialmente puede imponerse la pena de privación de la libertad en los casos y con las formalidades establecidas en los Códigos Penal y de Enjuiciamiento Criminal. Contra esa limitación a la libertad personal no procedería una acción de amparo, y sólo ésta podría intentarse si la privación de la libertad se hace en forma ilegítima.

Ahora bien, ningún tribunal puede tener competencia para limitar ilegítimamente (lesión) un derecho constitucional, por lo que siempre procedería la acción de amparo cuando la lesión al derecho la produzca una decisión judicial. Por tanto, la aclaratoria que hace el artículo 4° de la Ley Orgánica de que la acción de amparo contra decisiones judiciales sólo procede cuando un tribunal lesiones un derecho "actuando fuera de su competencia", no tiene sentido alguno, pues en ningún caso podría lesionarse el derecho "actuando dentro de su competencia" ya que ningún tribunal puede tener competencia para producir dichas lesiones.

---

68 *V.*, en *Revista de Derecho Público*, N° 55-56, EJV, Caracas, 1993, p. 296.

> En consecuencia, cualquier resolución o sentencia dictada por un Tribunal de la República que lesione un derecho constitucional puede ser objeto de una acción de amparo, y nada autoriza a señalar que ésta no procedería contra las sentencias que resuelvan una acción de amparo, sí éstas lesionan un derecho constitucional"[69].

Con posterioridad y conforme a este criterio, fue la Sala de Casación Civil de la Corte Suprema de Justicia en sentencia de 25-1-89 la que precisó el sentido que debía darse a la expresión "competencia" en esta norma, así:

> "No puede ser, pues, un problema de competencia en su sentido procesal estricto, ya que éste surge por la circunstancia de existir varios órganos jurisdiccionales y de división del trabajo por razón del valor y del territorio".
>
> "Por eso, la competencia a que se refiere el artículo 4 es algo más trascendente y de fondo: dice relación con las atribuciones judiciales y con la usurpación de funciones".
>
> "En consecuencia, el requisito que exige el artículo 4 de la Ley Orgánica de Amparo no es de la mera incompetencia (por la materia, valor o territorio), pues éste es asunto que, en la mayoría de los casos, es de hecho y tiene el Código su mecanismo para hacerlo valer, por lo que obviamente, el que no lo hizo, no puede usar la "incompetencia" para apoyar una acción de amparo constitucional, ya que sería tanto como derogar reglas expresas precisas del procedimiento".
>
> "De ahí que esta "incompetencia" se acerque más bien al aspecto constitucional de la función pública, definida en los artículos 117, 118 y 119 de la Constitución: las atribuciones del Poder Público se hallan establecidas en la propia Constitución y en las leyes; cada rama del Poder Público tiene sus funciones propias; y toda autoridad usurpada es nula"[70].

En el mismo año 1989, la Sala Político-Administrativa de la Corte, en sentencia de 12-12-89 (caso *El Crack C.A.*), por su parte, precisó el sentido de esta expresión "actuando fuera de su competencia", estableciendo lo siguiente:

> "... ya que pareciera que los tribunales que actúan dentro de su competencia pueden lesionar o vulnerar los derechos y garantías constitucionales, y las actuaciones que perturban dichos derechos no pueden ser impugnadas por vía de amparo; es evidente que ningún tribunal de la República tiene competencia para vulnerar o lesionar derechos y garantías constitucionales u ordenar actos que los lesionan.
>
> "En virtud de ello, se hace imperativo concluir que la palabra "competencia" no tiene el sentido procesal estricto como un requisito del artículo 4 de la Ley Orgánica de Amparo sobre Derechos y Garantías Constitucionales, por cuanto no se refiere sólo a la incompetencia por la materia, valor o territorio, sino también corresponde a los conceptos de abuso de poder o extralimitación de atribuciones y, en consecuencia, esa actuación lesione o vulnere derechos o garantías constitucionales.
>
> "En efecto, el juez, aun actuando dentro de su competencia, entendida ésta en el sentido procesal estricto, puede hacer uso indebido de las facultades que le están atribuidas para fines totalmente distintos al que se le confirió, o actuar haciendo uso indebido de ese poder, independientemente del fin logrado, y dicte una resolución o sentencia y ordene un acto que lesione un derecho constitucional (*omissis*).

---

69 *V.*, Allan R. Brewer-Carías, "El problema del amparo contra sentencias o de cómo la Sala de Casación Civil remedia arbitrariedades judiciales" en *Revista de Derecho Público*, N° 34, EJV, Caracas, 1988, p. 164

70 Citada en sentencia de la misma Sala de Casación Civil de 5-12-90 (consultada en original, caso: *José Díaz Aquino*); y de 14-12-94 (consultada en original, caso: *Cimarrón*)

En definitiva, la acción de amparo contra resoluciones o sentencias judiciales procedería cuando el Tribunal usurpa funciones, ejerciendo unas que no le son conferidas o hace uso indebido de las funciones que le han sido atribuidas, lesionando con su actuación derechos o garantías constitucionales"[71].

De acuerdo a esta doctrina, y dada la garantía de la cosa juzgada que protege a las decisiones judiciales, no basta para que sea procedente una acción de amparo contra sentencias que el accionante sólo señale que la sentencia le fue adversa, sino que debe alegar abuso o exceso de poder del juez, como forma de incompetencia[72].

El tema, particularmente en relación a la garantía de la cosa juzgada fue objeto de consideración detallada y particular por la Sala de Casación Civil de la Corte Suprema de Justicia en sentencia de 5-12-90 al analizar el artículo 4° de la Ley Orgánica, señalando que:

"su justificación reside en la defensa del principio de la cosa juzgada, en particular, y de la seguridad jurídica, en general, el cual, como lo hace ver el recurrente, tiene rango constitucional, pues el ordinal 8° del artículo 60 establece que nadie podrá ser sometido a juicio por los mismos hechos en virtud de los cuales hubiese sido juzgado anteriormente.

La necesidad de salvaguardar un principio de superior rango, que constituye presupuesto necesario del Estado de Derecho, condujo al legislador a establecer la exigencia del juez actuando fuera de sus funciones, para la procedencia del amparo contra decisiones judiciales, como excepción a la inmutabilidad de las decisiones judiciales que hubiesen alcanzado firmeza, porque establece la Constitución en sus artículos 117 y 119 que ésta y las leyes definen las atribuciones del Poder Público, y a ellas debe sujetarse su ejercicio, sancionando con la nulidad las actuaciones realizadas en usurpación de autoridad.

Antes de la promulgación de la Ley de Amparo sobre Derechos y Garantías Constitucionales, la Sala Político-Administrativa de esta Corte, en sentencia de fecha 5-6-86, bajo ponencia del Magistrado Dr. René De Sola, estableció que:

"Si bien la doctrina admite que el recurso de amparo puede intentarse contra decisiones judiciales, existe consenso en estimar que aquél sólo procedería en casos extremos. Tal cuando un tribunal incurriere en usurpación de autoridad (Art. 119 de la Constitución), dictando algún acto de naturaleza administrativa o legislativa en perjuicio de los derechos o garantías constitucionales de una persona. Asimismo, aun actuando dentro de su competencia –administrar justicia– dictare decisión que en forma manifiesta viole alguno de estos mismos derechos o garantías, por ejemplo, condenando un reo a la pena de muerte...".

La Ley, en su artículo 4 parece acoger uno solo de los supuestos: el juez que actuando fuera de su competencia, infringe disposiciones constitucionales; y una interpretación literal de la norma conduce a pensar que la infracción de un derecho o garantía constitucional por un juez que, en principio, estaba actuando dentro de sus funciones judiciales, no podría, en ningún caso, ser resuelta por un amparo autónomo, siendo la única vía abierta al agraviado el procedimiento establecido en el numeral 5 del artículo 6 de la Ley de Amparo –protección del derecho o garantía vulnerado dentro del recurso procesal preexistente–; empero considera la Sala que el planteamiento necesita de un examen más atento...

71 *V.*, en *Revista de Derecho Público*, N° 41, EJV, Caracas, 1990, pp. 110-111. En igual sentido se destacan las sentencias de la misma Sala Político Administrativa de 27-6-90, 4-7-90, 7-8-90, 5-12-90 y 31-5-91, citadas en *Revista de Derecho Público*, N° 46, EJV, Caracas, 1991, p. 132. Igualmente, sentencia de 4-2-93, *Revista de Derecho Público* N° 53-54, EJV, Caracas, 1993, p. 276.

72 *V.*, sentencia CSJ-SPA, 31-5-91, *Revista de Derecho Público*, EJV, Caracas, 1991, N° 46, p. 132.

... Nos preguntaríamos, entonces, si la omisión del Legislador, de señalar como posible la procedencia del amparo en estos casos extremos de actos lesivos de la conciencia jurídica, cuando la decisión fuese dictada por un juez que, en principio, estuviese actuando dentro de los límites de su competencia, conduce, necesariamente, a la inadmisibilidad del recurso.

La respuesta debe ser negativa, pues, en estos casos, privaría la entidad de los derechos infringidos sobre la necesidad de preservar, en el caso concreto, la inmutabilidad de la cosa juzgada, ello sin perjuicio de que la limitación se aplique a la generalidad de los asuntos que se presenten ante esta Sala.

En materia de derechos constitucionales, y, por ende, de su amparo, es necesario armonizar los derechos de quien solicita el amparo con los derechos del señalado como agraviante, o, en el caso del amparo contra decisiones judiciales, con los derechos de la contraparte en el procedimiento en el cual se pronunció la decisión recurrida, para determinar su rango frente al derecho del otro, o frente a los derechos e intereses del resto d la comunidad de justiciables.

Al respecto basta recordar el expresivo ejemplo que nos ofrece el filósofo contemporáneo Karl Popper, del juez prudente, quien ante el alegato del matón que protestaba porque, siendo un ciudadano libre podía mover su puño en la dirección que se le antojase, contestó: "La libertad de movimiento de tus puños está limitada por la posición de la nariz de tu vecino".

Resultaría, entonces, ilógico, y contrario a la Constitución, decidir siempre en el terreno de las hipótesis, ante un fallo que al resolver el amparo contra alguien, que a juicio del solicitante perturba su tranquilidad y vida privada, le prohibiese residir en la ciudad, que el amparo luego solicitado contra la primera sentencia, resulta inadmisible por haber transcurrido más de seis meses desde su notificación, o porque el juez hubiese actuado en ejercicio de sus funciones judiciales. Esto, no sólo por el superior grado del derecho a la libertad, sino porque no puede el juez constitucional, al restablecer la situación jurídica infringida, vulnerar los derechos constitucionales del señalado como agraviante (*omissis*)

Como ya se señaló, la seguridad jurídica –principio que subyace en la disposición del artículo 4 de la Ley Orgánica de Amparo sobre Derechos y Garantías Constitucionales– constituye fundamento mismo del Estado de Derecho; empero, sería contrario al propósito del legislador de salvaguardar dicha seguridad, al establecer la limitación en comento, considerar que ella constituye un obstáculo para la admisión de un amparo contra una decisión que, si bien ha sido pronunciada por un juez que actúa dentro de sus funciones judiciales, vulnera la cosa juzgada que emana de una sentencia anterior, o de cualquier modo contra lo decidido en ella; o ha sido tomada luego de un procedimiento en el cual la parte que luego solicita el amparo, no contó con las debidas oportunidades para ejercer la defensa de sus derechos, o de alguna otra manera se vulneró la garantía del debido proceso.

Recapitulado, y sin pretender la Sala establecer una enumeración casuística, que constituya una especie de "doctrina inmutable" acerca de cuál derecho debe prevaler, pues en cada caso concreto deberá decidirse al respecto, de acuerdo a sus características propias y al entorno social en el momento dado, considera que puede intentarse y ser admitido el recurso autónomo de amparo contra decisiones judiciales cuando:

1. El juez actuando fuera de su competencia, entendida ésta en el sentido de la jurisprudencia transcrita, vulnera una garantía o derecho de rango constitucional;

2. La decisión constituya un acto lesivo a la conciencia jurídica, al infringir en forma flagrante, por ejemplo, los derechos individuales que no pueden ser renunciados por el afectado; o

3. El fallo vulnere el principio de seguridad jurídica, proveyendo contra la cosa juzgada, o fuese proferido en un proceso donde evidentemente no se hubiese garantizado al solicitante del amparo las debidas oportunidades de defensa, o se hubiese irrespetado de alguna otra manera la garantía del debido proceso[73].

Por su parte, la Sala Político-Administrativa de la Corte Suprema en sentencia de 3-7-90, señaló en torno a esto, lo siguiente:

> "para que un tribunal pueda violar manifiestamente el derecho a la defensa tendría que negar un medio defensivo o determinado derecho a las partes, por su sola condición, raza, origen o religión; o exigir de éstas un requisito, *verbi gratia,* el pago de una caución, que la ley no prevé, para que pueda ejercerlos válidamente. O también cuando por alguna razón no contemplada legalmente, se impida a las partes actuar en juicio para defenderse como sería el no ordenar su citación o su notificación, cuando proceda, por causas o motivos que los propios jueces arbitren o inventen, de manera de hacerles perder los recursos u oportunidades que les corresponde. En estos supuestos extremos, por exceder los jueces sus competencias procesales se estaría de una manera directa, flagrante, manifiesta y hasta extravagante, violando directamente el derecho constitucional a la defensa, al crear limitaciones y restricciones que las leyes no contemplan"[74].

La Corte Primera de lo Contencioso Administrativo, en una sentencia de 9-9-93, también señaló la relación entre la importancia de la cosa juzgada y la procedencia de la acción de amparo, la cual nunca puede constituirse en una tercera instancia, en la cual precisó lo siguiente:

> "(la sentencia) es en efecto, el producto del ejercicio de la función jurisdiccional, uno de cuyos propósitos es el de poner fin, de manera definitiva, a los conflictos intersubjetivos de intereses surgidos en la sociedad; es por ello que uno de los atributos propios de la sentencias –una vez cumplidas las diferentes etapas y actuaciones en que las partes tuvieron oportunidad de alegar y probar cuanto creyeron conveniente, en apoyo de sus respectivas posiciones– es el de la cosa juzgada, que impide el replanteamiento indefinido del mismo asunto.
>
> En atención a esa vocación de la definitividad que tienen las decisiones emanadas de los tribunales y a las suficientes garantías que ofrecen a las partes en conflicto los procedimientos judiciales, el amparo contra las sentencias debe estar sometido a estrictos requisitos, tendentes a impedir que, so pretexto de solicitar amparo de derechos constitucionales pretendidamente violados, se esté intentando realmente reabrir indefinidamente los asuntos ya judicialmente decididos e impugnar sentencias por vías diferentes o adicionales a los recursos que el propio ordenamiento jurídico-procesal ofrece para ello. Es razonable, por tanto, que se exija –como requisito de procedencia del amparo contra sentencias– el que la conducta del juez accionado constituya un abuso de poder o una grave usurpación o extralimitación de funciones, que lesione simultáneamente un derecho constitucional. En cambio, no podría proceder el amparo cuando el juez haya actuado dentro de los límites de su oficio, sólo que el accionante no está de acuerdo con los criterios jurídicos utilizados por aquél al adoptar su decisión...
>
> ... A este último no le imputa el accionante ninguna conducta constitutiva de abuso de poder o de una grave usurpación o extralimitación de funciones, violatoria de sus derechos constitucionales; la lesión a su derecho a la defensa en el juicio desarrollado no deriva, según su denuncia, de que se le haya impedido realizar un acto al que tuviera derecho, o que de alguna manera el Juez le hubiera impedido presentar sus alegatos o sus probanzas. Por el contrario, se limita a replantear,

---

73 Caso: *José Díaz Aquino*, (consultada en original). Citada también en sentencia de 14-12-94 de la misma Sala de Casación (consultada en original, Caso: Cimarrón).

74 *V.*, sentencia de 3-7-90, caso: *Baker Well Services International* citada en sentencia de 6-10-92, caso: *Lácteos de Venezuela C.A.*, *Revista de Derecho Público*, N° 52, EJV, Caracas, 1992, p. 186. También citada pero con fecha 27-6-90, en sentencia de 4-2-93, *Revista de Derecho Público*, N° 53-54, EJV, Caracas, 1993, p. 277.

prácticamente en los mismos términos en que lo hizo ante los tribunales competentes, su pretensión de que la negativa del derecho de preferencia dictada en 1984 sea anulada, con el pretexto de que el Concejo Municipal dictó una nueva decisión en 1989, que, a su juicio, reabrió los lapsos de impugnación, pretensión que, a su vez, fue juzgada improcedente por los jueces, con base en las razones que expusieron en sus respectivos fallos.

Ante tal planteamiento, esta Corte estima que, en tanto que juez de amparo, no puede constituirse en una suerte de tercera instancia, que daría lugar eventualmente a una cuarta, por vía de la apelación del fallo que se dicte en este caso. Por consiguiente, al observar que la conducta denunciada por el accionante no constituye en modo alguno un abuso de poder o una extralimitación o usurpación de funciones de tal naturaleza que pudieran hacer decir que el juez obró "fuera de su competencia", lesionando un derecho constitucional al accionante, debe esta Corte declarar improcedente el amparo solicitado, por aplicación de lo dispuesto en el artículo 4 de la Ley Orgánica de Amparo sobre Derechos y Garantías Constitucionales"[75].

Por otra parte, precisado lo anterior, en relación al amparo contra sentencias y demás actos judiciales, otro aspecto que debe destacarse es que la aplicación del artículo 4° de la Ley Orgánica de Amparo sólo procede cuando el juez en concreto actúa en ejercicio de funciones jurisdiccionales, en cuyo caso, el competente para conocer de la acción es el Tribunal Superior al que emitió el pronunciamiento. En cambio, en los supuestos en los cuales un juez dicte un acto actuando en función administrativa (no jurisdiccional), por ejemplo, cuando actúa como registrador mercantil, la competencia para conocer de la acción de amparo corresponde al tribunal de primera instancia que lo sea en la materia afín con la naturaleza del derecho violado"[76].

B. El tema del amparo contra sentencias de amparo

El artículo 4° de la Ley Orgánica, al regular la posibilidad de ejercicio de la acción de amparo contra sentencias, no estableció ningún límite, por lo que evidentemente que una acción de amparo puede intentarse contra una sentencia dictada en un juicio de amparo, siempre que en ésta el juez, actuando fuera de su competencia en el sentido antes indicado, lesione un derecho o garantía constitucional.

La duda, sin embargo, surgió apenas publicada la Ley Orgánica de Amparo en 1988 y desde el primer momento sostuvimos el criterio de la procedencia de una acción de amparo contra una sentencia dictada en un juicio de amparo.

En efecto, tal como está regulada la acción de amparo en la Constitución y en la Ley Orgánica, la misma procede "contra cualquier hecho, acto u omisión provenientes de los órganos del Poder Público Nacional, Estadal o Municipal"; y contra "el hecho, acto u omisión originados por ciudadanos, personas jurídicas, grupos u organizaciones privadas, que hayan violado, violen o amenacen violar cualquiera de las garantías o derechos constitucionales (Art. 2). Por tanto, sin la menor duda, la acción de amparo procede contra toda decisión judicial que viole o amenace violar un derecho o garantía constitucional, así se trate de una decisión judicial dictada con motivo del ejercicio, a su vez,

---

75 *V.*, en *Revista de Derecho Público*, N° 55-56, EJV, Caracas, 1993, p. 297.

76 *V.*, la sentencia de la Sala de Casación Civil de la Corte Suprema de Justicia de 21-9-89, *Revista de Derecho Público*, N° 40, EJV, Caracas, 1989, pp. 92-93.

de una acción de amparo. Esto lo sostuvimos en 1988, apenas la Ley Orgánica entró en vigencia, señalando que:

> "la sentencia que se dicte en un juicio de amparo, puede lesionar, por ejemplo, el derecho a la defensa, u otro derecho constitucional en forma ilegítima. En este caso, lo lógico sería que se formulara la pretensión de amparo junto con la apelación. Sin embargo, nada dice la Ley al respecto, por lo que sólo una interpretación jurisprudencial definitiva podría exigir que el derecho de amparo se ejerza con los medios judiciales ordinarios. Además, en los casos en que no haya apelación, nada autorizaría a considerar improcedente la acción de amparo contra la sentencia que lesione un derecho constitucional.
>
> En consecuencia, en nuestra opinión, de acuerdo con lo establecido en los artículos 1° y 2° de la Ley Orgánica, si una sentencia dictada por un Juez viola un derecho constitucional (lesión ilegítima), contra la misma procede el ejercicio de la acción de amparo, aun cuando la sentencia hubiera sido dictada con ocasión de la decisión de un juicio de amparo"[77].

Sin embargo, ese no había sido el criterio de la Corte Suprema de Justicia antes de la sanción de la Ley Orgánica. En efecto, en sentencia de 10 de noviembre de 1986, la Sala Político Administrativa de la Corte Suprema de Justicia estableció su criterio de que:

> "a falta de norma expresa que lo permita, es inadmisible "un recurso de amparo contra lo decidido en otro recurso de amparo", porque de aceptarse esa posibilidad resultaría una "acción judicial" *ad perpetuam*, lo que es ilógico y contrario al principio de que toda cuestión o controversia judicial no puede, una vez finalizada, reabrirse salvo por causa de invalidación" (Caso *Centralarm, C.A.*)[78].

Pero, luego de la vigencia de la Ley Orgánica este criterio tuvo que revisarse. En primer lugar, porque la ley previó una norma expresa que permite el ejercicio de la acción de amparo contra sentencias, sin distingo alguno respecto de si se trata de sentencias dictadas o no en un procedimiento de amparo. Y en segundo lugar, porque el planteamiento que hizo la Sala no se ajusta a la naturaleza de la acción de amparo contra sentencias, la cual no implica reabrir el proceso decidido.

En efecto, cuando se ejerce una acción de amparo contra una sentencia dictada en un juicio de amparo, ella debe estar motivada por el hecho de que la sentencia atacada, en sí misma, e independientemente del fondo de la causa decidida, lesiona ilegítimamente un derecho constitucional. Cuando se ejerce la acción de amparo en estos casos, por tanto, en realidad no se busca "reabrir" una controversia judicial ya decidida y finalizada. El juez de amparo contra sentencias no puede "reabrir" el proceso decidido en la sentencia, sino que limita su actuación a juzgar si la sentencia, en sí misma, viola ilegítimamente un derecho constitucional a objeto de ordenar el inmediato restablecimiento de la situación jurídica lesionada por la decisión judicial. Por tanto. en estos casos, nunca se daría el supuesto de acción judicial *ad perpetuam* que mencionaba la Sala, pues ello sería contrario a la protección constitucional regulada en la propia Ley Orgánica de amparo.

Discrepamos, por tanto, de la tesis que reafirmó el Magistrado René Plaz Bruzual en un voto Salvado a la sentencia de la Sala de Casación Civil de 5-5-88, en el sentido de que en el supuesto establecido en el artículo 4° de la Ley Orgánica de Amparo de Ampa-

77 *V.*, Allan R. Brewer Carías, "El problema del amparo contra sentencias...", *Loc. cit.*, p. 164.
78 *V.*, la cita en *Idem.*, p. 166.

ro contra decisiones judiciales, en ellas no pueden incluirse "las sentencias de amparo, en vista de que tanto la doctrina como la Ley no admiten la acción de amparo contra una decisión de amparo por la razón de que la acción resultaría *ad perpetuam*[79], lo cual como hemos señalado, no es necesariamente cierto.

Ahora bien, la Ley Orgánica (Art. 6, ord. 8) en realidad, lo que establece es una causal de inadmisibilidad de la acción de amparo para el caso de que "esté pendiente una acción de amparo ejercida ante un tribunal en relación con los mismos hechos en que se hubiese fundamentado la acción propuesta", lo que, por sí sola, nada tiene que ver con la figura de la acción de amparo contra una sentencia dictada en un juicio de amparo, que por estar ya dictada, no estaba "pendiente" de decisión, como lo señala la norma. Además la acción de amparo contra una decisión de amparo, se ejerce fundamentándose en que esta sentencia de amparo, *en si misma* viola un derecho fundamental, por lo que no se ejerce en ningún caso, en relación con los mismos hechos en que se hubiesen fundamentado la acción original[80].

Esto lo precisamos, también en 1988, al comentar otra sentencia de la Sala de Casación Civil de 22-9-88 dictada con motivo de una acción de amparo interpuesta contra una sentencia de un Tribunal Superior que declaró sin lugar, en segunda instancia, una acción de amparo, en la que declaró inadmisible dicha acción, pura y simplemente, por considerar que de aceptarse la posibilidad de una acción de amparo contra una sentencia de amparo de segunda instancia, ello conduciría a "una acción judicial *ad perpetuam*" lo que sería contrario al principio de la doble instancia y de la firmeza de las decisiones judiciales.

Señaló el Magistrado Plaz Bruzual en apoyo de su tesis, que ésta fue consagrada en la sentencia de la Sala Político-Administrativa de 10 de noviembre de 1986, ya citada anteriormente, y que fue dictada antes de la entrada en vigencia de la Ley; y agregó que el criterio fue supuestamente consagrado en el ordinal 8° del artículo 6° de la ley Orgánica de Amparo.

La Sala de Casación Civil, fundamentó su decisión en la forma siguiente:

> "A juicio de este Supremo Tribunal, es inadmisible, por improcedente, la proposición de un recurso de amparo contra lo decidido en otro recurso de amparo porque "de aceptarse esa posibilidad, resultaría una acción judicial *ad perpetuam, lo* que es ilógico y contrario al principio de que toda cuestión o controversia judicial no puede, una vez finalizada reabrirse, salvo por causa de invalidación". Esta tesis tomada de la sentencia dictada por la Sala Político Administrativa de la Corte Suprema de Justicia el 10 de noviembre de 1986 y que ahora se reitera, es totalmente aplicable al presente caso, por todo lo cual se declara *inadmisible* el escrito presentado por los postulantes el 14 de abril de 1988"[81].

Como hemos señalado, la doctrina contenida en esta decisión, por su generalidad, es contraria al espíritu del artículo 49 de la Constitución y al texto de la Ley Orgánica de Amparo, pues si bien es cierto que en algunos casos, a través de una acción de amparo contra una sentencia de amparo de segunda instancia, el recurrente podría pretender abrir el proceso en una especie de tercera instancia, en otros casos puede tratarse de que la sentencia de amparo, en segunda instancia, independientemente del fondo de la cues-

---

79 *Idem*. p. 165.

80 *Idem*. p. 166.

81 *V.*, la referencia en Allan R. Brewer-Carías, "El recurso de amparo contra sentencias de amparo dictadas en segunda instancia", *Revista de Derecho Público*, N° 36, EJV, Caracas, 1988, p. 169.

tión debatida, haya en sí misma violado un derecho fundamental, en cuyo caso sí debe proceder la acción de amparo contra la misma. La generalización que hizo la Sala de Casación Civil, sin embargo, conducía a la absurda conclusión de que si una sentencia dictada en segunda instancia, como culminación de un juicio de amparo, en sí misma e independientemente del fondo debatido, vulneraba un derecho constitucional, entonces no podía ser objeto de protección constitucional. Esta interpretación, por supuesto, era y es contraria al propio artículo 49 de la Constitución.

Para ilustrar nuestra posición en 1988 señalábamos un ejemplo relativamente simple:

> "Un particular intenta una acción de amparo contra una conducta de una autoridad pública que estima viola un derecho constitucional del accionante, no enumerado en la Constitución, pero inherente a la persona humana, y por tanto, protegible conforme al artículo 50 de la Constitución.
>
> Al final del proceso, el juez de segunda instancia concluye declarando sin lugar el amparo solicitado, por considerar que el derecho que se dice violado, no es un derecho o garantía constitucional, y por tanto, no es amparable conforme al artículo 49 de la Constitución a través del ejercicio de la acción de amparo regulada en la Ley Orgánica de Amparo sobre Derechos y Garantías Constitucionales.
>
> En ese caso, independientemente del fondo del asunto que hubiera podido plantearse (si hubo o no violación de un derecho) lo que decidiría el Tribunal de Segunda Instancia es que el derecho alegado no era amparable, por lo que declararía sin lugar la acción. En ese caso, es indudable que si el derecho alegado era, en efecto, un derecho constitucional, la sentencia de segunda instancia, al no otorgarle a dicho derecho rango constitucional, *per* se violaría el derecho el accionante a ser amparado que garantiza el artículo 49 de la Constitución, y sería por tal motivo, objeto de un recurso de amparo, por ante la Corte Suprema de Justicia.
>
> En este caso, en nuestro criterio, es evidente la procedencia y admisibilidad del recurso de amparo, pues con el mismo ni se pretende violentar el principio de la doble instancia, ni se pretende prolongar un juicio *ad perpetuam*. Con un recurso de amparo, en ese supuesto, no se perseguiría reabrir ante la Corte Suprema, un proceso concluido con la sentencia objeto del recurso, sino que lo que se perseguiría es que la Corte ampare al recurrente, *en su derecho a ser amparado constitucionalmente* por las violaciones a su derecho constitucional, el cual ha sido desconocido y violado por el Juzgado Superior"[82].

En todo caso, como hemos dicho, cuando se ejerce una acción de amparo contra una sentencia de segunda instancia dictada en un juicio de amparo, dicha acción debe estar motivada por el hecho de que la *sentencia atacada en sí misma, e independientemente de fondo de la causa decidida, lesiona ilegítimamente un derecho constitucional.* Cuando se ejerce la acción de amparo en estos casos, por tanto, en realidad no se busca "reabrir" una controversia judicial ya decidida y finalizada. El juez de amparo contra sentencias no puede "reabrir" el proceso decidido en la sentencia, sino que limita su actuación a *juzgar si la sentencia, en sí misma, violó ilegítimamente un derecho constitucional* a objeto de ordenar el inmediato restablecimiento de la situación jurídica lesionada por la decisión judicial. Por tanto, en estos casos, nunca se daría el supuesto de acción judicial *ad perpetuam* que menciona la Sala, pues ello sería contrario a la protección constitucional regulada en la propia Ley Orgánica de Amparo.

---

82 *Idem.*, p. 171.

Como se ha dicho, la acción de amparo, contra una decisión de amparo, se ejerce fundamentándose en que esta sentencia de amparo *en sí misma,* viola un derecho fundamental, por lo que no se ejerce en ningún caso, en relación con los mismos hechos en que se hubiese fundamentado la acción original[83].

En 1990, sin embargo, la duda jurisprudencial fue totalmente disipada. En sentencia de 14-2-90, la Sala Político Administrativa precisó, al comentar el artículo 4° de la Ley Orgánica, que:

> "entre las decisiones judiciales enunciadas, cabría también incluir las sentencias de amparo, puesto que éstas son providencias judiciales dictadas por tribunales de la República (Art. 49 de la Constitución) y, además, porque de la norma transcrita no se deduce que se prohíban estas acciones en contra de decisiones judiciales en materia de amparo constitucional"[84].

Y por su parte, la Sala de Casación Civil de la Corte Suprema de Justicia en sentencia de 8-12-95 (Caso *Mavesa*), señaló lo siguiente:

> "Esta Sala, en jurisprudencia ya reiterada, ha admitido la posibilidad de interponer una acción de amparo contra una decisión judicial pronunciada en un procedimiento de amparo constitucional, siempre que concurran ciertos extremos o requisitos: a) que se haya satisfecho el principio de la doble instancia; b) que los hechos concretos causantes de la violación constitucional sean distintos de los revisados en el primer amparo, sin importar que se refiera al mismo o diferente derecho constitucional; y c) que el Tribunal haya incurrido en los supuestos de hecho que exige el artículo 4° de la Ley Orgánica de Amparo sobre Derechos y Garantías Constitucionales (Sentencia 18-11-92, caso *C.V.G. Internacional, C.A.*).
>
> Ya observó esta Sala en anteriores fallos que el juez, al pretender amparar los derechos de un ciudadano, no puede infringir los derechos individuales de su contraparte; de allí la posibilidad de interponer un amparo contra una decisión judicial que resuelva en forma definitiva un amparo constitucional, siempre que no se pretenda con ello revisar nuevamente la materia objeto del anterior amparo. Esto es, que no se vuelva a resolver sobre el mismo agravio a los mismos derechos subjetivos de carácter constitucional, sobre los cuales recayó sentencia"[85].

VIII. LAS FORMAS DE EJERCICIO DE LA ACCIÓN DE AMPARO: AUTÓNOMA Y ACUMULADA A OTRAS ACCIONES

1. Los diversos mecanismos procesales de amparo y la sentencia del caso tarjetas Banvenez (1991)

Tal como se ha señalado con anterioridad, la necesidad de configurar en la Ley Orgánica de Amparo al amparo constitucional como un derecho fundamental y no sólo como una única acción autónoma de amparo, implicó conciliar el ejercicio del derecho de amparo con los medios judiciales existentes de protección constitucional, de manera que no quedasen éstos eliminados como tales, sino al contrario, reforzados. De allí las

83 *Idem.*, p. 171.

84 *V.*, en *Revista de Derecho Público*, N° 41, EJV, Caracas, 1990, p. 113 En igual sentido, sentencia CPCA de 16-9-92, *Revista de Derecho Público*, N° 51, EJV, Caracas, 1992, p. 174

85 Consultada en original.

previsiones de los artículos 3, 5 y 6, ordinal 5° de la Ley Orgánica de Amparo que permiten la formulación de pretensiones de amparo constitucional conjuntamente con las acciones de nulidad por inconstitucionalidad, con las acciones contencioso administrativas de anulación y con las acciones judiciales ordinarias o extraordinarias, que propusimos en el proceso de formación de la Ley en la Cámara del Senado.

Después de vacilaciones jurisprudenciales que se extendieron por casi cuatro años, el sentido de la regulación contenida en dichas normas lo ha resumido la Sala Político-Administrativa de la Corte Suprema en sentencia de 10-6-92, en la cual haciendo referencia a la sentencia de 10-7-91 (caso *Tarjetas Banvenez*), señaló lo siguiente:

> "El texto de la Ley Orgánica de Amparo prevé fundamentalmente dos mecanismos procesales: la acción autónoma de amparo y la acumulación de ésta con otro tipo de acciones o recursos, modalidades que difieren sustancialmente en cuanto a su naturaleza y consecuencias jurídicas. Por lo que respecta a la segunda de las modalidades señaladas, es decir, la acción de amparo ejercida conjuntamente con otros medios procesales, la referida ley regula tres supuestos: a) la acción de amparo acumulada a la acción popular de inconstitucionalidad de las leyes y demás actos estatales normativos (artículo 3°); b) la acción de amparo acumulada al recurso contencioso administrativo de anulación contra actos administrativos de efectos particulares o contra las conductas omisivas de la Administración (artículo 5°); c) la acción de amparo acumulada con acciones ordinarias (artículo 6°, ordinal 5°)

La Sala ha sostenido además que la acción de amparo en ninguno de estos casos es una acción principal sino subordinada, accesoria a la acción o al recurso al cual se acumuló, sometido al pronunciamiento jurisdiccional final que se emita en la acción acumulada Tratándose de una acumulación de acciones, debe ser resuelta por el juez competente para conocer de la acción principal"[1].

En esta forma quedó absolutamente clarificada la intención del legislador al distinguir entre la acción autónoma de amparo y la pretensión de amparo acumulada a otras acciones que regula el ordenamiento jurídico. Realmente, en estos últimos casos, no se trata de una verdadera "acumulación" de acciones, sino de la subordinación de una pretensión de amparo a una acción principal. Por ello, en estos casos, el amparo tiene mero carácter cautelar y no tiene ninguna relevancia el que existan procedimientos distintos para la acción principal y para la acción de amparo[2], porque en definitiva, en caso de acumulación de la pretensión de amparo con una acción principal, el procedimiento regular previsto para la acción de amparo (solicitud de informe y audiencia pública y oral, por ejemplo) no se debe aplicar.

La clarificación definitiva del carácter cautelar del amparo acumulado a otras acciones, se realizó mediante la sentencia de la Corte Suprema de Justicia en Sala Político-Administrativa de 10-7-91 (caso *Tarjetas Banvenez*), en la cual la Corte, además, precisó el carácter accesorio y subordinado de la pretensión de amparo en relación a esas otras acciones principales, cuando se formula conjuntamente con ellas[3].

---

1 *V.*, en *Revista de Derecho Público*, N° 50, EJV, Caracas, 1992, pp. 183-184.

2 *V.*, sobre esto y la causal de inadmisibilidad de la acción contencioso-administrativa en materia de acumulación de acciones prevista en el Art. 8, ordinal 4° de la LOCSJ, sentencia CPCA, 14-12-92, en FUNEDA, *15 años de Jurisprudencia*, Corte Primera de lo Contencioso administrativo 1977-1992. *Amparo Constitucional*, Caracas, 1994, p. 121.

3 *V.*, el texto de esta sentencia en *Revista de Derecho Público*, N° 47, EJV, Caracas, 1991, pp. 169-174.

El razonamiento de la Corte, en esta sentencia, comenzó por la constatación de que la Ley Orgánica de Amparo, al desarrollar los artículos 49 y 50 de la Constitución, otorga a las personas naturales o jurídicas, habitantes o domiciliadas en Venezuela, la posibilidad de acudir ante los tribunales, con el propósito de ser amparados en el goce y el ejercicio de los derechos y garantías constitucionales, mediante el restablecimiento inmediato de la situación jurídica infringida o la situación que más se asemeje a ella. A tal fin señaló la Corte:

> "el texto de la ley prevé fundamentalmente dos mecanismos procesales: la acción autónoma de amparo, y la acumulación de ésta con otro tipo de acciones o recursos. Ambas modalidades de ejercicio difieren sustancialmente en cuanto a su naturaleza y consecuencia jurídicas"[4].

A. La acción autónoma de amparo

En cuanto al primer supuesto, es decir, la acción autónoma de amparo, la Corte señaló en su citada sentencia de 10-7-91, que en ese caso, al ser una acción que se ejercita en forma autónoma e independiente, no se vincula, ni se subordina a ningún otro recurso o procedimiento. En este caso, dijo la Corte, es indudable,

> "que esa acción, así ejercida, debe ser, por su naturaleza restablecedora, capaz, suficiente y adecuada para lograr que el mandamiento de amparo que se otorgue se baste por sí solo, sin necesidad de acudir a otro u otros procedimientos judiciales, para volver las cosas al estado en que se encontraban para el momento de la vulneración y hacer desaparecer definitivamente el acto o hecho lesivo o perturbador.
>
> Por estas razones, ha sostenido reiteradamente este Supremo Tribunal en jurisprudencia que una vez más ratifica, que en tales supuestos, el accionante en amparo debe invocar y demostrar que se trata de una vulneración constitucional flagrante, grosera, directa e inmediata, lo cual no significa –se precisa ahora– que el derecho o garantía de que se trate no estén desarrollados o regulados en textos normativos de rango inferior, pero sin que sea necesario al juzgador acudir o fundamentarse en ellos para detectar o determinar si la violación constitucional al derecho o garantía se ha efectivamente consumado.
>
> De no ser así –ha dicho también esta Sala– no se trataría entonces de una acción constitucional de amparo sino de otro tipo de recurso, por ejemplo, el contencioso administrativo, cuyos efectos anulatorios no se corresponden con los restitutorios del amparo y "si tal sustitución se permitiere, el amparo llegaría a suplantar no sólo esa sino todas las vías procedimentales establecidas en nuestro sistema de Derecho positivo", desnaturalizando el carácter extraordinario del amparo. (Sentencia de 23-5-88, "Fincas Albaba")"[5].

B. El ejercicio acumulado de la acción de amparo

En el segundo caso, es decir, en lo que se refiere a "la acción de amparo ejercida conjuntamente con otros medios procesales", la Corte en dicha sentencia, al referirse a las previsiones de la Ley Orgánica de Amparo, precisó que dicho texto normativo:

---

4 *Idem.*, p. 169.
5 *Idem.* pp. 169-170.

"contempla tres supuestos: a) la acción de amparo acumulada a la acción popular de inconstitucionalidad de las leyes y demás actos estatales normativos (artículo 3°); b) la acción de amparo acumulada al recurso contencioso administrativo de anulación contra actos administrativos de efectos particulares o contra las conductas omisivas de la Administración (artículo 5); y la acción de amparo acumulada con acciones ordinarias (artículo 6, ordinal 5°).

En cualesquiera de estos supuestos de acumulación, la acción de amparo reviste una característica o naturaleza totalmente diferente a la anteriormente analizada (autónoma), pues en estos casos no se trata de una acción principal, sino subordina, accesoria a la acción o el recurso al cual se acumuló y, por ende, su destino es temporal, provisorio, sometido al pronunciamiento jurisdiccional final que se emita en la acción acumulada, que viene a ser la principal. Esta naturaleza y sus consecuencias se desprenden claramente de la formulación legislativa de cada una de las hipótesis señaladas, que únicamente atribuye al mandamiento de amparo que se otorgue, efectos cautelares, suspensivos de la aplicación de la norma o de la ejecución del acto de que se trate "mientras dure el juicio"[6].

En relación a estos supuestos de amparo ejercido conjuntamente con otras acciones, la Corte precisó, que:

"De lo anterior se deriva, para esta Sala, que la acción de amparo propuesta conjuntamente con una de otro tipo participa de todos los caracteres procesales inherentes a la acumulación de acciones, esto es: que ha de ser resuelta por un solo juez (el mismo que sea competente para conocer de la acción principal), y que ambas pretensiones (la de amparo y la de nulidad u otra) deben ser tramitadas en un solo proceso que tiene dos etapas: la del amparo, previa, y la contenciosa, la cual forzosamente cubre, en la decisión final, tanto la medida cautelar que inevitablemente perece en esa oportunidad, como el pronunciamiento judicial acerca de la nulidad solicitada. En otras palabras, si por las características analizadas el mandamiento de amparo se traduce única y exclusivamente en la suspensión provisional del acto recurrido en nulidad, la sentencia que decida ésta deja sin efecto aquella medida cautelar dictada en forma previa, tanto si el acto cuestionado es anulado como si es confirmado, porque, en uno u otro caso, carece ya de sustentación jurídica"[7].

C. La distinción entre los dos mecanismos procesales de amparo

Sentadas las características de cada uno de los mecanismos procesales de amparo –acción autónoma y ejercicio acumulado a otros medios procesales–, la Corte, en su sentencia, precisó las diferencias más importantes entre los mismos, en la siguiente forma:

"En efecto, mientras en la primera es condición de procedencia, como se ha dicho, que se invoque y demuestre la violación directa, inmediata, flagrante, de un dispositivo o garantía constitucionales que, por sí solos, determinen la necesidad del mandamiento de amparo como medio definitivo de restablecer la situación jurídica vulnerada; en el segundo caso, dada la naturaleza suspensiva de este mandamiento de amparo que sólo tiende a detener provisionalmente los efectos del acto perturbador hasta que se decida el juicio que lo anule o confirme, la denuncia de infracción de normas constitucionales puede estar acompañada de transgresión de textos de rango inferior que precisen o desarrollen el derecho o garantía constitucionalizado, pues tratándose de un solo proceso instaurado contra el mismo acto cuya nulidad se pretende obtener por la vía del recurso contencioso correspondiente, nada obsta a que los instrumentos jurídicos subconstitucionales que sustentan la nulidad sean invocados también al interponer las acciones acumuladas. Lo que no puede

---

6 *Idem*. p. 170.
7 *Idem*. p. 171.

hacer el juzgador para acordar la suspensión de los efectos del acto denunciado como lesivo, es encuadrar la situación planteada en la regulación o solución legal o sublegal de la misma, porque en tal hipótesis estaría decidiendo anticipadamente, quiéralo o no, la nulidad del acto impugnado al pronunciarse determinantemente acerca de la existencia de uno de sus vicios, sea éste de procedimiento o de fondo, cuestión que forma parte del debate procesal probatorio que ha de instaurarse precisamente con motivo del recurso de nulidad.

En efecto, siendo distintas las consecuencias que dimanan de una acción autónoma de amparo y de la ejercida conjuntamente con otro recurso (restitutorias en el primer caso y cautelares en el segundo), basta en esta última el señalamiento de la norma o garantía constitucional que se consideren violadas, fundamentado además en un medio de prueba que constituya *presunción* grave de la violación o amenaza de violación denunciada, para que el juez, en forma breve y sumaria, acuerde procedente la suspensión de los efectos del acto como medio de tutelar anticipadamente los posibles efectos de la sentencia que posteriormente habrá de dictar en el juicio de nulidad (artículos 5 y 22, Ley Orgánica de Amparo).

Considera esta Sala, por otra parte, que en el amparo acumulado, ese "medio de prueba" a que alude el artículo 22 de la Ley Orgánica de Amparo, puede consistir en el propio acto administrativo impugnado en nulidad, cuyo texto debe ser examinado por el juez de amparo para concluir si, a su juicio, del mismo acto administrativo de efectos particulares se deduce la presunta violación constitucional alegada por el recurrente y acordar, en consecuencia, la medida suspensiva de sus efectos que le ha sido solicitada"[8].

De la sentencia señalada puede concluirse que el amparo autónomo tiene una finalidad restitutoria; pero en cambio, el amparo conjunto es una medida cautelar, que con entera independencia de la anulación judicial del artículo 22 de la Ley Orgánica, sólo requiere como fundamento un medio de prueba que constituya presunción grave de violación o amenaza de violación de un derecho constitucional, y que consiste en la suspensión de efectos como garantía del derecho mientras dura el juicio principal. Por ello, el juez no puede, al resolver sobre la petición de amparo, declarar que el acto impugnado violó o no el derecho constitucional, pues en ese caso, confundiría la pretensión de amparo con la acción de nulidad. En otros términos, en esta etapa del proceso no caben decisiones que envuelvan consecuencias anulatorias que son propias del juicio de nulidad[9].

Esto lo precisó la Corte Suprema en las conclusiones de la sentencia, así:

"Con base en los lineamientos precedentemente expuestos, en relación con las objeciones formuladas por los apelantes y los elementos que surgen de autos, esta Sala concluye lo siguiente:

1° Que de la interpretación concatenada de los artículos 5° y 22 de la Ley Orgánica de Amparo se infiere claramente la distinción entre la acción de amparo ejercida conjuntamente con el recurso de nulidad y la acción de amparo autónoma o el recurso de inconstitucionalidad, en cuanto a que– no obstante la común exigencia de la violación directa de una norma constitucional–, estos dos últimos recursos tienen una finalidad distinta (restitutoria en el amparo autónomo y anulatoria en la acción de inconstitucionalidad), en tanto que, en el amparo conjunto, se trata de una medida cautelar que sólo requiere como fundamento "un medio de prueba que constituya presunción grave de la violación o de la amenaza de violación" (artículo 22), así como la consideración, por parte del tribunal de que la suspensión de los efectos del acto recurrido resulta procedente como garantía del derecho constitucional violado, mientras dure el juicio (artículo 5°); es decir que la medida cautelar se revela como necesaria para evitar que el accionante, por el hecho de existir un ac-

---

8 *Idem.*, pp. 171-172.

9 *V.*, sentencia de la CPCA de 12-12-90, FUNEDA, *15 años de Jurisprudencia*, *cit.*, pp. 216-217.

to administrativo, se vea impedido de alegar violación de derechos constitucionales. De ahí que la suspensión de sus efectos pretenda mantener sin ejecución el acto impugnado, si el juez considera que debe suspenderse dicho acto por la presunción grave de violación constitucional invocada en el amparo.

Por tanto, si se exigiera la misma rigurosidad en la sustentación de la acción de amparo acumulada que la que se requiere para las otras acciones señaladas (amparo autónomo y recurso de inconstitucionalidad), la de amparo conjunta resultaría prácticamente inútil, pues carecería del específico sentido que tiene: obtener que se suspendan en el tiempo los efectos de un acto administrativo que podría afectar el derecho constitucional, eventual lesión que el juez de amparo aprecia como presumible"[10].

Ahora bien, lo que no señaló con precisión la Corte en su sentencia del 10-7-91, y que constituyó el verdadero cambio jurisprudencial que produjo con dicha decisión, es que en el caso de ejercicio conjunto del amparo con otras acciones judiciales, la consecuencia es la suspensión de efectos en forma inmediata como medida cautelar de amparo, sin necesidad de que se siga el procedimiento establecido en la Ley Orgánica en relación a la solicitud de informe al agraviante y a la realización de la audiencia pública y oral.

En estos casos es que tenía aplicación efectiva el artículo 22 de la Ley Orgánica pues la medida cautelar se adopta *inaudita alteram parte.* Dicho artículo, sin embargo, fue anulado por la Corte Suprema por sentencia de 21-5-96, lo que en nuestro criterio no tiene ninguna incidencia en el carácter cautelar de la medida de amparo.

D. Antecedentes y secuelas del caso Tarjetas Banvenez

La decisión de la Corte Suprema en Sala Político-Administrativa en el caso *Tarjetas Banvenez* de 10-7-91, antes comentada, tuvo su origen en una apelación formulada contra una decisión de la Corte Primera de lo Contencioso administrativa, en materia de amparo, de 21-11-90, en un caso en el cual se ejerció la pretensión de amparo acumulada a un recurso contencioso administrativo de anulación[11].

En dicha sentencia, la Corte Primera, al referirse al amparo ejercido en forma conjunta, señaló que:

"Se trata del ejercicio conjunto de la acción de amparo constitucional con el recurso contencioso administrativo de nulidad. La Ley le otorga al amparo en tal supuesto un carácter cautelar, consistiendo en la suspensión de los efectos del acto hasta tanto se decida el recurso contencioso administrativo. El efecto restablecedor definitivo de la situación jurídica infringida, que es el atributo característico de la acción de amparo cuando se ejerce en forma autónoma queda modificado, por cuanto lo que se trata de obtener con el amparo ejercido por la presente vía es tan sólo una medida que suspenda los efectos del acto, es decir, que impida su eficacia cualquiera que ella sea, en forma temporal y condicionada a la decisión de la acción principal que pasa a ser el recurso contencioso administrativo de nulidad. De esta naturaleza deriva como consecuencia lógica y necesaria que al juez no le es dado, al decidir la acción de amparo acumulada al recurso contencioso, calificar la legitimidad o ilegitimidad del acto sino limitarse a determinar si el mismo viola el derecho o las garantías constitucionales que se denuncian infringidos. En el caso en que al juez le fuese dado penetrar en el fondo del acto administrativo, el recurso contencioso no tendría sentido algu-

---

10 *Idem.*, p. 172.

11 *V.*, en *Revista de Derecho Público*, N° 44, EJV, Caracas, 1990, pp. 189-190.

no. Esta Corte estima que si en el amparo autónomo le es dado calificar el acto e incluso anularlo, si ello fuere el caso, en el amparo acumulado al recurso contencioso deberá limitarse a verificar si hay infracción o no de la garantía constitucional y es siguiendo tales reglas que pasa a pronunciarse sobre las denuncias de los presuntos agraviados y las defensas hechas valer por la Comisión Nacional de Valores y por los intervinientes en este juicio...

... Ahora bien, ya fue señalado que el amparo ejercido conjuntamente con el recurso contencioso administrativo de nulidad, le impide al juez calificar el acto administrativo al decidir sobre el amparo, por cuanto tal calificación (de legítimo o ilegítimo) tendrá que producirse sólo al decidirse el recurso de nulidad. El riesgo de interponer el amparo acumulado, para los actores, radica en que la decisión de dicho amparo sólo puede versar sobre si ha sido conculcado o no, en la forma en que la Ley lo exige, para otorgar su protección, un derecho o una garantía constitucionales.

En el amparo autónomo, incluso el que se ejerce contra un acto administrativo, al juez le es dado calificar la condición del acto y atribuirle a tal calificación los efectos que considere necesario para restablecer la situación jurídica infringida, incluso los anulatorios.

No sucede igual en los casos en los cuales se ha seguido la vía prevista en el primer aparte del artículo 5 de la Ley Orgánica de Amparo sobre Derechos y Garantías Constitucionales, porque en tal hipótesis el amparo es sólo una medida cautelar que no se pronuncia sobre el contenido del acto, sino que se limita a la suspensión de sus efectos"[12].

Lo afirmado por la Corte Primera, en todo caso, resultaba contradictorio pues no pronunciarse sobre la legitimidad o ilegitimidad del acto es una misión imposible si el juez, como se dice en la sentencia, en el amparo cautelar, debería determinar si el acto viola o no el derecho constitucional alegado.

En realidad, en el amparo acumulado, el juez lo que debe es apreciar si hay una presunción grave de que se ha producido la violación. Por otra parte, contrariamente a lo afirmado en la sentencia, en el caso del amparo autónomo, este nunca puede tener efectos anulatorios respecto de actos administrativos. Por todo ello, la Corte Suprema en su sentencia del 10-7-91 revocó la decisión de la Corte Primera que había apreciado que en el caso concreto, al emitirse el acto administrativo impugnado, se había violado el derecho a la defensa de las recurrentes, y señaló:

"2° Que la Corte Primera de lo Contencioso Administrativo no ha debido declarar, por vía de amparo, que el acto de la Comisión Nacional de Valores demandado en nulidad violó el derecho de defensa de las empresas recurrentes, pues con tal declaratoria confunde el ámbito de una acción de amparo acumulada al recurso contencioso de anulación que no permite, en esa etapa previa del proceso, pronunciamientos de esa naturaleza que envuelven consecuencias anulatorias propias sólo del juicio en la correspondiente sentencia definitiva y ajenas a la acción de amparo acumulada.

En efecto, como ya se ha dicho repetidamente, la naturaleza instrumental de una acción de amparo ejercida con base al artículo 5° de la Ley Orgánica de Amparo, está dirigida a obtener la suspensión temporal del acto administrativo impugnado y el juez debe acordarla si los derechos constitucionales invocados como conculcados están fundamentados en un medio de prueba (incluso el propio acto administrativo), que lleve al sentenciador a considerar que existe indicio o presunción grave de la violación o de la amenaza de violación constitucional alegada, por lo que resulta procedente la suspensión, del mismo, mientras dure el juicio de nulidad"[13].

---

12 *Idem.*, p. 190.
13 En *Revista de Derecho Público*, N° 47, EJV, Caracas, 1991, p. 172.

Con posterioridad, esta doctrina de la Corte Suprema se siguió en todas las decisiones de la Corte Primera de lo Contencioso Administrativo. Se destaca, por ejemplo, la sentencia de 30-4-92 en la cual la Corte Primera revocó una decisión del Tribunal de la Carrera Administrativa, con base en los mismos argumentos que utilizó la Corte Suprema en la sentencia de 10-7-91:

> "En primer lugar ha de observar esta Corte que el Tribunal de la Carrera Administrativa no ha debido declarar, por vía de amparo, que el acto impugnado a través del recurso contencioso administrativo de anulación violó los derechos consagrados en los artículos 73, 74, 84 y 93 de la Constitución, pues con tal declaratoria confunde el ámbito de una acción de amparo ejercida conjuntamente con el recurso contencioso administrativo de anulación que no permite, en una etapa previa del proceso, pronunciamientos que envuelven consecuencias anulatorias propias sólo del juicio de nulidad en la correspondiente sentencia definitiva y ajenas a la acción de amparo acumulada.
>
> En efecto, la naturaleza instrumental de una acción de amparo ejercida en base al artículo 5 de la Ley Orgánica de Amparo sobre Derechos y Garantías Constitucionales está dirigida a obtener la suspensión temporal del acto administrativo impugnado y el juez debe acordarla si los derechos constitucionales invocados como conculcados están fundamentados en un medio de prueba que lleve al sentenciador a considerar que existe presunción grave de la violación o de la amenaza de violación constitucional alegada.. En consecuencia, en presencia de las acciones ejercidas conjuntamente –amparo y recurso contencioso administrativo de anulación– el juez no puede decidir que existió violación directa de disposiciones constitucionales, pues ello compromete su decisión de fondo, sino únicamente constatar si existe o no presunción grave de la violación o de la amenaza de violación constitucional alegada"[14].

Veamos, en todo caso, las precisiones que se han venido formulando jurisprudencialmente en los casos de "ejercicio conjunto" de la acción de amparo particularmente con las acciones contencioso administrativas, que más bien se configuran como la formulación de una pretensión de amparo conjuntamente con una acción de nulidad u otro medio procesal.

2. La formulación de la pretensión de amparo conjuntamente con las acciones contencioso administrativos

El artículo 5° de la Ley Orgánica de Amparo, luego de precisar la posibilidad de que se intente una acción de amparo autónoma contra actos administrativos de efectos particulares, agrega que:

> "Cuando la acción de amparo se ejerza contra actos administrativos de efectos particulares o contra abstenciones o negativas de la Administración, podrá formularse ante el juez contencioso administrativo competente, si lo hubiese en la localidad, conjuntamente con el recurso contencioso administrativo de anulación de actos administrativos o contra las conductas omisivas, respectivamente, que se ejerza. En estos casos, el Juez, en forma breve, sumaria, efectiva y conforme a lo establecido en el artículo 22, si lo considera procedente para la protección constitucional, suspenderá los efectos del acto recurrido como garantía de dicho derecho constitucional violado, mientras dure el juicio".

Esta norma, como ya se ha señalado, ha sido objeto de un proceso de interpretación jurisprudencial de gran importancia, y que superó la idea inicial de la acumulación de

---

14 *V.*, en *Revista de Derecho Público*, N° 50, EJV, Caracas, 1992, p. 185.

dos acciones que, sin embargo, por tener procedimientos distintos, seguían cursos procesales paralelos, como fue la tendencia que surgió de muchas decisiones iniciales, hasta llegar a la consideración del amparo como una pretensión subordinada a la acción contencioso administrativa que es la principal, consistiendo el amparo, en estos casos, en una mera medida cautelar durante el juicio de nulidad. Este fue el espíritu del legislador, que fue interpretado cabalmente en la ya mencionada y comentada sentencia de la antigua Corte Suprema de Justicia de 10 de julio de 1991 (caso *Tarjetas Banvenez*), y que se ha seguido en las decisiones judiciales posteriores, y que en nuestro criterio no ha sido modificado por el hecho de que la antigua Corte Suprema hubiera anulado el artículo 22 de la Ley Orgánica de Amparo.

En estos casos, la formulación de la pretensión de amparo con la acción contencioso administrativa debe plantearse, como lo dice la ley, en forma conjunta, lo que implica la acumulación de ambas pretensiones en un mismo y solo libelo de demanda, pues de no ser así, resultaría imposible la aplicabilidad del artículo 5 de la Ley[61].

Por otra parte, sólo formulándose la pretensión de amparo conjuntamente con el recurso contencioso administrativo de anulación es que pueden obviarse los requisitos procesales de admisibilidad de este último en cuanto al lapso de caducidad y el agotamiento de la vía administrativa; que pueden lograrse los efectos suspensivos inmediatos del acto administrativo, de carácter cautelar y no restablecedores, y que pueden modificarse las reglas de competencia de los jueces de amparo.

De allí la exigencia de que las pretensiones se formulen en un mismo momento procesal y no una después de otra[62].

Por ello, la interposición conjunta de la pretensión de amparo con la acción de nulidad, no implica fórmula sacramental alguna[63] y, por supuesto, no impide el que pueda formularse la pretensión de amparo al reformarse el libelo del recurso de anulación; en cambio, lo que no está dentro de la previsión de la norma es la posibilidad del ejercicio separado de las acciones, porque de constar en libelos y oportunidades diferentes, el amparo interpuesto con posterioridad al recurso, sería inadmisible conforme al ordinal 5° del artículo 6 de la ley Orgánica, por haber optado el actor precedentemente a otra vía judicial"[64].

Por otra parte, al formularse conjuntamente la pretensión de amparo con el recurso contencioso administrativo, el objeto de ambas pretensiones tiene que ser el mismo. Es decir, debe tratarse del mismo acto, actuación u omisión, aquél contra el cual se formule la pretensión de amparo y la acción de nulidad[65].

---

61 *V.*, sentencias de la antigua Corte Suprema de Justicia, Sala Político Administrativa de 21-5-91 y de 11-3-93, en *Revista de Derecho Público*, N° 46, EJV, Caracas, 1991, p. 159 y *Revista de Derecho Público*, N° 53-54, EJV, Caracas, 1993, p. 231 y sentencias de la Corte Primera de lo Contencioso Administrativa de 17-11-88, en FUNEDA, *15 años de Jurisprudencia, cit.*, p. 233; y de 7-9-91, *Revista de Derecho Público*, N° 47, EJV, Caracas, 1991, p. 169.

62 *V.*, sentencia de la antigua Corte Suprema de Justicia, Sala Político Administrativa de 6-4-89, *Revista de Derecho Público* N° 38, EJV, Caracas, 1989, p. 140.

63 *V.*, sentencia de la Corte Primera de lo Contencioso Administrativa de 9-9-91, en FUNEDA, *15 años de Jurisprudencia, cit.*, p. 222.

64 *V.*, sentencia de 18-11-93, *Revista de Derecho Público*, N° 55-56, EJV, Caracas, 1993, p. 458.

65 *V.*, sentencias de la antigua Corte Suprema de Justicia, Sala Político Administrativa de 27-7-92 y 16-12-92 en *Revista de Derecho Público*, N° 51, EJV, Caracas, 1992, p. 215, y N° 52, EJV, Caracas, 1992, p. 236; y sentencias de la Corte Primera de lo Contencioso Administrativa de 7-9-91, *Revista de Derecho Público*, N° 47, EJV,

Tratándose de una pretensión de amparo formulada conjuntamente con el recurso contencioso administrativo, ambas deben ser conocidas y decididas por un solo juez[66], precisamente el juez competente para conocer de la acción principal, es decir, el competente para conocer del recurso contencioso administrativo[67]. Ambas deben ser tramitadas en un solo proceso, el de la acción principal (contencioso administrativo), teniendo por tanto la pretensión de amparo, carácter subordinado, accesorio y dependiente de la acción principal[68], cuya suerte sigue[69].

En los casos de ejercicio conjunto de la pretensión de amparo con el recurso contencioso administrativo, tratándose de una pretensión accesoria y subordinada a la acción principal, como se ha dicho, la decisión en el caso de amparo tiene carácter cautelar, no incidiendo en la anulación, que es el fondo debatido[70]; y los efectos de la misma consisten en el caso de que la acción principal sea un recurso de nulidad de un acto administrativo, básicamente en la suspensión de los efectos del mismo mientras dure el juicio de nulidad[71], sin que por esta vía se puedan crear derechos[72]. La decisión, por otra parte, dado su carácter cautelar, se puede adoptar *inaudita parte*[73].

Por ello, la antigua Corte Suprema de Justicia en Sala Político Administrativa señaló que la suspensión de efectos del acto administrativo decidida en los casos de ejercicio conjunto, tiene una naturaleza cautelar similar a la suspensión de efectos dictada conforme al artículo 136 de la derogada Ley Orgánica de la Corte (artículo 21, párrafo 22 de la Ley Orgánica del Tribunal Supremo), difiriendo básicamente en su fundamenta-

---

Caracas, 1991, p. 169; de 14-11-92 *Revista de Derecho Público*, N° 52, EJV, Caracas, 1992, p. 232, y de 14-12-92 en FUNEDA, *15 años de Jurisprudencia, cit.*, p. 230.

66 *V.*, sentencia de la antigua Corte Suprema de Justicia, Sala Político Administrativa de 19-11-92, *Revista de Derecho Público*, N° 52, EJV, Caracas, 1992, p. 240.

67 *V.*, sentencias antigua Corte Suprema de Justicia, Sala Político Administrativa de 31-5-91, *Revista de Derecho Público*, N° 46, EJV, Caracas, 1991, p. 154; de 6-12-91, *Revista de Derecho Público*, N° 45, EJV, Caracas, 1991, p. 145; de 3-6-92, *Revista de Derecho Público*, N° 50, EJV, Caracas, 1992, p. 182; de 10-6-92, *Revista de Derecho Público*, N° 50, EJV, Caracas, 1992, p. 184; de 23-7-92, *Revista de Derecho Público*, N° 51, EJV, Caracas, 1992, pp. 208 y 210; y de 29-10-93, *Revista de Derecho Público*, N° 52, EJV, Caracas, 1992, p. 220, y sentencia de la Corte Primera de lo Contencioso Administrativa de 14-12-92, *Revista de Derecho Público*, N° 52, EJV, Caracas, 1992, p. 221.

68 *V.*, sentencias de la antigua Corte Suprema de Justicia, Sala Político Administrativa de 11-7-91, en *Revista de Derecho Público*, N° 47, EJV, Caracas, 1991, p. 174; de 19-11-92, *Revista de Derecho Público*, N° 52, EJV, Caracas, 1992, p. 240, y de 11-3-93 en *Revista de Derecho Público*, N° 53-54, EJV, Caracas, 1993, pp. 232 y 354; y sentencia de la Corte Primera de lo Contencioso Administrativa de 15-12-88, en FUNEDA, *15 años de Jurisprudencia, cit.*, p. 215.

69 *V.*, sentencia de la Corte Primera de lo Contencioso Administrativa de 16-1-92, *Revista de Derecho Público*, N° 49, EJV, Caracas, 1992, p. 146. y sentencia de la Corte Suprema, Sala Político Administrativa de 3-6-92 en *Revista de Derecho Público*, N° 50, EJV, Caracas, 1992, p. 182.

70 *V.*, sentencia de la antigua Corte Suprema de Justicia, Sala Político Administrativa de 3-10-91, en *Revista de Derecho Público*, N° 48, EJV, Caracas, 1991, p. 164; y sentencia de la Corte Primera de lo Contencioso Administrativa de 21-9-93, en *Revista de Derecho Público* N° 53-54, EJV, Caracas, 1993, p. 365.

71 *V.*, sentencias de la antigua Corte Suprema de Justicia, Sala Político Administrativa de 14-8-91 *Revista de Derecho Público* N° 47, EJV, Caracas, 1991, p. 174; de 3-10-91 y de 5-12-91, *Revista de Derecho Público* N° 48, EJV, Caracas, 1991, pp. 164 y 167 de 11-3-93, *Revista de Derecho Público*, N° 53-54, EJV, Caracas, 1993, p. 351; y sentencia de la Corte Primera de lo Contencioso Administrativa de 3-12-91, *Revista de Derecho Público*, N° 48, EJV, Caracas, 1991, p. 166.

72 *V.*, sentencia de la Corte Primera de lo Contencioso Administrativa de 20-6-91, *Revista de Derecho Público* N° 46, EJV, Caracas, 1991, p. 156.

73 *V.*, sentencia de la Corte Primera de lo Contencioso Administrativa de 27-9-93, en *Revista de Derecho Público*, N° 55-56, EJV, Caracas, 1993, p. 475.

ción[74] y precisando, en todo caso, que esta última norma no puede invocarse para obtener el pronunciamiento de amparo. De lo contrario, ha considerado la Corte Primera en lo que consideramos un exceso de formalismo, que en ese caso, el amparo debe declararse inadmisible[75]. En particular, sólo podría admitirse el invocar el artículo 21, párrafo 22 de la Ley Orgánica del Tribunal Supremo de Justicia, cuando ello se hace en forma subsidiaria a la petición de amparo, para el caso de que éste se declare improcedente[76].

En todo caso, como se dijo, la Corte Primera precisó en sentencia de 18 de junio de 1991 que el hecho de que el ahora artículo 21, párrafo 22 de la Ley Orgánica (artículo 136 de la derogada Ley Orgánica) prevea la medida de suspensión de efectos del acto administrativo, no es suficiente para la protección constitucional[77], pues conforme a esa norma, la suspensión sólo opera por previsión expresa de la Ley o cuando sea imprescindible para impedir daños irreparables o de difícil reparación. En el caso de la suspensión de efectos conforme a la Ley Orgánica de Amparo, ella no requiere de la demostración del daño, bastando la presunción grave de la violación. Además, agregó la antigua Corte en la citada sentencia de 18 de junio de 1991 que "dada su naturaleza, no se limita al simple levantamiento de la eficacia del acto sino que tiene un efecto más complejo y variado, por cuanto puede detener la realización de ciertas conductas e impedir que las mismas se consoliden"[78].

De acuerdo con esta doctrina, la Corte Suprema ha reconocido que el juez contencioso administrativo, cuando conoce de una pretensión de amparo formulada conjuntamente con un recurso contencioso administrativo, tiene los más amplios poderes cautelares, señalando:

> "En caso, pues, de que el juez de amparo considere que existen motivos para prever que se están dando o puedan producirse lesiones a derechos o garantías de rango constitucional, dispone –mientras se produce decisión del juicio principal– de las más amplias facultades para salvaguardarlos o protegerlos, ya sea suspendiendo los efectos del acto impugnado, ordenando la realización o el cese de una actuación o cualquier otra medida legalmente consagrada que considere acorde con y adecuada a la protección constitucional en el caso concreto"[79].

Ahora bien, a pesar de estos poderes cautelares, en ciertas decisiones la antigua Corte Suprema fue cautelosa en acordar la suspensión de efectos de actos negativos o denegatorios impugnados en vía contencioso administrativa con pretensión de amparo, pues ello supuestamente convertía al juez contencioso administrativo "no en reparador de los daños que el acto genera, sino en otorgante en sede jurisdiccional y con carácter previo, de la pretensión ante la Administración, lo cual convertiría la decisión del juez de amparo en constitutiva del derecho, que no en reparadora de la lesión aducida"[80]. Por otra

---

74 *V.*, sentencia de 13-12-90, en *Revista de Derecho Público*, N° 45, EJV, Caracas, 1991, p. 149.

75 Sentencias de la Corte Primera de lo Contencioso Administrativa de 21-2-91, en *Revista de Derecho Público*, N° 45, EJV, Caracas, 1991 pp. 146-147; y de 5-11-92, en *Revista de Derecho Público*, N° 52, EJV, Caracas, 1992, p. 187.

76 *V.*, sentencia antigua Corte Suprema de Justicia, Sala Político Administrativa de 13-7-92, *Revista de Derecho Público*, N° 51, EJV, Caracas, pp. 215-216.

77 *V.*, también sentencia de la Corte Primera de lo Contencioso Administrativa de 21-7-92, *Revista de Derecho Público*, N° 51, EJV, Caracas, 1992, p. 212.

78 *V.*, en *Revista de Derecho Público*, N° 46, EJV, Caracas, 1991, p. 158.

79 *V.*, sentencia de 19-11-92, *Revista de Derecho Público*, N° 52, EJV, Caracas, 1992, p. 227.

80 Sentencia de la Sala Político Administrativa de 4-12-91, en *Revista de Derecho Público*, N° 48, EJV, Caracas, 1991, pp. 167-168. Criterio ratificado en sentencia de la Corte Primera de lo Contencioso Administrativa de 14-1-92, *Revista de Derecho Público* N° 49, EJV, Caracas, 1992, p. 147.

parte, debe señalarse que el carácter accesorio y cautelar de la decisión que se adopte en cuanto a la petición de amparo, la hace esencialmente temporal, sometida al pronunciamiento final que se emita en el juicio principal[81]. Las medidas cautelares, que tienen por finalidad evitar que se produzcan violaciones de derechos constitucionales mientras se tramita el juicio principal, permiten al juez hacer pleno uso de sus poderes de ejecución del mandamiento dictado[82].

Por último debe señalarse que por sentencia de 21 de mayo de 1996, la antigua Corte Suprema de Justicia en Corte Plena declaró la nulidad por inconstitucionalidad del artículo 22 de la Ley Orgánica de Amparo por violación al derecho a la defensa consagrado en la Constitución. A pesar de que el artículo 5° de la Ley Orgánica que regula el ejercicio conjunto de la pretensión de amparo con el recurso de nulidad hace referencia al artículo 22 de la Ley Orgánica, la anulación de este no varía en absoluto el carácter cautelar del amparo en esos casos de ejercicio conjunto, tal y como la Corte lo indicó expresamente en la sentencia.[83]

IX. LAS CONDICIONES DE ADMISIBILIDAD DE LA ACCIÓN DE AMPARO

La acción de amparo, como todas las acciones judiciales, se encuentra sometida a una serie de condiciones de admisibilidad, en este caso establecidas en la Ley Orgánica de Amparo, particularmente en su artículo 6. Sin embargo, las causales de inadmisibilidad establecidas en esa norma no son las únicas, pues de otra serie de normas de la Ley Orgánica se derivan otras causales de inadmisibilidad, como las que se refieren al carácter de la violación constitucional y que conduce a la inadmisibilidad cuando se fundamenta la acción en sólo violaciones de carácter legal. Además, la acción de amparo, por su carácter personalísimo, está sometida a determinadas condiciones de admisibilidad relativas al carácter del agraviado (legitimación activa) y del agraviante (legitimación pasiva).

Pero además, la acción de amparo también está sometida a las causales de inadmisibilidad establecidas en el Código de Procedimiento Civil, en virtud de la aplicación supletoria de sus normas al proceso de la acción de amparo, conforme lo establece el artículo 48 de la Ley Orgánica.

1. La legitimación activa

La acción de amparo ha tenido fundamentalmente un carácter personalísimo, de manera que el legitimado activo sólo puede ser el agraviado en sus derechos o garantías constitucionales por un hecho, acto u omisión realizado por un *agraviante* preciso. Sin embargo, dada la garantía de la tutela efectiva de los derechos colectivos y difusos establecida en el artículo 26 de la Constitución, la legitimación activa se ha ampliado de manera de proteger esos derechos.

---

81 *V.*, sentencia de la Corte Primera de lo Contencioso Administrativa de 29-7-93, *Revista de Derecho Público* N° 55-56, EJV, Caracas, 1993, p. 47.

82 *V.*, antigua Corte Suprema de Justicia, Sala Político Administrativa, sentencias de 22-11-90 y 2-6-93, en *Revista de Derecho Público*, N° 53-54, EJV, Caracas, 1993, p. 369.

83 Consultada en original.

A. La condición de agraviado

La acción de amparo tiene en principio un carácter personal, en el sentido de que sólo puede ser intentada por el agraviado, es decir, por la persona que se vea lesionada o amenazada de lesión a su propio derecho constitucional[84]. En consecuencia, nadie puede hacer valer en el proceso de amparo, en nombre propio, un derecho ajeno[85]. Tal como lo señaló la antigua Corte Suprema de Justicia en Sala Político Administrativa, el carácter eminentemente personal del amparo constitucional exige para su admisibilidad:

> "Un interés calificado en quién pretenda la restitución o restablecimiento del derecho o garantía que considere vulnerados, es decir, que la lesión le esté dirigida, y en definitiva, que sus efectos repercutan sobre él en forma directa e indiscutida, lesionando su ámbito de derechos subjetivos que la Carta Magna le confiere. Es únicamente, pues, la persona que se encuentra lesionada en forma directa y especial en sus derechos subjetivos fundamentales, por un acto, hecho u omisión determinados, quien puede acudir a los órganos judiciales competentes para que, mediante un proceso breve y sumario, el juez acuerde inmediatamente el total restablecimiento de la situación jurídica subjetiva infringida"[86].

La acción de amparo, por tanto, es una acción subjetiva[87] para cuya interposición se requiere un interés personal, legítimo y directo del accionante[88], incluso cuando se formula conjuntamente con una acción popular.[89] Por ello, la acción de amparo sólo puede intentarse por el propio agraviado quien es el que tiene la legitimación activa o por su apoderado legítimamente constituido[90].

De acuerdo con la ley, la condición de agraviado para el ejercicio de la acción de amparo la puede tener cualquier "habitante de la República" en el sentido de cualquier persona que se encuentre en el territorio nacional, sea venezolano o no[91]; incluso, una persona no domiciliada ni residenciada en el país, que se encuentre en él de tránsito[92].

---

84 *V.*, sentencia de la antigua Corte Suprema de Justicia, Sala Político Administrativa de 18-6-92, *Revista de Derecho Público* N° 50, EJV, Caracas, 1992, p. 135 y de 13-8-92, *Revista de Derecho Público*, N° 51, EJV, Caracas, 1992 p. 160.

85 *V.*, sentencia de la antigua Corte Suprema de Justicia, Sala Político Administrativa de 14-2-90, *Revista de Derecho Público*, N° 41, EJV, Caracas, 1990, p. 101.

86 *V.*, sentencia de la antigua Corte Suprema de Justicia, Sala Político Administrativa de 27-8-93 (Caso: *Kenet E. Leal*), *Revista de Derecho Público*, N° 55-56, EJV, Caracas, 1993, p 322.

87 *V.*, sentencia de la Corte Primera de lo Contencioso Administrativa de 18-11-93, *Revista de Derecho Público*, N° 55-56, EJV, Caracas, 1993, pp. 325-327.

88 *V.*, sentencias de la antigua Corte Suprema de Justicia, Sala Político Administrativa de 22-10-90 y 22-10-92, *Revista de Derecho Público*, N° 52, EJV, Caracas, 1992, p. 140 y de 18-11-93, *Revista de Derecho Público*, N° 55-56, EJV, Caracas, 1993, p. 327.

89 *V.*, sentencia de la Sala Constitucional N° 1424 de 30-6-2005 (Caso: *Impugnación del numeral 23 del artículo 6 de la Ley Orgánica del Tribunal Supremo de Justicia*), en *Revista de Derecho Público*, N° 102, EJV, Caracas, 2005, p. 156.

90 *V.*, sentencia de la Corte Primera de lo Contencioso Administrativo de 21-8-92, *Revista de Derecho Público*, N° 51, EJV, Caracas, 1992, p. 161.

91 *V.*, sentencia de la antigua Corte Suprema de Justicia, Sala Político Administrativa de 27-10-93 (Caso: *Ana Drossos*), *Revista de Derecho Público*, N° 55-56, EJV, Caracas, 1993, p. 282.

92 *V.*, sentencia de la antigua Corte Suprema de Justicia, Sala Político Administrativa de 29-9-93, *Revista de Derecho Público*, N° 55-56, EJV, Caracas, 1993, p. 317.

Incluso, podría admitirse la acción de amparo intentada por una persona que no se encuentre en territorio venezolano, siempre y cuando sus derechos o garantías constitucionales hayan sido directamente lesionados o amenazados de violación por cualquier acto, hecho u omisión que "se haya realizado, emitido o producido en la República"[93].

En este sentido la antigua Corte Suprema de Justicia en sentencia de 27 de agosto de 1993 resolvió lo siguiente:

> "Considera la Sala, en relación con el señalamiento anterior (el accionante en amparo debe ser habitante de la República), que el amparo tiene una amplia consagración constitucional, conforme a la cual abarca los derechos y garantías susceptibles de protección mediante esta vía; la diversidad de actos, hechos o omisiones que puedan ser objeto de la acción, y la naturaleza de las personas y de los entes contra quien puede ser ejecutada, tal como ha sido sostenida reiteradamente por nuestra jurisprudencia. Debe, por tanto, se interpretado en forma tal que, conforme a la expresión "toda persona natural habitante de la República" –empleada en el artículo 1 de la Ley Orgánica respectiva– al referirse ésta a las personas habilitadas para solicitar ante los tribunales competentes el amparo previsto en el artículo 49 de la Carta Magna, puede acudir a él con éxito un no domiciliado ni residenciado en el país, sino sólo en tránsito, y aun quien no se encontrare en el territorio venezolano: Siempre, claro está, que se den también las condiciones para la admisibilidad y procedencia de la acción".

En esta forma, señaló la antigua Corte, la intención del Constituyente y la del legislador, al utilizar el término "habitante de la República" para referirse a la personas que pueden interponer la acción de amparo, "fue la de permitir que ésta sea ejercida por cualquier sujeto de derecho –sea cual fuere su condición social, nacionalidad o situación legal– siempre y cuando sus derechos o garantías constitucionales hayan sido directamente lesionados o amenazados de violación por cualquier acto, hecho u omisión que "se haya realizado, emitido o producido en la República"[94].

Los mismos criterios se deben aplicar a las personas morales titulares de derechos constitucionales, en el sentido de que pueden ejercer la acción las personas morales constituidas o domiciliadas en el país o que no estándolo, sus derechos constitucionales hayan sido lesionados por una actuación u omisión ocurrida en territorio venezolano.

En todo caso, la consecuencia del carácter personalísimo de la acción de amparo es que la misma sólo puede ejercerse por el agraviado o su representante legalmente constituido, por lo que quien se dice representar a otro debe acreditarlo. Ello se deriva de la previsión del artículo 13 de la Ley Orgánica de Amparo que precisa que la acción puede interponerse "por cualquier persona natural o jurídica, por representación o directamente".

Sobre la representación, en sentencia de 22 de septiembre de 1993 (caso *Rafael A. Pineda*), la antigua Corte Suprema de la Sala Político Administrativa, interpretó la referencia en la norma en "la forma más amplia posible"[95], admitiéndose por ejemplo la

---

93 *V.*, sentencia de la antigua Corte Suprema de Justicia, Sala Político Administrativa de 27-8-93 (Caso: *Ana Drossos*), *cit.* en sentencia de la antigua Corte Suprema de Justicia, Sala Político Administrativa de 29-9-93, en *Revista de Derecho Público* N° 55-56, EJV, Caracas, 1993, p. 317.

94 *V.*, en *Jurisprudencia Ramírez & Garay*, *t.* CXXVI, p. 667.

95 *V.*, sentencia de la antigua Corte Suprema de Justicia, Sala Político Administrativa de 22-9-93, *Revista de Derecho Público*, N° 55-56, EJV, Caracas, 1993, p. 356.

actuación de "los órganos de representación corporativa".[96] El agraviado, para intentar la acción de amparo, debe además estar asistido de abogado como lo exige el artículo 4° de la Ley de Abogados[97]. La única excepción a la obligación de asistencia por abogado está prevista en la propia Ley Orgánica de Amparo, respecto al ejercicio de la acción de amparo a la libertad personal (*hábeas corpus*), que puede intentarse conforme al artículo 41 por el agraviado o por cualquier persona que gestione en favor de aquél, por escrito, verbalmente o por vía telegráfica, sin necesidad de asistencia de abogado.

B. El amparo respecto de derechos colectivos y difusos

Por otra parte, en virtud de reconocimiento constitucional (artículo 26) de la tutela judicial de los intereses difusos y colectivos, la Sala Constitucional del Tribunal Supremo ha admitido la posibilidad del ejercicio de la acción de amparo en protección de derechos colectivos y difusos, como el que tienen los electores en sus derechos políticos, e incluso ha acordado medidas cautelares con efectos *erga omnes* "tanto para las personas naturales y organizaciones que han solicitado la protección de amparo constitucional como para todos los electores en su conjunto"[98].

En cuanto a los intereses difusos, la Sala Constitucional del Tribunal Supremo ha considerado que "son aquellos que garantizan al conglomerado (ciudadanía) en forma general una aceptable calidad de la vida (condiciones básicas de existencia), [cuando] la calidad de la vida de toda la comunidad o sociedad en sus diversos aspectos se ve desmejorada, y surge en cada miembro de esa comunidad un interés en beneficio de él y de los otros componentes de la sociedad en que tal desmejora no suceda, y en que si ya ocurrió sea reparada"[99]. En cuanto a los derechos colectivos, son aquellos que surgen cuando la lesión se localiza concretamente en un grupo, determinable como tal, aunque no cuantificado o individualizado, como serían los habitantes de una zona del país afectados por una construcción ilegal que genera problemas de servicios públicos en la zona. Estos intereses colectivos, ha dicho la misma Sala Constitucional, están "referidos a un sector poblacional determinado (aunque no cuantificado) e identificable, aunque individualmente, dentro del conjunto de personas existe o puede existir un vínculo jurídico que los une entre ellos. Ese es el caso de las lesiones a grupos profesionales, a grupos de vecinos, a los gremios, a los habitantes de un área determinada, etc. [100]

96 *V.*, sentencia de la antigua Corte Suprema de Justicia, Sala Político Administrativa de 30-10-90, *cit.*, por sentencia de la antigua Corte Suprema de Justicia, Sala Político Administrativa de 22-10-92, *Revista de Derecho Público*, N° 52, EJV, Caracas, 1992, p. 141.

97 *V.*, sentencias de la Corte Primera de lo Contencioso Administrativo de 18-11-93 (Caso: *Carlos G. Pérez*), *Revista de Derecho Público*, N° 55-56, EJV, Caracas, 1993, pp. 353-354; de 14-9-89, *Revista de Derecho Público* N° 40, EJV, Caracas, 1989, p. 105; y de 4-3-93 y 25-3-93, *Revista de Derecho Público*, nos 53-54, EJV, Caracas, 1993, p. 258.

98 Sentencia de la Sala Constitucional N° 483 de 29-05-2000, Caso: *"Queremos Elegir" y otros*, *Revista de Derecho Público*, N° 82, 2000, EJV, pp. 489-491. En igual sentido sentencia de la misma Sala N° 714 de 13-07-2000, Caso: *APRUM*.

99 *V.*, sentencia de la Sala Constitucional N° 656 de 05-06-2001, Caso: *Defensor del Pueblo vs. Comisión Legislativa Nacional*.

100 *Idem. V.*, sentencia de la Sala Constitucional N° 656 de 05-06-2001, caso: *Defensor del Pueblo vs. Comisión Legislativa Nacional*.

La Sala Constitucional, por lo demás, ha interpretado el tema de la legitimación *ad procesum* prevista en el artículo 26 de la Constitución en forma amplia en cuanto al ejercicio de la acción de amparo extendida a la protección de derechos colectivos o difusos, señalando lo siguiente:

> "En consecuencia, cualquier persona procesalmente capaz que va a impedir el daño a la población o a sectores de ella a la cual pertenece, puede intentar una acción por intereses difusos o colectivos, y si ha sufrido daños personales, pedir sólo para sí (acumulativamente) la indemnización de los mismos. Esta interpretación fundada en el artículo 26, hace extensible la legitimación activa a las asociaciones, sociedades, fundaciones, cámaras, sindicatos, y demás entes colectivos, cuyo objeto sea la defensa de la sociedad, siempre que obren dentro de los límites de sus objetivos societarios, destinados a velar por los intereses de sus miembros en cuanto a lo que es su objeto.
>
> [...] Quien demanda con base a derechos o intereses colectivos, deberá hacerlo en su condición de miembro o vinculado al grupo o sector lesionado, y que por ello sufre la lesión conjuntamente con los demás, por lo que por esta vía asume un interés que le es propio y le da derecho de reclamar el cese de la lesión para sí y para los demás, con quienes comparte el derecho o el interés. Se trata de un grupo o sector no individualizado, ya que si lo fuese, se estaría ante partes concretas.[101]

C. La legitimación activa del Defensor del Pueblo

Por otra parte, teniendo competencia el Defensor del Pueblo, el cual ha sido establecido como órgano constitucional que forma parte del Poder Ciudadano, para la promoción, defensa y vigilancia de los derechos y garantías constitucionales "además de los intereses legítimos, colectivos o difusos de los ciudadanos" (Arts. 280 y 281, 2 C), la Sala Constitucional ha admitido su legitimación activa para intentar acciones de amparo en representación de la globalidad de los ciudadanos, como por ejemplo, contra la amenaza por parte de la Comisión Legislativa Nacional en el 2000 de nombrar a los miembros del Consejo Nacional Electoral sin cumplir con los requisitos constitucionales. La Sala sostuvo, al interpretar el artículo 280 de la Constitución, que "es forzoso concluir que la Defensoría del Pueblo, en nombre de la sociedad, legitimada por la ley para ello, puede incoar un amparo tendente al control del Poder Electoral, en beneficio de los ciudadanos en general, a fin de que se cumplan los artículos 62 y 70 de la Constitución de la República Bolivariana de Venezuela, los cuales fueron denunciados por la actora como infringidos por la Comisión Legislativa Nacional (derecho a la participación ciudadana)".[102]

Ahora bien, en cuanto a las sentencias de amparo en estos casos de amparo para la protección de intereses colectivos y difusos, la Sala Constitucional en la misma sentencia, consideró que "pueden prohibir una actividad o un proceder específico del demandado, o la destrucción o limitación de bienes nocivos, restableciendo una situación que se había convertido en dañina para la calidad de vida (salud física o psíquica colectiva, preservación del medio ambiente, preservación de la vida, del entorno urbano, del derecho a una relación sana, o de evitar ser convertido en consumidor compulsivo de pro-

---

101 *V.*, sentencia de la Sala Constitucional N° 656 de 05-06-2001, Caso: *Defensor del Pueblo vs. Comisión Legislativa Nacional.*

102 Sentencia de la Sala Constitucional N° 656 de 05-06-01, Caso: *Defensor del Pueblo vs. Comisión Legislativa Nacional.*

ductos o ideologías, por ejemplo), o que sea amenazante para esa misma calidad de vida". En consecuencia, el fallo produce efectos *erga omnes*, ya que beneficia o perjudica a la colectividad en general o a sectores de ella.[103]

2. Legitimación pasiva: la condición de agraviante

El carácter personalísimo de la acción de amparo no sólo moldea la condición del agraviado, excepto en los casos de intereses colectivos y difusos, sino también la del agraviante. Este sólo puede ser la persona que ha originado la lesión o amenaza de lesión al derecho del agraviado. La antigua Corte Suprema de Justicia, en Sala Político Administrativa lo puntualizó, en sentencia del 15 diciembre de 1992, al considerar que "debe existir una relación directa, específica e indubitable entre la persona que solicita la protección de derechos fundamentales y la persona imputada de dar origen al supuesto agente perturbador, quien viene a ser legitimado pasivo o el sujeto contra quien se deduce la pretensión en el proceso judicial incoado". En otras palabras, es necesario, para la procedencia de la acción de amparo, que la persona señalada como agraviante sea la que en definitiva originó la supuesta lesión[104]

Tratándose de una persona natural, la identificación y precisión del agraviante no presenta mayores dificultades, siempre que la persona indicada sea la que en definitiva originó la lesión o la amenaza de lesión al derecho del agraviado. La acción de amparo también puede intentarse contra una persona moral cuando ésta, actuando a través de sus órganos, es la causante de la lesión.[105]

Por otra parte, en relación a las personas morales, la acción de amparo podría intentarse contra el órgano de la misma o uno de los órganos, si la lesión ha sido infringida por el mismo; e, incluso, contra el o los titulares individualizados del órgano, si la o las personas naturales titulares del órgano pueden identificarse como agraviante, con independencia del órgano en sí mismo.

Es decir, el agraviante tiene que ser el directo responsable de la conducta que se imputa como violatoria de los derechos o garantías constitucionales del agraviante[106]; y de lo contrario, si se denuncia a una persona como agraviante sin serlo, la acción de amparo debe ser declarada inadmisible[107].

---

103 Sentencia de la Sala Constitucional N° 656 de 05-06-01, Caso: *Defensor del Pueblo vs. Comisión Legislativa Nacional.*

104 *V.*, sentencia de la antigua Corte Suprema de Justicia, Sala Político Administrativa de 16-12-92 (Caso *Haydée Casanova*), *Revista de Derecho Público*, N° 52, EJV, Caracas, 1992, p. 139

105 *V.*, sentencia de la Corte Primera de lo Contencioso Administrativo de 7-9-89, *Revista de Derecho Público*, N° 40, EJV, Caracas, 1989, p. 108.

106 *V.*, sentencias de la Corte Primera de lo Contencioso Administrativo de 12-5-88, *Revista de Derecho Público*, N° 34, EJV, Caracas, 1988, p. 113; y de 16-6-88, *Revista de Derecho Público*, N° 35, EJV, Caracas, 1988, p. 138.

107 *V.*, sentencia de la antigua Corte Suprema de Justicia, Sala Político Administrativo de 22-11-93, *Revista de Derecho Público*, N° 55-56, EJV, Caracas, 1993, pp. 487-489.

Ello implica que la acción de amparo en los casos de actuaciones de la Administración Pública, exige que se identifique al titular del órgano que efectivamente produjo la lesión o amenaza de lesión de los derechos o garantías, es decir, al sujeto a quien se imputan, que posee conocimiento directo y personal sobre los hechos[108].

Pero el hecho de que se identifique, con precisión, al titular del órgano que causó la lesión, no implica que la acción de amparo se tenga que intentar contra dicho titular y no contra el órgano que produjo la lesión. En estos casos, podría cambiar el titular del órgano, es decir, el funcionario, pero no por ello cambia la relación entre agraviado y agraviante.[109]

En consecuencia, en los casos en que el agraviado señale en forma precisa al funcionario público autor del agravio, es a éste y sólo a éste, a quien le corresponde actuar en el proceso, sea cual fuere su jerarquía, y en modo alguno puede actuar en el proceso ni debe ser notificado a tal efecto, por ejemplo, ni el superior inmediato o máximo titular jerárquico del órgano[110], ni el Procurador General de la República en caso de que se trate de un funcionario[111]. En cambio, si la acción de amparo se intenta, por ejemplo, contra un Ministerio como órgano de la República, su actuación sí sería imputable a la persona jurídica "República", de la cual el Ministerio es sólo un órgano, y en ese caso, el representante judicial de la República, quien tendría que actuar en juicio, sería el Procurador General de la República[112].

Sin embargo, al contrario, cuando el amparo está dirigido contra un órgano perfectamente individualizado de la Administración Pública Nacional, y no contra la República, la representación de la República, a través del Procurador General de la República, no tiene relevancia alguna de carácter procesal[113]. Es decir, cuando el amparo está dirigido contra una autoridad administrativa, en cuyo caso debe personalizarse un sujeto específico[114], por ejemplo, contra un Ministro, los representantes de la Procuraduría General de la República no pueden ejercer la representación del mismo en el juicio de amparo[115].

---

108 *V.*, sentencia de la Corte Primera de lo Contencioso Administrativo de 16-6-88, *Revista de Derecho Público*, N° 35, EJV, Caracas, 1988, p. 138.

109 *V.*, sentencia de la Corte Primera de lo Contencioso Administrativo de 28-9-93, *Revista de Derecho Público*, no 55-56, EJV, Caracas, 1993, p. 330.

110 *V.*, sentencia de la Corte Primera de lo Contencioso Administrativo de 12-5-88, *Revista de Derecho Público*, N° 34, EJV, Caracas, 1988, p. 113.

111 *V.*, sentencia de la antigua Corte Suprema de Justicia, Sala Político Administrativa de 16-3-89, *Revista de Derecho Público*, N° 38, EJV, Caracas, 1989, p. 110; sentencia de la Corte Primera de lo Contencioso Administrativo de 7-9-89, *Revista de Derecho Público*, N° 40, EJV, Caracas, 1989, p. 107.

112 *V.* sentencia de la Corte Primera de lo Contencioso Administrativo de 7-9-89, *Revista de Derecho Público*, N° 40, EJV, Caracas, 1989, p. 107.

113 *V.*, sentencia de la Corte Primera de lo Contencioso Administrativo de 21-11-90, *Revista de Derecho Público*, N° 44, EJV, Caracas, 1990, p. 148.

114 *V.*, sentencia de la Corte Primera de lo Contencioso Administrativo de 10-10-90, *Revista de Derecho Público*, N° 44, EJV, Caracas, 1990, p. 142.

115 *V.*, sentencias de la antigua Corte Suprema de Justicia, Sala Político Administrativa de 1-8-91, *Revista de Derecho Público*, N° 47, EJV, Caracas, 1991, p. 120; y de 15-12-92, *Revista de Derecho Público*, N° 52, EJV, Caracas, 1992, p. 139; y *V.* sentencia de la Corte Primera de lo Contencioso Administrativo de 30-7-92, *Revista de Derecho Público*, N° 51, EJV, Caracas, 1992, p. 164.

En esos casos en los cuales se intente la acción de amparo contra un organismo administrativo, se debe individualizar la acción en la persona de su titular o responsable para ese momento, al cual debe notificarse y debe comparecer personalmente[116].

3. Las condiciones de la lesión

La lesión a los derechos o garantías constitucionales puede tener su origen tanto en una violación de los mismos como en una amenaza de violación, a cuyo efecto, la Ley Orgánica de Amparo establece condiciones de admisibilidad en uno u otro caso.

La Ley Orgánica de Amparo, en su artículo 6°, precisa diversas condiciones de admisibilidad de la acción de amparo que tienen relación con la violación de derechos o garantías constitucionales, y que exigen que la violación sea actual, es decir, que no haya cesado; que sea reparable, y que no haya sido consentida.

El artículo 6,1 de la Ley Orgánica de Amparo, en efecto, exige para la admisibilidad de la acción, que la violación no haya cesado, es decir, que sea actual, reciente, viva[117]; condición sobre la cual la Corte Primera de lo Contencioso Administrativo, en sentencia de 7 de mayo de 1987, señaló que:

> "[...] alude esencialmente al hecho de que la lesión esté viva, esté presente con toda su intensidad y que contra ella no exista ningún medio de defensa o de protección idóneos para enervar la fuerza o poder que la produce. Hay amenaza de lesión, o lesiones, como son aquéllas que se producen ante la indefinición de las situaciones jurídicas, que pueden prolongarse en el tiempo, sin que se atenúen sus efectos y sin que los mismos puedan ser contrarrestados por los medios ordinarios que el derecho ofrece. De allí que la actualidad de la lesión se refiere fundamentalmente al carácter presente de la misma, no al hecho pasado, acaecido, circunscrito al pretérito, sino a la situación presente que puede prolongarse por un período indefinido de tiempo"[118].

La consecuencia de ello, por ejemplo, es que no puede acordarse el amparo contra un acto administrativo cuando en el curso del procedimiento del juicio, el acto lesivo había sido revocado. Es decir, en el curso del juicio de amparo la lesión no puede haber cesado antes de la decisión del juez; de lo contrario, si cesare, el juez debe declarar, *in limine litis*, inadmisible la acción[119].

El ordinal 3° del artículo 6 de la Ley Orgánica de Amparo establece por otra parte, que no se admitirá la acción de amparo:

> "Cuando la violación del derecho o la garantía constitucionales, constituya una evidente situación irreparable, no siendo posible el restablecimiento de la situación jurídica infringida".

---

116 *V.*, sentencia de la antigua Corte Suprema de Justicia, Sala Político Administrativa de 8-3-90, *Revista de Derecho Público*, N° 42, EJV, Caracas, 1990, p. 114; y sentencias de la Corte Primera de lo Contencioso Administrativo de 21-11-90, *Revista de Derecho Público*, N° 44, EJV, Caracas, 1990, p. 148, y en FUNEDA, *15 años de Jurisprudencia, cit.*, p. 164 y de 14-7-88, FUNEDA, *15 años de Jurisprudencia, cit.*, p. 177.

117 *V.*, sentencia de la Corte Primera de lo Contencioso Administrativo de 13-11-88, FUNEDA, *15 años de la Jurisprudencia, cit.*, p. 134.

118 *V.*, sentencia de la Corte Primera de lo Contencioso Administrativo de 7-5-87 (Caso: *Desarrollo 77 C.A.*), en FUNEDA *15 años de Jurisprudencia cit.*, p. 78.

119 *V.*, sentencias de la antigua Corte Suprema de Justicia, Sala Político Administrativa de 15-12-92, *Revista de Derecho Público* N° 52, EJV, Caracas, 1992, p. 164; y de 27-5-93, *Revista de Derecho Público*, N° 53-54, EJV, Caracas, 1993, p. 264. *Cfr.* sentencia de la Corte Primera de lo Contencioso Administrativo de 12-12-92 (Caso: *Allan R. Brewer-Carías*), *Revista de Derecho Público*, N° 49, EJV, Caracas, 1992, pp. 131-132;

Dado el carácter eminentemente restablecedor de la acción de amparo, en el sentido de que mediante la misma no se pueden crear situaciones jurídicas nuevas o modificar las existentes[120], sino lo que se puede es restablecer las cosas al estado en que se encontraban para el momento de la lesión, haciendo desaparecer el hecho o acto invocado y probado como lesivo o perturbador a un derecho o garantía constitucional; cuando la violación de un derecho constitucional convierta la situación jurídica infringida en una situación irreparable, la acción de amparo también es inadmisible. Ello es congruente con el propósito que el artículo 1 de la Ley Orgánica, en desarrollo del artículo 27 de la Constitución, le atribuye a la acción de amparo en el sentido de "que se restablezca inmediatamente la situación jurídica infringida o la situación que más se asemeje a ella".

El ordinal 1° del artículo 6 de la Ley Orgánica, en todo caso, precisa que "se entenderá que son irreparables los actos que, mediante el amparo, no puedan volver las cosas al estado que tenían antes de la violación"[121].

Sin embargo, como se dijo, la acción de amparo es admisible cuando la situación infringida pueda restablecerse a una que se asemeje a ella (Art. 1)[122]. Asimismo, la antigua Corte Suprema de Justicia en sentencia de 1 de noviembre de 1990, ha considerado inadmisible la acción de amparo, cuando la única forma de reparar la situación jurídica infringida es la nulidad de un acto administrativo, lo que no puede pronunciarse en una decisión de amparo[123].

Por último, la violación a los derechos y garantías constitucionales que pueden dar lugar al ejercicio de la acción de amparo, *no debe ser consentida* por el agraviado, por lo que, conforme al ordinal 4° del artículo 6 de la Ley Orgánica, no se debe admitir la acción de amparo:

> "Cuando la acción u omisión, el acto o la resolución que violen el derecho o la garantía constitucionales hayan sido consentidos expresa o tácitamente por el agraviado, a menos que se trate de violaciones que infrinjan el orden público o las buenas costumbres".

La norma aclara que "se entenderá que hay consentimiento expreso cuando hubieren transcurrido los lapsos de prescripción establecidos en leyes especiales, o en su defecto, seis meses después de la violación o la amenaza al derecho protegido"; y que "el consentimiento tácito es aquel que entraña signos inequívocos de aceptación".

---

120 *V.*, sentencias de la antigua Corte Suprema de Justicia, Sala Político Administrativa de 27-10-93 (Caso: *Ana Drossos*), y 4-11-93 (Caso: *Partido Convergencia*), *Revista de Derecho Público*, N° 55-56, EJV, Caracas, 1993, p. 340.

121 *V.*, sentencia de la Corte Primera de lo Contencioso Administrativo de 14-1-92, *Revista de Derecho Público*, N° 49, EJV, Caracas, 1992, p. 130; y de la antigua Corte Suprema de Justicia, Sala Político Administrativa de 4-3-93, *Revista de Derecho Público*, N° 53-54, EJV, Caracas, 1993, p. 260.

122 En tal sentido, la antigua Corte Suprema de Justicia, Sala Plena declaró inadmisible una acción de amparo contra el cobro indebido de un impuesto, cuando el mismo ha sido ya pagado, considerando que en ese caso no es posible restablecer la situación jurídica infringida, sentencia de 21-3-88, *Revista de Derecho Público*, N° 34, EJV, Caracas, 1988, p. 114. Por otra parte, la Corte Primera de lo Contencioso Administrativo en sentencia de 7-9-89, ha declarado inadmisible una acción de amparo de derechos a la protección de la maternidad (descanso pre y post natal), incoada después del parto. *V.*, sentencia de la Corte Primera de lo Contencioso Administrativo de 17-9-89, *Revista de Derecho Público* N° 40, EJV, Caracas, 1989, p. 111.

123 *V.*, sentencia de la antigua Corte Suprema de Justicia, Sala Político Administrativa de 1-11-90, *Revista de Derecho Público*, N° 44, EJV, Caracas, 1990, pp. 152-153; *Cfr.* sentencia de la Corte Primera de lo Contencioso Administrativo de, 10-9-92, *Revista de Derecho Público*, N° 51, EJV, Caracas, 1992, p. 155.

Debe destacarse, en relación a esta causal de inadmisibilidad de la acción de amparo, particularmente cuando la violación o amenaza de violación de un derecho fundamental es provocada por un acto estatal, que de ninguna manera puede admitirse que por el solo transcurso del tiempo puedan convalidarse leyes u otros actos estatales inconstitucionales. En todo caso, es claro que tal como está concebida la ley, la inadmisibilidad de la acción de amparo, cuando han transcurrido más de 6 meses después de la violación o amenaza de violación, no opera respecto de las leyes y demás actos normativos ni respecto de un acto administrativo o de carencias de la Administración, cuando la acción de amparo se intenta conjuntamente con la acción popular o con el recurso contencioso administrativo de anulación o contra la conducta omisiva.

Ahora bien, sobre esta causal de inadmisibilidad de la acción de amparo, particularmente en lo que se refiere al consentimiento expreso por el transcurso del tiempo, la antigua Corte Suprema de Justicia en sentencia de 24 de octubre de 1990 encontró su justificación al señalar que "dejar transcurrir más de seis meses desde que se genera el acto lesivo para proceder a ejercer una acción de amparo constituye, por parte del agraviado, una demostración de aceptación del presunto daño, y dicha desidia debe ser sancionada, impidiendo el uso de un remedio judicial que se justifica por la necesidad perentoria de restablecer una situación jurídica"[124].

La inadmisibilidad, sin embargo, no se aplica en los casos de violación o lesión continuada[125]. Tampoco se aplica, conforme al ordinal 4° del artículo 6 de la ley Orgánica, cuando se trate de violaciones que infrinjan el orden público o las buenas costumbres; situación, sin duda, de carácter excepcional y que tiene que desprenderse de alguna regla que así lo consagre[126]; considerándose que ello ocurre, cuando se trate, por ejemplo de "violaciones flagrantes a los derechos individuales que no pueden ser denunciados por el afectado; privación de libertad; sometimiento a torturas físicas o psicológicas; vejaciones; lesiones a la dignidad humana y otros casos extremos"[127].

En cuanto a la amenaza de lesión, que significa "hacer temer a otros un daño, o avecinarse un peligro"[128], para que pueda considerarse válida para la procedencia de la acción de amparo, conforme al artículo 2 de la Ley Orgánica, es necesario que "sea inminente" y que no "haya cesado" (Ord. 1°), siendo inadmisible la acción cuando la amenaza contra el derecho o la garantía constitucional no sea "inmediata, posible y realizable por el imputado" (Ord. 2°)[129].

---

124 *V.*, en *Revista de Derecho Público*, N° 44, EJV, Caracas, 1990, p. 144.

125 *V.*, por ejemplo sentencias de la Corte Primera de lo Contencioso Administrativo de 22-10-90 (Caso: *María Cambra de Pulgar*), en *Revista de Derecho Público*, N° 44, EJV, Caracas, 1990, pp. 143-144; y N° 1310 de 9-10-2000 (Caso: *Productos Roche S.A. vs. Ministerio de Industria y Comercio*), en *Revista de Derecho Público*, N° 84, EJV, Caracas, 2000, pp. 345 y ss.

126 *V.*, sentencia de la antigua Corte Suprema de Justicia, Sala Político Administrativa de 22-3-88, *Revista de Derecho Público*, N° 34, EJV, Caracas, 1988, p. 114.

127 *V.*, sentencia de la Corte Primera de lo Contencioso Administrativo de 13-10-88, *Revista de Derecho Público*, N° 36, EJV, Caracas, 1988, p. 95. Este criterio fue acogido textualmente por la antigua Corte Suprema de Justicia, Sala Político Administrativa en sentencias de 1-11-89, *Revista de Derecho Público*, N° 40, EJV, Caracas, 1989, p. 111; y de 1-2-90 (Caso: *Tuna Atlántica C.A.*) y de 30-6-92, *Revista de Derecho Público*, N° 60, EJV, Caracas, 1992, p. 157.

128 *V.*, sentencia de la Corte Primera de lo Contencioso Administrativo de 16-7-92, *Revista de Derecho Público*, N° 51, EJV, Caracas, 1992, p. 155.

129 *V.*, sentencias de la antigua Corte Suprema de Justicia, Sala Político Administrativa de 9-6-88, *Revista de Derecho Público*, N° 35, EJV, Caracas, 1988, p. 114; de 14-8-92, *Revista de Derecho Público*, N° 51, EJV, Cara-

Como lo ha destacado la Sala Constitucional del Tribunal Supremo en sentencia de 9 de marzo del 2001 (Caso: *Frigoríficos Ordaz S.A*):

> "[...] la amenaza que hace procedente la acción de amparo es aquella que sea inmediata, posible y realizable por el imputado, estableciendo al efecto que tales requisitos deben ser concurrentes, por lo cual es indispensable –además de la inmediación de la amenaza– que la eventual violación de los derechos alegados –que podría materializarse de no ser protegidos mediante el mandamiento que se solicita– deba ser consecuencia directa e inmediata del acto, hecho u omisión que constituyan el objeto de la acción; de lo cual deviene, por interpretación a (*sic*) contrario, la improcedencia de la acción, cuando se le imputen al supuesto agraviante resultados distintos a los que eventualmente pudiere ocasionar la materialización de la amenaza que vulneraría los derechos denunciados, o cuando la misma no sea inmediata o ejecutable por el presunto agraviante".[130]

4. La inexistencia de un recurso judicial paralelo ya intentado

La Ley Orgánica de Amparo establece como causales de inadmisibilidad de la acción, una serie de supuestos relativos a la existencia de algún recurso paralelo, sea porque el agraviado haya recurrido a una vía judicial de protección o sea porque exista otra vía judicial para la protección constitucional que haga inadmisible la acción. En el primer caso, los ordinales 5 y 7 del artículo 6° de la Ley Orgánica prevén expresamente la inadmisibilidad; en el segundo caso, la inadmisibilidad deriva del carácter subsidiario o extraordinario de la acción.

El primer supuesto para la admisibilidad de la acción de amparo es que el agraviado no hubiese optado por acudir a otras vías judiciales para la protección constitucional, que estuviesen pendientes de decisión. En este supuesto, la Ley Orgánica distingue dos casos de inadmisibilidad: el que se haya optado por ejercer una acción de amparo; o el que se haya optado por utilizar otra vía judicial para la protección constitucional, y que en ambos casos los procesos estén pendientes de decisión.

En efecto, para que la acción de amparo sea admisible, no puede estar pendiente de decisión una acción de amparo intentada previamente por el agraviado en relación con los mismos hechos. En tal sentido, el artículo 6,8 de la Ley Orgánica establece que la acción de amparo es inadmisible:

> "Cuando esté pendiente de decisión una acción de amparo ejercida ante un Tribunal en relación con los mismos hechos en que se hubiese fundamentado la acción propuesta".

La inadmisibilidad de la acción, por tanto, resulta del hecho de que esté pendiente de decisión una acción de amparo previamente intentada[131]; por lo que si esta, por ejemplo, fue desistida, la nueva acción podría intentarse y ser admisible.

---

cas, 1992, pp. 158-159; y de 24-6-93, *Revista de Derecho Público*, N° 55-56, EJV, Caracas, 1993, p. 289; y sentencia de la Corte Primera de lo Contencioso Administrativo de 30-6-88, *Revista de Derecho Público*, N° 35, EJV, Caracas, 1988, p. 115.

130 Citada en sentencia de la misma Sala N° 96 de 6-2-2003 (Caso: *Corporación Venezolana de Televisión C.A. (Venevisión) vs. Presidente de la República*), en *Revista de Derecho Público*, N° 93-96, EJV, Caracas, 2003, p. 545.

131 *V.*, sentencia de la antigua Corte Suprema de Justicia, Sala Político Administrativa de 13-10-93, *Revista de Derecho Público*, N° 55-56, EJV, Caracas, 1993, pp. 348-349.

Por supuesto, en los casos en los cuales se hubiese intentado previamente una acción de amparo que hubiese sido ya decidida, una nueva acción de amparo podría intentarse en relación con los mismos hechos, siempre que no haya cosa juzgada, en cuyo caso, como se verá, sería inadmisible.

Pero además, la Ley Orgánica de Amparo establece en el artículo 6,5 como causal de inadmisibilidad de la acción de amparo:

> "Cuando el agraviado haya optado por recurrir a las vías judiciales ordinarias o hecho uso de los medios judiciales preexistentes. En tal caso, al alegarse la violación o amenaza de violación de un derecho o garantía constitucionales, el Juez deberá acogerse al procedimiento y a los lapsos establecidos en los artículos 23, 24 y 26 de la presente Ley, a fin de ordenar la suspensión provisional de los efectos del acto cuestionado".

Esta causal de inadmisibilidad se refiere a los casos en los cuales el agraviado haya optado por recurrir a las vías judiciales ordinarias o hecho uso de los medios judiciales preexistentes, en cuyo caso, allí debe alegar la violación de los derechos o garantías constitucionales y solicitar amparo constitucional.

Por tanto, si esto no ha ocurrido, es decir, si junto con el ejercicio de las vías judiciales ordinarias o el uso de medios judiciales preexistentes, el agraviado no ha alegado violación de derechos constitucionales y solicitado protección constitucional, no habría razón alguna, en nuestro criterio, para declarar inadmisible la acción de amparo que se intente.[132]

Por otra parte, si se hubiese optado por recurrir a las vías judiciales ordinarias o hecho uso de los medios judiciales preexistentes solicitándose protección o amparo constitucional, y los procesos respectivos ya hubiesen concluido, no procedería la aplicación de la causal de inadmisibilidad, quedando sólo a salvo la cosa juzgada que hubiese podido producirse.

En relación a esta causal de inadmisibilidad, la jurisprudencia la ha aplicado en los casos de acciones contencioso administrativas a las que se ha acumulado una pretensión de amparo, cuando conforme al artículo 21, párrafo 22 de la Ley Orgánica de la Tribunal Supremo de Justicia, se haya solicitado la suspensión de efectos del acto administrativo impugnado.[133]

Por otra parte, respecto de la previsión del ordinal 5° del artículo 6° de la Ley Orgánica en cuanto a la causal de inadmisibilidad de la acción de amparo, "cuando el agraviado haya optado por recurrir a las vías judiciales ordinarias o hecho uso de los medios judiciales preexistentes"; es claro de la norma que se debe tratar de medios *judiciales,* es decir, del ejercicio por el agraviado de acciones, recursos y peticiones ante los tribunales competentes.

---

132 Este criterio lo adoptó la Sala Político Administrativa de la antigua Corte Suprema en sentencia de 7-11-95 N° 789, (Caso: *Rafael Aníbal Rivas Ostos*), Consultada en original.

133 Sentencia de 11-5-92, (Caso: *Venalum*), de la Corte Primera de lo Contencioso Administrativo, en *Revista de Derecho Público*, N° 50, EJV, Caracas, 1992, pp. 187-188. Este criterio fue sostenido por la Corte Primera en sentencia de 21-2-91, *Revista de Derecho Público*, N° 45, EJV, Caracas, 1991, p. 146.

Por tanto, si el agraviado no ha ejercido contra el acto que causa la lesión los recursos administrativos que prevé, por ejemplo, la Ley Orgánica de Procedimientos Administrativos, en dichos casos no puede declararse inadmisible el amparo.[134]

5. La inexistencia de otros medios judiciales breves, sumarios y eficaces para la protección constitucional

La extraordinariedad de la acción de amparo conduce a la inadmisibilidad de la acción cuando exista un medio procesal breve, sumario y suficientemente eficaz para la protección constitucional. En particular cuando se trata del amparo contra actos administrativos, el artículo 5° de la Ley Orgánica de Amparo establece que:

> "La acción de amparo procede contra todo acto administrativo, actuaciones materiales, vías de hecho, abstenciones u omisiones que violen o amenacen violar un derecho o garantía constitucionales, cuando no exista un medio procesal breve, sumario y eficaz, acorde con la protección constitucional".

En este sentido y en relación a la impugnación de los actos administrativos, el recurso contencioso administrativo de anulación, en sí mismo y sin posibilidad de suspensión de efectos del acto impugnado, se consideró por la Corte Primera de lo Contencioso Administrativo que no puede constituir "un medio procesal breve para la protección constitucional"[135]. En sentido contrario, sin embargo, la misma Corte Primera de lo Contencioso Administrativo en sentencia de 1 de octubre de 1990 consideró que ante decisiones de los Inspectores del Trabajo, los recursos contencioso administrativos sí eran los medios para actuar contra la parte patronal, constituyendo vías de naturaleza breve, sumaria y eficaz, por lo que la acción de amparo contra dichos actos se consideró inadmisible[136].

Estas contradicciones, sin duda, derivan de la construcción jurisprudencial, también contradictoria a veces, del carácter extraordinario de la acción de amparo, de manera que esta sólo es admisible si no existen otros medios judiciales breves, sumarios y eficaces para la protección constitucional o aún existiéndolos, en el caso concreto, no resulten eficaces para el amparo a los derechos. De allí deriva que cada caso debe analizarse específicamente, no pudiendo formularse reglas absolutas ni siquiera en materia de acciones contencioso administrativa contra actos administrativos pues, si la suspensión de efectos se solicita y ello es suficiente como medio de protección constitucional, la acción autónoma de amparo resultaría inadmisible[137]

Sobre esta causal de inadmisibilidad de la acción de amparo, la Sala Constitucional del Tribunal Supremo en sentencia N° 963 de 5 de junio de 2001 (caso *José A. Guía y otros vs. Ministerio de Infraestructura*) ha sentado el criterio de que la acción de ampa-

134 *V.*, sentencia de la Corte Primera de lo Contencioso Administrativo de 8-3-93 (Caso: *Federico Domingo. V.* en *Revista de Derecho Público*, N° 53-54, EJV, Caracas, 1994, p. 261. *V.* además sentencias de la Corte Primera de lo Contencioso Administrativo de 6-5-94 (Caso: *Universidad Occidental Lisandro Alvarado*), en *Revista de Derecho Público*, N° 57-58, EJV, Caracas, 1994; y de 16-5-2000 (Caso: *Migdalia J. Lugo G. vs. Alcaldía del Municipio Libertador del Distrito Federal*), en *Revista de Derecho Público*, N° 82, EJV, Caracas, 2000, p. 499.

135 *V.*, sentencia de la Corte Primera de lo Contencioso Administrativo de 29-7-93, (Caso: *Víctor R. Pérez vs. INOS*), *Revista de Derecho Público*, N° 55-56, EJV, Caracas, 1993, p. 349.

136 *V.*, *Revista de Derecho Público*, N° 44, EJV, Caracas, 1990, p. 153.

137 *V.* en *Revista de Derecho Público*, N° 57-58, EJV, Caracas, 1994.

ro constitucional, opera en su tarea específica de encauzar las demandas contra actos, actuaciones, omisiones o abstenciones lesivas de derechos constitucionales, bajo las siguientes condiciones:

"a) Una vez que los medios judiciales ordinarios han sido agotados y la situación jurídico constitucional no ha sido satisfecha; o

b) Ante la evidencia de que el uso de los medios judiciales ordinarios, en el caso concreto y en virtud de su urgencia, no dará satisfacción a la pretensión deducida.

La disposición del literal a), es bueno insistir, apunta a la comprensión de que el ejercicio de la tutela constitucional por parte de todos los jueces de la República, a través de cualquiera de los canales procesales dispuestos por el ordenamiento jurídico, es una característica inmanente al sistema judicial venezolano; por lo que, en consecuencia, ante la interposición de una acción de amparo constitucional, los tribunales deberán revisar si fue agotada la vía ordinaria o fueron ejercidos los recursos, que de no constar tales circunstancias, la consecuencia será la inadmisión de la acción sin entrar a analizar la idoneidad del medio procedente, pues el carácter tuitivo que la Constitución atribuye a las vías procesales ordinarias les impone el deber de conservar o restablecer el goce de los derechos fundamentales, por lo que bastaría con señalar que la vía existe y que su agotamiento previo es un presupuesto procesal a la admisibilidad de la acción de amparo.

La exigencia del agotamiento de los recursos a que se refiere el aludido literal b), no tiene el sentido de que se interponga cualquier recurso imaginable, sino sólo los que permitan reparar adecuadamente lesiones de derechos fundamentales que se denuncian. No se obliga, pues, a utilizar en cada caso todos los medios de impugnación que puedan estar previstos en el ordenamiento procesal, sino tan sólo aquellos normales que, de manera clara, se manifiesten ejercitables y razonablemente exigibles. En consecuencia, por ejemplo, ante el agotamiento de la doble instancia en un juicio civil, el actor tendrá la posibilidad de recurrir en casación o en amparo constitucional, pues es sabido que aquélla constituye una vía extraordinaria de revisión.

De cara al segundo supuesto, relativo a que la acción de amparo puede proponerse inmediatamente, esto es, sin que hayan sido agotados los medios o recursos adjetivos disponibles, el mismo procede cuando se desprenda de las circunstancias fácticas o jurídicas que rodean la pretensión que el uso de los medios procesales ordinarios resultan insuficientes al restablecimiento del disfrute del bien jurídico lesionado. Alguna de tales circunstancias podría venir dada cuando, por ejemplo, la pretensión de amparo exceda del ámbito ínter subjetivo para afectar gravemente al interés general o el orden público constitucional; en caso de que el recurrente pueda sufrir una desventaja inevitable o la lesión devenga irreparable por la circunstancia de utilizar y agotar la vía judicial previa (lo que no puede enlazarse el hecho de que tal vía sea costosa o menos expedita que el procedimiento de amparo); cuando no exista vía de impugnación contra el hecho lesivo, o ésta sea de imposible acceso; cuando el peligro provenga de la propia oscuridad o complejidad del ordenamiento procesal; o ante dilaciones indebidas por parte los órganos judiciales, tanto en vía de acción principal como en vía de recurso (debe recordarse, no obstante, que el concepto de proceso sin dilaciones indebidas es un concepto jurídico indeterminado, cuyo contenido concreto deberá ser obtenido mediante la aplicación, a las circunstancias específicas de cada caso, de los criterios objetivos que sean congruentes con su enunciado genérico. Podrían identificarse, como ejemplo, de tales criterios objetivos: la complejidad del litigio, los márgenes ordinarios de duración de los litigios del mismo tipo, la conducta procesal del interesado y de las autoridades implicadas y las consecuencias que de la demora se siguen para los litigantes. Así pues, criterios de razonabilidad pesarán sobre la decisión que se tome en cada caso concreto).

3. Así, en cuanto al complejo de medios procesales que la Constitución pone a disposición de las personas, esta Sala, en su decisión N° 848/2000 de 28 de julio, afirmó:

> Sin mucha claridad, fallos de diversos tribunales, incluyendo los de varias Salas de la extinta Corte Suprema de Justicia, han negado el amparo al accionante, aduciendo que el mismo ha debido acudir a las vías procesales ordinarias, aunque sin explicar la verdadera causa para ello, cual es que por estas vías se podía restablecer la situación jurídica infringida antes que la lesión causare un daño irreparable, descartando así la amenaza de violación lesiva [...]
>
> Por lo tanto, no es cierto que *per se* cualquier trasgresión de derechos y garantías constitucionales está sujeta de inmediato a la tutela del amparo, y menos las provenientes de la actividad procesal, ya que siendo todos los jueces de la República tutores de la integridad de la Constitución, ellos deben restablecer, al ser utilizadas las vías procesales ordinarias (recursos, etc.), la situación jurídica infringida, antes que ella se haga irreparable.

Asimismo, en su sentencia N° 1592/2000 de fecha 20 de diciembre, esta Sala sostuvo:

> Ahora bien no puede aspirar la parte accionante dejar sin efecto dicho decreto de expropiación a través del ejercicio del amparo autónomo, ni pretender a través de la misma la nulidad de los actos administrativos dictados por un ente distinto al que se señala como agraviante, lo cual coloca-ría en estado de indefensión al órgano administrativo que dictó el acto.
>
> En este sentido observa la Sala que no resulta posible sustituir a través de la acción de amparo constitucional, el ejercicio del recurso contencioso-administrativo de anulación en el cual el legislador consagró un procedimiento especial donde se otorgan las garantías procesales tanto al recurrente como a la propia Administración autora del acto, es en este procedimiento donde se analizaría la legalidad o inconstitucionalidad del acto administrativo impugnado" (Subrayado posterior).

En una reciente decisión, la N° 331/2001 de 13 de marzo, esta Sala confirmó su doctrina al respecto, en los siguientes términos:

> "Para que sea estimada una pretensión de amparo constitucional es preciso que el ordenamiento jurídico no disponga de un mecanismo procesal eficaz, con el que se logre de manera efectiva la tutela judicial deseada. Pretender utilizar el proceso de amparo, cuando existen mecanismos idóneos, diseñados con una estructura tal, capaz de obtener tutela anticipada, si fuere necesario (artículo 136 de la Ley Orgánica de la Corte Suprema de Justicia, las disposiciones pertinentes del Código de Procedimiento Civil o inclusive el amparo cautelar), al tiempo que garantizan la vigencia de los derechos constitucionales de todas las partes involucradas, haría nugatorio el ejercicio de las acciones correspondientes a este tipo de procesos y los efectos que tiene la acción de amparo constitucional, referidos al restablecimiento de situaciones jurídicas infringidas" (Subrayado posterior).

Ejemplo de algunas de las situaciones en las cuales procede la interposición de la acción de amparo en forma directa, fueron referidos por esta Sala en su citada sentencia 848/2000, así tenemos que:

> 7. Los actos procesales como tales, lesivos a bienes jurídicos constitucionales, son objeto de peticiones de nulidad por las partes afectadas por ellos, y el amparo realmente procederá contra la sentencia que resuelva la nulidad, o contra la omisión del juez o del funcionario judicial (si de él se trata) de dictarla en el lapso legal. Pero a pesar de ello, los actos judiciales que violen derechos o garantías constitucionales de las partes, que de no corregirse de inmediato sus efectos se harían irreparables, serán objeto de amparo...
>
> 9. Las partes en caso de que las violaciones infrinjan el orden público, siempre tendrán expedita la vía del amparo, sin las limitaciones del numeral 4 del artículo 6 de la ley especial.
>
> En cuanto a los terceros, el proceso puede afectarlos directa o indirectamente. Dentro del derecho común, los terceros tienen en las tercerías la posibilidad para oponerse a los efectos lesivos a su situación jurídica que le causen los fallos, actos u omisiones procesales, que conten-

gan infracciones a sus derechos y garantías constitucionales. Resulta una cuestión casuística, de acuerdo a la posibilidad que la lesión se haga irreparable si no se actúa de inmediato, optar entre la tercería posible o la acción de amparo". (Subrayado posterior).

4.- Precisado lo anterior, visto que en el caso bajo examen, el requisito del agotamiento de la vía judicial contencioso administrativa ordinaria no se encuentra satisfecho, pues a él no atiende ninguno de los alegatos de los accionantes, ni consta de los documentos anexos al escrito, y sin necesidad de analizar si esa vía es la idónea, en el sentido de satisfacer la pretensión de los accionantes, debe tomarse en cuenta lo señalado por esta Sala en cuanto a la potestad que les atribuye a todos los tribunales el artículo 27 constitucional en orden a garantizar los derechos fundamentales, así como que el artículo 259 constitucional consagra que "...Los órganos de la jurisdicción contencioso administrativa son competentes para anular los actos administrativos generales o individuales contrarios a derecho, incluso por desviación de poder; condenar al pago de sumas de dinero y a la reparación de daños y perjuicios originados en responsabilidad de la Administración; conocer de reclamos por la prestación de servicios públicos; y disponer lo necesario para el restablecimiento de las situaciones jurídicas subjetivas lesionadas por la actividad administrativa", lo que significa que la Constitución garantiza a los administrados, a través del citado precepto 259, un plus de garantías que no deja dudas respecto a la potestad que tienen esos tribunales para resguardar los derechos o garantías constitucionales que resulten lesionados por actos o hechos dictados o ejecutados en ejercicio de la función administrativa u omisiones o abstenciones de órganos o personas obligados por normas de derecho administrativo. En consecuencia, la solicitud en cuestión resulta inadmisible. Así se decide finalmente"[138].

En todo caso, en relación con los actos administrativos, la doctrina más reciente de la Sala Constitucional ha sido la de considerar que la acción autónoma de amparo contra los mismos es inadmisible considerando que "las acciones contencioso administrativas -entre las cuales se encuentran el recurso de nulidad, el recurso por abstención o la querella funcionarial-, constituyen vías judiciales idóneas, es decir breves, sumarias y eficaces, para el alcance del restablecimiento de la situación jurídica infringida, ello, aunado al amplio poder de restablecimiento que atribuye al juez contencioso administrativo el citado artículo 259 de la Constitución de la República"[139]

6. La ausencia de cosa juzgada

De acuerdo con el artículo 346 del Código de Procedimiento Civil, una de las cuestiones previas que pueden promoverse dentro del lapso fijado para la contestación de la demanda es "la cosa juzgada" (ord. 9), la que en materia de amparo puede considerarse como una causal de inadmisibilidad.

Por ello, la Corte Primera de lo Contencioso Administrativo en sentencia de 16 de octubre de 1986 (caso *Pedro J. Montilva*), estableció que si en un caso "vuelve a replantearse una acción de amparo que versa sobre el mismo objeto; que denuncia las mismas

---

138 *V.*, en *Revista de Derecho Público*, N° 85-88, Editorial Jurídica Venezolana, Caracas 2001, pp. 448 y ss. *V.* también, sentencia de la Sala Constitucional N° 727 de 5-5-2005 (Caso: *Procuraduría General de la República*), en *Revista de Derecho Público*, N° 102, Editorial Jurídica Venezolana, Caracas, 2005, pp. 174 ss.

139 *V.*, la sentencia N° 3375 de 4-11-2005 (Caso: *Refinadora de Maíz Venezolana, C.A. (Remavenca), y Procesadora Venezolana de Cereales, S.A. (Provencesa) vs. Ministro de Agricultura y Tierras y efectivos de los componentes Ejército y Guardia Nacional de la Fuerza Armada Nacional*), en *Revista de Derecho Público*, N° 104, EJV, Caracas, 2005, p. 239.

infracciones; que se basa en los mismos motivos y fundamentaciones y que gira en relación con idéntico objeto al anterior y está dirigida contra igual sujeto"; entonces es evidente que en dicho caso: "se impone la fuerza de la cosa juzgada para impedir tal replanteamiento, ya que la cuestión debatida posee la misma identidad subjetiva y objetiva con la que fuera objeto de decisión definitiva"[140].

Por supuesto, la cosa juzgada en materia de amparo sólo surge respecto de lo debatido y debatible en vía de amparo, que es sólo la violación o amenaza de violación de un derecho o garantía constitucional. Por ello, de acuerdo con el artículo 36 de la Ley Orgánica de Amparo, "la sentencia firme de amparo producirá efectos jurídicos respecto al derecho o garantía objetos del proceso, sin perjuicio de las acciones o recursos que legalmente correspondan a las partes". Es decir, la sentencia de amparo no necesariamente resuelve el fondo material del asunto, sino solo el aspecto de violación o amenaza de violación del derecho o garantía, que es sobre lo único que produce efectos jurídicos la sentencia de amparo. Por ello, dicha sentencia sólo tiene efectos restitutorios, pues por vía de amparo como lo dijo la antigua Corte Suprema de Justicia "no puede lograrse ninguno de los tres tipos de sentencia conocidos: declarativa, constitutiva o de condena, ni por supuesto, una sentencia interpretativa"[141].

X. EL PROCEDIMIENTO EN EL PROCESO DE AMPARO

1. Principios del procedimiento

A. Brevedad, informalidad y gratuidad

El artículo 27 de la Constitución, al consagrar el derecho de amparo, precisa en términos generales que:

> "El procedimiento de la acción de amparo constitucional será oral, público, breve, gratuito y no sujeto a formalidad y la autoridad judicial competente tendrá potestad para restablecer inmediatamente la situación jurídica infringida o la situación que más se asemeje a ella. Todo tiempo será hábil y el tribunal lo tramitará con preferencia a cualquier otro asunto".

El carácter breve del procedimiento había sido interpretado por la Corte Primera de lo Contencioso Administrativo aún antes de que se dictara la Ley Orgánica de 1988, considerando que debía entenderse "en el sentido de tener por si la condición de ser urgente, en tal condición, será tramitado con celeridad y debe ser resuelto en el menor tiempo posible"; además, debe ser sumario, en el sentido de que "debe ser simple, sencillo, despojado de incidencias, carente de formalidades complejas"[142].

---

140 *V.*, en *Revista de Derecho Público*, N° 28, EJV, Caracas, 1986, p. 106.

141 *V.*, sentencia de la Sala Político Administrativa de 15-7-92, *Revista de Derecho Público*, EJV, Caracas, N° 51, 1992, p. 171.

142 *V.*, la sentencia de 17-1-85 *Revista de Derecho Público*, N° 21, EJV, Caracas, 1985, p. 140.

Además, consideró que debía impedirse que el procedimiento en materia de amparo "se transformara en una situación procesal compleja, confusa, limitada en el tiempo a resolver las múltiples y variadas impugnaciones opuestas como puntos previos".[143]

Ahora bien, la Ley Orgánica de Amparo, siguiendo estas orientaciones, reguló un procedimiento breve y sumario que permite al Juez de amparo, sin mayores consideraciones formales, restablecer la situación jurídica infringida, prescribiendo para ello, lapsos procesales precisos y breves, de estricto cumplimiento hasta el punto de que el artículo 34 establece que la autoridad disciplinaria judicial "registrara como falta grave al incumplimiento de sus obligaciones" la inobservancia por parte de los jueces, de los "lapsos establecidos en esta Ley para conocer y decidir sobre las solicitudes de amparo".

> "Este procedimiento, respecto del cual se aplican supletoriamente tanto las normas del Código de Procedimiento Civil como las "normas procesales en vigor" (Art. 48), se rige por una serie de principios que guían la brevedad y sumariedad prescritas. Además, de acuerdo al artículo 16 de la Ley Orgánica la acción de amparo "es gratuita por excelencia", por lo que para su tramitación, no se emplea papel sellado ni estampillas".

En cuanto a la dedicación del tribunal para conocer de la acción de amparo, el artículo 31 de la Ley señala que "todo el tiempo será hábil y el Tribunal dará preferencia al trámite de amparo sobre cualquier otro asunto".

A los efectos de facilitar la brevedad y celeridad, el artículo 16 de la Ley permite que la acción de amparo, en caso de urgencia, pueda interponerse por vía telegráfica, en cuyo caso, debe ser ratificada personalmente o mediante apoderado dentro de los tres (3) días siguientes. La Ley también establece que el ejercicio de la acción de amparo pueda efectuarse en forma verbal, en cuyo caso, el Juez debe recogerla en un acta (Art. 16). Esta puede ser un acta levantada *ad hoc* para formular la acción de amparo; o esta puede formularse, por ejemplo, en un acto judicial –una inspección judicial, por ejemplo–, en cuyo caso debe constar en el acta respectiva.

Por otra parte, la Ley Orgánica precisa las modalidades de inhibición y prohíbe la recusación de los jueces en materia de amparo ya que prescribe que "En ningún caso será admisible la recusación" (Art. 11). En cuanto a las inhibiciones, el artículo 11 establece que:

> "[...] cuando un juez que conozca de la acción de amparo, advirtiera una causal de inhibición prevista en la Ley, se abstendrá de conocer e inmediatamente levantara un acta y remitirá actuaciones, en el estado en que se encuentren, al Tribunal competente. Si se tratare de un Magistrado de la Corte Suprema de Justicia, el Presidente de la Sala convocara de inmediato al Suplente respectivo, para integrar el Tribunal de Amparo".

Por otra parte, y a pesar de la función constitucional del Ministerio Público de "garantizar en los procesos judiciales el respeto de los derechos y garantías constitucionales" (Art. 285,1), la Ley Orgánica es cuidadosa en no afectar la agilidad del procedimiento de amparo, debido a la no intervención del Ministerio Público. En tal sentido, luego de establecer en su artículo 14 que "las atribuciones inherentes al Ministerio Público no menoscaban los derechos y acciones de los particulares", esta norma prescribe que "la no intervención del Ministerio Público en la acción de amparo no es causal de reposición ni de acción de nulidad".

---

143 *Idem.*

Por otra parte, el artículo 15 expresamente señala que "los jueces que conozcan de la acción de amparo no podrán demorar el tramite o diferirlo so pretexto de consultas al Ministerio Público". Además establece esa misma norma que "se entenderá a derecho en el proceso de amparo el representante del Ministerio Público a quien el Juez competente le hubiese participado, por oficio o por telegrama, la apertura del procedimiento".

La brevedad y sumariedad del procedimiento, por otra parte, implica la exclusión de todo tramite incidental, por lo que la promoción de cuestiones previas, conforme al artículo 346 del Código de Procedimiento Civil, o la oposición de alguna de las causales de inadmisibilidad establecidas en el artículo 6° de la Ley Orgánica, deben ser resueltas por el Juez de amparo en la decisión definitiva del proceso de amparo.

Por último, debe señalarse que en muchas otras de sus normas, la Ley Orgánica insiste en el carácter breve y sumario del procedimiento. Por ejemplo, el artículo 10 al regular la acumulación de autos, exige que ello se haga "sin dilación procesal alguna y sin incidencias"; y el artículo 12, al regular los conflictos de competencia, señala que "los tramites serán breves y sin incidencias procesales".

En esta forma, en los casos en los cuales el juez ante el cual se interponga una acción de amparo, se considerare incompetente para conocer de la misma, deberá remitir las actuaciones inmediatamente al que tenga competencia (Art. 7). En los supuestos de conflictos sobre competencia que se susciten en materia de amparo entre Tribunales de Primera Instancia, serán decididos por el Superior respectivo, y los trámites serán breves y sin incidencias procesales (Art. 12).

La Ley Orgánica, en su artículo 10, regula la posibilidad de acumulación de acciones de amparo, "cuando un mismo acto, hecho u omisión en perjuicio de algún derecho o garantía constitucionales afectare el interés de varias personas", en cuyo caso establece que "conocerá de todas estas acciones el juez que hubiese prevenido, ordenándose, sin dilación procesal alguna y sin incidencias, la acumulación de autos".

B. Carácter de orden público

De acuerdo a lo establecido en el artículo 14 de la Ley Orgánica, "la acción de amparo, tanto en lo principal como en lo incidental, y en todo lo que de ella derive, hasta la ejecución de la providencia respectiva, es de eminente orden público".

Por ello, de acuerdo al artículo 25 de la Ley Orgánica:

> "[...] quedan excluidas del procedimiento constitucional del amparo todas las formas de arreglo entre las partes, sin perjuicio de que el agraviado pueda, en cualquier estado y grado de la causa, desistir de la acción interpuesta, salvo que se trate de un derecho de eminente orden público o que pueda afectar las buenas costumbres".
>
> En todo caso, conforme a la misma norma, el desistimiento malicioso o el abandono del trámite por el agraviado podrá ser sancionado por el juez de la causa o por el superior, según el caso, con multa.

C. Carácter contencioso (principio de la bilateralidad)

El proceso de amparo constitucional, a pesar de la brevedad del procedimiento, da origen a un verdadero juicio entre partes, entre las cuales los jueces de amparo deben mantener "la absoluta igualdad" (Art. 21). Por ello, incluso, dispone el artículo 21 de la

Ley Orgánica que cuando el agraviante sea una autoridad pública quedaran excluidos del procedimiento los privilegios procesales; lo que significa que no tienen aplicación las normas de la Ley Orgánica de la Procuraduría General de la República que regulan tales prerrogativas en relación a la actuación de la República en juicio.

Este carácter contencioso, producto de la bilateralidad del juicio, sin embargo, encontraba una contradicción en la Ley Orgánica, al permitir al juez de amparo en el anulado artículo 22, que al recibir la solicitud de amparo, pudiera adoptar el mandamiento de amparo, es decir, restablecer inmediatamente la situación jurídica infringida, "prescindiendo de consideraciones de mera forma y sin ningún tipo de averiguación sumaria que la preceda", lo cual, implicaba el que pudiera adoptar dicho mandamiento de amparo, definitivo *in limine litis* e *inaudita parte*. Por ello, esa norma fue anulada por la Corte Suprema de Justicia en sentencia de 21 de mayo de 1996[144] .

Esto, sin duda, era violatorio de la garantía constitucional de la inviolabilidad del derecho a la defensa "en todo estado y grado del proceso" (Art. 68) y del mismo principio del mantenimiento de la "absoluta igualdad" entre las partes, que de acuerdo al artículo 21 de la Ley Orgánica, el Juez de amparo está obligado a mantener. Sin embargo, estimábamos que en la aplicación de la Ley Orgánica, la potestad del artículo 22 podía ser interpretada en el sentido de referirla exclusivamente a la adopción de medidas cautelares o preventivas ("amparo temporal o provisional"), exigiéndose en cambio, siempre, la previa audiencia al presunto agraviante, antes de la adopción de la decisión definitiva de amparo[145].

El principio de la bilateralidad, sin embargo, no impide que en el procedimiento de la acción de amparo se otorguen al juez amplísimos poderes para conducir el procedimiento e, incluso, para evacuar pruebas de oficio a los efectos de garantizar la protección constitucional. En particular, el artículo 17 de la Ley Orgánica, faculta al Juez que conozca de la acción de amparo para ordenar, siempre que no signifique perjuicio irreparable para el actor, la evacuación de las pruebas que juzgue necesarias para el esclarecimiento de los hechos que aparezcan dudosos y oscuros. En tal sentido se entiende que hay perjuicio irreparable cuando exista otro medio de comprobación más acorde con la brevedad del procedimiento o cuando la prueba sea de difícil o improbable evacuación.

2. El iter procesal en el proceso de amparo de acuerdo con la Ley Orgánica y la jurisprudencia anterior a 2000

El procedimiento general contemplado en el Título IV de la Ley Orgánica de Amparo sobre Derechos y Garantías Constitucionales (artículos 19, 23, 24, 26, 29, 30, 31, 32 y 35), para el trámite de la acción de amparo, se aplica cualquiera sea la forma de amparo (salvo el que se aplica para la protección de los derechos de libertad y seguridad personales), y conforme lo resolvió la antigua Corte Suprema de Justicia en Corte Plena en sentencia de 18 de octubre de 1994, en la forma siguiente:

---

144 *V.*, en *Gaceta Oficial* Extra N° 5071 de 29-5-96.

145 *V.*, Allan R. Brewer-Carías, *Instituciones Políticas y Constitucionales*, v. VI, *Derecho y acción de amparo*, *op. cit.*, pp. 388 ss.

"Introducción de la solicitud, que ha de llenar los requisitos del artículo 18; examen de la solicitud por el juez a los fines de verificar si la misma es suficientemente clara y llena los requisitos contemplados en el antes citado artículo 18. De faltar los elementos últimamente aludidos, el juez deberá notificar al solicitante para que corrija el defecto u omisión dentro del lapso de cuarenta y ocho (48) horas siguientes a la notificación. La falta de oportuna corrección implica la declaratoria de su inadmisibilidad.

Siguiendo el camino procesal señalado, el nuevo paso previsto en la ley es necesariamente el del examen de los presupuestos de admisibilidad previstos en el artículo 6 de la Ley Orgánica de Amparo sobre Derechos y Garantías Constitucionales, que están redactados en forma tal que al juez le corresponde verificar la inexistencia de los supuestos enunciados en dicho artículo, a los fines de declarar admisible o no la acción. Este examen da lugar a un auto de admisión o inadmisión, según el caso, con lo cual el tribunal afirma los elementos básicos para el conocimiento de la causa.

La etapa inmediata del proceso es la prevista en el artículo 22 que permite al juez restablecer la situación jurídica que se denuncia infringida sin ningún tipo de averiguación sumaria que la proceda. Esta facultad extraordinaria que se enuncia igualmente en el artículo 5, sólo podrá operar en casos extremos en los cuales resulte evidente para el juez, por su total demostración, la lesión constitucional infringida al actor, o su inminente amenaza. Como se señalara precedentemente la aplicación del artículo 22 en cualquier procedimiento de amparo es violatorio del derecho a la defensa de los eventuales afectados por la decisión. Si el juez no opta por el ejercicio de tal facultad, lo cual constituye la regla general, debe ordenar al sujeto del cual deriva la lesión, su comparecencia para que informe sobre las circunstancias que motivaron la solicitud de amparo, lo cual ha de hacer en el término de cuarenta y ocho (48) horas contadas a partir de su notificación. Concluido el lapso anterior se procede a la celebración de la audiencia pública constitucional dentro de las noventa y seis (96) horas siguientes a la presentación del informe o a la extinción del término correspondiente, efectuada la audiencia deberá dictarse en las veinticuatro (24) horas siguientes a la decisión sobre la solicitud de amparo.

Este procedimiento, como se señaló, es común para el trámite de todas las acciones de amparo, salvo las que versan sobre la libertad y seguridad personales, que se rigen por el Título IV de las tantas veces mencionada Ley de Amparo, el cual, sin embargo, no difiere sustancialmente del que precedentemente se enunciara"[146].

Este *iter* procesal, de acuerdo con la Ley Orgánica, se sujeta entonces a las siguientes reglas:

A. Legitimación *ad causam* y *ad procesum*

De acuerdo con el artículo 15 de la Ley Orgánica, "la acción de amparo constitucional puede ser interpuesta ante el juez competente por cualquier persona natural o jurídica, por representación o directamente" siempre que, por supuesto, sea la persona lesionada en su derecho o garantía constitucional por la violación o amenaza de violación de las mismas. La legitimación activa corresponde, por tanto, a la persona agraviada, quien puede intentar la acción directamente o mediante representantes, en cuyo caso debe acreditarse tal carácter bien sea por ser el órgano de una persona jurídica, o por actuar mediante poder.

146 Consultada en original.

Por supuesto, para el ejercicio de la acción de amparo, quedan a salvo las atribuciones del Defensor del Pueblo, por ejemplo, en casos de acciones de amparo para la protección de los derechos colectivos y difusos.

Asimismo, conforme al artículo 168 del Código de Procedimiento Civil, aun sin poder, pueden intentar la acción de amparo, el heredero por su coheredero, en causas originadas por la herencia, y el comunero por su condueño, en lo relativo a la comunidad.

B. Formalidades del libelo de la acción

La solicitud de amparo debe formularse, en principio, por escrito, aun cuando también puede formularse por vía telegráfica, e incluso vía correo electrónico o Internet[147], en cuyo caso debe ratificarse personalmente o mediante apoderado dentro de los tres (3) días siguientes (Art. 16). También puede ejercerse la acción de amparo en forma verbal, en cuyo caso el Juez debe recogerla en un acta (Art. 16).

En todo caso, sea que se ejerza por escrito, telegráficamente (con la ratificación posterior) o verbalmente, la solicitud de amparo, conforme al artículo 18 de la Ley Orgánica, debe expresar lo siguiente:

> "1) Los datos concernientes a la identificación de la persona agraviada y de la persona que actúe en su nombre, y en este caso con la suficiente identificación del poder conferido;
>
> 2) Residencia, lugar y domicilio, tanto del agraviado como del agraviante;
>
> 3) Suficiente señalamiento e identificación del agraviante, si fuere posible, e indicación de la circunstancia de localización;
>
> 4) Señalamiento del derecho o de las garantías constitucionales violados o amenazados de violación;
>
> 5) Descripción narrativa del hecho, acto, omisión y demás circunstancias que motiven la solicitud de amparo;
>
> 6) Y cualquiera explicación complementaria relacionada con la situación jurídica infringida, a fin de ilustrar el criterio del juez".

Como se señaló, en caso de instancia verbal, se deben exigir, en lo posible, estos mismos requisitos.

Por supuesto, con la solicitud deben aportarse los medios de prueba que permitan al Juez apreciar la violación o amenaza de violación denunciadas, y en particular, las pruebas documentales.

Como lo ha señalado la Sala Constitucional en la sentencia N° 7 del 1 de febrero de 2000 (Caso: *José A. Mejía y otros*)[148]

---

147 *V.*, sentencia de la Sala Constitucional N° 523 de 9-4-2001 (Caso: *Oswaldo Álvarez vs. Sala Político Administrativa y Sala Plena del Tribunal Supremo de Justicia*), en *Revista de Derecho Público*, N° 85-88, EJV, Caracas 2001, p. 457; y sentencia de la Sala Electoral N° 57 de 11-5-2004 (Caso: *Grecia Bellatriz Hernández R. vs. Alcalde del Municipio Baruta*), en *Revista de Derecho Público*, N° 97-98, EJV, Caracas, 2004, p. 443.

148 *V.*, en *Revista de Derecho Público*, N° 81, EJV, Caracas, 2000.

> [...] "el accionante además de los elementos prescritos en el citado artículo 18 deberá también señalar en su solicitud, oral o escrita, las pruebas que desea promover, siendo esta una carga cuya omisión produce la preclusión de la oportunidad, no solo la de la oferta de las pruebas omitidas, sino la de la producción de todos los instrumentos escritos, audiovisuales o gráficos, con que cuenta para el momento de incoar la acción y que no promoviere y presentare con su escrito o interposición oral; prefiriéndose entre los instrumentos a producir los auténticos.
>
> El principio de libertad de medios regirá estos procedimientos, valorándose las pruebas por la sana critica, excepto la prueba instrumental que tendrá los valores establecidos en los artículos 1359 y 1360 del Código Civil para los documentos públicos y en el artículo 1363 del mismo Código para los documentos privados auténticos y otros que merezcan autenticidad, entre ellos los documentos públicos administrativos".

De acuerdo al artículo 19 de la Ley Orgánica, si la solicitud fuere oscura o no llenare los requisitos exigidos anteriormente especificados, el Juez debe notificar al solicitante del amparo para que corrija el defecto u omisión dentro del lapso de cuarenta y ocho (48) horas siguientes a la correspondiente notificación. Si no lo hiciere, la acción de amparo será declara inadmisible.

C. Notificación al Ministerio Público

Al darle entrada a la solicitud contentiva de la acción de amparo, el Juez debe participar por oficio o por telegrama al representante del Ministerio Público, de la apertura del procedimiento, en virtud de las atribuciones establecidas en el artículo 42, ordinal 19° de la Ley Orgánica del Ministerio Público a los Fiscales del Ministerio Público de "intervenir en los recursos de amparo". Dicho representante se entenderá a derecho a partir de dicha participación (Art. 15).

D. Admisión de la acción

Conforme al artículo 6 de la Ley Orgánica de Amparo y a las otras normas que se refieren a la admisión, la primera actuación procesal del juez, una vez presentado correctamente el libelo de la acción, es la decisión sobre la admisibilidad o inadmisibilidad de la misma.

Es decir, el juez necesariamente debe examinar los presupuestos de admisibilidad previstos en el artículo 6 de la Ley Orgánica de Amparo sobre Derechos y Garantías Constitucionales, que están redactados en forma tal que al juez le corresponde verificar la inexistencia de los supuestos enunciados en dicho artículo, a los fines de declarar admisible o no la acción. Este examen da lugar a un auto de admisión o inadmisión, según el caso, con lo cual el tribunal afirma los elementos básicos para el conocimiento de la causa.

E. Solicitud de informe al presunto agraviante o imputado

En el auto de admisión, el Juez debe ordenar a la autoridad, entidad, organización social o a los particulares imputados de violar o amenazar el derecho o la garantía constitucionales, su comparecencia para que en el termino de cuarenta y ocho (48) horas contadas a partir de la respectiva notificación, informen sobre la pretendida violación o amenaza que hubiere motivado la solicitud de amparo, (Art. 23).

De acuerdo al artículo 25 de la Ley, este informe debe contener una relación sucinta y breve de las pruebas en las cuales el presunto agraviante pretenda fundamentar su defensa, sin perjuicio de la potestad evaluativa que la Ley confiere al Juez competente (Art. 17).

La Ley Orgánica establece (Art. 14) que "la falta de informe correspondiente se entenderá como aceptación de los hechos incriminados", razón por la cual ello debería dar origen a la decisión de amparo con el consiguiente restablecimiento inmediato de la situación jurídica infringida. Sin embargo, aun en estos casos, la decisión debe adoptarse luego de realizada la audiencia oral de las partes.

F. Medidas cautelares

La Ley Orgánica no preveía expresamente, la potestad del Juez de amparo de adoptar medidas cautelares o preventivas en caso de solicitudes de amparo, lo que sin embargo, podía considerarse prevista en el anulado artículo 22 de la Ley Orgánica[149], si se hubiera interpretado acorde con la Constitución.

En todo caso, por la aplicación supletoria del Código de Procedimiento Civil (Art. 48), conforme al artículo 588 de dicho Código, los jueces han adoptado las medidas cautelares adecuadas para la protección constitucional, cuando hubiere "fundado temor" de que una de las partes, particularmente el presunto agraviante, pueda causar "lesiones graves o de difícil reparación al derecho de la otra", en concreto, el agraviado. En estos casos, para evitar el daño, el Juez de amparo puede "autorizar o prohibir la ejecución de determinados actos y adoptar las providencias que tengan por objeto hacer cesar la continuidad de la lesión".

G. La audiencia pública y oral

En todo caso, al vencerse al termino de cuarenta y ocho (48) horas para la remisión del informe solicitado, sin que ello haya ocurrido, o al presentarse el informe por el presunto agraviado, el Juez de amparo debía fijar la oportunidad para que las partes o sus representantes legales expresasen, en forma oral y pública, los argumentos respectivos (Art. 26), en una audiencia que debía realizarse dentro del lapso de noventa y seis (96) horas siguientes a la presentación del mencionado informe o al vencimiento del lapso de 48 horas que tenía el agraviante para presentarlo.

H. Oportunidad de la decisión

Efectuado dicho acto de audiencia oral, el Juez disponía de un término improrrogable de veinticuatro (24) horas para decidir la solicitud de amparo constitucional (Art. 26).

---

149 *V.*, en *Gaceta Oficial* Extra N° 5071 de 29-5-96.

3. La reforma constitucional de 1999 y las nuevas normas procesales en materia de amparo

El artículo 27 de la Constitución de 1999 puede decirse que siguió la orientación del artículo 49 de la Constitución de 1961, al regular la institución del amparo definitivamente como un derecho constitucional, el cual se puede ejercer a través de múltiples medios o recursos judiciales de protección, incluyendo la acción de amparo[150]; conforme a lo cual se habían dictado la Ley Orgánica de Amparo de 1988.

Ahora bien, con motivo de la entrada en vigencia de la Constitución, la norma de la Constitución de 1999 relativa al amparo (artículo 27), fue interpretada por la Sala Constitucional del Tribunal Supremo de Justicia, procediendo mediante sentencias dictadas en casos concretos, a modificar la Ley Orgánica de Amparo, no sólo en cuanto a la determinación de la competencia judicial, sino en especial, en materia del procedimiento judicial en los juicios de amparo, asumiendo en forma irregular una función de legislador positivo, supuestamente a los efectos de "adaptar" el procedimiento regulado en la Ley Orgánica de Amparo al texto de la nueva Constitución, con lo cual estableció, en realidad, un *nuevo procedimiento* modificando y reformando, impropiamente, el regulado en la Ley Orgánica de Amparo de 1988[151].

En efecto, en la sentencia N° 7 de 1° de febrero de 2000 (caso *José A. Mejía y otros*)[152], la Sala, teniendo en cuenta que por mandato del artículo 27 de la Constitución el procedimiento de la acción de amparo constitucional "será oral, público, breve, gratuito y no sujeto a formalidades"; siendo las características de oralidad y ausencia de formalidades que rigen estos procedimientos las que permiten a la autoridad judicial restablecer inmediatamente, a la mayor brevedad, la situación jurídica infringida o la situación que más se asemeje a ella; y considerando que el artículo 27 de la Constitución es de aplicación inmediata; estimó que debía "adaptar" el procedimiento de amparo establecido en la Ley Orgánica de Amparo sobre Derechos y Garantías Constitucionales a las prescripciones del artículo 27 de la Constitución, aplicando además, el 49 de la Constitución que impone el debido proceso, cuyos elementos deben estar presentes

150 *V.*, Allan R. Brewer-Carías, *El Derecho y la Acción de Amparo*, *T.*, V *Instituciones Políticas y Constitucionales*, *op. cit.*, pp. 163 y ss. *V.*, en general, Hildegard Rondón de Sansó, "La acción de amparo constitucional a raíz de la vigencia de la Constitución de 1999", en *Revista de la Facultad de Ciencias Jurídicas y Políticas de la UCV*, N° 119, Caracas, 2000, pp. 147-172; Richard D. Henríquez Larrazábal, "El problema de la procedencia del amparo constitucional en el Derecho venezolano", en *Bases y principios del sistema constitucional venezolano* (Ponencias del VII Congreso Venezolano de Derecho Constitucional realizado en San Cristóbal del 21 al 23 de Noviembre de 2001), Volumen II, pp. 403-475; Víctor R. Hernández-Mendible, "El amparo constitucional desde la perspectiva cautelar", en *El Derecho Público a comienzos del siglo XXI. Estudios homenaje al Profesor Allan R. Brewer-Carías*, *T.* I, *op. cit.*, pp. 1219-1301.

151 *V.*, en general, Humberto Enrique Tercero Bello Tabares, "El procedimiento de Amparo Constitucional, según la sentencia N° 7 dictada por la Sala Constitucional del Tribunal Supremo de Justicia, de fecha 01 de febrero de 2000. Caso *José Amando Mejía Betancourt y José Sánchez Villavicencio*, en *Revista de derecho del Tribunal Supremo de Justicia*, N° 8, Caracas, 2003, pp. 139 a 176; María Elena Toro Dupouy, "El procedimiento de amparo en la jurisprudencia de la Sala Constitucional del Tribunal Supremo de Justicia (Años 2000-2002)", en *Revista de Derecho Constitucional*, N° 6, enero-diciembre-2002, Editorial Sherwood, Caracas, 2003, pp. 241 a 256; María Elena Toro Dupouy, "El amparo contra decisiones judiciales en la jurisprudencia de la Sala Constitucional del Tribunal Supremo de Justicia. El Amparo sobrevenido", en *Revista de Derecho Constitucional*, N° 7, enero-junio 2003, Editorial Sherwood, Caracas, 2003, pp. 207 a 222.

152 *V.*, en *Revista de Derecho Público*, N° 81, EJV, Caracas, 2000, pp. 349 y ss.

en el procedimiento de amparo cuyas normas procesales también deben adecuarse a dicha norma, prescribiendo que el procedimiento de las acciones de amparo debe contener los elementos que conforman el debido proceso.

Como consecuencia de esta orientación, "la Sala Constitucional, obrando dentro de la facultad que le otorga el artículo 335 *ejusdem*, de establecer interpretaciones sobre el contenido y alcance de las normas y principios constitucionales, las cuales serán en materia de amparo vinculantes para los tribunales de la República, interpreta los citados artículos 27 y 49 de la Constitución de la República Bolivariana de Venezuela, en relación con el procedimiento de amparo previsto en la Ley Orgánica de Amparo sobre Derechos y Garantías Constitucionales, distinguiendo si se trata de amparos contra sentencias o de los otros amparos, excepto el cautelar"; estableció un conjunto de normas procesales que estimó las adecuadas para desarrollar los principios constitucionales, reformando la Ley Orgánica de Amparo de 1988, con lo cual, sin duda, usurpó la potestad del legislador y atentó contra la seguridad jurídica.

En particular en los casos de ejercicio de la acción autónoma de amparo, siempre que no sea contra sentencias, la Sala dictó las siguientes normas modificatorias del régimen legal:

A. Principios generales del procedimiento no sujeto a formalidades

En cuanto a los principios generales del procedimiento, la Sala señaló que:

> "Debido al mandato constitucional de que el procedimiento de amparo no estará sujeto a formalidades, los trámites como se desarrollarán las audiencias y la evacuación de las pruebas, si fueran necesarias, las dictará en las audiencias el tribunal que conozca del amparo, siempre manteniendo la igualdad entre las partes y el derecho de defensa".
>
> "Todas las actuaciones serán públicas, a menos que por protección a derechos civiles de rango constitucional, como el comprendido en el artículo 60 de la Constitución de la República Bolivariana de Venezuela, se decida que los actos orales sean a puerta cerrada, pero siempre con inmediación del tribunal".

B. La derogación de la exigencia legal del informe del agraviado, la citación del agraviante y la creación de la audiencia constitucional

La Sala Constitucional estableció en su sentencia que una vez admitida la acción, el juez debe ordenar:

> "La citación del presunto agraviante y la notificación del Ministerio Público, para que concurran al tribunal a conocer el día en que tendrá lugar la audiencia oral, la cual tendrá lugar, tanto en su fijación como para su práctica, dentro de las noventa y seis (96) horas a partir de la última notificación efectuada".

La Sala, en cuanto a la citación, pero refiriéndola como "notificación", reguló nuevas formas de hacerla ni siquiera establecidas en el Código de Procedimiento Civil, así:

> "Para dar cumplimiento a la brevedad y falta de formalidad, la notificación podrá ser practicada mediante boleta, o comunicación telefónica, fax, telegrama, correo electrónico, o cualquier medio de comunicación interpersonal, bien por el órgano jurisdiccional o bien por el Alguacil del mismo, indicándose en la notificación la fecha de comparecencia del presunto agraviante y dejando el Secretario del órgano jurisdiccional, en autos, constancia detallada de haberse efectuado la citación o notificación y de sus consecuencias".

C. La reforma del régimen de la audiencia constitucional pública y oral

La Sala Constitucional, en su sentencia también reformó el régimen de la audiencia pública y oral en el proceso del juicio de amparo. Al eliminar la exigencia legal del informe escrito que debe requerirse y presentar el agraviante, dispuso la realización de la audiencia oral y pública, con el siguiente régimen:

Una vez admitida la acción, de acuerdo con la sentencia de la Sala Constitucional:

> "[...] se ordenará la citación del presunto agraviante y la notificación del Ministerio Público, para que concurran al tribunal a conocer el día en que tendrá lugar la audiencia oral, la cual tendrá lugar, tanto en su fijación como para su práctica, dentro de las noventa y seis (96) horas a partir de la última notificación efectuada.
>
> Para dar cumplimiento a la brevedad y falta de formalidad, la notificación podrá ser practicada mediante boleta, o comunicación telefónica, fax, telegrama, correo electrónico, o cualquier medio de comunicación interpersonal, bien por el órgano jurisdiccional o bien por el Alguacil del mismo, indicándose en la notificación la fecha de comparecencia del presunto agraviante y dejando el Secretario del órgano jurisdiccional, en autos, constancia detallada de haberse efectuado la citación o notificación y de sus consecuencias".

Conforme a la sentencia de la Sala:

> "En la fecha de la comparecencia que constituirá una audiencia oral y pública, las partes, oralmente, propondrán sus alegatos y defensas ante la Sala Constitucional o el tribunal que conozca de la causa en primera instancia, y esta o este decidirá, si hay lugar a pruebas, caso en que el presunto agraviante podrá ofrecer las que considere legales y pertinentes, ya que este es el criterio que rige la admisibilidad de las pruebas. Los hechos esenciales para la defensa del agraviante, así como los medios ofrecidos por él se recogerán en un acta, al igual que las circunstancias del proceso".

Sobre los poderes del juez en la audiencia, la Sala señaló:

> "Los Jueces Constitucionales siempre podrán interrogar a las partes y a los comparecientes".

Sobre los efectos de la falta de comparecencia de las partes a la audiencia la Sala, en la sentencia citada, dispuso que:

> "La falta de comparecencia del presunto agraviante a la audiencia oral aquí señalada producirá los efectos previstos en el artículo 23 de la Ley Orgánica de Amparo Sobre Derechos y Garantías Constitucionales.
>
> La falta de comparecencia del presunto agraviado dará por terminado el procedimiento, a menos que el Tribunal considere que los hechos alegados afectan el orden público, caso en que podrá inquirir sobre los hechos alegados, en un lapso breve, ya que conforme al principio general contenido en el artículo 11 del Código de Procedimiento Civil y el artículo 14 de la Ley Orgánica de Amparo Sobre Derechos y Garantías Constitucionales, en materia de orden público el juez podrá tomar de oficio las providencias que creyere necesarias".

En relación con las pruebas, la Sala señaló:

"El órgano jurisdiccional, en la misma audiencia, decretará cuáles son las pruebas admisibles y necesarias, y ordenará, de ser admisibles, también en la misma audiencia, su evacuación, que se realizará en ese mismo día, con inmediación del órgano en cumplimiento del requisito de la oralidad o podrá diferir para el día inmediato posterior la evacuación de las pruebas".

Sobre el desarrollo de la actividad probatoria en la audiencia la Sala estableció que:

"Cuando se trate de causas que cursen ante tribunales cuyas decisiones serán conocidas por otros jueces o por esta Sala, por la vía de la apelación o consulta, en cuanto a las pruebas que se evacuen en las audiencias orales, se grabarán o registrarán las actuaciones, las cuales se verterán en actas que permitan al juez de la Alzada conocer el devenir probatorio. Además, en la audiencia ante el Tribunal que conozca en primera instancia en que se evacuen estas pruebas de lo actuado, se levantará un acta que firmarán los intervinientes. El artículo 189 del Código Procedimiento Civil regirá la confección de las actas, a menos que las partes soliciten que los soportes de las actas se envíen al Tribunal Superior".

En cambio, en el régimen establecido en la Ley Orgánica, que derogó la Sala Constitucional, la audiencia se realizaba en una oportunidad posterior a la presentación del informe por parte del agraviante. Ahora se le ha eliminado al agraviado la posibilidad de analizar el texto escrito del informe con anterioridad, a los efectos de poder contestarlo efectivamente, a los efectos de reforzar su denuncia inicial en la audiencia oral,

Es decir, la Sala Constitucional le cercenó el derecho que tenía el agraviado tal como se lo garantizaba la Ley Orgánica de 1988, en un procedimiento dispuesto para proteger sus derechos, que le permitía conocer por escrito los alegatos que formulara el presunto agraviante, sin lesionarle el derecho a su defensa. En el procedimiento que estableció la Sala Constitucional, en cambio, se obliga al agraviado a conocer de los alegatos que exprese sólo oralmente el agraviante en la audiencia oral, en la cual el juez además, siempre puede interrogar a las partes y a los comparecientes, y al final de la cual, la Sala Constitucional dispuso que se debe dictar la sentencia.

D. Régimen de la oportunidad de la sentencia de amparo

El régimen de la sentencia de amparo también se reformó con sentencia de la Sala Constitucional, modificándose el establecido en la Ley Orgánica, el cual se sustituyó por el siguiente:

"Una vez concluido el debate oral o las pruebas, el juez o el Tribunal en el mismo día estudiará individualmente el expediente o deliberará (en los caso de los Tribunales colegiados) y podrá:

a) Decidir inmediatamente; en cuyo caso expondrá de forma oral los términos del dispositivo del fallo; el cual deberá ser publicado íntegramente dentro de los cinco (5) días siguientes a la audiencia en la cual se dictó la decisión correspondiente. El fallo lo comunicará el juez o el presidente del Tribunal Colegiado, pero la sentencia escrita la redactará el ponente o quien el Presidente del Tribunal Colegiado decida.

El dispositivo del fallo surtirá los efectos previstos en el artículo 29 de la Ley Orgánica de Amparo Sobre Derechos y Garantías Constitucionales, mientras que la sentencia se adaptará a lo previsto en el artículo 32 *ejusdem*.

b) Diferir la audiencia por un lapso que en ningún momento será mayor de cuarenta y ocho (48) horas, por estimar que es necesaria la presentación o evacuación de alguna prueba que sea fundamental para decidir el caso o a petición de alguna de las partes o del Ministerio Público".

E. Apelación y consulta

En relación con la apelación y consulta de las sentencias de amparo, la sentencia de la Sala dispuso en su mencionada sentencia N° 7, lo siguiente:

> "Contra la decisión dictada en primera instancia, podrá apelarse dentro de los tres (3) días siguientes a la publicación del fallo, la cual se oirá en un sólo efecto a menos que se trate del fallo dictado en un proceso que, por excepción, tenga una sola instancia.
>
> De no apelarse, pero ser el fallo susceptible de consulta, deberá seguirse el procedimiento seguido en el artículo 35 de la Ley Orgánica de Amparo sobre Derechos y Garantías Constitucionales, esto es, que la sentencia será consultada con el Tribunal Superior respectivo, al cual se le remitirá inmediatamente el expediente, dejando copia de la decisión para la ejecución inmediata.
>
> Este Tribunal decidirá en un lapso no mayor de treinta (30) días. La falta de decisión equivaldrá a una denegación de justicia, a menos que por el volumen de consultas a decidir se haga necesario prorrogar las decisiones conforma al orden de entrada de las consultas al Tribunal de la segunda instancia".

F. El procedimiento en la acción de amparo contra sentencias

En cuanto a las acciones de amparo contra sentencias, la sentencia de la Sala señaló lo siguiente:

> "2. Cuando el amparo sea contra sentencias, las formalidades se simplificarán aún más y por un medio de comunicación escrita que deberá anexarse al expediente de la causa donde se emitió el fallo, inmediatamente a su recepción, se notificará al juez o encargado del Tribunal, así como a las partes en su domicilio procesal, de la oportunidad en que habrá de realizarse la audiencia oral, en la que ellos manifestarán sus razones y argumentos respecto a la acción. Los amparos contra sentencias se intentarán con copia certificada del fallo objeto de la acción, a menos que por la urgencia no pueda obtenerse a tiempo la copia certificada, caso en el cual se admitirán las copias previstas en el artículo 429 del Código Procedimiento Civil, no obstante en la audiencia oral deberá presentarse copia auténtica de la sentencia.
>
> Las partes del juicio donde se dictó el fallo impugnado podrán hacerse partes, en el proceso de amparo, antes y aún dentro de la audiencia pública, mas no después, sin necesidad de probar su interés. Los terceros coadyuvantes deberán demostrar su interés legítimo y directo para intervenir en los procesos de amparo de cualquier clase antes de la audiencia pública.
>
> La falta de comparecencia del Juez que dicte el fallo impugnado o de quien esté a cargo del Tribunal, no significará aceptación de los hechos, y el órgano que conoce del amparo, examinará la decisión impugnada".

De lo anterior resulta, por tanto, que en la actualidad, el procedimiento en la acción de amparo no sólo está regulado en la Ley Orgánica de Amparo, sino en una sentencia de la Sala Constitucional. La seguridad jurídica, en consecuencia, parecería que no es un valor fundamental en la mente de algunos Magistrados de dicha Sala, pues de lo contrario hubieran hecho una recomendación a la futura Asamblea Nacional para la reforma de la Ley Orgánica de Amparo.

APÉNDICE:

EXTRACTO DE LA SENTENCIA Nº 7 DE LA SALA CONSTITUCIONAL DEL TRIBUNAL SUPREMO DE JUSTICIA EN LA CUAL SE ADAPTÓ EL PROCEDIMIENTO DE AMPARO PREVISTO EN LA LEY ORGÁNICA DE AMPARO A LAS PRESCRIPCIONES DE LOS ARTÍCULOS 27 Y 49 DE LA CONSTITUCIÓN, QUE PREVÉN COMO CARACTERÍSTICAS DEL PROCEDIMIENTO DE AMPARO, LA ORALIDAD Y AUSENCIA DE FORMALIDADES, Y EL DERECHO AL DEBIDO PROCESO, RESPECTIVAMENTE[153]

Caso: *José A. Mejía B. y otros vs. Juzgado de Control Vigésimo Sexto de Primera Instancia del Circuito Judicial Penal Del Área Metropolitana de Caracas*, 1° de febrero de 2000

.... Por mandato del artículo 27 de la Constitución de la República Bolivariana de Venezuela, el procedimiento de la acción de amparo Constitucional será oral, público, breve, gratuito y no sujeto a formalidades. Son las características de oralidad y ausencia de formalidades que rigen estos procedimientos las que permiten que la autoridad judicial restablezca inmediatamente, a la mayor brevedad, la situación jurídica infringida o la situación que más se asemeje a ella.

La aplicación inmediata del artículo 27 de la vigente Constitución, conmina a la Sala a adaptar el procedimiento de amparo establecido en la Ley Orgánica de Amparo sobre Derechos y Garantías Constitucionales a las prescripciones del artículo 27 ejusdem.

Por otra parte, todo proceso jurisdiccional contencioso debe ceñirse al artículo 49 de la Constitución de la República Bolivariana de Venezuela, que impone el debido proceso, el cual, como lo señala dicho artículo, se aplicará sin discriminación a todas las actuaciones judiciales, por lo que los elementos que conforman el debido proceso deben estar presentes en el procedimiento de amparo, y por lo tanto las normas procesales contenidas en la Ley Orgánica de Amparo sobre Derechos y Garantías Constitucionales deben igualmente adecuarse a las prescripciones del citado artículo 49.

En consecuencia, el agraviante, tiene derecho a que se le oiga a fin de defenderse, lo que involucra que se le notifique efectivamente de la solicitud de amparo; de disponer del tiempo, así sea breve, para preparar su defensa; de la posibilidad, que tienen todas las partes, de contradecir y controlar los medios de prueba ofrecidos por el promovente, y por esto el procedimiento de las acciones de amparo deberá contener los elementos que conforman el debido proceso.

Ante esas realidades que emanan de la Constitución de la República Bolivariana de Venezuela, la Sala Constitucional, obrando dentro de la facultad que le otorga el artículo 335 ejusdem, de establecer interpretaciones sobre el contenido y alcance de las normas y principios constitucionales, las cuales serán en materia de amparo vinculantes para los tribunales de la República, interpreta los citados artículos 27 y 49 de la Constitución de la República Bolivariana de Venezuela, en relación con el procedimiento de amparo previsto en la Ley Orgánica de Amparo sobre Derechos y Garantías Constitucionales, distinguiendo si se trata de amparos contra sentencias o de los otros amparos, excepto el cautelar, de la siguiente forma:

1.- Con relación a los amparos que no se interpongan contra sentencias, tal como lo expresan los artículos 16 y 18 de la Ley Orgánica de Amparo sobre Derechos y Garantías Constitucionales, el proceso se iniciará por escrito o en forma oral conforme a lo señalado en dichos artículos; pero el accionante además de los elementos prescritos en el citado artículo 18 deberá también señalar en su solicitud, oral o escrita, las pruebas que desea promover, siendo esta una carga cuya omisión produce la preclusión de la oportunidad, no solo la de la oferta de las pruebas omitidas, si-

153 *Revista de Derecho Público*, N° 81, EJV, Caracas, 2000, pp. 246-251.

no la de la producción de todos los instrumentos escritos, audiovisuales o gráficos, con que cuenta para el momento de incoar la acción y que no promoviere y presentare con su escrito o interposición oral; prefiriéndose entre los instrumentos a producir los auténticos. El principio de libertad de medios regirá estos procedimientos, valorándose las pruebas por la sana critica, excepto la prueba instrumental que tendrá los valores establecidos en los artículos 1359 y 1360 del Código Civil para los documentos públicos y en el artículo 1363 del mismo Código para los documentos privados auténticos y otros que merezcan autenticidad, entre ellos los documentos públicos administrativos.

Los Tribunales o la Sala Constitucional que conozcan de la solicitud de amparo, por aplicación de los artículos de la Ley Orgánica de Amparo sobre Derechos y Garantías Constitucionales, admitirán o no el amparo, ordenarán que se amplíen los hechos y las pruebas, o se corrijan los defectos u omisiones de la solicitud, para lo cual se señalará un lapso, también preclusivo. Todo ello conforme a los artículos 17 y 19 de la Ley Orgánica de Amparo sobre Derechos y Garantías Constitucionales.

Admitida la acción, se ordenará la citación del presunto agraviante y la notificación del Ministerio Público, para que concurran al tribunal a conocer el día en que tendrá lugar la audiencia oral, la cual tendrá lugar, tanto en su fijación como para su práctica, dentro de las noventa y seis (96) horas a partir de la última notificación efectuada. Para dar cumplimiento a la brevedad y falta de formalidad, la notificación podrá ser practicada mediante boleta, o comunicación telefónica, fax, telegrama, correo electrónico, o cualquier medio de comunicación interpersonal, bien por el órgano jurisdiccional o bien por el Alguacil del mismo, indicándose en la notificación la fecha de comparecencia del presunto agraviante y dejando el Secretario del órgano jurisdiccional, en autos, constancia detallada de haberse efectuado la citación o notificación y de sus consecuencias.

En la fecha de la comparecencia que constituirá una audiencia oral y pública, las partes, oralmente, propondrán sus alegatos y defensas ante la Sala Constitucional o el tribunal que conozca de la causa en primera instancia, y esta o este decidirá, si hay lugar a pruebas, caso en que el presunto agraviante podrá ofrecer las que considere legales y pertinentes, ya que este es el criterio que rige la admisibilidad de las pruebas. Los hechos esenciales para la defensa del agraviante, así como los medios ofrecidos por él se recogerán en un acta, al que las circunstancias del proceso.

La falta de comparecencia del presunto agraviante a la audiencia oral aquí señalada producirá los efectos previstos en el artículo 23 de la Ley Orgánica de Amparo Sobre Derechos y Garantías Constitucionales.

La falta de comparecencia del presunto agraviante dará por terminado el procedimiento, a menos que el Tribunal considere que los hechos alegados afectan el orden público, caso en que podrá inquirir sobre los hechos alegados, en un lapso breve, ya que conforme al principio general contenido en el artículo 11 del Código de Procedimiento Civil y el artículo 14 de la Ley Orgánica de Amparo Sobre Derechos y Garantías Constitucionales, en materia de orden público el juez podrá tomar de oficio las providencias que creyere necesarias.

En caso de litis consorcios necesarios activos o pasivos, cualquiera de los litis consortes que concurran a los actos, representará al consorcio.

El órgano jurisdiccional, en la misma audiencia, decretará cuáles son las pruebas admisibles y necesarias, y ordenará, de ser admisibles, también en la misma audiencia, su evacuación, que se realizará en ese mismo día, con inmediación del órgano en cumplimiento del requisito de la oralidad o podrá diferir para el día inmediato posterior la evacuación de las pruebas.

Debido al mandato constitucional de que el procedimiento de amparo no estará sujeto a formalidades, los trámites como se desarrollarán las audiencias y la evacuación de las pruebas, si fueran necesarias, las dictará en las audiencias el tribunal que conozca del amparo, siempre mante-

niendo la igualdad entre las partes y el derecho de defensa. Todas las actuaciones serán públicas, a menos que por protección a derechos civiles de rango constitucional, como el comprendido en el artículo 60 de la Constitución de la República Bolivariana de Venezuela, se decida que los actos orales sean a puerta cerrada, pero siempre con inmediación del tribunal.

Una vez concluido el debate oral o las pruebas, el juez o el Tribunal en el mismo día estudiará individualmente el expediente o deliberará (en los caso de los Tribunales colegiados) y podrá:

a) Decidir inmediatamente; en cuyo casó expondrá de forma oral los términos del dispositivo del fallo; el cual deberá ser publicado íntegramente dentro de los cinco (5) días siguientes a la audiencia en la cual se dictó la decisión correspondiente. El fallo lo comunicará el juez o el presidente del Tribunal Colegiado, pero la sentencia escrita la redactará el ponente o quien el Presidente del Tribunal Colegiado decida.

El dispositivo del fallo surtirá los efectos previstos en el artículo 29 de la Ley Orgánica de Amparo Sobre Derechos y Garantías Constitucionales, mientras que la sentencia se adaptará a lo previsto en el artículo 32 ejusdem

b) Diferir la audiencia por un lapso que en ningún momento será mayor de cuarenta y ocho (48) horas, por estimar que es necesaria la presentación o evacuación de alguna prueba que sea fundamental para decidir el caso o a petición de alguna de las partes o del Ministerio Público.

Contra la decisión dictada en primera instancia, podrá apelarse dentro de los tres (3) días siguientes a la publicación del fallo, la cual se oirá en un solo efecto a menos que se trate del fallo dictado en un proceso que, por excepción, tenga una sola instancia. De no apelarse, pero ser el fallo susceptible de consulta, deberá seguirse el procedimiento seguido en el artículo 35 de la Ley Orgánica de Amparo Sobre Derechos y Garantías Constitucionales, esto es, que la sentencia será consultada con el Tribunal Superior respectivo, al cual se le remitirá inmediatamente el expediente, dejando copia de la decisión para la ejecución, inmediata. Este Tribunal decidirá en un lapso no mayor de treinta (30) días. La falta de decisión equivaldrá a una denegación de justicia, a menos que por el volumen de consultas a decidir se haga necesario prorrogar las decisiones conforma al orden de entrada de las consultas al Tribunal de la segunda instancia.

Cuando se trate de causas que cursen ante tribunales cuyas decisiones serán conocidas por otros jueces o por esta Sala, por la vía de la apelación o consulta, en cuanto a las pruebas que se evacuen en las audiencias orales, se grabarán o registrarán las actuaciones, las cuales se verterán en actas que permitan al juez de la Alzada conocer el devenir probatorio. Además, en la audiencia ante el Tribunal que conozca en primera instancia en que se evacuen estas pruebas de lo actuado, se levantará un acta que firme los intervinientes. El artículo 189 del Código Procedimiento Civil regirá la confección de las actas, a menos que las partes soliciten que los soportes de las actas se envíen al Tribunal Superior.

Los Jueces Constitucionales siempre podrán interrogar a las partes y a los comparecientes.

2.- Cuando el amparo sea contra sentencias, las formalidades se simplificarán aún más y por un medio de comunicación escrita que deberá anexarse al expediente de la causa donde se emitió el fallo, inmediatamente a su recepción, se notificará al juez o encargado del Tribunal, así como a las partes en su domicilio procesal, de la oportunidad en que habrá de realizarse la audiencia oral, en la que ellos manifestarán sus razones y argumentos respecto a la acción. Los amparos contra sentencias se intentarán con copia certificada del fallo objeto de la acción, a menos que por la urgencia no pueda obtenerse a tiempo la copia certificada, caso en el cual se admitirán las copias previstas en el artículo 429 del Código Procedimiento Civil, no obstante en la audiencia oral deberá presentarse copia auténtica de la sentencia.

Las partes del juicio donde, se dictó el fallo impugnado podrán hacerse partes, en el proceso de amparo, antes y aún dentro de la audiencia pública, mas no después, sin necesidad de probar su interés. Los terceros coadyuvantes deberán demostrar su interés legítimo y directo para intervenir en los procesos de amparo de cualquier clase antes de la audiencia pública.

La falta de comparecencia del Juez que dicte el fallo impugnado o de quien esté a cargo del Tribunal, no significará aceptación de los hechos, y el órgano que conoce del amparo, examinará la decisión impugnada.

XI. LA DECISIÓN EN MATERIA DE AMPARO

De acuerdo con el artículo 27 de la Constitución, el amparo tiene por objeto proteger el goce y ejercicio de los derechos y garantías constitucionales, por lo que el juez "tendrá potestad para restablecer inmediatamente la situación jurídica infringida o la situación que más se asemeje a ella", es decir, el derecho violado o amenazado de violación.

Esta decisión o mandamiento de amparo, puede adoptarse en dos momentos y con dos modalidades: puede tratarse de una medida cautelar, con efectos mientras dure el juicio, o puede ser la decisión definitiva la cual, de acuerdo con la Ley Orgánica y el principio de la bilateralidad, no puede adoptarse *inaudita parte* e *in limine litis,* sino después de una audiencia al presunto agraviante.

1. Las medidas cautelares en materia de amparo

A. El régimen general

El derogado artículo 22 de la Ley Orgánica, en nuestro criterio, podía haberse interpretado con el criterio *favor constitucione*, como estableciendo la potestad cautelar del juez de amparo, al atribuirle la potestad para restablecer la situación jurídica infringida, "prescindiendo de consideraciones de mera forma y sin ningún tipo de averiguación sumaria que la preceda"; para lo cual exigía que el mandamiento cautelar de amparo fuera motivado y estuviese fundamentado "en un medio de prueba que constituya presunción grave de la violación o de la amenaza de violación".

Tal como estaba concebida esta norma, sin embargo, la norma también podía interpretarse como autorizando a que se pudiera adoptar el mandamiento de amparo *inaudita parte,* dado que disponía que sólo si el juez no optaba por "restablecer inmediatamente la situación jurídica infringida" es que debía proceder a solicitar informe al presunto agraviante y a darle audiencia.

Era evidente, sin embargo, que cualquier interpretación jurisprudencial de la norma debía excluir toda decisión definitiva *inaudita parte,* pues hubiera sido violatorio del artículo 68 de la Constitución de 1961 que garantiza la inviolabilidad del derecho a la defensa en todo estado y grado del proceso, y contradictorio con el artículo 21 de la propia Ley Orgánica que obliga al Juez de amparo a mantener la "absoluta igualdad entre las partes", lo que permitía concluir que el proceso de amparo debe ser de carácter bilateral.

Por tanto, consideramos que esta disposición del artículo 22 de la Ley Orgánica, debía interpretarse como la potestad del Juez de amparo de poder adoptar de inmediato medidas cautelares o preventivas ("amparo temporal"), restableciendo de inmediato la situación jurídica infringida, mientras duraba el juicio; y, en todo caso, debía proceder a continuar el procedimiento breve previsto, solicitando el informe respectivo y dando audiencia al presunto agraviante o imputado[154].

En este sentido, la Sala de Casación Civil de la antigua Corte Suprema se pronunció en sentencia de 5 de diciembre de 1990 (caso *José Díaz Aquino*), al señalar:

> "En este sentido, por ejemplo, deberá el juez otorgar suficientes oportunidades de defensa a las partes, para que su decisión no resulte, a su vez, inconstitucional.
>
> Por ello la Sala, a pesar de que la redacción del artículo 22 de la Ley de Amparo puede conducir a interpretar, y de hecho así ha sido, en ocasiones, entendida, que el juez de amparo puede restablecer la situación jurídica infringida, prescindiendo del derecho al contradictorio en primera instancia, ha considerado que la decisión tomada inaudita parte, tiene sólo un carácter cautelar, y de seguidas se debe notificar a la otra parte a los fines de que ejerza su defensa, para luego decidir, en la definitiva, si se mantiene o no el amparo"[155].

Sin embargo, y con el objeto de despejar las dudas, a los pocos días de haberse promulgado la Ley Orgánica de Amparo en 1988, intentamos una acción de inconstitucionalidad contra la norma del artículo 22 de la Ley Orgánica[156], proceso que no fue decidido, habiéndose sin embargo decidido otra acción de inconstitucionalidad que concluyó con la declaratoria de la inconstitucionalidad de la norma mediante sentencia de la Corte Suprema de 21 de mayo de 1996.[157]

La consecuencia de esta decisión fue entonces la construcción del régimen de las medidas cautelares en materia de amparo conforme a los previsiones del Código de Procedimiento Civil, excepto la suspensión de los efectos de los actos impugnados cuando se formula la pretensión de amparo conjuntamente con la acción de inconstitucionalidad de las leyes o el recurso contencioso administrativo de nulidad de actos administrativos.

En efecto, por la aplicación supletoria del Código de Procedimiento Civil (Art. 48), es evidente que tiene aplicación el artículo 588 del mismo, como ya lo habían venido realizando los tribunales de instancia en los procesos de amparo que habían conducido.

En esta forma, los jueces de amparo tienen el poder general cautelar previsto particularmente en el parágrafo primero del artículo 588 del Código, que les permite "acordar las providencias cautelares que considere adecuadas", cuando hubiere "fundado temor" de que una de las partes, particularmente el presunto agraviante, pueda causar "lesiones graves o de difícil reparación al derecho de la otra", en concreto, el agraviado. En estos casos, para evitar el daño, el Juez de amparo puede "autorizar o prohibir la ejecución de determinados actos y adoptar las providencias que tengan por objeto hacer cesar la continuidad de la lesión".

---

154 *V.*, Allan R. Brewer-Carías, "Introducción general al régimen del derecho de amparo a los derechos y garantías constitucionales", en Allan R. Brewer-Carías y Carlos M. Ayala Corao, *Ley Orgánica de Amparo sobre Derechos y Garantías Constitucionales*, Caracas, 1988, p. 90.

155 Consultada en original.

156 *V.* en Allan R. Brewer-Carías, *Instituciones Políticas y Constitucionales*, v. VI, *Derecho y acción de amparo, op. cit*, pp. 388 y ss.

157 *V.*, en *Gaceta Oficial* Extra N° 5071 de 29-5-96.

A tal efecto, el juez debe analizar en primer término, *el fumus boni iuris*, con el objeto de concretar la presunción grave de violación o amenaza de violación del derecho constitucional alegado por la parte quejosa y que lo vincula al caso concreto; y en segundo lugar, el *periculum in mora*, elemento éste determinable por la sola verificación del requisito anterior, pues la circunstancia de que exista presunción grave de violación de un derecho de orden constitucional, el cual por su naturaleza debe ser restituido de forma inmediata, conduce a la convicción de que debe preservarse *ipso facto* la actualidad de ese derecho, ante el riesgo inminente de causar un perjuicio irreparable en la definitiva a la parte que alega la violación.[158]

B. El nuevo régimen establecido por la Sala Constitucional

En relación con los supuestos de ejercicio conjunto de la pretensión de amparo con otros medios de impugnación y los efectos cautelares suspensivos, la Sala Constitucional del Tribunal Supremo también estableció modalidades nuevas de procedimiento, en la sentencia N° 88 de 14 marzo de 2000 (Caso: *Ducharme de Venezuela, C.A.*), en la siguiente forma:

En cuanto a las modalidades de ejercicio de la acción de amparo, la Sala indicó lo siguiente:

> "Observa esta Sala, que mediante la sentencia de la entonces Corte Suprema de Justicia en Pleno, del 21 de mayo de 1996, que anuló el artículo 22 de la Ley Orgánica de Amparo sobre Derechos y Garantías Constitucionales, se establecieron las distintas alternativas de tramitación de los amparos ejercidos de forma conjunta con otras acciones, basándose para ello en la potestad consagrada en el artículo 102 de la Ley Orgánica de la Corte Suprema de Justicia, en los siguientes términos:
>
> *1. Tramitar la solicitud de amparo constitucional de conformidad con lo dispuesto en los artículos 23 y siguientes de la Ley Orgánica de Amparo.*
>
> *2. En caso de que la solicitud de amparo sólo tenga por objeto la suspensión de los efectos del acto administrativo recurrido, darle el mismo tratamiento de beneficio que la suspensión de efectos prevista en el artículo 136 de la Ley Orgánica de la Corte Suprema de Justicia.*
>
> *3. Si la solicitud de amparo tiene por objeto la obtención de una medida cautelar de las previstas en el parágrafo primero del artículo 588 del Código de Procedimiento Civil, tramitarla de conformidad con lo previsto en el Título II del Libro Tercero de dicho Código.*
>
> *No obstante, se observa que la potestad prevista en el artículo 102 de la Ley Orgánica de la Corte Suprema de Justicia otorgada al juez Contencioso Administrativo, le permite a éste la aplicación de otros procedimientos de acuerdo a la naturaleza del caso y a las exigencias de la protección constitucional.* (Subrayado de la Sala).

Con fundamento en la sentencia parcialmente transcrita, en concordancia con el artículo 102 de la Ley Orgánica de la Corte Suprema de justicia, y atendiendo a los principios procesales consagrados en la nueva Constitución que se inspira en lograr la preservación de la tutela judicial efectiva y una pronta decisión a los asuntos sometidos a los órganos jurisdiccionales (artículo 26), esta Sala Constitucional del Tribunal Supremo de Justicia establece el siguiente procedimiento para tramitar las acciones de nulidad interpuestas conjuntamente con medida cautelar de amparo".

---

158 *V.*, por ejemplo, sentencia del 20-03-2001 de la Sala Político Administrativa del Tribunal Supremo, caso: *Marvin Enrique Sierra Velasco*, Expediente N° 0904, consultada en la página web del Tribunal Supremo de Justicia.

La Sala estableció, como primer aspecto, la necesidad de que el juez se pronuncie sobre la admisibilidad de la acción principal, indicando lo siguiente:

"1. Una vez recibida en esta Sala la acción de nulidad, interpuesta conjuntamente con amparo constitucional, el Juzgado de Sustanciación de la Sala decidirá mediante auto sobre la admisibilidad de la acción principal, a menos que por la urgencia del caso la Sala decida pronunciarse sobre la admisión de la misma, supuesto en que también la Sala se pronunciará sobre el amparo ejercido conjuntamente con la referida acción de nulidad.

En caso de que se declare inadmisible la acción principal, se dará por concluido ejercicio y se ordenará el archivo del expediente".

Admitida la acción principal, de acuerdo con lo indicado por la Sala:

"3. En el mismo auto se ordenará abrir cuaderno separado en el cual se designará Ponente, a los efectos de decidir sobre el amparo constitucional.

4. El procedimiento de nulidad continuará su trámite por ante el Juzgado de Sustanciación, y la Sala decidirá sobre la procedencia o no del amparo constitucional".

En relación con la decisión sobre la pretensión de amparo cautelar y convocatoria a la audiencia constitucional, la sentencia de la Sala indicó:

"En el caso que se acuerde el amparo se le notificará de dicha decisión al presunto agraviante, para que, si lo estima pertinente, formule oposición contra la medida acordada, dentro de las cuarenta y ocho (48) horas siguientes a su notificación, supuesto en el cual se convocará para una audiencia oral y pública que se efectuará en el tercer (3°) día siguiente a la formulación de la oposición, a fin de que las partes expongan sus alegatos. En el auto en el que se fije la celebración de la audiencia oral y pública, se ordenará la notificación del Ministerio Público".

De acuerdo con la sentencia antes citada, una vez concluido el debate oral, la Sala en el mismo día deliberará y puede tomar la decisión sobre el amparo luego de la audiencia, así:

"a) Pronunciarse inmediatamente sobre la oposición, en cuyo caso se expondrá de forma oral los términos de la decisión, la cual deberá ser publicada íntegramente dentro de los cinco (5) días siguientes a la audiencia en la cual se dictó aquélla.

b) Diferir la audiencia oral por un lapso que en ningún momento será mayor de cuarenta y ocho (48) horas por estimar que es necesario la presentación o evacuación de alguna prueba que sea fundamental para decidir el caso, o a petición de alguna de las partes o del Ministerio Público".

Conforme se indica en la sentencia, en estos casos:

"6. La decisión recaída sobre el amparo constitucional en nada afecta la tramitación de la causa principal".

2. La decisión en materia de amparo

La decisión del proceso de amparo, como hemos señalado, puede consistir en el restablecimiento de la situación jurídica infringida mediante un mandamiento de amparo lo que, como se ha dicho, debe producirse luego del brevísimo procedimiento descrito. Por supuesto, también la decisión puede consistir en la declaratoria de inadmisibilidad o improcedencia de la acción.

La decisión o sentencia que acuerde el amparo, es decir, el mandamiento de amparo, debe cumplir con las siguientes exigencias formales establecidas expresamente en el artículo 23 de la Ley Orgánica:

"A. Mención concreta de la autoridad, del ente privado o de la persona contra cuya resolución o acto u omisión se conceda el amparo;

B. Determinación precisa de la orden a cumplirse, con las especificaciones necesarias para su ejecución;

C. Plazo para cumplir lo resuelto".

De acuerdo con esta norma, la esencia de la decisión de amparo es la determinación "de la orden a cumplirse"[159] relativa a la protección y al restablecimiento en el goce y ejercicio de un derecho o garantía constitucionales violado o amenazado de violación; y esta orden a cumplirse, en definitiva se formula contra "la autoridad, el ente privado o la persona" cuya resolución o acto u omisión produjo la violación del derecho constitucional; orden que puede ser de dar, de hacer, de no hacer o de deshacer, según los casos, o puede ser una decisión de restablecer directamente la situación jurídica infringida, si ello es posible con la sola decisión judicial[160], o disponer una situación la más parecida a la infringida.

El efecto judicial de la acción de amparo, por supuesto, es el aspecto más importante de la misma, pues es por los poderes atribuidos al juez que la protección en el goce y ejercicio de los derechos constitucionales puede ser efectiva. Por ello, las amplias posibilidades judiciales que la norma del artículo 27 de la Constitución abre a los jueces de amparo, permiten señalar que estos se encuentran, al igual que los jueces norteamericanos e ingleses[161] con una amplia gama de "remedios" judiciales que pueden utilizar para hacer efectivo el amparo de los derechos fundamentales. Por tanto, y las múltiples sentencias de tribunales de instancia en materia de amparo que se han venido produciendo lo confirman, la decisión del Juez puede consistir, en mandamientos de dar, de hacer o de deshacer (órdenes) o en mandamientos de no hacer (prohibiciones). En cuanto a los mandamientos de dar, puede tratarse de una condena a restituir un bien, por ejemplo, cuando se ampara el derecho de propiedad, o a restituir esta a la situación que más se asemeje a la que tenía al ser vulnerada. Por su parte, los mandamientos de hacer se traducen en órdenes dadas a quien ha violado el derecho amparado, de realizar actos en sentido positivo[162] necesarios para restablecer el derecho infringido. En estos supuestos

---

159 La Corte Primera de lo Contencioso administrativo, por ejemplo, en una sentencia de 3-10-85, respecto a de una acción de amparo interpuesta por un trabajador a fin de que una empresa diera cumplimiento a la orden de reenganche dictada por una Comisión Tripartita Laboral así como al pago de salarios caldos, que "la acción de amparo se traduce en una condena a una obligación de hacer (reenganche) y otra de dar (pagar sumas de dinero) en contra de una empresa con participación estatal decisiva". *V.*, en *Revista de Derecho Público*, N° 24, EJV, Caracas, 1985, p. 134.

160 Como lo ha señalado H. Rondón de Sansó, "la informalidad del amparo faculta al juez para darle el contenido que juzgue necesario. El eventual contenido del amparo puede ser: acordar un plazo para obtener una respuesta; obligar a la destrucción de una obra; prohibir la difusión o representación; impedir la realización de un acto; dispensar de un trámite". *V.*, en "El amparo constitucional en Venezuela", *Revista de Derecho Público*, N° 26, EJV, Caracas, 1986, p. 61.

161 *V.* F. H. Lawson, *Remedies of English Law*, Londres, 1980, p. 175, B. Schwartz y H. W. R. Wade, *Legal control of government*, Oxford, 1978, p. 205.

162 Por ejemplo, equivalentes a las mandatory injunctions del derecho norteamericano. *V.*, L.J. Jaffe, *Judicial control of Administrative Action*, Boston, 1965, p. 176.

están los casos de decisiones de amparo contra conductas omisivas de funcionarios (abstención o negativa de actuar cuando están obligados a ello), en cuyo caso el artículo 30 de la Ley Orgánica es expreso al establecer que:

> "Cuando la acción de amparo se ejerciere con fundamento en violación de un derecho constitucional por acto o conducta omisiva, o por falta de cumplimiento de la autoridad respectiva, la sentencia ordenara la ejecución inmediata e incondicional del acto incumplido".

En cuanto a los mandamientos de deshacer, pueden consistir en la orden u obligación impuesta a un sujeto, cuando ello sea posible, de destruir algo, o cancelar o deshacer una actividad realizada cuando ello es necesario para restablecer el derecho infringido. Por último, los mandamientos de no hacer, se traducen normalmente en prohibiciones[163] u órdenes negativas, es decir de abstención, dadas a quien ha violado un derecho, para impedir otras violaciones o para restablecer el derecho violado.

Pero los poderes del Juez de amparo van más allá, pues no solo está facultado para dar órdenes o imponer prohibiciones a quien ha violado un derecho constitucional para ampararlo, sino que está facultado para restablecer directamente, cuando ello es posible, con la sola decisión judicial, el derecho infringido, sustituyendo con su decisión cualquier actividad adicional por parte de otro sujeto de derecho o autoridad[164].

En otros casos la decisión judicial de amparo será de mera declaración cuando, por ejemplo, en el amparo contra leyes, el Juez de amparo decide "la inaplicación de la norma impugnada" respecto del accionante (Art. 3).

Por último, a los efectos de asegurar el cumplimiento de las sentencias de amparo, la Ley Orgánica establece expresamente en su artículo 29 que:

> "El Juez que acuerde el restablecimiento de la situación jurídica infringida ordenará, en el dispositivo de la sentencia, que el mandamiento sea acatado par todas las autoridades de la República, so pena de incurrir en desobediencia a la autoridad".

En todo caso, de acuerdo al artículo 31 de la Ley Orgánica, "quien incumpliere el mandamiento de amparo constitucional dictado por el Juez", sea funcionario o particulares, "será castigado con prisión de seis (6) a quince (15) meses".

---

163 Por ejemplo equivalentes a las prohibitory order or injunctions del derecho inglés. *V.* F. H. Lawson, *op. cit.*, N° 179; o a las injunctions del derecho norteamericano. *V.* B. Schwartz y H. W. R. Wade, *op. cit.*, p. 221; L.L. Jaffe, *op. cit.*, p. 193.

164 Por ejemplo, cuando el juez directamente decide la incautación de publicaciones que vulneran el derecho al honor. Caso: *Cisneros*, sentencia del Juzgado Cuarto de Primera Instancia en lo Civil de la Circunscripción Judicial del Distrito Federal y Estado Miranda de 15-2-85. *V.* el texto en el libro *El amparo constitucional en Venezuela*, Colegio de Abogados del Estado Lara, 1987, *t.* II, p. 269 y ss. Como ejemplo de estos poderes del juez de amparo de pronunciar órdenes de hacer y eventualmente sustituirse a la Administración en el cumplimiento de un acto, dispensando al particular de obtenerlo, puede citarse la sentencia de la Corte Primera de lo Contencioso administrativo de 20 de febrero de 1986, en la cual con motivo de un amparo solicitado por un contribuyente municipal, ante la negativa de una Municipalidad de expedirle el certificado de solvencia del impuesto inmobiliario urbano, requisito indispensable para hacer registrar el documento de venta del inmueble, la Corte decidió lo siguiente: primero. ordenó al funcionario competente a fijar y liquidar el impuesto respectivo en un plazo de 30 días; segundo, ordenó que cumplido lo anterior y una vez pagado el impuesto por el contribuyente, en un plazo de tres días el funcionario debía expedir la solvencia de pago del impuesto; y tercero, advirtió a la Municipalidad que vencido el termino de 30 días "sin que hubiere cumplido con lo ordenado" en la sentencia, se dispensaba al contribuyente del trámite de presentación de la solvencia municipal para Protocolizar la venta del inmueble. *V.*, sentencia de 20-2-86 (ponente R. J. Duque Corredor), Caso: *H. Romero Muci vs. Municipalidad del Distrito Sucre del Estado Miranda. V.*, en *Revista de Derecho Público,* N° 25, EJV, Caracas, 1986, p. 122-123.

El juez de amparo, sin embargo, no tiene poderes directos de sancionar la desobediencia a sus decisiones, como lo tienen los jueces norteamericanos (*contempt of court*).

El juez de amparo, sin embargo, tiene poderes amplios de ejecución de su decisión, de manera que en caso de que el mandamiento de amparo no sea cumplido por el accionado, además del procedimiento penal, destinado a sancionar el delito constituido por tal omisión –e independientemente de la suerte que corra tal procedimiento–, como lo ha resuelto la Corte Primera de lo Contencioso Administrativo, "debe el juez de la causa proceder a la ejecución forzosa de lo decidido, a través del mecanismo más adecuado a la naturaleza del amparo concedido".[165]

Por otra parte, los jueces de amparo no pueden anular actos administrativos ni las leyes, es decir, la sentencia no tiene efectos anulatorios[166], salvo en materia de amparo contra sentencias donde la sentencia de amparo si tiene efectos anulatorios[167]. Además, la sentencia de amparo tampoco tiene contenido indemnizatorio, ni mediante dichas sentencias se pueden crear nuevas situaciones jurídicas[168]. Como lo ha sostenido la Corte Primera de lo Contencioso Administrativo "los pedimentos de indemnizaciones monetarias escapan de la naturaleza y objeto del amparo, el cual se ha previsto como un medio restablecedor de situaciones jurídicas infringidas –o de las que más se asemejen a éstas– mediante el cese de la constatada violación constitucional".[169]

---

165 *V.*, sentencia de 13-4-2000 (Caso: *Aerolink International, S.A. vs. Instituto Autónomo Aeropuerto Internacional de Maiquetía*), en *Revista de Derecho Público*, N° 82, EJV, Caracas 2000, p. 530. En otra decisión de 1-6-2000, (Caso: *Mercedes M. Mendoza Z. vs. Universidad del Zulia*), la Corte Primera recurrió para fundamentar la ejecución forzosa en lo dispuesto en el artículo 11 de la Ley Orgánica del Poder Judicial que señala: "Artículo 11: Los tribunales para la ejecución de sus sentencias y de todos los actos que decreten o acuerden, pueden requerir de las demás autoridades el concurso de la fuerza pública que de ellas dependa y, en general, valerse de todos los medios legales coercitivos de que dispongan. Se exceptúa el caso de conflicto de poderes, el cual deberá ser sometido a la decisión de la Corte Suprema de Justicia. La autoridad requerida por un tribunal que obre en ejercicio de sus atribuciones, debe prestar su concurso sin que te corresponda calificar el fundamento con que se le pida, ni la legalidad o la justicia de la sentencia o decreto que se trate de ejecutar". *V.* en *Revista de Derecho Público*, N° 82, EJV, Caracas, 2000, p. 533.

166 *V.* por ejemplo, sentencia de la Corte primera de lo Contencioso administrativo de 13-4-2000 (Caso: *Inversora Pano, C.A. vs. Oficina Subalterna del Tercer Circuito de Registro del Municipio Libertador del Distrito Federal*), en *Revista de Derecho Público*, N° 82, EJV, Caracas, 2000, p. 497.

167 *V.*, por ejemplo, sentencia de la Sala Constitucional N° 2212 de 9-11-2001 (Caso: *Agustín R. Hernández F. vs. Juzgado Primero de Primera Instancia en lo Civil, Mercantil y del Tránsito de la Circunscripción Judicial del Área Metropolitana de Caracas*), en *Revista de Derecho Público*, N° 85-88, EJV, Caracas 2001, p. 443; y sentencia de la sala Electoral N° 25 de 23-3-2004 (Caso: *Pedro A. Matute y otros vs. Junta Directiva Club Campestre Paracotos*), en *Revista de Derecho Público*, N° 97-98, EJV, Caracas, 2004, p. 448.

168 La Corte Primera de lo Contencioso Administrativo ha considerado que mediante el amparo no se puede crear un título o derecho. Sentencia N° 1679 de 14-12-2000 (Caso: *Administradora Futuro, S.A. vs. Alcaldía del Municipio Baruta del Estado Miranda*), *Revista de Derecho Público*, N° 84, EJV, Caracas, 2000, p. 365.

169 *V.* sentencia de 5-5-2000 (Caso: *Pedro A. Flores R. vs. Dirección General Sectorial de los Servicios de Inteligencia y Prevención (DISIP)*, en *Revista de Derecho Público*, N° 82, EJV, Caracas 2000, p. 473. Sin embargo, en otra sentencia N° 1424 de 2-11-2000 (Caso: *Raquel M. Pacheco P. vs. Hospital "Victorino Santaella" y otro*) la misma Corte Primera "que del estudio de cada caso en particular se debe determinar cuando el restablecimiento de la situación jurídica vulnerada pone de manifiesto una deuda debida por el accionado al accionante, circunstancia en la que la protección del juez debe llegar hasta la condena de dicha suma de dinero, pues lo contrario implicaría que tuviera el sentenciador que separarse de la realidad en la que la pretensión de condena parece indisoluble del restablecimiento del derecho infringido, dejando de resolver la controversia en su total dimensión lo cual, a todas luces, escapa de la exigencia misma del acto de administrar justicia", en *Revista de Derecho Público*, N° 84, EJV, Caracas, 2000, p. 365.

Ahora bien, lo más importante que debe precisarse en materia de amparo, son los efectos de la decisión de amparo en cuanto al derecho o garantía constitucionales violados. El tema de la cosa juzgada lo resuelve expresamente el artículo 36 de la Ley Orgánica al establecer lo siguiente:

> "La sentencia firme de amparo producirá efectos jurídicos, respecto al derecho o garantía objetos del proceso, sin perjuicio de las acciones o recursos que legalmente correspondan a las partes".

Por supuesto, hay tantas y múltiples situaciones derivadas de las pretensiones de amparo, que respecto de ellas no puede darse más solución general que la expresada en la norma en cuanto a los efectos de la sentencia de amparo. Ella sólo produce efectos "respecto al derecho o garantía objeto del proceso" en cuanto al mandamiento de restablecimiento o restitución del goce y ejercicio del mismo. En algunos casos, esto basta y no es necesario resolver ninguna cuestión jurídica adicional por otros medios judiciales; sin embargo, en otros casos, pueden quedar cuestiones jurídicas pendientes que deben resolverse por vías distintas; por ello la norma señala que la decisión de amparo se adopta "sin perjuicio de las acciones o recursos que legalmente correspondan a las partes".

Esta situación se plantea, por ejemplo, siempre que se intente la acción autónoma de amparo contra un acto administrativo por ante el tribunal de primera instancia o si no lo hay en la localidad, el Juez de mayor jerarquía que exista en ella (Art. 9°). En estos casos, como se dijo, la decisión de amparo no puede pronunciarse sobre la nulidad del acto administrativo, en el sentido de que aun cuando se pronuncie sobre su ilegitimidad e inconstitucionalidades, no puede anularlo. En estos supuestos, la decisión de amparo solo tiene efectos sobre el derecho o garantía objeto del proceso, en el sentido que el juez de amparo al restablecer la situación jurídica infringida, lo que hace es suspender los efectos del acto administrativo frente al cual se ha solicitado amparo, pero no lo anula; razón por la cual el acto administrativo formalmente sigue vigente, con su carácter de ejecutividad por la presunción de legalidad que lo acompaña. Lo único que hace la decisión de amparo es suspender su ejecutoriedad respecto del agraviado, pero no lo anula ni lo extingue. Por ello, en estos casos, la decisión de amparo se adopta sin perjuicio de la acción contencioso administrativa de nulidad que debe intentarse ante los órganos judiciales competentes. Por ello, conforme al artículo 5° de la Ley Orgánica si existen tribunales contencioso administrativos en la localidad, la acción de amparo se debería intentar ante dichos Tribunales conjuntamente con el recurso contencioso administrativo de anulación, siendo la decisión de suspensión de efectos del acto recurrido, la decisión cautelar de amparo a los derechos infringidos, sin perjuicio de que continúe el juicio de nulidad[170].

Este efecto de la decisión de amparo también se plantea con frecuencia, en casos de amparos contra violaciones de derechos cometidas por particulares.[171]

El único problema que queda por resolver en estos casos, o cuando se solicite amparo contra actos administrativos ante los jueces de instancia, es que no hay plazo para que

170 Por ello, la Corte Primera de lo Contencioso Administrativo he dado efectos temporales a la decisión de amparo, a los efectos de que el agraviado intente el recurso contencioso correspondiente. *V.* por ejemplo, sentencia N° 962 de 19-7-2000 (Caso: *Elizett C. Abreu A. y otros vs. Instituto de Tecnología de Maracaibo*), en *Revista de Derecho Público*, N° 83, EJV, Caracas, 2000, pp. 357 ss.

171 *V.* el texto publicado, por orden de la propia decisión, en El Universal, 27-12-87, p. 2-5.

las acciones se intenten. En el caso de conflicto de intereses privados, no habría inconveniente porque el interés de las personas en dilucidar judicialmente el conflicto provocaría la introducción de las acciones respectivas. Pero en materia de actos administrativos, la situación se complica: una vez que el agraviado obtiene por vía de la acción de amparo (intentada ante un tribunal que no sea competente en materia contencioso administrativa) el restablecimiento de su derecho violado (que frente a un acto administrativo no es más que la suspensión individualizada de sus efectos), puede quedar tentado a no sentirse obligado a acudir ante los Tribunales contencioso administrativos competentes para que se declare la nulidad del acto administrativo, que continua vigente formalmente, pero cuyos efectos están suspendidos (por el amparo) respecto de su derecho. Esto daría origen a una situación irregular jurídicamente hablando: la existencia formal de un acto administrativo con fuerza ejecutiva, y una decisión que suspende su ejecutoriedad. Estimamos que en estos casos, la situación debería ser resuelta por el Juez de amparo, obligando al agraviado amparado en su derecho, a acudir ante los Tribunales contencioso administrativos para solicitar la nulidad del acto administrativo, y que se desarrolle el juicio de nulidad del mismo, de manera que al decidirse este se confirme o no el amparo concedido, al anularse o no el acto impugnado. De acuerdo a los poderes que le otorga la Ley, el Juez de amparo incluso podría, en estos casos, imponerle al agraviado un plazo para que acuda ante la jurisdicción contencioso administrativa.

Cuando el amparo se dicte contra actuaciones (actos o vías de hecho) de la Administración, de acuerdo al artículo 27 de la Ley Orgánica:

> "El Tribunal que conozca de la solicitud de amparo remitirá copia certificada de su decisión a la autoridad competente, a fin de que resuelva sobre la procedencia o no de medida disciplinaria contra el funcionario público culpable de la violación o de la amenaza contra el derecho o la garantía constitucionales, sin perjuicio de las responsabilidades civiles o penales que le resulten atribuibles. A tal efecto, el Tribunal remitirá también los recaudos pertinentes al Ministerio Público".

Por otra parte, en cuanto a las costas, el artículo 33 de la Ley sólo prevé expresamente la imposición de costas cuando se trate de procesos de amparo frente a particulares, en la forma siguiente:

> "Cuando se trate de quejas contra particulares, se impondrán las costas al vencido, quedando a salvo las acciones a que pudiere haber lugar.
>
> No habrá imposición de costas cuando los efectos del acto u omisión hubiesen cesado antes de abrirse la averiguación. El Juez podrá exonerar de costas a quien intentare el amparo constitucional por fundado temor de violación o amenaza, o cuando la solicitud no haya sido temeraria".

En consecuencia, de esta disposición resultaría que cuando se trate de acciones de amparo contra actos, vías de hecho u omisiones de funcionarios y autoridades públicas, no procedería la imposición de costas conforme al artículo 274 del Código de Procedimiento Civil, lo que en nuestro criterio resulta totalmente injustificado.

No habría razón para establecer este privilegio procesal a favor de los funcionarios públicos, y menos cuando el artículo 21 de la Ley Orgánica, como hemos señalado, los excluye. La Sala Constitucional, sin embargo, ha resuelto que cuando la acción de amparo es interpuesta contra un órgano del poder público, y particulares se hacen terceros coadyuvantes en defensa de los intereses de las partes del amparo, sin embargo, con respecto a ellos el proceso deviene en una acción entre particulares, por lo que el perdidoso puede resultar condenado en costas, sobre todo, cuando es un litis consorte facultativo.[172]

Por último, debe señalarse que dado el carácter personal o subjetivo de los juicios de amparo, la sentencia tiene efectos *inter partes* y en relación con las autoridades que deben cumplir el mandamiento judicial. Sin embargo, dada la consagración constitucional de la tutela judicial efectiva de los intereses colectivos y difusos, en estos casos de amparo protegiendo dichos derechos, los efectos de la decisión se tornan *erga omnes.*

Esto ha sido analizado por la Sala Constitucional del Tribunal Supremo sentencia nº 2675 de 17 de diciembre de 2001 (caso *Ministerio del Interior y de Justicia*), y en relación con los efectos señaló "que existen situaciones o relaciones jurídicas que vinculan a personas en una misma situación jurídica" llevando a la Sala a sostener que en "las acciones para ejercer derechos o intereses difusos o colectivos, deba ordenarse la citación por edictos a todos los interesados, y en algunos casos en que no se publicó el edicto, la Sala consideró que a pesar de ello los efectos directos de la sentencia podían extenderse a otras personas que no eran partes, si les favorecían"[173]

Respecto del contenido del derecho a la tutela judicial efectiva, y particularmente haciendo referencia a los derechos e intereses colectivos o difusos, la misma Sala Constitucional sostuvo en decisión del 30 de junio de 2000 (caso *Defensoría del Pueblo vs. Comisión Legislativa Nacional*) la posibilidad de la extensión de los efectos del mandamiento de amparo a favor de todos aquellos beneficiarios de la situación concreta lo que conduce a la protección de un segmento relativamente importante de la sociedad, indicando que:

> "Debe acotarse, que en los casos en los cuales la acción de amparo es interpuesta con base en un derecho o interés colectivo o difuso, el mandamiento a acordarse favorecerá bien a un conjunto de personas claramente identificables como miembros de un sector de la sociedad, en el primer caso; bien a un grupo relevante de sujetos indeterminados apriorísticamente, pero perfectamente delimitable con base a la particular situación jurídica que ostentan y que les ha sido vulnerada de forma específica, en el segundo supuesto.
>
> Así, no resulta cierto que el amparo destinado a proteger tales situaciones jurídicas de múltiples sujetos, posea efectos *erga omnes*, tal como lo señalara él *a quo*, pues, como se ha visto, sus beneficiarios son susceptibles de una perfecta determinación y la tutela a ellos brindada es siempre concreta, mas nunca de modo genérico.
>
> [...] Una de las características de algunas sentencias del ámbito constitucional es que sus efectos se apliquen a favor de personas que no son partes en un proceso, pero que se encuentren en idéntica situación a las partes, por lo que requieren de la protección constitucional, así no la hayan solicitado con motivo de un juicio determinado.
>
> Resulta contrario a la eficacia del proceso, a su idoneidad y a lo célere (expedito) del mismo, que sí las partes de un juicio obtienen una declaratoria de infracción constitucional de derechos que vulneran su situación jurídica, otras personas que se encuentran en idéntica situación y que han sufrido la misma infracción, no puedan gozar del fallo que restablezca tal situación jurídica de los

---

172 *V.*, sentencia N° 320 de 4-5-2000 (Caso: *Seguros La Occidental, C.A. vs. Juzgado Superior del Tránsito y del Trabajo de la Circunscripción Judicial del Estado Zulia*), en *Revista de Derecho Público*, N° 82, EJV, Caracas 2000, p. 527.

173 Caso: *Glenda López y otros vs. IVSS*, *V.* en *Revista de Derecho Público*, N° 85-88, EJV, Caracas 2001, pp. 453 y ss.

accionantes, y tengan que incoar una acción cuya finalidad es que se reconozca la misma infracción, así como la existencia de la misma situación vulnerada y su idéntico restablecimiento, con el riesgo de que surjan sentencias contrarias o contradictorias.

El restablecimiento de la situación jurídica, ante la infracción constitucional, tiene que alcanzar a todos lo que comparten tal situación y que a su vez son perjudicados por la violación, ya que lo importante para el juez constitucional, no es la protección de los derechos particulares, sino la enmienda de la violación constitucional, con el fin de mantener la efectividad y supremacía constitucional; y en un proceso que busca la idoneidad, la efectividad y la celeridad, como lo es por excelencia el constitucional, resulta contrario a los fines constitucionales, que a quienes se les infringió su situación jurídica, compartida con otros, víctima de igual trasgresión, no se les restablezca la misma, por no haber accionando, y que tengan que incoar otras acciones a los mismos fines, multiplicando innecesariamente los juicios y corriendo el riesgo que se dicten sentencias contradictorias.

En estos casos, se está en presencia de efectos procesales que se extienden a una comunidad en la misma situación jurídica, la cual es diversa de la comunidad de derecho contemplada en el Código Civil, pero existente con relación a las infracciones constitucionales que a todos aquejan y que no puede sostenerse que existe con respecto a unos (los que demandaron y obtuvieron sentencia favorable) y no con respecto a otros, los no demandantes.

Tratándose de derechos subjetivos de las personas, los no demandantes pueden renunciar o no a ellos, pero existe una declaración a favor de todos los que se encontraban en la misma situación jurídica, de la cual se aprovecharan o no, conforme a sus conveniencias y mientras no le caduque su acción, ya que de caducarles ellos no tendrían derecho a la fase ejecutiva de una acción caduca.

En consecuencia, acciones como las de amparo constitucional, si son declaradas con lugar, sus efectos se hacen extensibles a todos los que se encuentran en la misma e idéntica situación así no sean partes en el proceso".[174]

3. La revisión de la decisión en los procesos de amparo

Conforme lo establece el artículo 35 de la Ley Orgánica, contra la decisión dictada en primera instancia sobre la solicitud de amparo, se oirá apelación en un solo efecto. Sin embargo, si transcurridos tres (3) días de dictado el fallo, las partes, el Ministerio Público o los Procuradores no interpusieren apelación, el fallo será consultado con el tribunal superior respectivo, al cual se le remitirá inmediatamente copia certificada de lo conducente. Este Tribunal decidirá dentro de un lapso no mayor de treinta (30) días.

Sin embargo, en los casos en los cuales conforme al artículo 9° de la Ley Orgánica, se intente la acción de amparo ante cualquier juez de la localidad cuando en ella no funcionen tribunales de primera instancia, la decisión del juez respectivo se enviara en consulta ante el tribunal de primera instancia competente, dentro de las veinticuatro (24) horas siguientes a la adopción de la decisión.

La Ley Orgánica de Amparo no previó que contra las sentencias dictadas en materia de amparo proceda recurso de casación, razón por la cual es necesario acudir a las normas del Código de Procedimiento Civil. En esta materia, sin embargo, debe mencionarse la doctrina desarrollada por la jurisprudencia de la Sala de Casación de la antigua

174 *V.*, en *Revista de Derecho Público*, N° 85-88, Editorial Jurídica Venezolana, Caracas, 2001, pp. 473 y ss. *V.*, además, la sentencia N° 412 de 8 de marzo de 2002, en *Revista de Derecho Público*, N° 89-92, EJV, Caracas, 2002.

Corte Suprema de Justicia, en el sentido de la improcedencia del recurso de casación contra las decisiones de última instancia que se adopten en juicios de amparo. Esta doctrina se expuso inicialmente en 1971, por la Sala de Casación Penal, en la cual simplemente se señaló que siendo el recurso de casación "de carácter extraordinario, debe estar previsto expresamente en la Ley y la enumeración de los casos en que procede es, necesariamente, taxativa", y por cuanto "ni el artículo 49 de la Constitución, ni la Disposición Transitoria Quinta de la misma, ni los artículos 333, 58, primera parte y 62 del Código de Enjuiciamiento Criminal, ni ninguna otra disposición legal, establecen que se admitirá recurso de casación contra las decisiones de los Tribunales Superiores que resuelvan hacerse, del recurso de amparo", lo consideró inadmisible[175].

Por su parte, la Sala de Casación Civil de la antigua Corte Suprema, en sentencia de 14 de diciembre de 1983, basada en argumentos formales, también negó la admisibilidad del recurso de casación contra decisiones adoptadas con motivo de acciones de amparo, considerando que el procedimiento en las acciones de amparo no constituye un "juicio civil o mercantil", siendo que la admisibilidad del recurso de casación, conforme al artículo 418 del Código de Procedimiento Civil vigente para la época, sólo estaba prevista en estos. La Sala de Casación, en efecto, señaló que el recurso de casación "no se lo concibe sin la existencia de la relación procesal denominada juicio", que esa Sala ha definido como "las controversias judiciales suscitadas por conflictos ínter subjetivos de intereses que el órgano judicial debe resolver por sentencia, previa sustanciación de la causa a través de las formas procesales previstas por la Ley". Ahora bien, al analizar los aspectos adjetivos de la acción de amparo, la Sala de Casación Civil señaló que:

> "[...] en manera alguna se trata de una acción a seguirse dentro del procedimiento ordinario ni centra de los procedimientos especiales, destinada a obtener pronunciamiento, sentencia, que decida una controversia suscitada entre partes"[176].

Esta doctrina se ratificó por la misma Sala de Casación Civil en sentencia de 31 de enero de 1985, en la cual se insistió en que como "las actuaciones o procedimientos seguidos para acordar o negar un mandamiento de amparo constitucional no constituyen un juicio en los términos señalados por el artículo 418 del Código de Procedimiento Civil, ninguna actuación procesal que directa o indirectamente se relacione con el amparo constitucional sometida al recurso de casación''[177]

Frente a esta doctrina formalista, en nuestro criterio, en la Ley Orgánica de Amparo, precisamente por el carácter de medio de protección constitucional de los derechos fundamentales que tiene el amparo, debió prever el recurso de casación contra las decisiones de última instancia adoptadas como resultado de acciones de amparo[178]. Siendo el recurso de casación un medio de control de la constitucionalidad y legalidad de las decisiones judiciales, dada la importancia y repercusiones de las decisiones en materia de

---

175 Sentencia de 13-5-71. *V.*, en Repertorio Forense, N° 1.761, 26-8-71, pp. 4-6. Igual criterio lo sentó la Sala de Casación Penal de la Corte Suprema de Justicia en decisión de 12-8-71, Repertorio Forense, N° 1.864 de 28-11-71, pp. 4-6.

176 Sentencia de 14-12-83 transcrita y ratificada en su doctrina por sentencia de la misma Sala de Casación Civil de 31-1-85 (consultada en original).

177 *Idem*. En el Código de Procedimiento Civil de 1986, el artículo 312 utiliza las mismas expresiones "juicios civiles o mercantiles".

178 En este sentido la *Ley Orgánica de la Corte Suprema de Justicia* establece que corresponde a la Corte "conocer del recurso de casación en los juicios civiles, mercantiles, del trabajo y en cualesquiera otros en que se consagre dicho recurso por ley especial (Art. 42, 33).

amparo, estas deberían ser sometidas al recurso de casación que, a su vez, debería servir de vía judicial de amparo contra las decisiones de los jueces superiores violatorias de los derechos y garantías constitucionales. De acuerdo con el artículo 1 de la Ley Orgánica del Tribunal Supremo de Justicia, a éste corresponde garantizar "la supremacía y efectividad de las normas y principios constitucionales", por lo que el recurso de casación, en cuanto a las decisiones judiciales en materia de amparo, debería ser precisamente el medio judicial que debería estar abierto para el ejercicio de dicha vigilancia.

Toda esta carencia reguladora se ha resulto en la Constitución de 1999, al establecerse la competencia de la Sala Constitucional para revisar, discrecionalmente, las decisiones definitivamente firmes de amparo dictadas por los tribunales de la República, mediante el ejercicio de un recurso de revisión ante la Sala (artículo 336,10). Esta es una de las modalidades de la justicia constitucional ejercida por la Jurisdicción Constitucional.

ÍNDICE GENERAL

www.ingramcontent.com/pod-product-compliance
Lightning Source LLC
LaVergne TN
LVHW080059011026
849160LV00013B/993